Gola
Datenschutz-Grundverordnung

Datenschutz-Grundverordnung

VO (EU) 2016/679

Kommentar

herausgegeben von

Peter Gola
Professor a.D. an der
Verwaltungsfachhochschule
in Wiesbaden

Bearbeitet vom Herausgeber und von

Carolyn Eichler, Berlin; *Dr. Lorenz Franck*, Sankt Augustin;
Christoph Klug, Köln; *Dr. Niels Lepperhoff*, Düsseldorf;
Dr. Alexander Nguyen, Berlin; *Prof. Dr. Norbert Nolte*, Düsseldorf;
Dr. Carlo Piltz, Berlin; *Dr. Stephan Pötters, LL.M.*, Alfter;
Yvette Reif, LL.M., Bonn; *Sebastian Schulz*, Berlin;
Dr. Philipp Stroh, Berlin; *Dr. Christoph Werkmeister, LL.M.*, Düsseldorf

2. Auflage 2018

C.H.BECK

www.beck.de

ISBN 978 3 406 72007 9

Wilhelmstraße 9, 80801 München
Druck und Bindung: Druckerei C.H.Beck Nördlingen
(Adresse wie Verlag)
Satz: Meta Systems Publishing & Printservices GmbH, Wustermark
Umschlaggestaltung: Druckerei C.H.Beck Nördlingen

Gedruckt auf säurefreiem, alterungsbeständigem Papier
(hergestellt aus chlorfrei gebleichtem Zellstoff)

Vorwort

Die kurzfristig erscheinende zweite Auflage der Kommentierung wurde erforderlich, weil zwischenzeitlich der nationale Gesetzgeber – innerhalb des von ihm möglicherweise zu großzügig eingeschätzten Erlaubnisrahmens – Regelungen zur Ergänzung der Datenschutz-Grundverordnung in einer Neufassung des Bundesdatenschutzgesetzes und weiteren bereichsspezifischen Gesetzen geschaffen hat. Des Weiteren ist mittlerweile rund ein weiteres Dutzend Kommentierungen der DS-GVO und der BDSG-Neufassung erschienen, die der Berücksichtigung bedurften. Gleiches gilt für die zur praxisbezogenen Umsetzung der DS-GVO gedachten Arbeitshilfen der Aufsichtsbehörden. Berücksichtigt wurde auch die umfangreich erschienene Literatur. Demgemäß hat die Kommentierung an Umfang zugenommen, wobei jedoch allein schon das Format des Kommentars zur Beibehaltung der sach- und fallbezogenen Darstellungsweise zwingt.

Königswinter, im April 2018 *Peter Gola*

Inhaltsverzeichnis

Inhaltsverzeichnis

Bearbeiterverzeichnis

I. Nach Artikeln

Einl.	Gola
Art. 1	Pötters
Art. 2	Gola
Art. 3	Piltz
Art. 4	Gola
Art. 5	Pötters
Art. 6 Rn. 1–94	Schulz
Art. 6 Rn. 95–104	Gola
Art. 6 Rn. 105–154	Schulz
Art. 6 Rn. 155–190	Gola
Art. 6 Rn. 191–269 – Art. 9	Schulz
Art. 10, 11	Gola
Art. 12–15	Franck
Art. 16	Reif
Art. 17	Nolte/Werkmeister
Art. 18, 19	Gola
Art. 20	Piltz
Art. 21, 22	Schulz
Art. 23	Gola
Art. 24	Piltz
Art. 25	Nolte/Werkmeister
Art. 26, 27	Piltz
Art. 28–31	Klug
Art. 32	Piltz
Art. 33, 34	Reif
Art. 35, 36	Nolte/Werkmeister
Art. 37–39	Klug
Art. 40–43	Lepperhoff
Art. 44–50	Klug
Art. 51, 52	Nguyen
Art. 53–55	Nguyen/Stroh
Art. 56–59	Nguyen
Art. 60–67	Eichler
Art. 68–76	Nguyen
Art. 77, 78	Pötters/Werkmeister
Art. 79, 80	Werkmeister
Art. 81	Nolte/Werkmeister
Art. 82	Gola/Piltz
Art. 83, 84	Gola
Art. 85	Pötters
Art. 86	Piltz
Art. 87	Gola
Art. 88, 89	Pötters
Art. 90	Piltz
Art. 91	Gola

Art. 92/93	Pötters
Art. 94–99	Piltz

II. In alphabetischer Ordnung

Carolyn Eichler, Juristische Referentin bei der Berliner Beauftragten für Datenschutz und Informationsfreiheit, Berlin	Art. 60–67
Dr. Lorenz Franck, Referent für Datenschutzrecht, Sankt Augustin	Art. 12–15
Prof. Peter Gola, Professor a.D. an der Verwaltungsfachhochschule Wiesbaden, Königswinter	Einl., Art. 2, 4, Art. 6 Rn. 95–104, 155–190, Art. 10, 11, 18, 19, 23, 82–84, 87, 91
Christoph Klug, Rechtsanwalt, Köln	Art. 28–31, 37–39, 44–50
Dr. Niels Lepperhoff, Geschäftsführer der Xamit Bewertungsgesellschaft mbH und der DSZ Datenschutz Zertifizierungsgesellschaft mbH, Düsseldorf	Art. 40–43
Dr. Alexander Nguyen, M.J.I., Regierungsdirektor, Referatsleiter bei der Berliner Beauftragten für Datenschutz und Informationsfreiheit, Berlin	Art. 51–59, 68–76
Prof. Dr. Norbert Nolte, Rechtsanwalt, Düsseldorf	Art. 17, 25, 35, 36, 81
Dr. Carlo Piltz, Rechtsanwalt, Berlin	Art. 3, 20, 24, 26, 27, 32, 82, 86, 90, 94–99
Dr. Stephan Pötters, LL.M., Rechtsanwalt, Köln	Art. 1, 5, 77, 78, 85, 88, 89, 92/93
Yvette Reif, LL.M., Rechtsanwältin, Bonn	Art. 16, 33, 34
Sebastian Schulz, Rechtsanwalt, Berlin	Art. 6 Rn. 1–94, 105–154, 191–269, Art. 7–9, 21, 22
Dr. Philipp Stroh, Juristischer Referent bei der Berliner Beauftragten für Datenschutz und Informationsfreiheit, Berlin	Art. 53–55
Dr. Christoph Werkmeister, LL.M., Rechtsanwalt, Düsseldorf	Art. 17, 25, 35, 36, 77–81

Abkürzungsverzeichnis

a	anno/Jahr
aA	andere(r) Ansicht/Auffassung
AA	Auswärtiges Amt
aaO	am angegebenen Ort
Abb.	Abbildung
abgedr.	abgedruckt
Abh.	Abhandlung(en)
Abk.	Abkommen
ABl.	Amtsblatt
ABl. C	Amtsblatt der Europäischen Union, Teil C: Mitteilungen und Bekanntmachungen
ABl. L	Amtsblatt der Europäischen Union, Teil L: Rechtsvorschriften
abl.	ablehnend
Abs.	Absatz
Abschn.	Abschnitt
Abt.	Abteilung
abw.	abweichend
abwM	abweichende Meinung
AcP	Archiv für civilistische Praxis
AdR	Ausschuss der Regionen
ADV	Auftragsdatenverarbeitung
aE	am Ende
AEMR	Allgemeine Erklärung der Menschenrechte
ÄndG	Änderungsgesetz
ÄndV	Änderungsverordnung
AEUV	Vertrag über die Arbeitsweise der Europäischen Union
aF	alte Fassung
AfP	Archiv für Presserecht
AG	Aktiengesellschaft; Amtsgericht
AGB	Allgemeine Geschäftsbedingungen
AkkStelleG	Akkreditierungsstellengesetz
Albrecht/Jotzo	Albrecht/Jotzo, Das neue Datenschutzrecht der EU, 2017
allg.	allgemein
allgA	allgemeine Ansicht
allgM	allgemeine Meinung
Alt.	Alternative
aM	andere Meinung
amtl.	amtlich
Änd.	Änderung
ÄndG	Änderungsgesetz
ÄndVO	Änderungsverordnung
Anh.	Anhang
Anl.	Anlage
Anm.	Anmerkung(en)
AöR	Archiv des öffentlichen Rechts
ArbG	Arbeitsgericht
Arch.	Archiv
Arg.	Argumentation

Abkürzungsverzeichnis

Art.	Artikel
AT	Allgemeiner Teil
Auernhammer/ Bearb., 4. Aufl.	Eßer/Kramer/v. Lewinski (Hrsg.), Bundesdatenschutzgesetz, Kommentar, 4. Aufl. 2014
Auernhammer/ Bearb., 5. Aufl.	Eßer/Kramer/v. Lewinski (Hrsg.), DSGVO BDSG, Kommentar, 5. Aufl. 2017
Auff.	Auffassung
aufgeh.	aufgehoben
Aufl.	Auflage
ausf.	ausführlich
ausschl.	ausschließlich
Az.	Aktenzeichen
Bad.	Baden
bad.	badisch
BAG	Bundesarbeitsgericht
BAGE	Entscheidungssammlung des Bundesarbeitsgerichts
BAnz.	Bundesanzeiger
Bay.	Bayern
bay.	bayerisch
BayDSG	Bayerisches Datenschutzgesetz
BayGVBl.	Bayerisches Gesetz- und Verordnungsblatt
BayLDA	Bayerisches Landesamt für Datenschutzaufsicht
BB	Der Betriebs-Berater (Zeitschrift)
Bbg.	Brandenburg
bbg.	brandenburgisch
BbgDSG	Brandenburgisches Datenschutzgesetz
BCR	Binding Corporate Rules
Bd.	Band
Bde.	Bände
BDI	Bundesverband der Deutschen Industrie
BDSG	Bundesdatenschutzgesetz
Bearb.	Bearbeiter, Bearbeitung
bearb.	bearbeitet
BeckOK DatenschutzR	Wolff/Brink, Beck'scher Online-Kommentar Datenschutzrecht, 23. Edition, Stand: 1.2.2018
Begr.	Begründung
Begr. RegE	Begründung Regierungsentwurf
begr.	begründet
Beil.	Beilage
bej.	bejahend
Bek.	Bekanntmachung
Bem.	Bemerkung
Ber.	Berichtigung
ber.	berichtigt
Bergmann/ Möhrle/Herb/ Bearb.	Bergmann/Möhrle/Herb (Hrsg.), Datenschutzrecht, Loseblatt, Stand: 53. EL 2017
bes.	besonders
Beschl.	Beschluss

betr.	betrifft, betreffend
BetrVG	Betriebsverfassungsgesetz
BfDI	Bundesbeauftragte(r) für den Datenschutz und die Informationsfreiheit
BFH	Bundesfinanzhof
BGB	Bürgerliches Gesetzbuch
BGB-InfoV	Verordnung über Informationspflichten nach bürgerlichem Recht
BGBl. I (II, III)	Bundesgesetzblatt Teil I (II, III)
BGH	Bundesgerichtshof
BGHSt	Entscheidungssammlung des Bundesgerichtshofs in Stafsachen
BGHZ	Entscheidungssammlung des Bundesgerichtshofs in Zivilsachen
BKA	Bundeskriminalamt
Bl.	Blatt
Bln.	Berlin
bln.	berlinerisch
BlnBfDI	Berliner Beauftragter für den Datenschutz und die Informationsfreiheit
BlnDSG	Berliner Datenschutzgesetz
BMAS	Bundesminister(ium) für Arbeit und Soziales
BMBF	Bundesminister(ium) für Bildung und Forschung
BMEL	Bundesminister(ium) für Ernährung und Landwirtschaft
BMF	Bundesminister(ium) der Finanzen
BMFSFJ	Bundesminister(ium) für Familie, Senioren, Frauen und Jugend
BMG	Bundesminister(ium) für Gesundheit; Bundesmeldegesetz
BMI	Bundesminister(ium) des Innern
BMJV	Bundesminister(ium) der Justiz und für Verbraucherschutz
BMUB	Bundesminister(ium) für Umwelt, Naturschutz, Bau und Reaktorsicherheit
BMVg	Bundesminister(ium) der Verteidigung
BMVI	Bundesminister(ium) für Verkehr und digitale Infrastruktur
BMWi	Bundesminister(ium) für Wirtschaft und Energie
BMZ	Bundesminister(ium) für wirtschaftliche Zusammenarbeit und Entwicklung
BND	Bundesnachrichtendienst
BNDG	Gesetz über den Bundesnachrichtendienst
BPolG	Bundespolizeigesetz
BR	Bundesrat
BRD	Bundesrepublik Deutschland
BR-Drs.	Bundesrats-Drucksache
Brem.	Bremen
brem.	bremisch
BremDSG	Bremenisches Datenschutzgesetz
BReg	Bundesregierung
BR-Prot.	Bundesrats-Protokoll
BSG	Bundessozialgericht
BSI	Bundesamt für Sicherheit in der Informationstechnik
BSIG	Gesetz über das Bundesamt für Sicherheit in der Informationstechnik
Bsp.	Beispiel
bspw.	beispielsweise
BStatG	Gesetz über die Statistik für Bundeszwecke
BT	Bundestag; Besonderer Teil
BT-Drs.	Bundestags-Drucksache
BT-Prot.	Bundestags-Protokoll

Abkürzungsverzeichnis

Buchst.	Buchstabe
Bull.	Bulletin
BVerfG	Bundesverfassungsgericht
BVerfGE	Entscheidungssammlung des Bundesverfassungsgerichts
BVerfSchG	Bundesverfassungsschutzgesetz
BVerwG	Bundesverwaltungsgericht
BVerwGE	Entscheidungssammlung des Bundesverwaltungsgerichts
BW	Baden-Württemberg
bw.	baden-württembergisch
bzgl.	bezüglich
bzw.	beziehungsweise
BYOD	Bring Your Own Device
BZRG	Bundeszentralregistergesetz
B2B	Business to Business
B2C	Business to Consumer
ca.	circa
CCZ	Corporate Compliance Zeitschrift
CR	Computer und Recht (Zeitschrift)
CRM	Costumer Relationship Management
DAkkS	Deutsche Akkreditierungsstelle GmbH
dass.	dasselbe
DB	Der Betrieb (Zeitschrift)
DDOW	Deutscher Datenschutzrat Online-Werbung
ders.	derselbe
DES	Data Encryption Standard
DFÜ	Datenfernübertragung
dgl.	dergleichen, desgleichen
dh	das heißt
dies.	dieselbe
diesbzgl.	diesbezüglich
diff.	differenziert, differenzierend
Diss.	Dissertation
div.	diverse
D/K/W/W/ Bearb.	Däubler/Klebe/Wedde/Weichert, Bundesdatenschutzgesetz, Kommentar, 2016
DMCA	Digital Millennium Copyright Act
Dok.	Dokument
DÖV	Die öffentliche Verwaltung (Zeitschrift)
Drs.	Drucksache
DSB	Datenschutzbeauftragter, Datenschutzberater (Zeitschrift)
DSFA	Datenschutz-Folgenabschätzung
DSG	Datenschutzgesetz
DS-GVO	Datenschutz-Grundverordnung
DSK	Konferenz der unabhängigen Datenschutzbehörden des Bundes und der Länder
DSRI	Deutsche Stiftung für Recht und Informatik
DSRITB	DSRI Tagungsband
DS-RL	Datenschutzrichtlinie (RL 95/46/EG)
dt.	deutsch
DuD	Datenschutz und Datensicherung (Zeitschrift)
DVBl.	Deutsches Verwaltungsblatt

DVO	Durchführungsverordnung
DVR	Datenverarbeitung im Recht
E	Entwurf; Entscheidungssammlung
ebd.	ebenda
E-Commerce	Electronic Commerce
Ed.	Edition, Editor
Eds.	Editors
EDSA	Europäischer Datenschutzausschuss
EDSB	Europäischer Datenschutzbeauftragter
EFTA	European Free Trade Association
EG	Europäische Gemeinschaft(en)
EGMR	Europäischer Gerichtshof für Menschenrechte
EGV	Vertrag zur Gründung der Europäischen Gemeinschaft vom 25.3.1957
EG-Vertrag	Vertrag zur Gründung der Europäischen Gemeinschaft vom 25.3.1957
ehem.	ehemalig/e/er/es
Ehmann/Selmayr/ Bearb., DS-GVO	Ehmann/Selmayr (Hrsg.), Datenschutz-Grundverordnung, Kommentar, 2017
Einf.	Einführung
einf.	einführend
Einl.	Einleitung
einschl.	einschließlich
EL	Ergänzungslieferung
Empf.	Empfehlung
EMRK	Konvention zum Schutze der Menschrechte und Grundfreiheiten
endg.	endgültig
engl.	englisch
Entsch.	Entscheidung
Entschl.	Entschluss
entspr.	entspricht, entsprechend
Entw.	Entwurf
EP	Europäisches Parlament
ER	Europäischer Rat
Erg.	Ergebnis, Ergänzung
erg.	ergänzend
Ergbd.	Ergänzungsband
Erkl.	Erklärung
Erl.	Erlass, Erläuterung
et al.	und andere
etc.	et cetera (und so weiter)
EU	Europäische Union
EuG	Gericht erster Instanz der Europäischen Gemeinschaften
EuGH	Europäischer Gerichtshof
EuGRZ	Europäische Grundrechte-Zeitschrift
EuLR	European Law Review
europ.	europäisch
EUV	Vertrag über die Europäische Union idF des Vertrags von Lissabon
EuZW	Europäische Zeitschrift für Wirtschaftsrecht
e.V.	eingetragener Verein
evtl.	eventuell
EWG	Europäische Wirtschaftsgemeinschaft

EWR .... Europäischer Wirtschaftsraum
EWIV .... Europäische wirtschaftliche Interessenvereinigung
EZB .... Europäische Zentralbank

f. .... folgende
FA-RL .... Fernabsatzrichtlinie
FARLFDL .... Fernabsatzrichtlinie für Finanzdienstleistungen
ff. .... fortfolgende
Fn. .... Fußnote
FRA .... European Union Agency for Fundamental Rights, Handbook on European data Protection law, 2014
FS .... Festschrift

G. .... Gesetz
GA .... Generalanwalt/Generalanwältin
GBl. .... Gesetzblatt
GbR .... Gesellschaft bürgerlichen Rechts
geänd. .... geändert
gem. .... gemäß
ges. .... gesetzlich
GG .... Grundgesetz
ggf. .... gegebenenfalls
ggü. .... gegenüber
GmbH .... Gesellschaft mit beschränkter Haftung
GMBl. .... Gemeinsames Ministerialblatt
GmS-OBG .... Gemeinsamer Senat der obersten Gerichtshöfe des Bundes
Gola/Pötters/ Wronka .... Gola/Pötters/Wronka, Handbuch Arbeitnehmerdatenschutz, 7. Aufl. 2016
Gola/Schomerus, BDSG .... Gola/Schomerus, Bundesdatenschutzgesetz, Kommentar, 12. Aufl. 2015
GRCh .... Charta der Grundrechte der Europäischen Union
grdl. .... grundlegend
grds. .... grundsätzlich
GRUR .... Gewerblicher Rechtsschutz und Urheberrecht (Zeitschrift)
GRUR Int .... Gewerblicher Rechtsschutz und Urheberrecht, Internationaler Teil (Zeitschrift)
GRUR-RR .... Gewerblicher Rechtsschutz und Urheberrecht, Rechtsprechungsreport (Zeitschrift)
GS .... Gedenkschrift, Gedächtnisschrift
G/S/S/V/Bearb. Gierschmann/Schlender/Stentzel/Veil (Hrsg.), Kommentar Datenschutz-Grundverordnung, 2017
GVBl. .... Gesetz- und Verordnungsblatt
GVO .... Grundverordnung; Gruppenfreistellungsverordnung
GVOBl. .... Gesetz- und Verordnungsblatt
GWB .... Gesetz gegen Wettbewerbsbeschränkungen (Kartellgesetz)

hA .... herrschende Ansicht/Auffassung
Härting .... Härting, Datenschutz-Grundverordnung, 2016
Halbbd. .... Halbband
HdB .... Handbuch
Herv. .... Hervorhebung
Hess. .... Hessen
hess. .... hessisch

HessDSG	Hessisches Landesdatenschutzgesetz
hins.	hinsichtlich
HK	Handkommentar
hL	herrschende Lehre
hM	herrschende Meinung
Hmb.	Hamburg
hmb.	hamburgisch
HmbDSG	Landesdatenschutzgesetz Hamburg
Hrsg.	Herausgeber
hrsg.	herausgegeben
Hs.	Halbsatz
ibd.	ibidem
ic	in concreto, in casu
ID	Identifikationsnummer
idF	in der Fassung
IDMS	Identifikationsmanagementsystem
idR	in der Regel
idS	in diesem Sinne
iE	im Einzelnen, im Erscheinen
iErg	im Ergebnis
ieS	im engeren Sinne
IFG	Informationsfreiheitsgesetz
IGH	Internationaler Gerichtshof
iHd	in Höhe des/der
iHv	in Höhe von
iJ	im Jahre
InfoSoc-RL	EU-Richtlinie zur Harmonisierung bestimmter Aspekte des Urheberrechts und der verwandten Schutzrechte in der Informationsgesellschaft
insb.	insbesondere
insg.	insgesamt
int.	international
IPR	Internationales Privatrecht
iRd	im Rahmen des/der
iS	im Sinne
iSd	im Sinne des/der
iSv	im Sinne von
IT	Informationstechnik
ITRB	Der IT-Rechts-Berater (Zeitschrift)
iÜ	im Übrigen
iVm	in Verbindung mit
iwS	im weiteren Sinne
jew.	jeweils
Jg.	Jahrgang
Jge.	Jahrgänge
Jh.	Jahrhundert
JI-RL	Richtlinie (EU) 2016/680 des Europäischen Parlaments und des Rates vom 27. April 2016 zum Schutz natürlicher Personen bei der Verarbeitung personenbezogener Daten durch die zuständigen Behörden zum Zwecke der Verhütung, Ermittlung, Aufdeckung oder Verfolgung von Straftaten oder der Strafvollstreckung sowie zum freien Datenverkehr und zur Aufhebung des Rahmenbeschlusses 2008/977/JI des Rates;

Abkürzungsverzeichnis

	EU-Datenschutz-Richtlinie im Bereich Justiz und Inneres (JI-Richtlinie), Datenschutzrichtlinie für Polizei und Justiz
JMBl.	Justizministerialblatt
jur.	juristisch
JZ	Juristenzeitung (Zeitschrift)
Kap.	Kapitel
Kfz	Kraftfahrzeug
KG	Kammergericht, Kommanditgesellschaft
KGaA	Kommanditgesellschaft auf Aktien
KMU	kleine und mittelständische Unternehmen
Kom.	Kommission
Komm.	Kommentar
krit.	kritisch
K&R	Kommunikation und Recht (Zeitschrift)
Kühling/Buchner/Bearb., DS-GVO	Kühling/Buchner (Hrsg.), Datenschutz-Grundverordnung, Kommentar, 2017
Kühling/Martini	Kühling/Martini et al., Die Datenschutz-Grundverordnung und das nationale Recht, 2016
LAG	Landesarbeitsgericht
LAN	Local Area Network
Laue/Nink/Kremer	Laue/Nink/Kremer, Das neue Datenschutzrecht in der betrieblichen Praxis, 2016
LDSG	Landesdatenschutzgesetz
lfd.	laufend
Lfg.	Lieferung
LG	Landgericht
li.	links, linke(r)
Lit.	Literatur
lit.	litera
Ls.	Leitsatz
LSA	Sachsen-Anhalt
LSG	Landessozialgericht
lt.	laut
Ltd.	Limited (englische Unternehmensform)
LT-Drs.	Landtags-Drucksache
LT-Prot.	Landtags-Protokoll
m.	mit
mAnm	mit Anmerkung
Mat.	Materialien
maW	mit anderen Worten
max.	maximal
MBl.	Ministerialblatt
mE	meines Erachtens
mind.	mindestens
Mio.	Million(en)
Mitt.	Mitteilung(en)
MMR	MultiMedia und Recht (Zeitschrift)
mN	mit Nachweisen
Mot.	Motive

Mrd.	Milliarde(n)
mtl.	monatlich
MV	Mecklenburg-Vorpommern
mv.	mecklenburg-vorpommerisch
mwH	mit weiteren Hinweisen
mwN	mit weiteren Nachweisen
mWv	mit Wirkung vom
nachf.	nachfolgend
Nachw.	Nachweise
Nds.	Niedersachsen
nds.	niedersächsisch
nF	neue Fassung
NJW	Neue Juristische Wochenschrift (Zeitschrift)
No.	Number
Nov.	Novelle
Nr.	Nummer
nrkr	nicht rechtskräftig
NRW	Nordrhein-Westfalen
nrw.	nordrhein-westfälisch
nv	nicht veröffentlicht
NVwZ	Neue Zeitschrift für Verwaltungsrecht (Zeitschrift)
NVwZ-RR	Neue Zeitschrift für Verwaltungsrecht – Rechtsprechungs-Report (Zeitschrift)
o.	oben
oÄ	oder Ähnliche/s
oa	oben angegeben(e/es/er)
og	oben genannte(r, s)
OGH	Oberster Gerichtshof
OHG	Offene Handelsgesellschaft
oJ	ohne Jahrgang
OLG	Oberlandesgericht
OMC	s. WTO
Öst.	Österreich
öst.	österreichisch
oV	ohne Verfasser
OVG	Oberverwaltungsgericht
Paal/Pauly/Bearb.	Paal/Pauly (Hrsg.), DS-GVO BDSG, Kommentar, 1. Aufl. 2017, 2. Aufl. 2018
ParlE	Parlamentsentwurf
PAuswG	Personalausweisgesetz
PDA	Personal Digital Assistant
PDPO	Personal Data Privacy Ordinance
PGP	Pretty Good Privacy (Verschlüsselungsprogramm)
Piltz	Piltz, BDSG, Kommentar, 2017
PIN	Persönliche Identifikationsnummer
PinG	Privacy in Germany
PIPA	Personal Information Protection Act
Plath/Bearb.	Plath (Hrsg.), BDSG DSGVO, Kommentar, 2. Aufl. 2016
Prot.	Protokoll
rd.	rund
RdErl.	Runderlass
RdSchr.	Rundschreiben

RDV	Recht der Datenverarbeitung
re.	rechts, rechte(r)
RefE	Referentenentwurf
RegE	Regierungsentwurf
RFID	Radio Frequency Identification
RhPf.	Rheinland-Pfalz
rhpf.	rheinland-pfälzisch
rkr.	rechtskräftig
RL	Richtlinie
Rn.	Randnummer(n)
Roßnagel/Bearb.	Roßnagel (Hrsg.), Europäische Datenschutz-Grundverordnung, 2016
Rs.	Rechtssache
Rspr.	Rechtsprechung
RVO	Rechtsverordnung
S.	Seite(n), Satz
s.	siehe
s. o.	siehe oben
s. u.	siehe unten
sa	siehe auch
Saarl.	Saarland
saarl.	saarländisch
Sachs.	Sachsen
sächs.	sächsisch
sachsanh.	sachsen-anhaltisch
Schaffland/Wiltfang/Bearb.	Schaffland/Wiltfang, Datenschutz-Grundverordnung, Bundesdatenschutzgesetz, Loseblatt, Stand: 2018
Schantz/Wolff	Schantz/Wolff, Das neue Datenschutzrecht, 2017
SchlA	Schlussantrag
SchlH	Schleswig-Holstein
schlh.	schleswig-holsteinisch
SCHUFA	Schutzgemeinschaft für allgemeine Kreditsicherung
SE	Europäische Aktiengesellschaft (Societas Europaea)
Sen.	Senat
SigG	Signaturgesetz
SigV	Signaturverordnung
Simitis/Bearb.	Simitis (Hrsg.), Bundesdatenschutzgesetz, Kommentar, 8. Aufl. 2014
Slg.	Sammlung
sog.	so genannt
Sp.	Spalte
st.	ständig
Stellungn.	Stellungnahme
StGB	Strafgesetzbuch
StPO	Strafprozessordnung
str.	streitig, strittig
stRspr	ständige Rechtsprechung
Suppl.	Supplement
SÜG	Sicherheitsüberprüfungsgesetz
Sydow/Bearb.	Sydow (Hrsg.), Europäische Datenschutzgrundverordnung, Handkommentar, 2017
Taeger/Gabel/Bearb., BDSG	Taeger/Gabel (Hrsg.), BDSG und Datenschutzvorschriften des TKG und TMG, Kommentar, 2. Aufl. 2013

TAN	Transaktionsnummer
TB	Tätigkeitsbericht
teilw.	teilweise
Thür.	Thüringen
thür.	thüringisch
TKG	Telekommunikationsgesetz
TKÜV	Telekommunikationsüberwachungsverordnung
TMG	Telemediengesetz
Tz.	Textziffer
u.	und, unter, unten
UA	Untersuchungsausschuss
ua	und andere, unter anderem
uÄ	und Ähnliches
UAbs.	Unterabsatz
UAbschn.	Unterabschnitt
überw.	überwiegend
Übk.	Übereinkommen
uE	unseres Erachtens
ULD	Unabhängiges Landeszentrum für Datenschutz
Umf.	Umfang
umfangr.	umfangreich
umstr.	umstritten
UN	United Nations
unstr.	unstreitig
unv.	unverändert, unveränderte Auflage
unveröff.	unveröffentlicht
unzutr.	unzutreffend
Urt.	Urteil
US	United States
USA	United States of America
usw	und so weiter
uU	unter Umständen
v.	vom, von
va	vor allem
Var.	Variante
Verf.	Verfasser, Verfassung, Verfahren
VerfG	Verfassungsgericht
VerfGH	Verfassungsgerichtshof
Veröff.	Veröffentlichung
Vfg.	Verfügung
VG	Verwaltungsgericht
VGH	Verwaltungsgerichtshof
vgl.	vergleiche
vH	von Hundert
VO	Verordnung
Vol., vol.	Volume (Band)
Voraufl.	Vorauflage
Vorb.	Vorbemerkung
vorl.	vorläufig
vs.	versus
WAN	Wide Area Network
WLAN	Wireless Local Area Network

wN	weitere Nachweise
Wolff/Brink/ Bearb.	Wolff/Brink, Beck'scher Online-Kommentar Datenschutzrecht, 23. Edition, Stand: 1.2.2018
WP	Working Paper
WTO	World Trade Organization
Württ.	Württemberg
württ.	württembergisch
WWW	World Wide Web
zahlr.	zahlreich
zB	zum Beispiel
ZD	Zeitschrift für Datenschutz
ZEuP	Zeitschrift für Europäisches Wirtschaftsrecht
Ziff.	Ziffer
zit.	zitiert
zT	zum Teil
zugl.	zugleich
zust.	zustimmend
zutr.	zutreffend
zVb	zur Veröffentlichung bestimmt
zzgl.	zuzüglich
zzt.	zurzeit

Verordnung (EU) 2016/679 des Europäischen Parlaments und des Rates vom 27. April 2016 zum Schutz natürlicher Personen bei der Verarbeitung personenbezogener Daten, zum freien Datenverkehr und zur Aufhebung der Richtlinie 95/46/EG (Datenschutz-Grundverordnung)

(Text von Bedeutung für den EWR)

(ABl. Nr. L 119 S. 1, ber. Nr. L 314 S. 72 und ABl. 2018 Nr. L 127 S. 2)
Celex-Nr. 3 2016 R 0679

DAS EUROPÄISCHE PARLAMENT UND DER RAT DER EUROPÄISCHEN UNION – gestützt auf den Vertrag über die Arbeitsweise der Europäischen Union, insbesondere auf Artikel 16,
auf Vorschlag der Europäischen Kommission,
nach Zuleitung des Entwurfs des Gesetzgebungsakts an die nationalen Parlamente,
nach Stellungnahme des Europäischen Wirtschafts- und Sozialausschusses,[1]
nach Stellungnahme des Ausschusses der Regionen,[2]
gemäß dem ordentlichen Gesetzgebungsverfahren,[3]
in Erwägung nachstehender Gründe:

(1) Der Schutz natürlicher Personen bei der Verarbeitung personenbezogener Daten ist ein Grundrecht. Gemäß Artikel 8 Absatz 1 der Charta der Grundrechte der Europäischen Union (im Folgenden „Charta") sowie Artikel 16 Absatz 1 des Vertrags über die Arbeitsweise der Europäischen Union (AEUV) hat jede Person das Recht auf Schutz der sie betreffenden personenbezogenen Daten.

(2) Die Grundsätze und Vorschriften zum Schutz natürlicher Personen bei der Verarbeitung ihrer personenbezogenen Daten sollten gewährleisten, dass ihre Grundrechte und Grundfreiheiten und insbesondere ihr Recht auf Schutz personenbezogener Daten ungeachtet ihrer Staatsangehörigkeit oder ihres Aufenthaltsorts gewahrt bleiben. Diese Verordnung soll zur Vollendung eines Raums der Freiheit, der Sicherheit und des Rechts und einer Wirtschaftsunion, zum wirtschaftlichen und sozialen Fortschritt, zur Stärkung und zum Zusammenwachsen der Volkswirtschaften innerhalb des Binnenmarkts sowie zum Wohlergehen natürlicher Personen beitragen.

(3) Zweck der Richtlinie 95/46/EG des Europäischen Parlaments und des Rates[4] ist die Harmonisierung der Vorschriften zum Schutz der Grundrechte

---

[1] **Amtl. Anm.:** ABl. C 229 vom 31.7.2012, S. 90.

[2] **Amtl. Anm.:** ABl. C 391 vom 18.12.2012, S. 127.

[3] **Amtl. Anm.:** Standpunkt des Europäischen Parlaments vom 12. März 2014 (noch nicht im Amtsblatt veröffentlicht) und Standpunkt des Rates in erster Lesung vom 8. April 2016 (noch nicht im Amtsblatt veröffentlicht). Standpunkt des Europäischen Parlaments vom 14. April 2016.

[4] **Amtl. Anm.:** Richtlinie 95/46/EG des Europäischen Parlaments und des Rates vom 24. Oktober 1995 zum Schutz natürlicher Personen bei der Verarbeitung personenbezogener Daten und zum freien Datenverkehr (ABl. L 281 vom 23.11.1995, S. 31).

und Grundfreiheiten natürlicher Personen bei der Datenverarbeitung sowie die Gewährleistung des freien Verkehrs personenbezogener Daten zwischen den Mitgliedstaaten.

(4) Die Verarbeitung personenbezogener Daten sollte im Dienste der Menschheit stehen. Das Recht auf Schutz der personenbezogenen Daten ist kein uneingeschränktes Recht; es muss im Hinblick auf seine gesellschaftliche Funktion gesehen und unter Wahrung des Verhältnismäßigkeitsprinzips gegen andere Grundrechte abgewogen werden. Diese Verordnung steht im Einklang mit allen Grundrechten und achtet alle Freiheiten und Grundsätze, die mit der Charta anerkannt wurden und in den Europäischen Verträgen verankert sind, insbesondere Achtung des Privat- und Familienlebens, der Wohnung und der Kommunikation, Schutz personenbezogener Daten, Gedanken-, Gewissens- und Religionsfreiheit, Freiheit der Meinungsäußerung und Informationsfreiheit, unternehmerische Freiheit, Recht auf einen wirksamen Rechtsbehelf und ein faires Verfahren und Vielfalt der Kulturen, Religionen und Sprachen.

(5) Die wirtschaftliche und soziale Integration als Folge eines funktionierenden Binnenmarkts hat zu einem deutlichen Anstieg des grenzüberschreitenden Verkehrs personenbezogener Daten geführt. Der unionsweite Austausch personenbezogener Daten zwischen öffentlichen und privaten Akteuren einschließlich natürlichen Personen, Vereinigungen und Unternehmen hat zugenommen. Das Unionsrecht verpflichtet die Verwaltungen der Mitgliedstaaten, zusammenzuarbeiten und personenbezogene Daten auszutauschen, damit sie ihren Pflichten nachkommen oder für eine Behörde eines anderen Mitgliedstaats Aufgaben durchführen können.

(6) Rasche technologische Entwicklungen und die Globalisierung haben den Datenschutz vor neue Herausforderungen gestellt. Das Ausmaß der Erhebung und des Austauschs personenbezogener Daten hat eindrucksvoll zugenommen. Die Technik macht es möglich, dass private Unternehmen und Behörden im Rahmen ihrer Tätigkeiten in einem noch nie dagewesenen Umfang auf personenbezogene Daten zurückgreifen. Zunehmend machen auch natürliche Personen Informationen öffentlich weltweit zugänglich. Die Technik hat das wirtschaftliche und gesellschaftliche Leben verändert und dürfte den Verkehr personenbezogener Daten innerhalb der Union sowie die Datenübermittlung an Drittländer und internationale Organisationen noch weiter erleichtern, wobei ein hohes Datenschutzniveau zu gewährleisten ist.

(7) Diese Entwicklungen erfordern einen soliden, kohärenteren und klar durchsetzbaren Rechtsrahmen im Bereich des Datenschutzes in der Union, da es von großer Wichtigkeit ist, eine Vertrauensbasis zu schaffen, die die digitale Wirtschaft dringend benötigt, um im Binnenmarkt weiter wachsen zu können. Natürliche Personen sollten die Kontrolle über ihre eigenen Daten besitzen. Natürliche Personen, Wirtschaft und Staat sollten in rechtlicher und praktischer Hinsicht über mehr Sicherheit verfügen.

(8) Wenn in dieser Verordnung Präzisierungen oder Einschränkungen ihrer Vorschriften durch das Recht der Mitgliedstaaten vorgesehen sind, können die Mitgliedstaaten Teile dieser Verordnung in ihr nationales Recht aufnehmen, soweit dies erforderlich ist, um die Kohärenz zu wahren und die nationalen Rechtsvorschriften für die Personen, für die sie gelten, verständlicher zu machen.

(9) Die Ziele und Grundsätze der Richtlinie 95/46/EG besitzen nach wie vor Gültigkeit, doch hat die Richtlinie nicht verhindern können, dass der Datenschutz in der Union unterschiedlich gehandhabt wird, Rechtsunsicherheit besteht oder in der Öffentlichkeit die Meinung weit verbreitet ist, dass erhebliche Risiken für den Schutz natürlicher Personen bestehen, insbesondere im Zusammenhang mit der Benutzung des Internets. Unterschiede beim Schutzniveau für die Rechte

und Freiheiten von natürlichen Personen im Zusammenhang mit der Verarbeitung personenbezogener Daten in den Mitgliedstaaten, vor allem beim Recht auf Schutz dieser Daten, können den unionsweiten freien Verkehr solcher Daten behindern. Diese Unterschiede im Schutzniveau können daher ein Hemmnis für die unionsweite Ausübung von Wirtschaftstätigkeiten darstellen, den Wettbewerb verzerren und die Behörden an der Erfüllung der ihnen nach dem Unionsrecht obliegenden Pflichten hindern. Sie erklären sich aus den Unterschieden bei der Umsetzung und Anwendung der Richtlinie 95/46/EG.

(10) Um ein gleichmäßiges und hohes Datenschutzniveau für natürliche Personen zu gewährleisten und die Hemmnisse für den Verkehr personenbezogener Daten in der Union zu beseitigen, sollte das Schutzniveau für die Rechte und Freiheiten von natürlichen Personen bei der Verarbeitung dieser Daten in allen Mitgliedstaaten gleichwertig sein. Die Vorschriften zum Schutz der Grundrechte und Grundfreiheiten von natürlichen Personen bei der Verarbeitung personenbezogener Daten sollten unionsweit gleichmäßig und einheitlich angewandt werden. Hinsichtlich der Verarbeitung personenbezogener Daten zur Erfüllung einer rechtlichen Verpflichtung oder zur Wahrnehmung einer Aufgabe, die im öffentlichen Interesse liegt oder in Ausübung öffentlicher Gewalt erfolgt, die dem Verantwortlichen übertragen wurde, sollten die Mitgliedstaaten die Möglichkeit haben, nationale Bestimmungen, mit denen die Anwendung der Vorschriften dieser Verordnung genauer festgelegt wird, beizubehalten oder einzuführen. In Verbindung mit den allgemeinen und horizontalen Rechtsvorschriften über den Datenschutz zur Umsetzung der Richtlinie 95/46/EG gibt es in den Mitgliedstaaten mehrere sektorspezifische Rechtsvorschriften in Bereichen, die spezifischere Bestimmungen erfordern. Diese Verordnung bietet den Mitgliedstaaten zudem einen Spielraum für die Spezifizierung ihrer Vorschriften, auch für die Verarbeitung besonderer Kategorien von personenbezogenen Daten (im Folgenden „sensible Daten"). Diesbezüglich schließt diese Verordnung nicht Rechtsvorschriften der Mitgliedstaaten aus, in denen die Umstände besonderer Verarbeitungssituationen festgelegt werden, einschließlich einer genaueren Bestimmung der Voraussetzungen, unter denen die Verarbeitung personenbezogener Daten rechtmäßig ist.

(11) Ein unionsweiter wirksamer Schutz personenbezogener Daten erfordert die Stärkung und präzise Festlegung der Rechte der betroffenen Personen sowie eine Verschärfung der Verpflichtungen für diejenigen, die personenbezogene Daten verarbeiten und darüber entscheiden, ebenso wie – in den Mitgliedstaaten – gleiche Befugnisse bei der Überwachung und Gewährleistung der Einhaltung der Vorschriften zum Schutz personenbezogener Daten sowie gleiche Sanktionen im Falle ihrer Verletzung.

(12) Artikel 16 Absatz 2 AEUV ermächtigt das Europäische Parlament und den Rat, Vorschriften über den Schutz natürlicher Personen bei der Verarbeitung personenbezogener Daten und zum freien Verkehr solcher Daten zu erlassen.

(13) Damit in der Union ein gleichmäßiges Datenschutzniveau für natürliche Personen gewährleistet ist und Unterschiede, die den freien Verkehr personenbezogener Daten im Binnenmarkt behindern könnten, beseitigt werden, ist eine Verordnung erforderlich, die für die Wirtschaftsteilnehmer einschließlich Kleinstunternehmen sowie kleiner und mittlerer Unternehmen Rechtssicherheit und Transparenz schafft, natürliche Personen in allen Mitgliedstaaten mit demselben Niveau an durchsetzbaren Rechten ausstattet, dieselben Pflichten und Zuständigkeiten für die Verantwortlichen und Auftragsverarbeiter vorsieht und eine gleichmäßige Kontrolle der Verarbeitung personenbezogener Daten und gleichwertige Sanktionen in allen Mitgliedstaaten sowie eine wirksame Zusammenarbeit zwischen den Aufsichtsbehörden der einzelnen Mitgliedstaaten gewährleistet. Das reibungslose Funktionieren des Binnenmarkts erfordert, dass der freie Verkehr

personenbezogener Daten in der Union nicht aus Gründen des Schutzes natürlicher Personen bei der Verarbeitung personenbezogener Daten eingeschränkt oder verboten wird. Um der besonderen Situation der Kleinstunternehmen sowie der kleinen und mittleren Unternehmen Rechnung zu tragen, enthält diese Verordnung eine abweichende Regelung hinsichtlich des Führens eines Verzeichnisses für Einrichtungen, die weniger als 250 Mitarbeiter beschäftigen. Außerdem werden die Organe und Einrichtungen der Union sowie die Mitgliedstaaten und deren Aufsichtsbehörden dazu angehalten, bei der Anwendung dieser Verordnung die besonderen Bedürfnisse von Kleinstunternehmen sowie von kleinen und mittleren Unternehmen zu berücksichtigen. Für die Definition des Begriffs „Kleinstunternehmen sowie kleine und mittlere Unternehmen" sollte Artikel 2 des Anhangs zur Empfehlung 2003/361/EG der Kommission[5] maßgebend sein.

(14) Der durch diese Verordnung gewährte Schutz sollte für die Verarbeitung der personenbezogenen Daten natürlicher Personen ungeachtet ihrer Staatsangehörigkeit oder ihres Aufenthaltsorts gelten. Diese Verordnung gilt nicht für die Verarbeitung personenbezogener Daten juristischer Personen und insbesondere als juristische Person gegründeter Unternehmen, einschließlich Name, Rechtsform oder Kontaktdaten der juristischen Person.

(15) Um ein ernsthaftes Risiko einer Umgehung der Vorschriften zu vermeiden, sollte der Schutz natürlicher Personen technologieneutral sein und nicht von den verwendeten Techniken abhängen. Der Schutz natürlicher Personen sollte für die automatisierte Verarbeitung personenbezogener Daten ebenso gelten wie für die manuelle Verarbeitung von personenbezogenen Daten, wenn die personenbezogenen Daten in einem Dateisystem gespeichert sind oder gespeichert werden sollen. Akten oder Aktensammlungen sowie ihre Deckblätter, die nicht nach bestimmten Kriterien geordnet sind, sollten nicht in den Anwendungsbereich dieser Verordnung fallen.

(16) Diese Verordnung gilt nicht für Fragen des Schutzes von Grundrechten und Grundfreiheiten und des freien Verkehrs personenbezogener Daten im Zusammenhang mit Tätigkeiten, die nicht in den Anwendungsbereich des Unionsrechts fallen, wie etwa die nationale Sicherheit betreffende Tätigkeiten. Diese Verordnung gilt nicht für die von den Mitgliedstaaten im Rahmen der Gemeinsamen Außen- und Sicherheitspolitik der Union durchgeführte Verarbeitung personenbezogener Daten.

(17) Die Verordnung (EG) Nr. 45/2001 des Europäischen Parlaments und des Rates[6] gilt für die Verarbeitung personenbezogener Daten durch die Organe, Einrichtungen, Ämter und Agenturen der Union. Die Verordnung (EG) Nr. 45/2001 und sonstige Rechtsakte der Union, die diese Verarbeitung personenbezogener Daten regeln, sollten an die Grundsätze und Vorschriften der vorliegenden Verordnung angepasst und im Lichte der vorliegenden Verordnung angewandt werden. Um einen soliden und kohärenten Rechtsrahmen im Bereich des Datenschutzes in der Union zu gewährleisten, sollten die erforderlichen Anpassungen der Verordnung (EG) Nr. 45/2001 im Anschluss an den Erlass der vorliegenden Verordnung vorgenommen werden, damit sie gleichzeitig mit der vorliegenden Verordnung angewandt werden können.

---

[5] **Amtl. Anm.:** Empfehlung der Kommission vom 6. Mai 2003 betreffend die Definition der Kleinstunternehmen sowie der kleinen und mittleren Unternehmen (C (2003) 1422) (ABl. L 124 vom 20.5.2003, S. 36).

[6] **Amtl. Anm.:** Verordnung (EG) Nr. 45/2001 des Europäischen Parlaments und des Rates vom 18. Dezember 2000 zum Schutz natürlicher Personen bei der Verarbeitung personenbezogener Daten durch die Organe und Einrichtungen der Gemeinschaft und zum freien Datenverkehr (ABl. L 8 vom 12.1.2001, S. 1).

(18) Diese Verordnung gilt nicht für die Verarbeitung von personenbezogenen Daten, die von einer natürlichen Person zur Ausübung ausschließlich persönlicher oder familiärer Tätigkeiten und somit ohne Bezug zu einer beruflichen oder wirtschaftlichen Tätigkeit vorgenommen wird. Als persönliche oder familiäre Tätigkeiten könnte auch das Führen eines Schriftverkehrs oder von Anschriftenverzeichnissen oder die Nutzung sozialer Netze und Online-Tätigkeiten im Rahmen solcher Tätigkeiten gelten. Diese Verordnung gilt jedoch für die Verantwortlichen oder Auftragsverarbeiter, die die Instrumente für die Verarbeitung personenbezogener Daten für solche persönlichen oder familiären Tätigkeiten bereitstellen.

(19) Der Schutz natürlicher Personen bei der Verarbeitung personenbezogener Daten durch die zuständigen Behörden zum Zwecke der Verhütung, Ermittlung, Aufdeckung oder Verfolgung von Straftaten oder der Strafvollstreckung, einschließlich des Schutzes vor und der Abwehr von Gefahren für die öffentliche Sicherheit, sowie der freie Verkehr dieser Daten sind in einem eigenen Unionsrechtsakt geregelt. Deshalb sollte diese Verordnung auf Verarbeitungstätigkeiten dieser Art keine Anwendung finden. Personenbezogene Daten, die von Behörden nach dieser Verordnung verarbeitet werden, sollten jedoch, wenn sie zu den vorstehenden Zwecken verwendet werden, einem spezifischeren Unionsrechtsakt, nämlich der Richtlinie (EU) 2016/680 des Europäischen Parlaments und des Rates[7] unterliegen. Die Mitgliedstaaten können die zuständigen Behörden im Sinne der Richtlinie (EU) 2016/680 mit Aufgaben betrauen, die nicht zwangsläufig für die Zwecke der Verhütung, Ermittlung, Aufdeckung oder Verfolgung von Straftaten oder der Strafvollstreckung, einschließlich des Schutzes vor und der Abwehr von Gefahren für die öffentliche Sicherheit, ausgeführt werden, so dass die Verarbeitung von personenbezogenen Daten für diese anderen Zwecke insoweit in den Anwendungsbereich dieser Verordnung fällt, als sie in den Anwendungsbereich des Unionsrechts fällt. In Bezug auf die Verarbeitung personenbezogener Daten durch diese Behörden für Zwecke, die in den Anwendungsbereich dieser Verordnung fallen, sollten die Mitgliedstaaten spezifischere Bestimmungen beibehalten oder einführen können, um die Anwendung der Vorschriften dieser Verordnung anzupassen. In den betreffenden Bestimmungen können die Auflagen für die Verarbeitung personenbezogener Daten durch diese zuständigen Behörden für jene anderen Zwecke präziser festgelegt werden, wobei der verfassungsmäßigen, organisatorischen und administrativen Struktur des betreffenden Mitgliedstaats Rechnung zu tragen ist. Soweit diese Verordnung für die Verarbeitung personenbezogener Daten durch private Stellen gilt, sollte sie vorsehen, dass die Mitgliedstaaten einige Pflichten und Rechte unter bestimmten Voraussetzungen mittels Rechtsvorschriften beschränken können, wenn diese Beschränkung in einer demokratischen Gesellschaft eine notwendige und verhältnismäßige Maßnahme zum Schutz bestimmter wichtiger Interessen darstellt, wozu auch die öffentliche Sicherheit und die Verhütung, Ermittlung, Aufdeckung und Verfolgung von Straftaten oder die Strafvollstreckung zählen, einschließlich des Schutzes vor und der Abwehr von Gefahren für die öffentliche Sicherheit. Dies ist beispielsweise im Rahmen der Bekämpfung der Geldwäsche oder der Arbeit kriminaltechnischer Labors von Bedeutung.

---

[7] **Amtl. Anm.:** Richtlinie (EU) 2016/680 des Europäischen Parlaments und des Rates vom 27. April 2016 zum Schutz natürlicher Personen bei der Verarbeitung personenbezogener Daten durch die zuständigen Behörden zum Zwecke der Verhütung, Aufdeckung, Untersuchung oder Verfolgung von Straftaten oder der Strafvollstreckung sowie zum freien Datenverkehr und zur Aufhebung des Rahmenbeschlusses 2000/383/JI des Rates (siehe S. 89 dieses Amtsblatts).

(20) Diese Verordnung gilt zwar unter anderem für die Tätigkeiten der Gerichte und anderer Justizbehörden, doch könnte im Unionsrecht oder im Recht der Mitgliedstaaten festgelegt werden, wie die Verarbeitungsvorgänge und Verarbeitungsverfahren bei der Verarbeitung personenbezogener Daten durch Gerichte und andere Justizbehörden im Einzelnen auszusehen haben. Damit die Unabhängigkeit der Justiz bei der Ausübung ihrer gerichtlichen Aufgaben einschließlich ihrer Beschlussfassung unangetastet bleibt, sollten die Aufsichtsbehörden nicht für die Verarbeitung personenbezogener Daten durch Gerichte im Rahmen ihrer justiziellen Tätigkeit zuständig sein. Mit der Aufsicht über diese Datenverarbeitungsvorgänge sollten besondere Stellen im Justizsystem des Mitgliedstaats betraut werden können, die insbesondere die Einhaltung der Vorschriften dieser Verordnung sicherstellen, Richter und Staatsanwälte besser für ihre Pflichten aus dieser Verordnung sensibilisieren und Beschwerden in Bezug auf derartige Datenverarbeitungsvorgänge bearbeiten sollten.

(21) Die vorliegende Verordnung berührt nicht die Anwendung der Richtlinie 2000/31/EG des Europäischen Parlaments und des Rates[8] und insbesondere die der Vorschriften der Artikel 12 bis 15 jener Richtlinie zur Verantwortlichkeit von Anbietern reiner Vermittlungsdienste. Die genannte Richtlinie soll dazu beitragen, dass der Binnenmarkt einwandfrei funktioniert, indem sie den freien Verkehr von Diensten der Informationsgesellschaft zwischen den Mitgliedstaaten sicherstellt.

(22) Jede Verarbeitung personenbezogener Daten im Rahmen der Tätigkeiten einer Niederlassung eines Verantwortlichen oder eines Auftragsverarbeiters in der Union sollte gemäß dieser Verordnung erfolgen, gleich, ob die Verarbeitung in oder außerhalb der Union stattfindet. Eine Niederlassung setzt die effektive und tatsächliche Ausübung einer Tätigkeit durch eine feste Einrichtung voraus. Die Rechtsform einer solchen Einrichtung, gleich, ob es sich um eine Zweigstelle oder eine Tochtergesellschaft mit eigener Rechtspersönlichkeit handelt, ist dabei nicht ausschlaggebend.

(23) Damit einer natürlichen Person der gemäß dieser Verordnung gewährleistete Schutz nicht vorenthalten wird, sollte die Verarbeitung personenbezogener Daten von betroffenen Personen, die sich in der Union befinden, durch einen nicht in der Union niedergelassenen Verantwortlichen oder Auftragsverarbeiter dieser Verordnung unterliegen, wenn die Verarbeitung dazu dient, diesen betroffenen Personen gegen Entgelt oder unentgeltlich Waren oder Dienstleistungen anzubieten. Um festzustellen, ob dieser Verantwortliche oder Auftragsverarbeiter betroffenen Personen, die sich in der Union befinden, Waren oder Dienstleistungen anbietet, sollte festgestellt werden, ob der Verantwortliche oder Auftragsverarbeiter offensichtlich beabsichtigt, betroffenen Personen in einem oder mehreren Mitgliedstaaten der Union Dienstleistungen anzubieten. Während die bloße Zugänglichkeit der Website des Verantwortlichen, des Auftragsverarbeiters oder eines Vermittlers in der Union, einer E-Mail-Adresse oder anderer Kontaktdaten oder die Verwendung einer Sprache, die in dem Drittland, in dem der Verantwortliche niedergelassen ist, allgemein gebräuchlich ist, hierfür kein ausreichender Anhaltspunkt ist, können andere Faktoren wie die Verwendung einer Sprache oder Währung, die in einem oder mehreren Mitgliedstaaten gebräuchlich ist, in Verbindung mit der Möglichkeit, Waren und Dienstleistungen in dieser anderen Sprache zu bestellen, oder die Erwähnung von Kunden oder Nutzern, die sich

---

[8] **Amtl. Anm.:** Richtlinie 2000/31/EG des Europäischen Parlaments und des Rates vom 8. Juni 2000 über bestimmte rechtliche Aspekte der Dienste der Informationsgesellschaft, insbesondere des elektronischen Geschäftsverkehrs, im Binnenmarkt („Richtlinie über den elektronischen Geschäftsverkehr") (ABl. L 178 vom 17.7.2000, S. 1).

in der Union befinden, darauf hindeuten, dass der Verantwortliche beabsichtigt, den Personen in der Union Waren oder Dienstleistungen anzubieten.

(24) Die Verarbeitung personenbezogener Daten von betroffenen Personen, die sich in der Union befinden, durch einen nicht in der Union niedergelassenen Verantwortlichen oder Auftragsverarbeiter sollte auch dann dieser Verordnung unterliegen, wenn sie dazu dient, das Verhalten dieser betroffenen Personen zu beobachten, soweit ihr Verhalten in der Union erfolgt. Ob eine Verarbeitungstätigkeit der Beobachtung des Verhaltens von betroffenen Personen gilt, sollte daran festgemacht werden, ob ihre Internetaktivitäten nachvollzogen werden, einschließlich der möglichen nachfolgenden Verwendung von Techniken zur Verarbeitung personenbezogener Daten, durch die von einer natürlichen Person ein Profil erstellt wird, das insbesondere die Grundlage für sie betreffende Entscheidungen bildet oder anhand dessen ihre persönlichen Vorlieben, Verhaltensweisen oder Gepflogenheiten analysiert oder vorausgesagt werden sollen.

(25) Ist nach Völkerrecht das Recht eines Mitgliedstaats anwendbar, z.B. in einer diplomatischen oder konsularischen Vertretung eines Mitgliedstaats, so sollte die Verordnung auch auf einen nicht in der Union niedergelassenen Verantwortlichen Anwendung finden.

(26) Die Grundsätze des Datenschutzes sollten für alle Informationen gelten, die sich auf eine identifizierte oder identifizierbare natürliche Person beziehen. Einer Pseudonymisierung unterzogene personenbezogene Daten, die durch Heranziehung zusätzlicher Informationen einer natürlichen Person zugeordnet werden könnten, sollten als Informationen über eine identifizierbare natürliche Person betrachtet werden. Um festzustellen, ob eine natürliche Person identifizierbar ist, sollten alle Mittel berücksichtigt werden, die von dem Verantwortlichen oder einer anderen Person nach allgemeinem Ermessen wahrscheinlich genutzt werden, um die natürliche Person direkt oder indirekt zu identifizieren, wie beispielsweise das Aussondern. Bei der Feststellung, ob Mittel nach allgemeinem Ermessen wahrscheinlich zur Identifizierung der natürlichen Person genutzt werden, sollten alle objektiven Faktoren, wie die Kosten der Identifizierung und der dafür erforderliche Zeitaufwand, herangezogen werden, wobei die zum Zeitpunkt der Verarbeitung verfügbare Technologie und technologische Entwicklungen zu berücksichtigen sind. Die Grundsätze des Datenschutzes sollten daher nicht für anonyme Informationen gelten, d.h. für Informationen, die sich nicht auf eine identifizierte oder identifizierbare natürliche Person beziehen, oder personenbezogene Daten, die in einer Weise anonymisiert worden sind, dass die betroffene Person nicht oder nicht mehr identifiziert werden kann. Diese Verordnung betrifft somit nicht die Verarbeitung solcher anonymer Daten, auch für statistische oder für Forschungszwecke.

(27) Diese Verordnung gilt nicht für die personenbezogenen Daten Verstorbener. Die Mitgliedstaaten können Vorschriften für die Verarbeitung der personenbezogenen Daten Verstorbener vorsehen.

(28) Die Anwendung der Pseudonymisierung auf personenbezogene Daten kann die Risiken für die betroffenen Personen senken und die Verantwortlichen und die Auftragsverarbeiter bei der Einhaltung ihrer Datenschutzpflichten unterstützen. Durch die ausdrückliche Einführung der „Pseudonymisierung" in dieser Verordnung ist nicht beabsichtigt, andere Datenschutzmaßnahmen auszuschließen.

(29) Um Anreize für die Anwendung der Pseudonymisierung bei der Verarbeitung personenbezogener Daten zu schaffen, sollten Pseudonymisierungsmaßnahmen, die jedoch eine allgemeine Analyse zulassen, bei demselben Verantwortlichen möglich sein, wenn dieser die erforderlichen technischen und organisatorischen Maßnahmen getroffen hat, um – für die jeweilige Verarbeitung – die Umsetzung dieser Verordnung zu gewährleisten, wobei sicherzustellen ist, dass zusätzliche

Informationen, mit denen die personenbezogenen Daten einer speziellen betroffenen Person zugeordnet werden können, gesondert aufbewahrt werden. Der für die Verarbeitung der personenbezogenen Daten Verantwortliche, sollte die befugten Personen bei diesem Verantwortlichen angeben.

(30) Natürlichen Personen werden unter Umständen Online-Kennungen wie IP-Adressen und Cookie-Kennungen, die sein Gerät oder Software-Anwendungen und -Tools oder Protokolle liefern, oder sonstige Kennungen wie Funkfrequenzkennzeichnungen zugeordnet. Dies kann Spuren hinterlassen, die insbesondere in Kombination mit eindeutigen Kennungen und anderen beim Server eingehenden Informationen dazu benutzt werden können, um Profile der natürlichen Personen zu erstellen und sie zu identifizieren.

(31) Behörden, gegenüber denen personenbezogene Daten aufgrund einer rechtlichen Verpflichtung für die Ausübung ihres offiziellen Auftrags offengelegt werden, wie Steuer- und Zollbehörden, Finanzermittlungsstellen, unabhängige Verwaltungsbehörden oder Finanzmarktbehörden, die für die Regulierung und Aufsicht von Wertpapiermärkten zuständig sind, sollten nicht als Empfänger gelten, wenn sie personenbezogene Daten erhalten, die für die Durchführung – gemäß dem Unionsrecht oder dem Recht der Mitgliedstaaten – eines einzelnen Untersuchungsauftrags im Interesse der Allgemeinheit erforderlich sind. Anträge auf Offenlegung, die von Behörden ausgehen, sollten immer schriftlich erfolgen, mit Gründen versehen sein und gelegentlichen Charakter haben, und sie sollten nicht vollständige Dateisysteme betreffen oder zur Verknüpfung von Dateisystemen führen. Die Verarbeitung personenbezogener Daten durch die genannten Behörden sollte den für die Zwecke der Verarbeitung geltenden Datenschutzvorschriften entsprechen.

(32) Die Einwilligung sollte durch eine eindeutige bestätigende Handlung erfolgen, mit der freiwillig, für den konkreten Fall, in informierter Weise und unmissverständlich bekundet wird, dass die betroffene Person mit der Verarbeitung der sie betreffenden personenbezogenen Daten einverstanden ist, etwa in Form einer schriftlichen Erklärung, die auch elektronisch erfolgen kann, oder einer mündlichen Erklärung. Dies könnte etwa durch Anklicken eines Kästchens beim Besuch einer Internetseite, durch die Auswahl technischer Einstellungen für Dienste der Informationsgesellschaft oder durch eine andere Erklärung oder Verhaltensweise geschehen, mit der die betroffene Person in dem jeweiligen Kontext eindeutig ihr Einverständnis mit der beabsichtigten Verarbeitung ihrer personenbezogenen Daten signalisiert. Stillschweigen, bereits angekreuzte Kästchen oder Untätigkeit der betroffenen Person sollten daher keine Einwilligung darstellen. Die Einwilligung sollte sich auf alle zu demselben Zweck oder denselben Zwecken vorgenommenen Verarbeitungsvorgänge beziehen. Wenn die Verarbeitung mehreren Zwecken dient, sollte für alle diese Verarbeitungszwecke eine Einwilligung gegeben werden. Wird die betroffene Person auf elektronischem Weg zur Einwilligung aufgefordert, so muss die Aufforderung in klarer und knapper Form und ohne unnötige Unterbrechung des Dienstes, für den die Einwilligung gegeben wird, erfolgen.

(33) Oftmals kann der Zweck der Verarbeitung personenbezogener Daten für Zwecke der wissenschaftlichen Forschung zum Zeitpunkt der Erhebung der personenbezogenen Daten nicht vollständig angegeben werden. Daher sollte es betroffenen Personen erlaubt sein, ihre Einwilligung für bestimmte Bereiche wissenschaftlicher Forschung zu geben, wenn dies unter Einhaltung der anerkannten ethischen Standards der wissenschaftlichen Forschung geschieht. Die betroffenen Personen sollten Gelegenheit erhalten, ihre Einwilligung nur für bestimme Forschungsbereiche oder Teile von Forschungsprojekten in dem vom verfolgten Zweck zugelassenen Maße zu erteilen.

(34) Genetische Daten sollten als personenbezogene Daten über die ererbten oder erworbenen genetischen Eigenschaften einer natürlichen Person definiert werden, die aus der Analyse einer biologischen Probe der betreffenden natürlichen Person, insbesondere durch eine Chromosomen, Desoxyribonukleinsäure (DNS)- oder Ribonukleinsäure (RNS)-Analyse oder der Analyse eines anderen Elements, durch die gleichwertige Informationen erlangt werden können, gewonnen werden.

(35) Zu den personenbezogenen Gesundheitsdaten sollten alle Daten zählen, die sich auf den Gesundheitszustand einer betroffenen Person beziehen und aus denen Informationen über den früheren, gegenwärtigen und künftigen körperlichen oder geistigen Gesundheitszustand der betroffenen Person hervorgehen. Dazu gehören auch Informationen über die natürliche Person, die im Zuge der Anmeldung für sowie der Erbringung von Gesundheitsdienstleistungen im Sinne der Richtlinie 2011/24/EU des Europäischen Parlaments und des Rates[9] für die natürliche Person erhoben werden, Nummern, Symbole oder Kennzeichen, die einer natürlichen Person zugeteilt wurden, um diese natürliche Person für gesundheitliche Zwecke eindeutig zu identifizieren, Informationen, die von der Prüfung oder Untersuchung eines Körperteils oder einer körpereigenen Substanz, auch aus genetischen Daten und biologischen Proben, abgeleitet wurden, und Informationen etwa über Krankheiten, Behinderungen, Krankheitsrisiken, Vorerkrankungen, klinische Behandlungen oder den physiologischen oder biomedizinischen Zustand der betroffenen Person unabhängig von der Herkunft der Daten, ob sie nun von einem Arzt oder sonstigem Angehörigen eines Gesundheitsberufes, einem Krankenhaus, einem Medizinprodukt oder einem In-Vitro-Diagnostikum stammen.

(36) Die Hauptniederlassung des Verantwortlichen in der Union sollte der Ort seiner Hauptverwaltung in der Union sein, es sei denn, dass Entscheidungen über die Zwecke und Mittel der Verarbeitung personenbezogener Daten in einer anderen Niederlassung des Verantwortlichen in der Union getroffen werden; in diesem Fall sollte die letztgenannte als Hauptniederlassung gelten. Zur Bestimmung der Hauptniederlassung eines Verantwortlichen in der Union sollten objektive Kriterien herangezogen werden; ein Kriterium sollte dabei die effektive und tatsächliche Ausübung von Managementtätigkeiten durch eine feste Einrichtung sein, in deren Rahmen die Grundsatzentscheidungen zur Festlegung der Zwecke und Mittel der Verarbeitung getroffen werden. Dabei sollte nicht ausschlaggebend sein, ob die Verarbeitung der personenbezogenen Daten tatsächlich an diesem Ort ausgeführt wird. Das Vorhandensein und die Verwendung technischer Mittel und Verfahren zur Verarbeitung personenbezogener Daten oder Verarbeitungstätigkeiten begründen an sich noch keine Hauptniederlassung und sind daher kein ausschlaggebender Faktor für das Bestehen einer Hauptniederlassung. Die Hauptniederlassung des Auftragsverarbeiters sollte der Ort sein, an dem der Auftragsverarbeiter seine Hauptverwaltung in der Union hat, oder – wenn er keine Hauptverwaltung in der Union hat – der Ort, an dem die wesentlichen Verarbeitungstätigkeiten in der Union stattfinden. Sind sowohl der Verantwortliche als auch der Auftragsverarbeiter betroffen, so sollte die Aufsichtsbehörde des Mitgliedstaats, in dem der Verantwortliche seine Hauptniederlassung hat, die zuständige federführende Aufsichtsbehörde bleiben, doch sollte die Aufsichtsbehörde des Auftragsverarbeiters als betroffene Aufsichtsbehörde betrachtet werden und diese Aufsichtsbehörde sollte sich an dem in dieser Verordnung vorgesehenen Verfahren der Zusam-

---

[9] **Amtl. Anm.:** Richtlinie 2011/24/EU des Europäischen Parlaments und des Rates vom 9. März 2011 über die Ausübung der Patientenrechte in der grenzüberschreitenden Gesundheitsversorgung (ABl. L 88 vom 4.4.2011, S. 45).

menarbeit beteiligen. Auf jeden Fall sollten die Aufsichtsbehörden des Mitgliedstaats oder der Mitgliedstaaten, in dem bzw. denen der Auftragsverarbeiter eine oder mehrere Niederlassungen hat, nicht als betroffene Aufsichtsbehörden betrachtet werden, wenn sich der Beschlussentwurf nur auf den Verantwortlichen bezieht. Wird die Verarbeitung durch eine Unternehmensgruppe vorgenommen, so sollte die Hauptniederlassung des herrschenden Unternehmens als Hauptniederlassung der Unternehmensgruppe gelten, es sei denn, die Zwecke und Mittel der Verarbeitung werden von einem anderen Unternehmen festgelegt.

(37) Eine Unternehmensgruppe sollte aus einem herrschenden Unternehmen und den von diesem abhängigen Unternehmen bestehen, wobei das herrschende Unternehmen dasjenige sein sollte, das zum Beispiel aufgrund der Eigentumsverhältnisse, der finanziellen Beteiligung oder der für das Unternehmen geltenden Vorschriften oder der Befugnis, Datenschutzvorschriften umsetzen zu lassen, einen beherrschenden Einfluss auf die übrigen Unternehmen ausüben kann. Ein Unternehmen, das die Verarbeitung personenbezogener Daten in ihm angeschlossenen Unternehmen kontrolliert, sollte zusammen mit diesen als eine „Unternehmensgruppe" betrachtet werden.

(38) Kinder verdienen bei ihren personenbezogenen Daten besonderen Schutz, da Kinder sich der betreffenden Risiken, Folgen und Garantien und ihrer Rechte bei der Verarbeitung personenbezogener Daten möglicherweise weniger bewusst sind. Ein solcher besonderer Schutz sollte insbesondere die Verwendung personenbezogener Daten von Kindern für Werbezwecke oder für die Erstellung von Persönlichkeits- oder Nutzerprofilen und die Erhebung von personenbezogenen Daten von Kindern bei der Nutzung von Diensten, die Kindern direkt angeboten werden, betreffen. Die Einwilligung des Trägers der elterlichen Verantwortung sollte im Zusammenhang mit Präventions- oder Beratungsdiensten, die unmittelbar einem Kind angeboten werden, nicht erforderlich sein.

(39) Jede Verarbeitung personenbezogener Daten sollte rechtmäßig und nach Treu und Glauben erfolgen. Für natürliche Personen sollte Transparenz dahingehend bestehen, dass sie betreffende personenbezogene Daten erhoben, verwendet, eingesehen oder anderweitig verarbeitet werden und in welchem Umfang die personenbezogenen Daten verarbeitet werden und künftig noch verarbeitet werden. Der Grundsatz der Transparenz setzt voraus, dass alle Informationen und Mitteilungen zur Verarbeitung dieser personenbezogenen Daten leicht zugänglich und verständlich und in klarer und einfacher Sprache abgefasst sind. Dieser Grundsatz betrifft insbesondere die Informationen über die Identität des Verantwortlichen und die Zwecke der Verarbeitung und sonstige Informationen, die eine faire und transparente Verarbeitung im Hinblick auf die betroffenen natürlichen Personen gewährleisten, sowie deren Recht, eine Bestätigung und Auskunft darüber zu erhalten, welche sie betreffende personenbezogene Daten verarbeitet werden. Natürliche Personen sollten über die Risiken, Vorschriften, Garantien und Rechte im Zusammenhang mit der Verarbeitung personenbezogener Daten informiert und darüber aufgeklärt werden, wie sie ihre diesbezüglichen Rechte geltend machen können. Insbesondere sollten die bestimmten Zwecke, zu denen die personenbezogenen Daten verarbeitet werden, eindeutig und rechtmäßig sein und zum Zeitpunkt der Erhebung der personenbezogenen Daten feststehen. Die personenbezogenen Daten sollten für die Zwecke, zu denen sie verarbeitet werden, angemessen und erheblich sowie auf das für die Zwecke ihrer Verarbeitung notwendige Maß beschränkt sein. Dies erfordert insbesondere, dass die Speicherfrist für personenbezogene Daten auf das unbedingt erforderliche Mindestmaß beschränkt bleibt. Personenbezogene Daten sollten nur verarbeitet werden dürfen, wenn der Zweck der Verarbeitung nicht in zumutbarer Weise durch andere Mittel erreicht werden kann. Um sicherzustellen, dass die personenbezogenen Daten

nicht länger als nötig gespeichert werden, sollte der Verantwortliche Fristen für ihre Löschung oder regelmäßige Überprüfung vorsehen. Es sollten alle vertretbaren Schritte unternommen werden, damit unrichtige personenbezogene Daten gelöscht oder berichtigt werden. Personenbezogene Daten sollten so verarbeitet werden, dass ihre Sicherheit und Vertraulichkeit hinreichend gewährleistet ist, wozu auch gehört, dass Unbefugte keinen Zugang zu den Daten haben und weder die Daten noch die Geräte, mit denen diese verarbeitet werden, benutzen können.

(40) Damit die Verarbeitung rechtmäßig ist, müssen personenbezogene Daten mit Einwilligung der betroffenen Person oder auf einer sonstigen zulässigen Rechtsgrundlage verarbeitet werden, die sich aus dieser Verordnung oder – wann immer in dieser Verordnung darauf Bezug genommen wird – aus dem sonstigen Unionsrecht oder dem Recht der Mitgliedstaaten ergibt, so unter anderem auf der Grundlage, dass sie zur Erfüllung der rechtlichen Verpflichtung, der der Verantwortliche unterliegt, oder zur Erfüllung eines Vertrags, dessen Vertragspartei die betroffene Person ist, oder für die Durchführung vorvertraglicher Maßnahmen, die auf Anfrage der betroffenen Person erfolgen, erforderlich ist.

(41) Wenn in dieser Verordnung auf eine Rechtsgrundlage oder eine Gesetzgebungsmaßnahme Bezug genommen wird, erfordert dies nicht notwendigerweise einen von einem Parlament angenommenen Gesetzgebungsakt; davon unberührt bleiben Anforderungen gemäß der Verfassungsordnung des betreffenden Mitgliedstaats. Die entsprechende Rechtsgrundlage oder Gesetzgebungsmaßnahme sollte jedoch klar und präzise sein und ihre Anwendung sollte für die Rechtsunterworfenen gemäß der Rechtsprechung des Gerichtshofs der Europäischen Union (im Folgenden „Gerichtshof") und des Europäischen Gerichtshofs für Menschenrechte vorhersehbar sein.

(42) Erfolgt die Verarbeitung mit Einwilligung der betroffenen Person, sollte der Verantwortliche nachweisen können, dass die betroffene Person ihre Einwilligung zu dem Verarbeitungsvorgang gegeben hat. Insbesondere bei Abgabe einer schriftlichen Erklärung in anderer Sache sollten Garantien sicherstellen, dass die betroffene Person weiß, dass und in welchem Umfang sie ihre Einwilligung erteilt. Gemäß der Richtlinie 93/13/EWG des Rates[10] sollte eine vom Verantwortlichen vorformulierte Einwilligungserklärung in verständlicher und leicht zugänglicher Form in einer klaren und einfachen Sprache zur Verfügung gestellt werden, und sie sollte keine missbräuchlichen Klauseln beinhalten. Damit sie in Kenntnis der Sachlage ihre Einwilligung geben kann, sollte die betroffene Person mindestens wissen, wer der Verantwortliche ist und für welche Zwecke ihre personenbezogenen Daten verarbeitet werden sollen. Es sollte nur dann davon ausgegangen werden, dass sie ihre Einwilligung freiwillig gegeben hat, wenn sie eine echte oder freie Wahl hat und somit in der Lage ist, die Einwilligung zu verweigern oder zurückzuziehen, ohne Nachteile zu erleiden.

(43) Um sicherzustellen, dass die Einwilligung freiwillig erfolgt ist, sollte diese in besonderen Fällen, wenn zwischen der betroffenen Person und dem Verantwortlichen ein klares Ungleichgewicht besteht, insbesondere wenn es sich bei dem Verantwortlichen um eine Behörde handelt, und es deshalb in Anbetracht aller Umstände in dem speziellen Fall unwahrscheinlich ist, dass die Einwilligung freiwillig gegeben wurde, keine gültige Rechtsgrundlage liefern. Die Einwilligung gilt nicht als freiwillig erteilt, wenn zu verschiedenen Verarbeitungsvorgängen von personenbezogenen Daten nicht gesondert eine Einwilligung erteilt werden kann, obwohl dies im Einzelfall angebracht ist, oder wenn die Erfüllung eines Vertrags,

---

[10] **Amtl. Anm.:** Richtlinie 93/13/EWG des Rates vom 5. April 1993 über missbräuchliche Klauseln in Verbraucherverträgen (ABl. L 95 vom 21.4.1993, S. 29).

einschließlich der Erbringung einer Dienstleistung, von der Einwilligung abhängig ist, obwohl diese Einwilligung für die Erfüllung nicht erforderlich ist.

(44) Die Verarbeitung von Daten sollte als rechtmäßig gelten, wenn sie für die Erfüllung oder den geplanten Abschluss eines Vertrags erforderlich ist.

(45) Erfolgt die Verarbeitung durch den Verantwortlichen aufgrund einer ihm obliegenden rechtlichen Verpflichtung oder ist die Verarbeitung zur Wahrnehmung einer Aufgabe im öffentlichen Interesse oder in Ausübung öffentlicher Gewalt erforderlich, muss hierfür eine Grundlage im Unionsrecht oder im Recht eines Mitgliedstaats bestehen. Mit dieser Verordnung wird nicht für jede einzelne Verarbeitung ein spezifisches Gesetz verlangt. Ein Gesetz als Grundlage für mehrere Verarbeitungsvorgänge kann ausreichend sein, wenn die Verarbeitung aufgrund einer dem Verantwortlichen obliegenden rechtlichen Verpflichtung erfolgt oder wenn die Verarbeitung zur Wahrnehmung einer Aufgabe im öffentlichen Interesse oder in Ausübung öffentlicher Gewalt erforderlich ist. Desgleichen sollte im Unionsrecht oder im Recht der Mitgliedstaaten geregelt werden, für welche Zwecke die Daten verarbeitet werden dürfen. Ferner könnten in diesem Recht die allgemeinen Bedingungen dieser Verordnung zur Regelung der Rechtmäßigkeit der Verarbeitung personenbezogener Daten präzisiert und es könnte darin festgelegt werden, wie der Verantwortliche zu bestimmen ist, welche Art von personenbezogenen Daten verarbeitet werden, welche Personen betroffen sind, welchen Einrichtungen die personenbezogenen Daten offengelegt, für welche Zwecke und wie lange sie gespeichert werden dürfen und welche anderen Maßnahmen ergriffen werden, um zu gewährleisten, dass die Verarbeitung rechtmäßig und nach Treu und Glauben erfolgt. Desgleichen sollte im Unionsrecht oder im Recht der Mitgliedstaaten geregelt werden, ob es sich bei dem Verantwortlichen, der eine Aufgabe wahrnimmt, die im öffentlichen Interesse liegt oder in Ausübung öffentlicher Gewalt erfolgt, um eine Behörde oder um eine andere unter das öffentliche Recht fallende natürliche oder juristische Person oder, sofern dies durch das öffentliche Interesse einschließlich gesundheitlicher Zwecke, wie die öffentliche Gesundheit oder die soziale Sicherheit oder die Verwaltung von Leistungen der Gesundheitsfürsorge, gerechtfertigt ist, eine natürliche oder juristische Person des Privatrechts, wie beispielsweise eine Berufsvereinigung, handeln sollte.

(46) Die Verarbeitung personenbezogener Daten sollte ebenfalls als rechtmäßig angesehen werden, wenn sie erforderlich ist, um ein lebenswichtiges Interesse der betroffenen Person oder einer anderen natürlichen Person zu schützen. Personenbezogene Daten sollten grundsätzlich nur dann aufgrund eines lebenswichtigen Interesses einer anderen natürlichen Person verarbeitet werden, wenn die Verarbeitung offensichtlich nicht auf eine andere Rechtsgrundlage gestützt werden kann. Einige Arten der Verarbeitung können sowohl wichtigen Gründen des öffentlichen Interesses als auch lebenswichtigen Interessen der betroffenen Person dienen; so kann beispielsweise die Verarbeitung für humanitäre Zwecke einschließlich der Überwachung von Epidemien und deren Ausbreitung oder in humanitären Notfällen insbesondere bei Naturkatastrophen oder vom Menschen verursachten Katastrophen erforderlich sein.

(47) Die Rechtmäßigkeit der Verarbeitung kann durch die berechtigten Interessen eines Verantwortlichen, auch eines Verantwortlichen, dem die personenbezogenen Daten offengelegt werden dürfen, oder eines Dritten begründet sein, sofern die Interessen oder die Grundrechte und Grundfreiheiten der betroffenen Person nicht überwiegen; dabei sind die vernünftigen Erwartungen der betroffenen Personen, die auf ihrer Beziehung zu dem Verantwortlichen beruhen, zu berücksichtigen. Ein berechtigtes Interesse könnte beispielsweise vorliegen, wenn eine maßgebliche und angemessene Beziehung zwischen der betroffenen Person und dem Verantwortlichen besteht, z.B. wenn die betroffene Person ein Kunde des Verant-

wortlichen ist oder in seinen Diensten steht. Auf jeden Fall wäre das Bestehen eines berechtigten Interesses besonders sorgfältig abzuwägen, wobei auch zu prüfen ist, ob eine betroffene Person zum Zeitpunkt der Erhebung der personenbezogenen Daten und angesichts der Umstände, unter denen sie erfolgt, vernünftigerweise absehen kann, dass möglicherweise eine Verarbeitung für diesen Zweck erfolgen wird. Insbesondere dann, wenn personenbezogene Daten in Situationen verarbeitet werden, in denen eine betroffene Person vernünftigerweise nicht mit einer weiteren Verarbeitung rechnen muss, könnten die Interessen und Grundrechte der betroffenen Person das Interesse des Verantwortlichen überwiegen. Da es dem Gesetzgeber obliegt, per Rechtsvorschrift die Rechtsgrundlage für die Verarbeitung personenbezogener Daten durch die Behörden zu schaffen, sollte diese Rechtsgrundlage nicht für Verarbeitungen durch Behörden gelten, die diese in Erfüllung ihrer Aufgaben vornehmen. Die Verarbeitung personenbezogener Daten im für die Verhinderung von Betrug unbedingt erforderlichen Umfang stellt ebenfalls ein berechtigtes Interesse des jeweiligen Verantwortlichen dar. Die Verarbeitung personenbezogener Daten zum Zwecke der Direktwerbung kann als eine einem berechtigten Interesse dienende Verarbeitung betrachtet werden.

(48) Verantwortliche, die Teil einer Unternehmensgruppe oder einer Gruppe von Einrichtungen sind, die einer zentralen Stelle zugeordnet sind können ein berechtigtes Interesse haben, personenbezogene Daten innerhalb der Unternehmensgruppe für interne Verwaltungszwecke, einschließlich der Verarbeitung personenbezogener Daten von Kunden und Beschäftigten, zu übermitteln. Die Grundprinzipien für die Übermittlung personenbezogener Daten innerhalb von Unternehmensgruppen an ein Unternehmen in einem Drittland bleiben unberührt.

(49) Die Verarbeitung von personenbezogenen Daten durch Behörden, Computer-Notdienste (Computer Emergency Response Teams – CERT, beziehungsweise Computer Security Incident Response Teams – CSIRT), Betreiber von elektronischen Kommunikationsnetzen und -diensten sowie durch Anbieter von Sicherheitstechnologien und -diensten stellt in dem Maße ein berechtigtes Interesse des jeweiligen Verantwortlichen dar, wie dies für die Gewährleistung der Netz- und Informationssicherheit unbedingt notwendig und verhältnismäßig ist, d.h. soweit dadurch die Fähigkeit eines Netzes oder Informationssystems gewährleistet wird, mit einem vorgegebenen Grad der Zuverlässigkeit Störungen oder widerrechtliche oder mutwillige Eingriffe abzuwehren, die die Verfügbarkeit, Authentizität, Vollständigkeit und Vertraulichkeit von gespeicherten oder übermittelten personenbezogenen Daten sowie die Sicherheit damit zusammenhängender Dienste, die über diese Netze oder Informationssysteme angeboten werden bzw. zugänglich sind, beeinträchtigen. Ein solches berechtigtes Interesse könnte beispielsweise darin bestehen, den Zugang Unbefugter zu elektronischen Kommunikationsnetzen und die Verbreitung schädlicher Programmcodes zu verhindern sowie Angriffe in Form der gezielten Überlastung von Servern („Denial of service"-Angriffe) und Schädigungen von Computer- und elektronischen Kommunikationssystemen abzuwehren.

(50) Die Verarbeitung personenbezogener Daten für andere Zwecke als die, für die die personenbezogenen Daten ursprünglich erhoben wurden, sollte nur zulässig sein, wenn die Verarbeitung mit den Zwecken, für die die personenbezogenen Daten ursprünglich erhoben wurden, vereinbar ist. In diesem Fall ist keine andere gesonderte Rechtsgrundlage erforderlich als diejenige für die Erhebung der personenbezogenen Daten. Ist die Verarbeitung für die Wahrnehmung einer Aufgabe erforderlich, die im öffentlichen Interesse liegt oder in Ausübung öffentlicher Gewalt erfolgt, die dem Verantwortlichen übertragen wurde, so können im Unionsrecht oder im Recht der Mitgliedstaaten die Aufgaben und Zwecke bestimmt

und konkretisiert werden, für die eine Weiterverarbeitung als vereinbar und rechtmäßig erachtet wird. Die Weiterverarbeitung für im öffentlichen Interesse liegende Archivzwecke, für wissenschaftliche oder historische Forschungszwecke oder für statistische Zwecke sollte als vereinbarer und rechtmäßiger Verarbeitungsvorgang gelten. Die im Unionsrecht oder im Recht der Mitgliedstaaten vorgesehene Rechtsgrundlage für die Verarbeitung personenbezogener Daten kann auch als Rechtsgrundlage für eine Weiterverarbeitung dienen. Um festzustellen, ob ein Zweck der Weiterverarbeitung mit dem Zweck, für den die personenbezogenen Daten ursprünglich erhoben wurden, vereinbar ist, sollte der Verantwortliche nach Einhaltung aller Anforderungen für die Rechtmäßigkeit der ursprünglichen Verarbeitung unter anderem prüfen, ob ein Zusammenhang zwischen den Zwecken, für die die personenbezogenen Daten erhoben wurden, und den Zwecken der beabsichtigten Weiterverarbeitung besteht, in welchem Kontext die Daten erhoben wurden, insbesondere die vernünftigen Erwartungen der betroffenen Personen, die auf ihrer Beziehung zu dem Verantwortlichen beruhen, in Bezug auf die weitere Verwendung dieser Daten, um welche Art von personenbezogenen Daten es sich handelt, welche Folgen die beabsichtigte Weiterverarbeitung für die betroffenen Personen hat und ob sowohl beim ursprünglichen als auch beim beabsichtigten Weiterverarbeitungsvorgang geeignete Garantien bestehen. Hat die betroffene Person ihre Einwilligung erteilt oder beruht die Verarbeitung auf Unionsrecht oder dem Recht der Mitgliedstaaten, was in einer demokratischen Gesellschaft eine notwendige und verhältnismäßige Maßnahme zum Schutz insbesondere wichtiger Ziele des allgemeinen öffentlichen Interesses darstellt, so sollte der Verantwortliche die personenbezogenen Daten ungeachtet der Vereinbarkeit der Zwecke weiterverarbeiten dürfen. In jedem Fall sollte gewährleistet sein, dass die in dieser Verordnung niedergelegten Grundsätze angewandt werden und insbesondere die betroffene Person über diese anderen Zwecke und über ihre Rechte einschließlich des Widerspruchsrechts unterrichtet wird. Der Hinweis des Verantwortlichen auf mögliche Straftaten oder Bedrohungen der öffentlichen Sicherheit und die Übermittlung der maßgeblichen personenbezogenen Daten in Einzelfällen oder in mehreren Fällen, die im Zusammenhang mit derselben Straftat oder derselben Bedrohung der öffentlichen Sicherheit stehen, an eine zuständige Behörde sollten als berechtigtes Interesse des Verantwortlichen gelten. Eine derartige Übermittlung personenbezogener Daten im berechtigten Interesse des Verantwortlichen oder deren Weiterverarbeitung sollte jedoch unzulässig sein, wenn die Verarbeitung mit einer rechtlichen, beruflichen oder sonstigen verbindlichen Pflicht zur Geheimhaltung unvereinbar ist.

(51) Personenbezogene Daten, die ihrem Wesen nach hinsichtlich der Grundrechte und Grundfreiheiten besonders sensibel sind, verdienen einen besonderen Schutz, da im Zusammenhang mit ihrer Verarbeitung erhebliche Risiken für die Grundrechte und Grundfreiheiten auftreten können. Diese personenbezogenen Daten sollten personenbezogene Daten umfassen, aus denen die rassische oder ethnische Herkunft hervorgeht, wobei die Verwendung des Begriffs „rassische Herkunft" in dieser Verordnung nicht bedeutet, dass die Union Theorien, mit denen versucht wird, die Existenz verschiedener menschlicher Rassen zu belegen, gutheißt. Die Verarbeitung von Lichtbildern sollte nicht grundsätzlich als Verarbeitung besonderer Kategorien von personenbezogenen Daten angesehen werden, da Lichtbilder nur dann von der Definition des Begriffs „biometrische Daten" erfasst werden, wenn sie mit speziellen technischen Mitteln verarbeitet werden, die die eindeutige Identifizierung oder Authentifizierung einer natürlichen Person ermöglichen. Derartige personenbezogene Daten sollten nicht verarbeitet werden, es sei denn, die Verarbeitung ist in den in dieser Verordnung dargelegten besonderen Fällen zulässig, wobei zu berücksichtigen ist, dass im Recht der Mitgliedstaaten

besondere Datenschutzbestimmungen festgelegt sein können, um die Anwendung der Bestimmungen dieser Verordnung anzupassen, damit die Einhaltung einer rechtlichen Verpflichtung oder die Wahrnehmung einer Aufgabe im öffentlichen Interesse oder die Ausübung öffentlicher Gewalt, die dem Verantwortlichen übertragen wurde, möglich ist. Zusätzlich zu den speziellen Anforderungen an eine derartige Verarbeitung sollten die allgemeinen Grundsätze und andere Bestimmungen dieser Verordnung, insbesondere hinsichtlich der Bedingungen für eine rechtmäßige Verarbeitung, gelten. Ausnahmen von dem allgemeinen Verbot der Verarbeitung dieser besonderen Kategorien personenbezogener Daten sollten ausdrücklich vorgesehen werden, unter anderem bei ausdrücklicher Einwilligung der betroffenen Person oder bei bestimmten Notwendigkeiten, insbesondere wenn die Verarbeitung im Rahmen rechtmäßiger Tätigkeiten bestimmter Vereinigungen oder Stiftungen vorgenommen wird, die sich für die Ausübung von Grundfreiheiten einsetzen.

(52) Ausnahmen vom Verbot der Verarbeitung besonderer Kategorien von personenbezogenen Daten sollten auch erlaubt sein, wenn sie im Unionsrecht oder dem Recht der Mitgliedstaaten vorgesehen sind, und – vorbehaltlich angemessener Garantien zum Schutz der personenbezogenen Daten und anderer Grundrechte – wenn dies durch das öffentliche Interesse gerechtfertigt ist, insbesondere für die Verarbeitung von personenbezogenen Daten auf dem Gebiet des Arbeitsrechts und des Rechts der sozialen Sicherheit einschließlich Renten und zwecks Sicherstellung und Überwachung der Gesundheit und Gesundheitswarnungen, Prävention oder Kontrolle ansteckender Krankheiten und anderer schwerwiegender Gesundheitsgefahren. Eine solche Ausnahme kann zu gesundheitlichen Zwecken gemacht werden, wie der Gewährleistung der öffentlichen Gesundheit und der Verwaltung von Leistungen der Gesundheitsversorgung, insbesondere wenn dadurch die Qualität und Wirtschaftlichkeit der Verfahren zur Abrechnung von Leistungen in den sozialen Krankenversicherungssystemen sichergestellt werden soll, oder wenn die Verarbeitung im öffentlichen Interesse liegenden Archivzwecken, wissenschaftlichen oder historischen Forschungszwecken oder statistischen Zwecken dient. Die Verarbeitung solcher personenbezogener Daten sollte zudem ausnahmsweise erlaubt sein, wenn sie erforderlich ist, um rechtliche Ansprüche, sei es in einem Gerichtsverfahren oder in einem Verwaltungsverfahren oder einem außergerichtlichen Verfahren, geltend zu machen, auszuüben oder zu verteidigen.

(53) Besondere Kategorien personenbezogener Daten, die eines höheren Schutzes verdienen, sollten nur dann für gesundheitsbezogene Zwecke verarbeitet werden, wenn dies für das Erreichen dieser Zwecke im Interesse einzelner natürlicher Personen und der Gesellschaft insgesamt erforderlich ist, insbesondere im Zusammenhang mit der Verwaltung der Dienste und Systeme des Gesundheits- oder Sozialbereichs, einschließlich der Verarbeitung dieser Daten durch die Verwaltung und die zentralen nationalen Gesundheitsbehörden zwecks Qualitätskontrolle, Verwaltungsinformationen und der allgemeinen nationalen und lokalen Überwachung des Gesundheitssystems oder des Sozialsystems und zwecks Gewährleistung der Kontinuität der Gesundheits- und Sozialfürsorge und der grenzüberschreitenden Gesundheitsversorgung oder Sicherstellung und Überwachung der Gesundheit und Gesundheitswarnungen oder für im öffentlichen Interesse liegende Archivzwecke, zu wissenschaftlichen oder historischen Forschungszwecken oder statistischen Zwecken, die auf Rechtsvorschriften der Union oder der Mitgliedstaaten beruhen, die einem im öffentlichen Interesse liegenden Ziel dienen müssen, sowie für Studien, die im öffentlichen Interesse im Bereich der öffentlichen Gesundheit durchgeführt werden. Diese Verordnung sollte daher harmonisierte Bedingungen für die Verarbeitung besonderer Kategorien personenbezogener Gesundheitsdaten im Hinblick auf bestimmte Erfordernisse harmonisieren, insbe-

sondere wenn die Verarbeitung dieser Daten für gesundheitsbezogene Zwecke von Personen durchgeführt wird, die gemäß einer rechtlichen Verpflichtung dem Berufsgeheimnis unterliegen. Im Recht der Union oder der Mitgliedstaaten sollten besondere und angemessene Maßnahmen zum Schutz der Grundrechte und der personenbezogenen Daten natürlicher Personen vorgesehen werden. Den Mitgliedstaaten sollte gestattet werden, weitere Bedingungen einschließlich Beschränkungen – in Bezug auf die Verarbeitung von genetischen Daten, biometrischen Daten oder Gesundheitsdaten beizubehalten oder einzuführen. Dies sollte jedoch den freien Verkehr personenbezogener Daten innerhalb der Union nicht beeinträchtigen, falls die betreffenden Bedingungen für die grenzüberschreitende Verarbeitung solcher Daten gelten.

(54) Aus Gründen des öffentlichen Interesses in Bereichen der öffentlichen Gesundheit kann es notwendig sein, besondere Kategorien personenbezogener Daten auch ohne Einwilligung der betroffenen Person zu verarbeiten. Diese Verarbeitung sollte angemessenen und besonderen Maßnahmen zum Schutz der Rechte und Freiheiten natürlicher Personen unterliegen. In diesem Zusammenhang sollte der Begriff „öffentliche Gesundheit" im Sinne der Verordnung (EG) Nr. 1338/2008 des Europäischen Parlaments und des Rates[11] ausgelegt werden und alle Elemente im Zusammenhang mit der Gesundheit wie den Gesundheitszustand einschließlich Morbidität und Behinderung, die sich auf diesen Gesundheitszustand auswirkenden Determinanten, den Bedarf an Gesundheitsversorgung, die der Gesundheitsversorgung zugewiesenen Mittel, die Bereitstellung von Gesundheitsversorgungsleistungen und den allgemeinen Zugang zu diesen Leistungen sowie die entsprechenden Ausgaben und die Finanzierung und schließlich die Ursachen der Mortalität einschließen. Eine solche Verarbeitung von Gesundheitsdaten aus Gründen des öffentlichen Interesses darf nicht dazu führen, dass Dritte, unter anderem Arbeitgeber oder Versicherungs- und Finanzunternehmen, solche personenbezogene Daten zu anderen Zwecken verarbeiten.

(55) Auch die Verarbeitung personenbezogener Daten durch staatliche Stellen zu verfassungsrechtlich oder völkerrechtlich verankerten Zielen von staatlich anerkannten Religionsgemeinschaften erfolgt aus Gründen des öffentlichen Interesses.

(56) Wenn es in einem Mitgliedstaat das Funktionieren des demokratischen Systems erfordert, dass die politischen Parteien im Zusammenhang mit Wahlen personenbezogene Daten über die politische Einstellung von Personen sammeln, kann die Verarbeitung derartiger Daten aus Gründen des öffentlichen Interesses zugelassen werden, sofern geeignete Garantien vorgesehen werden.

(57) Kann der Verantwortliche anhand der von ihm verarbeiteten personenbezogenen Daten eine natürliche Person nicht identifizieren, so sollte er nicht verpflichtet sein, zur bloßen Einhaltung einer Vorschrift dieser Verordnung zusätzliche Daten einzuholen, um die betroffene Person zu identifizieren. Allerdings sollte er sich nicht weigern, zusätzliche Informationen entgegenzunehmen, die von der betroffenen Person beigebracht werden, um ihre Rechte geltend zu machen. Die Identifizierung sollte die digitale Identifizierung einer betroffenen Person beispielsweise durch Authentifizierungsverfahren etwa mit denselben Berechtigungsnachweisen, wie sie die betroffene Person verwendet, um sich bei dem von dem Verantwortlichen bereitgestellten Online-Dienst anzumelden – einschließen.

(58) Der Grundsatz der Transparenz setzt voraus, dass eine für die Öffentlichkeit oder die betroffene Person bestimmte Information präzise, leicht zugänglich und verständlich sowie in klarer und einfacher Sprache abgefasst ist und gegebenenfalls

[11] **Amtl. Anm.:** Verordnung (EG) Nr. 1338/2008 des Europäischen Parlaments und des Rates vom 16. Dezember 2008 zu Gemeinschaftsstatistiken über öffentliche Gesundheit und über Gesundheitsschutz und Sicherheit am Arbeitsplatz (ABl. L 354 vom 31.12.2008, S. 70).

zusätzlich visuelle Elemente verwendet werden. Diese Information könnte in elektronischer Form bereitgestellt werden, beispielsweise auf einer Website, wenn sie für die Öffentlichkeit bestimmt ist. Dies gilt insbesondere für Situationen, wo die große Zahl der Beteiligten und die Komplexität der dazu benötigten Technik es der betroffenen Person schwer machen, zu erkennen und nachzuvollziehen, ob, von wem und zu welchem Zweck sie betreffende personenbezogene Daten erfasst werden, wie etwa bei der Werbung im Internet. Wenn sich die Verarbeitung an Kinder richtet, sollten aufgrund der besonderen Schutzwürdigkeit von Kindern Informationen und Hinweise in einer dergestalt klaren und einfachen Sprache erfolgen, dass ein Kind sie verstehen kann.

(59) Es sollten Modalitäten festgelegt werden, die einer betroffenen Person die Ausübung der Rechte, die ihr nach dieser Verordnung zustehen, erleichtern, darunter auch Mechanismen, die dafür sorgen, dass sie unentgeltlich insbesondere Zugang zu personenbezogenen Daten und deren Berichtigung oder Löschung beantragen und gegebenenfalls erhalten oder von ihrem Widerspruchsrecht Gebrauch machen kann. So sollte der Verantwortliche auch dafür sorgen, dass Anträge elektronisch gestellt werden können, insbesondere wenn die personenbezogenen Daten elektronisch verarbeitet werden. Der Verantwortliche sollte verpflichtet werden, den Antrag der betroffenen Person unverzüglich, spätestens aber innerhalb eines Monats zu beantworten und gegebenenfalls zu begründen, warum er den Antrag ablehnt.

(60) Die Grundsätze einer fairen und transparenten Verarbeitung machen es erforderlich, dass die betroffene Person über die Existenz des Verarbeitungsvorgangs und seine Zwecke unterrichtet wird. Der Verantwortliche sollte der betroffenen Person alle weiteren Informationen zur Verfügung stellen, die unter Berücksichtigung der besonderen Umstände und Rahmenbedingungen, unter denen die personenbezogenen Daten verarbeitet werden, notwendig sind, um eine faire und transparente Verarbeitung zu gewährleisten. Darüber hinaus sollte er die betroffene Person darauf hinweisen, dass Profiling stattfindet und welche Folgen dies hat. Werden die personenbezogenen Daten bei der betroffenen Person erhoben, so sollte dieser darüber hinaus mitgeteilt werden, ob sie verpflichtet ist, die personenbezogenen Daten bereitzustellen, und welche Folgen eine Zurückhaltung der Daten nach sich ziehen würde. Die betreffenden Informationen können in Kombination mit standardisierten Bildsymbolen bereitgestellt werden, um in leicht wahrnehmbarer, verständlicher und klar nachvollziehbarer Form einen aussagekräftigen Überblick über die beabsichtigte Verarbeitung zu vermitteln. Werden die Bildsymbole in elektronischer Form dargestellt, so sollten sie maschinenlesbar sein.

(61) Dass sie betreffende personenbezogene Daten verarbeitet werden, sollte der betroffenen Person zum Zeitpunkt der Erhebung mitgeteilt werden oder, falls die Daten nicht von ihr, sondern aus einer anderen Quelle erlangt werden, innerhalb einer angemessenen Frist, die sich nach dem konkreten Einzelfall richtet. Wenn die personenbezogenen Daten rechtmäßig einem anderen Empfänger offengelegt werden dürfen, sollte die betroffene Person bei der erstmaligen Offenlegung der personenbezogenen Daten für diesen Empfänger darüber aufgeklärt werden. Beabsichtigt der Verantwortliche, die personenbezogenen Daten für einen anderen Zweck zu verarbeiten als den, für den die Daten erhoben wurden, so sollte er der betroffenen Person vor dieser Weiterverarbeitung Informationen über diesen anderen Zweck und andere erforderliche Informationen zur Verfügung stellen. Konnte der betroffenen Person nicht mitgeteilt werden, woher die personenbezogenen Daten stammen, weil verschiedene Quellen benutzt wurden, so sollte die Unterrichtung allgemein gehalten werden.

(62) Die Pflicht, Informationen zur Verfügung zu stellen, erübrigt sich jedoch, wenn die betroffene Person die Information bereits hat, wenn die Speicherung oder Offenlegung der personenbezogenen Daten ausdrücklich durch Rechtsvorschriften geregelt ist oder wenn sich die Unterrichtung der betroffenen Person als unmöglich erweist oder mit unverhältnismäßig hohem Aufwand verbunden ist. Letzteres könnte insbesondere bei Verarbeitungen für im öffentlichen Interesse liegende Archivzwecke, zu wissenschaftlichen oder historischen Forschungszwecken oder zu statistischen Zwecken der Fall sein. Als Anhaltspunkte sollten dabei die Zahl der betroffenen Personen, das Alter der Daten oder etwaige geeignete Garantien in Betracht gezogen werden.

(63) Eine betroffene Person sollte ein Auskunftsrecht hinsichtlich der sie betreffenden personenbezogenen Daten, die erhoben worden sind, besitzen und dieses Recht problemlos und in angemessenen Abständen wahrnehmen können, um sich der Verarbeitung bewusst zu sein und deren Rechtmäßigkeit überprüfen zu können. Dies schließt das Recht betroffene Personen auf Auskunft über ihre eigenen gesundheitsbezogenen Daten ein, etwa Daten in ihren Patientenakten, die Informationen wie beispielsweise Diagnosen, Untersuchungsergebnisse, Befunde der behandelnden Ärzte und Angaben zu Behandlungen oder Eingriffen enthalten. Jede betroffene Person sollte daher ein Anrecht darauf haben zu wissen und zu erfahren, insbesondere zu welchen Zwecken die personenbezogenen Daten verarbeitet werden und, wenn möglich, wie lange sie gespeichert werden, wer die Empfänger der personenbezogenen Daten sind, nach welcher Logik die automatische Verarbeitung personenbezogener Daten erfolgt und welche Folgen eine solche Verarbeitung haben kann, zumindest in Fällen, in denen die Verarbeitung auf Profiling beruht. Nach Möglichkeit sollte der Verantwortliche den Fernzugang zu einem sicheren System bereitstellen können, der der betroffenen Person direkten Zugang zu ihren personenbezogenen Daten ermöglichen würde. Dieses Recht sollte die Rechte und Freiheiten anderer Personen, etwa Geschäftsgeheimnisse oder Rechte des geistigen Eigentums und insbesondere das Urheberrecht an Software, nicht beeinträchtigen. Dies darf jedoch nicht dazu führen, dass der betroffenen Person jegliche Auskunft verweigert wird. Verarbeitet der Verantwortliche eine große Menge von Informationen über die betroffene Person, so sollte er verlangen können, dass die betroffene Person präzisiert, auf welche Information oder welche Verarbeitungsvorgänge sich ihr Auskunftsersuchen bezieht, bevor er ihr Auskunft erteilt.

(64) Der Verantwortliche sollte alle vertretbaren Mittel nutzen, um die Identität einer Auskunft suchenden betroffenen Person zu überprüfen, insbesondere im Rahmen von Online-Diensten und im Fall von Online-Kennungen. Ein Verantwortlicher sollte personenbezogene Daten nicht allein zu dem Zweck speichern, auf mögliche Auskunftsersuchen reagieren zu können.

(65) Eine betroffene Person sollte ein Recht auf Berichtigung der sie betreffenden personenbezogenen Daten besitzen sowie ein „Recht auf Vergessenwerden", wenn die Speicherung ihrer Daten gegen diese Verordnung oder gegen das Unionsrecht oder das Recht der Mitgliedstaaten, dem der Verantwortliche unterliegt, verstößt. Insbesondere sollten betroffene Personen Anspruch darauf haben, dass ihre personenbezogenen Daten gelöscht und nicht mehr verarbeitet werden, wenn die personenbezogenen Daten hinsichtlich der Zwecke, für die sie erhoben bzw. anderweitig verarbeitet wurden, nicht mehr benötigt werden, wenn die betroffenen Personen ihre Einwilligung in die Verarbeitung widerrufen oder Widerspruch gegen die Verarbeitung der sie betreffenden personenbezogenen Daten eingelegt haben oder wenn die Verarbeitung ihrer personenbezogenen Daten aus anderen Gründen gegen diese Verordnung verstößt. Dieses Recht ist insbesondere wichtig in Fällen, in denen die betroffene Person ihre Einwilligung noch im Kindesalter

gegeben hat und insofern die mit der Verarbeitung verbundenen Gefahren nicht in vollem Umfang absehen konnte und die personenbezogenen Daten – insbesondere die im Internet gespeicherten – später löschen möchte. Die betroffene Person sollte dieses Recht auch dann ausüben können, wenn sie kein Kind mehr ist. Die weitere Speicherung der personenbezogenen Daten sollte jedoch rechtmäßig sein, wenn dies für die Ausübung des Rechts auf freie Meinungsäußerung und Information, zur Erfüllung einer rechtlichen Verpflichtung, für die Wahrnehmung einer Aufgabe, die im öffentlichen Interesse liegt oder in Ausübung öffentlicher Gewalt erfolgt, die dem Verantwortlichen übertragen wurde, aus Gründen des öffentlichen Interesses im Bereich der öffentlichen Gesundheit, für im öffentlichen Interesse liegende Archivzwecke, zu wissenschaftlichen oder historischen Forschungszwecken oder zu statistischen Zwecken oder zur Geltendmachung, Ausübung oder Verteidigung von Rechtsansprüchen erforderlich ist.

(66) Um dem „Recht auf Vergessenwerden" im Netz mehr Geltung zu verschaffen, sollte das Recht auf Löschung ausgeweitet werden, indem ein Verantwortlicher, der die personenbezogenen Daten öffentlich gemacht hat, verpflichtet wird, den Verantwortlichen, die diese personenbezogenen Daten verarbeiten, mitzuteilen, alle Links zu diesen personenbezogenen Daten oder Kopien oder Replikationen der personenbezogenen Daten zu löschen. Dabei sollte der Verantwortliche, unter Berücksichtigung der verfügbaren Technologien und der ihm zur Verfügung stehenden Mittel, angemessene Maßnahmen – auch technischer Art – treffen, um die Verantwortlichen, die diese personenbezogenen Daten verarbeiten, über den Antrag der betroffenen Person zu informieren.

(67) Methoden zur Beschränkung der Verarbeitung personenbezogener Daten könnten unter anderem darin bestehen, dass ausgewählte personenbezogenen Daten vorübergehend auf ein anderes Verarbeitungssystem übertragen werden, dass sie für Nutzer gesperrt werden oder dass veröffentliche Daten vorübergehend von einer Website entfernt werden. In automatisierten Dateisystemen sollte die Einschränkung der Verarbeitung grundsätzlich durch technische Mittel so erfolgen, dass die personenbezogenen Daten in keiner Weise weiterverarbeitet werden und nicht verändert werden können. Auf die Tatsache, dass die Verarbeitung der personenbezogenen Daten beschränkt wurde, sollte in dem System unmissverständlich hingewiesen werden.

(68) Um im Fall der Verarbeitung personenbezogener Daten mit automatischen Mitteln eine bessere Kontrolle über die eigenen Daten zu haben, sollte die betroffene Person außerdem berechtigt sein, die sie betreffenden personenbezogenen Daten, die sie einem Verantwortlichen bereitgestellt hat, in einem strukturierten, gängigen, maschinenlesbaren und interoperablen Format zu erhalten und sie einem anderen Verantwortlichen zu übermitteln. Die Verantwortlichen sollten dazu aufgefordert werden, interoperable Formate zu entwickeln, die die Datenübertragbarkeit ermöglichen. Dieses Recht sollte dann gelten, wenn die betroffene Person die personenbezogenen Daten mit ihrer Einwilligung zur Verfügung gestellt hat oder die Verarbeitung zur Erfüllung eines Vertrags erforderlich ist. Es sollte nicht gelten, wenn die Verarbeitung auf einer anderen Rechtsgrundlage als ihrer Einwilligung oder eines Vertrags erfolgt. Dieses Recht sollte naturgemäß nicht gegen Verantwortliche ausgeübt werden, die personenbezogenen Daten in Erfüllung ihrer öffentlichen Aufgaben verarbeiten. Es sollte daher nicht gelten, wenn die Verarbeitung der personenbezogenen Daten zur Erfüllung einer rechtlichen Verpflichtung, der der Verantwortliche unterliegt, oder für die Wahrnehmung einer ihm übertragenen Aufgabe, die im öffentlichen Interesse liegt oder in Ausübung einer ihm übertragenen öffentlichen Gewalt erfolgt, erforderlich ist. Das Recht der betroffenen Person, sie betreffende personenbezogene Daten zu übermitteln oder zu empfangen, sollte für den Verantwortlichen nicht die Pflicht

begründen, technisch kompatible Datenverarbeitungssysteme zu übernehmen oder beizubehalten. Ist im Fall eines bestimmten Satzes personenbezogener Daten mehr als eine betroffene Person tangiert, so sollte das Recht auf Empfang der Daten die Grundrechte und Grundfreiheiten anderer betroffener Personen nach dieser Verordnung unberührt lassen. Dieses Recht sollte zudem das Recht der betroffenen Person auf Löschung ihrer personenbezogenen Daten und die Beschränkungen dieses Rechts gemäß dieser Verordnung nicht berühren und insbesondere nicht bedeuten, dass die Daten, die sich auf die betroffene Person beziehen und von ihr zur Erfüllung eines Vertrags zur Verfügung gestellt worden sind, gelöscht werden, soweit und solange diese personenbezogenen Daten für die Erfüllung des Vertrags notwendig sind. Soweit technisch machbar, sollte die betroffene Person das Recht haben, zu erwirken, dass die personenbezogenen Daten direkt von einem Verantwortlichen einem anderen Verantwortlichen übermittelt werden.

(69) Dürfen die personenbezogenen Daten möglicherweise rechtmäßig verarbeitet werden, weil die Verarbeitung für die Wahrnehmung einer Aufgabe, die im öffentlichen Interesse liegt oder in Ausübung öffentlicher Gewalt – die dem Verantwortlichen übertragen wurde, – oder aufgrund des berechtigten Interesses des Verantwortlichen oder eines Dritten erforderlich ist, sollte jede betroffene Person trotzdem das Recht haben, Widerspruch gegen die Verarbeitung der sich aus ihrer besonderen Situation ergebenden personenbezogenen Daten einzulegen. Der für die Verarbeitung Verantwortliche sollte darlegen müssen, dass seine zwingenden berechtigten Interessen Vorrang vor den Interessen oder Grundrechten und Grundfreiheiten der betroffenen Person haben.

(70) Werden personenbezogene Daten verarbeitet, um Direktwerbung zu betreiben, so sollte die betroffene Person jederzeit unentgeltlich insoweit Widerspruch gegen eine solche – ursprüngliche oder spätere – Verarbeitung einschließlich des Profilings einlegen können, als sie mit dieser Direktwerbung zusammenhängt. Die betroffene Person sollte ausdrücklich auf dieses Recht hingewiesen werden; dieser Hinweis sollte in einer verständlichen und von anderen Informationen getrennten Form erfolgen.

(71) Die betroffene Person sollte das Recht haben, keiner Entscheidung – was eine Maßnahme einschließen kann – zur Bewertung von sie betreffenden persönlichen Aspekten unterworfen zu werden, die ausschließlich auf einer automatisierten Verarbeitung beruht und die rechtliche Wirkung für die betroffene Person entfaltet oder sie in ähnlicher Weise erheblich beeinträchtigt, wie die automatische Ablehnung eines Online-Kreditantrags oder Online-Einstellungsverfahren ohne jegliches menschliche Eingreifen. Zu einer derartigen Verarbeitung zählt auch das „Profiling", das in jeglicher Form automatisierter Verarbeitung personenbezogener Daten unter Bewertung der persönlichen Aspekte in Bezug auf eine natürliche Person besteht, insbesondere zur Analyse oder Prognose von Aspekten bezüglich Arbeitsleistung, wirtschaftliche Lage, Gesundheit, persönliche Vorlieben oder Interessen, Zuverlässigkeit oder Verhalten, Aufenthaltsort oder Ortswechsel der betroffenen Person, soweit dies rechtliche Wirkung für die betroffene Person entfaltet oder sie in ähnlicher Weise erheblich beeinträchtigt. Eine auf einer derartigen Verarbeitung, einschließlich des Profilings, beruhende Entscheidungsfindung sollte allerdings erlaubt sein, wenn dies nach dem Unionsrecht oder dem Recht der Mitgliedstaaten, dem der für die Verarbeitung Verantwortliche unterliegt, ausdrücklich zulässig ist, auch um im Einklang mit den Vorschriften, Standards und Empfehlungen der Institutionen der Union oder der nationalen Aufsichtsgremien Betrug und Steuerhinterziehung zu überwachen und zu verhindern und die Sicherheit und Zuverlässigkeit eines von dem Verantwortlichen bereitgestellten Dienstes zu gewährleisten, oder wenn dies für den Abschluss oder die Erfüllung

eines Vertrags zwischen der betroffenen Person und einem Verantwortlichen erforderlich ist oder wenn die betroffene Person ihre ausdrückliche Einwilligung hierzu erteilt hat. In jedem Fall sollte eine solche Verarbeitung mit angemessenen Garantien verbunden sein, einschließlich der spezifischen Unterrichtung der betroffenen Person und des Anspruchs auf direktes Eingreifen einer Person, auf Darlegung des eigenen Standpunkts, auf Erläuterung der nach einer entsprechenden Bewertung getroffenen Entscheidung sowie des Rechts auf Anfechtung der Entscheidung. Diese Maßnahme sollte kein Kind betreffen. Um unter Berücksichtigung der besonderen Umstände und Rahmenbedingungen, unter denen die personenbezogenen Daten verarbeitet werden, der betroffenen Person gegenüber eine faire und transparente Verarbeitung zu gewährleisten, sollte der für die Verarbeitung Verantwortliche geeignete mathematische oder statistische Verfahren für das Profiling verwenden, technische und organisatorische Maßnahmen treffen, mit denen in geeigneter Weise insbesondere sichergestellt wird, dass Faktoren, die zu unrichtigen personenbezogenen Daten führen, korrigiert werden und das Risiko von Fehlern minimiert wird, und personenbezogene Daten in einer Weise sichern, dass den potenziellen Bedrohungen für die Interessen und Rechte der betroffenen Person Rechnung getragen wird und unter anderem verhindern, dass es gegenüber natürlichen Personen aufgrund von Rasse, ethnischer Herkunft, politischer Meinung, Religion oder Weltanschauung, Gewerkschaftszugehörigkeit, genetischer Anlagen oder Gesundheitszustand sowie sexueller Orientierung zu diskriminierenden Wirkungen oder zu einer Verarbeitung kommt, die eine solche Wirkung haben. Automatisierte Entscheidungsfindung und Profiling auf der Grundlage besonderer Kategorien von personenbezogenen Daten sollten nur unter bestimmten Bedingungen erlaubt sein.

(72) Das Profiling unterliegt den Vorschriften dieser Verordnung für die Verarbeitung personenbezogener Daten, wie etwa die Rechtsgrundlage für die Verarbeitung oder die Datenschutzgrundsätze. Der durch diese Verordnung eingerichtete Europäische Datenschutzausschuss (im Folgenden „Ausschuss“) sollte, diesbezüglich Leitlinien herausgeben können.

(73) Im Recht der Union oder der Mitgliedstaaten können Beschränkungen hinsichtlich bestimmter Grundsätze und hinsichtlich des Rechts auf Unterrichtung, Auskunft zu und Berichtigung oder Löschung personenbezogener Daten, des Rechts auf Datenübertragbarkeit und Widerspruch, Entscheidungen, die auf der Erstellung von Profilen beruhen, sowie Mitteilungen über eine Verletzung des Schutzes personenbezogener Daten an eine betroffene Person und bestimmten damit zusammenhängenden Pflichten der Verantwortlichen vorgesehen werden, soweit dies in einer demokratischen Gesellschaft notwendig und verhältnismäßig ist, um die öffentliche Sicherheit aufrechtzuerhalten, wozu unter anderem der Schutz von Menschenleben insbesondere bei Naturkatastrophen oder vom Menschen verursachten Katastrophen, die Verhütung, Aufdeckung und Verfolgung von Straftaten oder die Strafvollstreckung – was auch den Schutz vor und die Abwehr von Gefahren für die öffentliche Sicherheit einschließt – oder die Verhütung, Aufdeckung und Verfolgung von Verstößen gegen Berufsstandsregeln bei reglementierten Berufen, das Führen öffentlicher Register aus Gründen des allgemeinen öffentlichen Interesses sowie die Weiterverarbeitung von archivierten personenbezogenen Daten zur Bereitstellung spezifischer Informationen im Zusammenhang mit dem politischen Verhalten unter ehemaligen totalitären Regimen gehört, und zum Schutz sonstiger wichtiger Ziele des allgemeinen öffentlichen Interesses der Union oder eines Mitgliedstaats, etwa wichtige wirtschaftliche oder finanzielle Interessen, oder die betroffene Person und die Rechte und Freiheiten anderer Personen, einschließlich in den Bereichen soziale Sicherheit, öffentliche Gesundheit und humanitäre Hilfe, zu schützen. Diese Beschränkungen sollten

mit der Charta und mit der Europäischen Konvention zum Schutz der Menschenrechte und Grundfreiheiten im Einklang stehen.

(74) Die Verantwortung und Haftung des Verantwortlichen für jedwede Verarbeitung personenbezogener Daten, die durch ihn oder in seinem Namen erfolgt, sollte geregelt werden. Insbesondere sollte der Verantwortliche geeignete und wirksame Maßnahmen treffen müssen und nachweisen können, dass die Verarbeitungstätigkeiten im Einklang mit dieser Verordnung stehen und die Maßnahmen auch wirksam sind. Dabei sollte er die Art, den Umfang, die Umstände und die Zwecke der Verarbeitung und das Risiko für die Rechte und Freiheiten natürlicher Personen berücksichtigen.

(75) Die Risiken für die Rechte und Freiheiten natürlicher Personen – mit unterschiedlicher Eintrittswahrscheinlichkeit und Schwere – können aus einer Verarbeitung personenbezogener Daten hervorgehen, die zu einem physischen, materiellen oder immateriellen Schaden führen könnte, insbesondere wenn die Verarbeitung zu einer Diskriminierung, einem Identitätsdiebstahl oder -betrug, einem finanziellen Verlust, einer Rufschädigung, einem Verlust der Vertraulichkeit von dem Berufsgeheimnis unterliegenden personenbezogenen Daten, der unbefugten Aufhebung der Pseudonymisierung oder anderen erheblichen wirtschaftlichen oder gesellschaftlichen Nachteilen führen kann, wenn die betroffenen Personen um ihre Rechte und Freiheiten gebracht oder daran gehindert werden, die sie betreffenden personenbezogenen Daten zu kontrollieren, wenn personenbezogene Daten, aus denen die rassische oder ethnische Herkunft, politische Meinungen, religiöse oder weltanschauliche Überzeugungen oder die Zugehörigkeit zu einer Gewerkschaft hervorgehen, und genetische Daten, Gesundheitsdaten oder das Sexualleben oder strafrechtliche Verurteilungen und Straftaten oder damit zusammenhängende Sicherungsmaßregeln betreffende Daten verarbeitet werden, wenn persönliche Aspekte bewertet werden, insbesondere wenn Aspekte, die die Arbeitsleistung, wirtschaftliche Lage, Gesundheit, persönliche Vorlieben oder Interessen, die Zuverlässigkeit oder das Verhalten, den Aufenthaltsort oder Ortswechsel betreffen, analysiert oder prognostiziert werden, um persönliche Profile zu erstellen oder zu nutzen, wenn personenbezogene Daten schutzbedürftiger natürlicher Personen, insbesondere Daten von Kindern, verarbeitet werden oder wenn die Verarbeitung eine große Menge personenbezogener Daten und eine große Anzahl von betroffenen Personen betrifft.

(76) Eintrittswahrscheinlichkeit und Schwere des Risikos für die Rechte und Freiheiten der betroffenen Person sollten in Bezug auf die Art, den Umfang, die Umstände und die Zwecke der Verarbeitung bestimmt werden. Das Risiko sollte anhand einer objektiven Bewertung beurteilt werden, bei der festgestellt wird, ob die Datenverarbeitung ein Risiko oder ein hohes Risiko birgt.

(77) Anleitungen, wie der Verantwortliche oder Auftragsverarbeiter geeignete Maßnahmen durchzuführen hat und wie die Einhaltung der Anforderungen nachzuweisen ist, insbesondere was die Ermittlung des mit der Verarbeitung verbundenen Risikos, dessen Abschätzung in Bezug auf Ursache, Art, Eintrittswahrscheinlichkeit und Schwere und die Festlegung bewährter Verfahren für dessen Eindämmung betrifft, könnten insbesondere in Form von genehmigten Verhaltensregeln, genehmigten Zertifizierungsverfahren, Leitlinien des Ausschusses oder Hinweisen eines Datenschutzbeauftragten gegeben werden. Der Ausschuss kann ferner Leitlinien für Verarbeitungsvorgänge ausgeben, bei denen davon auszugehen ist, dass sie kein hohes Risiko für die Rechte und Freiheiten natürlicher Personen mit sich bringen, und angeben, welche Abhilfemaßnahmen in diesen Fällen ausreichend sein können.

(78) Zum Schutz der in Bezug auf die Verarbeitung personenbezogener Daten bestehenden Rechte und Freiheiten natürlicher Personen ist es erforderlich, dass

geeignete technische und organisatorische Maßnahmen getroffen werden, damit die Anforderungen dieser Verordnung erfüllt werden. Um die Einhaltung dieser Verordnung nachweisen zu können, sollte der Verantwortliche interne Strategien festlegen und Maßnahmen ergreifen, die insbesondere den Grundsätzen des Datenschutzes durch Technik (data protection by design) und durch datenschutzfreundliche Voreinstellungen (data protection by default) Genüge tun. Solche Maßnahmen könnten unter anderem darin bestehen, dass die Verarbeitung personenbezogener Daten minimiert wird, personenbezogene Daten so schnell wie möglich pseudonymisiert werden, Transparenz in Bezug auf die Funktionen und die Verarbeitung personenbezogener Daten hergestellt wird, der betroffenen Person ermöglicht wird, die Verarbeitung personenbezogener Daten zu überwachen, und der Verantwortliche in die Lage versetzt wird, Sicherheitsfunktionen zu schaffen und zu verbessern. In Bezug auf Entwicklung, Gestaltung, Auswahl und Nutzung von Anwendungen, Diensten und Produkten, die entweder auf der Verarbeitung von personenbezogenen Daten beruhen oder zur Erfüllung ihrer Aufgaben personenbezogene Daten verarbeiten, sollten die Hersteller der Produkte, Dienste und Anwendungen ermutigt werden, das Recht auf Datenschutz bei der Entwicklung und Gestaltung der Produkte, Dienste und Anwendungen zu berücksichtigen und unter gebührender Berücksichtigung des Stands der Technik sicherzustellen, dass die Verantwortlichen und die Verarbeiter in der Lage sind, ihren Datenschutzpflichten nachzukommen. Den Grundsätzen des Datenschutzes durch Technik und durch datenschutzfreundliche Voreinstellungen sollte auch bei öffentlichen Ausschreibungen Rechnung getragen werden.

(79) Zum Schutz der Rechte und Freiheiten der betroffenen Personen sowie bezüglich der Verantwortung und Haftung der Verantwortlichen und der Auftragsverarbeiter bedarf es – auch mit Blick auf die Überwachungs- und sonstigen Maßnahmen von Aufsichtsbehörden – einer klaren Zuteilung der Verantwortlichkeiten durch diese Verordnung, einschließlich der Fälle, in denen ein Verantwortlicher die Verarbeitungszwecke und -mittel gemeinsam mit anderen Verantwortlichen festlegt oder ein Verarbeitungsvorgang im Auftrag eines Verantwortlichen durchgeführt wird.

(80) Jeder Verantwortliche oder Auftragsverarbeiter ohne Niederlassung in der Union, dessen Verarbeitungstätigkeiten sich auf betroffene Personen beziehen, die sich in der Union aufhalten, und dazu dienen, diesen Personen in der Union Waren oder Dienstleistungen anzubieten – unabhängig davon, ob von der betroffenen Person eine Zahlung verlangt wird – oder deren Verhalten, soweit dieses innerhalb der Union erfolgt, zu beobachten, sollte einen Vertreter benennen müssen, es sei denn, die Verarbeitung erfolgt gelegentlich, schließt nicht die umfangreiche Verarbeitung besonderer Kategorien personenbezogener Daten oder die Verarbeitung von personenbezogenen Daten über strafrechtliche Verurteilungen und Straftaten ein und bringt unter Berücksichtigung ihrer Art, ihrer Umstände, ihres Umfangs und ihrer Zwecke wahrscheinlich kein Risiko für die Rechte und Freiheiten natürlicher Personen mit sich oder bei dem Verantwortlichen handelt es sich um eine Behörde oder öffentliche Stelle. Der Vertreter sollte im Namen des Verantwortlichen oder des Auftragsverarbeiters tätig werden und den Aufsichtsbehörden als Anlaufstelle dienen. Der Verantwortliche oder der Auftragsverarbeiter sollte den Vertreter ausdrücklich bestellen und schriftlich beauftragen, in Bezug auf die ihm nach dieser Verordnung obliegenden Verpflichtungen an seiner Stelle zu handeln. Die Benennung eines solchen Vertreters berührt nicht die Verantwortung oder Haftung des Verantwortlichen oder des Auftragsverarbeiters nach Maßgabe dieser Verordnung. Ein solcher Vertreter sollte seine Aufgaben entsprechend dem Mandat des Verantwortlichen oder Auftragsverarbeiters ausführen und insbesondere mit den zuständigen Aufsichtsbehörden in Bezug auf Maß-

nahmen, die die Einhaltung dieser Verordnung sicherstellen sollen, zusammenarbeiten. Bei Verstößen des Verantwortlichen oder Auftragsverarbeiters sollte der bestellte Vertreter Durchsetzungsverfahren unterworfen werden.

(81) Damit die Anforderungen dieser Verordnung in Bezug auf die vom Auftragsverarbeiter im Namen des Verantwortlichen vorzunehmende Verarbeitung eingehalten werden, sollte ein Verantwortlicher, der einen Auftragsverarbeiter mit Verarbeitungstätigkeiten betrauen will, nur Auftragsverarbeiter heranziehen, die – insbesondere im Hinblick auf Fachwissen, Zuverlässigkeit und Ressourcen – hinreichende Garantien dafür bieten, dass technische und organisatorische Maßnahmen – auch für die Sicherheit der Verarbeitung – getroffen werden, die den Anforderungen dieser Verordnung genügen. Die Einhaltung genehmigter Verhaltensregeln oder eines genehmigten Zertifizierungsverfahrens durch einen Auftragsverarbeiter kann als Faktor herangezogen werden, um die Erfüllung der Pflichten des Verantwortlichen nachzuweisen. Die Durchführung einer Verarbeitung durch einen Auftragsverarbeiter sollte auf Grundlage eines Vertrags oder eines anderen Rechtsinstruments nach dem Recht der Union oder der Mitgliedstaaten erfolgen, der bzw. das den Auftragsverarbeiter an den Verantwortlichen bindet und in dem Gegenstand und Dauer der Verarbeitung, Art und Zwecke der Verarbeitung, die Art der personenbezogenen Daten und die Kategorien von betroffenen Personen festgelegt sind, wobei die besonderen Aufgaben und Pflichten des Auftragsverarbeiters bei der geplanten Verarbeitung und das Risiko für die Rechte und Freiheiten der betroffenen Person zu berücksichtigen sind. Der Verantwortliche und der Auftragsverarbeiter können entscheiden, ob sie einen individuellen Vertrag oder Standardvertragsklauseln verwenden, die entweder unmittelbar von der Kommission erlassen oder aber nach dem Kohärenzverfahren von einer Aufsichtsbehörde angenommen und dann von der Kommission erlassen wurden. Nach Beendigung der Verarbeitung im Namen des Verantwortlichen sollte der Auftragsverarbeiter die personenbezogenen Daten nach Wahl des Verantwortlichen entweder zurückgeben oder löschen, sofern nicht nach dem Recht der Union oder der Mitgliedstaaten, dem der Auftragsverarbeiter unterliegt, eine Verpflichtung zur Speicherung der personenbezogenen Daten besteht.

(82) Zum Nachweis der Einhaltung dieser Verordnung sollte der Verantwortliche oder der Auftragsverarbeiter ein Verzeichnis der Verarbeitungstätigkeiten, die seiner Zuständigkeit unterliegen, führen. Jeder Verantwortliche und jeder Auftragsverarbeiter sollte verpflichtet sein, mit der Aufsichtsbehörde zusammenzuarbeiten und dieser auf Anfrage das entsprechende Verzeichnis vorzulegen, damit die betreffenden Verarbeitungsvorgänge anhand dieser Verzeichnisse kontrolliert werden können.

(83) Zur Aufrechterhaltung der Sicherheit und zur Vorbeugung gegen eine gegen diese Verordnung verstoßende Verarbeitung sollte der Verantwortliche oder der Auftragsverarbeiter die mit der Verarbeitung verbundenen Risiken ermitteln und Maßnahmen zu ihrer Eindämmung, wie etwa eine Verschlüsselung, treffen. Diese Maßnahmen sollten unter Berücksichtigung des Stands der Technik und der Implementierungskosten ein Schutzniveau – auch hinsichtlich der Vertraulichkeit – gewährleisten, das den von der Verarbeitung ausgehenden Risiken und der Art der zu schützenden personenbezogenen Daten angemessen ist. Bei der Bewertung der Datensicherheitsrisiken sollten die mit der Verarbeitung personenbezogener Daten verbundenen Risiken berücksichtigt werden, wie etwa – ob unbeabsichtigt oder unrechtmäßig – Vernichtung, Verlust, Veränderung oder unbefugte Offenlegung von oder unbefugter Zugang zu personenbezogenen Daten, die übermittelt, gespeichert oder auf sonstige Weise verarbeitet wurden,

insbesondere wenn dies zu einem physischen, materiellen oder immateriellen Schaden führen könnte.

(84) Damit diese Verordnung in Fällen, in denen die Verarbeitungsvorgänge wahrscheinlich ein hohes Risiko für die Rechte und Freiheiten natürlicher Personen mit sich bringen, besser eingehalten wird, sollte der Verantwortliche für die Durchführung einer Datenschutz-Folgenabschätzung, mit der insbesondere die Ursache, Art, Besonderheit und Schwere dieses Risikos evaluiert werden, verantwortlich sein. Die Ergebnisse der Abschätzung sollten berücksichtigt werden, wenn darüber entschieden wird, welche geeigneten Maßnahmen ergriffen werden müssen, um nachzuweisen, dass die Verarbeitung der personenbezogenen Daten mit dieser Verordnung in Einklang steht. Geht aus einer Datenschutz-Folgenabschätzung hervor, dass Verarbeitungsvorgänge ein hohes Risiko bergen, das der Verantwortliche nicht durch geeignete Maßnahmen in Bezug auf verfügbare Technik und Implementierungskosten eindämmen kann, so sollte die Aufsichtsbehörde vor der Verarbeitung konsultiert werden.

(85) Eine Verletzung des Schutzes personenbezogener Daten kann – wenn nicht rechtzeitig und angemessen reagiert wird – einen physischen, materiellen oder immateriellen Schaden für natürliche Personen nach sich ziehen, wie etwa Verlust der Kontrolle über ihre personenbezogenen Daten oder Einschränkung ihrer Rechte, Diskriminierung, Identitätsdiebstahl oder -betrug, finanzielle Verluste, unbefugte Aufhebung der Pseudonymisierung, Rufschädigung, Verlust der Vertraulichkeit von dem Berufsgeheimnis unterliegenden Daten oder andere erhebliche wirtschaftliche oder gesellschaftliche Nachteile für die betroffene natürliche Person. Deshalb sollte der Verantwortliche, sobald ihm eine Verletzung des Schutzes personenbezogener Daten bekannt wird, die Aufsichtsbehörde von der Verletzung des Schutzes personenbezogener Daten unverzüglich und, falls möglich, binnen höchstens 72 Stunden, nachdem ihm die Verletzung bekannt wurde, unterrichten, es sei denn, der Verantwortliche kann im Einklang mit dem Grundsatz der Rechenschaftspflicht nachweisen, dass die Verletzung des Schutzes personenbezogener Daten voraussichtlich nicht zu einem Risiko für die persönlichen Rechte und Freiheiten natürlicher Personen führt. Falls diese Benachrichtigung nicht binnen 72 Stunden erfolgen kann, sollten in ihr die Gründe für die Verzögerung angegeben werden müssen, und die Informationen können schrittweise ohne unangemessene weitere Verzögerung bereitgestellt werden.

(86) Der für die Verarbeitung Verantwortliche sollte die betroffene Person unverzüglich von der Verletzung des Schutzes personenbezogener Daten benachrichtigen, wenn diese Verletzung des Schutzes personenbezogener Daten voraussichtlich zu einem hohen Risiko für die persönlichen Rechte und Freiheiten natürlicher Personen führt, damit diese die erforderlichen Vorkehrungen treffen können. Die Benachrichtigung sollte eine Beschreibung der Art der Verletzung des Schutzes personenbezogener Daten sowie an die betroffene natürliche Person gerichtete Empfehlungen zur Minderung etwaiger nachteiliger Auswirkungen dieser Verletzung enthalten. Solche Benachrichtigungen der betroffenen Person sollten stets so rasch wie nach allgemeinem Ermessen möglich, in enger Absprache mit der Aufsichtsbehörde und nach Maßgabe der von dieser oder von anderen zuständigen Behörden wie beispielsweise Strafverfolgungsbehörden erteilten Weisungen erfolgen. Um beispielsweise das Risiko eines unmittelbaren Schadens mindern zu können, müssten betroffene Personen sofort benachrichtigt werden, wohingegen eine längere Benachrichtigungsfrist gerechtfertigt sein kann, wenn es darum geht, geeignete Maßnahmen gegen fortlaufende oder vergleichbare Verletzungen des Schutzes personenbezogener Daten zu treffen.

(87) Es sollte festgestellt werden, ob alle geeigneten technischen Schutz- sowie organisatorischen Maßnahmen getroffen wurden, um sofort feststellen zu können,

ob eine Verletzung des Schutzes personenbezogener Daten aufgetreten ist, und um die Aufsichtsbehörde und die betroffene Person umgehend unterrichten zu können. Bei der Feststellung, ob die Meldung unverzüglich erfolgt ist, sollten die Art und Schwere der Verletzung des Schutzes personenbezogener Daten sowie deren Folgen und nachteilige Auswirkungen für die betroffene Person berücksichtigt werden. Die entsprechende Meldung kann zu einem Tätigwerden der Aufsichtsbehörde im Einklang mit ihren in dieser Verordnung festgelegten Aufgaben und Befugnissen führen.

(88) Bei der detaillierten Regelung des Formats und der Verfahren für die Meldung von Verletzungen des Schutzes personenbezogener Daten sollten die Umstände der Verletzung hinreichend berücksichtigt werden, beispielsweise ob personenbezogene Daten durch geeignete technische Sicherheitsvorkehrungen geschützt waren, die die Wahrscheinlichkeit eines Identitätsbetrugs oder anderer Formen des Datenmissbrauchs wirksam verringern. Überdies sollten solche Regeln und Verfahren den berechtigten Interessen der Strafverfolgungsbehörden in Fällen Rechnung tragen, in denen die Untersuchung der Umstände einer Verletzung des Schutzes personenbezogener Daten durch eine frühzeitige Offenlegung in unnötiger Weise behindert würde.

(89) Gemäß der Richtlinie 95/46/EG waren Verarbeitungen personenbezogener Daten bei den Aufsichtsbehörden generell meldepflichtig. Diese Meldepflicht ist mit einem bürokratischen und finanziellen Aufwand verbunden und hat dennoch nicht in allen Fällen zu einem besseren Schutz personenbezogener Daten geführt. Diese unterschiedslosen allgemeinen Meldepflichten sollten daher abgeschafft und durch wirksame Verfahren und Mechanismen ersetzt werden, die sich stattdessen vorrangig mit denjenigen Arten von Verarbeitungsvorgängen befassen, die aufgrund ihrer Art, ihres Umfangs, ihrer Umstände und ihrer Zwecke wahrscheinlich ein hohes Risiko für die Rechte und Freiheiten natürlicher Personen mit sich bringen. Zu solchen Arten von Verarbeitungsvorgängen gehören insbesondere solche, bei denen neue Technologien eingesetzt werden oder die neuartig sind und bei denen der Verantwortliche noch keine Datenschutz-Folgenabschätzung durchgeführt hat bzw. bei denen aufgrund der seit der ursprünglichen Verarbeitung vergangenen Zeit eine Datenschutz-Folgenabschätzung notwendig geworden ist.

(90) In derartigen Fällen sollte der Verantwortliche vor der Verarbeitung eine Datenschutz-Folgenabschätzung durchführen, mit der die spezifische Eintrittswahrscheinlichkeit und die Schwere dieses hohen Risikos unter Berücksichtigung der Art, des Umfangs, der Umstände und der Zwecke der Verarbeitung und der Ursachen des Risikos bewertet werden. Diese Folgenabschätzung sollte sich insbesondere mit den Maßnahmen, Garantien und Verfahren befassen, durch die dieses Risiko eingedämmt, der Schutz personenbezogener Daten sichergestellt und die Einhaltung der Bestimmungen dieser Verordnung nachgewiesen werden soll.

(91) Dies sollte insbesondere für umfangreiche Verarbeitungsvorgänge gelten, die dazu dienen, große Mengen personenbezogener Daten auf regionaler, nationaler oder supranationaler Ebene zu verarbeiten, eine große Zahl von Personen betreffen könnten und – beispielsweise aufgrund ihrer Sensibilität – wahrscheinlich ein hohes Risiko mit sich bringen und bei denen entsprechend dem jeweils aktuellen Stand der Technik in großem Umfang eine neue Technologie eingesetzt wird, sowie für andere Verarbeitungsvorgänge, die ein hohes Risiko für die Rechte und Freiheiten der betroffenen Personen mit sich bringen, insbesondere dann, wenn diese Verarbeitungsvorgänge den betroffenen Personen die Ausübung ihrer Rechte erschweren. Eine Datenschutz-Folgenabschätzung sollte auch durchgeführt werden, wenn die personenbezogenen Daten für das Treffen von Entscheidungen in

Bezug auf bestimmte natürliche Personen im Anschluss an eine systematische und eingehende Bewertung persönlicher Aspekte natürlicher Personen auf der Grundlage eines Profilings dieser Daten oder im Anschluss an die Verarbeitung besonderer Kategorien von personenbezogenen Daten, biometrischen Daten oder von Daten über strafrechtliche Verurteilungen und Straftaten sowie damit zusammenhängende Sicherungsmaßregeln verarbeitet werden. Gleichermaßen erforderlich ist eine Datenschutz-Folgenabschätzung für die weiträumige Überwachung öffentlich zugänglicher Bereiche, insbesondere mittels optoelektronischer Vorrichtungen, oder für alle anderen Vorgänge, bei denen nach Auffassung der zuständigen Aufsichtsbehörde die Verarbeitung wahrscheinlich ein hohes Risiko für die Rechte und Freiheiten der betroffenen Personen mit sich bringt, insbesondere weil sie die betroffenen Personen an der Ausübung eines Rechts oder der Nutzung einer Dienstleistung bzw. Durchführung eines Vertrags hindern oder weil sie systematisch in großem Umfang erfolgen. Die Verarbeitung personenbezogener Daten sollte nicht als umfangreich gelten, wenn die Verarbeitung personenbezogene Daten von Patienten oder von Mandanten betrifft und durch einen einzelnen Arzt, sonstigen Angehörigen eines Gesundheitsberufes oder Rechtsanwalt erfolgt. In diesen Fällen sollte eine Datenschutz-Folgenabschätzung nicht zwingend vorgeschrieben sein.

(92) Unter bestimmten Umständen kann es vernünftig und unter ökonomischen Gesichtspunkten zweckmäßig sein, eine Datenschutz-Folgenabschätzung nicht lediglich auf ein bestimmtes Projekt zu beziehen, sondern sie thematisch breiter anzulegen – beispielsweise wenn Behörden oder öffentliche Stellen eine gemeinsame Anwendung oder Verarbeitungsplattform schaffen möchten oder wenn mehrere Verantwortliche eine gemeinsame Anwendung oder Verarbeitungsumgebung für einen gesamten Wirtschaftssektor, für ein bestimmtes Marktsegment oder für eine weit verbreitete horizontale Tätigkeit einführen möchten.

(93) Anlässlich des Erlasses des Gesetzes des Mitgliedstaats, auf dessen Grundlage die Behörde oder öffentliche Stelle ihre Aufgaben wahrnimmt und das den fraglichen Verarbeitungsvorgang oder die fraglichen Arten von Verarbeitungsvorgängen regelt, können die Mitgliedstaaten es für erforderlich erachten, solche Folgeabschätzungen vor den Verarbeitungsvorgängen durchzuführen.

(94) Geht aus einer Datenschutz-Folgenabschätzung hervor, dass die Verarbeitung bei Fehlen von Garantien, Sicherheitsvorkehrungen und Mechanismen zur Minderung des Risikos ein hohes Risiko für die Rechte und Freiheiten natürlicher Personen mit sich bringen würde, und ist der Verantwortliche der Auffassung, dass das Risiko nicht durch in Bezug auf verfügbare Technologien und Implementierungskosten vertretbare Mittel eingedämmt werden kann, so sollte die Aufsichtsbehörde vor Beginn der Verarbeitungstätigkeiten konsultiert werden. Ein solches hohes Risiko ist wahrscheinlich mit bestimmten Arten der Verarbeitung und dem Umfang und der Häufigkeit der Verarbeitung verbunden, die für natürliche Personen auch eine Schädigung oder eine Beeinträchtigung der persönlichen Rechte und Freiheiten mit sich bringen können. Die Aufsichtsbehörde sollte das Beratungsersuchen innerhalb einer bestimmten Frist beantworten. Allerdings kann sie, auch wenn sie nicht innerhalb dieser Frist reagiert hat, entsprechend ihren in dieser Verordnung festgelegten Aufgaben und Befugnissen eingreifen, was die Befugnis einschließt, Verarbeitungsvorgänge zu untersagen. Im Rahmen dieses Konsultationsprozesses kann das Ergebnis einer im Hinblick auf die betreffende Verarbeitung personenbezogener Daten durchgeführten Datenschutz-Folgenabschätzung der Aufsichtsbehörde unterbreitet werden; dies gilt insbesondere für die zur Eindämmung des Risikos für die Rechte und Freiheiten natürlicher Personen geplanten Maßnahmen.

(95) Der Auftragsverarbeiter sollte erforderlichenfalls den Verantwortlichen auf Anfrage bei der Gewährleistung der Einhaltung der sich aus der Durchführung der Datenschutz-Folgenabschätzung und der vorherigen Konsultation der Aufsichtsbehörde ergebenden Auflagen unterstützen.

(96) Eine Konsultation der Aufsichtsbehörde sollte auch während der Ausarbeitung von Gesetzes- oder Regelungsvorschriften, in denen eine Verarbeitung personenbezogener Daten vorgesehen ist, erfolgen, um die Vereinbarkeit der geplanten Verarbeitung mit dieser Verordnung sicherzustellen und insbesondere das mit ihr für die betroffene Person verbundene Risiko einzudämmen.

(97) In Fällen, in denen die Verarbeitung durch eine Behörde – mit Ausnahmen von Gerichten oder unabhängigen Justizbehörden, die im Rahmen ihrer justiziellen Tätigkeit handeln –, im privaten Sektor durch einen Verantwortlichen erfolgt, dessen Kerntätigkeit in Verarbeitungsvorgängen besteht, die eine regelmäßige und systematische Überwachung der betroffenen Personen in großem Umfang erfordern, oder wenn die Kerntätigkeit des Verantwortlichen oder des Auftragsverarbeiters in der umfangreichen Verarbeitung besonderer Kategorien von personenbezogenen Daten oder von Daten über strafrechtliche Verurteilungen und Straftaten besteht, sollte der Verantwortliche oder der Auftragsverarbeiter bei der Überwachung der internen Einhaltung der Bestimmungen dieser Verordnung von einer weiteren Person, die über Fachwissen auf dem Gebiet des Datenschutzrechts und der Datenschutzverfahren verfügt, unterstützt werden. Im privaten Sektor bezieht sich die Kerntätigkeit eines Verantwortlichen auf seine Haupttätigkeiten und nicht auf die Verarbeitung personenbezogener Daten als Nebentätigkeit. Das erforderliche Niveau des Fachwissens sollte sich insbesondere nach den durchgeführten Datenverarbeitungsvorgängen und dem erforderlichen Schutz für die von dem Verantwortlichen oder dem Auftragsverarbeiter verarbeiteten personenbezogenen Daten richten. Derartige Datenschutzbeauftragte sollten unabhängig davon, ob es sich bei ihnen um Beschäftigte des Verantwortlichen handelt oder nicht, ihre Pflichten und Aufgaben in vollständiger Unabhängigkeit ausüben können.

(98) Verbände oder andere Vereinigungen, die bestimmte Kategorien von Verantwortlichen oder Auftragsverarbeitern vertreten, sollten ermutigt werden, in den Grenzen dieser Verordnung Verhaltensregeln auszuarbeiten, um eine wirksame Anwendung dieser Verordnung zu erleichtern, wobei den Besonderheiten der in bestimmten Sektoren erfolgenden Verarbeitungen und den besonderen Bedürfnissen der Kleinstunternehmen sowie der kleinen und mittleren Unternehmen Rechnung zu tragen ist. Insbesondere könnten in diesen Verhaltensregeln – unter Berücksichtigung des mit der Verarbeitung wahrscheinlich einhergehenden Risikos für die Rechte und Freiheiten natürlicher Personen – die Pflichten der Verantwortlichen und der Auftragsverarbeiter bestimmt werden.

(99) Bei der Ausarbeitung oder bei der Änderung oder Erweiterung solcher Verhaltensregeln sollten Verbände und/oder andere Vereinigungen, die bestimmte Kategorien von Verantwortlichen oder Auftragsverarbeitern vertreten, die maßgeblichen Interessenträger, möglichst auch die betroffenen Personen, konsultieren und die Eingaben und Stellungnahmen, die sie dabei erhalten, berücksichtigen.

(100) Um die Transparenz zu erhöhen und die Einhaltung dieser Verordnung zu verbessern, sollte angeregt werden, dass Zertifizierungsverfahren sowie Datenschutzsiegel und -prüfzeichen eingeführt werden, die den betroffenen Personen einen raschen Überblick über das Datenschutzniveau einschlägiger Produkte und Dienstleistungen ermöglichen.

(101) Der Fluss personenbezogener Daten aus Drittländern und internationalen Organisationen und in Drittländer und internationale Organisationen ist für die Ausweitung des internationalen Handels und der internationalen Zusammenarbeit notwendig. Durch die Zunahme dieser Datenströme sind neue Herausforderun-

gen und Anforderungen in Bezug auf den Schutz personenbezogener Daten entstanden. Das durch diese Verordnung unionsweit gewährleistete Schutzniveau für natürliche Personen sollte jedoch bei der Übermittlung personenbezogener Daten aus der Union an Verantwortliche, Auftragsverarbeiter oder andere Empfänger in Drittländern oder an internationale Organisationen nicht untergraben werden, und zwar auch dann nicht, wenn aus einem Drittland oder von einer internationalen Organisation personenbezogene Daten an Verantwortliche oder Auftragsverarbeiter in demselben oder einem anderen Drittland oder an dieselbe oder eine andere internationale Organisation weiterübermittelt werden. In jedem Fall sind derartige Datenübermittlungen an Drittländer und internationale Organisationen nur unter strikter Einhaltung dieser Verordnung zulässig. Eine Datenübermittlung könnte nur stattfinden, wenn die in dieser Verordnung festgelegten Bedingungen zur Übermittlung personenbezogener Daten an Drittländer oder internationale Organisationen vorbehaltlich der übrigen Bestimmungen dieser Verordnung von dem Verantwortlichen oder dem Auftragsverarbeiter erfüllt werden.

(102) Internationale Abkommen zwischen der Union und Drittländern über die Übermittlung von personenbezogenen Daten einschließlich geeigneter Garantien für die betroffenen Personen werden von dieser Verordnung nicht berührt. Die Mitgliedstaaten können völkerrechtliche Übereinkünfte schließen, die die Übermittlung personenbezogener Daten an Drittländer oder internationale Organisationen beinhalten, sofern sich diese Übereinkünfte weder auf diese Verordnung noch auf andere Bestimmungen des Unionsrechts auswirken und ein angemessenes Schutzniveau für die Grundrechte der betroffenen Personen umfassen.

(103) Die Kommission darf mit Wirkung für die gesamte Union beschließen, dass ein bestimmtes Drittland, ein Gebiet oder ein bestimmter Sektor eines Drittlands oder eine internationale Organisation ein angemessenes Datenschutzniveau bietet, und auf diese Weise in Bezug auf das Drittland oder die internationale Organisation, das bzw. die für fähig gehalten wird, ein solches Schutzniveau zu bieten, in der gesamten Union Rechtssicherheit schaffen und eine einheitliche Rechtsanwendung sicherstellen. In derartigen Fällen dürfen personenbezogene Daten ohne weitere Genehmigung an dieses Land oder diese internationale Organisation übermittelt werden. Die Kommission kann, nach Abgabe einer ausführlichen Erklärung, in der dem Drittland oder der internationalen Organisation eine Begründung gegeben wird, auch entscheiden, eine solche Feststellung zu widerrufen.

(104) In Übereinstimmung mit den Grundwerten der Union, zu denen insbesondere der Schutz der Menschenrechte zählt, sollte die Kommission bei der Bewertung des Drittlands oder eines Gebiets oder eines bestimmten Sektors eines Drittlands berücksichtigen, inwieweit dort die Rechtsstaatlichkeit gewahrt ist, der Rechtsweg gewährleistet ist und die internationalen Menschenrechtsnormen und -Standards eingehalten werden und welche allgemeinen und sektorspezifischen Vorschriften, wozu auch die Vorschriften über die öffentliche Sicherheit, die Landesverteidigung und die nationale Sicherheit sowie die öffentliche Ordnung und das Strafrecht zählen, dort gelten. Die Annahme eines Angemessenheitsbeschlusses in Bezug auf ein Gebiet oder einen bestimmten Sektor eines Drittlands sollte unter Berücksichtigung eindeutiger und objektiver Kriterien wie bestimmter Verarbeitungsvorgänge und des Anwendungsbereichs anwendbarer Rechtsnormen und geltender Rechtsvorschriften in dem Drittland erfolgen. Das Drittland sollte Garantien für ein angemessenes Schutzniveau bieten, das dem innerhalb der Union gewährleisteten Schutzniveau der Sache nach gleichwertig ist, insbesondere in Fällen, in denen personenbezogene Daten in einem oder mehreren spezifischen Sektoren verarbeitet werden. Das Drittland sollte insbesondere eine wirksame unabhängige Überwachung des Datenschutzes gewähr-

leisten und Mechanismen für eine Zusammenarbeit mit den Datenschutzbehörden der Mitgliedstaaten vorsehen, und den betroffenen Personen sollten wirksame und durchsetzbare Rechte sowie wirksame verwaltungsrechtliche und gerichtliche Rechtsbehelfe eingeräumt werden.

(105) Die Kommission sollte neben den internationalen Verpflichtungen, die das Drittland oder die internationale Organisation eingegangen ist, die Verpflichtungen, die sich aus der Teilnahme des Drittlands oder der internationalen Organisation an multilateralen oder regionalen Systemen insbesondere im Hinblick auf den Schutz personenbezogener Daten ergeben, sowie die Umsetzung dieser Verpflichtungen berücksichtigen. Insbesondere sollte der Beitritt des Drittlands zum Übereinkommen des Europarates vom 28. Januar 1981 zum Schutz des Menschen bei der automatischen Verarbeitung personenbezogener Daten und dem dazugehörigen Zusatzprotokoll berücksichtigt werden. Die Kommission sollte den Ausschuss konsultieren, wenn sie das Schutzniveau in Drittländern oder internationalen Organisationen bewertet.

(106) Die Kommission sollte die Wirkungsweise von Feststellungen zum Schutzniveau in einem Drittland, einem Gebiet oder einem bestimmten Sektor eines Drittlands oder einer internationalen Organisation überwachen; sie sollte auch die Wirkungsweise der Feststellungen, die auf der Grundlage des Artikels 25 Absatz 6 oder des Artikels 26 Absatz 4 der Richtlinie 95/46/EG erlassen werden, überwachen. In ihren Angemessenheitsbeschlüssen sollte die Kommission einen Mechanismus für die regelmäßige Überprüfung von deren Wirkungsweise vorsehen. Diese regelmäßige Überprüfung sollte in Konsultation mit dem betreffenden Drittland oder der betreffenden internationalen Organisation erfolgen und allen maßgeblichen Entwicklungen in dem Drittland oder der internationalen Organisation Rechnung tragen. Für die Zwecke der Überwachung und der Durchführung der regelmäßigen Überprüfungen sollte die Kommission die Standpunkte und Feststellungen des Europäischen Parlaments und des Rates sowie der anderen einschlägigen Stellen und Quellen berücksichtigen. Die Kommission sollte innerhalb einer angemessenen Frist die Wirkungsweise der letztgenannten Beschlüsse bewerten und dem durch diese Verordnung eingesetzten Ausschuss im Sinne der Verordnung (EU) Nr. 182/2011 des Europäischen Parlaments und des Rates[12] sowie dem Europäischen Parlament und dem Rat über alle maßgeblichen Feststellungen Bericht erstatten.

(107) Die Kommission kann feststellen, dass ein Drittland, ein Gebiet oder ein bestimmter Sektor eines Drittlands oder eine internationale Organisation kein angemessenes Datenschutzniveau mehr bietet. Die Übermittlung personenbezogener Daten an dieses Drittland oder an diese internationale Organisation sollte daraufhin verboten werden, es sei denn, die Anforderungen dieser Verordnung in Bezug auf die Datenübermittlung vorbehaltlich geeigneter Garantien, einschließlich verbindlicher interner Datenschutzvorschriften und auf Ausnahmen für bestimmte Fälle werden erfüllt. In diesem Falle sollten Konsultationen zwischen der Kommission und den betreffenden Drittländern oder internationalen Organisationen vorgesehen werden. Die Kommission sollte dem Drittland oder der internationalen Organisation frühzeitig die Gründe mitteilen und Konsultationen aufnehmen, um Abhilfe für die Situation zu schaffen.

(108) Bei Fehlen eines Angemessenheitsbeschlusses sollte der Verantwortliche oder der Auftragsverarbeiter als Ausgleich für den in einem Drittland bestehenden

---

[12] **Amtl. Anm.:** Verordnung (EU) Nr. 182/2011 des Europäischen Parlaments und des Rates vom 16. Februar 2011 zur Festlegung der allgemeinen Regeln und Grundsätze, nach denen die Mitgliedstaaten die Wahrnehmung der Durchführungsbefugnisse durch die Kommission kontrollieren (ABl. L 55 vom 28.2.2011, S. 13).

Mangel an Datenschutz geeignete Garantien für den Schutz der betroffenen Person vorsehen. Diese geeigneten Garantien können darin bestehen, dass auf verbindliche interne Datenschutzvorschriften, von der Kommission oder von einer Aufsichtsbehörde angenommene Standarddatenschutzklauseln oder von einer Aufsichtsbehörde genehmigte Vertragsklauseln zurückgegriffen wird. Diese Garantien sollten sicherstellen, dass die Datenschutzvorschriften und die Rechte der betroffenen Personen auf eine der Verarbeitung innerhalb der Union angemessene Art und Weise beachtet werden; dies gilt auch hinsichtlich der Verfügbarkeit von durchsetzbaren Rechten der betroffenen Person und von wirksamen Rechtsbehelfen einschließlich des Rechts auf wirksame verwaltungsrechtliche oder gerichtliche Rechtsbehelfe sowie des Rechts auf Geltendmachung von Schadenersatzansprüchen in der Union oder in einem Drittland. Sie sollten sich insbesondere auf die Einhaltung der allgemeinen Grundsätze für die Verarbeitung personenbezogener Daten, die Grundsätze des Datenschutzes durch Technik und durch datenschutzfreundliche Voreinstellungen beziehen. Datenübermittlungen dürfen auch von Behörden oder öffentlichen Stellen an Behörden oder öffentliche Stellen in Drittländern oder an internationale Organisationen mit entsprechenden Pflichten oder Aufgaben vorgenommen werden, auch auf der Grundlage von Bestimmungen, die in Verwaltungsvereinbarungen – wie beispielsweise einer gemeinsamen Absichtserklärung –, mit denen den betroffenen Personen durchsetzbare und wirksame Rechte eingeräumt werden, aufzunehmen sind. Die Genehmigung der zuständigen Aufsichtsbehörde sollte erlangt werden, wenn die Garantien in nicht rechtsverbindlichen Verwaltungsvereinbarungen vorgesehen sind.

(109) Die dem Verantwortlichen oder dem Auftragsverarbeiter offenstehende Möglichkeit, auf die von der Kommission oder einer Aufsichtsbehörde festgelegten Standard-Datenschutzklauseln zurückzugreifen, sollte den Verantwortlichen oder den Auftragsverarbeiter weder daran hindern, die Standard-Datenschutzklauseln auch in umfangreicheren Verträgen, wie zum Beispiel Verträgen zwischen dem Auftragsverarbeiter und einem anderen Auftragsverarbeiter, zu verwenden, noch ihn daran hindern, ihnen weitere Klauseln oder zusätzliche Garantien hinzuzufügen, solange diese weder mittelbar noch unmittelbar im Widerspruch zu den von der Kommission oder einer Aufsichtsbehörde erlassenen Standard-Datenschutzklauseln stehen oder die Grundrechte und Grundfreiheiten der betroffenen Personen beschneiden. Die Verantwortlichen und die Auftragsverarbeiter sollten ermutigt werden, mit vertraglichen Verpflichtungen, die die Standard-Schutzklauseln ergänzen, zusätzliche Garantien zu bieten.

(110) Jede Unternehmensgruppe oder jede Gruppe von Unternehmen, die eine gemeinsame Wirtschaftstätigkeit ausüben, sollte für ihre internationalen Datenübermittlungen aus der Union an Organisationen derselben Unternehmensgruppe oder derselben Gruppe von Unternehmen, die eine gemeinsame Wirtschaftstätigkeit ausüben, genehmigte verbindliche interne Datenschutzvorschriften anwenden dürfen, sofern diese sämtliche Grundprinzipien und durchsetzbaren Rechte enthalten, die geeignete Garantien für die Übermittlungen beziehungsweise Kategorien von Übermittlungen personenbezogener Daten bieten.

(111) Datenübermittlungen sollten unter bestimmten Voraussetzungen zulässig sein, nämlich wenn die betroffene Person ihre ausdrückliche Einwilligung erteilt hat, wenn die Übermittlung gelegentlich erfolgt und im Rahmen eines Vertrags oder zur Geltendmachung von Rechtsansprüchen, sei es vor Gericht oder auf dem Verwaltungswege oder in außergerichtlichen Verfahren, wozu auch Verfahren vor Regulierungsbehörden zählen, erforderlich ist. Die Übermittlung sollte zudem möglich sein, wenn sie zur Wahrung eines im Unionsrecht oder im Recht eines Mitgliedstaats festgelegten wichtigen öffentlichen Interesses erforderlich ist oder wenn sie aus einem durch Rechtsvorschriften vorgesehenen Register erfolgt, das

von der Öffentlichkeit oder Personen mit berechtigtem Interesse eingesehen werden kann. In letzterem Fall sollte sich eine solche Übermittlung nicht auf die Gesamtheit oder ganze Kategorien der im Register enthaltenen personenbezogenen Daten erstrecken dürfen. Ist das betreffende Register zur Einsichtnahme durch Personen mit berechtigtem Interesse bestimmt, sollte die Übermittlung nur auf Anfrage dieser Personen oder nur dann erfolgen, wenn diese Personen die Adressaten der Übermittlung sind, wobei den Interessen und Grundrechten der betroffenen Person in vollem Umfang Rechnung zu tragen ist.

(112) Diese Ausnahmen sollten insbesondere für Datenübermittlungen gelten, die aus wichtigen Gründen des öffentlichen Interesses erforderlich sind, beispielsweise für den internationalen Datenaustausch zwischen Wettbewerbs-, Steuer- oder Zollbehörden, zwischen Finanzaufsichtsbehörden oder zwischen für Angelegenheiten der sozialen Sicherheit oder für die öffentliche Gesundheit zuständigen Diensten, beispielsweise im Falle der Umgebungsuntersuchung bei ansteckenden Krankheiten oder zur Verringerung und/oder Beseitigung des Dopings im Sport. Die Übermittlung personenbezogener Daten sollte ebenfalls als rechtmäßig angesehen werden, wenn sie erforderlich ist, um ein Interesse, das für die lebenswichtigen Interessen – einschließlich der körperlichen Unversehrtheit oder des Lebens – der betroffenen Person oder einer anderen Person wesentlich ist, zu schützen und die betroffene Person außerstande ist, ihre Einwilligung zu geben. Liegt kein Angemessenheitsbeschluss vor, so können im Unionsrecht oder im Recht der Mitgliedstaaten aus wichtigen Gründen des öffentlichen Interesses ausdrücklich Beschränkungen der Übermittlung bestimmter Kategorien von Daten an Drittländer oder internationale Organisationen vorgesehen werden. Die Mitgliedstaaten sollten solche Bestimmungen der Kommission mitteilen. Jede Übermittlung personenbezogener Daten einer betroffenen Person, die aus physischen oder rechtlichen Gründen außerstande ist, ihre Einwilligung zu erteilen, an eine internationale humanitäre Organisation, die erfolgt, um eine nach den Genfer Konventionen obliegende Aufgabe auszuführen oder um dem in bewaffneten Konflikten anwendbaren humanitären Völkerrecht nachzukommen, könnte als aus einem wichtigen Grund im öffentlichen Interesse notwendig oder als im lebenswichtigen Interesse der betroffenen Person liegend erachtet werden.

(113) Übermittlungen, die als nicht wiederholt erfolgend gelten können und nur eine begrenzte Zahl von betroffenen Personen betreffen, könnten auch zur Wahrung der zwingenden berechtigten Interessen des Verantwortlichen möglich sein, sofern die Interessen oder Rechte und Freiheiten der betroffenen Person nicht überwiegen und der Verantwortliche sämtliche Umstände der Datenübermittlung geprüft hat. Der Verantwortliche sollte insbesondere die Art der personenbezogenen Daten, den Zweck und die Dauer der vorgesehenen Verarbeitung, die Situation im Herkunftsland, in dem betreffenden Drittland und im Endbestimmungsland berücksichtigen und angemessene Garantien zum Schutz der Grundrechte und Grundfreiheiten natürlicher Personen in Bezug auf die Verarbeitung ihrer personenbezogener Daten vorsehen. Diese Übermittlungen sollten nur in den verbleibenden Fällen möglich sein, in denen keiner der anderen Gründe für die Übermittlung anwendbar ist. Bei wissenschaftlichen oder historischen Forschungszwecken oder bei statistischen Zwecken sollten die legitimen gesellschaftlichen Erwartungen in Bezug auf einen Wissenszuwachs berücksichtigt werden. Der Verantwortliche sollte die Aufsichtsbehörde und die betroffene Person von der Übermittlung in Kenntnis setzen.

(114) In allen Fällen, in denen kein Kommissionsbeschluss zur Angemessenheit des in einem Drittland bestehenden Datenschutzniveaus vorliegt, sollte der Verantwortliche oder der Auftragsverarbeiter auf Lösungen zurückgreifen, mit denen den betroffenen Personen durchsetzbare und wirksame Rechte in Bezug auf die

Verarbeitung ihrer personenbezogenen Daten in der Union nach der Übermittlung dieser Daten eingeräumt werden, damit sie weiterhin die Grundrechte und Garantien genießen können.

(115) Manche Drittländer erlassen Gesetze, Vorschriften und sonstige Rechtsakte, die vorgeben, die Verarbeitungstätigkeiten natürlicher und juristischer Personen, die der Rechtsprechung der Mitgliedstaaten unterliegen, unmittelbar zu regeln. Dies kann Urteile von Gerichten und Entscheidungen von Verwaltungsbehörden in Drittländern umfassen, mit denen von einem Verantwortlichen oder einem Auftragsverarbeiter die Übermittlung oder Offenlegung personenbezogener Daten verlangt wird und die nicht auf eine in Kraft befindliche internationale Übereinkunft wie etwa ein Rechtshilfeabkommen zwischen dem ersuchenden Drittland und der Union oder einem Mitgliedstaat gestützt sind. Die Anwendung dieser Gesetze, Verordnungen und sonstigen Rechtsakte außerhalb des Hoheitsgebiets der betreffenden Drittländer kann gegen internationales Recht verstoßen und dem durch diese Verordnung in der Union gewährleisteten Schutz natürlicher Personen zuwiderlaufen. Datenübermittlungen sollten daher nur zulässig sein, wenn die Bedingungen dieser Verordnung für Datenübermittlungen an Drittländer eingehalten werden. Dies kann unter anderem der Fall sein, wenn die Offenlegung aus einem wichtigen öffentlichen Interesse erforderlich ist, das im Unionsrecht oder im Recht des Mitgliedstaats, dem der Verantwortliche unterliegt, anerkannt ist.

(116) Wenn personenbezogene Daten in ein anderes Land außerhalb der Union übermittelt werden, besteht eine erhöhte Gefahr, dass natürliche Personen ihre Datenschutzrechte nicht wahrnehmen können und sich insbesondere gegen die unrechtmäßige Nutzung oder Offenlegung dieser Informationen zu schützen. Ebenso kann es vorkommen, dass Aufsichtsbehörden Beschwerden nicht nachgehen oder Untersuchungen nicht durchführen können, die einen Bezug zu Tätigkeiten außerhalb der Grenzen ihres Mitgliedstaats haben. Ihre Bemühungen um grenzüberschreitende Zusammenarbeit können auch durch unzureichende Präventiv- und Abhilfebefugnisse, widersprüchliche Rechtsordnungen und praktische Hindernisse wie Ressourcenknappheit behindert werden. Die Zusammenarbeit zwischen den Datenschutzaufsichtsbehörden muss daher gefördert werden, damit sie Informationen austauschen und mit den Aufsichtsbehörden in anderen Ländern Untersuchungen durchführen können. Um Mechanismen der internationalen Zusammenarbeit zu entwickeln, die die internationale Amtshilfe bei der Durchsetzung von Rechtsvorschriften zum Schutz personenbezogener Daten erleichtern und sicherstellen, sollten die Kommission und die Aufsichtsbehörden Informationen austauschen und bei Tätigkeiten, die mit der Ausübung ihrer Befugnisse in Zusammenhang stehen, mit den zuständigen Behörden der Drittländer nach dem Grundsatz der Gegenseitigkeit und gemäß dieser Verordnung zusammenarbeiten.

(117) Die Errichtung von Aufsichtsbehörden in den Mitgliedstaaten, die befugt sind, ihre Aufgaben und Befugnisse völlig unabhängig wahrzunehmen, ist ein wesentlicher Bestandteil des Schutzes natürlicher Personen bei der Verarbeitung personenbezogener Daten. Die Mitgliedstaaten sollten mehr als eine Aufsichtsbehörde errichten können, wenn dies ihrer verfassungsmäßigen, organisatorischen und administrativen Struktur entspricht.

(118) Die Tatsache, dass die Aufsichtsbehörden unabhängig sind, sollte nicht bedeuten, dass sie hinsichtlich ihrer Ausgaben keinem Kontroll- oder Überwachungsmechanismus unterworfen werden bzw. sie keiner gerichtlichen Überprüfung unterzogen werden können.

(119) Errichtet ein Mitgliedstaat mehrere Aufsichtsbehörden, so sollte er mittels Rechtsvorschriften sicherstellen, dass diese Aufsichtsbehörden am Kohärenzverfahren wirksam beteiligt werden. Insbesondere sollte dieser Mitgliedstaat eine

Aufsichtsbehörde bestimmen, die als zentrale Anlaufstelle für eine wirksame Beteiligung dieser Behörden an dem Verfahren fungiert und eine rasche und reibungslose Zusammenarbeit mit anderen Aufsichtsbehörden, dem Ausschuss und der Kommission gewährleistet.

(120) Jede Aufsichtsbehörde sollte mit Finanzmitteln, Personal, Räumlichkeiten und einer Infrastruktur ausgestattet werden, wie sie für die wirksame Wahrnehmung ihrer Aufgaben, einschließlich derer im Zusammenhang mit der Amtshilfe und Zusammenarbeit mit anderen Aufsichtsbehörden in der gesamten Union, notwendig sind. Jede Aufsichtsbehörde sollte über einen eigenen, öffentlichen, jährlichen Haushaltsplan verfügen, der Teil des gesamten Staatshaushalts oder nationalen Haushalts sein kann.

(121) Die allgemeinen Anforderungen an das Mitglied oder die Mitglieder der Aufsichtsbehörde sollten durch Rechtsvorschriften von jedem Mitgliedstaat geregelt werden und insbesondere vorsehen, dass diese Mitglieder im Wege eines transparenten Verfahrens entweder – auf Vorschlag der Regierung, eines Mitglieds der Regierung, des Parlaments oder einer Parlamentskammer – vom Parlament, der Regierung oder dem Staatsoberhaupt des Mitgliedstaats oder von einer unabhängigen Stelle ernannt werden, die nach dem Recht des Mitgliedstaats mit der Ernennung betraut wird. Um die Unabhängigkeit der Aufsichtsbehörde zu gewährleisten, sollten ihre Mitglieder ihr Amt integer ausüben, von allen mit den Aufgaben ihres Amts nicht zu vereinbarenden Handlungen absehen und während ihrer Amtszeit keine andere mit ihrem Amt nicht zu vereinbarende entgeltliche oder unentgeltliche Tätigkeit ausüben. Die Aufsichtsbehörde sollte über eigenes Personal verfügen, das sie selbst oder eine nach dem Recht des Mitgliedstaats eingerichtete unabhängige Stelle auswählt und das ausschließlich der Leitung des Mitglieds oder der Mitglieder der Aufsichtsbehörde unterstehen sollte.

(122) Jede Aufsichtsbehörde sollte dafür zuständig sein, im Hoheitsgebiet ihres Mitgliedstaats die Befugnisse auszuüben und die Aufgaben zu erfüllen, die ihr mit dieser Verordnung übertragen wurden. Dies sollte insbesondere für Folgendes gelten: die Verarbeitung im Rahmen der Tätigkeiten einer Niederlassung des Verantwortlichen oder Auftragsverarbeiters im Hoheitsgebiet ihres Mitgliedstaats, die Verarbeitung personenbezogener Daten durch Behörden oder private Stellen, die im öffentlichen Interesse handeln, Verarbeitungstätigkeiten, die Auswirkungen auf betroffene Personen in ihrem Hoheitsgebiet haben, oder Verarbeitungstätigkeiten eines Verantwortlichen oder Auftragsverarbeiters ohne Niederlassung in der Union, sofern sie auf betroffene Personen mit Wohnsitz in ihrem Hoheitsgebiet ausgerichtet sind. Dies sollte auch die Bearbeitung von Beschwerden einer betroffenen Person, die Durchführung von Untersuchungen über die Anwendung dieser Verordnung sowie die Förderung der Information der Öffentlichkeit über Risiken, Vorschriften, Garantien und Rechte im Zusammenhang mit der Verarbeitung personenbezogener Daten einschließen.

(123) Die Aufsichtsbehörden sollten die Anwendung der Bestimmungen dieser Verordnung überwachen und zu ihrer einheitlichen Anwendung in der gesamten Union beitragen, um natürliche Personen im Hinblick auf die Verarbeitung ihrer Daten zu schützen und den freien Verkehr personenbezogener Daten im Binnenmarkt zu erleichtern. Zu diesem Zweck sollten die Aufsichtsbehörden untereinander und mit der Kommission zusammenarbeiten, ohne dass eine Vereinbarung zwischen den Mitgliedstaaten über die Leistung von Amtshilfe oder über eine derartige Zusammenarbeit erforderlich wäre.

(124) Findet die Verarbeitung personenbezogener Daten im Zusammenhang mit der Tätigkeit einer Niederlassung eines Verantwortlichen oder eines Auftragsverarbeiters in der Union statt und hat der Verantwortliche oder der Auftragsverarbeiter Niederlassungen in mehr als einem Mitgliedstaat oder hat die Verarbeitungs-

tätigkeit im Zusammenhang mit der Tätigkeit einer einzigen Niederlassung eines Verantwortlichen oder Auftragsverarbeiters in der Union erhebliche Auswirkungen auf betroffene Personen in mehr als einem Mitgliedstaat bzw. wird sie voraussichtlich solche Auswirkungen haben, so sollte die Aufsichtsbehörde für die Hauptniederlassung des Verantwortlichen oder Auftragsverarbeiters oder für die einzige Niederlassung des Verantwortlichen oder Auftragsverarbeiters als federführende Behörde fungieren. Sie sollte mit den anderen Behörden zusammenarbeiten, die betroffen sind, weil der Verantwortliche oder Auftragsverarbeiter eine Niederlassung im Hoheitsgebiet ihres Mitgliedstaats hat, weil die Verarbeitung erhebliche Auswirkungen auf betroffene Personen mit Wohnsitz in ihrem Hoheitsgebiet hat oder weil bei ihnen eine Beschwerde eingelegt wurde. Auch wenn eine betroffene Person ohne Wohnsitz in dem betreffenden Mitgliedstaat eine Beschwerde eingelegt hat, sollte die Aufsichtsbehörde, bei der Beschwerde eingelegt wurde, auch eine betroffene Aufsichtsbehörde sein. Der Ausschuss sollte – im Rahmen seiner Aufgaben in Bezug auf die Herausgabe von Leitlinien zu allen Fragen im Zusammenhang mit der Anwendung dieser Verordnung – insbesondere Leitlinien zu den Kriterien ausgeben können, die bei der Feststellung zu berücksichtigen sind, ob die fragliche Verarbeitung erhebliche Auswirkungen auf betroffene Personen in mehr als einem Mitgliedstaat hat und was einen maßgeblichen und begründeten Einspruch darstellt.

(125) Die federführende Behörde sollte berechtigt sein, verbindliche Beschlüsse über Maßnahmen zu erlassen, mit denen die ihr gemäß dieser Verordnung übertragenen Befugnisse ausgeübt werden. In ihrer Eigenschaft als federführende Behörde sollte diese Aufsichtsbehörde für die enge Einbindung und Koordinierung der betroffenen Aufsichtsbehörden im Entscheidungsprozess sorgen. Wird beschlossen, die Beschwerde der betroffenen Person vollständig oder teilweise abzuweisen, so sollte dieser Beschluss von der Aufsichtsbehörde angenommen werden, bei der die Beschwerde eingelegt wurde.

(126) Der Beschluss sollte von der federführenden Aufsichtsbehörde und den betroffenen Aufsichtsbehörden gemeinsam vereinbart werden und an die Hauptniederlassung oder die einzige Niederlassung des Verantwortlichen oder Auftragsverarbeiters gerichtet sein und für den Verantwortlichen und den Auftragsverarbeiter verbindlich sein. Der Verantwortliche oder Auftragsverarbeiter sollte die erforderlichen Maßnahmen treffen, um die Einhaltung dieser Verordnung und die Umsetzung des Beschlusses zu gewährleisten, der der Hauptniederlassung des Verantwortlichen oder Auftragsverarbeiters im Hinblick auf die Verarbeitungstätigkeiten in der Union von der federführenden Aufsichtsbehörde mitgeteilt wurde.

(127) Jede Aufsichtsbehörde, die nicht als federführende Aufsichtsbehörde fungiert, sollte in örtlichen Fällen zuständig sein, wenn der Verantwortliche oder Auftragsverarbeiter Niederlassungen in mehr als einem Mitgliedstaat hat, der Gegenstand der spezifischen Verarbeitung aber nur die Verarbeitungstätigkeiten in einem einzigen Mitgliedstaat und nur betroffene Personen in diesem einen Mitgliedstaat betrifft, beispielsweise wenn es um die Verarbeitung von personenbezogenen Daten von Arbeitnehmern im spezifischen Beschäftigungskontext eines Mitgliedstaats geht. In solchen Fällen sollte die Aufsichtsbehörde unverzüglich die federführende Aufsichtsbehörde über diese Angelegenheit unterrichten. Nach ihrer Unterrichtung sollte die federführende Aufsichtsbehörde entscheiden, ob sie den Fall nach den Bestimmungen zur Zusammenarbeit zwischen der federführenden Aufsichtsbehörde und anderen betroffenen Aufsichtsbehörden gemäß der Vorschrift zur Zusammenarbeit zwischen der federführenden Aufsichtsbehörde und anderen betroffenen Aufsichtsbehörden (im Folgenden „Verfahren der Zusammenarbeit und Kohärenz") regelt oder ob die Aufsichtsbehörde, die sie unterrichtet hat, den Fall auf örtlicher Ebene regeln sollte. Dabei sollte die federführende

Aufsichtsbehörde berücksichtigen, ob der Verantwortliche oder der Auftragsverarbeiter in dem Mitgliedstaat, dessen Aufsichtsbehörde sie unterrichtet hat, eine Niederlassung hat, damit Beschlüsse gegenüber dem Verantwortlichen oder dem Auftragsverarbeiter wirksam durchgesetzt werden. Entscheidet die federführende Aufsichtsbehörde, den Fall selbst zu regeln, sollte die Aufsichtsbehörde, die sie unterrichtet hat, die Möglichkeit haben, einen Beschlussentwurf vorzulegen, dem die federführende Aufsichtsbehörde bei der Ausarbeitung ihres Beschlussentwurfs im Rahmen dieses Verfahrens der Zusammenarbeit und Kohärenz weitestgehend Rechnung tragen sollte.

(128) Die Vorschriften über die federführende Behörde und das Verfahren der Zusammenarbeit und Kohärenz sollten keine Anwendung finden, wenn die Verarbeitung durch Behörden oder private Stellen im öffentlichen Interesse erfolgt. In diesen Fällen sollte die Aufsichtsbehörde des Mitgliedstaats, in dem die Behörde oder private Einrichtung ihren Sitz hat, die einzige Aufsichtsbehörde sein, die dafür zuständig ist, die Befugnisse auszuüben, die ihr mit dieser Verordnung übertragen wurden.

(129) Um die einheitliche Überwachung und Durchsetzung dieser Verordnung in der gesamten Union sicherzustellen, sollten die Aufsichtsbehörden in jedem Mitgliedstaat dieselben Aufgaben und wirksamen Befugnisse haben, darunter, insbesondere im Fall von Beschwerden natürlicher Personen, Untersuchungsbefugnisse, Abhilfebefugnisse und Sanktionsbefugnisse und Genehmigungsbefugnisse und beratende Befugnisse, sowie – unbeschadet der Befugnisse der Strafverfolgungsbehörden nach dem Recht der Mitgliedstaaten – die Befugnis, Verstöße gegen diese Verordnung den Justizbehörden zur Kenntnis zu bringen und Gerichtsverfahren anzustrengen. Dazu sollte auch die Befugnis zählen, eine vorübergehende oder endgültige Beschränkung der Verarbeitung, einschließlich eines Verbots, zu verhängen. Die Mitgliedstaaten können andere Aufgaben im Zusammenhang mit dem Schutz personenbezogener Daten im Rahmen dieser Verordnung festlegen. Die Befugnisse der Aufsichtsbehörden sollten in Übereinstimmung mit den geeigneten Verfahrensgarantien nach dem Unionsrecht und dem Recht der Mitgliedstaaten unparteiisch, gerecht und innerhalb einer angemessenen Frist ausgeübt werden. Insbesondere sollte jede Maßnahme im Hinblick auf die Gewährleistung der Einhaltung dieser Verordnung geeignet, erforderlich und verhältnismäßig sein, wobei die Umstände des jeweiligen Einzelfalls zu berücksichtigen sind, das Recht einer jeden Person, gehört zu werden, bevor eine individuelle Maßnahme getroffen wird, die nachteilige Auswirkungen auf diese Person hätte, zu achten ist und überflüssige Kosten und übermäßige Unannehmlichkeiten für die Betroffenen zu vermeiden sind. Untersuchungsbefugnisse im Hinblick auf den Zugang zu Räumlichkeiten sollten im Einklang mit besonderen Anforderungen im Verfahrensrecht der Mitgliedstaaten ausgeübt werden, wie etwa dem Erfordernis einer vorherigen richterlichen Genehmigung. Jede rechtsverbindliche Maßnahme der Aufsichtsbehörde sollte schriftlich erlassen werden und sie sollte klar und eindeutig sein; die Aufsichtsbehörde, die die Maßnahme erlassen hat, und das Datum, an dem die Maßnahme erlassen wurde, sollten angegeben werden und die Maßnahme sollte vom Leiter oder von einem von ihm bevollmächtigten Mitglied der Aufsichtsbehörde unterschrieben sein und eine Begründung für die Maßnahme sowie einen Hinweis auf das Recht auf einen wirksamen Rechtsbehelf enthalten. Dies sollte zusätzliche Anforderungen nach dem Verfahrensrecht der Mitgliedstaaten nicht ausschließen. Der Erlass eines rechtsverbindlichen Beschlusses setzt voraus, dass er in dem Mitgliedstaat der Aufsichtsbehörde, die den Beschluss erlassen hat, gerichtlich überprüft werden kann.

(130) Ist die Aufsichtsbehörde, bei der die Beschwerde eingereicht wurde, nicht die federführende Aufsichtsbehörde, so sollte die federführende Aufsichtsbehörde gemäß den Bestimmungen dieser Verordnung über Zusammenarbeit und Kohärenz eng mit der Aufsichtsbehörde zusammenarbeiten, bei der die Beschwerde eingereicht wurde. In solchen Fällen sollte die federführende Aufsichtsbehörde bei Maßnahmen, die rechtliche Wirkungen entfalten sollen, unter anderem bei der Verhängung von Geldbußen, den Standpunkt der Aufsichtsbehörde, bei der die Beschwerde eingereicht wurde und die weiterhin befugt sein sollte, in Abstimmung mit der zuständigen Aufsichtsbehörde Untersuchungen im Hoheitsgebiet ihres eigenen Mitgliedstaats durchzuführen, weitestgehend berücksichtigen.

(131) Wenn eine andere Aufsichtsbehörde als federführende Aufsichtsbehörde für die Verarbeitungstätigkeiten des Verantwortlichen oder des Auftragsverarbeiters fungieren sollte, der konkrete Gegenstand einer Beschwerde oder der mögliche Verstoß jedoch nur die Verarbeitungstätigkeiten des Verantwortlichen oder des Auftragsverarbeiters in dem Mitgliedstaat betrifft, in dem die Beschwerde eingereicht wurde oder der mögliche Verstoß aufgedeckt wurde, und die Angelegenheit keine erheblichen Auswirkungen auf betroffene Personen in anderen Mitgliedstaaten hat oder haben dürfte, sollte die Aufsichtsbehörde, bei der eine Beschwerde eingereicht wurde oder die Situationen, die mögliche Verstöße gegen diese Verordnung darstellen, aufgedeckt hat bzw. auf andere Weise darüber informiert wurde, versuchen, eine gütliche Einigung mit dem Verantwortlichen zu erzielen; falls sich dies als nicht erfolgreich erweist, sollte sie die gesamte Bandbreite ihrer Befugnisse wahrnehmen. Dies sollte auch Folgendes umfassen: die spezifische Verarbeitung im Hoheitsgebiet des Mitgliedstaats der Aufsichtsbehörde oder im Hinblick auf betroffene Personen im Hoheitsgebiet dieses Mitgliedstaats; die Verarbeitung im Rahmen eines Angebots von Waren oder Dienstleistungen, das speziell auf betroffene Personen im Hoheitsgebiet des Mitgliedstaats der Aufsichtsbehörde ausgerichtet ist; oder eine Verarbeitung, die unter Berücksichtigung der einschlägigen rechtlichen Verpflichtungen nach dem Recht der Mitgliedstaaten bewertet werden muss.

(132) Auf die Öffentlichkeit ausgerichtete Sensibilisierungsmaßnahmen der Aufsichtsbehörden sollten spezifische Maßnahmen einschließen, die sich an die Verantwortlichen und die Auftragsverarbeiter, einschließlich Kleinstunternehmen sowie kleiner und mittlerer Unternehmen, und an natürliche Personen, insbesondere im Bildungsbereich, richten.

(133) Die Aufsichtsbehörden sollten sich gegenseitig bei der Erfüllung ihrer Aufgaben unterstützen und Amtshilfe leisten, damit eine einheitliche Anwendung und Durchsetzung dieser Verordnung im Binnenmarkt gewährleistet ist. Eine Aufsichtsbehörde, die um Amtshilfe ersucht hat, kann eine einstweilige Maßnahme erlassen, wenn sie nicht binnen eines Monats nach Eingang des Amtshilfeersuchens bei der ersuchten Aufsichtsbehörde eine Antwort von dieser erhalten hat.

(134) Jede Aufsichtsbehörde sollte gegebenenfalls an gemeinsamen Maßnahmen von anderen Aufsichtsbehörden teilnehmen. Die ersuchte Aufsichtsbehörde sollte auf das Ersuchen binnen einer bestimmten Frist antworten müssen.

(135) Um die einheitliche Anwendung dieser Verordnung in der gesamten Union sicherzustellen, sollte ein Verfahren zur Gewährleistung einer einheitlichen Rechtsanwendung (Kohärenzverfahren) für die Zusammenarbeit zwischen den Aufsichtsbehörden eingeführt werden. Dieses Verfahren sollte insbesondere dann angewendet werden, wenn eine Aufsichtsbehörde beabsichtigt, eine Maßnahme zu erlassen, die rechtliche Wirkungen in Bezug auf Verarbeitungsvorgänge entfalten soll, die für eine bedeutende Zahl betroffener Personen in mehreren Mitgliedstaaten erhebliche Auswirkungen haben. Ferner sollte es zur Anwendung kom-

men, wenn eine betroffene Aufsichtsbehörde oder die Kommission beantragt, dass die Angelegenheit im Rahmen des Kohärenzverfahrens behandelt wird. Dieses Verfahren sollte andere Maßnahmen, die die Kommission möglicherweise in Ausübung ihrer Befugnisse nach den Verträgen trifft, unberührt lassen.

(136) Bei Anwendung des Kohärenzverfahrens sollte der Ausschuss, falls von der Mehrheit seiner Mitglieder so entschieden wird oder falls eine andere betroffene Aufsichtsbehörde oder die Kommission darum ersuchen, binnen einer festgelegten Frist eine Stellungnahme abgeben. Dem Ausschuss sollte auch die Befugnis übertragen werden, bei Streitigkeiten zwischen Aufsichtsbehörden rechtsverbindliche Beschlüsse zu erlassen. Zu diesem Zweck sollte er in klar bestimmten Fällen, in denen die Aufsichtsbehörden insbesondere im Rahmen des Verfahrens der Zusammenarbeit zwischen der federführenden Aufsichtsbehörde und den betroffenen Aufsichtsbehörden widersprüchliche Standpunkte zu dem Sachverhalt, vor allem in der Frage, ob ein Verstoß gegen diese Verordnung vorliegt, vertreten, grundsätzlich mit einer Mehrheit von zwei Dritteln seiner Mitglieder rechtsverbindliche Beschlüsse erlassen.

(137) Es kann dringender Handlungsbedarf zum Schutz der Rechte und Freiheiten von betroffenen Personen bestehen, insbesondere wenn eine erhebliche Behinderung der Durchsetzung des Rechts einer betroffenen Person droht. Eine Aufsichtsbehörde sollte daher hinreichend begründete einstweilige Maßnahmen in ihrem Hoheitsgebiet mit einer festgelegten Geltungsdauer von höchstens drei Monaten erlassen können.

(138) Die Anwendung dieses Verfahrens sollte in den Fällen, in denen sie verbindlich vorgeschrieben ist, eine Bedingung für die Rechtmäßigkeit einer Maßnahme einer Aufsichtsbehörde sein, die rechtliche Wirkungen entfalten soll. In anderen Fällen von grenzüberschreitender Relevanz sollte das Verfahren der Zusammenarbeit zwischen der federführenden Aufsichtsbehörde und den betroffenen Aufsichtsbehörden zur Anwendung gelangen, und die betroffenen Aufsichtsbehörden können auf bilateraler oder multilateraler Ebene Amtshilfe leisten und gemeinsame Maßnahmen durchführen, ohne auf das Kohärenzverfahren zurückzugreifen.

(139) Zur Förderung der einheitlichen Anwendung dieser Verordnung sollte der Ausschuss als unabhängige Einrichtung der Union eingesetzt werden. Damit der Ausschuss seine Ziele erreichen kann, sollte er Rechtspersönlichkeit besitzen. Der Ausschuss sollte von seinem Vorsitz vertreten werden. Er sollte die mit der Richtlinie 95/46/EG eingesetzte Arbeitsgruppe für den Schutz der Rechte von Personen bei der Verarbeitung personenbezogener Daten ersetzen. Er sollte aus dem Leiter einer Aufsichtsbehörde jedes Mitgliedstaats und dem Europäischen Datenschutzbeauftragten oder deren jeweiligen Vertretern gebildet werden. An den Beratungen des Ausschusses sollte die Kommission ohne Stimmrecht teilnehmen und der Europäische Datenschutzbeauftragte sollte spezifische Stimmrechte haben. Der Ausschuss sollte zur einheitlichen Anwendung der Verordnung in der gesamten Union beitragen, die Kommission insbesondere im Hinblick auf das Schutzniveau in Drittländern oder internationalen Organisationen beraten und die Zusammenarbeit der Aufsichtsbehörden in der Union fördern. Der Ausschuss sollte bei der Erfüllung seiner Aufgaben unabhängig handeln.

(140) Der Ausschuss sollte von einem Sekretariat unterstützt werden, das von dem Europäischen Datenschutzbeauftragten bereitgestellt wird. Das Personal des Europäischen Datenschutzbeauftragten, das an der Wahrnehmung der dem Ausschuss gemäß dieser Verordnung übertragenen Aufgaben beteiligt ist, sollte diese Aufgaben ausschließlich gemäß den Anweisungen des Vorsitzes des Ausschusses durchführen und diesem Bericht erstatten.

(141) Jede betroffene Person sollte das Recht haben, bei einer einzigen Aufsichtsbehörde insbesondere in dem Mitgliedstaat ihres gewöhnlichen Aufenthalts eine Beschwerde einzureichen und gemäß Artikel 47 der Charta einen wirksamen gerichtlichen Rechtsbehelf einzulegen, wenn sie sich in ihren Rechten gemäß dieser Verordnung verletzt sieht oder wenn die Aufsichtsbehörde auf eine Beschwerde hin nicht tätig wird, eine Beschwerde teilweise oder ganz abweist oder ablehnt oder nicht tätig wird, obwohl dies zum Schutz der Rechte der betroffenen Person notwendig ist. Die auf eine Beschwerde folgende Untersuchung sollte vorbehaltlich gerichtlicher Überprüfung so weit gehen, wie dies im Einzelfall angemessen ist. Die Aufsichtsbehörde sollte die betroffene Person innerhalb eines angemessenen Zeitraums über den Fortgang und die Ergebnisse der Beschwerde unterrichten. Sollten weitere Untersuchungen oder die Abstimmung mit einer anderen Aufsichtsbehörde erforderlich sein, sollte die betroffene Person über den Zwischenstand informiert werden. Jede Aufsichtsbehörde sollte Maßnahmen zur Erleichterung der Einreichung von Beschwerden treffen, wie etwa die Bereitstellung eines Beschwerdeformulars, das auch elektronisch ausgefüllt werden kann, ohne dass andere Kommunikationsmittel ausgeschlossen werden.

(142) Betroffene Personen, die sich in ihren Rechten gemäß dieser Verordnung verletzt sehen, sollten das Recht haben, nach dem Recht eines Mitgliedstaats gegründete Einrichtungen, Organisationen oder Verbände ohne Gewinnerzielungsabsicht, deren satzungsmäßige Ziele im öffentlichem Interesse liegen und die im Bereich des Schutzes personenbezogener Daten tätig sind, zu beauftragen, in ihrem Namen Beschwerde bei einer Aufsichtsbehörde oder einen gerichtlichen Rechtsbehelf einzulegen oder das Recht auf Schadensersatz in Anspruch zu nehmen, sofern dieses im Recht der Mitgliedstaaten vorgesehen ist. Die Mitgliedstaaten können vorsehen, dass diese Einrichtungen, Organisationen oder Verbände das Recht haben, unabhängig vom Auftrag einer betroffenen Person in dem betreffenden Mitgliedstaat eine eigene Beschwerde einzulegen, und das Recht auf einen wirksamen gerichtlichen Rechtsbehelf haben sollten, wenn sie Grund zu der Annahme haben, dass die Rechte der betroffenen Person infolge einer nicht im Einklang mit dieser Verordnung stehenden Verarbeitung verletzt worden sind. Diesen Einrichtungen, Organisationen oder Verbänden kann unabhängig vom Auftrag einer betroffenen Person nicht gestattet werden, im Namen einer betroffenen Person Schadenersatz zu verlangen.

(143) Jede natürliche oder juristische Person hat das Recht, unter den in Artikel 263 AEUV genannten Voraussetzungen beim Gerichtshof eine Klage auf Nichtigerklärung eines Beschlusses des Ausschusses zu erheben. Als Adressaten solcher Beschlüsse müssen die betroffenen Aufsichtsbehörden, die diese Beschlüsse anfechten möchten, binnen zwei Monaten nach deren Übermittlung gemäß Artikel 263 AEUV Klage erheben. Sofern Beschlüsse des Ausschusses einen Verantwortlichen, einen Auftragsverarbeiter oder den Beschwerdeführer unmittelbar und individuell betreffen, so können diese Personen binnen zwei Monaten nach Veröffentlichung der betreffenden Beschlüsse auf der Website des Ausschusses im Einklang mit Artikel 263 AEUV eine Klage auf Nichtigerklärung erheben. Unbeschadet dieses Rechts nach Artikel 263 AEUV sollte jede natürliche oder juristische Person das Recht auf einen wirksamen gerichtlichen Rechtsbehelf bei dem zuständigen einzelstaatlichen Gericht gegen einen Beschluss einer Aufsichtsbehörde haben, der gegenüber dieser Person Rechtswirkungen entfaltet. Ein derartiger Beschluss betrifft insbesondere die Ausübung von Untersuchungs-, Abhilfe- und Genehmigungsbefugnissen durch die Aufsichtsbehörde oder die Ablehnung oder Abweisung von Beschwerden. Das Recht auf einen wirksamen gerichtlichen Rechtsbehelf umfasst jedoch nicht rechtlich nicht bindende Maß-

nahmen der Aufsichtsbehörden wie von ihr abgegebene Stellungnahmen oder Empfehlungen. Verfahren gegen eine Aufsichtsbehörde sollten bei den Gerichten des Mitgliedstaats angestrengt werden, in dem die Aufsichtsbehörde ihren Sitz hat, und sollten im Einklang mit dem Verfahrensrecht dieses Mitgliedstaats durchgeführt werden. Diese Gerichte sollten eine uneingeschränkte Zuständigkeit besitzen, was die Zuständigkeit, sämtliche für den bei ihnen anhängigen Rechtsstreit maßgebliche Sach- und Rechtsfragen zu prüfen, einschließt. Wurde eine Beschwerde von einer Aufsichtsbehörde abgelehnt oder abgewiesen, kann der Beschwerdeführer Klage bei den Gerichten desselben Mitgliedstaats erheben. Im Zusammenhang mit gerichtlichen Rechtsbehelfen in Bezug auf die Anwendung dieser Verordnung können einzelstaatliche Gerichte, die eine Entscheidung über diese Frage für erforderlich halten, um ihr Urteil erlassen zu können, bzw. müssen einzelstaatliche Gerichte in den Fällen nach Artikel 267 AEUV den Gerichtshof um eine Vorabentscheidung zur Auslegung des Unionsrechts – das auch diese Verordnung einschließt – ersuchen. Wird darüber hinaus der Beschluss einer Aufsichtsbehörde zur Umsetzung eines Beschlusses des Ausschusses vor einem einzelstaatlichen Gericht angefochten und wird die Gültigkeit des Beschlusses des Ausschusses in Frage gestellt, so hat dieses einzelstaatliche Gericht nicht die Befugnis, den Beschluss des Ausschusses für nichtig zu erklären, sondern es muss im Einklang mit Artikel 267 AEUV in der Auslegung des Gerichtshofs den Gerichtshof mit der Frage der Gültigkeit befassen, wenn es den Beschluss für nichtig hält. Allerdings darf ein einzelstaatliches Gericht den Gerichtshof nicht auf Anfrage einer natürlichen oder juristischen Person mit Fragen der Gültigkeit des Beschlusses des Ausschusses befassen, wenn diese Person Gelegenheit hatte, eine Klage auf Nichtigerklärung dieses Beschlusses zu erheben – insbesondere wenn sie unmittelbar und individuell von dem Beschluss betroffen war –, diese Gelegenheit jedoch nicht innerhalb der Frist gemäß Artikel 263 AEUV genutzt hat.

(144) Hat ein mit einem Verfahren gegen die Entscheidung einer Aufsichtsbehörde befasstes Gericht Anlass zu der Vermutung, dass ein dieselbe Verarbeitung betreffendes Verfahren – etwa zu demselben Gegenstand in Bezug auf die Verarbeitung durch denselben Verantwortlichen oder Auftragsverarbeiter oder wegen desselben Anspruchs – vor einem zuständigen Gericht in einem anderen Mitgliedstaat anhängig ist, so sollte es mit diesem Gericht Kontakt aufnehmen, um sich zu vergewissern, dass ein solches verwandtes Verfahren existiert. Sind verwandte Verfahren vor einem Gericht in einem anderen Mitgliedstaat anhängig, so kann jedes später angerufene Gericht das Verfahren aussetzen oder sich auf Anfrage einer Partei auch zugunsten des zuerst angerufenen Gerichts für unzuständig erklären, wenn dieses später angerufene Gericht für die betreffenden Verfahren zuständig ist und die Verbindung von solchen verwandten Verfahren nach seinem Recht zulässig ist. Verfahren gelten als miteinander verwandt, wenn zwischen ihnen eine so enge Beziehung gegeben ist, dass eine gemeinsame Verhandlung und Entscheidung geboten erscheint, um zu vermeiden, dass in getrennten Verfahren einander widersprechende Entscheidungen ergehen.

(145) Bei Verfahren gegen Verantwortliche oder Auftragsverarbeiter sollte es dem Kläger überlassen bleiben, ob er die Gerichte des Mitgliedstaats anruft, in dem der Verantwortliche oder der Auftragsverarbeiter eine Niederlassung hat, oder des Mitgliedstaats, in dem die betroffene Person wohnt; dies gilt nicht, wenn es sich bei dem Verantwortlichen um eine Behörde eines Mitgliedstaats handelt, die in Ausübung ihrer hoheitlichen Befugnisse tätig geworden ist.

(146) Der Verantwortliche oder der Auftragsverarbeiter sollte Schäden, die einer Person aufgrund einer Verarbeitung entstehen, die mit dieser Verordnung nicht im Einklang steht, ersetzen. Der Verantwortliche oder der Auftragsverarbeiter

sollte von seiner Haftung befreit werden, wenn er nachweist, dass er in keiner Weise für den Schaden verantwortlich ist. Der Begriff des Schadens sollte im Lichte der Rechtsprechung des Gerichtshofs weit auf eine Art und Weise ausgelegt werden, die den Zielen dieser Verordnung in vollem Umfang entspricht. Dies gilt unbeschadet von Schadenersatzforderungen aufgrund von Verstößen gegen andere Vorschriften des Unionsrechts oder des Rechts der Mitgliedstaaten. Zu einer Verarbeitung, die mit der vorliegenden Verordnung nicht im Einklang steht, zählt auch eine Verarbeitung, die nicht mit den nach Maßgabe der vorliegenden Verordnung erlassenen delegierten Rechtsakten und Durchführungsrechtsakten und Rechtsvorschriften der Mitgliedstaaten zur Präzisierung von Bestimmungen der vorliegenden Verordnung im Einklang steht. Die betroffenen Personen sollten einen vollständigen und wirksamen Schadenersatz für den erlittenen Schaden erhalten. Sind Verantwortliche oder Auftragsverarbeiter an derselben Verarbeitung beteiligt, so sollte jeder Verantwortliche oder Auftragsverarbeiter für den gesamten Schaden haftbar gemacht werden. Werden sie jedoch nach Maßgabe des Rechts der Mitgliedstaaten zu demselben Verfahren hinzugezogen, so können sie im Verhältnis zu der Verantwortung anteilmäßig haftbar gemacht werden, die jeder Verantwortliche oder Auftragsverarbeiter für den durch die Verarbeitung entstandenen Schaden zu tragen hat, sofern sichergestellt ist, dass die betroffene Person einen vollständigen und wirksamen Schadenersatz für den erlittenen Schaden erhält. Jeder Verantwortliche oder Auftragsverarbeiter, der den vollen Schadenersatz geleistet hat, kann anschließend ein Rückgriffsverfahren gegen andere an derselben Verarbeitung beteiligte Verantwortliche oder Auftragsverarbeiter anstrengen.

(147) Soweit in dieser Verordnung spezifische Vorschriften über die Gerichtsbarkeit – insbesondere in Bezug auf Verfahren im Hinblick auf einen gerichtlichen Rechtsbehelf einschließlich Schadenersatz gegen einen Verantwortlichen oder Auftragsverarbeiter – enthalten sind, sollten die allgemeinen Vorschriften über die Gerichtsbarkeit, wie sie etwa in der Verordnung (EU) Nr. 1215/2012 des Europäischen Parlaments und des Rates[13] enthalten sind, der Anwendung dieser spezifischen Vorschriften nicht entgegenstehen.

(148) Im Interesse einer konsequenteren Durchsetzung der Vorschriften dieser Verordnung sollten bei Verstößen gegen diese Verordnung zusätzlich zu den geeigneten Maßnahmen, die die Aufsichtsbehörde gemäß dieser Verordnung verhängt, oder an Stelle solcher Maßnahmen Sanktionen einschließlich Geldbußen verhängt werden. Im Falle eines geringfügigeren Verstoßes oder falls voraussichtlich zu verhängende Geldbuße eine unverhältnismäßige Belastung für eine natürliche Person bewirken würde, kann anstelle einer Geldbuße eine Verwarnung erteilt werden. Folgendem sollte jedoch gebührend Rechnung getragen werden: der Art, Schwere und Dauer des Verstoßes, dem vorsätzlichen Charakter des Verstoßes, den Maßnahmen zur Minderung des entstandenen Schadens, dem Grad der Verantwortlichkeit oder jeglichem früheren Verstoß, der Art und Weise, wie der Verstoß der Aufsichtsbehörde bekannt wurde, der Einhaltung der gegen den Verantwortlichen oder Auftragsverarbeiter angeordneten Maßnahmen, der Einhaltung von Verhaltensregeln und jedem anderen erschwerenden oder mildernden Umstand. Für die Verhängung von Sanktionen einschließlich Geldbußen sollte es angemessene Verfahrensgarantien geben, die den allgemeinen Grundsätzen des

---

[13] **Amtl. Anm.:** Verordnung (EU) Nr. 1215/2012 des Europäischen Parlaments und des Rates vom 12. Dezember 2012 über die gerichtliche Zuständigkeit und die Anerkennung und Vollstreckung von Entscheidungen in Zivil- und Handelssachen (ABl. L 351 vom 20.12.2012, S. 1).

Unionsrechts und der Charta, einschließlich des Rechts auf wirksamen Rechtsschutz und ein faires Verfahren, entsprechen.

(149) Die Mitgliedstaaten sollten die strafrechtlichen Sanktionen für Verstöße gegen diese Verordnung, auch für Verstöße gegen auf der Grundlage und in den Grenzen dieser Verordnung erlassene nationale Vorschriften, festlegen können. Diese strafrechtlichen Sanktionen können auch die Einziehung der durch die Verstöße gegen diese Verordnung erzielten Gewinne ermöglichen. Die Verhängung von strafrechtlichen Sanktionen für Verstöße gegen solche nationalen Vorschriften und von verwaltungsrechtlichen Sanktionen sollte jedoch nicht zu einer Verletzung des Grundsatzes „ne bis in idem", wie er vom Gerichtshof ausgelegt worden ist, führen.

(150) Um die verwaltungsrechtlichen Sanktionen bei Verstößen gegen diese Verordnung zu vereinheitlichen und ihnen mehr Wirkung zu verleihen, sollte jede Aufsichtsbehörde befugt sein, Geldbußen zu verhängen. In dieser Verordnung sollten die Verstöße sowie die Obergrenze der entsprechenden Geldbußen und die Kriterien für ihre Festsetzung genannt werden, wobei diese Geldbußen von der zuständigen Aufsichtsbehörde in jedem Einzelfall unter Berücksichtigung aller besonderen Umstände und insbesondere der Art, Schwere und Dauer des Verstoßes und seiner Folgen sowie der Maßnahmen, die ergriffen worden sind, um die Einhaltung der aus dieser Verordnung erwachsenden Verpflichtungen zu gewährleisten und die Folgen des Verstoßes abzuwenden oder abzumildern, festzusetzen sind. Werden Geldbußen Unternehmen auferlegt, sollte zu diesem Zweck der Begriff „Unternehmen" im Sinne der Artikel 101 und 102 AEUV verstanden werden. Werden Geldbußen Personen auferlegt, bei denen es sich nicht um Unternehmen handelt, so sollte die Aufsichtsbehörde bei der Erwägung des angemessenen Betrags für die Geldbuße dem allgemeinen Einkommensniveau in dem betreffenden Mitgliedstaat und der wirtschaftlichen Lage der Personen Rechnung tragen. Das Kohärenzverfahren kann auch genutzt werden, um eine kohärente Anwendung von Geldbußen zu fördern. Die Mitgliedstaaten sollten bestimmen können, ob und inwieweit gegen Behörden Geldbußen verhängt werden können. Auch wenn die Aufsichtsbehörden bereits Geldbußen verhängt oder eine Verwarnung erteilt haben, können sie ihre anderen Befugnisse ausüben oder andere Sanktionen nach Maßgabe dieser Verordnung verhängen.

(151) Nach den Rechtsordnungen Dänemarks und Estlands sind die in dieser Verordnung vorgesehenen Geldbußen nicht zulässig. Die Vorschriften über die Geldbußen können so angewandt werden, dass die Geldbuße in Dänemark durch die zuständigen nationalen Gerichte als Strafe und in Estland durch die Aufsichtsbehörde im Rahmen eines Verfahrens bei Vergehen verhängt wird, sofern eine solche Anwendung der Vorschriften in diesen Mitgliedstaaten die gleiche Wirkung wie die von den Aufsichtsbehörden verhängten Geldbußen hat. Daher sollten die zuständigen nationalen Gerichte die Empfehlung der Aufsichtsbehörde, die die Geldbuße in die Wege geleitet hat, berücksichtigen. In jeden Fall sollten die verhängten Geldbußen wirksam, verhältnismäßig und abschreckend sein.

(152) Soweit diese Verordnung verwaltungsrechtliche Sanktionen nicht harmonisiert oder wenn es in anderen Fällen – beispielsweise bei schweren Verstößen gegen diese Verordnung – erforderlich ist, sollten die Mitgliedstaaten eine Regelung anwenden, die wirksame, verhältnismäßige und abschreckende Sanktionen vorsieht. Es sollte im Recht der Mitgliedstaaten geregelt werden, ob diese Sanktionen strafrechtlicher oder verwaltungsrechtlicher Art sind.

(153) Im Recht der Mitgliedstaaten sollten die Vorschriften über die freie Meinungsäußerung und Informationsfreiheit, auch von Journalisten, Wissenschaftlern, Künstlern und/oder Schriftstellern, mit dem Recht auf Schutz der personenbezogenen Daten gemäß dieser Verordnung in Einklang gebracht werden. Für die

Verarbeitung personenbezogener Daten ausschließlich zu journalistischen Zwecken oder zu wissenschaftlichen, künstlerischen oder literarischen Zwecken sollten Abweichungen und Ausnahmen von bestimmten Vorschriften dieser Verordnung gelten, wenn dies erforderlich ist, um das Recht auf Schutz der personenbezogenen Daten mit dem Recht auf Freiheit der Meinungsäußerung und Informationsfreiheit, wie es in Artikel 11 der Charta garantiert ist, in Einklang zu bringen. Dies sollte insbesondere für die Verarbeitung personenbezogener Daten im audiovisuellen Bereich sowie in Nachrichten- und Pressearchiven gelten. Die Mitgliedstaaten sollten daher Gesetzgebungsmaßnahmen zur Regelung der Abweichungen und Ausnahmen erlassen, die zum Zwecke der Abwägung zwischen diesen Grundrechten notwendig sind. Die Mitgliedstaaten sollten solche Abweichungen und Ausnahmen in Bezug auf die allgemeinen Grundsätze, die Rechte der betroffenen Person, den Verantwortlichen und den Auftragsverarbeiter, die Übermittlung von personenbezogenen Daten an Drittländer oder an internationale Organisationen, die unabhängigen Aufsichtsbehörden, die Zusammenarbeit und Kohärenz und besondere Datenverarbeitungssituationen erlassen. Sollten diese Abweichungen oder Ausnahmen von Mitgliedstaat zu Mitgliedstaat unterschiedlich sein, sollte das Recht des Mitgliedstaats angewendet werden, dem der Verantwortliche unterliegt. Um der Bedeutung des Rechts auf freie Meinungsäußerung in einer demokratischen Gesellschaft Rechnung zu tragen, müssen Begriffe wie Journalismus, die sich auf diese Freiheit beziehen, weit ausgelegt werden.

(154) Diese Verordnung ermöglicht es, dass bei ihrer Anwendung der Grundsatz des Zugangs der Öffentlichkeit zu amtlichen Dokumenten berücksichtigt wird. Der Zugang der Öffentlichkeit zu amtlichen Dokumenten kann als öffentliches Interesse betrachtet werden. Personenbezogene Daten in Dokumenten, die sich im Besitz einer Behörde oder einer öffentlichen Stelle befinden, sollten von dieser Behörde oder Stelle öffentlich offengelegt werden können, sofern dies im Unionsrecht oder im Recht der Mitgliedstaaten, denen sie unterliegt, vorgesehen ist. Diese Rechtsvorschriften sollten den Zugang der Öffentlichkeit zu amtlichen Dokumenten und die Weiterverwendung von Informationen des öffentlichen Sektors mit dem Recht auf Schutz personenbezogener Daten in Einklang bringen und können daher die notwendige Übereinstimmung mit dem Recht auf Schutz personenbezogener Daten gemäß dieser Verordnung regeln. Die Bezugnahme auf Behörden und öffentliche Stellen sollte in diesem Kontext sämtliche Behörden oder sonstigen Stellen beinhalten, die vom Recht des jeweiligen Mitgliedstaats über den Zugang der Öffentlichkeit zu Dokumenten erfasst werden. Die Richtlinie 2003/98/EG des Europäischen Parlaments und des Rates[14] lässt das Schutzniveau für natürliche Personen in Bezug auf die Verarbeitung personenbezogener Daten gemäß den Bestimmungen des Unionsrechts und des Rechts der Mitgliedstaaten unberührt und beeinträchtigt diesen in keiner Weise, und sie bewirkt insbesondere keine Änderung der in dieser Verordnung dargelegten Rechte und Pflichten. Insbesondere sollte die genannte Richtlinie nicht für Dokumente gelten, die nach den Zugangsregelungen der Mitgliedstaaten aus Gründen des Schutzes personenbezogener Daten nicht oder nur eingeschränkt zugänglich sind, oder für Teile von Dokumenten, die nach diesen Regelungen zugänglich sind, wenn sie personenbezogene Daten enthalten, bei denen Rechtsvorschriften vorsehen, dass ihre Weiterverwendung nicht mit dem Recht über den Schutz natürlicher Personen in Bezug auf die Verarbeitung personenbezogener Daten vereinbar ist.

---

[14] **Amtl. Anm.:** Richtlinie 2003/98/EG des Europäischen Parlaments und des Rates vom 17. November 2003 über die Weiterverwendung von Informationen des öffentlichen Sektors (ABl. L 345 vom 31.12.2003, S. 90).

(155) Im Recht der Mitgliedstaaten oder in Kollektivvereinbarungen (einschließlich „Betriebsvereinbarungen") können spezifische Vorschriften für die Verarbeitung personenbezogener Beschäftigtendaten im Beschäftigungskontext vorgesehen werden, und zwar insbesondere Vorschriften über die Bedingungen, unter denen personenbezogene Daten im Beschäftigungskontext auf der Grundlage der Einwilligung des Beschäftigten verarbeitet werden dürfen, über die Verarbeitung dieser Daten für Zwecke der Einstellung, der Erfüllung des Arbeitsvertrags einschließlich der Erfüllung von durch Rechtsvorschriften oder durch Kollektivvereinbarungen festgelegten Pflichten, des Managements, der Planung und der Organisation der Arbeit, der Gleichheit und Diversität am Arbeitsplatz, der Gesundheit und Sicherheit am Arbeitsplatz sowie für Zwecke der Inanspruchnahme der mit der Beschäftigung zusammenhängenden individuellen oder kollektiven Rechte und Leistungen und für Zwecke der Beendigung des Beschäftigungsverhältnisses.

(156) Die Verarbeitung personenbezogener Daten für im öffentlichen Interesse liegende Archivzwecke, zu wissenschaftlichen oder historischen Forschungszwecken oder zu statistischen Zwecken sollte geeigneten Garantien für die Rechte und Freiheiten der betroffenen Person gemäß dieser Verordnung unterliegen. Mit diesen Garantien sollte sichergestellt werden, dass technische und organisatorische Maßnahmen bestehen, mit denen insbesondere der Grundsatz der Datenminimierung gewährleistet wird. Die Weiterverarbeitung personenbezogener Daten zu im öffentlichen Interesse liegende Archivzwecken, zu wissenschaftlichen oder historischen Forschungszwecken oder zu statistischen Zwecken erfolgt erst dann, wenn der Verantwortliche geprüft hat, ob es möglich ist, diese Zwecke durch die Verarbeitung von personenbezogenen Daten, bei der die Identifizierung von betroffenen Personen nicht oder nicht mehr möglich ist, zu erfüllen, sofern geeignete Garantien bestehen (wie z.B. die Pseudonymisierung von personenbezogenen Daten). Die Mitgliedstaaten sollten geeignete Garantien in Bezug auf die Verarbeitung personenbezogener Daten für im öffentlichen Interesse liegende Archivzwecke, zu wissenschaftlichen oder historischen Forschungszwecken oder zu statistischen Zwecken vorsehen. Es sollte den Mitgliedstaaten erlaubt sein, unter bestimmten Bedingungen und vorbehaltlich geeigneter Garantien für die betroffenen Personen Präzisierungen und Ausnahmen in Bezug auf die Informationsanforderungen sowie der Rechte auf Berichtigung, Löschung, Vergessenwerden, zur Einschränkung der Verarbeitung, auf Datenübertragbarkeit sowie auf Widerspruch bei der Verarbeitung personenbezogener Daten zu im öffentlichen Interesse liegende Archivzwecken, zu wissenschaftlichen oder historischen Forschungszwecken oder zu statistischen Zwecken vorzusehen. Im Rahmen der betreffenden Bedingungen und Garantien können spezifische Verfahren für die Ausübung dieser Rechte durch die betroffenen Personen vorgesehen sein – sofern dies angesichts der mit der spezifischen Verarbeitung verfolgten Zwecke angemessen ist – sowie technische und organisatorische Maßnahmen zur Minimierung der Verarbeitung personenbezogener Daten im Hinblick auf die Grundsätze der Verhältnismäßigkeit und der Notwendigkeit. Die Verarbeitung personenbezogener Daten zu wissenschaftlichen Zwecken sollte auch anderen einschlägigen Rechtsvorschriften, beispielsweise für klinische Prüfungen, genügen.

(157) Durch die Verknüpfung von Informationen aus Registern können Forscher neue Erkenntnisse von großem Wert in Bezug auf weit verbreiteten Krankheiten wie Herz-Kreislauferkrankungen, Krebs und Depression erhalten. Durch die Verwendung von Registern können bessere Forschungsergebnisse erzielt werden, da sie auf einen größeren Bevölkerungsanteil gestützt sind. Im Bereich der Sozialwissenschaften ermöglicht die Forschung anhand von Registern es den Forschern, entscheidende Erkenntnisse über den langfristigen Zusammenhang einer Reihe

sozialer Umstände zu erlangen, wie Arbeitslosigkeit und Bildung mit anderen Lebensumständen. Durch Register erhaltene Forschungsergebnisse bieten solide, hochwertige Erkenntnisse, die die Basis für die Erarbeitung und Umsetzung wissensgestützter politischer Maßnahmen darstellen, die Lebensqualität zahlreicher Menschen verbessern und die Effizienz der Sozialdienste verbessern können. Zur Erleichterung der wissenschaftlichen Forschung können daher personenbezogene Daten zu wissenschaftlichen Forschungszwecken verarbeitet werden, wobei sie angemessenen Bedingungen und Garantien unterliegen, die im Unionsrecht oder im Recht der Mitgliedstaaten festgelegt sind.

(158) Diese Verordnung sollte auch für die Verarbeitung personenbezogener Daten zu Archivzwecken gelten, wobei darauf hinzuweisen ist, dass die Verordnung nicht für verstorbene Personen gelten sollte. Behörden oder öffentliche oder private Stellen, die Aufzeichnungen von öffentlichem Interesse führen, sollten gemäß dem Unionsrecht oder dem Recht der Mitgliedstaaten rechtlich verpflichtet sein, Aufzeichnungen von bleibendem Wert für das allgemeine öffentliche Interesse zu erwerben, zu erhalten, zu bewerten, aufzubereiten, zu beschreiben, mitzuteilen, zu fördern, zu verbreiten sowie Zugang dazu bereitzustellen. Es sollte den Mitgliedstaaten ferner erlaubt sein vorzusehen, dass personenbezogene Daten zu Archivzwecken weiterverarbeitet werden, beispielsweise im Hinblick auf die Bereitstellung spezifischer Informationen im Zusammenhang mit dem politischen Verhalten unter ehemaligen totalitären Regimen, Völkermord, Verbrechen gegen die Menschlichkeit, insbesondere dem Holocaust, und Kriegsverbrechen.

(159) Diese Verordnung sollte auch für die Verarbeitung personenbezogener Daten zu wissenschaftlichen Forschungszwecken gelten. Die Verarbeitung personenbezogener Daten zu wissenschaftlichen Forschungszwecken im Sinne dieser Verordnung sollte weit ausgelegt werden und die Verarbeitung für beispielsweise die technologische Entwicklung und die Demonstration, die Grundlagenforschung, die angewandte Forschung und die privat finanzierte Forschung einschließen. Darüber hinaus sollte sie dem in Artikel 179 Absatz 1 AEUV festgeschriebenen Ziel, einen europäischen Raum der Forschung zu schaffen, Rechnung tragen. Die wissenschaftlichen Forschungszwecke sollten auch Studien umfassen, die im öffentlichen Interesse im Bereich der öffentlichen Gesundheit durchgeführt werden. Um den Besonderheiten der Verarbeitung personenbezogener Daten zu wissenschaftlichen Forschungszwecken zu genügen, sollten spezifische Bedingungen insbesondere hinsichtlich der Veröffentlichung oder sonstigen Offenlegung personenbezogener Daten im Kontext wissenschaftlicher Zwecke gelten. Geben die Ergebnisse wissenschaftlicher Forschung insbesondere im Gesundheitsbereich Anlass zu weiteren Maßnahmen im Interesse der betroffenen Person, sollten die allgemeinen Vorschriften dieser Verordnung für diese Maßnahmen gelten.

(160) Diese Verordnung sollte auch für die Verarbeitung personenbezogener Daten zu historischen Forschungszwecken gelten. Dazu sollte auch historische Forschung und Forschung im Bereich der Genealogie zählen, wobei darauf hinzuweisen ist, dass diese Verordnung nicht für verstorbene Personen gelten sollte.

(161) Für die Zwecke der Einwilligung in die Teilnahme an wissenschaftlichen Forschungstätigkeiten im Rahmen klinischer Prüfungen sollten die einschlägigen Bestimmungen der Verordnung (EU) Nr. 536/2014 des Europäischen Parlaments und des Rates[15] gelten.

---

[15] **Amtl. Anm.:** Verordnung (EU) Nr. 536/2014 des Europäischen Parlaments und des Rates vom 16. April 2014 über klinische Prüfungen mit Humanarzneimitteln und zur Aufhebung der Richtlinie 2001/20/EG Text von Bedeutung für den EWR (ABl. L 158 vom 27.5.2014, S. 1).

(162) Diese Verordnung sollte auch für die Verarbeitung personenbezogener Daten zu statistischen Zwecken gelten. Das Unionsrecht oder das Recht der Mitgliedstaaten sollte in den Grenzen dieser Verordnung den statistischen Inhalt, die Zugangskontrolle, die Spezifikationen für die Verarbeitung personenbezogener Daten zu statistischen Zwecken und geeignete Maßnahmen zur Sicherung der Rechte und Freiheiten der betroffenen Personen und zur Sicherstellung der statistischen Geheimhaltung bestimmen. Unter dem Begriff „statistische Zwecke" ist jeder für die Durchführung statistischer Untersuchungen und die Erstellung statistischer Ergebnisse erforderliche Vorgang der Erhebung und Verarbeitung personenbezogener Daten zu verstehen. Diese statistischen Ergebnisse können für verschiedene Zwecke, so auch für wissenschaftliche Forschungszwecke, weiterverwendet werden. Im Zusammenhang mit den statistischen Zwecken wird vorausgesetzt, dass die Ergebnisse der Verarbeitung zu statistischen Zwecken keine personenbezogenen Daten, sondern aggregierte Daten sind und diese Ergebnisse oder personenbezogenen Daten nicht für Maßnahmen oder Entscheidungen gegenüber einzelnen natürlichen Personen verwendet werden.

(163) Die vertraulichen Informationen, die die statistischen Behörden der Union und der Mitgliedstaaten zur Erstellung der amtlichen europäischen und der amtlichen nationalen Statistiken erheben, sollten geschützt werden. Die europäischen Statistiken sollten im Einklang mit den in Artikel 338 Absatz 2 AEUV dargelegten statistischen Grundsätzen entwickelt, erstellt und verbreitet werden, wobei die nationalen Statistiken auch mit dem Recht der Mitgliedstaaten übereinstimmen müssen. Die Verordnung (EG) Nr. 223/2009 des Europäischen Parlaments und des Rates[16] enthält genauere Bestimmungen zur Vertraulichkeit europäischer Statistiken.

(164) Hinsichtlich der Befugnisse der Aufsichtsbehörden, von dem Verantwortlichen oder vom Auftragsverarbeiter Zugang zu personenbezogenen Daten oder zu seinen Räumlichkeiten zu erlangen, können die Mitgliedstaaten in den Grenzen dieser Verordnung den Schutz des Berufsgeheimnisses oder anderer gleichwertiger Geheimhaltungspflichten durch Rechtsvorschriften regeln, soweit dies notwendig ist, um das Recht auf Schutz der personenbezogenen Daten mit einer Pflicht zur Wahrung des Berufsgeheimnisses in Einklang zu bringen. Dies berührt nicht die bestehenden Verpflichtungen der Mitgliedstaaten zum Erlass von Vorschriften über das Berufsgeheimnis, wenn dies aufgrund des Unionsrechts erforderlich ist.

(165) Im Einklang mit Artikel 17 AEUV achtet diese Verordnung den Status, den Kirchen und religiöse Vereinigungen oder Gemeinschaften in den Mitgliedstaaten nach deren bestehenden verfassungsrechtlichen Vorschriften genießen, und beeinträchtigt ihn nicht.

(166) Um die Zielvorgaben dieser Verordnung zu erfüllen, d.h. die Grundrechte und Grundfreiheiten natürlicher Personen und insbesondere ihr Recht auf Schutz ihrer personenbezogenen Daten zu schützen und den freien Verkehr personenbezogener Daten innerhalb der Union zu gewährleisten, sollte der Kommission die Befugnis übertragen werden, gemäß Artikel 290 AEUV Rechtsakte zu erlassen.

---

[16] **Amtl. Anm.:** Verordnung (EG) Nr. 223/2009 des Europäischen Parlaments und des Rates vom 11. März 2009 über europäische Statistiken und zur Aufhebung der Verordnung (EG, Euratom) Nr. 1101/2008 des Europäischen Parlaments und des Rates über die Übermittlung von unter die Geheimhaltungspflicht fallenden Informationen an das Statistische Amt der Europäischen Gemeinschaften, der Verordnung (EG) Nr. 322/97 des Rates über die Gemeinschaftsstatistiken und des Beschlusses 89/382/EWG, Euratom des Rates zur Einsetzung eines Ausschusses für das Statistische Programm der Europäischen Gemeinschaften (ABl. L 87 vom 31.3.2009, S. 164).

Delegierte Rechtsakte sollten insbesondere in Bezug auf die für Zertifizierungsverfahren geltenden Kriterien und Anforderungen, die durch standardisierte Bildsymbole darzustellenden Informationen und die Verfahren für die Bereitstellung dieser Bildsymbole erlassen werden. Es ist von besonderer Bedeutung, dass die Kommission im Zuge ihrer Vorbereitungsarbeit angemessene Konsultationen, auch auf der Ebene von Sachverständigen, durchführt. Bei der Vorbereitung und Ausarbeitung delegierter Rechtsakte sollte die Kommission gewährleisten, dass die einschlägigen Dokumente dem Europäischen Parlament und dem Rat gleichzeitig, rechtzeitig und auf angemessene Weise übermittelt werden.

(167) Zur Gewährleistung einheitlicher Bedingungen für die Durchführung dieser Verordnung sollten der Kommission Durchführungsbefugnisse übertragen werden, wenn dies in dieser Verordnung vorgesehen ist. Diese Befugnisse sollten nach Maßgabe der Verordnung (EU) Nr. 182/2011 des Europäischen Parlaments und des Rates ausgeübt werden. In diesem Zusammenhang sollte die Kommission besondere Maßnahmen für Kleinstunternehmen sowie kleine und mittlere Unternehmen erwägen.

(168) Für den Erlass von Durchführungsrechtsakten bezüglich Standardvertragsklauseln für Verträge zwischen Verantwortlichen und Auftragsverarbeitern sowie zwischen Auftragsverarbeitern; Verhaltensregeln; technische Standards und Verfahren für die Zertifizierung; Anforderungen an die Angemessenheit des Datenschutzniveaus in einem Drittland, einem Gebiet oder bestimmten Sektor dieses Drittlands oder in einer internationalen Organisation; Standardschutzklauseln; Formate und Verfahren für den Informationsaustausch zwischen Verantwortlichen, Auftragsverarbeitern und Aufsichtsbehörden im Hinblick auf verbindliche interne Datenschutzvorschriften; Amtshilfe; sowie Vorkehrungen für den elektronischen Informationsaustausch zwischen Aufsichtsbehörden und zwischen Aufsichtsbehörden und dem Ausschuss sollte das Prüfverfahren angewandt werden.

(169) Die Kommission sollte sofort geltende Durchführungsrechtsakte erlassen, wenn anhand vorliegender Beweise festgestellt wird, dass ein Drittland, ein Gebiet oder ein bestimmter Sektor in diesem Drittland oder eine internationale Organisation kein angemessenes Schutzniveau gewährleistet, und dies aus Gründen äußerster Dringlichkeit erforderlich ist.

(170) Da das Ziel dieser Verordnung, nämlich die Gewährleistung eines gleichwertigen Datenschutzniveaus für natürliche Personen und des freien Verkehrs personenbezogener Daten in der Union, von den Mitgliedstaaten nicht ausreichend verwirklicht werden kann, sondern vielmehr wegen des Umfangs oder der Wirkungen der Maßnahme auf Unionsebene besser zu verwirklichen ist, kann die Union im Einklang mit dem in Artikel 5 des Vertrags über die Europäische Union (EUV) verankerten Subsidiaritätsprinzip tätig werden. Entsprechend dem in demselben Artikel genannten Grundsatz der Verhältnismäßigkeit geht diese Verordnung nicht über das für die Verwirklichung dieses Ziels erforderliche Maß hinaus.

(171) Die Richtlinie 95/46/EG sollte durch diese Verordnung aufgehoben werden. Verarbeitungen, die zum Zeitpunkt der Anwendung dieser Verordnung bereits begonnen haben, sollten innerhalb von zwei Jahren nach dem Inkrafttreten dieser Verordnung mit ihr in Einklang gebracht werden. Beruhen die Verarbeitungen auf einer Einwilligung gemäß der Richtlinie 95/46/EG, so ist es nicht erforderlich, dass die betroffene Person erneut ihre Einwilligung dazu erteilt, wenn die Art der bereits erteilten Einwilligung den Bedingungen dieser Verordnung entspricht, so dass der Verantwortliche die Verarbeitung nach dem Zeitpunkt der Anwendung der vorliegenden Verordnung fortsetzen kann. Auf der Richtlinie 95/46/EG beruhende Entscheidungen bzw. Beschlüsse der Kommission und

Genehmigungen der Aufsichtsbehörden bleiben in Kraft, bis sie geändert, ersetzt oder aufgehoben werden.

(172) Der Europäische Datenschutzbeauftragte wurde gemäß Artikel 28 Absatz 2 der Verordnung (EG) Nr. 45/2001 konsultiert und hat am 7. März 2012[17] eine Stellungnahme abgegeben.

(173) Diese Verordnung sollte auf alle Fragen des Schutzes der Grundrechte und Grundfreiheiten bei der Verarbeitung personenbezogener Daten Anwendung finden, die nicht den in der Richtlinie 2002/58/EG des Europäischen Parlaments und des Rates[18] bestimmte Pflichten, die dasselbe Ziel verfolgen, unterliegen, einschließlich der Pflichten des Verantwortlichen und der Rechte natürlicher Personen. Um das Verhältnis zwischen der vorliegenden Verordnung und der Richtlinie 2002/58/EG klarzustellen, sollte die Richtlinie entsprechend geändert werden. Sobald diese Verordnung angenommen ist, sollte die Richtlinie 2002/58/EG einer Überprüfung unterzogen werden, um insbesondere die Kohärenz mit dieser Verordnung zu gewährleisten –

HABEN FOLGENDE VERORDNUNG ERLASSEN:

Kapitel I. Allgemeine Bestimmungen

Art. 1 Gegenstand und Ziele

(1) Diese Verordnung enthält Vorschriften zum Schutz natürlicher Personen bei der Verarbeitung personenbezogener Daten und zum freien Verkehr solcher Daten.

(2) Diese Verordnung schützt die Grundrechte und Grundfreiheiten natürlicher Personen und insbesondere deren Recht auf Schutz personenbezogener Daten.

(3) Der freie Verkehr personenbezogener Daten in der Union darf aus Gründen des Schutzes natürlicher Personen bei der Verarbeitung personenbezogener Daten weder eingeschränkt noch verboten werden.

Art. 2 Sachlicher Anwendungsbereich

(1) Diese Verordnung gilt für die ganz oder teilweise automatisierte Verarbeitung personenbezogener Daten sowie für die nichtautomatisierte Verarbeitung personenbezogener Daten, die in einem Dateisystem gespeichert sind oder gespeichert werden sollen.

(2) Diese Verordnung findet keine Anwendung auf die Verarbeitung personenbezogener Daten

a) im Rahmen einer Tätigkeit, die nicht in den Anwendungsbereich des Unionsrechts fällt,
b) durch die Mitgliedstaaten im Rahmen von Tätigkeiten, die in den Anwendungsbereich von Titel V Kapitel 2 EUV fallen,

---

[17] **Amtl. Anm.:** ABl. C 192 vom 30.6.2012, S. 7.

[18] **Amtl. Anm.:** Richtlinie 2002/58/EG des Europäischen Parlaments und des Rates vom 12. Juli 2002 über die Verarbeitung personenbezogener Daten und den Schutz der Privatsphäre in der elektronischen Kommunikation (Datenschutzrichtlinie für elektronische Kommunikation) (ABl. L 201 vom 31.7.2002, S. 37).

c) durch natürliche Personen zur Ausübung ausschließlich persönlicher oder familiärer Tätigkeiten,
d) durch die zuständigen Behörden zum Zwecke der Verhütung, Ermittlung, Aufdeckung oder Verfolgung von Straftaten oder der Strafvollstreckung, einschließlich des Schutzes vor und der Abwehr von Gefahren für die öffentliche Sicherheit.

(3) [1]Für die Verarbeitung personenbezogener Daten durch die Organe, Einrichtungen, Ämter und Agenturen der Union gilt die Verordnung (EG) Nr. 45/2001. [2]Die Verordnung (EG) Nr. 45/2001 und sonstige Rechtsakte der Union, die diese Verarbeitung personenbezogener Daten regeln, werden im Einklang mit Artikel 98 an die Grundsätze und Vorschriften der vorliegenden Verordnung angepasst.

(4) Die vorliegende Verordnung lässt die Anwendung der Richtlinie 2000/31/EG und speziell die Vorschriften der Artikel 12 bis 15 dieser Richtlinie zur Verantwortlichkeit der Vermittler unberührt.

Art. 3 Räumlicher Anwendungsbereich

(1) Diese Verordnung findet Anwendung auf die Verarbeitung personenbezogener Daten, soweit diese im Rahmen der Tätigkeiten einer Niederlassung eines Verantwortlichen oder eines Auftragsverarbeiters in der Union erfolgt, unabhängig davon, ob die Verarbeitung in der Union stattfindet.

(2) Diese Verordnung findet Anwendung auf die Verarbeitung personenbezogener Daten von betroffenen Personen, die sich in der Union befinden, durch einen nicht in der Union niedergelassenen Verantwortlichen oder Auftragsverarbeiter, wenn die Datenverarbeitung im Zusammenhang damit steht
a) betroffenen Personen in der Union Waren oder Dienstleistungen anzubieten, unabhängig davon, ob von diesen betroffenen Personen eine Zahlung zu leisten ist;
b) das Verhalten betroffener Personen zu beobachten, soweit ihr Verhalten in der Union erfolgt.

(3) Diese Verordnung findet Anwendung auf die Verarbeitung personenbezogener Daten durch einen nicht in der Union niedergelassenen Verantwortlichen an einem Ort, der aufgrund Völkerrechts dem Recht eines Mitgliedstaats unterliegt.

Art. 4 Begriffsbestimmungen

Im Sinne dieser Verordnung bezeichnet der Ausdruck:
1. „personenbezogene Daten“ alle Informationen, die sich auf eine identifizierte oder identifizierbare natürliche Person (im Folgenden „betroffene Person“) beziehen; als identifizierbar wird eine natürliche Person angesehen, die direkt oder indirekt, insbesondere mittels Zuordnung zu einer Kennung wie einem Namen, zu einer Kennnummer, zu Standortdaten, zu einer Online-Kennung oder zu einem oder mehreren besonderen Merkmalen, die Ausdruck der physischen, physiologischen, genetischen, psychischen, wirtschaftlichen, kulturellen oder sozialen Identität dieser natürlichen Person sind, identifiziert werden kann;
2. „Verarbeitung“ jeden mit oder ohne Hilfe automatisierter Verfahren ausgeführten Vorgang oder jede solche Vorgangsreihe im Zusammenhang mit per-

sonenbezogenen Daten wie das Erheben, das Erfassen, die Organisation, das Ordnen, die Speicherung, die Anpassung oder Veränderung, das Auslesen, das Abfragen, die Verwendung, die Offenlegung durch Übermittlung, Verbreitung oder eine andere Form der Bereitstellung, den Abgleich oder die Verknüpfung, die Einschränkung, das Löschen oder die Vernichtung;

3. „Einschränkung der Verarbeitung" die Markierung gespeicherter personenbezogener Daten mit dem Ziel, ihre künftige Verarbeitung einzuschränken;
4. „Profiling" jede Art der automatisierten Verarbeitung personenbezogener Daten, die darin besteht, dass diese personenbezogenen Daten verwendet werden, um bestimmte persönliche Aspekte, die sich auf eine natürliche Person beziehen, zu bewerten, insbesondere um Aspekte bezüglich Arbeitsleistung, wirtschaftliche Lage, Gesundheit, persönliche Vorlieben, Interessen, Zuverlässigkeit, Verhalten, Aufenthaltsort oder Ortswechsel dieser natürlichen Person zu analysieren oder vorherzusagen;
5. „Pseudonymisierung" die Verarbeitung personenbezogener Daten in einer Weise, dass die personenbezogenen Daten ohne Hinzuziehung zusätzlicher Informationen nicht mehr einer spezifischen betroffenen Person zugeordnet werden können, sofern diese zusätzlichen Informationen gesondert aufbewahrt werden und technischen und organisatorischen Maßnahmen unterliegen, die gewährleisten, dass die personenbezogenen Daten nicht einer identifizierten oder identifizierbaren natürlichen Person zugewiesen werden;
6. „Dateisystem" jede strukturierte Sammlung personenbezogener Daten, die nach bestimmten Kriterien zugänglich sind, unabhängig davon, ob diese Sammlung zentral, dezentral oder nach funktionalen oder geografischen Gesichtspunkten geordnet geführt wird;
7. „Verantwortlicher" die natürliche oder juristische Person, Behörde, Einrichtung oder andere Stelle, die allein oder gemeinsam mit anderen über die Zwecke und Mittel der Verarbeitung von personenbezogenen Daten entscheidet; sind die Zwecke und Mittel dieser Verarbeitung durch das Unionsrecht oder das Recht der Mitgliedstaaten vorgegeben, so kann der Verantwortliche beziehungsweise können die bestimmten Kriterien seiner Benennung nach dem Unionsrecht oder dem Recht der Mitgliedstaaten vorgesehen werden;
8. „Auftragsverarbeiter" eine natürliche oder juristische Person, Behörde, Einrichtung oder andere Stelle, die personenbezogene Daten im Auftrag des Verantwortlichen verarbeitet;
9. „Empfänger" eine natürliche oder juristische Person, Behörde, Einrichtung oder andere Stelle, der personenbezogene Daten offengelegt werden, unabhängig davon, ob es sich bei ihr um einen Dritten handelt oder nicht. Behörden, die im Rahmen eines bestimmten Untersuchungsauftrags nach dem Unionsrecht oder dem Recht der Mitgliedstaaten möglicherweise personenbezogene Daten erhalten, gelten jedoch nicht als Empfänger; die Verarbeitung dieser Daten durch die genannten Behörden erfolgt im Einklang mit den geltenden Datenschutzvorschriften gemäß den Zwecken der Verarbeitung;
10. „Dritter" eine natürliche oder juristische Person, Behörde, Einrichtung oder andere Stelle, außer der betroffenen Person, dem Verantwortlichen, dem Auftragsverarbeiter und den Personen, die unter der unmittelbaren Verantwortung des Verantwortlichen oder des Auftragsverarbeiters befugt sind, die personenbezogenen Daten zu verarbeiten;
11. „Einwilligung" der betroffenen Person jede freiwillig für den bestimmten Fall, in informierter Weise und unmissverständlich abgegebene Willensbe-

kundung in Form einer Erklärung oder einer sonstigen eindeutigen bestätigenden Handlung, mit der die betroffene Person zu verstehen gibt, dass sie mit der Verarbeitung der sie betreffenden personenbezogenen Daten einverstanden ist;

12. „Verletzung des Schutzes personenbezogener Daten" eine Verletzung der Sicherheit, die, ob unbeabsichtigt oder unrechtmäßig, zur Vernichtung, zum Verlust, zur Veränderung, oder zur unbefugten Offenlegung von beziehungsweise zum unbefugten Zugang zu personenbezogenen Daten führt, die übermittelt, gespeichert oder auf sonstige Weise verarbeitet wurden;
13. „genetische Daten" personenbezogene Daten zu den ererbten oder erworbenen genetischen Eigenschaften einer natürlichen Person, die eindeutige Informationen über die Physiologie oder die Gesundheit dieser natürlichen Person liefern und insbesondere aus der Analyse einer biologischen Probe der betreffenden natürlichen Person gewonnen wurden;
14. „biometrische Daten" mit speziellen technischen Verfahren gewonnene personenbezogene Daten zu den physischen, physiologischen oder verhaltenstypischen Merkmalen einer natürlichen Person, die die eindeutige Identifizierung dieser natürlichen Person ermöglichen oder bestätigen, wie Gesichtsbilder oder daktyloskopische Daten;
15. „Gesundheitsdaten" personenbezogene Daten, die sich auf die körperliche oder geistige Gesundheit einer natürlichen Person, einschließlich der Erbringung von Gesundheitsdienstleistungen, beziehen und aus denen Informationen über deren Gesundheitszustand hervorgehen;
16. „Hauptniederlassung"
    a) im Falle eines Verantwortlichen mit Niederlassungen in mehr als einem Mitgliedstaat den Ort seiner Hauptverwaltung in der Union, es sei denn, die Entscheidungen hinsichtlich der Zwecke und Mittel der Verarbeitung personenbezogener Daten werden in einer anderen Niederlassung des Verantwortlichen in der Union getroffen und diese Niederlassung ist befugt, diese Entscheidungen umsetzen zu lassen; in diesem Fall gilt die Niederlassung, die derartige Entscheidungen trifft, als Hauptniederlassung;
    b) im Falle eines Auftragsverarbeiters mit Niederlassungen in mehr als einem Mitgliedstaat den Ort seiner Hauptverwaltung in der Union oder, sofern der Auftragsverarbeiter keine Hauptverwaltung in der Union hat, die Niederlassung des Auftragsverarbeiters in der Union, in der die Verarbeitungstätigkeiten im Rahmen der Tätigkeiten einer Niederlassung eines Auftragsverarbeiters hauptsächlich stattfinden, soweit der Auftragsverarbeiter spezifischen Pflichten aus dieser Verordnung unterliegt;
17. „Vertreter" eine in der Union niedergelassene natürliche oder juristische Person, die von dem Verantwortlichen oder Auftragsverarbeiter schriftlich gemäß Artikel 27 bestellt wurde und den Verantwortlichen oder Auftragsverarbeiter in Bezug auf die ihnen jeweils nach dieser Verordnung obliegenden Pflichten vertritt;
18. „Unternehmen" eine natürliche oder juristische Person, die eine wirtschaftliche Tätigkeit ausübt, unabhängig von ihrer Rechtsform, einschließlich Personengesellschaften oder Vereinigungen, die regelmäßig einer wirtschaftlichen Tätigkeit nachgehen;
19. „Unternehmensgruppe" eine Gruppe, die aus einem herrschenden Unternehmen und den von diesem abhängigen Unternehmen besteht;

20. „verbindliche interne Datenschutzvorschriften" Maßnahmen zum Schutz personenbezogener Daten, zu deren Einhaltung sich ein im Hoheitsgebiet eines Mitgliedstaats niedergelassener Verantwortlicher oder Auftragsverarbeiter verpflichtet im Hinblick auf Datenübermittlungen oder eine Kategorie von Datenübermittlungen personenbezogener Daten an einen Verantwortlichen oder Auftragsverarbeiter derselben Unternehmensgruppe oder derselben Gruppe von Unternehmen, die eine gemeinsame Wirtschaftstätigkeit ausüben, in einem oder mehreren Drittländern;
21. „Aufsichtsbehörde" eine von einem Mitgliedstaat gemäß Artikel 51 eingerichtete unabhängige staatliche Stelle;
22. „betroffene Aufsichtsbehörde" eine Aufsichtsbehörde, die von der Verarbeitung personenbezogener Daten betroffen ist, weil
    a) der Verantwortliche oder der Auftragsverarbeiter im Hoheitsgebiet des Mitgliedstaats dieser Aufsichtsbehörde niedergelassen ist,
    b) diese Verarbeitung erhebliche Auswirkungen auf betroffene Personen mit Wohnsitz im Mitgliedstaat dieser Aufsichtsbehörde hat oder haben kann oder
    c) eine Beschwerde bei dieser Aufsichtsbehörde eingereicht wurde;
23. „grenzüberschreitende Verarbeitung" entweder
    a) eine Verarbeitung personenbezogener Daten, die im Rahmen der Tätigkeiten von Niederlassungen eines Verantwortlichen oder eines Auftragsverarbeiters in der Union in mehr als einem Mitgliedstaat erfolgt, wenn der Verantwortliche oder Auftragsverarbeiter in mehr als einem Mitgliedstaat niedergelassen ist, oder
    b) eine Verarbeitung personenbezogener Daten, die im Rahmen der Tätigkeiten einer einzelnen Niederlassung eines Verantwortlichen oder eines Auftragsverarbeiters in der Union erfolgt, die jedoch erhebliche Auswirkungen auf betroffene Personen in mehr als einem Mitgliedstaat hat oder haben kann;
24. „maßgeblicher und begründeter Einspruch" einen Einspruch gegen einen Beschlussentwurf im Hinblick darauf, ob ein Verstoß gegen diese Verordnung vorliegt oder ob beabsichtigte Maßnahmen gegen den Verantwortlichen oder den Auftragsverarbeiter im Einklang mit dieser Verordnung steht, wobei aus diesem Einspruch die Tragweite der Risiken klar hervorgeht, die von dem Beschlussentwurf in Bezug auf die Grundrechte und Grundfreiheiten der betroffenen Personen und gegebenenfalls den freien Verkehr personenbezogener Daten in der Union ausgehen;
25. „Dienst der Informationsgesellschaft" eine Dienstleistung im Sinne des Artikels 1 Nummer 1 Buchstabe b der Richtlinie (EU) 2015/1535 des Europäischen Parlaments und des Rates;[19]
26. „internationale Organisation" eine völkerrechtliche Organisation und ihre nachgeordneten Stellen oder jede sonstige Einrichtung, die durch eine zwischen zwei oder mehr Ländern geschlossene Übereinkunft oder auf der Grundlage einer solchen Übereinkunft geschaffen wurde.

---

[19] **Amtl. Anm.:** Richtlinie (EU) 2015/1535 des Europäischen Parlaments und des Rates vom 9. September 2015 über ein Informationsverfahren auf dem Gebiet der technischen Vorschriften und der Vorschriften für die Dienste der Informationsgesellschaft (ABl. L 241 vom 17.9.2015, S. 1).

Kapitel II. Grundsätze

Art. 5 Grundsätze für die Verarbeitung personenbezogener Daten

(1) Personenbezogene Daten müssen

a) auf rechtmäßige Weise, nach Treu und Glauben und in einer für die betroffene Person nachvollziehbaren Weise verarbeitet werden („Rechtmäßigkeit, Verarbeitung nach Treu und Glauben, Transparenz");
b) für festgelegte, eindeutige und legitime Zwecke erhoben werden und dürfen nicht in einer mit diesen Zwecken nicht zu vereinbarenden Weise weiterverarbeitet werden; eine Weiterverarbeitung für im öffentlichen Interesse liegende Archivzwecke, für wissenschaftliche oder historische Forschungszwecke oder für statistische Zwecke gilt gemäß Artikel 89 Absatz 1 nicht als unvereinbar mit den ursprünglichen Zwecken („Zweckbindung");
c) dem Zweck angemessen und erheblich sowie auf das für die Zwecke der Verarbeitung notwendige Maß beschränkt sein („Datenminimierung");
d) sachlich richtig und erforderlichenfalls auf dem neuesten Stand sein; es sind alle angemessenen Maßnahmen zu treffen, damit personenbezogene Daten, die im Hinblick auf die Zwecke ihrer Verarbeitung unrichtig sind, unverzüglich gelöscht oder berichtigt werden („Richtigkeit");
e) in einer Form gespeichert werden, die die Identifizierung der betroffenen Personen nur so lange ermöglicht, wie es für die Zwecke, für die sie verarbeitet werden, erforderlich ist; personenbezogene Daten dürfen länger gespeichert werden, soweit die personenbezogenen Daten vorbehaltlich der Durchführung geeigneter technischer und organisatorischer Maßnahmen, die von dieser Verordnung zum Schutz der Rechte und Freiheiten der betroffenen Person gefordert werden, ausschließlich für im öffentlichen Interesse liegende Archivzwecke oder für wissenschaftliche und historische Forschungszwecke oder für statistische Zwecke gemäß Artikel 89 Absatz 1 verarbeitet werden („Speicherbegrenzung");
f) in einer Weise verarbeitet werden, die eine angemessene Sicherheit der personenbezogenen Daten gewährleistet, einschließlich Schutz vor unbefugter oder unrechtmäßiger Verarbeitung und vor unbeabsichtigtem Verlust, unbeabsichtigter Zerstörung oder unbeabsichtigter Schädigung durch geeignete technische und organisatorische Maßnahmen („Integrität und Vertraulichkeit");

(2) Der Verantwortliche ist für die Einhaltung des Absatzes 1 verantwortlich und muss dessen Einhaltung nachweisen können („Rechenschaftspflicht").

Art. 6 Rechtmäßigkeit der Verarbeitung

(1) [1]Die Verarbeitung ist nur rechtmäßig, wenn mindestens eine der nachstehenden Bedingungen erfüllt ist:

a) Die betroffene Person hat ihre Einwilligung zu der Verarbeitung der sie betreffenden personenbezogenen Daten für einen oder mehrere bestimmte Zwecke gegeben;
b) die Verarbeitung ist für die Erfüllung eines Vertrags, dessen Vertragspartei die betroffene Person ist, oder zur Durchführung vorvertraglicher Maßnahmen erforderlich, die auf Anfrage der betroffenen Person erfolgen;

c) die Verarbeitung ist zur Erfüllung einer rechtlichen Verpflichtung erforderlich, der der Verantwortliche unterliegt;
d) die Verarbeitung ist erforderlich, um lebenswichtige Interessen der betroffenen Person oder einer anderen natürlichen Person zu schützen;
e) die Verarbeitung ist für die Wahrnehmung einer Aufgabe erforderlich, die im öffentlichen Interesse liegt oder in Ausübung öffentlicher Gewalt erfolgt, die dem Verantwortlichen übertragen wurde;
f) die Verarbeitung ist zur Wahrung der berechtigten Interessen des Verantwortlichen oder eines Dritten erforderlich, sofern nicht die Interessen oder Grundrechte und Grundfreiheiten der betroffenen Person, die den Schutz personenbezogener Daten erfordern, überwiegen, insbesondere dann, wenn es sich bei der betroffenen Person um ein Kind handelt.

[2]Unterabsatz 1 Buchstabe f gilt nicht für die von Behörden in Erfüllung ihrer Aufgaben vorgenommene Verarbeitung.

(2) Die Mitgliedstaaten können spezifischere Bestimmungen zur Anpassung der Anwendung der Vorschriften dieser Verordnung in Bezug auf die Verarbeitung zur Erfüllung von Absatz 1 Buchstaben c und e beibehalten oder einführen, indem sie spezifische Anforderungen für die Verarbeitung sowie sonstige Maßnahmen präziser bestimmen, um eine rechtmäßig und nach Treu und Glauben erfolgende Verarbeitung zu gewährleisten, einschließlich für andere besondere Verarbeitungssituationen gemäß Kapitel IX.

(3) [1]Die Rechtsgrundlage für die Verarbeitungen gemäß Absatz 1 Buchstaben c und e wird festgelegt durch
a) Unionsrecht oder
b) das Recht der Mitgliedstaaten, dem der Verantwortliche unterliegt.

[2]Der Zweck der Verarbeitung muss in dieser Rechtsgrundlage festgelegt oder hinsichtlich der Verarbeitung gemäß Absatz 1 Buchstabe e für die Erfüllung einer Aufgabe erforderlich sein, die im öffentlichen Interesse liegt oder in Ausübung öffentlicher Gewalt erfolgt, die dem Verantwortlichen übertragen wurde. [3]Diese Rechtsgrundlage kann spezifische Bestimmungen zur Anpassung der Anwendung der Vorschriften dieser Verordnung enthalten, unter anderem Bestimmungen darüber, welche allgemeinen Bedingungen für die Regelung der Rechtmäßigkeit der Verarbeitung durch den Verantwortlichen gelten, welche Arten von Daten verarbeitet werden, welche Personen betroffen sind, an welche Einrichtungen und für welche Zwecke die personenbezogenen Daten offengelegt werden dürfen, welcher Zweckbindung sie unterliegen, wie lange sie gespeichert werden dürfen und welche Verarbeitungsvorgänge und -verfahren angewandt werden dürfen, einschließlich Maßnahmen zur Gewährleistung einer rechtmäßig und nach Treu und Glauben erfolgenden Verarbeitung, wie solche für sonstige besondere Verarbeitungssituationen gemäß Kapitel IX. [4]Das Unionsrecht oder das Recht der Mitgliedstaaten müssen ein im öffentlichen Interesse liegendes Ziel verfolgen und in einem angemessenen Verhältnis zu dem verfolgten legitimen Zweck stehen.

(4) Beruht die Verarbeitung zu einem anderen Zweck als zu demjenigen, zu dem die personenbezogenen Daten erhoben wurden, nicht auf der Einwilligung der betroffenen Person oder auf einer Rechtsvorschrift der Union oder der Mitgliedstaaten, die in einer demokratischen Gesellschaft eine notwendige und verhältnismäßige Maßnahme zum Schutz der in Artikel 23 Absatz 1 genannten Ziele darstellt, so berücksichtigt der Verantwortliche – um festzustellen, ob die Verarbei-

tung zu einem anderen Zweck mit demjenigen, zu dem die personenbezogenen Daten ursprünglich erhoben wurden, vereinbar ist – unter anderem

a) jede Verbindung zwischen den Zwecken, für die die personenbezogenen Daten erhoben wurden, und den Zwecken der beabsichtigten Weiterverarbeitung,
b) den Zusammenhang, in dem die personenbezogenen Daten erhoben wurden, insbesondere hinsichtlich des Verhältnisses zwischen den betroffenen Personen und dem Verantwortlichen,
c) die Art der personenbezogenen Daten, insbesondere ob besondere Kategorien personenbezogener Daten gemäß Artikel 9 verarbeitet werden oder ob personenbezogene Daten über strafrechtliche Verurteilungen und Straftaten gemäß Artikel 10 verarbeitet werden,
d) die möglichen Folgen der beabsichtigten Weiterverarbeitung für die betroffenen Personen,
e) das Vorhandensein geeigneter Garantien, wozu Verschlüsselung oder Pseudonymisierung gehören kann.

Art. 7 Bedingungen für die Einwilligung

(1) Beruht die Verarbeitung auf einer Einwilligung, muss der Verantwortliche nachweisen können, dass die betroffene Person in die Verarbeitung ihrer personenbezogenen Daten eingewilligt hat.

(2) [1]Erfolgt die Einwilligung der betroffenen Person durch eine schriftliche Erklärung, die noch andere Sachverhalte betrifft, so muss das Ersuchen um Einwilligung in verständlicher und leicht zugänglicher Form in einer klaren und einfachen Sprache so erfolgen, dass es von den anderen Sachverhalten klar zu unterscheiden ist. [2]Teile der Erklärung sind dann nicht verbindlich, wenn sie einen Verstoß gegen diese Verordnung darstellen.

(3) [1]Die betroffene Person hat das Recht, ihre Einwilligung jederzeit zu widerrufen. [2]Durch den Widerruf der Einwilligung wird die Rechtmäßigkeit der aufgrund der Einwilligung bis zum Widerruf erfolgten Verarbeitung nicht berührt. [3]Die betroffene Person wird vor Abgabe der Einwilligung hiervon in Kenntnis gesetzt. [4]Der Widerruf der Einwilligung muss so einfach wie die Erteilung der Einwilligung sein.

(4) Bei der Beurteilung, ob die Einwilligung freiwillig erteilt wurde, muss dem Umstand in größtmöglichem Umfang Rechnung getragen werden, ob unter anderem die Erfüllung eines Vertrags, einschließlich der Erbringung einer Dienstleistung, von der Einwilligung zu einer Verarbeitung von personenbezogenen Daten abhängig ist, die für die Erfüllung des Vertrags nicht erforderlich sind.

Art. 8 Bedingungen für die Einwilligung eines Kindes in Bezug auf Dienste der Informationsgesellschaft

(1) [1]Gilt Artikel 6 Absatz 1 Buchstabe a bei einem Angebot von Diensten der Informationsgesellschaft, das einem Kind direkt gemacht wird, so ist die Verarbeitung der personenbezogenen Daten des Kindes rechtmäßig, wenn das Kind das sechzehnte Lebensjahr vollendet hat. [2]Hat das Kind noch nicht das sechzehnte Lebensjahr vollendet, so ist diese Verarbeitung nur rechtmäßig, sofern und soweit diese Einwilligung durch den Träger der elterlichen Verantwortung für das Kind oder mit dessen Zustimmung erteilt wird.

Die Mitgliedstaaten können durch Rechtsvorschriften zu diesen Zwecken eine niedrigere Altersgrenze vorsehen, die jedoch nicht unter dem vollendeten dreizehnten Lebensjahr liegen darf.

(2) Der Verantwortliche unternimmt unter Berücksichtigung der verfügbaren Technik angemessene Anstrengungen, um sich in solchen Fällen zu vergewissern, dass die Einwilligung durch den Träger der elterlichen Verantwortung für das Kind oder mit dessen Zustimmung erteilt wurde.

(3) Absatz 1 lässt das allgemeine Vertragsrecht der Mitgliedstaaten, wie etwa die Vorschriften zur Gültigkeit, zum Zustandekommen oder zu den Rechtsfolgen eines Vertrags in Bezug auf ein Kind, unberührt.

Art. 9 Verarbeitung besonderer Kategorien personenbezogener Daten

(1) Die Verarbeitung personenbezogener Daten, aus denen die rassische und ethnische Herkunft, politische Meinungen, religiöse oder weltanschauliche Überzeugungen oder die Gewerkschaftszugehörigkeit hervorgehen, sowie die Verarbeitung von genetischen Daten, biometrischen Daten zur eindeutigen Identifizierung einer natürlichen Person, Gesundheitsdaten oder Daten zum Sexualleben oder der sexuellen Orientierung einer natürlichen Person ist untersagt.

(2) Absatz 1 gilt nicht in folgenden Fällen:

a) Die betroffene Person hat in die Verarbeitung der genannten personenbezogenen Daten für einen oder mehrere festgelegte Zwecke ausdrücklich eingewilligt, es sei denn, nach Unionsrecht oder dem Recht der Mitgliedstaaten kann das Verbot nach Absatz 1 durch die Einwilligung der betroffenen Person nicht aufgehoben werden,

b) die Verarbeitung ist erforderlich, damit der Verantwortliche oder die betroffene Person die ihm bzw. ihr aus dem Arbeitsrecht und dem Recht der sozialen Sicherheit und des Sozialschutzes erwachsenden Rechte ausüben und seinen bzw. ihren diesbezüglichen Pflichten nachkommen kann, soweit dies nach Unionsrecht oder dem Recht der Mitgliedstaaten oder einer Kollektivvereinbarung nach dem Recht der Mitgliedstaaten, das geeignete Garantien für die Grundrechte und die Interessen der betroffenen Person vorsieht, zulässig ist,

c) die Verarbeitung ist zum Schutz lebenswichtiger Interessen der betroffenen Person oder einer anderen natürlichen Person erforderlich und die betroffene Person ist aus körperlichen oder rechtlichen Gründen außerstande, ihre Einwilligung zu geben,

d) die Verarbeitung erfolgt auf der Grundlage geeigneter Garantien durch eine politisch, weltanschaulich, religiös oder gewerkschaftlich ausgerichtete Stiftung, Vereinigung oder sonstige Organisation ohne Gewinnerzielungsabsicht im Rahmen ihrer rechtmäßigen Tätigkeiten und unter der Voraussetzung, dass sich die Verarbeitung ausschließlich auf die Mitglieder oder ehemalige Mitglieder der Organisation oder auf Personen, die im Zusammenhang mit deren Tätigkeitszweck regelmäßige Kontakte mit ihr unterhalten, bezieht und die personenbezogenen Daten nicht ohne Einwilligung der betroffenen Personen nach außen offengelegt werden,

e) die Verarbeitung bezieht sich auf personenbezogene Daten, die die betroffene Person offensichtlich öffentlich gemacht hat,

f) die Verarbeitung ist zur Geltendmachung, Ausübung oder Verteidigung von Rechtsansprüchen oder bei Handlungen der Gerichte im Rahmen ihrer justiziellen Tätigkeit erforderlich,
g) die Verarbeitung ist auf der Grundlage des Unionsrechts oder des Rechts eines Mitgliedstaats, das in angemessenem Verhältnis zu dem verfolgten Ziel steht, den Wesensgehalt des Rechts auf Datenschutz wahrt und angemessene und spezifische Maßnahmen zur Wahrung der Grundrechte und Interessen der betroffenen Person vorsieht, aus Gründen eines erheblichen öffentlichen Interesses erforderlich,
h) die Verarbeitung ist für Zwecke der Gesundheitsvorsorge oder der Arbeitsmedizin, für die Beurteilung der Arbeitsfähigkeit des Beschäftigten, für die medizinische Diagnostik, die Versorgung oder Behandlung im Gesundheits- oder Sozialbereich oder für die Verwaltung von Systemen und Diensten im Gesundheits- oder Sozialbereich auf der Grundlage des Unionsrechts oder des Rechts eines Mitgliedstaats oder aufgrund eines Vertrags mit einem Angehörigen eines Gesundheitsberufs und vorbehaltlich der in Absatz 3 genannten Bedingungen und Garantien erforderlich,
i) die Verarbeitung ist aus Gründen des öffentlichen Interesses im Bereich der öffentlichen Gesundheit, wie dem Schutz vor schwerwiegenden grenzüberschreitenden Gesundheitsgefahren oder zur Gewährleistung hoher Qualitäts- und Sicherheitsstandards bei der Gesundheitsversorgung und bei Arzneimitteln und Medizinprodukten, auf der Grundlage des Unionsrechts oder des Rechts eines Mitgliedstaats, das angemessene und spezifische Maßnahmen zur Wahrung der Rechte und Freiheiten der betroffenen Person, insbesondere des Berufsgeheimnisses, vorsieht, erforderlich, oder
j) die Verarbeitung ist auf der Grundlage des Unionsrechts oder des Rechts eines Mitgliedstaats, das in angemessenem Verhältnis zu dem verfolgten Ziel steht, den Wesensgehalt des Rechts auf Datenschutz wahrt und angemessene und spezifische Maßnahmen zur Wahrung der Grundrechte und Interessen der betroffenen Person vorsieht, für im öffentlichen Interesse liegende Archivzwecke, für wissenschaftliche oder historische Forschungszwecke oder für statistische Zwecke gemäß Artikel 89 Absatz 1 erforderlich.

(3) Die in Absatz 1 genannten personenbezogenen Daten dürfen zu den in Absatz 2 Buchstabe h genannten Zwecken verarbeitet werden, wenn diese Daten von Fachpersonal oder unter dessen Verantwortung verarbeitet werden und dieses Fachpersonal nach dem Unionsrecht oder dem Recht eines Mitgliedstaats oder den Vorschriften nationaler zuständiger Stellen dem Berufsgeheimnis unterliegt, oder wenn die Verarbeitung durch eine andere Person erfolgt, die ebenfalls nach dem Unionsrecht oder dem Recht eines Mitgliedstaats oder den Vorschriften nationaler zuständiger Stellen einer Geheimhaltungspflicht unterliegt.

(4) Die Mitgliedstaaten können zusätzliche Bedingungen, einschließlich Beschränkungen, einführen oder aufrechterhalten, soweit die Verarbeitung von genetischen, biometrischen oder Gesundheitsdaten betroffen ist.

Art. 10 Verarbeitung von personenbezogenen Daten über strafrechtliche Verurteilungen und Straftaten

[1]Die Verarbeitung personenbezogener Daten über strafrechtliche Verurteilungen und Straftaten oder damit zusammenhängende Sicherungsmaßregeln aufgrund

von Artikel 6 Absatz 1 darf nur unter behördlicher Aufsicht vorgenommen werden oder wenn dies nach dem Unionsrecht oder dem Recht der Mitgliedstaaten, das geeignete Garantien für die Rechte und Freiheiten der betroffenen Personen vorsieht, zulässig ist. [2]Ein umfassendes Register der strafrechtlichen Verurteilungen darf nur unter behördlicher Aufsicht geführt werden.

Art. 11 Verarbeitung, für die eine Identifizierung der betroffenen Person nicht erforderlich ist

(1) Ist für die Zwecke, für die ein Verantwortlicher personenbezogene Daten verarbeitet, die Identifizierung der betroffenen Person durch den Verantwortlichen nicht oder nicht mehr erforderlich, so ist dieser nicht verpflichtet, zur bloßen Einhaltung dieser Verordnung zusätzliche Informationen aufzubewahren, einzuholen oder zu verarbeiten, um die betroffene Person zu identifizieren.

(2) [1]Kann der Verantwortliche in Fällen gemäß Absatz 1 des vorliegenden Artikels nachweisen, dass er nicht in der Lage ist, die betroffene Person zu identifizieren, so unterrichtet er die betroffene Person hierüber, sofern möglich. [2]In diesen Fällen finden die Artikel 15 bis 20 keine Anwendung, es sei denn, die betroffene Person stellt zur Ausübung ihrer in diesen Artikeln niedergelegten Rechte zusätzliche Informationen bereit, die ihre Identifizierung ermöglichen.

Kapitel III. Rechte der betroffenen Person

Abschnitt 1. Transparenz und Modalitäten

Art. 12 Transparente Information, Kommunikation und Modalitäten für die Ausübung der Rechte der betroffenen Person

(1) [1]Der Verantwortliche trifft geeignete Maßnahmen, um der betroffenen Person alle Informationen gemäß den Artikeln 13 und 14 und alle Mitteilungen gemäß den Artikeln 15 bis 22 und Artikel 34, die sich auf die Verarbeitung beziehen, in präziser, transparenter, verständlicher und leicht zugänglicher Form in einer klaren und einfachen Sprache zu übermitteln; dies gilt insbesondere für Informationen, die sich speziell an Kinder richten. [2]Die Übermittlung der Informationen erfolgt schriftlich oder in anderer Form, gegebenenfalls auch elektronisch. [3]Falls von der betroffenen Person verlangt, kann die Information mündlich erteilt werden, sofern die Identität der betroffenen Person in anderer Form nachgewiesen wurde.

(2) [1]Der Verantwortliche erleichtert der betroffenen Person die Ausübung ihrer Rechte gemäß den Artikeln 15 bis 22. [2]In den in Artikel 11 Absatz 2 genannten Fällen darf sich der Verantwortliche nur dann weigern, aufgrund des Antrags der betroffenen Person auf Wahrnehmung ihrer Rechte gemäß den Artikeln 15 bis 22 tätig zu werden, wenn er glaubhaft macht, dass er nicht in der Lage ist, die betroffene Person zu identifizieren.

(3) [1]Der Verantwortliche stellt der betroffenen Person Informationen über die auf Antrag gemäß den Artikeln 15 bis 22 ergriffenen Maßnahmen unverzüglich,

in jedem Fall aber innerhalb eines Monats nach Eingang des Antrags zur Verfügung. [2]Diese Frist kann um weitere zwei Monate verlängert werden, wenn dies unter Berücksichtigung der Komplexität und der Anzahl von Anträgen erforderlich ist. [3]Der Verantwortliche unterrichtet die betroffene Person innerhalb eines Monats nach Eingang des Antrags über eine Fristverlängerung, zusammen mit den Gründen für die Verzögerung. [4]Stellt die betroffene Person den Antrag elektronisch, so ist sie nach Möglichkeit auf elektronischem Weg zu unterrichten, sofern sie nichts anderes angibt.

(4) Wird der Verantwortliche auf den Antrag der betroffenen Person hin nicht tätig, so unterrichtet er die betroffene Person ohne Verzögerung, spätestens aber innerhalb eines Monats nach Eingang des Antrags über die Gründe hierfür und über die Möglichkeit, bei einer Aufsichtsbehörde Beschwerde einzulegen oder einen gerichtlichen Rechtsbehelf einzulegen.

(5) [1]Informationen gemäß den Artikeln 13 und 14 sowie alle Mitteilungen und Maßnahmen gemäß den Artikeln 15 bis 22 und Artikel 34 werden unentgeltlich zur Verfügung gestellt. [2]Bei offenkundig unbegründeten oder – insbesondere im Fall von häufiger Wiederholung – exzessiven Anträgen einer betroffenen Person kann der Verantwortliche entweder

a) ein angemessenes Entgelt verlangen, bei dem die Verwaltungskosten für die Unterrichtung oder die Mitteilung oder die Durchführung der beantragten Maßnahme berücksichtigt werden, oder
b) sich weigern, aufgrund des Antrags tätig zu werden.

[3]Der Verantwortliche hat den Nachweis für den offenkundig unbegründeten oder exzessiven Charakter des Antrags zu erbringen.

(6) Hat der Verantwortliche begründete Zweifel an der Identität der natürlichen Person, die den Antrag gemäß den Artikeln 15 bis 21 stellt, so kann er unbeschadet des Artikels 11 zusätzliche Informationen anfordern, die zur Bestätigung der Identität der betroffenen Person erforderlich sind.

(7) [1]Die Informationen, die den betroffenen Personen gemäß den Artikeln 13 und 14 bereitzustellen sind, können in Kombination mit standardisierten Bildsymbolen bereitgestellt werden, um in leicht wahrnehmbarer, verständlicher und klar nachvollziehbarer Form einen aussagekräftigen Überblick über die beabsichtigte Verarbeitung zu vermitteln. [2]Werden die Bildsymbole in elektronischer Form dargestellt, müssen sie maschinenlesbar sein.

(8) Der Kommission wird die Befugnis übertragen, gemäß Artikel 92 delegierte Rechtsakte zur Bestimmung der Informationen, die durch Bildsymbole darzustellen sind, und der Verfahren für die Bereitstellung standardisierter Bildsymbole zu erlassen.

Abschnitt 2. Informationspflicht und Recht auf Auskunft zu personenbezogenen Daten

Art. 13 Informationspflicht bei Erhebung von personenbezogenen Daten bei der betroffenen Person

(1) Werden personenbezogene Daten bei der betroffenen Person erhoben, so teilt der Verantwortliche der betroffenen Person zum Zeitpunkt der Erhebung dieser Daten Folgendes mit:

a) den Namen und die Kontaktdaten des Verantwortlichen sowie gegebenenfalls seines Vertreters;
b) gegebenenfalls die Kontaktdaten des Datenschutzbeauftragten;
c) die Zwecke, für die die personenbezogenen Daten verarbeitet werden sollen, sowie die Rechtsgrundlage für die Verarbeitung;
d) wenn die Verarbeitung auf Artikel 6 Absatz 1 Buchstabe f beruht, die berechtigten Interessen, die von dem Verantwortlichen oder einem Dritten verfolgt werden;
e) gegebenenfalls die Empfänger oder Kategorien von Empfängern der personenbezogenen Daten und
f) gegebenenfalls die Absicht des Verantwortlichen, die personenbezogenen Daten an ein Drittland oder eine internationale Organisation zu übermitteln, sowie das Vorhandensein oder das Fehlen eines Angemessenheitsbeschlusses der Kommission oder im Falle von Übermittlungen gemäß Artikel 46 oder Artikel 47 oder Artikel 49 Absatz 1 Unterabsatz 2 einen Verweis auf die geeigneten oder angemessenen Garantien und die Möglichkeit, wie eine Kopie von ihnen zu erhalten ist, oder wo sie verfügbar sind.

(2) Zusätzlich zu den Informationen gemäß Absatz 1 stellt der Verantwortliche der betroffenen Person zum Zeitpunkt der Erhebung dieser Daten folgende weitere Informationen zur Verfügung, die notwendig sind, um eine faire und transparente Verarbeitung zu gewährleisten:
a) die Dauer, für die die personenbezogenen Daten gespeichert werden oder, falls dies nicht möglich ist, die Kriterien für die Festlegung dieser Dauer;
b) das Bestehen eines Rechts auf Auskunft seitens des Verantwortlichen über die betreffenden personenbezogenen Daten sowie auf Berichtigung oder Löschung oder auf Einschränkung der Verarbeitung oder eines Widerspruchsrechts gegen die Verarbeitung sowie des Rechts auf Datenübertragbarkeit;
c) wenn die Verarbeitung auf Artikel 6 Absatz 1 Buchstabe a oder Artikel 9 Absatz 2 Buchstabe a beruht, das Bestehen eines Rechts, die Einwilligung jederzeit zu widerrufen, ohne dass die Rechtmäßigkeit der aufgrund der Einwilligung bis zum Widerruf erfolgten Verarbeitung berührt wird;
d) das Bestehen eines Beschwerderechts bei einer Aufsichtsbehörde;
e) ob die Bereitstellung der personenbezogenen Daten gesetzlich oder vertraglich vorgeschrieben oder für einen Vertragsabschluss erforderlich ist, ob die betroffene Person verpflichtet ist, die personenbezogenen Daten bereitzustellen, und welche mögliche Folgen die Nichtbereitstellung hätte und
f) das Bestehen einer automatisierten Entscheidungsfindung einschließlich Profiling gemäß Artikel 22 Absätze 1 und 4 und – zumindest in diesen Fällen – aussagekräftige Informationen über die involvierte Logik sowie die Tragweite und die angestrebten Auswirkungen einer derartigen Verarbeitung für die betroffene Person.

(3) Beabsichtigt der Verantwortliche, die personenbezogenen Daten für einen anderen Zweck weiterzuverarbeiten als den, für den die personenbezogenen Daten erhoben wurden, so stellt er der betroffenen Person vor dieser Weiterverarbeitung Informationen über diesen anderen Zweck und alle anderen maßgeblichen Informationen gemäß Absatz 2 zur Verfügung.

(4) Die Absätze 1, 2 und 3 finden keine Anwendung, wenn und soweit die betroffene Person bereits über die Informationen verfügt.

Art. 14 Informationspflicht, wenn die personenbezogenen Daten nicht bei der betroffenen Person erhoben wurden

(1) Werden personenbezogene Daten nicht bei der betroffenen Person erhoben, so teilt der Verantwortliche der betroffenen Person Folgendes mit:
a) den Namen und die Kontaktdaten des Verantwortlichen sowie gegebenenfalls seines Vertreters;
b) zusätzlich die Kontaktdaten des Datenschutzbeauftragten;
c) die Zwecke, für die die personenbezogenen Daten verarbeitet werden sollen, sowie die Rechtsgrundlage für die Verarbeitung;
d) die Kategorien personenbezogener Daten, die verarbeitet werden;
e) gegebenenfalls die Empfänger oder Kategorien von Empfängern der personenbezogenen Daten;
f) gegebenenfalls die Absicht des Verantwortlichen, die personenbezogenen Daten an einen Empfänger in einem Drittland oder einer internationalen Organisation zu übermitteln, sowie das Vorhandensein oder das Fehlen eines Angemessenheitsbeschlusses der Kommission oder im Falle von Übermittlungen gemäß Artikel 46 oder Artikel 47 oder Artikel 49 Absatz 1 Unterabsatz 2 einen Verweis auf die geeigneten oder angemessenen Garantien und die Möglichkeit, eine Kopie von ihnen zu erhalten, oder wo sie verfügbar sind.

(2) Zusätzlich zu den Informationen gemäß Absatz 1 stellt der Verantwortliche der betroffenen Person die folgenden Informationen zur Verfügung, die erforderlich sind, um der betroffenen Person gegenüber eine faire und transparente Verarbeitung zu gewährleisten:
a) die Dauer, für die die personenbezogenen Daten gespeichert werden oder, falls dies nicht möglich ist, die Kriterien für die Festlegung dieser Dauer;
b) wenn die Verarbeitung auf Artikel 6 Absatz 1 Buchstabe f beruht, die berechtigten Interessen, die von dem Verantwortlichen oder einem Dritten verfolgt werden;
c) das Bestehen eines Rechts auf Auskunft seitens des Verantwortlichen über die betreffenden personenbezogenen Daten sowie auf Berichtigung oder Löschung oder auf Einschränkung der Verarbeitung und eines Widerspruchsrechts gegen die Verarbeitung sowie des Rechts auf Datenübertragbarkeit;
d) wenn die Verarbeitung auf Artikel 6 Absatz 1 Buchstabe a oder Artikel 9 Absatz 2 Buchstabe a beruht, das Bestehen eines Rechts, die Einwilligung jederzeit zu widerrufen, ohne dass die Rechtmäßigkeit der aufgrund der Einwilligung bis zum Widerruf erfolgten Verarbeitung berührt wird;
e) das Bestehen eines Beschwerderechts bei einer Aufsichtsbehörde;
f) aus welcher Quelle die personenbezogenen Daten stammen und gegebenenfalls ob sie aus öffentlich zugänglichen Quellen stammen;
g) das Bestehen einer automatisierten Entscheidungsfindung einschließlich Profiling gemäß Artikel 22 Absätze 1 und 4 und – zumindest in diesen Fällen – aussagekräftige Informationen über die involvierte Logik sowie die Tragweite und die angestrebten Auswirkungen einer derartigen Verarbeitung für die betroffene Person.

(3) Der Verantwortliche erteilt die Informationen gemäß den Absätzen 1 und 2
a) unter Berücksichtigung der spezifischen Umstände der Verarbeitung der personenbezogenen Daten innerhalb einer angemessenen Frist nach Erlangung der personenbezogenen Daten, längstens jedoch innerhalb eines Monats,

b) falls die personenbezogenen Daten zur Kommunikation mit der betroffenen Person verwendet werden sollen, spätestens zum Zeitpunkt der ersten Mitteilung an sie, oder,
c) falls die Offenlegung an einen anderen Empfänger beabsichtigt ist, spätestens zum Zeitpunkt der ersten Offenlegung.

(4) Beabsichtigt der Verantwortliche, die personenbezogenen Daten für einen anderen Zweck weiterzuverarbeiten als den, für den die personenbezogenen Daten erlangt wurden, so stellt er der betroffenen Person vor dieser Weiterverarbeitung Informationen über diesen anderen Zweck und alle anderen maßgeblichen Informationen gemäß Absatz 2 zur Verfügung.

(5) Die Absätze 1 bis 4 finden keine Anwendung, wenn und soweit
a) die betroffene Person bereits über die Informationen verfügt,
b) die Erteilung dieser Informationen sich als unmöglich erweist oder einen unverhältnismäßigen Aufwand erfordern würde; dies gilt insbesondere für die Verarbeitung für im öffentlichen Interesse liegende Archivzwecke, für wissenschaftliche oder historische Forschungszwecke oder für statistische Zwecke vorbehaltlich der in Artikel 89 Absatz 1 genannten Bedingungen und Garantien oder soweit die in Absatz 1 des vorliegenden Artikels genannte Pflicht voraussichtlich die Verwirklichung der Ziele dieser Verarbeitung unmöglich macht oder ernsthaft beeinträchtigt. In diesen Fällen ergreift der Verantwortliche geeignete Maßnahmen zum Schutz der Rechte und Freiheiten sowie der berechtigten Interessen der betroffenen Person, einschließlich der Bereitstellung dieser Informationen für die Öffentlichkeit,
c) die Erlangung oder Offenlegung durch Rechtsvorschriften der Union oder der Mitgliedstaaten, denen der Verantwortliche unterliegt und die geeignete Maßnahmen zum Schutz der berechtigten Interessen der betroffenen Person vorsehen, ausdrücklich geregelt ist oder
d) die personenbezogenen Daten gemäß dem Unionsrecht oder dem Recht der Mitgliedstaaten dem Berufsgeheimnis, einschließlich einer satzungsmäßigen Geheimhaltungspflicht, unterliegen und daher vertraulich behandelt werden müssen.

Art. 15 Auskunftsrecht der betroffenen Person

(1) Die betroffene Person hat das Recht, von dem Verantwortlichen eine Bestätigung darüber zu verlangen, ob sie betreffende personenbezogene Daten verarbeitet werden; ist dies der Fall, so hat sie ein Recht auf Auskunft über diese personenbezogenen Daten und auf folgende Informationen:
a) die Verarbeitungszwecke;
b) die Kategorien personenbezogener Daten, die verarbeitet werden;
c) die Empfänger oder Kategorien von Empfängern, gegenüber denen die personenbezogenen Daten offengelegt worden sind oder noch offengelegt werden, insbesondere bei Empfängern in Drittländern oder bei internationalen Organisationen;
d) falls möglich die geplante Dauer, für die die personenbezogenen Daten gespeichert werden, oder, falls dies nicht möglich ist, die Kriterien für die Festlegung dieser Dauer;

e) das Bestehen eines Rechts auf Berichtigung oder Löschung der sie betreffenden personenbezogenen Daten oder auf Einschränkung der Verarbeitung durch den Verantwortlichen oder eines Widerspruchsrechts gegen diese Verarbeitung;
f) das Bestehen eines Beschwerderechts bei einer Aufsichtsbehörde;
g) wenn die personenbezogenen Daten nicht bei der betroffenen Person erhoben werden, alle verfügbaren Informationen über die Herkunft der Daten;
h) das Bestehen einer automatisierten Entscheidungsfindung einschließlich Profiling gemäß Artikel 22 Absätze 1 und 4 und – zumindest in diesen Fällen – aussagekräftige Informationen über die involvierte Logik sowie die Tragweite und die angestrebten Auswirkungen einer derartigen Verarbeitung für die betroffene Person.

(2) Werden personenbezogene Daten an ein Drittland oder an eine internationale Organisation übermittelt, so hat die betroffene Person das Recht, über die geeigneten Garantien gemäß Artikel 46 im Zusammenhang mit der Übermittlung unterrichtet zu werden.

(3) [1]Der Verantwortliche stellt eine Kopie der personenbezogenen Daten, die Gegenstand der Verarbeitung sind, zur Verfügung. [2]Für alle weiteren Kopien, die die betroffene Person beantragt, kann der Verantwortliche ein angemessenes Entgelt auf der Grundlage der Verwaltungskosten verlangen. [3]Stellt die betroffene Person den Antrag elektronisch, so sind die Informationen in einem gängigen elektronischen Format zur Verfügung zu stellen, sofern sie nichts anderes angibt.

(4) Das Recht auf Erhalt einer Kopie gemäß Absatz 3 darf die Rechte und Freiheiten anderer Personen nicht beeinträchtigen.

Abschnitt 3. Berichtigung und Löschung

Art. 16 Recht auf Berichtigung

[1]Die betroffene Person hat das Recht, von dem Verantwortlichen unverzüglich die Berichtigung sie betreffender unrichtiger personenbezogener Daten zu verlangen. [2]Unter Berücksichtigung der Zwecke der Verarbeitung hat die betroffene Person das Recht, die Vervollständigung unvollständiger personenbezogener Daten – auch mittels einer ergänzenden Erklärung – zu verlangen.

Art. 17 Recht auf Löschung („Recht auf Vergessenwerden“)

(1) Die betroffene Person hat das Recht, von dem Verantwortlichen zu verlangen, dass sie betreffende personenbezogene Daten unverzüglich gelöscht werden, und der Verantwortliche ist verpflichtet, personenbezogene Daten unverzüglich zu löschen, sofern einer der folgenden Gründe zutrifft:
a) Die personenbezogenen Daten sind für die Zwecke, für die sie erhoben oder auf sonstige Weise verarbeitet wurden, nicht mehr notwendig.
b) Die betroffene Person widerruft ihre Einwilligung, auf die sich die Verarbeitung gemäß Artikel 6 Absatz 1 Buchstabe a oder Artikel 9 Absatz 2 Buchstabe a stützte, und es fehlt an einer anderweitigen Rechtsgrundlage für die Verarbeitung.
c) Die betroffene Person legt gemäß Artikel 21 Absatz 1 Widerspruch gegen die Verarbeitung ein und es liegen keine vorrangigen berechtigten Gründe für die

Verarbeitung vor, oder die betroffene Person legt gemäß Artikel 21 Absatz 2 Widerspruch gegen die Verarbeitung ein.

d) Die personenbezogenen Daten wurden unrechtmäßig verarbeitet.

e) Die Löschung der personenbezogenen Daten ist zur Erfüllung einer rechtlichen Verpflichtung nach dem Unionsrecht oder dem Recht der Mitgliedstaaten erforderlich, dem der Verantwortliche unterliegt.

f) Die personenbezogenen Daten wurden in Bezug auf angebotene Dienste der Informationsgesellschaft gemäß Artikel 8 Absatz 1 erhoben.

(2) Hat der Verantwortliche die personenbezogenen Daten öffentlich gemacht und ist er gemäß Absatz 1 zu deren Löschung verpflichtet, so trifft er unter Berücksichtigung der verfügbaren Technologie und der Implementierungskosten angemessene Maßnahmen, auch technischer Art, um für die Datenverarbeitung Verantwortliche, die die personenbezogenen Daten verarbeiten, darüber zu informieren, dass eine betroffene Person von ihnen die Löschung aller Links zu diesen personenbezogenen Daten oder von Kopien oder Replikationen dieser personenbezogenen Daten verlangt hat.

(3) Die Absätze 1 und 2 gelten nicht, soweit die Verarbeitung erforderlich ist

a) zur Ausübung des Rechts auf freie Meinungsäußerung und Information;

b) zur Erfüllung einer rechtlichen Verpflichtung, die die Verarbeitung nach dem Recht der Union oder der Mitgliedstaaten, dem der Verantwortliche unterliegt, erfordert, oder zur Wahrnehmung einer Aufgabe, die im öffentlichen Interesse liegt oder in Ausübung öffentlicher Gewalt erfolgt, die dem Verantwortlichen übertragen wurde;

c) aus Gründen des öffentlichen Interesses im Bereich der öffentlichen Gesundheit gemäß Artikel 9 Absatz 2 Buchstaben h und i sowie Artikel 9 Absatz 3;

d) für im öffentlichen Interesse liegende Archivzwecke, wissenschaftliche oder historische Forschungszwecke oder für statistische Zwecke gemäß Artikel 89 Absatz 1, soweit das in Absatz 1 genannte Recht voraussichtlich die Verwirklichung der Ziele dieser Verarbeitung unmöglich macht oder ernsthaft beeinträchtigt, oder

e) zur Geltendmachung, Ausübung oder Verteidigung von Rechtsansprüchen.

Art. 18 Recht auf Einschränkung der Verarbeitung

(1) Die betroffene Person hat das Recht, von dem Verantwortlichen die Einschränkung der Verarbeitung zu verlangen, wenn eine der folgenden Voraussetzungen gegeben ist:

a) die Richtigkeit der personenbezogenen Daten von der betroffenen Person bestritten wird, und zwar für eine Dauer, die es dem Verantwortlichen ermöglicht, die Richtigkeit der personenbezogenen Daten zu überprüfen,

b) die Verarbeitung unrechtmäßig ist und die betroffene Person die Löschung der personenbezogenen Daten ablehnt und stattdessen die Einschränkung der Nutzung der personenbezogenen Daten verlangt;

c) der Verantwortliche die personenbezogenen Daten für die Zwecke der Verarbeitung nicht länger benötigt, die betroffene Person sie jedoch zur Geltendmachung, Ausübung oder Verteidigung von Rechtsansprüchen benötigt, oder

d) die betroffene Person Widerspruch gegen die Verarbeitung gemäß Artikel 21 Absatz 1 eingelegt hat, solange noch nicht feststeht, ob die berechtigten

Gründe des Verantwortlichen gegenüber denen der betroffenen Person überwiegen.

(2) Wurde die Verarbeitung gemäß Absatz 1 eingeschränkt, so dürfen diese personenbezogenen Daten – von ihrer Speicherung abgesehen – nur mit Einwilligung der betroffenen Person oder zur Geltendmachung, Ausübung oder Verteidigung von Rechtsansprüchen oder zum Schutz der Rechte einer anderen natürlichen oder juristischen Person oder aus Gründen eines wichtigen öffentlichen Interesses der Union oder eines Mitgliedstaats verarbeitet werden.

(3) Eine betroffene Person, die eine Einschränkung der Verarbeitung gemäß Absatz 1 erwirkt hat, wird von dem Verantwortlichen unterrichtet, bevor die Einschränkung aufgehoben wird.

Art. 19 Mitteilungspflicht im Zusammenhang mit der Berichtigung oder Löschung personenbezogener Daten oder der Einschränkung der Verarbeitung

[1]Der Verantwortliche teilt allen Empfängern, denen personenbezogenen Daten offengelegt wurden, jede Berichtigung oder Löschung der personenbezogenen Daten oder eine Einschränkung der Verarbeitung nach Artikel 16, Artikel 17 Absatz 1 und Artikel 18 mit, es sei denn, dies erweist sich als unmöglich oder ist mit einem unverhältnismäßigen Aufwand verbunden. [2]Der Verantwortliche unterrichtet die betroffene Person über diese Empfänger, wenn die betroffene Person dies verlangt.

Art. 20 Recht auf Datenübertragbarkeit

(1) Die betroffene Person hat das Recht, die sie betreffenden personenbezogenen Daten, die sie einem Verantwortlichen bereitgestellt hat, in einem strukturierten, gängigen und maschinenlesbaren Format zu erhalten, und sie hat das Recht, diese Daten einem anderen Verantwortlichen ohne Behinderung durch den Verantwortlichen, dem die personenbezogenen Daten bereitgestellt wurden, zu übermitteln, sofern

a) die Verarbeitung auf einer Einwilligung gemäß Artikel 6 Absatz 1 Buchstabe a oder Artikel 9 Absatz 2 Buchstabe a oder auf einem Vertrag gemäß Artikel 6 Absatz 1 Buchstabe b beruht und
b) die Verarbeitung mithilfe automatisierter Verfahren erfolgt.

(2) Bei der Ausübung ihres Rechts auf Datenübertragbarkeit gemäß Absatz 1 hat die betroffene Person das Recht, zu erwirken, dass die personenbezogenen Daten direkt von einem Verantwortlichen einem anderen Verantwortlichen übermittelt werden, soweit dies technisch machbar ist.

(3) [1]Die Ausübung des Rechts nach Absatz 1 des vorliegenden Artikels lässt Artikel 17 unberührt. [2]Dieses Recht gilt nicht für eine Verarbeitung, die für die Wahrnehmung einer Aufgabe erforderlich ist, die im öffentlichen Interesse liegt oder in Ausübung öffentlicher Gewalt erfolgt, die dem Verantwortlichen übertragen wurde.

(4) Das Recht gemäß Absatz 1 darf die Rechte und Freiheiten anderer Personen nicht beeinträchtigen.

Abschnitt 4. Widerspruchsrecht und automatisierte Entscheidungsfindung im Einzelfall

Art. 21 Widerspruchsrecht

(1) [1]Die betroffene Person hat das Recht, aus Gründen, die sich aus ihrer besonderen Situation ergeben, jederzeit gegen die Verarbeitung sie betreffender personenbezogener Daten, die aufgrund von Artikel 6 Absatz 1 Buchstaben e oder f erfolgt, Widerspruch einzulegen; dies gilt auch für ein auf diese Bestimmungen gestütztes Profiling. [2]Der Verantwortliche verarbeitet die personenbezogenen Daten nicht mehr, es sei denn, er kann zwingende schutzwürdige Gründe für die Verarbeitung nachweisen, die die Interessen, Rechte und Freiheiten der betroffenen Person überwiegen, oder die Verarbeitung dient der Geltendmachung, Ausübung oder Verteidigung von Rechtsansprüchen.

(2) Werden personenbezogene Daten verarbeitet, um Direktwerbung zu betreiben, so hat die betroffene Person das Recht, jederzeit Widerspruch gegen die Verarbeitung sie betreffender personenbezogener Daten zum Zwecke derartiger Werbung einzulegen; dies gilt auch für das Profiling, soweit es mit solcher Direktwerbung in Verbindung steht.

(3) Widerspricht die betroffene Person der Verarbeitung für Zwecke der Direktwerbung, so werden die personenbezogenen Daten nicht mehr für diese Zwecke verarbeitet.

(4) Die betroffene Person muss spätestens zum Zeitpunkt der ersten Kommunikation mit ihr ausdrücklich auf das in den Absätzen 1 und 2 genannte Recht hingewiesen werden; dieser Hinweis hat in einer verständlichen und von anderen Informationen getrennten Form zu erfolgen.

(5) Im Zusammenhang mit der Nutzung von Diensten der Informationsgesellschaft kann die betroffene Person ungeachtet der Richtlinie 2002/58/EG ihr Widerspruchsrecht mittels automatisierter Verfahren ausüben, bei denen technische Spezifikationen verwendet werden.

(6) Die betroffene Person hat das Recht, aus Gründen, die sich aus ihrer besonderen Situation ergeben, gegen die sie betreffende Verarbeitung sie betreffender personenbezogener Daten, die zu wissenschaftlichen oder historischen Forschungszwecken oder zu statistischen Zwecken gemäß Artikel 89 Absatz 1 erfolgt, Widerspruch einzulegen, es sei denn, die Verarbeitung ist zur Erfüllung einer im öffentlichen Interesse liegenden Aufgabe erforderlich.

Art. 22 Automatisierte Entscheidungen im Einzelfall einschließlich Profiling

(1) Die betroffene Person hat das Recht, nicht einer ausschließlich auf einer automatisierten Verarbeitung – einschließlich Profiling – beruhenden Entscheidung unterworfen zu werden, die ihr gegenüber rechtliche Wirkung entfaltet oder sie in ähnlicher Weise erheblich beeinträchtigt.

(2) Absatz 1 gilt nicht, wenn die Entscheidung

a) für den Abschluss oder die Erfüllung eines Vertrags zwischen der betroffenen Person und dem Verantwortlichen erforderlich ist,

b) aufgrund von Rechtsvorschriften der Union oder der Mitgliedstaaten, denen der Verantwortliche unterliegt, zulässig ist und diese Rechtsvorschriften angemessene Maßnahmen zur Wahrung der Rechte und Freiheiten sowie der berechtigten Interessen der betroffenen Person enthalten oder
c) mit ausdrücklicher Einwilligung der betroffenen Person erfolgt.

(3) In den in Absatz 2 Buchstaben a und c genannten Fällen trifft der Verantwortliche angemessene Maßnahmen, um die Rechte und Freiheiten sowie die berechtigten Interessen der betroffenen Person zu wahren, wozu mindestens das Recht auf Erwirkung des Eingreifens einer Person seitens des Verantwortlichen, auf Darlegung des eigenen Standpunkts und auf Anfechtung der Entscheidung gehört.

(4) Entscheidungen nach Absatz 2 dürfen nicht auf besonderen Kategorien personenbezogener Daten nach Artikel 9 Absatz 1 beruhen, sofern nicht Artikel 9 Absatz 2 Buchstabe a oder g gilt und angemessene Maßnahmen zum Schutz der Rechte und Freiheiten sowie der berechtigten Interessen der betroffenen Person getroffen wurden.

Abschnitt 5. Beschränkungen

Art. 23 Beschränkungen

(1) Durch Rechtsvorschriften der Union oder der Mitgliedstaaten, denen der Verantwortliche oder der Auftragsverarbeiter unterliegt, können die Pflichten und Rechte gemäß den Artikeln 12 bis 22 und Artikel 34 sowie Artikel 5, insofern dessen Bestimmungen den in den Artikeln 12 bis 22 vorgesehenen Rechten und Pflichten entsprechen, im Wege von Gesetzgebungsmaßnahmen beschränkt werden, sofern eine solche Beschränkung den Wesensgehalt der Grundrechte und Grundfreiheiten achtet und in einer demokratischen Gesellschaft eine notwendige und verhältnismäßige Maßnahme darstellt, die Folgendes sicherstellt:
a) die nationale Sicherheit;
b) die Landesverteidigung;
c) die öffentliche Sicherheit;
d) die Verhütung, Ermittlung, Aufdeckung oder Verfolgung von Straftaten oder die Strafvollstreckung, einschließlich des Schutzes vor und der Abwehr von Gefahren für die öffentliche Sicherheit;
e) den Schutz sonstiger wichtiger Ziele des allgemeinen öffentlichen Interesses der Union oder eines Mitgliedstaats, insbesondere eines wichtigen wirtschaftlichen oder finanziellen Interesses der Union oder eines Mitgliedstaats, etwa im Währungs-, Haushalts- und Steuerbereich sowie im Bereich der öffentlichen Gesundheit und der sozialen Sicherheit;
f) den Schutz der Unabhängigkeit der Justiz und den Schutz von Gerichtsverfahren;
g) die Verhütung, Aufdeckung, Ermittlung und Verfolgung von Verstößen gegen die berufsständischen Regeln reglementierter Berufe;
h) Kontroll-, Überwachungs- und Ordnungsfunktionen, die dauernd oder zeitweise mit der Ausübung öffentlicher Gewalt für die unter den Buchstaben a bis e und g genannten Zwecke verbunden sind;

i) den Schutz der betroffenen Person oder der Rechte und Freiheiten anderer Personen;
j) die Durchsetzung zivilrechtlicher Ansprüche.

(2) Jede Gesetzgebungsmaßnahme im Sinne des Absatzes 1 muss insbesondere gegebenenfalls spezifische Vorschriften enthalten zumindest in Bezug auf
a) die Zwecke der Verarbeitung oder die Verarbeitungskategorien,
b) die Kategorien personenbezogener Daten,
c) den Umfang der vorgenommenen Beschränkungen,
d) die Garantien gegen Missbrauch oder unrechtmäßigen Zugang oder unrechtmäßige Übermittlung;
e) die Angaben zu dem Verantwortlichen oder den Kategorien von Verantwortlichen,
f) die jeweiligen Speicherfristen sowie die geltenden Garantien unter Berücksichtigung von Art, Umfang und Zwecken der Verarbeitung oder der Verarbeitungskategorien,
g) die Risiken für die Rechte und Freiheiten der betroffenen Personen und
h) das Recht der betroffenen Personen auf Unterrichtung über die Beschränkung, sofern dies nicht dem Zweck der Beschränkung abträglich ist.

Kapitel IV. Verantwortlicher und Auftragsverarbeiter

Abschnitt 1. Allgemeine Pflichten

Art. 24 Verantwortung des für die Verarbeitung Verantwortlichen

(1) [1]Der Verantwortliche setzt unter Berücksichtigung der Art, des Umfangs, der Umstände und der Zwecke der Verarbeitung sowie der unterschiedlichen Eintrittswahrscheinlichkeit und Schwere der Risiken für die Rechte und Freiheiten natürlicher Personen geeignete technische und organisatorische Maßnahmen um, um sicherzustellen und den Nachweis dafür erbringen zu können, dass die Verarbeitung gemäß dieser Verordnung erfolgt. [2]Diese Maßnahmen werden erforderlichenfalls überprüft und aktualisiert.

(2) Sofern dies in einem angemessenen Verhältnis zu den Verarbeitungstätigkeiten steht, müssen die Maßnahmen gemäß Absatz 1 die Anwendung geeigneter Datenschutzvorkehrungen durch den Verantwortlichen umfassen.

(3) Die Einhaltung der genehmigten Verhaltensregeln gemäß Artikel 40 oder eines genehmigten Zertifizierungsverfahrens gemäß Artikel 42 kann als Gesichtspunkt herangezogen werden, um die Erfüllung der Pflichten des Verantwortlichen nachzuweisen.

Art. 25 Datenschutz durch Technikgestaltung und durch datenschutzfreundliche Voreinstellungen

(1) Unter Berücksichtigung des Stands der Technik, der Implementierungskosten und der Art, des Umfangs, der Umstände und der Zwecke der Verarbeitung sowie der unterschiedlichen Eintrittswahrscheinlichkeit und Schwere der mit der

Verarbeitung verbundenen Risiken für die Rechte und Freiheiten natürlicher Personen trifft der Verantwortliche sowohl zum Zeitpunkt der Festlegung der Mittel für die Verarbeitung als auch zum Zeitpunkt der eigentlichen Verarbeitung geeignete technische und organisatorische Maßnahmen – wie z.B. Pseudonymisierung –, die dafür ausgelegt sind, die Datenschutzgrundsätze wie etwa Datenminimierung wirksam umzusetzen und die notwendigen Garantien in die Verarbeitung aufzunehmen, um den Anforderungen dieser Verordnung zu genügen und die Rechte der betroffenen Personen zu schützen.

(2) [1]Der Verantwortliche trifft geeignete technische und organisatorische Maßnahmen, die sicherstellen, dass durch Voreinstellung nur personenbezogene Daten, deren Verarbeitung für den jeweiligen bestimmten Verarbeitungszweck erforderlich ist, verarbeitet werden. [2]Diese Verpflichtung gilt für die Menge der erhobenen personenbezogenen Daten, den Umfang ihrer Verarbeitung, ihre Speicherfrist und ihre Zugänglichkeit. [3]Solche Maßnahmen müssen insbesondere sicherstellen, dass personenbezogene Daten durch Voreinstellungen nicht ohne Eingreifen der Person einer unbestimmten Zahl von natürlichen Personen zugänglich gemacht werden.

(3) Ein genehmigtes Zertifizierungsverfahren gemäß Artikel 42 kann als Faktor herangezogen werden, um die Erfüllung der in den Absätzen 1 und 2 des vorliegenden Artikels genannten Anforderungen nachzuweisen.

Art. 26 Gemeinsam Verantwortliche

(1) [1]Legen zwei oder mehr Verantwortliche gemeinsam die Zwecke der und die Mittel zur Verarbeitung fest, so sind sie gemeinsam Verantwortliche. [2]Sie legen in einer Vereinbarung in transparenter Form fest, wer von ihnen welche Verpflichtung gemäß dieser Verordnung erfüllt, insbesondere was die Wahrnehmung der Rechte der betroffenen Person angeht, und wer welchen Informationspflichten gemäß den Artikeln 13 und 14 nachkommt, sofern und soweit die jeweiligen Aufgaben der Verantwortlichen nicht durch Rechtsvorschriften der Union oder der Mitgliedstaaten, denen die Verantwortlichen unterliegen, festgelegt sind. [3]In der Vereinbarung kann eine Anlaufstelle für die betroffenen Personen angegeben werden.

(2) [1]Die Vereinbarung gemäß Absatz 1 muss die jeweiligen tatsächlichen Funktionen und Beziehungen der gemeinsam Verantwortlichen gegenüber betroffenen Personen gebührend widerspiegeln. [2]Das wesentliche der Vereinbarung wird der betroffenen Person zur Verfügung gestellt.

(3) Ungeachtet der Einzelheiten der Vereinbarung gemäß Absatz 1 kann die betroffene Person ihre Rechte im Rahmen dieser Verordnung bei und gegenüber jedem einzelnen der Verantwortlichen geltend machen.

Art. 27 Vertreter von nicht in der Union niedergelassenen Verantwortlichen oder Auftragsverarbeitern

(1) In den Fällen gemäß Artikel 3 Absatz 2 benennt der Verantwortliche oder der Auftragsverarbeiter schriftlich einen Vertreter in der Union.

(2) Die Pflicht gemäß Absatz 1 des vorliegenden Artikels gilt nicht für

a) eine Verarbeitung, die gelegentlich erfolgt, nicht die umfangreiche Verarbeitung besonderer Datenkategorien im Sinne des Artikels 9 Absatz 1 oder die umfangreiche Verarbeitung von personenbezogenen Daten über strafrechtliche Verurteilungen und Straftaten im Sinne des Artikels 10 einschließt und unter Berücksichtigung der Art, der Umstände, des Umfangs und der Zwecke der Verarbeitung voraussichtlich nicht zu einem Risiko für die Rechte und Freiheiten natürlicher Personen führt, oder

b) Behörden oder öffentliche Stellen.

(3) Der Vertreter muss in einem der Mitgliedstaaten niedergelassen sein, in denen die betroffenen Personen, deren personenbezogene Daten im Zusammenhang mit den ihnen angebotenen Waren oder Dienstleistungen verarbeitet werden oder deren Verhalten beobachtet wird, sich befinden.

(4) Der Vertreter wird durch den Verantwortlichen oder den Auftragsverarbeiter beauftragt, zusätzlich zu diesem oder an seiner Stelle insbesondere für Aufsichtsbehörden und betroffene Personen bei sämtlichen Fragen im Zusammenhang mit der Verarbeitung zur Gewährleistung der Einhaltung dieser Verordnung als Anlaufstelle zu dienen.

(5) Die Benennung eines Vertreters durch den Verantwortlichen oder den Auftragsverarbeiter erfolgt unbeschadet etwaiger rechtlicher Schritte gegen den Verantwortlichen oder den Auftragsverarbeiter selbst.

Art. 28 Auftragsverarbeiter

(1) Erfolgt eine Verarbeitung im Auftrag eines Verantwortlichen, so arbeitet dieser nur mit Auftragsverarbeitern, die hinreichend Garantien dafür bieten, dass geeignete technische und organisatorische Maßnahmen so durchgeführt werden, dass die Verarbeitung im Einklang mit den Anforderungen dieser Verordnung erfolgt und den Schutz der Rechte der betroffenen Person gewährleistet.

(2) [1]Der Auftragsverarbeiter nimmt keinen weiteren Auftragsverarbeiter ohne vorherige gesonderte oder allgemeine schriftliche Genehmigung des Verantwortlichen in Anspruch. [2]Im Fall einer allgemeinen schriftlichen Genehmigung informiert der Auftragsverarbeiter den Verantwortlichen immer über jede beabsichtigte Änderung in Bezug auf die Hinzuziehung oder die Ersetzung anderer Auftragsverarbeiter, wodurch der Verantwortliche die Möglichkeit erhält, gegen derartige Änderungen Einspruch zu erheben.

(3) [1]Die Verarbeitung durch einen Auftragsverarbeiter erfolgt auf der Grundlage eines Vertrags oder eines anderen Rechtsinstruments nach dem Unionsrecht oder dem Recht der Mitgliedstaaten, der bzw. das den Auftragsverarbeiter in Bezug auf den Verantwortlichen bindet und in dem Gegenstand und Dauer der Verarbeitung, Art und Zweck der Verarbeitung, die Art der personenbezogenen Daten, die Kategorien betroffener Personen und die Pflichten und Rechte des Verantwortlichen festgelegt sind. [2]Dieser Vertrag bzw. dieses andere Rechtsinstrument sieht insbesondere vor, dass der Auftragsverarbeiter

a) die personenbezogenen Daten nur auf dokumentierte Weisung des Verantwortlichen – auch in Bezug auf die Übermittlung personenbezogener Daten an ein Drittland oder eine internationale Organisation – verarbeitet, sofern er nicht durch das Recht der Union oder der Mitgliedstaaten, dem der Auftragsverarbeiter unterliegt, hierzu verpflichtet ist; in einem solchen Fall teilt der Auftragsverarbeiter dem Verantwortlichen diese rechtlichen Anforderungen vor der Verarbeitung mit, sofern das betreffende Recht eine solche Mitteilung nicht wegen eines wichtigen öffentlichen Interesses verbietet;

b) gewährleistet, dass sich die zur Verarbeitung der personenbezogenen Daten befugten Personen zur Vertraulichkeit verpflichtet haben oder einer angemessenen gesetzlichen Verschwiegenheitspflicht unterliegen;
c) alle gemäß Artikel 32 erforderlichen Maßnahmen ergreift;
d) die in den Absätzen 2 und 4 genannten Bedingungen für die Inanspruchnahme der Dienste eines weiteren Auftragsverarbeiters einhält;
e) angesichts der Art der Verarbeitung den Verantwortlichen nach Möglichkeit mit geeigneten technischen und organisatorischen Maßnahmen dabei unterstützt, seiner Pflicht zur Beantwortung von Anträgen auf Wahrnehmung der in Kapitel III genannten Rechte der betroffenen Person nachzukommen;
f) unter Berücksichtigung der Art der Verarbeitung und der ihm zur Verfügung stehenden Informationen den Verantwortlichen bei der Einhaltung der in den Artikeln 32 bis 36 genannten Pflichten unterstützt;
g) nach Abschluss der Erbringung der Verarbeitungsleistungen alle personenbezogenen Daten nach Wahl des Verantwortlichen entweder löscht oder zurückgibt und die vorhandenen Kopien löscht, sofern nicht nach dem Unionsrecht oder dem Recht der Mitgliedstaaten eine Verpflichtung zur Speicherung der personenbezogenen Daten besteht;
h) dem Verantwortlichen alle erforderlichen Informationen zum Nachweis der Einhaltung der in diesem Artikel niedergelegten Pflichten zur Verfügung stellt und Überprüfungen – einschließlich Inspektionen –, die vom Verantwortlichen oder einem anderen von diesem beauftragten Prüfer durchgeführt werden, ermöglicht und dazu beiträgt.

[3]Mit Blick auf Unterabsatz 1 Buchstabe h informiert der Auftragsverarbeiter den Verantwortlichen unverzüglich, falls er der Auffassung ist, dass eine Weisung gegen diese Verordnung oder gegen andere Datenschutzbestimmungen der Union oder der Mitgliedstaaten verstößt.

(4) [1]Nimmt der Auftragsverarbeiter die Dienste eines weiteren Auftragsverarbeiters in Anspruch, um bestimmte Verarbeitungstätigkeiten im Namen des Verantwortlichen auszuführen, so werden diesem weiteren Auftragsverarbeiter im Wege eines Vertrags oder eines anderen Rechtsinstruments nach dem Unionsrecht oder dem Recht des betreffenden Mitgliedstaats dieselben Datenschutzpflichten auferlegt, die in dem Vertrag oder anderen Rechtsinstrument zwischen dem Verantwortlichen und dem Auftragsverarbeiter gemäß Absatz 3 festgelegt sind, wobei insbesondere hinreichende Garantien dafür geboten werden muss, dass die geeigneten technischen und organisatorischen Maßnahmen so durchgeführt werden, dass die Verarbeitung entsprechend den Anforderungen dieser Verordnung erfolgt. [2]Kommt der weitere Auftragsverarbeiter seinen Datenschutzpflichten nicht nach, so haftet der erste Auftragsverarbeiter gegenüber dem Verantwortlichen für die Einhaltung der Pflichten jenes anderen Auftragsverarbeiters.

(5) Die Einhaltung genehmigter Verhaltensregeln gemäß Artikel 40 oder eines genehmigten Zertifizierungsverfahrens gemäß Artikel 42 durch einen Auftragsverarbeiter kann als Faktor herangezogen werden, um hinreichende Garantien im Sinne der Absätze 1 und 4 des vorliegenden Artikels nachzuweisen.

(6) Unbeschadet eines individuellen Vertrags zwischen dem Verantwortlichen und dem Auftragsverarbeiter kann der Vertrag oder das andere Rechtsinstrument im Sinne der Absätze 3 und 4 des vorliegenden Artikels ganz oder

teilweise auf den in den Absätzen 7 und 8 des vorliegenden Artikels genannten Standardvertragsklauseln beruhen, auch wenn diese Bestandteil einer dem Verantwortlichen oder dem Auftragsverarbeiter gemäß den Artikeln 42 und 43 erteilten Zertifizierung sind.

(7) Die Kommission kann im Einklang mit dem Prüfverfahren gemäß Artikel 93 Absatz 2 Standardvertragsklauseln zur Regelung der in den Absätzen 3 und 4 des vorliegenden Artikels genannten Fragen festlegen.

(8) Eine Aufsichtsbehörde kann im Einklang mit dem Kohärenzverfahren gemäß Artikel 63 Standardvertragsklauseln zur Regelung der in den Absätzen 3 und 4 des vorliegenden Artikels genannten Fragen festlegen.

(9) Der Vertrag oder das andere Rechtsinstrument im Sinne der Absätze 3 und 4 ist schriftlich abzufassen, was auch in einem elektronischen Format erfolgen kann.

(10) Unbeschadet der Artikel 82, 83 und 84 gilt ein Auftragsverarbeiter, der unter Verstoß gegen diese Verordnung die Zwecke und Mittel der Verarbeitung bestimmt, in Bezug auf diese Verarbeitung als Verantwortlicher.

Art. 29 Verarbeitung unter der Aufsicht des Verantwortlichen oder des Auftragsverarbeiters

Der Auftragsverarbeiter und jede dem Verantwortlichen oder dem Auftragsverarbeiter unterstellte Person, die Zugang zu personenbezogenen Daten hat, dürfen diese Daten ausschließlich auf Weisung des Verantwortlichen verarbeiten, es sei denn, dass sie nach dem Unionsrecht oder dem Recht der Mitgliedstaaten zur Verarbeitung verpflichtet sind.

Art. 30 Verzeichnis von Verarbeitungstätigkeiten

(1) [1]Jeder Verantwortliche und gegebenenfalls sein Vertreter führen ein Verzeichnis aller Verarbeitungstätigkeiten, die ihrer Zuständigkeit unterliegen. [2]Dieses Verzeichnis enthält sämtliche folgenden Angaben:
a) den Namen und die Kontaktdaten des Verantwortlichen und gegebenenfalls des gemeinsam mit ihm Verantwortlichen, des Vertreters des Verantwortlichen sowie eines etwaigen Datenschutzbeauftragten;
b) die Zwecke der Verarbeitung;
c) eine Beschreibung der Kategorien betroffener Personen und der Kategorien personenbezogener Daten;
d) die Kategorien von Empfängern, gegenüber denen die personenbezogenen Daten offengelegt worden sind oder noch offengelegt werden, einschließlich Empfänger in Drittländern oder internationalen Organisationen;
e) gegebenenfalls Übermittlungen von personenbezogenen Daten an ein Drittland oder an eine internationale Organisation, einschließlich der Angabe des betreffenden Drittlands oder der betreffenden internationalen Organisation, sowie bei den in Artikel 49 Absatz 1 Unterabsatz 2 genannten Datenübermittlungen die Dokumentierung geeigneter Garantien;
f) wenn möglich, die vorgesehenen Fristen für die Löschung der verschiedenen Datenkategorien;
g) wenn möglich, eine allgemeine Beschreibung der technischen und organisatorischen Maßnahmen gemäß Artikel 32 Absatz 1.

(2) Jeder Auftragsverarbeiter und gegebenenfalls sein Vertreter führen ein Verzeichnis zu allen Kategorien von im Auftrag eines Verantwortlichen durchgeführten Tätigkeiten der Verarbeitung, die Folgendes enthält:

a) den Namen und die Kontaktdaten des Auftragsverarbeiters oder der Auftragsverarbeiter und jedes Verantwortlichen, in dessen Auftrag der Auftragsverarbeiter tätig ist, sowie gegebenenfalls des Vertreters des Verantwortlichen oder des Auftragsverarbeiters und eines etwaigen Datenschutzbeauftragten;
b) die Kategorien von Verarbeitungen, die im Auftrag jedes Verantwortlichen durchgeführt werden;
c) gegebenenfalls Übermittlungen von personenbezogenen Daten an ein Drittland oder an eine internationale Organisation, einschließlich der Angabe des betreffenden Drittlands oder der betreffenden internationalen Organisation, sowie bei den in Artikel 49 Absatz 1 Unterabsatz 2 genannten Datenübermittlungen die Dokumentierung geeigneter Garantien;
d) wenn möglich, eine allgemeine Beschreibung der technischen und organisatorischen Maßnahmen gemäß Artikel 32 Absatz 1.

(3) Das in den Absätzen 1 und 2 genannte Verzeichnis ist schriftlich zu führen, was auch in einem elektronischen Format erfolgen kann.

(4) Der Verantwortliche oder der Auftragsverarbeiter sowie gegebenenfalls der Vertreter des Verantwortlichen oder des Auftragsverarbeiters stellen der Aufsichtsbehörde das Verzeichnis auf Anfrage zur Verfügung.

(5) Die in den Absätzen 1 und 2 genannten Pflichten gelten nicht für Unternehmen oder Einrichtungen, die weniger als 250 Mitarbeiter beschäftigen, es sei denn, die von ihnen vorgenommene Verarbeitung birgt ein Risiko für die Rechte und Freiheiten der betroffenen Personen, die Verarbeitung erfolgt nicht nur gelegentlich oder es erfolgt eine Verarbeitung besonderer Datenkategorien gemäß Artikel 9 Absatz 1 bzw. die Verarbeitung von personenbezogenen Daten über strafrechtliche Verurteilungen und Straftaten im Sinne des Artikels 10.

Art. 31 Zusammenarbeit mit der Aufsichtsbehörde

Der Verantwortliche und der Auftragsverarbeiter und gegebenenfalls deren Vertreter arbeiten auf Anfrage mit der Aufsichtsbehörde bei der Erfüllung ihrer Aufgaben zusammen.

Abschnitt 2. Sicherheit personenbezogener Daten

Art. 32 Sicherheit der Verarbeitung

(1) Unter Berücksichtigung des Stands der Technik, der Implementierungskosten und der Art, des Umfangs, der Umstände und der Zwecke der Verarbeitung sowie der unterschiedlichen Eintrittswahrscheinlichkeit und Schwere des Risikos für die Rechte und Freiheiten natürlicher Personen treffen der Verantwortliche und der Auftragsverarbeiter geeignete technische und organisatorische Maßnahmen, um ein dem Risiko angemessenes Schutzniveau zu gewährleisten; diese Maßnahmen schließen gegebenenfalls unter anderem Folgendes ein:

a) die Pseudonymisierung und Verschlüsselung personenbezogener Daten;
b) die Fähigkeit, die Vertraulichkeit, Integrität, Verfügbarkeit und Belastbarkeit der Systeme und Dienste im Zusammenhang mit der Verarbeitung auf Dauer sicherzustellen;
c) die Fähigkeit, die Verfügbarkeit der personenbezogenen Daten und den Zugang zu ihnen bei einem physischen oder technischen Zwischenfall rasch wiederherzustellen;
d) ein Verfahren zur regelmäßigen Überprüfung, Bewertung und Evaluierung der Wirksamkeit der technischen und organisatorischen Maßnahmen zur Gewährleistung der Sicherheit der Verarbeitung.

(2) Bei der Beurteilung des angemessenen Schutzniveaus sind insbesondere die Risiken zu berücksichtigen, die mit der Verarbeitung verbunden sind, insbesondere durch – ob unbeabsichtigt oder unrechtmäßig – Vernichtung, Verlust, Veränderung oder unbefugte Offenlegung von beziehungsweise unbefugten Zugang zu personenbezogenen Daten, die übermittelt, gespeichert oder auf andere Weise verarbeitet wurden.

(3) Die Einhaltung genehmigter Verhaltensregeln gemäß Artikel 40 oder eines genehmigten Zertifizierungsverfahrens gemäß Artikel 42 kann als Faktor herangezogen werden, um die Erfüllung der in Absatz 1 des vorliegenden Artikels genannten Anforderungen nachzuweisen.

(4) Der Verantwortliche und der Auftragsverarbeiter unternehmen Schritte, um sicherzustellen, dass ihnen unterstellte natürliche Personen, die Zugang zu personenbezogenen Daten haben, diese nur auf Anweisung des Verantwortlichen verarbeiten, es sei denn, sie sind nach dem Recht der Union oder der Mitgliedstaaten zur Verarbeitung verpflichtet.

Art. 33 Meldung von Verletzungen des Schutzes personenbezogener Daten an die Aufsichtsbehörde

(1) [1]Im Falle einer Verletzung des Schutzes personenbezogener Daten meldet der Verantwortliche unverzüglich und möglichst binnen 72 Stunden, nachdem ihm die Verletzung bekannt wurde, diese der gemäß Artikel 55 zuständigen Aufsichtsbehörde, es sei denn, dass die Verletzung des Schutzes personenbezogener Daten voraussichtlich nicht zu einem Risiko für die Rechte und Freiheiten natürlicher Personen führt. [2]Erfolgt die Meldung an die Aufsichtsbehörde nicht binnen 72 Stunden, so ist ihr eine Begründung für die Verzögerung beizufügen.

(2) Wenn dem Auftragsverarbeiter eine Verletzung des Schutzes personenbezogener Daten bekannt wird, meldet er diese dem Verantwortlichen unverzüglich.

(3) Die Meldung gemäß Absatz 1 enthält zumindest folgende Informationen:
a) eine Beschreibung der Art der Verletzung des Schutzes personenbezogener Daten, soweit möglich mit Angabe der Kategorien und der ungefähren Zahl der betroffenen Personen, der betroffenen Kategorien und der ungefähren Zahl der betroffenen personenbezogenen Datensätze;
b) den Namen und die Kontaktdaten des Datenschutzbeauftragten oder einer sonstigen Anlaufstelle für weitere Informationen;
c) eine Beschreibung der wahrscheinlichen Folgen der Verletzung des Schutzes personenbezogener Daten;

d) eine Beschreibung der von dem Verantwortlichen ergriffenen oder vorgeschlagenen Maßnahmen zur Behebung der Verletzung des Schutzes personenbezogener Daten und gegebenenfalls Maßnahmen zur Abmilderung ihrer möglichen nachteiligen Auswirkungen.

(4) Wenn und soweit die Informationen nicht zur gleichen Zeit bereitgestellt werden können, kann der Verantwortliche diese Informationen ohne unangemessene weitere Verzögerung schrittweise zur Verfügung stellen.

(5) [1]Der Verantwortliche dokumentiert Verletzungen des Schutzes personenbezogener Daten einschließlich aller im Zusammenhang mit der Verletzung des Schutzes personenbezogener Daten stehenden Fakten, von deren Auswirkungen und der ergriffenen Abhilfemaßnahmen. [2]Diese Dokumentation muss der Aufsichtsbehörde die Überprüfung der Einhaltung der Bestimmungen dieses Artikels ermöglichen.

Art. 34 Benachrichtigung der von einer Verletzung des Schutzes personenbezogener Daten betroffenen Person

(1) Hat die Verletzung des Schutzes personenbezogener Daten voraussichtlich ein hohes Risiko für die persönlichen Rechte und Freiheiten natürlicher Personen zur Folge, so benachrichtigt der Verantwortliche die betroffene Person unverzüglich von der Verletzung.

(2) Die in Absatz 1 genannte Benachrichtigung der betroffenen Person beschreibt in klarer und einfacher Sprache die Art der Verletzung des Schutzes personenbezogener Daten und enthält zumindest die in Artikel 33 Absatz 3 Buchstaben b, c und d genannten Informationen und Maßnahmen.

(3) Die Benachrichtigung der betroffenen Person gemäß Absatz 1 ist nicht erforderlich, wenn eine der folgenden Bedingungen erfüllt ist:

a) der Verantwortliche geeignete technische und organisatorische Sicherheitsvorkehrungen getroffen hat und diese Vorkehrungen auf die von der Verletzung betroffenen personenbezogenen Daten angewandt wurden, insbesondere solche, durch die die personenbezogenen Daten für alle Personen, die nicht zum Zugang zu den personenbezogenen Daten befugt sind, unzugänglich gemacht werden, etwa durch Verschlüsselung;

b) der Verantwortliche durch nachfolgende Maßnahmen sichergestellt hat, dass das hohe Risiko für die Rechte und Freiheiten der betroffenen Personen gemäß Absatz 1 aller Wahrscheinlichkeit nach nicht mehr besteht;

c) dies mit einem unverhältnismäßigen Aufwand verbunden wäre. In diesem Fall hat stattdessen eine öffentliche Bekanntmachung oder eine ähnliche Maßnahme zu erfolgen, durch die die betroffenen Personen vergleichbar wirksam informiert werden.

(4) Wenn der Verantwortliche die betroffene Person nicht bereits über die Verletzung des Schutzes personenbezogener Daten benachrichtigt hat, kann die Aufsichtsbehörde unter Berücksichtigung der Wahrscheinlichkeit, mit der die Verletzung des Schutzes personenbezogener Daten zu einem hohen Risiko führt, von dem Verantwortlichen verlangen, dies nachzuholen, oder sie kann mit einem Beschluss feststellen, dass bestimmte der in Absatz 3 genannten Voraussetzungen erfüllt sind.

Abschnitt 3. Datenschutz-Folgenabschätzung und vorherige Konsultation

Art. 35 Datenschutz-Folgenabschätzung

(1) [1]Hat eine Form der Verarbeitung, insbesondere bei Verwendung neuer Technologien, aufgrund der Art, des Umfangs, der Umstände und der Zwecke der Verarbeitung voraussichtlich ein hohes Risiko für die Rechte und Freiheiten natürlicher Personen zur Folge, so führt der Verantwortliche vorab eine Abschätzung der Folgen der vorgesehenen Verarbeitungsvorgänge für den Schutz personenbezogener Daten durch. [2]Für die Untersuchung mehrerer ähnlicher Verarbeitungsvorgänge mit ähnlich hohen Risiken kann eine einzige Abschätzung vorgenommen werden.

(2) Der Verantwortliche holt bei der Durchführung einer Datenschutz-Folgenabschätzung den Rat des Datenschutzbeauftragten, sofern ein solcher benannt wurde, ein.

(3) Eine Datenschutz-Folgenabschätzung gemäß Absatz 1 ist insbesondere in folgenden Fällen erforderlich:

a) systematische und umfassende Bewertung persönlicher Aspekte natürlicher Personen, die sich auf automatisierte Verarbeitung einschließlich Profiling gründet und die ihrerseits als Grundlage für Entscheidungen dient, die Rechtswirkung gegenüber natürlichen Personen entfalten oder diese in ähnlich erheblicher Weise beeinträchtigen;
b) umfangreiche Verarbeitung besonderer Kategorien von personenbezogenen Daten gemäß Artikel 9 Absatz 1 oder von personenbezogenen Daten über strafrechtliche Verurteilungen und Straftaten gemäß Artikel 10 oder
c) systematische umfangreiche Überwachung öffentlich zugänglicher Bereiche.

(4) [1]Die Aufsichtsbehörde erstellt eine Liste der Verarbeitungsvorgänge, für die gemäß Absatz 1 eine Datenschutz-Folgenabschätzung durchzuführen ist, und veröffentlicht diese. [2]Die Aufsichtsbehörde übermittelt diese Listen dem in Artikel 68 genannten Ausschuss.

(5) [1]Die Aufsichtsbehörde kann des Weiteren eine Liste der Arten von Verarbeitungsvorgängen erstellen und veröffentlichen, für die keine Datenschutz-Folgenabschätzung erforderlich ist. [2]Die Aufsichtsbehörde übermittelt diese Listen dem Ausschuss.

(6) Vor Festlegung der in den Absätzen 4 und 5 genannten Listen wendet die zuständige Aufsichtsbehörde das Kohärenzverfahren gemäß Artikel 63 an, wenn solche Listen Verarbeitungstätigkeiten umfassen, die mit dem Angebot von Waren oder Dienstleistungen für betroffene Personen oder der Beobachtung des Verhaltens dieser Personen in mehreren Mitgliedstaaten im Zusammenhang stehen oder die den freien Verkehr personenbezogener Daten innerhalb der Union erheblich beeinträchtigen könnten.

(7) Die Folgenabschätzung enthält zumindest Folgendes:

a) eine systematische Beschreibung der geplanten Verarbeitungsvorgänge und der Zwecke der Verarbeitung, gegebenenfalls einschließlich der von dem Verantwortlichen verfolgten berechtigten Interessen;

b) eine Bewertung der Notwendigkeit und Verhältnismäßigkeit der Verarbeitungsvorgänge in Bezug auf den Zweck;
c) eine Bewertung der Risiken für die Rechte und Freiheiten der betroffenen Personen gemäß Absatz 1 und
d) die zur Bewältigung der Risiken geplanten Abhilfemaßnahmen, einschließlich Garantien, Sicherheitsvorkehrungen und Verfahren, durch die der Schutz personenbezogener Daten sichergestellt und der Nachweis dafür erbracht wird, dass diese Verordnung eingehalten wird, wobei den Rechten und berechtigten Interessen der betroffenen Personen und sonstiger Betroffener Rechnung getragen wird.

(8) Die Einhaltung genehmigter Verhaltensregeln gemäß Artikel 40 durch die zuständigen Verantwortlichen oder die zuständigen Auftragsverarbeiter ist bei der Beurteilung der Auswirkungen der von diesen durchgeführten Verarbeitungsvorgänge, insbesondere für die Zwecke einer Datenschutz-Folgenabschätzung, gebührend zu berücksichtigen.

(9) Der Verantwortliche holt gegebenenfalls den Standpunkt der betroffenen Personen oder ihrer Vertreter zu der beabsichtigten Verarbeitung unbeschadet des Schutzes gewerblicher oder öffentlicher Interessen oder der Sicherheit der Verarbeitungsvorgänge ein.

(10) Falls die Verarbeitung gemäß Artikel 6 Absatz 1 Buchstabe c oder e auf einer Rechtsgrundlage im Unionsrecht oder im Recht des Mitgliedstaats, dem der Verantwortliche unterliegt, beruht und falls diese Rechtsvorschriften den konkreten Verarbeitungsvorgang oder die konkreten Verarbeitungsvorgänge regeln und bereits im Rahmen der allgemeinen Folgenabschätzung im Zusammenhang mit dem Erlass dieser Rechtsgrundlage eine Datenschutz-Folgenabschätzung erfolgte, gelten die Absätze 1 bis 7 nur, wenn es nach dem Ermessen der Mitgliedstaaten erforderlich ist, vor den betreffenden Verarbeitungstätigkeiten eine solche Folgenabschätzung durchzuführen.

(11) Erforderlichenfalls führt der Verantwortliche eine Überprüfung durch, um zu bewerten, ob die Verarbeitung gemäß der Datenschutz-Folgenabschätzung durchgeführt wird; dies gilt zumindest, wenn hinsichtlich des mit den Verarbeitungsvorgängen verbundenen Risikos Änderungen eingetreten sind.

Art. 36 Vorherige Konsultation

(1) Der Verantwortliche konsultiert vor der Verarbeitung die Aufsichtsbehörde, wenn aus einer Datenschutz-Folgenabschätzung gemäß Artikel 35 hervorgeht, dass die Verarbeitung ein hohes Risiko zur Folge hätte, sofern der Verantwortliche keine Maßnahmen zur Eindämmung des Risikos trifft.

(2) [1]Falls die Aufsichtsbehörde der Auffassung ist, dass die geplante Verarbeitung gemäß Absatz 1 nicht im Einklang mit dieser Verordnung stünde, insbesondere weil der Verantwortliche das Risiko nicht ausreichend ermittelt oder nicht ausreichend eingedämmt hat, unterbreitet sie dem Verantwortlichen und gegebenenfalls dem Auftragsverarbeiter innerhalb eines Zeitraums von bis zu acht Wochen nach Erhalt des Ersuchens um Konsultation entsprechende schriftliche Empfehlungen und kann ihre in Artikel 58 genannten Befugnisse ausüben. [2]Diese Frist kann unter Berücksichtigung der Komplexität der geplanten Verarbeitung um sechs Wochen verlängert werden. [3]Die Aufsichtsbehörde unterrichtet den Verantwortlichen oder gegebenen-

falls den Auftragsverarbeiter über eine solche Fristverlängerung innerhalb eines Monats nach Eingang des Antrags auf Konsultation zusammen mit den Gründen für die Verzögerung. [4]Diese Fristen können ausgesetzt werden, bis die Aufsichtsbehörde die für die Zwecke der Konsultation angeforderten Informationen erhalten hat.

(3) Der Verantwortliche stellt der Aufsichtsbehörde bei einer Konsultation gemäß Absatz 1 folgende Informationen zur Verfügung:
a) gegebenenfalls Angaben zu den jeweiligen Zuständigkeiten des Verantwortlichen, der gemeinsam Verantwortlichen und der an der Verarbeitung beteiligten Auftragsverarbeiter, insbesondere bei einer Verarbeitung innerhalb einer Gruppe von Unternehmen;
b) die Zwecke und die Mittel der beabsichtigten Verarbeitung;
c) die zum Schutz der Rechte und Freiheiten der betroffenen Personen gemäß dieser Verordnung vorgesehenen Maßnahmen und Garantien;
d) gegebenenfalls die Kontaktdaten des Datenschutzbeauftragten;
e) die Datenschutz-Folgenabschätzung gemäß Artikel 35 und
f) alle sonstigen von der Aufsichtsbehörde angeforderten Informationen.

(4) Die Mitgliedstaaten konsultieren die Aufsichtsbehörde bei der Ausarbeitung eines Vorschlags für von einem nationalen Parlament zu erlassende Gesetzgebungsmaßnahmen oder von auf solchen Gesetzgebungsmaßnahmen basierenden Regelungsmaßnahmen, die die Verarbeitung betreffen.

(5) Ungeachtet des Absatzes 1 können Verantwortliche durch das Recht der Mitgliedstaaten verpflichtet werden, bei der Verarbeitung zur Erfüllung einer im öffentlichen Interesse liegenden Aufgabe, einschließlich der Verarbeitung zu Zwecken der sozialen Sicherheit und der öffentlichen Gesundheit, die Aufsichtsbehörde zu konsultieren und deren vorherige Genehmigung einzuholen.

Abschnitt 4. Datenschutzbeauftragter

Art. 37 Benennung eines Datenschutzbeauftragten

(1) Der Verantwortliche und der Auftragsverarbeiter benennen auf jeden Fall einen Datenschutzbeauftragten, wenn
a) die Verarbeitung von einer Behörde oder öffentlichen Stelle durchgeführt wird, mit Ausnahme von Gerichten, soweit sie im Rahmen ihrer justiziellen Tätigkeit handeln,
b) die Kerntätigkeit des Verantwortlichen oder des Auftragsverarbeiters in der Durchführung von Verarbeitungsvorgängen besteht, welche aufgrund ihrer Art, ihres Umfangs und/oder ihrer Zwecke eine umfangreiche regelmäßige und systematische Überwachung von betroffenen Personen erforderlich machen, oder
c) die Kerntätigkeit des Verantwortlichen oder des Auftragsverarbeiters in der umfangreichen Verarbeitung besonderer Kategorien von Daten gemäß Artikel 9 oder von personenbezogenen Daten über strafrechtliche Verurteilungen und Straftaten gemäß Artikel 10 besteht.

(2) Eine Unternehmensgruppe darf einen gemeinsamen Datenschutzbeauftragten ernennen, sofern von jeder Niederlassung aus der Datenschutzbeauftragte leicht erreicht werden kann.

(3) Falls es sich bei dem Verantwortlichen oder dem Auftragsverarbeiter um eine Behörde oder öffentliche Stelle handelt, kann für mehrere solcher Behörden oder Stellen unter Berücksichtigung ihrer Organisationsstruktur und ihrer Größe ein gemeinsamer Datenschutzbeauftragter benannt werden.

(4) [1]In anderen als den in Absatz 1 genannten Fällen können der Verantwortliche oder der Auftragsverarbeiter oder Verbände und andere Vereinigungen, die Kategorien von Verantwortlichen oder Auftragsverarbeitern vertreten, einen Datenschutzbeauftragten benennen; falls dies nach dem Recht der Union oder der Mitgliedstaaten vorgeschrieben ist, müssen sie einen solchen benennen. [2]Der Datenschutzbeauftragte kann für derartige Verbände und andere Vereinigungen, die Verantwortliche oder Auftragsverarbeiter vertreten, handeln.

(5) Der Datenschutzbeauftragte wird auf der Grundlage seiner beruflichen Qualifikation und insbesondere des Fachwissens benannt, das er auf dem Gebiet des Datenschutzrechts und der Datenschutzpraxis besitzt, sowie auf der Grundlage seiner Fähigkeit zur Erfüllung der in Artikel 39 genannten Aufgaben.

(6) Der Datenschutzbeauftragte kann Beschäftigter des Verantwortlichen oder des Auftragsverarbeiters sein oder seine Aufgaben auf der Grundlage eines Dienstleistungsvertrags erfüllen.

(7) Der Verantwortliche oder der Auftragsverarbeiter veröffentlicht die Kontaktdaten des Datenschutzbeauftragten und teilt diese Daten der Aufsichtsbehörde mit.

Art. 38 Stellung des Datenschutzbeauftragten

(1) Der Verantwortliche und der Auftragsverarbeiter stellen sicher, dass der Datenschutzbeauftragte ordnungsgemäß und frühzeitig in alle mit dem Schutz personenbezogener Daten zusammenhängenden Fragen eingebunden wird.

(2) Der Verantwortliche und der Auftragsverarbeiter unterstützen den Datenschutzbeauftragten bei der Erfüllung seiner Aufgaben gemäß Artikel 39, indem sie die für die Erfüllung dieser Aufgaben erforderlichen Ressourcen und den Zugang zu personenbezogenen Daten und Verarbeitungsvorgängen sowie die zur Erhaltung seines Fachwissens erforderlichen Ressourcen zur Verfügung stellen.

(3) [1]Der Verantwortliche und der Auftragsverarbeiter stellen sicher, dass der Datenschutzbeauftragte bei der Erfüllung seiner Aufgaben keine Anweisungen bezüglich der Ausübung dieser Aufgaben erhält. [2]Der Datenschutzbeauftragte darf von dem Verantwortlichen oder dem Auftragsverarbeiter wegen der Erfüllung seiner Aufgaben nicht abberufen oder benachteiligt werden. [3]Der Datenschutzbeauftragte berichtet unmittelbar der höchsten Managementebene des Verantwortlichen oder des Auftragsverarbeiters.

(4) Betroffene Personen können den Datenschutzbeauftragten zu allen mit der Verarbeitung ihrer personenbezogenen Daten und mit der Wahrnehmung ihrer Rechte gemäß dieser Verordnung im Zusammenhang stehenden Fragen zu Rate ziehen.

(5) Der Datenschutzbeauftragte ist nach dem Recht der Union oder der Mitgliedstaaten bei der Erfüllung seiner Aufgaben an die Wahrung der Geheimhaltung oder der Vertraulichkeit gebunden.

(6) [1]Der Datenschutzbeauftragte kann andere Aufgaben und Pflichten wahrnehmen. [2]Der Verantwortliche oder der Auftragsverarbeiter stellt sicher, dass derartige Aufgaben und Pflichten nicht zu einem Interessenkonflikt führen.

Art. 39 Aufgaben des Datenschutzbeauftragten

(1) Dem Datenschutzbeauftragten obliegen zumindest folgende Aufgaben:
a) Unterrichtung und Beratung des Verantwortlichen oder des Auftragsverarbeiters und der Beschäftigten, die Verarbeitungen durchführen, hinsichtlich ihrer Pflichten nach dieser Verordnung sowie nach sonstigen Datenschutzvorschriften der Union bzw. der Mitgliedstaaten;
b) Überwachung der Einhaltung dieser Verordnung, anderer Datenschutzvorschriften der Union bzw. der Mitgliedstaaten sowie der Strategien des Verantwortlichen oder des Auftragsverarbeiters für den Schutz personenbezogener Daten einschließlich der Zuweisung von Zuständigkeiten, der Sensibilisierung und Schulung der an den Verarbeitungsvorgängen beteiligten Mitarbeiter und der diesbezüglichen Überprüfungen;
c) Beratung – auf Anfrage – im Zusammenhang mit der Datenschutz-Folgenabschätzung und Überwachung ihrer Durchführung gemäß Artikel 35;
d) Zusammenarbeit mit der Aufsichtsbehörde;
e) Tätigkeit als Anlaufstelle für die Aufsichtsbehörde in mit der Verarbeitung zusammenhängenden Fragen, einschließlich der vorherigen Konsultation gemäß Artikel 36, und gegebenenfalls Beratung zu allen sonstigen Fragen.

(2) Der Datenschutzbeauftragte trägt bei der Erfüllung seiner Aufgaben dem mit den Verarbeitungsvorgängen verbundenen Risiko gebührend Rechnung, wobei er die Art, den Umfang, die Umstände und die Zwecke der Verarbeitung berücksichtigt.

Abschnitt 5. Verhaltensregeln und Zertifizierung

Art. 40 Verhaltensregeln

(1) Die Mitgliedstaaten, die Aufsichtsbehörden, der Ausschuss und die Kommission fördern die Ausarbeitung von Verhaltensregeln, die nach Maßgabe der Besonderheiten der einzelnen Verarbeitungsbereiche und der besonderen Bedürfnisse von Kleinstunternehmen sowie kleinen und mittleren Unternehmen zur ordnungsgemäßen Anwendung dieser Verordnung beitragen sollen.

(2) Verbände und andere Vereinigungen, die Kategorien von Verantwortlichen oder Auftragsverarbeitern vertreten, können Verhaltensregeln ausarbeiten oder ändern oder erweitern, mit denen die Anwendung dieser Verordnung beispielsweise zu dem Folgenden präzisiert wird:
a) faire und transparente Verarbeitung;
b) die berechtigten Interessen des Verantwortlichen in bestimmten Zusammenhängen;
c) Erhebung personenbezogener Daten;
d) Pseudonymisierung personenbezogener Daten;
e) Unterrichtung der Öffentlichkeit und der betroffenen Personen;
f) Ausübung der Rechte betroffener Personen;

g) Unterrichtung und Schutz von Kindern und Art und Weise, in der die Einwilligung des Trägers der elterlichen Verantwortung für das Kind einzuholen ist;
h) die Maßnahmen und Verfahren gemäß den Artikeln 24 und 25 und die Maßnahmen für die Sicherheit der Verarbeitung gemäß Artikel 32;
i) die Meldung von Verletzungen des Schutzes personenbezogener Daten an Aufsichtsbehörden und die Benachrichtigung der betroffenen Person von solchen Verletzungen des Schutzes personenbezogener Daten;
j) die Übermittlung personenbezogener Daten an Drittländer oder an internationale Organisationen oder
k) außergerichtliche Verfahren und sonstige Streitbeilegungsverfahren zur Beilegung von Streitigkeiten zwischen Verantwortlichen und betroffenen Personen im Zusammenhang mit der Verarbeitung, unbeschadet der Rechte betroffener Personen gemäß den Artikeln 77 und 79.

(3) [1]Zusätzlich zur Einhaltung durch die unter diese Verordnung fallenden Verantwortlichen oder Auftragsverarbeiter können Verhaltensregeln, die gemäß Absatz 5 des vorliegenden Artikels genehmigt wurden und gemäß Absatz 9 des vorliegenden Artikels allgemeine Gültigkeit besitzen, auch von Verantwortlichen oder Auftragsverarbeitern, die gemäß Artikel 3 nicht unter diese Verordnung fallen, eingehalten werden, um geeignete Garantien im Rahmen der Übermittlung personenbezogener Daten an Drittländer oder internationale Organisationen nach Maßgabe des Artikels 46 Absatz 2 Buchstabe e zu bieten. [2]Diese Verantwortlichen oder Auftragsverarbeiter gehen mittels vertraglicher oder sonstiger rechtlich bindender Instrumente die verbindliche und durchsetzbare Verpflichtung ein, die geeigneten Garantien anzuwenden, auch im Hinblick auf die Rechte der betroffenen Personen.

(4) Die Verhaltensregeln gemäß Absatz 2 des vorliegenden Artikels müssen Verfahren vorsehen, die es der in Artikel 41 Absatz 1 genannten Stelle ermöglichen, die obligatorische Überwachung der Einhaltung ihrer Bestimmungen durch die Verantwortlichen oder die Auftragsverarbeiter, die sich zur Anwendung der Verhaltensregeln verpflichten, vorzunehmen, unbeschadet der Aufgaben und Befugnisse der Aufsichtsbehörde, die nach Artikel 55 oder 56 zuständig ist.

(5) [1]Verbände und andere Vereinigungen gemäß Absatz 2 des vorliegenden Artikels, die beabsichtigen, Verhaltensregeln auszuarbeiten oder bestehende Verhaltensregeln zu ändern oder zu erweitern, legen den Entwurf der Verhaltensregeln bzw. den Entwurf zu deren Änderung oder Erweiterung der Aufsichtsbehörde vor, die nach Artikel 55 zuständig ist. [2]Die Aufsichtsbehörde gibt eine Stellungnahme darüber ab, ob der Entwurf der Verhaltensregeln bzw. der Entwurf zu deren Änderung oder Erweiterung mit dieser Verordnung vereinbar ist und genehmigt diesen Entwurf der Verhaltensregeln bzw. den Entwurf zu deren Änderung oder Erweiterung, wenn sie der Auffassung ist, dass er ausreichende geeignete Garantien bietet.

(6) Wird durch die Stellungnahme nach Absatz 5 der Entwurf der Verhaltensregeln bzw. der Entwurf zu deren Änderung oder Erweiterung genehmigt und beziehen sich die betreffenden Verhaltensregeln nicht auf Verarbeitungstätigkeiten in mehreren Mitgliedstaaten, so nimmt die Aufsichtsbehörde die Verhaltensregeln in ein Verzeichnis auf und veröffentlicht sie.

(7) Bezieht sich der Entwurf der Verhaltensregeln auf Verarbeitungstätigkeiten in mehreren Mitgliedstaaten, so legt die nach Artikel 55 zuständige Aufsichtsbehörde – bevor sie den Entwurf der Verhaltensregeln bzw. den Entwurf zu deren

Änderung oder Erweiterung genehmigt – ihn nach dem Verfahren gemäß Artikel 63 dem Ausschuss vor, der zu der Frage Stellung nimmt, ob der Entwurf der Verhaltensregeln bzw. der Entwurf zu deren Änderung oder Erweiterung mit dieser Verordnung vereinbar ist oder – im Fall nach Absatz 3 dieses Artikels – geeignete Garantien vorsieht.

(8) Wird durch die Stellungnahme nach Absatz 7 bestätigt, dass der Entwurf der Verhaltensregeln bzw. der Entwurf zu deren Änderung oder Erweiterung mit dieser Verordnung vereinbar ist oder – im Fall nach Absatz 3 – geeignete Garantien vorsieht, so übermittelt der Ausschuss seine Stellungnahme der Kommission.

(9) [1]Die Kommission kann im Wege von Durchführungsrechtsakten beschließen, dass die ihr gemäß Absatz 8 übermittelten genehmigten Verhaltensregeln bzw. deren genehmigte Änderung oder Erweiterung allgemeine Gültigkeit in der Union besitzen. [2]Diese Durchführungsrechtsakte werden gemäß dem Prüfverfahren nach Artikel 93 Absatz 2 erlassen.

(10) Die Kommission trägt dafür Sorge, dass die genehmigten Verhaltensregeln, denen gemäß Absatz 9 allgemeine Gültigkeit zuerkannt wurde, in geeigneter Weise veröffentlicht werden.

(11) Der Ausschuss nimmt alle genehmigten Verhaltensregeln bzw. deren genehmigte Änderungen oder Erweiterungen in ein Register auf und veröffentlicht sie in geeigneter Weise.

Art. 41 Überwachung der genehmigten Verhaltensregeln

(1) Unbeschadet der Aufgaben und Befugnisse der zuständigen Aufsichtsbehörde gemäß den Artikeln 57 und 58 kann die Überwachung der Einhaltung von Verhaltensregeln gemäß Artikel 40 von einer Stelle durchgeführt werden, die über das geeignete Fachwissen hinsichtlich des Gegenstands der Verhaltensregeln verfügt und die von der zuständigen Aufsichtsbehörde zu diesem Zweck akkreditiert wurde.

(2) Eine Stelle gemäß Absatz 1 kann zum Zwecke der Überwachung der Einhaltung von Verhaltensregeln akkreditiert werden, wenn sie

a) ihre Unabhängigkeit und ihr Fachwissen hinsichtlich des Gegenstands der Verhaltensregeln zur Zufriedenheit der zuständigen Aufsichtsbehörde nachgewiesen hat;
b) Verfahren festgelegt hat, die es ihr ermöglichen, zu bewerten, ob Verantwortliche und Auftragsverarbeiter die Verhaltensregeln anwenden können, die Einhaltung der Verhaltensregeln durch die Verantwortlichen und Auftragsverarbeiter zu überwachen und die Anwendung der Verhaltensregeln regelmäßig zu überprüfen;
c) Verfahren und Strukturen festgelegt hat, mit denen sie Beschwerden über Verletzungen der Verhaltensregeln oder über die Art und Weise, in der die Verhaltensregeln von dem Verantwortlichen oder dem Auftragsverarbeiter angewendet werden oder wurden, nachgeht und diese Verfahren und Strukturen für betroffene Personen und die Öffentlichkeit transparent macht, und

d) zur Zufriedenheit der zuständigen Aufsichtsbehörde nachgewiesen hat, dass ihre Aufgaben und Pflichten nicht zu einem Interessenkonflikt führen.

(3) Die zuständige Aufsichtsbehörde übermittelt den Entwurf der Anforderungen an die Akkreditierung einer Stelle nach Absatz 1 gemäß dem Kohärenzverfahren nach Artikel 63 an den Ausschuss.

(4) [1]Unbeschadet der Aufgaben und Befugnisse der zuständigen Aufsichtsbehörde und der Bestimmungen des Kapitels VIII ergreift eine Stelle gemäß Absatz 1 vorbehaltlich geeigneter Garantien im Falle einer Verletzung der Verhaltensregeln durch einen Verantwortlichen oder einen Auftragsverarbeiter geeignete Maßnahmen, einschließlich eines vorläufigen oder endgültigen Ausschlusses des Verantwortlichen oder Auftragsverarbeiters von den Verhaltensregeln. [2]Sie unterrichtet die zuständige Aufsichtsbehörde über solche Maßnahmen und deren Begründung.

(5) Die zuständige Aufsichtsbehörde widerruft die Akkreditierung einer Stelle gemäß Absatz 1, wenn die Anforderungen an ihre Akkreditierung nicht oder nicht mehr erfüllt sind oder wenn die Stelle Maßnahmen ergreift, die nicht mit dieser Verordnung vereinbar sind.

(6) Dieser Artikel gilt nicht für die Verarbeitung durch Behörden oder öffentliche Stellen.

Art. 42 Zertifizierung

(1) [1]Die Mitgliedstaaten, die Aufsichtsbehörden, der Ausschuss und die Kommission fördern insbesondere auf Unionsebene die Einführung von datenschutzspezifischen Zertifizierungsverfahren sowie von Datenschutzsiegeln und -prüfzeichen, die dazu dienen, nachzuweisen, dass diese Verordnung bei Verarbeitungsvorgängen von Verantwortlichen oder Auftragsverarbeitern eingehalten wird. [2]Den besonderen Bedürfnissen von Kleinstunternehmen sowie kleinen und mittleren Unternehmen wird Rechnung getragen.

(2) [1]Zusätzlich zur Einhaltung durch die unter diese Verordnung fallenden Verantwortlichen oder Auftragsverarbeiter können auch datenschutzspezifische Zertifizierungsverfahren, Siegel oder Prüfzeichen, die gemäß Absatz 5 des vorliegenden Artikels genehmigt worden sind, vorgesehen werden, um nachzuweisen, dass die Verantwortlichen oder Auftragsverarbeiter, die gemäß Artikel 3 nicht unter diese Verordnung fallen, im Rahmen der Übermittlung personenbezogener Daten an Drittländer oder internationale Organisationen nach Maßgabe von Artikel 46 Absatz 2 Buchstabe f geeignete Garantien bieten. [2]Diese Verantwortlichen oder Auftragsverarbeiter gehen mittels vertraglicher oder sonstiger rechtlich bindender Instrumente die verbindliche und durchsetzbare Verpflichtung ein, diese geeigneten Garantien anzuwenden, auch im Hinblick auf die Rechte der betroffenen Personen.

(3) Die Zertifizierung muss freiwillig und über ein transparentes Verfahren zugänglich sein.

(4) Eine Zertifizierung gemäß diesem Artikel mindert nicht die Verantwortung des Verantwortlichen oder des Auftragsverarbeiters für die Einhaltung dieser Verordnung und berührt nicht die Aufgaben und Befugnisse der Aufsichtsbehörden, die gemäß Artikel 55 oder 56 zuständig sind.

(5) [1]Eine Zertifizierung nach diesem Artikel wird durch die Zertifizierungsstellen nach Artikel 43 oder durch die zuständige Aufsichtsbehörde anhand der von dieser zuständigen Aufsichtsbehörde gemäß Artikel 58 Absatz 3 oder – gemäß Artikel 63 – durch den Ausschuss genehmigten Kriterien erteilt. [2]Werden die Kriterien vom Ausschuss genehmigt, kann dies zu einer gemeinsamen Zertifizierung, dem Europäischen Datenschutzsiegel, führen.

(6) Der Verantwortliche oder der Auftragsverarbeiter, der die von ihm durchgeführte Verarbeitung dem Zertifizierungsverfahren unterwirft, stellt der Zertifizierungsstelle nach Artikel 43 oder gegebenenfalls der zuständigen Aufsichtsbehörde alle für die Durchführung des Zertifizierungsverfahrens erforderlichen Informationen zur Verfügung und gewährt ihr den in diesem Zusammenhang erforderlichen Zugang zu seinen Verarbeitungstätigkeiten.

(7) [1]Die Zertifizierung wird einem Verantwortlichen oder einem Auftragsverarbeiter für eine Höchstdauer von drei Jahren erteilt und kann unter denselben Bedingungen verlängert werden, sofern die einschlägigen Kriterien weiterhin erfüllt werden. [2]Die Zertifizierung wird gegebenenfalls durch die Zertifizierungsstellen nach Artikel 43 oder durch die zuständige Aufsichtsbehörde widerrufen, wenn die Kriterien für die Zertifizierung nicht oder nicht mehr erfüllt werden.

(8) Der Ausschuss nimmt alle Zertifizierungsverfahren und Datenschutzsiegel und -prüfzeichen in ein Register auf und veröffentlicht sie in geeigneter Weise.

Art. 43 Zertifizierungsstellen

(1) [1]Unbeschadet der Aufgaben und Befugnisse der zuständigen Aufsichtsbehörde gemäß den Artikeln 57 und 58 erteilen oder verlängern Zertifizierungsstellen, die über das geeignete Fachwissen hinsichtlich des Datenschutzes verfügen, nach Unterrichtung der Aufsichtsbehörde – damit diese erforderlichenfalls von ihren Befugnissen gemäß Artikel 58 Absatz 2 Buchstabe h Gebrauch machen kann – die Zertifizierung. [2]Die Mitgliedstaaten stellen sicher, dass diese Zertifizierungsstellen von einer oder beiden der folgenden Stellen akkreditiert werden:
a) der gemäß Artikel 55 oder 56 zuständigen Aufsichtsbehörde;
b) der nationalen Akkreditierungsstelle, die gemäß der Verordnung (EG) Nr. 765/2008 des Europäischen Parlaments und des Rates[20] im Einklang mit EN-ISO/IEC 17065/2012 und mit den zusätzlichen von der gemäß Artikel 55 oder 56 zuständigen Aufsichtsbehörde festgelegten Anforderungen benannt wurde.

(2) Zertifizierungsstellen nach Absatz 1 dürfen nur dann gemäß dem genannten Absatz akkreditiert werden, wenn sie
a) ihre Unabhängigkeit und ihr Fachwissen hinsichtlich des Gegenstands der Zertifizierung zur Zufriedenheit der zuständigen Aufsichtsbehörde nachgewiesen haben;
b) sich verpflichtet haben, die Kriterien nach Artikel 42 Absatz 5, die von der gemäß Artikel 55 oder 56 zuständigen Aufsichtsbehörde oder – gemäß Artikel 63 – von dem Ausschuss genehmigt wurden, einzuhalten;

---

[20] **Amtl. Anm.:** Verordnung (EG) Nr. 765/2008 des Europäischen Parlaments und des Rates vom 9. Juli 2008 über die Vorschriften für die Akkreditierung und Marktüberwachung im Zusammenhang mit der Vermarktung von Produkten und zur Aufhebung der Verordnung (EWG) Nr. 339/93 des Rates (ABl. L 218 vom 13.8.2008, S. 30).

c) Verfahren für die Erteilung, die regelmäßige Überprüfung und den Widerruf der Datenschutzzertifizierung sowie der Datenschutzsiegel und -prüfzeichen festgelegt haben;
d) Verfahren und Strukturen festgelegt haben, mit denen sie Beschwerden über Verletzungen der Zertifizierung oder die Art und Weise, in der die Zertifizierung von dem Verantwortlichen oder dem Auftragsverarbeiter umgesetzt wird oder wurde, nachgehen und diese Verfahren und Strukturen für betroffene Personen und die Öffentlichkeit transparent machen, und
e) zur Zufriedenheit der zuständigen Aufsichtsbehörde nachgewiesen haben, dass ihre Aufgaben und Pflichten nicht zu einem Interessenkonflikt führen.

(3) [1]Die Akkreditierung von Zertifizierungsstellen nach den Absätzen 1 und 2 erfolgt anhand der Anforderungen, die von der gemäß Artikel 55 oder 56 zuständigen Aufsichtsbehörde oder – gemäß Artikel 63 – von dem Ausschuss genehmigt wurden. [2]Im Fall einer Akkreditierung nach Absatz 1 Buchstabe b des vorliegenden Artikels ergänzen diese Anforderungen diejenigen, die in der Verordnung (EG) Nr. 765/2008 und in den technischen Vorschriften, in denen die Methoden und Verfahren der Zertifizierungsstellen beschrieben werden, vorgesehen sind.

(4) [1]Die Zertifizierungsstellen nach Absatz 1 sind unbeschadet der Verantwortung, die der Verantwortliche oder der Auftragsverarbeiter für die Einhaltung dieser Verordnung hat, für die angemessene Bewertung, die der Zertifizierung oder dem Widerruf einer Zertifizierung zugrunde liegt, verantwortlich. [2]Die Akkreditierung wird für eine Höchstdauer von fünf Jahren erteilt und kann unter denselben Bedingungen verlängert werden, sofern die Zertifizierungsstelle die Anforderungen dieses Artikels erfüllt.

(5) Die Zertifizierungsstellen nach Absatz 1 teilen den zuständigen Aufsichtsbehörden die Gründe für die Erteilung oder den Widerruf der beantragten Zertifizierung mit.

(6) [1]Die Anforderungen nach Absatz 3 des vorliegenden Artikels und die Kriterien nach Artikel 42 Absatz 5 werden von der Aufsichtsbehörde in leicht zugänglicher Form veröffentlicht. [2]Die Aufsichtsbehörden übermitteln diese Anforderungen und Kriterien auch dem Ausschuss.

(7) Unbeschadet des Kapitels VIII widerruft die zuständige Aufsichtsbehörde oder die nationale Akkreditierungsstelle die Akkreditierung einer Zertifizierungsstelle nach Absatz 1, wenn die Voraussetzungen für die Akkreditierung nicht oder nicht mehr erfüllt sind oder wenn eine Zertifizierungsstelle Maßnahmen ergreift, die nicht mit dieser Verordnung vereinbar sind.

(8) Der Kommission wird die Befugnis übertragen, gemäß Artikel 92 delegierte Rechtsakte zu erlassen, um die Anforderungen festzulegen, die für die in Artikel 42 Absatz 1 genannten datenschutzspezifischen Zertifizierungsverfahren zu berücksichtigen sind.

(9) [1]Die Kommission kann Durchführungsrechtsakte erlassen, mit denen technische Standards für Zertifizierungsverfahren und Datenschutzsiegel und -prüfzeichen sowie Mechanismen zur Förderung und Anerkennung dieser Zertifizierungsverfahren und Datenschutzsiegel und -prüfzeichen festgelegt werden. [2]Diese Durchführungsrechtsakte werden gemäß dem in Artikel 93 Absatz 2 genannten Prüfverfahren erlassen.

Kapitel V. Übermittlungen personenbezogener Daten an Drittländer oder an internationale Organisationen

Art. 44 Allgemeine Grundsätze der Datenübermittlung

[1]Jedwede Übermittlung personenbezogener Daten, die bereits verarbeitet werden oder nach ihrer Übermittlung an ein Drittland oder eine internationale Organisation verarbeitet werden sollen, ist nur zulässig, wenn der Verantwortliche und der Auftragsverarbeiter die in diesem Kapitel niedergelegten Bedingungen einhalten und auch die sonstigen Bestimmungen dieser Verordnung eingehalten werden; dies gilt auch für die etwaige Weiterübermittlung personenbezogener Daten aus dem betreffenden Drittland oder der betreffenden internationalen Organisation an ein anderes Drittland oder eine andere internationale Organisation. [2]Alle Bestimmungen dieses Kapitels sind anzuwenden, um sicherzustellen, dass das durch diese Verordnung gewährleistete Schutzniveau für natürliche Personen nicht untergraben wird.

Art. 45 Datenübermittlung auf der Grundlage eines Angemessenheitsbeschlusses

(1) [1]Eine Übermittlung personenbezogener Daten an ein Drittland oder eine internationale Organisation darf vorgenommen werden, wenn die Kommission beschlossen hat, dass das betreffende Drittland, ein Gebiet oder ein oder mehrere spezifische Sektoren in diesem Drittland oder die betreffende internationale Organisation ein angemessenes Schutzniveau bietet. [2]Eine solche Datenübermittlung bedarf keiner besonderen Genehmigung.

(2) Bei der Prüfung der Angemessenheit des gebotenen Schutzniveaus berücksichtigt die Kommission insbesondere das Folgende:

a) die Rechtsstaatlichkeit, die Achtung der Menschenrechte und Grundfreiheiten, die in dem betreffenden Land bzw. bei der betreffenden internationalen Organisation geltenden einschlägigen Rechtsvorschriften sowohl allgemeiner als auch sektoraler Art – auch in Bezug auf öffentliche Sicherheit, Verteidigung, nationale Sicherheit und Strafrecht sowie Zugang der Behörden zu personenbezogenen Daten – sowie die Anwendung dieser Rechtsvorschriften, Datenschutzvorschriften, Berufsregeln und Sicherheitsvorschriften einschließlich der Vorschriften für die Weiterübermittlung personenbezogener Daten an ein anderes Drittland bzw. eine andere internationale Organisation, die Rechtsprechung sowie wirksame und durchsetzbare Rechte der betroffenen Person und wirksame verwaltungsrechtliche und gerichtliche Rechtsbehelfe für betroffene Personen, deren personenbezogene Daten übermittelt werden,

b) die Existenz und die wirksame Funktionsweise einer oder mehrerer unabhängiger Aufsichtsbehörden in dem betreffenden Drittland oder denen eine internationale Organisation untersteht und die für die Einhaltung und Durchsetzung der Datenschutzvorschriften, einschließlich angemessener Durchsetzungsbefugnisse, für die Unterstützung und Beratung der betroffenen Personen bei der Ausübung ihrer Rechte und für die Zusammenarbeit mit den Aufsichtsbehörden der Mitgliedstaaten zuständig sind, und

c) die von dem betreffenden Drittland bzw. der betreffenden internationalen Organisation eingegangenen internationalen Verpflichtungen oder andere Verpflichtungen, die sich aus rechtsverbindlichen Übereinkünften oder Instrumenten sowie aus der Teilnahme des Drittlands oder der internationalen Organisation an multilateralen oder regionalen Systemen insbesondere in Bezug auf den Schutz personenbezogener Daten ergeben.

(3) [1]Nach der Beurteilung der Angemessenheit des Schutzniveaus kann die Kommission im Wege eines Durchführungsrechtsaktes beschließen, dass ein Drittland, ein Gebiet oder ein oder mehrere spezifische Sektoren in einem Drittland oder eine internationale Organisation ein angemessenes Schutzniveau im Sinne des Absatzes 2 des vorliegenden Artikels bieten. [2]In dem Durchführungsrechtsakt ist ein Mechanismus für eine regelmäßige Überprüfung, die mindestens alle vier Jahre erfolgt, vorzusehen, bei der allen maßgeblichen Entwicklungen in dem Drittland oder bei der internationalen Organisation Rechnung getragen wird. [3]Im Durchführungsrechtsakt werden der territoriale und der sektorale Anwendungsbereich sowie gegebenenfalls die in Absatz 2 Buchstabe b des vorliegenden Artikels genannte Aufsichtsbehörde bzw. genannten Aufsichtsbehörden angegeben. [4]Der Durchführungsrechtsakt wird gemäß dem in Artikel 93 Absatz 2 genannten Prüfverfahren erlassen.

(4) Die Kommission überwacht fortlaufend die Entwicklungen in Drittländern und bei internationalen Organisationen, die die Wirkungsweise der nach Absatz 3 des vorliegenden Artikels erlassenen Beschlüsse und der nach Artikel 25 Absatz 6 der Richtlinie 95/46/EG erlassenen Feststellungen beeinträchtigen könnten.

(5) [1]Die Kommission widerruft, ändert oder setzt die in Absatz 3 des vorliegenden Artikels genannten Beschlüsse im Wege von Durchführungsrechtsakten aus, soweit dies nötig ist und ohne rückwirkende Kraft, soweit entsprechende Informationen – insbesondere im Anschluss an die in Absatz 3 des vorliegenden Artikels genannte Überprüfung – dahingehend vorliegen, dass ein Drittland, ein Gebiet oder ein oder mehrere spezifischer Sektor in einem Drittland oder eine internationale Organisation kein angemessenes Schutzniveau im Sinne des Absatzes 2 des vorliegenden Artikels mehr gewährleistet. [2]Diese Durchführungsrechtsakte werden gemäß dem Prüfverfahren nach Artikel 93 Absatz 2 erlassen.

In hinreichend begründeten Fällen äußerster Dringlichkeit erlässt die Kommission gemäß dem in Artikel 93 Absatz 3 genannten Verfahren sofort geltende Durchführungsrechtsakte.

(6) Die Kommission nimmt Beratungen mit dem betreffenden Drittland bzw. der betreffenden internationalen Organisation auf, um Abhilfe für die Situation zu schaffen, die zu dem gemäß Absatz 5 erlassenen Beschluss geführt hat.

(7) Übermittlungen personenbezogener Daten an das betreffende Drittland, das Gebiet oder einen oder mehrere spezifische Sektoren in diesem Drittland oder an die betreffende internationale Organisation gemäß den Artikeln 46 bis 49 werden durch einen Beschluss nach Absatz 5 des vorliegenden Artikels nicht berührt.

(8) Die Kommission veröffentlicht im *Amtsblatt der Europäischen Union* und auf ihrer Website eine Liste aller Drittländer beziehungsweise Gebiete und spezifischen Sektoren in einem Drittland und aller internationalen Organisationen, für die sie durch Beschluss festgestellt hat, dass sie ein angemessenes Schutzniveau gewährleisten bzw. nicht mehr gewährleisten.

(9) Von der Kommission auf der Grundlage von Artikel 25 Absatz 6 der Richtlinie 95/46/EG erlassene Feststellungen bleiben so lange in Kraft, bis sie durch einen nach dem Prüfverfahren gemäß den Absätzen 3 oder 5 des vorliegenden Artikels erlassenen Beschluss der Kommission geändert, ersetzt oder aufgehoben werden.

Art. 46 Datenübermittlung vorbehaltlich geeigneter Garantien

(1) Falls kein Beschluss nach Artikel 45 Absatz 3 vorliegt, darf ein Verantwortlicher oder ein Auftragsverarbeiter personenbezogene Daten an ein Drittland oder eine internationale Organisation nur übermitteln, sofern der Verantwortliche oder der Auftragsverarbeiter geeignete Garantien vorgesehen hat und sofern den betroffenen Personen durchsetzbare Rechte und wirksame Rechtsbehelfe zur Verfügung stehen.

(2) Die in Absatz 1 genannten geeigneten Garantien können, ohne dass hierzu eine besondere Genehmigung einer Aufsichtsbehörde erforderlich wäre, bestehen in

a) einem rechtlich bindenden und durchsetzbaren Dokument zwischen den Behörden oder öffentlichen Stellen,
b) verbindlichen internen Datenschutzvorschriften gemäß Artikel 47,
c) Standarddatenschutzklauseln, die von der Kommission gemäß dem Prüfverfahren nach Artikel 93 Absatz 2 erlassen werden,
d) von einer Aufsichtsbehörde angenommenen Standarddatenschutzklauseln, die von der Kommission gemäß dem Prüfverfahren nach Artikel 93 Absatz 2 genehmigt wurden,
e) genehmigten Verhaltensregeln gemäß Artikel 40 zusammen mit rechtsverbindlichen und durchsetzbaren Verpflichtungen des Verantwortlichen oder des Auftragsverarbeiters in dem Drittland zur Anwendung der geeigneten Garantien, einschließlich in Bezug auf die Rechte der betroffenen Personen, oder
f) einem genehmigten Zertifizierungsmechanismus gemäß Artikel 42 zusammen mit rechtsverbindlichen und durchsetzbaren Verpflichtungen des Verantwortlichen oder des Auftragsverarbeiters in dem Drittland zur Anwendung der geeigneten Garantien, einschließlich in Bezug auf die Rechte der betroffenen Personen.

(3) Vorbehaltlich der Genehmigung durch die zuständige Aufsichtsbehörde können die geeigneten Garantien gemäß Absatz 1 auch insbesondere bestehen in

a) Vertragsklauseln, die zwischen dem Verantwortlichen oder dem Auftragsverarbeiter und dem Verantwortlichen, dem Auftragsverarbeiter oder dem Empfänger der personenbezogenen Daten im Drittland oder der internationalen Organisation vereinbart wurden, oder
b) Bestimmungen, die in Verwaltungsvereinbarungen zwischen Behörden oder öffentlichen Stellen aufzunehmen sind und durchsetzbare und wirksame Rechte für die betroffenen Personen einschließen.

(4) Die Aufsichtsbehörde wendet das Kohärenzverfahren nach Artikel 63 an, wenn ein Fall gemäß Absatz 3 des vorliegenden Artikels vorliegt.

(5) [1]Von einem Mitgliedstaat oder einer Aufsichtsbehörde auf der Grundlage von Artikel 26 Absatz 2 der Richtlinie 95/46/EG erteilte Genehmigungen bleiben so lange gültig, bis sie erforderlichenfalls von dieser Aufsichtsbehörde geändert, ersetzt oder aufgehoben werden. [2]Von der Kommission auf der Grundlage

von Artikel 26 Absatz 4 der Richtlinie 95/46/EG erlassene Feststellungen bleiben so lange in Kraft, bis sie erforderlichenfalls mit einem nach Absatz 2 des vorliegenden Artikels erlassenen Beschluss der Kommission geändert, ersetzt oder aufgehoben werden.

Art. 47 Verbindliche interne Datenschutzvorschriften

(1) Die zuständige Aufsichtsbehörde genehmigt gemäß dem Kohärenzverfahren nach Artikel 63 verbindliche interne Datenschutzvorschriften, sofern diese
a) rechtlich bindend sind, für alle betreffenden Mitglieder der Unternehmensgruppe oder einer Gruppe von Unternehmen, die eine gemeinsame Wirtschaftstätigkeit ausüben, gelten und von diesen Mitgliedern durchgesetzt werden, und dies auch für ihre Beschäftigten gilt,
b) den betroffenen Personen ausdrücklich durchsetzbare Rechte in Bezug auf die Verarbeitung ihrer personenbezogenen Daten übertragen und
c) die in Absatz 2 festgelegten Anforderungen erfüllen.

(2) Die verbindlichen internen Datenschutzvorschriften nach Absatz 1 enthalten mindestens folgende Angaben:
a) Struktur und Kontaktdaten der Unternehmensgruppe oder Gruppe von Unternehmen, die eine gemeinsame Wirtschaftstätigkeit ausüben, und jedes ihrer Mitglieder;
b) die betreffenden Datenübermittlungen oder Reihen von Datenübermittlungen einschließlich der betreffenden Arten personenbezogener Daten, Art und Zweck der Datenverarbeitung, Art der betroffenen Personen und das betreffende Drittland beziehungsweise die betreffenden Drittländer;
c) interne und externe Rechtsverbindlichkeit der betreffenden internen Datenschutzvorschriften;
d) die Anwendung der allgemeinen Datenschutzgrundsätze, insbesondere Zweckbindung, Datenminimierung, begrenzte Speicherfristen, Datenqualität, Datenschutz durch Technikgestaltung und durch datenschutzfreundliche Voreinstellungen, Rechtsgrundlage für die Verarbeitung, Verarbeitung besonderer Kategorien von personenbezogenen Daten, Maßnahmen zur Sicherstellung der Datensicherheit und Anforderungen für die Weiterübermittlung an nicht an diese internen Datenschutzvorschriften gebundene Stellen;
e) die Rechte der betroffenen Personen in Bezug auf die Verarbeitung und die diesen offenstehenden Mittel zur Wahrnehmung dieser Rechte einschließlich des Rechts, nicht einer ausschließlich auf einer automatisierten Verarbeitung – einschließlich Profiling – beruhenden Entscheidung nach Artikel 22 unterworfen zu werden sowie des in Artikel 79 niedergelegten Rechts auf Beschwerde bei der zuständigen Aufsichtsbehörde beziehungsweise auf Einlegung eines Rechtsbehelfs bei den zuständigen Gerichten der Mitgliedstaaten und im Falle einer Verletzung der verbindlichen internen Datenschutzvorschriften Wiedergutmachung und gegebenenfalls Schadenersatz zu erhalten;
f) die von dem in einem Mitgliedstaat niedergelassenen Verantwortlichen oder Auftragsverarbeiter übernommene Haftung für etwaige Verstöße eines nicht in der Union niedergelassenen betreffenden Mitglieds der Unternehmensgruppe gegen die verbindlichen internen Datenschutzvorschriften; der Verantwortliche oder der Auftragsverarbeiter ist nur dann teilweise oder vollständig von dieser Haftung befreit, wenn er nachweist, dass der Umstand, durch den der

Schaden eingetreten ist, dem betreffenden Mitglied nicht zur Last gelegt werden kann;

g) die Art und Weise, wie die betroffenen Personen über die Bestimmungen der Artikel 13 und 14 hinaus über die verbindlichen internen Datenschutzvorschriften und insbesondere über die unter den Buchstaben d, e und f dieses Absatzes genannten Aspekte informiert werden;

h) die Aufgaben jedes gemäß Artikel 37 benannten Datenschutzbeauftragten oder jeder anderen Person oder Einrichtung, die mit der Überwachung der Einhaltung der verbindlichen internen Datenschutzvorschriften in der Unternehmensgruppe oder Gruppe von Unternehmen, die eine gemeinsame Wirtschaftstätigkeit ausüben, sowie mit der Überwachung der Schulungsmaßnahmen und dem Umgang mit Beschwerden befasst ist;

i) die Beschwerdeverfahren;

j) die innerhalb der Unternehmensgruppe oder Gruppe von Unternehmen, die eine gemeinsame Wirtschaftstätigkeit ausüben, bestehenden Verfahren zur Überprüfung der Einhaltung der verbindlichen internen Datenschutzvorschriften. Derartige Verfahren beinhalten Datenschutzüberprüfungen und Verfahren zur Gewährleistung von Abhilfemaßnahmen zum Schutz der Rechte der betroffenen Person. Die Ergebnisse derartiger Überprüfungen sollten der in Buchstabe h genannten Person oder Einrichtung sowie dem Verwaltungsrat des herrschenden Unternehmens einer Unternehmensgruppe oder der Gruppe von Unternehmen, die eine gemeinsame Wirtschaftstätigkeit ausüben, mitgeteilt werden und sollten der zuständigen Aufsichtsbehörde auf Anfrage zur Verfügung gestellt werden;

k) die Verfahren für die Meldung und Erfassung von Änderungen der Vorschriften und ihre Meldung an die Aufsichtsbehörde;

l) die Verfahren für die Zusammenarbeit mit der Aufsichtsbehörde, die die Befolgung der Vorschriften durch sämtliche Mitglieder der Unternehmensgruppe oder Gruppe von Unternehmen, die eine gemeinsame Wirtschaftstätigkeit ausüben, gewährleisten, insbesondere durch Offenlegung der Ergebnisse von Überprüfungen der unter Buchstabe j genannten Maßnahmen gegenüber der Aufsichtsbehörde;

m) die Meldeverfahren zur Unterrichtung der zuständigen Aufsichtsbehörde über jegliche für ein Mitglied der Unternehmensgruppe oder Gruppe von Unternehmen, die eine gemeinsame Wirtschaftstätigkeit ausüben, in einem Drittland geltenden rechtlichen Bestimmungen, die sich nachteilig auf die Garantien auswirken könnten, die die verbindlichen internen Datenschutzvorschriften bieten, und

n) geeignete Datenschutzschulungen für Personal mit ständigem oder regelmäßigem Zugang zu personenbezogenen Daten.

(3) [1]Die Kommission kann das Format und die Verfahren für den Informationsaustausch über verbindliche interne Datenschutzvorschriften im Sinne des vorliegenden Artikels zwischen Verantwortlichen, Auftragsverarbeitern und Aufsichtsbehörden festlegen. [2]Diese Durchführungsrechtsakte werden gemäß dem Prüfverfahren nach Artikel 93 Absatz 2 erlassen.

Art. 48 Nach dem Unionsrecht nicht zulässige Übermittlung oder Offenlegung

Jegliches Urteil eines Gerichts eines Drittlands und jegliche Entscheidung einer Verwaltungsbehörde eines Drittlands, mit denen von einem Verantwortlichen oder einem Auftragsverarbeiter die Übermittlung oder Offenlegung personenbezogener Daten verlangt wird, dürfen unbeschadet anderer Gründe für die Übermittlung gemäß diesem Kapitel jedenfalls nur dann anerkannt oder vollstreckbar werden, wenn sie auf eine in Kraft befindliche internationale Übereinkunft wie etwa ein Rechtshilfeabkommen zwischen dem ersuchenden Drittland und der Union oder einem Mitgliedstaat gestützt sind.

Art. 49 Ausnahmen für bestimmte Fälle

(1) [1]Falls weder ein Angemessenheitsbeschluss nach Artikel 45 Absatz 3 vorliegt noch geeignete Garantien nach Artikel 46, einschließlich verbindlicher interner Datenschutzvorschriften, bestehen, ist eine Übermittlung oder eine Reihe von Übermittlungen personenbezogener Daten an ein Drittland oder an eine internationale Organisation nur unter einer der folgenden Bedingungen zulässig:

a) die betroffene Person hat in die vorgeschlagene Datenübermittlung ausdrücklich eingewilligt, nachdem sie über die für sie bestehenden möglichen Risiken derartiger Datenübermittlungen ohne Vorliegen eines Angemessenheitsbeschlusses und ohne geeignete Garantien unterrichtet wurde,
b) die Übermittlung ist für die Erfüllung eines Vertrags zwischen der betroffenen Person und dem Verantwortlichen oder zur Durchführung von vorvertraglichen Maßnahmen auf Antrag der betroffenen Person erforderlich,
c) die Übermittlung ist zum Abschluss oder zur Erfüllung eines im Interesse der betroffenen Person von dem Verantwortlichen mit einer anderen natürlichen oder juristischen Person geschlossenen Vertrags erforderlich,
d) die Übermittlung ist aus wichtigen Gründen des öffentlichen Interesses notwendig,
e) die Übermittlung ist zur Geltendmachung, Ausübung oder Verteidigung von Rechtsansprüchen erforderlich,
f) die Übermittlung ist zum Schutz lebenswichtiger Interessen der betroffenen Person oder anderer Personen erforderlich, sofern die betroffene Person aus physischen oder rechtlichen Gründen außerstande ist, ihre Einwilligung zu geben,
g) die Übermittlung erfolgt aus einem Register, das gemäß dem Recht der Union oder der Mitgliedstaaten zur Information der Öffentlichkeit bestimmt ist und entweder der gesamten Öffentlichkeit oder allen Personen, die ein berechtigtes Interesse nachweisen können, zur Einsichtnahme offensteht, aber nur soweit die im Recht der Union oder der Mitgliedstaaten festgelegten Voraussetzungen für die Einsichtnahme im Einzelfall gegeben sind.

[2]Falls die Übermittlung nicht auf eine Bestimmung der Artikel 45 oder 46 – einschließlich der verbindlichen internen Datenschutzvorschriften – gestützt werden könnte und keine der Ausnahmen für einen bestimmten Fall gemäß dem ersten Unterabsatz anwendbar ist, darf eine Übermittlung an ein Drittland oder eine internationale Organisation nur dann erfolgen, wenn die Übermittlung nicht wiederholt erfolgt, nur eine begrenzte Zahl von betroffenen Personen betrifft, für die Wahrung der zwingenden berechtigten Interessen des Verantwortlichen erforderlich ist, sofern die Interessen oder die Rechte und Freiheiten der betroffenen Person nicht überwiegen, und der Verantwortliche alle Umstände der Datenübermittlung beurteilt und auf der Grundlage dieser Beurteilung geeignete Garantien in Bezug auf den Schutz personenbezogener

Daten vorgesehen hat. [3]Der Verantwortliche setzt die Aufsichtsbehörde von der Übermittlung in Kenntnis. [4]Der Verantwortliche unterrichtet die betroffene Person über die Übermittlung und seine zwingenden berechtigten Interessen; dies erfolgt zusätzlich zu den der betroffenen Person nach den Artikeln 13 und 14 mitgeteilten Informationen.

(2) [1]Datenübermittlungen gemäß Absatz 1 Unterabsatz 1 Buchstabe g dürfen nicht die Gesamtheit oder ganze Kategorien der im Register enthaltenen personenbezogenen Daten umfassen. [2]Wenn das Register der Einsichtnahme durch Personen mit berechtigtem Interesse dient, darf die Übermittlung nur auf Anfrage dieser Personen oder nur dann erfolgen, wenn diese Personen die Adressaten der Übermittlung sind.

(3) Absatz 1 Unterabsatz 1 Buchstaben a, b und c und sowie Absatz 1 Unterabsatz 2 gelten nicht für Tätigkeiten, die Behörden in Ausübung ihrer hoheitlichen Befugnisse durchführen.

(4) Das öffentliche Interesse im Sinne des Absatzes 1 Unterabsatz 1 Buchstabe d muss im Unionsrecht oder im Recht des Mitgliedstaats, dem der Verantwortliche unterliegt, anerkannt sein.

(5) [1]Liegt kein Angemessenheitsbeschluss vor, so können im Unionsrecht oder im Recht der Mitgliedstaaten aus wichtigen Gründen des öffentlichen Interesses ausdrücklich Beschränkungen der Übermittlung bestimmter Kategorien von personenbezogenen Daten an Drittländer oder internationale Organisationen vorgesehen werden. [2]Die Mitgliedstaaten teilen der Kommission derartige Bestimmungen mit.

(6) Der Verantwortliche oder der Auftragsverarbeiter erfasst die von ihm vorgenommene Beurteilung sowie die angemessenen Garantien im Sinne des Absatzes 1 Unterabsatz 2 des vorliegenden Artikels in der Dokumentation gemäß Artikel 30.

Art. 50 Internationale Zusammenarbeit zum Schutz personenbezogener Daten

In Bezug auf Drittländer und internationale Organisationen treffen die Kommission und die Aufsichtsbehörden geeignete Maßnahmen zur

a) Entwicklung von Mechanismen der internationalen Zusammenarbeit, durch die die wirksame Durchsetzung von Rechtsvorschriften zum Schutz personenbezogener Daten erleichtert wird,
b) gegenseitigen Leistung internationaler Amtshilfe bei der Durchsetzung von Rechtsvorschriften zum Schutz personenbezogener Daten, unter anderem durch Meldungen, Beschwerdeverweisungen, Amtshilfe bei Untersuchungen und Informationsaustausch, sofern geeignete Garantien für den Schutz personenbezogener Daten und anderer Grundrechte und Grundfreiheiten bestehen,
c) Einbindung maßgeblicher Interessenträger in Diskussionen und Tätigkeiten, die zum Ausbau der internationalen Zusammenarbeit bei der Durchsetzung von Rechtsvorschriften zum Schutz personenbezogener Daten dienen,
d) Förderung des Austauschs und der Dokumentation von Rechtsvorschriften und Praktiken zum Schutz personenbezogener Daten einschließlich Zuständigkeitskonflikten mit Drittländern.

Kapitel VI. Unabhängige Aufsichtsbehörden

Abschnitt 1. Unabhängigkeit

Art. 51 Aufsichtsbehörde

(1) Jeder Mitgliedstaat sieht vor, dass eine oder mehrere unabhängige Behörden für die Überwachung der Anwendung dieser Verordnung zuständig sind, damit die Grundrechte und Grundfreiheiten natürlicher Personen bei der Verarbeitung geschützt werden und der freie Verkehr personenbezogener Daten in der Union erleichtert wird (im Folgenden „Aufsichtsbehörde").

(2) [1]Jede Aufsichtsbehörde leistet einen Beitrag zur einheitlichen Anwendung dieser Verordnung in der gesamten Union. [2]Zu diesem Zweck arbeiten die Aufsichtsbehörden untereinander sowie mit der Kommission gemäß Kapitel VII zusammen.

(3) Gibt es in einem Mitgliedstaat mehr als eine Aufsichtsbehörde, so bestimmt dieser Mitgliedstaat die Aufsichtsbehörde, die diese Behörden im Ausschuss vertritt, und führt ein Verfahren ein, mit dem sichergestellt wird, dass die anderen Behörden die Regeln für das Kohärenzverfahren nach Artikel 63 einhalten.

(4) Jeder Mitgliedstaat teilt der Kommission bis spätestens 25. Mai 2018 die Rechtsvorschriften, die er aufgrund dieses Kapitels erlässt, sowie unverzüglich alle folgenden Änderungen dieser Vorschriften mit.

Art. 52 Unabhängigkeit

(1) Jede Aufsichtsbehörde handelt bei der Erfüllung ihrer Aufgaben und bei der Ausübung ihrer Befugnisse gemäß dieser Verordnung völlig unabhängig.

(2) Das Mitglied oder die Mitglieder jeder Aufsichtsbehörde unterliegen bei der Erfüllung ihrer Aufgaben und der Ausübung ihrer Befugnisse gemäß dieser Verordnung weder direkter noch indirekter Beeinflussung von außen und ersuchen weder um Weisung noch nehmen sie Weisungen entgegen.

(3) Das Mitglied oder die Mitglieder der Aufsichtsbehörde sehen von allen mit den Aufgaben ihres Amtes nicht zu vereinbarenden Handlungen ab und üben während ihrer Amtszeit keine andere mit ihrem Amt nicht zu vereinbarende entgeltliche oder unentgeltliche Tätigkeit aus.

(4) Jeder Mitgliedstaat stellt sicher, dass jede Aufsichtsbehörde mit den personellen, technischen und finanziellen Ressourcen, Räumlichkeiten und Infrastrukturen ausgestattet wird, die sie benötigt, um ihre Aufgaben und Befugnisse auch im Rahmen der Amtshilfe, Zusammenarbeit und Mitwirkung im Ausschuss effektiv wahrnehmen zu können.

(5) Jeder Mitgliedstaat stellt sicher, dass jede Aufsichtsbehörde ihr eigenes Personal auswählt und hat, das ausschließlich der Leitung des Mitglieds oder der Mitglieder der betreffenden Aufsichtsbehörde untersteht.

(6) Jeder Mitgliedstaat stellt sicher, dass jede Aufsichtsbehörde einer Finanzkontrolle unterliegt, die ihre Unabhängigkeit nicht beeinträchtigt und dass sie über

eigene, öffentliche, jährliche Haushaltspläne verfügt, die Teil des gesamten Staatshaushalts oder nationalen Haushalts sein können.

Art. 53 Allgemeine Bedingungen für die Mitglieder der Aufsichtsbehörde

(1) Die Mitgliedstaaten sehen vor, dass jedes Mitglied ihrer Aufsichtsbehörden im Wege eines transparenten Verfahrens ernannt wird, und zwar
- vom Parlament,
- von der Regierung,
- vom Staatsoberhaupt oder
- von einer unabhängigen Stelle, die nach dem Recht des Mitgliedstaats mit der Ernennung betraut wird.

(2) Jedes Mitglied muss über die für die Erfüllung seiner Aufgaben und Ausübung seiner Befugnisse erforderliche Qualifikation, Erfahrung und Sachkunde insbesondere im Bereich des Schutzes personenbezogener Daten verfügen.

(3) Das Amt eines Mitglieds endet mit Ablauf der Amtszeit, mit seinem Rücktritt oder verpflichtender Versetzung in den Ruhestand gemäß dem Recht des betroffenen Mitgliedstaats.

(4) Ein Mitglied wird seines Amtes nur enthoben, wenn es eine schwere Verfehlung begangen hat oder die Voraussetzungen für die Wahrnehmung seiner Aufgaben nicht mehr erfüllt.

Art. 54 Errichtung der Aufsichtsbehörde

(1) Jeder Mitgliedstaat sieht durch Rechtsvorschriften Folgendes vor:
a) die Errichtung jeder Aufsichtsbehörde;
b) die erforderlichen Qualifikationen und sonstigen Voraussetzungen für die Ernennung zum Mitglied jeder Aufsichtsbehörde;
c) die Vorschriften und Verfahren für die Ernennung des Mitglieds oder der Mitglieder jeder Aufsichtsbehörde;
d) die Amtszeit des Mitglieds oder der Mitglieder jeder Aufsichtsbehörde von mindestens vier Jahren; dies gilt nicht für die erste Amtszeit nach 24. Mai 2016, die für einen Teil der Mitglieder kürzer sein kann, wenn eine zeitlich versetzte Ernennung zur Wahrung der Unabhängigkeit der Aufsichtsbehörde notwendig ist;
e) die Frage, ob und – wenn ja – wie oft das Mitglied oder die Mitglieder jeder Aufsichtsbehörde wiederernannt werden können;
f) die Bedingungen im Hinblick auf die Pflichten des Mitglieds oder der Mitglieder und der Bediensteten jeder Aufsichtsbehörde, die Verbote von Handlungen, beruflichen Tätigkeiten und Vergütungen während und nach der Amtszeit, die mit diesen Pflichten unvereinbar sind, und die Regeln für die Beendigung des Beschäftigungsverhältnisses.

(2) [1]Das Mitglied oder die Mitglieder und die Bediensteten jeder Aufsichtsbehörde sind gemäß dem Unionsrecht oder dem Recht der Mitgliedstaaten sowohl während ihrer Amts- beziehungsweise Dienstzeit als auch nach deren Beendigung verpflichtet, über alle vertraulichen Informationen, die ihnen bei der Wahrnehmung ihrer Aufgaben oder der Ausübung ihrer Befugnisse bekannt geworden

sind, Verschwiegenheit zu wahren. [2]Während dieser Amts- beziehungsweise Dienstzeit gilt diese Verschwiegenheitspflicht insbesondere für die von natürlichen Personen gemeldeten Verstößen gegen diese Verordnung.

Abschnitt 2. Zuständigkeit, Aufgaben und Befugnisse

Art. 55 Zuständigkeit

(1) Jede Aufsichtsbehörde ist für die Erfüllung der Aufgaben und die Ausübung der Befugnisse, die ihr mit dieser Verordnung übertragen wurden, im Hoheitsgebiet ihres eigenen Mitgliedstaats zuständig.

(2) [1]Erfolgt die Verarbeitung durch Behörden oder private Stellen auf der Grundlage von Artikel 6 Absatz 1 Buchstabe c oder e, so ist die Aufsichtsbehörde des betroffenen Mitgliedstaats zuständig. [2]In diesem Fall findet Artikel 56 keine Anwendung.

(3) Die Aufsichtsbehörden sind nicht zuständig für die Aufsicht über die von Gerichten im Rahmen ihrer justiziellen Tätigkeit vorgenommenen Verarbeitungen.

Art. 56 Zuständigkeit der federführenden Aufsichtsbehörde

(1) Unbeschadet des Artikels 55 ist die Aufsichtsbehörde der Hauptniederlassung oder der einzigen Niederlassung des Verantwortlichen oder des Auftragsverarbeiters gemäß dem Verfahren nach Artikel 60 die zuständige federführende Aufsichtsbehörde für die von diesem Verantwortlichen oder diesem Auftragsverarbeiter durchgeführte grenzüberschreitende Verarbeitung.

(2) Abweichend von Absatz 1 ist jede Aufsichtsbehörde dafür zuständig, sich mit einer bei ihr eingereichten Beschwerde oder einem etwaigen Verstoß gegen diese Verordnung zu befassen, wenn der Gegenstand nur mit einer Niederlassung in ihrem Mitgliedstaat zusammenhängt oder betroffene Personen nur ihres Mitgliedstaats erheblich beeinträchtigt.

(3) [1]In den in Absatz 2 des vorliegenden Artikels genannten Fällen unterrichtet die Aufsichtsbehörde unverzüglich die federführende Aufsichtsbehörde über diese Angelegenheit. [2]Innerhalb einer Frist von drei Wochen nach der Unterrichtung entscheidet die federführende Aufsichtsbehörde, ob sie sich mit dem Fall gemäß dem Verfahren nach Artikel 60 befasst oder nicht, wobei sie berücksichtigt, ob der Verantwortliche oder der Auftragsverarbeiter in dem Mitgliedstaat, dessen Aufsichtsbehörde sie unterrichtet hat, eine Niederlassung hat oder nicht.

(4) [1]Entscheidet die federführende Aufsichtsbehörde, sich mit dem Fall zu befassen, so findet das Verfahren nach Artikel 60 Anwendung. [2]Die Aufsichtsbehörde, die die federführende Aufsichtsbehörde unterrichtet hat, kann dieser einen Beschlussentwurf vorlegen. [3]Die federführende Aufsichtsbehörde trägt diesem Entwurf bei der Ausarbeitung des Beschlussentwurfs nach Artikel 60 Absatz 3 weitestgehend Rechnung.

(5) Entscheidet die federführende Aufsichtsbehörde, sich mit dem Fall nicht selbst zu befassen, so befasst die Aufsichtsbehörde, die die federführende Aufsichtsbehörde unterrichtet hat, sich mit dem Fall gemäß den Artikeln 61 und 62.

(6) Die federführende Aufsichtsbehörde ist der einzige Ansprechpartner der Verantwortlichen oder der Auftragsverarbeiter für Fragen der von diesem Verantwortlichen oder diesem Auftragsverarbeiter durchgeführten grenzüberschreitenden Verarbeitung.

Art. 57 Aufgaben

(1) Unbeschadet anderer in dieser Verordnung dargelegter Aufgaben muss jede Aufsichtsbehörde in ihrem Hoheitsgebiet

a) die Anwendung dieser Verordnung überwachen und durchsetzen;
b) die Öffentlichkeit für die Risiken, Vorschriften, Garantien und Rechte im Zusammenhang mit der Verarbeitung sensibilisieren und sie darüber aufklären. Besondere Beachtung finden dabei spezifische Maßnahmen für Kinder;
c) im Einklang mit dem Recht des Mitgliedsstaats das nationale Parlament, die Regierung und andere Einrichtungen und Gremien über legislative und administrative Maßnahmen zum Schutz der Rechte und Freiheiten natürlicher Personen in Bezug auf die Verarbeitung beraten;
d) die Verantwortlichen und die Auftragsverarbeiter für die ihnen aus dieser Verordnung entstehenden Pflichten sensibilisieren;
e) auf Anfrage jeder betroffenen Person Informationen über die Ausübung ihrer Rechte aufgrund dieser Verordnung zur Verfügung stellen und gegebenenfalls zu diesem Zweck mit den Aufsichtsbehörden in anderen Mitgliedstaaten zusammenarbeiten;
f) sich mit Beschwerden einer betroffenen Person oder Beschwerden einer Stelle, einer Organisation oder eines Verbandes gemäß Artikel 80 befassen, den Gegenstand der Beschwerde in angemessenem Umfang untersuchen und den Beschwerdeführer innerhalb einer angemessenen Frist über den Fortgang und das Ergebnis der Untersuchung unterrichten, insbesondere, wenn eine weitere Untersuchung oder Koordinierung mit einer anderen Aufsichtsbehörde notwendig ist;
g) mit anderen Aufsichtsbehörden zusammenarbeiten, auch durch Informationsaustausch, und ihnen Amtshilfe leisten, um die einheitliche Anwendung und Durchsetzung dieser Verordnung zu gewährleisten;
h) Untersuchungen über die Anwendung dieser Verordnung durchführen, auch auf der Grundlage von Informationen einer anderen Aufsichtsbehörde oder einer anderen Behörde;
i) maßgebliche Entwicklungen verfolgen, soweit sie sich auf den Schutz personenbezogener Daten auswirken, insbesondere die Entwicklung der Informations- und Kommunikationstechnologie und der Geschäftspraktiken;
j) Standardvertragsklauseln im Sinne des Artikels 28 Absatz 8 und des Artikels 46 Absatz 2 Buchstabe d festlegen;
k) eine Liste der Verarbeitungsarten erstellen und führen, für die gemäß Artikel 35 Absatz 4 eine Datenschutz-Folgenabschätzung durchzuführen ist;
l) Beratung in Bezug auf die in Artikel 36 Absatz 2 genannten Verarbeitungsvorgänge leisten;
m) die Ausarbeitung von Verhaltensregeln gemäß Artikel 40 Absatz 1 fördern und zu diesen Verhaltensregeln, die ausreichende Garantien im Sinne des Artikels 40 Absatz 5 bieten müssen, Stellungnahmen abgeben und sie billigen;

n) die Einführung von Datenschutzzertifizierungsmechanismen und von Datenschutzsiegeln und -prüfzeichen nach Artikel 42 Absatz 1 anregen und Zertifizierungskriterien nach Artikel 42 Absatz 5 billigen;
o) gegebenenfalls die nach Artikel 42 Absatz 7 erteilten Zertifizierungen regelmäßig überprüfen;
p) die Anforderungen an die Akkreditierung einer Stelle für die Überwachung der Einhaltung der Verhaltensregeln gemäß Artikel 41 und einer Zertifizierungsstelle gemäß Artikel 43 abfassen und veröffentlichen;
q) die Akkreditierung einer Stelle für die Überwachung der Einhaltung der Verhaltensregeln gemäß Artikel 41 und einer Zertifizierungsstelle gemäß Artikel 43 vornehmen;
r) Vertragsklauseln und Bestimmungen im Sinne des Artikels 46 Absatz 3 genehmigen;
s) verbindliche interne Vorschriften gemäß Artikel 47 genehmigen;
t) Beiträge zur Tätigkeit des Ausschusses leisten;
u) interne Verzeichnisse über Verstöße gegen diese Verordnung und gemäß Artikel 58 Absatz 2 ergriffene Maßnahmen und
v) jede sonstige Aufgabe im Zusammenhang mit dem Schutz personenbezogener Daten erfüllen.

(2) Jede Aufsichtsbehörde erleichtert das Einreichen von in Absatz 1 Buchstabe f genannten Beschwerden durch Maßnahmen wie etwa die Bereitstellung eines Beschwerdeformulars, das auch elektronisch ausgefüllt werden kann, ohne dass andere Kommunikationsmittel ausgeschlossen werden.

(3) Die Erfüllung der Aufgaben jeder Aufsichtsbehörde ist für die betroffene Person und gegebenenfalls für den Datenschutzbeauftragten unentgeltlich.

(4) [1]Bei offenkundig unbegründeten oder – insbesondere im Fall von häufiger Wiederholung – exzessiven Anfragen kann die Aufsichtsbehörde eine angemessene Gebühr auf der Grundlage der Verwaltungskosten verlangen oder sich weigern, aufgrund der Anfrage tätig zu werden. [2]In diesem Fall trägt die Aufsichtsbehörde die Beweislast für den offenkundig unbegründeten oder exzessiven Charakter der Anfrage.

Art. 58 Befugnisse

(1) Jede Aufsichtsbehörde verfügt über sämtliche folgenden Untersuchungsbefugnisse, die es ihr gestatten,
a) den Verantwortlichen, den Auftragsverarbeiter und gegebenenfalls den Vertreter des Verantwortlichen oder des Auftragsverarbeiters anzuweisen, alle Informationen bereitzustellen, die für die Erfüllung ihrer Aufgaben erforderlich sind,
b) Untersuchungen in Form von Datenschutzüberprüfungen durchzuführen,
c) eine Überprüfung der nach Artikel 42 Absatz 7 erteilten Zertifizierungen durchzuführen,
d) den Verantwortlichen oder den Auftragsverarbeiter auf einen vermeintlichen Verstoß gegen diese Verordnung hinzuweisen,
e) von dem Verantwortlichen und dem Auftragsverarbeiter Zugang zu allen personenbezogenen Daten und Informationen, die zur Erfüllung ihrer Aufgaben notwendig sind, zu erhalten,

f) gemäß dem Verfahrensrecht der Union oder dem Verfahrensrecht des Mitgliedstaats Zugang zu den Räumlichkeiten, einschließlich aller Datenverarbeitungsanlagen und -geräte, des Verantwortlichen und des Auftragsverarbeiters zu erhalten.

(2) Jede Aufsichtsbehörde verfügt über sämtliche folgenden Abhilfebefugnisse, die es ihr gestatten,

a) einen Verantwortlichen oder einen Auftragsverarbeiter zu warnen, dass beabsichtigte Verarbeitungsvorgänge voraussichtlich gegen diese Verordnung verstoßen,
b) einen Verantwortlichen oder einen Auftragsverarbeiter zu verwarnen, wenn er mit Verarbeitungsvorgängen gegen diese Verordnung verstoßen hat,
c) den Verantwortlichen oder den Auftragsverarbeiter anzuweisen, den Anträgen der betroffenen Person auf Ausübung der ihr nach dieser Verordnung zustehenden Rechte zu entsprechen,
d) den Verantwortlichen oder den Auftragsverarbeiter anzuweisen, Verarbeitungsvorgänge gegebenenfalls auf bestimmte Weise und innerhalb eines bestimmten Zeitraums in Einklang mit dieser Verordnung zu bringen,
e) den Verantwortlichen anzuweisen, die von einer Verletzung des Schutzes personenbezogener Daten betroffene Person entsprechend zu benachrichtigen,
f) eine vorübergehende oder endgültige Beschränkung der Verarbeitung, einschließlich eines Verbots, zu verhängen,
g) die Berichtigung oder Löschung von personenbezogenen Daten oder die Einschränkung der Verarbeitung gemäß den Artikeln 16, 17 und 18 und die Unterrichtung der Empfänger, an die diese personenbezogenen Daten gemäß Artikel 17 Absatz 2 und Artikel 19 offengelegt wurden, über solche Maßnahmen anzuordnen,
h) eine Zertifizierung zu widerrufen oder die Zertifizierungsstelle anzuweisen, eine gemäß den Artikeln 42 und 43 erteilte Zertifizierung zu widerrufen, oder die Zertifizierungsstelle anzuweisen, keine Zertifizierung zu erteilen, wenn die Voraussetzungen für die Zertifizierung nicht oder nicht mehr erfüllt werden,
i) eine Geldbuße gemäß Artikel 83 zu verhängen, zusätzlich zu oder anstelle von in diesem Absatz genannten Maßnahmen, je nach den Umständen des Einzelfalls,
j) die Aussetzung der Übermittlung von Daten an einen Empfänger in einem Drittland oder an eine internationale Organisation anzuordnen.

(3) Jede Aufsichtsbehörde verfügt über sämtliche folgenden Genehmigungsbefugnisse und beratenden Befugnisse, die es ihr gestatten,

a) gemäß dem Verfahren der vorherigen Konsultation nach Artikel 36 den Verantwortlichen zu beraten,
b) zu allen Fragen, die im Zusammenhang mit dem Schutz personenbezogener Daten stehen, von sich aus oder auf Anfrage Stellungnahmen an das nationale Parlament, die Regierung des Mitgliedstaats oder im Einklang mit dem Recht des Mitgliedstaats an sonstige Einrichtungen und Stellen sowie an die Öffentlichkeit zu richten,
c) die Verarbeitung gemäß Artikel 36 Absatz 5 zu genehmigen, falls im Recht des Mitgliedstaats eine derartige vorherige Genehmigung verlangt wird,
d) eine Stellungnahme abzugeben und Entwürfe von Verhaltensregeln gemäß Artikel 40 Absatz 5 zu billigen,
e) Zertifizierungsstellen gemäß Artikel 43 zu akkreditieren,

f) im Einklang mit Artikel 42 Absatz 5 Zertifizierungen zu erteilen und Kriterien für die Zertifizierung zu billigen,
g) Standarddatenschutzklauseln nach Artikel 28 Absatz 8 und Artikel 46 Absatz 2 Buchstabe d festzulegen,
h) Vertragsklauseln gemäß Artikel 46 Absatz 3 Buchstabe a zu genehmigen,
i) Verwaltungsvereinbarungen gemäß Artikel 46 Absatz 3 Buchstabe b zu genehmigen,
j) verbindliche interne Vorschriften gemäß Artikel 47 zu genehmigen.

(4) Die Ausübung der der Aufsichtsbehörde gemäß diesem Artikel übertragenen Befugnisse erfolgt vorbehaltlich geeigneter Garantien einschließlich wirksamer gerichtlicher Rechtsbehelfe und ordnungsgemäßer Verfahren gemäß dem Unionsrecht und dem Recht des Mitgliedstaats im Einklang mit der Charta.

(5) Jeder Mitgliedstaat sieht durch Rechtsvorschriften vor, dass seine Aufsichtsbehörde befugt ist, Verstöße gegen diese Verordnung den Justizbehörden zur Kenntnis zu bringen und gegebenenfalls die Einleitung eines gerichtlichen Verfahrens zu betreiben oder sich sonst daran zu beteiligen, um die Bestimmungen dieser Verordnung durchzusetzen.

(6) [1]Jeder Mitgliedstaat kann durch Rechtsvorschriften vorsehen, dass seine Aufsichtsbehörde neben den in den Absätzen 1, 2 und 3 aufgeführten Befugnissen über zusätzliche Befugnisse verfügt. [2]Die Ausübung dieser Befugnisse darf nicht die effektive Durchführung des Kapitels VII beeinträchtigen.

Art. 59 Tätigkeitsbericht

[1]Jede Aufsichtsbehörde erstellt einen Jahresbericht über ihre Tätigkeit, der eine Liste der Arten der gemeldeten Verstöße und der Arten der getroffenen Maßnahmen nach Artikel 58 Absatz 2 enthalten kann. [2]Diese Berichte werden dem nationalen Parlament, der Regierung und anderen nach dem Recht der Mitgliedstaaten bestimmten Behörden übermittelt. [3]Sie werden der Öffentlichkeit, der Kommission und dem Ausschuss zugänglich gemacht.

Kapitel VII. Zusammenarbeit und Kohärenz

Abschnitt 1. Zusammenarbeit

Art. 60 Zusammenarbeit zwischen der federführenden Aufsichtsbehörde und den anderen betroffenen Aufsichtsbehörden

(1) [1]Die federführende Aufsichtsbehörde arbeitet mit den anderen betroffenen Aufsichtsbehörden im Einklang mit diesem Artikel zusammen und bemüht sich dabei, einen Konsens zu erzielen. [2]Die federführende Aufsichtsbehörde und die betroffenen Aufsichtsbehörden tauschen untereinander alle zweckdienlichen Informationen aus.

(2) Die federführende Aufsichtsbehörde kann jederzeit andere betroffene Aufsichtsbehörden um Amtshilfe gemäß Artikel 61 ersuchen und gemeinsame Maßnahmen gemäß Artikel 62 durchführen, insbesondere zur Durchführung von

Untersuchungen oder zur Überwachung der Umsetzung einer Maßnahme in Bezug auf einen Verantwortlichen oder einen Auftragsverarbeiter, der in einem anderen Mitgliedstaat niedergelassen ist.

(3) [1]Die federführende Aufsichtsbehörde übermittelt den anderen betroffenen Aufsichtsbehörden unverzüglich die zweckdienlichen Informationen zu der Angelegenheit. [2]Sie legt den anderen betroffenen Aufsichtsbehörden unverzüglich einen Beschlussentwurf zur Stellungnahme vor und trägt deren Standpunkten gebührend Rechnung.

(4) Legt eine der anderen betroffenen Aufsichtsbehörden innerhalb von vier Wochen, nachdem sie gemäß Absatz 3 des vorliegenden Artikels konsultiert wurde, gegen diesen Beschlussentwurf einen maßgeblichen und begründeten Einspruch ein und schließt sich die federführende Aufsichtsbehörde dem maßgeblichen und begründeten Einspruch nicht an oder ist der Ansicht, dass der Einspruch nicht maßgeblich oder nicht begründet ist, so leitet die federführende Aufsichtsbehörde das Kohärenzverfahren gemäß Artikel 63 für die Angelegenheit ein.

(5) [1]Beabsichtigt die federführende Aufsichtsbehörde, sich dem maßgeblichen und begründeten Einspruch anzuschließen, so legt sie den anderen betroffenen Aufsichtsbehörden einen überarbeiteten Beschlussentwurf zur Stellungnahme vor. [2]Der überarbeitete Beschlussentwurf wird innerhalb von zwei Wochen dem Verfahren nach Absatz 4 unterzogen.

(6) Legt keine der anderen betroffenen Aufsichtsbehörden Einspruch gegen den Beschlussentwurf ein, der von der federführenden Aufsichtsbehörde innerhalb der in den Absätzen 4 und 5 festgelegten Frist vorgelegt wurde, so gelten die federführende Aufsichtsbehörde und die betroffenen Aufsichtsbehörden als mit dem Beschlussentwurf einverstanden und sind an ihn gebunden.

(7) [1]Die federführende Aufsichtsbehörde erlässt den Beschluss und teilt ihn der Hauptniederlassung oder der einzigen Niederlassung des Verantwortlichen oder gegebenenfalls des Auftragsverarbeiters mit und setzt die anderen betroffenen Aufsichtsbehörden und den Ausschuss von dem betreffenden Beschluss einschließlich einer Zusammenfassung der maßgeblichen Fakten und Gründe in Kenntnis. [2]Die Aufsichtsbehörde, bei der eine Beschwerde eingereicht worden ist, unterrichtet den Beschwerdeführer über den Beschluss.

(8) Wird eine Beschwerde abgelehnt oder abgewiesen, so erlässt die Aufsichtsbehörde, bei der die Beschwerde eingereicht wurde, abweichend von Absatz 7 den Beschluss, teilt ihn dem Beschwerdeführer mit und setzt den Verantwortlichen in Kenntnis.

(9) [1]Sind sich die federführende Aufsichtsbehörde und die betreffenden Aufsichtsbehörden darüber einig, Teile der Beschwerde abzulehnen oder abzuweisen und bezüglich anderer Teile dieser Beschwerde tätig zu werden, so wird in dieser Angelegenheit für jeden dieser Teile ein eigener Beschluss erlassen. [2]Die federführende Aufsichtsbehörde erlässt den Beschluss für den Teil, der das Tätigwerden in Bezug auf den Verantwortlichen betrifft, teilt ihn der Hauptniederlassung oder einzigen Niederlassung des Verantwortlichen oder des Auftragsverarbeiters im Hoheitsgebiet ihres Mitgliedstaats mit und setzt den Beschwerdeführer hiervon in Kenntnis, während die für den Beschwerdeführer zuständige Aufsichtsbehörde den Beschluss für den Teil erlässt, der die Ablehnung oder Abweisung dieser Beschwerde betrifft, und ihn diesem Beschwerdeführer mitteilt und den Verantwortlichen oder den Auftragsverarbeiter hiervon in Kenntnis setzt.

(10) [1]Nach der Unterrichtung über den Beschluss der federführenden Aufsichtsbehörde gemäß den Absätzen 7 und 9 ergreift der Verantwortliche oder der Auftragsverarbeiter die erforderlichen Maßnahmen, um die Verarbeitungstätigkeiten all seiner Niederlassungen in der Union mit dem Beschluss in Einklang zu bringen. [2]Der Verantwortliche oder der Auftragsverarbeiter teilt der federführenden Aufsichtsbehörde die Maßnahmen mit, die zur Einhaltung des Beschlusses ergriffen wurden; diese wiederum unterrichtet die anderen betroffenen Aufsichtsbehörden.

(11) Hat – in Ausnahmefällen – eine betroffene Aufsichtsbehörde Grund zu der Annahme, dass zum Schutz der Interessen betroffener Personen dringender Handlungsbedarf besteht, so kommt das Dringlichkeitsverfahren nach Artikel 66 zur Anwendung.

(12) Die federführende Aufsichtsbehörde und die anderen betroffenen Aufsichtsbehörden übermitteln einander die nach diesem Artikel geforderten Informationen auf elektronischem Wege unter Verwendung eines standardisierten Formats.

Art. 61 Gegenseitige Amtshilfe

(1) [1]Die Aufsichtsbehörden übermitteln einander maßgebliche Informationen und gewähren einander Amtshilfe, um diese Verordnung einheitlich durchzuführen und anzuwenden, und treffen Vorkehrungen für eine wirksame Zusammenarbeit. [2]Die Amtshilfe bezieht sich insbesondere auf Auskunftsersuchen und aufsichtsbezogene Maßnahmen, beispielsweise Ersuchen um vorherige Genehmigungen und eine vorherige Konsultation, um Vornahme von Nachprüfungen und Untersuchungen.

(2) [1]Jede Aufsichtsbehörde ergreift alle geeigneten Maßnahmen, um einem Ersuchen einer anderen Aufsichtsbehörde unverzüglich und spätestens innerhalb eines Monats nach Eingang des Ersuchens nachzukommen. [2]Dazu kann insbesondere auch die Übermittlung maßgeblicher Informationen über die Durchführung einer Untersuchung gehören.

(3) [1]Amtshilfeersuchen enthalten alle erforderlichen Informationen, einschließlich Zweck und Begründung des Ersuchens. [2]Die übermittelten Informationen werden ausschließlich für den Zweck verwendet, für den sie angefordert wurden.

(4) Die ersuchte Aufsichtsbehörde lehnt das Ersuchen nur ab, wenn

a) sie für den Gegenstand des Ersuchens oder für die Maßnahmen, die sie durchführen soll, nicht zuständig ist oder
b) ein Eingehen auf das Ersuchen gegen diese Verordnung verstoßen würde oder gegen das Unionsrecht oder das Recht der Mitgliedstaaten, dem die Aufsichtsbehörde, bei der das Ersuchen eingeht, unterliegt.

(5) [1]Die ersuchte Aufsichtsbehörde informiert die ersuchende Aufsichtsbehörde über die Ergebnisse oder gegebenenfalls über den Fortgang der Maßnahmen, die getroffen wurden, um dem Ersuchen nachzukommen. [2]Die ersuchte Aufsichtsbehörde erläutert gemäß Absatz 4 die Gründe für die Ablehnung des Ersuchens.

(6) Die ersuchten Aufsichtsbehörden übermitteln die Informationen, um die von einer anderen Aufsichtsbehörde ersucht wurde, in der Regel auf elektronischem Wege unter Verwendung eines standardisierten Formats.

(7) [1]Ersuchte Aufsichtsbehörden verlangen für Maßnahmen, die sie aufgrund eines Amtshilfeersuchens getroffen haben, keine Gebühren. [2]Die Aufsichtsbehörden können untereinander Regeln vereinbaren, um einander in Ausnahmefällen besondere aufgrund der Amtshilfe entstandene Ausgaben zu erstatten.

(8) [1]Erteilt eine ersuchte Aufsichtsbehörde nicht binnen eines Monats nach Eingang des Ersuchens einer anderen Aufsichtsbehörde die Informationen gemäß Absatz 5, so kann die ersuchende Aufsichtsbehörde eine einstweilige Maßnahme im Hoheitsgebiet ihres Mitgliedstaats gemäß Artikel 55 Absatz 1 ergreifen. [2]In diesem Fall wird von einem dringenden Handlungsbedarf gemäß Artikel 66 Absatz 1 ausgegangen, der einen im Dringlichkeitsverfahren angenommenen verbindlichen Beschluss des Ausschuss gemäß Artikel 66 Absatz 2 erforderlich macht.

(9) [1]Die Kommission kann im Wege von Durchführungsrechtsakten Form und Verfahren der Amtshilfe nach diesem Artikel und die Ausgestaltung des elektronischen Informationsaustauschs zwischen den Aufsichtsbehörden sowie zwischen den Aufsichtsbehörden und dem Ausschuss, insbesondere das in Absatz 6 des vorliegenden Artikels genannte standardisierte Format, festlegen. [2]Diese Durchführungsrechtsakte werden gemäß dem in Artikel 93 Absatz 2 genannten Prüfverfahren erlassen.

Art. 62 Gemeinsame Maßnahmen der Aufsichtsbehörden

(1) Die Aufsichtsbehörden führen gegebenenfalls gemeinsame Maßnahmen einschließlich gemeinsamer Untersuchungen und gemeinsamer Durchsetzungsmaßnahmen durch, an denen Mitglieder oder Bedienstete der Aufsichtsbehörden anderer Mitgliedstaaten teilnehmen.

(2) [1]Verfügt der Verantwortliche oder der Auftragsverarbeiter über Niederlassungen in mehreren Mitgliedstaaten oder werden die Verarbeitungsvorgänge voraussichtlich auf eine bedeutende Zahl betroffener Personen in mehr als einem Mitgliedstaat erhebliche Auswirkungen haben, ist die Aufsichtsbehörde jedes dieser Mitgliedstaaten berechtigt, an den gemeinsamen Maßnahmen teilzunehmen. [2]Die gemäß Artikel 56 Absatz 1 oder Absatz 4 zuständige Aufsichtsbehörde lädt die Aufsichtsbehörde jedes dieser Mitgliedstaaten zur Teilnahme an den gemeinsamen Maßnahmen ein und antwortet unverzüglich auf das Ersuchen einer Aufsichtsbehörde um Teilnahme.

(3) [1]Eine Aufsichtsbehörde kann gemäß dem Recht des Mitgliedstaats und mit Genehmigung der unterstützenden Aufsichtsbehörde den an den gemeinsamen Maßnahmen beteiligten Mitgliedern oder Bediensteten der unterstützenden Aufsichtsbehörde Befugnisse einschließlich Untersuchungsbefugnisse übertragen oder, soweit dies nach dem Recht des Mitgliedstaats der einladenden Aufsichtsbehörde zulässig ist, den Mitgliedern oder Bediensteten der unterstützenden Aufsichtsbehörde gestatten, ihre Untersuchungsbefugnisse nach dem Recht des Mitgliedstaats der unterstützenden Aufsichtsbehörde auszuüben. [2]Diese Untersuchungsbefugnisse können nur unter der Leitung und in Gegenwart der Mitglieder oder Bediensteten der einladenden Aufsichtsbehörde ausgeübt werden. [3]Die Mitglieder oder Bediensteten der unterstützenden Aufsichtsbehörde unterliegen dem Recht des Mitgliedstaats der einladenden Aufsichtsbehörde.

(4) Sind gemäß Absatz 1 Bedienstete einer unterstützenden Aufsichtsbehörde in einem anderen Mitgliedstaat im Einsatz, so übernimmt der Mitgliedstaat der

einladenden Aufsichtsbehörde nach Maßgabe des Rechts des Mitgliedstaats, in dessen Hoheitsgebiet der Einsatz erfolgt, die Verantwortung für ihr Handeln, einschließlich der Haftung für alle von ihnen bei ihrem Einsatz verursachten Schäden.

(5) [1]Der Mitgliedstaat, in dessen Hoheitsgebiet der Schaden verursacht wurde, ersetzt diesen Schaden so, wie er ihn ersetzen müsste, wenn seine eigenen Bediensteten ihn verursacht hätten. [2]Der Mitgliedstaat der unterstützenden Aufsichtsbehörde, deren Bedienstete im Hoheitsgebiet eines anderen Mitgliedstaats einer Person Schaden zugefügt haben, erstattet diesem anderen Mitgliedstaat den Gesamtbetrag des Schadenersatzes, den dieser an die Berechtigten geleistet hat.

(6) Unbeschadet der Ausübung seiner Rechte gegenüber Dritten und mit Ausnahme des Absatzes 5 verzichtet jeder Mitgliedstaat in dem Fall des Absatzes 1 darauf, den in Absatz 4 genannten Betrag des erlittenen Schadens anderen Mitgliedstaaten gegenüber geltend zu machen.

(7) [1]Ist eine gemeinsame Maßnahme geplant und kommt eine Aufsichtsbehörde binnen eines Monats nicht der Verpflichtung nach Absatz 2 Satz 2 des vorliegenden Artikels nach, so können die anderen Aufsichtsbehörden eine einstweilige Maßnahme im Hoheitsgebiet ihres Mitgliedstaats gemäß Artikel 55 ergreifen. [2]In diesem Fall wird von einem dringenden Handlungsbedarf gemäß Artikel 66 Absatz 1 ausgegangen, der eine im Dringlichkeitsverfahren angenommene Stellungnahme oder einen im Dringlichkeitsverfahren angenommenen verbindlichen Beschluss des Ausschusses gemäß Artikel 66 Absatz 2 erforderlich macht.

Abschnitt 2. Kohärenz

Art. 63 Kohärenzverfahren

Um zur einheitlichen Anwendung dieser Verordnung in der gesamten Union beizutragen, arbeiten die Aufsichtsbehörden im Rahmen des in diesem Abschnitt beschriebenen Kohärenzverfahrens untereinander und gegebenenfalls mit der Kommission zusammen.

Art. 64 Stellungnahme des Ausschusses

(1) [1]Der Ausschuss gibt eine Stellungnahme ab, wenn die zuständige Aufsichtsbehörde beabsichtigt, eine der nachstehenden Maßnahmen zu erlassen. [2]Zu diesem Zweck übermittelt die zuständige Aufsichtsbehörde dem Ausschuss den Entwurf des Beschlusses, wenn dieser

a) der Annahme einer Liste der Verarbeitungsvorgänge dient, die der Anforderung einer Datenschutz-Folgenabschätzung gemäß Artikel 35 Absatz 4 unterliegen,
b) eine Angelegenheit gemäß Artikel 40 Absatz 7 und damit die Frage betrifft, ob ein Entwurf von Verhaltensregeln oder eine Änderung oder Ergänzung von Verhaltensregeln mit dieser Verordnung in Einklang steht,
c) der Billigung der Anforderungen an die Akkreditierung einer Stelle nach Artikel 41 Absatz 3, einer Zertifizierungsstelle nach Artikel 43 Absatz 3 oder der Kriterien für die Zertifizierung gemäß Artikel 42 Absatz 5 dient,

d) der Festlegung von Standard-Datenschutzklauseln gemäß Artikel 46 Absatz 2 Buchstabe d und Artikel 28 Absatz 8 dient,
e) der Genehmigung von Vertragsklauseln gemäß Artikels 46 Absatz 3 Buchstabe a dient, oder
f) der Annahme verbindlicher interner Vorschriften im Sinne von Artikel 47 dient.

(2) Jede Aufsichtsbehörde, der Vorsitz des Ausschuss oder die Kommission können beantragen, dass eine Angelegenheit mit allgemeiner Geltung oder mit Auswirkungen in mehr als einem Mitgliedstaat vom Ausschuss geprüft wird, um eine Stellungnahme zu erhalten, insbesondere wenn eine zuständige Aufsichtsbehörde den Verpflichtungen zur Amtshilfe gemäß Artikel 61 oder zu gemeinsamen Maßnahmen gemäß Artikel 62 nicht nachkommt.

(3) [1]In den in den Absätzen 1 und 2 genannten Fällen gibt der Ausschuss eine Stellungnahme zu der Angelegenheit ab, die ihm vorgelegt wurde, sofern er nicht bereits eine Stellungnahme zu derselben Angelegenheit abgegeben hat. [2]Diese Stellungnahme wird binnen acht Wochen mit der einfachen Mehrheit der Mitglieder des Ausschusses angenommen. [3]Diese Frist kann unter Berücksichtigung der Komplexität der Angelegenheit um weitere sechs Wochen verlängert werden. [4]Was den in Absatz 1 genannten Beschlussentwurf angeht, der gemäß Absatz 5 den Mitgliedern des Ausschusses übermittelt wird, so wird angenommen, dass ein Mitglied, das innerhalb einer vom Vorsitz angegebenen angemessenen Frist keine Einwände erhoben hat, dem Beschlussentwurf zustimmt.

(4) Die Aufsichtsbehörden und die Kommission übermitteln unverzüglich dem Ausschuss auf elektronischem Wege unter Verwendung eines standardisierten Formats alle zweckdienlichen Informationen, einschließlich – je nach Fall – einer kurzen Darstellung des Sachverhalts, des Beschlussentwurfs, der Gründe, warum eine solche Maßnahme ergriffen werden muss, und der Standpunkte anderer betroffener Aufsichtsbehörden.

(5) Der Vorsitz des Ausschusses unterrichtet unverzüglich auf elektronischem Wege

a) unter Verwendung eines standardisierten Formats die Mitglieder des Ausschusses und die Kommission über alle zweckdienlichen Informationen, die ihm zugegangen sind. Soweit erforderlich stellt das Sekretariat des Ausschusses Übersetzungen der zweckdienlichen Informationen zur Verfügung und
b) je nach Fall die in den Absätzen 1 und 2 genannte Aufsichtsbehörde und die Kommission über die Stellungnahme und veröffentlicht sie.

(6) Die in Absatz 1 genannte zuständige Aufsichtsbehörde nimmt den in Absatz 1 genannten Beschlussentwurf nicht vor Ablauf der in Absatz 3 genannten Frist an.

(7) Die in Absatz 1 genannte zuständige Aufsichtsbehörde trägt der Stellungnahme des Ausschusses weitestgehend Rechnung und teilt dessen Vorsitz binnen zwei Wochen nach Eingang der Stellungnahme auf elektronischem Wege unter Verwendung eines standardisierten Formats mit, ob sie den Beschlussentwurf beibehalten oder ändern wird; gegebenenfalls übermittelt sie den geänderten Beschlussentwurf.

(8) Teilt die in Absatz 1 genannte zuständige Aufsichtsbehörde dem Vorsitz des Ausschusses innerhalb der Frist nach Absatz 7 des vorliegenden Artikels unter Angabe der maßgeblichen Gründe mit, dass sie beabsichtigt, der Stellungnahme des Ausschusses insgesamt oder teilweise nicht zu folgen, so gilt Artikel 65 Absatz 1.

Art. 65 Streitbeilegung durch den Ausschuss

(1) Um die ordnungsgemäße und einheitliche Anwendung dieser Verordnung in Einzelfällen sicherzustellen, erlässt der Ausschuss in den folgenden Fällen einen verbindlichen Beschluss:

a) wenn eine betroffene Aufsichtsbehörde in einem Fall nach Artikel 60 Absatz 4 einen maßgeblichen und begründeten Einspruch gegen einen Beschlussentwurf der federführenden Aufsichtsbehörde eingelegt hat und sich die federführende Aufsichtsbehörde dem Einspruch nicht angeschlossen hat oder den Einspruch als nicht maßgeblich oder nicht begründet abgelehnt hat. Der verbindliche Beschluss betrifft alle Angelegenheiten, die Gegenstand des maßgeblichen und begründeten Einspruchs sind, insbesondere die Frage, ob ein Verstoß gegen diese Verordnung vorliegt;

b) wenn es widersprüchliche Standpunkte dazu gibt, welche der betroffenen Aufsichtsbehörden für die Hauptniederlassung zuständig ist,

c) wenn eine zuständige Aufsichtsbehörde in den in Artikel 64 Absatz 1 genannten Fällen keine Stellungnahme des Ausschusses einholt oder der Stellungnahme des Ausschusses gemäß Artikel 64 nicht folgt. In diesem Fall kann jede betroffene Aufsichtsbehörde oder die Kommission die Angelegenheit dem Ausschuss vorlegen.

(2) [1]Der in Absatz 1 genannte Beschluss wird innerhalb eines Monats nach der Befassung mit der Angelegenheit mit einer Mehrheit von zwei Dritteln der Mitglieder des Ausschusses angenommen. [2]Diese Frist kann wegen der Komplexität der Angelegenheit um einen weiteren Monat verlängert werden. [3]Der in Absatz 1 genannte Beschluss wird begründet und an die federführende Aufsichtsbehörde und alle betroffenen Aufsichtsbehörden übermittelt und ist für diese verbindlich.

(3) [1]War der Ausschuss nicht in der Lage, innerhalb der in Absatz 2 genannten Fristen einen Beschluss anzunehmen, so nimmt er seinen Beschluss innerhalb von zwei Wochen nach Ablauf des in Absatz 2 genannten zweiten Monats mit einfacher Mehrheit der Mitglieder des Ausschusses an. [2]Bei Stimmengleichheit zwischen den Mitgliedern des Ausschusses gibt die Stimme des Vorsitzes den Ausschlag.

(4) Die betroffenen Aufsichtsbehörden nehmen vor Ablauf der in den Absätzen 2 und 3 genannten Fristen keinen Beschluss über die dem Ausschuss vorgelegte Angelegenheit an.

(5) [1]Der Vorsitz des Ausschusses unterrichtet die betroffenen Aufsichtsbehörden unverzüglich über den in Absatz 1 genannten Beschluss. [2]Er setzt die Kommission hiervon in Kenntnis. [3]Der Beschluss wird unverzüglich auf der Website des Ausschusses veröffentlicht, nachdem die Aufsichtsbehörde den in Absatz 6 genannten endgültigen Beschluss mitgeteilt hat.

(6) [1]Die federführende Aufsichtsbehörde oder gegebenenfalls die Aufsichtsbehörde, bei der die Beschwerde eingereicht wurde, trifft den endgültigen Beschluss auf der Grundlage des in Absatz 1 des vorliegenden Artikels genannten Beschlusses unverzüglich und spätestens einen Monat, nachdem der Europäische Datenschutzausschuss seinen Beschluss mitgeteilt hat. [2]Die federführende Aufsichtsbehörde oder gegebenenfalls die Aufsichtsbehörde, bei der die Beschwerde eingereicht wurde, setzt den Ausschuss von dem Zeitpunkt, zu dem ihr endgültiger Beschluss dem Verantwortlichen oder dem Auftragsverarbeiter bzw. der betroffenen Person

mitgeteilt wird, in Kenntnis. [3]Der endgültige Beschluss der betroffenen Aufsichtsbehörden wird gemäß Artikel 60 Absätze 7, 8 und 9 angenommen. [4]Im endgültigen Beschluss wird auf den in Absatz 1 genannten Beschluss verwiesen und festgelegt, dass der in Absatz 1 des vorliegenden Artikels genannte Beschluss gemäß Absatz 5 auf der Website des Ausschusses veröffentlicht wird. [5]Dem endgültigen Beschluss wird der in Absatz 1 des vorliegenden Artikels genannte Beschluss beigefügt.

Art. 66 Dringlichkeitsverfahren

(1) [1]Unter außergewöhnlichen Umständen kann eine betroffene Aufsichtsbehörde abweichend vom Kohärenzverfahren nach Artikel 63, 64 und 65 oder dem Verfahren nach Artikel 60 sofort einstweilige Maßnahmen mit festgelegter Geltungsdauer von höchstens drei Monaten treffen, die in ihrem Hoheitsgebiet rechtliche Wirkung entfalten sollen, wenn sie zu der Auffassung gelangt, dass dringender Handlungsbedarf besteht, um Rechte und Freiheiten von betroffenen Personen zu schützen. [2]Die Aufsichtsbehörde setzt die anderen betroffenen Aufsichtsbehörden, den Ausschuss und die Kommission unverzüglich von diesen Maßnahmen und den Gründen für deren Erlass in Kenntnis.

(2) Hat eine Aufsichtsbehörde eine Maßnahme nach Absatz 1 ergriffen und ist sie der Auffassung, dass dringend endgültige Maßnahmen erlassen werden müssen, kann sie unter Angabe von Gründen im Dringlichkeitsverfahren um eine Stellungnahme oder einen verbindlichen Beschluss des Ausschusses ersuchen.

(3) Jede Aufsichtsbehörde kann unter Angabe von Gründen, auch für den dringenden Handlungsbedarf, im Dringlichkeitsverfahren um eine Stellungnahme oder gegebenenfalls einen verbindlichen Beschluss des Ausschusses ersuchen, wenn eine zuständige Aufsichtsbehörde trotz dringenden Handlungsbedarfs keine geeignete Maßnahme getroffen hat, um die Rechte und Freiheiten von betroffenen Personen zu schützen.

(4) Abweichend von Artikel 64 Absatz 3 und Artikel 65 Absatz 2 wird eine Stellungnahme oder ein verbindlicher Beschluss im Dringlichkeitsverfahren nach den Absätzen 2 und 3 binnen zwei Wochen mit einfacher Mehrheit der Mitglieder des Ausschusses angenommen.

Art. 67 Informationsaustausch

Die Kommission kann Durchführungsrechtsakte von allgemeiner Tragweite zur Festlegung der Ausgestaltung des elektronischen Informationsaustauschs zwischen den Aufsichtsbehörden sowie zwischen den Aufsichtsbehörden und dem Ausschuss, insbesondere des standardisierten Formats nach Artikel 64, erlassen.

Diese Durchführungsrechtsakte werden gemäß dem Prüfverfahren nach Artikel 93 Absatz 2 erlassen.

Abschnitt 3. Europäischer Datenschutzausschuss

Art. 68 Europäischer Datenschutzausschuss

(1) Der Europäische Datenschutzausschuss (im Folgenden „Ausschuss“) wird als Einrichtung der Union mit eigener Rechtspersönlichkeit eingerichtet.

(2) Der Ausschuss wird von seinem Vorsitz vertreten.

(3) Der Ausschuss besteht aus dem Leiter einer Aufsichtsbehörde jedes Mitgliedstaats und dem Europäischen Datenschutzbeauftragten oder ihren jeweiligen Vertretern.

(4) Ist in einem Mitgliedstaat mehr als eine Aufsichtsbehörde für die Überwachung der Anwendung der nach Maßgabe dieser Verordnung erlassenen Vorschriften zuständig, so wird im Einklang mit den Rechtsvorschriften dieses Mitgliedstaats ein gemeinsamer Vertreter benannt.

(5) [1]Die Kommission ist berechtigt, ohne Stimmrecht an den Tätigkeiten und Sitzungen des Ausschusses teilzunehmen. [2]Die Kommission benennt einen Vertreter. [3]Der Vorsitz des Ausschusses unterrichtet die Kommission über die Tätigkeiten des Ausschusses.

(6) In den in Artikel 65 genannten Fällen ist der Europäische Datenschutzbeauftragte nur bei Beschlüssen stimmberechtigt, die Grundsätze und Vorschriften betreffen, die für die Organe, Einrichtungen, Ämter und Agenturen der Union gelten und inhaltlich den Grundsätzen und Vorschriften dieser Verordnung entsprechen.

Art. 69 Unabhängigkeit

(1) Der Ausschuss handelt bei der Erfüllung seiner Aufgaben oder in Ausübung seiner Befugnisse gemäß den Artikeln 70 und 71 unabhängig.

(2) Unbeschadet der Ersuchen der Kommission gemäß Artikel 70 Absätze 1 und 2 ersucht der Ausschuss bei der Erfüllung seiner Aufgaben oder in Ausübung seiner Befugnisse weder um Weisung noch nimmt er Weisungen entgegen.

Art. 70 Aufgaben des Ausschusses

(1) [1]Der Ausschuss stellt die einheitliche Anwendung dieser Verordnung sicher. [2]Hierzu nimmt der Ausschuss von sich aus oder gegebenenfalls auf Ersuchen der Kommission insbesondere folgende Tätigkeiten wahr:

a) Überwachung und Sicherstellung der ordnungsgemäßen Anwendung dieser Verordnung in den in den Artikeln 64 und 65 genannten Fällen unbeschadet der Aufgaben der nationalen Aufsichtsbehörden;
b) Beratung der Kommission in allen Fragen, die im Zusammenhang mit dem Schutz personenbezogener Daten in der Union stehen, einschließlich etwaiger Vorschläge zur Änderung dieser Verordnung;
c) Beratung der Kommission über das Format und die Verfahren für den Austausch von Informationen zwischen den Verantwortlichen, den Auftragsverarbeitern und den Aufsichtsbehörden in Bezug auf verbindliche interne Datenschutzvorschriften;
d) Bereitstellung von Leitlinien, Empfehlungen und bewährten Verfahren zu Verfahren für die Löschung gemäß Artikel 17 Absatz 2 von Links zu personenbezogenen Daten oder Kopien oder Replikationen dieser Daten aus öffentlich zugänglichen Kommunikationsdiensten;
e) Prüfung – von sich aus, auf Antrag eines seiner Mitglieder oder auf Ersuchen der Kommission – von die Anwendung dieser Verordnung betreffenden Fragen und Bereitstellung von Leitlinien, Empfehlungen und bewährten

Verfahren zwecks Sicherstellung einer einheitlichen Anwendung dieser Verordnung;

f) Bereitstellung von Leitlinien, Empfehlungen und bewährten Verfahren gemäß Buchstabe e des vorliegenden Absatzes zur näheren Bestimmung der Kriterien und Bedingungen für die auf Profiling beruhenden Entscheidungen gemäß Artikel 22 Absatz 2;

g) Bereitstellung von Leitlinien, Empfehlungen und bewährten Verfahren gemäß Buchstabe e des vorliegenden Absatzes für die Feststellung von Verletzungen des Schutzes personenbezogener Daten und die Festlegung der Unverzüglichkeit im Sinne des Artikels 33 Absätze 1 und 2, und zu den spezifischen Umständen, unter denen der Verantwortliche oder der Auftragsverarbeiter die Verletzung des Schutzes personenbezogener Daten zu melden hat;

h) Bereitstellung von Leitlinien, Empfehlungen und bewährten Verfahren gemäß Buchstabe e des vorliegenden Absatzes zu den Umständen, unter denen eine Verletzung des Schutzes personenbezogener Daten voraussichtlich ein hohes Risiko für die Rechte und Freiheiten natürlicher Personen im Sinne des Artikels 34 Absatz 1 zur Folge hat;

i) Bereitstellung von Leitlinien, Empfehlungen und bewährten Verfahren gemäß Buchstabe e des vorliegenden Absatzes zur näheren Bestimmung der in Artikel 47 aufgeführten Kriterien und Anforderungen für die Übermittlungen personenbezogener Daten, die auf verbindlichen internen Datenschutzvorschriften von Verantwortlichen oder Auftragsverarbeitern beruhen, und der dort aufgeführten weiteren erforderlichen Anforderungen zum Schutz personenbezogener Daten der betroffenen Personen;

j) Bereitstellung von Leitlinien, Empfehlungen und bewährten Verfahren gemäß Buchstabe e des vorliegenden Absatzes zur näheren Bestimmung der Kriterien und Bedingungen für die Übermittlungen personenbezogener Daten gemäß Artikel 49 Absatz 1;

k) Ausarbeitung von Leitlinien für die Aufsichtsbehörden in Bezug auf die Anwendung von Maßnahmen nach Artikel 58 Absätze 1, 2 und 3 und die Festsetzung von Geldbußen gemäß Artikel 83;

l) Überprüfung der praktischen Anwendung der Leitlinien, Empfehlungen und bewährten Verfahren;

m) Bereitstellung von Leitlinien, Empfehlungen und bewährten Verfahren gemäß Buchstabe e des vorliegenden Absatzes zur Festlegung gemeinsamer Verfahren für die von natürlichen Personen vorgenommene Meldung von Verstößen gegen diese Verordnung gemäß Artikel 54 Absatz 2;

n) Förderung der Ausarbeitung von Verhaltensregeln und der Einrichtung von datenschutzspezifischen Zertifizierungsverfahren sowie Datenschutzsiegeln und -prüfzeichen gemäß den Artikeln 40 und 42;

o) Genehmigung der Zertifizierungskriterien gemäß Artikel 42 Absatz 5 und Führung eines öffentlichen Registers der Zertifizierungsverfahren sowie von Datenschutzsiegeln und -prüfzeichen gemäß Artikel 42 Absatz 8 und der in Drittländern niedergelassenen zertifizierten Verantwortlichen oder Auftragsverarbeiter gemäß Artikel 42 Absatz 7;

p) Genehmigung der in Artikel 43 Absatz 3 genannten Anforderungen im Hinblick auf die Akkreditierung von Zertifizierungsstellen gemäß Artikel 43;

q) Abgabe einer Stellungnahme für die Kommission zu den Zertifizierungsanforderungen gemäß Artikel 43 Absatz 8;

r) Abgabe einer Stellungnahme für die Kommission zu den Bildsymbolen gemäß Artikel 12 Absatz 7;
s) Abgabe einer Stellungnahme für die Kommission zur Beurteilung der Angemessenheit des in einem Drittland oder einer internationalen Organisation gebotenen Schutzniveaus einschließlich zur Beurteilung der Frage, ob das Drittland, das Gebiet, ein oder mehrere spezifische Sektoren in diesem Drittland oder eine internationale Organisation kein angemessenes Schutzniveau mehr gewährleistet. Zu diesem Zweck gibt die Kommission dem Ausschuss alle erforderlichen Unterlagen, darunter den Schriftwechsel mit der Regierung des Drittlands, dem Gebiet oder spezifischen Sektor oder der internationalen Organisation;
t) Abgabe von Stellungnahmen im Kohärenzverfahren gemäß Artikel 64 Absatz 1 zu Beschlussentwürfen von Aufsichtsbehörden, zu Angelegenheiten, die nach Artikel 64 Absatz 2 vorgelegt wurden und um Erlass verbindlicher Beschlüsse gemäß Artikel 65, einschließlich der in Artikel 66 genannten Fälle;
u) Förderung der Zusammenarbeit und eines wirksamen bilateralen und multilateralen Austauschs von Informationen und bewährten Verfahren zwischen den Aufsichtsbehörden;
v) Förderung von Schulungsprogrammen und Erleichterung des Personalaustausches zwischen Aufsichtsbehörden sowie gegebenenfalls mit Aufsichtsbehörden von Drittländern oder mit internationalen Organisationen;
w) Förderung des Austausches von Fachwissen und von Dokumentationen über Datenschutzvorschriften und -praxis mit Datenschutzaufsichtsbehörden in aller Welt;
x) Abgabe von Stellungnahmen zu den auf Unionsebene erarbeiteten Verhaltensregeln gemäß Artikel 40 Absatz 9 und
y) Führung eines öffentlich zugänglichen elektronischen Registers der Beschlüsse der Aufsichtsbehörden und Gerichte in Bezug auf Fragen, die im Rahmen des Kohärenzverfahrens behandelt wurden.

(2) Die Kommission kann, wenn sie den Ausschuss um Rat ersucht, unter Berücksichtigung der Dringlichkeit des Sachverhalts eine Frist angeben.

(3) Der Ausschuss leitet seine Stellungnahmen, Leitlinien, Empfehlungen und bewährten Verfahren an die Kommission und an den in Artikel 93 genannten Ausschuss weiter und veröffentlicht sie.

(4) [1]Der Ausschuss konsultiert gegebenenfalls interessierte Kreise und gibt ihnen Gelegenheit, innerhalb einer angemessenen Frist Stellung zu nehmen. [2]Unbeschadet des Artikels 76 macht der Ausschuss die Ergebnisse der Konsultation der Öffentlichkeit zugänglich.

Art. 71 Berichterstattung

(1) [1]Der Ausschuss erstellt einen Jahresbericht über den Schutz natürlicher Personen bei der Verarbeitung in der Union und gegebenenfalls in Drittländern und internationalen Organisationen. [2]Der Bericht wird veröffentlicht und dem Europäischen Parlament, dem Rat und der Kommission übermittelt.

(2) Der Jahresbericht enthält eine Überprüfung der praktischen Anwendung der in Artikel 70 Absatz 1 Buchstabe 1 genannten Leitlinien, Empfehlungen und bewährten Verfahren sowie der in Artikel 65 genannten verbindlichen Beschlüsse.

Art. 72 Verfahrensweise

(1) Sofern in dieser Verordnung nichts anderes bestimmt ist, fasst der Ausschuss seine Beschlüsse mit einfacher Mehrheit seiner Mitglieder.

(2) Der Ausschuss gibt sich mit einer Mehrheit von zwei Dritteln seiner Mitglieder eine Geschäftsordnung und legt seine Arbeitsweise fest.

Art. 73 Vorsitz

(1) Der Ausschuss wählt aus dem Kreis seiner Mitglieder mit einfacher Mehrheit einen Vorsitzenden und zwei stellvertretende Vorsitzende.

(2) Die Amtszeit des Vorsitzenden und seiner beiden Stellvertreter beträgt fünf Jahre; ihre einmalige Wiederwahl ist zulässig.

Art. 74 Aufgaben des Vorsitzes

(1) Der Vorsitz hat folgende Aufgaben:

a) Einberufung der Sitzungen des Ausschusses und Erstellung der Tagesordnungen,
b) Übermittlung der Beschlüsse des Ausschusses nach Artikel 65 an die federführende Aufsichtsbehörde und die betroffenen Aufsichtsbehörden,
c) Sicherstellung einer rechtzeitigen Ausführung der Aufgaben des Ausschusses, insbesondere der Aufgaben im Zusammenhang mit dem Kohärenzverfahren nach Artikel 63.

(2) Der Ausschuss legt die Aufteilung der Aufgaben zwischen dem Vorsitzenden und dessen Stellvertretern in seiner Geschäftsordnung fest.

Art. 75 Sekretariat

(1) Der Ausschuss wird von einem Sekretariat unterstützt, das von dem Europäischen Datenschutzbeauftragten bereitgestellt wird.

(2) Das Sekretariat führt seine Aufgaben ausschließlich auf Anweisung des Vorsitzes des Ausschusses aus.

(3) Das Personal des Europäischen Datenschutzbeauftragten, das an der Wahrnehmung der dem Ausschuss gemäß dieser Verordnung übertragenen Aufgaben beteiligt ist, unterliegt anderen Berichtspflichten als das Personal, das an der Wahrnehmung der dem Europäischen Datenschutzbeauftragten übertragenen Aufgaben beteiligt ist.

(4) Soweit angebracht, erstellen und veröffentlichen der Ausschuss und der Europäische Datenschutzbeauftragte eine Vereinbarung zur Anwendung des vorliegenden Artikels, in der die Bedingungen ihrer Zusammenarbeit festgelegt sind und die für das Personal des Europäischen Datenschutzbeauftragten gilt, das an der Wahrnehmung der dem Ausschuss gemäß dieser Verordnung übertragenen Aufgaben beteiligt ist.

(5) Das Sekretariat leistet dem Ausschuss analytische, administrative und logistische Unterstützung.

(6) Das Sekretariat ist insbesondere verantwortlich für

a) das Tagesgeschäft des Ausschusses,

b) die Kommunikation zwischen den Mitgliedern des Ausschusses, seinem Vorsitz und der Kommission,
c) die Kommunikation mit anderen Organen und mit der Öffentlichkeit,
d) den Rückgriff auf elektronische Mittel für die interne und die externe Kommunikation,
e) die Übersetzung sachdienlicher Informationen,
f) die Vor- und Nachbereitung der Sitzungen des Ausschusses,
g) die Vorbereitung, Abfassung und Veröffentlichung von Stellungnahmen, von Beschlüssen über die Beilegung von Streitigkeiten zwischen Aufsichtsbehörden und von sonstigen vom Ausschuss angenommenen Dokumenten.

Art. 76 Vertraulichkeit

(1) Die Beratungen des Ausschusses sind gemäß seiner Geschäftsordnung vertraulich, wenn der Ausschuss dies für erforderlich hält.

(2) Der Zugang zu Dokumenten, die Mitgliedern des Ausschusses, Sachverständigen und Vertretern von Dritten vorgelegt werden, wird durch die Verordnung (EG) Nr. 1049/2001 des Europäischen Parlaments und des Rates[21] geregelt.

Kapitel VIII. Rechtsbehelfe, Haftung und Sanktionen

Art. 77 Recht auf Beschwerde bei einer Aufsichtsbehörde

(1) Jede betroffene Person hat unbeschadet eines anderweitigen verwaltungsrechtlichen oder gerichtlichen Rechtsbehelfs das Recht auf Beschwerde bei einer Aufsichtsbehörde, insbesondere in dem Mitgliedstaat ihres gewöhnlichen Aufenthaltsorts, ihres Arbeitsplatzes oder des Orts des mutmaßlichen Verstoßes, wenn die betroffene Person der Ansicht ist, dass die Verarbeitung der sie betreffenden personenbezogenen Daten gegen diese Verordnung verstößt.

(2) Die Aufsichtsbehörde, bei der die Beschwerde eingereicht wurde, unterrichtet den Beschwerdeführer über den Stand und die Ergebnisse der Beschwerde einschließlich der Möglichkeit eines gerichtlichen Rechtsbehelfs nach Artikel 78.

Art. 78 Recht auf wirksamen gerichtlichen Rechtsbehelf gegen eine Aufsichtsbehörde

(1) Jede natürliche oder juristische Person hat unbeschadet eines anderweitigen verwaltungsrechtlichen oder außergerichtlichen Rechtsbehelfs das Recht auf einen wirksamen gerichtlichen Rechtsbehelf gegen einen sie betreffenden rechtsverbindlichen Beschluss einer Aufsichtsbehörde.

(2) Jede betroffene Person hat unbeschadet eines anderweitigen verwaltungsrechtlichen oder außergerichtlichen Rechtbehelfs das Recht auf einen wirksamen gerichtlichen Rechtsbehelf, wenn die nach den Artikeln 55 und 56 zuständige Aufsichtsbehörde sich nicht mit einer Beschwerde befasst oder die betroffene

[21] **Amtl. Anm.:** Verordnung (EG) Nr. 1049/2001 des Europäischen Parlaments und des Rates vom 30. Mai 2001 über den Zugang der Öffentlichkeit zu Dokumenten des Europäischen Parlaments, des Rates und der Kommission (ABl. L 145 vom 31.5.2001, S. 43).

Person nicht innerhalb von drei Monaten über den Stand oder das Ergebnis der gemäß Artikel 77 erhobenen Beschwerde in Kenntnis gesetzt hat.

(3) Für Verfahren gegen eine Aufsichtsbehörde sind die Gerichte des Mitgliedstaats zuständig, in dem die Aufsichtsbehörde ihren Sitz hat.

(4) Kommt es zu einem Verfahren gegen den Beschluss einer Aufsichtsbehörde, dem eine Stellungnahme oder ein Beschluss des Ausschusses im Rahmen des Kohärenzverfahrens vorangegangen ist, so leitet die Aufsichtsbehörde diese Stellungnahme oder diesen Beschluss dem Gericht zu.

Art. 79 Recht auf wirksamen gerichtlichen Rechtsbehelf gegen Verantwortliche oder Auftragsverarbeiter

(1) Jede betroffene Person hat unbeschadet eines verfügbaren verwaltungsrechtlichen oder außergerichtlichen Rechtsbehelfs einschließlich des Rechts auf Beschwerde bei einer Aufsichtsbehörde gemäß Artikel 77 das Recht auf einen wirksamen gerichtlichen Rechtsbehelf, wenn sie der Ansicht ist, dass die ihr aufgrund dieser Verordnung zustehenden Rechte infolge einer nicht im Einklang mit dieser Verordnung stehenden Verarbeitung ihrer personenbezogenen Daten verletzt wurden.

(2) [1]Für Klagen gegen einen Verantwortlichen oder gegen einen Auftragsverarbeiter sind die Gerichte des Mitgliedstaats zuständig, in dem der Verantwortliche oder der Auftragsverarbeiter eine Niederlassung hat. [2]Wahlweise können solche Klagen auch bei den Gerichten des Mitgliedstaats erhoben werden, in dem die betroffene Person ihren gewöhnlichen Aufenthaltsort hat, es sei denn, es handelt sich bei dem Verantwortlichen oder dem Auftragsverarbeiter um eine Behörde eines Mitgliedstaats, die in Ausübung ihrer hoheitlichen Befugnisse tätig geworden ist.

Art. 80 Vertretung von betroffenen Personen

(1) Die betroffene Person hat das Recht, eine Einrichtung, Organisationen oder Vereinigung ohne Gewinnerzielungsabsicht, die ordnungsgemäß nach dem Recht eines Mitgliedstaats gegründet ist, deren satzungsmäßige Ziele im öffentlichem Interesse liegen und die im Bereich des Schutzes der Rechte und Freiheiten von betroffenen Personen in Bezug auf den Schutz ihrer personenbezogenen Daten tätig ist, zu beauftragen, in ihrem Namen eine Beschwerde einzureichen, in ihrem Namen die in den Artikeln 77, 78 und 79 genannten Rechte wahrzunehmen und das Recht auf Schadensersatz gemäß Artikel 82 in Anspruch zu nehmen, sofern dieses im Recht der Mitgliedstaaten vorgesehen ist.

(2) Die Mitgliedstaaten können vorsehen, dass jede der in Absatz 1 des vorliegenden Artikels genannten Einrichtungen, Organisationen oder Vereinigungen unabhängig von einem Auftrag der betroffenen Person in diesem Mitgliedstaat das Recht hat, bei der gemäß Artikel 77 zuständigen Aufsichtsbehörde eine Beschwerde einzulegen und die in den Artikeln 78 und 79 aufgeführten Rechte in Anspruch zu nehmen, wenn ihres Erachtens die Rechte einer betroffenen Person gemäß dieser Verordnung infolge einer Verarbeitung verletzt worden sind.

Art. 81 Aussetzung des Verfahrens

(1) Erhält ein zuständiges Gericht in einem Mitgliedstaat Kenntnis von einem Verfahren zu demselben Gegenstand in Bezug auf die Verarbeitung durch densel-

ben Verantwortlichen oder Auftragsverarbeiter, das vor einem Gericht in einem anderen Mitgliedstaat anhängig ist, so nimmt es mit diesem Gericht Kontakt auf, um sich zu vergewissern, dass ein solches Verfahren existiert.

(2) Ist ein Verfahren zu demselben Gegenstand in Bezug auf die Verarbeitung durch denselben Verantwortlichen oder Auftragsverarbeiter vor einem Gericht in einem anderen Mitgliedstaat anhängig, so kann jedes später angerufene zuständige Gericht das bei ihm anhängige Verfahren aussetzen.

(3) Sind diese Verfahren in erster Instanz anhängig, so kann sich jedes später angerufene Gericht auf Antrag einer Partei auch für unzuständig erklären, wenn das zuerst angerufene Gericht für die betreffenden Klagen zuständig ist und die Verbindung der Klagen nach seinem Recht zulässig ist.

Art. 82 Haftung und Recht auf Schadenersatz

(1) Jede Person, der wegen eines Verstoßes gegen diese Verordnung ein materieller oder immaterieller Schaden entstanden ist, hat Anspruch auf Schadenersatz gegen den Verantwortlichen oder gegen den Auftragsverarbeiter.

(2) [1]Jeder an einer Verarbeitung beteiligte Verantwortliche haftet für den Schaden, der durch eine nicht dieser Verordnung entsprechende Verarbeitung verursacht wurde. [2]Ein Auftragsverarbeiter haftet für den durch eine Verarbeitung verursachten Schaden nur dann, wenn er seinen speziell den Auftragsverarbeitern auferlegten Pflichten aus dieser Verordnung nicht nachgekommen ist oder unter Nichtbeachtung der rechtmäßig erteilten Anweisungen des für die Datenverarbeitung Verantwortlichen oder gegen diese Anweisungen gehandelt hat.

(3) Der Verantwortliche oder der Auftragsverarbeiter wird von der Haftung gemäß Absatz 2 befreit, wenn er nachweist, dass er in keinerlei Hinsicht für den Umstand, durch den der Schaden eingetreten ist, verantwortlich ist.

(4) Ist mehr als ein Verantwortlicher oder mehr als ein Auftragsverarbeiter bzw. sowohl ein Verantwortlicher als auch ein Auftragsverarbeiter an derselben Verarbeitung beteiligt und sind sie gemäß den Absätzen 2 und 3 für einen durch die Verarbeitung verursachten Schaden verantwortlich, so haftet jeder Verantwortliche oder jeder Auftragsverarbeiter für den gesamten Schaden, damit ein wirksamer Schadensersatz für die betroffene Person sichergestellt ist.

(5) Hat ein Verantwortlicher oder Auftragsverarbeiter gemäß Absatz 4 vollständigen Schadenersatz für den erlittenen Schaden gezahlt, so ist dieser Verantwortliche oder Auftragsverarbeiter berechtigt, von den übrigen an derselben Verarbeitung beteiligten für die Datenverarbeitung Verantwortlichen oder Auftragsverarbeitern den Teil des Schadenersatzes zurückzufordern, der unter den in Absatz 2 festgelegten Bedingungen ihrem Anteil an der Verantwortung für den Schaden entspricht.

(6) Mit Gerichtsverfahren zur Inanspruchnahme des Rechts auf Schadenersatz sind die Gerichte zu befassen, die nach den in Artikel 79 Absatz 2 genannten Rechtsvorschriften des Mitgliedstaats zuständig sind.

Art. 83 Allgemeine Bedingungen für die Verhängung von Geldbußen

(1) Jede Aufsichtsbehörde stellt sicher, dass die Verhängung von Geldbußen gemäß diesem Artikel für Verstöße gegen diese Verordnung gemäß den Absätzen 4, 5 und 6 in jedem Einzelfall wirksam, verhältnismäßig und abschreckend ist.

(2) [1]Geldbußen werden je nach den Umständen des Einzelfalls zusätzlich zu oder anstelle von Maßnahmen nach Artikel 58 Absatz 2 Buchstaben a bis h und j verhängt. [2]Bei der Entscheidung über die Verhängung einer Geldbuße und über deren Betrag wird in jedem Einzelfall Folgendes gebührend berücksichtigt:

a) Art, Schwere und Dauer des Verstoßes unter Berücksichtigung der Art, des Umfangs oder des Zwecks der betreffenden Verarbeitung sowie der Zahl der von der Verarbeitung betroffenen Personen und des Ausmaßes des von ihnen erlittenen Schadens;
b) Vorsätzlichkeit oder Fahrlässigkeit des Verstoßes;
c) jegliche von dem Verantwortlichen oder dem Auftragsverarbeiter getroffenen Maßnahmen zur Minderung des den betroffenen Personen entstandenen Schadens;
d) Grad der Verantwortung des Verantwortlichen oder des Auftragsverarbeiters unter Berücksichtigung der von ihnen gemäß den Artikeln 25 und 32 getroffenen technischen und organisatorischen Maßnahmen;
e) etwaige einschlägige frühere Verstöße des Verantwortlichen oder des Auftragsverarbeiters;
f) Umfang der Zusammenarbeit mit der Aufsichtsbehörde, um dem Verstoß abzuhelfen und seine möglichen nachteiligen Auswirkungen zu mindern;
g) Kategorien personenbezogener Daten, die von dem Verstoß betroffen sind;
h) Art und Weise, wie der Verstoß der Aufsichtsbehörde bekannt wurde, insbesondere ob und gegebenenfalls in welchem Umfang der Verantwortliche oder der Auftragsverarbeiter den Verstoß mitgeteilt hat;
i) Einhaltung der nach Artikel 58 Absatz 2 früher gegen den für den betreffenden Verantwortlichen oder Auftragsverarbeiter in Bezug auf denselben Gegenstand angeordneten Maßnahmen, wenn solche Maßnahmen angeordnet wurden;
j) Einhaltung von genehmigten Verhaltensregeln nach Artikel 40 oder genehmigten Zertifizierungsverfahren nach Artikel 42 und
k) jegliche anderen erschwerenden oder mildernden Umstände im jeweiligen Fall, wie unmittelbar oder mittelbar durch den Verstoß erlangte finanzielle Vorteile oder vermiedene Verluste.

(3) Verstößt ein Verantwortlicher oder ein Auftragsverarbeiter bei gleichen oder miteinander verbundenen Verarbeitungsvorgängen vorsätzlich oder fahrlässig gegen mehrere Bestimmungen dieser Verordnung, so übersteigt der Gesamtbetrag der Geldbuße nicht den Betrag für den schwerwiegendsten Verstoß.

(4) Bei Verstößen gegen die folgenden Bestimmungen werden im Einklang mit Absatz 2 Geldbußen von bis zu 10 000 000 EUR oder im Fall eines Unternehmens von bis zu 2 % seines gesamten weltweit erzielten Jahresumsatzes des vorangegangenen Geschäftsjahrs verhängt, je nachdem, welcher der Beträge höher ist:

a) die Pflichten der Verantwortlichen und der Auftragsverarbeiter gemäß den Artikeln 8, 11, 25 bis 39, 42 und 43;
b) die Pflichten der Zertifizierungsstelle gemäß den Artikeln 42 und 43;
c) die Pflichten der Überwachungsstelle gemäß Artikel 41 Absatz 4.

(5) Bei Verstößen gegen die folgenden Bestimmungen werden im Einklang mit Absatz 2 Geldbußen von bis zu 20 000 000 EUR oder im Fall eines Unternehmens von bis zu 4 % seines gesamten weltweit erzielten Jahresumsatzes des vorangegangenen Geschäftsjahrs verhängt, je nachdem, welcher der Beträge höher ist:

a) die Grundsätze für die Verarbeitung, einschließlich der Bedingungen für die Einwilligung, gemäß den Artikeln 5, 6, 7 und 9;
b) die Rechte der betroffenen Person gemäß den Artikeln 12 bis 22;
c) die Übermittlung personenbezogener Daten an einen Empfänger in einem Drittland oder an eine internationale Organisation gemäß den Artikeln 44 bis 49;
d) alle Pflichten gemäß den Rechtsvorschriften der Mitgliedstaaten, die im Rahmen des Kapitels IX erlassen wurden;
e) Nichtbefolgung einer Anweisung oder einer vorübergehenden oder endgültigen Beschränkung oder Aussetzung der Datenübermittlung durch die Aufsichtsbehörde gemäß Artikel 58 Absatz 2 oder Nichtgewährung des Zugangs unter Verstoß gegen Artikel 58 Absatz 1.

(6) Bei Nichtbefolgung einer Anweisung der Aufsichtsbehörde gemäß Artikel 58 Absatz 2 werden im Einklang mit Absatz 2 des vorliegenden Artikels Geldbußen von bis zu 20 000 000 EUR oder im Fall eines Unternehmens von bis zu 4 % seines gesamten weltweit erzielten Jahresumsatzes des vorangegangenen Geschäftsjahrs verhängt, je nachdem, welcher der Beträge höher ist.

(7) Unbeschadet der Abhilfebefugnisse der Aufsichtsbehörden gemäß Artikel 58 Absatz 2 kann jeder Mitgliedstaat Vorschriften dafür festlegen, ob und in welchem Umfang gegen Behörden und öffentliche Stellen, die in dem betreffenden Mitgliedstaat niedergelassen sind, Geldbußen verhängt werden können.

(8) Die Ausübung der eigenen Befugnisse durch eine Aufsichtsbehörde gemäß diesem Artikel muss angemessenen Verfahrensgarantien gemäß dem Unionsrecht und dem Recht der Mitgliedstaaten, einschließlich wirksamer gerichtlicher Rechtsbehelfe und ordnungsgemäßer Verfahren, unterliegen.

(9) [1]Sieht die Rechtsordnung eines Mitgliedstaats keine Geldbußen vor, kann dieser Artikel so angewandt werden, dass die Geldbuße von der zuständigen Aufsichtsbehörde in die Wege geleitet und von den zuständigen nationalen Gerichten verhängt wird, wobei sicherzustellen ist, dass diese Rechtsbehelfe wirksam sind und die gleiche Wirkung wie die von Aufsichtsbehörden verhängten Geldbußen haben. [2]In jeden Fall müssen die verhängten Geldbußen wirksam, verhältnismäßig und abschreckend sein. [3]Die betreffenden Mitgliedstaaten teilen der Kommission bis zum 25. Mai 2018 die Rechtsvorschriften mit, die sie aufgrund dieses Absatzes erlassen, sowie unverzüglich alle späteren Änderungsgesetze oder Änderungen dieser Vorschriften.

Art. 84 Sanktionen

(1) [1]Die Mitgliedstaaten legen die Vorschriften über andere Sanktionen für Verstöße gegen diese Verordnung – insbesondere für Verstöße, die keiner Geldbuße gemäß Artikel 83 unterliegen – fest und treffen alle zu deren Anwendung erforderlichen Maßnahmen. [2]Diese Sanktionen müssen wirksam, verhältnismäßig und abschreckend sein.

(2) Jeder Mitgliedstaat teilt der Kommission bis zum 25. Mai 2018 die Rechtsvorschriften, die er aufgrund von Absatz 1 erlässt, sowie unverzüglich alle späteren Änderungen dieser Vorschriften mit.

Kapitel IX. Vorschriften für besondere Verarbeitungssituationen

Art. 85 Verarbeitung und Freiheit der Meinungsäußerung und Informationsfreiheit

(1) Die Mitgliedstaaten bringen durch Rechtsvorschriften das Recht auf den Schutz personenbezogener Daten gemäß dieser Verordnung mit dem Recht auf freie Meinungsäußerung und Informationsfreiheit, einschließlich der Verarbeitung zu journalistischen Zwecken und zu wissenschaftlichen, künstlerischen oder literarischen Zwecken, in Einklang.

(2) Für die Verarbeitung, die zu journalistischen Zwecken oder zu wissenschaftlichen, künstlerischen oder literarischen Zwecken erfolgt, sehen die Mitgliedstaaten Abweichungen oder Ausnahmen von Kapitel II (Grundsätze), Kapitel III (Rechte der betroffenen Person), Kapitel IV (Verantwortlicher und Auftragsverarbeiter), Kapitel V (Übermittlung personenbezogener Daten an Drittländer oder an internationale Organisationen), Kapitel VI (Unabhängige Aufsichtsbehörden), Kapitel VII (Zusammenarbeit und Kohärenz) und Kapitel IX (Vorschriften für besondere Verarbeitungssituationen) vor, wenn dies erforderlich ist, um das Recht auf Schutz der personenbezogenen Daten mit der Freiheit der Meinungsäußerung und der Informationsfreiheit in Einklang zu bringen.

(3) Jeder Mitgliedstaat teilt der Kommission die Rechtsvorschriften, die er aufgrund von Absatz 2 erlassen hat, sowie unverzüglich alle späteren Änderungsgesetze oder Änderungen dieser Vorschriften mit.

Art. 86 Verarbeitung und Zugang der Öffentlichkeit zu amtlichen Dokumenten

Personenbezogene Daten in amtlichen Dokumenten, die sich im Besitz einer Behörde oder einer öffentlichen Einrichtung oder einer privaten Einrichtung zur Erfüllung einer im öffentlichen Interesse liegenden Aufgabe befinden, können von der Behörde oder der Einrichtung gemäß dem Unionsrecht oder dem Recht des Mitgliedstaats, dem die Behörde oder Einrichtung unterliegt, offengelegt werden, um den Zugang der Öffentlichkeit zu amtlichen Dokumenten mit dem Recht auf Schutz personenbezogener Daten gemäß dieser Verordnung in Einklang zu bringen.

Art. 87 Verarbeitung der nationalen Kennziffer

[1]Die Mitgliedstaaten können näher bestimmen, unter welchen spezifischen Bedingungen eine nationale Kennziffer oder andere Kennzeichen von allgemeiner Bedeutung Gegenstand einer Verarbeitung sein dürfen. [2]In diesem Fall darf die nationale Kennziffer oder das andere Kennzeichen von allgemeiner Bedeutung nur unter Wahrung geeigneter Garantien für die Rechte und Freiheiten der betroffenen Person gemäß dieser Verordnung verwendet werden.

Art. 88 Datenverarbeitung im Beschäftigungskontext

(1) Die Mitgliedstaaten können durch Rechtsvorschriften oder durch Kollektivvereinbarungen spezifischere Vorschriften zur Gewährleistung des Schutzes der Rechte und Freiheiten hinsichtlich der Verarbeitung personenbezogener Beschäftigtendaten im Beschäftigungskontext, insbesondere für Zwecke der Einstellung, der Erfüllung des Arbeitsvertrags einschließlich der Erfüllung von durch Rechtsvorschriften oder durch Kollektivvereinbarungen festgelegten Pflichten, des Managements, der Planung und der Organisation der Arbeit, der Gleichheit und Diversität am Arbeitsplatz, der Gesundheit und Sicherheit am Arbeitsplatz, des Schutzes des Eigentums der Arbeitgeber oder der Kunden sowie für Zwecke der Inanspruchnahme der mit der Beschäftigung zusammenhängenden individuellen oder kollektiven Rechte und Leistungen und für Zwecke der Beendigung des Beschäftigungsverhältnisses vorsehen.

(2) Diese Vorschriften umfassen geeignete und besondere Maßnahmen zur Wahrung der menschlichen Würde, der berechtigten Interessen und der Grundrechte der betroffenen Person, insbesondere im Hinblick auf die Transparenz der Verarbeitung, die Übermittlung personenbezogener Daten innerhalb einer Unternehmensgruppe oder einer Gruppe von Unternehmen, die eine gemeinsame Wirtschaftstätigkeit ausüben, und die Überwachungssysteme am Arbeitsplatz.

(3) Jeder Mitgliedstaat teilt der Kommission bis zum 25. Mai 2018 die Rechtsvorschriften, die er aufgrund von Absatz 1 erlässt, sowie unverzüglich alle späteren Änderungen dieser Vorschriften mit.

Art. 89 Garantien und Ausnahmen in Bezug auf die Verarbeitung zu im öffentlichen Interesse liegenden Archivzwecken, zu wissenschaftlichen oder historischen Forschungszwecken und zu statistischen Zwecken

(1) [1]Die Verarbeitung zu im öffentlichen Interesse liegenden Archivzwecken, zu wissenschaftlichen oder historischen Forschungszwecken oder zu statistischen Zwecken unterliegt geeigneten Garantien für die Rechte und Freiheiten der betroffenen Person gemäß dieser Verordnung. [2]Mit diesen Garantien wird sichergestellt, dass technische und organisatorische Maßnahmen bestehen, mit denen insbesondere die Achtung des Grundsatzes der Datenminimierung gewährleistet wird. [3]Zu diesen Maßnahmen kann die Pseudonymisierung gehören, sofern es möglich ist, diese Zwecke auf diese Weise zu erfüllen. [4]In allen Fällen, in denen diese Zwecke durch die Weiterverarbeitung, bei der die Identifizierung von betroffenen Personen nicht oder nicht mehr möglich ist, erfüllt werden können, werden diese Zwecke auf diese Weise erfüllt.

(2) Werden personenbezogene Daten zu wissenschaftlichen oder historischen Forschungszwecken oder zu statistischen Zwecken verarbeitet, können vorbehaltlich der Bedingungen und Garantien gemäß Absatz 1 des vorliegenden Artikels im Unionsrecht oder im Recht der Mitgliedstaaten insoweit Ausnahmen von den Rechten gemäß der Artikel 15, 16, 18 und 21 vorgesehen werden, als diese Rechte voraussichtlich die Verwirklichung der spezifischen Zwecke unmöglich machen oder ernsthaft beeinträchtigen und solche Ausnahmen für die Erfüllung dieser Zwecke notwendig sind.

(3) Werden personenbezogene Daten für im öffentlichen Interesse liegende Archivzwecke verarbeitet, können vorbehaltlich der Bedingungen und Garantien gemäß Absatz 1 des vorliegenden Artikels im Unionsrecht oder im Recht der Mitgliedstaaten insoweit Ausnahmen von den Rechten gemäß der Artikel 15, 16, 18, 19, 20 und 21 vorgesehen werden, als diese Rechte voraussichtlich die Verwirklichung der spezifischen Zwecke unmöglich machen oder ernsthaft beeinträchtigen und solche Ausnahmen für die Erfüllung dieser Zwecke notwendig sind.

(4) Dient die in den Absätzen 2 und 3 genannte Verarbeitung gleichzeitig einem anderen Zweck, gelten die Ausnahmen nur für die Verarbeitung zu den in diesen Absätzen genannten Zwecken.

Art. 90 Geheimhaltungspflichten

(1) [1]Die Mitgliedstaaten können die Befugnisse der Aufsichtsbehörden im Sinne des Artikels 58 Absatz 1 Buchstaben e und f gegenüber den Verantwortlichen oder den Auftragsverarbeitern, die nach Unionsrecht oder dem Recht der Mitgliedstaaten oder nach einer von den zuständigen nationalen Stellen erlassenen Verpflichtung dem Berufsgeheimnis oder einer gleichwertigen Geheimhaltungspflicht unterliegen, regeln, soweit dies notwendig und verhältnismäßig ist, um das Recht auf Schutz der personenbezogenen Daten mit der Pflicht zur Geheimhaltung in Einklang zu bringen. [2]Diese Vorschriften gelten nur in Bezug auf personenbezogene Daten, die der Verantwortliche oder der Auftragsverarbeiter bei einer Tätigkeit erlangt oder erhoben hat, die einer solchen Geheimhaltungspflicht unterliegt.

(2) Jeder Mitgliedstaat teilt der Kommission bis zum 25. Mai 2018 die Vorschriften mit, die er aufgrund von Absatz 1 erlässt, und setzt sie unverzüglich von allen weiteren Änderungen dieser Vorschriften in Kenntnis.

Art. 91 Bestehende Datenschutzvorschriften von Kirchen und religiösen Vereinigungen oder Gemeinschaften

(1) Wendet eine Kirche oder eine religiöse Vereinigung oder Gemeinschaft in einem Mitgliedstaat zum Zeitpunkt des Inkrafttretens dieser Verordnung umfassende Regeln zum Schutz natürlicher Personen bei der Verarbeitung an, so dürfen diese Regeln weiter angewandt werden, sofern sie mit dieser Verordnung in Einklang gebracht werden.

(2) Kirchen und religiöse Vereinigungen oder Gemeinschaften, die gemäß Absatz 1 umfassende Datenschutzregeln anwenden, unterliegen der Aufsicht durch eine unabhängige Aufsichtsbehörde, die spezifischer Art sein kann, sofern sie die in Kapitel VI niedergelegten Bedingungen erfüllt.

Kapitel X. Delegierte Rechtsakte und Durchführungsrechtsakte

Art. 92 Ausübung der Befugnisübertragung

(1) Die Befugnis zum Erlass delegierter Rechtsakte wird der Kommission unter den in diesem Artikel festgelegten Bedingungen übertragen.

(2) Die Befugnis zum Erlass delegierter Rechtsakte gemäß Artikel 12 Absatz 8 und Artikel 43 Absatz 8 wird der Kommission auf unbestimmte Zeit ab dem 24. Mai 2016 übertragen.

(3) [1]Die Befugnisübertragung gemäß Artikel 12 Absatz 8 und Artikel 43 Absatz 8 kann vom Europäischen Parlament oder vom Rat jederzeit widerrufen werden. [2]Der Beschluss über den Widerruf beendet die Übertragung der in diesem Beschluss angegebenen Befugnis. [3]Er wird am Tag nach seiner Veröffentlichung im Amtsblatt der Europäischen Union oder zu einem im Beschluss über den Widerruf angegebenen späteren Zeitpunkt wirksam. [4]Die Gültigkeit von delegierten Rechtsakten, die bereits in Kraft sind, wird von dem Beschluss über den Widerruf nicht berührt.

(4) Sobald die Kommission einen delegierten Rechtsakt erlässt, übermittelt sie ihn gleichzeitig dem Europäischen Parlament und dem Rat.

(5) [1]Ein delegierter Rechtsakt, der gemäß Artikel 12 Absatz 8 und Artikel 43 Absatz 8 erlassen wurde, tritt nur in Kraft, wenn weder das Europäische Parlament noch der Rat innerhalb einer Frist von drei Monaten nach Übermittlung dieses Rechtsakts an das Europäische Parlament und den Rat Einwände erhoben haben oder wenn vor Ablauf dieser Frist das Europäische Parlament und der Rat beide der Kommission mitgeteilt haben, dass sie keine Einwände erheben werden. [2]Auf Veranlassung des Europäischen Parlaments oder des Rates wird diese Frist um drei Monate verlängert.

Art. 93 Ausschussverfahren

(1) [1]Die Kommission wird von einem Ausschuss unterstützt. [2]Dieser Ausschuss ist ein Ausschuss im Sinne der Verordnung (EU) Nr. 182/2011.

(2) Wird auf diesen Absatz Bezug genommen, so gilt Artikel 5 der Verordnung (EU) Nr. 182/2011.

(3) Wird auf diesen Absatz Bezug genommen, so gilt Artikel 8 der Verordnung (EU) Nr. 182/2011 in Verbindung mit deren Artikel 5.

Kapitel XI. Schlussbestimmungen

Art. 94 Aufhebung der Richtlinie 95/46/EG

(1) Die Richtlinie 95/46/EG wird mit Wirkung vom 25. Mai 2018 aufgehoben.

(2) [1]Verweise auf die aufgehobene Richtlinie gelten als Verweise auf die vorliegende Verordnung. [2]Verweise auf die durch Artikel 29 der Richtlinie 95/46/EG eingesetzte Gruppe für den Schutz von Personen bei der Verarbeitung personenbezogener Daten gelten als Verweise auf den kraft dieser Verordnung errichteten Europäischen Datenschutzausschuss.

Art. 95 Verhältnis zur Richtlinie 2002/58/EG

Diese Verordnung erlegt natürlichen oder juristischen Personen in Bezug auf die Verarbeitung in Verbindung mit der Bereitstellung öffentlich zugänglicher elektronischer Kommunikationsdienste in öffentlichen Kommunikationsnetzen in der Union keine zusätzlichen Pflichten auf, soweit sie besonderen in der Richtlinie 2002/58/EG festgelegten Pflichten unterliegen, die dasselbe Ziel verfolgen.

Art. 96 Verhältnis zu bereits geschlossenen Übereinkünften

Internationale Übereinkünfte, die die Übermittlung personenbezogener Daten an Drittländer oder internationale Organisationen mit sich bringen, die von den Mitgliedstaaten vor dem 24. Mai 2016 abgeschlossen wurden und die im Einklang mit dem vor diesem Tag geltenden Unionsrecht stehen, bleiben in Kraft, bis sie geändert, ersetzt oder gekündigt werden.

Art. 97 Berichte der Kommission

(1) [1]Bis zum 25. Mai 2020 und danach alle vier Jahre legt die Kommission dem Europäischen Parlament und dem Rat einen Bericht über die Bewertung und Überprüfung dieser Verordnung vor. [2]Die Berichte werden öffentlich gemacht.

(2) Im Rahmen der Bewertungen und Überprüfungen nach Absatz 1 prüft die Kommission insbesondere die Anwendung und die Wirkungsweise

a) des Kapitels V über die Übermittlung personenbezogener Daten an Drittländer oder an internationale Organisationen insbesondere im Hinblick auf die gemäß Artikel 45 Absatz 3 der vorliegenden Verordnung erlassenen Beschlüsse sowie die gemäß Artikel 25 Absatz 6 der Richtlinie 95/46/EG erlassenen Feststellungen,

b) des Kapitels VII über Zusammenarbeit und Kohärenz.

(3) Für den in Absatz 1 genannten Zweck kann die Kommission Informationen von den Mitgliedstaaten und den Aufsichtsbehörden anfordern.

(4) Bei den in den Absätzen 1 und 2 genannten Bewertungen und Überprüfungen berücksichtigt die Kommission die Standpunkte und Feststellungen des Europäischen Parlaments, des Rates und anderer einschlägiger Stellen oder Quellen.

(5) Die Kommission legt erforderlichenfalls geeignete Vorschläge zur Änderung dieser Verordnung vor und berücksichtigt dabei insbesondere die Entwicklungen in der Informationstechnologie und die Fortschritte in der Informationsgesellschaft.

Art. 98 Überprüfung anderer Rechtsakte der Union zum Datenschutz

[1]Die Kommission legt gegebenenfalls Gesetzgebungsvorschläge zur Änderung anderer Rechtsakte der Union zum Schutz personenbezogener Daten vor, damit ein einheitlicher und kohärenter Schutz natürlicher Personen bei der Verarbeitung sichergestellt wird. [2]Dies betrifft insbesondere die Vorschriften zum Schutz natürlicher Personen bei der Verarbeitung solcher Daten durch die Organe, Einrichtungen, Ämter und Agenturen der Union und zum freien Verkehr solcher Daten.

Art. 99 Inkrafttreten und Anwendung

(1) Diese Verordnung tritt am zwanzigsten Tag nach ihrer Veröffentlichung[22] im Amtsblatt der Europäischen Union in Kraft.

[22] Veröffentlicht am 4.5.2016.

(2) Sie gilt ab dem 25. Mai 2018.

Diese Verordnung ist in allen ihren Teilen verbindlich und gilt unmittelbar in jedem Mitgliedstaat.

Geschehen zu Brüssel am 27. April 2016.

Im Namen des Europäischen Parlaments	*Im Namen des Rates*
Der Präsident	*Die Präsidentin*
M. SCHULZ	J.A. HENNIS-PLASSCHAERT

Einleitung

Literatur: *Ashkar*, Durchsetzung und Sanktionierung des Datenschutzrechts nach den Entwürfen der Datenschutz-Grundverordnung, DuD 2015, 796; *Bäcker/Hornung*, EU-Richtlinie für Datenverarbeitung bei Polizei und Justiz in Europa, ZD 2012, 147; *Baumgartner/Gausling*, Datenschutz durch Technikgestaltung und datenschutzfreundliche Voreinstellungen, ZD 2017, 308; *Bergt*, Verhaltensregelungen als Mittel zur Beseitigung der Rechtsunsicherheit in der Datenschutz-Grundverordnung, CR 2016, 670; *Bergt*, Sanktionierung von Verstößen gegen die Datenschutz-Grundverordnung, DuD 2017, 555; *Bieker/Hansen*, Datenschutz „by Design" und „by Default" nach der neuen europäischen Datenschutz-Grundverordnung, RDV 2017, 165; *Bieker/Hansen/Friedewald*, Die grundrechtskonforme Ausgestaltung der Datenschutz-Folgenabschätzung nach der neuen europäischen Datenschutz-Grundverordnung, RDV 2016, 88; *Bittner*, Der Datenschutzbeauftragte gemäß EU-Datenschutz-Grundverordnung-Entwurf, RDV 2014, 189; *Boehme-Neßler*, Das Ende der Anonymität, DuD 2016, 419; *Buchner*, Grundsätze und Rechtmäßigkeit der Datenverarbeitung unter der DS-GVO, DuD 2016, 155; *Bull*, Sinn und Unsinn des Datenschutzes, 2015; *Culik/Döpke*, Zweckbindungsgrundsatz gegen unkontrollierten Einsatz von Big Data Anwendungen, ZD 2017, 226; *Dammann*, Erfolge und Defizite der EU-Datenschutzgrundverordnung, ZD 2016, 307; *Dehmel*, Datenschutz in der global vernetzten Wirtschaft – ein europäischer Exportschlager?, ZD 2015, 197; *Dehmel/Hullen*, Auf dem Weg zu einem zukunftsfähigen Datenschutz in Europa, ZD 2013, 147; *Dietrich*, Rechtsdurchsetzungsmöglichkeiten nach der DS-GVO, ZD 2016, 260; *Eckhardt/Kramer/Mester*, Auswirkungen der geplanten EU-DS-GVO auf den deutschen Datenschutz, DuD 2013, 623; *Eichendorfer*, Vom Zweckbindungsgrundsatz zur Interessenabwägung?, PinG 2017, 135; *Faust/Spittka/Wybitul*, Milliardenbußgelder nach der DS-GVO, ZD 2016, 120; *Franck*, Das System der Betroffenenrechte nach der Datenschutz-Grundverordnung (DS-GVO) RDV 2016, 111; *Franck/Reif*, Pluralistische Datenschutzkontrolle. Datenschutzbeauftragte, Stellvertreter, Hilfspersonal und mehr, ZD 2015, 405; *S. Gerling/R. W. Gerling*, Wie realistisch ist „ein Recht auf Vergessen werden"?, DuD 2013, 445; *Gierschmann*, Was „bringt" deutschen Unternehmen die DS-GVO?, ZD 2016, 51; *Gola*, Der neue Beschäftigtendatenschutz nach § 26 BDSG nF, BB 2017, 1462; *Gola/Lepperhoff*, Reichweite des Haushalts- und Familienprivilegs bei der Datenverarbeitung, ZD 2016, 9; *Gola/Piltz*, Die Datenschutz-Haftung nach geltendem und zukünftigem Recht – ein vergleichender Ausblick auf Art. 77 DS-GVO, RDV 2015, 27; *Gola/Pötters/Thüsing*, Art. 82 DS-GVO: Öffnungsklausel für nationale Regelungen zum Beschäftigtendatenschutz – Warum der deutsche Gesetzgeber jetzt handeln muss, RDV 2016, 57; *Gola/Schulz*, Der Entwurf einer EU-DS-GVO – eine Zwischenbilanz, RDV 2013, 1; *Gola/Schulz*, DS-GVO – Neue Vorgaben bei dem Datenschutz von Kindern, ZD 2013, 475; *Gola/Schulz*, Listenprivileg, Drittinteresse, Zweckbindung, K&R 2015, 609; *v. Grafenstein*, Das Zweckbindungsprinzip zwischen Innovationsoffenheit und Rechtssicherheit, DuD 2015, 789; *Grimm*, Der Datenschutz vor einer Neuorientierung, JZ 2013, 585; *Härting*, Zweckbindung und Zweckänderung im Datenschutzrecht, NJW 2015, 3284; *Hansen*, Datenschutz-Folgenabschätzung – gerüstet für Datenschutzvorsorge?, DuD 2016, 587; *Helbing*, Big Data und der datenschutzrechtliche Grundsatz der Zweckbindung, K&R 2015, 145; *Janet/Kieselmann/Wacker*, Das Recht auf Vergessen im Internet, DuD 2013, 235; *Jaquemain*, Haftung privater Stellen bei Datenschutzverstößen, RDV 2017, 227; *Jaspers/Reif*, Der Datenschutzbeauftragte nach der Datenschutz-Grundverordnung: Bestellpflicht, Rechtsstellung und Aufgaben, RDV 2016, 61; *Jülicher/Röttgen/v. Schönfeld*, Das Recht auf Datenübertragbarkeit, ZD 2016, 358; *Karg*, Die Renaissance des Verbotsprinzips im Datenschutz, DuD 2013, 75; *Karper*, Datenschutzsiegel und Zertifizierung nach der Datenschutz-Grundverordnung, PinG 2016, 201; *Kartheuser/Schmitt*, Der Niederlassungsbegriff und seine praktischen Auswirkungen, ZD 2016, 155; *Klar*, Räumliche Anwendbarkeit des (europäischen) Datenschutzrechts, ZD 2013, 109; *Klug*, Der Datenschutzbeauftragte in der EU,

ZD 2016, 315; *Kodde*, Die „Pflicht zu vergessen“, ZD 2013, 155; *Kort*, Der Beschäftigtendatenschutz nach § 26 BDSG-neu, ZD 2017, 319; *Kranig*, Zuständigkeit der Datenschutzaufsichtsbehörden: Feststellung des Status Quo mit Ausblick auf die DS-GVO, ZD 2013, 550; *Kraska*, Datenschutzzertifizierungen in der EU-Datenschutzgrundverordnung, ZD 2016, 153; *Krischker*, Die Bußgeldbewehrtheit von Datenpannen, DuD 2015, 813; *Krohm*, Die wirtschaftliche Einheit als Bußgeldadressat unter der Datenschutz-Grundverordnung, RDV 2017, 221; *Kühling/Martini*, Die Datenschutz-Grundverordnung: Revolution oder Evolution im deutschen Datenschutzrecht?, EuZW 2016, 448; *Kühling/Martini* et al., Die Datenschutz-Grundverordnung und das nationale Recht – Erste Überlegungen zum innerstaatlichen Regelungsbedarf, 2016; *Kugelmann*, Datenfinanzierte Internetangebote, DuD 2016, 566; *Lang*, Reform des EU-Datenschutzrechts, K&R 2012, 145; *Laue*, Öffnungsklauseln in der DS-GVO – Öffnung wohin?, ZD 2016, 463; *Lepperhoff*, Dokumentationspflichten in der DS-GVO, RDV 2016, 135; *Leutheusser-Schnarrenberger*, Dokumentationspflichten nach der DS-GVO, RDV 2016, 111; *Lüdemann/Wenzel*, Zur Funktionsfähigkeit der Datenschutzaufsicht in Deutschland, RDV 2015, 285; *Marnau*, Anonymisierung und Transparenz für Big Data, DuD 2016, 428; *Marschall*, Datenpannen – „neue“ Meldepflicht nach der europäischen DS-GVO?, DuD 2015, 183; *Martens*, Anwendungsbereich des Entwurfs der Datenschutz-Grundverordnung im öffentlichen Bereich. Dateibegriff führt zur praktischen Bedeutungslosigkeit, PinG 2015, 213; *Michl*, Das Verhältnis zwischen Art. 7 und 8 GRCh – zur Bestimmung der Grundlagen des Datenschutzrechts im EU-Recht, DuD 2017, 349; *Monreal*, „Der für die Arbeit Verantwortliche“ – das unbekannte Wesen des deutschen Datenschutzrechts. Mögliche Konsequenzen aus einem deutschen Missverständnis, ZD 2014, 611; *Müthlein*, ADV 5.0 – Neugestaltung der Auftragsdatenverarbeitung, RDV 2016, 72; *Nguyen*, Die zukünftige Datenschutzaufsicht in Europa. Anregungen für den Trilog zu Kap. VI bis VII der DS-GVO, ZD 2015, 265; *Nolde*, Sanktionen nach DSGVO und BDSG-neu: Wem droht was warum?, PinG 2017, 114; *Petri*, Auftragsdatenverarbeitung – heute und morgen. Reformüberlegungen zur Neuordnung des Europäischen Datenschutzrechts, ZD 2015, 305; *Piltz*, Der räumliche Anwendungsbereich des europäischen Datenschutzrechts, K&R 2013, 292; *Piltz*, Die Datenschutz-Grundverordnung, K&R 2016, 557, 629, 709; *Pohl*, Durchsetzungsdefizite der DSGVO? – Der schmale Grad zwischen Flexibilität und Unbestimmtheit, PinG 2017, 85; *Pollmann/Kipker*, Informierte Einwilligung in der Online-Welt, DuD 2016, 378; *Pötters*, Primärrechtliche Vorgaben für eine Reform des Datenschutzrechts, RDV 2015, 10; *Preuß*, Das Datenschutzrecht der Religionsgesellschaften. Eine Untersuchung de lege lata und de lege ferenda nach Inkrafttreten der DS-GVO, ZD 2015, 21; *Richter*, Datenschutz zwecklos? – Das Prinzip der Zweckbindung im Ratsentwurf des DS GVO, DuD 2015, 735; *Robrecht*, EU-Datenschutzgrundverordnung: Transparenzgewinn oder Information-Overkill, 2015; *Ronellenfitsch*, Kohärenz und Vielfalt, DuD 2016, 357; *Rost*, Durchsetzungsdefizite der DSGVO? Bußgeld im digitalen Zeitalter – Was bringt die DS-GVO?, RDV 2017, 137; *Roßnagel*, Wie zukunftsfähig ist die Datenschutz-Grundverordnung?, DuD 2016, 561; *Roßnagel/Nebel/Richter*, Was bleibt vom Europäischen Datenschutzrecht? Überlegungen zum Ratsentwurf der DS-GVO, ZD 2015, 455; *Sarunski*, Big Data – Ende der Anonymität?, DuD 2016, 424; *Schaar*, DS-GVO: Geänderte Vorgaben für die Wissenschaft, ZD 2016, 224; *Schantz*, Datenschutz-Grundverordnung – Beginn einer neuen Zeitrechnung im Datenschutzrecht, NJW 2016, 1841; *Schefzig*, Der Datenschutzbeauftragte in der betrieblichen Datenschutzorganisation. Konflikt zwischen Zuverlässigkeit und datenschutzrechtlicher Verantwortung, ZD 2015, 503; *Schmitz/v. Dall'Armi*, Standardvertragsklauseln – heute und morgen, ZD 2016, 217; *Schneider/Härting*, Datenschutz in Europa – Plädoyer für einen Neubeginn. Zehn „Navigationsempfehlungen“, damit das EU-Datenschutzrecht internettauglich und effektiv wird, CR 2014, 306; *Schuler/Weichert*, Ein „Export-Import-Standardvertrag für Drittauslands-Datenverkehr, DuD 2016, 386; *Schwartmann/Weis*, Ko-Regulierung vor einer neuen Blüte – Verhaltensregelungen und Zertifizierungsverfahren nach der Datenschutzgrundverordnung, RDV 2016, 68; *Taeger*, Verbot des Profilings nach Art. 22 DS-GVO und die Regulierung des Scorings ab Mai 2018, RDV 2017, 3; *Taeger*, Scoring in Deutschland nach der EU-Datenschutzgrundverordnung,

ZRP 2016, 72; *Veil*, Risikobasierter Ansatz statt rigides Verbotsprinzip. Eine erste Bestandsaufnahme, ZD 2015, 347; *Wedde*, Datenschutzrecht für Europa 0.4, CuA 3/2016, 9; *Weichert*, Die Zukunft des Datenschutzbeauftragten, CuA 4/2016, 8; *Wendler/Günther*, Europäischer Gerichtshof: Anwendungsbereich des nationalen Schutzrechts in Europa, PinG 2016, 115; *Wieczorek*, Der räumliche Anwendungsbereich der EU-Datenschutz-Grundverordnung, DuD 2013, 644; *Wolff*, Verhaltensregelungen nach Art. 40 DS-GVO auf dem Prüfstand, ZD 2017, 151; *Wybitul/Ströbel/Rueb*, Übermittlung personenbezogener Daten in Drittländer, ZD 2017, 509; *Ziebarth*, Verbeserte Viseoüberwachun? Auswirkungen des Videoüberwachungsgesetzes, ZD 2017, 467.

Übersicht

A. Basis des Datenschutzes in Europa

I. Die Schutzziele

1 Datenschutz basiert in Europa auf zwei Rechtskreisen, nämlich zum einen dem Schutz der **Privatsphäre** und zum anderen dem weiterreichenden Schutz des allgemeinen **Persönlichkeitsrechts**. Während der erstgenannte Ansatz sphärenbezogen das Verhältnis zwischen Individualität und Gesellschaft umgrenzt, verfolgt der zweitgenannte Ansatz die Entfaltung individueller Freiheitsrechte, allen voran die allgemeine Handlungsfreiheit.

2 Ausgehend von diesem zweiten Ansatz leitete das Bundesverfassungsgericht 1983 im **Volkszählungsurteil**[1] aus den Art. 1 und 2 GG als eigenständiges Grundrecht das jedem Einzelnen zustehende **„Recht auf informationelle Selbstbestimmung"** ab. Das Gericht sieht dieses Grundrecht nicht allein als subjektives Recht der einzelnen Menschen, sondern auch als „elementare Funktionsbedingung eines auf Handlungs- und Mitwirkungsfähigkeit seiner Bürger begründeten freiheitlichen demokratischen Gemeinwesens".[2]

---

[1] BVerfG, Urt. v. 15.12.1983 – 1 BvR 209/83, 1 BvR 484/83, 1 BvR 440/83, 1 BvR 420/83, 1 BvR 362/83, 1 BvR 269/83 (Volkszählungsurteil), NJW 1984, 419.

[2] Zum Bezug zur DS-GVO *Albrecht*, ZD 2013, 587.

3 Die Rechtsprechung des BVerfG entfaltete eine nachhaltige Wirkung auf die Rechtsprechung des Europäischen Gerichtshofs für Menschenrechte (EGMR), der nationalen Gerichte europäischer Staaten wie auch des Europäischen Gerichtshofes (EuGH). In einem seinen ersten Urteilen zu den gemeinsamen Gemeinschaftsgrundrechten erkannte der EuGH zunächst ein **Recht auf Privatleben** an, wobei er nunmehr zwischen dem Recht auf Privatleben und Persönlichkeitsrechtsschutz unterscheidet.[3] Damit gewährt er umfassenden Grundrechtsschutz bei der Verarbeitung personenbezogener Daten ohne Beschränkung auf sensible Daten oder eine direkte Beeinträchtigung beim Betroffenen. Parallel zur Entwicklung der Europäischen Wirtschaftsgemeinschaft zu einer Werteunion verlangte der EuGH für den Schutz personenbezogener Daten keinen Bezug mehr zu einer kommerziellen Tätigkeit. In seinem Urteil zur **Vorratsdatenspeicherung** vom 8.4.2014[4] bekräftigte er für die Verarbeitung personenbezogener Daten nicht nur die strenge Anwendung des Erforderlichkeits- und Verhältnismäßigkeitsgrundsatzes, sondern bestätigte die zuvor schon in der Volkszählungsentscheidung des BVerfG begründeten Grundrechtsschutzprinzipen der Bestimmtheit und der Transparenz, der technisch-organisatorischen und der prozeduralen Sicherungen.

4 Während sich das vorgenannte Urteil gegen eine hoheitlich angeordnete Datenverarbeitung richtete, bestätigte der EuGH[5] im Fall Google vs. Gonzales die Anwendbarkeit des **Datenschutzgrundrechts** auf private Datenverarbeitung. Das Urteil konkretisiert den **„Anspruch auf Vergessen"** und stellt klar, dass bei Vorliegen einer Niederlassung in einem Mitgliedstaat dessen Datenschutzrecht anwendbar ist.

5 In der Frage der Untätigkeit der irischen Aufsichtsbehörde gegenüber Facebook konkretisierte der EuGH[6] seine grundrechtlichen Anforderungen an Datenübermittlungen von Europa in Staaten, in denen kein angemessenes **Datenschutzniveau** besteht und betonte das Verbot anlassloser Massenüberwachung.[7]

II. Die Europäische Datenschutzgesetzgebung

6 **1. Der Europarat.** Die erste europäische verfassungsrechtliche Regelung mit Datenschutzbezug ist Art. 8 der **Europäischen Menschenrechtskonvention** vom 4.11.1950, der auf Art. 12 über die Wahrung von Privat- und Familienleben der allgemeinen Erklärung der Menschenrechte der Vereinten Nationen vom 10.12.1948 basiert. Alle Mitgliedstaaten des Europarates haben die EMRK in ihr

---

[3] Urt. v. 17.12.2013 – C-291/12.

[4] C-293/und V-594/12, ZD 2014, 296.

[5] Urt. v. 13.5.2015 – C-131/12.

[6] Urt. v. 6.10.2015 – C-362/14.

[7] Zu den weiteren wichtigsten Urteilen des EuGH zum Datenschutz gehören die Urt. v. 1.10.2015 – C-201/14 – Agentia Nationala de Administrare Fiscala (ANAF), Rechtsgrundlage für Übermittlung von Steuerdaten; v. 1.10.2015 – C-230/14 – Weltimmo s. Ausführungen zum Begriff der Niederlassung und zum anwendbaren nationalen Recht; v. 11.12.2014 – C-212/13 – Ryneš, private Videoüberwachung im öffentlichen Raum; v. 13.10.2013 – C-291/12 – Schwarz, biometrische Daten im Reisepass; v. 16.10.2012 – C-614/10 – Österreichische Datenschutzkommission, unabhängige Datenschutzkontrolle; v. 24.11.2011 – C-468/10, C-469/10 – ASNEF/FECEMD, Pflicht zur Interessenabwägung; v. 9.11.2010 – C-92, 93/10 – Schecke, Veröffentlichung von Agrarbeihilfeempfängern; v. 29.6.2010 – C-28/08P – Bavarian Lager, Veröffentlichung in Unionsorgan; v. 9.3.2010 – C-518/07 – Deutsche Datenschutzaufsicht, unabhängige Datenschutzkontrolle.

nationales Recht übernommen oder umgesetzt.[8] Art. 8 EMRK garantiert das Recht auf Achtung des Privat- und Familienlebens, der Wohnung und der Korrespondenz und eben auch auf Schutz personenbezogener Daten und legt die Bedingungen fest, unter denen Einschränkungen dieses Rechts zulässig sind.

Um die Einhaltung der Verpflichtungen der Vertragsparteien aus der EMRK sicherzustellen, wurde 1959 in Straßburg der **Europäische Gerichtshof für Menschenrechte** (EGMR) etabliert. Zwischenzeitlich hat sich der EGMR mit vielen Fällen befasst, in denen es um Datenschutzfragen ging; nicht zuletzt im Zusammenhang mit dem Abhören des Datenverkehrs[9] und dem Schutz gegen die Speicherung personenbezogener Daten durch Behörden.[10] 7

In den Folgejahren verabschiedete das Ministerkomitee des **Europarates** mehrere Entschließungen zum Schutz personenbezogener Daten. Das bedeutsame und von allen EU-Staaten ratifizierte Übereinkommen Nr. 108 aus dem Jahre 1981 schützt den Menschen vor Missbrauch bei der Erhebung und Verarbeitung personenbezogener Daten und strebt gleichzeitig eine Regulierung des grenzüberschreitenden Datenverkehrs an.[11] Die in ihm enthaltenen Grundsätze und Regelungen entsprechen auch ihrer Formulierung durchweg den Texten der DS-GVO. 8

2. Die Europäische Union. a) Datenschutz als Europäisches Grundrecht. Das EU-Recht setzt sich aus Verträgen und dem sekundären EU-Recht zusammen. Die Verträge, insbesondere der **Vertrag über die Europäische Union** (EUV) und der **Vertrag über die Arbeitsweise der Europäischen Union** (AEUV), wurden von allen EU-Mitgliedstaaten angenommen und werden auch als **„primäres EU-Recht"** bezeichnet. Die Verordnungen, Richtlinien und Beschlüsse der EU sind Ergebnisse der EU-Gesetzgebung. Sie werden häufig als „sekundäres EU-Recht" bezeichnet.[12] Als primäres Verfassungsrecht verbürgt Art. 8 der Charta der Grundrechte der Europäischen Union[13] den **Anspruch auf Datenschutz** auf europäischer Ebene, der inhaltlich Art. 8 der Europäischen Menschenrechtskonvention vom 4.11.1950 entspricht. Seine Grundlage bildet Art. 7 mit dem Recht auf Achtung der Privatsphäre.[14] Der Auftrag an die EU diesen Schutz normativ umzusetzen befindet sich in Art. 16 AEUV. 9

b) Die „Datenschutz-Richtlinien". Eine **Richtlinie** ist einer von fünf in Art. 288 des Vertrages über die Arbeitsweise der europäischen Union (AEUV) vorgesehenen Rechtsakten. Sie ist mit dem Ziel der Harmonisierung der geregelten Rechtsmaterie in den einzelnen EU-Staaten ausschließlich an die Mitgliedstaaten gerichtet und von diesen in nationales Recht umzusetzen. Konkretisiert im sekundären Recht wird Art. 8 der Grundrechtecharta derzeit noch primär in zwei Richtlinien. 10

---

[8] Vgl. für Deutschland BGBl. 1952 II S. 686.

[9] EGMR, Malone/Vereinigtes Königreich, Nr. 8691/79 v. 2.8.1984; EGMR, Copland/Vereinigtes Königreich, Nr. 62617/00 v. 3.4.2007.

[10] EGMR, I/Finnland, Nr. 20511/03 v. 17.7.2008; EGMR, K.U./Finnland, Nr. 2872/02 v. 2.12.2008.

[11] Europarat, Übereinkommen zum Schutz der Menschen bei der automatischen Verarbeitung personenbezogener Daten, SEV Nr. 108, 1981.

[12] Zu den primärrechtlichen Vorgaben für eine Reform des Datenschutzrechts vgl. *Pötters*, RDV 2015, 10.

[13] ABl. C 80/2001 v. 10.3.2001.

[14] *Michl*, DuD 2017, 349.

11 Die Detailregelungen des europäischen Datenschutzes enthält die Richtlinie 95/46/EG des Europäischen Parlaments und des Rates vom 24.10.1995 zum Schutz natürlicher Personen bei der Verarbeitung personenbezogener Daten und zum freien Datenverkehr **(Datenschutzrichtlinie)**.[15]

12 Nachfolgend wurden mit in der Richtlinie 2002/58/EG über die Verarbeitung personenbezogener Daten und den Schutz der Privatsphäre in der elektronischen Kommunikation (Datenschutzrichtlinie für elektronische Kommunikation – **ePrivacy-Richtlinie**)[16] bereichsspezifische Datenschutzvorschriften für den Kommunikationsbereich geschaffen.

13 Anlass der europäischen Regelung war, dass der freie Waren-, Kapital- und Dienstleistungsverkehr und die Personenfreizügigkeit einen **ungehinderten Datenverkehr** erforderten, der nur möglich war, wenn sich die Mitgliedstaaten auf ein einheitlich hohes Datenschutzniveau verlassen konnten. Dies gewährleisteten die in einem Teil der Mitgliedstaaten bereits seit geraumer Zeit – in Deutschland galt das BDSG schon seit rund 20 Jahren[17] – bestehenden, divergierenden Datenschutzgesetze nicht. Aber auch unter der Herrschaft der Richtlinie wurde der gewünschte Harmonisierungseffekt nicht erreicht, weil die Nationalstaaten die Spielräume bei der Umsetzung der Richtlinie in nationales Recht sehr weit und unterschiedlich sahen.[18]

14 **c) Regelungsbedarf durch Verordnung.** Demgemäß wurde seitens der EU-Kommission bereits frühzeitig Überlegungen dahingehend nachgegangen,[19] das Datenschutzrecht zu seiner weiteren Vereinheitlichung und Modernisierung im Wege einer unmittelbar geltenden **Verordnung** grundsätzlich einheitlich für den öffentlichen und nichtöffentlichen Bereich neu zu regeln.

15 Die unmittelbare Geltung der Regelungen einer Verordnung ergibt sich aus Art. 288 Abs. 2 AEUV, nach dem gemäß ihrer **„Durchgriffswirkung"** Verordnungen von den EU-Mitgliedstaaten nicht in nationales Recht umgesetzt werden müssen. Vielmehr besteht ein „Umsetzungsverbot" das auch Modifikationen der vorgegebenen Regelungen durch die einzelnen Mitgliedstaaten grundsätzlich untersagt. Mit Inkrafttreten einer Verordnung können Behörden der Mitgliedstaaten und Gerichte sie umsetzen. Stellen sich für die Gerichte diesbezüglich Auslegungsfragen, so muss der EuGH nach den Regeln des Vorabentscheidungsverfahrens angerufen werden (Art. 267 Abs. 1 lit. b AEUV).

16 Die europaverbindliche Regelung sollte mit einer auf folgenden sieben Grundsteinen[20] aufbauende Modernisierung des Datenschutzrechts verknüpft werden:

1. Einheitliche Rechtsgrundlage einer Verordnung (Rechtssicherheit, Wettbewerbsgleichheit, kein Forum Shopping)
2. Eindeutige Zuständigkeit einer einzelnen Datenschutzbehörde (One-Stop-Shop)

---

[15] Datenschutzrichtlinie, ABl. I 281 v. 23.11.1995.

[16] ABl. 2002 L 201.

[17] Für Deutschland und die Entwicklung des BDSG vgl. bei *Gola/Schomerus*, BDSG, Einl. Rn. 5 ff.; zur Geschichte des Datenschutzes insgesamt s. Roßnagel/*Abel*, Handbuch Datenschutzrecht, Kap. 2.7; LfD Rheinland-Pfalz, 24. TB (2012/13), S. 30 ff.

[18] Vgl. auch EuGH, Urt. v. 24.11.2011 – C-468/10 u. C-469/10 – ASNEF und FECEMD.

[19] Ua Konsultationsverfahren Gesamtkonzept zum Datenschutz v. 4.11.2000, KOM(2010) 609 endg.; vgl. die Analyse bei *Klug*, RDV 2011, 129.

[20] *Lang*, K&R 2012, 145; *Priebe*, EuZW 2012, 163; *Reding*, ZD 2012, 195.

3. Einheitlich hohes Datenschutzniveau
4. Berücksichtigung der Besonderheiten von Polizei und Justiz in der Rechtsarchitektur (bereichsspezifische EG-Richtlinie)[21]
5. Besondere Aufmerksamkeit für kleinere und mittlere Unternehmen
6. Ausgewogene Berücksichtigung aller Grundrechte
7. Offenheit des neuen Rechtsrahmens für zukünftige technologische und wirtschaftliche Entwicklungen

Der Vorschlag einer „Verordnung des Europäischen Parlaments und des Rats zum **17** Schutz natürlicher Personen bei der Verarbeitung personenbezogener Daten und zum freien Datenverkehr (Datenschutz-Grundverordnung – DS-GVO") wurde sodann am 25.1.2012 in das Rechtssetzungsverfahren eingebracht.[22]

Nachdem die Vorschläge der beiden weiteren am Rechtssetzungsverfahren **18** beteiligten Institutionen, dh des Parlaments und des Rats vorlagen, wurde mit dem offensichtlichen gemeinsamen Willen nach einer zügigen Einigung im Juni 2015 der sog. **Trilog** zwecks Abstimmung dieser Vorschläge bzw. Verständigung auf einen gemeinsamen Gesetzestext begonnen und nach einem halben Jahr am 15.12.2015 erfolgreich abgeschlossen.[23]

Am 14.4.2016 hat das Europäische Parlament die „Verordnung des Rates und des **19** europäischen Parlaments zum Schutz natürlicher Personen (DS-GVO)" verabschiedet. Sie ist nach Veröffentlichung im Amtsblatt der EU[24] am 25.5.2016 in Kraft getreten und wird Geltung haben ab dem 25.5.2018 (Art. 99). Am 19.4.2018 (8088/18) folgte ein „Corrigendum", das vier redaktionelle Änderungen der Erwägungsgründe und 32 Änderungen des Verordnungstextes enthielt (ABl. Nr. L 127 S. 2).

III. Die DS-GVO

1. Grundsätzliche Bewertung. Insgesamt kann positiv festgehalten werden, **20** dass die Verordnung an den **Grundprinzipien** des Datenschutzrechts festhält, wie sie durch Art. 8 Abs. 2 GRCh, die Datenschutzrichtlinie und damit auch das BDSG vorgegeben wurden. Den verschiedentlich erhobenen Forderungen nach einer grundlegenden Modernisierung, sprich das Verbot mit Erlaubnisvorbehalt aufhebender **Liberalisierung des Datenschutzrechts** und einen der Informationsgesellschaft gerecht werdenden anders gewichteten Ausgleich zwischen dem Schutz von Geheimnissen und Privatsphäre und den Interessen der Öffentlichkeit (Wirtschaft) an freier Datennutzung und der Reduzierung des Verbotsprinzips auf Teilverbote für besonders riskante Informationsvorgänge, wurde nicht gefolgt.[25]

Auch die deutsche Regierung hatte große Sympathien für obige „Liberalisie- **21** rungsüberlegungen" und die Reduzierung des allumfassenden Datenschutzes auf **Risikobereiche**, konnte sich damit jedoch nicht durchsetzen.[26] Zutreffend

[21] Vgl. *Kugelmann*, DuD 2012, 581; *Bäcker/Hornung*, ZD 2012, 147.

[22] Vorschlag der Europäischen Kommission v. 25.1.2012 KOM(2012) 11 endg.; 2012/2011 (COD); vgl. dazu *Dehmel/Hullen*, ZD 2013, 147; *Eckhardt*, CR 2012, 195; *Hornung*, ZD 2012, 99; *Lang*, ZD 2012, 145; *Gola/Schulz*, RDV 2013, 1; *Schulz*, CR 2012, 204; *Wybitul/Fladung*, BB 2012, 509.

[23] Zur Historie, den Verhandlungen und dem wesentlichen Regelungsinhalt vgl. auch *Albrecht*, Das neue EU-Datenschutzrecht – von der Richtlinie zur Verordnung, CR 2016, 88.

[24] ABl. 2016 L 119.

[25] Aus der Zahl kritischer Stimmen *Bull*, Sinn und Unsinn des Datenschutzes, 2015; *Grimm*, JZ 2013, 585; *Schneider/Härting*, CR 2014, 306.

[26] Vgl. *Albrecht*, CR 2016, 88.

erkannt wurde, dass das Recht auf informationelle Selbstbestimmung umsetzendes Verbotsprinzip mehr Rechtssicherheit gibt als eine grundsätzliche Erlaubnis der Datenverarbeitung mit Verbotsvorbehalt. Verzichtet wurde auf einen Werteaustausch und umfassenden Paradigmenwechsel zu einem auf einem sog. **„Sphärenmodell"**[27] aufsetzenden risikobasierten Werteansatz.[28]

22 Zutreffend ist aber auch, dass wohl nur in Teilaspekten Selbstbestimmung im Internet gewährleistet wird.[29] Ein Beispiel, das nationaler Regelung überlassen bleibt, ist, der Ausgleich zwischen Persönlichkeits- und Meinungsfreiheit bei **personenbezogener Veröffentlichung** (Art. 85).[30] Auch die elementaren Interessen der Wirtschaft mit dem Stichwort **Big Data** beschriebenen, unter Aufhebung ihrer ursprünglichen Zweckbestimmung erfolgende Nutzung der ihr zur Verfügung stehen Datenbestände in Einklang mit den Interessen der Verbraucher und Beschäftigten zu bringen, muss an Hand der jegliche Verarbeitung betreffende Generalklauseln vollzogen werden.[31]

23 Nicht zu verkennen ist ferner, dass viele Regelungen für Unternehmen und Internetnutzer zu mehr Rechtsunsicherheit und zu mehr bürokratischem Aufwand führen werden. Auf der Suche nach einem politischen Kompromiss ist die DS-GVO an vielen Stellen durch ihre vielfach verwendeten Generalklauseln und unbestimmten Rechtsbegriffe vage geblieben.[32] Um dem entgegenzuwirken, sehen es die Aufsichtsbehörden als ihre Aufgabe an, die vorgesehene zweijährige Übergangsfrist zu nutzen, um Interpretations- und Orientierungshilfen zu erstellen bzw.an die neue Rechtslage anzupassen.[33]

24 **2. Die wichtigsten Neuregelungen.** Die Verordnung ist in ihren ersten Bewertungen zwar auch mit Kritik aber überwiegend positiv als fortschrittliches Regelwerk[34] bewertet worden.[35] Die Aufsichtsbehörden sehen grundsätzlich jedenfalls keine Beeinträchtigung des geltenden Datenschutzniveaus und ihre Forderungen zur Modernisierung des Datenschutzrechts[36] in der Mehrzahl als erfüllt an.[37]

25 **Die Grundsätze:** Grundprinzip bleibt, dass die automatisierte bzw. dateigebundene Verarbeitung personenbezogener Daten durch private und öffentliche für die

---

[27] Hierzu positiv *Eckhardt/Kramer*, DuD 2013, 289; *Karg*, DuD 2013, 75; *Weichert*, DuD 2013, 246.

[28] Zu gleichwohl angemessenen risikoausgerichteten Regelungen der DS-GVO vgl. *Buchner*, DuD 2016, 155.

[29] *Roßnagel/Richter/Nebel*, ZD 2013, 103.

[30] *Dammann*, ZD 2016, 307 (310).

[31] *Dammann*, ZD 2016, 307 (311, 313); *v. Grafenstein*, DuD 2015, 789.

[32] Vgl. auch die umfassende kritische Stellungnahme von *Roßnagel* v. 19.2.2016 zu einem öffentlichen Fachgespräch zur DS-GVO am 24.2.2016 im Ausschuss Digitale Agenda des Deutschen Bundestags.

[33] Vgl. zB BlnBDI, Jahresbericht 2015, Ziff. 2.1.

[34] *Weichert*, www.netzwerk-datenschutzerpertise.de, S. 22.

[35] *Dammann*, ZD 2016, 307 (314); *Gierschmann*, ZD 2016, 51 (55); *Buchner*, DuD 2016, 155; *Schantz*, NJW 2016, 1841; *Piltz*, K&R 2016, 557 (I), 629 (II), 709 (III).

[36] Vgl. Entschließungen v. 28.3.2014, 19.3.2015, 29.7.2015 und 14.8.2015; vgl. LfD Sachsen-Anhalt, 12. TB (2013/2015), Anhang, LfD Baden-Württemberg, www.baden-wuerttemberg.datenschutz.de/wpcontent/uploads/2013/02/Datenschutzrechtliche-Kern punkte-DSGVO.pdf; einige Kritikpunkte finden sich auch in Beschlüssen des Bundesrates v. 28.11.2014 und 10.7.2015 (BR-Drs. 550/14 und 290/15).

[37] LfD Baden-Württemberg, 32. TB (2014/2015), Ziff. 14; HmbBfDI, 25. TB (2014/2015) Abschnitt I/3.

Verarbeitung Verantwortliche unter einem **Verbot mit Erlaubnisvorbehalt** steht, wobei der Begriff der **Verarbeitung** jede Form der Verwendung (Art. 4 Nr. 2) beginnend mit der Erhebung über das Nutzen bis zum Löschen erfasst. Trotz eines erheblich erweiterten Definitionskatalogs werden die bisherigen „klassischen" Erscheinungsformen der Verarbeitung nicht mehr definiert, obwohl sie wie zB das Übermitteln oder Löschen im Einzelnen geregelt werden. Das gilt auch für das „Sperren" von Daten, das nunmehr als **„Recht auf Einschränkung der Verarbeitung"** firmiert (Art. 18). Basis der Verordnung sind die in Art. 5 für die Verarbeitung personenbezogener Daten aufgestellten Grundsätze. Dazu gehören das Prinzip der Rechtmäßigkeit, der Richtigkeit, die Grundsätze von **Treu und Glauben** und der Transparenz, der Zweckbindung, der Integrität und Vertraulichkeit und der Accountability. Bedeutung haben diese als Programmsätze vorangestellten Aussagen im Hinblick auf die Interpretation der nachfolgenden Verbots- und Handlungsnormen. An die Stelle der Grundsätze der Datenvermeidung und Datensparsamkeit ist das Prinzip der **Datenminimierung**, dh die Vorgabe, die Daten auf den Zweck angemessen und sachlich relevant sowie auf das für die Zwecke der Verarbeitung notwendige Maß zu beschränken (Art. 5 Abs. 1 lit. c), und die Beachtung der Grundsätze des Datenschutzes durch Technik **(data protection by design)** und durch datenschutzfreundliche Voreinstellungen **(data protection by default),** getreten (Art. 25), zu deren Umsetzung Erwägungsgrund 78 Hinweise gibt.[38]

Marktortprinzip: Den räumlichen Anwendungsbereich legt Art. 3 in Form 26
des „Marktortprinzips"[39] fest, wobei relevant ist,
– ob sich der Sitz der Niederlassung[40] des „für die Verarbeitung Verantwortlichen" oder eines Auftragsverarbeiters in der EU befindet,
– ob Verarbeitungen bei außerhalb der EU niedergelassenen Stellen dazu dienen, betroffenen Personen in der Union Waren oder Dienstleistungen anzubieten oder
– ob die Datenverarbeitung von außerhalb der EU es zum Ziel hat, das Verhalten von Personen in der EU zu beobachten (Art. 3 Abs. 2 lit. a und b). Gemeint ist das Verhalten von Personen bei ihren Internetaktivitäten.[41]

Fraglich ist, ob die Bestimmung auch für ein zentral geführtes, das Mitarbeiterverhalten bewertendes Human Resource-System eines Konzerns zutreffen kann. Der Wortlaut des Art. 3 Abs. 2 steht dem nicht entgegen, da Alternative b unabhängig neben Alternative a steht.

Recht auf Vergessen: Betroffenen Personen steht bei der Durchsetzung ihres 27
Löschungsanspruchs gegenüber Dritten von dem Verantwortlichen stärkere Unterstützung zu als bisher. Besteht eine Pflicht zur Löschung von Daten, so hat der Verantwortliche nach Art. 17 Abs. 2 zur Realisierung des „Vergessenwerdens" im Netz denjenigen, der die Daten in das Netz gestellt hat, den Stellen, die diese Daten verarbeiten, mitzuteilen, dass alle Links zu diesen Daten oder ihre Kopien oder Replikationen zu löschen sind. Er hat unter Nutzung der verfügbaren Technologie angemessene Maßnahmen zur Sicherstellung der Informationspflicht zu treffen (Erwägungsgrund 54).[42]

---

[38] Vgl. *Baumgartner/Gausling*, ZD 2017, 308; *Bieker/Hansen*, RDV 2017, 165.

[39] *Schantz*, NJW 2016, 1842.

[40] Zum Begriff vgl. *Kartheuser/Schmitt*, ZD 2016, 155.

[41] *Klar*, ZD 2013, 109; *Piltz*, K&R 2013, 292; *Wieczorek*, DuD 2013, 644.

[42] *S. Gerling/R. W. Gerling*, DuD 2013, 445; *Janet/Kieselmann/Wacker*, DuD 2013, 235; *Kalabis/Selzer*, DuD 2012, 670; *Kodde*, ZD 2013, 155.

28 **Recht auf Datenübertragbarkeit:** Das Auskunftsrecht wird ergänzt durch das Recht auf Datenportabilität (Art. 20), das wohl – was der Wortlaut aber nicht deutlich macht – zwar für den Wechsel eines Diensteanbieters konzipiert ist, gleichwohl auch Arbeitnehmern einen Anspruch einräumen könnte, zB ihre in ein Datensystem des Arbeitgebers eingegebenen Skill-Daten bei einem Wechsel zu einem anderen Arbeitgeber an diesen weitergeben zu lassen.[43] Die Datenübertragung soll in gängigen elektronischen Formaten an die betroffene Person erfolgen, die über ihre weitere Verarbeitung durch ggf. andere Stellen entscheidet. Verlangt werden kann auch, die personenbezogenen Daten direkt an einen anderen Anbieter zu übertragen, sofern der Stand der Technik dies auf verhältnismäßigem Wege erlaubt (Art. 20 Abs. 2).[44]

29 **Verpflichtung zur Bestellung betrieblicher und behördlicher Datenschutzbeauftragter:** Die Datenschutz-Grundverordnung sieht die Bestellung von Datenschutzbeauftragten (DSB) europaweit zumindest bei allen öffentlichen Stellen und solchen nichtöffentlichen Stellen vor, bei denen besonders risikoreiche Datenverarbeitungen erfolgen. Den Mitgliedstaaten ist jedoch die Möglichkeit eröffnet, eine weitergehende Bestellpflicht einzuführen. Damit wird insoweit eine Harmonisierung auf einem gewissen Mindeststandard erreicht.[45] Die DS-GVO sieht eine Bestellpflicht jedoch nur für solche privaten Stellen vor, deren Kerntätigkeit in der Durchführung von Verarbeitungsvorgängen besteht, welche eine regelmäßige und systematische Beobachtung von betroffenen Personen im großem Umfang erforderlich machen, oder die Verarbeitung besonderer Kategorien von Daten gem. Art. 9 Abs. 1 im großem Umfang oder von Daten zu strafrechtlichen Verurteilungen und Straftaten iSd Art. 10 zum Gegenstand haben. Der nationale Gesetzgeber kann die Voraussetzungen für die Bestellpflicht erweitern (Art. 37 Abs. 4 S. 1) (→ Rn. 61). Der Datenschutzbeauftragte hat nunmehr vorrangig **Compliance-Aufgaben.** Er bleibt gleichzeitig Anwalt der Betroffenen, was den Bestellenden verpflichtet, seine Kontaktdaten bei der Erhebung von Daten den Betroffenen bekannt zu machen (Art. 13 Abs. 1 lit. b, Art. 14 Abs. 1 lit. b). Er ist auch unmittelbarer Ansprechpartner der Aufsichtsbehörde (Art. 39 Abs. 1 lit. d und e) und daher auch diesen mit Namen und Kontaktmöglichkeit mitzuteilen (Art. 36 Abs. 3 lit. d).[46]

30 **Datenschutz-Folgenabschätzungen:** Für Datenverarbeitungen mit bestimmten Risiken für die Rechte und Freiheiten natürlicher Personen ist künftig die Durchführung einer von der für die Verarbeitung verantwortlichen Stelle durchzuführende Datenschutz-Folgenabschätzung verbindlich vorgeschrieben und auf Anfrage den Datenschutzaufsichtsbehörden vorzulegen.[47]

31 **Selbstregulierung und Zertifizierung:** Die Datenschutz-Grundverordnung sieht einen Rahmen für die Schaffung von Verhaltensregeln und Zertifizierungsverfahren vor (→ Rn. 57).[48]

---

[43] Vgl. bei *Minnerup*, ITRB 2015, 30; *Bräutigam/Schmidt-Wudy*, CR 2015, 56.

[44] *Jülicher/Röttgen/v. Schönfeld*, ZD 2016, 358.

[45] *Klug*, ZD 2016, 315.

[46] *Franck/Reif*, ZD 2015, 405; *Jaspers/Reif*, RDV 2016, 61; *Klug*, ZD 2016, 315; *Schefzig*, ZD 2015, 503; *Weichert*, CuA 4/2016, 8.

[47] *Hansen*, ZD 2016, 587; *Volkmar/Kaiser*, PinG 2017, 151.

[48] *Bergt*, CR 2016, 670; *Karper*, PinG 2016, 201; *Schwartmann/Weiß*, RDV 2016, 68; *Wolff*, ZD 2017, 151.

Effektive Durchsetzung des Datenschutzrechts: Neben einem von der Verwarnung bis zur Untersagung reichenden Maßnahmenkatalog[49] ist die Verhängung von Bußgeldern in weitaus höherem Maße und bei mehr Tatbeständen als bisher möglich.[50] Zudem können die Datenschutzaufsichtsbehörden bei entsprechender nationalstaatlicher Regelung künftig durchsetzbare Anordnungen und Bußgelder nicht nur gegen nichtöffentliche Stellen, sondern auch gegenüber Behörden erlassen, wovon der deutsche Gesetzgeber jedoch keinen Gebrauch gemacht hat. 32

Bessere Kontrolle über Datenübermittlungen aus der EU an Behörden und Gerichte in Drittstaaten: Urteile von Gerichten und Entscheidungen von Verwaltungsbehörden, insbesondere Sicherheitsdiensten, eines Drittstaates, die einer Stelle in der EU die Übermittlung personenbezogener Daten in den Drittstaat auferlegen, stellen nach europäischem Recht keine hinreichende Rechtsgrundlage für diese Übermittlung dar; vielmehr müssen die allgemeinen Vorgaben für einen Drittstaatentransfer beachtet werden oder es bedarf internationaler Übereinkommen zur Rechts- und Amtshilfe als Grundlage für solche Übermittlungen.[51] Im Grunde hat diese Regelung des Art. 48 weitgehend klarstellende Bedeutung, da die genannten Entscheidungen keine das Verbot mit Erlaubnisvorbehalt durchbrechende unionsrechtliche Norm darstellen.[52] 33

Bessere Kooperation der Datenschutzaufsichtsbehörden in Europa: Für grenzüberschreitende Fälle sieht die DS-GVO eine stärkere Kooperation der Datenschutzaufsichtsbehörden als bisher vor. Den Unternehmen soll im Wesentlichen die Aufsichtsbehörde an ihrem Hauptsitz als Ansprechpartner zur Verfügung stehen. Bürger können sich bei der Aufsichtsbehörde in ihrem Heimatland beschweren, die den Sachverhalt – sofern er grenzüberschreitend ist – mit den übrigen betroffenen Aufsichtsbehörden unter Federführung der Aufsichtsbehörde am Hauptsitz des Unternehmens klären soll. 34

Umsetzungsfragen stellen sich ua bei folgenden Regelungen: 35

Die Öffnung der Zweckbindung: Der Grundsatz der **Zweckbindung** gilt weiterhin als eine tragende Säule des Datenschutzrechts.[53] Andererseits wird er zum einen durchbrochen, indem nach Art. 5 Abs. 1 lit. b eine Weiterverarbeitung von Daten für im öffentlichen Interesse liegende **Archivzwecke** oder für wissenschaftliche,[54] historische oder statistische Zwecke nicht als unvereinbar mit dem ursprünglichen Zweck gilt.[55] Zum anderen erlaubt Art. 6 Abs. 4 in einer offenen Regelung unter Vorgabe eines nicht abschließenden **Kompatibilätskatalog** dem Verantwortlichen eine Abwägungsentscheidung.[56] Für die Verarbeitung für einen legitimen, weil kompatiblen Zweck soll dann keine neue Rechtsgrundlage mehr

[49] *Martini/Wenzel*, PinG 2017, 92; *Nolde,* PinG 2017, 114.

[50] *Bergt*, DuD 2017, 555; *Pohl,* PinG 2017, 85; Stoll/*Rost*, RDV 2017, 53; *Nolde*, PinG 2017, 114.

[51] *Smagon*, ZD 2016, 55.

[52] *Schantz*, NJW 2016, 1841 (1847).

[53] Zu seiner grundrechtlichen Vorgabe *v. Grafenstein*, DuD 2015, 789 ff.; *Monreal*, ZD 2016, 507 ff.

[54] *Schaar*, ZD 2016, 224 mit Blick auf wissenschaftliche Verarbeitungen.

[55] Zur engen Interpretation der Norm *Buchner*, DuD 2016, 155 (157); *Richter*, DuD 2015, 735 ff.

[56] *Dammann*, ZD 2016, 307 (312).

erforderlich sein (Erwägungsgrund 50 S. 2). Ob diese Regelung tatsächlich strenger als die bisherigen Zweckänderungserlaubnisse im BDSG ist,[57] bleibt abzuwarten. Die Aufsichtsbehörden befürchten durch die Regelung eine weitgehende Preisgabe des Prinzips der Zweckbindung.[58] Dabei geht es um die **Kompatibilität** der späteren mit den ursprünglichen Verarbeitungszwecken, wobei Art. 6 Abs. 4 die Kriterien für den vorzunehmenden Kompatibilitätstest vorgibt. Ob neben bzw. vor der Kompatibilitätsprüfung gleichwohl eine den neuen Zweck rechtfertigende Rechtsgrundlage erforderlich ist, wird unterschiedlich beurteilt.[59] Ob diese Kriterien zB personenbezogene Big Data-Analysen bzw. die Nutzung zwecks Profiling zulassen, bedarf der Einzelfallprüfung.[60]

36 **Die Regelung zur Einwilligung des Betroffenen:** Die Einwilligung verlangt eine „klare, bestätigende Handlung" (Erwägungsgrund 25). Konkludente Einwilligungen sind damit nicht generell ausgeschlossen. Für den Online-Handel benötigte elektronische Erklärungen sind mit der erforderlichen Information zulässig.[61] Eine ausdrückliche Einwilligung ist (auch) künftig nur für die Verarbeitung besonders sensibler personenbezogener Daten erforderlich. Unterschiedlich gesehen wird auch das neu formulierte **Koppelungsverbot** (→ Art. 4 Rn. 68). Ohne ein solche Gebot direkt auszusprechen, wird die **Freiwilligkeit** der Einwilligung in Frage gestellt, wenn die Erfüllung eines Vertrages von der Einwilligung zur Verarbeitung von Daten abhängig gemacht wird, die für die Erfüllung des Vertrages nicht erforderlich ist (Art. 7 Abs. 4 und Erwägungsgrund 43). Im Ergebnis sieht *Dammann*[62] ein striktes Koppelungsverbot.[63] Ob sich dieses gegenüber datengetriebenen Geschäftsmodellen, die auf der Basis „Service gegen Daten" operieren, Bestand haben wird,[64] und ob diese ihre Leistungen einmal mit und einmal ohne Einwilligung anbieten müssen,[65] bleibt abzuwarten. Nach Art. 7 Abs. 3 kann die Einwilligung jederzeit widerrufen werden. Auch die nunmehr explizite diesbezügliche Regelung kann aber nicht ausschließen, dass wie bisher der **Widerruf** auch rechtsmissbräuchlich sein kann. Nicht als rechtsmissbräuchlich sieht es die Verordnung offensichtlich an, dass der für die Verarbeitung Verantwortliche sich bei Widerruf der Einwilligung auf eine andere Erlaubnisnorm für die Verarbeitung berufen kann, dh damit den Betroffenen bei Einholung einer im Endeffekt belanglosen Einwilligung über sein vermeintliches Selbstbestimmungsrecht täuscht. Erklärt werden muss die Einwilligung nicht mehr vorrangig schriftlich, sondern jede klare zustimmende Handlung genügt. Eine stillschweigende Einwilligung oder die Einwilligung über ein vorangeklicktes Feld genügt nicht. Bei sensiblen Daten oder automatisierten Einzelentscheidungen ist eine **„ausdrückliche" Erklärung**, dh in der Regel Schriftlichkeit gefordert. In jedem Fall

---

[57] *Gierschmann*, ZD 2015, 51 (54).

[58] Positionspapier der Konferenz der Datenschutzaufsichtsbehörden v. August 2015, DuD 2015, 722.

[59] Zust. *Schantz*, NJW 2016, 1841 (1844); abl. unter Berufung auf Erwägungsgrund 50 S. 2 *Härting*, NJW 2015, 3284 (3288).

[60] Vgl. *Helbing*, K&R 2015, 145; *v. Grafenstein*, DuD 2015, 789; *Richter*, DuD 2015, 735.

[61] *Pollmann/Kiper*, ZD 2016, 379.

[62] *Dammann*, ZD 2016, 307 (311).

[63] Anders *Schätzle*, PinG 2017, 203.

[64] So wohl nach *Schantz*, NJW 2016, 1842 (1845).

[65] Vgl. *Gierschmann*, ZD 2016, 51 (54).

muss der für die Verarbeitung Verantwortliche über die wirksame Abgabe der Einwilligung Beweis führen können.

Profilbildung und Scoring: Die DS-GVO enthält keine hinreichend detaillierten Regelungen zu diesem wichtigen Bereich des materiellen Datenschutzrechts. Die Anforderungen des Europäischen Gerichtshofes sprechen dafür, auch die Profilbildungen selbst rechtlichen Beschränkungen zu unterwerfen. Es hätte daher nahegelegen, in der DS-GVO eng begrenzte klare Erlaubnistatbestände für Profilbildungen zu formulieren.[66] Allein hinsichtlich der Profilbildung für Zwecke des Direktmarketings (Art. 21 Abs. 2) gibt es ein absolut wirkendes Widerspruchsrecht, auf das die betroffene Person „deutlich und getrennt" von jeder anderen Information hinzuweisen ist. Beibehalten wird jedoch das Verbot negativer automatisierter Einzelentscheidungen, die ggf. auf einem Profiling und dem im BDSG nF einen Erlaubnistatbestand erhaltenen Scorings basieren können (Art. 22).[67] 37

Das Haushalts- und Familienprivileg: Beibehalten ist die Ausnahme der Anwendung datenschutzrechtlicher Regelungen im Falle der Verarbeitung durch natürliche Personen zu ausschließlich **persönlichen** oder familiären **Zwecken** (Art. 2 Abs. 2 lit. c).[68] Der Begriff der „Ausschließlichkeit" trägt der tatsächlichen Vermischung privater und beruflicher Datenverarbeitung keine hinreichende Rechnung.[69] Andererseits erfasst nach Erwägungsgrund 18 die Ausnahme auch die Nutzung sozialer Netzwerke und „Online-Tätigkeiten", wobei nicht akzeptabel ist, wenn das auch für durch einen unbegrenzten Empfängerkreis zugängliche Informationen gelten sollte.[70] 38

3. Auf der Strecke gebliebene Regelungen. Eine nicht unwesentliche Zahl von Zulässigkeitsregelungen des BDSG taucht in der DS-GVO nicht mehr auf. Zu nennen sind die Vorschriften über die **Videoüberwachung** in § 6b BDSG und zum Einsatz sog. mobiler personenbezogener Speicher- und Verarbeitungsmedien in § 6c BDSG oder über automatisierte Abrufverfahren (§ 10 BDSG). Da die DS-GVO nicht mehr trennt zwischen Stellen, die Daten für eigene Zwecke (§ 28 BDSG), geschäftsmäßig zur Datenübermittlung in personenbezogener (§ 29 BDSG) bzw. anonymisierter Form (§ 30 BDSG) und der Markt- und Meinungsforschung (§ 30a BDSG) speichern, sind auch die für die verschiedenen Bereiche bestehenden Sonderregelungen entfallen. Gleichermaßen sind die Definitionen für öffentliche und nichtöffentliche Stellen (§ 2 BDSG) entfallen, da die Verordnung insoweit vom Grundsatz her keinen Unterschied macht und auch nicht wie es sich aus der Gesetzgebungskompetenz des Bundes für das BDSG ergab zwischen öffentlichen Stellen des Bundes und der Länder zu trennen war. Ebenfalls nicht mehr speziell angesprochen wird die Zulässigkeit der postalischen Werbung (§ 28 Abs. 3 f. BDSG) oder der Information von Auskunfteien über offene Forderungen (§ 28a BDSG). Weggefallen sind auch einige besondere Zweckbindungsgebote, so ua die Regelung des § 6 Abs. 2 BDSG oder die des § 31 BDSG. Gleiches gilt für die einem berufs- oder besonderem Amtsgeheimnis unterliegenden, weitergegebenen Daten (§ 39 BDSG). Vertretbar sind jedoch diese Zweckbindungsrege- 39

66 Vgl. BremLfDI, 36. Jahresbericht (2015), Ziff. 1.3.
67 Vgl. dazu *Taeger*, RDV 2017, 3.
68 Vgl. hierzu *Gola/Lepperhoff*, ZD 2016, 9.
69 *Gola/Lepperhoff*, ZD 2016, 9.
70 Vgl. EuGH, Urt. v. 6.11.2003 – C-101/01, EuR 2004, 245 Rn. 47 – Lindqvist.

lungen in die DS-GVO hineinzuinterpretieren.[71] Der Bundesgesetzgeber hat jedoch einige der in der DS-GVO nicht speziell berücksichtigten Tatbestände in dem neugefassten BDSG zu „retten“ versucht (→ Rn. 55).

40 Nach § 6 BDSG konnten die Rechte der Betroffenen auf Auskunft, Berichtigung, Löschung oder Sperrung nicht durch Rechtsgeschäft ausgeschlossen oder beschränkt werden. Auch ohne dass diese Rechte benannt wurden, wurde diese **Unabdingbarkeit** auch für weitere Rechtspositionen der betroffenen Person bejaht; so zB für das Recht auf Benachrichtigung, das allgemeine Widerspruchsrecht oder auch die Möglichkeit, sich an die Aufsichtsbehörden zu wenden.[72] Hierbei bleibt es auch ohne eine dem § 6 BDSG entsprechende Regelung in der DS-GVO, da sie insoweit als zwingendes Gesetz zu verstehen ist und individuelle Abweichungen nur dort erlaubt wären, wo eine diesbezügliche Einwilligung, hier in Form einer Verzichtserklärung, zugelassen wäre.

41 Die Verordnung kennt auch nicht mehr einen zumindest ausdrücklichen Vorrang der **Direkterhebung** (§ 4 Abs. 3 BDSG). Gleichwohl wird dieser aufgrund des für die Verarbeitung geltenden Grundsatzes von **Treu und Glauben** (Art. 5 lit. a) doch weiterhin gelten, weil es ihm entspricht, Daten, die beim Betroffenen erhoben werden können, nicht hinter seinem Rücken anderweitig zu beschaffen. Die Transparenz der Datenverarbeitung wird jedoch durch umfassende, die derzeitigen **Informationspflichten** der § 4 Abs. 3 und § 33 BDSG erheblich erweiternde[73] Regelungen in Art. 13 und 14 sichergestellt.

42 Eine Privilegierung der Verarbeitung von **allgemein zugänglichen Daten**, wie sie § 28 Abs. 1 S. 1 Nr. 3 oder § 29 Abs. 1 S. 1 Nr. 2 BDSG kennt, enthält die DS-GVO erstaunlicherweise nur für die Verarbeitung **besonderer Arten personenbezogene Daten,** sofern die betroffene Person sie offenkundig öffentlich gemacht hat (Art. 9 Abs. 2 lit. e). Die insoweit erleichterte Erlaubnis wird aber auch ansonsten bei Anwendung der Interessenabwägungsklausel des Art. 6 Abs. 2 lit. f zugunsten des Verantwortlichen herangezogen werden können.

43 Die DS-GVO enthält auch keine unmittelbare Ansprache der bei der Datenverarbeitung Beschäftigten in Form ihrer förmlichen Verpflichtung auf das Datengeheimnis (§ 5 BDSG). Die DS-GVO wendet sich jedoch in Art. 29 auch an Personen, die dem für die Verarbeitung Verantwortlichen oder dem Auftragsverarbeiter unterstellt sind und Zugang zu personenbezogenen Daten haben und auch an den Auftragsverarbeiter selbst und gibt ihnen vor, personenbezogene Daten grundsätzlich nur auf Anweisung des für die Verarbeitung Verantwortlichen zu verarbeiten. Die entsprechende Verpflichtung des Verantwortlichen und des Auftragsverarbeiters die Mitarbeiter hierzu anzuhalten, findet sich in Art. 32 Abs. 4. Die Bestimmung entspricht § 5 S. 1 und § 11 Abs. 3 S. 1 BDSG. Eine Pflicht privater Arbeitgeber, die Beschäftigten bei Aufnahme ihrer Tätigkeit auf das Datengeheimnis zu verpflichten, besteht nunmehr jedoch nur noch indirekt, indem Auftragsverarbeiter sicherzustellen haben, dass die von ihnen zur Verarbeitung personenbezogener Daten autorisierten Personen sich zur **Vertraulichkeit** verpflichtet haben oder einer angemessenen gesetzlichen Verschwiegenheitspflicht unterliegen (Art. 28 Abs. 3 lit. b).

---

[71] *Dammann*, ZD 2016, 307 (312).

[72] *Gola/Schomerus*, BDSG, § 6 Rn. 2.

[73] Vgl. *Robrecht*, EU-Datenschutzgrundverordnung: Transparenzgewinn oder Informationsoverkill, 2015.

Die Verordnung enthält auch kein dem § 41 BDSG entsprechendes Medienprivileg, sondern weist den Mitgliedstaaten in Art. 85 die Aufgabe zu, den Datenschutz mit dem Recht auf freie Meinungsäußerung und der Verarbeitung personenbezogener Daten zu journalistischen Zwecken in Einklang zu bringen. **44**

4. Ein Stück Datenschutz-Flickenteppich verbleibt. Auf das zunächst von der Kommission vorgesehene Verfahren, notwendige Detailregelungen europaeinheitlich in **delegierten Rechtsakten** vorzunehmen – im Kommissionsentwurf waren hierzu 26 Ermächtigungen vorgesehen –, wurde verzichtet und den Mitgliedstaaten Detailregelungen zu Punkten, in denen man sich nicht verständigen konnte, wieder zur unterschiedlichen Gestaltung freigegeben. Der Kommission sind zwei Kompetenzen verblieben und zwar zur Regelung standardisierter Icons (Art. 12 Abs. 8) und der Anforderung an Zertifizierungsverfahren (Art. 43 Abs. 8). **45**

Die nunmehr weiterhin bestehende „Vorrangigkeit" nationalen Rechts ergibt sich aus der großen Zahl von in der DS-GVO enthaltenen **„Öffnungsklauseln".**[74] Schließlich kann man – je nach Zählweise – 50–60 derartiger Klauseln feststellen. Einige geben den Mitgliedstaaten einen Handlungsauftrag; andere – und das ist die Mehrzahl – eröffnen einen in das Ermessen der Staaten gestellten **Handlungsspielraum.**[75] Der Handlungsspielraum ist jedoch grundsätzlich insofern begrenzt, weil das mit der Verordnung gewollte Prinzip der Vollharmonisierung als Vorgabe gilt. Zumeist wird den Mitgliedstaaten nur erlaubt, Regelungen der DS-GVO zu konkretisieren, nicht jedoch den materiellen **Schutzstandard** zu verändern.[76] Demgemäß sollte statt des möglicherweise zu weitreichende Regelungsspielräume indizierenden Begriffs der Öffnungsklausel eher von Regelungsmöglichkeiten gesprochen werden. **46**

Zu den wichtigsten **Gesetzgebungskompetenzen**, die den Mitgliedsländern eröffnet sind, gehören die Befugnis: **47**

- (Art. 6 Abs. 2) zum Erlass bzw. zur Beibehaltung eigenständiger Regelungen, mit denen einem Verantwortlichen das Recht bzw. die Pflicht zur Verarbeitung von Daten zur Erfüllung einer ihr obliegenden rechtlichen Verpflichtung übertragen wird (Art. 6 Abs. 1 lit. c). Gleiches gilt, wenn eine im öffentlichen Interesse liegende oder mit der Ausübung öffentlicher Gewalt (Art. 6 Abs. 1 lit. e) verbundene Aufgabe mitgliedstaatlich übertragen ist, wobei der nationale Gesetzgeber unter dem Gebot der Normenklarheit die zu verarbeitenden Daten näher zu spezifizieren hat.
- (Art. 6 Abs. 4) zur Gestattung bzw. dem Verbot von Zweckänderungen für die in Art. 23 Abs. 1 genannten Ziele, wobei aber auch Zweckänderungsverbote geschaffen werden können, dh also die weggefallenen Zweckbindungsgebote des § 31 BDSG oder des § 6 Abs. 2 BDSG wiederbelebt werden könnten.
- (Art. 8 Abs. 1) das Mindestalter zur Abgabe von Einwilligungen durch Minderjährige von 16 auf 13 Jahre zu reduzieren.
- (Art. 9 Abs. 2 lit. a, b, g, h, i, j und Abs. 4) besondere Bedingungen für die Verarbeitung besonderer Arten personenbezogener Daten festzulegen.
- (Art. 10) zur Erlaubnis der Verarbeitung von Daten über strafrechtliche Verurteilungen und Straftaten.
- (Art. 14 Abs. 5 lit. c und d) zur Regelung von Ausnahmen von der Informationspflicht nach Art. 14.

---

[74] Zum Geltungsbereich *Laue*, ZD 2016, 463.
[75] Vgl. *Roßnagel/Nebel/Richter*, ZD 2015, 455.
[76] Vgl. *Schantz*, NJW 2016, 1841.

– (Art. 17 Abs. 3 lit. b) Ausnahmen von dem Recht auf Löschung Art. 17 Abs. 1 und 2 vorzusehen.
– (Art. 20 Abs. 2 lit. b) Ausnahmen vom Verbot automatisierter Einzelentscheidungen nach Art. 20 Abs. 1 zu schaffen.
– (Art. 23) zur Beschränkung der Betroffenenrechte nach Art. 12–22, 34 (inklusive Art. 5) aus verschiedenen im öffentlichen Interesse liegenden Gründen.
– (Art. 28 Abs. 3 lit. a und g) zur Schaffung rechtlicher Grundlagen für die Auftragsdatenverarbeitung.
– (Art. 35 Abs. 10) zur Einschränkung der Datenschutzfolgenabschätzung bei Tätigkeiten zur Erfüllung einer rechtlichen Verpflichtung oder zur Wahrnehmung öffentlicher Aufgaben oder hoheitlicher Tätigkeit.
– (Art. 36 Abs. 5) zur Schaffung einer Genehmigungspflicht durch die Aufsichtsbehörde bei Datenverarbeitungen zur Erfüllung von im öffentlichen Interesse liegenden Aufgaben einschließlich des sozialen Schutzes und der öffentlichen Gesundheit.
– (Art. 37 Abs. 4) zur Regelung der Bestellpflicht eines Datenschutzbeauftragten abweichend von den in Art. 37 Abs. 1 festgelegten Voraussetzungen.
– (Art. 49 Abs. 5) zur Beschränkung von Datenübermittlungen in Drittländer oder an internationale Organisationen aus wichtigen Gründen des öffentlichen Interesses.
– (Art. 58 Abs. 6) zur Ausstattung von Aufsichtsbehörden mit zusätzlichen Befugnissen.
– (Art. 80 Abs. 2) zur Einführung einer ohne Auftrag von betroffenen Personen durchgeführten Verbandsklage.
– (Art. 85 Abs. 7) zur Festlegung, ob und in welchem Umfang gegen öffentliche Stellen Geldbußen verhängt werden können.
– (Art. 84) zur Sanktionierung von Verstößen, die nicht unter Art. 83 fallen.
– (Art. 85) zur Ausgleichung des Spannungsfelds zwischen Datenschutz und Meinungsfreiheit und einer Regelung eines Presseprivilegs bzw. zwecks wissenschaftlicher, künstlerischer und literarischen Zwecken.
– (Art. 87) zur Schaffung spezifischer Bedingungen für nationale Kennziffern oder andere Kennzeichen von allgemeiner Bedeutung.
– (Art. 88) zur Schaffung bereichsspezifischer Regelungen des Beschäftigtendatenschutzes.
– (Art. 89) zur Schaffung von Ausnahmen von Betroffenenrechten bei Verarbeitungen für wissenschaftliche, historische, statistische und archivarische Zwecke.
– (Art. 90) zur Regelung bestimmter aufsichtsbehördlicher Befugnisse gegenüber (Berufs-)Geheimnisträgern.

48 Für die rechtliche Prüffolge bei der Anwendung der DS-GVO gilt trotz ihrer generell unmittelbaren Wirkung somit das gleiche wie es das **Subsidiaritätsprinzip**[77] des BDSG verlangt, nämlich zunächst nach einer vorrangigen nationalen Norm zu schauen, bevor auf die durchweg unbestimmten Rechtsbegriffe der Grundnorm zurückgegriffen wird (vgl. wenn auch die Verhältnisse auf den Kopf stellend § 1 Abs. 5 BDSG nF).

49 **5. Die nationalen DS-GVO-Begleitgesetze/das BDSG nF.** Wie aufgezeigt sind die nationalen Gesetzgeber teilweise verpflichtet, teilweise haben sie die Option unter Inanspruchnahme der aufgezeigten Regelungsklauseln die DS-GVO

[77] *Gola/Schomerus*, BDSG, § 4 Rn. 7.

ergänzende Begleitgesetze zu erlassen. Aufgrund der Gesetzgebungskompetenz in Deutschland betrifft das sowohl den Bund als auch die Länder. Der Bundesgesetzgeber hat damit zunächst den Auftrag das am 24.5.2018 außer Kraft tretendende BDSG insoweit durch gesetzliche Regelungen zu ersetzen, wie sie ihm von der Verordnung zur Vorgabe gemacht werden. Daneben gilt es, das weite Feld bereichsspezifischer Datenverarbeitungsregelungen auf die Vereinbarkeit mit der Verordnung zu überprüfen. Diesem Auftrag will er in zwei Schritten nachkommen und zwar indem er zunächst dem zur Ablösung durch die GVO anstehenden BDSG ein neues „abgespecktes“ BDSG unmittelbar nachfolgen lässt das einmal den Regelungspflichten der Verordnung nachkommt und zum anderen aus dem BDSG „rettbare und rettwünschbare“, dh politisch weiterhin gewollte Bestimmungen beibehält.

Das neue BDSG ist Teil des „Gesetzes zur Anpassung des Datenschutzrechts **50** an die Verordnung (EU) 2016/679 und zur Umsetzung der Richtlinie (EU) 2016/680 (Datenschutzanpassungs- und -Umsetzungsgesetz EU – DSAnpUG-EU), das am 25.4.2017 vom Bundestag verabschiedet wurde.[78]

Das BDSG nF hat mit seiner doppelten Aufgabe – nämlich sowohl der Konkre- **51** tisierung der DS-GVO als auch der Umsetzung der RL (EU) 2016/680 zu dienen – zu einer unübersichtlichen, zumindest aber gewöhnungsbedürftigen Struktur geführt. Es besteht aus vier Teilen:

- Teil 1 – Gemeinsame Bestimmungen (für die folgenden Teile),
- Teil 2 – Durchführungsbestimmungen für Verarbeitungen zu Zwecken gem. Art. 2 DS-GVO,
- Teil 3 – Bestimmungen für Verarbeitungen zu Zwecken gem. Art. 1 Abs. 1 RL (EU) 2016/680 (also für Justiz- und Strafverfolgungsbehörden des Bundes),
- Teil 4 – Besondere Bestimmungen für Verarbeitungen im Rahmen von nicht in die Anwendungsbereiche der DS-GVO und der RL (EU) 2016/680 fallenden Tätigkeiten.

Nichtöffentliche Stellen und Bundesbehörden, die nicht zu den Justiz- und Straf- **52** verfolgungsbehörden gehören, müssen daher die DS-GVO, und ausschließlich die Teile 1 und 2 des BDSG nF und die diesem Gesetz vorrangigen bereichsspezifischen Regelungen beachten. Die Justiz- und Strafverfolgungsbehörden des Bundes haben es nur mit den Teilen 1 und 3 des BDSG nF sowie mit den für sie geltenden bereichsspezifischen Regelungen zu beschäftigten. Ein Blick in die RL (EU) 2016/680 ist allenfalls erforderlich, falls sich Fragen zur Interpretation eines Paragraphen des BDSG nF stellen.

Infolge der Funktion des BDSG nF als sog. **Auffanggesetz** finden seine Nor- **53** men ferner keine Anwendungen gegenüber deckungsgleichen spezifischen datenschutzrechtlichen Rechtsvorschriften des Bundes (§ 1 Abs. 2 S. 2 BDSG nF).

Hinsichtlich sog. bereichsspezifischen Rechts des Bundes gilt somit die bereits **54** in § 1 Abs. BDSG aF enthaltene Subsidiarität des BDSG weiter fort. Ein Beispiel bilden die verordnungskonform aktualisierten Datenschutznormen des SGB I und des SGB X.

Das BDSG nF sieht die erweiterte Übernahme der für die Wirtschaft relevanten **55** Zulässigkeitsregelungen zum Beschäftigtendatenschutz (§ 26 BDSG nF),[79] zur Datenübermittlung an Auskunfteien und zum Scoring (§ 31 BDSG nF) vor. Die bislang in § 6b BDSG aF geregelte Videoüberwachung öffentlich zugänglicher

---

[78] BGBl. 2017 I S. 2097.

[79] *Gola*, BB 2017, 1462; *Kort*, ZD 2017, 319.

Räume findet eine erweiterte Regelung in § 4 BDSG. Weitere bereichsspezifische Regelungen für besondere Verarbeitungssituationen enthält das BDSG nF für Datenverarbeitungen zu wissenschaftlichen und historischen Forschungszwecken und zur Statistik (§ 27) und zu im öffentlichen Interesse liegenden Archivzwecken (§ 29).

56 Auch für die Weiterverarbeitung von Daten zu anderen Zwecken werden auf Grundlage der Öffnungsklausel in Art. 6 Abs. 4 DS-GVO weitere Rechtsgrundlagen geschaffen (§§ 23, 24 BDSG nF). Die Praktikabilität des Datenschutzes bei Erfüllung der **Transparenzpflichten** soll „praxisgerechter" gewährleistet werden, indem Rechte der betroffenen Personen reduziert werden (§§ 32–37 BDSG nF). Genügen soll es bei der Videoüberwachung öffentlich zugänglicher Räume den Umstand der Beobachtung über Name und Kontaktdaten des Verantwortlichen durch geeignete Maßnahmen zum frühestmöglichen Zeitpunkt erkennbar zu machen (§ 4 Abs. 2 BDSG nF).

57 Das Recht auf **Löschung** wird in § 35 BDSG nF teilweise auf die bislang geltenden Sperrvorschriften, dh die Einschränkung der Verarbeitung (Art. 18 DS-GVO) zurückgeführt. Konsequent ist auch die Beibehaltung der Sperrpflicht nicht nur bei gesetzlichen (geregelt Art. 17 Abs. 3 lit. b), sondern auch bei vertraglichen oder satzungsmäßigen Aufbewahrungspflichten (§ 35 Abs. 3 BDSG nF). Dadurch sollen Pflichtenkollisionen vermieden werden.

58 Die Beschränkungen des **Auskunftsrechts** nach Art. 15 hinsichtlich der Daten, für die eine Aufbewahrungspflicht besteht und entsprechend bei der Verarbeitung einzuschränken sind, oder ausschließlich den Zwecken der Datensicherung oder Datenschutzkontrolle dienen (§ 34 Abs. 1 Nr. 2 BDSG nF), haben ebenso die bestehende Rechtslage im Blick. Zu beachten ist, dass die „anwenderfreundlichen" nationalen Regelungen allein den Aufwand für Verantwortliche in Deutschland begrenzen. Für europaweit tätige Konzerne wird die Datenschutzorganisation hinsichtlich der Organisation der Betroffenenrechte nicht vereinheitlicht und muss daher wohl im Verordnungsrahmen verbleiben.

59 Da den Mitgliedstaaten in Art. 6 Abs. 3 und 4 für die Verarbeitung öffentlicher Stellen und zur Erfüllung rechtlicher Verpflichtungen ein sehr weitgehendes Konkretisierungsrecht eröffnet, das § 3 BDSG nF in einer Generalbefugnis aufgreift, können jedoch die meisten, dem verfassungsrechtlichen Konkretheitsgebot entsprechenden derzeitigen bereichsspezifischen Datenschutzregelungen, beibehalten werden.[80] Gleiches gilt aufgrund der bei sensitiven Daten bestehenden Regelungsmöglichkeiten für die Mehrzahl der datenschutzrechtlichen Bestimmungen des **Sozialrechts** gem. der den Art. 9 Abs. 1 ergänzenden Erlaubnisregelung des § 22 Abs. 1 Nr. 1 BDSG nF).

60 Das BDSG nF kommt in §§ 8–16 und 40 der Verpflichtung der Art. 51 ff. DS-GVO nach, die Installation der **Aufsichtsbehörden,** deren Befugnisse und Aufgaben nach den Vorgaben der Verordnung zu regeln. § 40 BDSG nF betrifft die Rechtstellung der weiterhin als Landesbehörden für den nichtöffentlichen Bereich zuständigen Einrichtungen. Die Rechtsstellung, Aufgaben, Befugnisse etc., der oder des Bundesbeauftragten für den Datenschutz und die Informationsfreiheit regeln die §§ 8–16 BDSG nF. Primär vertritt der oder die BfDI die Bundesrepublik im Europäischen Datenschutzausschuss und fungiert als zentrale Anlaufstelle (§ 17 BDSG nF). Geregelt wird auch das Verfahren einer verpflichtenden

---

[80] *Weichert*, www.netzwerk-datenschutzexpertise.de/Die europäische Datenschutz-Grundverordnung, S. 11.

Zusammenarbeit der Aufsichtsbehörden des Bundes und der Länder (§ 18 BDSG nF).

61 In § 38 und den §§ 5–7 schreibt das neue BDSG die bereits nach dem BDSG aF geltenden erweiterten Pflichten für betriebliche und behördliche Datenschutzbeauftragte nebst ihrem Kündigungsschutz und besonderer Verschwiegenheitsregelungen fort.

62 **6. Mehr oder weniger Bürokratie?** Die Transparenz-[81] und **Dokumentationsregelungen**[82] der DS-GVO werden für die Verantwortlichen aber auch für die Aufsichtsbehörden[83] zu mehr bürokratischem Aufwand führen.[84] Verpflichtet wird der Verantwortliche hierzu zunächst durch seine grundsätzliche **Rechenschaftspflicht** aus Art. 5 Abs. 2. Art. 5 enthält die nachfolgend präzisierten Grundsätze für die Verarbeitung personenbezogener Daten, für deren Einhaltung der Verantwortliche nachweispflichtig ist **(Accountability).** Der Nachweis ist anhand einer entsprechenden Dokumentation zu führen. Wiederholt wird diese Nachweispflicht insbesondere für die Installation der die Einhaltung der Verordnung gewährleistenden technischen und organisatorischen Maßnahmen (Art. 24 Abs. 1). Ein konkretes Bespiel ist Art. 7 Abs. 1, wonach eine die Verarbeitung legitimierende **Einwilligung**, nachgewiesen werden können muss.

63 Als im Detail geregelte Dokumentationspflicht zu nennen ist ua das an Stelle des Verfahrensverzeichnisses des § 4g Abs. 2 S. 1 iVm § 4e S. 1 BDSG getretene **„Verzeichnis von Verarbeitungstätigkeiten“** (Art. 30), das der Verantwortliche und ggf. parallel auch von ihm eingeschaltete Auftragsverarbeiter zu führen haben.[85] Da die Übersicht nicht mehr durch den DSB allgemein zugänglich zu machen ist, liegt ihre Funktion in der Information des DSB und der Aufsichtsbehörde. Abhängig von dem mit einer Verarbeitung verbundenen Risiko hat vor ihrer Einführung eine unter Hinzuziehung des DSB und ggf. der Aufsichtsbehörde zu dokumentierende **Datenschutz-Folgenabschätzung**[86] (Data Protektion Impact Assessment) stattzufinden (Art. 35). Bei einem Datentransfer in einem Drittstaat auf der Grundlage des Art. 49 Abs. 1 S. 2 sind die Risikoabschätzung und die ergriffenen Schutzmaßnahmen nach Art. 28 zu dokumentieren (Art. 49 Abs. 6) und zum Gegenstand des Verfahrensverzeichnisses zu machen. Nachträglich aufgetretene und ggf. der Aufsichtsbehörde und den Betroffenen mitzuteilende Datenschutzverletzungen (Art. 33, 34)[87] sind verbunden mit den ergriffenen Abwehrmaßnahmen festzuhalten (Art. 34 Abs. 5). Weitere umfangreiche Dokumentationspflichten bestehen zwecks Erfüllung der **Transparenzregelungen** gegenüber den Betroffenen (Art. 12, 13, 14, 15–22, 34).

64 Verantwortliche müssen also jederzeit in der Lage sein, die Rechtmäßigkeit ihrer Verarbeitungen nachweisen zu können. Eine fehlende Dokumentation kann mit einem **Bußgeld** belegt werden. Zu beachten ist ferner, dass das Verantwort-

---

[81] Vgl. *Robrecht*, EU-Datenschutzgrundverordnung: Transparenzgewinn oder Information-Overkill, 2015.

[82] *Lepperhoff*, RDV 2016, 13; *Leutheusser-Schnarrenberger*, RDV 2016, 111.

[83] Vgl. HmbBfDI, 25. TB (2014/2015) I/3; LfD Sachsen-Anhalt, XII. TB (4/2013–3/2015), Ziff. 3.1.1.

[84] Vgl. *Bitkom*, Stellungnahme RDV 2016, 103.

[85] *Duda*, PinG 2016, 248.

[86] *Bieker/Hansen/Friedewald*, RDV 2016, 126; *Wichtermann*, DuD 2016, 797; *Phan*, PinG 2016, 243.

[87] *Krischker*, DuD 2015, 813.

lichkeitsprinzip bei Beschwerden und Gerichtsverfahren zu einer **Beweislastumkehr** führen und die Rechtsprechung entscheidend neu prägen kann.[88]

65 Entlastung von den bürokratischen Anforderungen der Verordnung erfahren an zwei Stellen der Verordnung sog. Kleinst- und kleine und mittlere **Unternehmen**, indem Einrichtungen, die weniger als 250 Mitarbeiter beschäftigten, ggf. von der Führung eines Verzeichnisses nach Art. 30 bei nicht risikobehafteten Verarbeitungen gem. Art. 30 Abs. 5 befreit sind. Entgegen der bisherigen deutschen Regelung sind Unternehmen, die keine der in Art. 37 genannten risikobehafteten Tätigkeiten durchführen, von der Pflicht zur Bestellung eines Datenschutzbeauftragten befreit.

66 **7. Datenschutz-Verhaltensregelungen und Zertifizierungen.** Die Nachweispflicht wird dem Verantwortlichen erleichtert, wenn er sich auf die Einhaltung genehmigter **Verhaltensregelungen** (Art. 40)[89] oder eine **Zertifizierung** der Verarbeitung (Art. 42) berufen kann, mit denen auch Klarheit für Rechtsunsicherheiten in der DS-GVO fürs Erste geschaffen ist.[90] Eine ihrer Aufgaben ist es nach Erwägungsgrund 77 Verantwortlichen und Auftragsverarbeiter Anleitungen zur Ermittlung des Risikos einer Verarbeitung und dem Nachweis der erforderlichen Maßnahmen zu geben.[91] Das gilt nach Art. 24 Abs. 3 für den Nachweis und die Sicherstellung der gebotenen technischen und organisatorischen Datenschutzmaßnahmen, nach Art. 25 Abs. 3 hinsichtlich der Berücksichtigung der Grundsätze der Gestaltung des Datenschutzes durch datenschutzfreundliche Technik, nach Art. 28 Abs. 5 zum Nachweis angemessener Garantien bei der Auftragsverarbeitung und nach Art. 32 Abs. 3 zum Nachweis der Erfüllung der in Art. 32 Abs. 1 geforderten und zu dokumentierenden Sicherheit der Verarbeitungen, in Art. 46 Abs. 2 lit. e und f für Drittland-Übermittlungen oder nach Art. 35 Abs. 8 für Verhaltensregelungen hinsichtlich der Rechtmäßigkeitsbeurteilung bei der Datenschutz-Folgenabschätzung.

67 Die Installation der für die Zertifizierung von Verantwortlichen und Auftragnehmern zuständigen **Zertifizierungsstellen** hat der Bundesgesetzgeber gem. Art. 43 Abs. 1 S. 2 DS-GVO in § 39 BDSG nF geregelt. Grundlage ist das Akkreditierungsgesetz mit der Zuständigkeit der deutschen Akkreditierungsstelle GmbH (DAkkS).

68 **8. Transparenzpflichten.** Eine wesentliche Erweiterung erfahren die Rechte der betroffenen Person auf Information über die Verarbeitungen ihrer personenbezogenen Daten durch die Transparenzregelungen der Verordnung, wenngleich das BDSG nF diese wiederum reduziert. Auszurichten hat sich die Umsetzung der Transparenzvorschriften der Art. 13, 14, 15–22 und Art. 34 an der Vorgabe des Art. 12 zur transparenten, verständlichen und leicht zugänglichen Informationsgestaltung und den dortigen Modalitäten für die Ausübung der Rechte der betroffenen Person.

69 Neben Pflichtinformationen, die die konkrete Situation der Datenverarbeitung betreffen, sind auch andere allgemeine, ua als eine Form der **„Rechtsmittelbelehrung“** die Korrektur- und Abwehrrechte betreffende Informationen mitzuteilen (Art. 13 Abs. 2, Art. 14 Abs. 2). Fraglich ist insoweit, ob der Hinweis auf die

[88] Vgl. *Wybitul/Pötters*, BB 2014, 437 ff.; *Brink/Wybitul*, ZD 2015, 225 ff.

[89] Zur Selbstregulierung *Krohm,* PinG 2016, 205; *Spindler*, ZD 2016, 407.

[90] *Bergt*, CR 2016, 670.

[91] *Schwartmann/Weiß*, RDV 2016, 68.

Notwendigkeit (Art. 13 Abs. 2) bzw. die **Erforderlichkeit** (Art. 14 Abs. 2) **der (Zusatz-)Informationen** für die Gewährleistung **einer fairen und transparenten Verarbeitung** nur deklaratorischer Art ist, oder ob es dem Verantwortlichen offen steht über die Erforderlichkeit bzw. Notwendigkeit selbst zu entscheiden, dh von den allgemeinen Informationen im konkreten Fall ganz oder teilweise abzusehen.[92]

Die Verordnung unterscheidet hinsichtlich der dem Betroffenen zu gebenden Informationen danach, ob die beim Betroffenen oder anderweitig erhoben werden. Bei der Direkterhebung ist nach Art. 13 wie bisher zu informieren über die für die Verarbeitung verantwortliche Stelle, die Zwecke der Verarbeitung und beabsichtigte Weitergaben. Neu ist ua, dass auch die Dauer der Speicherung der Daten bzw. die Kriterien für ihre Löschung mitzuteilen sind. Sollen die Daten zu einer automatisierten Einzelentscheidung und Profiling verwendet werden, sind ggf. Angaben über die verwendete Logik sowie zu den Auswirkungen für die betroffene Person zu machen. **70**

Die Nichterfüllung der Informationspflichten führt im Regelfall nicht dazu, dass die nach der DS-GVO erlaubte Verarbeitung rechtswidrig würde, dh die Erfüllung der Informationspflicht ist wie bisher keine **Rechtmäßigkeitsvoraussetzung**. Anders muss es im Einzelfall bei bewusster gravierender Missachtung der in Art. 5 enthaltenen Grundsätze für die Verarbeitung personenbezogener Daten und den in Art. 12 Abs. 1 verankerten Transparenzgrundsätzen sein. Art. 5 Abs. 1 lit. a gibt vor, dass „personenbezogene Daten auf rechtmäßige Weise, nach dem Grundsatz von Treu und Glauben und in einer für die betroffene Person nachvollziehbare Weise, verarbeitet werden müssen („Rechtmäßigkeit, Verarbeitung nach Treu und Glauben, Transparenz")". Zumindest wenn bei dem Betroffenen Daten erhoben werden unter bewusster falscher oder verkürzter Information über deren Zweckbestimmung wird dies die Rechtswidrigkeit der nachfolgenden Verarbeitung begründen. **71**

9. Datensicherheit. Wiederholt finden sich in der Verordnung die Verpflichtung des Verantwortlichen und seiner Auftragnehmer zur Installation der den jeweiligen Verarbeitungen angemessenen **organisatorischen und technischen Schutzmaßnahmen,** deren Umsetzung und Wirksamkeit in den Datenschutzkontrollen zu überwachen und nachzuweisen sind (Art. 24). Art. 32 fordert für die **Sicherheit der Verarbeitung** (Security of Processing) geeignete technische und organisatorische Maßnahmen, die ein dem mit der Verarbeitung geschaffenen Risiko **angemessenes Schutzniveau** bieten. Dazu werden beispielhaft als konkrete Maßnahmen genannt: **72**

- Pseudonymisierung und Verschlüsselung personenbezogener Daten,
- Maßnahmen zur Gewährleistung der Vertraulichkeit, Integrität und Verfügbarkeit der personenbezogenen Daten und Verarbeitungssysteme,
- Fehlertoleranz und Widerstandsfähigkeit gegenüber Störungen,
- die Fähigkeit zur Wiederherstellung der Daten und Systeme in der erforderlichen Zeit und
- ein regelmäßiger Prozess zur Überprüfung der ergriffenen Datensicherheitsmaßnahmen.

Die klassischen Schutzziele der IT-Sicherheit wie Vertraulichkeit, Integrität und Verfügbarkeit findet man in der DS-GVO an zentraler Stelle in Art. 32 Abs. 2, **73**

---

92 So *Schantz*, NJW 2016, 1841 (1846).

wobei auch die **Belastbarkeit** (resilience) als neuer Begriff eingeführt wird. Nähere Angaben, welche Maßnahmen zur Belastbarkeit positiv beitragen, nennt die Verordnung nicht. Gleichwohl gilt es für Verantwortliche demnach künftig auch die Belastbarkeit der Systeme und Dienste, die in Zusammenhang mit der Verarbeitung stehen, zu gewährleisten.

74 Damit liegt es in der Entscheidung des Verantwortlichen bzw. der Auftragnehmers, den mit der von ihm beabsichtigten Datenverarbeitung für die betroffene Person verbundenen Risiken mit angemessenen, dem jeweiligen Stand der Technik entsprechenden Maßnahmen zu begegnen, wobei der Verstoß gegen die **unbestimmte Verpflichtung** aus Art. 32 mit **Bußgeld** geahndet wird.

75 **10. Sanktionen. a) Zivilrechtliche Haftung.** Dass der für die Verarbeitung Verantwortliche auch für eingetretene Schäden haften muss, macht der die Bestimmungen der §§ 7, 8 BDSG ersetzende Art. 77 deutlich, der eine mit Beweislastumkehr versehene **Verschuldenshaftung** vorsieht und nunmehr ausdrücklich auch die Verpflichtung zum Ersatz **immaterieller Schäden** enthält. Der Wortlaut der Norm beschränkt die Geldentschädigung für Persönlichkeitsrechtsverletzung nicht, wie es nach der Rechtsprechung bisher geschieht,[93] auf schwere Eingriffe.[94] Der Begriff des Schadens soll nach Erwägungsgrund 118 vielmehr im Lichte der Rechtsprechung des Europäischen Gerichtshofs weit, auf eine Art und Weise ausgelegt werden, die den Zielen dieser Verordnung in vollem Umfang entspricht und zu einem vollständigen und wirksamen **Schadensersatz** führt und zwar unabhängig von parallel bestehenden Schadensersatzforderungen.[95]

76 **b) Haftung für Ordnungswidrigkeiten.** Um der Notwendigkeit einer praktischen Umsetzung der Datenschutzvorschriften Nachdruck zu verleihen sieht die DS-GVO empfindliche Sanktionen vor.[96] Die Bußgelder und die Zahl der Bußgeldtatbestände werden bemerkenswert erhöht. Bisher betrug das maximale Bußgeld 300.000 EUR. Nunmehr können gegenüber Unternehmen Bußgelder bis zu 20.000.000 EUR oder zB bei einer Verletzung von wesentlichen Grundprinzipien, bspw. in Bezug auf Einwilligungen, Betroffenenrechte oder die Regeln für die internationale Datenübermittlung Geldbußen bei Konzerngesellschaften bis zu 4 Prozent des weltweiten Jahresumsatzes verhängt werden (Art. 83) (→ Rn. 32; → Art. 4 Rn. 109). Das Verfahren hinsichtlich der Verhängung und des Rechtsschutzes bei der Verhängung von Bußgeldern richtet sich nach den § 41 BDSG nF erfolgten Verweisungen auf das Gesetz über Ordnungswidrigkeiten.

77 **c) Strafrechtliche Haftung.** Verstöße gegen die Verordnung können insbesondere in den Fällen, dass sie keiner Geldbuße unterliegen, durch in der Gesetzgebungskompetenz der Mitgliedstaaten liegende Vorschriften sanktioniert werden (Art. 84). Die **strafrechtliche Sanktion** kann auch die Einbeziehung der durch die Verstöße erzielten Gewinne ermöglichen (Erwägungsgrund 119 S. 2). Bei der Verhängung strafrechtlicher und verwaltungsrechtlicher Sanktionen darf der Grundsatz **„ne bis in idem“** nicht verletzt werden (Art. 50 GRCh).[97]

78 Dem Regelungsauftrag zum Erlass strafrechtlicher Sanktionen von Datenschutzverstößen kommt das BDSG nF in § 42 nach, wobei der Sachverhalt auf

---

[93] Vgl. zuletzt BAG, Urt. v. 19.2.2015 – AZR 1007/13, NZA 2015, 994.

[94] *Jaquemain*, RDV 2017, 227 (233).

[95] Vgl. auch *Gola/Piltz*, RDV 2015, 279.

[96] Vgl. *Ashkar*, DuD 2015, 796; *Faust/Spittka/Wybitul*, ZD 2016, 120.

[97] Schantz/Wolff/*Wolff*, Rn. 140.

zwei Tatbestände reduziert wurde. Zum einen ist strafbar, wer wissentlich eine große Zahl von nicht allgemein zugänglichen personenbezogenen Daten unberechtigt gewerbsmäßig übermittelt oder zugänglich macht. Zum anderen kann bestraft werden, wer unberechtigt gegen Entgelt oder in Bereicherungs- bzw. Schädigungsabsicht nicht allgemein zugängliche personenbezogene Daten verarbeitet oder durch unrichtige Angaben erschleicht.

B. Fazit

Die DS-GVO ändert die Konzeption und weitgehend auch die Detailregelun- **79**
gen des geltenden Datenschutzrechts nicht grundlegend. Vielmehr werden vielfach Bestimmungen der die Grundlage des BDSG bildenden Datenschutzrichtlinie 95/46/EG übernommen. Andererseits gibt es aber auch zahlreiche neue datenschutzrechtliche Vorgaben, deren Erfüllung hinsichtlich des immens erhöhten Bußgeldrahmens eine korrekte und rechtzeitige Umsetzung durch die Verantwortlichen erfordern. Ob daher mit der DS-GVO eine neue Zeitrechnung im Datenschutzrecht beginnt,[98] ist eine Formulierungsfrage. Gesprochen werden kann jedenfalls eher von einer Evolution als einer Revolution,[99] zumal die „revolutionären" Ansätze der DS-GVO durch den nationalen Gesetzgeber um einiges zurückgeführt wurden. Wenn *Roßnagel* es wegen der versäumten „Revolution" als geboten ansieht, die Verordnung alsbald zukunftsfähig zu machen,[100] wird die Realität dem wohl nicht entsprechen. Vielmehr ist davon auszugehen, dass die DS-GVO den Datenschutz in Europa im nächsten Jahrzehnt bestimmen wird. Ob das in Deutschland auch für jede Norm des neuen BDSG gilt, bleibt abzuwarten.

[98] *Schantz*, NJW 2016, 1841.
[99] *Kühling/Martini*, EuZW 2016, 448.
[100] *Roßnagel*, DuD 2016, 561; vgl. auch *Roßnagel* (Hrsg.), Europäische Datenschutz-Grundverordnung – Vorrang des Unionsrechts – Anwendbarkeit nationalen Rechts, 2016.

Datenschutz-Grundverordnung (DS-GVO)
Kommentar

Kapitel I. Allgemeine Bestimmungen

Art. 1 Gegenstand und Ziele

(1) **Diese Verordnung enthält Vorschriften zum Schutz natürlicher Personen bei der Verarbeitung personenbezogener Daten und zum freien Verkehr solcher Daten.**

(2) **Diese Verordnung schützt die Grundrechte und Grundfreiheiten natürlicher Personen und insbesondere deren Recht auf Schutz personenbezogener Daten.**

(3) **Der freie Verkehr personenbezogener Daten in der Union darf aus Gründen des Schutzes natürlicher Personen bei der Verarbeitung personenbezogener Daten weder eingeschränkt noch verboten werden.**

Literatur: *Abel*, Umsetzung der Selbstregulierung im Datenschutz – Probleme und Lösungen, RDV 2003, 11; *Albers*, Informationelle Selbstbestimmung, 2005; *Albrecht*, Das neue EU-Datenschutzrecht – von der Richtlinie zur Verordnung, CR 2016, 88; *Bizer*, Ziele und Elemente der Modernisierung des Datenschutzrechts, DuD 2001, 274; *Bizer*, Strukturplan modernes Datenschutzrecht, DuD 2004, 6; *Blas*, First Pillar and Third Pillar: Need for a common approach on data protection?, in: Gutwirth ua (Hrsg.), Reinventing Data Protection?, 2009, S. 225; *Bull*, Netzpolitik: Freiheit und Rechtsschutz im Internet, 2013; *Kühling/Martini*, Die Datenschutz-Grundverordnung: Revolution oder Evolution im europäischen und deutschen Datenschutzrecht?, EuZW 2016, 448; *Masing*, Herausforderungen des Datenschutzes, NJW 2012, 2305; *Nitsch*, Datenschutz und Informationsgesellschaft, ZRP 1995, 361; *Pötters*, Grundrechte und Beschäftigtendatenschutz, 2013; *Pötters*, Primärrechtliche Vorgaben für eine Reform des Datenschutzrechts, RDV 2015, 10; *Roßnagel*, Modernisierung des Datenschutzrechts für eine Welt allgegenwärtiger Datenverarbeitung, MMR 2005, 71; *Schantz*, Die Datenschutz-Grundverordnung – Beginn einer neuen Zeitrechnung im Datenschutzrecht, NJW 2016, 1841; *M. Schmidt*, Datenschutz für „Beschäftigte" – Grund und Grenzen bereichsspezifischer Regelung, 2017; *Simitis*, Die informationelle Selbstbestimmung – Grundbedingung einer verfassungskonformen Informationsordnung, NJW 1994, 398; *Simitis*, Datenschutz und die Europäische Gemeinschaft, RDV 1990, 3; *Thüsing*, Beschäftigtendatenschutz und Compliance, 2. Aufl. 2014, § 1 Rn. 1; *Wuermeling*, Handelshemmnis Datenschutz, 2000.

Übersicht

A. Allgemeines

I. Duale Schutzrichtung des EU-Datenschutzes: Historie

1 Anders als das BDSG, das mit dem Schutz des Persönlichkeitsrechts lediglich ein gesetzgeberisches Ziel ausgibt (§ 1 Abs. 1 BDSG), verfolgt das EU-Datenschutzrecht seit jeher zwei Anliegen: **Art. 1 DS-RL** gibt in Abs. 1 den „**Schutz der Grundrechte** und Grundfreiheiten und insbesondere den Schutz der Privatsphäre natürlicher Personen bei der Verarbeitung personenbezogener Daten" als Telos aus, in Abs. 2 wird sodann das Ziel eines „**freien Verkehrs personenbezogener Daten** zwischen Mitgliedstaaten" genannt. Dieser zweite Gesichtspunkt kommt schon in der Kompetenzgrundlage, auf der die DS-RL geschaffen wurde, zum Ausdruck: Sie beruht auf Art. 100a EGV (jetzt: Art. 114 AEUV) und dient damit der **Rechtsangleichung im Binnenmarkt.** Nach Erwägungsgrund 8 DS-RL ist eine Harmonisierung der Datenschutzregime der Mitgliedstaaten „zur Beseitigung der Hemmnisse für den Verkehr personenbezogener Daten […] unerläßlich."

2 Mit dem **Vertrag von Lissabon** wurde das geschriebene Primärrecht um zwei ausdrücklich auf den Datenschutz bezogene Kompetenzgrundlagen erweitert: **Art. 16 AEUV** und **Art. 39 EUV** haben den Schutz natürlicher Personen bei der Verarbeitung personenbezogener Daten im Fokus, erwähnen aber beide auch den freien Verkehr personenbezogener Daten.

3 Mit ihrem **Vorschlag** für die **DS-GVO** stützte sich die **Kommission**[1] ausdrücklich auf die neue Kompetenzgrundlage des Art. 16 Abs. 2 AEUV und zugleich auf Art. 114 AEUV. Schon dies macht deutlich, dass sie trotz der durch den Lissabonvertrag erfolgten Aufwertung des Datenschutzes zu einem geschriebenen Grundrecht (Art. 16 Abs. 1 AEUV und Art. 8 GRCh) an der dualen Schutzrichtung festhält.[2] In der Begründung zu ihrem Entwurf führt die Kommission aus, dass die Zwecke und Grundsätze der DS-RL gültig bleiben. Ziel der DS-GVO sei es, eine konsequentere, kohärentere Datenschutzregelung in der EU zu schaffen, die durchsetzbar sei und die Voraussetzungen dafür biete, dass die digitale Wirtschaft im Binnenmarkt weiter Fuß fasst.[3]

---

[1] Vorschlag für eine Verordnung des Europäischen Parlaments und des Rates zum Schutz natürlicher Personen bei der Verarbeitung personenbezogener Daten und zum freien Datenverkehr (DS-GVO), KOM(2012) 11 endg.

[2] BeckOK DatenschutzR/*Schantz*, Art. 1 Rn. 2; Ehmann/Selmayr/*Zerdick*, DS-GVO, Art. 1 Rn. 2; aA Sydow/*Sydow*, Art. 1 Rn. 10 ff., der eine Abkehr vom Konzept des Privatsphärenschutzes fürchtet.

[3] KOM(2012) 11 endg., S. 2.

Im nun **finalen Rechtstext der DS-GVO** wird lediglich Art. 16 AEUV als Kompetenzgrundlage genannt. Gleichwohl bedeutet dies nicht, dass die duale Schutzrichtung und das Ziel eines freien Verkehrs personenbezogener Daten aufgegeben wurden. Art. 1 nennt weiterhin den Grundrechtsschutz und den freien Datenverkehr in einem Atemzug.[4] Zahlreiche Erwägungsgründe verdeutlichen, dass die DS-GVO in Kontinuität zur bisherigen Rechtsentwicklung steht. So bekräftigt Erwägungsgrund 9, dass die Ziele und Grundsätze der DS-RL nach wie vor Gültigkeit besitzen. 4

II. Gleichrangigkeit der Schutzziele

Die dargestellte Historie macht deutlich: Während anfangs noch die Gewährleistung des freien Verkehrs personenbezogener Daten (rechtspolitisch) im Vordergrund stand, ist es nun der Grundrechtsschutz. Die beiden Ziele des EU-Datenschutzes sind jedoch seit jeher **gleichrangig.**[5] Beide wurzeln im **Primärrecht.** 5

In jüngeren Entscheidungen stellte der **EuGH** zwar das Ziel des Grundrechtsschutzes tendenziell in den Vordergrund. Bestimmungen der DS-RL zum Schutz der Grundrechte, insbesondere des Rechts auf Privatleben, müssten aufgrund des mit der Richtlinie verfolgten gesetzgeberischen Zwecks grundsätzlich weit ausgelegt werden.[6] Dies bedeutet jedoch nicht, dass die DS-GVO den freien Verkehr personenbezogener Daten aus dem Blick verloren hätte. In den **Erwägungsgründen** wird mehrfach daran erinnert, dass Unterschiede im Schutzniveau der nationalen Rechtsordnungen nicht nur die Grundrechte der betroffenen Personen gefährden, sondern auch ein Hemmnis für die unionsweite Ausübung von Wirtschaftstätigkeiten darstellen (vgl. etwa Erwägungsgründe 9, 10, 13). 6

B. Einzelerläuterungen

I. Der Schutz der Grundrechte (Abs. 2)

1. Datenschutz als Persönlichkeitsschutz. *Jan Philipp Albrecht*, der Verhandlungsführer des Europäischen Parlaments im Rahmen des Reformprozesses war, bezeichnet die DS-GVO als „die erste EU-Verordnung, die nicht nur technische Standards oder Marktregeln aufstellt, sondern darüber hinaus auch ein **Grundrecht und dessen Durchsetzung** ausführlich **regelt.**"[7] Dies wird gleich zu Beginn der DS-GVO in Erwägungsgrund 1 deutlich und auch der eigentliche Verordnungstext weist prominent in Art. 1 Abs. 1, 2 auf den Schutz natürlicher Personen bei der Verarbeitung personenbezogener Daten bzw. den Schutz der Grundrechte und Grundfreiheiten natürlicher Personen als Telos des EU-Datenschutzrechts hin. Die DS-GVO konkretisiert somit den durch das europäische Primärrecht (insbesondere Art. 8 GRCh) geforderten Grundrechtsschutz (→ Rn. 18). 7

---

[4] S. hierzu Wybitul/*Rauer/Ettig*, Art. 1 Rn. 4.

[5] S. bereits GA *Colomer*, Schlussanträge v. 22.12.2008 – C-553/07, Slg. 2009, I-3889 – College van burgemeester en wethouders van Rotterdam, Rn. 20.

[6] EuGH, Urt. v. 1.10.2015 – C-230/14, EuZW 2015, 912 – Weltimmo, Rn. 25; EuGH, Urt. v. 13.5.2014 – C-131/12, EuZW 2014, 541 – Google Spain, Rn. 53, 66.

[7] *Albrecht*, CR 2016, 88 f.

8 Abs. 2 enthält mit der Festlegung des Gesetzeszwecks zugleich eine Art **Legaldefinition des Begriffs „Datenschutz"**. Der Begriff „Datenschutz" ist dabei inzwischen zu einem festen Bestandteil der Rechtssprache geworden, obwohl er nach wie vor missverständlich ist; denn Datenschutz erschöpft sich gerade **nicht** – wie der Wortlaut des Begriffs vermuten lässt – im **Schutz von Daten.** Gegenstand des Schutzes ist **vielmehr** der einzelne **Betroffene.** Datenschutz ist also – in erster Linie[8] – Persönlichkeitsschutz und kein zweites Sachenrecht oder Urheberrecht.[9]

9 **2. Einschlägige Grundrechte und Rechtsquellen.** Die Grundrechte sind bereits seit rund 40 Jahren als sog. **allgemeine Rechtsgrundsätze** des Gemeinschaftsrechts (jetzt: Unionsrechts) anerkannt und damit ungeschriebener Bestandteil des Primärrechts.[10] Sie fußen im Wesentlichen auf den Verfassungstraditionen der Mitgliedstaaten, sofern sie sich in Struktur und Ziele der Union einfügen,[11] sowie auf internationalen Verträgen zum Schutz der Grund- und Menschenrechte, an die sich die Mitgliedstaaten gebunden haben.[12] Im Hinblick auf die letztgenannte Kategorie ist allen voran die EMRK als Erkenntnisquelle zu erwähnen[13] (vgl. Art. 6 Abs. 3 EUV).

10 Als einen solchen allgemeinen Rechtsgrundsatz hat der EuGH schon früh ein **Recht auf Privatsphäre** anerkannt.[14] Besondere Bedeutung bei der Interpretation hat dabei **Art. 8 EMRK**[15] und die dazu ergangene Rechtsprechung des EGMR.[16] Daneben hat der EuGH sich bereits vor Inkrafttreten des Lissabonvertrages auf Art. 8 GRCh gestützt.[17]

11 Die GRCh rückt in der aktuellen Rechtsprechung immer stärker in den Vordergrund und auch die Erwägungsgründe der DS-GVO erwähnen – anders als noch die DS-RL – nicht mehr Art. 8 EMRK, sondern **Art. 8 GRCh.** Die in

---

[8] Aufschlussreiche, aber teilweise zu weitgehende Überlegungen zu einem „Dateneigentum" bei *Hoeren*, MMR 2013, 486; vgl. ferner *Spindler*, GRUR-Beil. 2014, 101 (103).

[9] *Thüsing*, Beschäftigtendatenschutz und Compliance, 2. Aufl. 2014, § 1 Rn. 1; *Pötters*, RDV 2015, 10; vgl. auch *Masing*, NJW 2012, 2305 (2307): „Daten sind nicht unveräußerbare Artikel des Selbst, deren Nutzung leihweise an Dritte überlassen und dann nach Belieben wieder zurückgefordert werden kann: Niemand hat ein prinzipielles Recht, dass ein Kommunikationspartner auf Wunsch wieder vergisst, was ihm mitgeteilt wurde."

[10] S. grundlegend EuGH, Urt. v. 17.12.1970 – 11/70, Slg. 1970, 1125 – Internationale Handelsgesellschaft; EuGH, Urt. v. 12.11.1969 – 29/69, Slg. 1969, 419 – Stauder.

[11] S. EuGH, Urt. v. 17.12.1970 – 11/70, Slg. 1970, 1125 – Internationale Handelsgesellschaft.

[12] Vgl. zu letzterem Aspekt EuGH, Urt. v. 14.5.1974 – 4/73, Slg. 1974, 491, 502 – Nold.

[13] S. etwa EuGH, Urt. v. 18.6.1991 – C-260/89, Slg. 1991, I-2925 – ERT, Rn. 41.

[14] Vgl. zur Entwicklung der Fallpraxis GA *Colomer*, Schlussanträge v. 22.12.2008 – C-553/07, Slg. 2009, I-3889 – College van burgemeester en wethouders van Rotterdam.

[15] S. etwa EuGH, Urt. v. 20.5.2003 – C-465/00 ua, Slg. 2003, I-4989 – Österreichischer Rundfunk; EuGH, Urt. v. 7.5.2009 – C-553/07, Slg. 2009, I-3889 – College van burgemeester en wethouders van Rotterdam.

[16] Häufig vom EuGH zitierte Entscheidungen des EGMR sind etwa die Urteile Nr. 27798/95, ECHR 2000-II – Amann/Schweiz sowie Nr. 28341/95, EGMR 2000-V – Rotaru/Rumänien.

[17] S. etwa EuGH, Urt. v. 29.1.2008 – C-275/06, Slg. 2008, I-271 – Promusicae, Rn. 64; EuGH, Urt. v. 20.5.2003 – C-465/00 ua, Slg. 2003, I-4989 – Österreichischer Rundfunk, Rn. 70 ff.; vgl. auch GA *Kokott*, Schlussanträge v. 18.7.2007 – C-275/06, Slg. 2008, I-271 – Promusicae, Rn. 51 ff.

der GRCh aufgeführten Grundrechte und die Verträge sind gem. Art. 6 Abs. 1 Hs. 2 EUV „rechtlich gleichrangig“, sie sind also seit Lissabon Teil des EU-Primärrechts. Neben Art. 8 GRCh, der ausdrücklich ein **Grundrecht auf Schutz personenbezogener Daten** normiert, ist auch **Art. 7 GRCh** für den Persönlichkeitsschutz relevant.[18] Hiernach hat jede Person ein Recht auf **Achtung ihres Privat- und Familienlebens,** die Vorschrift entspricht somit Art. 8 EMRK.[19] Trotz der speziellen Regelung des Datenschutzgrundrechts in Art. 8 GRCh können die bislang auf Grundlage des Art. 8 EMRK entwickelten Leitlinien weiter Geltung beanspruchen.[20] Allerdings sind insbesondere im Hinblick auf Grundrechtsbeeinträchtigungen die speziellen Schrankenregelungen des Art. 8 Abs. 2 GRCh zu beachten.[21]

Neben diesen geschriebenen Rechtsquellen dominiert in der Judikatur des EuGH zum Datenschutzrecht der Verweis auf eigene Leitentscheidungen, insbesondere die Leiturteile Österreichischer Rundfunk[22] und Lindqvist[23] werden häufig zitiert. Daneben wird sowohl auf die GRCh als auch die EMRK hingewiesen. Diese Fallpraxis zeigt, dass der EuGH weiterhin vor allem die Kontinuität seiner Rechtsprechung suggerieren will und daher auch in Zukunft wohl einen ***case-law*-Ansatz** verfolgen und Urteile mindestens ebenso häufig wie positives Recht zitieren wird. 12

3. Die DS-GVO als Schutzgesetz. Die DS-GVO enthält aufgrund ihrer gesetzgeberischen Ziele – ebenso wie bislang das BDSG[24] – zahlreiche Vorschriften mit Schutzgesetzcharakter. Hieraus ergeben sich vielfältige Konsequenzen. So ist bei einem Verstoß gegen diejenigen Normen, die auf den Schutz des Betroffenen abstellen, ggf. ein **Schadensersatzanspruch** nach **§ 823 Abs. 2 BGB** begründet. 13

Bislang umstritten war, ob und welche Normen des BDSG **verbraucherschützende Funktion** haben mit der Folge, dass ihre Verletzung auch im Wege der Verbandsklage nach § 8 UWG bzw. § 2 UKlaG verfolgt werden kann.[25] Durch das Gesetz zur Verbesserung der zivilrechtlichen Durchsetzung von verbraucher- 14

---

[18] Paal/Pauly/*Ernst*, DS-GVO, Art. 1 Rn. 6; vgl. hinsichtlich des Verhältnisses von Art. 7 GRCh zu Art. 8 GRCh Sydow/*Sydow*, Art. 1 Rn. 13 ff.

[19] Vgl. die Erläuterungen zur Charta der Grundrechte, ABl. 2007 C 303/20, Erläuterung zu Art. 7: „Die Rechte nach Artikel 7 entsprechen den Rechten, die durch Artikel 8 EMRK garantiert sind.“

[20] Art. 52 Abs. 3 S. 1, Abs. 4, 53 GRCh; vgl. ferner die Erläuterungen zu Art. 8 GRCh, ABl. 2007 C 303/20, wonach sich Art. 8 GRCh auf Art. 8 EMRK „stützt“.

[21] Kühling/Buchner/*Buchner*, DS-GVO, Art. 1 Rn. 11.

[22] EuGH, Urt. v. 20.5.2003 – C-465/00 ua, Slg. 2003, I-4989 – Österreichischer Rundfunk.

[23] EuGH, Urt. v. 6.11.2003 – C-101/01, Slg. 2003, I-12971 – Lindqvist.

[24] S. AG Bamberg, Urt. v. 15.1.2015 – 101 C 1755/13, BeckRS 2015, 09554; OLG Hamburg, Urt. v. 2.8.2011 – 7 U 134/10, NJW-RR 2011, 1611; OLG Frankfurt a.M., Urt. v. 15.11.2004 – 23 U 155/03, ZIP 2005, 654; OLG Köln, Urt. v. 3.7.2008 – 15 U 43/08, CR 2008, 512.

[25] Befürwortend ua OLG Köln, Urt. v. 17.1.2014 – 6 U 167/13, NJW 2014, 1820; OLG Karlsruhe, Urt. v. 9.5.2012 – 6 U 38/11, RDV 2012, 305; OLG Hamburg, Urt. v. 27.6.2013 – 3 U 26/12, RDV 2013, 260; KG Berlin, Urt. v. 24.1.2014 – 5 U 42/12, ZD 2014, 412; abl. ua OLG München, Urt. v. 12.1.2012 – 29 U 3926/11, RDV 2012, 149; OLG Frankfurt a.M., Urt. v. 30.6.2005 – 6 U 168/04, GRUR 2005, 785.

schützenden Vorschriften des Datenschutzrechts[26] wurde im Februar 2016 die Verbraucherschutzfunktion des BDSG und anderer datenschutzrechtlicher Normen geregelt.[27] Mit **Art. 80** wurde nun auch in der DS-GVO ein Verbandsklagerecht aufgenommen (→ Art. 80 Rn. 1 ff.).

15 Ferner ist es Aufgabe von **Personal- und Betriebsrat** (s. § 68 Abs. 1 Nr. 2 BPersVG bzw. § 80 Abs. 1 Nr. 1 BetrVG), darüber zu wachen, dass die zugunsten der Beschäftigten geschaffenen Gesetze eingehalten werden. Ebenso wie bislang das BDSG[28] ist die DS-GVO zu den dort in Bezug genommenen arbeitsrechtlichen Schutzgesetzen zu zählen. Das bedeutet, dass der Betriebs- oder Personalrat nicht nur die Rechtmäßigkeit der Personaldatenverarbeitung oder die Art und Weise, wie den Rechten der Beschäftigten entsprochen wird, überprüfen kann, sondern auch die Ordnungsmäßigkeit der Datensicherung und der Kontrollmaßnahmen. Die dem Datenschutzbeauftragten übertragenen Zuständigkeiten berühren nicht die Überwachungsaufgabe des Betriebsrats, es besteht vielmehr eine doppelte Kontrolle.[29]

II. Der Grundsatz des freien Verkehrs personenbezogener Daten (Abs. 3) als Ausdruck eines digitalen Binnenmarkts

16 Als zweites zentrales Regelungsziel nennt die DS-GVO in Art. 1 Abs. 1, Abs. 3 den Grundsatz des freien Datenverkehrs. Dieser stellt einen Unterfall des Grundsatzes des **freien Binnenmarktverkehrs** dar.[30] Der freie Binnenmarkt kommt seinerseits in erster Linie in den **Grundfreiheiten** zum Ausdruck (s. Art. 26 Abs. 2 AEUV). Telos der DS-GVO ist es demgemäß, das Funktionieren des Binnenmarktes zu sichern, indem ein einheitliches datenschutzrechtliches Schutzniveau innerhalb des EWR gewährleistet wird.[31] So sollen **Hemmnisse** für den freien Verkehr von Daten innerhalb des EU-Binnenmarkts/EWR, die aus **unterschiedlich hohen datenschutzrechtlichen Anforderungen** der nationalen Rechtsordnungen resultieren, abgebaut werden (vgl. Erwägungsgrund 9, 10). Die Grundfreiheiten und das in ihnen zum Ausdruck kommende Prinzip des freien Binnenmarktes erfüllen dabei eine doppelte Rolle: Zum einen ist die Integration des europäischen Binnenmarktes ein Allgemeininteresse, zum anderen aber sind die Grundfreiheiten zuvorderst Individualrechte, die im Rahmen der Abwägung zugunsten des für die Datenverarbeitung Verantwortlichen in die Waagschale zu werfen sind.

17 Das **Prinzip des freien Verkehrs personenbezogener Daten** stellt nicht selbst eine eigenständige Grundfreiheit dar, sondern es ist vielmehr eine Art Hilfsgrundsatz, ein Katalysator, der die unbeeinträchtigte Ausübung der Grundfreiheiten gewährleistet. Der Grundsatz des freien Datenverkehrs kann also nur **in Ver-**

[26] BGBl. 2016 I S. 233 ff.

[27] S. hierzu *Dönch*, BB 2016, 962; *Halfmeier*, NJW 2016, 1126; krit. *Schulz*, ZD 2014, 510.

[28] S. hierzu BAG, Beschl. v. 17.3.1987 – 1 ABR 59/85, BAGE 54, 278; LAG Berlin-Brandenburg, Beschl. v. 12.11.2012 – 17 TaBV 1318/1, NZA-RR 2013, 293 (294); *Fitting*, BetrVG, § 80 Rn. 7.

[29] *Fitting*, BetrVG, § 80 Rn. 7; Richardi/*Thüsing*, BetrVG, § 80 Rn. 10.

[30] Vgl. hierzu Erwägungsgrund 5, 7, 13; ausf. *Pötters*, Grundrechte und Beschäftigtendatenschutz, 2013, S. 160 ff.

[31] Vgl. Paal/Pauly/*Ernst*, DS-GVO, Art. 1 Rn. 14; Kühling/Buchner/*Buchner*, DS-GVO, Art. 1 Rn. 19; Wybitul/*Rauer/Ettig*, Art. 1 Rn. 10.

bindung mit einer einzelnen Grundfreiheit geltend gemacht werden. Ihm kommt dabei erst auf der **Ebene der Rechtfertigung** eine zentrale Rolle zu: Immer dann, wenn jemand die Verletzung einer Grundfreiheit geltend macht, begrenzt der Grundsatz des freien Verkehrs personenbezogener Daten nach **Abs. 3** die Rechtfertigungsmöglichkeiten für die Grundfreiheitsbeschränkung. Eine Beschränkung der Grundfreiheiten durch nationale Vorgaben zum Datenschutz kann somit nicht mit einem Hinweis auf kollidierendes Primärrecht (insbesondere Art. 8 GRCh) begründet werden, wenn sich das nationale Recht außerhalb der harmonisierenden Rahmenvorgaben der DS-GVO bewegt und einen weiter reichenden Schutz der Grundrechte gewährleistet.[32]

III. Teleologische und primärrechtskonforme Auslegung der DS-GVO

Das **sekundäre Datenschutzrecht** ist nach ständiger Rechtsprechung des EuGH **im Lichte der Grundrechte und Grundfreiheiten** zu interpretieren.[33] Da sowohl der Grundrechtsschutz als auch der Schutz des Binnenmarkts die beiden Hauptschutzziele der DS-GVO darstellen, führt auch eine teleologische Auslegung der DS-GVO zur maßgeblichen Berücksichtigung der entsprechenden primärrechtlichen Vorgaben. 18

Das **nationale Recht** ist seinerseits **unionsrechtskonform** auszugestalten; die mitgliedstaatlichen Gerichte haben sich so weit wie möglich an den Vorgaben der DS-GVO zu orientieren, die ihrerseits wiederum primärrechtskonform ausgelegt werden muss. Zu Zeiten der DS-RL war dieser Gesichtspunkt besonders wichtig,[34] denn die Vorgaben des EU-Datenschutzes kamen erst durch nationale Umsetzungsakte praktisch zur Geltung. Da auch unter der DS-GVO aufgrund der zahlreichen Öffnungsklauseln erhebliche Spielräume für nationale Regelungen verbleiben, ist die primär- und sekundärrechtskonforme Auslegung des nationalen Rechts weiterhin von Bedeutung. 19

Die Grundfreiheiten und Grundrechte sind insbesondere bei den – generalklauselartig formulierten – Rechtfertigungstatbeständen des Datenschutzrechts im Rahmen der regelmäßig vorzunehmenden Abwägung zwischen den Interessen des Verantwortlichen und des Betroffenen zu berücksichtigen. Die Erlaubnistatbestände der Art. 6 und 9 enthalten überwiegend den unbestimmten Rechtsbegriff der **Erforderlichkeit.** Bei der Konkretisierung dieses Merkmals kommt der primärrechtskonformen Auslegung besondere Bedeutung zu,[35] denn bei der erforderlichen Interessenabwägung sind insbesondere auch die Grundrechte und Grundfreiheiten zu berücksichtigen. Da die Rechtfertigungstatbestände des Datenschutzrechts nicht nur für staatliche Stellen gelten, sondern Private als Ver- 20

---

[32] Ehmann/Selmayr/*Zerdick*, DS-GVO, Art. 1 Rn. 12 f.; BeckOK DatenschutzR/*Schantz*, Art. 1 Rn. 9.

[33] EuGH, Urt. v. 6.11.2003 – C-101/01, Slg. 2003, I-12971 – Lindqvist, Rn. 87; EuGH, Urt. v. 20.5.2003 – C-465/00 ua, Slg. 2003, I-4989 – Österreichischer Rundfunk, Rn. 68 ff.; EuGH, Urt. v. 29.1.2008 – C-275/06, Slg. 2008, I-271 – Promusicae, Rn. 57 ff., 68 (in Bezug auf RL 2002/58/EG); EuGH, Urt. v. 13.5.2014 – C-131/12, EuZW 2014, 541 – Google Spain, Rn. 53, 66; EuGH, Urt. v. 1.10.2015 – C-230/14, EuZW 2015, 912 – Weltimmo, Rn. 25.

[34] EuGH, Urt. v. 6.11.2003 – C-101/01, Slg. 2003, I-12971 – Lindqvist, Rn. 87.

[35] Vgl. zur DS-RL EuGH, Urt. v. 16.12.2008 – C-524/06, Slg. 2008, I-9705 – Huber, Rn. 52 ff.

antwortliche ebenso bindet, kann von einer gesetzlich angeordneten unmittelbaren **Drittwirkung** gesprochen werden.[36]

IV. Die DS-GVO als sekundärrechtliche Konkretisierung von Primärrecht

21 Die Schutzziele der DS-GVO machen deutlich, dass die Grundverordnung der Konkretisierung von Primärrecht dient.[37] Zwar kann der europäische Gesetzgeber durch Sekundärrecht nicht verbindlich den Inhalt primärrechtlicher Bestimmungen definieren; sofern das Sekundärrecht aber eine zulässige Ausgestaltung der primärrechtlichen Vorgaben beinhaltet, kann es konkretisierend herangezogen werden. In seiner Entscheidung in der Rechtssache **Kücükdeveci** hat der EuGH auf Bestimmungen der Gleichbehandlungsrahmenrichtlinie 2000/78/EG verwiesen, um eine relevante Ungleichbehandlung iSd allgemeinen Gleichbehandlungsgrundsatzes (Art. 21 GRCh) festzustellen[38] und den Maßstab im Rahmen der Rechtfertigung näher zu bestimmen.[39] Voraussetzung einer solchen Vorgehensweise ist jedoch, wie der EuGH in der Entscheidung Association de médiation sociale[40] später klarstellte, dass eine unmittelbare Wirkung der primärrechtlichen Norm gegeben ist.

22 Auf das **Datenschutzrecht** ist die **Kücükdeveci-Rechtsprechung übertragbar.**[41] Eine Konkretisierung des Grundrechts auf Schutz personenbezogener Daten (Art. 8 GRCh) kann danach zunächst auf Schutzbereichsebene vorgenommen werden, indem die Legaldefinition des Art. 4 zum Begriff des personenbezogenen Datums herangezogen wird.[42] Auch das Vorliegen eines Eingriffs kann mithilfe der DS-GVO und des Begriffs der Datenverarbeitung bestimmt werden.[43] Auf der Ebene der **Rechtfertigung** kann die DS-GVO ebenfalls fruchtbar gemacht werden. Zunächst kann die qualifizierte **Schrankenregelung** des **Art. 8 Abs. 2 GRCh** mit Hilfe von Art. 5, 6, 9 spezifiziert werden.[44] Weiterhin lässt sich die Differenzierung zwischen besonderen und sonstigen Datenkategorien nach Art. 9 sowie der ua in Art. 24 Abs. 1 S. 1 zum Ausdruck kommende risikobasierte Ansatz (→ Art. 24 Rn. 19 ff.) in die allgemeine Grundrechtsdogmatik übersetzen: Die nach Sensitivität

---

[36] Vgl. zur DS-RL *Pötters*, Grundrechte und Beschäftigtendatenschutz, 2013, S. 232 ff.

[37] Ausf. zur Konkretisierung von Primärrecht durch Sekundärrecht *Pötters*, Grundrechte und Beschäftigtendatenschutz, 2013, S. 206 ff.; krit. Preis/Sagan/*Sagan*, Europäisches Arbeitsrecht, 2015, § 1 Rn. 163 f.

[38] Insofern rekurriert der EuGH auf die Definition in Art. 2 Abs. 2 lit. a RL 2000/78/EG, s. EuGH, Urt. v. 19.1.2012 – C-555/07, Slg. 2010, I-365 – Kücükdeveci, Rn. 28 ff.

[39] In Bezug auf Diskriminierungen wegen des Alters stützt sich der EuGH auf Art. 6 Abs. 1 RL 2000/78/EG, s. EuGH, Urt. v. 19.1.2012 – C-555/07, Slg. 2010, I-365 – Kücükdeveci, Rn. 32 ff.

[40] EuGH, Urt. v. 15.1.2014 – C-176/12 – Association de médiation sociale, NZA 2014, 193, Rn. 47 ff.

[41] Vgl. bereits Preis/Sagan/*Pötters*, Europäisches Arbeitsrecht, 2015, § 2 Rn. 40.

[42] Vgl. GA *Colomer*, Schlussanträge v. 22.12.2008 – C-553/07, Slg. 2009, I-3889 – College van burgemeester en wethouders van Rotterdam, Rn. 8; vgl. ferner EuGH, Urt. v. 9.11.2010 – C-92/09 u. C-93/09, EuZW 2010, 939 – Volker und Markus Schecke GbR.

[43] Sa Calliess/Ruffert/*Kingreen*, EUV/AEUV, Art. 8 GRCh Rn. 12; Tettinger/Stern/*Johlen*, GRCh, 2006, Art. 8 Rn. 34 ff.

[44] Vgl. zur DS-RL und zu Art. 8 EMRK GA *Kokott*, Schlussanträge v. 18.7.2007 – C-275/06, Slg. 2008, I-271 – Promusicae, Rn. 53.

der Daten, Art und Umfang der Verarbeitung etc. differenzierende Systematik der DS-GVO spiegelt die jeweils unterschiedlich hohe Eingriffsintensität wider.

Ein Rekurs auf die Maßstäbe der DS-GVO verbietet sich hingegen bei der Bestimmung des personalen Anwendungsbereichs des Datenschutzgrundrechts. In der Rechtssache *Schecke* entschied der EuGH zu Recht, dass sich sowohl natürliche Personen als auch juristische Personen auf das Grundrecht auf Datenschutz berufen können[45] – dies ist ein weitergehender Schutzbereich als der personale Anwendungsbereich der DS-GVO. 23

V. Vollharmonisierung des Datenschutzrechts

Aus der dualen Schutzrichtung des EU-Datenschutzrechts folgt, dass durch den europäischen Gesetzgeber eine Vollharmonisierung angestrebt wird und **nationale Unterschiede als Hemmnisse** für einen digitalen Binnenmarkt grundsätzlich durch die unionsrechtlichen Vorgaben eingeebnet werden (→ Einl. Rn. 14 ff., 45 ff.). So hat der EuGH schon zum bisherigen Recht in ständiger Rechtsprechung vertreten, dass die DS-RL eine **„grundsätzliche umfassende Harmonisierung"** der nationalen Rechtsordnungen anstrebt.[46] Zur Begründung verweist er auf die **Regelungsziele** der Richtlinie. Diese bilden zugleich **Unter- und Obergrenze** des Datenschutzrechts.[47] Wer den materiellen Schutzstandard der DS-GVO unterschreitet, verletzt regelmäßig das Grundrecht auf Schutz personenbezogener Daten (Art. 8 GRCh), während Vorschriften des nationalen Rechts, die über den EU-Standard hinausgehen, den freien Verkehr personenbezogener Daten und mithin den Binnenmarkt und die Grundfreiheiten beeinträchtigen. 24

Art. 2 Sachlicher Anwendungsbereich

(1) **Diese Verordnung gilt für die ganz oder teilweise automatisierte Verarbeitung personenbezogener Daten sowie für die nichtautomatisierte Verarbeitung personenbezogener Daten, die in einem Dateisystem gespeichert sind oder gespeichert werden sollen.**

(2) **Diese Verordnung findet keine Anwendung auf die Verarbeitung personenbezogener Daten**

a) im Rahmen einer Tätigkeit, die nicht in den Anwendungsbereich des Unionsrechts fällt,

b) durch die Mitgliedstaaten im Rahmen von Tätigkeiten, die in den Anwendungsbereich von Titel V Kapitel 2 EUV fallen,

c) durch natürliche Personen zur Ausübung ausschließlich persönlicher oder familiärer Tätigkeiten,

d) durch die zuständigen Behörden zum Zwecke der Verhütung, Ermittlung, Aufdeckung oder Verfolgung von Straftaten oder der Strafvollstreckung, einschließlich des Schutzes vor und der Abwehr von Gefahren für die öffentliche Sicherheit.

---

[45] EuGH, Urt. v. 9.11.2010 – C-92/09 und C-93/09, EuZW 2010, 939 – Volker und Markus Schecke GbR, Rn. 53.

[46] Grundlegend EuGH, Urt. v. 6.11.2003 – C-101/01, Slg. 2003, I-12971 – Lindqvist, Rn. 96; ferner EuGH, Urt. v. 16.12.2008 – C-524/06, Slg. 2008, I-9705 – Huber, Rn. 51; EuGH, Urt. v. 24.11.2011 – C-468/10 und 469/10, NZA 2011, 1409 – ASNEF.

[47] Vgl. bereits *Pötters*, Grundrechte und Beschäftigtendatenschutz, 2013, S. 239.

(3) [1]**Für die Verarbeitung personenbezogener Daten durch die Organe, Einrichtungen, Ämter und Agenturen der Union gilt die Verordnung (EG) Nr. 45/2001.** [2]**Die Verordnung (EG) Nr. 45/2001 und sonstige Rechtsakte der Union, die diese Verarbeitung personenbezogener Daten regeln, werden im Einklang mit Artikel 98 an die Grundsätze und Vorschriften der vorliegenden Verordnung angepasst.**

(4) **Die vorliegende Verordnung lässt die Anwendung der Richtlinie 2000/31/EG und speziell die Vorschriften der Artikel 12 bis 15 dieser Richtlinie zur Verantwortlichkeit der Vermittler unberührt.**

Literatur: *Bergt*, Die Bestimmbarkeit als Grundproblem des Datenschutzrechts. Überblick über den Theorienstreit und Lösungsvorschlag, ZD 2015, 365; *Boehme-Neßler*, Das Ende der Anonymität, DuD 2016, 419; *Brink/Eckhardt*, Wann ist ein Datum ein personenbezogenes Datum? Anwendungsbereich des Datenschutzrechts, ZD 2015, 205; *Gola/Lepperhoff*, Reichweite des Haushalts- und Familienprivilegs bei der Datenverarbeitung, ZD 2016, 9; *Krügel*, Das personenbezogene Datum nach der DS-GVO, ZD 2017, 455; *Piltz*, Die Datenschutz-Grundverordnung (I), K&R 2016, 557; *Reif*, Und noch etwas Vorratsdatenspeicherung: EU-Richtlinie über die Verwendung von Fluggastdaten beschlossen, RDV 2016, 205; *Richter*, Big Data, Statistik und die Datenschutz-Grundverordnung, DuD 2016, 581; *Sarunski*, Big Data – Ende der Anonymität?, DuD 2016, 424; *Schwichtenberg*, Die „kleine Schwester" der DSGVO: Die Richtlinie zur Datenverarbeitung bei Polizei und Justiz, DuD 2016, 605; *Spelge*, Der Beschäftigtendatenschutz nach Wirksamwerden der Datenschutz-Grundverordnung (DS-GVO), DuD 2016, 775; *Weichert*, Die EU-Richtlinie für den Datenschutz bei Polizei und Justiz, www.netzwerk-datenschutzexpertise.de; *Wojtowicz/Cebulla*, Anonymisierung nach der DSGVO, PinG 2017, 186.

Übersicht

A. Allgemeines

I. Zweck und Bedeutung der Vorschriften

1 Art. 2 Abs. 1 hält an dem grundsätzlichen Ziel der EU-DS-RL und des BDSG fest, den besonderen Gefährdungen des Persönlichkeitsrechts natürlicher Personen durch die **automatisierte Verarbeitung** personenbezogener Daten Rechnung zu tragen (→ Art. 1 Rn. 7) und legt dementsprechend den sachlichen Geltungsbereich der Verordnung in Art. 2 Abs. 1 fest. Um Möglichkeiten der Umgehung des bei automatisierter Verarbeitung gewährten Schutzes durch in gewissem Umfang gleichstehender manueller Datenverarbeitung auszuschließen, werden Verarbeitungen in sonstiger dateistrukturierter Form ebenso erfasst.

2 Art. 2 enthält sodann in den Abs. 2–4 sechs Tatbestände automatisierter oder dateigebundener Verarbeitungen, die aus den Anwendungsbereich der Verordnung ausgenommen sind entweder weil sie speziell geregelt sind, man für sie keinen Regelungsbedarf sah oder für sie keine Regelungskompetenz der EU besteht.

II. Systematik, Verhältnis zu anderen Vorschriften

3 Die Bestimmung basiert auf verschiedenen auf europäischen Ebenen in den vergangenen Jahrzehnten ergangenen Beschlüssen. So schützt das von allen EU-Staaten ratifizierte Europarats-Übereinkommen SEV Nr. 108/1981 den Menschen vor **Missbrauch bei der automatischen Verarbeitung** personenbezogener Daten und strebt gleichzeitig eine Regulierung des **grenzüberschreitenden Datenverkehrs** an. Andererseits setzt sie Art. 8 der Charta der Grundrechte der Europäischen Union, der inhaltlich mit Art. 8 der Europäischen Menschenrechtskonvention vom 4.11.1950 korrespondiert (→ Einl. Rn. 6 ff.), nur in den für das Persönlichkeitsrecht besonders relevanten Gefahrenbereich um, wenngleich er den Schutz des einzelnen nicht auf bestimmte Datenverarbeitungsverfahren begrenzt. Ein Einbezug jeglicher Verarbeitung personenbezogener Art, dh unabhängig von dem angewendeten Verfahren, wäre, so wie es in § 1 Abs. 2 BDSG aF für öffentliche Stellen geschah, möglich gewesen. Insofern wird der im BDSG gewährte Schutz durch die Verordnung reduziert. Andererseits folgt aus Art. 2, dass Verarbeitungen personenbezogener Daten, die nicht erfasst werden, weiterhin national geregelt werden können, dh dass diesbezügliche nationale Regelungen unberührt bleiben bzw. fortbestehen können.

III. Erweiterter sachlicher Anwendungsbereich im BDSG nF

4 Das BDSG nF gilt nach Abs. 1 S. 1 wie bisher auch das BDSG aF – bei jeder Form der Verarbeitung personenbezogener Daten durch öffentliche Stellen des Bundes. Öffentliche Stellen der Länder werden gem. § 1 Abs. 1 S. 1 Nr. 2 BDSG nF aufgrund eigenständigen Landesdatenschutzrechts nicht erfasst. Das BDSG nF hat also einen weiteren Anwendungsbereich als die Verordnung. Das ergibt sich aus einem Umkehrschluss aus § 1 Abs. 1 S. 2 BDSG nF und § 1 Abs. 8 BDSG nF, nach dem für Verarbeitungen personenbezogener Daten durch öffentliche Stellen im Rahmen von nicht in die Anwendungsbereiche der DS-GVO und der JI-RL fallenden Tätigkeiten die DS-GVO und die Teile 1 und 2 dieses Gesetzes

entsprechend Anwendung finden, soweit nicht in diesem Gesetz oder einem anderen Gesetz Abweichendes geregelt ist.[1]

5 Für nichtöffentliche Stellen gilt das BDSG nF nach § 1 Abs. 1 S. 2 im Rahmen des sachlichen Anwendungsbereichs der Verordnung. Wer öffentliche Stelle des Bundes und der Länder und wer nichtöffentliche Stelle ist, ergibt sich aus § 2 Abs. 1–4 BDSG nF (→ Art. 4 Rn. 58 ff.).

6 Für die Verarbeitung von Beschäftigtendaten wird im Rahmen des § 26 BDSG nF wird der Schutz nach Abs. 7 ebenfalls auf jede Art der Verarbeitung erstreckt (→ Art. 88 Rn. 107 ff.). Für Verarbeitungen anderer Daten bestehen dem BDSG nF vorrangige Vorschriften (§ 1 Abs. 2) mit ebenfalls umfassendem Anwendungsbereich, dies ist ua im Bewachungsgewerbe (§ 8 BewachVO) oder nach § 35 Abs. 2 S. 2 SGB I bei Sozialdaten der Fall.

B. Einzelerläuterungen

I. Der Begriff der Verarbeitung

7 Der **Begriff der Verarbeitung** steht nunmehr anstelle des in § 1 Abs. 1 BDSG aF verwendeten Begriffs des Umgangs mit personenbezogenen Daten. Unter einer Verarbeitung wird nach der Definition in Art. 4 Nr. 2 jeder personenbezogene Daten betreffende Vorgang erfasst, beginnend mit der Erhebung und endend mit dem Löschen (→ Art. 4 Rn. 29 ff.). Die 14 einzelnen in Art. 4 Nr. 2 aufgelisteten Phasen der Verarbeitung werden, wie dies im BDSG noch geschah (§ 3 Abs. 3–5) – bis auf eine Ausnahme – nicht mehr definiert,[2] dh mit dem Begriff der **Einschränkung der Verarbeitung** (Art. 4 Nr. 3) wird der bisher als Sperrung (§ 3 Abs. 4 Nr. 4 BDSG) bezeichnete Vorgang bezeichnet (→ Art. 4 Rn. 33).

II. Reglementierte Verarbeitungsverfahren

8 **1. Ganz oder teilweise automatisierte Verarbeitung.** Anwendung finden die Normen der DS-GVO zunächst, wenn personenbezogene Daten ganz oder teilweise automatisiert verarbeitet werden. Eine Definition der bereits in Art. 3 Abs. 1 DS-RL miterfassten **teilweise automatisierten Verarbeitung** erfolgt nicht. Der Einbezug teilweise nicht automatisierter Verarbeitung in den Geltungsbereich der Verordnung wird jedoch deutlich bei der parallelen Regelung für in einem Dateisystem erfolgende nichtautomatisierte Speicherung. Hier gilt der Schutz der Verordnung bereits im Vorfeld, dh wenn Daten für eine nachfolgende dateigebundene Speicherung erhoben werden.[3] Gleiches muss gelten bei der nicht automatisierten Datenerhebung zwecks nachfolgender automatisierter Verarbei-

---

[1] Zur Befugnis der Erweiterung des Anwendungsbereichs bei öffentlichen Stellen Kühling/Buchner/*Kühling/Raab,* DS-GVO, Art. 2 Rn. 19.

[2] S. aber die Definitionen bei Sydow/*Reimer,* Art. 4 Rn. 54 ff.

[3] *Wojtowicz/Cebulla,* PinG 2017, 186; zur Anonymisierung von Rezeptdaten bei einem Apothekenrechenzentrum *Kühling/Klar,* NJW 2013, 3611; OVG Schleswig-Holstein, Beschl. v. 28.2.2014 – 4 NB 82/13.

Richter, DuD 2016, 581.

Boehme-Neßler, DuD 2016, 419 (422); *Sarunski,* DuD 2016, 424; *Piltz,* K&R 2016, 557.

tung erfolgenden manuellen Erhebungen. Die Dauer der Verarbeitung ist irrelevant.[4]

„Manuelle" Verarbeitungsschritte, wie zB das Beobachten einer Person durch einen **Detektiv** und auch die Fertigung des anschließenden Beobachtungsberichts sind zwar persönlichkeitsrechtlich relevant aber nicht Gegengegenstand der DS-GVO, sofern der Bericht nicht automatisiert oder in einem Dateisystem gespeichert wird. 9

Fügt der Auftraggeber des Detektivs den ihm übersandten Bericht einer von ihm unstrukturierten geführten Akte bei oder übersendet er ihn in einem gerichtlichen Verfahren zur Beweisführung an das Gericht, liegt kein GVO-relevanter Vorgang vor. Eine der Regelung des § 27 Abs. 2 BDSG aF entsprechende Ausdehnung der Anwendung der Verordnung auf Daten, die offensichtlich aus einer automatisierten Verarbeitung stammen, ist in der Verordnung nicht enthalten und kann auch nicht aus der Formulierung des Art. 2 Abs. 1 herausgelesen werden. 10

2. Speicherung in einem Dateisystem. Nicht automatisierte Datenverarbeitung fällt unter die Normen der GVO, wenn die Daten in einem Dateisystem gespeichert sind oder gespeichert werden sollen. In Art. 4 Nr. 6 wird der Begriff des **„Dateisystems"** definiert als „strukturierte Sammlung personenbezogener Daten, die nach bestimmten Kriterien zugänglich ist, unabhängig davon, ob sie zentral, dezentral oder nach funktionalen oder geografischen Gesichtspunkten geordnet geführt wird" (iE → Art. 4 Rn. 42 ff.). Somit fallen **Akten** oder Aktensammlungen sowie ihre Deckblätter bzw. dort gespeicherte personenbezogene Daten nicht in den Anwendungsbereich dieser Verordnung, es sei denn, dass die Akte dateimäßig strukturiert ist, also aufgrund einer vorgegebenen Struktur nach bestimmten Kriterien auswertbar ist (Erwägungsgrund 15 S. 2). Gleichfalls nicht erfasst sind als Gedächtnisstütze gemachte Notizen oder Vorentwürfe eines Textes, die alsbald vernichtet werden und damit nicht als Bestandteil der Datei bestimmt sind.[5] 11

III. Personenbezogene Daten

Der Begriff des **personenbezogenen Datums** wird in Art. 4 Nr. 1 näher beschrieben. Es sind Informationen jeglichen Inhalts, dh unterschieden wird nicht mehr wie es in § 3 Abs. 1 BDSG aF geschah zwischen den persönlichen und den sachlichen Verhältnissen der betroffenen Person betreffenden Angaben. Diese Unterscheidung sollte nur deutlich machen, was in Art. 4 Nr. 1 nunmehr anhand einschlägiger Beispiele geschieht, dass ein personenbezogenes Datum aus dem **gesamten Lebensbereich** einer Person stammen kann. Maßgebend ist jedoch, dass die Person, auf die sich die Daten beziehen, dem Verantwortlichen bekannt oder von ihm ermittelbar ist (iE → Art. 4 Rn. 4). 12

Um festzustellen, ob die betroffene Person identifizierbar ist, sind alle Mittel zu berücksichtigen, die von dem Verantwortlichen oder einer anderen Person nach allgemeinem Ermessen hierfür verwendet werden können (Erwägungsgrund 26 S. 3; entsprechend bereits Erwägungsgrund 26 S. 2 DS-RL). Fraglich und in der Literatur unterschiedlich beurteilt wird, ob die bei einer anderen Person bestehenden **Identifizierungsmöglichkeiten** auch für den Verantwortlichen zur Personenbeziehbarkeit der Daten führt, dh ob der Begriff des Nicht-Personenbezugs sich nach objektiven 13

[4] *Laue/Nink/Kremer*, Das neue Datenschutzrecht in der betrieblichen Praxis, Rn. 10; vgl. zum BDSG *Gola/Schomerus*, § 3 Rn. 28.

[5] Zu Fragen der Anwendung auf Akten vgl. aber auch *Spelge*, DuD 2016, 775 (779).

oder nach relativen Maßstäben richtet[6] (iE → Art. 4 Rn. 15 ff.). Strittig ist dabei einmal, welcher Maßstab an die Wahrscheinlichkeit der **Identifizierung** zu legen ist[7] und zum anderen, ob das von einem Dritten möglicherweise heranzuziehende **Zusatzwissen** auch dem Verantwortlichen zuzurechnen ist, der hierauf keinen Zugriff hat.[8] So wie bei der Anwendung des BDSG wird auch bei der Anwendung der DS-GVO ein dahingehender relativer Begriff der Personenbeziehbarkeit anzuwenden sein, nach dem bezogen auf den jeweiligen Verantwortlichen nach objektiven Kriterien die Unwahrscheinlichkeit des Einsatzes von Mitteln zur Reidentifizierung festzulegen ist (→ Art. 4 Rn. 18).[9]

14 **Personenbeziehbarkeit** ist daher insofern „relativ", als bei dem einen Verantwortlichen die Angaben aufgrund von ihm zugänglichen **Zusatzwissen** mit der betroffenen Person verknüpft werden können und für andere mangels zugänglichen Zusatzwissen „anonym" sind, und bleiben.[10] Klargestellt hat nunmehr der EuGH,[11] dass eine dynamische Internetprotokolladresse, die von einem Anbieter von Online-Mediendiensten beim Zugriff einer Person auf eine Website, die dieser Anbieter allgemein zugänglich macht, gespeichert wird, für den Anbieter ein personenbezogenes Datum im Sinne der genannten Bestimmung darstellt, wenn er über rechtliche Mittel verfügt, die es ihm erlauben, die betreffende Person anhand der Zusatzinformationen, über die der Internetzugangsanbieter dieser Person verfügt, bestimmen zu lassen.[12] Der BGH[13] hat diese Definition fortgeführt.

15 Hingewiesen sei jedoch auf die Entwicklungen bei Big Data-Verarbeitungen, deren Analyse-Algorithmen auch bei statistischen Auswertungen[14] Anonymisierung weitgehend in Frage stellen.[15] Demgemäß können zu den Sachdaten zählende **Geodaten**, dh „Daten mit direktem oder indirekten Bezug zu einem bestimmten Standort oder graphischen Gebiet" (§ 3 Abs. 1 GeoZG) per Verknüpfung auch einen personenbezogenen Doppelbezug erhalten.[16]

16 Gem. Art. 4 Nr. 1 sind nur Angaben über natürliche Personen personenbezogene Daten. Damit fallen Angaben über **juristische Personen** (→ Art. 4 Rn. 22 ff.) und über **verstorbene Personen** (→ Art. 4 Rn. 25 ff.) nicht unter diesen Begriff und damit nicht in den Schutz der DS-GVO.

IV. Ausnahmen der Anwendung

17 **1. Ausnahme: Tätigkeiten außerhalb der Anwendung des Unionsrechts (Art. 2 Abs. 2 lit. a).** Keine Anwendung findet die GVO bei Tätigkeiten, die sich außerhalb des Anwendungsbereichs des Unionsrechts bewegen.

---

[6] Vgl. *Boehme-Neßler*, DuD 2016, 419.

[7] Vgl. zum Kriterium der Verhältnismäßigkeit des Einsatzes legaler und illegaler Mittel *Bergt*, ZD 2015, 365.

[8] *Marnau*, DuD 2016, 428.

[9] *Gola/Schomerus*, § 3 Rn. 10.

[10] *Brink/Eckhardt*, ZD 2015, 205; *Härting*, NJW 2013, 2065; *Wojtowicz*, PinG 2013, 66; *Wojtowicz/Cebulla*, PinG 2017, 186; zur Anonymisierung von Rezeptdaten bei einem Apothekenrechenzentrum *Kühling/Klar*, NJW 2013, 3611; OVG Schleswig-Holstein, Beschl. v. 28.2.2014 – 4 NB 82/13.

[11] EuGH, Urt. v. 19.10.2016 – C 582/14, RDV 2016, 326.

[12] *Härting*, Internetrecht, 4. Aufl., Rn. 89 f.; *Gola/Schomerus*, § 3 Rn. 10a mwN.

[13] BGH, Urt. v. 16.5.2017 – VI ZR 135/13, ZD 2017, 424.

[14] *Richter*, DuD 2016, 581.

[15] *Boehme-Neßler*, DuD 2016, 419 (422); *Sarunski*, DuD 2016, 424.

[16] Vgl. im Einzelnen *Krügel*, ZD 2017, 455.

2. Ausnahme: Tätigkeiten im Anwendungsbereich von Titel V Kapitel 2 EUV (Art. 2 Abs. 2 lit. b). Eine weitere Ausnahme gilt nach Art. 2 Abs. 2 lit. b bei Verarbeitungen der Mitgliedstaaten im Rahmen von Tätigkeiten, die in den Anwendungsbereich von Titel V Kapitel 2 EUV fallen. Titel V EUV enthält mit den Allgemeine Bestimmungen über das **auswärtige Handeln der Union** und den besonderen Bestimmungen über die **gemeinsame Außen- und Sicherheitspolitik** (Art. 21–46) Verarbeitungskompetenzen für diese Bereiche (Art. 23–46). 18

3. Ausnahme: Das Haushaltsprivileg (Art. 2 Abs. 2 lit. c). a) Die Reichweite des Privilegs. In Art. 2 Abs. 2 lit. c wird das bereits in Art. 3 Abs. 2 2. Spiegelstrich DS-RL enthaltene sog. Familien- oder Haushaltsprivileg fortgeschrieben. Die Verordnung gilt danach nicht für die Verarbeitung von personenbezogenen Daten, die von einer natürlichen Person zur Ausübung **ausschließlich persönlicher oder familiärer** Tätigkeiten und somit ohne Bezug zu einer beruflichen oder wirtschaftlichen Tätigkeit vorgenommen wird. Zu dem typisch persönlich familiären Bereich gehören Freizeit, Urlaub, privater Konsum oder Sport. Demgemäß fallen in den Freiraum Verarbeitungen, die zB dem Hobby oder der Wirtschaftsführung des Privathaushalts dienen. Unzweifelhafte Beispiele[17] bilden auch der privaten Kommunikation dienende Anschriften- und Telefonverzeichnisse, im Urlaub gefertigte Fotos und Filme, das automatisiert geführte Tagebuch, ein Verwandteninformationssystem oder nach Erwägungsgrund 18 auch die **Nutzung sozialer Netze** und Online-Tätigkeiten. Unter das Privileg fällt auch Datenverarbeitung im Rahmen von Familienforschung, gleichgültig ob die Aktivität persönlicher oder familiärer Tätigkeit zuzuordnen ist.[18] Auch Videoüberwachung kann außerhalb des Anwendungsbereichs der DS-GVO stattfinden, wenn sie private Bereiche betrifft.[19] Für den Einsatz von **Auto-Cockpit-Kameras**/ (Dashcams) zur Aufzeichnung des Straßenverkehrs (→ Art. 6 Rn. 178)[20] oder von mit Kameras ausgerüsteten **Drohnen**[21] gilt die gleiche Abgrenzungsproblematik. Persönlichkeitsrechtsschutz besteht aber auch gegenüber dem Drohnenbesitzer, der Betroffene in ihrem Garten oder Haus aus privater Neugier beobachtet. Nach der Auffassung des EuGH[22] soll zudem der persönliche Bereich verlassen werden, wenn auch **öffentlicher Straßenraum** mit erfasst wird. Dass das Privileg konsequenterweise auch nicht gelten kann, wenn das Privatgelände anderer überwacht wird, liegt nahe. 19

Ehrenamtliche Tätigkeit dient nicht persönlichen Zwecken, sondern der Aufgabe bzw. der Stelle, die die ehrenamtliche Tätigkeit vergibt. 20

Die Abgrenzung des persönlichen Bereichs zu ziehen wird vielfach nicht einfach sein. Der Hobby-Briefmarkensammler, der eine Datei seiner Tauschpartner und Tauschgeschäfte per PC führt, wird bei zunehmendem Umfang seiner Aktivitäten an einem bestimmten Punkt die Grenze von einer persönlich-privaten zu 21

---

[17] Vgl. auch Auernhammer/*v. Lewinski*, BDSG, § 1 Rn. 9 ff.

[18] Vgl. *Bergmann/Möhrle/Herb*, § 1 Rn. 20.

[19] Erwägungsgrund 12 DS-RL nennt private Fotos oder Videoaufzeichnungen.

[20] Vgl. Beschl. des Düsseldorfer Kreises v. 25./26.2.2014, der die Anwendung des § 6b BDSG bejaht; zur kontroversen Auffassungen der Rechtslage vgl. *Gola/Schomerus*, § 6b Rn. 9b.

[21] *Gola/Schomerus*, § 6b Rn. 7b; ausf. Unabhängiges Datenschutzzentrum Saarland, 25. TB (2013/2014), Ziff. 19.4.

[22] EuGH, Urt. v. 11.12.2014 – C-212/13, Rn. 34.

einer beruflichen oder geschäftsmäßigen Zwecken dienenden Datenverarbeitung überschreiten. Gleiches gilt für die **Verwaltung des privaten Vermögens**, wenn es von Form und Umfang geschäftliches Gepräge annimmt, also zB durch Spekulieren an der Börse der Lebensunterhalt verdient wird.[23] Wo diese Grenze überschritten wird, kann immer nur im Einzelfall festgestellt werden.

22 Andererseits gilt das **Ausschließlichkeitsprinzip**, dh wenn eine Datei sowohl persönlichen als auch geschäftlichen Zwecken dient, ist unabhängig von dem Schwergewicht der jeweiligen Zweckbestimmung insgesamt die GVO anwendbar. Speichert jemand auf seinem privaten Mobiltelefon **Telefondaten** von Gesprächen mit Personen, mit denen er privaten und ggf. auch zusätzlich dienstlichen Kontakt hat, so soll die Speicherung nicht mehr als automatisierte Verarbeitung für persönliche Tätigkeit verstanden werden.[24] Gleiches gilt für eine Geburtstagsliste, die private und geschäftliche „Freunde" enthält, denen „persönlich" gratuliert wird.[25] So ist nach *Kamlah*[26] eine Datei über Freunde und Bekannte hinsichtlich ihrer Zulässigkeit insgesamt nach dem BDSG zu prüfen, „wenn sie auch für Außendiensttätigkeit Freunde beinhaltet, die zugleich Ansprechpartner von Geschäftspartnern sind."[27]

23 **b) Kritikpunkte.** Kritisch ist zum einen festzuhalten, dass das weitere Festhalten an der „Ausschließlichkeit" der entsprechenden Verwendung[28] die zunehmende Verquickung dienstlicher und privater Aktivitäten im Bereich der Kommunikation verkennt und damit zu unrealistischen Ergebnissen führt.

24 Die Anwendung der GVO wird schon wegen ihrer Nichtdurchsetzbarkeit zu keiner Stärkung des Datenschutzes führen. Sachgerecht wäre es gewesen bei Verarbeitungen, die nur zur persönlichen Information einer Einzelperson bestimmt sind, den Schwerpunkt privater Datenverwendung genügen zu lassen.[29]

25 Andererseits wird das Privileg in Erwägungsgrund 18 zu weit gezogen. So zB kann der Nutzung eines **sozialen Netzwerks** nur dann, wenn der Kreis der Empfänger auf einen engen Familien- und Freundeskreis beschränkt ist, noch persönlich-familiärer Charakter zugeschrieben werden.[30] Eine persönliche oder familiäre Tätigkeit ist **„öffentlichkeitsfeindlich."**[31] Zu beachten ist, dass – worauf *Roßnagel/Kroschwald*[32] hinweisen – mit den aktuellen Verfahren privater Datenverarbeitung[33] und Kommunikation die potenziellen Gefahren für die von diesen Datenverarbeitungen Betroffenen immens zunehmen. Ob personenbezogene Daten in einem Brief oder einem Telefonat einem bestimmten Adressaten mitge-

---

[23] Taeger/Gabel/*Schmidt,* BDSG, § 1 Rn. 30; Plath/*Plath*, BDSG, § 1 Rn. 31; Simitis/*Dammann,* § 1 Rn. 151.

[24] Vgl. *Gola/Schomerus*, § 27 Rn. 11.

[25] Vgl. auch BeckOK DatenschutzR/*Gusy,* BDSG, § 1 Rn. 75.

[26] In Auernhammer/*Kamlah,* BDSG, § 27 Rn. 18.

[27] Vgl. entspr. Beispiele bei Simitis/*Dammann*, § 1 Rn. 150; *Bergmann/Möhrle/Herb*, § 1 Rn. 22.

[28] Zu den diesbzgl. Trilogüberlegungen vgl. *Gola/Lepperhoff*, ZD 2016, 9.

[29] So auch Plath/*Plath* jedenfalls in BDSG, § 27 Rn. 23.

[30] Schantz/Wolff/*Schantz,* Rn. 316 mit Hinweis auf EuGH, Urt. v. 6.11.2003 – C-101/01, Slg. 2003, I-12971, Rn. 47; für geschlossene Nutzergruppen Sydow/*Ennöckl*, Art. 2 Rn. 1377 – Lindqvist.

[31] Paal/Pauly/*Ernst*, DS-GVO, Art. 2 Rn. 21.

[32] ZD 2014, 495.

[33] Genannt wird als Bsp. das Upload von Fotos in unsichere Cloud-Dienste.

teilt oder über eine allgemein zugängliche Website im Internet „publiziert" werden,[34] birgt unterschiedliches Potential für die Gefährdung von Persönlichkeitsrechten.[35]

Unter diesem Aspekt ist zumindest die Aussage in Erwägungsgrund 18 S. 3 klarstellend, wonach die Verordnung jedoch für die Verantwortlichen oder Auftragsverarbeiter gilt, die die Instrumente für die unter die Privilegierung fallenden Verarbeitungen bereitstellen. **26**

4. Ausnahme: Behörden der Strafverfolgung, -vollstreckung und für die öffentliche Sicherheit (Art. 2 Abs. 2 lit. d). a) Allgemeines. Art. 2 Abs. 2 lit. d nimmt die durch die zuständigen Behörden zum Zwecke der Verhütung, Ermittlung, Aufdeckung oder **Verfolgung von Straftaten** oder der **Strafvollstreckung,** einschließlich des Schutzes vor und der Abwehr von Gefahren für die öffentliche Sicherheit bei zu diesem Zweck erfolgenden Datenverarbeitungen aus der Anwendung der DS-GVO heraus. Der diesbezügliche Datenschutz ist ua Gegenstand der am 27.4.2016 parallel mit der DS-GVO verabschiedeten Richtlinien „zum Schutz natürlicher Personen bei der Verarbeitung personenbezogener Daten durch die zuständigen Behörden zum Zwecke der Verhütung, Ermittlung, Aufdeckung oder Verfolgung von Straftaten oder der Strafvollstreckung sowie zum freien Datenverkehr und zur Aufhebung des Rahmenbeschlusses 2008/977/JI des Rates ((EU) 2016/680)" und „über die Verwendung von Fluggastdaten (PNR Daten) zur Verhütung, Aufdeckung, Ermittlung und Verfolgung von terroristischen Straftaten und schwerer Kriminalität ((EU) 206/681)."[36] Nach Erwägungsgrund 19 unterliegen die von der Richtlinie betroffenen Sicherheitsbehörden wiederum der DS-GVO, wenn sie von dem Mitgliedstaat mit Aufgaben außerhalb des in der Richtlinie genannten Aufgabenspektrums betraut werden. **27**

b) Die JI-RL. Anders als die Grundverordnung müssen die PNR- und JI-Richtlinien noch von dem deutschen Gesetzgeber in nationales Recht umgesetzt werden. Durch die JI-RL werden nunmehr auch rein innerstaatliche Datenverarbeitungen mit einer gewissen EU-Mindestharmonisierung in einem neuen Rechtsrahmen reguliert.[37] Ua ist die **Einwilligung** kein ausdrücklich benannter Rechtfertigungsgrund für die Datenverarbeitung. Drucksituationen für die Betroffenen werden vermieden, da Datenerhebungen, -verarbeitungen und -nutzungen regelmäßig an gesetzlichen Kriterien zu messen sind. Gleichwohl sollen bei eindeutiger Freiwilligkeit Einwilligungen stattfinden können, wie sie bereits in der StPO vorgesehen sind.[38] Die Richtlinie selbst legt aber weitgehend nicht fest, welche Datenverarbeitungen erlaubt sein sollen. Sie setzt vielmehr Erlaubnisnormen im Unionsrecht oder im Recht der Mitgliedstaaten voraus. Für Letztere werden nur minimale inhaltliche Anforderungen in der JI-RL festgelegt, sodass zunächst ein weiter Spielraum bei der Umsetzung für die Mitgliedstaaten besteht, bei dessen (Nicht-)Ausfüllung von den Mitgliedstaaten jedoch das unionsrechtliche Grundrecht auf Datenschutz des Art. 8 der Grundrechte-Charta zu berücksichtigen ist. **28**

---

[34] Gleichwohl unter das Privileg fallend nach Simitis/*Dammann*, § 1 Rn. 152; Plath/*Plath*, DSGVO, § 1 Rn. 33.

[35] BeckOK DatenschutzR/*Schneider*, EG DS-RL, Syst. B Rn. 57.

[36] *Reif*, RDV 2016, 205.

[37] Vgl. iE Jahresbericht BlnBDI 2015, S. 31 ff.; ferner *Weichert*, www.dszentrum.de/.

[38] *Schwichtenberg*, DuD 2016, 605 (606).

29 Die JI-RL verpflichtet die Mitgliedstaaten, **Informationspflichten** gegenüber den Betroffenen mit detaillierten Inhaltsanforderungen zu schaffen. Gleichzeitig sind aber auch vielfältige Ausnahmebestimmungen vorgesehen. Anders als im bisherigen deutschen Recht darf die Benachrichtigung jedoch nicht mehr deshalb unterbleiben, weil die Betroffenen von den Maßnahmen nur unerheblich betroffen wurden und daher anzunehmen ist, dass sie kein Interesse an der Benachrichtigung haben. Insbesondere müssen die Betroffenenrechte der StPO auf Benachrichtigung und Auskunft angepasst werden.[39]

30 Die JI-RL erlaubt Übermittlungen von personenbezogenen Daten in **Drittstaaten,** wenn dies zur Verhütung, Aufdeckung, Untersuchung oder Verfolgung von Straftaten oder zur Strafvollstreckung erforderlich ist und wenn weitere Anforderungen erfüllt werden. Ua wird auch für diesen Bereich nunmehr die Möglichkeit vorgesehen, dass die Kommission verbindlich festlegen kann, ob das Datenschutzniveau für bestimmte Länder als „angemessen" bezeichnet wird. Alternativ kann bei Nichtvorliegen eines solchen Beschlusses eine Übermittlung auf der Grundlage geeigneter Garantien oder weiterer Ausnahmevorschriften stattfinden. Solche Garantien können nur durch ein bilaterales Abkommen sichergestellt werden.

31 Die Aufsichtsbehörden sind nach der JI-RL als unabhängige Stellen ausgestaltet, wobei die JI-RL die bisherige Ausgestaltung der aufsichtsbehördlichen Befugnisse im deutschen Recht weiterhin zulässt.

32 **5. Ausnahme: Organe der EU (Art. 2 Abs. 3).** Art. 2 Abs. 3 verweist für den Datenschutz bei den **Organen**, Einrichtungen, Ämter und Agenturen **der Union** auf die VO (EG) Nr. 45/2001, wobei diese Verordnung und sonstige Rechtsakte der Union, die die dortige Verarbeitung personenbezogener Daten regeln, im Einklang mit Art. 98 an die Grundsätze und Vorschriften der vorliegenden Verordnung angepasst werden und bis dahin im Lichte der vorliegenden Verordnung angewandt werden sollen (Erwägungsgrund 17).

33 **6. Ausnahme: Anbieter reiner Vermittlungsdienste (Art. 2 Abs. 4).** Art. 3 Abs. 4 räumt den Vorschriften der RL 2000/31/EG über bestimmte rechtliche Aspekte der **Dienste der Informationsgesellschaft,** insbesondere des elektronischen Geschäftsverkehrs im Binnenmarkt („Richtlinie über den elektronischen Geschäftsverkehr")[40] und speziell hinsichtlich der Vorschriften der Art. 12–15 jener Richtlinie zur Verantwortlichkeit von Anbietern reiner **Vermittlungsdienste** gegenüber den Normen der GVO Vorrang ein. Die genannte Richtlinie soll dazu beitragen, dass der Binnenmarkt einwandfrei funktioniert, indem sie den freien Verkehr von Diensten der Informationsgesellschaft zwischen den Mitgliedstaaten sicherstellt.

34 **7. Weitere Ausnahmen. a) EU-Recht.** Eine Spezifizierung der DS-GVO steht durch Erlass der ePrivacy-VO an, die die bisher geltende **ePrivacy-RL** (2002/58/EG) und die diese ergänzende **Cookie-RL** (2009/136/EG), deren Verabschiedung noch abzuwarten bleibt.[41] Die ePrivacy-VO sieht Neuregelungen zum Schutz der Verbraucher und ihrer Daten im Netz vor. So sollen beispielsweise Regeln für den Umgang mit **Cookies** vereinfacht und die Datensicherheit für Kommunikationsdienste wie WhatsApp ausgeweitet werden. Ziel ist es, europa-

---

[39] *Schwichtenberg*, DuD 2016, 605 (608).

[40] ABl. 2000 L 178, 1.

[41] *Engeler*, ZD 2017, 549; *Bihlmayer/Ehmann/Lesch*, DuD 2018, 241.

weit die Vertraulichkeit in der elektronischen Kommunikation sicherzustellen und den Umgang mit personenbezogenen Daten im Online-Bereich zu regeln. Cookies, welche die Privatsphäre der User betreffen und beispielsweise für die Wiedererkennung der Nutzer eingesetzt werden **(Retargeting),** bedürfen künftig der **ausdrücklichen Zustimmung** durch den Nutzer.[42]

b) Nationales Recht. Ergänzt und ggf. auch verdrängt werden die Regelungen der Verordnung durch unter Nutzung der Öffnungsklauseln erlassenen nationalen Gesetze, dh das BDSG nF und dem BDSG vorgehende (§ 1 Abs. 2) – den Anforderungen der Verordnung ggf. angepasste – bereichsspezifische Datenschutzregeln. So hat der Bundesgesetzgeber die Vorschriften des Ersten Buches Sozialgesetzbuch – Allgemeiner Teil – (SGB I) und des Zehnten Buches Sozialgesetzbuch – Sozialverwaltungsverfahren und Sozialdatenschutz – (SGB X) an die Datenschutz-Grundverordnung angepasst. Diese Änderungen werden – ebenso wie die Datenschutz-Grundverordnung – am 25.5.2018 in Kraft treten. Mit dem Gesetz zur Änderung des Bundesversorgungsgesetzes und anderer Vorschriften[43] wurde ferner ua das HGB, die AO und weitere Normen in den Betroffenenrechten eingeschränkt. Möglichst ebenfalls bis zur Geltung der DS-GVO soll ein 2. DS-AnpUG hinsichtlich rund 150 zur Debatte stehender nationalen Regelungen entscheiden, ob sie entfallen müssen oder geändert oder beibehalten werden.[44] 35

Art. 3 Räumlicher Anwendungsbereich

(1) **Diese Verordnung findet Anwendung auf die Verarbeitung personenbezogener Daten, soweit diese im Rahmen der Tätigkeiten einer Niederlassung eines Verantwortlichen oder eines Auftragsverarbeiters in der Union erfolgt, unabhängig davon, ob die Verarbeitung in der Union stattfindet.**

(2) **Diese Verordnung findet Anwendung auf die Verarbeitung personenbezogener Daten von betroffenen Personen, die sich in der Union befinden, durch einen nicht in der Union niedergelassenen Verantwortlichen oder Auftragsverarbeiter, wenn die Datenverarbeitung im Zusammenhang damit steht**

a) betroffenen Personen in der Union Waren oder Dienstleistungen anzubieten, unabhängig davon, ob von diesen betroffenen Personen eine Zahlung zu leisten ist;

b) das Verhalten betroffener Personen zu beobachten, soweit ihr Verhalten in der Union erfolgt.

(3) **Diese Verordnung findet Anwendung auf die Verarbeitung personenbezogener Daten durch einen nicht in der Union niedergelassenen Verantwortlichen an einem Ort, der aufgrund Völkerrechts dem Recht eines Mitgliedstaats unterliegt.**

Literatur: *Laue/Nink/Kremer,* Das neue Datenschutzrecht in der betrieblichen Praxis, 2016; *Piltz,* Der räumliche Anwendungsbereich europäischen Datenschutzrechts, K&R 2013, 292; *Piltz,* Datenschutzrecht und Webseiten: Welches Recht ist anwendbar und welche Aufsichtsbehörde ist zuständig?, K&R 2015, 559; *Piltz,* Die Datenschutz-Grundverordnung –

[42] *Schleipfer,* ZD 2017, 60.

[43] V. 17.7.2017, BGBl. I S. 2541.

[44] *Eickelpasch,* RDV 2017, 219.

Teil 1: Anwendungsbereich, Definitionen und Grundlagen der Datenverarbeitung, K&R 2016, 557; *Schantz*, Die Datenschutz-Grundverordnung – Beginn einer neuen Zeitrechnung im Datenschutzrecht, NJW 2016, 1841; *Spindler*, Die neue EU-Datenschutz-Grundverordnung, DB 2016, 937; *Voigt*, Internationale Anwendbarkeit des deutschen Datenschutzrechts – Eine Darstellung anhand verschiedener Fallgruppen, ZD 2014, 15.

Übersicht

A. Allgemeines

1 Die DS-GVO erweitert den **räumlichen Anwendungsbereich** europäischen Datenschutzrechts im Vergleich zur geltenden Rechtslage. Als einer der Erfolge der DS-GVO wird die Einführung des sog. Marktortprinzips gewertet.[1] Der Wille des europäischen Gesetzgebers war es, die DS-GVO auch in Fällen zur Anwendung zu bringen, in denen ein Verantwortlicher oder auch ein Auftragsverarbeiter in einem Land außerhalb des EWR niedergelassen ist, keine Niederlassung in der Union besitzt, jedoch im Rahmen seiner Tätigkeiten personenbezogene Daten von betroffenen Personen, die sich in der Union befinden, verarbeitet.

I. Zweck und Bedeutung

2 Art. 3 legt den territorialen Anwendungsbereich der DS-GVO fest und bestimmt damit, wann die DS-GVO anwendbar ist. Neu, im Vergleich zur RL 95/46/EG, ist die Einführung des sog. **Marktortprinzips.** Die DS-GVO soll dann gelten, wenn entweder personenbezogene Daten im Rahmen der Tätigkeit einer Niederlassung innerhalb der Union verarbeitet werden oder auch dann, wenn keine Niederlassung in der Union existiert und der Verantwortliche oder Auftragsverarbeiter seine Dienste auf die Union ausrichtet und betroffenen Personen anbietet. Auf den tatsächlichen Ort (zB der Server oder Infrastruktur, auf der

[1] Vgl. etwa *Dammann*, ZD 2016, 307 (309).

personenbezogene Daten gespeichert sind) der Datenverarbeitung kommt es nicht an. Art. 3 behandelt nicht die Frage der **internationalen Zuständigkeit** der Gerichte in den Mitgliedstaaten. Diese richtet sich, jeweils nach den spezifischen, den allgemeinen Vorschriften über die Gerichtsbarkeit vorgehenden (Erwägungsgrund 147), Vorgaben in der DS-GVO (vgl. Art. 78 Abs. 3, Art. 79 Abs. 2, Art. 82 Abs. 6).

Daneben bezweckt Art. 3 eine **einheitliche Vorgabe** hinsichtlich des anwendbaren Datenschutzrechts. Dieser Zweck wird jedoch, aufgrund der Vielzahl von Öffnungsklauseln und fehlender Vorgaben dazu, wann welches nationale Datenschutzrecht im Rahmen der Nutzung der erlaubten Öffnungen anwendbar ist, zumindest nicht in Gänze erreicht. Art. 3 soll dazu dienen, die DS-GVO für alle Verantwortlichen und alle Auftragsverarbeiter zur Anwendung zu bringen, unabhängig davon, ob sie in der Union niedergelassen sind oder nicht.[2] 3

II. Ergänzungen, Änderungen durch das BDSG nF

In § 1 Abs. 4 S. 2 BDSG nF schafft der deutsche Gesetzgeber spezifische nationale Vorgaben zum territorialen Anwendungsbereich des BDSG nF. Konkrete Vorgaben für die Reichweite von solchen nationalen Vorschriften fehlen in der DS-GVO. Bereits dieses Fehlen einer europarechtlich einheitlichen Vorgabe in der DS-GVO ist zu kritisieren.[3] Die Regeln zum räumlichen Anwendungsbereich des BDSG nF (hierzu → Rn. 38) sind zum Teil nicht mit Art. 3 kongruent, und es besteht das Risiko eines Verstoßes gegen die DS-GVO.[4] 4

B. Einzelerläuterungen

I. Systematik

Anders als unter der RL 95/46/EG verpflichtet die DS-GVO die Mitgliedstaaten nicht mehr dazu, nationale Regelungen zu treffen, wann welches nationale Datenschutzrecht gilt. Aufgrund ihres Verordnungscharakters wäre eine solche Umsetzung in nationales Recht eigentlich auch entbehrlich. Die DS-GVO enthält daher auch, anders als Art. 4 RL 95/46/EG,[5] keine besondere Kollisionsnorm mehr, anhand derer sich das für eine bestimmte Datenverarbeitung geltende nationale Recht zur Umsetzung der Richtlinie bestimmen lässt. Art. 3 gibt konsequenterweise nur vor, wann die DS-GVO selbst gilt. Es sind zwei Prinzipien zu beachten: das **Sitzlandprinzip** (Art. 3 Abs. 1) und das **Marktortprinzip** (Art. 3 Abs. 2). Abs. 1 betrifft EU-Sachverhalte, in denen eine Niederlassung in der Union existiert, die an der Datenverarbeitung beteiligt ist. Abs. 2 regelt Konstellationen, in denen der Verantwortliche oder Auftragsverarbeiter, zumindest dem Wortlaut nach, gar nicht in der EU niedergelassen ist. 5

Art. 3 geht jeglichen **nationalen Regelungen** zur Frage des anwendbaren Datenschutzrechts vor, soweit die nationalen Vorschriften den Anwendungsbereich der DS-GVO betreffen und keine Möglichkeit zur nationalen Regelung (Öffnungsklausel) vorgesehen ist. Dies ergibt sich aus der Rechtsnatur der DS- 6

[2] Begr. zum Standpunkt des Rates, ABl. 2016 C 159/83, Ziff. 1.4.
[3] *Piltz*, BDSG nF, § 1 Rn. 26.
[4] Hierzu ausf. *Piltz*, BDSG nF, § 1 Rn. 26 ff.; vgl. auch *Kühling*, NJW 2017, 1985 (1987).
[5] Generalanwalt *Saugmandsgaard Øe*, Schlussanträge, v. 2.6.2016 – C-191/15, Rn. 108.

GVO als unmittelbar geltendes Recht. Nationale Regelungen zur Bestimmung des anwendbaren Datenschutzrechts können insofern nur dort bestehen bleiben, wo Öffnungsklauseln in der DS-GVO die Existenz nationalen Rechts vorsehen. Damit einher geht jedoch für die DS-GVO eine gewisse **Unsicherheit,** dass die Verordnung keinerlei Vorgaben dazu macht, welche Prinzipien nationale Regelungen zur Frage des anwendbaren Rechts beachten müssen (→ Rn. 38).

II. Niederlassung in der Union (Abs. 1)

7 Nach Art. 3 Abs. 1 ist die DS-GVO auf die Verarbeitung personenbezogener Daten anwendbar, soweit diese Verarbeitung im Rahmen der Tätigkeiten einer **Niederlassung** eines Verantwortlichen oder eines Auftragsverarbeiters in der Union erfolgt. Diese Regelung ähnelt dem bereits bekannten Art. 4 Abs. 1 lit. a RL 95/46/EG und schreibt das bekannte **Sitzlandprinzip** fort.[6]

8 Die in den letzten Jahren zu dieser Vorschrift ergangene **Rechtsprechung des EuGH** lässt sich, soweit dies dem Wortlaut und Sinn und Zweck nach möglich ist, daher übertragen.[7] Art. 3 Abs. 1 betrifft Sachverhalte, in denen der Verantwortliche oder der Auftragsverarbeiter (die Erstreckung des räumlichen Anwendungsbereichs auf diesen ist im Vergleich zur geltenden Rechtslage eine Neuerung) eine Niederlassung in einem Mitgliedstaat der EU besitzen und, im Rahmen der Tätigkeiten dieser Niederlassung, personenbezogene Daten verarbeitet werden. Eine Datenverarbeitung, die im Rahmen der Tätigkeiten einer Niederlassung ausgeführt wird, unterliegt dem Recht des Mitgliedstaats, in dessen Hoheitsgebiet sich diese Niederlassung befindet.[8] Der Verantwortliche oder Auftragsverarbeiter selbst kann auch in einem Drittstaat außerhalb des EWR sitzen.

9 **1. Verpflichtete Stellen.** Es geht um die Verarbeitung, die im Rahmen der Tätigkeit einer Niederlassung des **Verantwortlichen** oder des **Auftragsverarbeiters** ausgeführt wird. Neu ist die Aufnahme des Auftragsverarbeiters in den Anwendungsbereich der Regelungen zum anwendbaren Datenschutzrecht. Dies bedeutet auch, dass es für die Anwendung der DS-GVO nicht darauf ankommt, ob eine Stelle datenschutzrechtlich verantwortlich ist. Denn für die Verarbeitung verantwortlich ist der Auftragsverarbeiter nicht. Der Verantwortliche oder Auftragsverarbeiter muss aber eine Niederlassung in der Union besitzen. Nicht von Relevanz ist, ob der Verantwortliche oder Auftragsverarbeiter personenbezogene Daten von **EU-Bürgern** verarbeiten. Denn die DS-GVO (wie auch das relevante Grundrecht auf Schutz personenbezogener Daten nach Art. 8 Abs. 1 GRCh) gilt auch für den Umgang mit personenbezogenen Daten von Nicht-EU-Bürgern, also zB von ausländischen Touristen in der EU oder auch im Fall, dass ein Auftragsverarbeiter Daten von Personen aus einem Drittland im Rahmen der Tätigkeiten einer Niederlassung in der Union verarbeitet.

---

[6] Hierzu etwa *Gola/Schomerus*, BDSG, § 1 Rn. 27 ff.

[7] Vgl. insb. EuGH, Urt. v. 1.10.2015 – C-230/14 – Weltimmo; EuGH, Urt. v. 13.5.2014 – C-131/12 – Google Spain; EuGH, Urt. v. 28.7.2016 – C-191/15 – Verein für Konsumenteninformation; aus der jüngeren dt. Rspr. VG Hamburg, Beschl. v. 3.3.2016 – 15 E 4482/15, ZD 2016, 243 mAnm *Herbrich*; KG, Urt. v. 24.1.2014 – 5 U 42/12, ZD 2014, 412; OVG Schleswig, Beschl. v. 22.4.2013 – 4 MB 11/13, NJW 2013, 1977; allg. zum räumlichen Anwendungsbereich der RL 95/46/EG und des BDSG *Karg*, ZD 2013, 371; *Piltz*, K&R 2013, 292; *Voigt*, ZD 2014, 15.

[8] EuGH, Urt. v. 28.7.2016 – C-191/15 – Verein für Konsumenteninformation, Rn. 74.

2. Niederlassung in der Union. Eine Niederlassung kann bereits dann vorliegen, wenn ein Vertreter einer Gesellschaft und ein Bankkonto in einem Mitgliedstaat vorhanden sind.[9] Eine Eintragung im Handelsregister ist nicht ausschlaggebend.[10] Nach Erwägungsgrund 22 S. 2 muss zudem eine **effektive und tatsächliche Ausübung** einer Tätigkeit durch eine feste Einrichtung vorliegen. Der Verantwortliche oder der Auftragsverarbeiter selbst kann auch außerhalb des EWR niedergelassen sein,[11] solange er eine Niederlassung in der Union besitzt. 10

Die **Rechtsform** der Niederlassung ist, wie auch bereits derzeit,[12] nicht entscheidend (Erwägungsgrund 22 S. 2). Es wird jedoch an das Vorhandensein einer Zweigstelle oder Tochtergesellschaft angeknüpft, was für die Notwendigkeit einer wie auch immer gearteten gesellschaftsrechtlichen Verbundenheit zwischen Verantwortlichen oder Auftragsverarbeiter und der Niederlassung spricht. 11

Eine zu **formalistische Auslegung** des Begriffs der Niederlassung lehnt der EuGH ab. Für die Beurteilung des Vorliegens einer Niederlassung ist daher sowohl der Grad an Beständigkeit der Einrichtung als auch die effektive Ausübung der wirtschaftlichen Tätigkeiten unter Beachtung des besonderen Charakters dieser Tätigkeiten und der in Rede stehenden Dienstleistungen ausschlaggebend.[13] Auf diese Weise ist es möglich, einen flexiblen Begriff der Niederlassung zu nutzen, der für verschiedene wirtschaftliche Tätigkeitsfelder, gerade auch im Internet, handhabbar bleibt.[14] 12

Der Umstand, dass ein Verantwortlicher oder Auftragsverarbeiter in einem Mitgliedstaat weder über eine **Tochtergesellschaft noch über eine Zweigniederlassung** verfügt, schließt also nicht aus, dass eine Niederlassung existiert. Jedoch kann eine solche Niederlassung nicht bloß deswegen bestehen, weil von einem Mitgliedstaat aus auf die Website des Verantwortlichen oder Auftragsverarbeiters zugegriffen werden kann.[15] 13

Der in den Fällen des Art. 3 Abs. 2 nach Art. 27 zu **bestellende Vertreter** des Verantwortlichen oder Auftragsverarbeiters ist nicht als Niederlassung iSd Art. 3 Abs. 1 zu qualifizieren. Andernfalls wäre nämlich allein die Regelung des Art. 3 Abs. 1 für die Frage der Anwendbarkeit der DS-GVO ausschlaggebend und Art. 3 Abs. 2 überflüssig. Der europäische Gesetzgeber hätte dieses gerade nicht intendierte Ergebnis durch eine Verpflichtung zur Bestellung eines Vertreters in allen nicht von Art. 3 Abs. 1 erfassten Fällen schaffen können. Zudem wird der Vertreter nach Art. 27 gerade nicht (immer) personenbezogene Daten im Rahmen seiner Tätigkeit verarbeiten. 14

3. Verarbeitung im Rahmen der Tätigkeiten der Niederlassung. Das Erfordernis einer Verarbeitung „im Rahmen der Tätigkeiten" wurde in der Vergangenheit ausführlich durch den EuGH interpretiert. Jedoch ist zu **differenzieren:** Befindet sich der Verantwortliche oder der Auftragsverarbeiter in einem Drittstaat, so bedarf es einer untrennbaren Verbundenheit zwischen der Niederlas- 15

---

[9] EuGH, Urt. v. 1.10.2015 – C-230/14 – Weltimmo, Rn. 33; zu den Schlussanträgen *Piltz*, K&R 2015, 559.

[10] EuGH, Urt. v. 1.10.2015 – C-230/14 – Weltimmo, Rn. 29.

[11] EuGH, Urt. v. 13.5.2014 – C-131/12 – Google Spain, Rn. 49.

[12] EuGH, Urt. v. 1.10.2015 – C-230/14 – Weltimmo, Rn. 28.

[13] EuGH, Urt. v. 1.10.2015 – C-230/14 – Weltimmo, ZD 2015, 580, Rn. 29 mAnm *Karg*.

[14] VG Hamburg, Beschl. v. 3.3.2016 – 15 E 4482/15, ZD 2016, 243 mAnm *Herbrich*.

[15] EuGH, Urt. v. 28.7.2016 – C-191/15 – Verein für Konsumenteninformation, Rn. 76.

sung in der Europäischen Union und dem Verantwortlichen bzw. Auftragsverarbeiter.[16] Streitig ist, ob das Merkmal der **„untrennbaren Verbundenheit“** und insbesondere die weite Auslegung durch den EuGH in seinem Urteil in Google Spain aber auch in solchen Fällen anzuwenden ist, in denen der Verantwortliche oder Auftragsverarbeiter in einem **Drittstaat** sitzt.[17] Die besseren Argumente sprechen dagegen. Denn in dem Urteil in Sachen Google Spain begründete der EuGH seine Entscheidung gerade damit, dass Betroffenen in der EU nicht der gewährte Schutz ihrer personenbezogenen Daten entzogen werden dürfte und europäisches Datenschutzrecht gar nicht anwendbar wäre.[18] Genau diese Gefahr ist jedoch nicht gegeben, wenn es sich um Sachverhalte handelt, in denen der Verantwortliche oder Auftragsverarbeiter in der Union niedergelassen ist. In diesem Fall gilt im Ergebnis stets das europäische Datenschutzrecht. Unter der RL 95/46/EG war dann nur noch die Frage, welches nationale Recht konkret anwendbar ist.[19]

16 Das Merkmal „im Rahmen der Tätigkeiten einer Niederlassung“ kann, so der EuGH, im Hinblick auf das **Ziel der RL 95/46/EG,** nämlich bei der Verarbeitung personenbezogener Daten einen wirksamen und umfassenden Schutz der Grundfreiheiten und Grundrechte natürlicher Personen, insbesondere des Rechts auf Privatleben, zu gewährleisten, nicht eng ausgelegt werden.[20] Entsprechendes wird für dieses Merkmal unter der DS-GVO gelten.

17 Der EuGH hat bereits entschieden, dass eine **Veröffentlichung** von personenbezogenen Daten auf Websites zur Vermittlung von Immobilien in einem Mitgliedstaat sowie ggf. in der Nutzung dieser Daten für Zwecke der Abrechnung der Inserate durch einen Vertreter des Verantwortlichen in diesem Mitgliedstaat als eine Verarbeitung im Rahmen der Tätigkeiten einer Niederlassung angesehen werden kann.[21]

18 Art. 3 Abs. 1 spricht ausdrücklich von einer Verarbeitung im Rahmen der Tätigkeiten. Erwägungsgrund 22 S. 1 noch deutlicher von **„jede Verarbeitung“.** Dies bedeutet, dass bei einer Prüfung der Voraussetzungen des Art. 3 Abs. 1 **nicht pauschal** alle Tätigkeiten und Verarbeitungen eines Verantwortlichen oder Auf-

---

[16] EuGH, Urt. v. 13.5.2014 – C-131/12 – Google Spain, ZD 2014, 350, Rn. 56 ff. mAnm *Karg*. Es handelt sich insb. um eine wirtschaftliche Verbundenheit, vgl. näher zu diesem Merkmal *Piltz*, K&R 2014, 566 (567 ff.); *Artikel-29-Datenschutzgruppe*, Update of Opinion 8/2010, WP 179 update, v. 16.12.2015.

[17] Dafür *Artikel-29-Datenschutzgruppe*, Update of Opinion 8/2010, WP 179 update, v. 16.12.2015, S. 6 f. jedoch allein mit der Begr., dass derzeit keine Vollharmonisierung des Datenschutzrechts in der EU existiere, was aber (mit Blick auf die Rspr. des EuGH) bezweifelt werden darf und erst recht mit Anwendbarkeit der DS-GVO kein valides Argument mehr darstellen dürfte. Dagegen VG Hamburg, Beschl. v. 3.3.2016 – 15 E 4482/15, ZD 2016, 243, 246 mAnm *Herbrich*; Generalanwalt *Saugmandsgaard Øe*, Schlussanträge v. 2.6.2016 – C-191/15, Rn. 124.

[18] EuGH, Urt. v. 13.5.2014 – C-131/12 – Google Spain, ZD 2014, 350, Rn. 58 mAnm *Karg*.

[19] *Artikel-29-Datenschutzgruppe*, Update of Opinion 8/2010, WP 179 update, v. 16.12.2015, S. 6; Generalanwalt *Saugmandsgaard Øe*, Schlussanträge v. 2.6.2016 – C-191/15, Rn. 125; aA Generalanwalt *Bot* Schlussanträge v. 24.10.2017 – C-210/16, Rn. 95.

[20] EuGH, Urt. v. 1.10.2015 – C-230/14 – Weltimmo, ZD 2015, 580, Rn. 25 mAnm *Karg*.

[21] EuGH, Urt. v. 1.10.2015 – C-230/14 – Weltimmo, ZD 2015, 580, Rn. 38 mAnm *Karg*.

tragsverarbeiters und seiner Niederlassung einheitlich betrachtet werden dürfen. Vielmehr ist, dem Wortlaut entsprechend, jede Verarbeitung daraufhin zu prüfen, inwiefern gerade sie im Rahmen der Tätigkeiten einer Niederlassung ausgeführt wird.[22] Innerhalb des Aufgaben- und Tätigkeitsgebietes einer Niederlassung können folglich manche Verarbeitungen der DS-GVO unterliegen, andere jedoch nicht.

Die Verarbeitung muss nicht **„von"** der betreffenden Niederlassung selbst ausgeführt werden, sondern lediglich „im Rahmen der Tätigkeiten".[23] **19**

Bei den **Tätigkeiten** muss es sich nicht stets auch um Datenverarbeitungen handeln. Diese können vielmehr gerade nur mit den Tätigkeiten einhergehen. Es muss sich um Tätigkeiten der jeweiligen Niederlassung handeln. Diese müssen in einer Verbindung zum Verantwortlichen oder Auftragsverarbeiter stehen. Handelt es sich um eigenständige Tätigkeiten, für die die Niederlassung selbst verantwortlich ist, so gilt die DS-GVO für die Verarbeitungen auch, jedoch mit der Niederlassung als eigenem Verantwortlichen. **20**

Liegt eine Situation vor, in der der Verantwortliche oder Auftragsverarbeiter selbst in einem Drittstaat und **nicht in der Union** sitzt, liegt eine untrennbare Verbundenheit zwischen den Tätigkeiten des Verantwortlichen und jenen seiner Niederlassung in der Union vor, wenn die Niederlassung die Aufgabe hat, in dem Mitgliedstaat für die Förderung des Verkaufs von Werbeflächen auf Webseiten des Verantwortlichen zu sorgen, mit denen die Dienstleistungen des Verantwortlichen rentabel gemacht werden. Dann stellen die die Werbeflächen betreffenden Tätigkeiten das Mittel dar, um die Dienstleistungen des Verantwortlichen wirtschaftlich rentabel zu machen, und diese Dienstleistungen gleichzeitig das Mittel sind, das die Durchführung dieser Tätigkeiten ermöglicht.[24] Im Urteil Google Spain hat der EuGH entschieden, dass die Verarbeitung personenbezogener Daten, die für den Dienst des Verantwortlichen erfolgt, der seinen Sitz in einem Drittstaat hat, jedoch in einem Mitgliedstaat über eine Niederlassung verfügt, „im Rahmen der Tätigkeiten" dieser Niederlassung in der Union ausgeführt wird, wenn diese Niederlassung die Aufgabe hat, in dem Mitgliedstaat für die Förderung des Verkaufs der angebotenen Werbeflächen der Suchmaschine, mit denen die Dienstleistung der Suchmaschine rentabel gemacht werden soll, und diesen Verkauf selbst zu sorgen.[25] **21**

Die **Prüfung des Vorliegens** der Voraussetzungen des Art. 3 Abs. 1 obliegt zunächst dem Verantwortlichen oder Auftragsverarbeiter selbst. Wird eine Aufsichtsbehörde tätig, so hat auch sie zunächst zu prüfen, ob die DS-GVO überhaupt anwendbar ist und sie damit gesetzlich legitimiert ist, hoheitlich tätig zu werden und ihre Befugnisse nach der DS-GVO auszuüben. **22**

4. Unabhängig vom physischen Ort der Verarbeitung. Art. 3 Abs. 1 stellt zudem klar, dass es nicht darauf ankommt, wo die Datenverarbeitung selbst stattfindet. Der Standort der **Server oder der IT-Infrastruktur** ist daher irrelevant, was jedoch bereits im Rahmen der RL 95/46/EG unstreitig war. In Zeiten des Cloud **23**

---

[22] Wohl auch BeckOK DatenschutzR/*Hanloser*, DS-GVO, Art. 3 Rn. 25.

[23] EuGH, Urt. v. 13.5.2014 – C-131/12 – Google Spain, ZD 2014, 350, Rn. 52 mAnm *Karg*.

[24] EuGH, Urt. v. 13.5.2014 – C-131/12 – Google Spain, ZD 2014, 350, Rn. 58 mAnm *Karg*.

[25] EuGH, Urt. v. 13.5.2014 – C-131/12 – Google Spain, ZD 2014, 350, Rn. 55 mAnm *Karg*.

Computing ist ohnehin oft nicht mehr mit Sicherheit feststellbar, an welchem Ort die Daten physisch verarbeitet werden. Es ist daher auch nicht von Relevanz, wo sich ein mobiles Speichergerät oder etwa ein Smartphone befindet, wenn eine Verarbeitung der Daten auf diesem Gerät stattfindet.

III. Keine (relevante) Niederlassung in der Union (Abs. 2)

24 Unter zwei Voraussetzungen findet die DS-GVO zudem Anwendung auf die Verarbeitung personenbezogener Daten von Personen, die sich in der Union befinden (unabhängig davon, ob es sich um Bürger eines europäischen Mitgliedstaates handelt), durch einen Verantwortlichen oder Auftragsverarbeiter, der **nicht in der Union** niedergelassen ist. Das Kriterium des Zurückgreifens auf Mittel aus Art. 4 Abs. 1 lit. c DS-RL wird für den neuen Art. 3 Abs. 2 gänzlich aufgegeben.[26]

25 Art. 3 Abs. 2 rührt, so die Ansicht der Europäischen Kommission, aus einer **Menschenrechtsverpflichtung** her, die personenbezogenen Daten von EU-Bürgern auch dann zu schützen, wenn diese durch einen Verantwortlichen oder Auftragsverarbeiter außerhalb der Union verarbeitet werden.[27]

26 Die DS-GVO ist, bei Erfüllung der Voraussetzungen des Art. 3 Abs. 2, auch auf **ausländische Behörden** anwendbar. So etwa, wenn diese Dienstleistungen in der Union anbieten und in diesem Zusammenhang personenbezogene Daten verarbeiten. Beispiel hierfür kann etwa eine Webseite sein, die Informationen für Personen in der Union und eine Kontaktmöglichkeit bietet. Dies hat die Europäische Kommission während den Verhandlungen zur DS-GVO im Rat auf Nachfrage Deutschlands klargestellt und ausgeführt, dass die Charta der Grundrechte der Europäischen Union keine Unterscheidung hinsichtlich der Natur des Verantwortlichen (privatrechtlich oder öffentlich-rechtlich) treffe.[28]

27 In der Praxis kann der grundsätzlich weite territoriale Anwendungsbereich der DS-GVO insbesondere mit **Durchsetzungsproblemen** einhergehen. Nur weil die DS-GVO auf ausländische Stellen Anwendung findet, bedeutet dies nicht, dass diese Stellen die Regelungen der DS-GVO einhalten. Auch diese Gefahr einer faktischen Nichtbeachtung der Vorgaben der DS-GVO wurde im Rat der Europäischen Union diskutiert, jedoch von der Europäischen Kommission dahingehend beantwortet, dass mögliche praktische Probleme der Durchsetzung die EU nicht davon abhalten sollten, klare Regelungen zum Schutz der Grundrechte der Betroffenen zu schaffen.[29]

28 **1. Angebot von Waren oder Dienstleistungen.** Zum einen ist die DS-GVO anwendbar, wenn die Datenverarbeitung im Zusammenhang damit steht, betroffenen Personen in der Union **Waren oder Dienstleistungen** anzubieten, Art. 3 Abs. 2 lit. a. Dies gilt auch für den Fall, wenn von den betroffenen Personen keine Zahlung zu leisten ist. Die Verarbeitung personenbezogener Daten im Rahmen des Angebots von Dienstleitungen, etwa von Cloud-basierten Softwarelösungen, ist bereits ausreichend. Es bedarf nicht des **Abschlusses eines Vertrages.**[30]

---

[26] Simitis/*Dammann*, Bundesdatenschutzgesetz, 8. Aufl. 2014, § 1 Rn. 241. Zum Merkmal des Rückgriffs auf Mittel *Artikel-29-Datenschutzgruppe*, Stellungnahme 08/2010, WP 179, S. 25 ff.; *Piltz*, K&R 2013, 292 (296).

[27] Ratsdokument 8004/13, S. 50 dort Fn. 57, wobei die Beschränkung auf „EU-Bürger" nicht mit den Vorgaben der Charta der Grundrechte der EU vereinbar ist.

[28] Ratsdokument 8004/13, S. 50 dort Fn. 59.

[29] Ratsdokument 8004/13, S. 50 dort Fn. 59.

[30] *Piltz*, K&R 2016, 557 (559).

Nach Auffassung des europäischen Gesetzgebers liegt ein Anbieten nur dann vor, wenn der Verantwortliche oder Auftragsverarbeiter offensichtlich ein solches Angebot an betroffene Personen in der Union beabsichtigt. Nicht ausreichend ist daher die bloße **Zugänglichkeit** einer Webseite, einer E-Mail-Adresse oder anderer Kontaktdaten, ebenso wenig die Verwendung einer Sprache im Rahmen des möglichen Angebots, die in dem Land, in dem der Verantwortliche oder Auftragsverarbeiter niedergelassen ist, allgemein gebräuchlich ist.[31] So liegt etwa im Fall eines US-amerikanischen Unternehmens, dessen Webseite in der EU in englischer Sprache zugänglich ist, noch nicht per se ein für Art. 3 Abs. 2 lit. a ausschlaggebendes Anbieten von Waren durch die Nutzung der englischen Sprache an betroffene Personen in England und Irland oder Schottland vor. Für ein beabsichtigtes Angebot kann andererseits jedoch auch die **verwendete Sprache** (gerade wenn es sich um eine solche handelt, die weltweit nur in einem europäischen Mitgliedstaat gesprochen wird) ebenso ein Indiz sein, wie die Auszeichnung von Waren oder Dienstleistungen in der **Währung des europäischen Mitgliedstaates** (Erwägungsgrund 23 S. 3). **29**

Der Wortlaut des Art. 3 Abs. 2 lit. a ist jedoch nicht auf **Internet-Sachverhalte** beschränkt, auch wenn diese in der Praxis zumeist den klassischen Anwendungsfall des Art. 3 Abs. 2 lit. a darstellen werden. Grundsätzlich kann das Angebot auch mündlich (etwa am Telefon) oder auf Papier erfolgen. **30**

2. Beobachtung des Verhaltens. Daneben gilt die DS-GVO auch, wenn die Datenverarbeitung im Zusammenhang damit steht, das Verhalten betroffener Personen zu beobachten, soweit ihr **Verhalten in der Union** erfolgt, Art. 3 Abs. 2 lit. b. Erwägungsgrund 24 S. 1 spezifiziert diese Vorgaben dahingehend, dass die Verarbeitung dazu dienen muss, das Verhalten dieser betroffenen Personen zu beobachten. **31**

Was konkret mit dem **„Beobachten“** gemeint ist, versucht der Gesetzgeber in Erwägungsgrund 24 S. 2 näher zu erläutern. Verarbeitungen, mit denen Internetaktivitäten nachvollzogen werden sollen, stellen ein solches Beobachten dar. Das bekannte Tracking im Internet (etwa durch Cookies, Tags, Pixel oder andere Technologien) dürfte daher, soweit personenbezogene Daten betroffen sind, in den Anwendungsbereich dieser Vorschrift fallen.[32] Hier wird deutlich, dass der Gesetzgeber insbesondere das **Online-Umfeld** im Blick hatte. Die Verfolgung und Aufzeichnung des Klickverhaltens auf Webseiten oder in Apps ist ebenso erfasst, wie die Aufzeichnung des Kaufverhaltens in einem Online-Shop. Ob ein „Beobachten“ auch außerhalb des Internets möglich ist, wird nicht spezifiziert. Der Wortlaut spricht nicht dagegen.[33] Zu beachten ist jedoch, dass ein Beobachten zumindest in einem ersten Schritt ein **aktives Verhalten** des Verantwortlichen oder Auftragsverarbeiters in dem Sinne erfordert, dass bewusst und gewollt entsprechende Vorkehrungen getroffen werden, um das Verhalten des Betroffenen zu beobachten. Dem Verantwortlichen oder Auftragsverarbeiter ungewollt übermittelte oder zur Kenntnis gebrachte personenbezogene Daten zum Verhalten einer betroffenen Person, erfüllen nicht die Voraussetzung des Art. 3 Abs. 2 lit. b. **32**

---

[31] Erwägungsgrund 23 S. 3; vgl. auch *Laue/Nink/Kremer*, Das neue Datenschutzrecht in der betrieblichen Praxis, S. 57.

[32] *Schantz*, NJW 2016, 1841 (1842).

[33] So auch *Artikel-29-Datenschutzgruppe*, Stellungnahme 01/2012, WP 191, v. 23.3.2012, S. 10.

33 Für ein Beobachten spricht nach Ansicht des Gesetzgebers auch die **nach einer Erhebung** erfolgende Verwendung von Techniken zur Verarbeitung personenbezogener Daten, durch die etwa ein Profil erstellt wird, anhand dessen persönliche Vorlieben, Verhaltensweisen oder Gepflogenheiten analysiert oder vorausgesagt werden sollen. Die (geplante) nachgelagerte Verarbeitung kann also Einfluss auf die Einordnung der ersten Stufe als „Beobachtung" haben.[34]

34 Das Verhalten des Betroffenen muss **„in der Union"** stattfinden. Diese Einschränkung wurde vorgenommen, da ansonsten auch ein Verhalten von EU-Bürgern in Drittstaaten selbst in den Anwendungsbereich der DS-GVO gefallen wäre. Das **Verhalten** kann sich sowohl auf die physische Fortbewegung als auch auf das Nutzungsverhalten auf einer Webseite oder einer App beziehen.

35 **3. Relevante Niederlassung in der Union – Mögliche Schutzlücke.** Theoretisch existiert bei der Frage des räumlichen Anwendungsbereichs der DS-GVO damit jedoch eine **Schutzlücke.**[35] Wenn nämlich ein Verantwortlicher oder Auftragsverarbeiter seinen Hauptsitz in einem Drittstaat hat, über eine Niederlassung in einem Mitgliedstaat der EU verfügt, jedoch die Verarbeitung personenbezogener Daten nicht im Rahmen der Tätigkeiten dieser Niederlassung erfolgt, sind die Voraussetzungen von Art. 3 Abs. 1 nicht erfüllt. Daneben sind jedoch, zumindest dem **Wortlaut** nach, auch die Voraussetzungen von Art. 3 Abs. 2 nicht erfüllt, da der Verantwortliche oder Auftragsverarbeiter ja in der Union niedergelassen ist. Art. 3 Abs. 2 verlangt aber ausdrücklich, einen nicht in der Union niedergelassenen Verantwortlichen oder Auftragsverarbeiter.

36 Lösen ließe sich dieses Problem eigentlich nur durch eine Auslegung von Art. 3 Abs. 2 dahingehend, dass mit der Begrifflichkeit „nicht in der Union niedergelassen" auch Situationen umfasst sind, in denen zwar eine Niederlassung in der Union existiert, diese jedoch nicht an der Verarbeitung personenbezogene Daten beteiligt ist bzw. diese Verarbeitung nicht im Rahmen ihrer Tätigkeiten erfolgt. Unter der RL 95/46/EG wurde auch von der **„relevanten Niederlassung"** gesprochen und eine solche Auslegung befürwortet.[36] Ob eine solche Auslegung mit dem Wortlaut des Art. 3 Abs. 2 vereinbar ist, erscheint aber zumindest diskutabel und wird in der Praxis möglicherweise für Unsicherheiten sorgen. Sinn und Zweck der Vorschrift dürften für eine entsprechende Auslegung von Art. 3 Abs. 2 sprechen.

IV. Völkerrecht (Abs. 3)

37 Die DS-GVO findet auch Anwendung, wenn nach den Regelungen des **Völkerrechts** das Recht eines Mitgliedstaates anwendbar ist, auch wenn der Verantwortliche oder Auftragsverarbeiter in einem Drittstaat sitzt. Insbesondere betroffen von dieser Vorgabe sind diplomatische und konsularische Vertretungen von Mitgliedstaaten im Ausland (Erwägungsgrund 25).

V. Anwendbarkeit nationalen Rechts der Öffnungsklauseln

38 Keine Vorgaben finden sich in der DS-GVO zu der Frage, wann **nationale Regelungen,** die im Rahmen der mannigfaltigen Öffnungsklauseln entstehen

[34] *Piltz*, K&R 2016, 557 (559).
[35] *Piltz*, K&R 2016, 557 (559).
[36] *Artikel-29-Datenschutzgruppe*, Stellungnahme 08/2010, WP 179, v. 16.12.2010, S. 23 f.; *Piltz*, K&R 2013, 292 (296).

werden, anwendbar sind.[37] Art. 3 bestimmt nur, wann die DS-GVO selbst anwendbar ist. Wann jedoch etwa nationale Regelungen zur Altersgrenze der Erteilung einer Einwilligung bei Minderjährigen (Art. 8 Abs. 1) anwendbar sind, ist offen. Im ungünstigsten Fall wird sich in Zukunft eine zersplitterte und bezüglich der Frage des anwendbaren Datenschutzrechts sogar noch weniger harmonisierte Situation ergeben, als sie derzeit unter der RL 95/46/EG existiert. Denn da die DS-GVO keine Vorgaben dazu macht, wann eine nationale Regelung gilt, bleibt es den nationalen Gesetzgebern überlassen, diese Thematik in Eigenregie anzugehen. Beispielweise könnten die Vorgaben zur verpflichtenden Benennung eines Datenschutzbeauftragten (Art. 38 Abs. 4 Hs. 2) in Deutschland dann eingreifen, wenn der Verantwortliche in Deutschland niedergelassen ist, in Spanien aber vielleicht schon, wenn der Verantwortliche Dienste in Spanien anbietet. Das **Risiko des Flickenteppichs** mit nationalen, inhaltlich voneinander abweichenden Regelungen, existiert also auch unter der DS-GVO und sogar ohne jegliche Vorgabe zur Frage der Anwendbarkeit nationalen Rechts. In § 1 Abs. 4 S. 2 BDSG nF sieht der deutsche Gesetzgeber nun eigenständige Regelungen zur Anwendbarkeit des BDSG nF vor. Die neuen Vorgaben sind jedoch zum Teil europarechtswidrig (→ Rn. 39). Zudem zeichnet sich bereits vor Anwendbarkeit der DS-GVO ab, dass andere Mitgliedstaaten inhaltlich unterschiedliche Vorschriften zur Anwendbarkeit ihres nationalen Datenschutzrechts schaffen werden.

§ 1 Abs. 4 S. 2 Nr. 1–3 BDSG nF regelt, wann das BDSG nF mit Blick auf **39** nichtöffentliche Stellen zur Anwendung kommt. Die Aufzählung des § 1 Abs. 4 S. 2 Nr. 1–3 BDSG nF ist alternativ ausgestaltet und das BDSG nF ist mithin anwendbar, wenn eine der Voraussetzungen der § 1 Abs. 4 S. 2 Nr. 1–3 BDSG nF erfüllt ist.[38] Das BDSG nF findet Anwendung, sofern der Verantwortliche oder Auftragsverarbeiter personenbezogene Daten im Inland verarbeitet (§ 1 Abs. 4 S. 2 Nr. 1 BDSG nF). Ausreichend soll es sein, wenn die Datenverarbeitung im Inland stattfindet. Es genügt daher die technische Verarbeitung personenbezogener Daten in Computern und Servern oder anderen Systemen auf dem Boden der Bundesrepublik Deutschland. § 1 Abs. 4 S. 2 Nr. 1 BDSG nF erfordert nicht das Vorhandensein einer Niederlassung auf dem Gebiet der Bundesrepublik.[39] Genau diesen Anknüpfungspunkt des **Ortes der Verarbeitung** wollte die DS-GVO jedoch nicht wählen. Der räumliche Anwendungsbereich des BDSG nF ist damit weiter als jener der DS-GVO nach Art. 3 Abs. 1, da dort in jedem Fall Bezug zu einer Niederlassung erforderlich ist.[40] Die Folge ist, dass das BDSG bereits anwendbar sein kann, ohne dass die DS-GVO Anwendung findet. Hinsichtlich dieser Regelung des § 1 Abs. 4 S. 2 Nr. 1 BDSG nF und ihres Verstoßes gegen die Vorgaben des Art. 3 Abs. 1 besteht daher das Risiko einer Europarechtswidrigkeit der Vorschrift.[41]

In § 1 Abs. 4 S. 2 Nr. 2 BDSG nF wird als Anknüpfungspunkt des räumlichen **40** Anwendungsbereichs auf die Verarbeitung im Rahmen der Tätigkeiten einer **inländischen Niederlassung** Bezug genommen. Wie Art. 3 Abs. 1 knüpft das BDSG nF hier an den Sitz einer Niederlassung an. Anders als in Art. 3 Abs. 1

---

[37] *Piltz*, BDSG nF, § 1 Rn. 26.
[38] *Piltz*, BDSG nF, § 1 Rn. 28.
[39] *Piltz*, BDSG nF, § 1 Rn. 29.
[40] *Piltz*, BDSG nF, § 1 Rn. 31.
[41] *Piltz*, BDSG nF, § 1 Rn. 31; BeckOK DatenschutzR/*Hanloser*, DS-GVO, Art. 3 Rn. 9.

fehlt in § 1 Abs. 4 S. 2 Nr. 2 BDSG nF aber der Zusatz, dass es irrelevant ist, ob die Datenverarbeitung technisch in der Union bzw. hier im Gebiet der Bundesrepublik Deutschland stattfindet.[42] Die verwendeten Begrifflichkeiten „im Rahmen der Tätigkeiten" und „Niederlassung" sind gleichbedeutend mit jenen nach Art. 3 und der bisherigen Rechtsprechung des EuGH anzuwenden und auszulegen.[43]

41 Nach § 1 Abs. 4 S. 2 Nr. 3 BDSG nF ist das BDSG nF auch anwendbar, sofern der Verantwortliche oder Auftragsverarbeiter zwar keine Niederlassung in einem Mitgliedstaat der EU oder dem EWR hat, er aber mit der Datenverarbeitung in den Anwendungsbereich der DS-GVO fällt. Der deutsche Gesetzgeber referenziert mit dieser Vorgabe auf Art. 3 Abs. 2. Problematisch ist, dass es der deutsche Gesetzgeber hierbei unterlässt, irgendeinen nationalen Anknüpfungspunkt zu etablieren.[44] § 1 Abs. 4 S. 2 Nr. 3 BDSG nF verweist unmodifiziert auf den Anwendungsbereich der DS-GVO nach Art. 3 Abs. 2. Ein außerhalb des EWR ansässiger Verantwortlicher oder Auftragsverarbeiter fällt aber auch dann in den Anwendungsbereich der DS-GVO, wenn er beispielsweise Waren oder Dienstleistungen an Personen in anderen Mitgliedstaaten als Deutschland über das Internet anbietet. Nach § 1 Abs. 4 S. 2 Nr. 3 BDSG nF wäre die betreffende außereuropäische Stelle aber auch in diesem Fall an die Regelungen des BDSG nF gebunden.[45]

VI. Keine Rechtswahl

42 Wie auch unter der RL 95/46/EG ist davon auszugehen, dass eine Rechtswahl des anwendbaren Datenschutzrechts, in Zukunft auch jenes nationalen Rechts, welches sich im Anwendungsbereich der Öffnungsklauseln entwickelt, **nicht möglich** ist.[46] Mit Blick auf die RL 95/46/EG ging der Generalanwalt am EuGH, *Saugmandsgaard Øe*, in seinen Schlussanträgen in der Rs. C-191/15 davon aus, dass die „besonderen Regeln" (zur Frage des anwendbaren Datenschutzrechts) der RL 95/46/EG auch das Recht bestimmen, das auf die Prüfung der Rechtmäßigkeit von Klauseln in AGB anwendbar ist, die eine solche Datenverarbeitung vorsehen.[47]

43 Diese Ansicht wurde im **Urteil des EuGH** nicht angegriffen, obwohl die zu prüfenden AGB gerade eine Rechtswahlklausel enthielten. Diese hat jedoch, sowohl nach Ansicht des Generalanwalts und auch des EuGH, richtigerweise keinen Einfluss auf die Frage des anwendbaren Datenschutzrechts. Aus diesem Grund ist die Bestimmung des auf eine Prüfung der AGB-Klauseln zum Umgang mit personenbezogenen Daten anwendbaren Rechts also zu unterscheiden von der Bestimmung des auf andere Rechtsfragen anwendbaren Rechts, etwa ob ein Unterlassungsanspruch gegen die Verwendung solcher Klauseln besteht.[48]

---

[42] *Piltz*, BDSG nF, § 1 Rn. 33.

[43] *Piltz*, BDSG nF, § 1 Rn. 35.

[44] *Piltz*, BDSG nF, § 1 Rn. 45.

[45] *Piltz*, BDSG nF, § 1 Rn. 45; BeckOK DatenschutzR/*Hanloser*, DS-GVO, Art. 3 Rn. 9.

[46] Zur Rechtslage unter der RL 95/46/EG, vgl. etwa Simitis/*Dammann*, Bundesdatenschutzgesetz, 8. Aufl. 2014, § 1 Rn. 197b; *Piltz*, K&R 2012, 640; *Kremer/Buchalik*, CR 2013, 789; ebenso zur DS-GVO BeckOK DatenschutzR/*Hanloser*, DS-GVO, Art. 3 Rn. 7.

[47] Generalanwalt *Saugmandsgaard Øe*, Schlussanträge v. 2.6.2016 – C-191/15, Rn. 109.

[48] Generalanwalt *Saugmandsgaard Øe*, Schlussanträge v. 2.6.2016 – C-191/15, Rn. 109.

Anders als Art. 4 RL 95/46/EG[49] stellt Art. 3 keine gemeinschaftsrechtliche Kollisionsnorm iSd Art. 23 **Rom I und Art. 27 Rom II-Verordnungen** dar,[50] die grundsätzlich bei internationalen Sachverhalten mit Bezug zu einem Mitgliedstaat regeln, welches Recht anwendbar ist. Art. 3 gibt vielmehr zwingend vor, wann die **DS-GVO** anzuwenden ist. Art. 3 stellt eine **Eingriffsnorm** dar, der ungeachtet des nach Maßgabe der Rom I-Verordnung auf den Vertrag oder nach Rom II-Verordnung anzuwendenden Rechts für alle Sachverhalte Geltung beansprucht, die in seinen Anwendungsbereich fallen. Eingriffsnormen gelten ungeachtet des nach Maßgabe der Rom I-VO auf einen Vertrag anzuwendenden Rechts für alle Sachverhalte, die in ihren Anwendungsbereich fallen.[51] **44**

Entscheidend für die **Qualifizierung** von Art. 3 als Eingriffsnorm im Sinne der Rom I- und Rom II-Verordnung spricht, dass die DS-GVO gerade in internationalen Konstellationen zur Anwendung gelangen soll. Der europäische Gesetzgeber sieht die Anwendbarkeit der DS-GVO in internationalen Sachverhalten zudem als zwingend an, um zum einen den Schutz natürlicher Personen zu gewährleisten (Erwägungsgrund 23 S. 1), um in der Union ein gleichmäßiges Datenschutzniveau für natürliche Personen zu gewährleisten und um Unterschiede, die den freien Verkehr personenbezogener Daten im Binnenmarkt behindern könnten, zu beseitigen (Erwägungsgrund 13 S. 1). Mit Art. 3 verfolgt der europäische Gesetzgeber also insbesondere öffentliche Interessen seiner **sozialen und wirtschaftlichen Organisation** in der Union. Auch die Art der Normdurchsetzung ist ein Kriterium, das zur Qualifizierung einer Vorschrift als Eingriffsnorm herangezogen wird. Die hoheitliche Durchsetzung, also etwa mit strafrechtlichen oder ordnungsrechtlichen Mitteln, der zu untersuchenden Norm spricht für deren Charakter als Eingriffsnorm. Für die Einordnung von Art. 3 als Eingriffsnorm spricht, dass die mit Art. 3 für anwendbar erklärte DS-GVO mit hoheitlichen Mitteln (insbesondere Geldbußen) durchgesetzt wird, vgl. Art. 83 und 84. **45**

Ein **Abweichen von den Vorgaben** des Art. 3 durch eine zwischen (Vertrags-)Parteien vereinbarte Wahl eines drittstaatlichen Datenschutzrechts ist daher, aufgrund des zwingenden Charakters der DS-GVO, nicht möglich. **46**

Etwas differenzierter wird sich die Situation für die Frage nach der Möglichkeit der Rechtswahl hinsichtlich des nationalen Datenschutzrechts stellen, welches im Rahmen der **Öffnungsklauseln der DS-GVO** entsteht. Im Ergebnis ist jedoch auch auf dieser nationalen Ebene von der Existenz von Eingriffsnormen auszugehen, so sie denn von den Mitgliedstaaten geschaffen werden. Wie für § 1 Abs. 5 BDSG derzeit, sind Vorschriften, die die Anwendung nationaler Vorschriften im Rahmen der Öffnungsklauseln der DS-GVO regeln, als zwingende Eingriffsnormen (Art. 9 Rom I und Art. 16 Rom II) anzusehen.[52] Der Grundsatz der freien Rechtswahl greift in diesem Fall nicht für das nationale Datenschutzrecht ein.[53] **47**

---

[49] Generalanwalt *Saugmandsgaard Øe*, Schlussanträge v. 2.6.2016 – C-191/15, Rn. 108.

[50] VO (EG) Nr. 593/2008 des Europäischen Parlaments und des Rates v. 17.6.2008 über das auf vertragliche Schuldverhältnisse anzuwendende Recht (Rom I); VO (EG) Nr. 864/2007 des Europäischen Parlaments und des Rates v. 11.7.2007 über das auf außervertragliche Schuldverhältnisse anzuwendende Recht (Rom II).

[51] *Piltz*, K&R 2012, 640 (643).

[52] Zu § 1 Abs. 5 BDSG aF Simitis/*Dammann*, Bundesdatenschutzgesetz, 8. Aufl. 2014, § 1 Rn. 197b.

[53] *Piltz*, K&R 2012, 640.

Jedoch wird in Zukunft zu prüfen sein, ob nationale Vorgaben zum anwendbaren Datenschutzrecht im Anwendungsbereich der Öffnungsklauseln tatsächlich die Anforderungen an Eingriffsnormen nach der Rom I- und Rom II-Verordnung erfüllen.[54]

Art. 4 Begriffsbestimmungen

Im Sinne dieser Verordnung bezeichnet der Ausdruck:

1. **„personenbezogene Daten“ alle Informationen, die sich auf eine identifizierte oder identifizierbare natürliche Person (im Folgenden „betroffene Person“) beziehen; als identifizierbar wird eine natürliche Person angesehen, die direkt oder indirekt, insbesondere mittels Zuordnung zu einer Kennung wie einem Namen, zu einer Kennnummer, zu Standortdaten, zu einer Online-Kennung oder zu einem oder mehreren besonderen Merkmalen, die Ausdruck der physischen, physiologischen, genetischen, psychischen, wirtschaftlichen, kulturellen oder sozialen Identität dieser natürlichen Person sind, identifiziert werden kann;**
2. **„Verarbeitung“ jeden mit oder ohne Hilfe automatisierter Verfahren ausgeführten Vorgang oder jede solche Vorgangsreihe im Zusammenhang mit personenbezogenen Daten wie das Erheben, das Erfassen, die Organisation, das Ordnen, die Speicherung, die Anpassung oder Veränderung, das Auslesen, das Abfragen, die Verwendung, die Offenlegung durch Übermittlung, Verbreitung oder eine andere Form der Bereitstellung, den Abgleich oder die Verknüpfung, die Einschränkung, das Löschen oder die Vernichtung;**
3. **„Einschränkung der Verarbeitung“ die Markierung gespeicherter personenbezogener Daten mit dem Ziel, ihre künftige Verarbeitung einzuschränken;**
4. **„Profiling“ jede Art der automatisierten Verarbeitung personenbezogener Daten, die darin besteht, dass diese personenbezogenen Daten verwendet werden, um bestimmte persönliche Aspekte, die sich auf eine natürliche Person beziehen, zu bewerten, insbesondere um Aspekte bezüglich Arbeitsleistung, wirtschaftliche Lage, Gesundheit, persönliche Vorlieben, Interessen, Zuverlässigkeit, Verhalten, Aufenthaltsort oder Ortswechsel dieser natürlichen Person zu analysieren oder vorherzusagen;**
5. **„Pseudonymisierung“ die Verarbeitung personenbezogener Daten in einer Weise, dass die personenbezogenen Daten ohne Hinzuziehung zusätzlicher Informationen nicht mehr einer spezifischen betroffenen Person zugeordnet werden können, sofern diese zusätzlichen Informationen gesondert aufbewahrt werden und technischen und organisatorischen Maßnahmen unterliegen, die gewährleisten, dass die personenbezogenen Daten nicht einer identifizierten oder identifizierbaren natürlichen Person zugewiesen werden;**

---

[54] Dazu wird va auf den Normzweck, die Normdurchsetzung, die Rechtsnatur und das Vorliegen eines öffentlich-rechtlichen Erlaubnisvorbehalts abgestellt, vgl. hierzu für § 1 Abs. 5 BDSG *Piltz*, K&R 2012, 640 (643).

6. „Dateisystem" jede strukturierte Sammlung personenbezogener Daten, die nach bestimmten Kriterien zugänglich sind, unabhängig davon, ob diese Sammlung zentral, dezentral oder nach funktionalen oder geografischen Gesichtspunkten geordnet geführt wird;

7. „Verantwortlicher" die natürliche oder juristische Person, Behörde, Einrichtung oder andere Stelle, die allein oder gemeinsam mit anderen über die Zwecke und Mittel der Verarbeitung von personenbezogenen Daten entscheidet; sind die Zwecke und Mittel dieser Verarbeitung durch das Unionsrecht oder das Recht der Mitgliedstaaten vorgegeben, so kann der Verantwortliche beziehungsweise können die bestimmten Kriterien seiner Benennung nach dem Unionsrecht oder dem Recht der Mitgliedstaaten vorgesehen werden;

8. „Auftragsverarbeiter" eine natürliche oder juristische Person, Behörde, Einrichtung oder andere Stelle, die personenbezogene Daten im Auftrag des Verantwortlichen verarbeitet;

9. „Empfänger" eine natürliche oder juristische Person, Behörde, Einrichtung oder andere Stelle, der personenbezogene Daten offengelegt werden, unabhängig davon, ob es sich bei ihr um einen Dritten handelt oder nicht. Behörden, die im Rahmen eines bestimmten Untersuchungsauftrags nach dem Unionsrecht oder dem Recht der Mitgliedstaaten möglicherweise personenbezogene Daten erhalten, gelten jedoch nicht als Empfänger; die Verarbeitung dieser Daten durch die genannten Behörden erfolgt im Einklang mit den geltenden Datenschutzvorschriften gemäß den Zwecken der Verarbeitung;

10. „Dritter" eine natürliche oder juristische Person, Behörde, Einrichtung oder andere Stelle, außer der betroffenen Person, dem Verantwortlichen, dem Auftragsverarbeiter und den Personen, die unter der unmittelbaren Verantwortung des Verantwortlichen oder des Auftragsverarbeiters befugt sind, die personenbezogenen Daten zu verarbeiten;

11. „Einwilligung" der betroffenen Person jede freiwillig für den bestimmten Fall, in informierter Weise und unmissverständlich abgegebene Willensbekundung in Form einer Erklärung oder einer sonstigen eindeutigen bestätigenden Handlung, mit der die betroffene Person zu verstehen gibt, dass sie mit der Verarbeitung der sie betreffenden personenbezogenen Daten einverstanden ist;

12. „Verletzung des Schutzes personenbezogener Daten" eine Verletzung der Sicherheit, die, ob unbeabsichtigt oder unrechtmäßig, zur Vernichtung, zum Verlust, zur Veränderung, oder zur unbefugten Offenlegung von beziehungsweise zum unbefugten Zugang zu personenbezogenen Daten führt, die übermittelt, gespeichert oder auf sonstige Weise verarbeitet wurden;

13. „genetische Daten" personenbezogene Daten zu den ererbten oder erworbenen genetischen Eigenschaften einer natürlichen Person, die eindeutige Informationen über die Physiologie oder die Gesundheit dieser natürlichen Person liefern und insbesondere aus der Analyse einer biologischen Probe der betreffenden natürlichen Person gewonnen wurden;

14. „biometrische Daten" mit speziellen technischen Verfahren gewonnene personenbezogene Daten zu den physischen, physiologischen

oder verhaltenstypischen Merkmalen einer natürlichen Person, die die eindeutige Identifizierung dieser natürlichen Person ermöglichen oder bestätigen, wie Gesichtsbilder oder daktyloskopische Daten;

15. „Gesundheitsdaten" personenbezogene Daten, die sich auf die körperliche oder geistige Gesundheit einer natürlichen Person, einschließlich der Erbringung von Gesundheitsdienstleistungen, beziehen und aus denen Informationen über deren Gesundheitszustand hervorgehen;
16. „Hauptniederlassung"
    a) im Falle eines Verantwortlichen mit Niederlassungen in mehr als einem Mitgliedstaat den Ort seiner Hauptverwaltung in der Union, es sei denn, die Entscheidungen hinsichtlich der Zwecke und Mittel der Verarbeitung personenbezogener Daten werden in einer anderen Niederlassung des Verantwortlichen in der Union getroffen und diese Niederlassung ist befugt, diese Entscheidungen umsetzen zu lassen; in diesem Fall gilt die Niederlassung, die derartige Entscheidungen trifft, als Hauptniederlassung;
    b) im Falle eines Auftragsverarbeiters mit Niederlassungen in mehr als einem Mitgliedstaat den Ort seiner Hauptverwaltung in der Union oder, sofern der Auftragsverarbeiter keine Hauptverwaltung in der Union hat, die Niederlassung des Auftragsverarbeiters in der Union, in der die Verarbeitungstätigkeiten im Rahmen der Tätigkeiten einer Niederlassung eines Auftragsverarbeiters hauptsächlich stattfinden, soweit der Auftragsverarbeiter spezifischen Pflichten aus dieser Verordnung unterliegt;
17. „Vertreter" eine in der Union niedergelassene natürliche oder juristische Person, die von dem Verantwortlichen oder Auftragsverarbeiter schriftlich gemäß Artikel 27 bestellt wurde und den Verantwortlichen oder Auftragsverarbeiter in Bezug auf die ihnen jeweils nach dieser Verordnung obliegenden Pflichten vertritt;
18. „Unternehmen" eine natürliche oder juristische Person, die eine wirtschaftliche Tätigkeit ausübt, unabhängig von ihrer Rechtsform, einschließlich Personengesellschaften oder Vereinigungen, die regelmäßig einer wirtschaftlichen Tätigkeit nachgehen;
19. „Unternehmensgruppe" eine Gruppe, die aus einem herrschenden Unternehmen und den von diesem abhängigen Unternehmen besteht;
20. „verbindliche interne Datenschutzvorschriften" Maßnahmen zum Schutz personenbezogener Daten, zu deren Einhaltung sich ein im Hoheitsgebiet eines Mitgliedstaats niedergelassener Verantwortlicher oder Auftragsverarbeiter verpflichtet im Hinblick auf Datenübermittlungen oder eine Kategorie von Datenübermittlungen personenbezogener Daten an einen Verantwortlichen oder Auftragsverarbeiter derselben Unternehmensgruppe oder derselben Gruppe von Unternehmen, die eine gemeinsame Wirtschaftstätigkeit ausüben, in einem oder mehreren Drittländern;
21. „Aufsichtsbehörde" eine von einem Mitgliedstaat gemäß Artikel 51 eingerichtete unabhängige staatliche Stelle;
22. „betroffene Aufsichtsbehörde" eine Aufsichtsbehörde, die von der Verarbeitung personenbezogener Daten betroffen ist, weil

a) der Verantwortliche oder der Auftragsverarbeiter im Hoheitsgebiet des Mitgliedstaats dieser Aufsichtsbehörde niedergelassen ist,
b) diese Verarbeitung erhebliche Auswirkungen auf betroffene Personen mit Wohnsitz im Mitgliedstaat dieser Aufsichtsbehörde hat oder haben kann oder
c) eine Beschwerde bei dieser Aufsichtsbehörde eingereicht wurde;

23. „grenzüberschreitende Verarbeitung“ entweder
a) eine Verarbeitung personenbezogener Daten, die im Rahmen der Tätigkeiten von Niederlassungen eines Verantwortlichen oder eines Auftragsverarbeiters in der Union in mehr als einem Mitgliedstaat erfolgt, wenn der Verantwortliche oder Auftragsverarbeiter in mehr als einem Mitgliedstaat niedergelassen ist, oder
b) eine Verarbeitung personenbezogener Daten, die im Rahmen der Tätigkeiten einer einzelnen Niederlassung eines Verantwortlichen oder eines Auftragsverarbeiters in der Union erfolgt, die jedoch erhebliche Auswirkungen auf betroffene Personen in mehr als einem Mitgliedstaat hat oder haben kann;

24. „maßgeblicher und begründeter Einspruch“ einen Einspruch gegen einen Beschlussentwurf im Hinblick darauf, ob ein Verstoß gegen diese Verordnung vorliegt oder ob beabsichtigte Maßnahmen gegen den Verantwortlichen oder den Auftragsverarbeiter im Einklang mit dieser Verordnung steht, wobei aus diesem Einspruch die Tragweite der Risiken klar hervorgeht, die von dem Beschlussentwurf in Bezug auf die Grundrechte und Grundfreiheiten der betroffenen Personen und gegebenenfalls den freien Verkehr personenbezogener Daten in der Union ausgehen;

25. „Dienst der Informationsgesellschaft“ eine Dienstleistung im Sinne des Artikels 1 Nummer 1 Buchstabe b der Richtlinie (EU) 2015/1535 des Europäischen Parlaments und des Rates;[1]

26. „internationale Organisation“ eine völkerrechtliche Organisation und ihre nachgeordneten Stellen oder jede sonstige Einrichtung, die durch eine zwischen zwei oder mehr Ländern geschlossene Übereinkunft oder auf der Grundlage einer solchen Übereinkunft geschaffen wurde.

Literatur: *Bartels/Schramm*, Outsourcing nach neuem Datenschutzrecht – Auftragsdatenverarbeitung jetzt nach künftiger EU-Datenschutz-Grundverordnung vereinbaren, kes 2016, 25; *Bergt*, Die Bestimmbarkeit als Grundproblem des Datenschutzrechts. Überblick über den Theorienstreit und Lösungsvorschlag, ZD 2015, 365; *Brinck/Eckhardt*, Was ist ein personenbezogenes Datum? Anwendungsbereich des Datenschutzrechts, ZD 2015, 293; *Brinkert/Stolze/Heidrich*, Der Tod und das soziale Netzwerk, ZD 2013, 153; *Buchner*, Grundsätze und Rechtmäßigkeit der Datenverarbeitung unter der DS-GVO, DuD 2016, 155; *Buchner/Kühling*, Die Einwilligung nach der Datenschutzordnung, DuD 2017, 544; *Buschbaum/Rosak*, Kfz-Kennzeichenerfassung in Parkhäusern, ZD 2015, 354; *Dammann*, Erfolge und Defizite der EU-Datenschutzgrundverordnung, ZD 2016, 307; *Faust/Spittka/Wybitul*, Milliardenbußgelder nach der DS-GVO, ZD 2016, 120; *Franck*, Das System der Betroffenenrechte nach der

---

[1] **Amtl. Anm.:** Richtlinie (EU) 2015/1535 des Europäischen Parlaments und des Rates vom 9. September 2015 über ein Informationsverfahren auf dem Gebiet der technischen Vorschriften und der Vorschriften für die Dienste der Informationsgesellschaft (ABl. L 241 vom 17.9.2015, S. 1).

Datenschutz-Grundverordnung (DS-GVO), RDV 2016, 111; *Härting*, Auftragsverarbeitung nach der DSGVO, ITRB 2016, 137; *Hartung/Büttgen*, Die Auftragsdatenverarbeitung nach der DS-GVO, DuD 2017, 549; *Heinemann/Heinemann*, Postmortaler Datenschutz, DuD 2013, 242; *Herzog*, Der digitale Nachlass – ein bisher kaum gesehenes und missverstandenes Problem, NJW 2013, 3745; *Karg*, Anonymität, Pseudonyme und Personenbezug revisited?, DuD 2015, 520; *Kaiser*, Die Aufsichtsmechanismen der neuen europäischen Datenschutzgesetzgebung, RDV 2017, 273; *Kartheuser/Schmitt*, Der Niederlassungsbegriff und seine praktischen Auswirkungen, ZD 2016, 155; *Krohm*, Abschied von der Schriftform der Einwilligung, ZD 2016, 368; *Krohm/Müller-Peltzer*, Auswirkungen des Koppelungsverbots auf die Praxistauglichkeit der Einwilligung, ZD 2017, 551; *Krohm/Müller-Peltzer*, (Fehlende) Privilegierung der Auftragsverarbeitung unter der DS-GVO?, RDV 2016, 307; *Kugelmann*, Datenfinanzierte Internetangebote, DuD 2016, 566; *Leeb*, Bekannt verstorben – Rechtsfragen des Umgangs mit social-media-daten Verstorbener, K&R 2014, 693; *Marnau*, Anonymisierung, Pseudonymisierung und Transparenz für Big Data, DuD 2016, 428; *Martini*, Der digitale Nachlass und die Herausforderungen digitalen Persönlichkeitsschutzes im Internet, JZ 2012, 1145; *Monreal*, Der für die Verarbeitung Verantwortliche, ZD 2014, 611; *Nink/Pohle*, Die Bestimmbarkeit des Personenbezugs. Von der IP-Adresse zum Anwendungsbereich der Datenschutzgesetze, MMR 2015, 563; *Schantz*, Die Datenschutz-Grundverordnung – Beginn einer neuen Zeitrechnung im Datenschutzrecht, NJW 2016, 1841; *Schmitz/v. Dall'Armi*, Auftragsdatenverarbeitung in der DS-GVO – das Ende der Privilegierung?, ZD 2016, 427; *Taeger*, Scoring in Deutschland nach der EU-Datenschutzgrundverordnung, ZRP 2016, 72; *Thüsing/Schmidt/Forst*, Das Schriftformerfordernis der Einwilligung nach § 4a BDSG im Pendelblick zu Art. 7 DS-GVO, RDV 2017, 116; *Wendler/Günther*, Europäischer Gerichtshof: Anwendungsbereich des nationalen Datenschutzrechts in Europa, PinG 2016, 115.

Übersicht

A. Allgemeines

I. Begriffe der DS-GVO

1 Art. 4 wiederholt weitgehend ohne Veränderung der inhaltlichen Aussage bereits in der DS-RL (Art. 2) bzw. im BDSG (§ 3) enthaltene, für die nachfolgenden Regelungen relevante **Begriffsdefinitionen,** verzichtet auf andere und fügt

eine Reihe von neuen Definitionen hinzu. Teilweise übernimmt die Verordnung Definitionen im Wortlaut der Richtlinie, von der das BDSG abgewichen war. Einige dieser neuen Definitionen sind jedoch redundant, da sie sich gleichermaßen aus den Artikeln ergeben, für die die Begriffe relevant bzw. selbsterklärend sind.

2 Der Begriff der **Verarbeitung** gilt nunmehr für jede Art des Umgangs mit personenbezogenen Daten, sodass Erläuterungen zu den bisher im BDSG unterschiedenen sieben Formen der Verwendung personenbezogener Daten, dh des Erhebens, Speicherns, Veränderns, Übermittelns, Nutzens, Sperrens und Löschens (§ 3 Abs. 3 und Abs. 4 Nr. 1–5 BDSG aF) entbehrlich wurden. Weiterhin werden mobile Speicher- und Verarbeitungsmedien (§ 3 Nr. 10 BDSG aF) und der Begriff der Beschäftigten (§ 3 Nr. 11 BDSG aF) nicht erwähnt, da sie in der Verordnung keine Rolle spielen.

II. Begriffe des BDSG nF

3 Das BDSG nF enthält in § 2 Begriffsbestimmungen, die im Zusammenhang mit dem in § 1 BDSG nF geregelten Anwendungsbereich stehen. Entsprechend der Regelung in § 2 BDSG aF legt es fest, welche öffentlichen Stellen und nichtöffentlichen Stellen unter den Anwendungsbereich des § 1 Abs. 1 BDSG nF fallen und damit auch solche im Sinne der DS-GVO sind (→ Rn. 58).

B. Einzelerläuterungen

I. „Personenbezogene Daten“ (Nr. 1)

4 **1. Allgemeines.** Der Begriff der **personenbezogenen Daten** beschreibt den sachlichen Schutzbereich der Normen der DS-GVO. Zu den von der Verordnung geschützten Grundrechten und Grundfreiheiten natürlicher Personen gehört insbesondere deren Recht auf Schutz der sie betreffenden personenbezogenen Daten (Art. 1 Abs. 2). Geschützt ist jede in Art. 4 Nr. 1 als **„betroffene Person“** bezeichnete natürliche Person bei der Verarbeitung der sie beschreibenden Daten. Die erforderliche **Personenbezogenheit** des Datums besteht zunächst, wenn es eine Information über eine identifizierte, dh konkret benannte Person enthält.

5 Ist die Person, auf die sich die Daten beziehen, nicht benannt, bleibt die Personenbezogenheit der Information bestehen, wenn die betroffene Person identifizierbar ist, dh ermittelt werden kann. Als Möglichkeiten zur **Identifizierung** nennt Art. 4 Nr. 1 insbesondere die Zuordnung zu einer Kennung wie einem Namen, zu einer Kennnummer, zu Standortdaten, zu einer Online-Kennung oder zu einem oder mehreren besonderen Merkmalen, die Ausdruck der physischen, physiologischen, genetischen, psychischen, wirtschaftlichen, kulturellen oder sozialen Identität dieser natürlichen Person sind. Zur Identifizierung des Gesprächspartners eines Telefonats genügt die Kenntnis der **Telefonnummern** oder zur Ermittlung des Halters eines Kfz die des Kennzeichens (s. § 45, § 2 StVG).[2] Werden von einem Entsorgungsunternehmen Angaben zu Mülltonnen erfasst, ist der in seinem Entsorgungsverhalten überprüfte Grundstückseigentümer über Grundbuchdaten ermittelbar, so dass Personenbeziehbarkeit besteht.[3]

---

[2] *Buschbaum/Rosak*, ZD 2015, 354 ff. (355).

[3] *ThürLfDI*, TB für den nicht öffentlichen Bereich (2014/2015), Ziff. 5.8; OVG NW, Urt. v. 19.10.2017 – 16 A 770/17, RDV 2018, 109.

Die Verordnung macht zunächst keinen Unterschied hinsichtlich der Art der Information über die betroffene Person; es gibt keine freien, ungeschützten Daten. Die Adresse der betroffenen Person gehört ebenso in den Anwendungsbereich der GVO wie sensible Gesundheitsdaten, wobei solche **sensiblen Daten** jedoch einen verstärkten Schutz genießen. Personenbezogene Daten sind Fotografien, Fingerabdrücke, Röntgenbilder, der Tastenanschlag oder die Sprechweise. Von einem Betroffenen „abgefangene“ RFID- oder Standortdaten[4] zählen dazu ebenso wie Angaben eines Fahrtenschreibers[5] oder Arbeitszeiterfassungsformulare.[6] Gleiches gilt für den Grundbesitz, vertragliche oder sonstige Beziehungen zu Dritten, so auch das Führen eines Telefongesprächs mit Dritten.[7] 6

Personenbezogen sind auch Daten, die nur wahrscheinlich auf eine bestimmte Person zutreffen, dies aber mit einem so hohen Prozentsatz, dass die Personen entsprechend bewertet bzw. behandelt wird. Ein Beispiel bilden Ergebnisse eines **Scorings.** Gleiches gilt für Angaben, die, weil die Identität nicht eindeutig feststellbar ist, nur möglichweise auf eine bestimmte Person zutreffen, aber gleichwohl bezogen auf diese Person Verwendung finden sollen. 7

2. Angaben über Personengruppen. Personenbezug bzw. -beziehbarkeit ist regelmäßig nicht mehr gegeben bei **Sammelangaben über Personengruppen.** Wird jedoch eine Einzelperson als Mitglied einer Personengruppe gekennzeichnet, über die bestimmte Angaben gemacht werden, so handelt es sich auch um Einzelangaben zu dieser Person, wenn die Daten auch unmittelbar das einzelne Gruppenmitglied betreffen sollen. Dies gilt selbst dann, wenn es sich bei den Angaben zur Beschreibung der Personengruppe um statistische oder auf Durchschnittswerten beruhende Angaben handelt. Dies ist zB bei der Klassifizierung von zu Werbezwecken gespeicherten Daten der Fall, wenn Bewohner einer Straße auf Grund der Bevölkerungsstruktur einer bestimmten Käufergruppe oder **Kaufkraftklasse** zugordnet werden. Erforderlich ist, dass das Gruppenergebnis bzw. die Gruppenbewertung auf den Einzelnen „durchschlägt“.[8] 8

Maßgebend ist jedoch die **Zweckbestimmung** der Gruppeninformation. Wird beispielsweise der Adressenbestand eines Stadtteils der Stadt X um die Angabe ergänzt, dass 90 Prozent der dortigen Bevölkerung die Y-Partei gewählt hat, so wird damit die Einzelangabe festgehalten, dass der Betroffene zu einer derart strukturierten Bevölkerungsgruppe gehört. Ob hieraus Rückschlüsse auf das „vermutete“ **Wahlverhalten** des Betroffenen gezogen werden, hängt von der Bewertung dieser Information und ihrer Verwendung durch den Verantwortlichen ab; mit anderen Worten: Maßgebend ist, ob das Gruppenergebnis auch dem einzelnen Gruppenmitglied zugerechnet werden soll. So sieht das BAG[9] bei der Überwachung von Arbeitnehmergruppen auch die Leistung und das Verhalten des einzelnen, der Gruppe angehörenden Arbeitnehmers als erfasst an, wenn der mit der Überwachung verbundene Effekt auf den einzelnen Arbeitnehmer „durchschlägt“, zB indem er entsprechenden **Anpassungszwängen** ausgesetzt wird. 9

---

[4] *Mantz*, K&R 2013, 7.

[5] *Gola/Schomerus*, § 3 Rn. 6 mwN.

[6] EuGH, Urt. v. 30.5.2013 – C 342/12, NZA 2013, 723.

[7] BAG, Beschl. v. 27.5.2016 – 1 ABR 48/84, RDV 1986, 199.

[8] Zur Mitbestimmung bei der Verarbeitung von Daten einer Arbeitnehmergruppe BAG, Beschl. v. 26.7.1994 – 1 ABR 6/94.

[9] Beschl. v. 26.7.1994 – 1 ABR 6/94, NZA 1995, 185.

10 Daraus folgt aber auch zB für die Angaben in einem Stadtführer, in dem **Sehenswürdigkeiten** wie zB historische Häuser der Stadt gemacht werden, dass es sich um Sachdaten und nicht um personenbezogene Daten der Hausinhaber oder -bewohner handelt. Die Verordnung findet keine Anwendung, selbst wenn die Daten zur Herstellung des Fremdenführers automatisiert gespeichert sein sollten.

11 **3. In einem Sachverhalt mitbenannte Personen.** Enthält ein eine bestimmte Person betreffender Sachverhalt Angaben über andere natürliche Personen oder ermöglicht er entsprechende Rückschlüsse, so besteht je nach der Zweckbestimmung kein oder nur ein teilweiser Bezug der Sachverhaltsdaten auf die **mitbenannte Person.** Dies kann zB der Fall sein bei Angaben einer Krankenkasse über den behandelnden Arzt des Betroffenen einerseits und Krankheiten des Betroffenen andererseits.[10] Die Gehaltsdaten des Beschäftigten haben keinen Bezug zu dem in dem Abrechnungsprogramm benannten **Ehegatten** des Beschäftigten. Andererseits können auch Herkunfts- (zB Name des Informanten) oder Quellenangaben (übermittelnde Person) doppelten Personenbezug haben, indem sowohl der Informant wie der „Denunzierte" hinsichtlich der gespeicherten Information „Betroffene" sind.

12 Der Name auf der technischen Zeichnung eines Werkstückteils macht die Daten auf der Zeichnung nicht zu personenbezogenen Daten des Zeichners. Es sind vielmehr „sachbezogene" Daten. Personenbezogen ist jedoch die Tatsache, dass der angegebene Zeichner der Urheber des Werkes ist. Die gleiche Aussage gilt für Aufzeichnungen im Rahmen der **Eingabekontrolle,** die wegen der auf die Arbeitsleistung der Beschäftigten gerichteten Auswertungsmöglichkeiten auch der Mitbestimmung der Mitarbeitervertretung unterliegt.[11]

13 **4. Werturteile.** Auch **Werturteile** und Meinungsäußerungen können Angaben über persönliche Verhältnisse anderer Personen enthalten,[12] auch wenn sie die subjektive Meinung des Äußernden sind und daher – ggf. nach der Art und Weise der Äußerung aufgrund des bisherigen Medienprivilegs (zur Fortgeltung → Art. 85 Rn. 3) – nur eingeschränkt einem Korrekturanspruch zugänglich sind (→ Art. 16 Rn. 9, 10).[13] Festzuhalten ist jedoch, dass bereits auch die Mitteilung wahrer Tatsachen über die Sozialsphäre die Schwelle zur Persönlichkeitsrechtsverletzung überschreitet, wenn sie einen Persönlichkeitsschaden befürchten lässt, der außer Verhältnis zu dem Interesse an der Verbreitung der Wahrheit steht.[14] Sobald eine Äußerung, in der Tatsachen und Meinungen sich vermengen, durch Elemente der Stellungnahme, des Dafürhaltens oder Meinens geprägt ist, wird sie als Meinung aus dem Grundrecht aus Art. 5 § 1 GG geschützt.[15] Liegen die zugrundeliegenden Tatsachen jedoch nicht vor, ist bei einer Ärztebewertung in einem Bewertungsportal kein Behandlungskontakt nachweisbar, so überwiegt der Schutz des negativ bewerteten Arztes am Schutz seiner sozialen Anerkennung und

---

[10] Simitis/*Dammann*, § 3 Rn. 43 ff.; zu korrigierten Prüfungsarbeiten EuGH, Urt. v. 20.12.2017 – C-434/16, ZD 2018, 113.

[11] Vgl. *Gola/Pötters/Wronka*, Rn. 2022, 2027 f.

[12] Simitis/*Dammann*, § 3 Rn. 12.

[13] Vgl. zu Äußerungen in Bewertungsportalen ua BGH, Urt. v. 23.9.2014 – VI ZR 358/13, RDV 2015, 193.

[14] Zuletzt BVerfG, Beschl. v. 29.6.2016 – 1 BvR 3487/14.

[15] BGH, Urt. v. 1.3.2016 – VI ZR 34/15, RDV 2016, 140.

Berufsehre. Überprüft werden können daher in diesen Grenzen und speziell auch auf die Einhaltung von Verfahrensvorschriften auch Zeugnisse[16] oder **dienstliche Beurteilungen.**[17] Unzulässig ist es auch, wenn zB Werturteile in Bewertungsportalen[18] oder Blogs[19] beleidigende oder sonst unzulässige – also zB die Privatsphäre betreffende Äußerungen enthalten. Das gilt speziell auch für sog. **Schmähkritik.**[20] Schmähkritik ist ein Sonderfall der Beleidigung, der nur in seltenen Ausnahmekonstellationen gegeben ist. Die Anforderungen hierfür sind besonders streng, weil bei einer Schmähkritik anders als sonst bei Beleidigungen keine Abwägung mit der Meinungsfreiheit stattfindet. Wegen seines die Meinungsfreiheit verdrängenden Effekts ist der Begriff der Schmähkritik von Verfassungswegen eng zu verstehen.

5. Prognose- und Planungsdaten. Auch **Prognose- und Planungsdaten,** 14
dh Angaben über in der Zukunft liegende Verhältnisse, auch wenn sie hinsichtlich ihrer Realisierung noch ungewiss sind, können ggf. schon Aussagen zu dem Betroffenen enthalten.[21] Die Planungen eines Arbeitgebers über die berufliche Entwicklung eines Arbeitnehmers beruhen auf dessen Erkenntnissen über die Fachkunde, Erfahrungen und gegenwärtigen Leistungen des Arbeitnehmers und beruhen ggf. auf einem **analytischen Profiling** (→ Rn. 34 f.). Sind Erkenntnisse falsch oder unvollständig, so kann die weitere Karriere des Arbeitnehmers stark davon beeinflusst werden. Planungen des Arbeitgebers, die zB ihren Niederschlag in automatisiert geführten **„Human Resource"-Systemen** finden, berühren daher nicht nur die künftige, sondern bereits die gegenwärtigen „Situation" des Arbeitnehmers nachhaltig. Die Planung kann auch ergeben, dass ein hochqualifizierter Fachmann in einem Unternehmen keinerlei Entwicklungsmöglichkeiten mehr hat, weil sich die Unternehmensziele ändern werden. Allerdings wird das gegenwärtige Arbeitsverhältnis als Rechtsverhältnis dadurch noch nicht berührt; daher sind Planungsdaten nicht Bestandteil der **Personalakte.**[22]

6. Verfahrensdaten. Daten, die für andere Daten das Verfahren ihrer Verarbei- 15
tung festlegen, sind keine personenbezogenen Daten, weil noch nicht absehbar ist, ob der Verfahrensvorgang (zB programmierter Befehl, bei Vorliegen bestimmter Voraussetzungen personenbezogene Daten an Dritte zu übermitteln), ausgeführt wird. Zu einem personenbezogenen Datum wird die Angabe jedoch, wenn das Verfahren im Einzelfall durchgeführt worden ist. Der Hinweis: „Datum X ist am … an Y übermittelt worden" ist eine Einzelangabe über ein Verhalten des Verantwortlichen. Als personenbezogenes Datum ist ferner die Bezeichnung der Datei, in der die Daten des Betroffenen gespeichert sind, zu werten; dies jedenfalls dann, wenn sich aus der **Dateibezeichnung** auch Selektionskriterien für die Aufnahme in die Datei ergeben.

---

[16] *Gola/Pötters/Wronka*, Rn. 1140 ff.

[17] BAG, Urt. v. 18.8.2009 – 9 AZR 617/08, NZA 2010, 115.

[18] *Pötters/Traut*, RDV 2015, 117.

[19] *Ladeu/Gostomzyk*, NJW 2012, 710; *Lauber-Rönsberg*, ZD 2014, 177.

[20] Vgl. zuletzt BVerfG, Beschl. v. 29.6.2016 – 1 BvR 2446/15.

[21] Einschränkend *Bergmann/Möhrle/Herb*, BDSG, § 3 Rn. 20 für „abstrakte" Planungsdaten; ebenso Taeger/Gabel/*Buchner*, BDSG, § 3 Rn. 6; Plath/*Plath/Schreiber*, BDSG, § 3 Rn. 9.

[22] Zum materiellen Personalaktenbegriff vgl. bei *Gola/Pötters/Wronka*, Rn. 110 ff., 1462 ff.

16 **7. Personenbeziehbarkeit. Personenbezogene Daten** sind auch solche, die sich zwar nicht auf eine bestimmte aber auf eine bestimmbare natürliche Person beziehen. Maßgebend ist jedoch, dass die Person, auf die sich die Daten beziehen, dem Verantwortlichen bekannt oder zumindest von ihm ermittelbar ist. Hinsichtlich der **Ermittelbarkeit** sind alle Mittel zu berücksichtigen, die von dem Verantwortlichen oder einer anderen Person nach allgemeinem Ermessen wahrscheinlich hierfür verwendet werden können (Erwägungsgrund 26 § 3; entsprechend bereits Erwägungsgrund 26 § 2 DS-RL). Dabei ist strittig, ob auch **illegale** Möglichkeiten der **Wissensermittlung** zu berücksichtigen sind.[23]

17 Unterschiedlich beurteilt wird, wann mit dieser Möglichkeit zu rechnen ist und ob die bei einer anderen Person bestehenden **Identifizierungsmöglichkeiten** auch für den Verantwortlichen zur Personenbeziehbarkeit der Daten führt, dh ob es nicht nur auf die Möglichkeiten des Verantwortlichen ankommt, sondern darauf, welche Möglichkeiten irgendjemand vernünftigerweise anwenden könnte.[24] Zusammengefasst geht es um die Frage, ob der Begriff des **Nicht-Personenbezugs** absolut oder relativ bzw. nach von der Literatur auch gewählten Begriffen objektiv/abstrakt oder subjektiv gemeint ist.[25]

18 Auch in Anwendung der DS-GVO ist es überzeugend vertretbar, **Personenbeziehbarkeit** insofern als „relativ“ anzusehen, bzw. von einem absoluten Ansatz mit relativen Elementen[26] dahingehend auszugehen, dass bei dem einen Verantwortlichen die Angaben aufgrund von ihm zugänglichen **Zusatzwissen** mit der betroffenen Person verknüpft werden können und für andere mangels zugänglichen Zusatzwissens „anonym“ sind und bleiben.[27]

19 Mit *Brink/Eckhardt*[28] ergibt sich daher folgende Differenzierung: „Personenbeziehbar sind solche Daten, die nach aktuellem oder sicher absehbaren zukünftigen Kenntnisstand des Verantwortlichen mit einer Person verknüpft werden können. Der Kenntnisstand Dritter wird dem Verantwortlichen zugerechnet, wenn Daten und Zusatzwissen rechtmäßig zusammengeführt werden können und ein Zusammenführen auch hinreichend wahrscheinlich zu erwarten ist. Dies erfordert das Wissen des Verantwortlichen um den Dritten und den (anzunehmenden) beiderseitigen Willen zur Zusammenführung. Die allein theoretische Möglichkeit der Zusammenführung genügt nicht.“

20 Somit sind pseudonymisierte **E-Mail-Adressen** für den Provider personenbeziehbar, da er sie auf den Inhaber rückführen kann. Für andere, die dieses **Zusatzwissen** nicht haben, handelt es sich nicht um ein personenbezogenes Datum.[29] Fraglich ist, ob sich an der Bewertung etwas ändert, wenn die nicht personenbezogene Identifikation mit Hilfe von **Cookies**[30] dazu dient, die Person in ihrem wiederholten Verhalten zu identifizieren, zB um dann durch gezielte Werbung

---

[23] *Bergt*, ZD 2015, 365 (370).

[24] *Breyer*, ZD 2014, 400 (402); *Pahlen-Brandt*, DuD 2012, 34 (38).

[25] Zum aktuellen Meinungsstand *Bergt*, ZD 2015, 365; *Brink/Eckhardt*, ZD 2015, 205; *Schantz*, NJW 2016, 1841 (1843).

[26] *Brink/Eckhardt*, ZD 2015, 205 (209).

[27] *Brink/Eckhardt*, ZD 2015, 205 mwN in Fn. 20; *Härting*, NJW 2013, 2065; *Wojtowicz*, PinG 2013, 66.

[28] *Brink/Eckhardt*, ZD 2015, 211.

[29] Vgl. *Härting*, Internetrecht, 4. Aufl., Rn. 26 ff.; so Simitis/*Dammann*, § 3 Rn. 62 mit einer Aufzählung der diversen Möglichkeiten des Erwerbs des Zusatzwissens.

[30] *Schleipfer*, ZD 2017, 460.

ihr Verhalten zu beeinflussen **(behavioural advertising)**, wobei jedoch die Profilierung eines bestimmten Benutzer daran scheitern kann, dass mehrere Personen die Kommunikationstechnik nutzen. Anderes gilt für die Identifikation von Geräten durch **Device Fingerprintig,**[31] Es erscheint jedenfalls gerechtfertigt, einen datenschutzrechtlichen Vorgang anzunehmen, wenn eine bestimmte Person durch Sammeln ihrer Verhaltensdaten „profiliert" wird um sie unter Auswertung dieses Wissen gezielt anzusprechen,

Der relative Aspekt gilt auch für **IP-Adressen**, für die zwar für den Provider nicht aber für den sonstigen Regelfall ein Personenbezug mit normalen Mitteln ohne weiteres Zusatzwissen herstellbar ist (Erwägungsgrund 30).[32] So wird bei der Verfolgung von Urheberrechtsverletzungen der Personenbezug für den Rechteinhaber erst durch Auskunft des Providers hergestellt. Gleichwohl unterscheiden insoweit Rechtsprechung und Literatur zT zwischen statischen, dh fest vergebenen und dynamischen, dh bei jeder Einwahl neu vergebenen Adressen. Klargestellt hat nunmehr der EuGH,[33] dass eine dynamische Internetprotokolladresse, die von einem Anbieter von Online-Mediendiensten beim Zugriff einer Person auf eine Website, die dieser Anbieter allgemein zugänglich macht, gespeichert wird, für den Anbieter ein personenbezogenes Datum im Sinne der genannten Bestimmung darstellt, wenn er über rechtliche Mittel verfügt, die es ihm erlauben, die betreffende Person anhand der Zusatzinformationen, über die der Internetzugangsanbieter dieser Person verfügt, bestimmen zu lassen.[34] Der BGH[35] hat diese Definition fortgeführt. Gleiches muss wohl auch für **Hash-Werte** zur Pseudonymisierung von Rufnummern bei Instant-Messenger-Apps gelten.[36] 21

Werden anonyme Daten an eine Stelle übermittelt, die in der Lage ist, den Personenbezug herzustellen, so ist der Übermittlungstatbestand erfüllt. Der übermittelnden Stelle obliegt es daher festzustellen, ob die Weitergabe der Daten dem Verbot mit Erlaubnisvorbehalt unterliegt und ob Art. 6 einen Erlaubnistatbestand enthält. Wird jedoch ein **großer** nicht personenbezogener oder ein eine Personengruppe betreffender **Datenbestand** übermittelt, bei dem der Empfänger einige wenige Betroffene aufgrund eines im Einzelfall eventuell vorhandenen Zusatzwissens möglicherweise identifizieren kann, so kann die übermittelnde Stelle noch von hinreichender **Anonymisierung** ausgehen. 22

8. Daten juristischer Personen. Die Verordnung schützt keine **juristischen Personen** und erfasst nicht – wie Erwägungsgrund 14 S. 2 besonders betont – „insbesondere als juristische Person begründete Unternehmen". Welche Bedeutung dieser Hervorhebung zukommen soll, bleibt offen. Sodann wird in Erwägungsgrund 14 S. 2 hervorgehoben, dass unter die Nichtanwendung der GVO auch der Name, die Rechtsform oder die **Kontaktdaten** der juristischen Person fallen.[37] Der Hinweis hat nur Relevanz, wenn er bedeutet, dass die GVO auch dann nicht greift, wenn zB im Namen der Firma oder bei den Kontaktdaten des Unternehmens natürliche Personen benannt sind, dh es liegt kein personenbezogenes Datum mehr vor, wenn der Name einer juristischen Person sich vom 23

---

[31] Vgl. ausf. hierzu Schantz/Wolff/*Schantz,* § 292 ff.; *Dietrich,* ZD 2015, 199 (202).

[32] Vgl. ausf. bei Schantz/Wolff/*Wolff,* Rn. 285 ff.

[33] EuGH, Urt. v. 19.10.2016 – C 582/14, RDV 2016, 326.

[34] *Härting*, Internetrecht, 4. Aufl., Rn. 89 f.; *Gola/Schomerus,* § 3 Rn. 10a mwN.

[35] Urt. v. 16.5.2017 – VI ZR 135/13, ZD 2017, 424.

[36] Dazu *Voitel*, DuD 2017, 686.

[37] Sydow/*Ziehbarth,* DS-GVO, Art. 4 Rn. 13 sehen hier ein Redaktionsversehen.

Namen einer natürlichen Person ableitet (zB Peter Müller GmbH, XY-Stadt).[38] Ergebnis hieraus ist, dass Adressdateien von juristischen Personen auch mit derartigen personellen Komponenten nicht von der Verordnung erfasst werden. Ob diese Regelung geltendem Recht widerspricht (→ Art. 4 Rn. 24) und ob sie mit einer Entscheidung des EuGH[39] vereinbar ist, nach der sich juristische Personen auf den durch Art. 7 und 8 GRCh verliehenen Schutz berufen können, soweit der Name der juristischen Person eine oder mehrere natürliche Personen bestimmt. Kein Argument für die Unerheblichkeit des Erwägungsgrundes ist jedenfalls, wie *Laue/Nink/Kremer*[40] anführen, dass die Passage in Erwägungsgrundes 12 des Entwurfs der Kommission vom 25.1.2012 noch folgenden weggefallenen Zusatz hatte: „Dies sollte auch dann gelten, wenn der Name der juristischen Person die Namen einer oder mehrerer natürlichen Personen enthält".

24 Der Ausschluss juristischer Personen von datenschutzrechtlichem Schutz ist keineswegs selbstverständlich, denn nach Art. 19 Abs. 3 GG gelten Grundrechte auch für inländische juristische Personen, soweit sie ihrem Wesen nach auf sie anwendbar sind. Demgemäß hatten Datenschutzgesetze anderer Länder (zB Österreich, Dänemark, Luxemburg) juristische Personen in ihren Schutzbereich mit einbezogen. Das gleiche gilt für den Schutz von **Teilnehmern am Fernmeldeverkehr** (§§ 3 Nr. 14, 88 TKG). Gleichwohl sind juristische Personen nicht ungeschützt, indem sie datenschutzrechtliche Ansprüche aus dem ggf. auch für sie geltenden allgemeinen Persönlichkeitsrecht ableiten können. Die Rechtsprechung[41] kennt, abgeleitet aus Art. 2 Abs. 1 GG, für juristischen Personen ein sog. **Unternehmerpersönlichkeitsrecht** an, welches im Falle seiner Verletzung Unterlassungs- und Beseitigungsansprüche sowie ggf. Schadensersatzansprüche nach sich zieht. Es hat einen niedrigeren Schutzumfang als das allgemeine Persönlichkeitsrecht natürlicher Personen.

25 Einzelne Mitglieder einer juristischen Person bzw. eine oder mehrere hinter der juristischen Person stehende natürliche Personen sind jedoch geschützt, wenn sich die Angaben über die **Personengemeinschaft** auch auf sie beziehen.[42] Andererseits können Angaben über **maßgebende Mitglieder** sich auch auf die juristische Person beziehen. So können Angaben über eine GmbH zu den Gesellschaftern oder Geschäftsführern dieser GmbH Bezug haben, sofern zwischen der GmbH und den „hinter" ihr stehenden Personen eine enge finanzielle, personelle oder wirtschaftliche Verflechtung besteht. Bei derartigen Verbindungen zwischen einer natürlichen oder einer juristischen Person, die häufig bei der „Ein-Mann-GmbH" oder einer **Einzelfirma** auftreten, kann in der Regel davon ausgegangen werden, dass ein Bezug zu der „hinter" der juristischen Person stehenden natürlichen Person besteht.[43] Andere Stimmen differenzieren hier noch, so zwischen „Angaben über eine Personengesellschaft, die sich regelmäßig zugleich auf die Verhältnisse der einzelnen Gesellschafter beziehen sollen, und Daten einer Kapitalgesellschaft, die auch nicht deshalb zugleich Daten eines Gesellschafters, weil es

[38] So zum BDSG Auernhammer/*Eßer*, § 3 Rn. 24; Plath/*Schreiber*, BDSG, § 3 Rn. 11 unter Berufung auf die Stellungnahme 04/2007 der *Artikel-29-Datenschutzgruppe* v. 20.6.2007, WP 136, S. 27.

[39] EuGH, Urt. v. 9.11.2010 – C-92/09 u. C-93/09.

[40] *Laue/Nink/Kremer*, Das neue Datenschutzrecht in der betrieblichen Praxis, § 1 Rn. 36.

[41] BGH, Urt. v. 3.2.2009 – VI ZR 36/07, NJW 2009, 1872.

[42] Vgl. BGH, Urt. v. 17.12.1985 – VZR, NJW 1986, 2505.

[43] Auernhammer/*Eßer*, § 3 Rn. 24.

sich um eine **Ein-Mann-GmbH** handelt".[44] Rechtliche Identität besteht dagegen bei einem **Einzelkaufmann.** Zur Firma gespeicherte Angaben sind daher stets Daten zur Person des Inhabers.

9. Verstorbene. Natürliche Personen sind nur lebende Personen. **Daten Verstorbener** werden von der Verordnung nicht geschützt. Die Verordnung geht davon aus, dass die betroffene Person eine handelnde, dh eine **lebende Person** ist, wie sich aus den Kontroll- und Mitwirkungspflichten ergibt.[45] Gegen diese Einschränkung des Schutzbereichs spricht nicht, dass einzelne in die gleiche Zielrichtung gehende Gesetze den Betroffenen nach seinem Tode schützen (so § 22 KUG; § 203 und § 4 StGB); auch das Arztgeheimnis besteht nach dem Tode des Patienten fort. 26

Daten Verstorbener werden damit jedoch nicht schutzlos. Die Menschenwürde, die auch zu den den Datenschutz gestaltenden Rechtsgütern gehört, wirkt als **postmortales Persönlichkeitsrecht**[46] nach dem Tode fort[47] und schützt Ansehen und Ehre des Verstobenen. Die noch lebenden **Angehörigen** können zudem durch den Missbrauch von Daten Verstorbener in ihrem eigenen Persönlichkeitsrecht beeinträchtigt werden. Darüber hinaus trägt die Rechtsprechung der Tatsache Rechnung, dass das allgemeine Persönlichkeitsrecht nicht nur dem Schutz ideeller, sondern auch kommerzieller Interessen dient. Diese **vermögenswerten Bestandteile** des **Persönlichkeitsrechts** bestehen nach dem Tode seines Trägers fort bzw. gehen auf die Erben des Trägers des Persönlichkeitsrechts über und können noch bis zu zehn Jahre nach dem Tod des Erblassers geltend gemacht werden. So können ihnen zB bei unbefugter Verwendung des Namens oder Bildes des Verstorbenen unabhängig von der Schwere des Eingriffs Schadensersatzansprüche zustehen.[48] 27

In der Frage, ob die Daten eines Verstorbenen im Internet den Erben zustehen, dh wer über den **digitalen Nachlass** verfügungsberechtigt ist,[49] hat das LG Berlin[50] Facebook verpflichtet, den Eltern einer minderjährig Verstorbenen als deren Erben Zugang zu dem Benutzerkonto und dessen Kommunikationsinhalten zu gewähren. Der Vertrag zur Nutzung von Facebook, den die Erblasserin abgeschlossen hatte, gehe wie jeder andere schuldrechtliche Vertrag auf die Erben über. Eine unterschiedliche Behandlung des „digitalen" und des „analogen" Vermögens des Erblassers sei nicht gerechtfertigt. Das KG[51] hat den Anspruch nachfolgend im Hinblick auf das von Facebook zu beachtenden Fernmeldegeheimnis des § 88 TKG, das auch nicht durch einen Anspruch der Eltern aus dem allgemeinen Persönlichkeitsrecht durchbrochen werde, verneint. Das letzte Wort liegt nun bei dem BGH. 28

---

[44] Vgl. bei Simitis/*Dammann,* § 3 Rn. 44.

[45] AA *Bergmann/Möhrle/Herb,* § 3 Rn. 4 ff., die auch den nasciturus und den Verstorbenen in den Schutz mit einbeziehen; so wohl auch BeckOK DatenschutzR/*Schild,* BDSG, § 3 Rn. 6.

[46] *Heinemann/Heinemann,* DuD 2013, 242.

[47] BeckOK DatenschutzR/*Schild,* BDSG, § 3 Rn. 5.

[48] BGH, Urt. v. 1.12.1999 – I ZR 49/97, NJW 2000, 2195 – Marlene Dietrich.

[49] *Leeb,* K&R 2014, 693; *Brinkert/Stolze/Heidrich,* ZD 2013, 153; *Solmecke/Köbrich/Schmitt,* MMR 2015, 291; *Hohenstein,* K&R 2018, 5.

[50] Urt. v. 17.12.2015 – 20 O 172/15 = ZD 2016, 182 mAnm *Solmecke/Schmitt.*

[51] Urt. v. 31.5.2017 – 21 U 9/16 = ZD 2017, 386 mAnm *Klages.*

29 Erwägungsgrund 27 S. 2 ermächtigt die Mitgliedstaaten datenschutzrechtliche Bestimmungen für die Daten Verstorbener vorzusehen. Diese können notwendigerweise auch die Rechte Lebender bezüglich dieser Daten umfassen. Andererseits muss der Lebende aber auch den Schutz und die Gewissheit haben können, dass seine zu Lebzeiten geschützten personenbezogenen Daten gemäß seinem Wunsch auch nach seinem Tode ggf. auch Angehörigen gegenüber geheim bleiben.[52] Insofern ist der Persönlichkeitsschutz Verstorbener integraler Bestandteil des Persönlichkeitsrechts Lebender.[53] Der Gesetzgeber sollte dem ihm offenstehenden Weg zur Regelung des Schutzbedarfs gegenüber Diensteanbietern nachkommen.[54]

II. „Verarbeitung" (Nr. 2)

30 Die Verordnung verwendet den Begriff der Verarbeitung entsprechend der Regelung in Art. 2 lit. b DS-RL für jeden Vorgang des Umgangs mit personenbezogenen Daten, beginnend mit der Erhebung und endend mit dem Löschen. Genannt werden beispielhaft in Art. 4 Nr. 2 das Erheben, das Erfassen, die Organisation, das Ordnen, die Speicherung, die Anpassung oder Veränderung, das Auslesen, das Abfragen, die Verwendung, die Offenlegung durch Übermittlung, Verbreitung oder eine andere Form der Bereitstellung, den Abgleich oder die Verknüpfung, die Einschränkung, das Löschen oder die Vernichtung.

31 Einzelne Phasen der Verarbeitung, wie dies im BDSG aF noch geschah (§ 3 Abs. 3–5) werden – bis auf eine Ausnahme – nicht mehr definiert. Dies ist insoweit auch entbehrlich, da jede der Phasen unter dem Verbot mit Erlaubnisvorbehalt steht, dh einer Erlaubnis bedarf (Art. 6 Abs. 1). Andererseits werden nachfolgend einzelne Verarbeitungsschritte jedoch konkret angesprochen, wie zB das Übermitteln von personenbezogenen Daten in Drittländer (Art. 44 ff.) oder das Löschen von Daten (Art. 17), so dass eine Begriffsbestimmung gleichwohl sinnvoll gewesen wäre. Als zur Verarbeitung zählende Phase der Datenverwendung wird unter dem Begriff der „Einschränkung der Verarbeitung" (Art. 4 Nr. 3) der bisher als Sperrung (§ 3 Abs. 4 Nr. 4 BDSG) bezeichnete Vorgang definiert.

32 Keine Rolle spielt – zunächst – für das Vorliegen einer Verarbeitung, ob der Vorgang oder eine diesbezügliche Vorgangsreihe mit oder ohne Hilfe automatisierter Verfahren durchgeführt wird. Die Aussage bedeutet jedoch nicht die Aufgabe des sachlichen Anwendungsbereichs des Art. 2, der nur Verarbeitungen erfasst, die „ganz oder teilweise automatisiert" stattfinden bzw. eine Speicherung in einem „Dateisystem" beinhalten oder diese vorsehen. Damit ist eindeutig, dass auch die für die nachfolgende Speicherung in einer Datei erhobenen Daten bereits unter den Schutz der Verordnung fallen. Gleiches gilt für eine teilweise automatisierte Verarbeitung, dh für manuell erhobene Daten, die einer automatisierten Verarbeitung zugeführt werden sollen.[55]

33 Nicht mehr vom Begriff automatisierte Verarbeitung erfasst wird die Verwendung automatisiert erstellter Verarbeitungsergebnisse bei einem **Empfänger,** dem sie übermittelt wurden und der sie „manuell" verarbeitet. Die diesbezügliche

---

[52] *Martini,* JZ 2012, 1145 (1151); *Herzog,* NJW 2013, 3745 (3749).
[53] *Kühling/Martini,* § 23.
[54] Vgl. die Vorschläge in *Kühling/Martini,* § 23 f.
[55] Paal/Pauly/*Ernst,* DS-GVO, Art. 2 Rn. 6.

Ausdehnung der Anwendung des BDSG aF in § 27 Abs. 2 sieht die DS-GVO weder ausdrücklich noch per Interpretation des Art. 2 Abs. 1 vor.[56]

III. „Einschränkung der Verarbeitung" (Nr. 3)

Die von einem Antrag der betroffenen Person abhängige Verpflichtung zu der **Einschränkung einer** bestimmten **Verarbeitung** ist Gegenstand des Art. 18. Die Einschränkung liegt darin, dass die Daten (abgesehen von ihrer Speicherung) nur noch unter besonders engen Voraussetzungen und besonderen Zweckbestimmungen verarbeitet werden dürfen.[57] Umgesetzt werden soll die künftig nur noch eingeschränkt erfolgende Verarbeitung, indem die betroffenen Daten entsprechend gekennzeichnet werden. Im Erwägungsgrund 67 werden die Methoden der Beschränkung der Verarbeitung dahingehend präzisiert, dass zB ausgewählte Daten vorübergehend auf ein anderes Verarbeitungssystem übertragen werden, dass sie für Nutzer gesperrt werden oder dass veröffentlichte Daten vorübergehend von einer Website entfernt werden. In automatisierten Datensystemen sollen technische Mittel jede Weiterverarbeitung unter eindeutiger Erkennbarmachung ausschließen. **34**

IV. „Profiling" (Nr. 4)

Mit dem Begriff Profiling wird jede Art der automatisierten Verarbeitung personenbezogener Daten zur Bewertung persönlicher Aspekte einer natürlichen Person erfasst. Die Analyse und Bewertung kann Aspekte der Arbeitsleistung, der wirtschaftliche Lage, der Gesundheit, persönliche Vorlieben, Interessen, die Zuverlässigkeit, das Verhalten betreffen und auch den Aufenthaltsort oder eines Ortswechsels der betroffenen Person mit einbeziehen. Diskriminierende Anknüpfungspunkte sind grundsätzlich unzulässig (Art. 21 GRCh, Art. 22 Abs. 4). **35**

Das Zulässigkeit des Profilings einer Person ist Regelungsgegenstand des Art. 22, der jedoch nicht die Profilbildung selbst, sondern erst die Nutzung von Profilen einer rechtlichen Beschränkung unterwirft (→ Art. 22 Rn. 3). Diese betreffen ausschließlich auf automatisierte Verarbeitung getroffene Entscheidungen. Anderweitig auf Basis eines Profils ergehende Entscheidungen werden nicht erfasst.[58] Dazu welchen rechtlichen Schranken eine Profilbildung selbst unterworfen ist, trifft Art. 22 keine Aussage.[59] Insoweit weist Erwägungsgrund 30 darauf hin, dass unter Umständen Online-Kennungen wie IP-Adressen und Cookie-Kennungen, die ein Gerät oder Software-Anwendungen und -Tools oder Protokolle liefern, oder sonstige Kennungen wie Funkfrequenzkennzeichnungen einer Person zugeordnet werden und Spuren hinterlassen, die insbesondere in Kombination mit eindeutigen Kennungen und anderen beim Server eingehenden Informationen dazu benutzt werden können, um Profile der natürlichen Personen zu erstellen und sie zu identifizieren. Der Hinweis ist zwar für die Einordnung der Daten als personenbezogen relevant nicht jedoch hinsichtlich der Beurteilung Zulässigkeit der Erstellung der Profile.[60] **36**

---

[56] Wohl so auch BGH, Urt. v. 29. 11.2016 – VI ZR 530/15, NJW 2017, 800.

[57] *Franck*, RDV 2016, 111 (114).

[58] Vgl. *Härting* zu Big Data und Profiling, ITRB 2016, S. 209.

[59] Zur unter Berufung auf die Rspr. des EuGH hieran geäußerten Kritik LfDI Bremen, TB 2015, Ziff. 13; *Kühling/Martini*, § 77 f.

[60] *Kugelmann*, DuD 2016, 566 (570).

V. „Pseudonymisierung“ (Nr. 5)

37 **1. Der Begriff.** Ein **Pseudonym** ist der erfundene, die wahre Identität einer Person verdeckende Name. Nach Art. 4 Nr. 5 wird dieser Name zB in Form einer Ordnungsziffer oder sonstigen Kennzeichen der betroffenen Person von dem für die Verarbeitung der Daten Verantwortlichen zugewiesen,[61] wobei die Möglichkeit der Feststellung der wahren Identität nicht verloren gehen soll. Demgemäß definiert Art. 4 Nr. 5 unter Pseudonymisieren die Verarbeitung personenbezogener Daten in einer Weise, dass diese ohne Hinzuziehung zusätzlicher Informationen nicht mehr einer spezifisch betroffenen Person zugeordnet werden können. Auch wenn in der Verordnung ein anderer Wortlaut gewählt wurde, hat Art. 4 Nr. 5 keine andere Aussage als § 3 Abs. 6a BDSG aF, wonach Pseudonymisierung durch das Ersetzen des Namens oder anderer Identifikationsmerkmale durch ein Kennzeichen erfolgt, um die Bestimmung der betroffenen Person auszuschließen oder wesentlich zu erschweren.

38 Um das sicherzustellen müssen die die Rückführung auf die betroffenen Personen ermöglichenden Informationen gesondert aufbewahrt werden und technischen und organisatorischen Maßnahmen unterliegen, die gewährleisten, dass die personenbezogenen Daten von ihrem Verwender mangels Kenntnis eines Zuordnungsmerkmals nicht einer identifizierten oder identifizierbaren natürlichen Person zugewiesen werden können.

39 **2. Einschränkung des Personenbezugs.** Pseudonymisierung hat das Ziel, die unmittelbare Kenntnis der vollen Identität der Betroffenen während solcher Verarbeitungs- und Nutzungsvorgänge, bei denen der Personenbezug nicht zwingend erforderlich ist, auszuschließen. Insoweit ist als Pseudonymisierung auch das **Verpixeln** von im Rahmen einer Videobeachtung aufgenommen Personen einzuordnen, wenn unter bestimmten Umständen ein Entpixeln möglich bleibt.

40 Die einer Pseudonymisierung unterzogene personenbezogenen Daten, die durch Heranziehung zusätzlicher Informationen einer natürlichen Person zugeordnet werden könnten, behalten ihren Personenbezug (Erwägungsgrund 26). Ansonsten liegt der Tatbestand anonymisierter Daten vor. Um festzustellen, ob Pseudonymisierung oder Anonymisierung vorliegt, dh ob eine natürliche Person identifizierbar ist, sind alle Mittel in Betracht zu ziehen, die von dem **Verantwortlichen** oder einer **anderen Person** (→ Rn. 18) nach allgemeinem Ermessen wahrscheinlich genutzt werden, um die natürliche Person direkt oder indirekt zu identifizieren. Hierbei sind alle objektiven Faktoren heranzuziehen, wie die Kosten der Identifizierung und der dafür erforderliche Zeitaufwand, wobei die zum Zeitpunkt der Verarbeitung verfügbare Technologie und technologische Entwicklungen zu berücksichtigen sind (Erwägungsgrund 26 S. 2 und 3).

41 **3. Aufhebung des Personenbezugs.** Zu trennen sind pseudonymisierte Daten von **anonymen Informationen**. Handelt es sich jedoch um anonyme Informationen, dh Informationen, die sich nicht auf eine identifizierte oder identifizierbare natürliche Person beziehen, oder personenbezogene Daten, die in einer Weise anonymisiert worden sind, dass die betroffene Person nicht oder nicht mehr identifiziert werden kann, kommt die Verordnung nicht – mehr – zur Anwendung. Auch wenn die Verordnung den Vorgang der **Anonymisierung** nicht beschreibt,

[61] Zu den Arten der Pseudonymisierung vgl. BeckOK DatenschutzR/*Schild*, BDSG, § 3 Rn. 102 mwN.

gilt nach dem zuvor Gesagten die in § 3 Abs. 6 BDSG aF enthaltene Definition weiterhin. Das Anonymisieren von Daten kann dadurch geschehen, dass aus einem Bestand personenbezogener Daten Angaben ohne Personenbezug und ohne Rückführbarmöglichkeit per entsprechender Auswertung herausgefiltert und für planerische oder statistische Zwecke genutzt werden, wobei die diesbezügliche **„Veränderung"** und die nachfolgende Nutzung oder Verarbeitung mangels Personenbeziehbarkeit der Daten nicht mehr den Regeln der Verordnung unterliegen. Die Anonymisierung kann dadurch geschehen, dass der Personenbezug insgesamt durch **Löschung der Identifikationsmerkmale** entfällt, wobei das BDSG hinsichtlich der Löschung, nicht jedoch hinsichtlich der weiteren Verarbeitung Anwendung findet. Werden von vornherein Daten ohne Personenbezug erhoben und gespeichert, so findet die Verordnung mangels Verarbeitung und Nutzung personenbezogener Daten von vornherein keine Anwendung.

4. Der gesetzliche Auftrag zur Pseudonymisierung. Die Verordnung gibt Verantwortlichen und Auftragsverarbeitern zumindest einen allgemeinen Auftrag zur **Minimierung von Risiken** für die betroffene Person, die Pseudonymisierung der Daten in die Erwägungen über die Gestaltung einer Datenverarbeitung mit einzubeziehen, wobei deutlich gemacht wird, dass durch die ausdrückliche Einführung der „Pseudonymisierung" in dieser Verordnung nicht beabsichtigt sei, andere Datenschutzmaßnahmen auszuschließen (Erwägungsgrund 26). Um einem Verantwortlichen einerseits die „Risikominimierung" durch pseudonymisierte Verarbeitungen zu ermöglichen, ihm andererseits jedoch die Möglichkeit allgemeiner Analysen der Datenbestände nicht zu nehmen, gestattet Erwägungsgrund 29 derartige Verarbeitungen, wenn die erforderlichen technischen und organisatorischen Maßnahmen getroffen wurden, um – für die jeweilige Verarbeitung – die Umsetzung dieser Verordnung zu gewährleisten. **42**

VI. „Dateisystem" (Nr. 6)

1. Die Datensammlung. Die Speicherung der personenbezogenen Daten in einem **Dateisystem** ist Mindestvoraussetzung zur Anwendung der Verordnung bei **manueller Verarbeitung.** Unter einem solchen Dateisystem versteht Art. 4 Nr. 6 jede strukturierte Sammlung personenbezogener Daten, die nach bestimmten Kriterien zugänglich ist, unabhängig davon, ob diese Sammlung zentral, dezentral oder nach funktionalen oder geografischen Gesichtspunkten geordnet geführt wird. **43**

Eine **Sammlung von Daten** liegt vor, wenn Daten, die zueinander in einem inneren Zusammenhang stehen, auf einem oder auf mehreren zusammengehörenden Datenträgern gespeichert sind. Erforderlich ist ein **gleichartiger Aufbau,** der einen leichten Zugriff auf die Daten ermöglicht. Abgestellt wird auf die Auswertbarkeit der Sammlung nach bestimmten Kriterien, dh die den gesammelten Daten gemeinsamen, den aufgezeigten Sinnzusammenhang herstellenden personenbezogenen **Merkmale.**[62] Als Zugangskriterien sind nur solche anzusehen, die für eine sinnvolle Ordnung der Datei notwendig sind. Dazu zählen sowohl die **„Anschrift"** als auch der die Anschrift ausmachende Wohnort, die Straße und Hausnummer; es ist also ggf. auch möglich, die Datei nach diesen Einzelmerkmalen zu ordnen bzw. auszuwerten. Dennoch bildet das Merkmal „Anschrift" ein einziges Merkmal, sofern die Datei nach der Anschrift geordnet oder ausge- **44**

---

[62] Simitis/*Dammann*, § 3 Rn. 89 ff.

wertet wird. Soll die Datei hingegen eine Unterscheidung innerhalb der Anschrift ermöglichen (zB Suchmerkmal: alle Bewohner der X-Straße), dann bilden die Bestandteile der Anschrift selbstständige Kriterien.

45 In der Sammlung brauchen nicht Daten von mehreren Personen enthalten sein. Auch wenn über eine Einzelperson mehrere Daten gespeichert werden, liegt eine Sammlung personenbezogener Daten vor. Eine Untergrenze enthält das Gesetz nicht, so dass bereits zwei an den Betroffenen gerichtete und in einer Textverarbeitungsanlage **abgespeicherte Briefe** den Tatbestand der automatisierten Datei erfüllen. Auch eine **Gehaltsliste** erfüllt insoweit den Dateibegriff.[63]

46 **Bild- und Tonträger** können Gegenstand automatisierter Verarbeitung oder Inhalt einer strukturierten Datei sein, sofern die aufgezeichneten Personen bekannt oder zumindest identifizierbar sind.

47 **2. Die Auswertungsmöglichkeiten.** Die Sammlung, bzw. die in ihr enthaltenen Daten müssen nach bestimmten, dh zumindest zwei Kriterien zugänglich sein. Da zwei eine Sortierung oder Auswertung ermöglichende Merkmale genügen, können an sich auch **Akten** oder **Aktensammlungen** hierunter fallen, wenn sie unter den Begriff der nicht automatisierten Datei subsumierbar sind, so zB wenn sie nach Aktenzeichen geordnet und nach der Betreffsangabe bzw. dem Namen umgeordnet werden können. Akten und Aktensammlungen und die Deckblätter dazu fallen nur dann nicht unter den Dateibegriff, wenn ihr Inhalt nicht in der Art einer Datei strukturiert ist, dh eine manuelle Auswertbarkeit nicht gegeben ist (Erwägungsgrund 15 S. 2).[64]

VII. „Verantwortlicher" (Nr. 7)

48 **1. Allgemeines. Normadressat** der Verordnung ist nach Art. 4 Nr. 7 die natürliche oder juristische Person, Behörde, Einrichtung oder andere Stelle, die allein oder gemeinsam mit anderen über die Zwecke und Mittel der Verarbeitung von personenbezogenen Daten entscheidet. Die DS-RL machte den gleichlautend definierten Begriff mit der Bezeichnung als **„für die Verarbeitung Verantwortlichen"**[65] noch deutlicher, während das BDSG aF den Begriff der „verantwortlichen Stelle (§ 3 Abs. 7) verwendet, ohne den Aspekt der Möglichkeit der Kooperation mehrerer Verantwortlicher anzusprechen. Letztlich bleibt es auch nach der DS-GVO bei der verantwortlichen Stelle, denn der „Verantwortliche" handelt nicht nur durch den Betriebsinhaber selbst, sondern durch alle ihm entscheidungsbefugt Zuarbeitenden.[66]

49 **2. Der Umfang der Verantwortlichkeit.** Seine Ausgestaltung erfährt der Begriff des Verantwortlichen in Art. 24. Er hat im Rahmen eines risikobasierten Ansatzes einzustehen für die Sicherstellung der zulässigen Datenverarbeitung durch den Einsatz von regelmäßigen Überprüfungen unterliegenden technischen und organisatorischen Maßnahmen (→ Art. 24 Rn. 7 ff.). Dabei gilt das Verhältnismäßigkeitsprinzip.

50 Der in Art. 24 für die Umsetzung der Verordnung insgesamt zum Maßstab gemachte **risikobasierte Ansatz** soll es ermöglichen, die Pflichten des Verantwortlichen entsprechend dem im Vorfeld zu ermittelnden Risiko der von ihnen

---

[63] BlnDSB, Materialien zum Datenschutz Nr. 30, § 7.

[64] Vgl. zu den Interpretationsmöglichkeiten des Begriffs *Spelge*, DuD 2016, 775 (779).

[65] *Monreal*, ZD 2014, 428.

[66] Schantz/Wolff/*Schantz*, Rn. 359 ff.

vorgenommenen Datenverarbeitung anzupassen. Die Pflicht zur Vornahme einer solchen Risikoprüfung ergibt sich für den Verantwortlichen direkt aus Art. 24 Abs. 1. In vielen weiteren Artikeln der DS-GVO wird zudem für spezielle Pflichten oder auch für eine Ausnahme von gesetzlichen Verpflichtungen eine Risikoprüfung sowohl von dem Verantwortlichen als auch von dem Auftragsverarbeiter (Art. 30 Abs. 5) und auch dem Datenschutzbeauftragten (Art. 39 Abs. 2) verlangt.

3. Gemeinsam für die Verarbeitung Verantwortliche. Wie bereits in Art. 2 lit. d DS-RL ist auch in der DS-GVO die Möglichkeit angelegt, dass **mehrere Stellen gemeinsam** für eine Verarbeitung **verantwortlich** sind. Einzelheiten der Kooperation regelt Art. 26. Nach Art. 26 Abs. 1 S. 1 sind zwei oder mehr Verantwortliche dann gemeinsam verantwortlich, wenn sie die **Zwecke und Mittel** der Verarbeitung gemeinsam festlegen. Eine gemeinsame Verantwortlichkeit ist danach nicht gegeben, wenn zwei Verantwortliche gemeinsam etwa nur die Mittel festlegen, also zB gemeinsam ein Rechenzentrum betreiben (Erwägungsgrund 79). In der Vereinbarung ist insbesondere festzulegen, welcher der beteiligten Verantwortlichen für die Wahrnehmung der Rechte der betroffenen Personen zuständig ist. 51

Die Mitgliedstaaten dürfen die gesetzlichen Verantwortlichkeiten der kooperierenden Verantwortlichen regeln. Sie können Aufgaben der Verantwortlichen einer bestimmten Person zuweisen und damit die diesbezüglichen Dispositionsbefugnisse ausschließen. Die Öffnungsklausel umfasst alle Aufgaben, die Verantwortliche nach der Verordnung treffen und nicht nur die Informationspflichten nach Art. 13 und 14.[67] 52

Eine Art von gemeinsamer Verarbeitung enthält das BDSG aF in § 6 Abs. 2 zu sog. **Verbundgefahren,** in denen mehrere Stellen speicherberechtigt sind, und in § 10 zur Einrichtung **gemeinsamer Abrufverfahren.**[68] Ein derartiger Vorgang ist nunmehr ggf. unter den Vorgaben des Art. 26 zu betrachten. Gleiches gilt für sog. gemeinsame Verfahren, bei denen mehrere Verantwortliche speicher- und zugriffsberechtigt sind. Solche **„gemeinsam nutzbaren Datenverarbeitungsverfahren"** werden zB bei konzernverbundenen Unternehmen zum Zweck der zentralisierten Bearbeitung bestimmter Vorgänge (zB Postein- und -ausgang; Inkasso) betrieben. Für das **Versicherungsgewerbe** findet sich eine Regelung in Art. 9 Abs. 1 des CoC. Anderes regelt bislang auch § 15 HDSG, der unter der Überschrift **„Gemeinsame Verfahren"** ein „automatisiertes Verfahren, das mehreren datenverarbeitenden Stellen gemeinsam die Verarbeitung personenbezogener Daten ermöglicht" abhandelt (ähnlich § 4a DSG NRW derzeitige Fassung). Für den Begriff des gemeinsamen Verfahrens iSv § 15 HDSG ist wesentlich, dass die Datenbasis ganz oder teilweise eine gemeinsame ist, denn der Umgang mit personenbezogenen Daten ist die zentrale Regelungsmaterie des Gesetzes. 53

Eine bundesrechtliche Regelung, die sich mit „Gemeinsamen Verfahren" beschäftigt, enthält § 11 des Gesetzes zur Förderung der **elektronischen Verwaltung** (E-Government-Gesetz – EGovG) vom 25.7.2013.[69] Nach der Gesetzesbegründung[70] ist ein gemeinsames Verfahren iSd § 11 EGovG „eine dauerhafte, zweckgerichtete Vereinbarung mehrerer datenschutzrechtlich verantwortlicher 54

[67] *Kühling/Martini*, § 6.
[68] Vgl. *Gola/Schomerus*, § 10 Rn. 9 f.
[69] BGBl. 2013 I S. 2749.
[70] BR-Drs. 557/12, 63.

Stellen zu einer gemeinsamen Einrichtung einer technischen Anwendung/Plattform, in die Daten eingegeben werden und die den wechselseitigen Zugriff und Abruf auf bzw. aus einem so entstandenen gemeinsamen Datenbestand ermöglicht." § 11 EGovG gestattet nur die Zulässigkeit der Einrichtung des gemeinsamen Verfahrens als solches, nicht auch den über das Verfahren stattfindenden Datenumgang.

55 **4. Gesetzliche Regelung des Verantwortlichen.** Sind die Zwecke und Mittel der Verarbeitung durch das Unionsrecht oder das Recht der Mitgliedstaaten vorgegeben, so können dort auch der Verantwortliche bzw. die bestimmten Kriterien seiner Benennung vorgesehen werden. Eine der Regelung des Art. 4 Nr. 7 fast wortgleiche Bestimmung findet sich in Art. 2 lit. d DS-RL. Der Mitgliedstaat kann sowohl konkrete Verantwortliche bestimmen als auch Kriterien für deren Bestimmung festlegen. Voraussetzung ist jedoch, dass die Verordnung derartige Öffnungsklauseln für die Bestimmung der Zwecke und Mittel der Verarbeitung vorgibt, die etwa in Art. 6 Abs. 1 S. 1 lit. c oder e iVm Art. 6 Abs. 3 gefunden werden kann.[71]

56 **5. Die Einordnung des Betriebsrats.** Die Definition des Verantwortlichen gibt Anlass auch die bisherige Einordnung des **Betriebsrats** zu überdenken.[72] Nach einhelliger und auch weitgehend kommentarlos fortgeführter Ansicht[73] wird dieser nicht als Dritter, und damit eigenständiger Verantwortlicher, sondern als **Teil der verantwortlichen Stelle** und demgemäß als Empfänger bzw. Nutzer der ihm vom Arbeitgeber zugeleiteten Personaldaten angesehen.[74] Nach der Rechtsprechung entscheidet der Betriebsrat aufgrund der ihm im BetrVG übertragenen Eigenverantwortlichkeit jedoch weitgehend selbst über die vorzunehmenden Datenverarbeitungen und die zu treffenden Datensicherungsmaßnahmen.[75] Zudem ist er bislang auch insofern „eigenverantwortlich", dass er nicht der Kontrolle des betrieblichen Datenschutzbeauftragten unterliegt, wobei fraglich ist, ob auch das Kontrollrecht des DSB nach der DS-GVO einer solchen Einschränkung mittels Interpretation des BetrVG unterworfen werden kann.[76] Die Einordnung als Verantwortlicher wäre jedenfalls konsequent, denn wenn die Mitarbeitervertretung für die Festlegung der Verarbeitung und die Realisierung der erforderlichen Datensicherungsmaßnahmen verantwortlich ist, müssen ihr vom Grundsatz her auch die einem Verantwortlichen obliegenden Pflichten obliegen, es sei der Gesetzgeber trifft im BetrVG eine mit der DS-GVO kompatible Regelung. Andererseits sind Verantwortlicher im Sinne des neuen EU-Datenschutzrechts juristische Personen, nicht jedoch Niederlassungen, Abteilungen oder sonstige Stellen innerhalb der juristischen Person.[77] Um den fortbestehenden Konflikt zwischen der Eigenverantwortung der Mitarbeitervertretung, datenschutzrechtlicher Verantwortlichkeit des Arbeitgebers und den Betroffenenrechten der Mitarbeiter gerecht zu werden, bietet es sich an, unternehmensintern die Verantwortung des

---

[71] *Kühling/Martini*, § 26.

[72] *Kort*, ZD 2017, 319 (322).

[73] Auernhammer/*Eßer*, DSGVO, Art. 4 Rn. 38.

[74] *Gola/Schomerus*, § 3 Rn. 49; so Kühling/Buchner/*Hartung*, DS-GVO, Art. 4 Rn. 11 unter Anwendung der DS-GVO.

[75] BAG, Beschl. v. 18.7.2012 – 7 ABR 23/11; ZD 2013, 36.

[76] Dies verneinend *Gola/Pötters*, RDV 2017, 111.

[77] *Pötters/Gola*, RDV 2017, 279.

Vertretungsorgans für bestimmte Vorgaben des Datenschutzrechts festzulegen (zB mit Blick auf die Betroffenenrechte oder das Verarbeitungsverzeichnis) oder Prozesse aufzusetzen, die eine hinreichende Kooperation bei der Umsetzung der DS-GVO gewährleisten. Entsprechende Regelungen sollten im Interesse klarer Verfahrensabläufe in einer Betriebsvereinbarung abgesichert werden.

Anderseits würde sich hinsichtlich der Zulässigkeit des Personaldatenflusses vom **57** Arbeitgeber zum Betriebsrat und der vom Betriebsrat durchgeführten Datenverarbeitungen keine Änderung der Rechtsituation ergeben, da diese nach § 26 Abs. 1 S. 1 Zulässigkeitsalt. 2 BDSG nF entweder durch das BetrVG oder das BDSG gestattet sein müssen (→ Art. 88 Rn. 58 ff.).[78]

VIII. Öffentliche und nichtöffentliche Stellen (§ 2 BDSG nF)

1. Allgemeines. In § 2 Abs. 1–5 BDSG nF werden die Regelungen des § 27 **58** Abs. 1 S. 1 Nr. 2 BDSG aF dazu übernommen, welche Verantwortliche oder auch Auftragnehmer in der Funktion als öffentliche und nichtöffentliche Stelle unter den Anwendungsbereich des BDSG fallen. Relevanz hat die Bestimmung für öffentlich-rechtliche Einrichtungen des Bundes,[79] da die in § 2 BDSG nF definierten öffentlichen Stellen der Länder[80] nur Normadressat des BDSG sind, wenn der Datenschutz – was bisher und zukünftig nicht der Fall ist bzw. sein wird – nicht durch Landesrecht geregelt ist.

Der gesamte Bereich der Betätigung der öffentlichen Hand wird mit dem **59** Zentralbegriff „öffentliche Stelle" erfasst, wobei dazu die Behörden, die Organe der Rechtspflege und andere öffentlich organisierte Einrichtungen gehören ungeachtet ihrer Rechtsform. Gem. § 2 Abs. 4 S. 1 BDSG nF zählen auch nichtöffentliche Stellen hierzu, soweit sie hoheitliche Aufgaben der öffentlichen Verwaltung wahrnehmen. Öffentliche Unternehmen wiederum, die generell zu den erwähnten „anderen öffentlich-rechtlich organisierten Einrichtungen" zählen, sind jedoch hiervon weitgehend ausgenommen, wenn sie am Wettbewerb teilnehmen (→ Rn. 72).

Auch **Vereinigungen von öffentlichen Stellen** des Bundes (§ 2 Abs. 3) oder **60** der Länder zählen zu den öffentlichen Stellen des jeweiligen staatlichen Bereichs und zwar unabhängig von der Rechtsform. Bei diesbezüglichen Mischformen, dh bei gleichzeitiger Beteiligung von Bund und Land, greift § 2 Abs. 3 BDSG nF. Es gilt Bundesrecht, wenn länderübergreifend tätig sind oder dem Bund die absolute Mehrheit der Anteile besitzt. Besteht eine GmbH jedoch allein aus dem Gesellschafter Bund, gleichgültig ob mit oder ohne private Beteiligung, so gilt Abs. 1. Voraussetzung ist jedoch, dass der Bund die Gesellschaft rechtlich oder auch finanziell beherrscht[81] Der Besitz einiger weniger Anteile oder Aktien reicht nicht aus.

Im Übrigen muss einer Vereinigung des privaten Rechts die Erledigung einer **61** **öffentlichen Aufgabe** übertragen sein. Die Eingrenzung ergibt sich aus dem Normzweck, dass „Verwaltungstätigkeit" nach einheitlichen Grundsätzen kontrolliert werden soll.[82] Der Normzweck der Wahrnehmung der Aufgaben der öffentli-

---

[78] Vgl. zur derzeitigen Rechtslage *Gola/Schomerus,* § 32 Rn. 37 f.; vgl. *Gola/Pötters,* RDV 2017, 111.

[79] Vgl. die Auflistung bei *Gola/Schomerus,* § 2 Rn. 17 f.

[80] Vgl. die Auflistung bei *Gola/Schomerus,* § 2 Rn. 18.

[81] Vgl. im Einzelnen *Dammann,* RDV 1992, 157 ff.

[82] Vgl. Simitis/*Dammann,* § 2 Rn. 41 f.

chen Verwaltung ist gegeben, wenn der betroffene Hoheitsträger (Bund, Land, Kommune) die Aufgabe auch hoheitlich oder schlicht-hoheitlich erfüllen könnte, er sich jedoch einer „eigenen" privatrechtlichen Vereinigung bedient. Auch wenn der Begriff weit auszulegen ist, so fallen jedenfalls reine Finanzbeteiligungen nicht hierunter. Ist der Bund oder ein Land Mehrheitsaktionär eines Unternehmens, so wird das Unternehmen deshalb also in keinem Falle zu einer Vereinigung iSv § 2 Abs. 3 BDSG nF.

62 **2. Begriff der Behörde.** Die klassische und wichtigste Organisationseinheit öffentlicher Tätigkeit ist die **Behörde,** gleichwohl definiert das Gesetz den Begriff nicht. Eine solche Definition ist jedoch ua von maßgebender Bedeutung für die Feststellung, wer **Verantwortlicher** und wer im Hinblick auf den verwaltungsinternen Datenfluss Dritter ist. Mangels eigener Definition durch das BDSG ist der **Behördenbegriff** – wie bisher – unter Heranziehung der Verwaltungsverfahrensgesetze abzugrenzen. § 1 Abs. 4 VwVfG definiert als Behörde „jede Stelle, die Aufgaben der öffentlichen Verwaltung wahrnimmt". Die Behörde nach der Legaldefinition des § 1 VwVfG wird durch ihre Funktion bestimmt. Auch Verfassungsorgane und Gerichte sind daher insoweit Behörde, als sie intern oder nach außen Aufgaben der öffentlichen Verwaltung wahrnehmen. Auch nichtöffentliche Stellen, die Aufgaben der öffentlichen Verwaltung wahrnehmen, sind als sog. beliehene Unternehmer Behörden. Auch organisatorisch unselbstständige Teile einer Behörde können ihrerseits Behörde sein, wenn ihnen eine selbstständige öffentlich-rechtliche Verwaltungstätigkeit zugewiesen worden ist (zB Standesamt nach § 51 PStG; Jugendamt nach § 70 SGB VIII). Danach sind unselbstständige Arbeitseinheiten einer Behörde (zB Referate in Ministerien, Dezernate in nachgeordneten Behörden, Ämter in Kommunen) im Regelfall keine Behörde. Hat das „Amt" der Kommune jedoch gesetzlich zugewiesene, datenschutzrechtlich zweckbestimmt abgeschottete Aufgaben (zB Sozialamt, Standesamt), so ist der Behördenbegriff erfüllt.

63 **3. Organe der Rechtspflege. Organe der Rechtspflege** sind die Gerichte des Bundes und der Länder, soweit sie in ihrer originären Funktion der Streitentscheidung in Rechtssachen und im Bereich der freiwilligen Gerichtsbarkeit tätig werden und zu diesem Zweck personenbezogene Daten erheben, verarbeiten oder nutzen. Soweit sie Aufgaben der öffentlichen Verwaltung **(Justizverwaltung)** wahrnehmen, sind sie Behörde. Zu den Organen der Rechtspflege gehören auch die Staatsanwaltschaften und die Strafvollzugsbehörden.

64 **Rechtsanwälte** zählen zwar nach § 1 BRAO zu den Organen der Rechtspflege, sind jedoch nicht solche des Bundes oder der Länder. Somit finden die Vorschriften für nichtöffentliche Verantwortliche Anwendung, wobei sich jedoch die Frage nach der Subsidiarität des BDSG im Hinblick auf das zu wahrende **Berufsgeheimnis des Anwalts** (§ 203 StGB) stellt.[83] Diese Problematik stellt sich insbesondere für die Kompetenz der Kontrollinstanzen nach § 29 Abs. 3 BDSG nF (→ Art. 58 Rn. 14).[84]

65 **4. Andere öffentlich-rechtlich organisierte Einrichtungen.** Mit dem Begriff „andere öffentlich-rechtlich organisierte Einrichtungen" soll sichergestellt

[83] Zur Problematik ausf. *Rüpke*, Freie Advokatur, anwaltliche Informationsverarbeitung und Datenschutzrecht, 1995; *Abel* (Hrsg.), Datenschutz in Anwaltschaft, Notariat und Justiz, 2003.

[84] Paal/Pauly/*Gräber/Nolden*, BDSG, § 29 Rn. 21.

werden, dass der Gesamtbereich staatlichen Handelns, in welcher Erscheinungsform auch immer er auftritt, abgedeckt ist. Mit dem Sammelbegriff der **anderen öffentlich-rechtlich organisierten Einrichtungen** werden also alle sonstigen öffentlichen Stellen erfasst, die nicht den Behörden oder den Rechtspflegeorganen zugeordnet werden können. Hierzu gehören ua die **gesetzgebenden Körperschaften** im Bereich des Bundes und der Länder, die Kommunalvertretungen sowie sonstige öffentliche Selbstverwaltungsorgane oder **unselbstständige Eigenbetriebe** der öffentlichen Hand. Ferner gehören hierher die in Abs. 1 und Abs. 2 jeweils erwähnten **Vereinigungen** von juristischen Personen des öffentlichen Rechts (Körperschaften, Anstalten, Stiftungen), gleichgültig, ob diese Vereinigung öffentlich-rechtlich, zB als Zweckverband, oder privatrechtlich, zB als Verein, organisiert ist. Maßgebend ist allein die Struktur der Mitgliedschaft.

Für öffentlich-rechtliche **Religionsgesellschaften** gelten – da sie weder öffentliche Stellen des Bundes noch der Länder sind – jedenfalls im Bereich der kirchlichen Tätigkeit ggf. eigene Datenschutzgesetze, für die sie nach Art. 84 DS-GVO eine Rechtsetzungskompetenz haben, und im Hinblick auf die DS-GVO Gebrauch gemacht haben.[85] Soweit Religionsgemeinschaften am allgemeinen Geschäftsverkehr teilnehmen, gilt die DS-GVO.[86] **66**

5. Beliehene Unternehmer. Nach § 2 Abs. 3 S. 2 BDSG nF zählen Privatpersonen oder privatrechtliche Unternehmen, die **hoheitliche Aufgaben** wahrnehmen **(beliehene Unternehmen)** mit den Bereichen ihrer Tätigkeit, die der Wahrnehmung der hoheitlichen Funktionen dienen oder zur vorbereitenden Durchführung dieser Tätigkeiten erforderlich sind zu den öffentlichen Stellen.[87] Hierzu gehören ua **Schornsteinfeger** als Organe der Feuerstättenschau, bei der Bauabnahme und dem Immissionsschutz, der Technische Überwachungsverein – TÜV – soweit seine Sachbearbeiter hoheitlich tätig werden. **67**

6. Öffentliche Stellen der Länder. § 2 Abs. 2 BDSG nF definiert die **öffentlichen Stellen der Länder,**[88] die jedoch nur Normadressat des BDSG sind, wenn der Datenschutz – was in keinem Bundesland zutrifft – nicht durch Landesrecht geregelt ist (§ 1 Abs. 1 Nr. 2 BDSG nF). Auch wenn der Landesgesetzgeber wegen der **Vorrangigkeit des Landesdatenschutzgesetzes** auch dessen Geltungsbereich durch Festlegung des Begriffs der von seinem Gesetz erfassten öffentlichen Stellen eigenständig regeln kann, bleibt zumindest der Rahmen des Regelungsbereichs durch § 2 Abs. 2 BDSG nF vorgegeben. Der von dem Land zu regelnde Bereich des Datenschutzes seiner öffentlichen Stellen, dh im weit verstandenen Sinne der Landesverwaltung, lässt es nicht zu, nichtöffentliche Stellen, die keine **Aufgaben öffentlicher Verwaltung** wahrnehmen, der Bundesregelung zu entziehen. **68**

7. Nichtöffentliche Stellen (§ 2 Abs. 4 BDSG nF). Maßgebend dafür, dass eine Daten verarbeitende Stelle dem privaten Bereich zuzuordnen ist, ist zunächst allein die **privatrechtliche Organisationsform. Natürliche Personen** – gleichgültig ob sie als Privatperson auftreten oder bei der Ausübung einer selbstständigen Tätigkeit (Einzelfirma, Freie Berufe) – sowie alle privatrechtlich organisierten Unternehmungen und Vereinigungen (GmbH, OHG, KG, Verein, Stif- **69**

---

[85] *Golla*, RDV 2018, 1.
[86] Simitis/*Simitis*, § 2 Rn. 136 ff.
[87] *Bergmann/Möhrle/Herb*, § 2 Rn. 14.
[88] *Gola/Schomerus*, § 2 Rn. 18.

tung, Partei etc.) gehören hierzu, es sei denn, dass sie ausnahmsweise wegen der Wahrnehmung öffentlicher Aufgaben dem öffentlichen Bereich zugerechnet werden.

70 Dem BDSG entweder als verantwortliche Stelle oder als Auftragsdatenverarbeiter verpflichtete Normadressaten können also auch „Gesellschaften oder andere Personenvereinigungen des privaten Rechts" **ohne eigene Rechtspersönlichkeit sein.** Betroffen ist damit jede **Personengesellschaft,** wobei das Maß der juristischen Selbstständigkeit oder der Kapitalisierungsgrad keine Rolle spielt,[89] dass ua auch **BGB-Gesellschaften** oder nicht rechtsfähige Vereine erfasst werden.[90] Betreiben mehrere Stellen gemeinsam ein Rechenzentrum oder speichern sie gemeinsam Daten in eine sog. **Verbunddatei** so bedarf es genauerer Prüfung, ob es sich um jeweils eigenständige Nutzungen der personellen und maschinellen Infrastruktur des Rechenzentrums handelt oder ob die Betreiber als „Gemeinschaft" eine nichtöffentliche Stelle bilden, die die Verarbeitungen ggf. im Auftrag durchführt.

71 Für die Verarbeitung von Personaldaten ist der jeweilige Arbeitgeber die verantwortliche Stelle. Dass im Rahmen der Globalisierung enge konzernmäßige Verflechtungen bestehen, ändert daran nichts. Der Datenfluss im **Konzern** erfüllt somit – soweit keine Auftragsdatenverarbeitung vorliegt – den dem Verbot mit Erlaubnisvorbehalt (Art. 6 Abs. 1 DS-GVO) unterliegenden Tatbestand der Übermittlung.

72 **8. Am Wettbewerb teilnehmende öffentliche Stellen (§ 2 Abs. 5 BDSG nF).** Öffentliche Stellen des Bundes, die als Unternehmen am Wettbewerb teilnehmen (zB Unternehmen im Bereich der Kredit- und Versicherungswirtschaft, Verkehrs- und Versorgungsunternehmen), werden aus Gründen der Wettbewerbsgleichheit denselben Regelungen unterworfen, wie ihre privat-wirtschaftliche Konkurrenz. Das gilt nach § 2 Abs. 5 S. 2 BDSG nF auch im Länderbereich, sofern – die Behörde einerseits Bundesrecht ausführt und andererseits – was nicht der Fall ist und sein wird – nicht ein Landesdatenschutzgesetz besteht.[91] Es ist dann Aufgabe des Landesrechts ggf. insoweit auf das BDSG zu verweisen.

73 Am Wettbewerb nehmen öffentliche Stellen dann teil, wenn sie Leistungen erbringen, die auch von privaten Anbietern erbracht werden (können), und die öffentliche Stelle keine rechtliche Monopolstellung als Anbieter einnimmt.[92] Auf Gewinnerzielung braucht die Tätigkeit nicht ausgerichtet zu sein. Generelle Aussagen, wann eine Teilnahme am Wettbewerb vorliegt, lassen sich nicht treffen; entscheidend ist stets die konkrete Art der Aufgabenerfüllung. Beteiligt sich ein öffentlich-rechtliches Unternehmen nur mit einem Teil seiner Aktivitäten am Wettbewerb, so sind auch nur insoweit die Vorschriften für nichtöffentliche Stellen anzuwenden, dh gelten als nichtöffentliche Stellen. Fraglich ist, ob diese „Statusänderung"[93] auf den Datenschutz der bei der öffentlichen Stelle Beschäftigten auswirkt. Für die interne Verarbeitung seiner Daten gelten auch bei einem nur im Wettbewerbssektor tätigen Beschäftigten die Vorgaben für nichtöffentliche Stellen.[94]

---

[89] Simitis/*Simitis*, § 2 Rn. 117.
[90] *Bergmann/Möhrle/Herb*, § 2 Rn. 48.
[91] Zur Rechtweite der Regelung *Piltz*, Art. 2 Rn. 19.
[92] *Bergmann/Möhrle/Herb*, § 27 Rn. 6 mit Beispielen.
[93] *Piltz,* Art. 2 Rn. 14.
[94] *Piltz,* Art. 2 Rn. 15.

IX. „Auftragsverarbeiter“ (Nr. 8)

Art. 4 Nr. 8 gibt wortgleich mit Art. 2 lit. e DS-RL mit dem Begriff **Auftragsverarbeiter** eine Definition desjenigen, der personenbezogene **Daten im Auftrag des Verantwortlichen** verarbeitet. Eine solche Funktion wahrnehmen kann eine natürliche oder juristische Person, Behörde, Einrichtung oder andere Stelle, gleichgültig, ob sie im Geltungsbereich der DS-GVO oder in einem Drittland ansässig ist. Der Auftragsverarbeiter ist kein Dritter (→ Rn. 64), dh er bleibt ein fiktiv „interner“ Empfänger. Gleichwohl handelt es sich bei der Weitergabe der zu verarbeitenden Daten an den Auftraggeber um einen Verarbeitungsvorgang (→ Rn. 29). Problematisiert wird nunmehr, ob der Auftragsverarbeiter iSd Art. 4 Nr. 8 jemand anders ist bzw. sein kann als der Auftragsdatenverarbeiter nach dem BDSG. Die DS-GVO stellt jedenfalls in Art. 4 Nr. 8 nicht auf Weisungsrechte oder Verantwortlichkeit ab, sondern rein auf das Auftragsverhältnis als solches. Daraus ergeben sich zwei miteinander verknüpfte Fragen und zwar zum einen, ob mit der Definitionen des Verantwortlichen in Art. 4 Nr. 7 und des Auftragsverarbeiters in Art. 4 Nr. 8 die derzeitige Unterscheidung zwischen Auftragsdatenverarbeitung und Funktionsübertragung weitgehend entfällt[95] bzw. zum anderen, ob jedenfalls ein ausschließlich weisungsgebundene Auftragnehmer weiterhin als fiktiver Teil der verantwortlichen Stelle gesehen werden kann, wenn er zu nichts anderem befugt wird als der Auftraggeber auch selbst an Verarbeitungen durchführen dürfte.[96] Nach einem Teil der Literatur wird der Fortbestand der „deutschen“ Privilegierung der Auftragsdatenverarbeitung verneint,[97] weil es sich bei der Weitergabe an den Auftragsverarbeiter stets um eine unter dem Verbot mit Erlaubnisverhalt des Art. 6 § 1 stehende Offenlegung handele (Art. 4 Nr. 2). Für die Erlaubnis der Datenweitergabe wird die Einwilligung oder der Vorrang berechtigter Interessen (Art. 6 Abs. 1 S. 1 lit. f) gefordert, wobei die berechtigten Interessen des Auftraggebers jedoch regelmäßig bejaht werden.[98] Problematisch wird diese rechtliche Betrachtung jedoch bei der Verarbeitung besonderer Arten personenbezogener Daten (Art. 9) im Auftrag, da Art. 9 keine Interessenabwägungserlaubnis enthält. Andere Stimmen halten jedoch an der Privilegierung der Auftragsverarbeitung fest,[99] wenn der Datenempfänger keinerlei Eigenkompetenz bei der Verwendung der überlassenen Daten hat, der Auftraggeber also allein über Zweck und Mittel der Datenverarbeitung entscheidet. Betont wird insbesondere die das Auftragsverhältnis weiterhin prägende Weisungsgebundenheit des Auftragsverarbeiters gem. Art. 29. Dass die DS-GVO dem Auftragnehmer darüber hinaus **weitaus stärker als das BDSG** zur Einhaltung des Datenschutzrechts Pflichten auferlegt und als für die Verarbeitung der Daten mitverantwortlich ansieht, spreche eher für als gegen die Beibehaltung der Privilegierung. 74

Dem ist zuzustimmen. Aufgrund der in der DS-GVO getroffenen Verantwortlichkeiten von Auftraggeber und Auftragnehmer besteht weiterhin kein gesonderter Schutzbedarf der betroffenen Person bei Einschaltung eines Auftragsverarbei- 75

---

[95] Aus Praktikabilitätsgründen abl. Plath/*Schreiber*, DSGVO, Art. 4 Rn. 28.

[96] So ua *Albrecht/Jotzo*, Rn. 9, wobei aber der Hinweis, dass nur die Datenweitergabe in Form der Übermittlung dem Erlaubnisvorbehalt des Art. 6 § 1 unterliege, nicht zutrifft.

[97] *Piltz*, Datenschutz-Grundverordnung – Kaum beachtet: Deutsche Privilegierung der Auftragsdatenverarbeitung entfällt, www.deledata.de; *Koos/Englisch*, ZD 2014, 276 (284); *Härting*, ITRB 2016, 127.

[98] *Laue/Nink/Kremer*, Das neue Datenschutzrecht in der Praxis, § 5 Rn. 6, 10.

[99] *Schmitz/v. Dall'Armi*, ZD 2016, 427 (429).

ters. Es bedarf keiner gesonderten Rechtsgrundlage, wenn die Nutzung der Daten unter Einhaltung der Regelungen der Verordnung zur Auftragsvergabe erfolgt.[100] Insofern kann dann auch Art. 28 als eigenständige Befugnisnorm verstanden werden.[101] Vertretbar mag es auch sein, die zwischen Auftraggeber und Auftragnehmer vereinbarte Datenverarbeitung als einheitlichen Verarbeitungsvorgang (Art. 4 Nr. 2) einzuordnen, für den es nur eine einheitliche Prüfung geben kann. Andererseits bleibt es aber auch dabei, dass in den Fällen, in denen der Vertragspartner zur Erfüllung einer ihm übertragenen Aufgabe/Funktion über die Verarbeitung der ihm zur Verfügung gestellten Daten selbst entscheidet, über die Übermittlung an den Empfänger einerseits und über die Verarbeitung durch den Empfänger andererseits die Zulässigkeitskriterien der Art. 6 und 9 entscheiden. Gekennzeichnet wird der Auftragnehmer weiterhin durch seine **Weisungsgebundenheit** (Art. 29). Wenn ein Auftragsverarbeiter die weisungsgebundene Funktion unerlaubt verlässt und über Zwecke und Mittel der Verarbeitung selbst bestimmt, tritt er in die Rolle eines rechtswidrig handelnden Verantwortlichen ein (Art. 28 Abs. 10); es sei denn er handelt als gemeinsam Verantwortlicher.[102]

76 In welcher Rechtsform ein Auftragsverhältnis begründet wird, steht den Beteiligten frei (Art. 28 Abs. 3). In Betracht kommen Dienstverträge, Werkverträge, Geschäftsbesorgungsverträge aber auch Gestaltungen im Rahmen bestehender Geschäftsbeziehungen; zB kann bei im Rahmen eines **Konzerns** verbundenen Unternehmen das Rechenzentrum eines Unternehmens die Datenverarbeitung für alle anderen konzernangehörigen Unternehmen übernehmen. Der Begriff „Auftrag" ist nicht ausschließlich iSd BGB (§§ 662 ff.) zu verstehen. Er kann jede unter den Begriff der Verarbeitung (Art. 4 Nr. 2) fallenden „Umgang" mit personenbezogenen Daten beinhalten. Die bei der Verarbeitung zu beachtenden Mindestpflichten regelt Art. 28 Abs. 3.

77 Keine Auftragsdatenverarbeitung, sondern ggf. **Miete von fremden DV-Anlagen** liegt vor, wenn ein Rechenzentrum einem Kunden seine Anlage ganz oder teilweise zur Verfügung stellt und dieser sie im Wege abgeschotteter Datenverarbeitung (online) nutzt. Gleiches gilt bei der Tätigkeit von Wartungs- und Serviceunternehmen, selbst wenn diese im Rahmen der Betreuungs- und Reparaturtätigkeit personenbezogene Daten „beiläufig" zur Kenntnis nehmen müssen.[103] Eine dem § 11 Abs. 5 BDSG aF entsprechende Regelung fehlt in der DS-GVO. Erwägungsgrund 49 sieht ein berechtigtes Interesse des Verantwortlichen im für die Gewährleistung der Netz- und Informationssicherheit erforderlichen Umfang Dienstleister einzuschalten.

X. „Empfänger" (Nr. 9)

78 Der Begriff des **Empfängers** ist der für den Vorgang der Weitergabe von personenbezogenen Daten umfassende Oberbegriff der Datenadressaten, dh Empfänger können sowohl Dritte als auch zB nicht als Dritte einzustufende Auftragsverarbeiter sein. Gemeint ist jede natürliche oder juristische Person, Behörde, Einrichtung oder andere Stelle, denen personenbezogene Daten offengelegt werden.

---

[100] Plath/*Plath*, DSGVO, Art. 28 Rn. 3.
[101] *Krohm/Müller-Peltzner*, RDV 2016, 307.
[102] *Mühlein*, RDV 2016, 74 (85).
[103] *Mühlein*, RDV 2016, 74 (83) für eine analoge Anwendung des Art. 28.

Behörden, die im Rahmen eines bestimmten **Untersuchungsauftrags** nach dem Unionsrecht oder dem Recht der Mitgliedstaaten möglicherweise personenbezogene Daten erhalten, gelten jedoch nicht als Empfänger; da die Verarbeitung dieser Daten durch die genannten Behörden im Einklang mit den geltenden Datenschutzvorschriften gemäß den Zwecken der Verarbeitung zu erfolgen hat. Nach Erwägungsgrund 31 kommen insoweit in Betracht **Steuer- und Zollbehörden, Finanzermittlungsstellen,** unabhängige Verwaltungsbehörden oder **Finanzmarktbehörden,** die für die Regulierung und Aufsicht von Wertpapiermärkten zuständig sind, wenn sie personenbezogene Daten erhalten, die für die Durchführung eines ihnen gemäß dem Unionsrecht oder dem Recht der Mitgliedstaaten obliegenden einzelnen Untersuchungsauftrags benötigen. Konkrete Konsequenz ist, dass die an den Begriff des Empfängers geknüpften Informationspflichten der Art. 13, 14 gegenüber dem Betroffenen entfallen. Ein Mitgliedstaat kann also indem er einer Behörde einen Untersuchungsauftrag zuweist, indirekt über ihre Eigenschaft als Empfänger entscheiden.[104] **79**

Personen oder Organisationseinheiten, die unterhalb des Verantwortlichen oder eines Auftragsverarbeiters mit personenbezogenen Daten arbeiten, also ua die dort beschäftigten Mitarbeiter sind regelmäßig keine Empfänger. Ob eine Person **unterhalb des Verantwortlichen** tätig ist, richtet sich nach der rechtlichen Ausgestaltung des zugrundeliegenden Vertragsverhältnisses, nicht nach der tatsächlich ausgeübten Tätigkeit. Ein selbstständiger **Handelsvertreter** (§ 84 HGB) bleibt Dritter, obgleich er für ggf. nur einen Verantwortlichen tätig ist. Gleiches gilt für den **externen Datenschutzbeauftragten,**[105] sofern er nicht ausnahmsweise in den Betrieb eingegliedert ist. Auch eine interne Organisationseinheit kann aber Empfänger sein, wenn ihr eine Eigenständigkeit gewährt ist,[106] was bei der Mitarbeitervertretung der Fall ist (→ Rn. 56 f.). **80**

XI. Dritter (Nr. 10)

Nach Art. 4 Nr. 10 ist **Dritter** – abgesehen von der betroffenen Person, dem Verantwortlichen, dem Auftragsverarbeiter und den Personen, die unter der unmittelbaren Verantwortung des Verantwortlichen oder des Auftragsverarbeiters befugt sind, die personenbezogenen Daten zu verarbeiten – jede natürliche oder juristische Person, Behörde, Einrichtung oder andere Stelle. Die noch in § 3 Abs. 8 S. 2 BDSG aF enthaltene Einordnung von im Drittland tätige Auftragnehmer als Dritte ist entfallen. Der Begriff des Dritten war bislang ua relevant für den Tatbestand der Übermittlung, der nicht mehr definiert wird. **81**

Keine Dritten sind zunächst **„interne" Personen,** dh solche Bedienstete oder Organisationen, die unter der unmittelbaren Verantwortung des Verantwortlichen oder eines Auftragsverarbeiters befugt sind, personenbezogene Daten zu verarbeiten. Nutzt ein Beschäftigter jedoch Daten außerhalb seiner dienstlichen Obliegenheiten, zB zur privaten oder eigenen geschäftlichen Zwecken oder gibt er sie anderen bekannt (Mitteilung der Anschriften der neu eingestellten Auszubildenden an einen Mitarbeiter, der im Nebenamt **„Vertrauensmann"** einer Versicherung oder Bausparkasse ist), so ist der Bedienstete Dritter. **82**

Unselbstständige Zweigstellen eines Unternehmens oder Teile einer Behörde sind in der Regel nicht Dritte. Ist die unselbstständige Zweigstelle im **83**

[104] *Kühling/Martini*, § 27.
[105] AA Simitis/*Dammann*, § 3 Rn. 239.
[106] Sydow/*Regenhardt,* Art. 4 Rn. 156.

EU-Ausland angesiedelt, so ist sie Dritte.[107] Gerechtfertigt ist diese Auffassung daraus, dass die DS-GVO einen lückenlosen Schutz des Einzelnen vor „Verdatung" gewährleisten soll, was ohne entsprechende Einstufung der im EU-Ausland gelegenen unselbstständigen Zweigstelle nicht möglich wäre.

XII. Einwilligung (Nr. 11)

84 **1. Generelle Anforderungen.** Die **Einwilligung** der betroffenen Person steht in Art. 6 Abs. 1 lit. a an erster Stelle der das der Verarbeitung personenbezogener Daten entgegenstehende Verarbeitungsverbot aufhebender Tatbestände, wobei die Bedingungen für eine wirksame Einwilligung nachfolgend in den Art. 7, 8 und 9 § 2 lit. a näher beschrieben werden. Art. 4 Nr. 11 legt die Grundvoraussetzungen für eine wirksame Einwilligung fest. Erforderlich ist eine freiwillig für den bestimmten Fall, in informierter Weise und unmissverständlich in Form einer Erklärung oder einer sonstigen eindeutigen bestätigenden Handlung abgegebene **Willensbekundung,** mit der die betroffene Person zu verstehen gibt, dass sie mit einer konkreten Verarbeitung der sie betreffenden personenbezogenen Daten einverstanden ist. Die Abgabe ist durch bloßes **Stillschweigen** oder Untätigkeit nicht möglich (Erwägungsgrund 32). Dagegen wird eine konkludente Einwilligung nicht ausgeschlossen.[108] Für Zwecke der Verarbeitung personenbezogener Daten, für Zwecke der **wissenschaftlichen Forschung** soll es nach Erwägungsgrund 33 ausnahmsweise erlaubt sein, eine **„pauschale" Einwilligung** für bestimmte Bereiche wissenschaftlicher Forschung zu geben, wenn zum Zeitpunkt der Erhebung der personenbezogenen Daten die Forschungszwecke noch nicht vollständig angegeben werden können.

85 **2. Spezielle Anforderungen.** Erfolgt die Einwilligung zusammen mit Abgabe einer schriftlichen Erklärung in anderer Sache, sollten Garantien sicherstellen, dass die betroffene Person weiß, dass und in welchem Umfang sie ihre Einwilligung erteilt (Erwägungsgrund 42). Die Unfreiwilligkeit der Einwilligung wird im Rahmen des sog. Koppelungsverbots unterstellt, das die Koppelung einer Leistung an die Erteilung einer Einwilligung, welche für den eigentlichen Verarbeitungszweck nicht erforderlich ist, jedenfalls grundsätzlich untersagt (vertikales Koppelungsverbot) (→ Art. 7 Rn. 19 ff.).[109] Daneben besteht ein horizontales **Koppelungsverbot,** das greift, wenn zu verschiedenen Verarbeitungsvorgängen nicht gesondert eine Einwilligung erteilt werden kann, obwohl dies im Einzelfall angebracht ist. Im Umkehrschluss bedeutet das aber auch, dass ggf. auch Einwilligungen als „sine qua non" bei solchen Verträgen wirksam sind, die nur mit einer Einwilligung in bestimmte Verarbeitungsvorgänge realisiert werden können[110] oder in denen die **Vermarktung der eigenen Daten** Gegenstand des Geschäfts ist.[111] Nach Auffassung der DSK[112] ist es unter der DS-GVO insoweit möglich, eine Verwendung der personenbezogenen Daten des Nutzers als vertragliche Leistung bei „kostenlosen" Dienstleistungsangeboten zu definieren, so zB beim kostenlosen E-Mail-Account

[107] Simitis/*Dammann*, § 3 Rn. 247; aA *Schaffland/Wiltfang*, BDSG, § 28 Rn. 154 und 127, § 27 Rn. 17 ff.
[108] *Krohm*, ZD 2016, 368 (371).
[109] Zur Problematik → Einl. Rn. 36.
[110] Für das Beschäftigungsverhältnis vgl. bei *Gola/Pötters/Wronka*, Rn. 440 ff.
[111] *Kugelmann*, DuD 2016, 566 (568).
[112] Kurzpapier zur DS-GVO Nr. 3: Datenschutz bei Werbung.

gegen Zustimmung für Newsletter-Zusendung als „Gegenfinanzierung". Wird diese Gegenleistung vertraglich definiert und dem Nutzer bei Vertragsabschluss klar und verständlich dargestellt, bedarf es keiner Einwilligung und das Kopplungsverbot läuft ins Leere. Ansonsten kann der „Service gegen Daten" „entkoppelt" erfolgen, wenn der Service ohne Datennutzungserlaubnis gegen Entgelt ebenfalls gewährt wird.[113] Nach Auffassung von Aufsichtsbehörden[114] sollte im Bankenbereich auf eine Einwilligung zur Einschaltung der Schufa verzichtet werden, da diese aufgrund fehlender Freiwilligkeit und des Koppelungsverbots unwirksam seien. Es soll auf die Wahrung berechtigter Interessen gem. Art. 6 Abs. 1 S. 1 lit. f DS-GVO abgestellt werden, bspw. zur Ermittlung des Kreditausfallrisikos.

3. Höchstpersönliche Erklärung. Außer Frage steht, dass die Gestattung des Eingriffs in das Persönlichkeitsrecht grundsätzlich nur von demjenigen erklärt werden kann, der von dem Eingriff betroffen ist. An dem grundsätzlichen Charakter der Einwilligung als **höchstpersönliche Erklärung** ist daher nicht zu zweifeln. Eine Entscheidung durch gesetzliche Vertreter ist auch nur zulässig, wenn der Betroffene mangels Einsichtsfähigkeit hierzu nicht in der Lage ist (für den Fall der Minderjährigkeit (→ Art. 8 Rn. 17 f.)). Der grundsätzlich höchstpersönliche Charakter der Einwilligung schließt auch nicht die Beauftragung eines **Stellvertreters** aus,[115] wenn die **Vollmacht** sich auf einen **konkreten Inhalt** einer abzugebenden Erklärung bezieht. So kann der Bevollmächtigte befugt werden, eine bestimmte Einwilligungserklärung abzugeben oder eine zuvor erteilte Einwilligung zu widerrufen. In diesen Fällen geschieht nichts, was nicht konkret dem Willen des Betroffenen entspricht. **86**

4. Widerruf. Die Einwilligung ist nach Art. 7 Abs. 3 jederzeit widerrufbar. Gleichwohl führt das nicht zwingend zur Beendigung der Verarbeitung, wenn noch ein anderer Erlaubnistatbestand zur Verfügung steht (→ Art. 6 Rn. 11). Die ergibt sich aus Art. 17 Abs. 1 lit. b, der zur Löschung nur verpflichtet, wenn es an einer „anderweitigen Rechtsgrundlage" fehlt (→ Art. 17 Rn. 15). Die betroffene Person ist darüber zu informieren, dass „auch im Falle eines Widerrufs eine Verarbeitung auf gesetzlicher Grundlage nicht ausgeschlossen ist" (→ Art. 7 Rn. 5 f.). **87**

5. Anforderungen im Beschäftigungsverhältnis (§ 26 Abs. 2 BDSG nF). Die DS-GVO trifft für die Einwilligung im Beschäftigungsverhältnis – abgesehen zu ihrer grundsätzlichen Zulässigkeit in Erwägungsgrund 155 – keine spezifischen Aussagen. Dass und wann Einwilligungen im Beschäftigungsverhältnis zulässig sind, macht § 26 Abs. 2 BDSG nF nunmehr klarer,[116] wobei die Schriftform zum Regelfall und die Vorgaben des Art. 7 DS-GVO für die Informiertheit und Freiwilligkeit der Erklärung verdeutlicht werden. Die Freiwilligkeit der Erklärung kann insbesondere vorliegen, wenn der Beschäftigte in Folge der Datenverarbeitung einen rechtlichen oder wirtschaftlichen Vorteil erlangt oder Arbeitgeber und Beschäftigter gleichgerichtete Interessen verfolgen. Die Gewährung eines Vorteils liegt beispielsweise in der Einführung eines betrieblichen Gesundheitsmanagements zur Gesundheitsförderung oder der Erlaubnis zur Privatnutzung von betrieblichen IT-Systemen. **88**

---

[113] *Krohm/Müller-Peltzer*, ZD 2017, 551.
[114] *Gola*, RDV 2017, 187 (189).
[115] So jedoch Simitis/*Simitis*, § 4a Rn. 30; D/K/W/W/*Däubler*, § 4a Rn. 5.
[116] Damit ist die gegenteilige Auffassung von Simitis/*Simitis*, § 4a Rn. 62.

89 Als formelle Voraussetzung einer Einwilligung wird grundsätzlich die Schriftform angeordnet,[117] um die informationelle Selbstbestimmung der betroffenen Beschäftigten abzusichern.[118] Abgewichen werden kann von der Schriftform des § 126 Abs. 1 BGB, wenn „wegen besonderer Umstände eine andere Form angemessen ist." Diese Besonderheiten können sich aus dem konkreten Beschäftigungsverhältnis ergeben. Ein Beschäftigter, den in Home-Arbeit tätig ist oder einen Bewerbungsprozess vollständig online durchführt, wird eine Einwilligung per E-Mail erklären können.[119]

90 Ein klarstellender Hinweis liegt in dem Aufzeigen der Pflicht des Arbeitgebers über den Zweck der Datenverarbeitung und den jederzeit möglichen Widerruf der Einwilligung (Art. 7 Abs. 3 DS-GVO) in Textform zu informieren.

91 § 26 Abs. 2 BDSG nF gilt auch für die Einwilligung in die Verarbeitung besonderer Kategorien personenbezogener Daten (§ 26 Abs. 3 S. 2 BDSG nF); die Einwilligung muss sich dabei ausdrücklich auf diese Daten beziehen.

XIII. Verletzung des Schutzes personenbezogener Daten (Nr. 12)

92 Der Begriff der **„Verletzung des Schutzes personenbezogener Daten"** findet sich in der DS-GVO in den Art. 33 und 34 wieder, der die Verletzungen dieses Schutzes ggf. sowohl gegenüber der Aufsichtsbehörde als auch gegenüber der betroffenen Person mitteilungspflichtig macht. Eine **Meldepflicht** gegenüber der Aufsichtsbehörde bzw. eine **Benachrichtigung des Betroffenen** hat ggf. zu erfolgen bei einer Verletzung der Sicherheit, die zur Vernichtung, zum Verlust, zur Veränderung oder zur unbefugten Offenlegung von bzw. zum unbefugten Zugang zu personenbezogenen Daten führt. Gleichgültig ist, ob der Verstoß unbeabsichtigt oder unrechtmäßig zur rechtswidrigen Übermittlung, Speicherung oder sonstigen Verarbeitung führte (→ Art. 33 Rn. 18 ff.).

93 Konsequenz der Verletzung kann ein physischer, materieller oder immaterieller Schaden der betroffenen Personen sein, wie etwa der Verlust der Kontrolle über ihre personenbezogenen Daten oder Einschränkung ihrer Rechte. Dies kann sich konkretisieren in Diskriminierung, Identitätsdiebstahl oder -betrug, finanziellen Verlusten, unbefugter Aufhebung der Pseudonymisierung, Rufschädigung, Verlust der Vertraulichkeit von einem Berufsgeheimnis unterliegenden Daten oder anderen erheblichen wirtschaftlichen oder gesellschaftlichen Nachteile (Erwägungsgrund 81).

XIV. Genetische Daten (Nr. 13)

94 Die Definition der in Art. 14 Nr. 13 definierten **genetischen Daten** sowie den nachfolgend erläuterten biometrischen und Gesundheitsdaten wirkt sich aus auf die Anwendung des Art. 9, der diese Informationen den besonderen Kategorien personenbezogener Daten zuordnet und ihre Verarbeitung unter ein spezielles Verarbeitungsbot stellt (§ 1), für das in § 2 eine Reihe von Ausnahmen aufgestellt werden.

---

[117] *Wybitul,* NZA 2017, 413 (417); zur Zulässigkeit der „Formverschärfung" *Kort,* ZD 2017, 319 (321) mN.

[118] Vgl. auch bei *Thüsing/Schmidt/Forst,* RDV 2017, 116 (120).

[119] Vgl. *Thüsing/Schmidt/Forst,* RDV 2017, 116 (121).

Unter genetischen Daten zu verstehen sind personenbezogene Daten zu den ererbten oder erworbenen **genetischen Eigenschaften** einer natürlichen Person, die eindeutige Informationen über die Physiologie oder die Gesundheit dieser natürlichen Person liefern und primär aus der **Analyse einer biologischen Probe** und zwar insbesondere durch eine Chromosomen-, Desoxyribonukleinsäure (DNS)- oder Ribonukleinsäure (RNS)-Analyse oder der Analyse eines anderen Elements, durch die gleichwertige Informationen erlangt werden können, gewonnen wurde (Erwägungsgrund 34). **95**

XV. Biometrische Daten (Nr. 14)

Nach Art. 9 § 1 werden **biometrische Daten** besonderen Verarbeitungsrestriktionen unterworfen, wenn sie der eindeutigen **Identifizierung einer Person** Verwendung finden sollen. Es muss sich um mit technischen Verfahren gewonnene personenbezogene Daten zu den physischen, physiologischen oder verhaltenstypischen Merkmalen einer natürlichen Person, wie **Gesichtsbilder** oder **daktyloskopische Daten** handeln. Die Verarbeitung von Lichtbildern ist nur als Verarbeitung besonderer Kategorien von personenbezogenen Daten anzusehen, wenn die Verarbeitung des Lichtbilds der eindeutigen Identifizierung oder Authentifizierung einer natürlichen Person dienen soll (Erwägungsgrund 51). **96**

XVI. Gesundheitsdaten (Nr. 15)

Unter den Begriff der Gesundheitsdaten fallen Angaben zur derzeitigen, früheren oder zukünftigen körperlichen oder geistigen Verfassung einer natürlichen Person, einschließlich der dieser Person erbrachten Gesundheitsdienstleistungen, soweit sich aus ihnen Informationen über den Gesundheitszustand der Person ergeben.[120] Die Information über gesundheitliche Gegebenheiten kann sich daher auch mittelbar aus dem Gesamtzusammenhang ergeben. So können bereits Informationen über Arztbesuche als Patient Angaben über die Gesundheit enthalten.[121] Die **„Schwerbehinderteneigenschaft"** zählt in jedem Fall hierzu. Andererseits sind „Grunddaten", die Rückschlüsse auf sensible Informationen eröffnen, nicht dem besonderen Schutz unterworfen, wenn keine derartige Auswertungsabsicht besteht (zB Passbild eines Brillenträgers als Gesundheitsdatum; Adresse der Bewohner eines Wohnhauses für Drogenabhängige bei einem Pizzalieferservice). **97**

Erwägungsgrund 35 weist ferner darauf hin, dass auch Informationen, die im Zuge der Anmeldung sowie der Erbringung von Gesundheitsdienstleistungen im Sinne der RL 2011/24/EU des Europäischen Parlaments und des Rates über die Ausübung der Patientenrechte in der grenzüberschreitenden Gesundheitsversorgung[122] erhoben werden, dh Nummern, Symbole oder Kennzeichen, die einer natürlichen Person zugeteilt wurden, um diese für gesundheitliche Zwecke eindeutig zu identifizieren, Informationen, die von der Prüfung oder Untersuchung eines Körperteils oder einer körpereigenen Substanz, auch aus genetischen Daten und biologischen Proben, abgeleitet wurden, und Informationen etwa über Krankheiten, Behinderungen, Krankheitsrisiken, Vorerkrankungen, klinische Behandlungen oder den physiologischen oder biomedizinischen Zustand der **98**

---

[120] Zur DS-GVO im Gesundheitswesen *Schütze/Spyra*, RDV 2016, 285.
[121] Vgl. BlnDSB, Materialien zum BDSG Nr. 30, § 9.
[122] ABl. 2011 L 88, 45.

betroffenen Person unabhängig von der Herkunft der Daten, ob sie nun von einem Arzt oder sonstigem Angehörigen eines Gesundheitsberufes, einem Krankenhaus, einem Medizinprodukt oder einem In-Vitro-Diagnostikum stammen, unter den Begriff fallen.

XVII. Hauptniederlassung (Nr. 16)

99 **1. Begriff der Niederlassung.** Im Zusammenhang mit dem räumlichen Anwendungsbereich der Verordnung (Art. 3) und dem in Nr. 23 definierten Begriff der grenzüberschreitenden Verarbeitung (→ Rn. 97) spielt zunächst der Begriff der **Niederlassung**, von der aus der Verantwortliche agiert, eine Rolle. Nach Art. 3 Abs. 1 findet die Verordnung Anwendung, soweit die Verarbeitung personenbezogene Daten im Rahmen der Tätigkeit einer in der Union befindlichen Niederlassung eines Verantwortlichen stattfindet. Die damit gleichzeitig nach dem in § 1 Abs. 5 S. 1 BDSG nF grundsätzlich maßgebenden Sitzlandprinzip[123] bei für mit mehreren Niederlassungen in EU ansässigen Verantwortlichen geregelte Frage nach dem anzuwendenden nationalen Datenschutzrecht ist weitgehend aufgrund des europaweit einheitlich und unmittelbar anzuwendenden Rechts gegenstandslos geworden. Die insoweit ergangenen Entscheidungen des EuGH behalten ihre Bedeutung dort, wo unterschiedliche nationale Regelungen noch zulässig sind (→ Art. 60 Rn. 11).

100 Nach Art. 4 Abs. 1 lit. a DS-RL lag eine Niederlassung zunächst dann vor, wenn ein Unternehmen mittels einer festen Einrichtung eine tatsächliche und effektive Tätigkeit in einem anderen Mitgliedstaat ausübt, wobei die Datenverarbeitung im Rahmen der Niederlassung ausgeführt werden muss.[124] Der EuGH hat ausgehend von der Google-Entscheidung[125] in der Weltimmo-Entscheidung[126] eine Niederlassung auch gesehen, wenn die effektive und tatsächliche Tätigkeit nur geringfügiger Natur ist und die zweite Niederlassung nur in Person eines Vertreters besteht[127] (→ Art. 60 Rn. 11).

101 **2. Hauptniederlassung.** Während die Verordnung den Begriff der Niederlassung nicht mehr definiert, geschieht das in Art. 4 Nr. 16 für den der **Hauptniederlassung**. Maßgebend ist der Begriff für die in Art. 60 geregelte Zuständigkeit der **federführenden Aufsichtsbehörde**. Für einen Verantwortlichen, der Niederlassungen in mehreren Mitgliedstaaten hat, gilt als Hauptniederlassung regelmäßig der Ort seiner Hauptverwaltung. Eine Ausnahme besteht, wenn die Entscheidungen hinsichtlich der Zwecke und Mittel der Verarbeitung in einer anderen Niederlassung getroffen werden; in diesem Fall gilt diese Niederlassung als Hauptniederlassung (Nr. 16 lit. a). Die Voraussetzungen sind anhand objektiver Kriterien festzustellen, wobei ein Kriterium die effektive und tatsächliche Ausübung von Managementtätigkeiten bezüglich der Festlegung der Zwecke und Mittel der Verarbeitung innerhalb einer festen Einrichtung. Nicht zwingend erforderlich ist, dass die Verarbeitungen tatsächlich an diesem Ort ausgeführt werden. (Erwägungs-

[123] *Gola/Schomerus*, § 1 Rn. 27.

[124] Vgl. iE *Katheuser/Schmitt*, ZD 2016, 155.

[125] Urt. v. 13.5.2014 – C 131/12.

[126] Vgl. hierzu die Weltimmo-Entscheidung des EuGH, Urt. v. 1.10.2015 – C-230/14, ZD 2015, 580 mAnm *Karg*, ZD 2015, 509 = RDV 2015, 320 mAnm *Pötters*.

[127] Zur Bedeutung der Entscheidung auf den Online-Handel *Wendler/Günther*, PinG 2016, 115.

grund 36). Die Hauptniederlassung ist damit der **tatsächliche Geschäftsschwerpunkt**, der objektiv zu bestimmen ist, dh es liegt nicht in der Hand des Unternehmens eine bestimmte Niederlassung als Hauptniederlassung oder Hauptverwaltung zu deklarieren. Auf den formell eingetragenen Sitz kommt es nicht an (→ Art. 60 Rn. 11).

Wird die Verarbeitung durch eine **Unternehmensgruppe** (→ Rn. 89) vorgenommen, so gilt die Hauptniederlassung des herrschenden Unternehmens als Hauptniederlassung der Unternehmensgruppe, es sei denn, die Zwecke und Mittel der Verarbeitung werden von einem anderen Unternehmen festgelegt. **102**

Gleiches gilt zunächst im Falle eines **Auftragsverarbeiters** mit Niederlassungen in mehr als einem Mitgliedstaat. Auch hier ist es der Ort seiner Hauptverwaltung in der Union oder, sofern der Auftragsverarbeiter keine Hauptverwaltung in der Union hat, die Niederlassung in der Union, in der die Verarbeitungstätigkeiten hauptsächlich stattfinden (Nr. 16 lit. b) (→ Art. 60 Rn. 15). **103**

Sind sowohl der Verantwortliche als auch der Auftragsverarbeiter betroffen, so kann die Aufsichtsbehörde des Mitgliedstaats, in dem der Verantwortliche seine Hauptniederlassung hat, die zuständige federführende Aufsichtsbehörde bleiben, wobei die Aufsichtsbehörde des Auftragsverarbeiters als betroffene Aufsichtsbehörde zu betrachten und an der Zusammenarbeit zu beteiligen ist (→ Art. 60 Rn. 16). **104**

XVIII. Vertreter (Nr. 17)

Die Bestellung eines sog. Vertreters des Verantwortlichen oder eines Auftragsverarbeiters ist im Zusammenhang mit EU-grenzüberschreiten Datenverkehr ggf. geboten (Art. 27 Abs. 1). Agieren der Verantwortliche oder der Auftragsverarbeiter vom **EU-Ausland** aus hinein in den Anwendungsbereich der Verordnung, so muss der außerhalb der Union ansässige Verantwortliche oder Auftragnehmer eine in der Union niedergelassene natürliche oder juristische Person schriftlich zur vertretungsweisen Wahrnehmung der ihm nach dieser Verordnung obliegenden Pflichten beauftragen. **105**

Dies folgert daraus, dass Art. 3 Abs. 2 den territorialen Anwendungsbereich auch auf Verantwortliche und Auftragsverarbeiter erstreckt, die keine Niederlassung in der Europäischen Union haben. Damit unterliegt, bei Vorliegen der Voraussetzungen von Art. 3 Abs. 2 lit. a oder b, eine Stelle im außereuropäischen Ausland dem europäischen Datenschutzrecht, ohne für die Aufsichtsbehörden unmittelbar greifbar zu sein. Auch betroffene Personen könnten sich bei der Ausübung ihrer Rechte dem Hindernis ausgesetzt sehen, eine in einem **Drittstaat** ansässige Stelle zu kontaktieren. Hier tritt der Vertreter an die Stelle des Verantwortlichen, ohne jedoch seine Rolle zu übernehmen. Übertragen werden kann die Funktion ähnlich wie bei einem betrieblichen Datenschutzbeauftragten einem im Unternehmen Beschäftigten wie einem freien Mitarbeiter, einem Rechtsanwalt oder auch einer juristischen Person. Andererseits kann Vertreter nach Art. 27 nicht gleichzeitig Datenschutzbeauftragter nach Art. 37 sein. **106**

Der Vertreter muss zudem in einem der **Mitgliedstaaten niedergelassen** sein, in denen sich die betroffenen Personen befinden, deren personenbezogene Daten im Zusammenhang mit den ihnen angebotenen Waren oder Dienstleistungen verarbeitet werden oder deren Verhalten beobachtet wird. Es kann daher ein Vertreter für mehrere Mitgliedstaaten benannt werden. **107**

XIX. Unternehmen (Nr. 18)

108 Soweit in der Verordnung Aussagen über Rechte und Pflichten von **Unternehmen** gemacht werden, betreffen diese nach Art. 4 Nr. 18 jede natürliche oder juristische Person, die eine wirtschaftliche Tätigkeit ausübt, unabhängig von ihrer Rechtsform, einschließlich Personengesellschaften oder Vereinigungen, die regelmäßig einer wirtschaftlichen Tätigkeit nachgehen. Auch eine einzelne natürliche Person erfüllt bei Ausübung wirtschaftlicher Tätigkeit den Unternehmensbegriff.

109 Anderes gilt ggf. im Zusammenhang mit dem in Art. 83 zur Festsetzung von Bußgeldern gegenüber Unternehmen gemeinten Unternehmensbegriff.[128] Hier soll der weite Unternehmensbegriff iSd Art. 101 und 102 AEUV gelten. Dieser funktionale, dem europäischen Kartellrecht vergleichbare Unternehmensbegriff erfasst jede eine wirtschaftliche Tätigkeit ausübende Einheit, die auch aus mehreren, natürlichen oder juristischen Personen bestehen kann. Es wird nicht am Rechtssubjekt angeknüpft, sondern am **Marktverhalten** der **wirtschaftlichen Einheit** insgesamt. Damit kann ein ganzer Konzern als ein Unternehmen behandelt werden. Der gesamte Konzernumsatz würde dann den für die Berechnung eines Bußgelds maßgeblichen Unternehmensumsatz bilden (→ Art. 83 Rn. 13 f.).

XX. „Unternehmensgruppe" (Nr. 19)

110 Mehrere der den obigen Begriff des Unternehmens erfüllende Verantwortliche können eine **„Unternehmensgruppe"** bilden, sofern die Gruppe so strukturiert ist, dass sie aus einem herrschenden Unternehmen und den von diesem abhängigen Unternehmen besteht. Kontrolliert ein Unternehmen die Verarbeitung personenbezogener Daten in ihm angeschlossenen Unternehmen, so bilden diese zusammen eine „Unternehmensgruppe" (Erwägungsgrund 37).

111 Ein Unternehmen wird generell zum über die anderen „Herrschenden", wenn es aufgrund der Eigentumsverhältnisse, der finanziellen Beteiligung oder der für das Unternehmen geltenden Vorschriften oder der Befugnis, Datenschutzvorschriften umsetzen zu lassen, einen beherrschenden Einfluss auf die übrigen Unternehmen ausüben kann. Bedeutung erlangt der Begriff ua im Rahmen des Art. 37 Abs. 2, der die Bestellung von **gemeinsamen Datenschutzbeauftragten** in Unternehmensgruppen, dh also von Konzerndatenschutzbeauftragten (→ Art. 37 Rn. 17) vorsieht. Ferner können Unternehmensgruppen sog. **Binding Corporate Rules** als verbindliche Regelungen für den Datentransfer in Drittländer erlassen. Die Übermittlung von Daten innerhalb einer Unternehmensgruppe kann durch ein **besonderes berechtigtes Interesse** iSd Art. 6 § 1 lit. f legitimiert sind (→ Art. 6 Rn. 170).

XXI. Verbindliche interne Datenschutzvorschriften (Nr. 20)

112 Nach Erwägungsgrund 110 kann eine Unternehmensgruppe oder jede Gruppe von Unternehmen, die eine gemeinsame Wirtschaftstätigkeit ausüben, genehmigte, **verbindliche interne Datenschutzvorschriften** zur Grundlage ihrer **internationalen Datenübermittlungen** aus der Union an Organisationen derselben Unternehmensgruppe oder derselben Gruppe von Unternehmen, die eine gemeinsame Wirtschaftstätigkeit ausüben, machen. Diese Vorschriften müssen sämtliche Grundprinzipien und durchsetzbaren Rechte enthalten, die geeignete

---

[128] *Faust/Spittka/Wybitul*, ZD 2016, 120 (123).

Garantien für die Übermittlungen bzw. Kategorien von Übermittlungen personenbezogener Daten bieten.

Es geht also um Maßnahmen zum Schutz personenbezogener Daten, zu deren Einhaltung ein im Hoheitsgebiet eines Mitgliedstaats niedergelassener Verantwortlicher oder Auftragsverarbeiter im Hinblick auf Datenübermittlungen an einen Verantwortlichen oder Auftragsverarbeiter derselben Unternehmensgruppe in einem oder mehreren Drittländern diese verpflichtet. Einzelheiten zum Inhalt und der Inkraftsetzung derartiger Vorschriften regelt Art. 47. **113**

XXII. Aufsichtsbehörde (Nr. 21)

Die Erläuterung in Art. 4 Nr. 21 wäre auch entbehrlich gewesen, da er sich auch aus Art. 51 erklärt. Die Funktion einer **Aufsichtsbehörde** wird wahrgenommen von von einem Mitgliedstaat gem. Art. 51 eingerichtete unabhängige staatlichen Stellen, wobei Mitgliedstaaten auch mehrere diesbezügliche Behörden etablieren können. Art. 51 setzt die **primärrechtlichen Vorschriften** der Art. 8 Abs. 3 GRCh und Art. 16 Abs. 2 S. 2 AEUV um, die die Existenz von unabhängigen Datenschutzaufsichtsbehörden vorschreiben, die jedoch Zusammenarbeitsverpflichtungen unterliegen.[129] Aufgabe des deutschen Gesetzgebers ist es, bei Beibehaltung der derzeitigen Struktur der Aufsichtsbehörden die Aufsichtsbehörde zu bestellen, die diese Behörden im europäischen Datenschutzausschuss vertritt und ein Verfahren zur Einhaltung des Kohärenzverfahrens vorzugeben (Art. 51 Abs. 3). **114**

XXIII. Betroffene Aufsichtsbehörde (Nr. 22)

Die Definition der **„betroffenen“ Aufsichtsbehörde** ergibt sich aus dem **One-Stop-Shop-Prinzip**. Eine Aufsichtsbehörde kann für die Verarbeitung personenbezogener Daten aus drei Gründen zuständig sein, und zwar weil **115**

a) der Verantwortliche oder der Auftragsverarbeiter im Hoheitsgebiet des Mitgliedstaats dieser Aufsichtsbehörde niedergelassen ist,
b) diese Verarbeitung erhebliche Auswirkungen auf betroffene Personen mit Wohnsitz im Mitgliedstaat dieser Aufsichtsbehörde hat oder haben kann oder
c) eine Beschwerde bei dieser Aufsichtsbehörde eingeht (vgl. Art. 55, 56).

Die betroffene Aufsichtsbehörde ist zwingend federführend, sobald der Verantwortliche oder der Auftragsverarbeiter nur eine **einzige Niederlassung** im Hoheitsgebiet der Aufsichtsbehörde befindet (Erwägungsgrund 124). **116**

XXIV. Grenzüberschreitende Verarbeitung (Nr. 23)

Mit dem Begriff der **grenzüberschreitenden Verarbeitung** wird **EU-interner Datenverkehr** erfasst, der entweder vorliegt, weil eine Verarbeitung personenbezogener Daten, die im Rahmen der Tätigkeiten von Niederlassungen eines Verantwortlichen oder eines Auftragsverarbeiters in der Union in mehr als einem Mitgliedstaat erfolgt (lit. a), oder weil eine nur im Rahmen der Tätigkeiten einer einzelnen Niederlassung in der Union erfolgte Verarbeitung erhebliche Auswirkungen auf betroffene Personen in mehr als einem Mitgliedstaat hat oder haben kann (lit. b). Auswirkungen hat der Tatbestand auf das Kontrollverfahren der betroffenen nationalen Aufsichtsbehörden (→ Art. 56 Rn. 1) gestaltende **One-Stop-Shop-Prinzip.** **117**

---

[129] *Kaiser*, RDV 2017, 73.

118 Art. 4 Nr. 23 lit. a verlangt einen Datenverarbeitungsvorgang, der im Rahmen der Tätigkeit von **mehreren Niederlassungen** der EU erfolgt, wobei die konkreten Daten des Betroffenen nicht von mehreren Niederlassungen verarbeitet werden. Es genügt, wenn die verschiedenen Niederlassungen für bestimmte Zweckbestimmungen gleichartige Verarbeitung verwenden (→ Art. 56 Rn. 5).

119 Art. 4 Nr. 23 lit. b stellt ab auf die Auswirkungen auf den Betroffenen. Auch wenn die Verarbeitung lediglich innerhalb eines Mitgliedstaats erfolgt, kann eine grenzüberschreitende Verarbeitung vorliegen, wenn diese **erhebliche Auswirkungen** (→ Art. 56 Rn. 6) auf betroffene Personen in mehr als einem Mitgliedstaat hat oder haben kann. Konkretes hierzu zu regeln ist dem Europäischen Datenschutzausschuss überlassen (Erwägungsgrund 124 S. 4).

XXV. „Maßgeblicher und begründeter Einspruch" (Nr. 24)

120 Gemeint sind **Einsprüche** gegen einen Beschlussentwurf innerhalb der Aufsichtsinstanzen (→ Art. 60 Rn. 13 ff.), der bei Nichtabhilfe zur Einleitung des **Kohärenzverfahrens** führt (Art. 60 Abs. 4). Einspruchsbefugt sind betroffene Aufsichtsbehörden gegenüber der federführenden Aufsichtsbehörde. Der Einspruch kann zum Inhalt haben, dass ein Verstoß gegen diese Verordnung vorliegt oder nicht oder dass die beabsichtigte Maßnahme gegen den Verantwortlichen oder den Auftragsverarbeiter im Einklang mit dieser Verordnung steht oder nicht.

121 Ausreichend ist der Einspruch lediglich einer der betroffenen Aufsichtsbehörden. Jedoch muss er **maßgeblich und begründet** sein, dh aus ihm muss hervorgehen, welche **Risiken** mit dem Beschlussentwurf in Bezug auf die Grundrechte und Grundfreiheiten der betroffenen Personen und ggf. den freien Verkehr personenbezogener Daten in der Union verbunden sind. Der Europäische Datenschutzausschuss (Art. 70) hat die Aufgabe, Leitlinien zu den Kriterien eines maßgeblichen und begründeten Einspruchs zu erstellen (Erwägungsgrund 124 letzter Satz).

XXVI. „Dienst der Informationsgesellschaft" (Nr. 25)

122 Der Begriff **„Dienst der Informationsgesellschaft"** meint eine Dienstleistung iSd Art. 1 Nr. 1 lit. b RL (EU) 2015/1535[130] und beschreibt den Schutzbereich des in Art. 8 geregelten **Schutzes von Kindern** bei Inanspruchnahme derartiger Leistungen. Es geht um Dienstleistungen, die Kindern in der Regel gegen Entgelt elektronisch im Fernabsatz und auf individuellen Abruf angeboten werden (→ Art. 8 Rn. 12 f.). Die Dienstleistung muss in **unmittelbarem Bezug zum Internet** stehen, wie es zB bei dem Beitritt zu einem **sozialen Netzwerk** der Fall ist. Nicht erfasst werden Sachverhalte, in denen der angebotene und ggf. in Anspruch genommene Dienst **„außerhalb" des Internets** liegt und der Zugang hierzu nur durch das Internet vermittelt wird, wie es zB bei Werbung an E-Mail-Adressen von Schülern der Fall ist.

XXVII. Internationale Organisation (Nr. 26)

123 Unter den Begriff der **internationalen Organisationen,** der für die in Art. 44 ff. und 96 geregelten Übermittlung in Drittländer oder an internationale

[130] RL 98/48/EG des Europäischen Parlaments und des Rates vom 20.7.1998 zur Änderung der Richtlinie 98/34/EG über ein Informationsverfahren auf dem Gebiet der Normen und technischen Vorschriften, ABl. 1998 L 217, 18, vgl. dort Art. 1 Nr. 2 und Erwägungsgrund 16.

Organisation Erwähnung findet, fallen völkerrechtliche Organisationen und ihre nachgeordneten Stellen oder jede sonstige Einrichtung, die durch eine zwischen zwei oder mehr Ländern geschlossene Übereinkunft oder auf der Grundlage einer solchen Übereinkunft geschaffen wurde.

Der Begriff findet sich wieder in den Art. 44 ff., die die Zulässigkeitsbedingungen zur Übermittlung personenbezogener Daten in Drittländer und an internationale Organisation festgelegen. Art. 96 bestimmt, dass internationale Übereinkünfte, die von den Mitgliedstaaten vor dem Inkrafttreten der DS-GVO zur Übermittlung personenbezogener Daten an Drittländer oder die genannten internationalen Organisationen im Einklang mit dem vor Inkrafttreten der DS-GVO geltenden Unionsrecht abgeschlossen wurden, **in Kraft bleiben,** bis sie geändert, ersetzt oder gekündigt werden (→ Art. 96 Rn. 6). **124**

Kapitel II. Grundsätze

Art. 5 Grundsätze für die Verarbeitung personenbezogener Daten

(1) **Personenbezogene Daten müssen**

a) auf rechtmäßige Weise, nach Treu und Glauben und in einer für die betroffene Person nachvollziehbaren Weise verarbeitet werden („Rechtmäßigkeit, Verarbeitung nach Treu und Glauben, Transparenz");

b) für festgelegte, eindeutige und legitime Zwecke erhoben werden und dürfen nicht in einer mit diesen Zwecken nicht zu vereinbarenden Weise weiterverarbeitet werden; eine Weiterverarbeitung für im öffentlichen Interesse liegende Archivzwecke, für wissenschaftliche oder historische Forschungszwecke oder für statistische Zwecke gilt gemäß Artikel 89 Absatz 1 nicht als unvereinbar mit den ursprünglichen Zwecken („Zweckbindung");

c) dem Zweck angemessen und erheblich sowie auf das für die Zwecke der Verarbeitung notwendige Maß beschränkt sein („Datenminimierung");

d) sachlich richtig und erforderlichenfalls auf dem neuesten Stand sein; es sind alle angemessenen Maßnahmen zu treffen, damit personenbezogene Daten, die im Hinblick auf die Zwecke ihrer Verarbeitung unrichtig sind, unverzüglich gelöscht oder berichtigt werden („Richtigkeit");

e) in einer Form gespeichert werden, die die Identifizierung der betroffenen Personen nur so lange ermöglicht, wie es für die Zwecke, für die sie verarbeitet werden, erforderlich ist; personenbezogene Daten dürfen länger gespeichert werden, soweit die personenbezogenen Daten vorbehaltlich der Durchführung geeigneter technischer und organisatorischer Maßnahmen, die von dieser Verordnung zum Schutz der Rechte und Freiheiten der betroffenen Person gefordert werden, ausschließlich für im öffentlichen Interesse liegende Archivzwecke oder für wissenschaftliche und historische Forschungszwecke oder für statistische Zwecke gemäß Artikel 89 Absatz 1 verarbeitet werden („Speicherbegrenzung");

f) in einer Weise verarbeitet werden, die eine angemessene Sicherheit der personenbezogenen Daten gewährleistet, einschließlich Schutz vor unbefugter oder unrechtmäßiger Verarbeitung und vor unbeabsichtigtem Verlust, unbeabsichtigter Zerstörung oder unbeabsichtigter Schädigung durch geeignete technische und organisatorische Maßnahmen („Integrität und Vertraulichkeit");

(2) **Der Verantwortliche ist für die Einhaltung des Absatzes 1 verantwortlich und muss dessen Einhaltung nachweisen können („Rechenschaftspflicht").**

Literatur: *Albrecht*, Das neue EU-Datenschutzrecht – von der Richtlinie zur Verordnung, CR 2016, 88; *Kühling/Martini*, Die Datenschutz-Grundverordnung: Revolution oder Evolution im europäischen und deutschen Datenschutzrecht?, EuZW 2016, 448; *Schantz*, Die Datenschutz-Grundverordnung – Beginn einer neuen Zeitrechnung im Datenschutzrecht,

NJW 2016, 1841; *Wybitul*, Einführung in die EU-Datenschutz-Grundverordnung, 2016, Rn. 61 ff.

Übersicht

A. Allgemeines

I. Historie

Art. 5 entspricht im Wesentlichen **Art. 6 DS-RL,**[1] der ebenfalls die allgemeinen Grundsätze des EU-Datenschutzrechts übersichtsmäßig zusammenfasst. Im nationalen Recht gibt es hingegen kein Pendant, die einzelnen Prinzipien sind vielmehr über unterschiedliche Vorschriften des BDSG verteilt bzw. kommen lediglich implizit zum Ausdruck. 1

Im Vergleich zu Art. 6 DS-RL enthält Art. 5 einige **Neuerungen,** die deutlich machen, welche Prinzipien des Datenschutzrechts durch die DS-GVO aufgewertet werden. So ist unter Abs. 1 lit. a der Grundsatz der **Transparenz** neu hinzugekommen. Hierzu passt die erhebliche Ausweitung der Auskunftsrechte und Informationspflichten in der DS-GVO. Umformuliert wurde der Grundsatz der Erheblichkeit sowie das Verbot des Erhebungsexzesses[2] unter Abs. 1 lit. c (nunmehr: Grundsatz der Datenminimierung), jedoch dürfte hiermit inhaltlich keine wesentliche Änderung verbunden sein. Eine weitere Ergänzung ist schließlich der unter Abs. 1 lit. f normierte Grundsatz der **Integrität und Vertraulichkeit,** der die allgemeine Aufwertung der Datensicherheit im reformierten EU-Datenschutzrecht widerspiegelt. Die **Ausnahmen** von den Grundsätzen der Zweckbindung und der Speicherbegrenzung für **wissenschaftliche, statistische und Archivzwecke** sind nun in Art. 89 geregelt, insbesondere das Erfordernis geeigneter Garantien, sodass die entsprechenden Formulierungen der DS-RL nicht übernommen und stattdessen lediglich ein Hinweis auf mögliche Ausnahmen nach Art. 89 aufgenommen wurde. 2

Ein wichtiger und vor allem auch praxisrelevanter Unterschied im Vergleich zu der Vorgängerregelung des Art. 6 DS-RL besteht schließlich darin, dass Abs. 2 3

---

[1] Vgl. hierzu *Ehmann/Helfrich*, EG-Datenschutzrichtlinie, 1999, Art. 6 Rn. 1 ff.

[2] Vgl. *Ehmann/Helfrich*, EG-Datenschutzrichtlinie, Art. 6 Rn. 20 ff.

nicht nur die Verantwortung für die Einhaltung der unter Abs. 1 aufgeführten Grundsätze normiert, sondern eine konkrete Pflicht für den Verantwortlichen begründet, die Einhaltung der Datenschutzgrundsätze nachzuweisen **(„Rechenschaftspflicht“).**[3]

II. Regelungscharakter, mögliche Sanktionen

4 Die unter Abs. 1 aufgelisteten Grundsätze sind nicht als klassische Rechtsregeln mit Tatbestand und Rechtsfolge im Konditionalschema formuliert, sondern eher als **allgemeine Strukturprinzipien,** die sämtliche Einzelregelungen des EU-Datenschutzrechts als roten Faden durchweben. Dies bedeutet **jedoch** nicht, dass es sich um unverbindliche Vorschriften ohne Regelungscharakter handeln würde. Nach Art. 83 Abs. 5 lit. a gehören **Verstöße** gegen Art. 5 zu den besonders scharf sanktionierten Verletzungen der DS-GVO;[4] es drohen **Bußgelder** von bis zu 20 Mio. EUR oder bis zu 4 Prozent des weltweit erzielten Jahresumsatzes eines Unternehmens.

B. Einzelerläuterungen

5 Art. 5 enthält folgende Grundsätze:
- Abs. 1 lit. a: Rechtmäßigkeit (→ Rn. 6),
- Abs. 1 lit. a: Verarbeitung nach Treu und Glauben (→ Rn. 8),
- Abs. 1 lit. a: Transparenz (→ Rn. 10),
- Abs. 1 lit. b: Zweckbindung (→ Rn. 12),
- Abs. 1 lit. c: Datenminimierung (→ Rn. 21),
- Abs. 1 lit. d: Richtigkeit (→ Rn. 24),
- Abs. 1 lit. e: Speicherbegrenzung (→ Rn. 25),
- Abs. 1 lit. f: Integrität und Vertraulichkeit (→ Rn. 28),
- Abs. 2: Rechenschaftspflicht (→ Rn. 30).

I. Rechtmäßigkeit

6 Der in Abs. 1 lit. a etwas irreführend formulierte Grundsatz der Rechtmäßigkeit meint, dass **für jeden Datenverarbeitungsvorgang** eine **Rechtsgrundlage** erforderlich ist (vgl. Erwägungsgrund 40).[5] Im nationalen Recht wurde dieses Strukturprinzip des Datenschutzrechts bislang – ebenfalls terminologisch etwas unglücklich – als **Verbot mit Erlaubnisvorbehalt**[6] bezeichnet. Der Grundsatz der Rechtmäßigkeit kommt vor allem in den Generalklauseln der Art. 6, 9 zum Ausdruck, denn diese machen deutlich, dass eine Verarbeitung personenbezogener Daten grundsätzlich nur zulässig ist, wenn sie auf einen der dort abschließend

---

[3] Vgl. zuvor bereits die entsprechende Forderung zuvor der *Artikel-29-Datenschutzgruppe*, Stellungnahme 03/2010 zum Grundsatz der Rechenschaftspflicht, WP 173, S. 9 ff.

[4] Vgl. *Wybitul*, Einführung in die EU-Datenschutz-Grundverordnung, Rn. 64.

[5] *Herbst* unterscheidet zwischen dem – hier zugrunde gelegten – engen Verständnis, wonach es ausreichend ist, dass eine Einwilligung der betroffenen Person vorliegt oder eine Rechtsgrundlage existiert und dem weiten Verständnis, wonach alle zusätzlichen Anforderungen, die sich aus der DS-GVO oder aus dem nach dieser Verordnung zulässigen nationalen Recht ergeben, dem Grundsatz der Rechtmäßigkeit unterfallen, vgl. Kühling/Buchner/*Herbst*, DS-GVO, Art. 5 Rn. 8 ff.; aA Paal/Pauly/*Frenzen*, DS-GVO, Art. 5 Rn. 14 ff.

[6] Krit. Simitis/*Scholz/Sokol*, BDSG, 8. Aufl. 2014, § 4 Rn. 3.

aufgelisteten Erlaubnistatbestände gestützt werden kann. Eine Rechtsgrundlage kann sich ferner aus dem Recht der Mitgliedstaaten ergeben, wenn die DS-GVO durch unterschiedliche Formen von Öffnungsklauseln hierauf ausdrücklich Bezug nimmt.

Der Grundsatz der Rechtmäßigkeit gilt für alle Verantwortlichen, also auch für 7
Personen des Privatrechts. Eine derartige Regelungstechnik ist indes eigentlich nur für das öffentliche Recht geläufig, denn hierin konkretisiert sich das verfassungsrechtliche Gebot vom Vorbehalt des Gesetzes.[7] Der Gesetzesvorbehalt gilt nur für Grundrechtseingriffe im Staat-Bürger-Verhältnis (vgl. Art. 1 Abs. 3 GG). Für privates Handeln eine „Ermächtigungsgrundlage" zu fordern, ist **für das Zivilrecht** absolut **atypisch.**[8] Im Zivilrecht besteht grundsätzlich Informationserhebungsfreiheit, im privaten Datenschutzrecht hingegen ein Informationserhebungsverbot.[9] In der Diskussion um die Reform des EU-Datenschutzrechts wurde daher immer wieder eine Abschaffung des Verbots mit Erlaubnisvorbehalts gefordert,[10] der EU-Gesetzgeber hat sich aber im Ergebnis nicht den Bedenken angeschlossen

II. Verarbeitung nach Treu und Glauben

Der in Abs. 1 lit. a normierte Grundsatz einer Verarbeitung nach Treu und 8
Glauben[11] ist nur sehr schwer positiv zu umschreiben.[12] Negativ kann man sich begrifflich annähern, indem treuwidrige, unfaire Verhaltensweisen über **Fallgruppen** zusammengestellt werden.

Somit dürfte regelmäßig die Verwendung **verborgener Techniken** (zB heimli- 9
che Videoüberwachung, Spyware etc.) treuwidrig sein.[13] Solche Vorgehensweisen widersprechen zugleich regelmäßig dem Grundsatz der **Transparenz,** der daher zu Recht an anderen Stellen der DS-GVO in einem Atemzug genannt wird (s. etwa Erwägungsgrund 60). Ebenso ist ein Verstoß gegen den **Zweckbindungsgrundsatz** meist treuwidrig, etwa wenn Videomaterial, das zur Abwehr und Aufklärung von Straftaten aufgezeichnet wurde, zur Leistungskontrolle bei Beschäftigten eingesetzt wird. Schließlich ist eine Datenverarbeitung treuwidrig, wenn sie unverhältnismäßig ist,[14] wenn es also entweder an einem legitimen Zeck fehlt, oder sie nicht zur Zweckerreichung das geeignete, erforderliche und angemessene Mittel darstellt.

---

[7] Vgl. *Pötters*, Grundrechte und Beschäftigtendatenschutz, 2013, S. 87; Simitis/*Scholz/Sokol*, BDSG, 8. Aufl. 2014, § 4 Rn. 3.

[8] Vgl. *Franzen*, RdA 2010, 257 (258); *Masing*, NJW 2012, 2305 (2306).

[9] Vgl. *Riesenhuber*, NZA 2012, 771 (773).

[10] *Bull*, Netzpolitik: Freiheit und Rechtsschutz im Internet, 2013, S. 136; *Härting/Schneider*, ZRP 2011, 233; aA *Spindler*, Gutachten F zum 69. DJT, 2012, S. 134.

[11] EN: „fair"; FR: „loyale".

[12] Vgl. BeckOK DatenschutzR/*Schantz*, Art. 5 Rn. 7 ff., der die englische Sprachfassung für treffender hält und den Grundsatz von Treu und Glauben als Rücksichtnahmepflicht versteht. Zurecht wird von Ehmann/Selmayr/*Heberlein*, DS-GVO, Art. 5 Rn. 9 und von Kühling/Buchner/*Herbst*, DS-GVO, Art. 5 Rn. 13 darauf hingewiesen, dass die Bedeutung des Begriffs nicht dieselbe ist wie in § 242 BGB. Vielmehr muss die Vorschrift – wie generell das Unionsrecht – autonom ausgelegt werden.

[13] Vgl. *Ehmann/Helfrich*, EG-Datenschutzrichtlinie, Art. 6 Rn. 4.

[14] *Wybitul*, Einführung in die EU-Datenschutz-Grundverordnung, Rn. 67.

III. Transparenz

10 Der Grundsatz der Transparenz wurde durch die DS-GVO im Vergleich zum bisherigen Recht (→ Rn. 2) **erheblich gestärkt** und ist nun unter den Strukturprinzipien des Art. 5 unter Abs. 1 lit. a vertreten. Allgemein setzt der Transparenzgrundsatz Transparenz voraus, dass alle Informationen und Mitteilungen zur Verarbeitung dieser personenbezogenen Daten leicht zugänglich, verständlich sowie in klarer und einfacher Sprache abgefasst sind (Erwägungsgrund 39). Er wird durch zahlreiche Erwägungsgründe (s. insbesondere Erwägungsgründe 39, 58–62, 71, 78, 100) und einzelne Artikel (insbesondere **Art. 12 ff.**) näher konkretisiert.

11 Der starken Betonung einer transparenten Datenverarbeitung liegt der Gedanke zugrunde, dass **ohne** hinreichende **Transparenz** der **Datenschutz leer laufen** würde, weil dem Betroffenen eventuelle Rechtsverstöße nicht bekannt und er seine Rechte nicht geltend machen könnte. Im Volkszählungsurteil formuliert das BVerfG diesen Gedanken wie folgt: „Wer nicht mit hinreichender Sicherheit überschauen kann, welche ihn betreffenden Informationen in bestimmten Bereichen seiner sozialen Umwelt bekannt sind, und wer das Wissen möglicher Kommunikationspartner nicht einigermaßen abzuschätzen vermag, kann in seiner Freiheit wesentlich gehemmt sein, aus eigener Selbstbestimmung zu planen oder zu entscheiden. Mit dem Recht auf informationelle Selbstbestimmung wären eine Gesellschaftsordnung und eine diese ermöglichende Rechtsordnung nicht vereinbar, in der Bürger nicht mehr wissen, wer was bei welcher Gelegenheit über sie weiß."[15] Man wird diese Überlegungen auf die Unionsgrundrechte, insbesondere Art. 8 GRCh übertragen können. Transparenz der Datenverarbeitung gehört somit zu den verfassungs- und primärrechtlich gewährleisteten Grundpositionen des Betroffenen. Der Betroffene hat ein Recht auf Offenlegung seiner Daten, was ihn dann auch erst in die Lage versetzt, Korrektur-, Löschungs- oder ggf. Schadensersatzansprüche geltend zu machen.[16]

IV. Zweckbindung

12 Personenbezogene Daten dürfen nach Abs. 1 lit. b nur für festgelegte, eindeutige und rechtmäßige Zwecke erhoben werden und dürfen nicht in einer mit diesen Zwecken nicht zu vereinbarenden Weise weiterverarbeitet werden.

13 Der vom Verantwortlichen verfolgte Zweck einer Verarbeitung personenbezogener Daten **entscheidet** über die **Zulässigkeit dieser Datenverarbeitung.**[17] Die Erlaubnistatbestände der Art. 6, 9 knüpfen jeweils an bestimmten Verarbeitungszwecken an. Außerdem muss die Datenverarbeitung regelmäßig zur Erreichung des verfolgten Zwecks „erforderlich" sein. Dies setzt ua eine Bewertung der Zweck-Mittel-Relation voraus.

14 Der festgelegte Zweck muss **„eindeutig"** sein. Andere Sprachfassungen der DS-GVO machen deutlich, dass eher „explizit" oder „konkret" gemeint sein dürfte.[18] Es geht also darum, dass die Verarbeitungszwecke nicht zu breit angege-

---

[15] BVerfG, Urt. v. 15.12.1983 – 1 BvR 209/83 ua, BVerfGE 65, 1 = NJW 1984, 419.

[16] Wybitul/*Böhm/Ströbel*, Art. 5 Rn. 9 warnen vor Intransparenz durch Informationsüberfrachtung und sprechen sich für eine durch einen Abwägungsprozess zu ermittelnde Grenze der Reichweite des Transparenzgebots aus.

[17] *Wybitul*, Einführung in die EU-Datenschutz-Grundverordnung, Rn. 70.

[18] EN: „explicit"; FR: „explicites".

ben werden.[19] Eine unklare Umschreibung des Verarbeitungszwecks ist damit ebenso rechtswidrig wie eine sprachlich zwar klare, aber in der Sache vage Zweckfestlegung, die die Erhebung und Speicherung zu vielen unterschiedlichen Zwecken ermöglicht und mithin im Ergebnis keine wirkliche Festlegung bedeutet.

Ferner müssen die verarbeiteten personenbezogenen Daten für den verfolgten Zweck „erheblich" und „angemessen" sein. Die **Erheblichkeit** ist gegeben, wenn die Daten für den Zweck relevant sind, sie also – in der Terminologie des Verhältnismäßigkeitsprinzips – **geeignet und erforderlich** sind. Die Datenverarbeitung ist **angemessen,** wenn sie **verhältnismäßig im engeren Sinne** ist. Nicht erhebliche oder dem Zweck angemessen dienende Daten sind somit soweit wie möglich im Rahmen der Datenerhebung auszuklammern. Dies ist der Gedanke des Grundsatzes der **Datenminimierung** nach Abs. 1 lit. c, der somit lediglich einen Unterfall des Zweckbindungsgrundsatzes bildet (vgl. Erwägungsgrund 39). **15**

Die Zwecke müssen grundsätzlich bereits **zum Zeitpunkt der Erhebung** der personenbezogenen Daten feststehen (Erwägungsgrund 39).[20] Werden personenbezogene Daten von Dritten an die speichernde Stelle übermittelt oder erlangt sie diese auf andere Weise, ohne dass die Daten von ihr erhoben worden sind, und werden die Daten dann von ihr gespeichert, setzt die Zweckbindung mit dem Speichern ein. **16**

Die Zweckbindung ist nicht auf die der Erhebung folgende Datenverarbeitungsphase beschränkt, sie haftet dem erhobenen Datum vielmehr **bis zur Zweckerfüllung** an. Durch die Zweckbindung wird jede weitere Verarbeitung der Daten grundsätzlich den gleichen rechtlichen Grenzen unterworfen, die auch für die Erhebung der Daten gelten. Ist der Zweck erreicht, sind Daten grundsätzlich zu löschen. Entsprechend muss von vornherein die Speicherfrist für personenbezogene Daten auf das unbedingt erforderliche Mindestmaß beschränkt bleiben. Der Grundsatz der **Speicherbegrenzung** nach Abs. 1 lit. e folgt somit unmittelbar aus der Zweckbindung (vgl. Erwägungsgrund 39). **17**

Eine **Zweckänderung** ist nach Abs. 1 lit. b grundsätzlich unzulässig, dh personenbezogene Daten dürfen nur für diejenigen Zwecke weiterverarbeitet werden, für die sie erhoben wurden. Wichtige Ausnahmen hierzu regelt Art. 6 Abs. 4 (→ Art. 6 Rn. 210 f.). Soweit Daten zu einem anderen als dem ursprünglichen Erhebungszweck weiterverarbeitet werden sollen, ist die Betroffene hierüber vor der Weiterverarbeitung gem. Art. 13 Abs. 3, Art. 14 Abs. 4 zu informieren. Auch der neue Zweck muss nach Abs. 1 lit. b eindeutig, also hinreichend konkret festgelegt sein. **18**

Die bislang in **§§ 14 Abs. 4, 31 BDSG** normierte **besondere Zweckbindung** bei Daten, die ausschließlich zu Zwecken der Datenschutzkontrolle, der Datensicherung oder zur Sicherstellung eines ordnungsgemäßen Betriebes einer Datenverarbeitungsanlage gespeichert werden, findet in der DS-GVO **keine Entsprechung** und entfällt daher künftig.[21] Insoweit gilt also lediglich der allgemeine Zweckbindungsgrundsatz nach Abs. 1 lit. b, zugleich greifen aber vor allem auch die möglichen Ausnahmen nach Art. 6 Abs. 4 ein. **19**

Zur Ausnahme für wissenschaftliche, statistische und Archivzwecke s. ausf. **20**
→ Art. 89 Rn. 1 ff.

---

[19] Ehmann/Selmayr/*Heberlein*, DS-GVO, Art. 5 Rn. 14.
[20] BeckOK DatenschutzR/*Schantz*, Art. 5 Rn. 14.
[21] Vgl. *Kühling/Martini*, S. 449 f.

V. Datenminimierung

21 Nach Abs. 1 lit. c muss jede Datenverarbeitung dem Zweck angemessen und erheblich sein, zudem muss sie auf das für die Zwecke der Verarbeitung notwendige Maß beschränkt sein **(„Datenminimierung“).** Die Vorschrift **entspricht** grosso modo den bislang im nationalen Recht geltenden Geboten der Datenvermeidung und -sparsamkeit (**§ 3a BDSG,** vgl. auch §§ 3 Abs. 4, 4 Abs. 1 TDDSG).

22 Das Gebot der Datenminimierung verlangt nicht nur eine Verringerung der **Anzahl der verarbeiteten Daten** sondern auch die **Anzahl der Nutzungen** von Daten reduziert vorzunehmen. Dh mehrfache Auswertungen von Daten, die weitgehend die gleichen Informationen enthalten, sind rechtswidrig. Der Datensparsamkeit dient es auch, die **Anzahl der Betroffenen** möglichst weit einzuschränken. Auch die Bereitstellung der Daten nur zum Lesen auf dem Bildschirm, ohne Ausdruck- und damit Vervielfältigungsmöglichkeit, trägt dem Gedanken Rechnung.

23 Bereits durch die Gestaltung der technischen Systeme sollte die Erhebung und Verwendung personenbezogener Daten begrenzt und ggf. ganz vermieden werden **(technischer Datenschutz).** Soweit möglich, sind Maßnahmen der **Pseudonymisierung und Anonymisierung** auszuschöpfen. Der technische Datenschutz wird insbesondere durch Art. 25 und Art. 32 näher ausgestaltet.

VI. Richtigkeit

24 Nach Abs. 1 lit. d müssen personenbezogene Daten sachlich richtig und erforderlichenfalls auf dem neuesten Stand sein; es sind alle **angemessenen Maßnahmen** zu treffen, damit personenbezogene Daten, die im Hinblick auf die Zwecke ihrer Verarbeitung unrichtig sind, unverzüglich gelöscht oder berichtigt werden. Der Grundsatz der Richtigkeit weist dem **Verantwortlichen** somit die Aufgabe zu, **aktiv** die Richtigkeit der verarbeiteten Daten zu überprüfen. So sollte er etwa beim Profiling gem. Erwägungsgrund 71 technische und organisatorische Maßnahmen treffen, mit denen in geeigneter Weise sichergestellt wird, dass Faktoren, die zu unrichtigen personenbezogenen Daten führen, korrigiert werden und das Risiko von Fehlern minimiert wird. Darüber hinaus kann der **Betroffene** nach **Art. 16 f.** die **Berichtigung oder Löschung** verlangen.

VII. Speicherbegrenzung

25 Nach Abs. 1 lit. e müssen personenbezogene Daten in einer Form gespeichert werden, die die Identifizierung der betroffenen Personen nur so lange ermöglicht, wie es für die Zwecke, für die sie verarbeitet werden, erforderlich ist. Durch den Grundsatz der Speicherbegrenzung wird der Grundsatz der **Zweckbindung** und das Verhältnismäßigkeitsprinzip **in zeitlicher Hinsicht konkretisiert** (→ Rn. 16). Um sicherzustellen, dass die personenbezogenen Daten nicht länger als nötig gespeichert werden, sollte der Verantwortliche Fristen für ihre Löschung oder regelmäßige Überprüfung vorsehen (Erwägungsgrund 39).

26 Der Grundsatz der Speicherbegrenzung wird durch zahlreiche **einzelne Vorgaben** der DS-GVO **konkretisiert.** So verpflichtet Art. 13 Abs. 2 lit. a bzw. Art. 14 Abs. 2 lit. a den Verantwortlichen dazu, über die Dauer, für die die personenbezogenen Daten gespeichert werden, oder, falls dies nicht möglich ist, über die Kriterien für die Festlegung dieser Dauer zu informieren. Nach Art. 15 Abs. 1 lit. d besteht ein entsprechendes Auskunftsrecht. Wichtige Vorschriften zur Absi-

cherung des Grundsatzes der Speicherbegrenzung sind ferner das Recht auf Löschung gem. Art. 17 Abs. 1 lit. a und das Recht auf Einschränkung der Verarbeitung gem. Art. 18 Abs. 1 (→ Art. 17 Rn. 9 ff.; → Art. 18 Rn. 1 ff.).

Zur Ausnahme für wissenschaftliche, statistische und Archivzwecke ausf. → Art. 89 Rn. 1 ff. **27**

VIII. Vertraulichkeit und Integrität

Nach Abs. 1 lit. f müssen personenbezogene Daten in einer Weise verarbeitet **28** werden, die eine angemessene Sicherheit der personenbezogenen Daten gewährleistet, einschließlich Schutz vor unbefugter oder unrechtmäßiger Verarbeitung und vor unbeabsichtigtem Verlust, unbeabsichtigter Zerstörung oder unbeabsichtigter Schädigung durch geeignete technische und organisatorische Maßnahmen. Es geht also nicht um eine zusätzliche materielle Schutzdimension, wie sie das BVerfG mit dem Grundrecht auf Gewährleistung der Vertraulichkeit und Integrität informationstechnischer Systeme entwickelt hat,[22] sondern eher um allgemeine **formelle Vorgaben** hinsichtlich der **Datensicherheit.**[23]

Der Grundsatz der Vertraulichkeit und Integrität wird zunächst durch die gem. **29** Art. 25 und Art. 32 erforderlichen **technischen und organisatorischen Maßnahmen** konkretisiert.[24] Daneben regeln Art. 33 und Art. 34 Melde- und Benachrichtigungspflichten bei Verletzungen des Schutzes personenbezogener Daten. Diesem regulativen Ansatz eines „modernen" Datenschutzes[25] liegt der Gedanke zugrunde, dass neben den materiellen Schranken des Datenschutzrechts Verfahrensvorschriften sowie technische Prozesse und Standards wesentlich dazu beitragen können, ein hohes Datenschutzniveau zu gewährleisten (→ Art. 25 Rn. 2).

IX. Rechenschaftspflicht

Der für die Verarbeitung Verantwortliche ist nach Abs. 2 für die Einhaltung **30** der Prinzipien des Art. 5 Abs. 1 verantwortlich und muss deren Einhaltung nachweisen[26] können.

Dieser sog. Grundsatz der Rechenschaftspflicht[27] wird durch die Regelung **31** des **Art. 24 Abs. 1 S. 1** konkretisiert.[28] Danach sind es in erster Linie „geeignete technische und organisatorische Maßnahmen", durch die sichergestellt werden soll, dass die Verarbeitung im Einklang mit der DS-GVO erfolgt. Dabei gilt ein sog. **risikobasierter Ansatz,** der Verantwortliche muss bei den technischen und organisatorischen Maßnahmen Art, Umfang, Umstände und Zwecke der Verarbeitung sowie die unterschiedliche Eintrittswahrscheinlichkeit und Schwere der Risiken für die Rechte und Freiheiten natürlicher Personen berücksichtigen (→ Art. 24 Rn. 29 f.). Art. 24 Abs. 1 S. 2 sieht vor, dass vom

---

[22] BVerfG, Urt. v. 27.2.2008 – 1 BvR 370/07, 1 BvR 595/07, NJW 2008, 822.

[23] Vgl. hierzu Wybitul/*Böhm/Ströbel*, Art. 5 Rn. 35.

[24] *Wybitul*, Einführung in die EU-Datenschutz-Grundverordnung, Rn. 74.

[25] Vgl. *Simitis*, NJW 1997, 281; 54. Konferenz der Datenschutzbeauftragten des Bundes und der Länder, RDV 1998, 40.

[26] EN: „demonstrate compliance"; FR: „est en mesure de démontrer".

[27] EN: „accountability"; FR: „responsabilité".

[28] Vgl. *Wybitul*, Einführung in die EU-Datenschutz-Grundverordnung, Rn. 76; ausf. *Lepperhoff*, RDV 2016, 197.

Verantwortlichen getroffene technische und organisatorische Maßnahmen nicht nur einmal umgesetzt und dann für die Zukunft unverändert beibehalten werden können, sondern erforderlichenfalls überprüft und aktualisiert werden müssen (→ Art. 24 Rn. 48 ff.).

32 Eine wichtige Neuerung gegenüber Art. 6 DS-RL ist die Verpflichtung, die Einhaltung der Grundsätze **nachzuweisen.** Nach Erwägungsgrund 78 kann dies ua dadurch erfolgen, dass der Verantwortliche interne Strategien festlegt und Maßnahmen ergreift, die insbesondere den Grundsätzen des Datenschutzes durch Technik (data protection by design) und dem Erfordernis datenschutzfreundlicher Voreinstellungen (data protection by default) Genüge tun. Diese recht vage Umschreibung betrifft im Wesentlichen eine Dokumentation der geeigneten technischen und organisatorischen Maßnahmen iSv Art. 24 Abs. 1 S. 1. Nach Art. 24 Abs. 3 kann ferner die Einhaltung genehmigter Verhaltensregeln gem. Art. 40 oder eines genehmigten Zertifizierungsverfahrens gem. Art. 42 als Gesichtspunkt herangezogen werden, um die Erfüllung der Pflichten des Verantwortlichen nachzuweisen. Zudem muss gem. Art. 30 jeder Verantwortliche ein **Verzeichnis** aller Verarbeitungstätigkeiten, die seiner Zuständigkeit unterliegen, führen. Dem Nachweis der Einhaltung der DS-GVO dient schließlich die im Rahmen einer Datenschutz-Folgenabschätzung gem. Art. 35 Abs. 7 erforderliche Beschreibung und Bewertung der geplanten Verarbeitungsvorgänge (→ Art. 35 Rn. 63 ff.).

33 Neben diesen konkreten Verpflichtungen ist je nach Einzelfall eine **weitere Dokumentation** erforderlich. Die Rechenschaftspflicht führt damit in der Praxis im Vergleich zum bisherigen Recht zu **umfangreichen** zusätzlichen **Dokumentations- und Nachweispflichten.**[29] Im Zweifel werden Unternehmen auf Nummer sicher gehen, und möglichst viele Dokumente produzieren, um nachzuweisen, dass sie in datenschutzrechtlicher Hinsicht compliant sind. Jedenfalls wird die Nachweispflicht künftig ein weites Tätigkeitsfeld in der Compliance-Beratung sein.

34 Zudem wird durch Abs. 2 klargestellt, dass die **Beweislast** für die Rechtmäßigkeit einer Datenverarbeitung beim Verantwortlichen liegt. Dies wird durch Art. 24 Abs. 1 noch einmal bekräftigt.[30]

Art. 6 Rechtmäßigkeit der Verarbeitung

(1) [1]**Die Verarbeitung ist nur rechtmäßig, wenn mindestens eine der nachstehenden Bedingungen erfüllt ist:**

a) Die betroffene Person hat ihre Einwilligung zu der Verarbeitung der sie betreffenden personenbezogenen Daten für einen oder mehrere bestimmte Zwecke gegeben;

b) die Verarbeitung ist für die Erfüllung eines Vertrags, dessen Vertragspartei die betroffene Person ist, oder zur Durchführung vorvertraglicher Maßnahmen erforderlich, die auf Anfrage der betroffenen Person erfolgen;

c) die Verarbeitung ist zur Erfüllung einer rechtlichen Verpflichtung erforderlich, der der Verantwortliche unterliegt;

---

[29] *Wybitul*, Einführung in die EU-Datenschutz-Grundverordnung, Rn. 77; *Wybitul*, CCZ 2016, 194 (197); ausf. *Lepperhoff*, RDV 2016, 197.

[30] Vgl. *Albrecht/Jotzo*, Teil 2 G, Rn. 18; *Wybitul/Ströbel*, BB 2016, 2307 (2311).

d) die Verarbeitung ist erforderlich, um lebenswichtige Interessen der betroffenen Person oder einer anderen natürlichen Person zu schützen;
e) die Verarbeitung ist für die Wahrnehmung einer Aufgabe erforderlich, die im öffentlichen Interesse liegt oder in Ausübung öffentlicher Gewalt erfolgt, die dem Verantwortlichen übertragen wurde;
f) die Verarbeitung ist zur Wahrung der berechtigten Interessen des Verantwortlichen oder eines Dritten erforderlich, sofern nicht die Interessen oder Grundrechte und Grundfreiheiten der betroffenen Person, die den Schutz personenbezogener Daten erfordern, überwiegen, insbesondere dann, wenn es sich bei der betroffenen Person um ein Kind handelt.

[2]Unterabsatz 1 Buchstabe f gilt nicht für die von Behörden in Erfüllung ihrer Aufgaben vorgenommene Verarbeitung.

(2) **Die Mitgliedstaaten können spezifischere Bestimmungen zur Anpassung der Anwendung der Vorschriften dieser Verordnung in Bezug auf die Verarbeitung zur Erfüllung von Absatz 1 Buchstaben c und e beibehalten oder einführen, indem sie spezifische Anforderungen für die Verarbeitung sowie sonstige Maßnahmen präziser bestimmen, um eine rechtmäßig und nach Treu und Glauben erfolgende Verarbeitung zu gewährleisten, einschließlich für andere besondere Verarbeitungssituationen gemäß Kapitel IX.**

(3) **[1]Die Rechtsgrundlage für die Verarbeitungen gemäß Absatz 1 Buchstaben c und e wird festgelegt durch**
a) Unionsrecht oder
b) das Recht der Mitgliedstaaten, dem der Verantwortliche unterliegt.

[2]Der Zweck der Verarbeitung muss in dieser Rechtsgrundlage festgelegt oder hinsichtlich der Verarbeitung gemäß Absatz 1 Buchstabe e für die Erfüllung einer Aufgabe erforderlich sein, die im öffentlichen Interesse liegt oder in Ausübung öffentlicher Gewalt erfolgt, die dem Verantwortlichen übertragen wurde. [3]Diese Rechtsgrundlage kann spezifische Bestimmungen zur Anpassung der Anwendung der Vorschriften dieser Verordnung enthalten, unter anderem Bestimmungen darüber, welche allgemeinen Bedingungen für die Regelung der Rechtmäßigkeit der Verarbeitung durch den Verantwortlichen gelten, welche Arten von Daten verarbeitet werden, welche Personen betroffen sind, an welche Einrichtungen und für welche Zwecke die personenbezogenen Daten offengelegt werden dürfen, welcher Zweckbindung sie unterliegen, wie lange sie gespeichert werden dürfen und welche Verarbeitungsvorgänge und -verfahren angewandt werden dürfen, einschließlich Maßnahmen zur Gewährleistung einer rechtmäßig und nach Treu und Glauben erfolgenden Verarbeitung, wie solche für sonstige besondere Verarbeitungssituationen gemäß Kapitel IX. [4]Das Unionsrecht oder das Recht der Mitgliedstaaten müssen ein im öffentlichen Interesse liegendes Ziel verfolgen und in einem angemessenen Verhältnis zu dem verfolgten legitimen Zweck stehen.

(4) **Beruht die Verarbeitung zu einem anderen Zweck als zu demjenigen, zu dem die personenbezogenen Daten erhoben wurden, nicht auf der Einwilligung der betroffenen Person oder auf einer Rechtsvorschrift**

der Union oder der Mitgliedstaaten, die in einer demokratischen Gesellschaft eine notwendige und verhältnismäßige Maßnahme zum Schutz der in Artikel 23 Absatz 1 genannten Ziele darstellt, so berücksichtigt der Verantwortliche – um festzustellen, ob die Verarbeitung zu einem anderen Zweck mit demjenigen, zu dem die personenbezogenen Daten ursprünglich erhoben wurden, vereinbar ist – unter anderem

a) jede Verbindung zwischen den Zwecken, für die die personenbezogenen Daten erhoben wurden, und den Zwecken der beabsichtigten Weiterverarbeitung,

b) den Zusammenhang, in dem die personenbezogenen Daten erhoben wurden, insbesondere hinsichtlich des Verhältnisses zwischen den betroffenen Personen und dem Verantwortlichen,

c) die Art der personenbezogenen Daten, insbesondere ob besondere Kategorien personenbezogener Daten gemäß Artikel 9 verarbeitet werden oder ob personenbezogene Daten über strafrechtliche Verurteilungen und Straftaten gemäß Artikel 10 verarbeitet werden,

d) die möglichen Folgen der beabsichtigten Weiterverarbeitung für die betroffenen Personen,

e) das Vorhandensein geeigneter Garantien, wozu Verschlüsselung oder Pseudonymisierung gehören kann.

Literatur: *Abel/Djagani*, Weitergabe von Kreditnehmerdaten bei Forderungskauf und Inkasso – Die Rechtslage nach BDSG und DS-GVO, ZD 2017, 114; *Albrecht*, Das neue EU-Datenschutzrecht – von der Richtlinie zur Verordnung, CR 2016, 88; *Beyvers*, Stellungnahme der Art-29-Datenschutzgruppe zur datenschutzrechtlichen Interessenabwägung – Alter Hut oder neuer Besen?, PinG 2015, 60; *Born*, Die Verarbeitung öffentlich zugänglicher Daten nach EU-DSGVO, DSRITB 2017, S. 13; *Breinlinger/Scheuing*, Der Vorschlag für eine EU-Datenschutzgrundverordnung und die Folgen für Verarbeitung und Nutzung von Daten für werbliche Zwecke, RDV 2012, 64; *Buchner*, Grundsätze und Rechtmäßigkeit der Datenverarbeitung unter der DS-GVO, DuD 2016, 155; *Culik/Döpke*, Zweckbindungsgrundsatz gegen unkontrollierten Einsatz von Big Data-Anwendungen, ZD 2017, 226; *Dammann*, Erfolge und Defizite der EU-Datenschutzgrundverordnung – Erwarteter Fortschritt, Schwächen und überraschende Innovationen, ZD 2016, 307; *Dehmel/Hullen*, Auf dem Weg zu einem zukunftsfähigen Datenschutz in Europa? Konkrete Auswirkungen der DS-GVO auf Wirtschaft, Unternehmen und Verbraucher, ZD 2013, 147; *Eichenhofer*, Vom Zweckbindungsgrundsatz zur Interessenabwägung?, PinG 2017, 135; *Gierschmann*, Was „bringt" deutschen Unternehmen die DS-GVO? Mehr Pflichten, aber die Unsicherheit bleibt, ZD 2016, 51; *Gola/Schulz*, Listenprivileg, Drittinteresse, Zweckbindung – Anmerkungen zum postalischen Direktmarketing in den Entwürfen für eine EU-Datenschutzgrundverordnung, K&R 2015, 609; *Greve*, Das neue Bundesdatenschutzgesetz, NVwZ 2017, 737; *Härting*, Zweckbindung und Zweckänderung im Datenschutzrecht, NJW 2015, 3284; *Hornung*, Eine Datenschutz-Grundverordnung für Europa? Licht und Schatten im Kommissionsentwurf vom 25.1.2012, ZD 2012, 99; *Jeschel/Schubert*, Neustart im Datenschutz für Beschäftigte, DuD 2016, 782; *Johannes/Richter*, Privilegierte Verarbeitung im BDSG-E – Regeln für Archivierung, Forschung und Statistik, DuD 2017, 300; *Keppeler*, Was bleibt vom TMG-Datenschutz nach der DS-GVO?, MMR 2015, 779; *Klein/Roos*, Videoüberwachung – Kostspielige Folgen für Arbeitgeber? Aktuelle Rechtsprechung – konkrete Bemessungsmaßstäbe, ZD 2016, 65; *Kremer*, Wer braucht warum das neue BDSG?, CR 2017, 367; *Krohm/Piltz*, Was bleibt vom Datenschutz übrig? Nebenwirkungen der Datenschutz-Grundverordnung, PinG 2013, 56; *Kühling*, Neues Bundesdatenschutzgesetz – Anpassungsbedarf bei Unternehmen, NJW 2017, 1985; *Kühling/Martini*, Die Datenschutz-Grundverordnung: Revolution oder Evolution im europäischen und deutschen Datenschutzrecht?, EuZW 2016, 448; *Lachenmann*, Neue Anforderungen an die Videoüberwachung, ZD 2017, 407; *Masing*, Herausforderungen des Datenschutzes, NJW 2012, 2305; *McArthur*, Reasonable Expectations of Privacy, Ethics and Information Technology 2001, 123; *Monreal*, Weiterverarbeitung nach einer Zweckänderung in der DS-GVO, ZD 2016, 507; *Piltz*, Die Datenschutz-Grundverordnung, K&R 2016, 557; *Reding*, Sieben Grundbausteine der europäischen Datenschutzreform, ZD 2012, 195; *Richter*, Big Data, Statistik und die Datenschutz-Grundverordnung, DuD 2016, 581; *Rose*, „Smart Cams" im öffentlichen Raum – Regulierungsansätze und Optionen künftiger Regulierung, ZD 2017, 64; *Roßnagel/Nebel/Richter*, Was bleibt vom Europäischen Datenschutzrecht? Überlegungen zum Ratsentwurf der DS-GVO, ZD 2015, 455; *Venetis/Oberwetter*, Videoüberwachung von Arbeitnehmern, NJW 2016, 1051; *Voigt*, Konzerninterner Datentransfer, CR 2017, 428; *Schantz*, Die Datenschutz-Grundverordnung – Beginn einer neuen Zeitrechnung im Datenschutzrecht, NJW 2016, 1842; *Schirmbacher*, Onlinemarketing nach der DSGVO – ein Annäherungsversuch, ITRB 2016, 274; *Schleipfer*, Datenschutzkonformes Webtracking nach Wegfall des TMG – Was bringen die DS-GVO und die ePrivacy-Verordnung?, ZD 2017, 460; *Schneider/Härting*, Wird der Datenschutz nun endlich internettauglich? Warum der Entwurf einer Datenschutz-Grundverordnung enttäuscht, ZD 2012, 199; *Spindler*, Die neue EU-Datenschutz-Grundverordnung, DB 2016, 937; *Sydow/Kring*, Die Datenschutzgrundverordnung zwischen Technikneutralität und Technikbezug – Konkurrierende Leitbilder für den europäischen Rechtsrahmen, ZD 2014, 271; *Taeger*, Scoring in Deutschland nach der EU-Datenschutzgrundverordnung, ZRP 2016, 72; *Tavanti*, Datenverarbeitung zu Werbezwecken nach der Datenschutz-Grundverordnung (Teile 1 und 2), RDV 2016, 231 und 295; *Veil*, DS-GVO: Risikobasierter Ansatz statt rigides Verbotsprinzip – Eine erste Bestandsaufnahme, ZD 2015, 347; *Venzke-Caprarese*, Retargeting in der Onlinewerbung, DuD 2017, 577; *Weidert/Klar*, Datenschutz und Werbung – gegenwärtige Rechtslage und Änderungen durch die Datenschutz-Grundverordnung, BB 2017, 1858; *Ziebarth*, Verbesserte Videoüberwachung? Auswirkungen des Videoüberwachungsverbesserungsgesetzes vor und nach Wirksamwerden der DS-GVO, ZD 2017, 467; *Ziegenhorn*, Die materielle Rechtmäßigkeit der Datenverarbeitung nach der EU-Datenschutz-Grundverordnung, zfm 2016, 3; *Ziegenhorn/v. Heckel*, Datenverarbeitung durch Private nach der europäischen Datenschutzreform – Auswirkungen der Datenschutz-Grundverordnung auf die materielle Rechtmäßigkeit der Verarbeitung personenbezogener Daten, NWvZ 2016, 1585.

Übersicht

A. Allgemeines

I. Zweck und Bedeutung der Vorschrift

1 Art. 6 ist die zentrale Vorschrift für die Verarbeitung personenbezogener Daten nach der DS-GVO. In Art. 6 sind die Voraussetzungen für eine rechtmäßige Verarbeitung personenbezogener Daten nach der DS-GVO **abschließend** aufgelistet (für die Zulässigkeit der Verarbeitung sensitiver Daten vgl. Art. 9). Das in Art. 5 Abs. 1 lit. a normierte tragende Grundprinzip der DS-GVO, wonach personenbezogene Daten nur in rechtmäßiger Weise verarbeitet werden dürfen, wird über Art. 6, der mit „Rechtmäßigkeit der Verarbeitung" überschrieben ist, mit Leben gefüllt. Nur soweit **„mindestens" einer** (→ Rn. 18) der in Art. 6 genannten Zulässigkeitstatbestände einschlägig ist, darf der Verantwortliche eine Datenverarbeitung vornehmen.

2 In Fortführung der Systematik der DS-RL gelten die in Art. 6 normierten Voraussetzungen grundsätzlich gleichermaßen für die Datenverarbeitung durch **öffentliche und nichtöffentliche** Verantwortliche soweit die DS-GVO gem. Art. 2 Abs. 2 auf sie anwendbar ist. Die hieraus folgenden Unterschiede in der rechtsdogmatischen Herleitung der einzelnen Erlaubnistatbestände bleiben insoweit erhalten. Im Bereich der Datenverarbeitung durch die öffentliche Hand verlangen Prinzipien wie der Gesetzesvorbehalt und der Bestimmtheitsgrundsatz, dass jeder Eingriff in die Freiheit des Einzelnen auf ein (formelles) Gesetz rückführbar sein muss (→ Rn. 48 f.). Das den Datenschutz im Verhältnis Staat – Bürger in Deutschland und zeitlich später auch im europäischen Recht[1] tragende Grundprinzip des **sog. Verbots mit Erlaubnisvorbehalt** (besser: **Verbotsprinzip**)[2] ist Ausdruck dieser einer demokratischen Gesellschaft immanent zugrundeliegenden Dogmatik.

3 Die Übertragung des Verbotsprinzips auch auf **Datenverarbeitungen zwischen Privaten**[3] verlangt dem Gesetzgeber dementgegen flankierende Regelungen ab, die die – regelmäßig widerstreitenden – Interessen der Beteiligten einem

---

[1] Vgl. § 3 BDSG 1977, Art. 7 DS-RL.

[2] Zur Kritik an der Begrifflichkeit nach altem Recht vgl. Simitis/*Scholz/Sokol*, § 4 BDSG aF, Rn. 3.

[3] Zur Kritik bspw. *Schneider/Härting*, ZD 2011, 63 (64).

angemessenen Ausgleich zuführen. Der Umstand, dass zwischen Subjekten des Privatrechts Grundrechte und -freiheiten nur mittelbar und als objektive Prinzipien wirken, verpflichtet den Gesetzgeber einerseits zu einfachgesetzlichen Schutzmaßnahmen dort, wo der einzelne Grundrechtsträger innerhalb dieses Gleichstellungsverhältnisses in der Ausübung seiner Grundrechte substantiell gestört wird.[4] Über den andererseits erforderlichen einfachgesetzlichen **Ausgleich zwischen gleichermaßen schützenswerten Grundrechten** privater Akteure stellt der Gesetzgeber sicher, dass keiner Grundfreiheit und keinem Grundrecht per se der Vorrang gegenüber anderen eingeräumt wird.[5] Der nationale Gesetzgeber ist nur dort von der Pflicht zum Ausgleich konkurrierender Freiheitsrechte dispensiert, wo verbindliches europäisches Recht diesen Ausgleich bereits hinreichend vornimmt.

Art. 6 macht damit einmal mehr deutlich, dass das Datenschutzrecht, jedenfalls zwischen Privaten, als **klassisches Abwägungsrecht** verstanden werden muss. Datenschutz ist kein „Supergrundrecht". Das durch Art. 8 Abs. 1 GRCh und Art. 2 Abs. 1 iVm Art. 1 Abs. 1 GG zugesicherte Recht auf Schutz personenbezogener Daten ist mit anderen Grundrechten, namentlich allgemeinen Freiheitsrechten (Art. 6 GRCh, Art. 2 Abs. 1 GG), Informationsfreiheitsrechten (Art. 11 Abs. 1 GRCh, Art. 5 Abs. 1 GG), der Berufsfreiheit bzw. dem Recht am eingerichteten und ausgeübten Gewerbebetrieb (Art. 15 Abs. 1, 16 GRCh, Art. 12 GG) sowie Eigentumsrechten (Art. 17 GRCh, Art. 14 Abs. 1 GG) angemessen in Ausgleich zu bringen. Diese Wechselwirkung wird auch durch **Art. 1** intendiert, wonach die DS-GVO einerseits dem Schutz der Grundrechte und Grundfreiheiten natürlicher Personen dient, andererseits aber der freie Verkehr personenbezogener Daten in der Union aus Gründen des Datenschutzes „weder eingeschränkt noch verboten" werden darf (→ Art. 1 Rn. 16). In den Vorgaben des Art. 6 findet damit das Verbotsprinzip sein primärrechtlich[6] bzw. **von Verfassungs wegen erforderliches Korrektiv.** Zur Umsetzung dieses Korrektivs hat sich der Verordnungsgeber für mehr oder weniger detailliert ausdifferenzierte Erlaubnistatbestände entschieden, wobei der Erlaubnistatbestand der allgemeinen Interessenabwägungsklausel gem. Art. 6 Abs. 1 S. 2 konsequenterweise allein von privatrechtlich Verantwortlichen beansprucht werden kann (zur Einschränkung der Einwilligung bei Datenverarbeitungen durch die öffentliche Hand → Art. 7 Rn. 5, 6). Die Gleichsetzung der unterschiedlichen grundrechtlichen Anforderungen im öffentlichen und privaten Datenschutzrecht hatte seit Anbeginn des Reformvorhabens Kritik hervorgerufen.[7] 4

Auch hinsichtlich der heute zum Einsatz kommenden vielfältigen Datenverarbeitungstechniken verfolgt der Verordnungsgeber in Art. 6 einen für den Rechtsanwender unglücklichen **„One-fits-all"-Ansatz** und blendet darüber die Vorteile von an den jeweiligen Verarbeitungsrisiken orientierten Definitionen und konkreten Zulässigkeitstatbeständen vollständig aus. Wer die DS-GVO nach die gegenwärtige Datenschutzdiskussion dominierenden Begriffen wie bspw. Big Data, Cloud Computing, Smart Home, eHealth, Blockchain oder Internet of Things durchsucht, wird enttäuscht. Diesen schon seit Anbeginn der Reform 5

---

[4] Vgl. zur GRCh *Isensee/Kirchhof*, Handbuch des Staatsrechts der Bundesrepublik Deutschland, Bd. X, 3. Aufl. 2012, S. 218 mwN.

[5] Instruktiv bei *Masing*, NJW 2012, 2305 (2307).

[6] S. Art. 6 Abs. 1 EUV.

[7] Vgl. zB *Rogall-Grothe*, ZRP 2012, 193 (193).

unter dem Begriff der **Technikneutralität** zum Leitgedanken erhobene Ansatz[8] beklagt *Roßnagel* zu Recht als **Unterkomplexität der DS-GVO**, deren Normen überwiegend ohne praxistaugliche normative Inhalte daherkommen.[9]

6 Nichtöffentliche Verantwortliche haben hiernach sämtliche Erscheinungsformen von (modernen) Datenverarbeitungen im Wesentlichen auf die **Erlaubnistrias** Einwilligung (lit. a), Vertragsdatenverarbeitung (lit. b) und die allgemeine Interessenabwägungsklausel (lit. f) zurückzuführen. Bei letzterem wird die Rechtmäßigkeitsprüfung einer Einzelfallabwägung überlassen und darüber **ein Mehr an Rechtsunsicherheit** in Bereichen geschaffen, in denen das Bedürfnis nach Rechtssicherheit gerade besonders evident ist und der Gesetzgeber zu einer nachvollziehbaren Gewichtung entgegenstehender schutzbedürftiger Belange aufgefordert gewesen wäre.[10] Der durch den Hauptberichterstatter des Europäischen Parlaments zur DS-GVO proklamierte „große Schritt hin zu größerer Rechtssicherheit"[11] durch die DS-GVO kann daher bei Lichte betrachtet bestenfalls als **Zweckoptimismus** interpretiert werden. Über den generalklauselartigen, maximalabstrahierenden Ansatz in Art. 6 wird das Recht gerade nicht berechen- und damit handhabbar. Welche Interessen als berechtigt anzusehen sind, wird sich auch künftig an der jeweiligen nationalen Datenschutzkultur der Mitgliedstaaten orientieren (aber → Rn. 57). Das übergeordnete Ziel der Vollharmonisierung erscheint so als nicht erreichbar. Der Spagat zwischen einer zweifellos sinnvollen zukunftsoffenen Regelungstechnik einerseits und hinreichender Rechtssicherheit bei der praktischen Anwendung der Normen andererseits ist den Verordnungsgebern ganz überwiegend nicht geglückt (zu Regulierungen auf Ebene der Technik s. Art. 25).

7 Das Dilemma der in zahlreichen Fragen gewiss noch lange fortwährenden Rechtsunsicherheit manifestiert sich insbesondere bei der Frage der **Darlegungs- und Beweislast**. Auch wenn Art. 6 – anders als Art. 7 Abs. 1 – keine explizite Aussage hierzu trifft, ergibt sich aus allgemeinen Grundsätzen sowie dem in Art. 5 Abs. 2 normierten Verantwortlichkeitsprinzip (→ Art. 5 Rn. 30 f.), dass derjenige, der personenbezogene Daten verarbeitet, für das Vorliegen der Zulässigkeitsvoraussetzungen die Darlegungs- und Beweislast trägt. Nicht zuletzt angesichts des drakonischen Bußgeldrahmens der DS-GVO ist die unscharfe Gesetzestechnik höchst bedenklich und wirft Fragen zur **Einhaltung des Bestimmtheitsgrundsatzes** auf.

8 Für die Anwendbarkeit von Abs. 1 muss zugleich eine **Abgrenzung zur Auftragsverarbeitung** iSv Art. 28 erfolgen, wobei beide Rechtsinstitute auch parallel vorliegen können. Betreibt ein konzernangehöriges Unternehmen sowohl weisungsgebundene Datenverarbeitung für andere Unternehmen desselben Konzerns als auch für eigene Zwecke, ist für die Zulässigkeit des Eigenanteils Art. 6 anzuwenden, für die weisungsgebundene Verarbeitung Art. 28. Maßgeblich für die Anwendbarkeit der **unterschiedlichen gesetzlichen Regelungskomplexe** ist, dass die jeweilige, verschiedenen Zielen dienende Datenverarbeitung einen „abgrenzbaren Teil" der Gesamtorganisation bildet, die differierenden Zweckbestimmungen der Datenverarbeitung also erkennbar sind.[12]

---

[8] Vgl. zB *Reding*, ZD 2012, 195 (198), vgl. auch Erwägungsgrund 15.
[9] *Roßnagel/Nebel/Richter*, ZD 2015, 455 (460).
[10] Vgl. auch *Schneider/Härting*, ZD 2012, 199 (202).
[11] *Albrecht*, CR 2016, 88 (97).
[12] Vgl. zum BDSG aF *Gola/Schomerus*, § 28 Rn. 6.

II. Systematik, Verhältnis zu anderen Vorschriften

Abs. 1 listet **abschließend** sämtliche durch die DS-GVO denkbaren Zulässigkeitstatbestände zur Verarbeitung nicht-sensitiver personenbezogener Daten auf. Für die Verarbeitung sensitiver Daten gilt Art. 9. Nach Abs. 2 können die Mitgliedstaaten spezifische Bestimmungen der Datenverarbeitung, die die Erfüllung einer Rechtspflicht zum Gegenstand haben bzw. die durch die öffentliche Hand erfolgen, beibehalten oder erlassen (→ Rn. 197). Von dieser Regelungsbefugnis erfasst sind auch entsprechende Vorschriften für **besondere Verarbeitungssituationen** nach Kapitel IX. In Abs. 3 werden formelle Anforderungen an spezifische Rechtsgrundlagen nach dem Unionsrecht oder dem Recht der Mitgliedstaaten formuliert, die die Erfüllung einer rechtlichen Verpflichtung adressieren oder für die Wahrnehmung einer Datenverarbeitung durch die öffentliche Hand erforderlich sind. Abs. 4 befasst sich unter **Normierung des sog. Kompatibilitätstests** (→ Rn. 204) explizit und detailliert mit der Frage ob und wenn ja, nach welchen Kriterien eine Verarbeitung von Daten zu einem anderen Zweck als dem, zu dem sie ursprünglich erhoben wurden, zulässig ist. 9

1. Binnenverhältnis der Erlaubnistatbestände des Abs. 1. Art. 6 enthält sechs ihrer rechtlichen Funktion nach **gleichwertige Zulässigkeitstatbestände,** die grundsätzlich nebeneinander Geltung beanspruchen und insbesondere keinem Stufenverhältnis unterliegen.[13] Erst recht kann etwa der Nummerierung in Abs. 1 nicht die Aussage entnommen werden, die Einwilligung (lit. a) sei der primär heranzuziehende Erlaubnistatbestand, die allgemeine Interessenabwägung (lit. f) hingegen die ultima ratio. Über gesetzliche Erlaubnistatbestände soll die Möglichkeit der Ausübung von Grundrechten und -freiheiten durch den Verantwortlichen gerade nicht von einer aktiv vorzunehmenden Grundrechtsausübung der betroffenen Person, der Einwilligung, abhängig gemacht werden. Die **anerkennenswerten Interessen des Verantwortlichen** an einer ausnahmsweise zulässigen Datenverarbeitung erfahren in gesetzlichen Erlaubnistatbeständen ein eigenes, der Einwilligung gleichrangiges Gewicht (vgl. aber zum Widerspruchsrecht Art. 21). 10

Schon hiervon ausgehend kann von einem **„Infizieren“ gesetzlicher Erlaubnistatbestände** im Falle einer verweigerten Einwilligung, mit der Folge, dass eine Verarbeitung auch auf diese nicht mehr gestützt werden kann, keine Rede sein. Selbst wenn ein solcher Automatismus unter Bezugnahme auf den weithin konturenlosen Grundsatz von Treu und Glauben (Art. 5 Abs. 1 lit. a) angenommen würde, spricht die DS-GVO an anderer Stelle zu dieser Frage eine eindeutige Sprache: Die sich im Fall eines Widerrufs regelmäßig anschließende Löschverpflichtung soll gem. Art. 17 Abs. 1 lit. b gerade nur dann greifen, wenn es im Falle eines Widerrufs an einer „anderweitigen Rechtsgrundlage“ fehlt. Datenverarbeitungen können damit grundsätzlich auch **im Falle eines Widerrufs oder einer verweigerten Einwilligung** (zur möglichen Umdeutung in einen Widerspruch → Art. 21 Rn. 3) der betroffenen Person auf Grundlage eines gesetzlichen Erlaubnistatbestands zulässig sein. Soweit die Verarbeitung auf Grundlage der allgemeinen Interessenabwägungsklausel (Abs. 1 lit. f) erfolgt, ist der Umstand der Verweigerung der Einwilligung als Abwägungsfaktor in die Interessenabwägung aufzunehmen, mit einer an die Vorgaben zum Widerspruch ange- 11

[13] Vgl. auch Erwägungsgrund 40, Art. 17 Abs. 1 lit. b; ebenso Sydow/*Reimer,* Art. 6 Rn. 8; zur DS-RL bereits Dammann/Simitis/*Simitis/Dammann,* EG-Datenschutzrichtlinie, Art. 7 Rn. 3.

lehnten Gewichtung (→ Art. 21 Rn. 8 f.). Umgekehrt können Einwilligungen freilich auch solche Datenverarbeitungen rechtfertigen, die nicht durch einen gesetzlichen Erlaubnistatbestand gedeckt sind, soweit die Einwilligungserklärung den gesetzlichen Wirksamkeitsvoraussetzungen (vgl. Art. 7) entspricht.

12 Dem **Grundsatz von Treu und Glauben** ist jedoch in anderer Hinsicht Rechnung zu tragen. Damit bei der betroffenen Person nicht der falsche Eindruck geweckt wird, die Verarbeitung unterstünde ihrer alleinigen Entscheidungsgewalt, bietet es sich an, **Einwilligungen nur dann** einzuholen, wenn ansonsten kein Erlaubnistatbestand zur Verfügung steht.[14] Ist der Verantwortliche nicht absolut sicher, ob die gewollte Verarbeitung auf einen gesetzlichen Erlaubnistatbestand gestützt werden kann, kann er freilich weiterhin zur Absicherung zusätzlich eine Einwilligung der betroffenen Person einholen. In diesen Fällen sollte die betroffene Person transparent darüber informiert werden, dass „auch im Falle eines Widerrufs eine Verarbeitung auf gesetzlicher Grundlage nicht ausgeschlossen ist". Dieser Grundsatz gilt erst recht bei Verarbeitungen durch die öffentliche Hand im Rahmen der Eingriffsverwaltung (→ Art. 7 Rn. 5 f.).

13 Die grundsätzlich anzunehmende Gleichrangigkeit der Erlaubnistatbestände des Abs. 1 muss darüber hinaus dort Grenzen finden, wo zwischen der betroffenen Person und dem Verantwortlichen eine **vertragliche oder vorvertragliche Beziehung** (→ Rn. 27) besteht und diese Beziehung den Umfang der Zulässigkeit der Datenverarbeitung abschließend festlegt. Wird bspw. bei Dienstverträgen zwischen Arzt und Patient, Rechtsanwalt und Mandant oder bei Bankverträgen dem Vertragspartner **aufgrund vertraglicher Schutz- und Vertraulichkeitspflichten** nur gestattet, solche Daten zu verarbeiten, die im Rahmen der Zweckbestimmung des Vertragsverhältnisses benötigt werden, kann der Umfang der Datenverarbeitung nicht durch zusätzliche Erlaubnisvarianten beliebig erweitert werden.[15] Die allgemeine Interessenabwägungsklausel des **lit. f ist kein Auffangtatbestand.**[16] Neben lit. b kann in solchen Fällen lit. f nur dann zur Anwendung kommen, wenn vertragliche Schutzpflichten nicht verletzt werden. Für die Interessenabwägung nach lit. f bedeutet das, dass diese bei Bestehen eines Vertragsverhältnisses zwar weiterhin selbstständige Bedeutung hat, bei ihrer Anwendung aber eng auszulegen ist. Für das **Beschäftigungsverhältnis** (Art. 88) hat das BAG wiederholt ausgeführt, dass über eine allgemeine Interessenabwägung „in die Privatsphäre des Arbeitnehmers nicht tiefer eingedrungen werden darf, als es der Zweck des Arbeitsverhältnisses unbedingt erfordert".[17] Enthält ein Vertrag spezifische Schweigeverpflichtungen, kann das damit verbundene **Verbot der Datenverarbeitung** nicht durch eine außerhalb der vertraglichen Beziehung angesiedelte allgemeine Interessenabwägung aufgehoben werden.[18]

14 **2. Verhältnis von Abs. 1 zu anderen Rechtsvorschriften.** Weitere generelle Anforderungen an eine rechtmäßige Datenverarbeitung werden durch die in

[14] Strenger Kühling/Buchner/*Buchner/Petri*, DS-GVO, Art. 6 Rn. 23; für Einwilligungen im Beschäftigungskontext nach dem Recht der DS-RL vgl. *Artikel-29-Datenschutzgruppe*, WP 48 v. 13.9.2001, S. 3.

[15] Vgl. zum BDSG aF *Gola/Schomerus*, § 28 Rn. 9.

[16] Vgl. zum Recht nach der DS-RL *Artikel-29-Datenschutzgruppe*, WP 217 v. 9.4.2014; aA unter Verweis auf die anderen, restriktiver gefassten Erlaubnistatbestände G/S/S/V/*Assion/Nolte/Veil*, Art. 6 Rn. 120.

[17] So schon BAG, Urt. v. 22.10.1986 – 5 AZR 660/85.

[18] Vgl. zum BDSG aF *Gola/Schomerus*, § 28 Rn. 10 mwBsp.

Art. 5 normierten Grundprinzipien vorgegeben.[19] Allein der Zulässigkeitstatbestand der Einwilligung (lit. a) erfährt in den **Art. 7 und 8** eine Konkretisierung seiner Voraussetzungen. Sind besondere Kategorien personenbezogener Daten Gegenstand der Verarbeitung ist zusätzlich **Art. 9** anzuwenden. Flankierend zu der durch Art. 6 eröffneten materiellen Zulässigkeit der Datenverarbeitung sind stets weitere Anforderungen, etwa Betroffenenrechte (Art. 12 f.) oder Maßnahmen der Datensicherheit (Art. 32) einzuhalten. Die Angabe der Rechtsgrundlage der Verarbeitung ist im Rahmen der Informationspflicht der Art. 13 und 14 (vgl. jeweils Abs. 1 lit. c) verpflichtend. Bei **Datentransfers in Drittstaaten** muss auf der ersten Stufe (→ Art. 44 Rn. 2) die Zulässigkeit der Übermittlung auf einen der in Art. 6 normierten Zulässigkeitstatbestände rückführbar sein.

Die DS-GVO ersetzt nicht alle europäischen Gesetze mit Bezug zum Daten- **15** schutz, mit der Folge, dass auch nach Wirksamwerden der DS-GVO diese anderen, weiterhin bestehenden Vorgaben, ggf. in der Fassung ihrer nationalstaatlichen Umsetzung, zu berücksichtigen sind. Wichtiges Beispiel hierfür ist die Datenschutzrichtlinie für elektronische Kommunikation (**RL 2002/58/EG, „ePrivacy-Richtlinie“,** s. Art. 95) in ihrer im Jahr 2009 novellierten Form (RL 2009/136/EG, „Cookie-Richtlinie“). Nach Art. 94 Abs. 2 sind Verweise auf die mit Wirksamkeit der DS-GVO aufgehobene DS-RL als Verweise auf die DS-GVO zu verstehen. Die durch **Art. 95** angeordnete Fortgeltung der RL 2002/58/EG bewirkt zudem, dass die in Umsetzung dieser Richtlinie erlassenen datenschutzrechtlichen Vorgaben des **TKG** weiterhin anzuwenden sind, so auch darin normierte Erlaubnistatbestände wie die Einwilligung der betroffenen Person, vgl. §§ 94–96, 98 TKG, oder gesetzliche Verarbeitungsbefugnisse, zB § 95 TKG. Zum Verhältnis zu Normen des **TMG** → Art. 95 Rn. 18 f.

Nach Maßgabe von Art. 5 der Europäischen Datenschutzkonvention[20] dürfen **16** personenbezogene Daten, die automatisch verarbeitet werden, nur nach Treu und Glauben und auf rechtmäßige Weise verarbeitet werden. Ausnahmen von diesem Grundsatz sind gem. Art. 9 Abs. 2 der Konvention im Recht der Vertragsstaaten vorzusehen. Gem. Art. 8 Abs. 2 **EMRK** darf eine Behörde in das Recht des einzelnen auf Achtung des Privat- und Familienlebens nur auf gesetzlicher Grundlage eingreifen, worunter bspw. auch rechtliche Verpflichtungen des für die Verarbeitung Verantwortlichen fallen. Für den Bereich der Profilbildung (→ Rn. 59) enthält die **Empfehlung CM/Rec(2010)13** des Ministerrates des Europarates Art. 6 vergleichbare Rechtsgrundlagen. Die **GRCh** erkennt in Art. 8 Abs. 2 ausdrücklich an, dass personenbezogene Daten auf Grundlage einer gesetzlichen Regelung verarbeitet werden dürfen.

Art. 6 schreibt **Art. 7 DS-RL** in nahezu identischer Form fort,[21] wobei die **17** Vorgaben nunmehr freilich direkt anzuwenden sind und nicht in einer mitgliedstaatlich-spezifischen Ausgestaltung. In Deutschland wurde der Datenschutz im **nichtöffentlichen Bereich** entweder in Umsetzung von Art. 7 DS-RL oder durch originär staatliche Gesetzgebung in zahlreichen Normen des allgemeinen und besonderen Datenschutzrechts umgesetzt,[22] die mit Wirksamwerden der DS-

---

[19] Vgl. zum alten Recht ua EuGH, Urt. v. 20.5.2003 – C-465/00, C-138/01 und C-139/01; EuGH, Urt. v. 16.12.2008 – C-524/06.

[20] Übereinkommen zum Schutz des Menschen bei der automatischen Verarbeitung personenbezogener Daten v. 28.1.1981, Konvention 108.

[21] So auch *Buchner*, DuD 2016, 155 (159).

[22] Vgl. zB §§ 4, 6a, 28 f. BDSG aF, §§ 11 f. TMG.

GVO entweder durch den nationalen Gesetzgeber außer Kraft gesetzt oder dem Anwendungsvorrang der DS-GVO zum Opfer fallen werden (→ Art. 94 Rn. 4 f.). Der EuGH hat mit Entscheidung vom 19.10.2016 derartige Rechtsnormen als mit Art. 7 lit. f DS-RL unvereinbar eingestuft, soweit diese eine Datenverarbeitung auf Grundlage der allgemeinen Interessenabwägungsklausel von vornherein prinzipiell ausschließen.[23] Der **Datenschutz im öffentlichen Bereich** wurde durch die Mitgliedstaaten in unzähligen Spezialgesetzen, in Deutschland auf Ebene des Bundes sowie der Länder, ausdifferenziert. Zum Redaktionsschluss der 2. Auflage waren in einigen Bundesländern Gesetze zur Anpassung der jeweiligen Landesdatenschutzgesetze an die DS-GVO im Gesetzgebungsverfahren.

B. Einzelerläuterungen

I. Die einzelnen Erlaubnistatbestände (Abs. 1)

18 Eine Datenverarbeitung ist nach der DS-GVO nur gestattet, wenn **„mindestens"** einer der in Art. 6 Abs. 1 normierten Erlaubnistatbestände einschlägig ist. Die Formulierung „die Verarbeitung" in Abs. 1 S. 1 ist gedanklich um „zu einem bestimmten Zweck" zu erweitern. Daraus resultiert, dass mit „mindestens" die Aussage getroffen werden soll, dass eine Verarbeitung zu ein und demselben Zweck **durch mehrere Zulässigkeitstatbestände zugleich** legitimiert sein kann (zum Verhältnis der Einwilligung zu gesetzlichen Erlaubnistatbeständen → Rn. 10).[24] Die Norm sorgt gegenüber der uneinheitlich interpretierten Formulierung in Art. 7 DS-RL, hier ist von „einer" Voraussetzung die Rede, für Klarheit. Das Vorliegen des erforderlichen Erlaubnistatbestands ist **für jede einzelne Phase** der Verarbeitung personenbezogener Daten („Vorgang" vgl. Art. 4 Nr. 2) gesondert bzw. erneut zu prüfen.[25]

19 Der **Zweck der Verarbeitung** ist so konkret wie möglich zu fassen. Er folgt entweder aus seiner Verankerung in Rechtsnormen der Union bzw. der Mitgliedstaaten oder wird durch den nichtöffentlichen Verantwortlichen als **Zweckveranlasser** definiert (→ Art. 5 Rn. 13 f.). Das private Verantwortliche adressierende Gebot der Zweckfestlegung macht erst eine Rechtmäßigkeitsprüfung der Verarbeitung möglich, hat Relevanz im Rahmen der Informationspflichten (vgl. zB Art. 13 Abs. 1 lit. c) und ist zudem der Bezugspunkt für die Feststellung der Zulässigkeit einer zweckändernden Verarbeitung iSv Art. 6 Abs. 4 (→ Rn. 202). Hiervon ausgehend ist auch die Definition eines **unter einer Bedingung stehenden Zwecks** zulässig, sofern die Umstände der Bedingung eindeutig sind und für die betroffene Person verständlich dargestellt werden. Ungereimtheiten gehen zulasten des Zweckveranlassers. Werden bspw. Daten zum Zwecke der Vertragsabwicklung erhoben, kann daneben auch eine Verarbeitung in Form der Übermittlung an Auskunfteien „für den Fall eintretender Zahlungsstörungen" als weiterer primärer Erhebungszweck durch den Verantwortlichen vorgegeben werden.

20 Soweit eine Datenverarbeitung auf Grundlage eines gesetzlichen Erlaubnistatbestands iSv Art. 6 Abs. 1 lit. b-f erfolgt, ist im Rahmen einer jeden Rechtmäßigkeitsprüfung der **Erforderlichkeitsgrundsatz** als Ausfluss des Zweckbindungs-

---

[23] EuGH, Urt. v. 19.10.2016 – C-582/14 – Breyer/Deutschland, NJW 2016, 3579.

[24] Anders zum BDSG aF Simitis/*Simitis*, § 28 Rn. 54.

[25] So auch Ehmann/Selmayr/*Heberlein*, DS-GVO, Art. 6 Rn. 5; *Schantz/Wolff*, Rn. 651; aA *Härting*, Rn. 331.

grundsatzes iSv Art. 5 Abs. 1 lit. b zu berücksichtigen. Erforderlichkeit ist ein unbestimmter Rechtsbegriff, der der Ausfüllung und Konkretisierung im Einzelfall bedarf. Hierbei ist einerseits stets von der Grundentscheidung des Gesetzgebers auszugehen, dass die Verarbeitung von personenbezogenen Daten nur in Ausnahmefällen gestattet sein soll. So sind ohne Weiteres Fälle denkbar, in denen eine Verarbeitung als erforderlich erscheinen mag, die Zulässigkeit letztendlich aber doch wegen einer Verletzung der Grundrechte der betroffenen Person scheitern muss. Andererseits darf der Grundsatz der Erforderlichkeit **nicht** im Sinne einer zwingenden Notwendigkeit **überinterpretiert** werden. Verlangt werden muss lediglich, dass die Datenverarbeitung zur Erreichung des Zwecks objektiv tauglich ist und eine für die betroffene Person weniger invasive Alternative entweder nicht vorliegt oder für den Verantwortlichen nicht zumutbar ist.[26] Für die Einwilligung iSv Art. 6 Abs. 1 lit. a kennt die DS-GVO mit dem in Art. 7 Abs. 4 normierten Kopplungsverbot ein in seiner Wirkung vergleichbares Korrektiv (→ Art. 7 Rn. 24).

1. Einwilligung (lit. a). Als **Ausdruck datenschutzrechtlicher Selbstbestimmung** kann eine Verarbeitung zunächst durch die Einwilligung der betroffenen Person legitimiert werden; selbsterklärend nur hinsichtlich sie betreffender personenbezogener Daten (zur Möglichkeit einer Stellvertretung → Art. 7 Rn. 9). In lit. a wird neben der Aussage zur Zulässigkeit einer Einwilligung zudem normativ festgelegt, dass diese **„für einen oder mehrere bestimmte Zwecke“** gegeben werden kann bzw. muss. Über den Verwendungszweck muss die betroffene Person vor oder bei der Einholung der Einwilligung **informiert** werden, vgl. Erwägungsgrund 42. Die sonstigen Wirksamkeitsvoraussetzungen einer Einwilligung hat der Verordnungsgeber in den Art. 7 und 8 sowie zahlreichen Erwägungsgründen detailliert ausgestaltet (vgl. die ausführlichen Erläuterungen zu Art. 7 und Art. 8). 21

Auf die Einwilligung können infolge der fehlenden Differenzierung im Verordnungstext zunächst sowohl privatrechtliche Verantwortliche als auch die öffentliche Hand zurückgreifen. Insbesondere entfaltet lit. e **keine Sperrwirkung** hinsichtlich einer einwilligungsbasierten Verarbeitung im öffentlichen Interesse bzw. in Ausübung öffentlicher Gewalt. Da allerdings öffentlich-rechtlich Verantwortliche in der Regel an gesetzlich definierte Verarbeitungsbefugnisse gebunden sind, kann eine einwilligungsbasierte Verarbeitung gleichwohl nur ausnahmsweise anerkannt werden (→ Art. 7 Rn. 5). Vereinzelt existieren in Deutschland öffentlichrechtliche Normen, die eine Einwilligung in spezifische Verarbeitungen vorsehen, zB § 81h StPO. 22

Die Einwilligung soll sich gem. Erwägungsgrund 32 auf alle zu demselben Zweck oder denselben Zwecken vorgenommene **Verarbeitungsvorgänge** beziehen. Erforderlich ist also, dass die Einwilligungserklärung sämtliche Verarbeitungsvorgänge iSv Art. 4 Nr. 2, bezogen auf den jeweiligen Zweck, abdeckt. Bei mehreren Zwecken muss sich die Einwilligung zweifelsfrei auf alle Zwecke beziehen. Vor diesem Hintergrund sind einer **Auslegung** der Einwilligungserklärung enge Grenzen gesetzt. Die in der Legaldefinition der Einwilligung in Art. 4 Nr. 11 genutzte Formulierung, wonach Einwilligungen für den bestimmten „Fall“ abzugeben sind, ist damit als Oberbegriff für Einwilligungen zu einem bzw. zu mehreren konkreten Zwecken zu interpretieren. Es ist zureichend, wenn Nutzer 23

[26] Instruktiv bei *Schantz/Wolff*, Rn. 429–437.

ihre Einwilligung einmal für denselben Zweck geben können, sodass anschließend keine weiteren Anfragen den Nutzer stören.[27]

24 Die Zwecke der Verarbeitung müssen nach Erwägungsgrund 32 für den konkreten Fall, dh **so konkret wie möglich** benannt werden (→ Art. 7 Rn. 34). Blankoeinwilligungen oder pauschale Einwilligungen genügen dieser Vorgabe nicht. Zu Umsetzungsproblemen bei nur unspezifischen Zweckbestimmungen → Art. 7 Rn. 35; zu konzernweiten Zweckbestimmungen → Art. 7 Rn. 38.

25 Erwägungsgrund 33 befasst sich explizit mit Einwilligungen für Zwecke der **wissenschaftlichen Forschung** und anerkennt, dass ein solcher Verarbeitungszweck zum Zeitpunkt der Erhebung der personenbezogenen Daten oftmals nicht vollständig angegeben werden kann. Den betroffenen Personen sollte hiernach in diesen Fällen ermöglicht werden, nur für Teilbereiche des Forschungsprojekts, qualitativ und/oder zeitlich, die Einwilligung zu erteilen und verlangt in diesem Zusammenhang die Einhaltung „anerkannter ethischer Standards der wissenschaftlichen Forschung". Die Vorgaben aus Erwägungsgrund 33, die keinen Einzug in den verfügenden Teil der DS-GVO gefunden haben, stützen das **Konzept der gestuften Einwilligung** (engl. „tiered consent"), dass betroffenen Personen Wahlmöglichkeiten eröffnet, ob nur in ein konkretes Forschungsvorhaben, in dessen Teilbereiche oder dem entgegen in unbestimmte, erst in der Zukunft zu definierende Forschungsvorhaben eingewilligt werden soll. Damit geht tendenziell eine Erleichterung der einwilligungsbasierten wissenschaftlichen Forschung einher.[28] Hiervon geht auch der deutsche Gesetzgeber aus und gestattet in § 67b Abs. 3 SGB X mit Blick auf Sozialdaten die Einholung von Einwilligungen zu Forschungszwecken „für ein bestimmtes Verfahren oder für bestimmte Bereiche der wissenschaftlichen Forschung." Der Einsatz von **Generaleinwilligungen,** im Rahmen derer „in die Verwendung von Proben" unspezifiziert eingewilligt wird, wird durch die DS-GVO nicht unterstützt.[29]

26 Neben dem Widerruf (→ Art. 7 Rn. 54 f.) sind **Zweckerreichung bzw. Zweckfortfall** nach der DS-GVO die einzigen Konstellationen, eine rechtskonforme einwilligungsbasierte Verarbeitung mit Wirkung für die Zukunft unzulässig zu machen. Insbesondere unterliegen Einwilligungen auch nach der DS-GVO **keiner in zeitlicher Hinsicht wirkenden Beschränkung** (→ Art. 7 Rn. 58).

27 **2. Vertrag und vorvertragliche Maßnahmen (lit. b). a) Anwendungsbereich.** In Fortführung des bislang gültigen Art. 7 lit. b DS-RL erklärt lit. b eine Datenverarbeitung für zulässig, wenn diese zur Erfüllung eines Vertrags oder für die Durchführung vorvertraglicher Maßnahmen, die auf Antrag der betroffenen Person erfolgen, erforderlich ist. Neben der Einwilligung zählen auch die beiden Varianten aus lit. b zu den Erlaubnistatbeständen, die eine Datenverarbeitung ganz wesentlich auf Grundlage einer willentlichen Entscheidung der betroffenen Person für zulässig erachten. Andererseits hat es der Verantwortliche iRv lit. b im Wesentlichen selbst in der Hand, über die Ausgestaltung des Vertragsinhalts zugleich die **Reichweite der Zulässigkeit der Datenverarbeitung** festzulegen. Grenzen setzt hier außerhalb monopolartiger Strukturen allein der allgemeine Erforderlichkeitsgrundsatz (→ Rn. 37).

---

[27] *Reding*, ZD 2012, 195 (197).

[28] So auch *Schaar*, ZD 2016, 224 (225).

[29] Anders etwa der Deutsche Ethikrat, vgl. Biobanken für die Forschung, Stellungnahme, 2004, S. 67.

Von lit. b erfasst sind einerseits Verarbeitungen zur **Erfüllung vertraglich begründeter Haupt- und Nebenpflichten.** Weshalb an dieser Stelle allein der Begriff der Erfüllung verwendet wird ist unverständlich, zumal der Verordnungsgeber den Begriff des „Abschluss" ersichtlich kennt.[30] Während der inhaltlich identische Wortlaut von Art. 7 lit. b DS-RL über mitgliedstaatliches Recht noch praxisgerecht ausgeformt werden konnte,[31] stellt sich vor dem Hintergrund des unmittelbar anzuwendenden Art. 6 Abs. 1 lit. b die Frage, ob **auch der Abschluss, die Änderung oder die Abwicklung** (zB Kündigung) eines Vertrages von dieser Zulässigkeitsvariante erfasst sein oder ob für diese Zweckbestimmungen alternativ Art. 6 Abs. 1 lit. f greifen soll. Bei sinnstiftender Auslegung und infolge der Nähe der vorgenannten Zwecke zur Vertragserfüllung wird man an dieser Stelle davon ausgehen können, dass grundsätzlich sämtliche ein bestehendes Vertragsverhältnis betreffende Datenverarbeitungen von lit. b erfasst werden.[32] Nach dem Wortlaut der Norm ist es allein erforderlich, dass die betroffene Person **Vertragspartei** ist; für den Verantwortlichen wird dasselbe nicht verlangt.[33] Auf Grundlage von lit. b können danach auch Verarbeitungen durch Verantwortliche legitimiert werden, die selbst nicht Vertragspartner sind. 28

Obwohl bei strenger Auslegung des Wortlauts („Vertrag") nur zwei- oder mehrseitige Schuldverhältnisse (zB Kauf, Tausch, Miete, Schenkung) erfasst sind, findet lit. b **auch auf einseitige Schuldverhältnisse** Anwendung, in Deutschland nur die Auslobung.[34] Es kann keinen Unterschied machen, ob durch den Verantwortlichen initiierte Datenverarbeitungen in mehrseitigen oder aber nur in einseitigen Schuldverhältnissen durchgeführt werden. Die Gegenansicht,[35] die auf einseitige Rechtsverhältnisse allein lit. f anwenden will, überdehnt den Zweck von lit. b als „Schutznorm" zugunsten betroffener Personen. Tatsächlich dürfte es sich bei lit. b um eine Gestattungsnorm zugunsten des Verantwortlichen handeln, die eine Verarbeitung in den Grenzen des jeweiligen Vertragstypus erlaubt. Ein weitergehender Schutz über eine Interessenabwägung ist daneben auch nicht erforderlich, da es den betroffenen Personen vollständig selbst überlassen bleibt, zu (transparenten) Konditionen bspw. an einem Preisausschreiben teilzunehmen, oder eben nicht. Von lit. b erfasst sind daneben Verarbeitungen, die nach **Treu und Glauben** und in Rücksichtnahme auf die Interessen des Vertragspartners (§ 241 Abs. 2 BGB) vorgenommen werden,[36] wobei die Grenze zu lit. f fließend verläuft. 29

Aus der DS-RL übernommen hat die DS-GVO auch die Erlaubnis zur Datenverarbeitung zum Zwecke der **Durchführung vorvertraglicher Maßnahmen,** die auf Anfrage der betroffenen Person erfolgen. Der Begriff der vorvertraglichen Maßnahme ist im EU-Recht, soweit ersichtlich, nicht definiert. Gestattet sein sollen hiernach wohl nur solche Verarbeitungen, die auf Betreiben der betroffenen Person im Vorfeld des Abschlusses eines Vertragsverhältnisses erfolgen sollen. 30

---

[30] S. Art. 22 Abs. 2 lit. a.

[31] Wie etwa in § 28 Abs. 1 S. 1 lit. a BDSG aF, § 14 Abs. 1 TMG.

[32] So auch Plath/*Plath*, DSGVO, Art. 6 Rn. 9; Kühling/Buchner/*Buchner/Petri*, DS-GVO, Art. 6 Rn. 33; BeckOK DatenschutzR/*Albers*, Art. 6 Rn. 31.

[33] Sa *Schantz/Wolff*, Rn. 550; BeckOK DatenschutzR/*Albers*, DS-GVO, Art. 6 Rn. 30.

[34] §§ 657 f. BGB.

[35] Kühling/Buchner/*Buchner/Petri*, DS-GVO, Art. 6 Rn. 28; BeckOK DatenschutzR/*Albers*, Art. 6 Rn. 30.

[36] Differenzierend Kühling/Buchner/*Buchner/Petri*, DS-GVO, Art. 6 Rn. 29, 30; vgl. zur DS-RL Dammann/Simitis/*Simitis/Dammann*, EG-Datenschutzrichtlinie, Art. 7 Rn. 5.

Gemeint sein dürften vorvertragliche Rechtsverhältnisse, im Rahmen derer keine Leistungspflichten, sondern lediglich gegenseitige Rücksichtnahme- oder auch Informations- und Aufklärungspflichten bestehen. Beispiel hierfür sind etwa die Erhebung von Daten im Rahmen einer Vertragsanbahnung, die **Erstellung von individualisierten Angeboten** oder Kostenvoranschlägen oder die Bereitstellung von Hotelkontingenten wobei, sowie zivilrechtlich von einem Auftragsverhältnis (§ 662 BGB) auszugehen ist, bereits die Variante der Vertragsdatenverarbeitung greift. Ist die betroffene Person hinreichend informiert, sind auf Grundlage von lit. b auch **Bonitätsabfragen** im Vorfeld eines Vertragsschlusses zulässig.[37]

31 Im BDSG aF erfolgte die Umsetzung der Richtlinienvorgabe in § 28 Abs. 1 S. 1 Nr. 1, seit der BDSG-Reform 2009 unter Verwendung des aus § 311 Abs. 2 BGB bekannten Begriffs des **rechtsgeschäftsähnlichen Schuldverhältnisses.** Die Abweichung in der Begrifflichkeit hatte zu einer leichten Ausweitung der Reichweite des Zulässigkeitstatbestands geführt, da über die „rechtsgeschäftsähnlichen Schuldverhältnisse" auch vom Begriff der vorvertraglichen Maßnahme unzweifelhaft nicht mehr erfasste Gefälligkeitsverträge oder bspw. mitgliedschaftliche Beziehungen (zB durch die Beteiligung in Gremien, als Aktionär, als Vereinsmitglied uÄ) erfasst wurden. Solche ersichtlich nicht als vorvertragliche Maßnahmen qualifizierbare Verhältnisse sind infolge des klaren Wortlauts von lit. b **künftig an lit. f zu messen.** Sofern jedoch betroffene Personen bspw. im Rahmen von Gewinnspielen (Auslobung) oder bei **Anforderung eines Kataloges** Daten zur Verfügung stellen, kann dies als vertragliche bzw. vorvertragliche Maßnahme gewertet werden mit der Folge, dass diese auch künftig wie Bestandskunden behandelt und entsprechend werblich angesprochen werden können (vgl. auch → Rn. 77 f.).

32 Der Anwendungsvorrang[38] der DS-GVO gegenüber nationalen Vorgaben des Datenschutzrechts führt zudem dazu, dass neben dem BDSG auch die spezielleren datenschutzrechtlichen Vorgaben des **TMG** ihre Wirkung verlieren werden (→ Art. 95 Rn. 18 f.). Als wesentliche Folge dessen wird auch die bislang durch das TMG vorgenommene datenschutzrechtliche Trennung in **Bestands-, Nutzungs- und Inhaltsdaten** aufgegeben und die Zulässigkeit der Verarbeitung dieser Datenarten sämtlichst Art. 6 Abs. 1 unterworfen, was in der Praxis nicht selten die Frage aufwerfen wird, welcher Erlaubnistatbestand im konkreten Fall Anwendung finden kann.[39]

33 **Bestandsdaten** sind nach ihrer bislang in § 14 Abs. 1 TMG normierten Definition für die Begründung, inhaltliche Ausgestaltung oder Änderung eines Vertragsverhältnisses zwischen einem Diensteanbieter und dem Nutzer über die Nutzung von Telemedien erforderlich. Da es sich hierbei in der Regel um Basisdaten eines Vertragsverhältnisses handelt, werden diese künftig von lit. b erfasst.[40] Hierzu zählen bspw. Vertragsgegenstand und Zahlungsart, Name, Adresse, Rufnummer, E-Mail, Kenn- und Passwörter sowie das Geburtsdatum.[41] Werden E-Mail- und

---

[37] G/S/S/V/*Assion/Nolte/Veil*, DS-GVO, Art. 6 Rn. 89; BeckOK DatenschutzR/*Albers*, Art. 6 Rn. 33.

[38] *Kühling/Martini*, S. 3 mwN.

[39] Kühling/Buchner/*Buchner/Petri*, DS-GVO, Art. 6 Rn. 61 erwarten hingegen, dass sich infolge des Fortfalls der Differenzierung „die Rechtanwendung künftig einfacher gestalten wird".

[40] So auch *Keppeler*, MMR 2015, 779 (782).

[41] Vgl. Aufzählung zu § 14 TMG sowie weitere Bsp. bei Spindler/Schuster/*Spindler/Nink*, § 14 TMG Rn. 3.

IP-Adresse jedoch im Rahmen der Bereitstellung öffentlich zugänglicher elektronischer Kommunikationsnetze erhoben, handelt es sich also um **Telekommunikationsdienste** gem. § 3 Nr. 18 TKG, findet nicht lit. b sondern § 95 TKG Anwendung (zum Verhältnis der Normen vgl. Art. 95).

Bei **Nutzungsdaten** handelt es sich nach der bisher in § 15 Abs. 1 TMG erfolgten Definition um personenbezogene Daten eines Nutzers, deren Verarbeitung erforderlich ist, um die Inanspruchnahme von Telemedien zu ermöglichen, dh Daten, die während der Nutzung eines Telemediums (zB Webseite, App) notwendigerweise verarbeitet werden, bspw. IP-Adressen oder Session-Cookies. Da Nutzungsdaten unabhängig vom Bestehen eines vertraglichen oder vorvertraglichen Verhältnisses anfallen, hängt die Anwendbarkeit von lit. b maßgeblich davon ab, ob die Nutzungsdaten im Rahmen eines solchen Verhältnisses verarbeitet werden.[42] Dies wird regelmäßig bei Log-in-Daten (Nutzername, Passwort, IP-Adresse etc.) als Bestandteilen von Kundenkonten, denen ein Vertragsverhältnis zugrunde liegt, der Fall sein. Auch **Abrechnungsdaten** als Unterform von Nutzungsdaten werden zum Zwecke der Entgeltabrechnung und damit gerade im Rahmen eines bestehenden Vertragsverhältnisses erhoben. Besteht kein nach lit. b erforderliches Vertragsverhältnis, richtet sich die Zulässigkeit der Verarbeitung von Nutzungsdaten nach lit. f. 34

Begreift man die bislang als **Inhaltsdaten** bezeichneten Daten als solche, die mit Hilfe eines Telemediendiensts übermittelt werden, um die durch den Telemediendienst begründeten Leistungs- und Rechtsverhältnisse zu erfüllen,[43] unterliegen diese qua definitionem dem Zulässigkeitstatbestand des lit. b. Diese Definition greift allerdings zu kurz, da Inhaltsdaten auch solche Informationen sein können, die über ein Telemedium eingegeben und transportiert werden, selbst aber nicht Teil der Diensterbringung sind und nicht notwendigerweise in Erfüllung des Vertragsverhältnisses erfolgen.[44] Die **Bewertung** eines Restaurants auf einer Bewertungsplattform oder eine **Statusmeldung** auf einer sozialen Plattform sind zwar Inhaltsdaten, nicht aber solche, die in Erfüllung eines Vertrages verarbeitet werden. Entsprechend ist auch für die Anwendbarkeit von lit. b auf Inhaltsdaten zunächst stets die Frage zu klären, ob diese als Vertragsdaten zu qualifizieren sind. Ob im Rahmen der **Blockchain**-Technologie[45] verarbeitete Transaktionsdaten,[46] wozu typischerweise sowohl Nutzungs-[47] als auch Inhaltsdaten zählen, ihre Rechtfertigung in lit. b finden können, hängt maßgeblich von der Klassifizierung erstens des Verhältnisses zwischen der betroffenen Person und dem Blockchain-Netzwerk und zweitens der innerhalb der Blockchain ausgeführten „Smart Contracts" als Vertragsverhältnisse ab. Denkbar wäre etwa, den Vertragsgegenstand sowohl in der eigentlich dokumentierten Transaktion als auch in der Aufrechterhaltung und Fortführung des Netzwerks an sich zu sehen. „Vertragspartner" wäre dann neben der betroffenen Person das Netzwerk selbst,[48] bei privaten Blockchains auch der 35

---

[42] AA wohl *Keppeler*, MMR 2015, 779 (782), der Nutzungsdaten pauschal unter lit. b subsumiert.

[43] Vgl. Spindler/Schuster/*Spindler/Nink*, § 15 TMG Rn. 3 mwN.

[44] Vgl. *Schmidl*, IT-Recht von A-Z, 2. Aufl. 2014.

[45] Eingehend hierzu zB *Hofert*, ZD 2017, 161 f.; *Bechtolf/Vogt*, DSRITB 2017, S. 873 f.; *Schrey/Thalhofer*, NJW 2017, 1431 f.; *Martini/Weinzierl*, NVwZ 2017, 1251 f.

[46] Zum Personenbezug der Datenbankeinträge vgl. zB *Erbguth/Fasching*, ZD 2017, 560 (562); *Schrey/Thalhofer*, NJW 2017, 1431 (1433); *Hofert*, ZD 2017, 161 (163).

[47] Ein Anbieter-Nutzer-Verhältnis ist nach der DS-GVO nicht erforderlich.

[48] In diesem Sinne auch *Hofert*, ZD 2017, 161 (165).

Betreiber. Ob ein Blockchain-Netzwerk aber überhaupt auch Verantwortlicher im datenschutzrechtlichen Sinne sein kann, ist infolge seiner dezentralen Struktur unklar.[49] Eine Datenverarbeitung auf Grundlage von Art. 6 Abs. 1 lit. f wird unter Verweis auf die dauerhafte unveränderliche Speicherung personenbezogener Transaktionsdaten und die insoweit überwiegenden Interessen der betroffenen Person gegenwärtig noch verneint.[50]

36 Soll neben der auf vertraglicher Grundlage zulässigen **zusätzlich eine einwilligungsbasierte Datenverarbeitung** erfolgen (zum Verhältnis der Erlaubnistatbestände → Rn. 10), hat der für die Verarbeitung Verantwortliche das Kopplungsverbot des Art. 7 Abs. 4 zu beachten (→ Art. 7 Rn. 24). Erfolgt die Vertragsdatenverarbeitung mithilfe eines automatisierten Verfahrens erhält der Betroffene nach Maßgabe von Art. 20 ein Recht auf Datenübertragbarkeit. Gem. Art. 22 Abs. 2 lit. a sind **automatisierte Entscheidungen** auf der Grundlage ausschließlich automatisierter Datenverarbeitungen, die gegenüber der betroffenen Person rechtliche Wirkung entfalten oder sie in ähnlicher Weise erheblich beeinträchtigen dann zulässig, wenn sie für den Abschluss oder die Erfüllung eines Vertrags erforderlich sind und der für die Verarbeitung Verantwortliche geeignete Maßnahmen zum Schutz der „Rechte und Freiheiten sowie der berechtigten Interessen der betroffenen Person" vorhält.

37 **b) Erforderlichkeit.** Auch eine Verarbeitung auf Grundlage von lit. b ist nur dann zulässig, wenn sie erforderlich ist (→ Rn. 20). In welchem **Umfang** eine Verarbeitung zu Vertragszwecken erforderlich ist, folgt unmittelbar oder mittelbar aus dem Vertragsinhalt. Regelmäßig sind dies die nach dem jeweiligen mitgliedstaatlichen Recht erforderlichen **essentialia negotii** des jeweiligen Vertragstypus, dh zumindest die Basisdaten der Vertragspartner und der wesentliche Vertragsinhalt. Die Erforderlichkeit von darüber hinaus gehenden Daten können die Vertragsparteien über eine detaillierte Ausgestaltung von Umfang und Reichweite der Vertragszwecke weitgehend selbst bestimmen.[51] Mit dem **Grundsatz der Privatautonomie** wäre es danach unvereinbar, wenn Gesetzgeber oder Aufsichtsbehörden unter Verweis auf eine etwa fehlende Erforderlichkeit den Verantwortlichen zur Modifikation des Vertragsinhalts drängen würden. Ausnahmen bestehen hier allein in monopolartigen Strukturen, dh bei Leistungen, auf die die betroffene Person angewiesen ist (zB ÖPNV). Wird der Vertragszweck in AGB festgelegt, unterliegen diese der Inhaltskontrolle der §§ 307 f. BGB. Hiervon ausgehend steht datenschutzrechtlich einer Ausweitung der Datenverarbeitungsbefugnis durch die nachträgliche (einseitige) **Änderung der AGB** grundsätzlich nichts im Wege. Die Belange der betroffenen Person sowie die Grundprinzipien der Datenverarbeitung iSv Art. 5 (insbesondere „Treu und Glauben") gebieten es jedoch, der betroffenen Person in solchen Fällen ein vertragliches Widerspruchsrecht oder/und ein (Sonder-)Kündigungsrecht einzuräumen. Soweit Vertragsinhalte **durch Gesetz konkretisiert** sind,[52] ergibt sich Umfang und Erforderlichkeit der Verarbeitung direkt aus der gesetzlichen Vorgabe. Weichen diese gesetzlichen Vorgaben in den Mitgliedstaaten voneinander ab, variiert auch die Reichweite der auf Grundlage von lit. b zulässigen Datenverarbeitung.

---

[49] *Erbguth/Fasching*, ZD 2017, 560 (563 f.).

[50] *Schrey/Thalhofer*, NJW 2017, 1431 (1434).

[51] So auch G/S/S/V/*Assion/Nolte/Veil*, Art. 6 Rn. 90.

[52] ZB im Falle eines Behandlungsvertrages gem. § 630c Abs. 2 BGB.

Eine Datenverarbeitung ist **erforderlich,** wenn sie zur Erfüllung von Pflichten oder zur Wahrnehmung von Rechten aus einem mit der betroffenen Person geschlossenen Vertrag vorgenommen und hierfür benötigt wird. Es muss ein **unmittelbarer Zusammenhang** mit dem konkreten Zweck des Vertragsverhältnisses bestehen.[53] Die Erforderlichkeit ist nicht gegeben, wenn die Interessen auch ohne die Kenntnis der personenbezogenen Informationen gewahrt werden können. Erforderlichkeit darf hingegen nicht im Sinne einer absolut zwingenden Notwendigkeit, wonach nur solche Verarbeitungen zulässig wären, ohne die die Durchführung des Vertragsverhältnisses nicht möglich wäre, **überinterpretiert** werden. Die geplante Datenverarbeitung muss sich vielmehr bei vernünftiger Würdigung als objektiv sinnvoll im Kontext des Vertragszwecks erweisen. Die **Abfrage des Alters** im Rahmen des Vertragsschlusses ist jedenfalls dann erforderlich, wenn der Vertragsschluss mit einem Minderjährigen gegen andere Rechtsnormen verstoßen würde.[54] Anderenfalls kann die Abfrage durch lit. f gedeckt sein, etwa dann, wenn Verträge nur mit unbeschränkt Geschäftsfähigen abgeschlossen werden sollen. Zudem dürfen auch solche Daten verarbeitet werden, die **erst im Verlaufe des Vertragsverhältnisses** und nur ggf. benötigt werden könnten, damit sie in der konkreten Situation aktuell zur Verfügung stehen.[55] 38

Ergibt sich die Zweckbestimmung und damit der Anknüpfungspunkt für die Erforderlichkeit nicht unmittelbar aus dem Vertragsverhältnis, müssen die für den Umfang der Datenverarbeitung relevanten Rechte und Pflichten der Parteien im Wege **ergänzender Vertragsauslegung**[56] bzw., bei vorvertraglichen Maßnahmen, durch Interessenabwägung festgestellt werden. Die hier zu § 28 Abs. S. 1 lit. a BDSG aF entwickelten Fallgruppen dürften infolge des annähernd gleich gebliebenen Wortlauts von lit. b weiterhin Gültigkeit beanspruchen. So dürfte bspw. im Rahmen der Entscheidung über den **Abschluss eines Kreditgeschäfts** mit einer Bank eine Bonitätsanfrage bei einer Auskunftei gestattet[57] (vgl. aber → Rn. 115 f.) oder die Abfrage aus dem Schuldnerverzeichnis auf Grundlage von lit. b zulässig sein.[58] Die Verarbeitung, also auch die Erhebung von Daten über **Mietschulden** aus früheren Mietverhältnissen, ist im Vorfeld des Abschlusses eines Mietvertrages zulässig.[59] Zudem werden die vorgenannten Verarbeitungen unzweifelhaft auch auf Grundlage von lit. f zulässig sein. 39

Aus dem Vertragsgegenstand kann sich zudem unmittelbar oder auch mittelbar die Pflicht oder Berechtigung und damit die Erforderlichkeit für die **Phase der Datenübermittlung** ergeben. Bei der Buchung einer Reise in einem (Online-)Reisebüro gehört eine Datenübermittlung an die Fluggesellschaft, das Hotel etc. – ggf. auch in das Ausland (vgl. Art. 49) – zum Gegenstand des Vertrages. Gleiches gilt für den Fall, dass bei einem selbstständigen Versicherungsvertreter eine **Versicherung** abgeschlossen wird, für die Übermittlung der Daten an die Versicherung. 40

3. Rechtliche Verpflichtung (lit. c). Gem. lit. c kann eine rechtliche Verpflichtung ein eigenständiger Erlaubnistatbestand zur Datenverarbeitung sein. Die 41

---

[53] Vgl. zum BDSG aF *Gola/Schomerus*, § 28 Rn. 15 mwN.
[54] Vgl. bspw. §§ 9, 12, 15 JuSchG.
[55] Vgl. zum BDSG aF BeckOK DatenschutzR/*Wolff*, BDSG, § 28 Rn. 34.
[56] S. § 157 BGB.
[57] Vgl. zum alten Recht schon BGH, Urt. v. 20.6.1978 – VI ZR 66/77.
[58] Zum alten Recht BfDI, 24. TB 2011/2012, Ziff. 8.12.
[59] Vgl. zum BDSG aF *Gola/Schomerus*, § 28 Rn. 17 mwN und weiteren Bsp.

DS-GVO führt an dieser Stelle Art. 7 lit. c DS-RL fort. Im **BDSG aF** wurde die Richtlinienvorgabe in § 4 Abs. 1 umgesetzt, wonach eine Datenverarbeitung auch dann zulässig war, soweit das BDSG aF oder eine andere Rechtsvorschrift dies erlaubte oder **„anordnete“.**

42 Die rechtliche Verpflichtung, aus der sich die Erlaubnis zur Datenverarbeitung gem. lit. c ableitet, muss sich aus EU-Recht oder aus dem Recht des Heimatstaates des Verantwortlichen ergeben (Art. 6 Abs. 3 S. 1). Die DS-GVO hat an dieser Stelle **Richtliniencharakter**, da sie den Mitgliedstaaten eine Möglichkeit eröffnet, spezifische Anforderungen an die Verarbeitung sowie „sonstige Maßnahmen“ präziser zu bestimmen (zu den Anforderungen → Rn. 197). Durch die spezifische Norm bestimmt werden kann dabei **allein die Zulässigkeit** der Datenverarbeitung. Die übrigen datenschutzrechtlichen Pflichten des Verantwortlichen folgen nur dann nicht direkt aus der DS-GVO, wenn diesbezüglich eine gesonderte Konkretisierungsklausel fruchtbar gemacht werden kann (vgl. Art. 23).

43 Für lit. c erforderlich ist eine **Rechtspflicht kraft objektiven Rechts;** eine vertraglich begründete (Rechts-)Pflicht genügt nicht, wird aber im Rahmen der dann weiterhin denkbaren Interessenabwägung einzubeziehen sein. Erwägungsgrund 45 stellt klar, dass „ihm“, dh dem Verantwortlichen, die Einhaltung der Pflicht obliegen muss. Welchem Rechtsgebiet die Rechtspflicht entstammt, ist für lit. c ohne Belang, so dass neben Verpflichtungen aus öffentlich-rechtlichen Vorgaben auch solche aus den jeweiligen Normen des Zivilrechts, insbesondere des Vertragsrechts, aber auch (straf-)prozessuale Pflichten von lit. c erfasst sind. Die über § 4 Abs. 1 TVG für die Tarifgebundenen und § 77 Abs. 4 BetrVG für die Betriebsparteien verpflichtenden normativen Bestandteile von **Tarif- und Betriebsvereinbarungen** verpflichten den Arbeitgeber iSv lit. c und gestatten insoweit hierauf basierende Verarbeitungen.[60]

44 **Beispiel** für nach geltendem Recht bestehende rechtliche Verpflichtungen iSv lit. c: Aufzeichnungspflichten (zB § 57a StVZO) und Dokumentationspflichten (zB § 17 Abs. 1 MiLoG), Aufbewahrungs- und Speicherpflichten (zB § 257 HGB; § 147 AO), Pflichten zur Verarbeitung von Kundendaten (zB § 312e Abs. 1 S. 1 Nr. 3 BGB); Risikominimierungspflichten (§ 10 Abs. 2 KWG), Meldepflichten (§ 28a SGB IV), Abgleichpflichten (VO (EG) Nr. 881/2002, VO (EG) Nr. 2580/2001, sog. Anti-Terror-Listen), Übermittlungspflichten (§ 63a Abs. 3 StVG) sowie, sofern die DS-GVO Anwendung findet, Herausgabe-, Auskunfts- und Aussagepflichten (zB § 48 StPO).

45 **4. Lebenswichtige Interessen (lit. d).** In lit. d bringt die DS-GVO zum Ausdruck, dass die Wahrung lebenswichtiger Interessen **in Notsituationen den Vorrang** gegenüber dem Schutz personenbezogener Daten genießt. Gemäß Erwägungsgrund 46 soll lit. d grundsätzlich nur dann zur Anwendung kommen, wenn die Verarbeitung offensichtlich nicht auf eine andere Rechtsgrundlage gestützt werden kann. Zugleich verweist Erwägungsgrund 46 darauf, dass Verarbeitungen vereinzelt sowohl aus wichtigen Gründen des öffentlichen Interesses (lit. e) als auch infolge lebenswichtiger Interessen der betroffenen Person zulässig sein können. Als Beispiele werden an dieser Stelle Verarbeitungen zu humanitären Zwecken einschließlich der **Überwachung von Epidemien** und deren Ausbreitung oder humanitäre Notfälle, insbesondere bei Naturkatastrophen oder vom

---

[60] Vgl. *Wybitul/Sörup/Pötters*, ZD 2015, 559 (560); Kühling/Buchner/*Buchner/Petri*, DS-GVO, Art. 6 Rn. 85; krit. *Kühling/Martini*, S. 30.

Menschen verursachten Katastrophen genannt. In Art. 49 Abs. 1 lit. f findet sich zudem eine Ausnahmeregelung für **Datenübermittlungen an Drittländer** bei Erforderlichkeit zum Schutz lebenswichtiger Interessen der betroffenen Person.

Schon im Hinblick auf das bisherige Recht wurde **kritisiert,** dass der Zulässigkeitstatbestand der lebenswichtigen Interessen eine Verarbeitung unabhängig davon für zulässig erklärt, ob die betroffene Person in der Lage ist, für die Wahrung ihrer lebenswichtigen Interessen selbst die notwendigen Entscheidungen zu treffen.[61] Vor diesem Hintergrund und in Ansehung der Rechte und Freiheiten der betroffenen Person, sollte lit. d, auch soweit keine sensitiven Daten (vgl. Art. 9 Abs. 2 lit. c) betroffen sind, **nur dann zur Anwendung kommen,** wenn die betroffene Person nicht selbst in der Lage ist, ihr Selbstbestimmungsrecht auszuüben und soweit kein anderer gesetzlicher Erlaubnistatbestand einschlägig ist. Erst in so gelagerten Fällen kann eine Verarbeitung als erforderlich iSv lit. d angesehen werden. Verantwortliche, die eine Verarbeitung auf lit. d stützen wollen, sollten sich danach stets die Kontrollfrage stellen, ob die betroffene Person einwilligen würde, wäre sie hierzu imstande **(mutmaßliche Einwilligung)**.[62] 46

Ein lebenswichtiges Interesse ist ein **existenzielles Interesse** im Bereich des Gesundheitsschutzes, wobei lebenswichtig nicht im Sinne von lebensnotwendig zu verstehen ist, lit. d also nicht erst dann einschlägig ist, wenn eine Lebensgefahr besteht.[63] Vielmehr genügt ein unmittelbarer Bezug zur Gesundheit oder der körperlichen Unversehrtheit der betroffenen Person oder einer anderen natürlichen Person. Obwohl nur in Art. 9 Abs. 2 lit. c direkt benannt, werden klassische **Anwendungsbeispiele** für lit. d medizinische Notfälle, Bewusstlosigkeit, Drogeneinfluss oder Situationen vorübergehender krankhafter Störungen der Geistestätigkeit[64] sein, jeweils verbunden mit einer Gefahr oder einem bereits eingetretenen Schaden für lebenswichtige Interessen der betroffenen Person oder einer anderen natürlichen Person (zB Gefahren für Leib und Leben). 47

5. Öffentliches Interesse oder in Ausübung öffentlicher Gewalt (lit. e, § 3 BDSG nF). a) Vorgaben der DS-GVO. Lit. e entspricht Art. 7 lit. e DS-RL. Es handelt sich um eine zentrale, zugleich aber allein klarstellende „Einstiegsnorm" für Datenverarbeitungen durch die **öffentliche Hand.** Gemäß Erwägungsgrund 45 ist lit. e **kein eigenständiger Erlaubnistatbestand,** auf Basis allein dessen eine Verarbeitung stattfinden darf. Für die Verarbeitung muss vielmehr eine konkrete Grundlage im Unionsrecht oder im Recht eines Mitgliedstaats bestehen, die den Anforderungen von Art. 6 Abs. 3 (→ Rn. 197) zu genügen hat. Lit. e kommt nur dort zum Tragen, wo die DS-GVO im öffentlichen Bereich überhaupt Anwendung findet (vgl. Art. 2), was die nationalen Gesetzgeber vor allem im Bereich der Abgrenzung von öffentlicher Sicherheit und öffentlicher Ordnung[65] sowie im Umgang mit Transmissionsklauseln[66] vor Herausforderungen stellen dürfte. 48

---

[61] Vgl. Dammann/Simitis/*Simitis/Dammann*, EG-Datenschutzrichtlinie, Art. 7 Rn. 9.

[62] Vgl. zum Recht nach der DS-RL Dammann/Simitis/*Simitis/Dammann*, EG-Datenschutzrichtlinie, Art. 7 Rn. 9; aA BeckOK DatenschutzR/*Albers*, Art. 6 Rn. 36.

[63] Vgl. zum BDSG aF BeckOK DatenschutzR/*Wolff*, BDSG, § 28 Rn. 249.

[64] Vgl. § 104 Nr. 2 BGB.

[65] Gem. Art. 2 Abs. 2 lit. d findet die DS-GVO nur im Bereich der öffentlichen Sicherheit keine Anwendung.

[66] § 46 OWiG erklärt die StPO, die gem. Art. 2 Abs. 2 lit. d selbst nicht unter die DS-GVO fällt, für das Bußgeldverfahren nach dem OWiG für anwendbar.

49 Wie auch bei lit. c hat die DS-GVO auch in lit. e den **Charakter einer Richtlinie**[67] und trägt darüber dem Umstand Rechnung, dass in vielen Bereichen das bereichsspezifische öffentliche Datenschutzrecht vom Fachrecht nicht mehr zu trennen ist, etwa im Polizei-, Melde-, Sozial- oder Steuerrecht. Der – grundsätzlich auch für das öffentliche Datenschutzrecht geltende – vollharmonisierende Ansatz der DS-GVO hatte im Verlauf des Gesetzgebungsverfahrens in zahlreichen Mitgliedstaaten zu **Subsidiaritätsrügen** geführt.[68] Obgleich lit. e den Mitgliedstaaten einen weiten Spielraum zum Erlass nationalstaatlicher Erlaubnistatbestände eröffnet ist zu beachten, dass hierüber die in Art. 6 normierten Zulässigkeitstatbestände **nicht materiell erweitert** werden dürfen. Das durch die DS-GVO grundsätzlich eröffnete Schutzniveau ist auch und gerade bei der Datenverarbeitung durch öffentliche Verantwortliche einzuhalten.

50 Vergleichbare Konkretisierungsklauseln enthalten **Art. 9 Abs. 2 lit. g und lit. i** für die Verarbeitung besonderer Kategorien personenbezogener Daten, wobei an dieser Stelle die Verarbeitung aus Gründen eines erheblichen öffentlichen Interesses bzw. für den Bereich der öffentlichen Gesundheit erforderlich sein muss (→ Art. 9 Rn. 39). Erfolgt eine Verarbeitung auf Grundlage von lit. e besteht gem. Art. 13 Abs. 3 lit. b-d ausnahmsweise **keine Löschverpflichtung.**

51 Die Regelung in lit. e verfolgt einen **strikt funktionalen Ansatz,** indem sie allein auf die Wahrnehmung im öffentlichen Interesse liegender Aufgaben oder solcher, die in Ausübung hoheitlicher Gewalt erfolgen, abstellt. Hierzu zählen sämtliche Bereiche der Ordnungs-, Leistungs- und Lenkungsverwaltung. Ob die jeweilige Aufgabe durch eine Behörde oder eine privatrechtliche Organisation ausgeführt wird, ist für lit. e ohne Belang. Erforderlich ist jedoch, dass die **Aufgabe dem Verantwortlichen übertragen** wurde. Erfasst sind Fälle der unmittelbaren Staatsverwaltung, dh die Erfüllung von Verwaltungsaufgaben durch Behörden von Bund und Ländern, als auch Fälle der mittelbaren Staatsverwaltung, dh die Übertragung der Aufgaben auf rechtlich selbstständige Verwaltungsträger, zB Sozialversicherungsträger oder Universitäten. Auch Fälle der **Beleihung**, im Wege derer Hoheitsrechte auf Private übertragen werden, sind von lit. e abgedeckt. Auf öffentlich-rechtliche Unternehmen, die am Wettbewerb teilnehmen, ist lit. e hingegen nicht anwendbar, so dass je nach Fallkonstellation auf andere Erlaubnistatbestände zurückzugreifen ist.

52 **b) Datenverarbeitung durch öffentliche Stellen (§ 3 BDSG nF).** Der deutsche Gesetzgeber hat auf Grundlage der Öffnungsklausel des lit. e mit **§ 3 BDSG nF** zunächst eine sehr allgemein gehaltene Erlaubnisnorm zugunsten öffentlicher Stellen geschaffen. Eine Verarbeitung ist hiernach in zwei Konstellationen zulässig: Entweder erfolgt diese zur Erfüllung einer in der Zuständigkeit des Verantwortlichen liegenden Aufgabe oder die Verarbeitung erfolgt in Ausübung öffentlicher Gewalt, die dem Verantwortlichen übertragen wurde. Beides kann sich sowohl aus nationalen Rechtsvorschriften als auch aus EU-Vorgaben ergeben. Die Erlaubnistatbestände werden (allein) durch den Erforderlichkeitsgrundsatz begrenzt, eine weitere Konkretisierung der Verarbeitungsbefugnis erfolgt nicht. Die Stellung von § 3 BDSG nF in Teil 1 des Gesetzes, der mit „Gemeinsame Bestimmungen" überschrieben ist, verleiht der Norm den **Charakter eines Auffangtatbestands.** Ausweislich der Gesetzesbegründung verdeutlicht die systema-

[67] Vgl. zum Ganzen insb. *Kühling/Martini*, EuZW 2016, 448 f.
[68] Vgl. *Rogall-Grothe*, ZRP 2012, 193 (193) mwN.

tische Stellung, dass Verantwortliche vorbehaltlich anderer spezifischerer Erlaubnisnormen auf § 3 BDSG nF „zurückgreifen" können und zwar „unabhängig davon", zu welchen Zwecken die Datenverarbeitung erfolgt.[69] Anwendbar ist § 3 BDSG nF damit sowohl für Zwecke der DS-GVO als für solche der RL 2016/680.[70] Die Norm knüpft an die §§ 13 Abs. 1 und 14 Abs. 1 BDSG aF an und fasst diese infolge der durch die DS-GVO nicht mehr vorgenommenen Differenzierung hinsichtlich der Zulässigkeit einzelner Verarbeitungsphasen (→ Art. 4 Rn. 30) nunmehr unter dem Begriff der Verarbeitung zusammen.

Der ursprüngliche **Referentenentwurf vom 5.8.2017,** seinerzeit noch für ein „Allgemeines Bundesdatenschutzgesetz" (ABDSG), sah in § 4 des Entwurfs für die Verarbeitung durch öffentliche Stellen zugleich weitreichendere sowie konkretisierende Vorgaben vor. Weitreichender insofern, als auf das begrenzende Tatbestandsmerkmal der „Zuständigkeit" der handelnden öffentlichen Stelle verzichtet worden war. Dem Wortlaut nach wäre die Zulässigkeit einer Verarbeitung allein davon abhängig gemacht worden, dass diese für die Erfüllung irgendeiner im öffentlichen Interesse liegenden Aufgabe erforderlich gewesen wäre. Konkretisierend, als dass über eine 15 Nummern umfassende, enumerativ nicht abschließende Auflistung Beispiele für das Vorliegen eines öffentlichen Interesses gebildet wurden. Die Zulässigkeit dieser beiden Regelungsansätze wurde im Rahmen der Ressortabstimmung durch das BMJV in Zweifel gezogen, die Pläne daraufhin nicht weiter verfolgt. **53**

Von der Zulässigkeit einer Datenverarbeitung ist nach § 3 BDSG nF bereits dann auszugehen, wenn diese entweder zur Erfüllung einer in der Zuständigkeit der öffentlichen Stelle liegenden Aufgabe oder in Ausübung öffentlicher Gewalt erforderlich ist. Die Aufgabe muss der verantwortlichen öffentlichen Stelle durch Gesetz übertragen worden sein. Ansonsten sind die Vorgaben überaus **abstrakt, unbestimmt und darüber potentiell niedrigschwellig.** Dieser Befund wird auch nur teilweise durch den sonst noch in § 3 BDSG nF enthaltenen allgemeinen **Maßstab der Erforderlichkeit** neutralisiert, nach dem die Verwaltung nicht mehr Daten verarbeitet darf, als sie zur Erfüllung ihrer Aufgabe benötigt (→ Rn. 20). Weitere einfachgesetzliche Korrektive kennt § 3 BDSG nF nicht. Gleichwohl sieht der nationale Gesetzgeber über die gewählte Regelungstechnik die durch Abs. 3 vorgegebenen qualifizierten Anforderungen an eine derartige Ermächtigungsgrundlage offenkundig als erfüllt an.[71] Mit Blick auf den Wortlaut der Norm wird diese Einschätzung vertretbar sein, wird hier doch zwischen **obligatorischen und „Kann"-Bestandteilen,** die eine öffentlich-rechtliche Eingriffsnorm aufweisen muss (→ Rn. 197), unterschieden. Hieran hält sich der nationale Gesetzgeber. Unter rechtsstaatlichen Gesichtspunkten erscheint die Norm, wie schon ihre Vorgängernormen im BDSG aF, hingegen als problematisch. Insbesondere wird man das durch das Bestimmtheitsgebot[72] geforderte Mindestmaß an Regelungsdichte bei derart weitreichenden Querschnittsregelungen als kaum mehr erreicht ansehen können. Die Rechtmäßigkeit der Aufgabenerfüllung muss sich schon deshalb primär aus fachspezifischen Vorschriften, die entweder die Erhebung bestimmter Daten zum Gegenstand haben oder aber der jeweili- **54**

---

[69] BT-Drs. 18/11325, 81.

[70] Vgl. dort Art. 1 Abs. 1.

[71] Sa die Gesetzesbegr., nach der die Rechtsgrundlage auf Grundlage von Art. 6 Abs. 1 lit. f iVm Art. 6 Abs. 3 S. 1 geschaffen wurde.

[72] Art. 20 Abs. 3 GG.

gen öffentlichen Stelle Aufgaben übertragen, die nur auf der Grundlage bestimmter Informationen erfüllbar sind, ergeben. **Schwerwiegende Eingriffe** in das Grundrecht auf Schutz personenbezogener Daten iSv Art. 8 Abs. 1 GRCh werden in keinem Fall über § 3 BDSG nF zu rechtfertigen sein.[73] Je schwerwiegender die ermöglichten Grundrechtseingriffe sind, umso höhere Anforderungen sind an die Bestimmtheit und Klarheit der ermächtigenden Norm zu stellen.[74] Diese Mechanik im Gesetzestext selbst zu normieren, hat der Gesetzgeber gescheut. Stattdessen wird allein in der Gesetzesbegründung, die keine Gesetzeskraft entfaltet, festgehalten, dass § 3 BDSG nF **allein Datenverarbeitungen „mit geringer Eingriffstiefe"** legitimieren kann. Zumindest Eingriffe in den Kernbereich des Grundrechts sind darüber per se ausgeschlossen.

55 Dem oben (→ Rn. 51) beschriebenen funktionalen Ansatz folgend, gilt § 3 BDSG nF nicht nur für **öffentliche Stellen,** sondern auch für nichtöffentliche Stellen soweit diese öffentliche Aufgaben wahrnehmen **(Beliehene).**

56 **6. Berechtigte Interessen des Verantwortlichen oder eines Dritten (lit. f).** Nach Art. 6 Abs. 1 lit. f können die Interessen des für die Verarbeitung Verantwortlichen oder eines oder mehrerer Dritter, in deren Interesse die Daten verarbeitet werden oder an die die Daten übermittelt werden sollen, eine Verarbeitung rechtfertigen, sofern diese zur Wahrung nämlicher Interessen erforderlich ist. Im Rahmen der in lit. f normierten **zentralen Abwägungsklausel der DS-GVO** sind die berechtigten Interessen des Verantwortlichen mit den sich ggf. gegen die Verarbeitung gerichteten Interessen der betroffenen Person abzuwägen. Einschränkend gilt lit. f gem. Art. 6 Abs. 1 S. 2 **nicht für** von **Behörden** in Erfüllung ihrer Aufgaben vorgenommene Verarbeitungen.[75] Gemeint sind die per Gesetz übertragenden Aufgaben im Rahmen der Eingriffs- und Leistungsverwaltung. Treten Behörden als Subjekte des Privatrechts im Rechtsverkehr auf, kommt eine Anwendung von lit. f dementgegen grundsätzlich in Betracht. Stützt der Verantwortliche eine Datenverarbeitung auf lit. f, ist die betroffene Person über die darüber verfolgten berechtigten Interessen **zu informieren,** vgl. Art. 13 Abs. 1 lit. d und Art. 14 Abs. 2 lit. b.

57 Ob ein **berechtigtes Interesse** vorliegt, ist nur auf den ersten Blick eine Wertungsfrage. Zu bestimmen ist zunächst das Interesse des Verantwortlichen auf Grundlage der Zweckbestimmung (→ Rn. 19). In Betracht kommen bspw. **rechtliche, wirtschaftliche oder ideelle Interessen.** Ist das Interesse ermittelt, ist sodann normativ zu bestimmen, ob dieses Interesse gegen die Rechtsordnung der Union, des jeweiligen Mitgliedstaates oder gegen datenschutzrechtliche Grundsätze (Art. 5), einschließlich des Erforderlichkeitsgrundsatzes und des Gebots von Treu und Glauben verstößt.[76] Ist dies nicht der Fall und steht insbesondere kein weniger eingriffsintensives Mittel zur Verwirklichung des Interesses des Verantwortlichen zur Verfügung (zB eine Verarbeitung anonymisierter Daten), wird das Interesse des Verantwortlichen regelmäßig auch berechtigt iSv lit. f sein.

---

[73] So zum BDSG aF exemplarisch *Gola/Schomerus*, § 13 Rn. 2.

[74] Vgl. zB BVerfG, Beschl. v. 23.2.2007 – 1 BvR 2368/06, NVwZ 2007, 688.

[75] Vgl. auch Erwägungsgrund 47; *Albrecht*, CR 2016, 88 (92).

[76] So bereits zum Recht nach der DS-RL statt vieler Dammann/Simitis/*Simitis/Dammann*, EG-Datenschutzrichtlinie, Art. 7 Rn. 12; iE auch Sydow/*Reimer*, Art. 6 Rn. 54; Ehmann/Selmayr/*Heberlein*, DS-GVO, Art. 6 Rn. 22; BeckOK DatenschutzR/*Albers*, Art. 6 Rn. 49; aA offenbar *Härting/Gössling/Dimov*, ITRB 2017, 169 (170) („Wertungsfrage"); widersprüchlich *Schantz/Wolff*, Rn. 643.

Diese **verobjektivierte Betrachtung** hat gerade angesichts der zahlreichen unterschiedlichen Rechtskulturen Europas offensichtliche Vorzüge gegenüber einer wertenden, stark subjektiv geprägten und damit regelmäßig intendierten Bestimmung der „Berechtigung" und trägt zugleich dem grundrechtlichen Gebot einer möglichst niedrigschwelligen Bestimmung der „berechtigten" Interessen Rechnung. Ein grundsätzlich weites Verständnis eines berechtigten Interesses unterminiert auch nicht die Rechte der betroffenen Person, da die eigentliche Rechtmäßigkeitsprüfung erst auf Ebene der Abwägung stattfindet.[77]

Den berechtigten Interessen des Verantwortlichen dürfen nach dem Wortlaut **58** von lit. f keine **überwiegenden Interessen** oder Grundrechte und Grundfreiheiten der betroffenen Person **entgegenstehen.** Ein bloßes Tangieren der Rechte der betroffenen Person macht die Datenverarbeitung nicht unzulässig. Bei gleichwertigen Interessen („non liquet") darf eine Verarbeitung stattfinden. Der Wortlaut von lit. f verlangt, anders als im Falle des Verantwortlichen, nicht nach berechtigten Interessen, so dass zunächst grundsätzlich **auch „illegitime" Interessen,** dh in der Sache verwerfliche oder zu missbilligende Interessen durch die betroffene Person in die Abwägung eingebracht werden können. Macht ein Unternehmer durch wiederkehrende Massenabmahnungen auf sich aufmerksam, kann dieser gleichwohl ein Interesse am Unterbleiben der Veröffentlichung seines Namens im Internet haben. Im Rahmen der Abwägung werden diese Interessen das Informationsinteresse von Branchenkreisen allerdings nur dann überwiegen, wenn mit der Veröffentlichung eine Prangerwirkung einhergeht.[78]

Erweist sich die Verarbeitung als zur Wahrung der berechtigten Interessen erfor- **59** derlich (→ Rn. 20), sind die für beide Seiten bestimmten Interessen sodann zu gewichten.[79] *Reimer* weist zu Recht darauf hin, dass es sich im Rahmen der Abwägung verbietet, diese im Zweifel gegen die Verarbeitung ausgehen zu lassen.[80] Die zum Recht nach dem BDSG aF entwickelten **Faktoren der Gewichtung** behalten dabei auch in Ansehung der DS-GVO ihre Gültigkeit, wobei künftig dem Ausfluss europäischer Grundfreiheiten und -rechte der GRCh, insbesondere Art. 8 (Schutz personenbezogener Daten), Art. 11 Abs. 1 (Freiheit der Meinungsäußerung), Art. 13 (Kunstfreiheit), Art. 15 Abs. 1 (Berufsfreiheit) und Art. 16 (Unternehmerische Freiheit) besondere Bedeutung zukommt. Neben der Berücksichtigung aller relevanten Grundrechtsbezüge sowie des allgemeinen Erforderlichkeitsgrundsatzes sind in die Abwägung des Weiteren ua die Eingriffsintensität, die Art der verarbeiteten Daten, die Art der betroffenen Person(en), mögliche Aufgaben oder Pflichten, die Zwecke der Datenverarbeitung, Maßnahmen der Datensicherheit usw. einzubeziehen.[81] Als eigenes Interesse kann der Verantwortliche **Interessen der betroffenen Person** nur dann in die Abwägung einbringen, wenn er zu den (Schutz-)Maßnahmen rechtlich verpflichtet ist. Die betroffene Person begünstigende Verarbeitungen werden jedoch deren entgegenstehende Belange reduzieren.[82] Hat die betroffene Person Daten **öffentlich**

[77] So auch G/S/S/V/*Assion/Nolte/Veil*, Art. 6 Rn. 129.

[78] Vgl. BGH, Urt. v. 21.11.2006 – VI ZR 259/05.

[79] Vgl. zum alten Recht schon BGH, Urt. v. 17.12.1985 – VI ZR 244/84; *Artikel-29-Datenschutzgruppe*, WP 217 v. 9.4.2014, S. 39 f.

[80] Sydow/*Reimer*, Art. 6 Rn. 63 („nur unverhältnismäßige Folgen für den Betroffenen sind zu vermeiden").

[81] Vgl. zum BDSG aF BeckOK DatenschutzR/*Wolff*, § 28 Rn. 67; *Bergmann/Möhrle/Herb*, BDSG, § 28 Rn. 240, 243.

[82] So iE auch Sydow/*Reimer*, Art. 6 Rn. 62.

gemacht, genießen diese Daten grundsätzlich einen geringeren Schutz.[83] Orientiert an der Zweckbestimmung der (geplanten) Verarbeitung ist in die Abwägung jedoch der Umstand einzubeziehen, ob die betroffene Person diese Daten freiwillig veröffentlicht hat, sie hierzu infolge einer gesetzlichen Vorgabe[84] verpflichtet war oder ob die Veröffentlichung durch eine öffentliche Stelle aufgrund gesetzlicher Anordnung erfolgte.[85] Erfasst ein und derselbe Sachverhalt eine **Vielzahl von betroffenen Personen** genügt eine summarische Prüfung der Belange der betroffenen Personen unter Zugrundelegung von Erfahrungswerten.[86] Nach der deklaratorischen, da schon aus allgemeinen Grundsätzen herzuleitenden Vorgabe in lit. f muss die Abwägung ganz besonders sorgfältig erfolgen, wenn es sich bei der betroffenen Person um ein **Kind** handelt. Je höher sich das in der Verarbeitung liegende Risiko für die Rechte und Grundfreiheiten der betroffenen Person darstellt, umso höher ist der Rechtfertigungszwang des Verantwortlichen. Hiernach werden bei der Bewertung von Maßnahmen des **Profilings,** die mit Blick auf Art. 21 Abs. 1 ausdrücklich auf gesetzlicher Grundlage erfolgen dürfen, typischerweise strengere Kriterien anzulegen sein, als bei der Verarbeitung von einzelnen bzw. wenigen Datenarten. Der Verantwortliche soll gemäß Erwägungsgrund 71 geeignete technisch-organisatorische Maßnahmen treffen, um die Richtigkeit von Maßnahmen des Profilings sicherzustellen, einer hiervon ausgehenden potentiell diskriminierenden Wirkung vorzubeugen oder ganz allgemein um zu verhindern, dass es zu einer Verarbeitung (Corrigendum 8088/18, S. 49), die eine solche Wirkung hat, kommt. Die weithin konturenlose Bezugnahme auf die Eingriffstiefe der Datenverarbeitung ist einer der wenigen Ansätze der DS-GVO einer am tatsächlichen Verarbeitungsrisiko orientierten Regulierung (sog. **risikobasierter Ansatz**).[87]

60 Die fehlende Rechtssicherheit der Norm wird durch die DS-GVO selbst nur geringfügig kompensiert, namentlich dort, wo konkrete Verarbeitungszwecke als **von Gesetzes wegen berechtigt** anerkannt werden. Gem. Erwägungsgrund 47 zählen hierzu zum einen die Verarbeitung personenbezogener Daten im für die **Verhinderung von Betrug** unbedingt erforderlichen Umfang. Zum anderen „kann" eine Verarbeitung zum **Zwecke der Direktwerbung** „als eine einem berechtigten Interesse dienende Verarbeitung betrachtet werden". Auch soweit eine Verarbeitung für die **Gewährleistung der Netz- und Informationssicherheit** bzw. zur Abwehr von Angriffen auf IT- und elektronische Kommunikationssysteme erforderlich ist und insoweit nicht bereits eine Pflicht zur Datenverarbeitung iSv lit. c besteht, stellt dies gem. Erwägungsgrund 49 ein berechtigtes Interesse dar. Ausdrücklich anerkennt Erwägungsgrund 13 die besonderen **Bedürfnisse von Kleinstunternehmen** sowie kleinen und mittleren Unternehmen und fordert ua die Aufsichtsbehörden zu einer angemessener Berücksichtigung nämlicher Belange auf. Zur Privilegierung konzerninterner Datenverarbeitungen → Rn. 195.

[83] Ausf. hierzu *Born*, DSRITB 2017, S. 13 f.; Kühling/Buchner/*Buchner/Petri*, DS-GVO, Art. 6 Rn. 154.

[84] Vgl. im deutschen Recht etwa die aus § 5 TMG folgende Pflicht zur Anbieterkennzeichnung.

[85] Vgl. im deutschen Recht zB § 9 InsO iVm der InsoBekV; für die Verarbeitung von Insolvenzdaten durch Auskunfteien vgl. zum alten Recht OLG Karlsruhe, Urt. v. 1.3.2016 – 12 U 32/16.

[86] Vgl. zum alten Recht zB *Schaffland*, NJW 2002, 1539 (1542) mwN.

[87] Vgl. insb. *Veil*, ZD 2015, 347 f.

Die schon zum Recht nach dem BDSG aF als vage[88] kritisierten Abwägungsmaßstäbe versucht die DS-GVO durch die Einführung des Kriteriums der **„vernünftigen Erwartungshaltung"** des Betroffenen (engl. reasonable expectations) zu schärfen. Gem. Erwägungsgrund 47 ist im Rahmen der Interessenabwägung nach lit. f zu prüfen, „ob eine betroffene Person zum Zeitpunkt der Datenerhebung und angesichts der Umstände, unter denen sie erfolgt, vernünftigerweise absehen kann, dass möglicherweise eine Verarbeitung für diesen Zweck erfolgen wird. Insbesondere dann, wenn personenbezogene Daten in Situationen verarbeitet werden, in denen eine betroffene Person vernünftigerweise nicht mit einer weiteren Verarbeitung rechnen muss, könnten die Interessen und Grundrechte der betroffenen Person das Interesse des für die Verarbeitung Verantwortlichen überwiegen." Die Verwendung des Begriffs „könnten" verdeutlicht, dass eine Verletzung der vernünftigen Erwartungshaltung die Rechtswidrigkeit einer Datenverarbeitung **nicht unmittelbar indiziert.** Vielmehr handelt es sich hierbei um nur ein Abwägungskriterium unter vielen.[89] 61

Die ursprünglich aus der **US-amerikanischen Judikatur**[90] stammende Figur der reasonable expectations wurde in abgewandelter Form in der Rechtskultur anderer Mitgliedstaaten, zB den Niederlanden, sowie in der europäischen Judikatur durch den **EGMR**[91] herangezogen. Im deutschen Recht wird bei Anwendung des UWG fallbezogen auf die „Erwartungshaltung des Verkehrs" abgestellt.[92] Und auch das BDSG aF enthielt in § 4 Abs. 3 Nr. 3 und § 33 Abs. 1 S. 3 spezielle Benachrichtigungspflichten, soweit [der Betroffene] nach den Umständen des Einzelfalls nicht mit einer konkreten Verarbeitung rechnen musste. 62

Im Zusammenhang mit der Interessenabwägung nach lit. f handelt es sich hierbei um einen **Bewertungsmaßstab** anhand dessen bestimmt werden soll, ob sich eine Datenverarbeitung für eine betroffene Person als überraschend darstellt. Der Maßstab ist dabei **gemischt subjekt-objektiv.** Die subjektive Erwartungshaltung des (in Rechtsfragen nicht geschulten) Betroffenen wird durch das „Wissen der Allgemeinheit", dh den Umstand, ob eine Datenverarbeitung vernünftigerweise aus der Perspektive eines objektiven Dritten als erwartbar angesehen werden kann, flankiert. Die der politischen Einigung zugrundeliegende englischsprachige Fassung der DS-GVO, auf die alle anderen Sprachfassungen zurückgehen, ist hier klarer formuliert, da nicht von subject (im Sinne von „dem" Betroffenen), sondern von „reasonable expectations" und **„subjects"** (Betroffene im Sinne einer Verobjektivierung) die Rede ist. Auf diesen Umstand weist auch das Corrigendum der EU-Kommission vom 19.4.2018 hin (Corrigendum 8088/18, S. 47). Um zu bestimmen, wie weit die Begründetheit einer Erwartungshaltung der betroffenen Person reicht, muss damit stets auch der **Erhebungs- und Verarbeitungskontext** betrachtet werden.[93] Hinsichtlich Verarbeitungen, die als allgemein bekannt – nicht zwingend als gebilligt – gelten, werden regelmäßig höhere Anforderungen an eine begründete Erwartungshaltung auf Privatheit zu stellen sein. 63

Erwägungsgrund 47 konkretisiert den Maßstab weiter dergestalt, dass nur die vernünftigen Erwartungen der betroffenen Person von Relevanz sind, „die auf 64

---

[88] Vgl. Simitis/*Simitis*, BDSG, § 28 Rn. 126.

[89] In diesem Sinne auch Ehmann/Selmayr/*Heberlein*, DS-GVO, Art. 6 Rn. 24.

[90] Katz v. United States, 389 U.S. 347 (1967).

[91] EGMR, Urt. v. 25.6.1997 – 20605/92 (Halford vs. The United Kingdom), Rn. 46 f.

[92] Vgl. etwa OLG Hamburg, Urt. v. 4.7.2013 – 3 U 161/11.

[93] Vgl. *McArthur*, Reasonable Expectations of privacy, Ethics and Information Technology 3, 2001, 123 (127).

ihrem **Verhältnis zu dem für die Verarbeitung Verantwortlichen** beruhen." Entscheidend ist also die Erwartungshaltung der betroffenen Person im Verhältnis zu dem jeweils für die Verarbeitung Verantwortlichen und nicht dauerhaft im Verhältnis zu der ersterhebenden Stelle. Die **Tragweite** dieses neuen Korrektivs wird voraussichtlich nur in besonderen Fällen zu veränderten Abwägungsergebnissen führen. Hintergrund ist, dass in der Praxis die Erwartungshaltung der betroffenen Person zuvorderst – heute wie auch unter der DS-GVO – **durch umfassende Transparenz hergestellt** werden kann und wird.[94] Bei Einhaltung der umfangreichen Informationspflichten aus Art. 13 bzw. 14, so auch hinsichtlich des Zwecks der Verarbeitung sowie der verfolgten berechtigten Interessen, kann eine entgegenstehende Erwartungshaltung des Betroffenen vernünftigerweise nicht existieren. Der Informationspflichtenkatalog der DS-GVO wird danach gewissermaßen gedanklich „vorgezogen" und fließt unmittelbar in die Abwägungsentscheidung ein. Das „Vorziehen" von Transparenzvorgaben in die Abwägungsentscheidung führt gleichwohl nicht dazu, dass Verstöße gegen Informationspflichten automatisch zur Unwirksamkeit der Verarbeitung führen.[95] Die **Verobjektivierung des Maßstabes** hilft dabei, die sonst allein subjektive und damit überaus rechtsunsichere Handhabung dieses Korrektivs in der Praxis anwendbar zu machen.

65 Eine den §§ 28 und 29 BDSG aF vergleichbare Differenzierung kennt die DS-GVO nicht, weshalb von Art. 6 sowohl Datenverarbeitungen für **eigene Geschäftszwecke** als auch solche, die geschäftsmäßig zum **Zwecke der Übermittlung** erfolgen, erfasst werden. Während bei eigenen Geschäftszwecken die Datenverarbeitung als Mittel zum Zweck, dh zur Erreichung eines anderen, über die Datenverarbeitung erreichbaren Geschäftszwecks liegt, bildet im Falle der geschäftsmäßigen Datenverarbeitung diese selbst das geschäftliche Interesse.[96] In der Praxis sind häufig **Mischformen** anzutreffen, so etwa bei Handels- und Wirtschaftsauskunfteien, die Daten sowohl geschäftsmäßig zum Zwecke der Übermittlung, als auch im Rahmen eines gleichzeitig betriebenen Inkassomanagements zu eigenen Geschäftszwecken verarbeiten. In Ermangelung einer speziellen Regelung ist die Zulässigkeit einer beruflichen oder wirtschaftlichen[97] Verarbeitung personenbezogener Daten zum Zweck der Übermittlung an Dritte regelmäßig an lit. f zu messen, da in diesen Konstellationen **typischerweise keine vertragliche Beziehung,** jedenfalls nicht hinsichtlich des spezifischen Zwecks der Datenübermittlung, zwischen dem Verantwortlichen und der betroffenen Person besteht. Für soziale Netzwerke → Rn. 191. Für Veröffentlichungen personenbezogener Daten in Teilnehmerverzeichnissen gilt bis zum Wirksamwerden der ePrivacy-Verordnung § 104 TKG.

66 Auch für Verarbeitungen zum Zwecke der Übermittlung gelten die allgemeinen Grundprinzipien, insbesondere der **Erforderlichkeitsgrundsatz** (→ Rn. 20), der Grundsatz der Richtigkeit der Daten gem. Art. 5 Abs. 1 lit. a und der **Grundsatz der Zweckbindung** gem. Art. 5 Abs. 1 lit. b. Sollten im Zeitpunkt der Zweckbestimmung die späteren Empfänger noch nicht eindeutig feststehen, muss jedenfalls zumindest eine Präzisierung iSv Kategorien von Empfängern erfolgen (vgl. Art. 13 Abs. 1 lit. e). Ist auch das nicht möglich, etwa bei geplanten **Veröffentlichungen im Internet** (→ Rn. 191) die sich an eine nicht abgrenzbare Adressatengruppe richtet,

---

[94] Vgl. auch DSK, Kurzpapier Nr. 3, S. 1.

[95] Vgl. zum alten Recht Plath/*Plath*, BDSG, § 4 Rn. 46 f.

[96] Vgl. zum alten Recht *Gola/Schomerus*, § 28 Rn. 4.

[97] Erwägungsgrund 18.

darf eine Verarbeitung schon wegen der insoweit einschlägigen Grundrechte und -freiheiten des Verantwortlichen[98] zwar nicht ausgeschlossen sein. Die sich daraus für die betroffene Person ergebende besondere Gefährdungslage ist jedoch angemessen im Rahmen der Interessenabwägung zu würdigen. Da es der Verordnungsgeber auch an dieser Stelle nicht vermocht hat, klare und einheitlich anzuwendende Zulässigkeitsvorgaben zu normieren, sollte der nationale Gesetzgeber im Sinne eines Mehr an Rechtssicherheit von der über Art. 85 eröffneten Regelungsbefugnis schnellstmöglich Gebrauch machen; ein originäres **Medienprivileg**[99] kennt die DS-GVO nicht, weshalb grundsätzlich auch die Datenverarbeitung zu journalistischen Zwecken den Vorgaben der DS-GVO unterliegt.

Generelle Aussagen darüber, wann die schutzwürdigen Interessen der betroffenen Person im Falle einer Verarbeitung zum Zwecke der Übermittlung überwiegen, sind gerade in Ansehung der unterschiedlichen Rechtstraditionen der Mitgliedstaaten nicht möglich, so dass stets eine **einzelfallbezogene Betrachtung** erforderlich ist. Im Vergleich zum Recht nach dem BDSG aF gibt die DS-GVO für Fälle der geschäftsmäßigen Verarbeitung zum Zweck der späteren Übermittlung jedenfalls einen weniger strengen Maßstab vor. Während gem. § 29 Abs. 1 S. 1 Nr. 1 BDSG aF eine solche Verarbeitung zu unterbleiben hatte, wenn ein Grund zu der Annahme bestand, dass der Betroffene ein Ausschlussinteresse hatte, schließt die DS-GVO eine solche erst bei überwiegenden Interessen der betroffenen Person aus. Der Verantwortliche kann auch in diesen Fällen alle denkbaren wirtschaftlichen, ideellen, rechtlichen usw. Interessen in die Interessenabwägung einbringen. Zu berücksichtigen ist jedoch, dass sich das Verarbeitungsinteresse in Fällen geplanter Übermittlung regelmäßig allein auf die Daten selbst beschränkt, der **personenbezogenen Daten immanente Wert**[100] also wirtschaftlich fruchtbar gemacht werden soll. Ob die Verarbeitung nur gelegentlich, geschäftsmäßig oder gewerbsmäßig erfolgt, ist für die Anwendbarkeit von lit. f ohne Belang; der Umstand fließt jedoch in die Interessenabwägung ein, wobei mit zunehmender „Ausbeutung" des merkantilen Wertes personenbezogener Daten auch der Rechtfertigungszwang steigt. 67

II. Ausgewählte Verarbeitungssituationen

1. Datenverarbeitung zu Werbezwecken und Adresshandel. a) Allgemeines. Werbung ist definiert als jede Äußerung bei der Ausübung eines Handels, Gewerbes, Handwerks oder freien Berufs mit dem Ziel, den Absatz von Waren oder die Erbringung von Dienstleistungen, einschließlich unbeweglicher Sachen, Rechte und Verpflichtungen, zu fördern.[101] Anders als das BDSG aF verfügt die DS-GVO über keine die werbliche Nutzung von personenbezogenen Daten direkt adressierende Vorschrift. Für die Bestimmung der Zulässigkeit der Verarbeitung zu Werbezwecken bedarf es insofern des Rückgriffs auf mindestens einen der in Art. 6 Abs. 1 genannten Erlaubnistatbestände. Neben der Einwilligung (lit. a) kommt an dieser Stelle zunächst der Vertragsdatenverarbeitung (lit. b) Relevanz zu. Dies erstens bei Interessenten, die proaktiv Informationsmaterial angefordert haben und zweitens bei Teilnehmern an Gewinnspielen bzw. in anderen Fällen, in denen eine Leistung von der Preisgabe personenbezogener Daten transparent abhängig gemacht wird 68

[98] S. Art. 6, 11 GRCh, Art. 5 GG; zur Veröffentlichung im Internet vgl. auch EuGH, Urt. v. 6.11.2003 – C-101/01 – Lindqvist.

[99] S. § 41 BDSG.

[100] Zum einem Datenverwertungsrecht vgl. bspw. *Schwartmann/Hentsch*, PinG 2016, 117 f.

[101] S. Art. 2a RL 2006/114/EG.

(→ Rn. 79).[102] Auf alle übrigen Verarbeitungen zu werblichen Zwecken findet die **allgemeine Interessenabwägungsklausel** des lit. f Anwendung. Gesetzessystematisch betrachtet basiert die Zulässigkeit der Datenverarbeitung zu Werbezwecken außerhalb der Einwilligung auch in der DS-GVO auf den gleichen Grundlagen **wie bereits nach der DS-RL**[103] einschließlich des schon darin vorgesehenen spezifischen Widerspruchsrechts, mit dem die betroffene Personen Datenverarbeitungen zu Werbezwecken ausschließen kann (→ Art. 21 Rn. 20). Neben den datenschutzrechtlichen Anforderungen an Datenverarbeitungen zu Werbezwecken sind auch weiterhin die die werbliche Ansprache über den jeweiligen Werbekanal (Post, E-Mail, Telefon, SMS, Fax) spezifisch regulierenden **wettbewerbsrechtlichen Vorgaben,** in Deutschland § 7 UWG, zu beachten.[104] Dies gilt insbesondere auch für Kundenzufriedenheitsumfragen, die in Abgrenzung zu Markt- und Meinungsforschung (→ Rn. 91) als Werbung einzustufen sind.[105]

69 Die Interessenabwägung das lit. f gilt sowohl für die Datennutzung für **eigene Werbezwecke** als auch für **Werbezwecke Dritter**. Auch dies entspricht dem Verständnis unter der DS-RL. Da die DS-GVO keine Unterscheidung hinsichtlich einerseits Datenverarbeitungen für eigene Zwecke und andererseits der geschäftsmäßigen Verarbeitung zum Zwecke der Übermittlung vornimmt (→ Rn. 65), findet lit. f zudem auf den **Adresshandel** (→ Rn. 85) Anwendung. Aufgrund des weiten Verarbeitungsbegriffs (vgl. Art. 4 Nr. 2) und infolge der fehlenden Beschränkung ist die Interessenabwägung in **sämtlichen Phasen der Verarbeitung** von personenbezogenen Daten zu Zwecken der Direktwerbung anzuwenden – von der Erhebung über die Selektion (→ Rn. 76) bis hin zur Nutzung für die konkrete werbliche Ansprache.

70 Gem. **Erwägungsgrund 47** kann eine Verarbeitung personenbezogener Daten zum Zwecke der Direktwerbung „als eine einem berechtigten Interesse dienende Verarbeitung" betrachtet werden. Im Rahmen der nach lit. f vorzunehmenden Interessenabwägung kann also insbesondere der Zweck der **Direktwerbung als berechtigtes Interesse** gewertet werden.[106] Der europäische Gesetzgeber erkennt durch die explizite Benennung des Zwecks der Direktwerbung die werbliche Datennutzung als besonders wichtigen Anwendungsfall eines berechtigten Interesses an und trägt damit der Tatsache Rechnung, dass die werbliche Betätigung nicht nur durch das **nationale Verfassungsrecht,** sondern auch durch das europäische Verfassungsrecht, namentlich die allgemeinen Rechtsgrundsätze der EU und die **GRCh** unter Einbeziehung der **EMRK** geschützt ist. Einschlägig ist nicht nur der Schutz der beruflichen Außendarstellung (Art. 12 GG, Art. 15 GRCh) und der unternehmerischen Freiheit (Art. 16 GRCh), sondern auch die Meinungsäußerungs- und Informationsfreiheit nach Art. 5 Abs. 1 S. 1 GG, Art. 10 Abs. 1 EMRK, Art. 11 GRCh.[107] Handelt es sich um Spendenwerbung dient

---

[102] Bei Letzterem besteht auch keine Restriktion durch das Kopplungsverbot, vgl. DSK, Kurzpapier Nr. 3, S. 2; zu den übrigen Fallgestaltungen vgl. Anwendungshinweise der Datenschutzaufsichtsbehörden zur Erhebung, Verarbeitung und Nutzung von personenbezogenen Daten für werbliche Zwecke, September 2014.

[103] Vgl. zum alten Recht *Artikel-29-Datenschutzgruppe*, WP 217 v. 9.4.2014.

[104] Vgl. zum alten Recht auch *Eckhardt/Rheingans*, ZD 2013, 318 f.

[105] ZB OLG Dresden, Urt. v. 24.4.2016 – 14 U 1773/13; aA LG Coburg, Urt. v. 17.2.2012 – 33 S 87/11.

[106] Vgl. auch *Albrecht*, CR 2016, 88 (92); zum Ganzen auch *Drewes*, CR 2016, 721 f.

[107] Vgl. Köhler/Bornkamm/*Köhler*, UWG, Einl. Rn. 145; Sachs/*Tettinger*, Grundgesetz, Art. 12 Rn. 54 ff.

diese zudem einem öffentlich anerkannten (Wohlfahrts-)Interesse. Sind werbliche Zwecke also das Ziel der Datenverarbeitung, gelten diese nach der DS-GVO regelmäßig **intendiert als berechtigtes Interesse,** das mit den kollidierenden Interessen der betroffenen Person in Ausgleich zu bringen ist.

Die DS-GVO unternimmt mit Blick auf die **für Werbezwecke nutzbaren** 71 **Datenarten und -kategorien** keine Einschränkungen oder explizite Konkretisierungen. Insbesondere kennt die DS-GVO nicht das bis zuletzt im BDSG aF verankerte sog. Listenprivileg. Nutzbar für Werbezwecke sind danach zunächst sämtliche denkbaren Datenarten, -kategorien und Selektionskriterien. Einzelfallorientiert müssen gleichwohl Unterschiede in der Schutzbedürftigkeit der einzelnen Datenarten als Faktor in der **Abwägungsentscheidung** Berücksichtigung finden.

Die DS-GVO steht auch einer Verarbeitung **besonderer Kategorien perso-** 72 **nenbezogener Daten** zu Werbezwecken nicht prinzipiell entgegen.[108] Der Katalog der Ausnahmetatbestände des Art. 9 Abs. 2, bei Vorliegen derer ausnahmsweise (vgl. Art. 9 Abs. 1) doch eine Verarbeitung sensitiver personenbezogener Daten zulässig sein kann, kann grundsätzlich auch auf Datenverarbeitungen zu Werbezwecken Anwendung finden. Insbesondere Art. 9 Abs. 2 lit. e, wonach sensitive Daten, die der Betroffene „offensichtlich öffentlich gemacht hat" nicht dem grundsätzlichen Verarbeitungsverbot des Abs. 1 unterfallen, können hiernach grundsätzlich auch zu Werbezwecken verarbeitet werden. Bei der Verarbeitung solcher personenbezogenen Daten muss jedoch im Rahmen der erforderlichen Abwägungsentscheidung ganz besonders intensiv geprüft werden, ob eine derartige Verwendung die vernünftige Erwartungshaltung der betroffenen Person erfüllt oder sonst überwiegende berechtigte Interessen der betroffenen Person der Verarbeitung entgegenstehen. Das gleiche gilt für bei der Verarbeitung von Datenarten, die zwar nicht als sensitiv iSv Art. 9 einzustufen sind, die allerdings gleichermaßen eine hohe Vertraulichkeit genießen (zB das Durchführen einer Zahlungsstromanalyse). Sollen **Melderegisterdaten** zu Werbezwecken verarbeitet werden, sind die besonderen Vorgaben von § 44 BMG zu beachten.[109] Adressdaten, die von der betroffenen Person auf Werbeflyern einer gesetzlichen Krankenkasse zur Abgabe eines Werbegeschenks eingetragen werden sind Sozialdaten.[110]

Der vollharmonisierende Ansatz der DS-GVO steht der Einbeziehung der 73 **wettbewerbsrechtlichen Zulässigkeit einer Werbemaßnahme** (§ 7 UWG) in die datenschutzrechtliche Interessenabwägung als Abwägungsfaktor entgegen.[111] Da die nationalen, auf Art. 13 Abs. 1 und 3 der RL 2002/58/EG zurückgehenden wettbewerbsrechtlichen Vorgaben keinem einheitlichen Maßstab folgen,[112] würde die Einbeziehung der wettbewerbsrechtlichen Zulässigkeit in die datenschutzrechtliche Abwägung stets zu einem mitgliedstaatlich-spezifischen Ergebnis führen. Damit wäre die einheitliche Anwendung des EU-weit verbindli-

---

108 AA DSK, Kurzpapier Nr. 3, S. 2.

109 *Schulz/Moukabary*, PinG 2015, 233 (238).

110 LG Berlin, Urt. v. 14.6.2016 – 16 O 446/15.

111 Vgl. zum BDSG aF Anwendungshinweise der Datenschutzaufsichtsbehörden zur Erhebung, Verarbeitung und Nutzung von personenbezogenen Daten für werbliche Zwecke, September 2014, 1.1.

112 Anders als in Deutschland ist bspw. in Frankreich und Italien eine werbliche Ansprache im B2B-Verhältnis per E-Mail auf Grundlage eines Opt-out zulässig. In Frankreich ist Telefonwerbung erst nach einem Opt-out des Angerufenen unzulässig; vgl. auch Art. 13 Abs. 3 RL 2002/58/EG.

chen datenschutzrechtlichen Erlaubnistatbestands im Bereich des Werbedatenschutzes praktisch aufgehoben.[113]

74 Eine Unterscheidung zwischen B2C- und **B2B-Sachverhalten** ist im verfügenden Teil der DS-GVO nicht vorgesehen.[114] Soweit Daten von Funktionsträgern juristischer Personen verarbeitet werden, findet die DS-GVO gem. Art. 2 Abs. 1 Anwendung. Im Rahmen der nach lit. f erforderlichen Interessenabwägung ist jedoch zu berücksichtigen, dass der gesamte Reformprozess der DS-GVO praktisch ausschließlich auf eine **Stärkung des Verbraucherdatenschutzes** angelegt war.[115] Hiervon ausgehend wird man davon ausgehen können, dass die Abwägungsentscheidung regelmäßig nicht gegen ein Recht auf eine entsprechende Datenverarbeitung zu Werbezwecken sprechen wird, jedenfalls dann, wenn die Werbung auf die berufliche bzw. geschäftliche Tätigkeit des Adressaten bezogen ist. Wenn schon Werbung an private Adressen durch die DS-GVO als sozialadäquat angesehen wird, muss dies infolge des noch einmal deutlich geringeren Belästigungspotenzials erst recht im B2B-Verhältnis gelten. Sollen Funktionsträger über nichtpostalische Kanäle angesprochen werden, sind daneben die Vorgaben von § 7 UWG zu berücksichtigen.

75 **b) Werbescoring.** Das Zusammenführen verschiedener Selektionskriterien mit dem Ziel, Werbebotschaften möglichst an den tatsächlichen oder mutmaßlichen Interessen der betroffenen Person orientiert ausspielen zu können (sog. **Werbescoring**), dient den berechtigten Interessen beider Parteien. Während der Verantwortliche hierüber eine Fehlallokation der eingesetzten Mittel so gering wie möglich halten kann, wird der betroffenen Person nur solche Werbung zugeleitet, die ihrem (mutmaßlichen) Interesse entspricht. Eine Belästigung durch Werbung nach dem **„Gießkannenprinzip"** wird vermieden. Die grundsätzlich Zulässigkeit des Profilings zum Zwecke der Werbeselektion wird durch die DS-GVO in Art. 21 Abs. 2 im Rahmen des Widerspruchsrechts vorausgesetzt. Kinder sollen gem. Erwägungsgrund 71 einer derartigen Profilbildung nicht unterworfen werden.

76 Für **Profilbildungen zu Werbezwecken** (auch: Werbeselektion) werden statistische und aggregierte Daten in einem automatisierten Verfahren zusammengeführt und ausgewertet und im Nachgang einer potentiellen Interessentengruppe zugeordnet. Werden in diesem Zusammenhang auch personenbezogene Daten verarbeitet, bemisst sich die Zulässigkeit außerhalb der Einwilligung nach lit. f. Gleiches gilt für das **Hinzuspeichern von Daten** zum Kundendatensatz. Der zulässige Umfang der in die Profilbildung einfließenden Daten bestimmt sich anhand allgemeiner Abwägungsgrundsätze (→ Rn. 59), der Schutzbedürftigkeit der verarbeiteten Datenarten und der Frage, ob die Daten rechtmäßig erhoben wurden. Ein überwiegendes Interesse der betroffenen Person wäre bspw. anzunehmen, wenn besonders umfangreiche Datensätze oder sensitive Daten genutzt und ggf. übermittelt werden.[116] Andererseits wäre eine auch nur gedankliche Beschränkung des Umfangs der zulässigen Datenverarbeitung im Sinne des aus § 28 Abs. 3 S. 2 BDSG

---

[113] Der Vorschlag des EP, bei der Interessenabwägung zwischen dem Fall der Bewerbung eigener oder ähnlicher Produkte und der Fremdwerbung per Post zu unterscheiden, wurde gerade nicht angenommen.

[114] Zum Anwendungsbereich der DS-RL auf juristische Personen vgl. EuGH, Urt. v. 9.11.2010 – C-92/09, C-93/09.

[115] Vgl. etwa bei *Reding,* ZD 2012, 195 (197); Q&A der EU-Kommission zur DS-GVO vom 21.12.2015, S. 2.

[116] *Artikel-29-Datenschutzgruppe,* WP 217 v. 9.4.2014, S. 33 („ungeheure Mengen von Daten").

aF bekannten sog. Listenprivilegs zu eng und zu statisch und stünde der erforderlichen risikobasierten Abwägung entgegen. So ist nach der DS-GVO insbesondere auch eine Verarbeitung einer **Telefonnummer oder E-Mail-Adresse** auf gesetzlicher Grundlage nicht per se ausgeschlossen (zur Reglementierung im Rahmen der werblichen Ansprache → Rn. 68). Bei der nach den Art. 13 und 14 erforderlichen Information sind der betroffenen Person umfassende, detaillierte Hinweise zur Verwendung zum Zwecke der Profilbildung verfügbar zu machen, nicht zuletzt deshalb, um darüber die Erwartungshaltung zu konkretisieren. Der Grad der Detaillierung hat sich dabei stets an Intensität und Umfang der Datenverarbeitung zu orientieren. Auf das Werbescoring nicht anwendbar ist Art. 22 (→ Art. 22 Rn. 28). Erfolgt die Profilbildung nicht bereits im Rahmen der ursprünglichen Zweckbestimmung sind die Vorgaben von Abs. 4 zu berücksichtigen, wobei die Privilegierung von pseudonymisierten Datensätzen (→ Rn. 209) zugunsten der Zulässigkeit der Weiterverarbeitung spricht.

c) Bestandskundenwerbung. Eine wesentliche Datenbasis für Datenverarbeitungen zu Werbezwecken sind vor allem die im **Zusammenhang mit einer Vertragsbeziehung** erhobenen und gespeicherten Kundendaten. Dem für die Verarbeitung Verantwortlichen ist es im Rahmen der der Zweckveranlassung unbenommen, neben der Zweckbestimmung der Vertragsabwicklung weitere Zwecke, hier die sich an die Vertragsabwicklung anschließende Bestandskundenwerbung, zu definieren. Erfolgt danach im Zeitpunkt der Datenerhebung der Hinweis auf die Verarbeitung (auch) zu Zwecken der Bestandskundenwerbung, wird darüber die begründete Erwartungshaltung (→ Rn. 55) der betroffenen Person angeregt. Die Datenverarbeitung ist dann nicht gem. lit. b sondern gem. lit. f grundsätzlich zulässig, wofür auch Erwägungsgrund 47 spricht, wonach ein berechtigtes Interesse regelmäßig dann vorliegt, wenn die **betroffene Person ein Kunde des Verantwortlichen** ist oder in seinen Diensten steht. Da die Zweckbestimmung bereits im Zeitpunkt der Erhebung feststand und der Betroffene hierüber informiert wurde, handelt es sich in diesem Fällen auch nicht um eine zweckändernde Nutzung iSv Art. 6 Abs. 4.[117] **77**

Sollte es der für die Verarbeitung Verantwortliche ausnahmsweise zunächst doch unterlassen, den Zweck der sich an die Vertragsabwicklung anschließenden werbliche Nutzung der Daten schon im Zeitpunkt der Datenerhebung zu definieren und den Betroffenen hierüber zu informieren, steht einer **späteren werblichen Verarbeitung** gleichwohl grundsätzlich nichts entgegen. Die werbliche Verarbeitung von ursprünglich im Rahmen eines Vertragsverhältnisses erhobenen personenbezogenen Daten ist vielmehr das **Referenzbeispiel** einer kompatiblen und damit gem. Art. 6 Abs. 4 zulässigen Weiterverarbeitung von ursprünglich zu anderen Zwecken erhobenen Daten. Zu beachten ist in diesem Fall jedoch die Vorabinformationspflicht gem. Art. 13 Abs. 3, die sich auch auf den Hinweis auf das nach Art. 21 Abs. 2 bestehende Widerspruchsrecht erstreckt. Bei Werbung an Bestandskunden im **E-Mail-Marketing** sind zusätzlich die Vorgaben von § 7 Abs. 3 UWG zu beachten. **78**

In Fortführung der aufsichtsbehördlichen Praxis[118] ist davon auszugehen, dass Daten, die im Rahmen der **Durchführung eines Gewinnspiels** erhoben wurden, auf gesetzlicher Grundlage (weiter-)verarbeitet werden können (zur Einwilli- **79**

---

[117] Vgl. *Gola/Schulz*, K&R 2015, 609 (613).

[118] Vgl. Anwendungshinweise der Datenschutzaufsichtsbehörden zur Erhebung, Verarbeitung und Nutzung von personenbezogenen Daten für werbliche Zwecke, September 2014, 3.4.

gung bei Gewinnspielen → Art. 7 Rn. 31). In dem Kurzpapier Nr. 3 der DSK heißt es dazu: „Bei „kostenlosen" Dienstleistungsangeboten, die die Nutzer mit der Zustimmung für eine werbliche Nutzung ihrer Daten „bezahlen" (zB kostenloser E-Mail-Account gegen Zustimmung für Newsletter-Zusendung als „Gegenfinanzierung"), muss diese vertraglich ausbedungene Gegenleistung des Nutzers bei Vertragsabschluss klar und verständlich dargestellt werden. Nur dann besteht keine Notwendigkeit mehr für eine Einwilligung."[119] Der Wegfall der Beschränkung auf ausgewählte Listendaten (→ Rn. 71) ermöglicht es zudem, bei Vorliegen einer nach **Wettbewerbsrecht** erforderlichen Einwilligung,[120] Datenarten wie die Telefonnummer und die E-Mail-Adresse des Gewinnspielteilnehmers auch ohne datenschutzrechtliche Einwilligung des Betroffenen datenschutzrechtskonform zum Zwecke der späteren werblichen Verarbeitung zu erheben. Das Vorliegen einer wettbewerbsrechtlichen Einwilligung impliziert damit zugleich die datenschutzrechtliche Zulässigkeit der Verarbeitung auf gesetzlicher Grundlage.

80 **d) Werbung für fremde Angebote.** Nach § 28 Abs. 3 S. 5 BDSG aF war eine Verarbeitung von personenbezogenen Daten zum Zwecke der **Werbung für fremde Angebote** und Leistungen in Form der **Beipack- oder Empfehlungswerbung** grundsätzlich zulässig.[121] Die DS-GVO kennt keine entsprechende Vorgabe. Die allein angesichts der spezifischen Vorschrift im BDSG aF als gegebene aber stets unbegründete Annahme, dass im Rahmen der Beipackwerbung in Form eines Paketbeilegers eine Datenverarbeitung stattfindet und damit der Anwendungsbereich des Datenschutzrechts eröffnet war, kann vor diesem Hintergrund nicht aufrecht erhalten bleiben. Denn tatsächlich findet etwa im Zuge des Beilegens von Werbemitteln in noch unbefüllte, unetikettierte Kartons auf einer Packstraße eines Versandhändlers gar **keine Datenverarbeitung** statt. Das gleiche gilt für das Beilegen nach dem Befüllen mit der zu versendenden Ware, sofern das Werbemittel allen und nicht nur einer vorselektiertem Auswahl von Adressaten beigefügt wird. Erst dann, wenn ein Widerspruch der betroffenen Person (→ Art. 21 Rn. 20 f.) beachtet werden muss, werden personenbezogene Daten verarbeitet und der Anwendungsbereich des Datenschutzrechts wird eröffnet. Zu beachten ist jedoch, dass sich die Pflicht zur Berücksichtigung eines derartigen Widerspruchs auch dann nicht aus datenschutzrechtlichen Vorgaben ergibt, sondern aus der Pflicht zur Berücksichtigung des allgemeinen Persönlichkeitsrechts des Adressaten der Sendung (→ Art. 21 Rn. 22).[122] Befindet sich die Werbebotschaft, zB ein Hinweis auf den Internetauftritt oder auf Rabattaktionen, auf einer **Zustellbenachrichtigung oder einer Um- oder Versandverpackung**, tritt das Recht des Werbeverweigerers, auch von solcherart Werbung verschont zu bleiben, hinter den unternehmerischen Interessen des Werbenden zurück. Dem Werbeverweigerer bleibt es unbenommen, die subjektiv empfundene Störung durch einen Wechsel des Anbieters zu beenden.

81 Ist die **Beipack- oder Empfehlungswerbung an individuell ausgewählte Adressaten** gerichtet, ist der Anwendungsbereich der DS-GVO eröffnet. In diesem Fällen kommt es wesentlich auf die Frage an, ob der Betroffene mit einer entsprechenden Datenverarbeitung rechnen konnte, im Ergebnis also, ob der für

---

[119] DSK, Kurzpapier Nr. 3, S. 2.

[120] S. § 7 Abs. 1 Nr. 3 UWG.

[121] Vgl. *Gola/Schomerus*, § 28 Rn. 49.

[122] Der Fall ist insoweit mit dem Einwurf von nichtadressierten Werbemitteln in Briefkästen zu vergleichen, vgl. hierzu *Gola/Schomerus*, § 28 Rn. 60.

die Verarbeitung Verantwortliche die betroffene Person im Zeitpunkt der Datenerhebung auf diesen Zweck hingewiesen hat, die Informationspflichten des Art. 13 einschließlich des Hinweises auf das Recht zum Widerspruch eingehalten wurden und ob eine solche Datenverarbeitung gemeinhin als erwartbar angesehen werden kann. Letzteres wird infolge der Üblichkeit solcher Verfahren anzunehmen sein. Ist dies der Fall, sind Verarbeitungen zum Zwecke der Beipack- und Empfehlungswerbung auf Grundlage von lit. f zulässig. **Tell-a-friend-Funktionen im Internet**, über die dem Nutzer durch das werbende Unternehmen eine vorgefertigte E-Mail mit werblichen Inhalt zum Zwecke der Versendung an Dritte zur Verfügung gestellt wird, als Versender aber das Unternehmen in Erscheinung tritt, sind wegen Verstoßes gegen § 7 Abs. 2 UWG wettbewerbswidrig.[123]

Ob die gem. § 28 Abs. 3 S. 4 BDSG aF zulässige **Datenweitergabe zu Werbezwecken Dritter** weiterhin auch auf Grundlage von lit. f, dh nach Durchführung der allgemeinen Interessenabwägung zulässig ist, hängt abermals ganz wesentlich von der Erwartungshaltung des Betroffenen ab. Die erforderlichen Informationen können dabei auch hier bereits im Zeitpunkt der Direkterhebung bzw. sonstigen Ersterhebung aber auch zu einem späteren Zeitpunkt zur Verfügung gestellt werden. Gem. Art. 13 Abs. 1 lit. e genügt neben der Angabe des konkreten Empfängers auch die **Angabe der Kategorien von Empfängern.** Die DS-GVO belässt es hier bei dem aus Art. 10 lit. c DS-RL und § 4 Abs. 3 Nr. 3 BDSG aF bekannten Spielraum, weshalb auch eine tendenziell abstrakte Angabe der Empfänger, bspw. „die Weitergabe an Gartenbauunternehmen", zulässig bleibt. Die betroffene Person hat es auch hier in der Hand, über das voraussetzungslose Widerspruchsrecht zu intervenieren. Hat der für die Verarbeitung Verantwortliche im Zeitpunkt der Ersterhebung die Weitergabe der Daten zu Werbezwecken noch nicht definiert, bemisst sich die Zulässigkeit der dann zweckändernden Nutzung nach Art. 6 Abs. 4.[124] 82

Ob sich die Datenverarbeitung für Werbezwecke Dritter als (ein) **Gegenstand der ursprünglichen Zweckbestimmung** darstellt, oder ob die Festlegung erst nach der Ersterhebung erfolgt, ist anhand des jeweiligen Einzelfalls und unter Betrachtung der Reichweite der ursprünglichen Zweckbestimmung zu ermitteln. Handelt es sich um die zweitgenannte Fallkonstellation schließt sich die Frage an, ob sich eine Datenverarbeitung für Werbezwecke Dritter als mit dem ursprünglichen Erhebungszweck **kompatible Datenverarbeitung** iSv Abs. 4 darstellt. Die im Rahmen der hiernach erforderlichen Kompatibilitätsprüfung heranzuziehenden Kriterien (→ Rn. 204) werden dabei regelmäßig einer Kompatibilität von neuer Zweckbestimmung und dem ursprünglichen Erhebungszweck nicht im Wege stehen. Weder sind mit einer solchen Weiterverwendung zu Werbezwecken Dritter negative Folgen für die betroffene Person verbunden (Abs. 4 lit. d), noch handelt es sich bei den zu diesen Zwecken verarbeiteten Daten um besonders schutzbedürftige personenbezogene Daten (Art. 4 lit. c). Die werbliche Ansprache durch von dem ursprünglichen Verantwortlichen abweichende Dritte bewegt sich naturgemäß innerhalb der (vermuteten) Interessenlage der betroffenen Person. Hat die betroffene Person gleichwohl kein Interesse hieran steht es dieser frei, der Datenverarbeitung durch den Dritten über das voraussetzungslose Widerspruchsrecht des Art. 21 Abs. 2 unmittelbar ein Ende zu setzen; ein Umstand, der gem. Abs. 4 lit. e („Vorhandensein geeigneter Garantien") in die Prüfung einzubeziehen ist. 83

---

[123] BGH, Urt. v. 12.9.2013 – I ZR 208/12, zum verbliebenen Spielraum vgl. KG, Urt. v. 24.1.2014 – 5 U 42/12; *Schirmbacher/Schätzle*, WRP 2014, 1143 (1144).

[124] Vgl. *Gola/Schulz*, K&R 2015, 609 (613).

84 Erfolgen Nutzung oder Weitergabe von Kundendaten unter Einschaltung eines Dienstleisters (sog. **Lettershopverfahren**[125]) sind zunächst die teilweise neuen Vorgaben des Art. 28 zur Auftragsverarbeitung zu beachten. Die Zulässigkeit der so vorgenommenen Datenverarbeitung zu Werbezwecken wird hierdurch jedoch nicht tangiert. Im Gegenteil wird das Lettershop-Verfahren, über das gerade sichergestellt wird, dass personenbezogene Daten nicht an ein werbendes Unternehmen übermittelt und damit „gestreut" werden, auch in Zukunft ein probates Mittel für die datenschutzkonforme Interessentenansprache sein.

85 **e) Adresshandel.** Versteht man unter **Adresshandel** das Vermitteln von postalischen Kontaktadressen konkreter Personen vom Adresseigner direkt an den Adresserwerber, gelten die zur Datenweitergabe zu Werbezwecken Dritter gemachten Aussagen (→ Rn. 80) entsprechend. Eine derartige Weitergabe findet unmittelbar zu Werbezwecken eines Dritten, des Erwerbers, statt. Der Erwerber kann im Rahmen der erforderlichen Abwägung direkt die intendierte Zulässigkeit der werblichen Datenverarbeitung (→ Rn. 70) geltend machen. Um im Rahmen der Abwägung die vernünftige Erwartungshaltung des Betroffenen zu „erfüllen", ist der Betroffene umfangreich gem. der Art. 13 bzw. 14 zu informieren, einschließlich des Hinweises auf das ihm zustehende Widerspruchsrecht iSv Art. 21 Abs. 2.

86 Bei der in der Praxis überwiegend anzutreffenden **Erscheinungsform des Adresshandels** treten auf Adressdaten spezialisierte Adressverlage auf, die vornehmlich aus öffentlich zugänglichen Quellen Adressdaten erheben, mithilfe statistischer Erkenntnisse zielgruppenspezifisch anreichern und die so aufbereiteten Informationen am Markt anbieten. In die für jede dieser Phasen vorzunehmende Interessenabwägung nach lit. f sind dabei neben dem Umstand der tendenziell geringen Schutzbedürftigkeit öffentlich zugänglicher Informationen auch **grundrechtlich gesicherte Positionen** eines Adresshändlers einzubringen, etwa solche aus Art. 12 und 14 GG bzw. Art. 15, 16 und 17 GRCh (Berufsfreiheit, unternehmerische Freiheit, Eigentumsfreiheit). Ob die widerstreitenden Interessen der betroffenen Person diese Grundrechte überwiegen, ist eine Frage des Einzelfalls wobei die DS-GVO keine ausdrückliche Begrenzung der nutzbaren Datenarten zu entnehmen ist.[126] Dass bei Verwendung ausschließlich öffentlich zugänglicher Daten das Interesse der betroffenen Person dem Verarbeitungsinteresse, bspw. eines Adressverlages, überwiegt, wird auch in Zukunft eher die Ausnahme sein. **Wettbewerbsrechtlich** steht der Verarbeitung öffentlich zugänglicher Daten grundsätzlich nichts im Wege.[127]

87 **f) Online-Marketing.** Außerhalb des Vorliegens einer Einwilligung ist für **Werbemaßnahmen im Internet** bislang § 15 Abs. 3 TMG von zentraler Bedeutung. Die dort normierte Zulässigkeit der Bildung von Nutzungsprofilen bei Verwendung von Pseudonymen für bestimmte Zwecke, ua den der Werbung, ist infolge des Urteils des EuGH vom 19.10.2016 wegen der darin vorweggenommenen Interessenabwägung europarechtlich nicht unumstritten.[128] Auch gilt es als wahrscheinlich, dass die Norm, wie auch alle weiteren im TMG mit datenschutzrechtlichem Bezug, dem Anwendungsvorrang der DS-GVO zum Opfer fallen

---

[125] Zur Funktionsweise vgl. *Gola/Reif*, Kundendatenschutz, Rn. 50.

[126] Anhaltspunkte zum alten Recht bei *Artikel-29-Datenschutzgruppe*, WP 217 v. 9.4.2014.

[127] Vgl. OLG Frankfurt a.M., Urt. v. 21.1.2016 – 6 U 21/15.

[128] EuGH, Urt. v. 19.10.2016 – C-582/14 – Breyer/Deutschland.

wird.[129] Dass die DS-GVO für die Vorschrift keinen „Nachfolger“ bereithält, heißt andererseits nicht, dass der Regelungsgehalt vollständig verloren gehen muss. Im Gegenteil verweist Erwägungsgrund 29 gerade darauf, dass für die **Anwendung der Pseudonymisierung** Anreize geschaffen werden sollen und benennt beispielhaft in diesem Zusammenhang ausdrücklich die Möglichkeit von Pseudonymisierungsmaßnahmen zum Zwecke einer **„allgemeinen Analyse“** bei „demselben Verantwortlichen“. Erforderlich ist hierfür, dass „Informationen, mit denen die personenbezogenen Daten einer speziellen betroffenen Person zugeordnet werden können, gesondert aufbewahrt werden“, Art. 4 Nr. 5. Berücksichtigt man des Weiteren, dass auch Datenverarbeitungen zum Zwecke der Werbung im Online-Umfeld von der intendierten Zulässigkeit des Erwägungsgrunds 47 (→ Rn. 70) erfasst sind, spricht Vieles für eine auch in Zukunft eröffnete Möglichkeit zur Erstellung von Nutzungsprofilen bei Verwendung von Pseudonymen zum Zwecke der eigenen bzw. der nach aktuellem Recht ebenfalls **zulässigen anbieterübergreifenden Werbung,** soweit darüber weder dem Affiliate noch dem Publisher Klardaten übermittelt werden, für diese die dort jeweils vorliegenden Daten also anonym sind. Von den Anbietern bzw. Verwendern solcher Technologien muss stets sichergestellt werden, dass die betroffene Person jederzeit ihr voraussetzungsloses Widerspruchsrecht gem. Art. 21 Abs. 2 geltend machen kann.

Ob solche Profilbildungen im Einzelfall zulässig sind, ist unter **Gewichtung** **88** **aller Umstände und Gegebenheiten des Einzelfalls** zu entscheiden. Der Umstand, dass der Betroffene im Vergleich zum geltenden Recht nach den Vorgaben der DS-GVO einen höheren Schutz genießt – § 15 Abs. 3 TMG sieht keine Interessenabwägung vor – spricht jedoch erst recht dafür, dass Datenverarbeitungen zu Werbezwecken bei Verwendung von Pseudonymisierungstechniken nach lit. f zulässig sei können.[130] Das **Zusammenspiel mit Art. 5 Abs. 3 RL 2002/58/EG**, insbesondere die Frage, in welcher Form die für das Speichern von Informationen auf dem Endgerät des Nutzers erforderliche Einwilligung auszugestalten ist, ist Gegenstand des laufenden Verfahrens zur Novellierung der ePrivacy-RL.[131] Nach einer Entscheidung des OLG Frankfurt a.M. genügt an dieser Stelle das Vorhalten einer Opt-out-Möglichkeit.[132] In der Revisionsinstanz hat der BGH die Rechtsfrage dem EuGH zur Vorabentscheidung vorgelegt.[133] Während der **Übergangsphase** zwischen Wirksamwerden der DS-GVO am 25.5.2018 und dem Wirksamwerden der ePrivacy-VO[134] gilt in Ermangelung der Umsetzung der novellierten Vorgabe des Art. 5 Abs. 3 RL 2002/58/EG („Cookie-Consent“) und der zu erwartenden Unanwendbarkeit von § 15 Abs. 3 TMG für Online-Marketing-Technologien allein die DS-GVO. Die zwischenzeitlichen Pläne des BMWi zur Anpassung des TMG an die Vorgaben der RL 2002/58/EG wurden nicht weiter verfolgt.

---

[129] Zu beachten ist, dass § 15 Abs. 3 TMG gerade nicht als Umsetzung der RL 2002/58/EG angesehen werden kann und deshalb auch Art. 95 nicht greift. Die Norm ist originär mitgliedstaatliches Recht ohne Vorbild im europäischen Recht.

[130] In diesem Sinne auch *Masing,* NJW 2012, 2305 (2309).

[131] Sa Erwägungsgrund 173; eine Gegenüberstellung findet sich zB bei *Venzke-Caprarese,* DuD 2017, 577 f.

[132] OLG Frankfurt a.M., Urt. v. 17.12.2015 – 6 U 30/15; vgl. aber auch *Artikel-29-Datenschutzgruppe,* WP 171 v. 22.6.2010.

[133] BGH, Beschl. v. 5.10.17 – I ZR 7/16.

[134] Zum Redaktionsschluss der 2. Aufl. war damit nicht vor Ende 2018 zu rechnen.

89 Unter der DS-GVO sollten bei Verwendung von Pseudonymen, wozu regelmäßig auch eine Cookie-ID gehören wird, entsprechend auch weiterhin **Analyse- und Werbetechniken im Internet,** dann auf Grundlage der allgemeinen Interessenabwägungsklausel des lit. f, möglich sein, wenn sich diese als allgemein erwartbar darstellen und die betroffene Person transparent über deren Einsatz informiert wird. **Trackingmaßnahmen** (Wo kommt er/sie her? Welches Klickverhalten hat er/sie? Wo geht er/sie hin?) sollten dabei regelmäßig als erwartbar angesehen werden können, wobei die Einhaltung der zum Einsatz von **Google Analytics** entwickelten Grundsätze weiterhin als Standard berücksichtigt werden sollten.[135] Zusätzlich ist in die Abwägungsentscheidung einzubeziehen, dass der Eingriff als tendenziell gering einzustufen ist, da im Rahmen des Trackings allein das Surfverhalten analysiert wird. Kommt sog. **IP-Masking** zum Einsatz, fehlt es bei so anonymisierten Daten ohnehin am Personenbezug.

90 Bei Maßnahmen des **Cross-Device-Trackings** (Tracking über verschiedene Endgeräte) sowie des **Online Behavioural Targetings** (Auslieferung nutzungsbasierter Online-Werbung) wird man einzelfallorientiert und unter Einbeziehung aller Umstände, insbesondere unter Betrachtung der genutzten Datenarten, des Belästigungspotentials, der Eingriffstiefe, der Ausgestaltung des Informations- und Widerspruchsmanagements sowie der technisch-organisatorischen Behandlung von Online-IDs und IP-Adressen abzuwägen haben, wobei im Rahmen der Abwägung zu berücksichtigen ist, dass die betroffene Person infolge der Anzeige von für sie relevanter Werbung stets ein Interesse an solchen Formen interessenorientierter Werbung haben wird, die Verarbeitung regelmäßig pseudonym erfolgt und der betroffenen Person weiterführende Widerspruchsmöglichkeiten (Präferenzmanager) zur Verfügung stehen.[136] In jedem Fall ist einem Zusammenführen von Pseudonym und Klardatum durch technisch-organisatorische Maßnahmen vorzubeugen. Dieselben Grundsätze werden auch auf sog. **verdeckt personalisierte Newsletter** an Bestandskunden außerhalb der Einwilligung Anwendung finden, soweit die betroffene Person auf das Verfahren (Versendung von Newslettern in Abhängigkeit des früheren Klick- und Einkaufsverhaltens) und das ihr zustehende Widerspruchsrecht transparent hingewiesen wurde.

91 **2. Markt- und Meinungsforschung.** Markt- und Meinungsforschung stellt für öffentliche und private Auftraggeber mittels wissenschaftlicher Methoden und Techniken notwendige Informationen als empirische Grundlage und zur Unterstützung wirtschaftlicher, gesellschaftlicher und politischer Entscheidungen bereit.[137] Während **Meinungsforschung** allgemein auf die Ermittlung von Meinungen und Stimmungen der Bevölkerung oder Teilen davon abzielt, dient **Marktforschung** der Informationsgewinnung über Märkte, auf denen Unternehmen tätig sind.[138] Die Verfahren sind bei beiden Forschungsarten vergleichbar; auf die Befragung von Personen folgen die statistische Aufbereitung sowie die forschungsbezogene Auswertung der Daten. Abzugrenzen ist Markt- und Meinungsforschung von **Zufriedenheitsumfragen**, über die durch Unternehmen

---

[135] In diesem Sinne auch *Weidert/Klar*, BB 2017, 1858 (1862); großzügiger *Schleipfer*, ZD 2017, 460 (462); vgl. zum alten Recht auch den Beschluss des Düsseldorfer Kreises v. 26./27.11.2009.

[136] So bspw. das zentrale Widerspruchsmanagement des Deutschen Datenschutzrats Online-Werbung (DDOW); s. zum Ganzen auch *Schirmbacher*, ITRB 2016, 274 (278 f.).

[137] BT-Drs. 16/13657, 33.

[138] Vgl. zur Begriffsdefinition Simitis/*Ehmann*, § 29 Rn. 67 f.

per E-Mail, Telefon oder Brief von Kunden Rückmeldungen zur Zufriedenheit mit zuvor erbrachten Leistungen eingeholt werden. Zufriedenheitsumfragen sind nach herrschender Auffassung als Werbemaßnahme einzustufen,[139] für die die spezifischen datenschutz- und wettbewerbsrechtlichen Zulässigkeitsvoraussetzungen gelten (→ Rn. 68 f.).

In Ermangelung einer spezifischen Erlaubnisnorm[140] sind für die Beurteilung der Zulässigkeit der Datenverarbeitung zum Zwecke der Markt- und Meinungsforschung die allgemeinen Erlaubnistatbestände der DS-GVO anzuwenden. Praxisrelevant ist neben der Einwilligung die allgemeine Interessenabwägungsklausel des **Art. 6 Abs. 1 lit. f.** Für das Stadium des Erstellens der Stichprobe und für Situationen, in denen haushaltsbezogene Aspekte Gegenstand der Befragung sind und darüber auch Daten Dritter verarbeitet werden, sowie für sog. passive Forschungsmethoden kommt allein Art. 6 Abs. 1 lit. f zum Tragen. 92

Im Rahmen der Markt- und Meinungsforschung werden Unternehmen sowohl im Drittinteresse als auch im eigenen wirtschaftlichen Interesse tätig. Zumindest für die eigenen wirtschaftlichen Interessen gelten die allgemeinen Grundsätze der Durchführung einer Interessenabwägung (→ Rn. 59). Bei der Bestimmung der für die Interessenabwägung gem. Art. 6 Abs. 1 lit. f zusätzlich erforderlichen **spezifischen Abwägungsfaktoren** ist vor allem die Klassifizierung der Markt- und Meinungsforschung als wissenschaftliche Forschung von Relevanz. Diese wird an unterschiedlichen Stellen innerhalb der DS-GVO privilegiert behandelt (vgl. Art. 89). Gemäß Erwägungsgrund 159 übernimmt die DS-GVO den in Art. 179 Abs. 1 AEUV und Art. 13 S. 1 GRCh angelegten **weiten Forschungsbegriff** und erfasst darüber ausdrücklich auch die Grundlagenforschung und die privat finanzierte Forschung. Die nach dem Recht des BDSG aF noch vorgenommene Differenzierung zwischen wissenschaftlicher Forschung einerseits und Markt- und Meinungsforschung anderseits[141] gehört damit der Vergangenheit an. Entscheidend ist das allgemeine Verständnis der Forschung als „Tätigkeit mit dem Ziel, in methodischer, systematischer und nachprüfbarer Weise neue Erkenntnisse zu gewinnen."[142] In die Abwägungsentscheidung einzubeziehen ist des Weiteren der Umstand, dass die im Rahmen der Markt- und Meinungsforschung verarbeiteten Daten direkt in **aggregierte oder anonymisierte Informationen** umgewandelt werden.[143] Der Einzelne ist typischerweise nicht von Interesse. 93

Werden Daten, die initial zu einem anderen Zweck erhoben wurden, für Zwecke der Markt- und Meinungsforschung **zweckändernd** weiterverarbeitet, findet Art. 6 Abs. 4 Anwendung mit der Maßgabe, dass gem. Art. 5 Abs. 1 lit. b die Weiterverarbeitung für solche Zwecke als vereinbar („kompatibel") mit dem ursprünglichen Erhebungszweck anzusehen ist (s. auch Art. 89). Für Verarbeitungen zum Zwecke der Markt- und Meinungsforschung sieht Art. 21 Abs. 6 ein spezifisches **Widerspruchsrecht** vor, das konsequenterweise an hohe Hürden 94

---

[139] StRspr, vgl. exemplarisch KG Berlin, Urt. v. 7.2.17 – 5 W 15/17; OLG Köln, Urt. v. 19.4.13 – 33 S 87/11; zur Abgrenzung s. OLG Oldenburg, Urt. v. 24.11.2005 – 1 U 49/05.

[140] Das alte Recht enthielt in § 30a BDSG aF eine Spezialvorschrift.

[141] Vgl. § 33 Abs. 2 Nr. 5 (wissenschaftliche Forschung) und Nr. 9 (Markt- und Meinungsforschung) BDSG aF; vgl. hierzu auch *Hornung/Hofmann*, ZD-Beil. 2017, 1 (5).

[142] *Hornung/Hofmann*, ZD-Beil. 2017, 1 (4) mwN.

[143] So unter Verweis auf die Berufsgrundsätze und Standesregeln der Branche auch *Hornung/Hofmann*, ZD-Beil. 2017, 1 (6).

geknüpft ist (→ Art. 21 Rn. 8). Werden im Rahmen der Forschung auch **sensitive Daten** verarbeitet, bedarf es auf Grundlage der Öffnungsklausel des Art. 9 Abs. 2 lit. j eines spezifischen Erlaubnistatbestands im Recht der Union oder der Mitgliedstaaten (→ Art. 9 Rn. 45).

95 **3. Datenverarbeitung im Beschäftigungskontext. a) Allgemeines.** Die Datenverarbeitung im Beschäftigungsverhältnis findet ganz wesentlich auf Grundlage des Arbeitsvertrages statt. Insoweit wird regelmäßig lit. b der relevante Erlaubnistatbestand sein. Der deutsche Gesetzgeber hat von der optional nutzbaren Öffnungsklausel in Art. 88 Gebrauch gemacht und in § 26 BDSG nF eine an § 32 BDSG aF angelehnte spezifische Vorgabe erlassen. Auf die detaillierte Kommentierung in Art. 88 wird verwiesen. Auf Datenverarbeitungen außerhalb des Arbeitsvertrages, dh außerhalb der Zweckbestimmungen des § 26 BDSG, gilt die DS-GVO mit ihren Zulässigkeitstatbeständen, die grundsätzlich nebeneinander Geltung beanspruchen und insbesondere keinem Stufenverhältnis unterliegen (→ Rn. 10). Ist die Verarbeitung jedoch durch die Zweckbestimmung des Arbeitsvertrages festgelegt, so können sich im Wege der Interessenabwägung regelmäßig keine anderen Verarbeitungsbefugnisse ergeben (→ Rn. 13). Nach dem BAG darf im **Beschäftigungsverhältnis** über eine allgemeine Interessenabwägung „in die Privatsphäre des Arbeitnehmers nicht tiefer eingedrungen werden darf, als es der Zweck des Arbeitsverhältnisses unbedingt erfordert".[144] Die Verarbeitungen für sog. **„beschäftigungsfremde" Zwecke**[145] können auf der Basis der Erlaubnistatbestände des Art. 6 Abs. 1 erfolgen.

96 **b) Die Einwilligung. Einwilligungen** sind nur dann erforderlich, wenn die Erlaubnisnormen der DS-GVO, des § 26 BDSG nF oder sonstigen vorrangigen Bundesrechts nicht greifen. Details zur Zulässigkeit einer Einwilligung im Arbeitsverhältnis werden in § 26 Abs. 2 BDSG nF geregelt. Die Norm gilt auch, wenn der Beschäftigte „beschäftigungsfremden" Verarbeitungen oder auch solchen, die völlig außerhalb des Arbeitsverhältnisses liegen, also zB in die Nutzung seiner Daten zu Werbezwecken, zustimmen soll.

97 **c) Vertragsbeziehungen neben dem Beschäftigungsverhältnis.** Der Arbeitgeber geht mit dem Arbeitnehmer uU neben dem Arbeitsvertrag bestehende vertragliche Beziehungen ein, die in engem Zusammenhang mit dem Arbeitsverhältnis stehen oder eine Leistung nur aufgrund des Arbeitsverhältnisses gewähren. Beispiele sind die Vermietung einer **Werkswohnung,** der Verkauf eines **Jahreswagens** oder ein Einkauf in der Kantine. Trotz des direkten Bezugs zum Arbeitsverhältnis, gilt für die Gestaltung des Vertrages und die hierzu erforderlichen Datenverarbeitungen unmittelbar Art. 6 Abs. 1 lit. b.

98 **d) Verarbeitung infolge rechtlicher Verpflichtung.** Der Arbeitgeber kann bzw. muss gem. Art. 6 Abs. 1 lit. c personenbezogene Daten der Beschäftigten verarbeiten, wenn dies zur Erfüllung einer **rechtlichen Verpflichtung** des Arbeitgebers erforderlich ist (→ Rn. 41). Die Verpflichtung kann sich aus **gesetzlichen Vorgaben** aber auch aus **Tarif- und Betriebsvereinbarungen** ergeben. Relevant sind im Arbeitsverhältnis insoweit insbesondere die dem Arbeitgeber gegenüber staatlichen Instanzen wie Finanz- und Arbeitsämtern, Sozialversicherungsträgern, Industrie- und Handels- oder Handwerkskammern auferlegten

[144] So schon BAG, Urt. v. 22.10.1986 – 5 AZR 660/85.
[145] Vgl. bei *Gola/Schomerus*, BDSG, § 32 Rn. 45 f.

Speicher-, Melde-, Berichts- und Auskunftspflichten. **Meldepflichten** bestehen auch bei einzustellenden Mitarbeitern im **Bewachungsgewerbe**[146] oder im **Finanzdienstleistungsgewerbe** hinsichtlich beschäftigter Berater gegenüber der BaFin.[147] Schwangere Beschäftigte sind der Gewerbeaufsicht zu melden,[148] **Arbeitsunfälle** regelmäßig der Unfallversicherung.[149] **Bewerberdaten** sind im Einstellungsverfahren dem Betriebsrat vorzulegen.[150]

Beschäftigtendatenverarbeitungen können somit auch **durch mehrere** 99 **Erlaubnistatbestände legitimiert** sein. So ist etwa die Übermittlung von steuerrechtlich relevanten Daten an das Finanzamt sowohl eine sich aus der vertraglichen Beziehung ergebende Pflicht zur ordnungsgemäßen Gehaltsabrechnung als auch eine rechtliche Verpflichtung und kann schließlich als im öffentlichen Interesse liegend (Art. 6 Abs. 1 lit. e) betrachtet werden.

e) Verarbeitung von Beschäftigtendaten infolge eines lebenswichtigen 100 **Interesses.** Der Fall des Art. 6 Abs. 1 lit. d, der einer Verarbeitung erlaubt, die zum Schutz **lebenswichtige Interessen** des Arbeitnehmers oder einer anderen Person erforderlich ist (→ Rn. 45), wird im Arbeitsverhältnis nur selten zum Tragen kommen. Er wäre gegeben, wenn bei einem **Arbeitsunfall** für die Behandlung notwendigen Daten eines nicht mehr handlungsfähigen Arbeitnehmers an den Notarzt oder das Krankenhaus übermittelt werden.

f) Verarbeitung von Beschäftigtendaten aufgrund berechtigter Interes- 101 **sen.** Der Arbeitgeber kann sich neben der sich aus der vertraglichen Beziehung ergebenden Rechtfertigung auch auf „andere" berechtigte Interessen gem. Art. 6 Abs. 1 lit. f berufen. Einer Verarbeitung auf Grundlage der allgemeinen Interessenabwägung nicht zugänglich sind jedoch Verarbeitungen, die einer vertraglichen Zweckbestimmung dienen, gleichwohl aber nicht durch Art. 6 Abs. 1 lit. b gedeckt sind. In Betracht kommen vielmehr sog. **„beschäftigungsfremde" Zwecke.** Letztere liegen vor, wenn der Arbeitgeber die Daten für Zwecke benötigt, die außerhalb der Zweckbestimmung „Begründung, Durchführung oder Beendigung des Beschäftigungsverhältnisses" liegen, sich jedoch daraus ergeben, dass die betroffene Person in den Diensten des Verantwortlichen steht.[151] Relevant ist auch an dieser Stelle, ob der Beschäftigte vernünftigerweise erwarten kann oder konnte, dass möglicherweise eine Verarbeitung für diesen aus Sicht des Arbeitgebers berechtigten Zweck erfolgen wird bzw. erfolgt ist (→ Rn. 61). Insoweit ist insbesondere der arbeitsrechtliche Grundsatz der **Vertraulichkeit von Personaldaten**[152] von Relevanz, der den Arbeitgeber verpflichtet, diese innerhalb des Betriebes als auch gegenüber Dritten vertraulich zu behandeln.[153] Von ihrer grundsätzlichen Zweckbestimmung her sind Personaldaten für den Arbeitgeber und nicht für Dritte bestimmte Informationen. Im Regelfall hat der Arbeitnehmer einen Anspruch darauf, dass im Rahmen der arbeitsvertraglichen Zweckbestimmung gespeicherte Daten im Kenntnisbereich des Arbeitgebers verbleiben.[154]

---

[146] *Gola/Pötters/Wronka*, Rn. 1075.
[147] *Böckelmann*, RDV 2012, 235.
[148] S. § 5 Abs. 1 MuSchG.
[149] S. § 193 SGB VII.
[150] § 99 BetrVG.
[151] Sa Erwägungsgrund 47 S. 2.
[152] *Gola/Pötters/Wronka*, Rn. 97 ff.
[153] Ua BAG, Urt. v. 15.7.1987 – 5 AZR 215/86, NZA 1988, 53.
[154] Grundlegend BVerwG, Urt. v. 28.8.1986 – 2 C1/84, NJW 1987, 1214.

102 Auf berechtigte Interessen kann sich der Arbeitgeber etwa berufen, wenn er Daten **in Bezug auf freiwillige Leistungen** verarbeitet. Weitere Beispiele bilden das Speichern von sog. Betriebsdaten; die Mitteilung an Strafverfolgungsbehörden ohne dass eine gesetzliche Verpflichtung bzw. eine sich aus dem Arbeitsvertrag ergebende Berechtigung besteht. Verarbeitungen zum Zwecke der Versendung einer **Arbeitgeberzeitschrift,**[155] betriebsinterne Veröffentlichungen von Jubiläen, die Auskunftserteilung an Gläubiger oder Inkassofirmen bei Vorliegen eines Forderungstitels oder Mitteilungen im Rahmen eines **Betriebsinhaberwechsels** gem. § 613a BGB (zur zweckändernden Nutzung → Rn. 259). Nicht gerechtfertigt wäre es, wenn der Arbeitgeber die Beschäftigtendaten nutzt, um diese nicht arbeitsverhältnisbezogen werblich anzusprechen (zB nicht zum Angebot eines Jahreswagens oder Vermietung von Werkswohnungen) oder die Daten zu Werbezwecken im Konzern übermittelt.[156]

103 Die **Veröffentlichung** individueller Prüfungsergebnisse von Auszubildenden wird von der Zweckbestimmung des Arbeits- oder Ausbildungsvertrags regelmäßig nicht gedeckt. Eine Veröffentlichung darf deshalb nur mit schriftlicher Einwilligung des Betroffenen oder aufgrund von Art. 6 Abs. 1 lit. f erfolgen. Letztere ist dann einschlägig, wenn der Arbeitgeber im Einzelfall ein berechtigtes Interesse etwa an der Veröffentlichung von Prüfungsergebnissen hat (zB Veröffentlichung eines „Landessiegers"), die Veröffentlichung zur Wahrung seiner Interessen erforderlich ist und schutzwürdige Interessen der betroffenen Person nicht entgegenstehen. Um dies beurteilen zu können, empfiehlt es sich, die betroffene Person von der beabsichtigten Veröffentlichung **zu unterrichten** und ihr Gelegenheit zu geben, hiergegen Einwände vorzubringen. Ähnliches gilt für die Erstellung und betriebsinterne Veröffentlichung von Arbeitnehmerdaten in „Bestenlisten" oder **„Rennlisten"**, in denen zB für Bereiche wie Akquisition oder Verkauf die erfolgreichsten Mitarbeiter oder die Leistungen der Mitarbeiter der Reihe nach aufgeführt werden. Zu bedenken ist bei einer Veröffentlichung der besten Arbeitsergebnisse, dass damit indirekt auch Informationen über die übrigen Mitarbeiter preisgegeben werden. Der **Mitarbeiter im Außendienst** hat einen Anspruch darauf, dass seine Umsätze nicht den Kollegen mitgeteilt werden. Die Versicherungswirtschaft hat sich nach Aufforderung der Aufsichtsbehörden[157] grundsätzlich bereit erklärt, derartige Listen unter den im Außendienst tätigen Vermittlern nur nach erteilter Einwilligung oder in pseudonymisierter Form zu verteilen.

104 Auf ein berechtigtes Interesse können ggf. auch Datenübermittlungen in einem Konzern gestützt werden. Liegt kein sog. **„konzerndimensionales Arbeitsverhältnis"**[158] vor, das bedingt, dass Personaldaten im Konzern übermittelt werden, weil bestimmte Personalentscheidungen der Konzernmutter obliegen oder der Mitarbeiter ganz oder teilweise bei einer Konzernschwester eingesetzt wird und damit die Übermittlung aus § 26 Abs. 1 S. 1 BDSG rechtfertigt,[159] kann auch das **Konzerninteresse** den konzerninternen Personaldatenfluss rechtfertigen. Nach Erwägungsgrund 48 soll ein berechtigtes Interesse darin bestehen können, personenbezogene Daten von Mitarbeitern innerhalb einer Unternehmensgruppe (→ Art. 4 Rn. 110) für interne Verwaltungszwecke zu übermitteln. Zudem wird

[155] *Gola/Pötters/Wronka*, Rn. 1127.
[156] BeckOK DatenschutzR/*Wolff*, BDSG, § 28 Rn. 138.1.
[157] HmbDSB, 19. TB (2002/2003), S. 93.
[158] Vgl. ausf. *Gola/Pötters/Wronka*, Rn. 936; *Däubler*, Rn. 454.
[159] HessLfD 44. Tätigkeitsbericht (2015), Ziff. 4.10.1.

dieses Übermittlungsinteresse als ein bei spezifischen Regelungen des Beschäftigtendatenschutzes zu berücksichtigender Aspekt in Art. 88 Abs. 2 aufgegriffen. Die DS-GVO enthält damit zwar kein Konzernprivileg, macht aber doch deutlich, dass spezielle Konzerninteressen bei der Abwägung mit den schutzwürdigen Interessen der Beschäftigten im Rahmen des Art. 6 Abs. 2 lit. f oder auch bei der Gestaltung von Betriebsvereinbarungen ein besonderes Gewicht haben können (→ Rn. 195).

4. Scoring, Betrugsprävention und Datenverarbeitung im Auskunfteienwesen. a) Allgemeine Vorgaben nach DS-GVO und § 31 BDSG nF. Von **Scoring** ist die Rede, wenn auf Grundlage einer mathematisch-statistischen Analyse des bisherigen Verhaltens sowie personenbezogener Faktoren das wahrscheinliche zukünftige Verhalten von Personen vorhergesagt werden soll. Die in § 31 Abs. 1 BDSG nF normierte Legaldefinition spricht von der „Verwendung eines Wahrscheinlichkeitswerts über ein bestimmtes zukünftiges Verhalten einer natürlichen Person zum Zweck der Entscheidung über die Begründung, Durchführung oder Beendigung eines Vertragsverhältnisses." Der errechnete **Scorewert** entspricht dabei dem Faktor des wahrscheinlichen zukünftigen Eintretens. Denkbar sind neben dem Hauptanwendungsfall des Kreditscorings zB auch Scoringverfahren im Bereich der Telekommunikation oder Wohnraummiete sowie Laufbahnprognosen. Je mehr Faktoren einer **Vergleichsgruppe**[160] in einer Person vereint sind, umso wahrscheinlicher ist der Eintritt eines den Mitgliedern der Vergleichsgruppe ähnlichen Verhaltens. Klassifiziert werden können Scoringverfahren in interne (Verwendung eigener Datenbestände), externe (Einbindung von Dienstleistern) und Mischformen. Allen Scoring-Systemen gemein ist das Ersetzen subjektiv geprägter Entscheidungen durch mehr oder weniger wissenschaftliche, standardisierte, gewichtete Entscheidungsparameter (sog. Scorecards).[161] Schließt sich an die automatisierte Verarbeitung im Rahmen des Scorings eine automatisierte Entscheidung an, sind zusätzlich die Vorgaben von Art. 22 zu berücksichtigen. Scorewerte sind nach der Rechtsprechung des BGH[162] und einzelner Obergerichte als **Werturteile** zu qualifizieren. Eingriffe in die Zulässigkeit der Scorewerterstellung sind danach Eingriffe auch in die Freiheit der Willensbildung.[163] Kommen Scoringverfahren zum Einsatz ist vor der Inbetriebnahme gem. Art. 35 Abs. 3 eine **Datenschutzfolgenabschätzung** durchzuführen (→ Art. 35 Rn. 24). **105**

Betrugsprävention kann, muss aber nicht notwendigerweise unter Zuhilfenahme von Methoden des Scorings bzw. Profilings erfolgen. Kernelement jeder Betrugshandlung ist das Vorspiegeln falscher oder das Entstellen oder Unterdrücken wahrer Tatsachen mit dem Ziel, eine Vermögensverfügung durch den Betrogenen zu erwirken.[164] Unter Betrugsprävention fallen zunächst sämtliche Maßnahmen, die betrügerischem Verhalten **vorbeugen** sollen. Auch das **Aufdecken von Betrug** wird man hierüber noch als erfasst ansehen können, da zum einen typischerweise Wiederholungsgefahr besteht, zum anderen nur so die erforderliche Schwachstellenanalyse – zur Vorbeugung weiterer Betruges – durchgeführt werden kann. Zu Mitarbeiterscreenings → Art. 88 Rn. 77. Von der Begrifflichkeit nicht erfasst sind Datenverarbeitungen für repressive Zwecke. Datenverarbeitun- **106**

---

[160] Vgl. *Kamlah/Walter*, PinG 2015, 159 (160).
[161] Vgl. *Abel*, RDV 2006, 108 (109).
[162] BGH, Urt. v. 22.2.2011 – VI ZR 120/10.
[163] Vgl. zum Ganzen *Kamlah/Walter*, PinG 2015, 159 (161).
[164] Vgl. § 263 StGB.

gen zum Zwecke der Betrugsprävention werden durch die DS-GVO privilegiert behandelt. Gem. **Erwägungsgrund 47** „stellt" die Verhinderung von Betrug ein berechtigtes Interesse des Verantwortlichen „dar". Die Zweckbestimmung des Kreditscorings profitiert nur insoweit von dieser intendierten Zulässigkeit, als diese zumindest auch dem Zweck der Betrugsprävention – die Grenzen sind hier fließend – dient. Erforderlichenfalls ist bei der Bewertung der Rechtmäßigkeit einer Datenverarbeitung zwischen den Zwecken Betrugsprävention und Kreditscoring zu unterscheiden. Verpflichtungen zur Datenverarbeitung aus Spezialgesetzen mit dem Ziel der Vermeidung anderer Straftaten[165] beruhen auf Art. 6 Abs. 1 lit. c. Nur soweit in Betrugspräventionssystemen auch Informationen über Straftaten verarbeitet werden, ist zusätzlich Art. 10 zu berücksichtigen.

107 Die **Scorecard** selbst unterfällt nicht dem Datenschutzrecht, da sich die darin enthaltenen Variablen aus Erfahrungswerten und Analysen aggregierter, anonymisierter Daten aufbauen, ohne dass eine Rückführung auf eine individuelle natürliche Person erfolgt. Selbst wenn eine Reanonymisierung möglich wäre, wäre diese gerade nicht gewollt und insoweit unwahrscheinlich.[166] Betrachtet man die Weiterverarbeitung von zu einem ursprünglich anderen Zweck erhobenen Daten zu einer Scorecard als zweckändernde Verarbeitung, stand der Zweck also nicht bereits im Zeitpunkt der Datenerhebung fest, steht infolge der Verwendung von Anonymisierungstechniken **Art. 6 Abs. 4** nicht entgegen (→ Rn. 209).

108 Für die Bestimmung der Rechtmäßigkeit von Scoringverfahren ist maßgeblich, ob die – ggf. auch unter einer Bedingung stehende (→ Rn. 19) – Durchführung von Scoringmaßnahmen im Zeitpunkt der Ersterhebung als weiterer **„Hauptzweck"** bereits feststeht und die betroffene Person hierüber gem. Art. 13 informiert wurde. Im Bereich des Kredit- bzw. Verbraucherscorings wird dies die Regel sein, da es sich hier regelmäßig um eine wirtschaftlich notwendige bzw. rechtlich erforderliche Datenverarbeitung handelt, die untrennbar mit der Entscheidung über die Vertragsbegründung oder -änderung in Zusammenhang steht. In Ermangelung einer spezifischen Regelung findet an dieser Stelle originär Art. 6 Abs. 1 lit. f Anwendung,[167] flankiert durch § 31 Abs. 1 BDSG nF. Daneben ist auch ein Rückgriff auf Art. 6 Abs. 1 lit. b denkbar (→ Rn. 30). Geht man im Falle des Scorings von einer **zweckändernden Weiterverarbeitung** von initial zu einem anderen Zweck erhobenen Daten aus, ist die Rechtmäßigkeit der Verarbeitung auf Grundlage von Art. 6 Abs. 4 zu prüfen. Wird der Scorewert durch eine Auskunftei erstellt, muss stets von einer zweckändernden Verarbeitung ausgegangen werden, da nur in dieser Konstellation eine Öffnungsklausel für das im deutschen Recht geschaffene mitgliedstaatliche Recht (→ Rn. 215) zur Verfügung steht.

109 Die DS-GVO selbst nimmt keine Spezifizierung vor, welche Datenarten, -kategorien und -quellen, nach welchen Methoden in die Scorewertberechnung einbezogen werden dürfen. Die daraus jedenfalls im Vergleich zum Recht nach dem BDSG aF resultierende Rechtsunsicherheit will der deutsche Gesetzgeber über den neu eingeführten **§ 31 Abs. 1 BDSG nF** egalisieren. Während Abs. 1 der Norm ganz allgemeine Vorgaben zu der „Verwendung" eines Scorewertes macht, werden in Ergänzung hierzu in Abs. 2 zusätzliche Anforderungen für Fälle aufgestellt, in denen der Scorewert durch eine Auskunftei unter Einbeziehung bonitäts-

---

[165] ZB § 25h Abs. 3 S. 4 KWG iVm § 47 Abs. 5 GwG.
[166] Sa Erwägungsgrund 26.
[167] Sa Kühling/Buchner/*Buchner/Petri*, DS-GVO, Art. 6 Rn. 162.

relevanter Daten ermittelt wird. Auf den ersten Blick gleicht die Norm den im Jahr 2010 in das BDSG aF eingeführten spezifischen Vorgaben zur Zulässigkeit der Datenübermittlung an Auskunfteien sowie zum Scoring. Gestützt wird dieser Befund durch die Intention des Gesetzgebers. So heißt es in der Begründung zu § 31 BDSG nF, dass die Vorschrift den materiellen **Schutzstandard der §§ 28a und 28b BDSG aF** erhält.[168] Mit Blick auf den Wortlaut der Norm trifft diese Aussage jedoch nur auf Abs. 1 der neuen Vorschrift zu, der § 28b BDSG aF in inhaltlich nur unwesentlich veränderter und redaktionell an die Vorgaben der DS-GVO angepasster Form fortschreibt (→ Rn. 111). Bei der für das Auskunfteienwesen primär relevanten Vorgabe des § 31 Abs. 2 BDSG nF kann hingegen nicht ohne Weiteres von einer Fortführung des Rechts nach dem BDSG aF gesprochen werden. Anders als § 28a BDSG aF trifft § 31 Abs. 2 BDSG nF gerade keine Aussage zu der Frage des zulässigen Umfangs der Datenübermittlung an Auskunfteien, sondern adressiert vielmehr direkt die den Wahrscheinlichkeitswert erstellende Auskunftei und gibt dieser Kriterien an die Hand, die im Rahmen der Erstellung berücksichtigt werden müssen, um eine Scorewertberechnung auch unter der DS-GVO weiterhin als rechtmäßig erscheinen zu lassen (→ Rn. 115). Auch nach der Gesetzesbegründung soll über § 31 BDSG nF für alle Beteiligten Sicherheit geschaffen werden, dass Scoringverfahren und Kreditinformationssystem „prinzipiell weiterhin zulässig bleiben".[169] Werden Wahrscheinlichkeitswerte nicht durch Auskunfteien ermittelt, findet allein § 31 Abs. 1 Anwendung, nicht aber § 31 Abs. 2 BDSG nF. Schon die amtliche Überschrift der Norm macht zudem deutlich, dass § 31 BDSG nF in Fällen, in denen Wahrscheinlichkeitswerte für andere Zwecke, zB **interne Compliance-Zwecke,** erstellt und verwendet werden, keine Anwendung finden soll. Hier richtet sich die Zulässigkeit allein nach Art. 6 Abs. 1 bzw. Spezialgesetzen des nationalen Rechts.[170]

Die Frage ob § 31 BDSG nF **mit den Vorgaben der DS-GVO vereinbar** **110**
ist, war bereits während des Gesetzgebungsverfahrens Gegenstand breiter Diskussionen. Die Gesetzesbegründung belässt es zu der Frage, auf welcher Öffnungsklausel § 31 BDSG nF eigentlich beruhen soll, bei beredtem Schweigen.[171] Mit Blick auf **§ 31 Abs. 2 BDSG nF** erscheint es als vertretbar, diesen als auf Grundlage von Art. 6 Abs. 4 iVm Art. 23 Abs. 1 lit. e (Schutz wichtiger Ziele des Allgemeinwohls) bzw. lit. i Alt. 2 (Schutz der Rechte und Freiheiten anderer Personen) ergangen anzusehen.[172] Diese Auffassung setzt allerdings notwendigerweise voraus, dass Datenverarbeitungen durch Auskunfteien allein als zweckändernde Verarbeitungen eingestuft werden. Den Schutzgedanken aus § 28b BDSG aF wird man hingegen nur im Wege unionsrechtskonformer Auslegung von **§ 31 Abs. 1 BDSG nF** als (nicht vergemeinschaftete) Schutzvorschrift gegen Diskriminierungen – und gerade nicht als datenschutzrechtliche Vorschrift – erhalten können.[173]

---

[168] BT-Drs. 18/11325, 101.

[169] BT-Drs. 18/11325, 102.

[170] *Kremer*, CR 2017, 367 (374).

[171] Ausweislich des ursprünglichen Referentenentwurfs sollten §§ 28a, 28b BDSG nF auf Grundlage von Art. 6 Abs. 4 iVm Art. 23 Abs. 1 lit. e (allg. öffentliche Interessen) ergehen. Ausf. *Schulz*, zfm 2017, 91 (93) mwN.

[172] So wohl auch *Schantz/Wolff*, Rn. 695; aA *Albrecht/Jotzo*, Teil 3 C Rn. 47; *Moos/Rothkegel*, ZD 2016, 561 (567); nach *Taeger* soll ein Fortführen von § 28a BDSG aF bereits deshalb zulässig sein, weil es sich hierbei um eine Konkretisierung von Art. 6 Abs. 1 lit. f handelt, ZRP 2016, 72 (74).

[173] *Kühling*, NJW 2017, 1985 (1988).

Einmal mehr wird an dieser Stelle deutlich, dass Vorgaben zur inhaltlichen Ausgestaltung des Scorings primär dem **wirtschaftlichen Verbraucherschutz** zuzuordnen sind und sich insoweit ihre Verortung im Datenschutzrecht schon bislang als systemwidrig erweist.

111 **b) Allgemeine Anforderungen an Scorewerte (§ 31 Abs. 1 BDSG nF).** Die Verwendung eines Wahrscheinlichkeitswertes über ein bestimmtes zukünftiges Verhalten einer natürlichen Person zum Zwecke der Entscheidung über die Begründung, Durchführung oder Beendigung eines Vertragsverhältnisses mit der betroffenen Person ist gem. § 31 Abs. 1 BDSG nF nur zulässig, wenn **vier Kriterien kumulativ** vorliegen. Neben der Zulässigkeit der „Verwendung" eines Wahrscheinlichkeitswertes, erstreckt sich der normative Aussagegehalt der Vorschrift auch und vor allem auf die Konkretisierung der Anforderungen an die „inhaltliche Rechtmäßigkeit" von Scorewerten. Die Norm differenziert nicht zwischen internem und externem Scoring und findet insoweit auf beide Formen gleichermaßen Anwendung. Über die bewusste Ausdifferenzierung des Verarbeitungsbegriffs in die Phasen der „Begründung, Durchführung und Beendigung" wird deutlich, dass § 31 Abs. 1 BDSG nF nicht nur innerhalb eines Vertragsverhältnisses, sondern **auch bereits im Rahmen der Vertragsanbahnung** sowie auch nachvertraglich gelten soll.[174]

112 Gem. **§ 31 Abs. 1 Nr. 1 BDSG nF** müssen die „Vorschriften des Datenschutzrechts" eingehalten worden sein. Als einzige der vier Vorgaben in § 31 Abs. 1 BDSG nF gilt die Vorgabe nicht allein für die Berechnung des Wahrscheinlichkeitswerts, sondern unmittelbar auch für dessen Verwendung. Die Norm verweist an dieser Stelle vollumfänglich auf die DS-GVO.[175] Die Vorgabe richtet sich sowohl an den Ersteller als auch, sofern nicht ohnehin bereits Personenidentität besteht (so etwa bei internem Scoring), an den Verwender des Scorewertes. Die Vorgabe ist nur vordergründig allein deklaratorischer Natur, macht sie doch zugleich deutlich, dass es sich bei § 31 Abs. 1 BDSG nF nicht um einen eigenständigen datenschutzrechtlichen Erlaubnistatbestand handelt, der etwa eigenständig neben die in Art. 6 Abs. 1 DS-GVO treten würde. Ein solcher wäre mangels Öffnungsklausel ohnehin nicht mit der DS-GVO vereinbar. Mit „Vorschriften des Datenschutzrechts" sind alle formellen und materiellen Anforderungen an die **Rechtmäßigkeit einer Datenverarbeitung** gemeint, insbesondere also die Frage des Vorliegens eines Erlaubnistatbestands iSv Art. 6 Abs. 1 bzw. der Voraussetzungen für eine zulässige zweckändernde Weiterverarbeitung iSv Art. 6 Abs. 4, aber auch die Einhaltung der Datenschutzprinzipien aus Art. 5. Sollen **besondere Kategorien personenbezogener Daten** in die Berechnung einfließen, bedarf es einer Gestattung nach Art. 9 Abs. 2.[176] Die Einhaltung von (proaktiven) Betroffenenrechten fällt an dieser Stelle nur dann ins Gewicht, wenn das Ob der Einhaltung Auswirkungen auf die materielle Rechtmäßigkeit hat, was grundsätzlich nicht der Fall sein dürfte. Nicht erfasst werden allgemeine Compliance-Pflichten der DS-GVO wie bspw. das Führen eines Verzeichnisses der Verarbeitungstätigkeiten iSv Art. 30 oder die Durchführung einer Datenschutz-Folgenabschätzung iSv Art. 35.

113 Wie schon § 28b Nr. 1 BDSG aF verlangt **§ 32 Abs. 1 Nr. 2 BDSG nF,** dass die zur Berechnung des Wahrscheinlichkeitswerts genutzten Daten für die

---

[174] *Piltz*, BDSG nF, § 31 Rn. 9.
[175] *Piltz*, BDSG nF, § 31 Rn. 10.
[176] Vgl. zum alten Recht auch OLG München, Urt. v. 12.3.2014 – 15 U 2395/13.

Berechnung der Wahrscheinlichkeit erheblich sein müssen und der Berechnung ein wissenschaftlich anerkanntes mathematisch-statistisches Verfahren zugrunde liegt. Auch ohne diese Vorgabe und bei alleiniger Anwendung der DS-GVO sollte bereits nichts anderes gelten. **Erheblichkeit** kann hier als besondere Ausgestaltung des allgemeinen Erforderlichkeitsgrundsatzes verstanden werden. Erheblichkeit bedeutet hingegen nicht, dass die einfließenden Daten allesamt für sich genommen prägend für das Ergebnis sein müssen. Ergibt sich bspw. erst aus dem Zusammenspiel zweier oder mehrerer Faktoren eine relevante (Teil-)Aussage, sind sämtliche Teilinformationen erheblich. Der Umstand, warum es sich bei den einbezogenen Daten um solche mit Erheblichkeit handelt, sollte zu Nachweiszwecken dokumentiert sein. Ein Verfahren ist iSv Nr. 2 dann **wissenschaftlich,** wenn es auf der Basis der verwendeten Ausgangsdaten zu statistisch signifikanten Aussagen über das zukünftige Verhalten von Betroffenen führt, wobei die Aussage über das Verhalten der Gruppe, der die betroffene Person zuzurechnen ist, genügt.[177] Die Vorschrift verpflichtet nicht zur Einholung von die Wissenschaftlichkeit der Verfahren bestätigenden **Prüfsiegeln.**[178] Vielmehr genügt es, wenn entsprechend qualifiziertes Fachpersonal mit der Entwicklung der Formeln beschäftigt wird. Die Entwicklung sachgerechter Formeln liegt im Übrigen im Eigeninteresse der Unternehmen, die auf sinnvolle Scoringergebnisse angewiesen sind.

Bereits unter Berufung auf die allgemeinen Datenschutzprinzipien der DS- **114** GVO (vgl. Art. 5, zB Treu und Glauben, Fairness) sollten infolge des potentiell diskriminierenden Potentials nicht ausschließlich **Anschriftendaten** für die Berechnung des Wahrscheinlichkeitswertes genutzt werden. **§ 31 Abs. 1 Nr. 3 BDSG nF** macht hieraus einen explizite Vorgabe. Laut der Gesetzesbegründung zur Vorgängernorm des § 28b Nr. 3 BDSG aF darf die alleinige Nutzung von Anschriftendaten insbesondere nicht im Zusammenhang mit der Bestimmung der Kreditwürdigkeit einer Person erfolgen. Mit dem Begriff „Anschrift" sind gemeint Straße und Ort, nicht aber bspw. die E-Mail-Adresse. Werden neben den Anschriftendaten auch andere Daten genutzt, so ist die Scorewertberechnung nur dann zulässig, wenn die anderen Daten nicht nur mit einer verschwindend geringen Gewichtung einbezogen werden („nicht ausschließlich"). Damit soll einer Umgehung des diesbezüglichen Scoringverbots vorgebeugt werden. Dass die Anschriftendaten den Scorewert hingegen im Zweifel auch maßgeblich mitbestimmen, ist nach dem Gesetzeswortlaut zulässig. Abgrenzungsfragen ergeben sich an dieser Stelle insbesondere bei der sog. Georeferenzierung. Im Übrigen besteht eine **Unterrichtungspflicht** gegenüber der betroffenen Person vor[179] der Verwendung ihrer Anschriftendaten im Rahmen des Scoring. Die Umstände der Unterrichtung sind gem. § 31 Abs. 1 Nr. 4 BDSG nF zu dokumentieren. Die Unterrichtung wird und darf typischerweise auch über AGB erfolgen.[180]

c) Datenverarbeitung im Auskunfteienwesen. Externe Scorewertberech- **115** nungen werden in der Regel von **Auskunfteien** vorgenommen. Eine Auskunftei ist ein Unternehmen, das unabhängig vom Vorliegen einer konkreten Anfrage geschäftsmäßig bonitätsrelevante Daten über Unternehmen oder Privatpersonen erhebt und verarbeitet, um sie bei Bedarf seinen Geschäftspartnern für die Beurteilung der Kreditwürdigkeit der Betroffenen gegen Entgelt zugänglich zu

---

[177] Vgl. zum alten Recht Simitis/*Ehmann*, § 28b Rn. 31.
[178] Vgl. zum alten Recht *Gola/Schomerus*, § 28b Rn. 12.
[179] Vgl. zum alten Recht Simitis/*Ehmann*, § 28b Rn. 74.
[180] Vgl. zum alten Recht *Gola/Schomerus*, § 28b Rn. 14 mwN.

machen.[181] Der auf den ersten Blick nicht unbedeutende Befund, dass der Geschäftsgegenstand von Auskunfteien eine **Datenspeicherung auf Vorrat** darstellt, findet seine Rechtfertigung in der nicht hinwegzudenkenden hohen volkswirtschaftlichen Relevanz des Auskunfteienwesens.[182] Existierte ein solches nicht, wären breite Schichten der Bevölkerung aufgrund des nicht kalkulierbaren Risikos von einer Kreditvergabe praktisch ausgeschlossen. **Massengeschäfte im Informationszeitalter,** etwa in den Bereichen E-Commerce oder Telekommunikation, wären erheblich erschwert, Betrugsmuster blieben unentdeckt. Da Auskunfteien eine Fremderhebung vornehmen, sind die Informationspflichten des Art. 14 zu beachten.

116 Das Informationsinteresse des Dritten, an den die Daten im Rahmen der Zulässigkeitstatbestände von Art. 6 Abs. 1 DS-GVO übermittelt werden, ergibt sich vornehmlich aus der Zweckbestimmung der Überprüfung von bestimmten Personen, wobei ein solches auch außerhalb von Bonitätsbewertungen, zB zum Zwecke der Authentifizierung und hier insbesondere zur **Betrugsprävention** vorliegen kann. **§ 30 Abs. 1 BDSG nF** führt die aus der Verbraucherkreditrichtlinie[183] herrührende und bis zuletzt in § 29 Abs. 6 BDSG aF umgesetzte Pflicht zur Gleichbehandlung von Anfragen inländischer Unternehmen und solchen mit Sitz im Ausland fort.[184] Das Ziel der Schaffung eines level playing field, dh gleicher Regeln für alle Unternehmen auf dem europäischen Binnenmarkt, wird damit sowohl verbraucherrechtlich als auch datenschutzrechtlich unterstrichen. Berechtigt zum Anbieten und Vermitteln von Informationen sind Auskunfteien im Wesentlichen infolge ihrer Gewerbe- und Berufsfreiheiten.[185] Gewerbsmäßigkeit oder Gewinnerzielungsabsicht ist nicht erforderlich, weshalb auch brancheninterne **Warndienste,** zB das Hinweis- und Informationssystem der deutschen Versicherungswirtschaft (HIS) erfasst sind. Rein unternehmens- bzw. konzerninterne Warndateien unterfallen infolge der anders gelagerten Interessen- und Gefahrenlage nicht dem Auskunfteienbegriff.

117 Die Zulässigkeit der Verarbeitung durch Auskunfteien und anderer Warnsysteme hängt zunächst ab von der Rechtmäßigkeit der von der meldenden Stelle vorgenommenen Datenerhebung und -übermittlung nach Art. 6 Abs. 1 lit. f. Die **Zulässigkeit dieser Übermittlung** wird durch dieselben berechtigten Interessen bestimmt, die auch die Zulässigkeit der Speicherung in dem Hinweissystem begründen. Die – ggf. bedingte (→ Rn. 19) – Absicht, bei Zahlungsstörungen Daten an Auskunfteien übermitteln zu wollen, kann und sollte bereits **im Zeitpunkt der Erhebung als Verarbeitungszweck definiert** und transparent gemacht werden, obwohl auch die Übermittlung als Form der kompatiblen Weiterverarbeitung auf Grundlage von Art. 6 Abs. 4 grundsätzlich zulässig wäre.[186] In letzterem Fall ist durch den Verantwortlichen die **Informationspflicht** des Art. 13 Abs. 3 zu beachten.

118 Der an ein Auskunfteiensystem angeschlossene **Empfängerkreis** sollte von Anfang an so festgelegt sein, dass hierzu nur solche gehören, bei denen ein

---

181 BT-Drs. 16/10529, 9; vgl. auch die Definition bei § 30 Abs. 1 BDSG nF.

182 BT-Drs. 18/11325, 101; BT-Drs. 16/10529, 9; vgl. auch *Taeger,* ZRP 2016, 72 (73); Kühling/Buchner/*Buchner/Petri,* DS-GVO, Art. 6 Rn. 164.

183 Vgl. Art. 9 RL 2008/48/EG.

184 Details bei *Piltz,* BDSG nF, § 30 Rn. 1 f.

185 S. Art. 15, 16 GRCh, Art. 12 GG.

186 So auch *Kühling/Martini,* S. 439.

berechtigtes Interesse an der Übermittlung rechtmäßigerweise vorliegen kann. Aus einem Kreditinformationssystem dürfen deshalb keine Auskünfte an Arbeitgeber zwecks Überprüfung der finanziellen Situation eines Bewerbers oder Arbeitnehmers erfolgen. Ob ein berechtigtes Interesse des Empfängers vorliegt, orientiert sich an der nach Art. 6 Abs. 1 lit. f vorzunehmenden Interessenabwägung (→ Rn. 59). Der bislang in § 29 Abs. 2 S. 1 Nr. 2 BDSG aF gewählte, strengere Maßstab, wonach eine Übermittlung bereits dann zu unterbleiben hatte, wenn ein Grund zu der Annahme bestand, dass der Betroffene ein schutzwürdiges Interesse an dem Ausschluss der Übermittlung hatte, wird durch die DS-GVO nicht fortgeführt. Maßstab ist der autonom europäisch auszulegende Begriff des berechtigten Interesses. In Betracht kommen also auch hier sämtliche denkbaren **rechtlichen, wirtschaftlichen oder ideellen Interessen** der abfragenden Stelle.

Für Datenverarbeitungen in Form des **Kreditscorings**, im Rahmen dessen **119** die Bonität potentieller Vertragspartner abgeschätzt wird, um Zahlungsausfälle zu minimieren, streitet für den Verantwortlichen zunächst zweifellos dann ein berechtigtes Interesse, wenn die durch die betroffene Person gewählte Vertragsart oder -modalität mit einem **kreditorischen Risiko** für den Verantwortlichen verbunden ist.[187] Die Datenverarbeitung ist dann auf Grundlage von **Art. 6 Abs. 1 lit. f** zulässig. Wählt bspw. ein Kunde in einem Online-Shop[188] ein Bezahlverfahren, bei dem der Verantwortliche in Vorleistung geht (zB Kauf auf Rechnung, Lastschriftverfahren[189]), ist die Durchführung eines Bonitätsscorings allgemein erwartbar und ein der Verarbeitung entgegenstehendes überwiegendes Interesse der betroffenen Person dann nicht zu erkennen, wenn der Verantwortliche auf das Verfahren hingewiesen hat (zur Legitimation auf Grundlage der Einwilligung → Art. 7 Rn. 33). Bei einem wohl zulässigen weiten Verständnis der „vorvertraglichen Maßnahme" ist eine so durchgeführte Verarbeitung auch auf Grundlage von **Abs. 1 lit. b** möglich.[190]

Neben der Vermeidung kreditorischer Risiken sind **weitere (wirtschaftliche)** **120** **Interessen** des das Scoring vornehmenden Verantwortlichen denkbar, bspw. die Erhöhung der Kundenzufriedenheit oder die Vermeidung von Frustrationsmomenten auf Kundenseite. Entscheidend dürfte jeweils sein, ob die betroffene Person zeitlich vor der Abfrage durch den Verantwortlichen hinreichend und verständlich über das geübte Verfahren informiert wird. Sind mit dem Bonitätsscoring keine negativen Auswirkungen für die betroffene Person verbunden, ist ein dem Bonitätsscoring entgegenstehendes überwiegendes Ausschlussinteresse nicht ersichtlich. Datenschutzrechtlich stellt sich eine solche Verarbeitung für die betroffene Person dann als Nullum dar. Dies gilt insbesondere dann, wenn im Falle des Einschaltens einer Auskunftei der Umstand der Bonitätsanfrage nicht in die Scorewertberechnung einfließt (sog. **scorewertneutrales Anfragemerkmal**).

Wird durch ein Kreditinstitut ein Darlehen vergeben, besteht neben der Pflicht **121** zur Implementierung von **Risikosteuerungsmechanismen**[191] auch aus volkswirtschaftlicher und sozialpolitischer Sicht die Notwendigkeit, eine solche Entscheidung über die Darlehensvergabe auf Grundlage von objektiven und aussagekräftigen Informationen zu treffen und damit **Ausfallrisiken** zu reduzieren und

---

[187] BGH, Urt. v. 22.2.2011 – VI ZR 120/10.

[188] Vgl. zum BDSG aF *Born*, ZD 2015, 66 f.

[189] LDI NRW, 20. TB, 4.3.

[190] So zum alten Recht schon BGH, Urt. v. 20.6.1978 – VI ZR 66/77.

[191] Vgl. §§ 10 Abs. 2, 25a KWG iVm MaRisk.

darüber nicht zuletzt den Steuerzahler zu schützen. Da nicht selten die eigene Finanzkraft überschätzt wird, dient das Kreditscoring auch dem ureigenen Interesse der betroffenen Person, da die auf einer wissenschaftlichen Methodik aufbauende, maschinelle Bewertung einen objektiven, diskriminierungsfreien Beitrag zum **Schutz vor Zahlungsunfähigkeit** und Überschuldung liefert.[192] Grundvoraussetzung ist freilich, dass die der Scorewertberechnung zugrundliegenden Daten richtig sind (zum Berichtigungsanspruch vgl. Art. 16) und das Verfahren anerkannten Standards genügt. Über das Scoringverfahren sowie seine Auswirkungen ist die betroffene Person transparent aufzuklären.[193] Ungereimtheiten gehen zulasten des Verantwortlichen und laufen einer begründeten Erwartungshaltung der betroffenen Person (→ Rn. 61) zuwider.

122 Auch wenn die bislang in § 29 BDSG aF normierte Pflicht zur Glaubhaftmachung des berechtigten Interesses durch die DS-GVO nicht verlangt wird, sollte sich die Auskunftei das Vorliegen des berechtigten Interesses **glaubhaft darlegen** lassen, um darüber einer unzulässigen bußgeldbewehrten Datenübermittlung vorzubeugen. Zur glaubhaften Darlegung brauchen die Gründe für das berechtigte Interesse nicht in allen Einzelheiten vorgetragen zu werden. Eine Kurzbeschreibung, uU in Form eines Stichworts oder einer abgesprochenen Kennziffer kann ausreichen.[194]

123 Die Auskunftei braucht die Richtigkeit der Darlegungen des Anfragenden, wozu sie auch regelmäßig nicht in der Lage sein wird, zunächst nicht zu überprüfen, sofern sie **nach allgemeiner Lebenserfahrung glaubhaft** sind. Hierzu genügt es, dass eine überwiegende Wahrscheinlichkeit für das Vorliegen eines berechtigten Interesses aufgezeigt wird. Hat die Auskunftei jedoch – zB aufgrund früherer falscher Angaben des Empfängers – berechtigte Zweifel an der Korrektheit der Angaben bzw. müsste sie diese haben, so muss dies die Glaubhaftigkeit der Angaben ggf. in Frage stellen und die Auskunftei veranlassen, Nachforschungen anzustellen. In Ansehung des Verantwortlichkeitsprinzips (→ Art. 5 Rn. 30) sollte zur Absicherung zwischen Auskunftei und Empfänger ein Verfahren vereinbart werden, das **stichprobenartige, dokumentierte Überprüfungen** durch die Auskunftei gestattet, die im Falle von Prüfungen der Aufsichtsbehörde vorgelegt werden können. Die so erstellte Dokumentation ist jedenfalls solange aufzubewahren, wie mit Kontrollen oder Schadensersatzforderungen (Art. 82) zu rechnen ist.

124 Die dem Verantwortlichen beauskunfteten Daten unterliegen dem **Grundsatz der Zweckbindung**. Zweckändernde Nutzungen müssen den besonderen Vorgaben von Art. 6 Abs. 4 genügen; flankierend ist in diesen Fällen die Informationspflicht des Art. 14 Abs. 4 zu beachten. Die zum Zwecke der Überprüfung der Bonität im Kreditgeschäft übermittelten Daten, dürfen bspw. nicht für Personalentscheidungen verwendet werden.

125 Die betroffene Person muss es grundsätzlich hinnehmen, in Auskunfteisysteme aufgenommen zu werden, wenn die Existenz der Datei für das Geschäftsleben relevant ist und Anlass für die Aufnahme objektive Tatbestände oder Verhaltensweisen sind, die von der Rechtsordnung missbilligt werden. Art, Inhalt und Aussagekraft der beanstandeten Daten sind im Rahmen der Abwägungsentscheidung

---

[192] Vgl. auch *Taeger*, ZRP 2016, 72 (74); Forgó/Helfrich/Schneider/*Bichlmaier/Lütcke*, Betrieblicher Datenschutz, Teil VIII, Kap. 5, Rn. 45; vgl. auch BGH, Urt. v. 22.2.2011 – VI ZR 120/10.

[193] Sa Erwägungsgrund 60.

[194] Vgl. zum alten Recht *Gola/Schomerus*, § 29 Rn. 27.

dem grundsätzlich hoch anzusetzenden (→ Rn. 115) Informationszweck gegenüberzustellen. Allgemeinverbindliche Aussagen dazu, wann **schutzwürdige Interessen** der betroffenen Person beeinträchtigt werden, sind auf Grundlage der DS-GVO nicht möglich. Verlangt werden müssen **konkrete Anhaltspunkte** für ein der Verarbeitung entgegenstehendes schutzwürdiges Interesse. Die übermittelte Information bildet zwar einen Anhaltspunkt; allerdings ist zu beachten, dass jede Information erst aus dem Zusammenhang, in dem sie gespeichert wird, ihre Bedeutung gewinnt. Unzulässig ist deshalb die Übermittlung von Daten an eine Auskunftei, die zwar für sich genommen zutreffen, durch die wegen fehlender Voreintragungen allerdings der unrichtige Eindruck eines aktuellen vertragswidrigen Verhaltens entsteht.[195]

Schutzwürdige Interessen der betroffenen Person sind jedenfalls dann nicht verletzt, wenn die verarbeiteten Daten einen unmittelbaren Bezug zu deren Zahlungsunfähigkeit oder -unwilligkeit haben. Dies ist bei Negativmerkmalen (Angaben zu nicht vertragsgemäßem Verhalten) stets dann anzunehmen, wenn diese aufgrund objektiver Tatsachen (zB Gerichtsurteil, Anerkenntnis des Schuldners) einen Rückschluss auf die Zahlungsunfähigkeit oder -unwilligkeit der betroffenen Person zulassen (sog. **harte Negativmerkmale**).[196] Auch die Übermittlung sog. **weicher Negativmerkmale,**[197] dh bloßer Indizien, bzw. von nichtnegativen Merkmalen (sog. **Positivmerkmale**) wird durch die DS-GVO nicht ausgeschlossen, wobei hier im Einzelfall die Bonitätsrelevanz (→ Rn. 132) besonders sorgfältig zu prüfen ist. Hinsichtlich aller vorstehend genannten Merkmalsgattungen stellt § 31 Abs. 2 BDSG nF mehr oder weniger spezifische Voraussetzungen auf, die erfüllt sein müssen, soweit diese in die Scorewertberechnung durch Auskunfteien einfließen sollen. 126

Gem. **§ 31 Abs. 2 BDSG nF** müssen im Rahmen der Erstellung von Wahrscheinlichkeitswerten unter Einbeziehung von Informationen über Forderungen erstens die Voraussetzungen des § 31 Abs. 1 BDSG nF (→ Rn. 112) eingehalten worden sein. Zweitens muss gem. § 31 Abs. 2 S. 1 BDSG nF eine der fünf aus § 28a Abs. 1 BDSG aF bekannten Fallgruppen vorliegen. Nach der Vorstellung des Gesetzgebers begrenzen die Fallgruppen die Zulässigkeit der Ermittlung von Scorewerten in bestimmten Fällen und schaffen so einen angemessenen Ausgleich der widerstreitenden Interessen.[198] Die Norm findet allein im Rahmen der Bewertung natürlicher Personen Anwendung, bei reinen **B2B-Auskunfteien** also nur dann, wenn die geschäftliche Information unmittelbar auf die hinter der Unternehmung stehende Person durchschlägt (zB bei Einzelkaufleuten). 127

§ 31 Abs. 2 S. 1 BDSG nF verlangt, dass die Zahlungsunfähigkeit oder Zahlungsunwilligkeit „gesichert" festgestellt ist, erfasst wird also der Umgang mit sog. harten Negativmerkmalen. Die Kriterien hierfür enthalten die dort normierten Nr. 1–5. Nach **§ 31 Abs. 2 S. 1 Nr. 1–3 BDSG nF** ist Zahlungsunfähigkeit oder Zahlungsunwilligkeit belegt, wenn die Forderung durch die Rechtsordnung oder den Schuldner selbst **„anerkannt"** wurde. Anerkennung der Forderung durch die Rechtsordnung liegt vor, wenn sie ein rechtskräftiges oder für vorläufig vollstreckbares Urteil bestätigt hat oder ein Schuldtitel nach § 794 ZPO vorliegt 128

[195] Vgl. OLG Düsseldorf, Urt. v. 11.5.2005 – I-15 U 196/04.
[196] Vgl. zum BDSG aF BeckOK DatenschutzR/*Kamp*, § 28a Rn. 7.1.
[197] Vgl. zum Streitstand nach dem BDSG aF BeckOK DatenschutzR/*Kamp*, § 28a Rn. 7.1 mwN.
[198] BT-Drs. 18/11325, 102.

(Nr. 1) oder wenn sie nach § 178 InsO festgestellt worden ist (Nr. 2). Eine Anerkennung durch den Schuldner (Nr. 3) greift nur dann, wenn sie ohne Einschränkungen erfolgte, dh der Schuldner zB nicht von einem Zurückbehaltungsrecht oder einer Aufrechnungsmöglichkeit Gebrauch macht.

129 Ist die Forderung nicht im obigen Sinne ausdrücklich „anerkannt", wird nach **§ 31 Abs. 2 S. 1 Nr. 4 BDSG nF** den schutzwürdigen Interessen der betroffenen Person dadurch Rechnung getragen, dass ihr ausreichend Gelegenheit eingeräumt wird, die **Forderung zu begleichen** oder Einreden und Einwendungen geltend zu machen. Macht sie letztere nicht geltend, ist die Einbeziehung in die Scorewertberechnung und die nachgelagerte Verwendung zulässig, wenn sie nach Eintritt der Fälligkeit der Forderung mindestens zweimal schriftlich gemahnt wurde, zwischen der ersten Mahnung und der Verwendung mindestens vier Wochen liegen und der Schuldner **„vorgewarnt"** wurde, dh dass er über die ggf. erfolgende Berücksichtigung der Information bei der ersten oder bei nachfolgenden Mahnungen informiert wurde. Durch die Fristsetzung soll dem Schuldner, der aus welchen Gründen auch immer in Verzug geraten ist, **hinreichend Gelegenheit** gegeben werden, noch reagieren zu können. Rechtzeitig ist die Unterrichtung über die beabsichtigte Berücksichtigung daher nur, wenn dem Schuldner hinreichend Zeit bleibt um zu reagieren. Wird die Information mit der letzten Mahnung mitgeteilt, so wird wohl mindestens noch eine Woche Zeit zur Reaktion eingeräumt werden müssen. Die Verwendungsvoraussetzung nach Nr. 4 beinhaltet, dass die Forderung unbestritten bleibt.[199]

130 Über **§ 31 Abs. 2 S. 1 Nr. 5 BDSG nF** soll sichergestellt werden, dass der Schuldner die Übermittlung nicht dadurch unterbinden kann, dass er grundlos und treuwidrig der Forderung widerspricht. Die Übermittlung und damit auch die Verwendung im Rahmen der Scorewerterstellung ist daher zulässig, wenn der Gläubiger die Forderung aufgrund von Zahlungsrückständen fristlos kündigen kann – was ggf. auch ohne Erfüllung der Voraussetzungen der Nr. 4 möglich sein kann. Auch hier ist jedoch vorher auf die mögliche spätere Berücksichtigung hinzuweisen. Unzulässig ist jedoch die **Drohung mit einer Meldung** an eine Auskunftei, wenn die Übermittlungsvoraussetzungen im konkreten Fall nicht gegeben sind.[200]

131 Gem. **§ 31 Abs. 2 S. 2 BDSG nF** bleibt „die Zulässigkeit der Verarbeitung, einschließlich der Ermittlung von Wahrscheinlichkeitswerten, von anderen bonitätsrelevanten Daten nach dem allgemeinen Datenschutzrecht unberührt". Das Zusammenspiel von S. 1 und S. 2 ist nicht so zu verstehen, dass in Fällen, in denen in die Ermittlung von Wahrscheinlichkeitswerten (auch) Informationen über Forderungen einfließen, S. 1 als abschließend gegenüber S. 2 betrachtet werden muss. Wäre dies der Fall, wäre eine Anwendung von § 31 Abs. 2 S. 2 BDSG nF auf Forderungsdaten durch S. 1 gesperrt. Nach dem Wortlaut von S. 1 erstreckte sich diese Sperrwirkung zudem nicht nur auf die in § 31 Abs. 2 S. 1 BDSG nF aufgezählten – negativen – Merkmale, sondern schlicht auf alle Arten von Forderungsmerkmalen. Die nach § 28a Abs. 2 BDSG aF zulässige Verarbeitung nichtnegativer Daten, bliebe so unter dem Regime des BDSG nF verwehrt. Eine solche

[199] Vgl. zum alten Recht OLG Celle, Urt. v. 19.12.2013 – 13 U 64/13, ZD 2014, 198.

[200] Vgl. zum alten Recht BGH, Urt. v. 19.3.2015 – I ZR 157/13, ZD 2016, 27; OLG Celle, Urt. v. 19.12.2013 – 13 U 64/13, ZD 2014, 198; zur daneben denkbaren lauterkeitsrechtlichen Relevanz vgl. OLG Düsseldorf, Urt. v. 9.7.2013 – I-20 U 102/12, MMR 2013, 647.

enge Betrachtung wäre mit dem erklärten **Willen des deutschen Gesetzgebers** allerdings unvereinbar und ginge an den praktischen Erfordernissen vorbei. Auskunfteien könnten die ihnen zu Recht zuerkannte wichtige volkswirtschaftliche Funktion nicht wahrnehmen, wären sie bei der Berechnung von Wahrscheinlichkeitswerten und Kreditausfallrisiken allein auf negative Forderungsdaten beschränkt. Auch die **Gesetzesbegründung zu § 31 BDSG nF** spricht an dieser Stelle eine eindeutige Sprache. Danach ist die Vorgabe in S. 2, wonach „die Vorschriften des allgemeinen Datenschutzrechts über die Zulässigkeit der Verarbeitung von personenbezogenen Daten unberührt [bleiben]" so zu interpretieren, dass für die Ermittlung von Wahrscheinlichkeitswerten auch Positivdaten verarbeitet werden dürfen, soweit es sich um Vertragsverhältnisse mit finanziellem Ausfallrisiko handelt. Nach der Gesetzesbegründung[201] sind solche Vertragsverhältnisse mit finanziellem Ausfallrisiko zudem nur ein Anwendungsszenario von § 31 Abs. 2 S. 2 BDSG nF. Hieraus folgt, dass die bislang in § 28a Abs. 2 BDSG aF normierte, enge Begrenzung der Zulässigkeit der Übermittlung von Positivdaten allein durch Kreditinstitute, nicht mehr gelten soll und künftig **auch andere Branchen** zum Einmelden von Positivdaten berechtigt sein sollen. Die Gesetzesbegründung nennt hier neben Kredit- und Zahlungsinstituten beispielhaft Finanzdienstleistungsunternehmen, Telekommunikations-, Handels-, Energieversorgungs- und Versicherungsunternehmen sowie Leasinggesellschaften. § 31 Abs. 2 S. 1 nF entfaltet allein für die Verarbeitung von harten Negativmerkmalen abschließenden Charakter. Die Verarbeitung anderer Merkmale richtet sich nach allgemeinem Datenschutzrecht, dh den Zulässigkeitsvoraussetzungen der DS-GVO.

Die in § 31 Abs. 2 S. 2 BDSG nF gemeinten „anderen bonitätsrelevanten **132** Daten" sind zum einen Positivmerkmale, zum anderen auch weitere (weiche) Negativmerkmale. **Bonitätsrelevant** sind Informationen, die eine unmittelbare Aussage über die Zahlungsfähigkeit bzw. -willigkeit und damit über die Kreditwürdigkeit der betroffenen Person treffen. Erfasst werden sowohl persönliche Bonitäts(negativ)merkmale (zB Wohnsitzlosigkeit, massive Zahlungsverzüge in der Vergangenheit, Prozessquerulanz) als auch sonstige Informationen, wie etwa zu der Übernahme von Bürgschaften oder zu (ordnungsgemäß bedienten) Verbindlichkeiten.[202] Ein direkter Bezug zu Forderungen ist dabei nicht erforderlich. Die Verarbeitung besonderer Kategorien personenbezogener Daten (zB krankheitsbedingte Geschäftsunfähigkeit) richtet sich nach Art. 9 DS-GVO. Sollen auch **Informationen über strafrechtliche Verurteilungen** verwendet werden (zB Verurteilungen wegen Vermögens- und Insolvenzdelikten), darf dies ausweislich Art. 10 nur unter behördlicher Aufsicht erfolgen. Ob es an dieser Stelle zureicht, dass es sich bei der Tätigkeit von Auskunfteien gem. § 38 Abs. 1 Nr. 2 GewO um ein überwachungsbedürftiges Gewerbe handelt, ist unklar. Gemeint sein wird wohl eine der für die Überwachung der Datenverarbeitung zuständige Aufsichtsbehörde.

Die schon unter dem Recht des BDSG aF existierende Besonderheit von **133** (B2B)Wirtschaftsauskunfteien, auch positive Informationen über das Zahlverhalten von Unternehmen in die Bonitätsbewertung einzubeziehen macht es schon aus Gründen der Wettbewerbsgleichheit zwischen Kaufleuten und juristischen Personen erforderlich, dass auch **Positivmerkmale von Kaufleuten** an Auskunf-

---

[201] BT-Drs. 18/11325, 101 („unter anderem").

[202] Bsp. nach *Krämer*, NJW 2012, 3201 (3202); vgl. auch Kühling/Buchner/*Buchner/Petri*, DS-GVO, Art. 6 Rn. 164.

teien übermittelt und dort verarbeitet werden dürfen.[203] Angaben, zB über Geschäftsführer und Gesellschafter einer GmbH und deren frühere geschäftliche Tätigkeit, dürfen dann durch Auskunfteien verarbeitet werden, wenn diese etwaigen Kreditgebern zu einer sorgfältigen Bonitätsprüfung Grund geben.[204] Auf Grundlage der Einwilligung können weitere Daten durch die Auskunftei stets verarbeitet werden; ein **Anspruch auf Berücksichtigung** weiterer Daten besteht hingegen nicht.[205]

134 **Geschätzte Daten** können gespeichert werden, wenn sie als solche gekennzeichnet sind und auf Indizien beruhen. Dass sich die betroffene Person im Falle einer grundsätzlich zulässigen Verarbeitung **gegen die Speicherung wendet** ist nur dann von Belang, wenn die gesetzlichen Vorgaben für die Ausübung des allgemeinen Widerspruchsrechts vorliegen (→ Art. 21 Rn. 8 f.).

135 Inwieweit eine **Prüfpflicht der Auskunftei hinsichtlich der Richtigkeit** der ihr übermittelten Daten bei Angaben besteht, deren Speicherung und weitere Übermittlung zu Nachteilen für die betroffene Person führen kann (zB Erlass eines Vollstreckungsbescheids), kann nur im Einzelfall – abhängig von der Seriösität der Datenquelle – entschieden werden. Eine § 28a Abs. 3 BDSG aF vergleichbare ausdrückliche **Nachberichtspflicht der einmeldenden Unternehmen** für Fälle nachträglicher Änderungen der einer Übermittlung zugrundeliegenden Tatsachen kennt die DS-GVO zwar nicht. Eine solche dürfte jedoch weiterhin aus den aus Art. 5 lit. a und lit. d folgenden Grundsätzen einer Datenverarbeitung nach Treu und Glauben und der sachlichen Korrektheit der verarbeiteten Daten folgen.[206] Art. 19 statuiert eine Mitteilungspflicht soweit die veränderte Datenlage auf eine Berichtigung der betroffenen Person zurückgeht.

136 **5. Datenverarbeitung im Inkassowesen.** Bei der Kerntätigkeit von Inkassounternehmen, dem Einziehen offener Forderungen von sich in Verzug befindlichen Schuldnern, handelt es sich infolge der weitestgehend selbständigen Aufgabenwahrnehmung regelmäßig nicht um Verarbeitungen im Auftrag (vgl. Art. 28). Soweit es sich bei Inkassounternehmen um registrierte Personen iSd § 10 Abs. 1 S. 1 Nr. 1 RDG handelt, erbringen diese **Rechtsdienstleistungen im Sinn des RDG.** Bedient sich ein Verantwortlicher zum Zwecke der Forderungseinziehung einer ausstehenden Forderung eines Inkassodienstleisters, bedarf die Datenverarbeitung zum Zwecke des Forderungseinzugs eines Erlaubnistatbestands. Hält man an dieser Stelle nicht bereits **Abs. 1 lit. b** für einschlägig (was gleichwohl für die Einziehung vertraglich entstandener Forderungen einschließlich der durch die Vertragsverletzung entstandenen Rechtverfolgungskosten zutreffen dürfte), ist die Zulässigkeit der Datenverarbeitung auf Grundlage von **Abs. 1 lit. f** zu bestimmen.[207] Jedenfalls erfasst der letztlich für anwendbar erachtete Erlaubnistatbestand zugleich die Erlaubnis zur Datenübermittlung an das Inkassounternehmen, da die Durchsetzung von Forderungen ersichtlich zum Zweck des Vertrages gehört und es dem Gläubiger etwa zur **Effektivierung des Forderungsmanagements** unbenommen ist, hierfür Dritte einzuschalten.[208] Eine Übermittlung der für die

---

[203] *Schulz*, PinG 2014, 81 f.

[204] So zum vor Inkrafttreten von § 28a BDSG am 1.4.2010 geltenden Recht BGH, Urt. v. 17.12.1985 – VI ZR 244/84.

[205] Vgl. zum alten Recht OLG Schleswig-Holstein, Beschl. v. 14.4.2013 – 9 U 16/13.

[206] Vgl. zudem Erwägungsgrund 71.

[207] Vgl. *Ziegenhorn/Gaub*, PinG 2016, 89 (91).

[208] So auch *Ziegenhorn/Gaub*, PinG 2016, 89 (92).

Forderungseinziehung erforderlichen Schuldnerdaten ist dann auch notwendige Voraussetzung für das Tätigwerden des Inkassounternehmens. Auch bei Einschlägigkeit von lit. f liegt das die Datenverarbeitung zum Zwecke der Forderungseinziehung legitimierende berechtigte Interesse des Forderungsgläubigers in der Erfüllung seiner offenen Forderung. Art. 6 Abs. 4 ist infolge des gleichbleibenden Zwecks (→ Rn. 202) nicht einschlägig. Wendet man Art. 6 Abs. 4 auf die Phase der Übermittlung an, sind die Voraussetzungen der Norm aufgrund der vorstehenden Erwägungen erfüllt.

Ergänzend zu den berechtigten Interessen des Verantwortlichen kann auch **der eingeschaltete Inkassodienstleister** wirtschaftliche Interessen als berechtigte Interessen einbringen, die regelmäßig nicht durch überwiegende Interesses der – schuldrechtlich verpflichteten – betroffenen Person verdrängt werden. Zu berücksichtigen ist jedoch, dass zur Einhaltung des **Erforderlichkeitsgrundsatzes** dem Inkassodienstleister nur die Daten übermittelt werden dürfen, die zur Forderungsbeitreibung benötigt werden.[209] Anhaltspunkte liefert § 11a RDG, wobei zum Zwecke der Forderungseinziehung weitere Datenarten erforderlich sein werden (bspw. Bankverbindung). 137

Handelt es sich bei dem Forderungsgläubiger um ein kleines oder mittleres Unternehmen (KMU), können ausstehende Forderungen nicht selten ein **existenzgefährdendes Ausmaß** annehmen. Dass solche negativen Entwicklungen nicht durch eine übermäßig restriktive Anwendung der DS-GVO beschleunigt werden soll, ist Erwägungsgrund 13 zu entnehmen, wonach bei Anwendung der DS-GVO den besonderen Bedürfnissen von Unternehmen dieser Größen Rechnung zu tragen ist. Die DS-GVO spricht sich an dieser Stelle **tendenziell zugunsten** der Zulässigkeit einer Datenverarbeitung zum Zwecke der Forderungseinziehung aus. Auch steht einer derartigen Datenverarbeitung regelmäßig nicht die vernünftige Erwartungshaltung der betroffenen Person entgegen. Der Einwand, die zum Zwecke der Vertragsabwicklung zur Verfügung gestellten Daten dürften nicht für die selbständige oder durch Dritte erfolgende Einziehung genutzt werden, ist ohne Belang und mit den **Grundsätzen von Treu und Glauben** nicht vereinbar. 138

Flankierend oder alternativ ist grundsätzlich auch eine **einwilligungsbasierte Lösung,** nach der die betroffene Person bereits im Zeitpunkt der Datenerhebung für den Fall des Zahlungsverzugs in eine Datenübermittlung an Inkassodienstleister einwilligt, denkbar,[210] wobei an dieser Stelle stets die Vorgaben von Art. 7, insbesondere das allgemeine Kopplungsverbot (→ Art. 7 Rn. 24) sowie das jederzeitige Widerrufsrecht der betroffenen Person (zur Unzulässigkeit des Widerrufs → Art. 7 Rn. 54) zu beachten sind. Gerade letzteres spricht infolge der damit verbundenen Rechtsunsicherheit regelmäßig gegen ein jedenfalls ausschließlich einwilligungsbasiertes Modell. 139

6. Optisch-elektronische Einrichtungen, Videoüberwachung. a) Rechtsgrundlagen. Für die Zulässigkeit der Verarbeitung personenbezogener Daten über optisch-elektronische Einrichtungen **nach Maßgabe der DS-GVO** kommen grundsätzlich sämtliche Erlaubnistatbestände des Art. 6 Abs. 1 in Betracht (zur Einwilligung → Art. 7 Rn. 48), wobei regelmäßig neben der Verarbeitung aufgrund eines öffentlichen Interesses (lit. c) und einer solchen auf Grundlage eines 140

[209] Vgl. zum alten Recht LfD BaWü, Datenschutzrechtliche Hinweise zu Inkassounternehmen und Auskunfteien v. 11.12.2013, S. 3.

[210] Vgl. *Ziegenhorn/Gaub*, PinG 2016, 89 (90).

Vertrages (lit. b, zB Überwachung auf einer Krankenstation) eine Verarbeitung auf Grundlage der allgemeinen Interessenabwägungsklausel gem. lit. f zu prüfen sein wird. Dass es der Verordnungsgeber nicht vermocht hat, für diese spezielle, überaus praxisrelevante und nicht selten tief in die Rechte der betroffenen Personen eingreifende Verarbeitungsform eine spezifische Norm zu verabschieden, ist beklagenswert.[211] Die noch durch das BDSG aF vorgenommene Differenzierung zwischen Beobachtungen öffentlich zugänglicher Räume[212] und Überwachungen nichtöffentlicher Bereiche[213] kennt die DS-GVO nicht, wird aber durch § 4 BDSG nF fortgeführt (→ Rn. 155). Der durch die DS-GVO allein durch das **Verbotsprinzip** (→ Rn. 2) eröffnete Schutz wird in Deutschland durch Regelungen zum Schutz des eigenen Bildes aus Vertrags-, Delikts-, Besitz- und Eigentumsrecht sowie das **Kunsturheberrecht**[214] flankiert. Abwehrrechte folgen aus §§ 823 Abs. 1, 1004 BGB. Unbefugte Aufnahmen in **Wohnungen** sind von Verfassungs wegen unzulässig.[215] Über § 201a StGB wir die „Verletzung des höchstpersönlichen Lebensbereichs durch Bildaufnahmen" unter Strafe gestellt.

141 Unter Beibehaltung der grundsätzlichen Regelungsmechanik des BDSG aF hat der deutsche Gesetzgeber mit **§ 4 BDSG nF** eine spezifische Norm für die Zulässigkeit von Maßnahmen der Videoüberwachung **öffentlich zugänglicher Räume** geschaffen. Bei unterstellter Unionsrechtskonformität des § 4 BDSG nF (aber → Rn. 157) regelt die DS-GVO damit nur noch die Videoüberwachung in nichtöffentlich zugänglichen Bereichen. Eine Ausnahme bildet an dieser Stelle der Einsatz von Videotechnik am **Arbeitsplatz.** Werden nichtöffentlich zugängliche Arbeitsplätze, dh dort tätige Beschäftigte überwacht, so ist sowohl eine offene als auch eine verdeckte Videoüberwachung an § 26 Abs. 1 S. 1 oder S. 2 BDSG nF zu messen (→ Art. 88 Rn. 57, 75). Zum Erfordernis der Benennung eines Datenschutzbeauftragten → Art. 37 Rn. 11 sowie zur Durchführung einer Datenschutz-Folgenabschätzung vor Beginn der Videoüberwachung[216] → Art. 35 Rn. 27.

142 **Vorrang vor § 4 BDSG nF** und damit auch im Verhältnis zu Art. 6 Abs. 1 haben gem. § 1 Abs. 2 BDSG nF bereichsspezifische Regelungen des Bundes- und des Landesrechts.[217] Die bestehenden polizeirechtlichen Rechtsgrundlagen, die einen Zugriff auf die von nichtöffentlichen Stellen erhobenen Videoaufzeichnungen ermöglichen[218] bleiben unberührt.

143 Werden im Wege der Videoüberwachung auch besondere **Kategorien personenbezogener Daten** erhoben, sind im Rahmen der Abwägungsentscheidung die Schutzgedanken von Art. 9 mit einzubeziehen, ohne diesen zu überdehnen. Denn obwohl bspw. eine Verarbeitung biometrischer Daten grundsätzlich gem. Art. 9 Abs. 1 untersagt ist, kann allein der Umstand, dass über Videoaufnahmen

[211] Die einzige Vorgabe der DS-GVO, in der der Begriff der Videoüberwachung (mittelbar) erwähnt wird, ist Art. 35 Abs. 3 lit. c, wonach im Fall einer „systematischen umfangreichen Überwachung öffentlich zugänglicher Bereiche" eine Datenschutz-Folgenabschätzung erforderlich ist. Vgl. auch die Kritik am initialen Entw. der DS-GVO bei *Piltz/Krohm*, PinG 2013, 56 (60).

[212] S. § 6b BDSG aF.

[213] S. §§ 28, 32 BDSG aF.

[214] Vgl. §§ 22 f. KunstUrhG.

[215] Art. 13 GG; vgl. aber zur Eigensicherung verdeckter Ermittler zB § 16 BKAG.

[216] Sa Erwägungsgrund 91.

[217] ZB § 27 BPolG.

[218] ZB §§ 32 Abs. 3 S. 2, 47 BPolG.

bspw. Gesichter erhoben werden, noch nicht als Verarbeitung eines biometrischen Datums im Sinne des Datenschutzrechts gewertet werden. Erst eine Verarbeitung in Form der Auswertung des Materials mittels Gesichtserkennungssoftware oä löst die qualifizierten Anforderungen von Art. 9 aus (→ Art. 9 Rn. 13).

b) Allgemeine Vorgaben nach der DS-GVO. Auch der Einsatz von Videotechnik unterfällt nur dann der DS-GVO, wenn sich die hierüber erhobenen Bilddaten auf eine **identifizierte oder identifizierbare natürliche Person** (Art. 4 Nr. 1) beziehen. Bei funktionaler Betrachtung scheidet deshalb Videotechnik, über die im Internet abrufbare **Panoramaaufnahmen** erstellt werden, die der **Verkehrslenkung,** der Wetterbeobachtung oder Zwecken der Wissenschaft und Forschung dient, zumindest dann aus dem Anwendungsbereich der DS-GVO aus, wenn die Aufnahmen aus einer Entfernung bzw. mit einer Bildschärfe gemacht werden, dass Betroffene objektiv **schlechterdings nicht identifizierbar** sind.[219] Die durch den Einsatz solcher Technik gleichwohl denkbaren Beeinträchtigungen sind nicht auf Grundlage des Datenschutzrechts, sondern unter Hinzuziehung des allgemeinen Persönlichkeitsrechts des vermeintlich Beobachteten aufzulösen. Auch eine theoretische, aber nicht wahrscheinliche[220] Möglichkeit der Identifizierung im Wege der Verknüpfung mit anderen Quellen, führt zu keinem anderen Ergebnis. 144

Für die Anwendbarkeit der DS-GVO auf Videotechnik muss notwendigerweise eine **Verarbeitung von Daten** stattfinden (zum Begriff → Art. 4 Rn. 30). Dient der Einsatz einer Kamera nur als technisches Hilfsmittel („verlängertes Auge" bzw. **Kamera-Monitor-System**) und findet bis auf die Übertragung opto-elektronischer Signale auf einen Bildschirm keine weitere Verarbeitungsphase statt, soll nach der zweifelhaften Einschätzung der Rechtsprechung das Datenschutzrecht gleichwohl einschlägig sein.[221] Datenschutzrechtlich kann es aber keinen Unterschied machen, ob ein Sachverhalt mit bloßem Auge wahrgenommen wird oder ob dieser nach Umwandlung optischer in elektronische Signale wiederum optisch auf einem Bildschirm dargestellt wird. Die Beobachtung per Videokamera erhält nach hier vertretener Auffassung ihre datenschutzrechtlich relevante Qualität erst dadurch, dass die Aufnahmen auch aufgezeichnet oder zumindest ausgewertet werden (vgl. aber die Ausführungen zu § 4 BDSG nF → Rn. 145). Unter persönlichkeitsrechtlichen Aspekten bestehen bei der Benutzung von nur beobachtenden Kameras gleichwohl eine Transparenzpflicht sowie ggf. Abwehransprüche gegenüber den Verwender solcher technischen Hilfsmittel. Eine Zuständigkeit der Datenschutzaufsicht besteht hingegen vorbehaltlich spezialgesetzlicher Vorgaben grundsätzlich nicht. 145

Obwohl bei dem Einsatz von **Kameraattrappen**, nicht aktivierten Kameras usw. keine Datenverarbeitung stattfindet und auch hier der Anwendungsbereich der DS-GVO nicht eröffnet ist, handelt es sich um einen Eingriff in das allgemeine Persönlichkeitsrecht der vermeintlich Beobachteten.[222] Der Überwachungsdruck bleibt für die betroffene Person der gleiche, weshalb für solche Fälle dieselben 146

---

219 Vgl. zum alten Recht *Artikel-29-Datenschutzgruppe*, WP 67 v. 25.11.2002, S. 14; aA zum BDSG aF Plath/*Becker*, BDSG, § 6b Rn. 6, die unter Hinweis auf BVerfG v. 11.8.2009 – 2 BvR 941/08 den Umstand der Identifizierbarkeit im Rahmen der Interessenabwägung berücksichtigen; ebenso HmbDSB, 17. TB, 1998/99, Ziff. 1.2.1 und 23.2.

220 Vgl. Erwägungsgrund 26.

221 So zuletzt wieder OVG Berlin-Brandenburg, Urt. v. 6.4.2017 – OVG 12 B 7.16.

222 ZB AG Frankfurt a.M., Urt. v. 14.1.2015 – 33 C 3407/14.

Transparenzmaßstäbe gelten, wie für funktionstüchtige Technik. Auch die Aufsichtsbehörden haben die Einhaltung von Transparenzpflichten bei Einsatz von Attrappen bejaht, wobei gerade das Vorhalten unzutreffender Informationen (zB ein vorgetäuschter Erhebungsvorgang) infolge der sich darüber verstärkenden Abschreckung auch im Interesse des Verwenders liegen dürfte.

147 Videotechnik, die ausschließlich im **persönlichen oder familiären Bereich** zum Einsatz kommt, ist nicht vom Anwendungsbereich der DS-GVO erfasst (vgl. Art. 2 Abs. 2 lit. c). Der Begriff „Bereich" ist an dieser Stelle zum einen als „privater **räumlicher Bereich**" zu verstehen. Beobachtungen auf dem ausschließlich durch den Berechtigten genutzten Grundstück unterfallen schon infolge dieser Ausnahme nicht der DS-GVO, erst recht nicht dem BDSG nF. Überträgt ein Verantwortlicher die Überwachung einem **Sicherheitsdienst,** kann sich dieser nicht auf die Privilegierung des Art. 2 Abs. 2 lit. c berufen,[223] sofern nicht eine auch insoweit zulässige **Auftragsverarbeitung** iSv Art. 28 vorliegt. Verlassen wird der allein persönliche – räumliche – Bereich dort, wo aus dem privaten räumlichen Bereich heraus auch **öffentlicher Raum miterfasst** wird.[224] Ist ein Klingeltableau einer **Wohnanlage** mit einer Videokamera verbunden, ist dies zulässig, wenn die Kamera ausschließlich durch Betätigung der Klingel aktiviert wird, eine Bildübertragung allein in die Wohnung erfolgt, bei der geklingelt wurde, die Bildübertragung spätestens nach einer Minute beendet wird und die Anlage das dauerhafte Aufzeichnen von Bildern nicht ermöglicht.[225]

148 Die Ausnahme des Art. 2 Abs. 2 lit. c erstreckt sich zudem auf Aufnahmen zum ausschließlich **„privaten Gebrauch",** bspw. Videoaufnahmen im Urlaub, Videochats oder per Smartphone erstellte und geteilte Videos[226] (vgl. aber zur Veröffentlichung → Rn. 191). Werden die so erstellten „Videobotschaften" und Clips auf **Social Media-Plattformen oder über soziale Netzwerke** verfügbar gemacht, greift für diesen Verarbeitungsschritt die Privilegierung des Art. 2 Abs. 2 lit. c nur dann, wenn die Daten allein einem begrenzten „Freundeskreis" zur Kenntnis gegeben werden.[227] Anderenfalls bedarf es einer Interessenabwägung iSv lit. f. Der rein private Einsatz von Videotechnik kann auch dem Zweck der gerichtlichen Verfolgung privater Rechte, etwa durch **Sicherung von Beweisen,** dienen. Dass ein Nutzer, der Videotechnik außerhalb seines räumlichen Bereichs einsetzt, nicht unterbrochen auf die Kamera zugreifen kann, steht der Annahme eines ausschließlich privaten Gebrauchs grundsätzlich nicht entgegen; entscheidend ist, dass sich der Einsatz der Kamera auf die **persönliche Sphäre des Nutzers** beschränkt.[228] Unterliegt eine Datenverarbeitung infolge der sog. „Haushaltsaufnahme" nicht der DS-GVO, werden der Zulässigkeit des Einsatzes von Videotechnik gleichwohl **Grenzen durch das allgemeine Persönlichkeitsrecht** der Abgebildeten gesetzt.

149 Erfolgt der Einsatz von Videotechnik nicht allein in der privaten Sphäre des Verwenders kommt es für die Bestimmung, ob die DS-GVO Anwendung findet,

---

[223] Vgl. zum BDSG aF *Gola/Klug*, RDV 2004, 65 (67).

[224] Vgl. EuGH, Urt. v. 11.12.2014 – C-212/13 – Ryneš; vgl. auch LG Duisburg, Urt. v. 17.10.2016 – 3 O 381/15; AG Brandenburg, Urt. v. 22.1.2016 – 31 C 138/14.

[225] HessDSB (42.TB, 2013, Ziff. 4.2.2.3) verweist auf eine Entscheidung des BGH (NJW-RR 2011, 949).

[226] Vgl. auch Erwägungsgrund 18, wonach die Grenze erst bei beruflichen oder wirtschaftlichen Tätigkeiten überschritten ist; *Gola/Lepperhoff*, ZD 2016, 9 (10).

[227] Sa Erwägungsgrund 18; zum alten Recht *Fuchs*, ZD 2015, 212 (216).

[228] Vgl. zum BDSG aF *Fuchs*, ZD 2015, 212 (214).

maßgeblich auf den **Zweck der Verwendung** an.[229] Unzweifelhaft zu bejahen ist die Anwendbarkeit dort, wo der Zweck auf die Identifizierung einzelner Personen abzielt und damit im weitesten Sinne auf eine **Videoüberwachung** natürlicher Personen ausgerichtet ist. Ob eine solche nur in Ausnahmefällen erfolgen soll oder nur ein kleiner Prozentsatz des Videomaterials zur Identifizierung von Personen genutzt wird und somit in der Regel keine personenbezogenen Daten verarbeitet werden, ist dabei ohne Belang. Da der Zweck einer Videoüberwachung gerade darin besteht, anlassbezogen ausgewählte Personen zu bestimmen, ist **das gesamte System** als Mittel zur Verarbeitung von Daten über bestimmbare Personen anzusehen, auch wenn einige oder sogar der überwiegende Teil der aufgezeichneten Personen in der Praxis nicht bestimmbar sind.[230]

Wildkameras unterfallen grundsätzlich dem Datenschutzrecht, namentlich **150** auch dann, wenn nur abgegrenzte Bereiche (zB Gehege, Kirrungen) observiert werden, in ihr Erfassungsfeld aber Personen geraten können.[231] Etwas anderes sollte aber zumindest für die Bewertung von videobasierten **Fahrassistenzsystemen** gelten, die zB zur automatisierten Verkehrszeichenerfassung, zur Abstandskontrolle usw. eingesetzt werden.[232] Dient der Einsatz sog. **Dash-Cams** nicht allein privaten Zwecken, etwa dem Festhalten der im Urlaub befahrenen Panoramastraße, zielt dieser gerade darauf ab, andere Verkehrsteilnehmer aufzuzeichnen, um die Aufnahmen im Falle einer verkehrsrechtlichen Auseinandersetzung als Beweismittel einbringen zu können (→ Rn. 177).

Unterfällt eine Videoüberwachung dem Anwendungsbereich der DS-GVO **151** und nicht zugleich auch dem BDSG nF (→ Rn. 155), kann der für die Verarbeitung Verantwortliche zu seinen Gunsten **jedes berechtigte Interesse** (→ Rn. 57), auch das Dritter, in die Abwägungsentscheidung einbringen. Das Interesse sollte zumindest in Zweifelsfällen vor Beginn der Überwachung dokumentiert sein, um nicht zuletzt in Ansehung aufsichtsbehördlicher Prüfungen, die in diesem Bereich verhältnismäßig häufig erfolgen, vorbereitet zu sein. In Betracht kommen bspw. die Optimierung betrieblicher Abläufe, Forschungszwecke oder wirtschaftliche Interessen. Auch die **Abschreckung und Prävention von Straftaten** kann als berechtigtes Interesse gewertet werden, wenn objektive Anhaltspunkte vorliegen, die eine Beeinträchtigung des Schutzguts erwarten lassen (zB Drohungen, Vandalismus, Diebstahl in der näheren Umgebung etc.).[233] Berechtigt ist auch das **Überwachungsinteresse** des unmittelbaren Besitzers einer Immobilie, der nicht notwendigerweise der Eigentümer sein muss, im Rahmen der **Wahrnehmung des Hausrechts**. Der Inhaber des Hausrechts ist grundsätzlich befugt, die zum Schutz des Objekts bzw. zu Abwehr unbefugten Betretens erforderlichen Maßnahmen zu treffen. Das Hausrecht kann sowohl bei öffentlichen als auch privaten Gebäuden, Plätzen etc. eine Videoüberwachung legitimieren (vgl. aber zu öffentlichen Gebäuden die Kommentierung zu § 4 BDSG nF → Rn. 155). Die Ausübung des Hausrechts kann mehreren Personen zustehen, so zB einer

---

[229] Vgl. zum alten Recht *Artikel-29-Datenschutzgruppe*, WP 136 v. 20.6.2007, S. 19.

[230] Vgl. zum alten Recht *Artikel-29-Datenschutzgruppe*, WP 136 v. 20.6.2007, S. 19.

[231] OVG Saarlouis, Urt. v. 14.9.2017 – 2 A 216/16.

[232] Vgl. auch *Fuchs*, ZD 2015, 212 (214), der die Anwendbarkeit hier am fehlenden Erheben von Daten scheitern lässt, was allerdings nur dann zutreffend sein dürfte, wenn die Informationen tatsächlich nicht in Speichern oder Steuergeräten des Fahrzeuges abgelegt werden.

[233] Vgl. zum BDSG aF Simitis/*Scholz*, § 6b Rn. 79.

Wohnungseigentümergemeinschaft an gemeinschaftlich genutzten Räumen, Treppen etc. Die Beobachtungsbefugnis des Hausrechtsinhabers endet grundsätzlich an den Grenzen seines Grundstücks.[234] Ein nur geringfügiges Übergreifen des Blickfeldes in den angrenzenden öffentlichen Raum ist hinzunehmen. Auch Videoaufzeichnungen, die zum Zwecke der **Übermittlung an Dritte** bzw. zur Übertragung im Internet (Webcams) gefertigt werden, können grundsätzlich als berechtigt anzuerkennen sein.[235]

152 Im Rahmen der durch lit. f vorgegebenen **Abwägungsentscheidung** sind alle Umstände des Einzelfalls jeweils gesondert für jede einzelne Phase zu berücksichtigen und zu würdigen.[236] Auf Seiten der betroffenen Person ist dabei stets dem Umstand Rechnung zu tragen, dass ungewollten oder auch nur hingenommenen optischen Aufzeichnungen ein **erhebliches Eingriffspotential immanent** ist. Entsprechend und nicht zuletzt infolge der gerade in dieser Hinsicht überaus unterschiedlichen kulturellen und gesellschaftlichen Wertvorstellungen innerhalb Europas ist in diesem Bereich die Definition einer allgemeingültigen sozialadäquaten Eingriffsschwelle nicht möglich. Anhaltspunkte für ein tendenziell vorrangig zu berücksichtigendes Interesse des Verantwortlichen liefern die Erwägungsgründe 47 und 49 aus denen deutlich wird, dass Datenverarbeitungen zur **Verhinderung von Straftaten** nach der DS-GVO grundsätzlich anerkannt sind. Der Umstand, dass nach Art. 35 Abs. 3 lit. c eine Datenschutz-Folgenabschätzung erst bei „systematisch umfangreichen Überwachungen" erforderlich ist (→ Art. 35 Rn. 27) macht deutlich, dass die DS-GVO graduell unterschiedliche Eingriffstiefen der Videoüberwachung anerkennt. Die in die Abwägungsentscheidung einzubeziehenden „vernünftigen Erwartungen der betroffenen Person" (→ Rn. 61) führen dazu, dass eine Videoüberwachung jedenfalls dort statthaft ist, wo diese in der Sozialsphäre typischerweise akzeptiert bzw. sogar verlangt wird. Eine Videoüberwachung zu **präventiven Zwecken** ist wie schon nach dem Recht des BDSG aF dann verhältnismäßig, wenn diese mittels Monitoring und interventionsbereitem Personal erfolgt. Ansonsten dient eine Aufzeichnung zur späteren Ermittlung des Täters nur der eventuellen Abschreckung.

153 Kommen mehrere Kameras zum Einsatz, ist die Abwägung **für jede einzelne Kamera** vorzunehmen, wobei auch eine Gesamtschau, etwa dann, wenn über unterschiedliche Kameras ein Bewegungsmuster erstellt werden kann, Relevanz haben kann. Werden innerhalb eines Objekts nur ausgewählte Bereiche überwacht, spricht dies eher für ein berechtigtes Interesse, als eine Vollüberwachung. Ist die konkrete Ausgestaltung der Videoüberwachung nicht erforderlich, bedarf es bspw. zur Erreichung des Zwecks nicht der eingesetzten Zoomfunktion, fehlt es bereits an der nach lit. f geforderten **Erforderlichkeit der Maßnahme.** Ist das verfolgte Interesse die Abschreckung von Straftätern kann jedoch schon deshalb nicht auf die Nutzung bloßer Attrappen verwiesen werden, weil hierüber ein Nachhalten der Wirksamkeit der Maßnahme unmöglich gemacht bzw. unverhältnismäßig erschwert wird. Eine objektiv mildere aber gleich wirksame Alternative, die auch unter dem Gebot der Datenminimierung geboten sein kann

---

[234] Vgl. EuGH, Urt. v. 11.12.2014 – C-212/13 – Ryneš; BGH, Urt. v. 25.4.1995 – VI ZR 272/95; positiv zur Überwachung ihrer Bahnhöfe durch die Deutsche Bahn AG nach altem Recht, BfD 16. TB, Nr. 12.4.

[235] Vgl. zum BDSG aF *Gola/Schomerus*, § 6b Rn. 18 mwN; vgl. zur Internetnutzung auch EuGH, Urt. v. 6.11.2003 – C-101/01 – Lindqvist.

[236] Vgl. zum alten Recht *Artikel-29-Datenschutzgruppe*, WP 67 v. 25.11.2002, S. 16 f.

(→ Art. 5 Rn. 21), muss dem Verantwortlichen auch objektiv zumutbar sein. Dabei spielt der **Kostenfaktor** eine wesentliche Rolle. Wenn durch den Einsatz der Videoüberwachung Kosten für Sicherheitspersonal eingespart werden soll, kann dem der Datenschutz grundsätzlich nicht entgegengesetzt werden.[237] Technische Lösungen wie Schwarzschaltungen, Echtzeitverpixelung oder begrenzte Aufnahmewinkel können für den Einsatz der Kamera sprechen.

Für die Bestimmung des Abwägungsergebnisses ist zudem die Transparenz der 154
Videoüberwachung ein wesentlicher Faktor (vgl. aber zur verdeckten Videoüberwachung → Rn. 175). Dass der umfangreiche **Informationspflichtenkatalog des Art. 13** auch bei einer Videoüberwachung angemessen und damit adressatengerecht umzusetzen ist, stellt den Verwender offenkundig vor Umsetzungsprobleme. Nach den Vorgaben der nationalen Aufsichtsbehörden gelten **nach der DS-GVO** folgende Mindestanforderungen: Piktogramm (Kamerasymbol), Name des Verantwortlichen einschließlich Kontaktdaten, Dauer der Speicherung, in Schlagworten Zweck und Rechtsgrundlage der Videoüberwachung sowie ein Hinweis, auf welchem Wege die betroffene Person Zugang zu den weiteren Pflichtinformationen gem. Art. 13 Abs. 2 wie etwa die Betroffenenrechte erhalten kann. An dieser Stelle bietet sich bspw. ein Verweis auf eine Fundstelle im Internet[238] oder auf ein im stationären Ladengeschäft verfügbares Informationsblatt an. Vorlagen für ein entsprechendes Hinweisschild können bei den Aufsichtsbehörden angefragt werden.

c) Videoüberwachung nach dem BDSG nF. aa) § 4 BDSG nF. § 4 BDSG 155
nF entspricht der Fassung, die § 6b BDSG aF durch das sog. Videoüberwachungsverbesserungsgesetz[239] erhalten hatte mit dem Stufenverhältnis der Beobachtung (Abs. 1), der Speicherung oder Verwendung (Abs. 3) sowie Kennzeichnungs-, Informations- und Löschpflichten (Abs. 2, 4 und 5). § 4 BDSG nF stellt in Bezug zur DS-GVO einen **Fremdkörper** dar, da hierüber bereits der Einsatz von optoelektronischen Technik als „technisches verlängertes Auge" geregelt wird und eine Datenverarbeitung nicht verlangt wird (→ Rn. 142). Die Bestimmung erfasst damit auch Verfahrensweisen, die außerhalb des sachlichen Anwendungsbereichs der DS-GVO liegen, da hiernach stets erforderlich ist, dass die per Video erhobenen Daten personenbezogen einer automatisierten oder dateigebundenen Verarbeitung zugänglich gemacht werden (→ Art. 2 Rn. 8).

§ 4 betrifft den Einsatz **„optisch-elektronische Einrichtungen"**. Erfasst 156
werden sowohl analoge[240] als auch digitale Beobachtungstechnik, auch Fotoapparate oder Mobiltelefone mit integrierter Kamera. Voraussetzung für die Anwendbarkeit von § 4 ist, dass ihr Einsatz so gestaltet ist, dass zumindest der Tatbestand der Beobachtung erfüllt ist (→ Rn. 158).[241]

§ 4 BDSG nF differenziert hinsichtlich der Zulässigkeit einer Videoüberwa- 157
chung zwischen öffentlichen und nichtöffentlichen verantwortlichen Stellen. Fraglich ist, aus welcher **„Öffnungsklausel"** der DS-GVO sich die Kompetenz

[237] Vgl. auch Drei-Stufen-Modell zur grundrechtsschonenden Gestaltung von Videoüberwachung, *Roßnagel/Desoi/Hornung*, DuD 2011, 695 f.

[238] So *Lachenmann*, ZD 2017, 407 (409) (str.).

[239] Gesetz zur Änderung des Bundesdatenschutzgesetzes – Erhöhung der Sicherheit in öffentlich zugänglichen großflächigen Anlagen und im öffentlichen Personenverkehr durch optisch-elektronische Einrichtungen, BGBl. 2017 S. 968 f.

[240] Zum BDSG aF Auernhammer/*Onstein*, BDSG, § 6b Rn. 7.

[241] So zum BDSG aF D/K/W/W/*Wedde*, § 6b Rn. 17; Simitis/*Scholz*, § 6b Rn. 38.

des Bundes zur spezifischen Regulierung der Videoüberwachung öffentlich zugänglicher Bereiche durch nichtöffentliche Verantwortliche ergeben soll.[242] In Betracht kommen allein Art. 6 Abs. 1 S. 1 lit. c und e wonach eine nationale Regelung der Videoüberwachung ua dann grundsätzlich möglich ist, wenn diese für die Wahrnehmung einer im öffentlichen Interesse liegenden Aufgabe erfolgt.[243] Ausweislich der Gesetzesbegründung soll sich unter Verweis auf den durch Private geleisteten Beitrag für allgemeine sicherheitsrelevante Belange nämliche Öffnungsklausel auch auf Verarbeitungen durch diese erstrecken können.[244] Nicht nur § 4 Abs. 1 Nr. 1 BDSG nF (Aufgabenerfüllung öffentlicher Stellen), sondern auch Nr. 3 (Wahrnehmung berechtigter Interessen) lasse nach Art. 6 Abs. 1 S. 1 lit. e iVm Art. 6 Abs. 2, Abs. 3 S. 3 private Überwachung mit dem Ziel des Schutzes der öffentlichen Sicherheit zu. Dem halten zB die Aufsichtsbehörden entgegen, dass der Staat die Wahrnehmung der öffentlichen Sicherheit nicht auf Private übertragen könne.[245] Vorgetragen wird zudem, dass für die Nr. 2 und 3 des § 4 Abs. 1 gar keine Ermächtigungsgrundlage bestehe. § 4 Abs. 1 S. 1 Nr. 2 und 3 BDSG nF dürfte vielmehr in den Anwendungsbereich des Art. 6 Abs. 1 S. 1 lit. f fallen, für den gerade kein Regelungsspielraum für den nationalen Gesetzgeber in Gestalt einer Öffnungsklausel existiere.[246] Nach *Ziebarth*[247] ist der nationale Gesetzgeber nicht berechtigt, in das Unionsrecht durch Neuordnung der Wertebasis einzugreifen, so dass § 4 Abs. 1 S. 2 und Abs. 3 S. 2 BDSG nF als unionsrechtswidrig[248] angesehen werden müssten. Dass die Aufsichtsbehörden im Falle des Berufens auf die von ihnen als nicht DS-GVO-konform eingestufte Bestimmung auch ein Bußgeld verhängen werden, ist nach aktuellen Erkenntnissen gleichwohl nicht zu erwarten. Als wahrscheinlich gilt jedoch, dass im Wege der Anweisung die Einstellung des Verfahrens verfügt werden wird (Art. 58 Abs. 1 lit. a).

158 Im föderalen Verhältnis zwischen Bund und Ländern ergibt sich die **Gesetzgebungskompetenz des Bundes** aus Art. 73 Abs. 1 Nr. 6a, Art. 74 Abs. 1 Nr. 21 und Nr. 23 GG sowie Art. 74 Abs. 1 Nr. 11 und Nr. 22 GG. Nach Art. 72 Abs. 2 GG steht dem Bund die Gesetzgebungskompetenz in den beiden zuletzt genannten Fällen ua dann zu, wenn und soweit eine bundesgesetzliche Regelung zur Wahrung der Rechtseinheit im gesamtstaatlichen Interesse erforderlich ist. Ob über die umfassende Ausweitung der Zulässigkeit von Videoüberwachungsmaßnahmen von hochfrequentierten öffentlichen Räumen durch nichtöffentliche Stellen über § 4 Abs. 1 S. 2 BDSG nF tatsächlich das angestrebte Ziel der Vereitelung von Terroranschlägen oder anderen Straftaten erreicht werden kann, wird hingegen bezweifelt.[249]

159 § 4 wendet sich an öffentliche Stellen des Bundes und nichtöffentliche Stellen, die Videotechnik einsetzen (für öffentliche Stellen der Länder → Art. 1 Rn. 4). **Abs. 1 S. 1** der Norm differenziert nach unterschiedlichen Verarbeitungszwecken

---

[242] BT-Drs. 18/10941, 10.

[243] Zur daraus folgenden Europarechtswidrigkeit *Lachenmann*, ZD 2017, 407 (410).

[244] BT-Drs. 18/10941, 10.

[245] DSK, Beschl. v. 9.11.2016.

[246] AA zum BDSG aF Plath/*Becker*, BDSG, § 6b Rn. 1.

[247] ZD 2017, 467 (469).

[248] Ebenso *Lachenmann*, ZD 2017, 407 (410).

[249] So die Konferenz der unabhängigen Datenschutzaufsichtsbehörden des Bundes und der Länder am 9.11.2016 in einer Entschließung zum Videoüberwachungsverbesserungsgesetz.

die entweder allein durch öffentliche Stellen (Nr. 1), sowohl öffentliche als auch nichtöffentliche Stellen (Nr. 2) oder ausschließlich durch nichtöffentliche Stellen (Nr. 3) fruchtbar gemacht werden können. Dass die in Nr. 3 genannten „berechtigten Interessen" nur solche nichtöffentlicher Stellen sein können, ergibt sich sowohl aus Art. 6 Abs. 1 UAbs. 2 (→ Rn. 56) als auch aus dem allgemeinen Grundsatz, wonach Eingriffe durch die öffentliche Hand ausnahmslos auf Grundlage einer Ermächtigungsnorm erfolgen dürfen (→ Rn. 48). **Abs. 1 S. 2** nennt abschließend zwei Fallkonstellationen, in denen von dem Vorliegen eines solchen berechtigten Interesses einer nichtöffentlichen Stelle auszugehen sein soll. Werden die dort genannten Anlagen (Abs. 1 S. 2 Nr. 1) oder Fahrzeuge und Einrichtungen (Abs. 1 S. 2 Nr. 2) durch die öffentliche Hand betrieben, ist Abs. 1 S. 1 Nr. 1 oder Nr. 2 einschlägig. Nur soweit der öffentliche Träger privatrechtlich agiert, kann ausnahmsweise Abs. 1 S. 1 Nr. 3 einschlägig sein.

Die Beobachtung muss **öffentlich zugängliche Räume** betreffen.[250] Dabei **160**
unterscheidet § 4 Abs. 1 BDSG nF zwei Fälle, nämlich (i) den Regelfall und (ii) Bereiche mit besonderem Gefahrenpotential. Voraussetzung ist, dass die Räume bzw. Bereiche entweder dem öffentlichen Verkehr gewidmet sind[251] oder nach dem erkennbaren Willen des Berechtigten von jedermann genutzt oder betreten werden können. Im Gegensatz hierzu stehen nichtöffentlich zugängliche Räume und die gegen Beobachtung gem. Art. 13 GG verfassungsrechtlich geschützte **Wohnung.** Die Eigentumsverhältnisse am Beobachtungsobjekt sind zunächst unbeachtlich. Entscheidend ist allein die durch den Berechtigten eröffnete tatsächliche Nutzungsmöglichkeit durch die Allgemeinheit, dh einen unbestimmten Personenkreis. Hierunter fallen zB Ausstellungsräume eines **Museums**, Verkaufsräume eines **Warenhauses**, ein jedem Besucher geöffneter Treppenaufgang zu einer Arztpraxis oder Anwaltskanzlei, Schalterhallen eines **Bahnhofs** ebenso wie der Bahnsteig oder der Bahnhofsvorplatz. Auch der vorherige Erwerb einer **Eintrittskarte** oder die Notwendigkeit einer Anmeldung steht nicht entgegen, wenn die Möglichkeit jedem eröffnet ist.[252] Sind auf einem **Parkplatz** vor einem Supermarkt einige Parkplätze mit dem Schild „Nur für Mitarbeiter" gekennzeichnet, sind diese nichtöffentlich zugänglich. Auch wenn ein **Fabrikgelände** keine Kontrolle an der Pforte hat, dh tatsächlich jeder das Gelände betreten kann, ist es nichtöffentlich zugänglich, da der Berechtigte den Zugang regelmäßig nur für Personen gestattet, die in einer Beziehung zu ihm stehen. Kein öffentlich zugänglicher Raum ist daher, anders als die Zuwegung zum Haus, auch der Vorgarten eines Hauses oder der als privat gekennzeichnete Parkplatz. Jedenfalls faktisch öffentlich zugänglich ist auch der **Wald** (→ Rn. 175). Als öffentlich zugänglich „Raum" werden auch **Taxis** eingeordnet (→ Rn. 175).

Voraussetzungen und Zulässigkeit der Beobachtung: Geregelt ist in **161**
Abs. 1 zunächst der Tatbestand der **„Beobachtung"**, wie zB die Aufnahme von öffentlich zugänglichen Räumen und die Übertragung der gewonnenen Bilder auf Bildschirme in der Pförtnerloge oder des Sicherheitsdiensts. Ein Verarbeitungsvorgang iSv Art. 4 Nr. 2 liegt hierin nicht, da es an einem Erheben zwecks Speicherung fehlt (→ Rn. 30). Der Anwendungsbereich entspricht insoweit dem

---

[250] Vgl. zahlreiche Praxisfälle HambBfDI, 22. TB (2008/2009), S. 89 ff.

[251] Vgl. *Hilpert*, Rechtsfragen des Videoeinsatzes unter besonderer Berücksichtigung des ÖPNV, 2009.

[252] Vgl. zum BDSG aF Simitis/*Scholz*, § 6b Rn. 46 f., der auch nur mit EC-Karte betretbare Bankräume als öffentlich zugänglich bewertet.

Recht des BDSG aF. Schon hiernach zogen Aufsichtsbehörden[253] und die überwiegende Meinung der Literatur,[254] teilweise unter Hinweis auf den gesetzgeberischen Willen, die bloße Beobachtung in den Regelungsbereich des Datenschutzrechts mit ein.

162 Beobachtung setzt eine Tätigkeit für gewisse Dauer voraus. Eine einmalige Aufnahme des Bildes per Videotechnik kann nicht unter den Begriff „Beobachtung" gefasst werden.[255] Anderseits genügt es, wenn der Betrieb nur zeitweise[256] oder durch bestimmte Ereignisse ausgelöst **(Alarmfunktion)** erfolgt. Ferner hat der Gesetzgeber primär an stationäre Kameras gedacht.[257] Von Beobachtung ist jedoch auch dann auszugehen, wenn eine bestimmte Person mit mobiler Technik „verfolgt" wird. Entsprechend ist auch die Zulässigkeit der Videoaufnahmen von Gebäuden für öffentliche[258] oder private Zwecke unter Heranziehung möglicher Abwehransprüche zu prüfen.[259]

163 In **§ 4 Abs. 1 S. 1** BDSG nF werden zunächst drei Varianten, dh drei Zweckbestimmungen genannt, die die Beobachtung rechtfertigen können. Der Rechtfertigungsgrund der **„öffentlichen Aufgabenerfüllung"** (Nr. 1) ergibt sich aus der Verfassung, aus Gesetzen, Verordnungen und anderen Rechtsvorschriften. Der Begriff „zur Erfüllung der Aufgaben" bezieht sich nicht auf sämtliche Aufgaben der Behörde. Das ergibt sich schon aus Abs. 1 Nr. 3, der die Festlegung konkreter Zwecke der Beobachtung fordert. Außerhalb bereichsspezifischer Eingriffsnormen[260] kommt an dieser Stelle eine Videoüberwachung etwa zum Zwecke der Eigen- und Objektsicherung, in Betracht.[261]

164 Die Befugnis zur **Wahrnehmung des Hausrechts** (Nr. 2) haben öffentliche und nichtöffentliche Verantwortliche. Die Wahrnehmung des Hausrechts[262] obliegt dem unmittelbaren Besitzer des öffentlich zugänglichen Raumes, der nicht der Eigentümer sein muss. Bei öffentlichen Zwecken dienenden Räumen ist Inhaber des Hausrechts die jeweilige Körperschaft, wobei die Ausübung des Hausrechts den jeweils zuständigen Organen, zB dem Amtsleiter obliegt. Der Inhaber des Hausrechts ist grundsätzlich befugt, die zum Schutz des Objekts bzw. zu Abwehr unbefugten Betretens erforderlichen Maßnahmen zu treffen. Die Eigentümergemeinschaft einer Wohnanlage kann bei überwiegenden Gemeinschaftsinteresse mit Mehrheit beschließen, öffentliche Teile des **Gemeinschaftseigentums** zu überwachen.[263]

---

[253] ZB BlnDSB, Materialien zum Datenschutz Nr. 30, S. 20 ff.

[254] Zum BDSG aF Simitis/*Scholz*, § 6b Rn. 52 ff.

[255] Zum BDSG aF Simitis/*Scholz*, § 6b Rn. 74; BeckOK DatenschutzR/*Brink*, § 6b BDSG aF Rn. 33.

[256] Zum BDSG aF *Hilpert*, RDV 2009, 161, zur Türüberwachung von Fahrzeugen des ÖPNV.

[257] Vgl. *Atzert/Franck*, RDV 2014, 136; *Gola/Klug*, RDV 2004, 66.

[258] Vgl. zur Verfilmung sämtlicher Gebäude einer Kommune zwecks Entwicklung eines Klimaschutzkonzepts und der Ermittlung von Energieeinsparungsmöglichkeiten *Müller*, DuD 1999, 252 f.

[259] Vgl. BGH, RDV 2004, 120; zu Google Streetview vgl. *Jahn/Strietzel*, K&R 2009, 693; *Forgó/Krügel/Müllenbach*, CR 2010, 616; *Spiecker*, CR 2010, 311.

[260] ZB § 12a VersG.

[261] Vgl. zum BDSG aF BeckOK DatenschutzR/*Brink*, § 6b Rn. 43.

[262] Zur Definition im Rahmen des § 6b vgl. *Ziegler*, DuD 2003, 337; zur Nichtanwendung dieses Rechtfertigungsgrundes bei Überwachung an nichtöffentlichen Arbeitsplätzen vgl. BAG, Beschl. v. 14.12.2004 – 1 ABR 34/03, NZA 2004, 1278.

[263] BGH, Urt. v. 24.05.2013 – V ZR 220/12.

Der Erlaubnistatbestand der Beobachtung aufgrund **berechtigten Interesses** (Nr. 3) gilt nur für nichtöffentliche Verantwortliche (→ Rn. 56). Nicht von dem in Abs. 1 S. 1 Nr. 2 genannten Hausrecht erfasste konkrete berechtigte Interessen sind zunächst solche aus dem Bereich der **Gefahrenabwehr**. Auch zum Zwecke der Überwachung technischer Betriebsabläufe in dessen Rahmen auch Personen miterfasst werden (zB Überwachung eines Fahrgeschäfts auf einer Kirmes) kann eine Beobachtung bzw. Überwachung erforderlich sein. Die erhöhte Gefahrenlage kann sich aus einer typisierten Betrachtung ergeben; der Nachweis konkreter Rechtsverletzungen ist nicht erforderlich.[264] Überschneidungen mit der Zweckbestimmung des Abs. 1 Nr. 2 sind möglich und zulässig. Im Rahmen des Einsatzes der Videoüberwachung in Kreditinstituten, Parkhäusern, Ladengeschäften usw. kommt neben der **Abschreckung** von möglichen Straftätern auch die **Sicherung von Beweismaterial** als berechtigtes Interesse in Betracht. Nicht selten wird in solchen Fällen auch ein Interesse der eigenen **Sicherheit der betroffenen Person** anzunehmen sein, wenn diese und das jeweils von der Kamera erfasste Umfeld beobachtet und gespeichert werden. Abs. 1 S. 1 Nr. 3 stellt nicht nur auf berechtigte Interessen des Beobachtenden ab. Auch wird die individuelle Sicherheit, anders als im Grundgesetz, sowohl durch Art. 5 Abs. 1 S. 1 EMRK als auch durch Art. 6 Abs. 1 S. 1 GRCh explizit geschützt. Zutreffend weist *Nguyen* jedoch darauf hin, dass auch das individuelle Schutzbedürfnis mit dem Recht auf Datenschutz der gleichsam von der Videoüberwachung erfassten betroffenen Personen abzuwägen ist und insoweit eine objektiv begründbare konkrete oder abstrakte Gefährdungslage erforderlich ist.[265] Als eigenes Interesse kann der Verantwortliche Interessen der betroffenen Person nur dann in die Abwägungsentscheidung einbringen, wenn er zu den Schutzmaßnahmen rechtlich verpflichtet ist.[266] 165

Das Vorliegen eines nach § 4 Abs. 1 S. 1 Nr. 3 BDSG nF erforderlichen berechtigten Interesses wird in **§ 4 Abs. 1 S. 2 BDSG nF** für zwei Fallgruppen vorweggenommen („gilt"), namentlich soweit die Videoüberwachung an öffentlich zugänglichen großflächigen Anlagen, wie insbesondere Sport-, Versammlungs- und Vergnügungsstätten, Einkaufszentren oder Parkplätzen (Nr. 1), oder in Fahrzeugen und öffentlich zugänglichen großflächigen Einrichtungen des öffentlichen Schienen-, Schiffs- und Busverkehrs (Nr. 2) durchgeführt wird und dies dem Schutz von Leben, Gesundheit oder Freiheit von dort aufhältigen Personen dient. Nach Abs. 1 S. 2 soll die Durchführung der Videoüberwachung durch private Stellen auch als im **öffentlichen Interesse** iSd Art. 6 Abs. 1 lit. e liegen können.[267] Der Schutz und die Erhöhung der Sicherheit von Personen, die sich an oder in solchen Einrichtungen aufhalten, stellt hiernach gleichermaßen ein „besonders wichtigen Interesse" und damit ein intendiertes Interesse der Betreiber als auch der Öffentlichkeit dar. Ist eine Fallgruppe des § 4 Abs. 1 S. 2 BDSG nF einschlägig fließt das sich hieraus ergebende berechtigte Interesse der Betreiber von Videotechnik neben den aus Zivilrecht herrührenden Verkehrssicherungspflichten in die weiterhin erforderliche Abwägungsentscheidung ein. 166

Unter **öffentlich zugänglichen großflächigen Anlagen** sind bauliche Anlagen zu verstehen, die zum einen nach dem erkennbaren Willen des Betreibers 167

[264] Vgl. zum BDSG aF Plath/*Becker*, BDSG, § 6b Rn. 17; aA die Aufsichtsbehörden in ihrer Orientierungshilfe „Videoüberwachung durch nichtöffentliche Stellen"; ebenso Simitis/*Scholz*, § 6b Rn. 80.

[265] Instruktiv *Nguyen*, BDVR 2/2016, 64 (65).

[266] Vgl. zum BDSG aF BeckOK DatenschutzR/*Brink*, § 6b Rn. 49.

[267] *Schantz/Wolff*, Rn. 636 f.

von jedermann betreten oder genutzt werden können und zum anderen „von ihrer Größe her geeignet sind, eine **größere Anzahl von Menschen** aufzunehmen.[268] Wann die größere Zahl erreicht ist, bleibt allerdings offen. Neben den im Gesetz genannten Beispielen gehören hierzu auch Flächen, die eine gleichzeitige Anwesenheit vieler Menschen bei Veranstaltungen ermöglichen und ganz oder teilweise aus baulichen Anlagen bestehen, die besonderen baurechtlichen Bestimmungen der Länder unterliegen.[269] Besonders genannt werden in Nr. 2 großflächige Einrichtungen des **öffentlichen Verkehrs**, obwohl diese wohl von Nr. 1 bereits umfasst sind. Bei den speziell geregelten Transportmitteln kommt es auf die Großflächigkeit nicht an, anders jedoch bei deren Haltestellen.[270] Im Sonderfall der Überwachung hochfrequentierter Räume wird die Abwägungsentscheidung iSv § 4 Abs. 1 S. 1 BDSG nF zugunsten von Sicherheitsbelangen und demzufolge der Zulässigkeit des Einsatzes einer Videoüberwachungsmaßnahme gewichtet. Die Abwägung hinsichtlich der Zulässigkeit ist nicht pauschal, sondern für jede Teilanlage in diesen öffentlich zugänglichen großflächigen Anlagen oder Einrichtungen und Fahrzeugen des öffentlichen Schienen-, Schiffs- und Busverkehrs gesondert vorzunehmen.[271]

168 Die Videobeobachtung muss für die Erreichung der Zwecke des § 4 Abs. 1 S. 1 BDSG nF erforderlich sein. Die **Erforderlichkeit** setzt voraus, dass die Maßnahme geeignet ist, dh das Überwachungsziel tatsächlich erreicht wird, und dass dafür kein anderes, gleich wirksames, aber die betroffene Person weniger in ihren Rechten beeinträchtigendes Mittel zur Verfügung steht. Andererseits wird nicht verlangt, dass die Überwachung kompletten Schutz gewährleistet,[272] so zB bei der Erfassung nur bestimmter „Brennpunkte".[273] Erforderlich sein kann auch eine unvermeidbare **Überwachung „Unbeteiligter"**. Beispiele sind die Überwachung der Kassenräume in Banken, Tankstellen oder Bierzelten einschließlich der dort Beschäftigten. Eine mitarbeiterbezogene Auswertung darf aber nur erfolgen, um ihr Verhalten bei etwaigen Auseinandersetzungen mit den Gästen festzuhalten.[274]

169 Als Ergebnis der nach § 4 Abs. 1 BDSG nF für alle Tatbestandsvarianten erforderlichen **Interessenabwägung** darf eine Überwachung bereits dann nicht erfolgen, wenn Anhaltspunkte für ein Überwiegen der privaten Interessen nicht ausgeräumt werden können.[275] Die schutzwürdigen Interessen der Betroffenen überwiegen auf jeden Fall dann, wenn durch die Videoüberwachung höchstpersönliche Bereiche insbesondere der **Intimsphäre** erfasst werden.[276] Aus diesem Grund ist bspw. die Überwachung von Toiletten, Umkleidekabinen, Duschen, Saunas und ärztlichen Behandlungsräumen auch zum Zweck der Diebstahls- oder Vandalismusprävention generell unzulässig.[277] Im Rahmen der Prüfung der nach

---

[268] BT-Drs. 18/10941, 10.
[269] Vgl. bei *Ziebarth*, ZD 2017, 467 (468).
[270] Zur Widersprüchlichkeit der Regelung *Ziebarth*, ZD 2017, 467 (468).
[271] Gesetzesbegr., BT-Drs. 18/10941, 10.
[272] Simitis/*Scholz*, § 6b Rn. 87.
[273] So OVG Münster, Beschl. v. 24.6.2009 – 5 B 464/09, RDV 2009, 232.
[274] BayLDA, TB 2009/2010, S. 91, 93.
[275] OVG Münster, Beschl. v. 24.6.2009 – 5 B 464/09, RDV 2009, 232, für Videoüberwachung einer Universitätsbibliothek.
[276] Vgl. aber zum alten Recht ArbG Oberhausen, Urt. v. 25.2.2016 – 2 Ca 2024/15.
[277] Vgl. zum alten Recht *Nguyen*, DuD 2011, 715.

Abs. 3 ggf. gestatteten Speicherung der Daten ist die Eingriffsintensität der einzelnen Verarbeitungsphasen zu berücksichtigen, weshalb eine Beobachtung von der betroffenen Person uU noch hinzunehmen ist, gegenüber einer Speicherung aber entgegenstehende **schutzwürdige Interessen** geltend gemacht werden können.[278]

Bereits der Umstand an sich, ob der überwachte Bereich öffentlich zugänglich ist oder nicht, ist in die Abwägung einzubeziehen. Betreten Passanten ein **öffentlich zugängliches Gebäude** sind diese nicht vollständig schutzlos, können aber nur einen geringeren Grad an Privatheit erwarten.[279] Mit Blick auf das Hausrecht hatte der BGH in der Vergangenheit festgehalten, dass dieses und das Interesse eines Hausbesitzers an dem Schutz seines Grundstücks vor Beeinträchtigungen von außen nur in „Extremfällen" die Überwachung des Weges und die Aufzeichnung der Passanten rechtfertigen können.[280] Zulässig ist auch die offene Überwachung im Supermarkt zur Verhinderung von Diebstählen durch Kunden und Mitarbeiter. Sind die an öffentlich zugänglichen Arbeitsplätzen tätigen Mitarbeiter nicht eigentlicher Gegenstand der Beobachtung (zB Videoüberwachung in einer Bank zwecks Schutzes vor Überfällen, Überwachung in einem Museum etc.), so sind den Interessen der Mitarbeiter durch ihr Arbeitsverhalten betreffende **Nutzungsverbote** und die eingeschränkte Vergabe von Zugriffsrechten Rechnung zu tragen. 170

Kenntlichmachung der Beobachtung: Der Umstand der Beobachtung und der Name und die Kontaktdaten des Verantwortlichen sind durch geeignete Maßnahmen zum frühestmöglichen Zeitpunkt erkennbar zu machen **(Abs. 2).** Die Bestimmung der insoweit geeigneten Maßnahmen bleibt der beobachtenden Stelle überlassen (vgl. aber → Rn. 169). Häufig wird die Tatsache der Beobachtung bereits dadurch erkennbar sein, dass die Videokamera für jedermann sichtbar installiert ist.[281] 171

Erkennbar zu machen ist der **Verantwortliche**, damit der Betroffene seine Rechte wahrnehmen kann, wobei dieser mit dem Inhaber des Hausrechts nicht identisch sein muss. Sofern die Überwachung durch ein **Sicherheitsunternehmen** durchgeführt wird, bleibt es bei der alleinigen Kenntlichmachung dieser Stelle. Ein Hinweis könnte zB lauten: „Dieses Gebäude wird von der „Firma" (alternativ: „uns") videoüberwacht. Bei Fragen hierzu wenden Sie sich bitte an (alternativ: „unsere Kundeninformation im 1. Stock, Tel. xxx"). Durch die explizite Forderung zur Angabe der **Kontaktdaten** müssen viele Schilder die auf eine Videoüberwachung im öffentlichen Raum aufmerksam machen, **ausgetauscht** werden, denn eine einfache Nennung der verantwortlichen Stelle reicht nicht mehr aus. Vielmehr müssen zusätzlich Telefonnummer, E-Mail-Adresse oder postalische Anschrift erwähnt werden (→ Rn. 151). Solange die eingesetzte Video- 172

[278] HmbDSB, 17. TB, 1998/99, Ziff. 1.2.1 und 23.2; vgl. dort auch zur Abwägung zwischen der Videoüberwachung des Kinderspielplatzes einer Wohnsiedlung und der Übertragung über das lokale TV-Kabelnetz in die einzelnen Haushalte mit schutzwürdigen Interessen der Bewohner und Passanten.

[279] Vgl. zum alten Recht *Artikel-29-Datenschutzgruppe*, WP 67 v. 25.11.2002, S. 6; zur Videoüberwachung in einer Apotheke OVG Saarlouis, Urt. v. 14.12.2017 – 2 A 662/17, RDV 2018, 103.

[280] Vgl. BGH, Urt. v. 25.4.1995 – VI ZR 272/94.

[281] So aber zB LDSB NRW zur Videoaufzeichnung bei Geldautomaten von Sparkassen, DuD 1995, 510.

technik allein der Beobachtung dient, müssen die weiteren Informationen des Art. 13 nicht mitgeteilt werden.

173 Für Fälle, in denen es nicht allein bei einer Beobachtung bleibt, sondern Daten vielmehr auch **gespeichert** werden, formuliert § 4 BDSG nF keine spezifischen Informationspflichten. Formal betrachtet müssten danach die allgemeinen Vorgaben der DS-GVO, namentlich die sich aus den Art. 5 Abs. 1 lit. a und Art. 13 Abs. 1 und 2 ergebenden Informationspflichten aufleben. Eine Reduktion des zu gebenden Informationsumfangs auf das Maß des § 4 Abs. 2 BDSG nF wird nicht zureichend sein.[282] In jedem Fall ist aber gem. **§ 4 Abs. 4 BDSG nF** bei gegebener Identifizierung die betroffene Person über die Verarbeitung gem. Art. 13 und 14 DS-GVO zu informieren, wobei die Einschränkungen des § 32 BDSG nF entsprechend gelten (→ Art. 13 Rn. 50).

174 Fraglich ist, ob die Erfüllung der Transparenzpflicht des § 4 Abs. 2 BDSG nF Rechtmäßigkeitsvoraussetzung ist mit der Folge, dass eine **heimliche Überwachung** in öffentlich zugänglichen Räumen generell nicht mehr zulässig ist. Zutreffend ist, dass der Gesetzgeber Ausnahmetatbestände, wie sie zB bei der Benachrichtigungspflicht des Art. 14 Abs. 5 bzw. den §§ 32, 33 BDSG nF bestehen, nicht vorgesehen hat. Bejaht man an dieser Stelle eine Rechtmäßigkeitsvoraussetzung ist auch eine zur Abwehr bzw. Überführung eines konkret verdächtigten Diebes oder Graffitisprühers durchgeführte nicht kenntlich gemachte Beobachtung unzulässig. Ob die Aufzeichnungen jedoch auch generell einem **Beweisverwertungsverbot** unterliegen, ist eine andere Frage. Ein aus der Verletzung des allgemeinen Persönlichkeitsrechts aus Art. 2 Abs. 1 iVm Art. 1 Abs. 1 GG folgendes prozessuales Verwertungsverbot heimlicher Videoaufzeichnungen ergibt sich nur dann, wenn die Aufzeichnung nicht durch überwiegende Beweisinteressen gerechtfertigt ist und das Verhältnismäßigkeitsprinzip nicht beachtet wurde. Die Verwertung heimlicher Videoaufnahmen in einem **Kaufhaus** im Strafprozess ist zulässig.[283]

175 Das *BAG*[284] lässt die heimliche Beobachtung von sich in öffentlich zugänglichen Räumen befindlichen **Arbeitsplätzen** im Rahmen verfassungskonformer Auslegung der Norm zu. Aus einer verdeckten Videoüberwachung öffentlich zugänglicher Arbeitsplätze gewonnenes Beweismaterial unterliegt nicht allein deshalb einem prozessualen Beweisverwertungsverbot, weil dieses unter Verstoß gegen die Hinweispflicht gewonnen wurde. Heimliche Videoüberwachung ist auch hier zulässig, wenn gegen einen zumindest räumlich und funktional abgrenzbaren Kreis von Arbeitnehmern der konkrete Verdacht einer strafbaren Handlung oder einer anderen schweren Verfehlung zu Lasten des Arbeitgebers besteht und die verdeckte Überwachung – nach Ausschöpfung möglicher weniger einschneidender Mittel – das einzig verbleibende Mittel darstellt und unter Beachtung des Verhältnismäßigkeitsprinzips erfolgt.

176 **Die Speicherung und Verwendung der erhobenen Daten:** Die Speicherung oder Verwendung von im Wege der Beobachtung iSv § 4 Abs. 1 BDSG nF erhobenen Daten ist gem. Abs. 3 S. 1 der Norm zulässig, wenn sie zum Erreichen des verfolgten Zwecks erforderlich ist und keine Anhaltspunkte bestehen, dass

[282] In diesem Sinne zum alten Recht auch LfDI Bremen, 39. TB, S. 23 mit Verfahrenshinweisen.

[283] OLG Hamburg, Beschl. v. 27.06.2017 – 1 Rev 12/17.

[284] Urt. v. 21. 11.2013 – 2 AZR 797/11 – NZA 2014, 243; *Bayreuther*, DB 2012, 222; *Bergwitz*, NZA 2012, 1205; *Kraska*, BB 2012, 2812; *Pötters/Traut*, RDV 2013, 132; *Wortmann*, ArbuR 2013, 279.

schutzwürdige Interessen der Betroffenen überwiegen. Abs. 1 S. 2, dh die dort genannten von Gesetzes wegen als berechtigt anzusehenden Interessen, gilt entsprechend. Denkbar ist etwa, dass die Aufzeichnung genutzt werden soll, um Tatbegehungen zu vereiteln, indem potentielle Täter bei der Erkundung von Örtlichkeiten im Vorfeld oder unmittelbar vor einer Tatbegehung erkannt werden können. Hierüber wird die **Ermittlungstätigkeit von Polizei** und Staatsanwaltschaft erleichtert. In Abs. 3 S. 3 wird deshalb bereichsspezifisch der Zweckbindungsgrundsatz aufgehoben, „soweit dies zur Abwehr von Gefahren für die staatliche und öffentliche Sicherheit sowie zur Verfolgung von Straftaten erforderlich ist". Wird zB ein Passant in einer videoüberwachten Ladenpassage überfallen, ist die Speicherung und Übermittlung dieser Bildsequenzen zum Zwecke der Strafverfolgung, wozu auch die Geltendmachung von Schadensersatzansprüchen des Opfers des Überfalls gehören muss, erforderlich und zulässig. Die Zulässigkeitstatbestände „Abwehr von Gefahren für die staatliche und öffentliche Sicherheit" sowie „Verfolgung von Straftaten" sind abschließend.

Für jeden Schritt der Verarbeitung und Nutzung von Videomaterial ist eine gesonderte Bewertung der Zulässigkeit geboten. Schutzwürdige Interessen des Betroffenen sind in besonderer Weise berührt, wenn automatisierte Verfahren bspw. zum Vergrößern und Herausfiltern einzelner Personen, zur biometrischen Erkennung, zum Bildabgleich oder zur Profilerkennung eingesetzt werden. Regelmäßig überwiegt insofern das Interesse des Betroffenen, nicht zum Objekt sie betreffender Videoaufnahmen zu werden. **177**

Als zulässig angesehen hat das BAG[285] die Videoüberwachung des Anlieferungsbereichs eines **Briefverteilungszentrums** sowohl gegenüber den Kunden als auch den Mitarbeitern. Einem Waldbesitzer bzw. dem Jagdausübungsberechtigten fehlt das berechtigtes Interesse zur Registrierung von Waldbesuchern mit sog. **Wildkameras**, auch wenn diese sich – ggf. unerlaubt – abseits der Wege bewegen. Der überwachte Bereich ist mit Benennung des Verantwortlichen deutlich erkennbar zu machen.[286] Nicht betroffen sind Kameras, die eindeutig nur auf die Beobachtung von Tieren ausgerichtet sind, wie zB bei einer Dachsbaubeobachtung. Bei dem Einsatz von **Dash-Cams** besteht jedenfalls nicht die Zweckbestimmung „Wahrnehmung des Hausrechts" (→ Rn. 161), weshalb ein sonstiges konkretes, den Schutzinteressen der unbemerkt aufgezeichneten Verkehrsteilnehmer vorrangiges berechtigtes Überwachungsinteresse erforderlich ist.[287] Nach Auffassung einzelner Aufsichtsbehörden soll eine solches selbst im Schadensfall nicht bestehen, da jedenfalls die vorausgegangene Dauerüberwachung unbeteiligter Dritter hierüber nicht gerechtfertigt werden könne.[288] Eine andere und von der Rechtsprechung unterschiedlich beantworte Frage ist jedoch, ob im Falle des Unfalls ein **Beweisverwertungsverbot** besteht. Nach hier vertretener Auffassung dürfen bei Einhaltung hinreichender technisch-organisatorischer Vorkehrungen die hierüber erhobenen Daten als Beweismittel genutzt werden,[289] da jedenfalls **178**

[285] Beschl. v. 26.8.2008 – 1 ABR 16/07, RDV 2008, 238.

[286] HessDSB, 42. TB 2013, Ziff. 4.2.2.7.

[287] Ebenso *Lachenmann/Schwiering*, NZV 2014, 291; aA *Atzert/Franck*, RDV 2014, 136.

[288] Vgl. auch BrandbLDA, 17. TB 2012/2013, Ziff. 15.4; HessDSB, 42. TB 2013, Ziff. 4.2.2.6.

[289] Vgl. zum BDSG aF *Atzert/Franck*, RDV 2014, 136 f.; OLG Nürnberg, Beschl. v. 10.8.2017 – 13 U 851/17; OLG Stuttgart, Beschl. v. 4.5.2016 – 4 Ss 543/15; LG Traunstein, Urt. v. 1.7.2016 – 3 O 1200/15; vgl. zur Rechtslage in Österreich *Knyrim/Trieb*, ZD 2014, 547 f.

im Zeitpunkt des Schadensereignisses den berechtigten Interessen des Verantwortlichen an einer objektiven Aufklärung des Unfalls keine Interessen betroffener Personen entgegenstehen werden. Der BGH geht von einer Verwertbarkeit von Dash-Cam-Aufzeichnungen selbst in solchen Fällen aus, in denen sich die Datenerhebung als datenschutzrechtswidrig erweist (BGH, Urt. v. 15.5.2018 – VI ZR 233/17). Anderslautende Entscheidungen messen ersichtlich dem nur beiläufigen Aufnehmen des allgemeinen Verkehrsgeschehens durch sich selbst überschreibende Videotechnik eine überhöhte Bedeutung bei.[290] Eine systematische Erfassung von vermeintlichen Ordnungswidrigkeiten im Straßenverkehr mittels Foto- und Videotechnik ist hingegen unzulässig.[291] Völlig lebensfremd ist jedoch, über den Einsatz von Dash-Cams die Gefahr einer „privat organisierten dauerhaften und flächendeckenden Überwachung sämtlicher Personen, die am öffentlichen Verkehr teilnehmen" zu konstruieren.[292] Auch die innerhalb eines **Taxis** zum Schutz von Taxifahrern stattfindenden Videoaufzeichnungen sind bei Einhaltung bestimmter Schutzvorkehrungen zulässig.[293]

179 **Löschverpflichtung:** Die **Löschverpflichtung** des § 4 Abs. 5 BDSG nF entspricht der des Art. 17 Abs. 1 lit. a. Ist der die Speicherung legitimierende Zweck entfallen, so ist diese fortan unzulässig. So sind die zum Schutz gegen Überfall, Vandalismus etc. getätigten Aufzeichnungen unverzüglich zu löschen, wenn sich aus ihrem Inhalt keine Relevanz ergibt. Gleiches gilt, wenn erst nachträglich vorrangige schutzwürdige Interessen der Betroffenen auftreten. Verläuft ein Arbeitstag in einer Bank, auf einem Bahnhof oder im Eingangsbereich einer Kaserne etc. ohne „besondere Vorkommnisse", können und müssen die aufgezeichneten Daten nach Abs. 5 **unverzüglich,** dh im Regelfall innerhalb 48 Stunden gelöscht werden. Zeigen sich Auffälligkeiten – zB betritt dieselbe Person eine Bank mehrmals am Tage – kann es notwendig sein, diesen Teil der Aufzeichnung weiter auszuwerten. Soll der Überwachung auch im Rahmen des Art. 6 Abs. 1 lit. e zur Entdeckung von Attentätern etc. dienen, muss die Speicherung jedoch länger dauern, so etwa bis die Sicherheitsbehörden Zugriff nehmen können.[294]

180 Eine unverzügliche Löschung der Speichermedien sollte durch eine automatisierte Technik unterstützt werden. Eine **manuelle Löschsperre** könnte dann lediglich bei einer gegebenen Gefahrenlage (zB Vandalismus, Bedrohung) aktiviert werden. Geschieht die Löschung nicht automatisch, folgt aus § 4 Abs. 5 BDSG nF die Pflicht des Verantwortlichen, jeweils unverzüglich und dokumentiert über die Erforderlichkeit der weiteren Speicherung zu entscheiden.

181 **bb) Videoüberwachung von Beschäftigten (§ 26 Abs. 1 BDSG nF). Allgemeines:** Ist der Arbeitsplatz – was dem Regelfall entspricht – nichtöffentlich zugänglich, kann eine Videoüberwachung der dort Beschäftigten ggf. sowohl auf der Zulässigkeitsnorm des § 26 Abs. 1 S. 1 als auch auf der des Abs. 1 S. 2 BDSG nF erfolgen (→ Art. 88 Rn. 57).

182 **§ 26 Abs. 1 S. 1 BDSG nF:** Datenerhebungen, die im Rahmen des Direktionsrechts des Arbeitgebers der Organisation der Arbeitsabläufe und der Kontrolle

[290] So aber VG Ansbach, Urt. v. 12.8.2014 – 4 K 13.0163; VG Göttingen, Beschl. v. 12.10.2016 – 1 B 171/16.

[291] OLG Celle, Beschl. v. 4.10.17 – 3 Ss (OWi) 163/17.

[292] So aber AG München, Beschl. v. 13.8.2014 – 345 C 5551/14.

[293] Vgl. zum BDSG aF Beschl. des Düsseldorfer Kreises v. 26./27.2.2013.

[294] Sa *Schantz/Wolff,* Rn. 638.

der Einhaltung der diesbezüglichen Pflichten dienen, können derzeit aus § 26 Abs. 1 S. 1 BDSG nF gerechtfertigt sein. Der Durchführung des Beschäftigungsverhältnis dient Videotechnik zum Zwecke erforderlicher **präventiver Kontrolle**. So kann die Videoüberwachung in einem Kaufhaus sowohl zur Abschreckung und ggf. Aufdeckung von gleichwohl begangenen Diebstählen seitens der Mitarbeiter gerechtfertigt sein. Im Rahmen des **Verhältnismäßigkeitsgebots** ist jedoch die gleich wirksame, mildere Eingriffsform vorzuziehen, was zB hinsichtlich von Zufallsroutine-Torkontrollen gegenüber ständiger Videoüberwachung der Fall sein kann.[295] Berechtigt kann die Videoüberwachung sein, wenn sie zum Schutz des Betriebes/der Dienststelle und der sich dort aufhaltenden Personen (so zB bei der Videoüberwachung in einem Kernkraftwerk) das geeignete und unter dem Verhältnismäßigkeitsprinzip schonendste Mittel ist. Ist Zielrichtung der Überwachung, wie zB in der Bank, der Schutz vor Dritten, so ist auch hier mit den Schutzinteressen der mitbetroffenen Arbeitnehmern abzuwägen, wobei deren Interessen durch entsprechende Nutzungsverbote und Vergabe von Zugriffsrechen (ua durch Regelung per Betriebsvereinbarung) gewährleistet werden können. Die Überwachung der Beschäftigten zu dem Zweck, einen ordnungsgemäßen Dienstablauf zu gewährleisten, kann diese im Regelfall nicht rechtfertigen.

Für die der Abwägung der Zulässigkeit ist auch die Intensität der Beobachtung **183**
relevant, also ob der Mitarbeiter gelegentlich (zB Betreten eines öffentlichen, zugänglichen Flures) oder dauernd erfasst wird, wobei eine sog. **Vollkontrolle** in der Regel unzulässig ist.[296]

§ 26 Abs. 1 S. 1 BDSG nF bildet nach jüngster Rechtsprechung[297] auch die **184**
Rechtsgrundlage zur Aufdeckung von Anhaltspunkten einer gewichtigen, keinen Straftatbestand darstellenden **Vertragsverletzung**. Hier kann die Überwachung – im Gegensatz zu präventiver Kontrolle – soweit erforderlich auch heimlich erfolgen. Es gelten insoweit die gleichen Voraussetzungen wie bei einer Überwachung nach § 26 Abs. 1 S. 2 BDSG nF oder im Rahmen des § 4 BDSG nF (→ Rn. 174 f.). § 26 Abs. 1 S. 1 BDSG nF, ist der Maßstab für alle nicht unter einen Sachverhalt nach § 26 Abs. 1 S. 2 BDSG nF fallende Überwachungserfordernisse. § 26 Abs. 1 S. 2 BDSG nF beinhaltet keine abschließende Regelung.[298]

§ 26 Abs. 1 S. 2 BDSG nF: Die Videoüberwachung kann auch bei Vorliegen **185**
der Voraussetzungen des § 26 Abs. 1 S. 2 BDSG nF zur Aufdeckung eines Straftäters eingesetzt werden (zur dabei zu wahrenden doppelten Verhältnismäßigkeit → Art. 88 Rn. 47 ff.). In der Regel wird die Überwachung nur erfolgreich sein, wenn sie heimlich erfolgt.

Heimliche Überwachung lässt die Rechtsprechung[299] – entgegen dem **186**
Gesetzeswortlaut – sowohl in öffentlich zugänglichen Arbeitsplätzen als auch ansonsten bei Straftatsverdacht nach § 26 Abs. 1 S. 2 BDSG nF bzw. beim Verdacht **schwerer Vertragsverstöße** nach § 26 Abs. 1 S. 1 BDSG nF[300] zu, wenn „gegen einen zumindest räumlich und funktional abgrenzbaren Kreis von Arbeitnehmern

---

[295] BAG, Beschl. v. 15.4.2014 – 1 ABR 2/13, NZA 2014, 551.

[296] BAG, Beschl. v. 29.6.2004 – 1 ABR 21/03, NZA 2004, 1278.

[297] *BAG,* Urt. v. 29.6.2017 – 2 AZR 597/16; vgl. *Schmidt,* RDV 2017, 284.

[298] Diverse Anregungen zu einer diesbzgl. klarstellenden gesetzlichen Regelung in den Anhörungen vor Erlass des BDSG nF hat der Gesetzgeber negiert; vgl. *Gola/Thüsing/Schmidt,* DuD 2017, 244.

[299] BAG, Urt. v. 21.6.2012 – 2 AZR 153/11, NZA 2012, 1025.

[300] BAG, Urt. v. 29.6.2017 – 2 AZR 597/16, RDV 2017, 296.

der konkrete Verdacht einer strafbaren Handlung oder einer anderen schweren Verletzung zu Lasten des Arbeitgebers besteht und die verdeckte Überwachung nach Ausschöpfung möglicher weniger einschneidender Mittel das einzig verbleibende Mittel darstellt und unter Beachtung des Verhältnismäßigkeitsprinzips erfolgt".

187 Das BAG[301] lässt einen „erweiterten" Kreis zulässig heimlich Überwachter zu. Eine verdeckte Videoüberwachung zur Aufdeckung von Straftaten bzw. Vertragsverstößen von Beschäftigten darf nicht nur dann erfolgen, wenn sichergestellt ist, dass von ihr ausschließlich konkret verdächtigte Arbeitnehmer betroffen sind. Auch wenn der **Kreis der Verdächtigen** möglichst weit eingegrenzt werden muss, ist eine Video-Überwachungsmaßnahme nicht zwingend so einzuschränken, dass sie ausschließlich verdächtigte Personen erfasst. Jedenfalls wenn es kein milderes Mittel zur Aufklärung eines gegen bestimmte Beschäftigte bestehenden Verdachts gibt als eine verdeckte Videoüberwachung, die auch andere Arbeitnehmer miterfasst, ist der Eingriff auch in deren allgemeines Persönlichkeitsrecht gerechtfertigt.

188 Selbst wenn schließlich bei einer – ggf. sogar unzulässigen – Überwachung als sog. **„Zufallsfund"** eine andere Verfehlung aufgedeckt wird (zB eine zum Ausgleich von Kassendifferenzen geführte **„Klüngelkasse"**[302] oder ein Diebstahl durch einen zufällig in die Überwachung Geratenen,[303] so können auch diese Erkenntnisse verwertet werden, wenn ihre Aufdeckung unter dem Gesichtspunkt der Verhältnismäßigkeit gerechtfertigt ist. Für den Fall der Klüngelkasse traf das jedoch nicht zu. Eine heimliche Videoüberwachung zum Nachweis der Absicht sich einige Münzen im Wert von Centbeträgen zuzueignen ist, bewertete das Gericht als unverhältnismäßig.

189 **Zusammenfassung:** Maßstab für einen zulässigen Eingriff in das Persönlichkeitsrecht der Beschäftigten durch präventive und repressive Videokontrollen ist das in der Rechtsprechung des BAG präzisierte, **in zweistufiger Prüfung** zu gewährleistende Verhältnismäßigkeitsprinzip. Nach Stufe1 muss die Überwachungsmaßnahme für die Wahrung eines berechtigten Interesses des Arbeitgebers erforderlich sein.

- Liegt ein Überwachungsinteresse (präventive Kontrolle: Risikoanalyse; repressive Kontrolle: Anfangsverdacht einer Straftat oder schweren Vertragsverletzung gegen einen räumlich und funktional eingegrenzten Personenkreis, der über vage Anhaltspunkte und bloße Mutmaßungen hinausreicht) vor, so ist zunächst festzustellen, ob die Regelung zur Erfüllung dieser als berechtigt festgestellten präventiven und repressiven Kontrolle geeignet ist.
- Sodann muss sie jedoch zunächst insofern „ultima ratio" sein, als dass dem Arbeitgeber keine anderen, gleich wirksamen „milderen", dh das Persönlichkeitsrecht weniger einschränkende Mittel zur Erreichung des Überwachungsziels zur Verfügung stehen. Eine stichprobenhafte, pseudonymisierte Maßnahme hat regelmäßig Vorrang vor einer Komplettüberwachung.
- Das bedeutet auch, dass auch repressive Überwachung nur dann heimlich erfolgen darf, soweit offene Kontrolle nicht effektiv ist.
- Das Ultima-ratio-Prinzip gilt bei erfolgten Aufzeichnungen (Videobilder, Kommunikationsdaten) auch insoweit, dass es die Voraussetzung für den zweckgebundenen Zugriff auf die Aufzeichnungen bildet.

---

[301] BAG, Urt. v. 20.10.2016 – 2 AZR395/15.
[302] BAG, Urt. v. 21.11.2013 – 2 AZR 797/11, NZA 2014, 243.
[303] BAG, Urt. v. 22.9.2016 – 2 AZR 848/15, RDV 2017, 301.

190 Sodann ist im Rahmen der Stufe 2 die **Verhältnismäßigkeit im engeren Sinne** zu prüfen: Auch wenn die vorgesehene Überwachungsmaßnahme alternativlos ist, darf letztlich die Schwere des Eingriffs nicht außer Verhältnis zu dem Gewicht der ihn rechtfertigenden Gründe stehen. Das Verarbeitungsinteresse muss objektiv so stark sein, dass dahinter das Interesse des Beschäftigten am Schutz seines Persönlichkeitsrechtes und an der Unverletzbarkeit seiner Privatsphäre zurücktreten muss.[304] Eine heimliche Videoüberwachung zum Nachweis der Absicht sich einige Münzen im Wert von Centbeträgen zuzueignen, ist schlechthin unzulässig.[305]

191 **7. Veröffentlichungen im Internet.** Die **Nutzung sozialer Netzwerke durch Privatpersonen** und Online-Aktivitäten in diesem Zusammenhang unterfallen gem. Art. 2 Abs. 2 lit. c nicht dem Anwendungsbereich der DS-GVO.[306] Die Reichweite dieser Ausnahme ist jedoch auf Veröffentlichungen von personenbezogenen Daten Dritter innerhalb eines abgesteckten Adressatenkreises („Freundeskreises") begrenzt, wobei die Trennlinie zwischen privat und öffentlich im Einzelfall schwer zu ziehen sein wird.[307] Eine Fotoveröffentlichung auf Facebook impliziert keine Zustimmung zur Weiterverbreitung in anderen Medien.[308]

192 Bei der Betrachtung der Zulässigkeit von Datenverarbeitungen durch Betreiber **sozialer Plattformen und Netzwerke** (zB Facebook) ist zur Bestimmung der einschlägigen Rechtsgrundlage ungeachtet des Fortfalls der Differenzierung in Bestand-, Nutzungs- und Inhaltsdaten (→ Rn. 32) zunächst eine Zuordnung der verarbeiteten Datenarten zu der jeweiligen Zweckbestimmung vorzunehmen, wobei auch Formen der Mischnutzung, zB soziales Netzwerk und Instant-Messaging, denkbar sind. Folgt die Zulässigkeit der Datenverarbeitung durch Betreiber sozialer Netzwerke nicht bereits aus Abs. 1 lit. b, was für Bestandsdaten und in Teilbereichen für Nutzungsdaten aber der Fall ist (→ Rn. 34), ist die Datenverarbeitung des sog. **User Generated Content** durch den Plattformbetreiber sowohl zu eigenen Zwecken als auch zu solchen der Übermittlung an Dritte die Regel und anhand von lit. f zu bestimmen.[309] Auf **Instant-Messaging-Dienste** (zB WhatsApp, Snapchat) und -funktionen sind infolge ihrer bloßen Vermittlungsfunktion und der technischen Nähe zu E-Mail-Übertragungsdiensten nach wohl noch hM, zu der auch die der Artikel-29-Datenschutzgruppe zählt,[310] bis zum Wirksamwerden der ePrivacy-Verordnung weiterhin die datenschutzrechtlichen Vorgaben der §§ 91 ff. TKG anzuwenden.[311] Bei **Bewertungsportalen im Internet** (zB bzgl. Handwerkern, Ärzten, Lehrern) orientiert sich die Zulässigkeit der Übermittlung von Daten an abfragende Nutzer anhand einer Gesamtabwägung

---

304 Zu den Grundsätzen der Erforderlichkeit und Verhältnismäßigkeit vgl. bei Wolff/Brink/*Wolff*, DSR-Syst. A Rn. 23 ff.

305 Vgl. BAG, Urt. v. 21.11.2013 – 2 AZR 279/11 – Klüngelkasse.

306 Sa Erwägungsgrund 18.

307 Vgl. EuGH, Urt. v. 6.11.2003 – C-101/01 – Lindqvist; zur unerlaubten Datenweitergabe an Dritte im privaten Umfeld LG Düsseldorf, Urt. v. 20.2.2017 – 5 O 400/16.

308 ÖOGH, Beschl. v. 30.3.2016 – 6 Ob 14/16a (OLG Wien); sa LG Hamburg, Urt. v. 8.12.2017 – 324 O 72/17.

309 Vgl. zum BDSG aF BeckOK DatenschutzR/*Buchner*, § 29 Rn. 35; *Schüßler*, DSRITB 2010, S. 233 (245) unter Verweis auf BGH, Urt. v. 23.6.2009 – VI ZR 196/08 – „spickmich.de".

310 Vgl. *Artikel-29-Datenschutzgruppe*, WP 240 (Opinion 03/2016), S. 5.

311 Differenzierend und auf die Unzulänglichkeiten dieser statischen Unterteilung auf Grundlage von § 11 Abs. 3 TMG zutr. hinweisend *Schneider*, ZD 2014, 231 (233).

zwischen dem Persönlichkeitsrecht des Bewerteten einerseits und dem Informationsinteresse des Abfragenden andererseits, wobei eine pauschalierende Betrachtung ausreicht.[312] Ein der Veröffentlichung entgegenstehendes Interesse der betroffenen Person kann dabei auch die Abwehr wirtschaftlicher oder sozialer Nachteile infolge der Veröffentlichung sein.[313]

193 Bei **Suchmaschinen** stellt sich die Datenverarbeitung nicht nur als bloßes Hilfsmittel, sondern als eigenständiger Geschäftszweck, nämlich dem zum Zwecke der Veröffentlichung, dar.[314] Ob dies auch auf **Panoramadienste im Internet** zutrifft, hängt ganz wesentlich von der Frage ab, ob über das bloße Abbilden von Objekten, Häuserfronten und dergleichen zumindest auch personenbeziehbare Daten verarbeitet werden, was nur in Ausnahmefällen, etwa bei der Erhebung eindeutiger Identifikationsmerkmale oder dem Vorhalten von Verknüpfungsmöglichkeiten der Fall sein dürfte.[315] In jedem Fall handelt es sich bei den so veröffentlichten Daten um naturgemäß öffentlich zugängliche Informationen, die im Rahmen der nach lit. f vorzunehmenden Interessenabwägung keinen besonderen Schutz beanspruchen können. Erst recht wird ein (Vorab-)Widerspruch iSv Art. 21 (→ Art. 21 Rn. 10) nur in Extremfällen berechtigt sein. Dass die über Veröffentlichungen im Internet erreichte „Allverfügbarkeit" dabei zunehmend der bloßen Wahrnehmung durch den physisch Anwesenden gleichzusetzen ist, ist Ausdruck einer sich weiter entwickelnden Informationsgesellschaft.

194 Der einer betroffenen Person zustehende Schutz ihrer Grundrechte und Grundfreiheiten insbesondere auf Schutz personenbezogener Daten (Art. 1 Abs. 2) ist mit den bei Veröffentlichungen im Internet regelmäßig einschlägigen **Kommunikationsgrundrechten** des Verantwortlichen aus Art. 11 GRCh und Art. 5 GG sowie dessen unternehmerischer Freiheit[316] abzuwägen. Besonders hohen Schutz genießen sensitive Daten (→ Art. 9 Rn. 2) sowie Daten, die der Intim- und Geheimsphäre zuzuordnen sind. Geschützt ist aber auch das Recht auf Datenschutz bei der Offenbarung von persönlichen Lebenssachverhalten, die lediglich der Sozial- und Privatsphäre zuzuordnen sind,[317] wobei die Behauptung wahrer Tatsachen aus der Sozialsphäre grundsätzlich hingenommen werden muss.[318] Eine erhebliche Verletzung des allgemeinen Persönlichkeitsrechts ist dann nicht anzunehmen, wenn bei Personen des öffentlichen Lebens ein öffentliches Interesse an der Veröffentlichung ausgewählter Daten besteht.[319] Neben der Art der veröffentlichten Daten ist zudem zu berücksichtigen, ob die betroffene Person in ihrer Funktion als **Privatperson oder als gewerbliche tätige Person** von der Offenlegung betroffen ist. Die Interessen Letzterer an einem Ausschluss der Veröffentli-

---

[312] Vgl. BGH, Urt. v. 23.9.2014 – VI ZR 358/13; zur Betreiberhaftung BGH, Urt. v. 1.3.2016 – VI ZR 34/15; zur Prangerwirkung eines Bewertungsportals für Autofahrer OVG Münster, Urt. v. 19.10.2017 – 16 A 770/17; zur Neutralität von Bewertungsportalen vgl. BGH, Urt. v. 20.2.2018 – VI ZR 30/17.

[313] Vgl. BGH, Urt. v. 23.6.2009 – VI ZR 196/08.

[314] EuGH, Urt. v. 13.5.2014 – C-131/12 (Google Spain); aA OLG Hamburg, Beschl. v. 13.11.2009 – 7 W 125/09; zum Ganzen auch *Bieresborn*, ZD 2016, 319 f.; zu den Prüfpflichten der Suchmaschinenbetreiber BGH, Urt. v. 27.2.2018 – VI ZR 489/16.

[315] Gegen einen Personenbezug nach dem BDSG aF Plath/*Plath*, BDSG, § 29 Rn. 31; *Forgó/Krügel/Müllenbach*, CR 2010, 616 (620); dafür *Spiecker*, CR 2010, 311 (315).

[316] S. Art. 15, 16 GRCh, Art. 12 GG.

[317] Vgl. BGH, Urt. v. 23.6.2009 – VI ZR 196/08.

[318] BVerfG, Beschl. v. 29.6.2016 – 1 BvR 3487/14.

[319] AG München, Urt. v. 30.9.2015 – 142 C 30130/14.

chung stehen schon deshalb regelmäßig zurück, weil gerade der wechselseitige Informationsaustausch für die Beurteilung der gewerblichen Betätigung als sozialadäquat anzusehen ist.[320]

8. Datenverarbeitung im Konzern. Entgegen der wiederkehrenden Forderungen im Rahmen des Gesetzgebungsverfahrens wurde in den verfügenden Teil der DS-GVO **keine Regelung** zur Datenverarbeitung im Konzernverbund aufgenommen. Datenschutzrechtlich betrachtet bleiben konzernangehörige Unternehmen,[321] die DS-GVO definiert diese in Art. 4 Nr. 19 als **Unternehmensgruppe,** eigenständige Stellen. Allerdings können gem. Erwägungsgrund 48 Datenverarbeitungen innerhalb einer Unternehmensgruppe bzw. zwischen Einrichtungen, die einer „zentralen Stelle" zugeordnet sind, als berechtigtes Interesse gewertet werden. Im Falle konzerninterner Übermittlungen sind danach die berechtigten Interessen des Verantwortlichen **regelmäßig gegeben,** wobei auch die daraus folgende intendierte Zulässigkeit durch hinreichende Transparenz flankiert sein muss.[322] **Einschränkend** soll dieses Interesse allein für „interne Verwaltungszwecke einschließlich der Verarbeitung personenbezogener Daten von Kunden und Beschäftigten" gelten. Für besondere Kategorien personenbezogener Daten sind zusätzlich die Vorgaben von Art. 9 zu beachten. Besteht hinsichtlich der weitergegebenen Daten eine Verschwiegenheitsverpflichtung, ist auch eine konzerninterne Weitergabe unzulässig.[323] **195**

Ob eine spezifische Datenverarbeitung als „Verwaltungszweck" anzuerkennen ist, ist Frage des Einzelfalls. Zentral bei einer Konzerngesellschaft geführten **Kundendatenbanken** ist ein Verwaltungszweck immanent, etwa für Zwecke des Adressmanagements oder der Rechnungslegung. Entsprechend wird man davon ausgehen können, dass das Führen eines **konzernweiten CRM-Systems,** einschließlich das Überführen von Kundeninformationen aus einzelnen Konzerngesellschaften in dieses System als berechtigtes Interesse iSv Erwägungsgrund 48 angesehen werden kann. Alternativ können konzerninterne, auch grenzüberschreitende, Datenflüsse im Wege sog. **Binding Corporate Rules** iSv Art. 47 rechtlich abgesichert werden. Haben Konzerngesellschaften ihren Sitz in einem Drittland sind weiterhin die allgemeinen Regeln zum Drittstaatentransfer (Art. 44 f.) zu beachten. **196**

III. Besondere Anforderungen an Verarbeitungsbefugnisse nach Abs. 1 lit. c und e (Abs. 2, 3)

Die **allgemeinen Öffnungsklauseln** der Abs. 2 und 3 gestatten den Mitgliedstaaten (fakultativ) spezifischere Bestimmungen im Hinblick auf die Erlaubnistatbestände der rechtlichen Verpflichtung (Abs. 1 lit. c) und der Verarbeitung durch die öffentliche Hand (Abs. 1 lit. e) zu erlassen.[324] Das **Verhältnis beider Normen zueinander** ist teilweise redundant und jedenfalls nicht selbsterklärend, was auch auf den Umstand zurückzuführen sein wird, dass die jetzt in Abs. 2 normierte Klausel erst über den **Entwurf des Ministerrates,** dort als Art. 1 Abs. 2a einge- **197**

---

320 So schon BGH, Urt. v. 24.10.1961 – VI ZR 204/60.
321 S. § 18 AktG.
322 Sa *Voigt*, CR 2017, 438 (429 f.).
323 OLG Köln, Urt. v. 30.9.2016 – 20 U 83/16.
324 Vgl. auch Erwägungsgrund 10.

bracht worden war.[325] Erst bei den letzten Verhandlungsrunden im Rahmen des Trilogs erfolgte die Übernahme der Klausel in Art. 6 Abs. 2. Hintergrund war das Bestreben der Mitgliedstaaten, den Datenschutz im öffentlichen Bereich weiterhin weitestgehend eigenverantwortlich ausgestalten zu können. Die Vorgabe in Abs. 2, wonach im Verhältnis zu den Erlaubnistatbeständen der lit. c und e „spezifischere" Bestimmungen erlassen werden dürfen, **darf jedenfalls nicht so verstanden werden,** dass lit. c und e eigenständige „allgemeine" Erlaubnistatbestände sind, die, bei Vorliegen einschlägiger mitgliedstaatlicher Normen, etwa im Wege der Subsidiarität zurücktreten.[326] Im Gegenteil erlangen lit. c und e erst durch die Existenz von sie ausfüllenden mitgliedstaatlichen Normen (oder solchen des Unionsrechts) Bedeutung.

198 Als Rechtsvorschrift iSv Abs. 2 und 3 in Betracht kommen **neben formellen Gesetzen auch untergesetzliche Erlaubnistatbestände,** also Rechtsverordnungen und Satzungen, soweit diese auf eine durch formelles Gesetz vorgegebene Ermächtigungsgrundlage zurückgeführt werden können und dem Wesentlichkeitsgrundsatz hinreichend Rechnung getragen wird.[327] Ob auch der normative Teil von **Tarifverträgen** als eine solche Rechtsgrundlage dienen kann, ist umstritten (→ Art. 88 Rn. 13).

199 Macht ein Mitgliedstaat von der Möglichkeit der Spezifizierung nach den Abs. 2, 3 Gebrauch, ist die Rechtsgrundlage gem. Abs. 3 durch Unionsrecht oder das Recht des Mitgliedstaates festzulegen. Eine Rechtsvorschrift der Union oder der Mitgliedstaaten kann jedoch nur dann iSv **Abs. 1 lit. e**[328] fruchtbar gemacht werden, wenn die in Abs. 3 S. 2 f. beschriebenen Kriterien erfüllt sind. Hierzu zählt zwingend, dass die Rechtsgrundlage den **Zweck der Verarbeitung** festlegt oder dass dieser hinsichtlich der Verarbeitung gem. lit. e für die Erfüllung einer Aufgabe, die im öffentlichen Interesse liegt oder in Ausübung öffentlicher Gewalt erfolgt, die dem Verantwortlichen übertragen wurde, erforderlich ist. Die weiteren in Abs. 3 beschriebenen Kriterien einer gesetzlichen Erlaubnisnorm, wie etwa die Angabe von Art der Daten, Reichweite der Zweckbindung, Speicherfristen usw. sind **„Kann"-Vorgaben.** Aus Gründen der Bestimmtheit und Rechtstaatlichkeit sollte diese Vorgabe nicht dazu führen, dass auch Erlaubnisnormen, die allein eine bestimmte Aufgabe beschreiben, deren Verwirklichung die Kenntnis bestimmter Daten voraussetzt, grundsätzlich als zulässige Rechtsvorschrift iSv Abs. 3 angesehen wird. In keinem Fall werden allein „indirekte" Informationsbefugnisse genügen.[329] Je sensibler der Bereich ist, in den durch öffentliche Datenverarbeitung eingegriffen wird, umso höher sind die Anforderungen an die Ausgestaltung der rechtfertigenden Norm.[330]

200 Welchen **Spielraum** die Formulierung „spezifizieren" eröffnen soll, ist unklar. Aus dem Umstand, dass der in den Ratsverhandlungen eingebrachte Vorschlag,

---

325 Sa G/S/S/V/*Assion/Nolte/Veil*, Art. 6 Rn. 34.

326 Vgl. Erwägungsgrund 45.

327 Vgl. BVerfG, Urt. v. 15.12.1983 – 1 BvR 209/83 ua, BVerfGE 61, 1; vgl. auch *Kühling/Martini*, S. 28.

328 Entgegen des Wortlautes von Abs. 3 soll auch die rechtliche Verpflichtung iSv Art. 6 Abs. 1 lit. c ein im öffentliches Interesse liegendes Ziel verfolgen müssen *Kühling/Martini*, S. 29.

329 Vgl. zum BDSG aF *Gola/Schomerus*, § 4 Rn. 8.

330 StRspr vgl. BVerfG, Beschl. v. 3.3.2004 – 1 BvF 3/92; BVerfG, Beschl. v. 13.6.2007 – 1 BvR 1550/03 ua.

in Abs. 2 und 3 „spezifisch" durch **„strenger"** zu ersetzen, verworfen wurde, wird jedenfalls deutlich, dass die DS-GVO auch hinsichtlich der Erlaubnistatbestände einen das Schutzniveau betreffenden vollharmonisierenden Ansatz verfolgt. Gestattet werden Unterschiede in der Quantität der bereichspezifischen Normen bezogen auf spezifische Verarbeitungsszenarien, nicht aber in der Qualität des durch die DS-GVO vorgegebenen grundsätzlich Schutzniveaus. Spezifische Vorgaben brauchen mithin schon dem Wortsinn nach **nicht identisch** sein. Vielmehr wird man von einem „Oszillieren" der spezifischen Normen um das Schutzniveau der DS-GVO ausgehen müssen. Sofern sich Abweichungen zugunsten aber auch zulasten der betroffenen Person im Ergebnis die Waage halten, bleibt das grundsätzliche Schutzniveau der DS-GVO gewahrt.

Infolge der Fülle der denkbaren Szenarien, in denen eine Verarbeitung im öffentlichen Interesse oder in Ausübung öffentlicher Gewalt erforderlich sein kann, bietet es sich für den jeweiligen nationalen Gesetzgeber an, einen **nicht abschließenden Katalog** solcher Aufgaben zu normieren, um auch im Nachgang zunächst nicht berücksichtigte, weitere Aufgaben zB in Spezialgesetzen ergänzen zu können. Als Beispiel einer im öffentlichen Interesse liegenden Verarbeitung benennt Erwägungsgrund 49 die Gewährleistung der Netz- und Informationssicherheit. In Deutschland wäre eine den §§ 13 Abs. 1, 14 Abs. 1 BDSG aF nachgebildete Norm möglich und sinnvoll, da insoweit auf bekannte Auslegungsgrundsätze, insbesondere das deutsche Verständnis des „öffentlichen Interesses", und hierzu bereits ergangene Rechtsprechung zurückgegriffen werden könnte. Der deutsche Gesetzgeber hat zwischenzeitlich mit den §§ 3, 23, 25 und 28 BDSG nF entsprechende Vorgaben auf den Weg gebracht. **201**

IV. Weiterverarbeitung (Abs. 4)

1. Allgemeines. a) Vorgaben der DS-GVO. Die Ausgestaltung des Zweckbindungsgrundsatzes zählte während des Gesetzgebungsverfahrens zu den besonders stark umstrittenen Rechtsfragen.[331] Die an der Rechtsetzung beteiligten Institutionen haben sich zur **normativen Konkretisierung von Art. 5 Abs. 1 lit. b** letztlich auf eine modifizierte Fassung der aus Art. 6 Abs. 1 lit. b DS-RL bekannten[332] **begrenzten Weiterverarbeitungsbefugnis** verständigt. Der Norm als Vorbild gilt Art. 9 des Datenschutzgesetzes der Niederlande.[333] Soweit Daten zu einem anderen als dem ursprünglichen Erhebungszweck weiterverarbeitet werden sollen, ist die betroffene Person hierüber vor der Weiterverarbeitung zu informieren, vgl. Art. 13 Abs. 3, Art. 14 Abs. 4. Auch der „neue" Zweck muss **hinreichend konkret festgelegt** sein (→ Rn. 19). **202**

Abs. 4 wirft zahlreiche Fragen auf und soll nach dem mutmaßlichen Willen der Verordnungsgeber zunächst wohl **zwei Grundaussagen** vermitteln: Erstens dürfen bei dem Verantwortlichen gespeicherte Daten auch für einen anderen als den ursprünglichen Erhebungszweck verarbeitet werden, soweit der neue und der ursprüngliche Zweck miteinander **„vereinbar"** (kompatibel) sind. Wie auch in Art. 5 Abs. 1 lit. b ist Bezugspunkt der Betrachtung der initiale und definierte **203**

[331] Vgl. *Albrecht*, CR 2016, 88 (91).

[332] Vgl. Dammann/Simitis/*Simitis/Dammann*, EG-Datenschutzrichtlinie, Art. 6 Rn. 8; vgl. zum alten Recht *Artikel-29-Datenschutzgruppe*, WP 203 v. 2.4.2013; aA *Richter*, DuD 2016, 581 (584) („etwas völlig anderes").

[333] Personal Data Protection Act (Wet bescherming persoonsgegevens) Session 1999–2000 Nr. 92.

Verarbeitungszweck und nicht der konturenlose Begriff der „Verarbeitung".[334] Zweitens dürfen im Falle einer **Inkompatibilität** von neuem und ursprünglichem Zweck Daten auch zu einem nicht zu vereinbarenden Zweck weiterverarbeitet werden, soweit hierfür die Einwilligung der betroffenen Person oder eine Rechtsgrundlage im Recht der Union bzw. der Mitgliedstaaten vorliegt.[335] Ergänzt wird diese Erlaubnis durch die gesetzliche Vermutung des Art. 5 Abs. 1 lit. b, wonach eine Weiterverarbeitung auch für im öffentlichen Interesse liegende Archivzwecke, wissenschaftliche oder historische Forschungszwecke oder für statistische Zwecke zulässig ist (→ Rn. 218). Nach dem Wortlaut von Abs. 4 hat der Verantwortliche nur dann eine Prüfung der Vereinbarkeit vorzunehmen, wenn keine Norm des Unions- oder mitgliedstaatlichen Rechts die – kompatible oder inkompatible – Weiterverarbeitung gestattet.

204 Ausgangspunkt der etwa erforderlichen Vereinbarkeitsprüfung soll ersichtlich der isoliert zu betrachtende und damit tendenziell weitergehende abstrakte Zweck der Ersterhebung (zB „Vertragsabwicklung") sein, nicht hingegen die eher engere Zweckbestimmung der Ersterhebung durch den aktuell Verantwortlichen (zB „Forderungseinzug" durch Inkassounternehmen nach Übermittlung). Nicht entscheidend ist also, ob die Weiterverarbeitung durch denselben oder einen anderen Verantwortlichen vorgenommen wird.[336] Für diese Sichtweise spricht auch, dass die noch im Ratsentwurf enthaltene explizite Bezugnahme auf „denselben für die Verarbeitung Verantwortlichen" nicht in den finalen Text übernommen wurde. Was unter **„vereinbar"** jedoch konkret zu verstehen ist, wird durch die DS-GVO nicht definiert und bleibt einer einzelfallbezogenen Auslegung unter Einbeziehung der in Abs. 4 normierten **Kompatibilitätskriterien** vorbehalten. Die Aufzählung der weithin konturenlosen Kriterien („Verbindung", „Zusammenhang", „mögliche Folgen") erfolgt dabei nur beispielhaft;[337] weitere sind denkbar („unter anderen"). Der sog. Kompatibilitätstest kann als **methodische Anleitung** („um festzustellen") im Sinne einer echten Handlungspflicht für den Verantwortlichen und als Mittel der „Datenverarbeitungssparsamkeit" interpretiert werden. Zur Durchführung des Kompatibilitätstests ist eine Evaluation unter Einbeziehung aller mit der Verarbeitung verbundenen Kriterien erforderlich, wobei mit zunehmender Zweckentfremdung auch die Intensität der Prüfung zunimmt. Während die Durchführung einer solchen Evaluation durch das Gesetz zwingend vorgegeben wird, sind die genannten Kompatibilitätskriterien allein Anhaltspunkte für die Prüfung („berücksichtigt") und müssen somit nicht zwingend vorliegen. Durchführung und Ergebnis des Kompatibilitätstests sollten schon in Ansehung des aus Art. 5 Abs. 2 herrührenden Verantwortlichkeitsprinzips **zu Nachweiszwecken dokumentiert** werden.

205 Für die Auslegung der Kompatibilitätskriterien können ua die in **WP 203** vom 2.4.2013 durch die Artikel-29-Datenschutzgruppe beschriebenen Anhaltspunkte herangezogen werden. Das Kriterium der **Verbindung zwischen initialen und neuen Zwecken (lit. a)** reduziert sich dabei nicht auf eine Auslegung des textlich

---

334 Nach G/S/S/V/*Assion/Nolte/Veil*, Art. 6 Rn. 233 ist nicht der Ersterhebungszweck, sondern die Erstverarbeitung der Bezugspunkt der Prüfung in Art. 6 Abs. 4. Ob diese Differenzierung iE tatsächlich zu großen Unterschieden führen wird, ist fraglich.

335 Vgl. auch die Begr. des Ministerrates, 5419/16 ADD v. 17.2.2016, 3.3.

336 *Kühling/Martini*, S. 41.

337 AA Sydow/*Reimer*, Art. 6 Rn. 74, wonach stets alle Vorgaben kumulativ vorliegen müssen.

fixierten Wortlautes der ursprünglichen Zweckbestimmung. Erfasst werden jedenfalls solche neuen Zwecke, die als logische oder naheliegende Folge der ursprünglichen Zweckbestimmung verstanden werden können, wobei auch eine nur partielle oder ggf. sogar keine Verbindung zwischen ursprünglichem und neuem Zweck denkbar ist. Klassisches Beispiel ist hier die Bestandskundenwerbung[338] (→ Rn. 77), aber auch Datenübermittlungen an Inkassounternehmen oder Auskunfteien – soweit diese nicht bereits als initiale Erhebungszwecke erachtet werden (→ Rn. 105).

Nach **lit. b** kann auch der **Zusammenhang, in dem die Daten erhoben wurden,** insbesondere in Ansehung des Verhältnisses zwischen der betroffenen Person und dem Verantwortlichen, für die Bestimmung der Kompatibilität herangezogen werden. Je spezifischer und restriktiver der ursprüngliche Verarbeitungskontext, umso enger sind die Grenzen einer möglichen Weiterverarbeitung gesteckt. Hat der Verantwortliche hingegen im Zeitpunkt der Erstinformation umfassend auf mögliche Szenarien der Weiterverwendung hingewiesen und stellen sich die weiteren Verarbeitungszwecke im Kontext der ursprünglichen Erhebung nicht als völlig sachfremd dar, spricht dies für die Möglichkeit der Weiterverarbeitung. Gem. Erwägungsgrund 50 ist explizit auch die vernünftige Erwartungshaltung der betroffenen Person in Bezug auf die weitere Verarbeitung zu berücksichtigen ist. Erforderlich ist eine **Gesamtbetrachtung** der Beziehung zwischen betroffener Person und Verantwortlichem, insbesondere unter Heranziehung der zur Verfügung gestellten rechtlichen Informationen. Relevant ist daneben, ob die Weiterverarbeitung aus der Perspektive eines objektiven Dritten generell **als erwartbar angesehen** werden kann. Geht die ursprüngliche Verarbeitung auf eine rechtliche Verpflichtung zurück, war die betroffene Person zur Datenpreisgabe (faktisch) gezwungen oder stellt sich die Weiterverarbeitung selbst als „anstößig" dar, scheidet eine solche regelmäßig aus. Werden Daten zum Zwecke der Vertragserfüllung erhoben, besteht im Falle einer **Weitergabe bei Zahlungsstörungen** an Inkassodienstleister und Auskunfteien ersichtlich ein unmittelbarer Zusammenhang zwischen initialem und neuen Zwecken[339] (vgl. aber → Rn. 19). 206

Die **Art der Daten** ist gem. **lit. c** insbesondere dann ein relevantes Kriterium, wenn auch besondere Kategorien personenbezogener Daten verarbeitet werden sollen. Nach diesem an der tatsächlichen Schutzbedürftigkeit der Daten orientierten Maßstab steigt der Rechtfertigungszwang mit zunehmender Sensitivität der für die Weiterverarbeitung vorgesehenen Daten. Lit. c macht deutlich, dass Daten, deren Verarbeitung gemeinhin nicht mit besonderen Risiken verbunden sind, einer Weiterverarbeitung grundsätzlich zugänglich sind. Handelt es sich etwa bei den für Werbezwecke an Dritte übermittelten Daten allein um **Adressdaten** oder solche, die öffentlich zugänglich sind, steht einer Weiterverarbeitung lit. c ersichtlich nichts im Wege (vgl. auch → Rn. 59). 207

Die **möglichen Folgen der beabsichtigten Weiterverarbeitung** für die betroffene Person sind gem. **lit. d** ein weiteres Abwägungskriterium. Einzubeziehen sind sowohl positive als auch denkbare negative Folgen sowie mögliche zukünftige Entscheidungen oder Aktionen Dritter. Hat die Weiterverarbeitung das Potential eine ausgrenzende oder diskriminierende Wirkung zu entfalten, wird diese regelmäßig ausscheiden. Zu unterscheiden ist auch hinsichtlich der Art der Weiterverarbeitung: Anders als bei einer allein bilateralen Weitergabe für spezifi- 208

[338] Vgl. FRA, S. 78.
[339] In diese Richtung auch *Kühling/Martini*, S. 42.

sche Zwecke unterliegt eine Veröffentlichung an eine Vielzahl unterschiedlicher Dritter, etwa eine Weiterverarbeitung in Form der Veröffentlichung im Internet, höheren Anforderungen. **Maßnahmen der Profilbildung** sollten im Zeitpunkt der Datenerhebung vorherzusehen sein, zB durch hinreichend transparente Informationen, um als kompatibel angesehen werden zu können. Je negativer oder unsicherer die Auswirkungen auf die betroffene Person, desto unwahrscheinlicher stellt sich die Weiterverarbeitung als vereinbar dar.

209 Soweit **geeignete Garantien** zum Schutz der Rechte und Freiheiten der betroffenen Person implementiert sind, kann dies gem. **lit. e** als Kompensation für die mit einer Weiterverarbeitung etwa einhergehenden Risiken verstanden werden. Erfasst sind technische und organisatorische Maßnahmen wozu bspw. die Aggregation von personenbezogenen Daten zählt, die Implementierung von PET (Privacy Enhancing Technologies, → Art. 25 Rn. 12 f.), eine dem Stand der Technik entsprechende Verschlüsselung,[340] aber auch das Vorhalten eines Widerspruchsrecht in Fällen, in denen das gesetzl. Widerspruchsrecht iSv Art. 21 keine Anwendung findet. Ausdrücklich akzeptiert sind daneben Maßnahmen der informationellen Gewaltenteilung wie **Anonymisierung oder Pseudonymisierung** sowie die Einschaltung sog. Trustcenter. Zu beachten ist in diesem Zusammenhang, dass die DS-GVO auch Pseudonymisierungsmaßnahmen **bei demselben Verantwortlichen** als möglich erachtet, wenn dieser die erforderlichen technischen und organisatorischen Maßnahmen trifft und zusätzliche Informationen, mit denen die personenbezogenen Daten einer speziellen betroffenen Person zugeordnet werden können, gesondert aufbewahrt werden.[341] Die BfDI misst lit. e vor allem bei Big Data-Anwendungen praktische Relevanz bei.[342] Zudem wird anhand von lit. e deutlich, dass auch das **Zusammenspiel verschiedener Kompatibilitätsaspekte** letztlich eine Weiterverarbeitung legitimieren kann.

210 Sind die weiteren Zwecke mit dem ursprünglichen Erhebungszweck vereinbar, bedarf es als Rechtsfolge des Kompatibilitätstests für die Zulässigkeit der Weiterverarbeitung gem. Erwägungsgrund 50 **keiner gesonderten Rechtsgrundlage** iSv Art. 6 Abs. 1.[343] Obgleich auch kompatible Zwecke „andere" Zwecke iSd DS-GVO sind, stützt sich die Zulässigkeit der Verarbeitung dann auf die Rechtsgrundlage der ursprünglichen Erhebung und Verarbeitung. Annahmen, wonach es sich bei dieser Formulierung um ein **redaktionelles Versehen**[344] handeln soll, mögen hierüber die Unstimmigkeit dieser Vorgabe egalisieren wollen. Der Umstand, dass jedoch gerade der Aspekt der Zweckbindung zu den überdurchschnittlich penibel bearbeiteten Regelungen zählte, spricht ausdrücklich gegen ein Versehen des Verordnungsgebers an dieser Stelle.[345] Schließlich machte bei einer anderen Sichtweise die strenge Trennung zwischen (i) Weiterverarbeitungen inkompatibler Zwecke auf Grundlage anderer Rechtsgrundlagen, namentlich der Einwilligung bzw. von Rechtsvorschriften der Union oder der Mitgliedstaaten und (ii) Weiterverarbeitungen kompatibler Zwecke schlicht keinen Sinn.

211 Dass die Datenverarbeitung für kompatible Zwecke auf Grundlage der auch die Verarbeitung für den ursprünglichen Zweck legitimierenden Rechtsgrundlage

---

[340] So wohl auch *Spaeing*, DANA 2016, 70.

[341] S. Erwägungsgrund 29.

[342] *Voßhoff/Hermerschmidt*, DANA 2016, 68 (69).

[343] So auch *Kühling/Martini* S. 38; aA Ehmann/Selmayr/*Heberlein*, DS-GVO, Art. 6 Rn. 5.

[344] *Schantz*, NJW 2016, 1841 (1844).

[345] Sa die entsprechenden Ausführungen des Hauptberichterstatters bei *Albrecht/Jotzo*, Teil 3 C Rn. 54; gegen einen redaktionellen Fehler auch *Monreal*, ZD 2016, 507 (510).

zulässig sein soll, dürfte tatsächlich häufig zu **unstimmigen Ergebnissen** führen. So wäre bspw. das Bewerben von Bestandskunden oder eine Weitergabe von Daten zu Werbezwecken Dritter (zur Frage der Kompatibilität → Rn. 78, 82) nicht auf der (formal zutreffenden) Grundlage von lit. f, sondern auf Basis der ursprünglichen Rechtsgrundlage, der Vertragsdatenverarbeitung gem. lit. b, zulässig, obwohl diese Verarbeitung ersichtlich nicht zur Erfüllung eines Vertrages erforderlich ist. Die Datenverarbeitung für ein nachträglich zu einer vertraglichen Beziehung erstarkten, ursprünglich als Gefälligkeit ausgestaltetes Verhältnis (zB die Abrede, eine zunächst nur lose Fahrgemeinschaft zu verstetigen und hierfür in Zukunft ein Entgelt zu entrichten) würde sich nicht (formal zutreffend) an lit. b, sondern am ursprünglichen Erlaubnistatbestand des lit. f messen lassen müssen. Da einzelne **Betroffenenrechte** nur einschlägig sind, wenn die Datenverarbeitung auf eine bestimmte Rechtsgrundlage gestützt ist (zB Art. 17, 20, 21), setzen sich die Unstimmigkeiten infolge der Anordnung in Erwägungsgrund 50 an dieser Stelle in bedenklicher Weise fort.

Die jedenfalls als amtliche Auslegungshilfe[346] heranzuziehende Formulierung in Erwägungsgrund 50, wonach im Falle kompatibler Zwecke „keine andere gesonderte Rechtsgrundlage erforderlich" ist, führt im Umkehrschluss zu der Erkenntnis, dass – bei Datenverarbeitungen durch Private – auch eine **Weiterverarbeitung zu inkompatiblen Zwecken** zulässig sein kann, namentlich soweit hierfür eine „andere gesonderte Rechtsgrundlage" greift.[347] Der sog. Zweckbindungsgrundsatz beansprucht danach auch nach der DS-GVO keine absolute Geltung.[348] **212**

Obwohl die in Abs. 4 niedergelegten Kriterien flexibel anzuwenden sind, entfaltet die DS-GVO an dieser Stelle ein überaus **statisches Verständnis der Zweckbindung.** Der Grundsatz der Zweckbindung wird nicht als Kopplung des jeweiligen Zwecks an die jeweilige Rechtsgrundlage verstanden. Vielmehr muss der jeweilige Zweck als isolierter Vorgang betrachtet werden, der nur in Ausnahmesituationen, entweder im Falle der Kompatibilität oder bei Vorliegen der enumerativ abschließend aufgezählten Erlaubnisse erweitert werden kann. Ist keine der in Abs. 4 normierten Ausnahmen einschlägig, hat als Folge dessen auch bei Vorliegen eines neuen legitimen aber inkompatiblen Zwecks und der theoretisch denkbaren Fruchtbarmachung einer neuen Rechtsgrundlage eine Verarbeitung gleichwohl zu unterbleiben. Ob diese enge Interpretation des Zweckbindungsgrundsatzes durch Art. 6 Abs. 4 mit Blick auf die Formulierung in Art. 8 Abs. 2 GRCh, wonach nur „festgelegte", nicht aber „in sich abgeschlossene" Zwecke gefordert werden, den **Vorgaben der GRCh** entspricht, ist fraglich. Unzutreffend wäre es vor diesem Hintergrund jedenfalls von einer „Auflockerung des Zweckbindungsprinzips" zu sprechen.[349] Richtig ist, dass schon nach altem Recht Art. 6 Abs. 1 lit. b DS-RL eine Änderung der Zweckbestimmung nur dann gestattete, soweit diese mit der ursprünglichen Zweckbestimmung „vereinbar" war. Formal betrachtet hätten danach schon unter der DS-RL bei Beachtung des vollharmonisierenden Ansatzes der DS-RL[350] die zunächst tendenziell weitergehenden **213**

---

[346] Vgl. Gemeinsamer Leitfaden für die Abfassung von Rechtstexten der Europäischen Union, Nr. 10.

[347] Vgl. auch FRA, S. 77; *Roßnagel/Nebel/Richter*, ZD 2015, 455 (457).

[348] Vgl. zum BDSG aF *Ziegenhorn*, zfm 2016, 3 (6).

[349] So aber *Richter*, DuD 2016, 581 (584). Auch *Laue/Nink/Kremer*, § 2 Rn. 40, erwarten eine deutlich leichtere Möglichkeit der Zweckänderung.

[350] EuGH, Urt. v. 24.11.2011 – C-468/10 und C-469/10 – ASNEF und FECEMD.

Zweckänderungstatbestände des BDSG aF[351] im Lichte der DS-RL, dh restriktiv ausgelegt werden müssen. Andererseits führt der Umkehrschluss aus Abs. 4 und die dort vorgenommene Beschränkung auf die Einwilligung und spezifische Normen der Union bzw. der Mitgliedstaaten zu der zunächst wohl eindeutigen Aussage, dass Weiterverarbeitungen auf Grundlage der allgemeinen Interessenabwägung gerade nicht (mehr) zulässig sein sollen.[352] Die so erreichte **Verengung der Weiterverarbeitungsmöglichkeit** bei inkompatiblen Zwecken führt zu Inkonsistenzen, potentiell zu einer deutlichen Einschränkung bislang üblicher zweckändernder Verarbeitungen und letztlich zu schwer zu rechtfertigenden Verarbeitungsverboten. Die Mitgliedstaaten werden schon daher gut beraten sein, die ihnen durch Abs. 4 eröffnete Regelungskompetenz angemessen auszunutzen. Dass hierüber im Ergebnis der **Harmonisierungsgedanke erneut egalisiert** wird, liegt an der mangelhaften Entscheidungs- und Einigungsfähigkeit des europäischen Gesetzgebers.

214 Dass dementgegen eine zweckändernde Verarbeitung für inkompatible Zwecke gem. Abs. 4 zulässig sein soll, wenn diese auf die **Einwilligung** der betroffenen Person gestützt werden kann, ist **unverständlich.** Nimmt man die Anforderungen an die Wirksamkeit einer Einwilligung, insbesondere die Pflicht zur Angabe eines konkreten Verarbeitungszwecks (→ Art. 7 Rn. 34) ernst, kann sich eine Einwilligung von Rechts wegen gar nicht auf eine im Zeitpunkt der Einholung der Einwilligung noch ungewisse, in der Zukunft liegende zweckändernde Verarbeitung beziehen.[353] Entweder wurde die Verarbeitung für den späteren konkreten Zweck bereits im Rahmen der Einwilligung für den ursprünglichen Zweck legitimiert, dann handelt es sich aber **nicht um eine Zweckänderung** iSv Abs. 4, oder die Einwilligung wurde zeitlich nach der Einwilligung zur Legitimation des ursprünglichen Zwecks gerade zur Legitimation des späteren Zwecks eingeholt. Dann aber existiert formal gar kein späterer Zweck, sondern ein **neuer – ursprünglicher – Zweck.** Die Formulierung in Erwägungsgrund 50, wonach im Falle einer Einwilligung eine Weiterverarbeitung „ungeachtet der Vereinbarkeit der Zwecke" zulässig sein soll, macht im Kontext der zweckändernden Nutzung keinen Sinn. Dass der Verordnungsgeber die ihrem Aussagegehalt nach unterschiedlichen Begriffe „Verarbeitung" und „Weiterverarbeitung" scheinbar wahllos und synonym benutzt,[354] erschwert die Auslegung an dieser Stelle zusätzlich.

215 Abs. 4 führt weiter aus, dass spezifische Rechtsgrundlagen der Datenverarbeitung **im Unionsrecht bzw. im Recht der Mitgliedstaaten** als Rechtsgrundlage für eine inkompatible Weiterverarbeitung angesehen werden können, soweit diese Normen den in Art. 23 Abs. 1 niedergelegten Grundsätzen entsprechen. Als Beispiel benennt Erwägungsgrund 50 eine Übermittlung von Daten an eine zuständige Behörde, die mit möglichen **Straftaten oder Bedrohungen der öffentlichen Sicherheit** in Zusammenhang stehen und „berufliche oder sonstige verbindliche" Geheimhaltungspflichten (bspw. des Rechtsanwalts oder des Arztes) dem nicht entgegenstehen. Auch dem sog. **„Once-Only"-Prinzip,** wonach es

---

[351] Vgl. § 28 Abs. 2 BDSG aF, wonach eine Weiterverarbeitung nicht auf zu vereinbarende Zwecke beschränkt war.

[352] AA offenbar Sydow/*Reimer*, Art. 6 Rn. 9, 67 und 70.

[353] Sa *Artikel-29-Datenschutzgruppe*, WP 259 v. 28.11.2017 (Entw.), S. 12.

[354] Art. 5 Abs. 1 lit. b spricht von „Weiterverarbeitung", Art. 6 Abs. 4 spricht von „Verarbeitung", Erwägungsgrund 50 spricht in demselben Satz von „Verarbeitung" und „weiterverarbeiten".

Behörden aus Effizienzgründen gestattet ist, dasselbe personenbezogene Datum eines Bürgers nur einmal zu erheben und untereinander austauschen, kann über die Öffnungsklausel in Abs. 4 angemessen Rechnung getragen werden.[355] Normen, die in Ausfüllung von Art. 6 Abs. 1 lit. c oder e ergangen sind können nur dann nach Abs. 4 fruchtbar gemacht werden, wenn diese den zusätzlichen Anforderungen von Art. 23 Abs. 1 genügen. Unter Rückgriff auf Abs. 4 iVm Art. 23 Abs. 1 hat der deutsche Gesetzgeber in den §§ 23 und 25 BDSG nF die Zulässigkeit der zweckändernden Verarbeitung durch öffentliche Stellen (→ Rn. 220, 229) und in § 24 BDSG nF die Zulässigkeit der zweckändernden Verarbeitung durch nichtöffentliche Stellen (→ Rn. 247) konkretisiert. Dass umgekehrt mitgliedstaatliches Recht iSv Abs. 4 stets den Anforderungen von Abs. 1 zu genügen hat, ist der Norm nicht zu entnehmen.[356]

Uneindeutig verhält sich die DS-GVO in Abs. 4 zu der Frage, ob es hiernach der Union und den Mitgliedstaaten freisteht, auch eine Art. 6 Abs. 1 lit. f nachgebildete **allgemeine Interessenabwägungsklausel** als Erlaubnisnorm zur Weiterverarbeitung im Falle inkompatibler Zwecke zu schaffen. Obwohl grundsätzlich auch Art. 6 Abs. 1 lit. f als eine den Anforderungen von Art. 23 genügende Norm des Unionsrechts angesehen werden könnte, wird man infolge der unterbliebenen Erwähnung in Abs. 4 die Norm als nicht von der Ausnahmeregelung erfasst ansehen dürfen. Dass Art. 6 Abs. 4 nicht auch eine allgemeine Interessenabwägungsklausel als grundsätzlich denkbare Legitimation für zweckändernde Verarbeitungen explizit benennt, kann hingegen nicht zu der Annahme führen, dass eine solche auch im Recht der Mitgliedstaaten prinzipiell ausgeschlossen sein soll. Hiergegen spricht einerseits, dass sich der europäische Gesetzgeber ganz offensichtlich nicht auf den noch im Entwurf der EU-Kommission vorgesehenen strikten Ausschluss zweckändernder Weiterverarbeitungen auf Grundlage einer Interessenabwägung verständigen wollte.[357] Auch fehlt in Abs. 4 eine mit Abs. 2 vergleichbare Begrenzung auf ausgewählte Erlaubnistatbestände. Im Gegenteil: Ausnahmen iSv Abs. 4 sind infolge des dort normierten uneingeschränkten Verweises auf **Art. 23 Abs. 1** bspw. gerade auch zum Schutz der Rechte und Freiheiten anderer als der betroffenen Person (Art. 23 Abs. 1 lit. i), dh auch des Verantwortlichen, bzw. zum Schutz allgemeiner öffentlicher Interessen (Art. 23 Abs. 1 lit. e) ausdrücklich zulässig. Richtigerweise kann auch für Fälle der zweckändernden Weiterverarbeitung den Rechten der betroffenen Person kein sakrosankter Vorrang gegenüber kollidierenden Interessen Dritter eingeräumt werden (→ Rn. 4). Existierte im Recht der Mitgliedstaaten eine Norm, die eine Weiterverarbeitung auch auf Grundlage einer allgemeinen Interessenabwägung zulässt, müsste diese „im Lichte der DS-GVO", dh restriktiv, ausgelegt werden, um Wertungswidersprüche zwischen Abs. 1 und Abs. 4 zu vermeiden. Diese drohten jedenfalls dann, wenn über Abs. 4 weitreichendere Verarbeitungen zulässig wären als bei Anwendung von Abs. 1. **216**

Wie der Kompatibilitätstest schließlich angesichts des im Vergleich zum bislang geltenden deutschen Recht[358] **weggefallenen Direkterhebungsgrundsatzes** einzuordnen sein wird, ist ungewiss.[359] Kann der Verantwortliche für einen mit **217**

[355] *Kühling/Martini*, S. 44.

[356] Nicht zu Unrecht wird an dieser Stelle auf die Asynchronität von Abs. 1 und Abs. 4 hingewiesen *Kühling/Martini*, S. 44.

[357] S. Art. 6 Abs. 4-E, KOM 2012/11.

[358] S. § 4 Abs. 1 BDSG aF.

[359] Neue Herausforderungen prognostiziert *Gierschmann*, ZD 2016, 51 (54).

der ursprünglichen Zweckbestimmung nicht zu vereinbarenden neuen Zweck ein berechtigtes Verarbeitungsinteresse darlegen, wäre ein Verbot der erneuten Nutzung von schon bei ihm vorliegenden Daten und eine Verpflichtung hin zu einer (zulässigen) erneuten (Fremd-)Erhebung jedenfalls eine bloße juristische Förmelei **(Grundsatz der hypothetischen Neuerhebung[360]).** Dieser Mechanismus droht auch nicht die Rechte der betroffenen Person zu beeinträchtigen, da gem. Art. 13 Abs. 3 bzw. Art. 14 Abs. 4 die Weiterverarbeitung für „andere" Zwecke ausdrücklich anerkannt wird und die betroffene Person vor einer Weiterverarbeitung umfassend über alle Einzelheiten der neuen Zweckbestimmung zu informieren ist, einschließlich eines etwa bestehenden Widerspruchsrechts iSv Art. 21.

218 Sollen zu einem ursprünglich anderen Zweck erhobene Daten zu im öffentlichen Interesse liegenden **Archivzwecken, zu wissenschaftlichen oder historischen Forschungszwecken** oder zu **statistischen Zwecken** weiterverarbeitet werden, wird die Kompatibilität gem. Art. 5 Abs. 1 lit. b iVm Art. 89 gesetzlich vermutet,[361] es bedarf also weder der Durchführung des Kompatibilitätstests[362] noch einer neuen Rechtsgrundlage. Die Reichweite der Privilegierung hängt dabei ganz wesentlich von der Reichweite der Begriffsbestimmung dieser Zwecke ab. Unter dem Begriff „statistische Zwecke" ist gem. Erwägungsgrund 162 jeder für die Durchführung statistischer Untersuchungen und die Erstellung statistischer Ergebnisse erforderliche Vorgang der Erhebung und Verarbeitung personenbezogener Daten zu verstehen. Solche statistischen Ergebnisse können für verschiedene Zwecke, zB für wissenschaftliche Forschungszwecke, weiterverwendet werden. Nach dem Wortlaut von Art. 5 Abs. 1 lit. b muss es sich bei statistischen Zwecken jedoch nicht zwingend um solche handeln, die im öffentlichen Interesse liegen oder die eine Verbindung zur wissenschaftlichen Forschung aufweisen.[363] Entsprechend sind auch Weiterverarbeitungen zu statistischen Zwecken **durch privatrechtliche Akteure** von der Privilegierung erfasst, wobei über technisch-organisatorische Maßnahmen zur Datenminimierung, zB über den Einsatz von Anonymisierungstechniken, sicherzustellen ist, dass allein nicht-personenbezogene und aggregierte Daten Verwendung finden.[364]

219 Die nach allem **zu unterschiedlichen Interpretationen herausfordernde Vorschrift** des Art. 6 Abs. 4[365] ist nur dort einschlägig, wo der Verantwortliche eine Datenverarbeitung für einen vom ursprünglichen Erhebungszweck abweichenden neuen Zweck beabsichtigt. Macht der Verantwortliche hingegen alle im Zeitpunkt der Datenerhebung denkbaren Verwendungszwecke (→ Rn. 19) auch

---

360 Ähnlich G/S/S/V/*Assion/Nolte/Veil*, Art. 6 Rn. 204; für den öffentlichen Bereich bestätigt durch BVerfG, Urt. v. 20.4.2016 – 1 BvR 966/09, 1 BvR 1140/09; ausdrücklich gegen eine Weiterverarbeitung „aus einem bereits bestehenden Datenbestand" sprechen sich Kühling/Buchner/*Buchner/Petri*, DS-GVO, Art. 6 Rn. 185 aus.

361 Vgl. auch Erwägungsgründe 50, 156.

362 Ehmann/Selmayr/*Heberlein*, DS-GVO, Art. 6 Rn. 45 spricht zwar von einer gesetzlichen Vermutung, verlangt aber gleichwohl die Durchführung des Kompatibilitätstests.

363 Allein für den Bereich der Forschung unternimmt die DS-GVO eine entsprechende Konkretisierung, vgl. Erwägungsgrund 157.

364 Sa Erwägungsgrund 162; Art. 89 Abs. 1; ebenso *Paal/Hennemann*, NJW 2017, 1697 (1700); gegen die Ausweitung der „statistischen Zwecke" auf kommerzielle Big Data-Anwendungen *Culik/Döpke*, ZD 2017, 226.

365 Vgl. exemplarisch *Ziegenhorn*, zfm 2016, 3 (5 f.); *Gierschmann*, ZD 2016, 51 (54); *Spindler*, DB 2016, 937 (943); *Schantz*, NJW 2016, 1841 (1844).

bereits zum Gegenstand der ursprünglichen Zweckbestimmung, findet Abs. 4 keine Anwendung. Erhebt etwa ein Händler Daten zum Zwecke der Vertragsabwicklung, kann sich die konkrete Festlegung der Verarbeitungszwecke auch auf eine etwa erforderliche Übermittlung an Inkassounternehmen und Auskunfteien für den Fall von Zahlungsverzügen erstrecken. Auch im **Bereich der werblichen Nutzung personenbezogener Daten** muss jede Form der Verwendung erst dann dem Kompatibilitätstest des Abs. 4 unterzogen werden, wenn sich die Zweckbestimmung nicht bereits als Gegenstand des ursprünglichen Erhebungszwecks darstellt. Diese Anforderung wird regelmäßig dann auf Fälle der nach dem Recht des BDSG aF unter den Begriffen transparente Übermittlung und transparente Nutzung bekannte Verarbeitungen zutreffen, wenn diese Formen der Datenverarbeitung nicht bereits im Zeitpunkt der Festlegung des ursprünglichen Zwecks berücksichtigt wurden.[366]

b) Weiterverarbeitung durch öffentliche Stellen (§ 23 BDSG nF). Mit **§ 23 BDSG nF** hat der deutsche Gesetzgeber eine Rechtsgrundlage geschaffen, die öffentlichen Stellen im Rahmen der jeweiligen Aufgabenerfüllung die Verarbeitung personenbezogener Daten zu einem anderen Zweck als zu demjenigen, zu dem sie ursprünglich erhoben wurden, gestattet. Die Ausnahmevorschrift beruht auf Art. 6 Abs. 4 iVm Art. 23 Abs. 1 DS-GVO. Ist eine der Varianten von § 23 Abs. 1 BDSG nF einschlägig, ist die Weiterverarbeitung zulässig, unabhängig davon, ob die Zweckbestimmung der Weiterverarbeitung mit dem ursprünglichen Verarbeitungszweck vereinbar ist.[367] Die Norm adressiert allein den Verarbeiter der initialen Datenverarbeitung. Auf andere öffentliche Stellen findet die Norm keine Anwendung. Da diese nie aufgrund eines initialen Erhebungszweck verarbeitet haben, kann schon nicht von einer Weiterverarbeitung gesprochen werden. Hier bedarf es entweder einer allgemeinen Rechtsgrundlage orientiert an einem eigenen Ersterhebungszweck oder es liegt ein Fall des § 25 Abs. 1 BDSG nF vor (→ Rn. 231). Erstreckt sich die Weiterverarbeitung auf sensitive Daten iSv Art. 9 Abs. 1 ist gem. § 23 Abs. 2 BDSG nF eine solche nur dann zulässig, wenn neben dem Vorliegen eines Ausnahmetatbestands iSv § 23 Abs. 1 BDSG nF zusätzlich ein Erlaubnistatbestand des Art. 9 Abs. 2 vorliegt. Die Vorschrift des § 23 BDSG nF orientiert sich ausweislich der Gesetzesbegründung an § 13 Abs. 2 und § 14 Abs. 5 (für die Weiterverarbeitung sensitiver Daten) und § 14 Abs. 2–4 BDSG aF (für die Weiterverarbeitung nicht-sensitiver Daten). Die Zulässigkeit der Weiterverarbeitung von allgemein zugänglichen Daten gem. § 14 Abs. 2 Nr. 5 BDSG aF wurde nicht in das BDSG nF überführt. 220

Eine Weiterverarbeitung nicht-sensitiver Daten ist gem. **§ 23 Abs. 1 Nr. 1 BDSG nF** zulässig wenn offensichtlich ist, dass diese im Interesse der betroffenen Person liegt und kein Grund zu der Annahme besteht, dass sie in Kenntnis des anderen – neuen – Zwecks ihre Einwilligung verweigert hätte. Erfasst werden Sachverhalte, in denen eine zweckänderte Verarbeitung eigentlich nur auf Grundlage der **Einwilligung** der betroffenen Person zulässig wäre, diese aber **nicht oder nur mit erheblichem Aufwand** eingeholt werden kann. Dies trifft bspw. zu, wenn die betroffene Person nicht auffindbar ist oder ihr Aufenthaltsort nur mit unverhältnismäßig hohem Aufwand bestimmbar wäre.[368] Ist dies der Fall kann nach dem Rechtsgedanken der (qualifizierten) Geschäftsführung ohne Auftrag 221

[366] Vgl. *Gola/Schulz*, K&R 2015, 609 (615).
[367] BT-Drs. 18/11325, 95.
[368] Vgl. zum alten Recht *Gola/Schomerus*, § 13 Rn. 17.

eine Weiterverarbeitung möglich sein, wenn dies objektiv im Interesse der betroffenen Person liegt, sie also gegen ihre eigenen Interessen handelte, würde sie die Einwilligung verweigern. Fälle, in denen eine Weiterverarbeitung zu einer für die betroffene Person nachteiligen Situation führen könnte, sind ausgeschlossen. Erforderlich ist jeweils eine Einzelfallbetrachtung unter Erforschung des mutmaßlichen Willens der betroffenen Person.

222 Die Ausnahmeregelung des **§ 23 Abs. 1 Nr. 2 BDSG nF** knüpft an die vorherige in gewisser Weise an. Der Datenschutz darf nicht dazu führen, dass die Zweckbindung einzelner Daten den Verantwortlichen an der rechtmäßigen und sachgerechten Aufgabenerfüllung hindert. Enthält ein Datensatz Angaben über die betroffene Person, die zB von denen in anderen Datensätzen abweichen oder aus anderen Gründen unrichtig erscheinen, ist eine **Überprüfung** geboten. Die Vorschrift ist hierfür die Befugnisnorm. Es müssen tatsächliche **Anhaltspunkte** für die **Unrichtigkeit** der Angaben der betroffenen Person vorliegen. Dies kann der Fall sein, wenn sie ein und denselben Sachverhalt unterschiedlich dargestellt hat. Tatsächliche Anhaltspunkte können auch dann vorliegen, wenn durch falsche Angaben die Glaubwürdigkeit der betroffenen Person infrage gestellt wird und dies eine Überprüfung ihrer Angaben erforderlich macht. Wird die betroffene Person selbst befragt, ist dies keine zweckändernde Nutzung des Datums, wohl aber, wenn Dritte oder andere öffentliche oder private Stellen zu dem Sachverhalt befragt werden.

223 **§ 23 Abs. 1 Nr. 3 BDSG nF** lässt eine zweckändernde Verarbeitung bei Erforderlichkeit zur Abwehr erheblicher Nachteile für das Gemeinwohl oder einer Gefahr für die öffentliche Sicherheit, die Verteidigung oder die nationale Sicherheit, zur Wahrung erheblicher Belange des Gemeinwohls oder zur Sicherung des Steuer- und Zollaufkommens zu. Als **Gemeinwohlinteressen** hat das BVerfG zB anerkannt: die Funktionsfähigkeit des öffentlichen Telekommunikationsnetzes, eine ordnungsgemäße Arzneimittelversorgung, die Sicherung eines geordneten Arbeitsmarktes sowie die Verhütung von Störungen der auswärtigen Beziehungen.[369] Als Gemeinwohl wird auf dieser Basis das Wohlergehen einer Gemeinschaft, also einer Gruppe von Menschen mit gemeinsamen Lebensumständen und Interessen definiert werden können. Dies kann ein Staat sein, aber auch eine Region, eine Kommune oder auch der Teil einer Gemeinde. Eine Einschränkung nimmt das Gesetz hier vor, indem es hinsichtlich der beiden Schutzgüter Gemeinwohl und öffentliche Sicherheit „erhebliche" Nachteile bzw. Belange verlangt. Ob Erheblichkeit vorliegt ist im Einzelfall unter Berücksichtigung der konkreten Umstände und insbesondere der schutzwürdigen Interessen der betroffenen Person zu bestimmen.[370] Der Schaden muss noch nicht eingetreten sein, der Eintritt muss aber nach allgemeiner Lebenserfahrung wahrscheinlich sein. Der **Erforderlichkeitsgrundsatz** ist eine weitere Hürde. Lässt sich die Beeinträchtigung des Gemeinwohls auch auf andere Weise verhindern, die die Weiterverarbeitung der personenbezogenen Daten nicht umfasst, ist diese zu wählen. Das Ausmaß der Nachteile und die zeitliche Dringlichkeit der Abwehrmaßnahmen sind abzuwägen gegen die möglichen Nachteile, die der betroffenen Person aus der Weiterverarbeitung ihrer Daten erwachsen können. Nach den gleichen Kriterien ist eine Weiterverarbeitung zulässig, wenn eine **Gefahr für die öffentliche Sicherheit** unmittelbar droht und die zweckändernde Verarbeitung zur Abwehr erforderlich ist.

[369] *Gola/Schomerus*, § 13 Rn. 20 mwN.
[370] Vgl. zum alten Recht *Gola/Schomerus*, § 13 Rn. 20.

Die öffentliche Sicherheit umfasst den Schutz der verfassungsmäßigen Ordnung, wesentlicher Schutzgüter der Bürger und die Rechtsordnung generell. Zu ihrem Schutz ist das Polizei- und Ordnungsrecht erlassen worden. Im Unterschied zu der Variante „Gemeinwohl" steht hier die auf das Individuum, den Bürger bezogene Gefahrenabwehr im Vordergrund. Zur Aufrechterhaltung der öffentlichen Ordnung hingegen dürfen die Daten nicht zweckändernd verarbeitet werden. Im Vergleich zum BDSG aF neu hinzugekommen sind die Zweckbestimmungen Verteidigung, nationale Sicherheit sowie die Sicherung des Zoll- und Steueraufkommens.

Nach **§ 23 Abs. 1 Nr. 4 BDSG nF** ist die Weiterverarbeitung zur **Strafverfolgung** und zum Vollzug staatlicher Straf- und Erziehungsmaßregeln zulässig. Die Vorschrift darf nicht dahingehend missverstanden werden, dass sie sich primär an die Behörden der Polizei[371] und der Staatsanwaltschaft wendet. Für sie gelten die fachspezifischen Rechtsvorschriften der StPO und andere einschlägige Regelungen. Normadressaten sind hier vor allem andere öffentliche Stellen, denen mit dieser Ausnahmeregelung eine Befugnisnorm zur Verwendung von personenbezogenen Daten zur Übermittlung an **Strafverfolgungs- und Ordnungsbehörden** gegeben wird. Davon sind sowohl Spontanübermittlungen als auch Ermittlungen auf Ersuchen der Ermittlungsbehörden erfasst. 224

Voraussetzung für die Zulässigkeit der Weiterverarbeitung gem. **§ 23 Abs. 1 Nr. 5 BDSG nF** ist, dass eine schwerwiegende Beeinträchtigung der Rechte einer anderen Person (als der betroffenen) droht. Eine öffentliche Stelle darf und soll nicht tatenlos zusehen, wie Rechte anderer Bürger beeinträchtigt werden, obwohl sie dies mit den ihr zur Verfügung stehenden Mitteln verhindern oder zur Abwehr beitragen könnte. Hiernach **geschützt sind auch juristische Personen.**[372] Die zu schützenden Rechte sind ua das Recht auf körperliche und geistige Unversehrtheit, der Schutz des Eigentums sowie vergleichbare Grundrechte und Rechtsgüter. Reine Vermögensinteressen gehören nicht dazu.[373] Die Rechte müssen der Gefahr einer schweren Beeinträchtigung durch eine öffentliche oder private Stelle oder eine andere Person ausgesetzt sein. Es müssen **konkrete Anhaltspunkte** dafür vorliegen, dass eine schwerwiegende Gefahr wirklich droht. Die Annahme einer möglichen Gefahr oder Beeinträchtigung reicht nicht aus. Wird sie irrtümlich angenommen, erfolgte die Weiterverarbeitung in unzulässiger Weise. Sie darf nur insoweit erfolgen, als dies zur Abwehr der Gefahr erforderlich ist. Die völlige Beseitigung muss mit der Weiterverarbeitung nicht erreicht werden. Es reicht, wenn sie zunächst eingedämmt und später mit dann angemessenen Maßnahmen gänzlich beseitigt wird. 225

Durch **§ 23 Abs. 1 Nr. 6 BDSG nF** wird festgelegt, dass eine Weiterverarbeitung für durch öffentliche Stellen vorgenommene **Aufsichts-, Kontroll-, Prüf-, Untersuchungs-, Ausbildungs- und Prüfungszwecke** zulässig ist. Allein hinsichtlich der Ausbildungs- und Prüfungszwecke ist zusätzlich eine Abwägung mit den Interessen der betroffenen Person durchzuführen. Diese dürfen den Ausbildungs- und Prüfungszwecken nicht entgegenstehen; ein Überwiegen wie in Art. 6 Abs. 1 lit. f wird nicht gefordert, was Fragen zur Vereinbarkeit der Norm mit der 226

---

[371] Zur Umwidmung von Daten, die zum Zwecke der Strafverfolgung nach § 81b 1. Alt. StPO erhoben wurden in Daten zum Zwecke der Gefahrenabwehr iSv § 81b 2. Alt. StPO: VG Lüneburg, Urt. v. 21.12.2016 – 5 A 1/16.

[372] Vgl. zum alten Recht *Gola/Schomerus*, § 14 Rn. 22 mwN.

[373] Vgl. zum alten Recht *Gola/Schomerus*, § 14 Rn. 22 mwN.

DS-GVO aufwirft. In Abänderung der Rechtslage nach dem BDSG aF gelten die genannten Zwecke nunmehr als andere (Weiterverarbeitungs-)Zwecke.[374] Die Regelung ist bestimmt vom öffentlichen Interesse an einer funktionsfähigen Verwaltung. Rechtmäßigkeit, Zweckmäßigkeit, Kostengerechtigkeit und funktionsfähige Kontrollmechanismen liegen nicht nur im Interesse der betroffenen Personen, sondern ebenso im Allgemeininteresse. Erstreckt sich die Weiterverarbeitung auch auf die Übermittlung an andere Stellen, greift § 23 Abs. 1 Nr. 6 BDSG nF über den Verweis in § 25 Abs. 1 BDSG nF (an öffentliche Stellen) bzw. § 25 Abs. 2 Nr. 1 BDSG nF (an nichtöffentliche Stellen). Die Vorschriften über **Berufs- und besondere Amtsgeheimnisse** gehen nach § 1 Abs. 2 BDSG nF auch dieser Regelung vor, wobei Nr. 6 orientiert an dem jeweiligen Zweck des Berufs- oder Amtsgeheimnisses auch als Offenbarungsbefugnis in Betracht kommt.[375] Für die Rechnungsprüfung hat die Rechtsprechung zum alten Recht ein Einsichtsrecht des Landesrechnungshofs auch in Patientenakten anerkannt, die der ärztlichen Schweigepflicht unterliegen.[376] Dem Sozialgeheimnis unterfallende Daten, die dem Sozialgericht nach § 119 SGG übermittelt worden sind, können dem Präsidenten des Landessozialgerichts zum Zweck der Geschäftsprüfung ohne Verstoß gegen § 78 SGB X vorgelegt werden.[377]

227 Als Aufsicht ist die **Dienst- und Fachaufsicht** durch die jeweils übergeordnete öffentliche Stelle zu verstehen. Hinzu kommt die Aufsicht über Körperschaften, Anstalten und Stiftungen des öffentlichen Rechts sowie die Rechnungsprüfung. Organisationsuntersuchungen sind keine Kontrollen, sondern sie dienen der Steigerung der Effizienz. Erfasst sind nur Untersuchungen „für die verantwortliche Stelle“. Es dürfen also in solche Organisationsprüfungen nur personenbezogene Daten einbezogen werden, die von der verantwortlichen Stelle selbst zu ihrer sonstigen Aufgabenerfüllung gespeichert oder genutzt werden. Damit soll verhindert werden, dass diese Daten – etwa zu Vergleichszwecken – auch bei entsprechenden Untersuchungen anderer Behörden genutzt werden.[378] Gegenstand derartiger Untersuchungen sind die Art und Weise des Verwaltungsvollzugs, die Frage der Zweckmäßigkeit von Zuständigkeitsabgrenzungen oder die Einführung neuer Arbeitsabläufe. Solche Untersuchungen können auch von externen Facheinrichtungen öffentlicher oder privater Art vorgenommen werden. An einer **realitätsbezogenen Ausbildung des Nachwuchses für öffentliche Stellen** besteht ebenfalls ein öffentliches Interesse. Ausbildung und Prüfung sollten sich so weit wie möglich an tatsächlichen – nicht konstruierten – Lebenssachverhalten orientieren. Dieses Ziel lässt sich am besten durch Einbeziehung echter aktenkundiger Vorgänge in die Ausbildung erreichen. Zur Wahrung der Rechte der betroffenen Person steht die Verwendung unter dem Vorbehalt, dass überwiegende schutzwürdige Interessen der Betroffenen nicht entgegenstehen. Die verantwortliche Stelle muss das Ausbildungsinteresse mit dem Interesse der Betroffenen abwägen, dass ihre Verhältnisse nicht weiteren Personen bekannt werden. Das schutzwürdige Interesse kann überwiegen, wenn den Auszubildenden personenbezogene Daten

---

[374] § 14 Abs. 3 BDSG aF sah noch vor, dass die aufgezählten Zwecke als in dem ursprünglichen Erhebungszweck enthalten anzusehen waren, bereits also nicht von einer Zweckänderung ausgegangen werden musste.

[375] Vgl. zum alten Recht *Gola/Schomerus*, § 14 Rn. 24 mwN.

[376] BVerwG, RDV 1990, 87; BVerfG, RDV 1996, 184.

[377] OVG Münster, DuD 1991, 95.

[378] Vgl. zum alten Recht *Gola/Schomerus*, § 14 Rn. 25 mwN.

bekannt würden, die sich auf ihnen Bekannte beziehen. Namentlich in kleineren Gemeinden oder Regionen ist dies möglich; ferner dann, wenn der Fall bei einer Bearbeitung Aufsehen in den Medien erregt hat. Das schutzwürdige Interesse der betroffenen Person muss konkret sein; Anhaltspunkte allein reichen nicht aus. Ergibt die Prüfung, dass schutzwürdige Interessen der betroffenen Person entgegenstehen könnten, muss entweder von der Freigabe für Ausbildungszwecke abgesehen oder die Unterlage anonymisiert werden. Für die Juristenausbildung gelten die Juristenausbildungsgesetze bzw. -ordnungen der Bundesländer. Hiernach können bspw. Gerichts- und Verwaltungsakten zum Zwecke der Ausbildung beigezogen, vervielfältigt und dem Referendar zur Bearbeitung übergeben werden. Auch bei diesen Akten ist die Interessenabwägung nach Nr. 6 vorzunehmen.

§ 23 Abs. 2 BDSG nF stellt für die Weiterverarbeitung sensitiver Daten klar, dass neben dem Vorliegen einer der Ausnahmetatbestände des § 23 Abs. 1 BDSG nF kumulativ ein Erlaubnistatbestand iSv Art. 9 Abs. 2 vorliegen muss. 228

c) Weiterverarbeitung durch öffentliche Stellen in Form der Übermittlung (§ 25 BDSG nF). aa) Allgemeines. § 25 BDSG nF überführt die Inhalte der §§ 15, 16 BDSG aF zur Datenübermittlung durch öffentliche Stellen in das neue Recht. Nach der Gesetzesbegründung trägt dieser „präzise Ansatz" dem strengen Gesetzesvorbehalt Rechnung.[379] Die Vorschrift ist eine materielle Rechtsgrundlage für Übermittlungen allein durch öffentliche Stellen. Sie beruht auf Art. 6 Abs. 4 iVm Art. 23 Abs. 1. Gegenstand der Regelung ist allein die Verarbeitung in Form der Übermittlung, dh die Weitergabe der Daten an eine neue verantwortliche Stelle bzw. der Abruf durch diese.[380] § 25 BDSG nF findet auch dann Anwendung, wenn die öffentliche Stelle die Daten ursprünglich zu Zwecken nach § 45 BDSG nF, also solchen im Anwendungsbereich der **Richtlinie 2016/680/EU** erhoben hat und diese an einen Dritten übermitteln will, der die Daten auf Grundlage der DS-GVO weiterverarbeiten möchte. Die **Ausdifferenzierung der Zulässigkeit** allein für die Verarbeitungsphase der Übermittlung ist nach dem einheitlichen Verarbeitungsbegriff der DS-GVO zumindest nicht zwingend erforderlich. Auch sah der ursprüngliche Referentenentwurf für ein „Allgemeines BDSG" (ABDSG) in § 6 keine entsprechende Unterscheidung vor. Mit Blick auf den finalen Gesetzestext erscheint es gleichwohl als sinnvoll, für den grundrechtlich besonders relevanten Vorgang der Übermittlung, spezifische Vorgaben zu entwickeln. **Normadressaten** sind die öffentlichen Stellen des Bundes und der Länder als übermittelnde Stellen. Eine Übermittlung setzt die Weitergabe der Daten an **Dritte** (→ Art. 4 Rn. 81) voraus. Die Datenweitergabe innerhalb der verantwortlichen Stelle ist keine Übermittlung und fällt damit nicht unter § 25 BDSG nF. Eine noch in § 15 Abs. 2 BDSG aF enthaltene Sondervorschrift zur Verteilung der Verantwortlichkeiten im Rahmen der interbehördlichen Datenübermittlung findet sich im BDSG nF nicht.[381] Hier gilt unverändert § 7 VwVfG. 229

Eine Übermittlung personenbezogener Daten an Dritte setzt die Daten einer **potentiell stärkeren Gefährdung** aus. Sie verlassen den Kontext und gelangen an eine andere Stelle, die die Daten typischerweise zu anderen Zwecken (weiter-)verarbeitet. In dem neuen Sachzusammenhang können die übermittelten 230

---

[379] BT-Drs. 18/11325, 96.

[380] Zur Definition des Begriffs Übermittlung auf Grundlage von § 3 Abs. 4 Nr. 3 BDSG aF BeckOK DatenschutzR/*Schild*, § 3 BDSG aF Rn. 68 f.

[381] Details hierzu bei *Gola/Schomerus*, § 15 Rn. 13–17.

Angaben ein andersartiges Gewicht oder gar einen **neuen Informationsgehalt** erlangen. Durch § 25 BDSG nF wird der Rahmen abgesteckt, innerhalb dessen die Übermittlung erlaubt ist. Dabei wird dem Ausmaß der potentiellen Gefährdung dadurch Rechnung getragen, dass die Zulässigkeitsvoraussetzungen sich danach unterscheiden, ob der Empfänger eine öffentliche Stelle (Abs. 1) oder eine nichtöffentliche Stelle (Abs. 2) ist. Für beide Varianten werden für Fälle, in denen besondere Kategorien personenbezogener Daten übermittelt werden, in Abs. 3 zusätzliche Vorgaben aufgestellt. Für Weiterverarbeitungen, auch in Form der Übermittlung, durch nichtöffentliche Stellen gilt § 24 BDSG nF (→ Rn. 247). Die bislang in § 16 Abs. 3 BDSG aF geregelten **Informationspflichten** ergeben sich unmittelbar aus Art. 13 Abs. 3 bzw. Art. 14 Abs. 4 DS-GVO.

231 **bb) Übermittlung durch öffentliche an öffentliche Stellen (§ 25 Abs. 1 BDSG nF). § 25 Abs. 1 S. 1 BDSG nF** gestattet eine Übermittlung zwischen öffentlichen Stellen, wenn es zur Erfüllung der entweder in der Zuständigkeit der übermittelnden oder in der Zuständigkeit der empfangenden Stelle liegenden Aufgaben erforderlich ist. Nach dem Wortlaut muss entweder eine Zuständigkeit der übermittelnden Stelle für die Übermittlung gegeben sein oder es bedarf der Zuständigkeit des Dritten, an den die Daten übermittelt werden, für die jeweilige Aufgabenerledigung. Ob dieses Alternativverhältnis mit den Vorgaben des BVerwG vereinbar ist, wonach im Falle des Fehlens der Zuständigkeit der übermittelnden Behörde zur Übermittlung dieser Daten, die Übermittlung rechtswidrig ist,[382] ist fraglich. Die Zulässigkeit der Übermittlung wird zusätzlich erstens durch den **Erforderlichkeitsgrundsatz** und zweitens durch den in § 25 Abs. 1 S. 3 BDSG nF enthaltenen Verweis auf § 23 BDSG nF begrenzt. Die Prüfung der Zulässigkeit verlangt also stets auch eine inzidente Prüfung der Tatbestandsvoraussetzungen von § 23 BDSG nF. Die zweckändernde Übermittlung ist damit der Zweckänderung durch die verantwortliche Stelle selbst praktisch gleichgestellt, obwohl sich eine Datenübermittlung für die betroffene Person grundsätzlich als intensiverer Eingriff darstellt.

232 **Erforderlich** zur Erfüllung eigener Aufgaben gem. **§ 25 Abs. 1 S. 1 Var. 1 BDSG nF** kann die Übermittlung personenbezogener Daten sein, wenn die übermittelnde Stelle eine andere Behörde um **Amtshilfe** ersucht. Hierfür wird sie in der Regel nähere Angaben zur Konkretisierung des Ersuchens machen und dessen Anlass beschreiben müssen. Zur eigenen Aufgabenerfüllung kann außerdem die Beteiligung anderer Behörden an der Entscheidung oder die Unterrichtung der Aufsichts- oder Kontrollbehörde gehören.[383] Auch hierfür kann die Übermittlung personenbezogener Daten erforderlich sein. Im Einzelfall ist stets sorgfältig zu prüfen, ob und inwieweit die Übermittlung tatsächlich erforderlich ist. Sie ist auf das erforderliche Mindestmaß zu beschränken.

233 **§ 25 Abs. 1 S. 1 Var. 2 BDSG nF** ermächtigt zur Übermittlung personenbezogener Daten, deren Kenntnis für die Erfüllung der Aufgaben des Empfängers erforderlich ist. Damit wird vor allem die Übermittlung im Wege der Amtshilfe erfasst. Einer solchen Übermittlung geht üblicherweise ein entsprechendes Ersuchen des Dritten voraus. Ausgehend von dem in Art. 5 Abs. 1 Nr. 1 normierten Prinzip der Datenverarbeitung nach **Treu und Glauben** ist vor der Abfassung eines Amtshilfeersuchens zunächst zu prüfen, ob die Daten bei der betroffenen

---

[382] BVerwG, Urt. v. 9.3.2005 – 6 C 3.04, NJW 2005, 2330.

[383] Vgl. zum alten Recht *Gola/Schomerus*, § 15 Rn. 6 mwN.

Person selbst erheben werden können. Mit diesen Einschränkungen bleibt die Amtshilfe nach §§ 4 ff. VwVfG als wichtiges Institut des Verwaltungsvollzugs unberührt. Allein die grundsätzliche Verpflichtung zur Gewährung der Amtshilfe ist jedoch noch keine Legitimation für die Datenübermittlung durch die ersuchte Stelle. Es bedarf stets einer gesetzlichen Übermittlungsbefugnis iSv § 25 iVm § 23 BDSG nF. Auch wird der ersuchenden Stelle über ihr Ersuchen regelmäßig **kein Anspruch auf deren Übermittlung** verschafft.[384] Für die Übermittlung in einem Strafverfahren ergeben sich die Legitimation und gleichzeitig die Übermittlungspflicht aus §§ 160, 161, 163 StPO, nach denen die Staatsanwaltschaft von Behörden Auskunft verlangen kann. Diese Pflicht zur Auskunftserteilung gegenüber der Staatsanwaltschaft geht der Pflicht zur Wahrung des allgemeinen Dienstgeheimnisses grundsätzlich vor, es sei denn, es besteht ein Zeugnisverweigerungsrecht.

Daneben ermächtigt **§ 25 Abs. 1 S. 1 Var. 2 BDSG nF** die übermittelnde Stelle, von Amts wegen personenbezogene Daten an eine andere öffentliche Stelle zu übermitteln (sog. **Spontanübermittlung**). Kennzeichnend für solche Fälle ist regelmäßig, dass die übermittelnde Stelle über Informationen verfügt, von denen sie annimmt, dass deren Kenntnis für die Aufgabenerfüllung des Empfängers erforderlich ist, zB diesen zur Ergreifung von Maßnahmen (etwa der Gefahrenabwehr oder Strafverfolgung) veranlassen wird. Befugnisse und teilweise auch Pflichten zur Spontanübermittlung finden sich in zahlreichen bereichsspezifischen Vorschriften.[385] In Strafverfahren gegen Beamte steht das **Steuergeheimnis** der Mitteilung nicht entgegen, § 115 Abs. 6 S. 1 BBG.[386] Zu den Spontanübermittlungen gehören ebenfalls die Mitteilungspflichten der Gerichte und Staatsanwaltschaften an andere Behörden, die durch das Justizmitteilungsgesetz in den §§ 12 ff. EGGVG gesetzlich geregelt wurden und in den darauf basierenden Verwaltungsvorschriften über die Mitteilungen in Strafsachen **(MiStra)** und die Mitteilungen in Zivilsachen **(MiZi)** konkretisiert sind. Zur Erfüllung der Aufgaben des Empfängers erfolgt auch die Übermittlung personenbezogener Daten zur **Aufnahme in ein Register**. Die Übermittlung zu diesem Zweck ist jedoch regelmäßig bereichsspezifisch geregelt.[387] Daten, die dem **Sozialgeheimnis** unterliegen, dürfen nach § 67d Abs. 1 SGB X nur aufgrund einer Ermächtigung im SGB an Dritte übermittelt werden. 234

Wichtiger praktischer Anwendungsfall des § 25 Abs. 1 BDSG nF ist die bereichsspezifisch geregelte[388] **Übermittlung von Daten aus Registern**, die oftmals im Wege des automatisierten Abrufs erfolgt. Die Speicherung in einem Register führt nicht schon dazu, dass das Datum öffentlich zugänglich ist und damit potentiell einem abgesenkten Schutz unterliegt. Vielmehr ist danach zu differenzieren, ob die Auskunft aus dem Register an Voraussetzungen gebunden ist oder jedermann uneingeschränkt freisteht. Nur im letztgenannten Fall sind die Daten öffentlich zugänglich. Die **einfache Melderegisterauskunft** gem. § 44 BMG steht jedermann offen, weshalb die hiervon umfassten Datenarten als öffentlich zugänglich anzusehen sein werden. 235

---

[384] Vgl. zum alten Recht *Gola/Schomerus*, § 15 Rn. 7 mwN und Hinweisen auf Ausnahmen.

[385] ZB § 18 BVerfSchG, § 10 MADG, § 63a Abs. 2 StVG.

[386] Details, Ausnahmen und Rspr. bei *Gola/Schomerus*, § 15 Rn. 7.

[387] ZB § 20 BZRG, § 6 AZRG.

[388] ZB §§ 33 f. BMG, §§ 41 f. BZRG, § 52 StVG.

236 Die (deklaratorische) Anordnung der **Zweckbindung nach § 25 Abs. 1 S. 2 BDSG nF** gilt für Übermittlungen an öffentliche Stellen. Dazu gehören auch öffentliche Stellen der Länder. Übermittelt die empfangende Stelle die Daten weiter an eine öffentliche Stelle (Zweitempfänger), so gilt die Zweckbindung in dem Umfang, in dem diese für den Erstempfänger galt. Ist der Erstempfänger eine öffentliche Stelle eines Landes, ergibt sich die Zweckbindung beim Zweitempfänger aus der entsprechenden Regelung des jeweiligen Landesdatenschutzgesetzes.[389] Will die empfangende Stelle die Daten später zu einem anderen Zweck verarbeiten, ist dies nur unter den Voraussetzungen des § 23 BDSG nF zulässig. Diese Erlaubnis entspricht derjenigen für die übermittelnde Stelle. Wurde der Verwendungszweck des Datums auf dieser Grundlage geändert, ist er damit gleichzeitig festgeschrieben worden. Er darf dann erneut nur unter den Voraussetzungen des § 23 BDSG nF wieder geändert werden. Durchbrochen werden kann der Zweckbindungsgrundsatz durch spezialgesetzliche Regelungen.[390]

237 **cc) Übermittlung durch öffentliche Stellen an nichtöffentliche Stellen (§ 25 Abs. 2 BDSG nF).** Sollen Daten **durch öffentliche Stellen an nichtöffentliche Stellen** übermittelt werden, gilt § 25 Abs. 2 BDSG nF. Nach S. 1 Hs. 1 der Norm ist eine solche Übermittlung in drei abschließend aufgezählten Varianten zulässig. S. 1 Hs. 2 verlangt, dass sich die empfangende Stelle gegenüber der übermittelnden Stelle verpflichtet, die Daten allein zur Erfüllung des Übermittlungszwecks zu verarbeiten. Liegen die Voraussetzungen für eine Übermittlung nach S. 1 vor, kann diese Zweckbindung gem. S. 2 der Vorschrift aufgehoben werden, soweit die übermittelnde Stelle dem zugestimmt hat. Gegenstand der Regelung ist auch hier die Verarbeitung im Sinne der Übermittlung, dh die Weitergabe der Daten an eine neue verantwortliche Stelle bzw. der Abruf durch diese.[391] **Normadressaten** sind die in § 2 BDSG nF definierten öffentlichen und nichtöffentlichen Stellen. Auch die Übermittlung von personenbezogenen Daten an **politische Parteien** bestimmt sich – soweit nicht bereichsspezifische Vorschriften, wie zB diejenigen des Melderechts greifen, nach dieser Vorschrift, denn Parteien sind nach dem Urteil des BVerfG zur Parteienfinanzierung nicht Teil des Staatsorganismus, sondern Vorstufe staatlicher Sphäre.[392]

238 Nach **§ 25 Abs. 2 S. 1 Nr. 1 BDSG nF** ist eine Übermittlung an nichtöffentliche Stellen zulässig, wenn diese Übermittlung zur Erfüllung der in der Zuständigkeit der übermittelnden Stelle liegenden Aufgaben erforderlich ist und die Anforderungen an die Zulässigkeit einer Weiterverarbeitung gem. § 23 BDSG nF erfüllt sind. Welchen Nutzen oder welches Interesse der nichtöffentliche Empfänger an den Daten hat, ist nicht von Belang. Ist die Übermittlung zwar für den privaten Empfänger erforderlich, nicht aber für die übermittelnde Stelle, ist sie nur unter den Voraussetzungen von § 25 Abs. 2 S. 1 Nr. 2 BDSG nF zulässig. Für die übermittelnde Stelle kann die Übermittlung **erforderlich** sein, wenn personenbezogene Daten im Rahmen eines Auskunftsersuchens einer nichtöffentlichen Stelle mitgeteilt werden müssen. Denkbar ist des Weiteren eine Übermittlung von Daten an die Presse zwecks Fahndung oder zur Speicherung von Daten über entlassene Sexualstraftäter in zentralen Dateien der Länder und Veröffentlichung der Daten

---

[389] Vgl. zum alten Recht *Gola/Schomerus*, § 15 Rn. 18 mwN.

[390] ZB § 78 SGB X, § 16 Abs. 8 BStatG.

[391] Zur Definition des Begriffs Übermittlung auf Grundlage von § 3 Abs. 4 Nr. 3 BDSG aF BeckOK DatenschutzR/*Schild*, § 3 Rn. 68 f.

[392] BVerfG, Urt. v. 19.7.1966 – 2 BvF 1/65, NJW 1966, 1499.

zur Gefahrenabwehr.[393] Daten über Verfahrensbeteiligte oder Dritte können grundsätzlich auch im Wege der Akteneinsicht nach § 29 VwVfG übermittelt werden. Diese ist den Beteiligten in den Grenzen, die § 29 Abs. 2 VwVfG setzt, zu gewähren. Bei einer suchfähigen Veröffentlichung im Internet sind die schutzwürdigen Interessen des Betroffenen besonders beeinträchtigt, so dass regelmäßig eine Einwilligung erforderlich sein wird.[394] Über den Verweis des Hs. 2 in Nr. 1 („und die Voraussetzungen vorliegen …") ist der **Zweckbindungsgrundsatz** auch hier explizite Zulässigkeitsvoraussetzung. Grundsätzlich muss sich die betroffene Person darauf verlassen können, dass auf sie bezogene Daten nur zu dem ursprünglichen Zweck verarbeitet werden. Zu anderen Zwecken dürfen sie nur unter den Voraussetzungen des § 23 BDSG nF übermittelt werden.

Die zweite Zulässigkeitsvariante des **§ 25 Abs. 2 S. 1 Nr. 2 BDSG nF** ist im Lichte der Grundsatzentscheidung des Gesetzgebers, die Verarbeitung personenbezogener Daten nur restriktiv zuzulassen, als **eng auszulegende Ausnahmeregelung** zu verstehen. Der Empfänger muss ein berechtigtes Interesse (→ Rn. 57) an der Kenntnis der zu übermittelnden Daten glaubhaft darlegen. Einfache Neugier rechtfertigt die Übermittlung nicht. Da ein rechtliches Interesse grundsätzlich schwerer wiegt als ein berechtigtes Interesse, ist erst recht das rechtliche Interesse des Empfängers als Interesse im Sinne der Vorschrift anzuerkennen. Das berechtigte Interesse muss in der Regel ein unmittelbares oder mittelbares eigenes Interesse des Empfängers sein, das die Übermittlung rechtfertigt; es reicht aber auch aus, wenn ein an sich fremdes Interesse den Empfänger so stark berührt, dass er sich nach vernünftiger Auffassung zu seinem Verfechter gerieren darf. Es wird allerdings nicht ausreichen, dass an der Tätigkeit des Empfängers ein allgemeines Interesse besteht und damit ein Freibrief zum Empfang beliebiger Daten gegeben ist. Durch den Gesetzgeber vorweggenommene Interessenabwägungen zugunsten einer Übermittlung finden sich in zahlreichen Spezialgesetzen.[395] 239

Das berechtigte Interesse braucht **nur glaubhaft gemacht,** nicht bewiesen zu werden. Es reicht aus, wenn der Empfänger in schlüssiger Form darlegt, aus welchen Gründen er die Daten benötigt. Glaubhaftmachung ist weniger als „den Nachweis führen". Der Beweis erfordert eine an Sicherheit grenzende Wahrscheinlichkeit; für die Glaubhaftmachung reicht eine überwiegende Wahrscheinlichkeit aus.[396] 240

Ist das berechtigte Interesse glaubhaft gemacht, hat sich die übermittelnde Stelle zu vergewissern, dass die betroffene Person **kein schutzwürdiges Interesse am Ausschluss der Übermittlung** hat. Der Gesetzgeber geht also davon aus, dass diese in der Regel ein schutzwürdiges Interesse daran hat. Festzustellen ist mithin, ob dieses Interesse im konkreten Einzelfall nicht gegeben ist. Die Prüfung ist zunächst anhand der der übermittelnden Stelle bekannten Umstände (Art der Daten, Art der Angabe, Art und Weise der Verwendung durch den Empfänger, potenzielle Gefährdung der betroffenen Person) vorzunehmen. Zum berechtigten Interesse ist auch das Interesse der **Medien** am Erhalt von Informationen durch Behörden zu zählen, um diese für die Berichterstattung zu verwenden. Die Abwägung mit den schutzwürdigen Interessen der betroffenen Person mit dem ebenfalls 241

---

[393] Vgl. zum alten Recht *Gola/Schomerus*, § 16 Rn. 7 mwN und weiteren Bsp.

[394] Anderes kann ggf. für Mitarbeiter mit Außenkontakt gelten, vgl. zum alten Recht *Gola/Schomerus*, § 16 Rn. 7 mwN.

[395] ZB § 12 GBO, § 9 InsO, § 9 HGB; Details bei *Gola/Schomerus*, § 16 Rn. 13.

[396] BGH, Urt. v. 23.1.1985 – VIII ZB 18/84, BGHZ 93, 300 (306).

grundrechtlich geschützten Informationsinteresse der Öffentlichkeit stellt in diesem Zusammenhang aber eine besondere Herausforderung dar.[397] Die Beschaffung von Informationen jedenfalls aus öffentlich zugänglichen Informationsquellen ist durch die Presse- und Rundfunkfreiheit geschützt.[398] Zur Anonymisierung von **Gerichtsentscheidungen** reicht im Regelfall der Verzicht auf die Nennung von Namen und Orten in Rubrum, Tatbestand und Entscheidungsgründen; in Einzelfällen – etwa bei detaillierten Angaben zum Lebenslauf im Tatbestand – reicht dies zur Anonymisierung nicht aus.[399] Unterschiedlich sind die Auffassungen zur Übermittlung der Namen von Amtsträgern an die Presse.[400] Soll Dritten die **Einsichtnahme in Strafakten** gewährt und dadurch in Grundrechte der betroffenen Person eingegriffen werden, fordert das BVerfG grundsätzlich eine vorige Anhörung des Betroffenen.[401] Weitere Prüfungskriterien können sein: Offensichtliches Interesse der betroffenen Person, öffentliche Zugänglichkeit der Information oder die Wahrung von Rechten Dritter durch die Übermittlung. Ist nach Abschluss dieser Prüfung nicht auszuschließen, dass die Übermittlung zu Nachteilen für den Betroffenen führt, ist die Einwilligung der betroffenen Person erforderlich. **Nicht jeder Nachteil** ist relevant. Nicht schutzwürdig ist das Interesse eines Schuldners, für seinen Gläubiger unauffindbar zu bleiben. Werden Daten über mehrere Personen angefordert, werden die Daten ihrer Art nach daraufhin überprüft werden müssen, ob im Falle ihrer Übermittlung schutzwürdige Belange eines Betroffenen beeinträchtigt werden. Ist das Interesse des Dritten ausschließlich wirtschaftlicher Natur und werden andererseits auch nur wirtschaftliche Interessen der Betroffenen berührt, werden die Daten in der Regel übermittelt werden können. Hat die betroffene Person der beabsichtigten Übermittlung **widersprochen,** bleibt es in der Regel bei der Interessenabwägung nach § 25 Abs. 2 S. 1 Nr. 2 BDSG nF.[402]

242 Eine Übermittlung ist gem. **§ 25 Abs. 2 S. 1 Nr. 3 BDSG nF** schließlich zulässig, wenn die Daten zur Geltendmachung, Ausübung oder Verteidigung rechtlicher Ansprüche erforderlich ist. Noch auf Grundlage der DS-RL hatte der EuGH geurteilt, dass eine Übermittlung von Daten eines Dritten an Private zum Zwecke der klageweisen Geltendmachung von Ansprüchen gegen den Dritten auf Grundlage das nationalen Rechts zulässig ist.[403] Anders als in § 24 Abs. 1 Nr. 2 BDSG nF ist die Zulässigkeit der Weiterverarbeitung (hier in Form der Übermittlung) nicht auf zivilrechtliche Ansprüche begrenzt. An dieser Stelle ist diese weitreichendere Ausnahme unproblematisch, ergeht diese doch nicht auf Grundlage von Art. 23 Abs. 1 lit. j, sondern von Art. 23 Abs. 1 lit. e. Dem nationale Gesetzgeber ist es unbenommen, autonom den **Begriff des allgemeinen öffentlichen Interesses** auszulegen und insoweit auch die Geltendmachung von

---

397 Exemplarisch BVerfG, Urt. v. 27.11.2008 – 1 BvQ 46/08, wonach dem allg. Informationsinteresse der Öffentlichkeit idR ohne Namensnennung entsprochen werden kann.

398 BVerfG, Urt. v. 24.1.2001 – 1 BvR 2623/95, 1 BvR 622/99, NJW 2001, 1633.

399 Vgl. zur alten Rechtslage *Gola/Schomerus*, § 16 Rn. 11 mwN.

400 Details zur alten Rechtslage bei *Gola/Schomerus*, § 16 Rn. 11; zur eigeninitiativen personenbezogenen Veröffentlichung von Informationen aus Strafverfahren gegen Prominente durch die Ermittlungsbehörden *Trüg*, NJW 2011, 1040; *Lehr*, NJW 2013, 728.

401 BVerfG, Urt. v. 26.10.2006 – 2 BvR 67/06, NJW 2007, 1052.

402 Zu beachten sind in den Landesdatenschutzgesetzen ggf. enthaltene gesonderte Rechtsfolgen eines Widerspruchs.

403 EuGH, Urt. v. 4.5.2017 – C-13/16 – Rigas satiksme.

Ansprüchen hierüber zu fassen. Von der Norm werden also Ansprüche aus sämtlichen Rechtsgebieten (zB auch Ansprüche auf Bescheidung, Ansprüche aus Staatshaftung) erfasst.

Die Daten müssen zur **Geltendmachung, Ausübung oder Verteidigung** 243 des Anspruchs erforderlich sein. Ein Anspruch ist gem. § 194 Abs. 1 BGB das Recht, von einem anderen ein Tun oder Unterlassen verlangen zu können. Im Zivilrecht gehören hierzu zB Primär- und Sekundärleitungsansprüche, Herausgabe-, Duldungs-, Unterlassungs- oder Schadensersatzansprüche. Auch Anwartschaften werden geschützt. Erfasst wird sowohl das gerichtliche als auch das außergerichtliche Verfahren. Handwerklich unschön verwendet der Wortlaut der Norm die Begriffe „nichtöffentliche Stelle" und „Dritte" offenkundig synonym. Nach dem Wortlaut muss die empfangende Stelle selbst nicht Inhaberin des Anspruchs sein. Der auf eine entsprechende Beschränkung abzielende Änderungsantrag des Bundesrates[404] wurde durch den Bundestag gerade nicht übernommen. Die Ablehnung dieses Änderungsantrages ist auch folgerichtig; eine entsprechende Beschränkung sieht die DS-GVO nicht vor. **Erforderlich** ist die Übermittlung daher insoweit, als die empfangende Stelle ohne die Übermittlung ihre Ansprüche oder die eines Dritten nicht durchsetzen könnte bzw. ein (anderer) Dritte seine Ansprüche nicht durchsetzen könnte. Dieser drohenden Unmöglichkeit der Anspruchsdurchsetzung ist es gleichzusetzen, wenn die Durchsetzung ohne die Übermittlung unverhältnismäßig erschwert wird. Eine solche tendenziell weitergehende Auslegung führt auch nicht dazu, dass die betroffene Person schutzlos gestellt ist. So ist diese erstens umfassend gem. Art. 13 Abs. 3 bzw. Art. 14 Abs. 3 – auch über bestehende Widerspruchsrechte – zu informieren und zweitens über die in Erwägungsgrund 50 angeordnete Geltung auch der übrigen Grundsätze der DS-GVO, so etwa die Grundprinzipien des Art. 5 Abs. 1 hinreichend geschützt.

Die der nichtöffentlichen Stelle übermittelten Daten unterliegen dem **Grund-** 244 **satz der Zweckbindung**. **§ 25 Abs. 2 S. 1 Hs. 2 BDSG nF** gilt für alle drei Ausnahmetatbestände des Hs. 1 und erweitert den Zweckbindungsgrundsatz um ein aktives Moment: Der Empfänger muss sich gegenüber der übermittelnden öffentlichen Stelle zur Einhaltung der Zweckbindung **verpflichten.** Mutmaßlich soll über diese Verpflichtung eine besondere Signalwirkung, ähnlich der mit einer Unterschrift verbundenen, erreicht werden. Wie genau diese Verpflichtung in der Praxis umzusetzen sein soll, ist hingegen völlig unklar. Konkrete Vorgaben, etwa zu Zeitpunkt und Form der Verpflichtung, aber auch zu den Rechtsfolgen bei nicht (ordnungsgemäß) eingeholter Verpflichtung, nennt das Gesetz nicht. Man wird davon ausgehen müssen, dass die öffentliche Stelle ohne vorab und in der Regel schriftlich eingeholte Verpflichtung eine Übermittlung nicht wird vornehmen dürfen. Das Einholen und Nachhalten der Verpflichtungen wird die öffentliche Verwaltung vor neue Herausforderungen stellen. Negative Auswirkungen auf die Verfahrensdauer sind vorprogrammiert. Bei Übermittlungen in Form der Veröffentlichung läuft die Pflicht entweder völlig ins Leere oder aber Veröffentlichungen scheiden von vornherein aus. Letzteres kann nicht gewollt sein. Insoweit hätte es der nationale Gesetzgeber besser bei der Vorgängerregelung des § 16 Abs. 4 S. 2 BDSG aF belassen, wonach die öffentliche Stelle auf den Zweckbindungsgrundsatz im Zuge der Übermittlung (lediglich) explizit hinzuweisen hatte.

Eine spätere **Zweckänderung durch die empfangende nichtöffentliche** 245 **Stelle** wird durch das Gesetz hingegen nicht völlig ausgeschlossen. Alles andere

[404] BR-Drs. 110/17 (B), 22.

wäre eine Förmelei und schlicht lebensfremd. Die Zulässigkeit der (erneuten) Zweckänderung nach Übermittlung ist gem. **§ 25 Abs. 2 S. 2 BDSG nF** an zwei Voraussetzungen geknüpft: Es müssen erstens die Voraussetzungen vorliegen, die eine Übermittlung nach § 25 Abs. 2 S. 1 BDSG nF rechtfertigen würden. Der Regelungsrahmen bleibt also derselbe. Hinzu kommt, dass zweitens die zweckändernde Weiterverarbeitung durch die empfangende Stelle der Zustimmung der übermittelnden öffentlichen Stelle bedarf. Wie schon bei der inhaltsgleichen Vorgabe des § 16 Abs. 4 S. 3 BDSG aF soll vermutlich auch diese Vorschrift der Verfahrensvereinfachung dienen: Zwar braucht es für eine Verarbeitung zu einem anderen als dem ursprünglichen Übermittlungszweck einer erneuten Entscheidung der übermittelnden öffentlichen Stelle. Die Zustimmung darf dabei nur dann erfolgen, wenn die Daten auch erneut hätten übermittelt werden dürften. Einer erneuten tatsächlichen Übermittlung der ohnehin schon bei der nichtöffentlichen Stelle vorliegenden Daten bedarf es hingegen nicht.[405] Die Norm ist an dieser Stelle deutlich progressiver als Art. 6 Abs. 4 (→ Rn. 217).

246 **dd) Übermittlung besonderer Kategorien personenbezogener Daten durch öffentliche Stellen (§ 25 Abs. 3 BDSG nF).** Auch die Übermittlung **besonderer Kategorien** personenbezogener Daten durch öffentliche Stellen ist sowohl an öffentliche als auch an nichtöffentliche Stellen grundsätzlich zulässig. Voraussetzung ist gem. § 25 Abs. 3 BDSG nF, dass neben den **jeweils einschlägigen Voraussetzungen** der Abs. 1 bzw. 2 der Vorschrift zusätzlich ein für die Verarbeitung von besondere Datenkategorien vorgesehener Ausnahmetatbestand, dh entweder Art. 9 Abs. 2 DS-GVO oder § 22 BDSG nF (→ Art. 9 Rn. 16 f.) fruchtbar gemacht werden kann.[406]

247 **d) Weiterverarbeitung durch nichtöffentliche Stellen (§ 24 BDSG nF).** Die Zulässigkeit der Weiterverarbeitung durch nichtöffentliche Stellen richtet sich nach **§ 24 BDSG nF.** Soweit eine der tatbestandlichen Voraussetzungen nach Abs. 1 der Vorschrift erfüllt ist, ist die zweckändernde Weiterverarbeitung zulässig, und zwar unabhängig davon, ob der neue Verarbeitungszweck mit dem ursprünglichen (Erhebungs-)Zweck vereinbar ist.[407] § 24 BDSG nF tritt **neben Art. 6 Abs. 4.** Zweckbestimmungen, die in § 24 BDSG nF keine Erwähnung gefunden haben, sind weiterhin einem Kompatibilitätstest (→ Rn. 204) zugänglich. Die Norm statuiert **keine Pflicht** zur Weiterverarbeitung, etwa in Form der Übermittlung.[408] Die Weiterverarbeitung von Sozialdaten richtet sich nach § 67c SGB X.

248 § 24 BDSG nF beruht auf dem durch Art. 6 Abs. 4 eröffneten Regelungsspielraum, der spezifische Weiterverarbeitungstatbestände im Recht der Union oder der Mitgliedstaaten zulässt, soweit diese „in einer demokratischen Gesellschaft eine notwenige und verhältnismäßige **Maßnahme zum Schutz der in Art. 23 genannten Ziele**“ darstellen.[409] Die in Art. 23 Abs. 1 in den Buchst. a–j aufgezählten „Ziele“ sind bekanntlich in Teilen sehr weit und unbestimmt (zB „Schutz

---

[405] Vgl. zum alten Recht BeckOK DatenschutzR/*Albers*, § 16 BDSG aF Rn. 40.

[406] Zur Unzulässigkeit der Übermittlung von Gesundheitsdaten eines Polizeibeamten an die Fahrerlaubnisbehörde nach altem Recht OVG NRW, Beschl. v. 9.7.2015 – 6 B 602/15.

[407] BT-Drs. 18/11325, 96.

[408] Dies ist insb. für Berufsgeheimnisträger von Relevanz, sa § 1 Abs. 2 S. 3 BDSG nF; dazu *Piltz*, § 24 BDSG nF Rn. 16.

[409] BT-Drs. 18/11325, 96.

der betroffenen Person oder der Rechte und Freiheiten anderer Personen", Art. 23 Abs. 1 lit. i). Auch deshalb zählte im Zuge des nationalen Gesetzgebungsverfahrens die Frage, wie weitreichend die hiernach grundsätzlich denkbaren Zulässigkeitstatbestände letztlich ausgestaltet werden dürfen, zu den umstrittensten. Der ursprüngliche Referentenentwurf erklärte in § 6 unter wortgetreuer Auflistung der in Art. 23 Abs. 1 genannten Ziele eine Weiterverarbeitung bei Vorliegen mindestens eines dieser Ziele und zusätzlich durchzuführender Interessenabwägung für zulässig. Im Rahmen der Ressortabstimmung wurde in diesem Zusammenhang ua kritisiert, dass nach dieser Regelungstechnik auch Verarbeitungen zu Zwecken, die mit dem Erhebungszweck nicht vereinbar sind, möglich gewesen wären. Der Umstand, dass eine solche Wirkung aber durch die DS-GVO, namentlich in Art. 6 Abs. 4, sogar ausdrücklich vorgesehen ist (→ Rn. 203),[410] offenbart die überwiegend politischen Motive der Kritiker. Im Ergebnis hat sich in der finalen Fassung des § 24 BDSG nF eine **politische Kompromisslösung** niedergeschlagen. Für Rechtsanwender ist das finale Ergebnis überaus unglücklich, da der Gesetzgeber hinsichtlich aller in § 24 BDSG nF nicht geregelten Bereiche die betroffenen Personen, die Daten verarbeitende Wirtschaft sowie die Aufsichtsbehörden auf die Bürokratie und die Rechtsunsicherheit des Kompatibilitätstests iSv Art. 6 Abs. 4 verweist.

Gem. **§ 24 Abs. 1 Nr. 1 BDSG nF** ist eine zweckändernde Weiterverarbeitung in drei Varianten zulässig, namentlich bei Erforderlichkeit zur Abwehr von Gefahren für die staatliche oder die öffentliche Sicherheit oder zur Verfolgung von Straftaten. Die nach Nr. 1 für eine Weiterverarbeitung grundsätzlich denkbaren Zwecke sind nicht auf wirtschaftliche oder ausschließlich private Interessen fokussiert, sondern stark **an öffentlichen bzw. Allgemeininteressen ausgerichtet.**[411] Bezogen auf Art. 23 Abs. 1 DS-GVO greift die Regelung die Schutzziele der nationalen Sicherheit (lit. a), der öffentlichen Sicherheit (lit. b) und der Verfolgung von Straftaten (lit. d) auf. Die betroffene Person muss nach dem Gesetzeswortlaut weder Auslöser der Gefahr noch Verdächtige, eine Straftat begangen zu haben, sein. Ob die alleinige Erwähnung der „Verfolgung" von Straftaten in § 24 Abs. 1 Nr. 1 BDSG nF dazu führt, dass alle anderen in Art. 23 Abs. 1 lit. d genannten Verarbeitungszwecke im Zusammenhang mit Straftaten (Verhütung, Ermittlung und Aufdeckung) per se als legitime Weiterverarbeitungszwecke ausscheiden,[412] ist eine Frage des Begriffsverständnisses. In Deutschland etwa sind Ermittlungen ein Teilbereich der Strafverfolgung.[413] Nach dem Wortlaut von Nr. 1 jedenfalls nicht gedeckt ist die Weiterverarbeitung zum Zwecke der Verfolgung von Ordnungswidrigkeiten. **249**

Anwendungsfälle der Regelung in § 24 Abs. 1 Nr. 1 BDSG nF werden typischerweise Datenübermittlungen an öffentliche Stellen sein. Evident ist dies bei der Zweckbestimmung der Verfolgung von Straftaten. Diese obliegt infolge des **staatlichen Gewalt- und Strafverfolgungsmonopols** zuvorderst staatlichen Institutionen. Kreditkartenorganisationen sind nach Auffassung des BVerfG[414] berechtigt, der Staatsanwaltschaft Zahlungen zu benennen, die auf einen Bezug von Kinderpornographie schließen lassen. Inwieweit daneben eine (zweckän- **250**

---

[410] Sa Erwägungsgrund 50; ebenso *Piltz*, § 24 BDSG nF Rn. 5.

[411] *Piltz*, § 24 BDSG nF Rn. 6.

[412] So *Piltz*, § 24 BDSG Rn. 7.

[413] S. §§ 160 f. StPO.

[414] BVerfG, Urt. v. 17.2.2009 – 2 BvR 1372/07.

dernde) Datenverarbeitung durch Private oder eine Übermittlung an Private zu den in Nr. 1 genannten Zwecken erforderlich sein kann, hängt stark vom Einzelfall ab. Ausdrücklich ausgeschlossen werden diese Szenarien weder durch die DS-GVO noch durch das BDSG nF. Ein Beispiel kann der Abgleich von Mitarbeiter- bzw. Kundendaten mit den **Anti-Terror-Listen der EU**[415] sein, soweit hierin nicht (und wohl zutreffend) bereits eine Rechtspflicht zur Datenverarbeitung iSv Art. 6 Abs. 1 lit. c erblickt wird (→ Rn. 41 f.). Denkbar wäre des Weiteren zB eine **Datenübermittlung an private Sicherheitsfirmen,** die Rechtsgüter des Einzelnen schützen und darüber (auch) zur Abwehr von Gefahren für die öffentliche Sicherheit beitragen. In absoluten Ausnahmesituationen könnten daneben Fälle der Selbsthilfe iSv § 229 BGB oder Notwehrsituation iSv § 32 StGB eine zweckändernde Datenverarbeitung erforderlich machen.

251 Nach **§ 24 Abs. 1 Nr. 2 BDSG nF** ist eine zweckändernde Weiterverarbeitung zulässig, wenn dies zur Geltendmachung, Ausübung oder Verteidigung zivilrechtlicher Ansprüche erforderlich ist. Erst die finale Fassung der Norm übernahm das Schutzziel der **„zivil"-rechtlichen Ansprüche** aus Art. 23 Abs. 1 lit. j wortgetreu. Im Gesetzentwurf war zunächst keine Beschränkung auf zivilrechtliche Ansprüche vorgesehen; nach dem ursprünglichen Wortlaut sollte ganz allgemein ein „rechtlicher" Anspruch genügen. Die darüber entstandene Diskrepanz zwischen dem Entwurf und dem Wortlaut der Öffnungsklausel des Art. 23 Abs. 1 lit. j wurde im Zuge des Gesetzgebungsverfahrens ua durch den Bundesrat und durch den Sachverständigen *Piltz* im Rahmen der öffentlichen Anhörung im Innenausschuss des Deutschen Bundestages kritisiert.[416] Auf diese Kritik hin wurde die Norm zu Recht entsprechend angepasst. Eine Ausdifferenzierung durch § 24 Abs. 1 Nr. 2 BDSG nF erfährt nunmehr allein noch der Begriff der **„Durchsetzung",** wobei nach hier vertretener Auffassung davon auszugehen ist, dass die Begriffe Geltendmachung, Ausübung und Verteidigung allesamt unter den Oberbegriff Durchsetzung gefasst werden können und insofern von einem Verstoß gegen Art. 23 Abs. 1 nicht ausgegangen werden muss. Ein Anspruch ist gem. § 194 Abs. 1 BGB das Recht, von einem anderen ein Tun oder Unterlassen verlangen zu können. Ansprüche können sich aus Vertrag, Vertrauen oder Gesetz ergeben. Im Zivilrecht gehören hierzu zB **Primär-**[417] **und Sekundärleitungsansprüche, Herausgabe-, Duldungs-, Unterlassungs- oder Schadensersatzansprüche.** Auch Anwartschaften werden geschützt. Erfasst wird sowohl das gerichtliche als auch das außergerichtliche Verfahren. Auszugehen ist auch hier davon, dass es sich sowohl um Ansprüche handeln kann, die der verantwortlichen Stelle gegenüber anderen zustehen, als auch um Informationen zur Klärung von gegen die verantwortliche Stelle gerichteten Ansprüchen. Unerheblich ist es also, ob die verantwortliche Stelle Gläubiger oder Schuldner des Anspruchs ist.[418] Vom Wortlaut nicht erfasst ist eine Zweckänderung zum Zwecke der Begründung von Ansprüchen.[419] Für diese typischerweise initiale Zweckbestimmung wird man einen Erlaubnistatbestand des Art. 6 Abs. 1 fruchtbar machen müssen.

---

[415] VO (EG) Nr. 2580/2001, VO (EG) Nr. 881/2002, VO (EG) Nr. 753/2011; hierzu *Breinlinger*, ZD 2013, 267.

[416] S. BR-Drs. 110/17 (B), 21; Protokoll-Nr. 18/110, 32; Ausschuss-Drs. 18(4)824 C, 25.

[417] Zur Zulässigkeit einer Datenübermittlung durch Inkassounternehmen an die Schufa KG Berlin, Urt. v. 17.2.2016 – 26 U 197/12.

[418] Vgl. zum BDSG aF *Gola/Schomerus*, § 28 Rn. 78 mwN.

[419] AA zum BDSG aF hinsichtlich des Fragerechts des Arbeitgebers *Gola/Schomerus*, § 28 Rn. 78.

Sowohl § 24 Abs. 1 Nr. 1 als auch Nr. 2 BDSG nF ist eine **Abwägung** mit den Interessen der betroffenen Person nachzuschalten, wobei eine Weiterverarbeitung nur dann ausscheidet, wenn die Interessen der betroffenen Person die Interessen des Verantwortlichen an der Weiterverarbeitung überwiegen. Die Abwägungsmechanik ist damit verarbeitungsfreundlicher als im BDSG aF.[420] Sie entspricht Art. 6 Abs. 1 lit. f (→ Rn. 59) mit der Besonderheit, dass den Belangen der betroffenen Person im Falle des § 24 Abs. 1 **Nr. 1** BDSG nF solche des Allgemeinwesens gegenübergestellt werden. Das Abwägungsergebnis scheint in diesen Fällen bereits vorweggenommen. Denn dass eine Datenverarbeitung, die erforderlich ist, um eine Gefahr für die öffentliche Sicherheit abzuwehren, wegen überwiegender Interessen einer einzelnen betroffenen Person zu unterbleiben hat, ist ernsthaft kaum vorstellbar. Spürbar wird sich im Rahmen der Abwägung jedoch bemerkbar machen müssen, ob die Gefahr von der betroffenen Person oder ob diese von einem Dritten ausgeht. Auch im Rahmen der Abwägung mit Interessen nach **Nr. 2** werden die Interessen der betroffenen Person am Unterbleiben der Weiterverarbeitung regelmäßig zurückstehen. Bei gesetzlich begründeten Ansprüchen hat der nationale Gesetzgeber im Rahmen der Gesetzgebung bereits eine Abwägung zugunsten des Anspruchsinhabers vorgenommen. Bei vertraglich begründeten Ansprüchen war der betroffenen Person dessen Entstehen im Zeitpunkt des Vertragsschlusses bewusst. Dessen Durchsetzung im Verlauf unter Verweis auf das Datenschutzrecht zu torpedieren, wird regelmäßig am fehlenden Schutzbedürfnis der betroffenen Person scheitern. 252

Soweit durch nichtöffentliche Stellen auch **besondere Kategorien personenbezogener Daten** weiterverarbeitet werden sollen, muss gem. **§ 24 Abs. 2 BDSG nF** neben den Voraussetzungen des Abs. 1 der Vorschrift zusätzlich ein für die Verarbeitung von besonderen Datenkategorien vorgesehener Ausnahmetatbestand, dh entweder Art. 9 Abs. 2 DS-GVO oder § 22 BDSG nF (→ Art. 9 Rn. 16 f.) fruchtbar gemacht werden können. Werden besondere Kategorien personenbezogener Daten auf dieser Grundlage weiterverarbeitet, bedarf es, genauso wie bei nicht-sensitiven Daten, keiner zusätzlichen Kompatibilitätsprüfung.[421] 253

2. Ausgewählte Weiterverarbeitungssituationen. a) Big Data. Ein in der Praxis zunehmend relevanter Fall der Weiterverarbeitung personenbezogener Daten sind sog. **Big Data-Analysen.** Unter Big Data ist die Auswertung großer, aus einer Vielzahl unterschiedlicher Quellen stammender unstrukturierter Daten zum Zwecke der Erkennung von Gesetzmäßigkeiten, Korrelationen und Kausalitäten und der Generierung neuer Informationen (Kontextwissen) zu verstehen.[422] Oftmals aber verstecken sich hinter der mittlerweile inflationären Verwendung des Begriffs Big Data hergebrachte Verarbeitungsverfahren wie etwa Scoring, Data Mining, Data Warehouse oder Profiling. Big Data wird infolge der Fruchtbarmachung von neu gewonnenen Informationen für – auch im Vorfeld noch nicht bedachte – innovative Zwecke zunehmend auch als **„Smart Data"** bezeichnet[423] und ist durch die vier grundlegenden Charakteristika Volume, Velocity, Variety und Value **(„Vier V")**[424] gekennzeichnet. 254

---

[420] Nach § 28 Abs. 2 Nr. 2b BDSG aF durfte kein Grund zu der Annahme bestehen, dass ein schutzwürdiges Ausschlussinteresse bestand.

[421] *Piltz*, § 24 BDSG nF Rn. 14.

[422] Vgl. zum Ganzen exemplarisch *Orthmann/Schwiering*, NJW, 2014, 2984 f.; *Weichert*, ZD 2013, 251 f.

[423] Vgl. *Bretthauer*, ZD 2016, 267 (268).

[424] Vgl. *Ulmer*, RDV 2013, 227 f.; *Hoeren*, ZD 2016, 459 f.

255 Dass Big Data, als eine der zentralen Herausforderungen des Datenschutzes im 21. Jahrhundert, **in der DS-GVO ohne jede Erwähnung**[425] bleibt, ist beklagenswert. Der Verordnungsgeber wird auch an dieser Stelle seiner Verantwortung zur Schaffung eines normenklaren Rechtsrahmens nicht im Ansatz gerecht und verlagert das Interpretationsrisiko auf den Rechtsanwender, was nicht zuletzt angesichts des drakonischen Bußgeldrahmens (Art. 83 Abs. 5 lit. a) überaus bedenklich ist. Auch Herausforderungen außerhalb des Datenschutzrechts im Umgang mit Big Data, Stichwort: **Algorithmenethik**[426] oder eine mögliche kartellrechtliche Relevanz großer Datenmengen gelten als weithin ungelöst. Jedenfalls wird man auch nach der DS-GVO echte Big Data-Analysen, die ergebnisoffen mit dem Ziel der Mustererkennung oder der Generierung neuer (personenbezogener) Informationen und insoweit **ohne konkrete oder mit sich verändernder Zweckbestimmung**[427] („Embedded Analytics") erfolgen nur bei stark intendierter Auslegung von Abs. 4 überhaupt als zulässig erachten können.[428] Zur Abmilderung dieser Friktionen soll nach den Vorstellungen der EU-Kommission im Rahmen von Big Data den Instrumenten der **Anonymisierung, Pseudonymisierung und Verschlüsselung** zentrale Bedeutung zukommen.[429] Sofern sich an die Analyse unmittelbar eine Entscheidung für die betroffene Person anschließt, findet zusätzlich Art. 22 Anwendung.

256 Bei einem Versuch der Eingruppierung von Big Data-Anwendungen können unter datenschutzrechtlichen Gesichtspunkten **drei grobe Kategorien** herausgearbeitet werden, wobei Mischformen möglich sind. Für die Bestimmung der jeweiligen Zulässigkeit wesentliches Unterscheidungsmerkmal ist dabei die Frage, ob und im Rahmen welches Verarbeitungsvorgangs personenbezogene Daten verarbeitet werden. Unter die Kumulation anonymer bzw. anonymisierter Daten zum Zwecke der **nicht personalisierten Mustererkennung** fallen zB Vorhersagemodelle (Predictive Analytics), Simulationen oder intelligente (Strom-)Netze. Big Data-Anwendungen dieser Kategorie zielen nicht auf eine Individualisierung ab. Zentrales Element ist die **Anonymisierung** der solche Anwendungen speisenden Daten vor ihrer zweckändernden Nutzung, im Falle der Ersterhebung durch Anonymisierung entweder während des Erhebungsvorgangs oder in dessen unmittelbaren Zusammenhang. Der Anwendungsbereich der DS-GVO wird danach entweder gar nicht erst eröffnet oder unmittelbar wieder verlassen.[430] Maßgeblich für die Zulässigkeit der Verarbeitung ist die Wirksamkeit der eingesetzten Maßnahmen zum Schutz vor

---

[425] Wohl auch deshalb hat sich das EP in einer gesonderten Entschließung dem Thema angenommen, vgl. Entschließung v. 14.3.2017, 2016/2225.

[426] Vgl. *Noller*, PinG 2013, 20 f.; *Piltz*, DSRITB 2014, S. 149 f.; Council of Europe, Guidelines on the protection of individuals with regard to the processing of personal data in a world of Big Data v. 23.1.2017, T-PD(2017)01, S. 3.

[427] Dies ist häufig der Fall, vgl. auch *Roßnagel*, ZD 2013, 562 (564).

[428] Vgl. auch Deutscher Ethikrat, Big Data und Gesundheit, Stellungnahme, 2017, S. 97.

[429] European Commission, Q&A – Data protection reform v. 21.12.2015: The Regulation promotes techniques such as anonymisation (removing personally identifiable information where it is not needed), pseudonymisation (replacing personally identifiable material with artificial identifiers), and encryption (encoding messages so only those authorised can read it) to protect personal data. This will encourage the use of „big data" analytics, which can done using anonymised or pseudonymised data; vgl. auch BfDI, Info 6, April 2016, S. 11.

[430] S. Erwägungsgrund 26; zu unterschiedlichen Anonymisierungstechniken vgl. *Wojtowicz*, PinG 2013, 65 f.; *Weichert*, ZD 2013, 251 (259); vgl. auch *Artikel-29-Datenschutzgruppe*, WP 203 v. 2.4.2013, S. 31.

Reidentifizierung.[431] Der allzu fatalistischen Sichtweise, wonach infolge allein der Existenz der Big Data-Technologie Unterscheidungen in Klardaten und anonymisierte Daten nicht mehr möglich wären,[432] ist zu entgegnen, dass die Frage der Identifizierbarkeit nicht allein faktisch, sondern vor allem auch unter Hinzuziehung des Korrektivs der **Wahrscheinlichkeit der Reidentifizierung**[433] beantwortet werden muss. Das Bestehen eines theoretischen Restrisikos der möglichen erneuten Individualisierung nach erfolgter Anonymisierung ist von Gesetzes wegen hinzunehmen.[434] Handelt es sich nicht um eine Weiterverarbeitung bereits vorhandener Daten ist der Umstand, dass im Rahmen des Erhebungsvorgangs bei dem Verantwortlichen für einen logischen Moment Klardaten vorliegen jedenfalls dann unschädlich, wenn das **Löschen der Rohdaten** technisch sichergestellt und darüber eine Kenntniserlangung oder personenbezogene Verarbeitung ausgeschlossen ist. In diesen Fällen besteht kein Grund zu der Annahme, dass der Erhebung schutzwürdige Interessen des Betroffenen entgegenstehen. Eine Pflicht zur **Einhaltung von Betroffenenrechten** besteht in diesen Fällen gem. Art. 11 nicht, da anderenfalls nur für diesen Zweck weiterhin Klardaten vorgehalten werden müssten.

Bei der Kumulation von regelmäßig aber nicht notwendigerweise personenbe- **257**
zogenen Daten zur **Identifikation und Selektion individualisierter natürlicher Personen** soll im Wege der Erkennung von Mustern aus einer unstrukturierten Datensammlung ein konkretes Individuum isoliert werden.[435] Naturgemäß wird es sich hierbei um genau das Individuum handeln, das die meisten der zuvor definierten Parameter in sich vereint. Relevant ist diese Methodik vor allem für Zwecke der Aufdeckung von Straftaten (sog. forensisches Data Mining) und der **Betrugsprävention** (sog. Red Flag-Analysen) um bspw. den Missbrauch von Online-Zahlungsdiensten[436] oder Auffälligkeiten im Versicherungs- und Gesundheitswesen oder in den Bereichen Finanzbuchhaltung, Warenwirtschaft, Produktion usw. aufzudecken. Derart personalisierte Big Data-Anwendungen, sind aufgrund ihrer regelmäßig grundrechtlichen Relevanz **im öffentlichen Bereich,** zB im Rahmen des sog. Predictive Policing, **unzulässig.** Ausnahmen bedürfen einer Legitimation durch formelle Spezialgesetze.[437] Für die Zulässigkeit solcher Verfahren im grundrechtlichen Gleichstellungsverhältnis zwischen Privaten streitet zunächst der Umstand, dass die DS-GVO den Zweck der Betrugsverhinderung gem. Erwägungsgrund 47 als ein intendiert berechtigtes Interesse anerkennt. Zu beachten ist jedoch, dass aufgrund der naturgemäß hohen Streubreite solcher **Screenings** hohe Anforderungen an die technisch-organisatorischen Rahmenbedingungen zu stellen sind. Denkbar sind etwa automatisierte Lösungen, die auf der Untersuchung von übermittelten, zuvor pseudonymisierten Datenbeständen durch ein Trustcenter (Third Party) basieren und in der Regel nur die Treffer an den Verantwortlichen zurückgemeldet werden.[438]

---

[431] Vgl. zum alten Recht auch *Helbing*, K&R 2015, 145 (148).

[432] Exemplarisch *Boehme-Neßler*, DuD 2016, 419 (422); diff. *Schefzig*, DSRITB 2014, S. 103 (113); lösungsorientiert *Raabe/Wagner*, DuD 2016, 434 (437).

[433] S. Erwägungsgrund 26.

[434] Vgl. auch *Wojtowicz*, PinG 2013, 65 (68).

[435] Die DS-GVO findet ausdrücklich Anwendung, vgl. Erwägungsgrund 26 („Aussondern").

[436] *Orthmann/Schwiering*, NJW 2014, 2984 (2985).

[437] BT-Drs. 17/11582, vgl. aber *Wunderlin*, PinG 2013, 52 f.

[438] Vgl. zur Abfrage von Kreditkartendaten im strafrechtlichen Ermittlungsverfahren BVerfG, Beschl. v. 17.2.2009 – 2 BvR 1372, 1745/07.

258 Im Rahmen der dritten Fallkonstellation werden durch **Kumulation, Aggregation und Auswertung vorhandener Daten** bzw. unter Hinzuspeichern weiterer Daten zu einem bereits existierenden Datensatz neue, spezifischere Informationen zu einer bereits zuvor individualisierten natürlichen Person **generiert.** Anwendungsfälle: Individualisierte Versicherungsmodelle (Pay as you drive), „lernfähige" Echtzeit-Assistenten in den Bereichen Telemedizin oder Online-Shopping, Tracking, Targeting oder Nutzerprofile im Bereich Connected Cars. Innerhalb der jeweiligen Anwendung ist die Zulässigkeit für jede Verwendungsphase (→ Art. 4 Rn. 30) gesondert zu prüfen. Soweit keine Einwilligung (→ Art. 7 Rn. 34) vorliegt, ist bei solchen Szenarien der zwingend erforderliche Einsatz von wirksamen **Pseudonymisierungstechniken** durch umfassende Transparenz und Betroffenenrechte, insbesondere durch ein **Widerspruchsrecht,** zu flankieren.[439]

259 Ein probates Mittel zur **Herstellung von Compliance** und zur Reduzierung von Bußgeldrisiken bei Big Data-Analysen könnte künftig der in Art. 35 Abs. 3 lit. a vorgesehenen Pflicht zur Durchführung einer **Datenschutzfolgenabschätzung** zukommen, wobei hierüber freilich das Erfordernis einer Rechtsgrundlage nicht ersetzt wird. Auch genehmigte Verhaltensregeln (Art. 40) und Zertifizierungsverfahren (Art. 42) können wesentliche Beiträge zu einem Mehr an Rechtssicherheit liefern.

260 **b) Datenverarbeitungen im Rahmen von Unternehmenstransaktionen.** Um im Rahmen von Unternehmenstransaktionen das Zielunternehmen rechtlich und wirtschaftlich einschätzen zu können, müssen regelmäßig umfangreiche Mengen personenbezogener Daten verarbeitet werden. Nicht selten gelten die Kundendaten der Zielgesellschaft als der **zentrale wertbildende Faktor** und haben damit maßgeblichen Einfluss auf die Preisbildung. Da in der ganz überwiegenden Anzahl der Fälle die Zweckbestimmung bei den **zum Zwecke des Vollzugs der Unternehmenstransaktion** verarbeiteten Daten von der ursprünglichen abweichen wird – eine solche wird regelmäßig nicht Gegenstand der Ersterhebung sein –, ist die Zulässigkeit anhand von Art. 6 Abs. 4 zu bewerten. Bei Verstößen gegen datenschutzrechtliche Vorgaben eröffnen sich sowohl für den Veräußerer als auch für den Erwerber Bußgeldrisiken.[440]

261 Sofern im Rahmen der der eigentlichen Transaktionsphase vorgeschalteten sog. **Due Diligence** allein anonymisierte bzw. pseudonymisierte personenbezogene Daten verarbeitet werden, erweist sich diese Verarbeitung als mit der ursprünglichen Zweckbestimmung vereinbar. Einerseits wird darüber Abs. 4 lit. e (→ Rn. 209) Rechnung getragen; andererseits sind mit einer so vorgenommenen Datenverarbeitung keine datenschutzspezifischen Auswirkungen für individualisierbare betroffene Personen verbunden (vgl. Abs. 4 lit. d). Auch soweit im Rahmen der Due Diligence ausnahmsweise personenbezogene **Kunden- oder Lieferantendaten als Klardatum** offengelegt werden, etwa weil es sich hierbei um wesentliche Vermögensgegenstände der Zielgesellschaft handelt, ohne deren Kenntnis eine Transaktion nicht ordnungsgemäß vorgenommen werden könnte, widerspricht auch diese Datenverarbeitung nicht der ursprünglichen Zweckbestimmung, wenn der eigentlich hinter der Transaktion stehende Zweck der Fortführung des Geschäftsbetriebs als relevante

---

[439] So für den Anwendungsfall der individualisierten Werbung *Helbing*, K&R 2015, 145 (149).

[440] Zum alten Recht ist etwa ein Bußgeldverfahren in Bayern bekannt geworden, vgl. bei *Wehmeyer*, RDV 2015, 248 f.

Zweckbestimmung betrachtet wird und nicht die allein diese eigentliche Zweckbestimmung vorbereitende Datenverarbeitung. Diese ist vielmehr allein das „Bindeglied“ zwischen der ursprünglichen Zweckbestimmung, der Führung des Geschäftsbetriebs, und der eigentlich beabsichtigten, hierzu identischen, neuen Zweckbestimmung, der Fortführung des Geschäftsbetriebs. An dieser Stelle besteht eine engmaschige Verbindung der einzelnen Zweckbestimmungen (Abs. 4 lit. a, → Rn. 205). Die Fortführung des Geschäftsbetriebs hat in **Insolvenzverfahren** eine ganz besondere Relevanz.[441] Soll der Geschäftsbetrieb nicht fortgeführt werden, müssen die Transaktionsparteien anhand der konkreten Zweckbestimmung im Einzelfall eine mögliche Kompatibilität belegen.

Dieselben Überlegungen gelten für **Beschäftigtendaten** im Rahmen von Unternehmenstransaktionen, da auch hier die erforderliche Datenverarbeitung regelmäßig außerhalb der vertraglichen Zweckbestimmung liegt. Abgesehen von der grundsätzlich zulässigen (→ Art. 7 Rn. 49) Möglichkeit, die neue Zweckbestimmung im Wege der Einwilligung des Beschäftigten zu legitimieren, muss der Arbeitgeber auch hier prüfen, ob der neue Zweck mit dem ursprünglichen Zweck vereinbar ist. Neben der Bereitstellung von Beschäftigtendaten in anonymisierter oder pseudonymisierter Form ist im Rahmen einer Due Diligence grundsätzlich auch die Preisgabe von Klardaten zulässig, sofern es sich hierbei um ausgewählte Experten oder Beschäftigte in Schlüsselpositionen **(„human resources“)**[442] handelt und eine Offenlegung dem jeweiligen Marktstandard bei Transaktionen vergleichbarer Größe und Bedeutung entspricht.[443] **262**

Um negative Folgen für betroffene Personen durch eine Due Diligence zu minimieren (Abs. 4 lit. d), ist im Rahmen einer Geheimhaltungsvereinbarung (engl. **Non Disclosure Agreement,** NDA) strikte, mit Vertragsstrafen bewährte Vertraulichkeit zwischen Verkäufer und Interessenten zu vereinbaren. Die bei Einrichtung und Betrieb des virtuellen bzw. physischen Datenraums einzuhaltenden technisch-organisatorischen Anforderungen (vgl. Art. 24) steigen mit zunehmender Schutzbedürftigkeit der dort vorgehaltenen Daten. **263**

Die datenschutzrechtliche Betrachtung der **eigentlichen Transaktionsphase** erfolgt nach bislang geltendem Recht orientiert an der jeweiligen Dealstruktur. Während bei einem **Share Deal** (Übertragung von Geschäftsanteilen der Zielgesellschaft) sowie **Verschmelzungen** im Wege der Gesamtrechtsnachfolge[444] keine Datenverarbeitung stattfindet und insoweit das Datenschutzrecht zutreffend bereits als nicht einschlägig erachtet wird,[445] besteht bei der datenschutzrechtlichen Bewertung von Übertragungen einzelner Wirtschaftsgüter im Wege eines **Asset Deal** aufgrund der nur hier stattfindenden Datenübermittlung Uneinigkeit, ob nämliche Übermittlung auf Grundlage einer allgemeinen Interessenabwägung zulässig sein soll.[446] Nach der DS-GVO orientiert sich die Zulässigkeit dieser nach **264**

---

[441] *Berberich/Kanschik*, NZI 2017, 1 (9) unter Verweis auf BT-Drs. 17/5712, 45.

[442] Vgl. BayLDA, TB 2011/2012, Ziff. 13.3.

[443] *Göpfert/Meyer*, NZA 2011, 486 (488).

[444] S. §§ 2–122l UmwG.

[445] Exemplarisch Simitis/*Simitis*, § 28 Rn. 66; Forgó/Helfrich/Schneider/*Schröder*, Betrieblicher Datenschutz, 2014, Teil V Kap. 4 Rn. 36, 40 mwN; zu beachten ist jedoch ein denkbares zivilrechtliches Kündigungsrecht, OLG Karlsruhe, Urt. v. 25.6.2001 – 9 U 143/00.

[446] Vgl. die Darstellung des Streitstandes bei *Wehmeyer*, PinG 2014, 36 f.; vgl. auch *Krohm*, Der Schutz personenbezogener Daten bei Unternehmenstransaktionen, 2012; *Pfeiffer*, DSRITB 2015, S. 245 f.

dem sog. Closing erfolgenden Datenübermittlung an den Erwerber hingegen allein an Art. 6 Abs. 4. Ein Rückgriff auf ein etwaiges berechtigtes Interesse des Erwerbers scheidet aufgrund bislang fehlender national- bzw. unionsrechtlicher Normen aus (→ Rn. 216). Vergleichbar den Ausführungen zur Zulässigkeit der Verarbeitung im Rahmen der Due Diligence (→ Rn. 261) wird man auch bei Übermittlungen in Vollziehung eines Asset Deals davon ausgehen können, dass diese nicht mehr als eine **notwendige Begleiterscheinung** der eigentlichen Zweckbestimmung, in der ganz überwiegenden Zahl der Fälle die Fortführung des Geschäftsbetriebs, darstellen. Dieser eigentliche Zweck steht nicht nur iSv Abs. 4 lit. a mit dem ursprünglichen in „Verbindung", sondern ist mit diesem vielmehr deckungsgleich und damit offensichtlich vereinbar. Dieser Umstand der Deckungsgleichheit erfasst bei sinnstiftender Betrachtung auch den **„Annex"** der – allein bei Assets Deals stattfindenden – Datenübermittlung.[447] Eine an dieser Stelle in Ansehung des bislang geltenden deutschen Rechts ggf. vorzunehmende Begrenzung der Zulässigkeit auf **Listendaten** ist durch der DS-GVO nicht mehr vorgegeben (→ Rn. 71).

265 Sollen Kundendatensätze der Zielgesellschaft durch den Erwerber auch **zu werblichen Zwecken** in Form der E-Mail-Werbung verarbeitet werden – was regelmäßig der Fall sein wird – muss dies neben datenschutzrechtlichen auch wettbewerbsrechtlichen Vorgaben genügen. Ob die vormals nach Art. 7 erteilte datenschutzrechtliche Einwilligung sowie die **wettbewerbsrechtliche Einwilligung** iSv § 7 Abs. 2 lit. c UWG geschäfts- oder strikt absenderbezogen erteilt wurde, ist durch Auslegung zu ermitteln, wobei Vieles dafür spricht, dass allein ein Wechsel der juristischen Person des Versenders bei einem weiterhin gleichbleibenden Inhalt des Newsletters keine Auswirkungen auf das Bezugsinteresse des Adressaten haben wird, die Einwilligung also wirksam bleibt.[448] Hiervon ausgehend kann der Erwerber auch die gesetzl. Erlaubnistatbestände des Art. 6 Abs. 1 lit. f und § 7 Abs. 3 UWG weiterhin in Anspruch nehmen; der Adressat ist durch das ihm jeweils zustehende Widerspruchsrecht[449] hinreichend geschützt.

266 Hat der Beschäftigte im Falle einer **Betriebsübernahme**[450] nicht von seinem arbeitsrechtlichen Widerspruchsrecht Gebrauch gemacht, spricht viel dafür, dass der Erwerber mit der Übernahme der Beschäftigungsverhältnisse ein Verfügungsrecht über die Personaldaten der Beschäftigten erlangt, da er mit Vollzug der Übernahme kraft Gesetz in die Rolle des Arbeitgebers eintritt und Vertragspartei wird. Den Abläufen bei Share Deal und Verschmelzung vergleichbar kommt es auch hier nicht zu einer Übermittlung im datenschutzrechtlichen Sinne; einer gesonderten Erlaubnis bzw. Kompatibilitätsprüfung bedarf es mithin nicht.[451] Eine andere Sichtweise, die auf das Erfordernis einer erneuten Erhebung der erforderlichen Daten bei den Beschäftigten unter Angabe der Transaktion als Zweckbestimmung hinausliefe, wäre eine unsinnige Förmelei. Einerseits werden nach vollzogener Übernahme die Arbeitsverhältnisse unverändert fortgeführt, die ursprüngliche Zweckbestimmung iSv Abs. 1 lit. b bleibt also erhalten. Andererseits besteht auch

---

[447] Vgl. allg. *Artikel-29-Datenschutzgruppe*, WP 203 v. 2.4.2013, S. 23.

[448] Vgl. auch *Thode*, PinG 2016, 26 (29); aA *Ernst*, DuD 2016, 792 (796).

[449] Vgl. Art. 21 Abs. 2 bzw. § 7 Abs. 3 UWG; auf Letzteres ist im Rahmen einer jeden werblichen Ansprache erneut hinzuweisen.

[450] S. § 613a BGB.

[451] *Krohm*, Der Schutz personenbezogener Daten bei Unternehmenstransaktionen, 2012, S. 140 f.; aA offenbar *Sander/Schumacher/Kühne*, ZD 2017, 105 (108 f.).

kein Schutzbedürfnis, da der Beschäftigte über das gesetzliche Kündigungsschutzrecht sowie die sich direkt aus dem Recht des Betriebsübergangs ergebende Unterrichtungspflicht der Transaktionsparteien und das sich daran anschließende Widerspruchsrecht bereits hinreichend geschützt ist. Dies gilt gem. Art. 9 Abs. 2 lit. b auch für sensitive Daten. Für den **Zeitraum zwischen Signing und Closing** kann nichts Anderes gelten, da es sich im Falle eines Betriebsübergangs und der sich hieraus ergebenden Unterrichtungspflichten[452] um einen von Gesetzes wegen erforderlichen Zwischenschritt hin zum eigentlichen Zweck, dem Betriebsübergang, handelt.

V. Rechtsfolgen von Verstößen

Eine Datenverarbeitung, die nicht durch einen Erlaubnistatbestand gedeckt ist, 267
ist **unzulässig** und gem. Art. 83 Abs. 5 lit. a **bußgeldbewehrt.** Gem. § 41 BDSG nF gelten, von den dort beschriebenen Ausnahmen abgesehen, die Vorschriften des OWiG sowie der StPO und des GVG. Eine Meldung nach Art. 33 bzw. 34 DS-GVO darf gem. § 42 Abs. 4 BDSG nF im Strafverfahren nur mit Zustimmung der Meldepflichtigen bzw. Benachrichtigenden verwendet werden. Ist die Verarbeitung für die ursprüngliche Zweckbestimmung unzulässig, fehlt bereits der Anknüpfungspunkt für eine zweckändernde Nutzung gem. Art. 6 Abs. 4. Eine **„Heilung"** wird infolge der Begrenzung in Abs. 4 nur im Wege einer Einwilligung der betroffenen Person möglich sein. Auf eine rechtswidrige Datenerhebung zurückgehende Daten werden danach auch dann nicht mit Wirkung für die Zukunft rechtmäßig verarbeitet werden können, wenn der Verantwortliche zwischenzeitlich einen gesetzlichen Erlaubnistatbestand fruchtbar machen kann. Neben einem **Anspruch auf Unterlassen** gem. §§ 1004, 823 Abs. 1 BGB iVm Art. 6 Abs. 1 DS-GVO steht der betroffenen Person ein Anspruch auf **Löschung** gem. Art. 17 und ggf. ein Anspruch auf **Schadensersatz** gem. Art. 82 zu.

Wettbewerbern kann ein **Unterlassungsanspruch aus nationalem Wettbe-** 268
werbsrecht[453] zustehen, wenn zu dem Verantwortlichen ein Wettbewerbsverhältnis besteht.[454] Unterfällt die unzulässige Datenverarbeitung einer der Fallgruppen des § 2 Abs. 2 Nr. 11 UKlaG besteht daneben für qualifizierte Einrichtungen eine Aktivlegitimation, um im Wege der **Verbandsklage** (Art. 80) den Verantwortlichen auf Unterlassung in Anspruch nehmen zu können.[455]

C. Rechtsschutz

Bei Verstößen gegen die Vorgaben von Art. 6 stehen der betroffenen Person 269
die **Rechte auf Beschwerde** bei einer Aufsichtsbehörde gem. Art. 77 sowie auf einen wirksamen **Rechtsbehelf** gegen Verantwortliche oder Auftragsverarbeiter gem. Art. 79 zu. Im Rahmen des **lit. f** ist die durch den Verantwortlichen vorzunehmende Abwägungsentscheidung der uneingeschränkten aufsichtsbehördlichen und richterlichen Nachprüfung zugänglich. Im Falle der **Revision** beschränkt sich die Überprüfung darauf, ob der Tatrichter die rechtliche Bedeutung von

---

[452] S. § 613a Abs. 5 BGB.

[453] In Deutschland § 3a UWG.

[454] Die zum alten Recht ergangenen Entscheidungen sind bei BeckOK DatenschutzR/*Bäcker*, BDSG, § 4 Rn. 23 zusammengefasst.

[455] Vgl. *Spindler*, ZD 2016, 114 f.; *Jaschinski/Piltz*, WRP 2016, 420 f.

Art. 6 Abs. 1 lit. f verkannt oder abwägungsrelevante Umstände nicht in die Interessenabwägung einbezogen hat.[456]

Art. 7 Bedingungen für die Einwilligung

(1) **Beruht die Verarbeitung auf einer Einwilligung, muss der Verantwortliche nachweisen können, dass die betroffene Person in die Verarbeitung ihrer personenbezogenen Daten eingewilligt hat.**

(2) **[1]Erfolgt die Einwilligung der betroffenen Person durch eine schriftliche Erklärung, die noch andere Sachverhalte betrifft, so muss das Ersuchen um Einwilligung in verständlicher und leicht zugänglicher Form in einer klaren und einfachen Sprache so erfolgen, dass es von den anderen Sachverhalten klar zu unterscheiden ist. [2]Teile der Erklärung sind dann nicht verbindlich, wenn sie einen Verstoß gegen diese Verordnung darstellen.**

(3) **[1]Die betroffene Person hat das Recht, ihre Einwilligung jederzeit zu widerrufen. [2]Durch den Widerruf der Einwilligung wird die Rechtmäßigkeit der aufgrund der Einwilligung bis zum Widerruf erfolgten Verarbeitung nicht berührt. [3]Die betroffene Person wird vor Abgabe der Einwilligung hiervon in Kenntnis gesetzt. [4]Der Widerruf der Einwilligung muss so einfach wie die Erteilung der Einwilligung sein.**

(4) **Bei der Beurteilung, ob die Einwilligung freiwillig erteilt wurde, muss dem Umstand in größtmöglichem Umfang Rechnung getragen werden, ob unter anderem die Erfüllung eines Vertrags, einschließlich der Erbringung einer Dienstleistung, von der Einwilligung zu einer Verarbeitung von personenbezogenen Daten abhängig ist, die für die Erfüllung des Vertrags nicht erforderlich sind.**

Literatur: *Albrecht*, Das neue EU-Datenschutzrecht – von der Richtlinie zur Verordnung, CR 2016, 88; *Buchner*, Grundsätze und Rechtmäßigkeit der Datenverarbeitung unter der DS-GVO, DuD 2016, 155; *Buchner/Kühling*, Die Einwilligung in der Datenschutzordnung 2018, DuD 2017, 544; *Gierschmann*, Was „bringt" deutschen Unternehmen die DS-GVO? Mehr Pflichten, aber die Unsicherheit bleibt, ZD 2016, 51; *Hoffmann*, Einwilligung der betroffenen Person als Legitimationsgrundlage eines datenverarbeitenden Vorgangs im Sozialrecht nach dem Inkrafttreten der DSGVO, NZS 2017, 807; *Krohm*, Abschied vom Schriftformerfordernis der Einwilligung – Lösungsvorschläge und künftige Anforderungen, ZD 2016, 368; *Krohm/Müller-Peltzer*, Auswirkungen des Kopplungsverbots auf die Praxistauglichkeit der Einwilligung – Das Aus für das Modell „Service gegen Daten"?, ZD 2017, 551; *Krüger*, Datensouveränität und Digitalisierung – Probleme und rechtliche Lösungsansätze, ZRP 2016, 190; *Lauber-Rönsberg/Hartlaub*, Personenbildnisse im Spannungsfeld zwischen Äußerungs- und Datenschutzrecht, NJW 2017, 1057; *Molnár-Gábor*, Der Einfluss von Big Data in der Biomedizin auf die informierte Einwilligung und auf die Patientenrechte, DSRITB 2017, S. 345; *Schaar*, Anpassung von Einwilligungserklärungen für wissenschaftliche Forschungsprojekte – Die informierte Einwilligung nach der DS-GVO und den Ethikrichtlinien, ZD 2017, 213; *Schätzle*, Zum Kopplungsverbot der Datenschutz-Grundverordnung – Warum auch die DSGVO kein absolutes Kopplungsverbot kennt, PinG 2017, 203; *Schantz*, Die Datenschutz-Grundverordnung – Beginn einer neuen Zeitrechnung im Datenschutzrecht, NJW 2016, 1842; *Seiler*, Die Datenschutzregelungen in der PSD II – insbesondere Art. 94 – Einwilligungserfordernis statt gesetzlicher Erlaubnis und mögliche praktische Auswirkungen, DSRITB

[456] So zum alten Recht BGH, Urt. v. 15.12.1983 – III ZR 207/82.

2016, S. 591; *Selk*, EU-DS-GVO: Neue Anforderungen an die Einwilligung?, DANA 2016, 59; *Spindler*, Die neue EU-Datenschutz-Grundverordnung, DB 2016, 937; *Wendehorst/Graf von Westphalen*, Das Verhältnis zwischen Datenschutz-Grundverordnung und AGB-Recht, NJW 2016, 3745.

Übersicht

A. Allgemeines

I. Zweck und Bedeutung der Vorschrift

1 Art. 7 stellt **keinen eigenständigen Erlaubnistatbestand** dar, sondern konkretisiert die im Rahmen der in Art. 4 vorgenommenen Begriffsdefinition aufgestellten Voraussetzungen (→ Art. 4 Rn. 84 f.) und ergänzt Art. 6 Abs. 1 lit. a normativ um **inhaltliche und formale Anforderungen** an die Wirksamkeit der datenschutzrechtlichen Einwilligung.

2 Dass der Verordnungsgeber im Unterschied zur DS-RL der Einwilligung mit Art. 7 (und Art. 8 für Einwilligungen Minderjähriger) eine **eigenständige Norm** widmet, ist vor allem Folge der geänderten Regelungstechnik. Während nach der DS-RL noch den Mitgliedstaaten die Konkretisierung der einwilligungsbasierten Datenverarbeitung übertragen wurde,[1] ist der Verordnungsgeber infolge des Anwendungsvorrangs der DS-GVO[2] aufgefordert, alle ihm als wesentlich erscheinenden Anforderungen an die Wirksamkeit einer Einwilligung selbst zu definieren.

3 Während gesetzliche Erlaubnistatbestände das Ergebnis einer durch den Gesetzgeber vorgenommenen Abwägungsentscheidung darstellen, die nur in Ausnahmefällen durch die betroffene Person unmittelbar beeinflusst werden kann (→ Art. 21 Rn. 8 f.), ist es der betroffenen Person nach der Grundkonstruktion der Einwilligung zunächst vollständig selbst überlassen, über die Modalitäten und die **Reichweite einer Datenverarbeitung** frei zu bestimmen. Mit dieser in Art. 6 GRCh sowie Art. 2 Abs. 2 GG verankerten Berechtigung wäre es insbesondere unvereinbar, wenn objektives Recht die betroffene Person so weit **beschränken** würde,

---

[1] Sa *Artikel-29-Datenschutzgruppe*, WP 187, S. 4.

[2] Ausf. hierzu Roßnagel/*Roßnagel*, § 2 Rn. 2 f.

dass diese nicht mehr berechtigt wäre, eine Verarbeitung ihrer Daten schlicht nur zu billigen und für deren Zulässigkeit nur noch objektive Kriterien und nicht ihr subjektives Empfinden maßgeblich wäre. Die betroffene Person muss auch berechtigt sein, eine Datenverarbeitung zu gestatten, an der sie selbst kein Interesse hat oder die dem äußeren Anschein nach sogar gegen ihr Interesse gerichtet sein mag. Rechtsnormen, die die Zulässigkeit einwilligungsbasierter Verarbeitungen abschließend festlegen und darüber eine – ggf. von der betroffenen Person gewünschte – Verarbeitung nicht zulassen, sind mit den og Grundrechten nur unter engen Voraussetzungen vereinbar (→ Rn. 5). Die Einwilligung kann auch dann noch Wirkung entfalten, wenn gesetzliche Erlaubnistatbestände nicht (mehr) zum Tragen kommen (zum Verhältnis der Erlaubnistatbestände → Art. 6 Rn. 10 f.).

4 Dem Gesetzgeber kommt auch bei der Einwilligung eine Schutzfunktion zu, namentlich dort, wo der Grundgedanke der selbstbestimmten Gestattung von Datenverarbeitungen in der Praxis an tatsächlichen oder auch nur vermuteten **Asymmetrien zwischen den Handelnden** zu scheitern droht. Tritt die betroffene Person dem Verantwortlichen nicht „auf Augenhöhe" gegenüber, bestehen regelmäßig nicht zu Unrecht Zweifel am Vorliegen der Freiwilligkeit als zentraler Wirksamkeitsvoraussetzung einer Einwilligung (→ Rn. 21). Um gleichwohl die Wirksamkeit einer Einwilligung auch in solchen Konstellationen zu gewährleisten, gibt der Verordnungsgeber in Art. 7 **unabdingbare Voraussetzungen für die Wirksamkeit von Einwilligungen** vor, wobei angesichts des darüber angestrebten erhöhten Schutzniveaus zugunsten der betroffenen Person Einschränkungen der (unternehmerischen) Freiheit auf Seiten des Verantwortlichen in Kauf genommen werden (→ Rn. 27).[3] Die Einwilligung hingegen als den „wichtigsten Rechtfertigungsgrund" zu bezeichnen, geht an der Praxis freilich vorbei.[4]

5 Wegen der theoretisch weitreichenden Legitimationswirkung einer Einwilligung ist der Gesetzgeber – unter Beachtung des Selbstbestimmungsrechts der betroffenen Person – dort, wo selbst flankierende gesetzliche Anforderungen die Wirksamkeitsvoraussetzungen einer Einwilligung nicht mehr sicherstellen können, aufgerufen, die Einwilligung vollständig **durch gesetzliche Verarbeitungsregeln zu ersetzen** (zur sog. Schufa-Klausel → Rn. 33). Dies wird vor allem bei Datenverarbeitungen durch die öffentliche Hand und hier insbesondere im Rahmen der **Eingriffsverwaltung** relevant, da das Subordinationsverhältnis zwischen Staat und Bürger schon konzeptionell dem Postulat der Freiwilligkeit einer Einwilligung entgegensteht. Zudem steht der Gesetzesvorbehalt einer beliebigen Erweiterung gesetzlicher Eingriffsbefugnisse durch Einwilligungen latent entgegen. Die Möglichkeit eines kategorischen Ausschlusses einer Einwilligung sieht die DS-GVO hingegen allein für die Verarbeitung sensitiver Daten vor (→ Art. 9 Rn. 19). Umgekehrt muss in Fällen vorrangiger Interessen eines für die Verarbeitung Verantwortlichen durch gesetzliche Erlaubnistatbestände sichergestellt werden, dass die betroffene Person nicht in unverhältnismäßiger Weise eigenverantwortlich auf zulässige Datenverarbeitungen Einfluss nehmen kann.[5] Das in diesen Fällen verbleibende Korrektiv der **Widerspruchsmöglichkeit** wird auch in der

---

[3] *Gierschmann* befürchtet wohl nicht zu Unrecht, dass die Einwilligung infolge der „erhöhten Anforderungen" in vielen Fällen als Rechtsgrundlage nicht mehr geeignet sein wird, ZD 2016, 51 (54).

[4] So aber *Wendehorst/Graf von Westphalen*, NJW 2016, 3745.

[5] Zum Ganzen *Masing*, NJW 2012, 2305 (2307).

DS-GVO zu Recht an das Vorliegen spezifischer Tatbestandsmerkmale geknüpft (→ Art. 21 Rn. 8 f.).

6 Auch außerhalb der Eingriffsverwaltung kann eine **einwilligungsbasierte Datenverarbeitung durch die öffentliche Hand** nur die Ausnahme bleiben, da die erforderlichen gesetzlichen Befugnisse im Rahmen der Aufgabenübertragung geschaffen werden müssen. Der Rückgriff auf eine Einwilligung ist allenfalls dort denkbar, wo die einwilligungsbasierte Verarbeitung Entscheidungsprozesse im Interesse der betroffenen Person beschleunigen oder erleichtern.[6] In Ausnahmefällen ist im Rahmen der Leistungsverwaltung auch ein **Grundrechtsverzicht** denkbar.[7]

7 Bereits nach deutschem Rechtsverständnis entspricht der Begriff der Einwilligung dem der **vorherigen Zustimmung iSv § 183 BGB.** Auch die DSGVO folgt diesem Grundsatz.[8] Für die Praxis bedeutet dies, dass Einwilligungen stets zeitlich vor der Verarbeitung eingeholt werden müssen und eine nachträgliche Genehmigung nicht die erfolgte Datenverarbeitung legitimiert,[9] wohl aber die weitere Datenspeicherung.

8 Für die Einwilligung gilt **Höchstpersönlichkeit**.[10] Zu einer Einwilligung berechtigt ist nur die von der dann einwilligungsbasierten Datenverarbeitung betroffene Person (zur Vertretung bei Minderjährigen s. Art. 8), was insbesondere in Mehr-Personen-Verhältnissen, etwa in sozialen Netzwerken oder bei Nutzung sog. OTT-Dienste (zB Whatsapp[11]), von Relevanz sein kann. Eine Einwilligung zugunsten wie auch zulasten Dritter scheidet aus.

9 Auch nach der DS-GVO und insbesondere mit Blick auf das „Mindesteinwilligungsalter" iSv Art. 8 (→ Art. 8 Rn. 8) ist für die Wirksamkeit der Einwilligung die unbeschränkte **Geschäftsfähigkeit** der betroffenen Person nicht erforderlich. Die in diesem Zusammenhang viel diskutierte Frage nach der **Rechtsnatur der Einwilligung** ist freilich wegen der sich hieraus ergebenden Rechtsfolgen von Relevanz. Führt man sich jedoch vor Augen, dass mit Abgabe einer Einwilligung grundsätzlich weder eine gesetzliche bestimmte noch eine willentliche Rechtsfolge unmittelbar herbeigeführt wird, bleibt für die Einordnung der Einwilligung als geschäftsähnliche[12] bzw. rechtsgeschäftliche Erklärung kein Raum.[13] Datenschutzrechtliche Einwilligungen beziehen sich regelmäßig gerade nicht unmittelbar auf ein Rechtsgeschäft. Das gestattete Eindringen in die eigene Rechtssphäre durch Dritte ist keine Folge des Rechts. Auch ändert ein damit etwa verbundener merkantiler Nebeneffekt für eine oder beide Parteien an der grundlegenden rechtlichen Einordung nichts, weshalb vieles für die **Einordnung der Einwilligung als Realakt** spricht. Die andere Sichtweise, die vermutlich in der Durchbrechung

---

[6] So zum BDSG aF Simitis/*Simitis*, BDSG § 4a Rn. 17; sa *Artikel-29-Datenschutzgruppe*, WP 259, S. 7.

[7] Vgl. OVG Koblenz, Beschl. v. 14.7.2009 – 10 B 10601/09; krit. hierzu *Kühling/Klar*, JURA 2011, 771 (774).

[8] Vgl. Art. 6 Abs. 1 lit. a („hat … gegeben"); vgl. auch *Artikel-29-Datenschutzgruppe*, WP 259, S. 18.

[9] So auch Sydow/*Ingold*, Art. 7 Rn. 17; *Spindler*, DB 2016, 937 (939).

[10] So auch *Ernst*, ZD 2017, 110 (111).

[11] S. hierzu AG Bad Hersfeld, Beschl. v. 20.3.17 – F 111/17 EASO sowie Beschl. v. 15.5.17 – F120/17 EASO.

[12] So bspw. G/S/S/V/*Gierschmann*, Art. 7 Rn. 46.

[13] Nach Sydow/*Ingold*, Art. 7 Rn. 13 kommt der Diskussion infolge des Erfordernisses der europäisch autonomen Auslegung keine besondere Relevanz mehr zu.

des sog. Verbots mit Erlaubnisvorbehalt durch die Einwilligung die rechtlich gestaltende Wirkung erblickt, ist ersichtlich vom Ergebnis her motiviert, da erst hierüber die Anwendung allgemeiner zivilrechtlicher Institute auf die datenschutzrechtliche Einwilligung ermöglicht wird, in Deutschland etwa die Anfechtung nach §§ 119 f. BGB, Nichtigkeit nach § 134 BGB oder die Stellvertretung gem. §§ 164 f. BGB (zur AGB-Kontrolle von vorformulierten Einwilligungserklärungen → Rn. 45). *Ernst* weist zutreffend darauf hin, dass auch im Falle einer Abgabe der Einwilligung durch eine andere Person nicht von einer Stellvertretung, sondern stets von einer botenähnlichen Figur auszugehen ist.[14] Unter dem Schlagwort der **Kommerzialisierung** von Daten wird immer öfter eine einwilligungsbasierte Datenverarbeitung angenommen[15] und daraus eine Qualifizierung der Einwilligung als zumindest geschäftsähnliche Handlung abgeleitet, während es sich in Wahrheit hierbei um **vertragliche Austauschverhältnisse** handeln dürfte und (allein) einwilligungsbasierte Datenverarbeitungen gar nicht stattfinden (→ Rn. 31).[16]

II. Systematik, Aufbau und Verhältnis zu anderen Vorschriften

10 Art. 7 befindet sich in Kapitel II der DS-GVO, das mit „Grundsätze" überschrieben ist. Die Vorgaben gelten für **sämtliche Phasen einwilligungsbasierter Datenverarbeitungen,** müssen also für jeden Verarbeitungsvorgang (→ Art. 4 Rn. 30) erneut geprüft werden.

11 Die in Art. 7 normierten Vorgaben erscheinen als geradezu wahlloses Aufgreifen einzelner Erwägungsgründe, leiten sich überwiegend bereits aus allgemeinen Grundsätzen ab[17] und folgen **keiner stringenten Logik.** Nach der expliziten Vorgabe zur Nachweispflicht in Abs. 1 folgen in Abs. 2 Formanforderungen an Einwilligungserklärungen, die gemeinsam mit anderen Erklärungen eingeholt werden, einschließlich Fragen einer etwaigen Teilunwirksamkeit. Abs. 3 befasst sich mit dem Widerruf von Einwilligungen einschließlich dessen Folgen, während sich Abs. 4 einer spezifischen Frage der Freiwilligkeit von Einwilligungen zuwendet, sofern diese im Zusammenhang mit einem Vertragsschluss eingeholt werden sollen.

12 Die **GRCh** spricht in Art. 8 Abs. 2 explizit die Einwilligung der betroffenen Person als eine denkbare Grundlage für die Verarbeitung personenbezogener Daten neben gesetzlichen Erlaubnisnormen an. Mit der Ausgestaltung und spezifischen Anwendungsfällen der Einwilligung befassen sich ua die **Empfehlungen CM/Rec(2012)4 und CM/Rec(2014)6** des Ministerkomitees des Europarates. Die derzeit in der Überarbeitung befindliche Konvention 108 des Europarates soll um Ausführungen zur einwilligungsbasierten Datenverarbeitung ergänzt werden.[18]

13 Die DS-GVO ersetzt nicht alle europäischen Gesetze, die den Datenschutz adressieren. Insoweit müssen auch in Zukunft die weiterhin bestehenden Vorgaben dieser anderen europäischen Gesetze in der Fassung ihrer nationalstaatlichen

---

[14] *Ernst*, ZD 2017, 110 (111); für eine Stellvertretung Kühling/Buchner/*Buchner/Kühling*, DS-GVO, Art. 7 Rn. 31.

[15] *Buchner*, DuD 2016, 155 (159).

[16] Vgl. zum Vorschlag der EU-Kommission für ein digitales Vertragsrecht *Spindler*, MMR 2016, 147 f.

[17] Ähnlich auch *Buchner*, DuD 2016, 155 (158), der von „Selbstverständlichkeiten" spricht.

[18] Vgl. zB T-PD(2012)4Rev3.

Umsetzung zusätzlich berücksichtigt werden. Wichtiges Beispiel hierfür ist die Datenschutzrichtlinie für elektronische Kommunikation **(RL 2002/58/EG, „ePrivacy-RL")** in ihrer im Jahr 2009 novellierten Form (RL 2009/136/EG, „Cookie-Richtlinie"). Nach Art. 94 Abs. 2 sind Verweise auf die mit Wirksamkeit der DS-GVO aufgehobene DS-RL als Verweise auf die DS-GVO zu verstehen. Dies gilt auch für den Begriff und die Voraussetzungen der Einwilligung und damit auch für die Einwilligung gemäß der RL 2002/58/EG (vgl. dort den Verweis in Art. 2 lit. h). Ab dem Zeitpunkt der Wirksamkeit der DS-GVO ist mithin von einem **einheitlichen Einwilligungsbegriff** auszugehen. Der datenschutzrechtliche Begriff der Einwilligung nach der DS-GVO hält Einzug in den Einwilligungsbegriff der RL 2002/58/EG und ist somit maßgeblich für die diese umsetzenden nationalen Bestimmungen, in Deutschland § 7 UWG, wobei stets das **Vorrangverhältnis der RL 2002/58/EG** gegenüber der DS-GVO zu beachten ist.

Die Parallelgeltung von DS-GVO und RL 2002/58/EG wird durch **Art. 95** **14**
konkretisiert. Die (datenschutz)rechtlich relevanten Vorgaben der RL 2002/58/EG bleiben auch mit Wirksamwerden der DS-GVO anwendbar und werden insbesondere nicht durch die DS-GVO verdrängt. Praxisrelevant ist hier vor allem **Art. 5 Abs. 3 RL 2002/58/EG** in der Fassung der Änderungsrichtlinie 2009/136/EG, wobei zu beachten ist, dass die Norm im Sinne einer „Vorfeldregulierung" bereits die Zulässigkeit der Speicherung von „Informationen" auf einem Endgerät und den Zugriff hierauf reguliert und Personenbezug in diesem Stadium gerade (noch) nicht verlangt wird. Die in Art. 5 Abs. 3 RL 2002/58/EG geforderte Einwilligung **(„Cookie-Consent")** besteht unter der DS-GVO genauso fort wie die unterschiedliche Auslegung dieser Norm in der Praxis („Opt-in vs. Opt-out").[19] Das OLG Frankfurt a.M. hat an dieser Stelle als bislang einziges Gericht das Vorhalten einer Opt-out-Möglichkeit für zulässig erachtet.[20] Nach erfolgter Revision hat der BGH[21] Fragen zu Voraussetzungen und Anforderungen an das Setzen von Cookies dem EuGH zur Vorabentscheidung vorgelegt. Zum Redaktionsschluss der 2. Auflage befand sich der Entwurf für eine sog. **ePrivacy-VO,** die die RL 2002/58/EG ersetzen soll, weiterhin im europäischen Gesetzgebungsverfahren. Sowohl der Entwurf der EU-Kommission als auch der des Europäischen Parlaments halten dabei, von wenigen Ausnahmen für technische Cookies abgesehen, an einem strikten Opt-in-Erfordernis fest.

Werden personenbezogene Daten zum **Zwecke der Direktwerbung** verar- **15**
beitet, kann zusätzlich zu einer datenschutzrechtlichen Einwilligung auch eine **Einwilligung nach Maßgabe des UWG** einzuholen sein. Während das Datenschutzrecht die Zulässigkeit der Datenverarbeitung betrifft, gibt das Wettbewerbsrecht Antworten auf die Fragen, welcher Adressat (B2C/B2B) über welchen Direktmarketingkanal (Print/Telefon/E-Mail/SMS/Fax) angesprochen werden darf. Die DS-GVO ändert hieran nichts. Insbesondere hat die DS-GVO gem. Art. 95 keine Auswirkungen auf die Geltung von **Art. 13 RL 2002/58/EG,** auf den die Vorgaben des § 7 UWG und hier insbesondere die Pflicht zur Einholung einer **ausdrücklichen (Opt-in-)Einwilligung**[22] bei nicht allein postalischem Marketing und außerhalb von Bestandskundenverhältnissen (§ 7 Abs. 3 UWG)

---

[19] Vgl. *Schürmann*, DSRITB 2013, S. 797 (803).

[20] OLG Frankfurt a.M., Urt. v. 17.12.2015 – 6 U 30/15.

[21] BGH, Beschl. v. 5.10.2017 – I ZR 7/16.

[22] Vgl. Köhler/Bornkamm/*Köhler*, UWG, § 7 Rn. 179 f.

zurückgehen. Auch soweit **in anderen Mitgliedstaaten** die Umsetzung von Art. 13 RL 2002/58/EG nicht als Vorgabe einer Opt-in-Einwilligung erfolgt ist, bleiben diese nationalen Umsetzungsgesetze damit weiterhin anwendbar. So ist anders als in Deutschland bspw. in Frankreich eine werbliche Ansprache im B2B-Verhältnis per E-Mail auf Grundlage eines Opt-out zulässig. Telefonwerbung wird erst nach einem Opt-out des Angerufenen unzulässig.[23] Der Entwurf der EU-Kommission für eine **ePrivacy-Verordnung** hält in Art. 16 des Entwurfs an diesen Grundgedanken der ausdrücklichen Einwilligung und des begrenzten Bestandskundenprivilegs fest. Das Europäische Parlament spricht sich in seinem Entwurf für eine Ausweitung des Bestandskundenprivilegs durch Streichung des Tatbestandsmerkmals der „Ähnlichkeit" (vgl. § 7 Abs. 3 Nr. 2 UWG) der beworbenen Waren oder Dienstleistungen aus.

16 Die durch Art. 95 angeordnete Fortgeltung der RL 2002/58/EG bewirkt zudem, dass bis zum Zeitpunkt des Wirksamwerdens der ePrivacy-VO die in Umsetzung dieser RL erlassenen datenschutzrechtlichen Vorgaben des **TKG** weiterhin anzuwenden sind, so auch solche zur Einwilligung betroffener Personen, vgl. §§ 94–96, 98 TKG. Die Frage, ob der Arbeitgeber bei gestatteter **Privatnutzung betrieblicher Kommunikationsmittel** dem Fernmeldegeheimnis (Art. 10 GG, § 88 TKG) unterliegt, ist umstritten.[24]

17 Die DS-GVO gestattet den Mitgliedstaaten in Art. 88, durch Rechtsvorschriften oder Kollektivvereinbarungen spezifischere Vorschriften hinsichtlich der Verarbeitung personenbezogener **Beschäftigtendaten** zu treffen. Diese **Öffnungsklausel** erfasst auch denkbare Konkretisierungen an die Einwilligung im Beschäftigungskontext, sofern die allgemeinen Anforderungen der DS-GVO hierin Berücksichtigung finden. Der deutsche Gesetzgeber hat in § 26 Abs. 2 BDSG nF von dieser Möglichkeit Gebrauch gemacht (→ Art. 88 Rn. 84 f.).

18 Eine **Legaldefinition** der Einwilligung findet sich in Art. 4 Nr. 11. Der eigentliche Erlaubnistatbestand für einwilligungsbasierte Datenverarbeitungen ist in Art. 6 Abs. 1 lit. a normiert. Handelt es sich bei der einwilligenden betroffenen Person um einen Minderjährigen, findet ergänzend Art. 8 Anwendung. Sollen **besondere Kategorien personenbezogener Daten** verarbeitet werden, dient die Einwilligung gem. Art. 9 Abs. 2 lit. a als spezifische Rechtsgrundlage und unterliegt qualifizierten Voraussetzungen (→ Art. 9 Rn. 14). Auf die jederzeitige Möglichkeit zum Widerruf der Einwilligung ist im Rahmen der Einholung der Einwilligung hinzuweisen, vgl. auch Art. 13 Abs. 2 lit. c. Wird die Einwilligung widerrufen und fehlt es an einer anderweitigen Rechtsgrundlage für die Verarbeitung trifft den Verantwortlichen gem. Art. 17 Abs. 1 lit. b eine Löschverpflichtung. Beruht eine Datenverarbeitung auf einer Einwilligung, kann dem Betroffenen zudem ein **Recht auf Datenübertragbarkeit** iSv Art. 20 zustehen.

19 Auch außerhalb des Geltungsbereichs der DS-GVO erfordert der mit der Verarbeitung personenbezogener Daten verbundene **Eingriff in das allgemeine Persönlichkeitsrecht** des Betroffenen häufig dessen regelmäßig ausdrücklich erklärte Einwilligung, wobei der Einwilligung nach der DS-GVO vergleichbare Grundsätze Anwendung finden.[25] Dies gilt zB für Eingriffe in das Recht am eigenen

---

[23] Vgl. eco-Richtlinie für zulässiges E-Mail-Marketing – Leitfaden für die Praxis, 5. Aufl. 2004; vgl. auch Art. 13 Abs. 3 RL 2002/58/EG.

[24] Vgl. auch *Wybitul/Böhm*, CCZ 2015, 133 (133 f.).

[25] Vgl. Palandt/*Sprau*, BGB, 74. Aufl., § 823 Rn. 38.

Bild (vgl. §§ 22, 23 KUG,[26] § 201a StGB) oder am gesprochenen Wort (vgl. §§ 201, 206 StGB, § 88 TKG). Die Anweisung zur Entbindung eines Arztes von der **Schweigepflicht** stellt einen Verstoß gegen das allgemeine Persönlichkeitsrecht dar.[27] Die Abtretung einer ärztlichen Honorarforderung ist iSv § 134 BGB iVm § 203 Abs. 1 Nr. 1 StGB nichtig, wenn die Weitergabe der **Patientendaten** an eine ärztliche Abrechnungsstelle ohne Einwilligung des Patienten erfolgt ist.[28] Gleiches gilt im Falle eines Praxisverkaufs.[29] Telefonanrufe oder elektronische Post von **politischen Parteien** sind nur mit vorherigem Einverständnis des Adressaten zulässig.[30]

Für die einwilligungsbasierte Verarbeitung von **Sozialdaten** hält § 67b Abs. 2 **20** SGB X nF eine lex specialis bereit. Für den Bereich der **Datenverarbeitung im Rahmen der polizeilichen und justiziellen Zusammenarbeit** der EU-Mitgliedstaaten auf Grundlage der RL 2016/680/EU finden sich in § 46 Nr. 17 bzw. § 51 BDSG nF die Vorgaben der DS-GVO übernehmende Begriffsdefinitionen bzw. Wirksamkeitsvoraussetzungen für die Einwilligung der betroffenen Person. Erfolgt eine Datenverarbeitung durch Zahlungsdienstleister bedarf es gem. Art. 94 Abs. 2 RL 2015/2366 (Zweite Zahlungsdienste-Richtlinie, **PSD II**) einer ausdrücklichen „Zustimmung" des Zahlungsdienstenutzers.[31]

B. Einzelerläuterungen

I. Wirksamkeitsvoraussetzungen der Einwilligung

1. Freiwilligkeit und Kopplungsverbot (Abs. 4). Eine Einwilligung ist nur **21** wirksam, wenn sie freiwillig, dh **ohne jeden Druck oder Zwang,** abgegeben werden kann. Erwägungsgrund 42 verlangt eine echte Wahlfreiheit der betroffenen Person, die darüber in der Lage sein soll, die Einwilligung zu verweigern oder zurückzunehmen, ohne dadurch Nachteile zu erleiden. Die bereits zum BDSG aF entwickelten wesentlichen Fallgruppen, wonach „übermäßige Anreize finanzieller oder sonstiger Natur zur Preisgabe seiner Daten"[32] oder das Ausnutzen einer Position der rechtlichen oder wirtschaftlichen Schwäche des Einwilligenden mit dem Postulat der Freiwilligkeit nicht vereinbar sind, können auch für die Bestimmung der Freiwilligkeit nach der DS-GVO herangezogen werden. Letztgenannte Fallgruppe wird durch die DS-GVO nunmehr **in zweifacher Hinsicht konkretisiert,** namentlich durch Erwägungsgrund 43 und das neu eingeführte Kopplungsverbot.[33] Bei **grenzüberschreitendem Datentransfer** unterliegt die Freiwilligkeit der Einwilligung besonderen Anforderungen.[34]

Gem. Erwägungsgrund 43 gilt eine Einwilligung dann nicht als freiwillig abge- **22** geben, wenn zwischen der betroffenen Person und dem für die Verarbeitung

---

[26] Zum Verhältnis zwischen KUG und DS-GVO *Lauber-Rönsberg/Hartlaub*, NJW 2017, 1057 (1059 f.).

[27] BVerfG, Beschl. v. 6.6.2006 – 2 BvR 1349/05.

[28] BGH, Urt. v. 10.7.1991 – VIII ZR 296/90.

[29] BGH, Urt. v. 13.6.2001 – VIII ZR 176/00.

[30] BVerfG, Beschl. v. 1.8.2002 – 2 BvR 2135/01.

[31] Ausf. hierzu *Seiler*, DSRITB 2016, S. 591 (595).

[32] BGH, Urt. v. 16.7.2008 – VIII ZR 348/06, BGHZ 177, 253.

[33] Vgl. auch die durch die Artikel-29-Datenschutzgruppe zum alten Recht entwickelten Fallgruppen, WP 187 v. 13.7.2011, S. 15.

[34] Vgl. zum alten Recht *Artikel-29-Datenschutzgruppe*, WP 114 v. 25.11.2005.

Verantwortlichen **„ein klares Ungleichgewicht"** besteht und deshalb in Anbetracht aller Umstände in dem speziellen Fall „unwahrscheinlich ist", dass die Einwilligung ohne Zwang abgegeben wurde. Ein solches Ungleichgewicht könne „in besonderen Fällen" bestehen, „insbesondere wenn es sich bei dem für die Verarbeitung Verantwortlichen um eine Behörde handelt". Die Grenzziehung, wann im nichtöffentlichen Datenschutzrecht ein klares Ungleichgewicht vorliegt, ist rechtssicher kaum leistbar. Noch kein klares Ungleichgewicht ist jedenfalls anzunehmen, wenn ein Unternehmen ein neues, einzigartiges, innovatives Geschäftsmodell am Markt platziert oder der für die Verarbeitung Verantwortliche ein **Alleinstellungsmerkmal am Markt** innehat. Auch das im Rechtsverkehr übliche **einseitige Stellen von AGB** ist noch kein Indiz für ein klares Ungleichgewicht. Die nach bislang geltendem Recht vor dem Hintergrund klarer Ungleichgewichte der Parteien mit den Aufsichtsbehörden **abgestimmten Einwilligungsklauseln** im Bereich konzernverbundener Finanzdienstleister, des Versicherungswesens sowie der Kreditwirtschaft[35] werden einer Revision zu unterziehen sein.

23 Die explizite Erwähnung des Begriffs „Behörde" in Erwägungsgrund 43 lässt vermuten, dass der Verordnungsgeber bei der Frage des klaren Ungleichgewichts hauptsächlich **Zwangssituationen,** die durch ein rechtliches Über-Unterordnungsverhältnis gekennzeichnet sind, vor Augen hatte. Auch bei **rechtlichen Abhängigkeitsverhältnissen,** etwa im Beschäftigungsverhältnis (→ Art. 88 Rn. 85), muss die Freiwilligkeit der Einwilligung gesondert hinterfragt werden.[36] Sollen **Lehrveranstaltungen** evaluiert werden, bedarf dies uU der Einwilligung des Lehrkörpers.[37] Fälle in denen der akut die **Behandlung des Krankenhauses oder des Arztes** benötigende Patient zunächst einmal Einwilligungserklärungen vorgelegt bekommt, sind mit den Anforderungen an eine wirklich freiwillige Entscheidung nicht vereinbar und müssten konsequenterweise einer gesetzlichen Erlaubnis zugeführt werden (→ Rn. 5).[38]

24 Unabhängig von einem etwa bestehenden Ungleichgewicht muss bei der Beurteilung, ob eine Einwilligung freiwillig abgegeben wurde, gem. Art. 7 Abs. 4 fortan „in größtmöglichem Umfang Rechnung getragen werden, ob unter anderem die Erfüllung eines Vertrags, einschließlich der Erbringung einer Dienstleistung, von der Einwilligung zur Verarbeitung von Daten abhängig gemacht wird, die für die Erfüllung des Vertrags nicht erforderlich ist." Die DS-GVO führt an dieser Stelle ein **allgemeines Kopplungsverbot** ein, dass die DS-RL nicht und das deutsche Recht nur bereichsspezifisch[39] oder nur in qualifizierter Form für den Bereich des Werbedatenschutzes kannte.[40] Orientiert an Sinn und Zweck der Norm beschränkt sich das allgemeine Kopplungsverbot nicht allein auf die Vertragserfüllung (so aber der Wortlaut). Hauptanwendungsfälle der Norm dürften vielmehr vermeintlich unzulässige Kopplungen von Vertragsschluss und Einwilligung sein. Wie schon in Art. 6 Abs. 1 lit. b

---

[35] Vgl. *Gola/Schomerus*, § 4a Rn. 3.

[36] Sa *Artikel-29-Datenschutzgruppe*, WP 259, S. 8; für das alte Recht zusammengefasst bei BeckOK DatenschutzR/*Riesenhuber*, § 32 BDSG aF Rn. 36.

[37] Vgl. zum BDSG aF *Gola/Schomerus*, § 4a Rn. 3a.

[38] Vgl. zur Einwilligung im Gesundheitswesen nach altem Recht Kingreen/Kühling/Kühling/*Seidel*, Gesundheitsdatenschutzrecht, S. 96 ff.

[39] S. § 95 Abs. 5 TKG.

[40] S. § 28 Abs. 3b BDSG aF.

(→ Art. 6 Rn. 28) beweist der europäische Gesetzgeber auch an dieser Stelle handwerkliches Missgeschick.[41]

Dogmatisch steht hinter dem Kopplungsverbot eine **Subsumtionsanleitung** zur Prüfung des Merkmals Freiwilligkeit. Der Passus „unter anderem" in Abs. 4 macht deutlich, dass neben der Kopplung an die Erfüllung eines Vertrages bzw. die Erbringung einer Dienstleistung auch andere „Zwangssachverhalte" erfasst sein sollen. So ist in die Prüfung zudem Erwägungsgrund 43 einzubeziehen, wonach die Einwilligung nicht als freiwillig erteilt gilt, wenn zu verschiedenen Datenverarbeitungsvorgängen (→ Art. 4 Rn. 30) nicht gesondert eine Einwilligung erteilt werden kann, obwohl dies im Einzelfall angebracht ist. Zu weit ginge die Interpretation dieser Vorgabe jedoch, wenn Verantwortliche hierüber verpflichtet würden, bestehende und aus mehreren Verarbeitungsphasen zusammengesetzte Verarbeitungsvorgänge in die einzelnen Phasen „aufzuspalten" und jede Phase gesondert einer Einwilligung der betroffenen Person zugänglich zu machen. Wird bspw. allein ein **„personalisierter Newsletter"** auf freiwilliger Basis angeboten, bedarf es an dieser Stelle nicht der Aufspaltung in eine Einwilligung in die Verarbeitung der E-Mail-Adresse und eine Einwilligung in die Personalisierung. Hier genügt es, der betroffenen Person eine sämtliche Phasen umfassende Einwilligungserklärung zur Verfügung zu stellen. Von Abs. 4 erfasst sein können nur grundsätzlich zulässige, für andere als den Vertragszweck erforderliche Verarbeitungen, da anderenfalls die Verarbeitung schon an allgemeinen Vorgaben zur formellen bzw. materiellen Rechtsmäßigkeit scheitern würde. Die gesonderte Erwähnung der **„Dienstleistung"** neben dem „Vertrag" trägt dem Umstand der Trennung der beiden Grundfreiheiten im Primärrecht[42] Rechnung. Erfasst sind Dienstleistungen iSv Art. 4 Nr. 1 RL 2006/123/EG, nicht jedoch das schlichte Anbieten und Erbringen von Diensten wie etwa das Betreiben einer Webseite.[43] 25

Die Formulierung **„in größtmöglichem Umfang"** verdeutlicht, dass Kopplungen weiterhin zulässig sein können; ein absolutes Kopplungsverbot kennt die DS-GVO also nicht.[44] Hierfür spricht auch, dass die Textfassung des EU-Parlaments, die ein Kopplungsverbot noch ohne jede Einschränkung vorsah, nicht übernommen wurde.[45] Auch kann das Kopplungsverbot nicht im Sinne eines obligatorischen Optionsrechts (entgeltlich/unentgeltlich bei Einwilligung) verstanden werden. Fakultativ bleiben solche sog. Freemium-Geschäftsmodelle weiterhin zulässig.[46] Die Position der Artikel-29-Datenschutzgruppe, wonach auch 26

[41] In diesem Sinne auch Sydow/*Ingold*, Art. 7 Rn. 31; ähnlich *Albrecht* („Ausführung des Vertrages"), CR 2016, 88 (91).

[42] Freier Warenverkehr, vgl. Art. 28, 30, 34, 35 AEUV und Dienstleistungsfreiheit, vgl. Art. 56 AEUV.

[43] Nach dem Entw. des EP für eine ePrivacy-Verordnung soll in Zukunft auch der Betrieb einer Webseite einem strikten Kopplungsverbot unterfallen, vgl. Report v. 20.10.2017, A8-0324/2017, Art. 8 Abs. 1a neu.

[44] So auch *Selk*, DANA 2016, 59 (61); G/S/S/V/*Gierschmann*, Art. 7 Rn. 62; Ehmann/Selmayr/*Heckmann/Paschke*, DS-GVO, Art. 7 Rn. 53; wohl auch *Artikel-29-Datenschutzgruppe*, WP 259, S. 10 („special caution is needed"); aA *Dammann*, ZD 2016, 307 (311); unklar bei *Schantz/Wolff*, Rn. 513 f.

[45] Vgl. Art. 7 Abs. 4 DS-GVO-E (EP); nach *Dammann*, ZD 2016, 307 (311) bleibt die Norm „klar hinter dem vom Europäischen Parlament vorgeschlagenen absoluten Kopplungsverbot zurück."

[46] Ausf. hierzu *Krohm/Müller-Peltzer*, ZD 2017, 551 f.; aA wohl *Dammann*, ZD 2016, 307 (311); einschränkend auch *Artikel-29-Datenschutzgruppe*, WP 259, S. 8 (keine „substantial extra costs").

bei der Verweigerung der Einwilligung für denselben Service „no further costs" entstehen dürften, ist sozial unverträglich und würde aufgrund der dann fehlenden alternativen Refinanzierungsmöglichkeit Bezahlschranken zur Regel machen. Der Verantwortliche soll aber nur angemessene Anstrengungen unternehmen, dem Betroffenen auch bei Abschluss eines Vertrages eine **Wahlfreiheit** zu erhalten, ob neben der auf Art. 6 Abs. 1 lit. b basierenden Datenverarbeitung zur Abwicklung des Vertrages weitere, einwilligungsbasierte Datenverarbeitungen gestattet sein sollen. Relevant werden die Einwilligung und damit das Kopplungsverbot also erst dann, wenn Datenverarbeitungen nicht bereits auf vertraglicher oder gesetzlicher Grundlage (Art. 6 Abs. 1 lit. b–f) legitimiert werden können.

27 Hinter dem Kopplungsverbot steht das nachvollziehbare **gesetzgeberische Motiv,** das über die Einwilligung zum Ausdruck kommende Selbstbestimmungsrecht des Einzelnen in der Praxis nicht zu einer aufoktroyierten Fremdbestimmung verkommen zu lassen. Ersichtlich stellt die Vorschrift jedoch zugleich einen massiven **Eingriff in die Privatautonomie** des Verantwortlichen dar. Die hierdurch tangierten Grundfreiheiten und -rechte des Verantwortlichen[47] können bei Anwendung von Art. 7 Abs. 4 dadurch angemessen berücksichtigt werden, dass man das Kopplungsverbot nicht absolut, sondern nur in einem dem Verhältnismäßigkeitsgrundsatz entsprechendem Umfang zur Anwendung bringt, also etwa dann, wenn der Vertragspartner eine (faktische) **Monopolstellung am Markt** innehat und die betroffene Person auf die Leistung angewiesen ist.[48] Beispiele hierfür können etwa Verträge im Öffentlichen Personenverkehr, der Versorgungswirtschaft, ggf. aber auch im Versicherungswesen und im Kontext internetbasierter sozialer Netzwerke oder Suchmaschinen sein, nicht aber bereits der Abschluss eines Vertrages mit einem (großen) Handels- oder Mobilfunkunternehmen.[49] In jedem Fall ist bei der Antwort auf die Frage einer möglicherweise unzulässigen Kopplung auch das Geschäftsmodell des Verantwortlichen in den Blick zu nehmen.[50] Ist etwa die Bereitstellung eines Dienstes nur finanzierbar durch die – einwilligungsbasierte – Verarbeitung der Nutzerdaten (auch) zu Werbezwecken Dritter, würde die Annahme eines Kopplungsverbots solcherart Dienste außerhalb von Bezahlschranken praktisch unmöglich machen.

28 Abs. 4 ist darüber hinaus stets einschlägig, wenn mit der Kopplung eine weitreichende, über die nach Art. 6 Abs. 1 lit. b hinausgehende Datenverarbeitung angestrebt wird und sich die erstrebte Datenverarbeitung als völlig losgelöst von dem Vertragsverhältnis zwischen der betroffenen Person und dem Verantwortlichen erweist.[51] Vor diesem Hintergrund wird man die Einschränkung des „in größtmöglichem Umfang" auch so zu interpretieren haben, dass nur Kopplungen, die sich als **sachfremde Begleiterscheinung** zum Vertrag darstellen, dem Verbot von Abs. 4 unterfallen. Ein ohne Einschränkung zur Anwendung kommendes Kopplungsverbot würde dem Zweck der Regelung, dem Erhalt der Freiwilligkeit im konkreten Einzelfall, nicht gerecht.

---

[47] S. Art. 15, 16 GRCh sowie Art. 12, 14 GG.

[48] So auch *Buchner*, DuD 2016, 155 (158); *Gierschmann*, ZD 2016, 51 (54); *Selk*, DANA 2016, 59 (61); Plath/*Plath*, DSGVO, Art. 7 Rn. 14, 15; Ehmann/Selmayr/*Heckmann/Paschke*, DS-GVO, Art. 7 Rn. 55; Kühling/Buchner/*Buchner/Kühling*, DS-GVO, Art. 7 Rn. 51, 54; offenbar aA BeckOK DatenschutzR/*Stemmer*, Art. 7 Rn. 46.

[49] Ähnlich zum Entw. der EU-Kommission *Breinlinger/Scheuing*, RDV 2012, 64 (69).

[50] Sa *Krüger*, ZRP 2016, 190 (191); G/S/S/V/*Gierschmann*, Art. 7 Rn. 24.

[51] Vgl. auch *Masing*, NJW 2012, 2305 (2308), wonach der Gesetzgeber ein Kopplungsverbot wohl nur in bestimmten Fällen vorgeben darf.

Entsprechend ist auch Erwägungsgrund 42 zu verstehen, wonach die Verweigerung einer Einwilligung nicht zu **„Nachteilen" für die betroffene Person** führen darf. Der Begriff des Nachteils ist hier restriktiv auszulegen und nur bei schwerwiegenderen Folgen für die betroffene Person anzunehmen, nicht aber bereits bei bloßen Unannehmlichkeiten.[52] Hat eine verweigerte Einwilligung, Inhaber einer Kundenkarte zu werden, allein zur Folge, dass bestimmte **Preisnachlässe** nicht gewährt werden, ist dies kein Nachteil iSv Art. 7.[53] Die Ablehnung eines Vertragsangebots ist außerhalb monopolartiger Strukturen Ausdruck von **Privatautonomie** und kann deshalb gerade nicht als Nachteil im Sinne des Datenschutzrechts interpretiert werden, sofern nicht besondere Umstände hinzutreten. Die Einführung eines mittelbaren Kontrahierungszwangs über das Datenschutzrecht würde zahlreiche Grundrechte der Verantwortlichen aus Art. 11, 15, 16 GRCh sowie Art. 12, 14 GG grundlos und schon deshalb unverhältnismäßig einschränken. **29**

Abgrenzungsprobleme sind dort zu erwarten, wo für den Nutzer „entgeltfreie", weil **werbefinanzierte Inhalte** und Dienstleistungen Vertragsgegenstand sind. Für diese Werbefinanzierung ist die (einwilligungsbasierte) Datenerhebung zumindest in wirtschaftlicher Hinsicht zwingend erforderlich. In diesen Fällen wird in der Praxis eine an der jeweiligen (Vertrags-)Typologie orientierte Gesamtschau erforderlich sein. Ist eine vertraglich geschuldete Leistung zwar entgeltfrei, die einwilligungsbasierte Preisgabe personenbezogener Daten zugleich aber die **„Gegenleistung"** und wird hinreichend transparent gemacht, dass der angebotene Dienst nur unter dieser Voraussetzung wirtschaftlich angeboten werden kann, sollte nicht zuletzt im Sinne des Verbrauchers nicht vom Vorliegen eines Kopplungsverbotes auszugehen sein.[54] Bei Lichte betrachtet liegt bei diesen Konstellationen bereits keine einwilligungsbasierte Datenverarbeitung vor, sondern vielmehr ein synallagmatisches **vertragliches Austauschverhältnis** (zB kostenfreie App gegen Möglichkeit der Datennutzung). Diese Rechtsauffassung wird durch die Datenschutzaufsichtsbehörden von Bund und Ländern unterstützt.[55] Eine andere Betrachtung würde notgedrungen zu einer deutlichen Abnahme entgeltfreier Angebote und der Zunahme zahlungspflichtiger Dienste führen, was nicht zuletzt unter sozialpolitischen Gesichtspunkten als nicht wünschenswert erscheint. **30**

Auch Einwilligungen, die im Rahmen von **Gewinnspielen** eingeholt werden, unterfallen grundsätzlich nicht dem Kopplungsverbot. Zwar unterliegen auch wettbewerbsrechtliche Einwilligungen iSv § 7 Abs. 2 UWG den Wirksamkeitsvoraussetzungen der DS-GVO (→ Rn. 12). Für die Teilnahme an einem Gewinnspiel und die in diesem Zusammenhang „abgeforderte" Einwilligung bedarf es zur Sicherstellung der Freiwilligkeit aber offenkundig keines gesetzlichen Korrektivs. Die datenschutzrechtliche Zulässigkeit der Verarbeitung von über ein Gewinnspiel erhobenen Daten zu werblichen Zwecken ist jedoch vom Vorliegen einer wirksamen (datenschutzrechtlichen) Einwilligung unabhängig, da die Datenerhebung wie auch die nachgelagerte Datenverarbeitung auf gesetzlicher **31**

---

[52] So auch die *Artikel-29-Datenschutzgruppe*, WP 259, S. 11 („significant negative consequences"); in diese Richtung auch *Ernst*, ZD 2017, 110 (112).

[53] So auch FRA, S. 64.

[54] In diese Richtung auch *Buchner*, DuD 2016, 155 (159); aA offenbar *Artikel-29-Datenschutzgruppe*, WP 259, S. 9 („cannot become … the counter-performance of a contract").

[55] S. DSK, Kurzpapier Nr. 3, S. 2; sa Sydow/*Ingold*, Art. 7 Rn. 33; G/S/S/V/*Gierschmann*, Art. 7 Rn. 65.

Grundlage erfolgt (→ Art. 6 Rn. 31, 79). Die Datenverarbeitung ergeht hier nicht einwilligungsbasiert „neben dem Vertrag", sondern synallagmatisch **zur Erfüllung des Vertrages.**[56] Auch die DSK anerkennt die Möglichkeit dieses „Abhängigmachens", umfassende Transparenz vorausgesetzt. In Kurzpapier Nr. 3 heißt es dazu: „Bei „kostenlosen" Dienstleistungsangeboten, die die Nutzer mit der Zustimmung für eine werbliche Nutzung ihrer Daten „bezahlen" (zB kostenloser E-Mail-Account gegen Zustimmung für Newsletter-Zusendung als „Gegenfinanzierung"), muss diese vertraglich ausbedungene Gegenleistung des Nutzers bei Vertragsabschluss klar und verständlich dargestellt werden. Nur dann besteht keine Notwendigkeit mehr für eine Einwilligung."[57] Zu beachten ist daneben die Wertung von Art. 5 Abs. 2 RL 2005/29/EG, der wettbewerbsrechtlich einem generellen Verbot der Kopplung von Gewinnspielen und einem Kaufvertrag entgegensteht.[58]

32 Liegt ein Fall des Kopplungsverbots vor, kann dieses in der Praxis zunächst auf Ebene der Technik sichergestellt werden (**kein „conditional field"**). Zum anderen sollte ein deutlicher Hinweis in der Einwilligungserklärung vorgehalten werden, dass die Abgabe **auf freiwilliger Basis** erfolgt.

33 Über die bei Geschäften mit einem **kreditorischen Risiko** (zB Eröffnung von Girokonten mit Überziehungsmöglichkeit, Aufnahme von Darlehen, Abschluss von Telekommunikationsverträgen) vielfach genutzten sog. **Schufa-Klauseln** wird Kreditinstituten und Telekommunikationsunternehmen das Recht eingeräumt, Auskünfte von der Schufa einzuholen und zugleich, über die Aufhebung des Bankgeheimnisses, bonitätsrelevante Informationen an die Schufa zu übermitteln.[59] Die mit der Vorlage zur Unterzeichnung verbundene Alternativlosigkeit und die daraus resultierende (unterstellte) fehlende Freiwilligkeit[60] hatte in Deutschland im Jahr 2010 zur Verabschiedung eines eben jene Fälle der Datenübermittlung regelnden gesetzlichen Erlaubnistatbestands geführt.[61] Die Zulässigkeit eines flankierenden Einsatzes von Schufa-Klauseln wurde daraufhin in Zweifel gezogen.[62] Die DS-GVO kennt eine vergleichbare gesetzliche Verarbeitungsbefugnis nicht. Ausgehend von der Annahme, dass die vorstehend genannten Datenverarbeitungen auf Grundlage der allgemeinen Interessenabwägungsklausel weiterhin zulässig sind (→ Art. 6 Rn. 115 f.), wird auch der flankierende Einsatz von **„Auskunftei-Klauseln"** weiterhin als zulässig zu erachten sein. Zwar wird dem Kunden darüber fälschlicherweise suggeriert, die Entscheidung über die Unterzeichnung oder Nicht-Unterzeichnung der Klausel stünde in seinem freien Ermessen. Gleichwohl wird auf diese Weise die Transparenz hinsichtlich der Datenverarbeitung durch die Auskunftei insgesamt erhöht und dem Kunden die Folgen seines Antrages transparent dargestellt. Werden solche Klauseln in der Praxis nicht (mehr) eingesetzt und erfolgt die Datenverarbeitung zulässigerweise allein auf Grundlage der allgemeinen Interessenabwägungsklausel, müssen sowohl

---

[56] In diesem Sinne auch Paal/Pauly/*Frenzel*, DS-GVO, Art. 7 Rn. 21; aA offenbar *Artikel-29-Datenschutzgruppe*, WP 259, S. 9.

[57] DSK, Kurzpapier Nr. 3, S. 2.

[58] Vgl. auch EuGH, Urt. v. 14.01.2010 – C 304/08.

[59] Zur Genese vgl. BGH, Urt. v. 19.9.1985 – III ZR 213/83, BGHZ 95, 362; *Kamlah*, MMR 1999, 395 (397); Hamb. LfD, TB 2000/2001, S. 176.

[60] Vgl. Simitis/*Simitis*, BDSG aF, § 4a Rn. 65.

[61] Vgl. § 28a BDSG aF, zur Intention des Gesetzgebers vgl. BT-Drs. 16/10529, 15.

[62] Vgl. BeckOK DatenschutzR/*Kamp*, BDSG aF, § 28a Rn. 22.

der Verantwortliche als auch die Auskunftei die betroffene Person – im besten Fall inhaltsgleich – über die unterschiedlichen Verarbeitungen transparent informieren („Scharnierhinweis"). Ausgewählte Auskunfteien stellen hierfür vorgefertigte Informationstexte zur Verfügung, wobei aufgrund des Umfangs dieser Informationen ein Einsatz in allen Bereichen (zB auch in Katalogen) nur dann problemlos möglich sein wird, wenn durch die ausstellende Auskunftei Medienbrüche zugelassen werden.

2. Informiertheit. Hinsichtlich des Erfordernisses der Informiertheit greift die DS-GVO die schon aus der DS-RL bekannten Grundsätze auf. Weitere Wirksamkeitsvoraussetzung für Einwilligungen neben der Freiwilligkeit ist danach gem. Erwägungsgrund 32 auch künftig, dass diese **für den konkreten Fall und in Kenntnis der Sachlage** abgegeben wird. Die betroffene Person muss wissen, was mit den Daten geschehen soll. Dazu muss sie zunächst wissen, auf welche personenbezogenen Daten sich die Einwilligung bezieht. Dies kann grundsätzlich auf zweifache Weise erreicht werden: Entweder durch Nennung der betreffenden Daten oder durch Bezugnahme auf einen Datensatz (zB „die auf der Vorderseite; die im Auftrag vom … unter Nr. 1 bis 12; im Schreiben vom … aufgeführten Daten"). Bei einer derartigen Bezugnahme dürfen keine Zweifel über den Umfang der Daten bestehen. Unklarheiten gehen zu Lasten des Verantwortlichen. Unspezifische **Pauschal- oder Blankoeinwilligungen** sind nicht statthaft.[63] Werden Verarbeitungen hinzugefügt, die über den Umfang der zuvor erteilten Einwilligung hinausgehen, muss erneut eine Einwilligung eingeholt werden, soweit kein gesetzlicher Erlaubnistatbestand greift.[64] Schließlich muss gem. Art. 7 Abs. 3 auf die **Möglichkeit und die Folgen eines Widerrufs** (→ Rn. 54 f.) der Einwilligung hingewiesen werden. 34

Das Verlangen nach einer Einwilligung für den konkreten Fall bereitet dort Schwierigkeiten, wo Verarbeitungen nach nur **unspezifischen Zweckbestimmungen** erfolgen, etwa bei ergebnisoffenen **Big Data-Analysen** (→ Art. 6 Rn. 254).[65] Allerdings wirkte es geradenach entmündigend, wenn selbst soweit der Verantwortliche maximal transparent darlegt, dass es sich um eine solche ergebnisoffene Analyse handelt, der betroffenen Person die Möglichkeit der Einwilligung genommen werden soll. Informiertheit soll gemeinhin erst über eine genaue Angabe der Voraussetzungen, Konsequenzen und, im Falle einer Profilbildung, der „inneren Mechanik" der Berechnung herzustellen sein,[66] was bei Big Data-Analysen aber regelmäßig nicht möglich ist. Abhilfe kann hier die Anerkennung von aus der medizinischen Forschung bekannten Instituten wie der Generaleinwilligung („broad consent")[67] oder der sog. **gestuften Einwilligung** („tiered consent" → Art. 6 Rn. 25) schaffen. Übertragen auf Big Data-Analysen bedeutet dies, dass die betroffene Person von vornherein bestimmte denkbare Verwendungs- 35

---

[63] Vgl. zum alten Recht LG Berlin, Urt. v. 30.4.2013 – 15 O 92/12; vgl. aber zur EU-weiten Wirkung einer nach der RL 2002/22/EG (Universaldiensterichtlinie) eingeholten Einwilligung eines Telefonteilnehmers in die Veröffentlichung seiner Daten, EuGH, Urt. v. 15.3.17 – C-536/15.

[64] Vgl. aber EuGH, Urt. v. 5.5.2011 – C-543/09 – Deutsche Telekom AG/Deutschland.

[65] Vgl. auch *Katko/Babaei-Beigi*, MMR 2014, 360 (362).

[66] Zusammenfassung einer Ad-hoc-Diskussion im Verlag C.H.BECK bei *Ehmann*, ZD 2015, 6 (10).

[67] Ausf. hierzu *Rammos*, DSRITB 2017, S. 359 f.; *Molnár-Gábor*, DSRITB 2017, S. 345 f.; *Schaar*, ZD 2017, 213 f.

zwecke zulassen bzw. ausschließen kann oder gestuft nach Verarbeitungsphasen zunächst in die Verarbeitung, nachfolgend in die Nutzung des Analyseergebnisses, einwilligt. Die Umsetzung und Administrierung abgestufter Einwilligungen bei einer Vielzahl von Personen dürfte sich in der Praxis allerdings als sehr aufwändig und komplex erweisen.

36 Erforderlich ist auch weiterhin eine konkrete Information **vor Abgabe der Einwilligung,** wobei der Umfang der nach der DS-GVO zu gebenden Informationen im Vergleich zum geltenden Recht anwächst. Damit der Betroffene die Einwilligung in Kenntnis der Sachlage geben kann, sollte gem. Erwägungsgrund 42 „mindestens" über die Identität des für die Verarbeitung Verantwortlichen und über die Zwecke der Verarbeitung informiert werden. Eine entsprechende Formulierung kannte das BDSG aF in § 4a Abs. 1. Der verfügende Teil der DS-GVO sieht in Art. 13 jedoch eine **Vielzahl weiterer Informationsinhalte** (vgl. die Kommentierung zu Art. 12 ff.) vor, an denen sich der Informationskatalog bei einwilligungsbasierter Datenverarbeitung zu orientieren hat bzw. der sich explizit auf solche Verarbeitungen erstreckt, vgl. Art. 13 Abs. 2 lit. c (zur Umsetzung → Rn. 40).[68] Die Artikel-29-Datenschutzgruppe hält hiervon ausgehend „zumindest" folgende Informationen für erforderlich: Identität des Verantwortlichen, Verarbeitungszwecke, Art der Daten, Hinweis auf das Widerrufsrecht, ggf. Hinweis auf automatisierte Entscheidungsfindung iSv Art. 22 sowie ggf. Hinweis auf Verarbeitungsrisiken bei Drittstaatentransfers nach Maßgabe von Art. 49 Abs. 1 lit. a.[69] Mögliche Verstöße gegen die weitergehenden Informationspflichten der Art. 13 und 14 berühren die Wirksamkeit der Einwilligung nicht.[70]

37 Die Einwilligung soll sich gem. Erwägungsgrund 32 „auf alle zu demselben Zweck oder denselben Zwecken vorgenommenen Verarbeitungsvorgänge" beziehen. Soll sich die Erklärung auf **mehrere werbende Unternehmen** erstrecken, sind diese gesondert aufzuführen.[71]

38 Wurde die Einwilligung in **Datenflüsse innerhalb verbundener Unternehmen** erteilt, können auch zeitlich nach der Einwilligung hinzugekommene Konzerntöchter hierauf aufbauend Daten verarbeiten. Wird zB von einer Bank die Einwilligung eingeholt, dass bestimmte Daten an bestimmte, konkret zu benennende Kooperationspartner im Rahmen von Allfinanzkonzepten zwecks eines sog. **Cross Sellings** weitergegeben werden dürfen, können im Rahmen späterer konzerninterner Veränderungen neu hinzugekommene Unternehmen in den Verbund mit einbezogen werden. Das hinzugekommene Unternehmen darf dann im Rahmen der von der Einwilligung erfassten Zweckbestimmungen eine Verarbeitung auf Grundlage der allgemeinen Interessenabwägung gem. Art. 6 Abs. 1 lit. f. durchführen, soweit die betroffene Person ausdrücklich auf ihr Recht, die erteilte Einwilligung zu widerrufen, hingewiesen wurde.[72]

---

[68] Auch eine einwilligungsbasierte Datenverarbeitung ist typischerweise eine Erhebung bei der betroffenen Person; so auch BeckOK DatenschutzR/*Stemmer*, Art. 7 Rn. 55; von einer „Synchronisierung" spricht Sydow/*Ingold*, Art. 7 Rn. 35; ähnlich auch *Schantz/Wolff*, Rn. 520.

[69] *Artikel-29-Datenschutzgruppe*, WP 259, S. 13, vgl. aber auch S. 15 („must also deal with … Articles 13 and 14").

[70] So auch *Albrecht/Jotzo*, Teil 3 C Rn. 41.

[71] Zu den Grenzen dieses sog. Co-Sponsorings zB BGH, Urt. v. 14.3.2017 – VI ZR 721/15; OLG Frankfurt a.M., Urt. v. 28.7.2016 – 6 U 93/15.

[72] Vgl. zum BDSG aF *Gola/Schomerus*, § 4a Rn. 43c.

39 Durch die DS-GVO nicht explizit gefordert war ein **Hinweis auf die Folgen der Verweigerung einer Einwilligung.** Nach dem Recht der DS-RL war ein solcher Hinweis erforderlich, falls der Betroffene ansonsten nach objektiver Sicht „die Sachlage nicht erkennen kann".[73] Obgleich die DS-GVO diese Verpflichtung nicht unmittelbar aufgreift, wird man annehmen müssen, dass jedenfalls in Fällen, in denen unter objektiven Gesichtspunkten ein solcher Hinweis als geboten erscheint, dieser zu geben ist. Die Pflicht besteht nicht in Fallkonstellationen, in denen der Betroffene seine Daten von sich aus zur Verfügung stellt und dabei ausdrücklich oder konkludent für bestimmte Zwecke seine Einwilligung erklärt.

40 In der Praxis wird die Umsetzung der umfangreichen Informationspflichten bei einzelnen Medien, etwa Printmedien im Postkartenformat oder im Callcenter große Schwierigkeiten bereiten, zumal **Medienbrüche** (zB ein Verweis auf das Internet) im verfügenden Teil der DS-GVO nicht explizit vorgesehen sind.[74] Der Verordnungsgeber hat der aus den umfangreichen Informationspflichten folgenden Komplexität gleichwohl Rechnung getragen und über Erwägungsgrund 58 die Möglichkeit eröffnet, **Informationen auch auf Webseiten** zur Verfügung zu stellen (vgl. auch → Art. 13 Rn. 40). Kommt ein solches Verfahren zur Anwendung, ist der Betroffene hierauf sowie auf die Fundstelle der weiteren Informationen hinzuweisen. Bereits im Hinblick auf die DS-RL wurde durch die Artikel-29-Datenschutzgruppe ein **gestuftes Informationskonzept** (sog. Mehrebenen-Datenschutzerklärung, „layered privacy notice", LPN) unterstützt, im Rahmen derer der betroffenen Person auf jeder Ebene, dh für jeden Verarbeitungsvorgang gesondert, die Informationen zur Verfügung gestellt werden, die in diesem Moment von besonderer Relevanz ist.[75]

II. Weitere formale Voraussetzungen der Einwilligung (Abs. 2)

41 Ob eine Einwilligung informiert erfolgt, hängt naturgemäß ganz wesentlich auch von der Form ihrer Einholung ab. In Art. 4 Nr. 8 wird die Einwilligung beschrieben als „eine **unmissverständlich abgegebene Willensbekundung** in Form einer Erklärung oder einer sonstigen Handlung, mit der die betroffene Person zu verstehen gibt, dass sie mit der Verarbeitung der sie betreffenden personenbezogenen Daten einverstanden ist." Neben dem klassischen Ankreuzen, Anklicken usw. erfüllen auch physische Bewegungen, etwa in Form von **Gestensteuerung** oder dem Bewegen eines Smartphones nach einem vordefinierten Muster, das Erfordernis einer bestätigenden Handlung. Einen den §§ 4a Abs. 1 S. 3, 28 Abs. 3a S. 1 BDSG aF vergleichbaren Grundsatz der **Schriftform der Einwilligung** kennt die DS-GVO nicht,[76] so dass grundsätzlich jede eindeutige schriftliche, elektronische oder mündliche Willensbekundung eine datenschutzrechtliche Einwilligung zum Ausdruck bringen kann. Dieser Grundsatz gilt ab dem 25.5.2018 in eingeschränkter Form auch für die einwilligungsbasierte Verarbeitung von Sozialdaten.[77] Orientiert an Erwägungsgrund 32 sind auch das Ankli-

---

[73] Art. 2 lit. h DS-RL.

[74] So ist etwa gem. Art. 8 Abs. 4 RL 2011/83/EU (Verbraucherrechte-Richtlinie) bei begrenzt zur Verfügung stehendem Raum ein Medienbruch Print zu Internet zulässig.

[75] Vgl. WP 100 v. 25.11.2004 sowie FRA, S. 65.

[76] *Krohm*, ZD 2016, 368 (370); zur Warnfunktion der Schriftform iSv § 4a Abs. 1 S. 3 BDSG aF vgl. OLG Karlsruhe, Beschl. v. 28.6.2017 – 1 Rb Ss 540/16.

[77] Der bislang gültige Schriftformgrundsatz wurde mWz 25.5.2018 durch die Formulierung ersetzt, dass die Einwilligung „schriftlich oder elektronisch" erfolgen „soll", vgl. § 67b Abs. 2 S. 1 SGB X nF.

cken eines Kästchens (Tickbox) beim Besuch einer Website sowie **Browsereinstellungen** zulässig („technische Einstellungen für Dienste der Informationsgesellschaft“).[78] Wenngleich letztere stets mit einem **Nachweisproblem** verbunden sein dürften, spricht auch die Einschätzung der für die DS-GVO überwiegend zuständigen EU-Justizkommissarin für die Zulässigkeit von Browsereinstellungen: Nach *Reding* soll es zureichend sein, dass Nutzer ihre Einwilligung einmal für denselben Zweck geben können, sodass anschließend keine weiteren Anfragen den Nutzer stören oder den Onlinedienst unnötig unterbrechen.[79] Die zum Redaktionsschluss noch im europäischen Gesetzgebungsverfahren befindliche **ePrivacy-Verordnung** normiert in Art. 10 des Entwurfs eine Pflicht zur Befassung mit den Datenschutzeinstellungen im Falle der Erst- oder Neuinstallation eines Browsers.

42 Der Umstand, dass sich EU-Kommission und Europäisches Parlament mit ihrer Forderung, wonach jede Einwilligung **explizit** zu erfolgen habe, nicht durchgesetzt haben, fällt zwar angesichts der Vorgabe der Unmissverständlichkeit und der aus Erwägungsgrund 32 herrührenden Anforderung der „eindeutig bestätigenden Handlung“ kaum mehr ins Gewicht.[80] Die sich hieraus gleichwohl eröffnende Möglichkeit auch **konkludenter Einwilligungen,** sofern die betroffene Person darüber eindeutig signalisiert, dass sie mit der Datenverarbeitung einverstanden ist, sollte in der Praxis nur dann zum Einsatz kommen, wenn der Verantwortliche im Streitfall die (konkludente) Erteilung der Einwilligung auch nachweisen kann (→ Rn. 60). Einschränkend führt Erwägungsgrund 32 hierzu aus, dass Stillschweigen, standardmäßig angekreuzte Kästchen oder Untätigkeit nicht als Einwilligung gewertet werden können. Dass vor diesem Hintergrund **Opt-out-Einwilligungen**[81] im Bereich des postalischen Marketings unter der DS-GVO weiterhin genutzt werden können, erscheint als ausgeschlossen.[82] Nach Auffassung der Artikel-29-Datenschutzgruppe zu Art. 2 lit. h DS-RL war schon nach dem Recht der DS-RL eine Opt-out-Einwilligung kritisch zu bewerten.[83]

43 Gleichwohl können gem. **Erwägungsgrund 32** Einwilligungen auch durch eine andere Erklärung oder Verhaltensweise, mit der in dem jeweiligen Kontext eindeutig das Einverständnis signalisiert wird, gegeben werden. Hiernach denkbare **weitere Gestaltungsmöglichkeiten,** etwa Hinweise, dass „mit der Unterschrift unter diesen Vertrag auch eine Einwilligung erteilt wird“ müssen sich an den zusätzlichen Anforderungen des Kopplungsverbotes (→ Rn. 24) messen lassen.[84]

44 Soll die Einwilligung mehrere Zwecke legitimieren, müssen sämtliche Zwecke in der Erklärung aufgeführt werden. Zur Zweckbestimmung → Art. 6 Rn. 19. Wird die Einwilligung der betroffenen Person durch eine **schriftliche Erklärung eingeholt, die noch andere Sachverhalte betrifft,** so muss die Einwilligungserklärung gem. Art. 7 Abs. 2 „in verständlicher und leicht zugänglicher Form“ und „in einer klaren und einfachen Sprache“ erfolgen. Der Betroffene muss insbesondere in solchen Fällen die Einwilligungserklärung von anderen Erklärungen

---

[78] So auch *Härting*, ITRB 2016, S. 36 (38); wohl aA *Spindler*, DB 2016, 937 (940).

[79] *Reding*, ZD 2012, 195 (197).

[80] Vgl. *Albrecht*, CR 2016, 88 (91); zur Genese s. G/S/S/V/*Gierschmann*, Art. 7 Rn. 24.

[81] BGH, Urt. v. 16.7.2008 – VIII ZR 348/06, BGHZ 177, 253.

[82] So auch Ehmann/Selmayr/*Heckmann/Paschke*, DS-GVO, Art. 7 Rn. 20; offenbar weiterhin ein Opt-out in Betracht ziehend *Voßhoff/Hermerschmidt*, DANA 2016, 68 (69).

[83] Vgl. WP 187, S. 28.

[84] S. hierzu auch *Tavanti*, RDV 2016, 231 (237).

klar unterscheiden können. Die daraus folgende **Hervorhebungspflicht** (Fettstellung, Rahmung, farbliche Hervorhebung etc.) kannte bereits das bisherige Recht aus den §§ 4a Abs. 1 S. 4, 28 Abs. 3a S. 2 BDSG aF.[85]

Die Hervorhebungspflicht spielt auch bei einer nach der DS-GVO grundsätzlich zulässigen[86] Verortung von **Einwilligungserklärungen in AGB** eine gewichtige Rolle. Angesichts der hohen Anforderungen an die Wirksamkeit der Einwilligung und die parallel weiterhin zu berücksichtigenden allgemeinen Grundsätze iSv Art. 5 sollte allerdings auf ein Höchstmaß an Transparenz bei der Einholung der Einwilligung in AGB Wert gelegt werden. Einwilligungen in AGB unterliegen nicht zuletzt infolge des Verweises in Erwägungsgrund 42 auf die RL 93/13/EWG (Richtlinie über missbräuchliche Klauseln in Verbraucherverträgen) der **AGB-Kontrolle** und dürfen insbesondere nicht überraschend (§ 305c BGB) sein, wobei der objektive Maßstab der vernünftigen Erwartungshaltung einer durchschnittlichen betroffenen Person zu berücksichtigen ist.[87] Der Verweis auf die RL 93/13/EWG eröffnet zudem Raum für eine inhaltliche Prüfung der Angemessenheit der Einwilligung im jeweiligen Verarbeitungskontext.[88] Werden Einwilligungen in AGB verortet, ergibt sich das **Erfordernis der leichten Zugänglichkeit** nach deutschen Recht bereits aus § 305 Abs. 2 BGB, der die Notwendigkeit eines klaren Hinweises auf die AGB und die Möglichkeit der Kenntnisnahme beinhaltet. Sind AGB danach wirksam einbezogen, sind darin beinhaltete Einwilligungserklärungen zugleich leicht zugänglich bereitgestellt. 45

Nach Auffassung der Datenschutzaufsichtsbehörden müssen Einwilligungserklärungen bereits nach geltendem Recht **als solche auch bezeichnet** sein. Ein „Verstecken" der Einwilligungserklärung in AGB oder der Datenschutzerklärung genügt offenkundig nicht den insoweit bestehenden Transparenzanforderungen.[89] Erforderlich ist weiterhin ein **gesonderter Hinweistext** aus dessen Gesamtbild deutlich wird, dass der für die Verarbeitung Verantwortliche eine Einwilligung einholen möchte. Denkbar sind in diesem Zusammenhang Formulierungen wonach „mit der Anerkennung der Datenschutzerklärung auch die darin enthaltenen Einwilligungen erteilt werden". Wird eine solche Formulierung im Internet genutzt, sollte der Begriff der Einwilligung auf den eigentlichen **Einwilligungstext verlinken** (Hyperlink).[90] 46

Gem. Erwägungsgrund 32 sollen Einwilligungserklärungen, die **auf elektronischem Wege** eingeholt werden, „in klarer und knapper Form und ohne unnötige Unterbrechung des Dienstes, für den die Einwilligung gegeben wird, erfolgen." Die Vorgabe nach einer klaren und knappen Form beschreibt Anforderungen an Sprache und Umfang der vorformulierten Erklärung. Der daraus abzuleitende Wunsch des Verordnungsgebers, dem weit verbreiteten gleichwohl nachvollzieh- 47

[85] Vgl. auch Kühling/Buchner/*Buchner/Kühling*, DS-GVO, Art. 7 Rn. 25; gegen eine Hervorhebungspflicht BeckOK DatenschutzR/*Stemmer*, Art. 7 Rn. 66.

[86] So auch *Selk*, DANA 2016, 59 (60); aA *Schantz/Wolff*, Rn. 521; vgl. auch *Artikel-29-Datenschutzgruppe*, WP 259, S. 14 („may not").

[87] FRA, S. 65; zu der nach dem alten Recht ergangenen Rspr. vgl. *Gola/Schomerus*, BDSG, § 4a Rn. 23.

[88] S. Art. 3 Abs. 1, Art. 4 RL 93/13/EWG.

[89] Vgl. zum alten Recht auch die Orientierungshilfe des Düsseldorfer Kreises zur datenschutzrechtlichen Einwilligungserklärung in Formularen, Ziff. 1.

[90] Sa *Artikel-29-Datenschutzgruppe*, WP 259, S. 16. Zur Kritik an der Verortung von Einwilligungen in AGB im Anwendungsbereich des TMG vgl. Spindler/Schuster/Nink/*Spindler*, § 13 TMG Rn. 13.

baren einfachen **Durch- oder Wegklicken von Einwilligungserklärungen** ein Ende zu bereiten, wird vor allem durch eine Reduktion der Informationsinhalte auf die wesentlichen (Datenart, Zweckbestimmung, Widerrufsrecht, ggf. Drittlandtransfer), verbunden mit einer Verlinkung zu den übrigen Informationsinhalten, erreicht (→ Rn. 40). Im Sinne dieser Intention ist auch die Vorgabe zu interpretieren, dass der von der betroffenen Person genutzte Dienst nicht durch Einwilligungserklärungen unnötig unterbrochen werden soll. Hieraus können Bedenken gegen den **übermäßigen Gebrauch von Pop-Up-Fenstern** zum Zwecke der Einholung von Einwilligungen in das Setzen von Cookies abgeleitet werden.[91] Die mit dieser Formulierung in Erwägungsgrund 32 den Verantwortlichen auferlegten Vorgaben zielen damit auch darauf ab, die Einhaltung datenschutzrechtlicher Vorgaben nicht über eine fehlende Akzeptanz auf Nutzerseite zu unterminieren.

48 Auch eine **Videoüberwachung** kann grundsätzlich durch Einwilligung der betroffenen Person legitimiert werden. Jedoch wird dieser Erlaubnistatbestand bei öffentlichen Räumen aufgrund fehlender Praktikabilität ausscheiden. Keine Einwilligung kann zumeist allein darin bestehen, dass der Betroffene in Kenntnis der Überwachung den überwachten Raum betritt, so dass ein vor einem Parkhaus angebrachtes Schild mit der Aufschrift „Videoüberwachung" oder „Kennzeichenerfassung" ggf. zwar die Hinweispflicht des § 4 Abs. 2 BDSG nF bzw. des Art. 13 Abs. 1 lit. a erfüllt, jedoch zu keiner (konkludenten) Einwilligung des Nutzers führt.[92] Dauerparkern kann jedoch nach erteilter Einwilligung eine ticketlose Einfahrt über das Kennzeichen-Scanning ermöglicht werden.

49 Die DS-GVO trifft für die **Einwilligung im Beschäftigungsverhältnis** keine spezifischen Aussagen. Eine in den Trilogverhandlungen angedachte bereichsspezifische Regelung der Zulässigkeit von Einwilligungen im Beschäftigungsverhältnis wurde letztendlich nicht aufgenommen. Auch die noch im Entwurf der EU-Kommission enthaltene explizite Einschränkung,[93] wonach im Beschäftigungsverhältnis ein Einwilligungen generell ausschließendes **Ungleichgewicht** bestehe, findet sich in der finalen Fassung der DS-GVO nicht. Im Gegenteil gestattet Art. 88 den Mitgliedstaaten im Wege einer fakultativ nutzbaren Öffnungsklausel, „durch Rechtsvorschriften … spezifischere Vorschriften zur Gewährleistung des Schutzes und der Rechte und Freiheiten hinsichtlich der Verarbeitung im Beschäftigungskontext, was etwaige Konkretisierungen an die Einwilligung im Beschäftigungsverhältnis mit einschließt.[94] Der deutsche Gesetzgeber hat hiervon in **§ 26 Abs. 2 BDSG nF** Gebrauch gemacht (vgl. die detaillierte Kommentierung bei Art. 88 → Art. 88 Rn. 84 f.).

III. Besondere Kategorien personenbezogener Daten

50 Soll über die Einwilligung die Verarbeitung von besonderen Kategorien personenbezogener Daten iSv Art. 9 Abs. 1 erfolgen, muss die betroffene Person hierin gem. Art. 9 Abs. 2 lit. a **ausdrücklich einwilligen** (→ Art. 9 Rn. 16). Konkludente oder implizite Einwilligungen sind unwirksam. Auch wenn die Formulierung von der in § 4a Abs. 3 BDSG aF abweicht, wird man davon ausgehen können,

---

[91] Vgl. *Härting*, Rn. 363.

[92] Vgl. LDI NRW, 22. TB (2015), Ziff. 6.4; vgl. zum Ganzen auch *Böttcher*, PinG 2015, 271 (272 f.).

[93] Vgl. *Gola*, EuZW 2012, 332 (335).

[94] *Kort*, ZD 2016, 555 (557) mwN.

dass sich die geforderte ausdrückliche Einwilligung auf die Verarbeitung gerade von sensitiven Daten beziehen muss.

Verdeckte Aids-Tests bei Bewerbern verstoßen gegen Art. 8 EMRK und stellen eine strafbare Körperverletzung dar.[95] Der Einwilligung bedarf die Speicherung der **Religionszugehörigkeit** des Patienten durch ein Krankenhaus[96] oder die **graphologische Begutachtung** eines Bewerbers.[97] 51

IV. Folgen einer fehlerhaft eingeholten Einwilligung

Abs. 2 S. 2 statuiert, dass Einwilligungen, die gemeinsam mit anderen Erklärungen schriftlich eingeholt wurden, dann nicht verbindlich sind, „wenn sie einen Verstoß gegen diese Verordnung darstellen." Gemeint sind Verstöße gegen die einwilligungsspezifischen Vorgaben der DS-GVO. Solche Verstöße führen zu einer umfassenden Ungültigkeit der betroffenen Teile der Einwilligungserklärung.[98] Inwiefern auch anderweitig fehlerhaft eingeholte Einwilligungen unwirksam sind, ist eine **Frage des Einzelfalls.**[99] Gegen ein „Infizieren" der rechtswirksamen Bestandteile einer Einwilligungserklärung durch unwirksame Bestandteile spricht jedenfalls der Gesetzeswortlaut („Teile der Erklärung ..." und „für den konkreten Fall"). Regelmäßig wird man durch Auslegung den Willen des Betroffenen erforschen müssen. Ist danach eine Einwilligung unwirksam, sind bereits vorgenommene Verarbeitungen **ohne Rechtsgrundlage** erfolgt. Ist eine Einwilligung vollumfänglich unwirksam, sind die darüber erhobenen Daten regelmäßig gem. Art. 17 zu **löschen,** sofern keine andere Rechtsgrundlage herangezogen werden kann, vgl. Art. 17 Abs. 1 lit. b. 52

Der Erwerber von Adressen mit Werbeeinwilligungen von **Adresshändlern** (zB im Wege der sog. Leadgewinnung durch Co-Registrierung[100]) kann sich nicht allein auf die Zusicherung des Verkäufers verlassen, die Einwilligungen seien rechtskonform eingeholt worden.[101] Auch eine **Zusicherung in AGB** genügt nicht. Vielmehr sind vor der Verwendung von „eingekauften" (E-Mail-)Adressen zu Werbezwecken aus Gründen der Sorgfaltspflicht des Werbenden die Angaben des Verkäufers, dass die Betroffenen ihre Einwilligung in die Zusendung von Werbung erteilt haben, zu überprüfen. Dies kann anhand der Dokumentation erfolgen, die zum Nachweis der „ausdrücklich" iSv § 7 Abs. 2 Nr. 3 UWG zu erteilenden Einwilligung erforderlich ist. Erheblich schuldhaft handelt, wer trotz gerichtlichen Verbots eingekaufte Einwilligungsadressen nutzt und dabei ohne **stichprobenartige Kontrolle** der notwendigen Dokumentation allein auf die Zusicherung des Datenlieferanten vertraut.[102] 53

---

[95] EuGH, Urt. v. 5.10.1994 – C-404/92 P; StA Mainz, Vfg. v. 14.8.1987 – 2 Js 55.752/87.

[96] BVerfG, Beschl. v. 25.10.1977 – 1 BvR 323/75.

[97] BAG, Urt. v. 16.9.1982 – 2 AZR 228/80.

[98] So auch *Selk*, DANA 2016, 59 (61); Ehmann/Selmayr/*Heckmann/Paschke*, DS-GVO, Art. 7 Rn. 35; G/S/S/V/*Gierschmann*, Art. 7 Rn. 132.

[99] In diese Richtung auch *Ernst*, ZD 2017, 110 (112); zum alten Recht vgl. BeckOK DatenschutzR/*Kühling*, BDSG, § 4a Rn. 43, der sich gegen eine vollumfängliche Unwirksamkeit ausspricht; aA Dammann/Simitis/*Simitis/Dammann*, EG-Datenschutzrichtlinie, Art. 3 Rn. 24.

[100] Zur Zulässigkeit eines solchen Co-Sponsorings BGH, Urt. v. 14.3.17 – VI ZR 721/15.

[101] OLG Düsseldorf, Urt. v. 24.11.2009 – I-20 U 137/09.

[102] KG Berlin, Beschl. v. 29.10.2012 – 5 W 107/12.

V. Widerrufsrecht (Abs. 3) und zeitliche Verwirkung

54 Gem. Art. 7 Abs. 3 hat die betroffene Person das Recht, ihre Einwilligung **jederzeit** zu widerrufen (zur Abgrenzung vom Widerspruch → Art. 21 Rn. 3). Die aus dem Schuldrecht bekannte Selbstbindung als Gegenstück zur Selbstbestimmung des Einzelnen ist dem Datenschutzrecht fremd. Dieser Befund ist für Verantwortliche nicht unproblematisch, tendiert die Belastbarkeit der Einwilligung doch infolge des jederzeitigen, voraussetzungslosen Widerrufsrechts damit gegen Null. Vor diesem Hintergrund wird auch die Frage, ob der durch das BAG[103] zu **Einwilligungen im Arbeitsverhältnis** entwickelte Grundsatz, wonach ein Widerruf einer Einwilligung jedenfalls dann ausscheidet, wenn dieser nicht mit „plausiblen Gründen" unterfüttert ist und im Gegenzug der Verantwortliche ein berechtigtes Interesse an der Fortgeltung der einwilligungsbasierten Datenverarbeitung hat, unter der DS-GVO weiterhin Bestand haben kann, einer Klärung durch die Rechtsprechung vorbehalten sein. Für den Fortbestand dieses Korrektivs spricht jedenfalls, dass auch im Datenschutzrecht die Belange des Einzelnen mit den kollidierenden Interessen Dritter angemessen auszugleichen sind.[104] Auf das Widerrufsrecht ist **vor** Abgabe der Einwilligung hinzuweisen. Das Recht zur Ausübung des Widerrufs ist nicht an das Vorliegen besonderer Voraussetzungen geknüpft und muss gem. S. 4 der Vorschrift „so einfach wie die Erteilung der Einwilligung" sein (sog. Korrespondenz der Erklärungsmittel). Kann eine Einwilligung per Klick erklärt werden, darf die betroffene Person für den Widerruf bspw. nicht auf eine schriftliche Erklärung verwiesen werden. Durch den Widerruf wird die Rechtmäßigkeit der aufgrund der Einwilligung bis zum Widerruf erfolgten Verarbeitung nicht berührt (sog. **Ex-nunc-Wirkung**). Bei werbefinanzierten Diensten unterteilt *Spindler* den Widerruf in einen dinglichen und einen schuldrechtlichen Teil.[105] Ob von einem Widerruf auch eine etwa bestehende gesetzliche Erlaubnis zur werblichen Datenverarbeitung tangiert wird, in dem Widerruf also zugleich auch ein Widerspruch iSv Art. 21 Abs. 2 gesehen werden muss, ist durch Auslegung des Begehrens des Betroffenen zu ermitteln. Jedenfalls wird eine Äußerung, wonach man **„keine Werbung mehr"** erhalten wolle, auch die gesetzliche Befugnis erfassen. Bei nicht-werblicher Datenverarbeitung erlischt ein gesetzlicher Erlaubnistatbestand nur bei Vorliegen besonderer Gründe (→ Art. 21 Rn. 8).

55 Grundsätzlich sollte die Ausübung des Widerrufs **keine Nachteile** für die betroffene Person nach sich ziehen. Wie auch im Falle der Verweigerung einer Einwilligung (→ Rn. 29) sind Nachteile aber nicht sämtliche Unannehmlichkeiten, sondern nur **schwerwiegende Folgen.** War also die Erteilung einer Einwilligung mit einem Preisnachlass verknüpft, ist es dem Verantwortlichen unbenommen, diesen bei Ausübung des Widerrufs wieder aufzukündigen.[106]

56 Die Ausübung des Widerrufs muss **„so einfach wie die Erteilung der Einwilligung"** sein. Es sind also zumindest die Erklärungsmittel anzubieten, über die auch die Einwilligung erteilt wurde. Aus Effizienzgründen darf die betroffene Person jedoch auf das etwa implementierte Widerspruchsmanagement verwiesen werden, sofern hierüber **übliche Kommunikationsmittel** (E-Mail, Telefon)

---

[103] Vgl. BAG, Urt. v. 19.2.15 – 8 AZR 1011/13 zu § 22 KUG.

[104] Für Vertragsverhältnisse ist diese Pflicht zur gegenseitigen Rücksichtnahme in § 241 Abs. 2 BGB einfachgesetzlich ausgestaltet.

[105] Vgl. *Spindler*, DB 2016, 937 (940).

[106] AA aber widersprüchlich zu Rn. 26: FRA, S. 67.

angeboten werden. Wird der Widerruf ordnungsgemäß ausgeübt, schließen sich hieran regelmäßig automatisch weitere Betroffenenrechte wie das Recht auf Datenlöschung (Art. 17) an. Auch wenn die Einwilligung widerrufen wurde, darf sie zu **Beweiszwecken** zunächst weiter gespeichert werden.[107] Die zulässige Speicherfrist hängt davon ab, wie lange realistisch betrachtet noch die Berechtigung bspw. zuvor erfolgter Werbung nachgewiesen werden können sollte.

Der Ausübung des Widerrufs können **rechtsgeschäftliche Abreden entgegenstehen** im Rahmen derer die Einwilligung der Abwicklung einer vertraglichen Beziehung dient. Werden zB personenbezogene Daten gegen Honorar zum Zwecke der Veröffentlichung verkauft, so ist die Einwilligung Gegenstand eines Vertrages, der – vorbehaltlich zivilrechtlicher Gestaltungsrechte – nicht einseitig rückgängig gemacht werden kann. Gleiches gilt, wenn durch einen Widerruf die weitere Abwicklung des Vertrages in Frage gestellt oder unbillig erschwert wird.[108] Die Ausübung des Widerrufs kann daneben **nach dem Prinzip von Treu und Glauben ausgeschlossen** sein, etwa wenn die betroffene Person ihre Einwilligung nur abgegeben hat, um eine zwischenzeitlich angelaufene Datenverarbeitung durch einen alsbald erklärten Widerruf zu torpedieren oder um einer bevorstehenden einwilligungsbasierten **Meldung an eine Auskunftei** (→ Art. 6 Rn. 125) zu entgehen. Auch die Wirksamkeit eines Widerrufs im Beschäftigungskontext ist unter Berücksichtigung der gegenseitigen arbeitsvertraglichen **Rücksichtnahmepflichten**[109] im Wege einer Abwägung im Einzelfall zu bestimmen.[110] 57

Widerruf und Zweckerreichung sind nach der DS-GVO grundsätzlich die einzigen Möglichkeiten, eine zulässige einwilligungsbasierte Verarbeitung mit Wirkung für die Zukunft unzulässig zu machen. Insbesondere unterliegen Einwilligungen auch nach der DS-GVO **keiner in zeitlicher Hinsicht wirkenden Beschränkung**.[111] Hiervon geht im Grundsatz auch die Artikel-29-Datenschutzgruppe aus, empfiehlt jedoch als „best practice" eine Auffrischung binnen angemessener Intervalle.[112] Hinweise auf eine wie auch immer geartete Befristung sind der DS-GVO aber gerade nicht zu entnehmen, obwohl zu unterstellen ist, dass dem Verordnungsgeber bei Schaffung der Normen die rechtliche Diskussion bekannt war. Zudem besteht auch kein Schutzbedürfnis, da es die betroffene Person über das Widerrufsrecht jederzeit selbst in der Hand hat, die vormals erteilte Einwilligung zu Fall zu bringen. Die Annahme einer zeitlichen Verwirkung erschiene aufgrund der damit verbundenen Rechtsunsicherheit für den Verantwortlichen als unverhältnismäßig.[113] Um alle Zweifel aus dem Weg zu räumen bietet es sich an, in Einwilligungserklärungen die Hinweispflicht aus Abs. 3 S. 3 um den folgenden Passus zu erweitern und wie folgt auszugestalten: **„bis auf Widerruf, der jederzeit erklärt werden kann"**. 58

---

[107] LG Hamburg, Urt. v. 20.12.2008 – 312 O 362/08.

[108] Vgl. zum BDSG aF *Gola/Schomerus*, § 4a Rn. 39 mwN.

[109] S. § 241 Abs. 2 BGB.

[110] BAG, Urt. v. 19.2.2015 – 8 AZR 1011/13 für den Widerruf einer Einwilligung in eine Videoveröffentlichung.

[111] Vgl. zum alten Recht *Schulz*, CR 2012, 686 f.; G/S/S/V/*Gierschmann*, Art. 7 Rn. 138; ebenso das Gutachten des Gutachterausschusses für Wettbewerbsfragen zu § 7 UWG, WRP 2014, S. 299 f.; AG Hamburg, Urt. v. 24.8.2016 – 9 C 106/16; aA AG Bonn, Urt. v. 10.5.2016 – 104 C 227/15.

[112] *Artikel-29-Datenschutzgruppe*, WP 259, S. 20.

[113] *Schulz*, CR 2012, 686 f.

VI. Fortgeltung von Alteinwilligungen

59 Seit dem Wirksamwerden der DS-GVO am 25.5.2018 müssen sich sämtliche Datenverarbeitungen an den neuen Vorgaben messen lassen. Eine Altfallregelung für Einwilligungen, die vor diesem Stichtag eingeholt wurden, kennt die DS-GVO im verfügenden Teil nicht. Einwilligungen, die noch nach altem Recht eingeholt wurden, bleiben jedoch gem. **Erwägungsgrund 171** wirksam, „wenn die Art der bereits erteilten Einwilligung den Bedingungen [der DS-GVO] entspricht." Der Satz folgt auf den Hinweis, dass Verarbeitungen, die zum Zeitpunkt der Anwendung der DS-GVO bereits begonnen haben, innerhalb von zwei Jahren nach dem Inkrafttreten der DS-GVO mit ihr in Einklang zu bringen sind. Würde der Verordnungsgeber nur solchen Einwilligungen **„Bestandsschutz"** attestieren, die vollumfänglich nach dem Recht der DS-GVO eingeholt wurden, wäre die explizite Erwähnung der Einwilligung in Erwägungsgrund 171 redundant und überflüssig.[114] Damit diesem Erwägungsgrund also überhaupt Bedeutung zukommt, müssen die Begriffe „Art" und „Bedingungen" offenbar einschränkend ausgelegt werden. Mit „Bedingungen" gemeint sein könnten danach die **wesentlichen Kernbestandteile einer Einwilligung,** nicht aber zusätzlich sämtliche neuen Informationspflichten der DS-GVO.[115] Von der Formulierung in Erwägungsgrund 171 erfasst sind somit Einwilligungen, die vor Wirksamwerden der DS-GVO nach den Vorgaben des bis dahin geltenden Rechts freiwillig und hinsichtlich der wesentlichen Umstände informiert eingeholt wurden und somit auch den Bedingungen der DS-GVO entsprechen. Nach einem **Beschluss des Düsseldorfer Kreises** erfüllen nach altem Recht erteilte Einwilligungen auch die Bedingungen der DS-GVO.[116] Wohl nicht den Bedingungen der DS-GVO wird die „Art" der nach dem Recht des BDSG aF erteilten Einwilligung dann entsprechen, wenn diese im Wege einer **Opt-out-Klausel** eingeholt wurde (→ Rn. 42). Auch soweit Einwilligungen aus anderen Gründen nicht der Maßgabe von Erwägungsgrund 171 entsprechen, werden diese im Zeitpunkt des Wirksamwerdens der DS-GVO in dem Umfang unwirksam, in dem sie den dann neuen Anforderungen nicht mehr entsprechen (→ Rn. 52). Ggf. bietet sich bei rein formellen Pflichten, wie etwa dem Hinweis auf das bestehende Widerrufsrecht nach Art. 7 Abs. 3 eine – nach der DS-GVO nicht explizit geforderte – Nachinformation der Betroffenen an.

VII. Nachweis- und Beweispflicht des Verantwortlichen (Abs. 1)

60 Abs. 1 enthält eine Regelung zur Nachweis- und Beweislastverteilung bei einwilligungsbasierter Datenverarbeitung. Dass im Zivilprozess in Zweifelsfällen der für die Verarbeitung Verantwortliche darlegen, nach- und beweisen muss, dass die durchgeführte Verarbeitung auf einer wirksamen und ordnungsgemäß eingeholten Einwilligung beruht, folgt in Deutschland bereits aus **allgemeinen Grundsätzen zur materiellen Beweislast.** Der Verantwortliche ist schon danach stets die beweisbelastete Partei für die Rechtskonformität der auf der Einwilligung der betroffenen Person beruhenden Datenverarbeitung. Soweit der Verantwortliche

[114] Zu weitgehend *Selk*, DANA 2016, 59 (62).

[115] So auch *Artikel-29-Datenschutzgruppe*, WP 259, S. 30.

[116] Beschl. des Düsseldorfer Kreises v. 13./14.9.2016; so auch BeckOK DatenschutzR/*Stemmer*, Art. 7 Rn. 5; ähnlich Plath/*Plath*, DSGVO, Art. 7 Rn. 2.

den Hauptbeweis erbringen kann, geht die Beweisführungslast auf die Gegenseite (die betroffene Person oder die Organisation iSv Art. 80 Abs. 2) über.

Ihrem **Umfang** nach erfasst die Beweislast sowohl den Umstand, dass die betroffene Person eine eindeutige oder als Einwilligung zu interpretierende Handlung vorgenommen hat, als auch das Vorliegen der formellen und materiellen Wirksamkeitsvoraussetzungen der Einwilligung. Auch wenn Art. 7 mit „Bedingungen für die Einwilligung" überschrieben ist, darf die Nachweispflicht des Abs. 1 nicht als eigenständige Wirksamkeitsvoraussetzung missverstanden werden. **61**

Die Nachweispflicht aus Art. 7 Abs. 1 trifft den Verantwortlichen auch im Rahmen des **Verwaltungsverfahrens** (vgl. § 24 Abs. 2 VwVfG) sowie des Verwaltungsgerichtsverfahrens (vgl. § 86 VwGO). **62**

Aufgrund der Beweispflicht des Verantwortlichen sollten Einwilligungen in einem **speicherfähigen Format** eingeholt werden **(Protokollierung)**. Von der DS-GVO nicht verlangt wird eine nach bisherigem deutschem Recht geforderte jederzeitige Abrufbarkeit des Inhalts der Einwilligungserklärung iSv § 13 Abs. 2 TMG bzw. § 28 Abs. 3a BDSG aF soweit diese elektronisch eingeholt wurde. Auch sieht die DS-GVO für Fälle, in denen die Einwilligung in anderer Form als der Schriftform eingeholt wurde, keine Pflicht zur schriftlichen Bestätigung vor. Im E-Mail-Marketing ist zu Nachweiszwecken das auch durch die Datenschutzaufsichtsbehörden akzeptierte[117] **Double-Opt-in-Verfahren** anzuwenden.[118] **63**

C. Folgen von Rechtsverstößen und Rechtsschutz

Bei Verstößen gegen die Vorgaben von Art. 7 stehen der betroffenen Person die Rechte auf Beschwerde bei einer Aufsichtsbehörde gem. Art. 77 sowie auf einen wirksamen Rechtsbehelf gegen Verantwortliche oder Auftragsverarbeiter gem. Art. 79 zu. Verstöße gegen Art. 7 sind gem. Art. 83 Abs. 5 **bußgeldbewehrt.** Der betroffenen Person kann zudem ein Anspruch auf Ersatz des materiellen und immateriellen Schadens gem. Art. 82 zustehen. **64**

Art. 8 Bedingungen für die Einwilligung eines Kindes in Bezug auf Dienste der Informationsgesellschaft

(1) [1]**Gilt Artikel 6 Absatz 1 Buchstabe a bei einem Angebot von Diensten der Informationsgesellschaft, das einem Kind direkt gemacht wird, so ist die Verarbeitung der personenbezogenen Daten des Kindes rechtmäßig, wenn das Kind das sechzehnte Lebensjahr vollendet hat.** [2]**Hat das Kind noch nicht das sechzehnte Lebensjahr vollendet, so ist diese Verarbeitung nur rechtmäßig, sofern und soweit diese Einwilligung durch den Träger der elterlichen Verantwortung für das Kind oder mit dessen Zustimmung erteilt wird.**

Die Mitgliedstaaten können durch Rechtsvorschriften zu diesen Zwecken eine niedrigere Altersgrenze vorsehen, die jedoch nicht unter dem vollendeten dreizehnten Lebensjahr liegen darf.

---

[117] Anwendungshinweise der Datenschutzaufsichtsbehörden zur Erhebung, Verarbeitung und Nutzung von personenbezogener Daten für werbliche Zwecke, Stand: 9/2014, 4.4.

[118] Vgl. Köhler/Bornkamm/*Köhler*, UWG, § 7 Rn. 154b.

(2) **Der Verantwortliche unternimmt unter Berücksichtigung der verfügbaren Technik angemessene Anstrengungen, um sich in solchen Fällen zu vergewissern, dass die Einwilligung durch den Träger der elterlichen Verantwortung für das Kind oder mit dessen Zustimmung erteilt wurde.**

(3) **Absatz 1 lässt das allgemeine Vertragsrecht der Mitgliedstaaten, wie etwa die Vorschriften zur Gültigkeit, zum Zustandekommen oder zu den Rechtsfolgen eines Vertrags in Bezug auf ein Kind, unberührt.**

Literatur: *Buchner/Kühling*, Die Einwilligung in der Datenschutzordnung 2018, DuD 2017, 544; *Gola/Schulz*, DS-GVO – Neue Vorgaben für den Datenschutz bei Kindern?, ZD 2013, 475; *Joachim*, Besonders schutzbedürftige Personengruppen – Einordnung gruppenspezifischer Schutzbedürftigkeit in der DS-GVO, ZD 2017, 414; *Kramer*, Minderjährigenschutz nach BDSG und EU-DSGVO, DSB 2016, 6; *Meyer*, Gratisspiele im Internet und ihre minderjährigen Nutzer, NJW 2015, 3686; *Möhrke-Sobolewski/Klas*, Zur Gestaltung des Minderjährigenschutzes in digitalen Informationsdiensten, K&R 2016, 373; *Rauda*, Gemeinsamkeiten von US Children Online Privacy Protection Act (COPPA) und DS-GVO – Zustimmungserfordernis der Eltern zur Verarbeitung von Daten Minderjähriger, MMR 2017, 15.

Übersicht

A. Allgemeines

I. Zweck und Bedeutung der Vorschrift

1 Art. 8 stellt **spezifische Rechtmäßigkeitsvoraussetzungen** für einwilligungsbasierte Datenverarbeitungen iSv Art. 6 Abs. 1 lit. a auf, sofern es sich bei der betroffenen Person um ein **Kind** (→ Rn. 8) handelt. Die DS-GVO trägt über Art. 8 dem Umstand Rechnung, dass die Unerfahrenheit und Beeinflussbarkeit sowie die mangelnde geschäftliche Erfahrung Minderjähriger dazu führen kann, dass das Bewusstsein für Risiken, Folgen, Vorsichtsmaßnahmen aber auch für die Möglichkeit der Wahrnehmung von Rechten bei der Verarbeitung personenbezogener Daten weniger stark ausgeprägt ist.[1] Einschränkend gelten die restriktiven Vorgaben des Art. 8 nur bei einwilligungsbasierten Datenverarbeitungen

[1] Vgl. Erwägungsgrund 38.

im Kontext des Internets (→ Rn. 12). Art. 8 ist somit eine **Spezialvorschrift zum Minderjährigenschutz** für Fälle strukturell bedingter Gefährdungslagen. Eine vergleichbare Norm kannte weder die DS-RL noch das BDSG aF.

Das Grundrecht auf Schutz personenbezogener Daten (→ Art. 1 Rn. 1 f.) entfaltet **unabhängig vom Alter** der betroffenen Person vollumfänglich Wirkung. Auch Minderjährige sind hinsichtlich dieses Rechts ohne Einschränkung grundrechtsfähig, dh Grundrechtsträger, und ohne Einschränkung grundrechtsberechtigt, dh Inhaber eines subjektiven (Abwehr-)Rechts. Eine ausnahmsweise zulässige Beschränkung der Grundrechtsausübungsfähigkeit durch die elterliche Sorge[2] ist auch im Datenschutzrecht nur insoweit zulässig, als dies die Hilfs- und Schutzbedürftigkeit des Minderjährigen im Einzelfall verlangt. Diesem Befund trägt Art. 8 durch die Einführung eines **„Mindesteinwilligungsalters"** Rechnung. Erst soweit das 16. Lebensjahr vollendet ist, bedarf nach der Wertung des Verordnungsgebers ein Minderjähriger keines besonderen Schutzes mehr (aber → Rn. 11). Vereinzelt wird aus Art. 8 auch eine Pflicht, die Interessen von Minderjährigen wahrzunehmen, herausgelesen.[3] 2

II. Systematik, Aufbau und Verhältnis zu anderen Vorschriften

Art. 8 zählt infolge seiner systematischen Stellung in Kapitel 2 zu den grundsätzlichen Vorgaben der DS-GVO, die im Rahmen eines jeden Verarbeitungsprozesses beachtet werden müssen. Die Norm erweitert **kumulativ** die durch **Art. 7** vorgegebenen Voraussetzungen an eine rechtmäßige einwilligungsbasierte Datenverarbeitung in Fällen, in denen die betroffene Person ein Kind ist. Die Möglichkeit, Verarbeitungen von Daten Minderjähriger auch auf andere Erlaubnistatbestände iSv Art. 6 Abs. 1 zu stützen, bleibt bestehen. Insbesondere kann sich eine solche auch als im **öffentlichen Interesse** (→ Art. 6 Rn. 48 f.) liegend erweisen, etwa dann, wenn infolge einer Gefährdung des Kindeswohls eine Verarbeitung durch das Jugendamt auch ohne die Zustimmung der Eltern erforderlich wird.[4] 3

Die in Abs. 1 UAbs. 1 enthaltene normative Vorgabe eines „Mindesteinwilligungsalters" kann gem. UAbs. 2 durch mitgliedstaatliches Recht in Grenzen abgeändert werden. Abs. 2 verpflichtet Verantwortliche zu **organisatorischen Vorkehrungen** zur Sicherstellung der Vorgabe aus Abs. 1 (→ Rn. 19). Gem. Abs. 3 erstreckt sich das Mindesteinwilligungsalter nicht auch auf die Rechtmäßigkeit vertragsrechtlicher Einwilligungen. Das insoweit geltende Vertragsrecht der Mitgliedstaaten bleibt unberührt (→ Rn. 23). 4

Neben Art. 8 anerkennt die DS-GVO den besonderen Schutzbedarf von Kindern an weiteren Stellen. So sind bspw. auch bei **nicht-einwilligungsbasierten Verarbeitungen** auf Grundlage von Art. 6 Abs. 1 lit. f im Rahmen der allgemeinen Interessenabwägung etwa überwiegende Interessen der betroffenen Person dann besonders zu gewichten, wenn es sich um Daten von Kindern handelt (→ Art. 6 Rn. 59). Richten sich Informationen an Kinder, ist der Verantwortliche gem. Art. 12 Abs. 1 in besonderem Maße zur Verwendung einer leicht verständlichen Sprache aufgefordert (→ Art. 12 Rn. 22). Bei der Erarbeitung von **Verhaltensregeln** sollen nach Art. 40 Abs. 2 lit. g Aspekte der „Unterrichtung" und des „Schutzes von Kindern" Berücksichtigung finden. Formulierun- 5

---

[2] Vgl. §§ 1626 ff. BGB.

[3] BeckOK DatenschutzR/*Karg*, Art. 8 Rn. 10.

[4] Vgl. zum Recht nach der DS-RL *Artikel-29-Datenschutzgruppe*, WP 147 v. 18.2.2008, S. 9.

gen in zahlreichen Erwägungsgründen ergänzen diese im verfügenden Teil der DS-GVO besonders zum Ausdruck kommende Schutzrichtung, vgl. zB Erwägungsgründe 38, 71, 75.

6 Der erhöhten Schutzbedürftigkeit von Minderjährigen bei der Inanspruchnahme von Dienstleistungen im Internet tragen in Deutschland **außerhalb des Datenschutzrechts** neben allgemeinen zivilrechtlichen Vorgaben im Wesentlichen der JMStV sowie das JuSchG Rechnung. So darf etwa gem. § 6 JMStV bei Werbung und Teleshopping im Internet nicht die Unerfahrenheit und Leichtgläubigkeit von Minderjährigen ausgenutzt werden. Einschränkungen durch innerstaatliches Recht unterliegen auch Angebote und die Erbringung von Telemedien durch einen Diensteanbieter, der in einem anderen EU-Mitgliedstaat niedergelassen ist.[5] Unabhängig von der Nutzung des Internets sind zum Schutz Minderjähriger schließlich Vorgaben des **Wettbewerbsrechts** zu beachten. So handelt unlauter iSv § 4a Abs. 2 S. 2 UWG, wer in einer Notsituation in aggressiver Weise die aufgrund des Alters bestehende geschäftliche Unerfahrenheit ausnutzt.

7 Eine mit Art. 8 vergleichbare Norm existierte in der DS-RL nicht. Die in Art. 24 GRCh geregelten Rechte des Kindes erwähnen nur ganz allgemein einen Anspruch auf Schutz und Fürsorge. Art. 16 der **UN-Kinderrechtskonvention**[6] ordnet an, dass kein Kind willkürlichen oder rechtswidrigen Eingriffen in sein Privatleben ausgesetzt werden darf. In den USA regelt der am 21.4.2000 in Kraft getretene Children's Online Privacy Protection Act (COPPA) den Umgang mit personenbezogenen Daten von Kindern unter 13 Jahren durch Betreiber von Webseiten.[7]

B. Einzelerläuterungen

I. Personeller Anwendungsbereich

8 Anders als es noch in den Entwürfen der EU-Kommission und des Europäischen Parlaments der Fall[8] war, definiert die finale Fassung der DS-GVO den **Begriff des „Kindes"** nicht. Eine solche Definition ist auch nicht erforderlich. Maßgebender Anknüpfungspunkt für die Anwendbarkeit von Art. 8 ist die Altersgrenze der betroffenen Person von 16 Jahren. Unterhalb dieser Altersgrenze sind Einwilligungserklärungen wegen der vermuteten fehlenden Einsichtsfähigkeit des Minderjährigen unwirksam. Abs. 1 UAbs. 2 enthält eine **fakultative Öffnungsklausel** nach der die Mitgliedstaaten die Grenze um maximal drei Jahre herabsetzen, dh Erklärungen eines Kindes ab seinem vollendeten 13. Lebensjahr für wirksam erklären können. Während in Deutschland von dieser Möglichkeit bislang nicht Gebrauch gemacht wurde, gilt zB in Österreich ab dem 25.5.2018 ein Mindesteinwilligungsalter von 14 Jahren (vgl. § 4 Abs. 4 DSG 2018).

9 Der strikte Wortlaut („nur rechtmäßig") erscheint gerade angesichts der naturgemäß unterschiedlichen Entwicklungsreife Minderjähriger innerhalb der Altersgruppe zwischen zehn und 16 Jahren als **kritikwürdig** und droht Minderjährige, die über das erforderliche Maß an (Medien-)Kompetenz verfügen, gleichwohl

---

[5] Vgl. § 3 Abs. 5 TMG.

[6] Übereinkommen über die Rechte des Kindes v. 20.11.1989.

[7] Ausf. *Rauda*, MMR 2017, 15 f.

[8] Vgl. dort jew. Art. 4 Nr. 18.

noch nicht das 16. Lebensjahr vollendet haben, in unverhältnismäßiger Weise in der Ausübung ihres Selbstbestimmungsrechts zu behindern. Eine streng am Wortlaut orientierte Auslegung wird der Wertung von Art. 8 Abs. 2 GRCh und dem Grundsatz von Treu und Glauben damit ersichtlich nicht gerecht.[9] Auch dass allein bei Nutzung von Diensten der Informationsgesellschaft ein zusätzlicher Regelungsbedarf iSv Art. 8 besteht, nicht aber auch etwa in Fällen der einwilligungsbasierten Datenverarbeitung von sensitiven Daten Minderjähriger iSv Art. 9 Abs. 2 lit. a ist unverständlich. Wenigstens für nicht auszuschließende **Konfliktsituationen** macht Erwägungsgrund 38 deutlich, dass in solchen Fällen eine Einwilligung des Trägers der elterlichen Verantwortung nicht erforderlich sein soll (→ Rn. 18).

Vorzugswürdig wäre ein Verzicht auf eine starre Altersgrenze und eine Beibe- **10**
haltung der bislang geübten Rechtspraxis gewesen, nach der hinsichtlich der Wirksamkeit der Einwilligung einzelfallbezogen auf die **Einsichtsfähigkeit** des Erklärenden abgestellt wird.[10] Als Richtwert unter der Geltung der DS-RL und des BDSG aF hatten sich die Aufsichtsbehörden als Regelvermutung auf eine Altersgrenze von 14 Lebensjahren verständigt, unterhalb derer regelmäßig die Einwilligung der Erziehungsberechtigten erforderlich war.[11] Der Entscheidungsspielraum der Erziehungsberechtigten nahm dabei in dem Maße ab, in dem die Einsichtsfähigkeit der Kinder zunahm.[12] Auch der **BGH** hatte bei der Prüfung, ob die Unerfahrenheit eines Minderjährigen bei Einholung der Einwilligungserklärung gem. § 4 Nr. 2 UWG aF unlauter ausgenutzt wird, auf dessen Einsichtsfähigkeit abgestellt, zugleich aber ausgeführt, dass auch 15- bis 17-Jährige, die mit der Preisgabe von personenbezogenen Daten im Zweifel entstehenden Nachteile sowie die wirtschaftlichen Vorteile, die sich ein werbendes Unternehmen davon verspricht, nur schwer erkennen können.[13]

Erreicht ein Minderjähriger im Verlaufe einer Datenverarbeitung auf Grundlage **11**
der Einwilligung der Erziehungsberechtigten das Mindesteinwilligungsalter, muss nunmehr der Minderjährige selbst um seine eigenverantwortliche Einwilligung gebeten werden,[14] was im Rahmen der Administration der Daten zu berücksichtigen ist. Die starre Altersgrenze des Art. 8 Abs. 1 führte bei isolierter Wortlautauslegung dazu, dass Minderjährigen, die das **16. Lebensjahr vollendet** haben aber **noch nicht 18 Jahre** alt sind, bei einwilligungsbasierten Verarbeitungen kein gesonderter Schutz mehr zukommt. Die Formulierung „ist […] rechtmäßig“ nimmt jedoch keineswegs die weiterhin erforderliche Prüfung der allgemeinen Wirksamkeitsvoraussetzungen einer Einwilligung iSv Art. 7 vorweg. Der Verordnungsgeber bringt in Art. 8 Abs. 1 allein zum Ausdruck, dass von Rechts wegen einwilligungsbasierte Datenverarbeitungen bei betroffenen Personen unter 16 Jahren – unabhängig von der Einsichtsfähigkeit im konkreten Fall – der wirksamen Einwilligung der Eltern bzw. des gesetzlichen Vertreters bedürfen. Bei älteren

---

[9] So auch *Franck*, RDV 2016, 111 (112).

[10] Vgl. zum BDSG aF Simitis/*Simitis*, § 4a Rn. 20.

[11] Vgl. Roßnagel/*Holznagel/Sonntag*, 4.8, Rn. 22, mwN; HessLDSB, 40. TB (2011), Ziff. 3.6.4 zB der Erhebung von Adressdaten (nebst E-Mail und Telefon) von Schülern durch eine Krankenkasse iRe freiwilligen Sehtests zwecks Zuleitung von Aufklärungs- und Beratungsangeboten.

[12] Simitis/*Simitis*, § 4a Rn. 20.

[13] BGH, Urt. v. 22.1.2014 – I ZR 218/12.

[14] *Artikel-29-Datenschutzgruppe*, WP 259, S. 26.

Minderjährigen ist im Rahmen der Informiertheit (→ Art. 7 Rn. 34) weiterhin zu prüfen, ob die für die Abgabe der Willenserklärung erforderliche **Einsichtsfähigkeit** vorliegt.[15]

II. Nutzung von Diensten der Informationsgesellschaft

12 Art. 8 ist nur im Falle eines Angebots von Diensten der Informationsgesellschaft einschlägig. Der **Begriff der Dienste der Informationsgesellschaft** wird in der DS-GVO nicht definiert. Unter Bezugnahme auf Art. 2 lit. a RL 2000/31/EG (E-Commerce-Richtlinie), der wiederum auf die Legaldefinitionen der **EG-Normen-Info-Richtlinie**[16] verweist, handelt es sich hierbei um jede „Dienstleistung der Informationsgesellschaft, dh jede in der Regel gegen Entgelt elektronisch im Fernabsatz und auf individuellen Abruf eines Empfängers erbrachte Dienstleistung". Eine beispielhafte Auflistung von Diensten, die unter diese Definition fallen, findet sich in Erwägungsgrund 18 der EC-RL. Folgende Dienste werden erfasst:

- Online-Verkauf von Waren, nicht jedoch deren Auslieferung,
- Dienste, die nicht von denjenigen vergütet werden, die sie empfangen, wie etwa Online-Informationsdienste, kommerzielle Kommunikation oder Dienste, die Instrumente zur Datensuche, zum Zugang zu Daten und zur Datenabfrage bereitstellen,
- Dienste, die Informationen über ein Kommunikationsnetz übermitteln, Zugang zu einem Kommunikationsnetz anbieten oder Informationen, die von einem Nutzer des Dienstes stammen, speichern,
- Dienste, die von Punkt zu Punkt erbracht werden, wie Video auf Abruf oder die Verbreitung kommerzieller Kommunikationen mit elektronischer Post.

13 Die Dienstleistung iSv Art. 8 muss demnach in **unmittelbarem Bezug zum Internet** stehen, wie es zB regelmäßig beim Download eines Klingeltones,[17] dem Streaming von Inhalten oder dem Beitritt zu einem **sozialen Netzwerk** der Fall ist. Auch die auf einem elektronischen Nutzungsprofil aufbauende, nachgelagerte Datenverarbeitung, etwa zu Zwecken der personalisierten Werbung für Angebote an Minderjährige, wird vom Begriff des Dienstes der Informationsgesellschaft erfasst (vgl. aber → Rn. 15).

14 In Anbetracht der Zielrichtung von Art. 8, Kinder vor den „besonderen Gefährdungen" durch das Internet schützen zu wollen, werden hingegen nicht solche Sachverhalte erfasst, in denen der angebotene und ggf. in Anspruch genommene Dienst **„außerhalb" des Internets** liegt und der Zugang hierzu nur durch das Internet vermittelt wird. Nicht um Dienste der Informationsgesellschaft handelt es sich danach etwa bei Werbung an E-Mail-Adressen von Schülern, die zuvor über einen Bestellcoupon in einer Jugendzeitschrift erhoben wurden oder bei der an Minderjährige erfolgten Aushändigung von **Teilnahmekarten an**

---

[15] So auch Ehmann/Selmayr/*Heckmann/Paschke*, DS-GVO, Art. 8 Rn. 9; Sydow/*Kampert*, Art. 8 Rn. 7; hingegen gehen *Buchner/Kühling*, DuD 2017, 544 (547) zulasten des Minderjährigenschutzes von einer „unwiderlegbaren" Vermutung der Einsichtsfähigkeit bei Minderjährigen über 16 Jahren aus.

[16] RL 98/48/EG des Europäischen Parlaments und des Rates vom 20.7.1998 zur Änderung der RL 98/34/EG über ein Informationsverfahren auf dem Gebiet der Normen und technischen Vorschriften, ABl. 1998 L 217, 18, vgl. dort Art. 1 Nr. 2 und Erwägungsgrund 16.

[17] Zur wettbewerbsrechtlichen Relevanz BGH, Urt. v. 6.4.2006 – I ZR 125/03.

einem Gewinnspiel, mit der zugleich E-Mail-Adressen zum Zwecke der späteren werblichen Ansprache generiert werden sollen.[18] In solchen Konstellationen ist auch in Zukunft die Prüfung und ggf. Erforschung der Einsichtsfähigkeit des Minderjährigen unter Zugrundelegung der hierzu entwickelten allgemeinen Grundsätze (→ Rn. 10) erforderlich.[19]

III. Direkt an Kinder gerichtete Angebote

Als Einschränkung soll Art. 8 nur dann Anwendung finden, wenn Angebote **15** von Diensten der Informationsgesellschaft Kindern „direkt gemacht" werden, was im Einzelfall zu Abgrenzungsschwierigkeiten führen dürfte.[20] Direkt an Kinder richten sich Angebote jedenfalls dann, wenn diese gerade oder ausschließlich das **kindliche Interesse** wecken sollen, zur **Interaktion mit dem Kind** oder plattformbasiert zwischen mehreren Kindern animieren und Hilfestellungen durch Erwachsene jedenfalls nicht zwingend erforderlich sind. Anhaltspunkte für eine direkte Ausrichtung von Online-Angeboten an Kinder und Jugendliche sind neben der direkten Ansprache in **informeller Anrede und Angeboten „nur für Kids"** bspw. eine kindgerechte Illustration, Bebilderung und Sprache, kindgerechte Inhalte, ggf. mit Sprachausgabe, Kinderportale oder Inhalte, die auf etablierten Kinderportalen wie www.fragFINN.de verlinkt sind. Unstreitig sollten danach bspw. Spieleplattformen, die eindeutig Kinder adressieren, virtuelle Grundschulsoftware, Kinder-Suchmaschinen, Online-Literaturmagazine für Kinder, medienpädagogische Kinder-Projekte, Online-Kinderlexika, kindgerechte Newsrooms oder Online-Auftritte von Kinder-TV-Kanälen unter den Anwendungsbereich von Art. 8 Abs. 1 fallen. Bei sog. **„Dual Use"**-Angeboten kommt es in der Praxis offenkundig zu Abgrenzungsschwierigkeiten, die regelmäßig danach aufzulösen sein werden, ob der Service typischerweise zumindest auch direkt von Kindern in Anspruch genommen wird. Nur dann findet Art. 8 Anwendung.[21]

Allein der Umstand, dass Diensteanbieter Waren und Dienstleistungen für Min- **16** derjährige oder mit Bezug zu Minderjährigen im Internet anbieten, genügt hingegen nicht für die Anwendbarkeit von Art. 8. **Nicht tatbestandsmäßig** sind danach Angebote, die zwar (auch) Dienstleistungen und Waren für Kinder, bspw. Kleidung, Spielzeug, Lernmaterialien uä zum Kauf anbieten, die Geschäftstätigkeit des Anbieters aber offensichtlich nicht auf die direkte Interaktion mit den Minderjährigen selbst ausgerichtet ist. So unterfällt grundsätzlich der gesamte Bereich des **E-Commerce mit Waren** nicht dem Anwendungsbereich von Art. 8 Abs. 1.[22] Auch Reiseplattformen, über die „Ferienlager für Kinder von 5 bis 13 Jahren" oder **betreute Kinderreisen** angeboten werden, werden Kindern nicht „direkt"

---

[18] So auch Sydow/*Kampert*, Art. 8 Rn. 7; zur wettbewerbsrechtlichen Unzulässigkeit vgl. BGH, Urt. v. 22.1.2014 – I ZR 218/12.

[19] Vgl. auch Roßnagel/*Nebel*, § 3 Rn. 98; Kühling/Buchner/*Buchner/Kühling*, DS-GVO, Art. 8 Rn. 13.

[20] Der Hinweis des BayLDA, vgl. Kurzpapier Nr. XV v. 20.1.2017, wonach es sich empfehlen „dürfte", „den Adressatenkreis der Vorschrift besser auf Angebote zu beziehen, die „auch" einem Kind gemacht werden", macht den Anwendungsbereich der Norm vollends konturlos.

[21] Für eine weite Auslegung zB Ehmann/Selmayr/*Heckmann/Paschke*, DS-GVO, Art. 8 Rn. 21.

[22] So auch *Möhrke-Sobolewski/Klas*, KuR 2016, 373 (376); G/S/S/V/*Gierschmann*, Art. 8 Rn. 30; aA offenbar Kühling/Buchner/*Buchner/Kühling*, DS-GVO, Art. 8 Rn. 17.

angeboten, sondern adressieren stets allein oder primär Erziehungsberechtige, Lehrer, Erzieher usw. Der zunächst über den sehr weiten Begriff des „Dienstes der Informationsgesellschaft" miterfasste Bereich des E-Commerce wird über die **sinnstiftende Einschränkung** der „direkten" Adressierung an Kinder letztlich wieder weitestgehend herausgelöst.[23] Für jene Formen bleibt es hinsichtlich der Verarbeitung von Daten von Minderjährigen – unabhängig vom Alter – bei den allgemeinen vertragsrechtlichen Regelungen.[24] Aus denselben Gründen sind weder Tracking- und Targeting-Funktionen noch die darüber ausgesteuerte Werbung von Art. 8 erfasst.

IV. Einwilligung oder Zustimmung durch den Träger der elterlichen Verantwortung

17 In Art. 8 Abs. 1 S. 2 finden sich **zwei mögliche Varianten,** in welcher Form personenbezogene Daten von Minderjährigen unter 16 Jahren einwilligungsbasiert verarbeitet werden dürfen: Zum einen kann die Einwilligung auf Grundlage der (originären) Einwilligung der Träger der elterlichen Verantwortung[25] selbst, zum anderen auch mit deren „Zustimmung" erfolgen. Als Zustimmung wird im deutschen Recht die Einverständniserklärung zu dem von einem anderen vorgenommenen Rechtsgeschäft bezeichnet.[26] Erfasst werden sowohl die vorherige Zustimmung („Einwilligung") als auch die nachträgliche Zustimmung („Genehmigung"). Isoliert betrachtet führte dies dazu, dass auch der Fall einer zunächst allein durch den Minderjährigen erteilten Einwilligung eine (schwebend un-)wirksame Legitimation der Datenverarbeitung bewirken kann, wird diese nur im Nachgang durch den Erziehungsberechtigten genehmigt. Eine solche streng an deutschen termini technici erfolgende Auslegung wäre allerdings **unangemessen formaljuristisch,** liefe dem Schutzzweck von Art. 8 Abs. 1 zuwider und ist wohl auch nicht gemeint. Bereits der Vorgang der Datenerhebung stellt nach der DS-GVO einen Eingriff in Art. 8 Abs. 1 GRCh dar. Gemeint sein muss daher vielmehr der Fall, dass der Minderjährige die Einwilligung nach erteilter Zustimmung der Eltern selbst abgibt. Sinn und Zweck sowie der Wortlaut des Abs. 1 verlangen das Vorliegen einer datenschutzrechtlichen Einwilligung der Erziehungsberechtigten **zeitlich vor der Erhebung und Verarbeitung.**[27]

18 Gem. Erwägungsgrund 38 soll die Einwilligung des Trägers der elterlichen Verantwortung im Zusammenhang mit **Präventions- oder Beratungsdiensten,** die unmittelbar einem Kind angeboten werden, nicht erforderlich sein. Sucht etwa eine 15-Jährige eine Sucht- oder Schwangerschaftsberatung auf, kann ein erhebliches Interesse daran bestehen, die Erziehungsberechtigten in diesem Stadium nicht einbeziehen zu müssen. Aus der Formulierung in Erwägungsgrund 38 wird man die **allgemeine Wertung** herauslesen können, dass die starren Anforderungen des Art. 8 dort keine Wirkung entfalten, wo eine einwilligungsbasierte Datenverarbeitung in sensiblen oder kritischen Situationen, etwa zum Schutze des Kindes vor den Trägern der elterlichen Verantwortung, erforderlich

---

[23] Unklar iE aber wohl aA *Buchner/Kühling*, DuD 2017, 544 (547).
[24] Vgl. *Gola/Schulz*, ZD 2013, 475 (479).
[25] Vgl. §§ 1626 ff. BGB.
[26] Palandt/*Ellenberger*, BGB, Vor § 182 Rn. 1.
[27] So auch Kühling/Buchner/*Buchner/Kühling*, DS-GVO, Art. 8 Rn. 21.

ist. Die **Grundrechtsmündigkeit des Kindes** unterbindet zudem Einwilligungen der Eltern gegen seinen erklärten oder mutmaßlichen Willen.[28]

V. Überprüfung der Einwilligung der Träger der elterlichen Verantwortung (Abs. 2)

1. Überprüfungsmaßstab. Zum Zwecke der Sicherstellung der Vorgaben aus Abs. 1 hat der Verantwortliche gem. Abs. 2 **angemessene Anstrengungen** zu unternehmen, unter **Berücksichtigung der verfügbaren Technik.** Die gewählte Formulierung illustriert beispielhaft, wie schwer die Ziele einer abstrakten, technikneutralen und zukunftstauglichen Rechtsetzung einerseits und Rechtssicherheit für den Normadressaten andererseits miteinander vereinbar sind. Ob die Norm vor allem angesichts der Bußgeldbewehrung im Falle eines Verstoßes (Art. 83 Abs. 4 lit. a) dem Bestimmtheitsgrundsatz entspricht, ist zweifelhaft. Solange es an konkretisierenden Vorgaben der Aufsichtsbehörden fehlt, sind Verantwortliche gehalten, selbständig angemessene Verfahren zur Überprüfung und Dokumentation der Einwilligung zu entwickeln und zu implementieren. Ein Orientierungspunkt zur Bestimmung angemessener Maßnahmen wird jedenfalls sein, mit welchem Risiko die Verarbeitung für den Minderjährigen einhergeht.[29] Aus dem deutschen Recht bekannt war diese Anforderung aus § 13 Abs. 2 iVm § 12 Abs. 1 TMG aF sowie für das allgemeine Datenschutzrecht aus § 28 Abs. 3a BDSG aF. Ein klauselartige Bestätigungslösung, wonach die betroffene Person bestätigt, ein gewisses Alter zu haben, wäre gem. § 309 Nr. 12 lit. b BGB unzulässig und genügte auch nicht den Anforderungen des Abs. 1.[30] Nach zutreffender Auffassung stellt Abs. 2 jedoch (allein) eine Obliegenheit für den Verantwortlichen dar; eine **Rechtmäßigkeitsvoraussetzung** für die Einwilligung des Minderjährigen wird hierüber hingegen nicht normiert.[31] 19

2. Zweistufiges Überprüfungsverfahren. Im Anwendungsbereich von Art. 8 Abs. 1 ist das einzuhaltende Verfahren konsequenterweise zweistufig auszugestalten. Auf **Stufe 1** hat die Feststellung zu erfolgen, dass es sich bei dem Nutzer um einen Minderjährigen handelt. Hierfür ist eine einfache **„Wie alt bist Du?"-** Abfrage ausreichend. Insbesondere nicht erforderlich wäre vor dem Hintergrund der in Art. 5 Abs. 1 lit. c normierten Pflicht zu einer möglichst datensparsamen Datenerhebung und -verarbeitung die Abfrage des vollständigen Geburtsdatums. Bei der **Gestaltung von Eingabemasken** sollte hierauf besonders Wert gelegt werden. Nicht verlangt werden kann hingegen, obligatorisch vor jeden Dienst ein **Altersverifikationssystem** vorzuschalten.[32] 20

Ergibt sich aus der Altersabfrage, dass es sich um einen minderjährigen Nutzer unterhalb der Schwelle von 16 Jahren handelt, muss auf **Stufe 2** sichergestellt werden, dass für eine etwa gewollte einwilligungsbasierte Datenverarbeitung die Einwilligung der Erziehungsberechtigten eingeholt wird, für die die allgemeinen 21

---

[28] Vgl. Erbs/Kohlhaas/*Ambs*, Strafrechtliche Nebengesetze, § 4a BDSG aF Rn. 4; vgl. auch Ehmann/Selmayr/*Heckmann/Paschke*, DS-GVO, Art. 8 Rn. 26.

[29] *Artikel-29-Datenschutzgruppe*, WP 259, S. 26.

[30] So auch *Möhrke-Sobolewski/Klas*, KuR 2016, 373 (377); aA G/S/S/V/*Gierschmann*, Art. 8 Rn. 42.

[31] Ehmann/Selmayr/*Heckmann/Paschke*, DS-GVO, Art. 8 Rn. 32.

[32] *Gola/Schulz*, ZD 2013, 475 (479); vgl. aber zum BDSG aF den Beschl. des Düsseldorfer Kreises v. 24./25.11.2010 – „Minderjährige in sozialen Netzwerken wirksamer schützen".

Wirksamkeitsvoraussetzungen gem. Art. 7 gelten. Eine Authentifizierung des Erziehungsberechtigten im Wege der Anforderung einer **Ausweiskopie** schied bislang aus.[33] Das novellierte, am 29.7.2017 in Kraft getretene Personalausweisgesetz gestattet nunmehr in **§ 20 Abs. 2 iVm Abs. 1 PAuswG** auf Grundlage der Einwilligung des (ggf. auch minderjährigen) Ausweisinhabers eine „Ablichtung"[34] des Personalausweises zum Zwecke der Identifikation und Legitimation, was eine Altersverifikation mit einschließt. Diese Anpassung ermöglicht nunmehr die Übersendung von Ausweiskopien der Minderjährigen bzw. der Erziehungsberechtigten in Papierform oder über E-Mail bzw. (Video-)Chat- oder Messenger-Dienste. Die spezifische Löschverpflichtung für den Fall des Auslesens des Alters aus der maschinenlesbaren Zone gem. § 20 Abs. 5 PAuswG gilt nur für Altersverifikationen unter Ausschluss von Fernkommunikationsmitteln.[35] Hier ist eine Kollision mit der den Verantwortlichen treffenden Nachweispflicht iSv Art. 5 Abs. 2 nicht ausgeschlossen, so dass zumindest der Prozess der Prüfung sowie das „Ob" der Prüfung im Einzelfall dokumentiert sein sollte. Weitere mehr oder weniger **praxistaugliche Legitimationsverfahren** können sein:[36] Übersendung eines von den Eltern unterschriebenen Dokuments per Brief, Fax oder Scan, der Rückgriff auf Kreditkarten der Eltern oder ein Telefongespräch. Bei Letzterem sollte zu Nachweiszwecken der beweiserhebliche Teil – nach Einholung der Einwilligung des Gesprächspartners – per Voice Recorder aufgezeichnet werden.

22 Als weitere denkbare und zugleich weitestgehend rechtskonforme Lösung kann daneben das sog. **Double-Opt-in**-Verfahren angesehen werden. In Abweichung vom Standardprozess muss der Minderjährige hier jedoch aufgefordert werden, nicht die eigene, sondern die **E-Mail-Adresse der Eltern** anzugeben.[37] Mit Aktivierung des an diese E-Mail-Adresse übersandten Bestätigungslinks und der darin erklärten Einwilligung durch den Erziehungsberechtigten kann eine einwilligungsbasierte Datenverarbeitung als formal rechtskonform iSv Art. 8 Abs. 1 angesehen werden. Einwände, wonach Minderjährige in der Lage sein sollen, dieses Verfahren durch Täuschung über das wahre Alter oder die Angabe einer eigens eingerichteten E-Mail-Adresse, die vermeintlich einem Elternteil zuzuordnen ist, zu umgehen, sind hinzunehmen. Die Vermeidung solcher Umgehungsmöglichkeiten verbleibt, wie bei allen anderen kooperativen Szenarien mit Bezug zu Minderjährigen auch, vor allem in der **Erziehungsverantwortung der Eltern** selbst.[38]

VI. Fortgeltung des allgemeinen Vertragsrechts (Abs. 3)

23 Gem. Abs. 3 bleiben die Vorschriften zum allgemeinen Vertragsrecht der Mitgliedstaaten von den Vorgaben der Abs. 1 und 2 unberührt. Hiervon erfasst werden alle nationalen Vorschriften zur Gültigkeit, zum Zustandekommen oder zu den Rechtsfolgen eines Vertrags, der mit einem Minderjährigen geschlossen wird. So das **Vertragsrecht der Mitgliedstaaten** ein Sonderrecht für Verträge mit Minderjährigen vorsieht, muss die darauf aufbauende Datenverarbeitung nicht

---

[33] So zum PAuswG aF *Walter*, DSB 2013, 140 (142); *Nelles/Becker*, ZD 2017, 419 f.

[34] Gemeint ist das Kopieren, Fotografieren und Einscannen, BT-Drs. 18/11279, 27.

[35] BT-Drs. 18/11279, 28.

[36] Auflistung nach *Buchner/Kühling*, DuD 2017, 844 (847).

[37] So auch Paal/Pauly/*Frenzel*, DS-GVO, Art. 8 Rn. 13; *Laue/Nink/Kremer*, § 2 A Rn. 54; Kühling/Buchner/*Buchner/Kühling*, DS-GVO, Art. 8 Rn. 24.

[38] S. hierzu auch AG Bad Hersfeld, Beschl. v. 15.5.2017 – F 120/17 EASO.

daneben den Anforderungen von Art. 8 Abs. 1 genügen.[39] Diese (deklaratorische) Einschränkung ist folgerichtig, trägt der nationale Gesetzgeber den besonderen Anforderungen an den Minderjährigenschutz doch bereits in jenen vertragsrechtlichen Vorgaben Rechnung.

Im deutschen Recht zählen hierzu neben bereichsspezifischen Regelungen primär die Vorschriften des **Bürgerlichen Gesetzbuchs** zur Geschäftsfähigkeit Minderjähriger. Das in den §§ 104 ff. BGB normierte Prinzip der gestuften **Geschäftsfähigkeit von Minderjährigen** wirkt sich dabei schon heute unmittelbar auf die datenschutzrechtliche Zulässigkeit bei Erhebung und Verarbeitung von personenbezogenen Daten minderjähriger Vertragspartner aus: Ist der Minderjährige noch nicht sieben Jahre alt und damit geschäftsunfähig, bedarf es zum Abschluss eines Vertrages zwingend der Willenserklärung der gesetzlichen Vertreter, dh im Regelfall der Eltern.[40] Datenschutzrechtlich folgt die Zulässigkeit hierauf aufbauender Datenverarbeitungen unmittelbar **aus der Reichweite dieser Willenserklärung.** Gestattet es das Vertragsrecht, dass Minderjährige selbständig ein rechtsgeschäftliches oder rechtsgeschäftsähnliches Schuldverhältnis eingehen können, so finden die insoweit erforderlichen Datenverarbeitungen ihre Rechtfertigung in Art. 6 Abs. 1 lit. b. Im deutschen Recht sind hier neben der **beschränkten Geschäftsfähigkeit** (§ 106 BGB), der sog. Taschengeldparagraph (§ 110 BGB) und insbesondere die §§ 112, 113 BGB von Belang, im Rahmen derer Minderjährige voll geschäftsfähig sein können. Einer zusätzlichen datenschutzrechtlichen Einwilligung der Eltern bzw. des Minderjährigen selbst bedarf es in diesen Konstellationen nicht.[41] 24

C. Sanktionen

Verstöße gegen die Vorgaben in Art. 8 sind gem. Art. 83 Abs. 4 lit. a **bußgeldbewehrt** und können ein Bußgeld in Höhe von bis zu 10.000.000 EUR oder im Fall eines Unternehmens von bis zu 2 Prozent des weltweit erzielten Jahresumsatzes des vorangegangenen Geschäftsjahres nach sich ziehen. Zudem können Verstöße den allgemeinen Haftungstatbestand des Art. 82 Abs. 1 auslösen und ein **Recht auf Schadenersatz** begründen. Das Recht aus Art. 82 Abs. 1 steht „jeder" geschädigten Person zu und kann danach sowohl dem Minderjährigen als auch den Trägern der elterlichen Verantwortung zustehen. 25

Art. 9 Verarbeitung besonderer Kategorien personenbezogener Daten

(1) **Die Verarbeitung personenbezogener Daten, aus denen die rassische und ethnische Herkunft, politische Meinungen, religiöse oder weltanschauliche Überzeugungen oder die Gewerkschaftszugehörigkeit hervorgehen, sowie die Verarbeitung von genetischen Daten, biometrischen Daten zur eindeutigen Identifizierung einer natürlichen Person, Gesundheitsdaten oder Daten zum Sexualleben oder der sexuellen Orientierung einer natürlichen Person ist untersagt.**

---

[39] Vgl. auch G/S/S/V/*Gierschmann*, Art. 8 Rn. 47; gänzlich anders wird die Norm von Sydow/*Kampert*, Art. 8 Rn. 15 ausgelegt.

[40] S. § 1629 Abs. 1 S. 2 BGB.

[41] AA Ehmann/Selmayr/*Heckmann*/*Paschke*, DS-GVO, Art. 8 Rn. 36 („datenschutzrechtliche Einwilligung nicht obsolet").

(2) **Absatz 1 gilt nicht in folgenden Fällen:**

a) Die betroffene Person hat in die Verarbeitung der genannten personenbezogenen Daten für einen oder mehrere festgelegte Zwecke ausdrücklich eingewilligt, es sei denn, nach Unionsrecht oder dem Recht der Mitgliedstaaten kann das Verbot nach Absatz 1 durch die Einwilligung der betroffenen Person nicht aufgehoben werden,

b) die Verarbeitung ist erforderlich, damit der Verantwortliche oder die betroffene Person die ihm bzw. ihr aus dem Arbeitsrecht und dem Recht der sozialen Sicherheit und des Sozialschutzes erwachsenden Rechte ausüben und seinen bzw. ihren diesbezüglichen Pflichten nachkommen kann, soweit dies nach Unionsrecht oder dem Recht der Mitgliedstaaten oder einer Kollektivvereinbarung nach dem Recht der Mitgliedstaaten, das geeignete Garantien für die Grundrechte und die Interessen der betroffenen Person vorsieht, zulässig ist,

c) die Verarbeitung ist zum Schutz lebenswichtiger Interessen der betroffenen Person oder einer anderen natürlichen Person erforderlich und die betroffene Person ist aus körperlichen oder rechtlichen Gründen außerstande, ihre Einwilligung zu geben,

d) die Verarbeitung erfolgt auf der Grundlage geeigneter Garantien durch eine politisch, weltanschaulich, religiös oder gewerkschaftlich ausgerichtete Stiftung, Vereinigung oder sonstige Organisation ohne Gewinnerzielungsabsicht im Rahmen ihrer rechtmäßigen Tätigkeiten und unter der Voraussetzung, dass sich die Verarbeitung ausschließlich auf die Mitglieder oder ehemalige Mitglieder der Organisation oder auf Personen, die im Zusammenhang mit deren Tätigkeitszweck regelmäßige Kontakte mit ihr unterhalten, bezieht und die personenbezogenen Daten nicht ohne Einwilligung der betroffenen Personen nach außen offengelegt werden,

e) die Verarbeitung bezieht sich auf personenbezogene Daten, die die betroffene Person offensichtlich öffentlich gemacht hat,

f) die Verarbeitung ist zur Geltendmachung, Ausübung oder Verteidigung von Rechtsansprüchen oder bei Handlungen der Gerichte im Rahmen ihrer justiziellen Tätigkeit erforderlich,

g) die Verarbeitung ist auf der Grundlage des Unionsrechts oder des Rechts eines Mitgliedstaats, das in angemessenem Verhältnis zu dem verfolgten Ziel steht, den Wesensgehalt des Rechts auf Datenschutz wahrt und angemessene und spezifische Maßnahmen zur Wahrung der Grundrechte und Interessen der betroffenen Person vorsieht, aus Gründen eines erheblichen öffentlichen Interesses erforderlich,

h) die Verarbeitung ist für Zwecke der Gesundheitsvorsorge oder der Arbeitsmedizin, für die Beurteilung der Arbeitsfähigkeit des Beschäftigten, für die medizinische Diagnostik, die Versorgung oder Behandlung im Gesundheits- oder Sozialbereich oder für die Verwaltung von Systemen und Diensten im Gesundheits- oder Sozialbereich auf der Grundlage des Unionsrechts oder des Rechts eines Mitgliedstaats oder aufgrund eines Vertrags mit einem Angehörigen eines Gesundheitsberufs und vorbehaltlich der in Absatz 3 genannten Bedingungen und Garantien erforderlich,

i) die Verarbeitung ist aus Gründen des öffentlichen Interesses im Bereich der öffentlichen Gesundheit, wie dem Schutz vor schwerwie-

genden grenzüberschreitenden Gesundheitsgefahren oder zur Gewährleistung hoher Qualitäts- und Sicherheitsstandards bei der Gesundheitsversorgung und bei Arzneimitteln und Medizinprodukten, auf der Grundlage des Unionsrechts oder des Rechts eines Mitgliedstaats, das angemessene und spezifische Maßnahmen zur Wahrung der Rechte und Freiheiten der betroffenen Person, insbesondere des Berufsgeheimnisses, vorsieht, erforderlich, oder

j) die Verarbeitung ist auf der Grundlage des Unionsrechts oder des Rechts eines Mitgliedstaats, das in angemessenem Verhältnis zu dem verfolgten Ziel steht, den Wesensgehalt des Rechts auf Datenschutz wahrt und angemessene und spezifische Maßnahmen zur Wahrung der Grundrechte und Interessen der betroffenen Person vorsieht, für im öffentlichen Interesse liegende Archivzwecke, für wissenschaftliche oder historische Forschungszwecke oder für statistische Zwecke gemäß Artikel 89 Absatz 1 erforderlich.

(3) **Die in Absatz 1 genannten personenbezogenen Daten dürfen zu den in Absatz 2 Buchstabe h genannten Zwecken verarbeitet werden, wenn diese Daten von Fachpersonal oder unter dessen Verantwortung verarbeitet werden und dieses Fachpersonal nach dem Unionsrecht oder dem Recht eines Mitgliedstaats oder den Vorschriften nationaler zuständiger Stellen dem Berufsgeheimnis unterliegt, oder wenn die Verarbeitung durch eine andere Person erfolgt, die ebenfalls nach dem Unionsrecht oder dem Recht eines Mitgliedstaats oder den Vorschriften nationaler zuständiger Stellen einer Geheimhaltungspflicht unterliegt.**

(4) **Die Mitgliedstaaten können zusätzliche Bedingungen, einschließlich Beschränkungen, einführen oder aufrechterhalten, soweit die Verarbeitung von genetischen, biometrischen oder Gesundheitsdaten betroffen ist.**

Literatur: *Anzinger/Hamacher/Katzenbeisser*, Schutz genetischer, medizinischer und sozialer Daten als multidisziplinäre Aufgabe, 2013; *Beyvers/Gärtner/Kipker*, Data Processing for Research Purposes – Current Basics and Future Needs from a Legal Point of View, PinG 2015, 241; *Dregelies*, Wohin laufen meine Daten? – Datenschutz bei Sportuhren und Fitnesstrackern, VuR 2017, 256; *Hoffmann*, Einwilligung der betroffenen Person als Legitimationsgrundlage eines datenverarbeitenden Vorgangs im Sozialrecht nach dem Inkrafttreten der DSGVO, NZS 2017, 807; *Jandt/Hohmann*, Life-Style-, Fitness- und Gesundheits-Apps – Laufen Datenschutz und Vertraulichkeit hinterher?, DSRITB 2015, S. 17; *Molnár-Gábor*, Der Einfluss von Big Data in der Biomedizin auf die informierte Einwilligung und die Patientenrechte, DSRITB 2017, S. 345; *Molnár-Gábor/Korbel*, Verarbeitung von Patientendaten in der Cloud – Die Freiheit translationaler Forschung und der Datenschutz in Europa, ZD 2016, 274; *Otto/Rüdlin*, Standardisierung von Patienteneinwilligungen im Krankenhaus – Vorschlag zum einfacheren und effizienteren Umgang mit Einwilligungserklärungen zur Datenverarbeitung, ZD 2017, 519; *Rammos*, Die datenschutzrechtliche Zulässigkeit von Broad Consent für Forschungszwecke nach der DSGVO, DSRITB 2017, S. 359; *Schmid/Kahl*, Verarbeitung „sensibler" Daten durch Cloud-Anbieter in Drittstaaten – Auftragsdatenverarbeitung nach geltendem Recht und DS-GVO, ZD 2017, 54; *Schmidl/Tannen*, Das neue Bundesdatenschutzgesetz: die wichtigsten Regelungen für die Unternehmenspraxis, DB 2017, 1633; *Schneider*, Schließt Art. 9 DS-GVO die Zulässigkeit der Verarbeitung bei Big Data aus? – Überlegungen, wie weit die Untersagung bei besonderen Datenkategorien reicht, ZD 2017, 303; *Weichert*, „Sensitive Daten" revisited, DuD 2017, 538; *Werry/Knoblich*, Die neue europäische Datenschutz-Grundverordnung – Inhalte und akuter Handlungsbedarf für Pharma- und Medizinprodukteunternehmen, MPR 2017, 1.

Übersicht

A. Allgemeines

I. Zweck und Bedeutung der Vorschrift

1 Art. 9 stellt **besondere restriktive Zulässigkeitsvoraussetzungen** für die Verarbeitung von ausgewählten Datenkategorien auf, die bei der Verarbeitung bereits aufgrund ihres inhärenten Aussagegehalts besondere Risiken für die betroffene Person mit sich bringen können. Die Verarbeitung dieser durch den Verordnungsgeber als besonders schutzwürdig deklarierten Kategorien personenbezogener Daten (auch: **sensible,**[1] besser: **sensitive Daten**) unterliegt einem strikten Verbot (Abs. 1) soweit nicht einer der in Abs. 2 normierten Ausnahmetatbestände einschlägig ist. Die in Abs. 2 aufgezählten Erlaubnistatbestände stellen **zusätzliche Anforderungen** für eine Verarbeitung der in Abs. 1 genannten Datenkategorien auf (aber → Rn. 5 f.).

[1] Vgl. auch Erwägungsgrund 10, wonach besondere Kategorien personenbezogener Daten „im Folgenden“ als „sensible Daten“ bezeichnet sein sollen. Tatsächlich findet sich der Begriff der „sensiblen Daten“ allein an einer weiteren Stelle im Verordnungstext (Erwägungsgrund 51).

2 Die funktionale Fokussierung allein auf ausgewählte Datenkategorien, nicht aber den Verarbeitungskontext und eine sich erst daraus ergebende spezifische Schutzbedürftigkeit der betroffenen Person, macht das in Abs. 1 normierte **strikte Verarbeitungsverbot** faktisch überflüssig. Eine Normierung der besonders schützenswerten Datenkategorien sowie korrelierender, besonders strenger Zulässigkeitstatbestände für ihre Verarbeitung wären insoweit zureichend gewesen.[2] Auch besondere Kategorien personenbezogener Daten unterfallen ersichtlich dem Verbotsprinzip (→ Art. 6 Rn. 2), so dass sich der normative Aussagegehalt von Abs. 1 auf die Aufzählung dieser besonders schutzbedürftigen Datenarten beschränkt. Die DS-GVO führt an dieser Stelle eine bereits in der DS-RL angelegte **systematische Unsauberkeit** fort.[3] Positiv betrachtet kann mit *Veil* die gewählte Gesetzestechnik als **Ausdruck des sog. risikobasierten Ansatzes** gewertet werden.[4]

3 Die **zahl- und weitreichenden Ausnahmetatbestände** der Abs. 2 und 4 führen einerseits zu einer weitgehenden Egalisierung des durch Abs. 1 angeordneten strikten Verarbeitungsverbotes. Die Öffnungsklauseln der Abs. 2 und 4 gestatten Abweichungen in horizontaler Hinsicht (vgl. Abs. 2 lit. a) als auch hinsichtlich ausgewählter Verarbeitungsszenarien. Da sich die Auslegung dieser Ausnahmen, namentlich der darin enthaltenen unbestimmten Rechtsbegriffe, typischerweise an der jeweiligen Rechtskultur des Mitgliedstaates orientieren wird und zusätzlich zahlreiche Möglichkeiten der Konkretisierung über spezifisches nationalstaatliches Recht bestehen, verliert die DS-GVO auch an dieser Stelle weitestgehend ihren **Harmonisierungsanspruch**.[5]

II. Systematik, Aufbau und Verhältnis zu anderen Vorschriften

4 Abs. 1 normiert ein striktes Verarbeitungsverbot für ausgewählte Datenkategorien. Von dieser **Grundregel** kann bei Vorliegen einer oder mehrerer **Ausnahmetatbestände** iSv Abs. 2 abgewichen werden, wobei eine randscharfe Abgrenzung der einzelnen Befugnisse nicht immer gelingen wird. Gem. Abs. 3 darf eine Verarbeitung für Zwecke der Gesundheitsfürsorge oder der Arbeitsmedizin nur durch Fachpersonal, das einem Berufsgeheimnis oder einer Geheimhaltungspflicht unterliegt, erfolgen. Von den in Abs. 1 genannten besonderen Kategorien werden in Art. 4 allein genetische, biometrische und Gesundheitsdaten **legaldefiniert** (Art. 4 Nr. 13, 14, 15). Für die Verarbeitung dieser Datenkategorien enthält Abs. 4 eine gesonderte, allgemeine Öffnungsklausel für spezifische mitgliedstaatliche Regelungen.

5 Bei Anwendung einer der in Abs. 2 normierten Erlaubnistatbestände für die Verarbeitung besonderer Datenkategorien sind gem. Erwägungsgrund 51 zusätzlich die **allgemeinen Grundsätze und Bestimmungen der DS-GVO,** insbesondere hinsichtlich der Bedingungen für eine rechtmäßige Verarbeitung, heranzuziehen. Eine Verarbeitung sensitiver Daten ist danach gleichwohl auch etwa an den allgemeinen Grundprinzipien aus Art. 5, aber auch gesetzlichen Konkretisierungen der in Art. 9 Abs. 2 genannten spezifischen Erlaubnistatbestände auszu-

---

[2] So auch die bis zuletzt in den §§ 3 Nr. 9, 28 Abs. 6 BDSG aF gewählte Regelungstechnik; vgl. auch *Schneider*, ZD 2017, 303 (304).

[3] Vgl. auch *Ehmann/Helfrich*, EG-Datenschutzrichtlinie, Art. 8 Rn. 3, 9; Plath/*Plath*, DS-GVO, Art. 9 Rn. 3; BeckOK DatenschutzR/*Stemmer*, Art. 9 Rn. 8.

[4] *Veil*, ZD 2015, 347 (349); Ehmann/Selmayr/*Schiff*, DS-GVO, Art. 9 Rn. 1–3.

[5] So auch *Kühling/Martini*, EuZW 2016, 448 (450).

richten, weshalb insbesondere eine die Verarbeitung sensitiver Daten legitimierende **Einwilligung** iSv Art. 9 Abs. 2 lit. a zusätzlich den Anforderungen von Art. 6 Abs. 1 lit. a und Art. 7 zu entsprechen hat. Die Frage, ob es sich bei Art. 9 um eine echte lex specialis zu Art. 6 handelt,[6] oder ob hierüber allein **zusätzliche Vorgaben neben Art. 6** geschaffen werden,[7] ist umstritten. Jedenfalls entfaltet Art. 9 gegenüber Art. 6 Abs. 1 teilweise **Sperrwirkung,** über die zumindest die allgemeine Interessenabwägungsklausel des Art. 6 Abs. 1 lit. f als Grundlage für eine Verarbeitung sensitiver Daten ausscheidet.[8]

6 Dass Art. 9 **kein Pendant zu Art. 6 Abs. 1 lit. b** enthält bedeutet freilich nicht, dass eine Verarbeitung sensitiver Daten auf vertraglicher Basis unter der DS-GVO rundweg ausgeschlossen ist. Erforderlich ist an dieser Stelle, unter Heranziehung der konkreten Zweckbestimmung die Datenverarbeitung unter einen der spezifischen Erlaubnistatbestände des Abs. 2, die grundsätzlich auch eine Verarbeitung auf Vertragsbasis ermöglichen (zB Abs. 2 lit. b und h), zu subsumieren.[9] Eine Datenverarbeitung auf Grundlage einer allgemeinen Interessenabwägung scheidet hingegen aufgrund des Fehlens eines Art. 6 Abs. 1 lit. f vergleichbaren Erlaubnistatbestands in Art. 9 aus. Die fragwürdige, zum Recht nach dem BDSG aF durch die Aufsichtsbehörden zumindest offiziell vertretene Auffassung, die Verarbeitung sensitiver Daten im Wege der **Auftragsverarbeitung** sei unzulässig, kann unter der DS-GVO nicht aufrecht erhalten bleiben.[10] Der Verordnungsgeber hat offenkundig keine entsprechende Beschränkung vornehmen wollen.

7 Nur auf den ersten Blick unklar ist das **Verhältnis von Art. 9 zu Art. 6 Abs. 4** und der dort geregelten zweckändernden Weiterverwendung personenbezogener Daten. Zwar fehlt es einerseits in Art. 9 an einer expliziten auf Art. 6 Abs. 4 verweisenden Norm. Andererseits benennt Art. 6 Abs. 4 lit. c ausdrücklich besondere Kategorien personenbezogener Daten iSv Art. 9 und setzt damit bereits tatbestandlich voraus, dass eine auch solche Daten betreffende zweckändernde Verarbeitung grundsätzlich zulässig sein soll. Auch die Formulierung in Erwägungsgrund 51, wonach auch andere Bestimmungen der Verordnung, insbesondere hinsichtlich der Bedingungen für eine „rechtmäßige Verarbeitung", herangezogen werden sollen, stellt die Anwendbarkeit von Art. 6 Abs. 4 auf besondere Kategorien personenbezogener Daten klar.[11]

8 Sollen besondere Kategorien personenbezogener Daten in **automatisierte Entscheidungen** einfließen, stellt Art. 22 Abs. 4 hierfür gesonderte Vorgaben

---

[6] So noch an dieser Stelle in der 1. Aufl. vertreten; die Begr. des Rates spricht von „erschöpfend", Standpunkt (EU) Nr. 6/2016, ABl. 2016 C 159, 86; ebenso wohl Ehmann/Selmayr/*Schiff*, DS-GVO, Art. 9 Rn. 9 („Art. 6 neben Art. 9 nicht anwendbar"); Sydow/*Kampert*, Art. 9 Rn. 1; G/S/S/V/*Korge*, Art. 9 Rn. 3.

[7] So *Piltz*, § 22 BDSG nF Rn. 4; ebenso die Begr. zu § 22 BDSG nF vgl. BT-Drs. 18/11325, 94; wohl auch Paal/Pauly/*Frenzel*, DS-GVO, Art. 9 Rn. 20; Kühling/Buchner/*Weichert*, DS-GVO, Art. 9 Rn. 4 („nicht vollständig verdrängt"); BeckOK DatenschutzR/*Stemmer*, Art. 9 Rn. 1 („normative Sonderstellung").

[8] Vgl. auch Begr. des Rates, Standpunkt (EU) Nr. 6/2016, ABl. 2016 C 159, 86 („erschöpfend").

[9] Vgl. auch *Schneider*, ZD 2017, 303 (305).

[10] *Schmid/Kahl*, ZD 2017, 54 (56); vgl. auch Erwägungsgrund 53 aE; differenzierend für den Forschungsbereich *Molnár-Gábor/Korbel*, ZD 2016, 274 (279).

[11] Art. 6 ist mit „Rechtmäßigkeit der Verarbeitung" überschrieben; vgl. zum Ganzen auch *Krohm/Matthes*, PinG 2015, 49 ff.; offen gelassen bei *Kühling/Martini*, S. 54.

auf. Zudem bedarf es jedenfalls im Falle einer umfangreichen Verarbeitung gem. Art. 35 Abs. 3 lit. b einer **Datenschutz-Folgenabschätzung.** Handelt es sich bei der Kerntätigkeit des Verantwortlichen um die Verarbeitung sensitiver Daten, hat dieser gem. Art. 37 Abs. 1 lit. a einen **Datenschutzbeauftragten** zu bestellen. Erfolgt eine umfangreiche Verarbeitung besonderer Datenkategorien durch einen nicht in der Union niedergelassenen Verantwortlichen oder Auftragsdatenverarbeiter und findet die DS-GVO gleichwohl Anwendung (→ Art. 3 Rn. 23 f.) ist gem. Art. 27 ein **Vertreter in der Union** zu benennen.

Bereits die **europäische Datenschutzkonvention**[12] ordnet in Art. 6 an, dass besondere „Arten" personenbezogener Daten nur dann „automatisch" verarbeitet werden dürfen, wenn das innerstaatliche Recht einen geeigneten Schutz gewährt, wobei der Umfang der geschützten Datenarten den in Art. 9 DS-GVO genannten nicht erreicht. Die **DS-RL** sah in Art. 8 eine vergleichbare Sondervorschrift vor, wobei auch hier sowohl die Anzahl der besonders schutzbedürftigen Datenkategorien als auch die Vielfalt der Ausnahmetatbestände hinter den Vorgaben von Art. 9 DS-GVO zurückblieben. In Umsetzung dieser Vorgaben fanden sich im **BDSG aF** in § 3 Nr. 9 eine Begriffsdefinition der „besonderen Arten personenbezogener Daten" und in den §§ 13 Abs. 2, 14 Abs. 2 und 28 Abs. 6–9 sowie in zahlreichen Spezialgesetzen spezifische Verarbeitungsbefugnisse. Für die bis zuletzt in Art. 8 Abs. 5 und 7 DS-RL geregelte Zulässigkeit der Verarbeitung von Daten zu **Straftaten** bzw. zur Verarbeitung einer **nationalen Kennziffer** sieht die DS-GVO gesonderte Artikel (Art. 10, 87) vor. 9

Dem Richtliniencharakter von Art. 9 entsprechend, wurden ausgewählte spezialgesetzliche Normen zum Umgang mit besonderen Kategorien personenbezogener Daten aus dem bisherigen deutschen Recht unter das Dach der DS-GVO überführt. Soweit es sich bei besonderen Kategorien personenbezogener Daten iSv Art. 9 zugleich um **Sozialdaten** (vgl. § 67 Abs. 2 SGB X iVm § 35 SGB I) handelt, enthalten die §§ 284 f. SGB V für gesetzliche Krankenkassen und die §§ 67a-85a SGB X allgemeine, die Verarbeitung von Sozialdaten betreffende Vorgaben. Weitere Anpassungen anderer Spezialgesetze (zB des Gendiagnostikgesetzes, GenDG) standen zum Redaktionsschluss der 2. Auflage noch aus.[13] Des Weiteren hat der deutsche Gesetzgeber mit **§ 22 BDSG nF** eine allgemeine Erlaubnisnorm geschaffen, die neben diese spezifischen Erlaubnistatbestände sowie die allgemeinen des Art. 9 Abs. 2 getreten ist.[14] § 22 Abs. 1 BDSG nF differenziert zwischen Ausnahmetatbeständen, die einerseits sowohl durch öffentliche als auch durch nichtöffentliche Stellen genutzt werden können (Nr. 1 lit. a-c), und solchen, die andererseits allein öffentliche Stellen adressieren (Nr. 2 lit. a-d). Nur mit Blick auf die zweitgenannte Gruppe verlangt das Gesetz eine zusätzliche Interessenabwägung (→ Rn. 32). Ob die in Teilen sehr abstrakt gehaltenen Zulässigkeitstatbestände des § 22 BDSG nF der Maßgabe der DS-GVO nach „spezifischeren" Vorgaben immer vollends gerecht werden, wird die Rechtsprechung zu entscheiden haben. 10

Weitere im BDSG nF enthaltene Normen mit Bezug zu sensitiven Daten finden sich für die zweckändernde Weiterverarbeitung in § 23 Abs. 2 (durch öffentliche Stellen) und in § 24 Abs. 2 (durch nichtöffentliche Stellen), in § 25 11

---

[12] Konvention 108 v. 28.1.1981.

[13] S. hierzu die Auflistung der BReg im Rahmen ihrer Antwort auf eine schriftliche Anfrage des Abgeordneten von Notz BT-Drs. 18/13581, 10.

[14] BT-Drs. 18/11325, 94.

Abs. 3 für Datenübermittlungen durch öffentliche Stellen und § 26 Abs. 3 für das Beschäftigungsverhältnis. Das Zusammenspiel zwischen den in Art. 9 Abs. 2 enthaltenen unmittelbaren Erlaubnistatbeständen und seinen Öffnungsklauseln einerseits und den spezifischen, diese Öffnungsklauseln ausgestaltenden Normen im deutschen Recht andererseits ist von erheblicher Komplexität gekennzeichnet.[15] Hintergrund hierfür ist neben der freilich nicht trivialen Gesetzestechnik vor allem der Grundsatz der **Subsidiarität des BDSG nF** (vgl. § 1 Abs. 2 BDSG nF). Hiernach sind die im BDSG nF normierten Erlaubnistatbestände zur Verarbeitung besonderer Kategorien personenbezogener Daten nur dann unmittelbar einschlägig, wenn keine spezifischen nationalen Regelungen zur Anwendung kommen.[16]

12 Im ärztlichen Behandlungsverhältnis unterliegen Gesundheitsdaten der **ärztlichen Schweigepflicht.**[17] Einzelne der in Abs. 1 aufgezählten Datenkategorien unterfallen zugleich den dem **Schutz vor Diskriminierung** dienenden Regelungen des Allgemeinen Gleichbehandlungsgesetzes (AGG).[18] Ein nicht datenschutzkonformer Umgang mit sensitiven Daten soll daher auch die Vermutung der Diskriminierung (zB bei Gesundheit oder ethnischer Herkunft) begründen können.[19] Für das **Beschäftigungsverhältnis** findet sich in § 75 Abs. 2 BetrVG ein spezifisches Benachteiligungsverbot.

B. Einzelerläuterungen

I. Besondere Datenkategorien (Abs. 1)

13 Die in Abs. 1 normierte Aufzählung besonders schutzwürdiger Datenkategorien darf **nicht statisch** angewandt werden. Zum einen ist Art. 9 gem. Abs. 1 bereits dann einschlägig, wenn hinsichtlich der Datenkategorien rassische und ethnische Herkunft, politische Meinung, religiöse und weltanschauliche Überzeugung und der Gewerkschaftszugehörigkeit die eigentlich sensible Information nur mittelbar **hervorgeht.** Jedenfalls hinsichtlich dieser Kategorien soll es also genügen, dass sich die Information über besonders sensible Aspekte **auch mittelbar** aus dem Gesamtzusammenhang ergibt.[20] Für die Anwendbarkeit von Art. 9 erforderlich ist jedoch, dass hinsichtlich solcher kontextbezogenen Informationen auch einer **Auswertungsabsicht**[21] besteht bzw. der Schutzzweck der Regelung eröffnet ist.[22] Diese Voraussetzung ist insbesondere auch bei Mischdatensätzen, die sowohl aus sensitiven als auch aus nicht-sensitiven Daten bestehen, von Relevanz.

---

[15] *Weichert* spricht von einer Verstärkung des „Regelungswirrwarrs", DuD 2017, 538 (542).

[16] *Weichert*, DuD 2017, 538 (542).

[17] S. § 203 Abs. 1 StGB iVm § 9 MBO-Ä; vgl. auch die Krankenhausgesetze der Länder, zB § 24 LKG Berlin.

[18] S. § 1 AGG, Art. 14 EMRK.

[19] So zum BDSG aF BeckOK DatenschutzR/*Schild*, § 3 Rn. 149; zur Schadensersatzpflicht *Gola*, RDV 2006, 224 f.

[20] So auch Ehmann/Selmayr/*Schiff*, DS-GVO, Art. 9 Rn. 9; Paal/Pauly/*Frenzel*, DS-GVO, Art. 9 Rn. 8; vgl. zum Recht nach der DS-RL auch *Artikel-29-Datenschutzgruppe*, Advice paper on special categories of data („sensitive data"), 4/2011, S. 6.

[21] Vgl. zum BDSG aF *Gola/Schomerus*, § 3 Rn. 56a.

[22] Kühling/Buchner/*Weichert*, DS-GVO, Art. 9 Rn. 23.

Eine verobjektivierende Sichtweise,[23] die für die Anwendbarkeit von Art. 9 allein darauf abstellt, ob sich mit „hinlänglicher Sicherheit" besonders schutzwürdige Informationen ableiten lassen, bläht den Anwendungsbereich der Norm bedenklich auf und verliert den Telos der Norm aus den Augen. In **Zweifelsfällen** ist auch nach der DS-GVO die Anwendbarkeit der Sondervorschriften von Art. 9 zu verneinen.[24]

Entsprechend gelten gem. Abs. 1 folgende Angaben als sensitiv: **14**

- **Rassische[25] und ethnische Herkunft;** ggf. auch die Hautfarbe oder typische, regional begrenzte Sprachen, nicht aber die Staatsangehörigkeit.
- **Politische Meinungen;** auch Einstellungen oder Parteimitgliedschaften, nicht aber bereits die bloße Teilnahme an einer politischen Veranstaltung.[26] Die berufliche Tätigkeit für eine politische Partei wird nur dann erfasst, wenn es sich um eine solche mit politischem Bezug handelt, grundsätzlich also nicht Tätigkeiten wie zB die des IT-Administrators oder im Sekretariat.
- **Religiöse oder weltanschauliche Überzeugungen;** dh Konfessionszugehörigkeit oder die Mitgliedschaft in einer Sekte. Der bloße Austritt aus der „Staatskirche" sagt ebenso wenig über das Glaubensbekenntnis aus wie das Tragen eines Kleidungsstückes mit satanistischem Motiv. Ob das Tragen von eindeutig der Ausübung der Religion dienender Bekleidung und Devotionalien (zB Kopftuch, Kippa, Rosenkranz) Art. 9 unterfällt, hängt von der Auswertungsabsicht ab, die bei Maßnahmen der **Videoüberwachung** regelmäßig nicht gegeben sein dürfte. Der weithin konturenlose Begriff der **weltanschaulichen Überzeugung** erfasst per definitionem die Gesamtheit der persönlichen Wertungen, Vorstellungen und Sichtweisen, weshalb eine teleologische Reduktion erforderlich ist, nach der nur ideologische Gesinnungen oder Mitgliedschaften in ethischen Bünden (Freimaurer) erfasst sind, nicht aber bloße Einstellungen wie „Vegetarier" oder „Pazifist".
- **Gewerkschaftszugehörigkeit;** die Tätigkeit für eine gewerkschaftsnahe Stiftung nur dann, wenn ein inhaltlicher Zusammenhang zur Gewerkschaftstätigkeit besteht.
- **Genetische Daten** sind in Art. 4 Nr. 13 legaldefiniert (→ Art. 4 Rn. 73). Erwägungsgrund 34 ergänzt, dass es sich hierbei um Daten handelt, über die ererbten oder erworbenen genetischen Eigenschaften einer natürlichen Person, die aus der Analyse einer biologischen Probe der betreffenden natürlichen Person, insbesondere durch eine Chromosomen-, **DNS- oder RNS-Analyse** oder der Analyse eines anderen Elements, durch die gleichwertige Informationen erlangt werden können, gewonnen werden und die eindeutige Informationen über die Physiologie oder die Gesundheit dieser natürlichen Person liefern.
- **Biometrische Daten** sind in Art. 4 Nr. 14 legaldefiniert (→ Art. 4 Rn. 75). Beispiele sind Fingerabdrücke, Venen- oder Iriserkennung, Stimme. Unter die besonderen Restriktionen von Art. 9 fallen allerdings gem. Abs. 1 nur solche biometrischen Daten, die **zur eindeutigen Identifizierung einer natürli-**

---

[23] So etwa Knyrim/*Bergauer*, Datenschutzgrundverordnung, S. 60.

[24] Vgl. zum BDSG aF Simitis/*Simitis*, § 3 Rn. 265; aA Ehmann/Selmayr/*Schiff*, DS-GVO, Art. 9 Rn. 10.

[25] Vgl. hierzu die holprige Distanzierung des Verordnungsgebers von der fragwürdigen Begrifflichkeit in Erwägungsgrund 51, vgl. auch *Artikel-29-Datenschutzgruppe*, Advice paper on special categories of data („sensitive data"), 4/2011, S. 10.

[26] Differenzierend Kühling/Buchner/*Weichert*, DS-GVO, Art. 9 Rn. 27.

chen Person verarbeitet werden; **Lichtbilder** nur dann, wenn sie mit speziellen technischen Mitteln verarbeitet werden, die die eindeutige Identifizierung oder Authentifizierung einer natürlichen Person ermöglichen[27] und eine Auswertungsabsicht besteht, dh nicht bereits das schlichte Passbild eines Brillenträgers oder die Aufnahme eines Fotos mit einem biometriefähigen Endgerät (zB Smartphone).

- **Gesundheitsdaten** sind in Art. 4 Nr. 15 legaldefiniert (→ Art. 4 Rn. 76). Eine umfangreiche Erläuterung findet sich zudem in Erwägungsgrund 35, wonach bspw. zu den Gesundheitsdaten auch Informationen, die im Rahmen der Erbringung von Gesundheitsdienstleistungen iSd RL 2011/24/EG[28] verarbeitet werden sowie Nummern, Symbole oder Kennzeichen, die eine natürliche Person „für gesundheitliche Zwecke eindeutig identifizieren" können, sowie **Behinderungen** zählen. Der Begriff Gesundheitsdaten ist deutlich weitreichender als der Begriff der medizinischen Daten.[29] Aus dem Gesamtzusammenhang können bereits Arztbesuche Angaben über den Gesundheitszustand des Einzelnen vermitteln.
- **Daten zum Sexualleben oder der sexuellen Orientierung,** nicht jedoch bereits das Konsumieren von Pornographie oder der Einkauf in einem Sexshop.

15 **Nicht** von Abs. 1 erfasst bleiben weiterhin **Finanzdaten** sowie Daten über das **Alter** und das **Geschlecht.**[30] Ob Konsumgewohnheiten (Alkohol, Tabak) als Gesundheitsdaten zu werten sind, hängt maßgeblich von der Intensität ab. Informationen über den Konsum harter Drogen werden regelmäßig als Gesundheitsdatum einzuordnen sein. Allerdings besteht regelmäßig keine entsprechende Auswertungsabsicht bei der Verarbeitung der Adresse eines Wohnhauses für Drogenabhängige durch einen Pizzalieferservice.

II. Verarbeitungsbefugnisse (Abs. 2, § 22 BDSG nF)

16 **1. Ausdrückliche Einwilligung (lit. a).** Das Verarbeitungsverbot des Abs. 1 gilt nicht, wenn die betroffene Person **ausdrücklich eingewilligt** hat. Welche zusätzlichen Anforderungen an das Merkmal ausdrücklich anzulegen sind, ist angesichts der schon feingranularen Anforderungen an die allgemeine Einwilligung (vgl. hierzu die Ausführungen zu Art. 7 und Art. 6 Abs. 1 lit. a) unklar. Der EU-Ministerrat sieht hierin eine höhere Schwelle („higher threshold").[31] Gemeint sein dürfte jedenfalls, dass sich die Einwilligung **explizit** auf die Verarbeitung sensitiver Daten beziehen muss. Die verwendeten Daten sind konkret zu benennen, ebenso der Verwendungszweck.[32] Auch dürfte, anders als bei allgemeinen Einwilligungen (→ Art. 7 Rn. 42), eine konkludente oder **stillschweigende Erklärung** ausgeschlossen sein.[33] Eine nachfolgende anonymisierte Verarbeitung hebt das Erfordernis einer ausdrücklichen Einwilligung nicht auf; denkbar ist

---

[27] S. Erwägungsgrund 51.

[28] RL des EP und des Rates v. 9.3.2011 über die Ausübung der Patientenrechte in der grenzüberschreitenden Gesundheitsversorgung.

[29] Vgl. *Artikel-29-Datenschutzgruppe*, Annex – health data in apps and devices, S. 2.

[30] Vgl. zur Berücksichtigung iRd AGG zB LAG Niedersachsen, Urt. v. 4.8.2011 – 5 Sa 1351/10.

[31] Begr. des Rates v. 17.3.2016, 5419/16, S. 9; vgl. auch Kühling/Buchner/*Weichert*, DS-GVO, Art. 9 Rn. 47.

[32] Vgl. zum BDSG aF BeckOK DatenschutzR/*Kühling*, § 4a Rn. 56.

[33] So auch *Härting*, Rn. 552; Sydow/*Kampert*, Art. 9 Rn. 14.

jedoch eine Erhebung auf Grundlage eines anderen Erlaubnistatbestandes des Abs. 2 zum Zwecke der **anonymisierten Weiterverarbeitung,** etwa zu Forschungs- oder Statistikzwecken (→ Rn. 34).

Ausdrücklich meint nicht schriftlich.[34] Die DS-GVO kennt den Begriff der „schriftlichen" Erklärung, hat diesen in Art. 9 also offenbar bewusst nicht verwendet. Gleichwohl ist schon aus Nachweis- (→ Art. 5 Rn. 30 f.) und Beweisgründen (→ Art. 7 Rn. 60 f.) eine schriftliche Fixierung, mindestens jedoch eine Dokumentation des der Einholung der Einwilligung zugrundeliegenden Prozesses angezeigt. Für den **Bereich des Sozialdatenschutzes** hat der deutsche Gesetzgeber in § 67b Abs. 2 S. 1 SGB X eine Soll-Vorschrift für die Form der Einholung der Einwilligung aufgenommen („schriftlich oder elektronisch").[35] Telefonische Meinungsumfragen, zB zum Wahlverhalten, sind mit „ausdrücklicher" mündlicher Einwilligung möglich. 17

Will ein Arzt **Patientendaten „in der Cloud"** speichern, erfordert dies schon infolge der Gefahr des unzulässigen Offenbarens iSv § 203 Abs. 1 StGB die (tatbestandsausschließende) Einwilligung des Patienten.[36] Sofern auf Wearables installierte sog. **Fitness-, Lifestyle- und Gesundheits-Apps** Gesundheitsdaten verarbeiten (→ Rn. 28), ist zumindest im Regelfall der Weiterverarbeitung außerhalb des Endgerätes, zB der Datenübermittlung an Server des Betreibers, die ausdrückliche Einwilligung der betroffenen Person erforderlich.[37] Gleiches gilt für Techniken der Gesichtserkennung, soweit diese zur **individuellen werblichen Ansprache** im öffentlichen Raum eingesetzt wird.[38] 18

Die Einwilligung ist gemäß lit. a als Erlaubnistatbestand **ausgeschlossen,** wenn das Verbot des Abs. 1 gemäß unionsrechtlicher oder spezieller mitgliedstaatlicher Normen nicht durch die Einwilligung aufgehoben werden kann. Dieses den Mitgliedstaaten eröffnete Recht, die Einwilligung als Erlaubnistatbestand vollständig auszuschließen, ist eine der wenigen Möglichkeiten, den **Schutzstandard** der DS-GVO signifikant **abzuändern,** wobei das Vollverbot als Minus auch die Befugnis enthält, die Anforderungen an eine die Verarbeitung sensitiver Daten legitimierende Einwilligung zu schärfen.[39] 19

2. Arbeitsrecht, Recht der sozialen Sicherheit, Sozialschutz (lit. b, § 22 Abs. 1 Nr. 1 lit. a BDSG nF). Soweit dem Verantwortlichen auf den Gebieten des Arbeitsrechts, des Rechts der sozialen Sicherheit oder des Sozialschutzes nach Unionsrecht dem Recht der Mitgliedstaaten oder einer Kollektivvereinbarung Pflichten oder Rechte erwachsen, rechtfertigt dies die Verarbeitung der hierfür erforderlichen sensitiven Daten. Lit. b ist **kein eigenständiger Erlaubnistatbestand,** sondern verlangt vielmehr, dass sich die Erforderlichkeit der Datenverarbeitung zu vorgenannten Zwecken aus einer gesonderten, konkreten unionsrechtlichen oder einzelstaatlichen Norm, wozu **auch Betriebsvereinbarungen und** 20

---

[34] Sa G/S/S/V/*Korge*, Art. 9 Rn. 20; Ehmann/Selmayr/*Schiff*, DS-GVO, Art. 9 Rn. 30 („Textform").

[35] S. zur Einwilligung im Sozialrecht im Allgemeinen *Hoffmann*, NZS 2017, 807 f.

[36] In diese Richtung auch *Heimhalt/Rehmann*, MPR 2014, 197 (204).

[37] Vgl. *Artikel-29-Datenschutzgruppe*, Annex – health data in apps and devices, S. 5; auf die weiteren in diesem Zusammenhang ungeklärten Fragen weisen *Jandt/Hohmann* hin, vgl. DSRITB 2015, S. 17 (31).

[38] Zum Ganzen *Voigt*, K&R 2016, 456 f.

[39] So iE auch *Kühling/Martini*, S. 50.

Tarifverträge zählen,[40] ergibt. Die gestattende Norm muss spezifische „Garantien“ zum Schutz der Grundrechte und Interessen der betroffenen Person beinhalten (→ Rn. 32). Erfasst werden Verarbeitungsbefugnisse etwa zu Zwecken der Renten- und Sozialversicherung, Krankenversicherung, Sozialhilfe, Wohnungs-, Familien- oder Ausbildungsförderung,[41] die in den jeweiligen Spezialgesetzen verankert sein müssen. Werden Daten für **Zwecke des Beschäftigungsverhältnisses,** zB auf dem Gebiet des Arbeitsrechts oder des Rechts der sozialen Sicherheit verarbeitet, enthält § 26 Abs. 3 BDSG nF eine Sondervorschrift (→ Art. 88 Rn. 93). Im **Recht der Sozialdaten** fungiert § 67a Abs. 1 S. 2 SGB X als Einstiegsnorm für die nach dem SGB X aber auch nach anderen Sozialgesetzbüchern erforderlichen Verarbeitungen sensitiver Daten.[42] Daneben hat der Gesetzgeber mit **§ 22 Abs. 1 Nr. 1 lit. a BDSG nF** eine gegenüber spezialgesetzlichen Vorgaben subsidiär[43] anwendbare allgemeine Erlaubnisnorm geschaffen, die sowohl von öffentlich-rechtlichen als auch von privatrechtlichen Verantwortlichen genutzt werden kann. Die Norm gestattet die Verarbeitung von sensitiven Daten in zwei Fällen. Entweder ist die Verarbeitung für die Ausübung, dh die Wahrnehmung von aus dem Recht der sozialen Sicherheit oder dem Sozialschutz erwachsenden Rechten erforderlich oder die Erforderlichkeit ergibt sich aus daraus herrührenden Pflichten. Die durch die DS-GVO verlangten spezifischen Garantien werden über § 22 Abs. 2 BDSG nF angeordnet.

21 **3. Schutz lebenswichtiger Interessen (lit. c).** Über lit. c wird der für nichtsensitive Daten einschlägige Zulässigkeitstatbestand des Art. 6 Abs. 1 lit. d **auf sensitive Daten ausgeweitet.** Auf die Kommentierung zu Art. 6 Abs. 1 lit. d wird ergänzend verwiesen (→ Art. 6 Rn. 43 f.). Die Datenverarbeitung muss zum Schutz lebenswichtiger Interessen der betroffenen Person oder eines Dritten erforderlich sein, was vor allem den Schutz vor lebensbedrohlichen Krankheiten und Infektionen erfassen dürfte.[44] Grundvoraussetzung für die Anwendbarkeit von lit. c ist auch hier, dass sich die **Einholung einer Einwilligung** als (faktisch) unmöglich erweist, etwa weil die betroffene Person bewusstlos ist oder infolge physischer Abwesenheit nicht erreicht werden kann.[45] Gem. Erwägungsgrund 46 soll lit. c nur dann greifen, wenn die Verarbeitung offensichtlich nicht auf eine andere Rechtsgrundlage gestützt werden kann.

22 **4. Stiftungen, Vereinigungen, sonstige gemeinnützige Organisationen (lit. d).** Die Ausnahmevorschrift des lit. d macht deutlich, dass der Verordnungsgeber den in lit. d aufgezählten Organisationen eine besondere, notwendige Funktion innerhalb einer demokratischen Gesellschaft beimisst.[46] Erfasst wird die Verarbeitung sensitiver Daten im Rahmen rechtmäßiger Tätigkeiten **politisch, weltanschaulich, religiös oder gewerkschaftlich** ausgerichteter Organisatio-

---

[40] Vgl. *Wybitul*, ZD 2016, 203 (206).

[41] Sa Erwägungsgrund 52.

[42] Die Gesetzesbegr. zu § 67a Abs. 1 SGB X nF nennt beispielhaft die Verarbeitung von Ethnie, Religion und Weltanschauung für die Anerkennung von Ersatzzeiten in der ges. Rentenversicherung gem. § 250 Abs. 1 Nr. 4 SGB VI; s. BT-Drs. 18/12611, 102.

[43] Vgl. § 1 Abs. 2 BDSG nF.

[44] Vgl. zum bislang geltenden Recht Simitis/*Sokol/Scholz*, § 13 Rn. 37.

[45] Vgl. auch Ehmann/Selmayr/*Schiff*, DS-GVO, Art. 9 Rn. 37; zum Recht nach der DS-RL bereits FRA, S. 99.

[46] Vgl. schon nach dem Recht der DS-RL *Ehmann/Helfrich*, EG-Datenschutzrichtlinie, Art. 8 Rn. 28.

nen,[47] also bspw. politischer Parteien, sog. Weltanschauungsgemeinschaften, Gewerkschaften oder privater und staatlicher[48] Religionsgemeinschaften. Im Kern geht es also um Organisationen ohne Gewinnerzielungsabsicht.[49] Die Verarbeitung muss im Rahmen der (satzungsgemäßen) Zwecksetzung der jeweiligen Organisation und auf Grundlage **geeigneter Garantien,** wozu vor allem hinreichende technisch-organisatorische Maßnahmen zählen, erfolgen. Nicht erfasst sind derartige Ziele ggf. mittelbar verfolgende Einrichtungen, bei denen jedoch primär ein Erwerbszweck im Vordergrund steht (zB der Verleger einer Kirchenzeitung). Hier gilt Art. 6 Abs. 1.

Die Zulässigkeit der Datenverarbeitung nach lit. d gilt nicht unbeschränkt, sondern unterliegt **zwei zusätzlichen Voraussetzungen.** Erstens darf sich die Verarbeitung ausschließlich auf die Mitglieder oder ehemalige Mitglieder der Organisation oder auf Personen, die im Zusammenhang mit deren Tätigkeitszweck regelmäßige Kontakte mit ihr unterhalten (sog. Korrespondenzpartner), beziehen. Erfasst sind also nur Daten von betroffenen Personen, mit denen die Organisation im Zusammenhang mit ihrem Tätigkeitszweck **regelmäßige Kontakte** unterhält. Das einmalige Anfordern eines Programms, einer Satzung oder sonstigen Informationsmaterials genügt diesen Anforderungen nicht.[50] **23**

Zweitens wird in lit. d die Zulässigkeit der Datenverarbeitung auf **allein interne Zwecke** begrenzt. Eine **Offenlegung,** etwa Veröffentlichungen im Internet oder Übermittlungen an Dritte außerhalb der Organisation, ist hiervon nicht gedeckt. Für solche Verarbeitungsvorgänge verlangt lit. d die „Einwilligung" der betroffenen Person, wobei davon auszugehen ist, dass auch an dieser Stelle eine **ausdrückliche Einwilligung** iSv Abs. 2 lit. a (→ Rn. 14) zu fordern ist. **24**

5. Öffentlich gemachte Daten (lit. e). Das Verarbeitungsverbot nach Abs. 1 gilt nicht, soweit die betroffene Person sie betreffende sensitive Daten offensichtlich öffentlich gemacht hat. In diesem Fall besteht nach Auffassung des Verordnungsgebers **keine besondere Schutzbedürftigkeit** der so öffentlich gemachten Daten, so dass sich die Rechtmäßigkeit der Verarbeitung allein nach den allgemeinen Erlaubnistatbeständen des Art. 6 Abs. 1 richtet. **25**

Öffentlich gemacht sind Daten, soweit diese dem Zugriff einer unbestimmten Anzahl von Personen ohne wesentliche Zulassungsschranke offenstehen, zB frei zugängliche Bereiche des Internet oder öffentliche Medien.[51] Ob in **sozialen Netzwerken** „veröffentlichte" Daten unter lit. e fallen, hängt maßgeblich davon ab, ob die Daten der Allgemeinheit oder nur innerhalb abgeschlossener Gruppen/ Kreise zur Verfügung gestellt wurden. Die eigene „Veröffentlichung" muss **offensichtlich,** dh eindeutig von der betroffenen Person veranlasst sein. Eine zweckgerichtete Veröffentlichung wird durch lit. e hingegen nicht verlangt. Pressemeldungen (vgl. auch die Kommentierung zu Art. 85) genügen nur dann als Quelle, wenn die betroffene Person diese durch eigene Mitteilung an die Presse veranlasst hat.[52] Sofern veröffentlichte Daten durch die **öffentliche Hand** verarbeitet wer- **26**

---

[47] S. Erwägungsgrund 51.

[48] S. Erwägungsgrund 55.

[49] Sydow/*Kampert*, Art. 9 Rn. 24; Kühling/Buchner/*Weichert*, DS-GVO, Art. 9 Rn. 73.

[50] So zum Recht nach der DS-RL *Ehmann/Helfrich*, EG-Datenschutzrichtlinie, Art. 8 Rn. 31.

[51] Vgl. zum BDSG aF BeckOK DatenschutzR/*Wolff*, § 28 Rn. 253.

[52] Kühling/Buchner/*Weichert*, DS-GVO, Art. 9 Rn. 79.

den sollen, bedarf es flankierend einer gesetzlichen Aufgabenbeschreibung, die gerade eine derartige Datenverarbeitung legitimiert (→ Art. 6 Rn. 48).

27 **6. Rechtsansprüche und Handlungen der Gerichte (lit. f).** Für die **Geltendmachung, Ausübung oder Verteidigung** von Rechtsansprüchen dürfen sensitive Daten stets verarbeitet werden. Das BGB versteht unter einem Anspruch das Recht, von einem anderen ein Tun oder Unterlassen verlangen zu können.[53] Ein Anspruch iSv lit. f kann sich auf Grund gesetzlicher als auch vertraglicher Regelung ergeben. Es kann sich sowohl um Ansprüche handeln, die dem Verantwortlichen gegenüber anderen zustehen, als auch um Informationen zur Klärung von gegen den Verantwortlichen gerichtete Ansprüche. Unerheblich ist es also, ob die verantwortliche Stelle **Gläubiger oder Schuldner** des Anspruchs ist.[54] Anders als im Recht nach dem BDSG aF[55] bedarf es zur Begründung der Rechtmäßigkeit der Datenverarbeitung keiner gesonderten Interessenabwägung.

28 Dass in lit. f die **Begründung eines Anspruchs** unerwähnt bleibt, ist unverständlich, zumal die Geltendmachung eines Anspruchs denklogisch nur dann möglich ist, wenn dieser vormals auch begründet wurde. Mag der Verordnungsgeber von dieser Selbstverständlichkeit auch ausgegangen sein, hätte die Aufnahme des Begriffs ersichtlich für mehr Rechtssicherheit gesorgt. Wenn die Verarbeitung besonderer Kategorien personenbezogener Daten Vertragsgegenstand ist oder es sonst für das Vertragsverhältnis zwingend erforderlich ist, dürfen auch sensitive Daten verarbeitet werden, was insbesondere für das **Fragerecht des Arbeitgebers** von Relevanz ist, aber auch für Verträge im Versicherungswesen oder der Datenverarbeitung durch eine **Gesundheits-App** (vgl. aber → Rn. 18). Ob die Erfassung wiederholt festgestellter Simulanten in einer **Krankenhauswarndatei** anhand lit. f aufzulösen ist, hängt zunächst maßgeblich von der Frage ab, ob das Simulantentum des Einzelnen als sensitives Datum iSv Abs. 1 zu werten ist. Folgt man dieser Annahme, wird schon infolge des dann nicht anzunehmenden Schutzbedürfnisses des Simulanten eine Speicherung und Beauskunftung zulässig sein.[56]

29 Der Anspruch iSv lit. f muss **nicht rechtshängig** sein,[57] so dass auch der vor- und außergerichtliche Rechtsverkehr erfasst wird. Die explizite **Erwähnung der Gerichte** in lit. f soll sicherstellen, dass entscheidungserhebliche Daten auch dann in das Verfahren eingeführt werden können, wenn diese grundsätzlich dem Verbot des Abs. 1 unterfallen.

30 **7. Erhebliches öffentliches Interesse (lit. g, § 22 Abs. 1 Nr. 2 BDSG nF).** Gem. lit. g gilt das Verbot des Abs. 1 nicht, soweit die Verarbeitung sensitiver Daten aus Gründen eines erheblichen öffentlichen Interesses erforderlich ist. Lit. g ist **kein eigenständiger Erlaubnistatbestand.** Es handelt sich um eine horizontale Öffnungsklausel, über die das erhebliche öffentliche Interesse konkretisierende Normen der Union oder der Mitgliedstaaten Anwendung finden können. Von lit. g erfasst werden **besonders schützenswerte Belange des Gemeinwohls bzw. Gemeinschaftsgüter.** Das individuelle Interesse an Datenschutz hat dann zurückzustehen, wenn die gefährdeten Gemeinwohlbelange die Beeinträch-

---

[53] S. § 194 Abs. 1 BGB.
[54] So auch Kühling/Buchner/*Weichert*, DS-GVO, Art. 9 Rn. 84.
[55] S. § 28 Abs. 6 Nr. 3 BDSG.
[56] Differenzierend zum BDSG aF BeckOK DatenschutzR/*Buchner*, § 29 Rn. 144.
[57] S. Erwägungsgrund 52.

tigung des Persönlichkeitsrechts eindeutig überwiegen.[58] Dieser Vorrang soll auf Seiten der betroffenen Person durch angemessene und spezifische Maßnahmen zur Wahrung seiner Grundrechte und Interessen kompensiert werden (→ Rn. 46).

Mit Leben gefüllt wird die Öffnungsklausel des lit. g über **§ 22 Abs. 1 Nr. 2 BDSG nF,** dessen vier Varianten (lit. a–d) nur durch öffentliche Stellen fruchtbar gemacht werden können und ausweislich der Gesetzesbegründung im Wesentlichen § 13 Abs. 1 Nr. 1, 5, 6 und 9 BDSG aF entsprechen sollen.[59] § 22 Abs. 1 Nr. 2 **lit. a** BDSG nF ist auf Fälle zugeschnitten, in denen eine Verarbeitung zwar nicht gesondert geregelt ist, aus Gründen eines erheblichen, dh eines qualifizierten öffentlichen Interesses aber als sachlich geboten erscheint. Die in den Erwägungsgründen 34–36 DS-RL enthaltenen Hinweise auf potentiell „wichtige" öffentliche Interessen taugen als Auslegungshilfe nur mehr noch bedingt, da die dort angesprochenen Fälle überwiegend in gesonderten Erlaubnistatbeständen aufgegangen sind.[60] Eine weitere Schärfung des Ausnahmecharakters der Norm wird darüber erreicht, dass „einfache" Erforderlichkeit nicht genügen soll; gefordert wird eine „zwingende", was im Einzelfall zu Auslegungsfragen führen wird. Nach der Gesetzesbegründung ist ein erhebliches öffentliches Interesse insbesondere im Falle der **Verarbeitung biometrischer Daten zu Zwecken der eindeutigen Identifikation** betroffener Personen anzunehmen. 31

Die Verarbeitung sensitiver Daten ist gem. § 22 Abs. 1 Nr. 2 **lit. b** BDSG nF zulässig, soweit dies zur Abwehr einer erheblichen Gefahr für die öffentliche Sicherheit erforderlich ist. Die Ausnahme führt § 13 Abs. 1 Nr. 5 BDSG aF wort- und sinngleich fort. Liegt eine nach dem **Polizei- und Ordnungsrecht** zu beurteilende qualifizierte Gefahr für Gemeinschafts- (verfassungsmäßige Ordnung, Bestand des Staates und seiner Einrichtungen etc.) oder Individualgüter (Leben, Gesundheit, Freiheit etc.) vor, soll bei Erforderlichkeit eine Datenverarbeitung möglich bleiben. Noch einmal deutlich weiter reicht § 22 Abs. 1 Nr. 2 **lit. c** BDSG nF, der § 13 Abs. 1 Nr. 6 BDSG aF nachgebildet ist und das **Gemeinwohl** als Schutzobjekt zum Gegenstand hat. Dass die Verarbeitung sensitiver Daten zur Abwehr erheblicher Nachteile des Gemeinwohls oder zur Wahrung erheblicher Belange des Gemeinwohls nur bei „zwingender" Erforderlichkeit ausnahmsweise zulässig sein soll, verdeutlicht zugleich aber den absoluten Ausnahmecharakter der Norm. Beispiele für das Gemeinwohl sind die Menschenwürde, Frieden, Freiheit und Sicherheit.[61] § 22 Abs. 1 Nr. 2 **lit. d** BDSG nF tritt an die Stelle von § 13 Abs. 1 Nr. 9 BDSG aF und gilt weiterhin allein für öffentliche Stellen des Bundes und deren Tätigkeit im Rahmen der Verteidigung Deutschlands oder der **bi- oder multilateralen Zusammenarbeit** zu humanitären Zwecken oder zur Konfliktprävention bzw. -bewältigung. 32

Als wären die in § 22 Abs. 1 Nr. 2 BDSG nF normierten Anforderungen an mögliche Beschränkungen des Schutzes der betroffenen Person noch nicht hoch genug („erheblich", „zwingend") und als wären die dort geschützten Rechtsgüter nicht bereits per se von herausragendem Wert, ordnet § 22 Abs. 1 Nr. 2 Hs. 2 BDSG nF an, dass für alle Fälle der Nr. 2 **zusätzlich eine Abwägung mit den Interessen der betroffenen Person** durchzuführen ist. Da für Fälle in Nr. 2 ein 33

---

[58] Vgl. auch Ehmann/Selmayr/*Schiff*, DS-GVO, Art. 9 Rn. 45.

[59] BT-Drs. 18/11325, 95.

[60] Erwägungsgrund 34 DS-RL führte bspw. die Wirtschaftlichkeit von Krankenversicherungssystemen, Forschung und Statistik an.

[61] So zum BDSG aF BeckOK DatenschutzR/*Stender-Vorwachs*, § 13 BDSG aF Rn. 40.

überwiegendes Interesse des Verantwortlichen erforderlich ist, ist der Maßstab der Abwägung an dieser Stelle sogar noch strenger, als es bei Art. 6 Abs. 1 lit. f der Fall ist (→ Art. 6 Rn. 58). Eine solche Gesetzestechnik, die selbst bei offenkundigen – zwingenden – Gemeinschaftsinteressen im Zweifel den Interessen des Einzelnen Vorrang gewährt ist weder liberal noch von Verfassungs wegen erforderlich, sondern vor allem historisch bedingt und allenfalls von symbolischen Wert. Sollte es in der Praxis wirklich Fälle geben, in denen zwar in Schritt eins zB eine Verarbeitung belegbaren erheblichen Nachteilen für das Gemeinwohl vorbeugen könnte, als Ergebnis der durchzuführenden Abwägung die Rechte der betroffenen Person, des Einzelnen, an einem Unterbleiben dieser Verarbeitung dennoch höher zu gewichten wären, die Nachteile für das Gemeinwohl also hingenommen werden müssten?

34 Eine spezifische, die **Datenübermittlung durch öffentliche Stellen** legitimierende Norm findet sich in § 25 Abs. 3 BDSG nF. Weitere spezialgesetzliche Ausgestaltungen der Ausnahme des lit. g sind bspw. §§ 29b Abs. 2, 29c Abs. 2 und 10, § 31c AO für die Verarbeitung besonderer Kategorien personenbezogener Daten durch **Finanzbehörden.**

35 **8. Gesundheitsvorsorge, Arbeitsmedizin etc. (lit. h, Abs. 3; § 22 Abs. 1 Nr. 1 lit. b BDSG nF).** Die datenschutzrechtliche Zulässigkeit der **Versorgung und Behandlung im Gesundheits- und Sozialbereich,** der medizinischen Diagnostik, der Gesundheitsvorsorge, des gesamten Bereichs der Arbeitsmedizin zur Beurteilung der Arbeitsfähigkeit von Beschäftigten sowie der Verwaltung von Systemen und Diensten im Gesundheits- und Sozialbereich wird durch lit. h gewährleistet. Die jeweilige Zweckbestimmung muss sich entweder aus dem Recht der Union oder dem eines Mitgliedstaats oder „aufgrund eines Vertrags mit einem Angehörigen eines Gesundheitsberufs" ergeben. In Deutschland sind auf dieser Grundlage bspw. ein Großteil der Normen im Sozialdatenrecht und § 22 Abs. 1 Nr. 1 lit. b BDSG nF erlassen worden. Von lit. h erfasst werden sämtliche Formen gesundheitsbezogener Handlungen präventiver, diagnostischer, kurativer und nachsorgender Art[62] sowie die in diesem Zusammenhang erforderliche **Verwaltungstätigkeit** und die Arbeit von Abrechnungsstellen und Apotheken.[63] Gesundheitsversorgung und -behandlung ist die Erbringung gesundheitsfördernder bzw. therapeutischer Leistungen. Diagnostik ist das Erkennen und Benennen von Krankheiten oder Verletzungen. Gesundheitsvorsorge sind präventive Maßnahmen. Die Ausnahme des lit. h erstreckt sich **nicht allein auf Gesundheitsdaten.** Lehnt eine betroffene Person eine konkrete medizinische Behandlung etwa aus religiösen Gründen ab, ist die Verarbeitung dieser Information, dh der Ablehnung, ebenfalls von lit. h gedeckt

36 Der sehr weitreichende Ausnahmetatbestand des lit. h wird über die in Abs. 3 enthaltene Vorgabe eingegrenzt. Hiernach ist der Umgang mit sensitiven Daten zu Zwecken nach lit. h allein unter der Verantwortung von **Fachpersonal,** das einem Berufsgeheimnis (vgl. § 203 StGB) oder einer sonstigen Geheimhaltungspflicht nach mitgliedstaatlichem Recht unterliegt, zulässig.[64] Der Geheimhaltungs- bzw. Schweigepflicht unterliegen neben **Ärzten** auch die **Angehörigen**

---

[62] S. Erwägungsgrund 53; zum Recht nach der DS-RL vgl. Dammann/Simitis/*Dammann/Simitis*, EG-Datenschutzrichtlinie, Art. 8 Rn. 18.

[63] Details bei Kühling/Buchner/*Weichert*, DS-GVO, Art. 9 Rn. 105 f.

[64] Die Wahrung der ärztlichen Schweigepflicht wird in Deutschland zudem über die ärztlichen Berufsordnungen der Landesärztekammern vorgegeben.

der nichtärztlichen Heilberufe mit staatlich geregelter Ausbildung, zB Psychotherapeuten nach dem Psychotherapeutengesetz (PsychThG), Medizinische Fachangestellte, Krankenschwestern und Krankenpfleger, Hebammen, Masseure, Krankengymnasten, medizinisch-technische Assistenten sowie berufsmäßig tätige Gehilfen und Personen, die bei ihnen zur Vorbereitung auf den Beruf tätig sind.[65] Die zum Recht nach dem BDSG aF überwiegend vertretene Auffassung, dass sich die Erlaubnis der Datenverarbeitung durch **(private) Krankenkassen** prinzipiell allein aus einer Einwilligung der betroffenen Person ergeben kann,[66] war angesichts der Erstreckung der beruflichen Geheimhaltungspflicht gerade auch auf Beschäftigte in diesem Bereich schon bislang unverständlich und kann infolge der fehlenden Trennung zwischen öffentlichen und privaten Versicherern unter der DS-GVO nicht aufrecht erhalten bleiben.[67]

Der auf Grundlage von lit. h erlassene **§ 22 Abs. 1 Nr. 1 lit. b BDSG nF** 37
entspricht ausweislich der Gesetzesbegründung im Wesentlichen § 13 Abs. 2 Nr. 7 und § 28 Abs. 7 BDSG aF und gibt den Wortlaut von lit. h und Art. 9 Abs. 3 sinn- und annähernd wortgleich wieder: Die Verarbeitung muss zu den in der Norm genannten Zwecken oder aufgrund eines Vertrages der betroffenen Person mit einem Angehörigen eines Gesundheitsberufs erforderlich sein und darf nur durch medizinisches Fachpersonal, das selbst Berufsgeheimnisträger ist (§ 203 StGB) oder sonst zur Geheimhaltung verpflichtet ist bzw. wurde, erfolgen. Dass, anders als in lit. h, in § 22 Abs. 1 Nr. 1 lit. b BDSG die **Zweckbestimmung der „Arbeitsmedizin" fehlt,** ist unschädlich, bleibt diese doch über den übergeordneten Zweck der Gesundheitsvorsorge erfasst. Zudem richtet sich die Zulässigkeit der Verarbeitung von Gesundheitsdaten in Deutschland nicht gesondert nach Facharztrichtungen sondern nach dem bereichsspezifischen Recht – und nunmehr daneben nach § 22 Abs. 1 Nr. 1 lit. b BDSG nF.[68]

Verträge zwischen Patienten und Angehörigen eines Gesundheitsberufes sind 38
Behandlungsverträge iSv §§ 630a ff. BGB. Erfasst werden neben dem klassischen Arzt-Patienten-Verhältnis auch Verträge mit Psychologischen Psychotherapeuten, Kinder- und Jugendlichenpsychotherapeuten sowie mit Angehörigen anderer Heilberufe, deren Ausbildung nach Art. 74 Abs. 1 Nr. 19 GG durch Bundesgesetz geregelt ist (zB Hebammen, Masseure und medizinische Bademeister, Ergotherapeuten, Logopäden, Physiotherapeuten etc.).

9. Öffentliche Gesundheit, schwerwiegende Gesundheitsgefahren 39
(lit. i, § 22 Abs. 1 Nr. 1 lit. c BDSG nF). Die in lit. h auf Ebene der einzelnen betroffenen Person für zulässig erachtete Verarbeitung wird in lit. i auf **öffentliche Interessen** im **Bereich der öffentlichen Gesundheit** übertragen. Unter öffentlicher Gesundheit versteht der europäische Gesetzgeber „alle Elemente im Zusammenhang mit der Gesundheit, nämlich den Gesundheitszustand einschließlich Morbidität und Behinderung, die sich auf diesen Gesundheitszustand auswirkenden Determinanten, den Bedarf an Gesundheitsversorgung, die der Gesundheitsversorgung zugewiesenen Mittel, die Bereitstellung von und den allgemeinen Zugang zu Gesundheitsversorgungsleistungen sowie die entsprechenden Ausgaben

[65] S. § 203 Abs. 3 S. 1 StGB; s. zu § 22 Abs. 1 Nr. 1 lit. b BDSG nF auch BT-Drs. 18/11325, 95; vgl. auch Sydow/*Kampert*, Art. 9 Rn. 56.

[66] HM zum BDSG aF, zB Simitis/*Sokol/Scholz*, § 13 Rn. 41; sa BSG, Urt. v. 28.11.2002 – B 7-1 A 2/00 R.

[67] Vgl. auch *Weichert*, DANA 2016, 48 (51).

[68] BT-Drs. 18/11325, 95.

und die Finanzierung und schließlich die Ursachen der Mortalität."[69] Ein Beispiel ist die **elektronische Patientenakte,** die in zahlreichen Mitgliedstaaten schon eingeführt wurde bzw. eingeführt werden soll.[70]

40 Ausdrücklich in lit. i erwähnt werden zudem die Gewährleistung hoher Qualitäts- und Sicherheitsstandards bei der Gesundheitsversorgung und bei Arzneimitteln und Medizinprodukten sowie der Schutz vor **schwerwiegenden grenzüberschreitenden Gesundheitsgefahren,** wozu neben übertragbaren Krankheiten ua auch Gefahren chemischen Ursprungs und Gefahren unbekannten Ursprungs zählen.[71]

41 Auch bei lit. i handelt es sich um eine **Öffnungsklausel.** Zulässig ist die Verarbeitung sensitiver Daten für die in lit. i genannten Zwecke nur dann, wenn im Recht der Union oder der Mitgliedstaaten eine gerade jenen Zwecken dienende Verarbeitungsnorm enthalten ist. Die insoweit erforderliche Norm findet sich in **§ 22 Abs. 1 lit. c BDSG nF,** der lit. i inhaltsgleich wiedergibt. Eine weitere, speziellere Vorgabe stellt bspw. die im **Infektionsschutzgesetz** enthaltene Meldepflicht dar.[72] Die mit der großen Reichweite von lit. i für die betroffene Person verbundenen besonderen Gefahren sollen über das Vorsehen spezifischer Schutzmechanismen, zB die Unterwerfung des Verantwortlichen unter ein Berufsgeheimnis, abgemildert werden. Auch diese Vorgabe wird in § 22 Abs. 1 lit. c Hs. 2 BDSG nF klarstellend übernommen verbunden mit dem Hinweis in der Gesetzesbegründung, dass daneben auch die in § 22 Abs. 2 BDSG nF genannten Maßnahmen (→ Rn. 46) zur Wahrung des Berufsgeheimnisses dienen können.[73] Deklaratorisch erinnert Erwägungsgrund 54 daran, dass die zu diesen Zwecken verarbeiteten Daten durch Dritte nicht zu anderen Zwecken weiterverarbeitet werden dürfen.

42 **10. Archiv-, Forschungs- und statistische Zwecke (lit. j).** Lit. j gestattet die (zweckändernde Weiter-)Verarbeitung sensitiver Daten soweit dies für im öffentlichen Interesse liegende Archivzwecke, für wissenschaftliche oder historische Forschungszwecke oder für statistische Zwecke gem. Art. 89 Abs. 1 erforderlich ist. Die **Öffnungsklausel** des lit. j wird im Recht der Union für den Bereich der Statistik bspw. durch die VO (EG) Nr. 1338/2008[74] mit Leben gefüllt.

43 Die zweckfreie **wissenschaftliche Forschung** ist sowohl durch die GRCh (Art. 13) als auch durch das Grundgesetz (Art. 5 Abs. 3) geschützt; an ihrer ungehinderten Durchführung besteht ein wichtiges öffentliches Interesse. Die Ausnahmeregelung erfasst zum einen Forschungsvorhaben, die durch Verantwortliche initiiert und durchgeführt werden, zum anderen externe Vorhaben, für deren Durchführung der Zugang zu sensitiven Daten bei Verantwortlichen erforderlich ist.

44 Eine in Umsetzung von lit. j ergehende Norm muss angemessen und erforderlich sein, den Wesensgehalt des Rechts auf Datenschutz wahren und angemessene und spezifische Maßnahmen zur Wahrung der Grundrechte und Interessen der

---

[69] S. Art. 3 lit. c VO (EG) Nr. 1338/2008; sa Erwägungsgrund 54.

[70] Vgl. FRA, S. 101.

[71] S. Art. 2 Beschl. Nr. 1082/2013/EG (Beschl. zu schwerwiegenden grenzüberschreitenden Gesundheitsgefahren und zur Aufhebung der Entscheidung Nr. 2119/98/EG).

[72] S. § 9 IfSG.

[73] BT-Drs. 18/11325, 95.

[74] VO (EG) Nr. 1338/2008 v. 16.12.2008 zu Gemeinschaftsstatistiken über öffentliche Gesundheit und über Gesundheitsschutz und Sicherheit am Arbeitsplatz.

betroffenen Person vorsehen. Die in lit. j enthaltene Anforderung, wonach eine entsprechende Regelung „angemessene und spezifische Maßnahmen" vorsehen muss, erfordert eigenständige, über die Vorgaben der DS-GVO hinausgehende Absicherungen.[75] Das **Recht des BDSG aF** war an dieser Stelle tendenziell strenger. So verlangte § 28 Abs. 6 Nr. 4 BDSG in Umsetzung von Art. 8 Abs. 4 DS-RL, dass der Forschungszweck die entgegenstehenden Interessen der betroffenen Person erheblich überwiegen musste und gestattete eine entsprechende Verarbeitung nur als letztes denkbares Mittel.

Von der Ermächtigung in lit. j hat der deutsche Gesetzgeber in **§ 27 BDSG** 45 **nF** Gebrauch gemacht, der für die öffentliche und die private Forschung durch öffentliche und nichtöffentliche Stellen gilt. Sofern die zu Forschungs- oder Statistikzwecken verarbeiteten sensitiven Daten initial zu einem anderen Zweck erhoben wurden, gilt die gesetzliche Vermutung des Art. 5 Abs. 1 lit. b, wonach diese Weiterverarbeitungszwecke als kompatibel mit dem ursprünglichen Erhebungszweck anzusehen sind. § 27 Abs. BDSG nF findet nur insoweit Anwendung, als nicht in anderen Gesetzen spezifischere Regeln enthalten sind (s. § 1 Abs. 2 BDSG nF). So existiert bspw. in § 75 Abs. 3 SGB X eine auf Grundlage von lit. j erlassene Ausnahmevorschrift für die Verarbeitung von besonderen Kategorien personenbezogener Daten zu Forschungszwecken im Sozialbereich. § 14 Abs. 2a Transplantationsgesetz (TPG) enthält eine Spezialregelung für den Bereich der Organ- und Gewebeübertragung.

11. Schutzmaßnahmen bei Anwendung des BDSG nF. Soweit besondere 46 Kategorien personenbezogener Daten ausnahmsweise verarbeitet werden dürfen, ist der Verantwortliche gem. **§ 22 Abs. 2 BDSG nF** zur Einhaltung „spezifischer Maßnahmen zur Wahrung der Interessen der betroffenen Person" verpflichtet. Dies gilt sowohl für Verarbeitungen auf Grundlage von § 22 Abs. 1 BDSG nF als auch auf Grundlage speziellerer Vorschriften, innerhalb (zB § 27 Abs. 1 S. 2 BDSG nF) und außerhalb (zB § 75 Abs. 3 S. 2 SGB X) des BDSG nF, soweit diese entsprechend verweisen. In § 22 Abs. 2 S. 1 und 2 BDSG nF werden ausweislich der Gesetzesbegründung die Anforderungen aus Art. 9 Abs. 2 lit. b, g und i umgesetzt.[76] Nach dem ursprünglichen Gesetzentwurf war eine Erstreckung auch auf Art. 9 Abs. 2 lit. h als vierter Öffnungsklausel, die wiederum in § 22 Abs. 1 Nr. 1 lit. b BDSG nF ihren Niederschlag gefunden hat, nicht vorgesehen. Als Begründung wurde angeführt, dass die in § 22 Abs. 1 Nr. 1 lit. b BDSG nF enthaltene Begrenzung der Zulässigkeit der Verarbeitung allein auf medizinisches Fachpersonal einen Verweis überflüssig mache, das Schutzniveau hierüber bereits hoch genug sei.[77] Der federführende Innenausschuss des Bundestages hat unter Verweis auf mögliche Missverständnisse diese Ausnahme gestrichen und die Pflicht zum Vorhalten spezifischer Maßnahmen auf alle Erlaubnistatbestände erstreckt.[78]

§ 22 Abs. 2 S. 1 BDSG nF regelt eine **Rechtspflicht des Verantwortlichen.** 47 Hingegen hat die Einhaltung von technisch-organisatorischen Maßnahmen auch an dieser Stelle keine Auswirkung auf die materielle Rechtmäßigkeit der Datenverarbeitung. Eine andere Einschätzung führte zu dem Ergebnis, dass angesichts der Unbestimmtheit der Vorgaben in Abs. 2 S. 2 eine rechtssichere Verarbeitung sensitiver Daten praktisch nicht mehr möglich wäre. Auch ist das Unterlassen

[75] *Kühling/Martini*, S. 53.
[76] BT-Drs. 18/11325, 95.
[77] Begr. zu § 22 Abs. 2 S. 3 BDSG-E, BT-Drs. 18/11325, 95.
[78] BT-Drs. 18/12144, 4.

angemessener Maßnahmen – anders als noch nach dem BDSG aF – nunmehr ein Bußgeldtatbestand und unterliegt somit einer eigenen Sanktionierung. Die in S. 2 aufgezählten **Maßnahmen „sind ... vorzusehen“.** Auch überträgt die in S. 2 vorgenommene allein beispielhafte Aufzählung („insbesondere“) dem Verantwortlichen nur auf den ersten Blick ein echtes Auswahlermessen, da die Auflistung auch solche Teilaspekte des Datenschutzmanagements erfasst, die ohnehin zwingend einzuhalten sind. Hierzu zählen bspw. die ganz allgemeine Vorgabe zur Implementierung technisch-organisatorischer Maßnahmen iSv Art. 24 iVm Art. 32 (S. 2 Nr. 1) oder die Pflicht zur Sicherstellung der klassischen Schutzziele der Datensicherheit (S. 2 Nr. 8).[79] Auch sonst findet sich in § 22 Abs. 2 S. 2 BDSG nF allein eine wahllose Auflistung hergebrachter spezifischer technisch-organisatorischer Maßnahmen. Der Mehrwert der Norm, mag man einen solchen überhaupt erkennen wollen, liegt damit allein in der Präzisierung und konkreten Benennung von Maßnahmen der Datensicherheit iSv Art. 32. Ein schlichter, seinem rechtlichen Aussagegehalt nach aber identischer Verweis auf Art. 32 schien dem deutschen Gesetzgeber offenkundig aber nicht ausreichend zu sein. Die **Gesamtschau** aus dem restriktivem materiell-rechtlichem Rahmen des § 22 Abs. 1 BDSG nF mitsamt seiner überwiegend auslegungsbedürftigen normativen Tatbestandsmerkmale und dem insoweit auf den Verantwortlichen verlagerten Interpretationsrisiko einerseits sowie den weitreichenden Compliance-Pflichten vor allem des § 22 Abs. 2 BDSG nF andererseits führt offenkundig nicht zu einer Erleichterung der Anwendung des Datenschutzrechts im sensitiven Bereich.[80]

III. Öffnungsklausel (Abs. 4)

48 Die Mitgliedstaaten haben über die in Abs. 4 enthaltene allgemeine Öffnungsklausel die Möglichkeit, für die **Verarbeitung von genetischen, biometrischen oder Gesundheitsdaten** zusätzliche Bedingungen, einschließlich Beschränkungen festzulegen. Ein Beispiel hierfür ist das Schriftformerfordernis des § 8 Abs. 1 GenDG. Die in diesem Bereich ua relevanten Anpassungen des GenDG oder des TPG waren zum Redaktionsschluss der 2. Auflage Gegenstand des Arbeitsentwurfs eines zweiten Anpassungsgesetzes. Der nationale Gesetzgeber ist auch an dieser Stelle aufgefordert klarzustellen, zu welchen konkreten Verarbeitungszwecken die Verarbeitung vorgenannter Datenkategorien zulässig sein soll. Per se ist die Verarbeitung besonderer Kategorien wohl nur in absoluten Ausnahmefällen ein öffentliches oder privatrechtliches Interesse. Erweiterungen iSv **Erleichterungen der Verarbeitung** solcher Datenarten sind nach dem Wortlaut nicht erfasst.[81]

IV. Rechtsfolgen bei Verstößen

49 Eine Verarbeitung sensitiver Daten, die nicht durch einen Erlaubnistatbestand gem. Abs. 2 gedeckt ist, ist **unzulässig** und gem. Art. 83 Abs. 5 lit. a **bußgeldbewehrt.** § 41 BDSG nF enthält eine Verweisnorm auf die Vorschriften des Gesetzes über Ordnungswidrigkeiten (OWiG) sowie die Strafprozessordnung (StPO) und das Gerichtsverfassungsgesetz (GVG). Über § 42 BDSG nF unterliegen Verstöße

---

[79] S. hierzu auch Art. 5 Abs. 1 lit. f.

[80] So aber *Weichert*, DuD 2017, 538 (542), der sich hierüber aber in Widerspruch zu seinen eigenen Aussagen begibt, → Rn. 11.

[81] In diese Richtung auch *Spindler*, DB 2016, 937 (944); Ehmann/Selmayr/*Schiff*, DS-GVO, Art. 9 Rn. 56; aA Kühling/Buchner/*Weichert*, DS-GVO, Art. 9 Rn. 150.

gegen die Vorgaben des BDSG nF in ausgewählten (zB unbefugte Übermittlung an Dritte) und zugleich qualifizierten Fällen (zB Bereicherungsabsicht) einer Strafandrohung, wobei jeweils ein Strafantrag erforderlich ist (vgl. § 42 Abs. 3 BDSG nF). Neben einem **Anspruch auf Unterlassen** gem. §§ 1004, 823 Abs. 1 BGB iVm Art. 6 Abs. 1 DS-GVO steht der betroffenen Person ein Anspruch auf **Löschung** gem. Art. 17 und ggf. ein Anspruch auf **Schadensersatz** gem. Art. 82 zu.

C. Rechtsschutz

Bei Verstößen gegen die Vorgaben von Art. 9 stehen der betroffenen Person die **Rechte auf Beschwerde** bei einer Aufsichtsbehörde gem. Art. 77 sowie auf einen wirksamen **Rechtsbehelf** gegen Verantwortliche oder Auftragsverarbeiter gem. Art. 79 zu. Details regelt § 44 BDSG nF. **50**

Art. 10 Verarbeitung von personenbezogenen Daten über strafrechtliche Verurteilungen und Straftaten

[1]Die Verarbeitung personenbezogener Daten über strafrechtliche Verurteilungen und Straftaten oder damit zusammenhängende Sicherungsmaßregeln aufgrund von Artikel 6 Absatz 1 darf nur unter behördlicher Aufsicht vorgenommen werden oder wenn dies nach dem Unionsrecht oder dem Recht der Mitgliedstaaten, das geeignete Garantien für die Rechte und Freiheiten der betroffenen Personen vorsieht, zulässig ist. [2]Ein umfassendes Register der strafrechtlichen Verurteilungen darf nur unter behördlicher Aufsicht geführt werden.

Übersicht

A. Allgemeines

I. Zweck und Bedeutung der Vorschrift

Art. 10 regelt einen Fall der Verarbeitung von speziellen sensiblen Daten, abweichend von den ansonsten geltenden Regeln für die Verarbeitung der besonderen Kategorien personenbezogener Daten in Art. 9, indem personenbezogene Daten über **strafrechtliche Verurteilungen** und Straftaten nur unter den dort genann- **1** ten Vorgaben verarbeitet werden dürfen. Geschützte betroffene Personen sind Täter, Anstifter oder Gehilfen, nicht jedoch Tatverdächtigte.[1] Für diesbezügliche Datenverarbeitungen gelten die allgemeinen Zulässigkeitsnormen, wobei die geforderten Garantien des Art. 10 S. 1 gem. Art. 5 gewährleistet sein müssen. Bereichsspezifisch geregelt ist die Speicherung eines Straftatverdachts gem. § 26 Abs. 1 S. 2 BDSG nF zur Begründung einer der Aufklärung dienenden Überwachungsmaßnahme gegenüber einem Beschäftigten oder nach § 26 Abs. 1 S. 1 BDSG nF im Rahmen einer der Begründung einer Verdachtskündigung.

II. Systematik/Verhältnis zu anderen Normen

2 In § 3 Abs. 9 BDSG aF und auch in Art. 9 Abs. 1 DS-GVO werden Angaben über **Straftaten** und strafrechtliche Verurteilungen nicht zu den besonderen Arten personenbezogener Daten gezählt. Sie unterliegen daher auch nicht den im BDSG derartigen Daten gewährten besonderem Schutz. Gleichwohl sind derartige Angaben für die betroffene Person äußerst sensibel. Dies berücksichtigt zB die Rechtsprechung, bei der Frage, ob und wie lange über die Tat eines Straftäters in **Pressearchiven**[2] oder in einer Verfilmung[3] etc. noch berichtet werden darf. Rechnung trägt dem „Recht auf Vergessen werden" auch das **Bundeszentralregistergesetz** (BZRG) mit seinen Regelungen zur Speicherung von Strafverurteilungen und hierüber ua im Rahmen eines **polizeilichen Führungszeugnisses** befristet zu erteilende Auskünfte.

3 Eine dem Art. 10 teilweise entsprechende Regelung,[4] die jedoch nicht in das BDSG aF übernommen wurde, enthält Art. 8 Abs. 5 DS-RL. Er sah ua vor, dass die Daten über Straftaten, strafrechtliche Verurteilungen oder Sicherungsmaßregelungen nur unter behördlicher Aufsicht oder aufgrund von einzelstaatlichem Recht, das angemessene Garantien vorsieht, verarbeitet werden dürfen.

4 Im Rahmen der DS-GVO ergeben sich für Verantwortliche und Auftragsverarbeiter bei Datenverarbeitungen im Rahmen des Art. 10 Konsequenzen aus

- Art. 27 Abs. 1 lit. a hinsichtlich der Pflicht zur Bestellung eines Vertreters bei nicht in der Union niedergelassenen Verantwortlichen oder Auftragsverarbeitern,
- Art. 30 Abs. 5 hinsichtlich des Führens eines Verzeichnisses von Verarbeitungstätigkeiten,
- Art. 35 hinsichtlich der Pflicht zur Durchführung einer Datenschutz-Folgenabschätzung und
- Art. 37 Abs. 1 lit. c hinsichtlich der generellen Pflicht zur Bestellung eines Datenschutzbeauftragten.

B. Einzelerläuterungen

I. Der Schutzrahmen

5 **1. Betroffene Daten.** Art. 10 betrifft zunächst Daten über strafrechtliche Verurteilungen. Inwieweit auch lediglich mögliche oder vermutete Taten darunterfal-

[1] Buchner/Kühling/*Weichert*, DS-GVO, Art. 10 Rn. 6 und 8; Sydow/*Kapert,* Art. 10 Rn. 4 lässt einen Anfangsverdacht genügen.

[2] BGH, Urt. v. 16.2.2016 – VI ZR 367/15, RDV 2016, 144.

[3] BGH, Urt. v. 26.5.2009 – VI ZR 191/08, NJW 2009, 3576 – Kannibale von Rotenburg; OLG Köln, Beschl. v. 21.7.2016 – 15 W 42/16 – Gladbecker Geiseldrama.

[4] Dazu Paal/Pauly/*Frenzel,* DS-GVO, Art. 10 Rn. 2.

len, bleibt vage. Straftaten, die Gegenstand eines Ermittlungsverfahrens waren, werden gem. Art. 6 JI-RL geregelt. Nicht betroffen sind Verarbeitungen zB bei der Erfüllung von betrieblichen Compliance-Pflichten und **internal Investigations,**[5] die der im berechtigten Interesse des Arbeitgebers (Erwägungsgrund 47) liegenden Aufklärung oder Vermeidung von Straftaten dienen.[6] Nicht unter die Regelung fällt somit die Befugnis des § 26 Abs. 1 S. 2 BDSG nF zur Aufklärung des Verdachts gegenüber einem straftatverdächtigten Beschäftigten. Betrugspräventionssysteme sind nach Art. 6 Abs. 1 lit. f DS-GVO iVm Erwägungsgrund 47 zulässig. Art. 10 ist in diesen Fällen nicht einschlägig.

2. Erlaubnistatbestände. Nach Art. 10 kann das in Art. 6 Abs. 1 statuierte Verbot mit Erlaubnisvorbehalt bei der Verarbeitung von personenbezogenen Daten über strafrechtliche Verurteilungen und Straftaten nur durchbrochen werden, 6
- wenn für eine auf der Basis einer der Erlaubnisregelungen des § 6 Abs. 1 stattfindende Verarbeitung eine behördliche Aufsicht vorgesehen ist oder
- wenn im Unionsrecht oder im Recht des Mitgliedstaats eine spezifische Verarbeitungsregelung besteht, wobei ein umfassendes Register von strafrechtlichen Verurteilungen wiederum nur unter behördlicher Aufsicht geführt werden darf.

Verarbeitungen, von Angaben über Straftaten und strafrechtliche Verurteilungen, die nicht die Führung eines **„Strafregisters“** zum Inhalt haben, sind daher zunächst gestattet, wenn das Unionsrecht oder ein nationales Gesetz eine diesbezügliche Regelung hierfür enthält.

Eine **behördlicher Aufsicht** derartiger Verarbeitungen ist aber erforderlich, dh muss nationalstaatlich vorgesehen sein, wenn die Datenverarbeitung 7
- aufgrund eines Erlaubnistatbestands des Art. 6 Abs. 1 stattfindet oder
- aufgrund einer nationalen Norm, die die Führung eines umfassenden Registers von strafrechtlichen Verurteilungen gestattet. Wahrgenommen werden muss die Aufsicht von demokratisch legitimierter und regulierter Fach- und Rechtsaufsicht.[7]

Art. 10 enthält – bspw. – im Gegensatz zu Art. 9 – keine Aussage dazu, ob die Verarbeitung von Angaben über Straftaten und strafrechtliche Verurteilungen auch aufgrund einer **Einwilligung** der betroffenen Person erfolgen darf. Hieraus kann aber nicht gefolgert werden, dass dieser Erlaubnistatbestand ausgeschlossen wäre. Eine derartige Regelung hätte ausdrücklich erfolgen müssen. 8

II. Normadressaten

1. Öffentliche Stellen. Art. 10 erfasst den öffentlichen und den privaten Bereich, kommt aber für wesentliche Teile **öffentlicher Verantwortlicher** aufgrund des sachlichen Anwendungsbereichs der DS-GVO nicht zur Anwendung. Das gilt insbesondere aufgrund des Ausnahmetatbestands des Art. 2 Abs. 2 lit. d (→ Art. 2 Rn. 23), der die Datenverarbeitungen der für die Verhütung, Ermittlung, Aufdeckung oder Verfolgung von Straftaten oder der Strafvollstreckung, einschließlich des Schutzes vor und der Abwehr von Gefahren für die öffentliche Sicherheit zuständigen Behörden aus dem Geltungsbereich der DS-GVO aus- 9

---

[5] *Wybitul*, Compliance-Berater 2016, 101 ff.

[6] *Wybitul*, ZD 2016, 105 f.; Plath/*Plath*, DSGVO, Art. 10 Rn. 3.

[7] Kühling/Buchner/*Weichert,* DS-GVO, Art. 10 Rn. 10; die Gewerbeaufsicht genügt nicht, so Ehmann/Selmayr/*Schiff*, DS-GVO, Art. 10 Rn. 4.

nimmt. Die bei den Datenverarbeitungen von den für diese Aufgabenbereiche zuständigen Behörden zu beachtenden Datenschutzvorschriften sind durch nationales Recht, ua ausgerichtet an der am 27.4.2016 parallel mit der DS-GVO verabschiedeten Richtlinien „zum Schutz natürlicher Personenbei der Verarbeitung personenbezogener Daten durch die zuständigen Behörden zum Zwecke der Verhütung, Ermittlung, Aufdeckung oder Verfolgung von Straftaten oder der Strafvollstreckung sowie zum freien Datenverkehr und zur Aufhebung des Rahmenbeschlusses 2008/977/JI des Rates ((EU) 2016/680)" (→ Art. 2 Rn. 24) zu gestalten (Erwägungsgrund 20). Dies ist ua geschehen in §§ 45 ff. BDSG nF.

10 Ein national geregeltes, unter behördlicher Aufsicht geführtes Strafregister ist das bei dem **Bundesamt für Justiz** geführte **Bundeszentralregister** (§ 1 BZRG), das mit dem im BZRG geregelten Auskunftsrechten und Tilgungsfristen angemessene Garantien vorsieht.[8] Es fällt nicht unter die JI-RL, da es der Auskunftserteilung über erfolgte Sanktionen dient.[9]

11 Unter staatlicher Aufsicht werden auch die in einigen Bundesländern zur (Nicht-)Vergabe öffentlicher Aufträge eingerichteten Korruptionsregister geführt,[10] An ihre Stelle wird das am 1.6.2017 beschlossene, beim Bundeskartellamt als Registerbehörde geführte bundesweite **Wettbewerbsregisters** treten.[11] Das Register soll spätestens 2020 funktionsfähig sein. Die Register der Bundesländer werden dann gelöscht.

12 **2. Private Stellen.** Bei privaten Verantwortlichen, die von der Norm betroffen sind, kann es sich zB handeln um Auskunfteien, Sportvereine, Einrichtungen der Kinderbetreuung, Arbeitgeber etc. Speichert eine **Auskunftei** Vorstrafen einer betroffenen Person oder führt eine Branche eine Warndatei, so bedarf das nunmehr einer Regelung im Unionsrecht oder im Recht des Mitgliedstaats, die geeignete Garantien für die Rechte und Freiheiten der betroffenen Person vorsieht. Garantien und Rechte der betroffenen Person sind nur dann gewahrt, wenn die Art der Daten, die Dauer ihrer Verarbeitung und die Zweckbestimmungen der Weitergabe konkret festgelegt sind. Zu berücksichtigen ist auch das Resozialisierungsinteresse.[12] Fraglich ist, ob Art. 6 Abs. 1 lit. e als Zulässigkeitsnorm herangezogen werden kann, wenn bei ihrer Praktizierung die aufgezeigten Regelungen getroffen wurden,[13] oder ob Art. 10 S. 2 Hs. 2 „sonstiges", dh spezielles Unions- oder nationales, Recht meint,[14] um die Daten ohne spezifische behördliche Aufsicht verarbeiten zu können,[15] so dass bei fehlender Gesetzgebung zB ab 24.5.2018 Speicherungen von Straftaten bei Auskunfteien nicht mehr erlaubt sind. Allein der Umstand, dass eine Tätigkeit als überwachungsbedürftiges Gewerbe iSv § 38 GewO einzustufen ist, führt noch nicht zur Zulässigkeit der Datenverarbeitung nach Art. 10.

---

[8] Roßnagel/*Nebel,* § 3 Rn. 106.

[9] Kühling/Buchner/*Weichert,* DS-GVO, Art. 10 Rn. 18.

[10] Kühling/Buchner/*Weicher*t, DS-GVO, Art. 10 Rn. 19.

[11] Gesetz zur Einführung eines Wettbewerbsregisters und zur Änderung des Gesetzes gegen Wettbewerbsbeschränkungen v. 18.7.2017, BGBl. 2017 I S. 273.

[12] Zu alledem Kühling/Buchner/*Weichert,* DS-GVO, Art. 10 Rn. 11 ff.

[13] So Kühling/Buchner/*Weicher*t, DS-GVO, Art. 10 Rn. 20.

[14] Vgl. Sydow/*Kampert,* Art. 10 Rn. 6 der andererseits keine Änderung der bisherigen Rechtslage erkennt (Rn. 10).

[15] Vgl. Paal/Pauly/*Frenzel*, DS-GVO, Art. 10 Rn. 7.

Im Vorfeld des Abschluss eines Arbeitsvertrages kann eine strafrechtliche Vorbelastung des Bewerbers durchaus eine für den **Arbeitgeber** bei der Entscheidung über den Vertragsabschluss bedeutsame Information sein, nämlich wenn es sich um **„einschlägige" Vorstrafen** handelt.[16] Erlaubnisnorm zur Erhebung der Daten ist derzeit § 32 Abs. 1 S. 1 BDSG. Unter Anwendung des § 26 Abs. 1 S. 1 BDSG nF soll nach Auffassung des Gesetzgebers[17] die Rechtslage fortgelten, dh die Bestimmung soll die diesbezüglichen Datenverarbeitungen ohne staatliche Aufsicht erlauben, dh iVm § 26 Abs. 5 BDSG nF auch Art. 10 umsetzen. Fortgelten soll die Rechtsprechung zum geltenden Recht mit insbesondere den für das Fragerecht nach einschlägigen Vorstrafen bei der Begründung eines Beschäftigungsverhältnisses getroffenen Aussagen, wobei mit der in § 26 Abs. 5 BDSG nF getroffenen Verweisung auf Art. 5 DS-GVO auch der Forderung des Art. 10 nach der Installation geeigneter Garantien für die Rechte und Freiheiten der Beschäftigten Rechnung getragen sein soll.[18] Fraglich ist jedoch, ob diese Inbezugnahmen aufgrund ihrer fehlenden Konkretheit als nationale Erlaubnisnorm dem Art. 10 genügen. Spezielle Garantien für die Beschäftigten werden nicht dadurch geschaffen, dass auf eine sowieso geltende Schutzbestimmung der Verordnung verwiesen wird.[19] 13

Eine konkrete das Arbeitsverhältnis betreffende Erlaubnisvorschrift bildet § 30a BZRG, der das bei Einstellungen von Personen zur Wahrnehmung einer **„kinder- und jugendnahen Tätigkeit"** vorzulegende **erweiterte polizeiliche Führungszeugnis** regelt. Nach § 72a des Achten Buches Sozialgesetzbuch – Kinder- und Jugendhilfe – (SGB VIII) dürfen die Träger der öffentlichen Jugendhilfe für die Wahrnehmung der Aufgaben der Kinder- und Jugendhilfe keine Person beschäftigen oder vermitteln, die rechtskräftig wegen einer bestimmten **Straftat gegenüber Kindern** verurteilt worden ist (Straftaten nach den §§ 171, 174–174c, 176–180a, 181a, 182–184f oder den §§ 225, 232–233a, 234, 235 oder 236 StGB). Ein vergleichbares Beschäftigungsverbot enthält auch § 25 **Jugendarbeitsschutzgesetz** für Personen, die Lehrlinge ausbilden. Sie müssen die Einhaltung des Gebots sicherstellen, indem sie sich von dem Bewerber ein entsprechendes erweitertes Führungszeugnis vorlegen lassen müssen. Für in der Kinder- und Jugendarbeit tätige Vereine gibt es keine diesbezügliche gesetzliche Pflicht. Anzumerken ist jedoch, dass Art. 10 auf den Vorgang noch keine Anwendung findet, wenn das Zeugnis nur vorgelegt und eingesehen wird, bzw. das Ergebnis der Einsichtnahme, dh das Nichtvorliegen von Einstellungshindernissen dokumentiert wird. 14

Eine Information des Arbeitgebers über ihre Zuverlässigkeit in Frage stellende Straftaten von potentiellen Mitarbeitern des **Bewachungsgewerbes** regelt das in § 34a GewO geregelte Überprüfungsverfahren. 15

C. Sanktionen, Haftung

Die unzulässige Verarbeitung von Straftaten wird häufig haftungsrechtliche Konsequenzen gem. Art. 82 begründen, wobei auch hier immateriellen Schaden auszugleichen sein wird. 16

---

[16] BAG, Urt. v. 20.5.1999 – 2 AZR 320/98, NJW 1999, 3653.
[17] BT-Drs.18/11325, 97.
[18] BT-Drs. 18/11235, 99.
[19] So auch Paal/Pauly/*Frenzel*, DS-GVO, Art. 10 Rn. 5.

Die bußgeldrechtliche Sanktion ergibt sich aus Art. 83 Abs. 5 lit. a infolge des Verstoßes gegen das in Art. 9 enthaltene Verbot mit Erlaubnisvorbehalt.

Art. 11 Verarbeitung, für die eine Identifizierung der betroffenen Person nicht erforderlich ist

(1) **Ist für die Zwecke, für die ein Verantwortlicher personenbezogene Daten verarbeitet, die Identifizierung der betroffenen Person durch den Verantwortlichen nicht oder nicht mehr erforderlich, so ist dieser nicht verpflichtet, zur bloßen Einhaltung dieser Verordnung zusätzliche Informationen aufzubewahren, einzuholen oder zu verarbeiten, um die betroffene Person zu identifizieren.**

(2) **[1]Kann der Verantwortliche in Fällen gemäß Absatz 1 des vorliegenden Artikels nachweisen, dass er nicht in der Lage ist, die betroffene Person zu identifizieren, so unterrichtet er die betroffene Person hierüber, sofern möglich. [2]In diesen Fällen finden die Artikel 15 bis 20 keine Anwendung, es sei denn, die betroffene Person stellt zur Ausübung ihrer in diesen Artikeln niedergelegten Rechte zusätzliche Informationen bereit, die ihre Identifizierung ermöglichen.**

Übersicht

A. Allgemeines

I. Zweck und Bedeutung der Vorschrift

1 Speichert der Verantwortliche gemäß der Zweckbestimmung seiner Datenverarbeitung keine Daten, die es ihm ermöglichen die Person, auf die sich die Daten beziehen, zu identifizieren, so ist er nach Art. 11 Abs. 1 nicht verpflichtet allein zur bloßen Einhaltung einer Vorschrift dieser Verordnung zusätzliche Daten zum Zwecke der **Identifizierung** aufzubewahren, zu verarbeiten oder einzuholen. Ob sich die Befreiung von der Beschaffung der Zuordnungsdaten nur auf „aufwendige“ Datenverarbeitung erstreckt (→ Rn. 5), erscheint fraglich.[1] Die bei diesbezüglichem Informationsmangel bestehende Befreiung von Pflichten gegen-

[1] So aber Kühling/Buchner/*Weichert,* DS-GVO, Art. 11 Rn. 15.

über der betroffenen Person gilt bei allen der betroffenen Person nach der DS-GVO zustehenden Rechten.[2]

Informationspflichten nach Art. 13 und 14 sind somit nicht zu erfüllen, wenn Name und/oder Adresse, dh die **Kenntnis der Identität** der betroffenen Person nicht bekannt oder nur durch zusätzliche Datenerhebungen zu ermitteln sind. Wurden bspw. bei der betroffenen Person erhobene Daten pseudonymisiert und sollen die Daten danach für einen weiteren Zweck weiterverarbeitet werden, so ist eine Information der betroffenen Person mangels Kenntnis ihrer Identität nicht ohne Rückgängigmachung der **Pseudonymisierung,** die nach Art. 11 Abs. 1 aber verzichtet war, nicht möglich.[3] Nach *Weichert*[4] soll eine Verfügbarkeit der Identifikationsdaten auch dann vorliegen, wenn ein Zugriff zB im Internet ohne Weiteres möglich ist. 2

Macht eine betroffene Person **Auskunftsansprüche** bzw. Rechte nach Art. 16–20 geltend, so muss der Verantwortliche nach Art. 11 Abs. 2 um diesen Rechten zu genügen zwar alle vertretbaren Mittel nutzen, um die Identität der Person im Hinblick auf gespeicherte Daten zu überprüfen. Auch Art. 12 Abs. 6, der bei begründeten Zweifeln an der Identität einer seine Rechte geltend machenden Person, dem Verantwortlichen zugesteht, hierzu weitere Informationen anzufordern, bezieht sich auf Anträge nach Art. 15–20. Dies gilt insbesondere im Rahmen von **Online-Diensten** und im Falle von Online-Kennungen. Der Verantwortliche muss aber personenbezogene Daten nicht allein zu dem Zweck speichern oder nunmehr erst ermitteln, um zB auf Auskunftsansprüche reagieren zu können (Erwägungsgrund 64). 3

Art. 11 setzt damit den in Art. 5 Abs. 1 lit. c enthaltenen Grundsatz der **Datenminimierung** um, nach dem die zu verarbeitenden Daten auf das für die Zwecke der Verarbeitung notwendige Maß zu beschränken sind. 4

B. Einzelerläuterung

I. Fehlende Ansprechdaten (Abs. 1)

1. Allgemeines. Werden Daten verarbeitet, bei denen die Person, auf die sie sich beziehen, unter den in Art. 2 Abs. 1 und Art. 4 Nr. 1 genannten Voraussetzungen nicht identifizierbar ist, so findet die DS-GVO mangels Verarbeitung personenbezogener Daten keine Anwendung. Es bestehen keine Pflichten zur Erfüllung von Regelungen der Verordnung, zu deren Erfüllung die aufgezeigte **„relative“ Anonymität** der Daten (→ Art. 2 Rn. 11) aufgehoben werden müsste. Greifen kann Art. 11 Abs. 1 daher nur, wenn zwar personenbezogene Daten vorliegen, aber bestimmte Informationen, die zur Erfüllung der Pflichten gegenüber der betroffenen Person benötigt werden, nicht vorliegen. Der Fall ist dies zB, wenn der Name der Person zwar bekannt ist aber Kontakt- bzw. **Adressdaten** fehlen. Sind derartige Information für den Verantwortlichen unerreichbar, so scheitert die Erfüllung der Informationspflicht bereits an deren **Unmöglichkeit.** Aber auch wenn solche Informationen zugänglich waren bzw. sind, ist der Verantwortliche nicht gehalten diese aufzubewahren, nunmehr einzuholen oder zu verarbeiten. 5

---

[2] Sydow/*Kampert,* DS-GVO, Art. 11 Rn. 7.
[3] Kühling/Buchner/*Weichert*, DS-GVO, Art. 11 Rn. 13.
[4] Kühling/Buchner/*Weichert*, DS-GVO, Art. 11 Rn. 13.

6 **2. Beispiele zu Art. 13 und 14.** In Anwendung des Art. 11 Abs. 1 und in Beachtung des darin enthaltenen Grundsatzes der Datenminimierung entfallen Benachrichtigungspflichten nach Art. 13 und 14, wenn der Verantwortliche die betroffene Person mangels genauerer **Kenntnis der Adressdaten** nur mit Hilfe weiterer – ihm möglicher und zumutbarer (sonst liegt Unmöglichkeit oder ein unverhältnismäßiger Aufwand vor) – Datenerhebungen nicht kontaktieren kann.

7 Ein Beispiel bildet die Benachrichtigung Betroffener bei Geoinformationsdiensten wie **Google Streetview**.[5] Zwar handelt es sich, weil die Eigentümer der abgebildeten Häuser und auch ihre Bewohner ermittelbar sind, um personenbezogene Daten, gleichwohl muss der Dienstleister die wechselnden Betroffenen nicht fortlaufend ermitteln, um sie über die Speicherung und Übermittlung der Hausansichten zu informieren.

8 Ein weiteres Beispiel bildet die im Rahmen betrieblicher **Telefondatenerfassung** erfolgende Speicherung der Zielnummer. Gleichgültig ob die Nummer ungekürzt oder verkürzt gespeichert wird,[6] muss der Arbeitgeber nicht versuchen Namen und Anschrift der Gesprächspartner bzw. Inhaber des Anschlusses zu ermitteln, um sie über die Speicherung der Daten der mit dem Anschluss geführten Telefonate zu informieren. Auch ein diesbezügliches Telefonat mit dem Anschlussinhaber, der ja nicht der Gesprächspartner gewesen sein muss, ist nicht geboten. Macht der Anrufer Auskunfts- oder Korrekturansprüche geltend, so ist diesen jedoch nach Abs. 2 S. 2 nachzukommen.

9 Werden **Kraftfahrzeugkennzeichen** in einem Parkhaus erfasst, so kann der Fahrer zwar per entsprechender Hinweise informiert werden. Handelt es sich bei dem Fahrer nicht um den Halter, so ist eine Ermittlung der Halterdaten zwecks Information über die Speicherung seiner personenbezogenen Daten[7] nicht erforderlich. Macht der Halter jedoch ein Auskunftsbegehren unter Zusatzangabe seines KFZ-Zeichens geltend, ist diesem nachzukommen.

II. Identitätsfeststellung und Unterrichtungspflicht (Abs. 2 S. 1)

10 Kann der Verantwortliche das Vorliegen des Tatbestands des Abs. 1 nachweisen, so unterrichtet er die betroffene Person hierüber, sofern möglich.[8] Zu einer solchen **Unterrichtung** ist der Verantwortliche aber in der Regel nur in der Lage, wenn eine – ggf. nur vermeintlich betroffene – Person sich zur Wahrnehmung von Rechten bei ihm meldet.

III. Wegfall der Rechte aus Art. 15–20

11 Wenn es um die Ausübung der Rechte der betroffenen Person nach den Art. 15–20 geht, stellt sich zunächst das Problem der **Identität** des sich als betroffene Person betrachtenden Antragstellers. Die aktuelle Wohnadresse bei postalischer Zustellung oder die aktuelle Telefonnummer beim Telefonat geben in der Regel eine hinreichende Sicherheit der Identität.[9] Insoweit bestimmt Art. 12

---

[5] BeckOK DatenschutzR/*Forgó*, BDSG, § 33 Rn. 5.3.

[6] Vgl. hierzu *Wronka/Gola/Pötters*, Rn. 1290.

[7] Zur Personenbeziehbarkeit von Kfz-Nummern *Gola/Reif*, Praxisfälle Datenschutzrecht, 2. Aufl., S. 88; OVG NW, Beschl. v. 1.6.2017 – 16 A 770/17, RDV 2018, 109.

[8] Dazu, dass diese Verpflichtung regelmäßig ins Leere geht *Laue/Nink/Kremer*, Das neue Datenschutzrecht in der betrieblichen Praxis, § 2 Rn. 69.

[9] Kühling/Buchner/*Weichert,* DS-GVO, Art. 11 Rn. 15 mit weiteren Bsp.

Abs. 6, dass der Verantwortliche bei Zweifeln an der Identität eines Antragstellers – unbeschadet der Regelungen des Art. 11 Abs. 2 – **zusätzliche Informationen** von diesem anfordern kann. Die Feststellung der Identität kann auch durch die digitale Identifizierung einer betroffenen Person – beispielsweise durch **Authentifizierungsverfahren** etwa mit denselben Berechtigungsnachweisen, wie sie die betroffene Person verwendet, um sich bei dem von dem Verantwortlichen bereitgestellten Online-Dienst anzumelden, erfolgen.

Zum anderen geht es auch hier, um die fehlende Zuordnungsmöglichkeit der den Antragsteller ggf. betreffenden Daten. Macht die betroffene Person Ansprüche auf Auskunft, Berichtigung, Löschung oder Beachtung ihres Widerspruchsrechts geltend, so darf der Verantwortliche sich weigern tätig zu werden, wenn er der betroffenen Person gegenüber glaubhaft macht, dass er nicht in der Lage ist, die betroffene Person oder aber auch die auf den Antragsteller ggf. bezogenen Daten zu identifizieren (Art. 12 Abs. 2). Zudem muss der Verantwortliche ggf. nach Art. 11 Abs. 2 zusätzliche von der betroffenen Person zur Geltendmachung ihrer Rechte beigebrachte Informationen entgegennehmen und ihnen nachgehen. Die Informationen sind unverzüglich zu bearbeiten. **12**

IV. Informationspflichten gegenüber der betroffenen Person nach Art. 12

Sieht der Verantwortliche keine Möglichkeit einem Antrag der betroffenen Person zu entsprechen, so unterrichtet er diese hierüber ohne Verzögerung aber spätestens innerhalb eines Monats über die Gründe und die Möglichkeiten bei der Aufsichtsbehörde Beschwerde einzulegen oder eines gerichtlichen Rechtsbehelfs (Art. 12 Abs. 4). Gleiches gilt, wenn von der betroffenen Person nach Art. 11 Abs. 2 bereitgestellte Informationen nicht zur Herstellung der Identität führten. Auch hier ist die betroffene Person unentgeltlich über die ergriffenen Maßnahmen spätestens innerhalb eines Monats zu informieren. **13**

C. Sanktionen

Die Nichterfüllung von Pflichten des Verantwortlichen nach Art. 11 sind nach Art. 83 Abs. 2 lit. a und solche gegen Art. 12 nach Art. 83 Abs. 5 lit. b bußgeldbewehrt. **14**

Kapitel III. Rechte der betroffenen Person

Abschnitt 1. Transparenz und Modalitäten

Art. 12 Transparente Information, Kommunikation und Modalitäten für die Ausübung der Rechte der betroffenen Person

(1) [1]Der Verantwortliche trifft geeignete Maßnahmen, um der betroffenen Person alle Informationen gemäß den Artikeln 13 und 14 und alle Mitteilungen gemäß den Artikeln 15 bis 22 und Artikel 34, die sich auf die Verarbeitung beziehen, in präziser, transparenter, verständlicher und leicht zugänglicher Form in einer klaren und einfachen Sprache zu übermitteln; dies gilt insbesondere für Informationen, die sich speziell an Kinder richten. [2]Die Übermittlung der Informationen erfolgt schriftlich oder in anderer Form, gegebenenfalls auch elektronisch. [3]Falls von der betroffenen Person verlangt, kann die Information mündlich erteilt werden, sofern die Identität der betroffenen Person in anderer Form nachgewiesen wurde.

(2) [1]Der Verantwortliche erleichtert der betroffenen Person die Ausübung ihrer Rechte gemäß den Artikeln 15 bis 22. [2]In den in Artikel 11 Absatz 2 genannten Fällen darf sich der Verantwortliche nur dann weigern, aufgrund des Antrags der betroffenen Person auf Wahrnehmung ihrer Rechte gemäß den Artikeln 15 bis 22 tätig zu werden, wenn er glaubhaft macht, dass er nicht in der Lage ist, die betroffene Person zu identifizieren.

(3) [1]Der Verantwortliche stellt der betroffenen Person Informationen über die auf Antrag gemäß den Artikeln 15 bis 22 ergriffenen Maßnahmen unverzüglich, in jedem Fall aber innerhalb eines Monats nach Eingang des Antrags zur Verfügung. [2]Diese Frist kann um weitere zwei Monate verlängert werden, wenn dies unter Berücksichtigung der Komplexität und der Anzahl von Anträgen erforderlich ist. [3]Der Verantwortliche unterrichtet die betroffene Person innerhalb eines Monats nach Eingang des Antrags über eine Fristverlängerung, zusammen mit den Gründen für die Verzögerung. [4]Stellt die betroffene Person den Antrag elektronisch, so ist sie nach Möglichkeit auf elektronischem Weg zu unterrichten, sofern sie nichts anderes angibt.

(4) Wird der Verantwortliche auf den Antrag der betroffenen Person hin nicht tätig, so unterrichtet er die betroffene Person ohne Verzögerung, spätestens aber innerhalb eines Monats nach Eingang des Antrags über die Gründe hierfür und über die Möglichkeit, bei einer Aufsichtsbehörde Beschwerde einzulegen oder einen gerichtlichen Rechtsbehelf einzulegen.

(5) [1]Informationen gemäß den Artikeln 13 und 14 sowie alle Mitteilungen und Maßnahmen gemäß den Artikeln 15 bis 22 und Artikel 34 werden unentgeltlich zur Verfügung gestellt. [2]Bei offenkundig unbegründeten oder – insbesondere im Fall von häufiger Wiederholung – exzessiven Anträgen einer betroffenen Person kann der Verantwortliche entweder

a) ein angemessenes Entgelt verlangen, bei dem die Verwaltungskosten für die Unterrichtung oder die Mitteilung oder die Durchführung der beantragten Maßnahme berücksichtigt werden, oder
b) sich weigern, aufgrund des Antrags tätig zu werden.
[3]Der Verantwortliche hat den Nachweis für den offenkundig unbegründeten oder exzessiven Charakter des Antrags zu erbringen.

(6) **Hat der Verantwortliche begründete Zweifel an der Identität der natürlichen Person, die den Antrag gemäß den Artikeln 15 bis 21 stellt, so kann er unbeschadet des Artikels 11 zusätzliche Informationen anfordern, die zur Bestätigung der Identität der betroffenen Person erforderlich sind.**

(7) **[1]Die Informationen, die den betroffenen Personen gemäß den Artikeln 13 und 14 bereitzustellen sind, können in Kombination mit standardisierten Bildsymbolen bereitgestellt werden, um in leicht wahrnehmbarer, verständlicher und klar nachvollziehbarer Form einen aussagekräftigen Überblick über die beabsichtigte Verarbeitung zu vermitteln. [2]Werden die Bildsymbole in elektronischer Form dargestellt, müssen sie maschinenlesbar sein.**

(8) **Der Kommission wird die Befugnis übertragen, gemäß Artikel 92 delegierte Rechtsakte zur Bestimmung der Informationen, die durch Bildsymbole darzustellen sind, und der Verfahren für die Bereitstellung standardisierter Bildsymbole zu erlassen.**

Literatur: *Artikel-29-Datenschutzgruppe*, WP 260 – Guidelines on transparency under Regulation 2016/679 vom 28.11.2017; *Bieresborn*, Sozialdatenschutz nach Inkrafttreten der EU-DS-GVO – Betroffenenrechte, Aufsichtsbehörden und Datenschutzbeauftragte, neue Zuständigkeiten für die Sozialgerichtsbarkeit, NZS 2018, 10; *Erkis*, Die neuen steuerlichen Datenschutzrechte im Besteuerungsverfahren, DStR 2018, 161; *Franck*, Das System der Betroffenenrechte nach der DS-GVO, RDV 2016, 111; *Kamps/Schneider*, Transparenz als Herausforderung: Die Informations- und Meldepflichten der DSGVO aus Unternehmenssicht, K&R-Beilage 1/2017, 24; *Krämer*, Die Verarbeitung personenbezogener Daten durch Inkassounternehmen und Auskunfteien nach der DS-GVO, NJW 2018, 347; *Piltz*, Die DS-GVO Teil 2: Rechte der Betroffenen und korrespondierende Pflichten des Verantwortlichen, K&R 2017, 629; *Schürmann*, Die Rechte der betroffenen Person nach der Datenschutz-Grundverordnung, DSB 2017, 254; *Walter*, Die datenschutzrechtlichen Transparenzpflichten nach der Europäischen Datenschutz-Grundverordnung, DSRITB 2016, S. 367.

Übersicht

A. Allgemeines

I. Zweck und Bedeutung der Vorschrift

1 Art. 12 führt in das eigenständige Kapitel zu Betroffenenrechten ein. Die Vorschrift verpflichtet den Verantwortlichen zur Ergreifung geeigneter Maßnahmen für eine **transparente Informationspolitik** und zur Erleichterung der Rechtsausübung seitens der betroffenen Person. Bei der Gewährung antragsbedingter Betroffenenrechte ist mittelbar auch der Auftragsverarbeiter gem. Art. 28 Abs. 3 S. 2 lit. e in der Pflicht. Gibt es mehrere gemeinsam Verantwortliche, legen sie gem. Art. 26 Abs. 1 in transparenter Form fest, wer von Ihnen welche datenschutzrechtlichen Verpflichtungen erfüllt, insbesondere was die Wahrnehmung von Betroffenenrechten anbelangt. Art. 12 regelt darüber hinaus Form, Frist, Ausnahmen, Entgelte und Identitätsnachweise im Zusammenhang mit der Geltendmachung von Betroffenenrechten sowie die etwaige Verwendung standardisierter Bildsymbole.

2 Der Begriff des Betroffenenrechts wird in der DS-GVO nicht definiert. Es handelt sich in der Regel um **Ansprüche und Gestaltungsmöglichkeiten,** die den Berechtigten aufgrund ihrer Betroffeneneigenschaft zukommen und einen hinreichend konkreten, idealerweise vollstreckungsfähigen Inhalt besitzen.[1] Neben antragsabhängigen Rechten werden auch Initiativpflichten des für die Datenverarbeitung Verantwortlichen hinzugezählt (zB Informationspflichten, Art. 13 und 14; Meldepflichten bei Datenschutzverletzungen, Art. 34; Unterrichtung über Aufhebung der Einschränkung, Art. 18 Abs. 3).[2] Das Verbot der automatisierten Verarbeitung einschließlich Profilings in Art. 22 Abs. 1 ist als besonderer Unterlassungsanspruch ausgestaltet, funktional entspricht Art. 22 allerdings eher einem Erlaubnistatbestand, welcher über Art. 23 erweitert werden kann.

3 Art. 12 trifft sämtliche verantwortlichen Stellen im Anwendungsbereich der DS-GVO ohne Unterscheidung nach privater oder öffentlich-rechtlicher Verfassung bzw. Branchen. Auch Verantwortliche in Drittstaaten können gem. Art. 3 Abs. 2 und 3 erfasst sein. Etwaige bereichsspezifische Ausnahmen nach Art. 23 sowie Art. 85 Abs. 2 sind hinsichtlich des sachlichen Anwendungsbereiches zu beachten.[3]

---

[1] *Franck*, RDV 2016, 111.

[2] Hierzu bereits *Franck*, RDV 2015, 137 (141).

[3] Eingehend *Kühling/Martini*, S. 68 ff., 285 ff.

Ausweislich Erwägungsgrund 11 gehört die **Stärkung** und präzise Festlegung der Rechte der betroffenen Personen zu den Kernanliegen der DS-GVO. Die beabsichtigte Aufwertung geschieht durch spürbare Erweiterung bereits bestehender Rechte (zB gesteigerte Informationspflichten nach Art. 13 und 14; Recht auf Vervollständigung nach Art. 16), Neuschaffung einzelner Rechtspositionen (zB Vergessenwerden, Art. 17 Abs. 2; Datenübertragbarkeit, Art. 20; Vertretung, Art. 80) sowie verschärfte Sanktionsmöglichkeiten (erweiterter Bußgeldrahmen, Art. 83 Abs. 5 lit. b). Diese Regelungsdichte führt in der Tat zu der vom Verordnungsgeber gewünschten Stärkung.[4] Die ebenfalls in Erwägungsgrund 11 angesprochene **Präzisierung** wird sich jedoch erst nach hinreichender wissenschaftlicher Durchdringung des Themenkomplexes und einschlägigen Erfahrungen in der Praxis einstellen. Vor allem der Europäische Datenschutzausschuss ist hier gefragt. 4

II. Systematik, Verhältnis zu anderen Vorschriften

Der Katalog von Einzelrechtspositionen in Kapitel III unter der Überschrift „Rechte der betroffenen Person" ist keineswegs abschließend. Dies zeigen schon die Verweise in Art. 12 Abs. 1 und 5 sowie 23 Abs. 1 auf die außerhalb des Kapitels liegende Verpflichtung zur Meldung von Datenschutzverletzungen oder auch die Information über das Bestehen eines Beschwerderechts in Art. 13 Abs. 2 lit. d bzw. 14 Abs. 2 lit. f. Insoweit gilt die bereits anhand des BDSG aF entwickelte und kapitelübergreifende Systematisierung von Betroffenenrechten nach fünf Zielrichtungen[5] fort: Permissionsrechte gestatten Datenverarbeitungen (zB die Einwilligung, Art. 7); Interventionsrechte verhindern bestimmte Datenverarbeitungen (zB Widerruf der Einwilligung, Art. 7 Abs. 3 S. 1; Widerspruch, Art. 21; Löschung, Art. 17 Abs. 1); Informationsrechte vermitteln ein Bild darüber, was mit den Daten geschieht (zB Informationspflichten, Art. 13 und 14; Auskunft, Art. 15; Meldepflichten bei Datenpannen, Art. 34); Petitionsrechte eröffnen Beschwerdemöglichkeiten (zB beim Datenschutzbeauftragten, Art. 38 Abs. 4 oder bei der Datenschutzaufsicht, Art. 77 Abs. 1) und Kompensationsrechte gewähren Schadensersatz bzw. Entschädigung (zB Art. 82; §§ 280 ff. BGB; §§ 823 ff. BGB). 5

Betroffenenrechte[6]				
Permission	**Intervention**	**Information**	**Petition**	**Kompensation**
Einwilligung	Widerruf der Einwilligung	Transparenzpflichten bei Direkterhebung	Datenschutzbeauftragter	Art. 82 DS-GVO
Einwilligung von Kindern	Widerspruch	Transparenzpflichten außerhalb der Direkterhebung	Betriebsrat	§ 280 BGB

[4] *Gierschmann*, ZD 2016, 51 (55); *Albrecht*, CR 2016, 88 (92).
[5] *Franck*, RDV 2015, 137 ff.; *Franck*, RDV 2016, 111 ff.
[6] System nach *Franck*, RDV 2016, 111.

Betroffenenrechte				
Permission	**Intervention**	**Information**	**Petition**	**Kompen-sation**
Werbe-einwilligung	Unterlassungs-anspruch	Datenschutz-verletzungen	Aufsichts-behörde	§§ 823 ff. BGB
Schweige-pflicht-entbindung	Gegendarstellung	Auskunfts- und Einsichtsrechte	Staatsanwalt-schaft	
Erlass	Löschung	Daten-übertragbarkeit	Standes-rechtliche Gremien	
Lösch-widerspruch	Vergessenwerden			
	Einschränkung			
	Berichtigung			

6 Die grundrechtliche Herleitung des Schutzes personenbezogener Daten im europarechtlichen Kontext und damit auch der Betroffenenrechte erfolgt uneinheitlich.[7] Spezifische Einzelrechtspositionen lassen sich unmittelbar der **GRCh** entnehmen (Löschung, Art. 8 Abs. 2 S. 1 GRCh; Auskunft und Berichtigung, Art. 8 Abs. 2 S. 2 GRCh; Beschwerde bei einer Aufsichtsbehörde, Art. 8 Abs. 3 iVm Art. 41 Abs. 1 GRCh). Art. 7 GRCh und Art. 8 MRK sind demgegenüber wesentlich allgemeiner formuliert. Die **informationelle Selbstbestimmung,** hergeleitet aus dem allgemeinen Persönlichkeitsrecht nach Art. 1 Abs. 1, 2 Abs. 1 GG,[8] umfasst ihrerseits mehrere Zielrichtungen von Betroffenenrechten: „Selbst-Bestimmung" rekurriert dabei einerseits auf ein Entscheidungs- und Interventionsrecht der betroffenen Person, andererseits meint sie eine Bestandsaufnahme und Orientierung im Sinne datenschutzrechtlicher Transparenz.

7 Die informationelle Selbstbestimmung des GG wird jedoch zukünftig als verfassungsmäßige Grundlage des Datenschutzrechts weitgehend von der GRCh abgelöst und kommt höchstens noch bei der Ausfüllung von Regelungsspielräumen wie etwa Art. 23 Abs. 1 oder als Schutzgut iSv §§ 823, 1004 BGB zum Tragen. Hierbei ist freilich die Solange-Rechtsprechung des BVerfG zu beachten, wonach der Grundrechtsschutz innerhalb der Gemeinschaften demjenigen des GG im Wesentlichen gleichzuachten und abgeleitetes Gemeinschaftsrecht nicht mehr am Maßstab der Grundrechte des GG zu überprüfen ist.[9]

8 Art. 12, gewissermaßen als allgemeiner Teil der Betroffenenrechte in Kapitel III, besitzt weder in der DS-RL noch im BDSG aF einen direkten Vorläufer. Erwägungsgrund 58 und Art. 5 Abs. 1 lit. a rücken vor allem den Grundsatz der Transparenz in den Vordergrund, der seinerseits als Ausdruck von Treu und Glauben iSv Art. 8 Abs. 2 S. 1 GRCh angesehen werden kann.

---

[7] Näher hierzu *Nebel*, ZD 2015, 517 ff.

[8] BVerfGE 65, 1 ff.

[9] BVerfGE 73, 339 (sog. „Solange-II-Entscheidung"); sa BVerfGE 89, 155 („Maastricht-Entscheidung") sowie BVerfGE 140, 317 („Europäischer Haftbefehl"). Die DS-GVO ist von den Verträgen „abgeleitetes" Sekundärrecht.

B. Einzelerläuterungen

I. Maßnahmen hinsichtlich der Informationsvermittlung (Abs. 1 S. 1)

Art. 12 Abs. 1 S. 1 fordert vom Verantwortlichen (bereits im Vorhinein der Datenverarbeitung) geeignete Maßnahmen, um der betroffenen Person alle Informationen nach den Art. 13 und 14 sowie alle Mitteilungen gem. den Art. 15–22 und 34, die sich auf die Verarbeitung beziehen, zu übermitteln. Die betroffene Person ist umgekehrt nicht verpflichtet, die dargebotene Information wirklich wahrzunehmen und nachzuvollziehen, es muss lediglich die Möglichkeit hierzu geschaffen werden. **9**

Die Unterscheidung von **„Informationen"** und **„Mitteilungen"** in Abs. 1 ist eine qualitative. Gemeint sind einerseits Initiativpflichten des Verantwortlichen (Art. 13 und 14), andererseits solche, die erst auf die konkrete Inanspruchnahme durch den Betroffenen hin entstehen (zB Art. 15, Art. 19 S. 2, Art. 20 Abs. 1) oder zumindest an die Erfüllung eines solchen Anspruchs anknüpfen (zB Art. 18 Abs. 3). **10**

Die einschränkende Formulierung „Mitteilungen, die sich auf die Verarbeitung beziehen" erscheint hingegen überspezifisch, da sämtliche in den Art. 15–22 und 34 enthaltenen Mitteilungen einen direkten Bezug zur Datenverarbeitung aufweisen. Umgekehrt sehen einige der Katalogrechte gar keine eigenständige Mitteilungspflicht vor (zB Art. 16, Art. 17 Abs. 1, Art. 18 Abs. 1). Hier ist stattdessen die jeweilige Statusmeldung nach Art. 12 Abs. 3 gemeint, die stets mit dem jeweiligen Betroffenenrecht zusammen gelesen werden muss. **11**

Zu den in Art. 12 Abs. 1 S. 1 angesprochenen Maßnahmen enthält die DS-GVO keine konkreten Vorgaben. Die auf Initiative des Verantwortlichen zu erfüllenden Informationspflichten erfordern notwendigerweise eine Überarbeitung und Anpassung der bislang verwendeten **Datenschutzerklärungen.**[10] Für Mitteilungen an die betroffene Person sollten entsprechende **Muster** vorbereitet und in einem **Probelauf**[11] auf ihre Geeignetheit hin überprüft werden. Organisatorisch ist darauf hinzuwirken, dass dem Mitteilenden die nötigen Informationen ohne Zeitverzug und vollumfänglich zur Verfügung stehen. Hierzu gehört ua ein taugliches *incident management* bei Datenschutzverletzungen. **12**

II. Erleichterung der Rechtsausübung (Abs. 2 S. 1)

In Art. 12 Abs. 2 S. 1 ist die besondere Verpflichtung niedergelegt, der betroffenen Person die Ausübung ihrer Katalogrechte zu erleichtern. Hierzu bedarf es klarer **Zuständigkeiten und Ansprechpartner** auf Seiten des Verantwortlichen. Die Angabe der Kontaktdaten von Verantwortlichem, dessen Stellvertreter und ggf. dem Datenschutzbeauftragten trägt hierzu bei (→ Art. 13 Rn. 7 ff.). Anträge von betroffenen Personen müssen als solche erkannt werden und innerkorporativ an die richtige Stelle weitergeleitet werden. **13**

Die Bereitstellung elektronischer Kommunikationsformen ist zudem in Erwägungsgrund 59 angesprochen, (gesicherte) **Kontaktformulare** erscheinen als Mittel der Wahl, da sich der Betroffene hierbei keine Gedanken über Zuständig- **14**

[10] Mit Nachdruck *Härting*, Datenschutz-Grundverordnung, Rn. 55.

[11] *Artikel-29-Datenschutzgruppe*, WP 260 – Guidelines on transparency under Regulation 2016/679 v. 28.11.2017, S. 13.

keiten machen muss, ggf. bietet sich auch ein kompletter *customer/employee self service* via eigenem Web-Portal an. Erwägungsgrund 63 deutet die Möglichkeit des Fernzugangs zu einem sicheren System zwecks Erfüllung von Auskunftsersuchen gem. Art. 15 an.

15 Nach Abs. 2 S. 1 ist im Vorhinein zu eruieren, welche maschinellen **Austauschformate** bzw. Schnittstellen für Anträge nach Art. 20 Abs. 1 in Frage kommen[12] und welche verfügbaren Technologien das Recht auf Vergessenwerden nach Art. 17 Abs. 2 sicherzustellen vermögen. Erwägungsgrund 39 setzt voraus, dass der Verantwortliche Fristen für die Löschung oder regelmäßige Überprüfung der Daten vorsieht und alle vertretbaren Schritte unternimmt, damit unrichtige personenbezogene Daten gelöscht oder berichtigt werden. Für die Erstellung eines **Löschkonzepts** existiert inzwischen die DIN-Norm 66398.[13]

16 Art. 12 Abs. 1 S. 1 bezieht sich allein auf Maßnahmen im Zusammenhang mit Informationen und Mitteilungen an Betroffene. Mitteilungen an Dritte (zB Art. 17 Abs. 2, Art. 19 S. 1) sind nicht explizit angesprochen. Abs. 2 S. 1 ist demgegenüber im Interesse der Ergonomie dahingehend auszulegen, dass auch geeignete Maßnahmen zu treffen sind, um ggf. Dritten die erforderlichen Mitteilungen machen zu können.

III. Form (Abs. 1 S. 1–3)

17 **1. Stil.** Die DS-GVO verwendet den Begriff der Form in der amtlichen deutschen Übersetzung einerseits in einem stilistischen, andererseits in einem rechtsförmlichen Sinne. In Abs. 1 S. 1 ist allein der Stil angesprochen. Gefordert werden Präzision, Transparenz, Verständlichkeit und leichte Zugänglichkeit sowie eine klare und einfache Sprache; letztere insbesondere, wenn die Information an Kinder gerichtet ist. Erwägungsgrund 42 verweist hinsichtlich Verständlichkeit, leichter Zugänglichkeit sowie klarer und einfacher Sprache auf die RL 93/13/EWG. Dort fehlt es an entsprechenden Definitionen. Die Kommission hat allerdings 2011 einen einschlägigen Leitfaden „How to write clearly“ veröffentlicht.[14]

18 **Präzise** ist eine Information, wenn sie einen hinreichenden Grad an Genauigkeit und Abgrenzungsschärfe (Eindeutigkeit) besitzt. Eine normative Definition der „präzisen Information“ findet sich in Art. 7 Abs. 2 VO 596/2014/EU, diese taugt für hiesige Zwecke nicht.

19 Nach Art. 5 Abs. 1 lit. a wird unter **Transparenz** die Nachvollziehbarkeit der Information verstanden. Erwägungsgrund 39 erweitert dieses Begriffsverständnis in Richtung der **Vollständigkeit** der Information. Transparenzangaben sind bedingungsfeindlich (→ Art. 13 Rn. 42).

20 Die Forderung nach **Verständlichkeit** gleicht derjenigen der BGB-Informationspflichten in Art. 246b § 1 EGBGB.[15] Dem Marktortprinzip folgend ist auf den intendierten Empfängerkreis abzustellen. Im Inland ist Deutsch die Verkehrssprache. Die Information kann darüber hinaus auch in weiteren Sprachen vorgehalten werden, wenn davon auszugehen ist, dass dies für den Adressatenkreis einen Mehrwert bietet. Ansässige Sprachminderheiten sind nicht zwingend zu berücksichti-

---

[12] Ausführungen zur technischen Umsetzung des Rechts auf Datenübertragbarkeit sind derzeit rein spekulativ, so auch *Jülicher/Röttgen/von Schönfeld*, ZD 2016, 358 (361 f.).

[13] Hierzu *Hammer*, DuD 2016, 528 ff.

[14] Abrufbar unter: https://publications.europa.eu/en/publication-detail/-/publication/c2dab20c-0414-408d-87b5-dd3c6e5dd9a5.

[15] Hierzu BeckOK BGB/*Schmidt-Räntsch*, 39. Ed. 2014, Art. 246b EGBGB Rn. 49 ff.

gen, es sei denn, der Kontakt zwischen Verantwortlichem und Betroffenen wird per se in einer anderen als der Verkehrssprache abgewickelt. Der Sprache der Antragsstellung bei antragsbasierten Betroffenenrechten kommt richtunggebende Bedeutung zu. Bei längeren Texten ist eine sinnvolle Ordnung und Untergliederung mittels prägnanter Überschriften vorauszusetzen. Aufgezeichnete Audio-Nachrichten sollten zurückgespult werden können.[16]

Die **leichte Zugänglichkeit** betrifft die äußere Darreichungsform und ist eng mit der Verständlichkeit verzahnt. Texte sollten nicht zu klein oder zu blass wiedergegeben werden. Auf Websites sollten Erklärungen für die Allgemeinheit gut sichtbar verlinkt und nicht versteckt werden (Medienbruch → Art. 13 Rn. 40). Wird bspw. in Druckwerken auf Websites verwiesen, sollten kurze URLs und zusätzlich ggf. QR-Codes verwendet werden. Die Informationen sollten von allen gängigen Browsern problemlos wiedergegeben werden können. Sie dürfen nicht passwortgeschützt oder hinter einer Paywall verborgen werden; auch die Verwendung eines Ad-Blockers darf den Zugang nicht erschweren. Auf die Barrierefreiheit von Informationsverarbeitungssystemen iSv §§ 4, 12 BGG (etwa die Lesbarkeit von Websites und elektronischen Dokumenten mit Hilfe von Screenreadern für Sehbehinderte) ist zu achten. **21**

Die Forderung nach **Klarheit** der Sprache wiederholt noch einmal die Forderung nach Präzision (→ Rn. 18) und Verständlichkeit (→ Rn. 20). Bei der **„einfachen Sprache"** (*plain language*) handelt es sich hingegen um ein feststehendes Konzept.[17] Es richtet sich bspw. an Menschen mit schwächer ausgebildeten Lesefähigkeiten, sei es wegen des Alters, niedrigerem Bildungsstand oder schlicht, weil Deutsch als Fremdsprache erlernt wurde. Texten in einfacher Sprache liegt kein allgemeinverbindliches Regelwerk zugrunde. Sie vermeiden jedoch Fremdwörter oder erklären diese; Sätze umfassen meist nicht mehr als 15 Wörter und enthalten jeweils höchstens ein Komma. Der Komplexitätsgrad nimmt mit der sog. **„leichten Sprache"** noch einmal ab.[18] Verschiedene deutsche Behördenwebsites bieten ihre Inhalte alternativ in leichter bzw. einfacher Sprache an. Sie sind hierzu als Träger öffentlicher Gewalt bereits durch § 11 BGG angehalten. In anderen EU-Mitgliedstaaten ist das Konzept der einfachen Sprache ebenfalls bekannt. Die genaue Festlegung der intendierten Adressaten ist hierbei notwendige Prämisse für die sprachliche Gestaltung.[19] Abs. 1 S. 1 Hs. 2 enthält insofern eine Anwendungsbeschränkung einfacher Sprache vor allem auf solche Informationen, die sich an Kinder richten.[20] Hierdurch wird deutlich, dass die Regeln der einfachen Sprache nicht pauschal für alle Empfänger angewendet werden müssen. Vielmehr darf auf den (zu erwartenden) Empfängerhorizont abgestellt werden. **22**

Ungelöst ist der inhärente **Zielkonflikt** zwischen Präzision/Vollständigkeit vs. Klarheit/Einfachheit. Bisweilen wird daher von einem entsprechend großen **23**

---

[16] *Artikel-29-Datenschutzgruppe*, WP 260 – Guidelines on transparency under Regulation 2016/679 v. 28.11.2017, S. 12.

[17] *Härting*, Datenschutz-Grundverordnung, Rn. 67, spricht verkürzend von „Alltagssprache".

[18] Zum Ganzen Jekat/Jüngst/Schubert/Villinger/*Bock*, Sprache barrierefrei gestalten, S. 17, 20 ff.

[19] Jekat/Jüngst/Schubert/Villinger/*Bock*, Sprache barrierefrei gestalten, S. 17, 22; *Robrecht*, EU-Datenschutz-Grundverordnung, Transparenzgewinn oder Information-Overkill, S. 13 f.

[20] *Möhrke-Sobolewski/Klas*, K&R 2016, 373 (375) sowie Sydow/*Greve*, DS-GVO, Art. 12 Rn. 15 sprechen insofern unmittelbar von kindgerechter Sprache.

Gestaltungsspielraum des Verantwortlichen und hohen Anforderungen an die Feststellung eines Verstoßes ausgegangen.[21]

24 **2. Rechtsförmlichkeit.** Abs. 1 S. 2 und 3 betreffen die Form im Rechtssinne. Nach S. 2 kann die Information schriftlich oder in anderer Form, ggf. auch elektronisch erfolgen. **Schriftform** ist diejenige nach § 126 BGB, in Betracht kommen ferner die **elektronische Form** gem. § 126a BGB (qualifizierte elektronische Signatur nach dem SigG), die **Textform** gem. § 126b BGB oder jede andere **vereinbarte Form** nach § 127 BGB (zB PGP-signiert). Eine Information auf elektronische Weise („by electronic means") iSd S. 2 meint sowohl die elektronische Form als auch die Textform auf elektronischem Übertragungsweg. Ansprüche, die auf elektronische Weise geltend gemacht werden, sollten gem. Abs. 3 S. 4 auch auf dem gleichen Weg beantwortet werden, sofern die betroffene Person nichts anderes angibt.[22] Zum Teil wird in diesem Zusammenhang vorgeschlagen, statt der Verwendung unverschlüsselter E-Mails für sensible Inhalte individualisierte Links zu einer SSL-verschlüsselten Umgebung zu senden.[23] Die Links selbst werden dabei freilich unverschlüsselt übertragen, sodass der beabsichtigte Sicherheitszuwachs überschaubar bleibt. Die Information kann schließlich gem. Abs. 1 S. 3 auch mündlich erteilt werden, sofern die betroffene Person dies verlangt und keine Zweifel an ihrer Identität (→ Rn. 41 ff.) bestehen. Wegen des Beweisinteresses des Verantwortlichen sollte dies stets dokumentiert werden.[24]

IV. Frist (Abs. 3)

25 Zur Erleichterung der Rechtsausübung gehört auch ein effizientes Zeitmanagement beim Verantwortlichen. Sofern die betroffene Person ein Katalogrecht nach den Art. 15–22 geltend macht, sieht Art. 12 Abs. 3 S. 1 Alt. 1 zunächst die **unverzügliche Statusmeldung** vor. Sie bezieht sich nicht auf sämtliche Vorfeldmaßnahmen des Abs. 1, sondern auf die konkrete Umsetzung des Betroffenenantrags. Unverzüglichkeit ist ein indirekter Verweis auf § 121 Abs. 1 S. 1 BGB. Unverzüglich ist demnach eine Handlung, die „ohne schuldhaftes Zögern" erfolgt. Dies strafft einerseits den Entscheidungsfindungsprozess bei der verantwortlichen Stelle, bedeutet jedoch andererseits, dass die Benachrichtigung keineswegs „sofort" zu erfolgen hat. Stattdessen ist ein nach den Umständen des Einzelfalles zu bemessendes beschleunigtes Verhalten an den Tag zu legen.[25] Zwar fehlt eine europarechtlich fundierte Definition, die englische Fassung („without undue delay") weist indes einige Verwandtschaft mit der deutschen Lesart auf.

26 Diese einigermaßen freie Zeitbestimmung erfährt eine Deckelung in Abs. 3 S. 1 Alt. 2, wonach die Statusmeldung jedenfalls innerhalb eines Monats nach Eingang des Antrags zu erfolgen hat. Die **Monatsfrist** kann gem. Abs. 3 S. 2 um weitere zwei Monate verlängert werden, wenn dies unter Berücksichtigung der

---

[21] *Kamps/Schneider*, K&R-Beil. 1/2017, 24 (25) sowie Kühling/Buchner/*Bäcker*, DS-GVO, 2. Aufl., Art. 12 Rn. 12 mit einer Verletzungsschwelle erst bei grob ungenauen oder unverständlichen Informationen.

[22] Für die Anforderung einer Kopie enthält Art. 15 Abs. 3 S. 3 eine Spezialregelung.

[23] *Robrecht*, EU-Datenschutz-Grundverordnung, Transparenzgewinn oder Information-Overkill, S. 20.

[24] Elemente bei *Artikel-29-Datenschutzgruppe*, WP 260 – Guidelines on transparency under Regulation 2016/679 v. 28.11.2017, S. 12.

[25] So bereits RGZ 124, 115 (118).

Komplexität und der Anzahl von Anträgen erforderlich ist. Bei der Anzahl geht es richtigerweise um die Gesamtzahl aller eingegangenen Anträge und nicht nur derjenigen der konkret betroffenen Person. Nach Abs. 3 S. 3 ist eine solche Fristverlängerung innerhalb eines Monats ab Antragstellung mitzuteilen und zu begründen. Der Hinweis auf die Komplexität verdeutlicht, dass die Statusmeldung mehr sein muss, als eine reine **Empfangsbestätigung**. Letztere ist insofern nicht als fristwahrend anzusehen.

Die **Fristberechnung** erfolgt nach den Grundsätzen der Zivilkomputation für Ereignisfristen nach den §§ 186 ff. BGB.[26] Der Eingang des Antrages bei der verantwortlichen Stelle ist das fristauslösende Ereignis. Es wird gem. § 187 Abs. 1 BGB bei der Fristberechnung nicht mitgezählt, sodass die Frist gem. § 188 Abs. 2 BGB mit Ablauf desjenigen Tages endet, welcher durch seine Zahl dem Tage entspricht, in den das Ereignis fällt (Bsp.: Eingang am 22. Mai – Fristende am 22. Juni, 24 Uhr). Fehlt der maßgebende Tag im Monat des Fristablaufs, so endigt die Frist gem. § 188 Abs. 3 BGB mit dem Ablauf des letzten Tages dieses Monats (Bsp.: Eingang am 31. Januar – Fristende am 28. Februar, 24 Uhr). Fällt das Fristende auf einen staatlich anerkannten allgemeinen Feiertag, Sonnabend oder Sonntag, so tritt gem. § 193 BGB der nächste Werktag an seine Stelle. Für den behördlichen Bereich ergibt sich die identische Berechnungsweise durch Verweis in § 31 VwVfG bzw. dessen landesrechtlichen Äquivalenten. 27

Art. 12 Abs. 3 bezieht sich ausschließlich auf die Statusmeldung über die auf Antrag ergriffenen Maßnahmen.[27] Die Norm hat nur mittelbar Auswirkungen auf die **Erledigungsfrist** für die Erfüllung des jeweiligen Anspruches selbst.[28] Zwar wird eine zeitige Statusmeldung dem Verantwortlichen auch eine gewisse Selbstverpflichtung zum Handeln auferlegen. Art. 12 Abs. 1 und 2 ermuntern zudem zur schleunigen Bearbeitung. Eine Erledigungsfrist, wie sie etwa in Art. 77 Abs. 2 („Stand und die Ergebnisse“) angedeutet ist, ist in Art. 12 Abs. 3 allerdings nicht enthalten und ist wegen der schwerwiegenden Sanktionen (→ Rn. 54) auch nicht in die Vorschrift hineinzuinterpretieren. Sie ergibt sich ferner nicht aus der verlängerten Fristbestimmung des Abs. 3 S. 2. Selbst wenn im Grundsatz von einer einmonatigen Erledigungsfrist für die Katalogrechte des Kapitels III ausgegangen werden sollte, sind etwa Berichtigung und Löschung aufgrund spezialgesetzlicher Anordnung in Art. 16 und Art. 17 Abs. 1 stets unverzüglich zu erfüllen. 28

Wird ein Anspruch auf Auskunft, Datenportabilität oder Mitteilung im Zusammenhang mit Berichtigung oder Löschung (Art. 19) vor Ablauf der Monatsfrist bedient, darf die Statusmeldung wegen Obsoleszenz entfallen. Für alle anderen Katalogrechte, denen keine Rückmeldung inhärent ist, gilt dies nicht, hier bedarf es jeweils einer Erledigungsnachricht. 29

V. Untätigkeit (Abs. 2 S. 2, Abs. 4, Abs. 5 S. 2–3)

Nicht jeder Antrag der betroffenen Person verpflichtet unweigerlich zum Handeln. Mindestens aber muss gem. Abs. 4 ohne Verzögerung, spätestens innerhalb 30

[26] Diese Art der Berechnung ist auch auf europäischer Ebene üblich, vgl. Art. 49 VerfO EuGH.

[27] Ebenso Paal/Pauly/*Paal*, DS-GVO, 2. Aufl., Art. 12 Rn. 52; BeckOK DatenschutzR/*Quaas*, 21. Ed. 2017, Art. 12 Rn. 35; Ehmann/Selmayr/*Heckmann*/*Paschke*, DS-GVO, Art. 12 Rn. 31.

[28] Art. 14 Abs. 3 lit. a enthält bspw. eine echte Erledigungsfrist. AA für eine Erledigungsfrist Kühling/Buchner/*Bäcker*, DS-GVO, 2. Aufl., Art. 12 Rn. 32 sowie Sydow/*Greve*, DS-GVO, Art. 12 Rn. 22.

eines Monats (Fristberechnung, → Rn. 26) nach Eingang des Antrags über die **Gründe des Untätigbleibens**[29] informiert werden und über die Möglichkeit, ggf. bei einer Aufsichtsbehörde Beschwerde einzulegen[30] oder einen gerichtlichen Rechtsbehelf einzulegen.

31 § 6 BDSG aF erklärte die Rechte auf Auskunft, Berichtigung, Löschung und Sperrung für unabdingbar. Die Vorschrift stand jeder rechtsgeschäftlichen Verkürzung entgegen.[31] Die DS-GVO enthält unterdessen keine dem § 6 BDSG aF vergleichbare Norm. Allerdings wurde die **Unabdingbarkeit** auch schon zuvor für weitere nicht benannte Betroffenenrechte angenommen (Beschwerde, Benachrichtigung, Widerspruch). Es ist daher davon auszugehen, dass vom Schutzumfang der DS-GVO nur abgewichen werden darf, sofern eine datenschutzrechtliche Einwilligung möglich ist.[32]

32 Gründe für das Untätigbleiben finden sich im Gesetz versprengt. Nach Abs. 2 S. 2 kann der Verantwortliche in den in Art. 11 Abs. 2 genannten Fällen glaubhaft machen, dass er nicht in der Lage ist, die die betroffene Person zu **identifizieren.** Die Glaubhaftmachung ist iSv § 294 ZPO zu verstehen. Art. 4 Nr. 1 konturiert die Identifizierbarkeit. Hieran kann es etwa aus Sicht von Website-Betreibern fehlen, wenn Betroffenenrechte hinsichtlich bestimmter IP-Adressen geltend gemacht werden (weitere Bsp. → Art. 11 Rn. 6 ff.).[33]

33 Nach Abs. 5 S. 2 lit. b kann sich der Verantwortliche bei **offenkundig unbegründeten oder exzessiven Anträgen** weigern, tätig zu werden. Es handelt sich bei Letzterem um ein Leistungsverweigerungsrecht, dh, der Anspruch besteht, ist aber nicht durchsetzbar. Abs. 4 unterstreicht den Einredecharakter. Abs. 5 S. 3 erlegt dem Verantwortlichen die Beweislast für den offenkundig unbegründeten oder exzessiven Charakter des Antrags auf.

34 Ein Antrag ist unbegründet, wenn die Tatbestandsvoraussetzungen des jeweiligen Betroffenenrechts nicht gegeben sind (besonders augenfällig zB bei Art. 18 Abs. 1, Art. 20 Abs. 1). Daneben sehen einige Katalogrechte eigenständige Ausnahmen vor (zB Art. 15 Abs. 4, Art. 17 Abs. 3, Art. 20 Abs. 4) oder sie können spezialgesetzlich im Rahmen von Art. 23 Abs. 1 bzw. Art. 85 Abs. 2 niedergelegt werden. Erstanträge dürften in der Regel nicht offenkundig unbegründet sein.[34]

35 Exzessiv ist ein Antrag ausweislich des Gesetzeswortlauts des Abs. 5 S. 2, wenn er zu häufig wiederholt wird. Wie oft „zu häufig" ist, ergibt sich nicht aus dem Gesetz. Die Zeitspanne kann je nach geltend gemachtem Betroffenenrecht unterschiedlich ausfallen. Legt man jedoch die prinzipielle Wertung des Art. 12 Abs. 3 S. 2 bzw. des Art. 78 Abs. 2 zu Grunde, dürfte **eine Anfrage pro Quartal** wohl nicht als exzessiv zu beurteilen sein. Der Exzess kann darüber hinaus auch darin begründet sein, dass Erfüllungsmodalitäten überspezifisch angegeben werden (zB kompletter Ausdruck einer Kopie auf Papier bei Art. 15 Abs. 1 bzw. die singuläre Festlegung auf ein konkretes maschinenlesbares Format bei Art. 20 Abs. 1).

---

[29] So schon *Gola/Schomerus*, BDSG, § 34 Rn. 19.

[30] Die Festlegung auf eine konkrete Aufsichtsbehörde stellt eine Beschneidung der Allzuständigkeit nach Art. 77 Abs. 1 dar.

[31] Der Gesetzgeber beabsichtigte ausdrücklich eine Einschränkung der Privatautonomie im Interesse der Betroffenen, BT-Drs. 11/4306, 41.

[32] Müthlein/*Gola*, DS-GVO, S. 25 f.

[33] *Keppeler*, CR 2017, 665 (667) mit einem interessanten Selbstversuch zur BGH-Website.

[34] Sydow/*Greve*, DS-GVO, Art. 12 Rn. 26.

VI. Entgelt (Abs. 5)

36 Sämtliche Informationen, Mitteilungen und Maßnahmen im Zusammenhang mit der Gewährung von Betroffenenrechten erfolgen grundsätzlich unentgeltlich. Dies gilt auch und insbesondere bei Informationen per **Telefon** oder Faxabruf. Werden Betroffenenrechte nur gewährt, wenn zugleich kostenpflichtige Waren oder Dienstleistungen abgenommen werden, ist auch dies als verbotene Entgeltpflicht zu verstehen. **Rechtsdurchsetzungskosten** der betroffenen Person hat der Verantwortliche zu tragen.[35] Art. 15 Abs. 3 S. 2 trifft eine Sonderregelung für die mehrfache Anforderung von Kopien (→ Art. 15 Rn. 32).

37 Sofern Anträge offensichtlich unbegründet sind oder exzessiv geltend gemacht werden, kann der Verantwortliche nach Art. 12 Abs. 5 lit. a wahlweise, anstatt die Erfüllung zu verweigern, ein **angemessenes Entgelt** verlangen. Informationen nach den Art. 13, 14 und 34 werden mangels Antragserfordernisses durch die Ausnahmeregelung des Art. 12 Abs. 5 lit. a nicht erfasst, sie bleiben für die betroffene Person stets kostenfrei.

38 Art. 12 lit. a DS-RL erklärte eine grundsätzliche Kostentragungspflicht zumindest für Auskünfte für zulässig.[36] Bislang war ein Entgelt für die Auskunftserteilung nach § 34 Abs. 8 S. 3 BDSG aF lediglich für den Fall vorgesehen, dass der Betroffene die Auskunft gegenüber Dritten zu wirtschaftlichen Zwecken nutzen konnte. Diese Entgeltpflicht entfiel wiederum nach § 34 Abs. 8 S. 4 BDSG aF, wenn seitens des Betroffenen die gerechtfertigte Annahme bestand, dass Daten unrichtig oder unzulässig gespeichert wurden, oder die Auskunft selbst ergab, dass die betreffenden Daten zu berichtigen oder zu löschen waren.

39 Art. 12 Abs. 5 S. 2 betrifft demgegenüber nicht mehr nur allein die Auskunft, sondern sämtliche Katalogrechte des Kapitels III. Die Entgeltpflicht erlangt insofern vor allem auch beim Antrag auf Datenübertragbarkeit nach Art. 20 Abs. 1 oder 2 Bedeutung. **Exzessiv häufige, aber in der Sache jeweils berechtigte Anträge** auf Löschung, Einschränkung der Verarbeitung, Berichtigung oder Mitteilung der potentiell Löschpflichtigen nach Art. 19 S. 2 dürften hingegen auch nach der DS-GVO keine Kosten für die betroffene Person erzeugen. Anderenfalls würden Verantwortliche aus einer überwiegend rechtswidrigen Verarbeitung Gewinn schlagen, Betroffene hingegen könnten abgeschreckt werden, immer und immer wieder die Herstellung datenschutzkonformer Zustände zu verlangen.

40 Der EuGH entschied im Zusammenhang mit Art. 12 lit. a DS-RL, dass das Entgelt für die Auskunftserteilung nicht die tatsächlichen Kosten der Mitteilung dieser Daten übersteigen darf.[37] Die Bemessung etwaiger Entgelte hat die **Verwaltungskosten** für die Unterrichtung, Mitteilung oder die Durchführung der beantragten Maßnahme zu berücksichtigen. Der Entgeltanspruch ist auf die direkt zurechenbaren Kosten beschränkt, umfasst also nicht den Gemeinkostenanteil (zB allgemeine Personalkosten, Kosten für den Betrieb oder die Anschaffung von Anlagen). Ersatzfähig sind hingegen Material- und Portokosten bzw. Personal- und Maschinenkosten für den konkreten Antragslauf.[38] Eine gewisse **Pauschalierung** wird bei der Bemessung unumgänglich sein.

---

[35] AA Ehmann/Selmayr/*Heckmann/Paschke*, DS-GVO, Art. 12 Rn. 42.

[36] Hierzu *Ehmann/Helfrich*, EG-Datenschutzrichtlinie, Art. 12 Rn. 29; vgl. auch EuGH, Urt. v. 12.12.2013 – C-486/12, BeckRS 2013, 82340.

[37] EuGH, Urt. v. 12.12.2013 – C-486/12, BeckRS 2013, 82340.

[38] *Gola/Schomerus*, BDSG, § 34 Rn. 23; Simitis/*Dix*, BDSG, § 34 Rn. 70.

41 Die verantwortliche Stelle muss die Höhe der Kosten im Zweifel begründen können. Es liegt im Eigeninteresse der verantwortlichen Stelle, bereits bei der Entscheidung über neue Verarbeitungen über ein kostengünstiges Antragsmanagement nachzudenken.[39] Selbstverschuldete Mehrkosten dürfen nicht auf den Antragsteller abgewälzt werden.[40] Abs. 5 S. 3 erlegt dem Verantwortlichen zudem die **Beweislast** für den offenkundig unbegründeten oder exzessiven Charakter des Antrags auf.

VII. Identitätsprüfung (Abs. 6)

42 Bestehen Zweifel an der Identität des Antragsstellers, kann der Verantwortliche zusätzliche Informationen anfordern, soweit diese zur Bestätigung der Identität der betroffenen Person erforderlich sind. Der Sache nach bezieht sich Abs. 6 nicht ausschließlich auf die Erhebung neuer Informationen, sondern auch auf geeignete **Nachweismöglichkeiten** hinsichtlich bereits vorliegender Daten. Die Erhebungsbefugnis ist jedoch allein auf Identitätsmerkmale beschränkt, sie ermöglicht keine weitergehende Ermittlung etwa zu Zwecken der Risikoprognose gem. Art. 34.[41]

43 In Betracht kommt bspw. die Vereinbarung einer **Sicherheitsfrage** oder die telefonische Abfrage von Kundendetails wie Geburtsdatum oder Mobilfunknummer, sofern diese Informationen beim Verantwortlichen bereits vorliegen. Erwägungsgrund 57 sieht das Einloggen und Bestätigen der Anfrage in einem **Kundenportal** vor.

44 Die Erforderlichkeit von **Personalausweiskopien** bedarf gesonderter Prüfung.[42] Ggf. genügt bereits die Vorlage des Ausweises und ein entsprechender Vermerk (zB: „Personalausweis hat vorgelegen“).[43] Laut *BayLDA* soll auf die Anforderung von Ausweiskopien verzichtet werden, wenn zB ein Auskunftsverlangen in unmittelbarem zeitlichen Zusammenhang (bis zu vier Wochen) mit einer Benachrichtigung steht, oder auch bei reinen Negativauskünften.[44] Ablichtungen (auch Scans) von Personalausweisen richten sich nach dem jüngst novellierten § 20 Abs. 2 PAuswG. Die Ablichtung muss dabei eindeutig und dauerhaft als Kopie erkennbar sein und darf nicht an Dritte weitergegeben werden. Unklar ist, inwieweit neben der Einwilligung auch andere datenschutzrechtliche Erlaubnistatbestände für die Verarbeitung von Ausweisdaten herangezogen werden können.[45]

45 Kann der Verantwortliche glaubhaft machen, die betroffene Person trotz zusätzlicher Bereitstellung identifizierender Informationen nicht zuordnen zu können, finden die Art. 15–20 gem. Art. 11 Abs. 2 keine Anwendung. Art. 12 Abs. 6 lässt Art. 11 unbeschadet, was verdeutlicht, dass die verantwortliche Stelle auch nach Abs. 6 keine Pflicht zur initialen Reidentifizierung trifft, sondern lediglich eine Pflicht zur Überprüfung der Identität bereits konkret bezeichneter Betroffener.

---

[39] So bereits *Gola/Schomerus*, BDSG, § 34 Rn. 20 zur Organisation des Auskunftsverfahrens.

[40] Simitis/*Dix*, BDSG, § 34 Rn. 69.

[41] *Franck*, GDD-Ratgeber Datenpannen, S. 24 zu § 42a BDSG aF.

[42] Pauschal für die Anforderung von Kopien *Härting*, Datenschutz-Grundverordnung, Rn. 657/660.

[43] *Gola/Schomerus*, BDSG, § 19 Rn. 14, § 34 Rn. 7.

[44] BayLDA, TB 2013/2014 (2015), S. 77.

[45] *Kröger*, DSB 2017, 233 (234).

VIII. Bildsymbole (Abs. 7–8)

Abs. 7 S. 1 eröffnet dem Verantwortlichen die Möglichkeit, Informationen nach den Art. 13 und 14 in Kombination mit standardisierten Bildsymbolen bereitzustellen, um in leicht wahrnehmbarer, verständlicher und klar nachvollziehbarer Form einen aussagekräftigen Überblick über die beabsichtigte Verarbeitung zu vermitteln. Die Nutzung von Bildsymbolen ist nicht verpflichtend, könnte sich jedoch in der Praxis als **Wettbewerbsvorteil** auswirken.[46] **46**

Bildsymbole sollen lediglich einen Überblick verschaffen. Sie können insofern nicht in die Tiefe gehen sondern müssen sich auf einige wenige **Kernaussagen** beschränken. Um den Pflichten aus Art. 13 und 14 vollumfänglich nachzukommen, können Bildsymbole deshalb niemals alleine stehen. **47**

Der ParlE enthielt im Annex noch Mustersymbole für folgende Informationsgehalte: **48**

	„Es werden nicht mehr personenbezogene Daten erhoben, als für die spezifischen Zwecke der Verarbeitung erforderlich sind.“
	„Es werden nicht mehr personenbezogene Daten gespeichert, als für die spezifischen Zwecke der Verarbeitung erforderlich sind.“
	„Personenbezogene Daten werden nicht zu anderen als den Zwecken verarbeitet, für die sie erhoben wurden.“
	„Es werden keine personenbezogenen Daten an gewerbliche Dritte weitergegeben.“
	„Es werden keine personenbezogenen Daten verkauft oder verpachtet.“

[46] *Albrecht*, CR 2016, 88 (93).

„Es werden keine personenbezogenen Daten unverschlüsselt aufbewahrt."

49 Inwieweit diese Mustersymbole verständlich oder klar nachvollziehbar sein mögen,[47] kann (noch) dahingestellt bleiben. Sie konnten sich in dieser Form im Abstimmungsprozess nicht durchsetzen und sind in der verabschiedeten Fassung der DS-GVO nicht mehr enthalten. Die Gestaltung wurde stattdessen der Europäischen Kommission (→ Rn. 52) und dem Europäischen Datenschutzausschuss (→ Rn. 53) überantwortet.

50 Abs. 7 S. 1 ist unmittelbar auf Art. 13 und 14 bezogen. Da die Bildsymbole jedoch per se nur in Kombination mit ausformulierten Informationen auftreten können, schadet es nichts, etwa auch eine Auskunft nach Art. 15 oder eine Mitteilung nach Art. 34 mit entsprechenden Bildsymbolen zu versehen, sofern passende vorhanden sein sollten. Eine solche **fakultative Verwendung** dient zugleich der Erleichterung der Rechtsausübung nach Abs. 2.

51 Werden die Bildsymbole in elektronischer Form dargestellt, müssen sie gem. Abs. 7 S. 2 **maschinenlesbar** sein.[48] Gefordert sind Symbole, die speziell darauf ausgelegt sind, auch für Maschinen lesbar (und ggf. interpretierbar) zu sein, anstatt nur für Menschen. Dies kann durch OCR-fähige Schriftzeichen (*optical character recognition*)[49] oder eingebettete Metadaten sichergestellt werden.

52 Wie sich aus der Formulierung Abs. 7 S. 2 ergibt, sind elektronische Darstellbarkeit und Maschinenlesbarkeit keineswegs deckungsgleich. Es genügt also nicht, wenn die Symbole von einem Browser lediglich dargestellt werden können.[50] Es muss vielmehr möglich sein, die Symbole automatisiert zu erkennen und interpretieren zu lassen. Vorbild hierfür seien die maschinenlesbaren Creative-Commons-Lizenzen gewesen.[51] Freilich sind nicht die CC-Symbole selbst maschinenlesbar, sondern lediglich die Lizenzangaben in der CC Rights Expression Language (CC REL), welche als Metadaten in diverse Dateitypen inkorporiert werden können.[52] Betroffene Personen sollen insoweit in die Lage versetzt werden, Datenverarbeitungen automatisiert zu unterbinden oder sich entsprechende Warnhinweise ausgeben zu lassen.[53]

53 Die **Kommission** erhielt mit Inkrafttreten der DS-GVO am 24.5.2016 gem. Art. 12 Abs. 8 iVm Art. 92 Abs. 2 die Befugnis, delegierte Rechtsakte zu erlassen. Sie kann somit die durch Bildsymbole darzustellenden Informationen bestimmen sowie Verfahren für deren Bereitstellung festlegen. Diese Vorgehensweise dient ausweislich Erwägungsgrund 166 insbesondere der Gewährleistung des freien Ver-

---

[47] Krit. auch *Robrecht*, EU-Datenschutz-Grundverordnung, Transparenzgewinn oder Information-Overkill, S. 49 f.

[48] Erwägungsgrund 60: „sollen".

[49] Vgl. etwa den maschinenlesbaren Bereich auf Ausweisdokumenten nach ICAO-Spezifikation 9303.

[50] AA offenbar *Albrecht*, CR 2016, 88 (93).

[51] *Albrecht*, CR 2016, 88 (93) Fn. 26.

[52] https://wiki.creativecommons.org/wiki/CC_REL.

[53] Kühling/Buchner/*Bäcker*, DS-GVO, 2. Aufl., Art. 12 Rn. 22.

kehrs personenbezogener Daten innerhalb der Union. Einzelheiten sind in Art. 92 DS-GVO sowie Art. 290 AEUV geregelt.

Der **Europäische Datenschutzausschuss** ist ua gem. Art. 70 Abs. 1 lit. r gegenüber der Kommission zur Abgabe einer Stellungnahme zu den Bildsymbolen berufen, dies ggf. auch schon, bevor die Kommission in diese Richtung tätig geworden ist. **54**

IX. Sanktionen

Art. 83 Abs. 5 lit. b sanktioniert Verstöße gegen Art. 12 mit **Geldbußen** von bis zu 20.000.000 EUR oder im Fall eines Unternehmens von bis zu 4 Prozent seines gesamten weltweit erzielten Jahresumsatzes des vorangegangenen Geschäftsjahrs, je nachdem, welcher der Beträge höher ist. Die Einordnung in die höhere Bußgeldkategorie ist Folge des erklärten Zieles, Betroffenenrechte stärken zu wollen (Erwägungsgrund 11). **55**

Das Ignorieren einer behördlichen Anweisung, den Anträgen betroffener Personen auf Ausübung ihrer Rechte Folge zu leisten, wird gem. Art. 83 Abs. 5 lit. e iVm Art. 58 Abs. 2 lit. c ebenfalls vom hohen Bußgeldrahmen erfasst. **56**

Behörden und sonstige öffentliche Stellen sind gem. § 43 Abs. 3 BDSG nF vom Bußgeld ausgenommen, solange sie nicht am Wettbewerb teilnehmen (§ 2 Abs. 5 BDSG nF). **57**

C. Rechtsschutz

I. Behördlicher Rechtsschutz

Gem. Art. 77 Abs. 1 hat jede betroffene Person das Recht auf **Beschwerde** bei einer Aufsichtsbehörde, insbesondere in dem Mitgliedstaat ihres Aufenthaltsorts, ihres Arbeitsplatzes oder des Orts des mutmaßlichen Verstoßes, wenn die betroffene Person der Ansicht ist, dass die Verarbeitung der sie betreffenden personenbezogenen Daten gegen diese Verordnung verstößt. Die betroffene Person kann sich dabei durch Non-Profit-Organisationen gem. Art. 80 Abs. 1 vertreten lassen (→ Rn. 60). Die Aufsichtsbehörden haben gem. Art. 58 Abs. 2 lit. c die Befugnis, Verantwortliche oder Auftragsverarbeiter anzuweisen, Anträgen Betroffener zu entsprechen. **58**

II. Gerichtlicher Rechtsschutz

1. Verfahrensvoraussetzungen. Streitigkeiten über Betroffenenrechte, die auf Antrag gewährt werden, finden sich in **allen Gerichtszweigen.** Die Privatwirtschaft wird vor der ordentlichen Gerichtsbarkeit und der Arbeitsgerichtsbarkeit verhandelt, Behörden vor den Verwaltungs-, Sozial- und Finanzgerichten (man beachte jedoch hinsichtlich Schadensersatzansprüchen § 40 Abs. 2 S. 1 Hs. 1 VwGO). Örtliche und sachliche Zuständigkeit richten sich nach allgemeinem Prozessrecht, Art. 79 Abs. 2 ist diesbezüglich zu berücksichtigen. **59**

Ansprüche sind in der Regel mittels Leistungsklage durchzusetzen. Andere Konstellationen, etwa die Feststellungs- oder die verwaltungsrechtliche Verpflichtungsklage auf Erlass eines vorgeschalteten Verwaltungsakts nach § 42 Abs. 1 Alt. 2 **60**

VwGO[54] sind je nach Sachlage denkbar. Ergeht die Ablehnung von Betroffenenrechten im behördlichen Bereich als belastender Verwaltungsakt, greift ggf. zunächst das Widerspruchsverfahren nach den §§ 68 ff. VwGO ein. Im Rahmen der Prüfung des Rechtsschutzinteresses für eine Klage spielt es keine Rolle, ob der Kläger zuvor um aufsichtsbehördlichen Rechtsschutz (→ Rn. 55) ersucht hat. Die Wahl der Waffen obliegt der betroffenen Person. Sie ist nicht gehalten, mehrere Eskalationsstufen zu durchlaufen. Die Durchsetzung von Betroffenenrechten im Wege des **einstweiligen Rechtsschutzes** scheitert ggf. wegen unzulässiger Vorwegnahme der Hauptsache.

61 Betroffenenrechte können in allen Gerichtszweigen und Klagearten durch Non-Profit-Organisationen vertretungsweise (nicht standschaftlich) gem. Art. 80 Abs. 1 geltend gemacht werden. Dies gilt zunächst ausdrücklich für das Recht auf Schadensersatz. Art. 80 Abs. 1 iVm Art. 79 Abs. 1 erfasst zudem alle übrigen gewährten Betroffenenrechte. Art. 79 Abs. 1 meint sämtliche Konstellationen, in denen Rechte infolge einer nicht im Einklang mit der Verordnung stehenden Verarbeitung personenbezogener Daten verletzt wurden. Auch die Nichtbeantwortung eines Auskunftsersuchens (Art. 15) oder eines Antrages auf Datenübertragbarkeit (Art. 20) gehören hierzu.[55]

62 **2. Anspruchskonkurrenzen.** Unter Umständen verfolgen mehrere Anspruchsgrundlagen dasselbe Ziel. So ergeben sich Auskunfts- und Einsichtsrechte sowohl aus Art. 15 DS-GVO als auch etwa aus § 630g Abs. 1 S. 1 BGB (Patientenakten), § 83 Abs. 1 BetrVG (Personalakten) oder auch § 810 BGB (Urkundeneinsicht). Schadensersatzansprüche ergeben sich aus Art. 82 Abs. 1, § 44 Abs. 1 S. 3 TKG, §§ 280 ff. BGB oder §§ 823 ff. BGB. Beim Zusammentreffen mehrerer Anspruchsgrundlagen ist oft nicht klar, wie zu verfahren ist.

63 Der BGH hat dereinst Ansprüche aus dem BDSG aF für spezieller als diejenigen des BGB erachtet, dies sowohl für die Auskunft[56] als auch für die Löschung.[57] Das allgemeine Persönlichkeitsrecht sei zwar als sonstiges Recht iSd § 823 Abs. 1 BGB geschützt, hierbei handele es sich jedoch lediglich um einen Auffangtatbestand, der gegenüber einer Spezialregelung des Persönlichkeitsrechts zurücktrete. Zweifelhaft sei deshalb schon, ob nach Erlass einer Regelung wie dem BDSG aF überhaupt noch BGB-Ansprüche entstehen können.[58]

64 Dieser pauschalen Darstellung ist zu widersprechen.[59] Die **freie Anspruchskonkurrenz** lässt Ansprüche grundsätzlich nebeneinander und ohne Wechselwirkungen bestehen.[60] Nur soweit ein Gesetz die Betroffenenrechte abschließend regelt, ist ein Rückgriff auf allgemeine Regeln ausgeschlossen. Aus dem bloßen Vorhandensein einer bereichsspezifischen oder höherrangigen Regelung ergibt sich nicht zwingend deren abschließender Regelungscharakter.[61] Zutreffend entschied daher etwa das BAG, dass ein Anspruch auf Vernichtung von Bewerberun-

---

[54] *Gola/Schomerus*, BDSG, § 19 Rn. 9; Simitis/*Mallmann*, BDSG, § 19 Rn. 124; BVerwG, NVwZ 2008, 580.

[55] Arg. e Art. 12 Abs. 1 und 2.

[56] BGH, NJW 1981, 1738.

[57] BGH, NJW 1986, 2505.

[58] BGH, NJW 1981, 1738 (1740).

[59] So auch *Simitis*, NJW 1981, 1697 (1701).

[60] *Thomale*, JuS 2013, 296 (297).

[61] *Larenz/Canaris*, Methodenlehre der Rechtswissenschaft, S. 87 ff.

terlagen nach § 1004 BGB analog zu gewähren war.[62] Mit dem BDSG aF sollte der verfassungsrechtlich gewährleistete Persönlichkeitsschutz im Hinblick auf die bei der Datenverarbeitung drohenden Gefahren erweitert und nicht bereits bestehende Rechte eingeschränkt werden.[63] Erwägungsgrund 11 transponiert diesen Mechanismus gleichermaßen auf die Ebene der DS-GVO. Zudem gelten die Katalogrechte der Art. 15–22 ausschließlich für Verarbeitungen im sachlichen Anwendungsbereich des Art. 2 Abs. 1 und 2. Zur Bestimmung einer irgendwie gearteten Spezialität von Anspruchsgrundlagen bedarf es daher stets einer teleologischen und systematischen Auslegung, sie kann nicht im Wege einer Faustformel erfolgen.[64]

Abschnitt 2. Informationspflicht und Recht auf Auskunft zu personenbezogenen Daten

Art. 13 Informationspflicht bei Erhebung von personenbezogenen Daten bei der betroffenen Person

(1) **Werden personenbezogene Daten bei der betroffenen Person erhoben, so teilt der Verantwortliche der betroffenen Person zum Zeitpunkt der Erhebung dieser Daten Folgendes mit:**

a) den Namen und die Kontaktdaten des Verantwortlichen sowie gegebenenfalls seines Vertreters;

b) gegebenenfalls die Kontaktdaten des Datenschutzbeauftragten;

c) die Zwecke, für die die personenbezogenen Daten verarbeitet werden sollen, sowie die Rechtsgrundlage für die Verarbeitung;

d) wenn die Verarbeitung auf Artikel 6 Absatz 1 Buchstabe f beruht, die berechtigten Interessen, die von dem Verantwortlichen oder einem Dritten verfolgt werden;

e) gegebenenfalls die Empfänger oder Kategorien von Empfängern der personenbezogenen Daten und

f) gegebenenfalls die Absicht des Verantwortlichen, die personenbezogenen Daten an ein Drittland oder eine internationale Organisation zu übermitteln, sowie das Vorhandensein oder das Fehlen eines Angemessenheitsbeschlusses der Kommission oder im Falle von Übermittlungen gemäß Artikel 46 oder Artikel 47 oder Artikel 49 Absatz 1 Unterabsatz 2 einen Verweis auf die geeigneten oder angemessenen Garantien und die Möglichkeit, wie eine Kopie von ihnen zu erhalten ist, oder wo sie verfügbar sind.

(2) **Zusätzlich zu den Informationen gemäß Absatz 1 stellt der Verantwortliche der betroffenen Person zum Zeitpunkt der Erhebung dieser Daten folgende weitere Informationen zur Verfügung, die notwendig sind, um eine faire und transparente Verarbeitung zu gewährleisten:**

---

[62] BAG, NJW 1984, 2910 ff. zu § 2 Abs. 3 Nr. 1 BDSG 1977.

[63] BAG, NJW 1984, 2910 (2911).

[64] *Larenz/Canaris*, Methodenlehre der Rechtswissenschaft, S. 88; Simitis/*Mallmann*, BDSG, § 19 Rn. 119. Vgl. weiterhin etwa *Thüsing/Richardi*, BetrVG, § 83 Rn. 41 f. zu Berichtigung, Löschung und Sperrung nach BetrVG und/oder BDSG aF.

a) die Dauer, für die die personenbezogenen Daten gespeichert werden oder, falls dies nicht möglich ist, die Kriterien für die Festlegung dieser Dauer;

b) das Bestehen eines Rechts auf Auskunft seitens des Verantwortlichen über die betreffenden personenbezogenen Daten sowie auf Berichtigung oder Löschung oder auf Einschränkung der Verarbeitung oder eines Widerspruchsrechts gegen die Verarbeitung sowie des Rechts auf Datenübertragbarkeit;

c) wenn die Verarbeitung auf Artikel 6 Absatz 1 Buchstabe a oder Artikel 9 Absatz 2 Buchstabe a beruht, das Bestehen eines Rechts, die Einwilligung jederzeit zu widerrufen, ohne dass die Rechtmäßigkeit der aufgrund der Einwilligung bis zum Widerruf erfolgten Verarbeitung berührt wird;

d) das Bestehen eines Beschwerderechts bei einer Aufsichtsbehörde;

e) ob die Bereitstellung der personenbezogenen Daten gesetzlich oder vertraglich vorgeschrieben oder für einen Vertragsabschluss erforderlich ist, ob die betroffene Person verpflichtet ist, die personenbezogenen Daten bereitzustellen, und welche mögliche Folgen die Nichtbereitstellung hätte und

f) das Bestehen einer automatisierten Entscheidungsfindung einschließlich Profiling gemäß Artikel 22 Absätze 1 und 4 und – zumindest in diesen Fällen – aussagekräftige Informationen über die involvierte Logik sowie die Tragweite und die angestrebten Auswirkungen einer derartigen Verarbeitung für die betroffene Person.

(3) **Beabsichtigt der Verantwortliche, die personenbezogenen Daten für einen anderen Zweck weiterzuverarbeiten als den, für den die personenbezogenen Daten erhoben wurden, so stellt er der betroffenen Person vor dieser Weiterverarbeitung Informationen über diesen anderen Zweck und alle anderen maßgeblichen Informationen gemäß Absatz 2 zur Verfügung.**

(4) **Die Absätze 1, 2 und 3 finden keine Anwendung, wenn und soweit die betroffene Person bereits über die Informationen verfügt.**

Literatur: *Artikel-29-Datenschutzgruppe*, WP 260 – Guidelines on transparency under Regulation 2016/679 vom 28.11.2017; *DSK*, Kurzpapier Nr. 10 – Informationspflichten bei Dritt- und Direkterhebung, 2018; *Kamps/Schneider*, Transparenz als Herausforderung: Die Informations- und Meldepflichten der DSGVO aus Unternehmenssicht, K&R-Beilage 1/2017, 24; *Lepperhoff*, Wie sag ich's nur? – Informationspflichten, in: Lepperhoff/Müthlein, Leitfaden zur Datenschutz-Grundverordnung, 2017, S. 199; *Lepperhoff*, Informationspflichten gegenüber Bewerbern nach der DS-GVO, RDV 2017, 21; *Schulte*, Transparenz im Kontext der DSGVO, PinG 2017, 227; *Walter*, Die datenschutzrechtlichen Transparenzpflichten nach der Europäischen Datenschutz-Grundverordnung, DSRITB 2016, S. 367.

Übersicht

A. Allgemeines

I. Zweck und Bedeutung der Vorschrift

1 Art. 13 begründet die aktive Pflicht[1] für den Verantwortlichen, die erforderliche Transparenz im Rahmen der Direkterhebung herzustellen. Die Informationsgehalte wurden gegenüber der DS-RL und dem BDSG aF deutlich ausgebaut. Zwar wurde während des Gesetzgebungsverfahrens die Umsetzbarkeit der neuen Vorgaben angezweifelt,[2] zudem wurde die Befürchtung geäußert, in der Flut von Informationen könnte Wichtiges untergehen,[3] der Gedanke einer differenzierten und vollständig risikoabhängigen Informationspflicht konnte sich jedoch nicht durchsetzen. **Auftragsverarbeiter** sind durch Art. 13 nicht angesprochen, ihre Unterstützungspflicht nach Art. 28 Abs. 3 S. 2 lit. e bezieht sich allein auf antragsabhängige Betroffenenrechte des Kapitels III.

II. Systematik, Verhältnis zu anderen Vorschriften

2 Art. 5 Abs. 1 lit. a fordert eine Verarbeitung nach Treu und Glauben und in einer für die betroffene Person **nachvollziehbaren Weise.** In diesem Sinne lassen sich die Transparenzvorschriften der DS-GVO direkt aus dem Gebot von Treu und Glauben gem. Art. 8 Abs. 2 S. 1 GRCh ableiten.[4]

---

[1] Sog. „aktive Transparenz", Simitis/*Dix*, BDSG, § 33 Rn. 3; *Franck*, RDV 2015, 137 (141).

[2] *Gola/Schulz*, RDV 2013, 1 (6).

[3] *Robrecht*, EU-Datenschutz-Grundverordnung, Transparenzgewinn oder Information-Overkill, S. 55.

[4] Sa Erwägungsgrund 60.

3 **Aktive Transparenz** wird in der DS-GVO auf vielfältige Weise hergestellt. Art. 13 und 14 sehen Informationspflichten vor, die allgemein auf die Verarbeitung von personenbezogenen Daten der Betroffenen abstellen. Art. 34 greift bei Datenschutzverletzungen und ist wie die Unterrichtung nach Art. 18 Abs. 3, die Unterrichtung bei einmaligem Drittstaatstransfer nach Art. 49 Abs. 1 S. 4 oder die Zuverfügungstellung einer Vereinbarung nach Art. 26 Abs. 2 S. 2 auf Initiative des Verantwortlichen zu erfüllen. § 30 Abs. 2 BDSG nF stellt aktive Transparenz im Auskunfteienwesen sicher.[5] Auf **Antrag** treten der Auskunftsanspruch nach Art. 15 und die Unterrichtung nach Art. 19 S. 2 hinzu. (Die Datenportabilität nach Art. 20 dient nur mittelbar der Transparenz, im Vordergrund steht dort die Datenhoheit der betroffenen Person.)

4 Die Zweiteilung in Informationspflichten bei Direkterhebung (Art. 13) und außerhalb von Direkterhebungssituationen (Art. 14) entspricht derjenigen in Art. 10 und 11 DS-RL, die sich zugleich in den §§ 4 Abs. 3 und 33 BDSG aF niedergeschlagen hat.[6] **Direkterhebung** ist jede Erhebung personenbezogener Daten mit Kenntnis oder unter Mitwirkung der betroffenen Person.[7] Die Daten sollen nicht „hinter dem Rücken" des Betroffenen verarbeitet werden. Daraus erklärt sich, warum die Kategorien zu verarbeitender Daten in Art. 14 Abs. 1 lit. d enthalten sind, in Art. 13 jedoch nicht, bzw. warum nur Art. 14 Abs. 5 lit. d die Geheimhaltungspflichten von Berufsgeheimnisträgern berücksichtigt: Bei der Direkterhebung weiß die Person, dass ihre Daten verarbeitet werden und bedarf lediglich einer Information über die genauen Umstände. Einer Direkterhebung steht es nicht entgegen, wenn die Daten auf Betreiben der betroffenen Person übermittelt werden (zB bei einer Initiativbewerbung oder einer Beschwerde). Unschädlich ist zudem, wenn Daten mit Doppelbezug erhoben werden, also Daten, die sich sowohl auf die befragte Person als auch auf Dritte beziehen. Die Frage nach dem Ehepartner in einem Personalfragebogen oder das Verlangen nach Vorlage einer Heiratsurkunde zwecks Gewährung hiervon abhängiger Leistungen an den Betroffenen ist keine Dritterhebung im Hinblick auf die Daten des Ehepartners.[8] Das Gleiche gilt für Gesundheitsdaten, die ggf. Rückschlüsse auf den Gesundheitszustand von Familienmitgliedern erlauben.[9]

5 Eine systematische Unterteilung innerhalb des Art. 13 wird durch die Abs. 1 und 2 vorgenommen. Sie erfolgt im Hinblick auf Abs. 3: Informationen des Abs. 2 sind bei nachträglicher **Zweckänderung** (uU erneut) mitzuteilen. Die in der amtlichen deutschen Übersetzung vorgenommene Abgrenzung von „Mitteilen" (Abs. 1) und „Zurverfügungstellen" (Abs. 2) ist unterdessen rein stilistischer Art und ohne rechtliche Bedeutung. (In der englischen Fassung wird jeweils „to provide" verwendet.) Die Zuordnung der Informationsgehalte in Abs. 1 und

[5] Umsetzung von Art. 9 Abs. 2 RL 2008/48/EG, näher *Piltz*, § 30 BDSG nF Rn. 7 ff.

[6] Vgl. auch Art. 12 f. VO 45/2001/EG für die Verarbeitung personenbezogener Daten durch die Organe, Einrichtungen, Ämter und Agenturen der Union, derzeit in Anpassung begriffen (Erwägungsgrund 17).

[7] Ähnlich BeckOK DatenschutzR/*Schmidt-Wudy*, 21. Ed. 2017, Art. 13 Rn. 30; aA Kühling/Buchner/*Bäcker*, DS-GVO, 2. Aufl., Art. 13 Rn. 13 ff., der auch heimliche Maßnahmen als Direkterhebung verstanden wissen will, keine Direkterhebung sei es demgegenüber, wenn die betroffene Person die Daten selbst öffentlich gemacht habe.

[8] *Gola/Schomerus*, BDSG, § 4 Rn. 20; aA *Grabitz/Hilf*, Recht der EU, Art. 10 DS-RL Rn. 7.

[9] AA *Artikel-29-Datenschutzgruppe*, WP 260 – Guidelines on transparency under Regulation 2016/679 v. 28.11.2017, S. 30.

Abs. 2 ist verunglückt (→ Rn. 34) und vollkommen willkürlich. Sie würde nur dann Sinn ergeben, wenn eine Zweckänderung ausschließlich dann zulässig wäre, wenn die Informationen nach Abs. 1 identisch blieben Hierfür gibt es jedoch keinerlei Anhaltspunkte.

Nur augenscheinlich ist in Abs. 2 auch ein fakultatives Element enthalten. Die 6 zusätzlichen Informationen seien lediglich dann mitzuteilen, wenn sie notwendig sind, um eine **faire und transparente Verarbeitung** zu gewährleisten.[10] Allerdings stellt das Erfordernis einer „fairen und transparenten Verarbeitung" kein Alleinstellungsmerkmal des Abs. 2 dar, sondern schwebt gem. Art. 5 Abs. 1 lit. a über der gesamten DS-GVO. Der Ratsentwurf enthielt einen Vorläufer der jetzigen Regelung,[11] wonach der Verantwortliche weitere (näher bezeichnete) Informationen zur Verfügung stellen sollte, „die unter Berücksichtigung der besonderen Umstände und Rahmenbedingungen […] notwendig sind, um eine faire und transparente Verarbeitung zu gewährleisten". Ein Prototyp hierfür findet sich in Art. 11 Abs. 1 lit. f VO 45/2001/EG. Dieser mehr **risikobasierte Ansatz** findet sich in der verabschiedeten Fassung der DS-GVO nicht wieder. Eine qualitative Unterscheidung der Informationen nach Abs. 1 und Abs. 2 ist nicht möglich. Es fehlt zudem an jeglichen Indizien, welche Informationen des Abs. 2 im Einzelfall mitgeteilt werden müssen und welche nicht. Auch der Auskunft gem. Art. 15 Abs. 1 ist eine solche Unterscheidung fremd. Beide Teilkataloge des Art. 13 sind daher vollkommen gleich zu behandeln.[12]

Es handelt sich bei der Aufteilung der Abs. 1 und 2 letztlich nicht um die 7 Grenze des erlaubten **Medienbruches** nach dem Muster, dass Informationen nach Abs. 1 unmittelbar vorgehalten werden müssten, der Rest jedoch nur online oder auf Nachfrage. Ein Medienbruch kann je nach Sachlage ggf. schon innerhalb des Abs. 1 erfolgen oder aber vollkommen ausgeschlossen sein (→ Rn. 40 f.).

B. Einzelerläuterungen

I. Informationsgehalte

1. Verantwortlicher und Vertreter (Abs. 1 lit. a). Der Name des Verant- 8 wortlichen meint bei natürlichen Personen zumindest den **Nachnamen.** Eine Pflicht zur Angabe des Vornamens ist dem Gesetz nicht zu entnehmen, kann sich jedoch aus einer möglichen Namensgleichheit ergeben. Bei Kaufleuten oder juristischen Personen sind **Firmenname** gem. § 17 Abs. 1 HGB bzw. **Vereinsname** gem. § 57 BGB gemeint.

Kontaktdaten sind ua Postadresse, Telefon- und Faxnummer, E-Mail-Adresse, 9 Kontaktformular, Social-Media-Präsenz etc. Zu den Kontaktdaten gehören ggf. Geschäftszeiten oder auch öffentliche Schlüssel für kryptographisch gesicherte Kommunikation. Weder werden die möglichen Kommunikationswege in Abs. 1 lit. a beschränkt, noch gibt es eine dem § 5 Abs. 1 Nr. 2 TMG vergleichbare

---

[10] Qualitative Unterscheidung bei *Schantz*, NJW 2016, 1845; Paal/Pauly/*Paal*, DS-GVO, 2. Aufl., Art. 13 Rn. 22; Ehmann/Selmayr/*Knyrim*, DS-GVO, Art. 13 Rn. 19; *Walter*, DSRITB 2016, S. 367 (370 f.).

[11] Art. 14 Abs. 1a Ratsentw.

[12] Kühling/Buchner/*Bäcker*, DS-GVO, 2. Aufl., Art. 13 Rn. 20; BeckOK DatenschutzR/*Schmidt-Wudy*, 21. Ed. 2017, Art. 13 Rn. 37; *Artikel-29-Datenschutzgruppe*, WP 260 – Guidelines on transparency under Regulation 2016/679 v. 28.11.2017, S. 12.

Vorgabe einer „schnellen elektronischen Kontaktaufnahme und unmittelbaren Kommunikation". Im Sinne einer konsequenten Durchsetzung der Betroffenenrechte nach Art. 12 Abs. 2 sollte jedoch mehr als nur eine **ladungsfähige Anschrift** enthalten sein.

10 Ein Vertreter iSd Abs. 1 lit. a ist nicht etwa der Prokurist oder der Geschäftsführer, sondern eine in der Union niedergelassene Person iSd Art. 27.

11 **2. Datenschutzbeauftragter (Abs. 1 lit. b).** Sofern ein Datenschutzbeauftragter (gesetzlich oder freiwillig) ernannt wurde, sind dessen Kontaktdaten (→ Rn. 9) mitzuteilen. Nur hierauf bezieht sich die Einschränkung „gegebenenfalls", die Informationserteilung als solche steht nicht im Belieben des Verantwortlichen. Anders als beim Verzeichnis von Verarbeitungstätigkeiten nach Art. 30 Abs. 1 lit. a kann der Name des Datenschutzbeauftragten entfallen. Es genügt ein **Funktionspostfach.**

12 **3. Zwecke und Rechtsgrundlage (Abs. 1 lit. c).** Die **Zweckbindung** der Datenverarbeitung ergibt sich unmittelbar aus Art. 8 Abs. 2 S. 1 GRCh und in der Folge aus Art. 5 Abs. 1 lit. b DS-GVO. § 4 Abs. 3 S. 1 Nr. 2 BDSG aF bzw. § 13 Abs. 1 TMG verpflichtete bereits zuvor zur Unterrichtung über die Zweckbestimmungen von Erhebung, Verarbeitung und Nutzung. Es sind alle Zwecke anzugeben, die die verantwortliche Stelle im Zeitpunkt der Erhebung verfolgt.[13] Durch Abs. 1 lit. c wird dem Verantwortlichen ein gewisses Maß an Selbstbeschränkung auferlegt. Die Vorschrift darf nicht dazu missbraucht werden, alle erdenklichen Zwecke „auf Vorrat" mitzuteilen[14] (zu bedingten Informationen → Rn. 42). Die möglichen Zwecke sind vielfältig. In Betracht kommen etwa Vertragsabwicklung, Lohnabrechnung, Werbung, Qualitätssicherung, Statistik, im öffentlichen Interesse liegende Archivzwecke,[15] Forschung uvm. „Big Data" ist demgegenüber keine zulässige Zweckbestimmung, da dem Schlagwort die nötige Trennschärfe fehlt.

13 Daneben ist die **Rechtsgrundlage** für die Verarbeitung mitzuteilen. § 4 Abs. 3 S. 3 BDSG aF sah dies auf Antrag oder nach den Umständen des Einzelfalles vor. Nach der DS-GVO bekommt jede betroffene Person von vornherein diese Information. Rechtsgrundlagen sind sowohl Einwilligungserklärungen als auch Erlaubnistatbestände der DS-GVO bzw. bereichsspezifischer Normen im Rahmen zulässiger Regelungsspielräume, so auch Betriebsvereinbarungen nach § 77 Abs. 4 S. 1 BetrVG. Abs. 1 lit. c wird durch Abs. 2 lit. e (→ Rn. 25) flankiert.

14 **4. Berechtigte Interessen (Abs. 1 lit. d).** Sofern die Verarbeitung auf Art. 6 Abs. 1 lit. f beruht, gehören die verfolgten berechtigten Interessen des Verantwortlichen oder auch eines Dritten zum Pflichtinhalt. Etwaige berechtigte Interessen des Betroffenen passen nicht hierher.[16] Die Vorschrift ergänzt die Angabe der Rechtsgrundlage in Abs. 1 lit. c, die bei Art. 6 Abs. 1 lit. f ansonsten wenig erhellte. Der Begriff der berechtigten Interessen ist schillernd und vielfältig. In der Literatur werden illustrationshalber genannt: Bonitätsprüfungen; Forderungsmanagement; Warenkreditsicherung; Betrugsbekämpfung; Bildung von Vertriebskooperationen; Betreiben von Hinweisgebersystemen im Rahmen von Compliance-

[13] *Gola/Schomerus*, BDSG, § 4 Rn. 31.

[14] AA *Walter*, DSRITB 2016, S. 367 (374).

[15] Vgl. Art. 5 Abs. 1 lit. e.

[16] AA *Walter*, DSRITB 2016, S. 367 (371), der das Interesse der betroffenen Person, vor Überschuldung geschützt zu werden, hierzuzählt. Der Betroffene ist aber gerade kein Dritter.

Programmen; Marktforschung; Werbung.[17] Die Verwendung unverständlicher Worthülsen, unter denen sich die betroffene Person nichts vorstellen kann, genügt nicht (Art. 12 Abs. 1). Die bloße Angabe, „berechtigte Interessen" zu verfolgen, ist ebenfalls zu wenig.

5. Empfänger oder Kategorien von Empfängern (Abs. 1 lit. e). Abs. 1 lit. e stimmt mit Art. 11 Abs. 2 lit. c Spiegelstrich 2 DS-RL überein. § 4 Abs. 3 S. 1 Nr. 3 BDSG aF stand demgegenüber noch unter der weiteren Voraussetzung, dass der Betroffene nach den Umständen des Einzelfalles nicht mit der Übermittlung an die jeweiligen Empfänger rechnen musste. Diese Einschränkung fällt zukünftig fort. 15

Empfänger iSd Art. 4 Nr. 9 ist jede natürliche oder juristische Person, Behörde, Einrichtung oder andere Stelle, der personenbezogene Daten offengelegt werden, unabhängig davon, ob es sich bei ihr um einen Dritten iSd Art. 4 Nr. 10 handelt. Der alte Streit um die Offenlegung von Datenflüssen an Auftragsverarbeiter[18] ist somit gegenstandslos geworden. Die obligatorische Zurverfügungstellung einer transparenten Vereinbarung nach Art. 26 Abs. 2 S. 2 zwischen mehreren Verantwortlichen lässt sich thematisch wohl am ehesten Abs. 1 lit. e zuordnen. Ob hingegen die Empfängerangabe auch das (sichere bzw. unsichere) Übermittlungsmedium umfasst,[19] ist nach der DS-GVO höchst fraglich, da die Vorschriften zur Datensicherheit (Art. 25 und 31) mit Ausnahme der Benachrichtigungspflicht nach Art. 34 nicht als Betroffenenrechte ausgestaltet sind. 16

Abs. 1 lit. e stellt die **Empfängerkategorien** alternativ neben die konkrete Empfängerangabe. Es genügt die Umschreibung in abstrakter Form.[20] Konkrete Empfänger sind demgegenüber in Art. 19 S. 2 gemeint. Nur sofern die konkreten Empfänger nach Abs. 1 lit. e im Vorhinein feststehen, sollte im Interesse umfassender Transparenz eine genauere Angabe erfolgen. 17

6. Drittstaatstransfer (Abs. 1 lit. f). Bereits § 13 Abs. 1 TMG verpflichtete zur Offenlegung von Verarbeitungsvorgängen außerhalb des Anwendungsbereichs der DS-RL. Abs. 1 lit. e verpflichtet zur Darlegung etwaiger geplanter Übermittlungen in **Drittländer oder an internationale Organisationen** gem. der Art. 44 ff. Angaben zu etwaigen Angemessenheitsbeschlüssen der Kommission nach Art. 45 oder Verweise auf geeignete bzw. angemessene Garantien nach den Art. 46, 47 oder Art. 49 Abs. 1 gehören hierzu. Zudem muss der betroffenen Person die Möglichkeit eröffnet werden, jene Garantien in Kopie zu erhalten oder einzusehen, wenngleich nicht notwendigerweise beim Verantwortlichen selbst. 18

Abs. 1 lit. f nennt die Übermittlung „an ein Drittland", die Parallelvorschrift des Art. 14 Abs. 1 lit. f bezieht sich hingegen auf die Übermittlung „an einen Empfänger in einem Drittland". Gleichwohl ist im erstgenannten Fall nicht allein die Gebietskörperschaft gemeint, sondern jeder dort ansässige potentielle Empfänger.[21] 19

---

17 *Robrecht*, EU-Datenschutz-Grundverordnung, Transparenzgewinn oder Information-Overkill, S. 48; *Walter*, DSRITB 2016, S. 367 (371).

18 Hierzu noch *Gola/Schomerus*, BDSG, § 4 Rn. 33.

19 Bejahend noch BSG, RDV 2013, 308 für die Auskunft nach § 83 SGB X.

20 Simitis/*Scholz/Sokol*, BDSG, § 4 Rn. 43; aA *Härting*, Datenschutz-Grundverordnung, Rn. 59, der die Angabe der Kategorie nur genügen lassen will, sofern die Empfänger noch nicht genau feststehen.

21 Vgl. auch die Formulierungen in Art. 15 Abs. 1 Hs. 2 lit. c sowie Art. 15 Abs. 2.

20 **7. Speicherdauer (Abs. 2 lit. a).** Die Angabe der Dauer, für die personenbezogene Daten gespeichert werden oder jedenfalls der Kriterien für die Festlegung dieser Dauer ist nur möglich, wenn ein **Löschkonzept** beim Verantwortlichen vorhanden ist.[22] Dabei sind gesetzliche **Aufbewahrungspflichten** zu berücksichtigen, etwa im Handels- (§ 257 HGB) oder Steuerrecht (§ 147 AO).[23]

21 **8. Betroffenenrechte (Abs. 2 lit. b, c und d).** Schon Art. 11 Abs. 1 lit. c Spiegelstrich 3 DS-RL ordnete eine überblicksartige Darstellung der bestehenden Betroffenenrechte an, sofern dies nach Treu und Glauben und unter Berücksichtigung der spezifischen Umstände der Erhebung erforderlich erschien. Mit Abs. 2 lit. b, c und d bekommt die Information der betroffenen Person mehr den Charakter einer **Rechtsbehelfsbelehrung.** Die Information über etwaige Betroffenenrechte wirkt jedoch nicht konstitutiv. Wird etwa auf ein Widerspruchsrecht hingewiesen, dessen Tatbestandsvoraussetzungen nicht vorliegen, ist dies unschädlich. Der Verantwortliche hat sich hierdurch nicht gebunden.[24] Umgekehrt ist die Information nicht auf diejenigen Betroffenenrechte zu beschränken, die nach Auffassung des Verantwortlichen im konkreten Fall bestehen.[25] Die Entscheidung hierüber obliegt nicht dem Verantwortlichen. Ein Verantwortlicher, der naturgemäß von der Rechtmäßigkeit und Richtigkeit seiner Verarbeitung ausgeht, würde insoweit niemals über Löschung oder Berichtigung informieren.

22 Abs. 2 lit. b umfasst den Auskunftsanspruch (Art. 15) sowie die Rechte auf Berichtigung (Art. 16), Löschung (Art. 17 Abs. 1), Einschränkung der Verarbeitung (Art. 18), Widerspruch (Art. 21) und Datenübertragbarkeit (Art. 20). Auf das Recht auf Widerspruch ist außerdem gem. Art. 21 Abs. 4 hinzuweisen, diese Vorschrift erlangt jedoch allenfalls außerhalb der Direkterhebung Bedeutung (→ Art. 14 Rn. 12). Das Recht auf Vergessenwerden nach Art. 17 Abs. 2 ist in Abs. 2 lit. b nicht genannt, ebenso wenig das Recht auf Mitteilung nach Art. 19 S. 2.

23 Abs. 2 lit. c greift im Falle einer Verarbeitung auf Grundlage einer Einwilligung gem. Art. 6 Abs. 1 lit. a bzw. Art. 9 Abs. 2 lit. a. Die Information umfasst das Recht, die Einwilligung jederzeit gem. Art. 7 Abs. 3 ex nunc zu widerrufen.

24 Abs. 2 lit. d betrifft schließlich das Bestehen eines Beschwerderechts bei einer Aufsichtsbehörde. Welche Aufsichtsbehörde genau örtlich und sachlich zuständig ist, ist nicht Teil der Informationspflicht. In Art. 14 Abs. 1 lit. e des Kommissionsentwurfs bzw. des Parlamentsentwurfs war dies noch anders, da eine bestimmte Aufsichtsbehörde und deren Kontaktdaten angegeben werden mussten. Wegen der breitgefächerten Zuständigkeitsregelung des Art. 77 Abs. 1 für Beschwerden von Betroffenen besteht hierfür jedoch keine Notwendigkeit. Die Festlegung auf eine konkrete Behörde seitens des Verantwortlichen stellte insoweit eine unrichtige Information dar.[26]

25 **9. Pflicht zur Bereitstellung der Daten (Abs. 2 lit. e).** Gem. Abs. 2 lit. e muss mitgeteilt werden, ob die Bereitstellung der personenbezogenen Daten

---

[22] Zur DIN 66398 s. *Hammer*, DuD 2016, 528 ff.

[23] Umfassende Übersicht von Aufbewahrungsfristen bei *Friederici* et al., GDD-Ratgeber Datenschutzgerechte Datenträgervernichtung, 3. Aufl. 2014, S. 90 ff.

[24] Anders zB, wenn zugesichert wird, die Daten ausschl. auf Grundlage einer Einwilligung verarbeiten zu wollen. Der Rückgriff auf andere Erlaubnistatbestände ist dann kraft Selbstbindung ausgeschlossen.

[25] AA BeckOK DatenschutzR/*Schmidt-Wudy*, 21. Ed. 2017, Art. 15 Rn. 69.

[26] AA offenbar Kühling/Buchner/*Bäcker*, DS-GVO, 2. Aufl., Art. 13 Rn. 39.

gesetzlich oder vertraglich vorgeschrieben oder für einen Vertragsabschluss erforderlich ist, ob die betroffene Person verpflichtet ist, die personenbezogenen Daten bereitzustellen, und welche mögliche Folgen die Nichtbereitstellung hätte. Ähnlich gab es diese Anordnung bereits in § 4 Abs. 3 S. 2 und 3 BDSG aF. Die Pflicht zur Bereitstellung muss substantiiert dargelegt werden, was die Nennung der korrekten Vorschriften voraussetzt. Die hier zu nennenden Normen gehen ggf. über die bloße Rechtsgrundlage iSv Abs. 1 lit. c hinaus. Wird über die Pflicht getäuscht, erfolgt die Erhebung unrechtmäßigerweise.

10. Automatisierte Entscheidungsfindung einschließlich Profiling 26 **(Abs. 2 lit. f).** Nach Abs. 2 lit. f ist schließlich das Bestehen einer automatisierten Entscheidungsfindung (einschließlich Profilings) gem. Art. 22 Abs. 1 und 4 offenzulegen.[27] Zudem sind aussagekräftige Informationen über die involvierte Logik sowie die Tragweite und die angestrebten Auswirkungen einer derartigen Verarbeitung für die betroffene Person mitzuteilen (vgl. § 6a Abs. 3 BDSG aF). Unklar ist bislang, ob der Passus „aussagekräftige Informationen über die involvierte Logik" mehr oder weniger als den konkreten Algorithmus meint.[28] Nach hiesiger Ansicht muss die Darstellung von Algorithmen um erklärende Bestandteile angereichert werden, da der durchschnittliche Betroffene mit schematischen Entscheidungsbäumen oder gar Source Code überfordert sein wird (vgl. Art. 12 Abs. 1).[29]

Profiling wird von Art. 22 nur dann erfasst, sofern es der betroffenen Person 27 gegenüber rechtliche Wirkung entfaltet oder sie in ähnlicher Weise erheblich beeinträchtigt. Ein Profiling für die **Kreditgewährung** (Scoring) und deren Konditionen gehört hierzu, ein Profiling für reine Marketingzwecke (vgl. Art. 21 Abs. 1 S. 1 Hs. 2, Abs. 2 Hs. 2) nicht. Abs. 2 lit. f macht allerdings deutlich („zumindest in diesen Fällen"), dass grundsätzlich jede Form des Profilings der Transparenzpflicht unterliegen soll.[30]

Bislang musste das Zustandekommen und die Bedeutung von **Scorewerten** 28 einzelfallbezogen und nachvollziehbar in allgemein verständlicher Form nach § 34 Abs. 4 S. 1 Nr. 4 BDSG aF beauskunftet werden. Dies freilich nur auf Antrag und in den engen Grenzen der Geschäfts- und Betriebsgeheimnisse.[31] Anders als in § 34 Abs. 7 iVm § 33 Abs. 2 S. 1 Nr. 7 lit. b BDSG aF ist in den Art. 13 und 14 jedoch keine besondere Ausnahme für Geschäfts- und Betriebsgeheimnisse niedergelegt.[32] Da im Rahmen der Regelungsbefugnis des Art. 23 keine Ausnahme geschaffen wurde, könnte stattdessen der Verweis auf Treu und Glauben in Art. 5 Abs. 1 lit. a in eine allgemeine Rechtsgüterabwägung umschlagen.[33]

---

27 Zur gebotenen Ausdehnung der Transparenz auf sämtliche algorithmenbasierte Entscheidungsvorgänge *Martini*, JZ 2017, 1017 (1020).

28 Für ein Weniger Paal/Pauly/*Paal*, DS-GVO, Art. 13 Rn. 31.

29 Sog. „algorithmic illiteracy", *Temme*, EDPL 2017, 473 (476).

30 *Artikel-29-Datenschutzgruppe*, WP 251 – Guidelines on Automated individual decision-making and Profiling for the purposes of Regulation 2016/679 v. 3.10.2017, S. 13/23; ferner Kühling/Buchner/*Bäcker*, DS-GVO, 2. Aufl., Art. 13 Rn. 53. AA Paal/Pauly/*Paal*, DS-GVO, 2. Aufl., Art. 13 Rn. 31, der die weitergehende Information vollständig in das Ermessen des Verantwortlichen stellt.

31 BGH, Urt. v. 28.1.2014 – VI ZR 156/13.

32 Am Schutz der Scoreformel zweifelnd daher *Härting*, Datenschutz-Grundverordnung, Rn. 672 sowie BeckOK DatenschutzR/*Schmidt-Wudy*, 21. Ed. 2017, Art. 15 Rn. 78.3.

33 Für die Beibehaltung der bisherigen Rechtslage *Deuster*, PinG 2016, 75 (78); *v. Lewinski/Pohl*, ZD 2018, 17 (22); Paal/Pauly/*Paal*, DS-GVO, 2. Aufl., Art. 13 Rn. 31; *Walter*, DSRITB 2016, S. 367 (373).

Eine pauschale Bevorzugung von Unternehmensinteressen gegenüber Betroffeneninteressen ist sowohl der GRCh als auch der DS-GVO fremd. Geschäftsmodelle, die nicht mit basalen Transparenzanforderungen in Einklang zu bringen sind, können daher keinen Bestand haben (→ Art. 15 Rn. 33).[34]

29 Die Verwendung eines Wahrscheinlichkeitswerts über ein bestimmtes zukünftiges Verhalten zum Zweck der Entscheidung über die Begründung, Durchführung oder Beendigung eines Vertragsverhältnisses hat in § 31 BDSG nF eine eigenständige Regelung erfahren. Sollen **Anschriftendaten** für das Scoring-Verfahren nutzbar gemacht werden, ist die betroffene Person hierüber gem. § 31 Abs. 1 Nr. 4 BDSG nF zwingend zu unterrichten. Hierbei handelt es sich ausweislich des Gesetzeswortlauts um eine **echte Rechtmäßigkeitsvoraussetzung.** Dasselbe gilt gem. § 31 Abs. 1 Nr. 1 BDSG nF ua für sämtliche Transparenzpflichten der DS-GVO.

30 **11. Unbenannte Informationen.** Der Verantwortliche sollte der betroffenen Person alle weiteren Informationen zur Verfügung stellen, die unter Berücksichtigung der besonderen Umstände und Rahmenbedingungen der Verarbeitung notwendig sind, um eine faire und transparente Verarbeitung zu gewährleisten. Eine entsprechende dedizierte Regelung fand sich sowohl im Kommissions- als auch im Ratsentwurf,[35] lebt nun jedoch nurmehr in Erwägungsgrund 60 fort.[36] Art. 5 Abs. 1 lit. a verpflichtet zudem unmittelbar zu transparenter Verarbeitung und ist insoweit als Auffangtatbestand heranzuziehen.

31 Zu den unbenannten Informationen können zB gehören: technisch-organisatorische Maßnahmen; die Folgen einer Verarbeitung für die betroffene Person;[37] der Name des Datenschutzbeauftragten (insbesondere wenn dieser jüngst gewechselt hat); ggf. dessen Sprechstundenzeiten; die Möglichkeit, den Betriebsrat nach den §§ 80 Abs. 1 Nr. 1, 85 Abs. 1 BetrVG in Fragen des Beschäftigtendatenschutzes anzurufen sowie dessen Kontaktdaten; das Bestehen eines Rechts auf Vergessenwerden nach Art. 17 Abs. 2, sofern die verantwortliche Stelle als möglicher Anspruchsgegner prädestiniert ist.

32 Nicht zu den unbenannten Informationen des Erwägungsgrund 60 gehört das **Verzeichnis von Verarbeitungstätigkeiten** gem. Art. 30.[38] Anders als in § 4g Abs. 2 S. 2 BDSG aF gibt es kein Jedermann-Einsichtsrecht nach der DS-GVO, obschon es ein Leichtes gewesen wäre, auch dieses in den Katalog von Transparenzregeln aufzunehmen.[39] Die Unterschiede zwischen dem Verzeichnis und den Einzelinformationen nach Art. 15 Abs. 1 Hs. 2 lit. a-h sind augenscheinlich gering, das Auskunftsrecht ist jedoch allein auf Verarbeitungen bezogen, die den konkreten Antragsteller betreffen. Die Vereinbarung zwischen mehreren für die Verarbeitung Verantwortlichen („Joint Controllers") nach Art. 26 Abs. 2 S. 2 ist den Betroffenen demgegenüber schon qua Gesetz zur Verfügung zu stellen.

---

[34] Drastischer *Martini*, JZ 2017, 1017 (1018).

[35] Art. 14 Abs. 1 lit. h Kommissionsentw.; Art. 14 Abs. 1 lit. h ParlEntw.

[36] AA *Walter*, DSRITB 2016, S. 367 (370).

[37] *Artikel-29-Datenschutzgruppe*, WP 260 – Guidelines on transparency under Regulation 2016/679 v. 28.11.2017, S. 8 versteht dies ausdrücklich als best practice.

[38] Ein solcher Anspruch ergibt sich auch nicht aus § 810 BGB, da das Verzeichnis nicht im Interesse der betroffenen Person erstellt wurde.

[39] Arg. e Art. 30 Abs. 4.

II. Zweckänderung (Abs. 3)

Sofern der Verantwortliche beabsichtigt, die personenbezogenen Daten für einen anderen Zweck weiterzuverarbeiten als den, für den die personenbezogenen Daten erhoben wurden (vgl. Art. 6 Abs. 4), ergeben sich **erneute Informationspflichten.** Gem. Abs. 3 sind zunächst Informationen über den geänderten Zweck zur Verfügung zu stellen, da Abs. 1 lit. c lediglich die anfänglichen Zwecke enthält. Darüber hinaus sind (mindestens) alle weiteren Informationen des Abs. 2 mitzuteilen. 33

Abs. 3 verweist ausschließlich auf die Inhalte des Abs. 2. Dies ist für Abs. 1 lit. a und b solange unschädlich, wie durch die Zweckänderung keine gemeinsame Verantwortlichkeit mit einer weiteren Stelle begründet wird. Hinsichtlich Abs. 1 lit. c trifft Abs. 3 eine eigenständige Regelung. Jedoch können die Inhalte des Abs. 1 lit. d-e im Rahmen einer Zweckänderung eine Wandlung erfahren und dadurch neue Bedeutung erlangen. Es ist keineswegs so, dass eine Zweckänderung nur dann erlaubt sei, wenn die Informationsgehalte des Abs. 1 identisch blieben. Dieser Teilkatalog muss daher über den Wortlaut hinaus in die Mitteilungspflicht des Abs. 3 aufgenommen werden, sofern sich diesbezüglich neue Tatsachen ergeben.[40] Besonders deutlich wird dies am Beispiel der **berechtigten Interessen,** die in Art. 13 Abs. 3 nicht enthalten sind, in der parallel gelagerten Vorschrift des Art. 14 Abs. 3 iVm Art. 14 Abs. 2 lit. b hingegen schon. Warum die Unterscheidung von direkter und indirekter Datenerhebung einen Einfluss darauf haben sollte, ob die berechtigten Interessen nach Zweckänderung mitgeteilt werden oder nicht, ist überhaupt nicht einsichtig. 34

Die DS-GVO sieht aus sich heraus keine Informationspflicht vor, sofern sich Tatsachen der Abs. 1 und 2 ändern, obwohl die ursprüngliche **Zweckbestimmung bestehen bleibt.** Ändern sich zwischenzeitlich die Kontaktdaten des Verantwortlichen oder seines Datenschutzbeauftragten (Abs. 1 lit. a und b), mag dies hinzunehmen sein. Wechseln die Empfänger, ist dies ebenfalls unschädlich, falls sie derselben Kategorie von Empfängern angehören (Abs. 1 lit. e). Sofern aber nach Einsetzen der Datenverarbeitung unter Beibehaltung der Zweckbestimmung eine **Outsourcing-Lösung in einem unsicheren Drittland** gefunden wird (Abs. 1 lit. f) oder nachträglich eine **automatisierte Entscheidungsfindung** implementiert wird (Abs. 2 lit. f), ändert dies den Charakter des Datenumgangs fundamental. Nach den Grundsätzen von Art. 5 Abs. 1 lit. a müssen solche Veränderungen der betroffenen Person unverzüglich mitgeteilt werden, ggf. gem. Art. 13 Abs. 3 analog.[41] Anderenfalls könnte die Transparenz- und Warnwirkung des Art. 13 unterlaufen werden, indem der Verantwortliche bestimmte kritische Aspekte seiner Datenverarbeitung erst nachträglich „scharfschaltet". 35

III. Zeitpunkt

Informationen nach Art. 13 Abs. 1 und 2 werden zum Zeitpunkt der Erhebung mitgeteilt. Insbesondere Abs. 2 lit. e verdeutlicht, dass die Information grundsätz- 36

[40] Nunmehr auch *Artikel-29-Datenschutzgruppe*, WP 260 – Guidelines on transparency under Regulation 2016/679 v. 28.11.2017, S. 21.

[41] Nunmehr auch *Artikel-29-Datenschutzgruppe*, WP 260 – Guidelines on transparency under Regulation 2016/679 v. 28.11.2017, S. 13/15 f.; aA Kühling/Buchner/*Bäcker*, DS-GVO, 2. Aufl., Art. 13 Rn. 57.

lich ergehen muss, bevor der tatsächliche Datenfluss einsetzt.[42] Wird eine App installiert, sollten die Transparenzhinweise schon zuvor über den App-Store abrufbar sein.[43] Erfolgt die Übermittlung auf Betreiben der betroffenen Person und ohne Zutun des Verantwortlichen (Intiativbewerbung; Beschwerde etc., → Rn. 4), ist dies freilich nicht möglich. Die Mitteilung hat dann umgehend mit Erhebung zu erfolgen, auch wenn sie die betroffene Person erst im Nachhinein erreicht. Bei nachträglicher Zweckänderung gem. Abs. 3 erfolgt die Information nicht vor der Zweckänderung als solcher, sondern vor der Weiterverarbeitung unter neuer Zweckbestimmung.

37 Ein **Transparenz-Reset** am 25.5.2018, also die einmalige Information sämtlicher betroffener Personen nach den neuen Regeln, ist von der DS-GVO nicht gefordert.[44] So liegen die in Abs. 1 und Art. 14 Abs. 3 lit. a-c genannten Zeitpunkte bereits in der Vergangenheit. Zudem sind die Daten unter Geltung eines angemessenen Transparenzregimes nach den §§ 4, 33 BDSG aF (Art. 10, 11 DS-RL) erhoben worden. Insofern ist schon nach altem Recht von einer nachvollziehbaren Verarbeitung iSd Art. 5 Abs. 1 lit. a DSGVO auszugeben.[45]

38 Eine **turnusmäßige Auffrischung** der Transparenzinformation, ohne dass eine Zweckänderung eingetreten wäre (→ Rn. 33) oder sich essentielle Informationen geändert hätten (→ Rn. 35), ergibt sich ebenfalls nicht aus der DS-GVO. Sofern die betroffene Person die nötigen Informationen aufgrund Zeitablaufs nicht mehr präsent hat, genügt ein Auskunftsersuchen.[46]

IV. Form

39 Art. 13 enthält keine nähere Bestimmung über die Form der Information. Insoweit gilt Art. 12 Abs. 1 (→ Art. 12 Rn. 17 ff.). Hinsichtlich der Verarbeitung im Beschäftigungskontext wird vorgeschlagen, die Unterrichtung als Anhang zum Arbeitsvertrag auszugestalten.[47] Finanzbehörden dürfen die Form der Information gem. § 32d Abs. 1 AO nF nach pflichtgemäßem Ermessen selbst bestimmen, soweit die DS-GVO keine Regelungen hierzu enthält.

40 Die Frage nach dem zulässigen **Medienbruch** innerhalb derselben Unterrichtung wird vom Gesetz nicht beantwortet.[48] Allerdings wird stets der leichte Zugang betont.[49] Zugang ist freilich distanzierter zu verstehen, als die unmittelbare Beifügung. Auch insgesamt ist die DS-GVO von einer Hinwendung zum Digitalen geprägt.[50] Insofern dürfte neben der unmittelbaren Angabe essentieller Infor-

---

[42] AA *Walter*, DSRITB 2016, S. 367 (374).

[43] *Artikel-29-Datenschutzgruppe*, WP 260 – Guidelines on transparency under Regulation 2016/679 v. 28.11.2017, S. 8.

[44] *Franck*, ZD 2017, 509 (512).

[45] Falls die bisherigen Regeln schon nicht eingehalten wurden, könnte freilich die komplette Verarbeitung rechtswidrig sein, → Rn. 55.

[46] AA *Artikel-29-Datenschutzgruppe*, WP 260 – Guidelines on transparency under Regulation 2016/679 v. 28.11.2017, S. 16.

[47] *Sörup/Marquardt*, ArbRAktuell 2016, 103 (105). Dies klammert die Recruiting-Phase freilich aus.

[48] Gegen den Medienbruch DSK, Kurzpapier Nr. 10 – Informationspflichten bei Dritt- und Direkterhebung v. 30.8.2017, S. 3; Kühling/Buchner/*Bäcker*, DS-GVO, 2. Aufl., Art. 12 Rn. 26.

[49] Erwägungsgrund 39, 58; Art. 12 Abs. 1 S. 1, Abs. 7 DS-GVO.

[50] *Reding*, ZD 2012, 195 (196); *Artikel-29-Datenschutzgruppe*, WP 260 – Guidelines on transparency under Regulation 2016/679 v. 28.11.2017, S. 18.

mationen zB ein Verweis auf eine Kurz-URL nebst QR-Code genügen.[51] Manche Verarbeitungssituationen lassen es schlichtweg nicht zu, einen mehrseitigen Abdruck der Transparenzinformationen unmittelbar zur Verfügung zu stellen (zB bei Automatenverkauf, Videoüberwachung,[52] Telefongeschäft,[53] Postkarte für Gewinnspiel; IoT-Devices). Ein Übermaß an Information kann Betroffene zudem überfordern und Wesentliches untergehen lassen. Die Artikel-29-Datenschutzgruppe plädierte insoweit bereits im WP 100 für ein gestuftes Verfahren, also die Verteilung der Information auf mehrere Ebenen bzw. Dokumente.[54] Das identische Prinzip findet sich fortan im WP 260.[55] Die Online-Information wird nunmehr als der Industriestandard angesehen („written electronic means"), Ausnahmen seien nur dann angezeigt, wenn der Verantwortliche bspw. über gar keine Web-Präsenz verfüge.[56] In Bezug auf die parallel gelagerten Transparenzpflichten der RL 2005/29/EG hat der EuGH unlängst zugestanden, dass **räumliche und zeitliche Beschränkungen des Kommunikationsmediums** zu einer anderweitigen Informationsbereitstellung führen können.[57] Auf keinen Fall dürfen derartige Beschränkungen dazu führen, dass bestimmte Informationen überhaupt nicht mehr zur Verfügung gestellt werden.

Wo die Grenze des erlaubten Medienbruchs zu ziehen ist, richtet sich wiederum nach Treu und Glauben und ist eine Entscheidung des Einzelfalles. Es bietet sich an, die einzelnen Informationsgehalte nach ihrer **Relevanz für den Betroffenen** zu ordnen. Im ersten Zugriff sind diejenigen Informationen zu ermitteln, die essentiell für die Entscheidung für eine Preisgabe der Daten erscheinen. Alle weiteren Informationen sind lediglich für besonders datenschutzinteressierte Betroffene oder für den Konfliktfall gedacht.[58] Die systematische Unterteilung von Abs. 1 und Abs. 2 ist besitzt hierbei keine Indizwirkung (→ Rn. 5 f.). **41**

Transparenzinformationen sind im Wesentlichen **bedingungsfeindlich** (Ausnahme: Kriterien zur Bestimmung der Speicherdauer, Abs. 2 lit. a; Art. 14 Abs. 2 lit. a). Der Verantwortliche darf nicht sämtliche etwaigen Einzelinformationen zusammenfassen und es dann der betroffenen Person überlassen, die Voraussetzungen für einzelne Informationsgehalte selbst zu prüfen. Dies verbieten die Grundsätze von Transparenz, Verständlichkeit und Klarheit gem. Art. 12 Abs. 1. **42**

---

[51] Krit. *Robrecht*, EU-Datenschutz-Grundverordnung, Transparenzgewinn oder Information-Overkill, 2015, S. 19, da hierdurch all jene ausgeschlossen würden, die über keinen Internetanschluss verfügen. Es muss daher zumindest eine anderweitige Möglichkeit der Informationsbereitstellung geschaffen werden, zB per Brief oder Faxabruf.

[52] Bsp. für ein vorgelagertes Hinweisschild bei Videoüberwachung unter https://www.lfd.niedersachsen.de/download/123756/Beispiel_fuer_ein_vorgelagertes_Hinweisschild.pdf.

[53] Die mündliche Informationserteilung ist gem. Art. 12 Abs. 1 S. 3 nur auf Wunsch der betroffenen Person zulässig.

[54] *Artikel-29-Datenschutzgruppe*, WP 100 – Opinion 10/2004 on More Harmonised Information Provisions v. 25.11.2004, S. 6.

[55] *Artikel-29-Datenschutzgruppe*, WP 260 – Guidelines on transparency under Regulation 2016/679 v. 28.11.2017, S. 17.

[56] *Artikel-29-Datenschutzgruppe*, WP 260 – Guidelines on transparency under Regulation 2016/679 v. 28.11.2017, S. 18.

[57] EuGH, Urt. v. 30.3.2017 – C-146/16, NJW 2017, 1873. Im Anschluss hieran BGH, Urt. v. 14.9.2017 – I ZR 231/14.

[58] Modell von „1st- und 2nd-level-Informationen" illustriert bei GDD, Praxishilfe DS-GVO VII – Transparenzpflichten bei der Datenverarbeitung, Version 2.0, 2018, S. 6 f.

V. Ausnahmen

43 Der für die Verarbeitung Verantwortliche trägt die Beweislast für das Vorliegen von Ausnahmetatbeständen.

44 **1. Kenntnis.** Weder die initialen Informationspflichten nach Abs. 1 und 2, noch diejenige wegen Zweckänderung nach Abs. 3 greifen gem. Abs. 4, wenn und soweit die betroffene Person bereits über die Informationen verfügt. Hierzu bedarf es der positiven Feststellung, keiner Prognose.[59] Die Diskussion um den erlaubten Medienbruch (→ Rn. 40 f.) kann nicht dadurch umgangen werden, sämtlichen bekannten Betroffenen (zB Bestandskunden) vorab und überobligatorisch eine umfassende Information zukommen zulassen. Betroffene sind nicht verpflichtet, solche überobligatorischen Mitteilungen außerhalb eines Erhebungskontexts überhaupt zur Kenntnis zu nehmen, dies gilt umso mehr für überfrachtete (→ Rn. 12) oder bedingte (→ Rn. 42) Erklärungen. Zudem müsste stets sichergestellt sein, dass die konkret zu informierende Person wirklich auf dem aktuellen Stand ist (zB Neukunde; etwaiger Postverlust; zwischenzeitliche Detailänderungen).

45 **2. Unmöglichkeit.** Anders als in Art. 14 Abs. 5 lit. b haben die Unmöglichkeit der Information oder der unverhältnismäßige Aufwand (vgl. jeweils § 275 BGB) keine namentliche Berücksichtigung gefunden. Es kann jedoch auch bei Direkterhebung Fallkonstellationen der Unmöglichkeit geben (zB unaufgeforderte Kontaktaufnahme durch die betroffene Person per Mail bei erschöpftem Postfachspeicher oder ablehnender Mailserverkonfiguration für die Rückantwort).[60] Zugangshindernisse beim Betroffenen können dem Verantwortlichen nicht zum Nachteil gereichen.

46 **3. Öffnungsklauseln.** Zudem sind bereichsspezifische Ausnahmen im Rahmen der Regelungskompetenz des Art. 23 bzw. des Art. 85 Abs. 2 zu beachten.[61] Der nationale Gesetzgeber hat hiervon ua im BDSG nF, der AO nF und dem SGB X nF Gebrauch gemacht.

47 **a) Videoüberwachung (§ 4 Abs. 2 und 4 BDSG nF).** Gem. § 4 Abs. 2 BDSG nF sind (lediglich) der Umstand der Beobachtung, der Name sowie die Kontaktdaten des Verantwortlichen durch geeignete Maßnahmen zum frühestmöglichen Zeitpunkt erkennbar zu machen. Der nationale Gesetzgeber hält somit im Wesentlichen am hergebrachten **Hinweisschild** nach § 6b Abs. 2 BDSG aF fest. Werden die erhobenen Daten (unmittelbar oder nachträglich) einer bestimmten Person zugeordnet (zB Gesichtserkennung; Auswertung bei eingeschränktem Personenkreis), verweist § 4 Abs. 4 BDSG nF wiederum auf die allgemeinen Transparenzpflichten der DS-GVO.

48 Die Vorschrift ist **europarechtswidrig.** Eine irgendwie geartete Kompensation der Betroffeneninteressen iSv Art. 23 Abs. 2 wurde versäumt. Betroffene Personen sind in ihrem Transparenzinteresse allein auf das Auskunftsrecht nach Art. 15 verwiesen. Im Gegensatz zu Art. 13 Abs. 1 lit. d gewährt Art. 15 jedoch zB keine Auskunft über die verfolgten Interessen des Verantwortlichen oder eventueller Dritter (Kongruenzen → Art. 15 Rn. 3). Aus der Perspektive der Betroffe-

---

[59] So auch Kühling/Buchner/*Bäcker*, DS-GVO, 2. Aufl., Art. 13 Rn. 84.

[60] Vgl. Erwägungsgrund 62 S. 1.

[61] Eingehend *Kühling/Martini*, S. 68 ff., 285 ff.

nen kann die Rechtmäßigkeit des Videoeinsatzes dementsprechend überhaupt nicht geprüft werden.

b) Berufsgeheimnis (§ 29 Abs. 2 BDSG nF). Die Informationspflicht nach Zweckänderung gem. Abs. 3 (→ Rn. 33) wird für den Mandanten eingeschränkt, wenn dieser die Daten an einen Berufsgeheimnisträger weitergibt. Der Wortlaut erfasst nur solche Berufsgeheimnisträger, zu denen ein **Mandatsverhältnis** besteht (§ 203 Abs. 1 Nr. 3 StGB). Eine Gegenausnahme greift, sofern das Interesse der betroffenen Person an der Informationserteilung überwiegt. Es fehlt eine gesetzliche Kompensation der Betroffeneninteressen iSv Art. 23 Abs. 2. Die Vorschrift ist somit **europarechtswidrig.** 49

c) Zweckänderung (§ 32 Abs. 1 Nr. 1–5 BDSG nF). Die Informationspflicht nach Zweckänderung gem. Abs. 3 (→ Rn. 33) wird außerdem in fünf spezifisch umschriebenen Fällen eingeschränkt. Die Ausnahme greift jedoch nur bei **echter Zweckänderung.** Der Verantwortliche darf nicht den eigentlichen Zweck geheimhalten, dann eine Zweckänderung vortäuschen und sich auf § 32 BDSG nF berufen (Umgehungsverbot). Kompensierende Maßnahmen iSv Art. 23 Abs. 2 sind zT in § 32 Abs. 2 und 3 BDSG nF genannt (Informationen für die Öffentlichkeit; Dokumentation; nachträgliche Information). 50

d) Steuergeheimnis (§ 32a Abs. 1 Nr. 1–4 AO nF). Finanzbehörden unterliegen der Informationspflicht nach Zweckänderung gem. Abs. 3 (→ Rn. 33) in den von § 32a Abs. 1 Nr. 1–4 AO nF erfassten Fällen nicht. Bei Übermittlung von Steuerdaten an Verfassungsschutz, BND, MAD oder ggf. andere Behörden des BMVg steht die Informationserteilung gem. § 32a Abs. 5 AO nF unter einem Zustimmungsvorbehalt. Kompensierende Maßnahmen iSv Art. 23 Abs. 2 sind in § 32a Abs. 4 und 5 AO nF angesprochen, aber nur bruchstückhaft genannt (nachträgliche Information). Die Vorschrift ist somit **europarechtlich bedenklich.** 51

e) Sozialgeheimnis (§ 82 SGB X nF). Stellen, die dem Sozialgeheimnis unterliegen, haben Informationen zu Empfängern oder Kategorien vom Empfängern (→ Rn. 15 ff.) nur in den von § 82 Abs. 1 Nr. 1–3 SGB X nF genannten Fällen bereitzustellen. Die Informationspflicht nach Zweckänderung gem. Abs. 3 (→ Rn. 33) wird außerdem durch § 82 Abs. 2 Nr. 1–3 SGB X nF eingeschränkt. Bei Übermittlung von Sozialdaten an Staatsanwaltschaften, Gerichte, Polizei, Verfassungsschutz, BND oder MAD steht die Informationserteilung gem. § 82 Abs. 5 SGB X nF unter einem Zustimmungsvorbehalt. Kompensierende Maßnahmen iSv Art. 23 Abs. 2 sind zT in § 82 Abs. 3 und 4 SGB X nF genannt (Informationen für die Öffentlichkeit; Dokumentation; nachträgliche Information). 52

VI. Verstöße und Sanktionen

Art. 83 Abs. 5 lit. b sanktioniert Verstöße gegen Art. 13 mit **Geldbußen** von bis zu 20.000.000 EUR oder im Fall eines Unternehmens von bis zu 4 Prozent seines gesamten weltweit erzielten Jahresumsatzes des vorangegangenen Geschäftsjahres, je nachdem, welcher der Beträge höher ist. 53

Behörden und sonstige öffentliche Stellen sind gem. § 43 Abs. 3 BDSG nF vom Bußgeld ausgenommen, solange sie nicht am Wettbewerb teilnehmen (§ 2 Abs. 5 BDSG nF). 54

Die DS-GVO äußert sich nicht ausdrücklich zu der Frage, ob es sich bei den Art. 13 und 14 DS-GVO um bloße **Ordnungsvorschriften** oder um echte 55

Rechtmäßigkeitsvoraussetzungen handelt.[62] Erwägungsgrund 39 macht zwar deutlich, dass jede Verarbeitung personenbezogener Daten rechtmäßig und nach Treu und Glauben erfolgen sollte und führt sodann in die Transparenzpflichten ein. Dies ist jedoch zu wenig, um aus jedem Transparenzverstoß unmittelbar die Rechtswidrigkeit der gesamten Verarbeitung zu folgern. Etwas anderes kann allenfalls bei **vollkommen intransparenter Verarbeitung** gelten,[63] oder wenn spezifisch über die Pflicht zur Bereitstellung der Daten (→ Rn. 25) getäuscht wurde. Die vollständige Information nach Art. 13 ist nicht Voraussetzung für eine informierte Einwilligung, eine mit Falschinformationen erschlichene Einwilligung ist allerdings unwirksam. Es kann hingegen nicht beabsichtigt sein, jeden nach Art. 83 Abs. 5 lit. b bußgeldbewehrten Transparenzverstoß im Rahmen des Art. 83 Abs. 5 lit. a für die rechtswidrige Verarbeitung noch einmal zu verwerten.

C. Rechtsschutz

56 Der betroffenen Person stehen umfassende behördliche und gerichtliche Rechtsschutzmöglichkeiten zur Verfügung (→ Art. 12 Rn. 57 ff.).

57 Art. 13 ist primär als Obliegenheit des für die Datenverarbeitung Verantwortlichen ausgestaltet. Es handelt sich somit zumindest dem Wortlaut nach nicht um eine **Anspruchsgrundlage.** Wird die Information nicht oder nicht vollständig erteilt, muss dem Informationsinteresse der betroffenen Person aber dennoch genügt werden. Dies zeigt schon die Rechtsschutzgarantie des Art. 79 Abs. 1 und die systematische Einordnung in das Kapitel über die Betroffenenrechte. Die reine Bußgeldandrohung, selbst wenn sie im Ordnungswidrigkeitenverfahren gerichtlich bestätigt werden sollte, genügt den Anforderungen des Art. 79 Abs. 1 nicht.

58 Ein **Auskunftsersuchen** nach Art. 15 richtet sich zwar auf bestimmte gesetzlich festgelegte Informationen, der Katalog des Art. 15 Abs. 1 Hs. 2 lit. a–h bleibt jedoch im Umfang hinter demjenigen des Art. 13 zurück (Kongruenzen → Art. 15 Rn. 3). So erfasst der originäre Auskunftsanspruch zB nicht die berechtigten Interessen, die Rechtsgrundlage der Verarbeitung, die Pflicht zur Bereitstellung oder die Kontaktdaten des Vertreters innerhalb der EU. Für die prozessuale Durchsetzung zugunsten der betroffenen Person ergeben sich insoweit mehrere Möglichkeiten:

- Umdeutung des Art. 13 in einen Direktanspruch iSd § 194 Abs. 1 BGB;
- analoge Anwendung des Art. 15 Abs. 1 auf sämtliche Informationen des Art. 13;
- Schadensersatzanspruch wegen Verletzung eines Schutzgesetzes nach § 823 Abs. 2 BGB iVm Art. 13;
- Anspruch auf Beseitigung des rechtswidrigen Zustandes einer Datenverarbeitung ohne Mitteilung nach den §§ 1004 Abs. 1 analog, 823 Abs. 2 BGB iVm Art. 13 (nicht: Beseitigung einer rechtswidrigen Verarbeitung!, → Rn. 55);
- Schadensersatzanspruch wegen Verletzung einer Rücksichtnahmepflicht nach den §§ 311, 280 Abs. 1, 241 Abs. 2 BGB.

59 Der **Schadensersatzanspruch** wegen Verletzung eines Schutzgesetzes dürfte die geringsten dogmatischen Widerstände erfahren, sofern zuvor keine aktive Mitteilung durch den Verantwortlichen erfolgt ist. Im Ergebnis kann aber dahingestellt

[62] Vgl. aber die spezielle Rechtmäßigkeitsanforderung in § 31 Abs. 1 Nr. 4 BDSG nF, → Rn. 29.

[63] EuGH, Urt. v. 1.10.2015 – C-201/14, ZD 2015, 577.

bleiben, welcher Begründung der Vorzug gegeben wird, da die betroffene Person auf jeden Fall die gewünschte Information erhalten muss (vgl. Art. 79 Abs. 1). Anders ist dies freilich, wenn die Information einst nachweislich erteilt wurde, die betroffene Person sie später jedoch erneut anfordert. In all jenen Fällen greift allein Art. 15.

Art. 14 Informationspflicht, wenn die personenbezogenen Daten nicht bei der betroffenen Person erhoben wurden

(1) **Werden personenbezogene Daten nicht bei der betroffenen Person erhoben, so teilt der Verantwortliche der betroffenen Person Folgendes mit:**
a) den Namen und die Kontaktdaten des Verantwortlichen sowie gegebenenfalls seines Vertreters;
b) zusätzlich die Kontaktdaten des Datenschutzbeauftragten;
c) die Zwecke, für die die personenbezogenen Daten verarbeitet werden sollen, sowie die Rechtsgrundlage für die Verarbeitung;
d) die Kategorien personenbezogener Daten, die verarbeitet werden;
e) gegebenenfalls die Empfänger oder Kategorien von Empfängern der personenbezogenen Daten;
f) gegebenenfalls die Absicht des Verantwortlichen, die personenbezogenen Daten an einen Empfänger in einem Drittland oder einer internationalen Organisation zu übermitteln, sowie das Vorhandensein oder das Fehlen eines Angemessenheitsbeschlusses der Kommission oder im Falle von Übermittlungen gemäß Artikel 46 oder Artikel 47 oder Artikel 49 Absatz 1 Unterabsatz 2 einen Verweis auf die geeigneten oder angemessenen Garantien und die Möglichkeit, eine Kopie von ihnen zu erhalten, oder wo sie verfügbar sind.

(2) **Zusätzlich zu den Informationen gemäß Absatz 1 stellt der Verantwortliche der betroffenen Person die folgenden Informationen zur Verfügung, die erforderlich sind, um der betroffenen Person gegenüber eine faire und transparente Verarbeitung zu gewährleisten:**
a) die Dauer, für die die personenbezogenen Daten gespeichert werden oder, falls dies nicht möglich ist, die Kriterien für die Festlegung dieser Dauer;
b) wenn die Verarbeitung auf Artikel 6 Absatz 1 Buchstabe f beruht, die berechtigten Interessen, die von dem Verantwortlichen oder einem Dritten verfolgt werden;
c) das Bestehen eines Rechts auf Auskunft seitens des Verantwortlichen über die betreffenden personenbezogenen Daten sowie auf Berichtigung oder Löschung oder auf Einschränkung der Verarbeitung und eines Widerspruchsrechts gegen die Verarbeitung sowie des Rechts auf Datenübertragbarkeit;
d) wenn die Verarbeitung auf Artikel 6 Absatz 1 Buchstabe a oder Artikel 9 Absatz 2 Buchstabe a beruht, das Bestehen eines Rechts, die Einwilligung jederzeit zu widerrufen, ohne dass die Rechtmäßigkeit der aufgrund der Einwilligung bis zum Widerruf erfolgten Verarbeitung berührt wird;

e) das Bestehen eines Beschwerderechts bei einer Aufsichtsbehörde;
f) aus welcher Quelle die personenbezogenen Daten stammen und gegebenenfalls ob sie aus öffentlich zugänglichen Quellen stammen;
g) das Bestehen einer automatisierten Entscheidungsfindung einschließlich Profiling gemäß Artikel 22 Absätze 1 und 4 und – zumindest in diesen Fällen – aussagekräftige Informationen über die involvierte Logik sowie die Tragweite und die angestrebten Auswirkungen einer derartigen Verarbeitung für die betroffene Person.

(3) **Der Verantwortliche erteilt die Informationen gemäß den Absätzen 1 und 2**
a) unter Berücksichtigung der spezifischen Umstände der Verarbeitung der personenbezogenen Daten innerhalb einer angemessenen Frist nach Erlangung der personenbezogenen Daten, längstens jedoch innerhalb eines Monats,
b) falls die personenbezogenen Daten zur Kommunikation mit der betroffenen Person verwendet werden sollen, spätestens zum Zeitpunkt der ersten Mitteilung an sie, oder,
c) falls die Offenlegung an einen anderen Empfänger beabsichtigt ist, spätestens zum Zeitpunkt der ersten Offenlegung.

(4) **Beabsichtigt der Verantwortliche, die personenbezogenen Daten für einen anderen Zweck weiterzuverarbeiten als den, für den die personenbezogenen Daten erlangt wurden, so stellt er der betroffenen Person vor dieser Weiterverarbeitung Informationen über diesen anderen Zweck und alle anderen maßgeblichen Informationen gemäß Absatz 2 zur Verfügung.**

(5) **Die Absätze 1 bis 4 finden keine Anwendung, wenn und soweit**
a) die betroffene Person bereits über die Informationen verfügt,
b) die Erteilung dieser Informationen sich als unmöglich erweist oder einen unverhältnismäßigen Aufwand erfordern würde; dies gilt insbesondere für die Verarbeitung für im öffentlichen Interesse liegende Archivzwecke, für wissenschaftliche oder historische Forschungszwecke oder für statistische Zwecke vorbehaltlich der in Artikel 89 Absatz 1 genannten Bedingungen und Garantien oder soweit die in Absatz 1 des vorliegenden Artikels genannte Pflicht voraussichtlich die Verwirklichung der Ziele dieser Verarbeitung unmöglich macht oder ernsthaft beeinträchtigt. In diesen Fällen ergreift der Verantwortliche geeignete Maßnahmen zum Schutz der Rechte und Freiheiten sowie der berechtigten Interessen der betroffenen Person, einschließlich der Bereitstellung dieser Informationen für die Öffentlichkeit,
c) die Erlangung oder Offenlegung durch Rechtsvorschriften der Union oder der Mitgliedstaaten, denen der Verantwortliche unterliegt und die geeignete Maßnahmen zum Schutz der berechtigten Interessen der betroffenen Person vorsehen, ausdrücklich geregelt ist oder
d) die personenbezogenen Daten gemäß dem Unionsrecht oder dem Recht der Mitgliedstaaten dem Berufsgeheimnis, einschließlich einer satzungsmäßigen Geheimhaltungspflicht, unterliegen und daher vertraulich behandelt werden müssen.

Übersicht

A. Allgemeines

I. Zweck und Bedeutung der Vorschrift

1 Art. 14 begründet die aktive Pflicht für den Verantwortlichen, die erforderliche Transparenz außerhalb der Direkterhebung herzustellen. Die Vorschrift ist das Pendant zu Art. 13 und entspricht diesem in weiten Teilen. Sie enthält jedoch zusätzlich eine spezifische Fristenregelung (Abs. 3) und mehrere Ausnahmetatbestände (Abs. 5).

II. Systematik, Verhältnis zu anderen Vorschriften

2 Die Unterscheidung von direkter und indirekter Erhebung folgt dem Ansatz, der bereits den Art. 10 und 11 DS-RL zu Grunde lag (Einzelheiten, → Art. 13 Rn. 4). Die Zuordnung macht für weite Bereiche keine Schwierigkeiten. Für die **Videoüberwachung** herrscht unterdessen Streit. Trifft die erhebende Stelle hinreichende Vorkehrungen zur Herstellung von Transparenz (zB mittels eines deutlich sichtbaren Hinweisschilds), bewegt sich die betroffene Person wissentlich

im Blickwinkel der Videoanlage und kann sich ggf. auch entscheiden, den überwachten Bereich zu meiden.[1] Die heimliche Verwendung von Videoeinrichtungen unterfällt demgegenüber Art. 14.

3 Wie in Art. 13 wird auch in Art. 14 Abs. 1 und 2 eine Trennung der Inhalte im Hinblick auf die nachträgliche Zweckänderung vorgenommen (→ Art. 13 Rn. 5 ff.). Die in der amtlichen deutschen Fassung enthaltene Abweichung von Art. 13 Abs. 2 („notwendig") zu Art. 14 Abs. 2 („erforderlich") hat keine rechtliche Bedeutung. Die englische Fassung verwendet insoweit gleichermaßen die Formulierung „neccessary".

B. Einzelerläuterungen

I. Informationsgehalte

4 **1. Verantwortlicher und Vertreter (Abs. 1 lit. a).** Die Vorschrift deckt sich vollständig mit Art. 13 Abs. 1 lit. a (→ Art. 13 Rn. 8 ff.).

5 **2. Datenschutzbeauftragter (Abs. 1 lit. b).** Die Vorschrift deckt sich vollständig mit Art. 13 Abs. 1 lit. b (→ Art. 13 Rn. 11).

6 **3. Zwecke und Rechtsgrundlage (Abs. 1 lit. c).** Die Vorschrift deckt sich vollständig mit Art. 13 Abs. 1 lit. c (→ Art. 13 Rn. 12 f.).

7 **4. Datenkategorien (Abs. 1 lit. d).** Findet keine Direkterhebung statt, hat die betroffene Person keinen Überblick darüber, um welche Daten es geht. Insofern steuert Abs. 1 lit. d hier nach. Bereits § 33 Abs. 1 S. 1 BDSG aF und § 13 Abs. 1 TMG enthielten einen solchen Passus. Es wird freilich keine Vollauskunft verlangt, es genügt – im Gegensatz zu Art. 15 – eine Umschreibung der Datenarten.

8 **5. Empfänger oder Kategorien von Empfängern (Abs. 1 lit. e).** Die Vorschrift deckt sich vollständig mit Art. 13 Abs. 1 lit. e (→ Art. 13 Rn. 15 ff.).

9 **6. Drittstaatstransfer (Abs. 1 lit. f).** Die Vorschrift deckt sich vollständig mit Art. 13 Abs. 1 lit. f (→ Art. 13 Rn. 18).

10 **7. Speicherdauer (Abs. 2 lit. a).** Die Vorschrift deckt sich mit Art. 13 Abs. 2 lit. a (→ Art. 13 Rn. 20). Außerhalb der Direkterhebung ist der Beginn der Speicherung anzugeben, da ansonsten keine Bestimmung der voraussichtlichen Speicherdauer möglich ist.

11 **8. Berechtigte Interessen (Abs. 2 lit. b).** Die Vorschrift deckt sich vollständig mit Art. 13 Abs. 2 lit. a (→ Art. 13 Rn. 14), ist jedoch in Abs. 2 gerückt. Hieran zeigt sich die Beliebigkeit der Zuordnung (→ Art. 13 Rn. 6).

12 **9. Betroffenenrechte (Abs. 2 lit. c, d und e).** Die Vorschriften decken sich vollständig mit Art. 13 Abs. 2 lit. b, c, d (→ Art. 13 Rn. 23 ff.). Für den Hinweis auf das Widerspruchsrecht trifft Art. 21 Abs. 4 unterdessen eine spezielle Regelung, die die behauptete Zuordnung zu den nicht zwangsläufig mitzuteilenden Zusatzinformationen aushebelt (→ Art. 13 Rn. 6).

[1] *Gola/Schomerus*, BDSG, § 4 Rn. 21; BeckOK DatenschutzR/*Bäcker*, § 4 BDSG Rn. 29; aA *Grabitz/Hilf*, Recht der EU, Art. 10 DS-RL Rn. 7; *Seifert*, DuD 2013, 650 (653); *Robrecht*, EU-Datenschutz-Grundverordnung, Transparenzgewinn oder Information-Overkill, S. 52 f.

10. Datenquelle (Abs. 2 lit. f). Außerhalb der Direkterhebung bekommt die Frage nach der Quelle der Daten besondere Bedeutung. Sie ist deshalb nach Abs. 2 lit. f anzugeben, ohne dass es hierfür ein Äquivalent in Art. 13 gäbe. Die Pflichtangabe bezieht sich auf die konkrete Quelle, die der Verantwortliche genutzt hat, nicht hingegen die Quelle der ersten Datenerhebung. Sind zB Kreditinformationen unzutreffend, kann die betroffene Person den Weg der unrichtigen Daten zurückverfolgen und die Fehlerursache eingrenzen.[2] Zudem ist mitzuteilen, ob es sich um **öffentlich zugängliche Quellen** handelt. Auch bei öffentlicher Zugänglichkeit ist grundsätzlich die genaue Quelle zu nennen („und", nicht „oder"). Erwägungsgrund 61 aE führt aus, dass die Unterrichtung in allgemeiner Form ergehen sollte, sofern mehrere Datenquellen verwendet wurden und die Herkunft nicht mehr klar ist. 13

Als „allgemein zugänglich" galten Daten nach § 10 Abs. 5 S. 2 BDSG aF, die jedermann, sei es ohne oder nach vorheriger Anmeldung, Zulassung oder Entrichtung eines Entgelts, nutzen kann. Hierzu gehörten zB Daten in Telefonbüchern, öffentlichen Registern, die ohne spezifisches rechtliches Interesse eingesehen werden konnten oder auch Inhalte in Social-Media-Netzwerken, die keine weitere Einschränkung ihrer Sichtbarkeit durch den Nutzer selbst erfahren hatten. Maßgeblich ist der individuell nicht bestimmte Personenkreis, dem die Daten potentiell zur Verfügung stehen. Die „öffentliche Zugänglichkeit" nach der DS-GVO ist in diesem hergebrachten Sinne auszulegen. Unerheblich ist derweil, ob die betroffene Person die Daten selbst öffentlich gemacht hat (vgl. § 28 Abs. 6 Nr. 2 BDSG aF). 14

11. Automatisierte Entscheidungsfindung einschließlich Profiling (Abs. 2 lit. g). Die Vorschrift deckt sich vollständig mit Art. 13 Abs. 2 lit. g (→ Art. 13 Rn. 26 ff.). Im Rahmen aktiver Transparenz ist ggf. auch § 30 Abs. 2 BDSG nF zu beachten.[3] Wird etwa ein Verbraucherdarlehensvertrag abgelehnt, ist der Verbraucher unverzüglich hierüber sowie über die zuvor erhaltene Auskunft der jeweiligen Auskunftei zu unterrichten. 15

12. Unbenannte Informationen. Weitere Informationen, die über den Katalog der Abs. 1 und 2 hinausgehen, können nach Erwägungsgrund 60 uU erforderlich sein, um eine faire und transparente Verarbeitung nach den Grundsätzen von Treu und Glauben zu gewährleisten (Einzelheiten, → Art. 13 Rn. 30 ff.). 16

II. Zweckänderung (Abs. 4)

Wie Art. 13 Abs. 3 wartet auch Art. 14 Abs. 4 mit einem Passus auf, sofern die Daten für einen anderen Zweck weiterverarbeitet werden sollen, als den, für den sie ursprünglich erlangt wurden (vgl. Art. 6 Abs. 4). Die abweichenden Formulierungen „erhobene Daten/collected data" (Art. 13 Abs. 3) und „erlangte Daten/obtained data" (Art. 14 Abs. 4) sind allein der Unterscheidung von direkter und indirekter Erhebung geschuldet. Die Vorschriften als solche sind im Wesentlichen identisch. Art. 14 Abs. 4 erfasst die geänderte Zweckbestimmung und verweist seinerseits auf die Inhalte des Abs. 2, sodass sich hier erneut die Frage nach einer weitergehenden Mitteilungspflicht für nachträgliche Outsourcing-Lösungen in Drittländern stellt (→ Art. 13 Rn. 34). 17

[2] *Grabitz/Hilf*, Recht der EU, Art. 12 DS-RL Rn. 9.

[3] Umsetzung von Art. 9 Abs. 2 RL 2008/48/EG; näher *Piltz*, § 30 BDSG nF, § 30 Rn. 7 ff.

III. Zeitpunkt (Abs. 3)

18 Bei der Direkterhebung werden die Informationen zum Zeitpunkt der Erhebung mitgeteilt. Außerhalb der Direkterhebung ist dies in der Regel nicht möglich, da noch kein Kommunikationskanal zur betroffenen Person hin eröffnet wurde. Abs. 3 verpflichtet den Verantwortlichen daher zu einem **nachgelagerten Informationsverhalten.** Im Grundsatz erteilt der Verantwortliche die Informationen gem. Abs. 3 lit. a – freilich unter Berücksichtigung der spezifischen Umstände – innerhalb einer angemessenen Frist nach Erlangung der personenbezogenen Daten, längstens jedoch innerhalb eines Monats (Fristberechnung, → Art. 12 Rn. 26). Die **Monatsfrist** sollte nicht pauschal veranschlagt werden, da es sich ausdrücklich um eine Maximaldauer handelt und Art. 12 Abs. 1 und 2 zur Beschleunigung des Verfahrens anhält.

19 Falls die personenbezogenen Daten zur Kommunikation mit der betroffenen Person verwendet werden sollen, ist die Mitteilung gem. Abs. 3 lit. b idealerweise vor, spätestens aber zum Zeitpunkt der ersten **Kontaktaufnahme** fällig. Sie kann dann gemeinsam mit der eigentlichen Kommunikation erfolgen. Es genügt, wenn nur ein Teil der Daten aus derselben Erhebung zur Kommunikation benötigt wird, die Informationspflicht bezieht sich dennoch auf sämtliche erlangten Daten. Die Kontaktaufnahme nach Abs. 3 lit. a ist keine Zweckbestimmung „zur Kommunikation" iSd Abs. 3 lit. b, da die Vorschrift ansonsten selbstbezüglich wäre.

20 Falls schließlich die **Offenlegung** (Art. 4 Nr. 2 und 9) an einen anderen Empfänger beabsichtigt ist, muss die Informationspflicht gem. Abs. 3 lit. c spätestens zum Zeitpunkt der ersten Offenlegung erfüllt werden.

21 Die Zeitpunkte des Abs. 3 lit. b und c dürfen nicht nach demjenigen des Abs. 3 lit. a liegen. Die Maximaldauer von einem Monat gilt **absolut.**[4] Anderenfalls könnte ein Verantwortlicher zur Umgehung der Transparenzanforderungen die noch ausstehende Kontaktaufnahme oder Offenlegung vorschieben, welche in Wirklichkeit nie erfolgen.

IV. Form

22 Art. 14 enthält keine nähere Bestimmung über die Form der Information. Insoweit gilt Art. 12 Abs. 1 (→ Art. 12 Rn. 17 ff.). Zur Frage des zulässigen Medienbruches → Art. 13 Rn. 40 f. Finanzbehörden dürfen die Form der Information gem. § 32d Abs. 1 AO nF nach pflichtgemäßem Ermessen selbst bestimmen, soweit die DS-GVO keine Regelungen hierzu enthält.

V. Ausnahmen

23 In Abs. 5 sind spezielle Ausnahmen für die Informationspflicht nach Art. 14 angeordnet, die über diejenigen in Art. 13 hinausgehen, allerdings hinter der Regelungsdichte des § 33 Abs. 2 BDSG aF zurückbleiben. Ferner sind bereichsspezifische Ausnahmen im Rahmen der Regelungskompetenz des Art. 23 bzw. des Art. 85 Abs. 2 zu beachten.[5] Der für die Verarbeitung Verantwortliche trägt die Beweislast für das Vorliegen von Ausnahmetatbeständen.

24 **1. Kenntnis (Abs. 5 lit. a).** Die Abs. 1–4 finden nach Abs. 5 lit. a keine Anwendung, wenn und soweit die betroffene Person bereits **über die Informati-**

[4] Gegenteilige Regelung in Art. 12 Abs. 1 VO 45/2001/EG.
[5] Eingehend *Kühling/Martini*, S. 68 ff., 285 ff.

onen verfügt, was der Ausnahme in Art. 13 Abs. 4 entspricht (→ Art. 13 Rn. 44).

2. Unmöglichkeit (Abs. 5 lit. b). Abs. 5 lit. b regelt den Fall, dass sich die Informationserteilung als rechtlich oder tatsächlich **unmöglich** erweist (vgl. § 275 Abs. 1 BGB) oder einen **unverhältnismäßigen Aufwand** (vgl. § 275 Abs. 2 BGB) erfordern würde. Die Rechtsprechung legte in der Vergangenheit sehr strenge Maßstäbe an, was die Unverhältnismäßigkeit bei Transparenzrechten angeht.[6] Erwägungsgrund 62 aE gibt als Indizien die Zahl der betroffenen Personen, das Alter der Daten oder geeignete Garantien an. Der Ausnahmetatbestand gilt insbesondere für die Verarbeitung für Archivzwecke im öffentlichen Interesse, für wissenschaftliche oder historische Forschungszwecke[7] (vgl. § 33 Abs. 2 S. 1 Nr. 5 und 9 BDSG aF) bzw. statistische Zwecke. Darüber hinaus sind diejenigen Fälle erfasst, in denen voraussichtlich die Verwirklichung der Verarbeitungsziele unmöglich gemacht oder ernsthaft beeinträchtigt werden[8] (vgl. § 33 Abs. 2 S. 1 Nr. 7 lit. b BDSG aF). Scheidet eine Information wegen Abs. 5 lit. b aus, ergreift der Verantwortliche geeignete Maßnahmen zum Schutz der Rechte und Freiheiten sowie der berechtigten Interessen der betroffenen Person, wobei auch an eine Bereitstellung der Informationen für die Öffentlichkeit zu denken ist. 25

3. Ausdrückliche Regelung (Abs. 5 lit. c). Abs. 5 lit. c greift ein, wenn die Erlangung oder Offenlegung der Daten durch **Rechtsvorschriften der Union oder der Mitgliedstaaten,** denen der Verantwortliche unterliegt, ausdrücklich geregelt ist und dort geeignete Maßnahmen zum Schutz der berechtigten Interessen der betroffenen Person vorgesehen sind. Die jeweilige Regelung muss zumindest im Ansatz die Information durch den Verantwortlichen ersetzen können.[9] 26

4. Berufsgeheimnis (Abs. 5 lit. d). Abs. 5 lit. d gilt, sofern die personenbezogenen Daten gemäß Unions- oder mitgliedstaatlichem Recht einem Berufsgeheimnis – einschließlich einer satzungsmäßigen Geheimhaltungspflicht –, unterliegen und daher vertraulich behandelt werden müssen.[10] Grundlage sämtlicher beruflicher Verschwiegenheitspflichten in Deutschland ist das Strafrecht.[11] In § 203 StGB werden die einschlägigen Berufsgruppen (Medizinalpersonen, Anwälte, Steuerberater usw.) zentral zusammengefasst, etwaige Verstöße einheitlich sanktioniert und somit ein gewisser Mindeststandard festgelegt. Die strafrechtlich pönalisierte Verschwiegenheitspflicht wird durch zahlreiche satzungsmäßige Berufsordnungen der jeweiligen Branchen flankiert. In Deutschland hätte es der Anordnung des Abs. 5 lit. d nicht bedurft: Da § 203 StGB nicht per se personenbe- 27

---

[6] LG Kiel, Urt. v. 4.4.2008 – 8 O 50/07 zur Zumutbarkeit einer Suchaktion bezüglich Patientenakten in einen Universitätsbunker voller ungeordneter Stapel und Kartons.

[7] Fallbeispiel bei *Artikel-29-Datenschutzgruppe*, WP 260 – Guidelines on transparency under Regulation 2016/679 v. 28.11.2017, S. 27.

[8] Fallbeispiel bei *Artikel-29-Datenschutzgruppe*, WP 260 – Guidelines on transparency under Regulation 2016/679 v. 28.11.2017, S. 28.

[9] Kühling/Buchner/*Bäcker*, DS-GVO, 2. Aufl., Rn. 65.

[10] Fallbeispiel zur Familienanamnese bei *Artikel-29-Datenschutzgruppe*, WP 260 – Guidelines on transparency under Regulation 2016/679 v. 28.11.2017, S. 30, vgl. jedoch → Art. 13 Rn. 4.

[11] Anders Ratzel/Lippert/*Lippert*, MBO-Ä, § 9 Rn. 3, der die rechtliche Grundlage der Verschwiegenheitspflicht in den jeweiligen Berufsrechten verortet. Diese Auffassung verkennt jedoch die hierarchische Stellung satzungsmäßiger Berufsordnungen.

zogene Daten sondern vielmehr Privat-, Geschäfts- und Betriebsgeheimnisse schützt, wird die Vorschrift von der DS-GVO nicht verdrängt.[12] Im Gegensatz zu Art. 33 und 34 stellen die allgemeinen Transparenzregeln keine gesetzlichen **Offenbarungsbefugnisse** dar. Informationen, die offenkundig sind oder an denen erkennbar kein Geheimhaltungsinteresse besteht, unterfallen dem § 203 StGB nicht (Begriff des „Geheimnisses"). Ferner stellt Abs. 5 lit. d eine dilatorische Einrede dar, weswegen durch den Berufsgeheimnisträger stets die Möglichkeit einer Schweigepflichtentbindung und somit des Wegfalls des Informationshindernisses zu eruieren ist.[13]

28 **5. Öffnungsklauseln. a) Videoüberwachung (§ 4 Abs. 2 und 4 BDSG nF).** Der nationale Gesetzgeber hat offengelassen, ob und unter welchen Voraussetzungen die Videoüberwachung nach seiner Vorstellung ein Fall des Art. 13 oder 14 sein soll (→ Art. 13 Rn. 47 f.). Jedenfalls dann, wenn die erhobenen Daten einer bestimmten Person zugeordnet werden, greifen wieder regulär die Art. 13 und 14.

29 **b) Geheimhaltungspflicht (§ 29 Abs. 1 S. 1 BDSG nF).** Abs. 1–4 gelten nicht, soweit Informationen offenbart würden, die ihrem Wesen nach, insbesondere wegen der überwiegenden berechtigten Interessen eines Dritten, geheim gehalten werden müssen. § 29 Abs. 1 S. 1 BDSG nF erfasst nicht die Daten, die bereits gem. Abs. 5 lit. d einem Berufsgeheimnis, einschließlich einer satzungsmäßigen Geheimhaltungspflicht unterliegen.[14] Stattdessen sind vor allem datenschutzrechtliche Belange Dritter zu berücksichtigen. § 29 Abs. 1 S. 1 BDSG nF ist auf Grundlage von Art. 23 Abs. 1 lit. i ergangen. Kompensierende Maßnahmen iSv Art. 23 Abs. 2 fehlen allerdings. Die Vorschrift ist somit **europarechtswidrig.**

30 **c) Öffentliche Belange (§ 33 Abs. 1 BDSG nF).** § 33 Abs. 1 BDSG nF enthält mehrere Ausnahmetatbestände für öffentliche und nichtöffentliche Stellen. § 33 Abs. 1 Nr. 1 lit. a BDSG nF schützt die ordnungsgemäße Erfüllung öffentlicher Aufgaben, § 33 Abs. 1 Nr. 1 lit. b BDSG nF und § 33 Abs. 1 Nr. 2 lit. b BDSG nF beziehen sich auf die Gefährdung der öffentlichen Sicherheit oder Ordnung bzw des Wohls des Bundes oder eines Landes. § 33 Abs. 1 Nr. 2 lit. a BDSG nF berücksichtigt die Geltendmachung, Ausübung oder Verteidigung zivilrechtlicher Ansprüche. Kompensierende Maßnahmen iSv Art. 23 Abs. 2 sind zT in § 33 Abs. 2 und 3 BDSG nF genannt (Informationen für die Öffentlichkeit; Dokumentation; nachträgliche Information).

31 **d) Steuergeheimnis (§ 32b AO nF).** § 32b Abs. 1 AO nF enthält mehrere Ausnahmetatbestände die denjenigen in § 33 Abs. 1 BDSG nF bzw. § 29 Abs. 1 S. 1 BDSG nF ähneln. Bei Übermittlung von Steuerdaten an Verfassungsschutz, BND, MAD oder ggf. andere Behörden des BMVg steht die Informationserteilung gem. § 32b Abs. 2 AO nF unter einem Zustimmungsvorbehalt. Kompensierende Maßnahmen iSv Art. 23 Abs. 2 sind zT in § 32b Abs. 3 AO nF angesprochen, aber nicht benannt. Die Vorschrift ist somit **europarechtswidrig.**

---

[12] *Kühling/Martini*, S. 56.

[13] So schon *Franck*, ZD-Aktuell 2015, 04740 zu § 34 Abs. 7 iVm § 33 Abs. 2 Nr. 3 BDSG aF.

[14] Europarechtliches Wiederholungsverbot, vgl. EuGH, Urt. v. 7.2.1973 – C-39/72, Slg. 1973, 101. Der Bundesgesetzgeber räumt dies offenbar selbst ein, BT-Drs. 18/11325, 100.

e) Sozialgeheimnis (§ 82a SGB X nF). § 82a SGB X nF enthält mehrere Ausnahmetatbestände die denjenigen in § 33 Abs. 1 BDSG nF bzw. § 29 Abs. 1 S. 1 BDSG nF ähneln. Hinsichtlich der Empfänger oder Kategorien vom Empfängern gem. Abs. 1 lit. f gilt auch außerhalb der Direkterhebung § 82 Abs. 1 SGB X (→ Art. 13 Rn. 52). Bei Übermittlung von Sozialdaten an Staatsanwaltschaften, Gerichte, Polizei, Verfassungsschutz, BND oder MAD steht die Informationserteilung gem. § 82a Abs. 5 SGB X nF unter einem Zustimmungsvorbehalt. Kompensierende Maßnahmen iSv Art. 23 Abs. 2 sind zT in § 82a Abs. 3 SGB X nF genannt (Informationen für die Öffentlichkeit; Dokumentation). 32

Nichtöffentliche Stellen sind gem. § 82b Abs. 2 SGB X nF bei der Erhebung auf die zur Auskunft verpflichtenden Vorschrift, ansonsten auf die Freiwilligkeit der Angaben hinzuweisen. Der Verweis auf die Freiwilligkeit ist missverständlich. Die nichtöffentliche Stelle hat dennoch stets die Rechtmäßigkeit der Übermittlung und ggf. der zuvor notwendigen Zweckänderung zu prüfen. 33

VI. Verstöße und Sanktionen

Art. 83 Abs. 5 lit. b sanktioniert Verstöße gegen Art. 13 mit Geldbußen von bis zu 20.000.000 EUR oder im Fall eines Unternehmens von bis zu 4 Prozent seines gesamten weltweit erzielten Jahresumsatzes des vorangegangenen Geschäftsjahrs, je nachdem, welcher der Beträge höher ist. 34

Behörden und sonstige öffentliche Stellen sind gem. § 43 Abs. 3 BDSG nF vom Bußgeld ausgenommen, solange sie nicht am Wettbewerb teilnehmen (§ 2 Abs. 5 BDSG nF). 35

C. Rechtsschutz

Der betroffenen Person stehen behördliche und gerichtliche Rechtsschutzmöglichkeiten zur Verfügung (→ Art. 12 Rn. 57 ff.). Wird die Information nicht oder nicht vollständig erteilt, kann die betroffene Person einen entsprechenden Anspruch geltend machen, obschon die Anspruchsgrundlage hierfür nicht eindeutig geklärt ist (Einzelheiten → Art. 13 Rn. 57 ff.). 36

Art. 15 Auskunftsrecht der betroffenen Person

(1) **Die betroffene Person hat das Recht, von dem Verantwortlichen eine Bestätigung darüber zu verlangen, ob sie betreffende personenbezogene Daten verarbeitet werden; ist dies der Fall, so hat sie ein Recht auf Auskunft über diese personenbezogenen Daten und auf folgende Informationen:**

a) die Verarbeitungszwecke;
b) die Kategorien personenbezogener Daten, die verarbeitet werden;
c) die Empfänger oder Kategorien von Empfängern, gegenüber denen die personenbezogenen Daten offengelegt worden sind oder noch offengelegt werden, insbesondere bei Empfängern in Drittländern oder bei internationalen Organisationen;
d) falls möglich die geplante Dauer, für die die personenbezogenen Daten gespeichert werden, oder, falls dies nicht möglich ist, die Kriterien für die Festlegung dieser Dauer;

e) **das Bestehen eines Rechts auf Berichtigung oder Löschung der sie betreffenden personenbezogenen Daten oder auf Einschränkung der Verarbeitung durch den Verantwortlichen oder eines Widerspruchsrechts gegen diese Verarbeitung;**

f) **das Bestehen eines Beschwerderechts bei einer Aufsichtsbehörde;**

g) **wenn die personenbezogenen Daten nicht bei der betroffenen Person erhoben werden, alle verfügbaren Informationen über die Herkunft der Daten;**

h) **das Bestehen einer automatisierten Entscheidungsfindung einschließlich Profiling gemäß Artikel 22 Absätze 1 und 4 und – zumindest in diesen Fällen – aussagekräftige Informationen über die involvierte Logik sowie die Tragweite und die angestrebten Auswirkungen einer derartigen Verarbeitung für die betroffene Person.**

(2) **Werden personenbezogene Daten an ein Drittland oder an eine internationale Organisation übermittelt, so hat die betroffene Person das Recht, über die geeigneten Garantien gemäß Artikel 46 im Zusammenhang mit der Übermittlung unterrichtet zu werden.**

(3) [1]**Der Verantwortliche stellt eine Kopie der personenbezogenen Daten, die Gegenstand der Verarbeitung sind, zur Verfügung.** [2]**Für alle weiteren Kopien, die die betroffene Person beantragt, kann der Verantwortliche ein angemessenes Entgelt auf der Grundlage der Verwaltungskosten verlangen.** [3]**Stellt die betroffene Person den Antrag elektronisch, so sind die Informationen in einem gängigen elektronischen Format zur Verfügung zu stellen, sofern sie nichts anderes angibt.**

(4) **Das Recht auf Erhalt einer Kopie gemäß Absatz 3 darf die Rechte und Freiheiten anderer Personen nicht beeinträchtigen.**

Literatur: *Bräutigam/Schmidt-Wudy*, Das geplante Auskunfts- und Herausgaberecht des Betroffenen nach Art. 15 der EU-Datenschutzgrundverordnung, CR 2015, 56; *Edwards/Veale*, Slave to the Algorithm – Why a ‚right to an explanation' is probably not the remedy you are looking for, Duke Law & Technology Review 16.1 (2017), 18; *Goodman/Flaxman*, European Union regulations on algorithmic decision-making and a ‚right to explanation', arXiv:1606.08813v3 (2016); *Malgieri/Comandé*, Why a Right to Legibility of Automated Decision-Making exists in the GDPR, IDPL 2017, 243; *Selbst/Powles*, Meaningful Information and the Right to Explanation, International Data Privacy Law 2017, 233; *Temme*, Algorithms and Transparency in View of the New General Data Protection Regulation, EDPL 2017, 473; *Walter*, Die datenschutzrechtlichen Transparenzpflichten nach der Europäischen Datenschutz-Grundverordnung, DSRITB 2016, S. 367.

Übersicht

A. Allgemeines

I. Zweck und Bedeutung der Vorschrift

1 Das Auskunftsrecht gehört zu den basalen Betroffenenrechten und stellt faktisch (nicht rechtlich[1]) eine unverzichtbare Voraussetzung für die Geltendmachung weiterer datenschutzrechtlicher Ansprüche dar.[2] Art. 15 gewährt einen Anspruch auf **umfassende Information** hinsichtlich der personenbezogenen Daten der betroffenen Person sowie **spezifischer Umstände** der Datenverarbeitung. Art. 15 ist abhängig vom Antrag der betroffenen Person. Auftragsverarbeiter sind gem. Art. 28 Abs. 3 S. 2 lit. e verpflichtet, den Verantwortlichen bei der Erfüllung des Anspruches zu unterstützen.

II. Systematik, Verhältnis zu anderen Vorschriften

2 Das Recht auf Auskunft ergibt sich unmittelbar aus Art. 8 Abs. 2 S. 2 Alt. 1 GRCh. Art. 15 steht insoweit in der Tradition von Art. 12 lit. a DS-RL[3] und § 34 BDSG aF im Anschluss hieran. Der Anspruch reicht gewissermaßen vom **„Ob“** der Datenverarbeitung (Abs. 1 Hs. 1) über das **„Wie“** (Abs. 1 Hs. 2 lit. a–h, Abs. 2) bis zum **„Was“** (Abs. 1 Hs. 2, Abs. 3).

3 Die formalen Informationsgehalte der Art. 13–15 (sog. **„Metadaten“**[4]) sind weitgehend deckungsgleich. Art. 15 bleibt dabei freilich etwas hinter den Art. 13 und 14 zurück, gewährt aber stattdessen **materiell Einblick** in die verarbeiteten

---

[1] So schon *Ehmann/Helfrich*, EG-Datenschutzrichtlinie, Art. 12 Rn. 7.

[2] *Grabitz/Hilf*, Recht der EU, Art. 12 DS-RL Rn. 5; Simitis/*Dix*, BDSG, § 34 Rn. 1; *Fischer*, RDV 2012, 230 (231); EuGH, EuZW 2009, 546 (548).

[3] Rspr. zu Art. 12 lit. a DS-RL: EuGH, Urt. v. 7.5.2009 – C-553/07; EuGH, Urt. v. 12.12.2013 – C-486/12; EuGH, Urt. v. 17.7.2014 – C-141/12, C-372/12; EuGH, Urt. v. 20.12.2017 – C-434/16.

[4] Ehmann/Selmayr/*Ehmann*, DS-GVO, Art. 15 Rn. 12.

Daten beim Verantwortlichen (und seinem Auftragsverarbeiter). Die in den Art. 13 und 14 behauptete Unterscheidung zwischen allgemeinen Pflichtinhalten und besonderen Zusatzinhalten (→ Art. 13 Rn. 6) entfällt bei Art. 15 gänzlich.

Kongruenzen	**Art. 13**	**Art. 14**	**Art. 15**
Verantwortlicher und Vertreter	Abs. 1 lit. a	Abs. 1 lit. a	–
Datenschutzbeauftragter	Abs. 1 lit. b	Abs. 1 lit. b	–
Zwecke und Rechtsgrundlage	Abs. 1 lit. c	Abs. 1 lit. c	Abs. 1 lit. a [abzügl. Rechtsgrundlage]
Datenkategorien	–	Abs. 1 lit. d	Abs. 1 lit. b
Berechtigte Interessen	Abs. 1 lit. d	Abs. 2 lit. b	–
Empfänger oder Kategorien von Empfängern	Abs. 1 lit. e	Abs. 1 lit. e	Abs. 1 lit. c
Drittstaatstransfer	Abs. 1 lit. f	Abs. 1 lit. f	Abs. 2 [abzügl. Angemessenheitsbeschluss und Garantien nach Art. 49 Abs. 1]
Speicherdauer	Abs. 2 lit. a	Abs. 2 lit. a	Abs. 1 lit. d
Auskunftsanspruch (Art. 15); Berichtigung (Art. 16); Löschung (Art. 17 Abs. 1); Einschränkung der Verarbeitung (Art. 18); Widerspruch (Art. 21); Datenübertragbarkeit (Art. 20)	Abs. 2 lit. b	Abs. 2 lit. c	Abs. 1 lit. e [abzügl. Auskunft (Art. 15) und Datenportabilität (Art. 20)]
Widerruf der Einwilligung	Abs. 2 lit. c	Abs. 2 lit. d	–
Beschwerderecht	Abs. 2 lit. d	Abs. 2 lit. e	Abs. 1 lit. f
Pflicht zur Bereitstellung der Daten	Abs. 2 lit. e	–	–
Datenquelle	–	Abs. 2 lit. f	Abs. 1 lit. g
Automatisierte Entscheidungsfindung	Abs. 2 lit. f	Abs. 2 lit. g	Abs. 1 lit. h

4 Art. 15 Abs. 1 steht grundsätzlich neben anderen Auskunfts- und Einsichtsrechten[5] wie bspw. dem Anspruch auf Einsichtnahme in die Patientenakte nach § 630g BGB,[6] der Einsichtnahme in die Personalakte nach § 83 Abs. 1 S. 1 BetrVG bzw. § 110 Abs. 1 BBG. Ob Ansprüche im Wege der **Spezialität** verdrängt werden, kann nicht pauschal festgelegt werden (Einzelheiten → Art. 12 Rn. 61 ff.). Das Recht auf Datenübertragbarkeit nach Art. 20 ist insoweit spezieller als das Aus-

[5] Näher *Gola/Schomerus*, BDSG, § 34 Rn. 3 f.

[6] Art. 15 umfasst laut Erwägungsgrund 63 ausdrücklich auch gesundheitsbezogene Daten, etwa Patientenakten, Diagnosen, Untersuchungsergebnisse, Befunde der behandelnden Ärzte und Angaben zu Behandlungen oder Eingriffen.

kunftsrecht nach Art. 15, sofern die betroffene Person Daten in einem strukturierten, gängigen und maschinenlesbaren Format herausverlangt. Keine Auskunft im hiesigen Sinne stellen Informationsherausgaben an Dritte dar, selbst wenn der Gesetzgeber denselben Begriff verwendet, wie etwa bei Auskunftsverlangen von Darlehensgebern gem. § 30 Abs. 1 BDSG nF[7] oder die Telefonauskunft gem. § 105 TKG.

B. Einzelerläuterungen

I. Informationsgehalte

1. Negativauskunft (Abs. 1 Hs. 1). Die Bestätigung, ob Daten der betroffenen Person verarbeitet werden oder nicht, wurde schon durch Art. 12 lit. a Spiegelstrich 1 Var. 1 DS-RL gewährt. Dementsprechend bestand ein solcher Anspruch nach hM bereits gem. § 34 Abs. 1 S. 1 BDSG aF, obschon er dort nicht ausdrücklich genannt wurde.[8] Diese Negativauskunft ist nun in Abs. 1 Hs. 1 enthalten. Dass im Kommissionsentwurf und im Parlamentsentwurf jeweils noch ausdrücklich die Formulierung „oder nicht" enthalten war,[9] führt nicht dazu, dass Abs. 1 Hs. 1 in seiner finalen Fassung nur beim positiven Vorhandensein von Daten griffe. Ansonsten würde der Antragssteller nie sicher sein können, ob wirklich keine Daten verarbeitet werden oder schlichtweg die Auskunftserteilung verweigert wird. 5

Da es insofern aber nicht auf die **Betroffeneneigenschaft** ankommt, handelt es sich um ein uneigentliches Betroffenenrecht.[10] Dass der Anspruchsberechtigte bei negativer Rückmeldung gar keine „betroffene Person" iSd Art. 4 Nr. 1 Hs. 1 ist, kann für die Erfüllungsebene dahinstehen. Versäumt der Verantwortliche jedoch pflichtwidrig, eine Negativauskunft zu erteilen, kann dies nicht gem. Art. 83 Abs. 5 lit. b sanktioniert werden, da das Bußgeld ausdrücklich an die Verletzung der Rechte der „betroffenen Person" anknüpft. 6

2. Verarbeitungszwecke (Abs. 1 lit. a). Der Passus ist Art. 12 lit. a Spiegelstrich 1 Var. 2 DS-RL nachgebildet und entspricht nunmehr Art. 13 Abs. 1 lit. c DS-GVO (→ Art. 13 Rn. 12). Die Angabe der die Datenverarbeitung legitimierenden Rechtsgrundlage, die ebenfalls in Art. 13 Abs. 1 lit. c genannt ist, fehlt unterdessen. 7

3. Datenkategorien (Abs. 1 lit. b). Die Vorschrift deckt sich vollständig mit Art. 14 Abs. 1 lit. d (→ Art. 14 Rn. 7). Sie findet ihren Vorläufer in Art. 12 lit. a Spiegelstrich 1 Var. 3 DS-RL. 8

4. Empfänger oder Kategorien von Empfängern (Abs. 1 lit. c). Die Vorschrift ist inhaltlich identisch mit Art. 13 Abs. 1 lit. e bzw. Art. 14 Abs. 1 lit. e (→ Art. 13 Rn. 15 f.). Ein Vorläufer hierzu findet sich in Art. 12 lit. a Spiegelstrich 1 Var. 4 DS-RL. Der EuGH hat im Zusammenhang mit den Vorgaben der DS-RL festgestellt, dass eine **zeitliche Begrenzung des Rechts auf Auskunft** 9

---

[7] Umsetzung von Art. 9 Abs. 1 RL 2008/48/EG, näher *Piltz*, § 30 BDSG nF Rn. 3 ff.

[8] *Gola/Schomerus*, BDSG, § 34 Rn. 5b; *Weichert*, NVwZ 2007, 1004 (1005); Simitis/*Dix*, BDSG, § 34 Rn. 18; Wolff/Brink/*Schmidt-Wudy*, Datenschutzrecht in Bund und Ländern, § 34 Rn. 14; *Franck*, ZD-Aktuell 2015, 04740.

[9] Art. 15 Abs. 1 KommissionsE; Art. 15 Abs. 1 ParlE.

[10] Zum Begriff *Franck*, RDV 2015, 137 (141).

über den oder die Empfänger personenbezogener Daten unzulässig sei.[11] Die Frist für die Geltendmachung des Rechts auf Auskunft über die Empfänger oder Kategorien der Empfänger und den Inhalt der übermittelten Daten müsse stattdessen so festgelegt werden, dass die betroffene Person ihre Rechte sinnvoll ausüben kann.[12] Unklar ist, inwieweit der Unionsgesetzgeber dem gefolgt ist.[13] Aus Art. 5 Abs. 2 eine unbeschränkte Archivierungspflicht sämtlicher Vorgänge zu schließen, also auch Empfänger oder Kategorien der Empfänger nachzuweisen, wenn die eigentlichen personenbezogenen Daten schon lange gelöscht sind, ginge wohl zu weit (vgl. Erwägungsgrund 64).[14] Die Dokumentationspflichten dürfen nicht zu unbeschränkten sekundären Datenpools führen.

10 Die zusätzliche Spezifizierung, dass Daten „offengelegt worden sind oder noch offengelegt werden" macht deutlich, dass nicht nur abgeschlossene Transfers beauskunftet werden müssen, sondern nachgerade auch solche, die in der Zukunft bevorstehen. Besteht lediglich die Möglichkeit, dass es in Zukunft zu einem solchen Transfer kommen könnte, greift Abs. 1 lit. c (noch) nicht. Treten Empfänger dennoch nachträglich hinzu, ist dies ggf. im Rahmen aktiver Transparenz kenntlich zu machen (→ Art. 13 Rn. 35).

11 Für die Beauskunftung der Empfänger kommt es nicht darauf an, ob die Offenlegung rechtmäßig erfolgte. Auch entsprechende Schutzverletzungen sind insoweit mitzuteilen. Dies gilt selbst dann, wenn die Skandalisierungsschwelle nicht erreicht und die Schutzverletzung gem. Art. 33 Abs. 5 lediglich intern dokumentiert wurde.

12 Empfänger und Empfängerkategorien stehen **alternativ** nebeneinander. Die Wahl, ob konkrete Empfänger oder abstrakte Kategorien benannt werden, ist nicht davon abhängig, ob die Transfers in der Vergangenheit oder in der Zukunft liegen. Es besteht auch kein Automatismus, dass nach den Art. 13 und 14 eher Empfängerkategorien, nach Art. 15 hingegen eher Empfänger mitgeteilt werden müssten.[15] Sofern die Empfänger feststehen, sollte im Interesse umfassender Transparenz stets eine genaue Angabe erfolgen.

13 **5. Speicherdauer (Abs. 1 lit. d).** Die Vorschrift deckt sich vollständig mit Art. 13 Abs. 2 lit. a bzw. Art. 14 Abs. 2 lit. a (→ Art. 13 Rn. 20).

14 **6. Betroffenenrechte (Abs. 1 lit. e und f).** Abs. 1 lit. e ähnelt Art. 13 Abs. 2 lit. b bzw. Art. 14 Abs. 2 lit. c (→ Art. 13 Rn. 22). Der Verordnungsgeber hat hier freilich keinen Hinweis auf das Auskunftsrecht nach Art. 15 aufgenommen, da dieser selbstreferentiell und unnütz gewesen wäre. Dass gleichsam das Recht auf **Datenportabilität** gem. Art. 20 keine Erwähnung findet, überrascht. Immerhin wurde im Ratsentwurf noch das Recht auf Einschränkung der Verarbeitung gem. Art. 18 hinzugefügt.[16]

---

[11] EuGH, EuZW 2009, 546 (548) zur Konstellation, dass Informationen über die Empfänger nach einem Jahr gelöscht wurden.

[12] EuGH, EuZW 2009, 546 (549).

[13] Gegen die Auskunft BeckOK DatenschutzR/*Schmidt-Wudy*, 21. Ed. 2017, Art. 15 Rn. 52, arg. e silencio.

[14] Die Diskussion ist freilich offen: Die spezielle Dokumentationspflicht des Art. 33 Abs. 5 ist in der Tat zeitlich unbeschränkt und eine Verjährungsfrist für Verstöße nach Art. 83 ist ebenfalls nicht vorgesehen.

[15] AA BeckOK DatenschutzR/*Schmidt-Wudy*, 21. Ed. 2017, Art. 15 Rn. 58, der stets eine Auskunft über die konkreten Empfänger annimmt, eine Kategorisierung der Empfänger hingegen nur bei mehrfacher Offenlegung hinzutreten lassen will.

[16] Art. 15 Abs. 1 lit. e RatsE.

Das Bestehen eines **Beschwerderechts** bei einer Aufsichtsbehörde nach Abs. 1 lit. f ist wie in Art. 13 Abs. 2 lit. d bzw. Art. 14 Abs. 2 lit. e mitzuteilen (→ Art. 13 Rn. 24). Die örtlich und sachlich zuständige Behörde ist im Gegensatz zur Entwurfsfassung in Art. 15 Abs. 1 lit. f Kommissionsentwurf bzw. Parlamentsentwurf nicht zu nennen. **15**

Art. 15 verweist nicht auf die Möglichkeit, eine erteilte **Einwilligungserklärung** zu widerrufen, wie in Art. 13 Abs. 2 lit. c bzw. 14 Abs. 2 lit. d vorgesehen. Insgesamt verlangt Art. 15 **keine Rechtsberatung,** es genügt der abstrakte Hinweis auf die genannten Katalogrechte. **16**

7. Datenquelle (Abs. 1 lit. g). Die Vorschrift entspricht im Wesentlichen Art. 14 Abs. 2 lit. f (→ Art. 14 Rn. 13 f.). Anders als noch in Art. 12 lit. a Spiegelstrich 2 Var. 2 DS-RL vorgesehen, greift sie nur außerhalb der Direkterhebung ein. Abs. 1 lit. g enthält keinen ausdrücklichen Bezug auf öffentlich zugängliche Daten. Der Wortlaut erfasst jedoch sehr weit „alle verfügbaren Informationen“ über deren Herkunft. Wegen dieser weiten Formulierung erstreckt sich der Auskunftsanspruch ggf. auch auf in Frage kommende Datenquellen, sofern die genaue Herkunft nicht mehr klar ist.[17] **17**

8. Automatisierte Entscheidungsfindung einschließlich Profiling (Abs. 1 lit. h). Die Herausgabe aussagekräftiger Informationen über die involvierte Logik bei automatisierter Entscheidungsfindung entspricht der Anordnung in Art. 13 Abs. 2 lit. f bzw. Art. 14 Abs. 2 lit. g (→ Art. 13 Rn. 26 ff.). Ein Vorläufer der hiesigen Regelung fand sich in Art. 12 lit. a Spiegelstrich 3 DS-RL. Abs. 1 lit. h wird durch Abs. 4 nicht unmittelbar eingeschränkt[18] (→ Rn. 33 f.). **18**

Zwischenzeitlich ist eine intensive Debatte darüber entbrannt, inwieweit Abs. 1 lit. h ggf. iVm Art. 22 ein sog. „right to explanation“, also eine Begründungs- und Darlegungspflicht hinsichtlich bereits getroffener automatisierter Entscheidungen statuiert.[19] Der Wortlaut des Abs. 1 lit. h (lediglich die „angestrebten Auswirkungen“, nicht die tatsächlichen) spricht augenscheinlich dagegen. Die Darlegung des eigenen Standpunkts der betroffenen Person und die Anfechtung der Entscheidung iSv Art. 22 Abs. 3 ist jedoch nur sinnvoll möglich, wenn seitens des Verantwortlichen entsprechendes Begründungsmaterial geliefert wird.[20] Kernanliegen jeglicher Transparenz ist es, die betroffene Person Verarbeitungsprozesse verstehen zu lassen und die Möglichkeit des Eingreifens zu eröffnen.[21] **19**

Ist ein Scoring lediglich geplant, die **Scorewerte** aber noch nicht errechnet, besteht kein Anspruch auf hypothetische Scorewertberechnung. Dies war nach bisheriger Rechtslage anders,[22] Abs. 1 lit. h betrifft jedoch nur die Formalia der Datenverarbeitung. Etwas anderes ergibt sich auch nicht aus der Angabe von Tragweite und angestrebten Auswirkungen, da diese gleichsam in Art. 13 Abs. 2 lit. f enthalten sind und daher schon transparent gemacht werden, bevor das erste **20**

---

[17] Anders nach Erwägungsgrund 61 aE für Art. 14 Abs. 2 lit. f.

[18] AA Sydow/*Specht*, DS-GVO, Art. 15 Rn. 10.

[19] *Goodman/Flaxman*, arXiv:1606.08813v3 (2016); *Edwards/Veale*, DLTR 16.1 (2017) 18 ff.; *Malgieri/Comandé*, IDPL 2017, 243 ff.; *Selbst/Powles*, IDPL 2017, 233 ff.; *Temme*, EDPL 2017, 473 ff.; *Artikel-29-Datenschutzgruppe*, WP 251 – Guidelines on Automated individual decision-making and Profiling for the purposes of Regulation 2016/679 v. 3.10.2017, S. 24.

[20] Vgl. auch Erwägungsgrund 71.

[21] Zur Begründungstiefe in Relation zum Diskriminierungsrisiko und der Persönlichkeitsrechtsgefährdung *Martini*, JZ 2017, 1017 (1020).

[22] BR-Drs. 548/08, 34; Simitis/*Dix*, BDSG, § 34 Rn. 35.

Datum überhaupt erhoben ist. Da noch keine Entscheidung getroffen bzw. kein Profil erzeugt wurde, kann das Verfahren auch nicht gem. Art. 22 Abs. 3 angefochten werden (→ Rn. 23).

21 **9. Drittstaatstransfer (Abs. 2).** Die Vorschrift entspricht weitgehend Art. 13 Abs. 1 lit. f bzw. Art. 14 Abs. 1 lit. f (→ Art. 13 Rn. 18). Werden personenbezogene Daten an ein **Drittland oder an eine internationale Organisation** übermittelt, so hat die betroffene Person das Recht, über geeignete Garantien gem. Art. 46 unterrichtet zu werden.

22 Art. 13 Abs. 1 lit. f bzw. Art. 14 Abs. 1 lit. f gehen diesbezüglich weiter. Dort sind ausdrücklich das Vorhandensein oder das Fehlen eines Angemessenheitsbeschlusses der Kommission gem. Art. 45 Abs. 3 oder im Falle von Übermittlungen gem. Art. 46, Art. 47 oder Art. 49 Abs. 1 jeweils ein Verweis auf die geeigneten oder angemessenen Garantien mitzuteilen. Ferner ist dort darauf hinzuweisen, wie eine Kopie dieser Garantien zu erhalten ist, oder wo sie verfügbar sind. In Art. 15 Abs. 2 fehlen all diese Details. Freilich verweist der referenzierte Art. 46 Abs. 2 lit. b unmittelbar auf Art. 47, und immerhin verpflichtet Art. 49 Abs. 1 S. 3 Hs. 1 den Verantwortlichen dazu, die betroffene Person proaktiv über die Übermittlung al solche und die dahinterstehenden zwingenden berechtigten Interessen zu unterrichten. Dennoch bleibt Art. 15 Abs. 2 merklich hinter den Parallelregelungen in Art. 13 und 14 zurück.

23 **10. Personenbezogene Daten (Abs. 1 Hs. 2, Abs. 3).** Die materielle Auskunft hinsichtlich der verarbeiteten Daten stellt den **Wesenskern** des Art. 15 und dessen Alleinstellungsmerkmal unter den Transparenzrechten dar. Schon Art. 12 lit. a Spiegelstrich 2 Var. 1 DS-RL verpflichtete zur Mitteilung in verständlicher Form über die Daten, die Gegenstand der Verarbeitung sind. Anspruchsgrundlage ist Abs. 1 Hs. 2 („Recht auf Auskunft über diese personenbezogenen Daten"). Wie weit der Auskunftsanspruch reicht, ergibt sich maßgeblich aus der Definition des Art. 4 Nr. 1.[23] Betroffene Personen erhalten gem. Abs. 3 S. 1 eine Kopie (→ Rn. 27). Dies gilt selbstverständlich für **Videoaufzeichnungen,** solange die Rechte weiterer aufgenommener Personen nicht verletzt werden. Auch verschriftlichte **Prüfungsleistungen** stellen personenbezogene Daten dar, die der Auskunft unterliegen, selbst wenn dem jeweiligen Korrektor eine Identifizierung nicht möglich ist.[24] Entwurfsschriften **rechtlicher Stellungnahmen** seien hingegen nach Auffassung des EuGH nicht zu beauskunften, da die rechtliche Analyse nicht der Löschung oder Berichtigung auf Betreiben der betroffenen Person offenstehe.[25]

24 Die Entgegennahme eigener, aber durch den Verantwortlichen illegal beschaffter personenbezogener Daten stellt keine **Datenhehlerei** iSd § 202d StGB dar.[26]

II. Antrag

25 Das Auskunftsrecht wird auf Antrag gewährt. Eine bestimmte **Form** ist hierfür nicht vorgeschrieben (vgl. Abs. 3 S. 3), auch eine irgendwie geartete Begründung

---

[23] Vgl. AG Dortmund, ZD 2018, 38 zu Auskunftsersuchen bzgl. nicht-individualisierender Vertragskenngrößen, die nicht auf den konkreten Betroffenen bezogen sind.

[24] EuGH, Urt. v. 20.12.2017 – C-434/16.

[25] In dieser Pauschalität zweifelhaft, EuGH, Urt. v. 17.7.2014 – C-141/12, C-372/12.

[26] *Franck*, RDV 2016, 180 (182); aA BT-Drs. 18/5088, 46.

ist grundsätzlich nicht notwendig.[27] **Antragsberechtigt** ist jede natürliche betroffene Person im In- oder Ausland. Für den Fall der Negativauskunft nach Abs. 1 Hs. 1 ist die datenschutzrechtliche Betroffenheit des Antragstellers iSd Art. 4 Nr. 1 ausnahmsweise nicht erforderlich. Auch Bevollmächtigte können den Antrag stellen und bei entsprechender Vollmachtserteilung ggf. die Informationen entgegennehmen.[28] Dies zeigt sich schon an der Option der vertretungsweisen Geltendmachung von Betroffenenrechten nach Art. 80 Abs. 1. Erben der betroffenen Person können sich auf den Auskunftsanspruch berufen, wenn dieser Voraussetzung für die Geltendmachung vermögensrechtlicher Ansprüche ist.[29] Daten, die unter einem **Pseudonym** gespeichert sind, können auch unter diesem Pseudonym abgefragt werden,[30] wobei freilich die sorgfältige Identitätsprüfung nicht außer Acht gelassen werden darf. Der Antrag kann jederzeit ohne Weiteres zurückgenommen werden, da der Anspruch mit jeder Antragsstellung neu entsteht. Es widerspricht grundsätzlich nicht Art. 15, den Antrag auf regelmäßiges Update (zB „alle zwölf Monate") hin zu formulieren (Exzessverbot beachten, → Rn. 35).

III. Zeitpunkt

26 Wie schon Art. 12 DS-RL fordert auch Art. 15 unmittelbar keine unverzügliche Erledigung des Antrags. Vormals wurde daher zT vertreten, der Verantwortliche habe nicht zwingend Personal in solchem Umfang vorzuhalten, dass die unverzügliche Beantwortung von Auskunftsersuchen erfolgen kann.[31] Wegen der Vorgaben in Art. 12 DS-GVO hat sich dieses Verständnis nunmehr gewandelt. Zwar stellt Art. 12 Abs. 3 keine Erledigungsfrist dar[32] (→ Art. 12 Rn. 27), Art. 12 Abs. 1 und 2 gebieten aber dennoch eine **schleunige Bearbeitung,** was dem Unverzüglichkeitserfordernis recht nahe kommt (vgl. auch § 271 Abs. 1 BGB). Bei Auskunftsersuchen nach § 34 BDSG aF wurde im Normalfall von einer Bearbeitungsfrist von zwei Wochen ausgegangen.[33]

IV. Form

27 Die Metadaten des Abs. 1 Hs. 2 lit. a–h sowie Abs. 2 werden in der Form des Art. 12 Abs. 1 erteilt. Der Verantwortliche stellt außerdem gem. Abs. 3 S. 1 eine **Kopie** der personenbezogenen Daten, die Gegenstand der Verarbeitung sind, zur Verfügung. Die Kopie ist keine Sonderform, sondern der Grundtatbestand der Auskunftserteilung. Schon Art. 12 lit. a DS-RL forderte eine vollständige **Übersicht** dieser Daten in verständlicher Form, die es der betroffenen Person ermöglicht, von den genannten Daten Kenntnis zu erlangen und zu prüfen, ob sie richtig sind.[34]

---

[27] Die Begr. kann unterdessen erforderlich werden, falls der Verantwortliche von einem Exzess iSd Art. 12 Abs. 5 S. 2 ausgeht.

[28] BeckOK DatenschutzR/*Schmidt-Wudy*, 21. Ed. 2017, Art. 15 Rn. 35.

[29] Simitis/*Dix*, BDSG, § 34 Rn. 14.

[30] AG Hamburg-Altona, DuD 2005, 170 (171), zur Auskunft der zu einem Künstlernamen gespeicherten Daten; vgl. auch § 13 Abs. 8 TMG.

[31] *Ehmann/Helfrich*, EG-Datenschutzrichtlinie, Art. 12 Rn. 24; aA *Grabitz/Hilf*, Recht der EU, Art. 12 Rn. 6; *Gola/Schomerus*, BDSG, § 34 Rn. 16; Simitis/*Dix*, BDSG, § 34 Rn. 42.

[32] AA BeckOK DatenschutzR/*Schmidt-Wudy*, 21. Ed. 2017, Art. 15 Rn. 83.

[33] *Gola/Schomerus*, BDSG, § 34 Rn. 16; Simitis/*Dix*, BDSG, § 34 Rn. 42; *Fischer*, RDV 2012, 230 (232).

[34] EuGH, Urt. v. 17.7.2014 – C-141/12, C-372/12.

28 Der Begriff der Kopie setzt eine irgendwie geartete Verkörperung der Information in einheitlicher Darreichungsform voraus.[35] Dabei sind nicht nur die Daten als solche, sondern auch etwaige Feldbezeichner zu berücksichtigen, die den Daten Kontext verleihen (eine Liste mit Datumsangaben ist bspw. wertlos, wenn nicht angegeben wird, ob es sich um Krankheitstage oder Außentermine handelt). Die Kopie erfolgt mittels Ausgabe auf einem **Datenträger** (Papier, optische oder elektronische Speichermedien). Abs. 3 S. 3 gestattet auch ein rein **elektronisches Format.** Entsprechend Erwägungsgrund 63 sollte der Verantwortliche insoweit – je nach Möglichkeit – einen **Fernzugang** zu einem sicheren System bereitstellen können, der der betroffenen Person direkten Zugang zu ihren personenbezogenen gewährt. Der Fernzugang tritt ggf. alternativ neben den Anspruch auf Kopie. Ein Beharren auf Kopieabzug kann rechtsmissbräuchlich wirken, wenn sich die betroffene Person die Daten einfach(er) selbst besorgen kann.[36] Die „Differenzauskunft", also die Beschränkung der Auskunft auf diejenigen Daten, die sich seit der letzten Anfrage verändert haben, ist unzulässig,[37] es sei denn die betroffene Person beschränkt ihren Antrag ausdrücklich hierauf.

29 Stellt die betroffene Person bereits den Antrag auf elektronischem Wege, ist gem. Abs. 3 S. 3 ein gängiges elektronisches Format für die Auskunftserteilung zu verwenden, sofern nichts anderes angegeben wird. Dieses gängige elektronische Format ist allerdings nicht zu verwechseln mit dem strukturierten, gängigen und maschinenlesbaren Format des Art. 20 Abs. 1. Im Vordergrund stehen hier ausweislich des Art. 12 Abs. 1 die Menschenlesbarkeit und der leichte Zugang. Gängig ist ein Format, wenn es hinreichende Verbreitung besitzt und mittels Standardsoftware wiedergegeben (nicht notwendigerweise weiterverarbeitet) werden kann. Ggf. genügt es, wenn eine entsprechende Viewer-Software beigefügt wird, wie etwa bei medizinischer Bildgebung im DICOM-Format („Digital Imaging and Communications in Medicine") üblich. Das Wahlrecht der betroffenen Person nach Abs. 3 S. 3 findet seine Grenze im Exzessverbot des Art. 12 Abs. 5 S. 2 und 3 sowie im Schikaneverbot des § 226 BGB.

30 § 34 Abs. 9 BDSG aF sah noch ausdrücklich die Möglichkeit der persönlichen **Einsichtnahme** vor Ort vor, um einer etwaigen Entgeltpflicht zu entgehen.[38] Art. 15 äußert sich hierzu nicht, der Verantwortliche ist folglich nicht verpflichtet, Einsicht zu gewähren. Nimmt die betroffene Person jedoch ein entsprechendes Angebot des Verantwortlichen wahr, ist der Auskunftspflicht Genüge getan (vgl. § 364 Abs. 1 BGB).

31 Finanzbehörden dürfen Verfahren und Form der Auskunftserteilung gem. § 32d Abs. 1 AO nF nach pflichtgemäßem Ermessen selbst bestimmen, soweit die DS-GVO keine Regelungen hierzu enthält.

V. Entgelt

32 Die Auskunftserteilung erfolgt gem. Art. 12 Abs. 5 S. 1 unentgeltlich. Dies gilt gem. Abs. 3 S. 1 auch für eine Kopie. Beantragt die betroffene Person **mehrere Kopien** auf einmal, kann der Verantwortliche gem. Abs. 3 S. 2 für jede weitere Kopie ein angemessenes Entgelt auf der Grundlage der **Verwaltungskosten** verlangen (Bemessung → Art. 12 Rn. 39 f.). Beantragt die betroffene Person die

[35] Vgl. Abs. 3 S. 3: „ein" Format.
[36] LAG Hessen, Urt. v. 29.1.2013 – 13 Sa 263/12.
[37] Kühling/Buchner/*Bäcker*, DS-GVO, 2. Aufl., Art. 15 Rn. 9.
[38] *Gola/Schomerus*, BDSG, § 34 Rn. 24.

Auskunft dagegen mehrfach hintereinander, jedoch innerhalb unangemessener Zeitabstände, ergibt sich die Entgeltpflicht aus Art. 12 Abs. 5 S. 2 lit. a. Die Anforderung einer Kopie nach Ablauf einer angemessenen Wartezeit ist dann wieder gem. Art. 12 Abs. 5 S. 1 iVm Art. 15 Abs. 3 S. 1 kostenfrei. Wird ein Antrag auf Auskunftserteilung zurückgenommen, entfällt zwar die Auskunftspflicht für den Verantwortlichen, nicht aber die ggf. bestehende Kostentragungspflicht der betroffenen Person für bis dahin getätigte Aufwendungen.

VI. Ausnahmen

1. Rechte und Freiheiten anderer Personen. Das Recht auf Erhalt einer Kopie wird gem. Abs. 4 durch Rechte und Freiheiten anderer Personen beschränkt. Der in der amtlichen deutschen Übersetzung enthaltene Verweis auf Abs. 1b ist ein echtes Redaktionsversehen. Gemeint ist keineswegs Abs. 1 lit. b, sondern Abs. 3, wie sich ua aus dem amtlichen englischen Text ergibt. Die Kopie gem. Abs. 3 enthält freilich nur diejenigen Daten, die Gegenstand der Verarbeitung sind, nicht hingegen die Metadaten nach Abs. 1 Hs. 2 lit. a–h oder Abs. 2. Inwieweit tatsächlich fremde Rechte der reinen Informationserteilung entgegenstehen können (was von Erwägungsgrund 63 zumindest angedeutet wird[39]), ist in Ansehung des vorbehaltlos gewährleisteten Art. 8 Abs. 2 S. 2 GRCh in jedem Einzelfall und nach strengen Maßstäben kritisch zu prüfen (zur Herausgabe von Scoring-Formeln → Art. 13 Rn. 28).[40] 33

Die widerstreitenden Rechte und Freiheiten anderer Personen umfassen nach Erwägungsgrund 63 etwa **Geschäftsgeheimnisse** oder Rechte des **geistigen Eigentums,** dabei insbesondere das Urheberrecht an Software. Die Geschäftsgeheimnisse wurden einst auf Intervention des Europäischen Parlamentes und des Ausschusses für Wirtschaft, Währung und Innenpolitik in Erwägungsgrund 41 der DS-RL eingefügt.[41] Ob wirklich ein schutzwürdiges Geschäftsgeheimnis besteht, ist eng auszulegen.[42] Auch das **Datenschutzrecht** hinsichtlich anderer Personen ist zu beachten.[43] Die Berücksichtigung all dieser Gegenrechte darf jedoch nicht dazu führen, dass der betroffenen Person jegliche Auskunft verweigert wird. Gefordert ist vielmehr eine eingehende Güterabwägung.[44] Der umfangreiche Ausnahmenkatalog des § 34 Abs. 7 BDSG aF ist abgeschafft. Über die Öffnungsklauseln in Art. 23 bzw. Art. 85 Abs. 2 bleibt dem nationalen Gesetzgeber jedoch einiges an Spielraum.[45] 34

2. Exzessverbot. Nach Art. 12 Abs. 5 S. 2 lit. b kann sich der Verantwortliche bei offenkundig unbegründeten oder exzessiven Anträgen weigern, tätig zu wer- 35

---

[39] Zum Problem überschießender Erwägungsgründe *Gola*, K&R 2017, 145 ff.; ferner *Franck*, ZD 2017 509 (510) am Bsp. von Alteinwilligungen. Schön auch *Edwards/Veale*, DLTR 16.1 (2017), 18 (53): „the status of recitals is murky at best".

[40] Sydow/*Specht*, DS-GVO, Art. 15 Rn. 22 geht unter Berücksichtigung von Erwägungsgrund 63 von einem doppelten Redaktionsversehen aus, und will die Ausnahme des Abs. 4 auch auf die Metadaten des Abs. 1 bezogen sehen. Für die analoge Anwendung des Abs. 4 auf Metadaten BeckOK DatenschutzR/*Schmidt-Wudy*, 21. Ed. 2017, Art. 15 Rn. 97.

[41] *Ehmann/Helfrich*, EG-Datenschutzrichtlinie, Art. 12 Rn. 11 mwN.

[42] *Gola/Schomerus*, BDSG, § 34 Rn. 16a.

[43] Ausdrücklich noch Art. 15 Abs. 2a RatsE.

[44] So schon *Ehmann/Helfrich*, EG-Datenschutzrichtlinie, Art. 12 Rn. 12; wohl auch *Härting*, Datenschutz-Grundverordnung, Rn. 682.

[45] Eingehend *Kühling/Martini*, S. 68 ff., 285 ff.

den **(Leistungsverweigerungsrecht).** Art. 12 Abs. 5 S. 3 erlegt dem Verantwortlichen insoweit die Beweislast für den offenkundig unbegründeten oder exzessiven Charakter des Antrags auf. Die erste Alternative des offenkundig unbegründeten Antrages wird bei Auskunftsersuchen nach Art. 15 kaum jemals greifen. Für die Negativauskunft trifft Abs. 1 Hs. 1 insoweit eine Spezialregelung. Wird der Verantwortliche dagegen wiederholt mit Auskunftsverlangen traktiert, greift ggf. das Exzessverbot nach Art. 12 Abs. 5 S. 2 lit. b Alt. 2. Die Auskunft konnte nach Art. 12 lit. a DS-RL auf angemessene Zeitabstände beschränkt werden, dieses Prinzip lebt nun in Erwägungsgrund 63 wieder auf. Welcher Abstand angemessen ist, hängt wesentlich davon ab, wie schnell der Datenbestand beim Verantwortlichen revolviert und wie schnell eine inhaltliche Änderung zu erwarten ist. Gleichwohl ist die Geltendmachung des Auskunftsanspruches nicht davon abhängig, dass tatsächlich eine inhaltliche Änderung bezogen auf den Betroffenen eingetreten ist.[46] Die pauschale Festlegung auf ein Kalenderjahr in § 34 Abs. 8 S. 2 BDSG aF war kein Versagungsgrund im engeren Sinne, sondern regelte allein die Entgeltlichkeit der Auskunft, sie ist hier nicht fruchtbar zu machen. Bislang wurden Anfragen im Wochenrhythmus grundsätzlich als exzessiv aufgefasst.[47] Legt man die prinzipielle Wertung des Art. 12 Abs. 3 S. 2 bzw. des Art. 78 Abs. 2 zu Grunde, dürfte **eine Anfrage pro Quartal** demgegenüber wohl nicht als exzessiv zu beurteilen sein. Ein Antrag auf regelmäßiges Update (→ Rn. 25) in angemessenem Rhythmus ist nicht exzessiv.

36 **3. Berufsgeheimnisse.** Art. 14 Abs. 5 lit. d berücksichtigt die Verschwiegenheitspflichten von Berufsgeheimnisträgern ausdrücklich für die Informationspflicht außerhalb der Direkterhebung (→ Art. 14 Rn. 27). Art. 15 Abs. 2c ParlE enthielt eine entsprechende Klausel auch für das Auskunftsrecht. Dies darf aber nicht darüber hinwegtäuschen, dass die strafrechtlich in § 203 StGB verankerte Schweigepflicht sowohl die rechtliche Unmöglichkeit der Auskunftserteilung nach § 275 Abs. 1 BGB begründet als auch ein Verbotsgesetz iSd § 134 BGB hinsichtlich jeglicher anderslautenden Vereinbarung darstellt. Art. 15 bedeutet keine **Offenbarungsbefugnis** gem. § 203 StGB. Es bedarf daher zumindest in Deutschland keiner analogen Anwendung des Art. 14 Abs. 5 lit. d, da schon keine Regelungslücke besteht.[48]

37 Eine dahingehende gesetzliche Klarstellung kann freilich nicht schaden. Der *DAV* schlug insofern zum Schutz des Anwaltsgeheimnisses folgenden Passus vor: „Ein Auskunftsrecht besteht nicht, wenn und soweit die personenbezogenen Daten dem Berufsgeheimnis, einschließlich einer satzungsmäßigen Geheimhaltungspflicht, unterliegen und daher vertraulich behandelt werden müssen." Dies greift allerdings zu kurz, da die Verschwiegenheit lediglich eine **dilatorische Einrede** darstellt, weswegen durch den Berufsgeheimnisträger stets die Möglichkeit einer Schweigepflichtentbindung und somit des Wegfalls des Auskunftshindernisses zu eruieren ist.[49]

38 **4. Unverhältnismäßiger Aufwand.** Kritik an Art. 15 wird auch deswegen geübt, da keine ausdrückliche Ausnahme iSv Art. 14 Abs. 5 lit. b wegen unverhält-

[46] *Ehmann/Helfrich*, EG-Datenschutzrichtlinie, Art. 12 Rn. 19.

[47] Simitis/*Dix*, § 34 Rn. 21.

[48] Wohl auch *Kühling/Martini*, S. 56; explizit aA *Härting*, Datenschutz-Grundverordnung, Rn. 684 f.

[49] *Franck*, ZD-Aktuell 2015, 04740.

nismäßigen Aufwandes vorgesehen ist. Wiederum soll Art. 14 im Wege der Analogie einspringen.[50] Doch auch dieser Analogie bedarf es nach deutschem Recht nicht. Schon § 275 Abs. 2 BGB regelt, dass der Schuldner die Leistung verweigern kann, soweit diese einen Aufwand erfordert, der unter Beachtung des Inhalts des Schuldverhältnisses[51] und der Gebote von Treu und Glauben in einem **groben Missverhältnis zu dem Leistungsinteresse** des Gläubigers steht. Impossibilium nulla est obligatio. Da Treu und Glauben nach Art. 8 Abs. 2 S. 1 GRCh und Art. 5 Abs. 1 lit. a über dem gesamten Verarbeitungsvorgang schweben, wird dem Verantwortlichen per se kein unverhältnismäßiger Aufwand abverlangt. Es sind freilich sehr strenge Maßstäbe anzulegen, was die Unverhältnismäßigkeit bei Transparenzrechten angeht.[52]

Gelöschte Daten können nicht mehr beauskunftet werden (§ 275 Abs. 1 BGB). **39** Ist ein Auskunftsersuchen eingegangen oder steht ein solches unmittelbar bevor, ist auf die Löschung zu verzichten (vgl. Art. 18 Abs. 1 lit. c). Im zweitgenannten Fall bedarf es jedoch objektiver Anhaltspunkte. Es gibt keine unbeschränkte Vorratsdatenspeicherung zum Zwecke der Beantwortung potentieller Auskunftsersuchen (→ Rn. 9).

Verarbeitet der Verantwortliche eine große Menge von Informationen über die **40** betroffene Person (nicht bloß insgesamt), so soll er nach Erwägungsgrund 63 aE verlangen können, dass die betroffene Person vor Auskunftserteilung präzisiert, auf welche Informationen oder welche Verarbeitungsvorgänge sich das Auskunftsersuchen bezieht. Die Verzögerung der Auskunftserteilung erfolgt nicht rechtswidrig, wenn sich der Verantwortliche bei pauschalen Anfragen zunächst rückversichert, welche Informationen die betroffene Person genau wünscht.[53] Die betroffene Person ist freilich nicht gehindert, im Rahmen der Präzisierung trotzdem „alle“ Daten zu verlangen.

Ein Unterfall der Unverhältnismäßigkeit findet sich in Art. 12 Abs. 6 iVm **41** Art. 11 Abs. 2: Kann der Verantwortliche glaubhaft machen, die betroffene Person trotz zusätzlicher Bereitstellung identifizierender Informationen **nicht zuordnen** zu können, findet Art. 15 keine Anwendung. Erwägungsgrund 64 stellt klar, dass ein Verantwortlicher personenbezogene Daten nicht allein zu dem Zweck speichern sollte, um auf mögliche Auskunftsersuchen reagieren zu können (vgl. auch Art. 5 Abs. 1 lit. e Hs. 1).

Daten in **Backups** sind für den Verantwortlichen uU nicht unmittelbar greifbar. **42** Gem. § 34 Abs. 7 iVm § 33 Abs. 2 S. 1 Nr. 2 BDSG aF durfte vormals die Auskunft entfallen, wenn die Daten ausschließlich der Datensicherung dienten und eine Benachrichtigung einen unverhältnismäßigen Aufwand erfordert hätte. Der Wegfall dieser Spezialnorm bedeutet jedoch keineswegs, dass nun sämtliche Backups Gegenstand der Auskunftsverpflichtung geworden wären. Vielmehr kommt es auch hier auf den konkreten Aufwand auf Seiten des Verantwortlichen an.

Bislang wurden Daten, die allein wegen gesetzlicher Aufbewahrungspflichten **43** gespeichert waren, gem. § 35 Abs. 3 Nr. 1 BDSG aF gesperrt. Die Pflicht zur Auskunft entfiel nach § 34 Abs. 7 iVm § 33 Abs. 2 S. 1 Nr. 2 BDSG aF. Die DS-

---

[50] *Härting*, Datenschutz-Grundverordnung, Rn. 683/685.

[51] Nicht die Datenverarbeitung als solche ist das Schuldverhältnis, sondern das aufgrund des Antrages nach Art. 15 entstandene Rechtsverhältnis.

[52] Vgl. LG Kiel, Urt. v. 4.4.2008 – 8 O 50/07 zur Zumutbarkeit einer Suchaktion bzgl. Patientenakten in einen Universitätsbunker voller ungeordneter Stapel und Kartons.

[53] *Gola/Schomerus*, BDSG, § 34 Rn. 5.

GVO sieht eine solche Ausnahme nicht mehr vor. Insbesondere kann sich der Verantwortliche nicht durch eine **„freiwillige" Einschränkung der Verarbeitung** der Auskunftspflicht entziehen. Zum einen lag diese Ausnahme nicht im Umstand der Sperrung an sich begründet, zum anderen ist die freiwillige Einschränkung gar keine iSd Art. 18 Abs. 2.

44 **5. Öffnungsklauseln.** Der Bundesgesetzgeber hat sowohl im BDSG nF als auch im bereichsspezifischen Datenschutz Ausnahmen vom Recht auf Auskunft festgeschrieben.

45 **a) Wissenschaftlichen oder historische Forschungszwecke, statistische Zwecke (§ 27 Abs. 2 BDSG nF).** Gem. § 27 Abs. 2 S. 1 BDSG nF ist ua das Auskunftsrecht insoweit beschränkt, als es die Verwirklichung der Forschungs- oder Statistikzwecke unmöglich machen oder ernsthaft beinträchtigen würde und die Beschränkung für die Erfüllung der Forschungs- oder Statistikzwecke notwendig ist. Zu denken ist hier an den Fall, dass die zuständige Ethikkommission eine Durchführung des Projekts andernfalls untersagen würde,[54] oder zB an Blindstudien bzw blindes Peer-Review. Werden Zwecke verfolgt, die über die hier angesprochenen wissenschaftlichen oder historischen Forschungszwecke bzw. statistischen Zwecke hinausgehen, findet die Ausnahme gem. Art. 89 Abs. 4 dahingehend keine Anwendung. § 27 Abs. 2 S. 1 BDSG nF ist auf Grundlage von Art. 89 Abs. 2 ergangen und setzt demensprechend lediglich technisch-organisatorische Maßnahmen zum Schutze der betroffenen Personen voraus. Kompensierende Maßnahmen iSv Art. 23 Abs. 2 sind hingegen nicht gefordert und im BDSG nF auch nicht enthalten.

46 Gem. § 27 Abs. 2 S. 2 BDSG nF besteht das Auskunftsrecht ferner nicht, wenn die Daten für Zwecke der wissenschaftlichen Forschung erforderlich sind und die Auskunftserteilung einen unverhältnismäßigen Aufwand erfordern würde. Die Einschränkung soll für alle Kategorien personenbezogener Daten gelten.[55] Welcher Aufwand für unverhältnismäßig angesehen wird, ist vom Gesetz nicht festgelegt. Insoweit ist der anhand von § 275 Abs. 2 BGB entwickelte strenge Maßstab anzulegen (→ Rn. 38). Die Gesetzesbegründung deutet an, dass große Datenmengen zu einem unverhältnismäßigen Aufwand führen könnten.[56] Die Beauskunftung von reinen Metadaten iSv Abs. 1 Hs. 2 lit. a–h und Abs. 2 dürfte kaum jemals einen unverhältnismäßigen Aufwand bedeuten. § 27 Abs. 2 S. 2 BDSG nF ist auf Grundlage von Art. 23 Abs. 1 lit. i ergangen. Kompensierende Maßnahmen iSv Art. 23 Abs. 2 fehlen gänzlich. Die Vorschrift ist somit **europarechtswidrig.**

47 **b) Im öffentlichen Interesse liegende Archivzwecke (§ 28 Abs. 2 BDSG nF).** Eine weitere Ausnahme betrifft den Fall, dass Archivgut nicht durch den Namen der Person erschlossen ist oder keine Angaben gemacht werden, die das Auffinden des betreffenden Archivguts mit vertretbarem Verwaltungsaufwand ermöglichen. Die Ausnahme bezieht sich insbesondere auch auf das Recht auf Erhalt einer Kopie.[57] Werden Zwecke verfolgt, die über die hier angesprochenen Archivzwecke hinausgehen, findet die Ausnahme gem. Art. 89 Abs. 4 dahingehend keine Anwendung mehr. § 28 Abs. 2 BDSG nF ist auf Grundlage von Art. 89 Abs. 3 ergangen und setzt demensprechend lediglich technisch-organisatorische

---

[54] BT-Drs. 18/11325, 99.
[55] BT-Drs. 18/11325, 100.
[56] BT-Drs. 18/11325, 99 f.
[57] BT-Drs. 18/11325, 100.

Maßnahmen zum Schutze der betroffenen Personen voraus. Kompensierende Maßnahmen iSv Art. 23 Abs. 2 sind hingegen nicht gefordert und im BDSG nF auch nicht enthalten.

c) Geheimhaltungspflichten (§ 29 Abs. 1 S. 2 BDSG nF). Gem. § 29 Abs. 1 S. 2 BDSG nF besteht das Auskunftsrecht nicht, soweit durch die Auskunft Informationen offenbart würden, die nach einer Rechtsvorschrift oder ihrem Wesen nach, insbesondere wegen der überwiegenden berechtigten Interessen eines Dritten, geheim gehalten werden müssen. Die Vorschrift ist auf Grundlage von Art. 23 Abs. 1 lit. i ergangen. Kompensierende Maßnahmen iSv Art. 23 Abs. 2 fehlen gänzlich. Die Vorschrift ist somit **europarechtswidrig.** 48

d) Öffentliche Belange (§ 34 Abs. 1 Nr. 1 BDSG nF). § 34 Abs. 1 Nr. 1 BDSG nF greift ein, wenn die betroffene Person nach § 33 Abs. 1 Nr. 2 lit. b oder § 33 Abs. 3 BDSG nF nicht zu informieren ist (→ Art. 14 Rn. 30). Kompensierende Maßnahmen iSv Art. 23 Abs. 2 sind in § 34 Abs. 2 und 3 genannt (Dokumentation und Begründung; Auskunftserteilung gegenüber BfDI). 49

e) Aufbewahrungspflicht (§ 34 Abs. 1 Nr. 2 lit. a BDSG nF). Das Auskunftsrecht entfällt, wenn die Daten nur deshalb gespeichert sind, weil sie aufgrund gesetzlicher oder satzungsgemäßer Aufbewahrungsvorschriften nicht gelöscht werden dürfen. Kompensierende Maßnahmen iSv Art. 23 Abs. 2 sind in § 34 Abs. 2 und 3 genannt (Dokumentation und Begründung; Auskunftserteilung gegenüber BfDI). 50

f) Datensicherung und Datenschutzkontrolle (§ 34 Abs. 1 Nr. 2 lit. b BDSG nF). Das Auskunftsrecht wird außerdem eingeschränkt, wenn die Daten ausschließlich Zwecken der Datensicherung oder der Datenschutzkontrolle dienen und die Auskunftserteilung einen unverhältnismäßigen Aufwand erfordern würde sowie eine Verarbeitung zu anderen Zwecken durch geeignete technische und organisatorische Maßnahmen ausgeschlossen ist. Bei der Ermittlung des Aufwands hat der Verantwortliche die bestehenden technischen Möglichkeiten, gesperrte und archivierte Daten der betroffenen Person im Rahmen der Auskunftserteilung verfügbar zu machen, zu berücksichtigen.[58] Kompensierende Maßnahmen iSv Art. 23 Abs. 2 sind in § 34 Abs. 2 und 3 genannt (Dokumentation und Begründung; Auskunftserteilung gegenüber BfDI). 51

g) Nicht-automatisierte Verarbeitung (§ 34 Abs. 4 BDSG nF). § 1 Abs. 8 BDSG nF erstreckt den Geltungsbereich der DS-GVO für öffentliche Stellen über Art. 2 Abs. 1 hinaus auf die nicht-automatisierte Datenverarbeitung und nicht in Dateisystemen gespeicherte Daten. Hiermit korrespondiert die grundsätzlich umfassende Geltung der Betroffenenrechte auch für diesen Bereich. Gemeint sind insbesondere Akten oder Aktensammlungen sowie deren Deckblätter, die nicht nach bestimmten Kriterien geordnet sind.[59] Das Auskunftsrecht besteht gem. § 34 Abs. 4 BDSG insoweit nur, als die betroffene Person Angaben macht, die das Auffinden der Daten ermöglichen, und der für die Erteilung der Auskunft erforderliche Aufwand nicht außer Verhältnis zu dem von der betroffenen Person geltend gemachten Informationsinteresse steht. Die in § 34 Abs. 2 und 3 genannten kompensierende Maßnahmen iSv Art. 23 Abs. 2 (Dokumentation und 52

[58] BT-Drs. 18/11325, 104.
[59] BT-Drs. 18/11325, 104.

Begründung; Auskunftserteilung gegenüber BfDI) gelten unabhängig davon, dass diese spezielle Ausnahme systematisch an den Schluss der Vorschrift gerückt ist.

53 **h) Steuergeheimnis (§ 32c AO nF).** In § 32c Abs. 1 und Abs. 3 AO nF sind umfassende Ausnahmetatbestände niedergelegt, welche zT denjenigen aus dem BDSG nF gleichen. Kompensierende Maßnahmen iSv Art. 23 Abs. 2 sind in § 32c Abs. 4 und 5 AO nF genannt (Begründung; Auskunftserteilung gegenüber BfDI).

54 **i) Sozialgeheimnis (§ 83 SGB X nF).** In § 83 Abs. 1, 2 und 5 SGB X nF sind umfassende Ausnahmetatbestände niedergelegt, welche zT denjenigen aus dem BDSG nF und der AO nF gleichen. Kompensierende Maßnahmen iSv Art. 23 Abs. 2 sind in § 83 Abs. 3 und 4 SGB X nF genannt (Dokumentation; Begründung; Prüfung durch Aufsicht).

VII. Verstöße und Sanktionen

55 Art. 83 Abs. 5 lit. b sanktioniert Verstöße gegen Art. 15 grundsätzlich mit **Geldbußen** von bis zu 20.000.000 EUR oder im Fall eines Unternehmens von bis zu 4 Prozent seines gesamten weltweit erzielten Jahresumsatzes des vorangegangenen Geschäftsjahrs, je nachdem, welcher der Beträge höher ist. Dies gilt jedoch nicht im Falle der pflichtwidrig unterlassenen Negativauskunft (→ Rn. 5).

56 Das Ignorieren einer behördlichen Anweisung, den Anträgen betroffener Personen auf Ausübung ihrer Rechte Folge zu leisten, wird gem. Art. 83 Abs. 5 lit. e iVm Art. 58 Abs. 2 lit. c ebenfalls vom hohen Bußgeldrahmen erfasst.

57 Behörden und sonstige öffentliche Stellen sind gem. § 43 Abs. 3 BDSG nF vom Bußgeld ausgenommen, solange sie nicht am Wettbewerb teilnehmen (§ 2 Abs. 5 BDSG nF).

C. Rechtsschutz

58 Der betroffenen Person stehen umfassende behördliche und gerichtliche Rechtsschutzmöglichkeiten zur Verfügung (→ Art. 12 Rn. 57 ff.). Der **Streitwert** für gerichtliche Auseinandersetzungen bewegte sich in der Vergangenheit zwischen 200 und 4.000 EUR.[60] Ob wegen des erweiterten Bußgeldrahmens nach Art. 83 Abs. 5 lit. b und der damit verbundenen gesteigerten Bedeutung zukünftig eine Erhöhung der Streitwerte eintreten wird,[61] bleibt abzuwarten. Wird zunächst Auskunft verlangt und dann ein weiteres Betroffenenrecht nachgeschaltet, wie etwa die Berichtigung, Löschung oder Schadensersatz, handelt es sich um einen Fall der **objektiven Klagehäufung** gem. § 260 ZPO, hier in Form der Stufenklage nach § 254 ZPO.[62]

59 Mit Ausnahme des Anspruchs auf **Negativauskunft** nach Abs. 1 Hs. 1 ist klägerseits begründet darzulegen, dass personenbezogene Daten gespeichert sind.[63] Bestehen substantiierte Zweifel an der erschöpfenden Auskunft, kann der Aus-

---

[60] Übersicht bei *Fischer,* RDV 2012, 230 (231); *Fischer* plädiert mit guten Gründen für einen Streitwert von 3.000 EUR.

[61] IdS wohl *Fischer,* RDV 2012, 230 (233).

[62] Vgl. Krüger/Rauscher/*Becker-Eberhard,* MüKoZPO, Bd. 1, § 254 Rn. 9.

[63] *Fischer,* RDV 2012, 230 f.; *Gola/Schomerus,* BDSG, § 34 Rn. 5a.

kunftspflichtige dazu verurteilt werden, die Vollständigkeit der Auskunft an Eides statt zu versichern.[64]

Vorgerichtliche Rechtsanwaltskosten werden regelmäßig nur im **Verzugsfalle** nach den §§ 280 Abs. 1, Abs. 3, 286 BGB gewährt.[65] Insbesondere wenn die betroffene Person zuvor korrekt nach Art. 13 Abs. 2 lit. b bzw. Art. 14 Abs. 2 lit. c über das Bestehen des Auskunftsrechts unterrichtet wurde, besteht kein Grund, für den initialen Antrag auf Auskunftserteilung einen Rechtsanwalt einzuschalten. **60**

Art. 15 bleibt, was die Umstände der Datenverarbeitung anbelangt, im Umfang hinter den Art. 13 und 14 zurück. Wird eine oder mehrere jener Informationen pflichtwidrig nicht mitgeteilt, kann die betroffene Person auf **Herausgabe der Information** klagen (→ Art. 13 Rn. 57 ff.). Anders ist dies freilich, wenn die Information dereinst pflichtgemäß erteilt wurde, die betroffene Person sie später jedoch erneut anfordert. Dann gilt allein Art. 15. Auch wenn etwa hinsichtlich Art. 13 Abs. 2 lit. e die Notwendigkeit für eine faire und transparente Verarbeitung zutreffend verneint wurde, vermögen weder Art. 15 analog noch die anderen angebotenen Konstruktionen der betroffenen Person einen dahingehenden Anspruch zu vermitteln. **61**

Abschnitt 3. Berichtigung und Löschung

Art. 16 Recht auf Berichtigung

[1]Die betroffene Person hat das Recht, von dem Verantwortlichen unverzüglich die Berichtigung sie betreffender unrichtiger personenbezogener Daten zu verlangen. [2]Unter Berücksichtigung der Zwecke der Verarbeitung hat die betroffene Person das Recht, die Vervollständigung unvollständiger personenbezogener Daten – auch mittels einer ergänzenden Erklärung – zu verlangen.

Literatur: *Franck,* Das System der Betroffenenrechte nach der Datenschutz-Grundverordnung (DS-GVO), RDV 2016, 111; *Piltz*, Die Datenschutz-Grundverordnung, Teil 2: Rechte der Betroffenen und korrespondierende Pflichten des Verantwortlichen, K&R 2016, 629.

Übersicht

[64] AG Geislingen, RDV 2004, 178, nachgehend LG Ulm, RDV 2005, 29 ff.; aA AG Düsseldorf, Urt. v. 22.8.2003 – 33 C 5542/03.

[65] *Fischer,* RDV 2012, 230 (232).

A. Allgemeines

I. Zweck und Bedeutung der Vorschrift

1 Art. 16 ist Bestandteil des Kapitels III (Rechte der Betroffenen) der DS-GVO und gewährleistet dem Betroffenen neben dem Recht auf Berichtigung im engeren Sinne (S. 1 der Regelung) auch ein Recht auf Vervollständigung unvollständiger personenbezogener Daten (S. 2). Das Recht auf Berichtigung ist ebenso wie das Recht auf Widerruf der Einwilligung, das Widerspruchsrecht, der Unterlassungsanspruch, der Gegendarstellungsanspruch, das Recht auf Löschung bzw. Vergessenwerden und das Recht auf Einschränkung der Verarbeitung Bestandteil der **Interventionsrechte** der betroffenen Person, mittels derer diese die Rechtslage gestalten und bestimmte Datenverarbeitungen verhindern kann.[1]

2 Das Recht der betroffenen Person auf Berichtigung hängt eng mit den Transparenzrechten, insbesondere mit dem Auskunftsrecht nach Art. 15 zusammen. Ohne das Recht auf Auskunft über die über sie verarbeiteten personenbezogenen Daten könnte die betroffene Person von ihrem Berichtigungsrecht nicht Gebrauch machen, denn sie wüsste nicht, dass falsche Informationen über sie verarbeitet werden. Zugleich geht das Berichtigungsrecht aber in seiner Reichweite deutlich über die Transparenzrechte hinaus, indem der betroffenen Person Eingriffs- und Steuerungsbefugnisse eingeräumt werden. Es ist neben den im vorstehenden Absatz aufgezählten Rechten ein **Kernbestandteil des Selbstdatenschutzes** durch die betroffene Person.

II. Systematik, Verhältnis zu anderen Vorschriften

3 Das in Art. 16 geregelte Recht auf Berichtigung unrichtiger personenbezogener Daten dient der Umsetzung einer **grundrechtlich abgesicherten Rechtsposition** der betroffenen Person. So präzisiert Art. 8 Abs. 2 GRCh das Recht auf den Schutz personenbezogener Daten dahingehend, dass personenbezogene Daten nur nach Treu und Glauben für festgelegte Zwecke und mit Einwilligung der betroffenen Person oder auf einer sonstigen gesetzlich geregelten legitimen Grundlage verarbeitet werden dürfen. Jede Person habe das Recht, Auskunft über die sie betreffenden erhobenen Daten zu erhalten und die Berichtigung der Daten zu erwirken, so Art. 8 Abs. 2 GRCh weiter. In Art. 8 EMRK und Art. 16 AEUV sind die Betroffenenrechte und insofern auch das Recht auf Berichtigung nicht explizit angesprochen. Da die Gewährleistung eines Berichtigungsrechts für das Recht auf Datenschutz unabdingbar ist, lässt sich ein entsprechendes Recht aber auch aus diesen Regelungen ableiten.

4 Die **Datenschutzrichtlinie** (95/46/EG) enthielt bezogen auf die Berichtigung nur die allgemeine Aussage, dass die Mitgliedstaaten jeder betroffenen Person garantierten, vom für die Verarbeitung Verantwortlichen je nach Fall die Berichtigung, Löschung oder Sperrung von Daten, deren Verarbeitung nicht den Bestim-

[1] Zum System der Betroffenenrechte nach der DS-GVO *Franck*, RDV 2016, 111.

mungen der Richtlinie entsprach, insbesondere wenn diese Daten unvollständig oder unrichtig waren, zu erhalten (Art. 12 lit. b RL 95/46/EG).

Auf nationaler Ebene enthielt **§ 35 Abs. 1 BSDG aF** eine Regelung zur Berichtigung unrichtiger personenbezogener Daten. Diese Regelung war ebenso als unabdingbares (§ 6 Abs. 1 BDSG aF) Recht des Betroffenen wie auch als eine von einem Antrag losgelöste selbstständige Verpflichtung der verantwortlichen Stelle zu sehen. § 35 Abs. 1 S. 2 BDSG aF statuierte überdies die explizite Pflicht, geschätzte Daten als solche zu kennzeichnen. Unter den Voraussetzungen von § 35 Abs. 7 BDSG aF hatte die verantwortliche Stelle Datenempfänger über die Berichtigung zu informieren. Das BDSG aF sah zudem vor, dass in bestimmten Konstellationen der Berichtigungsanspruch des Betroffenen durch einen Anspruch auf Beifügung einer **Gegendarstellung** ersetzt wurde, nämlich, wenn im Rahmen der geschäftsmäßigen Datenspeicherung zum Zwecke der Übermittlung personenbezogene Daten aus allgemein zugänglichen Quellen entnommen und zu Dokumentationszwecken gespeichert wurden (§ 35 Abs. 6 BDSG aF). Die Daten durften in der Folge nicht mehr ohne die Gegendarstellung übermittelt werden (§ 35 Abs. 6 S. 3 BDSG aF). Hintergrund der Regelung war, dass in den erfassten Konstellationen die verantwortliche Stelle für die Richtigkeit der im Dokument enthaltenen Daten nicht verantwortlich ist und über die Berichtigung deshalb auch nicht selbst entscheiden kann.[2] Weitere nationale Regelungen zur Berichtigung von unrichtigen personenbezogenen Daten fanden sich bis zur Geltung der DS-GVO in § 84 SGB X, § 489 StPO, § 32 BKAG sowie in den Landesdatenschutz- und den Polizeigesetzen der Länder. 5

Die DS-GVO regelt die Berichtigung in Art. 16. Diese Bestimmung ist in Zusammenhang mit den in **Art. 5** geregelten Grundsätzen der Verarbeitung personenbezogener Daten und dort insbesondere der **Vorgabe der „Richtigkeit" personenbezogener Daten** zu lesen. Nach Art. 5 Abs. 1 lit. d müssen personenbezogene Daten sachlich richtig und erforderlichenfalls auf dem neuesten Stand sein; es sind alle angemessenen Maßnahmen zu treffen, damit personenbezogene Daten, die im Hinblick auf die Zwecke ihrer Verarbeitung unrichtig sind, unverzüglich gelöscht oder berichtigt werden. Die in Art. 5 enthaltenen Grundsätze sind an den für die Verarbeitung Verantwortlichen gerichtet. Eine Verpflichtung, unrichtige Daten zu berichtigen, ergibt sich folglich nicht nur aufgrund eines Antrags der betroffenen Person. Vielmehr besteht eine **eigenständige Verpflichtung des Verantwortlichen** zur Berichtigung unrichtiger personenbezogener Daten. Der Verantwortliche muss personenbezogene Daten von sich aus korrigieren, sobald deren Unrichtigkeit feststeht. Er trägt auch die **Beweislast** für die Richtigkeit der Daten (vgl. Art. 5 Abs. 2). Steht die Unrichtigkeit der Daten nicht fest, bestehen aber Zweifel an derselben, besteht die Verpflichtung zur **Richtigkeitskontrolle.** In der Praxis wird die Feststellung, dass personenbezogene Daten unrichtig sind, vielfach auf einen Hinweis durch die betroffene Person selbst zurückgehen. Ein solcher Hinweis wird dann häufig zugleich als Antrag auf Berichtigung zu werten sein. Hinweise auf die Unrichtigkeit von Daten können aber auch seitens Dritter erfolgen oder sich aufgrund eigener Erkenntnisse ergeben. Unabhängig vom Bestehen einer Berichtigungspflicht liegt es im Interesse des Verantwortlichen selbst, nur zutreffende Daten zu verarbeiten. 6

Art. 16 steht darüber hinaus in engem sachlichen Zusammenhang mit der **Löschung von Daten.** Zum einen erfolgt eine Berichtigung praktisch häufig derge- 7

[2] BT-Drs. 11/4306, 52.

stalt, dass die alte (falsche) Information gelöscht und die neue (richtige) Information gespeichert wird.[3] Zum anderen sind personenbezogene Daten, die im Hinblick auf die Zwecke ihrer Verarbeitung unrichtig sind und nicht berichtigt werden, unverzüglich zu löschen (Art. 5 Abs. 1 lit. d). Zum Verhältnis des Rechts auf Berichtigung zum **Recht auf Einschränkung der Verarbeitung (Art. 18)** → Rn. 18.

8 Anstelle der Berichtigungsregelungen in den Landesdatenschutzgesetzen gilt künftig Art. 16 DS-GVO. Die Berichtigung von Sozialdaten bestimmt sich ebenfalls grundsätzlich nach DS-GVO. Allerdings sieht § 84 Abs. 2 SGB X nF eine Beschränkung der Einschränkung der Verarbeitung in sog. „non liquet"-Fällen vor. Die Regelungen in den Polizeigesetzen werden durch die entsprechenden **Regelungen im Teil 3 des BDSG nF** ersetzt, welcher die Berichtigung einmal in der **Ausformung als Betroffenenrecht (§ 58 BDSG nF),** einmal in der **Ausformung als Pflicht des Verantwortlichen (§ 75 BDSG nF)** enthält. Das BKAG wurde 2017 ua im Hinblick auf die RL 2016/680/EU angepasst. Abschnitt 9 des BKAG nF enthält Regelungen zum Datenschutz und zur Datensicherheit, welche die entsprechenden auf die Datenverarbeitung beim Bundeskriminalamt anwendbaren Regelungen, die im BDSG nF enthalten sind, ergänzen. Bestimmungen im Zusammenhang mit der Berichtigung finden sich in § 77 Abs. 5 sowie § 78 Abs. 1 BKAG nF § 489 StPO besteht fort.

9 Im **Bereich des Arbeitsrechts** existiert mit **§ 83 BetrVG** ein spezieller Informations- (Abs. 1) und Korrekturanspruch (Abs. 2). Der sachliche Anwendungsbereich dieser Regelung ist weiter als derjenige der DS-GVO (vgl. Art. 2 Abs. 1), da § 83 BetrVG unabhängig davon zur Anwendung kommt, ob die Personaldaten in automatisierter Form oder für die Speicherung in einem Dateisystem iSv Art. 4 Nr. 6 DS-GVO verarbeitet werden. Soweit die Verarbeitung in automatisierter Form oder für die Speicherung in einem Dateisystem erfolgt, ist § 83 BetrVG eine die Datenverarbeitung im Beschäftigungskontext regelnde spezifischere Vorschrift iSv Art. 88 DS-GVO. Schon mangels Kongruenz der Regelungen besteht keine Spezialität im Verhältnis zwischen dem Gegendarstellungsanspruch nach § 83 Abs. 2 BetrVG und dem Recht auf Berichtigung nach Art. 16.[4] Die Rechte stehen vielmehr nebeneinander. Praktische Bedeutung wird der Gegendarstellungsanspruch ua erlangen, wenn der Beschäftigte mit dem Inhalt von Personalbeurteilungen nicht einverstanden ist. Denn über Art. 16 können nur in der Bewertung enthaltene Tatsachenelemente, nicht aber Werturteile korrigiert werden, die vielfach den Streit im Zusammenhang mit Beurteilungen entfachen.[5] Zum **Verhältnis** des datenschutzrechtlichen Berichtigungsanspruchs **zu etwaigen zivilrechtlichen Korrekturansprüchen** (§§ 823, 1004 analog, 12 BGB) → Art. 12 Rn. 62 ff.

B. Einzelerläuterungen

I. Vorliegen unrichtiger personenbezogener Daten

10 Dem Wortlaut nach bezieht sich der Berichtigungsanspruch nach Art. 16 ganz allgemein auf unrichtige personenbezogene Daten der betroffenen Person. Damit

[3] Bei Behördenakten ist der Grundsatz der Aktenvollständigkeit zu beachten, vgl. dazu Kühling/Buchner/*Herbst*, DS-GVO Art. 16 Rn. 19. Bei Berichtigungen und Änderungen von Patientenakten ist § 630f Abs. 1 S. 2 und 3 BGB zu berücksichtigen.

[4] Richardi/*Thüsing*, BetrVG, § 83 Rn. 41 mwN; zur Anspruchskonkurrenz → Art. 12 Rn. 62 ff.

[5] → Rn. 10.

liegt es zunächst nahe, auch für diesen Anspruch an die Legaldefinition in Art. 4 Nr. 1 anzuknüpfen. Im Ergebnis bedarf es insofern jedoch einer einschränkenden Auslegung. Gegenstand des Berichtigungsrechts können ausschließlich solche personenbezogenen Informationen sein, die unrichtige **Tatsachen** betreffen. Tatsachen sind konkrete, nach Raum und Zeit bestimmte, der Vergangenheit oder Gegenwart angehörende Geschehnisse oder Zustände.[6] Behauptungen über Tatsachen sind von Werturteilen abzugrenzen. Auf **unzutreffende Werturteile** findet Art. 16 keine Anwendung.[7] Zwar sind Werturteile über persönliche und sachliche Verhältnisse der betroffenen Person personenbezogene Daten. Sie entziehen sich jedoch einer Bewertung als richtig oder falsch, setzt doch der Begriff des Werturteils voraus, dass über die zu beurteilenden Verhältnisse verschiedene Ansichten möglich sind. Entscheidendes Kriterium für das Vorliegen einer Tatsache ist, ob der betroffene Informationsgehalt der objektiven Klärung, also der Überprüfung durch Beweis, zugänglich ist.[8] Werturteile sind erst dann unzulässig und abwehrfähig, wenn sie die Grenze zur sog. Schmähkritik überschreiten. Entsprechende Äußerungen, zB in Online-Bewertungsportalen,[9] können strafrechtlich (§ 185 StGB) geahndet werden. Zudem besteht ein zivilrechtlicher Unterlassungsanspruch (§ 1004 BGB analog, § 823 Abs. 2 BGB) der betroffenen Person. Berichtigungsgegenstand iSv Art. 16 können auch personenbezogene Daten sein, die gleichzeitig den Antragsteller und dritte Personen betreffen, **sog. „auch die betroffene Person betreffende Daten".**[10]

Unrichtig sind solche Daten, die **im Zeitpunkt der Geltendmachung** des Berichtigungsanspruches **nicht mit der Tatsachenlage übereinstimmen.**[11] Beispiele sind etwa unzutreffende Angaben zu Name, Adresse oder Geburtsdatum. Die Berichtigungspflicht greift im Grundsatz auch dann, wenn die Daten erst nach Erhebung unrichtig werden. Beispiel: Der Familienname ändert sich durch Heirat der betroffenen Person. Dass es nicht ausreichend ist, dass personenbezogene Daten im Zeitpunkt der Erhebung richtig, sondern ggf. auch nachträgliche Änderungen zu berücksichtigen sind, ergibt sich auch aus Art. 5 Abs. 1 lit. d, wonach personenbezogene Daten sachlich richtig und „erforderlichenfalls auf dem neuesten Stand" sein müssen. 11

Wie die Einschränkung „erforderlichenfalls" zeigt, gilt die **Verpflichtung zur Aktualisierung von Daten** jedoch nicht uneingeschränkt. Eine Verpflichtung zur Aktualisierung kann sich vielmehr nur dann ergeben, wenn die Aktualität der Daten im konkreten Verwendungszusammenhang relevant ist. So ist etwa die neue Adresse eines Kunden im Hinblick auf die mit diesem bereits abgewickelten Geschäfte ohne Belang. Bedeutung entfaltet die Änderung hingegen, wenn der 12

---

[6] BGH, Urt. v. 25.11.1997 – VI ZR 306/96, NJW 1998, 1223; BGH, Urt. v. 22.4.2008 – VI ZR 83/07, NJW 2008, 2262 Rn. 19.

[7] AA Ehmann/Selmayr/*Kamann/Braun,* DS-GVO, Art. 16 Rn. 19 ff.; wie hier Kühling/Buchner/*Herbst,* DS-GVO, Art. 16 Rn. 8 f.

[8] BGH, Urt. v. 25.11.1997 – VI ZR 306/96, NJW 1998, 1223; BGH, Urt. v. 24.1.2006 – XI ZR 384/03, NJW 2006, 830 Rn. 63.

[9] Zur Zulässigkeit der Erhebung, Speicherung und Übermittlung personenbezogener Daten im Rahmen eines Arztsuche- und Arztbewertungsportals im Internet vgl. BGH, Urt. v. 23.9.2014 – VI ZR 358/13, NJW 2015, 489.

[10] Ehmann/Selmayr/*Kamann/Braun,* DS-GVO, Art. 16 Rn. 23.

[11] BVerwG, Beschl. v. 4.3.2004 – 1 WB 32/03, BVerwGE 120, 188 Rn. 11 (juris); wie hier auch Ehmann/Selmayr/*Kamann/Braun,* DS-GVO, Art. 16 Rn. 14; Kühling/Buchner/*Herbst,* DS-GVO, Art. 16 Rn. 8.

Kunde im Rahmen eines Customer-Relationship-Managements künftig noch werblich angesprochen werden soll. Nachträgliche Änderungen bleiben zudem außer Betracht, sofern ein Datum dazu dient, einen zu einem bestimmten Zeitpunkt bestehenden Sachverhalt zu beschreiben.[12] Beispiel: Als Grundlage der Einstellungsentscheidung wird die Qualifikation des Bewerbers dokumentiert. Durch entsprechende Fortbildungsmaßnahmen erweitert sich diese im Nachhinein. Der (jetzt) Mitarbeiter könnte insofern zwar verlangen, dass die neue Qualifikation im Rahmen der Mitarbeiterfortentwicklung (Skill Management) Berücksichtigung findet. Die Dokumentation der Einstellungsentscheidung ist hingegen nicht anzupassen.

13 Der Korrekturanspruch des Betroffenen wird regelmäßig nicht dadurch ausgeschlossen, dass die **Unrichtigkeit geringfügig** ist, wie zB bei einem falsch geschriebenen Straßennamen.[13] Die Entscheidung, welche Daten zu korrigieren sind und welche Fehler noch hingenommen werden können, liegt grundsätzlich bei der betroffenen Person als Rechtsinhaber. Fehler im Hinblick auf die Namensschreibweise werden schon nicht als geringfügig eingestuft werden können, betreffen diese doch das zentrale Identifizierungsmerkmal der betroffenen Person im Bereich der automatisierten Datenverarbeitung und können zu Verwechslungen und Folgefehlern führen. **Ohne Relevanz** ist auch die **Ursache der Unrichtigkeit,** so zB, ob die Verarbeitung fehlerhafter Daten schuldhaft erfolgt ist.[14]

14 Im Rahmen der Auslegung des Berichtigungsanspruchs nach § 35 Abs. 1 S. 1 BDSG aF wurden auch **unvollständige Informationen** als unrichtig eingestuft.[15] Einer solchen Auslegung bedarf es im Rahmen der DS-GVO nicht, denn Art. 16 S. 2 regelt das Recht der betroffenen Person, Vervollständigung unvollständiger personenbezogener Daten zu verlangen, explizit. Schwieriger ist hingegen die – abstrakt nicht mögliche – Beurteilung, wann Daten unvollständig sind. Ob Daten vollständig sind, lässt sich nur vor dem Hintergrund ihres konkreten Verwendungszusammenhangs klären. Dies ergibt sich auch unmittelbar aus Art. 16 S. 2, wonach Vervollständigung nur „unter Berücksichtigung der Zwecke der Verarbeitung" verlangt werden kann. Von einer Unvollständigkeit von Informationen ist insbesondere auszugehen, wenn das Fehlen von Angaben im konkreten Informationszusammenhang zu einer Irreführung bzw. zu Missverständnissen führt.[16] Letzteres ist etwa der Fall, wenn eine Auskunftei die Information weitergibt, dass gegen eine bestimmte Person eine offene Forderung vorliegt, aber nicht zugleich mitteilt, dass sich die Person bezüglich des Nichtbegleichens der Forderung auf anerkennungsfähige Gründe (Nichtlieferung, Produktmängel etc.) berufen hat,[17] oder wenn alle Fehlzeiten eines Arbeitnehmers festgehalten werden, ohne dass nach den Gründen wie Krankheit, Urlaub, Fortbildung usw. differenziert wird.[18] Unrichtigkeit iSv Art. 16 S. 1 ist schließlich auch anzunehmen, wenn

---

[12] Vgl. auch *Albrecht/Jotzo,* S. 86.

[13] Ebenso Ehmann/Selmayr/*Kamann/Braun,* DS-GVO, Art. 16 Rn. 16 und Kühling/Buchner/*Herbst,* DS-GVO, Art. 16 Rn. 11.

[14] Ehmann/Selmayr/*Kamann/Braun,* DS-GVO, Art. 16 Rn. 16 und Kühling/Buchner/*Herbst,* DS-GVO, Art. 16 Rn. 14.

[15] Simitis/*Mallmann,* BDSG, § 20 Rn. 12; Wolff/Brink/*Brink,* BDSG, § 35 Rn. 12.

[16] Simitis/*Mallmann,* BDSG, § 20 Rn. 12; ähnlich Ehmann/Selmayr/*Kamann/Braun,* DS-GVO, Art. 16 Rn. 36.

[17] So das instruktive Bsp. bei Simitis/*Mallmann,* BDSG, § 35 Rn. 15 und Wolff/Brink/*Brink,* BDSG, § 35 Rn. 12.

[18] *Däubler,* Gläserne Belegschaften?, Rn. 549.

an sich richtige Daten aus dem Kontext gelöst werden und der **Kontextverlust** so gravierend ist, dass Fehlinterpretationen naheliegen.[19]

15 Im Hinblick auf den **Anspruch auf Vervollständigung** unvollständiger personenbezogener Daten ist in der DS-GVO explizit vorgesehen, dass die Vervollständigung **„auch mittels einer ergänzenden Erklärung"** verlangt werden kann. Die betroffene Person ist hinsichtlich ihres Vervollständigungsrechts damit nicht auf die beim Verantwortlichen vorgesehenen, ggf. limitierten Datenfelder beschränkt.[20] Sofern diese erforderlich sind, um den Kontext, in dem personenbezogene Informationen stehen, korrekt und unmissverständlich darzustellen, sind vielmehr auch ihre ergänzenden Erklärungen zu berücksichtigen.

16 Anders als das BDSG aF (vgl. § 35 Abs. 1 S. 2) enthält die DS-GVO keine explizite Verpflichtung, **Schätzdaten** als solche zu kennzeichnen. Die Verpflichtung zur Kennzeichnung ergibt sich aber bereits daraus, dass nicht entsprechend gekennzeichnete Informationen regelmäßig als unrichtig eingestuft werden müssen, da ohne entsprechende Zusatzinformation fälschlicherweise suggeriert wird, dass die Information eine tatsächliche Eigenschaft des Betroffenen beschreibt, während es sich in Wirklichkeit nur um eine Eigenschaft handelt, die mit einiger Wahrscheinlichkeit auf die betroffene Person zutrifft.[21] Für eine entsprechende Verpflichtung spricht auch Erwägungsgrund 71 DS-GVO, der im Zusammenhang mit Profiling-Maßnahmen anordnet, dass technische und organisatorische Maßnahmen getroffen werden sollen, mit denen in geeigneter Weise insbesondere sichergestellt wird, dass Faktoren, die zu unrichtigen personenbezogenen Daten führen, korrigiert werden und das Risiko von Fehlern minimiert wird. Organisatorische Maßnahme im vorbeschriebenen Sinne ist auch die Kennzeichnung von Schätzdaten als ebensolche.

II. Modalitäten der Ausübung des Berichtigungsrechts

17 Die allgemeinen **Modalitäten der Ausübung des Berichtigungsrechts**[22] ergeben sich aus Art. 12 DS-GVO. Ein Berichtigungsantrag kann in jeder Handlung liegen, solange sich aus dieser nach dem objektiven Empfängerhorizont der Wunsch nach Berichtigung eindeutig ergibt. Insbesondere unterliegt der Berichtigungsantrag **keinerlei Formanforderungen.** Der Antrag kann schriftlich, mündlich, per E-Mail, SMS oder sonst elektronisch gestellt werden. Aufgrund von Art. 12 Abs. 2 (Erleichterung der Rechtsausübung) hat der Verantwortliche den Berichtigungsantrag sachgerecht auszulegen. Die betroffene Person muss jedoch die Unrichtigkeit der verarbeiteten Daten substantiiert darlegen.[23] Das Recht auf Berichtigung kann grundsätzlich **kostenfrei** ausgeübt werden (Art. 12 Abs. 5). Zu den Vorgaben des Art. 12 vgl. im Übrigen die diesbezügliche Kommentierung.

III. Frist für die Berichtigungsentscheidung und Einschränkung der Verarbeitung

18 Die Berichtigung der unrichtigen Daten hat gem. Art. 16 S. 1 **unverzüglich** zu erfolgen. Der europäische Begriff der Unverzüglichkeit als zeitliche Verschul-

---

19 Kühling/Buchner/*Herbst,* DS-GVO, Art. 16 Rn. 13.

20 So auch Kühling/Buchner/*Herbst,* DS-GVO, Art. 16 Rn. 29.

21 So auch Kühling/Buchner/*Herbst,* DS-GVO, Art. 16 Rn. 10.

22 Hierzu ausf. Ehmann/Selmayr/*Kamann/Braun,* DS-GVO, Art. 16 Rn. 24 ff.

23 Ehmann/Selmayr/*Kamann/Braun,* DS-GVO, Art. 16 Rn. 22.

denskomponente stimmt mit dem in § 121 Abs. 1 BGB überein.[24] Die Berichtigung hat insofern ohne schuldhaftes Zögern zu erfolgen. Art. 12 Abs. 3 S. 1 ergänzt die Unverzüglichkeitsanforderung, indem eine **absolute Frist von einem Monat** für die Entscheidung über den Berichtigungsantrag vorgesehen ist. Diese **Frist kann um weitere zwei Monate verlängert werden,** wenn dies unter Berücksichtigung der Komplexität und der Anzahl von Anträgen erforderlich ist (Art. 12 Abs. 3 S. 2). In letzterem Fall hat der Verantwortliche die betroffene Person innerhalb eines Monats nach Eingang des Antrags über die Fristverlängerung zu unterrichten, zusammen mit den Gründen für die Verzögerung (Art. 12 Abs. 3 S. 3). Für den Zeitraum der Prüfung des Berichtigungsantrags kann die betroffene Person gem. Art. 18 Abs. 1 lit. a die **Einschränkung der Verarbeitung** verlangen. Eine Verarbeitung der betroffenen Daten ist dann nur noch unter den Einschränkungen des Art. 18 Abs. 2 zulässig. Ob ein Antrag auf Berichtigung zugleich einen Antrag nach Art. 18 Abs. 1 lit. a enthält, ist im Wege der Auslegung zu ermitteln und Frage des Einzelfalls. In „non liquet"-Fällen, also Fällen, in denen keine Partei die (Un-)Richtigkeit der personenbezogenen Daten beweisen kann, besteht die Einschränkung der Verarbeitung fort, bis ggf. geänderte Umstände die „Entsperrung" der Daten rechtfertigen.[25]

IV. Entscheidung über die Berichtigung

19 **Wird der Verantwortliche** auf den Antrag der betroffenen Person **nicht tätig,** so **unterrichtet er** die betroffene Person **über die Gründe hierfür und über die Möglichkeit, Beschwerde** bei einer Aufsichtsbehörde **oder einen gerichtlichen Rechtsbehelf einzulegen** (Art. 12 Abs. 4). Wie der Antrag bedarf auch die Mitteilung über die Berichtigungsentscheidung keiner besonderen Form. Stellt die betroffene Person den Antrag elektronisch, so ist sie aber nach Möglichkeit auf elektronischem Weg zu unterrichten, sofern sie nichts anderes angibt (Art. 12 Abs. 3 S. 4). Die Antwort kann auch mündlich erteilt werden, sofern der Antragsteller dies verlangt und keine Zweifel an seiner Identität bestehen. Wegen des Beweisinteresses des Verantwortlichen sollte die Erfüllung jedoch stets dokumentiert werden.[26]

V. Mitteilungspflicht im Zusammenhang mit der Berichtigung

20 Der Verantwortliche teilt gem. Art. 19 allen Empfängern, denen personenbezogene Daten offengelegt wurden, jede Berichtigung nach Art. 16 mit, es sei denn, dies erweist sich als unmöglich oder ist mit einem unverhältnismäßigen Aufwand verbunden. Der Verantwortliche unterrichtet die betroffene Person über diese Empfänger, wenn die betroffene Person dies verlangt. Mittels der Nachberichtspflicht nach Art. 19 soll eine möglichst effektive Durchsetzung der in der Vorschrift in Bezug genommenen Betroffenenrechte erreicht werden.

VI. Ausnahmen von der Berichtigungspflicht

21 Anders als in § 35 BDSG aF (vgl. Abs. 6)[27] sind in Art. 16 selbst keine Ausnahmen von der Berichtigungspflicht vorgesehen. Das Berichtigungsrecht gehört

---

[24] *Marschall,* DuD 2015, 183 (186); *Hanloser,* MMR 2010, 300 (302).

[25] Ehmann/Selmayr/*Kamann/Braun,* DS-GVO, Art. 16 Rn. 22.

[26] → Art. 12 Rn. 24.

[27] → Rn. 5.

allerdings zu den Bestimmungen, die auf Grundlage von Art. 23 durch Rechtsvorschriften der Union oder der Mitgliedstaaten beschränkt werden können. Dazu müsste die Beschränkung den Wesensgehalt der Grundrechte und Grundfreiheiten achten und eine in einer demokratischen Gesellschaft notwendige und verhältnismäßige Maßnahme zur Sicherstellung der in Art. 23 Abs. 1 genannten Zwecke darstellen sowie hinreichend spezifisch (Art. 23 Abs. 2) sein.

Eine spezielle Öffnungsklausel, die Einschränkungen des Berichtigungsrechts **22** rechtfertigen kann, findet sich zudem in Art. 89 Abs. 3 für **im öffentlichen Interesse liegende Archivzwecke**. Von dieser Öffnungsklausel hat der nationale Gesetzgeber durch Einführung von § 28 Abs. 3 BDSG nF Gebrauch gemacht. Danach kann ein Berichtigungsanspruch von der betroffenen Person nicht geltend gemacht werden, sofern personenbezogene Daten zu Archivzwecken im öffentlichen Interesse verarbeitet werden. Bestreitet die betroffene Person die Richtigkeit der personenbezogenen Daten, ist ihr die **Möglichkeit einer Gegendarstellung** einzuräumen. Das zuständige Archiv ist verpflichtet, die Gegendarstellung den Unterlagen hinzuzufügen. Eine vergleichbare Regelung war schon in § 35 Abs. 6 BDSG aF enthalten. Ausweislich der Gesetzesbegründung[28] gilt § 28 Abs. 3 BDSG nF für die Verarbeitung personenbezogener Daten durch öffentliche und nichtöffentliche Stellen, bezieht sich sowohl auf öffentliches als auch privates Archivgut und gilt für die Verarbeitung sämtlicher personenbezogener Daten, also einschließlich besonderer Kategorien personenbezogener Daten. Hintergrund der Einschränkung des Berichtigungsrechts ist, dass die archivierende Stelle für die Richtigkeit der im Original- oder Primärdokument enthaltenen Daten nicht verantwortlich ist. Sofern nicht unmittelbar das Original- oder Primärdokument archiviert wird, würde zudem ansonsten die auf dieses Dokument bezogene Dokumentation ggf. unzutreffend.[29] Den Interessen der betroffenen Person wird durch das Recht auf Gegendarstellung angemessen Rechnung getragen. Anwendungsfälle für § 28 Abs. 3 BDSG nF werden etwa Stellen sein, die Presseauswertungen datenbankmäßig zur Verfügung stellen. Eine Beschränkung des Besichtigungsrechts ist auch in § 27 Abs. 2 BDSG nF vorgesehen, soweit das Recht **Forschungs- oder Statistikzwecke** unmöglich macht oder ernsthaft beeinträchtigt.

VII. Sanktionen und sonstige Rechtsfolgen

Für Verstöße gegen die Verpflichtungen aus Art. 16 werden gem. Art. 83 Abs. 5 **23** lit. b **Geldbußen** von bis zu 20.000.000 EUR oder im Fall eines Unternehmens von bis zu 4 Prozent seines gesamten weltweit erzielten Jahresumsatzes des vorangegangenen Geschäftsjahrs verhängt, je nachdem, welcher der Beträge höher ist.

Entsteht der betroffenen Person durch die Verarbeitung sie betreffender unrich- **24** tiger Daten ein materieller oder immaterieller Schaden, so hat sie unter den Voraussetzungen des Art. 82 einen Anspruch auf **Schadensersatz.** Daneben kommen Schadensersatzansprüche nach allgemeinem Schuld- und Deliktsrecht in Betracht.

C. Rechtsschutz

Lehnt der Verantwortliche die Berichtigung ab oder bleibt schlicht untätig, **25** kann die betroffene Person sich an die **Aufsichtsbehörde** wenden oder einen

[28] BT-Drs. 18/11325, 100.
[29] Simitis/*Dix*, BDSG, § 35 Rn. 61.

gerichtlichen Rechtsbehelf einlegen. Das Recht auf Berichtigung wird unter Privaten vor den Zivilgerichten durchgesetzt, im Falle der Berichtigung im Rahmen eines Arbeitsverhältnisses vor den Arbeitsgerichten. Wird das Recht gegen eine öffentliche Stelle geltend gemacht, ist der Verwaltungsrechtsweg eröffnet. Regelmäßig erfolgt die Durchsetzung im Wege der Leistungsklage.[30] Das Vorliegen eines Verfügungsgrundes vorausgesetzt ist eine Durchsetzung der Berichtigung auch im Wege des einstweiligen Rechtsschutzes denkbar. Da die Berichtigung wieder rückgängig gemacht werden kann, besteht insbesondere nicht die Gefahr, dass die Entscheidung in der Hauptsache vorweggenommen würde.

Art. 17 Recht auf Löschung („Recht auf Vergessenwerden")

(1) **Die betroffene Person hat das Recht, von dem Verantwortlichen zu verlangen, dass sie betreffende personenbezogene Daten unverzüglich gelöscht werden, und der Verantwortliche ist verpflichtet, personenbezogene Daten unverzüglich zu löschen, sofern einer der folgenden Gründe zutrifft:**

a) **Die personenbezogenen Daten sind für die Zwecke, für die sie erhoben oder auf sonstige Weise verarbeitet wurden, nicht mehr notwendig.**
b) **Die betroffene Person widerruft ihre Einwilligung, auf die sich die Verarbeitung gemäß Artikel 6 Absatz 1 Buchstabe a oder Artikel 9 Absatz 2 Buchstabe a stützte, und es fehlt an einer anderweitigen Rechtsgrundlage für die Verarbeitung.**
c) **Die betroffene Person legt gemäß Artikel 21 Absatz 1 Widerspruch gegen die Verarbeitung ein und es liegen keine vorrangigen berechtigten Gründe für die Verarbeitung vor, oder die betroffene Person legt gemäß Artikel 21 Absatz 2 Widerspruch gegen die Verarbeitung ein.**
d) **Die personenbezogenen Daten wurden unrechtmäßig verarbeitet.**
e) **Die Löschung der personenbezogenen Daten ist zur Erfüllung einer rechtlichen Verpflichtung nach dem Unionsrecht oder dem Recht der Mitgliedstaaten erforderlich, dem der Verantwortliche unterliegt.**
f) **Die personenbezogenen Daten wurden in Bezug auf angebotene Dienste der Informationsgesellschaft gemäß Artikel 8 Absatz 1 erhoben.**

(2) **Hat der Verantwortliche die personenbezogenen Daten öffentlich gemacht und ist er gemäß Absatz 1 zu deren Löschung verpflichtet, so trifft er unter Berücksichtigung der verfügbaren Technologie und der Implementierungskosten angemessene Maßnahmen, auch technischer Art, um für die Datenverarbeitung Verantwortliche, die die personenbezogenen Daten verarbeiten, darüber zu informieren, dass eine betroffene Person von ihnen die Löschung aller Links zu diesen personenbezogenen Daten oder von Kopien oder Replikationen dieser personenbezogenen Daten verlangt hat.**

(3) **Die Absätze 1 und 2 gelten nicht, soweit die Verarbeitung erforderlich ist**

a) **zur Ausübung des Rechts auf freie Meinungsäußerung und Information;**

[30] AA Ehmann/Selmayr/*Kamann/Braun,* DS-GVO, Art. 16 Rn. 45.

b) zur Erfüllung einer rechtlichen Verpflichtung, die die Verarbeitung nach dem Recht der Union oder der Mitgliedstaaten, dem der Verantwortliche unterliegt, erfordert, oder zur Wahrnehmung einer Aufgabe, die im öffentlichen Interesse liegt oder in Ausübung öffentlicher Gewalt erfolgt, die dem Verantwortlichen übertragen wurde;

c) aus Gründen des öffentlichen Interesses im Bereich der öffentlichen Gesundheit gemäß Artikel 9 Absatz 2 Buchstaben h und i sowie Artikel 9 Absatz 3;

d) für im öffentlichen Interesse liegende Archivzwecke, wissenschaftliche oder historische Forschungszwecke oder für statistische Zwecke gemäß Artikel 89 Absatz 1, soweit das in Absatz 1 genannte Recht voraussichtlich die Verwirklichung der Ziele dieser Verarbeitung unmöglich macht oder ernsthaft beeinträchtigt, oder

e) zur Geltendmachung, Ausübung oder Verteidigung von Rechtsansprüchen.

Literatur: *Boehme-Neßler*, Das Recht auf Vergessenwerden – Ein neues Internet-Grundrecht im Europäischen Recht, NVwZ 2014, 825; *Buchholtz*, Das „Recht auf Vergessen“ im Internet, ZD 2015, 570; *Dovas*, Die Pflicht zur Löschung von Daten: Änderungen durch die DSGVO und Umsetzung im Unternehmen, ITRB 2017, 186; *Forst*, Das „Recht auf Vergessenwerden“ der Beschäftigten, BB 2014, 2293; *Freialdenhoven/Heinzke*, Vergiss mich: Das Recht auf Löschung von Suchergebnissen, GRUR-Prax 2015, 119; *Gstrein*, Die umfassende Verfügungsbefugnis über die eigenen Daten, ZD 2012, 424; *Härting*, Datenschutz-Grundverordnung, 2016; *Hennemann*, Das Recht auf Löschung gemäß Art. 17 Datenschutz-Grundverordnung, PinG 2016, 176; *Holznagel/Hartmann*, Das „Recht auf Vergessenwerden“ als Reaktion auf ein grenzenloses Internet: Entgrenzung der Kommunikation und Gegenbewegung, MMR 2016, 228; *Hornung/Hofmann*, Ein „Recht auf Vergessenwerden“?, JZ 2013, 163; *Jacobi/Jantz*, Löschpflichten nach der EU-Datenschutzgrundverordnung – Was Arbeitgeber jetzt bereits tun müssen, ArbRB 2017, 22; *Kipker/Voskamp*, Datenschutz in sozialen Netzwerken nach der Datenschutzgrundverordnung, DuD 2012, 737; *Kodde*, Die „Pflicht zu Vergessen“, ZD 2013, 115; *Koreng/Feldmann*, Das „Recht auf Vergessen“, ZD 2012, 311; *Kühling*, Rückkehr des Rechts: Verpflichtung von „Google & Co.“ zu Datenschutz, EuZW 2014, 527; *Kühling/Klar*, Löschpflichten vs. Datenaufbewahrung, ZD 2014, 506; *Martini/Weinzierl*, Die Blockchain-Technologie und das Recht auf Vergessenwerden – Zum Dilemma zwischen Nicht-Vergessen-Können und Vergessen-Müssen, NVwZ 2017, 1251; *Milker*, Die „Pflicht zu Erinnern“ als notwendiger Gegenpol eines „Rechts auf Vergessenwerden“, K&R 2017, 23; *Möhrke-Sobolewski/Klas*, Zur Gestaltung des Minderjährigendatenschutzes in digitalen Informationsdiensten, K&R 2016, 373; *Nolte*, Das Recht auf Vergessenwerden – mehr als nur ein Hype?, NJW 2014, 2238; *Nolte*, Zum Recht auf Vergessen im Internet: Von digitalen Radiergummis und anderen Instrumenten, ZRP 2011, 236; *Paal/Hennemann*, Online-Archive im Lichte der Datenschutz-Grundverordnung, K&R 2017, 18; *Piltz*, Die Datenschutz-Grundverordnung. Teil 2: Rechte der Betroffenen und korrespondierende Pflichten des Verantwortlichen, K&R 2016, 629; *Schiedermair*, Suchmaschinenbetreiber in der Pflicht: Das Google-Spain-Urteil des EuGH, jM 2015, 334; *Trentmann*, Das „Recht auf Vergessenwerden“ bei Suchmaschinentrefferlinks, CR 2017, 26; *Werkmeister/Brandt*, Datenschutzrechtliche Herausforderungen für Big Data, CR 2016, 233.

Übersicht

A. Allgemeines

I. Zweck und Bedeutung

1 Art. 17 regelt das Recht auf Löschung personenbezogener Daten sowie das sog. „Recht auf Vergessenwerden".[1] In welcher **Beziehung** das Recht auf Löschung und das „Recht auf Vergessenwerden" zueinander stehen, geht aus der DS-GVO nicht ausdrücklich hervor.[2] Die Begriffe werden jedenfalls nicht als Synonyme verwendet,

[1] Krit. zur Bezeichnung „Recht auf Vergessenwerden" *Koreng/Feldmann*, ZD 2012, 312.

[2] Auf die missverständliche Verwendung der Begriffe verweisen *Hornung/Hofmann*, JZ 2013, 163 (164); vgl. weiterhin die abweichenden Bezeichnungen in Art. 17 „Recht auf Vergessenwerden *und* auf Löschung" (Entw. Kommission, Stand: 25.1.2012) und „Recht auf Löschung" (Entw. EU-Parlament, Stand: 12.3.2014); die BfDI geht davon aus, dass Art. 17 Abs. 2 das „Recht auf Vergessenwerden" als besondere Ausprägung des Löschanspruchs enthält, Infobroschüre 6 der BfDI, 2016, S. 14, abrufbar unter: www.bfdi.bund.de/SharedDocs/Publikationen/Infobroschueren/INFO6.pdf?__blob=publicationFile&v=34 (Stand: 4.12.2017); so wohl auch die allg. Ansicht der Unabhängigen Datenschutzbehörden des Bundes und der Länder (Datenschutzkonferenz – DSK), vgl. Kurzpapier Nr. 11 zum Recht auf Löschung/„Recht auf Vergessenwerden", S. 1, abrufbar unter: https://datenschutzzentrum.de/uploads/dsgvo/kurzpapiere/DSK_KPNr_11_Recht_auf_Vergessenwerden.pdf.

sondern sollen unterschiedliche Ausprägungen der in Art. 17 enthaltenen Rechte der betroffenen Person darstellen.[3] Dem Erwägungsgrund[4] lässt sich entnehmen, dass das „Recht auf Vergessenwerden“ seine Ausprägung in der in Abs. 2 geregelten Informationspflicht gegenüber Dritten findet. Diese findet Anwendung, wenn ein Recht auf Löschung besteht und die zu löschenden Daten öffentlich gemacht wurden.

Adressat des Art. 17 sind alle Stellen, die personenbezogene Daten verarbeiten. 2
Ein besonderes Augenmerk legte der Gesetzgeber aber auf die Gefahren im Zusammenhang mit einer fortgesetzten **Datenverarbeitung im Internet.**[5] So wird in Erwägungsgrund 65 ausdrücklich darauf hingewiesen, dass für die betroffene Person die Tragweite ihrer Einwilligung nicht immer in vollem Umfang ersichtlich ist und sie daher die Möglichkeit haben muss, die Löschung von im Internet gespeicherten Daten zu verlangen.

Auch das Löschen ist eine **Verarbeitung** iSd Art. 4 Nr. 2, die vom grundsätzli- 3
chen Verbot mit Erlaubnisvorbehalt (Art. 6 Abs. 1) erfasst ist. Abs. 1 stellt insofern einen Erlaubnistatbestand dar, der eine Löschung von Daten erlaubt. Eine Löschung ist aber nicht nur dann zulässig, wenn die Voraussetzungen des Abs. 1 vorliegen. Die Löschung kann ebenso durch andere Erlaubnistatbestände – zB das Vorliegen einer Einwilligung (Art. 6 Abs. 1 lit. a) – gerechtfertigt sein.

II. Rechtsgrundlage

Seine primärrechtliche Grundlage findet das Recht auf Löschung („Recht auf 4
Vergessenwerden“) in Art. 7 GRCh (Achtung des Privat- und Familienlebens) und Art. 8 GRCh (Schutz personenbezogener Daten).[6] Das Recht auf Löschung („Recht auf Vergessenwerden“) soll die Kontrolle des Einzelnen über die seine Person betreffenden Daten sicherstellen. Die vorgenannten Rechte aus Art. 7 und Art. 8 GRCh können jedoch durch **Rechtspositionen Dritter** eingeschränkt werden, zB die Meinungs- und Informationsfreiheit (Art. 11 GRCh) oder die unternehmerische Freiheit (Art. 16 GRCh). Das Recht auf Löschung („Recht auf Vergessenwerden“) ist daher nicht als absolutes, sondern als **relatives Recht** zu verstehen, das mit anderen Grundrechten in Einklang zu bringen ist.[7]

III. Rechtslage nach BDSG aF

1. Löschpflichten. Das Recht des Betroffenen, gegenüber privaten Stellen die 5
Löschung der seine Person betreffenden Daten zu verlangen, war bislang in § 35 Abs. 2 S. 2 BDSG aF[8] geregelt, womit Art. 12 lit. b DS-RL umgesetzt wurde.[9] Die in Art. 17 Abs. 1 geregelten Löschgründe überschneiden sich zum Teil mit

---

[3] In Erwägungsgrund 156 werden die „Löschung“ und das „Vergessenwerden“ als eigenständige Betroffenenrechte nebeneinander aufgeführt.

[4] Vgl. Erwägungsgrund 66.

[5] Insoweit wird das „Recht auf Vergessenwerden“ teilweise als „internetbezogener“ Löschanspruch verstanden, *Buchholtz*, ZD 2015, 570 (572).

[6] EuGH, Urt. v. 13.5.2014 – C-131/12, NJW 2014, 2257; *Boehme-Neßler*, NVwZ 2014, 825 (827); Leitlinien der Artikel-29-Datenschutzgruppe zur Umsetzung der Vorgaben des EuGH, WP 225, S. 12.

[7] *Reding*, Vortrag beim eco MMR Kongress „Datenschutz 2012“ v. 20.3.2012.

[8] Für öffentliche Stellen gilt § 20 Abs. 2 BDSG.

[9] Zur Anwendbarkeit auf Suchmaschinenbetreiber und soziale Netzwerke *Nolte*, NJW 2014, 2238 (2241); *Nolte*, ZRP 2011, 236 (238); krit. *Kodde*, ZD 2013, 115 (116).

den in § 35 BDSG aF geregelten Tatbeständen,[10] gehen jedoch über die bislang bestehenden Löschansprüche des Betroffenen hinaus.[11] Ausdrücklich geregelt ist nun die Löschpflicht beim Widerspruch der betroffenen Person gegen die Datenverarbeitung, wenn keine vorrangigen berechtigten Gründe für die Datenverarbeitung bestehen (Abs. 1 lit. c).[12] Eine Spezialregelung wurde darüber hinaus im Zusammenhang mit der Einwilligung eines Kindes in Bezug auf Dienste der Informationsgesellschaft geschaffen (Abs. 1 lit. f) (→ Rn. 26 ff.).

6 **2. Informationspflichten.** Die Pflicht zur Information Dritter war bislang in § 35 Abs. 7 BDSG aF[13] geregelt, womit Art. 12 lit. c DS-RL umgesetzt wurde (sog. **Nachberichtspflicht**). Hiernach musste der Verantwortliche eine aufgrund der Unzulässigkeit der Speicherung von personenbezogenen Daten vorgenommene Löschung allen anderen Stellen mitteilen, an die die betreffenden Daten zur Speicherung übermittelt wurden. Diese Maßgabe entspricht der nunmehr in Art. 19 geregelten Mitteilungspflicht, wobei diese nicht auf die Fälle der Löschung aufgrund der Unzulässigkeit einer Speicherung begrenzt ist, sondern alle in Art. 17 Abs. 1 genannten Löschgründe betrifft. Eine Art. 17 Abs. 2 entsprechende Informationspflicht („Recht auf Vergessenwerden“) war nicht im BDSG aF enthalten.

IV. Rechtslage nach BDSG nF

7 Die bislang in § 35 Abs. 2 S. 2 bzw. § 20 Abs. 2 BDSG aF enthaltenen Löschrechte sind mit der Novellierung des BDSG entfallen und werden künftig durch Art. 17 Abs. 1 geregelt. Das nun in § 35 BDSG nF vorgesehene „Recht auf Löschung“ regelt demgegenüber nicht etwa weitere Löschrechte des Betroffenen, sondern enthält Einschränkungen der in Art. 17 Abs. 1 vorgesehenen Löschpflicht und ergänzt damit den in Art. 17 Abs. 3 enthaltenen Ausnahmenkatalog.[14] Als Rechtsfolge sieht § 35 BDSG nF vor, dass bei Vorliegen der Voraussetzungen der Abs. 1–3 an die Stelle der Löschung die Einschränkung der Verarbeitung iSv Art. 18 tritt. Anders als im Rahmen des Art. 17 Abs. 3 wird der Löschanspruch des Betroffenen somit nicht ersatzlos gestrichen, sondern durch einen weniger weitgehenden Anspruch ersetzt, wodurch ausweislich der Gesetzesbegründung die Beschränkung des Rechts bzw. der Pflicht zur Löschung personenbezogener Daten auf das erforderliche Ausmaß iSd Art. 23 Abs. 2 lit. c begrenzt wird.

8 § 35 BDSG nF gilt sowohl für öffentliche als auch nichtöffentliche Stellen. Damit entfällt die bislang im BDSG aF vorgenommene Trennung zwischen der Geltendmachung von Ansprüchen gegenüber öffentlichen und nichtöffentlichen Stellen.

B. Einzelerläuterungen

I. Recht auf Löschung (Abs. 1)

9 Abs. 1 regelt, unter welchen Voraussetzungen die betroffene Person einen Anspruch auf Löschung **(Löschanspruch)** der ihre Person betreffenden Daten

---

[10] *Gstrein*, ZD 2012, 424 (427); *Hornung/Hofmann*, JZ 2013, 163 (166); ausf. *Kodde*, ZD 2013, 115 ff.; *Buchholtz*, ZD 2015, 570 (571 f.).

[11] *Wybitul*, BB 2016, 1077 (1080); *Härting*, BB 2012, 459 (464).

[12] Zur Auslegung des § 35 Abs. 5 BDSG aF iSe Löschpflicht etwa *Nolte*, NJW, 2014, 2238 (2241).

[13] Für öffentliche Stellen gilt § 20 Abs. 8 BDSG aF.

[14] Vgl. zu den Beschränkungen der Löschung nach BDSG nF etwa *Greve*, NVwZ 2017, 737 (740).

hat. Liegen diese Voraussetzungen vor, ist der Verantwortliche zur unverzüglichen Löschung der personenbezogenen Daten verpflichtet (**Löschpflicht;** gemeinsam: die **Löschrechte**). Die Löschpflicht besteht somit grundsätzlich unabhängig von der Geltendmachung des Löschanspruchs durch die betroffene Person.[15] Nicht erforderlich ist weiterhin das Vorliegen eines Schadens, um das Recht auf Löschung personenbezogener Daten geltend machen zu können.[16]

Der **Begriff „Löschung“** wird nicht in der DS-GVO definiert. In Art. 4 Nr. 2 wird terminologisch zwischen „Löschung“ und „Vernichtung“ unterschieden. Dies spricht dafür, dass die Vernichtung ein Mehr zur Löschung darstellt, so dass an die Löschung keine zu hohen Anforderungen gestellt werden können.[17] In § 3 Abs. 4 S. 2 Nr. 5 BDSG aF war die Löschung definiert als das Unkenntlichmachen gespeicherter personenbezogener Daten. Der Begriff in der DS-GVO dürfte ähnlich auszulegen sein, so dass jedwede Art der Unkenntlichmachung erfasst wäre; von der physischen Vernichtung bis hin zu Hinweisen, die kennzeichnen, dass ein Text nicht mehr gelten soll (zB Überschreiben, Übermalen mit Tipp-Ex).[18] In jedem Fall müssen die Daten für den Verantwortlichen unlesbar geworden sein bzw. nicht mehr zur Verfügung stehen.[19] **Unverzüglich** ist die Löschung, wenn sie ohne unangemessene Verzögerung erfolgt.[20] 10

1. Zweckerfüllung. Gem. Abs. 1 lit. a bestehen die Löschrechte, wenn die vom Verantwortlichen verarbeiteten personenbezogenen Daten für die Zwecke, für die sie erhoben oder auf sonstige Weise verarbeitet wurden, **nicht mehr notwendig** sind. 11

Eine ähnliche Regelung enthielt § 35 Abs. 2 S. 1 Nr. 3 BDSG aF,[21] wonach personenbezogene Daten zu löschen waren, wenn sie für eigene Zwecke verarbeitet wurden und die Kenntnis der personenbezogenen Daten für die Erfüllung des Zwecks der Speicherung nicht mehr erforderlich war, dh, dass eine die weitere Speicherung legitimierende Zweckbestimmung nicht mehr vorlag. Beispiele für derartige Löschpflichten betreffen im **Arbeitsverhältnis** zB die Löschung von durch Zeitablauf erledigten Abmahnungen oder sonst erledigten Vorgängen, die sich für den Arbeitnehmer ungünstig auswirken können.[22] 12

Ergibt sich nach dem **Wegfall des ursprünglichen Speicherungszwecks** (zB Abwicklung eines Kaufvertrages mit einem Kunden) eine neue, mit der DS-GVO im Einklang stehende Legitimationsgrundlage für die weitere Speicherung 13

---

[15] Weniger eindeutig waren der Wortlaut des Art. 17 Abs. 1 DS-GVO (Entw. Kommission, Stand: 25.1.2012) und des Art. 17 Abs. 1 DS-GVO (Entw. EU-Parlament, Stand: 12.3.2014), wonach lediglich ein Löschanspruch, aber keine – vom Verlangen der betroffenen Person unabhängige – Löschpflicht geregelt wurde, vgl. dazu *Hornung/Hofmann*, JZ 2013, 163 (166); *Kodde*, ZD 2013, 115 (117); *Trentmann*, CR 2017, 26 (31).

[16] EuGH, Urt. v. 13.5.2014 – C-131/12, NJW 2014, 2257; *Boehme-Neßler*, NVwZ 2014, 825 (828).

[17] *Härting*, DS-GVO, Rn. 701.

[18] *Dovas*, ITRB 2017, 186 (191).

[19] *Gola/Schomerus*, BDSG, § 3 Rn. 40.

[20] *Wybitul*, BB 2016, 1077 (1080).

[21] Ausf. Gegenüberstellung bei *Kodde*, ZD 2013, 115 (116); *Kühling/Klar*, ZD 2014, 506 (507).

[22] Vgl. zur Rechtslage nach dem BDSG *Gola/Schomerus*, BDSG, § 35 Rn. 13; weitere Bsp. bei *Sörup/Marquardt*, ArbRAktuell 2016, 103 (105); ein Überblick über die anwendbaren Aufbewahrungsfristen im Arbeitsverhältnis findet sich bei *Jacobi/Jantz*, ArbRB 2017, 22 (24).

(zB Zusendung von Werbematerial zwecks Motivation zur Tätigung weiterer Einkäufe), so bestehen hinsichtlich der insoweit erforderlichen Daten keine Löschrechte (zu den Voraussetzungen an eine Zweckänderung → Art. 6 Rn. 202 ff.).[23]

14 Der Düsseldorfer Kreis geht mit Blick auf **Kundendaten** davon aus, dass diese im Grundsatz zwei Jahre nach dem letzten aktiven Geschäftskontakt zu einer betroffenen Person für die werblichen Zwecke der Reaktivierung und Rückgewinnung genutzt werden können. Nach Ablauf dieser Frist ist somit regelmäßig von einer fehlenden Erforderlichkeit der Datenspeicherung auszugehen.[24]

15 **2. Widerruf der Einwilligung.** Weiterhin bestehen nach Abs. 1 lit. b Löschrechte, wenn die Verarbeitung personenbezogener Daten auf Grundlage einer Einwilligung erfolgt, die betroffene Person ihre Einwilligung widerrufen hat und die Datenverarbeitung nicht auf eine andere Rechtsgrundlage gestützt werden kann. Die betroffene Person kann ihre Einwilligung **jederzeit widerrufen** (→ Art. 7 Rn. 54). Dies führt indes nicht zwingend zu einer sofortigen Löschpflicht des Verantwortlichen.[25] Vielmehr kann sich der Verantwortliche nach dem Widerruf auf eine **andere Rechtsgrundlage** berufen. In Betracht kommt insofern vor allem die Verarbeitung zur Wahrung (überwiegender) Interessen iSd Art. 6 Abs. 1 lit. f oder das Vorliegen einer Aufbewahrungspflicht iSd Art. 6 Abs. 1 lit. c. Erst wenn feststeht, dass keine andere (gesetzliche) Grundlage für die fortgesetzte Verarbeitung der personenbezogenen Daten vorliegt, muss der Verantwortliche die Daten löschen.

16 Einen Anwendungsfall in der Praxis stellen **unternehmensinterne Ermittlungen** dar, wobei oftmals Einwilligungen der betroffenen Mitarbeiter eingeholt werden, um etwaigen Rechtsunsicherheiten bei der Abwägung nach Art. 6 Abs. 1 lit. c zu begegnen. Sofern jedoch die Voraussetzungen des Art. 6 Abs. 1 lit. c die Verarbeitung rechtfertigen, besteht auch nach dem Widerruf der Einwilligung kein Löschrecht.

17 **3. Widerspruch der betroffenen Person nach Art. 21 Abs. 1.** Die Löschrechte werden weiterhin gem. Abs. 1 lit. c durch die Geltendmachung des in Art. 21 Abs. 1 enthaltenen **Widerspruchsrechts** der betroffenen Person ausgelöst, sofern **keine vorrangigen berechtigten Gründe** für die weitere Verarbeitung der Daten bestehen.

18 Das Widerspruchsrecht nach Art. 21 Abs. 1 betrifft allein die Verarbeitung personenbezogener Daten zur Wahrnehmung einer Aufgabe im öffentlichen Interesse oder in Ausübung öffentlicher Gewalt (Art. 6 Abs. 1 lit. e) sowie die Verarbeitung im überwiegenden[26] berechtigten Interesse des Verantwortlichen oder eines Dritten (Art. 6 Abs. 1 lit. f). Wenn das in Art. 21 Abs. 1 genannte Widerspruchsrecht ausgeübt wurde, ist eine weitere Verarbeitung nur dann zulässig, wenn der Verantwortliche **zwingende schutzwürdige** Gründe nachweist, die die Interessen, Rechte und Freiheiten der betroffenen Person überwiegen (→ Art. 21 Rn. 11 ff.). Liegen derartige Gründe nicht vor und ist die weitere Verarbeitung aufgrund eines

---

[23] Vgl. *Gola/Schomerus*, BDSG, § 35 Rn. 13.

[24] Düsseldorfer Kreis, Anwendungshinweise der Datenschutzaufsichtsbehörden zur Erhebung, Verarbeitung und Nutzung von personenbezogenen Daten für werbliche Zwecke, S. 7.

[25] So aber offenbar *Härting*, BB 2012, 459; krit. dazu *Kodde*, ZD 2013, 115 (116 f.).

[26] Schon die Rechtmäßigkeit der Datenverarbeitung setzt eine Interessenabwägung zugunsten des Verantwortlichen voraus, Art. 6 Abs. 1 lit. f.

Widerspruchs nach Art. 21 Abs. 1 damit ausgeschlossen, so führt dies allerdings nicht zwingend auch zu einer Löschpflicht des Verantwortlichen nach Abs. 1 lit. c. Die Löschpflicht ist bereits dann ausgeschlossen, wenn **vorrangige berechtigte** Gründe für die fortgesetzte Datenverarbeitung vorliegen. Der Begriff des vorrangigen berechtigten Grundes stellt gegenüber dem Begriff des zwingenden schutzwürdigen Grundes ein Minus dar.

Es kommen daher Fallgestaltungen in Betracht, bei denen nach einem Wider- 19
spruch nach Art. 21 Abs. 1 zwar die weitere Datenverarbeitung ausgeschlossen, der Verantwortliche aber nicht zur Löschung der Daten verpflichtet ist. Eine derartige Konstellation kann etwa vorliegen, wenn bei der Nutzung einer App Daten der betroffenen Person erhoben und in pseudonymisierter Form zur Weiterentwicklung der App verarbeitet werden. In diesem Fall könnte der Verantwortliche bei einem Widerspruch der betroffenen Person keine zwingenden schutzwürdigen Gründe nachweisen, die die weitere Verarbeitung erlauben, denn die App kann auch ohne die Daten der betroffenen Person weiter betrieben werden. Hingegen dürfte ein vorrangiges berechtigtes Interesse des Verantwortlichen (technische Weiterentwicklung der App) vorliegen, welches je nach Ausgestaltung der Verarbeitungsprozesse den Löschanspruch der betroffenen Person ausschließen könnte.

Um zu ermitteln, ob ein Interesse Vorrang gegenüber anderen Interessen hat, 20
bedarf es einer Interessenabwägung im Einzelfall. Welche **Kriterien bei der Abwägung** der konfligierenden Interessen zu berücksichtigen sind, gibt die DS-GVO nicht vor. Berücksichtigungsfähig sind aber wohl die Art der betreffenden Information, deren Sensibilität für das Privatleben der betroffenen Person sowie das Interesse der Öffentlichkeit am Zugang zu der Information, das je nach Rolle, die die Person im öffentlichen Leben spielt, variieren kann.[27]

Ein vorrangiger berechtigter Grund kann zB auch im **wirtschaftlichen Inte-** 21
resse eines Suchmaschinenbetreibers liegen, sofern die Auswirkungen der nicht vorgenommenen Löschung für die betroffene Person nur geringfügig sind (→ Rn. 60 ff.). Ebenso kann das **Informationszugangsinteresse** der Allgemeinheit einen vorrangigen berechtigten Grund darstellen. Daneben wird zum Teil auch auf das Interesse des Webseitenbetreibers verwiesen, das nicht nur auf die Verfügbarkeit der Information auf seiner Webseite gerichtet ist,[28] sondern auch auf die **Auffindbarkeit der Information mithilfe einer Suchmaschine.**[29]

4. Widerspruch der betroffenen Person nach Art. 21 Abs. 2. Die Lösch- 22
rechte bestehen weiterhin, wenn die betroffene Person gem. Art. 21 Abs. 2 der

[27] EuGH, Urt. v. 13.5.2014 – C-131/12, NJW 2014, 2257 Rn. 81; Leitlinien der Artikel-29-Datenschutzgruppe zur Umsetzung der Vorgaben des EuGH, WP 225, S. 2, 13 ff.; *Freialdenhoven/Heinzke*, GRUR-Prax 2015, 119 (120 f.); vgl. die Urteile des OLG Celle v. 29.12.2016 – 13 U 85/16 und OLG Köln v. 31.5.2016 – 15 U 197/15, die bei den Interessen des Betroffenen eine Unterscheidung anhand der betroffenen Sphären (Sozialsphäre, Privatsphäre) vornehmen.

[28] Dieses Interesse ist im Rahmen des Löschanspruchs gegenüber dem Suchmaschinenbetreiber gerade nicht betroffen, da die Information auf der Webseite verfügbar bleibt, auch wenn der Link dazu nicht mehr über die Suchmaschine auffindbar ist.

[29] Vgl. etwa OLG Celle, Urt. v. 29.12.2016 – 13 U 85/16; ebenso im Urt. v. 1.6.2017 – 13 U 178/16; OLG Köln, Urt. v. 31.5.2016 – 15 U 197/15, die insoweit auf die Presse- und Meinungsfreiheit der für die Beiträge Verantwortlichen verweisen.

Datenverarbeitung zu Zwecken der Direktwerbung widerspricht (→ Art. 21 Rn. 20 ff.). Einer Interessenabwägung bedarf es in diesem Fall nicht.

23 **5. Rechtswidrigkeit der Datenverarbeitung.** Nach Abs. 1 lit. d bestehen die Löschrechte auch, wenn personenbezogene Daten unrechtmäßig verarbeitet wurden. Die Regelung ähnelt inhaltlich der **Vorgängerbestimmung** in Art. 12 lit. b DS-RL[30] bzw. § 35 Abs. 2 Nr. 1 BDSG aF. Abs. 1 lit. d erfasst alle Konstellationen der unzulässigen Verarbeitung, insbesondere die Fälle, bei denen **von vornherein keine Rechtsgrundlage** für die Erhebung oder Speicherung personenbezogener Daten vorlag.

24 Zur Vorgängerregelung des § 35 Abs. 2 S. 2 Nr. 1 BDSG aF wurde vertreten, dass nur dann ein Löschrecht vorliegen soll, wenn die Speicherung auch zum **Beurteilungszeitpunkt** rechtswidrig ist.[31] War die Speicherung also zunächst unzulässig, zB weil Personaldaten ohne die erforderliche Zustimmung der Mitarbeitervertretung gespeichert waren, und diese Zustimmung lag später vor, so entfiel die bis dahin bestehende Löschpflicht *ex nunc.* Richtigerweise muss diese Betrachtungsweise auch für Abs. 1 lit. d fortgelten, denn in Fällen einer nachträglichen Heilung haben sowohl der Verantwortliche als auch die betroffene Person regelmäßig ein Interesse an der Fortführung der Verarbeitung, so dass eine Löschung in derartigen Situationen widersinnig wäre.

25 Unrechtmäßig ist auch die Verarbeitung unrichtiger oder unvollständiger Daten. Zwar besteht in derartigen Fällen auch ein **Berichtigungsanspruch** gem. Art. 16. Ist jedoch eine Korrektur nicht möglich (zB A wird unzutreffend als Eigentümer des Hauses X-Str. 7 bezeichnet) oder macht die betroffene Person nicht von ihrem Berichtigungsanspruch Gebrauch, so ist die Angabe ersatzlos zu löschen (→ Art. 16 Rn. 7). Im Falle der unrechtmäßigen Verarbeitung personenbezogener Daten kann die betroffene Person anstelle der Löschung zudem auch die **Einschränkung der Datenverarbeitung** verlangen (Art. 18 Abs. 1 lit. b).

26 **6. Erfüllung einer rechtlichen Verpflichtung.** Abs. 1 lit. e enthält eine **Öffnungsklausel** für Löschrechte, die aufgrund einer rechtlichen Verpflichtung nach dem Unionsrecht oder dem Recht des Mitgliedstaates, dem der Verantwortliche unterliegt, begründet werden. Spezielle gesetzliche Löschpflichten betreffen zB Anbieter von Telekommunikationsdienstleistungen in Bezug auf Bestandsdaten nach Beendigung des Vertragsverhältnisses (§ 95 Abs. 3 S. 1 TKG) und Verkehrsdaten (§ 96 Abs. 1 S. 3 TKG bzw. nach Ablauf der Höchstspeicherfrist § 113b Abs. 8 TKG). Die zur Löschung verpflichtende Regelung der Union oder des Mitgliedstaats muss dabei keine datenschutzrechtliche Zweckrichtung verfolgen. In Betracht kommt jegliche Zwecksetzung, so dass bspw. auch § 98 Abs. 1 UrhG (Anspruch auf Vernichtung eines urheberrechtlich geschützten Werks) eine Löschpflicht iSd Abs. 1 lit. e begründen kann, sofern mit der Vernichtung des Werks auch die Löschung von personenbezogenen Daten verbunden ist.

27 Die Öffnungsklausel stellt keine besonderen Anforderungen an die jeweilige mitgliedstaatliche Regelung. Erforderlich ist jedoch, dass die jeweilige mitgliedstaatliche Regelung die Vorgaben der DS-GVO nicht unterläuft und vor allem keine Rechte aus der GRCh oder Grundfreiheiten verletzt.

28 **7. Datenerhebung in Bezug auf angebotene Dienste der Informationsgesellschaft bei Minderjährigen.** Die in Abs. 1 lit. f geregelten Löschrechte

---

[30] *Gstrein*, ZD 2012, 424 (425).

[31] *Gola/Schomerus*, BDSG, § 35 Rn. 11.

betreffen die Verarbeitung personenbezogener Daten auf Grundlage einer Einwilligung, die die betroffene Person im **Kindesalter**[32] in Bezug auf angebotene Dienste der Informationsgesellschaft[33] erteilt hat. Betroffen sind somit insbesondere personenbezogene Daten, die von Streaming-Diensten, sozialen Netzwerken oder Online-Spiele-Anbietern erhoben werden. Abs. 1 lit. f trägt nach Erwägungsgrund 65 dem Umstand Rechnung, dass ein Kind die mit der Verarbeitung verbundenen Gefahren und damit auch die Tragweite seiner Einwilligung nicht immer vollumfassend überblicken kann. Es soll deshalb die Möglichkeit bestehen, Daten, die aufgrund einer nach Art. 8 Abs. 1 wirksamen Einwilligung erhoben wurden, zu löschen.[34] Dieses Recht soll die betroffene Person auch später noch als Erwachsener ausüben können.

Unklar ist, ob Abs. 1 lit. f einen eigenständigen **Anwendungsbereich** hat.[35] **29**
Ein Löschrecht soll hiernach bestehen, wenn personenbezogene Daten in Bezug auf angebotene Dienste der Informationsgesellschaft gem. Art. 8 Abs. 1 – dh mit Einwilligung des über 16 Jahre alten Kindes oder der gesetzlichen Vertreter – erhoben wurden. Eine wortlautgetreue Anwendung der Norm würde zu dem widersinnigen Ergebnis führen, dass Daten immer dann zu löschen wären, wenn die Voraussetzungen des Art. 8 Abs. 1 iVm Art. 6 Abs. 1 lit. a vorliegen, dh wenn die Verarbeitung aufgrund einer wirksamen Einwilligung rechtmäßig ist. Aus diesem Grund kann Abs. 1 lit. f keine Löschpflicht des Verantwortlichen begründen, da diese ansonsten den Maßgaben der (wirksamen) Einwilligung zuwiderlaufen würde.

Denkbar wäre es, aus Abs. 1 lit. f zumindest einen Löschanspruch der betroffe- **30**
nen Person herzuleiten, der erst ausgelöst würde, sobald ein Löschantrag einer betroffenen Person vorliegt (zB wenn ein 17-Jähriger [wirksam] eine Einwilligung abgegeben hat, diese Einwilligung aber später widerrufen wird). Allerdings wäre ein derartiger Löschantrag gleichzeitig auch als Widerruf[36] der Einwilligung auszulegen, so dass in diesem Fall auch ein Löschrecht nach lit. b vorläge, so dass es der Regelung in Abs. 1 lit. f nicht bedurft hätte.[37] Nichts anderes kann gelten, wenn die gesetzlichen Vertreter eine Einwilligung für ein Kind abgegeben haben und diese Einwilligung, die aufgrund von Vertretungsmacht im Namen des Kindes erteilt wurde, später durch das Kind selbst widerrufen wird.

Der Verweis des Abs. 1 lit. f auf Art. 8 Abs. 1 könnte auch derart verstanden **31**
werden, dass das Löschrecht nur dann besteht, wenn die **Voraussetzungen des Art. 8 Abs. 1 nicht erfüllt** sind, also wenn im Kindesalter eine unwirksame Einwilligung abgegeben wurde (zB Einwilligung von einem 14-Jährigen ohne Zustimmung der gesetzlichen Vertreter). Auch bei dieser Lesart würde es aber am eigenen Anwendungsbereich von Abs. 1 lit. f fehlen, da die Verarbeitung im Falle einer unwirksamen Einwilligung ohnehin unrechtmäßig ist, so dass die Löschung bereits nach Abs. 1 lit. d zu erfolgen hat.

Abs. 1 lit. f könnte zudem eine **Spezialregelung** im Zusammenhang mit der **32**
Verarbeitung von personenbezogenen Daten von Kindern zu Abs. 1 lit. b (Widerruf der Einwilligung) darstellen. Im Gegensatz zu Abs. 1 lit. b ist in Abs. 1 lit. f

---

[32] S. zur Einwilligungsfähigkeit von Kindern Art. 8 Rn. 8 ff.
[33] Gemeint sind hiermit Dienste iSd RL 2000/31/EG.
[34] Vgl. dazu *Möhrke-Sobolewski/Klas*, K&R 2016, 373 (377).
[35] Dafür wohl *Schantz*, NJW 2016, 1841 (1845).
[36] Der Widerruf ist nach Art. 7 Abs. 3 jederzeit und voraussetzungslos möglich.
[37] So auch *Schantz*, NJW 2016, 1841 (1845).

nämlich keine Möglichkeit vorgesehen, die Verarbeitung nach dem Widerruf der Einwilligung auf eine **andere Rechtsgrundlage** für die fortgesetzte Datenverarbeitung zu stützen. Nach dem erfolgten Widerruf einer Einwilligung, die nach den Maßgaben von Art. 8 Abs. 1 abgegeben wurde, wäre die Löschpflicht dann nur noch unter den engen Voraussetzungen des Art. 17 Abs. 3 ausgeschlossen. Dagegen spricht aber die Systematik des Abs. 1, denn wenn der Gesetzgeber mit Abs. 1 lit. f eine Spezialregelung erlassen wollte, hätte dies unmissverständlich direkt in Abs. 1 lit. b erfolgen können (zB durch das Einfügen von „[…] dies gilt nicht, wenn die Einwilligung nach den Maßgaben des Art. 8 Abs. 1 erteilt wurde […]"). Zudem werden die **schutzwürdigen Interessen von Kindern** auch im Rahmen anderer Rechtsgrundlagen berücksichtigt (zB bei der Interessenabwägung nach Art. 6 Abs. 1 lit. f). Löschrechte, die allein vom Willen der betroffenen Person abhängen und keine Speicherung aufgrund einer anderen Rechtsgrundlage ermöglichen, wären deshalb nicht erforderlich und vor allem zu undifferenziert. So können im Einzelfall durchaus Konstellationen vorliegen, bei denen eine fortgesetzte Speicherung von personenbezogenen Daten auch bei Kindern auf überwiegende Interessen des Verantwortlichen gestützt werden kann (zB im Rahmen von quasi-anonymisierten Big Data-Analysen). Vor diesem Hintergrund ergibt sich nach der hier vertretenen Auffassung, dass Abs. 1 lit. f lediglich klarstellenden Charakter und keinen eigenen Regelungsbereich hat.[38]

33 **8. Einwand der Unverhältnismäßigkeit und Besonderheiten bei Big Data.** Abs. 1 sieht **keinen Einwand der Unverhältnismäßigkeit** vor. Dh die Löschung ist beim Vorliegen der Voraussetzungen des Abs. 1 auch dann vorzunehmen, wenn hiermit ein unverhältnismäßig hoher Aufwand verbunden ist. Eine Einschränkung der Löschpflicht bei unverhältnismäßig hohem Aufwand ist zwar auf nationaler Ebene in § 35 Abs. 1 BDSG nF vorgesehen (→ Rn. 49 ff.), der insoweit die in Abs. 3 enthaltenen Ausnahmetatbestände ergänzt. Die Einschränkung gilt jedoch nur für die nicht automatisierte Datenverarbeitung.[39] Somit können zB Big Data-Anwender, die große (oftmals auf den ersten Blick zusammenhanglose) Datenpools mittels automatisierter Datenverarbeitungssysteme verwalten, nicht einwenden, dass das Ausfindigmachen von personenbezogenen Daten einer betroffenen Person besonders aufwändig und die Bedeutung der gespeicherten Informationen sowie die Risiken besonders gering sind. Vielmehr müssen die Prozesse des Verantwortlichen im Lichte des Art. 25 (Datenschutz durch Technikgestaltung und durch datenschutzfreundliche Voreinstellungen) so gestaltet werden, dass die **Löschrechte nach Art. 17 effektiv verwirklicht** werden.

34 Voraussetzung für das Vorliegen der Löschrechte nach Abs. 1 ist jedoch, dass der Verantwortliche in der Lage ist, die bei ihm gespeicherten Daten einer Person zuzuordnen. **Big Data-Prozesse,** bei denen Datenpools aus einer Vielzahl von abstrakten – für sich gesehen anonymisierten – Daten gespeist werden, sind oftmals aber nicht darauf ausgelegt, die vorhandenen Daten einer konkreten Person zuzu-

---

[38] Ebenso *Roßnagel/Nebel/Richter*, ZD 2015, 455 (458).

[39] Frühere Entwürfe des BDSG nF enthielten hingegen keine Beschränkung des Ausnahmetatbestands auf die nicht automatisierte Datenverarbeitung und eröffneten damit eine weiter gehende Einschränkung der Löschrechte, vgl. den RefE des Bundesministeriums des Innern v. 23.11.2016 und die Gesetzesentwürfe der Bundesregierung v. 2.2.2017 (BR-Drs. 110/17) und v. 24.2.2017 (BT-Drs. 18/11325). AA *Worms*, der hierin lediglich eine klarstellende Funktion sieht, vgl. BeckOK DatenschutzR/*Worms*, BDSG § 35 Rn. 21.

ordnen. Eine derartige Ausgestaltung der Prozesse wird regelmäßig bereits vor dem Hintergrund der Maßgaben des Art. 25 (Datenschutz durch Technikgestaltung und durch datenschutzfreundliche Voreinstellungen) geboten sein. Um einem Löschbegehren einer betroffenen Person zu entsprechen, wären Big Data-Anwender in derartigen Fällen dazu gehalten, die aus ihrer Sicht anonymisierten Daten durch eine – mit Blick auf den Datenschutz **im Zweifel nicht vorgesehene – Verknüpfung mit anderen Daten personenbezogen zu machen.** Dass ein derartiges Vorgehen bzw. die Schaffung eines Prozesses zur Herstellung des Personenbezugs der Zielsetzung der DS-GVO zuwiderläuft, liegt auf der Hand. Aus diesem Grund muss es genügen, wenn Löschbegehren in derartigen Fällen nur auf Basis der **ad hoc verfügbaren personenbezogenen Daten** erfüllt werden.[40] Prozesse zur Herstellung des Personenbezugs von Daten sind hingegen regelmäßig nicht erforderlich bzw. würden sogar der DS-GVO, insbesondere Art. 25, zuwiderlaufen.

II. Pflicht zur Information Dritter (Abs. 2)

Die Löschrechte nach Abs. 1 werden ergänzt durch Abs. 2, wonach der zur Löschung verpflichtete Verantwortliche im Falle der Veröffentlichung von personenbezogenen Daten angemessene Maßnahmen treffen muss, um Dritte über das ihnen gegenüber bestehende Löschverlangen der betroffenen Person in Kenntnis zu setzen **(Informationspflicht).** **35**

Personenbezogene Daten wurden iSd Abs. 2 öffentlich gemacht, wenn sie aktiv für die Öffentlichkeit, dh für die Allgemeinheit, zugänglich gemacht wurden (zB bei Abrufbarkeit der Daten auf einer Webseite).[41] **36**

Die Informationspflicht ist zu unterscheiden von der in Art. 19 geregelten Mitteilungspflicht, die den Verantwortlichen zur Mitteilung der nach Abs. 1 vorgenommenen Löschung gegenüber **Datenempfängern,** denen die Daten offengelegt wurden, verpflichtet. Anders als in Art. 19 betrifft die in Abs. 2 geregelte Informationspflicht nicht die gezielte Datenübermittlung an einen eingeschränkten Kreis von Datenempfängern[42] (zB Vertragspartner oder Kunden), sondern einen unüberschaubaren Kreis von weiteren Verantwortlichen (zB Nutzer einer Webseite, die auf die Daten zugreifen und diese ebenfalls verarbeiten).[43] **37**

Fraglich ist, ob die Informationspflicht nach Abs. 2 auch dann besteht, wenn es an einem **Antrag** der betroffenen Person auf Löschung der Daten fehlt, aber den Verantwortlichen eine Löschpflicht nach Abs. 1 trifft. Hierfür ließe sich der Zweck der Informationspflicht anführen, wonach dem „Recht auf Vergessenwerden“ im Netz mehr Geltung verschafft werden soll.[44] Größtmögliche Geltung würde diesem Recht zukommen, wenn der Verantwortliche weitere Verantwortliche auch ohne Antrag über das ihnen gegenüber bestehende Löschverlangen des Betroffenen informieren müsste. Gegen eine derart weitgehende Informations- **38**

---

[40] Zu den datenschutzrechtlichen Herausforderungen bei Big Data, insb. auch bei Auskunftsansprüchen, *Werkmeister/Brandt*, CR 2016, 233.

[41] Vgl. *Kipker/Voskamp*, DuD 2012, 737 (741); *Gola/Schomerus*, BDSG, § 28 Rn. 31.

[42] „Spezifische Dritte“, vgl. *Hornung/Hofmann*, JZ 2013, 163 (166); „Konkrete Empfänger“, vgl. Infobroschüre 6 der BfDI, S. 14.

[43] ZT wird die Informationspflicht aus Abs. 2 als lex specialis zur Mitteilungspflicht aus Art. 19 gesehen, vgl. *Trentmann*, CR 2017, 26 (32); Plath/*Kamlah*, DSGVO, Art. 17 Rn. 15, Art. 19 Rn. 1.

[44] Erwägungsgrund 66.

pflicht des Verantwortlichen spricht jedoch der Wortlaut der Norm: Anders als bei Art. 19 muss der Verantwortliche nicht über die von ihm selbst vorgenommene Löschung informieren, sondern über das **gegenüber Dritten bestehende Löschverlangen** der betroffenen Person.[45] Denknotwendige Voraussetzung ist demnach, dass dem Verantwortlichen ein entsprechendes Verlangen der betroffenen Person bekannt ist, dh ein entsprechender Antrag der betroffenen Person vorliegt, aus dem sich zumindest konkludent neben dem gegenüber dem Verantwortlichen zum Ausdruck gebrachten Löschverlangen auch ein gegenüber Dritten bestehendes Löschverlangen des Betroffenen ableiten lässt. Für diese Lesart spricht auch Erwägungsgrund 66, wonach angemessene Maßnahmen zu treffen sind, um die Verantwortlichen, die diese personenbezogenen Daten verarbeiten, über den „Antrag" der betroffenen Person zu informieren. Ohne das Vorliegen eines Antrags besteht folglich keine Informationspflicht.

39 An den Antrag der betroffenen Person sind keine zu hohen Anforderungen zu stellen. Es ist ausreichend, wenn die betroffene Person gegenüber dem Verantwortlichen einen auf Abs. 1 gestützten **Löschanspruch geltend macht,** da hierin in der Regel ein umfassendes Löschverlangen zu sehen ist, das auch die Löschung der von Dritten verarbeiteten Daten beinhaltet.[46] Eine solche grundsätzlich weite Auslegung des Löschantrags entspricht der Intention des Gesetzgebers, dem Recht auf Vergessenwerden im Netz „mehr Geltung" zu verschaffen (Erwägungsgrund 66). Umgekehrt ist hierin auch keine unzumutbare Belastung der Verantwortlichen zu sehen, da die Verpflichtung zugleich auf „angemessene" Maßnahmen beschränkt ist (→ Rn. 40). Keine Zweifel hinsichtlich des Löschverlangens gegenüber Dritten bestehen jedenfalls dann, wenn die betroffene Person bei der Geltendmachung des Löschanspruchs gegenüber dem nach Abs. 1 Verantwortlichen (zB gegenüber einem Suchmaschinenbetreiber) weitere Verantwortliche konkret benennt (zB bestimmte Webseiten, auf denen die Daten ebenfalls verarbeitet werden).

40 Die Informationspflicht des Abs. 2 beschränkt sich auf das Treffen **angemessener Maßnahmen.** Hierunter fallen alle Maßnahmen, die dem Verantwortlichen unter Berücksichtigung des Aufwands (Kosten, Personal, Zeit und Technik) zumutbar sind, um Dritte vom Löschverlangen der betroffenen Person zu informieren.[47] So ist dem Suchmaschinenbetreiber in der Regel zuzumuten, die Webseitenbetreiber, deren Links aus dem Suchergebnis unter Eingabe des Namens der betroffenen Person nach Abs. 1 zu löschen sind, über das ihnen gegenüber bestehende Löschverlangen der betroffenen Person zu informieren. Hingegen wird es für Webseitenbetreiber in der Regel nicht zumutbar sein, die Identität ihrer Nutzer festzustellen, um diese nach Abs. 2 zu informieren. Die Durchführung einer (ggf. zeitaufwändigen) manuellen Recherche im Internet dürfte nur in Ausnahmefällen zumutbar sein.

41 Nicht erforderlich ist, dass der nach Abs. 1 Verantwortliche die Löschung der Querverweise, Kopien und Replikationen der personenbezogenen Daten bei Dritten **bewirkt.**[48] Ob Dritte ihrerseits zur Löschung der betreffenden Daten

[45] *Hornung/Hofmann*, JZ 2013, 163 (167).

[46] In Übereinstimmung mit *Hornung/Hofmann*, JZ 2013, 163 (167).

[47] Einer Verhinderung der weiteren Datenverarbeitung (durch Dritte) bedarf es seitens des nach Abs. 1 Verantwortlichen hingegen nicht, so aber *Gstrein*, ZD 2012, 424 (425).

[48] Eine Gegenüberstellung mit Art. 17 Abs. 2 DS-GVO (Entw. Kommission, Stand: 29.11.2011) findet sich bei *Hornung/Hofmann*, JZ 2013, 163 (167).

verpflichtet sind, richtet sich nach Abs. 1. Der Löschanspruch muss von der betroffenen Person direkt gegenüber dem Dritten geltend gemacht werden.[49] Es handelt sich um separat zu beurteilende Ansprüche, die im Hinblick auf die Löschgründe und die betroffenen Interessen voneinander abweichen können. So kann die betroffene Person bspw. lediglich gegenüber einem der Verantwortlichen die erteilte Einwilligung widerrufen oder Widerspruch einlegen, wohingegen andere Verantwortliche weiterhin zur Verarbeitung der Daten berechtigt sein können.

Konkrete **Leitlinien, Empfehlungen und bewährte Verfahren** im Hinblick auf die Umsetzung der in Abs. 2 enthaltenen Informationspflicht sollen gem. Art. 70 Abs. 1 lit. d vom Datenschutzausschuss bereitgestellt werden. **42**

III. Ausnahmen (Abs. 3)

Die in Abs. 3 geregelten **Ausnahmen** von den Löschrechten (Abs. 1) und der Informationspflicht (Abs. 2) ermöglichen die Berücksichtigung entgegenstehender Interessen, die das Recht der betroffenen Person im Einzelfall einschränken können. **43**

Abs. 3 lit. a normiert den Konflikt zwischen dem Recht der betroffenen Person auf informationelle Selbstbestimmung und der **Meinungs- und Informationsfreiheit** (Art. 11 GRCh). Hiernach gelten die in Abs. 1 und Abs. 2 enthaltenen Verpflichtungen nicht, wenn die Verarbeitung personenbezogener Daten zur Ausübung des Rechts auf freie Meinungsäußerung und Information erforderlich ist.[50] Vor dem Hintergrund des Art. 85, der für die Schaffung nationaler Regelungen für die Verarbeitung personenbezogener Daten für journalistische, wissenschaftliche, künstlerische und literarische Zwecke ein striktes Abwägungsgebot vorgibt, ist davon auszugehen, dass auch die Ausnahme in Abs. 3 lit. a nicht im Sinne einer pauschalen Privilegierung zugunsten der Meinungs- und Informationsfreiheit verstanden werden darf. Vielmehr ist auch im Rahmen von Abs. 3 lit. a eine Abwägung der Interessen des Betroffenen an der Löschung der seine Person betreffenden Daten gegenüber dem Interesse des Verantwortlichen an der fortgesetzten Speicherung dieser Daten vorzunehmen.[51] **44**

Die Mitgliedstaaten können insofern konkretisierende Regelungen nach **Art. 85** Abs. 2 erlassen.[52] Eine derartige Konkretisierung auf nationaler Ebene war bislang in § 41 BDSG aF iVm § 57 RStV enthalten, die die Verarbeitung personenbezogener Daten zu journalistischen und künstlerischen, wissenschaftlichen oder literarischen Zwecken regelten (sog. **„Medienprivileg"**[53]). Das Medienprivileg erlaubte die Nutzung personenbezogener Daten zu ausschließlich eigenen journalistisch-redaktionellen oder literarischen Zwecken.[54] Hierauf konnten sich insbesondere Anbieter von Online-Inhalten berufen und somit Ausnahmen **45**

---

[49] Ausf. zur Reichweite der Informationspflicht *Hornung/Hofmann*, JZ 2013, 163 (167).

[50] *Paal/Hennemann* sehen hierin die Schaffung eines „kleinen" Medienprivilegs, demgegenüber eröffne Art. 85 Abs. 2 für den nationalen Gesetzgeber die Möglichkeit zur Schaffung eines „großen" Medienprivilegs, vgl. ausf. K&R 2017, 18 (22).

[51] Zum Erfordernis einer im Einzelfall vorzunehmenden Abwägung der betroffenen Grundrechte vgl. *Paal/Hennemenn*, K&R 2017, 18 (22); *Trentmann*, CR 2017, 26 (33).

[52] Zum Konflikt zwischen Datenschutz und Meinungsfreiheit vgl. *Koreng/Feldmann*, ZD 2012, 311 ff.; krit. dazu *Gstrein*, ZD 2012, 424 (426).

[53] Ausf. zum Medienprivileg *Koreng/Feldmann*, ZD 2012, 311 ff.; *Boehme-Neßler*, NVwZ 2014, 825 (829).

[54] Spindler/Schuster/*Spindler/Nink*, § 41 BDSG Rn. 3.

von den Löschrechten begründen. Nicht vom Medienprivileg erfasst waren auch nach bisheriger Rechtslage hingegen Suchmaschinenbetreiber, die lediglich den Informationszugang unter Bereitstellung eines Suchalgorithmus ermöglichen.[55] Das BDSG nF enthält keine dem § 41 BDSG aF entsprechende Regelung. Insofern verweist der Bundesgesetzgeber auf die Kompetenz der Länder, die für den Bereich der Presse ausschließlich zuständig sind und somit konkretisierende Regelungen nach Art. 85 Abs. 2 erlassen bzw. bestehende Regelungen an die Vorgaben des Art. 85 Abs. 2 anpassen müssen.

46 Weiterhin entfällt die Löschpflicht gem. Abs. 3 lit. b, wenn die Datenverarbeitung zur **Erfüllung einer rechtlichen Verpflichtung** (zB bei Bestehen von Speicherungs- und Übermittlungspflichten im Arbeits-, Sozial-, Steuer- und Gesellschaftsrecht)[56] oder für die Wahrnehmung einer Aufgabe erforderlich ist, die im **öffentlichen Interesse** liegt oder in **Ausübung öffentlicher Gewalt** erfolgt und die dem Verantwortlichen übertragen wurde. Erforderlich ist hierbei das Vorliegen einer Grundlage im Unionsrecht oder im Recht des Mitgliedstaates, dem der Verantwortliche unterliegt, in der die rechtliche Verpflichtung bzw. die Aufgabe, die dem Verantwortlichen übertragen wurde, konkretisiert wird (→ Art. 6 Rn. 41 ff.).[57] Als Anhaltspunkt für die Bestimmung eines öffentlichen Interesses kann die Aufzählung allgemeiner öffentlicher Interessen in Art. 23 Abs. 1 lit. e herangezogen werden, wo insbesondere wichtige wirtschaftliche oder finanzielle Interessen der Union oder eines Mitgliedstaats, etwa im Währungs-, Haushalts- und Steuerbereich sowie im Bereich der öffentlichen Gesundheit und der sozialen Sicherheit, benannt sind (→ Art. 6 Rn. 48 ff.). Im Hinblick auf die Ausübung öffentlicher Gewalt enthält Art. 23 Abs. 1 lit. h eine Präzisierung der maßgeblichen Zwecke, die ua die nationale Sicherheit, Landesverteidigung und öffentliche Sicherheit erfassen. Eine Spezialregelung enthält Abs. 3 lit. c im Hinblick auf die fortgesetzte Datenverarbeitung im Bereich der **öffentlichen Gesundheit.**[58] Betroffen sind hiervon vor allem **Gesundheitsdaten,** die als besonders sensible Daten den strengen Anforderungen des Art. 9 Abs. 2 lit. h iVm Abs. 3 und Art. 9 Abs. 2 lit. i unterfallen.

47 Gem. Abs. 3 lit. d entfallen die Löschrechte, wenn die Datenverarbeitung für im öffentlichen Interesse liegende **Archivzwecke,**[59] **wissenschaftliche** oder **historische Forschungszwecke** oder für **statistische Zwecke** erforderlich ist, jedoch nur, soweit die Löschung dieser Daten die Verwirklichung der genannten Ziele ernsthaft beeinträchtigen oder unmöglich machen würde. Die Verarbeitung von personenbezogenen Daten für die vorgenannten Zwecke ist konkreter in Art. 89 geregelt. Hieraus ergibt sich, dass die verarbeitende Stelle bei der fortgesetzten Verarbeitung personenbezogener Daten zu den benannten Zwecken geeignete technische und organisatorische Maßnahmen treffen muss, mit denen insbesondere der Grundsatz der Datenminimierung gewährleistet wird (→ Art. 89 Rn. 9).

---

[55] Vgl. *Schumacher/Spindler*, DuD 2015, 606; vgl. zuletzt OLG Celle, Urt. v. 29.12.2016 – 13 U 85/16, Rn. 10 (juris); OLG Celle, Urt. v. 1.6.2017 – 13 U 178/16, Rn. 19 (juris).

[56] Vgl. im Hinblick auf die entsprechende Voraussetzung in Art. 7 lit. c DS-RL Grabitz/Hilf/*Brühann*, Das Recht der Europäischen Union, Art. 7 DSRL Rn. 16.

[57] Erwägungsgrund 45.

[58] Der Begriff „öffentliche Gesundheit" ist iSd Verordnung (EU) Nr. 1338/2008 auszulegen, vgl. Erwägungsgrund 54.

[59] Hiervon nicht erfasst ist jedoch die reguläre Berichterstattung und Vorhaltung von Informationen in Online-Archiven, vgl. *Paal/Hennemann*, K&R 2017, 18 (22).

Abs. 3 lit. e regelt eine Ausnahme von den Löschrechten zur Geltendmachung, Ausübung oder Verteidigung von **Rechtsansprüchen.** Die Berechtigung zur weiteren Speicherung kann deshalb bestehen, wenn Auseinandersetzungen anstehen oder mit hinreichender Wahrscheinlichkeit[60] zu erwarten sind. Der Umfang der fortgesetzten Speicherung beschränkt sich insoweit auf die zur Geltendmachung, Ausübung oder Verteidigung von Rechtsansprüchen erforderlichen Daten. **48**

Der Ausnahmetatbestand des Abs. 3 lit. e reicht hingegen nicht so weit, dass Daten aufgrund der bloß theoretischen Möglichkeit einer rechtlichen Auseinandersetzung gespeichert werden können. Ebenso wenig können zivilrechtliche Verjährungsfristen, die bei deliktischen oder dinglichen Ansprüchen bis zu 30 Jahre betragen können, ohne das Vorliegen von Anhaltspunkten für einen Rechtsstreit eine Ausnahme von den Löschrechten begründen. **49**

IV. Weitere Einschränkungen der Löschpflicht nach § 35 BDSG nF

1. Einwand des unverhältnismäßigen Aufwands (Abs. 1). Gem. § 35 Abs. 1 BDSG nF entfällt im Falle der nicht automatisierten Datenverarbeitung die Löschpflicht, wenn die Löschung wegen der besonderen Art der Speicherung nicht oder nur mit einem unverhältnismäßig hohen Aufwand möglich ist und das Interesse der betroffenen Person an der Löschung als gering anzusehen ist. Die Ausnahmevorschrift knüpft inhaltlich an die bislang in §§ 20 Abs. 3 Nr. 3, 35 Abs. 3 Nr. 3 BDSG aF enthaltenen Regelungen an.[61] **50**

Die in § 35 Abs. 1 BDSG nF geregelte Ausnahme gilt ausdrücklich nur für die **nicht automatisierte Verarbeitung** personenbezogener Daten.[62] Wann eine Datenverarbeitung als nicht automatisiert anzusehen ist, lässt sich in Abgrenzung zur automatisierten Datenverarbeitung bestimmen, die bislang als Verarbeitung unter Einsatz von Datenverarbeitungsanlagen definiert wurde.[63] Die Ausnahme gilt somit insbesondere nicht für die Verarbeitung personenbezogener Daten mit Hilfe von klassischen Computersystemen,[64] wodurch der Anwendungsbereich des § 35 Abs. 1 BDSG nF erheblich eingeschränkt ist. **51**

Der für die Verarbeitung Verantwortliche muss nachweisen können, dass die Löschung nicht oder nur mit einem **unverhältnismäßig hohen Aufwand** möglich ist. Ausweislich der Gesetzesbegründung bemisst sich der vertretbare Aufwand nach dem **jeweiligen Stand der Technik.** Der Ausnahmetatbestand ist vor dem Hintergrund, dass Art. 17 den mit der Löschpflicht verbundenen Aufwand für den Verantwortlichen – anders als dies etwa im Rahmen der Unterrichtungspflicht **52**

---

[60] Restriktiver zur bisherigen Rechtslage Simitis/*Dix*, BDSG, § 35 Rn. 38, wonach „konkret mit der Geltendmachung zB von Schadensersatzansprüchen zu rechnen“ sein muss.

[61] Krit. zur Vereinbarkeit des Ausnahmetatbestands mit den Vorgaben der DS-GVO BeckOK DatenschutzR/*Worms*, BDSG § 35 Rn. 24, 28.

[62] Die Begrenzung des Ausnahmetatbestands auf die nicht-automatisierte Datenverarbeitung wurde zu einem relativ späten Zeitpunkt des Gesetzgebungsverfahrens eingefügt, vgl. hierzu die Nachw. in → Fn. 65.

[63] Vgl. § 3 Abs. 1 S. 1 BDSG aF. Weder die DS-GVO noch das BDSG nF definieren den Begriff der automatisierten oder nicht-automatisierten Datenverarbeitung. Es ist aber davon auszugehen, dass auf die bislang geltende Auslegung dieser Begriffe zurückgegriffen werden kann, vgl. hierzu BeckOK DatenschutzR/*Worms*, BDSG § 35 Rn. 20.

[64] Zum Begriff der Verarbeitungsanlage vgl. Plath/*Schreiber*, BDSG, § 3 Rn. 24.

nach Art. 14 Abs. 5 lit. b der Fall ist – nicht berücksichtigt, restriktiv auszulegen.[65] Im Übrigen trifft den für die Verarbeitung Verantwortlichen die grundsätzliche Pflicht, seine Verarbeitungsprozesse von vornherein so zu organisieren, dass er seiner Verpflichtung aus Art. 17 Abs. 1 nachkommen kann. Hat er dies unterlassen, soll er sich im Nachhinein nicht auf den Einwand der Unverhältnismäßigkeit berufen können.

53 Ferner muss das **Interesse des Betroffenen** an der Löschung als gering anzusehen sein. Ein geringes Interesse an der Löschung dürfte oftmals abzulehnen sein, wenn ein ausdrückliches und begründetes Löschverlangen vorliegt, mit dem der Betroffene gerade sein berechtigtes Interesse an der Löschung der Daten zum Ausdruck bringt.[66] Ein geringes Interesse an der Löschung dürfte dann in Betracht kommen, wenn die Folgen der fortgesetzten Vorhaltung dieser Daten für den Betroffenen lediglich mit einer geringfügen Belastung verbunden sind. Zu berücksichtigen ist hierbei etwa die Art der betroffenen Daten und die Risiken, die aus einer potentiellen Weiterverwendung dieser Daten durch den Verantwortlichen resultieren können.

54 § 35 Abs. 1 S. 3 BDSG nF regelt eine **Rückausnahme** von der Einschränkung der Löschpflicht, wenn die personenbezogenen Daten unrechtmäßig verarbeitet wurden. Im Falle der unrechtmäßigen Datenverarbeitung (→ Rn. 23 ff.) ist der Verantwortliche nicht schutzwürdig und soll sich nicht auf den unverhältnismäßig hohen Aufwand der Löschung berufen können. Folglich unterliegt der Verantwortliche in diesem Fall der uneingeschränkten Löschpflicht.

55 **2. Beeinträchtigung schutzwürdiger Interessen des Betroffenen (Abs. 2).** Eine weitere Einschränkung der Löschpflicht sieht § 35 Abs. 2 BDSG nF vor, wenn in den Fällen, in denen der Verantwortliche die **Daten nicht mehr benötigt** (Art. 17 Abs. 1 lit. a) oder eine **unrechtmäßige Datenverarbeitung** vorliegt (Art. 17 Abs. 1 lit. d), ein Grund zu der Annahme besteht, dass durch die Löschung schutzwürdige Interessen der betroffenen Person beeinträchtigt werden. Die Vorschrift entspricht §§ 20 Abs. 3 Nr. 2, 35 Abs. 3 Nr. 2 BDSG aF.

56 Zwar hat der Betroffene in den benannten Konstellationen bereits gem. Art. 18 Abs. 1 lit. b und lit. c das Recht, von dem Verantwortlichen die Einschränkung der Verarbeitung zu verlangen. Die Notwendigkeit der Ergänzung des unmittelbar in Art. 18 enthaltenen Rechts begründet der Gesetzgeber aber damit, dass die Einschränkung der Datenverarbeitung gem. Art. 18 Abs. 1 lit. b und lit. c ein entsprechendes Verlangen des Betroffenen voraussetzt. Durch § 35 Abs. 2 BDSG nF soll der Betroffene hingegen auch **ohne ein Verlangen nach Art. 18** in die Lage versetzt werden, selbst zu entscheiden, ob die Daten gelöscht werden sollen – wie dies durch Art. 17 Abs. 1 grundsätzlich vorgesehen ist – oder ob die Verarbeitung lediglich eingeschränkt werden soll. Verlangt der Betroffene sodann die Löschung der seine Person betreffenden Daten, besteht ab diesem Zeitpunkt für die Einschränkung der Löschpflicht kein Raum mehr.

57 Dass der Gesetzgeber die Erweiterung der in Art. 18 Abs. 1 enthaltenen Rechte auf die Fälle des Art. 17 Abs. 1 lit. a und lit. d beschränkt hat, ist damit zu erklären, dass in diesen Fällen eine Löschpflicht des für die Verarbeitung Verantwortlichen ohne jegliches Tätigwerden des Betroffenen (etwa durch Wiederruf der Einwilligung gem. lit. b oder die Einlegung eines Widerspruchs gem. lit. c) entsteht. Für

[65] Dies entspricht auch der bisherigen Auslegung der Ausnahmetatbestände in §§ 20 Abs. 3 Nr. 3, 35 Abs. 3 Nr. 3 BDSG aF, vgl. hierzu Simitis/*Dix*, BDSG, § 35 Rn. 50.

[66] BeckOK DatenschutzR/*Worms*, BDSG § 35 Rn. 25.

den Betroffenen ist somit nicht ersichtlich, dass seine personenbezogenen Daten gelöscht werden könnten bzw. dass der Verantwortliche sogar zur Löschung verpflichtet ist. Er hat somit keine Möglichkeit, seine der Löschung entgegenstehenden Interessen gegenüber dem Verantwortlichen kundzutun.

Voraussetzung für die Einschränkung der Löschpflicht ist, dass der Verantwortliche **Anhaltspunkte** für ein entgegenstehendes schutzwürdiges Interesse des Betroffenen hat. Davon ist auszugehen, wenn für den Verantwortlichen erkennbar ist, dass der Betroffene die Daten noch benötigen könnte, bspw. um die Rechtswidrigkeit der in der Vergangenheit erfolgten Datenverarbeitung zu dokumentieren oder wenn er ein eigenes, von dem durch den Verantwortlichen verfolgten Zweck unabhängiges Interesse an den betroffenen Daten hat. **58**

Gem. § 35 Abs. 2 S. 2 BDSG nF ist der Verantwortliche verpflichtet, den Betroffenen über die anstelle der Löschung erfolgte Sperrung zu **unterrichten.** Die Verpflichtung entfällt, wenn die Unterrichtung unmöglich ist oder mit einem unverhältnismäßig hohen Aufwand verbunden ist. Die Unterrichtspflicht soll sicherstellen, dass der Betroffene von der (vorübergehenden) Einschränkung der Datenverarbeitung erfährt, um darüber entscheiden zu können, ob die Verarbeitung weiterhin lediglich eingeschränkt werden soll oder die Daten gelöscht werden sollen. **59**

3. Satzungsmäßige oder Vertragliche Aufbewahrungsfristen (Abs. 3). Eine weitere Einschränkung der Löschpflicht ist gem. § 35 Abs. 3 BDSG nF für den Fall vorgesehen, dass die Daten für die Zwecke, für die sie ursprünglich erhoben oder auf sonstige Weise genutzt wurden nicht mehr benötigt werden (Art. 17 Abs. 1 lit. a), wobei satzungsmäßige oder vertragliche Aufbewahrungsfristen der Löschung entgegenstehen. Die Vorschrift entspricht weitestgehend §§ 20 Abs. Nr. 1, 35 Abs. 3 Nr. 1 BDSG aF. **60**

Durch § 35 Abs. 3 BDSG nF ergänzt der nationale Gesetzgeber den Ausnahmetatbestand des Art. 17 Abs. 3 lit. b, wonach die Löschpflicht entfällt, soweit die Verarbeitung zur Erfüllung einer rechtlichen Verpflichtung nach dem Recht der Union oder der Mitgliedstaaten erforderlich ist. Neben den **gesetzlichen** Aufbewahrungspflichten, die bereits durch Art. 17 Abs. 3 lit. b erfasst sind, sollen auch **satzungsmäßige und vertragliche Aufbewahrungspflichten** berücksichtigt werden, um den Verantwortlichen vor einer Pflichtenkollision zu schützen. **61**

V. Anwendungsfälle

1. Suchmaschinenbetreiber. Löschrechte gegenüber Suchmaschinenbetreibern[67] im Internet im Sinne eines **„Rechts, nicht gefunden zu werden"**,[68] bestehen unter den Voraussetzungen des Abs. 1 unabhängig von der Geltendma- **62**

[67] Zur datenschutzrechtlichen Verantwortlichkeit der spanischen Tochtergesellschaft eines US-Suchmaschinenbetreibers verneinend zuletzt Oberster Gerichtshof Madrid (Tribunal Supremo), Urt. v. 14.3.2016 – 964/2016, CRi 2016, 81; ebenfalls verneinend im Hinblick auf die Verantwortlichkeit der französischen Tochtergesellschaft eines Suchmaschinenbetreibers das Tribunal de Grande Instance de Paris (TGDP), Urt. v. 13.5.2016, abrufbar unter: www.legalis.net/jurisprudences/tribunal-de-grande-instance-de-paris-ordonnance-de-refere-du-13-mai-2016/ (Stand: 4.12.2017); abw. hierzu die zuvor ergangene Entsch. des EuGH, Urt. v. 13.5.2014 – C-131/12, NJW 2014, 2257 Rn. 60.

[68] Vgl. *Hornung/Hofmann*, JZ 2013, 163 (165): „Recht auf Vergessenwerden als Verhinderung des Auffindens mittels Suchmaschinen".

chung etwaiger Löschansprüche gegenüber Dritten, zB gegenüber Betreibern von Webseiten, die die eigentlich zu löschenden Informationen bereitstellen. Von den Löschrechten nach Abs. 1 zu unterscheiden sind zivilrechtliche Unterlassungsansprüche gegen die Suchwortergänzungsfunktion von Suchmaschinen („Autocomplete"), bei denen sich die betroffenen Personen nicht dagegen wehren, dass mittels der Suchmaschine persönliche Daten aufgefunden werden, sondern gegen den unwahren Aussagegehalt der mit den Normen verknüpften Begriffe.[69]

63 Um einen Suchmaschinenbetreiber zur Löschung bestimmter Suchtreffer bei Eingabe eines Namens (ggf. iVm bestimmten Schlagworten) zu verpflichten, können betroffene Personen von ihrem Recht zum **Widerspruch** nach Art. 21 Gebrauch machen, vgl. Abs. 1 lit. c.[70] Die Löschrechte bestehen aber nur dann, wenn der Suchmaschinenbetreiber keine vorrangigen berechtigten Gründe für die Verarbeitung vorweisen kann. In diese **Interessenabwägung**[71] einzubeziehen sind für die betroffene Person[72] die Achtung des Privatlebens (Art. 7 GRCh) und der Schutz personenbezogener Daten (Art. 8 GRCh). Als berechtigte Gründe für die (fortgesetzte) Datenverarbeitung sind vor allem das Informationsinteresse der Allgemeinheit (Art. 11 GRCh) und wirtschaftliche Interessen des Suchmaschinenbetreibers (Art. 16 GRCh) zu berücksichtigen.[73] Die **Reichweite des Löschanspruchs** gegenüber Suchmaschinenbetreibern wurde zuletzt vom EuGH[74] im Hinblick auf die Vorgängerregelungen in Art. 12 lit. b und Art. 14 DS-RL bestimmt. Ein Suchmaschinenbetreiber kann demnach zur Löschung einzelner Suchtreffer, die nach der Eingabe des Namens angezeigt werden, verpflichtet sein.[75] Die Suchtreffer bzw. die verlinkten Webseiten müssen jedoch nicht vollständig aus dem Suchindex genommen werden, dh bei der Angabe anderer Suchwörter können diese weiterhin von der Suchmaschine angezeigt werden.[76]

64 Nach Auffassung der Artikel-29-Datenschutzgruppe sind die Löschrechte auch in **territorialer Hinsicht** weit gefasst. Ein Deutscher, der einen Löschanspruch gegen einen international agierenden Suchmaschinenbetreiber mit weltweit mehreren Domains (.de, .com etc.) hat, müsse diesen Anspruch demnach nicht nur im Hinblick auf Suchtreffer bei der deutschen Domain, sondern mit Blick auf

---

[69] Vgl. BGH, Beschl. v. 14.5.2013 – VI ZR 269/12, NJW 2013, 2348.

[70] *Hornung/Hofmann*, JZ 2013, 163 (166 Fn. 30); *Trentmann*, CR 2017, 26 (31 f.), der neben lit. c auch auf lit. d (Unrechtmäßigkeit der Datenverarbeitung) als möglichen Löschgrund verweist.

[71] Vgl. OLG Celle v. 29.12.2016 – 13 U 85/16.

[72] Zu den Besonderheiten bei der Interessenabwägung im Beschäftigungskontext vgl. *Forst*, BB 2014, 2293 (2293 ff.).

[73] Der Suchmaschinenbetreiber kann sich hingegen nicht auf die Informationsfreiheit berufen, da dessen Tätigkeit auf die Bereitstellung des Suchalgorithmus und die rein mechanische Durchsuchung von Daten ausgerichtet ist, vgl. *Schiedermair*, jM 2015, 334 (336); EuGH, NJW 2014, 2257 Rn. 85 f.; Anm. *Karg*, ZD 2014, 360; die Berücksichtigung der Meinungsäußerungsfreiheit (Art. 11 GRCh) befürwortend *Kühling*, EuZW 2014, 527 (529); das OLG Celle berücksichtigt neben den Interessen des Suchmaschinenbetreibers und des Betroffenen auch die Interessen des für den Inhalt des in der Suchmaschine nutzbaren Links Verantwortlichen (Webseitenbetreiber, der die Information auf seiner Seite verfügbar macht), vgl. das Urt. v. 29.12.2016 – 13 U 85/16.

[74] EuGH, Urt. v. 13.5.2014 – C-131/12, NJW 2014, 2257.

[75] EuGH, Urt. v. 13.5.2014 – C-131/12, NJW 2014, 2257, Rn. 99.

[76] Leitlinien der Artikel-29-Datenschutzgruppe zur Umsetzung der Vorgaben des EuGH, WP 225, S. 2.

alle Webseiten des Suchmaschinenbetreibers durchsetzen können, unabhängig davon, von welchem Ort aus die Suchanfrage erfolgt. So sollen die von der Löschpflicht erfassten Suchtreffer zB auch bei einer in Frankreich durchgeführten Suchanfrage nicht mehr in der Ergebnisliste der .com-Domain erscheinen. Es sei nicht ausreichend,[77] wenn die von einer betroffenen Person beanstandeten Suchtreffer nur auf europäischen Domains entfernt würden.[78]

Wenn die Löschrechte nach Abs. 1 Anwendung finden und ein Löschverlangen **65** der betroffenen Person vorliegt, greift nach Abs. 2 die **Informationspflicht** (vgl. zu den Voraussetzungen der Informationspflicht → Rn. 35 ff.).[79] Konkret hat dies zur Folge, dass der Suchmaschinenbetreiber Dritte, die die gegenständlichen personenbezogenen Daten ebenfalls verarbeiten (zB Webseitenbetreiber, Presseorgane oder Blogger, die die Daten veröffentlichen), soweit dies technisch möglich und zumutbar ist, über das Löschverlangen der betroffenen Person informieren muss.[80]

2. Webseitenbetreiber. Die Löschrechte nach Abs. 1 können auch unmittel- **66** bar gegenüber einem Webseitenbetreiber geltend gemacht werden. Ob der Webseitenbetreiber zur Löschung personenbezogener Daten verpflichtet ist, hängt – wie auch beim Suchmaschinenbetreiber – in der Regel vom Ergebnis der nach Abs. 1 lit. c (Löschverlangen nach Ausübung des Widerspruchsrechts) durchzuführenden Interessenabwägung ab. Diese Abwägung kann sich sowohl im Hinblick auf die betroffenen Interessen als auch im Ergebnis von der gegenüber einem Suchmaschinenbetreiber vorzunehmenden Interessenabwägung maßgeblich unterscheiden.[81] Im Gegensatz zum Suchmaschinenbetreiber kann sich der Betreiber einer Webseite ggf. auf die Freiheit der Meinungsäußerung und die Informationsfreiheit (Art. 11 GRCh) oder die Kunst- und Wissenschaftsfreiheit (Art. 13 GRCh) berufen. Aus diesem Grund ist das Vorhalten von älteren Pressemeldungen

---

[77] Vgl. hierzu den Blog-Beitrag von *Peter Fleischer*, Global Privacy Counsel von Google, v. 4.3.2016, abrufbar unter: www.googlepolicyeurope.blogspot.de/2016/03/adapting-our-approach-to-european-right.html (Stand: 4.12.2017).

[78] Leitlinien der Artikel-29-Datenschutzgruppe zur Umsetzung der Vorgaben des EuGH, WP 225, S. 3; nachdem Google Inc. gegen dieses extensive Verständnis der territorialen Reichweite, das auch die französische Aufsichtsbehörde, die Commission Nationale de l'Informatique et des Libertés (CNIL) ihrer Anordnung gegen Google Inc. zugrunde legt, gerichtlich vorgegangen war, ist die Frage nun vom höchsten Verwaltungsgericht Frankreichs (dem Conseil d'État) an den EuGH weitergegeben worden, vgl. Pressemitteilung v. 19.7.2017, abrufbar unter: www.conseil-etat.fr/Decisions-Avis-Publications/Decisions/Selection-des-decisions-faisant-l-objet-d-une-communication-particuliere/CE-19-juillet-2017-GOOGLE-INC (Stand: 4.12.2017); *Trentmann*, CR 2017, 26 (30).

[79] Die Informationspflicht schon auf Tatbestandsebene verneinend *Trentmann*, CR 2017, 26 (33): der Indexierung durch den Suchmaschinenbetreiber würde zeitlich die Veröffentlichung durch den jeweiligen Webseitenbetreiber vorgehen. Dann seien die Informationen aber bereits „öffentlich gemacht" und könnten nicht noch einmal – diesmal durch den Suchmaschinenbetreiber – öffentlich gemacht werden. Dem ist jedoch entgegenzusetzen, dass eine bereits erfolgte Veröffentlichung eine weitere Veröffentlichung nicht ausschließt, zumal sich auch der Adressatenkreis der jeweiligen Veröffentlichungsplattformen unterscheiden kann. Ebenso wenig ist dem Wortlaut des Abs. 2 eine Einschränkung der Informationspflicht auf die *erstmalige* Veröffentlichung personenbezogener Daten zu entnehmen.

[80] Zur technischen Umsetzbarkeit vgl. *Hornung/Hofmann*, JZ 2013, 163 (168 f.).

[81] So ausdrücklich EuGH, NJW 2014, 2257 Rn. 85; vgl. hierzu auch OLG Celle v. 1.06.2017 – 13 U 178/16, Rn. 15 (juris).

in **Online-Archiven** nach der Rechtsprechung des BGH[82] jedenfalls dann zulässig, wenn die Meldung ursprünglich zulässig war, die Auffindbarkeit der Informationen nur über eine gezielte Suche ermöglicht wird und die Altmeldung als solche erkennbar ist.[83]

67 Im Verhältnis zum Webseitenbetreiber kommen als weitere relevante Löschgründe die **Zweckerfüllung** bzw. der Zweckfortfall (Abs. 1 lit. a) – zB bei fortgesetzter Veröffentlichung von Kontaktdaten des Arbeitnehmers auf der Webseite des Arbeitgebers nach Beendigung des Arbeitsverhältnisses – sowie die **rechtswidrige Datenverarbeitung** (Abs. 1 lit. d) in Betracht. Letztere Konstellation ist zB bei Veröffentlichung von Fotos oder Videos einer betroffenen Person ohne deren Einwilligung relevant.

68 Ist der Webseitenbetreiber nach Abs. 1 zur Löschung personenbezogener Daten verpflichtet, muss er gem. Abs. 2 Dritte (zB Suchmaschinenbetreiber), die diese Daten ebenfalls verarbeiten, über das Löschverlangen der betroffenen Person **informieren.**[84] Bei der Information gegenüber Suchmaschinenbetreibern[85] kann der Webseitenbetreiber durch Verwendung entsprechender Hinweise – zB durch die Nutzung sog. Metatags, mit denen bestimmte Informationen für Suchmaschinen bereitgestellt werden können[86] – signalisieren, dass die betreffenden Daten aus dem Suchindex entfernt und die Löschung existierender Kopien im Cache der Suchmaschine veranlasst werden soll. Bei erneutem Aufruf der Seite wird der Hinweis durch den Webcrawler erfasst und kann vom Suchmaschinenbetreiber ausgeführt werden. Im Einzelfall, wenn das Abwarten des erneuten Aufrufs der Seite durch den Webcrawler unzumutbar ist – etwa bei besonders sensiblen Daten, die unverzüglich aus dem Index entfernt werden sollen – kann die direkte Information des Suchmaschinenbetreibers erforderlich sein.

69 Bei der Information sonstiger Dritter ist zu berücksichtigen, dass der Webseitenbetreiber lediglich dazu verpflichtet ist, **angemessene Maßnahmen** zu treffen, um Dritte zu informieren. Zu weitgehend wäre es jedenfalls, den Webseitenbetreiber zur Identifikation aller Nutzer seiner Webseite zu verpflichten, die die

---

[82] BGH, Urt. v. 15.12.2009 – VI ZR 227/08, MDR 2010, 321 – Online-Archiv I; BGH, Urt. v. 9.2.2010 – VI ZR 243/08, MDR 2010, 570 – Online-Archiv II; BGH, Urt. v. 20.4.2010 – VI ZR 245/08, MMR 2010, 571; BGH, Urt. v. 22.2.2011 – VI ZR 346/09, AfP 2011, 180; BGH, Urt. v. 8.5.2012 – VI ZR 217/08, MMR 2012, 703; BGH, Urt. v. 13.11.2012 – VI ZR 330/11, MDR 2013, 151; ausf. Übersicht zur Archiv-Rspr. des BGH bei *Mann*, AfP 2014, 210.

[83] Übereinstimmend mit der BGH-Rspr. im Hinblick auf die Löschung der Originalquelle zuletzt OLG Hamburg, Urt. v. 7.7.2015 – 7 U 29/12, AfP 2015, 447; OLG Düsseldorf, Urt. v. 10.9.2015 – I-16 U 120/15, 16 U 120/15.

[84] Eine vom Löschanspruch nach Abs. 1 unabhängige Verpflichtung des Webseitenbetreibers, die Suchmaschinenindexierung zu verhindern, besteht daher nicht; irreführend insoweit die Interpretation der EuGH-Entsch. durch das OLG Hamburg, Urt. v. 7.7.2015 – 7 U 29/12, AfP 2015, 447, Rn. 18 ff.; krit. auch *Holznagel/Hartmann*, MMR 2016, 228 (232); abl. *Paal/Hennemann*, K&R 2017, 18 (21).

[85] Ausf. *Hornung/Hofmann*, JZ 2013, 163 (168 f.).

[86] Vgl. hierzu die Hinweise von Google, abrufbar unter: www.support.google.com/webmasters/answer/79812?hl=de (Stand: 10.6.2016); ebenso International Working Group on Data Protection in Telecommunications, Arbeitspapier und Empfehlungen zu der Veröffentlichung personenbezogener Daten im Web, der Indexierung des Inhalts von Websites und dem Schutz der Privatsphäre v. 15.-16.4.2013, abrufbar unter: www.datenschutz-berlin.de/attachments/1007/675.46.35.pdf?1390316971 (Stand: 17.6.2016).

Daten möglicherweise verarbeiten.[87] In Ausnahmefällen kann die Durchführung einer manuellen Suche nach Dritten, die diese Daten im Netz veröffentlicht haben, angemessen sein.[88]

3. Soziale Netzwerke. Löschansprüche gegenüber Betreibern sozialer Netzwerke lassen sich vor allem auf die **widerrufene Einwilligung** der betroffenen Person stützen (Abs. 1 lit. b). Der Betreiber des Netzwerks muss dann eine andere Rechtsgrundlage für die Verarbeitung der personenbezogenen Daten vorweisen oder die Daten unverzüglich löschen. Werden personenbezogene Daten der betroffenen Person ohne deren Einwilligung durch Dritte ins Netzwerk gestellt, kann sich die betroffene Person ggf. auf Abs. 1 lit. d (Rechtswidrigkeit der Datenverarbeitung) berufen. **70**

Ob eine **Informationspflicht** des Betreibers des sozialen Netzwerks gegenüber Dritten (Abs. 2) besteht, hängt davon ab, ob die betreffenden Daten **vom Netzwerk-Betreiber als Verantwortlichem** veröffentlicht wurden. Allgemein zugänglich und damit öffentlich gemacht sind die Daten jedenfalls beim Fehlen entsprechender Privatsphäreneinstellungen.[89] Steht die Entscheidung über die Privatsphäreneinstellung in der Macht des Nutzers und entscheidet dieser allein über das „Ob" der Veröffentlichung, ebenso wie über die Reichweite, kann – vorbehaltlich abweichender rechtlicher oder technischer Möglichkeiten der Einflussnahme durch den Betreiber des sozialen Netzwerks und nur in Bezug auf diesen Verarbeitungsschritt – von einer (alleinigen) Verantwortlichkeit des Nutzers ausgegangen werden. Für den Betreiber des Netzwerks besteht dann keine Informationspflicht.[90] **71**

Die **Nutzer von sozialen Netzwerken oder sog. Fanpage-Betreiber,** also Unternehmen, die ein eigenes Profil besitzen, sind grundsätzlich nicht für die Verarbeitung von personenbezogenen Daten durch das soziale Netzwerk (mit)verantwortlich und können insofern kein Adressat der Löschansprüche nach Abs. 1 sein.[91] Etwas anderes gilt aber dann, wenn ein Nutzer als Verantwortlicher Inhalte in das soziale Netzwerk einstellt (zB Veröffentlichung von Bildern eines Arbeitnehmers auf der Fanpage des Arbeitgebers). In diesem Fall richten sich die Löschansprüche ausnahmsweise gegen den Nutzer des sozialen Netzwerks, der nach Abs. 2 verpflichtet ist, das soziale Netzwerk über den Löschantrag der betroffenen Person zu informieren. **72**

VI. Konkurrenzen

Die in Art. 17 Abs. 1 enthaltenen Löschrechte sind im Hinblick auf die im Anwendungsbereich der DS-GVO gespeicherten Daten als **abschließend** anzusehen, so dass zB § 823 Abs. 1 und Abs. 2 BGB als weitere mögliche Anspruchs- **73**

---

[87] *Hornung/Hofmann*, JZ 2013, 163 (169).

[88] Krit. *Hornung/Hofmann*, JZ 2013, 163 (169).

[89] *Hornung/Hofmann*, JZ 2013, 163 (167 f.); BeckOK DatenschutzR/*Worms*, 21. Ed., Art. 17 Rn. 71.

[90] Vgl. *Kipker/Voskamp*, DuD 2012, 737 (741); auf die Möglichkeit einer gemeinsamen Verantwortlichkeit von Nutzer und Betreiber des sozialen Netzwerks hinweisend *Hornung/Hofmann*, JZ 2013, 163 (168); *Hornung*, Rechtshandbuch Social Media, S. 98.

[91] Vgl. die differenzierte Beurteilung der Verantwortlichkeit des Betreibers einer Facebook-Fanpage anhand der tatsächlichen Möglichkeiten der Einflussnahme durch das OVG Schleswig, Urt. v. 4.9.2014 – 4 LB 20/13, ZD 2014, 643 mAnm *Werkmeister/Schröder,* ZD 2014, 645.

grundlagen ausscheiden.[92] Hiervon unberührt bleibt aufgrund des anders gelagerten Schutzzwecks der Norm jedoch § 824 BGB, so dass unabhängig von den Voraussetzungen des Art. 17 ein Löschanspruch bestehen kann, wenn eine unzulässige Speicherung von personenbezogenen Daten zu einer Kreditgefährdung führt.[93] Des Weiteren besteht gegen eine sich anbahnende rechtswidrige Datenspeicherung ein vorbeugender Unterlassungsanspruch aus § 1004 BGB analog.[94] Ferner kann ein Unterlassungs- und Beseitigungsanspruch aus § 1 UWG bestehen, falls die Erhebung, Verarbeitung oder Nutzung von personenbezogenen Daten eine unlautere Handlung im Wettbewerb darstellt.[95]

C. Umsetzung

74 Das Löschverlangen einer betroffenen Person nach Abs. 1 unterliegt keinen bestimmten **Formerfordernissen.** Gem. Erwägungsgrund 59 soll es für die betroffene Person bei elektronischen Datenverarbeitungen möglich sein, einen entsprechenden Löschantrag **elektronisch** zu stellen. Darüber hinaus sollen Verantwortliche **Mechanismen** entwickeln, die die Ausübung der Rechte der betroffenen Personen erleichtern und eine **unentgeltliche** Geltendmachung dieser Rechte ermöglichen.[96] Dies kann zB durch die Bereitstellung entsprechender Antragsformulare auf der Webseite des Verantwortlichen geschehen, die der betroffenen Person die Möglichkeit geben, die Löschung der betroffenen Daten zu beantragen.[97]

75 Die **inhaltliche Ausgestaltung** des Antrags muss sicherstellen, dass der Verantwortliche auf Grundlage des Löschantrags der betroffenen Person eine Entscheidung treffen kann. Dem Antrag müssen daher jedenfalls Angaben zum Antragsteller und der Löschgrund deutlich zu entnehmen sein.[98]

76 Durch einen Identitätsabgleich kann potenziellen Missbrauchsrisiken vorgebeugt werden. Bei der Ausgestaltung der Löschroutinen ist aus Sicht des Verantwortlichen zu berücksichtigen, dass auch die **fehlerhafte Löschung**[99] personen-

[92] Vgl. in Bezug auf die Rechtslage nach BDSG: BGH, NJW 1986, 2205; BGH, NJW 1984, 1886; *Gola/Schomerus*, BDSG, § 35 Rn. 25; *Bergmann/Möhrle/Herb*, BDSG, § 35 Rn. 96 ff.; Plath/*Kamlah*, BDSG, § 35 Rn. 57.

[93] Vor dem Hintergrund der Regelungen des BDSG: OLG Frankfurt a.M., RDV 1988, 148.

[94] BGH, NJW 1984, 436; *Gola/Schomerus*, BDSG, § 35 Rn. 26.

[95] *Gola/Schomerus*, BDSG, § 35 Rn. 26. Vgl. zur Anwendbarkeit des UWG bei Datenschutzverstößen etwa OLG Köln, Urt. v. 11.3.2016 – 6 U 121/15; OLG Karlsruhe, Urt. v. 9.5.2012 – 6 U 38/11; OLG Naumburg, Urt. v. 10.10.2003 – 1 U 17/03; OLG Stuttgart, Urt. v. 22.2.2007 – 2 U 132/06; OLG Köln, Urt. v. 14.8.2009 – 6 U 70/09 und v. 19.11.2010 – 6 U 73/10; es stellt sich aber die Frage, ob diese Rspr. im Lichte der Vollharmonisierungswirkung der DS-GVO weiterhin Bestand haben kann, vgl. hierzu Art. 80 Rn. 17.

[96] Vgl. Erwägungsgrund 59.

[97] Vgl. als Bsp. die Anträge von Google, abrufbar unter: www.support.google.com/legal/contact/lr_eudpa?product=websearch&hl=de (Stand: 23.10.2017) und Microsoft, abrufbar unter: www.bing.com/webmaster/tools/eu-privacy-request (Stand: 23.10.2017).

[98] Zur Ausgestaltung eines Antragsformulars vgl. die Empfehlungen des DIVSI zum „Recht auf Vergessenwerden", 2015, S. 70 ff.; *Nolte*, NJW 2014, 2238 (2241 f.).

[99] Zu möglichen zivilrechtlichen Ansprüchen bei einer Löschung von Suchtrefferlinks durch den Suchmaschinenbetreiber aufgrund einer fehlerhaften Interessenabwägung vgl. etwa *Milker*, K&R 2017, 23 (28).

bezogener Daten als unzulässige Datenverarbeitung zur Auferlegung von Bußgeldern und zur Geltendmachung von Schadensersatzansprüchen führen kann.[100] Vor diesem Hintergrund darf der Verantwortliche Kopien von Dokumenten anfordern, die zur **Identifizierung des Antragstellers** geeignet sind. Zu berücksichtigen ist hierbei, dass die automatisierte Speicherung von Personalausweisen nach § 20 Abs. 2 PAuswG unzulässig ist.[101] Abzusehen ist somit von der Anforderung eingescannter Personalausweise. Zulässig bleibt zB die Verwendung von Bibliotheksausweisen oder Studentenausweisen. Im Übrigen ist die betroffene Person darauf hinzuweisen, dass für die Identifizierung **nicht erforderliche Angaben zu schwärzen** sind.

Der Antrag der betroffenen Person muss von dem Verantwortlichen unverzüglich bearbeitet und grundsätzlich **innerhalb eines Monats** beantwortet werden, vgl. Art. 12 Abs. 3 und Abs. 4. Veranlasst der Verantwortliche auf den Antrag hin eine Maßnahme, kann die Frist im Einzelfall – aufgrund der Komplexität des Antrags oder der hohen Anzahl der Anträge – um weitere zwei Monate verlängert werden und bedarf einer Begründung gegenüber der betroffenen Person. Sollte der Verantwortliche nach Überprüfung des Antrags der betroffenen Person zu dem Ergebnis gelangen, dass keine Löschpflicht besteht, so muss er die betroffene Person gem. Art. 12 Abs. 4 unverzüglich, spätestens aber innerhalb eines Monats nach Eingang des Antrags, über die Gründe der Ablehnung sowie über die Möglichkeiten der Beschwerde bei einer Aufsichtsbehörde bzw. eines gerichtlichen Rechtsbehelfs informieren. **77**

Die durch den Verantwortlichen implementierten technischen und organisatorischen Maßnahmen zur Umsetzung des Rechts auf Löschung („Recht auf Vergessenwerden") sollten in den **Datenschutzrichtlinien des Verantwortlichen** abgebildet werden, um zu dokumentieren, dass die Datenverarbeitung im Einklang mit der DS-GVO erfolgt. Gem. Art. 12 Abs. 1 müssen die Informationen, die sich auf die Verarbeitung personenbezogener Daten beziehen, in präziser, transparenter, verständlicher und leicht zugänglicher Form in einer klaren und einfachen Sprache zur Verfügung gestellt werden. Um den Anforderungen an eine faire und transparente Verarbeitung zu genügen, muss der Verantwortliche gem. Art. 13 Abs. 2 lit. b bzw. Art. 14 Abs. 2 lit. c die betroffene Person über das Recht, die Löschung personenbezogener Daten verlangen zu können, informieren. **78**

D. Sanktionen und Schadensersatz

Kommt der Verantwortliche der Löschpflicht bzw. dem Löschanspruch der betroffenen Person nicht nach, kann die betroffene Person nach Art. 77 Beschwerde bei der zuständigen Aufsichtsbehörde einlegen. Die zuständige **Aufsichtsbehörde** kann gem. Art. 58 Abs. 2 lit. g die Löschung nach Abs. 1 und/oder die Information gegenüber Dritten gem. Abs. 2 **anordnen.** Zusätzlich drohen gem. Art. 83 Abs. 5 lit. b Geldbußen von bis zu 20.000.000 EUR bzw. 4 Prozent des gesamten weltweit erzielten Jahresumsatzes des vorangegangenen Geschäftsjahrs. **79**

---

[100] Vgl. Art. 83 Abs. 5 lit. a.

[101] Möglich ist hingegen die Vorlage einer Ausweiskopie, die von dem Verantwortlichen nach dem Identitätsabgleich unverzüglich, dh ohne dass eine Zwischenspeicherung erfolgt, gelöscht wird.

80 Die betroffene Person kann im Wege der **Klage** gegen den Verantwortlichen (oder ggf. den Auftragsverarbeiter) vorgehen, Art. 79 Abs. 1. Ebenso besteht die Möglichkeit, gem. Art. 82 Schadensersatz einzufordern. Der **Schadensersatzanspruch** erfasst nach Art. 82 Abs. 1 nicht nur materielle Schäden, sondern auch immaterielle Schäden.

Art. 18 Recht auf Einschränkung der Verarbeitung

(1) **Die betroffene Person hat das Recht, von dem Verantwortlichen die Einschränkung der Verarbeitung zu verlangen, wenn eine der folgenden Voraussetzungen gegeben ist:**

a) die Richtigkeit der personenbezogenen Daten von der betroffenen Person bestritten wird, und zwar für eine Dauer, die es dem Verantwortlichen ermöglicht, die Richtigkeit der personenbezogenen Daten zu überprüfen,

b) die Verarbeitung unrechtmäßig ist und die betroffene Person die Löschung der personenbezogenen Daten ablehnt und stattdessen die Einschränkung der Nutzung der personenbezogenen Daten verlangt;

c) der Verantwortliche die personenbezogenen Daten für die Zwecke der Verarbeitung nicht länger benötigt, die betroffene Person sie jedoch zur Geltendmachung, Ausübung oder Verteidigung von Rechtsansprüchen benötigt, oder

d) die betroffene Person Widerspruch gegen die Verarbeitung gemäß Artikel 21 Absatz 1 eingelegt hat, solange noch nicht feststeht, ob die berechtigten Gründe des Verantwortlichen gegenüber denen der betroffenen Person überwiegen.

(2) **Wurde die Verarbeitung gemäß Absatz 1 eingeschränkt, so dürfen diese personenbezogenen Daten – von ihrer Speicherung abgesehen – nur mit Einwilligung der betroffenen Person oder zur Geltendmachung, Ausübung oder Verteidigung von Rechtsansprüchen oder zum Schutz der Rechte einer anderen natürlichen oder juristischen Person oder aus Gründen eines wichtigen öffentlichen Interesses der Union oder eines Mitgliedstaats verarbeitet werden.**

(3) **Eine betroffene Person, die eine Einschränkung der Verarbeitung gemäß Absatz 1 erwirkt hat, wird von dem Verantwortlichen unterrichtet, bevor die Einschränkung aufgehoben wird.**

Literatur: *Franck*, Das System der Betroffenenrechte nach der DS-Grundverordnung, RDV 2016, 111.

Übersicht

A. Allgemeines

I. Zweck und Bedeutung der Vorschrift

1 Unter der **„Einschränkung der Verarbeitung"** wird in Art. 4 Nr. 3 die Markierung gespeicherter personenbezogener Daten zwecks Begrenzung ihrer künftigen Verarbeitung verstanden. Die Einschränkung liegt darin, dass die Daten (abgesehen von Ihrer Speicherung) nur noch unter besonders engen Voraussetzungen und besonderen Zweckbestimmungen verarbeitet werden dürfen.[1] Im Erwägungsgrund 67 werden die Methoden zur Einschränkung dahingehend präzisiert, dass zB ausgewählte Daten vorübergehend auf ein anderes Verarbeitungssystem übertragen werden, dass sie für Nutzer gesperrt werden oder dass veröffentlichte Daten vorübergehend von einer Website entfernt werden. Je nachdem sind einzelne Datenfelder oder die gesamte Datei zu sperren. Vergleichbares gilt bei nicht automatisiert geführten Dateisystemen.[2]

2 Der im BDSG als **„Sperrung"** (vgl. die Definition in § 3 Abs. 4 S. 2 Nr. 4 BDSG) bezeichnete Vorgang der Einschränkung der Verarbeitung hängt von einem Antrag der betroffenen Person ab. Es handelt sich demgemäß zunächst um ein **Initiativrecht**. Gleich wohl kann der Verantwortliche ggf. auch von sich aus eine entsprechende Einschränkung der Verarbeitung vornehmen. Er ist hierzu verpflichtet, wenn die insoweit noch zulässigen Verarbeitungen die einzige die Verarbeitung rechtfertigende Zweckbestimmung ist. Im Interesse der betroffenen Person liegt die weitere Existenz der Daten, wenn an und für sich die Löschung ansteht, weil der Verantwortliche sie nicht mehr benötigt, dh der Speicherzweck entfallen ist, die betroffene Person der Daten jedoch noch zur Geltendmachung, Ausübung oder Verteidigung von Rechtsansprüchen bedarf (Art. 18 Abs. 1 lit. b). Auch im Interesse des Verantwortlichen liegt die zunächst fortdauernde Existenz solange, bis er, wenn die betroffene Person Löschung der Daten wegen Unrichtigkeit oder Verletzung der sich aus ihrer besonderen Situation ergebenden schutzwürdigen Interessen verlangt, die Berechtigung des Begehrens geprüft hat. Stellt sich heraus, dass zB die Unrichtigkeit der Daten zutrifft und von ihm nicht

[1] Vgl. *Franck*, RDV 2016, 211 (114).
[2] Vgl. bei Kühling/Buchner/*Herbst*, DS-GVO, Art. 18 Rn. 30.

fahrlässig nicht festgestellt wurde, kann er eventuelle Schadensersatzfolgen vermeiden.

II. Systematik, Verhältnis zu anderen Vorschriften

3 **1. Entfallene Sperrverpflichtung.** Als nicht mehr als zur Einschränkung der Verarbeitung verpflichtender Fall ist in Art. 18 Abs. 1 der Tatbestand des § 35 Abs. 3 Nr. 1 BDSG aF genannt, nach dem an sich nicht mehr benötigte Daten nur noch aufgrund gesetzlicher, satzungsmäßiger oder vertraglichen Pflichten aufzubewahren sind. Die Einschränkung der Verarbeitung ergibt sich hier daraus, dass die entsprechenden Aufbewahrungsnormen bereits die noch zulässigen Verwendungszwecke vorgeben. Entfallen ist auch die Möglichkeit der „Sperrung" für den in § 35 Abs. 3 Nr. 3 BDSG aF genannten Fall, dass eine Löschung wegen der besonderen Art der Speicherung nicht oder nur mit unverhältnismäßigem Aufwand möglich ist (vgl. aber → Rn. 7).

4 **2. Gegendarstellung.** Zu einer „eingeschränkten Verwendung" gespeicherte Daten führt auch ein dem Betroffenen ggf. zustehendes Recht auf **Gegendarstellung.** Der Verantwortliche darf die Daten nur noch unter angemessener Berücksichtigung der Darstellung des Betroffenen verwenden. Das spezielle datenschutzrechtliche Gegendarstellungsrecht des § 35 Abs. 6 S. 2 BDSG aF bei aus öffentlichen Quellen entnommenen Daten entfällt in der DS-GVO jedoch ersatzlos. Das medienrechtliche Pendant besteht aber weiterhin spezialgesetzlich in den **Pressegesetzen der Länder** gegenüber Zeitungen und Zeitschriften sowie in § 56 RStV gegenüber Fernsehen, Radio, Internetveröffentlichungen. Der Anspruch richtet sich gegen Tatsachenbehauptungen, wobei die Gegendarstellung in Platzierung und Umfang der ursprünglichen Äußerung entsprechen muss. Bei zulässiger Verdachtsberichterstattung besteht kein Anspruch auf Gegendarstellung, sondern lediglich auf die Mitteilung, dass der Verdacht ausgeräumt ist.[3]

5 Ein **Beschäftigungsverhältnisse** betreffendes Gegendarstellungsrecht besteht bei der Speicherung von Personaldaten (§ 83 Abs. 2 BetrVG) in **Personalakten.** Da diese Bestimmung unabhängig von der automatisierten Verarbeitung der Daten greift und eine bereichsspezifischen Datenschutznorm für Beschäftigungsverhältnisse ist, kann sie auch nach dem 24.5.2018 fortgelten (→ Art. 16 Rn. 9). Hiernach ist der Arbeitgeber verpflichtet, eine Erklärung des Beschäftigten, die dieser „zum Inhalt der Personalakte" abgegeben hat, unabhängig davon, ob er deren Richtigkeit akzeptiert, zur Personalakte zu nehmen. Wird die Personalakte nicht digitalisiert oder zumindest dateistrukturiert geführt, besteht keine Konkurrenz der Norm mit Art. 18. Bei digitalisierter Personalaktenführung kann der Beschäftigte bei Fortgeltung der Norm entscheiden, ob er bei Bestreiten der Richtigkeit der Daten das Recht auf § 83 Abs. 2 BetrVG oder aus Art. 18 geltend macht.[4] Dem Arbeitnehmer kann das Recht, das seiner Interessenlage entsprechende Korrekturrecht zu wählen, nicht durch Betriebsvereinbarung genommen werden.[5]

6 Ein ähnliches Gegendarstellungsrecht in Form der Abgabe einer ergänzenden Erklärung kennt als besondere Gestaltung des Berichtigungsrechts Art. 16 Abs. 2 (→ Art. 16 Rn. 15).

---

[3] BGH, Urt. v. 18.11.2014 – VI ZR 76/14, NJW 2015, 778.

[4] So auch Simitis/*Dix*, § 35 Rn. 81; Däubler/Klebe/Kittner/*Buschmann*, BetrVG, § 83 Rn. 25; aA Bergmann/*Möhrle/Herb*, BDSG, § 35 Rn. 135; *Fitting*, BetrVG, § 83 Rn. 35.

[5] So aber *Fitting*, BetrVG, § 83 Rn. 35.

3. Das BDSG nF. Die Regelung des Art. 18 kann gem. Art. 23 durch nationales Recht aus den dort genannten Gründen „beschränkt“ werden. Eine derartige Regelung sieht das BDSG nF nicht vor. Jedoch lässt es die Einschränkung der Verarbeitung gem. § 35 bei **nicht automatisierter Verarbeitung** an die Stelle der **Löschung** treten. Damit enthält Art. 18 indirekt das Verbot der Verwendung von automatisierten Speichertechniken, die eine Löschung nicht ermöglichen. **7**

Ebenfalls erlauben Art 89 Abs. 2 und 3 dem nationalen Gesetzgeber für im **öffentlichen Interesse** liegende Verarbeitungen für **Archivzwecke,** für Zwecke wissenschaftlicher oder historischer **Forschung** und **Statistikzwecken** Ausnahmen von den Rechten aus Art. 18 vorzusehen. Von dieser Möglichkeit hat der nationale Gesetzgeber in den § 27 Abs. 2 und § 28 Abs. 4 BDSG nF Gebrauch gemacht. Während § 28 Abs. 2 eine pauschale Einschränkung der Betroffenenrechte und damit auch von § 18 vorsieht, wenn ihre Praktizierung diese Zwecke unmöglichen machen oder ernsthaft gefährden würde, schützt § 28 Abs. 4 die Originalität des Archivguts und seine unbeeinträchtigte Aufbewahrung vor durch das Recht auf Einschränkung der Verarbeitung eintretenden Beeinträchtigungen.[6] **8**

B. Einzelerläuterungen

I. Die Verpflichtungen zur eingeschränkten Verarbeitung

1. Anlässe für eine Speicherung mit „eingeschränkter Verarbeitung“. Der Anspruch nach Art. 18 Abs. 1 von dem Verantwortlichen die Einschränkung der Verarbeitung zu verlangen, besteht nur, **9**
- solange die bestrittene Richtigkeit der Daten überprüft wird (lit. a),
- wenn die Verarbeitung von vornherein unzulässig war, aber ein Löschwiderspruch eingegangen ist (lit. b),
- wenn nach Zweckerreichung der Speicherung der Betroffene die Daten noch zur Geltendmachung von Rechtsansprüchen benötigt (lit. c) oder
- solange die die Berechtigung eines Widerspruchs nach Art. 21 Abs. 1 DS-GVO noch überprüft wird (lit. d).

Der Anspruch muss von der betroffenen Person geltend gemacht werden, dh sie muss einen entsprechenden **Antrag** stellen. Eine Form ist nicht vorgeschrieben. Nach Erwägungsgrund 59 soll dies auch in elektroscher Form ermöglicht sein. Jedoch muss eine Begründung zumindest insofern vorliegen, dass deutlich wird, auf welchen der **Einschränkungsgründe** der Betroffene sich beruft (zur Begründung → Rn. 12).[7] Über die gemäß dem Antrag ergriffenen Maßnahmen ist nach den in Art. 12 Abs. 3 genannten Fristen zu informieren. Bei Ablehnung des Antrags obliegt dem Verantwortlichen die „Rechtsmittelbelehrungspflicht“ des Art. 12 Abs. 4. **10**

Aus Art. 12 Abs. 3 und 4 kann rückgeschlossen werden, dass der Verantwortliche den Antrag unverzüglich zu bearbeiten hat. **11**

2. Der „non liquet“-Fall (Art. 18 Abs. 1 lit. a). Nach Abs. 1 lit. a besteht ein Anspruch statt der Löschung eine Speicherung mit den eingeschränkten Verarbeitungsmöglichkeiten vorzunehmen, wenn die **Richtigkeit** der Daten bestritten wird. Werden sonstige Zulässigkeitsfragen bestritten, kommt Abs. 1 lit. b in Frage. **12**

---

[6] Schantz/Wolff/*Schantz,* Rn. 1361.

[7] Plath/*Kamlah*, DSGVO, Art. 18 Rn. 4.

Die Richtigkeit gespeicherter Daten kann von der betroffenen Person und dem Verantwortlichen unterschiedlich beurteilt werden. Verlangt die betroffene Person die Berichtigung oder Löschung der Daten, so stellt sich die Frage nach der **Verteilung der Beweislast.** Einerseits kann von der betroffenen Person nicht verlangt werden, die Unrichtigkeit falscher Daten durch die Angabe der richtigen Daten nachweisen zu müssen, da ansonsten der Verantwortliche durch die bewusste Speicherung falscher Daten die Offenbarung der richtigen Daten erreichen könnte.[8] Anderseits bedarf es eines insoweit begründeten Bestreitens, dass ihm der Verantwortliche mit Detailangaben begegnen kann. Die Regelung des Abs. 1 lit. a sollte es insoweit dem Betroffenen nicht ermöglichen, personenbezogene Daten, deren Richtigkeit nach der Erfüllung der Verpflichtung des Verantwortlichen aus Art. 5 Abs. 1 und Abs. 5 gegeben sein müsste, zunächst dadurch einer weiteren Nutzung durch den Verantwortlichen zu entziehen, dass er willkürlich „ins Blaue hinein" deren Richtigkeit bestreitet.[9] Jedenfalls kann der Verantwortlich sich bei offensichtlich unbegründeten Anträgen weigern tätig zu werden. (Art. 12 S. 2 lit. b). Andere Stimmen lassen es gemäß dem Wortlaut des Art. 18 Abs. 1 lit. a und aus dem hieraus abgelesenen absoluten Betroffenenschutz mit dem bloßen Bestreiten der Richtigkeit genügen.[10]

13 Solange der Verantwortliche die Begründung der Behauptung der Unrichtigkeit der Daten überprüft, stehen die Daten nur noch einer eingeschränkten Verarbeitung zur Verfügung. Ist die Richtigkeit bzw. Unrichtigkeit nicht feststellbar – **liegt** also ein sog. **„non liquet-Fall vor** –, fehlt es der Verarbeitung an einer Rechtsgrundlage (Art. 5 Abs. 1 lit. d), dh es liegt eine unrechtmäßige Datenverarbeitung vor. Dem Berichtigungs- oder Löschungsanspruch ist nachzukommen.[11]

14 Anders ist es bei Daten, deren Richtigkeit einem Beweisverfahren nur bedingt zugänglich ist, da sie subjektiver Art sind. Das gilt zB bei Werturteilen oder **Beurteilungen** (→ Art. 16 Rn. 10; → Art. 4 Rn. 12).[12] Hier ist die Richtigkeit gegeben, wenn der Beurteilungsspielraum gewahrt ist.[13]

15 Liegen die Voraussetzungen einer Rüge der Richtigkeit nicht vor, sind Maßnahmen zur Realisierung der eingeschränkten Verarbeitung nicht erforderlich. Es besteht jedoch eine **Informationspflicht**. Der betroffenen Person ist dies ebenso mitzuteilen, wie die später nach einer positiv ausgefallenen Überprüfung der Richtigkeit der Daten erfolgte Aufhebung der Einschränkung der Verarbeitung (Art. 18 Abs. 3). Die betroffene Person kann dann die Löschung der bestrittenen Daten mit Hilfe des Rechtswegs zu erreichen versuchen.

16 **3. Einschränkung statt Löschung bei unrechtmäßiger Datenverarbeitung (Art. 18 Abs. 1 lit. b).** Die Regelung des Art. 18 Abs. 1 lit. b ermöglicht der betroffenen Person nach eigener Entscheidung, statt der Löschung unrechtmäßig gespeicherter Daten deren fortdauernde Speicherung im Rahmen „einge-

---

[8] Zu den Anforderungen an die „Konkretisierung" des Bestreitens vgl. auch *Bergmann/Möhrle/Herb,* § 35 Rn. 130 ff.

[9] So wohl auch Paal/Pauly/*Paal,* DS-GVO, Art. 18 Rn. 16; Plath/*Kamlah*, DSGVO, Art. 18 Rn. 8 spricht von einer „gewissen Darlegungslast"; wenigstens für die genaue Benennung der Daten Sydow/*Peuker,* Art. 18 Rn. 10.

[10] Kühling/Buchner/*Herbst*, DS-GVO, Art. 18 Rn. 11.

[11] AA Sydow/*Peuker,* Art. 18 Rn. 12 der eine dauerhafte eingeschränkte Verarbeitung zulässt.

[12] Zur Prüfung dienstlicher Beurteilungen vgl. BAG, RDV 2010, 86.

[13] Für das Arbeitsverhältnis *Gola/Pötters/Wronka*, Rn. 899.

schränkter Verarbeitung" zu wählen. Da es regelmäßig im Interesse der betroffenen Person liegen wird, dass unrechtmäßig gespeicherte Daten, insbesondere wenn sich die Unrechtmäßigkeit aus deren Unrichtigkeit ergibt, gelöscht werden, wird sie den Wunsch auf fortdauernde Speicherung regelmäßig nur ausüben, wenn dafür ein sachgerechter Grund vorliegt. Damit wird sich der Fall des Abs. 1 lit. b häufig mit dem des Abs. 1 lit. c decken. Wenn der Grund darin liegt, dass die nach der Löschung übrigbleibenden Daten unverständlich oder missverständlich werden,[14] stellt sich vorab die Frage, ob die Löschung zulässig ist. Daneben kann auch die Aufsichtsbehörde in ihrer Abhilfebefugnis die Einschränkung anordnen (Art. 58 Abs. 2 lit. g).

Voraussetzung für einen entsprechenden Antrag ist jedoch die Kenntnis der betroffenen Person über die Unrechtmäßigkeit der gespeicherten Daten und die Löschungsabsicht des verantwortlichen Verarbeiters. Eine diesbezügliche Informationspflicht sieht die DS-GVO in Art. 17 nicht vor,[15] mag die Geltendmachung des Rechts deshalb auch im Regelfall nicht zum Zuge kommen. Damit wird der Fall des Abs. 1 lit. b ua nur dann eintreten, wenn die betroffene Person nach Wahrnehmung ihres Auskunftsrechts und dem entsprechenden Hinweis (Art. 15 Abs. 1 lit. e) die Unrechtmäßigkeit der Speicherung von Daten „rügt". Ergibt sich die Unrechtmäßigkeit der Verarbeitung daraus, dass die Einwilligung in der Verarbeitung widerrufen wurde, ist auch keine Pflicht des Verantwortlichen aus der DS-GVO ablesbar, bei der betroffenen Person nachzufragen, ob sie statt der Löschung eine eingeschränkte Verarbeitung vorzieht.[16] **17**

4. Eingeschränkte Verarbeitung zur Rechtsverteidigung der betroffenen Person (Art. 18 Abs. 1 lit. c). Nach Wegfall des Speicherungszwecks besteht grundsätzlich die Pflicht des Verantwortlichen zur Löschung der gespeicherten Daten (Art. 17 Abs. 1 lit. a). Anderes gilt jedoch, wenn die Daten vom Verantwortlichen nach Art. 17 Abs. 3 lit. e zur Ausübung oder Verteidigung, von Rechtsansprüchen benötigt werden. Handelt es sich um Rechtsansprüche der betroffenen Person, so sollen die vom Verantwortlichen nicht mehr benötigten und damit an sich zu löschenden Daten weiterhin einer eingeschränkten Verarbeitung zur Verfügung stehen, wenn die Löschung von der betroffenen Person geltend gemachten **schutzwürdige Interessen** beeinträchtigen würde. Die schutzwürdigen Interessen müssen sich daraus ergeben, dass die Daten von der betroffenen Person aktuell zur Geltendmachung, Ausübung oder **Verteidigung von Rechtsansprüchen** benötigt werden. Handelt es sich um einen aktuellen Rechtsstreit mit dem Verantwortlichen, ist der Tatbestand zweifelsfrei. In einem solchen Fall wird der Verantwortliche aber auch nicht befugt sein, wider Treu und Glauben (Art. 5 Abs. 1) die Daten zu löschen, falls die betroffene Person keinen Antrag auf eingeschränkte Verarbeitung nicht gestellt hat. Eine vorherige Information der betroffenen Person, damit sie ihre Speicherinteressen geltend machen kann, sieht die DS-GVO auch insoweit nicht vor. Die Löschungsabsicht könnte der betroffenen Person jedoch dadurch bekannt sein, dass nach Art. 13 Abs. 2 lit. a bzw. Art. 14 Abs. 2 lit. b der Verantwortliche die betroffene Person über die Dauer, für die die personenbezogenen Daten gespeichert werden oder, **18**

[14] Sydow/*Peuker*, Art. 18 Rn. 13; BeckOK DatenschutzR/*Worms*, DS-GVO, Art. 18 Rn. 35.

[15] AA Kühling/Buchner/*Herbst*, DS-GVO, Art. 18 Rn. 17 und Art. 17 Rn. 14, der die Pflicht deshalb in die Bestimmung hineinliest.

[16] So aber Sydow/*Peuker*, Art. 18 Rn. 14.

falls dies nicht möglich ist, die Kriterien für die Festlegung dieser Dauer zu informieren hat. Das Einschränkungsrecht endet, dh die Daten sind zu löschen, wenn der fragliche Rechtsanspruch bestands- und rechtskräftig geklärt ist.[17]

19 **5. Eingeschränkte Verarbeitung bei Widerspruch (Art. 18 Abs. 1 lit. d).** Hat die betroffene Person **Widerspruch** gegen die Verarbeitung gem. Art. 21 Abs. 1 eingelegt, ist die für die Verarbeitung Verantwortliche verpflichtet, die in ihrer rechtmäßigen Speicherung bestrittenen Daten, zunächst bzw. solange nur zur eingeschränkten Verarbeitung zu speichern, bis feststeht, ob berechtigte Gründe des Verantwortlichen gegenüber denen der betroffenen Person überwiegen. Der Widerspruch kann sich richten gegen Verarbeitungen, die im **öffentlichen Interesse** erfolgen, oder im Rahmen einer **Interessenabwägung** bzw. einem auf diese Bestimmungen gestützten Profiling (→ Art. 21 Rn. 15). Insbesondere können Aspekte vorgetragen werden, die dem Verantwortlichen zum Zeitpunkt der Interessenabwägung noch unbekannt waren (Erwägungsgrund 56). Nach derzeitiger Rechtslage können dies etwa Fälle sein, in der eine bereits von Datenschutzverstößen betroffene Person weiteren Beeinträchtigungen vorbeugen will.[18] Da der Verantwortliche ggf. gleichwohl zwingende schutzwürdige Gründe für die Verarbeitung geltend machen kann, die die Interessen, Rechte und Freiheiten der betroffenen Person überwiegen, besteht grundsätzlich eine Pflicht zur **Begründung des Widerspruchs.**[19] Die Einschränkung der Verarbeitung hat solange zu erfolgen, bis **„feststeht“,** ob die Widerspruchsvoraussetzungen bestehen. Das setzt eine endgültige Klärung, ggf. durch gerichtliche Entscheidung voraus.

II. Die eingeschränkte Verarbeitung

20 **1. Verarbeitungserlaubnisse.** Art. 18 Abs. 2 reduziert die Zulässigkeit der nur noch für eingeschränkte Verarbeitungen der gespeicherten Daten auf vier Tatbestände, nämlich dass die Verarbeitung

- mit Einwilligung der betroffenen Person,
- zur Geltendmachung, Ausübung oder Verteidigung von Rechtsansprüchen,
- zum Schutz der Rechte einer anderen natürlichen oder juristischen Person, oder
- aus Gründen eines wichtigen öffentlichen Interesses der Union oder eines Mitgliedstaats erfolgt.

Bei der Verarbeitung kann es sich um den Fall der Nutzung handeln, wenn zB der Verantwortliche Informationen auswertet, um eigene Rechtansprüche geltend machen zu können. Der gleiche Zweck kann auch eine Übermittlung der Daten an Rechtsanwälte, Gerichte oder Behörden erfordern. Dies gilt insbesondere, wenn die Daten dem Schutz der Rechte einer dritten Person dienen sollen.

21 **a) Einwilligung.** Für die Einwilligung gelten die Anforderungen der Art. 4 Nr. 11 und Art. 7. Sie wird zB verbunden mit dem Antrag auf weitere eingeschränkte Verarbeitung zwecks Verwendung der Daten in einer von ihr verfolgten konkreten Rechtsdurchsetzung erfolgen (Abs. 1 lit. c), zB wenn Daten an den Rechtsbeistand des Betroffenen übermittelt werden sollen.

[17] Sydow/*Peuker,* DS-GVO, Art. 18 Rn. 15.
[18] BeckOK DatenschutzR/*Brink*, BDSG, § 35 Rn. 76.
[19] AA Kühling/Buchner/*Herbst*, DS-GVO, Art. 18 Rn. 25.

b) Rechtsverteidigung des Verantwortlichen. Der Verantwortliche darf die Daten verarbeiten, wenn er sie zur Beweisführung bei eigener anstehender Rechtsgeltendmachung benötigt. Die Erlaubnis deckt sich mit der des Art. 9 Abs. 2 lit. f und § 24 Abs. 1 lit. b BDSG nF, der von zivilrechtlichen Ansprüchen spricht. 22

c) Schutz der Rechte Dritter. Der Schutz der Rechte Dritter hat nur Vorrang, – wie *Peuker* betont[20] – wenn die diesbezügliche Verarbeitung nach einer „strengen Verhältnismäßigkeitsprüfung" unter Abwägung der Rechte des Betroffenen sich als unbedingt notwendig erweist. Damit sind für eine stattfindende Zweckänderung die hierfür maßgebenden Vorgaben der Art. 6 Abs. 4 und Art. 9 Abs. 2 bzw. § 23 Abs. 2 BDSG nF zu prüfen. 23

d) Wichtige öffentliche Interessen. Öffentliche Interessen können auch, falls kein Antrag auf eingeschränkte Verarbeitung gestellt worden wäre, der Zulässigkeitsgrund für ihre diesbezügliche Verarbeitung sein (Art. 6 Abs. 1 lit. e und Art. 9 Abs. 2 lit. g) und dies auch im Falle einer Zweckänderung (§ 23 Abs. 1 Nr. 3 BDSG nF). 24

III. Informationspflichten

Nach Art. 18 Abs. 3 ist eine betroffene Person, die eine Einschränkung der Verarbeitung gem. Abs. 1 erwirkt hat, von dem Verantwortlichen zu unterrichten, bevor die Einschränkung aufgehoben wird. Gemeint ist die absolute Aufhebung der Einschränkung und nicht der Fall ausnahmsweiser Verarbeitung nach Abs. 2. Der Sinn der **Informationspflicht** ist, dass die betroffene Person sich gegen die Entscheidung rechtzeitig wehren kann. Der Verantwortliche wird daher solange warten müssen mit der Freigabe, wie die betroffene Person zu einer wie auch immer gearteten Reaktion je nach der Art des gewählten Informationswegs benötigt. Dazu wird eine Woche regelmäßig ausreichen. Ein bestimmter Informationsweg ist nicht vorgeschrieben. Zuzustimmen ist der Auffassung, dass wenn die betroffene Person auf die zuvor verlangte Einschränkung verzichtet, sich die Information als überflüssig erledigt.[21] 25

C. Rechtsschutz/Sanktionen

Der Verstoß gegen jegliche sich aus Art. 18 ergebende Pflichten ist gem. Art. 83 Abs. 2 lit. b bußgeldbedroht. Der Verstoß kann auch je nach Fallkonstellation zu Haftungsansprüchen nach Art. 82 führen. 26

Art. 19 Mitteilungspflicht im Zusammenhang mit der Berichtigung oder Löschung personenbezogener Daten oder der Einschränkung der Verarbeitung

[1]Der Verantwortliche teilt allen Empfängern, denen personenbezogenen Daten offengelegt wurden, jede Berichtigung oder Löschung der personenbezogenen Daten oder eine Einschränkung der Verarbeitung nach Artikel 16, Artikel 17 Absatz 1 und Artikel 18 mit, es sei denn, dies

[20] Sydow/*Peuker,* Art. 18 Rn. 24.

[21] Kühling/Buchner/*Herbst,* DS-GVO, Art. 18 Rn. 45.

erweist sich als unmöglich oder ist mit einem unverhältnismäßigen Aufwand verbunden. [2]Der Verantwortliche unterrichtet die betroffene Person über diese Empfänger, wenn die betroffene Person dies verlangt.

Übersicht

A. Allgemeines

I. Zweck und Bedeutung der Vorschrift

1 Art. 19 enthält einen erweiterten Betroffenenschutz. Er begründet eine Informationspflicht gegenüber Empfängern (zum Begriff → Art. 4 Rn. 61), denen Daten offengelegt wurden. Dies unter der Voraussetzung, dass die Daten nach der Weitergabe eine **korrigierende Veränderung** erfahren haben, sei es dass sie berichtigt, einer eingeschränkten Verarbeitung unterworfen oder gelöscht worden sind. Dies gilt nicht, wenn die Mitteilung unmöglich oder mit einem unverhältnismäßigen Aufwand verbunden ist.

2 Des Weiteren besteht eine Informationspflicht gegenüber der betroffenen Person über die benachrichtigten Empfänger, wenn die betroffene Person es verlangt. Hinsichtlich der Feststellung der Identität bzw. mangelnder Identifizierbarkeit gelten Art. 12 Abs. 6 und Art. 11 Abs. 2.

II. Systematik, Verhältnis zu anderen Vorschriften

3 Der Bestimmung des Art. 19 S. 1 entspricht weitgehend die **Nachberichtspflicht** des BDSG aF in den § 20 Abs. 8 und § 35 Abs. 7, mit denen Art. 12 lit. c DS-RL umgesetzt wurde. Danach sind von der Berichtigung unrichtiger Daten, der Sperrung bestrittener Daten sowie der Löschung oder Sperrung wegen Unzulässigkeit der Speicherung die Stellen zu verständigen, denen im Rahmen einer Datenübermittlung die Daten erhalten hatten, es sei denn, dass dies einen unverhältnismäßigen Aufwand erfordert und dass schutzwürdige Interessen des Betroffenen nicht entgegenstehen. Der letztgenannte Aspekt wird in Art. 19 S. 1 nicht als Hinderungsgrund erwähnt, jedoch kann er bei der Abwägung des unverhältnismäßigen Aufwands eine Rolle spielen (→ Rn. 11).

B. Einzelne Erläuterungen

I. Die Nachberichtspflicht

1. Allgemeines. Besteht ein Anspruch auf Berichtigung, Einschränkung der Verarbeitung oder Löschung gegenüber dem Verantwortlichen, so ist es naheliegend, dass dieser Anspruch auch gegenüber Empfängern dieser Daten besteht. Es handelt sich somit um eine Verbesserung der Rechtstellung der betroffenen Person, dass es nicht ihm überlassen bleibt, für die Korrekturen bei Empfängern seiner Daten zu sorgen. Die Nachberichtspflicht entspricht aber auch dem Interesse des Empfängers, weil er kein Interesse haben kann, unrichtige Daten zu verarbeiten. Die Benachrichtigung veranlasst den Empfänger eigene Verpflichtungen zur Berichtigung, Einschränkung der Verarbeitung oder Löschung zu prüfen. 4

2. Adressaten der Nachberichtspflicht. Zu benachrichtigen sind bestimmte **Empfänger** der Daten, dh alle denen die die Daten vom Verantwortlichen gezielt „offengelegt" wurden.[1] Die Offenlegung kann nach Art. 4 Nr. 2 „durch Übermittlung, Verbreitung oder eine andere Form der Bereitstellung geschehen". 5

Als Empfänger kommt jede natürliche oder juristische Person, Behörde, Einrichtung oder andere Stelle in Betracht, an die personenbezogene Daten weitergeleitet wurden (→ Art. 4 Rn. 61). Dazu gehören auch Auftragnehmer. Gemeint sind aber von Art. 19 S. 1 Stellen, die befugt sind, über die an sie weitergeleiteten Daten zu verfügen. **Auftragsverarbeiter** dürfen eine Korrektur der ihnen zur Verarbeitung übergebenen Daten aber nur auf Weisung des Auftraggebers vornehmen, die in der Mitteilung der erfolgten Korrektur enthalten sein kann. 6

Werden Daten „öffentlich" gemacht, dh veröffentlicht, stehen deren Empfänger regelmäßig nicht fest.[2] Im Falle der Löschung (Art. 17 Abs. 1) derart publizierter Daten greift die spezielle Mitteilungspflicht des Art. 17 Abs. 2. 7

Offengelegt iSd Art. 19 werden auch Daten, die durch Abruf im Rahmen eines **Abrufverfahren** dem Empfänger bereitgestellt wurden. Die Daten sind nicht nur im Abrufdatenbestand zu korrigieren; vielmehr sind auch die Empfänger zu benachrichtigen, dh bei Einrichtung solcher Verfahren sind automatisierte Nachmeldeverfahren vorzusehen.[3] 8

3. Form und Handlungsfrist. Über die Art der Erteilung der Information gegenüber den Empfängern trifft Art. 19 S. 1 keine Aussage. Art. 12 Abs. 1 S. 2 trifft nur auf die gegenüber der betroffenen Person bestehende Auskunftspflicht zu. In der Regel wird der Nachbericht auf dem Wege erfolgen, der auch für den „Erstbericht" gewählt wurde. Eine Handlungsfrist ist ebenfalls nicht benannt. Auszugehen ist daher davon, dass die Information unverzüglich zu erfolgen hat.[4] Fraglich ist, ob und wie lange der Offenlegungsvorgang zu dokumentierten ist, falls dies nur zur Erfüllung der Nachberichtigungspflicht erforderlich ist.[5] 9

II. Fortfall der Nachberichtung

1. Unmöglichkeit. Unmöglichkeit besteht, wenn der Empfänger zB nicht mehr existent oder unbekannt „verzogen" ist. Jedoch darf die Unmöglichkeit 10

---

[1] Kühling/Buchner/*Herbst*, DS-GVO, Art. 19 Rn. 7.

[2] Sydow/*Peuker*, Art. 19 Rn. 4.

[3] D/K/W/W/*Däubler*, § 35 Rn. 39; BeckOK DatenschutzR/*Brink*, BDSG, § 35 Rn. 73.

[4] Kühling/Buchner/*Herbst*, DS-GVO, Art. 19 Rn. 12.

[5] Vgl. bei Kühling/Buchner/*Herbst*, DS-GVO, Art. 19 Rn. 13.

nicht dadurch herbeigeführt worden sein, dass die entsprechenden Datenweitergaben nicht dokumentiert wurden. Letzteres wäre nur zulässig, wenn sich bei der Offenlegung der Daten das Nichtbestehen der Informationspflicht ergäbe.

11 **2. Unverhältnismäßiger Aufwand.** Die Nachberichtspflicht entfällt, wenn sie einen **unverhältnismäßigen Aufwand** erfordern würde. Unverhältnismäßig, dh außer Verhältnis zu der Mitteilung der Berichtigung, Einschränkung der Verarbeitung oder Löschung kann der damit verbundene Aufwand sein, wenn sich im Rahmen einer Abwägung der Interessen der betroffenen Person und des Datenempfängers an der Mitteilung mit der von dem Verantwortlichen zu investierenden **Menge an Zeit und Geld** ergibt, dass die Nachberichtigung angesichts des Schutzinteresses nicht angemessen ist. Dies kann der Fall sein, wenn es sich um die Berichtigung marginaler Fehler, wie offensichtliche **Schreibversehen** oder andere unerhebliche Korrekturen handelt. Der Aufwand kann auch dann unverhältnismäßig sein, wenn die Ermittlung der Empfänger sich schwierig gestaltet. Berücksichtigt werden kann auch, ob der Übermittlungszweck beim Empfänger inzwischen entfallen ist und die Daten daher bereits ohnehin gelöscht sein müssten.[6]

12 Bei einer Behörde ist die Unverhältnismäßigkeit allenfalls dann gegeben, wenn offensichtlich bloß behördeninterne, formale, belanglose Fehler bestehen.[7]

13 Im Gegensatz zu den Regelungen in §§ 20 Abs. 8, 35 Abs. 7 BDSG aF entfällt die Nachberichtspflicht nach Art. 19 nicht mehr, wenn **schutzwürdige Interessen der betroffenen Person** dem Nachbericht entgegenstehen. Abgesehen von der Pflicht zu Datenminimierung nach 5 Abs. 1 lit. c ist – wie in → Rn. 11 aufgezeigt – jedoch davon auszugehen, dass wenn die betroffene Person an der Benachrichtigung der Empfänger offensichtlich kein Interesse hat und der Empfänger die Daten erkennbar nicht mehr zur Aufgabenerfüllung, dh dem Zweck der Übermittlung benötigt,[8] – die Benachrichtigung des Empfängers wegen Unverhältnismäßigkeit unterbleiben kann bzw. ihre Nichtberücksichtigung dem Schutzzweck der Norm entgegenstehen kann.[9] Jedenfalls ist Art. 19 S. 1 primär keine Schutzpflicht gegenüber dem Empfänger, sondern gegenüber der betroffenen Person, um diese vor Schäden durch die Verarbeitung falscher Daten zu bewahren.

14 Der betroffenen Person kann ggf. neben der Nachberichtigungspflicht aber auch nach allgemeinen Rechtsgrundsätzen ein Anspruch gegenüber der übermittelnden Stelle auf **Widerruf** der weitergegebenen Information gegenüber dem Empfänger zustehen, dh sie kann ggf. **Unterlassung** und/oder Beseitigung eines Eingriffs in ihr Persönlichkeitsrecht nach §§ 1004, 12 BGB von der speichernden Stelle verlangen, sofern die Störung fortdauert.[10]

III. Benachrichtigung der betroffenen Person

15 Der Verantwortliche unterrichtet die betroffene Person über die benachrichtigten Empfänger, wenn die betroffene Person dies verlangt (Art. 19 S. 2). Es handelt

---

[6] *Gola/Schomerus*, § 35 Rn. 23; BeckOK DatenschutzR/*Brink*, BDSG, § 35 Rn. 71; aA Simitis/*Dix*, § 35 Rn. 66.

[7] BeckOK DatenschutzR/*Worms*, BDSG, § 20 Rn. 84; Simitis/*Mallmann,* § 20 Rn. 96.

[8] *Gola/Schomerus*, § 20 Rn. 38, § 35 Rn. 23; Sydow/*Peuker,* Art. 19 Rn. 6.

[9] Sydow/*Peuker,* Art. 19 Rn. 6.

[10] Vgl. bei *Gola/Schomerus*, § 37 Rn. 24.

sich um eine Konkretisierung des Auskunftsrechts nach Art. 15 Abs. 1 lit. c.[11] Hinsichtlich der Einzelheiten der Unterrichtungspflicht ist auf Art. 12 Abs. 1 zu verweisen. Die betroffene Person wird ein solches Verlangen aber nur stellen, wenn sie von der Berichtigung, Einschränkung der Verarbeitung oder Löschung und der vorherigen Offenlegung der Daten Kenntnis hat. Dies ist regelmäßig nur der Fall, wenn sie diese Maßnahme initiiert hat und dann gem. Art. 18 Abs. 3 informiert wurde. Der Verantwortliche hat dann auf entsprechendes Ersuchen die informierten Empfänger mitzuteilen. Empfänger, bei denen die Mitteilungspflicht entfiel sowie die Gründe hierfür fallen nicht unter die Informationspflicht des S. 2.

C. Sanktionen

Der Verstoß gegen die Erfüllung der Pflichten aus Art. 19 ist gem. Art. 83 Abs. 5 lit. c bußgeldbewehrt, sofern es sich dort um Rechte der betroffenen Person handelt. Das ist aber nicht nur bei der **Auskunftspflicht** der betroffenen Person nach S. 2, sondern auch bei der Pflicht zur Erstattung des Nachberichts gegenüber den Empfängern der Fall, da auch die Regelung zum Schutz der betroffenen Person bestimmt ist. 16

Des Weiteren können **Haftungsansprüche** nach Art. 82 in Betracht kommen, wenn der Empfänger rechtswidrig nicht informiert wurde und der betroffenen Person durch dort weiterhin stattfindende, unzulässige Verarbeitungen ein materieller oder immaterieller Schaden entsteht. 17

Art. 20 Recht auf Datenübertragbarkeit

(1) **Die betroffene Person hat das Recht, die sie betreffenden personenbezogenen Daten, die sie einem Verantwortlichen bereitgestellt hat, in einem strukturierten, gängigen und maschinenlesbaren Format zu erhalten, und sie hat das Recht, diese Daten einem anderen Verantwortlichen ohne Behinderung durch den Verantwortlichen, dem die personenbezogenen Daten bereitgestellt wurden, zu übermitteln, sofern**

a) die Verarbeitung auf einer Einwilligung gemäß Artikel 6 Absatz 1 Buchstabe a oder Artikel 9 Absatz 2 Buchstabe a oder auf einem Vertrag gemäß Artikel 6 Absatz 1 Buchstabe b beruht und

b) die Verarbeitung mithilfe automatisierter Verfahren erfolgt.

(2) **Bei der Ausübung ihres Rechts auf Datenübertragbarkeit gemäß Absatz 1 hat die betroffene Person das Recht, zu erwirken, dass die personenbezogenen Daten direkt von einem Verantwortlichen einem anderen Verantwortlichen übermittelt werden, soweit dies technisch machbar ist.**

(3) [1]**Die Ausübung des Rechts nach Absatz 1 des vorliegenden Artikels lässt Artikel 17 unberührt.** [2]**Dieses Recht gilt nicht für eine Verarbeitung, die für die Wahrnehmung einer Aufgabe erforderlich ist, die im öffentlichen Interesse liegt oder in Ausübung öffentlicher Gewalt erfolgt, die dem Verantwortlichen übertragen wurde.**

(4) **Das Recht gemäß Absatz 1 darf die Rechte und Freiheiten anderer Personen nicht beeinträchtigen.**

[11] Vgl. bei Plath/*Kamlah,* DSGVO, Art. 19 Rn. 7.

Literatur: *Dehmel/Hullen*, Auf dem Weg zu einem zukunftsfähigen Datenschutz in Europa? – Konkrete Auswirkungen der DS-GVO auf Wirtschaft, Unternehmen und Verbraucher, ZD 2013, 147; *Härting*, Datenschutz-Grundverordnung, 2016; *Jülicher/Röttgen/v. Schönfeld*, Das Recht auf Datenübertragbarkeit – Ein datenschutzrechtliches Novum, ZD 2016, 358; *Piltz*, Die Datenschutz-Grundverordnung – Teil 2: Rechte der Betroffenen und korrespondierende Pflichten des Verantwortlichen, K&R 2016, 629; *Schantz*, Die Datenschutz-Grundverordnung – Beginn einer neuen Zeitrechnung im Datenschutzrecht, NJW 2016, 1841; *Strubel*, Anwendungsbereich des Rechts auf Datenübertragbarkeit, ZD 2017, 355.

Übersicht

A. Einleitung

1 Das Recht auf **Datenübertragbarkeit** (oder auch **Datenportabilität**) stellt eine Neuerung für das Datenschutzrecht dar.[1] Dieses Recht war von Anfang an Teil des Entwurfs der DS-GVO und wird von seinen Befürwortern als Stärkung der Rechte der Betroffenen angesehen.[2] Über das gesamte Gesetzgebungsverfahren hinweg gab es jedoch auch kritische Stimmen, die ein solches Recht als im Datenschutz systemfremd empfanden[3] und eher dem klassischen **Verbraucherschutz-** oder eher dem **Wettbewerbsrecht** zuordnen wollten.[4]

B. Zweck und Bedeutung

2 Grundgedanke des Rechts auf Datenübertragbarkeit ist, dass die betroffene Person auf ihren Wunsch hin, von dem Verantwortlichen solche personenbezoge-

[1] Ehmann/Selmayr/*Kamann/Braun*, DS-GVO, Art. 20 Rn. 2; *Dehmel/Hullen*, ZD 2013, 147 (153); *Strubel*, ZD 2017, 355 (356).

[2] *Artikel-29-Datenschutzgruppe*, Stellungnahme 01/2012 zu den Reformvorschlägen im Bereich des Datenschutzes, S. 6.

[3] Ratsdokument 6814/1, v. 26.2.2013, S. 9 dort Fn. 43; *Dehmel/Hullen*, ZD 2013, 147 (153).

[4] Ehmann/Selmayr/*Kamann/Braun*, DS-GVO, Art. 20 Rn. 3; *Jülicher/Röttgen/v. Schönfeld*, ZD 2016, 358 (360).

nen Daten erhalten soll, die sich auf ihre Person beziehen und die Möglichkeit haben soll, diese Daten in das Verarbeitungssystem eines anderen Verantwortlichen mindestens **selbst zu übertragen** und eventuell sogar direkt zwischen den Verantwortlichen übertragen zu lassen.

Ziel der Regelung ist es, den Betroffenen die **Kontrolle** über „ihre“ personenbezogenen Daten zurückzugeben.[5] Der Betroffene soll nach Erwägungsgrund 68 S. 1 eine bessere Kontrolle über die eigenen Daten haben und sollte außerdem berechtigt sein, die ihn betreffenden personenbezogenen Daten, die er einem Verantwortlichen bereitgestellt hat, in einem strukturierten, gängigen, maschinenlesbaren und interoperablen Format zu erhalten und sie einem anderen Verantwortlichen zu übermitteln. Zudem soll so auch der **Wettbewerb** zwischen den Verantwortlichen gestärkt werden.[6] 3

C. Einzelerläuterungen

I. Verpflichtete Stellen (Abs. 1, Abs. 3)

Das Recht der betroffenen Person richtet sich gegen den **Verantwortlichen.** Der Auftragsverarbeiter ist nicht verpflichtet. Abs. 1 differenziert grundsätzlich nicht zwischen öffentlichen und nichtöffentlichen Stellen. Auch Behörden sind daher grundsätzlich tauglicher Adressat eines Übertragungsanspruchs. 4

Jedoch sieht Abs. 3 S. 2 eine **Ausnahme** für Verarbeitungen vor, die für die Wahrnehmung einer Aufgabe erforderlich sind, die im öffentlichen Interesse liegt oder in der Ausübung öffentlicher Gewalt erfolgt (s. den Erlaubnistatbestand Art. 6 Abs. 1 lit. f). Damit dürften praktisch alle Verarbeitungsvorgänge durch Behörden aus dem Anwendungsbereich des Art. 20 fallen. Jedoch können auch private Verantwortliche aus dem Anwendungsbereich fallen, wenn sie eine Verarbeitung vornehmen, die im öffentlichen Interesse liegt. 5

Das Recht auf Datenübertragbarkeit ist zudem nicht etwa nur auf Verantwortliche beschränkt, der einen Dienst der Informationsgesellschaft (Art. 4 Nr. 25) anbietet, auch wenn der Gedanke hinter der Vorschrift wohl genau diese Dienste und sogar speziell soziale Netzwerke im Internet im Auge hatte.[7] Der Anwendungsbereich beschränkt sich damit also nicht auf Plattformanbieter im **Internet oder von Apps.** Eine solche Begrenzung des Anwendungsbereichs wurde vom Rat der Europäischen Union vorgesehen, um das Recht auf Datenübertragbarkeit auf „Internet bezogene Sachverhalte“ einzuschränken.[8] Einige Delegationen im Rat wollten das Recht allein auf Angebote sozialer Medien im Internet begrenzen.[9] Diese Beschränkungen finden sich jedoch in der finalen Fassung von Art. 20 nicht mehr. 6

Dies bedeutet gleichzeitig auch, dass der Anwendungsbereich von Art. 20 dem Grunde nach sehr umfassend ist und insbesondere nicht nach bestimmten Wirtschaftszweigen oder on- und offline Sachverhalten unterscheidet. Als Verantwortliche verpflichtet sind daher insbesondere auch **Arbeitgeber** und Art. 20 findet 7

---

[5] Ratsdokument 5879/14, v. 31.1.2014, S. 2.

[6] Begr. zum Standpunkt des Rates, Ziff. 4.7.

[7] Europäische Kommission, SEC(2012) 72 final, 25.1.2012, S. 69 f.

[8] Ratsdokument 5879/14, v. 31.1.2014, S. 2; Ratsdokument 8172/14, v. 25.3.2014, S. 4 dort Fn. 4 und 5.

[9] Ratsdokument 8835/15, v. 12.5.2015, S. 45 dort Fn. 185.

auch im **Beschäftigungsverhältnis** Anwendung.[10] Ob ein Betroffener sein Recht jedoch tatsächlich auch in diesen Situationen ausüben kann, hängt von der Erfüllung der verschiedenen Voraussetzungen nach Art. 20 Abs. 1 und Abs. 2 und dem Eingreifen der Beschränkungen nach Art. 20 Abs. 3 und Abs. 4 ab.

II. Das Recht, personenbezogene Daten zu erhalten (Abs. 1)

8 Das Recht auf Datenübertragbarkeit ist in seiner Grundform **zweistufig** ausgestaltet und richtet sich zudem gegen zwei unterschiedliche Verantwortliche.[11]

9 Nach Abs. 1 hat die betroffene Person das Recht, von dem Verantwortlichen, der gerade im Besitz der personenbezogenen Daten ist, diese Daten „zu erhalten". Im Kern handelt es sich damit um eine **Art Herausgabeanspruch.** Es ist nicht ausreichend, wenn die betroffene Person Zugang zu den Daten erhält (zB auf den Servern des Verantwortlichen). Sie hat vielmehr Anspruch darauf, die von Art. 20 umfassten personenbezogenen Daten (was nicht unbedingt alle Daten sein müssen, die der Verantwortliche über die betroffene Person speichert, → Rn. 15 f.) tatsächlich zu erhalten. Die Daten müssen in den Verfügungs- und Machtbereich der betroffenen Person gelangen. So ging auch die Ratspräsidentschaft während den Verhandlungen zur DS-GVO von einem solchen Verständnis des Rechts auf Datenübertragbarkeit im Sinne der Erlangung der Herrschaft über die Daten im eigenen Machtbereich aus.[12] Ausdrücklich beschränkt sich der Herausgabeanspruch auf die „sie betreffenden personenbezogenen Daten", also nur solche Informationen mit Bezug auf die das Recht geltend machende natürliche Person.

III. Das Recht, personenbezogene Daten ohne Behinderung zu übermitteln (Abs. 1)

10 Daneben hat die betroffene Person, auf einer zweiten Stufe, das Recht, diejenigen personenbezogenen Daten, die sie zuvor erhalten hat, an einen **anderen Verantwortlichen** zu **übermitteln.** Nach dem ausdrücklichen Wortlaut von Abs. 1 darf es sich nicht um denselben Verantwortlichen handeln. Das Recht steht der betroffenen Person gegenüber dem anderen Verantwortlichen zu. Abs. 1 ist jedoch nicht als Erlaubnistatbestand für die Übermittlung zu qualifizieren. Die Übermittlung der personenbezogenen Daten an einen Verantwortlichen erfolgt in dieser Variante nach Abs. 1 durch die betroffene Person selbst. Übermittelnde Stelle ist hier nach dem Wortlaut von Abs. 1 also der Betroffene. Er nimmt eine Verarbeitung iSd Art. 4 Nr. 2 vor und bedarf, zumindest nach dem Wortlaut, eines Erlaubnistatbestandes für die Übermittlung seiner personenbezogenen Daten.

11 Dieses Recht auf Übermittlung (der Gesetzgeber geht also von einer Verarbeitung personenbezogener Daten durch die betroffene Person aus) besteht gegenüber dem anderen Verantwortlichen, der die Daten erhalten soll. Eine **Zweckbestimmung** für die Datenübermittlung sieht Abs. 1 nicht vor. Die Zweckbindung ist jedoch als Grundsatz der Datenverarbeitung (Art. 5 Abs. 1

---

[10] *Piltz*, RDV 2018, 3 f.; *Artikel-29-Datenschutzgruppe*, Working Paper 242 rev.01, v. 5.4.2017, S. 10; *Wybitul/Rauer*, ZD 2012, 160 (162).

[11] *Piltz*, K&R 2016, 629 (634); *Strubel*, ZD 2017, 355 (356).

[12] Ratsdokument 7978/1/15 REV 1, v. 27.4.2015, S. 4: „data subject is entitled to receive personal data" und „data subject benefits from obtaining this data".

lit. b) bei der Übermittlung zwingend durch den Betroffenen vorzunehmen. Eine Übermittlung und anschließende Speicherung und Verarbeitung der Daten ohne Zweckbestimmung dürfte ansonsten zur Rechtswidrigkeit der Verarbeitung führen.

Zudem muss die Übermittlung **ohne Behinderung** durch den Verantwortlichen erfolgen, von dem die betroffene Person auf der ersten Stufe die personenbezogenen Daten erhalten hat. Was genau mit einer „Behinderung" gemeint ist, wird in Art. 20 nicht erläutert. Der Begriff dürfte dem Wortlaut und auch dem Sinn und Zweck der Vorschrift nach weit zu verstehen sein, so dass sowohl eine faktische Behinderung (zB auf technischer Ebene) als auch eine Behinderung auf rechtlicher Ebene (zB bei einer Verweigerung wegen rechtlicher Bedenken) umfasst sind.[13] **12**

Nur durch den ersten Verantwortlichen darf jedoch keine Behinderung erfolgen. Der Verantwortliche, dem die Daten von der betroffenen Person übermittelt werden, ist nicht gehindert, die Übermittlung auf der Grundlage triftiger faktischer oder rechtlicher Gründe zu behindern. **13**

IV. Bereitgestellte personenbezogene Daten (Abs. 1)

Das Recht auf Datenübertragbarkeit bezieht sich nur auf von der betroffenen Person selbst bereitgestellte personenbezogene Daten. Nicht umfasst sind damit etwa jegliche Informationen, sondern nur solche mit Personenbezug.[14] Art. 20 Abs. 1 umfasst nur solche personenbezogenen Daten, die sich auf den betroffenen Anspruchsteller beziehen („die sie betreffenden personenbezogenen Daten").[15] **14**

Zudem muss die betroffene Person selbst diese personenbezogenen Daten dem Verantwortlichen bereitgestellt haben. **„Bereitstellen"** spricht für das Erfordernis einer aktiven und wissentlichen Handlung der Person.[16] Von dem Verantwortlichen bei der betroffenen Person ohne ihr Wissen erhobene personenbezogene Daten sind nicht umfasst. Insbesondere die Artikel-29-Datenschutzgruppe vertritt hinsichtlich des Merkmales der „bereitgestellten" Daten eine extensive, mit dem Wortlaut der Vorschrift, nicht zu vereinbarende Auslegung.[17] Sie geht davon aus, dass damit sowohl personenbezogene Daten gemeint sind, die wissentlich und aktiv von der betroffenen Person bereitgestellt werden, aber auch solche Daten, die aus der Beobachtung der Tätigkeiten eines Nutzers resultieren (sog. **„beobachtete Daten"**). Gegen diese Ansicht spricht zum einen bereits der Wortlaut der Norm sowie Erwägungsgrund 68 S. 3, der ausdrücklich von „zur Verfügung gestellt hat" spricht. Zudem ergibt sich aus einer systematischen Betrachtung zu den übrigen Betroffenenrechten, insbesondere jenem auf Auskunft (Art. 15), dass der Gesetzgeber den Umfang des Anspruchs auf Datenübertragbarkeit durch die Formulierung der „bereitgestellten" Daten beschränken wollte.[18] Im Anwendungsbereich des Art. 20 geht **15**

---

[13] So auch *Jülicher/Röttgen/v. Schönfeld*, ZD 2016, 358 (359).

[14] Ratsdokument 5879/14, v. 31.1.2014, S. 2.

[15] BeckOK DatenschutzR/*v. Lewinski*, DS-GVO, Art. 20 Rn. 30.

[16] Ebenso Ehmann/Selmayr/*Kamann/Braun*, DS-GVO, Art. 20 Rn. 13; *Brüggemann*, DSRITB, 2017, S. 1, 4; aA *Jülicher/Röttgen/v. Schönfeld*, ZD 2016, 358 (359).

[17] *Artikel-29-Datenschutzgruppe*, Working Paper 242 rev.01, v. 5.4.2017, S. 11 f.; ebenfalls krit. *Brüggemann*, DSRITB, 2017, S. 1, 4.

[18] *Brüggemann*, DSRITB, 2017, S. 1, 4.

es gerade nicht um alle bei einem Verantwortlichen vorhandene personenbezogene Daten. Ansonsten würden die Grenzen zwischen dem Recht auf Auskunft und jenem auf Datenübertragbarkeit verschwinden und der Zweck des Art. 20 in Frage gestellt.[19]

16 Bei den bereitgestellten Daten wird es sich etwa um solche Daten handeln, die der Betroffene in einer **Anmeldemaske** oder Registrierung angegeben hat.[20] Im angedachten Anwendungsbereich des Art. 20 fallen unter die bereitgestellten Daten etwa auch Fotos, texte oder Kommentare, die ein Betroffener auf der Grundlage des Nutzungsvertrages mit dem Betreiber eines **sozialen Netzwerkes** in sein Profil hochgeladen oder öffentlich geteilt hat. Nicht erfasst sind hingegen solche Daten, die der Verantwortliche selbst generiert und aus vorhandenen Daten über den Betroffenen ableitet, auch wenn er diese dem Betroffenen danach zur Verfügung stellt.[21]

V. Einwilligung oder Vertrag (Abs. 1)

17 Nach Erwägungsgrund 68 S. 4 gilt das Recht auf Datenübertragbarkeit nicht, wenn die Verarbeitung auf einer **anderen Rechtsgrundlage** als der Einwilligung der betroffenen Person (Art. 6 Abs. 1 lit. a oder Art. 9 Abs. 2 lit. a) oder eines Vertrags zwischen dem Verantwortlichen und der betroffenen Person (Art. 6 Abs. 1 lit. b) erfolgt. Dies ergibt sich auch aus Art. 20 Abs. 1 lit. a, der das Vorliegen einer dieser beiden Erlaubnistatbestände als Voraussetzung des Rechts auf Datenübertragbarkeit qualifiziert.

18 Auf der Grundlage der Einwilligung oder des Vertrages muss die betroffene Person die personenbezogenen Daten **bereitgestellt** haben. Die Einwilligung oder der Vertrag liegen als Erlaubnistatbestände der Bereitstellung durch die betroffene Person zu Grunde. Liegt eine Bereitstellung ohne eine zugrundliegende Einwilligung oder einen Vertrag vor, insbesondere, weil die Einwilligung unwirksam ist oder der Vertrag nicht geschlossen wurde, so existiert kein Recht auf Datenübertragbarkeit.

VI. Automatisierte Verarbeitung (Abs. 1)

19 **Kumulative** Voraussetzung („und“) ist, dass die Datenverarbeitung, die auf der Grundlage einer Einwilligung oder eines Vertrages erfolgt ist, mithilfe automatisierter Verfahren erfolgt (Art. 20 Abs. 1 lit. b). Zu dem Begriff der „automatisierten Verfahren“, vgl. Art. 4 Nr. 2.

20 Auch in dieser Voraussetzung zeigt sich, dass der eigentliche Anwendungsbereich des Rechts auf Datenübertragbarkeit bei der Verarbeitung durch **Computersysteme** und dort insbesondere bei Online-Plattformen gesehen wird. Die Europäische Kommission nannte als Beispiele für das Recht auf Datenübertragbarkeit etwa Freundeslisten oder Fotos.[22] Eine Übertragung der Daten in diesen Fällen könnte jedoch mit Blick auf Abs. 4 ausgeschlossen sein. Was genau unter dem „automatisierten Verfahren“ zu verstehen ist, war jedoch teilweise den Beteiligten im Gesetzgebungsprozess nicht klar und die Offenheit und Weite dieses

[19] *Piltz*, RDV 2018, 3 (6).
[20] BeckOK DatenschutzR/*v. Lewinski*, DS-GVO, Art. 20 Rn. 41.
[21] Für das Beschäftigungsverhältnis *Piltz*, RDV 2018, 3 (6).
[22] Europäische Kommission, SEC(2012) 72 final, v. 25.1.2012, S. 72.

Begriffs wurde aus diesem Grunde kritisiert.[23] Es ist davon auszugehen, dass der Gesetzgeber nicht-automatisierte Verarbeitungen, also vor allem in Papierform (Akten), ausklammern wollte.[24]

VII. Das Format der Daten (Abs. 1)

Die betroffene Person hat die sie betreffenden personenbezogenen Daten in einem strukturierten, gängigen und maschinenlesbaren Format zu erhalten. Die **drei Anforderungen** an das Format der Daten bestehen aus zwei technischen (strukturiert und maschinenlesbar) und einer faktischen (gängig) Komponente. Alle drei Anforderungen müssen erfüllt sein. Die Vorgaben zum Format betreffen aber erst den Vorgang der Erfüllung des Anspruchs des Betroffenen und nicht die interne Datenspeicherung beim Verantwortlichen.[25] Während den Verhandlungen zur DS-GVO im Rat der Europäischen Union wurde vorgeschlagen, die Anforderung des „gängigen Formats" durch ein Format zu ersetzen, welches die Übermittlung erlaubt. So sollte mehr Flexibilität für die Verantwortlichen geschaffen werden.[26] Dieser Vorschlag konnte sich jedoch nicht in der finalen Fassung durchsetzen. **21**

Was konkret mit „strukturiert", „gängig" und „maschinenlesbar" gemeint ist, wird in der DS-GVO nicht erläutert. Erschwerend für eine rechtskonforme Umsetzung kommt hinzu, dass Erwägungsgrund 68 S. 1 eine vierte Anforderung an das Format aufstellt, die jedoch nicht in Art. 20 selbst auftaucht. Das Format soll danach zusätzlich **„interoperabel"** sein. Die Anforderung der „Gängigkeit" an das Format wird auch in Art. 15 Abs. 3 verwendet, jedoch dort ebenfalls nicht näher umschrieben. **22**

Die Wahl des Formats ist damit nicht vollständig dem Belieben des Verantwortlichen überlassen. Insbesondere hinsichtlich der **„Gängigkeit"** muss er sich den Praktiken und Gegebenheiten des Marktes orientieren. Das Format darf nicht besonders speziell oder außergewöhnlich sein. Es muss sich um ein am Markt bekanntes und oft genutztes Format handeln. Die Anforderung der **„Strukturiertheit"** bezieht sich auf die Anordnung der Informationen selbst. Das Format muss eine gewisse Struktur aufweisen. Ob diese Struktur auch logisch oder leicht verständlich sein muss, insbesondere für die betroffene Person, wird jedoch nicht vorgegeben. Zudem muss das Format **„maschinenlesbar"** sein. Betriebssysteme auf Computern bzw. auf diesen Computern installierte Software muss das Format selbst erkennen und die darin enthaltenen Daten auslesen können. Ein Beispiel für das von Art. 20 Abs. 1 vorausgesetzte Format dürften txt- oder rtf-Dateien sein. Ebenfalls als gängig, strukturiert und maschinenlesbar lässt sich auch eine Datei im Excel-Format qualifizieren. **23**

Im Rat der Europäischen Union erkannte man während der Verhandlungen das Problem, welches wenig konkrete Vorgaben zum Format ergeben könnten. Aus diesem Grund entschied man sich dafür, allein Mindestanforderungen an das Format aufzustellen, auch um den **technologieneutralen** Ansatz der DS-GVO beizubehalten.[27] **24**

---

[23] Ratsdokument 8172/14, v. 25.3.2014, S. 4 dort Fn. 3.
[24] BeckOK DatenschutzR/*v. Lewinski*, DS-GVO, Art. 20 Rn. 29.
[25] BeckOK DatenschutzR/*v. Lewinski*, DS-GVO, Art. 20 Rn. 53.
[26] Ratsdokument 6814/1, v. 26.2.2013, S. 9 dort Fn. 43.
[27] Ratsdokument 5879/14, v. 31.1.2014, S. 3.

VIII. Recht, Daten direkt übermitteln zu lassen (Abs. 2)

25 Während des Gesetzgebungsverfahrens wurde darüber diskutiert, inwiefern das Recht auf Datenübertragbarkeit gleichzeitig ein Recht auf Direktübertragung der Daten von einem Verantwortlichen zu einem anderen beinhalten sollte. Insbesondere im Rat der Europäischen Union wurde so ein Recht abgelehnt und vielmehr die Übertragung der Daten in einem **Dreiecksverhältnis,** also stets über die betroffene Person selbst, bevorzugt.[28] Insbesondere das Europäische Parlament bestand auf die Einführung eines Rechts zur direkten Übermittlung der Daten zwischen zwei Verantwortlichen.[29]

26 Die Regelung des Abs. 2 stellt den **Kompromiss** der Verhandlungsparteien nach dem Trilog zur DS-GVO dar. Das Recht auf Datenübertragbarkeit umfasst danach die Pflicht des ersten Verantwortlichen, die betroffenen personenbezogenen Daten direkt an den anderen Verantwortlichen zu übertragen, jedoch nur, soweit diese Übermittlung **technisch machbar** ist (vgl. auch Erwägungsgrund 68 S. 10).

27 Mit der technischen Machbarkeit sind unter anderem Situationen adressiert, in denen ein Verantwortlicher nur aus dem Grund, um dem Recht des Betroffenen zu entsprechen, technisch kompatible **Datenverarbeitungssysteme übernehmen oder beibehalten** müsste (Erwägungsgrund 68 S. 7). Es handelt sich um eine Verhältnismäßigkeitsprüfung, die von beiden Verantwortlichen vorzunehmen ist. Nur wenn die Übermittlung für den Verantwortlichen, in der konkreten Situation aus seiner Sicht, technisch machbar ist, ist eine direkte Übermittlung vorzunehmen. Kein Verantwortlicher soll dazu gezwungen sein, seine Datenverarbeitungssysteme neu aufzusetzen bzw. anzupassen, um dem Wunsch der betroffenen Person entsprechen zu können.

28 Nicht in Abs. 2 erwähnt wird jedoch die **wirtschaftliche Zumutbarkeit** der Direktübermittlung für die betroffenen Verantwortlichen. Die Einstellung von wirtschaftlichen Möglichkeiten des Verantwortlichen in die Verhältnismäßigkeitsabwägung wurde vom Rat der Europäischen Union vorgeschlagen,[30] jedoch nicht in den finalen Text der DS-GVO übernommen. Die Kosten für die Umsetzung der Direktübermittlung spielen daher bei der Verhältnismäßigkeitsprüfung, zumindest nach dem Wortlaut von Abs. 2, keine Rolle.

29 Das Recht auf Datenübertragbarkeit nach Abs. 1 wird durch Abs. 2 in der Weise modifiziert, dass es nun nicht mehr auf Erhalt der Daten gerichtet ist, sondern die Verantwortlichen verpflichtet, die Daten direkt zu übermitteln. Die betroffene Person hat ein **Recht „zu erwirken“,** dass die Verantwortlichen diese Übermittlung durchführen. Unklar ist jedoch, ob nur einer oder beide Verantwortliche nach Abs. 2 verpflichtet sind. Da in Abs. 1 die beiden beteiligten Verantwortlichen unterschiedlich adressiert werden, diese Differenzierung in Abs. 2 jedoch nicht mehr vorgenommen wird, ist davon auszugehen, dass beide Verantwortliche Adressaten der Pflicht sind, die personenbezogenen Daten zu übermitteln.

30 Die Übermittlung der Daten von dem ersten Verantwortlichen an den zweiten Verantwortlichen („anderen Verantwortlichen“) stellt einen erlaubnispflichtigen Umgang mit personenbezogenen Daten dar und bedarf daher einer **Rechtferti-**

---

[28] Ratsdokument 5879/14, v. 31.1.2014, S. 2.

[29] Ratsdokument 14824/15, v. 1.12.2015, S. 3.

[30] Ratsdokument 14481/15, v. 27.11.2015, S. 95.

gung nach Art. 6.[31] Die Daten werden nicht durch den Betroffenen an den zweiten Verantwortlichen übergeben, sondern direkt zwischen den Verantwortlichen. Art. 20 Abs. 2 bezieht sich ausdrücklich auf die in Art. 4 Nr. 2 als Unterfall der „Verarbeitung" erwähnte Übermittlung. Art. 20 Abs. 2 selbst stellt keinen Erlaubnistatbestand dar.[32] Der erste Verantwortliche agiert auch nicht als Auftragsverarbeiter des Betroffenen. Art. 20 Abs. 2 und das Recht auf Direktübermittlung gilt nur in Bezug auf Verantwortliche. Als Erlaubnistatbestand für die Übermittlung kommt grundsätzlich eine Einwilligung des Betroffenen nach Art. 6 Abs. 1 lit. a oder auch die Interessenabwägung nach Art. 6 Abs. 1 lit. f in Betracht. Im Ergebnis wird sich der Verantwortliche aber am ehesten auf den Erlaubnistatbestand des Art. 6 Abs. 1 lit. c stützen können, da die Übermittlung zur Erfüllung einer ihm obliegenden **rechtlichen Verpflichtung** nach Art. 20 Abs. 2 erforderlich ist.[33]

IX. Kein Einfluss auf das Recht auf Löschung (Abs. 3)

Abs. 3 S. 1 stellt klar, dass das Recht auf **Löschung** der betroffenen Person nach Art. 17 von einer Ausübung des Rechts auf Datenübertragbarkeit unberührt bleibt. Der betroffenen Person steht mithin weiterhin ihr Löschungsrecht gegen den Verantwortlichen zu, auch wenn die Daten übermittelt wurden. 31

Mit diesem Hinweis in Abs. 3 S. 1 wird gleichzeitig auch klar, dass das Recht auf Datenübertragbarkeit nicht bedeutet, dass personenbezogene Daten zu löschen sind. Die von dem Recht auf Datenübertragbarkeit umfassten personenbezogenen Daten können, als Kopien, also auch nach der Herausgabe an die betroffene Person oder die Direktübermittlung an den anderen Verantwortlichen, **weiter gespeichert und verarbeitet** werden.[34] Vorausgesetzt, es liegt ein Erlaubnistatbestand nach Art. 6 Abs. 1 vor. Die Verarbeitung ist auch im Übrigen zulässig. 32

Dies ergibt sich auch aus Erwägungsgrund 68 S. 9. Danach berührt das Recht auf Datenübertragbarkeit nicht das Recht auf Löschung nach Art. 17 und bedeute nicht, dass die Daten, die sich auf die betroffene Person beziehen und von ihr zur Erfüllung eines Vertrags zur Verfügung gestellt worden sind, gelöscht werden, soweit und solange diese personenbezogenen Daten für die Erfüllung des Vertrags notwendig sind. Der Verantwortliche darf also personenbezogene Daten weiterhin verarbeiten. Dies ist auch konsequent, denn existieren etwa gesetzliche Aufbewahrungspflichten oder ist die Speicherung zur Abwicklung eines Vertrages, etwa für die Zeit der Gewährleistungsrechte, erforderlich, so muss der Verantwortliche weiterhin auf diese Daten zugreifen können. Das Recht auf Datenübertragbarkeit beinhaltet damit **keine Löschverpflichtung** der personenbezogenen Daten bei dem Verantwortlichen. 33

X. Kein Einfluss auf andere Rechte der betroffenen Person (Abs. 4)

Da es vorkommen kann, dass Dateien nicht nur Informationen zu einer betroffenen Person enthalten, sieht Abs. 4 vor, dass das Recht gem. Abs. 2 die Rechte und Freiheiten **anderer Personen** nicht beeinträchtigen darf. 34

[31] IErg ebenso BeckOK DatenschutzR/*v. Lewinski*, DS-GVO, Art. 20 Rn. 56.
[32] So aber wohl *Artikel-29-Datenschutzgruppe*, Working Paper 242 rev.01, v. 5.4.2017, S. 6 f.
[33] Sa BeckOK DatenschutzR/*v. Lewinski*, DS-GVO, Art. 20 Rn. 56.
[34] So auch *Jülicher/Röttgen/v. Schönfeld*, ZD 2016, 358 (360).

35 Art. 20 Abs. 4 bezieht sich ausdrücklich **allein auf Abs. 2** und damit auf die Ausformung des Rechts auf Datenübertragbarkeit, in der die personenbezogenen Daten direkt zwischen den Verantwortlichen übermittelt werden. Abs. 1, also das Recht auf Datenübertragbarkeit in der Form des Erhalts der personenbezogenen Daten und deren Übermittlung durch den Betroffenen an einen anderen Verantwortlichen, wird nicht adressiert. Dieser Regelung entgegengesetzt bestimmt Erwägungsgrund 68 S. 8, dass das „Recht auf Empfang" der Daten die Grundrechte und Grundfreiheiten anderer betroffener Personen nach der DS-GVO unberührt lässt. Der Erwägungsgrund spricht mithin ausdrücklich allein von der Variante des Rechts auf Datenübertragbarkeit nach Art. 20 Abs. 1.

36 Im Fall der Ausübung nach Abs. 1 wären damit **andere betroffene Personen** nicht geschützt und sie betreffende personenbezogene Daten könnten ohne Beachtung der übrigen Vorgaben der DS-GVO an die das Recht ausübende Person herausgegeben werden.

37 Dieses Ergebnis kann freilich eigentlich **nicht überzeugen,** ist jedoch dem Wortlaut des Abs. 2 und der ausdrücklichen Verweisung allein auf Abs. 2 sicherlich eine gut begründbare Auslegung der Vorschrift. Der europäische Gesetzgeber hat insoweit ein Einfallstor für rechtliche Unsicherheit geschaffen. Ein vergleichender Blick in die englische Fassung des Art. 20 Abs. 4 verdeutlicht, dass es sich bei dem Verweis allein auf Abs. 2 in der deutschen Fassung wohl um einen Übersetzungsfehler handelt. Denn in der englischen Fassung wird, richtigerweise, auf die Grundform des Rechts auf Datenübertragbarkeit, Abs. 1, verwiesen.

38 Gegen eine solche, zwar dem Wortlaut eventuell entsprechende, Auslegung sprechen jedoch zwei weitere Argumente. Zum einen verweist auch Abs. 2 auf die Ausübung des Rechts auf Datenübertragbarkeit nach Abs. 1, die Grundform des Rechts auf Datenübertragbarkeit. Abs. 2 stellt insofern nur eine spezielle Ausprägung der Ausübung dieses Rechts dar. Zum anderen dürfte es sich bei dem Verweis in Abs. 4 allein auf Abs. 2 um ein **redaktionelles Versehen** insofern handeln, als in den Verhandlungsdokumenten des Rates der Abs. 1 gestrichen wurde, Art. 20 Abs. 2 also der nun finale Abs. 1 war.[35] Die Anpassung des Verweises in Abs. 4 von Abs. 2 auf Abs. 1 scheint schlicht vergessen worden zu sein.

39 Inhaltlich gibt Abs. 4 vor, dass bei der Ausübung des Rechts auf Datenübertragbarkeit die **Recht und Freiheiten** anderer Personen nicht beeinträchtigt werden dürfen. Dem Wortlaut nach bezieht sich Abs. 4 damit nicht nur auf Rechte und Freiheiten in Bezug auf den Schutz personenbezogener Daten, sondern ist umfassend zu verstehen.[36] Es geht auch, jedoch nicht nur, um die Rechte in Bezug auf den Schutz personenbezogener Daten.[37] So verweist Abs. 4 gerade nicht etwa nur auf Rechte aus der DS-GVO. Abs. 4 selbst bezieht sich aber nicht nur auf die, in Art. 4 Nr. 1 legal definierte, betroffene Person oder etwa nur andere natürliche Personen. Auch der Verantwortliche wird in Art. 4 Nr. 7 legal definiert, jedoch in Abs. 4 DS-GVO nicht erwähnt.[38] Abs. 4 umfasst daher auch die Rechte und Freiheiten von Verantwortlichen, wie etwa die unternehmerische Freiheit. In der Praxis dürfte sich die Beschränkung des Rechts auf Datenübertragbarkeit vor allem mit Blick auf Herausgabe (Abs. 1) oder Direktübermittlung (Abs. 2) von solchen Informationen als kritisch erweisen, die aus Sicht des (alten) Verantwortlichen

---

[35] Vgl. etwa das Ratsdokument 14481/15, v. 27.11.2015, S. 95.

[36] Ebenso BeckOK DatenschutzR/*v. Lewinski*, DS-GVO, Art. 20 Rn. 102.

[37] Kühling/Buchner/*Herbst*, DS-GVO, 1. Aufl., Art. 20 Rn. 18.

[38] BeckOK DatenschutzR/*v. Lewinski*, DS-GVO, Art. 20 Rn. 102.

Geschäfts- und Betriebsgeheimnisse darstellen. Nach der Rechtsprechung des EuGH stellt der Schutz von **Geschäftsgeheimnissen** in jedem Fall einen allgemeinen Grundsatz des Unionsrechts dar.[39] Der Bereich, für den dieser Grundsatz gilt, beschränkt sich nicht auf Geschäftsgeheimnisse im eigentlichen Sinne, dh vertrauliche Geschäftsinformationen, sondern umfasst auch sonstige vertrauliche Informationen.[40]

Sind personenbezogene Daten anderer Personen betroffen, so dürfen diese grundsätzlich nicht mit übermittelt werden, sei es an den Betroffenen selbst oder im Fall von Abs. 2 an den anderen Verantwortlichen. Für die mit der Übermittlung einhergehende Verarbeitung dürfte es nämlich zumeist an einer Rechtsgrundlage fehlen. Ist die Verarbeitung jedoch nicht zulässig, werden die Rechte anderer Personen in jedem Fall beeinträchtigt. Sollte die Übermittlung dennoch zulässig sein, insbesondere etwa in dem Fall, dass berechtigte Interessen vorliegen und Interessen oder Grundrechte und Grundfreiheiten der betroffenen Personen diese nicht überwiegen (Art. 6 Abs. 1 lit. f), so kann sich eine Beeinträchtigung auch aus anderen Umständen ergeben. Dem Grunde nach stellt Abs. 4 also klar, dass die betroffene Person nur ein Recht auf Übertragung jener personenbezogenen Daten besitzt, die sich auf sie selbst beziehen. Es besteht jedoch **kein Recht auf Übertragbarkeit von personenbezogener Daten anderer Personen.**[41] **40**

XI. Verstöße

Verstöße gegen Art. 20 können nach **Art. 83 Abs. 5 lit. b** mit Geldbußen von bis 20.000.000 EUR oder im Fall eines Unternehmens von bis 4 Prozent des gesamten weltweit erzielten Jahresumsatzes des vorangegangenen Geschäftsjahres geahndet werden. **41**

Abschnitt 4. Widerspruchsrecht und automatisierte Entscheidungsfindung im Einzelfall

Art. 21 Widerspruchsrecht

(1) [1]**Die betroffene Person hat das Recht, aus Gründen, die sich aus ihrer besonderen Situation ergeben, jederzeit gegen die Verarbeitung sie betreffender personenbezogener Daten, die aufgrund von Artikel 6 Absatz 1 Buchstaben e oder f erfolgt, Widerspruch einzulegen; dies gilt auch für ein auf diese Bestimmungen gestütztes Profiling.** [2]**Der Verantwortliche verarbeitet die personenbezogenen Daten nicht mehr, es sei denn, er kann zwingende schutzwürdige Gründe für die Verarbeitung nachweisen, die die Interessen, Rechte und Freiheiten der betroffenen Person überwiegen, oder die Verarbeitung dient der Geltendmachung, Ausübung oder Verteidigung von Rechtsansprüchen.**

---

[39] EuGH, Urt. v. 29.3.2012 – C-1/11 – Interseroh/SAM, Rn. 43 mwN.

[40] Generalanwalt *Szpunar*, Schlussantrag v. 21.7.2016 – C-162/15 P, Rn. 41; zu Art. 20 vgl. auch BeckOK DatenschutzR/*v. Lewinski*, DS-GVO, Art. 20 Rn. 101 ff.

[41] So ausdrücklich Ratsdokument 5879/14, v. 31.1.2014, S. 4; vgl. auch *Härting*, Datenschutz-Grundverordnung, 2016, Rn. 732.

(2) **Werden personenbezogene Daten verarbeitet, um Direktwerbung zu betreiben, so hat die betroffene Person das Recht, jederzeit Widerspruch gegen die Verarbeitung sie betreffender personenbezogener Daten zum Zwecke derartiger Werbung einzulegen; dies gilt auch für das Profiling, soweit es mit solcher Direktwerbung in Verbindung steht.**

(3) **Widerspricht die betroffene Person der Verarbeitung für Zwecke der Direktwerbung, so werden die personenbezogenen Daten nicht mehr für diese Zwecke verarbeitet.**

(4) **Die betroffene Person muss spätestens zum Zeitpunkt der ersten Kommunikation mit ihr ausdrücklich auf das in den Absätzen 1 und 2 genannte Recht hingewiesen werden; dieser Hinweis hat in einer verständlichen und von anderen Informationen getrennten Form zu erfolgen.**

(5) **Im Zusammenhang mit der Nutzung von Diensten der Informationsgesellschaft kann die betroffene Person ungeachtet der Richtlinie 2002/58/EG ihr Widerspruchsrecht mittels automatisierter Verfahren ausüben, bei denen technische Spezifikationen verwendet werden.**

(6) **Die betroffene Person hat das Recht, aus Gründen, die sich aus ihrer besonderen Situation ergeben, gegen die sie betreffende Verarbeitung sie betreffender personenbezogener Daten, die zu wissenschaftlichen oder historischen Forschungszwecken oder zu statistischen Zwecken gemäß Artikel 89 Absatz 1 erfolgt, Widerspruch einzulegen, es sei denn, die Verarbeitung ist zur Erfüllung einer im öffentlichen Interesse liegenden Aufgabe erforderlich.**

Literatur: *Franck*, Das System der Betroffenenrechte nach der Datenschutz-Grundverordnung, RDV 2016, 111; *Johannes/Richter*, Privilegierte Verarbeitung im BDSG-E, DuD 2017, 300; *Laue*, Öffnungsklauseln in der DS-GVO – Öffnung wohin?, ZD 2016, 463; *Piltz*, Die Datenschutz-Grundverordnung, Teil 2: Rechte der Betroffenen und korrespondierende Pflichten des Verantwortlichen, K&R 2016, 629.

Übersicht

A. Allgemeines

I. Zweck und Bedeutung der Vorschrift

Das Widerspruchsrecht iSv Art. 21 räumt der betroffenen Person bei Vorliegen bestimmter Voraussetzungen das Recht ein, eine **rechtmäßige**[1] und **auf gesetzlicher Grundlage erfolgende** Verarbeitung sie betreffender personenbezogener Daten zu unterbinden. Ist die Verarbeitung unrechtmäßig, besteht unmittelbar eine Löschverpflichtung gem. Art. 17 Abs. 1 lit. d; der gesonderten Ausübung des Widerspruchsrechts bedarf es in solchen Fällen nicht. Der betroffenen Person kann je nach **Umfang der Berechtigung** ein Recht auf Widerspruch gegen den gesamten Verarbeitungsvorgang, gegen einzelne Verarbeitungsphasen (→ Art. 4 Rn. 30) oder gegen die Verarbeitung bestimmter Datenarten zustehen. 1

Die Gewährleistung von Betroffenenrechten wie dem auf Widerspruch lässt sich neben den Handlungspflichten des für die Verarbeitung Verantwortlichen als **Konkretisierung der allgemeinen Verarbeitungsgrundsätze** aus Art. 5 interpretieren.[2] Die eingeschränkte Ausgestaltung (→ Rn. 8) des Widerspruchsrechts macht deutlich, dass das Datenschutzrecht nicht einseitig dem Schutz der betroffenen Person, sondern der **Auflösung unterschiedlicher Interessen** dient[3] und die Entscheidung, ob in einer konkreten Situation schutzwürdigen Belange oder Rechte verletzt oder potentiell gefährdet sind, gerade nicht dem Einzelnen vollständig selbst übertragen werden soll. Ein uneingeschränktes Widerspruchsrecht wäre, orientiert an der ständigen Rechtsprechung des **EGMR,** nicht mit der GRCh zu vereinbaren.[4] 2

II. Abgrenzung zum Widerrufsrecht

Abzugrenzen ist das Widerspruchsrecht vom Recht auf Widerruf (→ Art. 7 Rn. 54 f.). Während sich der Widerspruch der betroffenen Person gegen eine rechtmäßige Datenverarbeitung auf Grundlage einer gesetzlichen Erlaubnisnorm richtet, handelt es sich beim Widerruf um die Rücknahme einer durch die betroffene Person vormals abgegebenen Einwilligung. Die Abgrenzung ist bereits wegen der **unterschiedlichen Wirksamkeitsvoraussetzungen** beider Betroffenenrechte relevant. Erwehrt sich die betroffene Person gegen eine sie betreffende Datenverarbeitung, muss die gewählte Formulierung durch Auslegung einer dieser beiden Rechtsinstitute zugeordnet und ggf. im Sinne der betroffenen Person **umgedeutet** werden. Erfolgt eine Verarbeitung sowohl aufgrund einer Einwilligung als auch auf gesetzlicher Grundlage finden **beide Rechte nebeneinander** unter Heranziehung ihrer jeweils spezifischen Voraussetzungen Anwendung. 3

III. Systematik, Aufbau und Verhältnis zu anderen Vorschriften

Das Recht auf Widerspruch befindet sich in Kapitel III, das mit „Rechte der betroffenen Person" überschrieben ist, dort in Abschnitt 4, gemeinsam mit den Vorgaben zu automatisierten Entscheidungen im Einzelfall. Bereits aus dieser Sys- 4

[1] S. Erwägungsgrund 69.
[2] So auch schon Erwägungsgrund 25 DS-RL.
[3] So auch FRA, S. 129; sa G/S/S/V/*Veil*, Art. 21 Rn. 1.
[4] Vgl. EGMR, Urt. v. 10.5.2011 – 48009/08 – Mosley v. the United Kingdom; EGMR, Urt. v. 27.8.1997 – 20837/92 – M.S. v. Sweden.

tematik wird ersichtlich, dass das Widerspruchsrecht nur für solche Datenverarbeitungen vorgesehen sein soll, denen nach Auffassung des Verordnungsgebers ein **besonderes Stör- oder Gefährdungspotential** innewohnt.

5 Art. 21 eröffnet **ein allgemeines** (Abs. 1) und **zwei bereichsspezifische** (Abs. 2, 6) Widerspruchsrechte, wobei auch das allgemeine nur bei Datenverarbeitungen auf Grundlage von Art. 6 Abs. 1 lit. e oder f zur Anwendung kommt. Während das allgemeine und das sich gegen eine Datenverarbeitung zu **Forschungs- und Statistikzwecken** (Art. 89 Abs. 1) richtende Widerspruchsrecht an das Vorliegen besonderer Voraussetzungen geknüpft sind, gewährleistet Abs. 2 ein voraussetzungsloses Widerspruchsrecht gegen Verarbeitungen zum **Zwecke der Direktwerbung** auf Grundlage von Art. 6 Abs. 1 lit. f. Dass ein Widerspruch nach Abs. 2 nur eine begrenzte Reichweite hat, macht Abs. 3 deutlich (→ Rn. 23). Abs. 4 ordnet an, dass auf die Widerspruchsrechte aus den Abs. 1 und 2 spätestens im Zeitpunkt der ersten Kommunikation mit der betroffenen Person hinzuweisen ist, was Fragen zum Verhältnis der Norm zu Art. 13 Abs. 2 lit. b und Art. 14 Abs. 2 lit. c aufwirft (→ Rn. 28). Gem. Abs. 5 sind Widersprüche im Internet auch über automatisierte Verfahren zulässig (→ Rn. 36). Bei Anwendung von Art. 21 sind stets die in Art. 12 normierten **allgemeinen Anforderungen** an die Ausgestaltung von Betroffenenrechten zu beachten (→ Art. 12 Rn. 9 f.). Den EU-Mitgliedstaaten ist es gemäß der **Konkretisierungsklausel** in Art. 23 freigestellt, die Pflichten und Rechte das Widerspruchsrecht betreffend näher auszugestalten. Hiervon ausgehend wäre es denkbar, das Widerspruchsrecht für ausgewählte Verarbeitungsszenarien, zB für Verarbeitungen, die im öffentlichen Interesse oder in Ausübung öffentlicher Gewalt erfolgen, an zusätzliche Voraussetzungen zu knüpfen oder dieses von einer Interessenabwägung abhängig zu machen. Der deutsche Gesetzgeber hat hiervon in den §§ 27 Abs. 2, 28 Abs. 4 und 36 BDSG nF Gebrauch gemacht.

6 Ein Recht auf Widerspruch ist weder in der **GRCh** noch in der Europäischen Datenschutzkonvention (Konvention Nr. 108) unmittelbar verankert, kann aber als Ausfluss der dort normierten Grundsätze der Rechtmäßigkeit der Datenverarbeitung verstanden werden. Das **Ministerkomitee des Europarates** hatte sich in seinen Empfehlungen CM/Rec(85)20 vom 25.10.1985 und CM/Rec(2010)13 vom 23.11.2010 für ein spezifisches Widerspruchsrecht gegen Verarbeitungen zu Direktmarketingzwecken (Art. 4.1) bzw. ein allgemeines Widerspruchsrecht gegen Maßnahmen der Profilbildung (Art. 5.3) ausgesprochen.

7 Bereits **Art. 14 DS-RL** verlangte von den Mitgliedstaaten die Einräumung eines Widerspruchsrechts mit nach Art. 21 vergleichbarem Umfang. Umgesetzt war diese Vorgabe im BDSG aF in § 20 Abs. 5 (öffentlicher Bereich) und in **§ 35 Abs. 5** (nichtöffentlicher Bereich). Die dort verankerten Voraussetzungen wurden durch Art. 21 leicht modifiziert (→ Rn. 12). Für Widersprüche gegen Datenverarbeitungen zum Zwecke der Werbung existierten in **§ 28 Abs. 4 BDSG aF** spezifische Vorgaben, die sich, bei Abweichungen im Detail, nun in Art. 21 Abs. 2, 3 (→ Rn. 21) wiederfinden. Wurden internetbasiert Nutzungsprofile zB zu Werbezwecken erstellt, räumt § 15 Abs. 3 TMG ein bereichsspezifisches Widerspruchsrecht ein.

B. Einzelerläuterungen

I. Allgemeines Widerspruchsrecht (Abs. 1)

8 **1. Tatbestandsvoraussetzungen. a) Besondere Situation.** Erfolgt eine Datenverarbeitung auf Grundlage von Art. 6 Abs. 1 lit. e (öffentliches Interesse)

oder Art. 6 Abs. 1 lit. f (berechtigtes Interesse) steht der betroffenen Person gem. Abs. 1 ein **allgemeines Widerspruchsrecht** zu. Bei Datenverarbeitungen auf anderer gesetzlicher Grundlage bzw. aufgrund der Einwilligung findet Art. 21 keine Anwendung. Der allgemeine Widerspruch zielt darauf ab, eine **rechtmäßige Datenverarbeitung** ausnahmsweise unzulässig zu machen[5] und ist deshalb an das Vorliegen von Gründen, die sich aus der **besonderen Situation** der betroffenen Person ergeben müssen, geknüpft. Die Formulierung in Erwägungsgrund 69, wonach die betroffene Person die Möglichkeit zum Widerspruch „gegen die Verarbeitung der sich aus ihrer besonderen Situation ergebenden personenbezogenen Daten" haben soll, ist eine missglückte Übersetzung. Mit Blick auf die englische Sprachfassung von Erwägungsgrund 69, wonach die betroffene Person ein Recht haben soll „to object to the processing of any personal data relating to his or her particular situation" wird deutlich, dass das Widerspruchsrecht an das Vorliegen einer besonderen Situation geknüpft ist und sich nicht (voraussetzungslos) auf personenbezogene Daten „aus einer besonderen Situation" erstrecken soll. Die durch das **Europäische Parlament** vorgeschlagene Fassung, wonach für Fälle einer Datenverarbeitung auf Grundlage des berechtigten Interesses ein voraussetzungsloses Widerspruchsrecht vorgesehen war, wäre infolge des Außerachtlassens der Rechte Dritter mit der GRCh nicht zu vereinbaren gewesen und hat sich zu Recht nicht durchgesetzt.

Ob eine besondere Situation vorliegt, ist im **Einzelfall** zu prüfen und kann 9 sowohl in veränderten Umständen in der Person des Betroffenen als auch durch eine sich (nachträglich) verändernde Eingriffsqualität oder eine (neue) Gefahrenlage begründet sein. Da der widersprochenen Datenverarbeitung in Fällen des Art. 6 Abs. 1 lit. f bereits eine Interessenabwägung zu Gunsten des Verantwortlichen zugrunde liegt, ist an die Bestimmung der besonderen Situation ein **strenger Maßstab** anzulegen.[6] Typischerweise erfasst sein werden danach nur Situationen, in denen durch eine fortgesetzte Datenverarbeitung – nunmehr – eine Gefahr für Leib und Leben, das Eigentum oder für in ihrer Bedeutung vergleichbare (absolute) Rechtspositionen der betroffenen Person besteht. Daneben sind Widersprüche gegen Datenverarbeitungen, die zu ethischen, sozialen, gesellschaftlichen oder familiären Zwangssituationen für die betroffene Person führen können, denkbar. Bereits eingetretene **Datenschutz- bzw. Datensicherheitsverletzungen** berechtigen zum Widerspruch, wenn weitere Verletzungen durch denselben Verantwortlichen zu besorgen sind. Die betroffene Person muss ihren Widerspruch mit **konkreten Tatsachen** begründen und hat auf Verlangen des Verantwortlichen Nachweise beizubringen.[7] Die Prüfung sollte zu Nachweiszwecken durch den Verantwortlichen dokumentiert werden.

Eine besondere Situation iSd Abs. 1 kann auch schon vor einer Verarbeitung 10 vorliegen. Für die daraus folgende Möglichkeit zur Einlegung eines **„Vorab-Widerspruchs"** spricht auch die Formulierung des Verordnungstextes, die sich

---

[5] S. Erwägungsgrund 69.

[6] Kühling/Buchner/*Herbst*, DS-GVO, Art. 21 Rn. 15 spricht von „atypischer Konstellation"; Sydow/*Helfrich*, Art. 21 Rn. 60 („Zurückhaltung geboten"); Ehmann/Selmayr/*Kamann/Braun*, DS-GVO, Art. 21 Rn. 20; BeckOK DatenschutzR/*Forgó*, Art. 21 Rn. 11; aA *Laue/Nink/Kremer*, § 4 Rn. 71; widersprüchlich Paal/Pauly/*Martini*, DS-GVO, Art. 21 Rn. 21, 30, 31.

[7] Vgl. zum BDSG aF *Gola/Schomerus*, § 35 Rn. 28; aA offenbar Ehmann/Selmayr/*Kamann/Braun*, DS-GVO, Art. 21 Rn. 20.

auf den Grundbegriff der Verarbeitung und damit auch auf die Erhebung bezieht. Freilich sind auch zu einem Vorab-Widerspruch nur solche betroffenen Personen berechtigt, die das Vorliegen einer besonderen persönlichen Situation nachweisen können.[8]

11 **b) Kein Ausschluss des Widerspruchsrechts (Abs. 1 S. 2, § 28 Abs. 4, 36 BDSG nF).** Ein grundsätzlich statthafter Widerspruch führt gem. Abs. 1 S. 2 dann nicht zur Beendigung der Datenverarbeitung, wenn der Verantwortliche entweder **zwingende schutzwürdige Gründe** (Var. 1) für die Fortsetzung der Verarbeitung nachweisen kann oder die Verarbeitung der Geltendmachung, Ausübung oder Verteidigung von **Rechtsansprüchen** (Var. 2) dient. Variante 2 ist weit[9] auszulegen und erfasst sowohl die gerichtliche als auch die außergerichtliche Geltendmachung von Ansprüchen, die allen denkbaren Rechtsgebieten entspringen können. Während die Feststellung, ob ein zwingendes schutzwürdiges Interesse besteht, erst durch eine sich an die nach Art. 6 Abs. 1 lit. f anschließende zweite Abwägung[10] mit den den Widerspruch begründenden Tatsachen möglich ist, schließt der Verarbeitungszweck der Geltendmachung, Ausübung und Verteidigung von Rechtsansprüchen die Berechtigung zum Widerspruch von vornherein aus. Zu Recht soll das Datenschutzrecht nicht zur Vereitelung von Rechten Anderer missbraucht werden dürfen.

12 Bei Anwendung von Variante 1 muss der Verantwortliche unter **Darlegung von Tatsachen** nachweisen, dass zwingende schutzwürdige Gründe für die Verarbeitung streiten und diese die Interessen, Rechte und Freiheiten der betroffenen Person überwiegen. Der Bewertungsmaßstab ist damit im **Vergleich zum Recht nach der DS-RL und dem BDSG aF** leicht geändert. Hiernach war ein Widerspruch selbst erst dann statthaft, wenn „das schutzwürdige Interesse des Betroffenen wegen seiner besonderen persönlichen Situation" das Interesse der verantwortlichen Stelle an der (rechtmäßigen) Datenverarbeitung überwog.[11] Dass eine Verarbeitung, die im Ausgangspunkt nach Art. 6 Abs. 1 lit. e oder lit. f zulässig war, gegen die aber in Schritt 2 wirksam Widerspruch eingelegt wurde, über die Rückausnahme der zwingenden Gründe (Schritt 3) am Ende doch weiterhin zulässig bleibt, wird **in der Praxis die Ausnahme** bleiben. Typischerweise werden die zwingenden Gründe, so diese vorliegen, bereits in die initiale Interessenabwägung einfließen, bei gleichzeitiger Reduktion der Erfolgsaussichten eines allgemeinen Widerspruchs.

13 Neben diesen originär in der DS-GVO normierten Ausnahmen hat der deutsche Gesetzgeber in Ausfüllung der Öffnungsklausel des Art. 23 Abs. 1 lit. e[12] in **§ 36 BDSG nF** zwei weitere allgemeine Ausnahmen von dem nach Art. 21 Abs. 1 grundsätzlich bestehenden Widerspruchsrecht normiert, die dann einschlägig sind, wenn keine spezifischeren Beschränkungen von Betroffenenrechten[13] grei-

---

[8] Vgl. zum BDSG aF am Bsp. der Geodatendienstes Google Streetview *Moos/Zeiter*, ZD 2013, 178 (180 f.).

[9] Sydow/*Helfrich*, Art. 21 Rn. 69 unter Verweis auf den Terminus „dient" iSv „dienlich".

[10] Vgl. auch Ehmann/Selmayr/*Kamann/Braun*, DS-GVO, Art. 21 Rn. 23.

[11] § 35 Abs. 5 S. 1 BDSG aF; sa *Albrecht/Jotzo*, Teil 4 C Rn. 24.

[12] BR-Drs. 110/17, 107; Zweifel an der Konformität der Norm erhob der Bundesrat, s. BT-Drs. 18/11655, 24.

[13] Bsp. für bereichsspezifische Ausschlüsse des Widerspruchsrechts sind § 10a Abs. 3 HGB, § 31a S. 1 Nr. 3 PatG, § 62a S. 1 Nr. 3 MarkenG, § 22a S. 1 Nr. 3 DesignG, § 8 Abs. 8 S. 1 Nr. 3 GebrMG, § 32f Abs. 5 AO, § 84 Abs. 5 SGB X.

fen. Nach **Variante 1 der Norm** scheidet ein Widerspruchsrecht gegenüber einer öffentlichen Stelle (Verantwortlicher des öffentlichen Rechts bzw. Beliehener) dann aus, „soweit" an der Verarbeitung ein zwingendes öffentliches Interesse besteht, das die Interessen der betroffenen Person überwiegt. Bereits an dieser Stelle stellt sich die Frage nach der **Erforderlichkeit der Norm,** handelt es sich bei dieser doch praktisch allein um eine Wiederholung der originären Ausnahme aus Art. 21 Abs. 1 S. 2 Var. 1 DS-GVO, die sich sowohl auf Verarbeitungen durch öffentlich-rechtliche als auch durch private Verantwortliche erstreckt. Unzutreffend wäre es jedenfalls, wenn über die in § 36 BDSG nF vorgenommene Beschränkung auf Verarbeitungen durch öffentliche Stellen in Art. 21 Abs. 1 S. 2 DS-GVO eine Sperrwirkung hinsichtlich Verarbeitungen durch Private hinein interpretiert würde.

Von § 36 Var. 1 BDSG nF erfasst sein können allein **Verarbeitungen auf Grundlage von Art. 6 Abs. 1 lit. e.** Denn obgleich gem. Art. 21 Abs. 1 S. 1 ein Widerspruchsrecht grundsätzlich sowohl gegen Verarbeitungen auf Grundlage von Art. 6 Abs. 1 lit. e als auch von lit. f besteht, scheidet lit. f als Rechtsgrundlage von vornherein für Verarbeitungen durch die öffentliche Hand aus, Art. 6 Abs. 1 S. 2 (→ Art. 6 Rn. 56). § 36 Var. 1 BDSG nF verlangt nach einer für den öffentlichen Bereich untypischen und der DS-GVO grundsätzlich ausgeschlossenen **Interessenabwägung zwischen öffentlichen und** – widerstreitenden – **privaten Interessen** der betroffenen Person. Ausgehend von der Funktion der Grundrechte als Abwehrrechte gegen den Staat sowie dem Grundsatz des Gesetzesvorbehalts wird in einer demokratischen Rechtsordnung diese Interessenabwägung typischerweise aber bereits im Rahmen des Gesetzgebungsverfahren vorgenommen. Die praktischen Anwendungsfälle, in denen eine demokratisch legitimierte, zugleich erforderliche und verhältnismäßige Datenverarbeitung auf gesetzlicher Grundlage (Art. 6 Abs. 1 lit. e) nicht zugleich auch als „zwingend" iSv § 36 Var. 1 BDSG nF angesehen werden muss, dürften hiernach eng begrenzt sein. Kommt es doch einmal dazu, sind an das Tatbestandsmerkmal „zwingend" dieselben Anforderungen zu stellen, wie auch bei originärer Anwendung von Art. 21 Abs. 1 S. 2 Var. 1 DS-GVO (→ Rn. 12). 14

Als ebenso unstimmig erscheint **§ 36 Var. 2 BDSG nF,** wonach das Widerspruchsrecht dann ausgeschlossen sein soll, wenn eine Rechtsvorschrift zur Verarbeitung verpflichtet.[14] Besteht aber eine solche Rechtspflicht zur Verarbeitung (→ Art. 6 Rn. 41), fehlt es bereits von vornherein an der Berechtigung zum Widerspruch (→ Rn. 8). Einer Ausnahme für Datenverarbeitungen auf der gesetzlichen Grundlage des Art. 6 Abs. 1 lit. c bedarf es schlichtweg nicht.[15] Insoweit kann es auch dahinstehen, ob die in § 36 Var. 2 BDSG nF angesprochene Verarbeitungspflicht entgegen des zweideutigen Wortlautes von § 36 BDSG nF und der unglücklich formulierten Gesetzesbegründung[16] neben öffentlich-rechtlichen auch privatrechtlichen Verantwortliche adressiert (letzteres soll wohl nicht der Fall sein). Spricht man § 36 Var. 2 BDSG nF nach allem dennoch einen eigenständigen Aussagegehalt zu, können die zum Recht nach dem BDSG aF entwickelten Anforderungen an die Ausgestaltung einer solchen verpflichtende 15

---

[14] Die Norm knüpft an § 35 Abs. 5 S. 2 BDSG aF an.

[15] So auch der Bundesrat, vgl. BT-Drs. 18/11655, 23 f.

[16] BR-Drs. 110/17, 107: „§ 36 setzt öffentliche Interessen der Verantwortlichen iSv Art. 23 Abs. 1 lit. e voraus." Eine Differenzierung zwischen den beiden Tatbestandsvarianten erfolgt nicht.

Norm auf das BDSG nF übertragen werden: Die Rechtsvorschrift muss eine eindeutige **Verarbeitungsverpflichtung kraft objektiven Rechts** unter Nennung zumindest der Art der Daten und des Zwecks der Verarbeitung begründen. Erforderlich ist, dass die Verpflichtung zur Verarbeitung unmittelbar in der Norm geregelt ist und die Notwendigkeit der Verarbeitung sich nicht etwa nur als Folge der Verpflichtung zur Umsetzung der Norm ergibt. Normen, die nur eine diesbezügliche Berechtigung begründen, mag diese auch zur Erfüllung einer Verpflichtung eingeräumt worden sein, schließen das Widerspruchsrecht nicht aus.[17] Eine mit Dritten **vertraglich begründete Verarbeitungsverpflichtung** wird grundsätzlich nicht ausreichend sein.

16 In **§ 28 Abs. 4 BDSG nF** findet sich schließlich eine bereichsspezifische Ausnahme wonach das Widerspruchsrecht dann grundsätzlich ausgeschlossen ist, wenn es im Falle seiner Ausübung voraussichtlich die Verwirklichung von **im öffentlichen Interesse liegenden Archivzwecken** unmöglich machen oder ernsthaft gefährden würde. Die in Ausfüllung der Öffnungsklausel des Art. 89 Abs. 3 ergangene Norm macht eine **zu dokumentierende Prognoseentscheidung** des Verantwortlichen erforderlich. Zudem muss das ausnahmsweise Verwehren des Widerspruchsrechts erforderlich für die Erfüllung dieser Archivzwecke sein. Der deutsche Gesetzgeber verwendet an dieser Stelle die Begriffe „erforderlich" und „notwendig" augenscheinlich synonym, so dass auf die Kommentierung zu § 27 Abs. 2 BDSG nF verwiesen werden kann (→ Rn. 38 f.).

17 **2. Folgen eines allgemeinen Widerspruchs.** Für Fälle berechtigter Widersprüche ordnet Abs. 1 S. 2 an, dass der Verantwortliche die Daten nicht mehr verarbeitet. Dieses Verarbeitungsverbot tritt **nicht automatisch** mit Erklärung des Widerspruchs ein, sondern erst, wenn eine Prüfung des Verantwortlichen zu dem Ergebnis gelangt, dass die Tatbestandsvoraussetzungen vorliegen und kein Ausschlussgrund anzunehmen ist.[18] Die Prüfung hat **unverzüglich** zu erfolgen. Im Nachgang teilt der Verantwortliche der betroffenen Person regelmäßig ebenfalls unverzüglich, in jedem Fall aber innerhalb eines Monats (→ Art. 12 Rn. 25) das Ergebnis der Prüfung mit. Verarbeitungen, die bis zur Umsetzung eines berechtigten Widerspruchs erfolgten, bleiben von dem Widerspruch unberührt **(Ex-nunc-Wirkung).**[19]

18 Ein berechtigter Widerspruch erstreckt sich ausdrücklich auch auf ein auf Art. 6 Abs. 1 lit. e und f etwa gestütztes **Profiling** (vgl. Art. 4 Nr. 4). Der ausdrückliche Verweis ist symbolischer Natur und redundant, da es sich auch bei Maßnahmen des Profiling um Datenverarbeitungen handelt, die, orientiert an der Reichweite eines Widerspruchs, von einem Widerspruch erfasst sein können, aber nicht müssen.[20]

19 Gem. Art. 17 Abs. 1 lit. c sind die von einem berechtigten Widerspruch erfassten Daten zu **löschen,** wobei sowohl die erweiterten Pflichten des Art. 17 Abs. 2 als auch die Beschränkungen der Löschverpflichtung gem. Art. 17 Abs. 3 zu berücksichtigen sind. Kann der Verantwortliche eine Weiterverarbeitungsbefugnis iSv Art. 6 Abs. 4 geltend machen, besteht die Löschverpflichtung nur soweit der berechtigte Widerspruch auch die neue Zweckbestimmung erfasst.

---

[17] So zum BDSG aF *Gola/Schomerus*, § 35 Rn. 29, 30.

[18] Vgl. zum BDSG aF BeckOK DatenschutzR/*Brink*, BDSG, § 35 Rn. 77.

[19] So auch Kühling/Buchner/*Herbst*, DS-GVO, Art. 21 Rn. 2.

[20] So auch G/S/S/V/*Veil*, Art. 21 Rn. 89; Kühling/Buchner/*Herbst*, DS-GVO, Art. 21 Rn. 13; vgl. auch Sydow/*Helfrich*, Art. 21 Rn. 54.

II. Werbewiderspruch (Abs. 2, 3)

1. Allgemeines. Richtet sich der Widerspruch der betroffenen Person gegen eine **Datenverarbeitung zu werblichen Zwecken aufgrund eines gesetzlichen Erlaubnistatbestands** (→ Art. 6 Rn. 68 f.), gelten Art. 21 Abs. 2 und 3 als leges speciales wobei nicht jede der Werbung[21] dienende Nutzung dem Widerspruchsrecht unterliegt, sondern nur solche zum Zwecke des **Direktmarketings.** Unter Direktwerbung ist das Herstellen eines unmittelbaren bilateralen Kontakts durch den Werbenden mit einem bestimmten Adressaten zu verstehen, ganz gleich, welches Kommunikationskanals (Print, E-Mail, SMS, Fax) sich der Werbende bedient.[22] Erfolgt die Werbung auf Grundlage der Einwilligung der betroffenen Person und wird diese widerrufen (zur Abgrenzung → Rn. 3), ist durch Auslegung zu ermitteln, ob der Widerruf auch als Widerspruch gegen eine etwa daneben bestehende gesetzliche Erlaubnis der werblichen Datenverarbeitung zu werten ist. 20

Das Recht zum Widerspruch gegen eine werbliche Datenverarbeitung kann jederzeit ausgeübt werden und ist **nicht an das Vorliegen weiterer Voraussetzungen geknüpft.** Ausdrücklich erstreckt sich das Widerspruchsrecht auch auf das Profiling, soweit es mit solcher Direktwerbung in Verbindung steht. Legt ein Betroffener Widerspruch ein, wird danach auch ein etwa vorgenommenes **Werbescoring** (→ Art. 6 Rn. 75) unzulässig. 21

Erkennbar unerwünschte Werbung greift nach der Rechtsprechung in unterschiedliche Rechtspositionen des Adressaten von Werbung ein. Der Wille des Einzelnen, frei von der „Suggestivwirkung" der Werbung zu bleiben und seinen Lebensbereich von jedem Zwang zur Auseinandersetzung mit Werbung nach Möglichkeit freizuhalten, wird ausdrücklich als schutzwürdig angesehen. Entsprechend wurden durch die Rechtsprechung **auch außerhalb des Anwendungsbereichs des Datenschutzrechts** Abwehrrechte des Adressaten von Werbung anerkannt. So steht dem Adressaten als Haus- oder Wohnungseigentümer bzw. -besitzer aus §§ 862, 903, 1004 BGB das Recht zu, zur Abwehr erkennbar unerwünschter **Briefkastenwerbung** (zB durch Anbringen eines entsprechenden Aufklebers) gegen eine Beeinträchtigung seiner räumlich-gegenständlichen Sphäre durch das Aufdrängen von unerwünschtem Werbematerial vorzugehen.[23] Daneben kann je nach Lage des Einzelfalls, insbesondere nach Abwägung mit Grundrechten des Werbenden (→ Art. 6 Rn. 70), ein Abwehranspruch aus § 1004 BGB wegen **Verletzung des allgemeinen Persönlichkeitsrechts** geltend gemacht werden. Offenkundig kein Abwehrrecht besteht dabei in Fällen, in denen ein Werbeverweigerer erneut eine Bestellung vornimmt und die Werbebotschaft auf das Versandmaterial innen- oder außenwändig aufgedruckt ist. In diesen Fällen ist es dem Werbeverweigerer unbenommen, den Anbieter zu wechseln. Umgekehrt kann dem Anbieter nicht zugemutet werden, für solche (Ausnahme-)Fälle eine gesonderte Kartonage vorzuhalten. Wettbewerbswidrig handelt, wer nach erklärtem Werbewiderspruch weiterhin auch nur **teiladressierte Werbung** zustellt.[24] 22

2. Begrenzte Reichweite des Werbewiderspruchs (Abs. 3). Die unterschiedlichen Wirksamkeitsvoraussetzungen von allgemeinem Widerspruchsrecht 23

---

[21] Zum Begriff vgl. Art. 2a RL 2006/114/EG.

[22] Ehmann/Selmayr/*Kamann/Braun*, DS-GVO, Art. 21 Rn. 47.

[23] BGH, Urt. v. 20.12.1988 – VI ZR 182/88, BGHZ 176, 301.

[24] OLG München, Urt. v. 5.12.2013 – 29 U 2881/13.

(Abs. 1) und dem gegen die werbliche Datenverarbeitung (Abs. 2) müssen stets auch auf **Rechtsfolgenseite** berücksichtigt werden. Die Reichweite eines voraussetzungslos gewährleisteten Werbewiderspruchs erfasst nicht solche Datenverarbeitungen, die zu anderen Zwecken erfolgen und auf die das allgemeine Widerspruchsrecht Anwendung findet.[25] Überflüssig, da bereits aus allgemeinen Erwägungen folgend, aber in der Sache folgerichtig ordnet Abs. 3 deshalb an, dass ein wirksam erklärter Widerspruch nach Abs. 2 nur Datenverarbeitungen zu Werbezwecken erfasst, nicht aber die Verarbeitung derselben Daten zu anderen Zwecken, zB zur Gewährleistung von wiederkehrenden Lieferungen oder zu statistischen Zwecken.

24 Insoweit spielt es auch keine Rolle, dass nach dem Wortlaut der Norm von einem Widerspruch nach Abs. 2 nicht nur solche Maßnahmen der Profilbildung erfasst sind, die ausschließlich zum Zwecke der Direktwerbung vorgenommen werden, sondern dass es genügt, dass das **Profiling** mit Direktmarketing nur „in Verbindung steht". Ergeht ein Werbewiderspruch nach Abs. 2 erfasst dieser infolge der unterschiedlichen Wirksamkeitsvoraussetzungen von Abs. 1 und Abs. 2 allein den spezifischen, das Direktmarketing betreffenden Teil der Verarbeitung. Steht ein Profiling zwar in Verbindung mit Direktmarketing, dient dieses zugleich aber auch anderen Zwecken, wird mit Umsetzung des Widerspruchs nach Abs. 2 allein die marketingrelevante Verarbeitung unzulässig.[26]

25 **3. Umsetzung und Folgen des Werbewiderspruchs.** Wirksam erklärte Werbewidersprüche nach Abs. 2 unterliegen gem. Art. 17 Abs. 1 lit. c grundsätzlich einer **unverzüglichen Löschverpflichtung.** Das in der Praxis übliche und durch die Aufsichtsbehörden unterstützte Verfahren der Überführung der (E-Mail-)Adressdaten in eine **Werbesperrdatei** (Blacklist) nach erfolgtem Widerspruch wird durch die DS-GVO nicht ausdrücklich geregelt (vgl. Art. 18), ist jedoch nach Art. 6 Abs. 1 lit. f zur Wahrung der berechtigten Interessen des Verantwortlichen zulässig. Nur so kann bei der Nutzung von Fremddaten (→ Art. 6 Rn. 80 f.) durch Abgleich sichergestellt werden, dass die Kontaktdaten nicht mehr zu Werbezwecken verarbeitet werden. Auch dem Begehren der betroffenen Person, künftig von Werbung verschont zu bleiben, kann mit der Überführung in eine Werbesperrdatei besser Rechnung getragen, als mit der Löschung.

26 Erklärt die betroffene Person den Widerspruch, muss durch Auslegung und ggf. Nachfrage ihr wirklicher Wille erforscht werden. Auch ein **„Wunsch nach Löschung"** muss nicht zwingend als Löschung iSv Art. 17 zu interpretieren sein. Werden die Daten in einer Werbesperrdatei überführt, ist der Betroffene hiervon unter Nennung der Gründe für diese Vorgehensweise zu informieren. Verlangt die betroffene Person ausdrücklich die Löschung aller Daten, sollte sie darauf hingewiesen werden, dass sie bei einem künftigen, rechtlich zulässigen Einsatz von Fremddaten eventuell wieder Werbung erhalten kann.[27]

27 Die Umsetzung des Widerspruchs hat **grundsätzlich unverzüglich**[28] zu erfolgen, es sei denn dem Verantwortlichen ist eine solche unverzügliche Umset-

---

[25] So auch Kühling/Buchner/*Herbst*, DS-GVO, Art. 21 Rn. 32; Ehmann/Selmayr/*Kamann/Braun*, DS-GVO, Art. 21 Rn. 55; BeckOK DatenschutzR/*Forgó*, Art. 21 Rn. 23 stellt auf den „(vermutlichen) Willen des Betroffenen" ab.

[26] Zu weitgehend Sydow/*Helfrich*, Art. 21 Rn. 83.

[27] Vgl. zum bislang geltenden Recht Anwendungshinweis der Datenschutzaufsichtsbehörden zur Erhebung, Verarbeitung und Nutzung von personenbezogenen Daten für werbliche Zwecke, Sept. 2014, 5.1.

[28] Vgl. zum alten Recht LG Freiburg, Beschl. v. 14.1.2016 – 3 S 227/14.

zung unzumutbar, zB bei angelaufenen Werbekampagnen, also etwa dann, wenn Kataloge bereits etikettiert und palettiert sind oder E-Mail-Adressen vorselektiert und an Dienstleister weitergeleitet wurden. In diesen Fällen sollte die betroffene Person über den Eingang und die Bearbeitung des Widerspruchs sowie über die Hintergründe der gleichwohl nochmals erfolgenden Versendung informiert werden. Wird eine wettbewerbsrechtliche Unterlassungserklärung abgegeben, sollte diese nach Rücksprache mit der Gegenseite um eine entsprechende angemessene **Aufbrauchfrist** ergänzt sein. Die Reichweite eines Widerspruchs gegen die werbliche Zusendung von E-Mails auf Grundlage von § 7 Abs. 3 UWG erstreckt sich allein auf die Absendeadresse des Widersprechenden bzw. dessen konkrete Benennung, welche E-Mail-Adressen von dem Widerspruch erfasst sein sollen.[29] Die Aufforderung zur Abgabe einer Unterlassungserklärung kann sich dementgegen auf sämtliche E-Mail-Adressen des Verletzten erstrecken.[30]

III. Zeitpunkt und Ausgestaltung der Hinweispflicht (Abs. 4)

Die in § 28 Abs. 4 S. 2 BDSG aF vorgesehene Pflicht zur Unterrichtung über ein bestehendes Widerspruchsrecht bereits im Zeitpunkt der Datenerhebung wird durch die DS-GVO in dieser strengen Form nicht fortgesetzt. Abs. 4 ordnet an, dass der für die Verarbeitung Verantwortliche „spätestens im **Zeitpunkt der ersten Kommunikation**", dh im Zeitpunkt des ersten (werblichen) Kontakts, auf das Widerspruchsrecht hinweisen muss. Gem. Art. 13 Abs. 2 lit. b bzw. Art. 14 Abs. 2 lit. c wird diese Informationspflicht nur dann auf den **Zeitpunkt der Datenerhebung** vorverlagert, wenn dies zur Gewährleistung einer fairen und transparenten Verarbeitung notwendig ist.[31] Die aus § 28 Abs. 4 S. 2 BDSG aF bekannte erneute Hinweispflicht bei jeder werblichen Ansprache ist nach der DS-GVO nicht mehr explizit erforderlich. Bei Werbung unter Verwendung elektronischer Post sind jedoch weiterhin die **wettbewerbsrechtlichen Hinweispflichten** des § 7 Abs. 3 Nr. 4 UWG zu beachten. 28

Die Pflicht zum Hinweis auf das Widerspruchsrecht muss auch den Aspekt erfassen, dass sich ein solcher auf ein etwa stattfindendes Profiling (→ Art. 6 Rn. 76) erstreckt, wobei es nicht erforderlich ist, den Begriff des **„Profiling"** direkt zu nennen. Der Hinweis könnte danach lauten: „Sofern Sie keine an Ihren Interessen orientierte Werbung mehr erhalten möchten, können Sie hiergegen jederzeit kostenfrei und mit Wirkung für die Zukunft Widerspruch einlegen. Hierfür genügt eine E-Mail an xxx@yy.zz". 29

Für die Gestaltung des Hinweises auf das Widerspruchsrecht gelten die allgemeinen **Anforderungen des Art. 12** insbesondere hinsichtlich Unentgeltlichkeit und sprachlicher Ausgestaltung. In jedem Fall hat der Hinweis gem. Art. 21 Abs. 4 ausdrücklich und in verständlicher und von anderen Informationen getrennter Form, zB Rahmung, Fettdruck usw. zu erfolgen. Das Vorhalten in der **Datenschutzerklärung** ist bei Einhalten dieser Vorgaben weiterhin zulässig,[32] ebenso im Impressum eines Prospekts, der Antworthülle eines Rücksendekuverts oder der hinteren Innenseite eines Kuverts, die bei Herausnahme des Mailings sichtbar wird.[33] Der Hinweis kann regelmäßig der Art der werblichen Ansprache angepasst 30

---

[29] KG Berlin, Urt. v. 31.1.2017 – 5 U 63/16.
[30] ZB OLG Celle, Urt. v. 15.5.2014 – 13 U 15/14.
[31] Sydow/*Helfrich*, Art. 21 Rn. 105.
[32] So auch *Gierschmann*, ZD 2016, 51 (54).
[33] Vgl. zum BDSG aF *Gola/Schomerus*, § 28 Rn. 65.

sein. Erfolgt die Ansprache mündlich, kann auch die Unterrichtung mündlich erfolgen. Zu Nachweiszwecken sollte in diesem Fällen zumindest der Prozess dokumentiert werden.

IV. Form und Adressat des Widerspruchs

31 Der Widerspruch ist eine **einseitige empfangsbedürftige Willenserklärung.** Ohne entsprechende Erklärung fehlt bereits der erforderliche Anknüpfungspunkt für die Anwendbarkeit von Art. 21. Stellvertretung und Botenschaft sind grundsätzlich zulässig.[34] Bei nicht beigebrachter Originalvollmacht kann der Verantwortliche die Erklärung zurückweisen. Der Widerspruch gilt dann als unwirksam, vgl. §§ 174, 180 BGB.

32 Die DS-GVO schreibt keine für die Ausübung des Widerspruchsrecht einzuhaltende Form vor. Möglich ist **jede als Willenserklärung zu deutende Handlung** oder Äußerung der betroffenen Person. Auch konkludente Handlungen, Beschwerden, eine die werbliche Ansprache betreffende Abmahnung, der Abbruch von Geschäftsbeziehungen oder die Verweigerung der Annahme von postalischem Werbematerial sind denkbare Formen der Ausübung des Widerspruchsrechts. Zur besseren Organisation des Widerspruchsmanagements darf der Verantwortliche die betroffene Person auf bestimmte standardisierte und barrierefreie Kommunikationskanäle, zB durch Angabe einer E-Mail-Adresse oder einer Telefonnummer, verweisen, soweit darüber andere einfache Kanäle nicht verwehrt werden. Geht die Datenverarbeitung auf ein Schuldverhältnis zurück, darf für den Widerspruch keine strengere Form verlangt werden, als es für die Begründung des Schuldverhältnisses erforderlich war.

33 Welche **Adressaten** einen Werbewiderspruch zu beachten haben, ist durch Auslegung der Widerspruchserklärung zu bestimmen. Infrage kommen zunächst der **Verantwortliche,** der die Daten für eigene Zwecke speichert, und das werbetreibende Unternehmen gleichviel, ob die Daten zu Werbezwecken übermittelt oder im sog. **Lettershop-Verfahren** (→ Art. 6 Rn. 78) verarbeitet wurden. Wird in Outsourcing-Konstellationen parallel zu einem Werbewiderspruch zugleich ein Widerspruch in die Datenweitergabe an Dritte erklärt, ist der zweitgenannte Widerspruch unbeachtlich. Das werbende Unternehmen hat in solchen Situationen ein berechtigtes Interesse an der Datenweitergabe an seinen Dienstleister zum Zwecke des Abgleichs und der Löschung bzw. Sperrung der Daten des Widersprechenden.[35] Auch gegenüber Adressverlagen, die Daten Dritten für Zwecke der Werbung zur Verfügung stellen, kann der (Werbe-)Widerspruch erklärt werden. Bei gemeinsam für die Verarbeitung Verantwortlichen (Art. 26) ergibt sich der korrekte Adressat aus der transparent zu machenden Vereinbarung oder der ggf. eingerichteten Anlaufstelle (→ Art. 26 Rn. 26). Hat ein **Adresshändler** auf verschiedene, der werbenden Stelle nicht bekannte Datenbestände zB im Wege der Auftragsnutzung zugegriffen, so muss sichergestellt sein, dass der Betroffene Kenntnis über die Herkunft der Daten und den Adressaten seines Widerspruchsrechts erhält.

34 Wird der Widerspruch gegenüber einem **Auftragsverarbeiter** ausgeübt, ist dieser nach Art. 28 Abs. 3 lit. e gehalten, das Begehren an den Verantwortlichen weiterzuleiten und diesen ggf. bei der Umsetzung des Widerspruchs zu unterstüt-

---

[34] G/S/S/V/*Veil,* Art. 21 Rn. 23.

[35] So zu § 28 Abs. 1 Nr. 2 BDSG aF BGH, Urt. v. 14.3.2017 – VI ZR 721/15.

zen. Der Widerspruch ist auch wirksam, wenn er gegenüber einem **Erfüllungsgehilfen** erklärt wird. Dies wird relevant bei Aktionen von Markt- und Meinungsforschungsinstituten, die Befragungen häufig von Personen durchführen lassen, die zu diesem Zweck eingestellt bzw. hiermit beauftragt werden. Der Widerspruch gegenüber dem Interviewer ist als Widerspruch gegenüber dem Verantwortlichen anzusehen.[36]

Ein Eintrag in die in einzelnen EU-Mitgliedstaaten geführten sog. **Robinsonlisten** (zB www.ichhabediewahl.de) stellt grundsätzlich keine wirksame Erklärung des Widerspruchs dar, da jedenfalls keine Pflicht des Verantwortlichen zum Abgleich mit solchen Listen besteht.[37] Umgekehrt kann der Verantwortliche den Widersprechenden auch nicht auf eine solche Liste zum Zwecke der Ausübung des Widerspruchs verweisen. 35

Gem. **Abs. 5** kann im Internet bei Einsatz technische Spezifikationen das Widerspruchsrecht auch mithilfe automatisierter Verfahren ausgeübt werden. Wesentliche Anwendungsfälle sind die Nutzung eines zentralen Opt-out-Managements[38] sowie von Browser-Add-Ons oder NoTrack- bzw. **Do-Not-Track-Funktionen** durch die betroffene Person, um den Einsatz sog. Tracking-Technologien automatisiert zu unterbinden. Soweit sich der Widerspruch auf die Verarbeitung von Kommunikations- oder Metadaten richtet, wird zukünftig die zum Redaktionsschluss noch im europäischen Gesetzgebungsverfahren befindliche **ePrivacy-VO** spezifische Vorgaben bereithalten. 36

V. Widerspruch im Bereich Forschung und Statistik (Abs. 6, § 27 Abs. 2 BDSG nF)

Abs. 6 räumt der betroffenen Person ein **bereichsspezifisches Widerspruchsrecht** gegen Verarbeitungen sie betreffender Daten zu wissenschaftlichen oder historischen Forschungszwecken oder zu statistischen Zwecken iSv **Art. 89 Abs. 1.** In Abgrenzung zu einer anonymisierten Verarbeitung, die dem Anwendungsbereich der DS-GVO ohnehin entzogen ist,[39] muss es sich um die Verarbeitung von personenbezogenen Daten handeln. Wie auch im Rahmen des allgemeinen Widerspruchsrechts muss die betroffene Person Gründe geltend machen, die sich aus ihrer besonderen Situation ergeben (→ Rn. 8 f.). 37

Das Widerspruchsrecht ist gem. Abs. 6 letzter Hs. von vornherein **ausgeschlossen,** wenn die Verarbeitung zur Erfüllung einer im öffentlichen Interesse liegenden Aufgabe erforderlich ist. Diese Beschränkung des Widerspruchsrechts wird über **§ 27 Abs. 2 BDSG nF** auch auf privatrechtliche Forschungs- und Statistikzwecke ausgeweitet. Die Norm basiert auf der Öffnungsklausel des Art. 89 Abs. 2, dessen Wortlaut praktisch 1:1 übernommen wird und erfasst alle Kategorien personenbezogener Daten.[40] Gem. § 27 Abs. 2 S. 1 BDSG nF gilt das Widerspruchsrecht als **„insoweit“** beschränkt. Der Verantwortliche ist demnach angehalten, im Rahmen einer Einzelfallprüfung nicht nur das „Ob“ der Beschränkung 38

---

[36] Vgl. zum BDSG aF *Gola/Schomerus*, § 28 Rn. 61; vgl. auch Ehmann/Selmayr/*Kamann/Braun*, DS-GVO, Art. 21 Rn. 53.

[37] Ehmann/Selmayr/*Kamann/Braun*, DS-GVO, Art. 21 Rn. 53; differenzierend für die Rechtslage nach dem BDSG aF *Gola/Schomerus*, § 28 Rn. 62; vgl. aber auch Art. 7 Abs. 2 RL 2000/31/EG.

[38] ZB www.youronlinechoices.eu.

[39] S. Erwägungsgrund 26.

[40] BR-Drs. 110/17, 99.

des Widerspruchsrechts, sondern auch die Reichweite einer etwa bestehenden Beschränkung zu prüfen. Die **praktische Relevanz der Norm** dürfte sich gleichwohl in Grenzen halten, da die betroffene Person regelmäßig die hohe Hürde der „besonderen Situation" (→ Rn. 8) nicht überwinden wird, ein allgemeines Widersprucbrecht iSv Art. 21 Abs. 1 also von vornherein ohnehin nicht besteht. Das voraussetzungslose Werbewiderspruchsrecht des Art. 21 Abs. 2 kann infolge des klaren Anwendungsbereiches von § 27 Abs. 2 BDSG nF (Forschungs- und Statistikzwecke) ohnehin nicht unterminiert werden,

39 Die Möglichkeit zur teilweisen bzw. vollständigen Beschränkung des Widerspruchsrechts besteht nur, soweit das Widerspruchsrecht die Verwirklichung der Forschungs- oder Statistikzwecke **unmöglich machen oder** diese **ernsthaft beeinträchtigen** würde. Folgte man streng der Systematik des § 27 Abs. 2 S. 1 BDSG nF als Ausnahme von der Ausnahme, müssten formal betrachtet erheblich hohe Hürden an die Bestimmung der Unmöglichkeit bzw. der ernsthaften Beeinträchtigung angelegt werden. Dies kann nicht gewollt sein. Im Gegenteil wird man die Beschränkung des Widerspruchsrechts bereits dann als statthaft erachten können, wenn sich der Forschungs- oder Statistikzweck bei Ausübung des Widerspruchsrechts nicht mehr in dem angestrebten Umfang realisieren ließe. Dies gilt umso mehr, wenn, wie in der Forschung nicht unüblich, allein eine Datenverarbeitung bei Verwendung von Pseudonymen erfolgt. Werden Statistiken aus ausschließlich anonymisierten Daten erarbeitet, wird ein Widerspruch der betroffenen Person für die Phase der Anonymisierung regelmäßig bereits an der Widerspruchsberechtigung nach Abs. 6 („besondere Situation") scheitern.

40 Daneben muss die Beschränkung **notwendig für die Erfüllung der Forschungs- und Statistikzwecke** sein. Bei der Bestimmung des Maßstabes der Notwendigkeit kann nichts anderes gelten, als vorstehend hinsichtlich der Frage der Unmöglichkeit bzw. ernsthaften Beeinträchtigung ausgeführt. Die in der DS-GVO wiederkehrende Privilegierung von Forschungs- und Statistikzwecken muss auch an dieser Stelle dazu führen, dass „Notwendigkeit" nicht im Sinne einer Unabdingbarkeit, sondern vielmehr im Sinne einer Dienlichkeit verstanden werden muss. Die universitäre Rechtswissenschaft, die als Profiteur der Ausnahme gelten darf, ist sich in der Bewertung von Recht- und Sinnhaftigkeit von § 27 Abs. 2 BDSG nF erstaunlich uneins.[41]

C. Rechtsschutz und Sanktionen

41 Bei Verstößen gegen die Vorgaben von Art. 21 stehen der betroffenen Person die Rechte auf **Beschwerde** bei einer Aufsichtsbehörde gem. Art. 77 sowie auf einen **wirksamen Rechtsbehelf** gegen Verantwortliche oder Auftragsverarbeiter gem. Art. 79 zu. Gem. § 41 BDSG nF gelten, von den dort beschriebenen Ausnahmen abgesehen, die Vorschriften des OWiG sowie der StPO und des GVG.

42 Gem. Art. 83 Abs. 5 lit. b sind Verstöße gegen Bestimmungen zum Widerspruchsrecht **bußgeldbewehrt.** Ist der betroffenen Person wegen eines Verstoßes gegen die Vorgaben zum Widerspruchsrecht ein materieller oder immaterieller Schaden entstanden, hat diese gem. Art. 82 einen **Anspruch auf Schadenersatz** gegen den Verantwortlichen oder gegen den Auftragsverarbeiter.

[41] Während *Forgó* von einer „richtigerweise" erfolgenden Beschränkung des Widerspruchsrecht ausgeht, s. BeckOK DatenschutzR/*Forgó*, Art. 21 Rn. 36, halten *Johannes/Richter*, DuD 2017, 300 (303) die Norm in Teilen für verordnungswidrig.

Art. 22 Automatisierte Entscheidungen im Einzelfall einschließlich Profiling

(1) **Die betroffene Person hat das Recht, nicht einer ausschließlich auf einer automatisierten Verarbeitung – einschließlich Profiling – beruhenden Entscheidung unterworfen zu werden, die ihr gegenüber rechtliche Wirkung entfaltet oder sie in ähnlicher Weise erheblich beeinträchtigt.**

(2) **Absatz 1 gilt nicht, wenn die Entscheidung**

a) für den Abschluss oder die Erfüllung eines Vertrags zwischen der betroffenen Person und dem Verantwortlichen erforderlich ist,

b) aufgrund von Rechtsvorschriften der Union oder der Mitgliedstaaten, denen der Verantwortliche unterliegt, zulässig ist und diese Rechtsvorschriften angemessene Maßnahmen zur Wahrung der Rechte und Freiheiten sowie der berechtigten Interessen der betroffenen Person enthalten oder

c) mit ausdrücklicher Einwilligung der betroffenen Person erfolgt.

(3) **In den in Absatz 2 Buchstaben a und c genannten Fällen trifft der Verantwortliche angemessene Maßnahmen, um die Rechte und Freiheiten sowie die berechtigten Interessen der betroffenen Person zu wahren, wozu mindestens das Recht auf Erwirkung des Eingreifens einer Person seitens des Verantwortlichen, auf Darlegung des eigenen Standpunkts und auf Anfechtung der Entscheidung gehört.**

(4) **Entscheidungen nach Absatz 2 dürfen nicht auf besonderen Kategorien personenbezogener Daten nach Artikel 9 Absatz 1 beruhen, sofern nicht Artikel 9 Absatz 2 Buchstabe a oder g gilt und angemessene Maßnahmen zum Schutz der Rechte und Freiheiten sowie der berechtigten Interessen der betroffenen Person getroffen wurden.**

Literatur: *Deuster*, Automatisierte Entscheidungen nach der Datenschutz-Grundverordnung, PinG 2016, 75; *Golla*, Abgenickt durch Algorithmik – Aktuelles zum Verbot automatisierter Einzelentscheidungen, PinG 2014, 61; *Härting*, Big Data und Profiling nach der DSGVO, ITRB 2016, 209; *Kugelmann*, Datenfinanzierte Internetangebote – Regelungs- und Schutzmechanismen der DSGVO, DuD 2016, 566; *Martini/Nink*, Wenn Maschinen entscheiden – Persönlichkeitsschutz in vollautomatisierten Verwaltungsverfahren, NVwZ 2017, 681; *Moos/Rothkegel*, Nutzung von Scoring-Diensten im Online-Versandhandel – Scoring-Verfahren im Spannungsfeld von BDSG, AGG und DS-GVO, ZD 2016, 561; *Richter*, Big Data, Statistik und die Datenschutz-Grundverordnung, DuD 2016, 581; *Taeger*, Scoring in Deutschland nach der EU-Datenschutzgrundverordnung, ZRP 2016, 72; *Wachter/Mittelstadt/Floridi*, Why a Right of Explanation of Automated Decision-Making Does Not Exist in the General Data Protection Regulation, IDPL 2017, 76; *Zahariev*, The evolution of EU data protection law on automated data profiling, PinG 2017, 73.

Übersicht

A. Allgemeines

I. Zweck und Bedeutung der Vorschrift

1 Art. 22 soll die betroffene Person vor sie beschwerenden Entscheidungen schützen, die ausschließlich auf einer automatisierten Verarbeitung (→ Art. 4 Rn. 30) beruhen. Der Verordnungsgeber bringt mit Art. 22 zum Ausdruck, dass nach seiner Einschätzung einzelnen Ausprägungen der Verarbeitung personenbezogener Daten ein **besonders hohes Risiko- und Gefährdungspotential** für die betroffene Person immanent ist. Ergebnisse von – grundsätzlich zulässigen – automatisierten Verarbeitungen dürfen grundsätzlich dann nicht zur Grundlage von für die betroffene Person beeinträchtigenden (→ Rn. 22) Entscheidungen gemacht werden, wenn die „Letztentscheidungsbefugnis" nicht einer natürlichen Person obliegt.

2 Die Vorgabe in Art. 22 Abs. 1 ist **Ausdruck eines diffusen allgemeinen Unbehagens** des Verordnungsgebers gegenüber maschinellen Entscheidungen und lässt die Vorteile einer objektiven Entscheidungsfindung durch programmierte standardisierte technische Regeln und „künstliche Intelligenz" gegenüber naturgemäß auch von nicht-sachlichen Erwägungen geleiteten Entscheidungen natürlicher Personen unbeachtet.[1] Der mit einer menschlichen Beurteilung immanent verbundene Risikoanteil ist von Gesetzes wegen einzukalkulieren. Nur in Ausnahmesituationen und auch nur, soweit der Verantwortliche angemessene Schutzmaßnahmen (→ Rn. 41) getroffen hat, soll die betroffene Person solchen als hoch bewerteten Verarbeitungsrisiken ausgesetzt werden dürfen. Zu den eigentlichen, in den zum Einsatz kommenden Algorithmen liegenden (manipulativen) Gefahren für die Grundrechte und -freiheiten des Einzelnen (sog. Algorithmic bias) sagt die DS-GVO nichts,[2] wobei systematisch richtig solche Regelungen ohnehin im Antidiskriminierungsrecht bzw. dem Produkthaftungsrecht zu verorten wären.

3 Die betroffene Person soll nach dem Regelungsgehalt von Art. 22 ausdrücklich nur vor **Entscheidungen** (→ Rn. 18), die auf einer automatisierten Datenverarbeitung, einschließlich Profiling (→ Art. 4 Rn. 35), beruhen, geschützt werden. Durch Art. 22 nicht reglementiert wird die eigentliche Zulässigkeit der Datenver-

[1] Sa *Martini/Nink*, NVwZ 2017, 681; Kühling/Buchner/*Buchner*, DS-GVO, Art. 22 Rn. 1.

[2] Vgl. auch *Dammann*, ZD 2016, 307 (313), der mit Blick auf Art. 22 von einem „politischen Placebo" spricht.

arbeitung, so auch nicht die Zulässigkeit der Profilbildung selbst. Die Norm stellt damit insbesondere **keinen eigenständigen Erlaubnistatbestand** für die Verarbeitung personenbezogener Daten dar,[3] sondern kann vielmehr als organisatorische (Verfahrens-)Vorschrift interpretiert werden,[4] die die weiterhin nach Art. 6 Abs. 1 zu bestimmende Rechtmäßigkeit einer automatisierten Verarbeitung dann flankiert, wenn sich hieran automatisch eine für die betroffene Person beschwerende Entscheidung anschließt.

Gegen eine zusätzliche Regulierung automatisierter Verarbeitungen in Form des Profiling über Art. 22 spricht zudem der Wortlaut der Norm; „einschließlich" bezieht sich – auch in der der Einigung zugrundeliegenden englischsprachigen Fassung – auf „automatisierte Verarbeitung", nicht jedoch auf „Entscheidungen". Die Erwähnung des „Profiling" erfolgt exemplarisch und macht deutlich, dass es sich dabei um eine besondere Ausprägung einer automatisierten Verarbeitung handelt.[5] Dass der Verordnungsgeber stets von einer Trennung zwischen Profiling und Entscheidung ausgegangen ist, macht auch die Formulierung in Art. 35 Abs. 3 lit. a einmal mehr deutlich. Die **amtliche Überschrift** von Art. 22, wonach dieser „Automatisierte Entscheidungen einschließlich Profiling" adressiert, ist insoweit tendenziell irreführend und jedenfalls nicht so zu lesen, dass Profiling eine Untergruppe von automatisierten Entscheidungen darstellt und daher von Art. 22 reglementiert wird.[6] Auch die Begriffsdefinition des Profiling in Art. 4 Nr. 4 lässt nicht den Schluss zu, dass Maßnahmen des Profilings zugleich Entscheidungen sind. Die finale Formulierung von Art. 22 geht auf den **Vorschlag des EU-Ministerrates** zurück. Der Vorschlag des Berichterstatters im Europäischen Parlament, den Anwendungsbereich der Norm allgemein auf Datenverarbeitungen zu erstrecken,[7] die der Erstellung von Profilen dienen, hat sich gerade nicht durchgesetzt.[8] Insoweit ist davon auszugehen, dass die Ausführungen des **BGH zu § 6a BDSG aF,**[9] wonach das Vorliegen einer automatisierten Verarbeitung allein noch keine automatisierte Entscheidung, sondern eine der Entscheidung vorausgehende Datenauswertung darstellt, auch auf Art. 22 übertragbar sind. Eine das Profiling materiell regulierende Spezialvorschrift wäre ohnehin nicht in Kapitel III, das sich den Betroffenenrechten widmet, zu verorten gewesen, sondern in Kapitel II. 4

Ob Abs. 1 ein grundsätzlich Verbot automatisierter Entscheidungen im Einzelfall statuiert oder alternativ der betroffenen Person ein subjektives Recht einräumt (letzteres wird schon der systematischen Stellung der Norm wegen zutreffend 5

---

[3] Erwägungsgrund 72; vgl. auch *Schantz*, NJW 2016, 1841 (1844); Paal/Pauly/*Martini*, DS-GVO, Art. 22 Rn. 2; Kühling/Buchner/*Buchner*, DS-GVO, Art. 22 Rn. 11; G/S/S/V/*Veil*, Art. 22 Rn. 4; unentschlossen Plath/*Kamlah*, DSGVO, Art. 22 Rn. 2, 3.

[4] Sa BeckOK DatenschutzR/*v. Lewinski*, Art. 22 Rn. 3.

[5] Vgl. auch Art. 35 Abs. 3 lit. a Begr. des Rates, 2016/C, 159/02; ICO UK, Feedback request – profiling and automated decision making, v1.0, v. 6.4.2017, S. 7; *Schantz/Wolff*, Rn. 730.

[6] Sa *Artikel-29-Datenschutzgruppe*, WP 251 v. 3.10.2017, S. 8: „Automated decision making can be made with or without profiling; profiling can take place without making automated decisions."; *Kugelmann*, DuD 2016, 566 (569).

[7] Entw. eines Berichts v. 17.12.12, PE501.927, ÄA 158.

[8] Dass der Hauptberichterstatter an seiner Position weiterhin festhält, mag politisch motiviert sein. Mit dem finalen Text der DS-GVO ist dies freilich nicht vereinbar, vgl. *Albrecht/Jotzo*, Teil 3 C 62, 66.

[9] BGH, Urt. v. 28.1.2014 – VI ZR 156/13.

sein), ist für die praktische Anwendung letztlich unbedeutend, da jedenfalls davon auszugehen ist, dass der Betroffene das ihm zustehende Recht nicht aktiv ausüben muss und der Norm damit zumindest **mittelbar Verbotscharakter** zukommt.[10]

II. Systematik, Aufbau und Verhältnis zu anderen Vorschriften

6 Art. 22 befindet sich in Kapitel III, das mit „Rechte der betroffenen Person" überschrieben ist, dort in Abschnitt 4, gemeinsam mit den Vorgaben zum Widerspruchsrecht des Betroffenen. Die systematische Stellung und der Wortlaut („Die betroffene Person hat das Recht ...") machen deutlich, dass es sich bei der Norm um eine **organisatorische Vorgabe mit spezifischen Betroffenenrechten** handelt und insbesondere nicht um einen gesetzlichen Erlaubnistatbestand.

7 Das in Abs. 1 normierte grundsätzliche Verbot einer automatisierten Entscheidung im Einzelfall kann nur bei Vorliegen einer der in Abs. 2 enumerativ abschließend aufgezählten Fallkonstellationen durchbrochen werden. Neben den beiden unmittelbar durch die DS-GVO vorgesehenen **Ausnahmen** der Erforderlichkeit für den Abschluss oder die Erfüllung eines Vertrages (lit. a) und der Einwilligung (lit. c) können automatisierte Einzelentscheidungen auch aufgrund von Rechtsvorschriften der Mitgliedstaaten zulässig sein, soweit diese die besonderen Anforderungen der DS-GVO erfüllen (lit. b). Der deutsche Gesetzgeber hat von dieser Möglichkeit mit der Schaffung von **§ 37 BDSG nF** Gebrauch gemacht (→ Rn. 32 f.).

8 Die **Empfehlung CM/Rec(2010)13** des Ministerkomitees vom 23.11.2010 an die Mitgliedstaaten über den Schutz des Menschen bei der automatischen Verarbeitung personenbezogener Daten im Zusammenhang mit Profiling enthält unter Punkt 5.5 eine Art. 22 vergleichbare Regelung.

9 Wortlaut und Aussagegehalt von Art. 22 lehnen sich eng an die Vorgaben zur automatisierten Einzelentscheidung in **Art. 15 DS-RL** an. Der hierauf aufbauende **§ 6a BDSG aF** begrenzte das Verbot automatisierter Entscheidungen noch auf Fälle, in denen automatisierte Verfahren der Bewertung einzelner Persönlichkeitsmerkmale dienen. Solche Fälle weiterhin erfassend („einschließlich Profiling") erweitert zumindest der Wortlaut von Art. 22 das Verbot auf Entscheidungen auf Grundlage sämtlicher Formen automatisierter Verfahren, dh auch solcher, die keine Bewertung von Persönlichkeitsmerkmalen zum Gegenstand haben (vgl. aber → Rn. 20). Neben § 6a BDSG aF war Art. 17 DS-RL in Deutschland in weiteren bereichsspezifischen Normen umgesetzt worden, zB in § 67b Abs. 4 SGB X und § 114 Abs. 4 BBG.

10 Sofern eine automatisierte Entscheidungsfindung stattfindet, ist dies der betroffenen Person im Rahmen der nach Treu und Glauben erforderlichen **Informationspflichten** der Art. 13 Abs. 2 lit. f und Art. 14 Abs. 2 lit. g sowie auf deren Auskunftsersuchen hin gem. Art. 14 Abs. 1 lit. h mitzuteilen. Gem. Art. 35 Abs. 3 lit. a ist bei Verwendung von automatisierten Entscheidungen im Einzelfall die Durchführung einer **Datenschutz-Folgenabschätzung** erforderlich. Legt der Verantwortliche der Aufsichtsbehörde verbindliche interne Datenschutzvorschriften zur Genehmigung vor, müssen diese gem. Art. 47 Abs. 2 lit. e zumindest auch Angaben zu den Rechten der betroffenen Person iSv Art. 22 enthalten.

[10] So auch *Deuster*, PinG 2016, 75 (77); für ein umfassendes Verbot Sydow/*Helfrich*, Art. 22 Rn. 39; der Streitstand zur Vorgängernorm in der DS-RL, dessen Ausgang für die Reichweite des Umsetzungsspielraums in den Mitgliedstaaten entscheidend war, wird bei *Ehmann/Helfrich*, EG-Datenschutzrichtlinie, Art. 15 Rn. 3 f. dargestellt.

Der **Datenschutzausschuss** ist über Art. 70 Abs. 1 lit. f aufgerufen, **Leitlinien,** Empfehlungen und bewährte Verfahren zur näheren Bestimmung der Kriterien und Bedingungen für die auf Profiling beruhenden Entscheidungen bereitzustellen.

Für das in Abs. 1 normierte Verbot können über die in Abs. 2 lit. b sowie – für sensitive Daten – in Abs. 4 enthaltenen **Öffnungsklauseln** Ausnahmen im Recht der Mitgliedstaaten festgelegt werden, mit der Folge, dass hierüber das Schutzniveau für die betroffene Person in den Grenzen der DS-GVO angehoben bzw. abgesenkt werden darf. Gestattet sind Normen, die die Entscheidung aufgrund einer automatisierten Einzelentscheidung betreffen.[11] In Erwägungsgrund 71 werden in diesem Zusammenhang insbesondere Vorgaben zur **Verhinderung von Betrug und Steuerhinterziehung**[12] sowie zur Gewährleistung der Sicherheit und Zuverlässigkeit eines von dem Verantwortlichen bereitgestellten Dienstes erwähnt. Normen, die lediglich die näheren Umstände einer automatisierten Verarbeitung betreffen, werden von dieser Regelungsbefugnis nicht erfasst und sind hinsichtlich der Frage ihrer Zulässigkeit Art. 6 zuzuordnen.[13] Als weitere Öffnungsklausel ist daneben Art. 23 zu beachten, der ausdrücklich auch auf Art. 22 verweist. **11**

B. Einzelerläuterungen

I. Tatbestandsmerkmale von Abs. 1

1. Entscheidung aufgrund einer ausschließlich automatisierten Entscheidung. Art. 22 findet nur dann Anwendung, wenn die die betroffene Person beschwerende Entscheidung auf eine automatisierte Verarbeitung zurückgeht. Präziser formuliert und als Ergebnis einer Kombination von Wortlaut und amtlicher Überschrift verlangt Art. 22 das Vorliegen einer durch Mensch oder Maschine **automatisch ausgeführten Entscheidung auf Grundlage einer automatisierten maschinellen Verarbeitung** (Automated Decision Making, ADM). Eine solche automatisierte Entscheidung liegt jedenfalls vor, wenn maschinell verarbeitete Daten unmittelbar zu einer computergestützten, dh durch Datenverarbeitungsanlagen getroffenen Entscheidung führen, die einer auch nur teilweisen Bewertung bzw. Mitbestimmung durch eine natürliche Person entzogen ist. Die automatisierte Entscheidung muss also **ausschließlich maschinell** erfolgen. Der Vorschlag des Europäischen Parlaments, auch „vorrangig" automatisierte Entscheidungen vom Anwendungsbereich des Art. 22 zu erfassen,[14] hat sich nicht durchgesetzt. Geht die Entscheidung nur teilweise oder nur überwiegend auf eine maschinelle Bewertung zurück, findet Art. 22 somit keine Anwendung. **12**

Gleiches gilt, wenn die mit Hilfe der automatisierten Datenverarbeitung gewonnenen Erkenntnisse **nur die Grundlage** einer noch von einer natürlichen Person zu treffenden abschließenden Entscheidung sind. Werden zB **Bewerberdaten** in einem Programm zwecks „Rankings" der Bewerber nach vorgegebenen Kriterien gespeichert und entscheidet dann der Arbeitgeber, ob und welche **13**

[11] Vgl. zum Ganzen *Kühling/Martini* S. 60 f.

[12] Vgl. zB § 5 Abs. 1 Nr. 17 FVG.

[13] AA *Taeger*, ZRP 2016, 72 (75), der § 28b BDSG auf Grundlage von Art. 22 Abs. 2 fortgelten lassen will; tendenziell krit. *Kühling/Martini,* S. 68 f., 440 f.

[14] Vgl. Art. 20 Abs. 5 EP-E.

Bewerber in Betracht kommen, so liegt keine „ausschließlich" auf eine automatisierte Verarbeitung gestützte Entscheidung vor.[15]

14 Damit nicht von einer ausschließlich maschinellen Entscheidung auszugehen ist, muss für die **menschliche Beurteilung** genügend Spielraum sein. Dies ist zB bei einem Bewerberauswahlprogramm nicht mehr gegeben, wenn die Bewerber im Rahmen eines Online-Einstellungsverfahrens (sog. **E-Recruiting**) per Internet in vorgegebene Datenfelder ihre Bewerbungsdaten eingeben und sofort die ablehnende Entscheidung des Systems erhalten, etwa weil sie eine bestimmte Punktzahl nicht erreichen.[16] Allein die durch **von einem Menschen wahrnehmbare und vorgenommene Letztentscheidung** und die damit verbundene Möglichkeit der von dem maschinell vorbereiteten Ergebnis abweichenden Entscheidung schließt das Tatbestandsmerkmal der Ausschließlichkeit aus. **Bloße Vorentscheidungen,** wie etwa die automatisierte Vorauswahl im Vorfeld einer Personalbesetzung (automatisierter Abgleich des Personalbestands anhand bestimmter Suchkriterien, wie etwa Alter, Ausbildung, Zusatzqualifikation uÄ) sind nicht von Art. 22 erfasst.[17] Auch **Bonitätsauskünfte einer Auskunftei** sind für sich betrachtet keine automatisierten Entscheidungen iSv Art. 22, da nicht die Auskunftei, sondern die Auskunftsempfänger auf ihrer Basis Entscheidungen treffen.[18]

15 Von einer automatisierten Einzelentscheidung im Falle des **Scorings** (→ Art. 6 Rn. 105) kann nur dann ausgegangen werden, wenn der für die Entscheidung Verantwortliche eine rechtliche Folgen für den Betroffenen nach sich ziehende oder ihn erhebliche beeinträchtigende Entscheidung ausschließlich aufgrund eines Score-Ergebnisses ohne weitere inhaltliche Prüfung trifft, nicht aber, wenn die mittels automatisierter Datenverarbeitung gewonnenen Erkenntnisse lediglich Grundlage für eine von einem Menschen noch zu treffende abschließende Entscheidung sind. Die Entscheidung eines Verkäufers im Filialgeschäft, ob dem Verbraucher ein **Ratenkredit** gewährt wird, erfolgt ohne Anwendung von Art. 22 dann rechtmäßig, wenn zusätzlich zu einem erstellten oder angefragten Scorewert interne individuelle Überlegungen in die Letztentscheidung einfließen. Bei der Verwendung von EDV-Systemen zur Bonitätsprüfung liegt dann keine automatisierte Entscheidung vor, wenn der Banksachbearbeiter die aus der automatisierten Datenverarbeitung gewonnenen Erkenntnisse inhaltlich überprüft und bewertet und hierauf aufbauend eine eigene Entscheidung trifft.

16 Eine die Anwendbarkeit von Art. 22 ausschließende Überprüfung durch eine natürliche Person setzt voraus, dass die Person **mit entsprechenden Entscheidungskompetenzen ausgestattet und instruiert** ist, um – am Beispiel der Bonitätsprüfung – die Gesamtumstände im Hinblick auf die Zahlungsfähigkeit bzw. Zahlungswilligkeit des Antragstellers fachlich würdigen zu können. Nicht erforderlich ist, dass die natürliche Person Einzelheiten der Scorewertberechnung kennt oder dass der Ersteller des Scorewertes und der Anwender identisch sind. Verlangt werden muss jedoch, dass die zu einer inhaltlichen Bewertung und darauf gestützten Entscheidung berufene natürliche Person zu dieser Entscheidung

---

[15] Vgl. zum BDSG aF *Gola/Schomerus*, Art. 6a Rn. 5.

[16] Vgl. Erwägungsgrund 71; zur Personalauswahl in der öffentlichen Verwaltung vgl. *Müller*, VR 2009, 379 f.

[17] So auch Kühling/Buchner/*Buchner*, DS-GVO, Art. 22 Rn. 16; BeckOK DatenschutzR/*v. Lewinski*, Art. 22 Rn. 16.

[18] So zu § 6a BDSG aF OLG Frankfurt a.M., Urt. v. 14.12.2015 – 1 U 128/15.

befugt und mit einer entsprechenden (Medien-)Kompetenz[19] ausgestattet ist, um die maschinell gewonnenen Erkenntnisse überprüfen und einer Entscheidung zuführen zu können.

Die Intervention der natürlichen Person muss **vor der Entscheidungsfindung** erfolgen. Allein das Nachschalten einer mehr oder minder formalen Bearbeitung der automatisiert gewonnenen Erkenntnisse beseitigt das Merkmal der Ausschließlichkeit nicht. **17**

Das Erfordernis einer **Entscheidung** verlangt, dass als Ergebnis der automatisierten Datenverarbeitung ein einer (natürlichen oder juristischen) Person zuzurechnender, aus mindestens zwei Varianten auswählender, gestaltender Akt mit in gewisser Weise abschließender Wirkung vorliegt.[20] Nach Erwägungsgrund 71 kann auch eine Maßnahme eine Entscheidung sein. Liegt keine Entscheidung vor oder ist eine solche nicht beabsichtigt, ist Art. 22 nicht einschlägig. Das bloße **Berechnen einer Wahrscheinlichkeit** oder das **Ergebnis einer Suchmaschine** sind keine Entscheidungen. Mit einer Bewertung iSv Art. 4 Nr. 4 ist noch keine Entscheidung getroffen. **18**

Betroffene Personen dürfen keiner derartigen Entscheidung **unterworfen werden.** Ein solches „Unterworfen sein", liegt nur dann vor, wenn die verantwortliche Stelle die Bedingungen der Verarbeitung und damit die Grundlagen der automatisierten Entscheidung einseitig festlegt.[21] Erforderlich ist somit, dass die Datenverarbeitung zu einer **von der betroffenen Person nicht beeinflussten Entscheidung** führt und der Computer nicht nur lediglich etwas ausführt, was zuvor mit der betroffenen Person vereinbart war oder von ihr angeordnet wird. Keine Entscheidungen iSv Abs. 1 sind Ergebnisse wie etwa **Abhebungen an Bankautomaten** oder automatisierte Kreditkartenverfügungen. Wenn dem Begehren des Betroffenen nicht stattgegeben wird, weil zB der Versuch der Geldabhebung am Automaten mangels entsprechendem Guthaben erfolglos bleibt, handelt es sich nicht um eine – negative – automatisierte Entscheidung über eine Kreditgewährung, sondern um die bloße Überprüfung des Kontos und der sich daraus im Rahmen der mit der Bank getroffenen Vereinbarungen ergebenden zwingenden Folge. Gleiches gilt zB für ein **Gehaltsprogramm,** das nach dem Arbeitnehmer bekannten Kriterien eine dem Arbeitnehmer zu gewährende Leistungszulage ermittelt.[22] Auch hier wurde die Entscheidung über die Gewährung bereits zuvor individual- oder kollektivrechtlich getroffen. **19**

Zwar bewirkt auch die explizite – symbolische[23] – Nennung des Begriffs des **Profiling** in Art. 22 nicht, dass die Zulässigkeit der Profilbildung künftig Art. 22 unterliegt (maßgeblich ist hier weiterhin Art. 6). Durch die im Vergleich zum bislang geltenden Recht nicht mehr ausschließliche[24] sondern nur exemplarische Erwähnung des Profiling erweitert die DS-GVO allerdings den Anwendungsbereich des Verbots automatisierter Einzelentscheidungen. Art. 15 DS-RL sowie der hierauf beruhende § 6a BDSG aF begrenzten ihren Anwendungsbereich noch auf Entscheidungen auf Grundlage automatisierter Verarbeitungen, die der Bewertung einzelner Persönlichkeitsmerkmale dienen. Dem entgegen muss die in Art. 22 **20**

---

[19] *Golla,* PinG 2014, 61 (64); BeckOK DatenschutzR/*v. Lewinski,* Art. 22 Rn. 24.
[20] BeckOK DatenschutzR/*v. Lewinski,* Art. 22 Rn. 14; Sydow/*Helfrich,* Art. 22 Rn. 44.
[21] Vgl. zum BDSG aF *Gola/Schomerus,* § 6a Rn. 3.
[22] Vgl. zum BDSG aF *Gola/Schomerus,* § 6a Rn. 4.
[23] So auch *Schantz,* NJW 2016, 1841 (1844).
[24] Vgl. Art. 7 Abs. 1 DS-RL.

regulierte automatisiert getroffene Entscheidung nicht mehr ausschließlich auf der Auswertung von einzelnen Persönlichkeitsmerkmalen der betroffenen Person beruhen. Vom Wortlaut erfasst ist vielmehr **jede automatisierte Datenverarbeitung.** Anders als Art. 15 DS-RL verlangt Art. 22 nicht mehr nach einem „Mindestmaß an Komplexität" der automatisierten Datenverarbeitung, was bei allein wortlautgetreuer Anwendung der Norm etwa dazu führen würde, dass bereits simple Ja/Nein-Abfragen objektiver Kriterien. etwa der Volljährigkeit oder ausschließlich der Adresse im Rahmen der Zuteilung eines Parkplatzes an einen Arbeitnehmer, aber auch eine computerbasierte abschließende Entscheidung über einen freiwillig, einseitig vom Arbeitgeber gewährten Fahrtkostenzuschuss in den Anwendungsbereich von Art. 22 fielen. Gleiches gilt für Verfahren der automatisierten Zutrittskontrolle, die durch Verarbeitung biometrischer Merkmale über Berechtigungen automatisiert entscheiden. Eine solche Sichtweise führte in der Praxis zu nicht leistbaren Auswüchsen und verlöre die Schutzrichtung von Art. 22 vollständig aus den Augen. Erforderlich ist vielmehr eine **teleologische Reduktion** der Norm wonach letztlich doch nur solche automatisierten Datenverarbeitungen, die zu einer Entscheidung führen von Art. 22 erfasst sein können, die ein dem explizit genannten Profiling vergleichbares **Mindestmaß an Komplexität** aufweisen.[25] Der Verordnungsgeber hätte es insoweit besser bei der ursprünglich durch die EU-Kommission vorgeschlagenen Fassung belassen.[26]

21 Das in Erwägungsgrund 71 formulierte Gebot, wonach automatisierte Einzelentscheidungen kein **Kind** betreffen sollen, findet sich im verfügenden Teil der DS-GVO nicht ausdrücklich wieder, insbesondere nicht in Art. 22. Da allerdings die der Profilbildung zugrundliegende Verarbeitung regelmäßig auf Grundlage von Art. 6 Abs. 1 lit. f erfolgt, ist die dort normierte Pflicht, die Minderjährigkeit der betroffenen Personen in der Interessenabwägung besonders zu berücksichtigen (→ Art. 6 Rn. 59), einzuhalten.

22 **2. Rechtliche Wirkung oder in ähnlicher Weise erhebliche Beeinträchtigung.** Die automatisierte Entscheidung muss im Einzelfall gegenüber der betroffenen Person eine rechtliche Wirkung entfalten oder sie in ähnlicher Weise erheblich beeinträchtigen. Das Zusammenspiel beider denkbaren Folgen („in ähnlicher Weise erheblich") illustriert, dass **nicht jede rechtliche Wirkung** von Art. 22 erfasst wird, sondern nur solche, die selbst mit einer gewissen Erheblichkeit für die betroffene Person verbunden sind. Um der zweiten denkbaren Folge der „in ähnlicher Weise erheblichen Beeinträchtigung" noch Raum zu geben, wird man zudem verlangen müssen, dass mit „rechtliche Wirkung" nur **Rechtsfolgen** gemeint sind, dh solche, die eine Rechtsposition begründen, ändern oder aufheben.[27] Nach dem Wortlaut von Abs. 1 werden schließlich **nur beeinträchtigende rechtliche Wirkungen,** dh nur solche, die Rechtspositionen der betroffenen Person negativ beeinflussen, erfasst,[28] was **nur teilweise begünstigende**

---

[25] So auch Kühling/Buchner/*Buchner*, DS-GVO, Art. 22 Rn. 18; BeckOK DatenschutzR/*v. Lewinski*, Art. 22 Rn. 9, 12; aA offenbar *Dammann*, ZD 2016, 307 (312).

[26] KOM 2012, 11, Art. 20-E.

[27] S. *Artikel-29-Datenschutzgruppe*, WP 251 v. 3.10.2017, S. 10.

[28] So auch der Bundesrat in seiner Stellungnahme zu § 37 BDSG nF, BT-Drs. 18/11655, 24; ebenso *Piltz*, § 37 BDSG nF Rn. 4; ICO UK, Feedback Request – profiling and automated decision making, v1.0, v. 6.4.2017, S. 19; Plath/*Kamlah*, DSGVO, Art. 22 Rn. 8; Kühling/Buchner/*Buchner*, DS-GVO, Art. 22 Rn. 25; G/S/S/V/*Veil*, Art. 22 Rn. 71; Paal/Pauly/*Martini*, DS-GVO, Art. 22 Rn. 28 sowie Sydow/*Helfrich*, Art. 22 Rn. 47.

Entscheidungen mit einbezieht. Eine solche Auslegung entspricht auch dem Schutzzweck der Norm; vor einer vollständig begünstigenden Entscheidung muss der Einzelne nicht geschützt werden. Die DS-GVO ist an dieser Stelle im Vergleich zu Art. 15 Abs. 1 DS-RL, nach der sich „beeinträchtigend" noch allein auf die „Entscheidung", nicht aber auch auf die „rechtliche Folge" erstreckte, präziser. Eine andere Lesart hätte zur Folge, dass der Verordnungsgeber rechtliche Wirkungen per se als erheblich beeinträchtigend einstufen würde oder aber die in einer rechtlichen Wirkung immanent liegende gestaltende Wirkung zum gesonderten Maßstab erhebt. Beides erscheint als unsinnig. Eine auf Grundlage von Art. 22 Abs. 2 lit. b grundsätzlich denkbare, § 6a Abs. 2 Nr. 1 BDSG aF vergleichbare Ausnahmevorschrift im nationalen Recht für die betroffene Person begünstigende automatisierte Entscheidungen ist danach nicht erforderlich (vgl. aber → Rn. 31 f.). Die Artikel-29-Datenschutzgruppe stellt hingegen ohne jede Begründung in einem Satz fest: „Similarly significant effects may be positive or negative".[29]

Beispiele für Folgen mit – beeinträchtigender – rechtlicher Wirkung sind vor allem einseitig (hoheitlich oder rechtsgeschäftlich) gestaltende Rechtsakte wie bspw. belastende Verwaltungsakte, das Versagen von betrieblichen oder öffentlich-rechtlichen Leistungen, das Nichterfüllen von Ansprüchen oder die Kündigung von Verträgen. Wird einem Verbraucher der **Vertragsschluss nur zu bestimmten Konditionen** angeboten, ist damit keine Rechtsfolge verbunden, in Ausnahmefällen ggf. eine ähnlich erhebliche Beeinträchtigung (→ Rn. 26). 23

Nur in besonders gelagerten Fällen wird die betroffene Person alternativ **in ähnlicher Weise erheblich beeinträchtigt** sein, ohne dass damit zugleich eine rechtliche Wirkung verbunden ist, zumal die Variante der ähnlich erheblichen Beeinträchtigung gleichrangig neben der rechtlichen Folge steht und somit nicht als Auffangtatbestand begriffen werden kann. In Abgrenzung zu Entscheidungen, die eine Rechtfolge nach sich ziehen, werden von dieser Variante grundsätzlich auch Beeinträchtigungen der wirtschaftlichen oder persönlichen Situation (zB ehrverletzende Darstellungen) und Diskriminierungen außerhalb des AGG erfasst, wobei die Schwelle zur bloßen Belästigung überschritten sein muss.[30] Wählt eine Software automatisiert Stichproben zur manuellen Nachkontrolle durch einen Finanzbeamten aus (sog. **automationsgestützte Risikomanagementsysteme,** RMS), ist dies keine erhebliche Beeinträchtigung im Sinne des Gesetzes.[31] 24

Die bloße **Verweigerung eines Vertragsabschlusses** oder das Verwehren bestimmter Vertragskonditionen bewirkt weder eine Rechtsfolge, noch ist die betroffene Person hierdurch in einer einer negativen Rechtsfolge vergleichbaren Weise erheblich beeinträchtigt.[32] Der Grundsatz der Privatautonomie und hier insbesondere der Vertragsabschlussfreiheit würde faktisch ausgehebelt, führte man über den Umweg des Art. 22 einen faktischen Kontrahierungszwang ein. Entsprechend wird man allein im Falle der Verweigerung des Vertragsabschlusses durch Anbieter aus monopolartigen Strukturen der Daseinsfürsorge (Gas, Wasser, Strom, ÖPNV etc.) von einer erheblichen Beeinträchtigung ausgehen können. 25

---

[29] WP 251 v. 3.10.2017, S. 11.

[30] S. *Artikel-29-Datenschutzgruppe*, WP 251 v. 3.10.2017, S. 10: „more than trivial".

[31] Zu denkbaren diskriminierenden Aspekten, iErg aber zu weitgehend *Martini/Nink*, NVwZ 2017, 681 (682).

[32] Zutr. zum bislang geltenden Recht etwa Forgó/Helfrich/Schneider/*Lütcke*, Betrieblicher Datenschutz, 1. Aufl., Teil VIII Kap. 5 Rn. 45; aA zu § 6a BDSG aF Simitis/*Scholz*, BDSG, § 6a Rn. 28.

26 Fernliegend ist die Annahme einer erheblichen Beeinträchtigung in Fällen, in denen Verbrauchern der Vertragsabschluss nur unter **Gewährung bestimmter Bezahlverfahren,** etwa solchen, die für den Händler kein kreditorisches Risiko mit sich bringen, angeboten wird (zwar Nachnahme oder Vorkasse, nicht aber Kauf auf Rechnung).[33] In solchen Konstellationen geht es gerade nicht um das Ausschlagen eines Vertragsangebots oder um eine „Diskriminierung" des Verbrauchers, sondern um eine im Sinne beider Vertragsparteien erfolgenden (vgl. auch → Art. 6 Rn. 119) geringfügigen Angebotsmodifikation durch den Händler im Rahmen seiner unternehmerischen Freiheit aber auch Pflicht.[34] Soweit dem Verbraucher andere zumutbare Bezahlverfahren verbleiben,[35] erreicht das subjektiv empfundene Störpotential nicht die in Art. 22 Abs. 1 verlangte Schwelle der „erheblichen" Beeinträchtigung; bloße **als Unbequemlichkeit empfundene Folgen** sollen gerade nicht erfasst werden.

27 Als Beispiel für eine unter Abs. 1 fallende Entscheidung benennt Erwägungsgrund 71 die automatische **Ablehnung eines Online-Kreditantrags.** Orientiert an der Historie auch der Vorgängernormen von Art. 22 sollen von der Formulierung wohl vollautomatisierte Kreditentscheidungen iSd RL 2008/48/EG erfasst werden. Der Verordnungsgeber berücksichtigt an dieser Stelle zutreffend den Umstand, dass, anders als bei der Verweigerung einzelner Zahlungsarten, Entscheidungen über die Vergabe von Darlehen eine erhebliche sozioökonomische Relevanz haben können. Insoweit ist es nicht erklärlich, warum Verbraucher explizit nur bei „Online"-Kreditanträgen den besonderen Schutz von Art. 22 beanspruchen können, nicht aber auch bei Anträgen, die „offline" in der Bankfiliale automatisch abgelehnt werden. Bei Anwendung von Art. 22 wird man hier keine Unterschiede machen dürfen.

28 Kein Anwendungsfall von Art. 22 sind **Verfahren des Werbescorings** (→ § 6 Rn. 69). Werden in diesem Zusammenhang auch personenbezogene Daten verarbeitet, bemisst sich die Zulässigkeit außerhalb der Einwilligung nach Art. 6 Abs. 1 lit. f. Zwar kann man auch das Werbescoring unter die Definition des Profiling (→ Art. 4 Rn. 35) fassen. In jedem Fall fehlt es aber an der rechtlichen Wirkung bzw. der erheblichen Beeinträchtigung in ähnlicher Weise.[36] Ein wie auch immer geartetes Recht des Einzelnen, Adressat einer bestimmten Werbemaßnahme zu sein, ist der europäischen Rechtsordnung fremd.[37] Hieraus folgt, dass auch das Erstellen eines sog. Kundenwertmodells **(„Customer Lifetime Value")**, wonach Kunden bei der Selektion für Werbeinhalte nach ihrer „Wertigkeit" für das Unternehmen eingeteilt werden, nicht den Vorgaben von Art. 22 unterliegt. Unterschiedlichen Kunden unterschiedliche Angebote unterbreiten zu können ist Ausdruck freier Marktwirtschaft und findet seine Grenzen allein in den Normen des Antidiskriminierungsrechts.

---

[33] So auch BeckOK DatenschutzR/*v. Lewinski*, Art. 22 Rn. 35, 39.

[34] Vgl. zB § 130 OWiG, § 93 AktG.

[35] § 312a Abs. 4 BGB; vgl. auch LG Frankfurt a.M., Urt. v. 24.6.2015 – 2-06 O 458/14.

[36] So auch BeckOK DatenschutzR/*v. Lewinski*, Art. 22 Rn. 34, 41; bereits zur DS-RL *Ehmann/Helfrich*, EG-Datenschutzrichtlinie, Art. 15 Rn. 18 mwN; aA aber ohne Begr. *Kugelmann*, DuD 2016, 566 (570); zweifelnd auch Ehmann/Selmayr/*Hladjk*, DS-GVO, Art. 22 Rn. 9.

[37] Die Argumentation der *Artikel-29-Datenschutzgruppe*, WP 251 v. 3.10.2017, S. 11, die offenbar in besonderen Fallkonstellationen Werbescoring unter Art. 22 subsumieren will, verkennt dies und wirkt konstruiert.

II. Ausnahmetatbestände (Abs. 2)

1. Erforderlichkeit für Vertragsschluss (lit. a). Eine automatisierte Entscheidungsfindung, dh die Verwertung des Ergebnisses der Entscheidung, ist nach lit. a **ausnahmsweise zulässig,** wenn sie für den Abschluss oder die Erfüllung eines Vertrags zwischen der betroffenen Person und dem Verantwortlichen erforderlich ist. Der Verordnungsgeber will an dieser Stelle sichtbar den praktischen Anforderungen von Massengeschäften Rechnung tragen. Die automatisierte Entscheidung muss dabei **nicht Vertragsgegenstand** sein. Kommt ein solches Verfahren zum Einsatz, ist hierüber im Zeitpunkt des Vertragsschlusses bzw. der vorvertraglichen Maßnahme zu informieren (vgl. Art. 13 Abs. 2 lit. f). 29

Ein Hauptanwendungsfall von lit. a dürfte die automatisierte, auf Grundlage eines im Rahmen der **Anbahnung eines Darlehensvertrages** durchgeführten Bonitätsscorings erfolgende Entscheidung über die Kreditvergabe sein. Eine solche Entscheidung wird man als erforderlich iSv lit. a anzusehen haben, da hierüber zB die maximale Darlehenshöhe und die Höhe der Raten für Zins und Tilgung auf Grundlage der tatsächlichen Leistungsfähigkeit des Antragstellers festgelegt werden. Die in Erwägungsgrund 71 vorgenommene beispielhafte Nennung der automatischen Ablehnung eines Online-Kreditantrags als Anwendungsfall von Abs. 1 wird damit über die Ausnahme des lit. a wieder aus dem Anwendungsfall des Abs. 1 herausgelöst. Einer damit einhergehenden möglichen Beeinträchtigung der Rechte der betroffenen Person, etwa im Fall der Ablehnung oder Stattgabe zu anderen Konditionen, muss der Verantwortliche durch angemessene Schutzmaßnahmen iSv Abs. 3 (→ Rn. 41) Rechnung tragen. Ob die Ausnahme des lit. a auch auf das Erwägungsgrund 71 erwähnte, Abs. 1 unterfallende **Online-Einstellungsverfahren** ohne jegliches menschliche Eingreifen Anwendung findet, ist infolge der fehlenden Erforderlichkeit zweifelhaft (zur Möglichkeit der Einwilligung → Rn. 40). Das Ergebnis einer sog. **risikobasierten Zahlartensteuerung** ist bereits keine „Entscheidung" iSv Abs. 1. 30

2. Rechtsvorschriften der Mitgliedstaaten (lit. b, § 37 BDSG nF). Lit. b enthält eine **fakultativ nutzbare Öffnungsklausel** zugunsten der EU bzw. der Mitgliedstaaten wonach diese Rechtsvorschriften verabschieden dürfen, die bei Wahrung der Rechte und Freiheiten sowie der berechtigten Interessen der betroffenen Person weitere Ausnahmen vom grundsätzlichen Verbot der automatisierten Entscheidung vorsehen. Auf die Öffnungsklausel des lit. b können im deutschen Recht bspw. **§ 35a VwVfG** für das allgemeine Verwaltungsverfahren, **§ 31a SGB X** für das Sozialverwaltungsverfahren und **§ 155 Abs. 4 AO** für die sog. automationsgestützte Steuerfestsetzung gestützt werden.[38] Grundsätzlich denkbar wären daneben Ausnahmen für die betroffene Person begünstigende automatisierte Entscheidungen, soweit der nationale Gesetzgeber diese als von Abs. 1 erfasst ansieht. Eine solche Norm müsste dann jedenfalls keine zusätzlichen Schutzmaßnahmen zugunsten der betroffenen Person vorsehen.[39] 31

Eine in Ausfüllung der Öffnungsklausel gesondert geschaffene bereichsspezifische Ausnahme findet sich in **§ 37 BDSG nF.** Der Anwendungsbereich der Norm beschränkt sich auf Fälle, in denen die automatisierte Entscheidung nach Art. 22 Abs. 1 **im Rahmen der Leistungserbringung nach einem Versicherungsvertrag** ergeht und soll darüber den spezifischen Belangen der Versicherungswirt- 32

---

[38] Ausf. hierzu *Braun/Binder,* Jusletter IT, v. 22.9.2016.
[39] *Kühling/Martini,* S. 66.

schaft im Hinblick auf eine effiziente Bearbeitung von Versicherungsleistungen Rechnung tragen.[40] Abs. 2 der Vorschrift erstreckt die Ausnahme nach Abs. 1 auf die Verarbeitung von Gesundheitsdaten iSv Art. 4 Nr. 15. Ob diese **„lex insurance"** wohl durchdacht ist und ob es ihrer tatsächlich bedurfte, ist überaus zweifelhaft.

33 Einschlägig ist § 37 Abs. 1 BDSG nF dann, wenn im Rahmen der Leistungserbringung nach einem Versicherungsvertrag – alternativ – entweder dem Begehren der betroffenen Person stattgegeben wurde **(Nr. 1) oder** die Entscheidung auf der Anwendung verbindlicher Entgeltregelungen für Heilbehandlungen beruht und für Fälle der nicht vollumfänglichen Stattgabe, dh Erstattung, die betroffene Person die Rechte nach Art. 22 Abs. 3 (Erwirkung des Eingreifens, Darlegung des eigenen Standpunktes, Anfechtung der Entscheidung) ausüben kann **(Nr. 2).** Im Unterschied zu Art. 22 Abs. 2 lit. a ist das Bestehen eines Vertragsverhältnisses zwischen der von der automatisierten Entscheidung betroffenen Person und dem Verantwortlichen keine zwingende Voraussetzung für die Anwendbarkeit von § 37 Abs. 1 BDSG nF. Es genügt vielmehr, dass die automatisierte Entscheidung im Rahmen der Leistungserbringung ergeht. Von § 37 Abs. 1 Nr. 1 BDSG nF erfasst werden danach insbesondere auch **Dreiecksverhältnisse,** etwa in Haftpflichtfällen, in denen der Geschädigte Ansprüche direkt gegenüber der Haftpflichtversicherung des Schädigers geltend macht. Auch sollen ausweislich der Gesetzesbegründung bislang nach § 6a Abs. 2 Nr. 1 BDSG aF zulässige automatisierte Entscheidungen im Rahmen **außervertraglicher („sonstiger") Rechtsverhältnisse** auf Grundlage von § 37 Abs. 1 Nr. 1 BDSG nF weiterhin möglich bleiben.[41]

34 Der deutsche Gesetzgeber gibt über § 37 Abs. 1 **Nr. 1** BDSG nF zu verstehen, dass er prinzipiell auch Fälle der vollumfänglichen **Stattgabe eines Begehrens** als gesondert regelungsbedürftig erachtet. Nach hier vertretener Auffassung ist eine derartige Regelung hingegen schlicht überflüssig. Ein gesondertes hohes Schutzbedürfnis der betroffenen Person existiert in solchen Fällen offenkundig nicht, Art. 22 ist von vornherein nicht einschlägig (→ Rn. 22). Als ganz besonders unglücklich erweist sich die Regelung in Nr. 1 dann auch aufgrund ihres engen Anwendungsbereiches. So ist nicht ersichtlich, warum gerade und allein Fallgestaltungen im Versicherungswesen der – klarstellenden – Regelung in Nr. 1 bedürfen, im Umkehrschluss aber alle anderen nicht-versicherungsspezifischen Fallgestaltungen nunmehr erst recht als dem grundsätzlichen Verbot des Art. 22 Abs. 1 unterworfen angesehen werden müssten. Die Norm wirft damit Bedenken hinsichtlich ihrer Vereinbarkeit mit dem allgemeinen Gleichbehandlungsgrundsatz (Art. 3 Abs. 1 GG) auf. *Piltz* stellt daneben zu Recht die Vereinbarkeit der Norm mit der DS-GVO in Frage.[42] Der Gesetzgeber ist gut beraten, die in § 37 BDSG nF vorgenommene, nicht zu rechtfertigende Übervorteilung des Versicherungswesens und die so erreichte **Ungleichbehandlung der Branchen** im Zuge zukünftiger legislativer Maßnahmen wieder rückgängig zu machen. Die Begrenzung des Anwendungsbereichs von Nr. 1 auf Leistungserbringungen nach einem Versicherungsvertrag muss aufgehoben werden.[43]

---

[40] BR-Drs. 110/17, 107; *Greve*, NVwZ 2017, 737 (740).

[41] Ausweislich der Gesetzesbegr. zu § 6a BDSG aF sollten die „sonstigen Rechtsverhältnisse" allerdings nur Fallgestaltungen im öffentlichen Bereich erfassen, BT-Drs. 14/4329, 37.

[42] *Piltz*, § 37 BDSG nF Rn. 4.

[43] In diese Richtung auch der Prüfauftrag des Bundesrates, BT-Drs. 18/11655, 24.

§ 37 Abs. 1 **Nr. 2** BDSG nF gestattet die automatisierte Entscheidung über Versicherungsleistungen bei der Anwendung verbindlicher Entgeltregelungen für Heilbehandlungen. Gemeint sind **Leistungen der Privaten Krankenversicherung**[44] außerhalb der vertragsärztlichen Versorgung der in der gesetzlichen Krankenversicherung zugelassenen Vertragsärzte. Zu den in der Praxis relevantesten verbindlichen Entgeltregelungen zählen die Gebührenordnungen für Ärzte **(GOÄ)** bzw. Zahnärzte **(GOZ)** und für Psychotherapeuten **(GOP).** Dem Wortlaut nach erstreckt sich die Ausnahme der Nr. 2 allein auf „verbindliche" Entgeltregelungen. Ist eine Entgeltregelung zwar „üblich", nicht aber zugleich auch verbindlich, findet Nr. 2 keine Anwendung, weshalb bspw. bei Anwendung der Gebührenübersicht für Therapeuten **(GebüTh)** Nr. 2 nicht einschlägig ist. Nr. 2 soll ausweislich der Gesetzesbegründung den Rechtsgedanken aus § 6a Abs. 2 Nr. 2 BDSG aF fortführen, wonach automatisierte Entscheidungen – hier noch ganz allgemein und nicht auf das Versicherungswesen beschränkt – zulässig waren, wenn der Schutz der berechtigten Interessen der betroffenen Person durch geeignete Maßnahmen gewährleistet wurde. Dem entsprechend verlangt Nr. 2 für den Fall der nicht vollumfänglichen Erstattung das Vorsehen von angemessenen Maßnahmen zur **Wahrung der berechtigten Interessen der betroffenen Person** analog Art. 22 Abs. 3 (Erwirkung des Eingreifens, Darlegung des eigenen Standpunkts, Anfechtung der Entscheidung, → Rn. 41). Auf diese Rechte hat der Verantwortliche spätestens im Zeitpunkt der Mitteilung über die nicht vollumfängliche Stattgabe hinzuweisen. Auch wenn der Wortlaut von § 37 Abs. 1 Nr. 2 BDSG nF sowohl vollumfänglich stattgebende als auch nicht bzw. nur teilweise stattgebende Fälle erfasst („für den Fall"), erstreckt sich der praktische Anwendungsbereich allein auf die zweitgenannten Fallgruppen. Stattgebende automatisierte Entscheidungen sind bereits über § 37 Abs. 1 Nr. 1 BDSG nF eine zulässige Ausnahme vom Verbot des Art. 22 Abs. 1. 35

Wie schon mit Blick auf § 37 Abs. 1 Nr. 1 BDSG nF ist auch die **Erforderlichkeit von § 37 Abs. 1 Nr. 2 BDSG nF zweifelhaft.** Ausgehend von dem Umstand, dass Nr. 2 nur bei verbindlichen Entgeltregelungen für Heilbehandlungen einschlägig ist, fehlt es im Falle einer automatisierten Abrechnung zumindest dann an einer Art. 22 Abs. 1 unterfallenden Entscheidung im Sinne eines „Unterworfenseins" (→ Rn. 19), wenn in dem Vertrag zwischen Versicherungsnehmer und Versicherer eine Erstattung nach Maßgabe eben jener verbindlichen Entgeltregelungen vereinbart wurde. Die Fallgestaltung ist dann der des Abhebens von Bargeld an einem Geldautomaten auf Grundlage des mit dem Kreditinstitut vereinbarten Girovertrages vergleichbar. Fehlt es aber an einer Entscheidung iSv Art. 22 Abs. 1, braucht es schlicht auch keiner Ausnahme. Diesen Befund anerkennt der deutsche Gesetzgeber sogar in der Gesetzesbegründung zu § 37 BDSG nF,[45] verkürzt diesen aber in unverständlicher Weise auf Dreieckskonstellationen, im Rahmen derer ein Versicherungsnehmer Leistungen zugunsten eines mitversicherten Dritten (Angehörigen) beantragt. Ein Grund für eine derartige Differenzierung ist nicht ersichtlich. In beiden Fällen ergeht die Abrechnung auf Grundlage vertraglich vereinbarter verbindlicher Entgeltregelungen. Überdies hätte die in § 37 Abs. 1 Nr. 2 BDSG nF normierte Ausnahme ohne Weiteres unter die Ausnahme des Art. 22 Abs. 2 lit. a iVm Abs. 3 subsumiert werden können. 36

---

[44] BR-Drs. 110/17, 108.
[45] BR-Drs. 110/17, 108.

37 In anderen denkbaren Fallkonstellationen, in denen der Private Versicherer von den durch den Versicherungsnehmer eingereichten Belegen nachteilig abweicht, etwa wenn der Arzt seiner Leistung eine unzutreffende/veraltete GOÄ zugrunde gelegt hat, besteht dem entgegen gerade ein erhöhtes Schutzrisiko des **Versicherungsnehmers als „schwächstem Glied der Kette"**, der regelmäßig nicht über das erforderliche Fachwissen verfügt. Dass der Versicherungsnehmer in solchen Fällen eine automatisierte, für ihn nachteilige Entscheidung von Gesetzes wegen zunächst hinnehmen muss und erst reaktiv hiergegen vorgehen können soll, mag aus Effektivierungsgründen nachvollziehbar sein. Richtigerweise hätte der Gesetzgeber auf Grundlage von Art. 23 aber das Gegenteil in Gesetzesform gießen müssen: Jedes Abweichen von der eingereichten Heilbehandlungsrechnung, also auch sowohl der überaus praxisrelevante Fall des einseitigen unzulässigen Abweichens des Privaten Versicherers vom Versicherungsvertrag als auch eine fehlerhafte Rechnungslegung durch den Arzt, müsste zwangsläufig und gerade ausnahmslos zu einer Überprüfung durch eine natürliche Person führen. Im Gesetzgebungsverfahren setzte sich noch nicht einmal der Vorschlag des Bundesrats, den Versicherten zumindest deutlicher auf den Umstand der automatisierten Entscheidung und seine damit verbundenen Rechte aufzuklären,[46] durch.

38 Gem. § 37 **Abs. 2** S. 1 BDSG nF dürfen Entscheidungen iSv § 37 Abs. 1 BDSG nF auch auf der **Verarbeitung von Gesundheitsdaten** iSv Art. 4 Nr. 15 gestützt werden. Der kritikwürdigen (→ Rn. 34) Grundintention des deutschen Gesetzgebers folgend, hiernach aber zumindest konsequent, dürfen im Rahmen der Abrechnung von Leistungsansprüchen durch die Private Krankenversicherung auch Gesundheitsdaten in automatisierte Entscheidungen einfließen. Die Norm beruht auf Art. 22 Abs. 4 iVm Art. 9 Abs. 2 lit. g. Aus der Gesetzesbegründung lässt sich die **Handschrift der Lobby der Privaten Krankenversicherer** unumwunden herauslesen. So heißt es darin wörtlich: „Die Gewährleistung eines bezahlbaren und funktionsfähigen Krankenversicherungsschutzes in der Privaten Krankenversicherung ist als gewichtiges Gemeinwohl anerkannt. Eine wirtschaftliche Leistungsbearbeitung im Massenverfahren setzt den Einsatz von automatisierten Verfahren voraus, insbesondere wenn es um die die Anwendung gesetzlicher und somit standardisierter Gebührenordnungen (zB GOÄ) geht." Ein solches Herausstellen von Belangen einer spezifischen privatrechtlichen Branche, hat es im allgemeinen Datenschutzrecht wohl nie zuvor gegeben.

39 Die Ausweitung der Ausnahme des § 37 Abs. 1 BDSG nF auch auf Gesundheitsdaten führt dazu, dass die in Art. 9 Abs. 2 lit. g vorgesehenen Sicherungsmaßnahmen zu beachten sind. Der **Verweis in § 37 Abs. 2 S. 2 BDSG nF** trägt dem Rechnung, hat der deutsche Gesetzgeber doch in § 22 Abs. 2 S. 2 BDSG nF die aus Art. 9 Abs. 2 lit. g herrührende Vorgabe detailliert umgesetzt (→ Art. 9 Rn. 46).

40 **3. Einwilligung (lit. c).** Kein Fall des Abs. 1 liegt vor, wenn die betroffene Person ihre Einwilligung iSv Art. 7 erteilt hat. Die Einwilligung muss sich ausdrücklich auf eine oder mehrere konkrete Entscheidungen aufgrund automatisierter Verarbeitungen beziehen, etwa bei Verwendung sog. E-Recruiting-Tools. Im Rahmen der Informiertheit der Einwilligung ist vor allem darauf zu achten, dass die betroffene Person die **Reichweite der Einwilligung** erfasst. Hierfür sind angelehnt an Art. 13 Abs. 3 lit. f aussagekräftige Informationen über die invol-

---

[46] BT-Drs. 18/11655, 24.

vierte Logik sowie die Tragweite und die angestrebten Auswirkungen von Entscheidungen aufgrund automatisierter Verarbeitungen im Zeitpunkt der Einholung der Einwilligung zur Verfügung zu stellen.

III. Angemessene Schutzmaßnahmen des Verantwortlichen (Abs. 3)

Ist die automatisierte Entscheidung im Einzelfall ausnahmsweise auf Grundlage von Abs. 2 lit. a oder c gestattet, ist der Verantwortliche gehalten, Vorkehrungen zu treffen, dass die betroffene Person **auf die Entscheidung korrigierend einwirken** kann. Nicht abschließend benennt Abs. 3 hier die Rechte auf „Erwirkung des Eingreifens" (worunter ein Anspruch auf sachliche Befassung durch eine natürliche Person zu verstehen sein wird), auf Darlegung des eigenen Standpunktes und auf Anfechtung der Entscheidung. Der Wortlaut der Norm beschränkt die Pflicht zur Einräumung dieser Rechte dabei nicht auf Fälle, in denen dem Begehren der betroffenen Person nicht abschließend Folge geleistet wird. Erachtet man Art. 22 Abs. 1 auch dann als einschlägig, wenn dem Begehren der betroffenen Person umfassend entsprochen wurde (aber → Rn. 22), ist die betroffene Person auch in diesen Fällen über die Rechte des Abs. 3 somit unabhängig von ihrer Schutzbedürftigkeit zu informieren, wobei das Zusammenspiel der Norm mit anderen, allgemeineren Vorgaben zu Informationspflichten misslungen ist. Während Art. 12 Abs. 1 dazu auffordert, alle Informationen zu den Betroffenenrechten, mithin auch solche über die og Rechte, zu vermitteln, verlangen Art. 13 Abs. 2 lit. f, Art. 14 Abs. 2 lit. g und Art. 15 Abs. 1 lit. h ihrem Wortlaut nach eine Information bzw. Auskunft allein über die Existenz und die Folgen einer automatisierten Entscheidungsfindung. Die og Rechte tauchen in den spezifischen Informationspflichtenkatalogen nicht auf. Die betroffene Person ist aber denklogisch nur dann zur Ausübung ihrer og Rechte imstande, wenn sie über deren Bestehen in Kenntnis gesetzt wurde. Auch existieren die og Rechte nicht erst „auf Antrag" (so aber Art. 12 Abs. 3), sondern kraft normativer Verpflichtung.[47] Eines gesonderten Antrages der betroffenen Person bedarf es gerade nicht. 41

Zur Umsetzung der og Rechte in der Praxis bietet sich die **Einhaltung eines dreistufigen Verfahrens** an. In Schritt eins ist die betroffene Person über die Tatsache der maschinellen Entscheidung einschließlich „aussagekräftiger Informationen" über die „involvierte Logik sowie die Tragweite und die angestrebten Auswirkungen einer derartigen Verarbeitung" (Art. 13 Abs. 2 lit. f, Art. 14 Abs. 2 lit. g) und zugleich über die Rechte nach Abs. 3 zu informieren. Im zweiten Schritt sind der betroffenen Person – dies jedoch nur auf ihr Verlangen – die wesentlichen Gründe der Ablehnung seines Begehrens mitzuteilen und zu erläutern (Erwägungsgrund 71). Eine Pflicht zur Erläuterung der nach der Bewertung getroffenen Entscheidung durch den Verantwortlichen ist dabei schlicht notwendige Voraussetzung für die Ausübung der weiteren Rechte nach Abs. 3 durch die betroffene Person.[48] Im dritten Schritt muss eine „angemessene Maßnahme" angeboten werden, die es der betroffenen Person ermöglicht, auf die Entscheidung korrigierend einwirken zu können. Für den Bereich der **Personaldatenverarbeitung** könnte daran gedacht werden, dass – abgesehen von der Mitbestimmung 42

[47] Paal/Pauly/*Martini*, DS-GVO, Art. 22 Rn. 39.

[48] Gegen eine Rechtspflicht auf Erläuterung *Wachter/Mittelstadt/Floridi*, IDPL 2017, 76 (79).

bei der Implementierung des Verfahrens an sich – der Vollzug beschwerender maschineller Entscheidungen per Betriebsvereinbarung der Mitbestimmung des Betriebsrats unterworfen wird.[49]

43 Sowohl Wortlaut („in den ... genannten Fällen“, dh in Fällen, in denen eine automatisierte Entscheidung zulässig ist) als auch systematische Stellung verdeutlichen, dass die Rechte aus Abs. 3 **keine Wirksamkeitsvoraussetzung** für die automatisierte Entscheidung sind. Gleichwohl wird man differenzieren müssen. Sind bei Entscheidungen der **öffentlichen (Leistungs-)Verwaltung** die durch die betroffene Person vorgebrachten Aspekte geeignet, eine andersgelagerte Ermessensentscheidung herbeizuführen, hat die betroffene Person einen Anspruch auf (ermessens-)fehlerfreie Neubescheidung. **Im nichtöffentlichen Datenschutzrecht** werden die Rechte des Abs. 3 nur in den seltensten Fällen das angegriffene Ergebnis automatisch abändern. Außerhalb anerkannter Kontrahierungszwänge und bei Beachtung des gesetzlichen Diskriminierungsschutzes[50] bleibt es dem Verwender rechtmäßiger automatisierter Entscheidungen selbst überlassen, das maschinell erwirkte Ergebnis beizubehalten oder eine neue Entscheidung zu initiieren. Die Entscheidung selbst bleibt somit wirksam (zur etwaigen Sanktionierung → Rn. 46).

44 Die spezifischen Rechte des Abs. 3 treten **neben die allgemeinen Rechte** der betroffenen Person (Art. 12 f.) wobei zu beachten ist, dass das Berichtigungsrecht nach Art. 16 nur dann besteht, wenn die Daten, die der automatisierten Entscheidung zugrunde liegen, unrichtig sind. Dies ist bei einer lege artis erstellten **statistischen Bewertung** eines bestimmten Verhaltens oder eines Risikos selbst dann nicht der Fall, wenn die Bewertung auf die betroffene Person ausnahmsweise nicht zutrifft.[51] Die statistische Erkenntnis bleibt zutreffend.

IV. Verarbeitung besonderer Kategorien personenbezogener Daten (Abs. 4)

45 Abs. 4 formuliert ein grundsätzliches Verbot für Entscheidungen auf Grundlage einer automatisierten Verarbeitung von besonderen Kategorien personenbezogener Daten iSv Art. 9, erweitert jedoch zugleich die in Abs. 2 lit. b und c normierten Ausnahmen auch auf die Verarbeitung solcher Datenkategorien. Soweit also die ausdrückliche Einwilligung in die so erfolgende Verarbeitung besonderer Datenkategorien vorliegt oder eine mitgliedstaatliche Norm eine solche Verarbeitung ausdrücklich gestattet, können auch bes. Kategorien in die automatisierte Entscheidungsfindung einbezogen werden. Relevant ist dies bspw. im **Versicherungswesen,** bei der Gewährung von Invalidenrenten usw.

C. Rechtsschutz und Sanktionen

46 Verstöße gegen das Verbot der automatisierten Entscheidung sowie gegen die Pflicht zum Vorhalten spezifischer Betroffenenrechte sind gem. Art. 83 Abs. 5 lit. b **bußgeldbewehrt.** Gem. § 41 BDSG nF gelten, von den dort beschriebenen Ausnahmen abgesehen, die Vorschriften des OWiG sowie der StPO und des GVG. Eine Meldung nach Art. 33 bzw. 34 DS-GVO darf gem. § 42 Abs. 4 BDSG nF

---

[49] Vgl. zum BDSG aF *Gola/Schomerus*, § 6a Rn. 14b.
[50] Vgl. § 2 AGG.
[51] Vgl. zum BDSG aF *Gola/Schomerus*, § 6a Rn. 19.

im Strafverfahren nur mit Zustimmung der Meldepflichtigen bzw. Benachrichtigenden verwendet werden. Führt eine nicht rechtskonform herbeigeführte automatisierte Entscheidung zu einem **Schaden,** ist dieser der betroffenen Person gem. Art. 82 zu ersetzen.

Abschnitt 5. Beschränkungen

Art. 23 Beschränkungen

(1) **Durch Rechtsvorschriften der Union oder der Mitgliedstaaten, denen der Verantwortliche oder der Auftragsverarbeiter unterliegt, können die Pflichten und Rechte gemäß den Artikeln 12 bis 22 und Artikel 34 sowie Artikel 5, insofern dessen Bestimmungen den in den Artikeln 12 bis 22 vorgesehenen Rechten und Pflichten entsprechen, im Wege von Gesetzgebungsmaßnahmen beschränkt werden, sofern eine solche Beschränkung den Wesensgehalt der Grundrechte und Grundfreiheiten achtet und in einer demokratischen Gesellschaft eine notwendige und verhältnismäßige Maßnahme darstellt, die Folgendes sicherstellt:**
a) die nationale Sicherheit;
b) die Landesverteidigung;
c) die öffentliche Sicherheit;
d) die Verhütung, Ermittlung, Aufdeckung oder Verfolgung von Straftaten oder die Strafvollstreckung, einschließlich des Schutzes vor und der Abwehr von Gefahren für die öffentliche Sicherheit;
e) den Schutz sonstiger wichtiger Ziele des allgemeinen öffentlichen Interesses der Union oder eines Mitgliedstaats, insbesondere eines wichtigen wirtschaftlichen oder finanziellen Interesses der Union oder eines Mitgliedstaats, etwa im Währungs-, Haushalts- und Steuerbereich sowie im Bereich der öffentlichen Gesundheit und der sozialen Sicherheit;
f) den Schutz der Unabhängigkeit der Justiz und den Schutz von Gerichtsverfahren;
g) die Verhütung, Aufdeckung, Ermittlung und Verfolgung von Verstößen gegen die berufsständischen Regeln reglementierter Berufe;
h) Kontroll-, Überwachungs- und Ordnungsfunktionen, die dauernd oder zeitweise mit der Ausübung öffentlicher Gewalt für die unter den Buchstaben a bis e und g genannten Zwecke verbunden sind;
i) den Schutz der betroffenen Person oder der Rechte und Freiheiten anderer Personen;
j) die Durchsetzung zivilrechtlicher Ansprüche.

(2) **Jede Gesetzgebungsmaßnahme im Sinne des Absatzes 1 muss insbesondere gegebenenfalls spezifische Vorschriften enthalten zumindest in Bezug auf**
a) die Zwecke der Verarbeitung oder die Verarbeitungskategorien,
b) die Kategorien personenbezogener Daten,
c) den Umfang der vorgenommenen Beschränkungen,
d) die Garantien gegen Missbrauch oder unrechtmäßigen Zugang oder unrechtmäßige Übermittlung;

e) die Angaben zu dem Verantwortlichen oder den Kategorien von Verantwortlichen,

f) die jeweiligen Speicherfristen sowie die geltenden Garantien unter Berücksichtigung von Art, Umfang und Zwecken der Verarbeitung oder der Verarbeitungskategorien,

g) die Risiken für die Rechte und Freiheiten der betroffenen Personen und

h) das Recht der betroffenen Personen auf Unterrichtung über die Beschränkung, sofern dies nicht dem Zweck der Beschränkung abträglich ist.

Literatur: *Benecke/Wagner*, Öffnungsklauseln in der Datenschutzgrundverordnung und das deutsche BDSG – Grenzen und Gestaltungsspielräume für ein nationales Datenschutzrecht, DVBl. 2016, 600; *Bock/Engeler,* Die verfassungsrechtliche Wesensgehaltgarantie als absolute Schranke im Datenschutzrecht, DVBl. 2016, 593; *Kühling/Martini* et al., Die Datenschutz-Grundverordnung und das nationale Recht, 2016.

Übersicht

A. Allgemeines

I. Zweck und Bedeutung der Vorschrift

1 **1. Allgemeines.** Art. 23 enthält einen umfangreichen Katalog sog. **Öffnungsklauseln,**[1] die dem Bundes- bzw. den Landesgesetzgebern die Befugnis geben, aus dort aufgezählten Gründen die Betroffenenrechte bzw. Pflichten des Verantwortlichen gem. Art. 12–22 und Art. 34 einzuschränken. Konkret geht es um die Rechte und Pflichten auf Unterrichtung, Auskunft und Berichtigung oder

[1] *Kühling/Martini*, S. 64 ff.

Löschung personenbezogener Daten und das Recht auf Datenübertragbarkeit und auf Widerspruch, die Erstellung von Entscheidungen, die auf der Erstellung von Profilen beruhen und um Mitteilungen über eine Verletzung des Schutzes personenbezogener Daten an eine betroffene Person sowie um bestimmte damit zusammenhängende Pflichten der Verantwortlichen. Einbezogen in die Rechtereduzierung ist auch Art. 5 soweit er für die zuvor genannten Rechte und Pflichten die Grundlage bildet.

Jede solche Beschränkung steht unter der Vorgabe, dass sie den Wesensgehalt der Grundrechte und Grundfreiheiten achtet und in einer demokratischen Gesellschaft eine notwendige und verhältnismäßige Maßnahme darstellt (Abs. 1).[2] Die geforderte Verhältnismäßigkeit der Beschränkung verlangt, dass sie für die Erreichung des legitimen Ziels geeignet, erforderlich und angemessen ist.[3] Ausnahmen von den Betroffenenrechten müssen daher so eng wie möglich gehalten werden. Dies gilt auch um dem Harmonisierungsanspruch der DS-GVO nicht zu relativieren.[4] 2

Gem. Art. 23 Abs. 2 muss jede diesbezügliche Gesetzgebung gemäß der Aufzählung in lit. a–h grundsätzlich Aussagen treffen zu dem Verarbeitungszweck, den Datenkategorien, dem Umfang der Einschränkung, den zu treffenden Datensicherungsmaßnahmen, den Kategorien der Verarbeiter, der Speicherdauer und dem Recht der Betroffenen über die Einschränkungen informiert zu werden. Es handelt sich um Mindestanforderungen, die grundsätzlich kumulativ bestehen. 3

Da die Einschränkungen grundsätzlich der Wahrnehmung öffentlicher Zwecke dienen, sind Normadressaten in der Regel öffentliche Stellen. Pflichten nichtöffentlicher Stellen können eingeschränkt werden nach den lit. d, i und j. 4

2. Ziele der Rechtereduzierung. Die Ziele, die mit der Einschränkung der Rechte der Betroffenen erreicht werden sollen, werden in Abs. 1 lit. a–j aufgelistet. 5

Die Befugnis des Abs. 1 lit. a und b betrifft die **nationale Sicherheit** und die Landesverteidigung für die die Union keine Regelungskompetenz hat. 6

Neben der nationalen Sicherheit kann die **öffentliche Sicherheit** Regelungsgrund sein (Abs. 2 lit. c), womit die innere und äußere Sicherheit des Staates gemeint ist.[5] Der Begriff geht weiter als der der der nationalen Sicherheit,[6] wozu ua der Schutz von Menschenleben insbesondere bei Naturkatastrophen oder vom Menschen verursachten Katastrophen gehört. 7

Des Weiteren kann eine Einschränkung erforderlich sein im Rahmen der Verhütung, Aufdeckung und Verfolgung von **Straftaten** oder der Strafvollstreckung (Abs. 2 lit. d) – was auch den Schutz vor und die Abwehr von Gefahren für die öffentliche Sicherheit einschließt – oder der Verhütung, Aufdeckung und Verfolgung von gleichgewichtigen Verstößen gegen **Berufsstandsregeln** bei reglementierten Berufen (Abs. 2 lit. g). Die Öffnungsklausel des Art. 23 Abs. 1 lit. d greift aber nur in Fällen, in denen nicht die RL (EU) 2016/680 anzuwenden ist.[7] 8

Eine Art Auffangklausel enthält Abs. 1 lit. e, der den Schutz sonstiger wichtiger Ziele des allgemeinen öffentlichen Interesses der Union oder eines Mitgliedstaats, wie etwa wichtige wirtschaftliche oder finanzielle Interessen sowie dem Schutz 9

---

[2] Zur Wesensgehaltsgarantie s. Sydow/*Peuker*, Art. 23 Rn. 38 ff.

[3] EuGH, Urt. v. 22.1.2013 – C 283/11 und v. 8.4.2014 – C 293/12 und C 594/12.

[4] Sydow/*Peuker*, DS-GVO, Art. 23 Rn. 2 f.

[5] EuGH, Urt. v. 11.3.2003 – C 186/01.

[6] Sydow/*Peuker*, DS-GVO, Art. 23 Rn. 18 und 21.

[7] Sydow/*Peuker*, DS-GVO, Art. 23 Rn. 24.

der öffentlichen Gesundheit (Erwägungsgrund 54) und der sozialen Sicherheit dienen soll. Auch humanitäre Hilfe ist ein Ziel im allgemeinen öffentlichen Interesse (Erwägungsgrund 73). Ein Beschränkungsgrund kann bestehen hinsichtlich des Führens öffentlicher Register aus Gründen des allgemeinen öffentlichen Interesses.

10 Nach Abs. 1 lit. h können die Einschränkungen der Betroffenenrechte auch hinsichtlich der öffentlichen Kontroll-, Überwachungs- und Ordnungsfunktionen gelten, die den zuvor unter den in Abs. 1 lit. a–e und g genannten Zwecken dienen.

11 Abs. 1 lit. f trägt dem Grundsatz der Unabhängigkeit der Justiz (Art. 47 Abs. 2 S. 1 GRCh) Rechnung. Er betrifft nur die richterliche Spruchtätigkeit.

12 Die Rechtereduzierung kann auch ausnahmsweise dem Schutz der betroffenen Person oder den Rechten und Freiheiten anderer Personen dienen (Abs. 1 lit. i). Im Wesentlichen gilt es um das Recht des Patienten Krankheitsdaten zu erfahren. Die Rechte und Freiheiten anderer Personen müssen ggf. durch die Geheimhaltung der sie betreffenden Informationen gegenüber Dritten gewahrt werden.

13 Beschränkungen können ferner dort vorgesehen werden, wo diese für die Durchsetzung zivilrechtlicher Ansprüche erforderlich sind, wobei insoweit auch eine Beschränkung des Löschungsrechts besteht (Art. 17 Abs. 3 lit. e DS-GVO).

II. Systematik/Verhältnis zu anderen Vorschriften

14 Auch die DS-RL sah Abweichungen von den Betroffenenrechten vor. Das war sowohl bei einzelnen Betroffenenrechten als auch generell in Art. 13 der Fall. Die Einschränkung des Widerspruchsrechts war im BDSG aF in § 20 Abs. 5 S. 2 erfolgt. Während die DS-RL pauschale Einschränkungsmöglichkeiten vorsieht, verknüpft die DS-GVO die Vornahme von Abweichungen mit einem umfangreichen Forderungskatalog. Ausnahmegründe von bestimmten Datenschutzgrundsätzen sehen auch die Art. 8 Abs. 2 EMRK und Art. 9 der Konvention des Europarats vor.[8]

B. Die Umsetzung des Art. 23 in den §§ 32–36 BDSG nF

I. Allgemeines

15 Von der Öffnungsklausel hat der Bundesgesetzgeber in Teil II Kapitel 2 (§§ 32–37) BDSG nF, das die „Rechte der betroffenen Person“ behandelt, Gebrauch gemacht. Es sind nachfolgende auf der Basis des Art. 23 beruhende, den bisherigen Ausnahmetatbeständen des BDSG durchweg entsprechende Bestimmungen vorgesehen.

16 Nach der Gesetzesbegründung[9] sollen diese Beschränkungen der Betroffenenrechte auch Anwendung finden auf die in Art. 89 geregelte Verarbeitungen zu im öffentlichen Interesse liegenden Archivzwecken, zu wissenschaftlichen oder historischen Forschungszwecken und zu statistischen Zwecken, da die Verarbeitung zu den in Art. 89 genannten Zwecken andernfalls gegenüber sonstigen Verarbeitungen schlechter gestellt wäre, obwohl der Verordnungsgeber die Verarbeitung zu Archiv-, Forschungs- und Statistikzwecken ausweislich der Sonderreglung privilegieren wollte. Die diese Materie betreffenden Ausnahmen finden sich in den §§ 27 Abs. 2; 28 Abs. 2; 29 Abs. 1 BDSG nF.

---

[8] Sydow/*Peuker*, DS-GVO, Art. 23 Rn. 4.
[9] BT-Drs. 18/1135.

II. Die Einzelausnahmen des Teils II Kapitel 2 BDSG nF

1. Beschränkungen der Informationen bei Datenerhebungen bei der betroffenen Person nach Art. 13 durch § 32 BDSG nF. a) Die zusätzlichen Ausnahmetatbestände. § 32 Abs. 1 BDSG nF enthält fünf weitere Ausnahmen von der Informationspflicht des Art. 13 Abs. 3 im Falle einer **Zweckänderung** (Art. 6 Abs. 4), die bisher im BDSG aF nicht geregelt war. Die Informationspflicht aus Art. 13 Abs. 1 und 2 wird nicht beschränkt. 17

In Abs. 1 Nr. 1 entfällt die Informationspflicht über die Zweckänderung begrenzt auf analog verarbeitete Daten für einen speziell geregelten Fall ihrer **Unverhältnismäßigkeit** (→ Art. 13 Rn. 33, 50). 18

Abs. 1 Nr. 2 und 3 enthalten speziell für öffentliche Stellen geltende Einschränkungen der Informationspflicht, wenn die Erteilung der Information über die beabsichtigte Weiterverarbeitung die ordnungsgemäße Erfüllung ihrer Aufgaben iSv Art. 23 Abs. 1 lit. a–e oder die öffentliche Sicherheit oder Ordnung gefährden oder sonst dem Wohle des Bundes oder eines Landes Nachteile bereiten würde. Einschränkende Voraussetzung ist in beiden Fällen, dass die Interessen des Verantwortlichen an der Nichterteilung der Information die Interessen der betroffenen Person überwiegen. 19

Abs. 1 Nr. 4 sieht eine Einschränkung zur Sicherstellung der Geltendmachung, Ausübung oder Verteidigung **rechtlicher Ansprüche** vor (Art. 23 Abs. 1 lit. i und j), wobei ansonsten die Rechtsdurchsetzung gefährdet sein müsste und die Geheimhaltungsinteressen des Verantwortlichen überwiegen.[10] 20

Abs. 1 Nr. 5 schützt die vertrauliche Übermittlung von Daten an öffentliche Stellen (Art. 23 Abs. 1 lit. e). Erfasst sind beispielsweise Fallgruppen, in denen die Information der betroffenen Person über die Weiterverarbeitung zu einer Vereitelung oder ernsthaften Beeinträchtigung des – legitimen – Verarbeitungszwecks führen würde, etwa wenn die zuständige Strafverfolgungsbehörde über den Verdacht einer Straftat informiert werden soll. 21

b) Transparenz. § 32 Abs. 2 BDSG nF legt fest, dass der Verantwortliche geeignete Maßnahmen zum Schutz der berechtigten Interessen der – zunächst – nicht informierten betroffenen Person zu treffen hat (Art. 23 Abs. 2). Dazu obliegt ihm die „abstrakte" **Veröffentlichung des Ausnahmefalls** in allgemein zugänglicher Form. Dies kann etwa die Bereitstellung der Information auf einer allgemein zugänglichen Webseite des Verantwortlichen sein (Erwägungsgrund 58). 22

Der Verantwortliche hat ferner fallbezogen schriftlich zu fixieren, aus welchen Gründen er von einer Information abgesehen hat. Die Existenz der **Dokumentation** und die Prüfung der Stichhaltigkeit der Gründe unterliegt der Kontrolle durch die zuständige Aufsichtsbehörde. 23

Die in Abs. 2 S. 1 und 2 zum Schutz der berechtigten Interessen der betroffenen Person geforderten Maßnahmen des Verantwortlichen finden im Fall des Abs. 1 Nr. 4 und 5 keine Anwendung (§ 32 Abs. 2 S. 3 BDSG nF). Andernfalls könnten die in S. 1 und 2 geforderten Maßnahmen zu einer Vereitelung oder ernsthaften Beeinträchtigung des – legitimen – Verarbeitungszwecks führen. 24

Nach § 32 Abs. 3 hat der Verantwortliche die Information der betroffenen Person **zeitnah nachzuholen**, wenn die Ausschlussgründe des Abs. 1 nur vorübergehend vorliegen. 25

---

[10] Im Einzelnen bei Schantz/Wolff/*Schantz,* Rn. 1166.

26 **2. Beschränkungen der Information bei nicht bei der betroffenen Person stattfindenden Datenerhebung nach Art. 14 durch § 33 BDSG nF. a) Die zusätzlichen Ausnahmefälle.** § 33 Abs. 1 BDSG nF enthält in Ergänzung der in Art. 14 Abs. 5 und § 29 Abs. 1 S. 1 BDSG nF genannten Ausnahmen Einschränkungen der Informationspflicht des Verantwortlichen aus Art. 14 Abs. 1, 2 und 4.

27 § 33 Abs. 1 Nr. 1 BDSG nF gilt für öffentliche Stellen und entspricht § 31 Abs. 1 Nr. 2 und 3. Nach § 33 Abs. 1 Nr. 2 lit. a BDSG nF kann sich eine nichtöffentliche Stelle hinsichtlich der Verweigerung der Information darauf berufen, dass sie die Geltendmachung **rechtlicher Ansprüche** gefährden oder dass sie lediglich Daten aus zivilrechtlichen Verträgen zur Verhütung von Schäden durch Straftaten verarbeitet. Dabei geht es um Betrugsprävention und um **Warn- und Hinweissysteme** (Art. 23 Abs. 1 lit. j). Offenbar wird in der Norm unterstellt, dass das Unterbleiben der Information für die Zweckerreichung erforderlich ist.[11]

28 Die in § 33 Abs. 1 Nr. 2 lit. b im konkreten Umfang dem Verantwortlichen gegenüber bei einer Betroffeneninformation staatlich festgestellte Gefährdungen (Art. 23 Abs. 2 lit. c) der nationalen Sicherheit (Art. 23 Abs. 1 lit. a), der Landesverteidigung (Art. 23 Abs. 1 lit. b), der öffentlichen Sicherheit (Art. 23 Abs. 1 lit. c), der Verhütung, Ermittlung, Aufdeckung oder Verfolgung von Straftaten oder der Strafvollstreckung, einschließlich des Schutzes vor und der Abwehr von Gefahren für die öffentliche Sicherheit (Art. 23 Abs. 1 lit. d) sowie sonstiger wichtiger Ziele des allgemeinen öffentlichen Interesses der Union oder der Bundesrepublik Deutschland (Art. 23 Abs. 1 lit. e) heben die Informationspflicht auf. § 33 Abs. 2 entspricht § 32 Abs. 2 S. 1 und 2 BDSG nF.

29 § 33 Abs. 3 betrifft den bislang in § 19a Abs. 3 iVm § 19 Abs. 3 BDSG aF geregelten Fall der nur eingeschränkten Informationserteilung bei Datenübermittlung durch öffentliche Stellen an die dort aufgeführten Behörden zu Zwecken der nationalen Sicherheit.

30 **b) Transparenzpflicht.** Auch § 33 Abs. 2 BDSG nF sieht eine ersatzweise allgemeine Information für die Öffentlichkeit vor, wobei nach Abs. 3 Publikationen über Information an die dort genannten **Sicherheitsbehörden** nur mit deren Zustimmung zulässig sind.

31 **3. Einschränkung der Pflicht zur Auskunftserteilung nach Art. 15 durch § 34 BDSG nF.** Die DS-GVO sieht selbst keine Ausnahmen von dem **Auskunftsrecht** vor. § 34 Abs. 1 BDSG nF enthält gleichwohl ergänzend zu den in § 27 Abs. 2, § 28 Abs. 2 und § 29 Abs. 1 S. 2 BDSG nF genannten Ausnahmen Einschränkungen des Auskunftsrechts der betroffenen Person.

32 § 34 Abs. 1 Nr. 1 BDSG nF verweist für die Einschränkung des Auskunftsrechts zunächst auf die Beschränkungen des Informationsrechts nach § 33 Abs. 1 und 3 BDSG nF. Dies gilt nicht für den Fall, dass die Vertragsdaten § 33 Abs. 1 Nr. 2a lit. a BDSG nF zur Schadensprävention verarbeitet werden.

33 Des Weiteren entfällt nach § 34 Abs. 1 Nr. 2 lit. b BDSG nF die Auskunftspflicht, wenn die Daten ausschließlich Zwecken der Datensicherung oder der **Datenschutzkontrolle** dienen und die Auskunftserteilung einen **unverhältnismäßigen Aufwand** erfordern würde. In Erweiterung der bisherigen Rechtslage hat der Verantwortliche jedoch sicherzustellen, dass durch geeignete technische

---

[11] Schantz/Wolff/*Schantz*, Rn. 1174.

und organisatorische Maßnahmen eine Verwendung der Daten zu anderen Zwecken ausgeschlossen ist.[12]

34 Die Abs. 2 und 3 des § 34 regeln, anknüpfend an die bisherige Regelung des § 19 Abs. 5 und 6 BDSG aF, Maßnahmen zum Schutz der Rechte und Freiheiten der betroffenen Person und weiten diese im Vergleich zur bisherigen Rechtslage aus. Zunächst dienen diesem Ziel die **Dokumentationspflicht** und die Begründungspflicht nach § 34 Abs. 2 BDSG nF (s. Art. 23 Abs. 2 lit. c, d, g und h). Hierdurch wird die betroffene Person in die Lage versetzt, die Ablehnung der Auskunftserteilung nachzuvollziehen und ggf. durch die zuständige Aufsichtsbehörde prüfen zu lassen. Die Pflicht entfällt, wenn hierdurch der Zweck der Auskunftsversagung gefährdet würde. Ergänzend hierzu hat der Verantwortliche nach Art. 12 Abs. 4 die betroffene Person auf die Möglichkeit der Beschwerde bei der zuständigen Aufsichtsbehörde und des gerichtlichen Rechtsschutzes hinzuweisen. S. 3 enthält die bisher in § 34 Abs. 5 BDSG aF enthaltene strenge **Zweckbindung** der zum Zweck der Auskunftserteilung und zu deren Vorbereitung gespeicherten Daten.

35 § 34 Abs. 3 BDSG nF entspricht mit der evtl. Einschaltung des bzw. der BfDI als Mittelsperson bei Auskunftserteilungen von Sicherheitsbehörden der Regelung des § 19 Abs. 6 BDSG aF. Die Beschränkung dient dem Schutz der öffentlichen Sicherheit (Art. 23 Abs. 1 lit. c) und der Verhütung, Ermittlung, Aufdeckung oder Verfolgung von Straftaten (Art. 23 Abs. 1 lit. d).

36 Das Auskunftsrecht bei von einer öffentlichen Stelle außerhalb des Anwendungsbereichs der Verordnung **„manuell" verarbeiteten Daten** besteht nur unter der Voraussetzung, dass die betroffene Person Angaben macht, die das Auffinden der Daten ermöglichen. Ferner darf der für die Erteilung der Auskunft erforderliche Aufwand nicht außer Verhältnis zu dem von der betroffenen Person geltend gemachten Informationsinteresse stehen.

37 **4. Einschränkung der Löschpflicht nach Art. 17 durch § 35 BDSG nF.** § 35 BDSG nF schränkt das Recht der betroffenen Person auf Löschung und die damit korrespondierende Pflicht des Verantwortlichen aus Art. 17 Abs. 1 zusätzlich ein. Unter den in den Abs. 1–3 genannten Voraussetzungen tritt – sofern die Daten rechtmäßig gespeichert waren – an die Stelle der Löschung die **Einschränkung der Verarbeitung** gem. Art. 18 (vgl. die Vorgaben des Art. 23 Abs. 2 lit. c).

38 Ein einer Löschung entgegenstehender **unverhältnismäßig hoher Aufwand** kann jedoch nur bei nicht automatisierter Datenverarbeitung geltend gemacht werden und greift nicht, wenn die Daten unrechtmäßig verarbeitet wurden (→ Art. 17 Rn. 33, 50 ff.).

39 § 35 Abs. 2 S. 1 BDSG nF sieht eine Beschränkung zur Wahrung schutzwürdiger Interessen der betroffenen Person vor. In Fällen, in denen der Verantwortliche die Daten der betroffenen Person nicht länger benötigt oder unrechtmäßig verarbeitet hat (Art. 17 Abs. 1 lit. a und d) wird Art. 18 Abs. 1 lit. b und c um die Pflicht der Einschränkung der Verarbeitung ergänzt, wenn der Verantwortliche Grund zu der Annahme hat, dass durch die Löschung schutzwürdige Interessen der betroffenen Person beeinträchtigt würden. Durch die Unterrichtungspflicht nach S. 2, erhält die betroffene Person die Möglichkeit ihr Verlangen auf Einschränkung der Verarbeitung oder Löschung kundzutun.

[12] Krit. hinsichtlich der Regelungskompetenz Schantz/Wolff/*Schantz*, Rn. 1203.

40 Nach § 35 Abs. 3 BDSG nF wird die Löschpflicht für den Fall reduziert, dass einer Löschung nicht mehr erforderlicher Daten satzungsmäßige oder vertragliche **Aufbewahrungsfristen** entgegenstehen.[13]

41 **5. Einschränkung des Widerspruchsrechts des Art. 21 durch § 36 BDSG nF.** § 36 BDSG nF schränkt das **Recht auf Widerspruch** nach Art. 21 Abs. 1 ein gegenüber einer öffentlichen Stelle (vgl. Art. 23 Abs. 1 lit. e) im Falle eines zwingenden öffentlichen Interesses oder einer zur Verarbeitung verpflichteten Rechtsvorschrift.[14]

42 Daneben enthalten die § 27 Abs. 2 und § 28 Abs. 4 BDSG nF spezifische Einschränkungen des Widerspruchsrechts gegenüber Datenverarbeitung zu Forschungszwecken, statistischen Zwecken und im öffentlichen Interesse liegenden Archivzwecken (→ Rn. 14).

---

[13] Unionsrechtliche Bedenken macht Schantz/Wolff/*Schantz*, Rn. 1222 geltend.
[14] Unionsrechtliche Bedenken bei Schantz/Wolff/*Schantz*, Rn. 1232.

Kapitel IV. Verantwortlicher und Auftragsverarbeiter

Abschnitt 1. Allgemeine Pflichten

Art. 24 Verantwortung des für die Verarbeitung Verantwortlichen

(1) [1]**Der Verantwortliche setzt unter Berücksichtigung der Art, des Umfangs, der Umstände und der Zwecke der Verarbeitung sowie der unterschiedlichen Eintrittswahrscheinlichkeit und Schwere der Risiken für die Rechte und Freiheiten natürlicher Personen geeignete technische und organisatorische Maßnahmen um, um sicherzustellen und den Nachweis dafür erbringen zu können, dass die Verarbeitung gemäß dieser Verordnung erfolgt.** [2]**Diese Maßnahmen werden erforderlichenfalls überprüft und aktualisiert.**

(2) **Sofern dies in einem angemessenen Verhältnis zu den Verarbeitungstätigkeiten steht, müssen die Maßnahmen gemäß Absatz 1 die Anwendung geeigneter Datenschutzvorkehrungen durch den Verantwortlichen umfassen.**

(3) **Die Einhaltung der genehmigten Verhaltensregeln gemäß Artikel 40 oder eines genehmigten Zertifizierungsverfahrens gemäß Artikel 42 kann als Gesichtspunkt herangezogen werden, um die Erfüllung der Pflichten des Verantwortlichen nachzuweisen.**

Literatur: *Härting*, Datenschutz-Grundverordnung, 2016; *Laue/Nink/Kremer*, Das neue Datenschutzrecht in der betrieblichen Praxis, 2016; *Piltz*, Die Datenschutz-Grundverordnung – Teil 3: Rechte und Pflichten des Verantwortlichen und Auftragsverarbeiters, K&R 2016, 709; *Schantz*, Die Datenschutz-Grundverordnung – Beginn einer neuen Zeitrechnung im Datenschutzrecht, NJW 2016, 1841; *Veil*, Accountability – wie weit reicht die Rechenschaftspflicht der DS-GVO?, ZD 2018, 9.

Übersicht

A. Einleitung

1 Art. 24 stellt die allgemeingültige, horizontal (also über alle folgenden Artikel hinweg) wirkende **Rechenschaftspflicht** des Verantwortlichen auf.[1] Dieser Pflicht, die sich in Nachweisen über und Sicherstellung der zulässigen Datenverarbeitung manifestiert, hat der Verantwortliche durch den Einsatz von technischen und organisatorischen Maßnahmen nachzukommen.

2 Mit Art. 24 erhält zudem der sog. **risikobasierte Ansatz** Einzug in die DS-GVO, der an vielen weiteren Stellen als Referenz herangezogen wird (so etwa in Art. 32, bei der Sicherheit der Verarbeitung, oder Art. 33 und 34, bei der Benachrichtigungspflicht im Fall von Datenschutzverletzungen).

B. Zweck und Bedeutung

3 Art. 24 stellt die einleitende und horizontal über die nachfolgenden Artikel wirkende Vorschrift zur **Verantwortung und Haftung** (Erwägungsgrund 74 S. 1 trennt ausdrücklich zwischen den beiden Begriffen) des Verantwortlichen dar. Art. 24 selbst enthält für die Frage, wann eine Verarbeitung zulässig ist, wann eine Stelle datenschutzrechtlich verantwortlich ist oder wann sie haftet, jedoch kaum konkrete Vorgaben. Die nähere Ausgestaltung von Verantwortung und Haftung erfolgt vielmehr in den nachfolgenden Artikeln.

4 Dennoch hat Art. 24 besondere Bedeutung für das grundsätzliche System der Verantwortlichkeit und Haftung unter DS-GVO. Abs. 1 verfolgt **drei Zwecke:** Zum einen wird eine, im Vergleich zur RL 95/46/EG neue, Rechenschaftspflicht des Verantwortlichen geschaffen. Zum zweiten führt Abs. 1 den sog. risikobasierten Ansatz in die DS-GVO ein. Zum dritten muss der Verantwortliche durch Umsetzung technischer und organisatorischer Maßnahmen sicherstellen, dass von ihm verantwortete Verarbeitungen der DS-GVO entsprechen.

C. Einzelerläuterungen

I. Verpflichtete Stellen

5 Art. 24 verpflichtet allein den Verantwortlichen.[2] **Auftragsverarbeiter** unterliegen in der DS-GVO zwar auch eigenen Pflichten, jedoch sind sie nicht für eine Datenverarbeitung datenschutzrechtlich verantwortlich. Gerade um diese Verantwortung geht es jedoch in Art. 24.

6 Entsprechend sieht auch Erwägungsgrund 74 S. 1 vor, dass die Verantwortung und Haftung des Verantwortlichen geregelt werden sollte. Ausdrücklich auch solche Verarbeitungen, die im Namen des Verantwortlichen erfolgen. Jedoch ist zu beachten, dass auch den Auftragsverarbeiter gewisse **Nachweispflichten** treffen (→ Rn. 17).

---

[1] Vgl. auch Begr. zum Standpunkt des Rates, Ziff. 5.1.: Grundsatz der Rechenschaftspflicht.

[2] So auch Paal/Pauly/*Martini*, DS-GVO, Art. 24 Rn. 18 f.

II. Pflicht zur Sicherstellung der Vereinbarkeit mit der DS-GVO

Der Verantwortliche hat geeignete technische und organisatorische Maßnahmen umzusetzen, um sicherzustellen, dass die Verarbeitung gemäß der DS-GVO erfolgt (Art. 24 Abs. 1 S. 1). Der Einsatz technischer und organisatorischer Maßnahmen (vgl. hierzu näher Art. 32) dient folglich der **rechtlichen Konformität** der jeweiligen Datenverarbeitung. 7

Hierbei ist zu beachten, dass die Umsetzung entsprechender Maßnahmen nicht bereits allein dazu führt, dass eine Datenverarbeitung den Vorgaben der DS-GVO entspricht. Die technischen und organisatorischen Maßnahmen stellen also insbesondere **keinen eigenen Erlaubnistatbestand** (neben demjenigen des Art. 6 Abs. 1) dar, auf deren Grundlage personenbezogene Daten verarbeitet werden dürfen. 8

Entsprechend umgesetzte Maßnahmen können jedoch dazu beitragen, übrige Anforderungen an die **Zulässigkeit der Datenverarbeitungen** zu erfüllen. Ein Paradebespiel dürfte etwa die Vorgabe der Datenminimierung nach Art. 5 Abs. 1 lit. c sein, welche durch entsprechende interne Anweisungen und Richtlinien an Mitarbeiter (organisatorische Maßnahme) oder technische Beschränkungen des Umfangs der Datenverarbeitung (zB durch die Implementierung von gewissen Zugriffsrechten) (technische Maßnahme) erfüllt werden kann. Auch der Grundsatz der Richtigkeit personenbezogener Daten (Art. 5 Abs. 1 lit. d) kann durch die Umsetzung organisatorischer Maßnahmen (zB Einführung regelmäßiger Prüfintervalle gespeicherter Daten durch Mitarbeiter) erfüllt werden. 9

Diese Pflicht zur Sicherstellung der Konformität von Datenverarbeitungen in Art. 24 Abs. 1 S. 1 macht auch deutlich, dass die Umsetzung von technischen und organisatorischen Maßnahmen nicht nur um **ihrer selbst willen** geschieht. Diese Maßnahmen sind vielmehr auch als Vehikel der Pflichtenerfüllung übriger Vorgaben der DS-GVO zu verstehen. 10

III. Rechenschaftspflicht des Verantwortlichen

Kerninhalt der **Rechenschaftspflicht** der DS-GVO ist, dass der Verantwortliche geeignete technische und organisatorische Maßnahmen (zumindest nach dem Wortlaut des Abs. 1) umsetzen und auch sonst in der Lage sein muss, den Nachweis dafür zu erbringen, dass seine Verarbeitungen im Einklang mit der Verordnung erfolgen.[3] Die Umsetzung technischer und organisatorischer Maßnahmen dient ua dem Nachweis der Rechtmäßigkeit der Verarbeitung (Abs. 1 S. 1: „um … den Nachweis dafür erbringen zu können"). 11

Viele der dem Art. 24 nachfolgenden Vorschriften stellen **konkretere Ausformungen** dieser Rechenschaftspflicht dar, die in der DS-GVO zumeist durch den Begriff „nachweist" hervortritt (so zB die Vorschriften über die Verantwortung des Verantwortlichen in Bezug auf Folgenabschätzungen, die Führung eines Verzeichnisses der Verarbeitungstätigkeiten, Verletzungen der Datensicherheit, die Benennung eines Datenschutzbeauftragten sowie über Verhaltenskodizes und Zertifizierungsverfahren). In all diesen Fällen hat der Verantwortliche bestimmte Vorgänge zu dokumentieren oder seine, teilweise auch vor Beginn einer Verarbeitung, unternommenen Prüfungen nach außen nachweisbar zu machen. 12

---

[3] Begr. zum Standpunkt des Rates, Ziff. 5.1.

13 Konkret im Bereich des Datenschutzes beschreibt die Rechenschaftspflicht die Fähigkeit des Verantwortlichen, nachzuweisen, dass er angemessene Schritte zur **Umsetzung der Datenschutzgrundsätze** unternommen hat.[4]

14 **1. Die zu treffenden Maßnahmen.** Wie so oft in der DS-GVO widersprechen sich auch bei Art. 24 die Vorgaben des Artikels und die entsprechenden Erwägungsgründe (hier Erwägungsgrund 74), was im Ergebnis eine **Unsicherheit** auf Rechtsanwenderseite mit sich bringt.

15 Art. 24 Abs. 1. S. 1 schreibt vor, dass „geeignete technische und organisatorische Maßnahmen" umzusetzen sind, wohingegen Erwägungsgrund 74 S. 2 auf „geeignete und **wirksame** Maßnahmen" abstellt. Die Begrifflichkeit des Erwägungsgrundes ist damit weiter als jene in Art. 24 Abs. 1 S. 1, da es in diesem um technische und organisatorische Maßnahmen geht, wohingegen Erwägungsgrund 74 nur geeignete Maßnahmen verlangt. Weiterhin weichen die Vorgaben von Art. 24 Abs. 1 S. 1 und Erwägungsgrund 74 S. 2 dergestalt voneinander ab, dass in Letzterem „geeignete und wirksame" Maßnahmen verlangt werden, wohingegen Art. 24 Abs. 1 S. 1 nur „geeignete" technische und organisatorische Maßnahmen erfordert. Sowohl hinsichtlich des konkreten Umfangs der einzusetzenden Maßnahmen, als auch hinsichtlich ihrer Wirkung ergeben sich damit abweichende Vorgaben. Grundsätzlich ist jedoch den Artikeln der Verordnung, als bindender Teil des Rechtsakts, Vorrang vor den Erwägungsgründen einzuräumen.

16 Der Verantwortliche muss also geeignete (und nicht notwendigerweise auch wirksame)[5] technische und organisatorische Maßnahmen treffen, um zwei Ziele zu erfüllen: **zum einen um sicherzustellen** und **zum anderen um nachzuweisen,** dass von ihm verantwortete Verarbeitungen entsprechend den Vorgaben der DS-GVO erfolgen (Abs. 1 S. 1).

17 **2. Adressat der Rechenschaftspflicht.** Nimmt man allein die Vorgaben des Abs. 1 in den Blick, so könnte davon ausgegangen werden, dass nur der Verantwortliche der Rechenschaftspflicht unterliegt. Der Auftragsverarbeiter wird in Abs. 1 nämlich nicht erwähnt. Dennoch trifft **auch den Auftragsverarbeiter** in ausgewählten Bereichen eine solche Pflicht zum Nachweis der Einhaltung der Vorgaben der DS-GVO. So verpflichtet Art. 30 Abs. 2 auch den Auftragsverarbeiter zur Führung eines Verfahrensverzeichnisses. Die Führung dieses Verzeichnisses dient nach Erwägungsgrund 82 S. 1 dem Nachweis der Einhaltung der Vorgaben der DS-GVO und ist damit eine Ausformung der Rechenschaftspflicht. Art. 24 verpflichtete direkt aber nicht den Auftragsverarbeiter und auch nicht die Hersteller von Hard- oder Software und auch nicht den Vertreter (Art. 27) oder den Datenschutzbeauftragten.[6]

18 Eine **Ausnahme** von der Rechenschaftspflicht, etwa für kleine und mittlere Unternehmen (KMUs), sieht Art. 24 nicht vor.

19 **3. Risikobasierter Ansatz.** Weiterer Kerninhalt des Abs. 1 ist die Einführung des sog. **risikobasierten Ansatzes** für die gesamte Verordnung. Dieser soll es ermöglichen, die Pflichten des Verantwortlichen und des Auftragsverarbeiters ent-

---

[4] *Artikel-29-Datenschutzgruppe*, Stellungnahme 05/2012 zum Cloud Computing, v. 1.7.2012, S. 20.

[5] Vgl. die Begr. zum Standpunkt des Rates, Ziff. 5.1., die allein auf „geeignete technische und organisatorische Maßnahmen" abstellt.

[6] Kühling/Buchner/*Hartung*, DS-GVO, Art. 24 Rn. 12; BeckOK DatenschutzR/*Schmidt/Brink*, DS-GVO, Art. 24 Rn. 8.

sprechend dem Risiko der von ihnen vorgenommenen Datenverarbeitung anzupassen.[7] Vor der Aufnahme eine Verarbeitung ist eine Risikoprüfung vorzunehmen, von deren Ergebnis abhängt, welche gesetzlichen Pflichten zu erfüllen sind. Es handelt sich um eine Ex-ante-Betrachtung der Umstände der Datenverarbeitung.[8] Die Pflicht zur Vornahme einer solchen Risikoprüfung ergibt sich für den Verantwortlichen direkt aus Abs. 1. In vielen weiteren Artikeln der DS-GVO wird zudem für spezielle Pflichten oder auch eine Ausnahme von gesetzlichen Verpflichtungen eine Risikoprüfung sowohl von dem Verantwortlichen als auch von dem Auftragsverarbeiter (Art. 30 Abs. 5) und auch dem Datenschutzbeauftragten (Art. 39 Abs. 2) verlangt.

Die generelle Vorgabe für die Durchführung der damit erforderlichen **Risikoprüfung** findet sich in Art. 24 Abs. 1 S. 1 und Erwägungsgrund 76. Danach sollen die Eintrittswahrscheinlichkeit und die Schwere des Risikos für die Rechte und Freiheiten der betroffenen Person in Bezug auf die Art, den Umfang, die Umstände und die Zwecke der Verarbeitung bestimmt werden. Zudem muss das Risiko anhand einer objektiven Bewertung beurteilt werden, bei der festgestellt wird, ob die Datenverarbeitung ein Risiko oder ein hohes Risiko birgt. 20

Zu beachten ist, dass es **keine Verarbeitung personenbezogener Daten ohne Risiko** gibt.[9] Ein gewisses Risiko für Rechte und Freiheiten betroffener Personen besteht stets, auch wenn es noch so gering und die Eintrittswahrscheinlichkeit noch so niedrig erscheinen. 21

a) Eintrittswahrscheinlichkeit und Schwere der Risiken für die Rechte und Freiheiten natürlicher Personen. Zum einen ist die **Eintrittswahrscheinlichkeit** eines Risikos für die Rechte und Freiheiten natürlicher Personen zu prüfen. Je wahrscheinlicher der Eintritt des Risikos, desto höher sind die Anforderungen an den Verantwortlichen, entsprechende technische und organisatorische Maßnahmen umzusetzen, um die Einhaltung der Vorgaben der DS-GVO sicherzustellen. Für die Beurteilung der Eintrittswahrscheinlichkeit ist es ohne Belang, wie hoch das festgestellte Risiko tatsächlich liegt. Der Eintritt des Risikos, mag es auch noch so gering sein, muss allein nur wahrscheinlich sein. 22

Daneben hat der Verantwortliche die **Schwere der Risiken** für die Rechte und Freiheiten natürlicher Personen zu berücksichtigen. Bei der „Schwere" handelt es sich dem ersten Anschein nach nicht etwa um die Frage, wie hoch das Risiko einzuschätzen ist. Die DS-GVO kennt nämlich den Begriff des „hohen Risikos" und verwendet diesen an anderer Stelle (→ Rn. 46). 23

Die DS-GVO setzt zudem selbst voraus, dass es **verschieden schwere Risiken** gibt. Erwägungsgrund 75 S. 1 spricht von Risiken „mit unterschiedlicher Eintrittswahrscheinlichkeit und Schwere". 24

Man wird jedoch davon ausgehen müssen, dass mit dem Merkmal der „Schwere" im Ergebnis die Höhe des Risikos gemeint ist. Dafür spricht, dass Erwägungsgrund 76 S. 2, nachdem im S. 1 von der Schwere des Risikos die Rede ist, die Feststellung verlangt, ob ein Risiko oder ein hohes Risiko zu erwarten ist. Zu den Arten des Risikos → Rn. 46. 25

Eintrittswahrscheinlichkeit und Schwere der Risiken müssen zudem mit Blick auf die Rechte und Freiheiten natürlicher Personen beurteilt werden. Mit den Rechten und Freiheiten verweist der europäische Gesetzgeber zunächst auf die 26

---

[7] Begr. zum Standpunkt des Rates, Ziff. III. A.

[8] *Piltz*, K&R 2016, 709 (710).

[9] Ratsdokument 12312/1/14 REV 1, v. 17.9.2014, S. 2.

Systematik der **Charta der Grundrechte** der Europäischen Union,[10] die Rechte (zB „Bürgerrechte" in Titel V, aber etwa auch in verschiedenen Artikeln, zB in Art. 8 Abs. 1) und Freiheiten (vgl. Titel II) natürlicher Personen im Anwendungsbereich der Charta festlegt.[11]

27 Zudem sind mit den Rechten und Freiheiten jedoch nicht nur verfassungsrechtlich verbürgte Rechtspositionen gemeint, sondern auch **einfachgesetzliche Rechte** der Betroffenen, wie sie sich etwa aus den Regelungen der DS-GVO selbst ergeben. Dies wird aus der beispielhaften Aufzählungen von potentiell risikoreichen Verarbeitungssituationen in Erwägungsgrund 75 deutlich, der Situationen benennt, wenn die betroffenen Personen um ihre Rechte und Freiheiten gebracht oder daran gehindert werden, die sie betreffenden personenbezogenen Daten zu kontrollieren. Hierunter fällt etwa die Ausübung des Rechts auf Auskunft (Art. 15), des Rechts auf Löschung (Art. 17) oder auch des Rechts auf Datenübertragbarkeit (Art. 20).

28 Nicht in die Abwägung mit einzustellen sind hingegen „bloße" **Interessen** der Betroffenen. Art. 24 Abs. 1 spricht, anders als etwa Art. 6 Abs. 1 lit. f ausdrücklich allein von Rechten und Freiheiten.

29 **b) Berücksichtigung der Art, des Umfangs, der Umstände und der Zwecke der Verarbeitung.** Der Verantwortliche (und soweit er in einem anderen Artikel der DS-GVO zu einer Risikobewertung verpflichtet ist, auch der Auftragsverarbeiter) muss die technischen und organisatorischen Maßnahmen unter Berücksichtigung nachfolgend in Abs. 1 S. 1 abschließend aufgezählter Faktoren umsetzen: **Art** der Verarbeitung; **Umfang** der Verarbeitung; **Umstände** der Verarbeitung; **Zweck** der Verarbeitung.

30 Jedoch müssen diese vier Faktoren auch im Rahmen des nach Abs. 1 S. 1 allgemein geschaffenen **risikobasierten Ansatzes** berücksichtigt werden. Dies ergibt sich aus Erwägungsgrund 76 S. 1, der vorgibt, dass die Eintrittswahrscheinlichkeit und Schwere des Risikos für die Rechte und Freiheiten der betroffenen Person in Bezug auf die Art, den Umfang, die Umstände und die Zwecke der Verarbeitung bestimmt werden müssen.

31 Für alle vier zu berücksichtigenden Faktoren gilt, dass das Risiko anhand einer **objektiven Bewertung** beurteilt werden muss (Erwägungsgrund 76 S. 2). Es kommt mithin nicht darauf an, ob sich in einer konkreten Situation etwa für einen Verantwortlichen ein Datensatz von 100 personenbezogenen Daten als besonders umfangreich darstellt, weil er ansonsten nur weniger Daten verarbeitet. Es ist kein subjektiver, sondern ein objektiver Beurteilungsmaßstab anzulegen.

32 Zudem gilt es zu beachten, dass zwar dem Wortlaut nach die **„Verarbeitung"** und jeweils ihre Art, ihr Umfang, ihre Umstände und ihr Zweck zu bewerten sind. Von dieser Bewertung umfasst sind damit jedoch auch die der Verarbeitung zugrundliegenden personenbezogenen Daten. Eine abstrakte Beurteilung der Verarbeitung ohne Hinzuziehung der von ihr betroffenen personenbezogenen Daten darf daher nicht erfolgen.

33 Mit der **Art** der Verarbeitung wird insbesondere auf die Datenarten abgestellt, die verarbeitet werden.[12] Besondere Kategorien personenbezogener Daten, wie zB Gesundheitsdaten, sollten grundsätzlich, dem Regelungsansatz der DS-GVO

---

[10] Charta der Grundrechte der Europäischen Union (2010/C 83/02) (ABl. 2010 C 83, 389–403).

[11] Paal/Pauly/*Martini*, DS-GVO, Art. 24 Rn. 27.

[12] So auch *Härting*, Datenschutz-Grundverordnung, Rn. 131.

entsprechend, einen höheren Schutz genießen und ihre Verarbeitung kann daher für ein Risiko oder sogar hohes Risiko sprechen.

Mit dem **Umfang** der Verarbeitung wird die Menge an personenbezogenen Daten angesprochen (vgl. Erwägungsgrund 91 S. 1 zur Datenschutz-Folgenabschätzung). Jedoch machen weder Art. 24 noch Erwägungsgrund 75 konkrete Angaben dazu, wann etwa eine kritische Masse an personenbezogenen Daten vorliegt, die für ein hohes Risiko der Verarbeitung spricht. Erwägungsgrund 91 S. 4 definiert jedoch zumindest negativ, wann eine umfangreiche Datenverarbeitung nicht vorliegen soll. Dies ist dann der Fall, wenn die Verarbeitung personenbezogene Daten von Patienten oder von Mandanten betrifft und durch einen einzelnen Arzt, sonstige Angehörige eines Gesundheitsberufes oder Rechtsanwalt erfolgt. **34**

Die **Umstände** der Verarbeitung beziehen sich auf alle tatsächlichen und rechtlichen Gegebenheiten, welche die Verarbeitung betreffen. Insbesondere können hier Fragen von bereits implementierten bzw. fehlenden technischen Schutzvorkehrungen für die personenbezogenen Daten eine Rolle spielen. Daneben kann auch von Relevanz sein, inwiefern betroffene Personen mit der zu bewertenden Verarbeitung personenbezogener Daten rechnen müssen. **35**

Zuletzt sind die **Zwecke** der Verarbeitung in die Bewertung aufzunehmen. Mit Blick auf die beispielhafte Aufzählung der Verarbeitungssituationen in Erwägungsgrund 75 sprechen insbesondere solche Zwecke für ein Risiko der Verarbeitung, bei denen es etwa um die Aufhebung der Pseudonymisierung von Daten geht, wenn persönliche Aspekte der betroffenen Personen bewertet und analysiert werden sollen oder persönliche Profile zu betroffenen Personen erstellt werden sollen. **36**

c) Katalog möglicher risikoreicher Verarbeitungssituationen. In Art. 24 selbst werden keine Beispiele für risikoreiche Verarbeitungssituationen genannt. Im Gesetzgebungsverfahren entschied man sich ausdrücklich gegen die Aufnahme eines solchen Katalogs in Art. 24 selbst.[13] Jedoch wurde eine Liste mit **Beispielen** für möglicherweise risikoreichen Verarbeitungssituationen in den Erwägungsgrund 75 aufgenommen. Bei diesen Beispielen handelt es sich um Situationen, in denen die Rechte und Freiheiten natürlicher Personen beeinträchtigt werden könnten.[14] **37**

Die Aufzählung in Erwägungsgrund 75 ist **nicht abschließend** und insbesondere auch nicht in der Weise als bindend zu verstehen, dass bei Vorliegen eines dort benannten Beispiels stets von einem Risiko der Beeinträchtigung der Rechte und Freiheiten auszugehen ist. Erwägungsgrund 75 geht davon aus, dass die Risiken in diesen Situationen aus einer Verarbeitung hervorgehen können, nicht etwa „müssen" oder „hervorgehen". **38**

Nach Erwägungsgrund 75 kann ein Risiko aus einer Verarbeitung personenbezogener Daten hervorgehen, die zu einem physischen, materiellen oder immateriellen **Schaden** führen könnte. Der Gesetzgeber stellt also bei der Risikobeurteilung darauf ab, welche negativen Folgen eine Verarbeitung haben kann. Der möglicherweise eintretende Schaden kann jeglicher Art sein. Den möglichen Schadenseintritt sieht der Gesetzgeber als Voraussetzung dafür an, dass ein Risiko existiert. Die nachfolgende Aufzählung von Beispielen bezieht sich dabei stets auf das Erfordernis des möglichen Schadenseintritts. **39**

---

[13] Ratsdokument 12312/1/14 REV 1, v. 17.9.2014, S. 2.

[14] Ratsdokument 12312/1/14 REV 1, v. 17.9.2014, S. 2.

40 **Beispielhaft („insbesondere")** führt der Gesetzgeber Verarbeitungssituationen an, in denen sich seiner Ansicht nach ein solcher Schaden realisieren könnte. Hierzu gehört eine Verarbeitung, die zu einer Diskriminierung, einem Identitätsdiebstahl oder -betrug, einem finanziellen Verlust, einer Rufschädigung, einem Verlust der Vertraulichkeit von dem Berufsgeheimnis unterliegenden personenbezogenen Daten, der unbefugten Aufhebung der Pseudonymisierung oder anderen erheblichen wirtschaftlichen oder gesellschaftlichen Nachteilen führen kann.

41 Ebenfalls als Situationen, die zu einem Schaden führen können, sieht der Gesetzgeber es an, wenn personenbezogene Daten, aus denen die rassische oder ethnische Herkunft, politische Meinungen, religiöse oder weltanschauliche Überzeugungen oder die Zugehörigkeit zu einer Gewerkschaft hervorgehen, und genetische Daten, Gesundheitsdaten oder das Sexualleben oder strafrechtliche Verurteilungen und Straftaten oder damit zusammenhängende Sicherungsmaßregeln betreffende Daten verarbeitet werden. Hier geht es um die **Verarbeitung besonderer Kategorien personenbezogener Daten** (Art. 9 Abs. 1).

42 Auch wenn **persönliche Aspekte bewertet** werden, insbesondere wenn Aspekte, die die Arbeitsleistung, wirtschaftliche Lage, Gesundheit, persönliche Vorlieben oder Interessen, die Zuverlässigkeit oder das Verhalten, den Aufenthaltsort oder Ortswechsel betreffen, analysiert oder prognostiziert werden, um persönliche Profile zu erstellen oder zu nutzen, können damit zusammenhängende Datenverarbeitungen nach Ansicht des Gesetzgebers zu einem möglichen Schaden führen.

43 Auch den Umgang personenbezogener Daten von **Kindern** sieht der Gesetzgeber als risikoreich und eine mögliche Ursache für den Eintritt eines Schadens an.

44 Daneben kann sich jedoch auch aus einer **großen Menge** personenbezogener Daten und eine große Anzahl von betroffenen Personen ein solches Risiko ergeben. In den Blick genommen wurden hier durch den Gesetzgeber insbesondere Datenanalysen und -auswertungen im Rahmen von „Big Data"-Verfahren.

45 **d) Arten des Risikos.** Wie bereits erwähnt, gibt es keine Verarbeitung ohne Risiko.[15] Jedoch kann die **Höhe des zu erwartenden Risikos** (auch als „Schwere" bezeichnet) je nach Verarbeitungssituation variieren.

46 Die DS-GVO kennt zwei Arten des Risikos, an deren Vorliegen auch unterschiedliche Pflichten geknüpft werden. Erwägungsgrund 76 S. 2 benennt das **„Risiko" und ein „hohes Risiko".** Ob es daneben noch eine feingranularere Unterscheidung der Arten von Risiken innerhalb der DS-GVO geben kann, ist unklar. Der Umstand, dass die DS-GVO jedoch stets nur von dem Risiko und dem hohen Risiko spricht, lässt vermuten, dass allein die Unterscheidung zwischen diesen beiden Risikoarten von Relevanz ist.

47 Im Fall eines hohen Risikos bei einer **Verletzung des Schutzes personenbezogener Daten** muss der Verantwortliche etwa nach Art. 34 Abs. 1 die betroffene Person unverzüglich benachrichtigen oder nach Art. 35 Abs. 1 die **Datenschutzfolgenabschätzung** vornehmen. Würde nur ein „Risiko" vorliegen, bestünden diese Pflichten nicht.

48 **4. Überprüfung und Aktualisierung der Maßnahmen.** Art. 24 Abs. 1 S. 2 sieht vor, dass vom Verantwortlichen getroffene technische und organisatorische Maßnahmen nicht einmal umgesetzt und dann für die Zukunft unverändert beibe-

---

[15] Ratsdokument 12312/1/14 REV 1, v. 17.9.2014, S. 2.

halten werden können. Sie unterliegen vielmehr dem stetigen **Wandel der Gegebenheiten** und müssen daher, soweit erforderlich, angepasst werden.

Der Verantwortliche muss die umgesetzten Maßnahmen zum einen **überprüfen.** Er ist also zu einer Überwachung der umgesetzten Maßnahmen verpflichtet, ob die mit ihnen verfolgten Ziele noch erreicht werden können. 49

Daneben muss der Verantwortliche, sollte sich nach einer Prüfung ein Anpassungsbedarf ergeben, die Maßnahmen **aktualisieren.** Die umgesetzten Maßnahmen müssen also tatsächlich angepasst und geändert werden. Die Pflicht zur Prüfung und Aktualisierung besteht jedoch nicht per se und voraussetzungslos. Art. 24 Abs. 1 S. 2 gibt vor, dass die Maßnahmen „erforderlichenfalls" zu überprüfen und zu aktualisieren sind. Wann diese Erforderlichkeit eintritt, wird stets einer Betrachtung im Einzelfall vorbehalten bleiben müssen. Ein bestimmter Prüfrhythmus, etwa alle zwei Jahre, ist nicht vorgesehen.[16] 50

Von der Vorgabe des Abs. 1 S. 2 ist selbstverständlich vor allem die Situation umfasst, dass einmal umgesetzte Maßnahmen möglicherweise den **erforderlichen Schutz** und die Einhaltung der Vorgaben der DS-GVO nicht mehr sicherstellen. Ebenfalls umfasst ist jedoch auch die Situation, dass Maßnahmen für die konkrete Verarbeitungssituation zu hohe Anforderungen aufstellen und von dem Verantwortlichen zu umfangreiche Umsetzungsmaßnahmen erfordern, die, mit Blick auf die Verarbeitung, nicht mehr erforderlich sind. 51

5. Anforderungen an die zu treffenden technischen und organisatorischen Maßnahmen (Abs. 2). Nach Abs. 2 müssen, sofern dies in einem **angemessenen Verhältnis** zu den Verarbeitungstätigkeiten steht, die Maßnahmen gem. Abs. 1 die Anwendung geeigneter Datenschutzvorkehrungen durch den Verantwortlichen umfassen. 52

a) Verhältnismäßigkeitsprinzip. Abs. 2 macht die Umsetzung „geeigneter Datenschutzvorkehrungen" (dazu → Rn. 55) von einem **angemessenen Verhältnis zu den Verarbeitungstätigkeiten** abhängig. Etabliert wird damit eine klassische Verhältnismäßigkeitsprüfung.[17] Die Datenschutzvorkehrungen müssen, mit Blick auf die Verarbeitungstätigkeiten, angemessen, erforderlich und verhältnismäßig im engeren Sinne sein. 53

Unklar ist jedoch, welche Faktoren konkret bei der Verhältnismäßigkeitsprüfung einzustellen sind. Da der Wortlaut von Abs. 2 diesbezüglich keine Begrenzung vornimmt, können dies grundsätzlich **alle Arten von Interessen** sein. Insbesondere dürften damit auch wirtschaftliche Faktoren, wie etwa die Kosten und der tatsächliche Aufwand einer Umsetzung der Datenschutzvorkehrungen, eine Rolle spielen. 54

b) Geeignete Datenschutzvorkehrungen. Abs. 2 geht davon aus, dass die **„Datenschutzvorkehrungen"** Teil der technischen und organisatorischen Maßnahmen sind. Sie stellen keine eigene Kategorie solcher Maßnahmen, sondern eine konkrete Ausformung eben dieser dar. Dies wird aus dem Wortlaut der Vorschrift deutlich, nach der die „Maßnahmen gemäß Absatz 1 die Anwendung geeigneter Datenschutzvorkehrungen … umfassen". Technische und organisatorische Maßnahmen können also Datenschutzvorkehrungen beinhalten.[18] 55

---

[16] Kühling/Buchner/*Hartung*, DS-GVO, Art. 24 Rn. 19.

[17] So auch Paal/Pauly/*Martini*, DS-GVO, Art. 24 Rn. 42; BeckOK DatenschutzR/*Schmidt/Brink*, DS-GVO, Art. 24 Rn. 25.

[18] Ebenso Ehmann/Selmayr/*Bertermann*, DS-GVO, Art. 24 Rn. 10.

56 Unklar ist jedoch, was mit diesen Datenschutzvorkehrungen gemeint ist. In der DS-GVO wird der Begriff nicht definiert und auch an keiner anderen Stelle verwendet. Betrachtet man die englische Sprachversion der DS-GVO, so wird dort von „data protection policies" (also im Sinne von Strategien) gesprochen. Dieser Begriff wird in der englischen Sprachfassung auch ein zweites Mal verwendet, in Art. 4 Nr. 20, bei der Definition der verbindlichen internen Datenschutzvorschriften. In der deutschen Sprachversion wird der dort verwendete Begriff „data protection policies" mit **„Maßnahmen zum Schutz personenbezogener Daten"** übersetzt.

57 Im Ergebnis ist der genaue Inhalt des Begriffs „Datenschutzvorkehrungen" daher mit einer gewissen **Unsicherheit** behaftet. Um die in Abs. 1 genannten Maßnahmen kann es sich eigentlich nicht handeln, da die Vorgabe des Abs. 2 ansonsten überflüssig wäre. Andererseits ist jedoch völlig unklar, welchen anderen Inhalt die Datenschutzvorkehrungen gegenüber den Maßnahmen des Abs. 1 haben sollen.

58 Am ehesten erscheint es daher angebracht, die Vorgabe des Abs. 2 in der Weise zu verstehen, dass der Begriff „Datenschutzvorkehrungen" wie die in Abs. 1 erwähnten **technischen und organisatorischen Maßnahmen** zu handhaben ist. Der Wert des Abs. 2 besteht darin, die Umsetzung der technischen und organisatorischen Maßnahmen vom Verhältnismäßigkeitsprinzip abhängig zu machen.

59 **6. Verhaltensregeln und Zertifizierungsverfahren (Abs. 3).** Abs. 3 stellt klar, dass die Einhaltung von genehmigten **Verhaltensregeln** nach Art. 40 oder eines genehmigten **Zertifizierungsverfahrens** nach Art. 42 bei der Erfüllung der Rechenschaftspflicht des Verantwortlichen herangezogen werden kann.

60 Der von Art. 24 Abs. 1 verlangte Nachweis der Konformität der Verarbeitung mit der DS-GVO, kann sich also aus der Einhaltung von Verhaltensregeln oder Zertifizierungen ergeben. Auch die Sicherstellungpflicht des Abs. 1 kann hierdurch erfüllt werden. Zu beachten ist jedoch, dass ein Abstellen auf Verhaltensregeln oder Zertifikate **nur eine Möglichkeit** darstellt („kann"), um die entsprechenden Pflichten erfüllen zu können. Zudem kann die Einhaltung von Zertifikaten oder Verhaltensregeln nur ein Gesichtspunkt bei der Erfüllung der Pflichten des Abs. 1 sein. Dies bedeutet, dass durch eine Einhaltung entsprechender Zertifikate oder Verhaltensregeln nicht per se die Pflichten des Abs. 1 erfüllt sein müssen.

IV. Verstöße

61 Ein Verstoß gegen die Vorgaben des Art. 24 ist **nicht bußgeldbewehrt.** Art. 24 wird nicht in den Katalogen des Art. 83 Abs. 4 und 5 aufgeführt. Bis kurz vor Ende der Trilogverhandlungen zwischen Kommission, Parlament und Rat war dies noch anders. Der damalige Art. 22 (jetzt Art. 24) wurde ausdrücklich in dem Katalog der Vorschriften erwähnt, bei deren Verletzung ein Bußgeld ausgesprochen werden kann.[19]

62 Die Nichtaufnahme des Art. 24 in den Katalog des Art. 83 entspricht jedoch seiner Funktion als **horizontal wirkender Regelung,** die für die DS-GVO insgesamt neue Grundsätze festlegt, ohne konkrete Pflichten für den Einzelfall vorzusehen. Diese ergeben sich vielmehr aus den dem Art. 24 nachfolgenden Vorschriften, deren Nichtbeachtung dann auch bußgeldbewehrt ist.

---

[19] So etwa noch in dem Ratsdokument 9657/15, v. 8.6.2015.

Art. 25 Datenschutz durch Technikgestaltung und durch datenschutzfreundliche Voreinstellungen

(1) **Unter Berücksichtigung des Stands der Technik, der Implementierungskosten und der Art, des Umfangs, der Umstände und der Zwecke der Verarbeitung sowie der unterschiedlichen Eintrittswahrscheinlichkeit und Schwere der mit der Verarbeitung verbundenen Risiken für die Rechte und Freiheiten natürlicher Personen trifft der Verantwortliche sowohl zum Zeitpunkt der Festlegung der Mittel für die Verarbeitung als auch zum Zeitpunkt der eigentlichen Verarbeitung geeignete technische und organisatorische Maßnahmen – wie z.B. Pseudonymisierung –, die dafür ausgelegt sind, die Datenschutzgrundsätze wie etwa Datenminimierung wirksam umzusetzen und die notwendigen Garantien in die Verarbeitung aufzunehmen, um den Anforderungen dieser Verordnung zu genügen und die Rechte der betroffenen Personen zu schützen.**

(2) [1]**Der Verantwortliche trifft geeignete technische und organisatorische Maßnahmen, die sicherstellen, dass durch Voreinstellung nur personenbezogene Daten, deren Verarbeitung für den jeweiligen bestimmten Verarbeitungszweck erforderlich ist, verarbeitet werden.** [2]**Diese Verpflichtung gilt für die Menge der erhobenen personenbezogenen Daten, den Umfang ihrer Verarbeitung, ihre Speicherfrist und ihre Zugänglichkeit.** [3]**Solche Maßnahmen müssen insbesondere sicherstellen, dass personenbezogene Daten durch Voreinstellungen nicht ohne Eingreifen der Person einer unbestimmten Zahl von natürlichen Personen zugänglich gemacht werden.**

(3) **Ein genehmigtes Zertifizierungsverfahren gemäß Artikel 42 kann als Faktor herangezogen werden, um die Erfüllung der in den Absätzen 1 und 2 des vorliegenden Artikels genannten Anforderungen nachzuweisen.**

Literatur: *Bock/Rost*, Privacy By Design und die Neuen Schutzziele, DuD 2011, 30; *v. d. Bussche/Zeiter/Brombach*, Die Umsetzung der Vorgaben der EU-Datenschutz-Grundverordnung durch Unternehmen, DB 2016, 1359; *Härting*, Art. 23 Abs. 1 DSGVO (Privacy by Design): Cupcake ohne Rezept, PinG 2015, 193; *Hornung*, Datenschutz durch Technik in Europa. Die Reform der Richtlinie als Chance für ein modernes Datenschutzrecht, ZD 2011, 51; *Hornung*, Eine Datenschutz-Grundverordnung für Europa?, ZD 2012, 99; *Piltz*, Die Datenschutz-Grundverordnung, Teil 3: Rechte und Pflichten des Verantwortlichen und Auftragsverarbeiters, K&R 2016, 709; *Schantz*, Die Datenschutz-Grundverordnung – Beginn einer neuen Zeitrechnung im Datenschutzrecht, NJW 2016, 1841; *Schulz*, Privacy by Design, CR 2012, 204; *Sydow/Kring,* Die Datenschutzgrundverordnung zwischen Technikneutralität und Technikbezug, ZD 2014, 271; *Weber/Buschermöhle*, Rechtssicherheit durch technische Sicherheit: IT-Compliance als dauerhafter Prozess, CB 2016, 339; *Wybitul/Draf*, Projektplanung und Umsetzung der EU-Datenschutz-Grundverordnung im Unternehmen, BB 2016, 2101.

Übersicht

A. Allgemeines

I. Zweck und Bedeutung der Norm

1 **1. Hintergrund.** Die in Art. 25 geregelten Konzepte des Datenschutzes durch Technikgestaltung **(„Privacy by Design")**[1] und datenschutzfreundliche Voreinstellungen **(„Privacy by Default")**[2] wurden bereits in den 1990er Jahren von der Informationsfreiheits- und Datenschutzbeauftragten von Ontario/Kanada, *Ann Cavoukian*, aufgegriffen,[3] um das Risikopotenzial von Datenverarbeitungssystemen und -prozessen mittels proaktiver technischer Gestaltung zu vermindern. Die mit der Nutzung von personenbezogenen Daten verbundenen Anforderungen sollen nach diesem Konzept frühestmöglich, namentlich bereits im Stadium der Konzeption und Entwicklung technologischer Systeme, geprüft und berücksichtigt werden.[4]

2 Diesem „modernen"[5] Ansatz liegt das Verständnis zugrunde, dass ein **effektiver Datenschutz** nicht allein durch eine reaktive *ex post* Betrachtung eines Verarbeitungsvorgangs realisiert werden kann.[6] Vielmehr ist die Einhaltung der Anforderungen der DS-GVO nur dann möglich, wenn technische Prozesse *ex ante*, also

[1] *Bock/Rost*, DuD 2011, 30 ff.; vgl. hierzu auch den Report der ENISA, abrufbar unter: www.enisa.europa.eu/publications/privacy-and-data-protection-by-design (Stand: 4.12.2017).

[2] S. zur Diskussion um die Notwendigkeit einer derartigen Kodifizierung *Schulz*, CR 2012, 204.

[3] *Ann Cavoukian*, Privacy by Design, abrufbar unter: www.ipc.on.ca/wp-content/uploads/Resources/PbDReport.pdf (Stand: 4.12.2017); *Ann Cavoukian*, Privacy by Design – The 7 Foundational Principles, abrufbar unter: www.ipc.on.ca/wp-content/uploads/Resources/7foundationalprinciples.pdf (Stand: 4.12.2017).

[4] Vgl. *Wächter*, Datenschutz-Grundverordnung und Personalarbeit, JurPC Web-Dok. 75/2016 Rn. 24, abrufbar unter: www.jurpc.de/jurpc/show?id=20160075 (Stand: 4.12.2017); vgl. auch *Hornung*, ZD 2011, 51; krit. zu den neuen Anforderungen aufgrund des Fehlens konkreter Handlungspflichten *Härting*, PinG 2015, 193. Als Selbstverständlichkeit begreift dieses Konzept *Schantz*, NJW 2016, 1841 (1846).

[5] Vgl. *Gola/Schomerus*, BDSG, § 3a Rn. 1; ebenso *Simitis*, NJW 1997, 281; ferner 54. Konferenz der Datenschutzbeauftragten des Bundes und der Länder, RDV 1998, 40.

[6] Vgl. *Bull*, ZRP 1998, 310; *Bull*, RDV 1999, 143.

im Vorhinein, mit dem Datenschutz in Einklang gebracht werden.[7] Hierdurch werden – auch wenn zunächst mehr Aufwand bei der Entwicklung von neuen Produkten bzw. Prozessen erforderlich ist – letztlich auch wirtschaftliche Belange des Verantwortlichen berücksichtigt. Denn eine nachträgliche Änderung der Ausgestaltung technologischer Systeme aufgrund eines Verstoßes gegen die Maßgaben der DS-GVO ist regelmäßig mit einem unverhältnismäßig hohen Aufwand verbunden.[8]

Als bloße Verfahrensvorschrift stellt Art. 25 keine Voraussetzung für die **Rechtmäßigkeit eines Verarbeitungsvorgangs** iSd Art. 5 ff. dar.[9] So kann es zB einem Verantwortlichen, dessen Verarbeitungen den übrigen Maßgaben der DS-GVO entsprechen, dennoch an Prozessen fehlen, um die Belange des Datenschutzes frühestmöglich zu berücksichtigen. Ein Verstoß gegen Art. 25 führt somit nicht zur Rechtswidrigkeit einer Verarbeitung. Diese kann sich erst aus einem (weiteren) Verstoß gegen die DS-GVO, etwa gegen Art. 6 Abs. 1 oder Art. 9 Abs. 1, ergeben. 3

Aus Erwägungsgrund 78 ergibt sich weiterhin, dass die Grundsätze des Datenschutzes durch Technik und datenschutzfreundliche Voreinstellungen bei **öffentlichen Ausschreibungen** berücksichtigt werden sollen – eine verbindliche Vorgabe ist dies jedoch nicht. 4

2. Bisherige Rechtslage. Im Unionsrecht existierte bislang keine dem Art. 25 entsprechende Regelung. Zwar war der Gedanke datenvermeidender Technikgestaltung und -auswahl in **Erwägungsgrund 46 der DS-RL** enthalten, wonach zum Schutz personenbezogener Daten geeignete technische und organisatorische Maßnahmen bereits „zum Zeitpunkt der Planung des Verarbeitungssystems" getroffen werden müssen. Verbindlich war diese Vorgabe mangels Berücksichtigung im Regelungstext[10] der DS-RL indes nicht. 5

Im nationalen Datenschutzrecht fand der Ansatz des Datenschutzes durch Technik bislang eine – wenn auch begrenzte – Ausprägung in **§ 3a BDSG aF**. Hiernach sollte die verantwortliche Stelle die Grundsätze der Datenvermeidung und Datensparsamkeit nicht erst bei dem eigentlichen Verarbeitungsvorgang, sondern bereits bei der Auswahl und Gestaltung von Datenverarbeitungssystemen berücksichtigen.[11] Derartige **Vorfeldhandlungen**[12] sollten an dem Ziel ausgerichtet sein, die Verarbeitung personenbezogener Daten zu vermeiden oder zu minimieren, insbesondere durch den Einsatz von Anonymisierung oder Pseudonymisierung.[13] 6

---

[7] Ausf. hierzu *Hornung*, ZD 2011, 51.

[8] Vgl. *Schaar*, Privacy by Design, abrufbar unter: www.bfdi.bund.de/SharedDocs/Publikationen/%22PrivacyByDesign%22.pdf?__blob=publicationFile (Stand: 4.12.2017).

[9] Für diese Sichtweise spricht die differenzierte Bußgeldbemessung in Art. 83, wonach ein Verstoß gegen Art. 5 ff. zu einem höheren Bußgeld führt als der bloße Verstoß gegen Art. 25 (vgl. Art. 83 Abs. 4 lit. a und Abs. 5 lit. a).

[10] Zur Unverbindlichkeit von Erwägungsgründen Riesenhuber/*Stotz*, Europäische Methodenlehre, S. 653, 662 unter Verweis auf EuGH, Urt. v. 24.11.2005 – C-136/04.

[11] Dazu *Gola/Schomerus*, BDSG, § 3a Rn. 1; BeckOK DatenschutzR/*Schulz*, BDSG, § 3a Rn. 36.

[12] Noch betont § 4 Abs. 2 DSG NRW die Vorverlagerung der Prüfung, wonach neben Auswahl und Gestaltung informationstechnischer Produkte und Verfahren auch deren Planung am Ziel der Datenvermeidung auszurichten ist.

[13] Dazu *Gola/Schomerus*, BDSG, § 3a Rn. 1; BeckOK DatenschutzR/*Schulz*, BDSG, § 3a Rn. 36.

7 Art. 25 geht indes über § 3a BDSG aF hinaus.[14] Während § 3a BDSG aF eine bloße Zielvorgabe[15] („soft law")[16] darstellte, handelt es sich bei Art. 25 um eine (bußgeldbewehrte → Rn. 33) **verbindliche Regelung.**[17] Die Nichtbefolgung des § 3a BDSG aF, der lediglich als unverbindlicher Programmsatz ausgestaltet ist, begründet weder die Rechtswidrigkeit einer konkreten Verarbeitung[18] noch die Gefahr einer zwangsweisen Durchsetzung aufsichtsbehördlicher Maßnahmen oder einer Sanktionierung. Mit Art. 25 gewinnen die Grundsätze des Datenschutzes durch Technikgestaltung und datenschutzfreundliche Voreinstellungen somit gegenüber der bloßen Zielvorgabe nach § 3a BDSG aF einen höheren Stellenwert.[19] Aufgrund des wenig konkreten Maßstabs wird sich indes noch zeigen müssen, wie die Aufsichtsbehörden die Umsetzung der Vorgaben des Art. 25 in der Praxis durchsetzen werden.

II. Systematik, Verhältnis zu anderen Vorschriften

8 Die Pflichten des Verantwortlichen nach Art. 25 ähneln zunächst den Vorgaben nach Art. 32 Abs. 1 (Sicherheit der Verarbeitung), denn auch nach **Art. 32** hat der Verantwortliche „geeignete technische und organisatorische Maßnahmen" zu treffen. Der Unterschied der beiden Normen liegt indes in der Zweckrichtung: Die nach Art. 32 zu treffenden Schutzmaßnahmen sollen dem Zweck dienen, „ein dem Risiko angemessenes Schutzniveau zu gewährleisten" (→ Art. 32 Rn. 3). Die nach Art. 25 zu treffenden Maßnahmen bezwecken hingegen die wirksame Umsetzung der Datenschutzgrundsätze (Art. 5) sowie die Implementierung notwendiger Garantien zur Einhaltung der DS-GVO und zum Schutz der Rechte der betroffenen Personen.

9 Abs. 1 und Abs. 2 des Art. 25 stehen zueinander im Verhältnis der **Spezialität.** Abs. 1 beinhaltet eine allgemeine organisatorische Verpflichtung, die dem Verantwortlichen einen Ermessens- und Ausgestaltungsspielraum mit Blick auf den Einsatz von technischen und organisatorischen Maßnahmen einräumt (→ Rn. 21). Abs. 2 regelt hingegen einen besonderen Anwendungsfall, nämlich Verarbeitungen, bei denen die betroffene Person den Umfang der Verarbeitung durch Einstellungen selbst bestimmen kann.

10 Eine Regelung zum Datenschutz durch Technikgestaltung und datenschutzfreundliche Voreinstellungen findet sich in § 71 BDSG nF, der zu großen Teilen den Formulierungen von Art. 25 entspricht. Als Umsetzung der RL 2016/680 betrifft § 71 BDSG nF jedoch nur die Datenverarbeitung durch Justiz- und Strafverfolgungsbehörden des Bundes.

---

14 *Hornung* geht hingegen davon aus, dass die neue Regelung der DS-GVO hinter § 3a BDSG zurückbleibt, vgl. *Hornung*, ZD 2012, 99 (103); ebenso Simitis/*Scholz*, BDSG, § 3a Rn. 18a.

15 Vgl. BT-Drs. 16/3657, 17.

16 *Hornung*, ZD 2011, 51 (53); vgl. auch *Schulz*, CR 2012, 204 (207).

17 *Schantz*, NJW 2016, 1841 (1846) hält den Regelungsgehalt des Art. 25 für eine „Selbstverständlichkeit", da dessen Vorgaben nach dem allg. Rechtsrahmen der DS-GVO ohnehin einzuhalten seien.

18 *Gola/Schomerus*, BDSG, § 3a Rn. 2; Plath/*Schreiber*, BDSG, § 3a Rn. 14; aA Simitis/*Scholz*, BDSG, § 3a Rn. 27; Taeger/Gabel/*Zscherpe*, BDSG, § 3a Rn. 20 ff.; *Hornung*, ZD 2011, 51 (53).

19 So *Sydow/Kring*, ZD 2014, 271 (273).

B. Einzelerläuterungen

I. Regelungsadressat

Regelungsadressat des Art. 25 ist **allein der Verantwortliche** (→ Art. 4 Rn. 48 ff.) nicht hingegen der Auftragsverarbeiter. **Hersteller und Entwickler** technischer Produkte, Dienste, Systeme oder Anwendungen sind nicht unmittelbar von den Anforderungen des Art. 25 betroffen. Durch die technische Ausgestaltung von technischen (Hilfs-)Mitteln geben Hersteller zwar faktisch den Rahmen der möglichen Verarbeitung vor, sie entscheiden aber nicht eigenverantwortlich über die mit dem konkreten Einsatz verbundenen Zwecke und Mittel der Verarbeitung. Nach Erwägungsgrund 78 sollen Hersteller zwar „ermutigt“ werden, bei der Entwicklung, Gestaltung, Auswahl und Nutzung ihrer Produkte, Dienste und Anwendungen unter gebührender Berücksichtigung des Standes der Technik die Einhaltung von Art. 25 (durch den Verantwortlichen) sicherzustellen. Eine konkrete Verpflichtung ergibt sich hieraus jedoch nicht.[20] Den Pflichten nach Art. 25 sind Hersteller und Entwickler folglich dann unterworfen, wenn sie zugleich Verantwortlicher einer bestimmten Verarbeitung sind (zB Softwarehersteller, die gegenüber den Nutzern eine auf der entwickelten Software basierende Dienstleistung anbieten). Daneben könnten sie in Zukunft auch mittelbar von Art. 25 durch dessen spezialgesetzliche Ausformungen betroffen sein (bspw. Art. 10 ePrivacy-VO-E, der die Anbieter von Software, die elektronische Kommunikation anbieten, dazu verpflichtet, den Endnutzer bei Einstellungen zur Privatsphäre zu unterstützen). 11

II. Datenschutz durch Technikgestaltung (Abs. 1)

Gem. Abs. 1 hat der Verantwortliche geeignete technische und organisatorische Maßnahmen zu treffen,[21] die dafür ausgelegt sind, (i) die in Art. 5 Abs. 1 genannten Datenschutzgrundsätze wirksam umzusetzen und (ii) die notwendigen Garantien in die Verarbeitung aufzunehmen, um den Anforderungen der DS-GVO zu genügen und die Rechte der betroffenen Personen zu schützen. 12

1. Relevanter Zeitpunkt. Die Handlungspflichten nach Abs. 1 sollen bereits zum Zeitpunkt der Festlegung der Mittel für die Verarbeitung gelten. Hierdurch wird die Entscheidung über die zu treffenden Datenschutzmaßnahmen in das Stadium der Technikgestaltung vorverlagert. Der Verantwortliche soll den Datenschutz bereits in der frühestmöglichen Phase der **Planung und Konzeption** eines technologischen Systems, Prozesses oder sonstigen Mittels zur Datenverarbeitung berücksichtigen. Spätestens mit der Festlegung, dh der verbindlichen Entscheidung über das jeweils in Rede stehende Mittel der Verarbeitung muss somit feststehen, welche Maßnahmen zur Berücksichtigung des Datenschutzes getroffen werden. Verbindlichkeit in diesem Sinne kann sowohl aus Absprachen mit Dritten resultieren (zB Abschluss eines Vertrages, der eine Verarbeitung zum Gegenstand hat, oder Erteilen eines Auftrags an einen Softwarehersteller) oder aus internen Entscheidungen (zB Weisungen der Geschäftsleitung oder Erlass von internen Richtlinien). 13

---

[20] Krit. auch *Schantz*, NJW 2016, 1841 (1846).

[21] Bei der Formulierung der Verpflichtung nach Abs. 1 liegt ein redaktioneller Fehler vor. Das zweite „trifft“ muss gestrichen werden.

14 Die Handlungspflichten des Abs. 1 gelten darüber hinaus zum **Zeitpunkt der eigentlichen Verarbeitung.** Dies hat zur Folge, dass der Verantwortliche nicht nur bei der Planung, sondern während des gesamten Verarbeitungsvorgangs geeignete technische und organisatorische Maßnahmen sowie die notwendigen Garantien zu implementieren hat. Hierdurch wird verdeutlicht, dass es sich bei dem in Abs. 1 verankerten Prinzip des „Privacy by Design" nicht um einen einmaligen Vorgang, sondern um einen iterativen und stetig fortlaufenden Prozess handelt.

15 **2. Maßnahmen zur Wahrung der Datenschutzgrundsätze.** Gem. Abs. 1 sind geeignete technische und organisatorische Maßnahmen zu treffen, die dafür ausgelegt sind, die in Art. 5 Abs. 1 genannten Datenschutzgrundsätze wirksam umzusetzen. Die **effektive Umsetzung** des Grundsatzes der Datenminimierung (Art. 5 Abs. 1 lit. c) wird exemplarisch in Abs. 1 erwähnt. Darüber hinaus sollen durch die zu treffenden technischen und organisatorischen Maßnahmen auch die übrigen in Art. 5 genannten Datenschutzgrundsätze umgesetzt werden.

16 Als geeignete **technische Maßnahme** erwähnt Abs. 1 beispielhaft die Pseudonymisierung, die in Art. 4 Nr. 5 definiert wird[22] Ebenso kommt zB die Verschlüsselung von Daten in Betracht. Der in Art. 5 Abs. 1 lit. a genannte Grundsatz der Transparenz kann etwa durch die technische Einbindung von Datenschutzhinweisen umgesetzt werden (zB im Online-Bereich im Wege von Pop-Ups oder beim vernetzten Autofahren durch Hinweise im Multimediasystem oder Head-Up-Display eines Fahrzeugs). Der Grundsatz der Datenminimierung (Art. 5 Abs. 1 lit. c) kann bspw. durch das Aggregieren von personenbezogenen Daten oder aber das Schaffen von Datenschutzeinstellungen iSd Abs. 2 erreicht werden.[23] Die in Art. 5 Abs. 1 lit. f genannte Integrität und Vertraulichkeit dürfte in der Regel durch Maßnahmen nach Art. 32 gewährleistet sein. Die Rechenschaftspflicht nach Art. 5 Abs. 2 setzt eine angemessene Dokumentation der Vorgänge voraus, was in technischer Hinsicht zB durch (datensparsames) Logging umgesetzt werden kann.

17 Geeignete **organisatorische Maßnahmen** zur Umsetzung der Datenschutzgrundsätze nach Art. 5 können zB durch den regelmäßigen Einsatz von Schulungen und die interne Durchsetzung (Stichproben und Ahndung von Datenschutzverstößen) getroffen werden. Das Bilden von interdisziplinären Projektteams kann ebenso eine wirksame organisatorische Maßnahme darstellen. Mit Blick auf den Grundsatz des Art. 5 Abs. 1 lit. a (Verarbeitung nach Treu und Glauben) kann sich in bestimmten Einzelfällen zur Bearbeitung von komplexen Abwägungsvorgängen der Einsatz eines (ggf. unabhängig besetzten) Ethikkomitees anbieten.[24] Dem in Art. 5 Abs. 1 lit. c genannten Grundsatz der Zweckbindung kann durch Rollen- und Berechtigungskonzepte genügt werden. Art. 5 Abs. 1 lit. e (Speicherbegrenzung) wird durch effektive Löschkonzepte berücksichtigt. Eine geeignete organisatorische Maßnahme kann zudem in der (ggf. freiwilligen) Durchführung einer Datenschutz-Folgenabschätzung gemäß den Vorgaben von Art. 35 liegen.

---

[22] S. zu weiteren technischen und organisatorischen Schutzmaßnahmen *Gola/Schomerus*, BDSG, § 9 Rn. 22 ff.

[23] Weitere Beispiele nennt der AK Technik der Konferenz der unabhängigen Datenschutzbehörden des Bundes und der Länder, Das Standard-Datenschutzmodell, S. 30, abrufbar unter: www.datenschutz-mv.de/static/DS/Dateien/Datenschutzmodell/SDM-Methode_V_1_0.pdf (Stand: 4.12.2017).

[24] Google hat etwa für Entscheidungen zum „Recht auf Vergessenwerden" einen Experten-Beirat einberufen, abrufbar unter: www.google.com/advisorycouncil/ (Stand: 4.12.2017).

Um der Rechenschaftspflicht nach Art. 5 Abs. 2 zu genügen, sollte zudem der Abwägungsvorgang iSv Abs. 1, der vor der Festlegung der Mittel der Verarbeitung stattfindet, nachvollziehbar dokumentiert werden.

3. Maßnahmen zur Aufnahme notwendiger Garantien. Die in Abs. 1 genannten technischen und organisatorischen Maßnahmen müssen zudem derart ausgestaltet sein, dass notwendige Garantien in die Verarbeitung aufgenommen werden, um die Rechte der betroffenen Personen zu schützen und die Anforderungen der DS-GVO zu wahren. **18**

Zum Schutz der Rechte der betroffenen Personen muss der Verantwortliche auf technischer Ebene Prozesse vorsehen, um die **Betroffenenrechte iSv Kapitel III** der DS-GVO proaktiv zu gewährleisten. So hat ein Verantwortlicher zB das Recht auf Datenübertragbarkeit (Art. 20) bei der Konzeption eines neuen Produkts zu berücksichtigen und die Voraussetzungen für die Einhaltung von Art. 20 nicht erst im Nachhinein (beim Vorliegen eines Antrags einer betroffenen Person nach Art. 20 Abs. 1) zu schaffen. Zulässig wäre es jedoch, wenn sich der Verantwortliche im Rahmen der Konzeptionsphase mit den Rechten nach Art. 20 auseinandersetzt und sich unter Berücksichtigung der in Abs. 1 genannten Kriterien dafür entscheidet, keinen speziellen technischen Prozess zur Datenübertragbarkeit, sondern eine manuelle Bearbeitung vorzusehen. Im Lichte des Rechenschaftsprinzips nach Art. 5 Abs. 2 wäre ein derartiger Abwägungsvorgang entsprechend zu dokumentieren. **19**

Äußerst weit gefasst ist die Pflicht, die technischen und organisatorischen Maßnahmen so zu wählen, dass **Garantien zur Wahrung der Anforderungen der DS-GVO** aufgenommen werden. Hiermit kann nicht gemeint sein, dass sich der Verantwortliche bestmöglich aufstellen muss, um jedweden Verstoß gegen die DS-GVO bereits im Keim zu ersticken. Dies hätte ansonsten zur Folge, dass im Optimalfall überhaupt keine personenbezogenen Daten mehr verarbeitet werden könnten, denn mit einer Verarbeitung geht stets das Risiko eines Verstoßes gegen die DS-GVO einher. Der Verantwortliche sollte jedoch zumindest ein irgendwie geartetes **Datenschutzkonzept („Data Strategy")** vorweisen können. Hierfür spricht auch Erwägungsgrund 78, wonach der Verantwortliche „interne Strategien" und damit eine langfristig angelegte Kombination von Maßnahmen festlegen soll, um die Einhaltung der DS-GVO nachweisen zu können. Ein derartiges Konzept kann in Unternehmen zB in Form von (konzern)internen Datenschutzrichtlinien etabliert werden und sollte die Risikoanalyse, Auswahl, Festlegung und Umsetzung konkreter technischer und organisatorischer Maßnahmen behandeln. Ebenso sollten Maßgaben zur Dokumentation, systematischen Überwachung (Monitoring), Evaluierung sowie Anpassung einzelner Maßnahmen enthalten sein. Bei größeren Unternehmen bietet es sich zudem an, vorab Szenarien zu definieren (sog. **„Trigger"**), bei denen eine Berücksichtigung der Maßgaben des Abs. 1 (in der Regel unter Hinzuziehung von Datenschutzexperten) erforderlich wird. Die Trigger sollten fachbereichsübergreifend gelten, so dass nicht nur Abteilungen wie IT, HR oder Entwicklung zur frühzeitigen Einbindung des Datenschutzes gehalten sind, denn die Erforderlichkeit besteht zB auch bei der Beschaffung (etwa Einkauf von Software oder externen Dienstleistern) oder beim Marketing/Vertrieb. **20**

4. Bei der Entscheidung zu berücksichtigende Faktoren. Die konkret eingesetzten technischen und organisatorischen Maßnahmen müssen lediglich „geeignet" sein, um die Zielvorgaben des Abs. 1 zu erreichen. Zur Erfüllung der **21**

Verpflichtung nach Abs. 1 ist es nicht erforderlich, dass die Zielvorgaben (zB Wahrung der Maßgaben der DS-GVO) tatsächlich erreicht werden. Ob dies der Fall ist, richtet sich nach den jeweils anwendbaren Tatbeständen der DS-GVO. Dem Verantwortlichen steht bei der Wahl der zu treffenden Maßnahmen somit ein **Auswahl- und Gestaltungsermessen** zu. Bei dieser Ermessensentscheidung hat der Verantwortliche jedoch die in Abs. 1 genannten Kriterien zu berücksichtigen (Stand der Technik; Implementierungskosten; Umfang, Art, Umstände und Zweck der Verarbeitung; Eintrittswahrscheinlichkeit und Schwere der mit der Verarbeitung verbundenen Risiken für die Rechte und Freiheiten natürlicher Personen).

22 Der Verantwortliche hat bei der Wahl der Methode mithin **abzuwägen,** welcher Nutzen mit Blick auf den Datenschutz bewirkt wird und mit welchem Aufwand die Maßnahme verbunden wäre. Damit ist klargestellt, dass der Verantwortliche nicht zur Implementierung unverhältnismäßig aufwändiger Maßnahmen verpflichtet ist. Die Abwägung nach Abs. 1 trägt damit dem gebotenen Ausgleich des Grundrechts der betroffenen Personen auf Schutz ihrer personenbezogenen Daten gem. Art. 8 Abs. 1 GRCh einerseits sowie den Interessen des Verantwortlichen, etwa aus Art. 16 GRCh (Unternehmerische Freiheit), andererseits Rechnung.[25] Der mittels der technischen und organisatorischen Maßnahmen umzusetzende Sicherheitsstandard ist damit umso höher, je intensiver die mit der geplanten oder durchgeführten Datenverarbeitung verbundenen Beeinträchtigungen und Risiken für die personenbezogenen Daten der betroffenen Personen sind.[26]

23 Wie der bei der Abwägung zu berücksichtigende **Stand der Technik** zu ermitteln ist, lässt die DS-GVO offen. Unter Rückgriff auf das zu § 9 BDSG aF herausgebildete Verständnis dürften hiermit jedoch alle Verfahren, die auf gesicherten Erkenntnissen von Wissenschaft und Technik basieren und in ausreichendem Maße für die Praxis verfügbar sind, gemeint sein.[27] Der Stand der Technik erfordert damit einerseits einen hohen Sicherheitsstandard, verlangt allerdings andererseits solche Verfahren, die im Praxisalltag etabliert sind. Neuartige oder weit fortentwickelte Technologien, deren Einsatz wirtschaftlich noch nicht realisierbar ist, sind nicht von der Anforderung erfasst. Infolge dieser technischen wie wirtschaftlichen Aspekte ist der Stand der Technik ein **dynamischer Begriff.** Welche Maßnahmen aktuell als diesem Standard entsprechend gelten, muss der Verantwortliche jeweils im Zeitpunkt der Maßnahmenentscheidung sowie fortlaufend regelmäßig überprüfen.[28]

24 Da Abs. 1 auch die **Implementierungskosten** als abwägungsrelevanten Belang hervorhebt, ist klargestellt, dass auch die Wirtschaftlichkeit einer Maßnahme bzw. der damit verbundene Aufwand vom Verantwortlichen berücksichtigt

---

[25] Vgl. zu § 9 BDSG *Gola/Schomerus*, BDSG, § 9 Rn. 7, wonach die verantwortliche Stelle nicht dazu verpflichtet ist, „mit Kanonen auf Spatzen zu schießen“.

[26] So zu § 9 BDSG BeckOK DatenschutzR/*Karg,* BDSG, § 9 Rn. 105.

[27] S. zu Verschlüsselungsverfahren nach Anlage zu § 9 BDSG Simitis/*Ernestus*, BDSG, § 9 Rn. 171; *Bergt*, CR 2014, 726 (727); *Gola/Schomerus*, BDSG, § 9 Rn. 29a; Plath/*Plath,* BDSG, § 9 Rn. 58.

[28] Orientierungen zum aktuellen Stand der Technik können sich aus den Empfehlungen der Europäischen Agentur für Netz- und Informationssicherheit ergeben, vgl. ENISA, Privacy and Data Protection by Design – from Policy to engeneering, abrufbar unter: www.enisa.europa.eu/publications/privacy-and-data-protection-by-design (Stand: 4.12.2017).

werden kann. Um die vollumfängliche Berücksichtigung der grundrechtlich geschützten Positionen des Verantwortlichen zu garantieren, ist der Begriff der Implementierungskosten **weit auszulegen** und erfasst demnach jede Form von Aufwendungen (dh interne Gestehungskosten, Kosten externer Dienstleister, aber auch indirekte Folgekosten wie zB Wartung und Pflege eines Systems).

Abs. 1 nennt auch die Eintrittswahrscheinlichkeit und Schwere der mit der Verarbeitung verbundenen **Risiken für die Rechte und Freiheiten natürlicher Personen.** Hieraus ergibt sich, dass Entscheidungen zu den zu treffenden Maßnahmen auf der Grundlage einer **Risikoanalyse** ergehen sollen. Bei einer derartigen Analyse bedarf es – ähnlich wie bei der Durchführung einer Datenschutz-Folgenabschätzung nach Art. 35 – zunächst der Definition von Schutzzielen und der Identifikation und Bewertung von Risiken. Da der Gesetzgeber in Art. 35 Abs. 1 für Verarbeitungen mit voraussichtlich hohem Risiko besondere Anforderungen an die Prüftiefe und Dokumentation stellt, dürfen im Umkehrschluss die Anforderungen an die (einfache) Risikoanalyse im Rahmen von Abs. 1 nicht zu hoch angesetzt werden. **25**

Wenn zB ein Verantwortlicher eine Software zur Führung von Personalakten bei einem Entwickler beziehen möchte, könnte sich der Abwägungsprozess nach Abs. 1 wie folgt darstellen: Anstatt lediglich die Anschaffungskosten und Leistungsmerkmale der Software zu betrachten, sollte der Verantwortliche ebenso berücksichtigen, ob die Software geeignet ist, um die in Abs. 1 genannten Ziele zu verwirklichen. Diese Betrachtung kann zB dazu führen, dass der Verantwortliche die Datenschutzfunktionen anderer Softwarehersteller als **Vergleich** heranzieht (Berücksichtigung des Standes der Technik). Sofern wirtschaftlich tragbar, kann ebenso eine Anpassung der Software in Betracht gezogen werden. **26**

III. Datenschutzfreundliche Voreinstellungen (Abs. 2)

Neben der Verpflichtung zur Umsetzung von „Privacy by Design“ nach Abs. 1 hat der Verantwortliche gem. Abs. 2 S. 1 weiterhin sicherzustellen, dass durch Voreinstellungen grundsätzlich nur personenbezogene Daten verarbeitet werden, deren Verarbeitung für den jeweiligen Verarbeitungszweck erforderlich ist **(„Privacy by Default“).** Diese Pflicht wird durch S. 2 weiter konkretisiert, wonach diese Pflicht auch für die Rahmenbedingungen der Verarbeitung wie Art, Umfang, Speicherfristen und Zugänglichkeit gilt. **27**

Der Anwendungsbereich von Abs. 2 bezieht sich in erster Linie auf **internetbasierte Dienste** wie etwa soziale Netzwerke, bei denen durch die standardmäßige Konfiguration von Privatsphäre-Einstellungen sicherzustellen ist, dass Nutzer ihre Daten nur den Personenkreisen und nur in dem Umfang zugänglich machen, die sie vorab selbst festgelegt haben. So hat etwa der Betreiber eines Online-Spiels Voreinstellungen vorzusehen, wonach alle für das Spiel nicht erforderlichen personenbezogenen Daten (zB E-Mail-Adresse oder Alter) anderen Mitspielern nicht zugänglich gemacht werden, es sei denn, die betroffene Person nimmt entsprechende Änderungen in den Voreinstellungen vor. **28**

Abs. 2 S. 1 regelt klarstellend, dass technische und organisatorische Maßnahmen iSd Abs. 1 in Form von datenschutzfreundlichen Voreinstellungen umgesetzt werden können. Es handelt sich jedoch **nicht um eine Verpflichtung zum Einsatz von Nutzerumgebungen** („Privacy Dashboards“), die der betroffenen Person die volle Kontrolle über Art und Umfang der Verarbeitung gewähren. Der Einsatz **29** derartiger nutzerzentrierter Einstellungsmöglichkeiten steht vielmehr im Ermessen des Verantwortlichen nach Abs. 1 (hierzu → Rn. 21).

30 Abs. 2 S. 1 sieht vor, durch Voreinstellungen sicherzustellen, dass personenbezogene Daten grundsätzlich nur für den jeweils erforderlichen Zweck verarbeitet werden sollen. Hierdurch soll ein Horten von Daten in Form eines **„Data Warehousing" vermieden** werden. Dies ergibt sich freilich bereits aus dem Grundsatz der Datenminimierung (Art. 5 Abs. 1 lit. c) sowie dem Grundsatz der Zweckbindung (Art. 6 Abs. 4), so dass es zweifelhaft erscheint, dass Abs. 2 S. 1 einen darüber hinausgehenden eigenen Regelungsgehalt hat.

31 Abs. 2 S. 3 stellt insofern ebenfalls lediglich eine Klarstellung der allgemeinen Datenschutzgrundsätze nach Art. 5 dar. Hiernach soll sichergestellt werden, dass personenbezogene Daten nicht ohne Eingreifen der betroffenen[29] Person einer **unbestimmten Zahl von natürlichen Personen**[30] **zugänglich** gemacht werden. Die Vorschrift ist ersichtlich auf **soziale Netzwerke** zugeschnitten und soll den betroffenen Nutzern ermöglichen, den Kreis der Empfänger ihrer Nachrichten oder sonstigen Aktivitäten selbst zu steuern. Als Voreinstellung ist der kleinstmögliche Empfängerkreis vorzusehen.

IV. Berücksichtigung von genehmigten Zertifizierungsverfahren (Abs. 3)

32 Nach Abs. 3 kann ein genehmigtes Zertifizierungsverfahren iSv Art. 42 als Faktor herangezogen werden, um die Erfüllung der in den Abs. 1 und 2 des vorliegenden Artikels genannten Anforderungen nachzuweisen. Art und Umfang des Nachweises hängen dabei stark von der Ausgestaltung des jeweiligen Zertifizierungsverfahrens ab. Ein Zertifikat iSv Art. 42 stellt **lediglich einen Nachweis** dar, der in erster Linie zur Vereinfachung der Kommunikation mit Aufsichtsbehörden, Geschäftspartnern und betroffenen Personen eingesetzt werden kann. Ein Zertifikat entbindet jedoch in keinem Fall von den Pflichten des Art. 25, so dass der Verantwortliche auch nach dem Erhalt eines Zertifikats für die fortlaufende Kontrolle und Umsetzung seines Datenschutzkonzepts verantwortlich bleibt (→ Art. 42 Rn. 4).

C. Rechtsfolgen und Sanktionen

33 Ein Verstoß gegen Art. 25 ist gem. Art. 83 Abs. 4 lit. a bußgeldbewehrt und kann je Verstoß mit einer **Geldbuße** von bis zu 10.000.000 EUR oder bis

---

[29] In Art. 25 Abs. 2 S. 3 heißt es anstelle „betroffene Person" lediglich „Person" (engl.: „inidividual"), so dass dem Wortlaut nach der Eindruck entsteht, auch nichtbetroffene Personen müssten nach Abs. 2 berechtigt sein. Ein derartiges Verständnis widerspricht jedoch Sinn und Zweck der Regelung (Schutz der betroffenen Person davor, unbemerkt Daten über sich zu veröffentlichen). Ansonsten wird die hier gewählte Terminologie auch an keiner Stelle der DS-GVO verwendet. Bei der in Abs. 2 S. 3 gewählten Terminologie handelt es sich deshalb wohl um ein Redaktionsversehen.

[30] Der Wortlaut des Abs. 2 S. 3 stellt darauf ab, dass die Zugänglichmachung von personenbezogenen Daten gegenüber einer Vielzahl von „natürlichen Personen" besondere Gefahren mit sich bringt. Im Umkehrschluss ergibt sich, dass der Gesetzgeber eine Zugänglichmachung gegenüber Maschinen (zB bei automatisierten Big Data-Prozessen) anscheinend als weniger risikobehaftet ansieht.

zu 2 Prozent des weltweiten Jahresumsatzes eines Unternehmens sanktioniert werden.

Da Art. 25 in erster Linie eine **organisatorische Verpflichtung** für den Verantwortlichen darstellt, dürften Verstöße hiergegen für sich gesehen nicht zu Schadensersatzansprüchen von betroffenen Personen nach Art. 82 führen. Derartige Ansprüche ergeben sich erst aufgrund einer rechtswidrigen Verarbeitung oder der fehlenden Gewährung von Betroffenenrechten. 34

Art. 26 Gemeinsam Verantwortliche

(1) [1]**Legen zwei oder mehr Verantwortliche gemeinsam die Zwecke der und die Mittel zur Verarbeitung fest, so sind sie gemeinsam Verantwortliche.** [2]**Sie legen in einer Vereinbarung in transparenter Form fest, wer von ihnen welche Verpflichtung gemäß dieser Verordnung erfüllt, insbesondere was die Wahrnehmung der Rechte der betroffenen Person angeht, und wer welchen Informationspflichten gemäß den Artikeln 13 und 14 nachkommt, sofern und soweit die jeweiligen Aufgaben der Verantwortlichen nicht durch Rechtsvorschriften der Union oder der Mitgliedstaaten, denen die Verantwortlichen unterliegen, festgelegt sind.** [3]**In der Vereinbarung kann eine Anlaufstelle für die betroffenen Personen angegeben werden.**

(2) [1]**Die Vereinbarung gemäß Absatz 1 muss die jeweiligen tatsächlichen Funktionen und Beziehungen der gemeinsam Verantwortlichen gegenüber betroffenen Personen gebührend widerspiegeln.** [2]**Das wesentliche der Vereinbarung wird der betroffenen Person zur Verfügung gestellt.**

(3) **Ungeachtet der Einzelheiten der Vereinbarung gemäß Absatz 1 kann die betroffene Person ihre Rechte im Rahmen dieser Verordnung bei und gegenüber jedem einzelnen der Verantwortlichen geltend machen.**

Literatur: *Laue/Nink/Kremer,* Das neue Datenschutzrecht in der betrieblichen Praxis, 2016; *Piltz,* Die Datenschutz-Grundverordnung – Teil 3: Rechte und Pflichten des Verantwortlichen und Auftragsverarbeiters, K&R 2016, 709.

Übersicht

A. Einleitung

1 Art. 4 Nr. 7 definiert den **Verantwortlichen** als die natürliche oder juristische Person, Behörde, Einrichtung oder andere Stelle, die allein oder gemeinsam mit anderen über die Zwecke und Mittel der Verarbeitung von personenbezogenen Daten entscheidet. Wie bereits in Art. 2 Buchst. d DS-RL ist auch in der DS-GVO die Möglichkeit angelegt, dass mehrere Stellen **gemeinsam für eine Verarbeitung verantwortlich** sind. Ohne nähere Informationen zu dem Verhältnis zwischen zwei oder mehr beteiligten Verantwortlichen ist es jedoch in der Praxis sehr schwierig zu prüfen, welche Stelle für welche Phase einer Verarbeitung verantwortlich ist und damit auch auf die Phase der Verarbeitung entfallende gesetzliche Pflichten zu erfüllen hat.[1]

B. Zweck und Bedeutung

2 Art. 26 dient der klaren **Zuteilung der Verantwortlichkeiten** zwischen mehreren Verantwortlichen. Sowohl die Aufsichtsbehörden als auch die betroffenen Personen müssen wissen, wer für welche (Phase einer) Verarbeitung verantwortlich ist. Diese nach außen sichtbare Verantwortlichkeitsverteilung soll durch eine Vereinbarung abgesichert und manifestiert werden, die jedoch keinen Einfluss auf die Geltendmachung der Rechte der betroffenen Personen hat.[2] Unklar ist jedoch, ob die Vereinbarung nach Art. 26 tatsächlich auch nach außen verbindlich die Verantwortlichkeiten festlegt oder ob die Vereinbarung eher nur der Publizität der Verantwortlichkeitsverteilung dienen soll.[3]

C. Einzelerläuterungen

I. Gemeinsame Festlegung der Zwecke und Mittel durch mindestens zwei Verantwortliche

3 Nach Art. 26 Abs. 1 S. 1 sind zwei oder mehr Verantwortliche dann gemeinsam verantwortlich, wenn sie die Zwecke der und die Mittel zur Verarbeitung gemeinsam festlegen. Dem Wortlaut nach liegt eine gemeinsame Verantwortlichkeit also überhaupt nur dann vor, wenn **kumulativ Zwecke und Mittel** der Verarbeitung zusammen festgelegt werden. Eine gemeinsame Verantwortlichkeit ist danach nicht gegeben, wenn zwei Verantwortliche gemeinsam etwa nur die Mittel, jedoch nicht die Zwecke festlegen.[4] Auch Erwägungsgrund 79 verlangt für eine gemein-

---

[1] So etwa der Verantwortliche für die Erhebung von personenbezogenen Daten mit Blick auf die Informationspflichten nach Art. 13.

[2] Die Pflicht zum Abschluss einer solchen Vereinbarung begrüßt etwa der Europäische Datenschutzbeauftragte, Stellungnahme des EDPS zum Datenschutz Reformpaket, Ratsdokument 7375/12, v. 7.3.2012, S. 48.

[3] Krit. zu der Möglichkeit, über die Vereinbarung nach Art. 26 verbindlich Verantwortlichkeiten verteilen und ggf. auch „auslagern" zu können: Verschiedene Delegationen in den Ratsverhandlungen, Ratsdokument 12312/4/14 REV 4, v. 30.9.2014, S. 16 dort Fn. 15; vgl. auch Kühling/Buchner/*Hartung*, DS-GVO, Art. 26 Rn. 10.

[4] AA wohl *Laue/Nink/Kremer*, Das neue Datenschutzrecht in der betrieblichen Praxis, 2016, S. 47.

same Verantwortlichkeit, dass sowohl die Zwecke als auch die Mittel der Verarbeitung gemeinsam festgelegt werden.

Nach Art. 26 Abs. 1 S. 1 liegt eine gemeinsame Verantwortlichkeit dann vor, wenn mindestens zwei Verantwortliche zusammenarbeiten. Eine gemeinsame Verantwortlichkeit ist jedoch nicht auf zwei beteiligte Stellen begrenzt, sondern kann noch **mehr Verantwortliche** umfassen. 4

Zum einen müssen die Verantwortlichen gemeinsam die **Zwecke** der Verarbeitung festlegen. Es muss also eine Absprache darüber getroffen werden, aus welchem Grund und mit welchem Ziel eine Verarbeitung personenbezogene Daten durchgeführt wird bzw. durchgeführt werden soll. Zu den Zwecken können nach dem Generalanwalt *Bot* die Ziele einer Verarbeitung und die damit verbundene Entwicklung zählen.[5] Auch ein mit der Verarbeitung verknüpftes Geschäftsmodell und dessen Entwicklung kann für die Frage der gemeinsamen Verantwortlichkeit eine Rolle spielen.[6] 5

Des Weiteren müssen die Verantwortlichen gemeinsam die **Mittel** der Datenverarbeitung festlegen. Die beteiligten Stellen müssen also gemeinsam über die Techniken und sonstigen Methoden befinden, durch die personenbezogenen Daten verarbeitet werden sollen. 6

Ob eine gemeinsame Verantwortlichkeit gegeben ist, ist stets in der konkreten Situation anhand einer spezifischen Verarbeitung und den ihr zugrundeliegenden Umständen zu beurteilen. Diese Verarbeitung ist letztendlich das **Objekt der „gemeinsamen Kontrolle“.**[7] Diese gemeinsame Kontrolle ist gleichzeitig auch die Voraussetzung dafür, eine gemeinsame Verantwortlichkeit annehmen zu können. Für Facebook-Fanpages geht der Generalanwalt *Bot* davon aus, dass der Betreiber der Fanpage, indem er Facebook für die Verbreitung seines Informationsangebots nutzt, sich dem Grundsatz der Durchführung einer Verarbeitung personenbezogener Daten der Besucher seiner Seite zum Zweck der Erstellung von Besucherstatistiken anschließt und daher, mit Facebook, für die Phase der Erhebung als gemeinsam Verantwortlicher (nach Art. 2 lit. d DS-RL) anzusehen ist.[8] Ausschlaggebend für dieses Ergebnis soll auch sein, dass die Verarbeitung nicht ohne die aktive Entscheidung eines Verantwortlichen (hier des Betreibers der Fanpage), mit dem anderen Verantwortlichen zusammenzuarbeiten oder dessen Mittel zu nutzen, stattfinden kann.[9] 7

II. Privilegierte Datenweitergabe

Legen zwei oder mehr Verantwortliche gemeinsam die Zwecke der und die Mittel zur Verarbeitung fest, so sind sie nach Art. 26 Abs. 1 S. 1 gemeinsam Verantwortliche. Legen also zwei Verantwortliche für eine Erhebung, anschließende Speicherung und darauffolgende Verwendung von Daten gemeinsam die Zwecke und Mittel fest, sind sie beide für diese Verarbeitungsvorgänge gemeinsam Verantwortliche. Es stellt sich dann die Frage, ob ein faktischer Austausch von gemeinsam erhobenen Daten untereinander noch eine rechtfertigungsbedürftige Verarbeitung 8

---

[5] *Yves Bot*, Schlussanträge v. 24.10.2017 – C-210/16, Rn. 47.

[6] *Yves Bot*, Schlussanträge v. 24.10.2017 – C-210/16, Rn. 48.

[7] So bereits die *Artikel-29-Datenschutzgruppe,* Stellungnahme 01/2010 zu den Begriffen „für die Verarbeitung Verantwortlicher“ und „Auftragsverarbeiter“, WP 169, S. 22.

[8] *Yves Bot*, Schlussanträge v. 24.10.2017 – C-210/16, Rn. 55.

[9] *Yves Bot*, Schlussanträge v. 24.10.2017 – C-210/16, Rn. 56.

darstellt.[10] Die „Übermittlung“ wird anders als derzeit in § 3 Abs. 4 Nr. 3 BDSG in der DS-GVO nicht definiert. Aus diesem Grund besteht in der Literatur auch Streit darüber, ob die Weitergabe von Daten von einem Verantwortlichen an den Auftragsverarbeiter unter der DS-GVO nicht als rechtfertigungsbedürftige Übermittlung anzusehen sei.[11] Keine Übermittlung und daher eine fehlende Rechtfertigungsbedürftigkeit wird ua deshalb angenommen, weil Art. 4 Nr. 10 weiterhin definiert, dass der Auftragsverarbeiter kein „Dritter“ sei.[12] Zum Teil wird auch von einer Verarbeitung ausgegangen, die jedoch aufgrund der Bindung des Auftagsverarbeiters an den Auftraggeber durch die DS-GVO keiner gesonderten Rechtsgrundlage bedarf.[13] Geht man von diesem Verständnis aus, kann jedoch für gemeinsam Verantwortliche nichts anderes geltend. Denn in Art. 4 Nr. 10 wird ebenfalls definiert, dass **Dritter** gerade nicht der Verantwortliche ist. Wenn aber, wie im Fall des Art. 26, zwei oder mehr Verantwortliche gemeinsam Verantwortliche für eine Verarbeitung sind, dann sind diese Verantwortlichen auch nicht „Dritte“ iSd Art. 4 Nr. 10. Denn es handelt sich nicht um andere Verantwortliche. Geht man, wie bisher, davon aus, dass eine Weitergabe von Daten an einen Empfänger nur dann rechtfertigungsbedürftig ist, wenn es sich bei diesem um einen „Dritten“ handelt, dann ist auch die Weitergabe von Daten zwischen gemeinsam Verantwortlichen, die für die vor der Weitergabe geschehenen Verarbeitungsvorgänge gemeinsam verantwortlich sind, **nicht rechtfertigungsbedürftig.**[14] Wie auch im Fall der Auftragsverarbeitung existieren zudem rechtliche Anforderungen an die Bindung der gemeinsam Verantwortlichen untereinander (Abs. 1 S. 2).

III. Vereinbarung in transparenter Form

9 Nach Art. 26 Abs. 1 S. 2 müssen die gemeinsam Verantwortlichen in einer **Vereinbarung** in transparenter Form festlegen, wer von ihnen welche Verpflichtungen gemäß der DS-GVO hinsichtlich dieser einen Verarbeitung erfüllt.

10 Unklar bleibt Art. 26 Abs. 1 hinsichtlich der Antwort auf die Frage, ob die Vereinbarung für die Schaffung von Verantwortlichkeiten bei mehreren Beteiligten **konstitutiv** wirkt. Dagegen spricht jedoch Art. 26 Abs. 1 S. 1, nach dem eine gemeinsame Verantwortlichkeit vorliegt, wenn zwei oder mehr Verantwortliche gemeinsam die Zwecke der und die Mittel zur Verarbeitung festlegen. Der Abschluss der Vereinbarung ist **nicht Voraussetzung der gemeinsamen Verantwortlichkeit.**[15] Es ist also nicht möglich, eine Stelle in der Vereinbarung nach Abs. 1 S. 2 als Verantwortlichen zu benennen, die nach der Definition in Abs. 1 S. 1 gar nicht an der Festlegung der Zwecke und Mittel zur Verarbeitung beteiligt ist. Ein „Outsourcing“ an allein auf dem Papier Verantwortliche ist nicht möglich.

11 In der Vereinbarung ist insbesondere festzulegen, welcher der beteiligten Verantwortlichen für die Wahrnehmung der Rechte der betroffenen Personen zustän-

---

[10] Abl. Kühling/Buchner/*Hartung*, DS-GVO, Art. 26 Rn. 27.

[11] S. etwa Kühling/Buchner/*Hartung*, DS-GVO, Art. 28 Rn. 15 ff.; *Koós/Englisch*, ZD 2014, 276 (278); *Piltz*, K&R 2016, 709 (712); *Schmidt/Freund*, ZD 2017, 14 (15) mwN.

[12] Kühling/Buchner/*Hartung*, DS-GVO, Art. 28 Rn. 17 wmN.

[13] → Art. 4 Rn. 57 f.

[14] Ähnlich wohl BeckOK DatenschutzR/*Spoerr*, DS-GVO, Art. 26 Rn. 23: „durch die ursprüngliche Erhebung und ihre Rechtfertigung legitimiert“.

[15] *Piltz*, K&R 2016, 709 (711); Kühling/Buchner/*Hartung*, DS-GVO, Art. 26 Rn. 20.

dig ist. Der Wortlaut von Art. 26 Abs. 1 S. 2 steht hierbei einer **Aufteilung der Zuständigkeiten** für die Wahrnehmung der verschiedenen Rechte der betroffenen Personen nicht entgegen. Des Weiteren ist in der Vereinbarung aufzunehmen, welcher der beteiligten Verantwortlichen welche Informationspflichten gem. Art. 13 und Art. 14 besitzt.

Ziel der Vereinbarung muss es sein, die durch die DS-GVO vorgenommene „klare Zuteilung der Verantwortlichkeiten" abzubilden (so Erwägungsgrund 79). Diese Zuteilung der Verantwortlichkeiten ist jedoch nur der Oberbegriff für eine darunter stattfindende Zu- und Aufteilung der Erfüllung der jeweiligen gesetzlichen Pflichten. Nicht jeder gemeinsam Verantwortliche muss bezüglich einer Verarbeitung also denselben gesetzlichen Pflichten unterliegen und diese erfüllen. Die arbeitsteilige Wahrnehmung dieser Pflichten ist durch Art. 26 ermöglicht. Ihre transparente Festlegung in einer Vereinbarung jedoch gleichzeitig auch verlangt. 12

Der Begriff der **„transparenten Form"** wird in Art. 26 nicht näher umschrieben. Insbesondere stellt sich die Frage, für wen die Vereinbarung transparent sein muss. Man könnte der Auffassung sein, dass allein die beteiligten Verantwortlichen eindeutig aus der Vereinbarung ihre jeweiligen Zuständigkeiten erkennen müssen. Dies dürfte jedoch nicht der alleinige Zweck der intendierten Transparenz sein. Denn in Art. 26 Abs. 2 S. 2 wird vorgeschrieben, dass das „Wesentliche" der Vereinbarung der betroffenen Person zur Verfügung gestellt werden muss. Der Inhalt der Vereinbarung muss also auch für eine **betroffene Person verständlich** sein. 13

Keine näheren Anforderungen stellt Art. 26 an die Form selbst. Da die DS-GVO an anderen Stellen durchaus verschiedene Formen vorschreibt,[16] lässt sich, aufgrund der fehlenden Vorgabe in Art. 26, daraus schließen, dass dem Grunde nach **jegliche Form** den Anforderungen von Art. 26 genügt. Die Vereinbarung zwischen den Verantwortlichen kann also sowohl in Schriftform, in Textform oder auch in elektronischer Form (etwa zum Abruf auf einer Webseite) zur Verfügung gestellt werden.[17] 14

IV. Ausnahme für nationale Regelungen

Art. 26 Abs. 1 S. 2 sieht eine **Ausnahme** von der Pflicht zur Regelung der Pflichtenerfüllung eines jeden Verantwortlichen in einer Vereinbarung für den Fall vor, dass die jeweiligen Aufgaben der gemeinsam Verantwortlichen entweder durch Rechtsvorschriften der Union oder der Mitgliedstaaten festgelegt sind. Einer Festlegung der Pflichtenerfüllung in einer Vereinbarung bedarf es daher nicht, wenn diese Festlegung bereits eindeutig auf gesetzlicher europäischer oder nationaler Ebene getroffen wurde. 15

Die Ausnahme von der Verpflichtung zum Abschluss einer Vereinbarung gilt jedoch ausweislich des Wortlautes nur **„sofern und soweit"** die Aufgabenverteilung der gemeinsam Verantwortlichen tatsächlich auf gesetzlicher Ebene getroffen wird. Es ist also durchaus möglich, dass die Verteilung der Zuständigkeit für die Erfüllung bestimmter Aufgaben gesetzlich festgeschrieben ist, die Erfüllung weiterer Aufgaben, insbesondere solcher, die sich aus der DS-GVO ergeben, jedoch dennoch in einer Vereinbarung festgelegt werden muss. 16

---

[16] Vgl. etwa „schriftlich" in Art. 27 Abs. 1 oder Art. 28 Abs. 2 S. 1.

[17] Ebenso Kühling/Buchner/*Hartung*, DS-GVO, Art. 26 Rn. 20.

V. Anforderungen an die Vereinbarung (Abs. 2)

17 Art. 26 Abs. 2 S. 1 stellt, zusätzlich zu den Vorgaben in Abs. 1, weitere Anforderungen an die Vereinbarung zwischen den Verantwortlichen auf. Die Vereinbarung muss die jeweiligen tatsächlichen **Funktionen und Beziehungen** der gemeinsam Verantwortlichen gegenüber betroffenen Personen gebührend widerspiegeln.

18 Zunächst fällt auf, dass Abs. 2 nicht verlangt, dass die Vereinbarung die **Beziehungen zwischen den gemeinsam Verantwortlichen** selbst enthalten muss. Art. 26 Abs. 2 S. 1 bezieht sich allein auf die tatsächlichen Funktionen und Beziehungen gegenüber der betroffenen Person. Dem Wortlaut nach könnte sich der Inhalt der Vereinbarung hinsichtlich der tatsächlichen Funktionen jedoch auch allein auf die gemeinsam Verantwortlichen beziehen, ohne das Verhältnis gegenüber der betroffenen Person abzubilden. In jedem Fall sind aber nicht die tatsächlichen oder auch vertraglichen Beziehungen der gemeinsam Verantwortlichen untereinander in der Vereinbarung darzulegen.

19 Wie konkret diese Angaben in der Vereinbarung ausgestaltet sein müssen, wird aus Art. 26 Abs. 2 S. 1 nicht deutlich. Die tatsächlichen Funktionen und Beziehungen gegenüber betroffenen Personen müssen sich **„gebührend widerspiegeln“.** An welchem Maßstab sich diese gebührende Widerspiegelung orientieren muss, ist nicht klar. Dem Sinn und Zweck der Vorschrift nach muss es jedoch für die betroffene Person, die nach Abs. 2 S. 2 auch den wesentlichen Inhalt der Vereinbarung einsehen darf, möglich sein, die tatsächlichen Funktionen eines jeden Verantwortlichen sowie seine Beziehung gegenüber den Betroffenen zu verstehen. Zumindest soweit es den wesentlichen Inhalt der Vereinbarung betrifft, ist also auf die Sichtweise der betroffenen Person abzustellen. Die Informationen der Vereinbarung müssen für sie verständlich sein.

20 Mit den **tatsächlichen Funktionen** ist die Aufgabenverteilung zwischen den gemeinsam Verantwortlichen und ihre Entscheidungsbefugnis hinsichtlich der Zwecke und der Mittel der Verarbeitung gemeint. Die **Beziehung** der gemeinsam Verantwortlichen gegenüber betroffenen Personen umfasst die Aufgabenverteilung hinsichtlich gesetzlicher Pflichten, die gegenüber der betroffenen Person zu erfüllen sind, wie etwa das Auskunftsrecht.

21 Nach Art. 26 Abs. 2 S. 2 muss „das **Wesentliche der Vereinbarung**“ der betroffenen Person zur Verfügung gestellt werden. Die Pflicht zur Zurverfügungstellung besteht für die gemeinsam Verantwortlichen. Ob diese Pflicht stets zu erfüllen ist oder erst auf Antrag oder nach entsprechender Anfrage durch eine betroffene Person, wird in S. 2 nicht klar. Dem Wortlaut nach müssen die wesentlichen Informationen der Vereinbarung jedoch ohne Weiteres zur Verfügung gestellt werden. In der Praxis wird dies etwa im Rahmen der Informationserteilung nach Art. 13 und Art. 14 möglich sein. Was „wesentlich“ ist, wird in S. 2 ebenfalls nicht näher umschrieben. Auch hier ist jedoch, dem Sinn und Zweck der Vorschrift entsprechend, auf den Horizont der betroffenen Person abzustellen. Es geht also darum, was aus Sicht der betroffenen Person von Interesse und insbesondere für die Ausübung der ihr zustehenden Rechte von Belang ist.

22 Ebenso wenig trifft Art. 26 Abs. 2 S. 2 eine Aussage dazu, **wann** das Wesentliche der Vereinbarung der betroffenen Person **zur Verfügung gestellt werden muss.** So wird die Vereinbarung nach Art. 26 etwa auch nicht in dem Katalog der Informationen des Art. 13 erwähnt, die zum Zeitpunkt der Erhebung zu erteilen sind. Daher kann das Wesentliche der Vereinbarung auch nach der Erhebung und auch nach einer weiteren Verarbeitung zur Verfügung gestellt werden. Ob die Vereinbarung der betroffenen Person erst auf Antrag zur Verfügung gestellt werden muss, erscheint diskutabel. Zumindest ergibt sich ein solches Erfordernis nicht aus dem Wortlaut der Vorschrift. Auch wird die Zurverfügungstellung in Abs. 2 S. 2 nicht von einem „Verlangen" oder ähnlichem aktiven Verhalten der betroffenen Person abhängig gemacht, wie dies in den Rechten nach Art. 15 ff. der Fall ist. Ein Bereithalten zum Abruf, etwa auf einer Webseite, dürfte jedoch ausreichend sein.

VI. Kein Einfluss auf die Geltendmachung der Betroffenenrechte (Abs. 3)

Art. 26 Abs. 3 scheint die Vorgaben der anderen beiden Absätze zu unterlaufen. **23**
Denn nach Abs. 3 kann die betroffene Person, **ungeachtet der Einzelheiten** der Vereinbarung zwischen den gemeinsam Verantwortlichen, ihre Rechte im Rahmen der DS-GVO bei und gegenüber jedem einzelnen der Verantwortlichen geltend machen.

Art. 26 Abs. 3 betrifft jedoch **allein die Geltendmachung** der Betroffenen- **24**
rechte. Die in Art. 26 Abs. 1 und auch Abs. 2 näher bezeichnete Vereinbarung muss zwar auch Regelungen hinsichtlich der Wahrnehmung der Rechte der betroffenen Person vorsehen. Insoweit besteht eine **Überschneidung** zu den Vorgaben des Abs. 3 und im Zweifel geht dieser den Regelungen der Vereinbarung zwischen den gemeinsam Verantwortlichen vor.

Art. 26 Abs. 3 betrifft aber nicht die nach der Geltendmachung erfolgende **25**
Erfüllung der den jeweiligen Betroffenenrechten zu Grunde liegenden gesetzlichen Verpflichtungen. Welcher der gemeinsamen Verantwortlichen etwa Auskunft erteilen, Daten löschen oder sperren oder Daten an einen anderen Verantwortlichen übertragen muss, kann sich aus der Vereinbarung zwischen den gemeinsam Verantwortlichen ergeben.

Art. 26 Abs. 3 dient der **Klarstellung,** dass unabhängig von einer abweichen- **26**
den Regelung in der Vereinbarung nach Abs. 1 die betroffene Person stets jeden einzelnen der gemeinsam Verantwortlichen zur Ausübung der ihr zustehenden Rechte kontaktieren darf. Im Innenverhältnis zwischen den gemeinsam Verantwortlichen kann die Erfüllung dieses Anspruchs dann jedoch durch einen anderen Verantwortlichen erfolgen als jenen, gegenüber dem die betroffene Person das Recht ursprünglich geltend gemacht hat.

Im Zusammenhang mit Art. 26. Abs. 3 ist auch Art. 26 Abs. 1 S. 3 zu sehen. **27**
Danach können die gemeinsam Verantwortlichen in der Vereinbarung eine **Anlaufstelle** für die betroffene Person angeben. Die Angabe einer solchen Anlaufstelle ist jedoch **nicht verpflichtend.** Die Anlaufstelle ist der Kontaktpunkt für Betroffene, um ihre Rechte geltend machen zu können.

VII. Verstoß gegen Art. 26

Ein Verstoß gegen Art. 26 kann nach Art. 83 Abs. 4 lit. a mit einem **Bußgeld** **28**
geahndet werden. Nach Art. 57 Abs. 1 lit. a hat jede Aufsichtsbehörde die Aufgabe, die Anwendung der DS-GVO zu überwachen und ggf. durchzusetzen. Grundsätzlich könnte die Einhaltung sämtlicher Vorgaben des Art. 26 damit gegenüber den Verantwortlichen durchgesetzt werden. Jedoch wurde im Gesetz-

gebungsverfahren ua bezweifelt, dass sich die Vorgaben von Art. 26 in der Praxis tatsächlich wirksam durchsetzen lassen.[18]

Art. 27 Vertreter von nicht in der Union niedergelassenen Verantwortlichen oder Auftragsverarbeitern

(1) **In den Fällen gemäß Artikel 3 Absatz 2 benennt der Verantwortliche oder der Auftragsverarbeiter schriftlich einen Vertreter in der Union.**

(2) **Die Pflicht gemäß Absatz 1 des vorliegenden Artikels gilt nicht für**

a) eine Verarbeitung, die gelegentlich erfolgt, nicht die umfangreiche Verarbeitung besonderer Datenkategorien im Sinne des Artikels 9 Absatz 1 oder die umfangreiche Verarbeitung von personenbezogenen Daten über strafrechtliche Verurteilungen und Straftaten im Sinne des Artikels 10 einschließt und unter Berücksichtigung der Art, der Umstände, des Umfangs und der Zwecke der Verarbeitung voraussichtlich nicht zu einem Risiko für die Rechte und Freiheiten natürlicher Personen führt, oder

b) Behörden oder öffentliche Stellen.

(3) **Der Vertreter muss in einem der Mitgliedstaaten niedergelassen sein, in denen die betroffenen Personen, deren personenbezogene Daten im Zusammenhang mit den ihnen angebotenen Waren oder Dienstleistungen verarbeitet werden oder deren Verhalten beobachtet wird, sich befinden.**

(4) **Der Vertreter wird durch den Verantwortlichen oder den Auftragsverarbeiter beauftragt, zusätzlich zu diesem oder an seiner Stelle insbesondere für Aufsichtsbehörden und betroffene Personen bei sämtlichen Fragen im Zusammenhang mit der Verarbeitung zur Gewährleistung der Einhaltung dieser Verordnung als Anlaufstelle zu dienen.**

(5) **Die Benennung eines Vertreters durch den Verantwortlichen oder den Auftragsverarbeiter erfolgt unbeschadet etwaiger rechtlicher Schritte gegen den Verantwortlichen oder den Auftragsverarbeiter selbst.**

Literatur: *Piltz*, Die Datenschutz-Grundverordnung – Teil 3: Rechte und Pflichten des Verantwortlichen und Auftragsverarbeiters, K&R 2016, 709; *Schantz*, Die Datenschutz-Grundverordnung – Beginn einer neuen Zeitrechnung im Datenschutzrecht, NJW 2016, 1841.

Übersicht

[18] So in den Ratsverhandlungen die Delegationen aus Deutschland und Tschechien, Ratsdokument 12312/4/14 REV 4, v. 30.9.2014, S. 16 dort Fn. 15.

A. Allgemeines

Mit Art. 3 Abs. 2 erstreckt die DS-GVO ihren territorialen Anwendungsbereich auch auf Verantwortliche und Auftragsverarbeiter, die keine Niederlassung in der Europäischen Union haben. Damit unterliegt zwar, bei Vorliegen der Voraussetzungen von Art. 3 Abs. 2 lit. a oder b, eine Stelle im außereuropäischen Ausland dem europäischen Datenschutzrecht. Jedoch könnte es in einer solchen Situation für die zuständige Aufsichtsbehörde durchaus schwierig werden, unzulässige Datenverarbeitungen zu **sanktionieren** oder etwa die Einhaltung der verschiedenen Dokumentationspflichten zu prüfen. Auch betroffene Personen könnten sich bei der Ausübung ihrer Rechte dem Hindernis ausgesetzt sehen, eine in einem Drittstaat ansässige Stelle zu kontaktieren. Die prinzipiell gegebene Anwendbarkeit der DS-GVO nutzt wenig, wenn die Einhaltung ihrer Reglungen nicht auch **kontrolliert und durchgesetzt** werden kann.[1] **1**

I. Zweck und Bedeutung

Vor diesem Hintergrund wird, wie im Übrigen bereits aus der RL 95/46/EG bekannt (Art. 4 Abs. 2, dem man durchaus ein Schattendasein attestieren darf),[2] Verantwortlichen und Auftragsverarbeitern die Pflicht auferlegt, einen **Vertreter in einem Mitgliedstaat zu benennen,** in dem sich die betroffenen Personen befinden, deren personenbezogene Daten im Zusammenhang mit den ihnen angebotenen Waren oder Dienstleistungen verarbeitet werden oder deren Verhalten beobachtet wird. Nach der gesetzlichen Definition (Art. 4 Nr. 17) ist es Aufgabe des Vertreters, den Verantwortlichen oder Auftragsverarbeiter in Bezug auf die **2**

---

[1] Ähnlich auch die Begr. der Europäischen Kommission für die Beibehaltung und weitere Ausformung der Benennungspflicht: Europäische Kommission, Arbeitspapier der Kommissionsdienststellen, Bericht über die Abschätzung der Folgen, SEC(2012) 72 final, S. 24 f.

[2] Nach Angaben der Europäischen Kommission wurde die bereits derzeit existierende Verpflichtung zur Benennung eines Vertreters kaum durchgesetzt, Europäische Kommission, Arbeitspapier der Kommissionsdienststellen, Bericht über die Abschätzung der Folgen, SEC(2012) 72 final, S. 24 f.

ihnen jeweils nach der DS-GVO obliegenden Pflichten zu vertreten. Es handelt sich mithin **nicht lediglich um eine Kontaktstelle** für Aufsichtsbehörden oder Betroffene, die allein als Art „Briefkasten" dient. Der Vertreter erfüllt für seinen Auftraggeber gewisse gesetzliche Pflichten und soll, so Erwägungsgrund 80 S. 6, sogar der Adressat von aufsichtsbehördlichen „Durchsetzungsverfahren" sein, wenn der Verantwortliche oder Auftragsverarbeiter gegen ihre gesetzlichen Pflichten verstoßen. Die Benennung eines Vertreters berührt jedoch nach Erwägungsgrund 80 S. 4 nicht die Verantwortung oder Haftung des Verantwortlichen oder des Auftragsverarbeiters. Es erfolgt mithin keine Ersetzung des datenschutzrechtlich eigentlich Verantwortlichen. Der Vertreter tritt nicht in die Rechte und Pflichten seines Auftraggebers ein.[3]

3 Die genaue Funktion des Vertreters und die ihm obliegenden Aufgaben sind jedoch nicht vollständig klar,[4] was in der **Praxis zu Unsicherheiten führen** dürfte. Dies insbesondere vor dem Hintergrund, dass Verstöße gegen Art. 27 (in Gänze) nach Art. 83 Abs. 4 lit. a mit Bußgeldern von bis zu 10.000.000 EUR oder im Fall eines Unternehmens von bis zu 2 Prozent seines gesamten weltweit erzielten Jahresumsatzes des vorangegangenen Geschäftsjahrs geahndet werden können. Die Beibehaltung der Benennungspflicht und ihre Sanktionsbewährung wurden in dieser Form daher auch im Rat der Europäischen Union zurecht von verschiedenen Delegationen kritisiert.[5]

II. Ergänzungen, Änderungen durch das BDSG nF

4 Nach § 44 Abs. 3 S. 1 BDSG nF gilt der Vertreter, wenn der Verantwortliche oder Auftragsverarbeiter diesen nach Art. 27 Abs. 1 benannt hat, auch als bevollmächtigt, Zustellungen in zivilgerichtlichen Verfahren nach § 44 Abs. 1 BDSG nF entgegenzunehmen. Zudem soll nach § 44 Abs. 3 S. 2 BDSG nF § 184 ZPO unberührt bleiben. Nach Ansicht des deutschen Gesetzgebers sei es sachgerecht, den Vertreter auch als bevollmächtigt anzusehen, Zustellungen in Zivilgerichtsverfahren vor deutschen Gerichten nach § 171 ZPO für den Verantwortlichen oder Auftragsverarbeiter entgegenzunehmen.[6] Es erscheint jedoch fraglich, ob der deutsche Gesetzgeber eine entsprechende Regelungsbefugnis besitzt und die Vorschrift daher nicht gegen die DS-GVO verstößt.[7] Denn Art. 27 und auch die Definition des Vertreters in Art. 4 Nr. 17 sehen keine Öffnungsklausel oder Spezifizierungsmöglichkeit für die Mitgliedstaaten im Hinblick auf die Funktion des Vertreters vor.[8] Zudem schneidet der deutsche Gesetzgeber dem Verantwortlichen oder Auftragsverarbeiter mit der zwingenden Fiktion des § 44 Abs. 3 BDSG nF die Möglichkeit ab, einen **Zustellungsbevollmächtigten** zu benennen, der gerade nicht der Vertreter ist.[9] Zu beachten ist, dass § 44 Abs. 3 S. 1 BDSG nF allein zivilgerichtliche Verfahren erfasst. Ausgeschlossen sind daher alle anderen

---

[3] Ein solcher Eintritt in die Rechtsposition des Verantwortlichen wurde etwa ursprünglich noch im geänderten Entw. der Europäischen Kommission zur RL 95/46/EG in einem Art. 4 Abs. 2 vorgeschlagen, vgl. KOM(92) 422 endg.

[4] So schon die Kritik der *Artikel-29-Datenschutzgruppe,* Stellungnahme 01/2012, WP 191, S. 16.

[5] Ratsdokument 12312/2/14, v. 22.9.2014, S. 18, dort Fn. 13.

[6] BT-Drs. 18/11325, 110.

[7] *Piltz*, § 44 BDSG nF Rn. 24.

[8] *Piltz*, § 44 BDSG nF Rn. 24.

[9] *Piltz*, § 44 BDSG nF Rn. 26 f.

Verfahren, wie etwa verwaltungsgerichtliche Verfahren. Die Fiktion des § 44 Abs. 3 S. 1 BDSG nF ist nicht nur auf Hauptsacheverfahren beschränkt.[10]

B. Einzelerläuterungen

I. Definition

Nach der Legaldefinition in **Art. 4 Nr. 17** ist „Vertreter" eine in der Union niedergelassene natürliche oder juristische Person, die von dem Verantwortlichen oder Auftragsverarbeiter schriftlich gem. Art. 27 bestellt wurde und den Verantwortlichen oder Auftragsverarbeiter in Bezug auf die ihnen jeweils nach dieser Verordnung obliegenden Pflichten vertritt. **5**

Damit ist zunächst klar, dass auch Unternehmen oder Vereine, also juristische Personen, als Vertreter agieren und für diese Funktion ihre Dienste anbieten können. Der Vertreter muss auch **nicht dem Unternehmen oder der Unternehmensgruppe des Verantwortlichen oder Auftragsverarbeiters angehören.** Vertreter kann, aus Sicht des Verantwortlichen oder Auftragsverarbeiters, auch eine außerhalb der eigenen Organisation stehende natürliche oder juristische Person sein. Zu unterscheiden ist der Vertreter klar von dem Datenschutzbeauftragten (hierzu Art. 37 ff.). Der Vertreter nach Art. 27 kann nicht gleichzeitig Datenschutzbeauftragter nach Art. 37 sein, denn er handelt im Auftrag und entsprechend seinem „Mandat" (so Erwägungsgrund 80 S. 5), der Datenschutzbeauftragte jedoch weisungsfrei. Zudem ist nur Vertreter, wer den Verantwortlichen oder Auftragsverarbeiter „in Bezug" auf die ihnen nach der DS-GVO obliegenden Pflichten vertritt. Unklar ist, was genau mit „in Bezug" gemeint ist, welche Aufgaben der Vertreter mithin genau hat. Dem konkreten Wortlaut nach zumindest nicht notwendigerweise die Erfüllung von gesetzlichen Pflichten. Jedoch wird man davon ausgehen müssen, dass der Begriff „in Bezug" umfassend zu verstehen ist und auch die Erfüllung gesetzlicher Pflichten gemeint ist. Dies ergibt sich auch aus der Vorgabe des Art. 31, nach der der Vertreter auf Anfrage mit der Aufsichtsbehörde bei der **Erfüllung der Aufgaben** des Verantwortlichen oder Auftragsverarbeiters zusammenarbeiten muss. **6**

Von der Definition des Vertreters ist damit im Ergebnis am ehesten eine **Position zwischen der Rechtsfigur des Boten einerseits und dem Stellvertreter** des Verantwortlichen oder Auftragsverarbeiters andererseits angedacht. Es soll in der Union eine Stelle vorhanden sein, an die sich sowohl Betroffene als auch Aufsichtsbehörden wenden können und die für den Verantwortlichen oder Auftragsverarbeiter tätig ist. Eine eigenverantwortliche Wahrnehmung gesetzlicher Pflichten für den Verantwortlichen oder Auftragsverarbeiter, unabhängig von Weisungen und einem zugrundeliegenden Auftrag, ist dabei nicht vorgesehen. Die Definition des Art. 4 Nr. 17 umfasst auch nicht unbedingt eine eigenverantwortliche Unterstützungspflicht des Verantwortlichen oder Auftragsverarbeiters bei der Erfüllung ihrer gesetzlichen Pflichten. Im Ergebnis könnte sich der Vertreter, soweit nicht anders im Auftrag festgelegt, zB auch auf eine „Durchleitung" von Auskünften seines jeweiligen Auftraggebers an die Aufsichtsbehörde oder den Betroffenen beschränken. Jedoch soll der Vertreter daneben zumindest in eingeschränkter Weise, nämlich allein gegenüber der Aufsichtsbehörde, als Adressat aufsichtsbehördlicher „Durchsetzungsverfahren" dienen (Erwägungsgrund 80 **7**

[10] *Piltz*, § 44 BDSG nF Rn. 29.

S. 6), wenn sein Auftraggeber gegen gesetzliche Pflichten verstößt. Er soll also, in Vertretung, für den Verantwortlichen oder Auftragsverarbeiter, Adressat möglicher Zwangsmaßnahmen sein. Jedoch ergibt sich diese Stellung als tauglicher Adressat von behördlichen Zwangsmaßnahmen allein aus Erwägungsgrund 80, zudem noch recht unscharf, und nicht aus einem Artikel der DS-GVO selbst. Ob diese Vorgabe daher allein für ein verwaltungsrechtliches Vorgehen gegen den Vertreter ausreicht, muss bezweifelt werden.

II. Zweck: Schaffung einer Anlaufstelle in der Union

8 Der Zweck der Benennungspflicht liegt vor allem darin, dass die Aufsichtsbehörden in Fällen der Anwendbarkeit der DS-GVO, jedoch bei Fehlen einer Niederlassung des Verantwortlichen oder Auftragsverarbeiters in der Union, eine **Anlaufstelle für die Kontaktaufnahme** und sogar auch ein Ziel für mögliche **Durchsetzungsmaßnahmen** erhalten (so ausdrücklich Erwägungsgrund 80). Daneben sollen auch betroffene Personen wissen, an wen sie sich bei Fragen hinsichtlich der Datenverarbeitung wenden und ihre Rechte ausüben können.[11] Die Benennungspflicht dient damit nicht dem Verantwortlichen oder Auftragsverarbeiter, etwa um seine Verarbeitung zu legitimieren. Sie dient allein den Interessen Dritter und der Durchsetzung ihrer Rechte bzw. der Vorgaben der DS-GVO. Daneben ist Zweck der Benennungspflicht die **Schaffung von Transparenz.**[12]

9 Ausdrücklich soll der Vertreter nach Erwägungsgrund 80 in Bezug auf die dem Verantwortlichen oder dem Auftragsverarbeiter nach der DS-GVO obliegenden Verpflichtungen an seiner Stelle handeln. Dies spricht für das **Vorliegen einer „echten" Vertretung** iSd §§ 164 ff. BGB, also mit rechtsgeschäftlicher Wirkung für den jeweiligen Vertretenen (hierzu näher → Rn. 31). Gleichzeitig wird auch klargestellt, dass die Benennung des Vertreters nichts an der Verantwortung der jeweils hinter ihm stehenden Stelle ändert.

10 Dennoch soll der Vertreter bei Verletzungen der DS-GVO durch seinen Auftraggeber gegenüber den Aufsichtsbehörden auch selbst als Adressat von Untersuchungsbefugnissen dienen. Art. 27 bezweckt also auch die **Schaffung eines weiteren Haftungssubjekts,** jedoch allein für behördliche Zwangsmaßnahmen mit Blick auf die Untersuchung (Art. 58 Abs. 1 lit. a) und Bereitstellung von Informationen in der Union.[13] Die Figur des Vertreters wird vor allem aufgrund der territorialen Ausweitung des Anwendungsbereichs des DS-GVO von entscheidender Bedeutung für eine wirksame Durchsetzung der Regelungen. Die Anwendbarkeit der DS-GVO allein ist nicht ausreichend, um die Einhaltung ihrer Vorgaben in der Praxis sicherzustellen. Zumindest in bestimmten Konstellationen, nämlich bei aufsichtsbehördlichen Durchsetzungsmaßnahmen, ist der Vertreter nach Ansicht des Gesetzgebers tauglicher Adressat. Nicht in Anspruch genommen werden kann der Vertreter hingegen von Betroffenen, die ihre Rechte etwa vor Gericht durchsetzen möchten. Eine solche Regelung findet sich in der DS-GVO nämlich nicht und es kann diesbezüglich, aufgrund der Regelung zu behördlichen

---

[11] Europäische Kommission, Arbeitspapier der Kommissionsdienststellen, Bericht über die Abschätzung der Folgen, SEC(2012) 72 final, S. 24 f.

[12] So bereits zur entspr. Regelung der RL 95/46/EG und ihrer Umsetzung im BDSG, die Gesetzesbegr. zum Entw. eines Gesetzes zur Änderung des Bundesdatenschutzgesetzes und anderer Gesetze, BT-Drs. 14/4329, 32.

[13] So auch Paal/Pauly/*Martini*, DS-GVO, Art. 27 Rn. 5.

Durchsetzungsverfahren, auch keine ungewollte Regelungslücke attestiert werden.

Jedoch zeigen die Ausnahmeregelungen des Art. 27 Abs. 2, dass der Gesetzgeber das Erfordernis einer solchen Anlaufstelle innerhalb der Union **nicht in jedem Fall für erforderlich hielt** und am Ende auch einen Adressaten für die Durchsetzung der DS-GVO nicht um jeden Preis als notwendig ansieht. 11

III. Voraussetzungen der Benennung

1. Anwendbarkeit der DS-GVO nach Art. 3 Abs. 2. Die Pflicht zur Benennung eines Vertreters besteht überhaupt nur dann, wenn auf einen außerhalb der Union niedergelassenen Verantwortlichen oder Auftragsverarbeiter die DS-GVO anwendbar ist, mithin in den Fällen des Art. 3 Abs. 2 lit. a oder lit. b (zu den beiden Tatbeständen und ihren Voraussetzungen, → Art. 3 Rn. 23 ff.). Besitzt der Verantwortliche oder Auftragsverarbeiter eine Niederlassung in der Union und werden im Rahmen der Tätigkeiten dieser Niederlassung personenbezogene Daten verarbeitet, so findet die DS-GVO schon nach Art. 3 Abs. 1 Anwendung und Betroffene als auch die Aufsichtsbehörde können Anfragen an diese Niederlassung richten. Die Benennung eines Vertreters ist **dann nicht mehr erforderlich.** 12

2. Schriftlichkeit. Nach Art. 27 Abs. 1 benennt der Verantwortliche oder der Auftragsverarbeiter, in den Fällen gem. Art. 3 Abs. 2, **schriftlich einen Vertreter** in der Union. Die Schriftlichkeit bezieht sich ausdrücklich auf die Benennung. Hiervon abweichend und gleichzeitig weitergehend sieht Erwägungsgrund 80 S. 3 vor, dass der Verantwortliche oder der Auftragsverarbeiter den Vertreter ausdrücklich bestellen und schriftlich beauftragen sollte. Hier bezieht sich die Schriftlichkeit auf die Beauftragung, nicht auf die bloße Benennung und auch ausdrücklich nicht auf die Bestellung. Zum Dritten und hiervon erneut abweichend, legt die Definition des Vertreters in Art. 4 Nr. 17 fest, dass dieser schriftlich bestellt wurde. In dieser Variante bezieht sich die Schriftlichkeit auf die Bestellung des Vertreters. Damit ist völlig unklar, welcher Akt, so es denn verschiedene sind, genau schriftlich erfolgen muss: die Benennung, die Beauftragung oder die Bestellung. 13

Als kleinster gemeinsamer Nenner dieser in sich inkonsistenten Vorgaben (es sei daran erinnert, dass ein Verstoß gegen Art. 27 mit einer verwaltungsrechtlichen Sanktion geahndet werden kann) lässt sich wohl festhalten, dass der Vorgang, der eine natürliche oder juristische Person zum Vertreter in der Union macht, also die **konkrete Angabe zur Person, ihrer Anschrift und ihrer Funktion als Vertreter, schriftlich erfolgen** muss. Nicht vom Erfordernis der Schriftlichkeit umfasst ist jedoch die nähere Ausgestaltung des Verhältnisses, insbesondere eines Auftrages oder von Weisungen an den Vertreter. Hierfür findet sich in Art. 27 keine ausdrückliche Grundlage. Diese können mithin grundsätzlich auch mündlich erfolgen. 14

Des Weiteren stellt sich die Frage, was der europäische Gesetzeber mit der Formvorgabe „schriftlich" meinte. Gerade in Deutschland wird man eventuell geneigt sein, hiermit das **Schriftformerfordernis** des § 126 BGB und damit die handschriftliche Unterzeichnung auf einer Urkunde als Erfordernis der Benennung des Vertreters anzusehen. Gegen eine solche Auslegung spricht jedoch zum einen, dass **europarechtliche Formvorgaben autonom auszulegen** sind und 15

§ 126 BGB nicht anzuwenden ist.[14] Zudem ist Zweck der Schriftlichkeit hier nicht ein solcher, der typischerweise dem Schriftformerfordernis des § 126 BGB zugrunde liegt. In Art. 27 geht es um die nach außen erkennbare Benennung einer Kontaktstelle innerhalb der Union, jedoch etwa nicht um einen Übereilungsschutz für der Beteiligten oder die Verifikation der Echtheit von Dokumenten. Dritte sollen die Möglichkeit erhalten, zu erkennen, an wen sie sich innerhalb der Union wenden können. Um diesem Zweck gerecht zu werden, genügt jedoch bereits die Dokumentation der Benennung in Textform.

16 Im Ergebnis erscheint daher eine dem **deutschen Zivilrecht entsprechende Textform** als ausreichend, um der Anforderung der „Schriftlichkeit" zu genügen. Insbesondere ist weder dem Wortlaut von Art. 27 noch Erwägungsgrund 80 ein Erfordernis für eine handschriftliche Unterzeichnung einer einheitlichen Urkunde durch die Parteien zu entnehmen. Auch der Zweck hinter der schriftlichen Benennung spricht für die Angemessenheit dieser Form.

17 **3. In der Union niedergelassen.** Der Vertreter muss zudem in einem der **Mitgliedstaaten niedergelassen sein,** in denen sich die betroffenen Personen befinden, deren personenbezogene Daten im Zusammenhang mit den ihnen angebotenen Waren oder Dienstleistungen verarbeitet werden oder deren Verhalten beobachtet wird.

18 Es ist **nicht erforderlich, dass ein Vertreter pro Mitgliedstaat** benannt wird, in dem sich die von der Datenverarbeitung betroffenen Personen befinden.[15] Art. 27 Abs. 3 spricht ausdrücklich nur von „einem der Mitgliedstaaten". Verantwortlichen und Auftragsverarbeitern ist es damit möglich, einen Vertreter für mehrere Mitgliedstaaten zu benennen.

19 Der Vertreter muss in einem Mitgliedstaat „niedergelassen" sein. Art. 27 Abs. 3 gibt keinen Hinweis darauf, ob der Begriff der „Niederlassung" hier anders zu verstehen ist, als im **Rahmen des Art. 3.** Auch Erwägungsgrund 80 geht nicht näher auf den Begriff ein. Daher sollte, auch um eine einheitliche Anwendung von Begriffen und der DS-GVO zu erreichen, das „niedergelassen" sein so verstanden werden, wie in Art. 3 (hierzu → Art. 3 Rn. 9 ff.). Jedoch stellt der Vertreter keine Niederlassung des Verantwortlichen oder Auftragsverarbeiters iSd Art. 3 Abs. 1 dar.

20 Insbesondere ist es daher nicht erforderlich, dass der Vertreter in einem Mitgliedstaat im Handelsregister eingetragen ist. Auch ein **Wohnsitz oder eine Postanschrift (zB auch ein Postfach) kann ausreichen,** um ein „niedergelassen" sein zu begründen (→ Art. 3 Rn. 9).

IV. Ausnahmen von der Benennungspflicht

21 Art. 27 Abs. 2 macht **zwei Ausnahmen** von der Benennungspflicht eines Vertreters, die, aufgrund ihres Charakters als Abweichungen von der gesetzlichen Regel, grundsätzlich eng auszulegen und restriktiv anzuwenden sind.

22 **1. Art der Datenverarbeitung.** Nach Art. 27 Abs. 2 lit. a gilt die Benennungspflicht nicht bei einer Verarbeitung, die zum einen entweder **nur gelegentlich erfolgt** oder **nicht die umfangreiche Verarbeitung** besonderer Datenkategorien iSd Art. 9 Abs. 1 oder die umfangreiche Verarbeitung von

[14] Palandt/*Ellenberger*, § 126 BGB Rn. 1.
[15] *Piltz*, K&R 2016, 709 (712).

personenbezogenen Daten über strafrechtliche Verurteilungen und Straftaten iSd Art. 10 einschließt und zum anderen unter Berücksichtigung der Art, der Umstände, des Umfangs und der Zwecke der Verarbeitung voraussichtlich nicht zu einem **Risiko** für die Rechte und Freiheiten natürlicher Personen führt.

Diese Ausnahme setzt sich mithin aus zwei zu erfüllenden Tatbestandsvoraussetzungen zusammen, wobei die **erste Voraussetzung drei alternative Varianten** umfasst. 23

a) Die Verarbeitung, welche die Anwendbarkeit der DS-GVO nach Art. 3 Abs. 2 auslöst, erfolgt nur **gelegentlich.** Die Verordnung definiert nicht näher, was unter dem Begriff „gelegentlich" zu verstehen ist. Zwar wird der Begriff einige Male in der Verordnung verwendet, um Ausnahmen von gesetzlichen Pflichten (etwa zur Führung des Verfahrensverzeichnisses) zu statuieren. Jedoch bleibt der Gesetzgeber eine Konkretisierung schuldig. Dem Wortlaut nach dürfte eine Verarbeitung vor allem dann gelegentlich erfolgen, wenn sie nicht planmäßig andauernd stattfindet. Zu beachten ist jedoch, dass auch einer gelegentlichen Verarbeitung eine gewisse Planung vorausgehen kann, so etwa wenn diese planmäßig einmal im Monat stattfinden soll. Ebenfalls als gelegentlich dürften Verarbeitungen angesehen werden, die tatsächlich ungeplant, eben bei Gelegenheit, stattfinden. Mit dem Begriff „gelegentlich" wollte der Gesetzgeber insbesondere eine quantitative Komponente (wie oft findet die Verarbeitung statt?) adressieren. Eine feste Grenze, wann eine Verarbeitung nicht mehr gelegentlich ist, lässt sich jedoch nicht rechtssicher ziehen. Der Begriff ist zu vage und wird in der Praxis zu unterschiedlichen Auslegungen führen.[16] 24

b) Als zweite Alternative der ersten Tatbestandsvoraussetzung von Art. 27 Abs. 2 lit. a darf es sich nicht um eine **umfangreiche** Verarbeitung **besonderer Datenkategorien** iSd Art. 9 Abs. 1 handeln. 25

Die Verarbeitung darf nicht umfangreich sein. Wie schon auch der Begriff „gelegentlich", so entbehrt auch die Beschreibung „umfangreich" **jeglicher Konkretheit.** In Erwägungsgrund 91 S. 4 wird zur Notwendigkeit der Durchführung einer Folgenabschätzung festgestellt, dass die Verarbeitung personenbezogener Daten nicht als umfangreich gilt, wenn die Verarbeitung personenbezogene Daten von Patienten oder von Mandanten betrifft und durch einen einzelnen Arzt, sonstigen Angehörigen eines Gesundheitsberufes oder Rechtsanwalts erfolgt. Damit ist für die Konkretisierung des Begriffs „umfangreich" wenig gewonnen. Zumindest lässt sich jedoch feststellen, dass keine feste Grenze existiert. Zwar scheint der Terminus „umfangreich" eher für eine quantitative Begrenzung sprechen. Jedoch kann, um auf die Vorgaben des Erwägungsgrundes 91 zurückzukommen, auch ein Arzt oder ein Rechtsanwalt 100 oder 1.000 Patienten bzw. Mandanten beraten und deren personenbezogene Daten verarbeiten. Eine solche Verarbeitung ist jedoch nicht „umfangreich". Am Ende verbleibt für die Praxis Ungewissheit darüber, wann eine Verarbeitung als umfangreich anzusehen ist. 26

c) Zuletzt kann die erste Tatbestandsvariante auch erfüllt sein, wenn keine umfangreiche Verarbeitung von personenbezogenen Daten über **strafrechtliche Verurteilungen** und **Straftaten** iSd Art. 10 vorliegt. Zu den von den Begriffen „strafrechtliche Verurteilung" und „Straftaten" umfassten Informationen, vgl. Art. 10. 27

---

[16] So auch die Kritik der *Artikel-29-Datenschutzgruppe,* Stellungnahme 01/2012, WP 191, S. 16.

28 Zum Begriff „umfangreich" und dessen Unbestimmtheit, vgl. bereits → Rn. 25.

29 **2. Kein Risiko für die Rechte und Freiheiten natürlicher Personen.** Als zweite Voraussetzung der Ausnahme darf die Verarbeitung, unter Berücksichtigung der Art, der Umstände, des Umfangs und der Zwecke der Verarbeitung voraussichtlich nicht zu einem **Risiko** für die Rechte und Freiheiten natürlicher Personen führen.

30 Der Gesetzgeber stellt damit auf den in Art. 24 eingeführten **risikobasierten Ansatz** ab. Der Verantwortliche oder Auftragsverarbeiter muss dementsprechend eine Prüfung der möglichen Auswirkungen der jeweiligen Datenverarbeitung vornehmen. Zu den Anforderungen an diese Prüfung, vgl. Art. 24.

31 **3. Zweite Ausnahme: Datenverarbeitung durch Behörden oder öffentliche Stellen.** Auch soll die Benennungspflicht zudem nicht bestehen, wenn **Behörden** oder **öffentliche Stellen** aus Drittstaaten die betreffende Datenverarbeitung vornehmen (Art. 27 Abs. 2 lit. b). Nicht umfasst werden private Stellen (also insbesondere Unternehmen), die Aufgaben im öffentlichen Interesse wahrnehmen oder im behördlichen Auftrag handeln.

V. Verhältnis zum Verantwortlichen oder Auftragsverarbeiter

32 Nach Erwägungsgrund 80 S. 2 soll der Vertreter **im Namen** des Verantwortlichen oder des Auftragsverarbeiters tätig werden und den Aufsichtsbehörden **als Anlaufstelle dienen.**[17] Zudem soll er nach der Legaldefinition in Art. 4 Nr. 17 den Verantwortlichen oder Auftragsverarbeiter in Bezug auf die ihnen nach der DS-GVO obliegenden Pflicht vertreten. Es wurde bereits auf die wenig konkrete Vorgabe „in Bezug" eingegangen (→ Rn. 5).

33 Legt man die Voraussetzungen der zivilrechtlichen Stellvertretung (§§ 164 ff. BGB) an, so würde das Handeln des Vertreters direkt dem Vertretenen, also dem Verantwortlichen oder Auftragsverarbeiter, zugerechnet werden. Solange sich der Vertreter im Rahmen seiner Vertretungsmacht bewegt, bestünde für ihn zudem kein Haftungsrisiko. Für ein solches Verständnis des Verhältnisses von Vertreter zu seinem Auftraggeber spricht, dass der Vertreter zum einen **im Namen** des Verantwortlichen oder des Auftragsverarbeiters tätig werden soll (Erwägungsgrund 80 S. 2). Zum anderen soll er in Bezug auf die dem Verantwortlichen oder Auftragsverarbeiter nach der Verordnung obliegenden Verpflichtungen **an seiner Stelle handeln** und ihn **in Bezug auf seine Pflichten vertreten.** Damit sind zwei Voraussetzungen der Stellvertretung erfüllt: das Handeln im fremden Namen sowie das Vorliegen gesetzlicher Vertretungsmacht. Auch soll der Verantwortliche oder Auftragsverarbeiter weiterhin verantwortlich bleiben. Wie in Art. 4 Abs. 2 RL 95/46/EG tritt der Vertreter also nicht in die Rechte und Pflichten des Vertretenen ein.[18]

34 Ein entscheidendes Merkmal, welches die **zivilrechtliche Stellvertretung von der Botenschaft unterscheidet,** ist die Abgabe einer eigenen Willenserklärung und das Vorliegen eines gewissen Entscheidungsspielraums. Ein solcher Ent-

---

[17] Krit. BeckOK DatenschutzR/*Hanloser*, DS-GVO, Art. 27 Rn. 5.

[18] Der Eintritt in die Rechtsposition des Verantwortlichen wurde etwa noch im geänderten Entw. der Europäischen Kommission zur RL 95/46/EG vorgeschlagen, vgl. Art. 4 Abs. 2 KOM(92) 422 endg., jedoch mit dem Standpunkt des Rates (Gemeinsamer Standpunkt (EG) Nr. 1/95) aufgegeben. Auch in der DS-GVO wird er nicht erneut eingeführt.

scheidungsspielraum ist durch die DS-GVO jedoch gerade nicht vorgesehen.[19] Nach Erwägungsgrund 80 S. 5 muss der Vertreter seine Aufgaben entsprechend dem durch den Verantwortlichen oder Auftragsverarbeiter erteilten Mandat ausführen. Dies spricht gegen die Möglichkeit, dass bei seiner Tätigkeit ein Entscheidungsspielraum besteht. Ebenfalls gegen das Vorliegen einer Stellvertretung iSd §§ 164 ff. BGB lässt sich anführen, dass die sich eigentlich aus dem Wortlaut der DS-GVO ergebende gesetzliche Vertretungsmacht durch den Vertretenen beschränkbar ist. Nach Erwägungsgrund 80 S. 5 muss der Vertreter seine Aufgaben entsprechend dem Mandat des Verantwortlichen oder Auftragsverarbeiters ausführen. Den Inhalt des Mandats und damit den Umfang der Vertretungsbefugnis, legt der Auftraggeber fest.

Insgesamt erscheint das Verhältnis des Vertreters zum Verantwortlichen oder Auftragsverarbeiter daher sowohl Elemente der zivilrechtlichen Botenschaft als auch der Stellvertretung zu enthalten. Darüberhinausgehend kann jedoch der Vertreter in engen Grenzen ein **eigenständiges Haftungssubjekt** zum einen für Verstöße gegen ihm obliegende Pflichten (hierzu → Rn. 37) und auch Pflichten seines Auftraggebers sein (hierzu → Rn. 36).[20] **35**

Bereits die derzeit geltende Regelung in Art. 4 Abs. 2 RL 95/46/EG hat in der Vergangenheit Kritik mit Blick auf die rechtliche Position des Vertreters in der Union hervorgerufen.[21] In den mitgliedstaatlichen Umsetzungsvorschriften ist nämlich **nicht einheitlich geregelt,** ob der Vertreter des für die Verarbeitung Verantwortlichen von Dritten zivil- oder strafrechtlich belangt und bestraft werden kann. In einigen Mitgliedstaaten können Geldbußen und -strafen direkt gegen den Vertreter verhängt werden, in anderen ist eine solche Möglichkeit nicht vorgesehen.[22] Diese Unsicherheit hinsichtlich der genauen Rechtsstellung des Vertreters wird durch die DS-GVO nicht gelöst. **36**

VI. Gesetzliche Pflichten des Vertreters

Zu differenzieren ist zwischen den gesetzlichen Pflichten, die dem Verantwortlichen oder Auftragsverarbeiter obliegen und die auch nicht durch Benennung des Vertreters allein auf diesen übertragen werden können (vgl. Art. 27 Abs. 5). **Gesetzlich verpflichtet bleibt der Verantwortliche oder Auftragsverarbeiter.** Der Vertreter unterstützt seinen Auftraggeber allein dabei, diesen Pflichten nachzukommen und vertritt ihn bei deren Erfüllung. **37**

Daneben sieht die DS-GVO jedoch in bestimmten Fällen vor, dass gesetzliche Pflichten nach der DS-GVO dem **Vertreter selbst obliegen.** So in Art. 30 Abs. 1, nach dem der Vertreter ein Verzeichnis aller Verarbeitungstätigkeiten führen muss, die seiner Zuständigkeit unterliegen. Nach Art. 30 Abs. 4 muss das Verzeichnis ggf. durch den Vertreter des Verantwortlichen oder des Auftragsverarbeiters der Aufsichtsbehörde auf Anfrage zur Verfügung gestellt werden. Nach **38**

---

[19] Für eine Einordnung als Stellvertreter nach §§ 164 ff. BGB, jedoch ohne nähere Begr. BeckOK DatenschutzR/*Hanloser*, DS-GVO, Art. 27 Rn. 15.

[20] Gegen eine Qualifikation als eigenständiges Haftungsobjekt Paal/Pauly/*Martini*, DS-GVO, Art. 27 Rn. 50.

[21] So etwa die *Artikel-29-Datenschutzgruppe,* Stellungnahme 08/2010 zum anwendbaren Recht, WP 179, S. 29: „praktische Fragen bezüglich der Durchsetzung dieser Bestimmung gegenüber dem Vertreter".

[22] *Artikel-29-Datenschutzgruppe,* Stellungnahme 08/2010 zum anwendbaren Recht, WP 179, S. 29.

Art. 31 muss der Vertreter auf Anfrage mit der Aufsichtsbehörde bei der Erfüllung der Aufgaben des Verantwortlichen oder Auftragsverarbeiters zusammenarbeiten.

39 Auch aus Art. 31 wird nicht klar, welche **rechtliche Stellung dem Vertreter** in dem Dreiecksverhältnis zwischen Verantwortlichem bzw. Auftragsverarbeiter und Aufsichtsbehörde zukommt.

VII. Vertreter als Adressat behördlicher Maßnahmen

40 Wie bereits beschrieben, kann nach Erwägungsgrund 80 S. 6 der Vertreter auch **selbst behördlichen Durchsetzungsverfahren unterworfen** werden, wenn der Verantwortliche oder Auftragsverarbeiter gegen gesetzliche Regelungen verstoßen.

41 **1. Durchsetzungsverfahren.** Leider ist unklar, was die DS-GVO mit „Durchsetzungsverfahren" genau meint.[23] In Art. 58, der Vorschrift über die Befugnisse der Aufsichtsbehörden, wird der Vertreter nur einmal erwähnt, in Art. 58 Abs. 1 lit. a. Jede Aufsichtsbehörde verfügt danach über die sog. **Untersuchungsbefugnis,** den Verantwortlichen, den Auftragsverarbeiter und ggf. den Vertreter des Verantwortlichen oder des Auftragsverarbeiters anzuweisen, alle Informationen bereitzustellen, die für die Erfüllung ihrer Aufgaben erforderlich sind. Im Katalog der Abhilfebefugnisse (Art. 58 Abs. 2) wird der Vertreter nicht mehr erwähnt, sehr wohl jedoch der Verantwortliche und Auftragsverarbeiter.

42 Hieraus lässt sich schließen, dass Aufsichtsbehörden gegen den Vertreter tatsächlich **allein die Untersuchungsbefugnis** nach Art. 58 Abs. 1 lit. a zusteht. Denn ansonsten hätte der Vertreter in weiteren Aufzählungen des Befugniskatalogs ausdrücklich erwähnt werden müssen. Der europäische Gesetzgeber wollte den Vertreter jedoch offensichtlich bewusst nur in Art. 58 Abs. 1 lit. a adressieren. Auch enthält Art. 58 keine Vorgabe, dass etwa anstelle des Verantwortlichen oder Auftragsverarbeiters stets auch der Vertreter das Ziel einer aufsichtsbehördlichen Maßnahme sein kann.[24] Eine planwidrige Regelungslücke ist, aufgrund der ausdrücklichen einmaligen Erwähnung in Art. 58 Abs. 1 lit. a, nicht gegeben.

43 Die Untersuchungsbefugnis des Art. 58 Abs. 1 lit. a wird man jedoch kaum als Teil eines „Durchsetzungsverfahrens" iSd Erwägungsgrundes 80 S. 6 ansehen können. Denn es geht hierbei allein um die **Bereitstellung von Informationen,** nicht um die Durchsetzung von Pflichten oder bereits erlassenen Verwaltungsakten im Fall von Gesetzesverletzungen. Daher ist auch mit Blick auf Art. 58 Abs. 1 lit. a nicht klar, was mit den „Durchsetzungsverfahren" gemeint ist.

44 Erwägungsgrund 80 S. 6 sieht die Möglichkeit der Verpflichtung des Vertreters im Rahmen von Durchsetzungsverfahren nur für den Fall vor, dass der **Verantwortliche oder Auftragsverarbeiter gegen die DS-GVO verstößt.** Es liegt also kein rechtswidriges Handeln des Vertreters vor. Er soll jedoch dennoch das Ziel aufsichtsbehördlicher Maßnahmen sein können. Da jedoch Art. 27 selbst überhaupt keinen Hinweis darauf gibt, was genau und wann gegenüber dem Vertreter durchgesetzt werden kann, muss man im Ergebnis davon ausgehen, dass ein aufsichtsbehördliches Vorgehen gegen den Vertreter, etwa im Wege des Erlasses eines Verwaltungsaktes mit ihm als Adressaten, für die Aufsichtsbehörde mit recht-

[23] Ebenso Ehmann/Selmayr/*Bertermann*, DS-GVO, Art. 27 Rn. 7.

[24] AA BeckOK DatenschutzR/*Hanloser*, DS-GVO, Art. 27 Rn. 14, der davon ausgeht, dass Anforderungen nach Art. 58 Abs. 2 auch gegenüber dem Vertreter getroffen werden können.

lichen Risiken behaftet ist. Es ist bereits zweifelhaft, ob der Vertreter überhaupt passivlegitimiert wäre. Denn nach Erwägungsgrund 80 S. 4 berührt die Benennung eines Vertreters nicht die Verantwortung oder Haftung des Verantwortlichen oder des Auftragsverarbeiters nach Maßgabe der DS-GVO. Allein der Auftraggeber des Vertreters bleibt gesetzlich verpflichtet und damit passivlegitimiert.

2. „Unbeschadet" rechtlicher Schritt gegen den Verantwortlichen oder Auftragsverarbeiter. Hinzu tritt Art. 27 Abs. 5, nach dem die Benennung „unbeschadet" etwaiger rechtlicher Schritte gegen den Verantwortlichen oder den Auftragsverarbeiter selbst erfolgt. Auch diese Vorgabe spricht dafür, dass Haftungssubjekt und tauglicher Adressat von behördlichen Rechtsakten, mit Ausnahme der Pflicht zur Bereitstellung von Informationen nach Art. 58 Abs. 1 lit. a (die tatsächlich den Vertreter selbst trifft), weiterhin allein der Verantwortliche oder Auftragsverarbeiter ist.[25] Die Regelung, dass die **Benennung „unbeschadet" rechtlicher Schritte** gegen den Verantwortlichen oder Auftragsverarbeiter erfolgt, findet sich in fast identischer Weise auch in Art. 4 Abs. 2 RL 95/46/EG („unbeschadet der Möglichkeit eines Vorgehens gegen den für die Verarbeitung Verantwortlichen selbst"). Im Geltungsbereich der RL 95/46/EG ist seit längerem streitig, ob und wenn ja in welcher Form gegen den Vertreter vorgegangen werden kann.[26] Die Vorgaben der Richtlinie sind in jedem Fall nicht eindeutig und diese rechtliche Ungewissheit setzt sich in Art. 27 fort. 45

Es bleibt am Ende nichts anderes übrig, als den Regelungen des Art. 27 im Zusammenspiel mit Erwägungsgrund 80 die Schaffung einer **nicht zu entwirrenden Unklarheit zu attestieren.** Teilweise widersprechen sich Regelungen direkt, teilweise finden sich Erwägungen überhaupt nicht in Art. 27 selbst wieder. Die deutsche Delegation hatte daher, wie auch andere Mitgliedstaatsvertreter im Rat der Europäischen Union, erhebliche Bedenken, ob Art. 27 tatsächlich dem Zweck dienen wird, die DS-GVO auch gegenüber allein in Drittstaaten ansässigen verantwortlichen oder Auftragsverarbeitern durchsetzen zu können.[27] 46

Gegen eine eigene Haftung des Vertreters für Verstöße des Verantwortlichen oder Auftragsverarbeiters gegen ihnen obliegenden Pflichten lässt sich am Ende jedoch die Gesetzgebungsgeschichte anführen. Noch im Juni 2013 enthielt die Ratsfassung der DS-GVO im damaligen Art. 79 Abs. 3a (jetzt Art. 83) eine ausdrückliche Regelung, nach der im Fall der Bestellung eines Vertreters nach dem damaligen Art. 25 (jetzt Art. 27) **Geldbußen** auch direkt gegen dem Vertreter verhängt werden konnte.[28] Dieser Abs. 3a wurde jedoch im Laufe der Verhandlungen, gegen den Protest der Europäischen Kommission, entfernt[29] und danach auch nicht wieder in den jetzigen Art. 83 aufgenommen. Der europäische Gesetzgeber dachte also ausdrücklich über die direkte Haftung des Vertreters für Verstöße des Vertretenen nach, entschied sich am Ende jedoch gegen diese Regelung. 47

VIII. Verstöße

Bei Verstößen gegen die Vorgaben des Art. 27 kann die zuständige Aufsichtsbehörde **Geldbußen** von bis zu 10.000.000 EUR oder im Fall eines Unternehmens 48

[25] IErg ebenso Kühling/Buchner/*Hartung*, DS-GVO, Art. 27 Rn. 14.

[26] *Artikel-29-Datenschutzgruppe,* Stellungnahme 08/2010 zum anwendbaren Recht, WP 179, S. 29.

[27] Ratsdokument 12312/2/14, v. 22.9.2014, S. 18 dort Fn. 13.

[28] Ratsdokument 11013/13, v. 21.6.2013, S. 211.

[29] Ratsdokument 17831/13, v. 16.12.2013, S. 225.

von bis zu 2 Prozent seines gesamten weltweit erzielten Jahresumsatzes des vorangegangenen Geschäftsjahrs verhängen, Art. 83 Abs. 4 lit. a. Mit einer solchen Geldbuße belegt werden kann jedoch nur der Verantwortliche oder Auftragsverarbeiter, nicht der Vertreter selbst (→ Rn. 36). Denn er soll nach Art. 27 Abs. 4 nur als **Anlaufstelle** für die zuständige Aufsichtsbehörde dienen. Zudem richtet sich die Benennungspflicht des Art. 27 Abs. 1 ausdrücklich allein an den Verantwortlichen oder Auftragsverarbeiter.

49 Dem **Vertreter** obliegen jedoch in engen Grenzen auch eigene gesetzliche Pflichten, → Rn. 37. Verstößt er selbst gegen diese Pflichten und erfüllt die Voraussetzungen des Art. 83 Abs. 4 lit. a, so kann die Aufsichtsbehörde auch direkt gegen den Vertreter Geldbußen verhängen.

Art. 28 Auftragsverarbeiter

(1) **Erfolgt eine Verarbeitung im Auftrag eines Verantwortlichen, so arbeitet dieser nur mit Auftragsverarbeitern, die hinreichend Garantien dafür bieten, dass geeignete technische und organisatorische Maßnahmen so durchgeführt werden, dass die Verarbeitung im Einklang mit den Anforderungen dieser Verordnung erfolgt und den Schutz der Rechte der betroffenen Person gewährleistet.**

(2) [1]**Der Auftragsverarbeiter nimmt keinen weiteren Auftragsverarbeiter ohne vorherige gesonderte oder allgemeine schriftliche Genehmigung des Verantwortlichen in Anspruch.** [2]**Im Fall einer allgemeinen schriftlichen Genehmigung informiert der Auftragsverarbeiter den Verantwortlichen immer über jede beabsichtigte Änderung in Bezug auf die Hinzuziehung oder die Ersetzung anderer Auftragsverarbeiter, wodurch der Verantwortliche die Möglichkeit erhält, gegen derartige Änderungen Einspruch zu erheben.**

(3) [1]**Die Verarbeitung durch einen Auftragsverarbeiter erfolgt auf der Grundlage eines Vertrags oder eines anderen Rechtsinstruments nach dem Unionsrecht oder dem Recht der Mitgliedstaaten, der bzw. das den Auftragsverarbeiter in Bezug auf den Verantwortlichen bindet und in dem Gegenstand und Dauer der Verarbeitung, Art und Zweck der Verarbeitung, die Art der personenbezogenen Daten, die Kategorien betroffener Personen und die Pflichten und Rechte des Verantwortlichen festgelegt sind.** [2]**Dieser Vertrag bzw. dieses andere Rechtsinstrument sieht insbesondere vor, dass der Auftragsverarbeiter**

a) **die personenbezogenen Daten nur auf dokumentierte Weisung des Verantwortlichen – auch in Bezug auf die Übermittlung personenbezogener Daten an ein Drittland oder eine internationale Organisation – verarbeitet, sofern er nicht durch das Recht der Union oder der Mitgliedstaaten, dem der Auftragsverarbeiter unterliegt, hierzu verpflichtet ist; in einem solchen Fall teilt der Auftragsverarbeiter dem Verantwortlichen diese rechtlichen Anforderungen vor der Verarbeitung mit, sofern das betreffende Recht eine solche Mitteilung nicht wegen eines wichtigen öffentlichen Interesses verbietet;**
b) **gewährleistet, dass sich die zur Verarbeitung der personenbezogenen Daten befugten Personen zur Vertraulichkeit verpflichtet haben oder einer angemessenen gesetzlichen Verschwiegenheitspflicht unterliegen;**

c) alle gemäß Artikel 32 erforderlichen Maßnahmen ergreift;
d) die in den Absätzen 2 und 4 genannten Bedingungen für die Inanspruchnahme der Dienste eines weiteren Auftragsverarbeiters einhält;
e) angesichts der Art der Verarbeitung den Verantwortlichen nach Möglichkeit mit geeigneten technischen und organisatorischen Maßnahmen dabei unterstützt, seiner Pflicht zur Beantwortung von Anträgen auf Wahrnehmung der in Kapitel III genannten Rechte der betroffenen Person nachzukommen;
f) unter Berücksichtigung der Art der Verarbeitung und der ihm zur Verfügung stehenden Informationen den Verantwortlichen bei der Einhaltung der in den Artikeln 32 bis 36 genannten Pflichten unterstützt;
g) nach Abschluss der Erbringung der Verarbeitungsleistungen alle personenbezogenen Daten nach Wahl des Verantwortlichen entweder löscht oder zurückgibt und die vorhandenen Kopien löscht, sofern nicht nach dem Unionsrecht oder dem Recht der Mitgliedstaaten eine Verpflichtung zur Speicherung der personenbezogenen Daten besteht;
h) dem Verantwortlichen alle erforderlichen Informationen zum Nachweis der Einhaltung der in diesem Artikel niedergelegten Pflichten zur Verfügung stellt und Überprüfungen – einschließlich Inspektionen –, die vom Verantwortlichen oder einem anderen von diesem beauftragten Prüfer durchgeführt werden, ermöglicht und dazu beiträgt.

[3]Mit Blick auf Unterabsatz 1 Buchstabe h informiert der Auftragsverarbeiter den Verantwortlichen unverzüglich, falls er der Auffassung ist, dass eine Weisung gegen diese Verordnung oder gegen andere Datenschutzbestimmungen der Union oder der Mitgliedstaaten verstößt.

(4) [1]Nimmt der Auftragsverarbeiter die Dienste eines weiteren Auftragsverarbeiters in Anspruch, um bestimmte Verarbeitungstätigkeiten im Namen des Verantwortlichen auszuführen, so werden diesem weiteren Auftragsverarbeiter im Wege eines Vertrags oder eines anderen Rechtsinstruments nach dem Unionsrecht oder dem Recht des betreffenden Mitgliedstaats dieselben Datenschutzpflichten auferlegt, die in dem Vertrag oder anderen Rechtsinstrument zwischen dem Verantwortlichen und dem Auftragsverarbeiter gemäß Absatz 3 festgelegt sind, wobei insbesondere hinreichende Garantien dafür geboten werden muss, dass die geeigneten technischen und organisatorischen Maßnahmen so durchgeführt werden, dass die Verarbeitung entsprechend den Anforderungen dieser Verordnung erfolgt. [2]Kommt der weitere Auftragsverarbeiter seinen Datenschutzpflichten nicht nach, so haftet der erste Auftragsverarbeiter gegenüber dem Verantwortlichen für die Einhaltung der Pflichten jenes anderen Auftragsverarbeiters.

(5) Die Einhaltung genehmigter Verhaltensregeln gemäß Artikel 40 oder eines genehmigten Zertifizierungsverfahrens gemäß Artikel 42 durch einen Auftragsverarbeiter kann als Faktor herangezogen werden, um hinreichende Garantien im Sinne der Absätze 1 und 4 des vorliegenden Artikels nachzuweisen.

(6) Unbeschadet eines individuellen Vertrags zwischen dem Verantwortlichen und dem Auftragsverarbeiter kann der Vertrag oder das andere Rechtsinstrument im Sinne der Absätze 3 und 4 des vorliegenden Artikels ganz oder teilweise auf den in den Absätzen 7 und 8 des vorliegenden Arti-

kels genannten Standardvertragsklauseln beruhen, auch wenn diese Bestandteil einer dem Verantwortlichen oder dem Auftragsverarbeiter gemäß den Artikeln 42 und 43 erteilten Zertifizierung sind.

(7) **Die Kommission kann im Einklang mit dem Prüfverfahren gemäß Artikel 93 Absatz 2 Standardvertragsklauseln zur Regelung der in den Absätzen 3 und 4 des vorliegenden Artikels genannten Fragen festlegen.**

(8) **Eine Aufsichtsbehörde kann im Einklang mit dem Kohärenzverfahren gemäß Artikel 63 Standardvertragsklauseln zur Regelung der in den Absätzen 3 und 4 des vorliegenden Artikels genannten Fragen festlegen.**

(9) **Der Vertrag oder das andere Rechtsinstrument im Sinne der Absätze 3 und 4 ist schriftlich abzufassen, was auch in einem elektronischen Format erfolgen kann.**

(10) **Unbeschadet der Artikel 82, 83 und 84 gilt ein Auftragsverarbeiter, der unter Verstoß gegen diese Verordnung die Zwecke und Mittel der Verarbeitung bestimmt, in Bezug auf diese Verarbeitung als Verantwortlicher.**

Literatur: *Drewes/Monreal*, Grenzenlose Auftragsdatenverarbeitung, PinG 2014, 43; *Eckhardt/Kramer*, Auftragsdatenverarbeitung – Datenschutzrechtliches Gestaltungselement zwischen Recht und Technik, DuD 2014, 147; *Franck*, Altverhältnisse unter DS-GVO und neuem BDSG. Anwendung des neuen Datenschutzrechts auf bereits laufende Datenverarbeitungen?, ZD 2017, 509; *Härting*, Auftragsdatenverarbeitung nach der DS-GVO, ITRB 2016, 137; *Hartung/Büttgen*, Die Auftragsverarbeitung nach der DS-GVO, DuD 2017, 549; *Hartung/Steinweg*, Vereinbarungen mit Dienstleistern nach dem neuen § 203 StGB und der DS-GVO – Abdeckung der gesetzlichen Anforderungen bei der Vertragsgestaltung, PinG 2018, 21; *Koós/Englisch*, Eine „neue" Auftragsdatenverarbeitung? Gegenüberstellung der aktuellen Rechtslage und der DS-GVO in der Fassung des LIBE-Entwurfs, ZD 2014, 276; *Kraus*, Neuregelung von § 203 StGB – Endlich Rechtssicherheit für Outsourcing bei Berufsgeheimnisträgern?, PinG 2018, 16; *Krohm/Müller-Peltzer*, (Fehlende) Privilegierung der Auftragsdatenverarbeitung unter der Datenschutz-Grundverordnung?, RDV 2016, 307; *Kühling/Biendl*, Datenschutzrecht – Basis und Bremse des Cloud Computing, CR 2014, 150; *v. Lewinski/Herrmann*, Cloud vs. Cloud – Datenschutz im Binnenmarkt, ZD 2016, 467; *Monreal*, „Der für die Verarbeitung Verantwortliche", ZD 2014, 611; *Monreal*, Die Geheimnisse der Auftragsverarbeitung, PinG 2017, 216; *Müthlein*, ADV 5.0 – Neugestaltung der Auftragsdatenverarbeitung in Deutschland, RDV 2016, 74; *Petri*, Auftragsdatenverarbeitung – heute und morgen. Reformüberlegungen zur Neuordnung des Europäischen Datenschutzrechts, ZD 2015, 305; *Sander*, Technische und organisatorische Maßnahmen im Rahmen der Auftragsverarbeitung gemäß Art. 28 DS-GVO, PinG 2017, 250; *Schäfer/Fox*, Zertifizierte Auftragsdatenverarbeitung, DuD 2016, 744; *Schmelling*, Wie verhält sich die IT-Sicherheit zum IT-Outsourcing?, DuD 2016, 635; *Schmid/Kahl*, Verarbeitung „sensibler" Daten durch Cloud-Anbieter in Drittstaaten. Auftragsdatenverarbeitung nach geltendem Recht und DS-GVO, ZD 2017, 54; *Schmidt/Freund*, Perspektiven der Auftragsverarbeitung. Wegfall der Privilegierung mit der DS-GVO?, ZD 2017, 14; *Schmitz/v. Dall'Armi*, Auftragsdatenverarbeitung in der DS-GVO – das Ende der Privilegierung?, ZD 2016, 427; *Selzer*, Die Zukunft von Auftragsdatenverarbeitungskontrollen – Änderungen und Chancen durch die DS-GVO, DuD 2017, 242.

Übersicht

A. Allgemeines

I. Zweck und Bedeutung der Vorschrift

1 Art. 28 bezweckt die Wahrung des Schutzniveaus der DS-GVO im Rahmen der immens praxisrelevanten Konstellation der Auftragsverarbeitung (s. Erwägungsgrund 81). Dies schließt die Beauftragung entsprechender Dienstleister in Drittländern mit ein. Die Vorschrift regelt primär die an Auftragsverarbeiter (Auftragnehmer) zu stellenden Anforderungen. Insbesondere hinsichtlich der Auswahl geeigneter Auftragsverarbeiter und der dem Auftragsverhältnis zugrunde liegenden Vertragsgestaltung treffen aber auch den Verantwortlichen (Auftraggeber) bestimmte Pflichten. Wie auch bei den zahlreichen anderen Vorschriften der DS-GVO, die sowohl den Verantwortlichen als auch den Auftragsverarbeiter in Bezug nehmen, sind beide als **Normadressaten** zu qualifizieren (vgl. auch Erwägungsgrund 13). Zu diesen zählen Unternehmen und öffentliche Stellen. Neben der Festlegung von datenschutzrechtlichen **Verantwortlichkeiten** – einschließlich bei etwaigen Unterauftragsverhältnissen – beinhaltet Art. 28 auch diverse **Handlungsoptionen,** die von den Normadressaten zur Gewährleistung des Datenschutzes bei der Auftragsverarbeitung nutzbar gemacht werden können. Hierzu gehört neben der Verwendung von Datenschutzverträgen nunmehr auch explizit die Einhaltung genehmigter Verhaltensregeln und Zertifizierungsverfahren. Insofern können Verhaltensregeln nach Art. 40 und Zertifizierungen nach Art. 42 im Genehmigungsfall dem Nachweis dienen, dass Anforderungen nach Art. 28 Abs. 1–4 erfüllt werden (vgl. Abs. 5). In Betracht kommt zB eine Zertifizierung der Leistungen eines Auftragsverarbeiters (vgl. Art. 42 Rn. 9), was für diesen ggf. einen Wettbewerbsvorteil bedeuten kann.

II. Systematik, Verhältnis zu anderen Vorschriften

2 Art. 28 **Abs. 1** betrifft die Auswahl bzw. den Einsatz geeigneter Auftragsverarbeiter. **Abs. 2** der Vorschrift regelt die Vergabe von weiteren Aufträgen (Unteraufträgen) durch den Auftragsverarbeiter. **Abs. 3** verlangt den Abschluss eines Vertrages bzw. die Verwendung eines anderen rechtlich bindenden Rechtsinstruments und legt ua in den Buchst. a–h notwendige Regelungsinhalte fest. **Abs. 4** betrifft speziell die Vertragsgestaltung bei der Vergabe von Unteraufträgen und

regelt neben der Durchreichung von Datenschutzpflichten aus dem Ursprungsvertrag auch die Haftung gegenüber dem Verantwortlichen. **Abs. 5** ermöglicht die Heranziehung von genehmigten Verhaltensregeln und Zertifizierungsverfahren als Nachweis der Einhaltung von Schutzgarantien iSd Abs. 1 und 4. Die **Abs. 6–8** ermöglichen die Verwendung anerkannter Standardvertragsklauseln. **Abs. 9** statuiert für die Gestaltung der Rechtsbeziehung im Auftragsverhältnis ein Schriftformerfordernis, das die elektronische Form mit einbezieht. **Abs. 10** regelt die Konsequenzen einer Kompetenzüberschreitung durch Auftragsverarbeiter. Die Regelungen des Art. 28 gelten in den Mitgliedstaaten **unmittelbar.** Sie finden eine weitgehende inhaltliche Entsprechung in Art. 22 der **RL** (EU) 2016/680 zur sog. polizeilichen und justiziellen Zusammenarbeit der betreffenden öffentlichen Stellen. § 62 **BDSG** setzt die vorgenannte Richtlinienvorschrift um (→ Rn. 21 f.).

3 Durch die Regelungen zur Auftragsverarbeitung in der DS-GVO **ändern** sich abermals die Bedingungen der Auftragsdatenverarbeitung nach **§ 11 BDSG aF.** Während die Anforderungen an den Verantwortlichen (Auftraggeber) weitgehend denen der EU-Datenschutzrichtlinie und des BDSG aF entsprechen, ergeben sich für den Auftragsverarbeiter weitreichende Änderungen insbesondere im Hinblick auf seine datenschutzrechtlichen Verantwortlichkeiten und seine Haftung. Diese Änderungen beruhen auf der Intention des Verordnungsgebers, Verantwortliche und Auftragsverarbeiter weitgehend gleich zu behandeln (vgl. Erwägungsgrund 13). Einige inhaltliche Abweichungen und Ergänzungen zur bisherigen Vertragsgestaltung nach § 11 Abs. 2 BDSG aF enthält der Katalog nach Art. 28 Abs. 3. Bestehende Altverträge sind ggf. anzupassen.[1] Neuverträge sollten nach Maßgabe der neuen Anforderungen abgeschlossen werden. Auch die Nutzbarmachung von speziell für den Bereich der Auftragsverarbeitung entwickelten Verhaltensregeln und Zertifizierungsverfahren stellt eine Neuerung dar, obgleich das BDSG aF in den §§ 38a und 9a bereits dahingehende allgemeine Ansätze enthielt. Die wichtigsten Begriffsdefinitionen zur Auftragsverarbeitung wurden indes aus der DS-RL übernommen und entsprechen insofern auch denen des BDSG aF.

B. Einzelerläuterungen

I. Begriffsbestimmungen

4 Es gelten die in Art. 4 festgelegten Legaldefinitionen. Von besonderer Relevanz sind naturgemäß die Begriffsbestimmungen für den Verantwortlichen und den Auftragsverarbeiter. Nach Art. 4 Nr. 7 ist **„Verantwortlicher"** die natürliche oder juristische Person, Behörde, Einrichtung oder andere Stelle, die allein oder gemeinsam mit anderen über die Zwecke und Mittel der Verarbeitung von personenbezogenen Daten entscheidet; sind die Zwecke und Mittel dieser Verarbeitung durch das Unionsrecht oder das Recht der Mitgliedstaaten vorgegeben, so kann der Verantwortliche bzw. können die bestimmten Kriterien seiner Benennung nach dem Unionsrecht oder dem Recht der Mitgliedstaaten vorgesehen werden. Zu denken wäre insofern bspw. an öffentliche Ausschreibungen. Art. 4 Nr. 8 benennt als **„Auftragsverarbeiter"** eine natürliche oder juristische Person, Behörde, Einrichtung oder andere Stelle, die personenbezogene Daten im Auftrag

[1] Vgl. *Franck*, ZD 2017, 509; zu bisherigen Vertragsmustern vgl. *Krohm/Müller-Peltzer*, RDV 2016, 307 Fn. 3 sowie *Müthlein*, RDV 2016, 76 Fn. 16.

des Verantwortlichen verarbeitet. Der Auftragsverarbeiter gilt nicht als Dritter iSv Art. 4 Nr. 10 (zur Privilegierung der Auftragsverarbeitung s. Kommentierung zu Art. 4). Weitere Begriffsbestimmungen nehmen auf den Verantwortlichen bzw. den Auftragsverarbeiter Bezug (s. Art. 4 Nr. 10, Nr. 16 Buchst. b, Nr. 17, Nr. 20, Nr. 22 Buchst. a, Nr. 23 Buchst. a und b, Nr. 24).

Bei der **Abgrenzung** des Begriffs „Verantwortlicher" von der Definition des „Auftragsverarbeiters" verfolgt die DS-GVO einen funktional geprägten Ansatz, der unter weiter Interpretation der Auftragsverarbeitung auf den rechtlichen und tatsächlichen Einfluss auf die personenbezogene Datenverarbeitung abstellt ohne dem Auftragsverarbeiter jegliche eigenverantwortliche Spielräume abzusprechen. Damit wird auch die in Deutschland seit Langem diskutierte Abgrenzung zwischen Auftragsdatenverarbeitung und Funktionsübertragung insofern relativiert, als die bisherigen Fälle der Funktionsübertragung künftig in der Auftragsverarbeitung oder der gemeinsamen Verantwortung nach Art. 26 aufgehen.[2] Andererseits wird man im Fall der Weitergabe personenbezogener Daten an einen **Rechtsanwalt** zum Zwecke der Prozessführung oder an einen **Steuerberater** zur Fertigung der Steuererklärung nach wie vor nicht von einer Auftragsverarbeitung im datenschutzrechtlichen Sinne ausgehen können, da es in derartigen Fällen nicht um Unterstützungshandlungen bei der Datenverarbeitung, sondern um Dienstleistungen anderer Art geht, denen die Verarbeitung personenbezogener Daten immanent ist. In derartigen Fällen bedarf es nach wie vor nicht des Abschlusses eines Datenschutzvertrages, zumal der Datenschutz hierbei auch durch die Geheimhaltungspflicht der **Berufsgeheimnisträger** flankiert wird.[3] Ein Auftragsverarbeiter, der unter Verstoß gegen die DS-GVO die Zwecke und Mittel der Verarbeitung bestimmt, gilt in Bezug auf diese Verarbeitung als Verantwortlicher (Art. 28 Abs. 10). 5

II. Auswahl des Auftragsverarbeiters

Bereits im Rahmen seiner Auswahlentscheidung kann der Verantwortliche mit Blick auf Art. 28 **Abs. 1** im Endeffekt nur solche Auftragsverarbeiter berücksichtigen, die hinreichende **Garantien** zur Durchführung technischer und organisatorischer Maßnahmen zum Schutz personenbezogener Daten bieten. Diese Maßnahmen müssen zum einen dazu geeignet sein, eine verordnungskonforme Verarbeitung zu gewährleisten. Zum anderen muss die Gewähr dafür bestehen, dass auch die Rechte der Betroffenen gewahrt bleiben. Die notwendigen Garantien setzen insbesondere voraus, dass der Auftragsverarbeiter über genügend Fachwissen, Zuverlässigkeit und Ressourcen verfügt (s. Erwägungsgrund 81). Die Einhaltung genehmigter **Verhaltensregeln** gem. Art. 40 oder anerkannter **Zertifizierungen** gem. Art. 42 durch einen Auftragsverarbeiter kann als Faktor herangezogen werden, um hinreichende Garantien iSv Art. 28 Abs. 1 nachzuweisen (s. Art. 28 Abs. 5). Hinsichtlich der Auswahl von Unterauftragsverarbeitern durch den Erstauftragsverarbeiter verbleibt dem Verantwortlichen zumindest ein **Genehmigungs-** und **Vetorecht** (s. Art. 28 Abs. 2 sowie → Rn. 13). 6

III. Vertragliche Grundlage/bindendes Rechtsinstrument

1. Allgemeines. Dass die Auftragsverarbeitung aus datenschutzrechtlicher Sicht auf der Basis eines Vertrags oder eines anderweitig bindenden Rechtsinstru- 7

[2] Vgl. *Müthlein*, RDV 2016, 74 (84).

[3] Vgl. *Gola/Schomerus*, BDSG, § 11 Rn. 11.

ments durchgeführt werden muss, ist weder dem europäischen noch dem deutschen Datenschutzrecht neu. Dabei dürfte die Differenzierung zwischen vertraglichen Regelungen und anderen Rechtsinstrumenten nach dem Unionsrecht oder dem Recht der Mitgliedstaaten nicht zuletzt darauf zurückzuführen sein, dass sowohl privatwirtschaftlich organisierte Institutionen als auch öffentliche Stellen zu den Normadressaten gehören und die Vertragsgestaltung im öffentlichen Bereich eher die Ausnahme bildet. Wesentlich ist aber, dass in beiden Fällen beim Auftragsverarbeiter eine **Rechtsbindungswirkung** gegenüber dem Verantwortlichen eintritt. Im Fall der Erteilung von Unteraufträgen bedarf es der **Durchreichung** der Datenschutzpflichten aus dem Erstvertag bzw. der ansonsten rechtsverbindlich getroffenen Regelung (s. Art. 28 Abs. 4 und → Rn. 14).

8 **2. Regelungsinhalt.** Die vertraglich oder durch andere Rechtsinstrumente zu fixierenden Regelungsinhalte entsprechen im Wesentlichen den Anforderungen von § 11 Abs. 2 BDSG aF,[4] gehen aber teilweise auch darüber hinaus. Art. 28 Abs. 3 verlangt zunächst **grundlegende Festlegungen** zu folgenden Punkten: Gegenstand, Dauer, Art und Zweck der Verarbeitung, Art der personenbezogenen Daten, Kategorien betroffener Personen, Pflichten und Rechte des Verantwortlichen. Dabei sind – orientiert an dem die DS-GVO durchziehenden risikobasierten Ansatz – insbesondere auch die besonderen Aufgaben und Pflichten des Auftragsverarbeiters bei der geplanten Verarbeitung zu berücksichtigen (s. Erwägungsgrund 81). Vielfach sind der **Auftragsgegenstand** und die **Dauer** des Auftragsverhältnisses bereits in einem der Geschäftsbeziehung zu Grunde liegenden zivilrechtlichen Vertrag bzw. in sog. Service Level Agreements (SLAs) geregelt. Insoweit kann hinsichtlich der entsprechenden Festlegungen auf diese Vereinbarungen verwiesen werden (sa Erwägungsgrund 109; zum Drittlandtransfer → Art. 46 Rn. 11). Die **Arten der Verarbeitung** sind vielfältig und reichen von Datenerhebungen im Auftrag des Verantwortlichen (zB durch Call Center), über Cloud Computing-Dienste bis hin zur Datenentsorgung. Ebenso vielfältig sind die **Zwecke** der Verarbeitung, die mehr oder weniger Risiken für die Rechte der Betroffenen bergen können (zum sog. Profiling vgl. Art. 4 Nr. 4). Gleichfalls wegen des damit verbundenen Risikos gefordert sind Angaben zur Art der Daten und zu den Kategorien betroffener Personen. Als **Datenarten** kommen neben den sensiblen Daten (vgl. Art. 4 Nr. 13–15, Art. 9 sowie Erwägungsgrund 53) zB Mitarbeiter-, Kunden-, Lieferanten- und Interessentendaten in Betracht, wobei diese Begriffe auch bereits die **Kategorien der Betroffenen** skizzieren. Die ebenfalls festzulegenden **Pflichten und Rechte** des Verantwortlichen[5] werden insbesondere durch die an den Auftragsverarbeiter zu stellenden vertraglichen Anforderungen nach Art. 28 Abs. 3 Buchst. a–h konkretisiert.

9 Der Verantwortliche hat sich seine **Weisungsbefugnis** (s. Art. 29) vertraglich oder im Rahmen von anderen bindenden Regelungen vorzubehalten. Nur im Rahmen der jeweils erteilten Weisungen ist die Auftragsverarbeitung zulässig. Explizit vorausgesetzt wird nunmehr eine **Dokumentation** der Weisungen des Verantwortlichen an den Auftragsverarbeiter (Art. 28 Abs. 3 Buchst. a). In Betracht kommt zunächst die grundsätzliche Festlegung umfassender Weisungsbefugnisse. Darüber hinaus müssen nach der DS-GVO aber auch nachfolgende Einzelweisungen dokumentiert werden. Ggf. sollte eine Regelung zur Bestätigung

---

[4] S. bereits *Gola/Schomerus*, BDSG, § 11 Rn. 17 ff.

[5] Vgl. *Mühlein*, RDV 2016, 75 ff.; ferner zu den entspr. BDSG-Vorgaben *Gola/Schomerus*, BDSG, § 11 Rn. 20 ff.

der Weisungen mit aufgenommen werden. Die vorgenannten Anforderungen gelten explizit auch für Fälle der Datenübermittlung an ein Drittland oder eine internationale Organisation. Eine Ausnahme von der vertraglichen Weisungsgebundenheit des Auftragsverarbeiters besteht allerdings, wenn das Recht der Union oder das für den Auftragsverarbeiter geltende nationale Recht bestimmte Verarbeitungen (zB Datenübermittlungen an staatliche Stellen) vorschreibt. In derartigen Fällen teilt der Auftragsverarbeiter dem Verantwortlichen diese rechtlichen Anforderungen grundsätzlich vor der Verarbeitung mit. Diese Mitteilungspflicht kann ausnahmsweise im Fall des Vorliegens eines entgegenstehenden wichtigen öffentlichen Interesses entfallen (Art. 28 Abs. 3 Buchst. a). Mit den vertraglichen Weisungsrechten des Verantwortlichen einher geht die gesetzliche Verpflichtung des Auftragsverarbeiters, Weisungen auf ihre Rechtmäßigkeit hin zu überprüfen und den Verantwortlichen bei Zweifeln an der Rechtmäßigkeit unverzüglich zu **informieren** (Art. 28 Abs. 3 S. 3).

Im Rahmen der vertraglichen oder sonstigen Regelung hat der Auftragsverar- **10**
beiter zu versichern, dass lediglich befugte Personen Zugriff auf die personenbezogenen Daten haben (sa Art. 32 Abs. 4). Die Mitarbeiter müssen sich zur **Vertraulichkeit** verpflichtet haben oder einer angemessenen gesetzlichen **Verschwiegenheitspflicht** unterliegen (Art. 28 Abs. 3 Buchst. b). Im erstgenannten Fall empfiehlt es sich aus Beweisgründen, die Verpflichtungserklärungen der Mitarbeiter zu dokumentieren. Ferner hat der Auftragsverarbeiter abredegemäß zu gewährleisten, dass er alle gem. Art. 32 erforderlichen **Datensicherheitsmaßnahmen** trifft (s. Art. 28 Abs. 3 Buchst. c; vgl. im Einzelnen Kommentierung zu Art. 32). Hinsichtlich der Vergabe von **weiteren Aufträgen** (Unteraufträgen) durch den Auftragsverarbeiter hat dieser zu versichern, dass er die in Art. 28 Abs. 2 und 4 genannten Anforderungen, insbesondere zur Genehmigungseinholung und der Durchreichung von Datenschutzpflichten erfüllt (Art. 28 Abs. 3 Buchst. d). Zudem treffen den Auftragsverarbeiter bestimmte **Unterstützungspflichten,** die ebenfalls vertraglich bzw. im Rahmen einer anderen verbindlichen Regelung zu fixieren sind (Art. 28 Abs. 3 Buchst. e und f). Demgemäß hat der Auftragsverarbeiter den Verantwortlichen nach Möglichkeit durch geeignete technische und organisatorische Maßnahmen bei der Gewährleistung der Betroffenenrechte nach Kapitel III der Verordnung zu unterstützen. Des Weiteren bestehen vertraglich bzw. anderweitig verbindlich zu regelnde Unterstützungspflichten im Hinblick auf die Gewährleistung der Datensicherheit, der Melde- und Benachrichtigungspflichten im Fall von Datenschutzverletzungen, etwaige Datenschutzfolgenabschätzungen und die ggf. notwendige Vorabkonsultation der Aufsichtsbehörde durch den Verantwortlichen (vgl. Art. 32–36). Insbesondere in den beiden letztgenannten Fällen und erforderlichenfalls auch bei der Erfüllung aufsichtsbehördlicher Auflagen sollte der Auftragsverarbeiter den Verantwortlichen **auf Anfrage** unterstützen (s. Erwägungsgrund 95). Im Fall von Datenschutzverletzungen beim Auftragsverarbeiter bzw. diesem im Bezug auf das konkrete Auftragsverhältnis bekannt gewordenen Datenschutzverletzungen unterliegt der Auftragsverarbeiter gem. Art. 33 Abs. 2 bereits einer **gesetzlichen Meldepflicht,** wobei die Meldung an den Verantwortlichen unverzüglich zu erfolgen hat. Die in das Auftragsverhältnis einbezogenen Unterstützungspflichten bestehen freilich nur insoweit als der Auftragsverarbeiter unter Berücksichtigung der Art der Verarbeitung und der ihm zur Verfügung stehenden Informationen tatsächlich zur Unterstützung in der Lage ist. Schließlich muss auch die **Rückgabe** der überlassenen bzw. die **Löschung** der beim Auftragsverarbeiter gespeicherten Daten nach Beendigung des Auftrags geregelt sein, wobei der Ver-

antwortliche insofern ein Wahlrecht hat. Auf die Pflicht zur Löschung vorhandener Kopien wird besonders hingewiesen (eingefügt durch Corrigendum 8088/18 vom 19.4.2018). Dabei gilt der Grundsatz der Löschungspflicht nur dann, wenn nicht andere Rechtsvorschriften (zB mitgliedstaatliche Aufbewahrungsvorschriften) einer Löschung entgegenstehen (Art. 28 Abs. 3 Buchst. g).

11 Damit der Verantwortliche auch faktisch in der Lage ist, die Einhaltung der vorgenannten Verpflichtungen zu überprüfen, hat er sich – neben der gesetzlichen Informationspflicht des Auftragsverarbeiters nach Art. 28 Abs. 3 S. 3 – bestimmte **Informationsrechte** und **Kontrollbefugnisse** auszubedingen (Art. 28 Abs. 3 Buchst. h). Insofern ist zu regeln, dass der Auftragsverarbeiter dem Verantwortlichen alle erforderlichen Informationen zum Nachweis der Einhaltung der in Art. 28 geregelten Pflichten zur Verfügung stellt. Die Kontrollrechte des Verantwortlichen müssen durch entsprechende Duldungs- bzw. Mitwirkungspflichten des Auftragsverarbeiters flankiert werden. Auch und insbesondere bei grenzüberschreitender Auftragsverarbeitung können **Vor-Ort-Kontrollen** durch den Verantwortlichen sehr aufwendig sein. Daher hat der Verordnungsgeber es nicht als zwingend erforderlich angesehen, dass sich der Verantwortliche durch eine eigene Inaugenscheinnahme vor Ort beim Auftragnehmer von der Einhaltung der Maßnahmen überzeugt. Die Möglichkeit hierzu hat er sich aber vertraglich bzw. durch andere verbindliche Regelungen vorzubehalten. Der Verantwortliche kann seine Kontrollen aber auch **auf andere Weise** durchführen. In Betracht kommt bspw. die Vorlage eines schlüssigen Datensicherheitskonzepts des Auftragsverarbeiters, die Informationseinholung mittels Fragebögen, die Anforderung von Prüfergebnissen oder die Einschaltung von sachverständigen Dritten. Sofern externe Audits durchgeführt werden, sollte auf den Einsatz unabhängiger und qualifizierter Auditoren geachtet werden. Anhand von etwaigen Testaten sollte der Verantwortliche nachvollziehen können, nach welchen Kriterien und mit welchem Ergebnis im Einzelnen die Prüfung des Auftrags durchgeführt wurde. Derartige Testate sollten den Verantwortlichen in die Lage versetzen, selbst zu beurteilen, ob der Auftrag ordnungsgemäß durchgeführt wird.[6] Nicht nur im Rahmen der Auswahl des Auftragnehmers nach Art. 28 Abs. 1, sondern auch im laufenden Auftragsverhältnis kann die Einhaltung genehmigter **Verhaltensregeln** oder eines genehmigten **Zertifizierungsverfahrens** durch einen Auftragsverarbeiter als Faktor herangezogen werden, um hinreichende Datenschutzgarantien im Auftragsverhältnis nachzuweisen (Art. 28 Abs. 5).

12 **3. Formerfordernis.** Der Vertrag oder das andere Rechtsinstrument nach Art. 28 Abs. 3 bedarf der **Schriftform**. Insofern stellt Art. 28 Abs. 9 allerdings klar, dass auch eine **elektronische Form** ausreichend ist. Einen Hinweis auf nationale Formvorschriften wie etwa §§ 126, 126a BGB enthält die DS-GVO ersichtlich nicht. Vor diesem Hintergrund wird für den Fall der elektronischen Form zT eine einfache digitale Signatur vorausgesetzt.[7] Auch im Fall der Erteilung von Unteraufträgen durch den Auftragnehmer sind Formerfordernisse zu beachten (→ Rn. 15).

IV. Weitere Auftragnehmer (Unterauftragnehmer)

13 **1. Allgemein- und Einzelgenehmigungen.** Das grundsätzliche Verbot der Vergabe weiterer Aufträge (Unteraufträge) durch den Auftragsverarbeiter kann bei

[6] Vgl. auch Bayerisches Landesamt für Datenschutz, 4. TB 2009/2010, Ziff. 5.1.2.
[7] Vgl. *Müthlein*, RDV 2016, 74 (76).

Beachtung bestimmter Genehmigungs- und Gestaltungserfordernisse aufgehoben werden. Erste Voraussetzung ist das Vorliegen einer schriftlichen Genehmigung des Verantwortlichen. Für eine wirksame Genehmigungserteilung bestehen nach Art. 28 Abs. 2 zwei Möglichkeiten. Zum einen kann der Verantwortliche eine **allgemeine Genehmigung** zur Vergabe weiterer Aufträge geben. Diese praxisnahe Genehmigungsvariante ermöglicht einerseits die Vermeidung einer Vielzahl von Einzelgenehmigungen, setzt aber stattdessen eine **Einspruchsmöglichkeit** auf Basis der Information voraus. Danach hat der Auftragsverarbeiter den Verantwortlichen vorab in jedem Einzelfall über beabsichtigte Änderungen zu informieren. Diese Informationspflicht betrifft sowohl die Begründung neuer als auch die Ersetzung bereits bestehender Auftragsverhältnisse. Nur wenn der Verantwortliche der geplanten Beauftragung innerhalb einer angemessenen – möglichst schriftlich zu fixierenden – Frist nicht widerspricht, darf sie tatsächlich realisiert werden. Alternativ können jeweils **Einzelgenehmigungen** eingeholt werden, was aber zumindest bei Dienstleistungen, bei denen der Auftragsverarbeiter eine Vielzahl von Auftraggebern hat (zB bei Cloud-Dienstleistungen) kaum praktikabel sein dürfte. Beide Genehmigungsvarianten unterliegen dem **Schriftformerfordernis** nach Art. 28 Abs. 2, wobei die Allgemeingenehmigung in einem Akt im Rahmen des Ursprungsvertrags bzw. des grundlegenden Rechtsinstruments zwischen Verantwortlichem und Auftragsverarbeiter geregelt werden kann (Art. 28 Abs. 3 Buchst. d). Für Einzelgenehmigungen wird aus guten Gründen auch die elektronische Form als ausreichend erachtet.[8] Wenn schon für das erste Auftragsverhältnis nach Art. 28 Abs. 9 eine elektronische Form genügt (→ Rn. 12), so sollte diese Form auch für die Genehmigung von Folgeauftragsverhältnissen ausreichen. Eine **Dokumentation** der gesonderten Genehmigungen ist aus Beweisgründen auch dann angezeigt, wenn diese nicht in der Form von Einzelweisung gem. Art. 28 Abs. 3 Buchst. a erfolgen.

2. Durchreichung der Datenschutzpflichten/Haftung. Die Erteilung von weiteren Aufträgen (Unteraufträgen) durch den Erstauftragsverarbeiter ist ferner nur unter **Durchreichung der Datenschutzpflichten** aus dem Ursprungsvertrag bzw. aus dem sonstigen Rechtsinstrument zulässig (Art. 28 Abs. 4; → Rn. 7 ff.). Im Rahmen der vertraglichen bzw. sonstigen Regelung hat der Auftragsverarbeiter insbesondere darauf zu achten, dass auch der weitere Auftragsverarbeiter hinreichende Garantien dafür bietet, dass die technischen und organisatorischen Maßnahmen geeignet sind, eine verordnungskonforme Verarbeitung zu gewährleisten. In der **Haftungsregelung** des Art. 28 Abs. 4 S. 2 kommt abermals die Intention des Verordnungsgebers zum Ausdruck, wonach Verantwortliche und Auftragsverarbeiter – einschließlich der Unterauftragsverarbeiter – im Wesentlichen gleich zu behandeln sind (vgl. Erwägungsgrund 13). Dadurch, dass er gegenüber dem Verantwortlichen für Pflichtverletzungen des weiteren Auftragnehmers (Unterauftragnehmers) haftet, wird der erste Auftragsverarbeiter entsprechend motiviert sein, auf eine pflichtgemäße Verarbeitung seines weiteren Vertragspartners hinzuwirken.[9] 14

3. Formerfordernis. Ebenso wie der dem ursprünglichen Auftragsverhältnis zugrunde liegende Vertrag bedarf auch der Folgevertrag zwischen Auftragnehmer 15

[8] Vgl. *Müthlein*, RDV 2016, 74 (76).

[9] Zur Kontrolle von Unterauftragnehmern nach dem BDSG aF vgl. *Gola/Schomerus*, BDSG, § 11 Rn. 18e.

und weiterem Auftragnehmer nach Art. 28 Abs. 9 der **Schriftform** bzw. der **elektronischen Form** (→ Rn. 12). Gleiches gilt, wenn statt des Vertrages ein anderes Rechtsinstrument nach Art. 28 Abs. 3 zum Einsatz kommt.

V. Verwendung von Standardvertragsklauseln

16 Art. 28 Abs. 6 ermöglicht hinsichtlich der Vertragsgestaltung eine gewisse Flexibilität. Der Verantwortliche und der Auftragsverarbeiter können wählen, ob sie einen **individuellen Vertrag** oder **Standardvertragsklauseln** nach Art. 28 Abs. 7 und 8 verwenden (sa Erwägungsgrund 81). Auch liegt es in ihrem Ermessen, ob sie die Standardvertragsklauseln **ganz oder teilweise** zum Einsatz bringen. Entscheidend ist jedenfalls, dass letztlich alle in Art. 28 Abs. 3 geforderten Regelungsinhalte hinreichend berücksichtigt werden. Eine Verwendung von Standardvertragsklauseln kommt im Übrigen auch im Zusammenhang mit einer dem Verantwortlichen oder dem Auftragsverarbeiter gem. den Art. 42 und 43 offiziell anerkannten **Zertifizierung** in Betracht. Auch im Fall der Verwendung anderer Rechtsinstrumente an Stelle von vertraglichen Regelungen können die Inhalte der Standardvertragsklauseln nutzbar gemacht werden.

17 Zu unterscheiden sind zwei Arten von Standardvertragsklauseln. Art. 28 Abs. 7 erfasst solche Klauselwerke, die von der **Europäischen Kommission** unmittelbar „erlassen" werden. Insofern hat die Kommission bereits Standardverträge speziell für den Fall der Auftragsverarbeitung in Drittländern zur Verfügung gestellt (vgl. iE Art. 46 Rn. 10). Art. 28 Abs. 8 betrifft hingegen solche Vertragsklauseln, die unter Beachtung des Kohärenzverfahrens von einer nationalen **Aufsichtsbehörde** festgelegt werden. Soweit die letztgenannten Standardverträge zur Auftragsverarbeitung bzw. zur weiteren (Unter-)Auftragsverarbeitung das Kohärenzverfahren nach Art. 63 erfolgreich durchlaufen haben, gelten sie als abgestimmt und erlangen EU-weite Gültigkeit und Bindungswirkung (zum Kohärenzverfahren sa Art. 64 Abs. 1 Buchst. d sowie Erwägungsgrund 81). Neben den bereits von der EU-Kommission angenommenen Klauseln zur Auftragsverarbeitung in Drittländern können die Kommission und die Aufsichtsbehörden (s. Art. 58 Abs. 3 Buchst. g) weitere Standardverträge zur Auftragsverarbeitung festlegen, bspw. zur Auftragsverarbeitung innerhalb der EU.

C. Rechtsschutz

18 Es gelten die Rechtsbehelfe sowie die Haftungs- und Sanktionsregelungen nach **Kapitel VIII** der DS-GVO. Zu beachten ist, dass das Haftungs- und Sanktionsrisiko von Auftragsverarbeitern enorm gestiegen ist, was auf die grundsätzliche Gleichbehandlung von Verantwortlichen und Auftragsverarbeitern zurückzuführen ist (vgl. Erwägungsgrund 13). Gem. Art. 82 Abs. 2 haftet ein Auftragsverarbeiter für verarbeitungsbedingte Schäden aber nur dann, wenn er seinen speziellen Pflichten nach der DS-GVO nicht nachkommt oder wenn er rechtmäßig erteilte Weisungen des für die Datenverarbeitung Verantwortlichen ignoriert oder diesen zuwiderhandelt.

19 Zu differenzieren ist zwischen der **Haftung** gegenüber dem Betroffenen und der Haftung von Auftragsverarbeitern gegenüber ihren Auftraggebern. Bei verordnungswidrigen Verarbeitungen sollen **Betroffene** einen vollständigen und wirksamen Schadenersatz für den erlittenen materiellen oder immateriellen Schaden erhalten (vgl. Art. 82 Abs. 1). Der Begriff des Schadens ist im Lichte der einschlägigen Rechtsprechung und mit Blick auf die Ziele der DS-GVO weit auszulegen

(s. Erwägungsgrund 146). Als verordnungswidrig werden auch solche Verarbeitungen qualifiziert, die nicht mit den ordnungsgemäß erlassenen delegierten Rechtsakten, Durchführungsrechtsakten und mitgliedstaatlichen Präzisierungen im Einklang stehen. Nach der Verordnung besteht grundsätzlich eine **gesamtschuldnerische** Haftung gegenüber dem Betroffenen mit der Möglichkeit eines Innenregresses (s. Kommentierung zu Art. 82 Abs. 4 und 5 sowie Erwägungsgrund 146). Für den Verantwortlichen oder den Auftragsverarbeiter kommt eine Haftungsbefreiung nur in Betracht, wenn er nachweist, dass er in keiner Weise für den Schaden verantwortlich ist (Art. 82 Abs. 3). Klagen von betroffenen Personen gegen einen Verantwortlichen oder einen Auftragsverarbeiter wegen eines Verstoßes gegen Bestimmungen der DS-GVO können bei den in § 44 Abs. 1 BDSG nF genannten Gerichten erhoben werden. Die Haftung des ersten Auftragsverarbeiters für Pflichtverletzungen des weiteren (Unter-)Auftragsverarbeiters gegenüber dem **Verantwortlichen** ist in Art. 28 Abs. 4 S. 2 geregelt. Auch in haftungsrechtlicher Hinsicht ist zu berücksichtigen, dass ein Auftragsverarbeiter, der unter Verstoß gegen die DS-GVO die Zwecke und Mittel der Verarbeitung bestimmt, in Bezug auf diese Verarbeitung als Verantwortlicher gilt (Art. 28 Abs. 10).

Neben Schadensersatzforderungen kommen auch aufsichtsbehördliche Maß- **20**
nahmen nach Art. 58 einschließlich der Verhängung von Bußgeldern in Betracht. Für Auftragsverhältnisse sind ua Art. 83 Abs. 3 und 4 Buchst. a von besonderer Relevanz (s. Kommentierung zu Art. 83). Verstöße gegen Art. 83 Abs. 4–6 können gem. § 41 BDSG nF im Wege von Bußgeld- und Strafverfahren geahndet werden. Insofern ermöglicht Art. 84 den Mitgliedstaaten die Festlegung weiterer Sanktionen (vgl. auch § 42 f. BDSG nF).

D. Ausgestaltung gemäß BDSG nF

Art. 28 gilt in den Mitgliedstaaten **unmittelbar.** Die einzelnen Regelungen **21**
der Vorschrift finden sich inhaltlich weitgehend auch in Art. 22 RL (EU) 2016/680, die die sog. polizeiliche und justizielle Zusammenarbeit der betreffenden öffentlichen Stellen regelt, wieder. **§ 62 BDSG** dient der Umsetzung der vorgenannten Richtlinienvorschrift und übernimmt sowohl Elemente des § 11 BDSG aF als auch solche des Art. 28. Der Gesetzgeber weist in diesem Zusammenhang darauf hin, dass der Verantwortliche für die „Datenübermittlung" an den Auftragsverarbeiter weiterhin keiner gesonderten Rechtsgrundlage bedarf. Die Vorschriften des 3. Teils des BDSG nF gelten allerdings **nur** für **bestimmte öffentliche Stellen** und Beliehene. Dies sind insbesondere die Polizeibehörden, die Staatsanwaltschaften sowie der Zoll und die Steuerfahndung, soweit sie die Daten zu den in § 45 BDSG nF genannten Zwecken zuständigkeitshalber verarbeiten.[10]

Gemäß der Gesetzesbegründung[11] bestehen folgende Zusammenhänge: **22**
„**Absatz 1** greift die Regelung des § 11 Absatz 1 BDSG aF auf. **Absatz 2** beschreibt an den Auftragsverarbeiter zu stellende Anforderungen und setzt Artikel 22 Absatz 1 der Richtlinie (EU) 2016/680 um. In **Absatz 3** werden Voraussetzungen für die Eingehung von Unterauftragsverarbeitungsverhältnissen normiert und dadurch Artikel 22 Absatz 2 der Richtlinie (EU) 2016/680 umgesetzt. In **Absatz 4** wird in Übernahme von Elementen aus Artikel 28 Absatz 4 der Verord-

---

[10] BT-Drs. 18/11325, 110.
[11] BT-Drs. 18/11325, 116.

nung (EU) 2016/679 die Überführung von den Auftragsverarbeiter treffenden Pflichten auf einen Unterauftragnehmer thematisiert. In **Absatz 5** werden die erforderlichen Inhalte einer der Auftragsverarbeitung zugrundeliegenden Vereinbarung niedergelegt. Diese Inhalte sind sowohl Artikel 22 Absatz 3 der Richtlinie (EU) 2016/680, Artikel 28 Absatz 3 der Verordnung (EU) 2016/679 als auch § 11 Absatz 2 und 3 BDSG aF entnommen; so werden in Satz 2 **Nummer 1** Elemente aus Artikel 28 Absatz 3 Buchstabe a der Verordnung (EU) 2016/679 und § 11 Absatz 3 Satz 2 BDSG aF, in **Nummer 5** Elemente aus Artikel 28 Absatz 3 Buchstabe h, in **Nummer 7** Elemente aus Artikel 28 Absatz 3 Buchstabe c und in **Nummer 8** Elemente aus Artikel 28 Absatz 3 Buchstabe f der Verordnung (EU) 2016/679 aufgenommen. **Absatz 6** trifft in Umsetzung von Artikel 22 Absatz 4 der Richtlinie (EU) 2016/680 Aussagen zur Form der Vereinbarung. **Absatz 7** dient der Umsetzung von Artikel 22 Absatz 5 der Richtlinie (EU) 2016/680." Bezüglich der zahlreich bestehenden Parallelitäten zu Artikel 28 sei auf die obigen Einzelerläuterungen unter → Rn. 6 ff. verwiesen.

Art. 29 Verarbeitung unter der Aufsicht des Verantwortlichen oder des Auftragsverarbeiters

Der Auftragsverarbeiter und jede dem Verantwortlichen oder dem Auftragsverarbeiter unterstellte Person, die Zugang zu personenbezogenen Daten hat, dürfen diese Daten ausschließlich auf Weisung des Verantwortlichen verarbeiten, es sei denn, dass sie nach dem Unionsrecht oder dem Recht der Mitgliedstaaten zur Verarbeitung verpflichtet sind.

Literatur: Vgl. die Hinweise zu Art. 28.

Übersicht

A. Allgemeines

1 Art. 29 statuiert **gesetzliche Weisungsbefugnisse** der Verantwortlichen und entsprechende Pflichten der Weisungsempfänger. Die Vorschrift trägt somit auch zur eigenen Datenschutzaufsicht durch die betroffenen Unternehmen und Behörden bei. Sie betrifft zum einen die Weisungsrechte des Verantwortlichen gegenüber dem Auftragsverarbeiter und korrespondiert insofern mit Art. 28 Abs. 3 S. 2 Buchst. a, wonach zu dokumentierende Weisungen im **Auftragsverhältnis** vertraglich oder durch sonstiges Rechtsinstrument zu fixieren sind. Der Auftragsverarbeiter ist im Fall der Erteilung von Unteraufträgen zur Durchreichung der Weisungen des Auftraggebers verpflichtet (Art. 28 Abs. 4 S. 1; → § 28 Rn. 14). Vor diesem Hintergrund und mit Blick auf seine Haftung gem. Art. 28 Abs. 4 S. 2 ist auch der Auftragnehmer zur Aufsicht über ein weisungsgemäßes Vorgehen des Unterauftragnehmers berufen.

2 Zum anderen dürfen dem Verantwortlichen oder dem Auftragsverarbeiter **unterstellte Personen,** die Zugang zu personenbezogenen Daten haben, nur auf Weisung des Verantwortlichen tätig werden. Dies betrifft natürlich insbesondere

Mitarbeiter, ggf. aber auch externe Personen, denen Zugriffsrechte eingeräumt werden. Zu beachten ist in diesem Zusammenhang, dass gem. Art. 28 Abs. 3 Buchst. b lediglich solche Personen mit der Verarbeitung personenbezogenen Daten betraut werden dürfen, die sich zur Vertraulichkeit verpflichtet haben oder einer angemessenen gesetzlichen Verschwiegenheitspflicht unterliegen. Das Weisungsrecht der Verantwortlichen gerät gewissermaßen zur Weisungserteilungspflicht, da die Auftragsverarbeiter und Mitarbeiter ansonsten nicht tätig werden dürfen. Die weisungsfreie Tätigkeit des Datenschutzbeauftragten (zu dessen Unabhängigkeit s. Erwägungsgrund 97 sowie Art. 37 ff.) darf nicht beeinträchtigt werden. Eine Ausnahme vom Erfordernis der Weisungserteilung und weisungsgemäßen Verarbeitung besteht in Übereinstimmung mit Art. 28 Abs. 3 S. 2 Buchst. a dann, wenn nach dem Unionsrecht oder dem Recht der Mitgliedstaaten eine Verarbeitungspflicht besteht. Art. 23 RL (EU) 2016/680 enthält eine entsprechende Regelung für der Bereich der polizeilichen und justiziellen Zusammenarbeit.

B. Rechtsschutz

In Betracht kommt die Ausübung **aufsichtsbehördlicher Befugnisse** nach 3
Art. 58. Ein Verstoß gegen Art. 29 ist gem. Art. 83 Abs. 4 Buchst. a iVm §§ 41 ff. BDSG nF **sanktionsbewehrt.** Bei weisungsgemäßem Verhalten des Auftragsverarbeiters bzw. der dem Verantwortlichen oder dem Auftragsverarbeiter unterstellten Personen scheidet deren **Haftung** aus. Klagen von betroffenen Personen gegen einen Verantwortlichen oder einen Auftragsverarbeiter wegen eines Verstoßes gegen Bestimmungen der DS-GVO können bei den in § 44 Abs. 1 BDSG nF genannten Gerichten erhoben werden. Für Beschäftigte gelten die Grundsätze der Arbeitnehmerhaftung nach dem BAG. Der Auftragsverarbeiter ist für Verstöße weiterer Auftragsverarbeiter (Unterauftragnehmer) gegenüber der verantwortlichen Stelle haftbar (Art. 28 Abs. 4 S. 2). Hinzu kommt, dass ein weisungswidrig handelnder Auftragsverarbeiter ggf. selbst als Verantwortlicher behandelt wird, was die haftungsrechtlichen Konsequenzen nach Art. 28 Abs. 10 nach sich ziehen kann (→ Art. 28 Rn. 18 ff.).

Art. 30 Verzeichnis von Verarbeitungstätigkeiten

(1) [1]Jeder Verantwortliche und gegebenenfalls sein Vertreter führen ein Verzeichnis aller Verarbeitungstätigkeiten, die ihrer Zuständigkeit unterliegen. [2]Dieses Verzeichnis enthält sämtliche folgenden Angaben:

a) den Namen und die Kontaktdaten des Verantwortlichen und gegebenenfalls des gemeinsam mit ihm Verantwortlichen, des Vertreters des Verantwortlichen sowie eines etwaigen Datenschutzbeauftragten;

b) die Zwecke der Verarbeitung;

c) eine Beschreibung der Kategorien betroffener Personen und der Kategorien personenbezogener Daten;

d) die Kategorien von Empfängern, gegenüber denen die personenbezogenen Daten offengelegt worden sind oder noch offengelegt werden, einschließlich Empfänger in Drittländern oder internationalen Organisationen;

e) gegebenenfalls Übermittlungen von personenbezogenen Daten an ein Drittland oder an eine internationale Organisation, einschließlich der Angabe des betreffenden Drittlands oder der betreffenden internationalen Organisation, sowie bei den in Artikel 49 Absatz 1 Unterabsatz 2 genannten Datenübermittlungen die Dokumentierung geeigneter Garantien;

f) wenn möglich, die vorgesehenen Fristen für die Löschung der verschiedenen Datenkategorien;

g) wenn möglich, eine allgemeine Beschreibung der technischen und organisatorischen Maßnahmen gemäß Artikel 32 Absatz 1.

(2) **Jeder Auftragsverarbeiter und gegebenenfalls sein Vertreter führen ein Verzeichnis zu allen Kategorien von im Auftrag eines Verantwortlichen durchgeführten Tätigkeiten der Verarbeitung, die Folgendes enthält:**

a) den Namen und die Kontaktdaten des Auftragsverarbeiters oder der Auftragsverarbeiter und jedes Verantwortlichen, in dessen Auftrag der Auftragsverarbeiter tätig ist, sowie gegebenenfalls des Vertreters des Verantwortlichen oder des Auftragsverarbeiters und eines etwaigen Datenschutzbeauftragten;

b) die Kategorien von Verarbeitungen, die im Auftrag jedes Verantwortlichen durchgeführt werden;

c) gegebenenfalls Übermittlungen von personenbezogenen Daten an ein Drittland oder an eine internationale Organisation, einschließlich der Angabe des betreffenden Drittlands oder der betreffenden internationalen Organisation, sowie bei den in Artikel 49 Absatz 1 Unterabsatz 2 genannten Datenübermittlungen die Dokumentierung geeigneter Garantien;

d) wenn möglich, eine allgemeine Beschreibung der technischen und organisatorischen Maßnahmen gemäß Artikel 32 Absatz 1.

(3) **Das in den Absätzen 1 und 2 genannte Verzeichnis ist schriftlich zu führen, was auch in einem elektronischen Format erfolgen kann.**

(4) **Der Verantwortliche oder der Auftragsverarbeiter sowie gegebenenfalls der Vertreter des Verantwortlichen oder des Auftragsverarbeiters stellen der Aufsichtsbehörde das Verzeichnis auf Anfrage zur Verfügung.**

(5) **Die in den Absätzen 1 und 2 genannten Pflichten gelten nicht für Unternehmen oder Einrichtungen, die weniger als 250 Mitarbeiter beschäftigen, es sei denn, die von ihnen vorgenommene Verarbeitung birgt ein Risiko für die Rechte und Freiheiten der betroffenen Personen, die Verarbeitung erfolgt nicht nur gelegentlich oder es erfolgt eine Verarbeitung besonderer Datenkategorien gemäß Artikel 9 Absatz 1 bzw. die Verarbeitung von personenbezogenen Daten über strafrechtliche Verurteilungen und Straftaten im Sinne des Artikels 10.**

Literatur: *Gossen/Schramm*, Das Verarbeitungsverzeichnis der DS-GVO. Ein effektives Instrument zur Umsetzung der neuen unionsrechtlichen Vorgaben, ZD 2017, 7; *Hansen-Oest*, Datenschutzrechtliche Dokumentationspflichten nach dem BDSG und der Datenschutz-Grundverordnung, PinG 2016, 79; *Lepperhoff*, Dokumentationspflichten in der DS-GVO, RDV 2016, 135; *Leutheusser-Schnarrenberger,* Dokumentationspflichten nach der DS-GVO, RDV 2016, 111; *Volkmer/Kaiser,* Das Verzeichnis von Verarbeitungstätigkeiten und die Datenschutz-Folgenabschätzung in der Praxis, PinG 2017, 153.

Übersicht

A. Allgemeines

I. Zweck und Bedeutung der Vorschrift

1 Art. 30 bezweckt den Nachweis einer verordnungskonformen Datenverarbeitung (s. Erwägungsgrund 82) und korreliert insofern mit dem in Art. 5 Abs. 2 niedergelegten Accountability-Grundsatz. In Abkehr von der bisher generell bestehenden Meldepflicht ist der Verordnungsgeber in Orientierung an seinem risikobasierten Ansatz zu einem **Verarbeitungsverzeichnis** übergegangen, das der Aufsichtsbehörde nur auf Anfrage zur Verfügung zu stellen ist (s. Art. 30 Abs. 4). Hierdurch soll eine effektive Datenschutzaufsicht bei gleichzeitiger Entbürokratisierung ermöglicht werden (vgl. Erwägungsgrund 89). Das Verzeichnis nach Art. 30 soll die Normadressaten und bei Bedarf auch die Aufsichtsbehörden in die Lage versetzen, sich einen Überblick über sämtliche personenbezogene Datenverarbeitungstätigkeiten zu verschaffen. **Normadressaten** sind Verantwortliche und nunmehr auch Auftragsverarbeiter. Da der Aufgabenkatalog des Art. 39 Abs. 1 nicht abschließend ist, steht es den Normadressaten aber frei, die Führung des Verarbeitungsverzeichnisses dem Datenschutzbeauftragten zu übertragen, zumal diesem die entsprechenden Informationen im Rahmen seiner Aufgabenerfüllung dienlich sind. In diesen Fällen führt der Datenschutzbeauftragte das Verzeichnis unter der Verantwortung des Verantwortlichen oder des Auftragsverarbeiters. Unternehmen oder Einrichtungen, die weniger als 250 Mitarbeiter beschäftigen, müssen nur in Bestimmten Fällen ein Verarbeitungsverzeichnis führen.

II. Systematik, Verhältnis zu anderen Vorschriften

2 Art. 30 **Abs. 1** regelt den notwendigen Inhalt eines von den **Verantwortlichen** zu führenden Verarbeitungsverzeichnisses; **Abs. 2** der Vorschrift stellt ähnliche Anforderungen an **Auftragsverarbeiter.** Nach **Abs. 3** bedarf es der Schriftform, der auch durch eine elektronische Form Rechnung getragen werden kann. **Abs. 4** verpflichtet zur Vorlage auf Anfrage der Aufsichtsbehörde. **Abs. 5** befreit bestimmte kleine Unternehmen und Einrichtungen von den Pflichten nach Abs. 1 und 2. Inhaltlich ergeben sich gegenüber der bisherigen Meldung nach Art. 19 DS-RL und § 4e BDSG aF nur wenige Änderungen. § 70 BDSG enthält eine

ähnliche Regelung für der Bereich der polizeilichen und justiziellen Zusammenarbeit (zu diesen Normadressaten → Art. 28 Rn. 21).

B. Einzelerläuterungen

I. Begriffsbestimmungen

3 Es gelten die in Art. 4 festgelegten Begriffsbestimmungen. Neben den Legaldefinitionen zu Verantwortlichen (Art. 4 Nr. 7) und zum Auftragsverarbeiter (Art. 4 Nr. 8) sind insbesondere folgende Begriffsdefinitionen nach Art. 4 von besonderer Relevanz: Nr. 1 „personenbezogene Daten", Nr. 2 „Verarbeitung", Nr. 9 „Empfänger", Nr. 17 „Vertreter", Nr. 18 „Unternehmen", Nr. 21 „Aufsichtsbehörde", Nr. 26 „internationale Organisation".

II. Inhalte des Verzeichnisses bei Verantwortlichen

4 Die von den Verantwortlichen in das Verarbeitungsverzeichnis aufzunehmenden Inhalte sind Art. 30 Abs. 1 Buchst. a–g zu entnehmen. Nach Buchst. a bedarf es zunächst der Angabe des **Namens** und der **Kontaktdaten** des Verantwortlichen. Als Anschrift sollte die Adresse angegeben werden, bei der der Verantwortliche aufgesucht werden kann. Soweit einschlägig, sind auch entsprechende Angaben zu einem gemeinsam mit ihm Verantwortlichen (s. Art. 26) und zum Vertreter des Verantwortlichen (zum Begriff s. Art. 4 Nr. 17) zu machen. Neu und sinnvoll ist, dass nunmehr auch zwingend der Name und die Kontaktdaten des Datenschutzbeauftragten aufzunehmen sind, soweit ein solcher bestellt ist (auch → Art. 37 Rn. 19). Diese Pflicht korrespondiert mit der Ansprechpartnerfunktion des Datenschutzbeauftragten (→ Art. 38 Rn. 6 sowie → Art. 39 Rn. 6).

5 Buchst. b verlangt die Angabe der **Verarbeitungszwecke.** Es liegt auf der Hand, dass die jeweiligen Zwecke sich auf das Risikopotential der Verarbeitung auswirken können. So ist bspw. eine zur Vertragsabwicklung erforderliche Verarbeitung regelmäßig weniger gefahrenträchtig als etwa eine gezielte personenbezogene Verarbeitung zum Zwecke der Profilbildung und darauf gestützter Entscheidungen.

6 Buchst. c erfordert eine Beschreibung betroffener **Personen- und Datenkategorien.** Betroffene Personengruppen können Kunden, Mitarbeiter, Bürger, Patienten etc. sein. Als Datenkategorien kommen entsprechend bspw. Kunden-, Mitarbeiter-, Bürger- oder Patientendaten in Betracht. Die geforderten Angaben sollten mit Blick auf die Risikoträchtigkeit der Verarbeitung insbesondere auch Aufschluss darüber geben, ob es sich um besondere Datenkategorien nach Art. 9 handelt, die ggf. eine Datenschutz-Folgenabschätzung nach Art. 35 oder eine Vorabkonsultation der Aufsichtsbehörde nach Art. 36 erforderlich machen.

7 Gem. Buchst. d sind **Empfängerkategorien** anzugeben. Dies schließt Empfänger in Drittländern, internationale Organisationen (zum Begriff s. Art. 4 Nr. 26, zur Thematik auch → Rn. 8) und auch zukünftige Empfänger mit ein. Zu beachten ist, dass als Empfänger auch Stellen innerhalb des Verantwortlichen und auch Auftragsverarbeiter in Betracht kommen (vgl. Art. 4 Nr. 9). Bei internen Empfängern sollte die Funktionsbezeichnung genügen (zB Vertrieb, Rechnungswesen, Betriebsrat). Bestimmte Behörden sind nicht als Empfänger anzusehen (s. Art. 4 Nr. 9).

Angesichts des Umstandes, dass bei Datentransfers in **Drittländer** oder an **internationale Organisationen** ein besonderes Gefährdungspotential besteht, verlangt Buchst. e für diese Fälle entsprechende Angaben im Verarbeitungsverzeichnis. Konkret zu benennen ist insbesondere das betreffende Drittland, ua damit das Vorliegen einer Angemessenheitsentscheidung der EU-Kommission bzw. das Erfordernis der Gewährleistung von hinreichenden Schutzgarantien überprüft werden kann (s. Kommentierung zu Art. 44 ff.). In Fällen der Interessenabwägung nach Art. 49 Abs. 1 S. 2 besteht nach Art. 49 Abs. 6 eine besondere Dokumentationspflicht, die mit Art. 30 Abs. 1 Buchst. e korrespondiert. Danach hat der Verantwortliche seine Abwägungsergebnisse und von ihm vorgesehenen geeigneten und angemessenen Garantien in das Verarbeitungsverzeichnis mit aufzunehmen. Erfolgt die Übermittlung an eine internationale Organisation, so ist auch diese konkret zu benennen. 8

Um sicherzustellen, dass die personenbezogenen Daten nicht länger als nötig gespeichert werden, sollte der Verantwortliche **Löschungsfristen** oder regelmäßige Überprüfungen vorsehen (s. Erwägungsgrund 39). Grundsätzlich sind personenbezogene Daten gem. Art. 17 Abs. 1 Buchst. a zu löschen, wenn sie für die konkreten Zwecke, für die sie erhoben oder auf sonstige Weise verarbeitet wurden, nicht mehr notwendig sind. Eine entsprechende Notwendigkeit entfällt in der Regel nach Vertragsabwicklung. Eine Speicherung über diesen Zeitraum hinaus bedarf besonderer Erlaubnistatbestände. Hierzu gehören bspw. gesetzlich Aufbewahrungsvorschriften. Überdies bestehen nach Art. 17 diverse Löschungsgründe. Systembedingt erscheint es sachgerecht, dass Art. 30 Abs. 1 Buchst. f lediglich eine Dokumentation von Löschungsfristen nach Möglichkeit vorsieht. Idealerweise trifft der Verantwortliche im Rahmen von Voreinstellungen geeignete technische und organisatorische Maßnahmen auch hinsichtlich der Speicherfrist (vgl. Art. 25 Abs. 2). Darüber hinaus sollte das Verarbeitungsverzeichnis nach Art. 30 Abs. 1 Buchst. g möglichst auch eine allgemeine Beschreibung der **technischen und organisatorischen Maßnahmen** gem. Art. 32 Abs. 1 beinhalten, wobei insofern ggf. eine Grobskizze ausreichend sein sollte. 9

III. Inhalte des Verzeichnisses bei Auftragsverarbeitern

Die DS-GVO verpflichtet nunmehr auch Auftragsverarbeiter zur Führung eines eigenen Verarbeitungsverzeichnisses, das inhaltlich in wesentlichen Teilen dem von den Verantwortlichen zu führenden Verzeichnis gleicht (zur Gleichbehandlung von Verantwortlichen und Auftragsverarbeitern vgl. Erwägungsgrund 13), gleichzeitig aber die Besonderheiten der Auftragsverarbeitung berücksichtigt. Die von den Auftragsverarbeitern in das Verarbeitungsverzeichnis aufzunehmenden Inhalte sind in Art. 30 Abs. 2 Buchst. a–d geregelt. 10

Nach Buchst. a bedarf es der Angabe des **Namens** und der **Kontaktdaten** des Auftragsverarbeiters bzw. sämtlicher Auftragsverarbeiter in der Lieferkette (Unterauftragnehmer). Zusätzlich sind alle Auftrag gebenden Verantwortlichen namentlich und mit Kontaktdaten zu nennen. Ggf. sind entsprechende Angaben auch in Bezug auf Vertreter des Verantwortlichen oder des Auftragsverarbeiters sowie zu etwaigen Datenschutzbeauftragten zu machen (→ Rn. 4). 11

Buchst. b setzt die Angabe der **Verarbeitungskategorien** voraus, die dem konkreten Auftragsverhältnis zwischen dem Verantwortlichen und dem Auftragsverarbeiter zugrunde liegen. Die in Betracht kommenden Auftragstätigkeiten sind vielfältig und reichen von Datenerhebungen im Auftrag des Verantwortlichen (zB 12 durch Call Center), über Cloud Computing-Dienste bis hin zur Datenentsorgung. Die Angabe der Verarbeitungskategorien sollte eine Einschätzung des Risikogrades der Verarbeitung ermöglichen (zB sensitive Daten, Profiling). Zu beachten ist, dass der Auftragsverarbeiter alle ihm – ggf. von mehreren Verantwortlichen – erteilten Aufträge im Verarbeitungsverzeichnis anzuführen hat.

13 Ebenso wie der Verantwortliche hat auch der Auftragsverarbeiter nach Buchst. c bestimmte Angaben im Fall des Datentransfers in **Drittländer** bzw. an **internationale Organisationen** zu machen (→ Rn. 8). Überdies ist gem. Buchst. d möglichst auch vom Auftragsverarbeiter eine allgemeine Beschreibung der **technischen und organisatorischen Maßnahmen** gem. Art. 32 Abs. 1 im Verarbeitungsverzeichnis zu dokumentieren.

IV. Ausnahmen

14 Es entspricht der Intention des Verordnungsgebers kleinste, kleine und mittlere Unternehmen in der Größenordnung von **weniger als 250 Mitarbeitern** und andere entsprechend dimensionierte Einrichtungen von unangemessener Bürokratie freizuhalten (s. Art. 30 Abs. 5 sowie Erwägungsgrund 13). Dementsprechend sollen diese Unternehmen und Einrichtungen im Regelfall auch von der Pflicht zur Führung eines Verarbeitungsverzeichnisses ausgenommen werden. Diese Ausnahme wird allerdings risikobedingt **relativiert.** Birgt die Verarbeitung besondere Datenschutzrisiken (→ Art. 37 Rn. 8 ff.), findet sie nicht nur gelegentlich statt oder beinhaltet sie besonderer Datenkategorien gem. Art. 9 Abs. 1 bzw. personenbezogene Daten über strafrechtliche Verurteilungen oder Straftaten iSd Art. 10, so lebt die Dokumentationspflicht wieder auf. In vielen Fällen wird die Ausnahmeregelung bereits in Ermangelung der geforderten Gelegentlichkeit nicht greifen, zumal die Verarbeitung von Kunden- oder Beschäftigtendaten naturgemäß regelmäßig erfolgt und ferner auch die Datenverarbeitung im Auftrag für zahlreiche kleinere Unternehmen zum Kerngeschäft gehört. Auch kleinere Auftragsverarbeiter, die Gesundheitsdaten verarbeiten, wären wegen des damit verbundenen Risikos nicht aus der Pflicht zur Führung eines Verarbeitungsverzeichnisses entlassen. Ob allerdings besondere Risiken auch dann anzunehmen sind, wenn die Datenverarbeitung auf einer wirksamen Einwilligung der Betroffenen basiert, erscheint fraglich und ebenso klärungsbedürftig wie die Berücksichtigung weiterer Maßnahmen zur Risikoeindämmung (sa Erwägungsgründe 75 ff.). Insofern wären entsprechende Hinweise des Europäischen Datenschutzausschusses wünschenswert (s. Erwägungsgrund 77 S. 2), damit die in Art. 30 Abs. 5 angelegte Erleichterung nicht ins Leere geht.

V. Formerfordernis

15 Verantwortliche und Auftragsverarbeiter haben das Verarbeitungsverzeichnis **schriftlich** bzw. in **elektronischer Form** zu führen (Art. 30 Abs. 3) und es auf Anfrage der Aufsichtsbehörde in entsprechender Form zur Verfügung zu stellen (Art. 30 Abs. 4).

C. Rechtsschutz

16 Wird das Verarbeitungsverzeichnis pflichtwidrig nicht oder nicht ordnungsgemäß geführt, drohen den Verantwortlichen und den Auftragsverarbeitern Geldbußen nach Art. 83 Abs. 4 Buchst. a. bzw. Sanktionen nach §§ 41 ff. BDSG nF. Danach können ua Bußgelder von bis zu 10.000.000 EUR oder im Fall eines Unternehmens von bis zu 2 Prozent seines gesamten weltweit erzielten Jahresumsatzes des vorangegangenen Geschäftsjahrs verhängt werden. Daneben kommt die Ausübung aufsichtsbehördlicher Befugnisse nach Art. 58 in Betracht.

Art. 31 Zusammenarbeit mit der Aufsichtsbehörde

Der Verantwortliche und der Auftragsverarbeiter und gegebenenfalls deren Vertreter arbeiten auf Anfrage mit der Aufsichtsbehörde bei der Erfüllung ihrer Aufgaben zusammen.

Literatur: *Ashkar*, Durchsetzung und Sanktionierung des Datenschutzrechts nach den Entwürfen der Datenschutz-Grundverordnung, DuD 2015, 796; *Dietrich*, Rechtsdurchsetzungsmöglichkeiten nach der DS-GVO – Einheitlicher Rechtsrahmen führt nicht zwangsläufig zu einheitlicher Rechtsanwendung, ZD 2016, 260.

Übersicht

A. Allgemeines

1 Im Interesse eines wirksamen Rechtsvollzugs begründet Art. 31 quasi als Präambel zu den diversen konkret geregelten Verpflichtungen der Normadressaten der DS-GVO gegenüber der Aufsichtsbehörde eine allgemeine Zusammenarbeitspflicht, die jedoch erst im Rahmen einer Aktivität der Aufsichtsbehörde ausgelöst wird. Die Vorschrift ist weitgehend deklaratorischer Art. Ob sie für die Praxis eigenständige Relevanz hat, ist zumindest fraglich.[1] Sie steht als ergänzende, spiegelbildliche[2] Regelung neben bzw. hinter den sich aus Art 58 ergebenden Befugnissen. Im Rahmen der Erfüllung ihrer Aufgaben – einschließlich der Erfüllung ihrer allgemeinen Pflichten nach Art. 24–30 – sind sowohl die Verantwortlichen als auch die Auftragsverarbeiter und ggf. deren Vertreter (→ Art. 4 Rn. 84) aufgerufen, auf Anfrage mit der Aufsichtsbehörde zu kooperieren.

2 Die Zusammenarbeitspflicht wird durch eine Anfrage ausgelöst, die wohl in der Regel zur Aufklärung eines Sachverhalts führen soll, wobei für die Nachfrage kein konkreter Anlass vorliegen muss.[3] Es kann sich also auch um eine allgemeine Bestandsaufnahme zB zur Umsetzung von Vorgaben der DS-GVO handeln.[4] Seitens des Angefragten besteht eine Mitwirkungspflicht. Ausdrückliche Duldungspflichten enthält Art. 31 nicht. Konkrete Bereitstellungspflichten finden sich etwa in Art. 30 Abs. 4 und 58 Abs. 1 lit. a. Diese Pflichten erstrecken sich grundsätzlich auch auf Geschäftsgeheimnisse. Diese unterliegen jedoch einem besonderen Ver-

[1] Kühling/Buchner/*Hartung*, DS-GVO, Art. 31 Rn. 5.
[2] *Koós/Englisch*, ZD 2016, 276 (281).
[3] Kühling/Buchner/*Hartung*, DS-GVO, Art. 31 Rn. 11.
[4] Paal/Pauly/*Martini*, DS-GVO, Art. 31 Rn. 30.

traulichkeitsschutz bei der Behörde. Die Anfrage der Behörde kann auch der Feststellung von Umsetzungsmängeln dienen, deren Mitteilung uU der Grundsatz der Selbstbelastungsfreiheit entgegenstehen kann.

3 Zwangsmaßnahmen zur Durchsetzung der allgemeinen verfahrensrechtlichen Kooperationspflicht regelt Art. 31 nicht.[5] Abhilfebefugnisse der Aufsichtsbehörde sind allerdings eigens in Art. 58 Abs. 2 geregelt. Gleichwohl hat Art. 31 im Sanktionsrahmen eine eigenständige Bedeutung, was schon durch seine Einbeziehung in Art. 83 Abs. 4 lit. a zum Ausdruck kommt (→ Rn. 5). Im Übrigen wirkt sich die Nichtbearbeitung einer Anfrage ggf. nachteilig für den Verantwortlichen/Auftragsverarbeiter aus, da die Behörde nunmehr befugt ist, eine Entscheidung auf der Basis ihres vorhandenen Wissens zu Lasten des Verantwortlichen zu treffen.[6]

4 Soweit bestellt, kann der Datenschutzbeauftragte die Kommunikation mit der Aufsichtsbehörde übernehmen. Art. 39 Abs. 1 lit. d und e verpflichten den Datenschutzbeauftragten zur Zusammenarbeit mit der Aufsichtsbehörde, wobei gleichzeitig dessen Funktion als direkter Ansprechpartner klargestellt wird (→ Art. 39 Rn. 6), was jedoch nichts an den eigentlichen Adressaten des § 31 ändert.[7] Die Pflicht zum kooperativen Verfahren kann durch verbindliche interne Datenschutzvorschriften (Binding Corporate Rules) nach Art. 47 Abs. 2 lit. l unternehmensintern präzisiert werden.[8]

B. Rechtsschutz/Sanktionen

5 Da eine Anfrage der Aufsichtsbehörde bzw. die darin liegende Anordnung zur Zusammenarbeit in einem konkreten Fall nicht die Qualität eines Verwaltungsakts aufweist, ist ein unmittelbarer Rechtsschutz jedenfalls per Anfechtungsklage nicht möglich.[9] Anderes gilt bei Erlass eines nach Art. 83 Abs. 4 lit. a oder Abs. 6 der Vorschrift möglichen Bußgeldbescheids gem. § 41 Abs. 1 BDSG nF nach den Regeln des Ordungswidrigkeitsrechts. Überdies sollte schließlich nicht verkannt werden, dass sich die Zusammenarbeit mit der Aufsichtsbehörde bei der Verhängung von Geldbußen strafmildernd auswirken kann (vgl. Art. 83 Abs. 2 lit. f).

Abschnitt 2. Sicherheit personenbezogener Daten

Art. 32 Sicherheit der Verarbeitung

(1) **Unter Berücksichtigung des Stands der Technik, der Implementierungskosten und der Art, des Umfangs, der Umstände und der Zwecke der Verarbeitung sowie der unterschiedlichen Eintrittswahrscheinlichkeit und Schwere des Risikos für die Rechte und Freiheiten natürlicher Personen treffen der Verantwortliche und der Auftragsverarbeiter geeignete**

---

[5] Vgl. auch Paal/Pauly/*Martini*, DS-GVO, Art. 31 Rn. 11.

[6] Paal/Pauly/*Martini*, DS-GVO, Art. 31 Rn. 37; Kühling/Buchner/*Hartung*, DS-GVO, Art. 31 Rn. 18.

[7] Sydow/*Ziebarth*, Art. 31 Rn. 5.

[8] Sydow/*Towfigh/Ulrich*, Art. 47 Rn. 12.

[9] Zur evtl. möglichen Feststellungsklage Paal/Pauly/*Martini*, DS-GVO, Art. 31 Rn. 35–43.

technische und organisatorische Maßnahmen, um ein dem Risiko angemessenes Schutzniveau zu gewährleisten; diese Maßnahmen schließen gegebenenfalls unter anderem Folgendes ein:

a) die Pseudonymisierung und Verschlüsselung personenbezogener Daten;

b) die Fähigkeit, die Vertraulichkeit, Integrität, Verfügbarkeit und Belastbarkeit der Systeme und Dienste im Zusammenhang mit der Verarbeitung auf Dauer sicherzustellen;

c) die Fähigkeit, die Verfügbarkeit der personenbezogenen Daten und den Zugang zu ihnen bei einem physischen oder technischen Zwischenfall rasch wiederherzustellen;

d) ein Verfahren zur regelmäßigen Überprüfung, Bewertung und Evaluierung der Wirksamkeit der technischen und organisatorischen Maßnahmen zur Gewährleistung der Sicherheit der Verarbeitung.

(2) **Bei der Beurteilung des angemessenen Schutzniveaus sind insbesondere die Risiken zu berücksichtigen, die mit der Verarbeitung verbunden sind, insbesondere durch – ob unbeabsichtigt oder unrechtmäßig – Vernichtung, Verlust, Veränderung oder unbefugte Offenlegung von beziehungsweise unbefugten Zugang zu personenbezogenen Daten, die übermittelt, gespeichert oder auf andere Weise verarbeitet wurden.**

(3) **Die Einhaltung genehmigter Verhaltensregeln gemäß Artikel 40 oder eines genehmigten Zertifizierungsverfahrens gemäß Artikel 42 kann als Faktor herangezogen werden, um die Erfüllung der in Absatz 1 des vorliegenden Artikels genannten Anforderungen nachzuweisen.**

(4) **Der Verantwortliche und der Auftragsverarbeiter unternehmen Schritte, um sicherzustellen, dass ihnen unterstellte natürliche Personen, die Zugang zu personenbezogenen Daten haben, diese nur auf Anweisung des Verantwortlichen verarbeiten, es sei denn, sie sind nach dem Recht der Union oder der Mitgliedstaaten zur Verarbeitung verpflichtet.**

Literatur: *Piltz,* Die Datenschutz-Grundverordnung – Teil 3: Rechte und Pflichten des Verantwortlichen und Auftragsverarbeiters, K&R 2016, 709; *Schantz*, Die Datenschutz-Grundverordnung – Beginn einer neuen Zeitrechnung im Datenschutzrecht, NJW 2016, 1841.

Übersicht

A. Einleitung

1 Personenbezogene Daten bedürfen eines **technischen und organisatorischen Schutzes.** Auch die RL 95/46/EG sieht in Art. 17 Abs. 1 die Pflicht für Mitgliedstaaten vor, dass der für die Verarbeitung Verantwortliche technische und organisatorische Maßnahmen ergreifen muss, um personenbezogene Daten gegen eine unrechtmäßige Verarbeitung zu schützen. Der Gesetzgeber sieht es nicht als ausreichend an, allein Anforderungen an die rechtliche Zulässigkeit des Umgangs mit personenbezogenen Daten zu stellen.

B. Zweck und Bedeutung

2 Neben dem Vorliegen eines Erlaubnistatbestandes (Art. 6) und der Einhaltung der Datenschutzgrundsätze (Art. 5), bedarf es auch eines Schutzes auf faktischer Ebene, der freilich eng mit der rechtlichen Zulässigkeit einer Verarbeitung verzahnt ist.[1] Die **Rechtmäßigkeit** einer Verarbeitung wird mit Art. 32 aber nicht geregelt.[2]

3 Nach Erwägungsgrund 83 S. 1 ist es **Zweck** der Umsetzung solcher Maßnahmen, die Sicherheit personenbezogener Daten aufrechtzuhalten und gegen eine gegen die DS-GVO verstoßende Verarbeitung vorzubeugen. Jedoch ist das Ziel von Art. 32 nicht allein der Schutz von Daten an sich, sondern, wie bereits aus der Überschrift des Artikels hervorgeht, die Sicherheit der Verarbeitung. Art. 32 gibt den Verpflichteten die **regulatorischen Leitplanken** für die Umsetzung entsprechender Maßnahmen vor. Auf eine strikte Vorgabe von konkret umzusetzenden Maßnahmen wird, mit Blick auf die gewünschte Technikneutralität und Entwicklungsoffenheit der DS-GVO, verzichtet.

4 Art. 32 genießt als unmittelbar geltendes europäisches Recht **Anwendungsvorrang** vor dem nationalen Recht. Die in der noch bis zum 25.5.2018 geltenden Anlage zu § 9 S. 1 BDSG aF aufgezählten Schutzziele von umzusetzenden technischen und organisatorischen Maßnahmen entfallen zwar in der bisher in Deutschland bekannten Form. Sie leben in den Vorgaben des Art. 32 und des Erwägungsgrundes 83, wenn auch weniger konkret und umfangreich, weiter fort.

C. Einzelerläuterungen

I. Regelungsgegenstand: Datensicherheit

5 Art. 8 Abs. 1 der **Charta der Grundrechte** der Europäischen Union bestimmt, dass jede Person das Recht auf „Schutz der sie betreffenden personenbezogenen Daten" hat. Der Begriff des „Schutzes" kann durchaus weit, in dem Sinne verstanden werden, dass er nicht nur die Rechtmäßigkeit einer Verarbeitung, sondern auch den faktischen Schutz von personenbezogenen Daten umfasst.

6 Richtigerweise wird daher auch die **„Datensicherheit"** vom EuGH als Schutzgut des Art. 8 GRCh anerkannt. In seinem Urteil zur Aufhebung der RL 2006/24 stellte das Gericht fest, dass die Richtlinie keine hinreichenden, „den

---

[1] BeckOK DatenschutzR/*Karg*, § 9 BDSG Rn. 11.

[2] Generalanwältin *Kokott*, Schlussanträge v. 8.5.2008 – C-73/07, Rn. 112 zu Art. 17 RL 95/46/EG.

Anforderungen von Art. 8 GRCh entsprechenden Garantien dafür bietet, dass die auf Vorrat gespeicherten Daten wirksam vor Missbrauchsrisiken sowie vor jedem unberechtigten Zugang zu ihnen und jeder unberechtigten Nutzung geschützt sind".[3] Das Grundrecht auf Datenschutz umfasst also auch den technischen und organisatorischen Schutz personenbezogener Daten.

II. Verpflichtete Stellen

Sowohl der **Verantwortliche** als auch der **Auftragsverarbeiter** sind nach Art. 32 Abs. 1 verpflichtet, technische und organisatorische Maßnahmen zum Schutz personenbezogener Daten zu treffen. Beide Stellen sind unabhängig voneinander verpflichtet, was sich aus der Verwendung des Wortes „und" ergibt.[4] Zwar nutzt Erwägungsgrund 83 S. 1 dieser Vorgabe des Art. 32 Abs. 1 widersprechend das Wort „oder". Jedoch dürfte es sich dabei nicht um die Einführung einer alternativen Umsetzungspflicht von technischen und organisatorischen Maßnahmen handeln. Auch im Rat der Europäischen Union ging man von zwei unabhängigen Pflichten des Verantwortlichen und Auftragsverarbeiters aus.[5] 7

Der Verantwortliche kann zwar ihn treffende Pflichten durch einen Auftragsverarbeiter erfüllen lassen, etwa, wenn personenbezogene Daten gar nicht beim Verantwortlichen selbst verarbeitet werden. Dies ändert jedoch nichts an der Vorgabe des Art. 32 Abs. 1, dass der Verantwortliche selbst **Pflichtenadressat** bleibt. 8

III. Geeignete technische und organisatorische Maßnahmen

Die Verpflichteten haben geeignete technische und organisatorische Maßnahmen zu treffen. Wie bisher (vgl. Art. 17 RL 95/46/EG und § 9 BDSG) wird die Erfüllung der Umsetzungspflicht damit von einer **Verhältnismäßigkeitsprüfung** abhängig gemacht.[6] 9

1. Geeignetheit. Die **„Geeignetheit"** bezieht sich hierbei auf die Umsetzung der Ziele des Art. 32, also die Aufrechterhaltung der Sicherheit und die Vorbeugung gegen eine gegen die DS-GVO verstoßende Verarbeitung. Die Geeignetheit der Maßnahmen ist bereits unter der RL 95/46/EG erforderlich gewesen. 10

Daneben verlangt Erwägungsgrund 83 S. 2, dass die entsprechenden Maßnahmen ein Schutzniveau gewährleisten, das den von der Verarbeitung ausgehenden Risiken und der Art der zu schützenden personenbezogenen Daten angemessen ist. Art. 32 Abs. 1 verpflichtet den Verantwortlichen und Auftragsverarbeiter mithin nicht zu einem absoluten Schutz(niveau) der Daten.[7] Das Schutzniveau muss vielmehr, je nach Verarbeitungskontext, dem Risiko für die Rechte und Freiheiten der betroffenen Personen im Einzelfall **angemessen** sein. Dies bedeutet gleichzeitig, dass das Risiko nicht völlig ausgeschlossen werden kann und dies auch nicht Ziel der umzusetzenden Maßnahmen ist. 11

---

[3] EuGH, Urt. v. 8.4.2014 – C-293/12, C-594/12 – Digital Rights Ireland Ltd, NJW 2014, 2169, Rn. 66.

[4] Ebenso Kühling/Buchner/*Jandt*, DS-GVO, Art. 32 Rn. 1.

[5] Ratsdokument 5345/14, v. 15.1.2014, S. 3 ff.

[6] So auch Kühling/Buchner/*Jandt*, DS-GVO, Art. 32 Rn. 5; Sydow/*Mantz*, Europäische Datenschutzgrundverordnung, Art. 32 Rn. 10; BayLDA, Sicherheit der Verarbeitung – Art. 32 DS-GVO, S. 2.

[7] So auch Paal/Pauly/*Martini*, DS-GVO, 1. Aufl., Art. 32 Rn. 46.

12 Aus der Zusammenschau der Vorgabe der Geeignetheit der Maßnahme und dem Ziel, ein angemessenes Schutzniveau herzustellen, wird deutlich, dass der Gesetzgeber die Umsetzung der Maßnahmen an dem Prinzip der Verhältnismäßigkeit orientiert wissen will. Die Maßnahmen müssen geeignet sein, dass angemessene Schutzniveau zu gewährleisten. Sie müssen es also nicht nur einmalig herstellen, sondern **auch in der Zukunft** beibehalten.

13 **2. Verhältnismäßigkeit: Prüfungsfaktoren.** Art. 32 Abs. 1 gibt vor, welche Faktoren im Rahmen der **Verhältnismäßigkeitsprüfung** durch den Verantwortlichen und Auftragsverarbeiter zwingend zu beachten sind.[8] Zu berücksichtigen sind: der Stand der Technik, die Implementierungskosten und die Art, der Umfang, die Umstände und die Zwecke der Verarbeitung sowie die unterschiedliche Eintrittswahrscheinlichkeit und Schwere des Risikos für die Rechte und Freiheiten natürlicher Personen.

14 Zu beachten ist, dass diese Prüfungsfaktoren nur zu **„berücksichtigen"** sind. Dies bedeutet, dass sie in die Verhältnismäßigkeitsprüfung einzustellen, jedoch nicht notwendigerweise absolut zu befolgen sind. Dies ist insbesondere für den Prüfungsfaktor „Stand der Technik" relevant. Dieser ist nicht umzusetzen oder zu befolgen, sondern bei der erforderlichen Abwägungsentscheidung vor Umsetzung der Maßnahmen zu berücksichtigen und quasi als Leitlinie zu beachten.[9]

15 **a) Stand der Technik.** Art. 32 Abs. 1 verweist auf den „Stand der Technik", der bei der Suche nach den passenden Maßnahmen zu berücksichtigen ist. Zunächst gilt es zu beachten, dass der Begriff im Rahmen der DS-GVO **autonom** auszulegen ist. Ein Rückgriff auf deutsche Gesetze (wie etwa das BSIG) oder nationale Rechtsprechung zu entsprechenden Vorschriften, ist nicht möglich. Was konkret vom Stand der Technik umfasst ist, bleibt jedoch **unklar.** Von besonderer praktischer Relevanz ist, ob damit die neuesten technischen Entwicklungen und Fortschritte umfasst sind oder aber, ob sich der Verpflichtete mit der Berücksichtigung des fach- und branchenüblichen Standards zufriedengeben darf. Es dürfte sich in jedem Fall nicht um den höchsten Stand (der Technik) handeln, denn dieser wird durch den EuGH nur bei der Verwendung des Begriffes „Stand der Wissenschaft und Technik" angenommen.[10]

16 Während den Verhandlungen zur DS-GVO favorisierte der Rat stets die Formulierung der **„verfügbaren Technologie",**[11] wohingegen die Kommission und das Parlament in ihren Entwürfen auf den „Stand der Technik" abstellten. Am Ende einigte man sich auf den Stand der Technik, ohne jedoch näher zu erläutern, ob die beiden Formulierungen unterschiedliche inhaltliche Vorgaben aufstellen.

17 Die englische Sprachfassung referenziert auf **„state of the art"** der Maßnahmen („measures") und erwähnt nicht die Technik oder Technologie. Auch bei Betrachtung dieser Sprachfassung ergibt sich jedoch nicht, welcher Maßstab konkret anzulegen ist.

18 Jedoch ergibt sich aus einem Vergleich zu den Vorgaben an Maßnahmen im Rahmen einer **Datenschutz-Folgenabschätzung,** dass mit dem „Stand der Technik" nicht die absolut besten und leistungsfähigsten Technologien zum Zeit-

---

[8] Kühling/Buchner/*Jandt*, DS-GVO, Art. 32 Rn. 7.

[9] *Piltz*, K&R 2016, 709 (714).

[10] EuGH, Urt. v. 29.5.1997 – C-300/95, Rn. 26.

[11] Ratsdokument 9565/15, v. 11.6.2015.

punkt der Verhältnismäßigkeitsprüfung gemeint sein können, sondern vielmehr bekannte, bewährte und effektive Maßnahmen, die derzeit auf dem Markt verfügbar sind. Nach Erwägungsgrund 84 S. 3 muss der Verantwortliche, wenn ein Verarbeitungsvorgang wahrscheinlich ein **hohes Risiko** für die Rechte und Freiheiten natürlicher Personen mit sich bringt, versuchen, das Risiko durch geeignete Maßnahmen „in Bezug auf verfügbare Technik" einzudämmen. Die englische Sprachfassung spricht entsprechend von „available technology". Reicht jedoch schon im Fall der Wahrscheinlichkeit eines hohen Risikos die Umsetzung von Maßnahmen entsprechend der verfügbaren Technik aus, so gilt dies erst recht für die allgemeine Vorschrift des Art. 32, die eine Umsetzung von Maßnahmen unabhängig vom Vorliegen eines hohen Risikos vorsieht. Ansonsten würde die allgemeine Vorschrift, die Umsetzungen von Maßnahmen für jede Verarbeitung fordert, höhere Anforderungen an die Maßnahmen stellen als die spezielle Vorschrift für Verarbeitungen mit einem hohen Risiko.

Die Antwort auf die Frage, was die jeweils verfügbare Technik ist, wird sich unter anderem an den Gegebenheiten des Marktes orientieren müssen. Die Prüfung muss also die aktuelle Marktsituation und das Verhalten von Wettbewerbern in den Blick nehmen. Zudem sind auch Informationen und Empfehlungen staatlicher Stellen zu berücksichtigen, wie etwa die **IT-Grundschutz-Kataloge** des Bundesamtes für Sicherheit in der Informationstechnik (BSI).[12] **19**

b) Implementierungskosten. Ebenfalls zu berücksichtigen sind die Implementierungskosten der technischen und organisatorischen Maßnahmen. Diese dürfen, dem Gedanken der Verhältnismäßigkeit Rechnung tragend, **nicht außer Verhältnis** zum Ziel der Angemessenheit des Schutzniveaus stehen. Es ist kein unbegrenzter Aufwand erforderlich.[13] Zudem ist der Aufwand für den Datenschutz nicht erst dann unangemessen, wenn er zu einer Existenzgefährdung führt.[14] **20**

Zu berücksichtigen ist der **finanzielle Aufwand,** der für die Implementierung (also die Umsetzung) der jeweiligen Maßnahme erforderlich ist. Nicht umfasst sind faktische Schwierigkeiten und etwa auch ein zeitlicher Aufwand. Freilich wird sich etwa ein zeitlicher Aufwand zumeist auch finanziell, etwa in der erforderlichen Bezahlung von Mitarbeitern oder Dritten, niederschlagen. **21**

c) Risikobasierter Ansatz. Zum Dritten müssen bei der Auswahl der geeigneten Maßnahmen die Art, der Umfang, die Umstände und die Zwecke der Verarbeitung sowie die unterschiedliche Eintrittswahrscheinlichkeit und Schwere des Risikos für die Rechte und Freiheiten natürlicher Personen berücksichtigt werden. Dies ist der Verweis auf den durch Art. 24 Abs. 1 eingeführten **risikobasierten Ansatz** der DS-GVO. Zu den jeweils vorzunehmenden Prüfungsschritten → Art. 24 Rn. 19 ff. **22**

3. Maßnahmen. Welche Maßnahmen konkret umzusetzen sind, dazu macht Art. 32 keine Vorgaben. Dies entspricht dem Gedanken der Technikneutralität und Entwicklungsoffenheit.[15] Jedoch werden in Art. 32 Hs. 2 einige **Maßnahmen** und insbesondere **Datensicherheitsziele** aufgezählt, die von den verpflichteten Stellen umzusetzen bzw. zu erreichen sind. **23**

---

[12] Paal/Pauly/*Martini*, DS-GVO, Art. 32 Rn. 57.
[13] Ehmann/Selmayr/*Hladjk*, DS-GVO, Art. 32 Rn. 5.
[14] So OVG Hamburg, Urt. v. 7.7.2005 – 1 Bf 172/03, NJW 2006, 310 zu § 9 BDSG.
[15] *Artikel-29-Datenschutzgruppe,* Stellungnahme 08/2012, WP 199, v. 5.10.2012, S. 29.

24 Hinzuweisen ist auf einen **Übersetzungsfehler** der verschiedenen Versionen der DS-GVO, der jedoch bei Nichtbeachtung erhebliche Auswirkungen haben kann. Nach der deutschen Sprachversion schließen die Maßnahmen „unter anderem Folgendes ein". Allein bei Betrachtung dieser Vorgabe könnte man der Meinung sein, dass die nachfolgende Liste verpflichtend, ohne Beachtung ihrer Geeignetheit umzusetzen und abzuarbeiten ist. Dies ist jedoch gerade nicht der Fall. Die Aufzählung in Art. 32 Abs. 1 Hs. 2 erfolgt nur beispielhaft und orientiert sich ebenfalls am Verhältnismäßigkeitsprinzip. Dies ergibt sich aus dem Vergleich mit der englischen Sprachversion. Dort wird die Aufzählung mit „including inter alia as **appropriate**" eingeleitet. Anders als die deutsche Fassung, verweist der englische Text ausdrücklich auf die Erforderlichkeit bzw. Angemessenheit einer jeden Maßnahme. Die Übersetzung von „as appropriate" wurde in der deutschen Sprachfassung schlicht vergessen.

25 Dass es sich um eine beispielhafte Aufzählung handelt und überdies deren Angemessenheit im Einzelfall zu beachten ist, ergibt sich auch aus den Dokumenten der Trilogverhandlungen. Bei der Aufzählung des Art. 32 Abs. 1 Hs. 2 geht es um eine beispielhafte Liste von möglichen Maßnahmen, welche als nützliche **Leitlinie** für verpflichtete Stellen dienen kann.[16]

26 **a) Pseudonymisierung und Verschlüsselung.** Zu den möglichen Maßnahmen zählen die **Pseudonymisierung** und die Verschlüsselung personenbezogener Daten. Art. 4 Nr. 5 enthält die Legaldefinition der Pseudonymisierung.

27 Welche Maßnahmen konkret die DS-GVO mit der Verschlüsselung im Blick hat, wird in Art. 32 nicht deutlich. Insbesondere werden **keine Vorgaben zur Art** der Verschlüsselung gemacht. Grundsätzlich genügt mithin auch eine „einfache" Verschlüsselung personenbezogener Daten. Schlüssellängen von 128 Bit sind per se ebenso geeignet wie jene von 256 Bit. Jedoch können weitere Umstände der Verhältnismäßigkeitsprüfung ergeben, dass eine höhere Schlüssellänge dem Schutzniveau angemessen ist. Eine Pflicht zur Verschlüsselung existiert nicht.[17]

28 Nach Ansicht des Gesetzgebers muss die Verschlüsselung bewirken, dass die personenbezogenen Daten für alle Personen, die nicht zum Zugang zu den personenbezogenen Daten befugt sind, **unzugänglich** gemacht werden (vgl. Art. 34 Abs. 3 lit. a).

29 **b) Sicherstellung der Fähigkeiten von Systemen und Diensten.** Nach Art. 32 Abs. 1 lit. b sollen die Maßnahmen auch die Fähigkeit, die Vertraulichkeit, Integrität, Verfügbarkeit und Belastbarkeit der **Systeme** und **Dienste** im Zusammenhang mit der Verarbeitung auf Dauer sicherstellen.

30 Zunächst ist zu beachten, dass die Sicherstellung sich vorliegend auf Systeme und Dienste und nicht etwa auf Verarbeitungen oder personenbezogene Daten selbst bezieht. Sicherzustellen ist die **Fähigkeit** von Systemen und Diensten. Diese müssen bestimmte Funktionen tatsächlich ausführen können bzw. beinhalten.

31 Gesetzliche Definitionen der verwendeten Begrifflichkeiten existieren in der DS-GVO nicht. Für die Anwendung in der Praxis kann auf die bereits bekannten

---

[16] Ratsdokument 13885/15, v. 13.11.2015, S. 3; so auch Kühling/Buchner/*Jandt*, DS-GVO, Art. 32 Rn. 14; Sydow/*Mantz*, DS-GVO, Art. 32 Rn. 9.

[17] Sydow/*Mantz*, DS-GVO, Art. 32 Rn. 11.

Definitionen der Begriffe durch das BSI zurückgegriffen werden.[18] **Vertraulichkeit** ist der Schutz vor unbefugter Preisgabe von Informationen. Die **Verfügbarkeit** von Dienstleistungen, Funktionen eines IT-Systems, IT-Anwendungen oder IT-Netzen oder auch von Informationen ist vorhanden, wenn diese von den Anwendern stets wie vorgesehen genutzt werden können. **Integrität** bezeichnet die Sicherstellung der Korrektheit (Unversehrtheit) von Daten und der korrekten Funktionsweise von Systemen. Mit der **Belastbarkeit** dürfte die Fähigkeit der Systeme gemeint sein, auch unter hoher Inanspruchnahmefrequenz ordnungsgemäß zu funktionieren.

c) Wiederherstellung der Verfügbarkeit und des Zugangs zu Daten. Nach Art. 32 Abs. 1 lit. c sollen die Maßnahmen auch dazu führen, dass die **Verfügbarkeit** der personenbezogenen Daten und der Zugang zu ihnen bei einem physischen oder technischen Zwischenfall rasch wiederhergestellt werden kann. 32

Die verpflichtete Stelle muss also dafür sorgen, dass selbst bei einem unvorhergesehenen Zwischenfall die personenbezogenen Daten wieder **„rasch"** ihrem Zweck entsprechend genutzt werden können. In Art. 32 Abs. 1 lit. c geht es nicht um die Verfügbarkeit der und Zugang zu den Systemen, sondern um die Daten. Was genau mit „rasch" gemeint ist, wird nicht näher beschrieben. Nicht gemeint ist damit eine Wiederherstellung ohne schuldhaftes Zögern, welches bei einer Verwendung des Begriffes „unverzüglich" möglicherweise anzunehmen wäre. Jedoch kennt die DS-GVO den Begriff der Unverzüglichkeit und nutzt ihn an anderer Stelle (zB in Art. 16 und Art. 17 Abs. 1). In Art. 32 Abs. 1 wird er jedoch nicht gebraucht. „Rasch" eröffnet daher grundsätzlich ein etwas größeres Zeitfenster als eine Pflicht zum unverzüglichen Handeln. 33

Die Verfügbarkeit und der Zugang müssen bei einem physischen oder technischen Zwischenfall wiederhergestellt werden. Es muss also nicht notwendigerweise ein gezielter **Angriff** von außen oder auch aus der verpflichteten Stelle selbst auf die Daten vorliegen. Vielmehr sind auch Unfälle und Ereignisse, die zB durch Naturphänomene hervorgerufen werden, umfasst. 34

d) Verfahren zur Überprüfung der Gewährleistung der Sicherheit der Verarbeitung. Zuletzt nennt Art. 32 Abs. 1 lit. d als Maßnahme ein Verfahren zur regelmäßigen **Überprüfung, Bewertung** und **Evaluierung** der Wirksamkeit der technischen und organisatorischen Maßnahmen zur Gewährleistung der Sicherheit der Verarbeitung. 35

Dem Grunde soll die verpflichtete Stelle also den **Nachweis,** sowohl intern als auch extern, erbringen können, dass die von ihr umgesetzten Maßnahmen den Anforderungen des Art. 32 gerecht werden. Hierzu müssen interne Prozesse und Abläufe, insbesondere also auf organisatorischer Ebene, entwickelt und umgesetzt werden. 36

Inhaltlich soll durch diese Prozesse die Wirksamkeit der umgesetzten Maßnahmen überprüft, bewertet und evaluiert werden können. Nicht erforderlich ist jedoch, dass ein Dritter diese Bewertung und Evaluierung vollständig versteht. Die verpflichtete Stelle muss nur nachweisen, dass sie einen entsprechenden **Prozess** 37

[18] Vgl. die Begriffsdefinitionen unter: www.bsi.bund.de/DE/Themen/ITGrundschutz/ITGrundschutzKataloge/Inhalt/_content/glossar/04.html; vgl. zu den Anforderungen auch Kühling/Buchner/*Jandt*, DS-GVO, Art. 32 Rn. 22 ff.

umgesetzt hat. Inhaltlich können die Bewertung oder Evaluierung daher auch zB unternehmensinterne Abkürzungen und Begriffe verwenden.

IV. Ein dem Risiko angemessenes Schutzniveau (Abs. 2)

38 Nach Art. 32 Abs. 1 muss durch die Maßnahmen ein dem Risiko **angemessenes Schutzniveau** gewährleistet werden. Art. 32 Abs. 2 gibt den verpflichteten Stellen weitere Leitlinien an die Hand, die bei der Bewertung der Angemessenheit des Schutzniveaus zu berücksichtigen sind.

39 Die Vorgaben des Art. 32 Abs. 2 sind **verpflichtend** zu berücksichtigen und keine möglicherweise in Betracht zu ziehenden Faktoren.

40 Bei der Beurteilung des angemessenen Schutzniveaus sind insbesondere die Risiken zu berücksichtigen, die mit der jeweiligen Verarbeitung verbunden sind. Art. 32 Abs. 2 konkretisiert und nennt beispielhaft („insbesondere“) noch einige **Umstände,** aus denen sich ein Risiko ergeben kann: Vernichtung, Verlust, Veränderung oder unbefugte Offenlegung von bzw. unbefugten Zugang zu personenbezogenen Daten.

41 Die **Risiken** beziehen sich jeweils auf eine Verarbeitung personenbezogener Daten und sind mit ihr, je nach den Umständen mal mehr, mal weniger, verbunden. Gerade aus Faktoren wie dem unberechtigten Zugang oder der unbefugten Vernichtung personenbezogener Daten können sich Risiken ergeben. Insbesondere zur Vermeidung der in Art. 32 Abs. 2 benannten Umstände sollten die verpflichteten Stellen daher Maßnahmen vorsehen.

42 Hinzuweisen ist noch darauf, dass nicht nur unrechtmäßiger Umgang mit personenbezogenen Daten zu einem entsprechenden Risiko und damit zu einem erhöhten Schutzniveau führen kann. Art. 32 Abs. 2 verweist ausdrücklich auch auf „unbeabsichtigte“ Vernichtung oder etwa den Verlust der Daten. Auch aus einer **zufälligen Vernichtung** personenbezogener Daten kann sich also nach dem Willen des Gesetzgebers ein Risiko ergeben, welches bei der Angemessenheit des Schutzniveaus zu berücksichtigen ist.

V. Verhaltensregeln und Zertifizierungen (Abs. 3)

43 Die **Pflicht zum Nachweis zur Umsetzung** von geeigneten technischen und organisatorischen Maßnahmen nach Art. 32 Abs. 1 kann unter anderem auch durch die Einhaltung genehmigter Verhaltensregeln (Art. 40) oder eines genehmigten Zertifizierungsverfahrens (Art. 42) erfüllt werden.

44 Art. 32 Abs. 3 bezieht sich ausdrücklich auf die Erfüllung, die nachgewiesen werden kann. Hält sich die verpflichtete Stelle also an entsprechende Verhaltensregeln oder Zertifizierungsverfahren, so erfüllt sie damit zunächst nur die Pflicht, die Umsetzung der Maßnahmen **nachzuweisen.**

45 Ob die technischen und organisatorischen Maßnahmen tatsächlich geeignet sind, um ein angemessenes Schutzniveau herzustellen, ist eine andere Frage, die freilich auch durch die eingehaltenen Verhaltensregeln oder Zertifizierungsverfahren beantwortet werden kann. Primär geht es Art. 32 Abs. 3 dennoch um die Erfüllung der Nachweispflicht (allgemein zur sog. **Rechenschaftspflicht** s. Art. 24).

46 Die Einhaltung entsprechender Verhaltensregeln oder Zertifizierungsverfahren muss zudem nicht gleichzeitig bedeuten, dass sämtliche Pflichten des Art. 32 Abs. 1 erfüllt sind. Nach Art. 32 Abs. 4 kann die Einhaltung nämlich als ein **Faktor** herangezogen werden. Andere Faktoren können daneben eine Rolle spielen.

VI. Sicherstellung weisungsgebundener Verarbeitung (Abs. 4)

Der Wortlaut des Art. 32 Abs. 4 entstammt fast identisch dem **Art. 16 RL 95/46/EG.** Dies ist kein Zufall, sondern wurde im Rat der Europäischen Union beabsichtigt[19] und in der finalen Fassung übernommen. 47

Verpflichtet sind auch diesbezüglich der Verantwortliche und der Auftragsverarbeiter. Sie haben Schritte zu unternehmen, um sicherzustellen, dass ihnen unterstellte Personen, die Zugang zu personenbezogenen Daten haben, diese nur auf Anweisung des Verantwortlichen verarbeiten. Eine Ausnahme gilt, wenn die Personen nach dem Recht der Europäischen Union oder gesetzlichen Vorgaben eines Mitgliedstaates dazu verpflichtet sind. 48

Die zu unternehmenden Schritte können die **Verpflichtung** von natürlichen Personen einschließen, jedoch sind sie nicht auf diese Methode beschränkt. In Betracht kommt etwa eine Belehrung ebenso wie die Umsetzung **technischer Maßnahmen,** die dazu dienen, dass die Personen nur Zugang zu personenbezogenen Daten haben, wenn dies gewollt ist und eine Verarbeitung nur nach vorheriger Freischaltung des Zugangs möglich ist. 49

Art. 32 Abs. 4 beschränkt sich dem Wortlaut nach nicht auf **Mitarbeiter** oder **Angestellte** des Verantwortlichen oder Auftragsverarbeiters. Jede Person, die der verpflichteten Stelle unterstellt ist, darf Daten nur auf Anweisung des Verantwortlichen verarbeiten. In der Praxis wird es sich bei den „unterstellten Personen" zumeist um Angestellte handeln. Jedoch ist etwa auch an Dienstleiter zu denken, die bei einem Dritten angestellt sind und für einen konkreten Auftrag Daten verarbeiten sollen. Auch diese Personen können für bestimmte Tätigkeiten der verpflichteten Stelle unterstellt sein. 50

Der Verantwortliche muss in jedem Fall die rechtliche Möglichkeit besitzen, die Personen hinsichtlich der Verarbeitung von personenbezogenen Daten **anzuweisen.** 51

Die Pflicht des Art. 32 Abs. 4 greift schon dann, wenn natürliche Personen Zugang zu personenbezogenen Daten haben. Ein **tatsächlicher Zugriff** auf die Daten ist nicht erforderlich. 52

Abweichend hiervon müssen der Verantwortliche und Auftragsverarbeiter entsprechende Schritte nicht unternehmen, wenn die natürliche Person bereits aufgrund der Vorgaben von Vorschriften des europäischen Rechts oder auch nationaler Gesetze auf diesen weisungsgebundenen Umgang mit personenbezogenen Daten verpflichtet sind. 53

VII. Verstoß

Die Einhaltung und Umsetzung geeigneter technischer und organisatorischer Maßnahmen hat auf **Rechtsfolgenseite** für verpflichtete Stellen Bedeutung. Nach Art. 83 Abs. 2 lit. d ist bei der Entscheidung über die Verhängung eines Bußgeldes nämlich zu berücksichtigen, welche technischen und organisatorischen Maßnahmen getroffen wurden. Dies gilt für jegliche Verhängung eines Bußgeldes, also als allgemeine Vorgabe an die Aufsichtsbehörde, die sie in ihre Entscheidungsfindung einbeziehen muss. 54

Wirksame und geeignete Maßnahmen, die eventuell sogar über das „Übliche" hinausgehen können sich bei einem Verstoß gegen die Vorgaben der DS-GVO mithin **positiv** für die verpflichtete Stelle auswirken. 55

---

[19] Ratsdokument 8004/2/13 REV 2, v. 6.5.2013, S. 82 dort Fn. 230.

56 Daneben kann nach **Art. 83 Abs. 4 lit. a** auch ein Verstoß gegen die Vorgaben des Art. 32 selbst mit einem Bußgeld von bis zu 10.000.000 EUR oder im Fall eines Unternehmens von bis zu 2 Prozent seines gesamten weltweit erzielten Jahresumsatzes des vorangegangenen Geschäftsjahres geahndet werden.

Art. 33 Meldung von Verletzungen des Schutzes personenbezogener Daten an die Aufsichtsbehörde

(1) [1]**Im Falle einer Verletzung des Schutzes personenbezogener Daten meldet der Verantwortliche unverzüglich und möglichst binnen 72 Stunden, nachdem ihm die Verletzung bekannt wurde, diese der gemäß Artikel 55 zuständigen Aufsichtsbehörde, es sei denn, dass die Verletzung des Schutzes personenbezogener Daten voraussichtlich nicht zu einem Risiko für die Rechte und Freiheiten natürlicher Personen führt.** [2]**Erfolgt die Meldung an die Aufsichtsbehörde nicht binnen 72 Stunden, so ist ihr eine Begründung für die Verzögerung beizufügen.**

(2) **Wenn dem Auftragsverarbeiter eine Verletzung des Schutzes personenbezogener Daten bekannt wird, meldet er diese dem Verantwortlichen unverzüglich.**

(3) **Die Meldung gemäß Absatz 1 enthält zumindest folgende Informationen:**

a) eine Beschreibung der Art der Verletzung des Schutzes personenbezogener Daten, soweit möglich mit Angabe der Kategorien und der ungefähren Zahl der betroffenen Personen, der betroffenen Kategorien und der ungefähren Zahl der betroffenen personenbezogenen Datensätze;

b) den Namen und die Kontaktdaten des Datenschutzbeauftragten oder einer sonstigen Anlaufstelle für weitere Informationen;

c) eine Beschreibung der wahrscheinlichen Folgen der Verletzung des Schutzes personenbezogener Daten;

d) eine Beschreibung der von dem Verantwortlichen ergriffenen oder vorgeschlagenen Maßnahmen zur Behebung der Verletzung des Schutzes personenbezogener Daten und gegebenenfalls Maßnahmen zur Abmilderung ihrer möglichen nachteiligen Auswirkungen.

(4) **Wenn und soweit die Informationen nicht zur gleichen Zeit bereitgestellt werden können, kann der Verantwortliche diese Informationen ohne unangemessene weitere Verzögerung schrittweise zur Verfügung stellen.**

(5) [1]**Der Verantwortliche dokumentiert Verletzungen des Schutzes personenbezogener Daten einschließlich aller im Zusammenhang mit der Verletzung des Schutzes personenbezogener Daten stehenden Fakten, von deren Auswirkungen und der ergriffenen Abhilfemaßnahmen.** [2]**Diese Dokumentation muss der Aufsichtsbehörde die Überprüfung der Einhaltung der Bestimmungen dieses Artikels ermöglichen.**

Literatur: *Franck,* GDD-Ratgeber Datenpannen – Informationspflichten nach § 42a BDSG, IT-Sicherheitsgesetz und verwandten Vorschriften, 2. Aufl. 2015; *Kaufmann*, Meldepflichten und Datenschutz-Folgenabschätzung – Kodifizierung neuer Pflichten in der EU-Datenschutz-Grundverordnung, ZD 2012, 358; *Marschall*, Datenpannen – „neue" Meldepflicht nach der europäischen DS-GVO?, DuD 2015, 183; *Spittka*, Nur noch 72 Stunden – Data Breach Notification nach der EU-Datenschutz-Grundverordnung, DSRITB 2016, S. 387; *Thode*, Die neuen Compliance-Pflichten nach der Datenschutz-Grundverordnung, CR 2016, 714 ff.

Übersicht

A. Allgemeines

I. Zweck und Bedeutung der Vorschrift

Nach Art. 33 hat der Verantwortliche Verletzungen des Schutzes personenbezogener Daten unverzüglich der gem. Art. 55 zuständigen Aufsichtsbehörde zu melden, es sei denn, dass die Verletzung des Schutzes personenbezogener Daten voraussichtlich nicht zu einem Risiko für die Rechte und Freiheiten natürlicher Personen führt, sog. **„data breach notification“.** Art. 33 steht dabei in unmittelbarem sachlichem Zusammenhang mit dem nachfolgenden Art. 34, wonach neben der Aufsichtsbehörde ggf. auch die betroffenen Personen von der Datenschutzverletzung zu benachrichtigen sind. 1

Mit den Pflichten aus Art. 33, 34 soll insbesondere **Transparenz** über stattgefundene Datenschutzverletzungen geschaffen werden und es den Datenschutzbehörden und betroffenen Personen erleichtert werden, aus der Datenschutzverletzung resultierende **Folgeschäden** zu **vermeiden bzw. minimieren.** Gem. Erwägungsgrund 85 kann eine Verletzung des Schutzes personenbezogener Daten – wenn nicht rechtzeitig und angemessen reagiert wird – einen physischen, materiellen oder immateriellen Schaden für natürliche Personen nach sich ziehen, wie etwa Verlust der Kontrolle über ihre personenbezogenen Daten oder Einschränkung ihrer Rechte, Diskriminierung, Identitätsdiebstahl oder -betrug, finanzielle Verluste, 2 unbefugte Aufhebung der Pseudonymisierung, Rufschädigung, Verlust der Vertraulichkeit von dem Berufsgeheimnis unterliegenden Daten oder andere erhebliche wirtschaftliche oder gesellschaftliche Nachteile. Durch die Verpflichtung, die Datenschutzpanne nach außen transparent zu machen, soll die betroffene Person in die Lage versetzt werden, durch rechtzeitige und angemessene Reaktion Schaden von sich abzuwenden. Es soll ihr ermöglicht werden, die erforderlichen Vorkehrungen zu treffen (Erwägungsgrund 86), also zB Passwörter zu ändern oder das Konto auf unbefugte Abbuchungen hin zu kontrollieren.

3 Zugleich sollen die Regelungen auch **präventive Wirkung** entfalten, indem sie für die Normadressaten einen Anreiz darstellen, Maßnahmen zur Verhinderung von meldepflichtigen Ereignissen zu ergreifen.[1] Der präventive Aspekt des Normenkomplexes zeigt sich insbesondere an Art. 34 Abs. 3 lit. a, wonach auf die von der Datenschutzverletzung betroffenen personenbezogenen Daten angewandte geeignete technische und organisatorische Sicherheitsmaßnahmen, wozu insbesondere die Verschlüsselung gehört, die Pflicht zur Benachrichtigung der betroffenen Person entfallen lassen.

II. Systematik, Verhältnis zu anderen Vorschriften

4 Das Regelungskonzept der **„security breach notification laws"** hat seinen Ursprung im US-amerikanischen Raum, wo 2002 das erste entsprechende Gesetz im Bundesstaat Kalifornien erlassen wurde.[2] Inzwischen haben die 50 Staaten, der District of Columbia, Guam, Puerto Rico und die Virgin Islands ebenfalls entsprechende Gesetze erlassen.[3] Die Gesetze, die sich im Detail unterscheiden, enthalten typischerweise Angaben zu den zur Notifikation verpflichteten Stellen (zB Unternehmen, Datenhändler, staatliche Stellen), zum Begriff der „personal information" (zB Name in Verbindung mit Sozialversicherungsnummer, Führerscheinnummer, State ID, Kredit-/Debitkartennummer), zur Definition des „security breachs" (zB unbefugtes Verschaffen von Daten), zu den Anforderungen an die Notifikation (zB Zeitpunkt und Verfahren, Adressaten der Notifikation) sowie zu Ausnahmen von der Notifikationspflicht (zB bei verschlüsselten Informationen). Benachrichtigungspflichten bei Sicherheitspannen können sich seit 2009 zudem aus dem bundesrechtlichen „American Recovery und Reinvestment Act" ergeben, was aber nur bestimmte US-Organisationen im Gesundheitsbereich betrifft.[4]

5 Auf europäischer Ebene enthielt die **allgemeine Datenschutzrichtlinie (RL 95/46/EG)** zu keiner Zeit Regelungen zur Kommunikation von Datenschutzverletzungen. Im Jahr 2009 wurde jedoch die RL 2002/58/EG (sog. **ePrivacy-Richtlinie**) durch die RL 2009/136/EG (sog. „Cookie-Richtlinie") um eine Benachrichtigungspflicht für den Fall von Datenschutzverletzungen ergänzt. Die in Art. 4 Abs. 3 RL 2002/58/EG enthaltene Benachrichtigungspflicht trifft allerdings nur **Betreiber von öffentlich zugänglichen elektronischen Kommunikationsdiensten.** Auf nationaler Ebene ist die Umsetzung von Art. 4 Abs. 3 RL 2002/58/EG durch § 93 Abs. 3 iVm § 109a TKG erfolgt. Seit 2013 existiert zudem die **VO 611/2013/EU,** welche die Benachrichtigungspflichten von

---

[1] *Hornung*, ZD 2012, 99 (103); Paal/Pauly/*Martini*, DS-GVO, Art. 33 Rn. 11.

[2] California S.B. 1386.

[3] www.ncsl.org/research/telecommunications-and-information-technology/security-breach-notification-laws.aspx. Vgl. hierzu auch *Duisberg/Picot,* CR 2009, 823 (826).

[4] *Duisberg/Picot*, CR 2009, 823 (827).

Betreibern öffentlich zugänglicher elektronischer Kommunikationsdienste in Fällen der Verletzung des Schutzes personenbezogener Daten konkretisiert und harmonisiert. Die RL 2002/58/EG wird aktuell mit dem Ziel der Schaffung einer unmittelbar in den Mitgliedstaaten geltenden **ePrivacy-VO** überarbeitet.

Mit der BDSG-Novelle 2009 wurde dann mit **§ 42a BDSG aF** eine **Informationspflicht bei unrechtmäßiger Kenntniserlangung von personenbezogenen Daten eingeführt, die sich an sämtliche nichtöffentliche Stellen sowie an öffentlich-rechtliche Wettbewerbsunternehmen richtete.** Anlass hierfür waren insbesondere diverse „Datenschutzskandale", die sich zuvor im nichtöffentlichen Bereich ereignet hatten. Auch in die **Landesdatenschutzgesetze** von Berlin, Mecklenburg-Vorpommern, Rheinland-Pfalz und Schleswig-Holstein wurden ähnliche Informationspflichten aufgenommen. Die Informationspflicht nach § 42a BDSG aF griff allerdings nur ein, wenn gesetzlich abschließend aufgezählte **besonders sensible Datenkategorien** betroffen waren. In Bezug genommen wurden durch die Regelung ausschließlich besondere Arten personenbezogener Daten (§ 3 Abs. 9 BDSG aF), personenbezogene Daten, die einem Berufsgeheimnis unterliegen, personenbezogene Daten, die sich auf strafbare Handlungen oder Ordnungswidrigkeiten oder den Verdacht strafbarer Handlungen oder Ordnungswidrigkeiten beziehen, und personenbezogene Daten zu Bank- oder Kreditkartenkonten. 6

Weitere Tatbestandsvoraussetzung des § 42a BDSG aF war, dass die Daten der vorstehend genannten Kategorien **unrechtmäßig übermittelt** wurden oder auf sonstige Weise Dritten unrechtmäßig zur Kenntnis gelangten. Übermitteln meinte nach § 3 Abs. 4 S. 2 Nr. 3 BDSG aF das Bekanntgeben gespeicherter oder durch Datenverarbeitung gewonnener personenbezogener Daten an einen Dritten in der Weise, dass die Daten an den Dritten weitergegeben werden oder der Dritte zur Einsicht oder zum Abruf bereitgehaltene Daten einsieht oder abruft. Unrechtmäßig war die Übermittlung, sofern sie nicht auf einem Erlaubnistatbestand wie der Einwilligung (§ 4a BDSG aF) oder zB § 28 BDSG aF beruhte. Die **Kenntniserlangung auf sonstige Weise** war ein Auffangtatbestand, der alle anderen Sicherheitsverletzungen, insbesondere Angriffe von außen, abdecken sollte.[5] Erfasst wurde letztlich jeder Zugriff ohne den Willen der verantwortlichen Stelle.[6] Die unbefugte Kenntnisnahme durch einen Dritten musste nicht positiv festgestellt werden. Als ausreichend wurde vielmehr die hohe[7] bzw. überwiegende[8] Wahrscheinlichkeit der Kenntnisnahme angesehen. Schließlich mussten aufgrund der Datenschutzverletzung **schwerwiegende Beeinträchtigungen** für die Rechte oder schutzwürdigen Interessen der Betroffenen drohen, damit eine Informationspflicht nach BDSG aF ausgelöst wurde. 7

Die Benachrichtigung der Aufsichtsbehörde wie auch des Betroffenen hatte **unverzüglich, dh ohne schuldhaftes Zögern (§ 121 BGB)** zu erfolgen (§ 42a S. 1 BDSG aF). Ein schuldhaftes Zögern bei der Benachrichtigung des Betroffenen war gem. § 42a S. 2 BDSG aF insbesondere solange nicht gegeben, wie Datensicherungspflichten oder Interessen der Strafverfolgung der Benachrichtigung ent- 8

---

[5] *Franck,* GDD-Ratgeber Datenpannen – Informationspflichten nach § 42a BDSG, IT-Sicherheitsgesetz und verwandten Vorschriften, S. 21 f.

[6] *Eckhardt/Schmitz*, DuD 2010, 391.

[7] *Gola/Schomerus*, BDSG, § 42a Rn. 4; Simitis/*Dix*, BDSG, § 42a Rn. 8; Taeger/Gabel/*Gabel*, BDSG, § 42a Rn. 17.

[8] Wolff/Brink/*Scheffczyk*, BDSG, § 42a Rn. 30.

gegenstanden. Der **Inhalt der Benachrichtigung** unterschied sich abhängig vom Adressaten. Die Benachrichtigung der Betroffenen musste eine Darlegung der Art der unrechtmäßigen Kenntniserlangung und Empfehlungen für Maßnahmen zur Minderung möglicher nachteiliger Folgen enthalten (§ 42a S. 3 BDSG aF). Die Benachrichtigung der zuständigen Aufsichtsbehörde musste zusätzlich eine Darlegung möglicher nachteiliger Folgen der unrechtmäßigen Kenntniserlangung und der von der Stelle ergriffenen Maßnahmen enthalten (§ 42a S. 4 BDSG aF). Entscheidend für die **Form der Benachrichtigung** des Betroffenen waren Zweckmäßigkeits- und insbesondere auch Verhältnismäßigkeitsgesichtspunkte.[9] War die individuelle Benachrichtigung der Betroffenen unverhältnismäßig, konnte gem. § 42a S. 5 BDSG aF an ihre Stelle auch eine Information der Öffentlichkeit treten. Für die Benachrichtigung der Aufsichtsbehörde war keine bestimmte Form vorgeschrieben.

9 Die Verletzung der Informationspflicht aus § 42a BDSG aF stellte gem. § 43 Abs. 2 Nr. 7 BDSG aF einen **Bußgeldtatbestand** dar. Tatbestandsmäßig war die fehlende, nicht richtige, nicht vollständige oder nicht rechtzeitige Mitteilung der Datenschutzverletzung. Wie sich aus dem in § 42a S. 6 BDSG aF vorgesehenen **Verwendungsverbot** ergab, durften der Umstand oder der Inhalt der Benachrichtigung nicht ohne Zustimmung des Benachrichtigungspflichtigen Anknüpfungspunkt eines Straf- oder Ordnungswidrigkeitenverfahrens gegen diesen oder einen Angehörigen iSv § 52 Abs. 1 StPO sein.

10 Für **Telemedienanbieter** wurde über § 15a TMG die Informationspflicht nach § 42a BDSG aF für entsprechend anwendbar erklärt. Mit der Einführung von § 83a SGB X wurden die Grundsätze der in § 42a BDSG aF geregelten Informationspflichten darüber hinaus auch für den **Sozialleistungsbereich** übernommen.

11 Mit der Geltung der **DS-GVO** gibt es nunmehr ab dem 25.5.2018 europaweit einheitliche Informationspflichten für den Fall von Datenschutzverletzungen. Hinsichtlich der Voraussetzungen und Anforderungen der Informationspflichten nach DS-GVO hat die **Artikel-29-Datenschutzgruppe** am 3.10.2017 das **WP 250 „Guidelines on Personal data breach notification under Regulation 2016/679"** angenommen, das Hinweise zur Interpretation der Art. 33, 34 durch die Datenschutzaufsichtsbehörden in den Mitgliedstaaten gibt. Die Art. 33, 34 gelten auch für **Anbieter von Telemediendiensten**[10] sowie den **Sozialleistungsbereich** unmittelbar. Die Regelung in § 15a TMG ist insofern hinfällig, sollte sie bis zum 25.5.2018 nicht aufgehoben sein. Die Aufhebung des § 83a SGB X aF ist vom Gesetzgeber bereits beschlossen. Ergänzend zu den Informationspflichten aus Art. 33, 34 verpflichtet § 83a SGB X nF Stellen nach § 35 SGB I dazu, auch die Rechts- oder Fachaufsichtsbehörde über eine Verletzung des Schutzes von Sozialdaten zu informieren. **§ 42a BDSG aF tritt am 25.5.2018 außer Kraft.**

12 Zum **Datenschutz in Strafsachen** enthält die **RL 2016/680/EU** in **Art. 30 und 31** Vorgaben für die Mitgliedstaaten, welche im Wesentlichen Art. 33, 34 DS-GVO entsprechen. Diese Vorgaben sind vom nationalen Gesetzgeber in **§§ 65, 66 BDSG nF** umgesetzt worden, wobei die Meldung an die oder den Bundesbe-

---

[9] Wolff/Brink/*Scheffczyk*, BDSG, § 42a Rn. 49.

[10] Zum Angebot von Telekommunikationsdiensten → Rn. 5. Sofern die geplante ePrivacy-VO keine speziellen Regeln zur Transparenz bei Datenschutzverletzungen vorsieht, gelten auch für solche Angebote Art. 33, 34 DS-GVO.

auftragten erfolgt. Die zugehörige **Definition der Datenschutzverletzung** findet sich in **§ 46 Nr. 10 BDSG nF.** Eine Besonderheit im Verhältnis zur DS-GVO enthält § 65 Abs. 6 BDSG nF. Soweit von einer Datenschutzverletzung personenbezogene Daten betroffen sind, die von einem oder an einen Verantwortlichen in einem anderen Mitgliedstaat übermittelt wurden, sind danach die Mindestinhalte der Meldung dem dortigen Verantwortlichen unverzüglich zu übermitteln.

Eine Verpflichtung zur Information des Betroffenen über eine stattgefundene Datenschutzverletzung kann sich neben dem Datenschutzrecht auch aus dem **Zivilrecht** ergeben. Bei bestehenden Vertragsverhältnissen ist ein Datenmissbrauchsrisiko aufgrund des vertraglichen Rücksichtnahmegebots (§ 241 Abs. 2 BGB) mitzuteilen.[11] Außerhalb vertraglicher Beziehungen kann sich eine Benachrichtigungspflicht aus deliktischen Verkehrssicherungspflichten (§§ 823 ff. BGB) ergeben.[12] Für öffentliche Stellen kann sich im Einzelfall eine ungeschriebene Informationspflicht auch aus dem **Rechtsstaatsprinzip (Art. 20 Abs. 3 GG) iVm den durch die Datenschutzpanne bedrohten Grundrechtsgehalten** ergeben.[13] 13

Informationspflichten hinsichtlich **„Störungen der IT"** können aus dem **IT-Sicherheitsrecht** resultieren. So sind Betreiber kritischer Infrastrukturen (KRITIS) 2015 durch das Gesetz zur Erhöhung der Sicherheit informationstechnischer Systeme **(IT-Sicherheitsgesetz – ITSG)** verpflichtet worden, IT-Sicherheitsvorfälle dem Bundesamt für Sicherheit in der Informationstechnik (BSI) bzw. der Bundesnetzagentur zu melden.[14] Die durch das ITSG im BSIG und in der BSI-KritisV begründeten und später durch das **Gesetz zur Umsetzung der NIS-Richtlinie** (RL 2016/1148/EU) erweiterten Meldepflichten stellen **keine datenschutzrechtlichen Verpflichtungen** dar, da nicht an die Betroffenheit personenbezogener Daten angeknüpft ist. Es besteht allerdings auch kein Rangverhältnis zwischen Datenschutz- und IT-Sicherheitsrecht.[15] Betrifft ein Sicherheitsvorfall personenbezogene Daten, kann sich eine Meldepflicht aus beiden Bereichen ergeben. 14

Spezielle Pflichten zur Kommunikation von **Sicherheitsverletzungen im Zusammenhang mit elektronischer Identifizierung und Vertrauensdiensten** für elektronische Transaktionen im Binnenmarkt sieht die **VO 910/2014/EU (eIDAS)** vor. Danach bestehen im Fall von Sicherheitsverletzungen Unterrichtungspflichten der Mitgliedstaaten gegenüber den anderen Mitgliedstaaten und der Kommission (Art. 10 VO 910/2014/EU) sowie entsprechende Meldepflichten der Vertrauensdiensteanbieter gegenüber den zuständigen Stellen (Art. 19 VO 15

---

[11] *Gabel*, BB 2009, 2045 (2046).

[12] *Franck*, GDD-Ratgeber, Datenpannen – Informationspflichten nach § 42a BDSG, IT-Sicherheitsgesetz und verwandten Vorschriften, S. 39.

[13] *Franck*, GDD-Ratgeber, Datenpannen – Informationspflichten nach § 42a BDSG, IT-Sicherheitsgesetz und verwandten Vorschriften, S. 38; *Albrecht*, DSB 2010, 13 (15); *Gabel*, BB 2009, 2045 (2046); Thüsing/*Pötters*, Beschäftigtendatenschutz und Compliance, § 18 Rn. 45. Einschränkend Wolff/Brink/*Scheffczyk*, BDSG, § 42a Rn. 13, der eine solche Informationspflicht nur bei konkreter Gefahr schwerwiegender Grundrechtsbeeinträchtigungen annehmen will.

[14] Zum ITSG vgl. *Roos*, MMR 2015, 636; *Gitter/Meißner/Spauschus*, ZD 2015, 512; *Spindler*, CR 2016, 297; *Rath/Kuss/Bach*, K&R 2015, 437.

[15] *Franck*, GDD-Ratgeber, Datenpannen – Informationspflichten nach § 42a BDSG, IT-Sicherheitsgesetz und verwandten Vorschriften, S. 51.

910/2014/EU). Zu melden hat der Vertrauensdiensteanbieter nach Art. 19 Abs. 2 VO 910/2014/EU **jede Sicherheitsverletzung oder jeden Integritätsverlust, die bzw. der sich erheblich auf den erbrachten Vertrauensdienst oder die darin vorhandenen personenbezogenen Daten auswirkt.** Wenn sich der Vorfall voraussichtlich nachteilig auf eine natürliche oder juristische Person auswirkt, für die der Vertrauensdienst erbracht wurde, so hat der Anbieter auch diese zu unterrichten.

B. Einzelerläuterungen

I. Adressaten der Meldepflicht gegenüber der Aufsichtsbehörde

16 Meldepflichtig ist gem. Art. 33 Abs. 1 der für die Datenverarbeitung **Verantwortliche.** Während nach § 42a BDSG aF neben den nichtöffentlichen Stellen lediglich die öffentlich-rechtlichen Wettbewerbsunternehmen meldepflichtig waren, knüpft die Verpflichtung nach Art. 33, 34 ganz allgemein an die Verantwortung für die Datenverarbeitung. **Öffentliche verantwortliche Stellen** sind damit genauso Normadressat wie private Stellen.

II. Meldepflichten bei Auftragsverarbeitung

17 Ist ein **Auftragsverarbeiter** eingeschaltet und wird diesem eine Datenschutzverletzung bekannt, besteht keine Meldepflicht gegenüber der Aufsichtsbehörde. Der Auftragsverarbeiter muss die Verletzung aber unverzüglich dem Verantwortlichen melden (Art. 33 Abs. 2). Die Regelung steht in Zusammenhang mit Art. 28 Abs. 3 S. 2 lit. f, wonach vertraglich zu regeln ist, dass der Auftragsverarbeiter den Auftraggeber bei der Einhaltung seiner Pflichten aus den Art. 32–36 unterstützt. Die Meldepflicht gegenüber dem Auftraggeber besteht allerdings unabhängig davon, ob sie vertraglich geregelt ist, qua Gesetz. Die Meldepflicht nach Art. 33 Abs. 2 bezieht sich dabei lediglich auf die objektiven Anhaltspunkte für eine Verletzung des Datenschutzes.[16] Die Entscheidung über das Vorliegen der Voraussetzungen der Meldepflicht liegt beim Verantwortlichen. Nach Auffassung der Artikel-29-Datenschutzgruppe soll der Auftragsverarbeiter **Meldungen** auch **im Auftrag des Verantwortlichen** abgeben können, sofern Ersterer entsprechend autorisiert wurde und dies Teil der vertraglichen Vereinbarung zwischen Verantwortlichem und Auftragsverarbeiter ist.[17] Auch in diesem Fall bleibe die Verantwortung für die Meldung aber beim Verantwortlichen.

III. Voraussetzungen der Meldepflicht gegenüber der Aufsichtsbehörde

18 **1. Verletzung des Schutzes personenbezogener Daten.** Entsprechend dem sachlichen Anwendungsbereich der DS-GVO und dem expliziten Wortlaut der Art. 33, 34 beziehen sich diese nur auf solche Schutzverletzungen, die **personenbezogene Daten** betreffen (sog. Personal Data Breach). Verletzungen der IT-Infrastruktur ohne Personenbezug sind nicht erfasst.[18] Anders als § 42a BDSG aF, dessen Meldepflicht sich nur auf katalogmäßig aufgezählte besonders sensible

---

[16] Kühling/Buchner/*Jandt*, DS-GVO, Art. 33 Rn. 19.
[17] WP 250 (Stand: 3.10.2017), S. 11.
[18] *Marschall*, DuD 2015, 183 (184).

personenbezogene Daten bezog, knüpft die DS-GVO die Pflicht zur Data Breach Notification aber nicht an die Betroffenheit bestimmter Datenkategorien und führt insoweit zu einer Ausweitung der Meldepflicht.[19]

Was konkret als **Verletzung des Schutzes personenbezogener Daten** iSv Art. 33, 34 anzusehen ist, ist in der DS-GVO **legaldefiniert.** Es handelt sich gem. Art. 4 Nr. 12 um „eine Verletzung der Sicherheit, die, ob unbeabsichtigt oder unrechtmäßig, zur Vernichtung, zum Verlust, zur Veränderung oder zur unbefugten Offenlegung von beziehungsweise zum unbefugten Zugang zu personenbezogenen Daten führt, die übermittelt, gespeichert oder auf sonstige Weise verarbeitet wurden". Ausweislich des Kommissionsentwurfs vom 25.1.2012[20] wurde diese Definition „auf der Grundlage" der Definition in Art. 2 lit. h RL 2002/58/EG geschaffen.[21] Insofern kann sich bei der Interpretation des Begriffs der Verletzung des Schutzes personenbezogener Daten iSd DS-GVO an der Auslegung des Begriffs im Rahmen der RL 2002/58/EG bzw. an der hierzu ergangenen VO (EU) Nr. 611/2013 orientiert werden.[22] 19

Während § 42a BDSG aF eine Informationspflicht nur bei unrechtmäßiger Kenntniserlangung personenbezogener Daten begründete, also ausschließlich auf die Verletzung der Vertraulichkeit personenbezogener Daten abstellte, haben die Transparenzverpflichtungen aus Art. 33, 34 einen weiterreichenden Fokus. Zwar erfassen auch Art. 33, 34 Verletzungen der **Vertraulichkeit personenbezogener Daten,** indem in Art. 4 Nr. 12 an eine Verletzung der Sicherheit angeknüpft wird, die „zur unbefugten Offenlegung von bzw. zum unbefugten Zugang zu personenbezogenen Daten" führt. Zusätzlich werden durch Art. 33, 34 iVm Art. 4 Nr. 12 mit der **Verfügbarkeit von Daten** („Verletzung der Sicherheit, die […] zur Vernichtung, zum Verlust führt […]") und deren **Integrität** („Verletzung der Sicherheit, die […] zur Veränderung führt […]") aber auch weitere klassische Schutzziele der Datensicherheit in Bezug genommen.[23] 20

Eine **Vernichtung** personenbezogener Daten ist gegeben, sobald der Informationsgehalt der Daten unwiederbringlich verloren ist. Die Vernichtung kann Folge einer Datenlöschung oder einer Zerstörung des Datenträgers sein. Entscheidend für die Annahme einer Vernichtung ist in beiden Fällen, dass die Unkenntlichkeit des Informationsinhalts irreversibel ist. Sind personenbezogene Informationen nicht unwiederbringlich verloren, stehen aber zumindest temporär ungeplant nicht zur Verfügung, liegt ein **Datenverlust** vor. Kein Datenverlust ist gegeben, wenn Informationen aufgrund geplanter Maßnahmen kurzfristig nicht zur Verfügung stehen, zB während Arbeiten an den IT-Systemen. **Veränderung** meint die inhaltliche Umgestaltung personenbezogener Daten (vgl. § 3 Abs. 4 S. 2 Nr. 2 BDSG aF). 21

Bezüglich **Verletzungen der Vertraulichkeit** personenbezogener Daten ist zu beachten, dass die Art. 33, 34 – anders als § 42a BDSG aF – keine unrechtmäßige Kenntnisnahme personenbezogener Daten **durch einen Dritten** voraussetzen. Eine tatbestandsmäßige Verletzung der Vertraulichkeit ist vielmehr zB schon dann gegeben, wenn ein Mitarbeiter beabsichtigt oder unbeabsichtigt Zugriff auf personenbezogene Daten hat, die er für seine Tätigkeit nicht benötigt.[24] In Fallkonstel- 22

---

[19] So auch *Marschall*, DuD 2015, 183 (184).

[20] KOM(2012) 11 endg.

[21] S. Kap. 3.4.1. des Entw. der EU-Kommission.

[22] *Marschall*, DuD 2015, 183; *Hornung*, ZD 2012, 99 (103).

[23] Vgl. auch *Artikel-29-Datenschutzgruppe*, WP 250 (Stand: 3.10.2017), S. 6.

[24] *Jaspers*, DuD 2012, 571 (574); *Marschall*, DuD 2015, 183 (184).

lationen, in denen zwar eine Sicherheitslücke bestanden hat, aber nachweislich keine unbefugte Kenntnisnahme erfolgt ist, ist nicht nach Art. 33, 34 zu informieren. Fraglich ist, ob es eine „Verletzung der Sicherheit" und damit eine Verletzung des Schutzes personenbezogener Daten iSv Art. 4 Nr. 12 begründet, wenn ein Mitarbeiter im Rahmen bestehender Berechtigungen Daten zweckentfremdet, zB gegen Geld an die Konkurrenz verkauft. Technische Schutzmechanismen sind in einem solchen Fall ausreichend vorhanden und werden auch nicht überwunden. Der Schutzbedarf aus Sicht der betroffenen Personen ist aber genauso, wie wenn dies der Fall wäre. Zur Sicherheit zählen im Übrigen nicht nur technische Schutzmechanismen, sondern auch interne Organisationsanweisungen, Belehrungen und Verpflichtungen zum Datenschutz, die ein Mitarbeiter durch ein solches Verhalten regelmäßig verletzt.

23 Irrelevant soll laut dem Wortlaut der Verordnung für das Vorliegen einer Datenschutzverletzung sein, ob die Verletzung der Sicherheit **unbeabsichtigt oder unrechtmäßig** erfolgt. Die Informationspflichten nach Art. 33, 34 verfolgen insbesondere den Zweck, aus der Datenschutzverletzung resultierende Folgeschäden für den Betroffenen zu vermeiden bzw. zu minimieren.[25] Insofern ist nachvollziehbar, dass es für die Auslösung der Informationspflicht nicht auf die Vorwerfbarkeit der Datenschutzverletzung ankommen soll. Bezüglich der Irrelevanz der Unrechtmäßigkeit ist aber zunächst insofern eine Einschränkung vorzunehmen, als der nachfolgende Gesetzeswortlaut hinsichtlich der Tatbestandsvarianten Offenlegung von bzw. Zugang zu personenbezogenen Daten selbst vorschreibt, dass diese jeweils unbefugt zu erfolgen haben. Auch hinsichtlich der Merkmale Veränderung und Vernichtung wird man im Übrigen im Ergebnis eine Datenschutzverletzung nicht annehmen können, wenn der Vorgang gesetzlich oder über die Einwilligung der betroffenen Person legitimiert ist.[26]

24 Während eine Datenpanne nach § 42a BDSG aF sich ausweislich des Wortlauts dieser Regelung nur auf bei der verantwortlichen Stelle gespeicherte Daten beziehen konnte, genügt es für eine Datenschutzverletzung im Sinne der DS-GVO, dass die von der Verletzung betroffenen Daten „übermittelt, gespeichert oder auf sonstige Weise verarbeitet wurden". Es werden also auch Datenschutzverletzungen bei solchen für die Verarbeitung Verantwortlichen erfasst, die personenbezogene Daten nicht selbst (dauerhaft) speichern.[27]

25 Fraglich ist, ob auch das Drohen von bloßen **Vermögensschäden** eine Informationspflicht nach Art. 33, 34 auslösen kann. Schließlich dient die DS-GVO dem Schutz personenbezogener Daten und damit der Wahrung von Persönlichkeitsrechten. Die Vermeidung materieller Schäden bzw. finanzieller Verluste ist jedoch in Erwägungsgrund 85 ausdrücklich als Schutzzweck der Transparenzverpflichtungen im Falle von Datenschutzverletzungen genannt. Auch das Drohen von reinen Vermögensschäden reicht insofern aus, um die Pflichten auszulösen.

26 **2. Bestehen eines Risikos für die Rechte und Freiheiten der betroffenen Personen.** Eine Verpflichtung zur Meldung der Datenschutzverletzung gegenüber der Aufsichtsbehörde besteht nicht, wenn diese **voraussichtlich kein Risiko für die Rechte und Freiheiten natürlicher Personen** begründet. Inso-

---

[25] Vgl. dazu iE → Rn. 2.

[26] Ähnlich auch *Marschall*, DuD 2015, 183 (184).

[27] *Marschall*, DuD 2015, 183 (185); aA wohl Kühling/Buchner/*Jandt*, DS-GVO, Art. 33 Rn. 8.

fern handelt es sich um eine **Prognoseentscheidung,**[28] für deren Richtigkeit der für die Verarbeitung Verantwortliche die Verantwortung trägt.[29] Dies zeigt auch Erwägungsgrund 85, wonach der für die Verarbeitung Verantwortliche im Einklang mit dem Grundsatz der Rechenschaftspflicht (Art. 24) nachweisen können muss, dass die Verletzung des Schutzes personenbezogener Daten voraussichtlich nicht zu einem Risiko führt.

Der **Wirkmechanismus der Art. 33 und 34** funktioniert insofern **genau konträr:** Während Art. 33 vom Grundsatz der Meldepflicht gegenüber der Aufsichtsbehörde ausgeht, und diese Verpflichtung ggf. mangels Risiko ausnahmsweise wieder entfällt, greift die Verpflichtung zur Benachrichtigung der betroffenen Person nach Art. 34 nur ein, wenn sich aufgrund entsprechender Prognose ein potenzielles Risiko für die betroffene Person ergibt. Unterschiedlich sind auch die Anforderungen an den **Grad des Risikos,** die im Rahmen von Art. 33 bzw. 34 gestellt werden. Während bei Art. 33 **jedes nicht auszuschließende Risiko** die Meldepflicht gegenüber der Behörde begründet, ergibt sich eine Benachrichtigungspflicht nach Art. 34 lediglich, wenn voraussichtlich ein hohes Risiko für die betroffene Person besteht. Die Schwelle für die Auslösung der Meldepflicht gegenüber der Behörde ist nach alledem gering und Meldeanlässe werden dementsprechend häufiger als nach § 42a BDSG aF gegeben sein. Zu Recht wird insofern festgestellt, dass Art. 33 Abs. 1 das bisherige Regel-Ausnahme-Verhältnis umkehrt und die **Meldepflicht zum Regelfall** werden lässt.[30] Dies gilt insbesondere auch aufgrund der praktischen Schwierigkeiten, welche mit dem Führen eines „Negativbeweises" verbunden sind. Auch werden sich die Risiken eines Vorfalls zu Beginn der Untersuchung oft nicht abschließend bewerten lassen.[31] 27

Als Risiken für die Rechte und Freiheiten natürlicher Personen sind **alle drohenden physischen, materiellen oder immateriellen Schäden** zu berücksichtigen, wie etwa Verlust der Kontrolle über die personenbezogenen Daten oder Einschränkung der Rechte, Diskriminierung, Identitätsdiebstahl oder -betrug, finanzielle Verluste, unbefugte Aufhebung der Pseudonymisierung, Rufschädigung, Verlust der Vertraulichkeit von dem Berufsgeheimnis unterliegenden Daten oder andere erhebliche wirtschaftliche oder gesellschaftliche Nachteile (vgl. Erwägungsgrund 85). Bei der **Risikobewertung** sollen aus Sicht der Artikel-29-Datenschutzgruppe insbesondere folgende **Faktoren** Berücksichtigung finden:[32] Art der Datenschutzverletzung, Art/Sensibilität/Umfang der personenbezogenen Daten, Möglichkeiten der Identifikation von betroffenen Personen, potenzielle Konsequenzen des Vorfalls, besondere Eigenschaften der betroffenen Personen oder des Verantwortlichen sowie Zahl der betroffenen Personen. Das **WP 250 der Artikel-29-Datenschutzgruppe** enthält im Annex zudem eine **nicht abschließende Liste von Fällen,** in denen die Gruppe vom Bestehen einer Meldepflicht nach Art. 33 ausgeht. 28

Ein Risiko für die Rechte und Freiheiten der betroffenen Person wird vor allem dann ausgeschlossen sein, wenn im Fall eines Verlusts von Datenträgern mit personenbezogenen Daten diese entsprechend dem Stand der Technik verschlüsselt sind. Liegt eine dem Stand der Technik entsprechende **Verschlüsselung** vor, 29

[28] Kühling/Buchner/*Jandt*, DS-GVO, Art. 33 Rn. 9.
[29] Ehmann/Selmayr/*Hladjk*, DS-GVO, Art. 33 Rn. 6.
[30] *Laue/Nink/Kremer*, S. 222.
[31] Ehmann/Selmayr/*Hladjk*, DS-GVO, Art. 33 Rn. 7.
[32] WP 250 (Stand: 3.10.2017), S. 20 ff.

ist nicht von einer Kenntnisnahme durch Dritte auszugehen. Für eine sichere Geräteverschlüsselung von IT-Hardware wie Laptops oder Festplatten ist der AES-256-Algorithmus maßgeblich.[33] Zwar fehlt eine vergleichbare explizite Regelung, wie sie Art. 34 Abs. 3 lit. a im Hinblick auf das Entfallen der Benachrichtigungspflicht gegenüber der betroffenen Person enthält, für die Meldepflicht gegenüber der Aufsichtsbehörde. Auch bei Art. 34 hat die explizite Regelung aber vor allem klarstellenden Charakter. Kommt ein Gerät abhanden, auf dem die Daten nach dem Stand der Technik verschlüsselt sind, ergäbe sich auch ohne explizite Regelung keine Benachrichtigungspflicht im Verhältnis zur betroffenen Person, da es an einem Risiko iSv Art. 34 Abs. 1 fehlen würde. Ein fehlendes Risiko kann sich auch bei **Zerstörung des Datenträgers** ergeben.[34] Ob ein Datenträger zerstört ist oder lediglich beschädigt, richtet sich nach der Möglichkeit zur Rekonstruktion der auf ihm enthaltenen Daten. Bei Beschädigungen unterhalb der Zerstörung ist entscheidend, inwiefern ein potenzieller Finder bzw. Besitzer den Aufwand für eine Rekonstruktion betreiben wird, wobei das Risiko für eine Fehleinschätzung beim für die Verarbeitung Verantwortlichen liegt.

30 Inwiefern auch der **Verlust „einfacher" unverschlüsselter Informationen,** insbesondere von Namen und Adressen, die vielfach auch in öffentlichen Quellen, wie zB Telefonbüchern, enthalten sind, eine Meldepflicht auslöst, hängt vom Einzelfall und insbesondere vom Kontext ab, in dem die verlorenen Informationen stehen. Kommt etwa ein Datenträger mit Namen und Adressen von Patienten einer psychotherapeutischen Praxis abhanden, so besteht das Risiko sozialer Nachteile für die betroffenen Personen.

31 **3. Bekanntwerden der Datenschutzverletzung.** Die Frist von 72 Stunden für die Meldung der Datenschutzverletzung an die Datenschutzaufsichtsbehörde beginnt gem. Art. 33 Abs. 1 mit dem Zeitpunkt, in welchem die Datenschutzverletzung dem für die Verarbeitung Verantwortlichen bekannt wird. Wie bei § 42a BDSG aF[35] stellt sich auch im Rahmen der Art. 33, 34 die Frage, wann von einem Bekanntwerden der Datenschutzverletzung gegenüber dem für die Verarbeitung Verantwortlichen auszugehen ist, ob also eine **positive Feststellung der Datenschutzverletzung** erforderlich ist **oder ein bestimmter Grad an Wahrscheinlichkeit** genügt, dass eine solche gegeben ist.

32 Dagegen, für die Meldepflicht eine positive Feststellung der Datenschutzverletzung zu verlangen, spricht – wie auch schon im Rahmen der Auslegung des bisherigen nationalen Rechts – der Schutzzweck der Notifikationspflicht, betroffene Personen rechtzeitig vor einem Datenmissbrauch zu warnen und mögliche Folgeschäden abzuwenden. Wird abgewartet, bis absolute Gewissheit hinsichtlich der Datenschutzverletzung besteht und alle Details bekannt sind, sind Folgeschäden ggf. nicht mehr zu verhindern. Im Falle geschickter Angreifer, die ihre Spuren auf dem datenverarbeitenden System weitgehend verwischen, griffen die Art. 33, 34 nicht ein, obwohl ein Missbrauch der gewonnenen Informationen umso wahrscheinlicher ist.[36] Bedeutung erlangt die Frage, ab wann eine Datenschutzverletzung anzunehmen ist, insbesondere im praktisch relevanten Fall des **Verlusts von**

---

[33] BayLDA, 6. TB (2013/2014), S. 153.

[34] Wolff/Brink/*Scheffczyk*, BDSG, § 42a Rn. 29.

[35] → Rn. 7.

[36] *Franck,* GDD-Ratgeber, Datenpannen – Informationspflichten nach § 42a BDSG, IT-Sicherheitsgesetz und verwandten Vorschriften, S. 22 bezogen auf die Informationspflicht nach § 42a BDSG.

unverschlüsselten Datenträgern, auf denen personenbezogene Daten gespeichert sind. Hier wird sich oftmals nicht positiv feststellen lassen, ob der Verlust des Mediums zu einem unbefugten Zugang iSd Art. 4 Nr. 12 geführt hat. Gehen aber etwa ein Laptop oder ein USB-Stick ohne entsprechenden Schutz im öffentlichen Raum (zB Zug) verloren, spricht eine so hohe Wahrscheinlichkeit für einen unbefugten Zugang, dass bei Verneinung der Meldepflicht der gesetzgeberische Zweck der Art. 33, 34[37] verfehlt würde.

Für eine solche Interpretation spricht auch ein Abgleich mit Art. 2 Abs. 2 VO **33**
(EU) Nr. 611/2013.[38] Hiernach gilt eine Verletzung des Schutzes personenbezogener Daten als festgestellt, sobald der Betreiber **hinreichende Kenntnis** insoweit erlangt hat, dass er eine **sinnvolle Benachrichtigung** nach den Vorschriften dieser Verordnung vornehmen kann.[39] Entscheidend ist danach die Sinnhaftigkeit der Information, welche wiederum vor dem Sinn und Zweck der Art. 33, 34 zu interpretieren ist, mögliche Folgeschäden von der betroffenen Person abzuwenden. Folglich ist auch über solche Datenschutzvorfälle zu informieren, die aufgrund tatsächlicher Anhaltspunkte **„mit einem vernünftigen Maß an Gewissheit"** feststehen.[40] Dass nicht alle Informationen nach Art. 33 Abs. 3 vorliegen müssen, damit die Meldepflicht gegenüber der Aufsichtsbehörde entsteht, zeigt die Regelung zur schrittweisen Information in Art. 33 Abs. 4.[41]

Im Zusammenhang mit potenziell meldepflichtigen Datenschutzverletzungen **34**
trifft den für die Verarbeitung Verantwortlichen eine **Ermittlungspflicht.**[42] Dies zeigt Erwägungsgrund 8 der VO (EU) Nr. 611/2013, der für den Fall der Feststellung eines Vorfalls, über den keine ausreichenden Informationen vorliegen, vom Nichteingreifen der Benachrichtigungspflicht ausgeht, allerdings nur, wenn die Informationen **„trotz größtmöglicher Bemühungen"** des Betreibers fehlen. Die Ermittlungspflicht bezieht sich einerseits auf das Ob einer meldepflichtigen Datenschutzverletzung und andererseits auf die Details für eine vollständige Meldung nach Art. 33 Abs. 3. Der bloße Verdacht einer Datenschutzverletzung oder die bloße Feststellung eines Vorfalls, über den trotz größtmöglicher Bemühungen keine ausreichenden Informationen vorliegen, begründen keine Meldepflicht.

IV. Anforderungen an Inhalt und Form der Meldung an die Aufsichtsbehörde

Art. 33 Abs. 3 macht explizite Vorgaben zum **Mindestinhalt der Meldung** **35**
der Datenschutzverletzung gegenüber der Aufsichtsbehörde. Danach muss die Meldung zumindest folgende Informationen enthalten:
- eine Beschreibung der Art der Verletzung des Schutzes personenbezogener Daten, soweit möglich mit Angabe der Kategorien und der ungefähren Zahl

---

[37] Zum Zweck der Regelungen → Rn. 2f.

[38] Zu dessen Relevanz → Rn. 19.

[39] Vgl. auch Paal/Pauly/*Martini*, DS-GVO, Art. 33 Rn. 18.

[40] *Artikel-29-Datenschutzgruppe*, WP 250 (Stand: 3.10.2017), S. 9: „WP29 considers that a controller should be regarded as having become ‚aware' when that controller has a reasonable degree of certainty that a security incident has occurred that has led to personal data being compromised."

[41] Vgl. auch Paal/Pauly/*Martini*, DS-GVO, Art. 33 Rn. 18; zu Art. 33 Abs. 4 vgl. iE → Rn. 39.

[42] So auch *Marschall*, DuD 2015, 183 (185).

der betroffenen Personen, der betroffenen Kategorien und der ungefähren Zahl der betroffenen personenbezogenen Datensätze;
- den Namen und die Kontaktdaten des Datenschutzbeauftragten oder einer sonstigen Anlaufstelle für weitere Informationen;
- eine Beschreibung der wahrscheinlichen Folgen der Verletzung des Schutzes personenbezogener Daten;
- eine Beschreibung der von dem Verantwortlichen ergriffenen oder vorgeschlagenen Maßnahmen zur Behebung der Verletzung des Schutzes personenbezogener Daten und ggf. Maßnahmen zur Abmilderung ihrer möglichen nachteiligen Auswirkungen.

36 Diese Angaben sollen es der Behörde ermöglichen, die Reichweite des Datenschutzvorfalls zu beurteilen und festzustellen, ob alle sinnvollen Maßnahmen ergriffen wurden, um diesen zu beseitigen und drohende negative Folgen für die betroffenen Personen abzuwenden bzw. zu minimieren. Hält die Behörde die getroffenen Maßnahmen für nicht ausreichend, kann sie geeignete Maßnahmen anordnen (vgl. Art. 58 Abs. 2 lit. d). Die Informationen nach Art. 33 Abs. 3 müssen der Aufsichtsbehörde nicht in jedem Fall alle sofort zur Verfügung gestellt werden. Zur Möglichkeit der **schrittweisen Information der Behörde** (Art. 33 Abs. 4) vgl. die Ausführungen zum Zeitpunkt der Meldung.

37 Eine bestimmte **Form** der Meldung an die Aufsichtsbehörde ist nicht vorgeschrieben.[43] Die Meldung kann danach im Grundsatz auf alle erdenklichen Arten, also (fern-)mündlich, per Fax, Mail oder Brief, erfolgen, allerdings trägt der Meldepflichtige das Risiko des Zugangsnachweises. In dringenden Fällen kann eine telefonische Vorabbenachrichtigung sinnvoll sein, die entsprechend zu dokumentieren ist. Im letztgenannten Fall ist es zudem empfehlenswert, die Meldung sobald wie möglich nachweisbar in Textform nachzuholen.[44]

V. Zeitpunkt der Meldung

38 Die Datenschutzverletzung ist der Aufsichtsbehörde **„unverzüglich"** („without undue delay") zu melden. Der europäische Begriff der Unverzüglichkeit als zeitliche Verschuldenskomponente stimmt mit dem in § 121 Abs. 1 BGB überein.[45] Bei der Feststellung, ob die Meldung unverzüglich erfolgt ist, sind die Art und Schwere der Verletzung des Schutzes personenbezogener Daten sowie deren Folgen und nachteilige Auswirkungen für die betroffene Person zu berücksichtigen (Erwägungsgrund 87). Je gravierender der Vorfall ist, desto kürzer ist also der Zeitraum für die unverzügliche Meldung bemessen.[46] Was regelmäßig als angemessene und nicht schuldhafte Verzögerung anzusehen ist, wird durch die DS-GVO selbst konkretisiert,[47] die davon ausgeht, dass die Information der Behörde **„möglichst" binnen 72 Stunden** zu erfolgen hat. Wird die 72-Stunden-Frist überschritten, löst dies eine Begründungspflicht gegenüber der Aufsichtsbehörde aus (Art. 33 Abs. 1 S. 2). Die Begründung wird dabei umso tragfähiger sein müssen, je gravierender die Datenschutzverletzung ist und je länger die

[43] Paal/Pauly/*Martini*, DS-GVO, Art. 33 Rn. 29.
[44] *Laue/Nink/Kremer*, S. 225.
[45] *Marschall*, DuD 2015, 183 (186); *Hanloser*, MMR 2010, 300 (302); Paal/Pauly/*Martini*, DS-GVO, Art. 33 Rn. 34; Kühling/Buchner/*Jandt*, DS-GVO, Art. 33 Rn. 15; *Laue/Nink/Kremer*, S. 224.
[46] Kühling/Buchner/*Jandt*, DS-GVO, Art. 33 Rn. 15.
[47] *Marschall*, DuD 2015, 183 (186).

72-Stunden-Frist überzogen wird.[48] Urlaub und Krankheit dürften regelmäßig keine ausreichenden Entschuldigungsgründe darstellen, muss doch der Verantwortliche für angemessene Vertretung sorgen.[49]

Die Verpflichtung zur Meldung gegenüber der Behörde entfällt nicht deshalb, **39** weil noch nicht alle Mindestinhalte zur Meldung der Datenschutzverletzung gem. Art. 33 Abs. 3 vorliegen. Dies zeigt Art. 33 Abs. 4, der in solchen Fällen eine **schrittweise Information der Behörde** vorsieht. Sofern weitere Ermittlungen zur Informationsbeschaffung erforderlich sind, beeinflusst dies also nicht den Zeitpunkt der Meldung an sich, sondern lediglich den Inhalt der Meldung.[50] Relevant wird die Information in Etappen insbesondere dann werden, wenn zwar feststeht, dass eine Datenschutzverletzung stattgefunden hat, Details wie das konkrete Zustandekommen und das konkrete Ausmaß des Vorfalls aber noch unklar sind. Beispiel: Es steht fest, dass ein Datenleck besteht, es ist aber noch nicht geklärt, was die konkrete Ursache ist und wie viele Datensätze und Personen betroffen sind. Die schrittweise Information hat „ohne unangemessene weitere Verzögerung" zu erfolgen (Erwägungsgrund 85). Neue Erkenntnisse müssen also unverzüglich nach ihrem Vorliegen an die Aufsichtsbehörde weitergegeben werden.

VI. Dokumentation von Datenschutzverletzungen

Um der Aufsichtsbehörde die Überprüfung der Einhaltung der Meldepflicht **40** nach Art. 33 zu ermöglichen, ist der für die Verarbeitung Verantwortliche nach Maßgabe von Abs. 5 der Vorschrift zur Dokumentation von Verletzungen des Schutzes personenbezogener Daten verpflichtet und zwar **gerade auch hinsichtlich solcher Vorfälle, die wegen einem voraussichtlich nicht bestehenden Risiko keine Meldepflicht begründen.** Die Aufsichtsbehörde kann die Bereitstellung der Dokumentation nach Art. 58 Abs. 1 lit. a verlangen. Zu dokumentieren ist die Datenschutzverletzung einschließlich aller mit dieser, deren Auswirkungen und den ergriffenen Abhilfemaßnahmen im Zusammenhang stehenden Fakten. Die Beschreibung der Datenschutzverletzung umfasst die Details des Datenschutzvorfalls inklusive Ursachen und Ablauf, Kategorien betroffener personenbezogener Daten, potenzieller Konsequenzen und ergriffener Gegenmaßnahmen.[51] Ob auch die vorgenommene **Risikoprognose** zwingend zu dokumentieren ist,[52] darf angesichts des Umstands, dass sich die Dokumentationspflicht nur auf „Fakten" bezieht, bezweifelt werden. Die Artikel-29-Datenschutzgruppe „empfiehlt" in ihrem WP 250[53] zwar, zu dokumentieren, warum angenommen wurde, dass eine Datenschutzverletzung voraussichtlich nicht zu einem Risiko für die Rechte und Freiheiten natürlicher Personen führt. Eine Rechtspflicht scheint aber auch sie nicht zu sehen. Da Formanforde-

---

[48] Kühling/Buchner/*Jandt*, DS-GVO, Art. 33 Rn. 16.

[49] Kühling/Buchner/*Jandt*, DS-GVO, Art. 33 Rn. 16.

[50] *Marschall*, DuD 2015, 183 (186); aA Kühling/Buchner/*Jandt*, DS-GVO, Art. 33 Rn. 22, die eine indirekte Verlängerung der Meldefrist sieht.

[51] *Artikel-29-Datenschutzgruppe*, WP 250 (Stand: 3.10.2017), S. 23.

[52] So Kühling/Buchner/*Jandt*, DS-GVO, Art. 33 Rn. 26; ähnlich auch Ehmann/Selmayr/*Hladjk*, DS-GVO, Art. 33 Rn. 11.

[53] WP 250 (Stand: 3.10.2017), S. 23.

rungen an die Dokumentation nicht gestellt werden, ist auch eine elektronische Dokumentation möglich.[54]

VII. Datenschutzmanagement

41 Im Falle einer Datenschutzverletzung ist zügiges Handeln geboten, weshalb bereits im Vorhinein ein geeignetes Prozedere zu entwickeln ist, wie im Hinblick auf Datenschutzvorfälle zu verfahren ist.[55] Ein entsprechender **Krisenreaktionsplan** sollte folgende Punkte umfassen:[56]

- **Formulierung von internen Richtlinien** für den Fall einer Datenschutzverletzung, insbesondere Definition von Datenschutzverletzungen, Festlegung von Data-Breach-Notification-Verantwortlichen und weiteren Ansprechpartnern, Schaffung eines Krisenteams und Unterrichtung sämtlicher Mitarbeiter
- **Implementierung eines geeigneten Security Incident Response Systems,** dh Monitoring der IT-Systeme auf sicherheitsrelevante Zugriffe, Bestimmung von Art und Umfang des Datenlecks, Beseitigung von Datenlecks und Sicherheitsrisiken, Sicherstellung computerforensischer Analyse
- **Implementierung eines geeigneten Data Breach Notification Management Systems,** insbesondere Festlegung von Kommunikationswegen, Kooperation verschiedener Untergliederungen, Informationsaustausch mit Auftragsverarbeitern, rechtzeitige Einbindung von Entscheidungsträgern
- **Kontakt zur Aufsichtsbehörde,** ggf. Erörterung von Zweifelsfällen schon vor offizieller Meldung, Beachtung behördlicher Hinweise, soweit vorhanden
- **Kontakt zur Strafverfolgungsbehörde,** dh Erstattung einer Strafanzeige/ggf. Stellen eines Strafantrags; Abstimmung, ob Betroffenenmitteilung die Strafverfolgung gefährden könnte

42 Die Verpflichtung, ein solches System vorzuhalten, ergibt sich explizit aus Erwägungsgrund 87, wonach alle geeigneten technischen Schutz- sowie organisatorischen Maßnahmen getroffen sein müssen, um sofort feststellen zu können, ob eine Verletzung des Schutzes personenbezogener Daten aufgetreten ist, und um die Aufsichtsbehörde und die betroffene Person umgehend unterrichten zu können. Ein Krisenreaktionsplan liegt zudem auch im originär eigenen Interesse des für die Verarbeitung Verantwortlichen, wenn Bußgelder wegen Verstoßes gegen Art. 33, 34 (vgl. dazu nachstehend) vermieden werden sollen.

VIII. Sanktionen

43 Für **Verstöße gegen die Verpflichtung zur Meldung von** Verletzungen des Schutzes personenbezogener Daten an die Aufsichtsbehörde (Art. 33 Abs. 1) **oder die Verpflichtung zur Dokumentation** von Verletzungen des Schutzes personenbezogener Daten (Art. 33 Abs. 5) werden gem. Art. 83 Abs. 4 lit. a **Geldbußen** von bis zu 10.000.000 EUR oder im Fall eines Unternehmens von bis zu 2 Prozent seines gesamten weltweit erzielten Jahresumsatzes des vorangegangenen Geschäftsjahres verhängt, je nachdem, welcher der Beträge höher ist. Dies gilt allerdings nicht für öffentliche Stellen. Zwar sind auch öffentliche Verantwortliche

---

[54] *Laue/Nink/Kremer,* S. 225.

[55] Vgl. auch *Artikel-29-Datenschutzgruppe,* WP 250 (Stand: 3.10.2017), S. 10f.

[56] *Franck,* GDD-Ratgeber, Datenpannen – Informationspflichten nach § 42a BDSG, IT-Sicherheitsgesetz und verwandten Vorschriften, S. 69.

nach Art. 33 zur Meldung von Datenschutzverletzungen verpflichtet,[57] jedoch kann gegen diese nach § 43 Abs. 3 BDSG nF kein Bußgeld verhängt werden. Bußgeldbewehrt gem. Art. 83 Abs. 4 lit. a sind hingegen **Verstöße des Auftragsverarbeiters gegen seine Meldepflicht gegenüber dem Verantwortlichen** (Art. 33 Abs. 2).

IX. Vereinbarkeit der Meldepflicht mit dem nemo-tenetur-Grundsatz

Eine § 42a S. 6 BDSG[58] aF vergleichbare Regelung ist in Art. 33 nicht enthalten. **44**
Im Gegenteil spricht Erwägungsgrund 87 sogar explizit davon, dass die Meldung der Datenschutzverletzung zu einem Tätigwerden der Aufsichtsbehörde im Einklang mit ihren in der Verordnung festgelegten Aufgaben und Befugnissen führen kann. Insoweit werden berechtigte Bedenken gegen eine **Vereinbarkeit der Regelung mit Art. 6 EMRK (Recht auf ein faires Verfahren)** erhoben.[59] Eine entsprechende Gewährleistung ist auch in **Art. 47 der EU-Grundrechtecharta** enthalten. Der nationale Gesetzgeber hat sich des Konflikts der Meldepflicht mit dem Selbstbezichtigungsverbot in **§ 42 Abs. 4 und § 43 Abs. 4 BDSG nF** angenommen. Nach den genannten Regelungen dürfen Meldungen nach Art. 33 bzw. Benachrichtigungen nach Art. 34 in einem **Straf- bzw. Ordnungswidrigkeitenverfahren** gegen den Meldepflichtigen oder Benachrichtigenden oder seine Angehörigen (§ 52 Abs. 1 StPO) nur mit Zustimmung des Meldepflichtigen oder Benachrichtigenden verwendet werden. Dieses **Verwendungsverbot** bezieht sich auf **Umstand wie Inhalt der Meldung bzw. Benachrichtigung** und muss nach seinem Sinn und Zweck auch zum Tragen kommen, wenn die Voraussetzungen von Art. 33 bzw. 34 vom Meldenden bzw. Benachrichtigenden irrtümlich angenommen wurden. Für den Bereich des Zivilprozesses soll das im BDSG nF vorgesehene Verwendungsverbot nach seinem eindeutigen Wortlaut nicht gelten. § 42 Abs. 4 und § 43 Abs. 4 BDSG nF entsprechende Regelungen finden sich auch in § 384a Abs. 3 AO nF sowie in § 85 Abs. 3, § 85a Abs. 2 SGB X nF. Nach der Gesetzesbegründung zum BDSG nF[60] ergibt sich die Regelungsbefugnis für das Verwendungsverbot im Strafverfahren aus Art. 84 Abs. 1, wonach die Mitgliedstaaten Vorschriften für Verstöße gegen die Verordnung festlegen und alle zu deren Anwendung erforderlichen Maßnahmen treffen. Für das Ordnungswidrigkeitenverfahren wird auf Art. 83 Abs. 8 verwiesen, wonach angemessene Verfahrensgarantien geschaffen werden müssen. Tatsächlich ist anzunehmen, dass die Herstellung eines grundrechtskonformen Zustands unabhängig vom Bestehen einer Öffnungsklausel statthaft sein muss.[61]

X. Europäischer Datenschutzausschuss und Verhaltensregeln

Art. 33 enthält zahlreiche unbestimmte Tatbestandsmerkmale, was zu Anwen- **45**
dungsschwierigkeiten in der Praxis führen dürfte.[62] Leitlinien, Empfehlungen und bewährte Verfahren, die der **Europäische Datenschutzausschuss** im Hinblick

57 → Rn. 16.
58 Hierzu → Rn. 9.
59 Wolff/Brink/*Scheffczyk*, BDSG, § 42a Rn. 70; vgl. auch *Kaufmann*, ZD 2012, 358 (360).
60 BT-Drs. 18/11325, 109.
61 Keinen Grundrechtsverstoß und demzufolge eine Europarechtswidrigkeit der Regelungen in § 42 Abs. 4 und § 43 Abs. 4 BDSG nF sieht *Bergt*, DuD 2017, 555 (560).
62 Paal/Pauly/*Martini*, DS-GVO, Art. 33 Rn. 63.

auf Art. 33 zwecks Sicherstellung einer einheitlichen Anwendung der Verordnung erlassen kann (Art. 70 Abs. 1 S. 2 lit. e und g), können insofern einen Beitrag zu mehr Rechtssicherheit leisten. Möglich ist auch eine Konkretisierung der Anforderungen des Art. 33 durch **Verhaltensregeln** iSv Art. 40 (vgl. dort Abs. 2 lit. i).

Art. 34 Benachrichtigung der von einer Verletzung des Schutzes personenbezogener Daten betroffenen Person

(1) **Hat die Verletzung des Schutzes personenbezogener Daten voraussichtlich ein hohes Risiko für die persönlichen Rechte und Freiheiten natürlicher Personen zur Folge, so benachrichtigt der Verantwortliche die betroffene Person unverzüglich von der Verletzung.**

(2) **Die in Absatz 1 genannte Benachrichtigung der betroffenen Person beschreibt in klarer und einfacher Sprache die Art der Verletzung des Schutzes personenbezogener Daten und enthält zumindest die in Artikel 33 Absatz 3 Buchstaben b, c und d genannten Informationen und Maßnahmen.**

(3) **Die Benachrichtigung der betroffenen Person gemäß Absatz 1 ist nicht erforderlich, wenn eine der folgenden Bedingungen erfüllt ist:**

a) der Verantwortliche geeignete technische und organisatorische Sicherheitsvorkehrungen getroffen hat und diese Vorkehrungen auf die von der Verletzung betroffenen personenbezogenen Daten angewandt wurden, insbesondere solche, durch die die personenbezogenen Daten für alle Personen, die nicht zum Zugang zu den personenbezogenen Daten befugt sind, unzugänglich gemacht werden, etwa durch Verschlüsselung;

b) der Verantwortliche durch nachfolgende Maßnahmen sichergestellt hat, dass das hohe Risiko für die Rechte und Freiheiten der betroffenen Personen gemäß Absatz 1 aller Wahrscheinlichkeit nach nicht mehr besteht;

c) dies mit einem unverhältnismäßigen Aufwand verbunden wäre. In diesem Fall hat stattdessen eine öffentliche Bekanntmachung oder eine ähnliche Maßnahme zu erfolgen, durch die die betroffenen Personen vergleichbar wirksam informiert werden.

(4) **Wenn der Verantwortliche die betroffene Person nicht bereits über die Verletzung des Schutzes personenbezogener Daten benachrichtigt hat, kann die Aufsichtsbehörde unter Berücksichtigung der Wahrscheinlichkeit, mit der die Verletzung des Schutzes personenbezogener Daten zu einem hohen Risiko führt, von dem Verantwortlichen verlangen, dies nachzuholen, oder sie kann mit einem Beschluss feststellen, dass bestimmte der in Absatz 3 genannten Voraussetzungen erfüllt sind.**

Literatur: Vgl. die Hinweise zu Art. 33.

Übersicht

A. Allgemeines

I. Zweck und Bedeutung der Vorschrift

Art. 34 regelt die Benachrichtigung der betroffenen Person bei Verletzungen des Schutzes personenbezogener Daten und bildet insofern mit Art. 33, der die Meldung von entsprechenden Verletzungen gegenüber der Aufsichtsbehörde regelt, einen gemeinsamen Normenkomplex. Die Informationspflicht im Verhältnis zur betroffenen Person unterliegt dabei im Vergleich zur Meldepflicht gegenüber der Behörde erhöhten Anforderungen und wird weniger häufig ausgelöst, nämlich nur dann, wenn voraussichtlich ein hohes Risiko für deren persönliche Rechte und Freiheiten besteht.[1] Die Regelungen in Art. 33, 34 sollen einerseits **Transparenz** im Hinblick auf Datenschutzverletzungen schaffen. Auf diese Weise sollen die Datenschutzaufsichtsbehörden und die betroffenen Personen dabei unterstützt werden, **Folgeschäden** aufgrund der Datenschutzverletzung zu **vermeiden bzw. minimieren.** Andererseits entsteht insbesondere für privatwirtschaftliche Unternehmen ein Anreiz, verstärkte Anstrengungen zur Datensicherheit zu unternehmen, so dass der Norm auch **präventive Funktion** zukommt. Zu Zweck und Bedeutung der Regelung vgl. ergänzend auch die entsprechenden Ausführungen zu Art. 33. 1

II. Systematik, Verhältnis zu anderen Vorschriften

Zur Systematik und zum Verhältnis zu anderen Vorschriften vgl. iE die ausführlichen diesbezüglichen Ausführungen zu Art. 33. Die Art. 33 und 34 sind insbesondere im Vergleich zu den **Informationspflichten bei Datenschutzpannen nach § 42a BDSG aF** zu sehen. Unterschiede zum bisherigen nationalen Recht ergeben sich zunächst dadurch, dass die DS-GVO-Regelungen anders als § 42a BDSG aF nicht an einen Katalog besonders sensibler Datenkategorien anknüpfen, sondern sich mitzuteilende Datenschutzverletzungen – jedenfalls im Grundsatz – auf alle möglichen Kategorien personenbezogener Daten beziehen können. Ein weiterer wesentlicher Unterschied ist, dass nach der DS-GVO die Meldepflicht gegenüber der Aufsichtsbehörde deutlich schneller ausgelöst wird. Während nach § 42a BDSG aF die Informationspflicht gegenüber Betroffenen wie Behörde nur entstand, wenn schwerwiegende Beeinträchtigungen für die Rechte oder schutz- 2

[1] IE → Rn. 4 ff.

würdigen Interessen der Betroffenen drohten, besteht eine Meldepflicht gegenüber der Behörde nach Art. 33 DS-GVO bereits bei Drohen eines jeglichen Risikos für die betroffenen Personen. Schließlich ist auch der Begriff der Datenschutzverletzung iSd DS-GVO weiter als die Tatbestandsvoraussetzung der „unrechtmäßigen Kenntniserlangung durch Dritte" in § 42a BDSG aF, da vom Begriff der Datenschutzverletzung iSv Art. 4 Nr. 12 nicht nur Vertraulichkeitsverletzungen erfasst sind und im Hinblick auf Vertraulichkeitsverletzungen außerdem nicht nur auf die unbefugte Kenntnisnahme durch „Dritte" abgestellt ist.[2]

B. Einzelerläuterungen

I. Adressaten der Benachrichtigungspflicht gegenüber der betroffenen Person

3 Benachrichtigungspflichtig ist gem. Art. 34 Abs. 1 nur der für die Datenverarbeitung **Verantwortliche.** Ist die Datenverarbeitung an einen Auftragsverarbeiter ausgelagert, ist über Art. 33 Abs. 2 gewährleistet, dass der für die Verarbeitung Verantwortliche von diesem über ihm bekannt werdende Datenschutzverletzungen informiert wird. Öffentliche Stellen sind genauso Normadressat wie private Stellen.[3]

II. Voraussetzungen der Benachrichtigungspflicht gegenüber der betroffenen Person

4 Die Benachrichtigungspflicht gegenüber der betroffenen Person setzt gem. Art. 34 Abs. 1 zunächst das Vorliegen einer **Verletzung des Schutzes personenbezogener Daten** voraus. Der Begriff der Datenschutzverletzung ist insofern identisch mit dem des Art. 33.[4] Die betroffenen Personen sind von der Datenschutzverletzung allerdings nur zu benachrichtigen, sofern diese **voraussichtlich ein hohes Risiko für** deren **persönliche Rechte und Freiheiten** zur Folge hat. Ein normales Risiko, was immer das ist, soll die Meldepflicht noch nicht begründen.[5] Fraglich ist, wann ein hohes Risiko angenommen werden kann, insbesondere, ob es insofern ausschließlich auf das drohende **Schadensausmaß** ankommt oder auch die **Wahrscheinlichkeit des Schadenseintritts** von Relevanz ist. Dafür, dass es auf beide Faktoren ankommt, spricht der Wortlaut von Art. 34 Abs. 1. Danach hat die Benachrichtigung zu erfolgen, wenn die Datenschutzverletzung „voraussichtlich" (Eintrittswahrscheinlichkeit) „ein hohes Risiko" (Schadensausmaß) zur Folge hat. Je größer der potenzielle Schaden, desto geringer sind die Anforderungen an die Eintrittswahrscheinlichkeit anzusetzen.

5 Von einem Schadenseintritt ist **voraussichtlich** auszugehen, wenn für diesen ein hoher Grad an Wahrscheinlichkeit spricht. Welches Risiko droht, lässt sich nur auf Basis einer **Gefahrenprognose im konkreten Einzelfall** ermitteln, wobei wichtige Kriterien insbesondere die Art der betroffenen Daten (abstraktes Missbrauchsrisiko) und die konkreten potenziellen Auswirkungen der Datenschutzverletzung (konkretes Missbrauchsrisiko) sind. Bezogen auf die Art der

---

[2] → Art. 33 Rn. 19 ff.

[3] Vgl. auch → Art. 33 Rn. 16.

[4] → Art. 33 Rn. 18 ff.

[5] Vgl. auch Kühling/Buchner/*Jandt*, DS-GVO, Art. 34 Rn. 5, die das Fehlen von Kriterien für die Bewertung des Risikos bemängelt.

betroffenen Daten wurde iRv § 42a BDSG aF teilweise vertreten, dass etwa bei Betroffenheit von Gesundheitsdaten per se schwerwiegende Beeinträchtigungen drohen.[6] Regelmäßig eine Bedrohungslage wird sich auch beim Verlust von Bank- und Kreditkarteninformationen ergeben, da die Gefahr unberechtigter Abbuchungen besteht.[7] Im Hinblick auf das konkrete Risiko ist zB zu berücksichtigen, ob es sich um einen vorsätzlichen Angriff auf die Systeme des für die Verarbeitung Verantwortlichen handelt oder den Fall einer unachtsamen Herausgabe von Daten, ob der Empfänger der Daten bekannt ist und ggf. selbst auf den Vorfall aufmerksam gemacht hat und ob der für die Verarbeitung Verantwortliche allgemein ein lohnenswertes Ziel für Angriffe darstellt.[8] Das Risiko einer Fehleinschätzung der Voraussetzungen der Benachrichtigungspflicht liegt beim für die Verarbeitung Verantwortlichen.[9] Im Fall einer falschen Beurteilung droht ein Bußgeld nach Art. 83 Abs. 4 lit. a.

Eine hohe Schadensintensität wird im Übrigen regelmäßig anzunehmen sein, wenn eine der in Erwägungsgrund 85 exemplarisch aufgezählten konkreten Beeinträchtigungsformen betroffen ist, also ein Kontrollverlust der betroffenen Person im Hinblick auf die personenbezogenen Daten, die Einschränkung der Rechte der betroffenen Person, Diskriminierung, Identitätsdiebstahl oder -betrug, finanzielle Verluste, unbefugte Aufhebung der Pseudonymisierung, Rufschädigung, Verlust der Vertraulichkeit von dem Berufsgeheimnis unterliegenden Daten. Es wäre widersinnig, wenn sich der Gesetzgeber einerseits die Vermeidung dieser explizit aufgezählten Beeinträchtigungen zum Ziel gesetzt hätte, aber andererseits im Fall, dass ebensolche naheliegend sind, die betroffenen Personen nicht zu benachrichtigen wären. Das **WP 250 der Artikel-29-Datenschutzgruppe** enthält im Annex zudem eine **nicht abschließende Liste mit Fällen,** in denen die Gruppe vom Bestehen einer Benachrichtigungspflicht nach Art. 34 ausgeht. Auch reine **Vermögensschäden** können die Pflichten aus Art. 33, 34 auslösen,[10] allerdings setzt eine Benachrichtigungspflicht nach Art. 34 voraus, dass es sich nicht nur um einen marginalen Vermögensschaden handelt. Ob eine Informationspflicht auch im Hinblick auf bereits eingetretene Schäden besteht, hängt davon ab, ob noch eine Vertiefung des Schadens möglich ist bzw. die betroffene Person im Fall der Nichtinformation ggf. in Unkenntnis über ein regressfähiges Schadensereignis bliebe. **6**

III. Ausnahmen von der Benachrichtigungspflicht

1. Ausnahmen nach DS-GVO. Art. 34 Abs. 3 sieht drei **Ausnahmen** von der Verpflichtung zur Benachrichtigung der betroffenen Person vor. Einer Benachrichtigung der betroffenen Person bezüglich der Datenschutzverletzung bedarf es danach nicht, wenn eine der folgenden Bedingungen erfüllt ist: **7**

---

[6] BlnBDI, TB 2011, S. 166; BlnBDI, TB 2014, S. 150.

[7] Vgl. die Stellungnahme des BR zu § 42a BDSG, BT-Drs. 16/12011, 45; *Franck*, GDD-Ratgeber, Datenpannen – Informationspflichten nach § 42a BDSG, IT-Sicherheitsgesetz und verwandten Vorschriften, S. 26; *Karger*, ITRB 2010, 162.

[8] Vgl. die Indizien zur Gefahrenprognose bei *Franck*, GDD-Ratgeber, Datenpannen – Informationspflichten nach § 42a BDSG, IT-Sicherheitsgesetz und verwandten Vorschriften, S. 25 in Anlehnung an *Dorn*, DSB 2011, 16; *Hornung*, NJW 2010, 1843; *Karger*, ITRB 2010, 162.

[9] Vgl. Paal/Pauly/*Martini*, DS-GVO, Art. 33 Rn. 26.

[10] → Art. 33 Rn. 25.

- der Verantwortliche hat geeignete **technische und organisatorische Sicherheitsvorkehrungen** getroffen und diese auf die betroffenen personenbezogenen Daten angewandt, insbesondere solche, durch die die Daten für alle Personen, die nicht zum Zugang befugt sind, unzugänglich gemacht werden, **etwa durch Verschlüsselung** (lit. a);
- es wurde durch nachfolgende Maßnahmen **sichergestellt, dass das hohe Risiko** für die Rechte und Freiheiten der betroffenen Personen gem. Art. 34 Abs. 1 **aller Wahrscheinlichkeit nach nicht mehr besteht** (lit. b);
- mit der Benachrichtigung der betroffenen Personen wäre ein **unverhältnismäßiger Aufwand** verbunden; in diesem Fall hat stattdessen eine öffentliche Bekanntmachung oder eine ähnliche Maßnahme zu erfolgen, durch die die betroffenen Personen vergleichbar wirksam informiert werden (lit. c).

8 Art. 34 Abs. 3 lit. a und b ist gemein, dass ein prinzipiell bestehendes hohes Risiko für die von der Datenschutzverletzung betroffenen Personen durch vorherige (lit. a) bzw. nachfolgende Maßnahmen (lit. b) wieder aufgehoben wird. Beide Regelungen sind deklaratorischer Natur, denn fehlt es an einem hohen Risiko, entfällt die Benachrichtigungspflicht bereits nach Art. 34 Abs. 1 bzw. entsteht gar nicht. Der Regelung in Art. 34 Abs. 3 lit. a zum **Einsatz geeigneter technischer und organisatorischer Sicherheitsvorkehrungen** kommt dabei vor allem auch **präventive Funktion** zu.[11] Datenverarbeitende Stellen sollen animiert werden, Verschlüsselungstechnik einzusetzen, um auf diese Weise das Eingreifen der Pflichten aus Art. 33, 34 zu verhindern. Der angewandte Algorithmus zur Verschlüsselung muss dem Stand der Technik genügen.[12] Auch Fälle, in denen personenbezogene Daten durch **Hash-Werte** ersetzt wurden, werden einen Anwendungsfall von Art. 34 Abs. 3 lit. a darstellen können.[13] **Beispiele für nachträgliche Maßnahmen** iSv Art. 34 Abs. 3 lit. b sind etwa der Abschluss von Vertraulichkeitsvereinbarungen mit Personen, denen versehentlich personenbezogene Daten unberechtigterweise übermittelt wurden, oder das Zurücksetzen der Passwörter zu den Online-Accounts der Kunden, nachdem die Passwörter unbefugt abgegriffen wurden.

9 Art. 34 Abs. 3 lit. c unterscheidet sich insofern von lit. a und b, als die Verpflichtung des Verantwortlichen Transparenz über die Datenschutzverletzung herzustellen nicht entfällt. Geändert wird lediglich die Form, in welcher die Transparenz herzustellen ist, indem anstelle einer individuellen Benachrichtigung auch eine **öffentliche Bekanntmachung** oder ähnliche Maßnahme, durch die die betroffenen Personen vergleichbar wirksam informiert werden, als ausreichend erachtet wird. Der Verzicht auf die Einzelbenachrichtigung setzt voraus, dass diese mit einem unverhältnismäßigen Aufwand verbunden wäre. Ein unverhältnismäßiger Aufwand an Zeit bzw. Kosten kann sich aus der Vielzahl der betroffenen Personen ergeben oder aus dem Umstand, dass die von dem Vorfall betroffenen Personen bzw. deren Adressen vom Verantwortlichen erst mühsam ermittelt werden müssten.[14] Sind die betroffe-

[11] → Art. 33 Rn. 3 zur Zweckbestimmung von Art. 33, 34.

[12] Vgl. dazu → Art. 33 Rn. 29.

[13] Ehmann/Selmayr/*Hladjk*, DS-GVO, Art. 34 Rn. 9.

[14] Vgl. BlnBDI, FAQs zur Informationspflicht bei unrechtmäßiger Kenntniserlangung von Daten nach § 42a BDSG, Stand: 5/2014, S. 10 f. Fraglich ist, ob Art. 34 DS-GVO auch eingreift, wenn die betroffenen Personen nicht ermittelt werden können. Der Sinn und Zweck der Informationspflicht spricht dafür. Ähnlich auch *Franck*, GDD-Ratgeber, Datenpannen – Informationspflichten nach § 42a BDSG, IT-Sicherheitsgesetz und verwandten Vorschriften, S. 30 f. bezogen auf § 42a BDSG.

nen Personen dagegen bekannt und liegen deren E-Mail-Adressen[15] vor, kann von einem unverhältnismäßigen Aufwand nicht ausgegangen werden.[16] Anders als im BDSG aF ist nicht geregelt, in welcher Weise die öffentliche Bekanntmachung zu erfolgen hat. Die Vorgaben des § 42a BDSG aF und die Interpretationen hierzu können insofern eine gewisse Orientierung bieten. In Ermangelung europaweiter Medien mit entsprechendem Verbreitungsgrad wird die Art der Veröffentlichung insbesondere dann Schwierigkeiten bereiten, wenn von einem Datenschutzvorfall Kunden in ganz Europa betroffen sind. Hier ist im Zweifel die Öffentlichkeit bezogen auf jedes einzelne betroffene Land herzustellen. Ob eine **Publikation des Vorfalls auf der eigenen Homepage** ausreicht, wird maßgeblich davon abhängen, inwiefern der Internetauftritt vom betroffenen Personenkreis regelmäßig besucht wird.[17] Je nach Verbreitungsgrad der Homepage und der Mediennutzung des betroffenen Personenkreises kann eine solche Information effektiver sein als die Veröffentlichung zB in einer Tageszeitung. Im Falle der Veröffentlichung anstelle der Einzelbenachrichtigung wird vom Gesetzgeber in Kauf genommen, dass eine Kenntnisnahme durch alle betroffenen Personen nicht sichergestellt ist. Die Entscheidung zugunsten der Veröffentlichung setzt eine Absprache mit der Aufsichtsbehörde voraus (Erwägungsgrund 86 S. 3). Die öffentliche Bekanntmachung eines Datenschutzvorfalls führt zu einer negativen Außenwirkung, die der Verantwortliche evtl. vermeiden will.[18] Insofern ist anzunehmen, dass die **öffentliche Bekanntmachung lediglich eine Option** darstellt und der Verantwortliche entgegen dem Wortlaut des Art. 34 Abs. 3 lit. c weiterhin auch individuelle Benachrichtigungen vornehmen darf, wenn er den Aufwand nicht scheut.

2. Ausnahmen nach BDSG nF. § 29 Abs. 1 S. 3 BDSG nF sieht eine **Beschränkung der Benachrichtigungspflicht** nach Art. 34 **im Fall von Geheimhaltungspflichten** vor. Nach dieser Regelung besteht ergänzend zu den in Art. 34 Abs. 3 genannten Ausnahmen eine Pflicht zur Benachrichtigung nicht, soweit durch diese Informationen offenbart würden, die auf Grund einer Rechtsvorschrift oder ihrem Wesen nach, insbesondere wegen der überwiegenden berechtigten Interessen eines Dritten, geheim gehalten werden müssen. Diese Regelung soll insbesondere **Berufsgeheimnisträger** iSv § 203 Abs. 1 StGB schützen. Die Ausnahme gilt allerdings nicht uneingeschränkt. Vielmehr enthält § 29 Abs. 1 S. 4 BDSG nF eine Gegenausnahme, wonach die Benachrichtigungspflicht dann wieder eingreift, wenn die Interessen der betroffenen Person, insbesondere unter Berücksichtigung drohender Schäden, gegenüber dem Geheimhaltungsinteresse überwiegen. **Hinsichtlich der Europarechtskonformität** von § 29 Abs. 1 S. 3 und 4 BDSG nF **bestehen allerdings erhebliche Bedenken.**[19] Zum einen ist das Vorliegen der Voraussetzungen der Öffnungsklausel zweifelhaft und zwar im Hinblick auf Art. 23 Abs. 1 wie auch auf Art. 23 Abs. 2. Zum anderen fehlt es an der notwendigen Bestimmtheit, soweit erstens in § 29 Abs. 1 S. 3 BDSG nF auf „ihrem Wesen nach" geheimhaltungsbedürftige Informationen abgestellt wird und zweitens die Gegenausnahme in § 29 Abs. 1 S. 4 BDSG nF keinerlei Bewertungskriterien für ihr Eingreifen enthält. 10

---

[15] → Rn. 12.

[16] Simitis/*Dix*, § 42a Rn. 17; *Hornung*, NJW 2010, 1843.

[17] Simitis/*Dix*, § 42a Rn. 17.

[18] Ehmann/Selmayr/*Hladjk*, DS-GVO, Art. 34 Rn. 11.

[19] Vgl. hierzu ausführlich Schwartmann/Jaspers/Thüsing/Kugelmann/*Franck*, DS-GVO, Art. 34 Rn. 36 ff.

IV. Anforderungen an Inhalt und Form der Benachrichtigung

11 Nach Art. 34 Abs. 2 hat die Benachrichtigung der betroffenen Person **in klarer und einfacher Sprache** die **Art der Verletzung** des Schutzes personenbezogener Daten zu beschreiben und zumindest die in Art. 33 Abs. 3 lit. b, c und d genannten Informationen und Maßnahmen zu enthalten, also

- den Namen und die **Kontaktdaten des Datenschutzbeauftragten** oder einer sonstigen Anlaufstelle für weitere Informationen;
- eine **Beschreibung der wahrscheinlichen Folgen** der Verletzung des Schutzes personenbezogener Daten;
- eine Beschreibung der von dem Verantwortlichen ergriffenen oder vorgeschlagenen **Maßnahmen zur Behebung** der Verletzung des Schutzes personenbezogener Daten **und** ggf. Maßnahmen zur **Abmilderung** ihrer möglichen nachteiligen Auswirkungen.

Als Beispiele für Maßnahmen im letztgenannten Sinne nennt die Artikel-29-Datenschutzgruppe insbesondere das **Zurücksetzen der Passwörter,** nachdem Zugangsinformationen kompromittiert wurden.[20] Als allgemeine Maßnahme zur Behebung der Datenschutzverletzung und Abmilderung ihrer Folgen ist aus Sicht der Artikel-29-Datenschutzgruppe im Übrigen schon anzusehen, dass die Aufsichtsbehörde über die Datenschutzverletzung informiert wurde und diese den Verantwortlichen im Hinblick auf den Umgang mit dem Vorfall und die Verringerung der negativen Folgen beraten hat. Zum Teil[21] wird kritisiert, dass – anders als im Verhältnis zur Aufsichtsbehörde – im Verhältnis zur betroffenen Person nicht anzugeben ist, welche Daten konkret von der Datenschutzverletzung betroffen sind. Zutreffend wird insofern angeführt, dass geeignete Schutzmaßnahmen der betroffenen Person ohne diese Kenntnis ggf. nicht möglich sind. Tatsächlich wird man eben deshalb die Pflicht zur Angabe der „Art der Verletzung des Schutzes personenbezogener Daten" iSv Art. 34 Abs. 2 dahingehend funktional auszulegen haben, dass, soweit möglich, auch Angaben zu der Art/den Kategorien der betroffenen personenbezogenen Daten zu machen sind.[22]

12 **Klar** ist die Benachrichtigung, wenn sie übersichtlich, eindeutig und hinreichend strukturiert ist und sich inhaltlich ausschließlich auf die Information über die Datenschutzverletzung bezieht,[23] also keine anderen Inhalte, wie zB vertragliche Informationen, enthält. **Einfache Sprache** meint die Formulierung in einer für jedermann verständlichen Weise ohne Fachvokabular. Handelt es sich bei der betroffenen Person um ein Kind, ist die Benachrichtigung so zu formulieren, dass ein Kind sie verstehen kann.[24] Bezüglich der **Form** der Benachrichtigung der betroffenen Person macht die DS-GVO keine Vorgaben. Es gilt aber der **Grundsatz der individuellen Benachrichtigung,** der nur in den Fällen des Art. 34 Abs. 3 lit. c durchbrochen wird. Nach der Artikel-29-Datenschutzgruppe sind **Beispiele für transparente Kommunikationsmethoden**[25] Mitteilungen per E-Mail, Brief, SMS oder sonstiger Direktnachricht, auffällige Banner auf der Webseite oder auffällige Anzeigen im Printbereich. Benachrichtigungen nach Art. 34 DS-GVO müssten sich auf die diesbezüglichen Inhalte beschränken und

---

[20] *Artikel-29-Datenschutzgruppe,* WP 250 (Stand: 3.10.2017), S. 17 f.
[21] *Marschall,* DuD 2015, 183 (188).
[22] AA Kühling/Buchner/*Jandt,* DS-GVO, Art. 34 Rn. 11.
[23] *Marschall,* DuD 2015, 183 (188).
[24] Kühling/Buchner/*Jandt,* DS-GVO, Art. 34 Rn. 9.
[25] *Artikel-29-Datenschutzgruppe,* WP 250 (Stand: 3.10.2017), S. 18.

dürften aus Gründen der Klarheit und Transparenz nicht mit weiteren Informationen verbunden sein, zB regelmäßigen Updates, Newslettern oder Standardnachrichten. Auch eine Benachrichtigung ausschließlich mittels Pressemitteilung oder über den Corporate Blog sei nicht ausreichend. Die Entscheidung zwischen verschiedenen Kommunikationsmethoden sei danach zu treffen, welche im Hinblick auf die konkret betroffenen Personen den meisten Erfolg verspreche. Je nach den Umständen könne es auch geboten sein, dass mehrere Informationskanäle zum Einsatz kämen. Geboten sein könne auch die Benachrichtigung in verschiedenen Sprachen[26] und Formaten. Die Benachrichtigung nach Art. 34 erfolge entsprechend Erwägungsgrund 86[27] in enger Absprache mit der Aufsichtsbehörde, die auch im Hinblick auf die geeigneten Kommunikationswege berate.

V. Zeitpunkt der Benachrichtigung der betroffenen Person

13 Wie die Meldung gegenüber der Aufsichtsbehörde hat auch die Benachrichtigung der betroffenen Person **„unverzüglich"**, also ohne schuldhaftes Zögern,[28] zu erfolgen. Anknüpfungspunkt der Unverzüglichkeit bei Art. 34 ist das Bekanntwerden der Datenschutzverletzung bzw. das Vorliegen von entsprechenden Anhaltspunkten, denen sich der Verantwortliche verschließt.[29] An einer Konkretisierung des genauen Zeitrahmens, innerhalb dessen eine Information gewöhnlich als unverzüglich angesehen werden kann, fehlt es im Gegensatz zu Art. 33, wonach für die Meldung gegenüber der Aufsichtsbehörde regelmäßig ein Zeitrahmen von 72 Stunden maßgeblich ist.

14 Einige Anhaltspunkte bezüglich des Zeitpunkts der Benachrichtigung des Betroffenen enthalten jedoch die Erwägungsgründe 86 und 87. So haben nach **Erwägungsgrund 86** erstens Benachrichtigungen der betroffenen Person „stets so rasch wie nach allgemeinem Ermessen möglich, **in enger Absprache mit der Aufsichtsbehörde** und nach Maßgabe der von dieser oder von anderen zuständigen Behörden wie bspw. Strafverfolgungsbehörden erteilten Weisungen zu erfolgen" (S. 3 des Erwägungsgrundes). Da nach Vorstellung des Verordnungsgebers die Benachrichtigung der betroffenen Personen mit der Aufsichtsbehörde abgesprochen werden soll, wird diese der Meldung gegenüber der Behörde regelmäßig zeitlich nachfolgen. Der Pflicht zur Berücksichtigung von Weisungen der Strafverfolgungsbehörde liegt der Gedanke zugrunde, dass deren Untersuchungen durch ein frühzeitiges Offenlegen der Datenschutzverletzung nicht unnötig behindert werden sollen (Erwägungsgrund 88 S. 2). Zweitens konkretisiert S. 4 des Erwägungsgrundes 86 den Begriff der Unverzüglichkeit für zwei Fallgestaltungen. **So sind betroffene Personen „sofort" zu benachrichtigen, sofern dies notwendig ist, um das Risiko eines unmittelbaren Schadens abzuwenden.** Hingegen ist eine längere Benachrichtigungsfrist gerechtfertigt, wenn es darum geht, geeignete Maßnahmen gegen fortlaufende oder vergleichbare Verletzungen des Schutzes personenbezogener Daten zu treffen. Aus **Erwägungsgrund 87** ergibt sich zudem, dass für die Annahme der Unverzüglichkeit der Benachrichtigung von wesentlicher Bedeutung ist, ob im Vorfeld alle technisch-organisatori-

---

[26] Maßgeblich ist insofern insb., in welcher Sprache bislang mit der betroffenen Person kommuniziert wurde, vgl. Kühling/Buchner/*Jandt,* DS-GVO, Art. 34 Rn. 10.

[27] Zu Erwägungsgrund 86 vgl. auch die nachstehenden Ausführungen zum Zeitpunkt der Benachrichtigung.

[28] → Art. 33 Rn. 38.

[29] Paal/Pauly/*Martini*, DS-GVO, Art. 34 Rn. 34.

schen Maßnahmen getroffen wurden, um Datenschutzverletzungen sofort feststellen zu können (S. 1 des Erwägungsgrundes). Die Unverzüglichkeit der Benachrichtigung steht also in direkter Abhängigkeit zur Unverzüglichkeit der Feststellung der Datenschutzverletzung.[30] Erforderlich ist die **Implementierung eines geeigneten Security Incident Response- und Data Breach Notification Management Systems.**[31] Auch werden die Anforderungen an die Eiligkeit, mit der die betroffene Person zu benachrichtigen ist, in Abhängigkeit gebracht zur „Art und Schwere" der Datenschutzverletzung sowie zu „deren Folgen und nachteiligen Auswirkungen" (S. 2 des Erwägungsgrundes 87). MaW: Je schwerwiegender der Vorfall und seine Folgen, umso früher ist zu benachrichtigen.

15 Das Prinzip des **„responsible disclosure"**,[32] wonach Sicherheitslücken erst publik gemacht werden müssen, nachdem Zeit bestand, den Fehler zu beheben und so Taten von Nachahmern auszuschließen, findet Erwähnung am Ende von Erwägungsgrund 86[33] und wird insofern auch durch die DS-GVO anerkannt.[34] Das zeitliche Zurückstellen der Betroffeneninformation iSe responsible disclosure sollte allerdings nicht im Alleingang, sondern nur aufgrund vorheriger Abstimmung mit der Aufsichtsbehörde erfolgen.[35]

VI. Europäischer Datenschutzausschuss und Verhaltensregeln

16 Der **Europäische Datenschutzausschuss** hat die Kompetenz, Leitlinien, Empfehlungen und bewährte Verfahren im Hinblick auf die Umstände zu erlassen, unter denen eine Verletzung des Schutzes personenbezogener Daten voraussichtlich ein hohes Risiko für die Rechte und Freiheiten natürlicher Personen iSd Art. 34 Abs. 1 zur Folge hat (Art. 70 Abs. 1 S. 2 lit. h). Dies ist dringend angezeigt, lässt doch die DS-GVO die Frage ungeklärt, nach welchen Kriterien zwischen „kein Risiko", „Risiko" und „hohem Risiko" zu differenzieren ist.[36] Möglich ist zudem eine Konkretisierung der Anforderungen des Art. 34 durch **Verhaltensregeln** iSv Art. 40 (vgl. dort in Abs. 2 lit. i).

C. Rechtsdurchsetzung/Sanktionen/Rechtsschutz

17 Wie bereits festgestellt, hat gem. Erwägungsgrund 86 S. 3 die Benachrichtigung der betroffenen Person in enger Absprache mit der **Aufsichtsbehörde** und nach Maßgabe der von dieser erteilten Weisungen zu erfolgen. Näheres zu den Kompetenzen der Aufsichtsbehörde im Zusammenhang mit Art. 34 regelt dessen Abs. 4. Danach kann einerseits die Behörde von dem für die Verarbeitung Verantwortlichen die **Nachholung der Benachrichtigung** der betroffenen Person **verlangen,** wenn sie – anders als dieser – der Auffassung ist, dass die Voraussetzungen von Art. 34 Abs. 1 gegeben sind (vgl. auch Art. 58 Abs. 2 lit. e). Andererseits kann

---

[30] *Marschall*, DuD 2015, 183 (188).

[31] → Art. 33 Rn. 41 f.

[32] Vgl. hierzu BT-Drs. 16/12011, 34 zu § 42a BDSG.

[33] „… wohingegen eine längere Benachrichtigungsfrist gerechtfertigt sein kann, wenn es darum geht, geeignete Maßnahmen gegen fortlaufende oder vergleichbare Verletzungen des Schutzes personenbezogener Daten zu treffen."

[34] *Laue/Nink/Kremer*, S. 229.

[35] So zu Recht *Marschall*, DuD 2015, 183 (188).

[36] Kühling/Buchner/*Jandt*, DS-GVO, Art. 34 Rn. 5.

die Aufsichtsbehörde auch zugunsten des Verantwortlichen feststellen, dass ein Ausnahmetatbestand nach Abs. 3 einschlägig ist, und so Rechtssicherheit schaffen. Für Verstöße gegen die Benachrichtigungspflicht aus Art. 34 werden gem. Art. 83 Abs. 4 lit. a **Geldbußen** von bis zu 10.000.000 EUR oder im Fall eines Unternehmens von bis zu 2 Prozent seines gesamten weltweit erzielten Jahresumsatzes des vorangegangenen Geschäftsjahrs verhängt, je nachdem, welcher der Beträge höher ist. Ausgenommen von der Bußgeldpflicht sind nach § 43 Abs. 3 BDSG nF öffentliche Stellen. Die §§ 42 Abs. 4 und 43 Abs. 4 BDSG nF sehen vor, dass Umstand und Inhalt der Benachrichtigung nach Art. 34 Abs. 1 nicht zum Gegenstand eines Ordnungswidrigkeiten- oder Strafverfahrens gemacht werden können und tragen so dem nemo-tenetur-Prinzip Rechnung.[37]

Die Benachrichtigungspflicht aus Art. 34 stellt ein **Schutzgesetz** iSv § 823 Abs. 2 BGB dar, denn auch europäisches Recht kommt als deliktsrechtliches Schutzgesetz in Betracht, sofern es unmittelbar wirkt.[38] Dies trifft auf die DS-GVO zu, vgl. deren Schlussformel. Sofern die betroffene Person also einen Schaden dadurch erleidet, dass die **Benachrichtigung nach Art. 34 nicht oder nicht rechtzeitig** erfolgt, kann sie vor den Zivilgerichten einen **Schadensersatzanspruch** geltend machen. Der in Art. 82 geregelte Schadensersatzanspruch greift in einem solchen Fall nicht, da Anknüpfungspunkt dieses Anspruchs ausschließlich nicht der Verordnung entsprechende Verarbeitungen iSv Art. 4 Nr. 2 sind. Die Verletzung von Benachrichtigungspflichten ist hingegen nicht erfasst.[39] Neben der Haftung für das Verschweigen der Datenschutzverletzung kommt eine **Haftung im Hinblick auf die Datenschutzverletzung als solche** in Betracht. Dies wird dann relevant, wenn zwar nach Art. 34 korrekt benachrichtigt wurde, ein Schaden für den Betroffenen aber gleichwohl nicht bzw. nicht mehr vollständig abgewendet werden konnte. In einem solchen Fall kann sich die Anspruchsgrundlage auch aus Art. 82 ergeben, was aus Sicht des Betroffenen beweisrechtliche Vorteile (Abs. 3 der Vorschrift) bietet.[40] 18

Abschnitt 3. Datenschutz-Folgenabschätzung und vorherige Konsultation

Art. 35 Datenschutz-Folgenabschätzung

(1) [1]**Hat eine Form der Verarbeitung, insbesondere bei Verwendung neuer Technologien, aufgrund der Art, des Umfangs, der Umstände und der Zwecke der Verarbeitung voraussichtlich ein hohes Risiko für die Rechte und Freiheiten natürlicher Personen zur Folge, so führt der Verantwortliche vorab eine Abschätzung der Folgen der vorgesehenen Verarbeitungsvorgänge für den Schutz personenbezogener Daten durch.** [2]**Für die Untersuchung mehrerer ähnlicher Verarbeitungsvorgänge mit ähnlich hohen Risiken kann eine einzige Abschätzung vorgenommen werden.**

---

[37] → Art. 33 Rn. 44.
[38] Palandt/*Sprau*, BGB, § 823 Rn. 56a.
[39] → Art. 82 Rn. 4.
[40] → Art. 82 Rn. 18.

(2) **Der Verantwortliche holt bei der Durchführung einer Datenschutz-Folgenabschätzung den Rat des Datenschutzbeauftragten, sofern ein solcher benannt wurde, ein.**

(3) **Eine Datenschutz-Folgenabschätzung gemäß Absatz 1 ist insbesondere in folgenden Fällen erforderlich:**

a) **systematische und umfassende Bewertung persönlicher Aspekte natürlicher Personen, die sich auf automatisierte Verarbeitung einschließlich Profiling gründet und die ihrerseits als Grundlage für Entscheidungen dient, die Rechtswirkung gegenüber natürlichen Personen entfalten oder diese in ähnlich erheblicher Weise beeinträchtigen;**

b) **umfangreiche Verarbeitung besonderer Kategorien von personenbezogenen Daten gemäß Artikel 9 Absatz 1 oder von personenbezogenen Daten über strafrechtliche Verurteilungen und Straftaten gemäß Artikel 10 oder**

c) **systematische umfangreiche Überwachung öffentlich zugänglicher Bereiche.**

(4) [1]**Die Aufsichtsbehörde erstellt eine Liste der Verarbeitungsvorgänge, für die gemäß Absatz 1 eine Datenschutz-Folgenabschätzung durchzuführen ist, und veröffentlicht diese.** [2]**Die Aufsichtsbehörde übermittelt diese Listen dem in Artikel 68 genannten Ausschuss.**

(5) [1]**Die Aufsichtsbehörde kann des Weiteren eine Liste der Arten von Verarbeitungsvorgängen erstellen und veröffentlichen, für die keine Datenschutz-Folgenabschätzung erforderlich ist.** [2]**Die Aufsichtsbehörde übermittelt diese Listen dem Ausschuss.**

(6) **Vor Festlegung der in den Absätzen 4 und 5 genannten Listen wendet die zuständige Aufsichtsbehörde das Kohärenzverfahren gemäß Artikel 63 an, wenn solche Listen Verarbeitungstätigkeiten umfassen, die mit dem Angebot von Waren oder Dienstleistungen für betroffene Personen oder der Beobachtung des Verhaltens dieser Personen in mehreren Mitgliedstaaten im Zusammenhang stehen oder die den freien Verkehr personenbezogener Daten innerhalb der Union erheblich beeinträchtigen könnten.**

(7) **Die Folgenabschätzung enthält zumindest Folgendes:**

a) **eine systematische Beschreibung der geplanten Verarbeitungsvorgänge und der Zwecke der Verarbeitung, gegebenenfalls einschließlich der von dem Verantwortlichen verfolgten berechtigten Interessen;**

b) **eine Bewertung der Notwendigkeit und Verhältnismäßigkeit der Verarbeitungsvorgänge in Bezug auf den Zweck;**

c) **eine Bewertung der Risiken für die Rechte und Freiheiten der betroffenen Personen gemäß Absatz 1 und**

d) **die zur Bewältigung der Risiken geplanten Abhilfemaßnahmen, einschließlich Garantien, Sicherheitsvorkehrungen und Verfahren, durch die der Schutz personenbezogener Daten sichergestellt und der Nachweis dafür erbracht wird, dass diese Verordnung eingehalten wird, wobei den Rechten und berechtigten Interessen der betroffenen Personen und sonstiger Betroffener Rechnung getragen wird.**

(8) **Die Einhaltung genehmigter Verhaltensregeln gemäß Artikel 40 durch die zuständigen Verantwortlichen oder die zuständigen Auftrags-**

verarbeiter ist bei der Beurteilung der Auswirkungen der von diesen durchgeführten Verarbeitungsvorgänge, insbesondere für die Zwecke einer Datenschutz-Folgenabschätzung, gebührend zu berücksichtigen.

(9) **Der Verantwortliche holt gegebenenfalls den Standpunkt der betroffenen Personen oder ihrer Vertreter zu der beabsichtigten Verarbeitung unbeschadet des Schutzes gewerblicher oder öffentlicher Interessen oder der Sicherheit der Verarbeitungsvorgänge ein.**

(10) **Falls die Verarbeitung gemäß Artikel 6 Absatz 1 Buchstabe c oder e auf einer Rechtsgrundlage im Unionsrecht oder im Recht des Mitgliedstaats, dem der Verantwortliche unterliegt, beruht und falls diese Rechtsvorschriften den konkreten Verarbeitungsvorgang oder die konkreten Verarbeitungsvorgänge regeln und bereits im Rahmen der allgemeinen Folgenabschätzung im Zusammenhang mit dem Erlass dieser Rechtsgrundlage eine Datenschutz-Folgenabschätzung erfolgte, gelten die Absätze 1 bis 7 nur, wenn es nach dem Ermessen der Mitgliedstaaten erforderlich ist, vor den betreffenden Verarbeitungstätigkeiten eine solche Folgenabschätzung durchzuführen.**

(11) **Erforderlichenfalls führt der Verantwortliche eine Überprüfung durch, um zu bewerten, ob die Verarbeitung gemäß der Datenschutz-Folgenabschätzung durchgeführt wird; dies gilt zumindest, wenn hinsichtlich des mit den Verarbeitungsvorgängen verbundenen Risikos Änderungen eingetreten sind.**

Literatur: *Bieker/Hansen/Friedewald*, Die grundrechtskonforme Ausgestaltung der Datenschutz-Folgenabschätzung nach der neuen europäischen Datenschutz-Grundverordnung, RDV 2016, 188; *Friedewald/Obersteller/Nebel/Bieker/Rost*, White Paper Datenschutz-Folgenabschätzung, Ein Werkzeug für einen besseren Datenschutz, 2016; *Gierschmann*, Was „bringt“ deutschen Unternehmen die DS-GVO?, ZD 2016, 51; *Hansen*, Datenschutz-Folgenabschätzung – gerüstet für Datenschutzvorsorgen?, DuD 2016, 587; *Hammersen/Eisenried*, Ist „Redlining“ in Deutschland erlaubt?, ZD 2014, 342; *Kaufmann*, Meldepflichten und Datenschutz-Folgenabschätzung, ZD 2012, 358; *Klug*, Die Vorabkontrolle – Eine neue Aufgabe für betriebliche und behördliche Datenschutzbeauftragte, RDV 2001, 12; *Löw*, RFID-Datenschutz – wie soll es weitergehen?, ZD 2013, 309; *Möhrke-Sobolewski/Klas*, Zur Gestaltung des Minderjährigendatenschutzes in digitalen Informationsdiensten, K&R 2016, 373; *Schmitz/von Dall'Armi*, Datenschutz-Folgenabschätzung – verstehen und anwenden, ZD 2017, 57; *Ströbel/Wybitul*, Checkliste zur DSGVO – Teil 1: Datenschutz-Folgenabschätzung in der Praxis, BB 2016, 2307; *Thode*, Die neuen Compliance-Pflichten nach der Datenschutz-Grundverordnung, CR 2016, 714; *Traung*, The Proposed New EU General Data Protection Regulation, CRi 2012, 33; *Werkmeister/Brandt*, Datenschutzrechtliche Herausforderungen für Big Data, CR 2016, 233.

Übersicht

A. Allgemeines

I. Zweck und Bedeutung der Norm

1 Die Durchführung einer Datenschutz-Folgenabschätzung (kurz: DSFA; engl. Data Protection Impact Assessment) soll bei Verarbeitungen, die wahrscheinlich ein hohes Risiko für die Rechte und Freiheiten natürlicher Personen mit sich bringen, eine verbesserte Compliance mit Blick auf die Maßgaben der DS-GVO bewirken.[1] Eine DSFA kann sich dabei auf die Auswirkungen eines ganzen Prozesses, wie bspw. einer bestimmten Technologie, oder lediglich auf einen konkreten Verarbeitungsvorgang eines Verantwortlichen (Art. 4 Nr. 7) beziehen (→ Rn. 42 ff.). Das Ziel einer DSFA besteht darin, Kriterien für den Schutz der betroffenen Personen zu definieren und die Folgen der Datenverarbeitung möglichst umfassend zu erfassen.[2] Die DSFA soll eine objektive und nachvollziehbare Grundlage darstellen, um die durch die Verarbeitung berührten Interessen so zu bewerten, dass vorab **geeignete Gegenmaßnahmen** ergriffen werden können, um den identifizierten Risiken zu begegnen.[3]

2 Die Verpflichtung zur Durchführung einer DSFA ist als Konkretisierung der in Art. 5 Abs. 2 verankerten **Rechenschaftspflicht** zu verstehen, wonach der Verantwortliche für die Einhaltung der in Art. 5 Abs. 1 genannten Grundprinzipien zum Datenschutz verantwortlich ist und in der Lage sein muss, dies nachzuweisen.

3 Da die DSFA eine Vorabkontrolle sicherstellt, handelt es sich zudem um ein Instrument, das der Umsetzung des nach Art. 25 Abs. 1 vorgegebenen Prinzips des

---

[1] Erwägungsgrund 84.

[2] Vgl. Erwägungsgrund 92; *Friedewald/Obersteller/Nebel/Bieker/Rost*, White Paper, Datenschutz-Folgenabschätzung, S. 5.

[3] Vgl. Erwägungsgrund 84; *Friedewald/Obersteller/Nebel/Bieker/Rost*, White Paper, Datenschutz-Folgenabschätzung, S. 5.

Datenschutzes durch Technikgestaltung und datenschutzfreundliche Voreinstellungen (sog. **„privacy by design"**) dient.[4] Vor diesem Hintergrund kann es für Verantwortliche oder Auftragsverarbeiter (Art. 4 Nr. 8) durchaus sinnvoll sein, eine DSFA durchzuführen, auch wenn nach Art. 35 keine Verpflichtung hierzu besteht.[5]

Die DSFA ist hingegen **keine Maßnahme des Risikomanagements.** Ziel 4
des Risikomanagements ist die Reduktion von Risiken auf ein für die Organisation akzeptables Maß, so dass Risiken, die nur mit einem geringen Schaden verbunden sind, als akzeptabel bewertet werden können.[6] Die Zielsetzung der DSFA besteht vielmehr darin, jedweden Verstoß gegen die DS-GVO zu vermeiden[7] und personenbezogene Daten (Art. 4 Nr. 1) zu schützen.[8] Es kommt bei der DSFA daher maßgeblich auf die Perspektive der betroffenen Personen (wonach auch vermeintlich geringfügige Datenschutzverstöße relevant sind), nicht aber auf die des Unternehmens an.[9]

II. Systematik, Verhältnis zur alten Rechtslage

Der Vorgänger der DSFA war die Vorabkontrolle, die der deutsche Gesetzgeber 5
in § 4d Abs. 5 und 6 BDSG aF geregelt hatte. Grundsätzlich war es den Mitgliedstaaten überlassen, eine Vorabkontrolle von Datenverarbeitungsvorgängen vorzusehen. Mit der sog. Pflicht zur Vorabkontrolle[10] in § 4d Abs. 5 BDSG aF hatte

---

[4] So der AK Technik des Landesbeauftragten für Datenschutz und Informationsfreiheit Rheinland-Pfalz in seiner Handreichung: Anforderungen an Privacy Impact Assessments aus Sicht der Datenschutzbehörden, S. 2, abrufbar unter: www.datenschutz.rlp.de/fileadmin/lfdi/Dokumente/Orientierungshilfen/PIA-Handreichung_v1.pdf; *Friedewald/Obersteller/Nebel/Bieker/Rost*, White Paper, Datenschutz-Folgenabschätzung, S. 6; ICO in Conducting privacy impact assessments code of practice, S. 5, abrufbar unter: www.ico.org.uk/media/for-organisations/documents/1595/pia-code-of-practice.pdf (Stand: 19.10.2017).

[5] In diese Richtung auch *Wybitul*, Checklisten zur EU-Datenschutzgrundverordnung, Teil 2: Datenschutz-Folgenabschätzung, abrufbar unter: www.hoganlovells-blog.de/2016/06/04/checklisten-zur-eu-datenschutz-grundverordnung-teil-2-datenschutz-folgenabschaetzung/#more-2469 (Stand: 19.10.2017).

[6] *Friedewald/Obersteller/Nebel/Bieker/Rost*, White Paper, Datenschutz-Folgenabschätzung, S. 18.

[7] Vgl. Erwägungsgrund 84.

[8] Vgl. Art. 35 Abs. 1 S. 1.

[9] *Friedewald/Obersteller/Nebel/Bieker/Rost*, White Paper, Datenschutz-Folgenabschätzung, S. 25.

[10] Für die Verarbeitung von Daten durch Landesbehörden haben auch die Landesdatenschutzgesetze die Möglichkeit der Vorabkontrolle oder ähnliche Verfahren eingeführt (Art. 26 BayDSG; § 12 LDSG BW; § 19a Abs. 1 Nr. 1 iVm § 5 BlnDSG; § 10a BbgDSG; § 7 Abs. 2 BremDSG; § 8 Abs. 4 iVm § 10a Abs. 5 Nr. 3 HmbDSG; § 7 Abs. 6 iVm § 5 Abs. 2 Nr. 5 HDSG; § 19 DSG M-V; § 8a Abs. 3 NDSG; § 10 Abs. 3 DSG NRW; § 9 Abs. 5 LDSG RPf; § 11 Abs. 1 SDSG; § 10 Abs. 4 SächsDSG; § 14 Abs. 2 DSG-LSA; § 9 LDSG SH; § 34 Abs. 2 ThürDSG). Anders als § 4d BDSG aF haben die Landesdatenschutzgesetze die Vorabkontrolle teilweise zu einem generellen Freigabeverfahren ausgestaltet. § 10 Abs. 3 DSG NRW sieht die Vorabkontrolle etwa als Teil der im Rahmen eines dokumentierten Sicherheitskonzepts zu treffenden technischen und organisatorischen Maßnahmen vor. In ähnlicher Weise regeln § 7 Abs. 3 BbgDSG, § 7 Abs. 6 HDSG und § 34 Abs. 2 ThürDSG, dass jedes automatisierte Verfahren der schriftlichen Freigabe bedarf, die nur erfolgen darf, wenn die Prüfung die „besonderen Risiken" ausschließt (*Gola/Schomerus*, BDSG, § 4d Rn. 21). Das entspr. Verfahren darf hiernach nur dann eingesetzt werden, wenn die Prüfung ergibt, dass keine Gefahren für die betroffenen

der deutsche Gesetzgeber von dieser Möglichkeit Gebrauch gemacht. Zuständig für die Vorabkontrolle war gem. § 4d Abs. 6 BDSG aF der Datenschutzbeauftragte. Die Pflichten aus Art. 35 sind allerdings deutlich weitreichender als die aus § 4d Abs. 5 BDSG aF.

6 Während Art. 36 Abs. 1 im Anschluss an die Durchführung einer DSFA eine **Konsultation** der Aufsichtsbehörde (Art. 4 Nr. 21) in bestimmten Fällen zwingend vorsieht, hatte sich der Datenschutzbeauftragte nach durchgeführter Vorabkontrolle nach § 4d Abs. 6 S. 2 BDSG aF nur in Zweifelsfällen an die Aufsichtsbehörde zu wenden.[11]

7 Ähnlich wie Art. 35 Abs. 1 sah § 4d Abs. 5 BDSG aF die Vorabkontrolle nicht für jegliche Verarbeitungsvorgänge vor. Der **Anwendungsbereich** war beschränkt auf automatisierte Verarbeitungen, die besondere Risiken für die Rechte und Freiheiten der Betroffenen aufgewiesen haben. Die Verpflichtung zur Durchführung der Vorabkontrolle wurde zudem durch weitreichende tatbestandliche Ausnahmen aufgeweicht. So entfiel die Pflicht zur Vorabkontrolle etwa, wenn eine Einwilligung des Betroffenen vorlag oder die Verarbeitung für die Begründung, Durchführung oder Beendigung eines Schuldverhältnisses mit dem Betroffenen erforderlich war.

8 Die **Dokumentation** der Vorabkontrolle nach § 4d Abs. 5 BDSG aF unterlag – anders als bei der DSFA, vgl. Art. 35 Abs. 7 – keinen inhaltlichen Anforderungen. Es genügte insofern eine Stellungnahme des Datenschutzbeauftragten mit einer positiven oder negativen Bewertung gegenüber der Geschäftsleitung der verantwortlichen Stelle.[12]

9 Sowohl nach § 4d Abs. 5 BDSG aF als auch nach den bislang entsprechenden Vorschriften der Landesdatenschutzgesetze war die Vorabkontrolle weniger als Prozess der Identifikation und Bewertung von Risiken, sondern mehr als bloße Prüfung der Rechtmäßigkeit der Datenverarbeitung ausgestaltet.[13] Die Prüfung war insbesondere nicht darauf ausgelegt, die Entwicklung und Gestaltung eines Systems zu beeinflussen.[14] Die Vorabkontrolle hatte somit – anders als die DSFA – **keine Gestaltungs-,** sondern lediglich eine **Beanstandungswirkung.**[15]

Personen bestehen oder wenn diese durch entsprechende Schutzmaßnahmen verhindert werden können. Durchzuführen hat die Vorabkontrolle die verantwortliche Stelle; das Ergebnis ist von dem behördlichen Datenschutzbeauftragten zu prüfen (*Gola/Schomerus*, BDSG, § 4d Rn. 20).

[11] *Kaufmann*, ZD 2012, 358 (361); BeckOK DatenschutzR/*Meltzian*, BDSG, § 4d Rn. 60 ff.; ebenso *Gola/Schomerus*, BDSG, § 4d Rn. 18.

[12] BeckOK DatenschutzR/*Meltzian*, BDSG, § 4d Rn. 57; Simitis/*Petri*, BDSG, § 4d Rn. 37.

[13] Simitis/*Petri*, BDSG, § 4d Rn. 37.

[14] AA BeckOK DatenschutzR/*Meltzian*, BDSG, § 4d Rn. 54: Nach *Meltzian* sind die dem Verfahren innewohnenden besonderen Risiken für die Rechte und Freiheiten des Betroffenen durch die Gestaltung des Verfahrens und technische und organisatorische Maßnahmen so weit zu minimieren oder zu vermeiden, dass das Recht auf informationelle Selbstbestimmung des Betroffenen nicht unverhältnismäßig tangiert wird.

[15] *Friedewald/Obersteller/Nebel/Bieker/Rost*, White Paper, Datenschutz-Folgenabschätzung, S. 9. Auch der Chief Privacy Officer des US Department of Homeland Security sieht die DSFA als ein geeignetes Werkzeug an, um den gesamten Entwicklungszyklus eines Programms oder Systems zu begleiten, vgl. Privacy Impact Assessments – The Privacy Office Official Guidance, S. 3 u. 7 f., abrufbar unter: www.dhs.gov/sites/default/files/publications/privacy_pia_guidance_june2010_0.pdf. Ebenso ICO in Conducting privacy impact assessments code of practice, S. 6 (Stand: 4.12.2017).

Zudem sahen weder das BDSG noch die Landesdatenschutzgesetze eine Art. 35 Abs. 11 entsprechende Pflicht zur **Überwachung** bzw. regelmäßigen Auditierung der Ergebnisse der Vorabkontrolle vor. Findet das grundsätzliche Konzept einer Vorabkontrolle somit zwar auch im jetzigen Rechtsrahmen Erwähnung, so geht das differenzierte Regelwerk des Art. 35 doch deutlich über die bisherigen Regelungen hinaus. 10

B. Einzelerläuterungen

I. Pflicht zur Durchführung einer DSFA

Nicht jeder Datenverarbeitungsvorgang löst die Pflicht zur Durchführung einer DSFA[16] aus. Vielmehr ist diese Pflicht nach Abs. 1 lediglich mit Verarbeitungsvorgängen verbunden, die voraussichtlich ein hohes Risiko für die Rechte und Freiheiten natürlicher Personen zur Folge haben. Es ist jedoch nicht erforderlich, dass ein Prozess oder ein Vorhaben insgesamt mit einem hohen Risiko behaftet ist. Es genügt bereits, wenn der geplante Prozess bzw. das geplante Vorhaben eine einzige Verarbeitung (zB eine Datenerhebung oder Übermittlung) beinhaltet, die voraussichtlich ein hohes Risiko iSd Abs. 1 mit sich bringen kann. 11

1. Hohes Risiko für die Rechte und Freiheiten natürlicher Personen. Der Begriff Rechte und Freiheiten natürlicher Personen ist **weit gefasst** und bezieht sich deshalb nicht nur auf den Schutz von personenbezogenen Daten. Erwägungsgründe 83 und 85 zählen beispielhaft **denkbare Risiken** für natürliche Personen auf, die bei dieser Betrachtung eine Rolle spielen können. Dazu zählen ua physische, materielle oder immaterielle Schäden aufgrund der Vernichtung, des Verlusts oder der Veränderung der personenbezogenen Daten, Einschränkung von Rechten, Diskriminierung, Identitätsdiebstahl, Betrug, finanzielle Verluste, unbefugte Aufhebung einer Pseudonymisierung, Rufschädigung, Verlust der Vertraulichkeit von dem Berufsgeheimnis unterliegenden Daten oder andere erhebliche wirtschaftliche oder gesellschaftliche Nachteile für betroffene natürliche Personen. 12

a) Allgemeine Kriterien. Es muss sich um ein **hohes Risiko** handeln, dh die mit der Verarbeitung verbundenen Risiken müssen über die allgemeinen Gefahren, die mit Datenverarbeitungsvorgängen einhergehen, hinausgehen. Ein hohes Risiko kann sich nach Abs. 1 aufgrund der Art, des Umfangs, der Umstände als auch der Zwecke der Verarbeitung ergeben. Zusätzlich ist nach Erwägungsgrund 90 auch die Ursache des Risikos zu berücksichtigen. Ob ein hohes Risiko vorliegt, ergibt sich somit aus einer wertenden Betrachtung im Einzelfall. 13

Ein **Anhaltspunkt** für ein hohes Risiko ergibt sich aus den Regelbeispielen in Abs. 3. Diese setzen jeweils eine systematische und/oder umfangreiche bzw. umfassende Verarbeitung von Daten voraus. Nur besonders eingriffsintensive Verarbeitungen sollen eine Pflicht zur Durchführung einer DSFA begründen. Für ein restriktives Verständnis spricht ebenfalls Erwägungsgrund 91, wonach die Pflicht zur Durchführung einer DSFA insbesondere für umfangreiche Verarbeitungsvorgänge gilt, die dazu dienen, große Mengen personenbezogener Daten auf regionaler, 14

---

[16] Vgl. Guidelines on Data Protection Impact Assessment (DPIA) and determining whether processing is „likely to result in a high risk" for the purposes of Regulation 2016/679, abrufbar unter: http://ec.europa.eu/newsroom/article29/item-detail.cfm?item_id=611236, S. 22 (Stand: 4.12.2017).

nationaler oder supranationaler Ebene zu verarbeiten, eine große Zahl von Personen betreffen könnten und – bspw. aufgrund ihrer Sensibilität – wahrscheinlich ein hohes Risiko mit sich bringen. Sofern die Aufsichtsbehörden die von Abs. 1 erfassten Verarbeitungsvorgänge demnächst in Form von Listen nach Abs. 4 und Abs. 5 konkretisieren, können diese ebenfalls als Auslegungshilfe herangezogen werden.

15 Insbesondere im Zusammenhang mit **unternehmensinternen Ermittlungen** (zB bei der Durchsicht von E-Mail-Accounts und der Befragung von Mitarbeitern) wird sich häufig die Frage stellen, ob durch die jeweiligen Ermittlungsmaßnahmen ein hohes Risiko iSv Abs. 1 begründet werden kann.[17]

16 Die bloße Verarbeitung **besonders sensibler Daten** (zB besonderer Kategorien von personenbezogenen Daten gem. Art. 9 Abs. 1 oder personenbezogener Daten über strafrechtliche Verurteilungen und Straftaten gem. Art. 10) bzw. **schützenswerter Daten** (zB Bankdaten, Daten, die unter ein Amtsgeheimnis fallen, oder Daten, denen vertraglich ein besonderer Schutz eingeräumt ist) löst nur im Ausnahmefall die Pflicht nach Abs. 1 aus. Das Regelbeispiel des Abs. 3 lit. b legt bereits fest, dass bei der Verarbeitung von besonders sensiblen Daten nur dann eine DSFA durchzuführen ist, wenn diese besonders umfangreich ist. Art, Umfang, Umstände oder die Zwecke der Verarbeitung müssen also eine zusätzliche Risikoerhöhung begründen (zB bei Lifestyle-Datenbanken oder personenbezogenen Data-Warehouse-Auswertungen).[18] Dies kann etwa der Fall sein, wenn die Gefahr des Missbrauchs besonders hoch ist (zB aufgrund einer hohen Anzahl von Zugriffsberechtigten oder Datenempfängern).

17 Auch die Verarbeitung von **personenbezogenen Daten von Minderjährigen** führt nicht pauschal, sondern nur bei besonders umfangreicher oder eingriffsintensiver Verarbeitung, zur Pflicht zur Durchführung einer DSFA.[19]

18 Darüber hinaus ist bei der Beurteilung des Risikos zu berücksichtigen, ob die **Geltendmachung von Betroffenenrechten** erschwert ist.[20] So können zB „Wearables“ oder „Connected Cars“ umfangreiche Informationen über ihre Umwelt und die sich darin befindlichen Personen erheben, ohne dass diese Personen über etwaige Erhebungen von personenbezogenen Daten benachrichtigt werden können. Je nach technischer Ausgestaltung derartiger Dienste kann es deshalb naheliegen, ein hohes Risiko iSd Abs. 1 anzunehmen.

19 Der Ausschluss eines hohen Risikos aufgrund **besonderer technischer und organisatorischer Maßnahmen** lässt die Pflicht zur Durchführung einer DSFA nicht entfallen. Vielmehr wird erst im Rahmen der DSFA bewertet, ob technische und organisatorische Maßnahmen zum Ausschluss eines Risikos führen.

20 In der Regel kein hohes Risiko stellen einzelne nicht systematische bzw. nicht umfangreiche Verarbeitungen dar. Erwägungsgrund 91 listet insofern **Negativbeispiele** auf, zB die Verarbeitung personenbezogener Daten von Patienten oder Mandanten durch einen einzelnen Arzt, sonstige Angehörige eines Gesundheitsberufs oder einen Rechtsanwalt.

---

[17] Ausf. etwa zur Durchsicht von E-Mails im Zuge interner Ermittlungen *Wybitul/Böhm*, CCZ 2015, 133.

[18] Vgl. *Klug*, RDV 2001, 12 (16).

[19] Gleichwohl kann, wie *Möhrke-Sobolewski/Klas*, K&R 2016, 371 (375) zu Recht bemerken, die Durchführung einer DSFA dem von Erwägungsgrund 38 geforderten besonderen Schutz von Kindern dienlich sein.

[20] Vgl. *Friedewald/Obersteller/Nebel/Bieker/Rost*, White Paper, Datenschutz-Folgenabschätzung, S. 27.

Ein hohes Risiko iSd Abs. 1 kann ausweislich des Wortlauts der Norm auch beim Einsatz von neuen Technologien vorliegen.[21] Hintergrund ist, dass insbesondere **Big Data-** Anwendungen[22] mit enormen Datenmengen operieren können, wodurch eine Vielzahl an Verknüpfungsmöglichkeiten entsteht. Angesichts der Tatsache, dass derartige Technologien eine Vielzahl von Datensätzen, die für sich gesehen nicht personenbezogen sind, in einen Kontext stellen können (zB Rückschlüsse vom Wetter auf das Konsumverhalten einzelner Personen), erhöht sich die Intensität der Verarbeitung und der Wert der zur Verfügung stehenden Informationen. 21

b) Leitlinien zur Risikobewertung. Die Artikel-29-Datenschutzgruppe[23] hat ein Arbeitspapier mit Leitlinien[24] veröffentlicht, um zu konkretisieren, wann eine DSFA erforderlich ist.[25] In dem Arbeitspapier werden neun Kriterien genannt, um die Risikobewertung vorzunehmen: Bewertung und Einstufung (Scoring) einschließlich Prognosen und Profilerstellung, automatisch erfolgende Entscheidungen, die für den Betroffenen rechtliche oder ähnlich signifikante Auswirkungen haben, systematisches Monitoring, sensible, insbesondere personenbezogene Daten, umfangreiche Datenmengen, Vergleiche oder Kombinationen von Datensätzen, Daten schutzbedürftiger Personen, Einsatz innovativer Technologien oder Neuartigkeit von Verarbeitungsvorgängen sowie die Verhinderung, dass eine betroffene Person ein Recht ausüben oder eine Leistung für sich in Anspruch nehmen kann.[26] Diese Kriterien sind jedoch nicht abschließend zu verstehen. Nach dem Papier der Datenschutzgruppe ist eine DSFA vorzunehmen, sobald zwei oder mehr der vorgenannten Kriterien einschlägig sind. Als Grundsatz soll gelten: je mehr Kriterien zutreffen, umso wahrscheinlicher ist es, dass ein hohes Risiko für die Rechte und Freiheiten natürlicher Personen anzunehmen und somit eine DSFA erforderlich ist. In den Leitlinien werden zur Anwendung der Kriterien einige Beispiele genannt: So ist für das Informationssystem eines Krankenhauses im Hinblick auf die Daten der Patienten eine DSFA vorzunehmen, denn es handelt sich um Daten schutzbedürftiger Personen, eine große Datenmenge sowie sensible Daten.[27] 22

---

[21] Vgl. Erwägungsgrund 89.

[22] Zu den datenschutzrechtlichen Herausforderungen für Big Data *Werkmeister/Brandt*, CR 2016, 233.

[23] Die Datenschutzgruppe wurde gem. Art. 29 DS-RL eingerichtet und ist ein unabhängiges europäisches Beratungsgremium für den Schutz personenbezogener Daten und der Privatsphäre. Das Gremium setzt sich ua aus Vertretern der Aufsichtsbehörden der Mitgliedstaaten zusammen.

[24] Guidelines on Data Protection Impact Assessment (DPIA) and determining whether processing is „likely to result in a high risk" for the purposes of Regulation 2016/679, abrufbar unter: http://ec.europa.eu/newsroom/article29/item-detail.cfm?item_id=611236 (Stand: 4.12.2017).

[25] Vgl. http://ec.europa.eu/newsroom/article29/item-detail.cfm?item_id=611236 (Stand: 4.12.2017).

[26] Guidelines on Data Protection Impact Assessment (DPIA) and determining whether processing is „likely to result in a high risk" for the purposes of Regulation 2016/679, abrufbar unter: http://ec.europa.eu/newsroom/article29/item-detail.cfm?item_id=611236, S. 9 ff. (Stand: 4.12.2017).

[27] Guidelines on Data Protection Impact Assessment (DPIA) and determining whether processing is „likely to result in a high risk" for the purposes of Regulation 2016/679, abrufbar unter: http://ec.europa.eu/newsroom/article29/item-detail.cfm?item_id=611236, S. 11 (Stand: 4.12.2017).

23 **c) Fallgruppen nach Abs. 3.** Die Regelbeispiele in Abs. 3 konkretisieren den allgemeinen Begriff des „hohen Risikos" iSd Abs. 1, indem sie **nicht abschließend** bestimmte Fälle definieren, bei denen eine DSFA durchzuführen ist.

24 **aa) Profiling (lit. a).** Lit. a erfasst insbesondere das **Profiling** (Art. 4 Nr. 4) als Unterfall eines automatisierten Verarbeitungsvorgangs, auf dessen Grundlage eine systematische und umfassende Bewertung persönlicher Aspekte einer natürlichen Person vorgenommen wird, die als Grundlage einer bestimmten Entscheidung dient. Das Regelbeispiel ist offen formuliert, um – zukunftssicher – auch andere Arten von Persönlichkeitsprofilen zu erfassen. Im Umkehrschluss lässt sich hieraus ziehen, dass nicht automatisierte Verarbeitungen im Regelfall nicht zur Durchführung einer DSFA nach Abs. 1 verpflichten. Im **Arbeitsverhältnis** erfasst Abs. 3 lit. a vor allem Verarbeitungen, die dazu bestimmt sind, die Kompetenz oder Leistung eines Arbeitnehmers zu bewerten (zB Assessmentverfahren, Beförderungsranglisten oder Skilldatenbanken).[28]

25 Abs. 3 lit. a erfasst ebenso Verarbeitungen, die darauf abzielen, Personen von einem Recht, einer **Leistung oder einem Vertrag auszuschließen** (zB Warndateien der Versicherungswirtschaft, Hausverbotsdateien, Kreditrating,[29] Redlining[30]) oder wenn die **Folgen einer unzulässigen Verarbeitung** zu einem besonders hohen Risiko führen (insbesondere im Finanzsektor, wenn dies zu Fehlbelastungen von Konten führt oder im Medizinsektor, wenn Behandlungskonzepte oder intensive Eingriffe betroffen sind).

26 **bb) Besonders sensible Daten (lit. b).** Lit. b setzt die (automatisierte oder nicht-automatisierte) Verarbeitung besonderer **Kategorien von personenbezogenen Daten** oder von personenbezogenen Daten über **strafrechtliche Verurteilungen und Straftaten** voraus. Es muss sich allerdings um eine umfangreiche Verarbeitung handeln. Der Umfang kann sich vor allem aus der Anzahl der Datensätze ergeben, wobei im Sinne der Rechtssicherheit für die Praxis zu hoffen ist, dass die Aufsichtsbehörden Leitlinien zu entsprechenden Schwellenwerten erlassen werden.

27 **cc) Überwachung (lit. c).** Lit. c erfasst die **systematische und umfangreiche Überwachung** öffentlich zugänglicher Bereiche. Es soll also nicht jedes Videoüberwachungssystem zu einer DSFA verpflichten, sondern nur solche, die dauerhaft und in einem besonderen Umfang eingesetzt werden (zB CCTV-Überwachung in Städten; nicht hingegen Video-Überwachung im Einzelhandel, es sei denn, die Überwachung erreicht im Einzelfall eine besondere Intensität, etwa aufgrund technischer Eigenschaften wie hochpräzisen Zoomfunktionen iVm einer großflächigen Überwachung).

28 **d) Voraussichtliches Risiko.** Abs. 1 setzt nicht voraus, dass die Verarbeitung tatsächlich ein hohes Risiko für natürliche Personen birgt. Ein derartiges Risiko muss nur „voraussichtlich" vorliegen. Dies ist folgerichtig, da erst nach der Durchführung der DSFA beurteilt werden kann, ob das Risiko tatsächlich hoch ist. Es sollen somit alle Verarbeitungsvorgänge erfasst werden, bei denen ein hohes Risiko

---

[28] In diese Richtung auch Art. 27 EG-Datenschutz-VO (VO (EG) Nr. 45/2001).

[29] Vgl. *Weber*, DuD 1995, 698 (700); *Schild*, RDV 1998, 52 (55).

[30] Unter Redlining wird die Praxis verstanden, Dienstleistungen in bestimmten Wohngebieten teurer oder gar nicht anzubieten. Hierzu *Hammersen/Eisenried*, ZD 2014, 342.

wahrscheinlich ist.[31] Für diese Differenzierung spricht auch der systematische Zusammenhang zu Art. 36, wonach nur die Verarbeitungsvorgänge, denen im Wege der DSFA ein hohes Risiko bescheinigt wurde, bei der Aufsichtsbehörde gemeldet werden müssen.

2. Konkretisierung durch Listen der Aufsichtsbehörde (Abs. 4 und Abs. 5). Die Aufsichtsbehörde kann eine zu veröffentlichende **Positivliste** (Abs. 4) sowie eine **Negativliste** (Abs. 5) der Verarbeitungsvorgänge erstellen, für die gem. Abs. 1 eine bzw. keine DSFA durchzuführen ist. Weggefallen ist die im Gesetzgebungsverfahren angedachte Möglichkeit, die Kommission zum Erlass von delegierten Rechtsakten zu ermächtigen.[32] 29

In Deutschland besteht die Besonderheit, dass **17 verschiedene Aufsichtsbehörden** existieren. Um einheitliche Rahmenbedingungen in Deutschland zu gewährleisten, wäre es zu begrüßen, wenn der nationale Gesetzgeber die verschiedenen Aufsichtsbehörden zur Koordination beim Erlass von Listen iSv Abs. 4 und Abs. 5 verpflichten würde. 30

Nach Abs. 4 S. 2 und Abs. 5 S. 2 übermittelt die Aufsichtsbehörde die Listen dem Europäischen **Datenschutzausschuss** (Art. 68). Erfassen Listen Verarbeitungstätigkeiten, die im Zusammenhang mit der Beobachtung von Personen in mehreren Mitgliedstaaten stehen oder die den freien Verkehr von personenbezogenen Daten innerhalb der Union beeinträchtigen könnten, so hat die Aufsichtsbehörde nach Abs. 6 das **Kohärenzverfahren** (Art. 63) anzuwenden. Es ist derzeit unklar, welche Fälle einen derartigen Unionsbezug aufweisen, da den Aufsichtsbehörden ein Spielraum verbleibt, Sachverhalte als rein nationale Verarbeitungsvorgänge zu deklarieren. Um die Zielsetzung der DS-GVO, der Schaffung eines unionsweit einheitlichen Rechtsrahmens, nicht zu unterlaufen, dürfte es aber geboten sein, einen weiten Anwendungsbereich für das Kohärenzverfahren vorzusehen (zB im Zusammenhang mit Verarbeitungen im Online-Kontext, die mehrere Mitgliedstaaten betreffen können). 31

Sofern der Adressatenkreis hinreichend bestimmbar ist (zB jeder Verantwortliche, der Genomdaten von Deutschen verarbeitet), können die Listen von den Aufsichtsbehörden in Form einer **Allgemeinverfügung** (§ 35 S. 2 VwVfG) erlassen werden.[33] Derartige Verwaltungsakte können im Falle einer Betroffenheit von Verantwortlichen im Wege einer **verwaltungsgerichtlichen Klage** angegriffen werden, wenn die Liste nicht im Einklang mit den Vorgaben von Art. 35 steht (dh wenn die in der Liste genannten Verarbeitungsvorgänge keine hohen Risiken iSd Abs. 1 begründen).[34] 32

Ergeht bei der Durchführung des Kohärenzverfahrens ein Beschluss des Ausschusses im Streitbeilegungsverfahren nach Art. 65, hat dieser Beschluss die gleiche Wirkung wie eine Liste iSd Abs. 4 bzw. Abs. 5. Ein derartiger Beschluss kann nur im Wege einer **Nichtigkeitsklage** (Art. 267 AEUV) bzw. im Rahmen eines **Vorabentscheidungsverfahrens** (Art. 263 AEUV) vom EuGH aufgehoben werden. 33

---

[31] Erwägungsgrund 84.

[32] Art. 33 Abs. 6 und Abs. 1 DS-GVO (Entw. Kommission, Stand: 25.1.2012).

[33] Sollte der Adressatenkreis nicht hinreichend bestimmbar sein, so käme ein Erlass der Listen ggf. auch in Form von normkonkretisierenden Verwaltungsvorschriften in Betracht. Vgl. zu normkonkretisierenden Verwaltungsvorschriften Schoch/Schneider/Bier/*Eichberger/Buchheister*, 32. EL Oktober 2016, VwGO, § 137 Rn. 22 mwN.

[34] OVG Greifswald, NVwZ 2000, 945; BeckOK VwVfG/*v. Alemann/Scheffczyk*, § 35 Rn. 271.

34 **3. Verpflichteter.** Verpflichteter ist nach dem Wortlaut von Abs. 1 der jeweilige **Verantwortliche** (Art. 4 Nr. 7), nicht hingegen der Datenschutzbeauftragte. **Auftragsverarbeiter** (Art. 4 Nr. 8) sind nicht zur Durchführung einer DSFA verpflichtet. Um eine den Maßgaben von Art. 35 entsprechende DSFA durchzuführen, wird der Verantwortliche aber regelmäßig auf Informationen vom Auftragsverarbeiter angewiesen sein. Der Auftragsverarbeiter ist deshalb angehalten, erforderlichenfalls den Verantwortlichen auf Anfrage bei der Durchführung der DSFA zu unterstützen.[35]

35 Existieren **mehrere Verantwortliche,** so spricht nichts dagegen, die Durchführung einer DSFA lediglich durch einen der Verantwortlichen vornehmen zu lassen, solange dieser ordnungsgemäß ausgewählt wurde und zuverlässig ist. Insbesondere bei Unternehmensgruppen wird es sich anbieten, die DSFA vor der Einführung eines bestimmten Produkts zentralisiert durchzuführen, sofern die Datenverarbeitung bei den jeweiligen Verantwortlichen ähnlich gelagert iSd Art. 35 Abs. 1 S. 2 abläuft. Die Verantwortung für die ordnungsgemäße Durchführung der DSFA verbleibt in derartigen Fällen allerdings beim jeweiligen Verantwortlichen.

36 **4. Zeitpunkt der Verpflichtung: Vor der Verarbeitung.** Die DSFA ist **vorab** durchzuführen, dh bevor die jeweilige Verarbeitung, die ein hohes Risiko iSd Abs. 1 birgt, stattfindet. Ideal wäre eine möglichst frühzeitig durchgeführte DSFA, um den identifizierten Risiken bspw. bereits im Entwicklungsstadium durch entsprechende Änderungen entgegenwirken zu können.[36] Dies würde vor allem dem Grundsatz „Privacy by Design" (Art. 25) entsprechen. Eine Verpflichtung zu einer derart frühzeitigen DSFA besteht indes nicht. Nach Art. 35 ist es ausreichend, die DSFA unmittelbar vor der Durchführung der Verarbeitung durchzuführen.

37 Fraglich ist, ob die Pflicht zur Durchführung einer DSFA auch für **Verarbeitungen** gilt, die **vor dem 25.5.2018** (ab diesem Datum gilt die DS-GVO, Art. 99 Abs. 2) begonnen wurden. Der Wortlaut des Art. 35 („vorab") spricht dagegen, da die Pflicht zur Vorab-Prüfung im Rahmen der DSFA erst ab dem 25.5.2018 gilt. Hierfür spricht auch Erwägungsgrund 171, der vorsieht, dass Verarbeitungen bis zum 25.5.2018 in Einklang mit der DS-GVO gebracht werden sollen; die DSFA stellt aber keine Datenverarbeitung, sondern lediglich eine Verfahrensanforderung dar. Es bleibt indes abzuwarten, wie sich die Aufsichtsbehörden zu diesem Thema positionieren werden. Denn es ließe sich argumentieren, dass DSFA für risikobehaftete Verarbeitungen iSd Art. 35 zur Wahrung der in Art. 5 und Art. 25 genannten Grundsätze ab dem 25.5.2018 **nachträglich durchzuführen** sind (dh auch für bestehende Verarbeitungsvorgänge). Hierfür spricht, dass es ausgehend vom Risikoprofil keinen Unterschied machen kann, ob ein bestehender Prozess am 25.5.2018 fortgeführt bzw. ob ein neuer Prozess hiernach in Gang gesetzt wird. In Erwägungsgrund 89 heißt es außerdem, dass nicht nur Verarbeitungsvorgänge, bei denen neue bzw. neuartige Technologien eingesetzt werden, sondern

---

[35] Sa Erwägungsgründe 83 und 95.

[36] Vgl. Anforderungen an Privacy Impact Assessments aus Sicht der Datenschutzbehörden, S. 3; CNIL in Privacy Impact Assessment – Methodology, S. 8; ICO in Conducting privacy impact assessments code of practice, S. 6; Guidelines on Data Protection Impact Assessment (DPIA) and determining whether processing is "likely to result in a high risk" for the purposes of Regulation 2016/679, abrufbar unter: http://ec.europa.eu/newsroom/article29/item-detail.cfm?item_id=611236, S. 14 (Stand: 4.12.2017).

auch solche Verarbeitungsvorgänge, bei denen der Verantwortliche noch keine DSFA durchgeführt hat, zu den Verfahren mit einem hohen Risiko für die Rechte und Freiheiten der betroffenen Personen zählen können. Eine derartige „rückwirkende" Anwendung von Art. 35 würde indes dem **Wortlaut** des Abs. 1 („vorab") widersprechen. Zudem ist Art. 35 vom Zielgedanken her auf eine Planung geeigneter Abhilfemaßnahmen (vgl. Abs. 7 lit. d) und nicht auf die nachträgliche Beurteilung eines Sachverhalts ausgerichtet. Trotz der guten Argumente, die gegen eine „rückwirkende Anwendbarkeit" von Art. 35 sprechen, ist es aufgrund der vorgenannten Auslegungsunsicherheit und dem damit verbundenen Sanktionsrisiko[37] ratsam, dass Verantwortliche für bereits begonnene und neue Verarbeitungsvorgänge, die ein hohes Risiko für die Rechte und Freiheiten der betroffenen Personen zur Folge haben, DSFA auch bereits vor dem 25.5.2018 durchführen.

II. Durchführung der DSFA

1. Leitfäden zur Durchführung von DSFA. Art. 35 enthält in Abs. 7 lediglich allgemeine Mindestanforderungen an den Inhalt einer DSFA. Nicht geregelt ist jedoch das **Verfahren** zur Durchführung einer DSFA. Bislang haben die deutschen Aufsichtsbehörden keinen Leitfaden hierzu veröffentlicht, so dass die nach Art. 35 Verpflichteten in der Einführungsphase der DS-GVO gehalten sind, in eigener Verantwortung *best practices* hierfür zu entwickeln.[38] **38**

Das Konzept der DSFA ist indes nicht neu, sondern wurde bereits vor dem Erlass der DS-GVO – rechtlich unverbindlich – von der Kommission als Mittel zur effektiven Umsetzung der datenschutzrechtlichen Vorgaben empfohlen.[39] Diese Empfehlungen der Kommission, die im Zusammenhang mit der Einführung der RFID-Technologie[40] sowie dem Smart Metering[41] erlassen wurden, bieten deshalb – neben den Vorgaben des Art. 35 – erste Anhaltspunkte für die inhaltlichen sowie organisatorischen Anforderungen, die an eine DSFA zu stellen sind. Darüber hinaus hat das Forum Privatheit in Zusammenarbeit mit dem Unabhängigen Landeszentrum für Datenschutz Schleswig-Holstein (ULD) im Mai 2016 ein **„White Paper"** entwickelt, das einen Vorschlag für den wesentlichen Ablauf **39**

---

[37] Ein Verstoß gegen Art. 35 kann nach Art. 83 Abs. 4 lit. a mit empfindlichen Geldbußen geahndet werden.

[38] S. dazu die „Checkliste" zur DSFA in Anlage 2 der Guidelines on Data Protection Impact Assessment (DPIA) and determining whether processing is "likely to result in a high risk" for the purposes of Regulation 2016/679, abrufbar unter: http://ec.europa.eu/newsroom/article29/item-detail.cfm?item_id=611236, S. 22 (Stand: 4.12.2017).

[39] Das von der Kommission empfohlene Muster für die Durchführung einer DSFA für RFID-Technologie sowie Smart Metering (Data Protection Impact Assessment Template for Smart Grid and Smart Metering systems) ist abrufbar unter: www.ec.europa.eu/energy/sites/ener/files/documents/2014_dpia_smart_grids_forces.pdf (Stand: 4.12.2017).

[40] Empfehlung v. 12.5.2009 zur Umsetzung der Grundsätze der Wahrung der Privatsphäre und des Datenschutzes in RFID-gestützten Anwendungen, ABl. 2009 L 122 v. 16.5.2009, 47–51, abrufbar unter: www.eur-lex.europa.eu/legal-content/DE/TXT/PDF/?uri=CELEX:32009H0387&from=DE (Stand: 4.12.2017). Zu den Grundlagen der RFID-Technologie Kilian/Heussen/*John*, Computerrechts-Handbuch, 26. EL 2008, 3. Abschnitt Rn. 1 ff. sowie *Löw,* ZD 2013, 309.

[41] Empfehlung v. 9.3.2012 zu Vorbereitungen für die Einführung intelligenter Messsysteme, ABl. 2012 L 73 v. 13.3.2009, 9–22 abrufbar unter: www.eur-lex.europa.eu/legal-content/DE/TXT/PDF/?uri=CELEX:32012H0148&from=DE (Stand: 4.12.2017).

einer DSFA enthält. Die britische Aufsichtsbehörde, das Information Commissioner's Office (ICO),[42] und die französische Aufsichtsbehörde, die Commission Nationale de l'Informatique et des Libertés (CNIL),[43] haben ebenfalls Empfehlungen zur Durchführung einer DSFA veröffentlicht. Es gilt jedoch zu berücksichtigen, dass sich die vorgenannten Leitfäden nicht auf die spezifischen Anforderungen nach der DS-GVO beziehen.

40 **2. Vorbereitungsphase.** Bevor eine DSFA durchgeführt wird, muss der Verantwortliche in einem **ersten Schritt** ermitteln, ob eine Verpflichtung nach Abs. 1 überhaupt besteht. Um ermitteln zu können, ob eine Verarbeitung mit einem hohen Risiko iSv Abs. 1 verbunden ist, sind neue Produkte und Prozesse zunächst so zu analysieren, dass jeder Schritt der Verarbeitung von personenbezogenen Daten nachvollziehbar ist. Ein derartiges „Data Mapping" ist im Optimalfall so ausgestaltet, dass der gesamte Lebenszyklus der Datenverarbeitung – von der Erhebung bis zur Löschung – berücksichtigt wird. Erst wenn im Rahmen der Vorabanalyse festgestellt wurde, dass die Durchführung einer DSFA für bestimmte Verarbeitungsvorgänge erforderlich ist, kann in einem **zweiten Schritt** die eigentliche Durchführung der DSFA beginnen.[44]

41 Die Ergebnisse der Vorbereitungsphase sollten **dokumentiert** werden, um der Rechenschaftspflicht nach Art. 5 Abs. 2 gerecht zu werden.[45] Die Dokumentation sollte dabei so detailliert erfolgen, dass die sich aus dem Verarbeitungsvorgang ergebenden Risiken nachvollzogen und bewertet werden können.[46]

42 **3. Definition des Prüfgegenstands. a) Festlegung des zu prüfenden Sachverhalts.** Mit der Definition des Prüfgegenstands wird festgelegt, **was** im Rahmen der DSFA betrachtet wird. Die DSFA sollte nicht – wie der Wortlaut des Abs. 1 suggeriert – auf einzelne Verarbeitungsvorgänge beschränkt werden, dh es sollte auf gesonderte DSFA für das Erheben, Übermitteln und Nutzen von Daten verzichtet werden. Vielmehr sollten jedwede Vorgänge, die in einem Zusammenhang stehen, in einer einzigen DSFA gemeinsam erörtert werden (zB ein neues Produkt; die Videoüberwachung eines Komplexes; ein Profiling-Tool; eine Datenbank; ein IT-System; ein IT-Prozess etc).[47] Es geht mithin um die Beurteilung von **Vorhaben** bzw. **Prozessen,** die einem einheitlichen übergreifenden Zweck dienen. Die Definition des Prüfgegenstandes sollte sich in der Regel am Lebenszyklus der personenbezogenen Daten orientieren, dh es sollten von der Erhebung über die Verarbeitung bis zur Löschung alle relevanten Verarbeitungsvorgänge von der DSFA erfasst sein.[48]

---

[42] Conducting privacy impact assessments code of practice, abrufbar unter: www.ico.org.uk/media/for-organisations/documents/1595/pia-code-of-practice.pdf (Stand: 4.12.2017).

[43] Privacy Impact Assessment: Methodology (how to carry out a PIA), abrufbar unter: www.cnil.fr/fileadmin/documents/en/CNIL-PIA-1-Methodology.pdf (Stand: 4.12.2017).

[44] Vgl. auch *Bieker/Hansen/Friedewald*, RDV 2016, 188 ff.

[45] So auch *Friedewald/Obersteller/Nebel/Bieker/Rost*, White Paper, Datenschutz-Folgenabschätzung, S. 24.

[46] Vgl. auch BSI, Privacy Impact Assessment Guidelines for RFID Applications, S. 15, abrufbar unter: www.bsi.bund.de/SharedDocs/Downloads/DE/BSI/ElekAusweise/PIA/Privacy_Impact_Assessment_Guideline_Langfassung.pdf;jsessionid=C1DDC21D32A7F546041E158C331399F9.2_cid294?__blob=publicationFile&v=1 (Stand: 4.12.2017).

[47] Vgl. Erwägungsgrund 92.

[48] Art. 33 Abs. 3 DS-GVO (Entw. EP, Stand: 12.3.2014).

Zur Definition des Prüfgegenstands gehört nicht nur die technische Realisierung des Vorhabens, sondern auch die **organisatorische Gestaltung** und Einbettung bei dem Verantwortlichen. Denn für die nach Art. 35 geforderte Beurteilung der mit der Verarbeitung verbundenen Risiken ist auch die Identifikation der potenziellen Angreifer erforderlich. Eine umfassende Betrachtung ist deshalb nur dann möglich, wenn vorab definiert wird, welche Organisationen und Personen welche Rolle bei der Verarbeitung einnehmen und welche Personen von der Verarbeitung betroffen sind.[49] 43

b) Gemeinsame Untersuchung mehrerer ähnlicher Verarbeitungsvorgänge. Abs. 1 S. 2 sieht darüber hinaus vor, dass für die Untersuchung mehrerer ähnlicher Verarbeitungsvorgänge mit ähnlich hohen Risiken eine **einzige Abschätzung** vorgenommen werden kann. Somit können auch verschiedene Vorhaben bzw. Prozesse in einer gemeinsamen DSFA evaluiert werden (zB die Datenverarbeitung durch alle „Internet of Things Devices" eines Herstellers, sofern diese ein ähnliches Risikoprofil aufweisen). Eine derartige Zusammenfassung mehrerer Vorhaben bzw. Prozesse in einer DSFA kann vor allem unter ökonomischen Gesichtspunkten zweckmäßig sein.[50] 44

Eine zu **weitgehende Zusammenfassung** stünde jedoch nicht mehr im Einklang mit Art. 35 (zB eine einzelne DSFA zur Verarbeitung von Beschäftigtendaten im Zuge einer Performance-Bewertung und einer Videoüberwachung). Fehlt es an der Ähnlichkeit der zu untersuchenden Verarbeitungsvorgänge, so müssen für die jeweiligen Prozesse gesonderte DSFA durchgeführt werden. 45

c) Festlegung der relevanten Rechtsgrundlagen. Vorab ist ebenfalls festzulegen, anhand welcher **rechtlichen Maßstäbe** die DSFA durchgeführt werden muss. Stets zu beachten sind jedenfalls die Maßgaben des **Datenschutzrechts,** die als „Benchmark" für die Beurteilung durch die DSFA dienen. Denn wenn eine Verarbeitung einen Verstoß gegen die DS-GVO bzw. daneben anwendbares nationales[51] Datenschutzrecht der Mitgliedstaaten zur Folge hat, dürfte in der Regel ein hohes Risiko für die Rechte und Freiheiten von natürlichen Personen anzunehmen sein.[52] 46

Fraglich ist, ob daneben auch **sonstige rechtliche Vorschriften** (wie zB Verbraucherschutzrecht) zum Prüfungsmaßstab gehören. Hierfür spricht Abs. 7 lit. d, woraus sich ergibt, dass durch die im Rahmen der DSFA umzusetzenden Schutzmaßnahmen nicht nur den Rechten und berechtigten Interessen der betroffenen Personen (also den Personen, deren personenbezogene Daten vom Verantwortlichen verarbeitet werden), sondern auch den Rechten sonstiger Betroffener (also Personen, deren personenbezogene Daten nicht verarbeitet werden) Rechnung getragen werden soll. Zudem ist in Abs. 1 sehr allgemein die Rede von Risiken für Rechte und Freiheiten natürlicher Personen, womit grundsätzlich alle Gesetze, die dem Schutz von natürlichen Personen dienen, zum Prüfungsgegenstand gemacht werden könnten. Eine derart weitgehende Definition des Prüfungsmaß- 47

---

[49] *Friedewald/Obersteller/Nebel/Bieker/Rost*, White Paper, Datenschutz-Folgenabschätzung, S. 23, 25 f.

[50] Vgl. Erwägungsgrund 92.

[51] S. dazu etwa Art. 88, der es den Mitgliedstaaten überlässt, nähere Regelungen für den Datenschutz im Beschäftigungskontext zu erlassen.

[52] *Friedewald/Obersteller/Nebel/Bieker/Rost*, White Paper, Datenschutz-Folgenabschätzung, S. 24.

stabs würde jedoch über die Zielsetzung von Art. 35 hinausgehen.[53] Sinn und Zweck der DSFA zielen auf eine Risikobetrachtung mit spezifischem Blick auf die Datenverarbeitung ab. Aus diesem Grund muss die DSFA keine Bewertung allgemeingültiger rechtlicher Vorgaben enthalten. Die Berücksichtigung sonstiger Rechtsrahmen (zB Verbraucherschutzgesetze) ist mithin lediglich im Rahmen der **allgemeinen Compliance** sicherzustellen.[54]

48 **4. Identifikation und Bewertung von Risiken.** Nachdem der Prüfgegenstand definiert ist, müssen Ursache, Art, Besonderheit und Schwere des Risikos identifiziert werden.[55] Hierbei ist zu erörtern, welche Szenarien prinzipiell eintreten und welche Folgen sich hieraus für Rechte und Freiheiten von natürlichen Personen ergeben können. Zu untersuchen sind insbesondere die **spezifische Eintrittswahrscheinlichkeit** und die **Schwere** des ausgemachten Risikos.[56] Zudem ist festzustellen, aus welchem konkreten Vorgang sich die Risiken ergeben. Die auf diese Weise jeweils identifizierten Risiken sind im Rahmen einer Übersicht zu dokumentieren.[57]

49 Um die Schwere der identifizierten Risiken zu bewerten, bedarf es zudem der Festlegung von **Bewertungskriterien,** anhand derer die jeweiligen Szenarien anschließend bewertet werden können. Unklar ist bislang, wie diese Bewertungskriterien konkret ausgestaltet werden müssen. Es wäre zu begrüßen, wenn hierzu in der Zukunft Leitlinien seitens der Aufsichtsbehörden veröffentlicht würden.

50 Die Abstufung der Bewertungskriterien könnte etwa wie folgt ausgestaltet werden:

Normal: Schadensauswirkungen sind begrenzt und überschaubar und etwaig eingetretene Schäden für Betroffene vergleichsweise einfach zu heilen.[58]

Hoch: Verarbeitung von besonders sensiblen personenbezogenen Daten und/ oder betroffene Personen sind von Entscheidungen bzw. Leistungen des Verantwortlichen abhängig und/oder keine effektiven Interventions-/Selbstschutzmöglichkeiten für die betroffenen Personen.[59]

Sehr hoch: Verarbeitung von personenbezogenen Daten mit hohem Schutzbedarf und betroffene Personen sind von Entscheidungen bzw. Leistungen des Verantwortlichen unmittelbar existenziell abhängig und zusätzliche Risiken durch unzureichende Informationssicherheit oder unzulässige Zweckänderung, ohne dass Betroffene dies direkt bemerken und/oder korrigieren können.[60]

51 Die vorgenannten Bewertungskriterien sind indes **nicht** als **abschließend** zu verstehen. Bei der Risikobewertung sollten zudem die **Motivation** des Verant-

---

[53] Ebenfalls für eine enge Auslegung *Traung*, CRI 2012, 33 (46).

[54] So etwa die Empfehlung der Kommission in: Data Protection Impact Assessment Template for Smart Grid and Smart Metering systems, S. 35. In diese Richtung auch *Friedewald/ Obersteller/Nebel/Bieker/Rost*, White Paper, Datenschutz-Folgenabschätzung, S. 24.

[55] Erwägungsgrund 84.

[56] Vgl. Erwägungsgrund 89; so auch CNIL, Privacy Impact Assessment – Methodology, S. 6, abrufbar unter: www.cnil.fr/sites/default/files/typo/document/CNIL-PIA-1-Methodology.pdf (Stand: 4.12.2017).

[57] Anforderungen an Privacy Impact Assessments aus Sicht der Datenschutzbehörden, S. 2.

[58] Anforderungen an Privacy Impact Assessments aus Sicht der Datenschutzbehörden, S. 7; *Bieker/Hansen/Friedewald*, RDV 2016, 188 (193).

[59] *Friedewald/Obersteller/Nebel/Bieker/Rost*, White Paper, Datenschutz-Folgenabschätzung, S. 26 f.; *Bieker/Hansen/Friedewald*, RDV 2016, 188 (193).

[60] *Friedewald/Obersteller/Nebel/Bieker/Rost*, White Paper, Datenschutz-Folgenabschätzung, S. 26 f.; *Bieker/Hansen/Friedewald*, RDV 2016, 188 (193).

wortlichen sowie dessen operative Möglichkeiten, den Verarbeitungszweck unbefugt zu ändern,[61] und die Vornahme von (Auftrags-)Datenverarbeitung in **Drittstaaten** ohne adäquates Datenschutzniveau berücksichtigt werden.[62]

Damit die DSFA mit den Vorgaben von Art. 35 im Einklang steht, wird es erforderlich sein, dass der Verantwortliche **transparent** darlegt, wie die Bewertungskriterien definiert wurden und aus welchem Grund die jeweiligen Szenarien in eine bestimmte Risikoklasse eingestuft wurden. Andernfalls besteht die Gefahr, dass Aufsichtsbehörden den von einem Verantwortlichen vorgenommenen Bewertungsprozess als intransparent oder unzureichend bewerten. 52

5. Identifikation und Planung geeigneter Schutzmaßnahmen. Der zentrale Schritt[63] einer DSFA besteht darin, auf der Grundlage der Bewertungsergebnisse einen **Plan zur Risikobehandlung**[64] zu erstellen. Die vom Verantwortlichen gewählten Schutzmaßnahmen müssen dabei so gewählt werden, dass den zuvor identifizierten Risiken wirksam begegnet wird. Sofern ein Risiko als „hoch" oder „sehr hoch" eingestuft wurde, sind besonders effektive Schutzmaßnahmen erforderlich. Im Plan zur Risikobehandlung sollte vermerkt sein, wer für die Umsetzung verantwortlich ist, bis wann eine Umsetzung erfolgt sein soll und welche Mittel hierfür zur Verfügung gestellt werden.[65] 53

Bei den **Schutzmaßnahmen** kann es sich zum einen um **technische** Maßnahmen iSv Art. 32 Abs. 1 bzw. Art. 25 Abs. 1 handeln (zB Verschlüsselung oder Pseudonymisierung). Darüber hinaus kommen auch **organisatorische** Maßnahmen (zB Einrichtung bestimmter Compliance-Prozesse wie Vier-Augen-Prinzip, Prüfung von Interessenkonflikten, Einrichtung eines Ethik-Komitees) in Betracht.[66] Ein Lösungsansatz kann zudem auch darin bestehen, bestimmte Daten von vornherein nicht zu erheben. Verkürzte Löschfristen oder bloß temporäre Datenspeicherungen kommen ebenfalls in Betracht. Auch die Einholung einer Einwilligung der umfassend informierten betroffenen Personen stellt eine geeignete Maßnahme dar, um Risiken einzudämmen, da die betroffenen Personen die bestehenden Risiken dann zumindest bewusst(er) eingehen.[67] Ebenso kommt Hinweisen (zB bei flächendeckender Videoüberwachung) eine Bedeutung zu. 54

Es ist unzulässig, bei einem Vorhaben bzw. Prozess, bei dem nur eine geringfügige Anzahl an Personen betroffen oder der ggf. eintretende Schaden nur gering ist, keine oder nur eingeschränkte Schutzmaßnahmen zu implementieren.[68] Die 55

---

[61] Vgl. auch Anforderungen an Privacy Impact Assessments aus Sicht der Datenschutzbehörden, S. 7.

[62] *Friedewald/Obersteller/Nebel/Bieker/Rost*, White Paper, Datenschutz-Folgenabschätzung, S. 29.

[63] So das BSI, Privacy Impact Assessment Guidelines, S. 30.

[64] Dies ergibt sich aus Art. 35 Abs. 7 lit. d sowie Erwägungsgrund 90.

[65] *Friedewald/Obersteller/Nebel/Bieker/Rost*, White Paper, Datenschutz-Folgenabschätzung, S. 32.

[66] Vgl. hierzu auch die Privacy Impact Assessment Guidelines des BSI, S. 31.

[67] Eine weitergehende Übersicht zu generischen Schutzmaßnahmen findet sich in der Handreichung des AK Technik, Anforderungen an Privacy Impact Assessments aus Sicht der Datenschutzbehörden, S. 8. Eine umfangreiche Darstellung etwaiger Maßnahmen zur Eindämmung der festgestellten Risiken findet sich in den vom CNIL veröffentlichten Measures for the Privacy Risk Treatment, abrufbar unter: www.cnil.fr/sites/default/files/typo/document/CNIL-PIA-3-GoodPractices.pdf (Stand: 4.12.2017).

[68] *Friedewald/Obersteller/Nebel/Bieker/Rost*, White Paper, Datenschutz-Folgenabschätzung, S. 31 f.

Maßnahmen müssen vielmehr so gewählt sein, dass auch bei derartigen Szenarien die **Realisierung des Risikos so weit wie möglich ausgeschlossen** wird.

56 Der Verantwortliche muss indes die Möglichkeit haben, sich bei der Wahl der geplanten Maßnahmen auf das **Zumutbare** zu beschränken. Zudem können Risiken priorisiert werden, so dass weniger wahrscheinliche Szenarien auch weniger ressourcenintensive Maßnahmen erfordern. Sofern ein hohes Risiko besteht oder wenn ohne die Implementierung einer Maßnahme ein Verstoß gegen die DS-GVO oder sonstiges anwendbares Datenschutzrecht droht, wird sich der Verantwortliche jedoch nicht auf einen Mangel an finanziellen und personellen Mitteln berufen können.[69]

III. Organisation und Einbindung relevanter Stakeholder

57 **1. Team zur Durchführung der DSFA.** Damit die DSFA der Zwecksetzung der DS-GVO entspricht, sollte das Team, das die DSFA durchführt, so zusammengesetzt sein, dass die Unabhängigkeit der beteiligten Personen gewahrt bleibt. Aus diesem Grund sollte die DSFA nicht ausschließlich von den Personen durchgeführt werden, die in der Organisation auch für die jeweils zu prüfenden Verarbeitungen zuständig sind (Vermeidung von Interessenkonflikten).[70] Andererseits sollten die für die Verarbeitung Verantwortlichen aber in die DSFA einbezogen werden, um bei der passgenauen Definition des Prüfgegenstands, bei der Identifikation und Bewertung von Risiken sowie der Implementierung von Schutzmaßnahmen zu unterstützen.

58 Idealerweise sollte bei der Durchführung der DSFA eine unabhängige Instanz beteiligt werden.[71] Größtmögliche Objektivität und Glaubwürdigkeit wird durch die Einbeziehung externer, fachkundiger Dritter gewährleistet.

59 **2. Einbindung des Datenschutzbeauftragten.** Nach Abs. 2 hat der Verantwortliche bei der Durchführung einer DSFA den Rat des Datenschutzbeauftragten einzuholen, sofern ein solcher benannt wurde. Zu diesem Zweck ist ihm gem. Art. 38 Abs. 2 Zugang zu personenbezogenen Daten und Verarbeitungsvorgängen zu gewähren. Eine Begleitung des gesamten Prozesses der DSFA oder eine Einbindung in die Vorbereitungs- und Durchführungsphase ist nicht erforderlich. Ausreichend ist vielmehr eine **nachträgliche Überprüfung des finalen Entwurfs** der DSFA durch den Datenschutzbeauftragten, da eine angemessene Berücksichtigung seines Rates auch zu dieser Zeit noch erfolgen kann. Aufgrund der besonderen Fachkunde des Datenschutzbeauftragten dürfte sich aber – auch wenn dies gesetzlich nicht vorgeschrieben ist – dessen frühzeitige Einbindung in der Regel anbieten.

60 **3. Einbindung der betroffenen Personen.** Gem. Abs. 9 holt der Verantwortliche ggf. den Standpunkt der betroffenen Personen oder – im Falle von Minderjährigen – ihrer Vertreter zu der beabsichtigten Verarbeitung ein. Ob es sich hierbei um eine optionale Komponente der DSFA oder im **Einzelfall um eine konkrete Verpflichtung** handelt, ergibt sich nicht eindeutig aus der deutschen Sprachfassung der DS-GVO. In der englischen Fassung heißt es hingegen „*Where appropriate, the controller shall [...]*". Hieraus ergibt sich etwas klarer, dass

---

[69] *Friedewald/Obersteller/Nebel/Bieker/Rost*, White Paper, Datenschutz-Folgenabschätzung, S. 18.

[70] *Friedewald/Obersteller/Nebel/Bieker/Rost*, White Paper, Datenschutz-Folgenabschätzung, S. 22.

[71] *Friedewald/Obersteller/Nebel/Bieker/Rost*, White Paper, Datenschutz-Folgenabschätzung, S. 21 f.

durchaus eine Verpflichtung zur Einbindung der betroffenen Personen nach Abs. 9 bestehen kann („shall"), wobei dies allerdings nur dann gilt, wenn die Einbeziehung auch angemessen ist.

Der Verantwortliche hat sich somit im Rahmen der DSFA damit auseinanderzusetzen, ob eine Einbeziehung der betroffenen Personen sinnvoll erscheint. Sofern eine Einbeziehung nicht praktikabel oder mit einem hohen wirtschaftlichen Aufwand verbunden ist, dürfte im Regelfall keine Verpflichtung bestehen. Gerade bei DSFA bzgl. Verarbeitungen von **Arbeitnehmerdaten** dürfte eine Beteiligung der betroffenen Personen oft aber ohne großen Aufwand (zB über das Intranet) möglich sein. In derartigen Fällen müsste somit eine Beteiligung erfolgen bzw. es wäre in der DSFA zu dokumentieren aus welchen Gründen dennoch von der Einbeziehung abgesehen wurde. Hingegen wird zB im Falle von **unternehmensinternen Ermittlungen** eine Einbeziehung der betroffenen Arbeitnehmer nicht angemessen sein, wenn dies den Untersuchungszweck gefährden könnte. **61**

Abs. 9 gilt unbeschadet des Schutzes gewerblicher oder öffentlicher Interessen oder der Sicherheit der Verarbeitungsvorgänge. Daher kann von der Einbeziehung der betroffenen Personen abgesehen werden, auch wenn dies an sich sinnvoll und geboten wäre, sofern einer der in Abs. 9 genannten Gründe entgegensteht. Bei der Gefahr der Offenbarung von **Betriebs- und Geschäftsgeheimnissen** wird im Einzelfall zu prüfen sein, ob die Geheimnisse der Einbeziehung grundsätzlich entgegenstehen oder ob die Einbeziehung der betroffenen Personen nicht auch ohne die Preisgabe der vertraulichen Informationen möglich ist. **62**

IV. Inhalt der DSFA und Veröffentlichung

Die konkrete Ausgestaltung des Reports zur DSFA ist dem Verantwortlichen überlassen.[72] Der **Mindestinhalt** des Reports ergibt sich aber aus Abs. 7. Aus Art. 36 Abs. 3 ergeben sich zusätzliche Angaben, die im Falle einer Konsultation der Aufsichtsbehörde zur Verfügung zu stellen sind. Dies sind vor allem Angaben zu den jeweiligen Zuständigkeiten des Verantwortlichen, der gemeinsam Verantwortlichen und der an der Verarbeitung beteiligten Auftragsverarbeiter, insbesondere bei einer Verarbeitung innerhalb einer Gruppe von Unternehmen, sowie die Kontaktdaten des Datenschutzbeauftragten. Auch wenn die DSFA zunächst nicht mit einer Aufsichtsbehörde geteilt werden soll, bietet es sich der Vollständigkeit halber an, als Bestandteil der systematischen Beschreibung der geplanten Verarbeitungsvorgänge direkt auch zu diesen Punkten Ausführungen in der DSFA zu machen. **63**

Aus Abs. 7 lit. a ergibt sich die Pflicht, eine **umfassende Sachverhaltsschilderung** einschließlich aller relevanten Verarbeitungsschritte in der DSFA aufzuführen. Es ist ratsam, in diesem Zusammenhang ebenfalls die Definition des **Prüfgegenstands** sowie die Verarbeitungsvorgänge bzw. Rechtsgebiete darzulegen, die außerhalb des Bewertungsrahmens der DSFA geblieben sind. **64**

Die nach Abs. 7 lit. b erforderliche Bewertung der **Notwendigkeit** und **Verhältnismäßigkeit** ist denknotwendig mit einer rechtlichen Beurteilung der Verarbeitungsvorgänge verbunden, denn ein rechtswidriger Verarbeitungsvorgang kann nicht verhältnismäßig bzw. geboten sein. Vergleichbares ergibt sich aus Abs. 7 lit. d, wonach mit den geplanten Abhilfemaßnahmen der Nachweis für die Einhaltung der DS-GVO erbracht werden soll. Bei der Darstellung der geplanten **Abhil-** **65**

[72] *Friedewald/Obersteller/Nebel/Bieker/Rost*, White Paper, Datenschutz-Folgenabschätzung, S. 15.

femaßnahmen sollte zudem vermerkt sein, ob das jeweils identifizierte Risiko beseitigt, verkleinert oder akzeptiert wird.[73] Es sollten weiterhin auch vorhandene Restrisiken und deren Eintrittswahrscheinlichkeit dokumentiert werden.

66 *Friedewald/Obersteller/Nebel/Bieker/Rost* raten an,[74] den DSFA-Report zu veröffentlichen, um Transparenz zu schaffen. Sofern der Bericht Betriebs- und Geschäftsgeheimnisse enthält, biete sich eine geschwärzte Fassung an. Die Artikel-29-Datenschutzgruppe empfiehlt zumindest eine Zusammenfassung des Berichts oder ein Ergebnis zu veröffentlichen.[75] Eine Verpflichtung des Verantwortlichen zur Veröffentlichung besteht allerdings nicht.

V. Überwachung der Einhaltung der DSFA

67 Gem. Abs. 11 ist die DSFA kein einmaliger Vorgang zur Dokumentation eines Verfahrens, sondern ein **iterativer Prozess.**[76] Nach der Durchführung einer DSFA ist ggf. zu überprüfen, ob die in der DSFA vorgeschlagenen Abhilfemaßnahmen tatsächlich korrekt umgesetzt worden sind. Die DSFA sollte aus diesem Grund direkt Maßnahmen zur Einhaltung der Maßgaben des Abs. 11 enthalten.

68 Die Überwachungspflicht nach Abs. 11 gilt allerdings nur **„erforderlichenfalls".** Dh wenn die im Rahmen der DSFA angedachten geplanten Abhilfemaßnahmen bereits umgesetzt sind, bedarf es vorerst keiner weiteren Kontrolle. Eine (erneute) Überprüfung wird aber nach Abs. 11 Hs. 2 dann erforderlich, wenn hinsichtlich des mit den Verarbeitungsvorgängen verbundenen Risikos Änderungen eingetreten sind. Dies kann bspw. dann der Fall sein, wenn den Verantwortlichen Hinweise oder Beschwerden über die Nichtbeachtung der in der DSFA festgelegten Abhilfemaßnahmen erreichen oder sich die rechtlichen oder tatsächlichen Rahmenbedingungen des Prüfgegenstands verändert haben.[77]

69 Darüber hinaus kann es sich anbieten, in der DSFA einen **Überwachungsturnus** festzulegen (zB Überprüfung der DSFA binnen eines Jahres; bei schnelllebigen Technologien dürften kürzere Zeiträume angemessen sein), um regelmäßig feststellen zu können, ob sich das mit der Verarbeitung verbundene Risiko verändert hat.[78]

---

[73] So auch die Empfehlung des ICO, Conducting privacy impact assessments code of practice, S. 31.

[74] *Friedewald/Obersteller/Nebel/Bieker/Rost*, White Paper, Datenschutz-Folgenabschätzung, S. 32. So auch das ICO, Conducting privacy impact assessments code of practice, S. 31; *Bieker/Hansen/Friedewald*, RDV 2016, 188 (196) und die *Artikel-29-Datenschutzgruppe*, Guidelines on Data Protection Impact Assessment (DPIA) and determining whether processing is „likely to result in a high risk" for the purposes of Regulation 2016/679, abrufbar unter: http://ec.europa.eu/newsroom/article29/item-detail.cfm?item_id=611236, S. 18 (Stand: 4.12.2017).

[75] Guidelines on Data Protection Impact Assessment (DPIA) and determining whether processing is „likely to result in a high risk" for the purposes of Regulation 2016/679, abrufbar unter: http://ec.europa.eu/newsroom/article29/item-detail.cfm?item_id=611236, S. 18 (Stand: 4.12.2017).

[76] So auch schon der Vorschlag der CNIL, Privacy Impact Assessment – Methodology, S. 7, und *Friedewald/Obersteller/Nebel/Bieker/Rost*, White Paper, Datenschutz-Folgenabschätzung, S. 33.

[77] In diese Richtung auch *Friedewald/Obersteller/Nebel/Bieker/Rost*, White Paper, Datenschutz-Folgenabschätzung, S. 33; vgl. auch *Bieker/Hansen/Friedewald*, RDV 2016, 188 (196).

[78] Vgl. Guidelines on Data Protection Impact Assessment (DPIA) and determining whether processing is "likely to result in a high risk" for the purposes of Regulation 2016/679, abrufbar unter: http://ec.europa.eu/newsroom/article29/item-detail.cfm?item_id=611236, S. 13 f. (Stand: 4.12.2017).

VI. Berücksichtigung genehmigter Verhaltensregeln

Sofern der Verantwortliche in den Anwendungsbereich einer nach Art. 40 genehmigten Verhaltensregel fällt und der Prüfgegenstand der DSFA im Einklang mit den Vorgaben dieser Verhaltensregel verarbeitet wird, ist dies nach Abs. 8 bei der Durchführung der DSFA gebührend zu berücksichtigen. Konkret bedeutet dies, dass die **Identifikation und Bewertung der Risiken im Lichte der anwendbaren Verhaltensregel** durchgeführt werden muss (nimmt zB eine sektorspezifische Verhaltensregel bestimmte Risiken in Kauf, sind die entsprechenden Risiken im Rahmen der DSFA als gering zu bewerten). Ebenso sind Verhaltensregeln bei der Festlegung der geplanten Abhilfemaßnahmen zu berücksichtigen (gibt zB eine Verhaltensregel die Anwendung bestimmter technischer und organisatorischer Maßnahmen vor, müssen diese Maßnahmen gleichsam im Rahmen der DSFA als geeignet angesehen werden). **70**

VII. Öffnungsklausel für Mitgliedstaaten

Abs. 10 erfasst bestimmte Fälle, bei denen die Verarbeitung aufgrund einer Sonderregelung bzw. Konkretisierung der DS-GVO erfolgt (zB Datenverarbeitungen der öffentlichen Hand bei der Ausübung von Hoheitsgewalt; oder Verarbeitungen aufgrund einer gesetzlichen Pflicht, etwa gesetzliche Aufbewahrungspflichten). In diesen Fällen muss **keine DSFA** durchgeführt werden, wenn bereits beim Erlass der Rechtsgrundlage eine DSFA durchgeführt wurde und der jeweilige Mitgliedstaat festgelegt hat, dass die Durchführung einer DSFA nicht erforderlich ist. **71**

Diese Möglichkeit des Absehens von der Durchführung einer DSFA gilt indes nur für Verarbeitungen aufgrund von **Gesetzen,** die **nach dem Inkrafttreten der DS-GVO** erlassen wurden, denn nur für derartige Gesetze kann entsprechend den Maßgaben der DS-GVO eine DSFA durchgeführt werden. **72**

Fraglich ist, wie eine DSFA im Rahmen eines **Gesetzgebungsprozesses** ablaufen soll. Eine konkrete Beurteilung der technischen Begebenheiten sowie eine realistische Einschätzung der potenziellen Risiken, die durch die Verarbeitung des Verantwortlichen entstehen, ist in diesem Rahmen naturgemäß nicht möglich.[79] Die Zielsetzungen der DSFA (Wahrung der Rechenschaftspflicht nach Art. 5 Abs. 2 sowie Umsetzung des nach Art. 25 Abs. 1 vorgegebenen Prinzips des Datenschutzes durch Technikgestaltung und datenschutzfreundlicher Voreinstellungen) wird bei einer abstrakten Prüfung im Rahmen eines Gesetzgebungsprozesses nicht erreicht. Gleichwohl sollte der hier dargestellte Rahmen (Identifikation/Bewertung von Risiken und Vorschläge für Abhilfemaßnahmen) – wenn auch nur auf abstrakter Ebene – beibehalten werden. Eine **Dokumentation** der auf diese Weise durchgeführten DSFA kann zB im Rahmen einer Gesetzesbegründung erfolgen.[80] **73**

C. Rechtsfolgen und Sanktionen

Die Durchführung einer DSFA ist **keine Voraussetzung für die Rechtmäßigkeit** einer konkreten Verarbeitung.[81] Eine Datenverarbeitung kann also trotz **74**

[79] *Friedewald/Obersteller/Nebel/Bieker/Rost*, White Paper, Datenschutz-Folgenabschätzung, S. 15.

[80] *Friedewald/Obersteller/Nebel/Bieker/Rost*, White Paper, Datenschutz-Folgenabschätzung, S. 15.

[81] Vgl. zur Vorabkontrolle nach § 4d BGSG *Klug*, RDV 2001, 12 (18).

nicht vorgenommener DSFA rechtmäßig sein. Umgekehrt garantiert die Vornahme der DSFA nicht die Rechtmäßigkeit der Verarbeitung. Das Unterlassen der Durchführung einer DSFA kann allerdings einen Verstoß gegen Art. 25 Abs. 1 (Datenschutz durch Technikgestaltung) begründen (→ Rn. 3).

75 Verstöße gegen Art. 35 sind gem. Art. 83 Abs. 4 lit. a **bußgeldbewehrt** (Geldbußen von bis zu 10.000.000 EUR oder im Fall eines Unternehmens von bis zu 2 Prozent seines gesamten weltweit erzielten Jahresumsatzes des vorangegangenen Geschäftsjahrs). Keinen Verstoß gegen Art. 35 stellt es allerdings dar, wenn der Verantwortliche die DSFA vollständig durchführt, bei der Datenverarbeitung jedoch auf die Implementierung von Gegenmaßnahmen zur Eindämmung des identifizierten Risikos verzichtet.[82]

76 Eine Haftung auf Schadensersatz gegenüber betroffenen Personen nach Art. 82 dürfte im Falle eines Verstoßes gegen Art. 35 mangels materiellem oder immateriellem Schaden ausscheiden. Eine solche kann sich erst aus der konkreten Verarbeitung ergeben, die gegen datenschutzrechtliche Bestimmungen verstößt. Eine Verbandsklage gem. Art. 80 Abs. 2 iVm dem UKlaG bzw. dem UWG wäre ebenfalls nicht statthaft, da eine Verletzung von Art. 35 nicht die Rechtmäßigkeit der Verarbeitung betrifft.

77 Wenn aus der DSFA hervorgeht, dass die Verarbeitung ein hohes Risiko zur Folge hätte, sofern der Verantwortliche keine Maßnahmen zur Eindämmung des Risikos trifft (zB aufgrund fehlender Verfügbarkeit von Schutzmaßnahmen oder hoher Implementierungskosten), besteht die **Pflicht zur Konsultation** der Aufsichtsbehörde gem. Art. 36 Abs. 1.[83]

Art. 36 Vorherige Konsultation

(1) **Der Verantwortliche konsultiert vor der Verarbeitung die Aufsichtsbehörde, wenn aus einer Datenschutz-Folgenabschätzung gemäß Artikel 35 hervorgeht, dass die Verarbeitung ein hohes Risiko zur Folge hätte, sofern der Verantwortliche keine Maßnahmen zur Eindämmung des Risikos trifft.**

(2) **[1]Falls die Aufsichtsbehörde der Auffassung ist, dass die geplante Verarbeitung gemäß Absatz 1 nicht im Einklang mit dieser Verordnung stünde, insbesondere weil der Verantwortliche das Risiko nicht ausreichend ermittelt oder nicht ausreichend eingedämmt hat, unterbreitet sie dem Verantwortlichen und gegebenenfalls dem Auftragsverarbeiter innerhalb eines Zeitraums von bis zu acht Wochen nach Erhalt des Ersuchens um Konsultation entsprechende schriftliche Empfehlungen und kann ihre in Artikel 58 genannten Befugnisse ausüben. [2]Diese Frist kann unter Berücksichtigung der Komplexität der geplanten Verarbeitung um sechs Wochen verlängert werden. [3]Die Aufsichtsbehörde unterrichtet den Verantwortlichen oder gegebenenfalls den Auftragsverarbeiter über eine solche Fristverlängerung innerhalb eines Monats nach Eingang des Antrags auf Konsultation zusammen mit den Gründen für die Verzögerung. [4]Diese Fristen können ausgesetzt werden, bis die Aufsichtsbehörde die für die Zwecke der Konsultation angeforderten Informationen erhalten hat.**

---

[82] *Traung*, CRi 2012, 33 (47).

[83] Erwägungsgrund 84.

(3) **Der Verantwortliche stellt der Aufsichtsbehörde bei einer Konsultation gemäß Absatz 1 folgende Informationen zur Verfügung:**
a) gegebenenfalls Angaben zu den jeweiligen Zuständigkeiten des Verantwortlichen, der gemeinsam Verantwortlichen und der an der Verarbeitung beteiligten Auftragsverarbeiter, insbesondere bei einer Verarbeitung innerhalb einer Gruppe von Unternehmen;
b) die Zwecke und die Mittel der beabsichtigten Verarbeitung;
c) die zum Schutz der Rechte und Freiheiten der betroffenen Personen gemäß dieser Verordnung vorgesehenen Maßnahmen und Garantien;
d) gegebenenfalls die Kontaktdaten des Datenschutzbeauftragten;
e) die Datenschutz-Folgenabschätzung gemäß Artikel 35 und
f) alle sonstigen von der Aufsichtsbehörde angeforderten Informationen.

(4) **Die Mitgliedstaaten konsultieren die Aufsichtsbehörde bei der Ausarbeitung eines Vorschlags für von einem nationalen Parlament zu erlassende Gesetzgebungsmaßnahmen oder von auf solchen Gesetzgebungsmaßnahmen basierenden Regelungsmaßnahmen, die die Verarbeitung betreffen.**

(5) **Ungeachtet des Absatzes 1 können Verantwortliche durch das Recht der Mitgliedstaaten verpflichtet werden, bei der Verarbeitung zur Erfüllung einer im öffentlichen Interesse liegenden Aufgabe, einschließlich der Verarbeitung zu Zwecken der sozialen Sicherheit und der öffentlichen Gesundheit, die Aufsichtsbehörde zu konsultieren und deren vorherige Genehmigung einzuholen.**

Literatur: *Friedewald/Obersteller/Nebel/Bieker/Rost*, White Paper Datenschutz-Folgenabschätzung, Ein Werkzeug für einen besseren Datenschutz, 2016; *GDD*, Risikoabschätzung bei der DS-GVO begrüßt, ZD-Aktuell 2013, 03485; *Gierschmann*, Was „bringt" deutschen Unternehmen die DS-GVO?, ZD 2016, 51; *Ströbel/Wybitul*, Checklisten zur DSGVO – Teil 1: Datenschutz-Folgenabschätzung in der Praxis, BB 2016, 2307.

Übersicht

A. Allgemeines

Gemäß der DS-RL müssen Verarbeitungen personenbezogener Daten grundsätzlich bei den Aufsichtsbehörden gemeldet werden, es sei denn die jeweiligen nationalen Regelungen der Mitgliedstaaten sehen – wie in Deutschland bis zum 1

Inkrafttreten des BDSG nF[1] – Ausnahmen vor. Diese allgemeine Meldepflicht wurde mit der DS-GVO abgeschafft und durch die eingeschränktere **Konsultationspflicht** nach Art. 36 ersetzt.[2] In vielen Mitgliedstaaten bedeutet dies eine Erleichterung, da die grundsätzliche Pflicht zur Meldung von Verarbeitungsvorgängen entfällt. In Deutschland handelt es sich im Vergleich zur alten Rechtslage vor dem Inkrafttreten der DS-GVO – auch wenn die Bedeutung des Konsultationsverfahrens in der Praxis nur gering sein dürfte (→ Rn. 4) – im Grunde um eine **Verschärfung.** Denn während Art. 36 Abs. 1 eine Konsultationspflicht immer dann vorsieht, wenn im Rahmen einer Datenschutz-Folgenabschätzung (kurz: DSFA; engl. Data Protection Impact Assessment) nach Art. 35 ein hohes Restrisiko identifiziert wurde, hatte sich der Datenschutzbeauftragte nach § 4d Abs. 6 S. 3 BDSG aF nur bei Zweifelsfällen im Zusammenhang mit der Durchführung einer Vorabkontrolle nach § 4d Abs. Abs. 5 BDSG aF an die Aufsichtsbehörde zu wenden.

2 Im Zusammenspiel mit der Pflicht zur Durchführung einer Datenschutz-Folgenabschätzung unterstreicht Art. 36 den risikobasierten Ansatz der DS-GVO.[3] Der Verantwortliche ist im Rahmen einer Selbstregulierung gehalten, etwaige Risiken zu identifizieren und entsprechende Maßnahmen, wie etwa die Durchführung einer DSFA und eine sich ggf. anschließende Konsultation der Aufsichtsbehörde, durchzuführen.[4]

3 Im Rahmen des Konsultationsverfahrens soll die Aufsichtsbehörde einen **konstruktiven Dialog** mit dem Verantwortlichen führen. Aus diesem Grund ist im Rahmen des Konsultationsverfahrens stets eine konkrete Empfehlung der Aufsichtsbehörde zur Behebung etwaiger Verstöße gegen die DS-GVO auszusprechen. Der Erlass weiterer (Zwangs-)Maßnahmen bleibt der Aufsichtsbehörde beim Vorliegen eines Verstoßes gegen die DS-GVO jedoch unbenommen.

B. Einzelerläuterungen

I. Pflicht zur Konsultation der Aufsichtsbehörde (Abs. 1)

4 Die Pflicht zur Konsultation besteht nur dann, wenn aus der DSFA hervorgeht, dass die Verarbeitung ein **hohes Risiko**[5] zur Folge hätte, sofern der Verantwortliche keine Maßnahmen zur Eindämmung des Risikos trifft.[6] Der Wortlaut der Norm suggeriert, dass die Pflicht zur Konsultation immer dann besteht, wenn im Rahmen der DSFA ein hohes Risiko ermittelt wurde – und zwar auch dann, wenn dieses Risiko durch geeignete Gegenmaßnahmen ausgeschlossen oder eingedämmt wurde. Ein derart weitgehendes Verständnis widerspricht jedoch der Systematik von Art. 35 und Art. 36, da eine DSFA ohnehin nur durchzuführen ist, wenn voraussichtlich ein hohes Risiko vorliegt. Wäre die Konsultation beim

---

[1] Vgl. § 4d BDSG aF.

[2] Vgl. Erwägungsgrund 89.

[3] Vgl. GDD, ZD-Aktuell 2013, 03485.

[4] Vgl. *Friedewald/Obersteller/Nebel/Bieker/Rost*, White Paper, Datenschutz-Folgenabschätzung, S. 17.

[5] Der Begriff des Risikos bezieht sich in diesem Zusammenhang auf die Rechte und Freiheiten natürlicher Personen, vgl. Art. 35 Abs. 1.

[6] Der Wortlaut der englischen Fassung lautet: *„[…] indicates that the processing would result in a high risk in the absence of measures taken by the controller to mitigate the risk.“*.

Vorliegen eines hohen Risikos immer durchzuführen, auch wenn der Verantwortliche das Risiko ausgeschlossen oder eingedämmt hat, so hätte der einschränkende Hs. 2 des Art. 36 Abs. 1 („sofern der Verantwortliche keine Maßnahmen zur Eindämmung des Risikos trifft"; engl.: „in the absence of measures taken by the controller to mitigate the risk") keinerlei Relevanz. Festzuhalten ist daher, dass die Konsultation nur dann durchzuführen ist, wenn im Rahmen der DSFA ein hohes Risiko ermittelt wurde und diesem Risiko nicht bereits durch angemessene Maßnahmen zur Eindämmung des Risikos begegnet wurde.[7] Mit anderen Worten besteht die Konsultationspflicht nur dann, wenn in der DSFA ein Restrisiko festgestellt wurde und dieses **Restrisiko** (→ Art. 35 Rn. 53 ff.) als **hoch** einzustufen ist.[8] Angesichts der Tatsache, dass die Durchführung der DSFA nach Art. 35 grundsätzlich sicherstellen soll, dass gerade keine hohen Restrisiken bei der Verarbeitung in Kauf genommen werden, dürfte die **praktische Relevanz** des Art. 36 daher **eher gering** ausfallen.

Die Konsultationspflicht entsteht erst **im Anschluss** an die Durchführung der DSFA, vor Beendigung der DSFA ist daher keine Konsultation erforderlich. Die Konsultation muss jedoch vor Beginn der Verarbeitung durchgeführt werden. 5

II. Empfehlung der Aufsichtsbehörde (Abs. 2)

Im Rahmen des Konsultationsverfahrens kann die Aufsichtsbehörde dem Verantwortlichen, aber – sofern vorhanden – auch dem jeweiligen Auftragsverarbeiter, eine Empfehlung erteilen. Gem. Erwägungsgrund 94 sollte die Empfehlung insbesondere **Vorschläge zur Eindämmung** des Risikos für die Rechte und Freiheiten der betroffenen Personen enthalten. 6

Abs. 2 stellt darüber hinaus klar, dass es der Aufsichtsbehörde unbenommen bleibt, von den in **Art. 58** genannten **Befugnissen** Gebrauch zu machen. Dies umfasst insbesondere nach Art. 58 Abs. 2 lit. f die Befugnis eine vorübergehende oder endgültige Beschränkung der Verarbeitung, einschließlich eines Verbots, zu verhängen. Die in Abs. 2 genannten Fristen für die Abgabe der Empfehlung berühren diese Befugnisse nicht, so dass die Aufsichtsbehörde auch bereits vor Abgabe der Empfehlung von einer Maßnahme nach Art. 58 Gebrauch machen kann. 7

III. Bereitzustellende Informationen (Abs. 3)

Abs. 3 legt fest, welche Informationen der Aufsichtsbehörde im Zuge der Konsultation vorgelegt werden müssen. Im Grunde sollten die nach lit. a–d erforderli- 8

---

[7] Guidelines on Data Protection Impact Assessment (DPIA) and determining whether processing is "likely to result in a high risk" for the purposes of Regulation 2016/679, abrufbar unter: http://ec.europa.eu/newsroom/article29/item-detail.cfm?item_id=611236, S. 19 (Stand: 4.12.2017).

[8] Dieses Verständnis findet sich auch in Erwägungsgrund 84, wo es verständlicher als im Normtext heißt: „Geht aus einer DSFA hervor, dass Verarbeitungsvorgänge ein hohes Risiko bergen, das der Verantwortliche nicht durch geeignete Maßnahmen in Bezug auf verfügbare Technik und Implementierungskosten eindämmen kann, so sollte die Aufsichtsbehörde vor der Verarbeitung konsultiert werden." In diesem Sinn heißt es ebenso in Erwägungsgrund 94: „Geht aus einer Datenschutz-Folgenabschätzung hervor, dass die Verarbeitung bei Fehlen von Garantien, Sicherheitsvorkehrungen und Mechanismen zur Minderung des Risikos ein hohes Risiko für die Rechte und Freiheiten natürlicher Personen mit sich bringen würde, und ist der Verantwortliche der Auffassung, dass das Risiko nicht durch in Bezug auf verfügbare Technologien und Implementierungskosten vertretbare Mittel eingedämmt werden kann, so sollte die Aufsichtsbehörde vor Beginn der Verarbeitungstätigkeiten konsultiert werden."

chen Informationen allerdings ohnehin bereits in dem nach lit. e vorzulegenden Report zur DSFA (→ Art. 35 Rn. 63 ff.) enthalten sein.

9 Lit. f besagt, dass alle sonstigen von der Aufsichtsbehörde angeforderten Informationen vorzulegen sind. Dies setzt indes voraus, dass die Aufsichtsbehörde tatsächlich Informationen nach Art. 58 Abs. 1 lit. a angefordert hat.

IV. Konsultation bei Gesetzgebung (Abs. 4)

10 Abs. 4 normiert eine Konsultationspflicht für den Gesetzeber bei **jedwedem Gesetzgebungsverfahren,** das eine Verarbeitung betrifft. Nach Erwägungsgrund 96 ist diese weitgehende Konsultationspflicht geboten, um die Vereinbarkeit der geplanten Verarbeitung mit den Maßgaben der DS-GVO sicherzustellen, insbesondere um das mit der Verarbeitung für die betroffenen Personen verbundene Risiko einzudämmen. Der Bundesgesetzgeber hat sich insofern an den Bundesbeauftragten für den Datenschutz und die Informationsfreiheit zu wenden. Der jeweilige Landesgesetzgeber wendet sich an die zuständige Landesdatenschutzbehörde.

11 Die Konsultationspflicht gilt auch für auf Gesetzgebungsmaßnahmen basierende **Regelungsmaßnahmen,** die eine Verarbeitung betreffen. Hierdurch werden Rechtsverordnungen iSv Art. 80 GG ebenfalls von Abs. 4 erfasst. Nicht erfasst sind indes Akte der Exekutive ohne Gesetzgebungscharakter wie Verwaltungsvorschriften oder Allgemeinverfügungen iSv § 35 S. 2 VwVfG.[9]

V. Öffnungsklausel – Pflicht zur Konsultation bzw. Genehmigungsvorbehalt (Abs. 5)

12 Abs. 5 enthält eine Öffnungsklausel, wonach die Mitgliedstaaten abweichend von Abs. 1 eine Pflicht zur Konsultation und darüber hinausgehend sogar einen **Genehmigungsvorbehalt** vorsehen können. Derartige mitgliedstaatliche Regelungen müssen aber unter anderem mit der DS-GVO, den Grundfreiheiten nach dem AEUV und den Grundrechten der GRCh im Einklang sein. Daher unterliegen derartige Gesetze einer strengen Verhältnismäßigkeitsprüfung. Ein Genehmigungsvorbehalt kann daher nur dann angemessen sein, wenn die mitgliedstaatlichen Regelungen Datenverarbeitungen mit typischerweise besonders hohem Risiko betreffen.

13 Die mitgliedstaatlichen Regelungen dürfen zudem nur Verarbeitungen betreffen, die der Erfüllung einer im öffentlichen Interesse[10] liegenden Aufgabe, einschließlich der Verarbeitung zu Zwecken der sozialen Sicherheit[11] und der öffentlichen Gesundheit,[12] dienen. Aufgaben, deren Erfüllung im öffentlichen Interesse liegen, sind etwa die **Energie- und Wasserversorgung, die Pflege des Bundeszentralregisters oder die Gefahrenabwehr.**

---

[9] Nach Erwägungsgrund 96 sollte bei der Ausarbeitung von Gesetzes- oder Regelungs*vorschriften* eine Konsultation erfolgen.

[10] Als Bsp. für das öffentliche Interesse dient die Aufzählung in Art. 23 Abs. 1 lit. e.

[11] Zum Begriff der sozialen Sicherheit von der Groeben/Schwarze/Hatje/*Langer*, Europäisches Unionsrecht, AEUV, Art. 153 Rn. 21.

[12] Der Begriff „öffentliche Gesundheit" ist iSd VO (EU) Nr. 1338/2008 auszulegen, vgl. Erwägungsgrund 54. Generell zum Begriff der öffentlichen Gesundheit von der Groeben/Schwarze/Hatje/*Tiedje*, Europäisches Unionsrecht, AEUV, Art. 52 Rn. 36 ff.

C. Rechtsfolgen und Rechtsschutz

Die Konsultationspflicht nach Abs. 1 hat **keinen Genehmigungsvorbehalt** für die gegenständliche Verarbeitung zur Folge. Dies ergibt sich zum einen aus dem Wortlaut des Art. 36 und zum anderen im Umkehrschluss zu Abs. 5, der ausdrücklich das Genehmigungsverfahren erwähnt. Die Verarbeitung kann daher sowohl vor als auch während des Konsultationsverfahrens fortgeführt werden, ohne dass die Verarbeitung hierdurch rechtswidrig würde. Für den Fall des Abs. 4 ergibt sich, dass die unterbliebene Konsultation im Rahmen eines Gesetzgebungsverfahrens, das eine Verarbeitung im Sinne der DS-GVO betrifft, nicht die Nichtigkeit der erlassenen Regelung nach sich zieht. **14**

Da die Empfehlung nach Abs. 2 keine unmittelbaren Rechtswirkungen und damit keinen Regelungscharakter entfaltet, kann diese nicht mit einem Rechtsbehelf bzw. Rechtsmittel angegriffen werden.[13] **15**

Ein Verstoß eines Verantwortlichen gegen Art. 36 kann nach Art. 83 Abs. 4 lit. a mit Geldbußen bis zu 10.000.000 EUR oder im Fall eines Unternehmens von bis zu 2 Prozent seines gesamten weltweit erzielten Jahresumsatzes des vorangegangenen Geschäftsjahrs geahndet werden. Sofern ein Mitgliedstaat im Rahmen eines nationalen Gesetzes eine Konsultationspflicht bzw. einen Genehmigungsvorbehalt nach Abs. 4 anordnet, dürfte ein Verstoß hiergegen nicht den vorgenannten Bußgeldtatbestand erfüllen, so dass derartige Sanktionen im nationalen Recht nur über einen entsprechenden Tatbestand bzw. einen Verweis auf Art. 83 möglich wären. **16**

Abschnitt 4. Datenschutzbeauftragter

Art. 37 Benennung eines Datenschutzbeauftragten

(1) **Der Verantwortliche und der Auftragsverarbeiter benennen auf jeden Fall einen Datenschutzbeauftragten, wenn**

a) **die Verarbeitung von einer Behörde oder öffentlichen Stelle durchgeführt wird, mit Ausnahme von Gerichten, soweit sie im Rahmen ihrer justiziellen Tätigkeit handeln,**

b) **die Kerntätigkeit des Verantwortlichen oder des Auftragsverarbeiters in der Durchführung von Verarbeitungsvorgängen besteht, welche aufgrund ihrer Art, ihres Umfangs und/oder ihrer Zwecke eine umfangreiche regelmäßige und systematische Überwachung von betroffenen Personen erforderlich machen, oder**

c) **die Kerntätigkeit des Verantwortlichen oder des Auftragsverarbeiters in der umfangreichen Verarbeitung besonderer Kategorien von Daten gemäß Artikel 9 oder von personenbezogenen Daten über strafrechtliche Verurteilungen und Straftaten gemäß Artikel 10 besteht.**

(2) **Eine Unternehmensgruppe darf einen gemeinsamen Datenschutzbeauftragten ernennen, sofern von jeder Niederlassung aus der Datenschutzbeauftragte leicht erreicht werden kann.**

---

[13] Ein Rechtsschutzinteresse zur gerichtlichen Überprüfung einer Empfehlung ergibt sich nur, wenn der Empfehlung verbindliche Wirkung zukommt, vgl. OVG NRW, Beschl. v. 24.8.2007 – 19 B 689/07.

(3) **Falls es sich bei dem Verantwortlichen oder dem Auftragsverarbeiter um eine Behörde oder öffentliche Stelle handelt, kann für mehrere solcher Behörden oder Stellen unter Berücksichtigung ihrer Organisationsstruktur und ihrer Größe ein gemeinsamer Datenschutzbeauftragter benannt werden.**

(4) **[1]In anderen als den in Absatz 1 genannten Fällen können der Verantwortliche oder der Auftragsverarbeiter oder Verbände und andere Vereinigungen, die Kategorien von Verantwortlichen oder Auftragsverarbeitern vertreten, einen Datenschutzbeauftragten benennen; falls dies nach dem Recht der Union oder der Mitgliedstaaten vorgeschrieben ist, müssen sie einen solchen benennen. [2]Der Datenschutzbeauftragte kann für derartige Verbände und andere Vereinigungen, die Verantwortliche oder Auftragsverarbeiter vertreten, handeln.**

(5) **Der Datenschutzbeauftragte wird auf der Grundlage seiner beruflichen Qualifikation und insbesondere des Fachwissens benannt, das er auf dem Gebiet des Datenschutzrechts und der Datenschutzpraxis besitzt, sowie auf der Grundlage seiner Fähigkeit zur Erfüllung der in Artikel 39 genannten Aufgaben.**

(6) **Der Datenschutzbeauftragte kann Beschäftigter des Verantwortlichen oder des Auftragsverarbeiters sein oder seine Aufgaben auf der Grundlage eines Dienstleistungsvertrags erfüllen.**

(7) **Der Verantwortliche oder der Auftragsverarbeiter veröffentlicht die Kontaktdaten des Datenschutzbeauftragten und teilt diese Daten der Aufsichtsbehörde mit.**

Literatur: *Becker,* EU-Datenschutz-Grundverordnung – Anforderungen an Unternehmen und Datenschutzbeauftragte, ITRB 2016, 107; *Bittner,* Der Datenschutzbeauftragte gemäß EU-Datenschutz-Grundverordnungs-Entwurf, RDV 2014, 183; *Bommer,* Chancen im Arbeitnehmerdatenschutz erkennen und nutzen. Gemeinsames Ziel von betrieblichen Datenschutzbeauftragten und Betriebsräten, ZD 2015, 123; *Franck/Reif,* Pluralistische Datenschutzkontrolle – Datenschutzbeauftragte, Stellvertreter, Hilfspersonal und mehr, ZD 2015, 405; *Hoeren,* Der betriebliche Datenschutzbeauftragte. Neuerungen durch die geplante DS-GVO, ZD 2012, 355; *Jaspers/Reif,* Der Datenschutzbeauftragte nach der Datenschutz-Grundverordnung: Bestellpflicht, Rechtsstellung und Aufgaben, RDV 2016, 61; *Kahlert/Licht,* Die neue Rolle des Datenschutzbeauftragten nach der DS-GVO. Was Unternehmen zu beachten haben, ITRB 2016, 178; *Klug,* Der Datenschutzbeauftragte in der EU, ZD 2016, 315; *Klug,* Die Position des EU-Parlaments zur zukünftigen Rolle von Datenschutzbeauftragten – Ein kommentierter Überblick, RDV 2014; 90; *Klug,* EU-Datenschutz-Grundverordnung: Datenschutzbeauftragter obligatorisch oder optional?, RDV 2013, 143; *Klug,* Datenschutzbeauftragter in Europa – Quo vadis?, RDV 2013, 75; *Klug,* Stand der EU-parlamentarischen Beratungen zur Rolle des Datenschutzbeauftragten, RDV 2013, 14; *Knopp,* Dürfen juristische Personen zum betrieblichen Datenschutzbeauftragten bestellt werden?, DuD 2015, 98; *Kort,* Was ändert sich für Datenschutzbeauftragte, Aufsichtsbehörden und Betriebsrat mit der DS-GVO? Die zukünftige Rolle der Institutionen rund um den Beschäftigtendatenschutz, ZD 2017, 3; *Lantwin,* Risikoberuf Datenschutzbeauftragter? Die Haftung nach der neuen DS-GVO, ZD 2017, 411; *Marschall/Müller,* Der Datenschutzbeauftragte im Unternehmen zwischen BDSG und DS-GVO, ZD 2016, 415; *Schefzig,* Der Datenschutzbeauftragte in der betrieblichen Datenschutzorganisation – Konflikt zwischen Zuverlässigkeit und datenschutzrechtlicher Verantwortung, ZD 2015, 503; *Thoma,* Risiko im Datenschutz. Stellenwert eines systematischen Risikomanagements in BDSG und DS-GVO-E, ZD 2013, 578; *Weichert,* Die

Zukunft des Datenschutzbeauftragten, CuA 4/2016, 9; *Ziebarth*, Bestellung, Probezeit und Kündigungsschutz interner Datenschutzbeauftragter, PinG 2015, 65.

Übersicht

A. Allgemeines

I. Zweck und Bedeutung der Vorschrift

1 Art. 37 bezweckt die Effektivierung der Datenschutzpraxis durch betriebliche und behördliche **Selbstkontrolle.** Die Vorschrift spiegelt zugleich die gesetzgeberische Intention der Verantwortungsverlagerung in die Institutionen selbst wider. Ferner soll die Pflicht bestimmter Unternehmen zur Bestellung von qualifizierten Datenschutzbeauftragten einen gewissen Ausgleich für die Abschaffung der Meldepflicht gegenüber der Aufsichtsbehörde schaffen. Art. 37 etabliert den Datenschutzbeauftragten **europaweit.** Unter bestimmten Voraussetzungen besteht nach der DS-GVO in allen EU-Mitgliedstaaten – dh auch in den zahlreichen EU-Ländern, die eine solche Verpflichtung zuvor nicht kannten – eine Pflicht zur Bestellung betrieblicher und behördlicher Datenschutzbeauftragter. Dies ist nicht zuletzt auf die Standhaftigkeit des EU-Parlaments und der EU-Kommission zurückzuführen, denn die Bestellungspflicht war bis kurz vor dem Abschluss der Trilog-Verhandlungen streitig. Sie ist Teil des risikobasierten Ansatzes des Verordnungsgebers und trifft nur Unternehmen, deren Datenverarbeitung mit Blick auf den Persönlichkeitsrechtsschutz einen gewissen **Risikograd** erreicht. Eine freiwillige Bestellung durch Unternehmen, Verbände und andere Vereinigungen ist ausdrücklich erwähnt. **Normadressaten** sind öffentliche und nichtöffentliche Stellen (Verantwortliche und Auftragsverarbeiter). Ob eine Bestellung allein durch den Verantwortlichen oder den Auftragsverarbeiter ausreicht, oder ob beide einen

Datenschutzbeauftragten zu bestellen haben, hängt von den Umständen des Einzelfalls ab.[1]

II. Systematik, Verhältnis zu anderen Vorschriften

2 Der Schutz natürlicher Personen bei der Verarbeitung personenbezogener Daten ist ein Grundrecht. Gem. Art. 8 Abs. 1 GRCh sowie Art. 16 Abs. 1 AEUV hat jede Person das Recht auf Schutz der sie betreffenden personenbezogenen Daten (sa Art. 1 Abs. 2). Die Datenschutzbeauftragten sollen dazu beitragen, diesen **Grundrechtsschutz** zu gewährleisten. Art. 37–39 regeln die Bestellung, die Rechtstellung und die Aufgaben von Datenschutzbeauftragten zum Zweck der institutionellen Selbstkontrolle. Art. 37 **Abs. 1** regelt die Bestellungspflicht. **Abs. 2** ermöglicht die Bestellung sog. Konzerndatenschutzbeauftragter. **Abs. 3** beinhaltet die Möglichkeit der Bestellung gemeinsamer Datenschutzbeauftragter im öffentlichen Bereich. **Abs. 4** sieht explizit eine freiwillige Bestellung und eine Öffnungsklausel für nationale Gesetzgeber vor. **Abs. 5** regelt die Qualifikation des Datenschutzbeauftragten als Bestellungsvoraussetzung. **Abs. 6** bietet die Option der Bestellung interner oder externer Personen. **Abs. 7** verpflichtet zur Mitteilung der Kontaktdaten des Datenschutzbeauftragten.

3 Auch wenn die Art. 37–39 eine starke Orientierung an dem in Deutschland bewährten Selbstkontrollprinzip erkennen lassen, so ergeben sich im Detail doch auch Unterschiede zu den §§ 4f, 4g BDSG aF. Die Vorschriften der **DS-GVO** zum Datenschutzbeauftragten gelten in den Mitgliedstaaten **unmittelbar.** Es gilt der Vorrang des Gemeinschaftsrechts. Allerdings belässt die Verordnung den nationalen Gesetzgebern einen **Gestaltungsspielraum** im Hinblick auf die Regelung der Voraussetzungen einer Bestellungspflicht. So kann bspw. das BDSG die in der DS-GVO relativ unbestimmt gefasste Bestellungspflicht von Unternehmen konkretisieren bzw. strenger fassen. Diesen durch die **Öffnungsklausel** des Art. 37 Abs. 4 S. 1 eingeräumten Spielraum hat der Bundesgesetzgeber in § 5 ff. und § 38 BDSG nF genutzt (nachstehend → Rn. 21 ff.). Anpassungsbedarf dürfte ferner im Hinblick auf in Deutschland für öffentliche Stellen geltende Landesdatenschutzgesetze (LDSG) bestehen. Dies betrifft etwa die Reglung einer pflichtmäßigen anstelle einer fakultativen Bestellung von behördlichen Datenschutzbeauftragten[2] oder die Möglichkeit der Heranziehung externer Datenschutzbeauftragter.[3] Für die Bestellung von Datenschutzbeauftragten im Bereich der polizeilichen und justiziellen Zusammenarbeit hat der EU-Gesetzgeber eigenständige – an Art. 37 DS-GVO angelehnte – Richtlinienvorschriften geschaffen, die vom Bundesgesetzgeber im BDSG nF umgesetzt bzw. ergänzt wurden (→ Rn. 6 und 22).

B. Einzelerläuterungen

I. Begriffsbestimmungen

4 Es gelten die Begriffsbestimmungen des **Art. 4.** Im Zusammenhang mit Art. 37 sind insbesondere folgende Legaldefinitionen relevant: Nr. 1 „personenbezogene

---

[1] Vgl. *Artikel-29-Datenschutzgruppe*, WP 243, S. 11 f.

[2] Vgl. *Klug*, ZD 2016, 315; vgl. ferner *Gola/Schomerus*, BDSG, § 4f Rn. 58 sowie *Klug*, RDV 2001, 12 (18).

[3] Vgl. *Jaspers/Reif*, RDV 2016, 61 (63).

Daten", Nr. 7 „Verantwortlicher", Nr. 8 „Auftragsverarbeiter", Nr. 19 „Unternehmensgruppe", Nr. 21 „Aufsichtsbehörde". Der Verordnungsgeber hat darauf verzichtet, den Begriff „Datenschutzbeauftragter" in die Liste der Begriffsdefinitionen mit aufzunehmen; er erschließt sich aber in der Zusammenschau der Art. 37–39. Der für die Bestellungspflicht mit maßgebliche Begriff der „Kerntätigkeit" gem. Art. 37 Abs. 1 Buchst. b und c ist ebenfalls nicht legal definiert (aber → Rn. 8).

II. Bestellung von Datenschutzbeauftragten

1. Europaweite Bestellungspflicht. Eine solche besteht nach Art. 37 Abs. 1 Buchst. a–c in folgenden drei Fällen: 5
- die Verarbeitung wird von einer Behörde oder öffentlichen Stelle durchgeführt, mit Ausnahme von Gerichten, die im Rahmen ihrer justiziellen Tätigkeit handeln;
- die Kerntätigkeit des Verantwortlichen oder des Auftragsverarbeiters besteht in der Durchführung von Verarbeitungsvorgängen, welche aufgrund ihrer Art, ihres Umfangs und/oder ihrer Zwecke eine umfangreiche regelmäßige und systematische Überwachung von betroffenen Personen erforderlich machen;
- die Kerntätigkeit des Verantwortlichen oder des Auftragsverarbeiters besteht in der umfangreichen Verarbeitung besonderer Kategorien von Daten gem. Art. 9 oder von personenbezogenen Daten über strafrechtliche Verurteilungen und Straftaten gem. Art. 10.

2. Bestellungspflicht bei Behörden/öffentlichen Stellen. Für Behörden bzw. öffentliche Stellen gilt nach der DS-GVO europaweit eine **generelle Pflicht** zur Bestellung von Datenschutzbeauftragten. Dies entspricht den alten und neuen BDSG-Vorschriften für Bundesbehörden[4] (→ Rn. 22 f.) und trägt auch dem Grundsatz der Rechtmäßigkeit staatlichen Handelns Rechnung. Wie Art. 37 Abs. 1 Buchst. a iVm Erwägungsgrund 97 verdeutlicht sind **allerdings Gerichte** und unabhängige **Justizbehörden,** die im Rahmen ihrer justiziellen Zuständigkeit handeln, von einer Bestellungspflicht ausgenommen. Dass es dem Verordnungsgeber auch in Bezug auf die Datenschutzkontrolle auf die Wahrung der Unabhängigkeit der Gerichte ankam, verdeutlicht überdies Art. 55 Abs. 3 iVm Erwägungsgrund 20. Behörden, die zum Zwecke der Verhütung – dies schließt die zunehmend in den Vordergrund tretende Gefahrenabwehr mit ein –, der Ermittlung, Aufdeckung und Verfolgung von Straftaten sowie der Strafvollstreckung personenbezogene Daten verarbeiten, sind keine Normadressaten der DS-GVO, da hierfür (sog. polizeiliche und justizielle Zusammenarbeit) eine bereichsspezifische EU-Richtlinie einschlägig ist (s. Erwägungsgrund 19). Insofern hat der Bundesgesetzgeber aber in Umsetzung des Art. 32 Abs. 1 RL (EU) 2016/680 und unter Übernahme des Art. 37 Abs. 1 Buchst. a DS-GVO ebenfalls eine Bestellungspflicht der betreffenden öffentlichen Stellen geregelt (→ Rn. 22 f.). 6

3. Bestellungspflicht von Unternehmen. a) Allgemeines. Gestützt auf einen risikobasierten Ansatz – allerdings in Abkehr von konkreten zahlenmäßigen Schwellenwerten (aber auch → Rn. 24 ff.) – soll nach der DS-GVO für Unternehmen eine Pflicht zur Bestellung von Datenschutzbeauftragten nur bei Vorliegen bestimmter Voraussetzungen bestehen, wobei Art. 37 Abs. 1 ausdrücklich 7

[4] Zu Mindestanforderungen in der Bundesverwaltung vgl. *Voßhoff*, DuD 2015, 434.

verantwortliche Stellen und Auftragsverarbeiter als **Normadressaten** nennt. Auch Kleinstunternehmen bzw. kleine und mittlere Unternehmen gehören grundsätzlich zu den Normadressaten. Die DS-GVO sieht hinsichtlich der Bestellungspflicht – anders als an anderer Stelle – explizit keine Ausnahmen für Kleinstunternehmen bzw. kleine und mittlere Unternehmen mit weniger als 250 Mitarbeitern vor. Nach Auffassung der EU-Kommission wird aber die große Mehrheit dieser Unternehmen nicht verpflichtet sein, einen Datenschutzbeauftragten zu bestellen, es sei denn die nachstehend erläuterten risikobasierten Bestellungsvoraussetzungen liegen vor. Als Beispiel für das Bestehen einer Bestellungspflicht führt die Kommission in ihrem Fact Sheet „What benefits for businesses in Europe?" vom Januar 2016 – abrufbar unter: http://ec.europa.eu/justice/data-protection/reform/index_en.htm – kleine Headhunting-Unternehmen an, die sich des Profilings bedienen. Art. 37 Abs. 1 Buchst. b und c knüpfen jeweils zunächst an die **Kerntätigkeit** der Normadressaten an und stellen überdies auf bestimmte weitere **risikorelevante Verarbeitungsumstände** ab. Maßgeblich ist mithin eine Gesamtbetrachtung des Verarbeitungskontextes.[5]

8 **b) Risikobasierte Bestellungskriterien. aa) Begriff der Kerntätigkeit.** Eine Bestellungspflicht für Unternehmen nach der DS-GVO setzt zunächst voraus, dass die Verarbeitung personenbezogener Daten sich als **Kerntätigkeit** des Unternehmens darstellt. Erwägungsgrund 97 gibt für die Auslegung insoweit näheren Aufschluss, als sich der Begriff der Kerntätigkeit auf die **Haupttätigkeiten** und nicht etwa auf die Verarbeitung personenbezogener Daten als **Nebentätigkeit** bezieht. Die Abgrenzung zwischen Haupt- und Nebentätigkeiten ist freilich von praktischer Bedeutung, da hiervon im Einzelfall das Bestehen oder Nichtbestehen der Bestellungspflicht mit abhängt, was primär von den verantwortlichen Stellen selbst, im Zweifel aber auch – insbesondere bei pflichtwidriger Nichtbestellung eines Datenschutzbeauftragten – von den Aufsichtsbehörden zu beurteilen sein wird. Bereits die Differenzierung zwischen Haupt- und Nebentätigkeiten zeigt die Orientierung des Verordnungsgebers an Gesichtspunkten der Verhältnismäßigkeit bzw. dem der DS-GVO insgesamt zugrunde liegenden risikobasierten Ansatz bei Datenverarbeitungsprozessen. Personenbezogene Daten sind bereits als Rohstoff des 21. Jahrhunderts bezeichnet worden. Insbesondere solche Unternehmen, die ihren **Umsatz** hauptsächlich durch deren Verarbeitung generieren, sollen aus gutem Grund auch verpflichtet sein, Vorkehrungen zum Persönlichkeitsrechtsschutz zu treffen. Naheliegend ist die Bestellungspflicht naturgemäß dann, wenn die personenbezogene Datenverarbeitung den **primären Geschäftszweck** darstellt; es muss sich aber nicht zwingend um den alleinigen Geschäftszweck handeln.[6] In Betracht kommen zB Unternehmen, die geschäftsmäßige Datenverarbeitung iSv § 38 Abs. 1 S. 2 BDSG nF betreiben (auch → Rn. 31). Daneben soll eine Bestellungspflicht auch dann gegeben sein, wenn die Verarbeitung personenbezogener Daten einen **untrennbaren Bestandteil** der Tätigkeit des Verantwortlichen oder des Auftragsverarbeiters darstellt (zB Krankenakten im Krankenhaus oder Datenverarbeitungen privater Sicherheitsunternehmen). Lohn- und Gehaltsabrechnungen oder der Standard-IT-Support werden demgegenüber eher als von der Kerntätigkeit abzugrenzende notwendige Unterstützungsfunktio-

---

[5] Zu einzelnen Risikofaktoren vgl. auch Erwägungsgrund 75 f.; Bestandsaufnahmen bei *Veil*, ZD 2015, 347; zum Stellenwert eines systematischen Risikomanagements nach BDSG und DS-GVO *Thoma*, ZD 2013, 578.

[6] Vgl. *Jaspers/Reif*, RDV 2016, 61 (62).

nen bzw. Nebenfunktionen gesehen.[7] Letztlich ist die Kerntätigkeit stets im **Kontext** mit den in Art. 37 Abs. 1 Buchst. b und c jeweils kumulativ genannten Verarbeitungsumständen zu betrachten.

bb) Art, Umfang und/oder Zwecke der Verarbeitungsvorgänge. Anfänglichen Überlegungen zur Anknüpfung einer Bestellungspflicht an konkrete Schwellenwerte hinsichtlich der Unternehmensgröße gemessen an der Mitarbeiteranzahl oder der jährlichen Anzahl betroffener Personen ist der EU-Gesetzgeber am Ende nicht gefolgt (aber auch → Rn. 25 ff.). Stattdessen hat er hinsichtlich der Pflicht von Unternehmen zur Bestellung von Datenschutzbeauftragten auf weiche Kriterien bzw. unbestimmte Rechtsbegriffe gesetzt. Nach Art. 37 Abs. 1 Buchst. b ist eine Bestellungspflicht in der Privatwirtschaft dann anzunehmen, wenn die **Kerntätigkeit** des Verantwortlichen oder des Auftragsverarbeiters in der Durchführung von Verarbeitungsvorgängen besteht, welche aufgrund ihrer **Art,** ihres **Umfangs** und/oder ihrer **Zwecke** eine umfangreiche regelmäßige und systematische Überwachung von betroffenen Personen erforderlich machen. Die Kriterien Art, Umfang und Zwecke der personenbezogenen Datenverarbeitung machen deutlich, dass auf die **Gesamtumstände** abzustellen ist. Allerdings können die Kriterien sowohl einzeln als auch kumulativ eine Rolle spielen. Auch diese weitere Ausdifferenzierung verdeutlicht den risikobasierten Ansatz des Verordnungsgebers. 9

Zu risikobehafteten Arten von Verarbeitungsvorgängen zählt der Verordnungsgeber insbesondere solche, die neuartig sind bzw. bei denen **neue Technologien** eingesetzt werden (vgl. Erwägungsgrund 89). Anonymisierte und pseudonymisierte Vorgänge sind dabei zweifelsohne weniger gefahrenträchtig als zB gezielte personenbezogene Verarbeitungen zum Zwecke der Profilbildung und ggf. darauf gestützter Entscheidungen. Allerdings ist zu bedenken, dass die vorgenannten Schutzmechanismen zunächst einmal von jemandem – zB dem Datenschutzbeauftragten – eingerichtet werden müssen. Art. 37 Abs. 1 Buchst. b und c setzen eine **„umfangreiche"** Verarbeitung personenbezogener Daten voraus, wobei Erwägungsgrund 91 insofern zumindest einige Anhaltspunkte liefern soll. Die Artikel-29-Datenschutzgruppe[8] erachtet folgende Faktoren als relevant: Zahl der betroffenen Personen, Datenvolumen und -spektrum, Dauer und Permanenz sowie geografische Ausdehnung der Datenverarbeitungstätigkeit. Als Beispiele für umfangreiche Verarbeitungen führt die Gruppe ua die Verarbeitung von Patientendaten im Krankenhaus, Reisedaten von Nutzern des ÖPNV, Geolokalisierungsdaten von Kunden mit Hilfe spezialisierter Auftragsverarbeiter, Kundendaten einer Versicherung oder Bank sowie Suchmaschinenbetreiber an. Keine umfangreiche Datenverarbeitung soll hingegen bei der Verarbeitung von Patientendaten durch einen einzelnen Arzt oder von Daten über strafrechtliche Verurteilungen oder Straftaten durch einen einzelnen Rechtsanwalt gegeben sein. Allerdings stellt sich die Frage, ab wann die Grenze zur Bestellungspflicht im konkreten Fall überschritten ist. Insofern wären weitere Hinweise durch die Artikel-29-Datenschutzgruppe wünschenswert. Dass eine **massenhafte** Datenverarbeitung besondere Risiken birgt, liegt auf der Hand. Hinsichtlich des Umfangs kommt es naturgemäß auch auf die Menge der personenbezogenen Verarbeitungen an, was die Häufigkeit und Dauer von Verarbeitungsvorgängen mit einschließt. Bspw. Inter- 10

[7] So *Artikel-29-Datenschutzgruppe,* WP 243, S. 8.
[8] WP 243, S. 9.

net- und Telekommunikationsprovider, Adresshändler oder Cloud-Dienstleister gehen massenhaft mit personenbezogenen Daten um. Natürlich bergen auch die jeweiligen **Verarbeitungszwecke** unterschiedliche Gefahren für das Persönlichkeitsrecht. So ist das sog. Profiling (Legaldefinition in Art. 4 Nr. 4) seinem Wesen nach darauf angelegt, Verhaltensweisen von Menschen zu analysieren. Zu denken wäre in diesem Zusammenhang bspw. an Auskunfteien, die die Kreditwürdigkeit von Verbrauchern beurteilen, ferner an die Analyse des Nutzungsverhaltens von Verbrauchern zum Zwecke der gezielten und verhaltensbasierten Werbung (sog. Targeted Marketing) oder an Profilbildungen im Versicherungswesen.[9]

11 Nachdem schon die vorgenannten Kriterien Auslegungsspielräume lassen, stellt sich zudem die Frage, ob die mit Blick auf den Betroffenen in Art. 37 Abs. 1 Buchst. b gewählte Formulierung „umfangreiche regelmäßige und systematische **Überwachung** von betroffenen Personen" bestimmt genug gefasst ist, um die vom Verordnungsgeber angestrebte Rechtssicherheit herbeizuführen.[10] Fraglich ist zunächst, was unter den Begriff **„umfangreich"** zu subsumieren ist. Erwägungsgrund 97 ist insofern wenig ergiebig, da dort auch nur von „großem Umfang" die Rede ist. Letztlich dürften beide Formulierungen freilich die Überwachung einer großen Anzahl von Betroffenen meinen. Auf den im Rahmen des Gesetzgebungsverfahrens zwischenzeitlich angedachten Schwellenwert von mehr als 5.000 Betroffenen innerhalb eines Jahres[11] wurde letztlich verzichtet, so dass auch insoweit Interpretationsspielraum besteht. Die Artikel-29-Datenschutzgruppe[12] nennt im Zusammenhang mit der Verhaltensüberwachung (sa Erwägungsgrund 24) beispielhaft Formen der Verfolgung und Profilerstellung im Internet. Die geforderte **Regelmäßigkeit** der Überwachung deutet auf wiederholte, auf eine gewisse Dauer angelegte Maßnahmen hin. Nur einmalige Vorgänge scheiden insofern aus. Das Erfordernis einer **systematischen** Vorgehensweise legt daneben einen methodischen Technikeinsatz nahe (vgl. hierzu auch Erwägungsgründe 89 und 91). Schließlich ist auch der Begriff der „Überwachung" selbst erläuterungsbedürftig.[13] Staatliche Überwachungsmaßnahmen werden lediglich im Rahmen des Anwendungsbereichs nach Art. 2 erfasst. In der Privatwirtschaft soll die Pflicht zur Bestellung betrieblicher Datenschutzbeauftragter auch und insbesondere dem Schutz vor unangemessener Überwachung bei **Kunden-** und **Beschäftigungsverhältnissen** dienen. Folgende Tätigkeiten können eine regelmäßige und systematische Überwachung von betroffenen Personen darstellen: Betrieb eines Telekommunikationsnetzes, Anbieten von Telekommunikationsdienstleistungen, verfolgende E-Mail-Werbung, datengesteuerte Marketingaktivitäten, Typisierung und Scoring zu Zwecken der Risikobewertung (zB zu Zwecken der Kreditvergabe, der Festlegung von Versicherungsprämien, zur Verhinderung von betrügerischen Handlungen und der Ermittlung von Geldwäsche), Standortverfolgung (zB durch Mobilfunkanwendungen), Treueprogramme, verhaltensbasierte Werbung, Überwachung von Wellness-, Fitness- und gesundheitsbezogenen Daten über in Kleidung integrierte Geräte (Wearables), Überwachungskameras oder vernetzte Geräte (zB intelligente Stromzähler, intelligente Autos, Haustechnik usw.).[14]

---

[9] Vgl. auch *Marschall/Müller*, ZD 2016, 415 (417).

[10] Zur systematischen Überwachung von Beschäftigten vgl. *Weichert*, CuA 4/2016, 9 (10).

[11] Hierzu *Klug*, RDV 2014, 90.

[12] WP 243, S. 10.

[13] Krit. bereits *Hornung*, ZD 2012, 99.

[14] So die *Artikel-29-Datenschutzgruppe*, WP 243, S. 10f.

cc) Verarbeitung besonderer Datenkategorien. Dass die umfangreiche Verarbeitung **sensitiver Daten** nach Art. 9 Abs. 1 besondere Gefahren für das Persönlichkeitsrecht mit sich bringen kann, liegt auf der Hand. Hierbei handelt es sich um personenbezogene Daten, aus denen die rassische und ethnische Herkunft, politische Meinungen, religiöse oder weltanschauliche Überzeugungen oder die Gewerkschaftszugehörigkeit hervorgehen, ferner um genetischen und biometrische Daten zur eindeutigen Personenidentifizierung sowie um Gesundheitsdaten (Art. 4 Nr. 13–14) oder Daten zum Sexualleben bzw. der sexuellen Orientierung. Eine Pflicht zur Bestellung von Datenschutzbeauftragten soll aber nicht nur für solche Unternehmen bestehen, deren **Kerntätigkeit** in der umfangreichen Verarbeitung der vorgenannten Datenarten besteht, sondern auch dann, wenn es um personenbezogene Daten über strafrechtliche **Verurteilungen** oder **Straftaten** gem. Art. 10 geht. Wie bereits zu Art. 37 Abs. 1 Buchst. b festgestellt (→ Rn. 8 und 11), sind die Begriffe „Kerntätigkeit" und „umfangreiche Verarbeitung" auslegungsbedürftig. Als nach Art. 37 Abs. 1 Buchst. c wegen sensitiver Datenverarbeitung bestellungspflichtige Stellen kommen etwa Gesundheitseinrichtungen, wie zB Krankenhäuser, mit genetischen Untersuchungen befasste Labors, Beratungsstellen wie Pro Familia, Dienstleister im biometrischen ID-Management oder Anbieter erotischen Zubehörs in Betracht.[15] 12

c) Bestellungspflicht nach nationalem Datenschutzrecht. Für den Verordnungsgeber galt es, hinsichtlich der Bestellung von betrieblichen Datenschutzbeauftragten einen Kompromiss zwischen den unterschiedlichen Interessen der Mitgliedstaaten zu finden. Dabei hat er sich einerseits für eine grundsätzliche Bestellungsplicht entschieden, andererseits hat er aber hinsichtlich der Bestellungsvoraussetzungen auch weniger strenge Maßstäbe angelegt, als es das BDSG aF und einige andere mitgliedstaatliche Datenschutzvorschriften taten. Zum gefundenen **Kompromiss** gehört deshalb auch die in Art. 37 Abs. 4 S. 1 geregelte Möglichkeit der Mitgliedstaaten, die Bestellungspflicht nach Maßgabe **nationaler Datenschutzvorschriften** zu regeln. Von dieser **Öffnungsklausel** hat der Bundesgesetzgeber im BDSG nF Gebrauch gemacht und damit die bereits nach dem BDSG aF gegebene Rechtslage hinsichtlich der Bestellung von betrieblichen Datenschutzbeauftragten weitgehend beibehalten (→ Rn. 21 ff.). 13

4. Freiwillige Bestellung. Soweit die Bestellungspflicht nach Art. 37 Abs. 1 nicht greift, ermöglicht Abs. 4 der Vorschrift Unternehmen und auch bestimmten Verbänden bzw. Vereinigungen (zB Branchenverbänden) explizit eine freiwillige Bestellung von Datenschutzbeauftragten. Nicht zuletzt angesichts mit der DS-GVO neu eingeführter und durch den Accountability-Grundsatz nach Art. 5 Abs. 2 untermauerter Datenschutzpflichten sowie im Endeffekt auch zur Vermeidung empfindlicher Sanktionen nach Kapitel VIII der DS-GVO (→ Rn. 20) kann sich eine freiwillige Bestellung durchaus empfehlen. 14

5. Bestellungsoptionen. a) Interne und externe Datenschutzbeauftragte. Der Verordnungsgeber billigt den Verantwortlichen und den Auftragsverarbeitern einige Flexibilität hinsichtlich der Art der Bestellung zu. Die Bestellung von internen Datenschutzbeauftragten soll nach Art. 37 Abs. 6 ebenso möglich sein wie die Beauftragung externer Personen. Als externe Dienstleister kommen 15

---

[15] So *Jaspers/Reif*, RDV 2016, 65 (66).

sowohl natürliche als auch juristischen Personen in Betracht.[16] In letzterem Fall ist es erforderlich, dass jedes Mitglied der Einrichtung, das die Funktionen eines Datenschutzbeauftragten wahrnimmt, sämtliche der in Abschnitt 4 der DS-GVO genannten Anforderungen erfüllt.

16 **b) Voll- und Teilzeit-Datenschutzbeauftragte.** Die Datenschutzbeauftragten können ihren Aufgaben in Voll- oder Teilzeit nachgehen. Mit der Regelung soll insbesondere auch den Bedürfnissen von bestellungspflichtigen **kleinen und mittleren Unternehmen** Rechnung getragen werden. Diesen soll zur Vermeidung von übermäßigen Kosten auch die bedarfsgerechte Bestellung eines sog. „ad-hoc consultant" ermöglicht werden.[17] Insbesondere wenn ein Beschäftigter die Funktion als Datenschutzbeauftragter nur in Teilzeit wahrnehmen soll, gilt es allerdings gem. Art. 38 Abs. 6 **Interessenskonflikte** zu vermeiden.[18]

17 **c) Gemeinsame Datenschutzbeauftragte in Unternehmensgruppen/öffentlichen Stellen.** Art. 37 Abs. 2 sieht die Möglichkeit der Bestellung von gemeinsamen Datenschutzbeauftragten in Unternehmensgruppen (Legaldefinition in Art. 4 Nr. 19) vor. Damit ist auf EU-Ebene die Klarstellung erfolgt, dass auch sog. **Konzerndatenschutzbeauftragte** in einem Akt bestellt werden können. Die Bestellungsmöglichkeit steht jedoch unter dem Vorbehalt, dass derartige Datenschutzbeauftragte von jeder Niederlassung (Legaldefinition in Art. 4 Nr. 16) aus **leicht erreichbar** sind. Der Begriff der Erreichbarkeit bezieht sich sowohl auf die Aufgaben des Datenschutzbeauftragten als Ansprechpartner für Betroffene und Aufsichtsbehörden (→ Art. 38 Rn. 6 und → Art. 39 Rn. 6) als auch auf dessen Aufgaben als interner Ansprechpartner innerhalb des Unternehmens oder der öffentlichen Stelle. Das Kriterium der leichten Erreichbarkeit verlangt nach weiteren Konkretisierungen, bspw. hinsichtlich der Zurverfügungstellung von Hilfspersonal[19] oder der Überwindung von Sprachbarrieren. Insofern hat die Artikel-29-Datenschutzgruppe[20] Folgendes festgestellt: „Der DSB muss – gegebenenfalls mithilfe eines Teams – in der Lage sein, mit Betroffenen wirksam zu kommunizieren und mit den zuständigen Aufsichtsbehörden effektiv zusammenzuarbeiten. Dies bedeutet, dass die Kommunikation in der bzw. den von den Aufsichtsbehörden und dem Betroffenen verwendeten Sprache(n) erfolgen muss. Damit die Betroffenen den DSB kontaktieren können, ist es unverzichtbar, dass dieser (entweder physisch auf dem gleichen Gelände wie die Beschäftigten oder über eine Hotline oder andere sichere Kommunikationskanäle) persönlich erreichbar ist." Die Artikel-29-Datenschutzgruppe empfiehlt, die effektive Erreichbarkeit durch die Bestellung eines Datenschutzbeauftragten mit Sitz in der EU zu gewährleisten, unabhängig davon, ob der Verantwortliche oder der Auftragsverarbeiter in der EU niedergelassen ist. Jedoch schließt sie nicht aus, dass auch ein außerhalb der EU niedergelassener Datenschutzbeauftragter seine Aufgaben effektiv ausüben kann. Grundvoraussetzung für die Bestellung von gemeinsamen Datenschutzbe-

---

[16] So *Artikel-29-Datenschutzgruppe*, WP 243, S. 14; zur Thematik vgl. auch *Knopp*, DuD 2015, 98.

[17] Vgl. Fact Sheet der EU-Kommission „What benefits for businesses in Europe?", abrufbar unter: http://ec.europa.eu/justice/data-protection/reform/index_en.htm.

[18] Bsp. bei *Gola/Schomerus*, BDSG, § 4f Rn. 24 ff. sowie Simitis/*Simitis*, BDSG, § 4f Rn. 94 ff.; ferner *Gola*, RDV 2015, 187; vgl. auch *Schefzig*, ZD 2015, 503.

[19] Vgl. hierzu *Franck/Reif*, ZD 2015, 405.

[20] WP 243, S. 12.

auftragten muss freilich auch deren Qualifikation nach Art. 37 Abs. 5 sein. Wesentliches Kriterium für die **Qualifikation** des Datenschutzbeauftragten ist im Fall ihrer Anwendbarkeit auch eine profunde Kenntnis der DS-GVO und des einschlägigen nationalen Datenschutzrechts. Die vorgenannten Gesichtspunkte lassen unter Umständen insbesondere die Bestellung von in entlegenen Drittländern ansässigen Haupt-Datenschutzbeauftragten als nicht unproblematisch erscheinen. Die Möglichkeit der Bestellung gemeinsamer Datenschutzbeauftragter ist nicht auf den Bereich der Privatwirtschaft beschränkt. Nach Art. 37 Abs. 3 können grundsätzlich auch **Behörden** bzw. **öffentliche Stellen** einen gemeinsamen Datenschutzbeauftragten bestellen (→ Rn. 23). Hierbei sind aber stets die Organisationsstruktur und die Größe der öffentlichen Stellen zu berücksichtigen. Ergibt eine entsprechende Überprüfung im Vorfeld, dass eine ordnungsgemäße Aufgabenerfüllung durch einen einzigen Datenschutzbeauftragten etwa aus organisatorischen Gründen oder aus Gründen übermäßiger Arbeitsbelastung nicht gewährleistet werden kann, sollte auf die Bestellung gemeinsamer Datenschutzbeauftragter verzichtet werden. Es obliegt den Verantwortlichen bzw. den Auftragsverarbeitern, dafür Sorge zu tragen, dass der Datenschutzbeauftragte trotz der Zuständigkeit für mehrere öffentliche Stellen zur ordnungsgemäßen Aufgabenerfüllung – ggf. mithilfe eines Teams – in der Lage ist.

6. Qualifikation des Datenschutzbeauftragten als Bestellungsvoraussetzung. Trotz anderweitiger Ansätze[21] hat der Verordnungsgeber am Ende darauf verzichtet die notwendige Qualifikation des Datenschutzbeauftragten dezidiert zu beschreiben. Diese Kompromisslösung belässt den Mitgliedstaaten einen gewissen **Gestaltungsspielraum.** Nach Art. 37 Abs. 5 ist der Datenschutzbeauftragte jedenfalls auf der Grundlage seiner beruflichen Qualifikation zu bestellen. Die Vorschrift verlangt insofern ein auf den Einzelfall abgestimmtes (s. Erwägungsgrund 97) **Fachwissen** auf dem Gebiet des Datenschutzrechts und der Datenschutzpraxis (sa § 5 Abs. 3 BDSG nF). Im Kern geht es um seine Fähigkeit zur Erfüllung der in Art. 39 genannten Aufgaben. Neben profunden Kenntnissen des europäischen und des einschlägigen nationalen **Datenschutzrechts,** einschließlich der **technischen und organisatorischen Maßnahmen** und Verfahren, wird auch auf die Fähigkeit zur Rechtsumsetzung in der Praxis, also auch auf die Fähigkeit zum **Datenschutzmanagement** abgestellt. Dass hierzu aufgrund des risikobasierten Ansatzes der DS-GVO auch die Fähigkeit zum Risiko-Management gehört, verdeutlicht Art. 39 Abs. 2 iVm Erwägungsgrund 77. Da es insbesondere um die Fähigkeit zur Erfüllung der in Art. 39 genannten Aufgaben und damit ua um die Einhaltung der Verordnung geht, sind auch die mit der DS-GVO eingeführten Neuerungen – zB Maßnahmen zur Realisierung von Privacy by Design, Privacy by Default – zu berücksichtigen. Letztlich ist die Erfüllung der in Art. 39 genannten Aufgaben unternehmens- bzw. behördenspezifisch, so dass neben der Vertrautheit mit der Organisationsstruktur und der Datenverarbeitungsabläufe der jeweiligen Institution auch **branchenspezifische** Kenntnisse bzw. Kenntnisse relevanter **Verwaltungsvorschriften und -verfahren** erforderlich sein können. Angesichts der in der Vorschrift aufgeführten Aufgaben spielt insbesondere auch die **Kommunikationsfähigkeit** der Datenschutzbeauftragten eine wichtige Rolle. Immerhin bedarf es der internen Kommunikation mit der Geschäftsleitung und den Mitarbeitern ebenso, wie der externen Interaktion ins- 18

[21] Zu diesen *Klug*, RDV 2014, 90 (92).

besondere mit den Aufsichtsbehörden und darüber hinaus der verstärkten Kommunikation mit den Betroffenen selbst (→ Art. 38 Rn. 6 und 12). Fortbildungsmaßnahmen sind angezeigt (s. Art. 38 Abs. 2). Der Begriff der **Fähigkeit** zur Erfüllung der dem Datenschutzbeauftragten obliegenden Aufgaben ist sowohl im Sinne seiner persönlichen Eigenschaften und Kenntnisse als auch seiner Position innerhalb der Einrichtung zu verstehen.[22]

19 **7. Publizität der Kontaktdaten.** Ein wesentliches Anliegen des Verordnungsgebers war die Schaffung von **Transparenz** (Art. 5 Abs. 1 Buchst. a). Demensprechend fördert die DS-GVO auch eine weitgehende Publizität der Kontaktdaten des Datenschutzbeauftragten (s. zB Art. 13 Abs. 1 Buchst. b, 14 Abs. 1 Buchst. b, 30 Abs. 1 Buchst. a, 30 Abs. 2 Buchst. a, 33 Abs. 3 Buchst. b, 36 Abs. 3 Buchst. d). Auch **Art. 37 Abs. 7** verpflichtet die Verantwortlichen und Auftragsverarbeiter zur Veröffentlichung der Kontaktdaten des Datenschutzbeauftragten (sa § 5 Abs. 5 BDSG nF). Dabei hat die **Veröffentlichung** in einer Art und Weise zu geschehen, die insbesondere die **Betroffenen** in die Lage versetzt, auf einfachem, direktem und vertraulichem Wege – zB. postalisch, telefonisch oder per E-Mail – mit dem Datenschutzbeauftragten in Kontakt zu treten. In Betracht kommt zB eine Veröffentlichung der Kontaktdaten über die Internetpräsenz oder durch Datenschutzhinweise der Normadressaten. Die Kontaktinformationen sollten nicht nur für **Kunden** sondern auch für **Mitarbeiter** des Verantwortlichen bzw. des Auftragsverarbeiters leicht zugänglich sein (zB über das Intranet oder das interne Telefonverzeichnis). Darüber hinaus sind die Kontaktdaten auch der **Aufsichtsbehörde** mitzuteilen, wobei es insofern auch der Angabe des Namens des Datenschutzbeauftragten bedarf. Art. 37 Abs. 7 korrespondiert mit der Ansprechpartnerfunktion gegenüber den Betroffenen (Art. 38 Abs. 4) und der Aufsichtsbehörde (Art. 39 Abs. 1 Buchst. e), mit welcher der Datenschutzbeauftragte zusammenzuarbeiten hat (Art. 39 Abs. 1 Buchst. c).

C. Rechtsschutz

20 Verstöße gegen die Pflichten der Verantwortlichen und der Auftragsverarbeiter nach den Art. 37, 38 und 39 sind gem. Art. 83 Abs. 4 Buchst. a **bußgeldbewehrt.** Hierzu zählt insbesondere die pflichtwidrige Nichtbestellung eines Datenschutzbeauftragten (Art. 37 Abs. 1). Auch eine nicht ordnungsgemäße Bestellung in Unternehmensgruppen (Art. 37 Abs. 2) oder Gruppen von öffentlichen Stellen (Art. 37 Abs. 3) kann ebenso Sanktionen nach sich ziehen, wie die Bestellung unqualifizierter Personen (Art. 37 Abs. 5). Letztlich wird auch auf die Veröffentlichung der Kontaktdaten des Datenschutzbeauftragten und die entsprechende Mitteilung an die Aufsichtsbehörde zu achten sein, um Bußgeldverfahren vorzubeugen (Art. 37 Abs. 7).

D. Ausgestaltung gemäß BDSG nF

I. Allgemeines

21 Grundsätzlich gilt auch hinsichtlich der Bestellung von betrieblichen Datenschutzbeauftragten der Vorrang des Gemeinschaftsrechts. Die DS-GVO gilt auch

[22] Näher hierzu *Artikel-29-Datenschutzgruppe*, WP 243, S. 14.

insofern **unmittelbar.** Der Bundesgesetzgeber hat gleichwohl weitergehenden Handlungsbedarf gesehen. Einerseits ging es ihm darum, die Vorschriften zum Datenschutzbeauftragten – unter gleichzeitiger Umsetzung der RL (EU) 2016/680 – im gesamten Bereich der Bundesverwaltung zu **vereinheitlichen.** Andererseits hat er den durch die DS-GVO belassenen **Gestaltungsspielraum** zur Ausgestaltung der Rolle des betrieblichen Datenschutzbeauftragten genutzt. Die entsprechenden Regelungen finden sich in den **§§ 5–7** sowie in **§ 38 BDSG nF.**[23] Somit hat der Bundesgesetzgeber den Anwendungsbereich für die Bundesverwaltung erweitert und die bereits nach dem BDSG aF gegebene Rechtslage hinsichtlich der Bestellung von betrieblichen Datenschutzbeauftragten weitgehend beibehalten.

II. Bestellungspflicht nach dem BDSG nF

1. Öffentliche Stellen. § 5 Abs. 1 BDSG nF übernimmt die in Art. 37 Abs. 1 Buchst. a DS-GVO verankerte Pflicht öffentlicher Stellen zur Bestellung von Datenschutzbeauftragten in nationales Recht. Entsprechend verpflichtete Normadressaten sind danach **Bundesbehörden** bzw. **öffentliche Stellen des Bundes** sowie die am **Wettbewerb** teilnehmenden öffentlichen Stellen nach § 2 Abs. 5 BDSG nF. Wie die Gesetzesbegründung[24] verdeutlicht, beschränkt sich der Regelungsgehalt des § 5 Abs. 1 BDSG nF nicht auf eine reine Wiederholung der nach der DS-GVO ohnehin bereits geltenden Bestellungspflicht. Vielmehr lässt die Begründung erkennen, dass gleichzeitig eine Umsetzung von Art. 32 Abs. 1 RL (EU) 2016/680 erfolgt ist. Damit wird im nationalen Datenschutzrecht eine einheitliche Bestellungsregelung getroffen, die sowohl den Anwendungsbereich der **DS-GVO** als auch den der **RL (EU) 2016/680** erfasst. Die Bestellung behördlicher Datenschutzbeauftragter ist somit auch bei der Verarbeitung personenbezogener Daten durch solche Behörden angezeigt, die zum Zwecke der Verhütung, Ermittlung, Aufdeckung oder Verfolgung von Straftaten oder im Bereich der Strafvollstreckung tätig werden. Überdies gelten die Bestellungsregelungen nach dem BDSG nF auch für öffentliche Stellen des Bundes, die personenbezogene Daten in **außerhalb** des Unionsrechts liegenden Bereichen verarbeiten (BT-Drs. 18/11325, 79, 81). Dies betrifft zB Nachrichtendienste. 22

Ebenfalls der Richtlinienumsetzung bzw. der Vereinheitlichung im Bereich der Bundesverwaltung dienen die Abs. 2–5 des § 5 BDSG nF **Abs. 2** der Vorschrift setzt Art. 32 Abs. 3 RL (EU) 2016/680 um und ermöglicht die – ebenfalls in Art. 37 Abs. 3 DS-GVO vorgesehene – Bestellung eines **gemeinsamen Datenschutzbeauftragten** durch mehrere öffentliche Stellen. Voraussetzung für die gemeinsame Bestellung ist allerdings, dass die Organisationsstruktur und die Größe der öffentlichen Stelle einem gemeinsamen Datenschutzbeauftragten nicht entgegenstehen (→ Rn. 17). § 5 **Abs. 3** BDSG nF regelt die von den Datenschutzbeauftragten zu erfüllenden **Qualifikationsanforderungen** (→ Rn. 18). Die Vorschrift dient – in Anlehnung an Art. 37 Abs. 5 DS-GVO – der Umsetzung von Art. 32 Abs. 2 der Richtlinie (EU) 2016/680. § 5 **Abs. 4** BDSG nF überträgt die Regelung des Art. 37 Abs. 6 DS-GVO, wonach sowohl **interne** als auch **externe** Datenschutzbeauftragte zulässig sind, auf den gesamten Bereich der Bundesverwaltung. **Abs. 5** der Vorschrift verpflichtet die öffentlichen Stellen zur Veröffentli- 23

---

[23] Art. 1 DSAnpUG-EU (Datenschutz-Anpassungs- und -Umsetzungsgesetz EU).

[24] BT-Drs. 18/11325, 81 f.

chung der **Kontaktdaten** des Datenschutzbeauftragten und zur entsprechenden Information des **BfDI** als zuständige Aufsichtsbehörde (zur Publizität → Rn. 19). Damit wurden die entsprechenden Anforderungen der Art. 37 Abs. 7 DS-GVO, Art. 32 Abs. 4 RL (EU) 2016/680 in nationales Recht übernommen bzw. umgesetzt.

24 **2. Nichtöffentliche Stellen. a) Allgemeines.** Aufgrund der unmittelbaren Geltung der DS-GVO besteht in der Privatwirtschaft stets eine Bestellungspflicht, wenn ein Tatbestand gem. **Art. 37** Buchst. b oder c DS-GVO gegeben ist (→ Rn. 7 ff.). Unter Nutzung der in Art. 37 Abs. 4 S. 1 Hs. 2 DS-GVO verankerten Öffnungsklausel hat der Bundesgesetzgeber **ergänzend** in **§ 38** Abs. 1 BDSG nF **zusätzliche Tatbestände** geregelt, die – angelehnt an das BDSG aF – gleichfalls eine Bestellungspflicht auslösen. Hierbei handelt es sich um die Beibehaltung des Schwellenwertes von zehn mit der Datenverarbeitung beschäftigten Personen sowie die Bestellungspflichten in Fällen der Datenschutz-Folgenabschätzung, bei geschäftsmäßiger Datenübermittlung und bei Markt- und Meinungsforschung. **Normadressaten** sind sowohl Verantwortliche als auch Auftragsverarbeiter in der Privatwirtschaft.

25 **b) Personenzahl als Schwellenwert.** § 38 Abs. 1 **S. 1** BDSG nF ist inhaltlich an § 4f Abs. 1 S. 4 BDSG aF angelehnt und verpflichtet nichtöffentliche Stellen, einen Datenschutzbeauftragten zu bestellen, wenn sie in der Regel mindestens **zehn Personen** ständig mit der automatisierten Verarbeitung personenbezogener Daten beschäftigen. Ausweislich der Gesetzesbegründung zum BDSG aF[25] wickeln Unternehmen, die weniger als zehn Personen mit der automatisierten Verarbeitung personenbezogener Daten beschäftigen, in der Regel entweder ein im Hinblick auf den Datenschutz eher weniger belastendes Massengeschäft ab oder sie bedienen einen überschaubaren Kundenkreis. § 38 Abs. 1 S. 1 BDSG nF knüpft die anhand des Schwellenwertes zu ermittelnde Bestellungspflicht lediglich an **automatisierte** Verarbeitungen. Herkömmliche rein manuelle Datenverarbeitungen bleiben insofern außer Betracht.

26 Die Bestellungspflicht hängt nicht von der Anzahl der mit automatisierter Datenverarbeitung beschäftigten Arbeitnehmer, sondern expressis verbis von der hierzu eingesetzten Personenzahl ab. Bereits nach der Gesetzesbegründung zum BDSG aF sollen **alle Personen** – unabhängig von ihrem arbeitsrechtlichen Status – erfasst werden. Mitzuzählen sind somit etwa Angestellte, Arbeiter, freie Mitarbeiter, Heimarbeitskräfte, Leiharbeitnehmer, Auszubildende und Praktikanten. Mitglieder der Geschäftsleitung sind hingegen ebenso wenig mitzuzählen wie von externen Datenverarbeitungsdienstleistern beschäftigte Personen.[26] Die Dienstleister haben aber ggf. ihrerseits einen Datenschutzbeauftragten zu bestellen.

27 Mindestens zehn Personen müssen **in der Regel** und **ständig** mit der automatisierten Verarbeitung personenbezogener Daten beschäftigt sein. Kurzfristige Änderungen des betreffenden Personalbestands nach oben oder unten sind irrelevant. Ständig mit der Datenverarbeitung beschäftigt ist, wer dieser Tätigkeit dauerhaft nachgeht.[27] Eine ständige Beschäftigung liegt mithin nicht vor, wenn diese nur gelegentlich erfolgt (zB bei Urlaubsvertretungen).

---

[25] S. Gesetzentw. der Bundesregierung (BT-Drs. 16/1853, 12).

[26] Vgl. *Gola/Klug*, NJW 2007, 118.

[27] Vgl. *Gola/Schomerus*, BDSG, § 4f Rn. 11 f.

c) Bestellungspflicht bei Datenschutz-Folgenabschätzung. Auch wenn der zahlenmäßige Schwellenwert nicht erreicht wird, ist nach § 38 Abs. 1 **S. 2 1. Alt.** BDSG nF ein Datenschutzbeauftragter zu bestellen, wenn wegen des besonderen **Risikogrades** der Datenverarbeitung eine Datenschutz-Folgenabschätzung durchzuführen ist. Bereits nach § 4f Abs. 1 S. 6 BDSG aF musste ein Datenschutzbeauftragter im Fall der Notwendigkeit einer Vorabkontrolle bestellt werden.[28] Nunmehr tritt an die Stelle der Vorabkontrolle die Datenschutz-Folgenabschätzung nach Art. 35 DS-GVO. In diesem Zusammenhang hat der Bundesgesetzgeber unter Nutzung des ihm eingeräumten Gestaltungsspielraums (→ Rn. 24) in § 38 Abs. 1 S. 2 Alt. 1 BDSG nF eine Bestellungspflicht für Fälle der Datenschutz-Folgenabschätzung geregelt. Dh, ist nach Art. 35 DS-GVO eine Datenschutz-Folgenabschätzung durchzuführen, so ist nach dem BDSG zwingend auch ein Datenschutzbeauftragter zu bestellen. Diese Bestellungspflicht **korrespondiert** mit der Beratungs- und Überwachungsaufgabe des Datenschutzbeauftragten im Zusammenhang mit der Datenschutz-Folgenabschätzung nach Art. 39 Abs. 1 Buchst. c, 35 Abs. 2 DS-GVO bzw. § 7 Abs. 1 S. 1 Nr. 3 BDSG nF (→ Art. 39 Rn. 5). 28

d) Bestellungspflicht bei geschäftsmäßiger Übermittlung/Markt- oder Meinungsforschung. § 38 Abs. 1 **S. 2 Alt. 2** BDSG nF entspricht inhaltlich im Wesentlichen der ebenfalls am Risikograd orientierten Vorgängerregelung des § 4f Abs. 1 S. 6 BDSG aF. Die Vorschrift regelt eine von dem zahlenmäßigen Schwellenwert losgelöste Bestellungspflicht von Unternehmen, die personenbezogene Daten geschäftsmäßig zum Zwecke der – anonymisierten – Übermittlung oder für Zwecke der Markt- oder Meinungsforschung verarbeiten. Geschäftsmäßigkeit bedeutet in diesem Zusammenhang, dass die – nicht zwingend automatisierte – Verarbeitung auf eine gewisse Dauer angelegt sein muss;[29] sie kann aber muss nicht gewerblich erfolgen. Bei den mit dieser Regelung insbesondere angesprochenen **Auskunfteien, Adresshandelsunternehmen** und **Markt- und Meinungsforschungsinstituten** sieht der Gesetzgeber ein besonderes Gefährdungspotential für die Persönlichkeitsrechte der Betroffenen, dem auch durch professionelle betriebliche Selbstkontrolle begegnet werden soll. Die Vorschrift beinhaltet eine gewisse Konkretisierung der in Art. 37 Abs. 1 Buchst. b DS-GVO getroffenen Regelung zu risikobasierten Bestellungskriterien (→ Rn. 8 ff.). 29

Art. 38 Stellung des Datenschutzbeauftragten

(1) **Der Verantwortliche und der Auftragsverarbeiter stellen sicher, dass der Datenschutzbeauftragte ordnungsgemäß und frühzeitig in alle mit dem Schutz personenbezogener Daten zusammenhängenden Fragen eingebunden wird.**

(2) **Der Verantwortliche und der Auftragsverarbeiter unterstützen den Datenschutzbeauftragten bei der Erfüllung seiner Aufgaben gemäß Artikel 39, indem sie die für die Erfüllung dieser Aufgaben erforderlichen Ressourcen und den Zugang zu personenbezogenen Daten und Verarbeitungsvorgängen sowie die zur Erhaltung seines Fachwissens erforderlichen Ressourcen zur Verfügung stellen.**

---

[28] Hierzu bereits *Klug*, RDV 2001, 12.
[29] Simitis/*Ehmann*, BDSG, § 29 Rn. 58 ff.

(3) [1]**Der Verantwortliche und der Auftragsverarbeiter stellen sicher, dass der Datenschutzbeauftragte bei der Erfüllung seiner Aufgaben keine Anweisungen bezüglich der Ausübung dieser Aufgaben erhält.** [2]**Der Datenschutzbeauftragte darf von dem Verantwortlichen oder dem Auftragsverarbeiter wegen der Erfüllung seiner Aufgaben nicht abberufen oder benachteiligt werden.** [3]**Der Datenschutzbeauftragte berichtet unmittelbar der höchsten Managementebene des Verantwortlichen oder des Auftragsverarbeiters.**

(4) **Betroffene Personen können den Datenschutzbeauftragten zu allen mit der Verarbeitung ihrer personenbezogenen Daten und mit der Wahrnehmung ihrer Rechte gemäß dieser Verordnung im Zusammenhang stehenden Fragen zu Rate ziehen.**

(5) **Der Datenschutzbeauftragte ist nach dem Recht der Union oder der Mitgliedstaaten bei der Erfüllung seiner Aufgaben an die Wahrung der Geheimhaltung oder der Vertraulichkeit gebunden.**

(6) [1]**Der Datenschutzbeauftragte kann andere Aufgaben und Pflichten wahrnehmen.** [2]**Der Verantwortliche oder der Auftragsverarbeiter stellt sicher, dass derartige Aufgaben und Pflichten nicht zu einem Interessenkonflikt führen.**

Literatur: Vgl. die Hinweise zu Art. 37.

Übersicht

A. Allgemeines

I. Zweck und Bedeutung der Vorschrift

1 Art. 38 regelt die **Rechtsstellung** des Datenschutzbeauftragten einschließlich seiner organisatorischen und operativen Einbindung. Dies beinhaltet sowohl Pflichten des Verantwortlichen und des Auftragsverarbeiters (insbesondere rechtzeitige Einbindung, Unterstützungspflicht, Gewährleistung der Unabhängigkeit) als auch solche des Datenschutzbeauftragten (insbesondere Berichts-, Beratungs-

und Geheimhaltungspflicht). Insgesamt soll die Vorschrift den Datenschutzbeauftragten in die Lage versetzen, seine Aufgaben nicht nur unabhängig sondern auch effektiv zu erfüllen.[1]

II. Systematik, Verhältnis zu anderen Vorschriften

Insofern korreliert Art. 38 mit den in Art. 39 genannten Aufgaben des Datenschutzbeauftragten. Art. 38 **Abs. 1** verpflichtet zur frühzeitigen Einbindung des Datenschutzbeauftragten. **Abs. 2** regelt die Unterstützungspflicht, **Abs. 3** die unabhängige Aufgabenerfüllung, **Abs. 4** die Ansprechpartnerfunktion, **Abs. 5** die Verschwiegenheitspflicht und **Abs. 6** die Voll- bzw. Teilzeittätigkeit. Aus Gründen der Transparenz für den Betroffenen korrespondiert die in Art. 38 Abs. 4 geregelte Ansprechpartnerfunktion mit der in Art. 37 Abs. 7 vorgesehenen Pflicht zur Publikation seiner Kontaktdaten. Hinsichtlich der **Geheimhaltungs-** bzw. **Vertraulichkeitsverpflichtung** des Datenschutzbeauftragten verweist Art. 38 Abs. 5 sowohl auf das Unionsrecht als auch auf das nationale Recht der Mitgliedstaaten. Maßgeblich sind insofern auf nationaler Ebene nunmehr die §§ 6 Abs. 5 S. 2, 38 Abs. 2 BDSG nF sowie – im Fall der Tätigkeit für Berufsgeheimnisträger – §§ 6 Abs. 6, 38 Abs. 2 BDSG nF und ggf. § 203 Abs. 4 StGB (→ Rn. 13 f.). Überdies hat der Bundesgesetzgeber an der arbeitsrechtlichen Regelung zum **Kündigungsschutz** des Datenschutzbeauftragten festgehalten (→ Rn. 11). Insgesamt hat sich somit an der bisherigen Rechtslage nach dem BDSG aF zur Rechtsstellung des Datenschutzbeauftragten[2] wenig geändert. 2

B. Einzelerläuterungen

I. Rechtsstellung der Datenschutzbeauftragten

1. Organisatorische und operative Einbindung. Der Datenschutzbeauftragte hat ein **unmittelbares Vortragsrecht** gegenüber der höchsten Managementebene (Art. 38 Abs. 3 S. 3). Danach ist er berechtigt direkt, dh ohne Vorschaltung von Zwischenansprechpartnern, an die oberste Behörden- bzw. Unternehmensleitung (Vorstand oder Geschäftsführung) zu berichten. Die in Art. 38 Abs. 1 vorgeschriebene ordnungsgemäße und **frühzeitige Einbindung** des Datenschutzbeauftragten in alle mit dem Schutz personenbezogener Daten zusammenhängenden Fragen ist für seine effektive Aufgabenerfüllung Grundvoraussetzung (zur Datenschutz-Folgenabschätzung → Art. 39 Rn. 5 und 9). Verstöße können ggf. mit Bußgeld belegt werden (Art. 83 Abs. 4 Buchst. a). Ua sollte der Datenschutzbeauftragte möglichst auch bereits im Zusammenhang mit der Planung, Ausschreibung, Entwicklung und Einrichtung von Systemen automatisierter personenbezogener Datenverarbeitung konsultiert werden, auch um die Grundsätze des Datenschutzes durch Technik und der datenschutzfreundlichen Voreinstellungen zu berücksichtigen. Ferner sollte der Datenschutzbeauftragte auch Mitglied der relevanten Arbeits- und Gesprächskreise innerhalb des Unternehmens oder der öffentlichen Stelle sein.[3] 3

---

[1] Zur Wirksamkeit und Effektivität betrieblicher Datenschutzbeauftragter und noch vorhandenem Handlungsbedarf in Deutschland vgl. *Zier/Neumann/Belke*, DuD 2015, 753.

[2] Vgl. *Gola/Schomerus*, BDSG, § 4f Rn. 40 ff.

[3] Zu entsprechenden Empfehlungen vgl. *Artikel-29-Datenschutzgruppe*, WP 243, S. 16.

4 **2. Unterstützungspflicht.** Die Pflicht zur Sicherstellung einer ordnungsgemäßen und frühzeitigen Einbindung des Datenschutzbeauftragten korrespondiert mit der **Unterstützungspflicht** der Verantwortlichen und Auftragsverarbeiter nach Art. 38 Abs. 2 (sa § 6 Abs. 2 BDSG nF). Dazu gehört die Ermöglichung des **Zugangs** zu personenbezogenen Daten und Verarbeitungsvorgängen. Des Weiteren sind dem Datenschutzbeauftragten insgesamt die für die Aufgabenerfüllung erforderlichen **Ressourcen** (personelle, sachliche und finanzielle Mittel, Räume, Einrichtungen, Geräte, Zeit etc.)[4] zur Verfügung stellen (→ Rn. 10).[5] Die Pflicht zur Unterstützung bei der Erhaltung seines Fachwissens erscheint nicht zuletzt angesichts der Dynamik im Bereich des Datenschutzes sachgerecht. Sie steht wie auch die Zurverfügungstellung der sonstigen Ressourcen unter dem Vorbehalt der Erforderlichkeit, dh der Umfang der Unterstützung bemisst sich nach den jeweiligen Umständen des Einzelfalls (Unternehmensgröße, Menge, Art und Zwecke der Datenverarbeitung, Branche etc.).[6]

5 **3. Unabhängigkeit.** Erwägungsgrund 97 stellt klar, dass sowohl interne als auch externe Datenschutzbeauftragte ihre Pflichten und Aufgaben in **vollständiger** Unabhängigkeit ausüben können sollen. Dementsprechend statuiert Art. 38 Abs. 3 eine funktionsbezogene **Weisungsfreiheit** des Datenschutzbeauftragten sowie einen **Abberufungsschutz**[7] und ein **Benachteiligungsverbot** (→ Rn. 10 ff.).[8] Dem Datenschutzbeauftragten dürfen keine dahingehenden Weisungen erteilt werden, wie bei einem bestimmten datenschutzrelevanten Sachverhalt zu verfahren ist; insbesondere darf er nicht angewiesen werden, einen bestimmten Standpunkt zu vertreten. Trifft der Verantwortliche bzw. der Auftragsverarbeiter Entscheidungen, die den Empfehlungen des Datenschutzbeauftragten zuwiderlaufen, so sollte dies dokumentiert werden. Eine Benachteiligung oder gar eine Abberufung des Datenschutzbeauftragten ist nach der DS-GVO unzulässig, wenn diese allein deshalb erfolgt, weil er seinen Pflichten als Datenschutzbeauftragter nachgekommen ist. Schon allein die Androhung solcher unberechtigter Maßnahmen ist unzulässig.

6 **4. Der Datenschutzbeauftragte als Ansprechpartner des Betroffenen.** Eine wesentliche Maxime des Verordnungsgebers[9] ist die Schaffung von **Transparenz** (Art. 5 Abs. 1 Buchst. a). In diesem Sinne regelt Art. 38 Abs. 4, dass Betroffene den Datenschutzbeauftragten zu allen mit der Verarbeitung ihrer Daten in Zusammenhang stehenden Fragen **zu Rate ziehen** können. Gleiches gilt für die Wahrnehmung ihrer Datenschutzrechte nach der DS-GVO, womit insbesondere auch die in Kapitel III der Verordnung genannten Betroffenenrechte gemeint sein dürften (Auskunft, Berichtigung, Löschung etc.). Zum Schutz des Betroffenen, aber auch, um die Unabhängigkeit des Datenschutzbeauftragten zu wahren ist der Datenschutzbeauftragte zur **Geheimhaltung** ua nach Maßgabe des nationalen

[4] Zu weiteren Bestandteilen der Unterstützungspflicht s. *Artikel-29-Datenschutzgruppe*, WP 243, S. 16 f.

[5] Vgl. *Gola/Schomerus*, BDSG, § 4f Rn. 54 ff. sowie Simitis/*Simitis*, BDSG, § 4f Rn. 142 ff.

[6] Vgl. *Gola/Klug*, NJW 2007, 118.

[7] Vgl. *Gola/Schomerus*, BDSG, § 4f Rn. 40 ff.; ferner Simitis/*Simitis*, BDSG, § 4f Rn. 185 ff.; zum Abberufungsschutz im Fall konzerninterner Umorganisation vgl. BAG, RDV 2011, 237.

[8] Zu Rahmenbedingungen für die Unabhängigkeit und Fachkunde vgl. auch den Beschl. des Düsseldorfer Kreises v. 24./25.11.2010 sowie *Wybitul*, MMR 2011, 372.

[9] Überblick über die Maximen der EU-Kommission bei *Klug*, RDV 2011, 129.

Datenschutzrechts berechtigt und verpflichtet (→ Rn. 13 f.). Aus praktischer Sicht ist die weitreichende **Ansprechpartnerfunktion** des Datenschutzbeauftragten wegen des damit verbundenen Arbeits- und Zeitaufwandes auch im Zusammenhang mit der Unterstützungspflicht nach Art. 38 Abs. 2 zu sehen, zumal die Verordnung eine Kontaktaufnahme mit dem Datenschutzbeauftragten durch eine weitgehende Publizität seiner Kontaktdaten fördert (s. zB Art. 13 Abs. 1 Buchst. b, 14 Abs. 1 Buchst. b, 30 Abs. 1 Buchst. a, 30 Abs. 2 Buchst. a, 33 Abs. 3 Buchst. b, 36 Abs. 3 Buchst. d, 37 Abs. 7).

II. Vermeidung von Interessenkonflikten

Letztlich ist die in Erwägungsgrund 97 geforderte **völlige Unabhängigkeit** 7 bei Teilzeit-Datenschutzbeauftragten nur zu gewährleisten, wenn die neben dem Amt als Datenschutzbeauftragter ausgeübte Tätigkeit nicht mit seinen Datenschutzaufgaben kollidiert. Dies gilt sowohl für den internen als auch für den externen Datenschutzbeauftragten.[10] Der Vermeidung von **Interessenskonflikten** trägt Art. 38 Abs. 6 Rechnung (→ Art. 39 Rn. 10). Wann tatsächlich eine Interessenskollision besteht, ist eine Frage des Einzelfalls. Zwecks Vermeidung derartiger Konflikte hat die Artikel-29-Datenschutzgruppe[11] diverse Empfehlungen gegeben.

C. Rechtsschutz

Eine Verletzung der in Art. 38 verankerten Pflichten der Verantwortlichen und 8 Auftragsverarbeiter ist nach Art. 83 Abs. 4 Buchst. a **bußgeldbewehrt.** In Betracht kommen insofern insbesondere eine nicht ordnungsgemäße oder verspätete Einbindung des Datenschutzbeauftragten (Abs. 1), eine Verletzung der Unterstützungspflicht (Abs. 2), Verstöße gegen die Weisungsfreiheit, den Abberufungsschutz oder das Benachteiligungsverbot sowie das Verwehren einer direkten Berichtslinie (Abs. 3) und die fehlende Sicherstellung der Vermeidung von Interessenskonflikten (Abs. 6). Daneben kommen arbeitsgerichtliche Verfahren (zB Kündigungsschutzprozesse) in Betracht. Die strafrechtliche Ahndung einer Verletzung der Verschwiegenheitspflicht durch den Datenschutzbeauftragten richtet sich nach nationalem Recht (s. §§ 6 Abs. 6, 38 Abs. 2 BDSG nF und § 203 Abs. 4 StGB).

D. Ausgestaltung gemäß BDSG nF

I. Allgemeines

§ 6 BDSG regelt angelehnt an Art. 38 die Stellung von Datenschutzbeauftrag- 9 ten in **öffentlichen Stellen,** wobei einige Regelungen – per Verweisung – (s. § 38 Abs. 2 BDSG nF) auch für den **Privatsektor** gelten. Die Vorschrift dient zT der Umsetzung der RL (EU) 2016/680 und bezweckt überdies eine einheitliche Ausgestaltung der Rechtsstellung der behördlichen Datenschutzbeauftragten in

---

[10] Bsp. bei *Gola/Schomerus*, BDSG, § 4f Rn. 24 ff. sowie Simitis/*Simitis*, BDSG, § 4f Rn. 94 ff.; ferner *Gola*, RDV 2015, 187; vgl. auch *Schefzig*, ZD 2015, 503.

[11] WP 243, S. 19.

der gesamten **Bundesverwaltung.** Nach der gesetzgeberischen Intention[12] soll die Rechtsstellung der behördlichen Datenschutzbeauftragten in der Bundesverwaltung im Anwendungsbereich der DS-GVO, der RL (EU) 2016/680 und für die Bereiche außerhalb des Unionsrechts (zB für die Nachrichtendienste) **einheitlich** ausgestaltet sein.

II. Rechtsstellung bei öffentlichen Stellen

10 § 6 **Abs. 1** und **2** BDSG setzen Art. 33 RL (EU) 2016/680 um. Sie entsprechen den Regelungen des Art. 38 Abs. 1 und 2 DS-GVO zur **frühzeitigen Einbindung** des Datenschutzbeauftragten (→ Rn. 3) und zur **Unterstützungspflicht** der öffentlichen Stelle (→ Rn. 4), § 6 **Abs. 3** BDSG überträgt die Vorgaben des Art. 38 Abs. 3 DS-GVO auf alle öffentlichen Stellen des Bundes, unabhängig davon, zu welchem Zweck die Datenverarbeitung erfolgt. Mit einbezogen sind damit auch Zwecke der polizeilichen und justiziellen Zusammenarbeit sowie nachrichtendienstliche Zwecke (→ Rn. 9). Im Einzelnen geht es um die **Weisungsfreiheit** des Datenschutzbeauftragten, sein unmittelbares **Vortragsrecht** gegenüber der höchsten Leitungsebene der öffentlichen Stelle und das für diese geltende **Abberufungs-** und **Benachteiligungsverbot.** Insofern hat sich an der bisherigen Rechtslage nach dem BDSG aF wenig geändert.[13] Klargestellt wird ua, dass der Datenschutzbeauftragte auch im öffentlichen Bereich eine funktionsbezogene Weisungsfreiheit genießt (→ Rn. 5). Diese sicherzustellen ist Aufgabe der öffentlichen Stelle. Weisungsfreiheit bedeutet dabei nicht, dass der Beauftragte der allgemeinen Dienstaufsicht entzogen wäre. Die Leitung hat sich auch nach seiner Bestellung im Rahmen der Dienstaufsicht davon zu überzeugen, dass er seinen gesetzlichen Pflichten nachkommt. Allerdings darf der Datenschutzbeauftragte nicht von der öffentlichen Stelle wegen der Erfüllung seiner Aufgaben benachteiligt werden. Dies gebietet die ihm zu gewährende völlige **Unabhängigkeit** (→ Rn. 5). Ein Dienstherr hat vielseitige Möglichkeiten, einen ihm missliebigen Beauftragten zu „bestrafen". Diese reichen von der Übergehung bei der Beförderung bis hin zur Entlassung. Diesen und anderen Benachteiligungen kann der Datenschutzbeauftragte unter Berufung auf das Benachteiligungsverbot entgegentreten,

11 Die DS-GVO enthält weder eine explizite Regelung zum besonderen **Kündigungsschutz** des Datenschutzbeauftragten noch eine diesbezügliche Öffnungsklausel. Gleichwohl hat sich der Bundesgesetzgeber als befugt angesehen, die bisherigen Regelung des § 4f Abs. 3 S. 4–6 BDSG aF als arbeitsrechtliche Regelung und Ergänzung zur DS-GVO beizubehalten. § 6 **Abs. 4** BDSG regelt sowohl einen Abberufungs- als auch einen Kündigungsschutz. Wie bereits in Art. 38 Abs. 3 S. 2 und § 6 Abs. 3 S. 3 BDSG geregelt, darf der Datenschutzbeauftragte wegen der Erfüllung seiner Aufgaben nicht abberufen werden. Anders sind aber ggf. Sachverhalte zu beurteilen, bei denen der Datenschutzbeauftragte Verfehlungen begeht, die eine fristlose Kündigung aus wichtigem Grund rechtfertigen.[14] Hierzu müssen konkrete Tatsachen vorliegen. Als Kündigungsgrund kommen insofern beispielsweise Straftaten in Betracht (Datendiebstahl uÄ). Der Abberufungs- und Kündigungsschutz gilt ebenfalls für die in der Privatwirtschaft pflichtmäßig zu bestellenden **betrieblichen Datenschutzbeauftragten** (§ 38 Abs. 2 BDSG).

---

[12] S. BT-Drs. 18/11325, 81.

[13] Hierzu *Gola/Schomerus*, BDSG, § 4f Rn. 47 ff.

[14] Ausf. zu den Kündigungsvoraussetzung *Gola/Schomerus*, BDSG, § 4f Rn. 40 ff.

§ 6 **Abs. 5** S. 1 BDSG überträgt die Vorgaben des Art. 38 Abs. 4 zur **Ansprechpartnerfunktion** des Datenschutzbeauftragten (→ Rn. 6) auf alle öffentlichen Stellen des Bundes (→ Rn. 9). Ergänzend wird klagestellt, dass die Betroffenen den Datenschutzbeauftragten nicht nur im Zusammenhang mit ihren Rechten nach der DS-GVO sondern auch hinsichtlich ihrer Rechte nach dem BDSG und anderen Rechtsvorschriften über den Datenschutz zu Rate ziehen können. **12**

Die ebenfalls für den gesamten Bereich der Bundesverwaltung geltende Regelung zur **Verschwiegenheitspflicht** in **Abs. 5** S. 2 entspricht § 4f Abs. 4 BDSG aF. Auch hier hat der Bundesgesetzgeber den ihm durch die DS-GVO eingeräumten Gestaltungsspielraum genutzt (s. Art. 38 Abs. 5). Grundsätzlich darf der Datenschutzbeauftragte die **Identität** eines Betroffenen nicht preisgeben. Überdies hat der Beauftragte grundsätzlich auch Stillschweigen über solche Umstände zu bewahren, die **mittelbar** Rückschlüsse auf die Person des Betroffenen ermöglichen. Die Verschwiegenheitspflicht schützt in erster Linie Betroffene, die sich mit einer Anfrage oder Beschwerde an den Datenschutzbeauftragten wenden. Sie stärkt die dem Datenschutzbeauftragten zu gewährenden Unabhängigkeit und gilt grundsätzlich auch gegenüber der Behörden- bzw. Geschäftsleitung. Eine Durchbrechung der Verschwiegenheitspflicht ist nur in engen Grenzen zulässig.[15] Der Betroffene kann aber den Datenschutzbeauftragten von dieser Pflicht entbinden. Im Fall der Tätigkeit für Geheimnisträger nach § 203 Abs. 1 und 2 StGB ist die Verletzung von Privatgeheimnissen durch den Datenschutzbeauftragten gem. § 203 Abs. 4 StGB strafbewehrt. Für den öffentlichen Bereich kommen insofern insbes. Geheimnisträger nach Abs. 2 der Vorschrift in Betracht. Die Verschwiegenheitspflicht nach § 6 Abs. 5 S. 2 BDSG gilt über die Verweisung in **§ 38 Abs. 2 BDSG** auch für interne und externe **betriebliche Datenschutzbeauftragte,** die nicht selten auch für Berufsgeheimnisträger nach § 203 Abs. 1 StGB tätig werden. **13**

Das **Zeugnisverweigerungsrecht** in **Abs. 6** sichert – unter Nutzung des Gestaltungsspielraums nach Art. 38 Abs. 5 DS-GVO – die Verschwiegenheitspflicht ab und entspricht § 4f Abs. 4a BDSG aF. Soweit der Leitung der öffentlichen Stelle oder einer bei ihr beschäftigten Person aus beruflichen Gründen ein Zeugnisverweigerungsrecht eingeräumt ist, so steht dieses auch dem Datenschutzbeauftragten zu. Auch Abs. 6 gilt sowohl für **interne** als auch für **externe** Datenschutzbeauftragte und deren **Hilfspersonal.** Über die Ausübung des Zeugnisverweigerungsrechts entscheidet grundsätzlich der Berufsgeheimnisträger selbst (Abs. 6 S. 2). Nur, wenn er nicht rechtzeitig erreichbar ist, kann der Datenschutzbeauftragte bzw. seine Hilfsperson eine Entscheidung treffen. Ergänzend gilt ein **Beschlagnahmeverbot** für Akten und andere Dokumente des Datenschutzbeauftragten, das so weit reicht wie sein Zeugnisverweigerungsrecht. Gegenüber der Vorgängervorschrift spricht Abs. 6 S. 3 nun nicht mehr von „Schriftstücken" sondern von anderen Dokumenten; damit dürften nunmehr auch elektronischen Dokumente in den Beschlagnahmeschutz mit einbezogen sein. § 6 Abs. 6 BDSG findet auch auf **betriebliche Datenschutzbeauftragte** Anwendung (§ 38 Abs. 2 BDSG). **14**

III. Rechtsstellung bei nichtöffentlichen Stellen

Aufgrund der unmittelbaren Geltung der DS-GVO bestand für den Gesetzgeber mit Ausnahme der Regelung in § 38 Abs. 2 BDSG nF kein Anlass, die Rechtsstel- **15**

[15] S. hierzu Simitis/*Simitis*, BDSG, § 4f Rn. 172; *Gola/Schomerus*, BDSG, § 4f Rn. 50.

lung des **betrieblichen Datenschutzbeauftragten** näher zu beschreiben. Die Vorgaben von Art. 38 Abs. 1–6 DS-GVO finden direkte Anwendung (→ Rn. 1 ff.). **§ 38 Abs. 2 BDSG** nF iVm § 6 Abs. 5 S. 2 und Abs. 6 BDSG nF treffen unter Nutzung des durch Art. 38 Abs. 5 DS-GVO eingeräumten Gestaltungsspielraums ergänzende Regelungen zur **Verschwiegenheitspflicht** (→ Rn. 13) und zum **Zeugnisverweigerungsrecht** (→ Rn. 14) von Datenschutzbeauftragten im nichtöffentlichen Bereich. Ebenfalls in Ergänzung zur DS-GVO hat der Gesetzgeber die bisherigen Regelungen des § 4f Abs. 3 S. 4–6 BDSG aF zum besonderen **Kündigungsschutz** als arbeitsrechtliche Regelung beibehalten. § 38 Abs. 2 BDSG nF verweist für Fälle einer Pflicht zur Bestellung von betrieblichen Datenschutzbeauftragten auf den Kündigungsschutz des § 6 Abs. 4 BDSG (→ Rn. 11). Irrelevant ist dabei, ob sich die Bestellungspflicht aus Art. 37 Abs. 1 DS-GVO oder § 38 Abs. 1 BDSG nF ergibt.

Art. 39 Aufgaben des Datenschutzbeauftragten

(1) **Dem Datenschutzbeauftragten obliegen zumindest folgende Aufgaben:**

a) Unterrichtung und Beratung des Verantwortlichen oder des Auftragsverarbeiters und der Beschäftigten, die Verarbeitungen durchführen, hinsichtlich ihrer Pflichten nach dieser Verordnung sowie nach sonstigen Datenschutzvorschriften der Union bzw. der Mitgliedstaaten;

b) Überwachung der Einhaltung dieser Verordnung, anderer Datenschutzvorschriften der Union bzw. der Mitgliedstaaten sowie der Strategien des Verantwortlichen oder des Auftragsverarbeiters für den Schutz personenbezogener Daten einschließlich der Zuweisung von Zuständigkeiten, der Sensibilisierung und Schulung der an den Verarbeitungsvorgängen beteiligten Mitarbeiter und der diesbezüglichen Überprüfungen;

c) Beratung – auf Anfrage – im Zusammenhang mit der Datenschutz-Folgenabschätzung und Überwachung ihrer Durchführung gemäß Artikel 35;

d) Zusammenarbeit mit der Aufsichtsbehörde;

e) Tätigkeit als Anlaufstelle für die Aufsichtsbehörde in mit der Verarbeitung zusammenhängenden Fragen, einschließlich der vorherigen Konsultation gemäß Artikel 36, und gegebenenfalls Beratung zu allen sonstigen Fragen.

(2) **Der Datenschutzbeauftragte trägt bei der Erfüllung seiner Aufgaben dem mit den Verarbeitungsvorgängen verbundenen Risiko gebührend Rechnung, wobei er die Art, den Umfang, die Umstände und die Zwecke der Verarbeitung berücksichtigt.**

Literatur: Vgl. die Hinweise zu Art. 37.

Übersicht

A. Allgemeines

I. Zweck und Bedeutung der Vorschrift

1 Die Vorschrift enthält eine – **nicht abschließende** – Aufgabenliste für betriebliche und behördliche Datenschutzbeauftragte. Sie ist das Ergebnis einer erst gegen Ende des Trilogverfahrens gefundenen Kompromisslösung, die den insoweit unterschiedlichen Interessen der Mitgliedstaaten Rechnung tragen soll. Demensprechend belässt sie den nationalen Entscheidungsträgern einen gewissen **Gestaltungsspielraum.** Auch wenn sich einige die Festschreibung einer strategischeren Rolle des Datenschutzbeauftragte in der DS-GVO gewünscht hätten, so lässt sich doch feststellen, dass die Mitgliedstaaten bzw. die dort ansässigen Unternehmen und Behörden es in der Hand haben, ihre Datenschutzbeauftragten mit zusätzlichen Kompetenzen auszustatten.

II. Systematik, Verhältnis zu anderen Vorschriften

2 Art. 39 Abs. 1 weist dem Datenschutzbeauftragten in erster Linie **Berichts-, Beratungs-, Kontroll- und Kooperationsaufgaben** zu. Die Vorschrift korrespondiert mit der in Art. 37 Abs. 5 vorausgesetzten Qualifikation. Die in Art. 39 Abs. 1 Buchst. e geregelte Interaktion mit der Aufsichtsbehörde korreliert mit der in Art. 37 Abs. 7 geregelten Mitteilung von Kontaktdaten an die Aufsichtsbehörde. Im Vergleich zu der Aufgabenstellung des Datenschutzbeauftragten nach dem BDSG aF verzichtet die DS-GVO auf einzelne operative Aufgaben (Mitarbeiterschulung und Vorabkontrolle) und weist dem Datenschutzbeauftragten in erster Linie eine Compliance-Aufgabe zu. Durch die Regelung in Art. 39 Abs. 2, wonach den Datenschutzbeauftragten eine risikoorientierte Aufgabenerfüllung übertragen wird, schließt sich der Kreis eines insgesamt risikobasierten Ansatzes der DS-GVO.[1] Die Vorschrift lässt einige Parallelen zu § 4g BDSG aF erkennen. Nunmehr wiederholt § 7 Abs. 1 BDSG nF den Aufgabenkatalog des Art. 39 unter lediglich redaktioneller Anpassung und geringfügiger Ergänzung (→ Rn. 8 ff.).

B. Einzelerläuterungen

3 Art. 39 Abs. 1 **Buchst. a** korreliert mit der in Art. 38 Abs. 3 S. 3 statuierten direkten Berichtslinie zur höchsten Managementebene und verpflichtet den Datenschutzbeauftragen dazu, die oberste Unternehmens- bzw. Behördenleitung über einschlägige datenschutzrelevante Vorgänge zu informieren. Die an diese **Unterrichtungspflicht** gekoppelte **Beratungspflicht** verlangt, dass der Datenschutzbeauftragte Maßnahmen zur Einhaltung des europäischen und nationalen

[1] Zu den Auswirkungen auf den Datenschutzbeauftragten s. *Artikel-29-Datenschutzgruppe*, WP 243, S. 22.

Datenschutzrechts vorschlägt. Diese Beratungspflicht besteht selbstredend auch in Bezug auf die mit der DS-GVO eingeführten Neuerungen. Die Unterrichtungs- und Beratungspflichten des Datenschutzbeauftragten bestehen nicht nur gegenüber den **Verantwortlichen** und **Auftragsverarbeitern,** sondern erstrecken sich auch auf die mit der Datenverarbeitung **Beschäftigten.**

4 Art. 39 Abs. 1 **Buchst. b** ergänzt die vorgenannten Aufgaben um die **Kontrollfunktion** des Datenschutzbeauftragten. Im Prinzip handelt es sich um eine typische **Compliance-Aufgabe,** denn Gegenstand der Kontrolle ist nicht nur die Wahrung des einschlägigen Datenschutzrechts, sondern auch die Einhaltung der „Strategien" bzw. Regeln und Richtlinien, die sich das Unternehmen oder die Behörde selbst gegeben hat. Dass derartige interne Regelungen im Rahmen der Unterrichtungs- und Beratungspflicht nach Art. 39 Abs. 1 Buchst. a keine Erwähnung finden, erscheint unproblematisch, da insoweit von einem Eigeninteresse des Unternehmens bzw. der Behörde ausgegangen werden kann. Die Kontrollbefugnis des Datenschutzbeauftragten erstreckt sich auch auf die gewählte interne **Zuständigkeitsverteilung** in Sachen Datenschutz. In Betracht kommen aber auch abgeleitete Weisungsbefugnisse des Datenschutzbeauftragten selbst. Von wichtiger Bedeutung ist die **Sensibilisierung** und **Schulung** der Mitarbeiter. Schließlich können nur aufmerksame und geschulte Mitarbeiter effektiv auf die Einhaltung der Datenschutzvorgaben hinwirken. Dass eine ausreichende Sensibilisierung und eine nachgewiesene Mitarbeiterschulung stattgefunden haben, ist vom Datenschutzbeauftragten zu **kontrollieren.** Ggf. empfiehlt es sich aber sogar, ihm diese Aufgaben direkt zu übertragen, zumal er die mit der Datenverarbeitung Beschäftigten ohnehin nach Art. 39 Abs. 1 Buchst. a zu unterrichten und zu beraten hat. Insgesamt steht es den Unternehmen und Behörden frei, die Rolle des Datenschutzbeauftragten strategischer und proaktiver auszugestalten, als dies in Art. 39 Abs. 1 vorgesehen ist, denn die Vorschrift enthält ausweislich ihres ersten Satzes **keine abschließende Aufgabenzuweisung.** Dass dem Datenschutzbeauftragten durchaus auch weitergehende gestalterische Aufgaben zukommen können, verdeutlichen im Übrigen dessen Erwähnung im Zusammenhang mit **internen verbindlichen Datenschutzregeln** in Art. 47 Abs. 2 Buchst. h und die in Erwägungsgrund 77 erwähnte **Hinweisfunktion.**

5 Welche Rolle dem Datenschutzbeauftragten im Zusammenhang mit der **Datenschutz-Folgenabschätzung** zukommen soll, war lange unklar.[2] Nach der gefundenen Kompromisslösung regelt Art. 39 Abs. 1 Buchst. c seine diesbezügliche **Kontroll-** und **Beratungsfunktion** (→ Rn. 9). Unabdingbar ist danach, dass der Datenschutzbeauftragte die ordnungsgemäße Durchführung der in Art. 35 geregelten Folgenabschätzung überwacht. Daneben obliegt dem Datenschutzbeauftragten eine Pflicht zur aktiven Beratung. Der Verantwortliche hat dafür Sorge zu tragen, dass er bei der Datenschutz-Folgenabschätzung zu Rate gezogen wird (Art. 35 Abs. 2). Der Datenschutzbeauftragte hat seinerseits einer diesbezüglichen Anfrage zu entsprechen (Art. 39 Abs. 1 Buchst. c). Nicht zuletzt mit Blick auf die Pflicht zur frühzeitigen Einbindung des Datenschutzbeauftragten (Art. 38 Abs. 1), seine Hinweisfunktion nach Erwägungsgrund 77 und die auch nach Art. 39 Abs. 2 gebotene Risikoorientierung erscheint eine Beteiligung des Datenschutzbeauftragten schon bei der Ermittlung der Notwendigkeit einer Datenschutz-Folgenabschätzung sinnvoll.[3] Stimmt der Verantwortliche der Empfehlung des Datenschutz-

[2] Vgl. *Klug*, RDV 2014, 90 (92).

[3] Sa die weiteren Empfehlungen der *Artikel-29-Datenschutzgruppe*, WP 243, S. 20 f.

beauftragten nicht zu, ist in der Dokumentation zu der Datenschutz-Folgenabschätzung zu begründen, warum der Empfehlung nicht gefolgt wurde.

Bis zum Schluss kontrovers diskutiert wurde auch die **Interaktion** des Datenschutzbeauftragten mit der **Aufsichtsbehörde**. Bedenken bestanden ua mit Blick auf die den Datenschutzbeauftragten ggf. obliegenden Treuepflichten gegenüber der Unternehmens- bzw. Behördenleitung und damit ggf. verbundenen Interessenskonflikten (zum Kündigungsschutz → Art. 38 Rn. 11). Art. 39 Abs. 1 Buchst. d und e verpflichten den Datenschutzbeauftragten zur **Zusammenarbeit** mit der Aufsichtsbehörde, wobei gleichzeitig dessen Funktion als direkter Ansprechpartner klargestellt wird. Der Datenschutzbeauftragte soll allgemein als Anlaufstelle in datenschutzrechtlichen Angelegenheiten fungieren. Insbesondere wenn es zur Risikoeindämmung einer **Vorabkonsultation** der Aufsichtsbehörde nach Art. 36 bedarf, aber auch in sonstigen Beratungsfällen soll er als Ansprechpartner zur Verfügung stehen. Er kann ggf. seinerseits die Aufsichtsbehörde zu allen sonstigen Fragen konsultieren, wobei dies mit Blick auf etwaige Treueverhältnisse tunlichst in Absprache mit der Geschäfts- oder Behördenleitung geschehen sollte. Im Rahmen ihrer Aufgabenerfüllung liegende Beratungen durch die Aufsichtsbehörde sind für den Datenschutzbeauftragten **kostenfrei** (Art. 57 Abs. 3). 6

C. Rechtsschutz

Verstöße gegen die Pflichten der Verantwortlichen und der Auftragsverarbeiter nach den Art. 37, 38 und 39 sind gem. Art. 83 Abs. 4 Buchst. a **bußgeldbewehrt.** Die in Art. 39 aufgelisteten Aufgaben muss der Datenschutzbeauftragte in völliger Unabhängigkeit erledigen können (vgl. Art. 38 Abs. 3). Dies betrifft neben seinen Unterrichtungs-, Beratungs- und Überwachungsaufgaben nach Abs. 1 Buchst. a–c auch dessen Interaktion mit der Aufsichtsbehörde nach Abs. 1 Buchst. d–e. 7

D. Ausgestaltung gemäß BDSG nF

I. Allgemeines

Für den Bereich der **Privatwirtschaft** und auch für **öffentliche Stellen** gilt Art. 39 zu den Aufgaben des Datenschutzbeauftragten in den EU-Mitgliedstaaten **unmittelbar.** Überdies wurde allerdings auf nationaler Ebene insofern zusätzlicher gesetzgeberischer Handlungsbedarf gesehen, als es um die **Umsetzung** der RL (EU) 2016/680 und die **Rechtsvereinheitlichung** im gesamten Bereich der Bundesverwaltung geht. Auch bei der polizeilichen und justiziellen Zusammenarbeit und ferner bei außerhalb des Anwendungsbereichs des EU-Rechts stehenden Verarbeitungszwecken öffentlicher Stellen (zB bei Nachrichtendiensten) sollen bezüglich des Datenschutzbeauftragten gleiche Voraussetzungen gelten. Im Übrigen wiederholt **§ 7 Abs. 1 BDSG nF** den Aufgabenkatalog des Art. 39 unter lediglich redaktionellen Anpassungen und geringfügigen Ergänzungen. Keinen Gebrauch gemacht hat der Bundesgesetzgeber indes von der Möglichkeit, den – nicht abschließenden – Aufgabenkatalog des Art. 39 substantiell zu erweitern. Insofern bleibt es dabei, dass auch die Normadressaten im öffentlichen Bereich (Verantwortliche und Auftragsvererbeiter) es selbst in der Hand haben, dem 8

Datenschutzbeauftragten zusätzliche Aufgaben zu übertragen (→ Rn. 1 sowie → Art. 30 Rn. 1).

II. Einzelerläuterungen

9 **§ 7 Abs. 1 S. 1** setzt Art. 34 RL (EU) 2016/680 um. Um die Aufgaben der Datenschutzbeauftragten öffentlicher Stellen für alle Verarbeitungszwecke **einheitlich** auszugestalten (→ Rn. 8), entspricht die Norm inhaltlich weitestgehend Art. 39 (→ Rn. 3 ff.). **Ziff. 1** und **2** stellen klar, dass sich die Unterrichtungs-, Beratungs- und Überwachungsaufgaben des Datenschutzbeauftragten auf die Datenschutzpflichten nach dem **BDSG,** nach den einschlägigen **EU-Vorgaben** und ggf. auch nach **sonstigen** Vorschriften über den Datenschutz (zB interne Richtlinien) erstrecken (→ Rn. 4). **Ziff. 3** weicht vom Wortlaut des Art. 39 Buchst. c insoweit ab, als die Beratung des Datenschutzbeauftragten im Zusammenhang mit der **Datenschutz-Folgenabschätzung** generell, dh nicht nur auf Anfrage zu erfolgen hat (→ Rn. 5). Die **Ziff. 4** und **5** regeln die Interaktion des Datenschutzbeauftragten mit der **Aufsichtsbehörde** und entsprechen Art. 39 Abs. 1 Buchst. d und e (→ Rn. 6). **Abs. 1 S. 2** stellt klar, dass sich die Aufgaben eines bei Gericht bestellten behördlichen Datenschutzbeauftragten nicht auf das Handeln des Gerichts im Rahmen seiner **justiziellen Tätigkeit** beziehen (→ Art. 37 Rn. 6).

10 **Abs. 2** entspricht Art. 38 Abs. 6 und verdeutlicht, dass behördliche Datenschutzbeauftragte im gesamten Bereich der Bundesverwaltung neben ihren Aktivitäten auf dem Gebiet des Datenschutzes auch weitere Aufgaben und Pflichten wahrnehmen können. **Teilzeit**-Datenschutzbeauftragte dürften insbesondere in kleineren öffentlichen Stellen in Betracht kommen. In jedem Fall gilt es aber **Interessenkonflikte** zu vermeiden, worauf § 7 Abs. 2 S. 2 BDSG nF ausdrücklich hinweist (→ Art. 37 Rn. 16; → Art. 38 Rn. 7).

11 **Abs. 3** trägt dem in Art. 39 Abs. 2 verankerten **risikobasierten** Ansatz der DS-GVO Rechnung und gilt als allgemeiner Grundsatz ebenfalls für Datenschutzbeauftragte im gesamten Bereich der Bundesverwaltung. Im Wesentlichen verpflichtet dieser Grundsatz den Datenschutzbeauftragten, seine Tätigkeiten nach Priorität zu ordnen und seine Anstrengungen auf Fragen zu konzentrieren, von denen größere Bedrohungen für den Datenschutz ausgehen. Dies bedeutet aber nicht, dass er die Überwachung der Vorschrifteneinhaltung bei vergleichsweise weniger risikobehafteten Datenverarbeitungsvorgängen vernachlässigen sollte.[4]

Abschnitt 5. Verhaltensregeln und Zertifizierung

Art. 40 Verhaltensregeln

(1) **Die Mitgliedstaaten, die Aufsichtsbehörden, der Ausschuss und die Kommission fördern die Ausarbeitung von Verhaltensregeln, die nach Maßgabe der Besonderheiten der einzelnen Verarbeitungsbereiche und der besonderen Bedürfnisse von Kleinstunternehmen sowie kleinen und mittleren Unternehmen zur ordnungsgemäßen Anwendung dieser Verordnung beitragen sollen.**

---

[4] *Artikel-29-Datenschutzgruppe*, WP 243, S. 22.

(2) **Verbände und andere Vereinigungen, die Kategorien von Verantwortlichen oder Auftragsverarbeitern vertreten, können Verhaltensregeln ausarbeiten oder ändern oder erweitern, mit denen die Anwendung dieser Verordnung beispielsweise zu dem Folgenden präzisiert wird:**
a) faire und transparente Verarbeitung;
b) die berechtigten Interessen des Verantwortlichen in bestimmten Zusammenhängen;
c) Erhebung personenbezogener Daten;
d) Pseudonymisierung personenbezogener Daten;
e) Unterrichtung der Öffentlichkeit und der betroffenen Personen;
f) Ausübung der Rechte betroffener Personen;
g) Unterrichtung und Schutz von Kindern und Art und Weise, in der die Einwilligung des Trägers der elterlichen Verantwortung für das Kind einzuholen ist;
h) die Maßnahmen und Verfahren gemäß den Artikeln 24 und 25 und die Maßnahmen für die Sicherheit der Verarbeitung gemäß Artikel 32;
i) die Meldung von Verletzungen des Schutzes personenbezogener Daten an Aufsichtsbehörden und die Benachrichtigung der betroffenen Person von solchen Verletzungen des Schutzes personenbezogener Daten;
j) die Übermittlung personenbezogener Daten an Drittländer oder an internationale Organisationen oder
k) außergerichtliche Verfahren und sonstige Streitbeilegungsverfahren zur Beilegung von Streitigkeiten zwischen Verantwortlichen und betroffenen Personen im Zusammenhang mit der Verarbeitung, unbeschadet der Rechte betroffener Personen gemäß den Artikeln 77 und 79.

(3) [1]**Zusätzlich zur Einhaltung durch die unter diese Verordnung fallenden Verantwortlichen oder Auftragsverarbeiter können Verhaltensregeln, die gemäß Absatz 5 des vorliegenden Artikels genehmigt wurden und gemäß Absatz 9 des vorliegenden Artikels allgemeine Gültigkeit besitzen, auch von Verantwortlichen oder Auftragsverarbeitern, die gemäß Artikel 3 nicht unter diese Verordnung fallen, eingehalten werden, um geeignete Garantien im Rahmen der Übermittlung personenbezogener Daten an Drittländer oder internationale Organisationen nach Maßgabe des Artikels 46 Absatz 2 Buchstabe e zu bieten.** [2]**Diese Verantwortlichen oder Auftragsverarbeiter gehen mittels vertraglicher oder sonstiger rechtlich bindender Instrumente die verbindliche und durchsetzbare Verpflichtung ein, die geeigneten Garantien anzuwenden, auch im Hinblick auf die Rechte der betroffenen Personen.**

(4) **Die Verhaltensregeln gemäß Absatz 2 des vorliegenden Artikels müssen Verfahren vorsehen, die es der in Artikel 41 Absatz 1 genannten Stelle ermöglichen, die obligatorische Überwachung der Einhaltung ihrer Bestimmungen durch die Verantwortlichen oder die Auftragsverarbeiter, die sich zur Anwendung der Verhaltensregeln verpflichten, vorzunehmen, unbeschadet der Aufgaben und Befugnisse der Aufsichtsbehörde, die nach Artikel 55 oder 56 zuständig ist.**

(5) [1]**Verbände und andere Vereinigungen gemäß Absatz 2 des vorliegenden Artikels, die beabsichtigen, Verhaltensregeln auszuarbeiten oder**

bestehende Verhaltensregeln zu ändern oder zu erweitern, legen den Entwurf der Verhaltensregeln bzw. den Entwurf zu deren Änderung oder Erweiterung der Aufsichtsbehörde vor, die nach Artikel 55 zuständig ist. [2]Die Aufsichtsbehörde gibt eine Stellungnahme darüber ab, ob der Entwurf der Verhaltensregeln bzw. der Entwurf zu deren Änderung oder Erweiterung mit dieser Verordnung vereinbar ist und genehmigt diesen Entwurf der Verhaltensregeln bzw. den Entwurf zu deren Änderung oder Erweiterung, wenn sie der Auffassung ist, dass er ausreichende geeignete Garantien bietet.

(6) **Wird durch die Stellungnahme nach Absatz 5 der Entwurf der Verhaltensregeln bzw. der Entwurf zu deren Änderung oder Erweiterung genehmigt und beziehen sich die betreffenden Verhaltensregeln nicht auf Verarbeitungstätigkeiten in mehreren Mitgliedstaaten, so nimmt die Aufsichtsbehörde die Verhaltensregeln in ein Verzeichnis auf und veröffentlicht sie.**

(7) **Bezieht sich der Entwurf der Verhaltensregeln auf Verarbeitungstätigkeiten in mehreren Mitgliedstaaten, so legt die nach Artikel 55 zuständige Aufsichtsbehörde – bevor sie den Entwurf der Verhaltensregeln bzw. den Entwurf zu deren Änderung oder Erweiterung genehmigt – ihn nach dem Verfahren gemäß Artikel 63 dem Ausschuss vor, der zu der Frage Stellung nimmt, ob der Entwurf der Verhaltensregeln bzw. der Entwurf zu deren Änderung oder Erweiterung mit dieser Verordnung vereinbar ist oder – im Fall nach Absatz 3 dieses Artikels – geeignete Garantien vorsieht.**

(8) **Wird durch die Stellungnahme nach Absatz 7 bestätigt, dass der Entwurf der Verhaltensregeln bzw. der Entwurf zu deren Änderung oder Erweiterung mit dieser Verordnung vereinbar ist oder – im Fall nach Absatz 3 – geeignete Garantien vorsieht, so übermittelt der Ausschuss seine Stellungnahme der Kommission.**

(9) **[1]Die Kommission kann im Wege von Durchführungsrechtsakten beschließen, dass die ihr gemäß Absatz 8 übermittelten genehmigten Verhaltensregeln bzw. deren genehmigte Änderung oder Erweiterung allgemeine Gültigkeit in der Union besitzen. [2]Diese Durchführungsrechtsakte werden gemäß dem Prüfverfahren nach Artikel 93 Absatz 2 erlassen.**

(10) **Die Kommission trägt dafür Sorge, dass die genehmigten Verhaltensregeln, denen gemäß Absatz 9 allgemeine Gültigkeit zuerkannt wurde, in geeigneter Weise veröffentlicht werden.**

(11) **Der Ausschuss nimmt alle genehmigten Verhaltensregeln bzw. deren genehmigte Änderungen oder Erweiterungen in ein Register auf und veröffentlicht sie in geeigneter Weise.**

Übersicht

A. Allgemeines

I. Zweck und Bedeutung der Vorschrift

1 Verbände und Vereinigungen sollen ermutigt werden, **Verhaltensregeln** auszuarbeiten, die die Anwendung der DS-GVO konkretisieren. In die Konkretisierung sollen branchenspezifische Besonderheiten und besondere Bedürfnisse von kleinen und mittleren Unternehmen einfließen. Damit soll die Selbstregulierung der Wirtschaft gestärkt werden. Eine Abweichung von den Normen der DS-GVO mittels Verhaltensregeln ist unzulässig.

2 Verhaltensregeln müssen ein mehrstufiges **Verfahren** durchlaufen, um genehmigt zu werden. Eine Selbstverpflichtung auf Einhaltung genehmigter Verhaltensregeln unterstützt die Nachweispflicht im Sinne der DS-GVO.

3 Verantwortliche[1] und Auftragsverarbeiter[2] können sich selber zur Einhaltung von **Verhaltensvorschriften verpflichten.** Die Verbände und Vereinigungen legen ein Verfahren fest, nach dem eine benannte Stelle[3] die Einhaltung durch die selbstverpflichteten Verantwortlichen überprüfen kann.

II. Systematik, Verhältnis zu anderen Vorschriften

4 Im Kern geht die Vorschrift auf Art. 27 RL 95/46/EG zurück, der durch **§ 38a BDSG aF** in deutsches Recht umgesetzt wurde. Eine förmliche Genehmigung nach § 38a BDSG aF wurde vom BlnDSB 2012 ausgesprochen für die „Verhaltensregeln für den Umgang mit personenbezogenen Daten durch die deutsche Versicherungswirtschaft".[4]

5 Die Selbstverpflichtung auf eine Verhaltensvorschrift kann dem Verantwortlichen helfen, die **Erfüllung seiner Verantwortung** nach Art. 24 Abs. 3 oder die Sicherheit der Verarbeitung gem. Art. 32 Abs. 3 (gilt auch für Auftragsverarbeiter)[5] **nachzuweisen.** Die Selbstverpflichtung eines Auftragsverarbeiters kann als ein Faktor für den Nachweis hinreichender Garantien iSv Art. 28 Abs. 1, 4 verwendet werden.[6] Im Rahmen einer Datenschutz-Folgenabschätzung gem. Art. 35 ist bei der Beurteilung der Auswirkungen eine Selbstverpflichtung durch den Verantwortlichen oder zuständigen Auftragsverarbeiter gebührend zu berücksichtigen.[7] Unter in Art. 46 Abs. 2 definierten Bedingungen können Verhaltensregeln von

---

[1] Art. 4 Nr. 7.

[2] Art. 4 Nr. 8.

[3] Art. 41 Abs. 1.

[4] Berliner Beauftragte für Datenschutz und Informationsfreiheit, Datenschutz und Informationsfreiheit, Bericht 2012, 2013, S. 147.

[5] Art. 4 Nr. 8.

[6] Art. 28 Abs. 5.

[7] Art. 35 Abs. 8.

dem Datenimporteur in einem Drittstatt, für den kein Angemessenheitsbeschluss nach Art. 45 Abs. 3 vorliegt, genutzt werden, um sein angemessenes Datenschutzniveau nachzuweisen. Bei der Verhängung eines Bußgeldes ist die Verpflichtung auf Verhaltensregeln gebührend, dh in der Regel die Höhe mindernd, zu berücksichtigen.[8] Festzuhalten bleibt, dass eine Verpflichtung auf Verhaltensregeln die Verantwortung zur Einhaltung der DS-GVO des Verantwortlichen und des Auftragsverarbeiters nicht schmälert.

6 Verhaltensregeln unterscheiden sich in der Zielsetzung von **Zertifizierungen.**[9] Die Verhaltensregeln sollen Verantwortliche bei der Umsetzung der Normen unterstützen.[10] Zertifizierungen dagegen schaffen Transparenz über das Datenschutzniveau für betroffene Personen, dh allgemein für Außenstehende.[11] Zertifizierungen basieren ua auf der Prüfung durch die Zertifizierungsstelle, dh eine Selbstverpflichtung reicht nicht aus.[12]

B. Einzelerläuterungen

I. Förderauftrag

7 Abs. 1 trägt den Mitgliedstaaten der EU, den Aufsichtsbehörden,[13] dem Ausschuss[14] und der EU-Kommission auf, die **Ausarbeitung von Verhaltensregeln zu fördern.** Fördern umfasst, geeignete Verbände und Vereinigungen zu ermutigen Verhaltensregeln zu verfassen, bei der Erstellung beratend mitzuwirken, die Bekanntheit bestehender Verhaltensregeln zu verbessern und Verantwortliche zur Selbstverpflichtung auf Verhaltensregeln zu motivieren. Die Bedürfnisse von Kleinstunternehmen, kleinen und mittleren Unternehmen[15] sollen besonders berücksichtig werden. Die Mitwirkung von Aufsichtsbehörden, Ausschuss und EU-Kommission an der Genehmigung wird in den Abs. 5–11 normiert (→ Rn. 20 ff.).

II. Ersteller von Verhaltensregeln

8 Zulässige **Ersteller** sind nach Abs. 2 Verbände und andere Vereinigungen, die Kategorien von Verantwortlichen oder Auftragsverarbeitern vertreten. Abgrenzungskriterium ist die Vertretung von Verantwortlichen oder Auftragsverarbeitern, dh die Vertretung von Unternehmen, Behörden, Vereinen, Parteien usw. Der Begriff „Kategorie" legt nahe, dass die vertretenen Unternehmen, Behörden usw. Gemeinsamkeiten aufweisen müssen. Beispiele sind Branchenverbände, Verbände für Berufsgruppen, Verbände für bestimmte Unternehmensgrößen und Datenschutzverbände. Eine Vertretung von mehreren Kategorien von Unternehmen und Behörden ist unschädlich. Verbraucherschutzverbände sind bspw. nicht einbezogen. Auf die Rechtsform der Verbände und Vereinigungen kommt es nicht an.

---

[8] Art. 83 Abs. 2 Buchst. j.
[9] Art. 42.
[10] Erwägungsgrund 98.
[11] Erwägungsgrund 100.
[12] Art. 42.
[13] Art. 51 iVm 57 Abs. 1 Buchst. m.
[14] Art. 68 iVm 70 Abs. 1 Buchst. n.
[15] Für die Definitionen s. Empfehlung 2003/361/EG der Kommission.

Andere Organisationen sind nicht ermächtig Verhaltensregeln zu erstellen und zur Genehmigung einzureichen. Insofern stellen von Unternehmen oder auch Aufsichtsbehörden entwickelte Standards keine Verhaltensregeln iSd Art. 40 dar. Gleiches gilt für Konzerne und Unternehmensgruppen.[16] 9

Weiterhin erlaubt Abs. 5 auch das **Ändern** oder **Erweitern** bestehender Verhaltensregeln durch Verbände und Vereinigungen. Eine Änderung oder Erweiterung von eigenen Verhaltensregeln ist unproblematisch. Der Wortlaut von Abs. 5 lässt auch eine Änderung oder Erweiterung von Verhaltensregeln zu, die ein anderer Verband oder Vereinigung erstellt haben. Dagegen kann das jeweils zur Anwendung kommende Urheberrecht betroffener Mitgliedstaaten sprechen. Wenn die zur Überwachung der Einhaltung der Verhaltensregeln eingerichtete Stelle[17] von dem Verband oder der Vereinigung getragen wird, der oder die die Verhaltensregeln erstellt hat, kann eine Änderung der Verhaltensregeln durch einen anderen Verband oder Vereinigung auch einen Eingriff in den eingerichteten Betrieb darstellen, und insofern nach dem jeweils anzuwendenden Recht des Mitgliedstaats unzulässig sein. Änderungen oder Erweiterungen von Verhaltensregeln bedürfen einer Genehmigung (→ Rn. 24 ff.). 10

Die **Initiative** geht von den Verbänden und Vereinigungen aus. Dabei sollen diese während der Ausarbeitung, Änderung oder Erweiterung der Verhaltensregeln möglichst auch die betroffenen Personen konsultieren und die Eingaben und Stellungnahmen, die sie dabei erhalten, berücksichtigen.[18] Das Einbeziehen ist nicht verpflichtend, denn diese Vorgabe steht nicht im Gesetzesteil, sondern in den Erwägungsgründen. Der Gesetzgeber hat scheinbar bewusst von einer gesetzlichen Verpflichtung abgesehen. 11

Bei der Ausarbeitung oder bei der Änderung oder Erweiterung solcher Verhaltensregeln sollten Verbände und oder andere Vereinigungen, die bestimmte Kategorien von Verantwortlichen oder Auftragsverarbeitern vertreten, die **maßgeblichen Interessenträger,** möglichst auch die betroffenen Personen, konsultieren und die Eingaben und Stellungnahmen, die sie dabei erhalten, berücksichtigen. Maßgeblich für die Genehmigung ist das Ergebnis. Eine fehlende oder unzureichende Konsultation führt nicht zur Rechtswidrigkeit.[19] 12

III. Gegenstand der Verhaltensregeln

Verhaltensregeln **präzisieren die Anwendung** von Normen der DS-GVO.[20] 13
Grundsätzlich kann sich eine Verhaltensregel auf eine oder mehrere ausgewählte Normen beschränken. Prinzipiell sind keine Normen, die auf Verantwortlichen oder Auftragsverarbeiter Anwendung finden, ausgenommen. Als Beispiel sei der Datenschutzstandard DS-BvD-GDD-01, den die LDI NRW befürwortet,[21] genannt. Die Normen müssen für die durch die erstellenden Verbände oder Vereinigungen vertretenden Unternehmen, Behörden usw. einschlägig sein, aufgrund des zugrundeliegenden Gedankens der Selbstregulierung. In Abs. 2 Buchst. a–j

---

[16] *Herfurth/Engel,* ZD 2017, 367.
[17] Art. 41 Abs. 1.
[18] Erwägungsgrund 99.
[19] *Wolff,* ZD 2017, 151 (152).
[20] Art. 40 Abs. 2 S. 1.
[21] LDI NRW, Datenschutzsiegel in Nordrhein-Westfalen, abrufbar unter: www.ldi.nrw.de/mainmenu_Datenschutz/submenu_Datenschutzrecht/Inhalt/Wirtschaft/Inhalt/Modellvorhaben_Datenschutzsiegel/Modellvorhaben_Datenschutzsiegel.pdf.

nennt die DS-GVO Beispiele, die auf die unmittelbaren Pflichten der Verantwortlichen oder Auftragsverarbeiter beziehen. Dieser Katalog ist weder abschließend noch verpflichtend. Die Verhaltensregeln müssen Anwendern einen **Mehrwert** im Bereich der Anwendung bieten, dh eine bloße Wiederholung gesetzlicher Vorschriften reicht nicht aus. Gleichfalls unzulässig ist die Verschärfung der in der DS-GVO verankerten Normen, denn Abs. 1 beschränkt den Anwendungsbereich auf die „ordnungsgemäße […] Anwendung dieser Verordnung". Eine Verschärfung überschreitet die Grenzen der Anwendung.[22]

14 Herauszuheben ist Abs. 2 Buchst. k, der außergerichtliche Verfahren und sonstige Streitbeilegungsverfahren zur Beilegung von Streitigkeiten zwischen Verantwortlichen und betroffenen Personen im Zusammenhang mit der Verarbeitung[23] personenbezogener Daten für die Verhaltensregeln öffnet. Die Wahrung von Betroffenenrechten,[24] Einhaltung von Meldepflichten bei Sicherheitsvorfällen[25] usw. sind Ausfluss der Verarbeitung personenbezogener Daten, so dass sie wie auch die Verarbeitung selber Gegenstand dieser außergerichtlichen Verfahren und sonstigen Streitbeilegungsverfahren sein können.

15 Solche Verfahren sind in der DS-GVO nicht weiter erwähnt oder geregelt. Das Beschwerderecht bei der Aufsichtsbehörde nach Art. 77 und das Recht auf wirksamen Rechtsbehelf nach Art. 79 sowie durch andere Rechtsgrundlagen geschaffene Streitbeilegungsverfahren bleiben **unberührt,** dh außergerichtliche Verfahren und sonstige Streitbeilegungsverfahren[26] können als zusätzliche Alternative betroffenen Personen angeboten werden.

16 Die Bedürfnisse von **Kleinstunternehmen, kleinen** und **mittleren Unternehmen**[27] sollen bei der Ausgestaltung der Verhaltensregeln berücksichtigt werden.[28] Eine solche Berücksichtigung kann sich bspw. in einer stärkeren Standardisierung von Abläufen oder Musterschreiben äußern. Grundsätzlich gelten alle Normen der DS-GVO unabhängig der Unternehmensgröße.

IV. Anwender von Verhaltensregeln

17 Verantwortliche und Auftragsverarbeiter können genehmigte Verfahrensregeln sowohl als **Auslegungshilfe** verwenden als auch sich auf deren Einhaltung gegenüber einer Stelle nach Art. 41 Abs. 2 **verpflichten.** Durch eine förmliche Verpflichtung unterwirft sich der Verantwortliche oder Auftragsverarbeiter den Bestimmungen der Verhaltensregel und kommt erst dann in den Genuss der Rechtsfolgen (→ Rn. 5).[29] Für die Verwendung als Auslegungshilfe genügt die bloße Befolgung. Eine Beschränkung der Verpflichtungsmöglichkeit auf Mitgliedsunternehmen des erstellendenden Verbands oder Vereinigung erscheint insbesondere für EU-weit geltende Verfahrensregeln nicht sachgerecht, da diesen durch Kommissionsbeschluss nach Abs. 9 allgemein Gültigkeit zukommt. Wird

[22] Zust. Auernhammer/*Vomhof*, DSGVO, Art. 40 Rn. 10.

[23] Art. 4 Nr. 2.

[24] Art. 12–21.

[25] Art. 33 und 34.

[26] ZB Verordnung über Online-Streitbeilegung in Verbraucherangelegenheiten, VO (EU) Nr. 524/2013.

[27] Für die Definitionen s. Empfehlung 2003/361/EG der Kommission.

[28] Erwägungsgrund 98.

[29] Ehmann/Selmayr/*Schweinoch,* DS-GVO, Art. 40 Rn. 1; Kühling/Buchner/*Bergt*, DS-GVO, Art. 40 Rn. 8.

bspw. eine Verhaltensregel, die die deutsche Versicherungswirtschaft ausgearbeitet hat, von der Kommission für allgemein gültig erklärt, so kann sie auch von der französischen Versicherungswirtschaft angewendet werden.

Verhaltensregeln können unter Einhaltung von Art. 46 Abs. 2 Buchst. e auch zur Schaffung eines **angemessenen Datenschutzniveaus** bei einem **Empfänger im Drittland** dienen. Dazu müssen sich Verantwortliche oder Auftragsverarbeiter aus dem Drittland mittels vertraglicher oder sonstiger rechtlich bindender Instrumente auf die verbindliche und durchsetzbare Einhaltung der Verhaltensregeln verpflichten. 18

Hinsichtlich der **rechtlichen Folgen einer Verpflichtung** ist eine Genehmigung durch eine Aufsichtsbehörde nach Abs. 6 der allgemeinen Verbindlichkeitserklärung durch die Kommission nach Abs. 9 gleichgestellt. Für eine Erläuterung des Genehmigungsverfahrens → Rn. 24 ff. Eine nationale Verbindlichkeitserklärung beschränkt ihre Gültigkeit auf den Mitgliedstaat, dessen Aufsichtsbehörde die Genehmigung erteilte, während allgemein verbindliche Verhaltensregeln in allen Mitgliedstaaten gelten. 19

V. Überwachung

Die Verhaltensregeln sind so auszugestalten, dass ihre **Einhaltung überwachbar** ist. Die Art und Weise der Überwachung wird von dem erarbeitenden Verband oder Vereinigung bestimmt und zusammen mit den Verhaltensregeln zur Genehmigung eingereicht.[30] Die Überwachungstätigkeit ist obligatorisch, dh sie kann durch den Verband oder die Vereinigung selber erfolgen oder auf eine Überwachungsstelle nach Art. 41 verlagert werden. Durch die Verwendung des Begriffs „obligatorisch" liegt der verpflichtende Charakter der Überwachung auf der Hand.[31] Auf die entsprechende Kommentierung des Art. 41 wird verwiesen. Öffentliche Stellen sind von einer Überwachung ausgenommen.[32] 20

Die für die Überwachung notwendigen **Befugnisse,** wie zB Zutrittsrechte für Kontrolltätigkeiten, sind grundsätzlich vertraglich – bspw. im Rahmen der Verpflichtung auf die Verhaltensregeln – mit den Verantwortlichen und Auftragsverarbeiter zu vereinbaren. Für die vertragliche Gestaltung gilt das jeweils anwendbare Recht des oder der Mitgliedstaaten. Die DS-GVO räumt Überwachungsstellen nach Art. 41 keine besonderen Rechte gegenüber Verantwortlichen und Auftragsverarbeitern ein. 21

Sofern **Verbände** oder **Vereinigungen** ihre Mitglieder zu einer Selbstverpflichtung auf Verhaltensregeln **verbindlich verpflichten** wollen, bedarf es zusätzlicher Maßnahmen nach dem jeweils geltenden Recht in den Mitgliedstaaten wie zB einer Verankerung in der Satzung.[33] Eine solche verbindliche Pflicht zur Selbstverpflichtung kann eine einheitliche Rechtsanwendung fördern. 22

Die Befugnisse und Aufgaben der **Aufsichtsbehörden,** insbesondere sei hier die Kontrolle zu nennen, bleiben unangetastet. Gleichwohl bewirken genehmigte Verhaltensregeln für die Aufsichtsbehörde eine Selbstbindung. 23

---

[30] Art. 40 Abs. 4.

[31] Zust. Ehmann/Selmayr/*Schweinoch,* DS-GVO, Art. 40 Rn. 8, abw. Auernhammer/*Vomhof*, DSGVO, Art. 40 Rn. 26.

[32] Art. 41 Abs. 6.

[33] *Gola/Schomerus*, BDSG, § 38a Rn. 6.

VI. Genehmigungsverfahren

24 Verhaltensregeln müssen ein **förmliches Genehmigungsverfahren** nach dem jeweiligen Recht des Mitgliedstaates, in dem die zuständige Aufsichtsbehörde[34] ihren Sitz hat, durchlaufen. Für Deutschland ist es das VwVfG. Verbände und andere Vereinigungen legen einen Entwurf der zuständigen Aufsichtsbehörde vor. Die Zuständigkeit ergibt sich grundsätzlich nach Art. 55 iVm Art. 57. Für Deutschland steht eine Regelung zur Zuständigkeit aus.

25 Die zuständige **Aufsichtsbehörde** gibt eine **Stellungnahme** darüber ab, ob der Entwurf mit der DS-GVO vereinbar ist und ausreichend geeignet Garantien bietet. Dabei sind nationale Vorschriften, auf die die Öffnungsklauseln der DS-GVO Anwendung finden, zu berücksichtigen.

26 Im Rahmen dieses Verfahrens beschränkt sich die Tätigkeit der zuständigen Aufsichtsbehörde auf die **Entscheidung,** ob der Entwurf genehmig wird oder nicht. Maßgeblich ist ausschließlich, dass die Verhaltensregeln die Vorschriften der DS-GVO einhalten.[35] Weitergehende Forderungen seitens der Aufsichtsbehörde oder des Ausschusses sind unzulässig.[36] Über die Genehmigung hinausgehende Tätigkeiten, wie zB Korrektur oder Beratung, sind nicht zulässig. Vor Beginn des Genehmigungsverfahrens fallen solche und ähnliche Tätigkeiten unter den Auftrag, die Ausarbeitung von Verhaltensregeln zu fördern.[37]

27 Für Verarbeitungstätigkeiten, die auf einen Mitgliedstaat beschränkt sind, entscheidet die zuständige Aufsichtsbehörde über die **Genehmigung** auf Basis ihrer Stellungnahme. Eine Vorlage an den Ausschuss erfolgt nicht. Im Falle einer Genehmigung nimmt sie die Verhaltensregeln in ein Verzeichnis auf und veröffentlicht sie.[38]

28 Beziehen sich die Verarbeitungstätigkeiten auf mehrere Mitgliedstaaten, legt die zuständige Aufsichtsbehörde die Verhaltensregeln vor einer Genehmigung dem **Ausschuss** zur **Stellungnahme** vor.[39] Art. 63 ff. beschreiben das Verfahren. Die Vorlage ist nur im Falle einer beabsichtigten Genehmigung vorgesehen, dh eine Ablehnung kann die zuständige Aufsichtsbehörde ohne Vorlage an den Ausschuss aussprechen.

29 Die Beurteilung, ob die **Verarbeitungstätigkeiten** sich auf **mehrere Mitgliedstaaten** beziehen, obliegt der zuständigen Aufsichtsbehörde, dh die beantragenden Verbände und Vereinigungen haben kein Wahlrecht, ob sie eine nationale oder EU-weite Genehmigung wünschen. Nehmen die Verhaltensregeln selber Bezug auf eine Verarbeitung in mehreren Mitgliedstaaten oder lassen sie sich in mehreren Mitgliedstaaten anwenden (zB Verhaltensregeln zur Auftragsverarbeitung nach Art. 28), spricht das für eine Vorlage an den Ausschuss. Zu auf einen Mitgliedstaat beschränkten Verarbeitungstätigkeiten zählen bspw. Verarbeitungen auf Grundlage von nationalen Sozialgesetzbüchern.

30 Der **Ausschuss** nimmt – wie auch schon vorher die zuständige Aufsichtsbehörde – Stellung, ob der Entwurf mit der DS-GVO vereinbar ist oder – im Fall des Drittstaatentransfers nach Abs. 3 – geeignete Garantien vorsieht.[40] Dem

---

[34] Art. 55 iVm Art. 57.
[35] Abs. 5.
[36] *Härting*, Datenschutz-Grundverordnung, Rn. 785.
[37] Abs. 1.
[38] Abs. 6.
[39] Abs. 7.
[40] Abs. 7.

Wortlaut „oder" nach, hat der Ausschuss beim Datenschutzniveau für Empfänger in Drittstaaten nach Abs. 3 die Wahlmöglichkeit, die Vereinbarkeit mit der DS-GVO „oder" die Geeignetheit der Garantien zu prüfen. Da insbesondere auch bei Drittstaatentransfer die Vorschriften der DS-GVO einzuhalten sind, zu denen auch die Angemessenheit des Datenschutzniveaus nach Art. 46 zählt, erscheint die Auslegung, dass die Garantien zusätzlich zu prüfen sind, sachgerechter.

Bestätigt der Ausschuss mit seiner Stellungnahme die Vereinbarkeit mit der DS-GVO oder – im Fall nach Abs. 3 – die Geeignetheit der vorgesehenen Garantien, dann sendet der Ausschuss seine Stellungnahme an die **Kommission.**[41] Im Fall einer ablehnenden Stellungnahme endet das Verfahren. **31**

Die Kommission kann im Wege von Durchführungsrechtsakten beschließen, dass die ihr zugeleiteten Verfahrensregeln **allgemeine Gültigkeit** in der Union besitzen. Der Erlass richtet sich nach Art. 93 Abs. 2.[42] Auch bei einer befürwortenden Stellungnahme ist sie nicht verpflichtet, die allgemeine Gültigkeit zu beschließen. **32**

Unabhängig von der Entscheidung der Kommission **genehmigt** die zuständige **Aufsichtsbehörde** die Verhaltensregel, wenn der Ausschuss eine befürwortende Stellungnahme abgegeben hat. Dieses ergibt sich aus der mit Abs. 5 S. 2 iVm Art. 57 Abs. Buchst. m festgelegten Genehmigungsbefugnis. Abs. 7 stellt die Genehmigung unter Vorbehalt der Stellungnahme des Ausschusses. Damit wird gemäß dem Kohärenzverfahren gem. Art. 63 eine einheitliche Auslegung der DS-GVO unterstützt. **33**

Erlässt die **Kommission** einen entsprechenden **Durchführungsrechtsakt,** ist sie für eine Veröffentlichung der Verhaltensregeln in geeigneter Weise verantwortlich.[43] Zusätzlich nimmt der Ausschuss alle genehmigten Verhaltensregeln in ein Register auf und veröffentlicht sie in geeigneter Weise.[44] **34**

Das beschriebene Verfahren gilt sowohl für neue wie auch für Änderungen oder Erweiterungen bestehender Verhaltensregeln. **Redaktionelle Änderungen,** die sich auf eine Rechtsschreib- oder Layout-Korrektur beschränken, verändern den materiellen Regelungsgehalt nicht, so dass ein erneuter Durchlauf durch das Genehmigungsverfahren nicht erforderlich erscheint. **35**

Art. 40 sieht keine Regelung bei **konkurrierenden Entwürfen** von Verhaltensregeln zu gleichen oder sich überschneidenden Sachverhalten vor, die mehr als einen Mitgliedstaat betreffen. Sofern die konkurrierenden Entwürfe für sich genommen die oben ausgeführten Anforderungen an eine Genehmigung erfüllen, müssen diese insbesondere mangels eines eingeräumten Ermessenspielraums seitens der Aufsichtsbehörden oder des Ausschusses genehmigt werden. **36**

C. Rechtsschutz und Sanktionen

Ein Verstoß gegen die Verhaltensregeln kann gem. Art. 41 durch die **Überwachungsstelle** sanktioniert werden. **37**

---

[41] Abs. 8.
[42] Abs. 9.
[43] Abs. 10.
[44] Abs. 11.

Art. 41 Überwachung der genehmigten Verhaltensregeln

(1) **Unbeschadet der Aufgaben und Befugnisse der zuständigen Aufsichtsbehörde gemäß den Artikeln 57 und 58 kann die Überwachung der Einhaltung von Verhaltensregeln gemäß Artikel 40 von einer Stelle durchgeführt werden, die über das geeignete Fachwissen hinsichtlich des Gegenstands der Verhaltensregeln verfügt und die von der zuständigen Aufsichtsbehörde zu diesem Zweck akkreditiert wurde.**

(2) **Eine Stelle gemäß Absatz 1 kann zum Zwecke der Überwachung der Einhaltung von Verhaltensregeln akkreditiert werden, wenn sie**

a) ihre Unabhängigkeit und ihr Fachwissen hinsichtlich des Gegenstands der Verhaltensregeln zur Zufriedenheit der zuständigen Aufsichtsbehörde nachgewiesen hat;

b) Verfahren festgelegt hat, die es ihr ermöglichen, zu bewerten, ob Verantwortliche und Auftragsverarbeiter die Verhaltensregeln anwenden können, die Einhaltung der Verhaltensregeln durch die Verantwortlichen und Auftragsverarbeiter zu überwachen und die Anwendung der Verhaltensregeln regelmäßig zu überprüfen;

c) Verfahren und Strukturen festgelegt hat, mit denen sie Beschwerden über Verletzungen der Verhaltensregeln oder über die Art und Weise, in der die Verhaltensregeln von dem Verantwortlichen oder dem Auftragsverarbeiter angewendet werden oder wurden, nachgeht und diese Verfahren und Strukturen für betroffene Personen und die Öffentlichkeit transparent macht, und

d) zur Zufriedenheit der zuständigen Aufsichtsbehörde nachgewiesen hat, dass ihre Aufgaben und Pflichten nicht zu einem Interessenkonflikt führen.

(3) **Die zuständige Aufsichtsbehörde übermittelt den Entwurf der Anforderungen an die Akkreditierung einer Stelle nach Absatz 1 gemäß dem Kohärenzverfahren nach Artikel 63 an den Ausschuss.**

(4) **[1]Unbeschadet der Aufgaben und Befugnisse der zuständigen Aufsichtsbehörde und der Bestimmungen des Kapitels VIII ergreift eine Stelle gemäß Absatz 1 vorbehaltlich geeigneter Garantien im Falle einer Verletzung der Verhaltensregeln durch einen Verantwortlichen oder einen Auftragsverarbeiter geeignete Maßnahmen, einschließlich eines vorläufigen oder endgültigen Ausschlusses des Verantwortlichen oder Auftragsverarbeiters von den Verhaltensregeln. [2]Sie unterrichtet die zuständige Aufsichtsbehörde über solche Maßnahmen und deren Begründung.**

(5) **Die zuständige Aufsichtsbehörde widerruft die Akkreditierung einer Stelle gemäß Absatz 1, wenn die Anforderungen an ihre Akkreditierung nicht oder nicht mehr erfüllt sind oder wenn die Stelle Maßnahmen ergreift, die nicht mit dieser Verordnung vereinbar sind.**

(6) **Dieser Artikel gilt nicht für die Verarbeitung durch Behörden oder öffentliche Stellen.**

Übersicht

A. Allgemeines

I. Zweck und Bedeutung der Vorschrift

Dieser Artikel ergänzt Art. 40, der insbesondere die Erstellung und Genehmigung von Verhaltensregeln regelt, um **Überwachungsmaßnahmen** und die Regeln zur **Akkreditierung** einer Überwachungsstelle bei der zuständigen Aufsichtsbehörde.[1] Damit die Einhaltung der Verhaltensregeln[2] durch die Verantwortlichen[3] und Auftragsverarbeiter[4] überwacht werden kann, kann eine Überwachungsstelle eingerichtet werden. 1

Dieser Artikel gilt nicht für die Verarbeitung durch **Behörden oder öffentliche Stellen,**[5] dh deren Verpflichtung auf Verhaltensregeln wird nicht durch eine Überwachungsstelle überwacht. Für öffentliche Stellen entfaltet eine Selbstverpflichtung auf eine Verhaltensregel keine Wirkung im Sinne der DS-GVO.[6] 2

II. Systematik, Verhältnis zu anderen Vorschriften

Die DS-GVO geht mit Art. 41 über die Regelung in § 38a BDSG aF hinaus, indem sie Vorgaben zur Überwachung der Einhaltung und auch Aberkennung der Verpflichtung macht. Inhaltlich steht der Artikel deshalb in einem **engen Verhältnis** mit **Art. 40.** Auf die dortige Kommentierung wird insbesondere hinsichtlich des grundsätzlichen Verständnisses von Verhaltensregeln verwiesen. 3

B. Einzelerläuterungen

I. Einrichtung einer Überwachungsstelle

Die Überwachung der Einhaltung von Verhaltensregeln ist nach Art. 40 Abs. 4 obligatorisch, während die **Einrichtung einer Überwachungsstelle** nach Abs. 1 optional ist. Diesen Widerspruch löst die folgende Interpretation auf: Die Verbände oder Vereinigungen, die die Verhaltensregeln ausgearbeitet haben, können die Überwachung selber durchführen oder an eine Überwachungsstelle delegieren. Alternativ ließe sich der Widerspruch auch als Versehen des Gesetzgebers deuten. Dagegen spricht, dass Art. 40 Abs. 4 und Art. 41 in den entscheidenden 4

[1] Art. 55 iVm Art. 57.
[2] Art. 40.
[3] Art. 4 Nr. 7.
[4] Art. 4 Nr. 8.
[5] Abs. 6.
[6] → Rn. 4.

Passagen[7] unverändert aus dem Ratsentwurf übernommen wurden. Eine Überwachung durch eine Kontrollstelle ist demnach eine konstituierende Voraussetzung, um in den Genuss der Wirkungen gemäß DS-GVO zu kommen.[8]

5 Die Überwachungsstelle muss sich bei der zuständigen Aufsichtsbehörde für diesen Überwachungszweck akkreditieren (→ Rn. 14 ff.).[9] Für eine **Überwachung durch Verbände oder Vereinigungen** finden sich keine Vorschriften in der DS-GVO. Mit Blick auf die Intention des Gesetzgebers, „eine wirksame Anwendung dieser Verordnung [dh der DS-GVO] zu erleichtern",[10] erscheint eine analoge Anwendung von Art. 41 geboten.

6 Hinsichtlich der **Gesellschafter oder Träger** der Überwachungsstelle macht die DS-GVO keine Vorgaben, dh als Überwachungsstelle kann bspw. ein Tochterunternehmen der Verbände oder Vereinigungen fungieren. Die Finanzierung der Überwachungsstelle ist ebenfalls nicht geregelt, so dass unterschiedliche Geschäftsmodelle wie zB eine Bepreisung der Leistungen zulässig erscheinen.

7 Die **Rechtsform** der Überwachungsstelle ist nicht vorgeschrieben, dh es kommen sowohl öffentlich-rechtliche wie auch privatwirtschaftliche Rechtsformen in Betracht.

II. Befugnisse der Überwachungsstelle

8 Die Überwachungsstelle soll die Einhaltung der Verhaltensregeln durch die sich auf diese verpflichtenden Verantwortlichen und Auftragsverarbeiter überwachen.[11] Stellt die Überwachungsstelle eine **Verletzung der Verhaltensregeln** durch einen Verantwortlichen oder einen Auftragsverarbeiter fest, muss sie geeignete Sanktionsmaßnahmen ergreifen.[12] Diese schließen einen vorläufigen oder endgültigen Ausschluss von den Verhaltensregeln ein. Voraussetzung ist, dass die Verletzung durch geeignete Garantien belegt ist. Die zuständige Aufsichtsbehörde ist über solche Maßnahmen und deren Begründung zu informieren.[13]

9 Die **Ausgestaltung der Überwachungstätigkeit** legen die die Verhaltensregeln ausarbeitenden Verbände und Vereinigungen in den Verhaltensregeln fest.[14] Diese sind für die Überwachungsstelle verbindlich und können durch sie nicht verändert werden. Eine Änderung bedarf einer erneuten Genehmigung durch die zuständige Aufsichtsbehörde nach Art. 40 Abs. 5–11. Auf die dortige Kommentierung wird verwiesen. Die operative Ausgestaltung liegt in der Hand der Überwachungsstelle.[15] Die Überwachung muss grundsätzlich geeignet sein, Verstöße gegen die Selbstverpflichtung aufzudecken. Eine stichprobenhafte Überwachung, dh bspw. werden jährlich 10 Prozent der verpflichten Unternehmen geprüft, ist zulässig.[16] Eine Vor-Ort-Kontrolle ist nicht zwingend vorgeschrieben.

---

[7] Art. 38 Abs. 1 Buchst. b und Art. 38a Rat der Europäischen Union, v. 15.6.2015, 9565/15.

[8] So auch Ehmann/Selmayr/*Schweinoch*, DS-GVO, Art. 41 Rn. 13; abw. Auernhammer/*Vomhof*, DSGVO, Art. 40 Rn. 26.

[9] Abs. 1.

[10] Erwägungsgrund 98.

[11] Abs. 1.

[12] Abs. 4.

[13] Abs. 4.

[14] Art. 40 Abs. 4.

[15] Abs. 4 Buchst. b.

[16] So auch Auernhammer/*Vomhof*, DSGVO, Art. 41 Rn. 12.

Die Überwachungsstelle kann sich zur Durchführung der Überwachungstätigkeiten entsprechend qualifizierter **Dritter,** bspw. Auditoren, **bedienen.** 10

Die für die Überwachung notwendigen **Befugnisse,** wie zB Zutrittsrechte für Kontrolltätigkeiten, sind grundsätzlich vertraglich – bspw. im Rahmen der Verpflichtung auf die Verhaltensregeln – mit den Verantwortlichen und dem Auftragsverarbeiter zu vereinbaren.[17] Für die vertragliche Gestaltung gilt das jeweils anwendbare Recht des oder der Mitgliedstaaten. Die DS-GVO räumt Überwachungsstellen keine besonderen Rechte gegenüber Verantwortlichen und Auftragsverarbeitern ein. 11

In welchen Mitgliedstaaten die Überwachungsstelle tätig wird, hängt maßgeblich von dem **Geltungsbereich der Verhaltensregeln** ab. Die Verfahren und Strukturen sollten entsprechend leistungsfähig sein. Alternativ kann die Überwachung in einem oder mehreren Mitgliedstaaten durch den erarbeitenden Verband oder Vereinigung selber oder durch weitere akkreditierte Überwachungsstellen erfolgen. 12

Die Aufgaben[18] und Befugnisse[19] der **Aufsichtsbehörden** sowie die Sanktionen, Haftungsregeln und Rechtsbehelfe des Kapitels VIII werden durch die Sanktionierung nicht berührt. 13

III. Akkreditierung der Überwachungsstelle

Um ihre gesetzliche Funktion als Überwachungsstelle aufnehmen zu können, bedarf sie einer **Akkreditierung** durch die zuständige Aufsichtsbehörde.[20] Die Zuständigkeit ergibt sich grundsätzlich nach Art. 55 iVm Art. 57. Diese Aufsichtsbehörde ist auch bei Erfüllung aller Anforderungen nach Abs. 2 nicht verpflichtet, die Akkreditierung zu erteilen. Abs. 2 räumt ihr einen Ermessensspielraum ein, der über die Prüfung auf Erfüllung der Voraussetzungen hinausgeht. Dieser Ermessensspielraum kann durch das im jeweiligen Mitgliedstaat für das Genehmigungsverfahren geltende Recht beschränkt werden. Für Deutschland ist es das VwVfG. Bei der Genehmigung der Verhaltensregeln nach Art. 40 verfügt die zuständige Aufsichtsbehörde nicht über einen vergleichbaren Ermessenspielraum. Versagt die zuständige Aufsichtsbehörde die Akkreditierung, obliegt den Verbänden oder Vereinigungen, die die Verhaltensregeln ausgearbeitet haben, die Überwachung (→ Rn. 1 ff.).[21] 14

Die Erteilung der Akkreditierung zur Überwachungsstelle ist an verschiedene Bedingungen geknüpft, die die Überwachungsstelle erfüllen und gegenüber der zuständigen Aufsichtsbehörde nachweisen muss.[22] Dazu ist ein **förmliches Genehmigungsverfahren** nach dem jeweiligen Recht des Mitgliedstaates, in dem die zuständige Aufsichtsbehörde ihren Sitz hat, zu durchlaufen: 15

1. Die Überwachungsstelle ist **unabhängig,**[23] dh sie darf bspw. nicht von einem zu überwachenden Verantwortlichen oder Auftragsverarbeiter personell, rechtlich oder wirtschaftlich abhängig oder mit diesen personell, wirtschaftlich oder eigentumsrechtlich verbunden sein. Eine Verbindung mit den die Verhaltens- 16

---

[17] So auch Ehmann/Selmayr/*Schweinoch,* DS-GVO, Art. 41 Rn. 5.

[18] Art. 57.

[19] Art. 58.

[20] Abs. 1.

[21] Möglicherweise führt ein Versagen der Akkreditierung auch zum Versagen der Genehmigung der Verhaltensregeln (so Ehmann/Selmayr/*Schweinoch,* DS-GVO, Art. 41 Rn. 13).

[22] Abs. 2.

[23] Abs. 2 Buchst. a.

vorschrift erarbeitenden Verband oder Vereinigung gefährdet für sich genommen die Unabhängigkeit nicht.[24] Eine Finanzierung über kostenpflichtige Leistungen steht der Unabhängigkeit grundsätzlich nicht entgegen, wenn bspw. die Kosten von allen überwachten Stellen – ggf. gestaffelt nach Unternehmensgröße oder Umfang der Selbstverpflichtung – von allen überwachten Stellen zu entrichten sind.[25] Auch eine Sicherung der Finanzierung durch von den überwachten Stellen unabhängige Gesellschafter stärkt die Unabhängigkeit, insbesondere wenn wenige Stellen kostenpflichtig überwacht werden. Personelle Verflechtungen zwischen Überwachungsstelle und einer oder mehreren überwachten Stellen sprechen gegen die Unabhängigkeit.

17 2. Die Überwachungsstelle besitzt **Fachwissen** hinsichtlich des Gegenstands der Verhaltensregeln. Das Fachwissen bezieht sich einmal auf die Verhaltensregeln, dh sie kann die Verhaltensregeln selber anwenden. Weiterhin umfasst das Fachwissen auch die den Verhaltensregeln zugrundeliegenden technischen, rechtlichen und Branchenkenntnisse. Bspw. müsste eine Überwachungsstelle für Verhaltensregeln im Bereich der Auftragsverarbeitung nach Art. 28 die für die Auftragsverarbeitung einschlägigen datenschutzrechtlichen Vorschriften der DS-GVO und die üblichen technischen und organisatorischen Maßnahmen, zB Sicherheit im Rechenzentrum, kennen. Die Fachkunde kann sowohl durch eigene Mitarbeiter oder beauftragte Dritte, wie zB Auditoren, vorgehalten werden.

18 3. Die Überwachungsstelle muss **Verfahren,** dh Abläufe, zur Bearbeitung der ihr übertragenen Aufgaben definiert haben. Die Festlegung sollte aus Nachweisgründen gegenüber der zuständigen Aufsichtsbehörde dokumentiert sein und den entsprechenden Verfahren in den Verhaltensregeln genügen. Die operative Durchführung, zB Musterverträge und Zuständigkeiten, hat sich aus der Verfahrensfestlegung zu ergeben.

19 Abs. 2 Buchst. b nennt drei Verfahren, die festzulegen sind: Bewertung, ob Verantwortliche und Auftragsverarbeiter die **Verhaltensregeln anwenden können, Überwachung der Einhaltung** der Verhaltensregeln und **regelmäßige Überprüfung** der Anwendung der Verhaltensregeln.

20 Weitere festzulegende Verfahren und Strukturen ergeben sich aus Abs. 2 Buchst. c: Bearbeitung von **Beschwerden** über Verletzungen der Verhaltensregeln und über die Art und Weise der Anwendung der Verhaltensregeln. Den Beschwerden muss die Überwachungsstelle nachgehen, dh eine inhaltliche Prüfung der Beschwerde und Sachverhaltsaufklärung bei den betroffenen Verantwortlichen oder dem Auftragsverarbeiter sind geboten. Eine Information des Beschwerdeführers über das Ergebnis ist ebenfalls geboten. Diese Verfahren und Strukturen sind für betroffene Personen und die Öffentlichkeit transparent zu machen, dh sie müssen bspw. auf einer Webseite veröffentlicht werden.

21 4. Die Überwachungsstelle muss gegenüber der zuständigen Aufsichtsbehörde nachweisen, dass ihre Aufgaben und Pflichten nicht zu einem **Interessenkonflikt** führen.[26]

22 Grundsätzlich steht Art. 41 der Akkreditierung verschiedener Überwachungsstellen für dieselben Verhaltensregeln nicht im Weg. Es obliegt der zuständigen Aufsichtsbehörde im Rahmen der Akkreditierungskriterien sicherzustellen, dass der **Wettbewerb der Überwachungsstellen** sich nicht nachteilig auf die Über-

---

[24] So auch Auernhammer/*Vomhof*, DSGVO, Art. 41 Rn. 9.
[25] IErg Kühling/Buchner/*Bergt*, DS-GVO, Art. 41 Rn. 7.
[26] Abs. 2 Buchst. d.

wachungs- und Sanktionstätigkeit auswirkt. Ein Wettbewerb um die niedrigsten Anforderungen scheint der Intention des Gesetzgebers, „eine wirksame Anwendung dieser Verordnung [dh der DS-GVO] zu erleichtern",[27] zuwider zu laufen.

Die Akkreditierung erfolgt durch die zuständige Aufsichtsbehörde. Diese muss die für die Akkreditierung **verwendeten Kriterien,** dh nicht den Antrag auf Akkreditierung einer Überwachungsstelle, im Rahmen des **Kohärenzverfahrens** nach Art. 63 an den Ausschuss[28] übermitteln. Auf die dortige Kommentierung wird verwiesen. Die Bewilligung eines Akkreditierungsantrags durch die zuständige Aufsichtsbehörde erfolgt gemäß der durch den Ausschuss gebilligten Kriterien. **23**

IV. Widerruf der Akkreditierung

Die **Akkreditierung** einer Überwachungsstelle muss durch zuständige Aufsichtsbehörde **widerrufen** werden, wenn die Voraussetzungen nach Abs. 2 zur Akkreditierung nicht oder nicht mehr erfüllt sind oder wenn die Stelle Maßnahmen ergreift, die nicht mit der DS-GVO vereinbar sind.[29] Abs. 2 legt die Voraussetzungen zur Akkreditierung fest (→ Rn. 14 ff.). Gemäß der Zielsetzung dieses Artikels richten sich die Maßnahmen gegen die Verantwortlichen und Auftragsverarbeiter, die sich auf die Verhaltensregeln verpflichtet haben oder verpflichten wollen. Hinsichtlich anderer Maßnahmen, bspw. nach Art. 25, unterliegt die Überwachungsstelle wie jeder Verantwortliche den übrigen Vorschriften der DS-GVO. **24**

Als **Folge des Widerrufs** der Akkreditierung darf die Überwachungsstelle nicht mehr die Einhaltung der Verhaltensregeln überwachen. Die weiteren Rechtsfolgen werden durch die DS-GVO nicht geregelt. Verhaltensregeln selber bleiben weiterhin gültig, so dass auch die Verpflichtungen der Verantwortlichen und Auftragsverarbeiter weiter gelten. Die Überwachungsaufgabe fällt an die Verbände oder Vereinigungen, die die Verhaltensregeln ausgearbeitet haben, zurück (→ Rn. 1 ff.). Alternativ kann mit dem Widerruf der Akkreditierung auch ein Widerruf der Genehmigung der Verhaltensregeln einhergehen.[30] **25**

C. Rechtsschutz und Sanktionen

Im Falle einer **Verletzung der Verhaltensregeln** durch einen Verantwortlichen oder einen Auftragsverarbeiter muss die **Überwachungsstelle** geeignete Sanktionsmaßnahmen ergreifen und die zuständige Aufsichtsbehörde über solche Maßnahmen und deren Begründung informieren (→ Rn. 8 ff.).[31] Eine Verletzung einer oder beider Pflichten durch die Überwachungsstelle ist mit einem **Bußgeld** bis zu 10.000.000 EUR oder – sofern höher – 2 Prozent des weltweiten Jahresumsatzes des Vorjahres bewehrt.[32] **26**

---

[27] Erwägungsgrund 98.

[28] Art. 68.

[29] Abs. 5.

[30] So Kühling/Buchner/*Bergt*, DS-GVO, Art. 41 Rn. 11 und iErg Ehmann/Selmayr/*Schweinoch*, DS-GVO, Art. 41 Rn. 13.

[31] Abs. 4.

[32] Art. 83 Abs. 4 Buchst. c.

Art. 42 Zertifizierung

(1) [1]Die Mitgliedstaaten, die Aufsichtsbehörden, der Ausschuss und die Kommission fördern insbesondere auf Unionsebene die Einführung von datenschutzspezifischen Zertifizierungsverfahren sowie von Datenschutzsiegeln und -prüfzeichen, die dazu dienen, nachzuweisen, dass diese Verordnung bei Verarbeitungsvorgängen von Verantwortlichen oder Auftragsverarbeitern eingehalten wird. [2]Den besonderen Bedürfnissen von Kleinstunternehmen sowie kleinen und mittleren Unternehmen wird Rechnung getragen.

(2) [1]Zusätzlich zur Einhaltung durch die unter diese Verordnung fallenden Verantwortlichen oder Auftragsverarbeiter können auch datenschutzspezifische Zertifizierungsverfahren, Siegel oder Prüfzeichen, die gemäß Absatz 5 des vorliegenden Artikels genehmigt worden sind, vorgesehen werden, um nachzuweisen, dass die Verantwortlichen oder Auftragsverarbeiter, die gemäß Artikel 3 nicht unter diese Verordnung fallen, im Rahmen der Übermittlung personenbezogener Daten an Drittländer oder internationale Organisationen nach Maßgabe von Artikel 46 Absatz 2 Buchstabe f geeignete Garantien bieten. [2]Diese Verantwortlichen oder Auftragsverarbeiter gehen mittels vertraglicher oder sonstiger rechtlich bindender Instrumente die verbindliche und durchsetzbare Verpflichtung ein, diese geeigneten Garantien anzuwenden, auch im Hinblick auf die Rechte der betroffenen Personen.

(3) Die Zertifizierung muss freiwillig und über ein transparentes Verfahren zugänglich sein.

(4) Eine Zertifizierung gemäß diesem Artikel mindert nicht die Verantwortung des Verantwortlichen oder des Auftragsverarbeiters für die Einhaltung dieser Verordnung und berührt nicht die Aufgaben und Befugnisse der Aufsichtsbehörden, die gemäß Artikel 55 oder 56 zuständig sind.

(5) [1]Eine Zertifizierung nach diesem Artikel wird durch die Zertifizierungsstellen nach Artikel 43 oder durch die zuständige Aufsichtsbehörde anhand der von dieser zuständigen Aufsichtsbehörde gemäß Artikel 58 Absatz 3 oder – gemäß Artikel 63 – durch den Ausschuss genehmigten Kriterien erteilt. [2]Werden die Kriterien vom Ausschuss genehmigt, kann dies zu einer gemeinsamen Zertifizierung, dem Europäischen Datenschutzsiegel, führen.

(6) Der Verantwortliche oder der Auftragsverarbeiter, der die von ihm durchgeführte Verarbeitung dem Zertifizierungsverfahren unterwirft, stellt der Zertifizierungsstelle nach Artikel 43 oder gegebenenfalls der zuständigen Aufsichtsbehörde alle für die Durchführung des Zertifizierungsverfahrens erforderlichen Informationen zur Verfügung und gewährt ihr den in diesem Zusammenhang erforderlichen Zugang zu seinen Verarbeitungstätigkeiten.

(7) [1]Die Zertifizierung wird einem Verantwortlichen oder einem Auftragsverarbeiter für eine Höchstdauer von drei Jahren erteilt und kann unter denselben Bedingungen verlängert werden, sofern die einschlägigen Kriterien weiterhin erfüllt werden. [2]Die Zertifizierung wird gegebenenfalls durch die Zertifizierungsstellen nach Artikel 43 oder durch die

zuständige Aufsichtsbehörde widerrufen, wenn die Kriterien für die Zertifizierung nicht oder nicht mehr erfüllt werden.

(8) **Der Ausschuss nimmt alle Zertifizierungsverfahren und Datenschutzsiegel und -prüfzeichen in ein Register auf und veröffentlicht sie in geeigneter Weise.**

Übersicht

A. Allgemeines

I. Zweck und Bedeutung der Vorschrift

1 Um die Transparenz hinsichtlich der Einhaltung der DS-GVO zu verbessern und die Einhaltung selber zu fördern, sieht Art. 42 die **Einführung** von **Zertifizierungen** und Prüfzeichen vor. Die Anforderungen an den Ablauf einer Zertifizierung werden festgelegt. Zertifizierungen helfen Verantwortlichen[1] und Auftragsverarbeitern[2] ihren Nachweispflichten nachzukommen. Die Zertifizierung ist freiwillig.

II. Systematik, Verhältnis zu anderen Vorschriften

2 Mit der vorliegenden gesetzlichen Regelung findet vielleicht nicht die Debatte über die Vor- und Nachteile von Datenschutzaudits, Zertifikaten oder Prüfzeichen ihr Ende,[3] wohl aber das Fehlen einer gesetzlichen Grundlage. Mit **§ 9a BDSG aF** schuf der deutsche Gesetzgeber die Grundlage für eine Zertifizierung. Er blieb indes das erforderliche ausführende Bundesgesetz schuldig.[4]

3 Art. 42 und Art. 43 bilden zusammen das **Zertifizierungsverfahren.** Art. 42 regelt die Zertifizierung und Art. 43 die Akkreditierung und Arbeit der Zertifizierungsstellen. Insofern wird auf die Kommentierung zu Art. 43 ergänzend verwiesen.

4 Eine Zertifizierung kann dem Verantwortlichen helfen, die **Erfüllung seiner Pflichten** nach Art. 24 Abs. 3 oder die Sicherheit der Verarbeitung gem. Art. 32

[1] Art. 4 Nr. 7.
[2] Art. 4 Nr. 8.
[3] Einen Überblick über die Debatte geben *Gola/Schomerus*, BDSG, § 9a Rn. 3 ff.
[4] Ein Überblick über die wenigen gesetzlichen Regelungen auf Landesebene findet sich in *Gola/Schomerus*, BDSG, § 9a Rn. 14.

Abs. 3 (gilt auch für Auftragsverarbeiter) **nachzuweisen.** Ein Auftragsverarbeiter[5] kann eine Zertifizierung als einen Faktor für den Nachweis hinreichender Garantien iSv Art. 28 Abs. 1, 4 verwenden.[6] Unter in Art. 46 Abs. 2 definierten Bedingungen können Zertifizierungen für ein angemessenes Datenschutzniveau bei einem Empfänger in einem Drittstaat, für den kein Angemessenheitsbeschluss nach Art. 45 Abs. 3 vorliegt, herangezogen werden. Neben der Zertifizierung bedarf es weiterer rechtsverbindlicher und durchsetzbarer Verpflichtungen des Empfängers im Drittstaat. Bei der Verhängung eines Bußgeldes ist eine eingehaltene Zertifizierung gebührend, dh regelmäßig mindernd, zu berücksichtigen.[7] Festzuhalten bleibt, dass eine Zertifizierung die Verantwortung zur Einhaltung der DS-GVO des Verantwortlichen und des Auftragsverarbeiters nicht schmälert.

5 **Aufsichtsbehörden** haben ua gem. Art. 57 Abs. 1 Buchst. o die Aufgabe, erteilte Zertifizierungen regelmäßig zu überprüfen und gem. Art. 58 Abs. 2 Buchst. h die Befugnis Zertifizierungen zu widerrufen oder durch die Zertifizierungsstelle widerrufen zu lassen. Diese Befugnisse tragen dem Umstand Rechnung, dass Aufsichtsbehörden als Anbieter von Zertifizierungen auftreten dürfen.[8] Sie haben deshalb die gleichen Pflichten wie eine Zertifizierungsstelle nach Art. 42 und Art. 43 zu erfüllen. Insofern gelten die Ausführungen zu Zertifizierungsstellen analog auch für die Zertifizierungstätigkeit von Aufsichtsbehörden mit dem Unterschied, dass ihre Tätigkeit einen Verwaltungsakt darstellt.

6 Die **Ausgestaltungsbefugnisse** der **Kommission** werden – sachlich nicht zutreffend – in Art. 43 Abs. 8–9 geregelt. Demnach kann die Kommission mittels delegierter Rechtsakte Anforderungen festlegen, die von Zertifizierungsverfahren zu berücksichtigen sind.[9] Weiterhin kann sie mittels Durchführungsrechtsakten technische Standards für Zertifizierungsverfahren sowie Mechanismen zur Förderung und Anerkennung dieser Zertifizierungsverfahren festlegen.[10] Auf die entsprechende Kommentierung des Art. 43 wird verwiesen.

B. Einzelerläuterungen

I. Förderauftrag

7 Abs. 1 trägt den Mitgliedstaaten der EU, den Aufsichtsbehörden,[11] dem Ausschuss[12] und der EU-Kommission auf, insbesondere auf Ebene der europäischen Union die **Einführung** von datenschutzspezifischen **Zertifizierungsverfahren** zu **fördern.** Zertifizierungsverfahren umfassen auch Datenschutzsiegel und -prüfzeichen (im Folgenden Zertifizierungen genannt). Diese Zertifizierungen dienen als Nachweis, dass die Verantwortlichen oder Auftragsverarbeiter bei den zertifizierten Verarbeitungsvorgängen die DS-GVO einhalten. Die Bedürfnisse von Kleinstunternehmen, kleinen und mittleren Unternehmen[13] sollen besonders berücksich-

---

[5] Art. 4 Nr. 8.
[6] Art. 28 Abs. 5.
[7] Art. 83 Abs. 2 Buchst. j.
[8] Art. 42 Abs. 5.
[9] Art. 43 Abs. 8.
[10] Art. 43 Abs. 9.
[11] Art. 51 iVm Art. 57.
[12] Art. 68 iVm Art. 70 Abs. 1 Buchst. n.
[13] Für die Definitionen s. Empfehlung 2003/361/EG der Kom.

tig werden. Die Mitwirkung von Aufsichtsbehörden, Ausschuss und EU-Kommission an der Zertifizierung wird in den Abs. 3–8 normiert (→ Rn. 19 ff.).

II. Anbieter von Zertifizierungen

8 Als **Anbieter** von Zertifizierungen kommen die zuständige Aufsichtsbehörde[14] und Zertifizierungsstellen, die gem. Art. 43 akkreditiert wurden, in Betracht.[15] Die Doppelrolle als Aufsichtsbehörde und Zertifizierungsstelle hebt die Rollentrennung zwischen Akkreditierung und Zertifizierung auf, auf die der Düsseldorfer Kreis Wert legt,[16] und birgt insbesondere bei kostenpflichtigen Zertifizierungen den Keim eines Interessenkonflikts in sich. Zertifizierungsstellen müssen hingegen nachweisen, dass ihre Aufgaben und Pflichten zu keinem Interessenkonflikt führen.[17]

III. Gegenstand der Zertifizierung

9 Die für eine Zertifizierung in Betracht kommenden Gegenstände konturiert Erwägungsgrund 100 mit einschlägigen **Produkten** und **Dienstleistungen.** Beispiele sind Leistungen eines Auftragsverarbeiters,[18] Funktionsweise eines Routers oder Umgang mit Kundendaten in einem Webshop. Eine Zertifizierung dient als Nachweis für Verantwortliche und Auftragsverarbeiter, dass sie in Verarbeitungsvorgängen die DS-GVO einhalten.[19] Im Unterschied zu Erwägungsgrund 100 beschränkt Abs. 1 den Anwendungsbereich auf Verarbeitungsvorgänge von Verantwortlichen oder Auftragsverarbeitern. Diese Einschränkung ist folgerichtig, da Produkte erst in der konkreten Verwendung beim Verantwortlichen oder Auftragsverarbeiter personenbezogene Daten elektronisch verarbeiten. Eine Produktzertifizierung muss folglich berücksichtigen, wie das Produkt konkret verwendet werden soll. Eine Erwähnung von Produktherstellern in Abs. 1 wäre sachfremd, da die DS-GVO sachlich auf die elektronische Verarbeitung personenbezogener Daten beschränkt ist[20] und nicht die Entwicklung oder das Inverkehrbringen von Produkten regelt.[21] Durch die nationalen Öffnungsklauseln werden auch die entsprechenden nationalen Rechtsvorschriften einbezogen, dh deren Einhaltung wird einer Zertifizierung nach Art. 42 zugänglich. Rechtsvorschriften, die nicht in der DS-GVO verankert sind, lassen sich nicht in die Zertifizierung einbeziehen. Gleiches gilt für die **persönliche Fachkunde** (Personenzertifizierung).[22]

10 Die Zertifizierung muss in einem **transparenten Verfahren** zugänglich sein.[23] Die Kriterien sind ein wesentlicher Bestandteil des Zertifizierungsverfahrens. Sie legen Reichweite und Prüfgehalt fest, dh sie sind maßgeblich für die Einschätzung

---

[14] Art. 55.

[15] Abs. 5.

[16] *Düsseldorfer Kreis*, Modelle zur Vergabe von Prüfzertifikaten, die im Wege der Selbstregulierung entwickelt und durchgeführt werden, Beschl. v. 25./26.2.2014.

[17] Art. 43 Abs. 2 Buchst. e.

[18] *Schwartmann/Weiß*, RDV 2016, 68 (71).

[19] Abs. 1.

[20] Art. 2 Abs. 1.

[21] IErg zust. Ehmann/Selmayr/*Schweinoch*, DS-GVO, Art. 41 Rn. 15; Plath/*v. Braunmühl*, DSGVO, Art. 42 Rn. 7; Sydow/*Raschaur*, Art. 42 Rn. 23; Kühling/Buchner/*Bergt*, DS-GVO, Art. 42 Rn. 1; abw. Auernhammer/*Hornung*, DSGVO, Art. 42 Rn. 10.

[22] *Schwartmann/Weiß*, RDV 2016, 68 (72).

[23] Abs. 3.

des Aussagegehalts einer Zertifizierung. Für die zu zertifizierenden Verantwortlichen und Auftragsverarbeiter sind sie für die Vorbereitung und Durchführung der Zertifizierung unverzichtbar. Insofern ist es folgerichtig, dass die Kriterien durch die zuständige Aufsichtsbehörde – wie bereits durch den Düsseldorfer Kreis vorgeschlagen[24] – öffentlich zugänglich gemacht werden müssen.[25] Die Verwendung geheimer Kriterien, wie sie teilweise am Markt zu beobachten sind, ist im Rahmen einer solchen Zertifizierung unzulässig.

11 Der Zertifizierung liegen **Kriterien** zugrunde, gegen die geprüft wird. Diese Kriterien beschreiben, wie die Vorschriften der DS-GVO hinsichtlich des Zertifizierungsgegenstandes umzusetzen sind. Grundsätzlich spricht nichts gegen die Verwendung von geeigneten Verhaltensregeln iSd Art. 40 als solche Kriterien. Weiterhin enthalten die Kriterien wesentliche Verfahren für die Erteilung, Prüfung und den Entzug der Zertifizierungen. Diese Kriterien müssen genehmigt werden, um im Rahmen einer Zertifizierung Anwendung zu finden (→ Rn. 27).[26]

12 Die Bedürfnisse von **Kleinstunternehmen, kleinen** und **mittleren Unternehmen**[27] sollen bei der Ausgestaltung der Zertifizierung berücksichtigt werden.[28] Eine solche Berücksichtigung kann sich bspw. in einer stärkeren Standardisierung von Abläufen oder Musterschreiben äußern. Grundsätzlich gelten alle Normen der DS-GVO unabhängig der Unternehmensgröße.

IV. Zertifizierungsverfahren

13 Zertifizierungen werden von dem jeweiligen **Anbieter** durchgeführt. Als Anbieter kommen in Betracht die zuständige Aufsichtsbehörde[29] und gem. Art. 43 akkreditierte Zertifizierungsstellen (→ Rn. 8 ff.).[30] Der Verfahrensablauf wird von den Anbietern festgelegt.

14 Der zu zertifizierende Verantwortliche oder der Auftragsverarbeiter hat alle für die Durchführung der Zertifizierung **erforderlichen Informationen** der Zertifizierungsstelle zur Verfügung zu stellen und den erforderlichen **Zugang** zu seinen Verarbeitungstätigkeiten zu gewähren.[31] Die Bereitstellung der Informationen ist eine Bringschuld des zu zertifizierenden Verantwortlichen oder des Auftragsverarbeiters. Das Zurückhalten erforderlicher Informationen ist nach Art. 83 Abs. 4 Buchst. a Bußgeld bewehrt (→ Rn. 29 ff.). Gleiches gilt für die Zutrittsgewährung.

15 Aus der Zugangsgewährung ergibt sich dem Wortlaut nach nicht zwingend die Verpflichtung der Zertifizierungsstelle zu einer **Prüfung vor Ort.** Diese würde für die notwendige Prüftiefe sorgen.[32]

16 Normadressat der Bereitstellungspflicht und der Zugangsgewährung ist die zu zertifizierende Stelle. **Auftragnehmer** der zu zertifizierenden Stelle unterliegen

---

[24] *Düsseldorfer Kreis*, Modelle zur Vergabe von Prüfzertifikaten, die im Wege der Selbstregulierung entwickelt und durchgeführt werden, Beschl. v. 25./26.2.2014.
[25] Art. 43 Abs. 6 S. 1.
[26] Abs. 5.
[27] Für die Definitionen s. Empfehlung 2003/361/EG der Kom.
[28] Abs. 1.
[29] Art. 51 iVm Art. 57 Abs. 1 Buchst. m.
[30] Abs. 5.
[31] Abs. 6.
[32] *Schwartmann/Weiß*, RDV 2016, 68 (72).

der gesetzlichen Verpflichtung nach Abs. 6 nicht, dh die zu zertifizierende Stelle sollte sich deren Unterstützung bspw. vertraglich zusichern lassen, sofern deren Mitwirkung für die Zertifizierung erforderlich ist. Von einer Erforderlichkeit kann regelmäßig ausgegangen werden, wenn Auftragnehmer einen wesentlichen Einfluss auf den Zertifizierungsgegenstand ausüben. Bspw. beeinflusst ein Rechenzentrumsbetreiber die Art und Weise der Leistungserbringung eines Hosting-Anbieters.

Im Rahmen der Zertifizierung wird geprüft, ob die genehmigten **Kriterien** 17 (→ Rn. 27) bezogenen auf den Zertifizierungsgegenstand (→ Rn. 9 ff.) durch die Verantwortlichen und Auftragsverarbeiter **eingehalten** werden.

Die **Gültigkeitsdauer** der Zertifizierung beschränkt Abs. 7 auf höchstens drei 18 Jahre. Der Wortlaut erlaubt der Zertifizierungsstelle kürzere Laufzeiten. Eine Verlängerung kann unter denselben Bedingungen erfolgen.[33] Dem Wortlaut nach muss bei der Verlängerung das gleiche Verfahren wie bei der Zertifizierung durchlaufen werden („denselben Bedingungen"), dh es handelt sich um eine Vollprüfung.

V. Anwender von Zertifizierungen

Verantwortliche und **Auftragsverarbeiter** können freiwillig alle oder ausge- 19 wählte Verarbeitungsvorgänge, dh auch einzelne Produkte oder Dienstleistungen, einer Zertifizierung unterziehen (→ Rn. 9 ff.). Die Freiwilligkeit einer Zertifizierung hindert Verantwortliche nicht, Zertifikate im Rahmen einer Ausschreibung zu verlangen, da auch der Verantwortliche von der Wirkung eines Zertifikats profitiert.[34] Grundsätzlich sind sowohl öffentliche, bspw. Behörden und Ministerien, sowie nichtöffentliche Stellen, dh Unternehmen, Vereine, Parteien usw., zertifizierungsfähig.

Zertifizierungen können unter Einhaltung von Art. 46 Abs. 2 Buchst. f auch 20 zur Schaffung eines **angemessenen Datenschutzniveaus im Drittland** dienen. Dazu müssen sich Verantwortliche oder Auftragsverarbeiter aus dem Drittland mittels vertraglicher oder sonstiger rechtlich bindender Instrumente auf die verbindliche und durchsetzbare Einhaltung verpflichten.

Eine Zertifizierung schmälert weder die **Verantwortung** zur Einhaltung der 21 DS-GVO des Verantwortlichen und des Auftragsverarbeiters noch die Aufgaben und Befugnisse der Aufsichtsbehörden.[35]

VI. Genehmigungsverfahren der Kriterien

Zertifizierungsverfahren müssen ein **förmliches Genehmigungsverfahren** 22 nach dem jeweiligen Recht des Mitgliedstaates, in dem die zuständige Aufsichtsbehörde ihren Sitz hat, durchlaufen. Sachlogisch gilt dieses auch für Änderungen oder Erweiterungen.

Die Kriterien (→ Rn. 9 ff.), nach denen zertifiziert wird, werden von der 23 zuständigen Aufsichtsbehörde nach Antragstellung durch die Zertifizierungsstelle genehmigt. Beziehen sich die Verarbeitungstätigkeiten auf mehrere Mitgliedstaa-

---

[33] Abs. 7.

[34] So auch Ehmann/Selmayr/*Schweinoch*, DS-GVO, Art. 41 Rn. 21; abw. Kühling/Buchner/*Bergt*, DS-GVO, Art. 42 Rn. 10.

[35] Abs. 4.

ten, genehmigt stattdessen der **Ausschuss** die Kriterien.[36] Art. 63 beschreibt das Verfahren. Durch den Ausschuss genehmigte Kriterien können zu einem Europäischen Datenschutzsiegel führen.[37]

24 Die Beurteilung, ob die **Verarbeitungstätigkeiten** sich auf **mehrere Mitgliedstaaten** beziehen, obliegt der zuständigen Aufsichtsbehörde. Nehmen die Kriterien selber Bezug auf eine Verarbeitung in mehreren Mitgliedstaaten oder lassen sie sich in mehreren Mitgliedstaaten anwenden (zB Kriterien zur Auftragsverarbeitung nach Art. 28), spricht das für eine Vorlage an den Ausschuss.

25 Aus den Anforderungen an eine **Akkreditierung** der Zertifizierungsstelle nach Art. 43 ergeben sich ggf. zusätzliche Kriterien, die von den zertifizierten Stellen einzuhalten sind, oder Anforderungen an die Ausgestaltung der Kriterien.

26 Aus der Zielsetzung, dass durch eine Zertifizierung die **Einhaltung** der Vorschriften der DS-GVO leichter **nachweisbar** sein soll, ergibt sich dem Wortlaut nach, dass die Kriterien – vergleichbar mit den Verhaltensregeln nach Art. 40 – die Anwendung der DS-GVO präzisieren können ohne zusätzliche über die DS-GVO hinausgehende Anforderungen zu stellen.[38] Eine Verschärfung der Vorgaben der DS-GVO widerspräche der Zielsetzung eines einheitlichen Schutzniveaus und einer einheitlichen Rechtsanwendung in der EU[39] durch die „Hintertür".

27 Die **Kriterien** werden von der zuständigen Aufsichtsbehörde **öffentlich zugänglich** gemacht.[40] Die Veröffentlichungspflicht erstreckt sich sowohl auf die durch die zuständige Aufsichtsbehörde als auch durch den Ausschuss genehmigten Kriterien. Der Ausschuss führt zudem ein öffentliches Register der Zertifizierungsverfahren und akkreditierten Einrichtungen und ein weiteres für in Drittländern niedergelassenen nach Art. 42 zertifizierten Verantwortlichen oder Auftragsverarbeiter.[41]

28 Genehmigte Zertifizierungsverfahren, dh auch Datenschutzsiegel und -prüfzeichen, nimmt der Ausschuss in ein **Register** auf und veröffentlicht sie in geeigneter Weise.[42] Dadurch erhalten Verantwortliche und Auftragsverarbeiter einen Überblick über alle in der EU genehmigten Zertifizierungsverfahren.

C. Rechtsschutz und Sanktionen

29 Im Falle einer **Verletzung der Pflichten** im Rahmen einer Zertifizierung nach Art. 42 Zertifizierung durch einen Verantwortlichen oder einen Auftragsverarbeiter kann die zuständige Aufsichtsbehörde ein **Bußgeld** von bis zu 10.000.000 EUR oder – sofern höher – 2 Prozent des weltweiten Jahresumsatzes des Vorjahres verhängen.[43] Pflichtverletzungen sind ua Zurückhaltung von für die Zertifizierung erforderlichen Informationen oder Verweigerung des Zugangs zu den Verarbeitungstätigkeiten.[44]

---

[36] Abs. 5.

[37] Abs. 5.

[38] Befürwortend s. *Schwartmann/Weiß*, RDV 2016, 68 (72), Auernhammer/*Hornung*, DSGVO, Art. 42 Rn. 11; Kühling/Buchner/*Bergt*, DS-GVO, Art. 42 Rn. 15.

[39] Erwägungsgrund 10.

[40] Art. 43 Abs. 6 S. 1.

[41] Art. 70 Abs. 1 Buchst. o.

[42] Abs. 8.

[43] Art. 83 Abs. 4 Buchst. a.

[44] Abs. 6 iVm Art. 83 Abs. 4 Buchst. a.

Wenn die Voraussetzungen der Zertifizierung nicht oder nicht mehr erfüllt sind, muss die Zertifizierungsstelle bzw. die die Zertifizierung durchführende Aufsichtsbehörde die Zertifizierung **widerrufen.**[45] Weiterhin wird auf die Kommentierung zu Art. 43 verwiesen. 30

Verletzt eine Zertifizierungsstelle ihre **Pflichten** nach Art. 42, bspw. durch Unterlassen des Widerrufs einer Zertifizierung, droht ein Bußgeld in gleicher Höhe.[46] 31

Art. 43 Zertifizierungsstellen

(1) **[1]Unbeschadet der Aufgaben und Befugnisse der zuständigen Aufsichtsbehörde gemäß den Artikeln 57 und 58 erteilen oder verlängern Zertifizierungsstellen, die über das geeignete Fachwissen hinsichtlich des Datenschutzes verfügen, nach Unterrichtung der Aufsichtsbehörde – damit diese erforderlichenfalls von ihren Befugnissen gemäß Artikel 58 Absatz 2 Buchstabe h Gebrauch machen kann – die Zertifizierung. [2]Die Mitgliedstaaten stellen sicher, dass diese Zertifizierungsstellen von einer oder beiden der folgenden Stellen akkreditiert werden:**

a) der gemäß Artikel 55 oder 56 zuständigen Aufsichtsbehörde;
b) der nationalen Akkreditierungsstelle, die gemäß der Verordnung (EG) Nr. 765/2008 des Europäischen Parlaments und des Rates[1] im Einklang mit EN-ISO/IEC 17065/2012 und mit den zusätzlichen von der gemäß Artikel 55 oder 56 zuständigen Aufsichtsbehörde festgelegten Anforderungen benannt wurde.

(2) **Zertifizierungsstellen nach Absatz 1 dürfen nur dann gemäß dem genannten Absatz akkreditiert werden, wenn sie**

a) ihre Unabhängigkeit und ihr Fachwissen hinsichtlich des Gegenstands der Zertifizierung zur Zufriedenheit der zuständigen Aufsichtsbehörde nachgewiesen haben;
b) sich verpflichtet haben, die Kriterien nach Artikel 42 Absatz 5, die von der gemäß Artikel 55 oder 56 zuständigen Aufsichtsbehörde oder – gemäß Artikel 63 – von dem Ausschuss genehmigt wurden, einzuhalten;
c) Verfahren für die Erteilung, die regelmäßige Überprüfung und den Widerruf der Datenschutzzertifizierung sowie der Datenschutzsiegel und -prüfzeichen festgelegt haben;
d) Verfahren und Strukturen festgelegt haben, mit denen sie Beschwerden über Verletzungen der Zertifizierung oder die Art und Weise, in der die Zertifizierung von dem Verantwortlichen oder dem Auftragsverarbeiter umgesetzt wird oder wurde, nachgehen und diese Verfahren und Strukturen für betroffene Personen und die Öffentlichkeit transparent machen, und

---

[45] Abs. 7 S. 2.

[46] Art. 83 Abs. 4 Buchst. b.

[1] **Amtl. Anm.:** Verordnung (EG) Nr. 765/2008 des Europäischen Parlaments und des Rates vom 9. Juli 2008 über die Vorschriften für die Akkreditierung und Marktüberwachung im Zusammenhang mit der Vermarktung von Produkten und zur Aufhebung der Verordnung (EWG) Nr. 339/93 des Rates (ABl. L 218 vom 13.8.2008, S. 30).

e) zur Zufriedenheit der zuständigen Aufsichtsbehörde nachgewiesen haben, dass ihre Aufgaben und Pflichten nicht zu einem Interessenkonflikt führen.

(3) [1]**Die Akkreditierung von Zertifizierungsstellen nach den Absätzen 1 und 2 erfolgt anhand der Anforderungen, die von der gemäß Artikel 55 oder 56 zuständigen Aufsichtsbehörde oder – gemäß Artikel 63 – von dem Ausschuss genehmigt wurden.** [2]**Im Fall einer Akkreditierung nach Absatz 1 Buchstabe b des vorliegenden Artikels ergänzen diese Anforderungen diejenigen, die in der Verordnung (EG) Nr. 765/2008 und in den technischen Vorschriften, in denen die Methoden und Verfahren der Zertifizierungsstellen beschrieben werden, vorgesehen sind.**

(4) [1]**Die Zertifizierungsstellen nach Absatz 1 sind unbeschadet der Verantwortung, die der Verantwortliche oder der Auftragsverarbeiter für die Einhaltung dieser Verordnung hat, für die angemessene Bewertung, die der Zertifizierung oder dem Widerruf einer Zertifizierung zugrunde liegt, verantwortlich.** [2]**Die Akkreditierung wird für eine Höchstdauer von fünf Jahren erteilt und kann unter denselben Bedingungen verlängert werden, sofern die Zertifizierungsstelle die Anforderungen dieses Artikels erfüllt.**

(5) **Die Zertifizierungsstellen nach Absatz 1 teilen den zuständigen Aufsichtsbehörden die Gründe für die Erteilung oder den Widerruf der beantragten Zertifizierung mit.**

(6) [1]**Die Anforderungen nach Absatz 3 des vorliegenden Artikels und die Kriterien nach Artikel 42 Absatz 5 werden von der Aufsichtsbehörde in leicht zugänglicher Form veröffentlicht.** [2]**Die Aufsichtsbehörden übermitteln diese Anforderungen und Kriterien auch dem Ausschuss.**

(7) **Unbeschadet des Kapitels VIII widerruft die zuständige Aufsichtsbehörde oder die nationale Akkreditierungsstelle die Akkreditierung einer Zertifizierungsstelle nach Absatz 1, wenn die Voraussetzungen für die Akkreditierung nicht oder nicht mehr erfüllt sind oder wenn eine Zertifizierungsstelle Maßnahmen ergreift, die nicht mit dieser Verordnung vereinbar sind.**

(8) **Der Kommission wird die Befugnis übertragen, gemäß Artikel 92 delegierte Rechtsakte zu erlassen, um die Anforderungen festzulegen, die für die in Artikel 42 Absatz 1 genannten datenschutzspezifischen Zertifizierungsverfahren zu berücksichtigen sind.**

(9) [1]**Die Kommission kann Durchführungsrechtsakte erlassen, mit denen technische Standards für Zertifizierungsverfahren und Datenschutzsiegel und -prüfzeichen sowie Mechanismen zur Förderung und Anerkennung dieser Zertifizierungsverfahren und Datenschutzsiegel und -prüfzeichen festgelegt werden.** [2]**Diese Durchführungsrechtsakte werden gemäß dem in Artikel 93 Absatz 2 genannten Prüfverfahren erlassen.**

Übersicht

A. Allgemeines

I. Zweck und Bedeutung der Vorschrift

1 Dieser Artikel ergänzt Art. 42, der insbesondere die Zielsetzung einer Zertifizierung und die Genehmigung der Zertifizierungskriterien regelt, um die Ausgestaltung der Befugnisse und Akkreditierung der **Zertifizierungsstelle.**

II. Ergänzungen, Änderungen durch das BDSG nF

2 Art. 43 Abs. 1 S. 2 verpflichtet die Mitgliedstaaten die Akkreditierung einer Zertifizierungsstelle zu regeln. Für Deutschland setzt § 39 BDSG nF diesen Regelungsauftrag um. Die Akkreditierung erfolgt in zwei Stufen. Auf der ersten Stufe erfolgt eine Akkreditierung bei der deutschen Akkreditierungsstelle gemäß der VO (EG) Nr. 765/2008, der „Deutschen Akkreditierungsstelle GmbH (DAkkS)". Hierbei soll die grundsätzliche Eignung als Zertifizierungsstelle geprüft werden. Die Akkreditierung bei der DAkkS erfolgt auf Antrag der Zertifizierungsstelle. Ist die Akkreditierung bei der DAkkS erfolgreich, kann die Zertifizierungsstelle als zweite Stufe bei der für sie zuständigen Aufsichtsbehörde eine Akkreditierung für die geplante Zertifizierung iSd Art. 42 beantragen. Wird auch diese Akkreditierung erteilt, darf die Zertifizierungsstelle Zertifizierungen nach Art. 42 erteilen (→ Rn. 13ff.).

3 § 39 S. 2 BDSG nF stellt Datenschutz den Bereichen Medizinprodukte, Gendiagnostika, Sicherheitstechnik usw. gleich, für die eine Beteiligung der jeweiligen Aufsichtsbehörden an der Akkreditierung in § 1 Abs. 2 AkkStelleG vorgesehen ist. Dadurch erfolgt die Begutachtung der Zertifizierungsstelle durch die zuständige Aufsichtsbehörde.[2] Die Akkreditierung wird im Einvernehmen zwischen DAkkS und der zuständigen Aufsichtsbehörde erteilt.[3] Es entscheidet ein Akkreditierungsausschuss über die Akkreditierung, an dem die Aufsichtsbehörden mit zwei Drittel der Mitglieder beteiligt sein müssen.[4] Weitere Mitglieder können die in § 8 Abs. 1 AkkStelleG genannten Bundesministerien stellen (Bundesministerium des Innern, Bundesministerium der Finanzen, Bundesministerium für Arbeit und Soziales, Bundesministerium für Ernährung und Landwirtschaft, Bundesministerium für Gesundheit, Bundesministerium für Verkehr und digitale Infrastruktur, Bundesministerium für Umwelt, Naturschutz, Bau und Reaktorsicherheit).

---

[2] § 39 S. 2 BDSG nF iVm § 2 Abs. 3 S. 2 AkkStelleG.
[3] § 39 S. 2 BDSG nF iVm § 4 Abs. 3 AkkStelleG.
[4] § 39 S. 2 BDSG nF iVm § 10 Abs. 1 Nr. 3 AkkStelleG.

III. Systematik, Verhältnis zu anderen Vorschriften

4 Inhaltlich steht dieser Artikel in einem **engen Verhältnis** mit **Art. 42.** Auf die dortige Kommentierung wird insbesondere hinsichtlich des grundsätzlichen Verständnisses von Zertifizierungen verwiesen.

5 Die Aufgaben einer **Zertifizierungsstelle** können auch von **Aufsichtsbehörden** wahrgenommen werden.[5] Auf die entsprechenden Art. 57 und Art. 58 sowie die entsprechende Kommentierung wird verwiesen.

B. Einzelerläuterungen

I. Nationale Akkreditierungsstellen

6 Die Mitgliedstaaten legen fest, welche nationale Stelle jeweils als **Akkreditierungsstelle** für die Zertifizierungsstellen fungieren soll.[6] Die Befugnisse können der nationalen Akkreditierungsstelle gemäß der VO (EG) Nr. 765/2008 oder der zuständigen Aufsichtsbehörden[7] übertragen werden. Es dürfen auch beide Stellen zuständig sein.

7 Die zuständige Aufsichtsbehörde kann **zusätzliche Anforderungen** an die DAkkS stellen.[8] Welche zusätzlichen Anforderungen gestellt werden können, lässt die Vorschrift offen. Denkbar wären Fachkundeanforderungen an das Personal der Akkreditierungsstelle wie auch Mindestinformationen von vergebenen Zertifikaten.[9]

8 Für Deutschland → Rn. 2 f.

9 Auch wenn die zuständige **Aufsichtsbehörde** selber **zertifiziert,**[10] muss im Mitgliedstaat eine Akkreditierungsstelle eingerichtet werden.

II. Aufgaben der Zertifizierungsstellen

10 Zertifizierungsstellen **erteilen, verlängern** oder **widerrufen Zertifizierungen** von Verarbeitungsvorgängen, aber auch von Dienstleistungen und Produkten.[11] Die Kriterien der Zertifizierung müssen gem. Art. 42 Abs. 5 vorher durch die zuständige Aufsichtsbehörde oder den Ausschuss[12] genehmigt worden sein.

11 Vor der Erteilung oder Verlängerung einer Zertifizierung hat die Zertifizierungsstelle die zuständige **Aufsichtsbehörde** zu **informieren.**[13] Eine Pflicht zur Vorlage der Akte besteht nicht.[14] Dabei muss sie auch die Gründe für die Erteilung oder den Widerruf einer beantragten Zertifizierung mitteilen.[15] Dadurch soll diese in die Lage versetzt werden, den Widerruf der Zertifizierung oder die Nichterteilung anzuweisen, sofern die Voraussetzungen für eine Zertifizierung

---

[5] Art. 42 Abs. 5.
[6] Abs. 1 S. 2.
[7] Art. 51 iVm Art. 55.
[8] Abs. 1 Buchst. b.
[9] *Schwartmann/Weiß*, RDV 2016, 68 (70).
[10] Art. 42 Abs. 5.
[11] Abs. 1 iVm Abs. 2 Buchst. c unter Berücksichtigung von Erwägungsgrund 100.
[12] Art. 68 iVm Art. 70 Abs. 1 Buchst. n.
[13] Abs. 1.
[14] Ehmann/Selmayr/*Will*, DS-GVO, Art. 43 Rn. 13.
[15] Abs. 5.

nicht oder nicht mehr erfüllt werden.[16] Die Vorschrift soll die Aufsichtsbehörde in die Lage versetzen, basierend auf ihrem Kenntnisstand, der sich ua aus Beschwerden oder eigenen Untersuchungen speist, tätig werden zu können. Eine Pflicht zur formalen oder inhaltlichen Prüfung durch die Aufsichtsbehörde besteht nicht.

Die **Zuständigkeit** der **Aufsichtsbehörde** bemisst sich grundsätzlich nach Art. 55. Bei grenzüberschreitenden Zertifizierungen können sich gem. Art. 56 abweichende Zuständigkeiten ergeben. Für Deutschland bestimmt grundsätzlich das Bundesland, in dem die Zertifizierungsstelle ihren Sitz hat, die zuständige Aufsichtsbehörde. 12

Erteilung oder Widerruf bedürfen einer **angemessenen Prüfung**[17] und Bewertung,[18] dh der inhaltlichen Prüfung und Würdigung, ob die der Zertifizierung zugrunde liegenden Kriterien eingehalten werden. Im Unterschied zu Verhaltensregeln nach Art. 40, denen sich ein Verantwortlicher oder Auftragsverarbeiter durch Selbstverpflichtung unterwirft, ist eine angemessene Prüfung auf Einhaltung der Kriterien durch die Zertifizierungsstelle zwingende Voraussetzung für die Erteilung. Produktprüfungen oder Kontrollen vor Ort stellen angemessene Prüfmaßnahmen dar. Eine Beschränkung auf Selbstauskünfte durch die zu zertifizierende Stelle erscheint unzureichend zu sein, da sie gerade nicht eine Überprüfung durch die Zertifizierungsstelle darstellt. 13

Die Zertifizierung berührt nicht die **Verantwortung** des **Verantwortlichen** oder des **Auftragsverarbeiters** für die Einhaltung der DS-GVO, dh bspw. ersetzt die Prüfung im Rahmen der Zertifizierung nicht die eigene Überwachungspflicht. Auch die Aufgaben gem. Art. 57 und Befugnisse gem. Art. 58 der Aufsichtsbehörden bleiben unberührt.[19] 14

III. Akkreditierung einer Zertifizierungsstelle

Hinsichtlich der **Gesellschafter oder Träger** der Zertifizierungsstelle macht die DS-GVO keine Vorgaben. Die Finanzierung der Zertifizierungsstelle ist ebenfalls nicht geregelt, so dass unterschiedliche Geschäftsmodelle wie zB eine Preisung der Leistungen zulässig erscheinen. 15

Die **Rechtsform** der Zertifizierungsstelle ist nicht vorgeschrieben, dh es kommen sowohl öffentlich-rechtliche wie auch privatwirtschaftliche Rechtsformen in Betracht. 16

Um ihre Arbeit aufnehmen zu können muss sich die Zertifizierungsstelle bei der zuständigen Akkreditierungsstelle (→ Rn. 6 ff.) akkreditieren lassen. Dazu ist ein **förmliches Genehmigungsverfahren** nach dem jeweiligen Recht des Mitgliedstaates, in dem die zuständige Aufsichtsbehörde ihren Sitz hat, zu durchlaufen. Mit Blick auf die enge Zusammenarbeit zwischen Zertifizierungsstelle und Aufsichtsbehörde sowie auf das Fehlen einer Aufsichtsbehörde im Drittstatt spricht vieles dafür, dass die Zertifizierungsstelle innerhalb des EWR ansässig sein muss.[20] 17

Die für die Akkreditierung zu erfüllenden **Anforderungen** werden vorher durch die zuständige Aufsichtsbehörde oder den Ausschuss genehmigt (→ Rn. 18 ff.). Sofern die Akkreditierung bei der nationalen Akkreditierungsstelle gem. VO (EG) 18

---

[16] Art. 58 Abs. 2 Buchst. h.

[17] Abs. 2 Buchst. c.

[18] Abs. 4.

[19] Abs. 1.

[20] Auernhammer/*Hornung*, DSGVO, Art. 43 Rn. 4.

Nr. 765/2008 erfolgt – in Deutschland die Deutsche Akkreditierungsstelle GmbH (DAkkS) – sind zusätzlich die in der VO (EG) Nr. 765/2008 und in den technischen Vorschriften, in denen die Methoden und Verfahren der Zertifizierungsstellen beschrieben werden, genannten Anforderungen einzuhalten (ua DIN EN ISO/IEC 14065).[21] Zertifizierungsstellen müssen zusätzlich den in Abs. 2 genannten und im Folgenden besprochenen Anforderungen genügen, um akkreditierungsfähig zu sein.

19 1. Die Zertifizierungsstelle ist **unabhängig,**[22] dh sie darf bspw. nicht von einem zu zertifizierenden Verantwortlichen oder Auftragsverarbeiter personell, rechtlich oder wirtschaftlich abhängig oder mit diesem personell, wirtschaftlich oder eigentumsrechtlich verbunden sein. Eine Finanzierung über eine kostenpflichtige Zertifizierung steht der Unabhängigkeit grundsätzlich nicht entgegen, sofern die Zertifizierungskosten – ggf. gestaffelt nach Unternehmensgröße oder Zertifizierungsumfang – von allen zertifizierten Stellen zu entrichten sind. Auch eine Sicherung der Finanzierung durch von den zertifizierten Stellen unabhängige Gesellschafter stärkt die Unabhängigkeit, insbesondere wenn wenige Stellen kostenpflichtig zertifiziert werden, zB in der Startphase. Personelle Verflechtungen zwischen Zertifizierungsstelle und einer oder mehrerer zertifizierter Stellen sprechen gegen die Unabhängigkeit. Die Unabhängigkeit ist der zuständigen Aufsichtsbehörde nachzuweisen.[23]

20 2. Die Zertifizierungsstelle besitzt **Fachwissen** hinsichtlich des Datenschutzes[24] und des Gegenstands der Zertifizierung. Das Fachwissen bezieht sich einmal auf die Zertifizierungskriterien, dh sie kann die Zertifizierungskriterien selber anwenden. Weiterhin umfasst das Fachwissen auch die den Zertifizierungskriterien zugrundeliegenden technischen, rechtlichen sowie Branchenkenntnisse. Bspw. müsst eine Zertifizierungsstelle im Bereich der Auftragsverarbeitung nach Art. 28 die für die Auftragsverarbeitung einschlägigen datenschutzrechtlichen Vorschriften, zB der DS-GVO, und die üblichen technischen und organisatorischen Maßnahmen, zB Sicherheit im Rechenzentrum, kennen. Die Fachkunde kann sowohl durch eigene Mitarbeiter oder beauftragte Dritte, wie zB Auditoren, vorgehalten werden. Die Fachkenntnisse sind der zuständigen Aufsichtsbehörde nachzuweisen.[25]

21 3. Die Zertifizierungsstelle hat sich zu **verpflichten,** die gem. Art. 42 Abs. 5 für die Zertifizierung genehmigten **Kriterien** einzuhalten.[26]

22 4. Die Zertifizierungsstelle muss **Verfahren,** dh Abläufe, zur Bearbeitung der ihr übertragenen Aufgaben definiert haben. Die Festlegung sollte aus Nachweisgründen gegenüber der zuständigen Aufsichtsbehörde dokumentiert sein. Die operative Durchführung, zB Musterverträge und Zuständigkeiten, hat sich aus der Festlegung zu ergeben.

23 Abs. 2 Buchst. c nennt drei Verfahren, die festzulegen sind: **Erteilung, regelmäßige Überprüfung** und **Widerruf** der Zertifizierung. Weitere festzulegende Verfahren und Strukturen ergeben sich aus Abs. 2 Buchst. d: Bearbeitung von **Beschwerden** über Verletzungen der Zertifizierung und über die Art und Weise

[21] Abs. 3.
[22] Abs. 2 Buchst. a.
[23] Abs. 2 Buchst. a.
[24] Abs. 1.
[25] Abs. 2 Buchst. a.
[26] Abs. 2 Buchst. b.

der Umsetzung der Zertifizierung durch die zertifizierten Stellen. Den Beschwerden muss die Zertifizierungsstelle nachgehen, dh eine inhaltliche Prüfung der Beschwerde und Sachverhaltsaufklärung bei dem betroffenen Verantwortlichen oder dem Auftragsverarbeiter sind geboten. Eine Information des Beschwerdeführers über das Ergebnis ist ebenfalls geboten. Diese Verfahren und Strukturen sind für betroffene Personen und die Öffentlichkeit transparent zu machen, dh sie müssen bspw. auf einer Webseite veröffentlicht werden.

5. Die Zertifizierungsstelle muss gegenüber der zuständigen Aufsichtsbehörde **24** nachweisen, dass ihre Aufgaben und Pflichten nicht zu einem **Interessenkonflikt** führen.[27]

Die **Dauer der Akkreditierung** ist auf maximal fünf Jahre begrenzt. Dem **25** Wortlaut („Höchstdauer“) nach, ist eine kürzere Dauer zulässig, die von der Akkreditierungsstelle festzulegen ist. Die Akkreditierung kann unter denselben Bedingungen wie bei der Erteilung verlängert werden, sofern die Voraussetzungen zur Akkreditierung weiterhin erfüllt sind.[28] Die Verlängerung gilt für die gleiche Dauer, die auch bei der ersten Akkreditierung zur Anwendung kam.

IV. Widerruf der Akkreditierung

Die **Akkreditierung** einer Zertifizierungsstelle muss durch zuständige Akkre- **26** ditierungsstellen (→ Rn. 6 ff.), dh durch die zuständige Aufsichtsbehörde oder nationale Akkreditierungsstelle, **widerrufen** werden, wenn die Voraussetzungen zur Akkreditierung (→ Rn. 15 ff.) nicht oder nicht mehr erfüllt sind oder wenn die Stelle Maßnahmen ergreift, die nicht mit der DS-GVO vereinbar sind.[29] Gemäß der Zielsetzung dieses Artikels richten sich die Maßnahmen gegen die zertifizierten oder zu zertifizierenden Verantwortlichen und Auftragsverarbeiter. Hinsichtlich anderer Maßnahmen, bspw. nach Art. 25, unterliegt die Zertifizierungsstelle wie jeder Verantwortliche den übrigen Vorschriften der DS-GVO.

Als **Folge des Widerrufs** der Akkreditierung darf die Zertifizierungsstelle **27** keine Zertifizierungen erteilen, verlängern oder widerrufen. Bestehende Zertifizierungen dürften durch den Widerruf der Akkreditierung nicht berührt werden, da sie von einer Zertifizierungsstelle, die zum Erteilungszeitpunkt über eine gültigen Akkreditierung verfügte, erteilt wurden. Weiterhin wird vor der Erteilung einer Zertifizierung die zuständige Aufsichtsbehörde informiert.[30] Ggf. erwachsen Schadensersatzansprüche gegen die Zertifizierungsstelle. Bestehende Zertifizierungen können ggf. durch die zuständige Aufsichtsbehörde widerrufen werden.[31]

V. Akkreditierungskriterien

Die Akkreditierungskriterien können von der zuständigen Aufsichtsbehörde[32] **28** oder anderen Stellen, wie zB Anbieter von Zertifizierungen oder Verbände und Vereinigungen, abgefasst werden. Sie bedürfen anschließend einer **Genehmigung,** ehe sie für die Akkreditierung von Zertifizierungsstellen verwendet werden dürfen. Zu den Kriterien können bspw. – wie von den deutschen Aufsichtsbehör-

---

[27] Abs. 2 Buchst. e.
[28] Abs. 4.
[29] Abs. 7.
[30] Abs. 1.
[31] Art. 58 Abs. 2 Buchst. h.
[32] Art. 57 Abs. 1 Buchst. p.

den im Rahmen der Selbstregulierung durch Zertifizierung gefordert – Anforderungen an die Fachkunde der Prüfer zählen.[33] Bei der Ausgestaltung der Kriterien sind die Aufsichtsbehörden gehalten, den besonderen Bedürfnissen von Kleinstunternehmen, kleinen und mittleren Unternehmen Rechnung zu tragen.[34] Komplizierte vorgeschriebene Abläufe in der Zertifizierungsstelle sowie hohe Anforderungen an eine Dokumentation können sich kostentreibend auswirken und damit zu höheren Zertifizierungskosten führen.

29 Betreffen die Akkreditierungskriterien Zertifizierungen, die auf einen Mitgliedstaat beschränkt sind, entscheidet die gem. Art. 55 oder Art. 56 zuständige Aufsichtsbehörde über die Genehmigung. Zu diesen Verarbeitungstätigkeiten zählen bspw. Verarbeitungen auf Grundlage von Sozialgesetzbüchern. Die Kriterien sind durch die Aufsichtsbehörde zu veröffentlichen und dem Ausschuss mitzuteilen.[35]

30 Beziehen sich die Verarbeitungstätigkeiten auf mehrere Mitgliedstaaten, genehmigt der **Ausschuss** diese.[36]

31 Der Ausschuss nimmt alle akkreditierten Zertifizierungsverfahren, gleichgültig ob diese durch eine Aufsichtsbehörde oder durch ihn selber genehmigt wurden, in ein **Register** auf und **veröffentlicht** sie in geeigneter Weise.[37]

VI. Ausgestaltungsbefugnisse der Kommission

32 Die DS-GVO legt mit Art. 42 und Art. 43 den Rahmen für Zertifizierungen fest. Die Kommission erhält die Befugnis diesen Rahmen weiter auszugestalten. Dazu ermächtigt Abs. 8 sie, über die in Art. 42 und Art. 43 genannten Anforderungen hinausgehende Anforderungen durch gem. Art. 92 **delegierte Rechtsakte** zu erlassen.

33 Weiterhin ermächtig Abs. 9 die Kommission mittels **Durchführungsrechtsakten** gem. Art. 93 Abs. 2, technische Standards für Zertifizierungsverfahren sowie Mechanismen zur Förderung und Anerkennung dieser Zertifizierungsverfahren festzulegen.

C. Rechtsschutz und Sanktionen

34 Im Falle einer **Verletzung der Zertifzierungskriterien** durch einen Verantwortlichen oder einen Auftragsverarbeiter widerruft die **Zertifizierungsstelle** die Zertifzierung und informiert die zuständige Aufsichtsbehörde mit Begründung (→ Rn. 10 ff.).[38] Eine Verletzung einer oder beider Pflichten sowie aller übrigen Pflichten nach Art. 42 und Art. 43 durch die Zertifizierungsstelle ist mit einem **Bußgeld** bis zu 10.000.000 EUR oder – sofern höher – 2 Prozent des weltweiten Jahresumsatzes des Vorjahres bewehrt.[39]

35 Im Falle einer **Verletzung der Pflichten** im Rahmen einer Zertifizierung nach Art. 42 und Art. 43 durch einen Verantwortlichen oder einen Auftragsverar-

---

[33] *Düsseldorfer Kreis*, Modelle zur Vergabe von Prüfzertifikaten, die im Wege der Selbstregulierung entwickelt und durchgeführt werden, Beschl. v. 25./26.2.2014.

[34] Art. 42 Abs. 1.

[35] Abs. 6.

[36] Abs. 3.

[37] Abs. 6.

[38] Abs. 2 Buchst. c iVm Abs. 5.

[39] Art. 83 Abs. 4 Buchst. b.

beiter kann die zuständige Aufsichtsbehörde ein **Bußgeld** bis zu 10.000.000 EUR oder – sofern höher – 2 Prozent des weltweiten Jahresumsatzes des Vorjahres verhängen.[40]

[40] Art. 83 Abs. 4 Buchst. a.

Kapitel V. Übermittlungen personenbezogener Daten an Drittländer oder an internationale Organisationen

Art. 44 Allgemeine Grundsätze der Datenübermittlung

[1]Jedwede Übermittlung personenbezogener Daten, die bereits verarbeitet werden oder nach ihrer Übermittlung an ein Drittland oder eine internationale Organisation verarbeitet werden sollen, ist nur zulässig, wenn der Verantwortliche und der Auftragsverarbeiter die in diesem Kapitel niedergelegten Bedingungen einhalten und auch die sonstigen Bestimmungen dieser Verordnung eingehalten werden; dies gilt auch für die etwaige Weiterübermittlung personenbezogener Daten aus dem betreffenden Drittland oder der betreffenden internationalen Organisation an ein anderes Drittland oder eine andere internationale Organisation. [2]Alle Bestimmungen dieses Kapitels sind anzuwenden, um sicherzustellen, dass das durch diese Verordnung gewährleistete Schutzniveau für natürliche Personen nicht untergraben wird.

Literatur: *Ambrock/Karg,* Ausnahmetatbestände der DS-GVO als Rettungsanker des internationalen Datenverkehrs? Analyse der Neuerungen zur Angemessenheit des Datenschutzniveaus, ZD 2017, 154; *Bieresborn,* Unzulässige Drittstaatenübermittlung durch „Googeln"?, Datenschutzrechtliche Aspekte von Internetrecherchen, ZD 2016, 319; *Börding,* Ein neues Datenschutzschild für Europa. Warum auch das überarbeitete Privacy Shield den Vorgaben des Safe Harbor-Urteils nicht gerecht werden kann, CR 2016, 431; *Bull,* Der transatlantische Machtkampf der Rechtssysteme – Konsequenzen aus dem EuGH-Urteil zum internationalen Datentransfer, PinG 2016, 1; *Geppert,* Überprüfung der Modelle zur Datenübermittlung in Drittländer, ZD 2018, 62; *Hladjk,* Internationale Datenübermittlungen auf der Grundlage eines Angemessenheitsbeschlusses nach der EU-DSGVO, DuD 2017, 77; *Hoeren,* Das Konzerntelefonverzeichnis – ein datenschutzrechtlicher Sündenpfuhl? – Problemstellung und rechtliche Grenzen, ZD 2014, 441; *Kranig/Peintinger,* Selbstregulierung im Datenschutzrecht. Rechtslage in Deutschland, Europa und den USA unter Berücksichtigung des Vorschlags zur DS-GVO, ZD 2014, 3; *Kuner,* Transborder Data Flows and Data Privacy Law, 2013; *Kuner,* Reality and Illusion in EU Data Transfer Regulation Post Schrems, University of Cambridge Faculty of Law Research Paper No. 14/2016 (March 2016); *Leopold,* Absenkung des Datenschutz-Niveaus durch CETA?, ZD 2016, 475; *Loof/Schefold,* Kooperation bei Ermittlungsverfahren gegen Unternehmen in den USA. Datentransfer zwischen Skylla und Charybdis, ZD 2016, 107; *Metz/Spittka,* Datenweitergabe im transatlantischen Rechtsraum – Konflikt oder Konsistenz? Eine Betrachtung unter Berücksichtigung der „Microsoft-Entscheidung" und der DS-GVO, ZD 2017, 361; *Molnár-Gábor/Kaffenberger,* EU-US-Privacy-Shield – ein Schutzschild mit Löchern? Bedeutung des Austauschs von personenbezogenen Daten in der medizinischen Forschung, ZD 2017, 18; *Piltz,* Datentransfers nach Safe Harbor: Analyse der Stellungnahmen und mögliche Lösungsansätze, K&R 2016, 1; *Schmid/Kahl,* Verarbeitung „sensibler" Daten durch Cloud-Anbieter in Drittstaaten. Auftragsdatenverarbeitung nach geltendem Recht und DS-GVO, ZD 2017, 54; *Schmitz/v. Dall'Armi,* Standardvertragsklauseln – heute und morgen. Eine Alternative für den Datentransfer in Drittländern?, ZD 2016, 217; *Schreiber/Kohm,* Rechtssicherer Datentransfer unter dem EU-US-Privacy-Shield? – Der transatlantische Datentransfer in der Unternehmenspraxis, ZD 2016, 255; *Schuler/Weichert,* Ein „Export-Import-Standardvertrag" für den Drittland-Datentransfer, DuD 2016, 386; *Smagon,* Schutzschirm für EU/US-Datentransfer in Strafsachen. Neues transatlantisches Datenschutz-Rahmenabkommen und die Auswirkungen des Safe Harbor-Urteils, ZD 2016, 55; *Stauder,*

Indien – Drittstaat mit angemessenem Datenschutzniveau? – Das indische Datenschutzrecht im Überblick, ZD 2014, 188; *Weichert*, EU-US-Privacy-Shield – Ist der transatlantische Datentransfer nun grundrechtskonform? Eine erste Bestandsaufnahme, ZD 2016, 209; *Weiß*, Die Angemessenheitsentscheidung der EU-Kommission – Anspruch und Wirklichkeit, RDV 2013, 273; *Wybitul/Ströbel/Rueß*, Übermittlung personenbezogener Daten in Drittländer. Überblick und Checkliste für die Prüfung nach der DS-GVO, ZD 2017, 503.

Übersicht

A. Allgemeines

I. Zweck und Bedeutung der Vorschrift

1 Die Vorschriften in Kapitel V der DS-GVO bezwecken in erster Linie eine Verbesserung bzw. Präzisierung der bisherigen europäischen Rechtslage zum Drittlandtransfer. Naturgemäß haben sie eine Ausstrahlungswirkung auf die betreffenden Drittländer. Art. 44 regelt zunächst die allgemeinen **Grundsätze** der Übermittlung personenbezogener Daten von in der EU ansässigen Unternehmen und öffentlichen Stellen an Empfänger (s. Art. 4 Nr. 9) in Drittländern bzw. an internationale Organisationen (s. Art. 4 Nr. 26). **Normadressaten** sind die nach Art. 4 Nr. 7 Verantwortlichen sowie Auftragsverarbeiter nach Art. 4 Nr. 8. Die rasante technologische Entwicklung und die Globalisierung haben den Datenschutz auch hinsichtlich des Datenverkehrs mit in Drittländern ansässigen Institutionen vor neue Herausforderungen gestellt. Vor diesem Hintergrund soll das nach der Verordnung unionsweit vorgegebene hohe **Datenschutzniveau** auch im Fall des inzwischen erheblich verstärkten Drittlandtransfers gewahrt bzw. nicht unterlaufen werden (vgl. Erwägungsgründe 6 und 101). Dabei erkennt der Verordnungsgeber aber an, dass der Austausch personenbezogener Daten mit Drittländern bzw. internationalen Organisationen für die Pflege des internationalen Handels und der internationalen Zusammenarbeit notwendig ist (s. Erwägungsgrund 101). Aus diesem Grund bietet die Verordnung diverse Optionen zur rechtmäßigen Ausgestaltung des Drittlandtransfers, wobei Angemessenheitsentscheidungen der EU-Kommission, Datenschutzverträge und verbindliche interne Datenschutzvorschriften (sog. Binding Corporate Rules – BCR) weiterhin von praktischer Bedeutung sind.

II. Systematik, Verhältnis zu anderen Vorschriften

2 Der Anspruch auf Wahrung des europäischen Datenschutzniveaus auch beim Drittlandtransfer fußt auf Art. 8 Abs. 1 der Charta der Grundrechte der Europäischen Union (s. Erwägungsgrund 1). Art. 44 verlangt sowohl die Beachtung der in Kapitel V genannten – im Alternativitätsverhältnis stehenden – Angemessenheits-, Schutz- und Sonderregelungen als auch – kumulativ – die Einhaltung der sonstigen Bestimmungen der DS-GVO. Zu den in Kapitel V geregelten Sachver-

halten zählen im Einzelnen Datenübermittlungen auf der Grundlage eines **Angemessenheitsbeschlusses** der EU-Kommission (Art. 45), Übermittlungen auf Basis geeigneter **Schutzgarantien** (Art. 46 und 47), die Übermittlung auf **Anforderung** von Gerichten oder Verwaltungsbehörden eines Drittlands (Art. 48) sowie nach Art. 49 ausnahmsweise zulässige Drittlandtransfers aufgrund bestimmter **Sonderregelungen.**[1] Zu den sonstigen Bestimmungen im Sinne der Vorschrift gehören insbesondere auch die in Art. 5 und 6 verankerten Grundsätze und Rechtmäßigkeitsvoraussetzungen. Dem entspricht die nach dem BDSG aF vorgesehene **zweistufige Zulässigkeitsprüfung** insoweit, als danach ebenso neben den allgemeinen auch die speziellen Zulässigkeitsvoraussetzungen für den Drittlandtransfer erfüllt sein mussten.[2] Zu den sonstigen Bestimmungen gehören auch speziell den Drittlandtransfer flankierende **Transparenzpflichten.**[3] Schließlich stellt Art. 44 klar, dass die vorgenannten Zulässigkeitsvoraussetzungen auch im Fall der **Weiterübermittlung** an ein anderes Drittland bzw. eine andere internationale Organisation gewahrt bleiben müssen.

3 Für den Bereich der **polizeilichen und justiziellen Zusammenarbeit** gelten die Übermittlungsvorschriften nach Art. 35 ff. RL (EU) 2016/680 bzw. nach **§§ 78 ff. BDSG nF,**[4] wobei diese Vorschriften teilweise Parallelen zu den Übermittlungsvorschriften der DS-GVO aufweisen. Besondere Übermittlungsvoraussetzungen gelten auch nach **§ 85 BDSG nF.** Diese Ausnahmeregelung gilt für alle nicht spezialgesetzlich geregelten Datentransfers in Drittländer, die nicht unter die **Anwendungsbereiche** der DS-GVO und der RL (EU) 2016/680 fallen (zB für Nachrichtendienste).

B. Einzelerläuterungen

4 Die in Art. 44 geregelten allgemeinen Grundsätze der Datenübermittlung in Drittländer werden im Einzelnen durch die Art. 45–49 und weitere einschlägige Bestimmungen der Verordnung konkretisiert. Insofern wird auf die dortigen Einzelerläuterungen verwiesen.

C. Rechtsschutz

5 Verstöße gegen die in den Art. 44–49 geregelten Pflichten beim Drittlandtransfer sind gem. Art. 83 Abs. 5 Buchst. c **bußgeldbewehrt.** Demgemäß drohen Geldbußen von bis zu 20.000.000 EUR oder im Fall eines Unternehmens von bis zu 4 Prozent seines gesamten weltweit erzielten Jahresumsatzes des vorangegangenen Geschäftsjahrs. Daneben gelten hinsichtlich der Einlegung von **Rechtsbehelfen** und der **Haftung** grundsätzlich die einschlägigen Regelungen nach Kapitel VIII. Diese werden durch drittlandspezifische Vorschriften zur effektiven Rechtewahrnehmung flankiert (→ Rn. 6).

6 Schwierig gestaltete sich bislang eine wirksame **Rechtsdurchsetzung,** da die personenbezogenen Daten im Fall des Drittlandtransfers naturgemäß das Ho-

---

[1] Instruktiv zu den einzelnen Zulässigkeitsvarianten Mitteilung der EU-Kommission v. 10.1.2017 – COM(2017) 7 final sowie v. 29.2.2016 – COM(2016) 117 final.

[2] Vgl. *Gola/Schomerus*, BDSG, § 4b Rn. 6.

[3] S. Art. 13 Abs. 1 Buchst. f, Art. 14 Abs. 1 Buchst. f sowie Art. 15 Abs. 2.

[4] S. hierzu die Gesetzesbegr. in BT-Drs. 18/11325, 120 f.

heitsgebiet der EU-Mitgliedstaaten verlassen. Insofern war es dem Verordnungsgeber ein besonderes Anliegen, Regelungen zu schaffen, die eine effektive Rechtewahrnehmung bzw. -durchsetzung auch in diesen Fällen gewährleisten. Dementsprechend hat die EU-Kommission nunmehr im Rahmen ihrer **Angemessenheitsentscheidungen** bestimmte Voraussetzungen zur Absicherung der Rechtsposition von Betroffenen zu berücksichtigen (vgl. Art. 45 Abs. 2 Buchst. a und b). In allen Fällen, in denen kein Angemessenheitsbeschluss der Kommission vorliegt, soll der Verantwortliche oder der Auftragsverarbeiter auf Lösungen zurückgreifen, die die Betroffenen mit durchsetzbaren und wirksamen Rechten in Bezug auf die Verarbeitung ihrer personenbezogenen Daten ausstatten (s. Erwägungsgrund 114). Entsprechende Regelungen sind für Datenübermittlungen auf Basis geeigneter **Garantien** vorgesehen (vgl. zB Art. 46 Abs. 1 und 2 Buchst. e und f sowie Abs. 3 Buchst. b). Art. 47 Abs. 1 verlangt für **BCR** eine Rechtsbindungswirkung und die Durchsetzbarkeit von Rechten der Betroffenen. Art. 47 Abs. 2 Buchst. e nimmt ausdrücklich auf die in Art. 79 geregelten Beschwerde- und Rechtsschutzmöglichkeiten Bezug und macht das Vorliegen einer entsprechenden Regelung in BCR ebenso zur Genehmigungsvoraussetzung, wie das Vorliegen von Angaben zur Wiedergutmachung und ggf. zum Schadenersatz im Fall von Verstößen gegen die BCR. Art. 47 Abs. 2 Buchst. f regelt die Haftungsübernahme in Unternehmensgruppen. Ergänzend ist schließlich auf die internationale Zusammenarbeit zwischen der EU-Kommission und den Aufsichtsbehörden nach Art. 50 hinzuweisen, die ebenfalls eine wirksame Rechtsdurchsetzung bezweckt.

Art. 45 Datenübermittlung auf der Grundlage eines Angemessenheitsbeschlusses

(1) [1]**Eine Übermittlung personenbezogener Daten an ein Drittland oder eine internationale Organisation darf vorgenommen werden, wenn die Kommission beschlossen hat, dass das betreffende Drittland, ein Gebiet oder ein oder mehrere spezifische Sektoren in diesem Drittland oder die betreffende internationale Organisation ein angemessenes Schutzniveau bietet.** [2]**Eine solche Datenübermittlung bedarf keiner besonderen Genehmigung.**

(2) **Bei der Prüfung der Angemessenheit des gebotenen Schutzniveaus berücksichtigt die Kommission insbesondere das Folgende:**

a) **die Rechtsstaatlichkeit, die Achtung der Menschenrechte und Grundfreiheiten, die in dem betreffenden Land bzw. bei der betreffenden internationalen Organisation geltenden einschlägigen Rechtsvorschriften sowohl allgemeiner als auch sektoraler Art – auch in Bezug auf öffentliche Sicherheit, Verteidigung, nationale Sicherheit und Strafrecht sowie Zugang der Behörden zu personenbezogenen Daten – sowie die Anwendung dieser Rechtsvorschriften, Datenschutzvorschriften, Berufsregeln und Sicherheitsvorschriften einschließlich der Vorschriften für die Weiterübermittlung personenbezogener Daten an ein anderes Drittland bzw. eine andere internationale Organisation, die Rechtsprechung sowie wirksame und durchsetzbare Rechte der betroffenen Person und wirksame verwaltungsrechtliche und gerichtli-**

che Rechtsbehelfe für betroffene Personen, deren personenbezogene Daten übermittelt werden,

b) die Existenz und die wirksame Funktionsweise einer oder mehrerer unabhängiger Aufsichtsbehörden in dem betreffenden Drittland oder denen eine internationale Organisation untersteht und die für die Einhaltung und Durchsetzung der Datenschutzvorschriften, einschließlich angemessener Durchsetzungsbefugnisse, für die Unterstützung und Beratung der betroffenen Personen bei der Ausübung ihrer Rechte und für die Zusammenarbeit mit den Aufsichtsbehörden der Mitgliedstaaten zuständig sind, und

c) die von dem betreffenden Drittland bzw. der betreffenden internationalen Organisation eingegangenen internationalen Verpflichtungen oder andere Verpflichtungen, die sich aus rechtsverbindlichen Übereinkünften oder Instrumenten sowie aus der Teilnahme des Drittlands oder der internationalen Organisation an multilateralen oder regionalen Systemen insbesondere in Bezug auf den Schutz personenbezogener Daten ergeben.

(3) **[1]Nach der Beurteilung der Angemessenheit des Schutzniveaus kann die Kommission im Wege eines Durchführungsrechtsaktes beschließen, dass ein Drittland, ein Gebiet oder ein oder mehrere spezifische Sektoren in einem Drittland oder eine internationale Organisation ein angemessenes Schutzniveau im Sinne des Absatzes 2 des vorliegenden Artikels bieten. [2]In dem Durchführungsrechtsakt ist ein Mechanismus für eine regelmäßige Überprüfung, die mindestens alle vier Jahre erfolgt, vorzusehen, bei der allen maßgeblichen Entwicklungen in dem Drittland oder bei der internationalen Organisation Rechnung getragen wird. [3]Im Durchführungsrechtsakt werden der territoriale und der sektorale Anwendungsbereich sowie gegebenenfalls die in Absatz 2 Buchstabe b des vorliegenden Artikels genannte Aufsichtsbehörde bzw. genannten Aufsichtsbehörden angegeben. [4]Der Durchführungsrechtsakt wird gemäß dem in Artikel 93 Absatz 2 genannten Prüfverfahren erlassen.**

(4) **Die Kommission überwacht fortlaufend die Entwicklungen in Drittländern und bei internationalen Organisationen, die die Wirkungsweise der nach Absatz 3 des vorliegenden Artikels erlassenen Beschlüsse und der nach Artikel 25 Absatz 6 der Richtlinie 95/46/EG erlassenen Feststellungen beeinträchtigen könnten.**

(5) **[1]Die Kommission widerruft, ändert oder setzt die in Absatz 3 des vorliegenden Artikels genannten Beschlüsse im Wege von Durchführungsrechtsakten aus, soweit dies nötig ist und ohne rückwirkende Kraft, soweit entsprechende Informationen – insbesondere im Anschluss an die in Absatz 3 des vorliegenden Artikels genannte Überprüfung – dahingehend vorliegen, dass ein Drittland, ein Gebiet oder ein oder mehrere spezifischer Sektor in einem Drittland oder eine internationale Organisation kein angemessenes Schutzniveau im Sinne des Absatzes 2 des vorliegenden Artikels mehr gewährleistet. [2]Diese Durchführungsrechtsakte werden gemäß dem Prüfverfahren nach Artikel 93 Absatz 2 erlassen.**

In hinreichend begründeten Fällen äußerster Dringlichkeit erlässt die Kommission gemäß dem in Artikel 93 Absatz 3 genannten Verfahren sofort geltende Durchführungsrechtsakte.

(6) **Die Kommission nimmt Beratungen mit dem betreffenden Drittland bzw. der betreffenden internationalen Organisation auf, um Abhilfe für die Situation zu schaffen, die zu dem gemäß Absatz 5 erlassenen Beschluss geführt hat.**

(7) **Übermittlungen personenbezogener Daten an das betreffende Drittland, das Gebiet oder einen oder mehrere spezifische Sektoren in diesem Drittland oder an die betreffende internationale Organisation gemäß den Artikeln 46 bis 49 werden durch einen Beschluss nach Absatz 5 des vorliegenden Artikels nicht berührt.**

(8) **Die Kommission veröffentlicht im *Amtsblatt der Europäischen Union* und auf ihrer Website eine Liste aller Drittländer beziehungsweise Gebiete und spezifischen Sektoren in einem Drittland und aller internationalen Organisationen, für die sie durch Beschluss festgestellt hat, dass sie ein angemessenes Schutzniveau gewährleisten bzw. nicht mehr gewährleisten.**

(9) **Von der Kommission auf der Grundlage von Artikel 25 Absatz 6 der Richtlinie 95/46/EG erlassene Feststellungen bleiben so lange in Kraft, bis sie durch einen nach dem Prüfverfahren gemäß den Absätzen 3 oder 5 des vorliegenden Artikels erlassenen Beschluss der Kommission geändert, ersetzt oder aufgehoben werden.**

Literatur: Vgl. die Hinweise zu Art. 44.

Übersicht

A. Allgemeines

I. Zweck und Bedeutung der Vorschrift

Art. 45 bezweckt einen „freien" Datenfluss mit sog. **sicheren Drittländern.** 1
Durch eine schärfere Konturierung der Angemessenheitskriterien soll eine homogenere Beurteilung des Angemessenheitsniveaus in Drittländern gewährleistet werden. Dabei hat der Verordnungsgeber der **EU-Kommission** die zentrale Beurteilungskompetenz eingeräumt. Diese Beurteilungskompetenz ist nicht auf das Land als Ganzes begrenzt, sondern kann auch bestimmte Regionen, Branchen oder internationale Organisationen betreffen (Art. 45 Abs. 1). Es wird ferner klargestellt, dass es keiner weiteren aufsichtsbehördlichen Genehmigung bedarf, wenn die EU-Kommission eine Angemessenheitsentscheidung getroffen hat (Art. 45 Abs. 1 S. 2; sa Erwägungsgrund 103). Einige neue Angemessenheitskriterien lassen

eine Orientierung an der wegweisenden Safe Harbor-Entscheidung des EuGH[1] vermuten.

II. Systematik, Verhältnis zu anderen Vorschriften

2 Art. 45 enthält einen Auftrag an die EU-Kommission, die Angemessenheit des Datenschutzniveaus in Drittländern unter Berücksichtigung bestimmter Kriterien zu beurteilen und entsprechende Entscheidungen publik zu machen. **Abs. 1** der Vorschrift regelt den Erlaubnistatbestand für die Datenübermittlung und die Zuständigkeit der Kommission. **Abs. 2** enthält eine – nicht abschließende – Aufzählung der maßgeblichen Angemessenheitskriterien. **Abs. 3 und 4** regeln das Beschlussverfahren bei Angemessenheitsentscheidungen sowie Mechanismen für eine regelmäßige Überprüfung. **Abs. 5** beschreibt das Verfahren zum Widerruf, zur Abänderung oder Aussetzung zuvor gefasster Angemessenheitsbeschlüsse. **Abs. 6** verpflichtet die Kommission zur Kontaktaufnahme mit dem Drittland bzw. den dort ansässigen Datenempfängern, um Missstände zu beseitigen. **Abs. 7** stellt klar, dass Drittlandtransfers nach Art. 46–49 auch im Fall des Vorliegens von Widerrufs, Änderungs- oder Aussetzungsbeschlüssen nach Abs. 5 möglich sind. **Abs. 8** verpflichtet die Kommission zur listenmäßigen Veröffentlichung ihrer Positiv- und Negativentscheidungen. **Abs. 9** regelt die Geltungsdauer von noch nach der EU-Datenschutzrichtlinie getroffenen Angemessenheitsfeststellungen. Flankierende Transparenzpflichten sind zu beachten.[2]

3 In Umsetzung von Art. 25 **DS-RL** regelte § 4b Abs. 3 **BDSG** aF fast wortgleich die bei der Angemessenheitsbeurteilung zu berücksichtigenden Kriterien, wobei Abs. 5 der Vorschrift den deutschen Datenexporteuren zT eine Angemessenheitsbeurteilung in eigener Verantwortung ermöglichte.[3] Diese Rechtslage ist durch die unmittelbare Wirkung der DS-GVO in den Mitgliedstaaten überholt, und zwar sowohl hinsichtlich der Angemessenheitskriterien als auch bezüglich der Entscheidungskompetenz. Die explizite Zuständigkeitszuweisung an die EU-Kommission legt den Schluss nahe, dass nunmehr allein diese zur Beurteilung der Angemessenheit berufen ist. Dafür spricht auch, dass es dem Verordnungsgeber auch und gerade hinsichtlich des Drittlandtransfers darum ging, in der gesamten Union Rechtssicherheit zu schaffen und eine einheitliche Rechtsanwendung sicherzustellen (s. Erwägungsgrund 103). Erwägungsgrund 102 stellt klar, dass **internationale Abkommen** zwischen der Union und Drittländern, die die Übermittlung personenbezogener Daten zum Gegenstand haben, möglich bleiben, soweit sie geeignete Schutzgarantien beinhalten.[4] Daneben können die Mitgliedstaaten **völkerrechtliche Übereinkünfte** bezüglich des personenbezogenen Drittlandtransfers treffen, sofern diese ihrerseits ein angemessenes Schutzniveau bieten und somit ein Unterlaufen des europäischen Grundrechts- bzw. Datenschutzniveaus vermieden wird. Für den Bereich der polizeilichen und justiziellen Zusammenarbeit und für Datentransfers in Drittländer, die nicht unter die Anwendungsbereiche der DS-GVO und der Richtlinie (EU) 2016/680 fallen (zB bei Nachrichtendiensten), gelten besondere Übermittlungsvorschriften (→ Art. 44 Rn. 3). Im Zusammenhang mit den in Art. 45 geregelten Angemessenheitsbe-

[1] ZD 2015, 549 mAnm *Spies*.

[2] S. Art. 13 Abs. 1 Buchst. f und Art. 14 Abs. 1 Buchst. f.

[3] Vgl. *Gola/Schomerus*, BDSG, § 4b Rn. 18.

[4] Krit. im Hinblick auf ein mögliches TTIP-Abkommen mit den USA *Weichert*, ZD 2016, 209.

schlüssen ist insofern insbesondere auf Art. 35 Abs. 1 Buchst. d, Art. 36 **JI-RL** sowie auf **§ 78 Abs. 1 Nr. 2 und Abs. 2 BDSG nF** hinzuweisen.

B. Einzelerläuterungen

I. Begriffsbestimmungen

Es gelten die in Art. 4 genannten Begriffsbestimmungen (vgl. insbesondere Nr. 1 „personenbezogene Daten", Nr. 2 „Verarbeitung", Nr. 7 „Verantwortlicher", Nr. 8 „Auftragsverarbeiter", Nr. 9 „Empfänger"). Im Rahmen der Anwendung von Art. 45 ist der Begriff **„internationale Organisation"** von besonderer Bedeutung. Nach Art. 4 Nr. 26 handelt es sich hierbei um eine völkerrechtliche Organisation und ihre nachgeordneten Stellen oder jede sonstige Einrichtung, die durch eine zwischen zwei oder mehr Ländern geschlossene Übereinkunft oder auf der Grundlage einer solchen Übereinkunft geschaffen wurde (zB die OECD). Abzugrenzen ist der Begriff von internationalen Unternehmensgruppen nach Art. 4 Nr. 19. 4

II. Angemessenheitskriterien

Nicht zuletzt angesichts der Feststellung, dass Unternehmen und Datenschutzbehörden bei ihren Angemessenheitsprüfungen nach alter Rechtslage[5] unterschiedlich vorgegangen sind, zog die EU-Kommission im Hinblick auf ihren Verordnungsentwurf schon frühzeitig eine **schärfer konturierte** Regelung der Angemessenheitskriterien in Betracht.[6] Die nunmehr in Art. 45 Abs. 2 Buchst. a–c genannten Kriterien sind im Rahmen der Angemessenheitsprüfung **zwingend** heranzuziehen.[7] Nach dem Wortlaut von Art. 45 Abs. 2 („insbesondere") können aber ggf. noch zusätzliche Kriterien in die Prüfung einbezogen werden. Die Kommission wird bei der Bewertung der Angemessenheit durch einen zu konsultierenden Ausschuss unterstützt.[8] Nach der Intention des Verordnungsgebers sollte das Drittland Garantien für ein angemessenes Schutzniveau bieten, das dem innerhalb der Union gewährleisteten Schutzniveau der Sache nach **gleichwertig** ist, insbesondere in Fällen, in denen personenbezogene Daten in einem oder mehreren spezifischen Sektoren verarbeitet werden (s. Erwägungsgrund 104). 5

Buchst. a stellt zunächst auf die **Rechtssituation** in dem betreffenden Drittland ab. Rechtsstaatlichkeit sowie die Achtung der Menschenrechte und Grundfreiheiten sind Grundvoraussetzungen (sa Erwägungsgrund 104). Dass die einschlägigen Datenschutz- und Datensicherheitsvorschriften im Drittland eine tragende Rolle spielen, liegt auf der Hand. Explizit genannt werden auch Berufsregeln und Vorschriften für die Weiterübermittlung personenbezogener Daten an ein anderes Drittland bzw. eine andere internationale Organisation. Wie schon in Art. 44 klargestellt, muss gewährleistet sein, dass die allgemeinen und besonderen Zulässigkeitsvoraussetzungen auch im Fall der Weiterübermittlung gewahrt bleiben und zwar auch dann, wenn eine Weiterleitung an Verantwortliche oder Auftragsverarbeiter in demselben Drittland erfolgt (vgl. Erwägungsgrund 101). Dane- 6

---

[5] → Rn. 3 sowie *Gola/Schomerus*, BDSG, § 4b Rn. 10 ff.

[6] Vgl. *Klug*, RDV 2011, 129 (137).

[7] Instruktiv hierzu *Artikel-29-Datenschutzgruppe,* WP 254 rev.01.

[8] S. Art. 45 Abs. 3 und 93 Abs. 1 sowie Erwägungsgrund 105.

ben sind auch die sonstigen im Empfängerland geltenden allgemeinen und bereichsspezifischen Rechtsvorschriften – einschließlich der Art und Weise ihrer Anwendung – in Betracht zu ziehen (sa Erwägungsgrund 104). Vor dem Hintergrund der Safe Harbor-Entscheidung des **EuGH**[9] werden in diesem Zusammenhang ausdrücklich nationale Sicherheits-, Verteidigungs- und Strafvorschriften genannt. Auch durch etwaige Zugriffsmöglichkeiten der betreffenden Behörden im Drittland darf das europäische Datenschutzniveau nicht unterlaufen werden. Ein weiterer Schwerpunkt liegt auf der Möglichkeit einer effektiven Rechtsdurchsetzung. Insofern bedarf es zunächst der Existenz wirksamer und durchsetzbarer Betroffenenrechte. Dies beinhaltet wirksame verwaltungsrechtliche und gerichtliche Rechtsbehelfe. Im Übrigen ist die einschlägige Rechtsprechung im Drittland in Betracht zu ziehen.

7 **Buchst. b** regelt ein weiteres wesentliches Angemessenheitskriterium. Danach ist die Existenz einer **funktionsfähigen Datenschutzaufsicht** im Drittland eine wichtige Voraussetzung (sa Erwägungsgrund 104). Dies setzt freilich zunächst das Vorhandensein einer oder mehrerer unabhängiger Aufsichtsbehörden sowie deren aufsichtsrechtliche Zuständigkeit für die Daten empfangenden Organisationen in dem betreffenden Drittland voraus. Die Aufsichtsbehörden müssen mit angemessenen Durchsetzungs- und Sanktionsbefugnissen ausgestattet sein. Ihre Zuständigkeit muss auch die Unterstützung und Beratung der Betroffenen im Zusammenhang mit der Ausübung ihrer Rechte umfassen. Ferner müssen Mechanismen für eine Zusammenarbeit mit den Aufsichtsbehörden der EU-Mitgliedstaaten vorgesehen sein.

8 Nach **Buchst. c** hat die EU-Kommission bei der Prüfung der Angemessenheit auch von dem betreffenden Drittland bzw. der betreffenden internationalen Organisation eingegangene **internationale Verpflichtungen** zu berücksichtigen. Daneben soll die Kommission auch andere Verpflichtungen berücksichtigen, die sich aus rechtsverbindlichen Übereinkünften oder „Instrumenten" ergeben. Auch die Teilnahme an multilateralen oder regionalen „Systemen" mit Datenschutzbezug und deren tatsächliche Umsetzung sind beurteilungsrelevant, immer vorausgesetzt, dass das EU-Datenschutzniveau nicht unterlaufen wird (s. Erwägungsgrund 102). Für den Datenschutz von besonderer Bedeutung ist das Übereinkommen des Europarates zum Schutz des Menschen bei der automatischen Verarbeitung personenbezogener Daten vom 28.1.1981 (**Konvention 108** einschließlich Zusatzprotokoll). Das Übereinkommen ist der wohl wichtigste völkerrechtlich verbindliche Vertrag zum Datenschutz. Entsprechend soll der Beitritt eines Drittlandes zu diesem Übereinkommen mit in Betracht gezogen werden (s. Erwägungsgrund 105).

III. Beschlussverfahren, Widerruf und Publizität

9 Im Anschluss an die Beurteilung der Angemessenheit des Schutzniveaus kann die EU-Kommission durch einen **Durchführungsrechtsakt** (vgl. Erwägungsgrund 168 f.) gemäß dem in Art. 93 Abs. 2 genannten Ausschussverfahren unter Beteiligung der Mitgliedstaaten beschließen, dass ein Drittland, ein Gebiet oder eine bestimmte Branche in einem Drittland oder aber auch eine internationale Organisation ein angemessenes Schutzniveau bietet (Art. 45 Abs. 3 S. 1 und 4). Da sich die zum Zeitpunkt des Angemessenheitsbeschlusses vorliegenden Umstände

[9] ZD 2015, 549 mAnm *Spies*.

ändern können, bedarf es einer **fortlaufenden Überprüfung** aller maßgeblichen Entwicklungen in Drittländern und bei internationalen Organisationen. Art. 45 Abs. 4 enthält eine entsprechende Aufgabenzuweisung an die EU-Kommission. Sie soll die betreffenden Empfänger im Rahmen der regelmäßigen Überprüfung konsultieren und ferner auch die Standpunkte und Feststellungen des Europäischen Parlaments und des Rates sowie anderer Stellen und Quellen (Aufsichtsbehörden, Betroffene etc.) berücksichtigen (sa Erwägungsgrund 106). Die Kommission hat nach dem vorgenannten Erwägungsgrund nicht nur die Aufgabe, die Zeitgemäßheit der nach der DS-GVO gefassten Angemessenheitsbeschlüsse fortlaufend zu überprüfen, sondern auch die Aktualität der vormals nach der **EG-Datenschutzrichtlinie** in Bezug auf bestimmte Drittländer getroffenen Angemessenheitsfeststellungen.[10] Letztgenannte Feststellungen bleiben so lange in Kraft, bis sie durch einen nach dem Prüfverfahren gem. Art. 45 Abs. 3 oder 5 erlassenen Beschluss der Kommission geändert, ersetzt oder aufgehoben werden (Art. 45 Abs. 9 und Erwägungsgrund 171). Die fortlaufende Überprüfungspflicht der Kommission wird flankiert durch Art. 45 Abs. 3 S. 2, wonach ein Durchführungsrechtsakt einen regelmäßigen Überprüfungsmechanismus beinhalten muss. Mindestens alle vier Jahre hat eine Überprüfung auf Basis aller maßgeblichen Entwicklungen zu erfolgen. Neben dem jeweiligen Überprüfungsturnus sollen in dem Durchführungsrechtsakt auch der territoriale und der sektorale Anwendungsbereich sowie die in Art. 45 Abs. 2 Buchst. b genannten Aufsichtsbehörden angegeben werden (Art. 45 Abs. 3 S. 3). Die Kommission soll dem Ausschuss nach Art. 93 Abs. 1 sowie dem Europäischen Parlament und dem Rat über alle maßgeblichen Feststellungen Bericht erstatten (s. Erwägungsgrund 106).

Mit der Überprüfungspflicht der Kommission korrespondiert deren **Widerrufs-, Änderungs- und Aussetzungsrecht** nach Art. 45 Abs. 5. Derartige Maßnahmen soll die Kommission allerdings nur nötigenfalls ergreifen können, nämlich dann, wenn dahingehende Informationen vorliegen, dass ein Drittland, ein Gebiet oder eine Branche in einem Drittland oder eine internationale Organisation kein angemessenes Schutzniveau mehr gewährleistet. Diesbezügliche Informationen können sich insbesondere auch aus den in Art. 45 Abs. 3 genannten Überprüfung ergeben. In Betracht kommen aber auch andere Informationsquellen, wie etwa Gerichtsentscheidungen,[11] aufsichtsbehördliche Hinweise oder Eingaben von Betroffenen. Hinsichtlich in der Vergangenheit liegender Übermittlungen besteht ein Rückwirkungsverbot, sofern zuvor vorhandene Mängel beseitigt sind, dürfen sie für die Neubeurteilung der Kommission keine Rolle spielen. Ansonsten hat die Kommission ggf. die Möglichkeit, ihren Angemessenheitsbeschluss komplett zu widerrufen. In diesem Fall soll die Drittlandübermittlung – vorbehaltlich des Vorliegens der Voraussetzungen nach Art. 46–49 – verboten sein (§ 45 Abs. 7 iVm Erwägungsgrund 107). Die Kommission kann aber auch zunächst ihre Beschlüsse inhaltlich abändern und somit neuen Gegebenheiten anpassen. Ferner hat sie die Möglichkeit, ihre Beschlüsse vorerst auszusetzen, was ihr ua nähere Investigationen ermöglicht, ohne dass die Datenschutzrechte der Betroffenen weiteren Gefahren ausgesetzt werden. Hat die Kommission nach Maßgabe von Art. 45 Abs. 5 eine Widerrufs-, Änderungs- Aussetzungsentscheidung im Wege eines **Durchfüh-** 10

---

[10] Zu diesen vgl. iE http://ec.europa.eu/justice/data-protection/international-transfers/adequacy/index_en.htm sowie *Gola/Schomerus*, BDSG, § 4b Rn. 14; zum EU-US Privacy Shield → Rn. 11.

[11] Vgl. EuGH, ZD 2015, 549 – Safe Harbor.

rungsrechtsaktes gemäß dem Prüfverfahren nach Art. 93 Abs. 2 getroffen, so ist sie gem. Abs. 6 der Vorschrift verpflichtet, Beratungen mit dem betreffenden Drittland bzw. der betreffenden internationalen Organisation aufzunehmen, um Abhilfe zu schaffen. Zur Vermeidung unnötiger Bürokratie wäre es allerdings hilfreich, wenn Defizite bereits im Vorfeld eines formellen Rechtsaktes im Rahmen der schon für regelmäßige Überprüfungen vorgesehenen Konsultation (Erwägungsgrund 106) beseitigt werden könnten. In hinreichend begründeten Fällen äußerster Dringlichkeit erlässt die Kommission allerdings gemäß dem in Art. 93 Abs. 3 genannten Verfahren – ohne vorherige Ausschussbeteiligung – sofort geltende Durchführungsrechtsakte. Jedenfalls im Fall des Widerrufs bedarf es einer möglichst frühzeitigen ausführlichen Begründung (s. Erwägungsgründe 103 und 107). Zur Gewährleistung von **Transparenz** und **Rechtssicherheit** ist die EU-Kommission verpflichtet, ihre Positiv- und Negativentscheidungen bzgl. der Angemessenheit in Drittländern, bestimmten Gebieten und Branchen und bzgl. aller internationalen Organisationen listenmäßig sowohl im Amtsblatt der EU als auch auf ihrer Website zu veröffentlichen (Art. 45 Abs. 8).

IV. Sonderfall EU-US Privacy Shield

11 Neben den bereits zahlreich auf Basis der EU-Datenschutzrichtlinie getroffenen Angemessenheitsfeststellungen[12] ist das sog. EU-US-Datenschutzschild (Privacy Shield) insofern von besonderer Bedeutung, als es sich hierbei um den ersten Angemessenheitsbeschluss nach der politischen Verabschiedung der DS-GVO handelt, der daher auch die wegweisende Safe Harbor-Entscheidung des EuGH mit berücksichtigt.[13] Der ursprüngliche Entwurf zum Privacy Shield war zwar weitgehend begrüßt, in Teilen aber auch kritisiert worden.[14] Insofern bedurfte es vor der formellen Annahme des Beschlusses in einigen Punkten einer Nachbesserung. Nachdem der EuGH die Safe Harbor-Regelung zum Datentransfer in die USA für ungültig erklärt hatte, bedurfte es dringend eines neuen transatlantischen Datenschutzabkommens, um den europäischen Grundrechtsschutz zu wahren und gleichzeitig auch den betreffenden Unternehmen Rechtssicherheit zu gewährleisten.[15] Vor diesem Hintergrund ist der Angemessenheitsbeschluss der EU-Kommission[16] zum sog. Privacy Shield zügig in Kraft getreten und ermöglicht es US-Unternehmen seit August 2016, sich in die vom US-Handelsministerium unter **http://www.privacyshield.gov** geführte Privacy Shield-Liste einzutragen. Die Webseite bietet neben Instruktionen zur **Selbstzertifizierung** von US-Unternehmen auch Zusatzinformationen zur Verifizierung der Übermittlungsvoraussetzungen durch europäische Unternehmen, zur Rolle europäischer Datenschutzbehörden und zur Rechtsposition von Betroffenen Personen in der EU.[17] Die EU-ansässigen Datenexporteure haben darauf zu achten, dass das US-Unternehmen,

---

[12] Zu diesen vgl. iE http://ec.europa.eu/justice/data-protection/international-transfers/adequacy/index_en.htm.

[13] ZD 2015, 549 mAnm *Spies.*

[14] Vgl. etwa *Artikel-29-Datenschutzgruppe,* WP 238; ferner *Weichert*, ZD 2016, 209; *Schreiber/Krohm*, ZD 2016, 255.

[15] Zu vorangegangenen Bußgeldverfahren nach dt. Datenschutzrecht vgl. Pressemitteilung des hmbbfdi v. 6.6.2016.

[16] V. 12.7.2016 – C(2016) 4176 final, ABl. L 207/1 v. 1.8.2016.

[17] Vgl. Leitfaden der EU-Kommission, abrufbar unter: http://ec.europa.eu/justice/data-protection/files/eu-us_privacy_shield_guide_de.pdf.

an das die Daten übermittelt werden sollen, auch tatsächlich in die genannte Liste des US-Handelsministeriums eingetragen ist. Dabei ist anhand des aktuell zu haltenden Listeneintrags ggf. auch zu überprüfen, ob die Zertifizierung auch Beschäftigtendaten umfasst.[18] Nach Angaben der EU-Kommission[19] beruht das EU-US Privacy Shield[20] ua auf folgenden Grundsätzen:

– Strenge Auflagen für US-Unternehmen: Im Rahmen der neuen Regelung muss das US-Handelsministerium die Liste der teilnehmenden US-Unternehmen regelmäßig **überprüfen** und **aktualisieren,** um sicherzustellen, dass die Unternehmen die Regeln einhalten, denen sie sich selbst unterworfen haben. Halten Unternehmen diese Regeln in der Praxis nicht ein, müssen sie mit **Sanktionen** und der **Streichung** von der Liste rechnen. Strenge Maßstäbe sollen auch in Fällen der Datenweitergabe an Dritte (sog. **onward transfer**) angelegt werden.
– Klare Schutzvorkehrungen und Transparenzpflichten beim Datenzugriff durch US-Behörden: Die USA haben der EU zugesichert, dass der **Datenzugriff von US-Behörden** aus Gründen der Rechtsdurchsetzung oder der nationalen Sicherheit nur unter Einhaltung klarer Beschränkungen, Schutzvorkehrungen und Aufsichtsmechanismen gestattet ist. Für Personen in der EU sollen erstmals diesbezügliche **Rechtsschutzmechanismen** bestehen. Die USA haben eine unterschiedslose **Massenüberwachung** der im Rahmen des Privacy Shields in die USA übermittelten personenbezogenen Daten ausgeschlossen. Das Büro des Direktors der nationalen Nachrichtendienste hat des Weiteren klargestellt, dass eine **Sammelerhebung** von Daten nur unter bestimmten Voraussetzungen und mit einer möglichst gezielten Ausrichtung erfolgen darf. Die Schutzvorkehrungen für die Verwendung von Daten unter solchen außergewöhnlichen Umständen sollen im Einzelnen geregelt sein. Der US-Außenminister hat im Außenministerium eine **Ombudsstelle** eingerichtet, an die sich EU-Bürger mit Rechtsschutzbegehren, die den Bereich der nationalen Sicherheit betreffen, wenden können.
– Wirksamer Schutz der **Rechte des Einzelnen:** Ist ein EU-Bürger der Auffassung, dass seine Daten im Rahmen des Privacy Shield missbraucht wurden, stehen ihm mehrere Möglichkeiten der **Streitbeilegung** offen, von denen er leicht und ohne große Kosten Gebrauch machen können soll. Idealerweise wird sich das Unternehmen selbst um die Beschwerde kümmern und das Problem lösen. Außerdem steht ein kostenloses Verfahren der alternativen Streitbeilegung zur Verfügung. Einzelpersonen können sich auch an ihre **nationalen Datenschutzbehörden** wenden, die dann zusammen mit der Federal Trade Commission dafür sorgen sollen, dass Beschwerden nachgegangen und Missständen abgeholfen wird. Kann der Fall nicht auf andere Weise gelöst werden, gibt es als letztes Mittel ein **Schiedsverfahren.** Die vorstehend bereits erwähnte **Ombudsstelle** in nationalen Sicherheitsfragen muss von den US-Nachrichtendiensten unabhängig sein.
– **Gemeinsame jährliche Überprüfung:** Überprüft wird die Funktionsweise des Privacy Shields einschließlich der Zusicherungen und Zusagen hinsichtlich

---

[18] Sa LDI NRW, Datenübermittlungen in die USA – Fragen und Antworten zum EU-US Privacy Shield, S. 4 (Stand: 12.9.2016).

[19] Vgl. Pressemitteilung v. 12.6.2016 (IP/16/2461) sowie Kommissionsmitteilung v. 29.2.2016 COM(2016) 117 final.

[20] Instruktiv zum Entw. GDD-Arbeitskreis „Datenschutz International", Whitepaper zu Datenexporten in die USA, abrufbar unter: www.gdd.de/downloads/aktuelles/whitepaper/gdd-whitepaper-datenexporte-usa/view.

des Datenzugriffs aus Gründen der Rechtsdurchsetzung oder der nationalen Sicherheit. Die EU-Kommission und das US-Handelsministerium sollen die jährliche Überprüfung gemeinsam durchführen und Sachverständige der US-Nachrichtendienste und der europäischen Datenschutzbehörden hinzuziehen. Die Kommission kann darüber hinaus alle anderen verfügbaren Informationsquellen heranziehen und wird einen an das EU-Parlament und den Rat gerichteten öffentlichen **Bericht** vorlegen.

Obwohl die Kommissionsentscheidung somit einige Kritikpunkte[21] berücksichtigt, sind noch nicht alle Bedenken ausgeräumt. Die erste turnusmäßige Überprüfung des Privacy Shields hat im September 2017 stattgefunden. Insgesamt kommt die EU-Kommission in ihrem Bericht[22] zu dem Ergebnis, dass Privacy Shield **weiterhin** ein **angemessenes Datenschutzniveau** für aus der EU an die teilnehmenden Unternehmen in den USA übertragene personenbezogene Daten gewährleistet. Allerdings hat die Kommission Verbesserungsbedarf in der praktischen Umsetzung gesehen und diesbezügliche Verbesserungsvorschläge unterbreitet.

C. Rechtsschutz

12 Es gelten die Rechtsbehelfe, Haftungs- und Sanktionsregelungen nach **Kapitel VIII** der Verordnung (→ Art. 44 Rn. 5 f.). Soweit nicht ein Erlaubnistatbestand nach Art. 46–49 vorliegt, drohen bei der Datenübermittlung in Drittländer bzw. an internationale Organisationen ohne angemessenes Datenschutzniveau **Geldbußen** nach Art. 83 Abs. 5 Buchst. c. Erwägungsgrund 146 stellt klar, dass **Schadensersatzansprüche** auch dann in Betracht kommen, wenn gegen die nach Maßgabe der Verordnung erlassenen Durchführungsrechtsakte (→ Rn. 9 f.) verstoßen wird. Hinsichtlich des **gerichtlichen Rechtsschutzes** hat der EuGH entschieden,[23] dass die den Datentransfer in die USA betreffende Safe Harbor-Angemessenheitsentscheidung der EU-Kommission gegen die EG-Datenschutzrichtlinie (95/46/EG) verstößt und somit ungültig ist. Dabei hat der Gerichtshof seine alleinige gerichtliche Zuständigkeit für Ungültigkeitserklärungen in Bezug auf Unionsrechtsakte festgestellt. Allerdings sind die mit einer Beschwerde befassten nationalen **Datenschutzbehörden** auch im Fall des Vorliegens einer Angemessenheitsfeststellung der Kommission berechtigt und verpflichtet zu prüfen, ob bei der Übermittlung der Daten einer Person in Drittland die Datenschutzanforderungen des Unionsrechts eingehalten werden. Darüber hinaus kann sowohl die Aufsichtsbehörde als auch der Betroffene die nationalen **Gerichte** anrufen, damit diese ein Ersuchen um Vorabentscheidung zur Prüfung der Gültigkeit einer Kommissionsentscheidung stellen.[24] Das **Privacy Shield** beinhaltet spezielle Rechtsdurchsetzungs- und Sanktionsmöglichkeiten (→ Rn. 11). Hinsichtlich der Durchsetzung von Rechten der Betroffenen dürfte dem sog. Arbitration Panel eine wichtige Bedeutung zukommen. Da das Privacy Shield ebenso wie die bislang bereits ergangenen Angemessenheitsentscheidungen der EU-Kommission

---

[21] *Artikel-29-Datenschutzgruppe,* WP 238; ferner *Weichert,* ZD 2016, 209; *Schreiber/Krohm,* ZD 2016, 255.

[22] Report Az. COM(2017) 611 final v. 18.10.2017; sa begleitendes Staff Working Document Az. SWD(2017) 344 final v. 18.10.2017.

[23] S. EuGH, ZD 2015, 549.

[24] Vgl. EuGH, ZD 2015, 549.

(→ Fn. 9) noch auf der Richtlinie 95/46/EG basiert, genießt auch diese Schutzgarantie grundsätzlich den Bestandsschutz nach Art. 45 Abs. 9.

Art. 46 Datenübermittlung vorbehaltlich geeigneter Garantien

(1) **Falls kein Beschluss nach Artikel 45 Absatz 3 vorliegt, darf ein Verantwortlicher oder ein Auftragsverarbeiter personenbezogene Daten an ein Drittland oder eine internationale Organisation nur übermitteln, sofern der Verantwortliche oder der Auftragsverarbeiter geeignete Garantien vorgesehen hat und sofern den betroffenen Personen durchsetzbare Rechte und wirksame Rechtsbehelfe zur Verfügung stehen.**

(2) **Die in Absatz 1 genannten geeigneten Garantien können, ohne dass hierzu eine besondere Genehmigung einer Aufsichtsbehörde erforderlich wäre, bestehen in**
a) einem rechtlich bindenden und durchsetzbaren Dokument zwischen den Behörden oder öffentlichen Stellen,
b) verbindlichen internen Datenschutzvorschriften gemäß Artikel 47,
c) Standarddatenschutzklauseln, die von der Kommission gemäß dem Prüfverfahren nach Artikel 93 Absatz 2 erlassen werden,
d) von einer Aufsichtsbehörde angenommenen Standarddatenschutzklauseln, die von der Kommission gemäß dem Prüfverfahren nach Artikel 93 Absatz 2 genehmigt wurden,
e) genehmigten Verhaltensregeln gemäß Artikel 40 zusammen mit rechtsverbindlichen und durchsetzbaren Verpflichtungen des Verantwortlichen oder des Auftragsverarbeiters in dem Drittland zur Anwendung der geeigneten Garantien, einschließlich in Bezug auf die Rechte der betroffenen Personen, oder
f) einem genehmigten Zertifizierungsmechanismus gemäß Artikel 42 zusammen mit rechtsverbindlichen und durchsetzbaren Verpflichtungen des Verantwortlichen oder des Auftragsverarbeiters in dem Drittland zur Anwendung der geeigneten Garantien, einschließlich in Bezug auf die Rechte der betroffenen Personen.

(3) **Vorbehaltlich der Genehmigung durch die zuständige Aufsichtsbehörde können die geeigneten Garantien gemäß Absatz 1 auch insbesondere bestehen in**
a) Vertragsklauseln, die zwischen dem Verantwortlichen oder dem Auftragsverarbeiter und dem Verantwortlichen, dem Auftragsverarbeiter oder dem Empfänger der personenbezogenen Daten im Drittland oder der internationalen Organisation vereinbart wurden, oder
b) Bestimmungen, die in Verwaltungsvereinbarungen zwischen Behörden oder öffentlichen Stellen aufzunehmen sind und durchsetzbare und wirksame Rechte für die betroffenen Personen einschließen.

(4) **Die Aufsichtsbehörde wendet das Kohärenzverfahren nach Artikel 63 an, wenn ein Fall gemäß Absatz 3 des vorliegenden Artikels vorliegt.**

(5) [1]**Von einem Mitgliedstaat oder einer Aufsichtsbehörde auf der Grundlage von Artikel 26 Absatz 2 der Richtlinie 95/46/EG erteilte Genehmigungen bleiben so lange gültig, bis sie erforderlichenfalls von dieser Aufsichtsbehörde geändert, ersetzt oder aufgehoben werden.** [2]**Von**

der Kommission auf der Grundlage von Artikel 26 Absatz 4 der Richtlinie 95/46/EG erlassene Feststellungen bleiben so lange in Kraft, bis sie erforderlichenfalls mit einem nach Absatz 2 des vorliegenden Artikels erlassenen Beschluss der Kommission geändert, ersetzt oder aufgehoben werden.

Literatur: Vgl. die Hinweise zu Art. 44.

Übersicht

A. Allgemeines

I. Zweck und Bedeutung der Vorschrift

1 Auch Art. 46 bezweckt die Wahrung des EU-Datenschutzniveaus im Fall des Drittlandtransfers. Die Vorschrift betrifft die Fälle, in denen kein Angemessenheitsbeschluss der EU-Kommission nach Art. 45 Abs. 3 vorliegt und verlangt als Ausgleich hinsichtlich der Zulässigkeit der Datenübermittlung in Drittländer bzw. an internationale Organisationen von den **Normadressaten** (Verantwortliche und Auftragsverarbeiter) die Gewährleistung geeigneter **Schutzgarantien,** die nur teilweise eine zusätzliche aufsichtsbehördliche **Genehmigung** erforderlich machen. Rechtssicherheit und -einheitlichkeit im Genehmigungsfall sind zu gewährleisten. Zusätzlich zu den bereits durch die EG-Datenschutzrichtlinie eingeführten Garantien,[1] beinhaltet Art. 46 Abs. 2 einzelne Ergänzungen. Zu den Garantien gehören nach wie vor geeignete Datenschutzverträge und verbindliche interne Datenschutzvorschriften. Die Garantien sollen sicherstellen, dass die Datenschutzvorschriften und die Rechte der Betroffenen auf eine der Verarbeitung innerhalb der Union **angemessene** Art und Weise beachtet werden. Neben den allgemeinen Datenschutzgrundsätzen soll auch auf die Grundsätze des Datenschutzes durch Technik und durch datenschutzfreundliche Voreinstellungen abgestellt werden (s. Erwägungsgrund 108). Ferner bedarf es der Verfügbarkeit von durchsetzbaren Rechten der Betroffenen und wirksamen Rechtsbehelfen. Zu Letzteren gehören wirksame verwaltungsrechtliche und gerichtliche Rechtsbe-

[1] Instruktiv hierzu Mitteilung der EU-Kommission v. 6.11.2015 – COM(2015) 566 final.

helfe ebenso wie die Möglichkeit der Geltendmachung von Schadensersatzansprüchen in der Union oder in einem Drittland.

II. Systematik, Verhältnis zu anderen Vorschriften

Abs. 1 der Vorschrift regelt den **Erlaubnistatbestand** für Drittlandtransfers und stellt ausdrücklich klar, dass zu den Schutzgarantien auch durchsetzbare Rechte der Betroffenen und wirksame Rechtsbehelfe gehören. Die in **Abs. 2** vorgesehenen – mehr oder weniger standardisierten – Garantien entsprechen teilweise den bereits nach der EU-Datenschutzrichtlinie vorgesehenen Schutzgarantien **(Standardvertragsklauseln und BCR),** ergänzen diese allerdings insbesondere um bereits genehmigte verarbeitungs- bzw. branchenspezifische **Verhaltensregeln** und **Zertifizierungsmechanismen** sowie um rechtlich **bindende Abreden** im öffentlichen Bereich (Art. 46 Abs. 2 Buchst. a, e, und f). **Abs. 3** regelt **individuelle Vertragsklauseln** und **Verwaltungsvereinbarungen** als genehmigungsbedürftige Garantien, deren einheitliche Anwendung in der EU nach **Abs. 4** gewährleistet werden soll. **Abs. 5** statuiert einen gewissen **Bestandsschutz** für bereits erteilte aufsichtsbehördliche Genehmigungen und von der EU-Kommission nach Maßgabe der DS-RL anerkannte Standardvertragsklauseln. Flankierende **Transparenzpflichten** sind zu beachten.[2] Insgesamt geht Art. 46 über die in § 4c BDSG aF getroffene Regelung hinaus. Für den Bereich der **polizeilichen und justiziellen Zusammenarbeit** und für Datentransfers in Drittländer, die nicht unter die **Anwendungsbereiche** der DS-GVO und der Richtlinie (EU) 2016/680 fallen (zB bei Nachrichtendiensten), gelten besondere Übermittlungsvorschriften (→ Art. 44 Rn. 3). Im Zusammenhang mit den in Art. 46 geregelten Schutzgarantien ist insofern insbesondere auf Art. 35 Abs. 1 Buchst. d, Art. 37 **JI-RL** sowie auf **§ 79 BDSG nF** hinzuweisen. 2

B. Einzelerläuterungen

I. Begriffsbestimmungen

Es gelten die in Art. 4 genannten Begriffsbestimmungen (vgl. insbesondere Nr. 1 „personenbezogene Daten“, Nr. 2 „Verarbeitung“, Nr. 7 „Verantwortlicher“, Nr. 8 „Auftragsverarbeiter“, Nr. 9 „Empfänger“, Nr. 20 „verbindliche interne Datenschutzvorschriften“, Nr. 21 „Aufsichtsbehörde“, Nr. 26 „internationale Organisation“). 3

II. Anerkannte Schutzgarantien ohne Genehmigungsvorbehalt

1. Überblick. Art. 46 Abs. 2 Buchst. a–f beinhalten folgende Schutzgarantien: 4
- Rechtsverbindliche und durchsetzbare Dokumente im öffentlichen Bereich,
- verbindliche interne Datenschutzvorschriften gem. Art. 47 (Binding Corporate Rules – BCR),
- Standarddatenschutzklauseln der EU-Kommission,
- aufsichtsbehördlich anerkannte und EU-weit etablierte Standarddatenschutzklauseln,
- genehmigte Verhaltensregeln gem. Art. 40,
- genehmigte Zertifizierungsmechanismen gem. Art. 42.

[2] S. Art. 13 Abs. 1 Buchst. f, Art. 14 Abs. 1 Buchst. f sowie Art. 15 Abs. 2.

5 **2. Rechtsverbindliche Dokumente im öffentlichen Bereich.** Der Vertragsgestaltung im öffentlichen Bereich kommt naturgemäß nicht die hohe Praxisrelevanz von privatwirtschaftlichen Verträgen zu. Gleichwohl bietet die DS-GVO speziell für den Fall des Drittlandtransfers auch Behörden bzw. öffentlichen Stellen die Möglichkeit, **rechtlich bindende** und **durchsetzbare** Abreden zur Wahrung des europäischen Datenschutzniveaus zu treffen. Dabei legt der Wortlaut von Art. 46 Abs. 2 Buchst. a **(„Dokument")** ein Schriftformerfordernis nahe. Hinzuweisen ist aber auch auf die englische Sprachfassung der DS-GVO, die nicht von Dokumenten, sondern von rechtlich bindenden und durchsetzbaren „Instrumenten" spricht. Dies spricht dafür, dass im öffentlichen Bereich neben vertraglichen Abreden auch andere rechtlich bindende und durchsetzbare Regelungsinstrumente in Betracht kommen. Wesentliche Kriterien sind jedenfalls die Rechtsverbindlichkeit und eine entsprechende Durchsetzbarkeit.

6 **3. Verbindliche interne Datenschutzvorschriften.** Verbindliche interne Datenschutzvorschriften gem. Art. 47 sind auf Unternehmen bzw. Unternehmensgruppen ausgerichtet. Dies spiegelt auch die übliche Verwendung des Begriffs Binding **Corporate** Rules **(BCR)** wider. Der Verordnungsgeber hat sich zwecks Förderung einer breiteren praktischen Anwendung dieser Schutzgarantie für eine eigenständige und ausführliche Regelung entschieden (→ Art. 47 Rn. 1 ff.).

7 **4. Standarddatenschutzklauseln.** Weiterhin praxisrelevant ist die Verwendung von Standarddatenschutzklauseln. Dabei sind zunächst zwei Arten von Standarddatenschutzklauseln zu unterscheiden. Art. 46 Abs. 2 Buchst. c betrifft solche Klauselwerke, die von der EU-Kommission unmittelbar **„erlassen"** werden. Buchst. d der Vorschrift betrifft hingegen solche Vertragsklauseln, die auf Initiative einer nationalen Aufsichtsbehörde das Prüfverfahren nach Art. 93 Abs. 2 durchlaufen und schließlich von der Kommission **„genehmigt"** werden (zum Kohärenzverfahren s. Art. 64 Abs. 1d, Art. 28 Abs. 8 sowie Erwägungsgrund 81).

8 Hinsichtlich der von der **EU-Kommission** bereits offiziell anerkannten Garantien sind **vier Standardvertragsklauselwerke** zu unterscheiden: Controller to Controller Set I und II, Controller to Processor Set I, ersetzt durch Set II.[3] Die Kommissionsentscheidungen sind bis auf Widerruf weiterhin bindend (s. Art. 46 Abs. 5 S. 2) und verpflichten die Mitgliedstaaten grundsätzlich anzuerkennen, dass Unternehmen, die diese Vertragsklauseln verwenden, einen angemessenen Schutz der Daten bieten.

9 Sog. **Allgemeine Standardvertragsklauseln** hat die Kommission am 15.6.2001 (ABl. 2001 L 181/19 = RDV 2001, 192 – sog. Set I) sowie am 27.12.2004 (ABl. 2004 L 385/74 = RDV 2005, 77 – sog. Set II) verabschiedet. Die Standardklauseln **Set I** aus 2001 enthalten eine rechtlich durchsetzbare Erklärung (Garantie), nach der sich sowohl der Exporteur als auch der Importeur der Daten in gesamtschuldnerischer Haftung gegenüber dem Betroffenen verpflichten, die für ein angemessenes Datenschutzniveau maßgebenden Datenschutzgrundsätze einzuhalten. Die Standardklauseln **Set II** aus 2004 gelten als wirtschaftsgerechter und beinhalten statt einer Gesamtschuld eine verursacherbezogene Haftung.[4] In Deutschland ist teilwiese von Aufsichtsbehörden die Auffassung vertreten worden,

---

[3] Abrufbar unter: http://ec.europa.eu/justice/data-protection/international-transfers/transfer/index_en.htm.

[4] Erläuternd *Kuner/Hladjk*, RDV 2005, 193.

dieser sog. alternative Standardvertrag (Set II) sei grundsätzlich für Arbeitnehmerdaten nicht geeignet (und evtl. ergänzungsbedürftig), da die Haftung und Auskunftspflicht des Datenexporteurs (des deutschen Arbeitgebers) eingeschränkt seien.[5]

Im Dezember 2001 hat die EU-Kommission erstmals ein Standardvertragswerk genehmigt, das speziell den Fall der **Auftragsverarbeitung** mit einem im Drittland ansässigen Auftragnehmer betrifft (ABl. 2002 L 6/52 = RDV 2002, 88). Die Klauseln sahen vor, dass ein Auftraggeber mit Sitz in der EU bzw. einem EWR-Vertragsstaat den Datenimporteur im Drittland anweist, die ihm weitergegebenen personenbezogenen Daten nur im Auftrag des – nach wie vor verantwortlichen – Datenexporteurs und in Übereinstimmung mit den für diesen geltenden Datenschutzbestimmungen zu verarbeiten.[6] Insbesondere angesichts des verstärkten Einsatzes von Subunternehmern hatte die Kommission eine Anpassung des Standardvertragsklauselwerks 2001 an die neuen Bedingungen internationaler Auftragsdatenverarbeitung vorgeschlagen.[7] Im **Februar 2010** hat die Kommission dann ein entsprechend **überarbeitetes Standardvertragswerk** beschlossen, welches das ältere Klauselwerk aus 2001 ersetzt.[8] Die aktuellen Standardvertragsklauseln ermöglichen es einem in einem Drittstaat ansässigen Auftragsverarbeiter mit vorheriger schriftlicher Einwilligung des Datenexporteurs einen Verarbeitungsauftrag an einen Unterauftragnehmer zu vergeben.[9] Im Jahr 2014 hat die Artikel-29-Datenschutzgruppe einen Entwurf von Ad-hoc-Vertragsklauseln „EU-Datenverarbeiter an Unterauftragsverarbeiter außerhalb der EU" zur Diskussion gestellt (WP 214). Ein diesbezüglicher Kommissionsbeschluss liegt indes bislang nicht vor. Eine **Genehmigung** ist nicht erforderlich, wenn die Vertragsregelungen gewählt werden, die von der EU-Kommission bereits als ausreichende Garantien anerkannt worden sind.[10] 10

Neben den unmittelbar von der EU-Kommission erlassenen Standarddatenschutzklauseln können die Normadressaten alternativ auch auf weitere EU-weit **abgestimmte Standarddatenschutzklauseln** zurückgreifen (Art. 46 Abs. 2 Buchst. d). Voraussetzung ist insofern eine Annahme der Klauseln durch eine zuständige nationale **Aufsichtsbehörde** sowie eine Positiventscheidung des Ausschusses im Rahmen des Prüfverfahrens nach Art. 93 Abs. 2 mit nachfolgendem Erlass durch die Kommission. Einer daran anschließenden formellen **Genehmigung** durch die Aufsichtsbehörde – etwa in Gestalt eines Verwaltungsaktes – bedarf es in diesen Fällen nicht. 11

Erwägungsgrund 109 verdeutlicht, dass es den Normadressaten unbenommen ist, die Standarddatenschutzklauseln auch in umfangreicheren Verträgen (zB zwischen zwei Auftragsverarbeitern; im Rahmen von Service-Level-Agreements) zu verwenden. Soweit dies nicht im Widerspruch zu den von der Kommission oder einer Aufsichtsbehörde akzeptierten Standarddatenschutzklauseln bzw. dem europäischen Grundrechtsschutz steht, können die Vertragsstandards auch durch zusätzliche Klauseln und Garantien ergänzt werden. 12

---

[5] Hierzu und zu weiteren Einzelfragen aus deutscher Sicht vgl. *Gola/Schomerus*, BDSG, § 4c Rn. 12.

[6] Zur internationalen Auftragsdatenverarbeitung sa *Gola/Schomerus*, BDSG, § 4b Rn. 5 sowie → § 11 Rn. 16 f.

[7] Vgl. hierzu *Artikel-29-Datenschutzgruppe*, WP 161.

[8] ABl. 2010 L 39/5.

[9] Zu weiteren Einzelfragen aus dt. Sicht vgl. *Gola/Schomerus*, BDSG, § 4c Rn. 13.

[10] Zur Genehmigungsfreiheit vgl. bereits *Gola/Schomerus*, BDSG, § 4c Rn. 14.

In der EU ansässige Datenexporteure sollten ggf. ein Augenmerk darauf haben, ob und inwiefern die Safe Harbor-Entscheidung des EuGH[11] auch eine Anpassung der aktuellen Standarddatenschutzklauseln notwendig macht. Die Artikel-29-Datenschutzgruppe hatte insofern zunächst auf die Ergebnisse der für 2017 avisierten ersten Jahresprüfung des EU-US Privacy Shield (→ Art. 45 Rn. 11) verwiesen.[12] Die aktuellen Standarddatenschutzklauseln bleiben jedenfalls solange gültig bis sie durch Beschluss der Kommission geändert, ersetzt oder aufgehoben werden (Art. 46 Abs. 5).

13 **5. Genehmigte Verhaltensregeln und Zertifizierungsmechanismen.** Die Förderung von Selbstregulierungs- und Zertifizierungsmechanismen ist eine wesentliche Zielsetzung des Verordnungsgebers.[13] Dementsprechend können auch Verhaltensregeln nach Art. 40 und Zertifizierungen nach Art. 42 ergänzend als Schutzgarantien beim Drittlandtransfer herangezogen werden (Art. 46 Abs. 2 Buchst. e und f). Die Verhaltensregeln und Zertifizierungsmechanismen müssen zuvor offiziell **genehmigt** worden sein; eine gesonderte aufsichtsbehördliche Genehmigung ist danach entbehrlich. Weitere Voraussetzung ist in beiden Fällen das Vorliegen rechtsverbindlicher und durchsetzbarer **Verpflichtungen** des Verantwortlichen oder des Auftragsverarbeiters im Drittland; die Wahrung der Rechte der Betroffenen muss gewährleistet sein. Diese Verpflichtungen können im Fall des Drittlandtransfers zB durch vertragliche Regelungen, die die vorgenannten Schutzgarantien als Vertragsbestandteil mit einbeziehen, auch beim Empfänger im Drittland verbindlich gemacht werden.

14 Allgemein wurde bedauert, dass die Möglichkeit zur Etablierung von Verhaltensregeln nach Art. 27 DS-RL nur sporadisch genutzt wurde. Art. 40 soll nunmehr die Ausarbeitung und Anwendung von branchen- bzw. verarbeitungsspezifischen **Verhaltensregeln** (Codes of Conduct) fördern. Art. 46 Abs. 2 Buchst. e ermöglicht die Verwendung derartiger Verhaltensregeln als Schutzgarantien beim Drittlandtransfer und verweist auf Art. 40. Nach Art. 40 Abs. 2 Buchst. j können die nach der DS-GVO geltenden Anforderungen im Rahmen von Datenübermittlungen in Drittländer oder an internationale Organisationen durch Verhaltensregeln **präzisiert** werden. Art. 40 Abs. 3 ermöglicht eine Verwendung der Verhaltensregeln explizit auch in Fällen des Drittlandtransfers, soweit sich der Empfänger im Drittland entsprechend zu deren Einhaltung verpflichtet (→ Art. 46 Rn. 18).

15 Neben den Verhaltensregeln kommen auch genehmigte **Zertifizierungsmechanismen** nach Art. 42 als Schutzgarantien in Betracht (Art. 46 Abs. 2 Buchst. f). Gem. Art. 42 Abs. 2 können genehmigte Zertifizierungsverfahren, Siegel oder Prüfzeichen auch als Nachweis der Gewährleistung geeigneter Schutzgarantien dienen, wenn der Empfänger im Drittland bzw. die internationale Organisation sich entsprechend vertraglich bzw. rechtlich bindend verpflichtet.

III. Individuelle Schutzgarantien mit Genehmigungsvorbehalt

16 Art. 46 Abs. 3 regelt mit individuellen Vertragsklauseln und Verwaltungsvereinbarungen zwei weitere Schutzgarantien, die allerdings der Genehmigung durch die

---

[11] ZD 2015, 549.

[12] S. Pressemitteilung der Gruppe v. 26.7.2016; vgl. auch Mitteilung der EU-Kommission v. 6.11.2015 – COM(2015) 566 final.

[13] Vgl. bereits *Klug*, RDV 2011, 129 (137).

zuständige Aufsichtsbehörde bedürfen.[14] Verantwortlicher und Auftragsverarbeiter haben ein Wahlrecht hinsichtlich des von ihnen bevorzugten Vertragstyps; sie können sich für ein passendes Standardvertragswerk (→ Rn. 8 ff.) entscheiden oder auf **individuelle Datenschutzverträge** nach Art. 46 Abs. 3 Buchst. a setzen. Im letztgenannten Fall besteht eine Genehmigungspflicht. Von einer Aufsichtsbehörde bereits auf der Grundlage von Art. 26 Abs. 2 DS-RL erteilte Genehmigungen bleiben so lange gültig, bis sie erforderlichenfalls von der zuständigen Aufsichtsbehörde geändert, ersetzt oder aufgehoben werden (Art. 46 Abs. 5 S. 1). Buchst. b der Vorschrift betrifft die Gewährleistung von geeigneten Schutzgarantien bei Drittlandübermittlungen von und an Behörden bzw. öffentlichen Stellen. Hierbei sollen **Verwaltungsvereinbarungen** die Garantiefunktion erfüllen und den Betroffenen durchsetzbare und wirksame Rechte einräumen. Bei derartigen Vereinbarungen handelt es sich mithin um Abreden zwischen Trägern öffentlicher Verwaltung. Anders als Art. 46 Abs. 2 Buchst. a setzt Abs. 3 Buchst. b offenbar **keine Rechtsbindungswirkung** voraus. Dies verdeutlicht Erwägungsgrund 108, der zB gemeinsame Absichtserklärungen ausreichen lässt. Ergänzend stellt der Erwägungsgrund klar, dass die Genehmigung der zuständigen Aufsichtsbehörde auch erteilt werden kann, wenn die Garantien in nicht rechtsverbindlichen Verwaltungsvereinbarungen vorgesehen sind. Im Fall einer Genehmigung nach Abs. 3 wendet die Aufsichtsbehörde das Kohärenzverfahren nach Art. 63 an (Art. 46 Abs. 4).

C. Rechtsschutz

17 Verstöße gegen die in den Art. 44–49 geregelten Pflichten beim Drittlandtransfer sind gem. Art. 83 Abs. 5 Buchst. c **bußgeldbewehrt.** Daneben gelten hinsichtlich der Einlegung von **Rechtsbehelfen** und der **Haftung** die einschlägigen Regelungen nach Kapitel VIII DS-GVO. **Art. 46 Abs. 1** verdeutlicht bereits, dass die in Abs. 2 und 3 genannten Schutzgarantien den Betroffenen durchsetzbare Rechte und wirksame Rechtsbehelfe zur Verfügung stellen müssen. Rechtsbindungswirkung und Durchsetzbarkeit werden in **Abs. 2 Buchst. a** der Vorschrift auch für öffentliche Stellen vorausgesetzt. **Abs. 2 Buchst. b** verlangt, dass die internen Datenschutzvorschriften verbindlich sind. Standardvertragsklauseln der Kommission bzw. der Aufsichtsbehörde **(Abs. 2 Buchst. c und d)** müssen ihrerseits durchsetzbare Rechte der Betroffenen und Haftungsregelungen beinhalten, was bzgl. der bereits existierenden Standardvertragsklauseln auch der Fall ist. Im Übrigen dürften derartige Vertragsinhalte auch für zukünftige Vertragsregelungen eine „Genehmigungsvoraussetzung" darstellen. Verhaltensregeln nach Art. 40 und Zertifizierungsmechanismen nach Art. 42 können nur mit einhergehenden rechtsverbindlichen und durchsetzbaren Verpflichtungen des Verantwortlichen oder des Auftragsverarbeiters im Drittland – einschließlich der Wahrung der Rechte der Betroffenen – als Schutzgarantien herangezogen werden (Art. 46 **Abs. 2 Buchst. e und f**). Art. 46 **Abs. 3 Buchst. b** verdeutlicht, dass die Aufnahme von durchsetzbaren und wirksamen Rechten in Verwaltungsvereinbarungen Genehmigungsvoraussetzung ist. In ihrer Mitteilung vom 6.11.2015 – COM(2015) 566 final – hat die EU-Kommission festgestellt, dass es im Ermessen der nationalen

[14] Sa Art. 57 Abs. 1 Buchst. r sowie zum Kohärenzverfahren Art. 46 Abs. 4, 64 Abs. 1 Buchst. e.

Aufsichtsbehörden liegt, die **Standardvertragsklauseln** im Lichte der Safe Harbor-Entscheidung des EuGH auf den Prüfstand zu stellen und im Zweifel die nationalen Gerichte anzurufen, damit diese ggf. eine Vorabentscheidung durch den EuGH initiieren.

Art. 47 Verbindliche interne Datenschutzvorschriften

(1) **Die zuständige Aufsichtsbehörde genehmigt gemäß dem Kohärenzverfahren nach Artikel 63 verbindliche interne Datenschutzvorschriften, sofern diese**

a) rechtlich bindend sind, für alle betreffenden Mitglieder der Unternehmensgruppe oder einer Gruppe von Unternehmen, die eine gemeinsame Wirtschaftstätigkeit ausüben, gelten und von diesen Mitgliedern durchgesetzt werden, und dies auch für ihre Beschäftigten gilt,

b) den betroffenen Personen ausdrücklich durchsetzbare Rechte in Bezug auf die Verarbeitung ihrer personenbezogenen Daten übertragen und

c) die in Absatz 2 festgelegten Anforderungen erfüllen.

(2) **Die verbindlichen internen Datenschutzvorschriften nach Absatz 1 enthalten mindestens folgende Angaben:**

a) Struktur und Kontaktdaten der Unternehmensgruppe oder Gruppe von Unternehmen, die eine gemeinsame Wirtschaftstätigkeit ausüben, und jedes ihrer Mitglieder;

b) die betreffenden Datenübermittlungen oder Reihen von Datenübermittlungen einschließlich der betreffenden Arten personenbezogener Daten, Art und Zweck der Datenverarbeitung, Art der betroffenen Personen und das betreffende Drittland beziehungsweise die betreffenden Drittländer;

c) interne und externe Rechtsverbindlichkeit der betreffenden internen Datenschutzvorschriften;

d) die Anwendung der allgemeinen Datenschutzgrundsätze, insbesondere Zweckbindung, Datenminimierung, begrenzte Speicherfristen, Datenqualität, Datenschutz durch Technikgestaltung und durch datenschutzfreundliche Voreinstellungen, Rechtsgrundlage für die Verarbeitung, Verarbeitung besonderer Kategorien von personenbezogenen Daten, Maßnahmen zur Sicherstellung der Datensicherheit und Anforderungen für die Weiterübermittlung an nicht an diese internen Datenschutzvorschriften gebundene Stellen;

e) die Rechte der betroffenen Personen in Bezug auf die Verarbeitung und die diesen offenstehenden Mittel zur Wahrnehmung dieser Rechte einschließlich des Rechts, nicht einer ausschließlich auf einer automatisierten Verarbeitung – einschließlich Profiling – beruhenden Entscheidung nach Artikel 22 unterworfen zu werden sowie des in Artikel 79 niedergelegten Rechts auf Beschwerde bei der zuständigen Aufsichtsbehörde beziehungsweise auf Einlegung eines Rechtsbehelfs bei den zuständigen Gerichten der Mitgliedstaaten und im Falle einer Verletzung der verbindlichen internen Datenschutzvorschriften Wiedergutmachung und gegebenenfalls Schadenersatz zu erhalten;

f) die von dem in einem Mitgliedstaat niedergelassenen Verantwortlichen oder Auftragsverarbeiter übernommene Haftung für etwaige Verstöße eines nicht in der Union niedergelassenen betreffenden Mitglieds der Unternehmensgruppe gegen die verbindlichen internen Datenschutzvorschriften; der Verantwortliche oder der Auftragsverarbeiter ist nur dann teilweise oder vollständig von dieser Haftung befreit, wenn er nachweist, dass der Umstand, durch den der Schaden eingetreten ist, dem betreffenden Mitglied nicht zur Last gelegt werden kann;
g) die Art und Weise, wie die betroffenen Personen über die Bestimmungen der Artikel 13 und 14 hinaus über die verbindlichen internen Datenschutzvorschriften und insbesondere über die unter den Buchstaben d, e und f dieses Absatzes genannten Aspekte informiert werden;
h) die Aufgaben jedes gemäß Artikel 37 benannten Datenschutzbeauftragten oder jeder anderen Person oder Einrichtung, die mit der Überwachung der Einhaltung der verbindlichen internen Datenschutzvorschriften in der Unternehmensgruppe oder Gruppe von Unternehmen, die eine gemeinsame Wirtschaftstätigkeit ausüben, sowie mit der Überwachung der Schulungsmaßnahmen und dem Umgang mit Beschwerden befasst ist;
i) die Beschwerdeverfahren;
j) die innerhalb der Unternehmensgruppe oder Gruppe von Unternehmen, die eine gemeinsame Wirtschaftstätigkeit ausüben, bestehenden Verfahren zur Überprüfung der Einhaltung der verbindlichen internen Datenschutzvorschriften. Derartige Verfahren beinhalten Datenschutzüberprüfungen und Verfahren zur Gewährleistung von Abhilfemaßnahmen zum Schutz der Rechte der betroffenen Person. Die Ergebnisse derartiger Überprüfungen sollten der in Buchstabe h genannten Person oder Einrichtung sowie dem Verwaltungsrat des herrschenden Unternehmens einer Unternehmensgruppe oder der Gruppe von Unternehmen, die eine gemeinsame Wirtschaftstätigkeit ausüben, mitgeteilt werden und sollten der zuständigen Aufsichtsbehörde auf Anfrage zur Verfügung gestellt werden;
k) die Verfahren für die Meldung und Erfassung von Änderungen der Vorschriften und ihre Meldung an die Aufsichtsbehörde;
l) die Verfahren für die Zusammenarbeit mit der Aufsichtsbehörde, die die Befolgung der Vorschriften durch sämtliche Mitglieder der Unternehmensgruppe oder Gruppe von Unternehmen, die eine gemeinsame Wirtschaftstätigkeit ausüben, gewährleisten, insbesondere durch Offenlegung der Ergebnisse von Überprüfungen der unter Buchstabe j genannten Maßnahmen gegenüber der Aufsichtsbehörde;
m) die Meldeverfahren zur Unterrichtung der zuständigen Aufsichtsbehörde über jegliche für ein Mitglied der Unternehmensgruppe oder Gruppe von Unternehmen, die eine gemeinsame Wirtschaftstätigkeit ausüben, in einem Drittland geltenden rechtlichen Bestimmungen, die sich nachteilig auf die Garantien auswirken könnten, die die verbindlichen internen Datenschutzvorschriften bieten, und
n) geeignete Datenschutzschulungen für Personal mit ständigem oder regelmäßigem Zugang zu personenbezogenen Daten.

(3) [1]**Die Kommission kann das Format und die Verfahren für den Informationsaustausch über verbindliche interne Datenschutzvorschriften im Sinne des vorliegenden Artikels zwischen Verantwortlichen, Auftragsverarbeitern und Aufsichtsbehörden festlegen.** [2]**Diese Durchführungsrechtsakte werden gemäß dem Prüfverfahren nach Artikel 93 Absatz 2 erlassen.**

Literatur: Vgl. die Hinweise zu Art. 44.

Übersicht

A. Allgemeines

I. Zweck und Bedeutung der Vorschrift

1 Wie Art. 46 betrifft auch Art. 47 Fälle, in denen keine Angemessenheitsentscheidung der EU-Kommission nach Art. 45 vorliegt und es daher zum Ausgleich für den im Drittland bestehenden „Mangel" an Datenschutz geeigneter Garantien bedarf (s. Erwägungsgrund 108). Diese können insbesondere auch durch aufsichtsbehördlich genehmigte **verbindliche interne Datenschutzvorschriften** gewährleistet werden. Wie die international übliche Verwendung des Begriffs „Binding **Corporate** Rules (BCR)" bereits zeigt, sind verbindliche interne Datenschutzvorschriften gem. Art. 47 auf Unternehmen bzw. Unternehmensgruppen ausgerichtet. Genehmigte BCR ermöglichen einen freien Datenfluss innerhalb von multinationalen Konzernen bzw. Unternehmensverbünden und können somit bei Drittlandtransfers den Abschluss einer Vielzahl von Einzelverträgen zwischen den der jeweiligen Gruppe zugehörigen Unternehmen entbehrlich machen. Der Verordnungsgeber hat sich zwecks Förderung einer breiteren und kohärenten Anwendung dieser Schutzgarantien in der Praxis für eine eigenständige ausführliche Regelung entschieden. **Normadressaten** sind sowohl für die Verarbeitung Verantwortlichen als auch Auftragsverarbeiter.

II. Systematik, Verhältnis zu anderen Vorschriften

2 Binding Corporate Rules (BCR) als Schutzgarantien beim Drittlandtransfer waren bereits anerkannte Garantien iSv Art. 26 Abs. 2 DS-RL. Im deutschen Datenschutzrecht waren verbindliche Unternehmensregelungen als Schutzgarantien schon frühzeitig explizit vorgesehen worden (§ 4c Abs. 2 S. 1 BDSG aF). Art. 47 **Abs. 1** regelt neben dem Genehmigungsverfahren, die Rechtsbindungswirkung und die Durchsetzbarkeit von Rechten der Betroffenen. **Abs. 2** der

Vorschrift enthält eine Auflistung von Mindestangaben, die zwingend in verbindlichen internen Datenschutzvorschriften enthalten sein müssen. **Abs. 3** ermächtigt die EU-Kommission zum Erlass von Durchführungsrechtsakten.

B. Einzelerläuterungen

I. Begriffsbestimmungen

Es gelten die Begriffsbestimmungen nach Art. 4. Die **Legaldefinition** in Art. 4 Nr. 20 beschreibt **„verbindliche interne Datenschutzvorschriften"** als Maßnahmen zum Schutz personenbezogener Daten, zu deren Einhaltung sich ein im Hoheitsgebiet eines Mitgliedstaats niedergelassener Verantwortlicher oder Auftragsverarbeiter verpflichtet, im Hinblick auf Datenübermittlungen oder eine Kategorie von Datenübermittlungen personenbezogener Daten an einen Verantwortlichen oder Auftragsverarbeiter derselben Unternehmensgruppe oder derselben Gruppe von Unternehmen, die eine gemeinsame Wirtschaftstätigkeit ausüben, in einem oder mehreren Drittländern. Nach Art. 4 Nr. 18 ist ein **„Unternehmen"** eine natürliche oder juristische Person, die eine wirtschaftliche Tätigkeit ausübt, unabhängig von ihrer Rechtsform, einschließlich Personengesellschaften oder Vereinigungen, die regelmäßig einer wirtschaftlichen Tätigkeit nachgehen. Art. 4 Nr. 19 definiert die **„Unternehmensgruppe"** als eine Gruppe, die aus einem herrschenden Unternehmen und den von diesem abhängigen Unternehmen besteht. Diese Definition ähnelt der des Konzerns in § 18 Abs. 1 AktG. Nicht in Art. 4 legal definiert ist, was – in Abgrenzung zum vorgenannten Begriff der Unternehmensgruppe (group of undertakings) – unter **Gruppe von Unternehmen** (group of enterprises) zu subsumieren ist. Insofern dürften aber Unternehmensverbünde mit gemeinsamer Wirtschaftstätigkeit ohne klassische Konzernstruktur gemeint sein.[1] Auch verbundenen Unternehmen, die voneinander rechtlich unabhängig sind, soll die Möglichkeit eröffnet sein, das erforderliche Datenschutzniveau durch BCR herzustellen. Das Erfordernis einer gemeinsamen Wirtschaftstätigkeit dürfte bereits bei Geschäftspartnern gegeben sein. 3

II. Genehmigungsvoraussetzungen

Erste Voraussetzung ist, dass die BCR für alle betreffenden Mitglieder der Unternehmensgruppe bzw. des Unternehmensverbundes **rechtlich bindend** sind. Sie müssen ferner gem. Abs. 1 Buchst. a von sämtlichen Mitgliedern der jeweiligen Gruppe und deren Beschäftigten faktisch durchgesetzt werden. Nach Buchst. b der Vorschrift müssen den Betroffenen ausdrücklich **durchsetzbare** Rechte eingeräumt werden (s. Erwägungsgrund 108). Abs. 1 Buchst. c verlangt schließlich die Gewährleistung des in Abs. 2 der Vorschrift vorgegebenen **Mindestinhalts** von BCR. Alle vorgenannten Voraussetzungen müssen kumulativ vorliegen (sa Erwägungsgrund 110). 4

---

[1] Vgl. auch *Burton/De Boel/Kuner/Pateraki/Cadiot/Hoffman*, Bloomberg BNA – Privacy and Security Law Report, 15 PVLR 153, 1/25/16, 1 (10).

III. Mindestinhalt von BCR

5 Der Verordnungsgeber hat sich dafür entschieden den **Mindestinhalt** von BCR in der Verordnung selbst festzuschreiben. Abs. 2 trifft in den Buchst. a–n die entsprechenden Festlegungen. Zu dem notwendigen Inhalt zählen danach Angaben zu folgenden Punkten:

- Buchst. a:
  - Struktur der jeweiligen Gruppe und jedes ihrer Mitglieder;
  - Kontaktdaten (jedes verbundenen Unternehmens).
- Buchst. b:
  - Datenübermittlungen oder Reihen von (gleichartigen) Datenübermittlungen;
  - Arten personenbezogener Daten;
  - Art und Zweck der Datenverarbeitung;
  - Art der betroffenen Personen;
  - betreffendes Drittland/betreffende Drittländer.
- Buchst. c:
  - Interne und externe Rechtsverbindlichkeit der BCR.
- Buchst. d:
  - Anwendung der allgemeinen Datenschutzgrundsätze (insbesondere Zweckbindung, Datenminimierung, begrenzte Speicherfristen, Datenqualität, Datenschutz durch Technikgestaltung und datenschutzfreundliche Voreinstellungen), s. Erwägungsgrund 108;
  - Rechtsgrundlage für die Verarbeitung;
  - Verarbeitung besonderer Kategorien personenbezogener Daten;
  - Maßnahmen zur Sicherstellung der Datensicherheit;
  - Anforderungen für die Weiterübermittlung an nicht durch die BCR gebundene Stellen.
- Buchst. e:
  - Rechte der Betroffenen Personen in Bezug auf die Verarbeitung;
  - Mittel zur Wahrnehmung dieser Rechte;
  - Verbot ausschließlich automatisierter Entscheidung nach Art. 22 (inkl. Profiling iSv Art. 4 Nr. 4);
  - wirksame außergerichtliche und gerichtliche Rechtsbehelfe – Art. 79 (s. Erwägungsgrund 108);
  - Recht auf Geltendmachung von Schadenersatzansprüchen in der Union oder in einem Drittland (s. Erwägungsgrund 108).
- Buchst. f:
  - Haftungsübernahme durch EU-Datenexporteur für BCR-Verstöße durch Datenempfänger im Drittland mit Exkulpationsmöglichkeit.
- Buchst. g:
  - Über Art. 13 und 14 hinausgehende Information von Betroffenen über BCR und insbesondere über die unter den Buchst. d, e und f genannten Aspekte.
- Buchst. h:
  - Aufgaben jedes gem. Art. 37 benannten Datenschutzbeauftragten;
  - Aufgaben anderer Personen oder Einrichtungen, die mit der Überwachung der Einhaltung der BCR sowie der Schulungsmaßnahmen und dem Beschwerdemanagement befasst ist.
- Buchst. i:
  - Beschwerdeverfahren.

- Buchst. j:
  - Verfahren zur Überprüfung der Einhaltung der BCR innerhalb der Gruppe;
  - Datenschutzaudits und Verfahren zur Gewährleistung von Abhilfemaßnahmen;
  - Mitteilung der Prüfergebnisse an in Buchst. h genannte Personen/Einrichtungen;
  - Mitteilung der Prüfergebnisse an Vorstand/Verwaltungsrat des herrschenden Unternehmens einer Unternehmensgruppe oder der jeweiligen Mitglieder im Unternehmensverbund;
  - Zurverfügungstellung der Prüfergebnisse auf Anfrage der zuständigen Aufsichtsbehörde.
- Buchst. k:
  - Verfahren für die Meldung und Erfassung von Änderungen der Vorschriften und ihre Meldung an die Aufsichtsbehörde.
- Buchst. l:
  - Verfahren für die Zusammenarbeit mit der federführenden Aufsichtsbehörde (insbesondere durch Offenlegung der Prüfergebnisse nach Buchst. j).
- Buchst. m:
  - Meldeverfahren zur Unterrichtung der zuständigen Aufsichtsbehörde über im betreffenden Drittland geltende rechtliche Bestimmungen, die sich nachteilig auf die BCR-Garantien auswirken könnten.
- Buchst. n:
  - Geeignete Datenschutzschulungen für Personal mit ständigem oder regelmäßigem Zugang zu personenbezogenen Daten.

Die geforderten Mindestinhalte für BCR lassen teilweise bereits eine Orientierung an der wegweisenden Safe Harbor-Entscheidung des EuGH vermuten (s. Buchst. m).[2] Gleichwohl sind die Auswirkungen der Entscheidung auf BCR noch nicht in allen Facetten absehbar. Ebenso wie bei den bestehenden Standardvertragsklauseln (→ Art. 46 Rn. 11a) ist auch hinsichtlich eines etwaigen Anpassungsbedarfs bei BCR ein besonderes Augenmerk auf die Konsequenzen der EuGH-Entscheidung zu richten.

IV. Leitlinien der Artikel-29-Datenschutzgruppe

Grundlegende formale und inhaltliche Leitlinien für BCR sind insbesondere folgenden Arbeitspapieren der Datenschutzgruppe nach Art. 29 der EU-Datenschutzrichtlinie zu entnehmen: **WP 133** (Standardformular Genehmigungsantrag), **WP 153** (Übersicht über Bestandteile und Grundsätze), **WP 154** (Rahmen und Struktur), **WP 155** (Leitlinien zur Interpretation, FAQ). Überdies geben die Dokumente **WP 74, WP 107** und **WP 108** Aufschluss über die frühen Grundlagen. **WP 212** stellt eine gemeinsame Arbeit von Sachverständigen der Artikel-29-Datenschutzgruppe und der APEC-Länder dar und ist als informelle Checkliste für Unternehmen gedacht, die die Genehmigung für BCR und/oder die Zertifizierung von Regelungen für den grenzüberschreitenden Datenschutz (Cross Border Privacy Rules – CBPR) beantragen möchten. **WP 195, WP 195a** sowie **WP 204** betreffen speziell die Verwendung von BCR bei Auftragsverarbeitung und beinhalten ebenfalls Hinweise zur inhaltlichen Ausgestaltung und zur Antragstellung. WP 153 (Controller BCR = BCR-C) sowie WP 195 (Processor 6

[2] Vgl. EuGH, ZD 2015, 549.

BCR = BCR-P) wurden Anfang 2018 mit Blick auf die nunmehr eigenständige Regelung in Art. 47 durch **WP 256 rev.01** und **WP 257 rev.01** aktualisiert. Ein Überblick über BCR einschließlich einer Liste bereits abgeschlossener BCR-Verfahren[3] ist auf den Webseiten der Europäischen Kommission veröffentlicht.[4]

V. Genehmigungsverfahren/Durchführungsrechtsakte

7 Die zuständige Aufsichtsbehörde (s. Art. 55 ff.) genehmigt BCR gemäß dem Kohärenzverfahren nach Art. 63 (Art. 47 Abs. 1, Art. 57 Abs. 1 Buchst. s). Drittlandtransfers auf der Basis aufsichtsbehördlich genehmigter BCR bedürfen keiner weiteren Genehmigung.[5] Die EU-Kommission kann die Einzelheiten für den Informationsaustausch über verbindliche interne Datenschutzvorschriften zwischen Verantwortlichen, Auftragsverarbeitern und Aufsichtsbehörden im Rahmen von Durchführungsrechtsakten festlegen. Diese Rechtsakte werden gemäß dem Prüfverfahren nach Art. 93 Abs. 2 erlassen (Art. 47 Abs. 3).

C. Rechtsschutz

8 Verstöße gegen die in den Art. 44–49 geregelten Pflichten beim Drittlandtransfer sind gem. Art. 83 Abs. 5 Buchst. c **bußgeldbewehrt.** Grundsätzlich gelten die Rechtsbehelfe, Haftungs- und Sanktionsregelungen nach **Kapitel VIII** der Verordnung. Art. 47 Abs. 1 verlangt für BCR eine Rechtsbindungswirkung und die Durchsetzbarkeit von Rechten der Betroffenen. Art. 47 Abs. 2 Buchst. e nimmt ausdrücklich auf die in Art. 79 geregelten **Beschwerde- und Rechtsschutzmöglichkeiten** Bezug und macht das Vorliegen einer entsprechenden Regelung in BCR ebenso zur Genehmigungsvoraussetzung, wie das Vorliegen von Angaben zur Wiedergutmachung und ggf. zum Schadenersatz im Fall von Verstößen gegen die BCR. Art. 47 Abs. 2 Buchst. f schreibt Angaben zur **Haftungsübernahme** in Unternehmensgruppen vor; der Verantwortliche oder der Auftragsverarbeiter ist nur dann teilweise oder vollständig von dieser Haftung befreit, wenn er nachweist, dass der Umstand, durch den der Schaden eingetreten ist, dem betreffenden Mitglied des Unternehmensverbundes nicht zur Last gelegt werden kann.

Art. 48 Nach dem Unionsrecht nicht zulässige Übermittlung oder Offenlegung

Jegliches Urteil eines Gerichts eines Drittlands und jegliche Entscheidung einer Verwaltungsbehörde eines Drittlands, mit denen von einem Verantwortlichen oder einem Auftragsverarbeiter die Übermittlung oder Offenlegung personenbezogener Daten verlangt wird, dürfen unbeschadet anderer Gründe für die Übermittlung gemäß diesem Kapitel jedenfalls nur dann anerkannt oder vollstreckbar werden, wenn sie auf eine in Kraft befindliche internationale Übereinkunft wie etwa ein Rechtshilfeabkom-

[3] Zu Praxiserfahrungen mit der europaweiten Anerkennung aus Sicht der Aufsichtsbehörden vgl. *Filip*, ZD 2013, 51.

[4] S. http://ec.europa.eu/justice/data-protection/international-transfers/binding-corporate-rules/tools/index_en.htm.

[5] Art. 46 Abs. 2 Buchst. b.

men zwischen dem ersuchenden Drittland und der Union oder einem Mitgliedstaat gestützt sind.

Literatur: Vgl. die Hinweise zu Art. 44.

Übersicht

A. Allgemeines

I. Zweck und Bedeutung der Vorschrift

1 Der Verordnungsgeber hat zur Schaffung von mehr Rechtssicherheit beim Drittlandtransfer eine Sonderregelung für die Fälle getroffen, in denen in Drittländern ansässige **Gerichte** oder **Verwaltungsbehörden** die Übermittlung bzw. Offenlegung personenbezogener Daten durch in der EU ansässige Stellen verlangen. **Normadressaten** sind sowohl Verantwortliche als auch Auftragsverarbeiter. Diesen ist eine Preisgabe der gewünschten personenbezogenen Daten nunmehr explizit nur noch gestattet, wenn die Voraussetzungen nach Art. 48 vorliegen. Diese auch politisch motivierte Regelung war bis zum Abschluss des Trilogverfahrens streitig und musste im Wege einer Kompromisslösung getroffen werden. Wesentlicher Hintergrund der Debatte waren dabei insbesondere entsprechende Informationsersuchen im Rahmen sog. **eDiscovery-Verfahren** US-amerikanischer Stellen, die in der EU ansässige Unternehmen in einen Interessenkonflikt brachten.[1] Insofern stellte sich auch für den Verordnungsgeber die Frage, ob und inwieweit eine solch weitreichende Verpflichtung des „Common Law" zur Datenweitergabe und -auswertung mit europäischem Datenschutzrecht vereinbar sein soll. Die Übermittlungsvorschrift des Art. 48 ist aber nicht auf US-spezifische Sachverhalte beschränkt sondern gilt für **alle Drittländer** die einschlägige Gesetze, Vorschriften und sonstige Rechtsakte erlassen haben. Dies umfasst auch entsprechende Gerichtsurteile und Entscheidungen von Verwaltungsbehörden in Drittländern. Auch in diesen Fällen soll das europäische Datenschutzniveau grundsätzlich nicht unterlaufen werden können.

II. Systematik, Verhältnis zu anderen Vorschriften

2 Art. 48 beinhaltet einen **speziellen Erlaubnistatbestand** für den Fall des Vorliegens einer in Kraft befindlichen **internationalen Übereinkunft,** die eine Datenübermittlung auf Basis **gerichtlicher oder behördlicher Entscheidung**

---

[1] Zur Thematik einschl. sog. Pre-Trial-Discovery ausf. *Deutlmoser/Filip*, ZD-Beil. 6/2012.

im Drittland abdeckt. Daneben verweist die Vorschrift auf die Notwendigkeit der Einhaltung der sonstigen Zulässigkeitsbestimmungen nach Kapitel V DS-GVO. Bislang nach dem BDSG aF nicht zweifelsfrei zu beurteilende Fälle[2] sind nunmehr an der expliziten Regelung des Art. 48 zu messen. Nicht maßgebend sind hingegen in Drittländern erlassene Gesetze, Vorschriften und sonstige Rechtsakte, die vermeintlich unmittelbar in die Verarbeitungstätigkeiten EU-ansässiger Unternehmen hineinwirken. Vielmehr können derartige Regelungen dem durch die DS-GVO gewährleisteten Schutz zuwiderlaufen (s. Erwägungsgrund 115). Für den Bereich der **polizeilichen und justiziellen Zusammenarbeit** und für Datentransfers in Drittländer, die nicht unter die **Anwendungsbereiche** der DS-GVO und der JI-RL fallen (zB bei Nachrichtendiensten), gelten besondere Übermittlungsvorschriften (→ Art. 44 Rn. 3).

B. Einzelerläuterungen

I. Begriffsbestimmungen

3 Es gelten die Begriffsbestimmungen nach Art. 4. Neben dem Begriff der **Übermittlung** nennt die Vorschrift auch die Variante der **Offenlegung** personenbezogener Daten. Beide Begriffe werden von dem Verarbeitungsbegriff nach Art. 4 Nr. 2 umfasst.

II. Erlaubnistatbestände

4 **1. Internationale Übereinkunft.** Zunächst bedarf es einer gerichtlichen oder verwaltungsbehördlichen **Entscheidung** hinsichtlich der gewünschten Drittlandübermittlung. Davon losgelöste Informationswünsche von Unternehmen oder Rechtsanwaltskanzleien genügen den Anforderungen von Art. 48 danach nicht. Eine Anerkennung oder Vollstreckbarkeit der vorgenannten Entscheidungen setzt das Vorliegen einer tragfähigen internationalen Übereinkunft voraus. Dass diese aktuelle Gültigkeit haben muss, liegt auf der Hand. Beispielhaft nennt Art. 48 **Rechtshilfeabkommen** zwischen dem ersuchenden Drittland und der Union oder einem Mitgliedstaat. Bspw. können die für internationale Sachverhalte geltenden Regeln über Straf- oder Zivilverfahren einschlägig sein, insbesondere die Regeln der Haager Übereinkommen vom 18.3.1970 („über die Beweisaufnahme im Ausland") und vom 25.10.1980 („Zugang zu den Gerichten").

5 **2. Sonstige Zulässigkeitsvarianten.** Im Fall des Fehlens einer internationalen Übereinkunft kann der begehrte Drittlandtransfer ggf. auch im Rahmen von Angemessenheitsbeschlüssen der EU-Kommission, auf Basis von Datenschutzverträgen, BCR und sonstigen Schutzgarantien gerechtfertigt sein (s. vorstehende Ausführungen zu Art. 45–47). Entscheidend ist, dass die Zulässigkeitsvoraussetzungen der DS-GVO gewahrt bleiben. In diesem Zusammenhang nennt Erwägungsgrund 115 beispielhaft die **Erforderlichkeit** einer Offenlegung wegen des Vorliegens eines **wichtigen öffentlichen Interesses,** das im Unionsrecht oder im Recht des Mitgliedstaats anerkannt ist (hierzu auch → Art. 49 Rn. 8). Aus Gründen der Verhältnismäßigkeit sollten möglichst nur Einzelübermittlungen stattfinden, die lediglich die tatsächlich notwendigen Daten beinhalten. Pauschale Übermittlungen ganzer Datenbestände, die für den konkreten Übermittlungszweck irrelevante personenbezogene Daten

[2] Vgl. Gola/*Schomerus*, BDSG, § 4c Rn. 7a sowie Simitis/*Simitis*, BDSG, § 4c Rn. 21.

beinhalten, sind zu vermeiden.[3] Ferner sollte auf Lösungen zurückgegriffen werden, die den Betroffenen durchsetzbare und wirksame Rechte in Bezug auf die Verarbeitung ihrer Daten gewährleisten (s. Erwägungsgrund 114).

C. Rechtsschutz

Wird einem Übermittlungs- bzw. Offenlegungsbegehren aus einem Drittstaat entsprochen, ohne dass ein tragfähiges internationales Übereinkommen nach Art. 48 oder ein sonstiger Zulässigkeitstatbestand nach Art. 45–49 vorliegt, können Rechtsbehelfe nach Kapitel VIII DS-GVO eingelegt werden; rechtswidrig datenexportierenden Stellen drohen Geldbußen nach Art. 83 Abs. 5 Buchst. c und Schadensersatzansprüche. **6**

Art. 49 Ausnahmen für bestimmte Fälle

(1) [1]**Falls weder ein Angemessenheitsbeschluss nach Artikel 45 Absatz 3 vorliegt noch geeignete Garantien nach Artikel 46, einschließlich verbindlicher interner Datenschutzvorschriften, bestehen, ist eine Übermittlung oder eine Reihe von Übermittlungen personenbezogener Daten an ein Drittland oder an eine internationale Organisation nur unter einer der folgenden Bedingungen zulässig:**

a) die betroffene Person hat in die vorgeschlagene Datenübermittlung ausdrücklich eingewilligt, nachdem sie über die für sie bestehenden möglichen Risiken derartiger Datenübermittlungen ohne Vorliegen eines Angemessenheitsbeschlusses und ohne geeignete Garantien unterrichtet wurde,

b) die Übermittlung ist für die Erfüllung eines Vertrags zwischen der betroffenen Person und dem Verantwortlichen oder zur Durchführung von vorvertraglichen Maßnahmen auf Antrag der betroffenen Person erforderlich,

c) die Übermittlung ist zum Abschluss oder zur Erfüllung eines im Interesse der betroffenen Person von dem Verantwortlichen mit einer anderen natürlichen oder juristischen Person geschlossenen Vertrags erforderlich,

d) die Übermittlung ist aus wichtigen Gründen des öffentlichen Interesses notwendig,

e) die Übermittlung ist zur Geltendmachung, Ausübung oder Verteidigung von Rechtsansprüchen erforderlich,

f) die Übermittlung ist zum Schutz lebenswichtiger Interessen der betroffenen Person oder anderer Personen erforderlich, sofern die betroffene Person aus physischen oder rechtlichen Gründen außerstande ist, ihre Einwilligung zu geben,

g) die Übermittlung erfolgt aus einem Register, das gemäß dem Recht der Union oder der Mitgliedstaaten zur Information der Öffentlichkeit bestimmt ist und entweder der gesamten Öffentlichkeit oder allen Personen, die ein berechtigtes Interesse nachweisen können, zur Einsichtnahme offensteht, aber nur soweit die im Recht der Union oder

[3] *Artikel-29-Datenschutzgruppe,* WP 114, S. 18 sowie *Gola/Schomerus*, BDSG, § 4c Rn. 7a.

der Mitgliedstaaten festgelegten Voraussetzungen für die Einsichtnahme im Einzelfall gegeben sind.

[2]Falls die Übermittlung nicht auf eine Bestimmung der Artikel 45 oder 46 – einschließlich der verbindlichen internen Datenschutzvorschriften – gestützt werden könnte und keine der Ausnahmen für einen bestimmten Fall gemäß dem ersten Unterabsatz anwendbar ist, darf eine Übermittlung an ein Drittland oder eine internationale Organisation nur dann erfolgen, wenn die Übermittlung nicht wiederholt erfolgt, nur eine begrenzte Zahl von betroffenen Personen betrifft, für die Wahrung der zwingenden berechtigten Interessen des Verantwortlichen erforderlich ist, sofern die Interessen oder die Rechte und Freiheiten der betroffenen Person nicht überwiegen, und der Verantwortliche alle Umstände der Datenübermittlung beurteilt und auf der Grundlage dieser Beurteilung geeignete Garantien in Bezug auf den Schutz personenbezogener Daten vorgesehen hat. [3]Der Verantwortliche setzt die Aufsichtsbehörde von der Übermittlung in Kenntnis. [4]Der Verantwortliche unterrichtet die betroffene Person über die Übermittlung und seine zwingenden berechtigten Interessen; dies erfolgt zusätzlich zu den der betroffenen Person nach den Artikeln 13 und 14 mitgeteilten Informationen.

(2) **[1]Datenübermittlungen gemäß Absatz 1 Unterabsatz 1 Buchstabe g dürfen nicht die Gesamtheit oder ganze Kategorien der im Register enthaltenen personenbezogenen Daten umfassen. [2]Wenn das Register der Einsichtnahme durch Personen mit berechtigtem Interesse dient, darf die Übermittlung nur auf Anfrage dieser Personen oder nur dann erfolgen, wenn diese Personen die Adressaten der Übermittlung sind.**

(3) **Absatz 1 Unterabsatz 1 Buchstaben a, b und c und sowie Absatz 1 Unterabsatz 2 gelten nicht für Tätigkeiten, die Behörden in Ausübung ihrer hoheitlichen Befugnisse durchführen.**

(4) **Das öffentliche Interesse im Sinne des Absatzes 1 Unterabsatz 1 Buchstabe d muss im Unionsrecht oder im Recht des Mitgliedstaats, dem der Verantwortliche unterliegt, anerkannt sein.**

(5) **[1]Liegt kein Angemessenheitsbeschluss vor, so können im Unionsrecht oder im Recht der Mitgliedstaaten aus wichtigen Gründen des öffentlichen Interesses ausdrücklich Beschränkungen der Übermittlung bestimmter Kategorien von personenbezogenen Daten an Drittländer oder internationale Organisationen vorgesehen werden. [2]Die Mitgliedstaaten teilen der Kommission derartige Bestimmungen mit.**

(6) **Der Verantwortliche oder der Auftragsverarbeiter erfasst die von ihm vorgenommene Beurteilung sowie die angemessenen Garantien im Sinne des Absatzes 1 Unterabsatz 2 des vorliegenden Artikels in der Dokumentation gemäß Artikel 30.**

Literatur: Vgl. die Hinweise zu Art. 44.

Übersicht

A. Allgemeines

I. Zweck und Bedeutung der Vorschrift

Art. 49 betrifft Fälle, in denen weder ein Angemessenheitsbeschluss nach Art. 45 Abs. 3 vorliegt noch geeignete Garantien nach Art. 46 gegeben sind. Für diese Fälle regelt die Vorschrift abschließend bestimmte **Ausnahmetatbestände** für den Datentransfer in Drittländer. Der Ausnahmekatalog basiert offensichtlich auf dem Gedanken, dass das Schutzbedürfnis der Betroffenen in den aufgezählten Fällen vergleichsweise gering ist. Im Vordergrund stehen hierbei – selbstbestimmte – **Interessen** der Betroffenen und wichtige öffentliche Interessen. Über den Ausnahmekatalog des Art. 49 Abs. 1 S. 1 Buchst. a–g hinaus finden nach S. 2 der Vorschrift auch **zwingende** berechtigte Interessen der Verantwortlichen Stellen Berücksichtigung. Mit den Ausnahmen nach Art. 49 gehen zum Teil Transparenz- und Dokumentationspflichten einher (Abs. 1 S. 1 Buchst. a sowie S. 3 und 4, ferner Abs. 6). Als **Normadressaten** nennt die Vorschrift explizit die für die Verarbeitung Verantwortlichen (Abs. 1 S. 1 Buchst. b und c sowie S. 2). Abs. 6 verdeutlicht allerdings, dass auch Auftragsverarbeiter einer Dokumentationspflicht unterliegen können. Auf Behörden sind die in Art. 49 Abs. 1 S. 1 geregelten Ausnahmen nur eingeschränkt anwendbar. Die Ausnahmen nach Art. 49 Abs. 1 S. 1 Buchst. a, b und c sowie nach Art. 49 Abs. 1 S. 2 gelten nicht für Tätigkeiten, die Behörden in Ausübung ihrer hoheitlichen Befugnisse durchführen (Art. 49 Abs. 3). 1

II. Systematik, Verhältnis zu anderen Vorschriften

Art. 49 **Abs. 1 S. 1** regelt in den Buchst. a–g bestimmte **Erlaubnistatbestände,** auf die zurückgegriffen werden kann, wenn im Drittland kein adäquates Datenschutzniveau gewährleistet ist. **S. 2** der Vorschrift ermöglicht Drittlandübermittlungen selbst dann, wenn im Drittland kein der Sache nach gleichwertiges Datenschutzniveau besteht und auch keine der vorgenannten Ausnahmen eingreift; die Vorschrift setzt eine Abwägung der Interessen des verantwortlichen Datenexporteurs mit den Interessen der Betroffenen voraus. **Abs. 2** konkretisiert die nach Abs. 1 Buchst. g geregelten Übermittlung aus einem Register. **Abs. 3** begrenzt die Anwendbarkeit der Ausnahmetatbestände bei Behörden. **Abs. 4** konkretisiert das nach Abs. 1 Buchst. d vorausgesetzte öffentliche Interesse. **Abs. 5** ermächtigt die EU und die Mitgliedstaaten, in ihrem Recht gewisse Beschränkungen für Drittlandtransfers vorzusehen. **Abs. 6** regelt die Dokumentierung der Inanspruchnahme von Ausnahmen nach Abs. 1 S. 2 durch Verantwortliche und Auftragsverarbeiter. Die in Art. 49 geregelten Ausnahmetatbestände entsprechen inhaltlich im Wesentlichen dem Ausnahmekatalog des Art. 26 **DS-RL** bzw. § 4c **BDSG aF.** Allerdings enthält die Vorschrift insbesondere in Abs. 1 S. 2 auch 2

Neuerungen, deren Praxistauglichkeit sich erst noch erweisen muss. Für den Bereich der **polizeilichen und justiziellen Zusammenarbeit** und für Datentransfers in Drittländer, die nicht unter die **Anwendungsbereiche** der DS-GVO und der JI-RL fallen (zB bei Nachrichtendiensten), gelten besondere Übermittlungsvorschriften (→ Art. 44 Rn. 3). Im Zusammenhang mit den in Art. 49 geregelten Ausnahmen ist insofern insbesondere auf Art. 38 **JI-RL** sowie auf **§ 80 BDSG nF** hinzuweisen.

B. Einzelerläuterungen

I. Begriffsbestimmungen

3 Es gelten die Begriffsbestimmungen nach Art. 4. Art. 4 Nr. 11 definiert die **Einwilligung** der betroffenen Person als jede freiwillig für den bestimmten Fall, in informierter Weise und unmissverständlich abgegebene Willensbekundung in Form einer Erklärung oder einer sonstigen eindeutigen bestätigenden Handlung, mit der die betroffene Person zu verstehen gibt, dass sie mit der Verarbeitung der sie betreffenden personenbezogenen Daten einverstanden ist. Der Begriff der **internationalen Organisation** betrifft völkerrechtliche Organisationen und ihre nachgeordneten Stellen oder jede sonstige Einrichtung, die durch eine zwischen zwei oder mehr Ländern geschlossene Übereinkunft oder auf der Grundlage einer solchen Übereinkunft geschaffen wurde (Art. 4 Nr. 26).

II. Ausnahmekatalog

4 Die in Abs. 1 Buchst. a–g geregelten Ausnahmetatbestände kommen in Betracht, wenn es um eine Übermittlung oder eine Reihe von – gleichartigen – Übermittlungen personenbezogener Daten in ein Drittland oder an eine internationale Organisation ohne im Wesentlichen gleichwertiges Datenschutzniveau geht.[1]

5 Die Übermittlung kann auf Basis einer ausdrücklichen und informierten **Einwilligung** des Betroffenen erfolgen (Abs. 1 **Buchst. a**). Grundvoraussetzung einer wirksamen Einwilligung ist danach eine ordnungsgemäße **Vorabinformation** des Betroffenen, dh der Betroffene muss über das konkrete Risiko der Datenübermittlung in ein Drittland ohne adäquates Schutzniveau aufgeklärt werden. Die Information sollte Angaben darüber enthalten, auf welche personenbezogenen Daten und auf welche Verarbeitungsvorgänge und -zwecke sich die Zustimmung bezieht. Ferner bedarf es der Angabe des Empfängers und des Zielortes und eines Hinweises auf die dortigen Verarbeitungsvoraussetzungen. Insbesondere sollte auch auf etwaige Auswertungen, Überwachungen und sonstige Nutzungen hingewiesen werden. Das Kriterium der **Ausdrücklichkeit** schließt eine Erteilung der Einwilligung durch bloßes Schweigen aus. Der Erlaubnistatbestand der Einwilligung ist damit auch in Fällen, in denen die Zustimmung unterstellt wird – etwa weil der Betroffene auf die Übermittlung aufmerksam gemacht wurde und keinen Einwand dagegen erhoben hat – nicht gegeben. Nach der Legaldefinition in Art. 4 Nr. 11 bedarf es einer unmissverständlich abgegebenen Willensbekundung in Form einer Erklärung oder einer sonstigen eindeutigen bestätigenden Handlung, mit der die betroffene Person zu verstehen gibt, dass sie mit der Verar-

---

[1] Instruktiv zu einzelnen Ausnahmetatbeständen EU-Kommission, Mitteilung v. 6.11.2015 – COM(2015) 566 final.

beitung der sie betreffenden personenbezogenen Daten einverstanden ist. Da die Einwilligung ohne jeden Zweifel erfolgen muss, führt jeglicher Zweifel daran, ob die Einwilligung tatsächlich gegeben worden ist, dazu, dass die Ausnahmeregelung nicht gilt (sa Erwägungsgrund 42). Gemäß der Legaldefinition muss die Einwilligung für den **bestimmten Fall** gegeben werden. Dies schließt die Möglichkeit von Pauschaleinwilligungen in Drittlandübermittlungen aus. Schließlich verlangt die DS-GVO **Freiwilligkeit,** dh eine Willensbekundung ohne Zwang (sa Erwägungsgrund 43). Ob eine die Einwilligungsfähigkeit ausschließende Zwangssituation vorliegt, ist eine Frage des Einzelfalls. Im **Arbeitsverhältnis** sollte die Einwilligung schon aus Praktikabilitätsgründen nur in Fällen in Anspruch genommen werden, in denen kein anderer Erlaubnistatbestand ersichtlich ist und der Beschäftigte eine echte Wahl hat (zB bei karrierefördernden Übermittlungen), wobei er seine Einwilligung zu einem späteren Zeitpunkt widerrufen können muss, ohne dass ihm daraus Nachteile entstehen. Die Artikel-29-Datenschutzgruppe hat die Auffassung vertreten, dass die Einwilligung als Zulässigkeitsvoraussetzung in Fällen der wiederholten oder gar routinemäßigen Datenübermittlung – zB im Rahmen der Zentralisierung einer HR-Datenbank im Drittland – wahrscheinlich langfristig nicht geeignet ist (WP 114, S. 13). Die Ausnahmevorschrift gilt nicht für Tätigkeiten, die Behörden in Ausübung ihrer hoheitlichen Befugnisse durchführen (Abs. 3). Bereits nach der DS-RL erteilte Einwilligungen behalten ihre Gültigkeit, sofern diese bereits den Anforderungen der DS-GVO entsprechen (s. Erwägungsgrund 171).

Abs. 1 **Buchst. b und c** gestatten Drittlandtransfers, die im Rahmen von vor- **6**
vertraglichen Maßnahmen bzw. zur Vertragsabwicklung erforderlich sind. Die Ausnahmevorschriften gelten nicht für Tätigkeiten, die Behörden in Ausübung ihrer hoheitlichen Befugnisse durchführen (Abs. 3). **Buchst. b** ist einschlägig, wenn die vertragliche Leistung bzw. das vorvertragliche Verhältnis die Datenübermittlung ins Drittland bedingt und setzt voraus, dass der Betroffene **Vertragspartei** ist bzw. dass er die vorvertraglichen Maßnahmen **veranlasst** hat. Erlaubt ist hiernach beispielsweise die Verarbeitung von Daten zur Ausarbeitung von Angeboten über touristische Leistungen und ggf. zur vorläufigen Reservierung durch ein Reisebüro auf Wunsch des Betroffenen. Wer bei einem Reisebüro ein Hotelzimmer etc. im Ausland bucht, erwartet, dass er bei Ankunft ein auf seinen Namen reserviertes Zimmer etc. vorfindet. Wird nicht der Reisekunde selbst, sondern das Reisebüro (in seinem Interesse) Vertragspartner der einzelnen Leistungsträger (vgl. etwa § 651a BGB) kommt Buchst. c in Betracht. Neben internationalen Beförderungsleistungen und der Reservierung von Hotels, Mietwagen etc. im Drittland kommen nach Buchst. b auch Datenübermittlungen im Rahmen des internationalen Zahlungsverkehrs und per Versand abgewickelte Kaufverträge als typische Beispiele in Betracht.[2] Voraussetzung ist aber stets die unmittelbare (vor-)vertragliche Rechtsbeziehung zwischen dem Betroffenen und dem Verantwortlichen. Nicht **erforderlich** sind nach Auffassung der EU-Kommission beispielsweise Maßnahmen zum sog. Follow-up-Marketing.[3] Auch die Übermittlung von Beschäftigtendaten kann nach Buchst. b gerechtfertigt sein, so zB wenn Mitarbeiter im Ausland eingesetzt werden oder die im Drittland ansässige Konzernmutter erkennbar über die Einstellung entscheidet. Maßgeblich ist hierbei, dass dem

---

[2] Vgl. auch Dammann/Simitis/*Dammann*, EG-Datenschutzrichtlinie, Art. 26 Erl. 6 sowie Art. 7 Erl. 5.

[3] Mitteilung der EU-Kommission v. 6.11.2015 – COM(2015) 566 final, S. 10.

Mitarbeiter der Konzernbezug transparent ist.[4] Die Übermittlung von Mitarbeiterdaten zum Zwecke der Zentralisierung von Gehalts- und Personalverwaltungsfunktionen im Drittland soll dagegen mangels Erforderlichkeit zur Abwicklung des Beschäftigungsvertrages nicht von dem Ausnahmetatbestand erfasst sein.[5]

7 **Buchst. c** betrifft Fälle, in denen die Übermittlung zum Abschluss oder zur Erfüllung eines Vertrags, der **im Interesse des Betroffenen** von der verantwortlichen Stelle mit einem Dritten geschlossen wurde bzw. geschlossen werden soll, erforderlich ist. Der Betroffene selbst ist hierbei nicht Vertragspartner. In Betracht kommen etwa Verträge zugunsten Dritter iSv § 328 BGB. Auf die Ausnahme kann zB zurückgegriffen werden, wenn der Betroffene Empfänger eines internationalen Banktransfers ist oder wenn ein Reisebüro Buchungsdaten an eine Fluggesellschaft übermittelt.[6] Aus dem Bereich des Arbeitsrechts lässt sich beispielhaft der Abschluss einer Mitarbeiterversicherung bei einer ausländischen Gesellschaft anführen. Die Ausnahme soll hingegen nicht anwendbar sein, wenn es darum geht, einen in einem Drittland ansässigen Dienstleister mit dem Gehaltszahlungsmanagement oder der Verwaltung von Aktienoptionsplänen zu beauftragen.[7] In diesen Fällen sollte ein Datenschutzvertrag mit dem Auftragsverarbeiter geschlossen werden. Auch im Rahmen der Ausnahme nach Buchst. c muss die Übermittlung **erforderlich** sein, dh es muss ein enger Zusammenhang zwischen den Interessen der betroffenen Person und den Zwecken des Vertrags bestehen.

8 Abs. 1 **Buchst. d** gestattet die Übermittlung in unsichere Drittländer, wenn diese aus wichtigen Gründen des **öffentlichen Interesses** notwendig ist. Ein solches dürfte bei Datenübermittlungen im privatwirtschaftlichen Sektor wohl nur ausnahmsweise vorliegen. Nach Abs. 4 muss es um die Wahrung eines im Unionsrecht oder im Recht eines Mitgliedstaats festgelegtes wichtiges öffentlichen Interesse gehen (sa Erwägungsgründe 111 und 45). Die Artikel-29-Datenschutzgruppe hat in diesem Zusammenhang die Auffassung vertreten, dass die Übermittlung im Interesse der Behörden eines EU-Mitgliedstaats liegen muss (WP 114); allein im Interessen einer im Drittland ansässigen Behörde erfüllen den Ausnahmetatbestand mithin nicht (vgl. insofern auch → Art. 48 Rn. 1, 5). Beispielhaft nennt Erwägungsgrund 112 den internationalen Datenaustausch zwischen Wettbewerbs-, Steuer-, Zoll- oder Finanzaufsichtsbehörden oder zwischen Diensten, die für Angelegenheiten der sozialen Sicherheit oder für die öffentliche Gesundheit zuständigen sind. Zu diesen Diensten zählt der Verordnungsgeber beispielsweise solche, die im Falle der Umgebungsuntersuchung bei ansteckenden Krankheiten oder zur Verringerung und/oder Beseitigung des Dopings im Sport zuständig sind. Die Übermittlung muss zur Wahrung der öffentlichen Interessen **erforderlich** dh notwendig sein (s. Erwägungsgründe 111 und 112).

9 Gem. Abs. 1 **Buchst. e** sind Drittlandtransfers ausnahmsweise zulässig, wenn sie zur Geltendmachung, Ausübung oder Verteidigung von **Rechtsansprüchen** erforderlich sind. Erwägungsgrund 111 verdeutlicht die Intention des Verordnungsgebers, die Ausnahmeregelung nur bei gelegentlich stattfindenden Übermittlungen greifen zu lassen. Die Übermittlung muss zur Wahrnehmung von Rechtsansprüchen **erforderlich** sein. Hierbei kann es sich um gerichtliche und nunmehr auch um außergerichtliche Verfahren – einschließlich Verwaltungsverfahren und Verfahren

---

[4] Zur Übermittlung von Mitarbeiterdaten vgl. *Gola/Schomerus*, BDSG, § 4b Rn. 8.
[5] *Artikel-29-Datenschutzgruppe,* WP 114, S. 15.
[6] Mitteilung der EU-Kommission v. 6.11.2015 – COM(2015) 566 final, S. 10.
[7] *Artikel-29-Datenschutzgruppe,* WP 114, S. 16.

bei Regulierungsbehörden (regulatory bodies) – handeln. Zu beachten ist allerdings, dass für die Datenübermittlung auf Anforderung von in Drittländern ansässigen Gerichten und Behörden die Spezialvorschrift des Art. 48 einschlägig ist. Die Artikel-29-Datenschutzgruppe weist in ihrem Arbeitsdokument WP 114 (S. 18) darauf hin, dass bei derartigen internationalen Sachverhalten ggf. die einschlägigen Regeln über Straf- oder Zivilverfahren eingehalten werden müssen, insbesondere die Regeln der Haager Übereinkommen vom 18.3.1970 („über die Beweisaufnahme im Ausland") und vom 25.10.1980 („Zugang zu den Gerichten").

Der Ausnahmetatbestand des Abs. 1 **Buchst. f** erlaubt vom Datenschutzniveau unabhängige Drittlandübermittlungen, wenn diese zum Schutz **lebenswichtiger Interessen** der betroffenen Person oder anderer Personen erforderlich ist und der Betroffene aus physischen oder rechtlichen Gründen außerstande ist, seine Einwilligung zu geben (sa Erwägungsgründe 112 und 46). Dies betrifft ua die Übermittlung in medizinischen Notfällen und zur medizinischen Versorgung, wobei es nicht unbedingt um „Leben und Tod" oder Bewusstlosigkeit gehen muss.[8] Naturgemäß ist damit im Rahmen der **Erforderlichkeit** auch die Übermittlung sensitiver Daten abgedeckt. Als nicht erforderlich angesehen worden sind hingegen Übermittlungen medizinischer Daten in Drittländer, die nicht unmittelbar der Behandlung des Betroffenen, sondern beispielsweise der allgemeinen medizinischen Forschung dienen;[9] hier bedarf es flankierender Schutzgarantien. Datenübermittlungen an eine internationale humanitäre Organisation, die erfolgen, um eine nach den Genfer Konventionen obliegende Aufgabe auszuführen oder um dem in bewaffneten Konflikten anwendbaren humanitären Völkerrecht nachzukommen, können entweder unter Abs. 1 Buchst. d oder f subsumiert werden (s. Erwägungsgrund 112). 10

Abs. 1 **Buchst. g** gestattet die Übermittlung aus einem **Register**, das gemäß dem Recht der Union oder der Mitgliedstaaten zur Information der Öffentlichkeit bestimmt ist und entweder der gesamten Öffentlichkeit oder allen Personen, die ein berechtigtes Interesse nachweisen können, zur Einsichtnahme offensteht. Die Übermittlungsbefugnis besteht allerdings nur insoweit als die im Recht der Union oder der Mitgliedstaaten geregelten Voraussetzungen für die Einsichtnahme im konkreten Einzelfall gegeben sind. In Deutschland kommen vor allem behördliche Register wie zB Handels- oder Vereinsregister in Betracht. Gemeint sind nicht nur Register, die der gesamten Öffentlichkeit zur Einsichtnahme offen stehen, sondern auch solche, die bestimmten Personen aufgrund eines **berechtigten Interesses** zugänglich sind, wie etwa das Grundbuch. In diesen Fällen müssen die gesetzlichen Voraussetzungen für die Einsichtnahme vorliegen und die Übermittlung darf nur auf Anfrage der Berechtigten erfolgen; nur diese dürfen auch Adressaten der begehrten Datenübermittlung sein (Abs. 2). Nach ihrem Wortlaut ist die Vorschrift nicht auf behördliche Register beschränkt. Zum Teil wurde auch die grenzüberschreitende Übermittlung aus einer Schuldnerliste für möglich gehalten.[10] Insofern ist aber in Deutschland aufsichtsbehördlich klargestellt worden, dass der gleichartig ausgestaltete Ausnahmetatbestand des § 4c Abs. 1 S. 1 Nr. 6 BDSG aF mangels eines berechtigten Interesses jedenfalls dann nicht erfüllt 11

---

[8] S. Erwägungsgrund 112, der die körperlichen Unversehrtheit mit einbezieht; zur parallelen Regelung in § 28 Abs. 6 Nr. 1 BDSG aF vgl. *Däubler/Klebe/Wedde/Weichert*, BDSG, § 28 Rn. 77.

[9] *Artikel-29-Datenschutzgruppe,* WP 114, S. 18.

[10] Vgl. Dammann/Simitis/*Dammann*, EG-Datenschutzrichtlinie, Art. 26 Erl. 11.

ist, wenn Schuldnerverzeichnisdaten zum Zwecke des Einpflegens und der Zuordnung dieser Daten zum vorhandenen Datenbestand einer in Deutschland niedergelassenen Auskunftei an einen Dienstleister nach Indien gegeben werden sollen.[11] Hinsichtlich des **Übermittlungsumfangs** stellt Abs. 2 klar, dass nicht die Gesamtheit oder ganze Kategorien der im Register enthaltenen personenbezogenen Daten transferiert werden dürfen (sa Erwägungsgrund 111).

III. Interessenabwägung

12 Mit **Abs. 1 S. 2** hat der Verordnungsgeber eine neue Ausnahmeregelung für den Privatsektor (vgl. Abs. 3) eingeführt, deren Praxistauglichkeit sich erst noch erweisen muss. Sie betrifft Fälle, in denen der Drittlandtransfer weder auf Art. 45 und 46 noch auf eine der Ausnahmen nach Art. 49 Abs. 1 Buchst. a–g gestützt werden kann. Auch in diesen Fällen ist eine Übermittlung an ein Drittland oder eine internationale Organisation legitim, wenn bestimmte **Voraussetzungen** – kumulativ – vorliegen. Zunächst muss es sich um eine Übermittlung handeln, die **nicht wiederholt** erfolgt. Wiederholte oder gar routinemäßige Übermittlungen fallen demnach nicht unter die Ausnahmeregelung. Ferner darf die Übermittlung nur eine **begrenzte Zahl** von Betroffenen umfassen, wobei hinsichtlich eines etwaigen Schwellenwerts Interpretationsbedarf besteht. Liegen die beiden vorgenannten Voraussetzungen vor, so bedarf es zusätzlich einer sorgfältigen **Interessenabwägung.**[12] Die Übermittlung muss zur Wahrung zwingender berechtigter Interessen[13] des Verantwortlichen erforderlich sein. Da es sich somit im Fall des Drittlandtransfers um Interessen des Verantwortlichen handeln muss, scheiden Drittinteressen wohl aus.[14]

13 Verantwortliche, die Teil einer **Unternehmensgruppe** (Art. 4 Nr. 19) oder einer Gruppe von Einrichtungen sind, die einer zentralen Stelle zugeordnet sind, können ein berechtigtes Interesse daran haben, personenbezogene Daten innerhalb der Unternehmensgruppe für interne Verwaltungszwecke zu übermitteln. Dies schließt die Verarbeitung personenbezogener Daten von Kunden und Beschäftigten mit ein. Im Fall der Übermittlung personenbezogener Daten innerhalb von Unternehmensgruppen an ein Unternehmen in einem Drittland müssen allerdings auch die besonderen Zulässigkeitsvoraussetzungen nach Kapitel V der DS-GVO gewahrt bleiben (s. Erwägungsgrund 48). Besondere Praxisrelevanz haben in diesem Zusammenhang BCR nach Art. 47. Nur wenn kein anderer Erlaubnistatbestand nach Kapitel V der DS-GVO eingreift, kann auf die Interessenabwägung nach Abs. 1 S. 2 zurückgegriffen werden.

14 Der Umstand, dass es sich nach der Vorschrift um **zwingende** Interessen handeln muss, verdeutlicht dass offenbar nicht jedes von der Rechtsordnung gebilligte Interesse wirtschaftlicher oder ideeller Natur ausreichen soll. Insofern legt der Wortlaut vielmehr nahe, dass im konkreten Einzelfall besonders gewichtige Inte-

---

[11] Vgl. 17. Bericht der Landesregierung über die Tätigkeit der für den Datenschutz im nichtöffentlichen Bereich in Hessen zuständigen Aufsichtsbehörde, LT-Drs. 16/3650, Ziff. 9.1; zur Kritik an gesetzgeberischen Plänen, wonach der Inhalt des Schuldnerverzeichnisses über eine zentrale und länderübergreifende Abfrage im Internet einsehbar gemacht werden sollte vgl. Entschließung der Konferenz der Datenschutzbeauftragten des Bundes und der Länder v. 7.2.2012.

[12] Vgl. hierzu *Gola/Schomerus*, BDSG, § 28 Rn. 24 ff.

[13] Instruktiv hierzu *Artikel-29-Datenschutzgruppe,* WP 217.

[14] Vgl. demgegenüber Art. 6 Abs. 1 Buchst. f und Erwägungsgrund 47.

ressen an der Datenübermittlung vorliegen müssen. Auf Basis dieser Interessen muss die Drittlandübermittlung **erforderlich** sein. Im Anschluss an die Überprüfung der Erforderlichkeit ist zu untersuchen, ob die Interessen des Verantwortlichen an der Datenübermittlung schutzwürdige Interessen der Betroffenen tatsächlich überwiegen. In Betracht zu ziehen sind sämtliche Umstände der konkreten Übermittlung. Der Verantwortliche sollte insbesondere die Art der personenbezogenen Daten, den Zweck und die Dauer der vorgesehenen Verarbeitung, die Situation im Herkunftsland, in dem betreffenden Drittland und im Endbestimmungsland berücksichtigen. Bei wissenschaftlichen oder historischen Forschungszwecken oder bei statistischen Zwecken sollten die legitimen gesellschaftlichen Erwartungen in Bezug auf einen Wissenszuwachs berücksichtigt werden (s. Erwägungsgrund 113).

Unter Berücksichtigung der Gesamtumstände – einschließlich der vorgenannten Beurteilungskriterien – hat der Verantwortliche geeignete und angemessene **Schutzgarantien** für die Daten der Betroffenen zu gewährleisten. Welche konkreten Maßnahmen hierbei in Betracht kommen hängt von den Umständen des Einzelfalls ab. In Betracht kommen zB vertragliche oder technische Maßnahmen. Zu beachten ist jedenfalls die Intention des Verordnungsgebers, wonach Lösungen gefunden werden sollen, die den Betroffenen durchsetzbare und wirksame Rechte zur Seite stellen (s. Erwägungsgrund 114). Schließlich können im Unionsrecht oder im Recht der Mitgliedstaaten aus wichtigen Gründen des öffentlichen Interesses **Beschränkungen** für die Übermittlung bestimmter Datenkategorien an Drittländer oder internationale Organisationen vorgesehen werden. Wird von dieser Möglichkeit durch die Mitgliedstaaten Gebrauch gemacht, so sind diese der EU-Kommission insofern mitteilungspflichtig (Abs. 5). 15

IV. Transparenz- und Dokumentationspflichten

Die Möglichkeit einer effektiven Rechtewahrnehmung setzt zunächst voraus, dass der Betroffene über die Sachlage hinreichend informiert ist. Dementsprechend regelt Abs. 1 S. 4 die Verpflichtung des Verantwortlichen, den Betroffenen über die Übermittlung und seine zwingenden berechtigten Interessen zu informieren. Diese Verpflichtung ergänzt die **Transparenzpflichten** nach Art. 13 und 14. Überdies ist die **Aufsichtsbehörde** von der Übermittlung in Kenntnis zu setzen (Abs. 1 S. 3), ua damit diese ggf. das Verarbeitungsverzeichnis nach Art. 30 anfordern und der internationalen Zusammenarbeit nach Art. 50 nachkommen kann. Dementsprechend sind die Verantwortlichen bzw. ggf. die Auftragsverarbeiter nach Art. 49 Abs. 6 verpflichtet, sowohl die von ihnen vorgenommenen Beurteilungen als auch die angemessenen Garantien iSd Abs. 1 S. 2 in der **Dokumentation** gem. Art. 30 zu erfassen (sa Art. 30 Abs. 1 Buchst. e). 16

C. Rechtsschutz

Verstöße gegen die in den Art. 44–49 geregelten Pflichten beim Drittlandtransfer sind gem. Art. 83 Abs. 5 Buchst. c bußgeldbewehrt. Wird eine Datenübermittlung ins Drittland vorgenommen, ohne dass ein Ausnahmetatbestand nach Art. 49 oder eine sonstige Erlaubnisnorm greift, stehen ferner die Rechtsbehelfe, Haftungs- und Sanktionsregelungen nach Kapitel VIII der Verordnung zur Verfügung. 17

Art. 50 Internationale Zusammenarbeit zum Schutz personenbezogener Daten

In Bezug auf Drittländer und internationale Organisationen treffen die Kommission und die Aufsichtsbehörden geeignete Maßnahmen zur
a) Entwicklung von Mechanismen der internationalen Zusammenarbeit, durch die die wirksame Durchsetzung von Rechtsvorschriften zum Schutz personenbezogener Daten erleichtert wird,
b) gegenseitigen Leistung internationaler Amtshilfe bei der Durchsetzung von Rechtsvorschriften zum Schutz personenbezogener Daten, unter anderem durch Meldungen, Beschwerdeverweisungen, Amtshilfe bei Untersuchungen und Informationsaustausch, sofern geeignete Garantien für den Schutz personenbezogener Daten und anderer Grundrechte und Grundfreiheiten bestehen,
c) Einbindung maßgeblicher Interessenträger in Diskussionen und Tätigkeiten, die zum Ausbau der internationalen Zusammenarbeit bei der Durchsetzung von Rechtsvorschriften zum Schutz personenbezogener Daten dienen,
d) Förderung des Austauschs und der Dokumentation von Rechtsvorschriften und Praktiken zum Schutz personenbezogener Daten einschließlich Zuständigkeitskonflikten mit Drittländern.

Literatur: Vgl. die Hinweise zu Art. 44.

Übersicht

A. Allgemeines

I. Zweck und Bedeutung der Vorschrift

1 Angesichts des erhöhten Gefährdungspotenzials für personenbezogene Daten im Fall des Drittlandtransfers bzw. der Übermittlung an internationale Organisationen gem. Art. 4 Nr. 26 verfolgt der Verordnungsgeber mit Art. 50 die Intention einer verstärkten internationalen Zusammenarbeit. **Normadressaten** sind die EU-Kommission und die Aufsichtsbehörden, die gemeinsam dazu berufen sind, geeignete **Maßnahmen** zum Schutz personenbezogener Daten zu entwickeln und zu ergreifen. Im Vordergrund soll hierbei die wirksame Durchsetzung der einschlägigen Datenschutzvorschriften im Wege grenzüberschreitender Zusammenarbeit stehen. Daneben soll aber auch der Informations- und Erfahrungsaustausch zwischen den Aufsichtsbehörden und mit der EU-Kommission über drittlandspezifische Problemstellungen insgesamt gefördert werden (s. Erwägungsgrund 116).

II. Systematik, Verhältnis zu anderen Vorschriften

2 Buchst. a–d betrifft speziell den Datentransfer in Drittländer bzw. an internationale Organisationen gem. Art. 4 Nr. 26. Die Regelung stellt eine spezifische Ergän-

zung der in Kapitel VII der DS-GVO geregelten Vorschriften zur Zusammenarbeit und Kohärenz dar. Die Buchst. a–c sollen eine wirksame **Durchsetzung** der Datenschutzvorschriften fördern. Buchst. d dient der Förderung des **Informationsaustauschs** zwischen den Datenschutzbehörden und mit der EU-Kommission.

B. Einzelerläuterungen

Der Aspekt einer wirksamen Rechtsdurchsetzung im Fall des Drittlandtransfers **3** war dem Verordnungsgeber ein besonderes Anliegen (s. Erwägungsgrund 116). Nach **Buchst. a** treffen die EU-Kommission[1] und die nationalen Aufsichtsbehörden (Art. 4 Nr. 21) geeignete **Maßnahmen** zur Entwicklung von Mechanismen der internationalen Zusammenarbeit, durch die die wirksame Durchsetzung von Rechtsvorschriften zum Schutz personenbezogener Daten erleichtert wird. Gem. **Buchst. b** spielt die gegenseitige internationale **Amtshilfe** hierbei eine wichtige Rolle. Diese soll ua durch Meldeverfahren, zuständigkeitsbedingte Verweisungen bei Beschwerden, Amtshilfe bei aufsichtsbehördlichen Prüfungen und den Informationsaustausch über angemessene Schutzgarantien gefördert werden. Die Normadressaten haben hierbei ihrerseits den Datenschutz zu wahren. Nach **Buchst. c** sollen die Kommission und die Aufsichtsbehörden relevante **Interessenvertreter** in ihre Aktivitäten und Diskussionen zum Ausbau der internationalen Zusammenarbeit bei der Rechtsdurchsetzung mit einbinden. Zu denken wäre in diesem Zusammenhang zB an sachkundige Behörden-, Unternehmens-, Branchen- und Verbandsvertreter. Ferner sollen nach **Buchst. d** Maßnahmen zur Förderung des Austauschs und der Dokumentation von einschlägigen **Datenschutzvorschriften** und **-praktiken** getroffen werden; dies schließt dem EU-Datenschutzrecht zuwiderlaufende Rechtsvorschriften und -praktiken in Drittländern – zB exzessive behördliche Zugriffsmöglichkeiten – mit ein (vgl. auch Erwägungsgrund 116). Flankiert wird die Vorschrift zur internationalen Zusammenarbeit durch die Pflicht der Drittländer, Mechanismen für eine Zusammenarbeit mit den Datenschutzbehörden der Mitgliedstaaten vorzusehen (vgl. Art. 45 Abs. 2 Buchst. b, Erwägungsgrund 104).

---

[1] Instruktiv zu den Zielsetzungen der Kommission einschließlich der in Aussicht genommenen Mechanismen internationaler Zusammenarbeit Mitteilung COM(2017) 7 final v. 10.1.2017.

Kapitel VI. Unabhängige Aufsichtsbehörden

Abschnitt 1. Unabhängigkeit

Art. 51 Aufsichtsbehörde

(1) **Jeder Mitgliedstaat sieht vor, dass eine oder mehrere unabhängige Behörden für die Überwachung der Anwendung dieser Verordnung zuständig sind, damit die Grundrechte und Grundfreiheiten natürlicher Personen bei der Verarbeitung geschützt werden und der freie Verkehr personenbezogener Daten in der Union erleichtert wird (im Folgenden „Aufsichtsbehörde").**

(2) **[1]Jede Aufsichtsbehörde leistet einen Beitrag zur einheitlichen Anwendung dieser Verordnung in der gesamten Union. [2]Zu diesem Zweck arbeiten die Aufsichtsbehörden untereinander sowie mit der Kommission gemäß Kapitel VII zusammen.**

(3) **Gibt es in einem Mitgliedstaat mehr als eine Aufsichtsbehörde, so bestimmt dieser Mitgliedstaat die Aufsichtsbehörde, die diese Behörden im Ausschuss vertritt, und führt ein Verfahren ein, mit dem sichergestellt wird, dass die anderen Behörden die Regeln für das Kohärenzverfahren nach Artikel 63 einhalten.**

(4) **Jeder Mitgliedstaat teilt der Kommission bis spätestens 25. Mai 2018 die Rechtsvorschriften, die er aufgrund dieses Kapitels erlässt, sowie unverzüglich alle folgenden Änderungen dieser Vorschriften mit.**

Literatur: *Askar*, Durchsetzung und Sanktionierung des Datenschutzrechts nach den Entwürfen der Datenschutz-Grundverordnung, DuD 2015, 796; *Caspar*, Das aufsichtsbehördliche Verfahren nach der EU-Datenschutz-Grundverordnung, ZD 2012, 555; *Eichler/Nguyen* in: Dix/Franßen et al., Jahrbuch Informationsfreiheit und Informationsrecht 2017, Die Vereinbarkeit des neuen BDSG mit der Datenschutz-Grundverordnung – Konsequenzen für Auslegung und Anwendbarkeit, S. 17; FRA-Report, Access to data protection remedies in EU Member States, 2014; *Hülsmann*, Das neue Bundesdatenschutzgesetz, DANA 2017, 72; *Kahler*, Die Europarechtswidrigkeit der Kommissionsbefugnisse in der Grundverordnung, RDV 2013, 69; *Kranig*, Zuständigkeit der Datenschutzaufsichtsbehörden, ZD 2013, 550; *v. Lewinski*, Datenschutzaufsicht in Europa als Netzwerk, NVwZ 2017, 1483; *Lüdemann/Wenzel*, Zur Funktionsfähigkeit der Datenschutzaufsicht in Deutschland, RDV 2015, 285; *Nguyen*, Die zukünftige Datenschutzaufsicht in Europa, ZD 2015, 265; *Schantz*, Die Datenschutz-Grundverordnung – Beginn einer neuen Zeitrechnung im Datenschutzrecht, NJW 2016, 1841; *Schultze-Melling*, Keine Aufsichtsbehörde ist eine Insel ..., ZD 2015, 397.

Übersicht

A. Allgemeines

I. Zweck und Bedeutung der Norm

1 Art. 51 verpflichtet die Mitgliedstaaten, Datenschutzaufsichtsbehörden einzurichten, und greift damit die **primärrechtlichen Vorschriften** der Art. 8 Abs. 3 GRCh und Art. 16 Abs. 2 S. 2 AEUV auf, die die Existenz von unabhängigen Datenschutzaufsichtsbehörden vorschreiben. Da beide Vorschriften nicht nur EU-Institutionen, sondern auch die Mitgliedstaaten bei der Ausübung von Tätigkeiten binden, die in den Anwendungsbereich des Unionsrechts fallen, können sich auch die nationalen Datenschutzbehörden auf diese primärrechtliche Verbürgung berufen.[1] Die Vorschrift orientiert sich an der aktuellen Rechtslage, wie sie in der bisherigen DS-RL vorgesehen ist und durch das BDSG und die Datenschutzgesetze der Länder umgesetzt wurde. Auch nach Geltung der DS-GVO bleibt die Anwendung und Kontrolle des Datenschutzrechts weiterhin in der **Zuständigkeit mitgliedstaatlicher Behörden.**[2] Eine europäische „Superdatenschutzbehörde", wie vereinzelt gefordert,[3] wird es auch zukünftig nicht geben.[4] Dies ist auch sinnvoll, da eine effektive Datenschutzkontrolle stark von Präsenz und Kenntnis der Aufsichtsbehörden der spezifischen rechtlichen und tatsächlichen Rahmenbedingungen vor Ort abhängt. Das gilt auch weiterhin, da der nationale Gesetzgeber trotz des Wechsels von dem Rechtsinstrument der Richtlinie auf eine Verordnung an einigen Stellen Spielräume für Konkretisierungen durch nationales Recht hat.[5] Auch für die Betroffenen ist eine Beschwerdestelle vor Ort von entscheidender Bedeutung für die Wahrnehmung ihrer Datenschutzrechte.[6]

2 Abs. 2 verpflichtet die Aufsichtsbehörden innerhalb der EU zur Zusammenarbeit. Dieser kommt für den Erfolg der europäischen Datenschutzaufsicht eine

[1] EuGH, Urt. v. 16.10.2012 – C-614/10, ECLI:EU:C:2012:631, Rn. 36 – Kommission/Österreich; EuGH, Urt. v. 8.4.2014 – C-288/12, ECLI:EU:C:2014:237, Rn. 48 – Kommission/Ungarn; aA Streinz/*Hermann*, EUV/AEUV, Art. 16 AEUV Rn. 9, der lediglich den EDSB als unabhängige Kontrollstelle iSd Vorschrift sieht.

[2] Ehmann/Selmayr/*Selmayr*, DS-GVO, Art. 51 Rn. 4.

[3] ZB *Kahler*, RDV 2013, 69 (71).

[4] *v. Lewinski*, NVwZ 2017, 1483.

[5] *Schantz*, NJW 2016, 1841 (1852); Sydow/*Ziebarth*, DSGVO, Art. 51 Rn. 2.

[6] COM(2016) 5419/1 REV 1 ADD 1, 29f.; Rat(2013) 14149, Ziff. 7; Gutachten des jur. Dienstes des Rats v. 19.12.2013, Rat (2013) 18031; *Artikel-29-Datenschutzgruppe*, Stellungnahme 01/2012 v. 23.3.2012, 00530/12/DE – WP 191, S. 24; Entschließung der Konferenz des DSB von Bund und Ländern (DSK) zur Struktur der künftigen Datenschutzaufsicht in Europa v. 27./28.3.2014, Ziff. 2; FRA-Report, Access to data protection remedies in EU Member States 2013, S. 32ff.

besondere Bedeutung zu, sodass diese Verpflichtung gleich an mehreren Stellen der DS-GVO verankert wurde (vgl. Art. 57 Abs. 1 lit. g und t sowie Art. 60 ff., Erwägungsgrund 123 S. 2).[7] Abs. 3 enthält eine Sonderregelung für Mitgliedstaaten, die mehrere Aufsichtsbehörden einrichten möchten, und ist insbesondere für die deutsche Datenschutzaufsicht relevant. Ziel der Vorschrift ist es, auch bei mehreren nationalen Aufsichtsbehörden sicherzustellen, dass die Zusammenarbeit mit anderen Aufsichtsbehörden, insbesondere im EDSA, rasch und reibungslos abläuft und die **Ergebnisse** von allen nationalen Aufsichtsbehörden respektiert und umgesetzt werden (vgl. Erwägungsgrund 119).

3 Die konkrete Ausgestaltung der Aufsichtsbehörden überlässt die DS-GVO trotz des Wechsels von Richtlinie zu Verordnung im Wesentlichen den Mitgliedstaaten (vgl. Abs. 1). Wie bei der Umsetzung von Richtlinien ist dazu gem. Art. 54 Abs. 1 lit. a ein **Gesetz** erforderlich. Daran wird einmal mehr deutlich, dass es sich bei der DS-GVO um eine sog. „unvollständige Verordnung"[8] handelt, die der Konkretisierung durch Maßnahmen der Mitgliedstaaten bedarf. Die Mitgliedstaaten sind nach Art. 51 Abs. 4 verpflichtet, die Umsetzungsakte bei der Kommission zu **notifizieren.** Einzige Ausnahme bildet Art. 51 Abs. 2, der seine Konkretisierung in Kapitel VII der DS-GVO selbst findet.

II. Ergänzungen, Änderungen durch das BDSG nF

4 Den Regelungsauftrag des Art. 51 Abs. 3 erfüllt der deutsche Gesetzgeber mit § 17 BDSG nF (→ Rn. 9 ff.). Darüber hinaus enthält das BDSG nF mehrere weitere Regelungen, die die Aufsichtsbehörden in Deutschland und damit den Regelungsbereich des Art. 51 betreffen. Die §§ 8–16 BDSG nF treffen Regelungen zur BfDI, während § 40 BDSG nF und die entsprechenden landesgesetzlichen Vorschriften für die Landesaufsichtsbehörden regeln. Die grundsätzliche Struktur der Datenschutzaufsicht in Deutschland wird damit nicht verändert, wobei die BfDI eine dominierende Stellung hinsichtlich den europäischen Kooperationsverfahren erhält (§§ 17–19 BDSG nF). Da die wesentlichen Grundsatzentscheidungen des Datenschutzrechts nunmehr in Brüssel getroffen werden, ist dies im Hinblick auf den Einfluss der Länder, die im nichtöffentlichen Bereich im Wesentlichen die Aufsicht führen (→ Art. 55 Rn. 8), nicht unbedenklich.[9]

B. Einzelerläuterungen

I. Errichtung der Aufsichtsbehörden (Abs. 1)

5 Terminologisch spricht die DS-GVO von **„Aufsichtsbehörde"** (Legaldefinition: Art. 4 Nr. 21) während in der DS-RL noch von „Kontrollstellen" die Rede war. Eine Rechtsänderung ist dadurch nicht intendiert.[10] Die englische Fassung verwendet nach wie vor den Terminus „supervisory authority". In der deutschsprachigen Literatur wurde teilweise der Begriff „Aufsichtsbehörde" ausschließlich für Tätigkeit der Aufsichtsbehörden im nichtöffentlichen Bereich verwendet, wäh-

---

[7] BeckOK DatenschutzR/*Schneider*, DS-GVO, Art. 51 Rn. 4; *Nguyen*, ZD 2015, 265.

[8] Streinz/*Schröder*, EUV/AEUV, Art. 288 AEUV Rn. 12.

[9] *Eichler/Nguyen*, Jahrbuch Informationsfreiheit und Informationsrecht 2017, S. 17 (23 ff.).

[10] Ehmann/Selmayr/*Selmayr*, DS-GVO, Art. 51 Rn. 9; BeckOK DatenschutzR/*Schneider*, DS-GVO, Art. 51 Rn. 3.1; Kühling/Buchner/*Boehm*, DS-GVO, Art. 51 Rn. 6.

rend für den öffentlichen Bereich andere Begrifflichkeiten angewandt wurden. Eine solche Unterscheidung war schon in der bisherigen DS-RL nicht angelegt, sodass auch die DS-GVO den Begriff der Aufsichtsbehörde sowohl für die Kontrolltätigkeit im nichtöffentlichen als auch im öffentlichen Bereich verwendet.

Die DS-GVO überlässt den Mitgliedstaaten die Entscheidung, ob **eine oder mehrere** Aufsichtsbehörden zur Kontrolle der Einhaltung der DS-GVO eingerichtet werden. Diese Vorschrift nimmt insbesondere Rücksicht auf föderal strukturierte Mitgliedstaaten wie Deutschland, lässt aber auch Raum für eine sektorale Aufteilung der Datenschutzaufsicht.[11] Abs. 1 entspricht damit im Wesentlichen der bisherigen Regelung des Art. 28 Abs. 1 S. 1 DS-RL. Die meisten Mitgliedstaaten haben sich für eine zentrale Datenschutzaufsichtsbehörde entschieden.[12] In Deutschland sieht die Zuständigkeitsverteilung hingegen vor, dass die Länder im Wesentlichen die Aufsicht über den nichtöffentlichen Bereich sowie über die jeweiligen Landesbehörden ausüben, soweit nicht – wie bei Post- und Telekommunikationsunternehmen – spezialgesetzliche Regelung der BfDI die Zuständigkeit zuweisen (→ Art. 55 Rn. 8). Darüber hinaus ist die BfDI gem. § 9 BDSG nF für die öffentlichen Stellen des Bundes zuständig. Daneben existieren die eigenständigen Datenschutzaufsichtsinstanzen der evangelischen und katholischen Kirche, was an Art. 91 zu messen ist (→ Art. 91 Rn. 18). Bestimmte Ausnahmen können durch den nationalen Gesetzgeber gem. Art. 85 Abs. 2 auch für die Aufsicht über Institutionen, die Daten zu journalistischen bzw. zu wissenschaftlichen, künstlerischen oder literarischen Zwecken verarbeiten, getroffen werden. Dies betrifft in Deutschland insbesondere die Aufsicht über die **Rundfunkanstalten und die Presse** (→ Art. 85 Rn. 19 ff.).[13] 6

II. Verpflichtung zur Zusammenarbeit (Abs. 2)

Wie schon Art. 28 Abs. 6 S. 3 DS-RL verpflichtet auch Art. 51 Abs. 2 die Mitgliedstaaten zur **Zusammenarbeit.** Einzelne Ausprägungen dieser allgemeinen Verpflichtung sind vor allem in den Art. 60 ff. enthalten. Neben der gemeinsamen Bearbeitung von Fällen im One-Stop-Shop-Verfahren gem. Art. 60 sind insbesondere die Amtshilfe gem. Art. 61, die gemeinsamen Maßnahmen der Aufsichtsbehörden nach Art. 62 sowie die Kooperation im EDSA gem. Art. 63 ff. relevant. Darüber hinaus werden die Aufsichtsbehörden auch unterhalb der Schwelle gemeinsamer One-Stop-Shop-Fälle zur Zusammenarbeit verpflichtet. Dies betrifft insbesondere den Informationsaustausch (Art. 57 Abs. 1 lit. g) und die Beratung von Betroffenen (Art. 57 Abs. 1 lit. e). Auch zur Zusammenarbeit gehört, dass die Aufsichtsbehörden Beiträge zur Tätigkeit des EDSA leisten (Art. 57 Abs. 1 lit. t), was von der Mitwirkung am Kohärenzverfahren (Art. 70 Abs. 1 lit. a und t) über die Mitarbeit an Leitlinien und Empfehlungen (Art. 70 Abs. 1 lit. d–m) bis hin zur Teilnahme an Schulungsprogrammen und Personalaustausch (Art. 70 Abs. 1 lit. v) reicht (→ Art. 70 Rn. 2 ff.). Darüber hinaus sind weitere Formen der Zusammenarbeit denkbar. Neu gegenüber der DS-RL ist die explizite Verpflichtung zur Zusammenarbeit mit der Kommission, die insbesondere im Bereich der internationalen Datentransfers gem. Art. 44 ff. von Bedeutung 7

[11] Ehmann/Selmayr/*Selmayr*, DS-GVO, Art. 51 Rn. 17; Sydow/*Ziebarth*, Art. 51 Rn. 10.

[12] Eine Auflistung der Datenschutzbehörden der Mitgliedstaaten der EU ist abrufbar unter: www.ec.europa.eu/justice/data-protection/bodies/authorities/index_en.htm.

[13] Sydow/*Ziebarth*, Art. 51 Rn. 15 f.; Ehmann/Selmayr/*Selmayr*, DS-GVO, Art. 51 Rn. 17.

ist. Aufgrund der in Abs. 2 enthaltenen Verpflichtungen von den Aufsichtsbehörden als „dezentrale Unionsbehörden" zu sprechen,[14] ist allerdings zu weit gegriffen. Dies wäre auch mit der Organisationsautonomie der Mitgliedstaaten kaum zu vereinbaren.[15]

III. Vertretung bei mehreren Aufsichtsbehörden (Abs. 3)

8 Hat ein Mitgliedstaat mehrere Aufsichtsbehörden eingerichtet, ist es gem. Art. 51 Abs. 3 ihm überlassen, welche ihn im EDSA vertritt. Abs. 3 enthält einen weiteren Regelungsauftrag an Mitgliedstaaten mit mehreren Aufsichtsbehörden. Da die innerstaatliche Aufsichtsstruktur nicht dazu führen darf, dass die **Effektivität** der Abstimmungsverfahren im EDSA beeinträchtigt wird,[16] haben diese Mitgliedstaaten sicherzustellen, dass alle Aufsichtsbehörden die Regelungen des Kohärenzverfahrens einhalten. Dies ist allerdings lediglich eine Klarstellung, da sämtliche Aufsichtsbehörden iSd Art. 4 Nr. 21 unmittelbar aus der DS-GVO verpflichtet und berechtigt werden. Dies betrifft daher nicht nur das Kohärenzverfahren nach Art. 63, sondern auch das Verfahren nach Art. 60 und alle sonstigen Aufgaben, die die DS-GVO den Aufsichtsbehörden auferlegt.

9 **1. Die deutsche Vertretung und Stellvertretung im EDSA (§ 17 Abs. 1 BDSG nF).** Der Gesetzgeber hat sich dafür entschieden, dass die **BfDI** die deutsche Datenschutzaufsicht, die derzeit aus den Aufsichtsstellen der Länder, der katholischen und evangelischen Kirche und den Rundfunkanstalten besteht, im EDSA vertritt (§ 17 Abs. 1 S. 1 BDSG nF). Zusätzlich wird vom Bundesrat ein **Stellvertreter aus dem Kreis der Landesaufsichtsbehörden** gewählt. Die Figur des Stellvertreters des eigentlichen EDSA-Mitglieds wird in Art. 68 Abs. 3 und Erwägungsgrund 139 S. 4 genannt, so dass grundsätzlich davon auszugehen ist, dass dieses Konstrukt mit der DS-GVO konform ist, wenn auch Zweifel im Hinblick auf die Unabhängigkeit der Aufsichtsbehörden bestehen.[17] Jedenfalls kann diese Lösung nicht überzeugen, da sie nicht der Struktur der Datenschutzaufsicht in Deutschland gerecht wird.[18] Die überwiegende Anzahl der im EDSA verhandelten Fälle und Fragestellungen werden den nichtöffentlichen Bereich betreffen, in dem ganz überwiegend die Länder die Aufsicht ausüben (→ Art. 55 Rn. 8). Konsequenterweise wäre ein von den Ländern – oder zumindest von Bund und Ländern gemeinsam – bestimmter Vertreter zu bevorzugen gewesen,[19] was mit der DS-GVO durchaus zu vereinbaren gewesen wäre.[20]

10 Die Wahl des Stellvertreters durch den Bundesrat ist einerseits zu begrüßen, da sie diesem eine besondere **Legitimität** verleiht. Andererseits ist sie im Hinblick auf die Unabhängigkeit der Datenschutzaufsicht jedoch nicht unproblematisch, weshalb die Wahl auf Vorschlag der Datenschutzkonferenz erfolgen sollte.[21] Eine

---

[14] Ehmann/Selmayr/*Selmayr*, DS-GVO, Art. 51 Rn. 6.

[15] Dazu ausf. mwN BeckOK DatenschutzR/*Schneider*, DS-GVO, Art. 51 Rn. 4 ff.

[16] Ehmann/Selmayr/*Selmayr*, DS-GVO, Art. 51 Rn. 18.

[17] Kühling/Buchner/*Dix*, 2. Aufl., BDSG, § 17 Rn. 4; *Hülsmann*, DANA 2017, 72 (74).

[18] Mit Zweifeln an der Vereinbarkeit mit dem GG Kühling/Buchner/*Dix*, 2. Aufl., BDSG, § 17 Rn. 3; zur verfassungsrechtlichen Kompetenzordnung auch Auernhammer/*Hermerschmidt*, DSGVO, Art. 68 Rn. 32 ff.

[19] Kühling/Buchner/*Dix*, 2. Aufl., DS-GVO, Art. 68 Rn. 16; *Hülsmann*, DANA 2017, 72 (74).

[20] *v. Lewinski*, NVwZ 2017, 1483 (1486); vgl. *Kühling/Martini*, S. 115 ff.

[21] Ausf. Kühling/Buchner/*Dix*, 2. Aufl., BDSG, § 17 Rn. 4, 7.

Wiederwahl ist zulässig und soll für Kontinuität sorgen. Allerdings endet die Funktion des Stellvertreters mit dem Ausscheiden als Leiter der Landesaufsichtsbehörde, so dass mit wesentlichen kürzeren Amtszeiten als den in § 17 Abs. 1 S. 3 BDSG nF genannten fünf Jahren zu rechnen ist. Das liegt daran, dass die Wahl als Stellvertreter nicht – wie die Funktion des Hauptvertreters – an eine bestimmte Behörde, sondern an eine Person geknüpft ist und nur Aufsichtsbehördenleiter Mitglied des EDSA sein dürfen.

2. Zentrale Anlaufstelle (§ 17 Abs. 1 BDSG nF). Des Weiteren bestimmt § 17 Abs. 1 S. 2 BDSG nF die BfDI zur **zentralen Anlaufstelle.** Damit ist die in Erwägungsgrund 119 empfohlene „Anlaufstelle" gemeint, die für eine **wirksame Beteiligung** der nationalen Aufsichtsbehörden am Kohärenzverfahren sorgen und eine rasche und reibungslose Zusammenarbeit mit anderen europäischen Aufsichtsbehörden, dem EDSA und der Kommission gewährleisten soll. Das Verfahren, wie die zentrale Stelle dazu beitragen soll wird nicht geregelt, da diese nicht im weiteren Gesetzestext erwähnt wird. Ihre Rolle soll sich aber auf eine **bloße Unterstützungsfunktion** beschränken.[22] Weitreichendere Befugnisse wären auch nicht europarechtskonform, da die Landesaufsichtsbehörden **unmittelbar** aus der DS-GVO berechtigt und verpflichtet werden, an den Mechanismen der europäischen Zusammenarbeit teilzunehmen.[23] Die Aufgaben der zentralen Anlaufstelle beschränken sich zudem gem. Erwägungsgrund 119 auf das **Kohärenzverfahren** nach Art. 63 ff. Dies schließt zwar nicht aus, dass die zentrale Anlaufstelle auch weitere Aufgaben zB im Rahmen der Zusammenarbeitsverfahren nach Art. 60 ff. übernimmt. Aufgrund der Unabhängigkeit jeder einzelnen Aufsichtsbehörde kann es sich dabei jedoch nur um freiwillige Unterstützungsangebote an die Aufsichtsbehörden handeln. Die Einschaltung der zentralen Anlaufstelle darf in keinem Fall dazu führen, dass Aufsichtsbehörden von der direkten und unmittelbaren Beteiligung an Verfahren nach Art. 60 ff. ausgeschlossen werden, da die DS-GVO alle Aufsichtsbehörden zur Teilnahme verpflichtet.[24] 11

3. Übertragung der Verhandlungsführung (§ 17 Abs. 2 BDSG nF). Nach § 17 Abs. 2 BDSG nF überträgt die BfDI die Verhandlungsführung auf Antrag an den Ländervertreter, wenn Angelegenheiten betroffen sind, die die Wahrnehmung einer Aufgabe betreffen, für welche die Länder allein das Recht zur Gesetzgebung haben, oder welche die Einrichtung oder das Verfahren von Landesbehörden betreffen. Letztere Formulierung ist an Art. 23 Abs. 5 GG angelehnt,[25] was nahelegt, dass damit nicht alle Verwaltungsverfahren gemeint sind, die von Landesaufsichtsbehörden betrieben werden.[26] Vielmehr greift § 17 Abs. 2 BDSG nF erst dann, wenn sich die Angelegenheit auf die **Verwaltungsorganisation oder Verfahrensabläufe** in den Ländern unmittelbar auswirkt.[27] Dies ist 12

[22] Gesetzesbegr. BT-Drs. 18/11325, 89 f.; *Piltz,* § 17 BDSG nF Rn. 6.

[23] Kühling/Buchner/*Dix*, 2. Aufl., BDSG, § 17 Rn. 6; BeckOK DatenschutzR/*Nguyen*, DS-GVO, Art. 60 Rn. 4.1.

[24] *Eichler/Nguyen*, Jahrbuch Informationsfreiheit und Informationsrecht 2017, S. 17 (23).

[25] Kühling/Buchner/*Dix*, 2. Aufl., BDSG, § 17 Rn. 9.

[26] Dafür spricht auch die Entstehungsgeschichte: Der BR konnte sich mit einem entspr. Änderungsantrag nicht durchsetzen, vgl. BT-Drs. 18/11655, 7 und 28; *Piltz,* § 17 BDSG nF Rn. 20.

[27] Zur ähnlichen Formulierung des Art. 23 Abs. 5 GG; BeckOK GG/*Heintschel von Heinegg*, Art. 23 Rn. 45.

zumindest bei allen Datenverarbeitungen durch Landesbehörden der Fall.[28] Die Vorschrift kann daher zurecht als **missglückt** bezeichnet werden,[29] da ein praktischer Anwendungsbereich vor diesem Hintergrund kaum denkbar ist. Die meisten vor dem Ausschuss zu verhandelnden Angelegenheiten betreffen den nichtöffentlichen Bereich, in welchem zwar die Länder ganz überwiegend die Aufsicht ausüben (→ Art. 55 Rn. 8), der Bund aber die Gesetzgebungskompetenz hat.

13 Im **Außenverhältnis** hat § 17 Abs. 2 BDSG nF **keine Bindungswirkung,** so dass die Beschlüsse des EDSA stets wirksam sind, wenn einer der beiden an der Entscheidung mitgewirkt hat, ungeachtet dessen, ob eine Stimmübertragung stattgefunden hat. Bei einer uneinheitlichen Äußerung kommt es ungeachtet der Zulässigkeit im Innenverhältnis stets auf die Stimme der BfDI an, da der Ländervertreter nur im Vertretungsfall das Stimmrecht genießt.[30] Weitere Verfahrensregeln zur Abstimmung zwischen Bund und Ländern befinden sich in § 18 BDSG nF (→ Art. 63 Rn. 5 ff.).[31]

14 Abs. 2 kann wie auch die Verfahrensregel des § 18 BDSG nF nicht als Kompensierung der nach Abs. 1 **defizitären Länderbeteiligung** überzeugen. Diese Vorschriften knüpfen – in Anlehnung an das EUZBLG – an die Gesetzgebungskompetenz der Länder an.[32] Dabei wird verkannt, dass es sich anderes als im Anwendungsbereich des EUZBLG nicht um Gesetzgebung, sondern um den **Vollzug,** also um eine Tätigkeit der Exekutive handelt. Begründet wird die dominante Stellung der BfDI vor allem mit dem Grundsatz der **Außenvertretungskompetenz des Bundes** nach Art. 23 GG.[33] Dieses Argument ist jedoch nicht zwingend, da auch Art. 23 GG eine starke Stellung der Länder dort zulässt, wo ihre Gesetzgebungskompetenz betroffen ist. Übertragen auf die Einrichtungen der Exekutive, wie Aufsichtsbehörden und EDSA, würde dies bedeuten, dass die Länder dort die Vertretung Deutschlands wahrnehmen, wo sie mit dem Vollzug der jeweiligen Gesetze betraut sind. Nicht zuletzt sprechen für eine direkte Länderbeteiligung auch praktische Erwägungen, da diese Behörden die größere Sachnähe aufweisen.[34]

IV. Notifizierung (Abs. 4)

15 Gem. Art. 51 Abs. 4 ist jeder Mitgliedstaat verpflichtet, der Kommission bis zum 25.5.2018 die Rechtsvorschriften mitzuteilen, die er im Hinblick auf seine Aufsichtsbehörden erlässt. Sinn und Zweck der Notifizierungspflicht ist es, die Kommission unabhängig von Hinweisen in die Lage zu versetzen, die Durchführung der DS-GVO in den Mitgliedstaaten zu überwachen und ggf. **Vertragsverletzungsverfahren** nach Art. 258 AEUV zu prüfen.[35] Diese Pflicht bezieht sich

[28] *Piltz,* § 17 BDSG nF Rn. 18.

[29] Kühling/Buchner/*Dix*, 2. Aufl., BDSG, § 17 Rn. 9; krit. auch *Piltz,* § 17 BDSG nF Rn. 20.

[30] Kühling/Buchner/*Dix*, 2. Aufl., DS-GVO, Art. 68 Rn. 8.

[31] Dazu krit. *Eichler/Nguyen*, Jahrbuch Informationsfreiheit und Informationsrecht 2017, S. 17 (23 ff.).

[32] Gesetzesbegr. BT-Drs. 18/11325, 89.

[33] Gesetzesbegr. BT-Drs. 18/11325, 89; Auernhammer/*Hermerschmidt*, DS-GVO, Art. 68 Rn. 34 ff., 38.

[34] BeckOK DatenschutzR/*Brink*, DS-GVO, Art. 68 Rn. 18; Paal/Pauly/*Körffer*, DS-GVO, Art. 68 Rn. 5; *Hülsmann*, DANA 2017, 72 (74).

[35] Ehmann/Selmayr/*Selmayr*, DS-GVO, Art. 51 Rn. 20; BeckOK DatenschutzR/*Schneider*, DS-GVO, Art. 51 Rn. 10.

nicht nur auf Abs. 1 und Abs. 2, sondern auf alle Rechtsvorschriften, die im Rahmen der Gesetzgebungsbefugnisse nach Kapitel VI erlassen werden. Dies betrifft die personelle und finanzielle Ausstattung der Aufsichtsbehörden nach Art. 52 Abs. 4–6, die Ernennung ihrer Mitglieder nach Art. 53 Abs. 1, die Errichtung der Aufsichtsbehörde nach Art. 54 Abs. 1 und ihre Befugnisse nach Art. 58 Abs. 5 und 6. Änderungen der genannten Vorschriften sind der Kommission unverzüglich mitzuteilen. Nicht notifizierungsbedürftig sind Verfahrensregeln nach Art. 58 Abs. 1 lit. f und Abs. 4, da diese auf allgemeine Vorschriften Bezug nehmen, die nicht iSd Art. 51 Abs. 4 „aufgrund dieses Kapitels" erlassen werden.

Art. 52 Unabhängigkeit

(1) **Jede Aufsichtsbehörde handelt bei der Erfüllung ihrer Aufgaben und bei der Ausübung ihrer Befugnisse gemäß dieser Verordnung völlig unabhängig.**

(2) **Das Mitglied oder die Mitglieder jeder Aufsichtsbehörde unterliegen bei der Erfüllung ihrer Aufgaben und der Ausübung ihrer Befugnisse gemäß dieser Verordnung weder direkter noch indirekter Beeinflussung von außen und ersuchen weder um Weisung noch nehmen sie Weisungen entgegen.**

(3) **Das Mitglied oder die Mitglieder der Aufsichtsbehörde sehen von allen mit den Aufgaben ihres Amtes nicht zu vereinbarenden Handlungen ab und üben während ihrer Amtszeit keine andere mit ihrem Amt nicht zu vereinbarende entgeltliche oder unentgeltliche Tätigkeit aus.**

(4) **Jeder Mitgliedstaat stellt sicher, dass jede Aufsichtsbehörde mit den personellen, technischen und finanziellen Ressourcen, Räumlichkeiten und Infrastrukturen ausgestattet wird, die sie benötigt, um ihre Aufgaben und Befugnisse auch im Rahmen der Amtshilfe, Zusammenarbeit und Mitwirkung im Ausschuss effektiv wahrnehmen zu können.**

(5) **Jeder Mitgliedstaat stellt sicher, dass jede Aufsichtsbehörde ihr eigenes Personal auswählt und hat, das ausschließlich der Leitung des Mitglieds oder der Mitglieder der betreffenden Aufsichtsbehörde untersteht.**

(6) **Jeder Mitgliedstaat stellt sicher, dass jede Aufsichtsbehörde einer Finanzkontrolle unterliegt, die ihre Unabhängigkeit nicht beeinträchtigt und dass sie über eigene, öffentliche, jährliche Haushaltspläne verfügt, die Teil des gesamten Staatshaushalts oder nationalen Haushalts sein können.**

Literatur: *Britz*, Das Grundrecht auf Datenschutz in Art. 8 der Grundrechtscharta, 2009; *Bull*, Die „völlig unabhängige" Aufsichtsbehörde – Zum Urteil des EuGH vom 9.3.2010 in Sachen Datenschutzaufsicht, EuZW 2010, 488; *Dix*, Unabhängige Datenschutzkontrolle als vorgezogener Grundrechtsschutz in: Malte Krüger, Unabhängiges Verwalten, 2015; *Faßbender*, Die Umsetzung der EG-Datenschutzrichtlinie als Nagelprobe für das Demokratieprinzip deutscher Prägung, RDV 2009, 96; FRA-Report, Access to data protection remedies in EU Member States 2013, 49 f.; *Frenzel*, „Völlige Unabhängigkeit" im demokratischen Rechtsstaat – Der EuGH und die mitgliedstaatliche Verwaltungsorganisation, DÖV 2010, 925; *v. Lewinski*, Unabhängigkeit des Bundesbeauftragten für den Datenschutz und die Informationsfreiheit, ZG 2015, 228; *Noack*, Anmerkung zum Urteil des EuGH vom 8.4.2014 – Völlige Unabhängigkeit von Kontrollstellen zur Überwachung des Datenschutzes, NJ 2014, 291; *Petri/Tinnefeld*, Völlige Unabhängigkeit der Datenschutzkontrolle – Demokratische Legitimation und unabhängige parlamentarische Kontrolle als moderne Konzeption der Gewaltenteilung, MMR 2010, 157; *Roßnagel*, Unabhängigkeit der Datenschutzaufsicht, ZD 2015, 106; *Schild*, Die völlige Unabhängigkeit der Aufsichtsbehörden aus europarechtlicher Sicht, DuD 2010, 549; *Thomé*, Reform der Datenschutzaufsicht – Effektiver Datenschutz durch verselbstständigte Aufsichtsbehörden, 2015.

Übersicht

A. Allgemeines

I. Zweck, Bedeutung der Vorschrift

1 Die Unabhängigkeit der Aufsichtsbehörden, wie sie in den Abs. 1 und 2 niedergelegt ist, stellt ein wesentliches Element des Datenschutzrechts dar (Erwägungsgrund 117). Sie soll eine **wirksame und zuverlässige Kontrolle** der Einhaltung der Vorschriften zum Schutz natürlicher Personen bei der Verarbeitung personenbezogener Daten sicherstellen.[1] Die hohe Bedeutung der Unabhängigkeit hat der EuGH in mehreren Entscheidungen betont,[2] die inhaltlich eine Weiterentwicklung der schon früh durch das BVerfG erkannten Grundsätze darstellt.[3] Für Unternehmen hat die Unabhängigkeit im Wesentlichen zur Folge, dass sie sich zur Überprüfung von Entscheidungen der Aufsichtsbehörde an keine übergeordnete Behörde wenden, sondern gerichtlichen Rechtschutz suchen müssen (Erwägungsgrund 118 S. 2).

2 Abs. 3 verpflichtet die Mitglieder der Aufsichtsbehörde zur Zurückhaltung im Hinblick auf bestimmte Tätigkeiten und Handlungen und damit zu einer **integren Amtsführung** (vgl. Erwägungsgrund 121 S. 2). Sinn und Zweck der Vorschrift ist es in erster Linie, Pflichten- und Interessenskonflikte auszuschließen.[4] Außerdem soll die Regelung zum Ansehen der Aufsichtsbehörde in der Öffentlichkeit beitragen, da diese als Petitionsstelle ein besonderes Vertrauen der Betroffenen genießen soll. Schließlich soll Abs. 3 auch gewährleisten, dass den Mitgliedern

---

[1] EuGH, Urt. v. 9.3.2010 – C-518/07, Slg. 2010, I-1885 Rn. 25 – Kommission/Deutschland.

[2] EuGH, Urt. v. 16.10.2012 – C-614/10, ECLI:EU:C:2012:631, Rn. 37 – Kommission/Österreich; EuGH, Urt. v. 9.3.2010 – C-518/07, Slg. 2010, I-1885, Rn. 23 – Kommission/Deutschland; EuGH, Urt. v. 8.4.2014 – C-288/12, ECLI:EU:C:2014:237, Rn. 48 – Kommission/Ungarn.

[3] BVerfGE 65, 1 (46) – Volkszählung.

[4] Ehmann/Selmayr/*Selmayr*, DS-GVO, Art. 52 Rn. 19.

der Aufsichtsbehörden genügend zeitliche Ressourcen zur Verfügung stehen, um sich ihren gesetzlichen Aufgaben zu widmen.

Die in den Abs. 4–6 geregelten Fragen der **finanziellen und personellen Ausstattung** der Aufsichtsbehörden sind von enormer Bedeutung für die Effektivität ihrer Kontrolltätigkeit, was zusätzlich durch Erwägungsgrund 120 betont wird. Mehr noch als regionale Unterschiede bei der Auslegung der DS-RL hat die teilweise stark divergierende Ausstattung der Aufsichtsbehörden dazu geführt, dass innerhalb der EU ein unterschiedlich hohes Datenschutzniveau entstanden ist.[5] Vereinzelte Versuche aus dem Europäischen Parlament, die Vorschrift konkreter zu fassen, sind allerdings gescheitert.[6] 3

II. Ergänzungen, Änderungen durch das BDSG nF

Das Unabhängigkeitsgebot des Art. 52 Abs. 1 und 2 als **dominierendes Prinzip** bei der Ausgestaltung der Aufsichtsbehörden findet Ausprägungen in mehreren Normen des BDSG nF, insbesondere in den §§ 8 und 10 BDSG nF. Darüber hinaus sind sämtliche Normen, die sich mit den Aufsichtsbehörden befassen, im Lichte der in Art. 16 Abs. 2 S. 2 AEUV und Art. 8 Abs. 3 GRCh garantierten Unabhängigkeit zu interpretieren.[7] § 8 BDSG nF dient sowohl der Umsetzung von Art. 54 Abs. 1 lit. a als auch von Art. 44 RL (EU) 2016/680.[8] Die Vorschrift garantiert die Unabhängigkeit der BfDI, indem sie diese als **oberste Bundesbehörde** einrichtet (→ Rn. 11) und Regelungen zur Ausübung ihrer **Personalhoheit** trifft (→ Rn. 20). 4

§ 10 Abs. 1 BDSG nF setzt Art. 42 RL (EU) 2016/680 um und regelt in diesem Zusammenhang die Unabhängigkeit der BfDI.[9] Für den Bereich der DS-GVO entfaltet die Vorschrift **keine Rechtswirkung,** da Art. 52 Abs. 1 und 2 die Unabhängigkeit der Aufsichtsbehörden bereits unmittelbar regelt (vgl. § 1 Abs. 5 BDSG nF). § 10 Abs. 2 BDSG nF regelt die **Rechnungsprüfung** und bewegt sich damit innerhalb des Spielraums, der dem mitgliedstaatlichen Gesetzgeber nach Art. 52 Abs. 6 zukommt (→ Rn. 22). 5

Art. 52 Abs. 3 erfährt Ergänzungen durch § 13 Abs. 1 und 2 BDSG nF (→ Rn. 15 f.). Dabei handelt es sich um eine Konkretisierung der der BfDI nach Abs. 3 **verbotenen Handlungen und Tätigkeiten.** Der Gesetzgeber hat damit von seiner Möglichkeit nach Art. 54 Abs. 1 lit. f Gebrauch gemacht.[10] 6

III. Systematik, Verhältnis zu anderen Vorschriften

Die Unabhängigkeit der Datenschutzbehörden ergibt sich direkt aus dem **Primärrecht.**[11] Mit dem Vertrag von Lissabon wurde sie dort gleich an zwei Stellen verankert (vgl. Art. 16 Abs. 2 S. 2 AEUV und Art. 8 Abs. 3 GRCh), was die hohe 7

---

[5] *Thüsing/Traut*, Intereconomics 2013, 271 (274).

[6] Vgl. Änderungsanträge 264 und 2553 des Berichts v. 16.1.2013 bzw. 6.3.2013 – C7-0025/2012, PE501.927v04-00.

[7] Im Hinblick auf § 18 BDSG nF *Eichler/Nguyen*, Jahrbuch Informationsfreiheit und Informationsrecht 2017, S. 17 (23 ff.).

[8] Gesetzesbegr. BT-Drs 18/11325, 83; *Greve*, NVwZ 2017, 737 (738).

[9] Gesetzesbegr. BT-Drs. 18/11325, 84; *Greve*, NVwZ 2017, 737 (738).

[10] Gesetzesbegr. BT-Drs. 18/11325, 86.

[11] EuGH, Urt. v. 16.10.2012 – C-614/10, ECLI:EU:C:2012:631, Rn. 36 – Kommission/Österreich; EuGH, Urt. v. 8.4.2014 – C-288/12, ECLI:EU:C:2014:237, Rn. 48.

Bedeutung der Unabhängigkeit der Datenschutzbehörden für den Grundrechtsschutz der EU illustriert.[12] Entsprechend schreibt auch Art. 1 Abs. 3 des Zusatzprotokolls zur **Konvention 108 zum Schutz des Menschen bei der automatischen Verarbeitung personenbezogener Daten des Europarats** die Errichtung unabhängiger Aufsichtsbehörden vor. Art. 52 konkretisiert die Vorgaben des AEUV und der GRCh auf sekundärrechtlicher Ebene. Im Vergleich zum bisherigen Art. 28 Abs. 1 S. 2 DS-RL enthält die Vorschrift eine wesentlich ausdifferenziertere Regelung, die die Kriterien für die Unabhängigkeit der Aufsichtsbehörden so präzisiert, wie sie der EuGH in seinen Urteilen gegen Deutschland, Österreich und Ungarn herausgearbeitet hat.[13] Weiteres Vorbild der Bestimmung war Art. 44 VO (EG) Nr. 45/2001, der die Unabhängigkeit des EDSB regelt.[14]

8 Das **Zurückhaltungsgebot** des Art. 52 Abs. 3 entspricht Art. 44 Abs. 3 VO (EG) Nr. 45/2001, der den EDSB dazu anhält, von allen mit seinem Amt nicht zu vereinbarenden Handlungen abzusehen und während seiner Amtszeit keine andere entgeltliche oder unentgeltliche Tätigkeit auszuüben (vgl. Erwägungsgrund 121 S. 2). Ähnliche Regelungen finden sich im europäischen Primärrecht im Hinblick auf die Mitglieder der Kommission (Art. 245 Abs. 1 S. 1 und Abs. 2 S. 1 AEUV) und des Rechnungshofs (Art. 286 Abs. 3 S. 2 und Abs. 4 S. 1 AEUV). Auch die Verpflichtung der Mitgliedstaaten, die Aufsichtsbehörden angemessen auszustatten, ist nicht neu, sondern war bereits in Erwägungsgrund 63 der bisherigen DS-RL enthalten.

B. Einzelerläuterungen

I. Völlige Unabhängigkeit (Abs. 1)

9 Der Begriff der „völligen Unabhängigkeit" wurde maßgeblich von der genannten Rechtsprechung des EuGH geprägt, die die vor allem in Deutschland geführte Diskussion, ob der Unabhängigkeitsbegriff funktional oder **institutionell** zu verstehen ist, zu Gunsten des letzteren beendet.[15] In den Verfahren, die zu der genannten Rechtsprechung geführt haben, wurde insbesondere die Auffassung vertreten, die Unabhängigkeit sei auf das Verhältnis zwischen der Aufsichtsbehörde und der zu kontrollierenden Stelle beschränkt (funktionaler Unabhängigkeitsbegriff), so dass zumindest die für den nichtöffentlichen Bereich zuständigen Aufsichtsbehörden in den regulären Verwaltungsaufbau eingegliedert werden könnten, was bis dahin in Deutschland weitgehend der Fall war.[16] Ansonsten drohe ein Verstoß gegen das **Demokratieprinzip,** welches verlange, dass die Verwaltung

---

[12] FRA-Report, Access to data protection remedies in EU Member States 2013, S. 49 f.; *Britz*, Das Grundrecht auf Datenschutz in Art. 8 Grundrechtscharta 2009, C.II.4.

[13] EuGH, Urt. v. 9.3.2010 – C-518/07, Slg. 2010, I-1885 – Kommission/Deutschland; EuGH, Urt. v. 16.10.2012 – C-614/10, ECLI:EU:C:2012:631 – Kommission/Österreich; EuGH, Urt. v. 8.4.2014 – C-288/12, ECLI:EU:C:2014:237 – Kommission/Ungarn; Ehmann/Selmayr/*Selmayr*, DS-GVO, Art. 52 Rn. 3.

[14] Vgl. KOM(2012) 11 endg., 3.4.6.1.

[15] Dazu ausf. Ehmann/Selmayr/*Selmayr*, DS-GVO, Art. 52 Rn. 7 ff.; Kühling/Buchner/*Boehm*, DS-GVO, Art. 52 Rn. 8 ff.

[16] Stellungnahme Dtl. v. 13.2.2007 im Verf. EuGH, Urt. v. 9.3.2010 – C-518/07, Slg. 2010, I-1885, Rn. 25 – Kommission/Deutschland.

grundsätzlich gegenüber der jeweiligen demokratisch legitimierten Regierung weisungsgebunden ist.[17] In dieser Konsequenz würde dies allerdings bedeuten, dass es außerhalb des regulären hierarchischen Verwaltungsaufbaus keine unabhängigen Behörden wie zB die Rechnungshöfe des Bundes und der Länder geben dürfte.[18] Die Legitimation wird vielmehr dadurch vermittelt, dass die Leitungsperson der Aufsichtsbehörde direkt durch das Parlament oder eine andere Institution bestimmt wird, die ihrerseits demokratisch legitimiert ist (→ Art. 53 Abs. 1 Rn. 2). Die Gefahr, dass unabhängige Datenschutzbehörden außer Kontrolle geraten, ist schon deshalb eher fernliegend, weil diese der Kontrolle der Judikative und mit Geltung der DS-GVO im Rahmen des Kohärenzverfahrens der gegenseitigen Kontrolle unterliegen.[19] Der EuGH hat daher betont, dass die Aufsichtsbehörden **effektiv vor jeglicher unmittelbaren oder mittelbaren Einflussnahme** von außen geschützt werden und gerade nicht nur vor der Beeinflussung seitens der konkret zu kontrollierenden Einrichtungen.[20]

Der institutionelle Unabhängigkeitsbegriff überzeugt insbesondere vor dem **10** Hintergrund, dass bei der Datenverarbeitung die Verflechtungen zwischen öffentlichem und nichtöffentlichem Bereich zunehmen. Dies betrifft nicht nur sog. Private-Public-Partnerships, sondern liegt zB schon dann vor, wenn Behörden auf Cloud-Lösungen zurückgreifen, die von Privaten angeboten werden (zB das Microsoft-Produkt Office 365). Deshalb ist es sachgerecht, die Aufsichtsbehörden als Institutionen mit Unabhängigkeit auszustatten, da auch im nichtöffentlichen Bereich unterschiedliche Interessenlagen zwischen den Aufsichtsbehörden und anderen Behörden existieren können. Nicht zuletzt die NSA-Affäre oder die Diskussionen um die Vorratsdatenspeicherung haben deutlich gemacht, dass staatliche Stellen durchaus ein großes Interesse haben können, dass nichtöffentliche Stellen große Datenmengen anhäufen, damit diese später – etwa aus Gründen der Gefahrenabwehr – von staatlichen Stellen ausgewertet werden können. Dieses Beispiel zeigt, dass **Interessenskonflikte** nicht ausgeschlossen sind, wenn die Aufsichtsbehörde für den nichtöffentlichen Bereich, wie vor den Urteilen des EuGH üblich, beim jeweiligen Innenministerium angesiedelt ist.

In Deutschland wurde nach den Urteilen des EuGH eine **Reform der Struktur der Aufsichtsbehörden** erforderlich.[21] Die Aufsichtsbehörde für den nichtöffentlichen Bereich, die zuvor weitgehend bei den entsprechenden Landesinnenministerien angesiedelt waren, wurden ausgegliedert und in den meisten Bundesländern (Ausnahme: Bayern) mit den Behörden zusammengelegt, die die öffentliche Verwaltung kontrollieren. Diese unterlagen bis dahin zumindest teilweise der Fach-, Rechts- und Dienstaufsicht der jeweiligen Landesregierung bzw. einzelner Ministerien, aus der sie nunmehr entlassen wurden. Schlusslicht bei der **11**

[17] Vgl. auch *Bull*, EuZW 2010, 488 ff.; *Faßbender*, RDV 2009, 96 ff.; aktuell BeckOK DatenschutzR/*Schneider*, DS-GVO, Art. 52 Rn. 19 f.

[18] EuGH, Urt. v. 9.3.2010 – C-518/07, Slg. 2010, I-1885 Rn. 31 ff. – Kommission/Deutschland; iE auch *Petri/Tinnefeld*, MMR 2010, 157 (160 f.); *Schild*, DuD 2010, 549 (551).

[19] Vgl. auch Sydow/*Ziebarth*, Art. 52 Rn. 2.

[20] EuGH, Urt. v. 9.3.2010 – C-518/07, Slg. 2010, I-1885, Rn. 25 – Kommission/Deutschland.

[21] Dazu *Bull*, EuZW 2010, 488; *Frenzel*, DÖV 2010, 925; *v. Lewinski*, ZG 2015, 228; *Noack*, NJ 2014, 291; *Petri/Tinnefeld*, MMR 2010, 157; *Roßnagel*, ZD 2015, 106; *Schild*, DuD 2010, 549; *Thomé*, Reform der Datenschutzaufsicht – Effektiver Datenschutz durch verselbstständigte Aufsichtsbehörden, 2015.

Umsetzung war der Bund, der die Vorgaben des EuGH erst Anfang 2016 umgesetzt und eine unabhängige Aufsichtsbehörde geschaffen hat.[22] Das BDSG nF garantiert die Unabhängigkeit in erster Linie dadurch, dass die BfDI gem. § 8 Abs. 1 S. 1 BDSG nF als **oberste Bundesbehörde** eingerichtet wird. Insoweit wurde der Wortlaut des § 22 Abs. 5 S. 1 BDSG aF übernommen, der im Wesentlichen auf die oben genannte Rechtsprechung des EuGH zurückzuführen ist (→ Rn. 9 f.).

II. Weisungsfreiheit (Abs. 2)

12 Abs. 2 regelt die persönliche Weisungsfreiheit der Mitglieder der Aufsichtsbehörden. Damit wird ausschließlich die nach Art. 53 Abs. 1 ernannte Leitungsperson der Behörde geschützt; bzw. bei Kollegialorganen die Leitungspersonen. Nicht vom Anwendungsbereich des Abs. 2 umfasst ist das Personal der Aufsichtsbehörden, für welches Abs. 5 gilt (→ Rn. 19). Die Vorschrift greift die Rechtsprechung des EuGH fast wörtlich auf, der festgestellt hatte, dass die Aufsichtsbehörden in der Lage sein müssen, „völlig frei von Weisungen und Druck" zu handeln,[23] bzw. „mit einer Unabhängigkeit ausgestattet sein müssen, die es ihnen ermöglicht, ihre Aufgaben ohne äußere Einflussnahme wahrzunehmen."[24] Die Unabhängigkeit schließe „jede Anordnung und jede sonstige äußere Einflussnahme aus, sei sie **unmittelbar oder mittelbar,** durch die in Frage gestellt werden könnte, dass die genannten Kontrollstellen ihre Aufgabe, den Schutz des Rechts auf Privatsphäre und den freien Verkehr personenbezogener Daten ins Gleichgewicht zu bringen, erfüllen." Das bedeutet insbesondere, dass weder Fach- noch Rechtsaufsicht durch übergeordnete Behörden bestehen dürfen.[25] Außerdem dürfen die Mitglieder der Aufsichtsbehörden nicht an Weisungen anderer Behörden oder sonstiger Dritter gebunden sein. Dabei kommt es auf eine tatsächliche Einflussnahme oder ein formelles Weisungsrecht nicht an. Die Unabhängigkeit ist schon dann verletzt, wenn die **bloße Gefahr** der politischen Einflussnahme besteht.[26] Selbst in der Pflicht, einem Regierungsmitglied über die Gegenstände der Geschäftsführung zu berichten, hat der EuGH einen Verstoß gegen die Unabhängigkeit gesehen, da die Aufsichtsbehörde so dem mittelbaren Einfluss dieses Kabinettsmitglieds ausgesetzt wurde.

13 Vor diesem Hintergrund wäre auch eine persönliche **Dienstaufsicht** über die Leitungsperson der Aufsichtsbehörde, wie sie in einigen LDSG normiert war,[27] mit dieser Vorschrift nicht zu vereinbaren.[28] Dagegen ist die Verpflichtung zur Anwesenheit und zur Stellungnahme im jeweiligen Parlament und seinen jeweili-

---

[22] BGBl. 2015 I S. 162.

[23] EuGH, Urt. v. 9.3.2010 – C-518/07, Slg. 2010, I-1885 Rn. 18 – Kommission/Deutschland.

[24] EuGH, Urt. v. 9.3.2010 – C-518/07, Slg. 2010, I-1885 Rn. 30 – Kommission/Deutschland; EuGH, Urt. v. 16.10.2012 – C-614/10, ECLI:EU:C:2012:631, Rn. 41– Kommission/Österreich.

[25] EuGH, Urt. v. 16.10.2012 – C-614/10, ECLI:EU:C:2012:631, Rn. 66 – Kommission/Österreich.

[26] EuGH, Urt. v. 8.4.2014 – C-288/12, ECLI:EU:C:2014:237, Rn. 53 – Kommission/Ungarn.

[27] ZB § 22 Abs. 2 S. 2 BlnDSG aF, § 22 Abs. 1 S. 2 HmbDSG aF.

[28] Ehmann/Selmayr/*Selmayr*, DS-GVO, Art. 52 Rn. 17; Kühling/Buchner/*Boehm*, DS-GVO, Art. 52 Rn. 19.

gen Ausschüssen mit der Unabhängigkeit konform, da dort kaum die Gefahr einer einseitigen illegitimen politischen Einflussnahme besteht.[29] Auch die in § 14 Abs. 2 S. 2 BDSG nF verankerte Verpflichtung, auf Ersuchen des Bundestags, seiner Ausschüsse oder der Bundesregierung Hinweisen nachzugehen, ist nicht zu beanstanden, soweit Zeitpunkt, Art und Weise und das Ergebnis der Aufgabenerledigung nicht vorgegeben werden (→ Art. 57 Rn. 14).

III. Verbot von unvereinbaren Handlungen und Tätigkeiten (Abs. 3)

Abs. 3 verbietet den Leitungspersonen der Aufsichtsbehörden bestimmte Handlungen und Tätigkeiten, um eine **integre Amtsausübung** zu gewährleisten (Erwägungsgrund 121 S. 2). In Anlehnung an die für die Mitglieder der Kommission anwendbare Vorschrift des Art. 245 Abs. 2 S. 1 AEUV sind unter „Tätigkeiten" eher berufliche Betätigungen zu verstehen, während „Handlungen" zB auch die Annahme von Geschenken und Preisgeldern mit einschließen.[30] Da Handlungen und Tätigkeiten gleichermaßen verboten sind, erübrigt sich jedoch eine trennscharfe Differenzierung zwischen diesen Begrifflichkeiten. Welche konkreten Aktivitäten nicht mit der ordnungsgemäßen Amtsführung zu vereinbaren sind, wird in der DS-GVO nicht näher konkretisiert. Die Mitglieder der Kommission haben sich auf der Basis von Art. 245 Abs. 1 S. 1 AEUV einen Verhaltenskodex auferlegt, der während der Amtszeit nur bestimmte externe Tätigkeiten wie Publikationen, Lehr- und Vortragsveranstaltungen sowie die Übernahme bestimmter karitativer Funktionen erlaubt, soweit sie unentgeltlich durchgeführt bzw. erhaltene Beträge gespendet werden.[31] Das gleiche gilt für Preisgelder; die Annahme von Geschenken mit einem Wert von über 150 EUR ist verboten.[32] Da es sich dabei um eine freiwillige Selbstverpflichtung der Kommissionsmitglieder handelt,[33] ist zweifelhaft, ob diese strengen Grundsätze übertragen werden können. Vor dem Hintergrund des Zwecks der Vorschrift (→ Rn. 2) sind jedenfalls Tätigkeiten für die Privatwirtschaft kritisch zu sehen, während Aktivitäten in **Lehre und Wissenschaft sowie für politische oder kulturelle Organisationen und künstlerische Tätigkeiten** eher unbedenklich sein dürften.[34] Nicht unproblematisch ist die häufig in Deutschland aber auch in Großbritannien anzutreffende Ämterkombination der Datenschutz- und Informationsfreiheitsbeauftragten.[35] Interessenkonflikte können sich zumindest in Deutschland jedoch nur dann ergeben, wenn es um personenbezogene Daten der öffentlichen Verwaltung geht, da sich die Informationsfreiheitsgesetze ausschließlich auf Daten der öffentlichen Hand beziehen.[36] Allerdings dürfen auch inhaltlich unbedenkliche Tätigkeiten 14

[29] ZB § 22 Abs. 4 BlnDSG aF, § 21 Abs. 5 HDSG aF.

[30] von der Groeben/Schwarze/*Schmitt v. Sydow*, AEUV, Art. 245 Rn. 12.

[31] COM(2011) 2904, Ziff. 1.1.

[32] COM(2011) 2904, Ziff. 1.11.

[33] Grabitz/Hilf/Nettesheim/*Martenczuk*, AEUV, Art. 245 Rn. 8.

[34] Zur Kom. Calliess/Ruffert/*Ruffert*, AEUV, Art. 245 Rn. 1; von der Groeben/Schwarze/*Schmitt v. Sydow*, AEUV, Art. 245 Rn. 7 f.

[35] *v. Lewinski*, NVwZ 2017, 1483 (1488); vgl. auch Ehmann/Selmayr/*Selmayr*, DS-GVO, Art. 52 Rn. 20; BeckOK DatenschutzR/*Schneider*, DS-GVO, Art. 52 Rn. 22.1.

[36] Zum Spannungsfeld zwischen Datenschutzrechten und Transparenzgebot der Verwaltung EuGH, Urt. v. 9.11.2010 – C-92/09, ECLI:EU:C:2010:662 – Schecke.

nicht ihrem zeitlichen Umfang nach die ordentliche Amtsführung beeinträchtigen.[37]

15 Art. 54 Abs. 1 lit. f überlässt es dem nationalen Gesetzgeber, genauer zu bestimmen, welche konkreten Handlungen und Tätigkeiten verboten sind. Für die BfDI hat der Bundesgesetzgeber die Regelung des § 13 Abs. 1 und 2 BDSG nF getroffen, die im Wesentlichen der bisherigen entspricht (vgl. § 23 Abs. 2 und 3 BDSG aF). Während § 13 Abs. 1 S. 1 BDSG nF den Wortlaut von Art. 54 Abs. 3 S. 1. DS-GVO wiederholt, stellt S. 2 eine Konkretisierung dar. Danach darf die BfDI neben ihrem Amt kein anderes besoldetes Amt, kein Gewerbe und keinen Beruf ausüben und weder der Leitung, dem Aufsichts- oder Verwaltungsrat eines auf Erwerb gerichteten Unternehmens noch einer Regierung oder einer gesetzgebenden Körperschaft des Bundes oder eines Landes angehören. Auch die Abgabe außergerichtlicher Gutachten gegen Entgelt ist ihr verboten. Dies **entspricht den Vorschriften für andere öffentliche Amtsträger** (vgl. Art. 55 GG § 5 Abs. 1 BMinG § 14 Abs. 3 WBeauftG).[38]

16 Bei der **Anzeigepflicht** nach § 13 Abs. 2 S. 1 BDSG nF handelt es sich um eine Verfahrensvorschrift, deren Verletzung nur dann zur einer Amtsenthebung nach Art. 53 Abs. 4 DS-GVO führen kann, wenn es sich bei dabei um eine schwere Verfehlung handelt (→ Art. 53 Rn. 9). Dies ist nur dann anzunehmen, wenn es sich um ein **Geschenk** von erheblichem Wert handelt oder eine Gegenleistung erbracht wurde. Über die Verwendung von Geschenken entscheidet der Bundestagspräsident, der die Verfahrensvorschrift weiter konkretisieren kann.

17 Jenseits der explizit genannten Verbote obliegt es aufgrund der Unabhängigkeit der Aufsichtsbehörden der Leitungsperson selbst, nach pflichtgemäßem Ermessen zu beurteilen, ob eine Tätigkeit oder Handlung nicht mit der ordnungsgemäßen Amtsführung zu vereinbaren ist. **Konsequenzen** sind gem. Art. 53 Abs. 4 nur möglich, wenn die ausgeübte Handlung oder Tätigkeit eine schwere Verfehlung darstellt (→ Art. 53 Rn. 9). In zeitlicher Hinsicht gilt das Verbot ausschließlich **während der Amtszeit.** Ein darüber hinausgehendes Verbot europarechtlich zu normieren,[39] ist am Widerstand des Rats gescheitert, kann aber gem. Art. 54 Abs. 1 lit. f von den Mitgliedstaaten auf nationaler Ebene erlassen werden.

IV. Ausstattung, Personal und Haushalt (Abs. 4–6)

18 Nach Abs. 4 werden die Mitgliedstaaten verpflichtet, die Aufsichtsbehörden **angemessen auszustatten,** damit diese ihre Aufgaben aus der DS-GVO erfüllen können (vgl. Erwägungsgrund 120 S. 1). Eine solche Verpflichtung ergab sich zwar bereits aus der bisherigen DS-RL (Erwägungsgrund 63), allerdings werden die Aufgaben der Aufsichtsbehörden unter der DS-GVO enorm anwachsen. Dies betrifft nicht nur die Anzahl der in Art. 57 niedergelegten neuen Aufgaben. Es ist auch damit zu rechnen, dass die Aufsichtsbehörden vermehrt in gerichtliche Streitigkeiten gezogen werden, da die Sanktionen verschärft und die Möglichkeiten, rechtsverbindliche Anordnungen zu treffen, erweitert wurden. Dazu kommt ein erheblicher Koordinierungsaufwand, der mit den neuen europäischen Koordinierungsmechanismen, insbesondere dem One-Stop-Shop- und dem Kohärenz-

[37] Ehmann/Selmayr/*Selmayr*, DS-GVO, Art. 52 Rn. 19.

[38] BeckOK GG/*Pieper*, GG, Art. 55 Rn. 4–4.1.

[39] Noch Art. 47 Abs. 4 der Kom. und des EP enthielten ein Zurückhaltungsgebot auch nach Ende der Amtszeit (COM(2012)0011 – C7-0025/2012 – 2012/0011(COD)).

verfahren, verbunden ist.[40] Explizit erwähnt Abs. 4 die Amtshilfe sowie die Zusammenarbeit und Mitwirkung im EDSA, für welche ebenfalls entsprechend qualifiziertes Personal und Ressourcen verfügbar sein müssen. Ggf. wird es erforderlich sein, dass die Aufsichtsbehörden auf einen Übersetzungsdienst zurückgreifen oder eigenes entsprechend geschultes Personal erhalten.

Abs. 5 regelt die **Personalhoheit** der Aufsichtsbehörden.[41] Die Mitgliedstaaten **19** sind verpflichtet sicherzustellen, dass jede Aufsichtsbehörde ihr eigenes Personal auswählen kann und dieses ausschließlich der Leitung der Aufsichtsbehörde untersteht. Ebenso ist es möglich, dass die Auswahl des Personals durch eine unabhängige Stelle erfolgt (vgl. Erwägungsgrund 121 S. 3). In Deutschland wird dies in der Regel dadurch gewährleistet, da die Aufsichtsbehörden des Bundes und der Länder als oberste Bundes- bzw. Landesbehörden eingerichtet werden, die im Rahmen der haushalterischen Vorgaben ihre eigene Personalpolitik betreiben und die Fach- und Dienstaufsicht über ihre Beschäftigten führen. Abs. 5 steht nicht der Praxis entgegen, Verwaltungsbedienstete – etwa zu Ausbildungszwecken – vorübergehend an die Aufsichtsbehörden abzuordnen, solange gewährleistet wird, dass diese während ihrer Abordnungszeit ausschließlich den Weisungen der Aufsichtsbehördenleitung unterstehen.

Gem. § 8 Abs. 3 BDSG nF können die Aufgaben der **Personalverwaltung** **20** **und -wirtschaft** an andere Stellen des Bundes übertragen werden. Als Beispiel werden Aufgaben der Reisevorbereitung, Reisekostenabrechnung, Gewährung von Trennungsgeld und Umzugskostenerstattung, Geltendmachung von Schadensersatzansprüchen gegenüber Dritten aber auch die vor diesem Hintergrund nicht unproblematische Unterstützung bei Stellenbesetzungsverfahren genannt.[42] Da der Gesetzgeber wohl selbst Zweifel an der Vereinbarkeit mit Abs. 5 hatte, wurde in § 8 Abs. 3 S. 1 BDSG nF die Einschränkung hinzugefügt, dass die Übertragung die Unabhängigkeit nicht beeinträchtigen darf. Im Rahmen der Übertragung von Aufgaben der Personalverwaltung und -wirtschaft auf andere Stellen können diesen nach § 8 Abs. 3 S. 2 BDSG nF auch die zu deren Aufgabenerfüllung erforderlichen Beschäftigtendaten übermittelt werden.[43]

Art. 52 Abs. 6 verpflichtet die Mitgliedstaaten, dafür zu sorgen, dass jede Auf- **21** sichtsbehörde über einen eigenen jährlichen **Haushalt** verfügt, der veröffentlicht werden muss (vgl. Erwägungsgrund 120 S. 2).[44] Die Finanzkontrolle, zB durch den Rechnungshof, darf die Unabhängigkeit nicht beeinträchtigen (vgl. auch Erwägungsgrund 118). Bestrebungen aus dem Europäischen Parlament, die Kontrolle des Haushalts der Aufsichtsbehörden ausschließlich dem jeweiligen Parlament zuzuweisen, sind gescheitert.[45] Eine derartige Pflicht ergibt sich auch nicht aus dem Primärrecht,[46] gleichwohl ist das Scheitern zu bedauern, da eine solche Regelung effektiv zur Stärkung der Unabhängigkeit der Aufsichtsbehörden beigetragen hätte.

---

[40] Ehmann/Selmayr/*Selmayr*, DS-GVO, Art. 52 Rn. 22.

[41] IE Ehmann/Selmayr/*Selmayr*, DS-GVO, Art. 52 Rn. 24 f.; BeckOK DatenschutzR/*Schneider*, DS-GVO, Art. 52 Rn. 19 f.

[42] Gesetzesbegr. BT-Drs. 18/11325, 83.

[43] *Schantz/Wolff*, Rn. 1079.

[44] IE Ehmann/Selmayr/*Selmayr*, DS-GVO, Art. 52 Rn. 26.

[45] Änderungsanträge 265 und 266 des Berichts v. 16.1.2013 – C7-0025/2012, PE501.927v04-00.

[46] EuGH, Urt. v. 16.10.2012 – C-614/10, ECLI:EU:C:2012:631, Rn. 58 – Kommission/Österreich.

22 In Deutschland regelt § 10 Abs. 2 BDSG nF, dass die BfDI grundsätzlich der Rechnungsprüfung durch den **Bundesrechnungshof** unterliegt. Es handelt sich dabei lediglich um eine Zuständigkeitszuweisung, da diese unter dem Vorbehalt steht, dass die Unabhängigkeit der BfDI nicht beeinträchtigt wird. Leider lässt der Gesetzgeber offen, welche konkreten Einschränkungen der Bundesrechnungshof zu beachten hat, was im Hinblick auf die Klarheit und Bestimmtheit der Norm zu bedauern ist. Aus unionsrechtlicher Sicht ist die Norm jedoch nicht zu beanstanden, da im Wesentlichen der Wortlaut des Erwägungsgrundes 118 kodifiziert wird.[47]

Art. 53 Allgemeine Bedingungen für die Mitglieder der Aufsichtsbehörde

(1) **Die Mitgliedstaaten sehen vor, dass jedes Mitglied ihrer Aufsichtsbehörden im Wege eines transparenten Verfahrens ernannt wird, und zwar**
- **vom Parlament,**
- **von der Regierung,**
- **vom Staatsoberhaupt oder**
- **von einer unabhängigen Stelle, die nach dem Recht des Mitgliedstaats mit der Ernennung betraut wird.**

(2) **Jedes Mitglied muss über die für die Erfüllung seiner Aufgaben und Ausübung seiner Befugnisse erforderliche Qualifikation, Erfahrung und Sachkunde insbesondere im Bereich des Schutzes personenbezogener Daten verfügen.**

(3) **Das Amt eines Mitglieds endet mit Ablauf der Amtszeit, mit seinem Rücktritt oder verpflichtender Versetzung in den Ruhestand gemäß dem Recht des betroffenen Mitgliedstaats.**

(4) **Ein Mitglied wird seines Amtes nur enthoben, wenn es eine schwere Verfehlung begangen hat oder die Voraussetzungen für die Wahrnehmung seiner Aufgaben nicht mehr erfüllt.**

Literatur: Vgl. die Hinweise zu Art. 52.

Übersicht

A. Allgemeines

I. Zweck und Bedeutung der Norm

1 Die in Art. 53 geregelten Bedingungen für die Mitglieder der Aufsichtsbehörde betreffen die **Ernennung, Qualifikation und das Ende der Amtszeit** der

[47] BeckOK DatenschutzR/*Schneider*, DS-GVO, Art. 52 Rn. 26.

Leitungsperson bzw. der Leitungspersonen bei Kollegialorganen (vgl. Erwägungsgrund 121). Sie bilden eine wichtige Säule der Unabhängigkeit der Aufsichtsbehörden. In der bisherigen DS-RL haben diese Vorgaben gefehlt und mussten aus dem Begriff der völligen Unabhängigkeit iSd Art. 28 Abs. 1 UAbs. 2 DS-RL bzw. aus dem Primärrecht (Art. 16 Abs. 2 S. 2 AEUV, Art. 8 Abs. 3 GRCh) hergeleitet werden.[1] Vorbild der Vorschrift war Art. 42 VO Nr. 45/2001, die der EuGH bislang zur Auslegung des Unabhängigkeitsbegriff herangezogen hat.[2] Die Vorschriften zur Amtsenthebung nach Abs. 4 sind den entsprechenden Vorschriften zu den Mitgliedern der Kommission (Art. 247 AEUV) und dem Europäischen Bürgerbeauftragten (Art. 228 Abs. 2 AEUV) nachgebildet, überlassen dem nationalen Gesetzgeber aber einen gewissen Umsetzungsspielraum (→ Art. 54 Rn. 1).[3]

II. Ergänzungen, Änderungen durch das BDSG nF

Abs. 1 enthält einen Regelungsauftrag an die nationalen Gesetzgeber, welchem der Bundesgesetzgeber im Wesentlichen mit Schaffung der §§ 11, 12 BDSG nF nachgekommen ist. Die Vorschriften des BDSG aF wurden hierfür unter einigen wenigen Anpassungen zur Umsetzung und Konkretisierung von verschiedenen Elementen der Art. 42–44 RL (EU) 2016/680 übernommen.[4] § 11 BDSG nF regelt Wahl und Ernennung (→ Rn. 4) sowie die persönlichen und formalen Voraussetzungen der Amtsperson (→ Rn. 6), § 12 BDSG nF Beginn und Ende der Amtszeit bzw. des Amtsverhältnisses (→ Rn. 8, 10 f.). 2

B. Einzelerläuterungen

I. Wahl und Ernennung der Leitungsperson (Abs. 1)

Art. 53 Abs. 1 bestimmt den Rahmen, in welchem die Mitgliedstaaten die Ernennung der Leitungsperson der Aufsichtsbehörde regeln dürfen (vgl. auch Art. 54 Abs. 1 lit. c). Die Vorschrift gilt also nicht unmittelbar, sondern bedarf eines Umsetzungsaktes des jeweiligen Mitgliedstaates, der in einem formellen Gesetz bestehen sollte (Erwägungsgrund 121 S. 1). Die Ernennung muss durch das Parlament, die Regierung, das Staatsoberhaupt oder von einer unabhängigen Stelle, wie zB einer Wahlkommission, erfolgen. Ihr sollte ein entsprechender Vorschlag von der Regierung oder von einem ihrer Mitglieder, des Parlaments oder einer -kammer vorausgehen (Erwägungsgrund 121 S. 1). Eine Wahl bzw. Ernennung durch das Parlament ist vorzugswürdig, da sie der Leitungsperson die stärkste demokratische **Legitimation** und dem Verfahren die größte Transparenz verspricht. Besonders problematisch ist die Ernennung durch eine unabhängige Stelle, die nur dann zulässig sein kann, wenn diese Stelle ihrerseits über ausreichende demokratische Legitimation verfügt. Die Ernennung muss transparent erfolgen. Wünschenswert, aber nicht ausdrücklich erforderlich, ist eine öffentliche Debatte über mögliche Kandidaten. Vielmehr genügt es, wenn die Gründe für die Ernennung nachvollziehbar sind. 3

---

[1] EuGH, Urt. v. 8.4.2014 – C-288/12, ECLI:EU:C:2014:237, Rn. 55 – Kommission/Ungarn.

[2] EuGH, Urt. v. 8.4.2014 – C-288/12, ECLI:EU:C:2014:237, Rn. 56 – Kommission/Ungarn.

[3] *Kühling/Martini,* S. 170 ff.

[4] Gesetzesbegr. BT-Drs. 18/1132, 84 f.

4 In **Deutschland** wurden die Datenschutzbeauftragten des Bundes und der Länder bislang in der Regel auf Vorschlag der jeweiligen Regierung vom Parlament gewählt.[5] Diese Vorschriften entsprechen den vorgenannten Vorgaben und konnten inhaltlich weiter bestehen bleiben, da Art. 53 Abs. 1 auch Landesparlamente bzw. -regierungen meint. Dies ergibt sich aus S. 2 des Erwägungsgrundes 117, nach welchem die Mitgliedstaaten auch mehrere Aufsichtsbehörden errichten können, wenn dies ihrer verfassungsmäßigen, organisatorischen und administrativen Struktur entspricht. In § 11 Abs. 1 S. 1–3 BDSG nF wurde so wortgenau § 22 Abs. 1 BDSG aF übernommen, wonach die BfDI ohne Aussprache auf Vorschlag der Bundesregierung gewählt und vom Bundespräsidenten ernannt wird. Zusätzlich zur Altersuntergrenze von 35 Jahren[6] werden § 11 Abs 1 S. 4–5 BDSG nF in Umsetzung von Art. 43 Abs. 2 RL (EU) 2016/680 neuerdings jedoch auch fachliche Anforderungen an die Leitungsperson gestellt (→ Rn. 6). Die Abs. 2 und 3 von § 11 BDSG nF übernehmen die Reglungen von § 22 Abs. 2 und 3 BDSG aF zum Amtseid, der Länge der Amtszeit und der einmalig möglichen Wiederwahl in unveränderter Weise. Gleichsam findet sich die Ausgestaltung des Amtes der BfDI als öffentlich-rechtliches Amtsverhältnis eigener Art aus § 22 Abs. 4 S. 1 BDSG aF unverändert in § 12 Abs. 1 BDSG nF.

II. Qualifikation der Leitungsperson (Abs. 2)

5 Mit Art. 53 Abs. 2 werden erstmals Anforderungen an die **fachliche** Qualifikation, Erfahrung und Sachkunde der Leitungsperson der Aufsichtsbehörde gestellt, die insbesondere auf dem Gebiet des Datenschutzes vorliegen müssen. Diese Anforderungen wurden wortgleich in § 11 Abs. 1 S. 4 BDSG nF übernommen. Eine ähnliche Regelung existiert auf europäischer Ebene im Hinblick auf den EDSB in Art. 42 Abs. 2 VO (EG) Nr. 45/2001. Damit soll verhindert werden, dass die Ernennung aus rein politischen Gründen erfolgt. Die Vorbildvorschrift des Art. 42 Abs. 2 VO (EG) Nr. 45/2001 nennt in diesem Zusammenhang beispielhaft die frühere Tätigkeit bei einer nationalen Datenschutzaufsichtsbehörde als mögliche Qualifikation. Diese Anforderungen sind gegenüber der bisherigen DS-RL neu und finden sich bislang auch nicht in den Datenschutzgesetzen des Bundes und der Länder wieder. Daher konnten bislang auch fachfremde Personen als Leitungspersonen bestimmt werden, was EU-weit nicht unüblich war. Auf die in Art. 42 Abs. 2 VO (EG) Nr. 45/2001 enthaltene Vorgabe,[7] dass kein Zweifel an der Unabhängigkeit der Leitungsperson bestehen darf, wurde im Gesetzgebungsverfahren auf Drängen des Rats verzichtet. Im Hinblick auf die Gewährleistung der Unabhängigkeit der Aufsichtsbehörde und die Integrität der Amtsausübung (vgl. Erwägungsgrund 121 S. 2), wäre ein direkter Wechsel von der datenverarbeitenden Privatwirtschaft dennoch bedenklich.

6 Den nationalen Gesetzgebern obliegt es gem. Art. 54 Abs. 1 lit. b, die erforderlichen Qualifikationen und sonstigen Voraussetzungen zu konkretisieren. Hiervon hat der deutsche Gesetzgeber mit § 11 Abs. 1 S. 5 BDSG nF Gebrauch gemacht,

---

[5] Vgl. zB § 22 Abs. 1 BDSG aF, § 21 Abs. 1 BlnDSG aF, § 21 HDSG aF, § 21 HmbDSG aF; § 26 Abs. 1 LDSG BaWü aF.

[6] Mit Bedenken im Hinblick auf eine Altersdiskriminierung iSd Art. 21 Abs. 1 GRCh Sydow/*Ziebarth*, Art. 53 Rn. 39.

[7] Ähnlich auch in Bezug auf die Unabhängigkeit der Mitglieder der Kom. (vgl. Art. 17 Abs. 3 S. 2 EUV) u. der europäischen Gerichte (vgl. Art. 19 Abs. 2 S. 3 EUV iVm Art. 253 Abs. 1 u. Art. 254 Abs. 2 S. 1 AEUV).

der eine **berufliche** Erfahrung auf dem Gebiet des Schutzes personenbezogener Daten vorsieht. Dies wird sich allerdings kaum auswirken, da die Ernennung eines rein hobbymäßig mit der Materie befassten Kandidaten kaum mit Art. 53 zu vereinbaren wäre.[8] Im Ergebnis muss die Leitungsperson also praktisch belegbare Kenntnisse des nationalen und internationalen Datenschutzrechts aufweisen können.[9] Durch die zweifache Verwendung des Wortes „insbesondere" wird für die Personenauswahl ein klarer Fokus auf Berufspraxis im Datenschutz gesetzt, was die Auswahl lediglich politisch für geeignet empfundener Personen in begrüßenswerter Weise zusätzlich erschweren dürfte. Zusätzlich erforderlich ist zudem gem. § 11 Abs. 1 S. 5 BDSG nF die Befähigung zum Richteramt oder höheren Verwaltungsdienst, wobei die Vereinbarkeit dieses Kriteriums mit der DS-GVO angezweifelt wird.[10]

III. Ende der Amtszeit (Abs. 3–4)

Das Amt der Leitungsperson endet mit **Ablauf der Amtsperiode.** Die DS-GVO verzichtet darauf, die genaue Dauer der Amtszeit der Mitglieder der Aufsichtsbehörden zu regeln. Dies bleibt dem nationalen Gesetzgeber vorbehalten (→ Art. 54 Rn. 5). Sie muss aber gem. Art. 54 Abs. 1 lit. d mindestens vier Jahre betragen. Hat er sich einmal für eine bestimmte Dauer der Amtszeit entschieden, darf der nationale Gesetzgeber nicht im Wege einer Gesetzesänderung die Amtszeit einer amtierenden Leitungsperson vorzeitig beenden, da dies einen Verstoß gegen die Unabhängigkeit bedeuten würde.[11] 7

Der Bundesgesetzgeber hat sich für die Beibehaltung der bisherigen Amtszeit der BfDI von fünf Jahren entschieden (§ 11 Abs. 3 BDSG nF). Wie bisher ist die Wiederwahl nur einmal möglich, was zu Problemen führen könnte, wenn die BfDI während ihrer zweiten Amtszeit zur (stellvertretenden) Vorsitzenden des EDSA gewählt werden würde.[12] In diesem Fall müsste sie den (stellvertretenden) Vorsitz vor dem Ende der fünfjährigen Amtszeit aufgeben, da nur amtierende Leitungspersonen diese Ämter bekleiden können (→ Art. 73 Rn. 3). 8

Die Leitungsperson hat jederzeit die Möglichkeit, von sich aus zurückzutreten. Ebenso ist eine Amtsenthebung möglich, die sich nach dem Recht des Mitgliedstaates richtet. Nach Abs. 4 kann die Leitungsperson nur ihres **Amtes enthoben** werden, wenn sie die Voraussetzungen für seine Ausübung nicht mehr erfüllt oder eine schwere Verfehlung begangen hat. Ersteres liegt zB dann vor, wenn die Leitungsperson objektiv die Anforderungen an die fachliche Eignung nach Abs. 2 nicht mehr erfüllt, da sie zB aufgrund einer schweren Krankheit dauerhaft bewusstlos geworden ist.[13] Wann eine schwere Verfehlung im Sinne der Vorschrift vorliegt, ist in der DS-GVO nicht definiert. Im Hinblick auf die Unabhängigkeit 9

---

[8] Ehmann/Selmayr/*Selmayr*, DS-GVO, Art. 53 Rn. 8.

[9] Gesetzesbegr. BT-Drs. 18/1132, 84.

[10] So Ehmann/Selmayr/*Selmayr*, DS-GVO, Art. 53 Rn. 10; aA Sydow/*Ziebarth*, Art. 53 Rn. 39.

[11] EuGH, Urt. v. 8.4.2014 – C-288/12, ECLI:EU:C:2014:237, Rn. 54 – Kommission/Ungarn.

[12] Dazu ausf. Auernhammer/*Hermerschmidt*, DS-GVO, Art. 73 Rn. 10 ff.

[13] Zur ähnlich lautenden Vorschrift zur Amtsenthebung der Mitglieder der Kom. Grabitz/Hilf/Nettesheim/*Martenczuk*, AEUV, Art. 247 Rn. 2; Calliess/Ruffert/*Ruffert*, AEUV, Art. 247 Rn. 1; Streinz/*Kugelmann*, AEUV, Art. 247 Rn. 1; von der Groeben/Schwarze/*Schmitt v. Sydow*, AEUV, Art. 247 Rn. 4.

der Aufsichtsbehörde kann nicht jede Verfehlung bzw. jeder Verstoß gegen die nach Art. 54 Abs. 1 lit. f durch die Mitgliedstaaten festzulegenden Pflichten der Mitglieder der Aufsichtsbehörden eine Amtsenthebung rechtfertigen. Ansonsten hätten es die Mitgliedstaaten in der Hand, eine Amtsenthebung zu erleichtern, indem sie gem. Art. 54 Abs. 1 die Pflichten und Verbote von Handlungen und Tätigkeiten entsprechend konkretisieren. Vielmehr muss eine gewisse Schwere feststellbar sein.[14] In Anlehnung an die ähnlich lautende Vorschrift des Art. 247 AEUV bestimmt sich die Schwere der Verfehlung anhand Schutzobjekt, Folgen und Intensität der Verfehlung sowie nach der Vorwerfbarkeit des Verhaltens.[15] Das Verfahren der Amtsenthebung richtet sich nach nationalem Recht (→ Art. 54 Rn. 5). Nach dem actus contrarius-Gedanken dürfte in der Regel diejenige Institution zuständig sein, die die Leitungsperson iSd Abs. 1 ernannt hat. Kommission und Europäischen Parlament hatten vorgeschlagen, dass die Amtsenthebung nach Vorbild des Europäischen Bürgerbeauftragten (Art. 228 Abs. 2 UAbs. 2 AEUV) lediglich durch das zuständige Gericht erfolgen kann, um die Unabhängigkeit der Leitungsperson zu stärken.[16] Allerdings konnte sich dieser Vorschlag im Trilog nicht durchsetzen, sodass eine Amtsenthebung auch ohne Gerichtsbeschluss möglich ist.

10 Nach § 12 Abs. 2 BDSG nF ist die Amtsenthebung aufgrund einer schweren Verfehlung oder des Wegfalls der Voraussetzungen zur Amtsausübung dem Bundespräsidenten vorbehalten. Generell orientieren sich die Regelungen zu Voraussetzungen und Verfahren der Beendigung des Amtsverhältnisses der BfDI in § 12 Abs. 2 S. 2–6 BDSG nF an den §§ 22, 23 BDSG aF; einige Anpassungen waren jedoch zur Umsetzung von Art. 43 Abs. 3, 4 und Art. 44 Abs. 1 lit. c, d und f RL (EU) 2016/680 erforderlich.[17] So wird der Bundesbeauftragte nach Ablauf der Amtszeit gem. § 12 Abs. 2 S. 5 BDSG nF nunmehr vom Bundestagspräsidenten obligatorisch ersucht, die Geschäfte kommissarisch weiterzuführen. Neu ist die Begrenzung der kommissarischen Geschäftsführung auf einen Zeitraum von sechs Monaten.

11 In Abs. 3 von § 12 BDSG nF wird die Vertretungsregelung aus § 22 Abs. 6 BDSG aF nahezu gleichlautend übernommen. Ein leitender Beamter der Behörde soll bei vorübergehender Verhinderung des Bundesbeauftragten dessen Geschäfte führen, um die Funktionsfähigkeit der Behörde aufrechtzuerhalten. Die Bezugnahme auf § 10 Abs. 1 BDSG nF stellt lediglich klar, dass die Unabhängigkeit des Amtes auch für die vertretungsweise Leitung Geltung besitzt.

Art. 54 Errichtung der Aufsichtsbehörde

(1) **Jeder Mitgliedstaat sieht durch Rechtsvorschriften Folgendes vor:**

a) die Errichtung jeder Aufsichtsbehörde;

b) die erforderlichen Qualifikationen und sonstigen Voraussetzungen für die Ernennung zum Mitglied jeder Aufsichtsbehörde;

---

[14] Zu Art. 247 AEUV vgl. Grabitz/Hilf/Nettesheim/*Martenczuk*, AEUV, Art. 247 Rn. 3; von der Groeben/Schwarze/*Schmitt v. Sydow*, AEUV, Art. 247 Rn. 6.

[15] Ausf. von der Groeben/Schwarze/*Schmitt v. Sydow*, AEUV, Art. 247 Rn. 7 ff.

[16] Jew. Art. 48 Abs. 4 Entw. der Kom. (COM(2012)0011) und des EP (COM(2012)0011 – C7-0025/2012 – 2012/0011(COD)).

[17] Gesetzesbegr. BT-Drs. 18/1132, 85.

c) die Vorschriften und Verfahren für die Ernennung des Mitglieds oder der Mitglieder jeder Aufsichtsbehörde;
d) die Amtszeit des Mitglieds oder der Mitglieder jeder Aufsichtsbehörde von mindestens vier Jahren; dies gilt nicht für die erste Amtszeit nach 24. Mai 2016, die für einen Teil der Mitglieder kürzer sein kann, wenn eine zeitlich versetzte Ernennung zur Wahrung der Unabhängigkeit der Aufsichtsbehörde notwendig ist;
e) die Frage, ob und – wenn ja – wie oft das Mitglied oder die Mitglieder jeder Aufsichtsbehörde wiederernannt werden können;
f) die Bedingungen im Hinblick auf die Pflichten des Mitglieds oder der Mitglieder und der Bediensteten jeder Aufsichtsbehörde, die Verbote von Handlungen, beruflichen Tätigkeiten und Vergütungen während und nach der Amtszeit, die mit diesen Pflichten unvereinbar sind, und die Regeln für die Beendigung des Beschäftigungsverhältnisses.

(2) [1]**Das Mitglied oder die Mitglieder und die Bediensteten jeder Aufsichtsbehörde sind gemäß dem Unionsrecht oder dem Recht der Mitgliedstaaten sowohl während ihrer Amts- beziehungsweise Dienstzeit als auch nach deren Beendigung verpflichtet, über alle vertraulichen Informationen, die ihnen bei der Wahrnehmung ihrer Aufgaben oder der Ausübung ihrer Befugnisse bekannt geworden sind, Verschwiegenheit zu wahren.** [2]**Während dieser Amts- beziehungsweise Dienstzeit gilt diese Verschwiegenheitspflicht insbesondere für die von natürlichen Personen gemeldeten Verstößen gegen diese Verordnung.**

Literatur: Vgl. die Hinweise zu Art. 51.

Übersicht

A. Allgemeines

I. Zweck und Bedeutung der Vorschrift

Art. 54 Abs. 1 definiert den **Spielraum,** den der nationale Gesetzgeber bei der Einrichtung der Aufsichtsbehörden und der Regeln zur Bestimmung ihrer Leitungsperson hat.[1] Hier zeigt sich deutlich, dass die DS-GVO an einigen Stellen einer Richtlinie iSd Art. 288 Abs. 3 AEUV näher kommt als einer Verordnung. 1

[1] *Kühling/Martini,* S. 170 ff.

Insbesondere die Ausgestaltung mitgliedstaatlicher Behörden und ihrer Befugnisse fallen grundsätzlich in das Selbstorganisationsrecht der Mitgliedstaaten und können nicht vom europäischen Gesetzgeber im Detail vorgegeben werden (Art. 4 Abs. 2 S. 1 AEUV).[2] Mit der Öffnung für konkretisierende Vorschriften der nationalen Gesetzgeber wird der Kritik begegnet, die Rechtsform der Verordnung greife zu tief in die Gesetzgebungskompetenz der Mitgliedstaaten ein.[3]

2 Auch die Verschwiegenheitspflicht in Abs. 2 begründet einen Regelungsauftrag an den nationalen Gesetzgeber.[4] Die Regelung dient der Schaffung eines **Vertrauensverhältnisses** zur Aufsichtsbehörde im Interesse eines wirkungsvollen Schutzes des Grundrechts auf Datenschutz.[5] Insbesondere um sich gegen Grundrechtseingriffe wirksam wehren zu können, sind Betroffene darauf angewiesen, sich vertraulich an die Aufsichtsbehörde wenden zu können, ohne befürchten zu müssen, dass ihnen von Seiten des Verantwortlichen Repressalien drohen.[6] Umgekehrt sind auch die Aufsichtsbehörden auf das Vertrauen und die Hinweise aus der Bevölkerung angewiesen, um ihre Aufgaben als Petitionsstelle und Kontrollbehörde effektiv wahrnehmen zu können. Sie dient daher auch dem öffentlichen Interesse und dem Schutz sämtlicher Personen, deren Verhältnisse der Aufsichtsbehörde bekannt werden, also grundsätzlich auch der verantwortlichen Stelle und ihren Mitarbeitern.

II. Ergänzungen, Änderungen durch das BDSG nF

3 Der Bundesgesetzgeber kommt dem Regelungsauftrag des Abs. 1 in den §§ 8, 10–13 BDSG nF nach (Übersichtstabelle → Rn. 7). Abs. 2 wird umgesetzt durch das Beamtenrecht bzw. § 13 Abs. 4 und 5 BDSG nF, der die BfDI zur Verschwiegenheit nach pflichtgemäßem Ermessen verpflichtet (→ Rn. 8 ff.). Die Verschwiegenheitsverpflichtung entspricht im Wesentlichen den bisherigen Regelungen, die in das BDSG nF überführt wurden.[7] Für die Landesaufsichtsbehörden ordnet § 13 Abs. 6 sowie § 40 Abs. 3 S. 4 BDSG nF zT die entsprechende Anwendung an, was im Hinblick auf die Gesetzgebungskompetenz des Bundes nicht unproblematisch ist.[8]

III. Systematik, Verhältnis zu anderen Vorschriften

4 Abs. 1 ist im Zusammenhang mit den Art. 51–53 zu lesen. Die Vorschrift definiert neben dem hier einschlägigen europäischen Primärrecht[9] den Rahmen, in welchem sich der nationale Gesetzgeber bewegen kann. So sind bei der Errichtung der Aufsichtsbehörden nach Abs. 1 lit. a die Anforderungen des Art. 51 zu

---

[2] von der Groeben/Schwarze/*Obwexer,* EUV, Art. 4 Rn. 32; Grabitz/Hilf/Nettesheim/*v. Bogdandy/Schill,* EUV, Art. 4 Rn. 17; *Streinz,* EUV, Art. 4 Rn. 16; Calliess/Ruffert/*Puttler,* EUV, Art. 4 Rn. 18.

[3] ZB Subsidiaritätsrüge des BR, BR-Drs. 52/12, Beschl. v. 30.3.2012; dazu ausf. *Nguyen,* ZEuS 2012, 277.

[4] Kühling/Buchner/*Boehm,* Art. 54 Rn. 16.

[5] BeckOK DatenschutzR/*Schneider,* DS-GVO, Art. 54 Rn. 3; vgl. zur Regelung im BDSG OVG NW, Urt. v. 23.3.2009 – 5 B 1184/08 Rn. 17; Simitis/*Dammann,* BDSG, § 23 Rn. 25.

[6] Kühling/Buchner/*Boehm,* DS-GVO, Art. 54 Rn. 17.

[7] *Kühling/Martini,* S. 174.

[8] Sydow/*Ziebarth,* DS-GVO, Art. 54 Rn. 53.

[9] Dazu ausf. Ehmann/Selmayr/*Selmayr,* DS-GVO, Art. 54 Rn. 13.

beachten und ihre Unabhängigkeit iSd Art. 52 zu wahren. Dasselbe gilt bei der Ausgestaltung der Beschäftigungsbedingungen der Mitglieder und Beschäftigten der Aufsichtsbehörden nach Abs. 1 lit. f. Bei der Regelung des Ernennungsverfahrens und der -voraussetzungen gem. Abs. 1 lit. b und c sind Art. 53 Abs. 1 und 2 zu beachten. Eine Pflicht zur **Verschwiegenheit** (Abs. 2) war bislang in Art. 28 Abs. 7 DS-RL normiert, der vorsah, dass die Mitglieder und Bediensteten der Kontrollstellen hinsichtlich der vertraulichen Informationen, zu denen sie Zugang haben, dem Berufsgeheimnis, auch nach Ausscheiden aus dem Dienst, unterliegen.

B. Einzelerläuterungen

I. Rahmen für den nationalen Gesetzgeber (Abs. 1)

Abs. 1 lit. a stellt klar, dass die Errichtung der Aufsichtsbehörde durch ein **Gesetz** erfolgen muss. Ansonsten entspricht die Vorschrift ihrem Inhalt nach der Regelung des Art. 51 Abs. 1, sodass auf die dortige Kommentierung verwiesen wird (→ Art. 51 Rn. 4 f.). Abs. 1 lit. b überlässt es den Mitgliedstaaten zu regeln, welche Qualifikationen und sonstigen Voraussetzungen für die Ernennung zur Leitungsperson einer Aufsichtsbehörde erforderlich sind. Allerdings muss diese gem. Art. 53 Abs. 2 zumindest über eine gewisse Fachkunde und Erfahrung im Bereich des Datenschutzes verfügen (→ Art. 53 Rn. 4). Abs. 1 lit. c hat neben Art. 53 Abs. 1 kaum eigenständige Bedeutung (→ Art. 53 Rn. 2). Abs. 1 lit. d und e überlassen die Entscheidung der maximalen Dauer der Amtszeit und die Frage, ob eine Wiederwahl möglich ist, dem nationalen Gesetzgeber. 5

Nach Abs. 1 lit. f können die Mitgliedstaaten die Bedingungen im Hinblick auf die Pflichten der Leitungsperson und des Personals der Aufsichtsbehörde gesetzlich regeln. Dies umfasst auch die Kompetenz, Handlungen und Tätigkeiten näher zu definieren, deren Ausübung den genannten Personen während und nach ihrer Amtszeit verboten sein soll. Auch hier ist insbesondere die Unabhängigkeit der Aufsichtsbehörden zu beachten. Insbesondere darf die Regelung nicht dazu führen, dass eine Amtsenthebung gem. Art. 53 Abs. 3 und 4 ohne Weiteres möglich ist. 6

Der Bundesgesetzgeber ist den Regelungsaufträgen der Abs. 1 lit. a–f durch die in der zweiten Spalte der folgenden Tabelle aufgelisteten Vorschriften im BDSG nF nachgekommen. Kommentierungen dieser Ausgestaltungen durch den Bundesgesetzgeber sind an den in der dritten Spalte angegebenen Stellen zu finden: 7

Art. 54 DS-GVO	**BDSG nF**	**Kommentierung**
Abs. 1 lit. a (Errichtung)	§§ 8, 10	→ Art. 52 Rn. 4 f., 11, 20, 22
Abs. 1 lit. b (Qualifikation)	§ 11 Abs. 1 S. 3–5	→ Art. 53 Rn. 6
Abs. 1 lit. c (Ernennung)	§ 11 Abs. 1 S. 1–2, Abs. 2	→ Art. 53 Rn. 4
Abs. 1 lit. d (Amtszeit)	§ 11 Abs. 3 S. 1	→ Art. 53 Rn. 8
Abs. 1 lit. e (Wiederwahl)	§ 11 Abs. 3 S. 2	→ Art. 53 Rn. 8
Abs. 1 lit. f Var. 1 (Verbote)	§ 13 Abs. 1 und 2	→ Art. 52 Rn. 6, 15 f.
Abs. 1 lit. f Var. 2 (Beendigung)	§ 12 Abs. 2 und 3	→ Art. 53 Rn. 10

II. Verschwiegenheitspflicht (Abs. 2)

8 **1. Verpflichtete.** Die Verschwiegenheitspflicht des Abs. 2 gilt sowohl für die **Leitungsperson als auch für die Bediensteten** der Aufsichtsbehörde. Sie bezieht sich auf alle vertraulichen Informationen, die diesen Personen bei der Wahrnehmung ihrer Aufgaben nach Art. 57 bzw. bei der Ausübung ihrer Befugnisse nach Art. 58 bekannt werden. Vor Aussagen und Erklärungen soll lediglich ein pflichtgemäßes Ermessen von der BfDI selbst ausgeübt werden (§ 13 Abs. 4 S. 3 BDSG nF), die auch dann entscheidet, wenn es um Aussagen ihrer Mitarbeiter geht (§ 13 Abs. 3 S. 2 BDSG nF). Dass die Pflicht zur Verschwiegenheit auch über die Beendigung des Dienstverhältnisses hinaus andauert, regelt für die BfDI § 13 Abs. 4 S. 1 BDSG nF, der wortgleich aus § 23 Abs. 4 BDSG aF übertragen wurde.

9 **2. Umfang der Verschwiegenheitspflicht.** Welche Informationen als vertraulich im Sinne der Vorschrift einzustufen sind, wird nicht näher erläutert. Da die Vorschrift aber dazu dient, ein Vertrauensverhältnis zu Betroffenen zu fördern, ist davon auszugehen, dass grundsätzlich alle Angaben, die ein Betroffener in einem Beschwerdeverfahren nach Art. 77 offenlegt, im Zweifel als vertraulich einzustufen sind (vgl. Abs. 2 S. 2).[10]

10 Die Verschwiegenheitspflicht ist aber nicht auf personenbezogene Daten beschränkt. Vielmehr unterliegen ihr auch **Geschäftsgeheimnisse,** mit welchen die Aufsichtsbehörden zB bei Untersuchungen nach Art. 58 Abs. 1 lit. b regelmäßig in Kontakt kommen.[11] Nicht unter die Verschwiegenheitspflicht fallen Tatsachen, die offenkundig sind oder ihrer Bedeutung nach keiner Geheimhaltung bedürfen, da Abs. 2 nur „vertrauliche" Informationen schützt (vgl. auch § 13 Abs. 4 S. 2 BDSG nF).[12] Im Zweifel sollten Unternehmen gegenüber der Aufsichtsbehörde deutlich machen, ob und aus welchen Gründen ein bestimmter Sachverhalt geheimhaltungsbedürftig ist. Keine vertrauliche Information im Sinn der Vorschrift ist es, dass ein Datenschutzverstoß vorliegt oder eine bestimmte Datenverarbeitung besonders risikobehaftet ist. Vielmehr gehört es zu den Aufgaben der Aufsichtsbehörden, in solchen Fällen die Öffentlichkeit zu informieren (→ Art. 57 Rn. 9; → Art. 58 Rn. 17). Die Pflicht, Straftaten anzuzeigen und bei einer Gefährdung der freiheitlichen demokratischen Grundordnung für deren Erhaltung einzutreten, bleibt gem. § 13 Abs. 4 S. 4 BDSG nF ebenfalls unberührt.

11 **3. Konsequenzen für Anträge auf Akteneinsicht.** Die Verschwiegenheitspflicht kann **Ansprüche auf Akteneinsicht einschränken,** die sich ggf. aus dem nationalen Recht, insbesondere aus Informationsfreiheits- oder Pressegesetzen, ergeben.[13] Vertrauliche Informationen nach dieser Vorschrift sind iSd § 29 Abs. 2 VwVfG ihrem Wesen nach geheim zu halten, sodass zB in Beschwerdeverfahren nach Art. 77 außer dem Beschwerdeführer grundsätzlich niemandem Akteneinsicht zu gewähren ist.[14] Dies ergibt sich aus einer europarechtskonformen Ausle-

---

[10] Ehmann/Selmayr/*Selmayr*, DS-GVO, Art. 54 Rn. 13; ähnlich auch Kühling/Buchner/*Boehm*, DS-GVO, Art. 54 Rn. 17.

[11] BeckOK DatenschutzR/*Schneider*, DS-GVO, Art. 54 Rn. 3; Ehmann/Selmayr/*Selmayr*, DS-GVO, Art. 54 Rn. 13.

[12] Ausf. dazu Ehmann/Selmayr/*Selmayr*, DS-GVO, Art. 54 Rn. 13 f.

[13] Vgl. § 3 Nr. 4 IFG; zu § 4 Abs. 2 Nr. 2 Pressegesetz NW vgl. zur alten Rechtslage OVG NW, Urt. v. 23.3.2009 – 5 B 1184/08.

[14] IErg wohl auch Kühling/Buchner/*Boehm*, DS-GVO, Art. 54 Rn. 17.

gung, da iRd § 29 Abs. 2 VwVfG die Persönlichkeitsrechte der Betroffenen berücksichtigt werden können.[15] Etwas anderes gilt für Verfahren, in welchen die Aufsichtsbehörde nach Art. 83 Sanktionen verhängt oder förmliche Anweisungen nach Art. 53 Abs. 2 erlässt. Da damit die Ausübung von Eingriffsbefugnissen verbunden ist, muss Akteneinsicht zur Wahrung eines fairen Verfahrens zumindest zum Teil gewährt werden.

4. Zeugnisverweigerungsrecht nach dem BDSG nF. Durch wortgleiche Übernahme von § 23 Abs. 4 BDSG aF ergänzt § 13 Abs. 3 BDSG nF die Verschwiegenheitspflicht um ein Zeugnisverweigerungsrecht für die BfDI und ihre Mitarbeiter. Das Zeugnisverweigerungsrecht und die Befugnis nach eigenem Ermessen über eine gerichtliche oder außergerichtliche Aussage zu entscheiden (§ 13 Abs. 4 S. 3 BDSG nF), sind Ausdruck der Unabhängigkeit der Aufsichtsbehörden. Dieses Ermessen findet seine Grenzen erst dort, wo Nachteile für das Wohl des Bundes oder eines Landes entstehen oder Grundrechte verletzt würden (§ 13 Abs. 5 BDSG nF). In Kernbereichen exekutiver Eigenverantwortung der Bundesregierung bedarf eine Zeugenaussage der Leitungsperson zudem der Genehmigung der Regierung, was im Hinblick auf die Unabhängigkeit der Aufsichtsbehörden teilweise kritisch gesehen wird.[16] 12

Abschnitt 2. Zuständigkeit, Aufgaben und Befugnisse

Art. 55 Zuständigkeit

(1) **Jede Aufsichtsbehörde ist für die Erfüllung der Aufgaben und die Ausübung der Befugnisse, die ihr mit dieser Verordnung übertragen wurden, im Hoheitsgebiet ihres eigenen Mitgliedstaats zuständig.**

(2) [1]**Erfolgt die Verarbeitung durch Behörden oder private Stellen auf der Grundlage von Artikel 6 Absatz 1 Buchstabe c oder e, so ist die Aufsichtsbehörde des betroffenen Mitgliedstaats zuständig.** [2]**In diesem Fall findet Artikel 56 keine Anwendung.**

(3) **Die Aufsichtsbehörden sind nicht zuständig für die Aufsicht über die von Gerichten im Rahmen ihrer justiziellen Tätigkeit vorgenommenen Verarbeitungen.**

Literatur: *Albrecht*, Die EU-Datenschutzgrundverordnung rettet die informationelle Selbstbestimmung! – Ein Zwischenruf für einen einheitlichen Datenschutz durch die EU, ZD 2013, 587; *Albrecht*, Das neue EU-Datenschutzrecht – Von der Richtlinie zur Verordnung – Überblick und Hintergründe zum finalen Text für die Datenschutz-Grundverordnung der EU nach der Einigung im Trilog, CR 2016, 88; *Ashkar*, Durchsetzung und Sanktionierung des Datenschutzrechts nach den Entwürfen der Datenschutz-Grundverordnung, DuD 2015, 796; *Caspar*, Das aufsichtsbehördliche Verfahren nach der EU-Datenschutz-Grundverordnung, ZD 2012, 555; *Dix*, Unabhängige Datenschutzkontrolle als vorgezogener Grundrechtsschutz in: Krüger, Unabhängiges Verwalten, 2015; *Kranig*, Zuständigkeit der Datenschutzaufsichtsbehörden – Feststellung des Status quo mit Ausblick auf die DS-GVO, ZD 2013, 550; *Kühling/Martini* et al., Die Datenschutz-Grundverordnung und das nationale Recht, 2016; *Lüdemann/Wenzel*, Zur Funktionsfähigkeit der Datenschutzaufsicht in Deutschland, RDV

[15] Knack/Henneke/*Ritgen*, VwVfG, § 29 Rn. 79; *Kugele*, VwVfG, § 29 Rn. 8.
[16] Sydow/*Ziebarth*, Art. 54 Rn. 49.

2015, 285; *Nguyen*, Die zukünftige Datenschutzaufsicht in Europa, ZD 2015, 265; *Reding*, Sieben Grundbausteine der europäischen Datenschutzreform, ZD 2012, 195; *Schantz*, Die Datenschutz-Grundverordnung – Beginn einer neuen Zeitrechnung im Datenschutzrecht, NJW 2016, 1841; *Schultze-Melling*, Keine Aufsichtsbehörde ist eine Insel ..., ZD 2015, 397.

Übersicht

A. Allgemeines

I. Zweck und Bedeutung der Norm

1 Die Regeln über die Zuständigkeit der Aufsichtsbehörde stellen eine der wichtigsten **Innovationen** der DS-GVO gegenüber der bisherigen Rechtslage dar.[1] Zwar ist jede Aufsichtsbehörde gem. Art. 55 Abs. 1 wie bisher im Hoheitsgebiet ihres eigenen Mitgliedstaates zuständig.[2] Allerdings können sich die Aufsichtsbehörden auch mit Datenverarbeitungen ausländischer Unternehmen befassen, die sich auf betroffene Personen mit Wohnsitz in ihrem Hoheitsgebiet auswirken bzw. ausgerichtet sind (Erwägungsgrund 122). Das hat insbesondere zur Folge, dass Betroffene künftig das Recht haben, sich bei ihrer Aufsichtsbehörde vor Ort gegen eine Datenverarbeitung durch ein ausländisches Unternehmen zu beschweren. Das Beschwerderecht gilt unabhängig davon, ob diese Unternehmen innerhalb oder außerhalb der EU niedergelassen sind. Damit soll dem Rechtsschutzdefizit begegnet werden, welches das Verfahren des Österreichers *Max Schrems* offengelegt hat, der sich an die irische Aufsichtsbehörde und Gerichte wenden musste, um seine Rechte zu verfolgen.[3] Was in dem konkreten Verfahren erfolgreich war, ist im Normalfall schon innerhalb der EU aufgrund der räumlichen Entfernung und der Sprachbarriere in vielen Fällen für die Betroffenen kaum möglich.[4] Gegen außereuropäische Unternehmen gab es vor der DS-GVO kein Beschwerderecht, soweit dies nicht zwischenstaatlich vereinbart wurde. Mit Einführung des **Markt-**

---

[1] *Reding*, ZD 2012, 195 (196 f.); *Nguyen*, ZD 2015, 265.

[2] Zur bisherigen Rechtslage EuGH, Urt. v. 28.7.2016 – C-191/15 – Verein für Konsumenteninformation; EuGH, Urt. v. 1.10.2015 – C-230/14 – Weltimmo; EuGH, Urt. v. 13.5.2014 – C-131/12 – Google Spain.

[3] EuGH, Urt. v. 6.10.2015 – C-362/14 – Schrems.

[4] *Schantz*, NJW 2016, 1841 (1847); *Nguyen*, ZD 2015, 265 (266).

ortprinzips nach Art. 3 wird dieses Rechtschutzdefizit beseitigt und die Zuständigkeit der Aufsichtsbehörden begründet.[5]

Damit sich Unternehmen trotz der Erweiterung der Zuständigkeit nicht mit möglicherweise divergierenden Entscheidungen verschiedener Aufsichtsbehörden auseinandersetzen müssen, wurde das **One-Stop-Shop-Verfahren** geschaffen, welches in Art. 56 normiert ist. Während Art. 55 bei der Prüfung der Zuständigkeit stets zu beachten ist, kommt Art. 56 nur dann zur Anwendung, wenn eine sog. grenzüberschreitende Verarbeitung (Legaldefinition: Art. 4 Abs. 23) vorliegt und somit mehrere europäische Aufsichtsbehörden mit demselben Fall befasst sein können (→ Art. 56 Rn. 4 ff.). Ausnahmen bilden die in Art. 55 Abs. 2 genannten Fälle, in welchen es trotz einer grenzüberschreitenden Verarbeitung bei der Regelung des Art. 55 Abs. 1 bleibt (→ Rn. 19 ff.). 2

Abs. 3 orientiert sich an Art. 46 lit. c VO (EG) Nr. 45/2001, der die Aufgaben des EDPS beschreibt, und regelt, dass **Datenverarbeitungen, die von Gerichten** im Rahmen ihrer gerichtlichen Tätigkeit erfolgen, von der Zuständigkeit der Aufsichtsbehörden ausgenommen sind. Diese Ausnahme trägt der Unabhängigkeit der Justiz Rechnung, die sich unionsrechtlich aus Art. 47 Abs. 2 S. 1 GRCh, Art. 6 Abs. 1 S. 1 EMRK ergibt.[6] 3

II. Ergänzungen, Änderungen durch das BDSG nF

Art. 55 Abs. 1 wird durch § 9 Abs. 1 BDSG nF um eine innerstaatliche Zuständigkeitsregelung ergänzt, die im Zusammenspiel mit § 40 Abs. 1 BDSG nF die Verteilung der sachlichen Zuständigkeit zwischen Bund und Ländern regelt. Im Wesentlichen bleibt es dabei, dass den Ländern die Aufsicht über den Großteil des nichtöffentlichen Bereiches zukommt (→ Rn. 8, 9). Die Zuständigkeitsabgrenzung zwischen den Ländern regelt § 40 Abs. 2 (→ Rn. 9). Darüber hinaus wiederholt § 9 Abs. 2 BDSG nF die Ausnahme des Art. 55 Abs. 3, was jedoch aufgrund dessen unmittelbarer Anwendbarkeit gem. § 1 Abs. 5 BDSG nF keine Rechtswirkung im Regelungsbereich der DS-GVO entfaltet (→ Rn. 13). 4

B. Einzelerläuterungen

I. Zuständigkeit (Abs. 1)

1. Räumliche Zuständigkeit. Gem. Art. 55 Abs. 1 ist jede Aufsichtsbehörde **innerhalb** des Hoheitsgebietes ihres eigenen Mitgliedstaates für die Erfüllung ihrer Aufgaben nach Art. 57 und die Ausübung ihrer Befugnisse nach Art. 58 zuständig. Die räumliche Zuständigkeit der Aufsichtsbehörde wurde in Anlehnung an die Rechtsprechung des EuGH zur DS-RL sehr weit gefasst.[7] Sie erstreckt sich auf nahezu **jede** inländische Datenverarbeitung. Nach Erwägungsgrund 122 ist die Aufsichtsbehörde bereits dann zuständig, wenn ein Verantwortlicher oder ein Auftragsverarbeiter eine **Niederlassung** im Hoheitsgebiet des Mitgliedstaats unterhält, im Rahmen deren Tätigkeit personenbezogene Daten verarbeitet wer- 5

---

[5] *Albrecht*, CR 2016, 88 (90); *Schantz*, NJW 2016, 1841 (1842).

[6] Stellungnahme GA *Kokott*, v. 2.10.2012, C-286/12, Rn. 54 – Kommission/Ungarn.

[7] EuGH, Urt. v. 28.7.2016 – C-191/15 – Verein für Konsumenteninformation; EuGH, Urt. v. 1.10.2015 – C-230/14, Rn. 27 – Weltimmo; EuGH, Urt. v. 13.5.2014 – C-131/12, Rn. 54 – Google Spain.

den. Bei der Beurteilung, ob eine Niederlassung vorliegt, ist insbesondere der Charakter der Tätigkeit und der in Rede stehenden Dienstleistung zu berücksichtigen. Insbesondere bei Unternehmen, die ausschließlich Leistungen über das Internet anbieten, kann das Vorhandensein eines einzigen Vertreters unter bestimmten Umständen ausreichen, wenn dieser mit einem hinreichenden Grad an Beständigkeit mit den für die Erbringung der betreffenden konkreten Dienstleistungen erforderlichen Mitteln im fraglichen Mitgliedstaat tätig ist.[8]

6 Mit Geltung der DS-GVO wird allerdings die insbesondere in den EuGH-Urteilen Google Spain[9] und Weltimmo[10] aufgeworfene Frage, wann eine Niederlassung vorliegt, die die Zuständigkeit der jeweiligen Aufsichtsbehörde begründet, an Bedeutung verlieren. Dies liegt daran, dass die Zuständigkeit der Aufsichtsbehörde auch dann begründet wird, wenn sich Verarbeitungstätigkeiten auf Betroffene im Hoheitsgebiet des Mitgliedstaats der jeweiligen Aufsichtsbehörde **auswirken bzw. ausgerichtet** sind (Erwägungsgrund 122 S. 2). Ein Auswirken in diesem Sinne muss, anders als in Art. 4 Nr. 22 und Nr. 23 lit. b, nicht erheblich sein und liegt spätestens dann vor, wenn Daten von im Hoheitsgebiet ansässigen Personen verarbeitet werden oder diese potentiell Rechte aus der DS-GVO ableiten können. Ist das Unternehmen, von dem diese Auswirkung ausgeht, allerdings in einem anderen Mitgliedstaat niedergelassen, so ist bei der Bestimmung der Zuständigkeit Art. 56 zu beachten (→ Art. 56 Rn. 5 f.). Noch weiter gefasst ist die Zuständigkeit für Unternehmen, – aber auch für öffentliche Stellen – die im **außereuropäischen** Ausland niedergelassen sind. Dann wird die Zuständigkeit bereits begründet, wenn die Verarbeitungstätigkeiten auf Personen **ausgerichtet** sind, die ihren Wohnsitz in dem jeweiligen Mitgliedstaat haben (Erwägungsgrund 122). Eine tatsächliche Auswirkung ist in diesem Fall nicht notwendig. Eine Ausrichtung ist dann anzunehmen, wenn die Datenverarbeitung iSd Art. 3 Abs. 2 dazu dient, Betroffenen in dem Mitgliedstaat Waren oder Dienstleistungen anzubieten oder sie zu beobachten.

7 **Rechtsfolge** der Zuständigkeit ist es, dass die Aufsichtsbehörde zur Wahrnehmung der Aufgaben nach Art. 57 verpflichtet ist und dazu auf die in Art. 58 normierten Befugnisse zurückgreifen kann. Nach Erwägungsgrund 122 gilt dies insbesondere für die Bearbeitung von Beschwerden, die Durchführung von Untersuchungen sowie die Förderung der Information der Öffentlichkeit über Risiken, Vorschriften, Garantien und Rechte im Zusammenhang mit der Verarbeitung personenbezogener Daten. Folge des weiten Zuständigkeitsbegriffs ist es aber auch, dass bei grenzüberschreitenden Sachverhalten iSd Art. 4 Nr. 23 **mehrere Aufsichtsbehörden** iSd Abs. 1 zuständig sein können. In diesem Fall kommt das One-Stop-Shop-Verfahren zur Anwendung, welches in Art. 56 beschrieben wird (→ Art. 56 Rn. 10 ff.).

8 **2. Zuständigkeitsverteilung in Deutschland (§ 9 Abs. 1 BDSG nF).** Da die DS-GVO keine Regelung zur Zuständigkeitsabgrenzung innerhalb der Mitgliedstaaten trifft, konnte die bisherige Zuständigkeitsverteilung bestehen bleiben. Die **BfDI** ist gem. § 9 Abs. 1 S. 1 BDSG nF für Datenverarbeitungen durch öffentliche Stellen des Bundes zuständig. Dazu gehören auch diejenigen Stellen

[8] EuGH, Urt. v. 1.10.2015 – C-230/14, Rn. 29 f. – Weltimmo.

[9] EuGH, Urt. v. 13.5.2014 – C-131/12 – Google Spain, ZD 2014, 350 mAnm *Karg*, ZD 2014, 359.

[10] EuGH, Urt. v. 1.10.2015 – C-230/14 – Weltimmo, ZD 2015, 580 mAnm *Karg*, ZD 2015, 584.

des Bundes, die iSv § 2 Abs. 5 BDSG nF als öffentlich-rechtliche Unternehmen am Wettbewerb teilnehmen, was der Regelung von § 27 Abs. 1 Nr. 2 lit. a BDSG aF entspricht. Zusätzlich ist sie gem. § 115 Abs. 4 TKG auch für nichtöffentliche Stellen zuständig, soweit diese für die geschäftsmäßige Erbringung von Telekommunikationsdiensten Daten von natürlichen oder juristischen Personen erheben, verarbeiten oder nutzen. Weitere spezialgesetzliche Zuweisungen bleiben ebenfalls erhalten. § 9 Abs. 1 S. 2 BDSG nF führt in sprachlich gegenüber § 11 Abs. 4 Nr. 1 lit. b BDSG aF deutlich aufgeräumter Form die Zuständigkeit für nichtöffentliche Auftragsverarbeiter in öffentlicher Hand fort. Im Ergebnis bleibt es also dabei, dass den Ländern neben der Kontrolle der öffentlichen Stellen des jeweiligen Landes zu einem ganz überwiegenden Teil die Aufsicht über den nichtöffentlichen Bereich zukommt, was nunmehr in § 40 Abs. 1 BDSG nF geregelt wird (→ Rn. 9).

3. Zuständigkeit der Länder nach § 40 Abs. 1, 2 BDSG nF. § 40 BDSG nF regelt die **Zuständigkeit der Aufsichtsbehörden der Länder** und – in Ergänzung zu Art. 58 Abs. 6 DS-GVO – auch deren Befugnisse gegenüber nichtöffentlichen Stellen (→ Art. 58 Rn. 3). Durch den Verweis auf das Landes**recht** wird der überholte § 38 Abs. 6 BDSG aF ersetzt, der eine Bestimmung der Landesaufsichtsbehörde durch die jeweilige Landes**regierung** vorsah. Die grundsätzliche Aufteilung der Zuständigkeiten wird beibehalten (→ Rn. 8).[11] 9

Mit Abs. 2 erhält eine echte Neuerung Einzug in das BDSG: Bislang richtete sich die Zuständigkeitsabgrenzung zwischen den Ländern nach allgemeinem Verwaltungsverfahrensrecht.[12] Nunmehr bestimmt sich die Zuständigkeit nach der **Hauptniederlassung** des Unternehmens, wobei Art. 4 Nr. 16 DS-GVO entsprechend anzuwenden ist. Maßgeblich wird damit der Sitz der administrativen Verwaltung bzw. diejenige Niederlassung, in welcher über die Zwecke und Mittel der in Rede stehenden Datenverarbeitung entschieden wird (→ Art. 4 Rn. 80).[13] Lediglich **bei Fehlen eines innereuropäischen Unternehmenssitzes** kommt es zu einer parallelen Zuständigkeit aller betroffenen Aufsichtsbehörden, soweit das Unternehmen gem. Art 3 Abs. 2 der DS-GVO unterliegt (→ Art. 56 Rn. 7).[14] Insoweit findet für Unternehmen eine Übertragung des One-Stop-Shop-Prinzips auf die innerstaatliche Ebene statt (→ Art. 56 Rn. 10 ff.). Der Betroffene hat hingegen nicht das Recht, sich bei der Aufsichtsbehörde seines Bundeslandes zu beschweren. Gem. § 19 Abs. 2 BDSG nF sind Beschwerden stets an die federführende oder an diejenige Aufsichtsbehörde abzugeben, in welcher das Unternehmen eine Niederlassung hat. Dies ist auch mit der DS-GVO zu vereinbaren, da diese lediglich vorgibt, dass eine Beschwerde bei einer Aufsichtsbehörde innerhalb des eigenen Mitgliedstaats möglich sein muss (Art. 77 Abs. 1, Erwägungsgrund 141 S. 1). 10

Bei Unternehmen, die über mehrere **selbständige** Niederlassungen in verschiedenen Bundesländern verfügen, kommt es auf die Hauptniederlassung hingegen nicht an. Das liegt daran, dass rechtlich selbständige Tochtergesellschaften selbst als Verantwortliche oder Auftragsdatenverarbeiter anzusehen sind. Agieren 11

[11] Kühling/Buchner/*Dix*, 2. Aufl., BDSG, § 40 Rn. 1 ff.

[12] *Kranig*, ZD 2013, 550 (551 ff.) mwN.

[13] Zur Bestimmung der Hauptniederlassung auf europäischer Ebene *Artikel-29-Datenschutzgruppe*, Leitlinien für die Bestimmung der federführenden Aufsichtsbehörde eines Verantwortlichen oder Auftragsverarbeiters, WP 244 rev.01 v. 5.4.2017, Ziff. 1.3, 2.1.

[14] Kühling/Buchner/*Dix*, 2. Aufl., BDSG, § 40 Rn. 6.

die Ableger als eigenständige juristische Personen, so sind sie auch für ihre Datenverarbeitung verantwortlich und damit „Verantwortlicher“ iSv Art. 4 Nr. 7 (→ Art. 56 Rn. 8). Die Folge ist, dass wie bisher die Aufsichtsbehörde desjenigen Bundeslandes zuständig ist, in welchem die jeweils rechtlich selbständige Tochtergesellschaft ihren Sitz hat.

12 Bei **Kompetenzkonflikten** oder paralleler Zuständigkeit mehrerer Aufsichtsbehörden nach § 40 Abs. 2 S. 2 BDSG nF soll ein **Streitbeilegungsverfahren** nach Maßgabe von § 18 Abs. 2 BDSG nF stattfinden. Dieser Verweis auf § 18 Abs. 2 BDSG nF ist indes schwer mit dem Föderalismusprinzip zu vereinbaren. Abgesehen davon, dass es ohnehin zweifelhaft ist, ob der Bundesgesetzgeber überhaupt eine Regelung zur Zuständigkeitsabgrenzung zwischen den Ländern treffen kann, ist es kaum haltbar, dass eine Bundesbehörde über Zuständigkeitskonflikte zwischen den Ländern mitentscheidet. Daher muss der Verweis in § 40 Abs. 2 S. 2 BDSG nF verfassungskonform so ausgelegt werden, dass § 18 Abs. 2 BDSG nF nur dergestalt Anwendung findet, dass das Streitbeilegungsverfahren ohne Beteiligung der BfDI durchgeführt wird. Unklar ist auch, welche Behörde den Vorschlag nach § 18 Abs. 2 BDSG nF vorlegt, da die Mitgliedschaft im EDSA keine Relevanz in diesem Zusammenhang hat[15] und über die Zuständigkeit, die auch eine mögliche Federführung begründen könnte, gerade entschieden werden soll.

13 Lediglich bei Gefahr im Verzug und ähnlich dringlichen Sachverhalten kann gem. § 40 Abs. 2 S. 3 BDSG nF auch nach § 3 Abs. 4 VwVfG vorgegangen werden, sodass das aufwändige Kompetenzfindungsverfahren ggf. **unaufschiebbare Maßnahmen** nicht ausbremst.[16] So könnten bspw. im Falle eines Datenlecks eines über mehrere Niederlassungen in unterschiedlichen Bundesländern verfügenden Unternehmens von einer der betroffenen Aufsichtsbehörden Anordnungen zur Eindämmung eines solchen Lecks getroffen werden. Gleiches gälte im Falle von unaufschiebbaren Maßnahmen gegenüber einem Unternehmen, dass über keinen Sitz im Geltungsbereich der DS-GVO verfügt, aber Daten in deren Anwendungsbereich verarbeitet. Die jeweils auch betroffenen Aufsichtsbehörden sind unverzüglich über die ergriffenen Maßnahmen in Kenntnis zu setzen.

II. Ausnahmen vom One-Stop-Shop (Abs. 2)

14 **Abs. 2** regelt zwei Ausnahmen von der in Abs. 1 genannten Rechtsfolge (→ Rn. 7). In diesen Fällen ist ungeachtet einer etwaigen grenzüberschreitenden Verarbeitung iSd Art. 4 Abs. 23 **stets** die Aufsichtsbehörde des jeweiligen Mitgliedstaats allein zuständig. Das One-Stop-Shop-Verfahren des Art. 56 kommt nicht zur Anwendung, sondern es bleibt bei der Zuständigkeit der Behörde des jeweiligen Mitgliedstaats nach Art. 55 Abs. 1. Die Ausnahmen betreffen Datenverarbeitungen, die auf Grundlage von Art. 6 Abs. 1 lit. c und e erfolgen (→ Art. 6 Rn. 38 ff., 45 ff.).[17]

15 Art. 6 Abs. 1 lit. c bildet die Rechtsgrundlage für Datenverarbeitungen, die zur Erfüllung einer Rechtspflicht erforderlich sind, der der Verantwortliche unterliegt. Diese Rechtspflicht ergibt sich regelmäßig aus dem **Recht des jeweiligen Mitgliedstaates** und soll daher auch von der entsprechenden mitgliedstaatlichen Behörde beurteilt werden. Beispiel: Ein Geldinstitut ist nach dem deutschen Geld-

[15] Kühling/Buchner/*Dix*, 2. Aufl., BDSG, § 40 Rn. 8.

[16] Zu den Eil- und Sonderzuständigkeiten nach § 3 Abs. 3 und 4 VwVfG eingehend Kühling/Buchner/*Dix*, 2. Aufl., BDSG, § 40 Rn. 8.

[17] *Kühling/Martini*, S. 174 f.

wäschegesetz verpflichtet, bestimmte Informationen über Vertragspartner, wirtschaftlich Berechtigte, Geschäftsbeziehungen und Transaktionen zu speichern. Ob die Voraussetzungen des Geldwäschegesetzes eingehalten werden, überprüft allein die zuständige deutsche Aufsichtsbehörde, auch dann, wenn der Betroffene in einem anderen Mitgliedstaat ansässig ist. Der One-Stop-Shop-Mechanismus des Art. 56 kommt nicht zur Anwendung.

Art. 6 Abs. 1 lit. e stellt die rechtliche Grundlage für Datenverarbeitungen dar, **16** die für die Wahrnehmung einer Aufgabe durchgeführt werden, die im öffentlichen Interesse oder in der Ausübung hoheitlicher Gewalt erfolgen. Dieser Fall betrifft die Datenverarbeitung durch eine **Behörde** bzw. einer Stelle, die von einer Behörde mit der Wahrnehmung öffentlicher Aufgaben betraut wurde (vgl. Erwägungsgrund 128). Um der Souveränität der Mitgliedstaaten Rechnung zu tragen, wird damit gewährleistet, dass keine Aufsichtsbehörde eine Datenverarbeitung kontrollieren kann, die von einer Behörde oder sonstigen öffentlichen Stelle eines anderen Mitgliedstaats vorgenommen wird.[18] Beispiel: Die Aufgabe der Erhebung und Überwachung einer Lkw-Maut wird auf ein Unternehmen übertragen. Nach Abs. 2 ist die Aufsichtsbehörde desjenigen Staates zuständig, der die Übertragung vorgenommen hat. Das gilt auch dann, wenn das Unternehmen seine Hauptniederlassung in einem anderen Mitgliedstaat hat.

III. Ausnahmen für justizielle Tätigkeiten (Abs. 3)

1. Ausnahmen für Gerichte (Abs. 3). Abs. 3 trägt der **Unabhängigkeit** **17** **der Justiz** gem. Art. 47 Abs. 2 S. 1 GRCh, Art. 6 Abs. 1 S. 1 EMRK Rechnung. Diese schützt das Gericht als Spruchkörper sowie die einzelnen Richter als Teile desselben.[19] Daher fallen unter Abs. 3 nur solche Tätigkeiten, die im Rahmen der Rechtsprechung vorgenommen werden. Dazu gehören die Rechtsfindung und der Rechtsspruch sowie die der Vorbereitung und Durchführung dienenden Handlungen.[20] Dh, soweit Gerichte in Verwaltungsangelegenheiten tätig werden, unterfallen sie der Kontrolle der Datenschutzbehörden,[21] was auch der bisherigen Rechtslage entspricht (zB § 24 Abs. 3 BDSG aF, § 24 Abs. 2 S. 1 BlnDSG aF).[22] Aus demselben Grund sind auch Stellen, die gerichtliche Maßnahmen beantragen und ausführen, nicht von der Zuständigkeit der Aufsichtsbehörden ausgenommen. Der Umstand, dass eine von einer Exekutivbehörde beantragte und ausgeführte Maßnahme durch ein Gericht angeordnet wurde, beschränkt auch weiterhin nicht die Kontrollbefugnis der Aufsichtsbehörden im Hinblick auf die Beantragung der Maßnahme und die Datenverarbeitung im Zuge ihrer Durchführung.[23] Dort wo die Zuständigkeit der Aufsichtsbehörden nicht besteht, sollen besondere Stellen im Justizsystem des Mitgliedstaats die Einhaltung der Vorschriften der DS-GVO sicherstellen und entsprechende Beschwerden bearbeiten (Erwägungsgrund 20).

---

[18] Sydow/*Ziebarth*, Art. 55 Rn. 3, 7.

[19] *Meyer-Ladewig*, EMRK, Art. 6 Rn. 67; Calliess/Ruffert/*Blanke*, GRCh, Art. 47 Rn. 11.

[20] Vgl. Erwägungsgrund 20 S. 2; zu dem Begriff im dt. Recht BGH, Urt. v. 22.2.2006 – RiZ (R) 3/05 = NJW 2006, 1674.

[21] Ehmann/Selmayr/*Selmayr*, DS-GVO, Art. 55 Rn. 14.

[22] Konferenz des DSB v. Bund und Ländern (DSK), Entschließung v. 5./6.10.1998.

[23] Noch zur alten Rechtslage Konferenz des DSB v. Bund und Ländern (DSK), Entschließung v. 28./29.9.2011.

18 **2. Die Regelung des § 9 Abs. 2 BDSG nF.** § 9 Abs. 2 BDSG nF hat für den hiesigen Regelungsbereich keine Auswirkungen, da Art. 55 Abs. 3 unmittelbar anwendbar ist (vgl. § 1 Abs. 5 BDSG nF). Die Norm dient vielmehr der Umsetzung von Art. 45 Abs. 2 S. 1 RL (EU) 2016/680.[24] Nach der Intention des Gesetzgebers soll die Vorschrift aber über ihren Wortlaut hinaus die BfDI dazu anhalten, auch bei anderen Einrichtungen mit verfassungsunmittelbarer Unabhängigkeit diese zu achten und bei der Ausübung ihrer Befugnisse zu wahren.[25] Dies soll insbesondere für den Bundesrechnungshof gelten, soweit seine Mitglieder im Rahmen richterlicher Unabhängigkeit handeln. Es bleibt jedoch offen, in welcher Weise die Achtung und Wahrung der Unabhängigkeit zu erfolgen hat. Für eine Beschränkung der Zuständigkeit der Aufsichtsbehörde analog zu den Gerichten fehlt jedenfalls eine entsprechende Sonderregelung in der DS-GVO.[26]

Art. 56 Zuständigkeit der federführenden Aufsichtsbehörde

(1) **Unbeschadet des Artikels 55 ist die Aufsichtsbehörde der Hauptniederlassung oder der einzigen Niederlassung des Verantwortlichen oder des Auftragsverarbeiters gemäß dem Verfahren nach Artikel 60 die zuständige federführende Aufsichtsbehörde für die von diesem Verantwortlichen oder diesem Auftragsverarbeiter durchgeführte grenzüberschreitende Verarbeitung.**

(2) **Abweichend von Absatz 1 ist jede Aufsichtsbehörde dafür zuständig, sich mit einer bei ihr eingereichten Beschwerde oder einem etwaigen Verstoß gegen diese Verordnung zu befassen, wenn der Gegenstand nur mit einer Niederlassung in ihrem Mitgliedstaat zusammenhängt oder betroffene Personen nur ihres Mitgliedstaats erheblich beeinträchtigt.**

(3) **[1]In den in Absatz 2 des vorliegenden Artikels genannten Fällen unterrichtet die Aufsichtsbehörde unverzüglich die federführende Aufsichtsbehörde über diese Angelegenheit. [2]Innerhalb einer Frist von drei Wochen nach der Unterrichtung entscheidet die federführende Aufsichtsbehörde, ob sie sich mit dem Fall gemäß dem Verfahren nach Artikel 60 befasst oder nicht, wobei sie berücksichtigt, ob der Verantwortliche oder der Auftragsverarbeiter in dem Mitgliedstaat, dessen Aufsichtsbehörde sie unterrichtet hat, eine Niederlassung hat oder nicht.**

(4) **[1]Entscheidet die federführende Aufsichtsbehörde, sich mit dem Fall zu befassen, so findet das Verfahren nach Artikel 60 Anwendung. [2]Die Aufsichtsbehörde, die die federführende Aufsichtsbehörde unterrichtet hat, kann dieser einen Beschlussentwurf vorlegen. [3]Die federführende Aufsichtsbehörde trägt diesem Entwurf bei der Ausarbeitung des Beschlussentwurfs nach Artikel 60 Absatz 3 weitestgehend Rechnung.**

(5) **Entscheidet die federführende Aufsichtsbehörde, sich mit dem Fall nicht selbst zu befassen, so befasst die Aufsichtsbehörde, die die federführende Aufsichtsbehörde unterrichtet hat, sich mit dem Fall gemäß den Artikeln 61 und 62.**

---

[24] Gesetzesbegr. BT-Drs. 18/1132, 84.

[25] Gesetzesbegr. BT-Drs. 18/1132, 84.

[26] Ehmann/Selmayr/*Selmayr*, DS-GVO, Art. 55 Rn. 15; aA Paal/Pauly/*Körffer*, DS-GVO, Art. 55 Rn. 8.

(6) **Die federführende Aufsichtsbehörde ist der einzige Ansprechpartner der Verantwortlichen oder der Auftragsverarbeiter für Fragen der von diesem Verantwortlichen oder diesem Auftragsverarbeiter durchgeführten grenzüberschreitenden Verarbeitung.**

Literatur: *Artikel-29-Datenschutzgruppe,* Leitlinien für die Bestimmung der federführenden Aufsichtsbehörde einesVerantwortlichen oder Auftragsverarbeiters, WP 244 rev.01 v. 5.4.2017; vgl. auch die Hinweise zu Art. 55.

Übersicht

A. Allgemeines

I. Zweck und Bedeutung der Vorschrift

1 Art. 56 bildet das Herzstück des sog. **One-Stop-Shops**, und regelt das Zusammenwirken der zuständigen Aufsichtsbehörden bei grenzüberschreitenden Datenverarbeitungen innerhalb der EU. Die Vorschrift stellt eine der wesentlichen Innovationen der DS-GVO dar. Bereits im Kommissionsentwurf war dieses Thema ein zentraler Baustein des Gesetzgebungsvorhabens[1] und entpuppte sich im Rahmen des Gesetzgebungsverfahrens als ein „Kernkonflikt" zwischen Parlament und Rat.[2] Ziel war es, dass die auf dem europäischen Markt agierenden Unternehmen nicht nur einen einheitlichen Rechtsraum, sondern auch nur noch eine zuständige Behörde vorfinden. Damit sollte der freie Datenverkehr innerhalb des europäischen Wirtschaftsraums optimiert werden, wovon sich die Kommission ein enormes Wirtschaftswachstum versprach. Im Rahmen des Gesetzgebungsverfahrens reifte jedoch die Erkenntnis, dass nicht nur die Unternehmen einen einheitlichen Ansprechpartner benötigen.[3] Auch für die Betroffenen sollte es eine Art One-Stop-Shop-Prinzip geben, damit diese ihre Rechte europaweit geltend machen können. Daher sollten auch diese vor Ort eine Beschwerdeinstanz vorfinden, die die erforderlichen Kompetenzen und Befugnisse hat, um ihnen zur Durchsetzung

[1] *Reding,* ZD 2012, 195 (196 f.); *Schantz,* NJW 2016, 1841 (1846).

[2] *Albrecht,* ZD 2013, 587 (590); zum Gesetzgebungsverfahren *Nguyen,* RDV 2014, 26 (27) mwN.

[3] *Schantz,* NJW 2016, 1841 (1847); *Nguyen,* ZD 2015, 265 (266).

ihrer Datenschutzrechte zu verhelfen.[4] Gleichzeitig sollte gewährleistet werden, dass Fälle mit bloß lokalen Auswirkungen auch von der Aufsichtsbehörde vor Ort bearbeitet werden können, um Betroffenen und Unternehmen ein umständliches Verfahren zu ersparen.

2 Der Gesetzgeber hat sich letztendlich für eine **Kompromisslösung** entschieden, die in den Erwägungsgründen 36 und 124 näher ausgeführt ist: Den datenverarbeitenden Unternehmen kommt zu Gute, dass es für jeden zu regelnden Fall künftig nur eine federführend zuständige Aufsichtsbehörde gibt, die als Ansprechpartner für das Unternehmen agiert. Dem gegenüber profitieren Betroffene von der Möglichkeit, sich zukünftig gem. Art. 77 Abs. 1 über eine Datenverarbeitung stets in dem Mitgliedstaat ihres Aufenthaltsortes, Arbeitsplatzes oder des Ortes, an dem der Verstoß vermutet wird, zu beschweren. Die Aufsichtsbehörde wird zwar dadurch nicht automatisch federführend zuständig, sie ist damit aber als betroffene Behörde iSd Art. 4 Abs. 22 lit. c zuständig, so dass sie im weiteren aufsichtsbehördlichen Verfahren nach Art. 56 bestimmte Rechte und Pflichten erhält, die sie für Betroffene ausüben kann (→ Rn. 10 ff.).

II. Systematik, Verhältnis zu anderen Vorschriften

3 Art. 56 regelt das Zusammenwirken der Aufsichtsbehörden bei **grenzüberschreitenden Verarbeitungen** personenbezogener Daten. Danach ist eine Aufsichtsbehörde federführend zuständig, wenn die in Abs. 1 genannten Kriterien **und** eine grenzüberschreitende Verarbeitung vorliegen. Eine solche liegt gem. Art. 4 Abs. 23 vor, wenn das datenverarbeitende Unternehmen in mehr als einem Mitgliedstaat niedergelassen ist oder die Verarbeitung erhebliche Auswirkungen auf betroffene Personen in mehr als einem Mitgliedstaat hat oder haben kann. Die Rechtsfolge und Kernaussage des **One-Stop-Shops** findet sich in Abs. 6: Bei grenzüberschreitenden Sachverhalten soll nur eine Aufsichtsbehörde Ansprechpartnerin des Unternehmens sein, die als federführende Aufsichtsbehörde die aufsichtsrechtlichen Tätigkeiten mit anderen möglicherweise betroffenen Behörden koordiniert. Liegt ein solcher grenzüberschreitender Sachverhalt nicht vor, bestimmt sich die Zuständigkeit ausschließlich nach Art. 55 Abs. 1. Eine Ausnahme stellt Art. 55 Abs. 2 dar. In den dort benannten Fällen ist Art. 56 auch dann nicht anwendbar, wenn es sich um einen grenzüberschreitenden Sachverhalt handelt.

B. Einzelerläuterungen

I. Anwendbarkeit der One-Stop-Shop-Regeln (Abs. 1)

4 Für die Anwendbarkeit der Zuständigkeitsregeln des One-Stop-Shops nach Art. 56 Abs. 1 gibt es im Wesentlichen **drei Voraussetzungen.** Erstens muss es sich um eine grenzüberschreitende Verarbeitung iSd Art. 4 Abs. 23 handeln (→ Rn. 5 f.). Zweitens muss es sich bei dem Verantwortlichen bzw. Auftragsverarbeiter um ein Unternehmen handeln, welches eine oder mehrere unselbständige

[4] Gutachten des jur. Dienstes des Rats v. 19.12.2013, Rat (2013) 18031. So auch gefordert von der *Artikel-29-Datenschutzgruppe,* Stellungnahme 01/2012 v. 23.3.2012, 00530/12/DE – WP 191, S. 24; vgl. auch Entschließung der Konferenz des DSB v. Bund und Ländern (DSK) zur Struktur der künftigen Datenschutzaufsicht in Europa v. 27./28.3.2014, Ziff. 2.

Niederlassungen in der EU unterhält (→ Rn. 7 f.). Drittens darf es sich nicht um eine Verarbeitung auf der Grundlage von Art. 6 Abs. 1 lit. c oder e handeln (→ Art. 55 Rn. 13 ff.).[5]

5 **1. Grenzüberschreitende Verarbeitung iSd Art. 4 Abs. 23.** Damit die Regeln des One-Stop-Shops Anwendung finden, muss es sich um eine grenzüberschreitende Verarbeitung iSd Art. 4 Abs. 23 handeln. Ansonsten bestimmt sich die Zuständigkeit ausschließlich nach Art. 55. Art. 4 Abs. 23 kennt zwei Anknüpfungspunkte, die alternativ vorliegen können. Zum einen knüpft die Vorschrift an die Struktur des Unternehmens (lit. a), zum anderen an die Auswirkungen auf betroffene Personen (lit. b) an (→ Rn. 6). **Art. 4 Abs. 23 lit. a** setzt erstens voraus, dass das Unternehmen Niederlassungen in mehr als einem Mitgliedstaat der EU unterhält. Zweitens muss der in Rede stehende konkrete Datenverarbeitungsvorgang im Rahmen der Tätigkeit von mehreren Niederlassungen der EU erfolgen. Nicht vorausgesetzt wird damit, dass die konkreten Daten des Betroffenen von mehreren Niederlassungen verarbeitet werden. Vielmehr genügt es, wenn die verschiedenen Niederlassungen eine ähnliche Tätigkeit ausführen bei der ein vergleichbares Verarbeitungsverfahren eingesetzt wird.[6] Die Privilegierung des One-Stop-Shops soll gerade verhindern, dass Unternehmen in mehreren Mitgliedstaaten mit den jeweiligen Aufsichtsbehörden in Kontakt treten müssen. Beispiel: Ein Versandhändler unterhält Niederlassungen in Schweden, Frankreich und Deutschland. Die Verarbeitung der Kundendaten verläuft nach denselben Standards. Hier läge bereits eine grenzüberschreitende Verarbeitung iSd Art. 4 Abs. 23 vor. Nicht erforderlich ist es, dass Daten der deutschen Kunden in Schweden oder Frankreich verarbeitet werden müssen.

6 Der zweite Anknüpfungspunkt für eine grenzüberschreitende Verarbeitung sind gem. **Art. 4 Abs. 23 lit. b** die Auswirkungen auf den Betroffenen. Obwohl die Verarbeitung lediglich innerhalb eines Mitgliedstaats erfolgt, kann eine grenzüberschreitende Verarbeitung vorliegen, wenn diese **erhebliche Auswirkung** auf betroffene Personen in mehr als einem Mitgliedstaat hat oder haben kann. Der Gesetzgeber hat darauf verzichtet, zu konkretisieren, wann eine solche Auswirkung vorliegt, sondern es gem. Erwägungsgrund 124 S. 4 dem EDSA überlassen, Leitlinien zu den Kriterien auszuarbeiten, nach denen zu beurteilen ist, ob eine bestimmte Verarbeitung erhebliche Auswirkungen auf betroffene Personen in mehr als einem Mitgliedstaat hat. Im Vorgriff darauf hat die Artikel-29-Datenschutzgruppe bereits eine Leitlinie veröffentlicht.[7] Eine erhebliche Auswirkung setzt eine gewisse Intensität des Grundrechtseingriffs voraus, die über die bloße Verarbeitung personenbezogener Daten hinausgeht. Dies ergibt sich aus Erwägungsgrund 135 S. 2, nach dem das sich ggf. anschließende Kohärenzverfahren, für diejenigen Fälle gedacht ist, in welchen die Aufsichtsbehörde beabsichtigt, eine rechtsverbindliche Maßnahme zu erlassen, die für eine bedeutende Zahl betroffener Personen in mehreren Mitgliedstaaten erhebliche Auswirkungen hat. Entsprechend soll auch das vorgeschaltete One-Stop-Shop-Verfahren für Fälle mit einer gewissen Erheblichkeit Anwendung finden, so dass neben der Verarbeitung personenbezogener Daten ein **qualifizierendes Element** vorliegen muss. Dieses

---

[5] *Kühling/Martini,* S. 174 f.

[6] Kühling/Buchner/*Dix*, 2. Aufl., DS-GVO, Art. 4 Nr. 23 Rn. 3; BeckOK DatenschutzR/*Eichler*, DS-GVO, Art. 56 Rn. 5.

[7] *Artikel-29-Datenschutzgruppe,* WP 244 rev.01 v. 5.4.2017. Die Leitlinien können zB unter www.datenschutz-berlin.de abgerufen werden.

kann vorliegen, wenn aufgrund des Datenschutzverstoßes noch eine weitere Rechtsgutsverletzung eingetreten ist (zB Verletzung der Privatsphäre, Diskriminierung, Vermögensschaden etc.). Da eine potentielle Auswirkung aber schon ausreicht, kann eine Erheblichkeit schon dann vorliegen, wenn aufgrund der Sensitivität oder des Umfangs der Datenverarbeitung der Eintritt einer weitergehenden Rechtsgutsverletzung wahrscheinlich ist. Die Artikel-29-Datenschutzgruppe geht sogar davon aus, dass unter Umständen schon allein die Verarbeitung besonders schutzwürdiger Daten oder eine Verarbeitung von erheblichem Umfang ausreichen kann, dass eine Erheblichkeit im Sinne dieser Vorschrift angenommen werden kann,[8] ohne dass es einer darüber hinausgehenden Rechtsgutsverletzung bedarf.

7 **2. Personeller Anwendungsbereich.** Die Privilegierung des One-Stop-Shops gilt nur für Unternehmen, die zumindest eine Niederlassung innerhalb der EU unterhalten. Für **ausschließlich außerhalb der EU** niedergelassene Unternehmen, auf die die DS-GVO aufgrund von Art. 3 Abs. 2 Anwendung findet, bestimmt sich die Zuständigkeit nach Art. 55, sodass für diese wie bisher mehrere Aufsichtsbehörden parallel zuständig sein können.[9] Dies gilt auch dann, wenn ein Vertreter iSd Art. 27 bestimmt wurde, da dieser Umstand weder in Art. 56 noch in den einschlägigen Erwägungsgründen Beachtung findet. Ansonsten hätten es außereuropäische Unternehmen in der Hand, sich ihre federführende Behörde selbst auszusuchen.

8 Zum Teil wird mit Verweis auf Erwägungsgrund 37 S. 8 vertreten, dass die Regeln des One-Stop-Shops auch auf mehrere **selbständige** juristische Personen innerhalb einer Unternehmensgruppe iSd Art. 4 Abs. 19 Anwendung finden.[10] Diese Ansicht verkennt aber, dass Abs. 1 an dem Begriff des Verantwortlichen bzw. des Auftragsverarbeiters und damit gem. Art. 4 Abs. 7 und 8 an der jeweiligen natürlichen oder juristischen Person anknüpft. Handelt es sich um einen Konzern mit einer Mutter- und selbständigen Tochtergesellschaften, also um eine Unternehmensgruppe, sind daher die Regeln des One-Stop-Shops grundsätzlich nicht anwendbar.[11] Grund dafür ist, dass die Tochtergesellschaften als juristische Personen mit eigener Rechtspersönlichkeit selbst Verantwortliche bzw. Auftragsverarbeiter iSd Art. 4 Abs. 7 und 8 sind, sodass jedes Konzernmitglied für sich genommen für die Datenverarbeitung iSd Art. 4 Abs. 7 verantwortlich ist und dementsprechend die zuständige bzw. federführende Behörde separat bestimmt werden muss. Dies entspricht der primärrechtlichen Rechtslage, welche im Rahmen der Niederlassungsfreiheit ebenfalls an natürliche und juristische Personen mit Rechtspersönlichkeit anknüpft. Diesen wird zwar auch die Gründung von unselbständigen Zweigniederlassungen nach Art. 49, 54 AEUV garantiert, Träger der Niederlassungsfreiheit sind jedoch ausschließlich die natürlichen und juristische Personen selbst, nicht etwa deren Zweigniederlassungen.[12]

---

[8] *Artikel-29-Datenschutzgruppe,* WP 244 rev.01 v. 5.4.2017, S. 3 f.

[9] *Artikel-29-Datenschutzgruppe,* WP 244 rev.01 v. 5.4.2017, S. 10; Kühling/Buchner/*Dix*, 2. Aufl., DS-GVO, Art. 56 Rn. 6; BeckOK DatenschutzR/*Eichler*, DS-GVO, Art. 56 Rn. 3; Sydow/*Peuker*, DS-GVO, Art. 56 Rn. 23.

[10] Ehmann/Selmayr/*Selmayr*, DS-GVO, Art. 56 Rn. 10; *Schantz*, NJW 2016, 1841 (1846 f.); vgl. auch *Artikel-29-Datenschutzgruppe*, WP 244 rev.01 v. 5.4.2017, S. 6 f.

[11] Sydow/*Peuker*, DS-GVO, Art. 56 Rn. 17; Kühling/Buchner/*Dix*, 2. Aufl., DS-GVO, Art. 56 Rn. 7.

[12] Streinz/*Müller-Graff*, AEUV, Art. 54 Rn. 4; Grabitz/Hilf/Nettesheim/*Forsthoff*, AEUV, Art. 54 Rn. 3; Calliess/Ruffert/*Bröhmer*, AEUV, Art. 49 Rn. 8.

Ausnahmen können nur bei **gemeinsamen Verarbeitungen** iSd Art. 26 Abs. 1 durch die Unternehmensgruppe gelten (→ Art. 26 Rn. 3 ff.). In solchen Fällen bestimmt sich die Hauptniederlassung gem. Erwägungsgrund 36 S. 7 aber auch nicht nach den im Folgenden beschriebenen Regeln, sondern danach, welches Unternehmen in der Unternehmensgruppe als herrschend anzusehen ist, was wiederum gem. Erwägungsgrund 37 S. 1 ua nach den Eigentumsverhältnissen und der finanziellen Beteiligung zu beurteilen ist. Werden jedoch die Zwecke und Mittel der Datenverarbeitung von einem anderen Unternehmen der Gruppe festgelegt, ist dieses als Hauptniederlassung iSd dieser Vorschrift anzusehen (Erwägungsgrund 36 S. 7). 9

II. Die Zuständigkeitsregeln des One-Stop-Shops (Abs. 1)

Liegen die og Voraussetzungen vor, sind zur Bestimmung der federführenden Aufsichtsbehörde die folgenden **Fallgruppen** zu unterscheiden (→ Rn. 11 und → Rn. 12 ff.) und die in Abs. 2 vorgesehen **Ausnahmen** zu beachten (→ Rn. 19 ff.). 10

1. Federführung bei einer einzigen Niederlassung in der EU. Eine Aufsichtsbehörde ist federführend, sobald der Verantwortliche oder der Auftragsverarbeiter nur eine **einzige Niederlassung** in der EU unterhält, die im Rahmen ihrer Tätigkeit personenbezogene Daten verarbeitet (Art. 3 Abs. 1) und sich im Hoheitsgebiet der Aufsichtsbehörde befindet (Erwägungsgrund 124). Darauf, ob es sich um eine Haupt- oder Zweigniederlassung handelt, kommt es nach dem Wortlaut der Vorschrift „oder der einzigen Niederlassung" nicht an.[13] Der Begriff der Niederlassung ist europarechtlich weit zu verstehen und wurde durch Entscheidungen geprägt, die der EuGH zur Niederlassungsfreiheit nach Art. 49, 54 AEUV gefällt hat. Danach ist eine Niederlassung jede feste Einrichtung, die bei Eingliederung in die nationale Volkswirtschaft der tatsächlichen Ausübung einer selbständigen Erwerbstätigkeit zu dienen bestimmt ist (Erwägungsgrund 22 S. 2).[14] Nach der neueren Rechtsprechung des EuGH ist dieser Begriff, insbesondere im Bereich der Online-Dienste, weit zu verstehen[15] und kann bereits dann vorliegen, wenn nur ein einziger Vertreter vor Ort tätig ist[16] und die Einrichtung den Geschäftszweck zumindest fördert.[17] Soweit dieses Unternehmen grenzüberschreitende Datenverarbeitungen iSd Art. 4 Abs. 23 lit. b durchführt und dadurch nach den Kriterien des Art. 55 Abs. 1 auch andere Aufsichtsbehörden zuständig 11

---

[13] *Artikel-29-Datenschutzgruppe*, WP 244 rev.01 v. 5.4.2017 ANNEX II S. 2; Sydow/*Peuker*, Art. 56 Rn. 13; aA Ehmann/Selmayr/*Selmayr*, DS-GVO, Art. 56 Rn. 11, der die Regeln des One-Stop-Shops nur dann für anwendbar hält, wenn der Verantwortliche seine Hauptniederlassung innerhalb der EU unterhält.

[14] EuGH, Urt. v. 25.7.1991 – C-221/89, Slg. 1991, I-3905 Rn. 20 – Factortame II; Urt. v. 30.11.95 – C-55/94, Slg. 1995, I-4165 Rn. 25 – Gebhard; Urt. v. 12.9.2006 – C-196/04, Slg. 2006, I-7995. Rn. 53, 54 – Cadbury Schweppes; Urt. v. 8.9.2010 – C-409/06, Slg. 2010, I-0000, Rn. 46 – Winner Wetten; Grabitz/Hilf/Nettesheim/*Forsthoff*, AEUV, Art. 49 Rn. 16, mwN zur Rspr.

[15] EuGH, Urt. v. 1.10.2015 – C-230/14, Rn. 27 – Weltimmo; EuGH, Urt. v. 13.5.2014 – C-131/12, Rn. 54 – Google Spain; vgl. auch *Kartheuser/Schmitt*, ZD 2016, 155.

[16] EuGH, Urt. v. 1.10.2015 – C-230/14 – Weltimmo, Rn. 29 = ZD 2015, 580 mAnm *Karg*, ZD 2015, 584.

[17] EuGH, Urt. v. 13.5.2014 – C-131/12, Rn. 55 – Google Spain, ZD 2014, 350 mAnm *Karg*, ZD 2014, 359.

sind, übernimmt die Aufsichtsbehörde der Niederlassung die Federführung. Beispiel: Ein in Spanien niedergelassener Suchmaschinenbetreiber verarbeitet personenbezogene Daten europäischer Betroffener. Die spanische Aufsichtsbehörde wird damit zur federführend zuständigen Aufsichtsbehörde während die übrigen Aufsichtsbehörden als betroffene Behörden iSd Art. 4 Abs. 22 an dem aufsichtsrechtlichen Verfahren nach Maßgabe des Art. 60 beteiligt werden müssen. Dasselbe gilt selbst dann, wenn es sich um ein US-amerikanisches Unternehmen mit einer unselbständigen Zweigniederlassung in Spanien handelt, die zwar nichts mit dem eigentlichen Betrieb der Suchmaschine zu tun hat, sich aber mit dem Verkauf der angebotenen Werbeflächen der Suchmaschine befasst und somit zur Förderung des Geschäftsmodells beiträgt.[18]

12 **2. Federführung bei mehreren Niederlassungen in der EU.** Unterhält der Verantwortliche oder der Auftragsverarbeiter mehrere Niederlassungen innerhalb der EU, bestimmt sich die Federführung nach der **Hauptniederlassung**. Der Begriff der Hauptniederlassung ist in Art. 4 Nr. 16 legaldefiniert. Danach ist grundsätzlich auf den Ort der **Hauptverwaltung** der verantwortlichen Stelle bzw. des Auftragsverarbeiters abzustellen. Im europäischen Primärrecht (Art. 54 Abs. 1 AEUV) wird unter Hauptverwaltung in der Regel der Ort verstanden, an dem für Dritte objektiv erkennbar die eigentliche unternehmerische Leitung bzw. die Willensbildung des Unternehmens erfolgt.[19] Indizien sind zB der Sitz der Organe bzw. der Führungsebene. Die Hauptniederlassung ist damit der **tatsächliche Geschäftsschwerpunkt,**[20] der objektiv zu bestimmen ist (Erwägungsgrund 27 S. 3), dh es liegt nicht in der Hand des Unternehmens, eine bestimmte Niederlassung als Hauptniederlassung oder Hauptverwaltung zu deklarieren. Auf den formell eingetragenen Sitz kommt es nicht an.[21]

13 Beispiel: Ein Betroffener beschwert sich bei der österreichischen Aufsichtsbehörde über eine Datenverarbeitung durch ein soziales Netzwerk. Dieses hat Niederlassungen in Spanien, Frankreich und Deutschland, wobei die Hauptverwaltung in Irland gelegen ist. Federführend zuständig ist die Aufsichtsbehörde in Irland. Die österreichische Behörde hat den Vorgang an die irische Behörde weiterzuleiten. Sie bleibt aber betroffene Aufsichtsbehörde nach Art. 4 Nr. 22 lit. c, da die Beschwerde bei ihr eingereicht wurde. Die spanischen, französischen und deutschen Aufsichtsbehörden sind aufgrund der Niederlassungen gem. Art. 4 Nr. 22 lit. a ebenfalls betroffen. Schließlich können auch alle anderen europäischen Aufsichtsbehörden gem. Art. 4 Nr. 22 lit. b betroffen sein, wenn das Unternehmen Nutzer mit Wohnsitz in den jeweiligen Mitgliedstaaten hat. Dies hat ggf. zur Folge, dass alle diese Behörden von der federführenden Behörde nach den Regeln des Art. 60 beteiligt werden müssen.

14 Eine Ausnahme gilt für **Verantwortliche** iSd Art. 4 Abs. 7, wenn nicht die Haupt-, sondern eine andere Niederlassung die **Entscheidungen über Zwecke und Mittel** der Datenverarbeitung trifft und diese befugt ist, die Entscheidungen auch umzusetzen (Art. 4 Abs. 16 lit. a). Dann erhält die Behörde am Sitz dieser

---

[18] EuGH, Urt. v. 13.5.2014 – C-131/12, Rn. 55 – Google Spain, ZD 2014, 350 mAnm *Karg*, ZD 2014, 359.

[19] von der Groeben/Schwarze/*Tiedje*, AEUV, Art. 54 Rn. 28.

[20] Dazu *Artikel-29-Datenschutzgruppe*, WP 244 rev.01 v. 5.4.2017, S. 5; Ehmann/Selmayr/*Selmayr*, DS-GVO, Art. 56 Rn. 7; Kühling/Buchner/*Dix*, 2. Aufl., DS-GVO, Art. 56 Rn. 6; zum Primärrecht von der Groeben/Schwarze/*Tiedje,* AEUV, Art. 54 Rn. 28.

[21] Auf eine Regelung wie in Art. 3 Abs. 1 S. 2 VO (EG) Nr. 1346/2000 wurde verzichtet.

Niederlassung die Federführung anstelle derjenigen am Sitz der Hauptverwaltung. Beispiel: Eine Supermarktkette hat mehrere Filialen in der EU und betreibt ein einheitliches Bonuspunktesystem. Die Entscheidungen über die Auswertung der gesammelten Kundendaten und deren Durchführung erfolgen nicht am Sitz der Hauptverwaltung in Spanien, sondern in einer Zweigniederlassung in Portugal. In diesem Fall wäre die portugiesische Datenschutzbehörde federführend zuständig, soweit es um eine Datenverarbeitung im Zusammenhang mit diesem Bonuspunktesystem geht. Ob Hauptverwaltung und Ort der Entscheidung für die Datenverarbeitung auseinanderfallen, ist ebenfalls anhand objektiver Kriterien zu bestimmen.[22] Als ein maßgebliches Kriterium nennt Erwägungsgrund 36 S. 3 die effektive und tatsächliche Ausübung von Managementtätigkeiten durch eine feste Einrichtung, in deren Rahmen die Grundsatzentscheidungen zur Festlegung der Mittel und Zwecke der Verarbeitung getroffen werden. Ausdrücklich nicht ausschlaggebend ist, an welchem Ort die Verarbeitung tatsächlich stattfindet (Erwägungsgrund 36 S. 4). Da immer mehr Datenverarbeitungen dezentral „in der Cloud" stattfinden, kann dies kaum als zuverlässiges Abgrenzungskriterium dienen. Auch das Vorhandensein und die Verwendung technischer Mittel und Verfahren zur Datenverarbeitung an einem bestimmten Ort können noch keine Hauptniederlassung iSd Vorschrift begründen (Erwägungsgrund 36 S. 4). Vielmehr kommt es auf die Entscheidungen über das ob und wie der Datenverarbeitung an. Dies soll sicherstellen, dass die federführende Behörde bei Untersuchungen vor Ort die auskunftsfähigen Personen antrifft und ggf. Unterlagen einsehen kann, die Aufschluss hinsichtlich der Entscheidungen über die Datenverarbeitung geben.

Für **Auftragsverarbeiter** gilt diese Ausnahme nicht, da diese in der Regel 15 keine Entscheidungen über Art und Zwecke der Datenverarbeitung treffen (Art. 28 Abs. 3). Für den Fall, dass der Auftragsverarbeiter keine Hauptverwaltung aber mehrere Niederlassungen in der EU hat, bestimmt sich die Hauptniederlassung nach dem **Ort, an dem die Verarbeitungstätigkeiten** im Wesentlichen stattfinden (Art. 4 Abs. 16 lit. b). Beispiel: Ein Cloud-Anbieter hat seine Hauptverwaltung in den USA und betreibt mehrere Niederlassungen in der EU, ua ein Rechenzentrum in Polen. Hier wäre die polnische Aufsichtsbehörde federführend zuständig. Da in diesem Fall nicht zur Bestimmung der federführenden Behörde an den Sitz der Hauptverwaltung angeknüpft werden kann, muss mangels anderer objektiver Kriterien auf den Ort der Datenverarbeitung abgestellt werden. Dies ist in diesem Fall auch sinnvoll, da die Aufsichtsbehörde vor Ort zumindest besser in der Lage ist, die technisch-organisatorischen Maßnahmen zu prüfen, zu deren Einhaltung der Auftragsverarbeiter im Wesentlichen verpflichtet ist.

Sind in einem Verarbeitungsvorgang **sowohl ein Verantwortlicher als auch** 16 **ein Auftragsverarbeiter** involviert, bestimmt sich die Federführung nach der Hauptniederlassung des Verantwortlichen. Beispiel: Ein Unternehmen mit Hauptniederlassung in Frankreich nutzt für die Verarbeitung seiner Arbeitnehmerdaten einen deutschen Auftragsverarbeiter. In diesem Fall läge die Federführung bei der französischen Aufsichtsbehörde. Die für den Auftragsverarbeiter zuständige deutsche Aufsichtsbehörde müsste aber gem. Erwägungsgrund 36 S. 5 als betroffene Behörde in einem Verfahren nach Art. 60 beteiligt werden, wenn sich der Beschlussentwurf auf beide Unternehmen bezieht (Erwägungsgrund 36 S. 6). Eine Beteiligung wäre zB erforderlich, wenn dem französischen Unternehmen unter-

[22] Zu den Kriterien iE *Artikel-29-Datenschutzgruppe*, WP 244 rev.01 v. 5.4.2017, S. 6 f.; vgl. auch Ehmann/Selmayr/*Selmayr*, DS-GVO, Art. 56 Rn. 7.

sagt werden soll, die Verarbeitung bestimmter Arbeitnehmerdaten nach Deutschland auszulagern. Hingegen wäre eine Beteiligung nicht geboten, wenn dem Unternehmen untersagt wird, im Bewerbungsverfahren bestimmte personenbezogene Daten überhaupt zu erheben und zu verarbeiten.

III. Rechtsfolge (Abs. 6)

17 Rechtsfolge des One-Stop-Shop ist es, dass die nach og Regeln ermittelte federführende Aufsichtsbehörde die **einzige Ansprechpartnerin** für Fragen des in Rede stehenden grenzüberschreitenden Verarbeitungsvorgangs ist (Abs. 6). Sie erhält damit insbesondere auch die Aufgabe, das aufsichtsbehördliche Verfahren bei der Kontrolle von grenzüberschreitenden Datenverarbeitungen nach Maßgabe von Art. 60 mit den iSd Art. 4 Abs. 22 betroffenen Behörden zu koordinieren. Damit hat sie im Verfahren eine starke Stellung und kann die Zusammenarbeit mit den anderen Aufsichtsbehörden prägen (→ Art. 60 Rn. 1). Nach Art. 60 schlägt sie Maßnahmen in Bezug auf das Unternehmen vor und kann erst im Kohärenzverfahren vor dem EDSA nach Art. 63 ff. überstimmt werden. Sie ist auch für die Umsetzung der dort getroffenen Entscheidungen zuständig. Sie ist damit die einzige Stelle, die im Hinblick auf den betroffenen Verarbeitungsvorgang verbindliche Maßnahmen treffen und Bußgelder gegen das Unternehmen verhängen kann. Darüber hinaus ist sie für Genehmigungen, Beratungs- und sonstige Ersuchen des Unternehmens zuständig.

18 Das One-Stop-Shop-Prinzip bedeutet aber **nicht,** dass für sämtliche Verarbeitungsvorgänge eines auf dem europäischen Binnenmarkt agierenden Unternehmens stets dieselbe Aufsichtsbehörde federführend zuständig ist.[23] Die Rechtsfolge des Abs. 6 gilt jeweils für die konkret zu beurteilenden Verarbeitungsvorgänge. Beispiel: Ein Unternehmen bietet sowohl Versicherungen als auch Baufinanzierungen an. Während die Entscheidungen über Zwecke und Mittel der Verarbeitung der Versichertendaten in der Niederlassung in Prag getroffen werden, bestimmt die Niederlassung in Wien über die Datenverarbeitung im Rahmen der Baufinanzierung. Nach den og Regeln (→ Rn. 10 ff.) ist damit die tschechische Aufsichtsbehörde für die Kontrolle der Verarbeitung im Rahmen des Versicherungsgeschäfts, die österreichische für diejenige der Baufinanzierung federführend zuständig.

IV. Ausnahmen für örtliche Fälle (Abs. 2–5)

19 Abs. 2 regelt zwei **Ausnahmen,** in welchen das in Abs. 1 genannte Verfahren nicht zur Anwendung kommt und der Fall auf lokaler Ebene entschieden werden soll, obwohl sich die Hauptniederlassung des Unternehmens im europäischen Ausland befindet (sog. „örtliche Fälle" iSd Erwägungsgrund 127 S. 1). Beide betreffen Situationen, in welchen zwar eine grenzüberschreitende Datenverarbeitung iSd Art. 4 Abs. 23 vorliegt, aber aufgrund der lediglich begrenzten örtlichen Auswirkung die Aufsichtsbehörde vor Ort den Fall abschließend regeln soll, um Verfahren nicht unnötig zu verkomplizieren.[24]

---

[23] Ehmann/Selmayr/*Selmayr*, DS-GVO, Art. 56 Rn. 8; Kühling/Buchner/*Dix*, 2. Aufl., DS-GVO, Art. 56 Rn. 6.

[24] Ausf. Kühling/Buchner/*Dix*, 2. Aufl., DS-GVO, Art. 56 Rn. 9 f.; Ehmann/Selmayr/*Selmayr*, DS-GVO, Art. 56 Rn. 14 ff.

1. Voraussetzungen. Dies betrifft zum einen den Fall, dass der Gegenstand der Beschwerde oder des Verstoßes **nur mit der Niederlassung vor Ort** zusammenhängt. Als Beispiel nennt Erwägungsgrund 127 die Verarbeitung von Arbeitnehmerdaten in einem spezifischen Beschäftigungskontext. Eine solche liegt etwa vor, wenn die Hauptniederlassung zwar die grundlegenden Entscheidungen zur Einstellungs- und Personalpolitik trifft und in diesem Zusammenhang über die Zwecke und Mittel der damit verbundenen Datenverarbeitung entscheidet, die konkrete Ausgestaltung der Arbeitsverhältnisse allerdings die örtlichen Niederlassungen nach dem jeweils geltenden nationalen Arbeitsrecht vornehmen und die Verarbeitung der Arbeitnehmerdaten dementsprechend selbstständig gestalten. Damit soll auch der Möglichkeit Rechnung getragen werden, dass ein Mitgliedstaat seinen gesetzgeberischen Spielraum nach Art. 88 nutzt. Ein weiteres Beispiel sind Fälle der Videoüberwachung, in welchen die Entscheidung über Einsatz, Zweck und Mittel zwar in der Hauptniederlassung getroffen, aber den lokalen Niederlassungen ein Ermessen über die konkrete Art und Weise des Einsatzes vor Ort überlassen wird und die Angelegenheit die Nutzung dieses Ermessens betrifft.[25] 20

Der zweite Fall ist der, dass **nur Betroffene aus einem Mitgliedstaat** erheblich beeinträchtigt werden. Beispiel: Ein lettisches Möbelhaus hat mehrere Niederlassungen innerhalb der EU, die alle jeweils nach dem gleichen Muster im Rahmen eines Kundenbindungsprogramms Daten verarbeiten. Es existiert für jeden Mitgliedstaat eine getrennte Datenbank, in welcher die jeweiligen Kundendaten gespeichert werden. In Finnland kommen Kundendaten abhanden. Falls das Datenleck auf die finnische Datenbank begrenzt ist, liegt die Ausnahme des Abs. 2 vor, sodass die Möglichkeit bestünde, dass die finnische Behörde den Fall selbstständig zu regelt. Die federführende lettische Aufsichtsbehörde kann den Fall aber auch an sich ziehen, was sich insbesondere anbietet, wenn die Ursache des Datenlecks darauf zurückzuführen ist, dass die technisch-organisatorischen Maßnahmen zum Schutz der Kundendaten in allen Niederlassungen nicht ausreichend sind (→ Rn. 22). 21

2. Rechtsfolge. Liegt eine der genannten Voraussetzungen vor, besteht die Möglichkeit, dass die Aufsichtsbehörde vor Ort die Angelegenheit abschließend regelt, obwohl die Hauptniederlassung in einem anderen Mitgliedstaat gelegen ist.[26] Sie wird dadurch aber nicht zur federführenden Behörde (vgl. Erwägungsgrund 127 S. 1), die weiterhin nach den Regelungen des Abs. 1 bestimmt wird (→ Rn. 10 ff.). Die federführende Behörde hat die Möglichkeit, den Fall an sich zu ziehen. Sofern eine Aufsichtsbehörde beabsichtigt, einen Fall selbständig zu regeln, muss sie daher die federführende Behörde gem. Abs. 3 S. 1 **unverzüglich informieren.** Zieht diese den Vorgang gem. Abs. 3 S. 2 iVm Abs. 4 S. 1 an sich, so findet das reguläre Verfahren nach Art. 60 Anwendung. Sie hat bei dieser Entscheidung ein Ermessen, sollte aber gem. Abs. 3 S. 2 berücksichtigen, ob das Unternehmen eine Niederlassung in dem Mitgliedstaat der unterrichtenden Aufsichtsbehörde hat. Dies spricht eher dafür, den Fall von der lokalen Aufsichtsbehörde regeln zu lassen, da sich diese ggf. mit rechtsverbindlichen Beschlüssen an die Niederlassung vor Ort wenden kann, um den Datenschutzverstoß zu unterbinden und die Rechte des Betroffenen durchzusetzen (Erwägungsgrund 127 S. 3). 22

[25] *Schantz*, NJW 2016, 1841 (1847).

[26] Zu dem Verfahren ausf. Kühling/Buchner/*Dix*, 2. Aufl., DS-GVO, Art. 56 Rn. 11 ff.; Ehmann/Selmayr/*Selmayr*, DS-GVO, Art. 56 Rn. 17 ff.

Neben Aspekten der Rechtsdurchsetzung sollte die federführende Behörde prüfen, ob der Fall zumindest potentiell Personen in anderen Mitgliedstaaten betrifft (→ Rn. 21). Für diese Entscheidung hat sie drei Wochen Zeit (Abs. 3 S. 2).

23 Entscheidet sich die federführende Aufsichtsbehörde dafür, den Fall zu regeln, bestimmt sich gem. Abs. 4 S. 1 das **weitere Verfahren** nach Art. 60 mit der Besonderheit, dass die lokale Aufsichtsbehörde das Recht hat, der federführenden Aufsichtsbehörde einen Beschlussvorschlag zu unterbreiten (Abs. 4 S. 2). Die federführende Behörde ist zwar nicht an diesen Vorschlag gebunden, soll ihm gem. Abs. 4 S. 3 aber weitestgehend Rechnung tragen (vgl. Erwägungsgrund 127 S. 4). Entscheidet sich die federführende Behörde gem. Abs. 5, den Fall nicht an sich zu ziehen, kann die lokale Aufsichtsbehörde die Angelegenheit selbst regeln. Sie kann sich dazu der Amtshilfe gem. Art. 61 und gemeinsamer Maßnahmen gem. Art. 62 bedienen. Sie wird damit zur allein zuständigen Behörde und kann rechtsverbindliche Beschlüsse an das Unternehmen richten (Erwägungsgrund 127 S. 3). Dies gilt aber nur für den konkret zu regelnden örtlichen Fall. Generell bleibt die federführende Aufsichtsbehörde gem. Abs. 6 einziger Ansprechpartner für Fragen grenzüberschreitender Verarbeitungen (→ Rn. 17 f.). Die Aufsichtsbehörde vor Ort sollte insbesondere die Möglichkeit einer gütlichen Einigung prüfen, sie kann aber die gesamte Bandbreite ihrer Befugnisse nutzen (vgl. Erwägungsgrund 131) und ist nicht nur auf Maßnahmen nach Art. 61 und 62 beschränkt, wie Abs. 5 zunächst vermuten lässt.

Art. 57 Aufgaben

(1) **Unbeschadet anderer in dieser Verordnung dargelegter Aufgaben muss jede Aufsichtsbehörde in ihrem Hoheitsgebiet**

a) die Anwendung dieser Verordnung überwachen und durchsetzen;

b) die Öffentlichkeit für die Risiken, Vorschriften, Garantien und Rechte im Zusammenhang mit der Verarbeitung sensibilisieren und sie darüber aufklären. Besondere Beachtung finden dabei spezifische Maßnahmen für Kinder;

c) im Einklang mit dem Recht des Mitgliedsstaats das nationale Parlament, die Regierung und andere Einrichtungen und Gremien über legislative und administrative Maßnahmen zum Schutz der Rechte und Freiheiten natürlicher Personen in Bezug auf die Verarbeitung beraten;

d) die Verantwortlichen und die Auftragsverarbeiter für die ihnen aus dieser Verordnung entstehenden Pflichten sensibilisieren;

e) auf Anfrage jeder betroffenen Person Informationen über die Ausübung ihrer Rechte aufgrund dieser Verordnung zur Verfügung stellen und gegebenenfalls zu diesem Zweck mit den Aufsichtsbehörden in anderen Mitgliedstaaten zusammenarbeiten;

f) sich mit Beschwerden einer betroffenen Person oder Beschwerden einer Stelle, einer Organisation oder eines Verbandes gemäß Artikel 80 befassen, den Gegenstand der Beschwerde in angemessenem Umfang untersuchen und den Beschwerdeführer innerhalb einer angemessenen Frist über den Fortgang und das Ergebnis der Untersuchung unterrichten, insbesondere, wenn eine weitere Untersuchung oder Koordinierung mit einer anderen Aufsichtsbehörde notwendig ist;

g) mit anderen Aufsichtsbehörden zusammenarbeiten, auch durch Informationsaustausch, und ihnen Amtshilfe leisten, um die einheitliche Anwendung und Durchsetzung dieser Verordnung zu gewährleisten;
h) Untersuchungen über die Anwendung dieser Verordnung durchführen, auch auf der Grundlage von Informationen einer anderen Aufsichtsbehörde oder einer anderen Behörde;
i) maßgebliche Entwicklungen verfolgen, soweit sie sich auf den Schutz personenbezogener Daten auswirken, insbesondere die Entwicklung der Informations- und Kommunikationstechnologie und der Geschäftspraktiken;
j) Standardvertragsklauseln im Sinne des Artikels 28 Absatz 8 und des Artikels 46 Absatz 2 Buchstabe d festlegen;
k) eine Liste der Verarbeitungsarten erstellen und führen, für die gemäß Artikel 35 Absatz 4 eine Datenschutz-Folgenabschätzung durchzuführen ist;
l) Beratung in Bezug auf die in Artikel 36 Absatz 2 genannten Verarbeitungsvorgänge leisten;
m) die Ausarbeitung von Verhaltensregeln gemäß Artikel 40 Absatz 1 fördern und zu diesen Verhaltensregeln, die ausreichende Garantien im Sinne des Artikels 40 Absatz 5 bieten müssen, Stellungnahmen abgeben und sie billigen;
n) die Einführung von Datenschutzzertifizierungsmechanismen und von Datenschutzsiegeln und -prüfzeichen nach Artikel 42 Absatz 1 anregen und Zertifizierungskriterien nach Artikel 42 Absatz 5 billigen;
o) gegebenenfalls die nach Artikel 42 Absatz 7 erteilten Zertifizierungen regelmäßig überprüfen;
p) die Anforderungen an die Akkreditierung einer Stelle für die Überwachung der Einhaltung der Verhaltensregeln gemäß Artikel 41 und einer Zertifizierungsstelle gemäß Artikel 43 abfassen und veröffentlichen;
q) die Akkreditierung einer Stelle für die Überwachung der Einhaltung der Verhaltensregeln gemäß Artikel 41 und einer Zertifizierungsstelle gemäß Artikel 43 vornehmen;
r) Vertragsklauseln und Bestimmungen im Sinne des Artikels 46 Absatz 3 genehmigen;
s) verbindliche interne Vorschriften gemäß Artikel 47 genehmigen;
t) Beiträge zur Tätigkeit des Ausschusses leisten;
u) interne Verzeichnisse über Verstöße gegen diese Verordnung und gemäß Artikel 58 Absatz 2 ergriffene Maßnahmen und
v) jede sonstige Aufgabe im Zusammenhang mit dem Schutz personenbezogener Daten erfüllen.

(2) **Jede Aufsichtsbehörde erleichtert das Einreichen von in Absatz 1 Buchstabe f genannten Beschwerden durch Maßnahmen wie etwa die Bereitstellung eines Beschwerdeformulars, das auch elektronisch ausgefüllt werden kann, ohne dass andere Kommunikationsmittel ausgeschlossen werden.**

(3) **Die Erfüllung der Aufgaben jeder Aufsichtsbehörde ist für die betroffene Person und gegebenenfalls für den Datenschutzbeauftragten unentgeltlich.**

(4) [1]**Bei offenkundig unbegründeten oder – insbesondere im Fall von häufiger Wiederholung – exzessiven Anfragen kann die Aufsichtsbehörde eine angemessene Gebühr auf der Grundlage der Verwaltungskosten verlangen oder sich weigern, aufgrund der Anfrage tätig zu werden.** [2]**In diesem Fall trägt die Aufsichtsbehörde die Beweislast für den offenkundig unbegründeten oder exzessiven Charakter der Anfrage.**

Literatur: *Ashkar*, Durchsetzung und Sanktionierung des Datenschutzrechts nach den Entwürfen der Datenschutz-Grundverordnung, DuD 2015, 796; *Caspar*, Das aufsichtsbehördliche Verfahren nach der EU-Datenschutz-Grundverordnung, ZD 2012, 555; *Dieterich*, Rechtsdurchsetzungsmöglichkeiten der DS-GVO – Einheitlicher Rechtsrahmen führt nicht zwangsläufig zu einheitlicher Rechtsanwendung, ZD 2016, 260; *Dix*, Unabhängige Datenschutzkontrolle als vorgezogener Grundrechtsschutz in: Krüger, Unabhängiges Verwalten, 2015; *Kranig*, Zuständigkeit der Datenschutzaufsichtsbehörden – Feststellung des Status quo mit Ausblick auf die DS-GVO, ZD 2013, 550; *Lüdemann/Wenzel*, Zur Funktionsfähigkeit der Datenschutzaufsicht in Deutschland, RDV 2015, 285; *Nguyen*, Die zukünftige Datenschutzaufsicht in Europa, ZD 2015, 265; *Thiel*, Die DSGVO als Herausforderung (auch) für Aufsichtsbehörden, RDV 2017, 191.

Übersicht

A. Allgemeines

I. Zweck und Bedeutung der Vorschrift

1 Die Vorschrift enthält einen Katalog der Aufgaben, zu deren Wahrnehmung die Aufsichtsbehörden verpflichtet sind. Im Vergleich zur bisherigen DS-RL ist die Aufgabenbeschreibung wesentlich konkreter. Damit soll sichergestellt werden, dass der Vollzug des Datenschutzrechts EU-weit **vereinheitlicht** wird. Hintergrund ist, dass mehr noch als die nationale Umsetzung der bisherigen DS-RL der unterschiedliche Vollzug des Datenschutzrechts zu einem uneinheitlichen Grundrechtsschutzniveau innerhalb der EU gesorgt hat.[1] Mit dieser detaillierten Aufga-

[1] Gesetzesbegr. der Kommission KOM(2012)11, S. 2; *Thüsing/Traut*, Intereconomics 2013, 271 (274); *Dieterich*, ZD 2016, 260 (263); *Nguyen*, ZD 2015, 265.

benbeschreibung hofft der Gesetzgeber, das Vollzugsniveau anzugleichen. Gleichzeitig ist eine einheitliche Aufgabenbeschreibung notwendig, um zukünftig grenzüberschreitenden Fälle mit mehreren Aufsichtsbehörden aus unterschiedlichen Mitgliedstaaten effizient bearbeiten zu können.

II. Ergänzungen, Änderungen durch das BDSG nF

Der Bundesgesetzgeber hat den bereits sehr detaillierten Art. 57 um eine **weitere Aufgabennorm (§ 14 BDSG nF)** ergänzt. Grundsätzlich spricht nichts dagegen, den Aufsichtsbehörden weitere Aufgaben zuzuweisen, soweit dadurch nicht die Erfüllung der Aufgaben aus der DS-GVO gefährdet wird (→ Rn. 20). Dies gilt insbesondere, wenn diese Aufgaben mit dem Schutz personenbezogener Daten in Verbindung stehen (vgl. Erwägungsgrund 129 S. 3). 2

Der Regelungsgehalt des § 14 Abs. 1 BDSG nF ist für den hiesigen Bereich jedoch **äußerst beschränkt,** da die Norm im Wesentlichen der Umsetzung der RL (EU) 2016/680 dient.[2] Da diese an vielen Stellen der DS-GVO entspricht, kommt es in § 14 BDSG nF an einigen Stellen zu Wiederholungen von Art. 57 und 58. Formell maßgeblich für den Rechtsanwender außerhalb des Richtlinienbereichs sind insoweit die Bestimmungen der DS-GVO (vgl. § 1 Abs. 5 BDSG nF). Darüber hinaus beschränkt sich der Regelungsgehalt des § 14 Abs. 1 BDSG nF darauf, die Aufgaben der BfDI für den Bereich zu regeln, der nicht vom Unionsrecht umfasst ist (vgl. § 1 BDSG nF). 3

Auch § 14 Abs. 2 BDSG nF dient in erster Linie der Umsetzung der RL (EU) 2016/680 (Art. 47 Abs. 3).[3] Im Hinblick auf die DS-GVO enthält die Vorschrift lediglich eine marginale Konkretisierung des Adressatenkreises des Art. 58 Abs. 3 lit. b (→ Art. 58 Rn. 22), die insbesondere klarstellt, dass die **Beratungsbefugnisse auch gegenüber den Ausschüssen des Bundestages** bestehen. Systematisch handelt es sich bei § 14 Abs. 2 S. 1 BDSG nF eher um eine Befugnis- als um eine Aufgabenzuweisung. § 14 Abs. 2 S. 2 BDSG nF regelt hingegen eine klassische Aufgabe, nämlich auf Ersuchen bestimmten Hinweisen nachzugehen (→ Rn. 14). § 14 Abs. 3 und 4 BDSG nF dienen der Umsetzung von Art. 46 Abs. 2–4 RL (EU) 2016/680 und wiederholen den Wortlaut des Art. 57 Abs. 2–4,[4] so dass der dortigen Kommentierung (→ Rn. 11, 21 f.) nichts hinzuzufügen ist. 4

III. Systematik, Verhältnis zu anderen Vorschriften

Grundsätzlich lassen sich die Aufgaben der Aufsichtsbehörden in präventive und repressive Tätigkeiten unterteilen. Zu den **repressiven** Aufgaben gehört insbesondere die Ermittlung von Datenschutzverstößen, sei es von Amts wegen, aufgrund eines Amtshilfeersuchens oder aufgrund einer Beschwerde oder sonstigen Hinweises. Neu ist in diesem Zusammenhang vor allem, dass die Aufsichtsbehörden in ihrer repressiven Tätigkeit stärker zur europäischen Zusammenarbeit verpflichtet werden. Die **präventiven** Aufgaben sind im Vergleich zur bisherigen Rechtslage stark angestiegen.[5] Neben Beratungsaufgaben (→ Rn. 10 ff.) und Öffentlichkeitsarbeit (→ Rn. 9) kommen insbesondere in den Bereichen Verhal- 5

[2] Gesetzesbegr. BT-Drs. 18/11325, 87.
[3] Gesetzesbegr. BT-Drs. 18/11325, 87.
[4] Gesetzesbegr. BT-Drs. 18/11325, 87.
[5] *Thiel*, RDV 2017, 191.

tensregeln, Zertifizierung, Akkreditierung (→ Rn. 13f.) sowie Festlegung von Vertragsklauseln (→ Rn. 15) neue Aufgaben auf die Aufsichtsbehörden zu. Die Aufgaben der Aufsichtsbehörde sind nicht abschließend geregelt, was Abs. 1 lit. v verdeutlicht, wonach jede sonstige Aufgabe im Zusammenhang mit dem Schutz personenbezogener Daten zu erfüllen ist (→ Rn. 16).

6 Die Vorschrift ist eng im Zusammenhang mit Art. 58 zu lesen, in dem die Befugnisse der Aufsichtsbehörde niedergelegt sind.[6] Die Aufsichtsbehörde kann keine Eingriffsmaßnahmen direkt auf die Aufgabennorm des Art. 57 stützen. Vielmehr müssen diese stets von den Befugnissen des Art. 58 gedeckt sein. Allerdings ist Art. 58 wiederum so zu interpretieren, dass die Aufsichtsbehörden ihre Aufgaben **effektiv** wahrnehmen können. Dies ergibt sich aus dem europarechtlichen Auslegungsgrundsatz des „effet utile", nach dem Vorschriften so auszulegen sind, dass das Europarecht die höchstmögliche praktische Wirksamkeit entfalten kann.[7] Im engen Zusammenhang zu Art. 57 steht ebenfalls Art. 31, der Verantwortliche und Auftragsverarbeiter verpflichtet, die Aufsichtsbehörde bei der Erfüllung ihrer Aufgaben zu unterstützen und mit ihr zusammenzuarbeiten.

B. Einzelerläuterungen

I. Repressive Aufgaben

7 **1. Überwachungs- und Durchsetzungsaufgaben. Kernaufgabe** der Datenschutzaufsichtsbehörden ist die Überwachung der Anwendung der DS-GVO und ihre Durchsetzung (Abs. 1 lit. a).[8] Welche Eingriffsbefugnisse der Aufsichtsbehörde dazu zur Verfügung stehen, wird in Art. 58 näher erläutert. Mehr als die bisherige Rechtslage enthält die DS-GVO in diesem Zusammenhang Verpflichtungen zur **europäischen Zusammenarbeit,** die bereits in Art. 51 Abs. 2 S. 2 erwähnt und in den Art. 60ff. näher konkretisiert werden (vgl. Erwägungsgrund 123). Dies betrifft sowohl die Mitarbeit im EDSA gem. Abs. 1 lit. t als auch die direkte Zusammenarbeit mit anderen europäischen Aufsichtsbehörden iSd Abs. 1 lit. g, der die Aufsichtsbehörden ua zum Austausch von Informationen und zur Amtshilfe verpflichtet. Insbesondere sollen sie bei Hinweisen anderer Aufsichtsbehörden gem. Abs. 1 lit. h entsprechende „Untersuchungen" durchführen, womit die Ermittlung von Datenschutzverstößen gemeint ist. Die Aufsichtsbehörden sind gem. Abs. 1 lit. u verpflichtet, eine interne Statistik zu führen, in der die ihnen bekannt gewordenen Verstöße gegen die DS-GVO und die jeweils nach Art. 58 Abs. 2 ergriffenen Maßnahmen erfasst werden müssen.

8 **2. Bearbeitung von Individualbeschwerden.** Gem. Abs. 1 lit. f bleibt es eine der Kernaufgaben und **wichtigsten Aktivitäten** der Aufsichtsbehörden, Beschwerden von Betroffenen gem. Art. 77 zu bearbeiten. Dies liegt erstens daran, dass es dabei stets um unmittelbaren Grundrechtsschutz geht, der zB Beratungsaufgaben oder Öffentlichkeitsarbeit vorgeht. Zweitens sind die Aufsichtsbehörden aufgrund ihrer eingeschränkten Kapazitäten mehr denn je auf Eingaben und Hinweise aus der Bevölkerung angewiesen, um ihre Aufgaben wahrnehmen zu können.

---

[6] Zur Systematik Ehmann/Selmayr/*Selmayr*, DS-GVO, Art. 57 Rn. 2.

[7] *Bergmann*, Handlexikon der EU, Effet utile; Grabitz/Hilf/Nettesheim/*Mayer*, Das Recht der EU, EUV, Art. 19 Rn. 57f. mwN.

[8] Ehmann/Selmayr/*Selmayr*, DS-GVO, Art. 57 Rn. 6.

Gegenüber Art. 28 Abs. 4 DS-RL sind die Pflichten der Aufsichtsbehörden leicht erweitert worden. Bislang waren diese aus der DS-RL lediglich verpflichtet, den Betroffenen zu informieren, wie mit der Eingabe verfahren wurde.[9] Nach der neuen Rechtslage muss die Aufsichtsbehörde den Gegenstand der Beschwerde in **angemessenem Umfang** untersuchen und den Betroffenen über den Fortgang bzw. das Ergebnis der Angelegenheit innerhalb einer angemessenen **Frist** unterrichten. Ob der Umfang einer Untersuchung angemessen ist, bestimmt sich insbesondere nach der Intensität des Grundrechtseingriffs, aber auch danach, ob die Angelegenheit von grundsätzlicher datenschutzrechtlicher Bedeutung ist und ob ggf. noch in die Rechte weiterer Betroffener eingegriffen wurde. Je nach dem entscheidet die Aufsichtsbehörde auch über die Mittel der Prüfung, zB ob sie gem. Art. 58 Abs. 1 lit. f eine Kontrolle vor Ort durchführt, von dem Verantwortlichen gem. Art. 58 Abs. 1 lit. a eine Stellungnahme einholt bzw. die Angelegenheit bereits aufgrund der von dem Betroffenen eingereichten Unterlagen abschließend bewerten kann. Was eine angemessene **Frist** iSd Vorschrift darstellt, hängt im Wesentlichen von der Komplexität des Falles, aber auch von den og Kriterien ab, da es den Aufsichtsbehörden freisteht, besonders schwerwiegende Fälle zu priorisieren. Aus Art. 78 Abs. 2 ergibt sich jedoch, dass der Beschwerdeführer spätestens innerhalb von drei Monaten über den Sachstand informiert werden muss. Nach dieser Vorschrift hat der Betroffene hat ein Klagerecht, falls die Behörde ihrer Verpflichtung nicht innerhalb dieser Frist nachkommt. **9**

Der Anspruch beschränkt sich aber darauf, dass sich die Behörde innerhalb des genannten Zeitraums mit seiner Beschwerde befasst und ihn entsprechend informiert. Einen Anspruch auf bestimmte aufsichtsrechtliche Maßnahmen oder die Verhängung von Bußgeldern gegen das Unternehmen hat der Beschwerdeführer **nicht.** Dies wurde von der Kommission und dem EP in den Trilogverhandlungen gefordert,[10] konnte sich aber gegenüber dem Rat nicht durchsetzen und entspricht der gegenwärtigen Rechtslage.[11] Die Aufsichtsbehörde kann den Betroffenen zB nach summarischer Prüfung der Sach- und Rechtslage auf den Zivilrechtsweg verweisen. Dies ist insbesondere angezeigt, wenn es sich bei dem Verantwortlichen um eine natürliche Person handelt und sich die Streitparteien auf Augenhöhe begegnen, wie zB bei Streitigkeiten unter Nachbarn. Dasselbe gilt, wenn die Intensität des Grundrechtseingriffs gering ist und es sich bei dem Verstoß um eine Bagatelle handelt (vgl. Erwägungsgrund 141 S. 2). Beschwerdeführer haben allerdings das Recht auf eine ermessensfehlerfreie Entscheidung (vgl. Erwägungsgrund 143 S. 9). **10**

Nach Abs. 1 lit. f sind neben dem Betroffenen auch Verbände, Organisationen oder sonstige Stellen, die Betroffene iSd Art. 80 vertreten, **beschwerdebefugt.** Bereits jetzt können sich Betroffene, bei einer Beschwerde bei den Aufsichtsbehörden durch einen Rechtsanwalt oder sonstige Dritte durch die Erteilung einer Vollmacht vertreten lassen. Ein Verbandsklagerecht wurde zwar nicht im BDSG nF verankert, ergibt sich aber aus § 2 Abs. 2 Nr. 11 UKlaG.[12] Abs. 2 sieht vor, **11**

---

[9] BeckOK DatenschutzR/*Schneider*, Syst. B. DS-RL, Rn. 142.

[10] Dies wurde noch von KOM und EP gefordert: jew. Art. 73 Abs. 2 (COM(2012)0011 – C7-0025/2012 – 2012/0011(COD)).

[11] BeckOK DatenschutzR/*Schneider*, Syst. B. DS-RL, Rn. 142; vgl. VGH München, Beschl. v. 10.3.1988 – 5 C 8603492, NJW 1989, 2643.

[12] BeckOK DatenschutzR/*Karg*, DS-GVO, Art. 80 Rn. 20; krit. Sydow/*Kreße*, Art. 80 Rn. 16 f.

dass die Aufsichtsbehörden Maßnahmen ergreifen sollen, um die **Einreichung von Beschwerden zu erleichtern.** Insbesondere sollen die Aufsichtsbehörden entsprechende Formulare anbieten, die auch elektronisch ausgefüllt werden können. Es besteht aber keine Bindung an diese Form, so dass jede andere Form der Eingabe möglich ist. Die Bearbeitung von Beschwerden bleibt weiterhin kostenlos (Abs. 3). Bei offenkundig unbegründeten oder exzessiven Beschwerden kann die Aufsichtsbehörde gem. Abs. 4 eine Gebühr verlangen oder die Bearbeitung ablehnen (→ Rn. 21).

II. Präventive Aufgaben

12 **1. Öffentlichkeitarbeit.** Daneben obliegt es den Aufsichtsbehörden, die Öffentlichkeit über die Risiken und die Rechtslage der Verarbeitung personenbezogener Daten zu informieren (Abs. 1 lit. b). Dies gilt insbesondere für die Verarbeitung der Daten von **Kindern**. Damit wird den Datenschutzaufsichtsbehörden erstmals ausdrücklich eine **Aufklärungs- und Bildungsaufgabe** zugewiesen (Erwägungsgrund 132). In Deutschland betreiben viele Aufsichtsbehörden bereits im Rahmen ihrer Kapazitäten derartige Aktivitäten, zT in Zusammenarbeit mit Verbraucherschutzverbänden und Nichtregierungsorgansationen sowie mit der vom Bund gegründeten eher wirtschaftsorientierten Stiftung Datenschutz.[13] Diese Aufgabe wird den Aufsichtsbehörden jetzt als Pflichtaufgabe zugewiesen und erhält damit eine höhere Priorität. Ebenfalls wird durch Abs. 1 lit. b klargestellt, dass es auch zu den Aufgaben der Datenschutzbehörden zählt, vor besonderen Risiken bei der Verarbeitung personenbezogener Daten zu warnen. Die entsprechende Befugnis, sich auch an die Öffentlichkeit zu wenden, ist in Art. 58 Abs. 3 lit. b enthalten (→ Art. 58 Rn. 23).

13 **2. Beratungsaufgaben.** Den Aufsichtsbehörden obliegen zahlreiche Beratungsaufgaben. Adressaten sind gem. Abs. 1 lit. c insbesondere Organe und Einrichtungen der **Legislative und der Exekutive.** Die Beratungsaufgabe hinsichtlich dieser öffentlichen Stellen kann im nationalen Recht näher ausgestaltet werden, allerdings darf Abs. 1 lit. c nicht unterlaufen werden. Daher sind die Aufsichtsbehörden vor dem Erlass von legislativen Akten, die die Verarbeitung personenbezogener Daten betreffen, zumindest **anzuhören.**[14] Auch im Vorfeld von Maßnahmen der Exekutive sollten die Aufsichtsbehörden nach Möglichkeit eingebunden werden, insbesondere bei hoher Eingriffsintensität oder wenn eine Vielzahl von Personen betroffen ist. Ein solches Anhörungsrecht war noch in Art. 28 Abs. 2 DS-RL zumindest im Hinblick auf Rechtsverordnungen und Verwaltungsvorschriften ausdrücklich enthalten.[15] Damit die Aufsichtsbehörden ihre Beratungsaufgabe nach Abs. 2 lit. c sinnvoll wahrnehmen können, sollte aber auch nach der neuen Rechtslage eine Anhörung erfolgen.

14 Gem. § 14 Abs. 2. S. 2 BDSG nF hat die BfDI auf Ersuchen der Bundesregierung, des Bundestags oder dessen Ausschüssen Hinweisen auf Angelegenheiten und Vorgänge des Datenschutzes bei den öffentlichen Stellen des Bundes nachzugehen. Da es sich nach dem Wortlaut nicht zwingend um einen Datenschutzverstoß handeln muss, ist auch aufgrund der Systematik der Vorschrift davon auszuge-

[13] www.stiftungdatenschutz.org.

[14] Vgl. zB § 24 Abs. 1 S. 2 BlnDSG aF.

[15] Grabitz/Hilf/*Brühann*, Das Recht der EU, DS-RL, Art. 28 Rn. 7; BeckOK DatenschutzR/*Schneider*, Syst. B., DS-RL, Rn. 137.

hen, dass es sich eher um eine Beratungs- als um eine Überwachungsaufgabe handelt. Da die Aufgabe im iSd Abs. 1 lit. v im Zusammenhang mit dem Schutz personenbezogener Daten steht (→ Rn. 20), konnte eine solche Konkretisierung durch den nationalen Gesetzgebern erfolgen (Erwägungsgrund 129 S. 3). Sie steht allerdings unter dem Vorbehalt der Unabhängigkeit der Aufsichtsbehörden nach Art. 52, so dass Zeitpunkt, Art und Weise, wie die BfDI solchen Ersuchen nachkommt, nicht vorgegeben werden darf (→ Art. 52 Rn. 13).

Die Aufsichtsbehörde hat gem. Abs. 1 lit. d auch die Aufgabe, nichtöffentliche Stellen für die ihnen aus dieser Verordnung entstehenden Pflichten zu sensibilisieren.[16] Neben dem Bildungsbereich (→ Rn. 9) sollen insbesondere kleinere und mittlere Unternehmen Adressaten spezifischer Maßnahmen sein (Erwägungsgrund 132). Ein Unternehmen gilt als klein, wenn es weniger als 50 Personen beschäftigt und sein Jahresumsatz bzw. Jahresbilanz 10 Mio. EUR nicht übersteigt. Ein mittleres Unternehmen beschäftigt weniger als 250 Personen und erzielt entweder einen Jahresumsatz von höchstens 50 Mio. EUR oder hat eine Jahresbilanzsumme von höchstens 43 Mio. EUR.[17] Die Fokussierung auf solche Unternehmen ist sinnvoll, da insbesondere viele kleinere Unternehmen nicht über eine Rechtsabteilung verfügen und Beratungen der Aufsichtsbehörde oftmals besonders benötigen. Ein besonderer Beratungs- und Unterstützungsauftrag besteht gem. § 40 Abs. 6 S. 1 BDSG nF zudem zu Gunsten betrieblicher Datenschutzbeauftragter.[18] Bislang kommen die Aufsichtsbehörden dieser Aufgabe in der Regel durch die **Veröffentlichung von Orientierungshilfen** und sonstigen Handreichungen nach. Diese können zumeist auf den Internetseiten der Aufsichtsbehörden und auf www.datenschutz.de abgerufen werden. Darüber hinaus werden von der Konferenz der Datenschutzbeauftragten des Bundes und der Länder sowie vom sog. „Düsseldorfer Kreis“, dem Gremium der Aufsichtsbehörden des Bundes und der Länder, regelmäßig Handlungsempfehlungen und Dokumente zur Anwendung des Datenschutzrechts veröffentlicht. Diese werden sukzessive an die aktuelle Rechtslage angepasst. Auf europäischer Ebene wirken die Aufsichtsbehörden bei entsprechenden Dokumenten des EDSA mit (→ Art. 70 Rn. 7). Aus Abs. 1 lit. d kann kein Rechtsanspruch auf eine individuelle Beratung hergeleitet werden. Ein solcher kann auch nicht aus § 40 Abs. 6 S. 1 BDSG nF abgeleitet werden. Er steht Unternehmen gem. Art. 57 Abs. 1 lit. l nur zu, wenn eine **Datenschutz-Folgenabschätzung** gem. Art. 35 ergeben hat, dass der Verarbeitungsvorgang besonders risikobehaftet ist. Dann sind Unternehmen gem. Art. 36 Abs. 1 sogar verpflichtet, die Aufsichtsbehörde zu konsultieren, falls keine speziellen Maßnahmen getroffen werden, um das Risiko zu begrenzen (→ Art. 36 Rn. 4 f.). Die Aufsichtsbehörden müssen gem. Abs. 1 lit. k eine Liste der Verarbeitungsarten erstellen und pflegen, für die gem. Art. 35 Abs. 4 eine Datenschutz-Folgenabschätzung durchzuführen ist. **15**

Außerdem hat die Aufsichtsbehörde den Betroffenen gem. Abs. 1 lit. e Informationen über die Ausübung ihrer Rechte zur Verfügung zu stellen. Bereits jetzt stellen viele Aufsichtsbehörden **Informationsmaterialien für Betroffene** zur Verfügung, die auf den jeweiligen Internetseiten abgerufen oder bei den Aufsichtsbehörden bestellt werden können. Diese Materialien werden sukzessive an die neue Rechtslage angepasst. Neu ist, dass die Aufsichtsbehörde auch in diesem **16**

---

[16] Dazu *Thiel*, RDV 2017, 191.

[17] KOM(2003)1422, Art. 2.

[18] Kühling/Buchner/*Dix*, 2. Aufl., BDSG, § 40 Rn. 16.

Zusammenhang verpflichtet ist, mit anderen europäischen Aufsichtsbehörden zusammenzuarbeiten, dh sie hat ggf. Informationen einzuholen, soweit dies der Einzelfall erfordert.

17 **3. Verhaltensregeln, Zertifizierung und Akkreditierung.** Die Aufsichtsbehörde fördert gem. Abs. 1 lit. m die Ausarbeitung von **Verhaltensregeln** gem. Art. 40. In diesem Zusammenhang hat sie Stellungnahmen abzugeben und die Verhaltensregeln zu billigen, falls diese die entsprechenden Voraussetzungen erfüllen. Überwacht die Aufsichtsbehörde die Einhaltung solcher Verhaltensregeln nicht selbst, kann sie diese Aufgabe gem. Art. 41 an eine externe Stelle übertragen. In diesem Fall kommt der Aufsichtsbehörde die Aufgabe zu, diese Stelle zu akkreditieren (Abs. 1 lit. q). Dazu muss sie zunächst entsprechende Kriterien für die Akkreditierung abfassen und veröffentlichen (Abs. 1 lit. p). Bisher wurde von der schon bestehenden Möglichkeit, den Aufsichtsbehörden Verhaltensregeln nach § 38a BDSG zur Genehmigung vorzulegen, kaum Gebrauch gemacht: Als anerkannte Verhaltensregeln existieren lediglich der Verhaltenskodex des Gesamtverbandes der Deutschen Versicherungswirtschaft sowie der GeoBusiness Code of Conduct.[19] Es ist aber zu erwarten, dass die aufgrund der neuen materiellen Rechtslage anfänglich bestehende Rechtsunsicherheit dazu führen wird, dass Verbände verstärkt von dieser Möglichkeit Gebrauch machen werden.

18 Gem. Abs. 1 lit. n unterstützt die Aufsichtsbehörde die Einführung von **Zertifizierungsmechanismen, Siegeln und Prüfzeichen** gem. Art. 42 Abs. 1. Insbesondere obliegt es den Aufsichtsbehörden, die Kriterien für die Zertifizierung iSd Art. 42 Abs. 5 zu billigen. Den Akt der Zertifizierung selbst muss die Aufsichtsbehörde nicht eigenhändig übernehmen, sondern kann diese Aufgabe an eine Zertifizierungsstelle übertragen. Dies ist auch sinnvoll, da Interessenskonflikte entstehen können, wenn die Aufsichtsbehörden Datenverarbeitungsverfahren auf ihre Gesetzeskonformität überprüfen müssen, die sie selbst zertifiziert haben.[20] Wird eine externe Zertifizierungsstelle eingerichtet, obliegt der Aufsichtsbehörde gem. Abs. 1 lit. p die Aufgabe, die Kriterien für die Akkreditierung abzufassen und zu veröffentlichen sowie gem. Abs. 1 lit. q das Akkreditierungsverfahren durchzuführen. In diesem Bereich können die Aufsichtsbehörden sowohl untereinander[21] als auch mit Dritten wie der Deutschen Akkreditierungsstelle DAkkS zusammenarbeiten,[22] solange gewährleistet ist, dass die Aufsichtsbehörden angemessen an dem Verfahren beteiligt werden. Erteilt die Aufsichtsbehörde selbst Zertifizierungen, hat sie die von ihr erteilten Zertifizierungen gem. Abs. 1 lit. o regelmäßig zu überprüfen. Diese Aufgaben sind für viele deutsche Aufsichtsbehörden neu. Bislang ist lediglich die BfDI nach § 18 Abs. 2 und Abs. 3 Nr. 4 De-Mail-Gesetz an einem Akkreditierungsverfahren beteiligt. Ein Gütesiegel bietet das ULD SH an.[23]

19 **4. Festlegung von Vertragsklauseln und sonstigen Bestimmungen.** Im Rahmen von **Datentransfers in Drittstaaten** nach Kapitel V obliegt es den

---

[19] www.geodatenschutz.org.

[20] *Dix*, Unabhängige Datenschutzkontrolle als vorgezogener Grundrechtsschutz, in: Krüger, Unabhängiges Verwalten, 2015, VI; vgl. auch Auernhammer/*v. Lewinski*, DSGVO, Art. 57 Rn. 4.

[21] *Thiel*, RDV 2017, 191 (192).

[22] www.dakks.de.

[23] www.datenschutzzentrum.de/zertifizierung.

Aufsichtsbehörden gem. Abs. 1 lit. j Standardvertragsklauseln iSd Art. 46 Abs. 2 lit. d abzustimmen. Außerdem genehmigen sie gem. Abs. 1 lit. r Vertragsklauseln und Bestimmungen iSd Art. 46 Abs. 3 sowie gem. Abs. 1 lit. s „verbindliche interne Unternehmensvorschriften" (binding coporate rules) gem. Art. 47. Neu gegenüber der bisherigen Rechtslage ist insbesondere, dass die Aufsichtsbehörden gem. Abs. 1 lit. j im Rahmen des Kohärenzverfahrens auch Standardvertragsklauseln für die **Auftragsdatenverarbeitung** iSd Art. 28 Abs. 8 festlegen können. Es bleibt aber Aufgabe des Verantwortlichen, solche Standardverträge entsprechend zu konkretisieren und auf die tatsächlichen Datenverarbeitungsvorgänge zuzuschneiden.

III. Sonstige Aufgaben

Die Aufsichtsbehörden sollen gem. Abs. 1 lit. i relevante Entwicklungen verfolgen, die sich auf den Schutz personenbezogener Daten auswirken, insbesondere soll die Entwicklung der Informations- und Kommunikationstechnologie und der entsprechenden Geschäftspraktiken beobachtet werden. Gem. Abs. 1 lit. v sollen die Aufsichtsbehörden jede sonstige Aufgabe im Zusammenhang mit dem Schutz personenbezogener Daten erfüllen, die von den nationalen Gesetzgebern konkretisiert werden können (Erwägungsgrund 129 S. 3). Dadurch wird deutlich, dass die Aufgaben der Aufsichtsbehörden nicht abschließend geregelt werden. Fraglich ist hingegen, ob die Aufsichtsbehörden weitere Aufgaben, die **nicht** im Zusammenhang mit dem Schutz personenbezogener Daten stehen, übernehmen dürfen. Viele Aufsichtsbehörden, zB in Großbritannien, Ungarn und Deutschland, nehmen gleichzeitig Funktionen aus den jeweiligen Informationsfreiheitsgesetzen war. Solche zusätzlichen Funktionen dürfen nicht dazu führen, dass die Aufsichtsbehörden ihre Aufgaben nach der DS-GVO nicht ausreichend wahrnehmen können oder ihre Unabhängigkeit in Frage gestellt wird (→ Art. 52 Rn. 14).[24] 20

IV. Gebührenfreiheit, Ablehnungsbefugnis

Die Leistungen jeder Aufsichtsbehörde sind für den Betroffenen und für behördliche und betriebliche Datenschutzbeauftragte gem. Abs. 3 kostenlos. Dies betrifft insbesondere die Bearbeitung von Beschwerden (→ Rn. 8 ff.) und die Beratung von Betroffenen. Datenschutzbeauftragte profitieren von der Gebührenfreiheit nur dann, wenn sich die aufsichtsbehördliche Leistung **direkt an sie richtet.** Dies kann zB im Bereich der Beratung der Fall sein. Nicht ausgeschlossen wird mit Abs. 3 hingegen, dass die Behörde eine Gebühr für eine Zertifizierung oder eine Betriebsprüfung verlangt, auch wenn das Unternehmen einen betrieblichen Datenschutzbeauftragten bestellt hat, da Adressat der Maßnahme nicht der Datenschutzbeauftragte, sondern das Unternehmen selbst ist. Dem Umkehrschluss aus Abs. 3 lässt sich entnehmen, dass die Aufsichtsbehörde für alle Leistungen, die nicht an den Betroffenen oder an den betrieblichen Datenschutzbeauftragten gerichtet sind, eine Gebühr erheben kann.[25] Diese bestimmt sich jeweils nach dem nationalen Recht und richtet sich nach den Verwaltungskosten (vgl. Abs. 4 S. 1). 21

Ablehnen kann die Aufsichtsbehörde Anträge nur dann, wenn sie offenkundig unbegründet oder unverhältnismäßig sind, wobei die Menge der Anträge eine 22

[24] *v. Lewinski,* NVwZ 2017, 1483 (1488).

[25] BeckOK DatenschutzR/*Eichler,* DS-GVO, Art. 57 Rn. 45; Ehmann/Selmayr/*Selmayr,* DS-GVO, Art. 57 Rn. 22.

wichtige Rolle spielt. Alternativ zur Ablehnung kann die Behörde auch eine Gebühr erheben, die aber den Verwaltungsaufwand der Bearbeitung nicht überschreiten darf. Es handelt sich somit nicht um eine Missbrauchs-, sondern um eine Bearbeitungsgebühr. Damit soll vor allem verhindert werden, dass die aufsichtsbehördliche Tätigkeit durch rechtsmissbräuchliche Anträge behindert wird.[26] Dafür, dass ein unbegründeter oder unverhältnismäßiger Antrag vorliegt, trägt die Aufsichtsbehörde gem. Abs. 4 S. 2 die Beweislast (vgl. auch § 14 Abs. 4 BDSG nF). Anträge iSd Vorschrift sind alle Anfragen an die Aufsichtsbehörde, bei denen der Antragssteller einen individuellen Anspruch auf eine Leistung der Aufsichtsbehörde hat. Dazu gehören insbesondere die Bearbeitung von Beschwerden (→ Rn. 8 ff.), die Beratung von Betroffenen (→ Rn. 16) und der verantwortlichen Stelle bei besonders risikobehafteten Verarbeitungsvorgängen (→ Rn. 15). Kein Anspruch besteht hingegen zB auf die Verhängung einer bestimmten Sanktion (→ Rn. 10), allgemeine Beratungsleistungen oder die Erstellung bestimmter Leitfäden etc. (→ Rn. 15), sodass Abs. 4 keine Anwendung findet und entsprechende Anfragen ohne Weiteres abgelehnt werden können.

Art. 58 Befugnisse

(1) **Jede Aufsichtsbehörde verfügt über sämtliche folgenden Untersuchungsbefugnisse, die es ihr gestatten,**

a) den Verantwortlichen, den Auftragsverarbeiter und gegebenenfalls den Vertreter des Verantwortlichen oder des Auftragsverarbeiters anzuweisen, alle Informationen bereitzustellen, die für die Erfüllung ihrer Aufgaben erforderlich sind,

b) Untersuchungen in Form von Datenschutzüberprüfungen durchzuführen,

c) eine Überprüfung der nach Artikel 42 Absatz 7 erteilten Zertifizierungen durchzuführen,

d) den Verantwortlichen oder den Auftragsverarbeiter auf einen vermeintlichen Verstoß gegen diese Verordnung hinzuweisen,

e) von dem Verantwortlichen und dem Auftragsverarbeiter Zugang zu allen personenbezogenen Daten und Informationen, die zur Erfüllung ihrer Aufgaben notwendig sind, zu erhalten,

f) gemäß dem Verfahrensrecht der Union oder dem Verfahrensrecht des Mitgliedstaats Zugang zu den Räumlichkeiten, einschließlich aller Datenverarbeitungsanlagen und -geräte, des Verantwortlichen und des Auftragsverarbeiters zu erhalten.

(2) **Jede Aufsichtsbehörde verfügt über sämtliche folgenden Abhilfebefugnisse, die es ihr gestatten,**

a) einen Verantwortlichen oder einen Auftragsverarbeiter zu warnen, dass beabsichtigte Verarbeitungsvorgänge voraussichtlich gegen diese Verordnung verstoßen,

b) einen Verantwortlichen oder einen Auftragsverarbeiter zu verwarnen, wenn er mit Verarbeitungsvorgängen gegen diese Verordnung verstoßen hat,

[26] Ehmann/Selmayr/*Selmayr*, DS-GVO, Art. 57 Rn. 23.

c) den Verantwortlichen oder den Auftragsverarbeiter anzuweisen, den Anträgen der betroffenen Person auf Ausübung der ihr nach dieser Verordnung zustehenden Rechte zu entsprechen,
d) den Verantwortlichen oder den Auftragsverarbeiter anzuweisen, Verarbeitungsvorgänge gegebenenfalls auf bestimmte Weise und innerhalb eines bestimmten Zeitraums in Einklang mit dieser Verordnung zu bringen,
e) den Verantwortlichen anzuweisen, die von einer Verletzung des Schutzes personenbezogener Daten betroffene Person entsprechend zu benachrichtigen,
f) eine vorübergehende oder endgültige Beschränkung der Verarbeitung, einschließlich eines Verbots, zu verhängen,
g) die Berichtigung oder Löschung von personenbezogenen Daten oder die Einschränkung der Verarbeitung gemäß den Artikeln 16, 17 und 18 und die Unterrichtung der Empfänger, an die diese personenbezogenen Daten gemäß Artikel 17 Absatz 2 und Artikel 19 offengelegt wurden, über solche Maßnahmen anzuordnen,
h) eine Zertifizierung zu widerrufen oder die Zertifizierungsstelle anzuweisen, eine gemäß den Artikeln 42 und 43 erteilte Zertifizierung zu widerrufen, oder die Zertifizierungsstelle anzuweisen, keine Zertifizierung zu erteilen, wenn die Voraussetzungen für die Zertifizierung nicht oder nicht mehr erfüllt werden,
i) eine Geldbuße gemäß Artikel 83 zu verhängen, zusätzlich zu oder anstelle von in diesem Absatz genannten Maßnahmen, je nach den Umständen des Einzelfalls,
j) die Aussetzung der Übermittlung von Daten an einen Empfänger in einem Drittland oder an eine internationale Organisation anzuordnen.

(3) **Jede Aufsichtsbehörde verfügt über sämtliche folgenden Genehmigungsbefugnisse und beratenden Befugnisse, die es ihr gestatten,**
a) gemäß dem Verfahren der vorherigen Konsultation nach Artikel 36 den Verantwortlichen zu beraten,
b) zu allen Fragen, die im Zusammenhang mit dem Schutz personenbezogener Daten stehen, von sich aus oder auf Anfrage Stellungnahmen an das nationale Parlament, die Regierung des Mitgliedstaats oder im Einklang mit dem Recht des Mitgliedstaats an sonstige Einrichtungen und Stellen sowie an die Öffentlichkeit zu richten,
c) die Verarbeitung gemäß Artikel 36 Absatz 5 zu genehmigen, falls im Recht des Mitgliedstaats eine derartige vorherige Genehmigung verlangt wird,
d) eine Stellungnahme abzugeben und Entwürfe von Verhaltensregeln gemäß Artikel 40 Absatz 5 zu billigen,
e) Zertifizierungsstellen gemäß Artikel 43 zu akkreditieren,
f) im Einklang mit Artikel 42 Absatz 5 Zertifizierungen zu erteilen und Kriterien für die Zertifizierung zu billigen,
g) Standarddatenschutzklauseln nach Artikel 28 Absatz 8 und Artikel 46 Absatz 2 Buchstabe d festzulegen,
h) Vertragsklauseln gemäß Artikel 46 Absatz 3 Buchstabe a zu genehmigen,

i) Verwaltungsvereinbarungen gemäß Artikel 46 Absatz 3 Buchstabe b zu genehmigen,
j) verbindliche interne Vorschriften gemäß Artikel 47 zu genehmigen.

(4) **Die Ausübung der der Aufsichtsbehörde gemäß diesem Artikel übertragenen Befugnisse erfolgt vorbehaltlich geeigneter Garantien einschließlich wirksamer gerichtlicher Rechtsbehelfe und ordnungsgemäßer Verfahren gemäß dem Unionsrecht und dem Recht des Mitgliedstaats im Einklang mit der Charta.**

(5) **Jeder Mitgliedstaat sieht durch Rechtsvorschriften vor, dass seine Aufsichtsbehörde befugt ist, Verstöße gegen diese Verordnung den Justizbehörden zur Kenntnis zu bringen und gegebenenfalls die Einleitung eines gerichtlichen Verfahrens zu betreiben oder sich sonst daran zu beteiligen, um die Bestimmungen dieser Verordnung durchzusetzen.**

(6) [1]**Jeder Mitgliedstaat kann durch Rechtsvorschriften vorsehen, dass seine Aufsichtsbehörde neben den in den Absätzen 1, 2 und 3 aufgeführten Befugnissen über zusätzliche Befugnisse verfügt.** [2]**Die Ausübung dieser Befugnisse darf nicht die effektive Durchführung des Kapitels VII beeinträchtigen.**

Literatur: Vgl. die Hinweise zu Art. 57.

Übersicht

A. Allgemeines

I. Zweck und Bedeutung der Vorschrift

1 Die europaweit einheitliche Regelung der Befugnisse der Aufsichtsbehörde ist einer der wichtigsten Bausteine, um ein einheitliches Datenschutzniveau innerhalb

der EU herzustellen.[1] Neben den Unterschieden in der Ausstattung der Aufsichtsbehörden waren es insbesondere die divergierenden Befugnisse, die dazu geführt haben, dass das auf der DS-RL beruhende nationale Datenschutzrecht nicht einheitlich durchgesetzt wurde. ZB haben derzeit nur wenige Aufsichtsbehörden in der EU die Kompetenz, finanzielle Sanktionen zu verhängen. Daher wurden nicht nur die materiellen Regeln vereinheitlicht, sondern auch diejenigen, die den **Vollzug des Datenschutzrechts** betreffen.[2] Dafür ist die unmittelbare Geltung der Vorschrift von entscheidender Bedeutung,[3] auch wenn die Ausübung dieser Befugnisse sich nach dem mitgliedstaatlichen Verfahrensrecht bestimmt (Abs. 4).[4]

II. Ergänzungen, Änderungen durch das BDSG nF

Im Hinblick auf die **BfDI** wird die Vorschrift in erster Linie durch § 16 BDSG nF ergänzt. Dieser regelt in Abs. 1 bestimmte Verfahrensvoraussetzungen, die die BfDI bei der Ausübung ihrer Befugnisse nach Art. 58 Abs. 2 lit. b-g, i und j zu beachten hat (→ Rn. 28). § 16 Abs. 2 BDSG nF ergänzt die Befugnisse der BfDI um ein Beanstandungsrecht gegenüber öffentlichen Stellen außerhalb des Anwendungsbereichs der DS-GVO (→ Rn. 35). § 16 Abs. 3 BDSG nF stellt klar, dass die Befugnisse der BfDI auch in Bereichen gelten, die von Brief-, Post-, Fernmelde- und Steuergeheimnis geschützt sind (→ Rn. 15). Einschränkungen bestehen hingegen nach § 29 BDSG nF bei Maßnahmen gegen Berufsgeheimnisträger (→ Rn. 14). § 16 Abs. 4 BDSG nF regelt Verfahrensvorschriften im Hinblick auf das Zugangsrecht nach Art. 58 Abs. 1 lit. f (→ Rn. 12). Darüber hinaus wird die Vorschrift ergänzt um § 14 Abs. 2 S. 1 BDSG nF, der den Adressatenkreis von Politikberatung nach Abs. 3 lit. b konkretisiert (→ Rn. 22). 2

Die Befugnisse der **Aufsichtsbehörden der Länder** werden durch § 40 Abs. 3–7 BDSG nF konkretisiert. § 40 Abs. 3 BDSG nF regelt ihre Befugnis zur Verarbeitung personenbezogener Daten (→ Rn. 31 ff.), § 40 Abs. 4 BDSG nF das Auskunftsverweigerungsrecht (→ Rn. 9) und § 40 Abs. 5 BDSG nF das Betreten von Grundstücken und Geschäftsräumen (→ Rn. 12). § 40 Abs. 6 BDSG nF ergänzt die Befugnisse der Aufsichtsbehörden um die Möglichkeit, den betrieblichen Datenschutzbeauftragten abzuberufen (→ Rn. 34). § 40 Abs. 7 BDSG nF regelt das Verhältnis zur Gewerbeordnung, was sich daraus erklärt, dass Wirtschaftsaufsichtsbehörden strukturell ebenfalls Datenschutzaufsicht ausüben.[5] Gravierende Datenschutzverstöße können zB eine Unzuverlässigkeit des Gewerbetreibenden begründen, was zu einer Untersagung der Ausübung des Gewerbes führen kann.[6] Das nach Abs. 5 zu regelnde Verhältnis zu den Justizbehörden und Gerichten wird in den §§ 40–42 BDSG nF normiert (→ Rn. 29). 3

III. Systematik, Verhältnis zu anderen Vorschriften

Art. 58 differenziert zwischen **Untersuchungsbefugnissen (Abs. 1), Abhilfebefugnissen (Abs. 2) sowie Genehmigungs- und Beratungsbefugnissen** 4

---

[1] Gesetzesbegr. der Kommission KOM(2012)11, S. 2.

[2] *Dieterich*, ZD 2016, 260 (263); *Nguyen*, ZD 2015, 265; *Thüsing/Traut*, Intereconomics 2013, 271 (274).

[3] *Nguyen*, ZD 2015, 265 (269).

[4] *Kühling/Martini*, S. 184 ff.

[5] *v. Lewinski*, NVwZ 1483 (1488) mwN.

[6] Kühling/Buchner/*Dix*, 2. Aufl., BDSG, § 40 Rn. 18; *Piltz*, § 40 BDSG nF Rn. 57.

(Abs. 3). Während letztere eher präventive Maßnahmen vorsehen, setzt die Ausübung von Abhilfebefugnissen nach Abs. 2 voraus, dass ein Datenschutzverstoß vorliegt oder bevorsteht. Untersuchungsbefugnisse können hingegen auch anlassunabhängig ausgeübt werden, da ihre Ausübung gerade dazu dient, zu ermitteln, ob ein Datenschutzverstoß vorliegt. Die Vorschrift steht in engem Zusammenhang mit Art. 31, der Verantwortliche und Auftragsverarbeiter zur Zusammenarbeit mit der Aufsichtsbehörde verpflichtet. Ein Verstoß gegen Art. 31 ist bußgeldbewehrt (Art. 83 Abs. 4 lit. a). Bei der Auslegung ist insbesondere Art. 57 zu beachten, in welchem die Aufgaben der Aufsichtsbehörde normiert sind. Die hier geregelten Befugnisse sollen sicherstellen, dass die Aufsichtsbehörde in der Lage ist, ihre gesetzlichen Aufgaben effektiv erfüllen zu können und sind dementsprechend im Lichte des Art. 57 zu interpretieren. Da es sich um die Durchsetzung von Europarecht handelt, ist bei der Auslegung der vom EuGH entwickelte Grundsatz des „effet utile" zu beachten.[7] Danach sind Vorschriften so auszulegen, dass das Europarecht die höchstmögliche praktische Wirksamkeit entfalten kann.[8]

B. Einzelerläuterungen

I. Untersuchungsbefugnisse (Abs. 1)

5 Die in Abs. 1 normierten Befugnisse können unabhängig davon ausgeübt werden, welcher Anlass einer Untersuchung zu Grunde liegt. Insbesondere ist nicht erforderlich, dass ein Anfangsverdacht, eine Beschwerde gem. Art. 77, ein Hinweis oder ein sonstiger Anlass vorliegt. Vielmehr sind die Aufsichtsbehörden befugt, ihre Befugnisse auch **von Amts wegen** auszuüben. Dies ist für den Grundrechtsschutz von elementarer Bedeutung, da Eingriffe in das Grundrecht auf Datenschutz oft ohne Wissen des Betroffenen erfolgen, sodass dieser sich nicht gerichtlich oder durch Eingaben wehren kann.[9]

6 **1. Bereitstellung von Informationen.** Nach Abs. 1 lit. a kann jede Aufsichtsbehörde den Verantwortlichen und den Auftragsverarbeiter anweisen, alle Informationen bereitzustellen, die für die Erfüllung einer in Art. 57 genannten Aufgabe erforderlich sind. In der Regel wird die Aufsichtsbehörde von dieser Befugnis Gebrauch machen, um zu prüfen, ob in dem konkreten Fall eine Datenschutzverletzung vorliegt. Dies ist aber nicht der alleinige Anlass. Vielmehr kann die Aufsichtsbehörde auch Informationen verlangen, ohne dass dem Adressaten der Vorwurf einer Datenschutzverletzung gemacht werden soll, zB weil sie die Öffentlichkeit gem. Art. 57 Abs. 1 lit. b über die Risiken eines bestimmten Verarbeitungsvorgangs aufklären will. Sie kann auch Informationen einholen, wenn sie sich vergewissern möchte, ob überhaupt personenbezogene Daten verarbeitet werden. Die Vorschrift beschränkt sich nicht wie bisher § 38 Abs. 3 S. 1 BDSG auf die Verpflichtung zur Auskunftserteilung. Vielmehr kann die Aufsichtsbehörde

---

[7] Auernhammer/*v. Lewinski*, DSGVO, Art. 58 Rn. 53.

[8] *Bergmann*, Handlexikon der EU, Effet utile; Grabitz/Hilf/Nettesheim/*Mayer*, Das Recht der EU, EUV, Art. 19 Rn. 57 f. mwN.

[9] *Dix*, Unabhängige Datenschutzkontrolle als vorgezogener Grundrechtsschutz in: Krüger, Unabhängiges Verwalten, 2015, VI.

auch die Bereitstellung von Informationen in Form von **Kopien von Dokumenten und Dateien** verlangen.[10]

Spiegelbildlich verpflichtet Art. 31 die Verantwortlichen und Auftragsverarbeiter zur **Zusammenarbeit mit der Aufsichtsbehörde** und damit auch zur Bereitstellung von Informationen nach dieser Vorschrift. Im Hinblick auf öffentliche Stellen des Bundes regelt § 16 Abs. 4 Nr. 1 BDSG nF die korrespondierende Verpflichtung, Informationen bereitzustellen. Für die Stellen, die der Aufsicht der Länder unterliegen, stellt § 40 Abs. 4 S. 1 BDSG nF klar, dass Auskunftsverlangen nach Abs. 1 lit. a zu beantworten sind. Ob diese Vorschriften allerdings neben Art. 31 einen eigenen Anwendungsbereich haben, ist jedoch fraglich.[11] Bei einem Verstoß durch eine nichtöffentliche Stelle gegen Art. 31 kann die Aufsichtsbehörde ein Bußgeld nach Art. 83 Abs. 4 lit. a verhängen. Adressaten sind der Verantwortliche und Auftragsverarbeiter aber nicht der Betroffene oder Dritte wie zB Zeugen. Eine Auskunftspflicht für Dritte kann sich aber gem. Abs. 6 S. 1 aus dem nationalen Recht ergeben (vgl. zB Zeugenvernehmung im Bußgeldverfahren nach § 46 Abs. 1 OWiG iVm § 161a StPO). 7

Bei der Anweisung hat die Aufsichtsbehörde angemessene rechtsstaatliche Prozessrechtsgarantien des europäischen (vgl. Art. 47–50 GRCh; Art. 6 und 7 EMRK) und des jeweiligen mitgliedstaatlichen Rechts zu achten. Ebenso wie das deutsche (→ Rn. 9) kennt auch das europäische Recht den **nemo-tenetur-Grundsatz.**[12] Diesem kommt angesichts der gestiegenen Bußgeldhöhe ein besonderer Stellenwert zu. Der nemo-tenetur-Grundsatz umfasst neben dem Auskunftsverweigerungsrecht das Recht, jedwede Mitwirkung an Untersuchungsmaßnahmen gegen die eigene Person zu unterlassen, also auch das Anfertigen von Kopien. Das Auskunftsverweigerungsrecht gilt für den Auskunftspflichtigen **persönlich** und steht juristischen Personen nicht zu.[13] Beschäftigte und Leitungspersonen eines Unternehmens können sich folglich auf das Auskunftsverweigerungsrecht nur dann berufen, wenn ihnen persönlich strafrechtliche Verfolgung oder ein Bußgeld drohen, dh das Auskunftsersuchen muss sich auf das konkrete Verhalten des Auskunftspflichtigen beziehen, welches evtl. eine Straftat oder Ordnungswidrigkeit darstellt. Die Gefahr, dass dem jeweiligen Unternehmen ein Bußgeld nach Art. 83 droht, reicht nicht aus. 8

§ 40 Abs. 3 S. 2 BDSG nF regelt das Auskunftsverweigerungsrecht in Verfahren der Aufsichtsbehörden der Länder. Danach kann der Auskunftspflichtige die Auskunft auf solche Fragen verweigern, deren Beantwortung ihn selbst oder einen nahen Angehörigen (vgl. § 383 Abs. 1 Nr. 1–3 der ZPO) der Gefahr strafgerichtlicher Verfolgung oder eines Verfahrens nach dem OWiG aussetzen würde. Auch in diesem Zusammenhang ist darauf abzustellen, dass der **Auskunftspflichtige oder ein Angehöriger persönlich** – und nicht lediglich das durch ihn vertretene 9

[10] Ehmann/Selmayr/*Selmayr*, DS-GVO, Art. 58 Rn. 12; BeckOK DatenschutzR/*Eichler*, DS-GVO, Art. 58 Rn. 5.

[11] Kühling/Buchner/*Dix*, 2. Aufl., BDSG, § 40 Rn. 12; *Piltz*, § 40 BDSG nF Rn. 68 ff.

[12] EuGH, Urt. v. 18.10.1989 – C-374/87, ECLI:EU:C:1989:387, Rn. 35 – Orkem/Kommission; EuG, Urt. v. 20.2.2001 – T-112/98, ECLI:EU:T:2001:61, Rn. 67 – Mannesmannröhren-Werke; Streinz/*Streinz*, EUV/AEUV, Art. 48 GRCh Rn. 4; Schwarze/*Voet van Vormizeele*, EU-Kommentar, Art. 48 GRCh Rn. 9; *Jarass*, GRCh, Art. 48 Rn. 31; vgl. auch EGMR, Urt. v. 8.4.2004 – Nr. 38544/97 – Weh v. Österreich.

[13] EuGH, Urt. v. 18.10.1989 – C-374/87, ECLI:EU:C:1989:387, Rn. 29 – Orkem/Kommission; Streinz/*Streinz*, EUV/AEUV, Art. 48 GRCh Rn. 4; aA Schwarze/*Voet van Vormizeele*, EU-Kommentar, Art. 48 GRCh Rn. 9 mwN zum dt. Recht Simitis/*Petri*, BDSG, § 38 Rn. 58; BeckOK DatenschutzR/*Brink*, BDSG, § 38 Rn. 62.

Unternehmen – in die genannte Gefahr gerät.[14] Da die Bußgeldnormen der DS-GVO an Unternehmen und nicht wie bisher an natürliche Personen anknüpfen, wird der Anwendungsbereich des Auskunftsverweigerungsrechts deutlich reduziert. Gem. § 40 Abs. 4 S. 3 BDSG nF muss die Aufsichtsbehörde den Auskunftspflichtigen in verständlicher Form auf sein Auskunftsverweigerungsrecht hinweisen.[15] Der Auskunftspflichtige muss sich aktiv darauf berufen.[16] Ein bloßes Schweigen reicht nicht aus und kann seinerseits den Tatbestand einer Ordnungswidrigkeit nach Art. 83 Abs. 4 lit. a erfüllen.[17]

10 **2. Datenschutzüberprüfungen.** Die Aufsichtsbehörden können gem. **Abs. 1 lit. b** Untersuchungen in Form von Datenschutzüberprüfungen durchführen, womit sämtliche Verfahrensschritte zur Ermittlung von Datenschutzverstößen gemeint sind. Insbesondere ist damit die Befugnis verbunden, gem. **Abs. 1 lit. e** von dem Verantwortlichen bzw. Auftragsverarbeiter **Zugriff** auf alle personenbezogenen Daten und Informationen zu erhalten, die zur Erfüllung ihrer Aufgaben notwendig sind. Dies kann unter Umständen die umfassende Offenlegung der technischen und organisatorischen Abläufe und Zusammenhänge der Datenverarbeitung bedeuten.[18] Im Unterschied zu der Bereitstellung von Informationen nach Abs. 1 lit. a hat die Aufsichtsbehörde nach Abs. 1 lit. e die Befugnis, alle relevanten Dokumente wie Geschäftspapiere, Dateien und Datenverarbeitungsprogramme einzusehen, ohne dass diese für die Datenschutzüberprüfung vorbereitet wurden. Aus der Unterstützungspflicht des Art. 31 folgt, dass Verantwortliche bzw. Auftragsverarbeiter zur Mitwirkung verpflichtet sind. Insbesondere müssen auf Verlangen Akten und andere Unterlagen vorgelegt sowie bei automatisierter Datenverarbeitung Verfahren gestartet, Anwendungen ausgeführt und gespeicherte Daten sichtbar gemacht werden. Auch ist hier der nemo-tenetur-Grundsatz zu beachten (→ Rn. 8). Die Beschlagnahme von Originalunterlagen ist nicht von Abs. 1 umfasst. Allerdings kann die Aufsichtsbehörde die Bereitstellung von Kopien von Dokumenten und Dateien nach Abs. 1 lit. a verlangen.

11 Prüfungen iSd Abs. 1 lit. b können sowohl in den **Räumlichkeiten des Unternehmens,** aber auch an jedem anderen Ort, zB von den Diensträumen der Aufsichtsbehörde aus, durchgeführt werden. Entscheidet sich die Aufsichtsbehörde für eine Prüfung in dem Unternehmen, muss der Aufsichtsbehörde gem. **Abs. 1 lit. f** Zugang zu allen Räumlichkeiten, insbesondere zu allen Datenverarbeitungsanlagen und -geräten, des Datenverarbeiters gewährt werden. Die Eingrenzung auf **Geschäftsräume** wurde durch das Corrigendum 8088/18 gestrichen. Auch wenn nur von Räumlichkeiten die Rede ist, werden Privaträume des Verantwortlichen nicht erfasst, sofern sie „privaten" Zwecken (vgl. Art. 2 Abs. 2 lit. c) dienen.[19] In Abgrenzung zu Geschäftsräumen ist eine Privatwohnung jeder räumlich abgegrenzte Bereich, in dem das Privat- und Familienleben stattfindet.[20]

---

[14] Kühling/Buchner/*Dix*, 2. Aufl., BDSG, § 40 Rn. 12; zum BDSG aF Simitis/*Petri*, BDSG, § 38 Rn. 58; BeckOK DatenschutzR/*Brink*, BDSG, § 38 Rn. 62.

[15] *Piltz*, § 40 BDSG nF Rn. 77.

[16] BVerfG, Urt. v. 8.10.1974 – 2 BvR 747/73 Rn. 13; *Meyer-Goßner*, StPO, § 55 Rn. 11.

[17] Kühling/Buchner/*Dix*, 2. Aufl., BDSG, § 40 Rn. 12.

[18] Ehmann/Selmayr/*Selmayr*, DS-GVO, Art. 58 Rn. 16; noch zur alten Rechtslage Sächs. OVG, DuD 2014, 55 (57).

[19] Auernhammer/*v. Lewinski*, DSGVO, Art. 58 Rn. 20.

[20] EGMR, Urt. v. 3.7.2007, 32015/02, NVwZ 2008, 1215 – Gaida/Deutschland; *Jarass*, GRCh, Art. 7 Rn. 35; BeckOK Informations- und MedienR/*Gersdorf*, EU-GRCh, Art. 7 Rn. 30.

Zur Wohnung gehören auch wohnungsnahe Gebäude und Gebäudeteile wie Keller, Dachböden, Terrassen und Innenhöfe.[21] Wird in einer Privatwohnung etwa in einem Arbeitszimmer ein Büro unterhalten, ist die Aufsichtsbehörde daher nur zu dessen Betretung berechtigt, wenn dieses der Geschäftstätigkeit dient. Hierfür müssen Anhaltspunkte vorliegen.

Das Betretungsrecht des Abs. 1 lit. f steht unter den **Vorbehalten des mitgliedstaatlichen und europäischen Verfahrensrechts** (vgl. Art. 47–50 GRCh; Art. 6 und 7 EMRK). Damit sollte insbesondere dem Verfahrensrecht derjenigen Mitgliedstaaten Rechnung getragen werden, in welchen die Betretung von Geschäftsräumen nur nach vorheriger richterlicher Anordnung erfolgen darf (vgl. Erwägungsgrund 129 S. 6). Nach europäischem Recht ist insbesondere das Grundrecht auf Unverletzlichkeit der Wohnung nach Art. 7 GRCh zu achten, dessen Schutzbereich in Einzelfällen auch Geschäfts- und Betriebsräume umfassen kann.[22] Ein Richtervorbehalt für die Betretung von Geschäftsräumen kann aus der bisherigen europäischen Rechtsprechung jedoch nicht abgeleitet werden und ist auch dem deutschen Recht fremd.[23] § 40 Abs. 5 BDSG nF stellt in diesem Zusammenhang lediglich klar, dass zu den Geschäftsräumen auch Grundstücke gehören und dass der Adressat der Maßnahme zur Duldung verpflichtet ist.[24] Beides gilt sowohl für Unternehmen als auch für öffentliche Stellen des Bundes (§ 16 Abs. 4 Nr. 1 BDSG nF) und der Länder (§ 40 Abs. 5 S. 2 BDSG nF). Im Übrigen haben diese Vorschriften über Abs. 1 lit. f hinaus keinen Regelungsgehalt (vgl. § 1 Abs. 5 BDSG nF). 12

Die Aufsichtsbehörde kündigt ihren Prüfbesuch in der Regel an, ist aber nicht dazu verpflichtet. Unangekündigte Prüfungen werden insbesondere dann durchgeführt, wenn ansonsten der Ermittlungserfolg gefährdet werden würde.[25] Wie die übrigen Befugnisse nach Abs. 1 sind auch Prüfungen nach lit. f vor Ort **anlasslos** möglich. Noch der ursprüngliche Kommissionsentwurf sah vor, dass Vor-Ort-Prüfungen nur durchgeführt werden dürfen, sofern Grund zu der Annahme besteht, dass dort Tätigkeiten durchgeführt werden, die gegen die DS-GVO verstoßen.[26] Dies wurde von Rat und Europäischem Parlament zu Recht abgelehnt, da insbesondere bei besonders risikobehafteten Datenverarbeitungsvorgängen auch anlasslose Routineüberprüfungen ein wichtiges aufsichtsbehördliches Mittel darstellen.[27] 13

Die Mitgliedstaaten können Vorschriften zur Wahrung des **Berufsgeheimnisses** oder anderer gleichwertiger Geheimhaltungspflichten erlassen, die die Befugnisse 14

---

[21] *Jarass*, GRCh, Art. 7 Rn. 35; BeckOK Informations- und MedienR/*Gersdorf*, EU-GRCh, Art. 7 Rn. 30.

[22] EuGH, Urt. v. 22.10.2002 – C-94/00, ECLI:EU:C:2002:603, Rn. 29 – Roquette Frères SA; EGMR, Urt. 16.4.2002, Nr. 37971/97, Rn. 40 – Colas Est ua/Frankreich; Schwarze/*Knecht*, EU-Kommentar, Art. 7 GRCh Rn. 9; Streinz/*Streinz*, EUV/AEUV, Art. 7 GRCh Rn. 7; BeckOK Informations- und MedienR/*Gersdorf*, EU-GRCh, Art. 7 Rn. 31; zu weiteren zu beachtenden europäischen Verfahrensrecht Ehmann/Selmayr/*Selmayr*, DS-GVO, Art. 58 Rn. 17 mit Verweis auf die vom EuGH zum europäischen Kartellrecht entwickelten Grundsätze.

[23] Kühling/Buchner/*Dix*, 2. Aufl., BDSG, § 40 Rn. 14.

[24] Zur Vereinbarkeit mit der DS-GVO *Piltz*, § 40 BDSG nF Rn. 80, 83.

[25] Kühling/Buchner/*Dix*, 2. Aufl., BDSG, § 40 Rn. 14.

[26] Art. 53 Abs. 2 lit. b KOM (2012) 11 endg.

[27] Rat (2015) 6833, dort. Fn. 29; BlnBfDI, Jahresbericht 2012, Ziff. 2.2; *Nguyen*, ZD 2015, 265 (269); Ehmann/Selmayr/*Selmayr*, DS-GVO, Art. 58 Rn. 11.

der Aufsichtsbehörden zum Zugang zu Geschäftsräumen gem. Abs. 1 lit. f und zu personenbezogenen Daten gem. Abs. 1 lit. e konkretisieren (Erwägungsgrund 164). Dies gilt aber nur, wenn sich die Regelungen im Rahmen der DS-GVO bewegen und notwendig sind, um das Recht auf Schutz personenbezogener Daten mit der Pflicht zur Wahrung des Berufsgeheimnisses in Einklang zu bringen (vgl. Art. 90). Davon hat der deutsche Gesetzgeber in § 29 BDSG nF exzessiv Gebrauch gemacht und dabei die Grenzen des Art. 90 deutlich überschritten.[28] Soweit die Vorschrift nicht europarechtskonform ausgelegt werden kann, dürfen die Aufsichtsbehörden § 29 BDSG nF aufgrund des Anwendungsvorrangs des Europarechts nicht anwenden.[29]

15 Im Bereich des **Brief-, Post- und Fernmeldegeheimnisses sowie des Steuergeheimnisses** hat der Gesetzgeber dagegen keine Einschränkungen vorgesehen. Vielmehr stellt § 16 Abs. 3 BDSG nF klar, dass sich die Befugnisse der BfDI wie bisher (§ 24 Abs. 2 BDSG aF) auch auf diese Bereiche erstrecken.[30]

16 Des Weiteren kann die Aufsichtsbehörde gem. **Abs. 1 lit. c** nachträgliche Überprüfungen der nach Art. 42 Abs. 7 erteilten Zertifizierungen durchführen. Außerdem kann sie gem. **Abs. 1 lit. d** den Verantwortlichen bzw. den Auftragsverarbeiter auf einen möglichen Datenschutzverstoß hinweisen, auch wenn dieser (noch) nicht feststeht. Die Aufsichtsbehörden können die ihnen nach Abs. 1 verliehenen Befugnisse **kombinieren,** es besteht keine Reihenfolge, die einzuhalten wäre. So wird die Aufsichtsbehörde oft im Rahmen einer Vor-Ort-Prüfung iSd Abs. 1 lit. f auf eine vermeintliche Datenschutzverletzung gem. Abs. 1 lit. d hinweisen oder die Bereitstellung von Informationen nach Abs. 1 lit. a verlangen.

II. Abhilfebefugnisse (Abs. 2)

17 Teilweise werden in der Systematik des Abs. 2 „Eskalationsstufen" gesehen, die aufsteigend von einer bloßen Warnung (Abs. 2 lit. a) bis hin zu einer endgütigen Untersagung der Datenverarbeitung (Abs. 2 lit. f) aufgezählt werden.[31] Dies bedeutet aber nicht, dass die Aufsichtsbehörde verpflichtet wäre, stets den gesamten Katalog beginnend mit der mildesten Maßnahme abzuarbeiten. Vielmehr muss die getroffene Maßnahme in dem jeweiligen Einzelfall verhältnismäßig sein.[32] Die Aufsichtsbehörde kann den Verantwortlichen bzw. den Auftragsverarbeiter gem. **Abs. 2 lit. a warnen,** dass beabsichtigte Verarbeitungsvorgänge voraussichtlich rechtswidrig sind. Im Unterschied zu den sonstigen Befugnissen des Abs. 2 handelt es sich hier um eine präventive Maßnahme, die zu einem Zeitpunkt erfolgt, zu dem die Datenverarbeitung noch nicht stattgefunden hat. Die Behörde kann eine Prognose abgeben, die auf einer summarischen Prüfung der Sach- und Rechtslage beruht. Sie kann gem. **Abs. 2 lit. b eine Verwarnung** aussprechen, wenn eine datenverarbeitende Stelle gegen diese Verordnung verstoßen hat. Die Verwarnung ist am

---

[28] Kühling/Buchner/*Dix*, 2. Aufl., BDSG, § 40 Rn. 15; *Eichler/Nguyen*, Informationsfreiheit und Informationsrecht, Jahrbuch 2017, S. 17 (30 f.); mit verfassungsrechtlichen Bedenken *Weichert*, DANA 2017, 76; BlnBfDI, Jahresbericht 2016, Ziff. 1.2, S. 24.

[29] Kühling/Buchner/*Dix*, 2. Aufl., BDSG, § 40 Rn. 15; *Eichler/Nguyen*, Informationsfreiheit und Informationsrecht, Jahrbuch 2017, S. 17 (30 f.); Calliess/Ruffert/*Ruffert*, EUV/AEUV, Art. 1 AEUV Rn. 21 mwN.

[30] Gesetzesbegr. BT-Drs. 18/11325, 88.

[31] *Dieterich*, ZD 2016, 260 (263); Ehmann/Selmayr/*Selmayr*, DS-GVO, Art. 58 Rn. 18.

[32] Ehmann/Selmayr/*Selmayr*, DS-GVO, Art. 58 Rn. 18; vgl. auch *Kugele*, VwVfG, § 40 Rn. 6; Knack/Hennecke/*Ruffert*, VwVfG, § 40 Rn. 76 ff.

ehesten mit der Beanstandung nach § 26 BDSG aF zu vergleichen[33] und beschränkt sich auf die objektive Feststellung eines Verstoßes. Aussagen über subjektive Merkmale bei den handelnden Personen und die Vorwerfbarkeit sind damit nicht verbunden. Ob es sich bei der Verwarnung um einen feststellenden Verwaltungsakt handelt, ist fraglich. Grundsätzlich ist bei der Annahme eines feststellenden Regelungsgehalts aufgrund der nachteiligen Wirkungen für den Adressaten Zurückhaltung geboten.[34] Dementsprechend hat die Rechtsprechung dies für die Beanstandung abgelehnt,[35] was sich auf die Verwarnung nach Abs. 2 lit. b übertragen lässt.[36]

Nach **Abs. 2 lit. c** kann die Aufsichtsbehörde die datenverarbeitende Stelle anweisen, den Anträgen von Betroffenen zu entsprechen. Damit sind in erster Linie Anträge auf Auskunft nach den ersten beiden Abschnitten des Kapitels III gemeint (vgl. Art. 12 Abs. 1 S. 2, Abs. 3 S. 1, Art. 15 Abs. 1, Abs. 2, Abs. 3). Weitere Antragsrechte hat der Betroffene im Bereich der Berichtigung und Löschung seiner Daten (Art. 16, Art. 17 Abs. 1, Art. 18 Abs. 1), wozu allerdings **Abs. 2 lit. g** eine speziellere Vorschrift enthält. Danach kann die Aufsichtsbehörde auch unabhängig von einem Antrag des Betroffenen die Berichtigung und Löschung personenbezogener Daten bzw. die Einschränkung ihrer Verarbeitung verlangen. Ebenso kann die Behörde nach dieser Vorschrift anordnen, die Empfänger personenbezogener Daten iSd Art. 17 Abs. 2 und Art. 19 zu unterrichten. Befugnisse, die sich speziell auf die **Durchsetzung von Betroffenenrechten** beziehen, existieren im bisherigen Recht nicht ausdrücklich, waren aber in der Anordnungsbefugnis nach § 38 Abs. 5 S. 1 BDSG aF enthalten. Dennoch ist diese Klarstellung zu begrüßen. Bei Anordnungen nach Abs. 2 lit. c und g handelt es sich um Verwaltungsakte (→ Rn. 26). 18

Eine der wichtigsten Befugnisse der Aufsichtsbehörde ist die **allgemeine Anordnungsbefugnis** nach **Abs. 2 lit. d.** Danach kann die Aufsichtsbehörde anordnen, dass der Verantwortliche bzw. der Auftragsverarbeiter seine Datenverarbeitungsvorgänge in Einklang mit der DS-GVO bringen muss. Die Vorschrift tritt damit die Nachfolge von § 38 Abs. 5 S. 1 BDSG an und stellt die Grundlage für den Erlass verbindlicher Verwaltungsakte dar. Anders als die meisten anderen Befugnisse bezieht sich Abs. 2 lit. d nicht auf die Durchsetzung einer bestimmten Vorschrift. Vielmehr kann die Aufsichtsbehörde anordnen, dass die datenverarbeitende Stelle ihre Verarbeitungsprozesse in Einklang mit jeder Vorschrift der DS-GVO bringt. Dies betrifft sowohl rechtliche als auch technische und organisatorische Vorschriften. Die Aufsichtsbehörde kann nach Abs. 2 lit. d bestimmte Fristen setzen und auch vorgeben, welche expliziten Maßnahmen zu treffen sind. Dies kann aus Gründen der **Bestimmtheit** auch geboten sein. Eine inhaltlich hinreichende Bestimmtheit verlangt, dass insbesondere für den Adressaten des Verwaltungsakts die von der Behörde getroffene Regelung so vollständig, klar und unzweideutig erkennbar ist, dass er sein Verhalten danach richten kann.[37] Aus 19

---

[33] Paal/Pauly/*Körffer*, DS-GVO, Art. 58 Rn. 18; *Martini/Wenzel*, PinG 2017, 92 (93).

[34] Hoffmann-Riem/Schmidt-Aßmann/Voßkuhle/*Bumke*, Grundlagen des Verwaltungsrechts, Bd. 2, § 35 Rn. 62.

[35] Zum Instrument der Beanstandung BVerwG, Beschl. v. 5.2.1992 – 7 B 15/92, DÖV 1992, 536; VGH München, Beschl. v. 10.3.1988 – 5 C 8603492, NJW 1989, 2643.

[36] AA *Martini/Wenzel*, PinG 2017, 92 (96).

[37] Zur Bestimmtheit datenschutzrechtlicher Anordnungen VG Ansbach, Urt. v. 12.8.2014 – AN 4 K 13.01634, SVR 2015, 235 (239); allg. *Kugele*, VwVfG, § 37 Rn. 3 ff.; Knack/Hennecke/*Ruffert*, VwVfG, § 37 Rn. 10 ff.

Gründen der Verhältnismäßigkeit muss sie dem Adressaten unter mehreren gleich geeigneten Mittel die Wahl lassen, wie er seine Datenverarbeitung rechtskonform gestaltet.[38]

20 Dasselbe gilt für die Befugnis nach **Abs. 2 lit. f,** nach welcher eine Verarbeitung vorübergehend oder endgültig beschränkt werden kann. Auch hier hat die Behörde zunächst zu prüfen, ob durch eine Beschränkung der Verarbeitung, zB indem auf die Erhebung bestimmter Daten verzichtet wird, der Verarbeitungsvorgang als Ganzes rechtmäßig fortgeführt werden kann. Sollte dies nicht möglich sein, stellt Abs. 2 lit. f auch eine geeignete Rechtsgrundlage für eine komplette Untersagung der Verarbeitung dar. Diese Norm enthält nicht die Einschränkung des § 38 Abs. 5 S. 2 BDSG aF, so dass kein besonders schwerwiegender Verstoß oder eine besondere Gefährdung des Persönlichkeitsrechts vorliegen muss. Auch ist die Behörde nicht verpflichtet, vor einer Untersagungsverfügung eine Anordnung nach Abs. 2 lit. d zu treffen. Nach dem Grundsatz der Verhältnismäßigkeit kann die Aufsichtsbehörde jedoch ein Verbot nur als ultima ratio verhängen, wenn andere weniger einschneidende Maßnahmen keinen Erfolg versprechen.[39] Die Befugnis beschränkt sich zumindest dem Wortlaut nach auf die **Untersagung von Verarbeitungsprozessen.** Ob die Anordnung der Demontage von Verarbeitungsanlagen, wie zB der Abbau einer Videoüberwachungsanlage, von der Kompetenz der Aufsichtsbehörden umfasst sein kann, ist bereits nach der gegenwärtigen Rechtslage umstritten.[40] Diese Rechtsunsicherheit wird sich fortsetzen. Da auch von einer Kameraattrappe ein vergleichbarer Überwachungsdruck ausgehen kann und die kurzfristige An- bzw. Abschaltung einer an sich betriebsbereiten Anlage von den Aufsichtsbehörden kaum effektiv kontrolliert werden kann, sollte der nationale Gesetzgeber hier eine Regelung nach Abs. 6 S. 1 treffen.

21 Spezielle Anordnungsbefugnisse enthalten die Vorschriften des **Abs. 2 lit. h–j.** Abs. 2 lit. h enthält die Besonderheit, dass eine Anordnung nicht an den Verantwortlichen oder den Auftragsverarbeiter, sondern an die **Zertifizierungsstelle** nach Art. 43 gerichtet werden kann. Dieser kann auferlegt werden, eine Zertifizierung zurückzunehmen oder eine solche nicht zu erteilen, falls die Voraussetzungen dafür nicht oder nicht mehr vorliegen (→ Art. 42 Rn. 5). Damit wird erstmals eine Stelle außerhalb des Verantwortlichen bzw. des Auftragsverarbeiters in den Adressatenkreis eines Verwaltungsakts der Aufsichtsbehörden aufgenommen. Unabhängig davon kann sich die Aufsichtsbehörde auch an den Verantwortlichen oder den Auftragsverarbeiter selbst wenden. Abs. 1 lit. i betrifft die Befugnis der Aufsichtsbehörden, **Bußgelder** nach Art. 83 zu verhängen. Nach Abs. 1 lit. j können **Datentransfers in Drittstaaten** und an internationale Organisationen nach Kapitel V ausgesetzt werden.

III. Aufklärungs- und Beratungsbefugnisse (Abs. 3 lit. a und b)

22 Nach **Abs. 3 lit. a** kann die Aufsichtsbehörde den Verantwortlichen in Fällen beraten, in welchen dieser gem. Art. 36 Abs. 1 die Aufsichtsbehörde zu Rate zieht, weil die Datenschutzfolgeabschätzung nach Art. 35 ergeben hat, dass die **Verarbeitung ein hohes Risiko** zur Folge hätte und der Verantwortliche keine Maßnahmen zur Eindämmung dieses Risikos trifft (→ Art. 36 Rn. 4). Abs. 3

[38] *Kugele*, VwVfG, § 40 Rn. 6; Knack/Hennecke/*Ruffert*, VwVfG, § 40 Rn. 76 ff.

[39] *Kugele*, VwVfG, § 40 Rn. 6; Knack/Hennecke/*Ruffert*, VwVfG, § 40 Rn. 76 ff.

[40] Bejahend VG Weimar, Urt. v. 4.11.1015 – 1 K 1269/14We; verneinend VG Oldenburg, Urt. v. 12.3.2013 – 1 A 3850/12.

lit. a enthält damit die passende Befugnisnorm zu der Aufgabe, die bereits in Art. 36 Abs. 1 und in Art. 57 Abs. 1 lit. l angesprochen wird. Eine weitere Beratungs- und Aufklärungsbefugnis enthält **Abs. 3 lit. b.** Danach ist die Aufsichtsbehörde befugt, Stellungnahmen zu allen Fragen, die im Zusammenhang mit dem Schutz personenbezogener Daten stehen, gegenüber dem Parlament und der Regierung abzugeben. § 14 Abs. 2 S. 1 BDSG nF konkretisiert diese Vorschrift im Hinblick auf die BfDI, indem sie die einzelnen Adressaten explizit benennt und klarstellt, dass die Beratungsbefugnisse auch gegenüber den Ausschüssen des Bundestages bestehen.[41]

Darüber hinaus kann die Aufsichtsbehörde nach Abs. 3 lit. b Stellungnahmen an andere Einrichtungen und Stellen sowie an die **Öffentlichkeit** richten, wenn dies im Einklang mit dem jeweiligen **mitgliedstaatlichen Recht** erfolgt. In Deutschland besteht ein **weitgehendes Äußerungsrecht.** So hat der BGH eine Strafbarkeit wegen Geheimnisverrats in einem Fall abgelehnt, in dem ein Landesdatenschutzbeauftragter dem Landesjustizminister öffentlich einen schweren Datenschutzverstoß vorgeworfen hat.[42] Auch vor nichtöffentlichen Stellen kann die Aufsichtsbehörde explizit **warnen.**[43] Dies schließt die namentliche Nennung von Unternehmen, sowohl im Tätigkeitsbericht als auch in der weiteren Öffentlichkeitsarbeit, ein. Die Zulässigkeit solcher Eingriffe in das Recht am eingerichteten und ausgeübten Gewerbebetrieb sowie in die Berufsfreiheit bemisst sich am Maßstab der Rechtsprechung zu Warnungen in Verbindung mit der Wahrnehmung von Schutzpflichten.[44] Vorausgesetzt wird danach ein hinreichend gewichtiger und konkretisierter Anlass, mindestens im Grad eines begründeten Gefahrenverdachts, ein im Wesentlichen zutreffender bzw. vertretbar und sachgerecht gewürdigter Tatsachenkern sowie die Verhältnismäßigkeit der Äußerung. Dies ermächtigt bei zureichendem Anlass auch zu scharfer sachlicher Kritik.[45] Die Befugnis zur öffentlichen unternehmensbezogenen Äußerung ist zwar nicht auf die der unmittelbaren Kontrolle unterstehenden Unternehmen beschränkt, es ist aber die Beurteilung der unmittelbar zuständigen Aufsichtsbehörde zu berücksichtigen. Unterscheiden sich die Beurteilungen, muss eine Äußerung der nicht unmittelbar zuständigen Aufsichtsbehörde als eigene Position gekennzeichnet sein und darf nicht den Eindruck erwecken, absolut zu gelten.[46] 23

IV. Genehmigungsbefugnisse (Abs. 3 lit. c–j)

In **Abs. 3 lit. c–j** sind verschiedene Genehmigungsbefugnisse enthalten. Diese betreffen die Genehmigung von besonders risikobehafteten Datenverarbeitungen nach Abs. 3 lit. c (→ Art. 36 Rn. 12 f.), die Billigung von Verhaltensregeln nach Abs. 3 lit. d (→ Art. 40 Rn. 24 ff.), die Akkreditierung von Zertifizierungsstellen nach Abs. 3 lit. e (→ Art. 43 Rn. 15 ff.) und Zertifizierungen nach Abs. 3 lit. f (→ Art. 42 Rn. 2 ff.). Außerdem kann die Aufsichtsbehörde gem. Abs. 3 lit. g 24

---

[41] Gesetzesbegr. BT-Drs. 18/11325, 87.

[42] BGH, Urt. v. 9.12.2002 – 5 StR 276/02, BGHSt 48, 126.

[43] VG Köln, RDV 1999, 126; OVG SH, Beschl. v. 28.2.2014 – 4 MB 82/13.

[44] VG Schleswig, Beschl. v. 5.11.2013 – 8 B 50/13, ZD 2014, 102; zur grds. zuletzt öffentlichen Warnung durch die BfDI, VG Köln, RDV 1999, 126; *v. Lewinski*, RDV 2001, 275 (278 ff.); *Müller*, RDV 2004, 211 ff.; krit. *Härting*, CR 2011, 585.

[45] VG Schleswig, Beschl. v. 5.11.2013 – 8 B 50/13, ZD 2014, 102 mit Verweis auf die Rspr. des BVerfG zu Warnhinweisen insb. BVerfG, NJW 2002, 2621 ff.

[46] OVG SH, Beschl. v. 28.2.2014 – 4 MB 82/13.

Standardvertragsklauseln für die Auftragsverarbeitungsverträge nach Art. 28 Abs. 8 annehmen.

25 Des Weiteren haben die Aufsichtsbehörden umfangreiche Genehmigungsbefugnisse im Bereich von **Datentransfers in Drittstaaten.** Sie können gem. Abs. 3 lit. g Standardvertragsklauseln iSd Art. 46 Abs. 2 annehmen, die allerdings der Prüfung der Kommission bedürfen. Außerdem können sie gem. Abs. 3 lit. h Vertragsklauseln für Verträge zwischen nichtöffentlichen Stellen iSd Art. 46 Abs. 3 genehmigen. Dasselbe gilt gem. Abs. 3 lit. i für Verwaltungsvereinbarungen öffentlicher Stellen iSd Art. 46 Abs. 3 lit. b. Ebenso können sie gem. Abs. 3 lit. j verbindliche Unternehmensregeln nach Art. 43 annehmen.

V. Verfahren (Abs. 4)

26 Die Ausübung der Befugnisse der Aufsichtsbehörden richtet sich gem. Abs. 4 nach dem Unionsrecht und dem mitgliedstaatlichen Verfahrensrecht. In Deutschland ist für die in Abs. 1–3 genannten Maßnahmen das VwVfG des Bundes bzw. das jeweilige der Länder anwendbar, so dass insbesondere die Anforderungen an die Bestimmtheit, Verhältnismäßigkeit und Form beachtet werden und die Behörden ihr Ermessen fehlerfrei ausüben müssen.[47] Allerdings muss das Verfahrensrecht europarechtlich ausgelegt werden und kann unter Umständen Bindungen des mitgliedstaatlichen Ermessens begründen.[48] Insbesondere darf das Verfahrensrecht nicht dazu führen, dass die Durchsetzung der in der DS-GVO normierten Grundsätze behindert wird. Vielmehr muss dem EU-Recht die höchstmögliche praktische Wirksamkeit verschafft werden (effet utile).[49] Bei den in Abs. 1–3 genannten Maßnahmen handelt es sich überwiegend um **Verwaltungsakte.** Lediglich bei Warnungen, Verwarnungen, Beratungen, öffentlichen Äußerungen etc. kann der Regelungsgehalt der Maßnahme fehlen, sodass schlichtes Verwaltungshandeln vorliegen kann (→ Rn. 11). Der Hinweis in Abs. 4 auf die GRCh ist rein deklaratorischer Natur, da die Mitgliedstaaten gem. Art. 51 Abs. 1 S. 1 GRCh ohnehin bei der Durchführung von Unionsrecht an die Grundrechte gebunden sind.[50]

27 Neu gegenüber der bisherigen Rechtslage ist insbesondere, dass die Aufsichtsbehörden auch verbindliche Anordnungen **gegenüber anderen öffentlichen Stellen** treffen können. Da diese aufgrund der unabhängigen Stellung der Aufsichtsbehörden stets Außenwirkung entfalten dürften, handelt es sich in der Regel um Verwaltungsakte. Bislang ist es den Aufsichtsbehörden in Deutschland lediglich möglich Beanstandungen auszusprechen, die keinerlei Bindungswirkung gegenüber den Adressaten haben. Damit wird eine Rechtsschutzlücke geschlossen und die schon in der DS-RL nicht angelegte Trennung zwischen öffentlichem und nichtöffentlichem Bereich aufgelöst.

28 Für die BfDI gelten gem. § 16 Abs. 1 BDSG nF besondere Verfahrensvorschriften bei der Ausübung ihrer Abhilfebefugnisse nach Abs. 2. Außer vor Warnungen und dem Widerruf von Zertifizierungen muss die BfDI stets zunächst die **Rechts-**

---

[47] *Kugele,* VwVfG, § 37 Rn. 3 ff., § 40 Rn. 4 ff.; Knack/Henneke/*Ruffert,* VwVfG, § 37 Rn. 10 ff., § 40 Rn. 14 ff.

[48] Knack/Henneke/*Ruffert,* VwVfG, § 40 Rn. 12; zur Rücknahme europarechtswidriger, Verwaltungsakte EuGH, Urt. v. 20.3.1997 – C-64/95 – Alcan.

[49] *Bergmann,* Handlexikon der EU, Effet utile; Grabitz/Hilf/Nettesheim/*Mayer,* Das Recht der EU, EUV, Art. 19 Rn. 57 f. mwN; Auernhammer/*v. Lewinski,* DSGVO, Art. 58 Rn. 53.

[50] Zu den EU-Verfahrensrechten iE Auernhammer/*v. Lewinski,* DSGVO, Art. 58 Rn. 54 ff.; zum nemo-tenetur-Grundsatz (→ Rn. 8).

oder Fachaufsichtsbehörde über einen festgestellten Datenschutzverstoß informieren. Erst nachdem diese die Gelegenheit erhalten hat, zu der Angelegenheit Stellung zu nehmen, darf die BfDI ihre Befugnisse nach Abs. 2 ausüben. Davon kann nur dann abgesehen werden, wenn dies wegen Gefahr im Verzug oder wegen eines zwingenden öffentlichen Interesses entbehrlich erscheint. Dadurch sollen divergierende Anweisung zwischen Datenschutz- und Rechts- oder Fachaufsicht verhindert werden.[51] Es ist davon auszugehen, dass dieses Verfahren nicht bei Unternehmen und bei obersten Bundesbehörden, die keiner Rechts- oder Fachaufsicht unterliegen, Anwendung findet.

VI. Zusammenarbeit mit den Justizbehörden (Abs. 5)

Abs. 5 verpflichtet die Mitgliedstaaten dazu, gesetzlich zu regeln, dass die Aufsichtsbehörde Datenschutzverstöße den Justizbehörden zur Kenntnis bringen kann. Ggf. muss sie in der Lage sein, die Einleitung eines gerichtlichen Verfahrens zu betreiben oder sich zumindest daran zu beteiligen. Neu gegenüber Art. 28 Abs. 3 DS-RL ist insbesondere, dass die Aufsichtsbehörden an den jeweiligen gerichtlichen Verfahren zu **beteiligen** sind. § 42 Abs. 3 S. 2 BDSG nF sieht vor, dass die Aufsichtsbehörden wie bisher berechtigt sind, Strafantrag zu stellen. Darüber hinaus sind sie gem. § 40 Abs. 3 S. 3 BDSG nF berechtigt, Datenschutzverstöße bei anderen für die Verfolgung oder Ahndung zuständigen Stellen anzuzeigen sowie bei schwerwiegenden Verstößen die Gewerbeaufsichtsbehörde zur Durchführung gewerberechtlicher Maßnahmen zu unterrichten.[52] Die Einleitung eines Gerichtsverfahrens liegt allerdings nicht in der Hand der Aufsichtsbehörden. Vielmehr ist es Sache der Adressaten aufsichtsbehördlicher Maßnahmen, sich gerichtlich gegen Maßnahmen der Aufsichtsbehörde zu wehren. Diese wird dann als Beklagte am Verwaltungsprozess iSd Abs. 5 beteiligt. Im Bußgeldgerichtsverfahren ist dagegen lediglich vorgesehen, dass die Staatsanwaltschaft Verfahren gem. § 41 Abs. 2 S. 2 BDSG nF nur mit Zustimmung der Aufsichtsbehörde einstellen kann. Ob dies die Anforderungen des Abs. 5 an eine wirksame Beteiligung am gerichtlichen Verfahren erfüllt, ist höchst zweifelhaft.[53] Vielmehr sollte die Aufsichtsbehörde wie im verwaltungsgerichtlichen Verfahren als Verfahrensbeteiligte unmittelbar am Prozess teilnehmen und selbst Prozesshandlungen vornehmen können. 29

VII. Befugnisse nach nationalem Recht (Abs. 6)

Darüber hinaus kann der nationale Gesetzgeber die Aufsichtsbehörden mit weiteren als den in dieser Vorschrift genannten Befugnissen ausstatten; er darf aber nicht dahinter zurückbleiben (Abs. 6 S. 1). Die Ausübung der über Art. 58 hinausgehenden Befugnisse darf ebenso nicht dazu führen, dass die Aufsichtsbehörden ihren Kooperationsverpflichtungen nach dem Kapitel VII nicht ausreichend nachkommen können (Art. 58 Abs. 6 S. 2). 30

1. Datenverarbeitung Aufsichtsbehörden (§ 40 Abs. 3 BDSG nF). Im Hinblick auf die Aufsichtsbehörden der Länder hat der Gesetzgeber in § 40 Abs. 3 31

---

[51] Gesetzesbegr. BT-Drs. 18/11325, 88.

[52] Dazu ausf. *Piltz,* § 40 BDSG nF Rn. 48, 53 ff.

[53] *Schönefeld/Thomé,* PinG 2017, 126 (128); *BlnBDI,* JB 2016, Ziff. 1.2, S. 26; iErg auch *Piltz,* § 40 BDSG nF Rn. 47.

BDSG nF Regelungen zur Datenverarbeitung durch die Aufsichtsbehörden geschaffen, die sich an der bisherigen Rechtslage (§ 38 Abs. 1 BDSG aF) orientiert.[54] § 40 Abs. 3 S. 1 Hs. 1 BDSG nF ermächtigt die Aufsichtsbehörden, personenbezogene Daten zum Zwecke der Aufsicht zu verarbeiten, worunter zumindest alle Datenverarbeitungen fallen, die erforderlich sind, damit die Behörde ihren Aufgaben und Pflichten nach der DS-GVO und dem BDSG nF[55] sowie ggf. spezialgesetzlichen Aufgabenzuweisungen nachkommen kann. § 40 Abs. 3 S. 1 Hs. 2 BDSG nF ermächtigt die Aufsichtsbehörden der Länder explizit, Daten **an andere Aufsichtsbehörden zu übermitteln.** Dies spielt insbesondere in den europäischen Zusammenarbeitsverfahren nach Art. 60 ff., aber auch auf nationaler Ebene eine wichtige Rolle. Für die BfDI ergibt sich diese Befugnis aus der Generalklausel des § 3 BDSG nF. Beide Reglungen bewegen sich innerhalb des Gestaltungsspielraums des nationalen Gesetzgebers (Art. 6 Abs. 1 lit. e, Abs. 2, Abs. 3).[56]

32 Fraglich ist allerdings, ob diese Rechtsgrundlagen ausreichen, um **sensitive Daten iSd Art. 9 Abs. 1** an andere Aufsichtsbehörden zu übermitteln.[57] Art. 9 Abs. 2 lit. g stellt hohe Anforderungen an eine solche Rechtsgrundlage. Diese muss insbesondere angemessene und spezifische Maßnahmen zur Wahrung der Grundrechte und Interessen der betroffenen Person vorsehen, was zumindest bei der eher knappen Regelung des § 40 Abs. 3 S. 1 Hs. 2 BDSG nF zweifelhaft ist (für die BfDI vgl. § 22 Abs. 1 Nr. 2 lit. a BDSG nF). Auf der anderen Seite muss auch berücksichtigt werden, dass Sinn und Zweck der Verarbeitungsbefugnis gerade darin bestehen, die Aufsichtsbehörden in die Lage zu versetzen, Grundrechte und Interessen der betroffenen Personen zu wahren, so dass eine ausdrückliche Regelung spezifischer Maßnahmen ausnahmsweise als entbehrlich angesehen werden könnte. Da gerade in diesem grundrechtsintensiven Bereich eine effektive Datenschutzkontrolle notwendig ist, wäre eine entsprechende Klarstellung durch den Landesgesetzgeber zu begrüßen. Unbeschadet dessen ist die Verarbeitung sensitiver Daten mit Einwilligung des Betroffenen jederzeit möglich (Art. 9 Abs. 2 lit. a).

33 Wie alle Behörden unterliegt auch die Verarbeitung personenbezogener Daten dem **Zweckbindungsgrundsatz** (§ 40 Abs. 3 S. 1 Hs. 1 BDSG nF). Diese Regelung ist eigentlich überflüssig, da auch die Aufsichtsbehörden als Verantwortliche iSd Art. 4 Nr. 7 sämtlichen Verpflichtungen der DS-GVO unterliegen. § 40 Abs. 3 S. 2 BDSG nF regelt drei Fälle, in welchen eine **Zweckänderung** möglich ist.[58] Die Norm orientiert sich an der bisherigen Rechtslage und kann trotz ihrer missverständlichen Formulierung als europarechtskonform angesehen werden.[59] § 40 Abs. 1 S. 3 BDSG nF regelt die Befugnis, neben bestimmten Behörden auch **Betroffene** zu **unterrichten.** Darunter fallen auch Personen, die sich nicht bei der Aufsichtsbehörde beschwert haben.[60] Aus der Vorschrift lässt sich jedoch weder eine Unterrichtungspflicht[61] noch ein uneingeschränktes Recht auf Akteneinsicht durch den Betroffenen herleiten.[62] Vielmehr gelten hier die allgemeinen Regeln.

---

[54] Gesetzesbegr. BT-Drs. 18/11325, 108.
[55] *Piltz,* § 40 BDSG nF Rn. 26.
[56] Kühling/Buchner/*Dix*, 2. Aufl., BDSG, § 40 Rn. 10; *Piltz,* § 40 BDSG nF Rn. 23 ff.
[57] BeckOK DatenschutzR/*Nguyen,* DS-GVO, Art. 60 Rn. 6.1.
[58] Zu den Tatbeständen ausf. *Piltz,* § 40 BDSG nF Rn. 28 ff.
[59] Kühling/Buchner/*Dix*, 2. Aufl., BDSG, § 40 Rn. 10.
[60] Kühling/Buchner/*Dix*, 2. Aufl., BDSG, § 40 Rn. 11.
[61] *Piltz,* § 40 BDSG nF Rn. 40.
[62] Kühling/Buchner/*Dix*, 2. Aufl., BDSG, § 40 Rn. 11.

2. Abberufung des betrieblichen Datenschutzbeauftragten (§ 40 Abs. 6 S. 2 BDSG nF). Obwohl dieser Norm in der Praxis bislang nur eine geringe Bedeutung zukam, hat der Gesetzgeber an der Befugnis der Aufsichtsbehörde, einen betrieblichen Datenschutzbeauftragten abzuberufen, festgehalten (§ 40 Abs. 6 S. 2 BDSG nF).[63] Wie bisher ist eine **Abberufung des betrieblichen Datenschutzbeauftragten** möglich, wenn dieser bestimmte gesetzliche Anforderungen nicht erfüllt. Diese knüpfen aber nunmehr an die entsprechenden Bestimmungen der DS-GVO, Art. 37 Abs. 5 (Fachkunde) und Art. 38 Abs. 6 (Interessenskonflikt), an.[64] 34

3. Beanstandung durch die BfDI (§ 16 Abs. 2 BDSG nF). Außerhalb des Anwendungsbereichs der DS-GVO besteht wie bisher eine **Beanstandungsbefugnis** der BfDI. § 16 Abs. 2 BDSG nF stellt insoweit die Nachfolgeregelung zu § 25 dar und betrifft insbesondere den Bereich der RL (EU) 2016/680.[65] 35

Art. 59 Tätigkeitsbericht

[1]Jede Aufsichtsbehörde erstellt einen Jahresbericht über ihre Tätigkeit, der eine Liste der Arten der gemeldeten Verstöße und der Arten der getroffenen Maßnahmen nach Artikel 58 Absatz 2 enthalten kann. [2]Diese Berichte werden dem nationalen Parlament, der Regierung und anderen nach dem Recht der Mitgliedstaaten bestimmten Behörden übermittelt. [3]Sie werden der Öffentlichkeit, der Kommission und dem Ausschuss zugänglich gemacht.

Literatur: Vgl. die Hinweise zu Art. 57.

Übersicht

A. Allgemeines

I. Zweck und Bedeutung der Vorschrift

Zweck der Erstellung des Tätigkeitsberichts ist es nicht nur, eine Dokumentation über die Aktivitäten der Behörde im Berichtszeitraum zu führen, um die Arbeit der Behörde **transparent** zu gestalten.[1] Vielmehr kann die Aufsichtsbehörde den Tätigkeitsbericht auch dazu nutzen, um ihrer Aufgabe nach Art. 57 Abs. 1 lit. b nachzukommen und über Fortentwicklungen und Risiken im Zusammenhang mit der Verarbeitung personenbezogener Daten zu informieren. Auch 1

[63] IE *Piltz,* § 40 BDSG nF Rn. 100.

[64] IE Kühling/Buchner/*Dix*, 2. Aufl., BDSG, § 40 Rn. 17.

[65] Gesetzesbegr. BT-Drs. 18/11325, 88; *Greve*, NVwZ 2017, 737 (738).

[1] Ehmann/Selmayr/*Selmayr*, DS-GVO, Art. 59 Rn. 1 f.; Auernhammer/*v. Lewinski*, DSGVO, Art. 59 Rn. 6.

wenn diese Aufgabe genauso außerhalb des Tätigkeitsberichts wahrgenommen werden kann, kommt diesem über einen bloßen Tätigkeitsnachweis hinaus eine wichtige Bedeutung zu.

II. Ergänzungen, Änderungen durch das BDSG nF

2 Die Regelung des § 15 BDSG nF wiederholt im Wesentlichen den Wortlaut der Vorschrift des Art. 59, anscheinend ohne diesem einen neuen Regelungsgehalt hinzuzufügen.[2] Zwar lässt Art. 59 S. 2 Raum für mitgliedstaatliche Konkretisierungen im Hinblick auf die Behörden, welchen der Tätigkeitsbericht übermittelt werden muss. Doch gerade von dieser Öffnungsklausel hat der Bundesgesetzgeber keinen Gebrauch gemacht, da über die in Art. 59 bereits genannten hinaus keine weiteren Adressaten bestimmt werden. Dies ist im Hinblick auf das europarechtliche Wiederholungsverbot nicht unbedenklich.[3] Da die Norm aber zumindest auch der Umsetzung von Art. 49 der Richtlinie (EU) 2016/680 dient,[4] kann dies nicht beanstandet werden. Zudem regelt die Norm das Berichtswesen in Bereichen, die nicht dem Unionsrecht unterfallen.[5]

B. Einzelerläuterungen

3 Art. 59 ist die Nachfolgeregelung zu Art. 28 Abs. 5 DS-RL, der die Aufsichtsbehörden verpflichtet, regelmäßig einen Tätigkeitsbericht zu erstellen und diesen zu veröffentlichen. Entsprechend veröffentlichen bereits jetzt alle deutschen Aufsichtsbehörden einen derartigen Bericht, wobei der Veröffentlichungsturnus zwischen einem und zwei Jahren variiert (vgl. zB § 26 Abs. 1 BDSG aF, § 29 Abs. 2 S. 1 BlnDSG aF). Nach Geltung der DS-GVO ist ein Jahresrhythmus zwingend vorgeschrieben. Der Tätigkeitsbericht richtet sich nicht nur an die **Öffentlichkeit,** sondern auch an das nationale Parlament, die Regierung und sonstige öffentliche Stellen, was im jeweiligen nationalen Recht konkretisiert werden kann. Dies entspricht bereits der gegenwärtigen Rechtslage in Deutschland (vgl. zB § 26 Abs. 1 BDSG aF, § 29 Abs. 2 S. 1 BlnDSG aF). Darüber hinaus wird der Adressatenkreis gegenüber Art. 28 Abs. 5 S. 2 DS-RL dergestalt erweitert, dass der Bericht auch der Kommission und dem EDSA zugänglich gemacht werden muss.

4 Inhaltlich kann der Tätigkeitsbericht eine Liste der Arten von gemeldeten Verstößen und der Arten der getroffenen Maßnahmen umfassen. Die Aufsichtsbehörde ist allerdings nicht dazu verpflichtet, eine solche Statistik zu veröffentlichen. Sie muss aber gem. Art. 57 Abs. 1 lit. u eine solche Statistik intern führen. Einige Aufsichtsbehörden veröffentlichen regelmäßig **Statistiken** zu ihrer Sanktionspraxis,[6] was die Transparenz aufsichtsbehördlichen Handelns in diesem eingriffsintensiven Bereich erhöht. Neben Berichten über die Aktivitäten der Aufsichtsbehörde kann der Tätigkeitsbericht genutzt werden, um die Öffentlichkeit iSd Art. 57 Abs. 1 lit. b über die Risiken, Garantien und Rechte im Zusammenhang mit der Verarbeitung personenbezogener Daten aufzuklären und Unternehmen gem.

---

[2] Kühling/Buchner/*Boehm*, DS-GVO, Art. 59 Rn. 9.

[3] Dazu Ehmann/Selmayr/*Ehmann/Selmayr*, Einl. Rn. 80 mwN.

[4] Gesetzesbegr. BT-Drs. 18/11325, 87.

[5] Sydow/*Ziebarth*, Art. 59 Rn. 13.

[6] ZB BlnBDI, Jahresberichte 2016, S. 150; 2015, S. 166; 2014, S. 133; 2013, S. 163; 2012, S. 139; 2011, S. 153; 2010, S. 154.

Art. 57 Abs. 1 lit. d dafür zu sensibilisieren sowie auf relevante Entwicklungen iSd Art. 57 Abs. 1 lit. i hinzuweisen. In diesem Zusammenhang kann die Aufsichtsbehörde unter Umständen bestimmte öffentliche und nichtöffentliche Stellen benennen (→ Art. 58 Rn. 23).[7] Darüber hinaus können im Zusammenhang mit dem Tätigkeitsbericht die wichtigsten Dokumente veröffentlicht werden, an welchen die jeweilige Aufsichtsbehörde mitgewirkt hat. Die deutschen Aufsichtsbehörden veröffentlichen ihre Tätigkeitsberichte auf ihren jeweiligen Internetseiten.

---

[7] Kühling/Buchner/*Boehm*, DS-GVO, Art. 59 Rn. 6; Auernhammer/*v. Lewinski*, DSGVO, Art. 59 Rn. 9; aA Ehmann/Selmayr/*Selmayr*, DS-GVO, Art. 59 Rn. 8.

Kapitel VII. Zusammenarbeit und Kohärenz

Abschnitt 1. Zusammenarbeit

Art. 60 Zusammenarbeit zwischen der federführenden Aufsichtsbehörde und den anderen betroffenen Aufsichtsbehörden

(1) [1]Die federführende Aufsichtsbehörde arbeitet mit den anderen betroffenen Aufsichtsbehörden im Einklang mit diesem Artikel zusammen und bemüht sich dabei, einen Konsens zu erzielen. [2]Die federführende Aufsichtsbehörde und die betroffenen Aufsichtsbehörden tauschen untereinander alle zweckdienlichen Informationen aus.

(2) Die federführende Aufsichtsbehörde kann jederzeit andere betroffene Aufsichtsbehörden um Amtshilfe gemäß Artikel 61 ersuchen und gemeinsame Maßnahmen gemäß Artikel 62 durchführen, insbesondere zur Durchführung von Untersuchungen oder zur Überwachung der Umsetzung einer Maßnahme in Bezug auf einen Verantwortlichen oder einen Auftragsverarbeiter, der in einem anderen Mitgliedstaat niedergelassen ist.

(3) [1]Die federführende Aufsichtsbehörde übermittelt den anderen betroffenen Aufsichtsbehörden unverzüglich die zweckdienlichen Informationen zu der Angelegenheit. [2]Sie legt den anderen betroffenen Aufsichtsbehörden unverzüglich einen Beschlussentwurf zur Stellungnahme vor und trägt deren Standpunkten gebührend Rechnung.

(4) Legt eine der anderen betroffenen Aufsichtsbehörden innerhalb von vier Wochen, nachdem sie gemäß Absatz 3 des vorliegenden Artikels konsultiert wurde, gegen diesen Beschlussentwurf einen maßgeblichen und begründeten Einspruch ein und schließt sich die federführende Aufsichtsbehörde dem maßgeblichen und begründeten Einspruch nicht an oder ist der Ansicht, dass der Einspruch nicht maßgeblich oder nicht begründet ist, so leitet die federführende Aufsichtsbehörde das Kohärenzverfahren gemäß Artikel 63 für die Angelegenheit ein.

(5) [1]Beabsichtigt die federführende Aufsichtsbehörde, sich dem maßgeblichen und begründeten Einspruch anzuschließen, so legt sie den anderen betroffenen Aufsichtsbehörden einen überarbeiteten Beschlussentwurf zur Stellungnahme vor. [2]Der überarbeitete Beschlussentwurf wird innerhalb von zwei Wochen dem Verfahren nach Absatz 4 unterzogen.

(6) Legt keine der anderen betroffenen Aufsichtsbehörden Einspruch gegen den Beschlussentwurf ein, der von der federführenden Aufsichtsbehörde innerhalb der in den Absätzen 4 und 5 festgelegten Frist vorgelegt wurde, so gelten die federführende Aufsichtsbehörde und die betroffenen Aufsichtsbehörden als mit dem Beschlussentwurf einverstanden und sind an ihn gebunden.

(7) [1]Die federführende Aufsichtsbehörde erlässt den Beschluss und teilt ihn der Hauptniederlassung oder der einzigen Niederlassung des Verant-

wortlichen oder gegebenenfalls des Auftragsverarbeiters mit und setzt die anderen betroffenen Aufsichtsbehörden und den Ausschuss von dem betreffenden Beschluss einschließlich einer Zusammenfassung der maßgeblichen Fakten und Gründe in Kenntnis. [2]Die Aufsichtsbehörde, bei der eine Beschwerde eingereicht worden ist, unterrichtet den Beschwerdeführer über den Beschluss.

(8) **Wird eine Beschwerde abgelehnt oder abgewiesen, so erlässt die Aufsichtsbehörde, bei der die Beschwerde eingereicht wurde, abweichend von Absatz 7 den Beschluss, teilt ihn dem Beschwerdeführer mit und setzt den Verantwortlichen in Kenntnis.**

(9) **[1]Sind sich die federführende Aufsichtsbehörde und die betreffenden Aufsichtsbehörden darüber einig, Teile der Beschwerde abzulehnen oder abzuweisen und bezüglich anderer Teile dieser Beschwerde tätig zu werden, so wird in dieser Angelegenheit für jeden dieser Teile ein eigener Beschluss erlassen. [2]Die federführende Aufsichtsbehörde erlässt den Beschluss für den Teil, der das Tätigwerden in Bezug auf den Verantwortlichen betrifft, teilt ihn der Hauptniederlassung oder einzigen Niederlassung des Verantwortlichen oder des Auftragsverarbeiters im Hoheitsgebiet ihres Mitgliedstaats mit und setzt den Beschwerdeführer hiervon in Kenntnis, während die für den Beschwerdeführer zuständige Aufsichtsbehörde den Beschluss für den Teil erlässt, der die Ablehnung oder Abweisung dieser Beschwerde betrifft, und ihn diesem Beschwerdeführer mitteilt und den Verantwortlichen oder den Auftragsverarbeiter hiervon in Kenntnis setzt.**

(10) **[1]Nach der Unterrichtung über den Beschluss der federführenden Aufsichtsbehörde gemäß den Absätzen 7 und 9 ergreift der Verantwortliche oder der Auftragsverarbeiter die erforderlichen Maßnahmen, um die Verarbeitungstätigkeiten all seiner Niederlassungen in der Union mit dem Beschluss in Einklang zu bringen. [2]Der Verantwortliche oder der Auftragsverarbeiter teilt der federführenden Aufsichtsbehörde die Maßnahmen mit, die zur Einhaltung des Beschlusses ergriffen wurden; diese wiederum unterrichtet die anderen betroffenen Aufsichtsbehörden.**

(11) **Hat – in Ausnahmefällen – eine betroffene Aufsichtsbehörde Grund zu der Annahme, dass zum Schutz der Interessen betroffener Personen dringender Handlungsbedarf besteht, so kommt das Dringlichkeitsverfahren nach Artikel 66 zur Anwendung.**

(12) **Die federführende Aufsichtsbehörde und die anderen betroffenen Aufsichtsbehörden übermitteln einander die nach diesem Artikel geforderten Informationen auf elektronischem Wege unter Verwendung eines standardisierten Formats.**

Literatur: *Albrecht*, Die EU-Datenschutzgrundverordnung rettet die informationelle Selbstbestimmung! – Ein Zwischenruf für einen einheitlichen Datenschutz durch die EU, ZD 2013, 587; *Albrecht*, Das neue EU-Datenschutzrecht – Von der Richtlinie zur Verordnung – Überblick und Hintergründe zum finalen Text für die Datenschutz-Grundverordnung der EU nach der Einigung im Trilog, CR 2016, 88; *Ashkar*, Durchsetzung und Sanktionierung des Datenschutzrechts nach den Entwürfen der Datenschutz-Grundverordnung, DuD 2015, 796; *v. Lewinski*, Datenschutzaufsicht in Europa als Netzwerk, NVwZ 2017, 1483; *Nguyen*, Die Verhandlungen um die EU-Datenschutzgrundverordnung unter litauischer Ratspräsidentschaft, RDV 2014, 26; *Nguyen*, Die zukünftige Datenschutzaufsicht in Europa, ZD 2015, 265; *Reding*, Sieben Grundbausteine der europäischen Datenschutzreform, ZD 2012, 195; *Schantz*, Die Datenschutz-Grundverordnung – Beginn einer neuen Zeitrechnung im Datenschutzrecht, NJW 2016, 1841; *Schultze-Melling*, Keine Aufsichtsbehörde ist eine Insel ..., ZD 2015, 397.

Übersicht

A. Allgemeines

I. Zweck und Bedeutung der Vorschrift

1 Eine der fundamentalsten Neuerungen, die durch die DS-GVO eingeführt werden, ist der sog. **„One-Stop-Shop-Mechanismus“** bei der Rechtsanwendung und -durchsetzung.[1] Für Unternehmen, die eine oder mehrere unselbstständige Niederlassungen in der EU führen, ist hinsichtlich einer **grenzüberschreitenden Datenverarbeitung** (Art. 4 Ziff. 23) die Aufsichtsbehörde der Hauptniederlassung oder der einzigen Niederlassung in der EU zuständig (→ Art. 56 Rn. 1). Diese sog. **federführende Aufsichtsbehörde** ist diesbzgl. zentraler Ansprechpartner. Zugleich sollen sich aber auch betroffene Personen gem. Art. 77 Abs. 1 unkompliziert an die Aufsichtsbehörde vor Ort wenden können, die hierdurch eine sog. **betroffene Aufsichtsbehörde** (Art. 4 Nr. 22) wird (zur besonderen Bedeutung der Aufsichtsbehörde, bei der die Beschwerde eingereicht wurde, vgl. Erwägungsgrund 130).[2] Auch wenn sich eine Niederlassung des Verantwortlichen bzw. Auftragsverarbeiters im Zuständigkeitsbereich einer Aufsichtsbehörden befindet oder Verarbeitungen erhebliche Auswirkungen auf Personen mit Wohnsitz im Zuständigkeitsgebiet hat oder haben kann, werden die jeweiligen Aufsichtsbehörden betroffene Aufsichtsbehörden iSd Art. 4 Ziff. 22. Die federführende Aufsichtsbehörde hat sich mit ihnen abzustimmen. Dieser neu geschaffene Kooperationsmechanismus bei der Anwendung und Durchsetzung

[1] *Reding*, ZD 2012, 195 (196).
[2] *Schantz*, NJW 2016, 1841 (1847).

des Datenschutzrechts gilt als einer der wichtigsten Teile der DS-GVO.[3] Verhindert werden sollen ua Wettbewerbsverzerrungen durch die unterschiedliche Umsetzung und Durchsetzung der Datenschutzvorgaben.[4] Die Zusammenarbeit der Aufsichtsbehörden soll gem. Erwägungsgrund 13 insbesondere der Gewährleistung eines gleichmäßigen Datenschutzniveaus für natürliche Personen dienen sowie der Beseitigung von Unterschieden, die den freien Verkehr personenbezogener Daten im Binnenmarkt behindern.

Ergibt der **Abstimmungsprozess** ein einhelliges Ergebnis, ergeht ein entsprechender Beschluss durch die federführende Aufsichtsbehörde gegenüber der Hauptniederlassung des Verantwortlichen oder ggf. des Auftragsverarbeiters. Jene hat die entsprechenden Maßnahmen zu treffen, um die Datenverarbeitung in allen Niederlassungen innerhalb der EU mit dem Beschluss in Einklang zu bringen. Die federführende Aufsichtsbehörde wird über die getroffenen Maßnahmen unterrichtet. Sie informiert die betroffenen Aufsichtsbehörden. Beschwerdeführer werden über den Beschluss durch die Aufsichtsbehörde informiert, bei der die Beschwerde eingelegt wurde. Diese Aufsichtsbehörde erlässt außerdem einen Beschluss und informiert Beschwerdeführer, sofern die Beschwerde ganz oder teilweise abgewiesen oder abgelehnt wird. Wird kein Konsens erzielt, wird das **Kohärenzverfahren** gem. Art. 63 ff. eingeleitet (→ Rn. 15; → Art. 63 Rn. 2).[5] 2

Gem. Erwägungsgrund 36 bleibt in Fällen, in denen sowohl der Verantwortliche als auch der **Auftragsverarbeiter** betroffen sind, die für die Hauptniederlassung des Verantwortlichen zuständige Aufsichtsbehörde die federführende Aufsichtsbehörde. Die Aufsichtsbehörde des Auftragsverarbeiters ist allerdings betroffene Aufsichtsbehörde und ist an dem Verfahren der Zusammenarbeit zu beteiligen. 3

Verfügt das Unternehmen über **keine Niederlassung** innerhalb der EU und findet wegen des Marktortprinzips (→ Art. 3 Rn. 2) die DS-GVO dennoch Anwendung, greifen die Vorschriften zur Zusammenarbeit nicht. In diesen Fällen kann jede Aufsichtsbehörde in ihrem Hoheitsgebiet gem. Art. 55 zuständig sein und **ohne Abstimmungsverfahren** Maßnahmen ergreifen. Diese weichen ggf. von denen anderer Aufsichtsbehörden ab. Dies gilt auch dann, wenn ein Vertreter gem. Art. 27 benannt wurde (→ Art. 56 Rn. 7). 4

II. Systematik, Verhältnis zu anderen Vorschriften

Art. 60 regelt die Grundlagen der **Zusammenarbeit** zwischen der federführenden und den betroffenen Aufsichtsbehörden. Es gehört bereits zu den allgemeinen Pflichten der Aufsichtsbehörden gem. Art. 51 Abs. 2, im Sinne der einheitlichen Anwendung der DS-GVO mit den anderen Aufsichtsbehörden sowie mit der Kommission zusammenzuarbeiten (→ Art. 51 Rn. 2, 6). Zudem besteht auch eine der konkreten Aufgaben der Aufsichtsbehörden gem. Art. 57 Abs. 1 lit. g (→ Art. 57 Rn. 2, 4) darin, mit anderen Aufsichtsbehörden etwa durch Informationsaustausch zusammen zu arbeiten und Amtshilfe (→ Rn. 7; → Art. 61 Rn. 1) zu leisten, um die einheitliche Anwendung und Durchsetzung der DS-GVO zu gewährleisten. Eine weitere Form der Zusammenarbeit sind gemeinsame Maßnahmen gem. Art. 62 (→ Rn. 7; → Art. 62 Rn. 1). **Ausnahmen** bestehen nur 5

---

[3] *Albrecht*, CR 2016, 88 (95 f.).

[4] *Albrecht*, ZD 2013, 587 (588).

[5] Zum Verhältnis zur Unabhängigkeit der Aufsichtsbehörden Kühling/Buchner/*Dix*, Art. 60 Rn. 4.

unter besonderen Umständen im Dringlichkeitsverfahren (→ Rn. 23; → Art. 66 Rn. 1).

B. Einzelerläuterungen

I. Zusammenarbeit der Aufsichtsbehörden (Abs. 1)

6 Abs. 1 statuiert **Grundprinzipien der Zusammenarbeit** der Aufsichtsbehörden. Hierzu zählt insbesondere, dass gem. S. 1 generell ein **Konsens** anzustreben ist. Der federführenden Aufsichtsbehörde wird explizit aufgegeben, sich um einen solchen zu bemühen.[6] Dies kann bspw. im Unterbreiten von Kompromissvorschlägen bzw. von vorn herein konsensfähigen Vorschlägen bestehen. Um dies einschätzen zu können, sollen federführende und betroffene Aufsichtsbehörden gem. S. 2 alle zweckdienlichen Informationen austauschen. Dies umfasst die zur Beurteilung eines konkreten Beschwerdefalls erforderlichen Informationen wie bspw. den Schriftverkehr mit dem Verantwortlichen und betroffenen Personen, Gesprächsprotokolle, Prüfberichte, verwendete Fragebögen. Für eine produktive Zusammenarbeit sollte auch rechtzeitig über den Abschluss von Ermittlungen sowie über das Vorbereiten von Abhilfemaßnahmen gem. Art. 58 Abs. 2 informiert werden. Daneben sollen auch grundlegende Erkenntnisse und Informationen, die von grundsätzlicher Relevanz sind, ausgetauscht werden. Dies betrifft etwa die zu einer Frage vertretene Auffassung und grundlegende Standpunkte. Der Informationsaustausch im Rahmen der allgemeinen Zusammenarbeit soll generell stattfinden, auch bevor ein konkreter Beschlussentwurf gem. Abs. 3 S. 2 vorgelegt wird (→ Rn. 9). Die **Rechtsgrundlage** für den Austausch auch personenbezogener Daten besteht in Art. 6 Abs. 1 S. 1 lit. e iVm §§ 3, 40 Abs. 3 BDSG nF bzw. iVm der entsprechenden landesrechtlichen Norm.[7] Der Grundsatz der Erforderlichkeit gebietet es allerdings, zunächst keine personenbezogenen Daten auszutauschen, soweit nicht die Zusammenarbeit in einem konkreten Fall etwas anderes erfordert. Gem. Abs. 12 erfolgt der Austausch auf elektronischem Wege unter Verwendung eines standardisierten Formats. Hierdurch soll die Zusammenarbeit erleichtert und effektiviert werden.

II. Amtshilfe und gemeinsame Maßnahmen (Abs. 2)

7 Die federführende Aufsichtsbehörde kann jederzeit andere betroffene Aufsichtsbehörden um **Amtshilfe** (→ Art. 61 Rn. 1) ersuchen und **gemeinsame Maßnahmen** (→ Art. 62 Rn. 1) durchführen. Dies kann insbesondere zur Durchführung von Untersuchungen oder zur Überwachung der Umsetzung einer Maßnahme durch ein Unternehmen, das in einem anderen Mitgliedstaat niedergelassen ist, erfolgen. Praktische Relevanz könnte dies etwa gewinnen, wenn kontrolliert werden soll, ob gem. Abs. 10 die Verarbeitungstätigkeiten in allen Niederlassungen eines Unternehmens in der EU mit dem Beschluss der federführenden Aufsichtsbehörde in Einklang gebracht worden sind oder Maßnahmen gem.

---

[6] Erwägungsgrund 125 S. 2 sieht hierfür eine enge Einbindung und Koordinierung der betroffenen Aufsichtsbehörden durch die federführende Aufsichtsbehörde im Entscheidungsprozess vor.

[7] Kühling/Buchner/*Dix*, DS-GVO, Art. 60 Rn. 9; BeckOK DatenschutzR/*Nguyen*, DS-GVO, Art. 60 Rn. 6.

Art. 58 Abs. 2 ergriffen werden müssen (→ Rn. 22). Die anfragende Aufsichtsbehörde sollte hier im Sinne einer kooperativen Zusammenarbeit einen Zeitplan für die vorgesehenen Untersuchungen vorlegen, um den eingebunden Aufsichtsbehörden eine bestmögliche Planung des Einsatzes ihrer Kapazitäten zu ermöglichen. Die genannten Mittel können allerdings auch eingesetzt werden, um überhaupt festzustellen, ob eine grenzüberschreitende Datenverarbeitung vorliegt, es sich um einen „örtlichen Fall“ iSd Art. 56 Abs. 2 handelt (→ Art. 56 Rn. 19 ff.) und um die federführende bzw. betroffene Aufsichtsbehörden zu bestimmen (→ Art. 61 Rn. 4). In einem ersten Schritt sind grundsätzlich nur Daten auszutauschen, die keinen Personenbezug aufweisen. Nur soweit sich eine Erforderlichkeit ergibt, dürfen bzgl. eines konkreten Falles personenbezogene Daten ausgetauscht werden (zur Rechtsgrundlage → Rn. 6).

III. Informationsaustausch zwischen den Aufsichtsbehörden (Abs. 3)

8 Die federführende Aufsichtsbehörde ist gem. S. 1 verpflichtet, den betroffenen Aufsichtsbehörden **unverzüglich** die **zweckdienlichen Informationen** zu einer spezifischen Angelegenheit, also einer bestimmten grenzüberschreitenden Datenverarbeitung zur Verfügung zu stellen. Hinsichtlich der zeitlichen Vorgabe wird zwar den Bedingungen im Einzelfall, insbesondere den der jeweiligen Aufsichtsbehörde konkret zur Verfügung stehenden Ressourcen Rechnung zu tragen sein. Im Übrigen sind allerdings die Grundsätze der Zusammenarbeit zu beachten (→ Rn. 6). Dies gilt insbesondere in Hinblick auf den Umfang, die Vollständigkeit sowie die Verständlichkeit der Informationen.

9 S. 2 setzt einen **kontinuierlichen Informationsaustausch** voraus. Hierfür spricht auch der Wortlaut des Abs. 1 (→ Rn. 6). Die Standpunkte der betroffenen Aufsichtsbehörden sollen der federführenden Aufsichtsbehörde bekannt sein. Ihnen soll **bereits bei der Erstellung eines Beschlussentwurfs** gebührend Rechnung getragen werden. Denkbar ist, dass zu bestimmten, ggf. abstrakten Fragestellungen zunächst Umfrageverfahren unter allen Aufsichtsbehörden der Mitgliedstaaten eingeleitet werden, um die Standpunkte zu eruieren. Unter den deutschen Aufsichtsbehörden war dies bisher ein übliches, wenn auch nicht verbindliches Verfahren. Unter allen Aufsichtsbehörden der Mitgliedstaaten stellt ein entsprechendes Verfahren selbstverständlich eine ungleich höhere Herausforderung dar. Hierfür könnten allerdings die elektronischen Austauschverfahren gem. Abs. 12 geeignete Formate bieten.

10 Die federführende Aufsichtsbehörde ist als einzige Aufsichtsbehörde im One-Stop-Shop-Mechanismus befugt, in Hinblick auf einen bestimmten Verarbeitungsvorgang verbindliche Maßnahmen zu treffen und Bußgelder zu verhängen (→ Art. 56 Rn. 17). Ihr kommt insofern eine prägende Rolle in Hinblick auf die Aufsichtspraxis zu. Beabsichtigt sie, entsprechende Maßnahmen zu treffen wie einen Bußgeldbescheid, die Beurteilung einer Beschwerde, Verwarnungen, Anweisungen oder die Ergebnisse einer vorherigen Konsultation gem. Art. 36, hat sie allerdings den **Beschlussentwurf** den betroffenen Aufsichtsbehörden unverzüglich vorab vorzulegen. Diese erhalten die Möglichkeit der Stellungnahme. Die Frist hierfür beträgt gem. Abs. 4 vier Wochen. Die federführende Aufsichtsbehörde hat den in einer Stellungnahme geäußerten Standpunkten **gebührend Rechnung zu tragen.** Insbesondere ist der Unabhängigkeit der

betroffenen Behörden angemessen zu berücksichtigen.[8] Die federführende Aufsichtsbehörde wird abweichende Ansichten somit weder außer Acht lassen noch mit einer pauschalen Begründung zurückweisen dürfen, sondern muss sich inhaltlich damit auseinandersetzen. Sie ist allerdings gerade nicht gezwungen, sich von vornherein einer etwa mehrheitlich von allen betroffenen Aufsichtsbehörden geäußerten Ansicht anzuschließen. In diesem Fall ist allerdings die Einleitung des Kohärenzverfahrens absehbar, in welchem sich die mehrheitliche Auffassung durchsetzt (→ Art. 65 Rn. 9). Die federführende Aufsichtsbehörde soll die betroffenen Aufsichtsbehörden auch informieren, wenn sie mit dem Verantwortlichen in Verhandlungen eintritt sowie über Ergebnisse der Verhandlungen. Zudem sollte darüber informiert werden, wenn **keine Maßnahmen** eingeleitet werden. Dies ergibt sich aus den Grundprinzipien der Zusammenarbeit (→ Rn. 6) und ermöglicht ggf. das Einleiten eines Dringlichkeitsverfahrens gem. Art. 66.

11 Die federführende Aufsichtsbehörde hat gem. Erwägungsgrund 130 insbesondere eng mit der Aufsichtsbehörde **zusammenarbeiten,** bei der die **Beschwerde eingereicht** wurde. Diese hat den Beschwerdeführenden das Ergebnis der Untersuchung mitzuteilen (Abs. 7 ff.). Auch aus diesem Grund soll die federführende Aufsichtsbehörde bei Maßnahmen, die rechtliche Wirkungen entfalten, wie bei der Verhängung von Bußgeldern, die Auffassung dieser Aufsichtsbehörde **weitestgehend berücksichtigen.** Jene soll weiterhin befugt sein, Untersuchungen in ihrem eigenen Zuständigkeitsgebiet durchzuführen.

12 Auch in einem sog. **„örtlichen Fall"** gem. Art. 56 Abs. 2 (→ Art. 56 Rn. 19 ff.) kann sich, obwohl systematisch keine grenzüberschreitende Datenverarbeitung vorliegt, eine federführende Aufsichtsbehörde etablieren und den Fall an sich ziehen.[9] Dann ist allerdings auch das Verfahren der Zusammenarbeit einzuhalten. Die lokale Aufsichtsbehörde ist gem. Art. 56 Abs. 4 befugt, der federführenden Aufsichtsbehörde einen Beschlussentwurf vorzulegen, welchem **weitestgehend Rechnung** zu tragen ist (→ Art. 56 Rn. 23). Somit kommt dem Standpunkt mehr Gewicht zu als im allgemeinen Verfahren nach Abs. 3, in welchem den Standpunkten betroffener Aufsichtsbehörden nur gebührend Rechnung zu tragen ist (→ Rn. 10).

IV. Einspruch durch eine betroffene Aufsichtsbehörde (Abs. 4)

13 Betroffene Aufsichtsbehörden haben die Möglichkeit, binnen einer **Frist von vier Wochen Einspruch** gegen einen Beschlussentwurf (→ Rn. 10) der federführenden Aufsichtsbehörde einzulegen. Die Frist beginnt, wenn die Aufsichtsbehörde „konsultiert wurde". Der Verweis auf den vollständigen Abs. 3 stellt klar, dass sich dies sowohl auf den **Eingang des Beschlussentwurfs** nach S. 2 als auch **aller zweckdienlichen Informationen** (→ Rn. 6) nach S. 1 bezieht. Die betroffenen Aufsichtsbehörden müssen sich darauf verlassen können, über alle für die Beurteilung des Falles relevanten Informationen zu verfügen. Dies ergibt sich aus den Prinzipien der Zusammenarbeit (→ Rn. 6), die eine kollegiale und konsensorientierte Kooperation fordern. Relevante Informationen können der federführenden oder den betroffenen Aufsichtsbehörden im Ausnahmefall später bekannt werden, während die Frist bereits läuft. In der Regel sollte der Fall allerdings vollständig ausermittelt sein, bevor den betroffenen Aufsichtsbehörden

[8] Kühling/Buchner/*Dix,* DS-GVO, Art. 60 Rn. 12.
[9] Paal/Pauly/*Körffer,* DS-GVO, Art. 56 Rn. 4.

ein Beschlussentwurf vorgelegt wird. Sofern neue Informationen zweckdienlich sind, sind sie den anderen involvierten Aufsichtsbehörden unverzüglich mitzuteilen. Zu prüfen ist, ob diese eine Änderung des Beschlussentwurfs erforderlich machen. Ein geänderter Beschlussentwurf ist den betroffenen Aufsichtsbehörden mit einem Hinweis auf einen erneuten Start der vierwöchigen Frist zu übermitteln.

Ausreichend ist der Einspruch lediglich einer der betroffenen Aufsichtsbehörden. Dies war im Gesetzgebungsverfahren umstritten.[10] Statt eines quantitativen Schwellenwerts wurde die Anforderung eines **maßgeblichen und begründeten** Einspruchs eingeführt, um unsubstantiierte Einsprüche zu verhindern. Nach Art. 4 Ziff. 24 ist hierunter ein Einspruch im Hinblick darauf zu verstehen, ob ein Verstoß gegen die DS-GVO vorliegt oder ob die beabsichtigte Maßnahme gegen den Verantwortlichen oder den Auftragsverarbeiter im Einklang mit der DS-GVO steht. Gem. Erwägungsgrund 124 soll der EDSA **Leitlinien** zu allen Fragen im Zusammenhang mit der Anwendung der DS-GVO herausgeben können, insbesondere zu den Kriterien, was einen maßgeblichen und begründeten Einspruch darstellt. 14

Aus dem Einspruch muss die Tragweite der Risiken klar hervorgehen, die von dem Beschlussentwurf in Bezug auf die Grundrechte und Grundfreiheiten der betroffenen Personen und ggf. den freien Verkehr personenbezogener Daten in der Union ausgehen. Der Einspruch sollte, wenn möglich, einen alternativen Formulierungsvorschlag enthalten. Dies erleichtert ggf. im Weiteren die Beurteilung, ob der Einspruch angemessen von der federführenden Aufsichtsbehörde gem. Abs. 5 berücksichtigt wurde. Sollte ein Einspruch nicht als maßgeblich und begründet angesehen werden, leitet die federführende Aufsichtsbehörde das **Kohärenzverfahren** gem. Art. 63 (→ Art. 63 Rn. 2; → Art. 64 Rn. 4) ein. Dieser Schritt ist ebenfalls vorgesehen, wenn sich die federführende Aufsichtsbehörde dem Einspruch nicht anschließt. Eine Frist ist für diesen Schritt nicht vorgesehen. Aus der Systematik der Norm ergibt sich allerdings, dass unverzüglich die notwendigen Schritte einzuleiten sind. 15

V. Annahme des Einspruchs (Abs. 5)

Schließt sich die federführende Aufsichtsbehörde einem maßgeblichen und begründeten Einspruch an, legt sie sämtlichen betroffenen Aufsichtsbehörden, nicht nur denjenigen, die Einspruch eingelegt haben, einen **überarbeiteten Beschlussentwurf** vor. Für die Überarbeitung ist keine Frist vorgesehen. Es ist lediglich geregelt, dass mit einer **verkürzten Frist von zwei Wochen** nochmals die Möglichkeit besteht, gegen den überarbeiteten Beschlussentwurf Einspruch einzulegen. Aus der Systematik der Norm ergibt sich somit, dass auch die Überarbeitung unverzüglich vorzunehmen ist. Wird erneut Einspruch eingelegt und schließt sich die federführende Aufsichtsbehörde nicht an (→ Rn. 15), wird das Kohärenzverfahren (→ Art. 63 Rn. 2) eingeleitet. Schließt sie sich allerdings an, wird ein weiterer überarbeiteter Beschlussentwurf den betroffenen Aufsichtsbehörden zur Stellungnahme vorgelegt. 16

Es besteht keine Regelung dazu, **wie oft** das **Einspruchsverfahren durchlaufen** werden kann. Eine pauschale Beschränkung kann nicht angenommen werden, 17

---

[10] *Nguyen*, ZD 2015, 265 (267).

solange das Bemühen, einen Konsens zu erzielen, im Vordergrund steht.[11] Maßgeblich muss sein, ob jeweils unterschiedliche betroffene Aufsichtsbehörden Einspruch einlegen und ob neu eingebrachte Aspekte Gegenstand des Einspruchs sind. Der EDSA kann diesbzgl. im Rahmen seiner Aufgaben gem. Art. 70 Abs. 1 S. 2 lit. e Leitlinien, Empfehlungen oder ein bewährtes Verfahren vorschlagen. Ungeachtet des laufenden Einspruchsverfahrens können jede Aufsichtsbehörde, der Vorsitz des EDSA oder die Kommission gem. Art. 64 Abs. 2 (→ Art. 64 Rn. 4) bei Angelegenheit von allgemeiner Geltung oder mit Auswirkungen in mehr als einem Mitgliedstaat eine Stellungnahme des EDSA beantragen. Zudem können bei Vorliegen außergewöhnlicher Umstände sofort einstweilige Maßnahmen im Dringlichkeitsverfahren getroffen werden (→ Art. 66 Rn. 1).

VI. Bindender Beschluss (Abs. 6)

18 Die federführende Aufsichtsbehörde und die betroffenen Aufsichtsbehörden sind an den Beschlussentwurf **gebunden,** wenn kein Einspruch dagegen eingelegt wird. Schweigen gilt somit als Zustimmung. Die Bindungswirkung besteht ausdrücklich nur zwischen den am konkreten Verfahren beteiligten Aufsichtsbehörden. Offen bleibt, welche konkreten Konsequenzen bei Nichtbeachtung des bindenden Beschlusses drohen und unter welchen Bedingungen die Bindungswirkung wieder aufgehoben werden kann, etwa bei geänderter Sachlage. Erst gegen die bindenden Beschlüsse des EDSA im Kohärenzverfahren kann gem. Erwägungsgrund 143 durch die Aufsichtsbehörden gem. Art. 263 AEUV binnen zwei Monaten nach der Übermittlung Nichtigkeitsklage erhoben werden (→ Art. 65 Rn. 13).[12]

VII. Erlass des Beschlusses (Abs. 7–9)

19 Als Konsequenz des One-Stop-Shop-Verfahrens werden in Abs. 7 die differenzierten Aufgabenverteilungen in Hinblick auf den **Erlass des Beschlusses** geregelt. Nach Abschluss des Stellungnahme- bzw. Einspruchsverfahrens zum Beschlussentwurf erlässt die federführende Aufsichtsbehörde die Entscheidung gegenüber der Hauptniederlassung des Verantwortlichen bzw. Auftragsverarbeiters entsprechend der jeweiligen mitgliedstaatlichen Verfahrensvorgaben also etwa in Form eines Verwaltungsaktes. Für die Anfechtung des Verwaltungsaktes ist der nationale Rechtsweg eröffnet (vgl. Erwägungsgrund 143).

20 Die betroffenen Aufsichtsbehörden (Art. 4 Nr. 22) und der EDSA (→ Art. 68 Rn. 1) werden von dem Beschluss in Kenntnis gesetzt. Ihnen wird zudem eine Zusammenfassung der maßgeblichen Fakten und Gründe zur Verfügung gestellt. **Beschwerdeführer** werden von der Aufsichtsbehörde unterrichtet, bei der sie die Beschwerde eingelegt haben. Abs. 7 enthält keine Fristenregelung. Es ist allerdings im Sinne der effektiven Zusammenarbeit davon auszugehen, dass entsprechend Abs. 3 ebenfalls unverzügliches Handeln gefordert ist.

---

[11] AA Kühling/Buchner/*Dix,* DS-GVO, Art. 60 Rn. 17, wonach iSd zeitnahen Klärung der Rechtskonformität ein Kohärenzverfahren einzuleiten sei, wenn innerhalb der Zweiwochenfrist keine Einigung zustande kommt.

[12] *Nguyen*, ZD 2015, 265 (268); zum Verhältnis zur Unabhängigkeit der Aufsichtsbehörden Kühling/Buchner/*Dix*, DS-GVO, Art. 60 Rn. 4; BeckOK DatenschutzR/*Nguyen*, DS-GVO, Art. 60 Rn. 13.

Bei **Ablehnung oder Abweisung** einer Beschwerde erlässt die Behörde, bei der die Beschwerde eingelegt wurde, gem. Abs. 8 den Beschluss nach den jeweiligen mitgliedstaatlichen Verfahrensvorgaben. Sie teilt dem Beschwerdeführer den ablehnenden Bescheid mit und setzt den Verantwortlichen in Kenntnis. Es ist davon auszugehen, dass entsprechend Abs. 9 S. 2 auch Auftragsverarbeiter in Kenntnis zu setzen sind. **21**

VIII. Maßnahmen zur Umsetzung des Beschlusses (Abs. 10)

Verantwortliche und Auftragsverarbeiter sind verpflichtet, dem Beschluss entsprechende Maßnahmen zu ergreifen. Sie haben Verarbeitungstätigkeiten in allen Niederlassungen in der Union dem Beschlussinhalt anzupassen. Zur Überprüfung der Umsetzung entsprechender Maßnahmen können die Aufsichtsbehörden Amtshilfe (→ Art. 61 Rn. 1) in Anspruch nehmen und gemeinsame Maßnahmen (→ Art. 62 Rn. 1) durchführen. **22**

IX. Dringender Handlungsbedarf (Abs. 11)

Bei dringendem Handlungsbedarf zum Schutz der Interessen betroffener Personen ist in Art. 66 (→ Art. 66 Rn. 1) ausdrücklich ein Dringlichkeitsverfahren vorgesehen. Es soll allerdings explizit Ausnahmefällen vorbehalten bleiben, da es die Abstimmungsmechanismen zum Teil außer Kraft setzt. **23**

C. Nationales Recht

§ 19 BDSG nF sieht eine deutlich an der Struktur der Art. 56, Art. 4 Nr. 16 und Nr. 22 orientierte Zuständigkeitsregelung für die deutschen Aufsichtsbehörden vor. Der Anwendungsbereich bezieht sich ausdrücklich auf Verfahren der Zusammenarbeit und Kohärenz nach Kapitel VII der DS-GVO. § 19 BDSG nF stellt somit keine generelle Zuständigkeitsregelung dar, sondern betrifft nur **grenzüberschreitende Fälle**.[13] Durch die Regelung kommt der nationale Gesetzgeber seiner Pflicht gem. Art. 51 Abs. 3 nach, die Einhaltung der Regeln zum Kohärenzverfahren durch alle nationalen Aufsichtsbehörden sicherzustellen. **24**

I. § 19 Abs. 1 BDSG nF

Anknüpfungspunkt ist der Ort der Hauptniederlassung oder der einzigen Niederlassung in der EU. Durch den Verweis auf Art. 4 Nr. 16 wird klargestellt, dass es für die Bestimmung der Hauptniederlassung nicht allein auf den Ort der Hauptverwaltung ankommt. Vielmehr ist ausschlaggebend, wo die Entscheidungen hinsichtlich der Zwecke und Mittel der konkret in Frage stehenden Datenverarbeitung getroffen werden.[14] **25**

Eine Bestimmung deutscher **betroffener Aufsichtsbehörden** wie im europäischen Verfahren nach Art. 60 ist nicht vorgesehen, sofern eine Aufsichtsbehörde **26**

---

[13] BT-Drs. 18/11325, 92; eine Zuständigkeitsregelung für rein innerstaatliche Datenverarbeitungen nichtöffentlicher Stellen enthält § 40 Abs. 2 BDSG nF.

[14] Zur nicht ausdrücklich geregelten Konstellation einer parallelen Federführung durch mehrere dt. Aufsichtsbehörden, wenn bspw. Niederlassungen in verschiedenen Bundesländern für den Export von Kunden- und Beschäftigtendaten zuständig sind Kühling/Buchner/*Dix*, 2. Aufl., BDSG, § 19 Rn. 4.

in Deutschland die Federführung in einem grenzüberschreitenden Fall innehat.[15] Insofern kommt der Federführung eine gesteigerte Bedeutung zu (→ Rn. 10). Es besteht allerdings auch die Möglichkeit, dass eine deutsche Aufsichtsbehörde betroffene Aufsichtsbehörde in einem Verfahren nach Art. 60 ist, bei dem die Federführung von der Aufsichtsbehörde eines anderen Mitgliedstaats übernommen wird. Diese Konstellation wird von § 19 Abs. 2 BDSG nF ua adressiert (→ Rn. 30).

27 Bestehen hinsichtlich der **Federführung** unter den Aufsichtsbehörden **unterschiedliche Standpunkte,** ist gem. Abs. 1 S. 3 das Verfahren nach § 18 Abs. 2 BDSG nF durchzuführen (→ Art. 63 Rn. 13).[16] Zuvor muss allerdings entsprechend § 18 Abs. 1 BDSG nF ein Austausch der für die Bestimmung der Hauptniederlassung zweckdienlichen Informationen unter allen in Betracht kommenden Aufsichtsbehörden erfolgen. Ein konkretes Verfahren, welche Aufsichtsbehörde oder andere Stelle den Informationsaustausch zu koordinieren hat, wird nicht vorgegeben. Aus der Systematik der Vorschriften zur Zusammenarbeit (→ Rn. 6) ergibt sich jedenfalls, dass zunächst versucht werden muss, Einvernehmen unter den Aufsichtsbehörden herzustellen. Es liegt nahe, dass die Aufsichtsbehörde, bei der Beschwerden oder andere Anhaltspunkte für eine grenzüberschreitende Datenverarbeitung vorliegen, das Verfahren zur Bestimmung der federführenden Aufsichtsbehörde initiiert, soweit hierzu nicht bereits Erkenntnisse vorliegen.

28 In Abs. 1 S. 2 ist eine Regelung für die oder den **BfDI** vorgesehen. Die Federführung besteht, wenn sich die Hauptniederlassung oder einzige Niederlassung in der EU bspw. eines Telekommunikationsunternehmens in Deutschland befindet.[17]

II. § 19 Abs. 2 BDSG nF

29 Abs. 2 regelt, welche deutsche Aufsichtsbehörde den **Beschluss gem. Art. 60 Abs. 7–9** gegenüber Beschwerdeführern erlässt (→ Rn. 19 ff.), dh insbesondere über das Ergebnis der Untersuchung unterrichtet. Grundsätzlich sieht die DS-GVO vor, dass Beschwerdefüherer von der Aufsichtsbehörde weiter informiert werden, bei der sie ihre Beschwerde eingelegt haben. Der deutsche Gesetzgeber ist davon ausgegangen, dass die Berücksichtigung innerstaatlicher Zuständigkeiten im Rahmen von nationalen Regelungen möglich ist.[18] Durch die Abgabe einer Beschwerde an die **sachnächste** wie insbesondere die federführende Aufsichtsbehörde werden jedenfalls nicht die Interessen der Beschwerdeführer beeinträchtig, zumal keine (zusätzlichen) Sprachbarrieren oder sonstigen unzumutbaren Erschwernisse für Beschwerdeführer entstehen. Nicht geregelt ist, wie zu verfahren ist, wenn mehrere Niederlassungen in Deutschland bestehen.[19]

30 Eine **sachliche Unzuständigkeit**[20] iSd Abs. 2 S. 2 liegt insbesondere vor, wenn die oder der BfDI Beschwerden erhält, die nicht der Zuständigkeit unterfal-

[15] BT-Drs. 18/11325, 93.

[16] Unter den Aufsichtsbehörden verschiedener Mitgliedstaaten wird eine Klärung der Federführung gem. Art. 65 Abs. 1 lit. b durch den EDSA herbeigeführt.

[17] Ausf. *Piltz*, § 19 BDSG nF Rn. 8.

[18] BT-Drs. 18/11325, 93; krit. hierzu *Piltz*, § 19 BDSG nF Rn. 12, 15.

[19] Für eine Abstimmung unter den Aufsichtsbehörden, um eine Konzentration der Beschwerdebearbeitung zu erreichen Kühling/Buchner/*Dix,* 2. Aufl., BDSG, § 19 Rn. 7.

[20] Kühling/Buchner/*Dix,* 2. Aufl., BDSG, § 19 Rn. 8, wonach andere als Datenschutzaufsichtsbehörden Beschwerden in gleicher Weise behandeln sollten; *Piltz*, § 19 BDSG nF Rn. 2 f., 17.

len. Außerdem liegt sie vor, wenn eine Beschwerde an eine Aufsichtsbehörde in einem Bundesland gerichtet wird, in dem sich keine Niederlassung des Verantwortlichen oder Auftragsverarbeiters befindet. Grundsätzlich hat dann eine Abgabe zu erfolgen an die federführende Aufsichtsbehörde oder an eine Aufsichtsbehörde in einem Bundesland, in dem sich eine Niederlassung des Verantwortlichen oder Auftragsverarbeiters befindet. Liegt beides nicht vor, erfolgt eine Abgabe an die **Aufsichtsbehörde am Wohnsitz** des Beschwerdeführers. Die empfangende Aufsichtsbehörde gilt gem. S. 3 als die Aufsichtsbehörde, bei der die Beschwerde eingelegt wurde. Sie hat alle Informationspflichten gegenüber dem Beschwerdeführer zu erfüllen (→ Rn. 29).

Art. 61 Gegenseitige Amtshilfe

(1) [1]**Die Aufsichtsbehörden übermitteln einander maßgebliche Informationen und gewähren einander Amtshilfe, um diese Verordnung einheitlich durchzuführen und anzuwenden, und treffen Vorkehrungen für eine wirksame Zusammenarbeit.** [2]**Die Amtshilfe bezieht sich insbesondere auf Auskunftsersuchen und aufsichtsbezogene Maßnahmen, beispielsweise Ersuchen um vorherige Genehmigungen und eine vorherige Konsultation, um Vornahme von Nachprüfungen und Untersuchungen.**

(2) [1]**Jede Aufsichtsbehörde ergreift alle geeigneten Maßnahmen, um einem Ersuchen einer anderen Aufsichtsbehörde unverzüglich und spätestens innerhalb eines Monats nach Eingang des Ersuchens nachzukommen.** [2]**Dazu kann insbesondere auch die Übermittlung maßgeblicher Informationen über die Durchführung einer Untersuchung gehören.**

(3) [1]**Amtshilfeersuchen enthalten alle erforderlichen Informationen, einschließlich Zweck und Begründung des Ersuchens.** [2]**Die übermittelten Informationen werden ausschließlich für den Zweck verwendet, für den sie angefordert wurden.**

(4) **Die ersuchte Aufsichtsbehörde lehnt das Ersuchen nur ab, wenn**

a) **sie für den Gegenstand des Ersuchens oder für die Maßnahmen, die sie durchführen soll, nicht zuständig ist oder**
b) **ein Eingehen auf das Ersuchen gegen diese Verordnung verstoßen würde oder gegen das Unionsrecht oder das Recht der Mitgliedstaaten, dem die Aufsichtsbehörde, bei der das Ersuchen eingeht, unterliegt.**

(5) [1]**Die ersuchte Aufsichtsbehörde informiert die ersuchende Aufsichtsbehörde über die Ergebnisse oder gegebenenfalls über den Fortgang der Maßnahmen, die getroffen wurden, um dem Ersuchen nachzukommen.** [2]**Die ersuchte Aufsichtsbehörde erläutert gemäß Absatz 4 die Gründe für die Ablehnung des Ersuchens.**

(6) **Die ersuchten Aufsichtsbehörden übermitteln die Informationen, um die von einer anderen Aufsichtsbehörde ersucht wurde, in der Regel auf elektronischem Wege unter Verwendung eines standardisierten Formats.**

(7) [1]**Ersuchte Aufsichtsbehörden verlangen für Maßnahmen, die sie aufgrund eines Amtshilfeersuchens getroffen haben, keine Gebühren.** [2]**Die Aufsichtsbehörden können untereinander Regeln vereinbaren, um einander in Ausnahmefällen besondere aufgrund der Amtshilfe entstandene Ausgaben zu erstatten.**

(8) [1]**Erteilt eine ersuchte Aufsichtsbehörde nicht binnen eines Monats nach Eingang des Ersuchens einer anderen Aufsichtsbehörde die Informationen gemäß Absatz 5, so kann die ersuchende Aufsichtsbehörde eine einstweilige Maßnahme im Hoheitsgebiet ihres Mitgliedstaats gemäß Artikel 55 Absatz 1 ergreifen.** [2]**In diesem Fall wird von einem dringenden Handlungsbedarf gemäß Artikel 66 Absatz 1 ausgegangen, der einen im Dringlichkeitsverfahren angenommenen verbindlichen Beschluss des Ausschuss gemäß Artikel 66 Absatz 2 erforderlich macht.**

(9) [1]**Die Kommission kann im Wege von Durchführungsrechtsakten Form und Verfahren der Amtshilfe nach diesem Artikel und die Ausgestaltung des elektronischen Informationsaustauschs zwischen den Aufsichtsbehörden sowie zwischen den Aufsichtsbehörden und dem Ausschuss, insbesondere das in Absatz 6 des vorliegenden Artikels genannte standardisierte Format, festlegen.** [2]**Diese Durchführungsrechtsakte werden gemäß dem in Artikel 93 Absatz 2 genannten Prüfverfahren erlassen.**

Literatur: Vgl. die Hinweise zu Art. 60.

Übersicht

A. Allgemeines

1 Gem. Erwägungsgrund 133 sollen sich die Aufsichtsbehörden im Sinne einer **einheitlichen Anwendung und Durchsetzung der DS-GVO** gegenseitig bei der Erfüllung ihrer Aufgaben unterstützen und Amtshilfe leisten. Entsprechend gehört Amtshilfe gem. Art. 57 Abs. 1 lit. g zu den gesetzlichen Aufgaben der Aufsichtsbehörden. Anders als bisher unter Art. 28 Abs. 6 S. 3 DS-RL und § 38 Abs. 1 S. 5 BDSG aF ist die Zusammenarbeit nunmehr deutlich ausführlicher und verbindlicher geregelt. Es sind Formvorgaben, Fristen und Konsequenzen für den Fall der Verletzung der grundsätzlich bestehenden Pflicht zur Leistung von Amtshilfe vorgesehen.[1] Art. 61 erfasst Amtshilfe unter den Aufsichtsbehörden der Mitgliedstaaten der EU. Internationale Amtshilfe mit Drittstaaten ist in Art. 50 geregelt (→ Art. 50 Rn. 3).

B. Einzelerläuterungen

I. Grundlagen der gegenseitigen Amtshilfe (Abs. 1)

2 Zur einheitlichen Durchführung und Anwendung der DS-GVO sind verschiedene Verfahren vorgesehen. Art. 61 nennt wie Art. 60 die Übermittlung von

[1] Zum Verhältnis zur Unabhängigkeit der Aufsichtsbehörden Kühling/Buchner/*Dix*, DS-GVO, Art. 61 Rn. 5.

(maßgeblichen bzw. zweckdienlichen) **Informationen** zwischen den Aufsichtsbehörden als grundlegende Voraussetzung für eine effektive Zusammenarbeit. Die Amtshilfe kann gem. Abs. 2 bspw. in der Übermittlung von Informationen zu Untersuchungen gem. Art. 58 Abs. 1 bestehen. Die Informationen können auch personenbezogene Daten umfassen (zur Rechtsgrundlage → Art. 60 Rn. 6).[2]

Die Aufsichtsbehörden sollen explizit **Vorkehrungen** für eine **wirksame** 3 **Zusammenarbeit** treffen. Dies könnte etwa in der Bereitstellung von Ressourcen, expliziten Kontaktstellen für Amtshilfeersuchen und speziell ausgebildetem Personal bestehen. Dies kann verhindern, dass gegenseitige Amtshilfe etwa an Sprachbarrieren scheitert.[3] Die adäquate Ausstattung mit personellen, technischen und finanziellen Ressourcen sowie Infrastrukturen, die ua zur Durchführung von Amtshilfe benötigt werden, muss gem. Art. 52 Abs. 4 durch den Mitgliedstaat sichergestellt werden (vgl. Erwägungsgrund 120).

Die Vorschrift nennt beispielhaft **Gegenstände der Amtshilfe.** Insbesondere 4 sollen Auskunftsersuchen, Nachprüfungen und Untersuchungen im Rahmen der Amtshilfe durchgeführt werden. Die Vorschrift ist allerdings nicht abschließend, so dass auch andere Fälle Gegenstand von Amtshilfeersuchen sein können.[4] Insbesondere könnte Amtshilfe auch beantragt werden, um Beweise für oder gegen das Bestehen einer Hauptniederlassung in einem Mitgliedstaat und somit für die Bestimmung der federführenden Aufsichtsbehörde zu erheben (→ Art. 60 Rn. 7).

II. Pflichten der Aufsichtsbehörden (Abs. 2, 5, 6)

Die Einführung von **Fristen** stellt einen wesentlichen Unterschied zum bishe- 5 rigen allgemeinen Apell der gegenseitigen Zusammenarbeit gem. Art. 28 Abs. 6 S. 3 DS-RL dar. Den Amtshilfeersuchen muss unverzüglich, spätestens innerhalb eines Monats, nachgekommen werden.[5] Andernfalls kann die ersuchende Aufsichtsbehörde gem. Abs. 8 eine einstweilige Maßnahme im Hoheitsgebiet ihres Mitgliedstaats (→ Art. 55 Rn. 4) erlassen. Es wird in diesem Fall von einem dringenden Handlungsbedarf gem. Art. 66 Abs. 1 ausgegangen (→ Art. 66 Rn. 2).

Die Frist wird ausdrücklich durch den **Eingang des Amtshilfeersuchens** in 6 Gang gesetzt. Dies kann frühestens angenommen werden, wenn gem. Abs. 3 der ersuchten Aufsichtsbehörde alle erforderlichen Informationen vorliegen. Im Einzelfall kann es zwar schwierig sein einzuschätzen, ob bereits alle erforderlichen Informationen vorliegen. Jedenfalls müssen der Zweck und die Begründung des Ersuchens benannt sein. Besteht Uneinigkeit im Hinblick auf die Frage, ob alle erforderlichen Informationen vorliegen, kann der EDSA im Rahmen des Verfahrens gem. Art. 64 Abs. 2 (→ Art. 64 Rn. 4) oder wegen der Untätigkeit der angerufenen Aufsichtsbehörde gem. Abs. 8 im Rahmen des Dringlichkeitsverfahrens (→ Art. 66 Rn. 1) mit der Frage befasst werden.

Die angerufene Aufsichtsbehörde hat über den **Fortgang** der Maßnahmen und 7 die **Ergebnisse** zu informieren. In der Regel sollen die angeforderten Informationen auf elektronischem Weg in einem standardisierten Format übermittelt werden.

---

[2] Mit Verweis auf den „amtshilfefesten Schutz vor Zweckentfremdung" Kühling/Buchner/*Dix*, DS-GVO, Art. 61 Rn. 8; Paal/Pauly/*Koerffer*, DS-GVO, Art. 61 Rn. 2.

[3] Paal/Pauly/*Koerffer*, DS-GVO, Art. 61 Rn. 2.

[4] Zu den Grenzen der Amtshilfe aufgrund des Territorialitätsprinzips Kühling/Buchner/*Dix*, Art. 61 Rn. 10.

[5] BeckOK DatenschutzR/*Nguyen*, DS-GVO, Art. 61 Rn. 7.

Im Einzelfall kann aufgrund der Sachverhaltskonstellation also etwa auch eine postalische Übermittlung bestimmter Untersuchungsergebnisse möglich sein.

8 Es besteht ein **Zweckbindungsgebot** in Hinblick auf die übermittelten Informationen. Sie dürfen von der ersuchenden Aufsichtsbehörde gem. Abs. 3 S. 2 nur für den Zweck verwendet werden, für den sie angefordert worden sind.[6] Zwar ist ein Zweck gem. Abs. 3 S. 1 bereits im Amtshilfeersuchen zu benennen. Diese Angabe dient allerdings der ersuchten Aufsichtsbehörde zum Verständnis des Ersuchens und muss daher so konkret wie möglich gefasst werden. Der Zweck iSd Abs. 3 S. 2 kann dagegen nur als genereller Zweck der Aufsicht verstanden werden. Die Aufsichtsbehörden haben gem. Art. 57 Abs. 1 lit. a die Aufgabe, die Anwendung der DS-GVO zu überwachen und durchzusetzen. Es ist daher als opportun anzusehen, wenn sie im Rahmen von Amtshilfeersuchen erlangte Informationen zu weiteren Verstößen gegen die DS-GVO für ihre Aufsichtstätigkeit verwenden. Andernfalls würden sie in Konflikt mit ihrem gesetzlichen Auftrag geraten. Zudem könnten die Informationen ohnehin in einem weiteren Amtshilfeersuchen angefordert werden, was ebenfalls gegen eine zu enge Auslegung der Zweckbindung gem. Abs. 3 S. 2 spricht.

III. Formale Anforderungen und Gebühren (Abs. 3, 7)

9 Amtshilfeersuchen müssen alle **erforderlichen Informationen** insbesondere zum Zweck und zur Begründung des Ersuchens enthalten. Es müssen also jedenfalls Angaben in einem angemessenen Konkretisierungsgrad vorliegen, die es der ersuchten Aufsichtsbehörde ermöglichen, die Einleitung von Maßnahmen zu prüfen und ggf. durchzuführen. Zudem müssen die Informationen ausreichen, um überprüfen zu können, ob Ablehnungsgründe gem. Abs. 4 (→ Rn. 11) einschlägig sind.

10 Für Maßnahmen, die aufgrund von Amtshilfeersuchen getroffen werden, dürfen bei der ersuchenden Aufsichtsbehörde gem. Abs. 7 grundsätzlich **keine Gebühren** erhoben werden. Gem. Art. 52 Abs. 4 soll ohnehin jede Aufsichtsbehörde mit den personellen, technischen und finanziellen Ressourcen und Infrastrukturen ausgestattet sein, um Amtshilfe leisten zu können. Insbesondere kleine Aufsichtsbehörden sollen zudem nicht aus finanziellen Gründen davon abgehalten werden, um Amtshilfe zu ersuchen. Nur in Ausnahmefällen sollen besondere Ausgaben erstattet werden können.

IV. Ablehnungsgründe (Abs. 4)

11 Das Ablehnen von Amtshilfeersuchen ist nur innerhalb **enger Spielräume** möglich. Grundsätzlich ist Amtshilfe zu leisten. Nur wenn einer der abschließend in Abs. 4 geregelten Gründe vorliegt, kann eine Ausnahme bestehen. Fehlende Kapazitäten und Ressourcen einer Aufsichtsbehörde, eine abweichende Auffassung der ersuchten Behörde oder ein anhängiges Gerichtsverfahren stellen bspw. grundsätzlich keinen zulässigen Grund für eine Ablehnung dar.[7] Auch das Ersuchen um die Übermittlung personenbezogener Daten stellt per se keinen Ableh-

[6] Für eine Anwendung der Zweckbindung über den Wortlaut hinaus auf die Informationen, die die ersuchende Behörde zur Begr. ihres Ersuchens an die ersuchte Behörde übermittelt hat Kühling/Buchner/*Dix*, DS-GVO, Art. 61 Rn. 12; Paal/Pauly/*Koerffer,* DS-GVO, Art. 61 Rn. 6; aA BeckOK DatenschutzR/*Nguyen*, DS-GVO, Art. 61 Rn. 10.

[7] Kühling/Buchner/*Dix*, DS-GVO, Art. 61 Rn. 13.

nungsgrund dar (→ Rn. 2; → Art. 60 Rn. 6).[8] Nur Unzuständigkeit für und Rechtswidrigkeit der Maßnahme können eine Ablehnung rechtfertigen.[9] Eine pauschale Ablehnung ist nicht möglich. Die Gründe für die Ablehnung des Ersuchens sind gem. Abs. 5 zu erläutern. Besteht Uneinigkeit darüber, ob tatsächlich ein Ablehnungsgrund vorliegt, kann eine Stellungnahme des EDSA gem. Art. 64 Abs. 2 beantragt werden.

V. Unterlassene Amtshilfe (Abs. 8)

Die ersuchende Aufsichtsbehörde kann eine **einstweilige Maßnahme** im Hoheitsgebiet ihres Mitgliedstaats ergreifen, wenn die ersuchte Aufsichtsbehörde nicht fristgemäß (→ Rn. 5) die angeforderten Informationen gem. Abs. 5 bereitstellt. In diesem Fall wird von einem dringenden Handlungsbedarf gem. Art. 66 Abs. 1 im Dringlichkeitsverfahren ausgegangen, der einen verbindlichen Beschluss des EDSA gem. Art. 66 Abs. 2 erforderlich macht.[10] 12

Kommt eine ersuchte Aufsichtsbehörde den Verpflichtungen zur Amtshilfe nicht nach, kann gem. Art. 64 Abs. 2 (→ Art. 64 Rn. 4) jede Aufsichtsbehörde, der Vorsitz des EDSA sowie die Kommission eine **Prüfung durch den EDSA** beantragen. Dieser gibt bei Erreichen der erforderlichen Mehrheit eine Stellungnahme ab. Folgt die Aufsichtsbehörde der Stellungnahme nicht, wird das Streitbeilegungsverfahren gem. Art. 65 (→ Art. 65 Rn. 1) eingeleitet. In diesem Verfahren können für die Aufsichtsbehörde bindende Beschlüsse gefasst werden. 13

VI. Durchführungsrechtsakte der Kommission (Abs. 9)

Die Kommission hat die Befugnis, Einzelheiten zur Form und zum Verfahren der Amtshilfe im Wege von **Durchführungsrechtsakten** (→ Art. 93 Rn. 8) zu regeln. Dies muss dem Fall vorbehalten bleiben, dass die Aufsichtsbehörden sich nicht selbst, etwa in Form von Leitlinien, Empfehlungen und bewährten Verfahren gem. Art. 70 Abs. 1 S. 2 lit. e, auf funktionierende Verfahren einigen (→ Art. 70 Rn. 7). Außerdem kann die Kommission Einzelheiten der Ausgestaltung des elektronischen Informationsaustauschs regeln. 14

Art. 62 Gemeinsame Maßnahmen der Aufsichtsbehörden

(1) **Die Aufsichtsbehörden führen gegebenenfalls gemeinsame Maßnahmen einschließlich gemeinsamer Untersuchungen und gemeinsamer Durchsetzungsmaßnahmen durch, an denen Mitglieder oder Bedienstete der Aufsichtsbehörden anderer Mitgliedstaaten teilnehmen.**

(2) [1]**Verfügt der Verantwortliche oder der Auftragsverarbeiter über Niederlassungen in mehreren Mitgliedstaaten oder werden die Verarbeitungsvorgänge voraussichtlich auf eine bedeutende Zahl betroffener Personen in mehr als einem Mitgliedstaat erhebliche Auswirkungen haben, ist die Aufsichtsbehörde jedes dieser Mitgliedstaaten berechtigt, an den gemeinsamen Maßnahmen teilzunehmen.** [2]**Die gemäß Artikel 56 Absatz 1 oder Absatz 4 zuständige Aufsichtsbehörde lädt die Aufsichtsbe-**

[8] Zur Abwägungspflicht hins. der Geheimhaltung zB bei Betriebs- und Geschäftsgeheimnissen oder Verschlusssachen Kühling/Buchner/*Dix*, DS-GVO, Art. 61 Rn. 14.

[9] BeckOK DatenschutzR/*Nguyen*, DS-GVO, Art. 61 Rn. 12 f.

[10] Ausf. Kühling/Buchner/*Dix*, DS-GVO, Art. 61 Rn. 20 f.

hörde jedes dieser Mitgliedstaaten zur Teilnahme an den gemeinsamen Maßnahmen ein und antwortet unverzüglich auf das Ersuchen einer Aufsichtsbehörde um Teilnahme.

(3) [1]**Eine Aufsichtsbehörde kann gemäß dem Recht des Mitgliedstaats und mit Genehmigung der unterstützenden Aufsichtsbehörde den an den gemeinsamen Maßnahmen beteiligten Mitgliedern oder Bediensteten der unterstützenden Aufsichtsbehörde Befugnisse einschließlich Untersuchungsbefugnisse übertragen oder, soweit dies nach dem Recht des Mitgliedstaats der einladenden Aufsichtsbehörde zulässig ist, den Mitgliedern oder Bediensteten der unterstützenden Aufsichtsbehörde gestatten, ihre Untersuchungsbefugnisse nach dem Recht des Mitgliedstaats der unterstützenden Aufsichtsbehörde auszuüben.** [2]**Diese Untersuchungsbefugnisse können nur unter der Leitung und in Gegenwart der Mitglieder oder Bediensteten der einladenden Aufsichtsbehörde ausgeübt werden.** [3]**Die Mitglieder oder Bediensteten der unterstützenden Aufsichtsbehörde unterliegen dem Recht des Mitgliedstaats der einladenden Aufsichtsbehörde.**

(4) **Sind gemäß Absatz 1 Bedienstete einer unterstützenden Aufsichtsbehörde in einem anderen Mitgliedstaat im Einsatz, so übernimmt der Mitgliedstaat der einladenden Aufsichtsbehörde nach Maßgabe des Rechts des Mitgliedstaats, in dessen Hoheitsgebiet der Einsatz erfolgt, die Verantwortung für ihr Handeln, einschließlich der Haftung für alle von ihnen bei ihrem Einsatz verursachten Schäden.**

(5) [1]**Der Mitgliedstaat, in dessen Hoheitsgebiet der Schaden verursacht wurde, ersetzt diesen Schaden so, wie er ihn ersetzen müsste, wenn seine eigenen Bediensteten ihn verursacht hätten.** [2]**Der Mitgliedstaat der unterstützenden Aufsichtsbehörde, deren Bedienstete im Hoheitsgebiet eines anderen Mitgliedstaats einer Person Schaden zugefügt haben, erstattet diesem anderen Mitgliedstaat den Gesamtbetrag des Schadenersatzes, den dieser an die Berechtigten geleistet hat.**

(6) **Unbeschadet der Ausübung seiner Rechte gegenüber Dritten und mit Ausnahme des Absatzes 5 verzichtet jeder Mitgliedstaat in dem Fall des Absatzes 1 darauf, den in Absatz 4 genannten Betrag des erlittenen Schadens anderen Mitgliedstaaten gegenüber geltend zu machen.**

(7) [1]**Ist eine gemeinsame Maßnahme geplant und kommt eine Aufsichtsbehörde binnen eines Monats nicht der Verpflichtung nach Absatz 2 Satz 2 des vorliegenden Artikels nach, so können die anderen Aufsichtsbehörden eine einstweilige Maßnahme im Hoheitsgebiet ihres Mitgliedstaats gemäß Artikel 55 ergreifen.** [2]**In diesem Fall wird von einem dringenden Handlungsbedarf gemäß Artikel 66 Absatz 1 ausgegangen, der eine im Dringlichkeitsverfahren angenommene Stellungnahme oder einen im Dringlichkeitsverfahren angenommenen verbindlichen Beschluss des Ausschusses gemäß Artikel 66 Absatz 2 erforderlich macht.**

Literatur: Vgl. die Hinweise zu Art. 60.

Übersicht

A. Allgemeines

1 Gem. Erwägungsgrund 134 sollte jede Aufsichtsbehörde ggf. an gemeinsamen Maßnahmen teilnehmen. Insofern scheint ein größerer Entscheidungsspielraum zur Teilnahme zu bestehen als bei der Amtshilfe gem. Art. 61 (→ Art. 61 Rn. 5). Gemeinsame Maßnahmen sind allerdings ein weiteres Instrument der Zusammenarbeit der Aufsichtsbehörden im Sinne einer **einheitlichen Anwendung und Durchsetzung** der DS-GVO. Bisher war in Art. 28 Abs. 6 S. 2 DS-RL nur vorgesehen, dass jede Kontrollstelle von einer Kontrollstelle eines anderen Mitgliedstaats um die Ausübung ihrer Befugnisse ersucht werden kann.[1] In § 38 Abs. 1 BDSG wurde lediglich umgesetzt, dass Aufsichtsbehörden den Aufsichtsbehörden anderer Mitgliedstaaten der EU auf Ersuchen ergänzende Hilfe im Sinne von Amtshilfe leisten. Die Regelung zu gemeinsamen grenzüberschreitenden Maßnahmen in der DS-GVO wurde in Anlehnung an gemeinsame Ermittlerteams im Bereich der polizeilichen und justiziellen Zusammenarbeit eingeführt.[2] Gem. Erwägungsgrund 123 sollen die Aufsichtsbehörden zusammenarbeiten, ohne dass eine Vereinbarung zwischen den Mitgliedstaaten über die Leistung von Amtshilfe oder über eine derartige Zusammenarbeit erforderlich wäre.

B. Einzelerläuterungen

I. Gegenstand gemeinsamer Maßnahmen (Abs. 1)

2 Gemeinsame Maßnahmen können bspw. in **gemeinsamen Untersuchungen und gemeinsamen Durchsetzungsmaßnahmen** bestehen. Untersuchungsbefugnisse der Aufsichtsbehörden sind in Art. 58 Abs. 1 geregelt. Die Aufsichtsbehörden haben ua die Befugnis, die Bereitstellung aller zur Erfüllung der Aufgaben gem. Art. 57 erforderlichen Informationen anzuweisen, Datenschutzüberprüfungen durchzuführen sowie Zugang zu allen personenbezogenen Daten und Informationen, die zur Erfüllung der Aufgaben notwendig sind, zu erhalten. Denkbar sind konzertierte Untersuchungen in verschiedenen Niederlassungen eines Verantwortlichen oder Auftragsverarbeiters.

3 Gem. Art. 60 Abs. 2 können gemeinsame Maßnahmen ua der **Überwachung der Umsetzung** einer Maßnahme dienen. Sie könnten somit zur Kontrolle der Umsetzung von Beschlüssen gem. Art. 60 Abs. 7 und 9 sowie Art. 65 Abs. 6 durchgeführt werden. Durchsetzungsmaßnahmen kommen insbesondere in Betracht, wenn der Verantwortliche oder der Auftragsverarbeiter nicht die erfor-

[1] Zum Hintergrund der Forderung der Kommission gegenüber den Aufsichtsbehörden in ihrem ersten Bericht über die Durchführung der Richtlinie 2003, durch sektorale Untersuchungen auf EU-Ebene für eine bessere Durchsetzung der Richtlinie zu sorgen Kühling/Buchner/*Dix*, DS-GVO, Art. 62 Rn. 2.

[2] *Albrecht/Jotzo*, Teil 7 Rn. 14.

derlichen Maßnahmen gem. Art. 60 Abs. 10 ergreift, um die Verarbeitungstätigkeiten all seiner Niederlassungen in der EU mit dem Beschluss in Einklang zu bringen. Daneben sollen gemeinsame Maßnahmen auch zur Bearbeitung rein nationaler Fälle oder zur Erfüllung von Aufklärungs-, Bildungs- oder Beratungsaufgaben durchgeführt werden können.[3]

II. Durchführung gemeinsamer Maßnahmen (Abs. 1 und 2)

4 Gemeinsame Maßnahmen werden grundsätzlich von den federführenden Aufsichtsbehörden **initiiert.** Eine Ausnahme besteht gem. Art. 56 Abs. 5, wenn die federführende Aufsichtsbehörde entscheidet, sich nicht selbst mit dem Fall zu befassen (insofern muss es sich bei dem Verweis auf Art. 56 Abs. 4 in Art. 62 Abs. 2 S. 2 um ein Redaktionsversehen handeln). Gemeinsame Maßnahmen können dann auch von der Aufsichtsbehörde vor Ort gem. Art. 56 Abs. 2 (→ Art. 56 Rn. 19) veranlasst werden. Die Durchführung steht jedenfalls im Ermessen der einladenden Behörde.[4]

5 Gemeinsame Maßnahmen kommen bei grenzüberschreitenden Angelegenheiten gem. Art. 4 Ziff. 23 in Betracht.[5] **Berechtigt zur Teilnahme** an gemeinsamen Maßnahmen sind nur die Aufsichtsbehörden, in deren Mitgliedstaat sich eine Niederlassung befindet oder die Verarbeitungsvorgänge voraussichtlich auf eine bedeutende Zahl betroffener Personen erhebliche Auswirkungen haben werden. Entsprechend ist nicht jede betroffene Aufsichtsbehörde iSd Art. 4 Ziff. 22 teilnahmeberechtigt. Denn betroffen ist eine Aufsichtsbehörde ua bereits dann, wenn eine Verarbeitung erhebliche Auswirkungen auf betroffene Personen mit Wohnsitz im Mitgliedstaat dieser Aufsichtsbehörde hat oder haben kann. Eine bedeutende Zahl betroffener Personen wird hierfür nicht vorausgesetzt. Der EDSA kann im Rahmen seiner Aufgaben gem. Art. 70 Abs. 1 lit. e **Leitlinien** zu der Frage herausgeben, unter welchen Bedingungen Verarbeitungsvorgänge voraussichtlich auf eine bedeutende Zahl betroffener Personen erhebliche Auswirkungen haben werden. Es spricht viel dafür, dass auch eine Aufsichtsbehörde, die nicht die Voraussetzungen der Teilnahmeberechtigung erfüllt, dennoch die Möglichkeit der Teilnahme erhalten kann, etwa weil sie eine für die Maßnahme hilfreiche Expertise aufweist. Dies könnte auch eine Maßnahme der **allgemeinen Zusammenarbeit** gem. Art. 57 Abs. 1 lit. g darstellen.

6 Die gem. Abs. 2 S. 2 zuständige Aufsichtsbehörde lädt alle teilnahmeberechtigten Aufsichtsbehörden zur Durchführung gemeinsamer Maßnahmen ein. Da die Vorschrift das Konzept einer Teilnahmeberechtigung vorsieht, ist anders als bei der Amtshilfe gem. Art. 61 (→ Art. 61 Rn. 5) **nicht von einer grundsätzlichen Teilnahmepflicht auszugehen.** Unklar ist, auf welcher Informationsgrundlage die einzuladenden Aufsichtsbehörden bestimmt werden. Ggf. können hierfür die Strukturen des elektronischen Informationsaustauschs gem. Art. 60 Abs. 12 genutzt werden. Es spricht jedenfalls nichts dagegen, etwa im Wege eines allgemei-

---

[3] Mit dem Verweis darauf, dass dann anders als bei gemeinsamen Maßnahmen iRv One-Stop-Shop-Verfahren in diesen Fällen kein Anspruch einzelner Behörden nach Art. 62 Abs. 2 bestehe, an bestimmten Maßnahmen teilzunehmen BeckOK DatenschutzR/*Nguyen*, DS-GVO, Art. 62 Rn. 4; aA Ehmann/Selmayr/*Klabunde,* DS-GVO, Art. 62 Rn. 9.

[4] Paal/Pauly/*Koerffer,* DS-GVO, Art. 62 Rn. 1.

[5] Ehmann/Selmayr/*Klabunde,* DS-GVO, Art. 62 Rn. 9; aA BeckOK DatenschutzR/*Nguyen*, DS-GVO, Art. 62 Rn. 4; wohl auch Kühling/Buchner/*Dix*, DS-GVO, Art. 62 Rn. 5.

nen **Einladungsverfahrens** das Vorhaben den Aufsichtsbehörden vorab anzukündigen und die teilnahmeberechtigten Aufsichtsbehörden zu ermitteln. Hierfür spricht auch, dass Aufsichtsbehörden gem. Abs. 2 S. 2 Hs. 2 um Teilnahme ersuchen können.

III. Untersuchungsbefugnisse (Abs. 3)

Die Möglichkeit zur **Übertragung von aufsichtsbehördlichen Befugnissen** 7 richtet sich nach dem Recht des Mitgliedstaats der einladenden Aufsichtsbehörde. Sofern gemeinsame Maßnahmen nicht im Mitgliedstaat der einladenden Aufsichtsbehörde stattfinden, müssen sich die Übertragungsbefugnisse nach dem Recht des Mitgliedstaats richten, wo die Maßnahme erfolgt. Des Weiteren kann eine nationale Regelung vorsehen, dass unterstützende Aufsichtsbehörden ihre Untersuchungsbefugnisse nach dem Recht ihres Mitgliedstaates ausüben dürfen. Der deutsche Gesetzgeber hat jedenfalls im BDSG nF diesbezüglich keine Regelung vorgesehen.[6] Bisher erfolgt die Übertragung von Befugnissen etwa im Polizeibereich (§ 83k Internationales Rechtshilfegesetz erlaubt den Einsatz ausländischer Polizeibeamter in Deutschland, wobei gemeinsame Ermittlungsgruppen aus Beamten verschiedener Mitgliedstaaten gebildet werden können).[7] Unterstützende Aufsichtsbehörden können in anderen Mitgliedstaaten allerdings nicht eigenständig tätig werden. Untersuchungsbefugnisse können nur unter der Leitung und in Gegenwart der Mitglieder oder Bediensteten der einladenden Aufsichtsbehörde ausgeübt werden.

IV. Verantwortlichkeit, Haftung und Schadensersatz (Abs. 4, 5, 6)

Es dürfen nur Mitglieder oder Bedienstete der Aufsichtsbehörden an gemeinsamen Maßnahmen teilnehmen. Demnach dürfen bspw. keine externen Dienstleiser eingesetzt werden. Es sind nun explizit Regelungen zur Haftung, zum Schadensersatz sowie zu dem Regress zwischen den beteiligten Aufsichtsbehörden vorgesehen. Mitgliedstaaten haben **Schäden,** die durch Bedienstete anderer Aufsichtsbehörden verursacht wurden, zu ersetzen als ob sie durch eigene Bedienstete verursacht worden wären. Bei einem Einsatz Bediensteter der Aufsichtsbehörden anderer Mitgliedstaaten in Deutschland wären somit die Grundsätze der Amtshaftung anwendbar. 8

V. Einstweilige Maßnahmen (Abs. 7)

Aufsichtsbehörden können **einstweilige Maßnahme** im Hoheitsgebiet ihres 9 Mitgliedstaats gem. Art. 55 ergreifen, wenn eine Aufsichtsbehörde nicht binnen eines Monats ihren Verpflichtung (→ Rn. 7) nachkommt. Praktisch relevant wird diese Möglichkeit vor allem, wenn nicht binnen eines Monats auf das Teilnahmeersuchen an einer gemeinsamen Maßnahme geantwortet wird. In diesem Fall wird von einem dringenden Handlungsbedarf (Art. 66 Abs. 1) ausgegangen. Die gemeinsame Maßnahme muss sich hierfür im Planungsstatus befinden. Dies sollte restriktiv ausgelegt werden. Jedenfalls sollte vorausgesetzt werden, dass eine Einladung ergangen ist. Andernfalls wäre ohne Weiteres die Möglichkeit einstweiliger Maßnahmen im Dringlichkeitsverfahren eröffnet, das Ausnahmen von den grund-

---

[6] Sydow/*Peuker*, Art. 62 Rn. 24.

[7] *Albrecht*, CR 2016, 88 (96).

sätzlich vorgesehenen Verfahrensregeln der Zusammenarbeit und Kohärenz vorsieht. Auch wenn Abs. 7 eine Entscheidung des Europäischen Datenschutzausschusses gem. Art. 66 Abs. 2 vorsieht, ist hierbei gem. Art. 66 Abs. 4 eine erheblich kürzere Frist von zwei Wochen einzuhalten und von vornherein nur eine einfache Mehrheit erforderlich.

Abschnitt 2. Kohärenz

Art. 63 Kohärenzverfahren

Um zur einheitlichen Anwendung dieser Verordnung in der gesamten Union beizutragen, arbeiten die Aufsichtsbehörden im Rahmen des in diesem Abschnitt beschriebenen Kohärenzverfahrens untereinander und gegebenenfalls mit der Kommission zusammen.

Literatur: *Albrecht*, Die EU-Datenschutzgrundverordnung rettet die informationelle Selbstbestimmung! – Ein Zwischenruf für einen einheitlichen Datenschutz durch die EU, ZD 2013, 587; *Albrecht,* Das neue EU-Datenschutzrecht – Von der Richtlinie zur Verordnung – Überblick und Hintergründe zum finalen Text für die Datenschutz-Grundverordnung der EU nach der Einigung im Trilog, CR 2016, 88; *Ashkar,* Durchsetzung und Sanktionierung des Datenschutzrechts nach den Entwürfen der Datenschutz-Grundverordnung, DuD 2015, 796; *v. Lewinski*, Datenschutzaufsicht in Europa als Netzwerk, NVwZ 2017, 1483; *Nguyen*, Die Verhandlungen um die EU-Datenschutzgrundverordnung unter litauischer Ratspräsidentschaft, RDV 2014, 26; *Nguyen*, Die zukünftige Datenschutzaufsicht in Europa, ZD 2015, 265; *Reding,* Sieben Grundbausteine der europäischen Datenschutzreform, ZD 2012, 195; *Schantz*, Die Datenschutz-Grundverordnung – Beginn einer neuen Zeitrechnung im Datenschutzrecht, NJW 2016, 1841; *Schultze-Melling*, Keine Aufsichtsbehörde ist eine Insel ..., ZD 2015, 397.

Übersicht

A. Kohärenzverfahren

1 Um die **einheitliche Anwendung** der DS-GVO in der gesamten EU sicherzustellen, wird ein **Kohärenzverfahren** eingeführt. Der neu geschaffene Konsistenzmechanismus stellt einen der wichtigsten Aspekte der Datenschutzreform dar.[1] Er soll die einheitliche Rechtsanwendung sowie eine enge, zuverlässige und schnelle Zusammenarbeit zwischen den Aufsichtsbehörden gewährleisten.[2] Das Verfahren soll gem. Erwägungsgrund 135 insbesondere dann Anwendung finden, wenn eine Aufsichtsbehörde den Erlass einer Maßnahme beabsichtigt, die rechtliche Wirkungen in Bezug auf Verarbeitungsvorgänge entfalten soll, die für eine

[1] *Albrecht*, CR 2016, 88 (95 f.); *Albrecht*, ZD 2013, 587 (588).
[2] *Reding*, ZD 2012, 195 (197).

bedeutende Zahl betroffener Personen in mehreren Mitgliedstaaten erhebliche Auswirkungen haben. Zudem soll es zur Anwendung kommen, wenn eine betroffene Aufsichtsbehörde oder die Kommission dies beantragen. Das Kohärenzverfahren kann gem. Erwägungsgrund 150 S. 5 auch genutzt werden, um eine kohärente Anwendung von Geldbußen zu fördern. Hintergrund ist, dass die einheitliche Umsetzung des Datenschutzrechts als ebenso bedeutend für die Erreichung eines **einheitlichen Datenschutzniveaus** in der EU angesehen wird wie die materielle Ausgestaltung der Datenschutzregeln.[3] Der Entstehung von „Datenschutzoasen“ soll entgegengewirkt werden.[4]

Das Kohärenzverfahren kommt insbesondere zur Anwendung, wenn in den grenzüberschreitenden **One-Stop-Shop-Fällen** (→ Art. 56 Rn. 4 ff.) im Verfahren der Zusammenarbeit gem. Art. 60 (→ Art. 60 Rn. 13) **kein Konsens** erreicht werden konnte.[5] Im Rahmen dessen kann der **EDSA** (→ Art. 68 Rn. 1) Stellungnahmen abgeben (→ Art. 64 Rn. 3), aber in einem Streitbeilegungsverfahren auch verbindliche Beschlüsse (→ Art. 65 Rn. 1) treffen. Der EDSA nimmt somit eine maßgebliche Stellung ein.[6] Die Kommission hat entgegen ihres ursprünglichen Entwurfs des Art. 60 (KOM(2012) 11 endg.) in dem Verfahren gem. Art. 68 Abs. 5 keine tragende Funktion (vgl. Erwägungsgrund 136).[7] 2

Das Abstimmungserfordernis im Rahmen des Kohärenzverfahrens und die Bindungswirkung der Beschlüsse stellen **fundamentale Neuerungen** für die Aufsichtsbehörden dar. Die bisherige Artikel-29-Datenschutzgruppe hatte lediglich eine beratende Funktion (→ Art. 70 Rn. 1). Ihre Entscheidungen hatten in der Regel nur empfehlenden Charakter (→ Art. 72 Rn. 1). Auf nationaler Ebene gab es bisher in Deutschland zu grundlegenden Fragen freiwillige Abstimmungsprozesse im Rahmen der Konferenz der Datenschutzbeauftragten und des Düsseldorfer Kreises. Die als Ergebnis dieser Verfahren veröffentlichten Entschließungen bzw. Beschlüsse konnten zwar eine gewisse Selbstbindung für die beteiligten Aufsichtsbehörden erzeugen.[8] Sie hatten allerdings keinen unmittelbar rechtlich bindenden Charakter. 3

Im Kohärenzverfahren behandelte Fragen werden gem. Art. 70 Abs. 1 lit. y (→ Art. 70 Rn. 2) in ein öffentlich zugängliches **elektronisches Register** aufgenommen. Dieses enthält entsprechende Beschlüsse der Aufsichtsbehörden und Gerichte und wird durch den Europäischen Datenschutzausschuss geführt. 4

B. Nationales Recht

Gibt es in einem Mitgliedstaat **mehr als eine Aufsichtsbehörde,** führt dieser gem. Art. 51 Abs. 3 (→ Art. 51 Rn. 6) und Erwägungsgrund 119 ein Verfahren ein, mit dem sichergestellt wird, dass die Aufsichtsbehörden die Regeln für das Kohärenzverfahren nach Art. 63 einhalten. Der nationale Gesetzgeber hat mit §§ 17 ff. BDSG nF Vorgaben für die Vertretung im Europäischen Datenschutzausschuss und zum Verfahren der Zusammenarbeit der Aufsichtsbehörden des Bundes 5

[3] *Nguyen*, ZD 2015, 265.
[4] *Schantz*, NJW 2016, 1841 (1847).
[5] *Schantz*, NJW 2016, 1841 (1847).
[6] *Ashkar*, DuD 2015, 796 (799).
[7] *Albrecht*, ZD 2013, 587 (588).
[8] Simitis/*Petri*, BDSG, § 38 Rn. 42.

und der Länder in Angelegenheiten der Europäischen Union geschaffen (→ Art. 51 Rn. 4).

6 **§ 18 BDSG nF** regelt entsprechend seines Titels das Verfahren der Zusammenarbeit der Aufsichtsbehörden des Bundes und der Länder.[9] Abs. 1 S. 1 ist deutlich an dem Wortlaut des Art. 63 orientiert. Das Prinzip der Kooperation mit dem Ziel einer einheitlichen Anwendung der DS-GVO wird auf die Zusammenarbeit zwischen den deutschen Aufsichtsbehörden übertragen, angelehnt an die Vorgaben der Art. 51 Abs. 2, Art. 57 Abs. 1 lit. g, Art. 60 ff. und Art. 63 ff. Den deutschen Aufsichtsbehörden wird aufgegeben, in Angelegenheiten der Europäischen Union einen gemeinsamen Standpunkt zu finden, ohne dass konkret festgelegt wird, wann dies der Fall sein soll. Für den Prozess der Abstimmung werden Rahmenbedingungen vorgegeben, die einer praktischen Ausfüllung bedürfen.

I. Anwendungsbereich des § 18 BDSG nF

7 Der Anwendungsbereich des § 18 BDSG nF bezieht sich nur auf **Angelegenheiten der Europäischen Union,** mithin nicht auf innerstaatliche Angelegenheiten. Nach der Gesetzesbegründung sind alle Angelegenheiten des Europäischen Datenschutzausschusses nach Art. 70 und Art. 51 JI-RL (EU) 2016/680 erfasst.[10] Dies erscheint sinnvoll und angezeigt, da der Ausschusses für alle Aufsichtsbehörden bindende Entscheidungen treffen kann, Mitgliedstaaten mit mehr als einer Aufsichtsbehörde gem. Art. 68 Abs. 4 allerdings nur einen gemeinsamen Vertreter benennen können. Die deutsche Vertretung im Europäischen Datenschutzausschuss wird in § 17 BDSG nF geregelt (→ Art. 51 Rn. 9 ff.).

8 Außerdem sollen laut Gesetzesbegründung[11] auch **Verfahren nach Art. 60–62** dem Abstimmungsverfahren unterliegen, was dem Wortlaut des § 18 BDSG nF allerdings nicht ohne Weiteres zu entnehmen ist.[12] Zumal § 19 Abs. 1 S. 1 BDSG nF explizit die Zusammenarbeit neben dem Kohärenzverfahren nennt. Die Begründung, wonach alle Fallgestaltungen erfasst sein müssen, „in denen aufgrund der Wirkung für und gegen die übrigen deutschen Datenschutzbehörden und deren Vollzugsentscheidungen eine inhaltliche Vorabstimmung erforderlich ist", verfängt für die Fälle der Zusammenarbeit nach Art. 60, der Amtshilfe nach Art. 61 und gemeinsamer Maßnahmen nach Art. 62 nicht. Der durch die Gesetzesbegründung ausdrücklich in Bezug genommene Art. 60 Abs. 6 stellt gerade klar, dass an einen einvernehmlichen Beschlussentwurf im One-Stop-Shop-Verfahren nur die beteiligten (federführende und betroffene) Aufsichtsbehörden gebunden sind.

9 Das One-Stop-Shop-Verfahren nach Art. 60 kann zwar gem. Art. 60 Abs. 4 in ein Streitbeilegungsverfahren vor dem Europäischen Datenschutzausschuss münden (→ Art. 60 Rn. 15). Dies stellt allerdings keinesfalls den Regelfall dar. Vielmehr sind die Aufsichtsbehörden verpflichtet, primär einen Konsens in grenzüberschreitenden Fällen zu suchen (→ Art. 60 Rn. 6). Im Übrigen kann die potentielle Möglichkeit eines späteren Streitbeilegungsverfahrens vor dem Europäischen Datenschutzausschuss nicht für eine pauschale Einschränkung der von der DS-GVO ausdrücklich anerkannten **Unabhängigkeit** auch mehrerer Aufsichts-

[9] Krit. zur Gesetzgebungskompetenz des Bundes und einen Bund-Länder-Staatsvertrag vorziehend Kühling/Buchner/*Dix,* 2. Aufl., BDSG, § 18 Rn. 3.
[10] BT-Drs. 18/11325, 90.
[11] BT-Drs. 18/11325, 90.
[12] Kühling/Buchner/*Dix,* 2. Aufl., BDSG, § 18 Rn. 4.

behörden innerhalb eines Mitgliedstaats herangezogen werden.[13] Vielmehr muss berücksichtigt werden, dass die Aufsichtsbehörden des Bundes und der Länder im Rahmen ihrer Zuständigkeit nach Art. 55, 56 unabhängig Entscheidung treffen, die auch divergieren können. Die „Kontinuität des deutschen Standpunktes während des gesamten Verfahrens der Zusammenarbeit und Kohärenz" ist gerade nicht vorgesehen.[14] Anderes gilt für Verfahren, die tatsächlich vom Europäischen Datenschutzausschuss behandelt werden.

Nicht zuletzt wirft eine Abstimmung für Verfahren nach Art. 60–62 auch **praktische Fragen** auf. Eine zu weite Ausdehnung der Erforderlichkeit eines gemeinsamen Standpunktes konterkariert das Ziel der DS-GVO, eine rasche, effektive Zusammenarbeit unter den Aufsichtsbehörden zu gewährleisten (→ Rn. 14).[15] Denn zT sehen die Verfahren strenge Fristen vor.[16] Gegen einen Beschlussentwurf kann eine betroffene Aufsichtsbehörde gem. Art. 60 Abs. 4 etwa nur innerhalb von vier Wochen Einspruch gegenüber der federführenden Behörde einlegen (→ Art. 60 Rn. 13). Für einen überarbeiteten Beschlussentwurf ist gem. Art. 60 Abs. 5 nur eine Einspruchsfrist von zwei Wochen vorgesehen (→ Art. 60 Rn. 16). Einem Ersuchen um Amtshilfe ist gem. Art. 61 Abs. 2 **unverzüglich,** spätestens jedoch innerhalb eines Monats nachzukommen (→ Art. 61 Rn. 5). Vor diesem Hintergrund scheint die Abstimmung eines gemeinsamen Standpunkts unter allen Aufsichtsbehörden des Bundes und der Länder in jedem der Verfahren nach Art. 60 und 61 jedenfalls praktisch schwer realisierbar. Für gemeinsame Maßnahmen nach Art. 62 ist generell fraglich, welche Konstellationen einen gemeinsamen Standpunkt wegen „der Wirkung für und gegen die übrigen deutschen Datenschutzbehörden und deren Vollzugsentscheidungen"[17] erfordern sollten. 10

II. Verfahren nach § 18 BDSG nF

§ 18 Abs. 1 S. 2 BDSG nF sieht vor, dass sich die deutschen Aufsichtsbehörden vor der Übermittlung eines gemeinsamen Standpunktes frühzeitig **Gelegenheit zur Stellungnahme** geben. Insofern ist als Ausgangspunkt ein kollegiales, konsensorientiertes Verfahren vorgesehen, um einen gemeinsamen Standpunkt zu finden, wo dieser erforderlich ist (→ Rn. 7 ff.). Flankiert wird die Möglichkeit zur Stellungnahme von der Pflicht gem. S. 3, zweckdienliche Informationen auszutauschen. Dies kann auch personenbezogene Daten betreffen, sofern es im konkreten Einzelfall erforderlich ist. Die Rechtsgrundlage hierfür besteht in Art. 6 Abs. 1 lit. e, Abs. 3.[18] Wie im Austausch mit den Aufsichtsbehörden anderer Mitgliedstaaten sollte auch unter den Aufsichtsbehörden des Bundes und der Länder ein elektronischer Informationsaustausch stattfinden (→ Art. 67 Rn. 1). 11

Gem. **§ 18 Abs. 1 S. 4 BDSG nF** ist vorgesehen, dass die Aufsichtsbehörden nach Art. 85 im Medien- und Rundfunkbereich und nach Art. 91 für Kirchen zu beteiligen sind, sofern diese von einer Angelegenheit betroffen sind. Da diese spezifischen Aufsichtsbehörden somit **nicht generell zu beteiligen** sind, ist ihre 12

[13] Kühling/Buchner/*Dix,* 2. Aufl., BDSG, § 18 Rn. 5.
[14] BT-Drs. 18/11325, 91.
[15] Kühling/Buchner/*Dix,* 2. Aufl., BDSG, § 18 Rn. 5.
[16] Diesen Aspekt nicht berücksichtigend BT-Drs. 18/11325, 90 f.
[17] BT-Drs. 18/11325, 90.
[18] Kühling/Buchner/*Dix,* 2. Aufl., BDSG, § 18 Rn. 6.

Einbeziehung nur bei Sachverhalten intendiert, die gerade ihren spezifischen Tätigkeitsbereich betreffen.[19]

13 **§ 18 Abs. 2 BDSG nF** regelt den Fall, dass bzw. soweit kein Einvernehmen unter den Aufsichtsbehörden des Bundes und der Länder hergestellt werden kann (→ Rn. 11). Ein Dissens kann durchaus nur hinsichtlich eines bestimmten Aspekts eines Sachverhalts bestehen. Primär soll die federführende Aufsichtsbehörde einen Vorschlag für einen gemeinsamen Standpunkt vorlegen. Besteht keine Federführung, bspw. bei der Abstimmung von Leitlinien des Europäischen Datenschutzausschusses gem. Art. 70, übernimmt dies der gemeinsame Vertreter zusammen mit der Stellvertreterin bzw. dem Stellvertreter nach § 17 Abs. 1 BDSG nF (→ Art. 51 Rn. 9 ff.). Ist auch hier keine Einigung möglich, sehen § 18 Abs. 2 S. 2 und 3 BDSG nF am Zuständigkeitsbereich orientiertes Vorschlagsrecht vor.[20] Die Aufsichtsbehörden des Bundes und der Länder können gem. § 18 Abs. 2 S. 4 Hs. 2 BDSG nF mit **einfacher Mehrheit** einen hiervor **abweichenden Standpunkt** beschließen. Eine Regelung zum Vorgehen bei Stimmgleichheit, die aufgrund von Enthaltungen eintreten kann, wurde nicht getroffen.[21]

14 Diese Abläufe verdeutlichen die schwierige Vereinbarkeit mit den strengen Fristen insbesondere nach Art. 60 f. (→ Rn. 10). Eine Herausforderung wird bereits darin bestehen, das beschriebene Verfahren vollständig durchzuführen unter der Fristsetzung des Art. 65 Abs. 2 (innerhalb eines Monats nach der Befassung des Europäischen Datenschutzausschusses mit der Angelegenheit). Zumal für die Befassung des Ausschusses in einer Sitzung oÄ bereits ein gemeinsamer Standpunkt als Verhandlungsgrundlage vorliegen muss.

15 Der Bund und jedes Land haben gem. § 18 Abs. 2 S. 5 BDSG nF **jeweils eine Stimme.** Insofern kommt keiner Aufsichtsbehörde ein höheres Stimmgewicht oder ein Vetorecht zu.[22]

16 **§ 18 Abs. 3 BDSG nF** stellt die Bedeutung des gemeinsamen Standpunktes heraus als zwingende Grundlage für die Ausrichtung der Verhandlungen für den gemeinsamen Vertreter und seinen Stellvertreter nach § 17 Abs. 1 BDSG nF (→ Art. 51 Rn. 9 ff.). Dies verdeutlicht den Anwendungsbereich des § 18 BDSG nF für Verhandlungen und Abstimmungen im Europäischen Datenschutzausschuss. § 18 Abs. 3 S. 2 und 3 BDSG nF sieht Regeln für die Festlegung der konkreten Verhandlungsführung im Streitfall vor. Dies wird insbesondere relevant, wenn in der Sitzung des Europäischen Datenschutzausschusses neue Argumente oder Tatsachen vorgebracht werden. Das ursprünglich erteilte Verhandlungsmandat darf allerdings nicht überschritten werden.[23]

Art. 64 Stellungnahme des Ausschusses

(1) [1]**Der Ausschuss gibt eine Stellungnahme ab, wenn die zuständige Aufsichtsbehörde beabsichtigt, eine der nachstehenden Maßnahmen zu erlassen.** [2]**Zu diesem Zweck übermittelt die zuständige Aufsichtsbehörde dem Ausschuss den Entwurf des Beschlusses, wenn dieser**

---

[19] Ausf. *Piltz*, § 18 BDSG nF Rn. 12 ff.

[20] Zur fehlerhaften Terminologie des Gesetzeswortlauts Kühling/Buchner/*Dix,* 2. Aufl., BDSG, § 18 Rn. 8, § 17 Rn. 9.

[21] Von einer bewussten Regelungslücke ausgehend *Piltz*, § 18 BDSG nF Rn. 24.

[22] Kühling/Buchner/*Dix,* 2. Aufl., BDSG, § 18 Rn. 9.

[23] Kühling/Buchner/*Dix,* 2. Aufl., BDSG, § 18 Rn. 10.

a) der Annahme einer Liste der Verarbeitungsvorgänge dient, die der Anforderung einer Datenschutz-Folgenabschätzung gemäß Artikel 35 Absatz 4 unterliegen,
b) eine Angelegenheit gemäß Artikel 40 Absatz 7 und damit die Frage betrifft, ob ein Entwurf von Verhaltensregeln oder eine Änderung oder Ergänzung von Verhaltensregeln mit dieser Verordnung in Einklang steht,
c) der Billigung der Anforderungen an die Akkreditierung einer Stelle nach Artikel 41 Absatz 3, einer Zertifizierungsstelle nach Artikel 43 Absatz 3 oder der Kriterien für die Zertifizierung gemäß Artikel 42 Absatz 5 dient,
d) der Festlegung von Standard-Datenschutzklauseln gemäß Artikel 46 Absatz 2 Buchstabe d und Artikel 28 Absatz 8 dient,
e) der Genehmigung von Vertragsklauseln gemäß Artikels 46 Absatz 3 Buchstabe a dient, oder
f) der Annahme verbindlicher interner Vorschriften im Sinne von Artikel 47 dient.

(2) **Jede Aufsichtsbehörde, der Vorsitz des Ausschuss oder die Kommission können beantragen, dass eine Angelegenheit mit allgemeiner Geltung oder mit Auswirkungen in mehr als einem Mitgliedstaat vom Ausschuss geprüft wird, um eine Stellungnahme zu erhalten, insbesondere wenn eine zuständige Aufsichtsbehörde den Verpflichtungen zur Amtshilfe gemäß Artikel 61 oder zu gemeinsamen Maßnahmen gemäß Artikel 62 nicht nachkommt.**

(3) **[1]In den in den Absätzen 1 und 2 genannten Fällen gibt der Ausschuss eine Stellungnahme zu der Angelegenheit ab, die ihm vorgelegt wurde, sofern er nicht bereits eine Stellungnahme zu derselben Angelegenheit abgegeben hat. [2]Diese Stellungnahme wird binnen acht Wochen mit der einfachen Mehrheit der Mitglieder des Ausschusses angenommen. [3]Diese Frist kann unter Berücksichtigung der Komplexität der Angelegenheit um weitere sechs Wochen verlängert werden. [4]Was den in Absatz 1 genannten Beschlussentwurf angeht, der gemäß Absatz 5 den Mitgliedern des Ausschusses übermittelt wird, so wird angenommen, dass ein Mitglied, das innerhalb einer vom Vorsitz angegebenen angemessenen Frist keine Einwände erhoben hat, dem Beschlussentwurf zustimmt.**

(4) **Die Aufsichtsbehörden und die Kommission übermitteln unverzüglich dem Ausschuss auf elektronischem Wege unter Verwendung eines standardisierten Formats alle zweckdienlichen Informationen, einschließlich – je nach Fall – einer kurzen Darstellung des Sachverhalts, des Beschlussentwurfs, der Gründe, warum eine solche Maßnahme ergriffen werden muss, und der Standpunkte anderer betroffener Aufsichtsbehörden.**

(5) **Der Vorsitz des Ausschusses unterrichtet unverzüglich auf elektronischem Wege**
a) unter Verwendung eines standardisierten Formats die Mitglieder des Ausschusses und die Kommission über alle zweckdienlichen Informationen, die ihm zugegangen sind. Soweit erforderlich stellt das Sekretariat des Ausschusses Übersetzungen der zweckdienlichen Informationen zur Verfügung und

b) je nach Fall die in den Absätzen 1 und 2 genannte Aufsichtsbehörde und die Kommission über die Stellungnahme und veröffentlicht sie.

(6) **Die in Absatz 1 genannte zuständige Aufsichtsbehörde nimmt den in Absatz 1 genannten Beschlussentwurf nicht vor Ablauf der in Absatz 3 genannten Frist an.**

(7) **Die in Absatz 1 genannte zuständige Aufsichtsbehörde trägt der Stellungnahme des Ausschusses weitestgehend Rechnung und teilt dessen Vorsitz binnen zwei Wochen nach Eingang der Stellungnahme auf elektronischem Wege unter Verwendung eines standardisierten Formats mit, ob sie den Beschlussentwurf beibehalten oder ändern wird; gegebenenfalls übermittelt sie den geänderten Beschlussentwurf.**

(8) **Teilt die in Absatz 1 genannte zuständige Aufsichtsbehörde dem Vorsitz des Ausschusses innerhalb der Frist nach Absatz 7 des vorliegenden Artikels unter Angabe der maßgeblichen Gründe mit, dass sie beabsichtigt, der Stellungnahme des Ausschusses insgesamt oder teilweise nicht zu folgen, so gilt Artikel 65 Absatz 1.**

Literatur: Vgl. die Hinweise zu Art. 63.

Übersicht

A. Allgemeines

1 Gem. Art. 64 kann der EDSA im Rahmen des Kohärenzverfahrens **Stellungnahmen** abgeben. Hierdurch soll die **einheitliche Rechtsanwendung** im Rahmen der Zusammenarbeit zwischen den Aufsichtsbehörden gewährleistet werden. Die einheitliche Anwendung der DS-GVO war einer der **Grundbausteine der Datenschutzreform.**[1] Insofern stellt der eingeführte Konsistenzmechanismus eine der wichtigsten Neuerungen der DS-GVO dar.[2] Ausnahmen von diesem Verfahren bestehen nur unter besonderen Umständen im Dringlichkeitsverfahren (→ Art. 66 Rn. 1).

2 Gem. Art. 70 Abs. 1 S. 1 hat der **Europäische Datenschutzausschuss** die Aufgabe, die einheitliche Anwendung der DS-GVO sicherzustellen. Er ist die Nachfolgeinstitution der Artikel-29-Datenschutzgruppe (→ Art. 68 Rn. 1).

[1] *Reding*, ZD 2012, 195 (196).
[2] *Albrecht*, CR 2016, 88 (95 f.).

Allerdings ist er mit Rechtspersönlichkeit sowie umfangreicheren Aufgaben ausgestattet und kann bindende Beschlüsse (→ Art. 65 Rn. 1) erlassen. Gem. Art. 70 Abs. 1 lit. a gehört zu seinen Aufgaben die **Überwachung** und **Sicherstellung der ordnungsgemäßen Anwendung** der DS-GVO in den in Art. 64 und 65 genannten Fällen (→ Art. 70 Rn. 2). Er gibt gem. Art. 70 Abs. 1 lit. t von sich aus oder ggf. auf Ersuchen der Kommission Stellungnahmen im verpflichtenden Kohärenzverfahren gem. Art. 64 Abs. 1 zu Beschlussentwürfen von Aufsichtsbehörden und zu Angelegenheiten, die nach Art. 64 Abs. 2 optional vorgelegt werden können, ab.

B. Einzelerläuterungen

I. Abstimmungspflichtige Maßnahmen der Aufsichtsbehörden (Abs. 1)

Eine **Stellungnahme** des Europäischen Datenschutzausschusses muss zwingend eingeholt werden, wenn eine zuständige Aufsichtsbehörde beabsichtigt, eine der Maßnahmen zu erlassen, die entsprechend des Wortlauts abschließend in dem Katalog des Abs. 1 benannt sind.[3] Allerdings enthalten zudem die Art. 35 Abs. 6 iVm Abs. 5 sowie Art. 46 Abs. 4 iVm Abs. 3 lit. b die Vorgabe, vor dem Erlass von Maßnahmen ein Kohärenzverfahren durchzuführen.[4] Es handelt sich um grundlegende Fragen, bei denen eine unionsweit einheitliche Anwendung besonders geboten erscheint.[5] Die zuständige Aufsichtsbehörde hat dem Europäischen Datenschutzausschuss zunächst den Entwurf des Beschlusses vorzulegen. Die Zuständigkeit bestimmt sich nach Art. 55 und Art. 56. Der Vorsitz des Europäischen Datenschutzausschusses übermittelt den **Beschlussentwurf** an die Mitglieder des Ausschusses (→ Rn. 11). Der Vorsitz bestimmt gem. Abs. 3 S. 4 in Fällen des Abs. 1 eine angemessene Frist, innerhalb derer Einwände erhoben werden können (→ Rn. 7). Erhebt ein Mitglied innerhalb dieser Frist keine Einwände, gilt dies als Zustimmung. Es kann somit zu einer stillschweigenden Zustimmung kommen. Erst wenn das Kohärenzverfahren abgeschlossen ist, darf die zuständige Aufsichtsbehörde gem. Abs. 6 die Maßnahme erlassen.[6] Die Stellungnahme stellt für diese zwar keinen verbindlichen Beschluss dar. Folgt sie der Stellungnahme allerdings nicht, wird gem. Abs. 8 das Streitbeilegungsverfahren eingeleitet, im Rahmen dessen verbindliche Beschlüsse erlassen werden können. 3

---

[3] Kühling/Buchner/*Caspar*, DS-GVO, Art. 64 Rn. 1; Paal/Pauly/*Körffer*, DS-GVO, Art. 64 Rn. 1; Sydow/*Schöndorf-Haubold*, Art. 64 Rn. 13; nicht von einem abschließenden Charakter ausgehend BeckOK DatenschutzR/*Marsch*, DS-GVO, Art. 64 Rn. 5.

[4] Redaktionsversehen annehmend Paal/Pauly/*Körffer*, DS-GVO, Art. 64 Rn. 3; Kühling/Buchner/*Caspar*, DS-GVO, Art. 64 Rn. 6.

[5] Für eine Beschränkung des Anwendungsbereichs auf grenzüberschreitende Fälle aufgrund der Regelungssystematik in Kap. VII Kühling/Buchner/*Caspar*, DS-GVO, Art. 64 Rn. 5; Paal/Pauly/*Körffer*, DS-GVO, Art. 64 Rn. 1; aA BeckOK DatenschutzR/*Marsch*, DS-GVO, Art. 64 Rn. 7.

[6] Gem. Erwägungsgrund 138 S. 1 ist die Anwendung des zwingenden Kohärenzverfahrens nach Art. 64 Abs. 1 eine Bedingung für die Rechtmäßigkeit der Maßnahme, wenn diese rechtliche Wirkung entfalten soll.

II. Antrag auf Stellungnahme (Abs. 2)

4 Eine Stellungnahme des Europäischen Datenschutzausschusses wird auch optional auf Antrag abgegeben. **Antragsberechtigt** ist nicht nur die zuständige, sondern explizit jede Aufsichtsbehörde. Zudem sind der Vorsitz des Europäischen Datenschutzausschusses und die Kommission antragsberechtigt. In der Praxis dürften die Anforderungen, Angelegenheiten mit **Auswirkungen in mehr als einem Mitgliedstaat** oder mit **allgemeiner Geltung,** in vielen Fällen erfüllt sein. Es sind keine erheblichen Auswirkungen auf eine bedeutende Zahl betroffener Personen gefordert wie in Art. 62 (→ Art. 62 Rn. 5) für die Teilnahmeberechtigung von Aufsichtsbehörden an gemeinsamen Maßnahmen. Als Orientierung dient, dass insbesondere Fälle gemeint sind, in denen eine zuständige Aufsichtsbehörde ihren Verpflichtungen zur Amtshilfe gem. Art. 61 oder im Rahmen gemeinsamer Maßnahmen gem. Art. 62 nicht nachkommt. Zudem könnte das Antragsverfahren auch bei Unstimmigkeiten im Rahmen des Abstimmungsverfahrens gem. Art. 60 zur Anwendung kommen (→ Art. 60 Rn. 17). Abs. 7 und 8 beziehen sich explizit nicht auf das optionale Antragsverfahren nach Abs. 2. Insofern besteht für diese Stellungnahmen keine Pflicht, ihnen weitestgehend Rechnung zu tragen und den Europäischen Datenschutzausschuss über den Umsetzungsstatus zu informieren.[7] Allerdings kann eine betroffene Aufsichtsbehörde oder die Kommission gem. Art. 65 Abs. 1 lit. c ein Streitbeilegungsverfahren einleiten, wenn eine Aufsichtsbehörde einer Stellungnahme nicht folgt (→ Art. 65 Rn. 6).

III. Stellungnahme des Europäischen Datenschutzausschusses (Abs. 3)

5 Eine Stellungnahme wird abgegeben, wenn nicht bereits in der Vergangenheit eine Stellungnahme zu derselben Angelegenheit abgegeben worden ist.[8] Praktisch setzt dies voraus, dass der Europäische Datenschutzausschuss zunächst prüft, ob eine Stellungnahme abzugeben ist. Gem. Art. 64 Abs. 5 lit. b werden die Stellungnahmen **veröffentlicht,** so dass praktisch ein öffentliches Verzeichnis entstehen wird, das jedenfalls für eine Vorabprüfung genutzt werden kann. Im Übrigen werden im Kohärenzverfahren behandelte Fragen gem. Art. 70 Abs. 1 lit. y (→ Art. 70 Rn. 2) in ein **elektronisches Register** aufgenommen, das öffentlich zugänglich ist. Es wird entsprechende Beschlüsse der Aufsichtsbehörden und Gerichte beinhalten.

6 Die Stellungnahmen werden unter den Mitgliedern des Europäischen Datenschutzausschusses abgestimmt. Die Mitglieder können Einwände erheben. Erheben sie gegen **Beschlussentwürfe gem. Abs. 1** (→ Rn. 3) keine Einwände, gilt dies als Zustimmung.[9] Stellungnahmen werden generell mit einer **einfachen Mehrheit der Mitglieder** (→ Art. 72 Rn. 3) angenommen.

7 Grundsätzlich beträgt die **Frist** für das Abstimmungsverfahren acht Wochen. Sie ist somit bereits erheblich länger als etwa die vierwöchige Widerspruchsfrist gem. Art. 60 Abs. 4 (→ Art. 60 Rn. 13). Bei besonders komplexen Sachverhalten

---

[7] Paal/Pauly/*Körffer*, DS-GVO, Art. 64 Rn. 4; BeckOK DatenschutzR/*Marsch*, DS-GVO, Art. 64 Rn. 11; aA Kühling/Buchner/*Caspar*, DS-GVO, Art. 64 Rn. 10.

[8] Zu Abgrenzungsschwierigkeiten hins. Rechtsfragen, zu denen bereits in ähnlicher Weise eine Stellungnahme abgegeben wurde Kühling/Buchner/*Caspar*, DS-GVO, Art. 64 Rn. 11.

[9] Zur praktischen Relevanz Kühling/Buchner/*Caspar*, DS-GVO, Art. 64 Rn. 16.

kann die Frist um weitere sechs Wochen verlängert werden. Für **Beschlussentwürfe gem. Abs. 1** bestimmt der Vorsitz des Europäischen Datenschutzausschusses eine angemessene Frist (→ Rn. 3). Wonach sich die Komplexität einer Angelegenheit und die Angemessenheit der Frist bestimmen, muss sich in der Praxis erweisen und kann ggf. im Rahmen der Geschäftsordnung des EDSA gem. Art. 72 Abs. 2 (→ Art. 72 Rn. 4) konkretisiert werden.

Nicht ausdrücklich geregelt ist, wie die **Abstimmungsfrist in Gang** gesetzt wird. Es ist davon auszugehen, dass mit der elektronischen **Unterrichtung** gem. Abs. 5 lit. a die Frist einsetzt. Dies kann allerdings frühestens der Fall sein, wenn alle zweckdienlichen Informationen, ggf. in übersetzter Form (→ Rn. 11), vorliegen. Um diesbezüglich eindeutige Verfahrensvoraussetzungen zu gewährleisten, müssen die Aufsichtsbehörden und die Kommission im Rahmen der Unterrichtung nach Abs. 4 auch verpflichtet sein, eine Einschätzung abzugeben, ob aus ihrer Sicht bereits alle zweckdienlichen Informationen vorliegen (→ Rn. 9). 8

IV. Übermittlung der zweckdienlichen Informationen (Abs. 4)

Alle **zweckdienlichen Informationen** sind unverzüglich dem Europäischen Datenschutzausschuss zu übermitteln. Im Einzelfall kann es schwierig zu beurteilen sein, ob bereits sämtliche entsprechenden Informationen zu einem Sachverhalt vorliegen. Dies kann ua davon abhängen, ob Verantwortliche oder Auftragsverarbeiter bereits vollständig ihrer Auskunftspflicht (→ Art. 58 Rn. 4) nachgekommen sind sowie etwa Zugang zu allen personenbezogenen Daten und Informationen, die zur Aufgabenerfüllung der Aufsichtsbehörde notwendig sind (→ Art. 58 Rn. 6), bzw. zu den Geschäftsräumen einschließlich aller Datenverarbeitungsanlagen und -geräte (→ Art. 58 Rn. 7) gewährt haben. Die Aufsichtsbehörden bzw. die Kommission sollten eine Einschätzung abgeben, ob es sich nach ihrer Erfahrung, bspw. aus vorherigen Überprüfungen bei dem Verantwortlichen, bei den übermittelten Informationen um alle zweckdienlichen handeln kann. 9

Es werden **Beispiele zweckdienlicher Informationen** genannt. Insbesondere soll fallabhängig eine kurze Sachverhaltsdarstellung vorgelegt werden. Dies dürfte nur für komplexe Sachverhalte zutreffen. In jedem Fall müssen der Beschlussentwurf, die Gründe, warum die Maßnahme zu ergreifen ist, und der Standpunkt anderer betroffener Aufsichtsbehörden enthalten sein. Die Standpunkte können bereits aus dem Informationsaustauschverfahren im Rahmen der Zusammenarbeit gem. Art. 60 (→ Art. 60 Rn. 6, 8) bekannt sein. Da aber nicht zwangsläufig diese Überschneidung besteht, muss ein spezifisches Umfrageverfahren unter den Aufsichtsbehörden etabliert werden, um die Positionen rechtzeitig in Erfahrung zu bringen. 10

V. Unterrichtung durch den Ausschuss (Abs. 5)

Dem Vorsitz des Europäischen Datenschutzausschusses kommt eine **koordinierende Funktion** zu. Er hat die Mitglieder des Ausschusses und die Kommission unverzüglich über alle zweckdienlichen Informationen zu unterrichten. In diesem Kontext ist ausdrücklich geregelt, dass das Sekretariat des Ausschusses **Übersetzungen** zur Verfügung stellt, soweit dies erforderlich ist. Die Erforderlichkeit dürfte immer bestehen, wenn Unterlagen nicht in einer für alle Mitglieder des Ausschusses potentiell verständlichen Sprache vorliegen. Im Übrigen ist das Sekre- 11 tariat gem. Art. 75 Abs. 6 lit. e generell für die Übersetzung sachdienlicher Informationen zuständig (→ Art. 75 Rn. 4).

12 Der Vorsitz des Europäischen Datenschutzausschusses ist zudem verpflichtet, die jeweilige Aufsichtsbehörde und die Kommission unverzüglich über die endgültige **Stellungnahme** zu informieren. Diese muss unverzüglich veröffentlicht werden. Ohne dass dies explizit geregelt ist, wird es sich selbstverständlich nur um die gem. Abs. 3 angenommenen Stellungnahmen handeln.

VI. Annahme des Beschlussentwurfs (Abs. 6 und 7)

13 Die Stellungnahmen nach Art. 64 Abs. 1 stellen im Gegensatz zu den Beschlüssen nach Art. 65 (→ Art. 65 Rn. 1) **keine bindenden Entscheidungen** dar. Gem. Abs. 7 muss sich die zuständige Aufsichtsbehörde gem. Abs. 1 der Stellungnahme des EDSA nicht anschließen. Sie hat ihr zwar weitestgehend Rechnung zu tragen, kann aber auch **Änderungen** vornehmen. Es wird allerdings nicht in Grundgedanken von der Stellungnahme abgewichen werden dürfen. Dem Vorsitz des EDSA sind ein geänderter Beschlussentwurf vorzulegen und gem. Abs. 8 maßgebliche Gründe (→ Rn. 15) zu nennen. Auch wenn der Beschlussentwurf beibehalten wird, hat eine Rückmeldung binnen zwei Wochen zu erfolgen.

14 Die Abs. 6 und 7 verdeutlichen, dass eine Stellungnahme des EDSA einer **Umsetzung** durch die zuständige Aufsichtsbehörde in dem Mitgliedstaat bedarf. Wie groß der Spielraum bei der Umsetzung ist, hängt auch vom Charakter und Detaillierungsgrad der Stellungnahme ab.

VII. Übergang ins Streitbeilegungsverfahren (Abs. 8)

15 Vertritt eine zuständige Aufsichtsbehörde teilweise oder vollständig eine Auffassung, die von der Stellungnahme des Europäischen Datenschutzausschusses abweicht, so wird die Angelegenheit in das **Streitbeilegungsverfahren** gem. Art. 65 (→ Art. 65 Rn. 6) verwiesen. Eine Frist ist hierfür nicht vorgesehen.[10] Es sind maßgebliche Gründe für die abweichende Auffassung zu nennen. Es besteht zwar ein nachvollziehbares Interesse daran, offensichtlich unbegründete Einsprüche nicht zwangsläufig das aufwendige Streitbeilegungsverfahren auslösen zu lassen. Für den Fall einer nicht ausreichenden Begründung ist allerdings kein Verfahren vorgesehen. Praktisch würde in diesem Fall gegen die Vorgaben des Abs. 7 verstoßen, wonach die Aufsichtsbehörde der Stellungnahme des Ausschusses weitestgehend Rechnung zu tragen hat. Gem. Art. 65 Abs. 1 lit. c kann in diesen Fällen ohnehin das Streitbeilegungsverfahren eingeleitet werden. Insofern kann die Nennung tatsächlich maßgeblicher Gründe keine Voraussetzung für die Einleitung des Verfahrens sein, sondern dürfte eher eine Verfahrensvorgabe für die Aufsichtsbehörden darstellen.

16 Die Nennung der **betroffenen Aufsichtsbehörde** scheint sich nicht auf Aufsichtsbehörden iSd Art. 4 Ziff. 22 zu beziehen.[11] Vielmehr spricht Art. 64 zuvor in Abs. 1 von der zuständigen Aufsichtsbehörde (→ Art. 55 Rn. 4; → Art. 56 Rn. 2, 18). Hierfür spricht auch Art. 65 Abs. 1 lit. c. Insofern können auch nicht

[10] Für eine Regelung in der Geschäftsordnung des EDSA BeckOK DatenschutzR/*Marsch*, DS-GVO, Art. 64 Rn. 19.

[11] BeckOK DatenschutzR/*Marsch*, DS-GVO, Art. 64 Rn. 19; Kühling/Buchner/*Caspar*, DS-GVO, Art. 64 Rn. 10.

grenzüberschreitende Verarbeitungen iSd Art. 4 Ziff. 23 Gegenstand einer Stellungnahme des EDSA sein.

Art. 65 Streitbeilegung durch den Ausschuss

(1) **Um die ordnungsgemäße und einheitliche Anwendung dieser Verordnung in Einzelfällen sicherzustellen, erlässt der Ausschuss in den folgenden Fällen einen verbindlichen Beschluss:**

a) **wenn eine betroffene Aufsichtsbehörde in einem Fall nach Artikel 60 Absatz 4 einen maßgeblichen und begründeten Einspruch gegen einen Beschlussentwurf der federführenden Aufsichtsbehörde eingelegt hat und sich die federführende Aufsichtsbehörde dem Einspruch nicht angeschlossen hat oder den Einspruch als nicht maßgeblich oder nicht begründet abgelehnt hat. Der verbindliche Beschluss betrifft alle Angelegenheiten, die Gegenstand des maßgeblichen und begründeten Einspruchs sind, insbesondere die Frage, ob ein Verstoß gegen diese Verordnung vorliegt;**

b) **wenn es widersprüchliche Standpunkte dazu gibt, welche der betroffenen Aufsichtsbehörden für die Hauptniederlassung zuständig ist,**

c) **wenn eine zuständige Aufsichtsbehörde in den in Artikel 64 Absatz 1 genannten Fällen keine Stellungnahme des Ausschusses einholt oder der Stellungnahme des Ausschusses gemäß Artikel 64 nicht folgt. In diesem Fall kann jede betroffene Aufsichtsbehörde oder die Kommission die Angelegenheit dem Ausschuss vorlegen.**

(2) **[1]Der in Absatz 1 genannte Beschluss wird innerhalb eines Monats nach der Befassung mit der Angelegenheit mit einer Mehrheit von zwei Dritteln der Mitglieder des Ausschusses angenommen. [2]Diese Frist kann wegen der Komplexität der Angelegenheit um einen weiteren Monat verlängert werden. [3]Der in Absatz 1 genannte Beschluss wird begründet und an die federführende Aufsichtsbehörde und alle betroffenen Aufsichtsbehörden übermittelt und ist für diese verbindlich.**

(3) **[1]War der Ausschuss nicht in der Lage, innerhalb der in Absatz 2 genannten Fristen einen Beschluss anzunehmen, so nimmt er seinen Beschluss innerhalb von zwei Wochen nach Ablauf des in Absatz 2 genannten zweiten Monats mit einfacher Mehrheit der Mitglieder des Ausschusses an. [2]Bei Stimmengleichheit zwischen den Mitgliedern des Ausschusses gibt die Stimme des Vorsitzes den Ausschlag.**

(4) **Die betroffenen Aufsichtsbehörden nehmen vor Ablauf der in den Absätzen 2 und 3 genannten Fristen keinen Beschluss über die dem Ausschuss vorgelegte Angelegenheit an.**

(5) **[1]Der Vorsitz des Ausschusses unterrichtet die betroffenen Aufsichtsbehörden unverzüglich über den in Absatz 1 genannten Beschluss. [2]Er setzt die Kommission hiervon in Kenntnis. [3]Der Beschluss wird unverzüglich auf der Website des Ausschusses veröffentlicht, nachdem die Aufsichtsbehörde den in Absatz 6 genannten endgültigen Beschluss mitgeteilt hat.**

(6) **[1]Die federführende Aufsichtsbehörde oder gegebenenfalls die Aufsichtsbehörde, bei der die Beschwerde eingereicht wurde, trifft den**

endgültigen Beschluss auf der Grundlage des in Absatz 1 des vorliegenden Artikels genannten Beschlusses unverzüglich und spätestens einen Monat, nachdem der Europäische Datenschutzausschuss seinen Beschluss mitgeteilt hat. [2]Die federführende Aufsichtsbehörde oder gegebenenfalls die Aufsichtsbehörde, bei der die Beschwerde eingereicht wurde, setzt den Ausschuss von dem Zeitpunkt, zu dem ihr endgültiger Beschluss dem Verantwortlichen oder dem Auftragsverarbeiter bzw. der betroffenen Person mitgeteilt wird, in Kenntnis. [3]Der endgültige Beschluss der betroffenen Aufsichtsbehörden wird gemäß Artikel 60 Absätze 7, 8 und 9 angenommen. [4]Im endgültigen Beschluss wird auf den in Absatz 1 genannten Beschluss verwiesen und festgelegt, dass der in Absatz 1 des vorliegenden Artikels genannte Beschluss gemäß Absatz 5 auf der Website des Ausschusses veröffentlicht wird. [5]Dem endgültigen Beschluss wird der in Absatz 1 des vorliegenden Artikels genannte Beschluss beigefügt.

Literatur: Vgl. die Hinweise zu Art. 63.

Übersicht

A. Allgemeines

1 Der Europäische Datenschutzausschuss kann **verbindliche Beschlüsse** fassen (→ Art. 70 Rn. 1).[1] Hierdurch wird die wichtige Rolle des EDSA verdeutlicht, insbesondere im Vergleich zur bisherigen Artikel-29-Datenschutzgruppe.[2] Ziel soll es sein, die ordnungsgemäße und **einheitliche Anwendung** der DS-GVO sicherzustellen. Die konsistente Auslegung und Durchsetzung des Datenschutzrechts durch die Aufsichtsbehörden war eines der Kernanliegen der Datenschutzreform.[3] Dadurch soll Rechtssicherheit, Rechtseinheit und Wettbewerbsgleichheit geschaffen werden.[4] Spiegelbildlich soll dem sog. „Forum Shopping" und Wettbewerbsverzerrungen entgegengewirkt werden.[5]

2 Die ggf. nicht ordnungsgemäße und einheitliche Anwendung der DS-GVO durch einzelne Aufsichtsbehörden kann durch eine Mehrheit der Aufsichtsbehörden verhindert bzw. korrigiert werden. In bestimmten Fällen kann allerdings bereits eine einfache Mehrheit hierfür ausreichen (→ Rn. 9). Die Tragfähigkeit

[1] *Albrecht/Jotzo*, Teil 7 Rn. 15.
[2] *Ashkar*, DuD 2015, 796 (799).
[3] *Albrecht*, CR 2016, 88 (95 f.).
[4] *Reding*, ZD 2012, 195 (196).
[5] *Albrecht*, ZD 2013, 587 (588).

entsprechender Korrekturentscheidungen erscheint nicht von vornherein überzeugend.[6] Die Beschlüsse sollen explizit **Einzelfälle** betreffen. Es wird abzuwarten sein, ob sie im Sinne der einheitlichen Rechtsanwendung in gleichgelagerten Fällen generalisierenden Charakter erhalten und somit eine grundsätzliche „gemeinsame Linie" darstellen werden.[7] Hierfür spricht auch, dass die angenommenen Beschlüsse auf der Webseite des Europäischen Datenschutzausschusses veröffentlicht werden und somit der Öffentlichkeit als Orientierung für gleichgelagerte Fälle dienen. Nicht geregelt ist, welche konkreten Konsequenzen für die Aufsichtsbehörden etwa bei Missachtung verbindlicher Beschlüsse folgen können.

B. Einzelerläuterungen

I. Fallgruppen verbindlicher Beschlüsse (Abs. 1)

Neben den in Art. 65 geregelten Fallgruppen (→ Rn. 4–6) können **verbindliche Beschlüsse** auch gem. Art. 66 Abs. 2 im Dringlichkeitsverfahren (→ Art. 66 Rn. 3) ergehen. 3

1. Einspruch gem. Art. 60 Abs. 4. Eine Fallgruppe betrifft die Einlegung 4 eines **maßgeblichen und begründeten Einspruchs** gegen einen Beschlussentwurf der federführenden Aufsichtsbehörde (→ Art. 56 Rn. 10 ff.) durch eine betroffene Aufsichtsbehörde (→ Art. 4 Rn. 115) gem. Art. 60 Abs. 4 (→ Art. 60 Rn. 15). Nach Art. 4 Ziff. 24 (→ Art. 4 Rn. 120 f.) ist hierunter ein Einspruch im Hinblick darauf zu verstehen, ob ein Verstoß gegen die DS-GVO vorliegt oder ob die beabsichtigte Maßnahme gegen den Verantwortlichen oder den Auftragsverarbeiter im Einklang mit der DS-GVO steht. Aus dem Einspruch muss die Tragweite der Risiken klar hervorgehen, die von dem Beschlussentwurf in Bezug auf die Grundrechte und Grundfreiheiten der betroffenen Personen und ggf. den freien Verkehr personenbezogener Daten in der EU ausgeht. Die Entscheidungsbefugnis des Europäischen Datenschutzausschusses ist auf diese strittige Frage beschränkt.[8] Die Fallgruppe ist zudem einschlägig, wenn die federführende Aufsichtsbehörde den Einspruch als nicht maßgeblich oder unbegründet ablehnt.

2. Zuständigkeitsfragen. Eine weitere Fallgruppe ist die Streitbeilegung bei 5 widersprüchlichen Standpunkten hinsichtlich der Zuständigkeit für die Hauptniederlassung. Es ist zu erwarten, dass die **Bestimmung der Hauptniederlassung** (→ Art. 4 Ziff. 16 Rn. 101; → Art. 56 Rn. 12) viele Fragen aufwerfen wird. Erwägungsgrund 36 nennt diesbezüglich zwar Kriterien, lässt allerdings weiterhin auslegungsbedürftige Fragen offen. Können diese Fragen nicht einvernehmlich gelöst werden, werden sie durch den Europäischen Datenschutzausschuss behandelt. Unterschiedliche Auffassungen bestehen dazu, ob sich die Streitbeilegungsbefugnis auch auf sog. „örtliche Fälle" nach Art. 56 Abs. 2 erstrecken lässt.[9]

---

[6] ZT wird das Ausreichen einer einfachen Mehrheit als ultima ratio als erforderlich angesehen, damit Kohärenzverfahren nicht ergebnislos verlaufen; so *Nguyen*, ZD 2015, 265 (268).

[7] *Albrecht*, CR 2016, 88 (96); *Nguyen*, RDV 2014, 26 (28).

[8] Ausf. Paal/Pauly/*Körffer*, DS-GVO, Art. 65 Rn. 3; BeckOK DatenschutzR/*Marsch*, DS-GVO, Art. 65 Rn. 5.

[9] So Paal/Pauly/*Körffer*, DS-GVO, Art. 65 Rn. 5; aA BeckOK DatenschutzR/*Marsch*, DS-GVO, Art. 65 Rn. 7.

6 **3. Verstöße gegen Pflichten nach Art. 64.** Verstößt eine Aufsichtsbehörde gegen die Harmonisierungsmechanismen des **Art. 64** (→ Art. 64 Rn. 3, 15), kann dies ebenfalls im Streitbeilegungsverfahren behandelt werden. In Betracht kommt dies, wenn eine zuständige Aufsichtsbehörde es unterlässt, eine obligatorische Stellungnahme des Ausschusses nach Art. 64 Abs. 1 einzuholen. Außerdem wird ein Streitbeilegungsverfahren eingeleitet, wenn sie erklärt, einer obligatorischen oder fakultativen Stellungnahme nach Art. 64 Abs. 1 oder Abs. 2 nicht folgen zu wollen.[10] Es bedarf in diesen Fällen ausdrücklich eines Antrags einer betroffenen Aufsichtsbehörde oder der Kommission. Ihnen kommt somit eine besondere Kontrollfunktion in Hinblick auf die ordnungsgemäße und einheitliche Anwendung der DS-GVO zu.

II. Verfahren und Fristen (Abs. 2–4)

7 Innerhalb **eines Monats nach der Befassung** des Europäischen Datenschutzausschusses mit der Angelegenheit wird der Beschluss gefasst. Innerhalb welcher Frist eine Angelegenheit dem Ausschuss zur Befassung vorgelegt werden muss, ist dagegen nicht geregelt (→ Art. 60 Rn. 15; → Art. 64 Rn. 15). Ob diese Befassung in einer Sitzung erfolgen muss oder im schriftlichen Umlaufverfahren erfolgen kann, wird sich aus der Geschäftsordnung des Europäischen Datenschutzausschusses ergeben (→ Art. 72 Rn. 4). Die Geschäftsordnung der bisherigen Artikel-29-Datenschutzgruppe kennt ein schriftliches Umlaufverfahren. Dieses wird angewendet, wenn der Vorsitz aufgrund der Dringlichkeit einen entsprechenden Beschluss fasst oder die Gruppe dies einstimmig entscheidet.

8 **Vor der Befassung** mit einer Thematik sollte den Mitgliedern des EDSA in Anbetracht der Konsequenzen des Beschlusses **ausreichend Gelegenheit** gegeben werden, die Angelegenheit zu prüfen.[11] Denn die maximal einmonatige Frist, die entsprechend des Wortlauts sogar noch kürzer ausfallen kann, dürfte in vielen Fällen für eine umfassende Sachverhaltsprüfung und rechtliche Einordnung nicht ausreichen. Dies gilt insbesondere, wenn viele Angelegenheiten gleichzeitig durch den Ausschuss zu entscheiden sind. Es besteht die Möglichkeit, wegen der **besonderen Komplexität** einer Angelegenheit die Frist um einen weiteren Monat zu verlängern. Abs. 3 S. 1 lässt den Schluss zu, dass dies nicht ausschließlich Ausnahmecharakter haben soll.

9 Der Beschluss muss mit einer **qualifizierten Mehrheit** von zwei Dritteln der Mitgliederstimmen angenommen werden. Es bleibt abzuwarten, welche Auswirkungen diese Anforderungen auf die Kompromissbereitschaft bei der Entscheidungsfindung haben werden. Als „Drohpotential" könnte das hilfsweise anzuwendende Verfahren gem. Abs. 3 verstanden werden. Hiernach ist eine **einfache Mehrheit der Mitglieder** des EDSA (→ Art. 72 Rn. 3) ausreichend, wenn der Beschluss im ersten Durchgang nicht die erforderliche Mehrheit erreicht hat.[12] Für das Verfahren besteht eine erheblich kürzere Frist von nur zwei Wochen. Ob dies inhaltlich angemessenen Entscheidungen zuträglich ist,

---

[10] Ehmann/Selmayr/*Klabunde*, DS-GVO, Art. 65 Rn. 11; aA Paal/Pauly/*Körffer*, DS-GVO, Art. 65 Rn. 6.

[11] Hierfür ist es notwendig, dass dem Ausschuss alle zweckdienlichen Informationen übermittelt werden, obwohl keine Art. 64 Abs. 4 f. entspr. Regelung besteht; zutr. BeckOK DatenschutzR/*Marsch*, DS-GVO, Art. 65 Rn. 10.

[12] Kühling/Buchner/*Caspar*, DS-GVO, Art. 65 Rn. 14; BeckOK DatenschutzR/*Marsch*, DS-GVO, Art. 65 Rn. 11.

bleibt abzuwarten. In Anbetracht des bindenden Charakters der Beschlüsse ist diese Abstufung des Verfahrens und damit die Tragfähigkeit der Entscheidungen zumindest fraglich.[13]

Nur in der zweiten Stufe des Verfahrens gibt bei **Stimmengleichheit** gem. Abs. 3 die Stimme des **Vorsitzes** den Ausschlag. Für das reguläre Verfahren nach Abs. 2 ist dies nicht vorgesehen. Der **EDSB** ist gem. Art. 68 Abs. 3 Mitglied des EDSA. Gem. Art. 68 Abs. 6 ist er allerdings **nur bei Beschlüssen stimmberechtigt,** die Grundsätze und Vorschriften betreffen, die für die Organe, Einrichtungen, Ämter und Agenturen der EU gelten und inhaltlich den Grundsätzen und Vorschriften der DS-GVO entsprechen. 10

Kommt weder in der ersten noch in der zweiten Stufe des Verfahrens die erforderliche Mehrheit zustande, gilt der Beschluss als **nicht angenommen.** Insofern haben die federführende Aufsichtsbehörde bzw. die Aufsichtsbehörde, bei der die Beschwerde eingereicht wurde, in der konkreten Frage bspw. bei dem Erlass von Maßnahmen keinen bindenden Beschluss zu beachten. Keine Regelung besteht dazu, wie mit Fragen umzugehen ist, zu denen kein Beschluss zustande gekommen ist und die erneut vorgelegt werden. Entsprechendes könnte in der Geschäftsordnung des Europäischen Datenschutzausschusses geregelt werden (Art. 72 Abs. 4). 11

Während des Streitbeilegungsverfahrens besteht gem. Abs. 4 eine **Blockadewirkung** für die Aufsichtspraxis der betroffenen Aufsichtsbehörden. Praktisch können sie mindestens einen Monat darin gehindert sein, Maßnahmen in den entsprechenden Angelegenheiten zu treffen. Nur unter außergewöhnlichen Umständen kann das **Dringlichkeitsverfahren** (→ Art. 66 Rn. 1) angestrengt werden. 12

III. Umsetzung des Beschlusses (Abs. 5 und 6)

Der angenommene, begründete Beschluss wird unverzüglich an die federführende und alle betroffenen Behörden übermittelt und ist gem. Abs. 2 S. 3 für diese verbindlich. Die federführende Aufsichtsbehörde oder die Aufsichtsbehörde, bei der die Beschwerde eingegangen ist, erlässt daraufhin den **endgültigen Beschluss,** also bspw. eine Maßnahme iSd Art. 58 in Form eines Verwaltungsakts. Dies hat spätestens einen Monat nach Mitteilung des Beschlusses zu erfolgen (→ Art. 74 Rn. 3). Maßgeblich für das Einsetzen der Frist dürfte der Eingang des Beschlusses bei der jeweiligen Aufsichtsbehörde sein. Ab diesem Zeitpunkt läuft auch die zweimonatige Frist für die federführende und die betroffenen Aufsichtsbehörden, den Beschluss des EDSA gem. Art. 263, 265 AEUV vor den europäischen Gerichten überprüft zu lassen (Erwägungsgrund 143).[14] 13

Die Aufsichtsbehörde setzt den Europäischen Datenschutzausschuss hinsichtlich des Zeitpunkts in Kenntnis, zu dem ihr endgültiger Beschluss dem Verantwortlichen oder dem Auftragsverarbeiter bzw. der betroffenen Person mitgeteilt wird. Ungeachtet etwaiger Widersprüche gegen den endgültigen Beschluss wird der Beschluss des EDSA unverzüglich auf dessen Webseite **veröffentlicht.** Jede natürliche und juristische Person soll gem. Erwägungsgrund 143 die Möglichkeit erhalten, sowohl einen direkt an sie adressierten Verwaltungsakt als auch den zu Grunde 14

---

[13] Gründe für das Ausreichen einer einfachen Mehrheit nennt *Nguyen*, ZD 2015, 265 (268).

[14] *Nguyen*, ZD 2015, 265 (268).

liegenden Beschluss des EDSA **gerichtlich überprüfen** zu lassen.[15] Es bleibt abzuwarten, wie mit der Veröffentlichung umgegangen wird, sofern bspw. eine gerichtliche Überprüfung die Rechtswidrigkeit des endgültigen Beschlusses der Aufsichtsbehörde oder des Beschlusses des EDSA feststellt.

Art. 66 Dringlichkeitsverfahren

(1) [1]**Unter außergewöhnlichen Umständen kann eine betroffene Aufsichtsbehörde abweichend vom Kohärenzverfahren nach Artikel 63, 64 und 65 oder dem Verfahren nach Artikel 60 sofort einstweilige Maßnahmen mit festgelegter Geltungsdauer von höchstens drei Monaten treffen, die in ihrem Hoheitsgebiet rechtliche Wirkung entfalten sollen, wenn sie zu der Auffassung gelangt, dass dringender Handlungsbedarf besteht, um Rechte und Freiheiten von betroffenen Personen zu schützen.** [2]**Die Aufsichtsbehörde setzt die anderen betroffenen Aufsichtsbehörden, den Ausschuss und die Kommission unverzüglich von diesen Maßnahmen und den Gründen für deren Erlass in Kenntnis.**

(2) **Hat eine Aufsichtsbehörde eine Maßnahme nach Absatz 1 ergriffen und ist sie der Auffassung, dass dringend endgültige Maßnahmen erlassen werden müssen, kann sie unter Angabe von Gründen im Dringlichkeitsverfahren um eine Stellungnahme oder einen verbindlichen Beschluss des Ausschusses ersuchen.**

(3) **Jede Aufsichtsbehörde kann unter Angabe von Gründen, auch für den dringenden Handlungsbedarf, im Dringlichkeitsverfahren um eine Stellungnahme oder gegebenenfalls einen verbindlichen Beschluss des Ausschusses ersuchen, wenn eine zuständige Aufsichtsbehörde trotz dringenden Handlungsbedarfs keine geeignete Maßnahme getroffen hat, um die Rechte und Freiheiten von betroffenen Personen zu schützen.**

(4) **Abweichend von Artikel 64 Absatz 3 und Artikel 65 Absatz 2 wird eine Stellungnahme oder ein verbindlicher Beschluss im Dringlichkeitsverfahren nach den Absätzen 2 und 3 binnen zwei Wochen mit einfacher Mehrheit der Mitglieder des Ausschusses angenommen.**

Übersicht

A. Allgemeines

1 Um bei Vorliegen **besonderer Umstände** eine Blockade durch langwierige Abstimmungsverfahren zu verhindern, sieht Art. 66 **Ausnahmen** vom Kohärenz-

[15] *Schantz*, NJW 2016, 1841 (1847).

verfahren gem. Art. 63 und von dem Verfahren der Zusammenarbeit gem. Art. 60 vor. Die Ausnahmen sind außergewöhnlichen Situationen vorbehalten.[1] Die entsprechenden Maßnahmen können grundsätzlich nur zeitlich und örtlich begrenzt getroffen werden. Allerdings können gem. Abs. 2 unter erhöhten Voraussetzungen auch endgültige Maßnahmen getroffen werden. Im Europäischen Datenschutzausschuss hat in diesen Fällen eine Abstimmung stattzufinden. Diese unterliegt allerdings deutlich verkürzten Fristen nach Abs. 4. Es bleibt abzuwarten, wie sich das Dringlichkeitsverfahren auf die Qualität und Effektivität der Zusammenarbeit und Abstimmungsprozesse der Aufsichtsbehörden auswirkt.

B. Einzelerläuterungen

I. Einstweilige Maßnahmen (Abs. 1)

2 Betroffene Aufsichtsbehörden[2] (→ Art. 4 Rn. 94) können unabhängig von den Abstimmungsverfahren der Art. 60, 63, 64 und 65 einstweilig Maßnahmen gem. Art. 58 im Rahmen ihrer Zuständigkeit gem. Art. 55 f. gegenüber Verantwortlichen oder Auftragsverarbeitern in ihrem Hoheitsgebiet treffen.[3] Hierfür müssen allerdings außergewöhnliche Umstände vorliegen in der Form eines **dringenden Handlungsbedarfs**, um Rechte und Freiheiten von betroffenen Personen zu schützen. Gem. Erwägungsgrund 137 ist dies insbesondere der Fall, wenn eine erhebliche Behinderung der Durchsetzung des Rechts einer betroffenen Person droht. Hiervon ist etwa auszugehen, wenn bekannt geworden ist, dass eine unzulässige Datenübermittlung in einen Drittstaat oder eine den Auskunftsanspruch vereitelnde Löschung drohen. Generell wird somit ein einstweiliger Rechtsschutz für alle Fälle mit besonderer Eilfallbedürftigkeit gewährleistet.[4] Eine Eilbedürftigkeit aufgrund der Interessen anderer an Verfahren Beteiligter wie Verantwortliche oder Auftragsverarbeiter ist dagegen ausdrücklich nicht vorgesehen.

3 Die Begründung der Eilbedürftigkeit muss gemeinsam mit der Information über den Erlass der Maßnahmen vorgelegt werden. Die Information muss nicht explizit vor Erlass der Maßnahme, aber unverzüglich erfolgen. Zu **informieren** sind die anderen betroffenen Aufsichtsbehörden, wozu auch die federführende Aufsichtsbehörde gehört, der Europäische Datenschutzausschuss sowie die Kommission. Dies dient auch der Überprüfbarkeit der im Dringlichkeitsverfahren getroffenen Maßnahmen.[5] Eine Stellungnahme oder ein verbindlicher Beschluss des Europäischen Datenschutzausschusses sind nur für endgültige Maßnahmen gem. Abs. 2 (→ Rn. 4) sowie für Untätigkeitsrügen nach Abs. 3 (→ Rn. 5) erforderlich. Die einstweiligen Maßnahmen dürfen mit einer **Geltungsdauer von**

---

[1] Für eine weite Auslegung vor dem Hintergrund, dass die Wahrung von Grundrechten der betroffenen Personen gewährleistet werden soll Kühling/Buchner/*Caspar*, DS-GVO, Art. 66 Rn. 5.

[2] Dies schließt die federführende Aufsichtsbehörde mit ein, da sie ebenfalls die Anforderungen des Art. 4 Nr. 22 erfüllt; iE auch Kühling/Buchner/*Caspar*, DS-GVO, Art. 66 Rn. 14.

[3] Zum Unterschied zur verwaltungsgerichtlichen Eilfallkompetenz, bei der ggf. eine sofortige Vollziehung angeordnet werden kann Kühling/Buchner/*Caspar*, DS-GVO, Art. 66 Rn. 1.

[4] Kühling/Buchner/*Caspar*, DS-GVO, Art. 66 Rn. 7.

[5] Ehmann/Selmayr/*Klabunde*, DS-GVO, Art. 66 Rn. 3.

höchstens drei Monaten[6] erlassen werden, was ebenfalls eine Kompensation für die fehlende ausführliche Abstimmung darstellt.[7] Eine Verlängerung ist nicht vorgesehen.

II. Endgültige Maßnahmen (Abs. 2)

4 Zudem können **endgültige Maßnahmen** getroffen werden. Hierfür muss zunächst eine einstweilige Maßnahme erlassen worden sein. Nach Auffassung der betroffenen Aufsichtsbehörde müssen dringend endgültige Maßnahmen zu erlassen sein. Unter Darlegung der Gründe hierfür wird der Europäische Datenschutzausschuss um eine **Stellungnahme** oder einen **verbindlichen Beschluss** ersucht. Das weitere Verfahren richtet sich nach Abs. 4 (→ Rn. 5). Weitere Fälle, die eine verbindliche Stellungnahme bzw. einen verbindlichen Beschluss erforderlich machen, bestehen nach Art. 61 Abs. 8 und Art. 62 Abs. 7.

III. Untätigkeit der zuständigen Aufsichtsbehörde (Abs. 3)

5 Nach dem Wortlaut des Abs. 3 kann jede andere Aufsichtsbehörde, nicht nur eine betroffene Aufsichtsbehörde gem. Art. 4 Ziff. 22, einen Beschluss erwirken, der die zuständige Aufsichtsbehörde bei etwaiger **Untätigkeit** bindet.[8] Diese kann sogar bereits Maßnahmen erlassen haben, die allerdings als ungeeignet angesehen werden. Es sollte jedoch zunächst mit der zuständigen Aufsichtsbehörde wenigstens Kontakt aufgenommen werden, was auch dem generellen Gedanken der Zusammenarbeit nach Art. 60 ff. entspricht.[9] Nur wenn hierdurch keine Abhilfe geschaffen werden kann, sollte der **Europäische Datenschutzausschuss** gem. Abs. 3 eingeschaltet werden. Er entscheidet in diesen Fällen über die Eignung der Maßnahmen bzw. ob und welche Maßnahmen zu treffen sind.

IV. Verfahren (Abs. 4)

6 Sowohl mit endgültigen Maßnahmen gem. Abs. 2 als auch Untätigkeitsrügen gem. Abs. 3 befasst sich der Europäische Datenschutzausschuss innerhalb einer **kurzen Frist von zwei Wochen.** Zwar ist dies vor dem Hintergrund der Eilbedürftigkeit nachvollziehbar. Andererseits ist fraglich, ob eine angemessen Befassung mit der Angelegenheit innerhalb dieser kurzen Frist möglich ist. Dies erscheint insbesondere problematisch, wenn bindende Beschlüsse hinsichtlich endgültiger Maßnahmen angenommen werden sollen. Da eine **einfache Mehrheit** für die Annahme ausreicht, sind umso höhere inhaltliche Anforderungen an das Verfahren zu stellen.[10] Ggf. sind besondere Zuständigkeiten unter den Mitgliedern und Gremien des EDSA zu bestimmen. Entsprechendes könnte in dessen Geschäftsordnung geregelt werden (Art. 72 Abs. 4).

---

[6] Zur Problematik der faktisch endg. Wirkung von Maßnahmen, die möglich sein müssen bei drohenden schweren und irreparablen Beeinträchtigungen für die betroffenen Personen Paal/Pauly/*Körffer*, DS-GVO, Art. 66 Rn. 5.

[7] Ehmann/Selmayr/*Klabunde*, DS-GVO, Art. 66 Rn. 11.

[8] AA, wonach nur betroffene Aufsichtsbehörden im Dringlichkeitsverfahren antragsberechtigt sein sollen Paal/Pauly/*Körffer*, DS-GVO, Art. 66 Rn. 10; hiergegen spricht, dass nach Art. 64 Abs. 2 ebenfalls „jede Aufsichtsbehörde" antragsberechtigt ist.

[9] Paal/Pauly/*Körffer*, DS-GVO, Art. 66 Rn. 10; Kühling/Buchner/*Caspar*, DS-GVO, Art. 66 Rn. 11.

[10] Kühling/Buchner/*Caspar*, DS-GVO, Art. 66 Rn. 10.

Art. 67 Informationsaustausch

Die Kommission kann Durchführungsrechtsakte von allgemeiner Tragweite zur Festlegung der Ausgestaltung des elektronischen Informationsaustauschs zwischen den Aufsichtsbehörden sowie zwischen den Aufsichtsbehörden und dem Ausschuss, insbesondere des standardisierten Formats nach Artikel 64, erlassen.

Diese Durchführungsrechtsakte werden gemäß dem Prüfverfahren nach Artikel 93 Absatz 2 erlassen.

Literatur: Vgl. die Hinweise zu Art. 63.

Ein funktionierender Informationsaustausch unter den Aufsichtsbehörden sowie mit dem Europäischen Datenschutzausschuss stellt eine grundlegende Voraussetzung für eine effektive Zusammenarbeit dar. Dies gilt insbesondere aufgrund der kurzen Fristen für Abstimmungsverfahren mit zahlreichen Beteiligten. Der Europäische Datenschutzausschuss hat gem. Art. 70 Abs. 1 S. 2 lit. u die Aufgabe, den Informationsaustausch und bewährte Verfahren zwischen den Aufsichtsbehörden zu fördern (→ Art. 70 Rn. 2). Im Übrigen hat die Kommission[1] die Befugnis, Festlegungen zur Ausgestaltung des Informationsaustauschs unter den Aufsichtsbehörden und mit dem Europäischen Datenschutzausschuss in Form von **Durchführungsrechtsakten** (→ Art. 93 Rn. 8) zu treffen.[2] Dies muss dem Fall vorbehalten bleiben, dass die Aufsichtsbehörden nicht bereits funktionierende Verfahren installieren und standardisierte Formate insbesondere für den Austausch gem. Art. 64 entwickeln.[3] 1

Abschnitt 3. Europäischer Datenschutzausschuss

Art. 68 Europäischer Datenschutzausschuss

(1) **Der Europäische Datenschutzausschuss (im Folgenden „Ausschuss") wird als Einrichtung der Union mit eigener Rechtspersönlichkeit eingerichtet.**

(2) **Der Ausschuss wird von seinem Vorsitz vertreten.**

(3) **Der Ausschuss besteht aus dem Leiter einer Aufsichtsbehörde jedes Mitgliedstaats und dem Europäischen Datenschutzbeauftragten oder ihren jeweiligen Vertretern.**

(4) **Ist in einem Mitgliedstaat mehr als eine Aufsichtsbehörde für die Überwachung der Anwendung der nach Maßgabe dieser Verordnung erlassenen Vorschriften zuständig, so wird im Einklang mit den Rechtsvorschriften dieses Mitgliedstaats ein gemeinsamer Vertreter benannt.**

(5) **[1]Die Kommission ist berechtigt, ohne Stimmrecht an den Tätigkeiten und Sitzungen des Ausschusses teilzunehmen. [2]Die Kommission**

---

[1] Krit. zur Gestaltungsbefugnis der Kom. Paal/Pauly/*Körffer*, DS-GVO, Art. 67 Rn. 1.

[2] Ein Informationsaustausch mit der Kom. ist von der Vorschrift nicht erfasst.

[3] Für eine Regelung in der Geschäftsordnung des EDSA Kühling/Buchner/*Caspar*, DS-GVO, Art. 67 Rn. 3.

benennt einen Vertreter. [3]Der Vorsitz des Ausschusses unterrichtet die Kommission über die Tätigkeiten des Ausschusses.

(6) **In den in Artikel 65 genannten Fällen ist der Europäische Datenschutzbeauftragte nur bei Beschlüssen stimmberechtigt, die Grundsätze und Vorschriften betreffen, die für die Organe, Einrichtungen, Ämter und Agenturen der Union gelten und inhaltlich den Grundsätzen und Vorschriften dieser Verordnung entsprechen.**

Literatur: *Albrecht*, Die EU-Datenschutzgrundverordnung rettet die informationelle Selbstbestimmung! – Ein Zwischenruf für einen einheitlichen Datenschutz durch die EU, ZD 2013, 587; *Albrecht*, Das neue EU-Datenschutzrecht – von der Richtlinie zur Verordnung – Überblick und Hintergründe zum finalen Text für die Datenschutz-Grundverordnung der EU nach der Einigung im Trilog, CR 2016, 88; *Ashkar*, Durchsetzung und Sanktionierung des Datenschutzrechts nach den Entwürfen der Datenschutz-Grundverordnung, DuD 2015, 796; *Caspar*, Das aufsichtsbehördliche Verfahren nach der EU-Datenschutz-Grundverordnung, ZD 2012, 555; *Dehmel/Hullen*, Auf dem Weg zu einem zukunftsfähigen Datenschutz in Europa? – Konkrete Auswirkungen der DS-GVO auf Wirtschaft, Unternehmen und Verbraucher, ZD 2013, 147; *Ehmann*, Der weitere Weg zur Datenschutzgrundverordnung – Näher am Erfolg, als viele glauben?, ZD 2015, 6; *Kranig*, Zuständigkeit der Datenschutzaufsichtsbehörden, ZD 2013, 550; *v. Lewinski*, Datenschutzaufsicht in Europa als Netzwerk, NVwZ 2017, 1483; *Nguyen*, Die zukünftige Datenschutzaufsicht in Europa, ZD 2015, 265; *Kühling/Martini* et al., Die Datenschutz-Grundverordnung und das nationale Recht, 2016; *Reding*, Sieben Grundbausteine der europäischen Datenschutzreform, ZD 2012, 195; *Roßnagel/Kroschwald*, Was wird aus der Datenschutzgrundverordnung? – Die Entschließung des Europäischen Parlaments über ein Verhandlungsdokument, ZD 2014, 495; *Roßnagel/Nebel/Richter*, Was bleibt vom Europäischen Datenschutzrecht? – Überlegungen zum Ratsentwurf der DS-GVO, ZD 2015, 455; *Thüsing/Traut*, The Reform of European Data Protection Law: Harmonisation at Last?, Intereconomics 2013, Vol. 48, 271.

Übersicht

A. Allgemeines

1 Im EDSA sind die Datenschutzaufsichtsbehörden der Mitgliedstaaten und der EDSB versammelt. Er ist in dieser Hinsicht das Nachfolgegremium der Artikel-29-Datenschutzgruppe, die nach Art. 29 der bisherigen DS-RL geschaffen wurde (Erwägungsgrund 139 S. 3). Anders als die Artikel-29-Datenschutzgruppe kann der EDSA jedoch rechtsverbindliche Entscheidungen treffen und wird daher zukünftig eine entscheidende Rolle bei der einheitlichen Anwendung des europäischen Datenschutzrechts spielen (vgl. Erwägungsgrund 139 S. 1).[1] Alle wichtigen **datenschutzrechtlichen Streitfragen,** die nicht gerichtlich geklärt werden, können mit Auswirkungen für die gesamte EU in diesem Gremium entschieden

[1] *Albrecht*, CR 2016, 88 (96); *Thüsing/Traut,* Intereconomics 2013, 271 (272); *Ashkar,* DuD 2015, 796 (799); *v. Lewinski*, NVwZ 2017, 1483 (1486).

werden. Daher muss der EDSA vor allem Handlungsfähigkeit beweisen. Neben der Entscheidung datenschutzrechtlicher Fragen, kommt ihm auch eine besondere politische Bedeutung für den Schutz der Datenschutzgrundrechte zu.

Außer der Artikel-29-Datenschutzgruppe gibt es im Datenschutzbereich noch weitere Einrichtungen, die als **Vorbilder** für den EDSA gelten können. Zum einen existiert seit 1985 die Gemeinsame Kontrollinstanz zur Überwachung des Datenschutzes im Rahmen des Schengener Informationssystems[2] und die Gemeinsame Kontrollinstanz nach Art. 34 des Europol-Ratsbeschlusses vom 6.4.2009, die die Einhaltung des Datenschutzes durch Europol kontrolliert.[3] In beiden Kontrollinstanzen wirken, ähnlich wie beim EDSA, die entsprechenden nationalen Aufsichtsbehörden zusammen.[4] Anders verhält es sich bei der Kontrollinstanz von Eurojust,[5] die aus Richtern oder vergleichbaren Personen zusammensetzt ist und verbindliche Entscheidungen treffen kann.[6] Andere aufsichtsbehördliche Einrichtungen der EU, zB aus dem Banken- oder Telekommunikationsbereich, konnten hingegen nicht als Vorbild herangezogen, da in diesen Bereichen keine vergleichbaren Garantien der Unabhängigkeit gibt.[7] 2

B. Einzelerläuterungen

I. Rechtsnatur (Abs. 1)

Der EDSA ist eine Einrichtung der EU.[8] Der Gesetzgeber wollte aber keine neue EU-Behörde oder reguläre Agentur schaffen, sodass ihm ein eigener Verwaltungsunterbau fehlt, was im Hinblick auf seine Unabhängigkeit nicht unproblematisch ist (→ Art. 69 Rn. 3). Das Sekretariat des EDSA wird daher vom EDSB bereitgestellt (→ Art. 75 Rn. 2). Insofern steht er in der Tradition der bisherigen Artikel-29-Datenschutzgruppe, welche ebenfalls über keinen eigenen Personalkörper verfügt. Was aber die Aufgaben und Befugnisse betrifft (→ Art. 70 Rn. 2 ff.), gehen diese weit über diejenigen der bisherigen Artikel-29-Datenschutzgruppe hinaus, die in erster Linie beratende Funktion hatte.[9] Wichtigste Neuerung ist allerdings, dass der EDSA **Rechtspersönlichkeit** erhält.[10] Dies war notwendig, um ihn in die Lage zu versetzen, rechtlich verbindliche Entscheidungen zu treffen (→ Art. 70 Rn. 2).[11] Da der Unionsgesetzgeber grundsätzlich befugt ist, neben den im Primärrecht genannten Organen und Institutionen weitere Behörden und Einrichtungen zu schaffen,[12] war dies kompetenzrechtlich 3

---

[2] Vgl. Art. 115 des Übereinkommens zur Durchführung des Schengener Abkommens v. 14.6.1985.

[3] von der Groeben/Schwarze/*Spaeth*, AEUV, Art. 88 Rn. 12; Streinz/*Dannecker*, AEUV, Art. 88 Rn. 21.

[4] Grabitz/Hilf/Nettesheim/*Röben*, AEUV, Art. 88 Rn. 46.

[5] Art. 23 Eurojust-Beschl.

[6] Bergmann/*Kersting*, Handlexikon der EU, Eurojust.

[7] Ehmann/Selmayr/*Albrecht*, DS-GVO, Art. 68 Rn. 4.

[8] Zur rechtsdogmatischen Einordnung ausf. Sydow/*Schöndorf-Haubold*, Art. 68 Rn. 2 ff.

[9] BeckOK DatenschutzR/*Schneider*, Syst. B., DS-RL, Rn. 154; Grabitz/Hilf/*Brühann*, Das Recht der EU, SekundärR, A 30 DS-RL, Art. 29 Rn. 5; *Simitis*, BDSG, Einl. Rn. 226.

[10] Zur Entstehungsgeschichte Ehmann/Selmayr/*Albrecht*, DS-GVO, Art. 68 Rn. 3.

[11] Dazu ausf. Ehmann/Selmayr/*Albrecht*, DS-GVO, Art. 68 Rn. 5.

[12] Calliess/Ruffert/*Calliess*, EUV/AEUV, Art. 13 EUV Rn. 31.

unproblematisch möglich.[13] Das hat ua zur Folge, dass der EDSA unmittelbar an die für Einrichtungen der EU geltenden europarechtlichen Bestimmungen, insbesondere an die Prinzipien der Offenheit, Effizienz und Unabhängigkeit nach Art. 298 AEUV, gebunden ist[14] und seine Handlungen gem. Art. 263, 265 AEUV vor den europäischen Gerichten überprüft werden können (Erwägungsgrund 143).[15]

II. Vertretung (Abs. 2)

4 Der EDSA wird durch seinen Vorsitz vertreten (vgl. Erwägungsgrund 139 S. 2), der gem. Art. 73 Abs. 1 aus dem Kreis seiner Mitglieder gewählt wird (→ Art. 73 Rn. 2). Mit der Vertretungsbefugnis kommt dem Vorsitz neben den in Art. 74 genannten Aufgaben (→ Art. 74 Rn. 2 ff.) eine weitere sehr wichtige Funktion zu: Er wird damit zum **Sprachrohr der Datenschutzaufsicht** in Europa. Mit der Vertretung sind insbesondere repräsentative Aufgaben verbunden, die er nutzen kann, um innerhalb und außerhalb Europas datenschutzrechtliche Debatten anzustoßen und die Aufmerksamkeit auf bestimmte Thematiken zu lenken. Ihm kommt damit eine entscheidende Position im Datenschutzaufsichtsgefüge zu. Eine Befugnis, im Namen des EDSA rechtsverbindliche inhaltliche Entscheidungen in datenschutzrechtlichen Angelegenheiten zu treffen, ist von der Vertretungsbefugnis allerdings nicht umfasst. Dies wäre mit der Unabhängigkeit der Aufsichtsbehörden kaum zu vereinbaren.

III. Zusammensetzung (Abs. 3–6)

5 Der EDSA setzt sich nach **Abs. 3** aus den Leitungspersonen der Aufsichtsbehörden der Mitgliedstaaten und dem EDSB zusammen. Stattdessen kann auch eine andere Person als Vertreter teilnehmen. Dabei muss es sich nicht zwingend um den nach nationalem Recht bestimmten Stellvertreter handeln. Dies ergibt sich schon daraus, dass einige Aufsichtsbehörden als Kollektivorgan ausgestaltet sind und das Europarecht keine Vorgaben zur innerbehördlichen Organisation der nationalen Aufsichtsbehörden machen kann. Aus europäischer Sicht ist einzig entscheidend, dass die im EDSA anwesende Person befugt ist, verbindliche Entscheidungen für die jeweilige nationale Datenschutzaufsicht zu treffen, damit die Handlungsfähigkeit des EDSA gewahrt bleibt. Dies gilt insbesondere, wenn wie in Deutschland **mehrere Aufsichtsbehörden** für die Überwachung der Anwendung der DS-GVO zuständig sind. Für diesen Fall trifft **Abs. 4** die ausdrückliche Regelung, dass ein gemeinsamer Vertreter benannt werden muss. Wie dieser allerdings bestimmt wird, ist dem nationalen Recht überlassen.

6 Die Vertretung Deutschlands im EDSA regelt § 17 BDSG nF (→ Art. 51 Rn. 9 f.). Danach ist die BfDI gemeinsame Vertreterin der Datenschutzbehörden des Bundes und der Länder. Dies war nicht unumstritten, da sich die meisten Verfahren vor dem EDSA im nichtöffentlichen Bereich abspielen werden, in welchem die Länder die Datenschutzaufsicht ganz überwiegend wahrnehmen (→ Art. 55 Rn. 8).[16] Daher wurde von zT gefordert, dass aufgrund der größeren

---

[13] Diff. Sydow/*Schöndorf-Haubold*, Art. 68 Rn. 39 f.

[14] Calliess/Ruffert/*Ruffert*, EUV/AEUV, Art. 298 Rn. 10.

[15] *Nguyen*, ZD 2015, 265 (268); Kühling/Buchner/*Dix*, DS-GVO, Art. 68 Rn. 6; Auernhammer/*Hermerschmidt*, DSGVO, Art. 68 Rn. 11.

[16] Paal/Pauly/*Körffer*, DS-GVO, Art. 68 Rn. 5.

Sachnähe ein Vertreter der Landesaufsichtsbehörden die Vertretung Deutschlands im EDSA wahrnehmen sollte.[17] Um diese zu berücksichtigen, hat sich der Gesetzgeber dafür entschieden, dass aus dem Kreis der Landesaufsichtsbehörden ein Stellvertreter gewählt wird, der in bestimmten Fällen auch die Verhandlungsführung übernehmen soll. Zudem hat sich die BfDI mit den Ländern abzustimmen. Ob diese teilweise komplizierten Regelungen praktikabel sind und der Bedeutung der Landesaufsichtsbehörden gerecht werden, kann angezweifelt werden (→ Art. 51 Rn. 14).[18]

Die **Kommission** ist gem. **Abs. 5** berechtigt, an den Tätigkeiten und Sitzungen des EDSA teilzunehmen. Sie ist aber, anders als nach Art. 29 Abs. 2 DS-RL,[19] selbst nicht Mitglied des EDSA. Dies ist auch sachgerecht, da nicht alle der vielfältigen Aufgaben der Kommission in einem konfliktfreien Verhältnis zum Schutz personenbezogener Daten stehen. Sie hat dementsprechend kein Stimmrecht, muss aber über die Tätigkeiten des EDSA unterrichtet werden. Diese Unterrichtungspflicht trifft den Vorsitz persönlich und geht über die Berichterstattung nach Art. 71 hinaus. Insbesondere sind Informationen der Kommission nicht erst im Nachhinein, sondern vorab zur Verfügung zu stellen, damit sie sich auf die Sitzungen angemessen vorbereiten kann. 7

Der **EDSB** ist hingegen Mitglied des EDSA, obwohl die Verarbeitung personenbezogener Daten durch Organe, Einrichtungen, Ämter und Agenturen der EU nicht unmittelbar von der DS-GVO erfasst wird (→ Art. 2 Rn. 32), sodass er nicht als Aufsichtsbehörde iSd DS-GVO tätig ist. Daher wurden seine Stimmrechte gem. **Abs. 6** eingeschränkt. Im Kohärenzverfahren ist er nur dann stimmberechtigt, wenn die Beschlüsse Grundsätze und Vorschriften betreffen, die inhaltlich denjenigen Datenschutzvorschriften entsprechen, die für die genannten EU-Behörden gelten. Da die Verpflichtungen aus der DS-GVO oftmals denjenigen der VO (EG) Nr. 45/2001 entsprechen, wird der EDSB in vielen Fällen stimmberechtigt sein.[20] 8

Art. 69 Unabhängigkeit

(1) **Der Ausschuss handelt bei der Erfüllung seiner Aufgaben oder in Ausübung seiner Befugnisse gemäß den Artikeln 70 und 71 unabhängig.**

(2) **Unbeschadet der Ersuchen der Kommission gemäß Artikel 70 Absätze 1 und 2 ersucht der Ausschuss bei der Erfüllung seiner Aufgaben oder in Ausübung seiner Befugnisse weder um Weisung noch nimmt er Weisungen entgegen.**

Literatur: Vgl. die Hinweise zu Art. 68.

Übersicht

[17] BeckOK DatenschutzR/*Brink*, DS-GVO, Art. 68 Rn. 18; *Hülsmann*, DANA 2017, 74 (75).

[18] *Eichler/Nguyen*, Jahrbuch Informationsfreiheit und Informationsrecht 2017, S. 17 (23 ff.).

[19] Grabitz/Hilf/*Brühann*, Das Recht der EU, SekundärR, A 30 DS-RL, Art. 29 Rn. 6.

[20] Kühling/Buchner/*Dix*, DS-GVO, Art. 68 Rn. 12; vgl. Auernhammer/*Hermerschmidt*, DSGVO, Art. 68 Rn. 28 f.

A. Allgemeines

1 Da der EDSA als Einrichtung der EU gegründet wird, ist er wie alle EU-Institutionen gem. Art. 298 AEUV zur Unabhängigkeit verpflichtet. Art. 69 konkretisiert diese **primärrechtliche** Vorgabe und erweitert sie um die besonderen Anforderungen an den EDSA. Während Art. 298 AEUV vor allem garantieren soll, dass Institutionen der EU im **gesamteuropäischen Interesse** handeln und keine mitgliedstaatlichen Partikularinteressen verfolgen,[1] dient Art. 69 zusätzlich der Wahrung der Unabhängigkeit gegenüber anderen Einrichtungen der EU (→ Rn. 2). Das Europarecht kennt bereits einige unabhängige Behörden auf EU-Ebene, wie zB den EDSB gem. Art. 41 Abs. 1 VO (EG) Nr. 45/2001, den Europäischen Bürgerbeauftragten gem. Art. 228 Abs. 3 AEUV und den Rechnungshof gem. 285 AEUV. Außerdem handelt es sich bei Art. 69 um eine Fortführung der Absicherung der Unabhängigkeit der Aufsichtsbehörden nach Art. 52.[2]

B. Einzelerläuterungen

2 Im Vergleich zu Art. 52, der die Unabhängigkeit der nationalen Aufsichtsbehörden regelt, fehlt das qualifizierende Merkmal der „völligen" Unabhängigkeit.[3] Dadurch war es möglich, das Sekretariat des EDSA beim EDSB anzusiedeln, was unter Zugrundelegung der strengen Maßstäbe des EuGH an die „völlige" Unabhängigkeit der nationalen Aufsichtsbehörden (→ Art. 52 Rn. 9 ff.) nicht möglich gewesen wäre, da danach auch die Befugnis zur eigenständigen Personalauswahl und die ausschließliche Personalhoheit umfasst ist.[4] Der Unabhängigkeitsbegriff des Art. 69 Abs. 1 orientiert sich damit eher an Art. 298 AEUV,[5] der alle Einrichtungen der EU zu Unabhängigkeit verpflichtet, geht aber teilweise über diesen hinaus. Während Art. 298 AEUV in erster Linie im Sinne der Gewaltenteilung zur Unabhängigkeit von den EU-Organen der Judikative und der Legislative sowie von den Institutionen der Mitgliedstaaten und der Privatwirtschaft verpflichtet,[6] garantiert Art. 69 Abs. 1 Unabhängigkeit auch **gegenüber anderen EU-Einrichtungen** der Exekutive, insbesondere gegenüber der Kommission und dem EDPS. Konkretisiert wird der Unabhängigkeitsbegriff in Abs. 2, der klarstellt, dass dem EDSA keine Weisungen erteilt werden können. Als Ausnahme wird Art. 70 Abs. 1 lit. b, Abs. 2 genannt, wonach die Kommission um Rat ersuchen und dazu auch eine Frist setzen kann. Im Hinblick auf die Art und Weise der

---

[1] von der Groeben/Schwarze/*Reithmann*, AEUV, Art. 298 Rn. 15 f.; Grabitz/Hilf/Nettesheim/*Rösslein/Krajewski*, AEUV, Art. 298 Rn. 24; *Streinz*, AEUV, Art. 298 Rn. 8.

[2] BeckOK DatenschutzR/*Brink*, DS-GVO, Art. 69 Rn. 1, 4; Ehmann/Selmayr/*Albrecht*, DS-GVO, Art. 69 Rn. 2 f.

[3] Auernhammer/*Hermerschmidt*, DSGVO, Art. 69 Rn. 5; aA Paal/Pauly/*Körffer*, DS-GVO, Art. 69 Rn. 1.

[4] Ehmann/Selmayr/*Selmayr*, DS-GVO, Art. 52 Rn. 24 f.; BeckOK DatenschutzR/*Schneider*, DS-GVO, Art. 52 Rn. 24; vgl. auch Kühling/Buchner/*Dix*, DS-GVO, Art. 69 Rn. 5.

[5] AA BeckOK DatenschutzR/*Brink*, DS-GVO, Art. 69 Rn. 5, Kühling/Buchner/*Dix*, DS-GVO, Art. 69 Rn. 4 und Ehmann/Selmayr/*Albrecht*, DS-GVO, Art. 69 Rn. 2 f., die den Unabhängigkeitsbegriff des Art. 52 zu Grunde legen.

[6] von der Groeben/Schwarze/*Reithmann*, AEUV, Art. 298 Rn. 15 f.; Grabitz/Hilf/Nettesheim/*Rösslein/Krajewski*, AEUV, Art. 298 Rn. 24; *Streinz*, AEUV, Art. 298 Rn. 8.

Bearbeitung solcher Ersuchen und deren Ergebnis genießt der EDSA allerdings vollständige Unabhängigkeit.[7]

Ähnlich wie der Unabhängigkeitsbegriff des Art. 298 AEUV und des Art. 52 hat Art. 69 Abs. 1 nicht nur eine institutionelle, sondern auch eine **individuelle** Dimension. Danach muss der jeweilige Amtswalter unparteiisch und gerecht handeln, jede Form von Befangenheit vermeiden und darf keine persönlichen Motive oder Interessen Dritter verfolgen.[8] Insbesondere darf er sich nicht von sach- und kompetenzwidrigen Anweisungen leiten lassen.[9] Da die Mitglieder des EDSA ohnehin Unabhängigkeit gem. Art. 52 genießen (→ Art. 52 Rn. 12), hat Art. 69 vor allem Bedeutung im Hinblick auf das beim EDSA beschäftigte Personal. Dies ist nicht unproblematisch, da die Bediensteten des Sekretariats ihre Aufgaben zwar ausschließlich auf Weisung des Vorsitzenden des EDSA ausführen (vgl. Art. 75 Abs. 2), aber beamtenrechtlich dem EDSB zugeordnet bleiben (→ Art. 75 Rn. 3).[10] 3

Art. 70 Aufgaben des Ausschusses

(1) [1]Der Ausschuss stellt die einheitliche Anwendung dieser Verordnung sicher. [2]Hierzu nimmt der Ausschuss von sich aus oder gegebenenfalls auf Ersuchen der Kommission insbesondere folgende Tätigkeiten wahr:

a) Überwachung und Sicherstellung der ordnungsgemäßen Anwendung dieser Verordnung in den in den Artikeln 64 und 65 genannten Fällen unbeschadet der Aufgaben der nationalen Aufsichtsbehörden;

b) Beratung der Kommission in allen Fragen, die im Zusammenhang mit dem Schutz personenbezogener Daten in der Union stehen, einschließlich etwaiger Vorschläge zur Änderung dieser Verordnung;

c) Beratung der Kommission über das Format und die Verfahren für den Austausch von Informationen zwischen den Verantwortlichen, den Auftragsverarbeitern und den Aufsichtsbehörden in Bezug auf verbindliche interne Datenschutzvorschriften;

d) Bereitstellung von Leitlinien, Empfehlungen und bewährten Verfahren zu Verfahren für die Löschung gemäß Artikel 17 Absatz 2 von Links zu personenbezogenen Daten oder Kopien oder Replikationen dieser Daten aus öffentlich zugänglichen Kommunikationsdiensten;

e) Prüfung – von sich aus, auf Antrag eines seiner Mitglieder oder auf Ersuchen der Kommission – von die Anwendung dieser Verordnung betreffenden Fragen und Bereitstellung von Leitlinien, Empfehlungen und bewährten Verfahren zwecks Sicherstellung einer einheitlichen Anwendung dieser Verordnung;

f) Bereitstellung von Leitlinien, Empfehlungen und bewährten Verfahren gemäß Buchstabe e des vorliegenden Absatzes zur näheren Bestimmung der Kriterien und Bedingungen für die auf Profiling beruhenden Entscheidungen gemäß Artikel 22 Absatz 2;

---

[7] Kühling/Buchner/*Dix*, DS-GVO, Art. 69 Rn. 6.

[8] Grabitz/Hilf/Nettesheim/*Rösslein/Krajewski*, AEUV, Art. 298 Rn. 24.

[9] Grabitz/Hilf/Nettesheim/*Rösslein/Krajewski*, AEUV, Art. 298 Rn. 24; von der Groeben/Schwarze/*Reithmann*, AEUV, Art. 298 Rn. 14.

[10] BeckOK DatenschutzR/*Brink*, DS-GVO, Art. 69 Rn. 16.

g) **Bereitstellung von Leitlinien, Empfehlungen und bewährten Verfahren gemäß Buchstabe e des vorliegenden Absatzes für die Feststellung von Verletzungen des Schutzes personenbezogener Daten und die Festlegung der Unverzüglichkeit im Sinne des Artikels 33 Absätze 1 und 2, und zu den spezifischen Umständen, unter denen der Verantwortliche oder der Auftragsverarbeiter die Verletzung des Schutzes personenbezogener Daten zu melden hat;**
h) **Bereitstellung von Leitlinien, Empfehlungen und bewährten Verfahren gemäß Buchstabe e des vorliegenden Absatzes zu den Umständen, unter denen eine Verletzung des Schutzes personenbezogener Daten voraussichtlich ein hohes Risiko für die Rechte und Freiheiten natürlicher Personen im Sinne des Artikels 34 Absatz 1 zur Folge hat;**
i) **Bereitstellung von Leitlinien, Empfehlungen und bewährten Verfahren gemäß Buchstabe e des vorliegenden Absatzes zur näheren Bestimmung der in Artikel 47 aufgeführten Kriterien und Anforderungen für die Übermittlungen personenbezogener Daten, die auf verbindlichen internen Datenschutzvorschriften von Verantwortlichen oder Auftragsverarbeitern beruhen, und der dort aufgeführten weiteren erforderlichen Anforderungen zum Schutz personenbezogener Daten der betroffenen Personen;**
j) **Bereitstellung von Leitlinien, Empfehlungen und bewährten Verfahren gemäß Buchstabe e des vorliegenden Absatzes zur näheren Bestimmung der Kriterien und Bedingungen für die Übermittlungen personenbezogener Daten gemäß Artikel 49 Absatz 1;**
k) **Ausarbeitung von Leitlinien für die Aufsichtsbehörden in Bezug auf die Anwendung von Maßnahmen nach Artikel 58 Absätze 1, 2 und 3 und die Festsetzung von Geldbußen gemäß Artikel 83;**
l) **Überprüfung der praktischen Anwendung der Leitlinien, Empfehlungen und bewährten Verfahren;**
m) **Bereitstellung von Leitlinien, Empfehlungen und bewährten Verfahren gemäß Buchstabe e des vorliegenden Absatzes zur Festlegung gemeinsamer Verfahren für die von natürlichen Personen vorgenommene Meldung von Verstößen gegen diese Verordnung gemäß Artikel 54 Absatz 2;**
n) **Förderung der Ausarbeitung von Verhaltensregeln und der Einrichtung von datenschutzspezifischen Zertifizierungsverfahren sowie Datenschutzsiegeln und -prüfzeichen gemäß den Artikeln 40 und 42;**
o) **Genehmigung der Zertifizierungskriterien gemäß Artikel 42 Absatz 5 und Führung eines öffentlichen Registers der Zertifizierungsverfahren sowie von Datenschutzsiegeln und -prüfzeichen gemäß Artikel 42 Absatz 8 und der in Drittländern niedergelassenen zertifizierten Verantwortlichen oder Auftragsverarbeiter gemäß Artikel 42 Absatz 7;**
p) **Genehmigung der in Artikel 43 Absatz 3 genannten Anforderungen im Hinblick auf die Akkreditierung von Zertifizierungsstellen gemäß Artikel 43;**
q) **Abgabe einer Stellungnahme für die Kommission zu den Zertifizierungsanforderungen gemäß Artikel 43 Absatz 8;**
r) **Abgabe einer Stellungnahme für die Kommission zu den Bildsymbolen gemäß Artikel 12 Absatz 7;**

- s) **Abgabe einer Stellungnahme für die Kommission zur Beurteilung der Angemessenheit des in einem Drittland oder einer internationalen Organisation gebotenen Schutzniveaus einschließlich zur Beurteilung der Frage, ob das Drittland, das Gebiet, ein oder mehrere spezifische Sektoren in diesem Drittland oder eine internationale Organisation kein angemessenes Schutzniveau mehr gewährleistet. Zu diesem Zweck gibt die Kommission dem Ausschuss alle erforderlichen Unterlagen, darunter den Schriftwechsel mit der Regierung des Drittlands, dem Gebiet oder spezifischen Sektor oder der internationalen Organisation;**
- t) **Abgabe von Stellungnahmen im Kohärenzverfahren gemäß Artikel 64 Absatz 1 zu Beschlussentwürfen von Aufsichtsbehörden, zu Angelegenheiten, die nach Artikel 64 Absatz 2 vorgelegt wurden und um Erlass verbindlicher Beschlüsse gemäß Artikel 65, einschließlich der in Artikel 66 genannten Fälle;**
- u) **Förderung der Zusammenarbeit und eines wirksamen bilateralen und multilateralen Austauschs von Informationen und bewährten Verfahren zwischen den Aufsichtsbehörden;**
- v) **Förderung von Schulungsprogrammen und Erleichterung des Personalaustausches zwischen Aufsichtsbehörden sowie gegebenenfalls mit Aufsichtsbehörden von Drittländern oder mit internationalen Organisationen;**
- w) **Förderung des Austausches von Fachwissen und von Dokumentationen über Datenschutzvorschriften und -praxis mit Datenschutzaufsichtsbehörden in aller Welt;**
- x) **Abgabe von Stellungnahmen zu den auf Unionsebene erarbeiteten Verhaltensregeln gemäß Artikel 40 Absatz 9 und**
- y) **Führung eines öffentlich zugänglichen elektronischen Registers der Beschlüsse der Aufsichtsbehörden und Gerichte in Bezug auf Fragen, die im Rahmen des Kohärenzverfahrens behandelt wurden.**

(2) **Die Kommission kann, wenn sie den Ausschuss um Rat ersucht, unter Berücksichtigung der Dringlichkeit des Sachverhalts eine Frist angeben.**

(3) **Der Ausschuss leitet seine Stellungnahmen, Leitlinien, Empfehlungen und bewährten Verfahren an die Kommission und an den in Artikel 93 genannten Ausschuss weiter und veröffentlicht sie.**

(4) [1]**Der Ausschuss konsultiert gegebenenfalls interessierte Kreise und gibt ihnen Gelegenheit, innerhalb einer angemessenen Frist Stellung zu nehmen.** [2]**Unbeschadet des Artikels 76 macht der Ausschuss die Ergebnisse der Konsultation der Öffentlichkeit zugänglich.**

Literatur: Vgl. die Hinweise zu Art. 68.

Übersicht

A. Allgemeines

1 Die Aufgaben des EDSA sind gegenüber seiner Vorgängerinstitution, der Artikel-29-Datenschutzgruppe, stark angestiegen. Seine wichtigste Aufgabe ist es aber, die einheitliche Anwendung der DS-GVO sicherzustellen (Abs. 1 S. 1). Insbesondere führt der EDSA das **Kohärenzverfahren** durch und kann bei divergierenden Rechtsauffassungen der Aufsichtsbehörden verbindliche Entscheidungen treffen (→ Art. 65 Rn. 1). Er bekommt damit eine wesentlich höhere Bedeutung als die Artikel-29-Datenschutzgruppe, die bislang lediglich im Rahmen ihrer beratenden Funktion[1] zur einheitlichen Anwendung des Datenschutzrechts beizutragen hatte (vgl. Art. 30 Abs. 1 lit. a DS-RL). Sie musste die Kommission beraten (Art. 30 Abs. 1 lit. c DS-RL) und Stellungnahmen zum Schutzniveau in Drittländern (Art. 30 Abs. 1 lit. b DS-RL) und zu auf Gemeinschaftsebene erarbeiteten Verhaltensregeln (Art. 30 Abs. 1 lit. d DS-RL) abgeben. Diese Aufgaben sind in ähnlicher Form erhalten geblieben, wurden aber genauer ausgestaltet. Die in dieser Vorschrift genannten Aufgaben sind nicht abschließend zu verstehen; vielmehr steht es dem EDSA frei, sich auch zu anderen datenschutzrechtlichen Themen zu äußern und insbesondere über den Katalog des Abs. 1 lit. d–m hinaus Leitlinien, Empfehlungen und sonstige Stellungnahmen abzugeben.[2]

B. Einzelerläuterungen

I. Aufgaben im Kohärenzverfahren und zur Zusammenarbeit zwischen den Aufsichtsbehörden

2 Um auf eine einheitliche Anwendung der DS-GVO hinzuwirken, nimmt der EDSA einige wichtige Funktionen zur Abstimmung und Koordinierung zwischen den Aufsichtsbehörden wahr. Das betrifft in erster Linie das Kohärenzverfahren **(Abs. 1 lit. a und t).** Nach Maßgabe von Art. 64 verfasst er Stellungnahmen in Angelegenheiten allgemeiner Geltung oder mit Auswirkungen in mehr als einem Mitgliedstaat sowie vor bestimmten Beschlüssen der Aufsichtsbehörden. Insbesondere wird er als Streitschlichter tätig, wenn Amtshilfeersuchen und gemeinsame Maßnahmen der Aufsichtsbehörden nach Art. 61 und 62 scheitern. Er hat auch die Aufgabe, ein öffentlich zugängliches Register zu führen, in welchem alle Beschlüsse der Aufsichtsbehörden und Gerichtsentscheidungen verzeichnet sind, die im Rahmen eines Kohärenzverfahren behandelt wurden **(Abs. 1 lit. y).** Darüber hinaus soll er die Zusammenarbeit zwischen den Aufsichtsbehörden verbessern, indem er den Austausch von Informationen und Verfahren **(Abs. 1 lit. u)**

[1] BeckOK DatenschutzR/*Schneider*, Syst. B., DS-RL, Rn. 154; Grabitz/Hilf/*Brühann*, Das Recht der EU, SekundärR, A 30 DS-RL, Art. 30 Rn. 11.

[2] Ehmann/Selmayr/*Albrecht*, DS-GVO, Art. 70 Rn. 2; BeckOK DatenschutzR/*Brink*, DS-GVO, Art. 70 Rn. 1; Sydow/*Schöndorf-Haubold*, Art. 70 Rn. 8 f.

sowie entsprechende Schulungsprogramme fördert und den Personalaustausch zwischen den Aufsichtsbehörden erleichtert **(Abs. 1 lit. v).**

3 Zudem hat der EDSA auch die Aufgabe, die Interaktion **mit außereuropäischen Aufsichtsstellen** in Datenschutzfragen zu verbessern. Insbesondere soll der Austausch von Fachwissen und von Dokumentationen über Datenschutzvorschriften und -praxis mit Datenschutzaufsichtsbehörden in aller Welt gefördert werden **(Abs. 1 lit. w).** Derzeit existieren bereits verschiedene derartige Initiativen außerhalb der EU-Strukturen, in welchen die Aufsichtsbehörden der Mitgliedstaaten mit anderen Aufsichtsstellen zusammenarbeiten, die der EDSA für sich nutzen kann. Große Bedeutung haben die Internationale Konferenz der Beauftragten für den Datenschutz und für die Privatsphäre (ICDPPC)[3] und die sog. Frühjahrskonferenz der Datenschutzbehörden der Mitgliedstaaten der EU und des Europarats,[4] die jeweils einmal im Jahr stattfinden. Insbesondere für den angloamerikanischen Raum von hoher Relevanz ist das Global Privacy Enforcement Network (GPEN).[5] Besondere Bedeutung hat auch die Internationale Arbeitsgruppe zum Datenschutz in der Telekommunikation (IWGDPT) erlangt, die bereits seit 1983 existiert und eine Vielzahl von Empfehlungen zur Verbesserung des Datenschutzes in der Telekommunikation und im Internet verabschiedet hat.[6] Neu ist vor allem, dass dem EDSA die Aufgabe zukommt, auch Schulungsprogramme und den Personalaustausch mit Aufsichtsbehörden von Drittstaaten und Aufsichtsstellen internationaler Organisationen **(Abs. 1 lit. v)** zu erleichtern.

II. Beratung der Kommission

4 Daneben hat der EDSA, wie schon die Artikel-29-Datenschutzgruppe nach Art. 30 Abs. 1 lit. c DS-RL, die Aufgabe, die Kommission zu beraten (Abs. 1 lit. b, c, q, r und s). **Abs. 1 lit. b** enthält eine **allgemeine Beratungsaufgabe** in Bezug auf alle Fragen, die im Zusammenhang mit dem Schutz personenbezogener Daten stehen. Dies beinhaltet auch Fragen zur Änderungen der Grundverordnung. Aus **Abs. 2** wird deutlich, dass eine solche Beratung in der Regel auf Ersuchen der Kommission stattfinden soll. Es steht dem EDSA jedoch frei, sich aus eigener Initiative an die Kommission zu wenden, wenn er Änderungsbedarf der DS-GVO erkennt oder auf Probleme bezüglich des Schutzes personenbezogener Daten hinweisen möchte. Findet die Beratung auf Ersuchen der Kommission statt, kann diese dem EDSA eine angemessene Frist setzen, wenn es sich um eine dringliche Angelegenheit handelt (Abs. 2). Aufgrund seiner Unabhängigkeit ist der EDSA jedoch nicht verpflichtet, die gesetzte Frist einzuhalten.[7] Allerdings wird teilweise eine Pflicht angenommen, die Angelegenheit zu priorisieren.[8]

5 Bei Abs. 1 lit. c, q, r und s handelt es sich um **Konkretisierungen** der in Abs. 1 lit. b genannten Beratungsaufgabe, die Konsultationen des EDSA vor Entscheidungen der Kommission im Rahmen von internationalen Datentransfers und

---

[3] www.icdppc.org.

[4] Beschlüsse abrufbar unter: https://secure.EDSB.europa.eu/EDSBWEB/EDSB/lang/de/Cooperation/Eurconference.

[5] www.privacyenforcement.net.

[6] www.berlin-privacy-group.org.

[7] BeckOK DatenschutzR/*Brink*, DS-GVO, Art. 70 Rn. 11; Kühling/Buchner/*Dix*, DS-GVO, Art. 70 Rn. 16; Sydow/*Schöndorf-Haubold*, Art. 70 Rn. 19.

[8] So Kühling/Buchner/*Dix*, DS-GVO, Art. 70 Rn. 16; abl. BeckOK DatenschutzR/*Brink*, DS-GVO, Art. 70 Rn. 11.

vor dem Erlass delegierter Rechtsakte nach Art. 92 betreffen. Im Bereich der **internationalen Datentransfers** nimmt **Abs. 1 lit. c** Bezug auf die sog. verbindlichen unternehmensinternen Datenschutzvorschriften (binding coporate rules), auf deren Grundlage ein Datentransfer in Drittstaaten erfolgen kann (→ Art. 47 Rn. 1). Nach Art. 47 Abs. 3 kann die Kommission dazu Format und Verfahren für den Informationsaustausch zwischen Verantwortlichen, Auftragsverarbeitern und Aufsichtsbehörden festlegen. Vor dieser Festlegung soll der EDSA die Kommission dazu beraten. Ebenfalls von großer Bedeutung sind Stellungnahmen für die Kommission nach **Abs. 1 lit. s:** Nach Art. 45 Abs. 3 kann die Kommission, wie schon nach der bisherigen DS-RL, einen Beschluss zur Angemessenheit des Datenschutzniveaus eines Drittlandes erlassen, der weitreichende Folgen für die Zulässigkeit von Datentransfers in dieses Drittland hat.[9] Die Konsequenz ist insbesondere, dass solche Datentransfers ohne Genehmigung möglich sind (→ Art. 45 Rn. 1). Vor einer solchen Entscheidung kann die Kommission den EDSA um eine Stellungnahme ersuchen. Dazu hat sie dem EDSA alle relevanten Unterlagen, insbesondere die Korrespondenz mit dem Drittstaat, rechtzeitig zur Verfügung zu stellen. Eine Verpflichtung der Kommission der Stellungnahme Rechnung zu tragen existiert nicht. Soweit eine solche aber eine Verfahrensvoraussetzung darstellt, muss diese abgewartet werden.[10]

6 Nach **Abs. 1 lit. r** hat der EDSA eine Stellungnahme zu standardisierten **Bildsymbolen** abzugeben. Um die Transparenz der Datenverarbeitung zu verbessern, kann die Kommission gem. Art. 12 Abs. 8 delegierte Rechtsakte nach Art. 92 zu Symbolen iSd Art. 12 Abs. 7 erlassen und in diesem Zusammenhang eine Stellungnahme des EDSA anfordern. Davon sollte auch Gebrauch gemacht werden, da standardisierte Bildsymbole in der Praxis europaweit eine erhebliche Bedeutung für die Herstellung von Transparenz nach Art. 12 erlangen können.[11] Ähnliches gilt für die EU-weite Anerkennung von **Verhaltensregeln** gem. Art. 40 Abs. 9 und die Festlegung von **Zertifizierungsanforderungen** gem. Art. 43 Abs. 8, in deren Rahmen die Kommission Stellungnahmen des EDSA gem. **Abs. 1 lit. q und x** einholen soll (→ Rn. 9 f.).

III. Leitlinien, Empfehlungen und best practices

7 Daneben hat der EDSA verschiedenste Leitlinien, Empfehlungen und sog. „bewährte Verfahren“ (best practices) bereitzustellen **(Abs. 1 lit. d–m).** Diese betreffen das Verfahren für die Löschung von Links gem. Art. 17 Abs. 2, das Profiling gem. Art. 22 Abs. 2, Feststellung von Verletzungen der Datensicherheit, die Faktoren, die ein erhöhtes Verarbeitungsrisiko iSd Art. 34 Abs. 1 begründen,[12] sowie die Ausübung der Befugnisse der Aufsichtsbehörden nach Art. 58 Abs. 1–3, inklusive der Festsetzung von Geldbußen nach Art. 83.[13] Dieselbe Aufgabe kommt dem EDSA im Bereich der Datentransfers in Drittstaaten zu, insbesondere bei verbindlichen unternehmensinternen Datenschutzvorschriften nach Art. 47 und den Bedingungen für die Datenübermittlungen nach Art. 49 Abs. 1. Der EDSA hat die Instrumente gem. Abs. 1 lit. l auf ihre Praktikabilität hin zu überprü-

[9] *Albrecht*, CR 2016, 88 (95).

[10] Ehmann/Selmayr/*Albrecht*, DS-GVO, Art. 70 Rn. 5; Kühling/Buchner/*Dix*, DS-GVO, Art. 70 Rn. 7.

[11] *Albrecht*, CR 2016, 88 (93).

[12] Vgl. *Artikel-29-Datenschutzgruppe*, WP 243 v. 4.10.2017.

[13] Vgl. *Artikel-29-Datenschutzgruppe*, WP 253 v. 3.10.2017.

fen. Nach Abs. 1 lit. m hat er zudem entsprechende Regeln zur Meldung von Verstößen gegen die Vertraulichkeitsvorschrift des Art. 54 Abs. 2 zu erstellen. Die Generalklausel des Abs. 1 lit. e stellt klar, dass der EDSA nicht auf die genannten Bereiche beschränkt ist, sondern Leitlinien, Empfehlungen und bewährte Verfahren zu allen Fragen der Anwendung der DS-GVO bearbeiten kann, soweit dies ein Mitglied des EDSA oder die Kommission beantragt.[14] Diese Dokumente sind gem. Abs. 3 zu veröffentlichen und müssen der Kommission sowie dem Ausschuss nach Art. 93 übermittelt werden. Die Artikel-29-Datenschutzgruppe hat bereits zT entsprechende Leitlinien verfasst, die förmlich durch den EDSA verabschiedet werden sollen, sobald die DS-GVO wirksam wird.[15]

Im ursprünglichen Kommissionsentwurf war vorgesehen, dass einige dieser **8** Bereiche durch Durchführungsverordnung bzw. durch delegierte Rechtsakte der Kommission selbst konkretisiert werden.[16] Dies konnte sich jedoch im Gesetzgebungsverfahren nicht durchsetzen, da bei einer derart weiten Rechtssetzungsbefugnis der Exekutive rechtstaatliche Bedenken existierten.[17] Außerdem wollte man eine zu große Distanz zwischen Normsetzung und Rechtsanwendung vermeiden, um die Praxistauglichkeit der konkretisierenden Regeln nicht zu gefährden. Da sich der EDSA aus den jeweils zuständigen Aufsichtsbehörden zusammensetzt und den hier genannten Instrumenten **keine unmittelbare rechtliche Bindungswirkung** zukommt,[18] greifen beide Bedenken bei Leitlinien des EDSA nicht. Sie werden gleichwohl in der Praxis erhebliche Bedeutung entfalten, da sie die Auffassung der Aufsichtsbehörden widerspiegeln.

IV. Förderung von Verhaltensregeln und Akkreditierung

Dem EDSA kommt darüber hinaus gem. **Abs. 1 lit. n** die Aufgabe zu, die **9** Ausarbeitung von Verhaltensregeln und die Einrichtung von Zertifizierungsverfahren, Datenschutzsiegeln und -prüfzeichen iSd Art. 40 und 42 zu fördern. Insbesondere hat der EDSA gem. Art. 40 Abs. 7 Verhaltensregeln, die Verarbeitungstätigkeiten in mehreren Mitgliedstaaten betreffen, auf ihre Vereinbarkeit mit der DS-GVO zu überprüfen und muss diese ggf. gem. Art. 40 Abs. 11 in sein Register aufnehmen und veröffentlichen. Die Kommission kann gem. Art. 40 Abs. 9 die so anerkannten Verhaltensregeln per Durchführungsverordnung für EU-weit gültig erklären. Vor dem Erlass einer solchen Durchführungsverordnung hat der EDSA gem. **Abs. 1 lit. x** eine Stellungnahme abzugeben.

Der EDSA hat gem. **Abs. 1 lit. o** die Aufgabe, Zertifizierungsstellen iSd **10** Art. 43 zu akkreditieren und regelmäßig zu überprüfen. Außerdem führt er ein öffentliches Register über akkreditierte Einrichtungen iSd Art. 43 Abs. 6 und der außerhalb der EU niedergelassenen akkreditierten Verantwortlichen und Auftragsverarbeiter gem. Art. 42 Abs. 7. Er hat ebenfalls gem. **Abs. 1 lit. p** iVm Art. 43

---

[14] Ehmann/Selmayr/*Albrecht*, DS-GVO, Art. 70 Rn. 7; Kühling/Buchner/*Dix*, DS-GVO, Art. 70 Rn. 10.

[15] ZB Leitlinien zur Datenportabilität (WP242), zum behördlichen und betrieblichen Datenschutzbeauftragten (WP 243), zur federführenden Aufsichtsbehörde (WP 244), zur Datenschutzfolgeabschätzung (WP 248), zu Bußgeldern (WP 253). Diese können zB unter www.datenschutz-berlin.de abgerufen werden.

[16] Kühling/Buchner/*Dix*, DS-GVO, Art. 70 Rn. 3.

[17] Subsidiaritätsrüge des BR, BR-Drs. 52/12, Beschl. v. 30.3.2012, Ziff. 2 und 3, dazu *Nguyen*, ZEuS 2012, 277 ff.

[18] Kühling/Buchner/*Dix*, DS-GVO, Art. 70 Rn. 8.

Abs. 3 die Aufgabe, die Kriterien zu genehmigen, nach welchen die Zertifizierungsstellen akkreditiert werden. Auch die Kommission kann Anforderungen festlegen, die im Zertifizierungsverfahren zu berücksichtigen sind (Art. 43 Abs. 8). Macht die Kommission von dieser Möglichkeit Gebrauch, hat der EDSA gem. **Abs. 1 lit. q** zuvor eine Stellungnahme abzugeben.

V. Konsultationen

11 **Abs. 4** regelt, dass der EDSA Konsultationen durchführen kann. Es entspricht bereits der bisherigen Praxis der Artikel-29-Datenschutzgruppe, bei besonders bedeutsamen Fragen **Vertreter der Wirtschaft, Zivilgesellschaft und Behörden** anzuhören. Grundsätzlich sind die Ergebnisse derartiger Konsultationen zu veröffentlichen, soweit sie nicht gem. Art. 76 Abs. 1 als vertraulich eingestuft werden müssen. Dies ist insbesondere dann der Fall, wenn im Zuge der Konsultationen Betriebs- und Geschäftsgeheimnisse offenbart werden (→ Art. 76 Rn. 2).

Art. 71 Berichterstattung

(1) [1]**Der Ausschuss erstellt einen Jahresbericht über den Schutz natürlicher Personen bei der Verarbeitung in der Union und gegebenenfalls in Drittländern und internationalen Organisationen.** [2]**Der Bericht wird veröffentlicht und dem Europäischen Parlament, dem Rat und der Kommission übermittelt.**

(2) **Der Jahresbericht enthält eine Überprüfung der praktischen Anwendung der in Artikel 70 Absatz 1 Buchstabe 1 genannten Leitlinien, Empfehlungen und bewährten Verfahren sowie der in Artikel 65 genannten verbindlichen Beschlüsse.**

Literatur: Vgl. die Hinweise zu Art. 68.

Übersicht

A. Allgemeines

1 Wie auch die Aufsichtsbehörden hat der EDSA einen **Jahresbericht** zu erstellen. Dieser soll zum einen das Handeln des EDSA transparent machen, zum anderen stellt er auch eine wichtige Möglichkeit dar, die Öffentlichkeit auf Risiken bei der Verarbeitung personenbezogener Daten hinzuweisen.[1] Bereits nach derzeitiger Rechtslage erstellt die Artikel-29-Datenschutzgruppe einen Jahresbericht, der Europäischem Parlament, Kommission und Rat übermittelt und veröffentlicht wird.[2] Er soll den Stand des Schutzes natürlicher Personen bei der Verarbeitung

[1] BeckOK DatenschutzR/*Brink*, DS-GVO, Art. 71 Rn. 4; Kühling/Buchner/*Dix*, DS-GVO, Art. 71 Rn. 4.

[2] Art. 30 Abs. 6 DS-RL Geschäftsordnung der Artikel-29-Datenschutzgruppe v. 15.2.2010.

personenbezogener Daten in der EU und in Drittländern reflektieren.[3] Auch andere **Einrichtungen der EU im Datenschutzbereich** sind verpflichtet, Tätigkeitsberichte zu erstellen, und können als Vorbild dienen. ZB erstellt der EDSB gem. Art. 48 VO (EG) Nr. 45/2001 einen jährlichen Tätigkeitsbericht.[4] Darüber hinaus veröffentlicht die Gemeinsame Kontrollinstanz von Europol, die die Einhaltung des Datenschutzes durch Europol kontrolliert, gem. Art. 34 Abs. 6 des Europol-Ratsbeschlusses vom 6.4.2009 in regelmäßigen Abständen Tätigkeitsberichte, die dem Europäischen Parlament und dem Rat zugeleitet werden.[5] Auch die Gemeinsame Kontrollinstanz, die nach Art. 115 des Übereinkommens zur Durchführung des Schengener Abkommens vom 14.6.1985 errichtet wurde, gibt alljährlich einen Tätigkeitsbericht heraus, der die erledigten Aufgaben und die erörterten Themen zusammenfasst.[6] Ebenso erstellt die Gemeinsame Kontrollinstanz von Eurojust regelmäßig Tätigkeitsberichte, die veröffentlicht werden.[7]

B. Einzelerläuterungen

Inhaltlich kann der Jahresbericht sämtliche Themen mit **datenschutzrechtlicher Relevanz** umfassen (Abs. 1 S. 1). Zwar besteht schon nach Art. 70 Abs. 3 die Verpflichtung, sämtliche Stellungnahmen, Leitlinien, Empfehlungen und bewährte Verfahren zu veröffentlichen. Allerdings sind diese gem. Art. 71 Abs. 2 zusätzlich im Jahresbericht aufzuführen, damit sich die Öffentlichkeit einen Überblick über die in dem Berichtszeitraum erlassenen Akte machen kann. Dasselbe gilt für Beschlüsse nach Art. 65 Abs. 1, die sowohl gem. Art. 65 Abs. 5 S. 3 auf der Internetseite des EDSA als auch gem. Art. 71 Abs. 2 im Jahresbericht zu veröffentlichen sind. Darüber hinaus kann der Jahresbericht nicht nur Informationen zum Datenschutz innerhalb der EU, sondern auch zu Drittländern und internationalen Organisationen enthalten. Dies ist insbesondere dann angezeigt, wenn diese im Zusammenhang mit internationalen Datentransfers nach Kapitel IV stehen. 2

Darüber, welche Informationen über die nach Art. 71 Abs. 2 obligatorischen hinaus veröffentlicht werden, hat der EDSA ein **weites Ermessen.** Bislang enthielt der Jahresbericht der Artikel-29-Datenschutzgruppe im Wesentlichen eine Zusammenfassung ihrer wichtigsten Stellungnahmen und Beschlüsse und Ausführungen zu den Tätigkeiten der einzelnen Datenschutzaufsichtsbehörden sowie eine Übersicht über datenschutzrechtliche Rechtsprechung. Nach der neuen Rechtslage kann auf Ausführungen zur Tätigkeit der nationalen Datenschutzbehörden verzichtet werden. Für solche Sachverhalte gilt vielmehr Art. 59. Zukünftig hat sich der Jahresbericht auf eigene Aktivitäten des EDSA und allgemeine Entwicklungen auf dem Gebiet des Datenschutzrechts zu beschränken. Ähnlich wie die Aufsichtsbehörden kann er in seinem Jahresbericht auch vor Risiken bestimmter Datenverarbeitungsvorgänge warnen. Ob und unter welchen Voraus- 3

[3] http://ec.europa.eu/justice/data-protection/article-29/documentation/annual-report/index_en.htm.

[4] https://secure.EDSB.europa.eu/EDSBWEB/EDSB/cache/offonce/lang/de/EDSB/Publications/AR.

[5] www.europoljsb.europa.eu/reports/activity-report.aspx?lang=de.

[6] www.bfdi.bund.de/DE/Infothek/Taetigkeitsberichte/_functions/TB_Schengen_table.html.

[7] www.bfdi.bund.de/DE/Europa_International/Europa/Justizielle_und_polizeiliche_Zusammenarbeit/Justizielle_Zusammenarbeit/Eurojust.html?nn=5217114.

setzungen der EDSA in seinem Jahresbericht bestimmte Unternehmen nennen darf, ist umstritten.[8] Für eine solche Befugnis spricht aber, dass der EDSA gem. Abs. 2 sogar verpflichtet ist, seine Einzelfallentscheidungen zu veröffentlichen (vgl. Art. 65 Abs. 2 S. 2), was angesichts der Bedeutung der vor dem EDSA verhandelten Fälle ohne eine zumindest implizite Nennung der betreffenden Unternehmen in vielen Fällen nicht möglich wäre.

Art. 72 Verfahrensweise

(1) **Sofern in dieser Verordnung nichts anderes bestimmt ist, fasst der Ausschuss seine Beschlüsse mit einfacher Mehrheit seiner Mitglieder.**

(2) **Der Ausschuss gibt sich mit einer Mehrheit von zwei Dritteln seiner Mitglieder eine Geschäftsordnung und legt seine Arbeitsweise fest.**

Literatur: Vgl. die Hinweise zu Art. 68.

Übersicht

A. Allgemeines

1 Dem Abstimmungsverfahren kommt aufgrund der Tatsache, dass der EDSA zukünftig verbindliche Entscheidungen treffen kann und dies auch muss (→ Art. 70 Rn. 1), erhebliche Bedeutung zu. Zwar gab es bereits bisher die Möglichkeit, Mehrheitsentscheidungen zu treffen.[1] Da die Entscheidungen der Artikel-29-Datenschutzgruppe in der Regel lediglich empfehlenden Charakter haben und ihnen bei Einstimmigkeit ungleich mehr Gewicht zukommt, wurde zumeist versucht, in langen Verhandlungen einen Konsens zu erzielen. Dies wird zukünftig weder erforderlich noch angesichts der strengen Fristen möglich sein, sodass mit einem starken **Anstieg von Mehrheitsentscheidungen** zu rechnen ist.[2]

2 Nicht unproblematisch ist dabei, dass jedes Mitglied des EDSA grundsätzlich eine Stimme besitzt, ohne dass dabei – anders als in anderen EU-Gremien (vgl. zB Art. 14 Abs. 2 und Art. 16 Abs. 4 EUV) – die Bevölkerungsgröße berücksichtigt wird.[3] Es besteht die Gefahr, dass eine Mehrzahl kleinerer Mitgliedstaaten ein Abstimmungsergebnis für sich entscheidet, obwohl diese lediglich zur Wahrung der Datenschutzrechte eines geringen Anteils der europäischen Bevölkerung berufen ist und von der Entscheidung des EDSA unter Umständen Einwohner aller Mitgliedstaaten betroffen sein können. Dies ist nicht nur im Hinblick auf die

---

[8] Zurückhaltend BeckOK DatenschutzR/*Brink*, DS-GVO, Art. 71 Rn. 11; diff. Kühling/Buchner/*Dix*, DS-GVO, Art. 71 Rn. 6.

[1] Vgl. Art. 12 Abs. 1 der Geschäftsordnung der Artikel-29-Datenschutzgruppe v. 15.2.2010.

[2] BeckOK DatenschutzR/*Brink*, DS-GVO, Art. 72 Rn. 5, 7.

[3] Vgl. Kühling/Buchner/*Dix*, DS-GVO, Art. 72 Rn. 5.

demokratische Legitimation der Entscheidungen des Gremiums bedenklich,[4] vielmehr besteht auch die Gefahr, dass Konzerne und Verbände ihren Einfluss insbesondere in kleineren Mitgliedstaaten geltend machen, in welchen sie eine unverzichtbare Rolle in der nationalen Wirtschaft spielen. Rechtfertigen lässt sich diese Verfahrensweise nur damit, dass die Aufsichtsbehörden als unabhängige Institutionen einer illegitimen Einflussnahme entzogen sein sollten (→ Art. 52 Rn. 1 ff.). Es bleibt zu hoffen, dass die Aufsichtsbehörden ihre Verantwortung für den Schutz personenbezogener Daten auch dann in aller Unabhängigkeit wahrnehmen, wenn sie unter Druck der heimischen Politik und der Wirtschaft geraten.

B. Einzelerläuterungen

Art. 72 legt das Abstimmungsverfahren im EDSA fest. Grundsätzlich werden Beschlüsse mit **einfacher Mehrheit der Mitglieder** gefasst. Mitglieder sind jeweils eine Datenschutzaufsichtsbehörde pro Mitgliedstaat und der EDSB (Art. 68 Abs. 3). Die Kommission hat hingegen kein Stimmrecht (Art. 68 Abs. 5). Der EDSB hat lediglich ein eingeschränktes Stimmrecht und darf in den in Art. 68 Abs. 6 genannten Fällen nicht mitabstimmen. Die Formulierung „mit einfacher Mehrheit der Mitglieder" ist zumindest nach deutschem Rechtsverständnis missverständlich. Grundsätzlich ist mit einfacher Mehrheit die Mehrheit der abgegebenen Stimmen gemeint (so zB Art. 42 Abs. 2 GG).[5] Dies entspricht auch der bisherigen Verfahrensweise der Artikel-29-Datenschutzgruppe.[6] Die „Mehrheit der Mitglieder" wird in der Regel als absolute Mehrheit bezeichnet (so zB Art. 63 Abs. 2, 121 GG).[7] Es ist davon auszugehen, dass es sich hierbei um eine Übersetzungsungenauigkeit handelt. Der in der englischen Sprachfassung verwendete Begriff „simple majority" ist nicht zwangsläufig mit einer „einfachen Mehrheit" im og Sinne gleichzusetzen. Es ist daher davon auszugehen, dass der Begriff „einfache Mehrheit" gewählt wurde, um ihn gegenüber einer qualifizierten Mehrheit, wie sie zB in Abs. 2 vorgesehen ist, abzugrenzen. Ein Beschluss ist somit erst dann angenommen, wenn **mindestens 15** Mitglieder der derzeit 29 Mitglieder für den Beschluss stimmen.[8] Das Abstimmungsquorum gilt nur, sofern die DS-GVO nichts anderes bestimmt. Abweichende Regeln sind außer in Abs. 2 noch in Art. 65 Abs. 2 S. 1 (Zweidrittelmehrheit) und in Art. 73 Abs. 1 (einfache Mehrheit der Anwesenden) enthalten. 3

Nach **Abs. 2** gibt sich der EDSA mit einer Mehrheit von zwei Dritteln seiner Mitglieder eine **Geschäftsordnung**. Diese wird derzeit von der Artikel-29-Datenschutzgruppe vorbereitet und soll mit Inkrafttreten der DS-GVO vom 4

[4] So auch BeckOK DatenschutzR/*Brink*, DS-GVO, Art. 72 Rn. 6; Sydow/*Schöndorf-Haubold*, Art. 72 Rn. 14; aA Auernhammer/*Hermerschmidt*, DSGVO, Art. 72 Rn. 3.

[5] OLG München, Beschl. v. 29.1.2008 – 31 Wx 78/07, Rn. 23; Schmidt-Bleibtreu/Hofmann/Henneke/*Kluth*, GG, Art. 42 Rn. 12.

[6] Art. 12 Abs. 1 Geschäftsordnung der Artikel-29-Datenschutzgruppe v. 15.2.2010.

[7] Schmidt-Bleibtreu/Hofmann/Henneke/*Kluth*, GG, Art. 121 Rn. 6; vgl. auch § 196 GVG.

[8] Kühling/Buchner/*Dix*, DS-GVO, Art. 72 Rn. 5; Auernhammer/*Hermerschmidt*, DSGVO, Art. 72 Rn. 4; iE auch BeckOK DatenschutzR/*Brink*, DS-GVO, Art. 72 Rn. 8; Sydow/*Schöndorf-Haubold*, Art. 72 Rn. 3 ff.

EDSA angenommen werden.[9] Sie sollte insbesondere die Voraussetzungen für eine Beschlussfassung im schriftlichen Umlaufverfahren außerhalb der turnusmäßigen Sitzungen des EDSA schaffen.[10] Schon die Artikel-29-Datenschutzgruppe kennt ein schriftliches Umlaufverfahren, welches angewendet wird, wenn dies der Vorsitz aufgrund der Dringlichkeit beschließt oder die Gruppe dies einstimmig entscheidet.[11] Aufgrund der strengen Fristen, insbesondere im Rahmen des Kohärenzverfahrens, sind Beschlussfassungen im schriftlichen Umlaufverfahren jedoch alternativlos und werden die Regel darstellen.

Art. 73 Vorsitz

(1) **Der Ausschuss wählt aus dem Kreis seiner Mitglieder mit einfacher Mehrheit einen Vorsitzenden und zwei stellvertretende Vorsitzende.**

(2) **Die Amtszeit des Vorsitzenden und seiner beiden Stellvertreter beträgt fünf Jahre; ihre einmalige Wiederwahl ist zulässig.**

Literatur: Vgl. die Hinweise zu Art. 68.

Übersicht

A. Allgemeines

1 Der Vorsitz gewinnt gegenüber dem der Artikel-29-Datenschutzgruppe stark an Bedeutung. Er muss nicht nur die in Art. 74 bezeichneten Aufgaben wahrnehmen, sondern vertritt den EDSA (Erwägungsgrund 139 S. 3) und kann damit gegenüber Drittstaaten als **Sprachrohr der Datenschutzaufsichtsbehörden in Europa** auftreten. Im Gesetzgebungsverfahren war insbesondere umstritten, ob der Vorsitz hauptamtlich arbeiten oder sein Amt neben dem der Leitung einer nationalen Aufsichtsbehörde ausüben sollte.[1] Für einen hauptamtlichen Vorsitz sprach insbesondere, dass die Aufgaben des EDSA gegenüber denjenigen der Artikel-29-Datenschutzgruppe stark zugenommen haben und diese von einem nebenamtlichen Vorsitz kaum alleine koordiniert werden können.[2] Insbesondere wurde befürchtet, dass Leitungspersonen kleinerer Aufsichtsbehörden, die über wenig Personal verfügen, damit faktisch vom Vorsitz ausgeschlossen werden, was mit der Wahl Österreichs allerdings schon wieder widerlegt wurde. Der Gesetzgeber wollte allerdings in Zeiten des Bürokratieabbaus unbedingt den Eindruck einer

---

[9] Ausf. Auernhammer/*Hermerschmidt*, DSGVO, Art. 72 Rn. 9 ff.

[10] BeckOK DatenschutzR/*Brink*, DS-GVO, Art. 72 Rn. 14.

[11] Art. 12 Abs. 1 Geschäftsordnung der Artikel-29-Datenschutzgruppe v. 15.2.2010.

[1] Paal/Pauly/*Körffer*, DS-GVO, Art. 73 Rn. 1; Kühling/Buchner/*Dix*, DS-GVO, Art. 73 Rn. 3.

[2] BeckOK DatenschutzR/*Brink*, DS-GVO, Art. 73 Rn. 6, 10; Sydow/*Regenhardt*, Art. 73 Rn. 3.

Erweiterung des Brüsseler Verwaltungsapparats vermeiden, der durch einen hauptamtlichen Vorsitz entstehen könnte. Außerdem wurde befürchtet, dass ein hauptamtlicher Vorsitz, der nicht verpflichtet ist, die Beschlüsse des EDSA in seinem Heimatland umzusetzen, die Rückkoppelung an die Datenschutzpraxis und damit seine Legitimation verlieren könnte. Schließlich sollte eine Abstufung zwischen Vorsitz und einfachen Mitgliedern vermieden werden, sodass im Ergebnis der Vorsitz als **primus inter pares** ausgestaltet wurde. Ob Leitungspersonen kleinerer Behörden den Vorsitz übernehmen können, wird insbesondere von der Ausstattung des Sekretariats abhängen.[3] Um die Arbeitslast für den Vorsitzenden zu reduzieren, hat dieser außerdem die Möglichkeit, enger mit seinen Stellvertretern zusammenzuarbeiten (→ Art. 74 Rn. 5).[4]

B. Einzelerläuterungen

I. Wahl

2 Der Vorsitz wird aus dem **Kreis der Mitglieder** des EDSA gewählt. Dementsprechend wäre es auch möglich, dass der EDSB den Vorsitz führt.[5] Die Kommission kann nicht als Vorsitz gewählt werden, da diese kein Mitglied des EDSA ist, sondern lediglich ohne Stimmrecht an seinen Sitzungen teilnimmt (Art. 68 Abs. 4 S. 1). Anders als im Regelfall des Art. 72 Abs. 1 vorgesehen, genügt zur Wahl des Vorsitzes eine einfache Mehrheit, also die Mehrheit der abgegebenen Stimmen.[6] Damit soll verhindert werden, dass das Gremium handlungsunfähig wird, wenn zur Wahl mehrere Mitglieder fernbleiben. Dies stellt eine Abkehr von der bisherigen Geschäftsordnung der Artikel-29-Datenschutzgruppe dar, nach welcher der Vorsitz mit absoluter Mehrheit gewählt wurde.[7] Im selben Verfahren werden zwei stellvertretende Vorsitzende gewählt. Schon die Artikel-29-Datenschutzgruppe verfügte über zwei stellvertretende Vorsitzende, die allerdings in den letzten Jahren kaum in Erscheinung getreten sind. Aufgrund der Vielzahl der Aufgaben des Vorsitzenden ist es zu erwarten, dass zukünftig mehr Aufgaben von den Stellvertretern wahrgenommen werden, was in der Geschäftsordnung geregelt werden kann (Art. 74 Abs. 2).

II. Amtszeit

3 Die Amtszeit des Vorsitzes und seiner Stellvertreter wurde im Vergleich zu Art. 29 Abs. 4 S. 2 DS-RL um drei Jahre auf fünf Jahre verlängert. Wie bisher ist eine einmalige Wiederwahl möglich.[8] Die Verlängerungen der Amtsperioden ist vor allem damit zu erklären, dass das Amt des Vorsitzenden mit mehr **Kontinuität** geführt werden soll. Gerade aufgrund der Vielzahl spezifischer Aufgaben des Aus-

[3] Sydow/*Regenhardt*, Art. 73 Rn. 10.

[4] Sydow/*Regenhardt*, Art. 73 Rn. 3.

[5] Ehmann/Selmayr/*Albrecht*, DS-GVO, Art. 73 Rn. 3; Kühling/Buchner/*Dix*, DS-GVO, Art. 73 Rn. 5.

[6] Kühling/Buchner/*Dix*, DS-GVO, Art. 73 Rn. 5; Sydow/*Schöndorf-Haubold*, Art. 72 Rn. 5; Sydow/*Regenhardt*, Art. 73 Rn. 6; aA BeckOK DatenschutzR/*Brink*, DS-GVO, Art. 73 Rn. 12; Auernhammer/*Hermerschmidt*, DSGVO, Art. 73 Rn. 6.

[7] Art. 3 Abs. 2 Geschäftsordnung der Artikel-29-Datenschutzgruppe v. 15.2.2010.

[8] Vgl. Art. 3 Abs. 3 S. 2 Geschäftsordnung der Artikel-29-Datenschutzgruppe v. 15.2.2010.

schusses nach Art. 70 Abs. 1 wird eine gewisse Einarbeitungszeit benötigt. Für die Kontinuität wäre es von Vorteil, wenn der Vorsitzende zunächst eine Amtsperiode als Stellvertreter tätig ist. Problematisch ist in diesem Zusammenhang, dass die DS-GVO kein Verfahren für den Fall vorsieht, dass der Vorsitz während seiner Amtszeit in seinem Mitgliedstaat als Leitungsperson seiner Aufsichtsbehörde nicht wieder gewählt wird, was aufgrund der verlängerten Amtsperiode nicht unwahrscheinlich ist (zur BfDI → Art. 53 Rn. 8).[9] Nach Art. 68 Abs. 3 wäre ein solcher Vorsitz nicht länger Mitglied des EDSA und könnte demnach sein Amt nicht mehr ausüben. Auch sein Nachfolger als Leitungsperson seiner Aufsichtsbehörde würde nicht automatisch als Vorsitz nachrücken. Vielmehr müsste in diesem Fall neu gewählt werden. Es ist zu erwarten, dass die Geschäftsordnung des EDSA Regelungen für diesen Fall bereithalten wird.

Art. 74 Aufgaben des Vorsitzes

(1) **Der Vorsitz hat folgende Aufgaben:**

a) Einberufung der Sitzungen des Ausschusses und Erstellung der Tagesordnungen,

b) Übermittlung der Beschlüsse des Ausschusses nach Artikel 65 an die federführende Aufsichtsbehörde und die betroffenen Aufsichtsbehörden,

c) Sicherstellung einer rechtzeitigen Ausführung der Aufgaben des Ausschusses, insbesondere der Aufgaben im Zusammenhang mit dem Kohärenzverfahren nach Artikel 63.

(2) **Der Ausschuss legt die Aufteilung der Aufgaben zwischen dem Vorsitzenden und dessen Stellvertretern in seiner Geschäftsordnung fest.**

Literatur: Vgl. die Hinweise zu Art. 68.

Übersicht

A. Allgemeines

1 Die Anzahl der Aufgaben des Vorsitzes ist im Vergleich zu denen der Artikel-29-Datenschutzgruppe stark angestiegen. Bislang hatte der Vorsitz im Wesentlichen die Aufgabe, die Sitzungen der Artikel-29-Datenschutzgruppe anzuberaumen,[1] die Tagesordnung festzulegen[2] und für die notwendigen Unterlagen zu sorgen.[3] Die Bedeutung des Vorsitzes ging auch in der Vergangenheit weit über

---

[9] Zur Problematik auch Kühling/Buchner/*Dix*, DS-GVO, Art. 73 Rn. 6 und Auernhammer/*Hermerschmidt*, DSGVO, Art. 73 Rn. 10 ff.

[1] Art. 5 Abs. 2 Geschäftsordnung der Artikel-29-Datenschutzgruppe v. 15.2.2010.

[2] Art. 7 Abs. 1 Geschäftsordnung der Artikel-29-Datenschutzgruppe v. 15.2.2010.

[3] Art. 7 Abs. 4 Geschäftsordnung der Artikel-29-Datenschutzgruppe v. 15.2.2010.

die Wahrnehmung dieser administrativen Aufgaben hinaus. Der Vorsitz wird allgemein als **Sprecher der europäischen Datenschutzaufsicht** wahrgenommen (→ Art. 68 Rn. 4) und hat diese Funktion immer wieder genutzt, um innerhalb und außerhalb der Artikel-29-Datenschutzgruppe datenschutzrechtliche Debatten voranzutreiben und eigene Akzente zu setzen. Seine Bedeutung wächst unter der DS-GVO weiter, was nicht primär an den in Art. 74 Abs. 1 lit. a–c normierten Aufgaben liegt, sondern vielmehr an der Ausweitung der Aufgaben des EDSA selbst und dessen Fähigkeit, verbindliche Entscheidungen zu treffen, die der Vorsitz aufgrund seiner Stellung maßgeblich prägen kann. Zwar ist er als **primus inter pares** den anderen Mitgliedern des EDSA gleichgestellt, gleichwohl kann er durch die Sitzungsleitung erheblichen Einfluss auf die Diskussionen im EDSA nehmen und dessen Aufmerksamkeit auf bestimmte Themen lenken.

B. Einzelerläuterungen

I. Aufgaben

Nach Abs. 1 lit. a hat der Vorsitz die Sitzungen des Ausschusses einzuberufen und die **Tagesordnung** zu erstellen. Dies entspricht den bisherigen Pflichten des Vorsitzes der Artikel-29-Datenschutzgruppe.[4] Mit der Erstellung der Tagesordnung kann der Vorsitz darüber entscheiden, mit welchen Themen sich der Ausschuss über seine Pflichtaufgaben hinaus beschäftigt. Auch wenn jedes andere ordentliche Mitglied des EDSA Themen zur Tagesordnung vorschlagen kann,[5] hat der Vorsitz so die Möglichkeit, Akzente zu setzen und zu beeinflussen, auf welche Themen besonderes Gewicht gelegt wird. Weitere Einzelheiten können in der Geschäftsordnung nach Art. 72 Abs. 2 festgelegt werden. Insbesondere sollte dort auch die umstrittene Frage geregelt werden, ob der Vorsitz verpflichtet ist, die von den Mitgliedern vorgeschlagenen Themen auf die Tagesordnung zu setzen.[6] 2

Darüber hinaus hat der Vorsitz gem. Abs. 1 lit. b die Aufgabe, die **Beschlüsse des EDSA im Kohärenzverfahren** nach Art. 65 an die federführende und die betroffenen Aufsichtsbehörden zu übermitteln. Diese Aufgabe verdient besondere Erwähnung, da mit der Mitteilung an die federführende Aufsichtsbehörde die Monatsfrist beginnt, innerhalb welcher diese den Beschluss gem. Art. 65 Abs. 6 innerstaatlich umsetzen muss. Außerdem beginnt damit auch die Frist, innerhalb welcher sich die federführende und die betroffenen Aufsichtsbehörden gerichtlich gegen den Beschluss wehren können (→ Art. 65 Rn. 14).[7] 3

Abs. 1 lit. c verpflichtet den Vorsitz, sicherzustellen, dass der EDSA seine Aufgaben nach Art. 70 **rechtzeitig** ausführt. Dies betrifft vor allem solche Aufgaben, bei denen der EDSA einer bestimmten Frist unterliegt. Damit ist in erster Linie das Kohärenzverfahren nach Art. 63 ff. gemeint, allerdings kann auch die Kommission dem EDSA eine Frist setzen (Art. 70 Abs. 2), wenn diese den EDSA um Rat (Art. 70 Abs. 1 lit. b, c und e) bzw. um eine Stellungnahme (Art. 70 Abs. 1 lit. q, r und s) ersucht. Auch wenn in den sonstigen Fällen des Art. 70 Abs. 1 keine 4

---

[4] Art. 5 Abs. 2 und Art. 7 Abs. 1 Geschäftsordnung der Artikel-29-Datenschutzgruppe v. 15.2.2010.

[5] Bisher Art. 7 Abs. 2 Geschäftsordnung der Artikel-29-Datenschutzgruppe v. 15.2.2010.

[6] Abl. Kühling/Buchner/*Dix*, DS-GVO, Art. 74 Rn. 5; bejahend BeckOK DatenschutzR/*Brink*, DS-GVO, Art. 74 Rn. 8.

[7] BeckOK DatenschutzR/*Brink*, DS-GVO, Art. 74 Rn. 9.

bestimmte Frist angeordnet ist, sollte der Vorsitz dafür sorgen, dass alle Aufgaben in einem angemessenen Zeitraum bewältigt werden.

II. Aufgabenverteilung

5 Die Aufgaben des Vorsitzes können zwischen ihm und seinen beiden Stellvertretern gem. Abs. 2 aufgeteilt werden. Bislang waren die Stellvertreter des Vorsitzes der Artikel-29-Datenschutzgruppe lediglich verpflichtet, in Abwesenheit des Vorsitzes die Sitzung zu leiten.[8] Da die og Aufgaben kaum durch eine Person zu bewältigen sind, bietet es sich an, davon Gebrauch zu machen und den Stellvertretern einen **eigenen Verantwortungsbereich** im Rahmen der Kontrolle der rechtzeitigen Durchführung der in Art. 70 Abs. 1 genannten Aufgaben zu überlassen.[9] Dies müsste in einer Geschäftsordnung nach Art. 72 Abs. 2 festgelegt werden. Die Gesamtverantwortung bleibt beim Vorsitz.

Art. 75 Sekretariat

(1) **Der Ausschuss wird von einem Sekretariat unterstützt, das von dem Europäischen Datenschutzbeauftragten bereitgestellt wird.**

(2) **Das Sekretariat führt seine Aufgaben ausschließlich auf Anweisung des Vorsitzes des Ausschusses aus.**

(3) **Das Personal des Europäischen Datenschutzbeauftragten, das an der Wahrnehmung der dem Ausschuss gemäß dieser Verordnung übertragenen Aufgaben beteiligt ist, unterliegt anderen Berichtspflichten als das Personal, das an der Wahrnehmung der dem Europäischen Datenschutzbeauftragten übertragenen Aufgaben beteiligt ist.**

(4) **Soweit angebracht, erstellen und veröffentlichen der Ausschuss und der Europäische Datenschutzbeauftragte eine Vereinbarung zur Anwendung des vorliegenden Artikels, in der die Bedingungen ihrer Zusammenarbeit festgelegt sind und die für das Personal des Europäischen Datenschutzbeauftragten gilt, das an der Wahrnehmung der dem Ausschuss gemäß dieser Verordnung übertragenen Aufgaben beteiligt ist.**

(5) **Das Sekretariat leistet dem Ausschuss analytische, administrative und logistische Unterstützung.**

(6) **Das Sekretariat ist insbesondere verantwortlich für**
- **a) das Tagesgeschäft des Ausschusses,**
- **b) die Kommunikation zwischen den Mitgliedern des Ausschusses, seinem Vorsitz und der Kommission,**
- **c) die Kommunikation mit anderen Organen und mit der Öffentlichkeit,**
- **d) den Rückgriff auf elektronische Mittel für die interne und die externe Kommunikation,**
- **e) die Übersetzung sachdienlicher Informationen,**
- **f) die Vor- und Nachbereitung der Sitzungen des Ausschusses,**
- **g) die Vorbereitung, Abfassung und Veröffentlichung von Stellungnahmen, von Beschlüssen über die Beilegung von Streitigkeiten zwischen**

---

[8] Art. 11 Abs. 3 Geschäftsordnung der Artikel-29-Datenschutzgruppe v. 15.2.2010.

[9] So auch BeckOK DatenschutzR/*Brink*, DS-GVO, Art. 74 Rn. 12; für eine flexible Arbeitsteilung Kühling/Buchner/*Dix*, DS-GVO, Art. 74 Rn. 9.

Aufsichtsbehörden und von sonstigen vom Ausschuss angenommenen Dokumenten.

Literatur: Vgl. die Hinweise zu Art. 68.

Übersicht

A. Allgemeines

Das Sekretariat hat die Aufgabe, den EDSA bei der Erfüllung seiner Aufgaben zu unterstützen (Abs. 1, Erwägungsgrund 140). Ihm kommt damit eine große Bedeutung zu. Da die Mitglieder des EDSA ihre Aufgaben neben ihren Aufgaben als Leitungspersonen nationaler Aufsichtsbehörden wahrnehmen, ist das Sekretariat die einzige Stelle, die **permanent und ausschließlich mit Aufgaben des EDSA** betraut ist. Darüber hinaus sind die Aufgaben des Sekretariats nicht nur quantitativ, sondern auch qualitativ gegenüber dem Sekretariat der Artikel-29-Datenschutzgruppe gewachsen (Abs. 5 und 6). Da der EDSA kein eigenes Sekretariat erhält, sondern dies vom EDSB gestellt wird, enthält die Vorschrift in Abs. 2–4 Regelungen, die die Unabhängigkeit des EDSA gegenüber dem EDSB gewährleisten sollen. **1**

B. Einzelerläuterungen

I. Ansiedlung des Sekretariats beim EDSB (Abs. 1)

Die Bedeutung und der Einfluss des Sekretariats sind gegenüber der DS-RL deutlich gestiegen. Dies liegt nicht nur an dem deutlich gewachsenen Personalkörper, sondern vor allem daran, dass das Sekretariat zukünftig nicht nur administrative und logistische, sondern nach Abs. 5 auch analytische Aufgaben erhält (→ Rn. 5). Daher war die Ansiedlung des Ausschusssekretariats beim EDSB gem. Abs. 1 nicht unumstritten,[1] da diesem so eine besonders **starke Stellung im Aufsichtsgefüge** zukommt, obwohl er kaum Zuständigkeiten im nichtöffentlichen Bereich hat, in welchem sich die meisten Verfahren vor dem EDSA abspielen werden. Es wurde zudem befürchtet, dass so ein Konkurrenzverhältnis zum Vorsitz entstehen könnte, welches möglichst vermieden werden sollte. Die nächstliegende Lösung, dem EDSA ein eigenes Sekretariat zu schaffen, wurde aufgrund der politischen Vorgabe, keine neuen EU-Einrichtungen mit eigenem Personalkörper zu schaffen, im Gesetzgebungsverfahren verworfen.[2] Immerhin stellt die Ansied- **2**

---

[1] Krit. insb. BeckOK DatenschutzR/*Brink*, DS-GVO, Art. 75 Rn. 21; Paal/Pauly/*Körffer*, DS-GVO, Art. 75 Rn. 3.

[2] *Nguyen*, ZD 2015, 265 (269); *Artikel-29-Datenschutzgruppe,* WP 29, Stellungnahme 01/2012 v. 23.3.2012, 00530/12/DE WE 191, S. 25; Sydow/*Regenhardt*, Art. 75 Rn. 11.

lung des Sekretariats eine wesentliche Verbesserung zum Status quo dar.[3] Bislang ist das Sekretariat der Artikel-29-Datenschutzgruppe gem. Art. 29 Abs. 5 DS-RL bei der Kommission angesiedelt, was im Hinblick auf die ihre Unabhängigkeit nicht unbedenklich ist, da nicht alle der vielfältigen Aufgaben der Kommission in einem konfliktfreien Verhältnis zum Schutz personenbezogener Daten stehen.

II. Trennung zwischen EDSA und EDSB (Abs. 2–4)

3 Um derartigen Bedenken entgegenzutreten, hat der Gesetzgeber mehrere Maßnahmen zur **Trennung beider Institutionen** getroffen (vgl. Erwägungsgrund 140 S. 2). Erstens wurde in Abs. 2 festgelegt, dass das Sekretariat ausschließlich auf Weisung des Vorsitzes des Ausschusses agiert. Zweitens unterliegt das Personal des Sekretariats anderen Berichtspflichten als das übrige Personal des EDSB, welches die regulären Aufgaben des EDSB nach Art. 46 VO (EG) Nr. 45/2001 wahrnimmt.[4] Wie die Rechte und Pflichten des Personals des EDSB ausgestaltet werden, welches für den EDSA tätig ist, kann in einer Vereinbarung zwischen den beiden Einrichtungen geregelt werden. Darin können auch die sonstigen Bedingungen für die Zusammenarbeit der beiden Gremien niedergelegt werden (Abs. 4). Allerdings können derartige vertragliche Regelungen nichts daran ändern, dass es sich beim Sekretariatspersonal in der Regel um EU-Beamte handelt.[5]

III. Aufgaben des Sekretariats (Abs. 5 und 6)

4 Die Aufgaben des Sekretariats werden in den Abs. 5 und 6 definiert. Danach leistet das Sekretariat analytische, administrative und logistische Unterstützung und ist insbesondere für das **Tagesgeschäft** (Abs. 6 lit. a), die **Kommunikation** mit den verschiedenen Akteuren (Abs. 6 lit. b–d) und die Vor- und Nachbereitungen der Sitzungen (Abs. 6 lit. f) verantwortlich. Besonderen Raum wird die **Übersetzung** sachdienlicher Informationen iSd Abs. 6 lit. e einnehmen.[6] Dies schließt insbesondere die Übersetzung von Dokumenten ein, die im Rahmen des Kohärenzverfahrens nach Art. 63 ff. innerhalb der dort geregelten Fristen übermittelt und bearbeitet werden müssen. Auch bei den sonstigen Stellungnahmen und Beschlüssen des EDSA ist ein enormer Übersetzungsbedarf zu erwarten. Die Frage der Übersetzung von Dokumenten, die vor der Befassung des EDSA, zB im Verfahren der Zusammenarbeit nach Art. 60, der Amtshilfe nach Art. 61 und der gemeinsamen Maßnahmen nach Art. 62 anfallen, ist indes nicht geregelt.

5 Neu gegenüber der bisherigen Rechtslage ist insbesondere, dass das Sekretariat nicht mehr ausschließlich mit administrativen bzw. logistischen Aufgaben betraut ist, sondern auch **analytische** Aufgaben durchführt.[7] Gem. Abs. 6 lit. b ist das Sekretariat auch für die Vorbereitung und Abfassung von Stellungnahmen, Beschlüssen über Streitbeilegung nach Art. 65 und sonstigen Dokumenten des EDSA verantwortlich. Bislang nahm die Kommission ausschließlich Sekretariatsaufgaben wahr, die inhaltliche Arbeit wurde von Unterarbeitsgruppen durchgeführt, die die Artikel-29-Datenschutzgruppe nach Art. 16 Abs. 1 der Geschäfts-

---

[3] Sydow/*Regenhardt*, Art. 75 Rn. 5; Kühling/Buchner/*Dix*, DS-GVO, Art. 75 Rn. 5.
[4] IE Sydow/*Regenhardt*, Art. 75 Rn. 7.
[5] Krit. insb. BeckOK DatenschutzR/*Brink*, Art. 75 Rn. 7.
[6] Ehmann/Selmayr/*Albrecht*, DS-GVO, Art. 75 Rn. 4.
[7] Dazu krit. Paal/Pauly/*Körffer*, DS-GVO, Art. 75 Rn. 3.

ordnung der Artikel-29-Datenschutzgruppe vom 15.2.2010 eingerichtet hat. Es existierten acht verschiedene Arbeitsgruppen, die aus Vertretern der Aufsichtsbehörden auf Arbeitsebene zusammengesetzt sind und die Beschlüsse des Plenums vorbereiten.[8] Es ist zu erwarten, dass der EDSA zur Bewältigung seiner vielfältigen Aufgaben nach Art. 70 Abs. 1 ebenfalls derartige Untergruppen einsetzt.[9] Wenn die inhaltliche Vorbereitung der Beschlüsse ausschließlich durch das Sekretariat vorgenommen würde, wäre dies im Hinblick auf die Unabhängigkeit des EDSA und der dort vertretenen Aufsichtsbehörden nicht unbedenklich und entspräche nicht der organisatorischen Binnenstruktur des EDSA.[10] Abs. 1 und 5 sowie Erwägungsgrund 140 weisen dem Sekretariat zudem eine lediglich unterstützende Funktion zu, so dass der wesentliche Inhalt der Äußerungen des EDSA von seinen Mitgliedern kommen muss. Vorbereitende juristische Analysen, wie zB die Auswertung der einschlägigen Rechtsprechung, sind jedoch zulässig.[11] Daher stellt das Sekretariat gerade keine „zentrale Europäische Datenschutzbehörde" dar.[12]

Art. 76 Vertraulichkeit

(1) **Die Beratungen des Ausschusses sind gemäß seiner Geschäftsordnung vertraulich, wenn der Ausschuss dies für erforderlich hält.**

(2) **Der Zugang zu Dokumenten, die Mitgliedern des Ausschusses, Sachverständigen und Vertretern von Dritten vorgelegt werden, wird durch die Verordnung (EG) Nr. 1049/2001 des Europäischen Parlaments und des Rates[1] geregelt.**

Literatur: Vgl. die Hinweise zu Art. 68.

Übersicht

A. Allgemeines

Die Vertraulichkeitsregelung wurde erforderlich, da der EDSA, anders als die bisherige Artikel-29-Datenschutzgruppe, **konkrete Fälle** bearbeitet, sodass der 1

[8] Future of Privacy subgroup, Key Provisions subgroup, Technology subgroup, International Transfers subgroup, Borders, Travel and Law Enforcement subgroup, E-government subgroup, Financial matters subgroup, Cooperation subgroup.

[9] Paal/Pauly/*Körffer*, DS-GVO, Art. 72 Rn. 3.

[10] Sydow/*Regenhardt*, Art. 75 Rn. 7; iErg auch Kühling/Buchner/*Dix*, DS-GVO, Art. 75 Rn. 10.

[11] Kühling/Buchner/*Dix*, DS-GVO, Art. 75 Rn. 9; Ehmann/Selmayr/*Albrecht*, DS-GVO, Art. 75 Rn. 4; Paal/Pauly/*Körffer*, DS-GVO, Art. 75 Rn. 3.

[12] *v. Lewinski*, NVwZ 2017, 1483; so aber Sydow/*Regenhardt*, Art. 75 Rn. 1.

[1] **Amtl. Anm.:** Verordnung (EG) Nr. 1049/2001 des Europäischen Parlaments und des Rates vom 30. Mai 2001 über den Zugang der Öffentlichkeit zu Dokumenten des Europäischen Parlaments, des Rates und der Kommission (ABl. L 145 vom 31.5.2001, S. 43).

EDSA personenbezogene Daten der Betroffenen und der sonstigen Beteiligten verarbeitet. Ähnlich wie die Vertraulichkeitsregelung des Art. 54 Abs. 2 dient sie allerdings auch dem öffentlichen Interesse und soll gewährleisten, dass der EDSA seine Aufgaben effektiv erfüllen kann.[2] Dazu gehört auch, dass Gesprächspartnern, zB im Rahmen von Anhörungen nach Art. 70 Abs. 4, Vertraulichkeit zugesichert werden kann, wenn es zB um die Betriebs- und Geschäftsgeheimnisse geht.[3]

B. Einzelerläuterungen

I. Vertraulichkeit

2 Anders als bei Art. 54 Abs. 2 bestimmt der EDSA selbst, wann eine Beratung als vertraulich einzustufen ist. Abs. 1 räumt ihm dazu einen **erheblichen Spielraum** ein.[4] Konkretisierungen können in der Geschäftsordnung gem. Art. 72 Abs. 2 festgelegt werden. Diese werden insbesondere den Schutz personenbezogener Daten betreffen, da zukünftig auch konkrete Fälle Gegenstand von Beratungen des EDSA sein können (Art. 63 ff.). Daneben werden regelmäßig im Rahmen von Konsultationen nach Art. 70 Abs. 4 Betriebs- und Geschäftsgeheimnisse offenbart. Um einen offenen Dialog mit der Wirtschaft zu ermöglichen, ist es absolut notwendig, dass diese darauf vertrauen kann, dass Betriebs- und Geschäftsgeheimnisse nicht an Dritte weitergegeben werden. Der Entscheidungsspielraum endet dort, wo für die Vertraulichkeit kein sachlicher Grund besteht.

II. Transparenz

3 Wie alle Einrichtungen der EU ist der EDSA gem. Art. 298 AEUV und Art. 41 Abs. 2 zweiter Gedankenstrich GRCh zur Offenheit und zur Transparenz verpflichtet.[5] Eine sekundärrechtliche Verpflichtung ergibt sich für die Organe der EU aus der VO (EG) Nr. 1049/2001. Da der EDSA zwar eine Einrichtung aber kein Organ der EU ist, wurde die VO gem. Abs. 2 für anwendbar erklärt. Nach dem Wortlaut des Abs. 2 betrifft dies allerdings lediglich Dokumente, die von Mitgliedern des EDSA, von Sachverständigen oder Vertretern von Dritten vorgelegt werden.[6] Für alle anderen Dokumente und Inhalte der Beratungen im EDSA gilt diese Verordnung nicht, sodass es bei den primärrechtlichen Transparenzgrundsätzen bleibt.[7] Die VO (EG) Nr. 1049/2001 enthält in Art. 4 überdies zahlreiche Ausschlussgründe ua zum Schutz personenbezogener Daten und von **Geschäfts- und Betriebsgeheimnissen.**[8] Diese Regelungen gehen als vorrangiges EU-Recht nationalem Recht wie zB den Informationsfreiheitsgesetzen vor.[9]

---

[2] Sydow/*Regenhardt*, Art. 76 Rn. 1.

[3] BeckOK DatenschutzR/*Brink*, DS-GVO, Art. 76 Rn. 1.

[4] Sydow/*Regenhardt*, Art. 76 Rn. 6, 12.

[5] Grabitz/Hilf/Nettesheim/*Rösslein*/*Krajewski*, AEUV, Art. 298 Rn. 18; von der Groeben/Schwarze/*Reithmann*, AEUV, Art. 298 Rn. 9; vgl auch Art. 22, 23 des Europäischen Kodex für gute Verwaltungspraxis.

[6] Kühling/Buchner/*Dix*, DS-GVO, Art. 76 Rn. 6; aA Sydow/*Regenhardt*, Art. 76 Rn. 9; BeckOK DatenschutzR/*Brink*, DS-GVO, Art. 76 Rn. 10, die auch vom EDSA selbst erstellte Dokumente erfasst sehen.

[7] So auch Kühling/Buchner/*Dix*, DS-GVO, Art. 76 Rn. 6.

[8] Sydow/*Regenhardt*, Art. 76 Rn. 10.

[9] So auch Kühling/Buchner/*Dix*, DS-GVO, Art. 76 Rn. 6.

Daher müssen auch IFG-Anträge bei nationalen Aufsichtsbehörden, die den Zugang zu Dokumenten betreffen, die im Rahmen von Diskussionen im EDSA verwendet wurden, nach diesen Maßstäben geprüft werden.

Kapitel VIII. Rechtsbehelfe, Haftung und Sanktionen

Art. 77 Recht auf Beschwerde bei einer Aufsichtsbehörde

(1) **Jede betroffene Person hat unbeschadet eines anderweitigen verwaltungsrechtlichen oder gerichtlichen Rechtsbehelfs das Recht auf Beschwerde bei einer Aufsichtsbehörde, insbesondere in dem Mitgliedstaat ihres gewöhnlichen Aufenthaltsorts, ihres Arbeitsplatzes oder des Orts des mutmaßlichen Verstoßes, wenn die betroffene Person der Ansicht ist, dass die Verarbeitung der sie betreffenden personenbezogenen Daten gegen diese Verordnung verstößt.**

(2) **Die Aufsichtsbehörde, bei der die Beschwerde eingereicht wurde, unterrichtet den Beschwerdeführer über den Stand und die Ergebnisse der Beschwerde einschließlich der Möglichkeit eines gerichtlichen Rechtsbehelfs nach Artikel 78.**

Übersicht

A. Allgemeines

I. Zweck und Bedeutung der Norm

1 Ähnlich wie die **Vorgängerregelung** in Art. 28 Abs. 4 der DS-RL sieht Art. 77 vor, dass sich betroffene Personen an eine Aufsichtsbehörde wenden können. Ein entsprechendes **Beschwerderecht** ist auch bislang im nationalen Datenschutzrecht enthalten. § 21 S. 1 BDSG aF[1] regelt die Möglichkeit der Beschwerde bei dem/der Bundesbeauftragten für den Datenschutz und die Informationsfrei-

[1] Ggf. iVm § 38 Abs. 1 S. 8 BDSG aF, der § 21 S. 1 BDSG aF auch bei der Datenverarbeitung durch nichtöffentliche Stellen für anwendbar erklärt.

heit. Die jeweiligen Landesdatenschutzgesetze sehen ebenso Beschwerdemöglichkeiten bei den Aufsichtsbehörden der Länder vor.[2]

Das Beschwerderecht ist dem **Petitionsrecht** nach Art. 17 GG wesensgleich. 2
Betroffenen Personen soll hierdurch jenseits formaler Verwaltungs-, Rechtsbehelfs- und Gerichtsverfahren das Recht eingeräumt werden, sich mit Anliegen an die Aufsichtsbehörden zu wenden, ohne dabei besonderen Formvorgaben zu unterliegen.[3]

II. Ergänzungen, Änderungen durch das BDSG nF

Durch die unmittelbare Geltung des Art. 77 ist die Normierung eines 3
Beschwerderechts im BDSG nF grundsätzlich entbehrlich. Ergänzend wurde in § 19 Abs. 2 BDSG nF jedoch eine innerstaatliche Weiterleitungspflicht der angerufenen Behörde hin zur federführenden Behörde eingefügt. § 19 BDSG nF regelt damit die innerstaatliche Zuständigkeit zwischen den Aufsichtsbehörden des Bundes und der Länder und bestimmt in S. 2, dass die empfangende (und sachlich zuständige) Aufsichtsbehörde als angerufene Behörde iSd Kapitels VII der DS-GVO anzusehen ist.[4] Der Zweck der Regelung ist ausweislich der Gesetzesbegründung darin zu sehen, die Entscheidung über die eingelegte Beschwerde der sachnächsten Aufsichtsbehörde zu überlassen.[5]

Insofern geht der nationale Gesetzgeber davon aus, dass die DS-GVO lediglich Vorgaben hinsichtlich der Zuständigkeitsabgrenzung auf mitgliedstaatlicher Ebene enthält, jedoch keine Aussage über die innerstaatliche Zuständigkeitszuweisung trifft.[6]

III. Systematik, Verhältnis zu anderen Vorschriften

Das Beschwerderecht nach Art. 77 Abs. 1 gilt **unbeschadet** eines anderweiti- 4
gen verwaltungsrechtlichen oder gerichtlichen Rechtsbehelfs. Die Aufsichtsbehörde darf den Beschwerdeführer somit nicht auf einen anderen Rechtsbehelf verweisen. Gleichzeitig berührt die Beschwerde bei einer Aufsichtsbehörde nicht die Zulässigkeit oder Begründetheit anderer Rechtsbehelfe. So kann etwa ein gerichtliches Verfahren einer betroffenen Person gegen einen Verantwortlichen oder einen Auftragsverarbeiter (vgl. Art. 79) unabhängig vom Vorliegen oder parallel zu einer Beschwerde bei einer Aufsichtsbehörde geführt werden.

Der **Verantwortliche** hat die betroffenen Personen über die Möglichkeit der 5
Beschwerde **aufzuklären,** um hierdurch eine effektivere Durchsetzung der Vorgaben der DS-GVO durch Individuen zu ermöglichen, vgl. Art. 13 Abs. 2 lit. d oder Art. 14 Abs. 2 lit. e. Ebenso soll in internen Datenschutzvorschriften nach Art. 47 Abs. 2 lit. e auf das Beschwerderecht hingewiesen werden. Die Aufklärungspflicht des Verantwortlichen umfasst jedoch nicht die konkrete Angabe der sachlich und örtlich zuständigen Aufsichtsbehörde (→ Art. 13 Rn. 24).

---

[2] Vgl. etwa § 25 Abs. 1 DSG NRW; § 21 Abs. 1 BbgDSG; § 28 Abs. 1 HDSG; § 19 Abs. 1 NDSG.

[3] Vgl. BeckOK GG/*Brocker*, Art. 17 Rn. 11.

[4] Krit. zu der mit § 19 Abs. 2 BDSG nF verbundenen Abweichung von der in Art. 77 Abs. 1 festgelegten „angerufenen Aufsichtsbehörde" *Wolff*, Stellungnahme zu Drs. 18/11325, 13, abrufbar unter: www.cr-online.de/18-4-824-e-data.pdf (Stand: 4.12.2017).

[5] Vgl. BT-Drs. 18/11325, 93.

[6] BT-Drs. 18/11325, 92; vgl. hierzu *Kühling/Martini*, S. 212, 268.

6 Einige **Landesdatenschutzgesetze** enthalten – anders als Art. 77 – ein Verbot jeglicher Benachteiligung derjenigen, die das Beschwerderecht wahrnehmen.[7] Derartige Benachteiligungsverbote haben auch nach dem Inkrafttreten der DS-GVO Bestand.

B. Einzelerläuterungen

I. Beschwerderecht (Abs. 1)

7 **1. Kein Anspruch auf Erlass einer konkreten Maßnahme.** Das Beschwerderecht begründet grundsätzlich keinen Anspruch einer betroffenen Person auf den Erlass einer konkreten Maßnahme durch die Aufsichtsbehörde.[8] Die Aufsichtsbehörde ist nach dem Eingang einer Beschwerde gemäß Art. 57 Abs. 1 lit. f lediglich gehalten, den Gegenstand der Beschwerde nach **pflichtgemäßem Ermessen** in angemessenem Umfang zu untersuchen.[9] Stellt die Behörde eine Rechtsverletzung fest, kann sie auf **Abhilfe** hinwirken bzw. gemäß den in der DS-GVO vorgesehenen Möglichkeiten eine Maßnahme oder Sanktion erlassen.

8 Es gibt **keine bindende Bearbeitungsfrist.** Gem. Art. 78 Abs. 2 kann eine betroffene Person jedoch gerichtlich gegen eine Aufsichtsbehörde vorgehen, wenn diese sich nicht mit einer Beschwerde befasst oder die betroffene Person nicht innerhalb von drei Monaten über den Stand oder das Ergebnis der erhobenen Beschwerde in Kenntnis gesetzt hat (→ Art. 78 Rn. 11).

9 Sofern ein Beschwerdeführer eine Rechtsverletzung behauptet, die sich im Nachhinein als **falsche Verdächtigung** iSv § 164 StGB herausstellt, ist die Aufsichtsbehörde nicht verpflichtet, ein Strafverfahren einzuleiten.[10]

10 **2. Berechtigte. Beschwerdeberechtigt** ist jede betroffene Person, dh **natürliche Personen** (einschließlich Minderjähriger). Kein Beschwerderecht besteht hingegen für juristische Personen, den Verantwortlichen, etwaige Auftragsverarbeiter oder den Datenschutzbeauftragten. Gleichwohl haben die Aufsichtsbehörden gem. Art. 57 Abs. 1 lit. a die Anwendung der DS-GVO zu überwachen und durchzusetzen. Im Falle einer Anzeige durch eine nicht beschwerdeberechtigte Person kann die angerufene Aufsichtsbehörde somit von Amts wegen ein Verfahren einleiten. Es gelten dann aber nicht die Maßgaben des Art. 77, dh es besteht insbesondere keine Unterrichtungspflicht nach Art. 77 Abs. 2 gegenüber dem Anzeigenden.

11 Anders als noch die Entwürfe der Kommission und des Europäischen Parlaments[11] enthält Art. 77 kein Beschwerderecht für Einrichtungen, Organisationen und Verbände, die im Auftrag für betroffene Personen oder im eigenen Namen

---

[7] S. etwa § 25 Abs. 2 DSG NRW; § 21 Abs. 2 BbgDSG; § 28 Abs. 1 S. 2 HDSG; § 19 Abs. 1 NDSG.

[8] Vgl. OVG Münster, Urt. v. 2.6.1993 – 25 A 2307/91 und VGH München, Urt. v. 10.3.1988 – 5 C 86.03492 zur Rechtslage nach dem BDSG aF.

[9] IdS auch Erwägungsgrund 141, wo es heißt, dass die auf eine Beschwerde folgende Untersuchung vorbehaltlich gerichtlicher Überprüfung so weit gehen soll, wie dies im Einzelfall angemessen ist.

[10] *Gola/Schomerus*, BDSG, § 21 Rn. 6; Simitis/*Dammann*, BDSG, § 21 Rn. 27.

[11] Vgl. Art. 73 Abs. 2 und Abs. 3 DS-GVO (Entw. Kom., Stand: 25.1.2012) und Art. 73 Abs. 2 und Abs. 3 DS-GVO (Entw. EP, Stand: 12.3.2014).

Beschwerde einlegen können. Diese Möglichkeit der Verbandsbeschwerde wurde nunmehr in Art. 80 aufgenommen, wobei dessen Abs. 1 lediglich eine **Verbandsbeschwerde im Auftrag einer betroffenen Person** vorsieht. Nach Art. 80 Abs. 2 können Mitgliedstaaten allerdings durch innerstaatliche Regelungen ein originäres Verbandsbeschwerderecht vorsehen (zur Umsetzung in Deutschland → Art. 80 Rn. 10 ff.).[12]

3. Ort der Beschwerde/zuständige Aufsichtsbehörde. Die Möglichkeit der Beschwerde soll der jeweils betroffenen Person jedenfalls bei einer Aufsichtsbehörde im Mitgliedstaat ihres gewöhnlichen Aufenthaltsorts, ihres Arbeitsplatzes oder am Ort des mutmaßlichen Verstoßes ermöglicht werden. Diese Aufzählung ist nach dem Wortlaut des Art. 77 Abs. 1 („insbesondere") nicht abschließend. Dies deutet zunächst darauf hin, dass die Beschwerde einen irgendwie gearteten **Bezug zum Mitgliedstaat** aufweisen muss. Ein Sachverhalt, der ausschließlich Deutschland betrifft, könnte somit nicht bei einer ausländischen Aufsichtsbehörde im Wege der Beschwerde aufgegriffen werden. Hierfür spricht, dass die nationalen Aufsichtsbehörden nach Art. 55 Abs. 1 grundsätzlich nur „im Hoheitsgebiet ihres eigenen Mitgliedstaats zuständig" sind. Gegen diese Lesart spricht jedoch Art. 4 Ziff. 22 lit. c, wonach eine Aufsichtsbehörde allein schon deshalb als „betroffen" anzusehen ist, wenn bei ihr eine Beschwerde eingelegt wurde. Art. 57 Abs. 1 lit. f, wonach sich jede Aufsichtsbehörde mit Beschwerden einer betroffenen Person befassen und den Gegenstand der Beschwerde in angemessenem Umfang untersuchen muss, deutet ebenfalls in diese Richtung. Im Ergebnis dürfte eine betroffene Person zumindest eine Wahl zwischen mehreren **Aufsichtsbehörden** haben (unabhängig davon, in welchem Mitgliedstaat sich diese befindet). 12

Sofern der im Wege einer Beschwerde angezeigte Sachverhalt aber in die Zuständigkeit einer anderen (federführenden) Aufsichtsbehörde fällt, haben sich die Aufsichtsbehörden im Rahmen des **Kooperations- bzw. Kohärenzverfahrens nach Art. 60 ff.** miteinander zu verständigen. 13

§ 19 Abs. 2 BDSG nF statuiert daneben eine innerstaatliche Weiterleitungspflicht für die angerufene nationale Aufsichtsbehörde. Die Aufsichtsbehörde, bei der eine betroffene Person die Beschwerde eingereicht hat, hat die Beschwerde hiernach an die nach § 19 Abs. 1 BDSG nF federführende Aufsichtsbehörde abzugeben. § 19 Abs. 2 S. 2 bestimmt, dass die empfangende Aufsichtsbehörde als diejenige Aufsichtsbehörde zu betrachten ist, bei der nach Maßgabe des Kapitels VII der DS-GVO die Beschwerde eingereicht worden ist und die die Verpflichtungen aus Art. 60 Abs. 7–9 und Art. 65 Abs. 6 treffen. Maßgeblich für die Bestimmung der „angerufenen Behörde" iSd Art. 77 ist somit nicht, bei welcher Behörde die betroffene Person ihre Beschwerde eingereicht hat, sondern an welche Behörde die Beschwerde unter Berücksichtigung der innerstaatlichen Zuständigkeit abgegeben worden ist.[13]

4. Beschwerde bei einer einzigen Behörde. Aus Erwägungsgrund 141 ergibt sich, dass jede betroffene Person das Recht haben soll, bei einer einzigen Aufsichtsbehörde eine Beschwerde einzureichen. Insbesondere bei Fallgestaltungen mit mehreren parallel (ggf. grenzüberschreitend) zuständigen Aufsichtsbehör- 14

---

[12] Vgl. zu den letzten Änderungen des UKlaG bzw. des UWG in dieser Hinsicht *Weidlich-Flatten*, ZRP 2014, 196.

[13] Krit. hierzu *Wolff*, Stellungnahme zu Drs. 18/11325, 13, abrufbar unter: www.cr-online.de/18-4-824-e-data.pdf.

den muss deshalb die Aufsichtsbehörde, die nach Art. 77 angerufen wurde, und nicht etwa der Beschwerdeführer die Abstimmung mit den anderen betroffenen Aufsichtsbehörden (ggf. unter Anwendung des Kohärenzverfahrens nach Art. 63) sicherstellen.

15 **5. Beschwerdebefugnis.** Die Beschwerde ist möglich, wenn die betroffene Person der Ansicht ist, dass die Verarbeitung der sie betreffenden **personenbezogenen Daten** (Art. 4 Nr. 1) gegen die DS-GVO verstößt. Ob tatsächlich ein Verstoß vorliegt, wird iRd aufsichtsbehördlichen Untersuchung ermittelt. Bei anderweitigen Rechtsbehelfen (zB im gerichtlichen Verfahren) sind die Anforderungen an die Substantiierungspflicht der jeweils betroffenen Person hingegen höher: Dort reicht es nicht aus, lediglich der Ansicht zu sein, dass ein Recht verletzt wurde. Erfolgt die Beschwerde jedoch ersichtlich wider besseren Wissens oder gar in beleidigender Absicht, ist die Aufsichtsbehörde berechtigt, die Annahme bzw. die Bearbeitung der Beschwerde zu **verweigern.**[14]

16 Auch wenn der Wortlaut des Art. 77 Abs. 1 sich nur auf die unzulässige Verarbeitung von personenbezogenen Daten beschränkt, gilt das Beschwerderecht ebenfalls, wenn die betroffene Person der Ansicht ist, dass ihre **Betroffenenrechte** nach der DS-GVO nicht gewahrt wurden (zB im Falle eines nicht oder unzureichend beantworteten Auskunftsersuchens nach Art. 15 oder wenn Hinweispflichten nach Art. 13 nicht beachtet wurden).[15] Der gerügte Verstoß muss noch nicht beendet sein. Die betroffene Person muss also nicht abwarten, bis die **Rechtsverletzung** abgeschlossen ist.[16]

17 **6. Formale Anforderungen.** Die Beschwerde kann **formlos,** dh auch mündlich oder per E-Mail, eingereicht werden. Die betroffene Person muss im Rahmen der Beschwerde nicht präzise angeben, welche Rechtsvorschrift sie als verletzt ansieht. Eine Schilderung des Sachverhalts ist ausreichend. Zwecks **Vereinfachung** sind die Aufsichtsbehörden nach Art. 57 Abs. 2 gehalten, das Einreichen von Beschwerden durch Maßnahmen wie etwa der Bereitstellung eines Beschwerdeformulars, das auch elektronisch ausgefüllt werden kann, zu erleichtern.[17] Durch ein solches Beschwerdeformular werden andere Kommunikationsmittel jedoch nicht ausgeschlossen.[18]

18 **7. Unentgeltlichkeit.** Die Beschwerde nach Art. 77 ist grundsätzlich **unentgeltlich.**[19] Bei offenkundig unbegründeten oder – insbesondere im Fall von häufiger Wiederholung – exzessiven Anträgen kann die Aufsichtsbehörde jedoch eine angemessene Gebühr verlangen oder sich weigern, aufgrund der Beschwerde tätig zu werden.[20]

---

[14] Ebenso zur Rechtslage nach dem BDSG aF *Gola/Schomerus*, BDSG, § 21 Rn. 6; Simitis/*Dammann*, BDSG, § 21 Rn. 27.

[15] Ebenso zur Rechtslage nach dem BDSG aF *Gola/Schomerus*, BDSG, § 21 Rn. 3.

[16] Ebenso zur Rechtslage nach dem BDSG aF *Gola/Schomerus*, BDSG, § 21 Rn. 5; Simitis/*Dammann*, BDSG, § 21 Rn. 4.

[17] Soweit ersichtlich werden von den dt. Aufsichtsbehörden bislang keine derartigen Beschwerdeformulare zur Verfügung gestellt.

[18] Vgl. auch Erwägungsgrund 141.

[19] Vgl. Art. 57 Abs. 3.

[20] Vgl. Art. 57 Abs. 4.

II. Unterrichtung des Beschwerdeführers (Abs. 2)

19 Die Aufsichtsbehörde, bei der die Beschwerde eingereicht wurde,[21] hat den Beschwerdeführer innerhalb einer angemessenen Frist[22] über den **Stand bzw. das Ergebnis der Beschwerde** zu unterrichten. Eine Benachrichtigung über den aktuellen Stand der Beschwerde ist insbesondere dann geboten, wenn eine weitere Untersuchung oder Koordinierung mit einer anderen Aufsichtsbehörde notwendig ist.[23] Weiterhin hat die angerufene Aufsichtsbehörde den Beschwerdeführer über die **Möglichkeit eines gerichtlichen Rechtsbehelfs** nach Art. 78 zu unterrichten. Fraglich ist, ob diese Information nur im Zusammenhang mit der Mitteilung über das Ergebnis einer Beschwerde oder auch bereits im Rahmen der Mitteilung über den aktuellen Stand einer Beschwerde mitgeteilt werden muss. Im Lichte von Art. 47 GRCh (Recht auf einen wirksamen Rechtsbehelf) dürfte es sich anbieten, diese Informationen bei beiden vorgenannten Mitteilungen aufzunehmen.

C. Rechtsschutz

20 Gem. **Art. 78 Abs. 2** hat jede betroffene Person das Recht auf einen wirksamen gerichtlichen Rechtsbehelf, wenn die zuständige Aufsichtsbehörde sich nicht mit einer Beschwerde befasst oder die betroffene Person nicht innerhalb von drei Monaten über den Stand oder das Ergebnis der erhobenen Beschwerde in Kenntnis gesetzt hat.[24] Die Unterrichtung des Beschwerdeführers nach Art. 77 Abs. 2 ist mangels Regelungsgehalt **kein Verwaltungsakt.** Die Unterrichtung kann somit nicht gesondert angefochten werden.

Art. 78 Recht auf wirksamen gerichtlichen Rechtsbehelf gegen eine Aufsichtsbehörde

(1) **Jede natürliche oder juristische Person hat unbeschadet eines anderweitigen verwaltungsrechtlichen oder außergerichtlichen Rechtsbehelfs das Recht auf einen wirksamen gerichtlichen Rechtsbehelf gegen einen sie betreffenden rechtsverbindlichen Beschluss einer Aufsichtsbehörde.**

(2) **Jede betroffene Person hat unbeschadet eines anderweitigen verwaltungsrechtlichen oder außergerichtlichen Rechtbehelfs das Recht auf einen wirksamen gerichtlichen Rechtsbehelf, wenn die nach den Artikeln 55 und 56 zuständige Aufsichtsbehörde sich nicht mit einer Beschwerde befasst oder die betroffene Person nicht innerhalb von drei Monaten über den Stand oder das Ergebnis der gemäß Artikel 77 erhobenen Beschwerde in Kenntnis gesetzt hat.**

(3) **Für Verfahren gegen eine Aufsichtsbehörde sind die Gerichte des Mitgliedstaats zuständig, in dem die Aufsichtsbehörde ihren Sitz hat.**

(4) **Kommt es zu einem Verfahren gegen den Beschluss einer Aufsichtsbehörde, dem eine Stellungnahme oder ein Beschluss des Ausschusses im Rah-**

---

[21] Zu berücksichtigen ist insoweit die in § 19 BDSG nF enthaltene Konkretisierung, welche Behörde innerhalb der innerstaatlichen Zuständigkeiten als „angerufene Behörde" anzusehen ist, vgl. Rn. 13.

[22] Dieses Erfordernis ergibt sich aus Art. 57 Abs. 1 lit. f sowie Erwägungsgrund 141.

[23] Vgl. Art. 57 Abs. 1 lit. f sowie Erwägungsgrund 141.

[24] Vgl. Erwägungsgrund 141.

men des Kohärenzverfahrens vorangegangen ist, so leitet die Aufsichtsbehörde diese Stellungnahme oder diesen Beschluss dem Gericht zu.

Übersicht

A. Allgemeines

I. Zweck und Bedeutung der Norm

1 Die Vorschrift konkretisiert das **Grundrecht auf einen wirksamen Rechtsbehelf** gem. Art. 47 Abs. 1 GRCh (vgl. auch Erwägungsgrund 141). Art. 47 GRCh enthält ein (einklagbares) Recht, keinen bloßen Grundsatz iSd Art. 52 Abs. 5 GRCh.[1] Das Recht auf einen wirksamen gerichtlichen Rechtsbehelf gilt „**unbeschadet** eines anderweitigen verwaltungsrechtlichen oder außergerichtlichen Rechtsbehelfs". Das angerufene Gericht darf den Beschwerdeführer somit grundsätzlich nicht auf einen anderen Rechtsbehelf verweisen. Gleichzeitig bleiben verwaltungsrechtliche oder außergerichtliche Rechtsbehelfe (wie etwa die Beschwerde nach Art. 77) von einem anhängigen Gerichtsverfahren unberührt (→ Art. 77 Rn. 4). Ebenso wie Art. 47 GRCh gilt Art. 78 nur für gerichtliche Rechtsbehelfe. Für das aufsichtsbehördliche Verwaltungsverfahren ist hingegen Art. 41 GRCh zu beachten.

II. Systematik, Verhältnis zu anderen Normen

2 Art. 78 regelt den gerichtlichen Rechtsschutz gegenüber Aufsichtsbehörden und unterscheidet hierbei zwischen dem Klagerecht gegen rechtsverbindliche Beschlüsse der Aufsichtsbehörde (Abs. 1) und dem Klagerecht bei Untätigkeit der Aufsichtsbehörde (Abs. 2). Abs. 2 knüpft dabei an das in Art. 77 enthaltene Beschwerderecht an und erweitert die Rechtsschutzmöglichkeiten dahingehend, dass dem Betroffenen im Falle des Untätigbleibens der Aufsichtsbehörde ein Klagerecht eingeräumt wird.

3 Gem. Abs. 3 sind die Verfahren gegen Aufsichtsbehörden vor den Gerichten der Mitgliedstaaten zu führen (→ Rn. 16 f.). Eine direkte Klagemöglichkeit zum EuGH gibt es gegen Beschlüsse der nationalen Aufsichtsbehörden nicht, denn Art. 263 AEUV eröffnet die Nichtigkeitsklage nur gegen ein Handeln von Stellen oder Ein-

[1] *Jarass*, EU-GRCharta, Art. 47 Rn. 3.

richtungen der EU. Die Rechtsschutzmöglichkeiten müssen also jeweils im nationalen Prozessrecht geschaffen werden. Wenn eine natürliche oder juristische Person hingegen von einem Beschluss des Ausschusses (Art. 68) unmittelbar betroffen ist, besteht die Möglichkeit, unter den in Art. 263 AEUV genannten Voraussetzungen eine Klage auf Nichtigerklärung des Beschlusses beim Gerichtshof zu erheben.[2] Die einzelstaatlichen Gerichte haben keine Befugnis, Beschlüsse des Ausschusses für nichtig zu erklären, so dass derartige Fragestellungen nur im Rahmen eines Vorabentscheidungsverfahrens (Art. 267 AEUV) geklärt werden können (→ Rn. 23).[3]

Abs. 4 berücksichtigt die besondere Konstellation eines dem streitgegenständlichen Beschluss der Aufsichtsbehörde vorangegangenen Kohärenzverfahrens und enthält eine Weiterleitungspflicht im Hinblick auf die vorgelagerte Stellungnahme bzw. den vorgelagerten Beschluss des Ausschusses an das mit der Klage befasste Gericht. 4

III. Ergänzungen, Änderungen durch das BDSG nF

Erwägungsgrund 143 ist zu entnehmen, dass die Verfahren gegen Aufsichtsbehörden im Einklang mit dem Verfahrensrecht der jeweiligen Mitgliedstaaten durchgeführt werden sollen. Insofern enthält § 20 BDSG nF (dient der Umsetzung/Durchführung von Art. 78[4]) spezifische prozessuale Regelungen für Verfahren gegen Aufsichtsbehörden. 5

§ 20 Abs. 1 BDSG nF enthält eine **Rechtswegzuweisung** zu den Verwaltungsgerichten. Der Gesetzesbegründung ist zu entnehmen, dass § 20 BDSG nF keine Anwendung finden soll, wenn durch bereichsspezifische Rechtsvorschriften des Bundes der Rechtsweg vor anderen Gerichten als den Gerichten der Verwaltungsgerichtsbarkeit eröffnet ist, wie dies zB in § 51 SGG für die Gerichte der Sozialgerichtsbarkeit der Fall ist. Darüber hinaus behält sich der Gesetzgeber beispielsweise vor, für datenschutzrechtliche Fragen im Anwendungsbereich der Abgabenordnung in einem gesonderten Gesetzgebungsverfahren den Finanzrechtsweg zu eröffnen.[5] 6

Darüber hinaus ordnet § 20 Abs. 2 BDSG nF an, dass die **Vorschriften der VwGO** unter Berücksichtigung der Abs. 3–7 anzuwenden sind. Diese enthalten zum Teil lediglich klarstellende, zum Teil aber auch das allgemeine Verfahrensrecht modifizierende Regelungen. 7

B. Einzelerläuterungen

I. Rechtsschutz nach Ergehen eines Beschlusses der Aufsichtsbehörde (Abs. 1)

Die **Rechtsschutzgarantie,** die nach Abs. 1 für jede natürliche oder juristische Person gilt, eröffnet die Möglichkeit der Klage gegen **rechtsverbindliche Beschlüsse**[6] einer Aufsichtsbehörde. Der Begriff des Beschlusses erfasst dabei 8

---

[2] Vgl. Erwägungsgrund 143 Abs. 1.

[3] Eine Vorlage nach Art. 267 AEUV durch ein nationales Gericht ist indes unzulässig, wenn die Vorlage auf den Antrag einer Verfahrenspartei hin erfolgt und wenn diese Partei die Gelegenheit, eine Klage nach Art. 263 AEUV zu erheben, hat verstreichen lassen, vgl. Erwägungsgrund 143 Abs. 2.

[4] Vgl. BT-Drs. 18/11325, 93.

[5] Vgl. BT-Drs. 18/11325, 93.

[6] Der Begriff des Beschlusses ist iRv Art. 78 nicht iSd Art. 288 Abs. 4 AEUV zu verstehen. Ansonsten wären von dem Begriff nur Rechtsakte von Organen der Europäischen Union erfasst.

jedwede verbindliche Anordnung, Verfügung oder Maßnahme einer Aufsichtsbehörde, die regelmäßig in Form eines Verwaltungsaktes iSd § 35 VwVfG ergehen.[7] Aufsichtsbehördliche Maßnahmen ohne Regelungswirkung, wie etwa eine Stellungnahme im Rahmen des Kohärenzverfahrens nach Art. 63 oder eine bloße Empfehlung, sind hingegen nicht gerichtlich angreifbar.

9 Der wirksame gerichtliche Rechtsbehelf besteht im deutschen Recht grundsätzlich in der Möglichkeit, gegen einen von der Aufsichtsbehörde erlassenen Verwaltungsakt eine verwaltungsgerichtliche **Anfechtungsklage** iSv § 42 Abs. 1 Alt. 1 VwGO einzulegen.[8] Eines Vorverfahrens bedarf es in diesem Fall gem. § 20 Abs. 6 BDSG nF nicht.[9] Gegen einen von der Aufsichtsbehörde erlassenen **Bußgeldbescheid** kann hingegen bei der **ordentlichen Gerichtsbarkeit** (nach Einlegung eines Einspruchs iSv §§ 67 ff. OWiG[10]) gerichtlich vorgegangen werden. Insoweit ordnet § 20 Abs. 1 S. 2 BDSG nF an, dass die Rechtswegzuweisung zum Verwaltungsgericht nach S. 1 nicht für Bußgeldverfahren gilt. Das deutsche Recht sieht mit der Möglichkeit des Erhebens einer Feststellungsklage nach § 43 Abs. 1 VwGO bzw. einer allgemeinen Leistungsklage zudem auch Rechtsschutzmaßnahmen gegen nicht rechtsverbindliche Maßnahmen in Form von Realakten[11] vor.[12]

10 Das Recht auf einen wirksamen gerichtlichen Rechtsbehelf steht nur demjenigen zu, der von dem gegenständlichen Verwaltungsakt der Aufsichtsbehörde **betroffen** ist.[13] Dies ist zum einen der jeweilige **Adressat** des Verwaltungsaktes. Denkbar sind – entsprechend den zur Klagebefugnis nach § 42 Abs. 2 VwGO entwickelten Grundsätzen – zudem auch **Drittanfechtungen** durch mittelbar von einer Entscheidung der Aufsichtsbehörde betroffene natürliche oder juristische Personen. So kann zB ein Verbot eines konkreten Datenverarbeitungsvorgangs (Art. 58 Abs. 2 lit. f) gegenüber einem Auftragsverarbeiter mittelbar den jeweiligen Auftraggeber betreffen und hierdurch die Möglichkeit eines gerichtlichen Rechtsbehelfs eröffnen. Vergleichbares gilt, wenn die Aufsichtsbehörde **begünstigende** Verwaltungsakte[14] erlässt, woraus ein Klagerecht der jeweils betroffenen Personen erwachsen kann.

II. Rechtsschutz bei Untätigkeit der Aufsichtsbehörde (Abs. 2)

11 Betroffene Personen iSd DS-GVO (Art. 4 Nr. 1) sollen zudem ein Recht auf einen gerichtlichen Rechtsbehelf haben, wenn die im Wege der Beschwerde nach

---

[7] Nicht nur verwaltungsrechtliche Anordnungen/Verfügungen, sondern auch Bußgeldbescheide iSv Art. 83 stellen Verwaltungsakte dar, vgl. Karlsruher Kommentar zum OWiG/*Kurz*, § 65 Rn. 8.

[8] Auernhammer/*v. Lewinski*, BDSG, § 38 Rn. 103.

[9] Mangels einer der Aufsichtsbehörde übergeordneten Behörde würde der mit einem Vorverfahren angestrebte Devolutiveffekt nicht erreicht, vgl. S. 93 des Gesetzesbegr., BT-Drs. 18/11325.

[10] Gem. § 41 BDSG nF sind die Verfahrensvorschriften des OWiG für Verstöße nach Art. 83 Abs. 4–6 sinngemäß anzuwenden.

[11] Realakte sind etwa das Betreten von Geschäftsräumen zum Zwecke der Untersuchung nach § 38 Abs. 4 S. 1 BDSG aF bzw. Art. 58 Abs. 1 lit. f DS-GVO.

[12] Plath/*Plath*, BDSG, § 38 Rn. 51; BeckOK DatenschutzR/*Brink*, § 38 Rn. 66.

[13] Auernhammer/*v. Lewinski*, BDSG, § 38 Rn. 106.

[14] ZB die Genehmigung der Übermittlung von personenbezogenen Daten in einen „unsicheren“ Drittstaat nach Art. 46 Abs. 3.

Art. 77 angerufene zuständige Aufsichtsbehörde sich nicht mit der Beschwerde befasst (Alt. 1) oder die Aufsichtsbehörde den Beschwerdeführer nicht innerhalb von drei Monaten[15] über den Stand oder das Ergebnis der Beschwerde unterrichtet (Alt. 2).

12 **Alt. 1** dürfte nur solche Fälle erfassen, bei denen die Aufsichtsbehörde eine Bearbeitung der Beschwerde in unzulässiger Weise von vornherein ausschließt. Ein **„Nichtbefassen"** iSd Alt. 1 dürfte hingegen nicht vorliegen, wenn die Aufsichtsbehörde die Beschwerde bearbeitet und die Ablehnung bzw. Zurückweisung der Beschwerde lediglich im Wege einer formlosen Mitteilung, nicht aber als Verwaltungsakt iSd § 35 VwVfG ergeht. Die DS-GVO sieht vor, dass die Ablehnung bzw. Zurückweisung einer Beschwerde – zumindest in bestimmten Konstellationen – in Form eines Beschlusses ergehen soll.[16] In diesem Fall richten sich die Rechtsschutzmöglichkeiten nach Art. 78 Abs. 1, unabhängig davon, ob nach nationalem Verwaltungsrecht ein Verwaltungsakt vorliegt oder nicht.

13 Die Konstellation der **Alt. 2** betrifft die Fälle, in denen die Aufsichtsbehörde gegen die Unterrichtungspflicht nach Art. 77 Abs. 2 verstoßen hat (→ Art. 77 Rn. 20). Art. 78 Abs. 2 Alt. 2 konkretisiert dabei die im deutschen Recht angelegte Möglichkeit der **Untätigkeitsklage** in Form einer **Verpflichtungsklage** nach §§ 42 Abs. 1 Alt. 2 und 75 VwGO. Die Untätigkeitsklage nach § 75 VwGO setzt voraus, dass die Behörde innerhalb einer angemessenen Frist nicht über einen Antrag entschieden hat. Was im Einzelfall als „angemessene Frist" anzusehen ist, bemisst sich dabei grundsätzlich nach der rechtlichen Komplexität, der Reichweite der zu treffenden Entscheidung und der erforderlichen Sachverhaltsaufklärung.[17] Da Art. 78 Abs. 2 mit der starren Frist von drei Monaten insoweit eine strengere bzw. konkretere Vorgabe enthält, ist der Begriff der „angemessenen Frist" iSd § 75 VwGO in den Fällen des Art. 77 Abs. 2 Alt. 2 unionsrechtskonform auszulegen.

III. Verfahrensbeteiligte

14 § 20 Abs. 5 BDSG nF enthält eine klarstellende Regelung im Hinblick auf die **Verfahrensbeteiligten** der Verfahren nach Art. 78 Abs. 1 und Abs. 2. Hiernach sind Beteiligte eines Verfahrens nach § 20 Abs. 1 S. 1 BDSG nF auf der Klägerseite natürliche und juristische Personen und auf der Beklagtenseite die Aufsichtsbehörde. Die Beteiligungsfähigkeit der Behörde folgt aus § 20 Abs. 4 BDSG nF.

15 Weder dem Wortlaut von Art. 78 noch von § 20 Abs. 5 BDSG nF ist unmittelbar zu entnehmen, dass Kläger oder Antragsteller des **Verfahrens nach Abs. 1** auch **juristische Personen des öffentlichen Rechts** sein können.[18] Ein derartiges Recht müsste konsequenterweise jedoch ebenfalls bestehen, denn Verantwortliche bzw. Auftragsverarbeiter iSd DS-GVO können auch Behörden bzw. öffentlich-rechtliche Rechtsträger sein, die demensprechend auch als Adressaten von Beschlüssen der Aufsichtsbehörde in Betracht kommen. Insofern lässt auch § 20 Abs. 7 BDSG nF, wonach im Verhältnis der Aufsichtsbehörde zu Behörden bzw. deren Rechtsträgern die Anordnung der sofortigen Vollziehung ausgeschlossen

---

[15] Ein Vorentw. der Vorschrift enthielt noch eine Öffnungsklausel, wonach die Mitgliedstaaten iRd innerstaatlichen Rechts eine kürzere Unterrichtungsfrist als drei Monate festlegen konnten, vgl. Art. 74 Abs. 2 (Entw. Rat, Stand: 15.6.2015).

[16] Vgl. Erwägungsgrund 143 oder Art. 60 Abs. 7–9.

[17] BeckOK VwGO/*Brink*, § 75 Rn. 8.

[18] BeckOK DatenschutzR/*Mundil*, Art. 78 Rn. 8; Paal/Pauly/*Körffer*, DS-GVO, Art. 78 Rn. 2.

ist, darauf schließen, dass Behörden die Möglichkeit haben, als Kläger bzw. Antragsteller im Rahmen des Verfahrens nach Abs. 1 aufzutreten.[19] Ein derartiges Beteiligungsrecht ist hingegen nicht für **Verfahren nach Abs. 2** anzuerkennen. Beschwerdeberechtigt und damit verfahrensberechtigt im Rahmen des Verfahrens nach Abs. 2 sind ausweislich des eindeutigen Wortlauts von Art. 77 Abs. 1 nur betroffene Personen iSd Art. 4 Abs. 1 (→ Art. 77 Rn. 10).

IV. Zuständigkeit der Gerichte (Abs. 3)

16 Gem. Abs. 3 sind für Verfahren gegen eine Aufsichtsbehörde die Gerichte des Mitgliedstaats zuständig, in dem die Aufsichtsbehörde ihren **Sitz** hat. Hierdurch werden Klagen gegen ausländische Aufsichtsbehörden vor deutschen Gerichten ausgeschlossen.

17 Die Entwurfsfassung enthielt noch die Möglichkeit, dass eine betroffene Person die Aufsichtsbehörde in dem Mitgliedstaat ihres gewöhnlichen Aufenthalts ersuchen kann, wenn eine Betroffenheit durch einen rechtsverbindlichen Beschluss einer ausländischen Aufsichtsbehörde gegeben ist. Die inländische Aufsichtsbehörde hätte dann gegen die zuständige Aufsichtsbehörde im ausländischen Mitgliedstaat Klage erheben sollen.[20] Diese Möglichkeit wurde im Laufe des Gesetzgebungsverfahrens ersatzlos gestrichen.

18 Die Entwurfsfassung enthielt weiterhin eine Regelung, wonach die endgültigen Entscheidungen der Gerichte iSv Art. 78 von den Mitgliedstaaten vollstreckt werden sollten.[21] Einer derartigen Vollstreckungsklausel hätte es für die Konstellationen, in denen im Wege der Anfechtungsklage nach § 42 Abs. 1 Alt. 1 VwGO gegen von der Aufsichtsbehörde erlassene Verwaltungsakte vorgegangen wird (Art. 78 Abs. 1), ohnehin nicht bedurft, da der in einem derartigen Verfahren erlassene Aufhebungstenor keiner gesonderten Vollstreckung bedarf. Die Vollstreckung einer Entscheidung im Rahmen einer Verpflichtungsklage iSv § 42 Abs. 1 Alt. 2 VwGO richtet sich nach §§ 167 ff. VwGO iVm dem 8. Buch der ZPO, so dass es auch insofern keiner Regelung in der DS-GVO bedurft hätte.

19 Auf nationaler Ebene trifft § 20 Abs. 3 BDSG nF eine konkretisierende Regelung im Hinblick auf die innerstaatliche Zuständigkeitsverteilung. Demnach ist das Verwaltungsgericht zuständig, in dessen Bezirk die Aufsichtsbehörde ihren Sitz hat. Dadurch erfolgt eine **Konzentration der örtlichen Zuständigkeit** am Sitz der Behörde, deren Entscheidung bzw. Untätigkeit der Betroffene gerichtlich angreift.[22]

V. Besonderheiten bei Verwaltungsakten gegenüber öffentlichen Stellen

20 Eine verfahrensrechtliche Besonderheit sieht § 20 Abs. 7 BDSG nF für die Konstellation vor, dass die Aufsichtsbehörde einen Verwaltungsakt gegenüber einer öffentlichen Stelle erlässt. Hiernach darf die Aufsichtsbehörde – abweichend von § 80 Abs. 2 Nr. 4 VwGO – die aufschiebende Wirkung der Anfechtungsklage einer ande-

---

[19] Zum Widerspruch zwischen § 20 Abs. 7 und Abs. 5 Nr. 1 BDSG nF vgl. die Empfehlungen der Ausschüsse v. 1.3.2017, Drs. 110/1/17, 17.

[20] Vgl. Art. 74 Abs. 4 DS-GVO (Entw. Kom., Stand: 25.1.2012) und Art. 74 Abs. 4 DS-GVO (Entw. EP, Stand: 12.3.2014).

[21] Vgl. Art. 74 Abs. 5 DS-GVO (Entw. Kom., Stand: 25.1.2012) und Art. 74 Abs. 5 DS-GVO (Entw. EP, Stand: 12.3.2014).

[22] Vgl. BT-Drs. 18/11325, 93.

ren Behörde oder deren Rechtsträgers nicht ausschließen. Damit haben Klagen der Behörden **stets aufschiebende Wirkung.** Der Gesetzesbegründung ist zu entnehmen, dass die beteiligten Verwaltungsträger einander nicht in einem Subordinationsverhältnis gegenüberstehen. Im Fall einer Verwaltungsstreitsache könne eine verbindliche Entscheidung allein durch das Verwaltungsgericht getroffen werden.

Vor dem Hintergrund der Dauer verwaltungsgerichtlicher Entscheidungen **21** erscheint der Ausschluss der sofortigen Vollziehung jedoch problematisch. Stellt die Aufsichtsbehörde einen Datenschutzverstoß fest und ordnet daraufhin die Beseitigung des datenschutzwidrigen Zustands an, so eröffnet § 20 Abs. 7 BDSG nF die Möglichkeit, dass die betroffene Behörde gegen diese Anordnung Klage einreicht und damit die Aussetzung des angegriffenen Verwaltungsakts erreicht. Im Ergebnis führt dies dazu, dass der datenschutzwidrige Zustand bis zu einer rechtskräftigen gerichtlichen Entscheidung aufrechterhalten bleibt.[23]

VI. Besonderheiten beim Kohärenzverfahren (Abs. 4)

Abs. 4 trägt der verfahrensrechtlichen Neuerung des **Kohärenzverfahrens** **22** (Art. 63) Rechnung, indem sichergestellt wird, dass dem angerufenen Gericht die Stellungnahme (Art. 64) oder der Beschluss (Art. 65) des Europäischen Datenschutzausschusses (EDSA) zur Verfügung stehen. Insoweit enthält Abs. 4 eine **Weiterleitungspflicht** der Aufsichtsbehörde.

Hält das angerufene Gericht den Beschluss des ESDA für rechtswidrig, muss **23** es mangels eigener Verwerfungskompetenz die Fragestellung im Rahmen eines Vorabentscheidungsverfahrens dem EuGH vorlegen. Gem. Erwägungsgrund 143 haben natürliche und juristische Personen unter den in Art. 263 AEUV genannten Voraussetzungen die Möglichkeit, unmittelbar eine Klage auf Nichtigerklärung des Beschlusses des Ausschusses zu erheben. Der Beschluss des EDSA kann darüber hinaus auch von der betroffenen Aufsichtsbehörde als Adressatin des Beschlusses mit einer Klage angegriffen werden.[24]

Art. 79 Recht auf wirksamen gerichtlichen Rechtsbehelf gegen Verantwortliche oder Auftragsverarbeiter

(1) **Jede betroffene Person hat unbeschadet eines verfügbaren verwaltungsrechtlichen oder außergerichtlichen Rechtsbehelfs einschließlich des Rechts auf Beschwerde bei einer Aufsichtsbehörde gemäß Artikel 77 das Recht auf einen wirksamen gerichtlichen Rechtsbehelf, wenn sie der Ansicht ist, dass die ihr aufgrund dieser Verordnung zustehenden Rechte infolge einer nicht im Einklang mit dieser Verordnung stehenden Verarbeitung ihrer personenbezogenen Daten verletzt wurden.**

(2) [1]**Für Klagen gegen einen Verantwortlichen oder gegen einen Auftragsverarbeiter sind die Gerichte des Mitgliedstaats zuständig, in dem der Verantwortliche oder der Auftragsverarbeiter eine Niederlassung hat.**

---

[23] Vgl. hierzu die Empfehlungen der Ausschüsse v. 1.3.2017, Drs. 110/1/17, 19.

[24] Auf nationaler Ebene enthält § 21 BDSG nF einen weiteren Rechtsbehelf, der den Aufsichtsbehörden die Möglichkeit eröffnet, einen Angemessenheitsbeschluss der Europäischen Kommission, einen Beschluss über die Anerkennung von Standardschutzklauseln oder über die Allgemeingültigkeit von genehmigten Verhaltensregeln vom EuGH überprüfen zu lassen.

[2]Wahlweise können solche Klagen auch bei den Gerichten des Mitgliedstaats erhoben werden, in dem die betroffene Person ihren gewöhnlichen Aufenthaltsort hat, es sei denn, es handelt sich bei dem Verantwortlichen oder dem Auftragsverarbeiter um eine Behörde eines Mitgliedstaats, die in Ausübung ihrer hoheitlichen Befugnisse tätig geworden ist.

Übersicht

A. Allgemeines

I. Zweck und Bedeutung der Norm

1 Während Art. 77 die Möglichkeit der Beschwerde bei den Aufsichtsbehörden und Art. 78 den effektiven Rechtsschutz gegen Aufsichtsbehörden regelt, ergibt sich aus Art. 79 eine Rechtsschutzgarantie gegenüber Verantwortlichen oder Auftragsverarbeitern. Angesichts der bereits vorhandenen Rechtsschutzmöglichkeiten nach deutschem Recht hat Abs. 1 aber **keine praktischen Auswirkungen.** Abs. 2 enthält indes eine **spezielle Regelung zur internationalen Zuständigkeit** bei gerichtlichen Streitigkeiten gegen Verantwortliche oder Auftragsverarbeiter.

II. Ergänzungen, Änderungen durch das BDSG nF

2 In Ergänzung zu Art. 79 Abs. 2, der die internationale Zuständigkeit im Verhältnis zwischen den Mitgliedstaaten regelt, enthält § 44 BDSG nF eine Regelung für die örtliche Zuständigkeit des mit der Klage nach Abs. 1 befassten Gerichts. § 44 Abs. 1 BDSG nF ermöglicht, dass die vom Betroffenen gem. Art. 79 Abs. 1 getroffene Wahl des Klageorts mit einem entsprechenden örtlichen Gerichtsstand korrespondiert und dient damit der Durchführung von Art. 79 Abs. 2 (→ Rn. 10 ff.). § 44 Abs. 3 BDSG nF enthält zudem eine verfahrensrechtliche Besonderheit bei Zustellungen in zivilgerichtlichen Verfahren an Verantwortliche oder Auftragsverarbeiter ohne Niederlassung innerhalb der EU (→ Rn. 18).

B. Einzelerläuterungen

I. Wirksamer gerichtlicher Rechtsbehelf (Abs. 1)

3 Das Recht auf einen wirksamen Rechtsbehelf gilt **unbeschadet** eines verfügbaren verwaltungsrechtlichen oder außergerichtlichen Rechtsbehelfs einschließ-

lich des Rechts auf Beschwerde bei einer Aufsichtsbehörde. Dh dem Kläger dürfen mit Blick auf die Zulässigkeit und Begründetheit der Klage keine negativen Rechtsfolgen dadurch erwachsen, dass der gerichtliche Rechtsbehelf anstelle einer behördlichen bzw. außergerichtlichen Lösung gewählt wurde (→ Art. 77 Rn. 4).

Nach dem Wortlaut des Abs. 1 kann der gerichtliche Rechtsbehelf eingelegt 4 werden, wenn eine betroffene Person der **Ansicht** ist, dass Vorgaben der DS-GVO verletzt wurden. Dies bewirkt indes keine Beweiserleichterung bzw. vereinfachte Substantiierung der Klage.

II. Zuständigkeit der Gerichte bei Klagen gegen Verantwortliche oder Auftragsverarbeiter (Abs. 2)

1. Internationale Zuständigkeit. Abs. 2 regelt die **internationale Zuständigkeit** bei Klagen gegen Verantwortliche oder gegen einen Auftragsverarbeiter. 5 Erfasst sind hiermit alle Arten von Klagen, etwa Leistungsklagen in Form der Schadensersatzklage (vgl. Art. 82 Abs. 6) und verwaltungsgerichtliche Klagen gegen eine Behörde bzw. deren Rechtsträger. Die besonderen Gerichtsstände gelten nur für **Klagen gegen Verantwortliche oder Auftragsverarbeiter.** Dh die Streitigkeit muss im Kern die Geltendmachung von Ansprüchen bzw. die Wahrung von Rechten aus der DS-GVO betreffen. Sofern die Maßgaben der DS-GVO nur inzident eine Rolle spielen (zB im Rahmen einer kartellrechtlichen Fragestellung betreffend den Missbrauch von Marktmacht durch die Verarbeitung von personenbezogenen Daten), bleibt es bei den allgemeinen Regeln bzw. den jeweils einschlägigen Fachgesetzen zur internationalen Zuständigkeit. Werden mehrere Ansprüche im Rahmen einer objektiven Klagehäufung (vgl. etwa § 260 ZPO) geltend gemacht, können nur solche Ansprüche an dem nach Abs. 2 zuständigen Gerichtsstand geltend gemacht werden, die sich im Kern auf die DS-GVO beziehen.

Nach Abs. 2 S. 1 ist die Klage überall dort zulässig, wo der Beklagte über eine 6 **Niederlassung**[1] verfügt. Sofern der Beklagte über mehrere Niederlassungen in verschiedenen Mitgliedstaaten verfügt, kann die Klage somit in mehreren Jurisdiktionen zulässig sein. Sofern ein identischer Klagegegenstand in mehreren Jurisdiktionen geltend gemacht wird, besteht für die innerstaatlichen Gerichte indes die Möglichkeit, das Verfahren nach Art. 81 Abs. 2 auszusetzen oder sich nach Art. 81 Abs. 3 für unzuständig zu erklären (→ Art. 81 Rn. 11 ff.).

Gem. Abs. 2 S. 2 kann die betroffene Person wahlweise auch eine Klage bei 7 dem Gericht des Mitgliedstaats erheben, in dem sie ihren **Aufenthaltsort** hat. Erwägungsgrund 145 ist zu entnehmen, dass dem Kläger bei Verfahren gegen Verantwortliche oder Auftragsverarbeiter ein **Wahlrecht** eingeräumt werden soll, ob er die Gerichte des Mitgliedstaats anruft, bei dem der Verantwortliche bzw. der Auftragsverarbeiter seine Niederlassung hat oder des Mitgliedstaats, bei der er seinen Aufenthaltsort hat.

Der besondere Gerichtsstand nach Abs. 2 am Aufenthaltsort der betroffenen 8 Person **gilt nicht,** wenn die Beklagte eine Behörde eines Mitgliedstaats ist, die in Ausübung ihrer hoheitlichen Befugnisse tätig geworden ist. In diesem Fall kann die Behörde bzw. deren Rechtsträger nur in ihrem Mitgliedstaat verklagt werden.

---

[1] Der Begriff ist definiert in Erwägungsgrund 22: „Eine Niederlassung setzt die effektive und tatsächliche Ausübung einer Tätigkeit durch eine feste Einrichtung voraus. Die Rechtsform einer solchen Einrichtung, gleich, ob es sich um eine Zweigstelle oder eine Tochtergesellschaft mit eigener Rechtspersönlichkeit handelt, ist dabei nicht ausschlaggebend".

9 **Behörde** in diesem Sinne ist jede Stelle, die Aufgaben der öffentlichen Verwaltung wahrnimmt.[2] Fraglich ist, wann eine Ausübung hoheitlicher Tätigkeiten iSd Abs. 2 vorliegt. Einerseits kann sich der Begriff auf die klassische Eingriffsverwaltung (zB polizeiliche Ermittlungsmaßnahmen) beschränken. Andererseits kann das Tatbestandsmerkmal extensiv interpretiert werden und alle Datenverarbeitungen, die im Zusammenhang mit der Erfüllung hoheitlicher Aufgaben stehen, erfassen (zB Verarbeitung von personenbezogenen Daten im Rahmen eines Antrags auf Erlass einer Baugenehmigung). Der Wortlaut der Norm legt nahe, dass ein weites Verständnis maßgeblich sein soll, da nicht davon die Rede ist, dass die konkrete Datenverarbeitung in Ausübung von hoheitlichen Befugnissen erfolgen muss. Nach dieser Lesart werden die Klagemöglichkeiten von betroffenen Personen, die ihren Sitz im Ausland haben, zwar eingeschränkt. Ausländische Gerichte wären zur Aufhebung von Verwaltungsakten, die von deutschen Behörden erlassen wurden, aber ohnehin nicht befugt. Im Übrigen gelten für privatrechtliche Streitigkeiten mit Behörden neben Art. 79 Abs. 2 weiterhin die Maßgaben der EuGVVO, so dass abseits der besonderen Zuständigkeitsregelungen der DS-GVO durchaus Möglichkeiten bestehen können, gegen eine deutsche Behörde bei einem Gericht in einem anderen Mitgliedstaat vorzugehen.

10 **2. Örtliche Zuständigkeit.** Art. 79 Abs. 2 sieht lediglich besondere Gerichtsstände iSd **internationalen Zuständigkeit** vor. Die sachliche und örtliche Zuständigkeit des angerufenen Gerichts bemessen sich weiterhin nach nationalem Recht, dh bei zivilrechtlichen Streitigkeiten in der Regel nach der ZPO bzw. dem GVG und bei verwaltungsrechtlichen Streitigkeiten nach der VwGO bzw. den jeweils einschlägigen Fachgesetzen.

11 Die Durchführung von Art. 79 Abs. 2 setzt voraus, dass das nationale Recht im Hinblick auf die örtliche Zuständigkeit Regelungen enthält, die die vom Betroffenen nach Abs. 2 getroffene Wahl des Klageorts ermöglichen. Hierbei ist zwar nicht erforderlich, dass der Betroffene, der sich im Rahmen der internationalen Zuständigkeit für das Gericht im Mitgliedstaat seiner Aufenthaltsorts entscheidet, auch im Rahmen der örtlichen Zuständigkeit am Gericht seines Aufenthaltsorts innerhalb des Mitgliedstaats klagen kann.[3] Insofern hängt die Durchführbarkeit von Art. 79 Abs. 2 nicht davon ab, ob das nationale Recht einen Gerichtsstand am Aufenthaltsort des Klägers vorsieht oder nicht. Es muss jedoch sichergestellt sein, dass im Rahmen der örtlichen Zuständigkeit ein Gerichtsstand innerhalb des nach Art. 79 Abs. 2 zuständigen Mitgliedstaats besteht.

12 Dies ist nach den allgemeinen Regelungen zur örtlichen Zuständigkeit jedoch nicht immer der Fall. Befindet sich der Aufenthaltsort des Betroffenen in Deutschland und entscheidet sich der Betroffene nach Art. 79 Abs. 2 für die Klageeinreichung in Deutschland, so lässt sich gem. §§ 12 ff. ZPO keine örtliche Zuständigkeit eines deutschen Gerichts begründen, wenn der Beklagte keine Niederlassung in Deutschland hat (§ 21 ZPO) und der Gerichtsstand der unerlaubten Handlung (§ 32 ZPO) mangels Inlandsbezug der rechtswidrigen Datenverarbeitung nicht in Betracht kommt.[4] Der in § 44 Abs. 1 S. 2 BDSG nF erwähnte Gerichtsstand am Ort des gewöhnlichen Aufenthalts der betroffenen

[2] Vgl. Maunz/Dürig/*Korioth*, Grundgesetz-Kommentar, Art. 136 WRV Rn. 90.
[3] Zutr. insoweit Plath/*Becker*, DS-GVO, Art. 79 Rn. 3.
[4] Vgl. hierzu die Gesetzesbegr., BT Drs. 18/11325, 109.

Person entspricht dem diesbezüglichen Corrigendum des Art. 79 Abs. 2 vom 19.4.2018.

13 Ebenso wie nach Art. 79 Abs. 2 ist im Rahmen der örtlichen Zuständigkeit der Gerichtsstand am gewöhnlichen Aufenthaltsort der betroffenen Person gem. § 44 Abs. 3 BDSG nF ausgeschlossen, wenn sich die **Klage gegen eine Behörde** richtet, die in Ausübung ihrer hoheitlichen Befugnisse tätig geworden ist. Die örtliche Zuständigkeit richtet sich in diesem Fall nach den Verfahrensvorschriften der zuständigen Fachgerichte.

14 Die Aufnahme des Gerichtsstands der **Niederlassung des Verantwortlichen oder des Auftragsverarbeiters** in § 44 Abs. 1 S. 1 BDSG nF hat der nationale Gesetzgeber aufgrund des in § 21 Abs. 1 ZPO vorausgesetzten Bezugs zum Geschäftsbetrieb der Niederlassung vorgenommen, da insoweit eine von Art. 79 Abs. 2 abweichende Beschränkung unzulässig sei.[5]

15 **3. Kein Ausschluss der besonderen Gerichtsstände nach der EuGVVO.** Fraglich ist, ob die in Abs. 2 aufgezählten Gerichtsstände abschließend sind oder ob daneben die in Art. 7 ff. EuGVVO genannten besonderen Gerichtsstände (zB der Gerichtsstand des Erfüllungsorts, Art. 7 Abs. 1 lit. a EuGVVO) weiterhin anwendbar sind. Der Wortlaut der Regelung ist nicht eindeutig. Erwägungsgrund 147 gibt vor, dass die **allgemeinen Vorschriften über die Gerichtsbarkeit,** wie sie etwa in der EuGVVO enthalten sind, der Anwendung der spezifischen Vorschriften nach der DS-GVO nicht entgegenstehen sollen. Sofern die besonderen Gerichtsstände nach der EuGVVO neben den Gerichtsständen nach Art. 79 Abs. 2 anwendbar bleiben, stehen diese den Vorgaben der DS-GVO jedenfalls nicht entgegen. Dies wäre höchstens der Fall, wenn Regelungen zu einem ausschließlichen Gerichtsstand (Art. 24 EuGVVO) einschlägig wären, was bei Streitigkeiten im Zusammenhang mit der DS-GVO jedoch ohnehin unwahrscheinlich sein dürfte.

16 Weiterhin zulässig bliebe demnach die Möglichkeit, einer **Gerichtsstandsvereinbarung** nach Art. 25 f. EuGVVO zu treffen. Dies muss selbst dann gelten, wenn in der Gerichtsstandsvereinbarung – abweichend vom Gerichtsstand nach Art. 79 Abs. 2 – ein ausschließlicher Gerichtsstand vereinbart wird. Ein anderes Ergebnis würde zu einer nicht hinnehmbaren Einschränkung der Parteiautonomie führen. Dies gilt insbesondere vor dem Hintergrund, dass nach Art. 26 Abs. 1 EuGVVO ohnehin die Möglichkeit einer rügelosen Einlassung besteht. Eine Gerichtsstandsvereinbarung kann aber nach den allgemeinen Regelungen zur Zulässigkeit von Gerichtsstandsvereinbarungen[6] ausgeschlossen sein, was beim Umgang mit Verbrauchern regelmäßig der Fall sein dürfte.[7]

17 **4. Sonstige Streitigkeiten.** Art. 79 Abs. 2 enthält keine Regelung für Klagen gegen Verantwortliche oder Auftragsverarbeiter **ohne Niederlassung in der Union.** Insofern gelten ausschließlich die Zuständigkeitsregelungen der EuGVVO bzw. sonstiger Spezialgesetze, die die internationale Zuständigkeit regeln.

18 Gem. Art. 27 sind Verantwortliche oder Auftragsverarbeiter ohne Niederlassung innerhalb der EU dazu verpflichtet, einen **Vertreter** zu benennen, der in

---

[5] BT Drs. 18/11325, 109.

[6] Die Unzulässigkeit der Gerichtsstandsvereinbarung kann sich etwa ergeben aus § 38 ZPO sowie §§ 134, 138, 305 ff. BGB; vgl. hierzu auch BeckOK ZPO/*Toussaint*, § 38 Rn. 9.

[7] S. hierzu Art. 17 ff. EuGVVO; s. in diesem Zusammenhang auch EuGH, Urt. v. 21.4.2016 – C-572/14.

einem der Mitgliedstaaten niedergelassen ist und als Anlaufstelle für Betroffene und Aufsichtsbehörden fungiert. Gem. § 44 Abs. 3 BDSG nF soll der vom Verantwortlichen oder Auftragsverarbeiter benannte Vertreter auch als **Zustellungsbevollmächtigter** im Rahmen von zivilgerichtlichen Verfahren vor deutschen Gerichten zur Verfügung stehen. Alternativ kann das zuständige Gericht den außerhalb der EU niedergelassenen Verantwortlichen oder Auftragsverarbeiter gem. § 184 Abs. 1 ZPO dazu auffordern, einen Zustellungsbevollmächtigten zu benennen.

Art. 80 Vertretung von betroffenen Personen

(1) **Die betroffene Person hat das Recht, eine Einrichtung, Organisationen oder Vereinigung ohne Gewinnerzielungsabsicht, die ordnungsgemäß nach dem Recht eines Mitgliedstaats gegründet ist, deren satzungsmäßige Ziele im öffentlichem Interesse liegen und die im Bereich des Schutzes der Rechte und Freiheiten von betroffenen Personen in Bezug auf den Schutz ihrer personenbezogenen Daten tätig ist, zu beauftragen, in ihrem Namen eine Beschwerde einzureichen, in ihrem Namen die in den Artikeln 77, 78 und 79 genannten Rechte wahrzunehmen und das Recht auf Schadensersatz gemäß Artikel 82 in Anspruch zu nehmen, sofern dieses im Recht der Mitgliedstaaten vorgesehen ist.**

(2) **Die Mitgliedstaaten können vorsehen, dass jede der in Absatz 1 des vorliegenden Artikels genannten Einrichtungen, Organisationen oder Vereinigungen unabhängig von einem Auftrag der betroffenen Person in diesem Mitgliedstaat das Recht hat, bei der gemäß Artikel 77 zuständigen Aufsichtsbehörde eine Beschwerde einzulegen und die in den Artikeln 78 und 79 aufgeführten Rechte in Anspruch zu nehmen, wenn ihres Erachtens die Rechte einer betroffenen Person gemäß dieser Verordnung infolge einer Verarbeitung verletzt worden sind.**

Übersicht

A. Allgemeines

1 Art. 80 dient der unionsweiten **Vereinheitlichung des „Verbandsklage- bzw. Verbandsbeschwerderechts“** zur Geltendmachung von Ansprüchen im Zusammenhang mit Datenschutzverstößen. Nach Abs. 1 bedarf es hierfür grundsätzlich einer ausdrücklichen Beauftragung, während Einrichtungen, Organisationen oder Vereinigungen (gemeinsam: **Verbände**) nach Abs. 2 selbstständig tätig werden dürfen, sofern dies im Recht des Mitgliedstaates vorgesehen ist.

In Deutschland wurden entsprechende Durchsetzungsmöglichkeiten für Verbände bereits von der Rechtsprechung anerkannt (→ Rn. 12 ff.). Zudem wurde die Verbandsklagebefugnis im Februar 2016, also vor Inkrafttreten der DS-GVO, auf Ebene des **deutschen Rechts** durch den Gesetzgeber ausgeweitet (→ Rn. 15 f.). Es ist indes fraglich, ob die vor dem Inkrafttreten der DS-GVO geschaffene Verbandsklagebefugnis mit der unionsrechtlichen Vorgabe des Art. 80 Abs. 2 im Einklang steht (→ Rn. 17 f.). 2

B. Einzelerläuterungen

I. Kreis der Berechtigten

Art. 80 Abs. 1 verleiht einer **betroffenen Person** das Recht, einen Verband ohne Gewinnerzielungsabsicht, der ordnungsgemäß nach dem Recht eines Mitgliedstaats gegründet wurde, zu beauftragen, in ihrem Namen die in Abs. 1 aufgelisteten Rechte geltend zu machen. 3

Art. 80 schafft Befugnisse für „Einrichtungen, Organisationen oder Vereinigungen", um das „Verbandsklage- bzw. Verbandsbeschwerderecht" unabhängig von der Rechtsform des Verbands zu gewährleisten. Erfasst sind von diesem weiten Begriff insbesondere die sog. **qualifizierten Einrichtungen** nach § 3 Abs. 1 S. 1 Nr. 1 UKlaG bzw. § 8 Abs. 3 Nr. 3 UWG. Besondere Praxisrelevanz kommt insofern den **Verbraucherschutzverbänden**[1] zu. 4

Darüber hinaus kann auch jeder sonstige Verband, der nach dem Recht eines Mitgliedstaats gegründet wurde, befugt sein, die Rechte von betroffenen Personen nach der DS-GVO durchzusetzen. Die Ziele des Verbands müssen indes den **öffentlichen Interessen** dienen und in einer Satzung fixiert sein. Hiermit ist eine Förderung von Allgemeinwohlinteressen gemeint, womit Einrichtungen, die lediglich Individualinteressen verfolgen, aus dem Anwendungsbereich herausfallen. Darüber hinaus darf die Einrichtung **nicht gewerbsmäßig**[2] tätig sein („keine Gewinnerzielungsabsicht"). Ein ungeschriebenes Erfordernis dürfte zudem darin bestehen, dass die Interessen der betroffenen Personen nicht nur vorübergehend, sondern dauerhaft wahrgenommen werden.[3] 5

Aus dem Verweis auf Art. 77 ff., wonach der Rechtsbehelf der Beschwerde und Klagen zur Durchsetzung von Verstößen gegen die DS-GVO auch in anderen Mitgliedstaaten möglich sind (→ Art. 77 Rn. 12 f.; → Art. 78 Rn. 16 und → Art. 79 Rn. 5 ff.), ergibt sich, dass die in einem Mitgliedstaat gegründeten Verbände auch **in anderen Mitgliedstaaten** klagen und Beschwerde einlegen können. In ähnlicher Weise wurde bereits in Art. 4 RL 98/27/EG geregelt, dass Verbände, die im von der Kommission geführten Verzeichnis qualifizierter Einrichtungen gelistet sind, nicht nur in ihrem Heimatstaat, sondern auch in anderen Mitgliedstaaten anspruchsberechtigt sind. Im Unterschied zur RL 98/27/EG erfordert Art. 80 aber keine Eintragung in eine besondere Liste. 6

---

[1] Köhler/Bornkamm/*Köhler,* § 3 UKlaG Rn. 4.

[2] Gewinnerzielungsabsicht liegt vor, wenn ein unmittelbarer oder mittelbarer wirtschaftlicher Vorteil erwartet wird, der zu einem Überschuss über die betrieblichen Kosten der Tätigkeit führt, vgl. BeckOK GewO/*Will,* § 34c Rn. 46.

[3] Das zeitliche Element dient dazu, sog. Abmahnvereine aus dem Kreis der Berechtigten herauszunehmen, vgl. MüKoZPO/*Micklitz,* § 4 UKlaG Rn. 19.

II. Vertretung von betroffenen Personen im Auftrag (Abs. 1)

7 Abs. 1 ermächtigt betroffene Personen lediglich zur Beauftragung von Verbänden. Dh die Verbände können im Wege der Vertretung ein fremdes Recht geltend machen. In zivilrechtlicher Hinsicht handelt es sich mithin um eine **Vertretungsbefugnis**.

8 In prozessualer Hinsicht begründet Abs. 1 keine Prozessstandschaft, also die Geltendmachung eines fremden Rechts im eigenen Namen, sondern die Befugnis, eine **Beschwerde oder ein Gerichtsverfahren in fremdem Namen** zu führen. Abs. 1 bewirkt somit eine Ausweitung der prozessualen Vertretungsregel des § 79 Abs. 2 ZPO, wonach eine Prozessbevollmächtigung nur in einigen Ausnahmefällen möglich ist. Somit ist jeder Verband iSd Art. 80 befugt, eine betroffene Person bei der Geltendmachung der in Abs. 1 genannten Rechte zu vertreten. Die Vorgaben zum Anwaltsprozess nach § 78 ZPO werden durch Abs. 1 hingegen nicht modifiziert. Dh vor den Landgerichten und Oberlandesgerichten müssen sich auch Verbände iSv Abs. 1 von einem Anwalt vertreten lassen.

9 Abs. 1 enthält die unmittelbar in den Mitgliedstaaten geltende Befugnis zur **Geltendmachung** der in Art. 77, 78 und 79 genannten Rechte. Das Recht auf Schadensersatz gem. Art. 82 kann hingegen nur dann im Auftrag nach Abs. 1 in Anspruch genommen werden, wenn eine derartige Möglichkeit im Recht des jeweiligen Mitgliedstaats vorgesehen ist. Derzeit enthält lediglich § 79 Abs. 2 S. 2 Nr. 3 ZPO eine derartige Möglichkeit, die allerdings auf Verbraucherzentralen und andere mit öffentlichen Mitteln geförderte Verbraucherverbände bei der Einziehung von Forderungen von Verbrauchern im Rahmen ihres Aufgabenbereichs beschränkt ist. Mit der Bezugnahme in Abs. 1 auf Art. 82 und dem entsprechenden Hinweis auf mitgliedstaatliche Regelungen ist hingegen nicht gemeint, dass die grundsätzliche Geltendmachung von Schadensersatz wegen Datenschutzverstößen im Mitgliedstaat vorgesehen sein muss. Diese Möglichkeit ergibt sich ohnehin bereits aus dem unmittelbar anwendbaren Art. 82 für jeden Mitgliedstaat, ohne dass es einer nationalen Umsetzungsregelung bedürfte.

III. Vertretung ohne Auftrag (Abs. 2)

10 **1. Gegenstand der Öffnungsklausel.** Die Mitgliedstaaten können vorsehen, dass Verbände unabhängig von einem Auftrag der betroffenen Person das Recht haben, die in Abs. 2 genannten Rechte geltend zu machen. Es handelt sich hierbei um die bereits im deutschen Recht in § 3 UKlaG bzw. § 8 UWG verankerte **Möglichkeit der „Verbandsklage"**, mit der **ohne das Vorliegen eines Auftrags** Ansprüche aufgrund von Verletzungen der DS-GVO geltend gemacht werden können. Erfasst sind von dieser Befugnis indes nur die Rechte nach Art. 78, 79 und 80. Schadensersatzansprüche nach Art. 82 können ohne einen konkreten Auftrag einer betroffenen Person nicht von Verbänden durchgesetzt werden.

11 Die nationalen Vorschriften iSv Abs. 2 dürfen indes nicht im Widerspruch zur DS-GVO selbst stehen bzw. die GRCh oder die Grundfreiheiten nach dem AEUV verletzen. Darüber hinaus ergeben sich spezifische Anforderungen aus Abs. 2. So kann das nationale Recht vorsehen, dass jeder der in Abs. 1 genannten Verbände das Recht hat, die in Abs. 2 genannten Rechte in Anspruch zu nehmen. Aus dem Vollharmonisierungscharakter der DS-GVO ergibt sich, dass das nationale Recht **nicht über diese Maßgabe des Abs. 2 hinaus** gehen und weitere – nicht in Abs. 1 genannte – Stellen zur Verbandsbeschwerde oder Verbandsklage befugen darf. Darüber hinaus kann der nationale Gesetzgeber **nicht weitere als**

die in Abs. 2 genannten Rechte (zB die Geltendmachung von Schadensersatz nach Art. 82 ohne das Vorliegen eines Auftrags) durch Verbände ermöglichen.

2. Verbandsklagemöglichkeiten in Deutschland. a) Rechtsprechung zur unzulässigen Gestaltung von AGB. Nach der Rechtsprechung des LG Berlin[4] und des OLG Koblenz[5] können Verbände Datenschutzbestimmungen gem. § 1 UKlaG angreifen, **sofern** es sich hierbei um **AGB** handelt. Verstöße gegen Datenschutzrecht können auf diese Weise inzident im Rahmen der **Inhaltskontrolle** nach § 307 BGB geprüft werden. AGB, die einen Verstoß gegen Datenschutzrecht begründen, können nach dieser Rechtsprechung mithin einen Verstoß gegen § 307 Abs. 1 BGB darstellen. 12

Fraglich ist, ob die og Rechtsprechung Verbänden auch eine Inhaltskontrolle von Datenschutzhinweisen (zB auf einer Homepage) ermöglicht. Richtigerweise handelt es sich bei Datenschutzbestimmungen, die als **Hinweis** gestaltet sind, jedoch nicht um einen Vertrag und damit **nicht** um **AGB.** § 1 UKlaG ist mithin nicht anwendbar, so dass in derartigen Fällen **keine Verbandsklagebefugnis** besteht.[6] 13

b) Rechtsprechung zu § 3a Abs. 1 UWG. Teile der Rechtsprechung gehen davon aus, dass ein Datenschutzrechtsverstoß **zugleich** einen **Wettbewerbsverstoß** iSd § 4 Nr. 11 UWG aF (nunmehr: § 3a Abs. 1 UWG) darstellen kann.[7] Derartige Verstöße können hiernach von den in § 8 Abs. 3 UWG genannten Verbänden durchgesetzt werden.[8] Diese Argumentation wird teilweise mit überzeugenden Argumenten verneint, denn das Datenschutzrecht schützt keine wirtschaftlichen, sondern lediglich persönliche Interessen. Letzteres wird jedoch nicht vom Schutzbereich des UWG erfasst.[9] 14

c) Erweiterung. Mit dem Gesetz zur Verbesserung der zivilrechtlichen Durchsetzung von verbraucherschützenden Vorschriften des Datenschutzrechts[10] wurde die Durchsetzung des Datenschutzes für Verbände erweitert, indem in § 2 Abs. 2 UKlaG eine neue Nr. 11 eingefügt wurde. Hiernach können Verbände Unterlassungs- und Beseitigungsansprüche geltend machen, wenn gegen Vorschriften verstoßen wird, die die Zulässigkeit der Erhebung personenbezogener Daten eines 15

---

[4] LG Berlin, Urt. v. 19.11.2013 – 15 O 402/12.

[5] OLG Koblenz, Urt. v. 26.3.2014 – 9 U 1116/13.

[6] Vgl. OLG Hamburg, Beschl. v. 4.2.2014 – 10 U 5/11. Das Gericht ging in dieser Entscheidung zutr. davon aus, dass Hinweise auf einer Homepage zu „Datenschutz und Sicherheit" keine AGB darstellen, da diese schon aus „objektiver Kundensicht formal nicht zu dem geschlossenen Regelwerk der AGB" gehörten. Für den Kunden sei somit klar, dass dort keine Rechte und Pflichten geregelt würden; ähnlich LG Köln, Urt. v. 9.5.2007 – 26 O 358/05, wonach AGB nur dann vorliegen, wenn „bei dem Empfänger der Eindruck hervorgerufen wird, es solle damit der Inhalt eines vertraglichen Rechtsverhältnisses geregelt werden"; aA OLG Köln, Urt. v. 14.12.2007 – 6 U 121/07, das die Hinweise weitestgehend ohne Begr. als AGB qualifiziert.

[7] Vgl. OLG Köln, Urt. v. 11.3.2016 – 6 U 121/15; OLG Karlsruhe, Urt. v. 9.5.2012 – 6 U 38/11; OLG Naumburg, Urt. v. 10.10.2003 – 1 U 17/03; OLG Stuttgart, Urt. v. 22.2.2007 – 2 U 132/06; OLG Köln, Urt. v. 14.8.2009 – 6 U 70/09 und v. 19.11.2010 – 6 U 73/10.

[8] Vgl. Köhler/Bornkamm/*Köhler*, § 3a UKlaG Rn. 1.74.

[9] KG Berlin, Beschl. v. 29.4.2011 – 5 W 88/11; OLG München, Urt. v. 12.1.2012 – 29 U 3926/11; Ohly/Sosnitza/*Ohly*, § 3a UWG Rn. 79; *Gärtner/Heil*, WRP 2005, 20 (22).

[10] G. v. 17.2.2016, BGBl. 2016 I S. 233.

Verbrauchers durch einen Unternehmer oder die Verarbeitung oder Nutzung personenbezogener Daten, die über einen Verbraucher erhoben wurden, durch einen **Unternehmer** regeln.[11]

16 § 2 Abs. 2 UKlaG setzt darüber hinaus voraus, dass die Daten zu **Zwecken** der Werbung, der Markt- und Meinungsforschung, des Betreibens einer Auskunftei, des Erstellens von Persönlichkeits- und Nutzungsprofilen, des Adresshandels, des sonstigen Datenhandels oder zu vergleichbaren kommerziellen Zwecken[12] erhoben, verarbeitet oder genutzt werden. Die Durchsetzungsmöglichkeiten der Verbände sind somit nach § 2 Abs. 2 Nr. 11 UKlaG beschränkt; es können mithin nicht alle Verstöße gegen die DS-GVO gerügt werden.[13]

17 **d) Vereinbarkeit der deutschen Verbandsklageregelungen mit Abs. 2.** Die deutschen Gerichte haben die og Rechtsprechung zu § 1 UKlaG und § 4 Nr. 11 UWG aF, wonach Verbände den Datenschutz im Wege der AGB-Kontrolle bzw. über das Wettbewerbsrecht kontrollieren können, entwickelt, um eine Schutzlücke bei der Durchsetzung des Datenschutzes zu schließen (→ Rn. 12f.; → Rn. 14). Fraglich ist, ob diese Linie der Rechtsprechung ab Geltung der DS-GVO Bestand haben kann. Angesichts des Vollharmonisierungscharakters der DS-GVO ist nämlich davon auszugehen, dass die in Art. 81 geregelten **Durchsetzungsmöglichkeiten für Verbände** als **abschließend** zu beurteilen sind. Die DS-GVO räumt den Mitgliedstaaten hiermit in einem genau bestimmten Rahmen die Möglichkeit ein, eine eigenständige und auftragsunabhängige Durchsetzungsbefugnis für Verbände festzulegen. Ein Rückgriff auf Institute wie die Inhaltskontrolle von AGB bzw. das Wettbewerbsrecht muss deshalb mit Blick auf die Beurteilung von Verarbeitungsvorgängen durch die DS-GVO ausgeschlossen sein. Vor allem ist eine derartige Durchsetzungsmöglichkeit für Verbände aber auch nicht mehr erforderlich, da es dem deutschen Gesetzgeber freisteht, über die Öffnungsklausel nach Abs. 2 eine umfassende Verbandsklage- bzw. Verbandsbeschwerdebefugnis einzuführen.

18 Durch die Neufassung des § 2 Abs. 2 UKlaG könnte der deutsche Gesetzgeber bereits vor dem Inkrafttreten der DS-GVO eine nationale Regelung iSv Art. 80 Abs. 2 erlassen haben. Es ist jedoch fraglich, ob der neue § 2 Abs. 2 Nr. 11 UKlaG eine zulässige Umsetzung der gegenständlichen Öffnungsklausel der DS-GVO darstellt. Entgegen Abs. 2 sind Verbände nach § 2 Abs. 2 UKlaG nicht zur Durchsetzung jedweder Verstöße gegen die DS-GVO, sondern nur in bestimmten Konstellationen zur Durchsetzung befugt (→ Rn. 16). Das UKlaG beschränkt zudem die potenziell Anspruchsbefugten auf die in § 3 Abs. 1 UKlaG genannten Verbände, obwohl Art. 80 Abs. 2 vorsieht, dass jeder Verband klage- bzw. beschwerdebefugt sein soll. Zudem regelt das UKlaG nur die Durchsetzung von Unterlassungs- und Beseitigungsansprüchen bzw. deren gerichtliche Durchsetzung durch Verbände, nicht hingegen – wie in Art. 80 Abs. 2 vorgesehen – das Recht auf Beschwerde

[11] Überblicksartig zum neuen Rechtsrahmen *Dönch*, BB 2016, 962; *Halfmeier*, NJW 2016, 1126; *Robak*, GRUR-Prax 2016, 139; *Jaschinski/Piltz*, WRP 2016, 420; *Gerhard*, CT 2015, 338.

[12] Nach § 2 Abs. 2 Nr. 11 UKlaG liegt eine Datenerhebung, Datenverarbeitung oder Datennutzung zu einem vergleichbaren kommerziellen Zweck insb. nicht vor, wenn personenbezogene Daten eines Verbrauchers von einem Unternehmer ausschließlich für die Begr., Durchführung oder Beendigung eines rechtsgeschäftlichen oder rechtsgeschäftsähnlichen Schuldverhältnisses mit dem Verbraucher erhoben, verarbeitet oder genutzt werden.

[13] Vgl. *Dönch*, BB 2016, 962 (964).

bei einer Aufsichtsbehörde. Die in § 2 Abs. 2 Nr. 11 UKlaG vorgesehenen Verbandsklagebefugnisse **bleiben** somit hinter der unionsrechtlichen Vorgabe des Art. 80 Abs. 2 **zurück.** Das deutsche Gesetz wäre mithin unionsrechtswidrig, es sei denn, Art. 80 Abs. 2 würde eine **„Teilumsetzung"** der Öffnungsklausel durch den nationalen Gesetzgeber zulassen. Gegen die Möglichkeit einer „Teilumsetzung" spricht indes der systematische Zusammenhang zu Abs. 1, woraus sich ergibt, dass die mitgliedstaatlichen Regelungen zur Verbandsklage bzw. Verbandsbeschwerde deckungsgleich zu Abs. 1 ausgestaltet sein sollen. Im Übrigen würde die Möglichkeit einer „Teilumsetzung" zu einer (noch größeren) Rechtszersplitterung in den Mitgliedstaaten führen. Im Sinne der Einheitlichkeit der Durchsetzungsbefugnisse erscheint es daher vorzugswürdig, Art. 80 Abs. 2 als Öffnungsklausel mit wenig Spielraum bei der Ausgestaltung durch die Mitgliedstaaten anzusehen (entweder es gibt eine Beschwerde- bzw. Klagebefugnis für Verbände ohne Auftrag oder es gibt keine).[14]

Art. 81 Aussetzung des Verfahrens

(1) **Erhält ein zuständiges Gericht in einem Mitgliedstaat Kenntnis von einem Verfahren zu demselben Gegenstand in Bezug auf die Verarbeitung durch denselben Verantwortlichen oder Auftragsverarbeiter, das vor einem Gericht in einem anderen Mitgliedstaat anhängig ist, so nimmt es mit diesem Gericht Kontakt auf, um sich zu vergewissern, dass ein solches Verfahren existiert.**

(2) **Ist ein Verfahren zu demselben Gegenstand in Bezug auf die Verarbeitung durch denselben Verantwortlichen oder Auftragsverarbeiter vor einem Gericht in einem anderen Mitgliedstaat anhängig, so kann jedes später angerufene zuständige Gericht das bei ihm anhängige Verfahren aussetzen.**

(3) **Sind diese Verfahren in erster Instanz anhängig, so kann sich jedes später angerufene Gericht auf Antrag einer Partei auch für unzuständig erklären, wenn das zuerst angerufene Gericht für die betreffenden Klagen zuständig ist und die Verbindung der Klagen nach seinem Recht zulässig ist.**

Übersicht

[14] Es würde dann der Anwendungsvorrang des Unionsrechts gelten (vgl. EuGH, Urt. v. 15.7.1964 – 6/64), dh es gäbe nach derzeitiger Rechtslage in Deutschland keine Beschwerde- bzw. Klagebefugnis für Verbände ohne Auftrag.

A. Allgemeines

1 Die Vorschrift trägt dem Umstand Rechnung, dass grenzüberschreitende Sachverhalte bei mehreren Gerichten in der Union anhängig sein können. Sie soll zum einen divergierende Rechtsprechung zu gleich gelagerten Sachverhalten in den Mitgliedstaaten verhindern. Zum anderen dient sie der **Prozessökonomie,** indem parallel laufende Gerichtsverfahren in mehreren Mitgliedstaaten bei einem Gericht gebündelt werden können.

2 Es handelt sich bei Art. 81 um eine besondere Gerichtsverfahrensvorschrift, die **sowohl bei zivilrechtlichen als auch verwaltungsrechtlichen Verfahren** Anwendung findet. Eine Verbindung der Verfahren nach Abs. 3 kommt hingegen in der Regel nur bei zivilgerichtlichen Verfahren in Betracht.[1] Verwaltungsrechtliche Verfahren gegen die Aufsichtsbehörde bzw. Bußgeldverfahren werden im jeweiligen Mitgliedstaat geführt, in dem die Aufsichtsbehörde ihren Sitz hat, vgl. Art. 78 Abs. 3. Ein ausländisches Gericht wäre auch nicht befugt, die Maßnahme einer deutschen Aufsichtsbehörde aufzuheben.

3 Art. 81 betrifft damit nicht nur Streitigkeiten mit Behörden, sondern auch gleichgelagerte Streitigkeiten einer betroffenen Person gegen Verantwortliche oder Auftragsverarbeiter, die in **mehreren Mitgliedstaaten** über Niederlassungen verfügen. Gleichermaßen sind aber auch Streitigkeiten zwischen (gemeinsam) Verantwortlichen oder zwischen Verantwortlichen und deren Auftragsverarbeitern erfasst.

B. Einzelerläuterungen

I. Erkundigungspflicht (Abs. 1)

4 **1. Zuständiges Gericht.** Der Begriff des Gerichts ist **unionsrechtlich autonom** zu bestimmen, so dass ua auch Schiedsgerichte von diesem Begriff erfasst sein können.[2]

5 Das angerufene Gericht muss **zuständig** sein. Die internationale Zuständigkeit richtet sich in erster Linie nach Art. 79 Abs. 2 (→ Art. 79 Rn. 5 ff.). Bei Klagen gegen Verantwortliche oder Auftragsverarbeiter sind die Gerichte der Mitgliedstaaten zuständig, in denen sich die Niederlassungen der Beklagten befinden. Im Übrigen[3] gelten für die internationale Zuständigkeit die allgemeinen Vorschriften, insbesondere die EuGVVO.[4] Die sachliche und örtliche Zuständigkeit bemisst sich nach den Vorgaben der ZPO bzw. VwGO sowie des GVG.

6 **2. Anhängigkeit eines verwandten Verfahrens.** Die Verfahrensregeln des Art. 81 gelten nur dann, wenn der beim Gericht anhängige **Gegenstand** in Bezug auf die Verarbeitung durch denselben Verantwortlichen oder Auftragsverarbeiter bei einem anderen Gericht anhängig ist. Der Begriff des „Gegenstands" unterscheidet sich terminologisch von der wesensverwandten Norm des Art. 29 EuGVVO (Aussetzung bei Parallelverfahren in mehreren Mitgliedstaaten). Während in Art. 81 der Begriff des „Verfahrensgegenstands" verwendet wird, kommt

---

[1] AA Paal/Pauly/*Frenzel*, DS-GVO, Art. 81 Rn. 13.

[2] Vgl. ausf. in Calliess/Ruffert/*Wegener*, Art. 267 AEUV Rn. 19 ff. mwN.

[3] Vgl. Erwägungsgrund 147.

[4] VO (EU) Nr. 1215/2012 des Europäischen Parlaments und Rates v. 12.12.2012.

es nach Art. 29 EuGVVO darauf an, ob in verschiedenen Gerichtsverfahren „derselbe Anspruch“[5] geltend gemacht wird.[6] Die zur Konkretisierung des Art. 29 EuGVVO ergangene Rechtsprechung kann daher nicht ohne Weiteres auf Art. 81 übertragen werden.

Voraussetzung für das Vorliegen desselben Gegenstands ist zunächst, dass die an den jeweiligen Verfahren beteiligten Verantwortlichen bzw. Auftragsverarbeiter identisch sind. Dies ergibt sich bereits aus dem Wortlaut des Art. 81 („durch denselben Verantwortlichen oder Auftragsverarbeiter“). In Erwägungsgrund 144 heißt es konkretisierend, dass zwischen den Verfahren eine so enge Beziehung gegeben sein muss, dass eine gemeinsame Verhandlung und Entscheidung geboten erscheint, um zu vermeiden, dass in getrennten Verfahren einander widersprechende Entscheidungen ergehen. Derselbe Gegenstand ist somit in jedem Fall betroffen, wenn in verschiedenen Verfahren derselbe Streitgegenstand (dh Antrag und Lebenssachverhalt)[7] anhängig gemacht wird. Der Begriff des Gegenstands iSv Art. 81 ist jedoch weiter als der im nationalen Recht verankerte Begriff des Streitgegenstands, was sich aus der Formulierung „Gegenstand in Bezug auf die Verarbeitung“ ergibt. Es kommt deshalb nicht darauf an, dass in den Verfahren der gleiche Antrag gestellt wurde, sondern es muss lediglich der gleiche Lebenssachverhalt in Bezug auf einen Verarbeitungsvorgang vorliegen. Dies ist immer dann der Fall, wenn der Ausgang der verschiedenen Verfahren jeweils im Kern von der **Rechtmäßigkeit desselben Verarbeitungsvorgangs** abhängt. Dies gilt unabhängig davon, welches Anspruchsziel (zB Löschung, Berichtigung, Geltendmachung von Auskunftsrechten oder Schadensersatz) in den jeweiligen Verfahren geltend gemacht wird. 7

Der identische Verfahrensgegenstand muss zudem in einem anderen Mitgliedstaat **anhängig** sein. Der Zeitpunkt der Anhängigkeit bemisst sich nach Art. 32 EuGVVO.[8] Hiernach ist für die Anhängigkeit grundsätzlich erforderlich, dass ein verfahrenseinleitendes Schriftstück bei Gericht eingereicht wurde. 8

3. Kontaktaufnahme zum anderen Gericht. Wenn das angerufene Gericht Kenntnis von einem Verfahren zu demselben Gegenstand in einem anderen Mitgliedstaat hat, soll es mit diesem Gericht Kontakt aufnehmen, um sich zu vergewissern, dass ein solches Verfahren existiert. Hierfür genügt nach Erwägungsgrund 144 bereits der **„Anlass zu der Vermutung“,** dass ein weiteres Verfahren zu demselben Gegenstand anhängig ist. Es besteht aber für das angerufene Gericht keine allgemeine Recherchepflicht von Amts wegen. 9

---

[5] Der Begriff des „Anspruchs“ ist ebenfalls unionsrechtlich autonom zu bestimmen und ist nicht zwingend identisch mit dem Begriff des Streitgegenstands nach dt. Recht. So reicht etwa auch die *Wirksamkeit eines Vertrags* für die Aussetzung des Verfahrens nach Art. 29 EuGVVO aus, wenn in einem Verfahren auf Erfüllung geklagt wird, in einem anderen Verfahren hingegen die Feststellung der Unwirksamkeit dieses Vertrags begehrt wurde, vgl. Saenger/*Dörner*, Zivilprozessordnung, Art. 29 EuGVVO Rn. 4.

[6] In der englischsprachigen Fassung werden ebenfalls unterschiedliche Begriffe verwendet. Während Art. 29 EuGVVO von „cause of action“ spricht, wird in Art. 81 der Begriff „subject matter“ verwendet.

[7] Der Streitgegenstand wird bestimmt durch die mit dem Klageantrag begehrte *Rechtsfolge* und den zu Grunde liegenden *Lebenssachverhalt*, vgl. BGH, NJW 2010, 2210; NJW-RR 2005, 437; NJW 2001, 1791 (1792); WPM 1996, 2063 (2064); BGH, NJW 1992, 1172; BGH, WPM 1990, 784 (785); BGHZ 7, 268 (271); BeckOK ZPO/*Bacher*, § 253 Rn. 51, § 2 Rn. 3.

[8] *Baumbach/Lauterbach/Albers/Hartmann*, Zivilprozessordnung, Art. 32 EuGVVO Rn. 1.

10 **Kenntnis** iSd Abs. 1 erlangt das Gericht in erster Linie durch den Vortrag einer Partei. Die Pflicht zur Kontaktaufnahme besteht aber auch dann, wenn der zuständige Richter die Kenntnis aus anderen Quellen (zB Medien, Mundpropaganda etc.) erlangt hat.

II. Aussetzung des Verfahrens (Abs. 2)

11 Das jeweils später angerufene Gericht kann das Verfahren nach eigenem Ermessen aussetzen. Abs. 2 stellt somit eine **Spezialregelung** dar, die die Möglichkeiten der Aussetzung eines Gerichtsverfahrens nach der ZPO, VwGO bzw. der EuGVVO ergänzt.

12 Die Aussetzung wird umgesetzt durch eine prozessleitende Maßnahme des Gerichts in Form eines Beschlusses.[9] Mangels gesetzlicher Regelung bedarf dieser Beschluss keiner mündlichen Verhandlung, aber zumindest der Gewährung rechtlichen Gehörs.[10] Der entsprechende Beschluss sollte begründet werden, damit die Parteien in der Lage sind, die **Ermessensausübung** des Gerichts nachzuvollziehen.[11] Die Wirkungen der Aussetzung (ua Unterbrechung des Verfahrens) ergeben sich aus § 249 ZPO (ggf. iVm § 173 VwGO). Das ausgesetzte Verfahren ist spätestens nach dem rechtskräftigen Abschluss des Parallelverfahrens im Ausland fortzusetzen.

13 Bei der Ermessensausübung hat das Gericht die mit der Aussetzung eintretende Verfahrensverzögerung und den Erkenntnisgewinn aus dem Parallelverfahren gegeneinander abzuwägen.[12] Das Ermessen des Gerichts kann nur in Ausnahmefällen auf Null reduziert sein (zB wenn durch die Aussetzung nur eine äußerst geringfügige Verzögerung zu erwarten ist, da das Parallelverfahren bereits entscheidungsreif ist).

III. Verbindung der Verfahren (Abs. 3)

14 Das Gericht kann sich bei identischen Verfahrensgegenständen nach pflichtgemäßem Ermessen für unzuständig erklären, wenn (i) ein Antrag einer Partei vorliegt, (ii) die Verfahren in erster Instanz anhängig sind, (iii) das zuerst angerufene Gericht für die betreffenden Klagen zuständig und (iv) die Verbindung der Klagen nach dem Recht des zuerst angerufenen Gerichts zulässig ist (nicht erforderlich ist, dass das Gericht im anderen Mitgliedstaat die Verfahren tatsächlich verbindet).

15 Das Gericht hat sich bei der Ermessensentscheidung am **Zweck des Art. 81 Abs. 3** (Verfahrensökonomie, Beschleunigung, Vereinfachung für die Parteien) zu orientieren. Ob die Voraussetzungen (iii) und (iv) vorliegen, ist nach ausländischem Recht zu ermitteln. Wenn das deutsche Gericht die Rechtslage nach ausländischem Recht unzutreffend beurteilt, führt dies zu einem Ermessensfehler. In der Praxis wird es sich anbieten, dass das deutsche Gericht das Vorliegen der Voraussetzungen nach ausländischem Recht bereits im Rahmen der Abstimmung nach Abs. 1 anfragt.[13]

---

[9] MüKoZPO/*Fritsche*, § 148 Rn. 12.

[10] Vgl. BeckOK ZPO/*Wendtland*, § 148 Rn. 13.

[11] Vgl. BeckOK ZPO/*Wendtland*, § 148 Rn. 13.

[12] Vgl. zur Aussetzung nach den Maßgaben der ZPO BGH, Urt. v. 8.10.1957 – I ZR 164/56.

[13] Nach § 293 ZPO kann das dt. Gericht zu den Rechtsfragen nach ausländischem Recht ggf. ein Sachverständigengutachten oder eine amtliche Auskunft einholen, vgl. BeckOK ZPO/*Bacher*, § 293 Rn. 13 ff.

Die Entscheidung nach Abs. 3 lautet auf Abweisung der Klage als unzulässig in Form eines Prozessurteils, da es für eine direkte Verweisung an das zuständige Gericht im anderen Mitgliedstaat an einer Rechtsgrundlage fehlt.[14] Auch insofern ist den Parteien rechtliches Gehör zu gewähren und die Entscheidung des Gerichts zu begründen. **16**

C. Rechtsschutz

Bei der Pflicht zur Kontaktaufnahme nach Abs. 1 handelt es sich um einen **justizinternen Vorgang,** der somit im Falle eines Verstoßes nicht gesondert von den Verfahrensparteien angegriffen werden kann. Wenn die Abstimmung nach Abs. 1 unterbleibt, hat dies im Übrigen keine Konsequenzen für das beim deutschen Gericht anhängige Verfahren.[15] **17**

Der Aussetzungsbeschluss nach Abs. 2 kann gem. § 252 ZPO (ggf. iVm § 173 VwGO) mit dem Rechtsmittel der **sofortigen Beschwerde** (§§ 567 ff. ZPO) angegriffen werden.[16] Sofern das Beschwerdegericht das Vorliegen eines Aussetzungsgrundes nach Art. 81 bejaht, prüft es weiter, ob dem Ausgangsgericht Ermessensfehler unterlaufen sind.[17] **18**

Eine Entscheidung nach Abs. 3, mit der sich das Gericht für unzuständig erklärt, kann mit den Rechtsmitteln der Berufung (§§ 511 ff. ZPO) bzw. der Revision (§§ 542 ff. ZPO) angegriffen werden.[18] Die Rechtsmittelinstanz hat insofern zu prüfen, ob die Voraussetzungen nach Abs. 3, insbesondere die Zuständigkeit des ausländischen Gerichts und die Möglichkeit der Verbindung nach ausländischem Recht, vorlagen sowie ob dem Gericht Ermessensfehler unterlaufen sind. **19**

Ist die Aussetzung nach Abs. 2 oder die Unzuständigkeitserklärung nach Abs. 3 fehlerhaft unterblieben, kann dies ebenfalls im Rahmen eines Rechtsmittelverfahrens, dh im Wege der Berufung oder Revision, gerügt werden. **20**

Art. 82 Haftung und Recht auf Schadenersatz

(1) **Jede Person, der wegen eines Verstoßes gegen diese Verordnung ein materieller oder immaterieller Schaden entstanden ist, hat Anspruch auf Schadenersatz gegen den Verantwortlichen oder gegen den Auftragsverarbeiter.**

(2) **[1]Jeder an einer Verarbeitung beteiligte Verantwortliche haftet für den Schaden, der durch eine nicht dieser Verordnung entsprechende Verarbeitung verursacht wurde. [2]Ein Auftragsverarbeiter haftet für den durch eine Verarbeitung verursachten Schaden nur dann, wenn er seinen speziell den Auftragsverarbeitern auferlegten Pflichten aus dieser Verordnung nicht nachgekommen ist oder unter Nichtbeachtung der rechtmäßig**

---

[14] Vgl. zur ähnlich gelagerten Entscheidung nach Art. 27 EuGVVO Saenger/*Dörner*, Zivilprozessordnung, Art. 27 EuGVVO Rn. 3.

[15] Vgl. zur ähnlich ausgestalteten Benachrichtigungspflicht nach Art. 29 Abs. 2 EuGVVO Musielak/Voit/*Stadler*, ZPO, Art. 29 EuGVVO Rn. 5.

[16] Zöller/*Greger*, ZPO § 148 Rn. 7a.

[17] Vgl. BGH, Beschl. v. 12.12.2005 – II ZB 30/04.

[18] Im Verwaltungsverfahren gelten hingegen §§ 124, 124a VwGO, vgl. Schoch/Schneider/Bier/*Meissner/Steinhoff-Winkelmann*, VwGO, § 173 Rn. 256.

erteilten Anweisungen des für die Datenverarbeitung Verantwortlichen oder gegen diese Anweisungen gehandelt hat.

(3) **Der Verantwortliche oder der Auftragsverarbeiter wird von der Haftung gemäß Absatz 2 befreit, wenn er nachweist, dass er in keinerlei Hinsicht für den Umstand, durch den der Schaden eingetreten ist, verantwortlich ist.**

(4) **Ist mehr als ein Verantwortlicher oder mehr als ein Auftragsverarbeiter bzw. sowohl ein Verantwortlicher als auch ein Auftragsverarbeiter an derselben Verarbeitung beteiligt und sind sie gemäß den Absätzen 2 und 3 für einen durch die Verarbeitung verursachten Schaden verantwortlich, so haftet jeder Verantwortliche oder jeder Auftragsverarbeiter für den gesamten Schaden, damit ein wirksamer Schadensersatz für die betroffene Person sichergestellt ist.**

(5) **Hat ein Verantwortlicher oder Auftragsverarbeiter gemäß Absatz 4 vollständigen Schadenersatz für den erlittenen Schaden gezahlt, so ist dieser Verantwortliche oder Auftragsverarbeiter berechtigt, von den übrigen an derselben Verarbeitung beteiligten für die Datenverarbeitung Verantwortlichen oder Auftragsverarbeitern den Teil des Schadenersatzes zurückzufordern, der unter den in Absatz 2 festgelegten Bedingungen ihrem Anteil an der Verantwortung für den Schaden entspricht.**

(6) **Mit Gerichtsverfahren zur Inanspruchnahme des Rechts auf Schadenersatz sind die Gerichte zu befassen, die nach den in Artikel 79 Absatz 2 genannten Rechtsvorschriften des Mitgliedstaats zuständig sind.**

Literatur: *Berberich/Golla*, Zur Konstruktion eines „Dateneigentums". Herleitung, Schutzrichtung, Abgrenzung, PinG 2016, 165; *Gola/Piltz*, Die Datenschutz-Haftung nachgeltendem und zukünftigen Recht – ein vergleichender Ausblick auf Art. 77 DS-GVO, RDV 2015, 279; *Heymann*, Rechte an Daten, CR 2016, 650; *Jacquemain*, Haftung privater Stellen bei Datenschutzverstößen, RDV 2017, 173; *Paal/Pauly*, Datenschutz-Grundverordnung, 2017; *Schantz*, Die Datenschutz-Grundverordnung – Beginn einer neuen Zeitrechnung im Datenschutzrecht, NJW 2016, 1841; *Zech*, Gefährdungshaftung und neue Technologien, JZ 2013, 21.

Übersicht

A. Einleitung

I. Zweck und Bedeutung

1 Zur Gewährleistung des den betroffenen Personen durch die DS-GVO gewährten Datenschutzes gehören auch angemessene Sanktionen bei Handlungen, die mit der Verordnung nicht in Einklang stehen. So wie es auch in der DS-RL (Art. 23 Abs. 1) und dem BDSG (§§ 7, 8) der Fall ist, enthält die DS-GVO bei ihren Sanktionsmöglichkeiten in Art. 82 eine eigenständige **deliktische Haftungsnorm.** Schäden, die einer Person aufgrund einer Verarbeitung entstehen, die mit der Verordnung nicht im Einklang steht, sind danach von dem Verantwortlichen oder dem hierfür verantwortlichen Auftragsverarbeiter zu ersetzen, es sei denn, dass diese von der Haftung befreit werden, weil sie nachweisen, dass sie in keiner Weise für den Schaden verantwortlich sind. Die Schadensersatzpflicht gilt auch bei Verstößen gegen die Verordnung präzisierende delegierte Rechtsakte und nationalen Rechtsvorschriften (Erwägungsgrund 146 S. 5).

II. Verhältnis zu anderen Normen

2 Art. 82 tritt an Stelle von Art. 23 Abs. 1 DS-RL der in Deutschland in den §§ 7 und 8 BDSG umgesetzt wurde. Während § 7 BDSG für den nichtöffentlichen Bereich eine dem Art. 82 entsprechende, das Verschulden der verantwortlichen Stelle vermutende Haftungsnorm enthält, besteht in § 8 BDSG für öffentliche Stellen ein eigenständiger verschuldensunabhängiger Haftungstatbestand, der im Gegensatz zu § 7 BDSG den Schadenersatzanspruch für immaterielle Schäden ausdrücklich mitumfasst.[1] Eine solche verschuldensunabhängige „Gefährdungshaftung" für öffentliche Stellen fällt mit der DS-GVO weg. Sie ergibt sich auch nicht aus anderen Normen, wenngleich Art. 82 keine abschließende Regelung ist, dh Schadenersatzforderungen aufgrund von Verstößen gegen andere Vorschriften des Unionsrechts oder des Rechts der Mitgliedstaaten unberührt lässt (Erwägungsgrund 146 S. 4; → Rn. 20 ff.). Das BDSG nF sieht für den Bereich der Datenverarbeitung durch nichtöffentliche Stellen keinen eigenen Schadensersatzanspruch vor. In § 83 BDSG nF schafft der deutsche Gesetzgeber einen Schadensersatzanspruch im Anwendungsbereich der Richtlinie (EU) 2016/680.

B. Einzelerläuterungen

I. Die Normadressaten

3 **1. Von der Haftung Betroffene.** Adressaten der Haftungspflicht nach Art. 82 sind sowohl (aber auch abschließend) der oder die Verantwortlichen (Art. 4 Abs. 7)

---

[1] *Gola/Schomerus*, BDSG, § 8 Rn. 7.

als auch Auftragsverarbeiter (Art. 4 Abs. 8). Eine Unterscheidung zwischen öffentlichen und nichtöffentlichen Stellen wird nicht getroffen. Es gelten daher im Anwendungsbereich des Art. 82 für öffentlich-rechtliche und privat-rechtliche Organisationen unterschiedslos dieselben Haftungsvoraussetzungen. Ansprüche gegen andere Personen oder Stellen, etwa zB Datenschutzbeauftragte oder Geschäftsführer, sind von Art. 82 nicht umfasst.[2]

4 Nach Art. 82 Abs. 2 S. 1 haftet ein Verantwortlicher für den Schaden, der durch eine nicht der DS-GVO entsprechenden Verarbeitung verursacht wurde, an der er beteiligt ist. Ein bloßer Verstoß gegen jegliche Vorgabe der DS-GVO begründet für die Verantwortlichen dem Wortlaut nach daher noch keine Haftung. Hiergegen spricht auch nicht Art. 82 Abs. 1, der auf einen Verstoß „gegen diese Verordnung" abstellt. Abs. 1 ist vielmehr als generelle Umschreibung bzw. Klarstellung der Haftungsverpflichtung von allen Anspruchsverpflichteten, nämlich dem für Verantwortlichen und dem Auftragsverarbeiter, zu verstehen.

5 Ein Auftragsverarbeiter haftet für den durch die Verarbeitung verursachten Schaden nach Art. 82 Abs. 2 S. 2 nur dann, wenn er seinen speziell den Auftragsverarbeitern auferlegten Pflichten aus der DS-GVO nicht nachgekommen ist. Hierzu gehören insbesondere die in Art. 28 aufgezählten Pflichten.[3] Gleiches gilt bei Nichtbeachtung der rechtmäßig erteilten Anweisungen des für die Datenverarbeitung Verantwortlichen. In der letztgenannten Haftungsvariante dürfte der Auftragsverarbeiter jedoch zumeist ohnehin selbst zum für die Verarbeitung Verantwortlichen werden, da er eigenverantwortlich außerhalb seines Auftrages tätig wird, damit dann auch selbst über Zwecke der Verarbeitung bestimmt und dann nach den Vorgaben von Art. 82 Abs. 2 S. 1 haftet.

6 **2. Gesamtschuldnerische Haftung.** Sind mehrere Beteiligte zum einen für die Verursachung des Schadens verantwortlich und sind sie zudem an derselben Verarbeitung beteiligt, haften sie regelmäßig als **Gesamtschuldner**, so dass der Geschädigte sich gegen jeden Beteiligten wenden kann (Art. 82 Abs. 4).[4]

7 Die Haftung jedes einzeln Beteiligten erstreckt sich auf den gesamten entstandenen Schaden. In den Ratsverhandlungen zur DS-GVO wurden zwei alternative Varianten der Haftung bei mehreren Beteiligten diskutiert.[5] Die am Ende übernommene Alt. 1 sieht eine Vermutung der Haftung für den Gesamtschaden vor, wenn ein Beteiligter auf irgendeine Art und Weise für den entstandenen Schaden verantwortlich ist. Jeder Beteiligte, selbst wenn er nur zu einem kleinen Teil für den Schaden verantwortlich ist, muss für den gesamten entstanden Schaden haften.[6] Jedoch ist ebenso Haftungsvoraussetzung, dass eine Verantwortlichkeit für den Schaden (nicht nur eine Beteiligung an der Verarbeitung) besteht, selbst wenn diese minimal ist.[7] Die DS-GVO trennt also zwischen der datenschutzrechtlichen Verantwortlichkeit bzw. im Fall des Auftragsverarbeiters einer Beteiligung an der Verarbeitung auf der einen Seite und einer **Verantwortlichkeit** für den entstandenen Schaden auf der anderen Seite. Eine Verbindung zwischen beiden Verantwort-

---

[2] Kühling/Buchner/*Bergt*, DS-GVO, Art. 82 Rn. 16.

[3] Ausf. Kühling/Buchner/*Bergt*, DS-GVO, Art. 82 Rn. 27 ff.

[4] Ebenso Kühling/Buchner/*Bergt*, DS-GVO, Art. 82 Rn. 57; *Jacquemain*, RDV 2017, 173 (174).

[5] *Gola/Piltz*, RDV 2015, 279 (283).

[6] *Gola/Piltz*, RDV 2015, 279 (283).

[7] AA wohl Paal/Pauly/*Frenzel*, DS-GVO, Art. 82 Rn. 13, der eine Beteiligung an der Verarbeitung ausreichen lassen möchte.

lichkeiten wird oft existieren, ist jedoch nicht stets gegeben und wird entsprechend berücksichtigt. Dies stellt sich als für die an der Datenverarbeitung Beteiligten gerechter dar, da ein Verantwortlicher und/oder Auftragsverarbeiter niemals Schadensersatz leisten muss, wenn er für den entstandenen Schaden in keiner Weise verantwortlich ist.

Die ansonsten sich aus § 840 BGB ergebende Folge gesamtschuldnerischer Haftung regelt Art. 82 Abs. 5. Hat ein für den Schaden (mit-)verantwortlicher Beteiligter vollständigen Schadenersatz gezahlt, so ist er berechtigt, von den übrigen Mitverursachern den Teil des Schadenersatzes zurückzufordern, der unter den in Abs. 2 festgelegten Bedingungen ihrem Anteil an der Verantwortung für den Schaden entspricht. Hiermit stellt die DS-GVO (vgl. Erwägungsgrund 146) klar, dass jeder Beteiligte, der vollen Schadenersatz geleistet hat, einen **Rückgriffsanspruch** hat. **8**

Abgesehen von Abs. 5 enthält die DS-GVO keine Regelungen zur Gestaltung der Haftung. Hier greift das BGB, mit zB der Regelung zum Mitverschulden nach § 254 BGB oder die Verjährungsregelungen des § 852 BGB.[8] Eine Regelung zur entsprechenden Anwendung war auch nicht erforderlich, da Art. 82 eine auf das Verschulden des Betroffenen abstellende, spezielle deliktische Haftungsnorm ist, für die, sofern nichts Abweichendes geregelt ist, die auch ansonsten für derartige Haftungen maßgebenden Regelungen des BGB zur Anwendung kommen. **9**

II. Die anspruchsberechtigte Person

Anspruchsberechtigt ist nach Art. 82 Abs. 1 jede Person, die einen Schaden erlitten hat. Gemeint sind hiermit aber nur betroffene Personen iSd Art. 4 Abs. 1 (vgl. auch Erwägungsgrund 146), dh natürliche Personen deren Daten rechtswidrig verarbeitet wurden.[9] Zwar schützen ggf. andere Vorschriften über den Datenschutz auch juristische Personen (vgl. den Nutzerbegriff in § 2 Abs. 2 Nr. 11 TKG), gleichwohl können diese keine Ansprüche aus Art. 82 ableiten. Die betroffene Person kann nach Art. 80 Abs. 1 auch eine Einrichtung, Organisation oder Vereinigung mit der Durchsetzung des Schadensersatzanspruchs beauftragen. Eine eigenmächtige Durchsetzung des Anspruchs nach Art. 82 durch eine solche Einrichtung ist jedoch nicht möglich (vgl. die fehlende Erwähnung von Art. 82 in Art. 80 Abs. 2). **10**

III. Haftungsvoraussetzungen

1. Vorliegen eines Schadens. a) Materieller Schaden. Voraussetzung der Haftung ist zunächst, dass ein Schaden entstanden ist. Damit ist es zunächst Sache des Betroffenen, hierzu vorzutragen und ggf. Beweise zu erbringen.[10] Allein das Vorliegen einer unzulässigen Verarbeitung genügt daher noch nicht.[11] Bei dem Schaden des Betroffenen kann es sich um materielle Beeinträchtigungen, dh um einen Vermögensschadenn handeln. Ein solcher Schaden kann zB darin liegen, dass ein Kredit nicht gewährt wurde oder eine Reisebuchung fehl lief. Fraglich **11**

---

[8] AA Kühling/Buchner/*Bergt*, DS-GVO, Art. 82 Rn. 59.

[9] AA Kühling/Buchner/*Bergt*, DS-GVO, Art. 82 Rn. 15, der allg. natürliche Personen erfasst sieht.

[10] *Gola/Piltz*, RDV 2015, 279 (284); ebenso Kühling/Buchner/*Bergt*, DS-GVO, Art. 82 Rn. 20.

[11] So auch *Jacquemain*, RDV 2017, 173 (177).

ist, ob der Betroffene auch Ansprüche gegenüber demjenigen geltend machen kann, der seine Daten mit wirtschaftlichem Gewinn unbefugt nutzt oder vermarktet.[12] Dies wird zunächst zutreffen, wenn dem Betroffenen eine eigene Vermarktungsmöglichkeit genommen wurde. Auch dies müsste jedoch der Betroffene darlegen. Bei der Bestimmung des materiellen Schadens kann daher auch auf den Wert der Daten und ihre Kommerzialisierungsmöglichkeiten abgestellt werden.[13] Darüber hinaus kann nach dem BGH[14] zB die unbefugte kommerzielle Nutzung eines Bildnisses im Allgemeinen sowohl unter dem Gesichtspunkt des Schadensersatzes als auch auf Grund ungerechtfertigten Bereicherung einen Anspruch auf Zahlung einer angemessenen Lizenzgebühr begründen, ohne dass es darauf ankommt, ob der Abgebildete bereit oder in der Lage gewesen wäre, gegen Entgelt Lizenzen für die Verbreitung und öffentliche Wiedergabe seines Bildnisses einzuräumen. Diese Überlegung kann auf den Fall der unbefugten wirtschaftlichen Nutzung von Daten zB im Bereich des Marketings angewendet werden.

12 **b) Der immaterielle Schaden. aa) Geldausgleich für immaterielle Schäden.** Art. 82 Abs. 1 verpflichtet auch zum Ersatz eines immateriellen Schadens. Gemeint ist eine Beeinträchtigung des Persönlichkeitsrechts, etwa in Form von psychischen Auswirkungen, der betroffenen Person durch den Datenschutzverstoß. Eine Aussage dazu, dass dieser hierfür bestehende Ersatzanspruch auf einen Geldausgleich gerichtet ist, enthält die Bestimmung nicht. Nach geltender Rechtslage in Deutschland begründet die rechtswidrige und schuldhafte Verletzung des allgemeinen Persönlichkeitsrechts nicht ausnahmslos die Zubilligung einer Geldentschädigung. Vielmehr führt die Verletzung des allgemeinen Persönlichkeitsrechts nach der ständigen Rechtsprechung des BGH nur dann zu einem Anspruch auf Geldentschädigung, wenn es sich um einen **schwerwiegenden Eingriff** handelt und die Beeinträchtigung nicht in anderer Weise befriedigend ausgeglichen werden kann.[15] Ob eine schwere Persönlichkeitsverletzung vorliegt, bemisst sich an objektiven Kriterien und nicht an der subjektiven Empfindlichkeit und hängt insbesondere von der Bedeutung und Tragweite des Eingriffs, ferner von Anlass und Beweggrund des Handelnden sowie von dem Grad seines Verschuldens ab.[16] Das BVerfG[17] bewertet diese zivilgerichtlichen Rechtsprechung verfassungsrechtlich und auch vor dem Hintergrund der Rechtsprechung des Europäischen Gerichtshofs für Menschenrechte als unbedenklich.

13 **bb) Keine Begrenzung des Entschädigungsanspruchs.** Ob diese Einschränkung des Anspruchs auf Geldentschädigung auch für Art. 82 gilt, erscheint jedoch fraglich.[18] Der Hinweis in Erwägungsgrund 146 S. 3, nach dem der Begriff

---

[12] Zur Problematik *Berberich/Golla*, PinG 2016, 165; *Heymann*, CR 2016, 650.

[13] Plath/*Becker*, DSGVO, Art. 82 Rn. 4.

[14] BGH, Urt. v. 26.10.2006 – I ZR 182/04, NJW 2007, 689.

[15] Seit dem Herrenreiterurteil, BGH, Urt. v. 14.2.1958 – I ZR 151/56, BGHZ 26, 349 = NJW 1958, 827 bestätigt durch BVerfG, Urt. v. 14.2.1973 – 1 BvR 112/65, NJW 1973, 1221 – Soraya; s. ferner BGH, Urt. v. 15.11.1994 – VI ZR 56/94, NJW 1995, 861 – Caroline von Monaco I; BGH, Urt. v. 5.12.1995 – VI ZR 332/94, NJW 1996, 984 – Caroline von Monaco II; BGH, Urt. v. 5.10.2004 – VI ZR 255/03, NJW 2005, 215 – Prominentenkinder; BAG, Urt. v. 19.2.2015 – 8 AZR 1011/13, ZD 2015, 380.

[16] Vgl. BGH, Urt. v. 5.10.2004 – VI ZR 255/03, NJW 2005, 215 mwN – Prominentenkinder.

[17] BVerfG, Beschl. v. 29.6.2016 – 1 BvR 1717/15.

[18] Ebenso Kühling/Buchner/*Bergt*, DS-GVO, Art. 82 Rn. 18.

des Schadens im Lichte der Rechtsprechung des EuGH weit und auf eine Art und Weise ausgelegt werden soll, die den Zielen dieser Verordnung in vollem Umfang entspricht, hilft insoweit nicht weiter, da diesbezügliche Abwägungen vom EuGH soweit erkennbar bisher nicht getroffenen wurden. Jedoch hat es auf der Basis des Effektivitätsprinzips eine abschreckende Sanktion verlangt.[19] Ebenso fordert Erwägungsgrund 146 S. 6, dass die betroffene Person „einen vollständigen und wirksamen Schadensersatz" für den erlittenen Schaden erhalten soll, was gegen eine Einschränkung auf „schwere" Beeinträchtigungen spricht. Somit ist *Simitis*[20] zuzustimmen, der schon Art. 23 Abs. 1 DS-RL und auch § 7 BDSG dahin interpretierte, dass die Schwere der Beeinträchtigung nur bei der Frage der Höhe des Anspruchs zu berücksichtigen sei, wobei Bagatellfälle außer Betracht bleiben können. In Deutschland ist damit freilich die Folge in Kauf zu nehmen, dass ein immaterieller Schaden im Bereich des Datenschutzrechts einfacher ersetzt verlangt werden kann, als in anderen Schutzbereichen des Allgemeinen Persönlichkeitsrechts.[21] Davon unabhängig stellt sich in der Praxis jedoch die Schwierigkeit, die Höhe des ersatzfähigen immateriellen Schadens tatsächlich zu beziffern.[22] Hierzu mach Art. 82 keine Vorgaben und es dürfte diesbezüglich entscheidend auf die Auslegung und Anwendung der Norm durch die Gerichte ankommen.

2. Rechtswidriges Handeln. Weitere Haftungsvoraussetzung ist, dass der 14
Schaden durch einen Verstoß „gegen diese Verordnung" entstanden ist (Art. 82 Abs. 1). Die Formulierung umfasst sowohl eine rechtswidrige Verarbeitung des Verantwortlichen bzw. eines seiner Mitarbeiter, dh einen in seinem Bereich liegenden Umstand, als auch die Nichterfüllung spezieller Auftragsverarbeiterpflichten und Nichtbeachtung rechtmäßiger Anweisungen durch den Auftragsverarbeiter.[23] Es genügt mithin etwa, dass der Verantwortliche oder ein Mitarbeiter Daten gesetzwidrig erhoben, verarbeitet oder genutzt hat.

Unklar ist, inwieweit der Betroffene den haftungsbegründenden Verstoß, also 15
im Fall des Verantwortlichen, die rechtswidrige Datenverarbeitung, entgegen die Vorgaben der DS-GVO darzulegen hat. Für § 8 BDSG wird teilweise davon ausgegangen, dass es der ratio legis entspricht, dass die „normverletzende Schädigungshandlung nicht unter die **Beweislast** des Betroffenen fällt". Andererseits wird den allgemeinen Grundsätzen entsprechend, etwa für § 7 BDSG, vertreten, dass der Anspruchsberechtigte mit Ausnahme des (vermuteten) Verschuldens die Darlegungs- und Beweislast trägt.[24] Die DS-GVO selbst gibt hierauf keine Antwort. Grundsätzlich ist jedoch, vor dem Hintergrund des Zwecks von Art. 82 („Die betroffenen Personen sollten einen vollständigen und wirksamen Schadenersatz für den erlittenen Schaden erhalten", vgl. Erwägungsgrund 146) davon auszugehen, dass der Anspruchsteller die Unzulässigkeit einer Verarbeitung nur soweit darzulegen hat, wie im dies als außerhalb des Verantwortlichen stehende Person, ohne Einblick in die internen Datenverarbeitungsprozesse, möglich ist. Den

---

[19] Zuletzt EuGH, Urt. v. 17.12.2015 – C 407/14, Rn. 44 – Arjona Camacho.

[20] Simitis/*Simitis*, § 7 Rn. 34.

[21] *Schantz*, NJW 2016, 1841 (1848).

[22] *Jacquemain*, RDV 2017, 173 (179).

[23] Ehmann/Selmayr/*Nemitz*, DS-GVO, Art. 82 Rn. 8; Kühling/Buchner/*Bergt*, DS-GVO, Art. 82 Rn. 23 geht hingegeben von einem umfassenderen Begriffsverständnis aus und sieht auch Verstöße gegen „formale Vorschriften" als erfasst an.

[24] BeckOK DatenschutzR/*Quaas*, BDSG, § 7 Rn. 71.

Anspruchsverpflichteten treffen dann verstärkte Mitwirkungspflichten, wenn der Geschädigte Anhaltspunkte für einen Datenschutzverstoß dargelegt hat.[25]

16 Die Rechtswidrigkeit der Verarbeitung der Daten kann beruhen auf einem **Verstoß gegen die Vorschriften der DS-GVO** oder gem. Erwägungsgrund 146 S. 5 gegen nach Maßgabe der Verordnung erlassene delegierte Rechtsakte und Durchführungsrechtsakte und **nationale Rechtsvorschriften** zur Präzisierung von Bestimmungen der Verordnung. Nationale (Datenschutz-)Normen, die nicht die Gefährdung durch automatisierte oder dateigebundene Datenverarbeitungsvorgänge regeln, sondern „generellen" Schutz des Persönlichkeitsrechts gewähren, der sich auch mit dem Schutzbereich der DS-GVO überschneiden kann, wie das zB bei § 22 KUG hinsichtlich unbefugter Veröffentlichung von Bildern der Fall ist, dienen jedoch nicht der Präzisierung von Bestimmungen der Verordnung.[26]

17 Anderes gilt bei Verstößen gegen § 87 Abs. 1 Nr. 6 BetrVG ergangenen Betriebsvereinbarungen.[27]

18 **3. Verschulden und Beweislast.** Ferner ist erforderlich, dass dieser rechtswidrige Umgang mit den Daten schuldhaft, dh gem. § 276 BGB vorsätzlich oder fahrlässig erfolgte,[28] wobei Art. 82 Abs. 3 hinsichtlich des Nachweises des Verschuldens eine **Umkehr der Beweislast** vorsieht, indem zunächst ein schuldhaftes Verhalten vermutet wird, von dem sich der Verantwortliche oder der Auftragsverarbeiter entlasten kann, „wenn er nachweist, dass er in keinerlei Hinsicht für den Umstand, durch den der Schaden eingetreten ist, verantwortlich ist".[29] Auch hier wird die Trennung zwischen Beteiligung an der Verarbeitung einerseits und der Verantwortlichkeit für den entstandenen Schaden andererseits deutlich. Die Beteiligung an einer unzulässigen Verarbeitung ist für sich genommen noch nicht ausreichend, sondern das Verschulden wird für den eingetreten Schaden vermutet und muss diesbezüglich entkräftet werden.

19 Der Anspruchsverpflichtete hat darzulegen, dass er nicht schuldhaft gehandelt hat bzw. dass auch bei Beachtung der gesetzlichen Vorschriften der Schaden nicht zu verhindern war.[30] Eigenmächtige Handlungen durch hinreichend kontrollierte Auftragnehmer sind Beispiele. Ist der Schaden durch **Fehler von Mitarbeitern** verursacht worden, so haftet der Verantwortliche oder Auftragsverarbeiter. § 831 BGB steht ihm im Rahmen der Art. 82 nicht zur Seite.[31]

IV. Sonstige, parallel geltende Haftungsnormen

20 **1. Allgemeines.** Die Regelung des Art. 82 gilt nach Erwägungsgrund 146 S. 4 unbeschadet von Schadenersatzforderungen aufgrund von Verstößen gegen andere Vorschriften des Unionsrechts oder des Rechts der Mitgliedstaaten, dh die

[25] BeckOK DatenschutzR/*Quaas*, BDSG, § 7 Rn. 74.

[26] Vgl. auch bei Paal/Pauly/*Frenzel*, DS-GVO, Art. 80 Rn. 8.

[27] AA schon für § 7 BDSG BeckOK DatenschutzR/*Quaas*, BDSG, § 7 Rn. 50.

[28] Ebenso Ehmann/Selmayr/*Nemitz*, DS-GVO, Art. 82 Rn. 14.

[29] Vgl. aber auch Paal/Pauly/*Frenzel*, DS-GVO, Art. 82 Rn. 6, der von einer verschuldensunabhängigen Haftung ausgeht; iErg wie hier *Jacquemain*, RDV 2017, 173 (176).

[30] Ehmann/Selmayr/*Nemitz*, DS-GVO, Art. 82 Rn. 19: Verschuldensquote von 0 Prozent.

[31] Simitis/*Simitis*, BDSG, § 7 Rn. 25 f.; Kühling/Buchner/*Bergt*, DS-GVO, Art. 82 Rn. 55; vgl. aber auch *Forst*, AuR 2010, 106, der, wonach § 7 dem Deliktrecht zu zuordnen ist, § 278 BGB nicht anwenden will.

Datenschutzhaftungsnorm ist keine abschließende und ausschließliche **Regelung.** Sofern nationale deliktische Normen oder **vertragliche Haftungsansprüche** bestehen, bestehen diese parallel.[32]

2. Vertragliche Haftung. a) Vertragliche Beziehungen. Besteht zwischen dem Verantwortlichen, dh ihrem Träger und dem Betroffenen ein Vertragsverhältnis, bei dem die Datenverarbeitung zu dessen Durchführung erfolgt, so kann eine missbräuchliche Verarbeitung personenbezogener Daten vertragliche Schadensersatzansprüche aus § 280 Abs. 1 S. 1 BGB iVm § 241 Abs. 2 BGB begründen, wobei davon auszugehen ist, dass der sorgsame, gesetzeskonforme Umgang mit den personenbezogenen Daten des Vertragspartners sich regelmäßig auch als Nebenpflicht der vertraglichen Beziehungen darstellt. 21

Ist die Verarbeitung der personenbezogenen Daten selbst Gegenstand eines Vertrags zwischen dem Betroffenen und dem Verantwortlichen, so kann eine unzulässige Verwendung einen Verstoß gegen die Hauptpflicht des Vertrages darstellen, mit der Konsequenz, dass ein Schadensersatzanspruch wegen Nichterfüllung (§§ 323 ff. BGB) ausgelöst wird. Die vertragliche Haftung ist in jedem Falle auf den Vermögensschaden begrenzt. 22

b) Vorvertragliches Vertrauensverhältnis. Werden personenbezogene Daten im Rahmen eines vorvertraglichen Vertrauensverhältnisses (zB Bewerberdaten für den Abschluss eines Arbeits- oder Mietvertrages) nach § 311 Abs. 2 BGB verarbeitet, so kann ein schuldhaft und rechtswidrig herbeigeführter Datenschutzverstoß Schadensersatzansprüche ebenfalls aus der durch § 280 BGB abgedeckten Haftung wegen eines Verschuldens bei Vertragsschluss **(culpa in contrahendo)** begründet sein. 23

c) Haftung für Erfüllungsgehilfen. Bedient sich der (potenzielle) Vertragspartner eines Erfüllungsgehilfen (§ 278 BGB), so muss er für dessen Verschulden haften wie für eigenes. 24

3. Deliktische Haftung. a) Verletzung des Persönlichkeitsrechts. Auch Ansprüche aus § 823 Abs. 1 BGB sind nicht ausgeschlossen. Sie sind ebenso wie evtl. parallel bestehende vertragliche Ansprüche nicht ausgeschlossen.[33] Hier greift jedoch § 831 BGB, dh ist der Schaden durch einen Verrichtungsgehilfen verursacht worden, so haftet der Verantwortliche nach § 831 BGB, sofern es ihm nicht gelingt, sich durch den Nachweis zu entlasten, den Bediensteten, der den Schaden verursacht hat, sorgfältig ausgewählt zu haben. In Großbetrieben wird der Entlastungsbeweis nur durch Nachweis einer entsprechenden Datenschutzorganisation zu führen sein.[34] Bei unzulässiger Datenverarbeitung, die allein auf rein persönlichen Motiven eines Mitarbeiters beruht, ist dagegen kein Grund ersichtlich, dem Unternehmen die Entlastungsmöglichkeit des § 831 Abs. 1 S. 2 BGB zu verwehren. 25

b) Verletzung von Schutzgesetzen. Auch § 823 Abs. 2 BGB kann aufgrund einer Verletzung der Datenschutznorm Schadensersatzansprüche auslösen. Gem. 26

---

[32] Vgl. *Wächter*, Datenschutz im Unternehmen, Rn. 1279 ff.; Ehmann/Selmayr/*Nemitz*, DS-GVO, Art. 82 Rn. 7; Kühling/Buchner/*Bergt*, DS-GVO, Art. 82 Rn. 67.

[33] *Thüsing*, Arbeitnehmerdatenschutz und Compliance, Rn. 521; *Forst*, AuR 2010, 106; D/K/W/W/*Däubler*, BDSG, § 7 Rn. 33.

[34] Vgl. Simitis/*Simitis*, BDSG, § 7 Rn. 61.

Art. 1 Abs. 1 ist den Normen der DS-GVO Schutzcharakter zuzusprechen.[35] Art. 1 Abs. 2 bestimmt zudem, dass die Verordnung „Grundrechte und Grundfreiheiten natürlicher Personen und insbesondere deren Recht auf Schutz personenbezogener Daten" schützt.

27 **c) Kreditgefährdung.** Im Einzelfall können auch Ansprüche aus § 824 BGB (Kreditgefährdung) bestehen. Dies kann bereits der Fall sein, wenn eine unzulässige Datenweitergabe zu Zweifeln an der Kreditwürdigkeit des Betroffenen führt.

28 **4. Ansprüche bei hoheitlicher Tätigkeit.** Parallele Haftungsnormen gegenüber öffentlich-rechtlichen Stellen können zur Anwendung kommen, wenn der Staat bei hoheitlicher Tätigkeit im Rahmen der **Staatshaftung** nach Art. 34 GG, § 839 BGB und im fiskalischen Bereich auf Grund eventueller vertraglicher oder deliktischer Haftung nach §§ 31, 89 bzw. 831 BGB. Auch ist der Anspruch gegen den eventuell auch persönlich haftenden Bediensteten zB nach § 839 BGB nicht ausgeschlossen, wobei jedoch dem Bediensteten nunmehr die Subsidiaritätsregel des § 839 Abs. 2 BGB regelmäßig zugutekommen wird.

C. Rechtsschutz

I. Örtliche und sachliche Zuständigkeit

29 In Abs. 6 gibt Art. 82 abschließend vor, vor welchem Gericht Schadensersatzansprüche geltend zu machen sind, indem auf Art. 79 Abs. 2 verwiesen wird. Das jeweils zuständige Gericht ist dann nach den nationalen Gesetzen des Mitgliedstaates zu bestimmen. Nach Art. 79 Abs. 2 sind die Gerichte des Mitgliedstaates zuständig, in dem der Verantwortliche oder der Auftragsverarbeiter eine Niederlassung hat. Hinzuweisen ist darauf, dass hier allein von der „Niederlassung" die Rede ist und nicht etwa der Hauptsitz des für Verantwortlichen oder Auftragsverarbeiters auschlaggebend ist. Daneben kann ein Betroffener (wahlweise) auch Klage bei den Gerichten des Mitgliedstaates einreichen, an dem er seinen Aufenthaltsort hat (Art. 79 Abs. S. 2). Erwägungsgrund 147 stellt klar, dass die Regelung zur internationalen Zuständigkeit der Gerichte in der DS-GVO lex specialis gegenüber den allgemeinen Vorschriften über die Gerichtsbarkeit (insbesondere zur VO (EU) Nr. 1215/2012) darstellt.

II. Gewillkürte Verbandsklage

30 Die betroffene Person kann eine Organisation, die die satzungsmäßig im Bereich des Schutzes von personenbezogenen Daten tätig ist, beauftragen, in ihrem Namen das Recht auf Schadensersatz gem. Art. 82 in Anspruch zu nehmen, sofern ein solches **„Verbandsklagerecht"** im Recht der Mitgliedstaaten vorgesehen ist (Art. 80 Abs. 1) (→ Art. 80 Rn. 17 f.).

Art. 83 Allgemeine Bedingungen für die Verhängung von Geldbußen

(1) **Jede Aufsichtsbehörde stellt sicher, dass die Verhängung von Geldbußen gemäß diesem Artikel für Verstöße gegen diese Verordnung gemäß**

[35] Zu den Normen des BDSG strittig und zB verneint durch OLG Hamm, Urt. v. 4.4.1995 – 9 U 42/95, NJW 1996, 131; OLG Köln, Urt. v. 3.7.2008 – 15 U 43/08, CR 2008, 512; ebenso *Thüsing*, Arbeitnehmerdatenschutz und Compliance, Rn. 517.

den Absätzen 4, 5 und 6 in jedem Einzelfall wirksam, verhältnismäßig und abschreckend ist.

(2) [1]**Geldbußen werden je nach den Umständen des Einzelfalls zusätzlich zu oder anstelle von Maßnahmen nach Artikel 58 Absatz 2 Buchstaben a bis h und j verhängt.** [2]**Bei der Entscheidung über die Verhängung einer Geldbuße und über deren Betrag wird in jedem Einzelfall Folgendes gebührend berücksichtigt:**

a) Art, Schwere und Dauer des Verstoßes unter Berücksichtigung der Art, des Umfangs oder des Zwecks der betreffenden Verarbeitung sowie der Zahl der von der Verarbeitung betroffenen Personen und des Ausmaßes des von ihnen erlittenen Schadens;
b) Vorsätzlichkeit oder Fahrlässigkeit des Verstoßes;
c) jegliche von dem Verantwortlichen oder dem Auftragsverarbeiter getroffenen Maßnahmen zur Minderung des den betroffenen Personen entstandenen Schadens;
d) Grad der Verantwortung des Verantwortlichen oder des Auftragsverarbeiters unter Berücksichtigung der von ihnen gemäß den Artikeln 25 und 32 getroffenen technischen und organisatorischen Maßnahmen;
e) etwaige einschlägige frühere Verstöße des Verantwortlichen oder des Auftragsverarbeiters;
f) Umfang der Zusammenarbeit mit der Aufsichtsbehörde, um dem Verstoß abzuhelfen und seine möglichen nachteiligen Auswirkungen zu mindern;
g) Kategorien personenbezogener Daten, die von dem Verstoß betroffen sind;
h) Art und Weise, wie der Verstoß der Aufsichtsbehörde bekannt wurde, insbesondere ob und gegebenenfalls in welchem Umfang der Verantwortliche oder der Auftragsverarbeiter den Verstoß mitgeteilt hat;
i) Einhaltung der nach Artikel 58 Absatz 2 früher gegen den für den betreffenden Verantwortlichen oder Auftragsverarbeiter in Bezug auf denselben Gegenstand angeordneten Maßnahmen, wenn solche Maßnahmen angeordnet wurden;
j) Einhaltung von genehmigten Verhaltensregeln nach Artikel 40 oder genehmigten Zertifizierungsverfahren nach Artikel 42 und
k) jegliche anderen erschwerenden oder mildernden Umstände im jeweiligen Fall, wie unmittelbar oder mittelbar durch den Verstoß erlangte finanzielle Vorteile oder vermiedene Verluste.

(3) **Verstößt ein Verantwortlicher oder ein Auftragsverarbeiter bei gleichen oder miteinander verbundenen Verarbeitungsvorgängen vorsätzlich oder fahrlässig gegen mehrere Bestimmungen dieser Verordnung, so übersteigt der Gesamtbetrag der Geldbuße nicht den Betrag für den schwerwiegendsten Verstoß.**

(4) **Bei Verstößen gegen die folgenden Bestimmungen werden im Einklang mit Absatz 2 Geldbußen von bis zu 10 000 000 EUR oder im Fall eines Unternehmens von bis zu 2 % seines gesamten weltweit erzielten Jahresumsatzes des vorangegangenen Geschäftsjahrs verhängt, je nachdem, welcher der Beträge höher ist:**

a) die Pflichten der Verantwortlichen und der Auftragsverarbeiter gemäß den Artikeln 8, 11, 25 bis 39, 42 und 43;

b) die Pflichten der Zertifizierungsstelle gemäß den Artikeln 42 und 43;
c) die Pflichten der Überwachungsstelle gemäß Artikel 41 Absatz 4.

(5) **Bei Verstößen gegen die folgenden Bestimmungen werden im Einklang mit Absatz 2 Geldbußen von bis zu 20 000 000 EUR oder im Fall eines Unternehmens von bis zu 4 % seines gesamten weltweit erzielten Jahresumsatzes des vorangegangenen Geschäftsjahrs verhängt, je nachdem, welcher der Beträge höher ist:**
a) die Grundsätze für die Verarbeitung, einschließlich der Bedingungen für die Einwilligung, gemäß den Artikeln 5, 6, 7 und 9;
b) die Rechte der betroffenen Person gemäß den Artikeln 12 bis 22;
c) die Übermittlung personenbezogener Daten an einen Empfänger in einem Drittland oder an eine internationale Organisation gemäß den Artikeln 44 bis 49;
d) alle Pflichten gemäß den Rechtsvorschriften der Mitgliedstaaten, die im Rahmen des Kapitels IX erlassen wurden;
e) Nichtbefolgung einer Anweisung oder einer vorübergehenden oder endgültigen Beschränkung oder Aussetzung der Datenübermittlung durch die Aufsichtsbehörde gemäß Artikel 58 Absatz 2 oder Nichtgewährung des Zugangs unter Verstoß gegen Artikel 58 Absatz 1.

(6) **Bei Nichtbefolgung einer Anweisung der Aufsichtsbehörde gemäß Artikel 58 Absatz 2 werden im Einklang mit Absatz 2 des vorliegenden Artikels Geldbußen von bis zu 20 000 000 EUR oder im Fall eines Unternehmens von bis zu 4 % seines gesamten weltweit erzielten Jahresumsatzes des vorangegangenen Geschäftsjahrs verhängt, je nachdem, welcher der Beträge höher ist.**

(7) **Unbeschadet der Abhilfebefugnisse der Aufsichtsbehörden gemäß Artikel 58 Absatz 2 kann jeder Mitgliedstaat Vorschriften dafür festlegen, ob und in welchem Umfang gegen Behörden und öffentliche Stellen, die in dem betreffenden Mitgliedstaat niedergelassen sind, Geldbußen verhängt werden können.**

(8) **Die Ausübung der eigenen Befugnisse durch eine Aufsichtsbehörde gemäß diesem Artikel muss angemessenen Verfahrensgarantien gemäß dem Unionsrecht und dem Recht der Mitgliedstaaten, einschließlich wirksamer gerichtlicher Rechtsbehelfe und ordnungsgemäßer Verfahren, unterliegen.**

(9) **[1]Sieht die Rechtsordnung eines Mitgliedstaats keine Geldbußen vor, kann dieser Artikel so angewandt werden, dass die Geldbuße von der zuständigen Aufsichtsbehörde in die Wege geleitet und von den zuständigen nationalen Gerichten verhängt wird, wobei sicherzustellen ist, dass diese Rechtsbehelfe wirksam sind und die gleiche Wirkung wie die von Aufsichtsbehörden verhängten Geldbußen haben. [2]In jeden Fall müssen die verhängten Geldbußen wirksam, verhältnismäßig und abschreckend sein. [3]Die betreffenden Mitgliedstaaten teilen der Kommission bis zum 25. Mai 2018 die Rechtsvorschriften mit, die sie aufgrund dieses Absatzes erlassen, sowie unverzüglich alle späteren Änderungsgesetze oder Änderungen dieser Vorschriften.**

Literatur: *Ashkar*, Durchsetzung und Sanktionierung des Datenschutzrechts nach den Entwürfen der Datenschutz-Grundverordnung, DuD 2015, 796; *Cornelius*, Die „datenschutzrechtliche Einheit" als Grundlage des bußgeldrechtlichen Unternehmensbegriffsnach der EU-DS-GVO, NZWiSt 2016, 421; *Dieterich*, Rechtsdurchsetzungsmöglichkeiten nach der DS-GVO, ZD 2016, 260; *Faust/Spittka/Wybitul*, Milliardenbußgelder nach der DS-GVO?, ZD 2016, 120; *Golla*, Die Straf- und Bußgeldtatbestände der Datenschutzgesetze, 2016; *Golla*, Säbelrasseln in der DS-GVO: Drohende Sanktionen bei Verstößen gegen Vorgaben zum Werbedatenschutz, RDV 2017, 123; *Grünwald/Hackl*, Das neue umsatzbezogene Sanktionsregime der DS-GVO, ZD 2017, 556; *Krohm*, Die wirtschaftliche Einheit als Bußgeldadressat unter der Datenschutz-Grundverordnung?, RDV 2017, 221; *Lüdemann/Wenzel*, Zur Funktionsfähigkeit der Datenschutzaufsicht in Deutschland, RDV 2015, 285; *Martini/Welzel*, „Gelbe Karte" von der Aufsichtsbehörde: Die Verwarnung als datenschutzrechtliches Sanktionshybrid, PinG 2017, 92; *Nolde*, Sanktionen nach DSGVO und BDSG-neu: Wem droht was warum? PinG 2017, 114; *Pohl*, Durchsetzungsdefizite der DSGVO?, PinG 2017, 85; *Rost*, Bußgeld im digitalen Zeitalter – was bringt die DS-GVO?, RDV 2017, 13.

Übersicht

A. Allgemeines

I. Zweck und Bedeutung der Vorschrift

1 Ein unionsweiter wirksamer Schutz personenbezogener Daten erfordert neben der Stärkung und präzisen Festlegung der Rechte der betroffenen Personen und einer Verschärfung der Verpflichtungen für diejenigen, die personenbezogene Daten verarbeiten und darüber entscheiden, auch gleiche starke Befugnisse bei der Überwachung und Gewährleistung der Einhaltung der Vorschriften zum Schutz personenbezogener Daten sowie gleiche Sanktionen im Falle ihrer Verletzung (Erwägungsgrund 11).[1] Demgemäß benötigen die Aufsichtsbehörden zur konsequenteren Durchsetzung der Vorschriften dieser Verordnung zusätzlich zu oder neben den sonstigen Maßnahmen (→ Art. 58 Rn. 11 ff.), die sie gemäß dieser

[1] Zur bisherigen Diskrepanz der Durchsetzung *Ashkar*, DuD 2015, 786 (797).

Verordnung verhängen können,[2] auch die Kompetenz zur Verhängung der in Art. 83 geregelten **Geldbußen** (Erwägungsgrund 150 S. 1).[3] Darüber hinaus trägt Erwägungsgrund 152, den Mitgliedstaaten auf, erforderlichenfalls weitere seien es straf- oder verwaltungsrechtlich Sanktionen vorzusehen (zu strafrechtlichen Sanktionen → Art. 84 Rn. 1 ff.).

2 Die Verordnung legt Obergrenzen für die Geldbußen und die Kriterien für ihre Festsetzung fest, wobei der Höchstrahmen bei weitem höher angelegt ist, als es bisher im BDSG (§ 43) der Fall ist.[4] Inwieweit der Festsetzungsrahmen ausgeschöpft wird, soll von der Art, Schwere und Dauer des Verstoßes und seinen Folgen sowie von den Maßnahmen abhängen, die ergriffen wurden, um die Einhaltung der aus dieser Verordnung erwachsenden Verpflichtungen zu gewährleisten und die Folgen des Verstoßes abzuwenden oder abzumildern. Des Weiteren ist die Zahl der zu sanktionierenden Tatbestände erheblich vermehrt worden, so dass letztlich kaum noch ein Verstoß sanktionslos ist.

3 Bisher bestand keine Möglichkeit in Deutschland, auch **Behörden** durch die Verhängung von Geldbußen zu einem von der Aufsichtsbehörde als rechtmäßig angesehenen Verhalten anzuhalten. Nunmehr können die Mitgliedstaaten bestimmen, ob und inwieweit gegen Behörden Geldbußen verhängt werden können (Erwägungsgrund 150) (→ Rn. 9).[5]

4 Der Grad des Verschuldens des Verantwortlichen, dh insbesondere ob er fahrlässig oder vorsätzlich gehandelt hat, ist bei der Bemessung der Geldbuße zu berücksichtigen (Art. 83 Abs. 2 lit. b), aber auch – ohne dass Art. 83 es, von Abs. 3 einmal abgesehen, ausdrücklich erwähnt – Voraussetzung für ein Bußgeld.[6]

II. Systematik, Verhältnis zu anderen Rechtsnormen

5 Erwägungsgrund 150 gibt vor, dass es für die Verhängung von Sanktionen einschließlich Geldbußen angemessene **Verfahrensgarantien** geben muss, die den allgemeinen Grundsätzen des Unionsrechts und der Charta, einschließlich des Rechts auf wirksamen Rechtsschutz (→ Rn. 22) und ein faires Verfahren, entsprechen. Das Bußgeld ist angezeigt, wenn nach **Eskalationsstufen** einsetzbare andere Maßnahmen, beginnend mit dem warnenden Hinweis, über die Verwarnung bis hin zu einer Anweisung oder Untersagung (Art. 58)[7] nicht greifen, oder nicht ausreichend sind. Aber auch wenn die Aufsichtsbehörden bereits Geldbußen verhängt oder eine Verwarnung erteilt haben, können sie ihre anderen Befugnisse ausüben oder andere Sanktionen nach Maßgabe dieser Verordnung verhängen.

III. Ergänzende Regelungen in § 43 und § 41 BDSG nF

6 **1. Bußgeldvorschriften nach § 43 BDSG nF.** § 43 BDSG nF sanktioniert in den Abs. 1 und 2 Verstöße gegen die in § 30 BDSG nF geregelten Informationen bei Verbraucherkrediten gegenüber Darlehnsgebern durch Auskunfteien etc.

---

[2] *Nolde,* PinG 2017, 114.

[3] Zur bisherigen Bußgeldpraxis der Aufsichtsbehörden *Lüdemann/Wenzel,* RDV 2015, 285 (289); *Gola,* RDV 2015, 26.

[4] *Faust/Spittka/Wybitul,* ZD 2016, 120.

[5] Im Einzelnen Paal/Pauly/*Frenzel,* DS-GVO, Art. 83 Rn. 27 f.

[6] Vgl. bei Schantz/Wolff/*Wolff,* Rn. 1130; Paal/Pauly/*Frenzel,* DS-GVO, Art. 83 Rn. 8; ohne konkretes Ergebnis Kühling/Buchner/*Bergt,* DS-GVO, Art. 83 Rn. 34 ff.

[7] *Dieterich,* ZD 2016, 260 (263).

Die Regelung entspricht den Bußgeldtatbestände des § 43 Abs. 1 Nr. 7a und 7b BDSG aF. Mit diesen Tatbeständen war Art. 9 der Verbraucherkreditrichtlinie 2008/48/EG umgesetzt worden. Nicht richtig erfolgt nach Abs. 1 Nr. 1 ein Auskunftsverlangen, wenn es anders behandelt wird als ein Auskunftsverlangen inländischer Darlehnsgebers. Nr. 2 betrifft die fehlende, unzutreffende unvollständige oder verspätete Unterrichtung des Verbrauchers über die Auskunft die zur Ablehnung seines Darlehnsantrags führte.

Mit Abs. 3 wird von der Öffnungsklausel des Art. 83 Abs. 7 Gebrauch gemacht, national zu regeln, ob und in welchem Umfang gegen **Behörden** und sonstige öffentliche Stellen Geldbußen verhängt werden können. Die Bestimmung ist etwas verklausuliert. Geldbußen sind nur gegenüber öffentlichen Stellen iSd § 2 Abs. 5 BDSG nF (→ Art. 4 Rn. 72 ff.), dh öffentlichen Stellen, die im Rahmen ihrer Tätigkeit am **Wettbewerb** teilnehmen, zulässig. Diese sollen bei der Verhängung von Geldbußen gegenüber ihren privaten Wettbewerbern nicht bessergestellt werden. 7

Das DS-GVO und das BDSG nF kennen auch nicht die Möglichkeit Geldbußen gegen Mitarbeiter öffentlicher Stellen zu verhängen.[8] Gleiches gilt nunmehr auch gegenüber Beschäftigten nichtöffentlicher Stellen.[9] 8

§ 43 Abs. 4 BDSG nF schützt als Verfahrensgarantie nach Art. 83 Abs. 8 vor dem Zwang einer **Selbstbezichtigung** im Rahmen von Meldepflichten nach Art. 33 und 34, indem in einem Ordnungswidrigkeitsverfahren die Meldung nur mit Zustimmung des Melde- bzw. Benachrichtigungspflichtigen verwendet werden darf. Er entspricht der Regelung in § 42 Abs. 4 BDSG nF bezüglich der Strafverfolgung. Andererseits weist Erwägungsgrund 87 DS-GVO darauf hin, dass eine Meldung zu einer Tätigkeit der Aufsichtsbehörde im Einklang mit ihren Aufgaben und Befugnissen führen kann, wozu eben auch die Verhängung von Geldbußen gehört. Auch bei eventueller Europarechtswidrigkeit ist der Tatbestand der Meldung bei der Ermessensentscheidung der Bußgeldverhängung zu beachten (Art. 83 Abs. 2 lit. h).[10] 9

2. Anwendung der Vorschriften über das Bußgeld- und Strafverfahren nach § 41 BDSG nF. Gem. § 2 Abs. 2 S. 2 des Gesetzes über Ordnungswidrigkeiten (OwiG) gilt dieses Gesetz nur für Ordnungswidrigkeiten nach Bundes- und Landesrecht. Davon abweichend erstreckt § 41 Abs. 1 S. 1 BDSG nF die Frage des Adressaten von Geldbußen und Verfahrensaspekte des OWiG nunmehr auch auf die Bußgeldtatbestände des Art. 83[11] mit der Regelung, dass die Vorschriften des OWiG und der allgemeinen Gesetze über das Strafverfahren grundsätzlich Anwendung finden. Damit wird den in Art. 83 Abs. 8 geforderten angemessene Verfahrensgarantien Rechnung getragen.[12] 10

Keine Anwendung finden gem. § 41 Abs. 1 S. 2 BDSG nF die §§ 17, 35 und 36 OwiG. § 17 OWiG kommt nicht zur Anwendung, da die Verordnung die Bußgeldhöhe abschließend regelt. §§ 35 und 36 OWiG werden nicht angewendet, da sich bereits aus Art. 83 die Zuständigkeit der Aufsichtsbehörden für die Verhängung von Geldbußen ergibt. Anwendbar bleiben insbesondere die §§ 30 und 130 OwiG. § 30 OwiG gestattet, die Verhängung von Geldbußen gegen juristische 11

---

[8] *Piltz*, BDSG, § 43 Rn. 6.
[9] *Piltz*, BDSG, § 43 Rn. 2 ff.
[10] So wohl auch *Piltz*, BDSG, § 43 Rn. 21.
[11] *Kühling*, NJW 2017, 1985 (1989).
[12] BT-Drs. 18/11325, 108.

Personen, wobei es jedoch um das Handeln ihrer Organe und Leitungsfunktionsinhaber geht. § 130 betrifft die Haftung des Inhabers für Organisationsverschulden und Aufsichtspflichtverletzungen (→ Rn. 16).

B. Einzelerläuterungen

I. Kriterien für die Verhängung der Geldbuße

12 **1. Allgemeines.** Die Kriterien für die Verhängung einer Geldbuße werden in Art. 83 Abs. 1–3 festgelegt. Generell gilt, dass die Buße wirksam, verhältnismäßig und abschreckend ist (Art. 83 Abs. 1). Dem entspricht einmal der stark erhöhte Bußgeldrahmen (→ Rn. 17) und zum anderen, dass die in Art. 83 normierten Tatbestände erheblich weiterreichen als die sanktionierten Handlungen in § 43 BDSG.

13 **2. Bemessungskriterien.** Geldbußen werden je nach den Umständen des Einzelfalls zusätzlich zu oder anstelle von Maßnahmen nach Art. 58 Abs. 2 lit. a–h und i verhängt, wobei in jedem Einzelfall folgende **Bemessungskriterien** zu berücksichtigen sind:
- Art, Schwere und Dauer des Verstoßes,
- Vorsätzlichkeit oder Fahrlässigkeit des Verstoßes,
- die getroffenen Maßnahmen zur Minderung des entstandenen Schadens,
- Grad der Verantwortung unter Berücksichtigung der getroffenen technischen und organisatorischen Maßnahmen,
- etwaige einschlägige frühere Verstöße,
- Umfang der Zusammenarbeit mit der Aufsichtsbehörde, um dem Verstoß abzuhelfen und seine möglichen nachteiligen Auswirkungen zu mindern,
- Kategorien personenbezogener Daten, die von dem Verstoß betroffen sind,
- Art und Weise, wie der Verstoß der Aufsichtsbehörde bekannt wurde, insbesondere Selbstanzeige,
- Einhaltung früher angeordneter Maßnahmen,
- Einhaltung von genehmigten Verhaltensregeln nach Art. 40 oder genehmigten Zertifizierungsverfahren nach Art. 42,
- jegliche anderen erschwerenden oder mildernden Umstände im jeweiligen Fall, wie unmittelbar oder mittelbar durch den Verstoß erlangten finanzielle Vorteile oder vermiedene Verluste.

14 Der Bewertungskatalog macht den Verantwortlichen und Auftragsverarbeitern die wesentlichen Parameter für einen wirkungsvollen Datenschutz deutlich. Sie müssen die Vorgaben für die Datenschutzorganisation im Betrieb sein.

15 Ob zur Beendigung eines datenschutzwidrigen Verhaltens die Ausübung der den Aufsichtsbehörden zustehenden **Anordnungsbefugnisse** (Art. 58)[13] effektiver ist, als die Verhängung einer Geldbuße, die den rechtswidrigen Zustand nicht beseitigt, mag im Hinblick auf die nunmehr mögliche Höhe der Buße und ihre Wiederholungsmöglichkeit bei Nicht-Abstellung des sanktionierten Verfahrens dahinstehen.

16 **3. Adressat der Geldbuße. a) Allgemeines.** Die Geldbuße kann gegen Verantwortliche und Auftragnehmer verhängt werden, unabhängig von ihrer Rechtsform und gleichgültig, ob sie als ein Unternehmen (→ Art. 4 Rn. 108 f.) agieren.

---

[13] *Ehmann*, ZD 2014, 493.

Handelt es sich um eine juristische Person, ergeht der Bußgeldbescheid ihr gegenüber; vorausgesetzt, dass die Ordnungswidrigkeit auf dem Handeln von mit entsprechender Handlungsbefugnis ausgestatteten Personen erfolgt. Insoweit muss diese sich das Handeln der für sie tätigen Personen nach § 30 OwiG zurechnen lassen.[14] Der gegen die Verordnung verstoßende Mitarbeiter selbst unterliegt keiner Geldbuße nach Art. 83.

Eine Ausnahme bildet § 130 OwiG. § 130 Abs. 1 OWiG begründet eine eigene Verantwortlichkeit von Inhabern von Betrieben und Unternehmen bei schuldhafter Verletzung ihrer Aufsichtspflicht hinsichtlich der Einhaltung der DS-GVO. Ihnen obliegt es Verstöße gegen Pflichten zu verhindern, die den Inhaber treffen und deren Verletzung mit Strafe oder Geldbuße bedroht ist. Zu den erforderlichen Aufsichtsmaßnahmen gehören auch die Bestellung, die sorgfältige Auswahl und Überwachung von Aufsichtspersonen. Nach § 30 OwiG besteht sodann die Möglichkeit des „Durchgriffs" auf den Unternehmensträger.[15] **17**

b) Unternehmen als Verantwortliche. Als Unternehmen können betroffen sein: **18**
- Unternehmen mit Sitz in der EU,
- Unternehmen, die personenbezogene Daten über in der EU ansässige Personen erheben, verarbeiten und nutzen, soweit diese Unternehmen ihre Tätigkeit auf die EU ausrichten

und zwar unabhängig davon, ob sie ihre Leistungen entgeltlich oder unentgeltlich erbringen.

Werden Geldbußen **Unternehmen** auferlegt, so soll nach Erwägungsgrund 150 nicht der Begriff „Unternehmen" iSd Definition des Art. 4 Nr. 18 (→ Art. 4 Rn. 88 f.), sondern der iSd Art. 101 und 102 AEUV gelten. Gemeint ist hier ein weiter, mit dem Unternehmensbegriff des europäischen **Kartellrechts** vergleichbarer funktionaler Unternehmensbegriff. Die zu sanktionierende wirtschaftliche Einheit kann dabei nicht nur aus einem einzelnen Unternehmen im Sinne eines Rechtssubjekts, sondern aus mehreren, natürlichen oder juristischen Personen bestehen. Die **Muttergesellschaft** kann damit gesamtschuldnerisch für Handlungen ihrer Tochter in Anspruch genommen werden, ohne dass die persönliche Beteiligung der Mutter nachgewiesen werden müsste.[16] Es wird angeknüpft am Marktverhalten der wirtschaftlichen Einheit insgesamt. Der gesamte Konzernumsatz bildet dann den für die Berechnung eines Bußgelds maßgeblichen Unternehmensumsatz[17] damit die Muttergesellschaft insbesondere gehindert wird, sich trotz Einfluss auf des Verhalten der Tochtergesellschaft aus der Verantwortung zu stehlen.[18] Das Prinzip der **wirtschaftlichen Einheit** soll auch, verhindern, dass durch Umstrukturierungsmaßnahmen eine Einschränkung der Haftung erreicht werden kann, da die Haftung im Konzern verbleibt und auf den Rechtsnachfolger übergeht.[19] **19**

Gleichwohl ist fraglich, ob der in einem Erwägungsgrund vorgeschlagene durchaus gravierende Unternehmensbegriff bzw. Haftungsumfang angesichts dessen, dass er vom Gesetzgeber nicht in den Verordnungstext übernommen wurde **20**

---

[14] Schantz/Wolff/*Wolff,* Rn. 1133 f.
[15] So Schantz/Wolff/*Wolff*, Rn. 1134.
[16] *Faust/Spittka/Wybitul*, ZD 2016, 120 (121).
[17] *Faust/Spittka/Wybitul*, ZD 2016, 120 f.
[18] Ehmann/Selmayr/*Nemitz*, DS-GVO, Art. 83 Rn. 43.
[19] *Faust/Spittka/Wybitul*, ZD 2016, 120 (121).

und er dem Wortlaut des Art. 83 sowie der Systematik der gesamten Verordnung, die eben kein Konzernprivileg kennt, widerspricht und letztlich im Hinblick auf das Bestimmtheitsgebot gem. Art. 103 Abs. 2 GG tatsächlich praktiziert werden darf.[20] Die diesbezügliche Praxis der Aufsichtsbehörden[21] und das Ergebnis der zu erwartenden gerichtlichen Überprüfung bleibt abzuwarten.

21 **c) Natürliche Personen als Verantwortliche.** Im Falle eines geringfügigeren Verstoßes oder falls eine voraussichtlich zu verhängende Geldbuße eine unverhältnismäßige Belastung für eine natürliche Person bewirken würde, kann anstelle einer Geldbuße eine **Verwarnung** erteilt werden (Erwägungsgrund 148 S. 2).[22] Werden Geldbußen Verantwortlichen auferlegt, bei denen es sich nicht um eine als Unternehmen agierende Person (→ § 4 Rn. 87 f.) handelt, so soll die Aufsichtsbehörde bei der Erwägung des angemessenen Betrags für die Geldbuße dem allgemeinen **Einkommensniveau** in dem betreffenden Mitgliedstaat und der wirtschaftlichen Lage der Personen Rechnung tragen (Erwägungsgrund 150 S. 4). Auch insoweit kann auch das Kohärenzverfahren genutzt werden, um eine kohärente Anwendung von Geldbußen zu fördern.

22 **4. Die Art der Verstöße und die Höhe der Geldbuße. a) Allgemeines.** Die maximale Geldbuße kann bis zu 20.000.000 EUR oder bis zu 4 Prozent des gesamten weltweit erzielten Jahresumsatzes des Unternehmens (→ Rn. 14) im vorangegangenen Geschäftsjahr; je nachdem, welcher Wert der höhere ist, ausmachen. Differenziert wird jedoch nach der Art des Verstoßes in zwei Ordnungswidrigkeitengruppen mit unterschiedlichen Sanktionsrahmen.

23 **b) Tatbestände nach Abs. 4.** Art. 83 Abs. 4 enthält den „milderen" Sanktionsrahmen, der vorrangig Pflichtverstöße des Verantwortlichen erfasst.

24 Wird gegen
- die Pflichten der Verantwortlichen und der Auftragsverarbeiter gem. Art. 8, 11, 25, 26, 27, 28, 29, 30, 31, 32, 33, 34, 35, 36, 37, 38, 39, 42 und 43;
- die Pflichten der Zertifizierungsstelle gem. Art. 42 und 43;
- die Pflichten der Überwachungsstelle gem. Art. 41 Abs. 4

verstoßen, können nach Abs. 4 im Einklang mit Abs. 2 Geldbußen von bis zu 10.000.000 EUR oder im Fall eines Unternehmens von bis zu 2 Prozent seines gesamten weltweit erzielten Jahresumsatzes des vorangegangenen Geschäftsjahrs verhängt werden, je nachdem, welcher der Beträge höher ist.

25 **c) Tatbestände nach Abs. 5.** Bei Verstößen gegen
- die Grundsätze für die Verarbeitung, einschließlich der Bedingungen für die Einwilligung, gem. Art. 5, 6, 7 und 9;
- die Rechte der betroffenen Person gem. Art. 12–22;
- die Übermittlung personenbezogener Daten an einen Empfänger in einem Drittland oder an eine internationale Organisation gem. Art. 44–49;
- alle Pflichten gemäß den Rechtsvorschriften der Mitgliedstaaten, die im Rahmen des Kapitels IX erlassen wurden;
- Nichtbefolgung einer Anweisung oder einer vorübergehenden oder endgültigen Beschränkung oder Aussetzung der Datenübermittlung durch die Auf-

[20] Vgl. auch bei *Krohm,* RDV 2017, 221; Sydow/*Popp*, DS-GVO, Art. 83 Rn. 7.

[21] ZB Bln LfDI, Jahresbericht 2016, S. 33, *Rost,* RDV 2017, 13; *Schönefeld/Thome*, PinG 2017, 126.

[22] *Martini/Wenzel*, PinG 2017, 92.

sichtsbehörde gem. Art. 58 Abs. 2 oder Nichtgewährung des Zugangs unter Verstoß gegen Art. 58 Abs. 1

können Geldbußen von bis zu 20.000.000 EUR oder im Fall eines Unternehmens von bis zu 4 Prozent seines gesamten weltweit erzielten Jahresumsatzes des vorangegangenen Geschäftsjahrs verhängt werden, je nachdem, welcher der Beträge höher ist.

Dass auch Verstöße gegen die in Art. 5 Abs. 1 normierten **allgemeinen Grundsätze des Datenschutzes** der drakonischen Bußgeldandrohung unterfallen, ist angesichts der fehlenden Bestimmtheit dieser Normen jedoch verfassungsrechtlich fragwürdig. Erforderlich ist in jedem Falle eine enge Interpretation der Generalklausel des Art. 5, nach der nur eindeutige Verstöße gegen die genannten Prinzipien belangt werden können.[23] **26**

d) Der Tatbestand des Abs. 6. Der Bußgeldrahmen des Abs. 5 gilt sodann nach Abs. 6 – neben der in Abs. 5 lit. e sanktionierten Nichtbefolgung einer eine Übermittlung in Drittstaaten betreffenden Anweisung – generell für die **Nichtbefolgung** einer Verfügung der Aufsichtsbehörde gem. Art. 58 Abs. 2. **27**

e) Tateinheit nach Abs. 3. Verstößt ein Verantwortlicher oder ein Auftragsverarbeiter im Falle der **Tateinheit,** dh bei gleichen oder miteinander verbundenen Verarbeitungsvorgängen vorsätzlich oder fahrlässig gegen mehrere Bestimmungen dieser Verordnung, so übersteigt der Gesamtbetrag der Geldbuße nicht den Betrag für den **schwerwiegendsten Verstoß**.[24] Dies gilt wohl auch, wenn der sanktionierte Tatbestand einmal in dem Normenverstoß als solchen liegt und zum anderen die Missachtung der diesbezüglichen Unterlassungsverfügung der Aufsichtsbehörde betrifft.[25] **28**

5. Zuständigkeit. Gem. Art. 55 ist grundsätzlich jede Aufsichtsbehörde im Hoheitsgebiet ihres eigenen Mitgliedstaats zuständig. Bei Verstößen in mehreren Mitgliedstaaten soll die Gefahr der **Kumulierung von Geldbußen** durch die One-Stop-Shop-Regelung vermieden werden (→ Art. 56 Rn. 1). Die Zuständigkeit liegt dann bei der federführenden Behörde. Dies folgt aus der Ausnahmeregelung des Art. 56 Abs. 2, wonach zwar die nationale Aufsichtsbehörde bei grenzüberschreitender Datenverarbeitung zuständig ist, wenn diese nur mit ihrem Mitgliedstaat zusammenhängt oder nur Personen ihres Mitgliedstaats erheblich beeinträchtigt, ansonsten aber die Zuständigkeit der federführenden Aufsichtsbehörde besteht.[26] **29**

Verfolgt wird die Ordnungswidrigkeit von Amtswegen, dh es bedarf keines Antrags. Es gilt das **Opportunitätsprinzip** (§ 47 Abs. 1 OwiG),[27] dh nach Klärung des Sachverhalts entscheidet die Aufsichtsbehörde über die Verhängung und Höhe der Geldbuße.[28] Hierfür spricht der Wortlaut des Art. 83 Abs. 2 S. 2, der je nach Sachlage auch eine negative Entscheidung über die Verhängung zulässt. **30**

---

[23] Schantz/Wolff/*Wolff,* Rn. 1118.

[24] Paal/Pauly/*Frenzel*, DS-GVO, Art. 8 Rn. 15 ff.

[25] Schantz/Wolff/*Wolff,* Rn. 1122 und 1124.

[26] *Roßnagel/Nebel/Richter*, ZD 2015, 455 (460); *Dietrich*, ZD 2016, 260 (264).

[27] Plath/*Becker,* DSGVO, Art. 83 Rn. 2; Paal/Pauly/*Frenzel,* DS-GVO, Art. 83 Rn. 11; Schantz/Wolff/*Wolff*, Rn. 1126.

[28] Eine Handlungspflicht sehen unter Berufung auf Art. 83 Abs. 2 S. 1 DS-GVO ua Buchner/Kühling/*Bergt*, DS-GVO, Art. 83 Rn. 30.

Jedoch ist das Ermessen eingeschränkt durch die Pflicht zur effektiven Anwendung der Befugnis.

II. Das OwiG als Rechtsgrundlage des Bußgeldverfahrens gem. § 41 Abs. 2 BDSG nF

31 Nach § 42 Abs. 2 BDSG nF sind für das Verfahren zur Ahndung der in Art. 83 gelisteten Ordnungswidrigkeitstatbestände – abgesehen von nachstehenden Ausnahmen – die Vorschriften des OwiG und der allgemeinen Gesetze über das Strafverfahren mit insbesondere der Strafprozessordnung und des Gerichtsverfahrensgesetzes entsprechend anzuwenden.

32 Keine entsprechende Anwendung finden gem. § 41 Abs. 2 S. 2 BDSG nF die §§ 56–58, 87, 88, 99, 100 OwiG; dies ergibt sich daraus, dass die Verwarnung bereits in Art. 58 Abs. 2 lit. b geregelt ist und durch die Nicht-Anwendbarkeit der §§ 87, 88, 99, 100 OWiG die Anwendung einzelner Vorschriften zu Geldbußen gegen eine juristische Person und zu Nebenfolgen sowie zur Vollstreckung von Bußgeldentscheidungen ausgeschlossen sein sollen.

III. Rechtsschutz

33 **1. Verwaltungsgerichtlicher Schutz.** Sieht sich eine betroffene Person sich in ihren Datenschutzrechten verletzt und ergreift die Aufsichtsbehörde keine Maßnahmen, entweder indem sie untätig bleibt oder die Beschwerde der betroffenen Person als unberechtigt abweist, so besteht nach Art. 78 Abs. 2 die Möglichkeit der Untätigkeitsklage bzw. der Einlegung der Beschwerde gegen den Beschluss der Aufsichtsbehörde vor dem Verwaltungsgericht des Mitgliedstaats, in dem die zuständige Aufsichtsbehörde ihren Sitz hat (→ Art. 78 Rn. 7 f.).

34 **2. Rechtsschutz gegen einen Bußgeldbescheid.** Demjenigen, der mit einem Bußgeld belegt wurde, steht der gerichtliche Rechtsbehelf nach Art. 78 Abs. 1 zu. Dieser ergibt sich im Rahmen der Rechtsmittel, die § 41 Abs. 2 BDSG nF in Anwendung des OwiG dem Verantwortlichen bzw. Auftragsverarbeiter gegen einen ihm gegenüber erlassenen Bußgeldbescheid einräumt. Nach § 67 OWiG kann gegen den Bußgeldbescheid binnen zwei Wochen nach Zustellung Einspruch eingelegt werden. Wenn im sog. Zwischenverfahren (§ 69 OWiG) die Erlassbehörde keine Abhilfe verschafft, übernimmt die Staatsanwaltschaft, die entgegen § 69 Abs. 4 S. 2 OWiG das Verfahren jedoch nur mit Zustimmung der Aufsichtsbehörde, die den Bußgeldbescheid erlassen hat, einstellen kann. Damit wird der Bedeutung der primärrechtlich verankerten und durch die Rechtsprechung des EuGH bestätigten Unabhängigkeit der Datenschutzaufsicht Rechnung getragen.[29] Ansonsten ergeht eine richterliche Entscheidung, wobei das Landgericht bei einem den Betrag von 100.000 EUR übersteigenden Bußgeldes zuständig ist (§ 41 Abs. 2 S. 3 BDSG nF). Es entscheidet der Einzelrichter.[30]

Art. 84 Sanktionen

(1) [1]**Die Mitgliedstaaten legen die Vorschriften über andere Sanktionen für Verstöße gegen diese Verordnung – insbesondere für Verstöße, die**

[29] Gesetzesbegr. zu § 41; BT-Drs. 18/11325, 117.
[30] *Piltz,* BDSG, § 41 Rn. 12.

keiner Geldbuße gemäß Artikel 83 unterliegen – fest und treffen alle zu deren Anwendung erforderlichen Maßnahmen. [2]Diese Sanktionen müssen wirksam, verhältnismäßig und abschreckend sein.

(2) **Jeder Mitgliedstaat teilt der Kommission bis zum 25. Mai 2018 die Rechtsvorschriften, die er aufgrund von Absatz 1 erlässt, sowie unverzüglich alle späteren Änderungen dieser Vorschriften mit.**

Literatur: *Ashkar,* Durchsetzung und Sanktionierung des Datenschutzrechts nach den Entwürfen der Datenschutz-Grundverordnung, DuD 2015, 796; *Bergt,* Sanktionierung von Verstößen gegen die die Datenschutz-Grundverordnung, DuD 2017, 555; *Dieterich,* Rechtsdurchsetzungsmöglichkeiten der DS-GVO, ZD 2016, 260; *Golla,* Die Straf- und Bußgeldtatbestände der Datenschutzgesetze, 2015; *Golla,* Säbelrasseln in der DS-GVO: Drohende Sanktionen bei Verstößen gegen den Werbedatenschutz, RDV 2017, 123; *Nolde,* Sanktionen nach DSGVO und BDSG-neu: Wem droht was warum?, PinG 2017, 114; *Pohl,* Durchsetzungsdefizite der DS-GVO?, PinG 2017, 85.

Übersicht

A. Allgemeines

I. Zweck und Bedeutung der Vorschrift

1 Insbesondere wenn die Verordnung für bestimmte Verstöße keine Sanktionen vorsieht, bleibt es den Mitgliedstaaten vorbehalten, diese zu sanktionieren (Art. 84 Abs. 1). Neben verwaltungsrechtlichen geht es speziell um **strafrechtlichen Sanktionen**, die in der Verordnung aufgrund fehlender diesbezüglicher Rechtssetzungskompetenz der EU nicht geregelt wurden. Es gilt der Grundsatz der Subsidiarität.[1] Da jedoch der Bußgeldkatalog des Art. 83 nahezu jedes verordnungswidrige Verhalten von Verantwortlichen und Auftragnehmern erfasst, stellt Art. 84 primär auf solche Täter ab, die nicht Adressaten der Bußgeldnorm sind. Gleichwohl können auch weitere Ordnungswidrigkeitstatbestände geschaffen werden.[2] Vorrangig bedarf es strafrechtlicher Sanktionen bei Rechtsverstößen, bei denen ein Bußgeld nicht mehr ausreicht. Für die Umsetzung dieser Sanktionen gelten dann die Normen des jeweiligen Mitgliedstaates, wonach in Deutschland

[1] Paal/Pauly/*Frenzel*, DS-GVO, Art. 84 Rn. 7.

[2] Schantz/Wolff/*Wolff*, Rn. 1142.

für die Verfolgung Polizei und Staatsanwaltschaft und für die Verhängung dieser Sanktionen in der Regel die Gerichte zuständig sind.

2 Die getroffenen Sanktionen müssen wirksam, verhältnismäßig und abschreckend sein, dh eine ausreichende **Präventionswirkung** haben, was auch bedeutet, dass von der Möglichkeit ihrer Verhängung auch europaeinheitlich Gebrauch gemacht wird.[3] Die Neufestsetzung der Höhe des Bußgeldrahmens kann auch für den nationalen Gesetzgeber für eine neue Festsetzung des Strafrechtsrahmens ein Anhaltspunkt sein.

II. Systematik/Verhältnis zu anderen Vorschriften

3 Von der DS-GVO bzw. ihre nationale Umsetzungsnorm nicht tangiert werden Strafrechtsbestimmungen, die den Persönlichkeitsrechtsschutz zum Inhalt haben, ohne auf das besondere Risiko automatisierter Datenverarbeitung abzustellen. Das gilt für das Recht am gesprochenen Wort gegenüber unbefugtem Aufzeichnen und Abhören (§ 201 StGB), für den Schutz des geschriebenen Worts (§ 202 StGB), für besondere berufliche Schweigepflichten (§ 203 StGB), für das Post- und Fernmeldegeheimnis (§ 206 StGB) oder für die Strafrechtsnormen zum Schutz elektronisch verarbeiteter Daten (§§ 202a, 202b, 202c StGB), bei Datenhehlerei (§ 202d StGB) oder hinsichtlich des Schutzes des Rechts am eigenen Bild (§ 201a StGB und § 33 KUG).

III. Der Regelungsauftrag des Art. 84

4 **1. Allgemeines.** Konkret besteht also ein Regelungsauftrag, die in § 44 BDSG und in einigen Landesdatenschutzgesetzen enthaltene Strafvorschriften fortzuführen bzw. auf eine angemessene Ahndung der Verstöße gegen die Vorschriften der Verordnung neu auszurichten. Zudem können **Bußgelder** auch für bislang in der Verordnung nicht vorgesehene Tatbestände festgesetzt werden. Eine konkret geregelte Befugnis enthält Art. 83 Abs. 7, nach dem es den Mitgliedstaaten obliegt, ob und in welcher Höhe diese für ihre eigenen Behörden oder öffentlichen Einrichtungen Bußgelder verhängen. Der Bundesgesetzgeber hat hiervon nur gegenüber am Wettbewerb teilnehmenden Stellen Gebrauch gemacht (zur Regelung im BDSG nF → Art. 83 Rn. 7).

5 Die Mitgliedstaaten sind befugt bzw. beauftragt, die strafrechtlichen Sanktionen für Verstöße gegen diese Verordnung nebst gegen die auf der Grundlage dieser Verordnung erlassenen nationalen Vorschriften, festzulegen (Erwägungsgrund 149). Es gilt also zunächst die Bestimmung des § 44 BDSG zu ersetzen und dem neuen Sanktionsmaßstab der DS-GVO anzupassen. Sie können auch die **Einziehung** der durch die Verstöße gegen diese Verordnung erzielten **Gewinne** ermöglichen (Erwägungsgrund 149). Konkretere Vorgaben der DS-GVO bestehen insoweit nicht, so dass auf Grund der fehlenden Harmonisierung der Strafbarkeit von Datenschutzverstößen[4] die nationalen Gesetzgeber einen Spielraum haben und ggf. auch auf solche zugunsten anderer effektiverer Maßnahmen verzichten können.[5]

6 Der Regelungsauftrag des Art. 84 enthält auch die klarstellende Pflicht, die für die Anwendung der erlassenen Sanktionsvorschriften erforderlichen Maßnahmen

---

[3] Auernhammer/*Golla,* DS-GVO, Art. 84 Rn. 4 f.

[4] *Piltz*, K&R 2017, 85 (92); *Golla,* RDV 2017, 123 (126).

[5] Kühling/Buchner/*Bergt*, DS-GVO, Art. 84 Rn. 7.

zu treffen, zu denen auch die entsprechende Personalausstattung der Behörden gehört.[6] Die in der Praxis bislang sehr unterschiedliche geübte Praxis zB der Verhängung von Bußgeldern oder von effektiv geführter strafrechtlicher Verfolgung in den einzelnen Bundesländern ist spätestens ab dem 25.5.2018 mit den europarechtlichen Vorgaben nicht mehr vereinbar. Zu den festzulegenden Maßnahmen gehören auch Verfahrensfragen. Hierzu zählt auch die Notwendigkeit eines **Strafantrags.**

2. „Ne bis in idem". Erwägungsgrund 149 macht sodann deutlich, dass die Verhängung von strafrechtlichen Sanktionen für Verstöße gegen nationalen Vorschriften oder von deswegen ergangenen verwaltungsrechtlichen Sanktionen nicht zu einer Verletzung des Grundsatzes **„ne bis in idem"** (Art. 50 GRCh), wie er vom EuGH ausgelegt worden ist,[7] führen darf.[8] Er ist auch im Verhältnis zu verwaltungsrechtlichen Sanktionen zu beachten.[9] 7

B. Die Umsetzung des Regelungsauftrags (§ 42 BDSG nF)

I. Allgemeines

Nach § 44 Abs. 1 BDSG aF konnte strafrechtlich belangt werden, wer eine der in § 43 Abs. 2 BDSG aF genannten Bußgeldtatbestände vorsätzlich gegen Entgelt oder um sich oder einen anderen zu bereichern oder zu schädigen beging. § 42 BDSG nF reduziert den Katalog der Straftatbestände und unterscheidet in seinen Abs. 1 und 2 in Bezug auf das Strafmaß zwischen zwei sich hinsichtlich der Gewichtung der Rechtsverletzung zu unterscheidenden Fällen. 8

Keinen strafrechtlichen Schutz genießen weiterhin personenbezogene Daten, die **allgemein zugänglich** sind. Dass die Daten „offenkundig", dh bei Vorliegen bestimmter, im Einzelnen geregelter Voraussetzungen an jedermann übermittelt werden können, genügt nicht. Allgemein zugänglich sind nur diejenigen Daten, die von jedermann zur Kenntnis genommen werden können, ohne dass der Zugang aus Gründen des Persönlichkeitsrechts rechtlich beschränkt ist.[10] Gleichgültig ist, wie leicht die rechtlichen Hürden umgangen werden können.[11] Nicht allgemein zugänglich sind somit die hinter einem **Kfz-Kennzeichen**[12] steckenden Fahrzeug- und Halterdaten, obwohl sie zu den personenbezogenen Daten zählen. 9

Der potenzielle Täterkreis ist nicht auf diejenigen begrenzt, die als Normadressaten der DS-GVO oder des BDSG nF personenbezogene Daten verarbeiten, sondern umfasst jedermann (wer), der eine der ausgeführten Tathandlungen verwirklicht. Somit kann es sich handeln um „ungetreue" Mitarbeiter ebenso wie um externe Hacker. Voraussetzung ist, dass der Handelnde zu der untersagten Verarbeitung **„nicht berechtigt"** ist. Die Nicht-Berechtigung kann sich aus sei- 10

---

[6] Kühling/Buchner/*Bergt*, DS-GVO, Art. 84 Rn. 20.

[7] Kühling/Buchner/*Bergt*, DS-GVO, Art. 84 Rn. 16 ff.

[8] Zur Entscheidung dt. Gerichte nach erfolgter ausländischer Jurisdiktion Sydow/*Popp*, DS-GVO, Art. 84 Rn. 7.

[9] Paal/Pauly/*Frenzel*, DS-GVO, Art. 84 Rn. 6; Schantz/Wolff/*Wolff*, Rn. 1140.

[10] *Gola/Schomerus*, BDSG, § 43 Rn. 18.

[11] BGH, Urt. v. 4.6.2013 – 1 StR 32/13 Rn. 53 ff.

[12] BGH, Urt. v. 4.6.2013 – 1 StR 32/13 zu den per GPS ermittelten Standorten eines Fahrzeugs.

nen arbeitsrechtlichen Befugnissen und aus einer datenschutzrechtlichen Norm ergeben, dh es wird implizit primär auf Verhaltensnormen der DS-GVO verwiesen.[13]

11 § 42 BDSG nF ist auch anwendbar, wenn personenbezogene Daten im Verstoß gegen andere Datenverarbeitungsvorschriften des Bundes unberechtigt verarbeitetet werden, es sei denn, die **Subsidiarität** des § 1 Abs. 2 BDSG nF steht dem entgegen. Die Anwendung der Strafnorm entfällt also nicht, wenn im Geltungsbereich des BDSG verarbeitete Daten zwar durch eine vorrangige bereichsspezifische Norm geschützt werden, diese Norm aber keinen eigenen Straftatbestand enthält.[14] Andererseits sind bereichsspezifische Sanktionen von Persönlichkeitsrechtsverletzungen vorrangig (vorstehend → Rn. 3). Ggf. besteht Tateinheit mit § 42 BDSG nF.[15]

II. § 42 Abs. 1 BDSG nF

12 Nach § 42 Abs. 1 BDSG nF sanktioniert werden können Personen, die gewerbsmäßig eine große Zahl von Personen betreffende Daten einem Dritten übermitteln oder auf andere Weise **zugänglich machen**. Der sanktionierte Datenverarbeitungsvorgang besteht darin, dass personenbezogene Daten Dritten in die Hände gespielt wurden, wobei die Art. und Weise keine Rolle spielt. Das Gesetz nennt den Vorgang der Übermittlung oder ein auf andere Weise erfolgendes zugänglich machen, womit eine Art Auffangtatbestand für jede einem Dritten eröffnete Zugänglichkeit geschaffen ist. Die Tat muss **wissentlich**, dh vorsätzlich mit sog. „dolus directus" geschehen.[16] Der Versuch ist nicht strafbar.

13 **Gewerbsmäßigkeit** liegt im Strafrecht vor, wenn sich jemand aus wiederholter Tatbegehung eine nicht nur vorübergehende, nicht ganz unerhebliche **Einnahmequelle** verschaffen will. Es kommt nicht darauf an, dass der Täter wiederholt die Tat begeht, sondern dass er lediglich plant, die Tat zu wiederholen.[17] Eine Gewerbsmäßigkeit kann somit auch bereits bei der ersten Tat vorliegen. Auch muss es sich nicht um die Haupteinnahmequelle des Täters handeln. Jemand handelt bereits gewerbsmäßig, wenn er sich aus einer wiederholten Tatbegehung eine nicht nur vorübergehende Einnahmequelle von einigem Umfang und gewisser Dauer verschaffen möchte,

14 Schließlich muss es sich handeln um **eine große Zahl von Personen** betreffenden Datenbestand. Das Gesetz definiert den Begriff nicht.[18] Das Strafrecht knüpft auch in anderen Fällen an das Tatbestandsmerkmal der „großen Zahl von Menschen" als von der Tat Betroffenen an. Nach § 263 Abs. 3 Nr. 2 Alt. 2 StGB liegt ein besonders schwerer Fall eines Betrugs in der Regel auch vor, wenn der Täter eine große Zahl von Menschen in die Gefahr des Vermögensverlustes bringt.[19] Wann eine große Zahl anzunehmen ist, ist umstritten. Zumeist werden

---

[13] Zur Frage des Bestimmheitsgebots des Art. 103 Abs. 2 GG vgl. *Golla*, RDV 2017, 123 (126); *Pohl*, PinG 2017, 85 (90).

[14] Simitis/*Ehmann*, BDSG, § 43 Rn. 18 ff.

[15] So zu § 203a StGB, der das unbefugten Aussähen von Daten unter Strafe stellt *Fischer*, StGB, § 203a Rn. 15.

[16] *Printz*, BDSG, § 42 Rn. 11.

[17] BGH, Beschl. v. 19.12.2007 – 5 StR 543/07; v. 2.2.2011 – 2 StR 511/10.

[18] Zur Frage des Bestimmtheitsgrundsatzes *Printz*, BDSG, § 42 Rn. 13.

[19] Zu betrügerischen Angeboten im Internet BGH, Beschl. v. 5.3.2014 – 2 StR 616/12; Urt. v. 24.3.2016 – 2 StR 36/15.

20 Menschen für ausreichend gehalten. Für den schweren Fall der Brandstiftung (§ 306b StGB), bei dem der Täter eine „große Zahl von Menschen" geschädigt haben muss, hat der BGH[20] hat eine Anzahl von 14 Personen als ausreichend angesehen, ohne jedoch festzulegen, bei welcher Personenzahl er die in jedem Fall über der Zahl von drei Personen liegende Untergrenze zieht.

Der Strafrahmen liegt bei einer Freiheitsstrafe von bis zu drei Jahren oder einer Geldstrafe. Er liegt damit um ein Jahr höher als im § 44 BDSG aF. Die **Geldstrafe** kann zwischen mindestens fünf und höchstens 360 Tagessätzen liegen, deren Höhe von den wirtschaftlichen Verhältnissen des Täters abhängt (§ 40 StGB). Eine Geldstrafe ist auch neben einer Freiheitsstrafe zulässig, wenn – wie hier – eine Bereicherungsabsicht vorlag (§ 41 StGB). 15

III. § 42 Abs. 2 BDSG nF

Weiterhin strafrechtlich geahndet werden kann – abgesehen von dem bereits in § 42 Abs. 1 BDSG nF genannten Fall – zum einen jegliche unberechtigte Verarbeitung und zum anderen das durch unrichtige Angaben bewirkte Erschleichen von personenbezogenen Daten. Nicht erfasst sind Daten, die den Täter selbst betreffen. Der Betroffene kann hinsichtlich der sich auf ihn beziehenden Daten nicht Täter sein. Gehandelt haben muss der Täter gegen **Entgelt** oder in der Absicht, sich oder einen anderen zu bereichern oder zu schädigen. Entgelt ist nach § 11 Abs. 1 Nr. 9 StGB jede in einem Vermögensvorteil bestehende „Gegenleistung". Der Begriff der „Gegenleistung" setzt eine entsprechende Vereinbarkeit voraus, ob sie gewährt wird ist nicht relevant.[21] Schädigungsabsicht liegt vor, wenn es der Täter unmittelbar darauf abzielt, einer anderen Person einen Nachteil zu zufügen. 16

Der Täter muss vorsätzlich handeln, da fahrlässiges Handeln nicht erwähnt wird. Wissentliches Handeln ist in Abs. 2 nicht gefordert, dh bedingter Vorsatz reicht aus.[22] 17

IV. § 42 Abs. 3 BDSG nF

So wie schon nach§ 44 BDSG aF kann eine Straftat nach § 42 BDSG nF nur bei Vorliegen eines entsprechenden **Strafantrags** (§§ 77–77e StGB) strafrechtlich verfolgt werden. Antragsberechtigt sind nach § 42 Abs. 3 BDSG nF weiterhin die betroffene Person, der Verantwortliche, der oder die Bundesbeauftragte für den Datenschutz und die Informationsfreiheit und die Aufsichtsbehörden. Liegt ein Strafantrag vor und besteht hinreichender Tatverdacht muss die Staatsanwaltschaft Anklage erheben **(Legalitätsprinzip)** (§ 170 Abs. 1 StPO).[23] Vor der ansonsten anstehenden Einstellung des Verfahrens ist, wenn eine Aufsichtsbehörde den Antrag gestellt hat, diese zu hören (RiSTBV). Hat der Betroffene den Antrag gestellt, kann er gegen die ihm mitzuteilende Einstellung mit einem Klageerzwingungsverfahren vorgehen. 18

V. § 42 Abs. 4 BDSG nF

Eine prozessuale Sicherung enthält § 42 Abs. 4 BDSG nF dahingehend, dass eine Mitteilung über einen Datenschutzverstoß nach Art. 33, 34 DS-GVO in 19

[20] BGH, Beschl. v. 11.8.1998 – 1 StR 326/98.
[21] Auerhammer/*v. Lewinski*, BDSG, § 44 Rn. 13.
[22] *Printz*, BDSG, § 42 Rn. 21.
[23] Auernhammer/*v. Lewinski*, BDSG, § 44 Rn. 28 ff.

einem Strafverfahren gegen die meldende Person oder ihre Angehörigen nur mit deren Zustimmung verwendet werden können. Sie dient dem verfassungsrechtlichen Verbot einer **Selbstbezichtigung**, das eine europarechtliche Grundlage in Art. 6 EMRK hat (vgl. auch → Art. 83 Rn. 9).

VI. Die Meldepflicht nach Art. 84 Abs. 2 DS-GVO

20 Eine Unterrichtungspflicht des Mitgliedstaates gegenüber der Kommission über bis dato erfolgte Umsetzung des Art. 84 besteht bis zum 25.5.2018 und sodann auch hinsichtlich nachfolgender Gesetzgebung. Ein Verstoß gegen die Meldepflicht würde nicht zur Unwirksamkeit der Strafnorm führen.

Kapitel IX. Vorschriften für besondere Verarbeitungssituationen

Art. 85 Verarbeitung und Freiheit der Meinungsäußerung und Informationsfreiheit

(1) **Die Mitgliedstaaten bringen durch Rechtsvorschriften das Recht auf den Schutz personenbezogener Daten gemäß dieser Verordnung mit dem Recht auf freie Meinungsäußerung und Informationsfreiheit, einschließlich der Verarbeitung zu journalistischen Zwecken und zu wissenschaftlichen, künstlerischen oder literarischen Zwecken, in Einklang.**

(2) **Für die Verarbeitung, die zu journalistischen Zwecken oder zu wissenschaftlichen, künstlerischen oder literarischen Zwecken erfolgt, sehen die Mitgliedstaaten Abweichungen oder Ausnahmen von Kapitel II (Grundsätze), Kapitel III (Rechte der betroffenen Person), Kapitel IV (Verantwortlicher und Auftragsverarbeiter), Kapitel V (Übermittlung personenbezogener Daten an Drittländer oder an internationale Organisationen), Kapitel VI (Unabhängige Aufsichtsbehörden), Kapitel VII (Zusammenarbeit und Kohärenz) und Kapitel IX (Vorschriften für besondere Verarbeitungssituationen) vor, wenn dies erforderlich ist, um das Recht auf Schutz der personenbezogenen Daten mit der Freiheit der Meinungsäußerung und der Informationsfreiheit in Einklang zu bringen.**

(3) **Jeder Mitgliedstaat teilt der Kommission die Rechtsvorschriften, die er aufgrund von Absatz 2 erlassen hat, sowie unverzüglich alle späteren Änderungsgesetze oder Änderungen dieser Vorschriften mit.**

Literatur: *Albrecht/Janson*, Datenschutz und Meinungsfreiheit nach der Datenschutzgrundverordnung, CR 2016, 500; *Ballhause/Roggenkamp*, Personenbezogene Bewertungsplattformen, K&R 2008, 403; *Binder*, Freie Rundfunkberichterstattung und Datenschutz, ZUM 1994, 257; *Gounalakis/Klein*, Zulässigkeit von personenbezogenen Bewertungsplattformen, NJW 2010, 566; *Härting*, Datenschutzgrundverordnung – IT-Rechtsfragen aus der Praxis, ITRB 2016, 36; *Hornung/Hofmann*, Die Auswirkungen der europäischen Datenschutzreform auf die Markt- und Meinungsforschung, ZD-Beil. 2017, 1; *Jacob*, Journalismus im Spannungsfeld zwischen Pressefreiheit und Datenschutz, DuD 1998, 65; *Klee*, Pressedatenbanken und datenschutzrechtliches Medienprivileg, 1992; *Kühling*, Im Dauerlicht der Öffentlichkeit – Freifahrt für personenbezogene Bewertungsportale!?, NJW 2015, 447; *Kühling/Martini* et al., Die Datenschutz-Grundverordnung und das nationale Recht, 2016; *Lauber-Rönsberg*, Internetveröffentlichungen und Medienprivileg, ZD 2014, 177; *Lauber-Rönsberg/Hartlaub*, Personenbildnisse im Spannungsfeld zwischen Äußerungs- und Datenschutzrecht, NJW 2017, 1057; *v. Lewinski*, Staat als Zensurhelfer – Staatliche Flankierung der Löschpflichten Privater nach dem Google-Urteil des EuGH, AfP 2015, 1; *Paefgen*, Der Schutz der Persönlichkeitsrechte vor Verletzungen durch die Medien, NJW 1995, 817; *Pötters*, Primärrechtliche Vorgaben für eine Reform des Datenschutzrechts, RDV 2015, 10; *Roßnagel* (Hrsg.), Recht der Multimediadienste (Loseblattkommentar); *Schrader*, Datenschutz und Medienfreiheit, DuD 2000, 68; *Schmidt*, Äußerungsrechtlicher Schutz gegenüber Bewertungsportalen im Internet, 2015; *Seibel-Schwiedernoch*, Die verfassungsrechtliche Problematik des Medienprivilegs, CR 1988, 861; *Spranger/Schulz*, Auswirkungen der Datenschutz-Grundverordnung auf die pharmazeutische Forschung, PharmR 2017, 128; *Tinnefeld*, Meinungsfreiheit durch Datenschutz, ZD 2015, 22.

Übersicht

Rn.

A. Allgemeines

I. Historie des sog. „Medienprivilegs"

1 Mit Art. 85 hat der europäische Gesetzgeber eine Öffnungsklausel geschaffen, die weitreichende Spielräume für nationale Regelungen zum Schutz der Meinungs- und Informationsfreiheit eröffnet. Der Ausgleich von Datenschutz und Meinungsfreiheit war im gesamten **Reformprozess** für viele Mitgliedstaaten wie etwa Großbritannien, in denen die Meinungsfreiheit traditionell einen besonders hohen Stellenwert hat, ein **zentraler Aspekt.** Hier sollten keine harmonisierenden Vorgaben, insbesondere im Hinblick auf das Presse- und Medienrecht, durch die DS-GVO gesetzt werden.[1] Im Schrifttum wurden ebenfalls Bedenken geäußert, die Meinungsfreiheit könne durch einen starken Datenschutz zu stark eingeschränkt werden.[2]

2 Art. 85 ist die Nachfolgeregelung von **Art. 9 DS-RL.** Nach dieser Vorschrift konnten die Mitgliedstaaten für die Verarbeitung personenbezogener Daten, „die allein zu journalistischen, künstlerischen oder literarischen Zwecken erfolgt", Abweichungen und Ausnahmen von bestimmten Vorgaben der Richtlinie vorsehen. Im Vergleich zu Art. 9 DS-RL wurde Art. 85 nun in **dreifacher Hinsicht erweitert:**[3] Zunächst enthält Art. 85 Abs. 1 einen allgemeinen Auftrag an die Mitgliedstaaten, das Recht auf freie Meinungsäußerung und die Informationsfreiheit mit Belangen des Datenschutzes in Ausgleich zu bringen. Die eigentliche Öffnungsklausel zugunsten von journalistischen, künstlerischen oder literarischen Tätigkeiten enthält nun Abs. 2. Die Formulierung in Abs. 1 macht deutlich („einschließlich"), dass es hierbei nur um einen Teilbereich der verfassungs- bzw. primärrechtlich geschützten Meinungsäußerungen geht. Was den Wortlaut der Öffnungsklausel betrifft, so gibt es zwei auffällige Änderungen im Vergleich zur Vorgängerregelung des Art. 9 DS-RL: Zum einen sind nun auch ausdrücklich Datenverarbeitungen zu wissenschaftlichen Zwecken privilegiert, zum anderen

[1] Kühling/Buchner/*Buchner/Tinenfeld*, DS-GVO, Art. 85 Rn. 4; BeckOK DatenschutzR/*Stender-Vorwachs*, DS-GVO, Art. 85 Rn. 2.
[2] Vgl. etwa *v. Lewinski*, AfP 2015, 1; dagegen *Eikemeier/Hofmann/Magnus*, AfP 2015, 23.
[3] Vgl. Ehmann/Selmayr/*Schiedermair*, DS-GVO, Art. 85 Rn. 2.

wurde das Wort „allein" gestrichen.[4] Dadurch wurde klargestellt, dass eine Datenverarbeitung gleichzeitig auch nicht privilegierten Zwecken dienen, aber dennoch unter Art. 85 fallen kann.

II. Zweck der Vorschrift: Ausgleich zwischen Meinungsfreiheit und Datenschutz

Der gesetzgeberische Zweck der Öffnungsklausel des Art. 85 liegt auf der Hand: Datenschutz darf nicht zulasten von **Meinungs- und Informationsfreiheit** gehen, denn beides sind ebenfalls grundrechtlich geschützte Belange (Art. 11 GRCh, Art. 10 EMRK).[5] Etwas pathetisch kommt dies in Erwägungsgrund 4 zum Ausdruck: „Die Verarbeitung personenbezogener Daten sollte im Dienste der Menschheit stehen. Das Recht auf Schutz der personenbezogenen Daten ist kein uneingeschränktes Recht; es muss im Hinblick auf seine gesellschaftliche Funktion gesehen und unter Wahrung des Verhältnismäßigkeitsprinzips gegen andere Grundrechte abgewogen werden." Nach Erwägungsgrund 153 sollen die Mitgliedstaaten daher insbesondere für die Verarbeitung personenbezogener Daten im audiovisuellen Bereich sowie in Nachrichten- und Pressearchiven Ausnahmeregelungen schaffen. 3

Die Ausnahmeregelungen für die Presse haben ihren Grund nicht darin, dass es dort keines Datenschutzes bedarf; im Gegenteil, namentlich Presse und Rundfunk speichern und nutzen personenbezogene Daten in starkem Umfang, vielfach handelt es sich dabei um besonders sensitive Daten.[6] So beruht ein großer Teil der Rechtsprechung zum Schutz des allgemeinen Persönlichkeitsrechts auf Sachverhalten aus diesem Bereich. Die uneingeschränkte Anwendung des Datenschutzrechts würde aber – insbesondere aufgrund des Verbots mit Erlaubnisvorbehalt oder den zahlreichen Informationspflichten und Auskunftsrechten – die Tätigkeit einer freien Presse sehr stark einschränken. Es bedarf daher besonderer Regelungen, die einerseits die Pressefreiheit nicht in ihrem Wesensgehalt beeinträchtigen, andererseits aber auch das Recht auf Schutz personenbezogener Daten nur insofern einschränken, wie es die Meinungs- und Pressefreiheit erfordern. Hierzu enthält Art. 85 Abs. 2 einen **konkreten Regelungsauftrag** an die Mitgliedstaaten.[7] 4

B. Einzelerläuterungen

I. Schutz des Rechts auf freie Meinungsäußerung und der Informationsfreiheit (Abs. 1)

Abs. 1 enthält zunächst einen **Auftrag** an die Mitgliedstaaten,[8] zum Schutz der Meinungs- und Informationsfreiheit tätig zu werden. Die eigentliche Öffnungsklausel enthält hingegen Abs. 2. Diese ist auf bestimmte Zwecke begrenzt, sodass sich aus systematischen Gründen nicht aus Abs. 1 eine allgemeine Öffnungsklausel zum Schutz der Meinungs- und Informationsfreiheit ableiten lässt. 5

---

[4] S. hierzu Ehmann/Selmayr/*Schiedermair*, DS-GVO, Art. 85 Rn. 17.
[5] Vgl. *Kühling/Martini,* S. 286.
[6] Vgl. Sydow/*Specht*, DS-GVO, Art. 85 Rn. 2.
[7] *Lauber-Rönsberg/Hartlaub*, NJW 2017, 1057 (1060).
[8] Vgl. *Kühling/Martini,* S. 286; *Albrecht/Janson*, CR 2016, 500 (502).

6 Der Begriff **„Meinung"** ist grundsätzlich weit zu verstehen und umfasst jede Ansicht, Überzeugung, Einschätzung, Stellungnahme und jedes (Wert-)Urteil ohne Rücksicht auf Qualität und Thematik.[9] Die Tätigkeit klassischer Medien ist ebenso geschützt wie neue Äußerungsformen, und zwar jeweils von der Informationsbeschaffung bis zur Verbreitung. Die **Informationsfreiheit** umschreibt Art. 11 Abs. 1 S. 2 GRCh als die Freiheit, Informationen und Ideen ohne behördliche Eingriffe und ohne Rücksicht auf Staatsgrenzen zu empfangen und weiterzugeben.

7 Im Einzelnen kann zur Bestimmung der Schutzbereiche der Meinungs- und Informationsfreiheit nach Art. 11 GRCh auf die umfangreiche **Rechtsprechung des EGMR** zu Art. 10 EMRK **zurückgegriffen** werden.[10] Der EuGH verweist in seinen Urteilen regelmäßig auf Judikate des EGMR.

II. Verarbeitung zu journalistischen, wissenschaftlichen, künstlerischen oder literarischen Zwecken

8 Eine Datenverarbeitung dient **journalistischen Zwecken**, wenn die meinungsbildende Wirkung der Tätigkeit prägender Bestandteil und nicht nur „schmückendes Beiwerk" ist.[11] Nach Erwägungsgrund 153 muss der Begriff des Journalismus weit ausgelegt werden, „um der Bedeutung des Rechts auf freie Meinungsäußerung in einer demokratischen Gesellschaft Rechnung zu tragen." Daraus folgt, dass nicht nur klassische Presseorgane, sondern ggf. auch die Recherchetätigkeiten von Personen, die beruflich nicht in erster Linie als Journalist tätig sind, privilegiert sein können.

9 Nicht privilegiert sind hingegen Datenverarbeitungen, die von Journalisten zu nicht primär journalistischen Zwecken durchgeführt werden. Der Umgang mit Daten von Lieferanten etc. oder Personaldaten des technischen oder Verwaltungspersonals eines Presseunternehmens ist daher nicht von Art. 85 erfasst. Ob Honorardaten von freien Mitarbeitern, wenn das Honorar untrennbar mit einer bestimmten journalistischen Leistung verbunden ist, oder (Abrechnungs-)Daten über bei Recherchen angefallene Reisekosten bereits von der Anwendung der DS-GVO ausgenommen sind,[12] ist ebenfalls fraglich. Auch Daten der Abonnentenverwaltung und selbst von Leseranalysen fallen unter die DS-GVO; immer vorausgesetzt, dass der Anwendungsbereich nach Art. 2, 3 eröffnet ist. Keinen journalistischen Zwecken dient schließlich die Speicherung von Daten der Rundfunkteilnehmer im Zusammenhang mit dem Gebühreneinzug.

10 Mit dem Einbezug der **literarischen Zweckbestimmung** in das Privileg werden auch Daten, die ausschließlich der Herstellung belletristischer oder Sachliteratur dienen, potentiell aus dem Anwendungsbereich der DS-GVO ausgenommen. Der Begriff ist weit zu verstehen und umfasst wissenschaftliche Literatur ebenso wie Unterhaltungsliteratur.[13]

---

[9] Meyer/*Bernsdorff*, Charta der Grundrechte der Europäischen Union, Art. 11 Rn. 12; vgl. *Jarass*, Charta der Grundrechte der EU, Art. 11 Rn. 7; BeckOK InfoMedienR/*Cornils*, EU-GRCharta, Art. 11 Rn. 32.

[10] BeckOK InfoMedienR/*Cornils*, EU-GRCharta, Art. 11 Rn. 32.

[11] So der BGH zu § 41 BDSG BGH, Urt. v. 23.6.2009 – VI ZR 196/08, BGHZ 181, 328.

[12] So *Bergmann/Möhrle/Herb*, BDSG, § 41 Rn. 39.

[13] BeckOK DatenschutzR/*Buchner*, BDSG, § 41 Rn. 32; BeckOK DatenschutzR/*Stender-Vorwachs*, DS-GVO, Art. 85 Rn. 15.

Künstlerische und wissenschaftliche Zwecke sind, da Art. 85 dem Ausgleich von Freiheitsrechten und Datenschutz dient, im Lichte von Art. 13 S. 1 GRCh auszulegen. Sachlich umfasst die **Kunstfreiheit** den Werk- und Wirkbereich. Persönlich geschützt sind alle Kunstschaffenden sowie diejenigen, die das Kunstwerk der Öffentlichkeit zugänglich machen.[14] **Wissenschaft** bildet den Oberbegriff für Forschung und akademische Lehre,[15] wobei jeweils staatliche und privatwirtschaftliche Institutionen gleichermaßen umfasst sind.[16] Ebenso wie bei der Verarbeitung zu journalistischen Zwecken gilt einschränkend, dass gerade der Umgang mit den Daten der künstlerischen oder wissenschaftlichen Tätigkeit unterfallen muss. Dies ist etwa bei den personenbezogenen Daten einer fotografierten Person oder bei den Daten von Teilnehmern an medizinischen Versuchsreihen der Fall, nicht aber bei Daten von Käufern eines Kunstwerks oder von Beschäftigten einer wissenschaftlichen Einrichtung. **11**

Es bestehen bei vielen Tätigkeiten **Überschneidungen.** Der Beruf eines Karikaturisten ist etwa zugleich journalistisch und künstlerisch, ebenso fällt ein literarisches Werk häufig unter den Kunstbegriff oder enthält wissenschaftliche Passagen. **12**

Bei Datenverarbeitungen zu **wissenschaftlichen Forschungswecken** sind einschränkend die Vorgaben durch Art. 89 Abs. 1 zu beachten. Die Systematik ist insofern verwirrend, das Verhältnis der Öffnungsklauseln in Art. 89 Abs. 2 und Art. 85 Abs. 2 zueinander ist unklar (ausführlich → Art. 89 Rn. 17 ff.). **13**

III. Abweichungen oder Ausnahmen (Abs. 2)

Abs. 2 beinhaltet die eigentliche **Öffnungsklausel** (→ Rn. 5). Hierbei handelt es sich nicht um eine gesetzgeberische Option; die **Mitgliedstaaten** werden vielmehr **verpflichtet,** zum Schutz der Meinungs- und Informationsfreiheit tätig zu werden.[17] Lediglich in der konkreten Ausgestaltung sind sie – von primärrechtlichen sowie Vorgaben des nationalen Verfassungsrechts abgesehen – frei. **14**

Abs. 2 beschränkt die Abweichungsmöglichkeit auf die Kapitel II–VII sowie IX der DS-GVO. Im Ergebnis sind damit jedoch zu fast allen wesentlichen Vorschriften der DS-GVO Sonderwege zulässig, denn der in Kapitel I definierte Anwendungsbereich der DS-GVO wird durch Art. 85 im Ergebnis ebenfalls ausgeschlossen, weil die auf Grundlage von Art. 85 erlassenen nationalen Vorschriften den Bestimmungen der DS-GVO im Wege der Spezialität vorgehen. Damit bleibt im Wesentlichen nur **Kapitel VIII** mit seinen Regelungen zu Rechtsbehelfen, Haftung und Sanktionen **anwendbar.**[18] Auch Presseunternehmen sind somit bei Datenschutzverstößen künftig dem Risiko gravierender **Sanktionen** ausgesetzt. Dabei wird aber im Wege primärrechtskonformer Auslegung zu berücksichtigen sein, dass die jeweilige Datenverarbeitung grundrechtlich geschützten Zwecken dient. **15**

Der Wortlaut des Abs. 2 macht deutlich, dass im Gegensatz zu anderen Öffnungsklauseln wie etwa Art. 6 Abs. 2 oder Art. 88 Abs. 1, die lediglich „spezifischere Vorschriften" auf mitgliedstaatlicher Ebene zulassen, ein sehr **weitreichen-** **16**

---

[14] Meyer/*Bernsdorff*, Charta der Grundrechte der Europäischen Union, Art. 13 Rn. 14; vgl. *Jarass*, Charta der Grundrechte der EU, Art. 13 Rn. 11.

[15] *Jarass*, Charta der Grundrechte der EU, Art. 13 Rn. 6.

[16] *Spranger/Schulz*, PharmR 2017, 128 (129).

[17] S. *Kühling/Martini*, S. 292 f.; *Albrecht/Janson*, CR 2016, 500 (502); Paal/Pauly/*Pauly*, DS-GVO, Art. 85 Rn. 5.

[18] Vgl. *Lauber-Rönsberg/Hartlaub*, NJW 2017, 1057 (1060 f.).

der Spielraum der nationalen Gesetzgeber besteht.[19] So können auch grundlegende Regelungstechniken des Datenschutzes wie etwa das Verbot mit Erlaubnisvorbehalt für Datenverarbeitungen zu journalistischen, wissenschaftlichen, künstlerischen oder literarischen Zwecken geändert werden.

IV. Mitteilungspflicht (Abs. 3)

17 Nach Abs. 3 sind die Mitgliedstaaten verpflichtet, der Kommission die Rechtsvorschriften, die sie aufgrund von Abs. 2 erlassen haben, sowie unverzüglich alle späteren Änderungsgesetze oder Änderungen dieser Vorschriften mitzuteilen.[20] Vom **Regelungsgegenstand** her sind unzählige Vorschriften denkbar, die mittelbar oder teilweise Datenverarbeitungen zu journalistischen, wissenschaftlichen, künstlerischen oder literarischen Zwecken betreffen. Ebenso wie bei anderen Öffnungsklauseln ist daher eine einschränkende Auslegung geboten: So sind etwa die zivilrechtlichen Generalklauseln der §§ 823, 1004 BGB weder als eine Regelung zum Beschäftigtendatenschutz (→ Art. 88 Rn. 20) noch als originär medien- oder presserechtliche Vorschrift zu verstehen. Die Mitteilungspflicht nach Abs. 3 erstreckt sich daher richtigerweise nur auf solche Vorschriften, die im Kern Datenschutzfragen betreffen und primär Datenverarbeitungen zu journalistischen, wissenschaftlichen, künstlerischen oder literarischen Zwecken regulieren.

18 Ob ein Verstoß gegen die Mitteilungspflicht eine **Rechtsfolge** nach sich zieht, ist unklar. Anders als etwa bei Art. 88 Abs. 3 gibt es keine Frist,[21] zudem sind nicht nur Änderungen der bestehenden Vorschriften zulässig, sondern es können auch „Änderungsgesetze" erlassen werden (→ Art. 88 Rn. 22).[22] Dies macht deutlich, dass die Mitgliedstaaten ihre Rechtsetzungskompetenz auch nach Ablauf der Umsetzungsphase am 25.5.2018[23] nicht verlieren und ihr Medienrecht jederzeit grundlegenden Reformen unterziehen können. Auch sonst bleibt ein Verstoß gegen die Mitteilungspflicht im Ergebnis wohl folgenlos, denn die Mitteilung kann jederzeit nachgeholt werden.

V. Nationales Recht

19 Auf **Bundesebene** befand sich im alten BDSG eine auf Grundlage von Art. 9 DS-RL geschaffene Rahmenregelung für die Gesetzgebung der Länder in §§ 41, 42 BDSG aF. Heute ist eine solche Regelung nicht mehr denkbar, denn mit der Föderalismusreform ist die Rahmengesetzgebungskompetenz entfallen. Das neue BDSG enthält daher **keine** entsprechende **Regelung des Medienprivilegs.** Der Bundesgesetzgeber äußert aber im Rahmen der Begründung zum DSAnpUG-EU ausdrücklich die Erwartung, „dass die insofern zuständigen Landesgesetzgeber das Presseprivileg wie bisher absichern werden."[24]

20 Das am 1.3.2007 in Kraft getretene **Telemediengesetz**[25] bleibt neben der DS-GVO weiterhin anwendbar.

---

[19] Krit. Wybitul/*Ettig*, DS-GVO, Art. 85 Rn. 9.

[20] Paal/Pauly/*Pauly*, DS-GVO, Art. 85 Rn. 11 und Sydow/*Specht*, DS-GVO, Art. 85 Rn. 18 sehen über den Wortlaut hinaus auch solche Rechtsvorschriften erfasst, die vor Inkrafttreten der DS-GVO erlassen wurden.

[21] Vgl. *Albrecht/Janson*, CR 2016, 500 (504).

[22] EN: „any subsequent amendment law or amendment affecting them."

[23] S. Art. 99 Abs. 2.

[24] BT-Drs. 18/11325, 79.

[25] BGBl. 2007 I S. 179.

Die **Länder** haben bislang im **Staatsvertrag** für Rundfunk und Telemedien eine datenschutzrechtliche Privilegierung in § 57 Abs. 1 S. 1 RStV geregelt.[26] Diese Vorschrift verweist lediglich auf die Regelungen zum Datengeheimnis (§ 5 BDSG aF) sowie §§ 7, 9 und 38a BDSG aF und nimmt im Übrigen die Verarbeitung personenbezogener Daten durch Unternehmen und Hilfsunternehmen der Presse als Anbieter von Telemedien zu eigenen journalistisch-redaktionellen oder literarischen Zwecken vom Anwendungsbereich des Datenschutzrechts aus. Einige Länder haben zudem eigene **Mediengesetze** erlassen, verweisen dort aber regelmäßig nur auf den Rundfunkstaatsvertrag[27] oder enthalten ähnliche oder sogar noch weitergehende Ausnahmeregelung als § 57 Abs. 1 S. 1 RStV.[28] Die somit insgesamt sehr weitreichenden Ausnahmen vom Datenschutzrecht zugunsten von Presseunternehmen werden durch das allgemeine Presse- und Äußerungsrecht kompensiert, insbesondere durch die für die Presse geltenden Restriktionen nach § 823 Abs. 1 BGB iVm dem allgemeinen Persönlichkeitsrecht sowie §§ 22 ff. KUG.[29] 21

§ 57 Abs. 1 S. 1 RStV **bedarf** aufgrund der ausdrücklichen Verweise auf das alte BDSG jedenfalls einer redaktionellen **Anpassung.** Dabei ist zu beachten, dass die Regelungen des Kapitels VIII der DS-GVO zu Rechtsbehelfen, Haftung und Sanktionen neben dem nationalen Recht anwendbar bleiben müssen (→ Rn. 15). Darüber hinaus ist eine detailliertere Regelung der Datenverarbeitung durch Presseunternehmen zwar wünschenswert, aber nicht zwingend.[30] Zudem wäre zu erwägen, ob nicht anlässlich der DS-GVO eine grundlegende Neukonzeption gewagt und für Datenverarbeitungen zu journalistischen, wissenschaftlichen, künstlerischen oder literarischen Zwecken insgesamt Spezialregelungen vorzusehen, die nicht allein Presseunternehmen privilegieren.[31] Damit würde – dem Ansatz von Art. 85 entsprechend – nicht nur eine Insellösung für die Presse geschaffen, sondern das Recht auf freie Meinungsäußerung und Informationsfreiheit breitflächig gestärkt. 22

Art. 86 Verarbeitung und Zugang der Öffentlichkeit zu amtlichen Dokumenten

Personenbezogene Daten in amtlichen Dokumenten, die sich im Besitz einer Behörde oder einer öffentlichen Einrichtung oder einer privaten Einrichtung zur Erfüllung einer im öffentlichen Interesse liegenden Aufgabe befinden, können von der Behörde oder der Einrichtung gemäß dem Unionsrecht oder dem Recht des Mitgliedstaats, dem die Behörde

[26] Ähnliche Regelungen enthalten § 17 Abs. 1 Deutschlandradio-Staatsvertrag und § 17 Abs. 1 ZDF-Staatsvertrag.

[27] S. etwa § 49 Abs. 2 LMedienG Baden-Württemberg oder § 46 Landesmediengesetz NRW.

[28] S. etwa § 44 Sächsisches Gesetz über die Presse und § 54 Abs. 1 Niedersächsisches Pressegesetz.

[29] *Lauber-Rönsberg/Hartlaub*, NJW 2017, 1057.

[30] Ebenso *Lauber-Rönsberg/Hartlaub*, NJW 2017, 1057 (1060) unter Hinweis auf die Auslegungsoffenheit des KUG; wohl auch *Albrecht/Janson*, CR 2016, 500 (508); aA BeckOK DatenschutzR/*Stender-Vorwachs*, Art. 85 Rn. 33 ff.; Kühling/Buchner/*Buchner/Tinnefeld*, DS-GVO, Art. 85 Rn. 33; vgl. auch Wybitul/*Ettig*, DS-GVO, Art. 85 Rn. 12 f.

[31] Vgl. zu den sich aktuell ergebenden Unstimmigkeiten *Lauber-Rönsberg/Hartlaub*, NJW 2017, 1057 (1058).

oder Einrichtung unterliegt, offengelegt werden, um den Zugang der Öffentlichkeit zu amtlichen Dokumenten mit dem Recht auf Schutz personenbezogener Daten gemäß dieser Verordnung in Einklang zu bringen.

Literatur: *Schantz*, Die Datenschutz-Grundverordnung – Beginn einer neuen Zeitrechnung im Datenschutzrecht, NJW 2016, 1841.

Übersicht

A. Einleitung

1 Auch im Anwendungsbereich der DS-GVO soll es zukünftig möglich sein, dass Personen **Zugang zu amtlichen Dokumenten** erhalten, selbst wenn in diesem Fall personenbezogene Daten von Dritten betroffen sind. Der Aussagegehalt von Art. 86 ist in gewisser Weise deklaratorisch, da er nur vorschreibt, was ohnehin gilt: nationale Vorschriften der Mitgliedstaaten müssen, wenn die Verarbeitung personenbezogener Daten in Rede steht, die Vorgaben der DS-GVO beachten.[1]

B. Zweck und Bedeutung

2 Zweck von Art. 86 soll die Klarstellung sein, dass die DS-GVO bei ihrer Anwendung den Grundsatz des Zugangs der Öffentlichkeit zu amtlichen Dokumenten berücksichtigt (Erwägungsgrund 154 S. 1). Art. 86 verdeutlicht, dass es ua auch die Aufgabe von nationalen Rechtsvorschriften sein kann, den Zugang der Öffentlichkeit zu amtlichen Dokumenten und die Weiterverwendung von Informationen des öffentlichen Sektors mit dem Recht auf Schutz personenbezogener Daten in Einklang bringen. Mitgliedstaatliche Gesetze zum Zugang zu amtlichen Dokumenten müssen die notwendige Übereinstimmung mit dem Recht auf Schutz personenbezogener Daten gemäß den Vorgaben der DS-GVO regeln (Erwägungsgrund 154 S. 4). Art. 86 verdeutlicht zudem, dass der Schutz personenbezogener Daten **nicht per se gegen eine Offenlegung** von amtlichen Dokumenten spricht.

---

[1] Vgl. die Anmerkungen der französischen Delegation, Ratsdokument 5406/2/14 REV 2, v. 10.2.2014, S. 75; ebenso Ehmann/Selmayr/*Ehmann*, DS-GVO, Art. 86 Rn. 11.

C. Einzelerläuterungen

I. Personenbezogene Daten

Damit Art. 86 Anwendung findet, müssen personenbezogene Daten in amtlichen Dokumenten betroffen sein. Jedoch wird damit nicht das amtliche Dokument selbst zu einem **personenbezogenen** Datum. So hat der EuGH entschieden, dass Daten, die in einer Entwurfsschrift einer Behörde über denjenigen enthalten sind, der die Gewährung eines Aufenthaltstitels beantragt, als „personenbezogene Daten" einzustufen sind.[2] Die in einer solchen Entwurfsschrift enthaltene rechtliche Analyse kann zwar personenbezogene Daten enthalten, doch handelt es sich bei ihr selbst nicht um personenbezogene Daten.[3] Auszugehen ist vom europarechtlichen Begriff des „Dokuments".[4] 3

Solange es sich bei den von den betroffenen öffentlichen oder privaten Stellen gespeicherten Daten um solche Informationen handelt, die sich nicht auf eine **identifizierte oder identifizierbare natürliche Person** beziehen (Art. 4 Nr. 1), spielt das Datenschutzrecht und damit auch Art. 86 keine Rolle. Der Anwendungsbereich der DS-GVO ist dann nicht eröffnet. Auch die Daten verstorbener Personen sind von Art. 86 grundsätzlich nicht erfasst. 4

Jedoch ist zu beachten, dass es die DS-GVO in Erwägungsgrund 27 den Mitgliedstaaten ermöglicht, Vorschriften für die Verarbeitung der personenbezogenen Daten **Verstorbener** vorsehen. Es ist also möglich, dass einzelne Mitgliedstaaten auch Informationen zu verstorbenen Personen unter den Schutz des Datenschutzrechts stellen. 5

II. Behörde, öffentliche Einrichtung oder private Einrichtung

Von der Regelung des Art. 86 betroffenen sind personenbezogene Daten in amtlichen Dokumenten bei nationalen Behörden und anderen öffentlichen Einrichtungen, aber **auch bei privaten Stellen,** die sich dort zur Erfüllung einer im öffentlichen Interesse liegenden Aufgabe befinden (s. Art. 6 Abs. 1 lit. e). Nach Erwägungsgrund 154 S. 5 umfasst die Bezugnahme auf Behörden und öffentliche Stellen sämtliche Behörden oder sonstigen Stellen, die vom Recht des jeweiligen Mitgliedstaats über den Zugang der Öffentlichkeit zu Dokumenten erfasst werden. 6

Da bereits derzeit in **nationalen Vorschriften** der Mitgliedstaaten ein Anspruch auf Zugang zu amtlichen Dokumenten auch gegenüber privaten Stellen besteht, wurde der Anwendungsbereich von Art. 86 im Rahmen der Verhandlungen im Rat der Europäischen Union um diese Stellen erweitert, wenn sie eine Aufgabe im öffentlichen Interesse wahrnehmen.[5] 7

III. Offenlegung gemäß dem Unionsrecht oder dem Recht des Mitgliedstaats

Nach Art. 86 können personenbezogene Daten in amtlichen Dokumenten von der Behörde oder der Einrichtung gemäß dem Unionsrecht oder dem Recht des 8

---

[2] EuGH, Urt. v. 17.7.2014 – Verbundenen Rs. C-141/12 und C-372/12, Rn. 38.

[3] EuGH, Urt. v. 17.7.2014 – Verbundenen Rs. C-141/12 und C-372/12, Rn. 39.

[4] Ehmann/Selmayr/*Ehmann*, DS-GVO, Art. 86 Rn. 7.

[5] Vorschlag der irischen Delegation, Ratsdokument 5406/2/14 REV 2, v. 10.2.2014, S. 67, dort noch in Bezug auf den Erwägungsgrund.

Mitgliedstaats, dem die Behörde oder Einrichtung unterliegt, offengelegt werden. Bei der Offenlegung handelt es sich um eine **Verarbeitung** personenbezogener Daten iSv Art. 4 Nr. 2.

9 Damit bedürfte diese Verarbeitung grundsätzlich einer **Erlaubnis nach Art. 6 Abs. 1.** Aus dem Hinweis in Erwägungsgrund 154 S. 2, dass es sich bei dem Zugang der Öffentlichkeit zu amtlichen Dokumenten um ein öffentliches Interesse handeln kann, wird deutlich, dass die Offenlegung auf den Erlaubnistatbestand des Art. 6 Abs. 1 lit. e Alt. 1 gestützt werden kann.

10 Die **Pflicht zur Offenlegung** der amtlichen Dokumente muss im Unionsrecht oder im Recht der Mitgliedstaaten vorgesehen sein (vgl. Erwägungsgrund 154 S. 3: „sofern dies … vorgesehen ist") und ergibt sich nicht aus der DS-GVO.[6] Diese liefert aber den Erlaubnistatbestand für die damit einhergehende Datenverarbeitung.

11 Art. 6 Abs. 1 lit. e Alt. 1 kann insofern sowohl als **Rechtgrundlage für die Offenlegung** nach Unionsrecht oder nach nationalen Regelungen Anwendung finden. Behörden der Mitgliedstaaten sind grundsätzlich vom Anwendungsbereich der DS-GVO erfasst und unterliegen damit auch der Vorgabe des Art. 6 Abs. 1.

12 Nicht klar ist, ob Art. 86 daneben eine **Öffnungsklausel für nationale Regelung** in Bezug auf Datenverarbeitungen beim Zugang zu amtlichen Dokumenten darstellt.[7] Der Hinweis in Art. 86, dass die Offenlegung gemäß dem Recht des Mitgliedstaats, dem die Behörde oder Einrichtung unterliegt, erfolgen kann, spricht jedoch dafür, dass die Mitgliedstaaten insofern die Möglichkeit haben, spezifischere Regelungen für den Zugang zu und die Offenlegung von amtlichen Dokumenten im nationalen Recht zu schaffen.[8] Diese müssen sich, wie jede spezifischere nationale Bestimmung, den Anforderungen der Art. 6 Abs. 2 und Abs. 3 genügen.

13 Art. 6 Abs. 2 erlaubt es den Mitgliedstaaten, **spezifischere Bestimmungen** zur Anpassung der Anwendung der Vorschriften der DS-GVO in Bezug auf eine Verarbeitung zur Erfüllung einer rechtlichen Verpflichtung (Art. 6 Abs. 1 lit. c) und die für die Wahrnehmung einer Aufgabe, die im öffentlichen Interesse liegt, erforderlich ist (Art. 6 Abs. 1 lit. e), beizubehalten oder einzuführen. Art. 6 Abs. 2 und Abs. 3 stellen die generellen Anforderungen für nationale Spezifizierungen, auch im Rahmen der Vorschriften des Kapitels IX und dortiger besonderer Verarbeitungssituationen auf, was sich aus dem ausdrücklichen Verweis auf Kapitel IX ergibt.

14 Auch Erwägungsgrund 154 S. 3 erläutert, dass personenbezogene Daten in Dokumenten, die sich im Besitz einer Behörde oder einer öffentlichen Stelle (hier fehlt die Erwähnung der „privaten Einrichtungen", was jedoch wohl ein Redaktionsversehen darstellt) befinden, von dieser Behörde oder Stelle öffentlich offengelegt werden können, sofern dies entweder im Unionsrecht oder im Recht der Mitgliedstaaten, denen sie unterliegt, vorgesehen ist. Nationale Vorschriften, die einen Zugang zu amtlichen Dokumenten gestatten, in denen sich personenbezogene Daten befinden, können folglich ebenfalls in der Form von Spezifizierungen der Vorgaben der DS-GVO als Rechtsgrundlage der Offenlegung dienen.[9]

---

[6] Vgl. auch Ehmann/Selmayr/*Ehmann*, DS-GVO, Art. 86 Rn. 6: „begründet selbst keine eigenen Zugangsrechte".

[7] Dafür Paal/Pauly/*Pauly*, DS-GVO, Art. 86 Rn. 1.

[8] Ebenso Kühling/Buchner/*Herbst*, DS-GVO, Art. 86 Rn. 23.

[9] Sa Begr. zum Standpunkt des Rates, Ziff. 3.2.

Andere Erlaubnistatbestände als jene des Art. 6 Abs. 1 darf das nationale Recht, aufgrund der **Vollharmonisierung** durch die DS-GVO, jedoch nicht schaffen.

IV. Notwendiger Einklang zwischen zwei Rechtspositionen

Für das Unionsrecht und nationale Vorschriften gilt es zudem die Vorgabe des Art. 86 zu beachten, dass sie den Zugang der Öffentlichkeit zu amtlichen Dokumenten mit dem Recht auf Schutz personenbezogener Daten gemäß der DS-GVO in Einklang bringen müssen. In den nationalen Regelungen ist also ein Mechanismus vorzusehen, mit dem die **kollidierenden Rechtspositionen,** Recht auf Zugang zu amtlichen Dokumenten[10] und Recht auf Schutz personenbezogener Daten, in Einklang zu bringen sind. In Betracht kommt hierfür beispielsweise eine Regelung wie in § 5 Abs. 1 S. 1 IFG, wonach der Zugang zu personenbezogenen Daten nur gewährt werden darf, soweit das Informationsinteresse des Antragstellers das schutzwürdige Interesse des Dritten am Ausschluss des Informationszugangs überwiegt.[11] 15

Nach Erwägungsgrund 154 S. 4 müssen die Rechtsvorschriften den Zugang der Öffentlichkeit zu amtlichen Dokumenten einerseits mit dem Recht auf Schutz personenbezogener Daten andererseits in Einklang bringen. Daneben müssen nationale Spezifizierungen auch alle **anderen Vorgaben der DS-GVO,** insbesondere also auch die Grundsätze für die Verarbeitung personenbezogener Daten (Art. 5), beachten. Dies wird aus der Formulierung in Art. 86 „Recht auf Schutz personenbezogener Daten gemäß dieser Verordnung" deutlich. Auch Erwägungsgrund 154 S. 4 aE verweist darauf, dass die spezifischen Rechtsvorschriften die notwendige Übereinstimmung mit dem Recht auf Schutz personenbezogener Daten gem. DS-GVO regeln können. Die Vorgaben der DS-GVO bleiben im Übrigen also unangetastet und anwendbar. 16

Nationale Regelungen, die den Zugang zu amtlichen Dokumenten und deren Veröffentlichung regeln, können mithin **weiter anwendbar bleiben,** soweit sie die Vorgaben des Art. 86 und auch von Art. 6 Abs. 2 und Abs. 3 erfüllen. 17

V. Verhältnis zur Gesetzgebung zur Weiterverwendung von Informationen des öffentlichen Sektors

Allein Erwägungsgrund 154 S. 6 und 7 enthalten Informationen zu dem Verhältnis zwischen den Vorgaben der DS-GVO zum Zugang zu amtlichen Dokumenten und der Richtlinie 2003/98/EG vom 17.11.2003 (in der geänderten Fassung durch RL 2013/37/EU vom 26.6.2013, **„PSI-Richtlinie"**).[12] Die PSI-Richtlinie enthält einen Mindestbestand an Regeln für die Weiterverwendung und die praktischen Mittel zur Erleichterung der Weiterverwendung vorhandener Dokumente, die im Besitz öffentlicher Stellen der Mitgliedstaaten sind (Art. 1 Abs. 1 PSI-Richtlinie). 18

Erwägungsgrund 154 S. 6 stellt klar, dass die PSI-Richtlinie **keinen Einfluss auf das Schutzniveau** für natürliche Personen in Bezug auf die Verarbeitung 19

---

[10] Sa Art. 42 Charta der Grundrechte der EU und Art. 15 AEUV; französische Delegation, Ratsdokument 14098/1/14 REV 1, v. 20.10.2014, S. 19.

[11] Ebenso Kühling/Buchner/*Herbst*, DS-GVO, Art. 86 Rn. 24.

[12] In Deutschland umgesetzt durch das Gesetz über die Weiterverwendung von Informationen öffentlicher Stellen v. 13.12.2006, BGBl. 2006 I S. 2913 und das Erstes Gesetz zur Änderung des Informationsweiterverwendungsgesetzes v. 8.7.2015, BGBl. 2015 I S. 1162.

personenbezogener Daten sowohl gemäß den Bestimmungen des Unionsrechts als auch den Bestimmungen des Rechts der Mitgliedstaaten hat. Die Rechte betroffener Personen und Pflichten von Verantwortlichen und Auftragsverarbeitern nach der DS-GVO bleiben von den Regelungen der PSI-Richtlinie unberührt.[13]

20 Diese ist weiterhin anwendbar, hat jedoch keinen Einfluss auf die unter der DS-GVO geschaffenen Rechte und Pflichten hinsichtlich des Schutzes personenbezogener Daten. Diese gelten also unabhängig von der Richtlinie. Daneben schreibt Erwägungsgrund 154 S. 7 vor, dass die PSI-Richtlinie nicht auf personenbezogene Daten anwendbar ist, die durch die Vorgaben des Datenschutzrechts vor einer **Weiterverwendung geschützt** sind. Hier scheint der Verordnungsgeber klar machen zu wollen, dass die DS-GVO (denn diese regelt ja den Bereich des Datenschutzrechts) der PSI-Richtlinie vorgeht. Insgesamt ist jedoch leider auch Erwägungsgrund 154 nur schwer verständlich. Der Vorrang der Regelungen der DS-GVO zum Umgang mit personenbezogener Daten ergibt sich auch direkt aus Erwägungsgrund 11 der PSI-Richtlinie, wonach diese unter uneingeschränkter Beachtung der Grundsätze des Schutzes personenbezogener Daten nach der RL 95/46/EG umgesetzt und angewandt werden sollte. An die Stelle der RL 95/46/EG tritt ab dem 25.5.2018 die DS-GVO (vgl. Art. 94).

21 Erwägungsgrund 154 S. 7 verdeutlicht, dass der Anwendungsbereich der PSI-Richtlinie endet, wo mitgliedstaatliche Regelungen aus Gründen des Schutzes personenbezogener Daten **einen Zugang zu Dokumenten nicht oder nur teilweise erlauben.** Dies ergibt sich ebenfalls bereits aus Art. 1 Abs. 2 lit. cc PSI-Richtlinie, der fast unverändert als Erwägungsgrund 154 S. 7 übernommen wurde.

Art. 87 Verarbeitung der nationalen Kennziffer

[1]Die Mitgliedstaaten können näher bestimmen, unter welchen spezifischen Bedingungen eine nationale Kennziffer oder andere Kennzeichen von allgemeiner Bedeutung Gegenstand einer Verarbeitung sein dürfen. [2]In diesem Fall darf die nationale Kennziffer oder das andere Kennzeichen von allgemeiner Bedeutung nur unter Wahrung geeigneter Garantien für die Rechte und Freiheiten der betroffenen Person gemäß dieser Verordnung verwendet werden.

Übersicht

[13] Während den Verhandlungen im Rat der Europäischen Union hatte insb. die französische Delegation zu Beginn Zweifel, wie genau das Verhältnis zwischen der DS-GVO und nationalen Regelungen in Umsetzung der PSI-Richtlinie ausgestaltet ist, Ratsdokument 14098/1/14 REV 1, v. 20.10.2014, S. 19.

A. Allgemeines

I. Zweck und Bedeutung der Vorschrift

1 Mit Art. 87 wird eine Rechtsgrundlage für die in wohl allen Mitgliedstaaten vorhandene Praxis der Vergabe und Verarbeitung von Daten von Bürgern unter einem staatlich zugeteilten **Personenkennzeichen** geschaffen. Derartige Nummerierungen des Einzelnen erleichtern die automatisierte Verarbeitung seiner Daten und helfen durch Vermeidung von Verwechselungen die eindeutige **Identifizierung der betroffenen Person.** Sichergestellt werden soll die Unterscheidbarkeit von allen anderen Menschen einer Gruppe, bei der es sich auch um die Gesamtheit der Bewohner eines Staates handeln kann. Zwar können andererseits auch als **Pseudonym** bei der Offenlegung von Daten dienen. Jedoch erfüllt wohl nicht jedes Personen-Nummerierungssystem trotz der unspezifischen Weite der Norm den Begriff des national vergebenen Personenkennzeichens (vgl. Erwägungsgrund 35).[1] Es muss sich um eine nationale Kennziffer oder eine Kennziffer von allgemeiner Bedeutung handeln.

II. Systematik, Verhältnis zu anderen Vorschriften

2 Die Verabschiedung einer ersten Fassung des BDSG im Bundestag scheiterte Anfang der 1970er Jahre daran, dass gleichzeitig eine Personenkennziffer im **Meldewesen** eingeführt werden sollte, mit Hilfe derer die Personendaten sämtlicher Einwohner in einer Zentraldatei zusammengeführt werden sollten. Zu einer solchen von der Verwaltung umfassend verwendbaren **Bürgernummer** ist es bis dato nicht gekommen. Datenschutzrechtliche Überlegungen sind auch der Grund, dass keine für alle Sozialversicherungssysteme gültige **Sozialversicherungsnummer** existiert.[2] Vielmehr werden in der Krankenversicherung und der Rentenversicherung unterschiedliche Versicherungsnummern verarbeitet. Teilweise wird allerdings die Rentenversicherungsnummer, die im Sozialversicherungsausweis vermerkt ist, wie eine Sozialversicherungsnummer verwendet. Auch in anderen Verwaltungsbereichen gibt es aufgabenbezogene Kennziffern. Existente unter die Norm fallende Kennziffern sind die einen Menschen sein Leben lang begleitende **Personalausweisnummer** (Seriennummer) oder die für jeden Einwohner ab der Geburt angelegte unveränderbare und erst 20 Jahre nach dem Ableben gelöschte **Steuer-Identifikationsnummer.**

3 Aus datenschutzrechtlicher Sicht sind Personenkennzeichen problematisch, da sie die Zusammenführung von aus unterschiedlichen Lebensbereichen stammenden Daten und somit die Erstellung umfassender **Persönlichkeitsprofile** erlauben.[3] Dementsprechend hatte das BVerfG seinem **Volkszählungsurteil** von 1983[4] die Zuordnung der erhobenen Daten durch eine Ordnungsnummer ausdrücklich verboten. Durch die fortschreitenden technischen Möglichkeiten, sind Personenkennzeichen nicht mehr der einzige Weg zu Datenverknüpfungen. Wesentlich für die Gewährleistung des Persönlichkeitsschutzes ist ihr Verwendungszweck. Demgemäß durften die Daten der Volkszählung 2011 für vier Jahren

---

[1] Sydow/*Hense*, DS-GVO, Art. 87 Rn. 2; Paal/Pauly/*Pauly*, DS-GVO, Art. 87 Rn. 2.

[2] Sie ist wohl ein Kennzeichen von allg. Bedeutung Schantz/Wolff/*Wolff*, Rn. 1329.

[3] Kühling/Buchner/*Weichert*, DS-GVO, Art. 87 Rn. 13 f.

[4] Urt. v. 15.12.1983 – 1 BvR 209/83, 1 BvR 484/83, 1 BvR 440/83, 1 BvR 420/83, 1 BvR 362/83, 1 BvR 269/8.

zu Auszählungszwecken über eine eindeutige Personenkennziffer zuordenbar bleiben.

B. Einzelerläuterungen

I. Erforderlichkeit im allgemeinen Interesse

4 Art. 87 erlaubt die Einführung **nationaler Kennzeichen** unter zwei Bedingungen, dh stellt an eine diesbezügliche nationale Regelung materielle Anforderungen.[5] Ihre Einführung muss zum einen **von allgemeiner Bedeutung** sein, was wohl heißt im **Interesse der Allgemeinheit** liegend für das Funktionieren staatlicher Aufgaben erforderlich sein, wobei die die zur Unzulässigkeit führende Intensität des grundrechtlichen Eingriffs mit dem Umfang des Verwendungsbereichs des Kennzeichens anwächst.

II. Angemessene Garantien

5 Daher lässt Art. 87 solche Kennzeichen auch nur dann zu, wenn durch **geeignete Garantien** die Rechte und Freiheiten der betroffenen Person gemäß dieser Verordnung bei ihrer Verwendung gewährleistet werden. Es gilt den Gefahren zu begegnen, die das BVerfG in dem Volkszählungsurteil darin gesehen hat, dass eine unbeschränkte Verknüpfung von bei den Verwaltungsbehörden vorhandenen, zum Teil sehr sensitiven Datenbeständen durch ein einheitliches Personenkennzeichen oder sonstiges Ordnungsmerkmal ermöglicht werden kann; wobei „eine umfassende Registrierung und Katalogisierung der Persönlichkeit durch die Zusammenführung einzelner Lebensdaten und Personaldaten zur Erstellung von Persönlichkeitsprofilen der Bürger auch in der Anonymität statistischer Erhebungen unzulässig“ ist.[6]

6 Eine gewisse gesetzliche Garantie gibt das Gesetz über Personalausweise und den elektronischen Identitätsnachweis (**Personalausweisgesetz** – PAuswG). Ua gilt, dass die Verwendung personenbezogener Daten aus dem Ausweis oder mithilfe des Ausweises grundsätzlich nur erfolgen darf zur **Identitätsfeststellung** (§ 14). Inzwischen erlaubt § 20 Abs. 2 PAuswG auch das Ablichten, mit dem nach der Gesetzesbegründung[7] das Fotokopieren, Fotografieren und **Scannen** gemeint ist. Die Ablichtung muss als solche erkennbar sein. Wer Ausweiskopien oder Ausweisscans nutzen will, bedarf der Einwilligung des Ausweisinhabers. Zudem muss die Kopie/der Scan als Kopie oder Scan erkennbar sein. Dies lässt sich beispielsweise dadurch erreichen, dass sie in Monochromstufen (zB schwarz-weiß) erstellt oder nachträglich dauerhaft darauf umgestellt wird. Eine andere Möglichkeit bestünde etwa darin, auf eine Fotokopie den deutlich sichtbaren Vermerk „Kopie“ anzubringen. Die Kopie/der Scan darf vom Empfänger nicht weitergegeben werden. Gesondert datenschutzrechtlich zu prüfen ist, welche Daten aus dem Ausweis erhoben werden dürfen. Hier gilt das allgemeine Datenschutzrecht.

---

[5] Ausf. dazu Kühling/Buchner/*Weichert*, DS-GVO, Art. 87 Rn. 15 ff.

[6] BVerfG, Urt. v. 16.7.1969 – 1 BvL 19/63 – Mikrozensus.

[7] BT-Drs. 18/11279, 27.

Art. 88 Datenverarbeitung im Beschäftigungskontext

(1) **Die Mitgliedstaaten können durch Rechtsvorschriften oder durch Kollektivvereinbarungen spezifischere Vorschriften zur Gewährleistung des Schutzes der Rechte und Freiheiten hinsichtlich der Verarbeitung personenbezogener Beschäftigtendaten im Beschäftigungskontext, insbesondere für Zwecke der Einstellung, der Erfüllung des Arbeitsvertrags einschließlich der Erfüllung von durch Rechtsvorschriften oder durch Kollektivvereinbarungen festgelegten Pflichten, des Managements, der Planung und der Organisation der Arbeit, der Gleichheit und Diversität am Arbeitsplatz, der Gesundheit und Sicherheit am Arbeitsplatz, des Schutzes des Eigentums der Arbeitgeber oder der Kunden sowie für Zwecke der Inanspruchnahme der mit der Beschäftigung zusammenhängenden individuellen oder kollektiven Rechte und Leistungen und für Zwecke der Beendigung des Beschäftigungsverhältnisses vorsehen.**

(2) **Diese Vorschriften umfassen geeignete und besondere Maßnahmen zur Wahrung der menschlichen Würde, der berechtigten Interessen und der Grundrechte der betroffenen Person, insbesondere im Hinblick auf die Transparenz der Verarbeitung, die Übermittlung personenbezogener Daten innerhalb einer Unternehmensgruppe oder einer Gruppe von Unternehmen, die eine gemeinsame Wirtschaftstätigkeit ausüben, und die Überwachungssysteme am Arbeitsplatz.**

(3) **Jeder Mitgliedstaat teilt der Kommission bis zum 25. Mai 2018 die Rechtsvorschriften, die er aufgrund von Absatz 1 erlässt, sowie unverzüglich alle späteren Änderungen dieser Vorschriften mit.**

Literatur: *Bauer*, Beschäftigtendaten bleiben ein heißes Eisen, PersF 6/2017, 70; *Benkert*, Neuer Anlauf des Gesetzgebers beim Beschäftigtendatenschutz, NJW 2017, 242; *Brink/Schwab*, Beschäftigtendatenschutz: Zwischen wirtschaftlicher Abhängigkeit und informationeller Selbstbestimmung, RDV 2017, 170; *Byers*, Die Zulässigkeit heimlicher Mitarbeiterkontrollen nach dem neuen Datenschutzrecht, NZA 2017, 1086; *Däubler*, Informationsbedarf versus Persönlichkeitsschutz – was muss, was darf der Arbeitgeber wissen?, NZA 2017, 1481; *Düwell/Brink*, Beschäftigtendatenschutz nach der Umsetzung der Datenschutz-Grundverordnung: Viele Änderungen und wenig Neues, NZA 2017, 1081; *Düwell/Brink*, Die EU-Datenschutz-Grundverordnung und der Beschäftigtendatenschutz, NZA 2016, 665; *Fladung*, Datenschutz-Grundverordnung – neue Compliance-Risiken im Beschäftigtendatenschutz, CB 2015, 364; *Forgó/Helfrich/Schneider*, Betrieblicher Datenschutz, 2. Aufl. 2017; *Gola*, Der „neue" Beschäftigtendatenschutz nach § 26 BDSG nF, BB 2017, 1462; *Gola/Pötters*, Die Verarbeitung von Beschäftigtendaten im Rahmen betriebsverfassungsrechtlicher Aufgaben in § 26 Abs. 1 S. 1 BDSG-E, RDV 2017, 111; *Gola/Pötters/Thüsing*, Art. 82 DSGVO: Öffnungsklausel für nationale Regelungen zum Beschäftigtendatenschutz – Warum der deutsche Gesetzgeber jetzt handeln muss, RDV 2016, 57; *Haußmann/Brauneisen*, Bestehende IT-Betriebsvereinbarungen – welchen Renovierungsbedarf bringt das neue Datenschutzrecht?, BB 2017, 3065; *Klösel/Mahnhold*, Die Zukunft der datenschutzrechtlichen Betriebsvereinbarung, NZA 2017, 1428; *Körner*, Die Datenschutz-Grundverordnung und nationale Regelungsmöglichkeiten für Beschäftigtendatenschutz, NZA 2016, 1385; *Kort*, Arbeitnehmerdatenschutz gemäß der EU-Datenschutz-Grundverordnung, DB 2016, 711; *Kort*, Der Beschäftigungsdatenschutz gem. § 26 BDSG-neu, ZD 2017, 319; *Kort*, Die Zukunft des deutschen Beschäftigtendatenschutzes, ZD 2016, 555; *Kühling/Martini*, Die Datenschutz-Grundverordnung: Revolution oder Evolution im europäischen und deutschen Datenschutzrecht?, EuZW 2016, 448; *Kutzki*, Die EU-Datenschutzgrundverordnung (DSGVO) und Auswirkungen auf den öffentlichen Dienst, öAT 2016, 115; *Marquardt/*

Sörup, Auswirkungen der EU-Datenschutzgrundverordnung auf die Datenverarbeitung im Beschäftigungskontext, ArbRAktuell 2016, 103; *Pötters/Gola*, Wer ist datenschutzrechtlich „Verantwortlicher" im Unternehmen? Betriebsrat und andere selbstständige Einheiten als Adressaten des Datenschutzrechts, RDV 2017, 279; *Rolf/Siewert*, Überlegungen zu den Rechtsgrundlagen des künftigen Beschäftigtendatenschutzes, RDV 2017, 236; *Rose/Taeger*, Zum Stand des deutschen und europäischen Beschäftigtendatenschutzes, BB 2016, 819; *Schmidt*, Datenschutz für „Beschäftigte" – Grund und Grenzen bereichsspezifischer Regelung, 2016; *Schmidt*, Der Nebel lichtet sich: Das BAG systematisiert die Erlaubnistatbestände des Beschäftigtendatenschutzrechts, RDV 2017, 284; *Thüsing*, Beschäftigtendatenschutz und Compliance, 2. Aufl. 2014; *Thüsing/Schmidt*, Zulässige Pauschalierung bei der Rechtfertigung präventiver Überwachungsmaßnahmen des Arbeitgebers, NZA 2017, 1027; *Traut*, Maßgeschneiderte Lösungen durch Kollektivvereinbarungen? Möglichkeiten und Risiken des Art. 88 Abs. 1 DS-GVO, RDV 2016, 312; *Wurzberger*, Anforderungen an Betriebsvereinbarungen nach der DS-GVO, ZD 2017, 258; *Wybitul*, Der neue Beschäftigtendatenschutz nach § 26 BDSG und Art. 88 DSGVO, NZA 2017, 413; *Wybitul*, Betriebsvereinbarungen im Spannungsverhältnis von arbeitgeberseitigem Informationsbedarf und Persönlichkeitsschutz des Arbeitnehmers, NZA 2017, 1488; *Wybitul*, Was ändert sich mit dem neuen EU-Datenschutzrecht für Arbeitgeber und Betriebsräte? – Anpassungsbedarf bei Beschäftigtendatenschutz und Betriebsvereinbarungen, ZD 2016, 203; *Wybitul/Sörup/Pötters*, Betriebsvereinbarungen und § 32 BDSG: Wie geht es nach der DS-GVO weiter?, ZD 2015, 559.

Übersicht

A. Allgemeines

I. Bedeutung und Genese der Norm

Art. 88 stellt gegenüber der DS-RL 94/46/EG eine Neuerung dar, denn die sehr abstrakt gehaltene Richtlinie kannte grundsätzlich keine sektorspezifischen Regelungen, jedenfalls nicht für das Beschäftigungsverhältnis bzw. die Arbeitswelt. Die Mitgliedstaaten durften aber im Rahmen der allgemeinen harmonisierenden Vorgaben der DS-RL 94/46/EG konkretisierende Vorschriften erlassen und so insbesondere Leitlinien für die Abwägung aufstellen.[1] 1

Art. 88 konkretisiert und begrenzt die Handlungsmöglichkeiten der Mitgliedstaaten im Bereich des Beschäftigtendatenschutzes. Im ursprünglichen Kommissionsentwurf war die Öffnungsklausel noch mit der im Vergleich zu anderen Regelungen der DS-GVO engsten Formulierungsvariante versehen, wonach nationale Vorschriften nur „in den Grenzen dieser Verordnung per Gesetz“ ermöglicht wurden. Das Europäische Parlament hat die Norm grundlegend überarbeitet und dabei eher einen Ansatz der Mindestharmonisierung vorgeschlagen. Zudem wurde eine ausdrückliche Formulierung zur Regelungsbefugnis durch Kollektivvereinbarung aufgenommen. In der endgültigen Fassung nach Änderungen im 2

---

[1] EuGH, Urt. v. 24.11.2011 – C-468/10 und C-469/10, NZA 2011, 1409, Rn. 46 – ASNEF und FEMCED.

Rat bzw. im Trilog konnten sich die Vorschläge des Parlaments kaum durchsetzen. Was die Regelungsmöglichkeiten der Mitgliedstaaten betrifft, wurde die nun gültige Formulierung der „spezifischeren Vorschriften" als gänzlich neue Variante gewählt (→ Rn. 11, 25).

II. Restriktive Auslegung

3 Art. 88 Abs. 1 ist – wie allgemein die Öffnungsklauseln der DS-GVO – eher restriktiv auszulegen.[2] Gem. Art. 288 Abs. 2 S. 2 AEUV ist die **Verordnung** in allen ihren Teilen **verbindlich,** während Richtlinien gem. Art. 288 Abs. 3 AEUV nur hinsichtlich ihrer Ziele verbindlich sind, den innerstaatlichen Stellen aber die Wahl der Form und der Mittel überlassen bleibt. Grundsätzlich zielt die Verordnung also auf **Vollharmonisierung,** während die Richtlinie sowohl vollharmonisierend als auch mindestharmonisierend wirken kann.[3] Für Durchführungsregelungen oder gar abweichende materielle Maßstäbe auf mitgliedstaatlicher Ebene ist lediglich in engen Grenzen Raum, sofern die jeweilige Verordnung dies nicht explizit zulässt. Öffnungsklauseln durchbrechen diese Systematik und sorgen dafür, dass der Verordnungscharakter der DS-GVO aufgeweicht wird.[4] Schon nach bisherigem Recht war zu berücksichtigen, dass die unionsrechtlichen Vorgaben der RL 95/46/EG eine Vollharmonisierung der nationalen Schutzregime bewirken. Nationale Vorgaben, die über den unionsrechtlichen Schutzstandard hinausgingen, waren somit schon damals grundsätzlich unzulässig.[5] Diese Rechtsprechung wird man auf die DS-GVO übertragen können. Eine Öffnungsklausel muss also ausdrücklich Abweichungen zulassen, im Übrigen sind lediglich **konkretisierende Regelungen** auf nationaler Ebene zulässig.

III. Primärrechtskonforme Auslegung der DS-GVO und des nationalen Beschäftigtendatenschutzrechts

4 Nationale Regelungen, die auf Grundlage von Art. 88 geschaffen werden, müssen nicht nur im Einklang mit der DS-GVO stehen, sondern ebenso wie die Vorschriften der DS-GVO selbst im Lichte primärrechtlicher Vorgaben ausgelegt werden.[6] Eine Auslegung im Lichte von verfassungs- bzw. primärrechtlichen Vorgaben kann dazu führen, dass manche Regelungen sehr restriktiv ausgelegt werden bzw. umgekehrt eine extensive Auslegung oder Analogie angezeigt sein kann oder sogar über die **Drittwirkung der Grundrechte** durch die Rechtsprechung Datenschutzrecht „geschaffen" wird.[7]

5 Insbesondere bei der Frage nach der **„Erforderlichkeit"** einer Datenverarbeitung kommen die Grundrechte ins Spiel, denn hiernach sind die widerstreitenden

---

[2] AA BeckOK DatenschutzR/*Riesenhuber*, DS-GVO, Art. 88 Rn. 13.

[3] Ausf. → Einl. Rn. 24; vgl. *Pötters*, RDV 2015, 10.

[4] *Kühling/Martini*, EuZW 2016, 448: „Handlungsformenhybrid".

[5] Grundlegend EuGH, Urt. v. 6.11.2003 – C-101/01, Slg. 2003, I-12971 Rn. 96 f. – Lindqvist; bestätigt durch EuGH, Urt. v. 16.12.2008 – C-524/06, Slg. 2008, I-9705, Rn. 51 – Huber; EuGH, Urt. v. 24.11.2011 – C-468/10 und C-469/10, NZA 2011, 1409 – ASNEF und FEMCED.

[6] Ausf. → Art. 1 Rn. 18 ff.

[7] In einem Urteil zur Videoüberwachung in öffentlichen Räumen entschied etwa das BAG (Urt. v. 21.6.2012 – 2 AZR 153/11, NZA 2012, 1025) unter Verweis auf die Drittwirkung der Grundrechte, dass ein Verstoß gegen das Transparenzgebot des § 6b Abs. 2 BDSG aF nicht zu einem Beweisverwertungsverbot führt.

Grundrechtspositionen zur Herstellung praktischer Konkordanz **abzuwägen.**[8] Auf Seiten des Beschäftigten ist dabei in erster Linie Art. 8 GRCh, auf Seiten des Verantwortlichen sind zB die unternehmerische Freiheit gem. Art. 16 GRCh oder die Eigentumsgarantie gem. Art. 17 GRCh sowie die Grundfreiheiten zu beachten (→ Rn. 47 ff.).

IV. Raum für Sonderregelungen im Beschäftigungskontext außerhalb von Art. 88

Neben der speziell auf den Beschäftigtendatenschutz abstellenden Öffnungsklausel des Art. 88 enthält die DS-GVO zahlreiche **weitere,** ggf. auch die Beschäftigtendatenverarbeitung betreffende **Regelungsbefugnisse für die Mitgliedstaaten.** 6

Diese betreffen einmal die Erlaubnistatbestände: Die **Generalklausel** des **Art. 6 Abs. 1** sieht unter **lit. c** (iVm Abs. 2, 3) eine Rechtfertigungsmöglichkeit für den Fall vor, dass eine Datenverarbeitung „zur Erfüllung einer rechtlichen Verpflichtung erforderlich" ist.[9] Unter lit. e ist eine Rechtfertigung „für die Wahrnehmung einer Aufgabe […], die im öffentlichen Interesse liegt oder in Ausübung öffentlicher Gewalt erfolgt", vorgesehen. Auch dies ermöglicht den Erlass spezifischer nationaler Regelungen.[10] 7

Hinsichtlich der Gestattung der Verarbeitung besonderer Arten personenbezogener Daten besteht eine Öffnungsklausel für **sozialrechtliche Verpflichtungen** nach Art. 9 Abs. 2 lit. b sowie für genetische, biometrische und Gesundheitsdaten nach Art. 9 Abs. 4. Gem. Art. 23 können Betroffenenrechte der Art. 12–22 und 34 durch mitgliedstaatliches Recht in zahlreichen Bereichen beschränkt werden. 8

V. Ergänzungen, Änderungen durch das BDSG nF und andere nationale Gesetze

Der deutsche Gesetzgeber hat von der Öffnungsklausel des Art. 88 Abs. 1 Gebrauch gemacht und insbesondere mit **§ 26 BDSG nF** eine zentrale Vorschrift zum Beschäftigtendatenschutz geschaffen. § 26 BDSG nF führt dabei die bisherige spezialgesetzliche Regelung des § 32 BDSG aF fort.[11] Die Praxis muss also weiterhin nur mit einer **Generalklausel** auskommen. Ein großer Mehrwert ist damit im Vergleich zu den Generalklauseln der Art. 6, 9 nicht verbunden. Der Gesetzgeber hat sich aber ausdrücklich vorbehalten, in der Rechtsprechung „bereits angelegte Grundsätze" zu bestimmten Problemfeldern noch zu regeln, „insbesondere für das Fragerecht bei der Begründung eines Beschäftigungsverhältnisses, den expliziten Ausschluss von heimlichen Kontrollen im Beschäftigungsverhältnis, die Begrenzung der Lokalisierung von Beschäftigten sowie den Ausschluss von umfassenden Bewegungsprofilen, den Ausschluss von Dauerüberwachungen und die Verwendung biometrischer Daten zu Authentifizierungs- und Autorisierungszwecken."[12] 9

Neben § 26 BDSG nF bleiben auch künftig datenschutzrechtliche Sondervorschriften zum Beschäftigungskontext im Rahmen von anderen Gesetzen anwendbar (vgl. § 1 Abs. 2 BDSG nF), zB im Beamtenrecht oder im Personalaktenrecht 10

---

[8] So nunmehr ausdrücklich der Gesetzgeber BT-Drs. 18/11325, 97.

[9] *Schantz*, NJW 2016, 1841 (1842).

[10] Vgl. Art. 6 Abs. 2, 3.

[11] So ausdrücklich BT-Drs. 18/11325, 96 f.

[12] BT-Drs. 18/11325, 97.

sowie der Sozialdatenschutz im SGB. Die nachfolgende Übersicht fasst wichtige nationale Regelungen mit Relevanz für Beschäftigtendaten zusammen und zeigt dabei, welche Regelungen der DS-GVO hierdurch jeweils konkretisiert, ergänzt oder verdrängt werden.

Nationale Regelung mit Relevanz für Beschäftigtendaten	**Regelung der DS-GVO**
§ 4 BDSG nF: Videoüberwachung öffentlich zugänglicher Räume	keine konkrete Regelung zur Videoüberwachung; § 4 Abs. 2 und Abs. 4 BDSG nF ergänzen die Vorgaben der DS-GVO zur Transparenz, insbesondere Art. 13
§ 22 Abs. 1 Nr. 1 lit. b BDSG nF: Verarbeitung besonderer Kategorien personenbezogener Daten für die Beurteilung der Arbeitsfähigkeit des Beschäftigten (Arbeitsmedizin)	keine konkrete Regelung; die nationale Regelung macht von Art. 9 Abs. 2 lit. h Gebrauch
§ 26 Abs. 1 S. 1 BDSG nF: Verarbeitung für Zwecke des Beschäftigungsverhältnisses	verdrängt ua Art. 6 Abs. 1 lit. b und lit. f
§ 26 Abs. 1 S. 1, Abs. 4 BDSG nF: Verarbeitung zur Ausübung oder Erfüllung der Rechte und Pflichten der Interessenvertretung der Beschäftigten	keine konkrete Regelung, verdrängt ua Art. 6 Abs. 1 lit. f
§ 26 Abs. 1 S. 2 BDSG nF: Verarbeitung zur Aufdeckung von Straftaten	verdrängt ua Art. 6 Abs. 1 lit. b, c und f; keine Entsprechung bzgl. Dokumentationspflicht
§ 26 Abs. 2 BDSG nF: Einwilligung im Beschäftigungsverhältnis	ergänzt und konkretisiert Art. 4 Ziff. 11, 6 Abs. 1 lit. a und insbesondere Art. 7, ferner Art. 8 und Art. 9 Abs. 2 lit. a
§ 26 Abs. 3 BDSG nF: Verarbeitung besonderer Kategorien personenbezogener Daten für Zwecke des Beschäftigungsverhältnisses	wiederholt und verdrängt Art. 9 Abs. 2 lit. b
§ 26 Abs. 5 BDSG nF: Verpflichtung des Verantwortlichen auf Grundsätze des Datenschutzrechts	deklaratorischer Verweis auf Grundsätze des Art. 5
§ 26 Abs. 6 BDSG nF: Beteiligungsrechte der Interessenvertretungen der Beschäftigten bleiben unberührt	keine Regelung, BetrVG wird durch DS-GVO nicht ersetzt
§ 26 Abs. 7 BDSG nF: erweiterter Anwendungsbereich des Beschäftigtendatenschutzrechts	keine Regelung; die DS-GVO findet nur Anwendung für automatisierte oder dateigebundene Verarbeitungsvorgänge (Art. 2 Abs. 1)

Nationale Regelung mit Relevanz für Beschäftigtendaten	**Regelung der DS-GVO**
§ 26 Abs. 8 BDSG nF: Definition des Beschäftigtenbegriffs	keine konkrete Regelung; ergänzt und konkretisiert Art. 88
Beamtenrecht	keine konkrete Regelung; somit grundsätzlich Generalklauseln anwendbar, aber: Teilbereiche ausgenommen (vgl. Art. 1 Abs. 2); zudem ggf. Öffnung für das öffentliche Datenschutzrecht über Art. 6 Abs. 1 lit. e
Personalaktenrecht, zB § 83 BetrVG, beamtenrechtliche Vorschriften des BBG, Rechtsprechung	keine konkrete Regelung; somit grundsätzlich Generalklauseln anwendbar, insbesondere Art. 6 Abs. 1 Buchst. b und f; Grundsätze der Rechtsprechung (Transparenz, Richtigkeit, Zulässigkeit, Vertraulichkeit) dürften weiter gelten, da ohnehin ungeschrieben
Datenschutz SGB	keine konkrete Regelung; Öffnungsklausel über Art. 9 Abs. 2 lit. b; zudem Öffnung über Art. 6 Abs. 1 lit. e und über Art. 9 Abs. 4 für Gesundheitsdaten
Strafrecht, insbesondere §§ 201–206 StGB	keine Regelung; Strafrecht gilt grundsätzlich unverändert weiter/nicht durch DS-GVO verdrängt, vgl. Erwägungsgrund 149
TKG-Sonderdatenschutz	keine Regelung
BGB, insbesondere §§ 823, 1004 BGB	ergänzt Art. 82; vgl. Art. 84: Weitergeltung von Anspruchsnormen des BGB als nationale Sanktionsvorschriften
§ 22 KUG: Recht am Bild	keine Regelung; Öffnungsklausel für Medienrecht nach Art. 85

B. Einzelerläuterungen

I. Anwendungsbereich und Reichweite der Öffnungsklausel (Abs. 1)

1. Sachlicher Anwendungsbereich („Beschäftigungskontext“). Art. 88 Abs. 1 erlaubt es den Mitgliedstaaten, „spezifischere Vorschriften“ zur Gewährleistung des Schutzes der Rechte und Freiheiten hinsichtlich der Verarbeitung personenbezogener Beschäftigtendaten im **Beschäftigungskontext** zu erlassen. Die **Aufzählung** von Regelungsbereichen in Art. 88 Abs. 1 ist **beispielhaft** und nicht abschließend (vgl. Wortlaut: **„insbesondere“**).[13] Schon mit den genannten Beispielen ist ein sehr weites Feld gesteckt, das alle aktuell geltenden Regelungen zum Beschäftigtendatenschutz und auch weitere Bereiche einschließen dürfte. Der Erwägungsgrund 155 nennt Vorschriften über die Bedingungen, unter denen 11

[13] Paal/Pauly/*Pauly*, DS-GVO, Art. 88 Rn. 7.

personenbezogene Daten im Beschäftigungskontext auf der Grundlage der Einwilligung des Beschäftigten verarbeitet werden dürfen, als nahelegende nationale Vorschriften zum Beschäftigtendatenschutz.

12 **2. Personeller Anwendungsbereich („Beschäftigte").** Vom personellen Anwendungsbereich her können Regelungen für „Beschäftigte" geschaffen werden. Bis zur endgültigen Fassung der DS-GVO im Amtsblatt war noch bis kurz vor Schluss in allen Texten von „Arbeitnehmerdaten" die Rede. Die Änderung macht deutlich, dass **nicht** der **enge Arbeitnehmerbegriff** maßgebend ist, sondern dass zB **auch Beamte, Auszubildende oder Bewerber** erfasst sind.[14] Der Beschäftigtenbegriff dürfte somit im Wesentlichen dem des BDSG (aF sowie nF[15]) entsprechen,[16] auch wenn er natürlich autonom auszulegen ist.[17]

13 **3. Handlungsformen („Rechtsvorschriften oder Kollektivvereinbarungen").** Die Mitgliedstaaten können die bereichsspezifischen Vorschriften selbst durch entsprechende Gesetzgebung schaffen. Alternativ sieht Art. 88 Abs. 1 auch Regelungen durch Kollektivvereinbarungen ausdrücklich vor. Vereinbarungen in diesem Sinne sind nicht nur die mit Gesetzeskraft ausgestatteten **Tarifverträge,** sondern auch **Betriebsvereinbarungen.**[18] Dies folgt zum einen klar aus der Genese der Vorschrift: Im Kommissionsvorschlag war noch die Rede davon, dass die Mitgliedstaaten lediglich „per Gesetz" die Verarbeitung personenbezogener Arbeitnehmerdaten im Beschäftigungskontext regeln können. Zum anderen erwähnt Erwägungsgrund 155 explizit auch Betriebsvereinbarungen als mögliche Handlungsform der Mitgliedstaaten.

II. Materielle Anforderungen an nationale Regelungen (Abs. 2)

14 Nach Abs. 2 müssen alle nationalen Vorschriften zum Beschäftigungskontext – also insbesondere auch Betriebsvereinbarungen – so ausgestaltet werden, dass die **Grundrechte** und Interessen der Betroffenen **hinreichend geschützt** sind. Hierzu verlangt Abs. 2, dass die Vorschriften „geeignete und besondere Maßnahmen" umfassen müssen, „insbesondere im Hinblick auf die Transparenz der Verarbeitung, die Übermittlung personenbezogener Daten innerhalb einer Unternehmensgruppe oder einer Gruppe von Unternehmen, die eine gemeinsame Wirtschaftstätigkeit ausüben, und die Überwachungssysteme am Arbeitsplatz."

15 Die etwas irreführende Formulierung bedeutet richtigerweise **nicht,** dass jede nationale Vorschrift zum Beschäftigtendatenschutz **stets detaillierte Regelungen** zu den vorstehenden Punkten umfassen muss.[19] Auch **Betriebsvereinbarungen,** die wie Gesetze als datenschutzrechtlicher Erlaubnistatbestand fungieren können, müssen also nicht durch wenig hilfreiche Wiederholungen von Vorgaben der DS-GVO „aufgebläht" werden. Spezielle Regelungen zum Schutz der Arbeitnehmer bei der Übermittlung von Daten innerhalb einer Unternehmensgruppe

[14] Vgl. bereits *Gola/Pötters/Thüsing*, RDV 2016, 57.

[15] Ausf. → Rn. 110 ff.

[16] Sydow/*Tiedemann*, DS-GVO, Art. 88 Rn. 4.

[17] BeckOK DatenschutzR/*Riesenhuber*, DS-GVO, Art. 88 Rn. 29; Kühling/Buchner/*Maschmann*, DS-GVO, Art. 88 Rn. 8 ff.

[18] *Kutzki*, öAT 2016, 115; *Marquardt/Sörup*, ArbRAktuell 2016, 105; *Wybitul/Sörup/Pötters*, ZD 2015, 559; Kühling/Buchner/*Maschmann*, DS-GVO, Art. 88 Rn. 25.

[19] Vgl. treffend *Haußmann/Brauneisen*, BB 2017, 3065; ferner Paal/Pauly/*Pauly*, DS-GVO, Art. 88 Rn. 10; *Wybitul*, ZD 2016, 203.

oder bei Überwachungssystemen am Arbeitsplatz muss eine nationale Regelung etwa nur enthalten, wenn sie diese Sachverhalte konkret regelt.[20] Vorgaben zur Transparenz werden hingegen meist erforderlich sein.[21] Denn wenn für bestimmte Datenverarbeitungen eine spezifische Regelung geschaffen wird, stellt sich regelmäßig auch die Frage, wie die Pflichten nach Art. 12 ff. zu erfüllen sind. Bei Betriebsvereinbarungen zu Überwachungssystemen, die nach § 87 Abs. 1 Nr. 6 BetrVG mitbestimmt sind, bietet sich zB eine Regelung zur Art und Weise der Information an. Dabei kann es genügen, in weiten Teilen auf die gesetzliche Regelung zu verweisen und nur bestimmte Aspekte wie etwa die Form der Unterrichtung zu regeln.

Als **Richtschnur** für die Praxis sollten die **Grundsätze des Art. 5** genommen werden. Sofern eine Betriebsvereinbarung diese allgemeinen Prinzipien des Datenschutzrechts wahrt, sollte sie auch den Anforderungen des Art. 88 Abs. 2 gerecht werden. Dabei ist je nach geregeltem Sachverhalt zu prüfen, ob zu einem der Grundsätze detaillierte Regelungen erforderlich sind oder ob es insofern ausreicht, wenn der gesetzliche Rahmen zum Tragen kommt. Aus Gründen der Rechtssicherheit sollte in der Betriebsvereinbarung entsprechend klargestellt werden, inwiefern eine spezielle Regelung getroffen wird bzw. für welche Aspekte die einschlägigen gesetzlichen Regelungen gelten sollen. 16

Nationale Regelungen, die den Anforderungen des Art. 88 Abs. 2 nicht gerecht werden, sind **nichtig.** Sie verstoßen zugleich gegen Schutzvorschriften der DS-GVO, wie insbesondere die Erlaubnistatbestände des Art. 6 bzw. Art. 9 oder die Rechte der Betroffenen. Rechtsvorschriften sind zur Klarstellung aufzuheben.[22] Dies gilt auch für Betriebsvereinbarungen, und zwar selbst dann, wenn sie vor Geltung der DS-GVO abgeschlossen wurden.[23] Einschränkend ist aber zu beachten, dass nur solche Regelungen in Betriebsvereinbarungen, die als Datenschutzvorschrift konzipiert sind, also insbesondere als Erlaubnistatbestand für bestimmte Datenverarbeitungen fungieren sollen, den Anforderungen des Art. 88 Abs. 2 gerecht werden müssen.[24] 17

III. Meldepflicht (Abs. 3)

In formeller Hinsicht sind nationale Rechtsvorschriften nach Abs. 3 der EU-Kommission bis zum **25.5.2018** zu melden, also innerhalb von **zwei Jahren nach Inkrafttreten** der DS-GVO.[25] Die Meldepflicht erstreckt sich nur auf Rechtsvorschriften, die ein Mitgliedstaat nach Abs. 1 erlässt.[26] 18

Nach dem Wortlaut sind damit **lediglich gesetzliche Regelungen,** also formelle Gesetze oder auch Verordnungen zu melden, **nicht** aber **Kollektivvereinbarungen.**[27] Alles andere wäre zum einen praktisch kaum zu leisten, zudem differenziert Abs. 1 zwischen diesen Handlungsformen und Abs. 2 nennt eben nur die „Rechtsvorschriften" als meldepflichtig. 19

---

[20] *Haußmann/Brauneisen*, BB 2017, 3065 (3067).
[21] Ebenso *Wybitul*, ZD 2016, 203 (207).
[22] S. bereits *Wybitul/Sörup/Pötters*, ZD 2015, 559 (561).
[23] *Franck*, ZD 2017, 509 (511); *Traut*, RDV 2016, 312 (319).
[24] *Haußmann/Brauneisen*, BB 2017, 3065.
[25] Vgl. Art. 99.
[26] Vgl. *Körner*, NZA 2016, 1383 (1386).
[27] Vgl. Ehmann/Selmayr/*Selk*, DS-GVO, Art. 88 Rn. 125.

20 Vom Regelungsgegenstand her sind unzählige Vorschriften denkbar, die mittelbar oder teilweise auch die Verarbeitung von Arbeitnehmerdaten iSv Abs. 1 betreffen – selbst §§ 823, 1004 BGB oder § 203 StGB können im Beschäftigungskontext relevant werden. Es dürfte aber wohl kaum von den Mitgliedstaaten verlangt werden, dass auch solche Regelungen zu melden sind, zumal hier mitunter andere Regelungen der DS-GVO mitgliedstaatliche Sonderwege zulassen. So können zB §§ 823, 1004 BGB auch auf Art. 84 gestützt werden; Straftatbestände bleiben grundsätzlich unberührt.[28] Die Meldepflicht erstreckt sich daher richtigerweise nur auf solche Vorschriften, die **im Kern Datenschutzfragen** und primär den Beschäftigungskontext betreffen.[29]

21 Dem Wortlaut nach können und müssen allein solche Rechtsvorschriften gemeldet werden, die der Mitgliedstaat nach Abs. 1 **„erlässt“.** Aus dieser Formulierung ist jedoch nicht zu folgern, dass vor Inkrafttreten der Verordnung erlassene Regelungen keinen Bestand haben oder vom Gesetzgeber erneut erlassen und so bestätigt werden müssten. Dies wäre eine unnötige Förmelei.[30] Art. 88 Abs. 3 ist vielmehr so zu verstehen, dass die Mitgliedstaaten die EU-Kommission über einzelstaatliche Regelungen zum Beschäftigtendatenschutz **fristgebunden informieren** müssen.[31]

22 Wichtigste **Rechtsfolge** des Art. 88 Abs. 3 ist, dass Mitgliedstaaten, die innerhalb der Mitteilungsfrist *überhaupt keine* Normen zum Beschäftigtendatenschutz erlassen und gemeldet haben, ihre Rechtsetzungskompetenz verlieren; Änderungen nach Ablauf der Meldefrist sind aber möglich.[32] Damit hat **Deutschland** die Möglichkeit, nach Erlass der aktuell vorgesehenen generalklauselartigen Regelung in § 26 BDSG nF weitere spezifische Vorschriften zum Beschäftigten Datenschutz zu schaffen. Der Gesetzgeber hat sich entsprechend bereits in der Begründung zu § 26 BDSG nF ausdrücklich vorbehalten, konkrete Problemfelder noch zu regeln.[33] Für die Praxis wäre dies im Sinne einer höheren Rechtsklarheit in jedem Fall wünschenswert.

IV. Abweichungen vom Standard der DS-GVO

23 Wesentliche **Abweichungen** vom Schutzstandard der DS-GVO sind auf Grundlage von Art. 88 Abs. 1 **nicht möglich.**[34]

---

[28] Vgl. Erwägungsgrund 149.

[29] S. bereits *Gola/Pötters/Thüsing*, RDV 2016, 57.

[30] S. bereits *Wybitul/Sörup/Pötters*, ZD 2015, 559 (561).

[31] Ehmann/Selmayr/*Selk*, DS-GVO, Art. 88 Rn. 127 f.

[32] S. ausf. *Gola/Pötters/Thüsing*, RDV 2016, 57; *Rolf/Siewert*, RDV 2017, 236 (237); vgl. auch *Kort*, ZD 2016, 555; aA *Körner*, NZA 2016, 1383 (1386); BeckOK DatenschutzR/*Riesenhuber*, DS-GVO, Art. 88 Rn. 95; Ehmann/Selmayr/*Selk*, DS-GVO, Art. 88 Rn. 130 ff.; Sydow/*Tiedemann*, DS-GVO, Art. 88 BetrVG Rn. 29.

[33] BT-Drs. 18/11325, 97.

[34] Ebenso Kühling/Buchner/*Maschmann*, DS-GVO, Art. 88 Rn. 32 ff.; Ehmann/Selmayr/*Selk*, DS-GVO, Art. 88 Rn. 50 ff.; Paal/Pauly/*Pauly*, DS-GVO, Art. 88 Rn. 3; *Düwell/Brink*, NZA 2016, 665 (666): keine Abweichung von den „Grundregeln“ der DS-GVO, die zur Gewährleistung des Schutzes der Rechte und Freiheiten hinsichtlich der Verarbeitung personenbezogener Beschäftigtendaten einen Mindeststandard setzen; Abweichungen „nach oben“ hält *Kort*, ZD 2017, 319 (321 f.) für zulässig; weitergehend *Traut*, RDV 2016, 312 (316): Abweichungen in den Grenzen von Art. 88 Abs. 2 sowie Grundrechten und Grundfreiheiten zulässig.

Gegen diese Annahme spricht zunächst die **Rechtsnatur** der DS-GVO: Mehr noch als bislang die Richtlinie bewirkt sie grundsätzlich eine Vollharmonisierung des Datenschutzrechts.[35] Andererseits ist Art. 88 Abs. 1 im Vergleich zu anderen Öffnungsklauseln weiter formuliert, denn es fehlt die Wendung, dass sich die bereichsspezifische Regelung „in den Grenzen der Verordnung" bewegen müsse, vgl. etwa die Erwägungsgründe 76, 119, 126c und 127. Im Ergebnis ändert dies aber nichts daran, dass die DS-GVO verbindliche Vorgaben für den Bereich des Beschäftigtendatenschutzes enthält.[36] **24**

Der **Wortlaut** erlaubt eindeutig nur **„spezifischere" Vorschriften.** Hätte der EU-Gesetzgeber Abweichungen vom Schutzstandard der DS-GVO im Beschäftigungskontext zulassen wollen, hätte er eine andere Formulierung gewählt. Dies hat er etwa bei der Öffnungsklausel für den Ausgleich von Meinungs- und Pressefreiheit mit dem Datenschutz getan: Art. 85 gibt den Mitgliedstaaten auf, diese Rechtspositionen in Einklang zu bringen und erlaubt dabei nach Abs. 2 ausdrücklich „Abweichungen oder Ausnahmen" von bestimmten Vorgaben der DS-GVO. **25**

Jedenfalls eine **Verschlechterung** des Datenschutzes scheidet aus, denn sowohl Art. 88 Abs. 1 als auch Abs. 2 erwähnen den Schutz der personenbezogenen Daten der betroffenen Arbeitnehmer als Ziel der nationalen Vorschriften und Kollektivvereinbarungen. Sofern bislang – insbesondere gestützt auf eine ältere Entscheidung des BAG[37] – in der Literatur teilweise vertreten wurde, dass per **Betriebsvereinbarungen** auch eine Reduzierung des gesetzlichen Datenschutzstandards möglich sein soll,[38] dürfte diese Ansicht mit Inkrafttreten der DS-GVO nicht mehr haltbar sein. **26**

Im Ergebnis sind damit im Wesentlichen **konkretisierende Regelungen** zulässig. Vom materiellen Schutzstandard der DS-GVO (insbesondere Art. 6–9) darf nicht abgewichen werden, wohl aber dürften gewisse Sonderwege im Hinblick auf formelle Aspekte möglich sein. Nicht disponibel sind ferner die Grundsätze nach Art. 5 sowie die Rechte des Betroffenen nach Art. 15 ff.[39] **27**

C. Ergänzungen, Änderungen durch § 26 BDSG nF

I. Übersicht

Das neue BDSG enthält mit § 26 eine bereichsspezifische Norm zum Beschäftigtendatenschutz, die sich im Wesentlichen auf die Öffnungsklausel des Art. 88 Abs. 1 sowie auf Art. 9 Abs. 2 lit. b stützt. Die vorgesehene Regelung in § 26 BDSG nF wird damit § 32 BDSG aF als bisherige *lex regia* des Beschäftigtendatenschutzes ablösen. Dabei wird der Regelungsgehalt von § 32 BDSG aF im Kern unverändert fortgeführt. § 26 Abs. 1 S. 1 BDSG nF erlaubt weiterhin die Verarbei- **28**

---

[35] → Rn. 1 ff.

[36] Vgl. *Gola/Pötters/Thüsing*, RDV 2016, 57; *Wybitul/Pötters*, RDV 2016, 8.

[37] Beschl. v. 27.5.1986 – 1 ABR 48/84, BAGE 52, 88.

[38] *Kort*, RDV 2012, 8 (15); Thüsing/*Thüsing/Granetzny*, Beschäftigtendatenschutz und Compliance, § 4 Rn. 5 ff.; dagegen zu Recht *Simitis/Sokol*, BDSG, § 4 Rn. 17; *Wohlgemuth*, FS Hanau, 1999, S. 329 (340); *Grimm/Schiefer*, RdA 2009, 329 (338); *Nink/Müller*, ZD 2012, 505 (508); vgl. auch *Pötters/Traut*, RDV 2013, 137 (145).

[39] *Düwell/Brink*, NZA 2016, 665 (666); *Kort*, DB 2016, 711 (715).

tung von Beschäftigtendaten für Zwecke des Beschäftigungsverhältnisses, sofern die **Erforderlichkeit** gegeben ist.

29 Die **Terminologie** wurde im Vergleich zu § 32 Abs. 1 S. 1 BDSG aF leicht geändert und an die DS-GVO angepasst.[40] So ist etwa nur noch von der „Verarbeitung" die Rede, nicht mehr von der „Erhebung", „Verarbeitung" oder „Nutzung". Im Übrigen wird die unnötig komplizierte Sprache der bisherigen Regelung übernommen.[41] Ebenso wird leider auch die wenig gelungene und in der Rechtsprechung[42] zuletzt vermehrt für Unsicherheit sorgende Regelung für Datenverarbeitungen zur Aufklärung eines Straftatverdachts (jeweils Abs. 1 S. 2) beibehalten.[43]

30 Hinzugetreten ist in § 26 Abs. 1 S. 1 BDSG nF ein **neuer Erlaubnistatbestand,** nach dem auch die „zur Ausübung oder Erfüllung der sich aus einem Gesetz oder einem Tarifvertrag, einer Betriebs- oder Dienstvereinbarung (Kollektivvereinbarung) ergebenden **Rechte und Pflichten der Interessenvertretung** der Beschäftigten" erforderlichen Verarbeitungen gestattet werden. Der Gesetzgeber sieht diese Regelung offensichtlich als notwendig an, da er die allgemeinen Informationspflichten des BetrVG nicht als der DS-GVO vorrangige Normen betrachtet. Zugleich dürfte er hiermit beabsichtigt haben, zusammen mit § 26 Abs. 4 BDSG nF eine klarstellende Regelung mit Blick auf die Öffnungsklauseln der DS-GVO für Kollektivvereinbarungen zu schaffen.

31 Eine wichtige Neuerung gegenüber § 32 BDSG aF stellt auch die Regelung zur **Einwilligung** in § 26 Abs. 2 BDSG nF dar. Damit gibt es erstmals eine bereichsspezifische Regelung der Einwilligung für den Beschäftigungskontext.

II. Adressaten des § 26 BDSG nF

32 **1. Arbeitgeber. Verantwortlicher** und damit Adressat des Datenschutzrechts ist nach der Legaldefinition des Art. 4 Nr. 7 „die natürliche oder juristische Person, Behörde, Einrichtung oder andere Stelle, die allein oder gemeinsam mit anderen über die Zwecke und Mittel der Verarbeitung von personenbezogenen Daten entscheidet." Danach ist jedenfalls der **Arbeitgeber** Adressat des Datenschutzrechts für die im Unternehmen stattfindenden Verarbeitungen personenbezogener Daten. Nichts anderes gilt für § 26 BDSG nF, der insofern keine von der DS-GVO abweichende Regelung trifft.

33 Unklar ist hingegen, ob nur die jeweilige juristische Person Verantwortlicher ist oder ob daneben selbstständig agierende Einrichtungen oder **Stellen innerhalb der juristischen Person** ebenfalls Verantwortliche sind.[44] Die Wendung „juristische Person, Behörde *oder* andere Stelle" spricht eher für die Deutung, dass bei einer juristischen Person ausschließlich diese verantwortlich ist. Die Begriffe „Ein-

---

[40] S. bereits *Gola/Pötters*, RDV 2017, 111.

[41] So etwa die unnötige Wendung „oder nach Begründung des Beschäftigungsverhältnisses", vgl. zum insofern noch besseren RefE *Thüsing*, BB 2016, 2165.

[42] S. einerseits LAG Baden-Württemberg, Urt. v. 20.7.2016 – 4 Sa 61/15, ZD 2017, 88; LAG Hamm, Urt. v. 17.6.2016 – 16 Sa 1711/15, ZD 2017, 140 (mAnm *Tiedemann*); andererseits BAG, Urt. v. 22.9.2016 – 2 AZR 848/15, BB 2017, 571 (mAnm *Glugla*) und nunmehr BAG, Urt. v. 29.6.2017 – 2 AZR 597/16, RDV 2017, 296; vgl. hierzu *Schmidt*, RDV 2017, 284; *Fuhlrott/Schröder*, NZA 2017, 278; *Wybitul*, NZA 2017, 413 (416); *Gola/Thüsing/Schmidt*, DuD 2017, 244 (247).

[43] Krit. auch *Kort*, ZD 2017, 319 (321); *Rolf/Siewert*, RDV 2017, 236 (237 f.); *Schmidt*, RDV 2017, 284 (286).

[44] Vgl. bereits *Pötters/Gola*, RDV 2017, 279.

richtung" und „Stelle" sind andererseits offen und können zB nicht nur auf den öffentlich-rechtlichen Bereich beschränkt werden.[45] Der **Wortlaut** lässt also viele Lesarten zu – eine eigenständige Verantwortlichkeit von unabhängigen Stellen innerhalb eines Unternehmens, wie zB dem Betriebsrat, kann ihm sicherlich nicht zwingend entnommen werden.

Entscheidend sind damit **systematische und teleologische Argumente.** Ein systematischer Ansatzpunkt kann insofern der Begriff der Niederlassung sein. So macht Art. 3 Abs. 1, der die räumliche Anwendbarkeit der DS-GVO im internationalen Kontext regelt, deutlich, dass eine **Niederlassung** nur Teil der verantwortlichen juristischen Person, nicht aber selbst verantwortlich ist (s. Wortlaut: „Niederlassung eines Verantwortlichen"). Wenn also zB ein amerikanisches Unternehmen Standorte in London und Frankfurt hat, sind nicht diese Niederlassungen datenschutzrechtlich verantwortlich, sondern nur die amerikanische Gesellschaft. Auch Niederlassungen treffen natürlich häufig autonom Entscheidungen und verarbeiten dabei selbstständig personenbezogene Daten, etwa bei der Einstellung neuer Mitarbeiter oder beim Kauf von Arbeits- und Betriebsmitteln. Dies macht sie aber nicht automatisch zum Verantwortlichen, denn sonst wäre auch jede Einzelperson, die als Mitarbeiter einer juristischen Person Verarbeitungszwecke festlegen kann, selbst Verantwortlicher. Letzteres wird aber – früher wie heute – zu Recht von niemandem vertreten. 34

Die Erstreckung der datenschutzrechtlichen Verantwortlichkeit auf rechtlich unselbstständige Einheiten wie eine bloße Niederlassung wäre zudem in der Praxis kaum praktikabel und stünde im Widerspruch zur Systematik der **Sanktionen** bei Verstößen gegen die DS-GVO. Die Schadensersatzansprüche von Betroffenen (Art. 82) und die behördlichen Befugnisse zur Verhängung von Bußgeldern (Art. 83) setzen die Rechtsfähigkeit des Verantwortlichen voraus, schon um eine effektive Durchsetzung des Datenschutzes zu gewährleisten. Gleiches gilt für die Betroffenenrechte: Hier muss klar sein, an wen sich der Betroffene wenden kann. 35

Im Ergebnis ist also (nur) jede juristische Person Verantwortlicher,[46] das **Datenschutzrecht** ist sozusagen **gesellschaftsrechtsakzessorisch.** Spaltet sich eine juristische Person auf mehrere neue Rechtsträger auf oder werden diese umgekehrt zusammengelegt, verändert sich damit auch die datenschutzrechtliche Verantwortlichkeit. Selbstständig agierende Stellen innerhalb einer juristischen Person wie zB arbeitsrechtliche Betriebe, Abteilungen etc. sind hingegen lediglich als Teil des Verantwortlichen Adressat des Datenschutzrechts, auch wenn sie selbst über Zwecke und Mittel der Datenverarbeitung entscheiden. 36

Es mag in der **Praxis** sinnvoll sein, zwischen selbständig agierenden Standorten **Vereinbarungen** zum Datenschutz zu treffen, die sich an den Inhalten einer Vereinbarung zwischen gemeinsam Verantwortlichen nach Art. 26 orientiert. Zwingend ist dies aber nicht. 37

2. Betriebsrat. a) Bindung des Betriebsrats an das Datenschutzrecht. 38
Schwierigkeiten bereitet die Einordnung des Betriebsrats.[47] Nach **bisherigem**

---

[45] Vgl. auch die englische und französische Fassung: „agency or other body"; „le service ou un autre organisme".

[46] Schantz/Wolff/*Schantz*, Rn. 359; vgl. auch BeckOK DatenschutzR/*Schild*, DS-GVO, Art. 4 Rn. 88.

[47] Tendenziell für eine eigenständige Verantwortlichkeit *Wybitul*, NZA 2017, 413 (414); *Kort*, ZD 2017, 319 (323); aA Kühling/Buchner/*Hartung*, DS-GVO, Art. 4 Rn. 11; *Däubler*, Gläserne Belegschaften, Rn. 640; *Pötters/Gola*, RDV 2017, 279; offen gelassen *Düwell/Brink*, NZA 2017, 1081.

Recht ging das **BAG** in ständiger Rechtsprechung davon aus, dass der Betriebsrat – ähnlich wie andere Abteilungen oder Stellen innerhalb eines Unternehmens – nicht selbst Verantwortlicher ist, aber als Teil der verantwortlichen Stelle zur Einhaltung des Datenschutzrechts verpflichtet ist.[48] Er muss also die Rechtmäßigkeit der Verarbeitung personenbezogener Daten durch Betriebsratsmitglieder gewährleisten. Zu den Pflichten des Betriebsrats gehört nach dem BAG zB die Wahrung des Datengeheimnisses.[49]

39 Vieles spricht dafür, dass sich hieran **unter Geltung der DS-GVO** und dem neuen BDSG im Ergebnis kaum etwas ändert.[50] Wie vorstehend mit Blick auf andere selbstständige Stellen innerhalb eines Unternehmens dargelegt, weist die DS-GVO die datenschutzrechtliche Verantwortlichkeit einheitlich dem Unternehmen als juristischer Person zu (→ Rn. 32 ff.).

40 Der nationale Gesetzgeber hätte die Verteilung der Verantwortlichkeit nach Art. 4 Nr. 7 Hs. 2 im Einzelfall zwar abweichend regeln können. In § 26 BDSG nF macht er von dieser Option jedoch mit Blick auf den Betriebsrat keinen Gebrauch.[51] Die Ergänzung von § 26 Abs. 1 S. 1 BDSG nF gegenüber § 32 Abs. 1 S. 1 BDSG aF, wonach nunmehr eine Datenverarbeitung zur Ausübung der Rechte und Pflichten einer Interessenvertretung ausdrücklich auch erforderlich sein muss, stellt nach Auffassung des Gesetzgebers lediglich eine Klarstellung dar.[52] Der neue Zulässigkeitstatbestand in § 26 Abs. 1 S. 1 BDSG nF zur Rechtmäßigkeit der Datenverarbeitungen durch Interessenvertretungen spricht vielmehr dafür, dass es sich bei Datenübermittlungen zwischen Arbeitgeber und Betriebsrat und der weiteren Verarbeitung der Daten durch den Betriebsrat um innerbetriebliche Vorgänge handelt. Damit bleibt es dabei, dass die Mitarbeitervertretungen trotz ihrer Eigenverantwortung weiterhin lediglich als Teil des Unternehmens als Verantwortlichem anzusehen sind,[53] sofern nicht durch eine nationale Vorschrift eine abweichende Regelung getroffen wird. Die **Festlegung,** dass ein Betriebsrat verantwortliche Stelle ist, kann dabei auch **in einer Betriebsvereinbarung** erfolgen.

41 Bis zu einer klärenden Entscheidung durch die Rechtsprechung, und zwar im Zweifelsfall durch den EuGH, muss die **Praxis** also **Lösungen** erarbeiten, um eine gesetzeskonforme Umsetzung des neuen Datenschutzrechts zu realisieren und gleichzeitig die Unabhängigkeit des Betriebsrats zu wahren. Jedenfalls wird der Betriebsrat, auch wenn er von der Rechtsprechung künftig wie bisher nicht als datenschutzrechtlich Verantwortlicher bewertet werden sollte, als Teil des verantwortlichen Unternehmens zur Datenschutz-Compliance verpflichtet sein. Um dem fortbestehenden Konflikt zwischen der Eigenverantwortung der Mitarbeitervertretung und den Betroffenenrechten der Mitarbeiter gerecht zu werden, sollte eine klare innerbetriebliche Regelung geschaffen werden. Unabhängig davon, ob sich die Betriebsparteien dazu entscheiden, dem Betriebsrat im Rahmen einer Betriebsvereinbarung den

---

[48] BAG, Beschl. v. 14.1.2014 – 1 ABR 54/12, NZA 2014, S. 738 (739); BAG, Beschl. v. 7.2.2012 – 1 ABR 46/10, NZA 2012, S. 744 (747); BAG, Beschl. v. 12.8.2009 – 7 ABR 15/08, NZA 2009, S. 1218 (1221).

[49] BAG, Beschl. v. 7.2.2012 – 1 ABR 46/10, NZA 2012, 744 (747); BAG, Beschl. v. 12.8.2009 – 7 ABR 15/08, NZA 2009, 1218 (1221); BAG, Beschl. v. 3.6.2003 – 1 ABR 19/02, BAGE 106, 188.

[50] S. bereits *Pötters/Gola*, RDV 2017, 279.

[51] *Wybitul*, NZA 2017, S. 413 (414, dort Fn. 15).

[52] BT-Drs. 18/11325, 97.

[53] Vgl. Kühling/Buchner/*Hartung*, DS-GVO, Art. 4 Rn. 11.

Status des Verantwortlichen zuzuweisen oder nicht, besteht in der Praxis zu bestimmten Brennpunkten der Datenschutz-Compliance **Abstimmungs- und Regelungsbedarf.** Für Auskunfts- und andere Betroffenenrechte sollten zB Prozesse vereinbart werden, die eine hinreichende Kooperation bei ihrer Umsetzung gewährleisten.[54] Gleiches gilt für weitere Verpflichtungen des Arbeitgebers, bei denen er auf eine Mitwirkung des Betriebsrats angewiesen ist, wie etwa die Erstellung eines vollständigen Verarbeitungsverzeichnisses nach Art. 30 oder der Datenschutz-Folgenabschätzung nach Art. 35. Ein Betriebsrat wird sich einer Lösung auch kaum verschließen können, will er nicht den Beschäftigten ihre gesetzlichen Datenschutzpositionen verweigern. Entsprechende Regelungen sollten im Interesse klarer Verfahrensabläufe in einer Betriebsvereinbarung abgesichert werden.

b) Der Betriebsrat als Wächter des Beschäftigtendatenschutzes. Der Betriebsrat ist aber nicht nur als Teil des Verantwortlichen zur Einhaltung des Datenschutzes verpflichtet, sondern er ist zugleich Wächter des Beschäftigtendatenschutzes und tritt insofern als **Kontrollinstanz** neben den betrieblichen Datenschutzbeauftragten.[55] **42**

Ebenso wie bislang § 32 Abs. 3 BDSG aF hält künftig § 26 Abs. 6 BDSG nF mit Blick auf das Verhältnis von BDSG und betrieblicher Mitbestimmung fest, dass die **Beteiligungsrechte** der Interessenvertretungen der Beschäftigten von den Regelungen des BDSG „unberührt" bleiben (→ Rn. 100 ff.). Der Betriebsrat bleibt somit auch künftig für den Beschäftigtendatenschutz zuständig und kann dem Arbeitgeber Schranken setzen (→ Rn. 42 f.).[56] Dies folgt zum einen aus seiner allgemeinen Befugnis zur Überwachung der Einhaltung der gesetzlichen Bestimmungen der DS-GVO gem. § 80 Abs. 1 Nr. 1 BetrVG[57] und dem Schutzauftrag für die Persönlichkeitsrechte der Arbeitnehmer gem. § 75 Abs. 2 S. 1 BetrVG; zum anderen kann sich der Betriebsrat – auch aktiv – im Rahmen der zwingenden Mitbestimmung nach § 87 Abs. 1 Nr. 6 BetrVG für datenschutzgerechte Regelungen im Unternehmen einsetzen. **43**

3. Sonstige Stellen. Neben Arbeitgeber und Interessenvertretungen sind **alle weiteren Verantwortlichen** Adressat des § 26 Abs. 1 oder Abs. 3 BDSG nF, sofern sie personenbezogene Daten von Beschäftigten für Zwecke des Beschäftigungsverhältnisses verarbeiten. Die Vorschrift unterscheidet nicht danach, wer die Beschäftigtendaten verarbeitet. Weitere Normadressaten können daher zB vom Arbeitgeber eingeschaltete **Dienstleister** sein. Mit Blick auf das Bewerberverfahren wird man etwa an Recruitingunternehmen oder Dienstleister für Pre-Employment-Screenings denken können. Bei der Durchführung des Beschäftigungsverhältnisses sind zB Anbieter für Personalverwaltungsleistungen, an die der Arbeitgeber bestimmte Tätigkeiten vergibt, regelmäßig selbst Verantwortliche und unterliegen insofern den Restriktionen des § 26 BDSG nF. **44**

III. Verarbeitung für Zwecke des Beschäftigungsverhältnisses (§ 26 Abs. 1 S. 1 BDSG nF)

1. Voraussetzungen („Erforderlichkeit"). Nach § 26 Abs. 1 S. 1 BDSG nF dürfen personenbezogene Daten von Beschäftigten **für Zwecke des Beschäfti-** **45**

[54] Simitis/*Dammann*, § 3 BDSG Rn. 240.

[55] S. bereits *Pötters/Gola*, RDV 2017, 279.

[56] Forgó/Helfrich/Schneider/*Forgó/Helfrich/Schneider/Schoof*, Betrieblicher Datenschutz, II.3. Rn. 61.

[57] *Kort*, ZD 2017, 3 (5).

gungsverhältnisses (→ Rn. 47) verarbeitet werden, wenn dies für die Entscheidung über die Begründung eines Beschäftigungsverhältnisses oder nach Begründung des Beschäftigungsverhältnisses für dessen Durchführung oder Beendigung erforderlich ist. Im Vergleich zu § 32 Abs. 1 S. 1 BDSG aF sind damit materiell keine Änderungen verbunden. Die Terminologie wurde an die DS-GVO angepasst, indem nunmehr nur noch von der „Verarbeitung" die Rede ist und nicht mehr von der „Erhebung", „Verarbeitung" oder „Nutzung". Die überflüssige Differenzierung zwischen den unterschiedlichen Phasen des Beschäftigungsverhältnisses (Begründung, Durchführung, Beendigung) hat der deutsche Gesetzgeber hingegen beibehalten. Im Ergebnis regelt § 26 Abs. 1 S. 1 BDSG nF, dass eine Datenverarbeitung zulässig ist, soweit sie für (legitime) Zwecke eines Beschäftigungsverhältnisses erforderlich ist. Mit einer solchen Generalklausel ist freilich für die Praxis im Vergleich zu Art. 6 Abs. 1 lit. b und lit. f nichts gewonnen.

46 Zentrale Voraussetzung von § 26 Abs. 1 S. 1 BDSG nF ist die **Erforderlichkeit** der Datenverarbeitung. In diesem Merkmal steckt im Ergebnis eine **Verhältnismäßigkeitsprüfung.**[58] Neben der Geeignetheit der Datenverarbeitung zur Verwirklichung des vom Verantwortlichen verfolgten Zwecks darf es also keine milderen, dh das Recht auf Schutz personenbezogener Daten (Art. 8 GRCh) weniger beeinträchtigenden Mittel geben. Schließlich ist eine **Abwägung** der Rechte und Interessen des Verantwortlichen und der betroffenen Personen im Wege praktischer Konkordanz vorzunehmen.[59]

47 **a) Geeignetheit.** Die konkrete Datenverarbeitung muss **geeignet** sein, den erstrebten Zweck überhaupt zu verwirklichen. Bei dem Zweck muss es im Rahmen von § 26 Abs. 1 S. 1 BDSG nF um einen **„Zweck des Beschäftigungsverhältnisses"** gehen, es müssen also Rechte oder Pflichten aus dem Beschäftigungsverhältnis betroffen sein.[60] Der Zweck muss dabei legitim sein (vgl. Art. 5 Abs. 1 lit. b). Eine Datenverarbeitung darf also zB nicht dazu dienen, rechtswidrige arbeitsrechtliche Maßnahmen vorzubereiten.

48 **b) Erforderlichkeit.** Der Verantwortliche muss zur Verwirklichung der von ihm verfolgten Zwecke des Beschäftigungsverhältnisses grundsätzlich das **mildeste** der ihm zur Verfügung stehenden **Mittel** wählen.[61] Dabei muss der Verantwortliche nur zwischen denjenigen Mitteln auswählen, die eine gleich effektive Zweckerreichung versprechen. Dagegen ist der Verantwortliche nicht gehalten, ein weniger wirksames Mittel zu wählen.

49 Zu beachten ist ferner – als Ausprägung der Erforderlichkeit – das Gebot der Datensparsamkeit bzw. der **Datenminimierung** nach Art. 5 Abs. 1 lit. c. Das Gebot der Datenminimierung verlangt ua eine soweit mögliche Verringerung der Anzahl der verarbeiteten Daten sowie ihrer Nutzungen. Der Datensparsamkeit

[58] *Kort*, ZD 2017, 319 (320); *Wybitul*, NZA 2017, 413 (415); vgl. zu § 32 BDSG aF BAG, Urt. v. 27.7.2017 – 2 AZR 681/16, NZA 2017, 1327 (1330); s. bereits *Wybitul/Pötters*, BB 2014, 437 (441 f.).

[59] So nunmehr ausdrücklich der Gesetzgeber BT-Drs. 18/11325, 97; vgl. BAG, Urt. v. 20.6.2013 – 2 AZR 546/12, NZA 2014, 143; *Wybitul*, NZA 2017, 413 (415).

[60] Vgl. zu § 32 BDSG aF BAG, Urt. v. 29.6.2017 – 2 AZR 597/16, RDV 2017, 296, Rn. 31: „Es muss ein Zusammenhang mit der Erfüllung der vom Arbeitnehmer geschuldeten vertraglichen Leistung, seiner sonstigen Pflichtenbindung oder mit der Pflichtenbindung des Arbeitgebers bestehen." Vgl. ferner ErfK/*Franzen*, § 32 BDSG Rn. 4; *Franzen*, RdA 2010, 257 (260); *Gola/Jaspers*, RDV 2009, 212 (214).

[61] BAG, Urt. v. 20.6.2013 – 2 AZR 546/12, NZA 2014, 143.

dient es auch, die Anzahl der Betroffenen und der zugriffsberechtigten Personen einzuschränken. Zudem sind Maßnahmen der Pseudonymisierung und Anonymisierung auszuschöpfen (ausf. → Art. 5 Rn. 21 ff.). In zeitlicher Hinsicht geht das Gebot der Erforderlichkeit der Datenverarbeitung im Grundsatz der **Speicherbegrenzung** nach Art. 5 Abs. 1 lit. e auf (→ Art. 5 Rn. 25).

c) Angemessenheit, Interessenabwägung. Die durch die konkrete Datenverarbeitung eintretende Beeinträchtigung der Rechte und Interessen des betroffenen Beschäftigten muss in einem **angemessenen Verhältnis zu dem beabsichtigten Zweck** der Datenverarbeitung stehen.[62] Die Grundrechte und Interessen des Verantwortlichen – regelmäßig also des Arbeitgebers – und des Beschäftigten sind zu einem **schonenden Ausgleich** zu bringen, der beide Interessen möglichst weitgehend berücksichtigt.[63] 50

Der hierfür regelmäßig verwendete Begriff der **Abwägung** ist irreführend, denn er impliziert, dass einzelne Interessen oder Grundrechte abstrakt gewichtet werden könnten. Dies scheitert aber an der Heterogenität der kollidierenden Interessen und ihrer jeweiligen Kontexte. Die Abwägung ist letztlich nur ein Begründungsvorgang, bei dem erörtert wird, warum in einer spezifischen Situation dem Recht eines spezifischen Grundrechtsträgers Vorrang gegenüber der Ausübung eines anderen Rechts gegeben werden soll oder nicht.[64] Es gibt kein Rangverhältnis zwischen den Grundrechten, entscheidend für das Ergebnis der Abwägung ist vielmehr ein Vergleich der Eingriffsintensität im Einzelfall.[65] Kriterien zur Bestimmung der Eingriffsintensität können dabei – angelehnt an die Rechtsprechung des BVerfG – ua sein: Umfang der Datenverarbeitung/„Streubreite" des Eingriffs, Anlassbezogenheit, Ort einer Überwachungsmaßnahme, Dauer der Datenverarbeitung, Inhalt/Persönlichkeitsrelevanz der verarbeiteten Daten, nachteilige Folgen der Datenverarbeitung, Heimlichkeit. 51

Maßgebend im Rahmen der „Abwägung" sind dabei die **Grundrechte des Unionsrechts,** wie sie in der GRCh positiviert wurden. Auf die Grundrechte des GG kommt es hingegen allenfalls nachrangig an,[66] denn das BDSG (aF wie nF) dient der Umsetzung der europäischen Vorgaben zum Datenschutzrecht. Der deutsche Gesetzgeber hat somit bei Erlass des § 26 BDSG nF Unionsrecht „durchgeführt" iSv Art. 51 Abs. 2 S. 1 GRCh, sodass der Anwendungsbereich der GRCh eröffnet ist. Auf Seiten des Beschäftigten steht insbesondere das **Recht auf Schutz personenbezogener Daten** (Art. 8 GRCh), auf Seiten des Verantwortlichen sind zB die unternehmerische Freiheit gem. Art. 16 GRCh oder die Eigentumsgarantie gem. Art. 17 GRCh sowie die Grundfreiheiten zu beachten. 52

2. Konkurrenzen. § 26 Abs. 1 S. 1 BDSG nF sperrt als **Spezialnorm für Datenverarbeitungen zu Zwecken des Beschäftigungsverhältnisses** (zum Begriff → Rn. 47) grundsätzlich andere Erlaubnistatbestände der datenschutzrechtlichen Generalklauseln wie insbesondere Art. 6 Abs. 1 lit. b und lit. f. Hinsichtlich Beschäftigter im öffentlichen Dienst verdrängt § 26 Abs. 1 S. 1 BDSG 53

---

[62] Klassische Formulierung etwa bei BVerfG, Urt. v. 4.4.2006 – 1 BvR 518/02, NJW 2006, 1939.

[63] BT-Drs. 18/11325, 97.

[64] *Pötters*, Grundrechte und Beschäftigtendatenschutz, S. 75 ff.; *Thüsing*, Beschäftigtendatenschutz und Compliance, § 3 Rn. 39.

[65] BVerfG, Urt. v. 24.2.1971 – 1 BvR 435/68, BVerfGE 30, 173, 195.

[66] Vgl. ausf. *Pötters*, Grundrechte und Beschäftigtendatenschutz, S. 29.

nF damit § 3 BDSG nF, soweit eine Datenverarbeitung für Zwecke des Beschäftigungsverhältnisses erfolgt.

54 Gegenüber datenschutzrechtlichen **Erlaubnistatbeständen** in **anderen Gesetzen** tritt § 26 Abs. 1 S. 1 BDSG nF regelmäßig zurück (Subsidiarität des BDSG, § 1 Abs. 2 BDSG nF). Dies gilt zB für Datenschutzvorschriften des Beamtenrechts.

55 § 26 **Abs. 3** S. 1 BDSG nF wiederum ist lex specialis für die Verarbeitung besonderer Kategorien personenbezogener Daten für Zwecke des Beschäftigungsverhältnisses und verdrängt insofern § 26 Abs. 1 S. 1 BDSG nF.

56 Schwierigkeiten bereitet das **Konkurrenzverhältnis** zwischen § 26 Abs. 1 **S. 1 und S. 2** BDSG nF. Im Ausgangspunkt dürfte unstreitig sein, dass § 26 Abs. 1 S. 2 BDSG nF eine Spezialvorschrift für Datenverarbeitungen **„zur Aufdeckung von Straftaten"** und mit Blick auf Beschäftigtendaten darstellt. Umstritten ist allerdings, ob S. 2 eine generelle Sperrwirkung für repressive Maßnahmen entfaltet oder ob vielmehr auf S. 1 zurückgegriffen werden kann, sofern S. 2 nicht unmittelbar einschlägig ist. Dies gilt insbesondere bei Datenverarbeitung zur Aufdeckung sonstiger Pflichtverletzungen eines Beschäftigten. Hier haben in jüngerer Zeit Entscheidungen des LAG Baden-Württemberg[67] und des LAG Hamm,[68] in denen eine generelle Sperrwirkung der Vorgängernorm § 32 Abs. 1 S. 2 BDSG aF angenommen wurde, für Unsicherheit gesorgt. Richtigerweise geht der Vorrang einer Spezialnorm jedoch grundsätzlich nur so weit, wie ihr Anwendungsbereich reicht. Aus dem Gesamtbereich aller Datenerhebung im Hinblick auf mögliche Pflichtverletzungen regelt S. 2 nur einen Teilbereich, nämlich die Datenverarbeitung zur Aufdeckung von Straftaten.[69] Die Rechtsprechung der beiden Landesarbeitsgerichte wurde in der Literatur daher zu Recht abgelehnt[70] und nunmehr auch vom BAG mit klaren Worten korrigiert.[71] Entsprechendes gilt für § 26 Abs. 1 BDSG nF. Auf S. 1 können daher Datenverarbeitungen zur **Aufdeckung von sonstigen Pflichtverletzungen,** die nicht die Schwelle der Strafbarkeit überschreiten, gestützt werden. Ebenso richten sich (Überwachungs-)Maßnahmen zur Aufdeckung von Straftaten, die nicht die nach dem BAG[72] für S. 2 geforderte Eingriffsintensität haben (→ Rn. 74 ff.), ebenfalls nach S. 1.[73] Zudem ist ein **präventives** Vorgehen zur Vermeidung von Straftaten auf Grundlage von S. 1 möglich.[74]

57 Bei einer **Videoüberwachung** kommt neben den vorstehend genannten Abgrenzungsproblemen zwischen § 26 Abs. 1 S. 1 und S. 2 BDSG nF noch das Konkurrenzverhältnis zu § 4 BDSG nF hinzu. Hier wird man § 4 BDSG nF –

---

[67] LAG Baden-Württemberg, Urt. v. 20.7.2016 –4 Sa 61/15, ZD 2017, 88.

[68] LAG Hamm, Urt. v. 17.6.2016 – 16 Sa 1711/15, ZD 2017, 140 mAnm *Tiedemann*.

[69] Vgl. BeckOK DatenschutzR/*Riesenhuber*, § 32 BDSG Rn. 115.

[70] *Schmidt*, RDV 2017, 284; *Fuhlrott/Schröder*, NZA 2017, 278; *Wybitul*, NZA 2017, 413 (416); *Gola/Thüsing/Schmidt*, DuD 2017, 244 (247).

[71] BAG, Urt. v. 29.6.2017 – 2 AZR 597/16, RDV 2017, 296; BAG, Urt. v. 27.7.2017 – 2 AZR 681/16, NZA 2017, 1327; hierzu *Schmidt*, RDV 2017, 284.

[72] BAG, Urt. v. 12.2.2015 – 6 AZR 845/13, NZA 2015, 741 (747).

[73] BAG, Urt. v. 27.7.2017 – 2 AZR 681/16, NZA 2017, 1327 (1330).

[74] BAG, Urt. v. 27.7.2017 – 2 AZR 681/16, NZA 2017, 1327 (1330 f.): Speicherung und stichprobenartige Überprüfung der Verlaufsdaten eines Internetbrowsers zur Kontrolle der Einhaltung eines vom Arbeitgeber aufgestellten Verbots der Privatnutzung von IT-Einrichtungen; vgl. *Gola/Schomerus*, § 32 BDSG Rn. 39; *Thüsing*, Beschäftigtendatenschutz und Compliance, § 3 Rn. 27 f.; *Pötters/Traut*, RDV 2013, 132; *Joussen*, NZA 2010, 254 (257).

ebenso wie die Vorgängernorm des § 6b BDSG aF – als Spezialnorm[75] für die Überwachung in öffentlich zugänglichen Räumen ansehen müssen.

IV. Verarbeitung zur Ausübung oder Erfüllung der Rechte und Pflichten der Interessenvertretung (§ 26 Abs. 1 S. 1, Abs. 4 BDSG nF)

1. Voraussetzungen („Erforderlichkeit"). Nach § 26 Abs. 1 S. 1 BDSG nF dürfen personenbezogene Daten von Beschäftigten auch verarbeitet werden, wenn dies „zur Ausübung oder Erfüllung der sich aus einem Gesetz oder einem Tarifvertrag oder einer Betriebs- oder Dienstvereinbarung (Kollektivvereinbarung) ergebenden Rechte und Pflichten der Interessenvertretung der Beschäftigten erforderlich ist." Die Erlaubnisnorm regelt im Wesentlichen **zwei Situationen:** Sie gilt einerseits für **Datenübermittlungen des Arbeitgebers** an die Interessenvertretungen und andererseits für **Datenverarbeitungen durch die Mitarbeitervertretung.** Die Anwendbarkeit von § 26 Abs. 1 S. 1 BDSG nF für Datenverarbeitungen der Mitarbeitervertretung ist dabei unabhängig von der Frage, ob diese selbst Verantwortlicher ist (hierzu → Rn. 38 ff.). 58

In beiden Fällen ist zentrale Voraussetzung, dass die Datenverarbeitung zur Ausübung oder Erfüllung der Rechte und Pflichten der Interessenvertretung **erforderlich** ist. Das Merkmal der Erforderlichkeit verlangt dabei wie bei den Datenverarbeitungen für Zwecke des Beschäftigungsverhältnisses eine Verhältnismäßigkeitsprüfung. Die Datenverarbeitung muss also zur Ausübung oder Erfüllung der Rechte und Pflichten der Interessenvertretung geeignet, erforderlich und angemessen sein, die Interessen des Betroffenen dürfen also im Rahmen einer Interessenabwägung nicht überwiegen (→ Rn. 47 ff.). Die bislang vertretene Auffassung, dass das BDSG nicht zur Einschränkung der Rechte führt, die das BetrVG oder das Personalvertretungsrecht der Mitarbeitervertretung gewährt,[76] kann nur noch gelten, sofern man den Begriff der Erforderlichkeit in § 80 Abs. 2 BetrVG/§ 68 Abs. 1 S. 1 und 2 BPersVG und in § 26 Abs. 1 S. 1 BDSG nF einheitlich datenschutzkonform interpretiert.[77] Die Ansicht, der Arbeitgeber sei nicht verpflichtet oder berechtigt, sich gegenüber dem Überwachungsrecht des Betriebsrats auf Interessen und Grundrechte der Arbeitnehmer und speziell deren Recht auf Schutz personenbezogener Daten zu berufen,[78] kann in dieser generellen Aussage keinen Bestand mehr haben. 59

Mit Blick auf Datenverarbeitungen durch die Interessenvertretungen der Beschäftigten folgt aus dem Merkmal der Erforderlichkeit zunächst, dass die Datenverarbeitung der Erfüllung der Aufgaben der Stelle dienen muss, denn nur dann ist sie zur Ausübung oder Erfüllung der Rechte und Pflichten der Interessenvertretung geeignet. Bereits an dem **Aufgabenbezug** fehlt es zB, wenn der Betriebsrat Auskunft über außerhalb seiner **Zuständigkeit** erteilte oder beabsichtigte Abmahnungen begehrt.[79] 60

---

[75] Vgl. zu § 6b BDSG aF BAG, Beschl. v. 29.6.2004 – 1 ABR 21/03, NZA 2004, 1278.

[76] Vgl. zB BVerwG, Urt. v. 23.1.2002 – 6 P 5/01, RDV 2002, 188; LAG Baden-Württemberg, Urt. v. 17.1.2017 – 19 TaBV 3/16.

[77] *Gola/Pötters*, RDV 2017, 111; *Wybitul*, NZA 2017, 413 (415).

[78] BAG, Beschl. v. 7.2.2012 – 1 ABR 46/10, RDV 2012, 192; aus der Lit. vgl. etwa *Fitting*, § 80 BetrVG Rn. 61.

[79] BAG, Beschl. v. 17.9.2013 – 1 ABR 26/12, NZA 2014, 269.

61 Ebenso wie bei Datenverarbeitungen durch den Arbeitgeber ist als Ausprägung der Erforderlichkeit das Prinzip der **Datenminimierung** nach Art. 5 Abs. 1 lit. c zu beachten (→ Rn. 49). Insoweit wird die Entscheidung des BVerwG,[80] nach der es genügt, dem Personalrat zwecks Überwachung der Einhaltung der Arbeitszeitregelungen zumindest als ersten Schritt die Arbeitszeitdaten in anonymisierter Form zur Verfügung zu stellen, eher der Regelung des § 26 Abs. 1 S. 1 BDSG nF gerecht als die gegenteilige Auffassung des BAG.[81]

62 Auf eine mangelnde Erforderlichkeit kann sich nicht nur der betroffene Beschäftigte berufen, sondern ggf. auch der **Arbeitgeber** bzw. der Dienstherr, der von der Mitarbeitervertretung zur Übermittlung von bestimmten Beschäftigtendaten aufgefordert wird und daher die Rechtmäßigkeit dieser Übermittlung gewährleisten muss. Der Arbeitgeber ist aber regelmäßig gut beraten, dies nicht als taktisches Mittel gegen den Betriebsrat einzusetzen, denn regelmäßig wird eine Verarbeitung personenbezogener Beschäftigtendaten durch den Betriebsrat von dessen Aufgabenbereich erfasst und zur Ausübung seiner Rechte erforderlich sein. Der Arbeitgeber sollte Anfragen der Mitarbeitervertretung zur Übermittlung bestimmter Informationen daher grundsätzlich stattgeben. Eine genauere Prüfung ist vor allem angezeigt, wenn ein Aufgabenbezug nicht erkennbar ist oder wenn zB bereits ein Widerspruch eines betroffenen Beschäftigten (Art. 21) vorliegt.

63 **2. Konkurrenzen.** § 26 Abs. 1 S. 1 BDSG nF **sperrt** – ebenso wie bei der Tatbestandsvariante der Datenverarbeitungen zu Zwecken des Beschäftigungsverhältnisses (→ Rn. 53) – auch mit Blick auf Datenverarbeitungen zur Ausübung oder Erfüllung der Rechte und Pflichten der Interessenvertretungen grundsätzlich andere Erlaubnistatbestände der datenschutzrechtlichen Generalklauseln in **Art. 6.**

64 § 26 Abs. 1 S. 1 BDSG nF greift für Datenverarbeitungen der Mitarbeitervertretung bzw. Übermittlungen von Daten an die Mitarbeitervertretung immer dann ein, wenn keine **spezialgesetzliche Erlaubnisnorm** – etwa im **BetrVG** – eine konkrete Datenverarbeitung regelt (Subsidiarität des BDSG, § 1 Abs. 2 BDSG nF). Dieser Vorrang kann für Bestimmungen bejaht werden, die sowohl die Art der personenbezogenen Information als auch die Art und Weise des Informationsflusses regeln.[82] Eine solche konkrete, das BDSG verdrängende Bundesvorschrift stellt bspw. § 80 Abs. 2 S. 2 Hs. 2 BetrVG dar, der dem Betriebsrat ein Recht auf Einsicht in Bruttolohn- und Gehaltslisten gibt.[83] Keine das BDSG verdrängende Regelung beinhalten jedoch die allgemeinen Informationspflichten des § 80 Abs. 2 S. 1 Hs. 1 und S. 2 Hs. 1 BetrVG bzw. § 68 Abs. 2 BPersVG, die nur pauschal zur Weitergabe der erforderlichen Informationen zur Wahrnehmung der Aufgaben der Mitarbeitervertretung und zur Vorlage diesbezüglicher Unterlagen verpflichten.[84] Auch in der Pflicht des Betriebsrates nach § 89 Abs. 1 S. 2 BetrVG, die für den Arbeitsschutz zuständigen Behörden zu unterstützen, hat das BAG zu Recht keine datenschutzrechtliche Rechtfertigungsgrundlage erblickt.[85]

65 Verdrängt wird § 26 Abs. 1 S. 1 BDSG nF auch mit Blick auf Datenverarbeitungen durch die Mitarbeitervertretung von § 26 Abs. 3 S. 1 BDSG nF, der lex specia-

[80] BVerwG, Urt. v. 19.3.2014 – 6 P.1.13, RDV 2014, 212.

[81] BAG, Beschl. v. 6.5.2003 – 1 ABR 13/02, RDV 2004, 77.

[82] Vgl. bereits *Gola/Pötters*, RDV 2017, 111.

[83] Vgl. *Jordan/Bissels/Löw*, BB 2010, 2889 (2891).

[84] AA *Däubler*, Gläserne Belegschaften, Rn. 635.

[85] BAG, Beschl. v. 3.6.2003 – 1 ABR 19/02, BAGE 106, 188.

lis für die Verarbeitung **besonderer Kategorien personenbezogener Daten** für Zwecke des Beschäftigungsverhältnisses ist (→ Rn. 97).

66 **3. Kollektivvereinbarungen als Rechtsgrundlage.** In § 26 Abs. 1 S. 1 BDSG nF und nochmal in § 26 Abs. 4 BDSG nF stellt der deutsche Gesetzgeber klar, was nach Art. 88. Abs. 1 ohnehin schon gilt: Spezifischere Vorschriften zum Beschäftigtendatenschutz und damit Rechtsgrundlagen für die Verarbeitung von Beschäftigtendaten können auch durch Kollektivvereinbarungen geschaffen werden. Hierdurch wird nach dem Willen des Gesetzgebers den Verhandlungsparteien der Kollektivvereinbarungen die Ausgestaltung eines auf die betrieblichen Bedürfnisse zugeschnittenen Beschäftigtendatenschutzes ermöglicht.[86] Praktisch relevant sind insofern vor allem **Betriebs- und Dienstvereinbarungen.**

67 Sowohl für Arbeitgeber und Betriebsräte, aber auch für Arbeitnehmer haben Vereinbarungen zum Datenschutz erhebliche **Vorteile.** Zum einen schaffen sie ein hohes Maß an Rechtssicherheit, zum anderen können klare Regelungen in Betriebsvereinbarungen auch die nach der DS-GVO geforderte Transparenz schaffen und sonstige Anforderungen des neuen Datenschutzrechts umsetzen.

68 **Grenzen der Regelungsmacht** der Betriebsparteien ergeben sich insbesondere aus Art. 88 Abs. 2 (→ Rn. 14 ff.) und dem allgemeinen gesetzlichen Rahmen der DS-GVO (→ Rn. 23 ff.).

69 **4. Kontrolle durch den Datenschutzbeauftragten.** Obwohl der Betriebsrat bislang von der Rechtsprechung als Teil der verantwortlichen Stelle angesehen wird (→ Rn. 38 ff.), soll er nach dem **BAG**[87] nicht der Kontrolle des betrieblichen Datenschutzbeauftragten unterliegen. Wesentliches Argument des Gerichts war, dass der betriebliche Datenschutzbeauftragte aufgrund des fehlenden Mitbestimmungsrechts bei seiner Bestellung trotz seiner unabhängigen Stellung dem Arbeitgeber zuzuordnen sei und es deshalb mit der unabhängigen Stellung des Betriebsrats nicht vereinbar sei, wenn „einem Vertreter des Arbeitgebers grundsätzlich Zugang zu sämtlichen Dateien des Betriebsrats eröffnet würde.“

70 Nach Wirksamwerden der **DS-GVO** wird mehr noch als bisher zu fragen sein, ob das unabdingbare **Kontrollrecht des unabhängigen Datenschutzbeauftragten** durch nationales Recht weiterhin eingeschränkt werden kann.[88] Künftig überwiegen vielmehr aufgrund der unmittelbaren Geltung der normenhierarchisch höherrangigen DS-GVO die Argumente für ein Kontrollrecht des betrieblichen Datenschutzbeauftragten auch gegenüber dem Betriebsrat.[89] Das BAG berücksichtigt schon heute nicht hinreichend, dass das BDSG Pflichten der verantwortlichen Stelle, dh des Arbeitgebers, begründet, die ohne Mitwirkung der Mitarbeitervertretung nicht erfüllt werden können. Den Betroffenen ist ua das Recht eingeräumt, über alle im Betrieb stattfindenden Datenverarbeitungsverfahren, dh auch solche der Mitarbeitervertretung allgemein durch Einblick in das Verfahrensverzeichnis und individuell in Wahrnehmung ihres Auskunftsrechts informiert zu werden, um ggf. Korrekturansprüche geltend machen zu können. Diese Ansprü-

---

[86] BT-Drs. 18/11325, 98.

[87] BAG, Beschl. v. 11.11.1997 – 1 ABR 21/97, NJW 1998, 2466; zust. ua *Simitis*, NJW 1998, 2395; *Schaffland/Wiltfang*, § 4f BDSG Rn. 65; *Wagner*, BB 1993, 1729; zur Gegenmeinung *Gola/Pötters/Wronka*, Rn. 1765; *Kuhring/Werner*, DuD 2000, 159; Taeger/Gabel/*Scheja*, § 4g BDSG Rn. 8 ff.; *Kort*, RDV 2012, 8.

[88] S. bereits *Pötters/Gola*, RDV 2017, 279 (282 f.).

[89] Vgl. *Kort*, ZD 2017, 3 (6); *Taeger/Rose*, BB 2016, 819 (828).

che richten sich gegen den Arbeitgeber als den für die Verarbeitungen im Betrieb Verantwortlichen, der diese Aufgabe aber nur bei einer – gesetzlich nicht zwingenden – Kooperation mit der Mitarbeitervertretung erfüllen kann.

71 Nach Art. 39 Abs. 1 lit. b obliegt dem Datenschutzbeauftragten die Überwachung der Einhaltung der Verordnung nebst sonstiger Datenschutzvorschriften der Union bzw. der Mitgliedstaaten sowie die Sensibilisierung und Schulung der an den Verarbeitungsvorgängen beteiligten Mitarbeiter und der diesbezüglichen Überprüfungen. Voraussetzung hierfür ist, dass ihm der **Zugang** zu personenbezogenen Daten und Verarbeitungsvorgängen und den dabei Beschäftigten ermöglicht wird (Art. 38 Abs. 2). Der in Art. 38 Abs. 2 zwingend vorgeschriebene Zugang zu personenbezogenen Daten und Verarbeitungsvorgängen umfasst Zutrittsrechte in alle Bereiche des Unternehmens, in denen Verarbeitungen durchgeführt werden können, sowie umfassende Einsichts- bzw. Zugriffsrechte.[90]

72 Das Recht auf Zugang zu personenbezogenen Daten und Verarbeitungsvorgängen regelt die DS-GVO ohne Ausnahme. Auch die Kontrolle von Berufsgeheimnisträgern unterliegt der Überprüfung durch den Datenschutzbeauftragten. Die DS-GVO kennt damit auch **keine kontrollfreie Verarbeitung** durch den Betriebsrat.[91] Die insoweit vom BAG[92] aus der betriebsverfassungsrechtlichen Unabhängigkeit der Mitarbeitervertretung herausgelesenen Einschränkung der Befugnisse des Datenschutzbeauftragten[93] ist mit der DS-GVO nicht vereinbar.[94] Die nationale Kompetenz zur Regelung eigenständiger Regelungen des Beschäftigtendatenschutzes in Art. 88 würde auch keine diesbezüglich ausdrückliche Regelung ermöglichen. Gegenüber der Mitarbeitervertretung ist der Datenschutzbeauftragte gesetzlich berufener Anwalt der Betroffenen (Art. 38 Abs. 4) mit den ihm zur Wahrnehmung dieser Aufgabe übertragenen Kompetenzen.

73 Bei der Kontrolle der Mitarbeitervertretung wird der Datenschutzbeauftragte nicht als Kontrollorgan des Arbeitgebers tätig, sondern auf Grund der ihm gesetzlich übertragenen und in Weisungsunabhängigkeit wahrzunehmenden Aufgabe. Dass er dabei grundsätzlich der **Verschwiegenheit** gegenüber dem Arbeitgeber unterliegt, deutet Art. 38 Abs. 5 zumindest an. Fraglich ist, ob die Norm nur auf insoweit dann wohl zwingend zu erlassendes entsprechendes nationales Recht verweist[95] oder grundsätzlich die Pflicht bereits selbst enthält.[96] Die Frage kann insoweit dahinstehen, wie der deutsche Gesetzgeber in § 38 Abs. 2 S. 1 BDSG nF hinsichtlich der Verschwiegenheitspflicht des betrieblichen Datenschutzbeauftragten auf die betreffenden Regelungen des § 6 Abs. 5 S. 2 und Abs. 6 BDSG für Datenschutzbeauftragte von Bundesstellen verweist. Die Regelung zur Verschwiegenheitspflicht in § 6 Abs. 5 S. 2 BDSG nF verpflichtet den Datenschutzbeauftragten zur Verschwiegenheit über die Person des Betroffenen, in dessen Angelegenheit er tätig wird.[97] Damit bleibt die Verschwiegenheitspflicht des Datenschutzbeauftragten hinsichtlich der bei der Mitarbeitervertretung festgestellten Verarbeitungen von Beschäftigtendaten im BDSG nF ungeregelt. Gleichwohl

[90] Kühling/Buchner/*Bergt*, DS-GVO, Art. 38 Rn. 19.
[91] Kühling/Buchner/*Bergt*, DS-GVO, Art. 38 Rn. 18; *Kort*, ZD 2017, 3 (6).
[92] BAG, Beschl. v. 11.11.1997 – 1 ABR 21/97, NJW 1998, 2466.
[93] Vgl. hierzu bei *Gola/Pötters/Wronka*, Rn. 1764 f.
[94] Kühling/Buchner/*Bergt*, DS-GVO, Art. 38 Rn. 18.
[95] So *Jaspers/Reif*, RDV 2016, 61 (65); Paal/Pauly/*Paal*, DS-GVO, Art. 38 Rn. 13.
[96] Kühling/Buchner/*Bergt*, DS-GVO, Art. 38 Rn. 38.
[97] *Gola/Schomerus*, BDSG, § 4f Rn. 51 ff.

muss das Recht zur Verschwiegenheit gegenüber dem Arbeitgeber, so wie bisher schon vertreten wurde,[98] über die beiden geregelten Tatbestände hinausgehen. Das Recht zur Verschwiegenheit gegenüber dem Arbeitgeber muss auch dann bestehen, wenn sich ein Nicht-Betroffener an den Datenschutzbeauftragten wendet. Dem Datenschutzbeauftragten muss das Recht zustehen, zB um Informationen zu erhalten, die ihm sonst nicht mitgeteilt werden, dem Betreffenden die vertrauliche Behandlung der von ihm gegebenen Informationen zusichern zu können.[99] Demgemäß ist der Datenschutzbeauftragte auch berechtigt und ggf. verpflichtet, Informationen vertraulich zu behandeln, die ihm im Rahmen einer Beratung oder einer Kontrolle des Betriebsrats bekannt geworden sind.[100] So wird auch die Unabhängigkeit des Betriebsrats gegenüber dem Arbeitgeber gewahrt.

V. Verarbeitung zur Aufdeckung von Straftaten (§ 26 Abs. 1 S. 2 BDSG nF)

1. Anwendbarkeit nur für eingriffsintensive Maßnahmen. § 26 Abs. 1 S. 2 BDSG aF regelt die Verarbeitung von Beschäftigtendaten **„zur Aufdeckung von Straftaten“.** Der Tatbestand ist also zunächst im Gegensatz zu § 26 Abs. 1 S. 2 BDSG aF auf einen bestimmten Zweck, nämlich die Ermittlung eines Straftatverdachts im Rahmen des Beschäftigungsverhältnisses, begrenzt. 74

Über den Wortlaut hinaus ist § 26 Abs. 1 S. 2 BDSG aF wie schon die Vorgängernorm des § 32 Abs. 1 S. 2 BDSG aF dahingehend einschränkend auszulegen, dass **nur besonders eingriffsintensive Datenverarbeitungen** vergleichbar einer Videoüberwachung erfasst sind.[101] Der Gesetzgeber hat leider versäumt, dies klarzustellen. Die Gesetzesbegründung enthält aber auch keinen Hinweis darauf, dass die hierzu ergangene gefestigte Rechtsprechung durch das neue BDSG korrigiert werden sollte. So ist etwa die Anhörung des Arbeitnehmers zur Vorbereitung einer Verdachtskündigung keine solche Überwachungsmaßnahme.[102] Ihre Zulässigkeit richtet sich daher nach § 26 Abs. 1 S. 1 BDSG nF. 75

Aus der Rechtsprechung lassen sich folgende **Beispielsfälle** für Überwachungsmaßnahmen iSv § 26 Abs. 1 S. 2 BDSG aF nennen: 76

- heimliche Beobachtung durch einen Detektiv zur Krankenkontrolle mit heimlicher Fertigung von Videoaufnahmen,[103]
- Videoüberwachung,[104]
- Spinddurchsuchung,[105]
- Einsicht in als privat markierte Einträge im elektronischen Kalender des Arbeitnehmers,[106]
- heimliche Installation und Anwendung eines Computerkontrollprogramms zum Zwecke des Nachweises, dass nachträglich durchgeführte Änderungen im

[98] *Gola/Schomerus*, BDSG, § 4f Rn. 27.

[99] Simitis/*Simits*, § 4f BDSG Rn. 119 und 166 ff.; Simitis/*Dammann*, § 3 BDSG Rn. 240.

[100] Vgl. aber auch zu einer sich bereits aus Art. 38 Abs. 5 ergebenden umfassenden Verschwiegenheitspflicht des DSB bei Kühling/Buchner/*Bergt*, DS-GVO, Art. 38 Rn. 38.

[101] BAG, Urt. v. 12.2.2015 – 6 AZR 845/13, NZA 2015, 741 (747); BAG, Urt. v. 27.7.2017 – 2 AZR 681/16, NZA 2017, 1327; *Fuhlrott/Oltmanns*, DB 2015, 1719.

[102] BAG, Urt. v. 12.2.2015 – 6 AZR 845/13, NZA 2015, 741 (747).

[103] LAG Hamm, Urt. v. 11.7.2013 – 11 Sa 312/13.

[104] S. nur BAG, Urt. v. 21.11.2013 – 2 AZR 797/11, NZA 2014, 243.

[105] BAG, Urt. v. 20.6.2013 – 2 AZR 546/12, NZA 2014, 143.

[106] LAG Rheinland-Pfalz, Urt. v. 25.11.2014 – 8 Sa 363/14, ZD 2015, 488.

elektronischen Arbeitszeitkonto eines Arbeitnehmers von dessen Computer aus durchgeführt worden sind,[107]
– verdeckter Einsatz eines Keyloggers.[108]

77 **2. Voraussetzungen. a) Hinreichender Verdacht.** Voraussetzung für die Rechtmäßigkeit einer Datenverarbeitung nach § 26 Abs. 1 S. 2 BDSG aF ist zunächst, dass „tatsächliche Anhaltspunkte den Verdacht begründen, dass die betroffene Person im Beschäftigungsverhältnis eine Straftat begangen hat." Ausreichend ist insofern ein **„einfacher" Verdacht** im Sinne eines Anfangsverdachts. Ein „dringender" Tatverdacht, der einen hohen Grad von Wahrscheinlichkeit für die Begehung von Straftaten voraussetzen würde, ist nach dem Gesetzeswortlaut nicht erforderlich.[109] Andererseits sind nur vage Anhaltspunkte oder bloße Mutmaßungen nicht ausreichend.[110] Eine Ermittlung „ins Blaue hinein" ist demnach unzulässig.

78 Der Verdacht muss gegen den Betroffenen selbst oder zumindest im Hinblick auf einen **„räumlich und funktional abgrenzbaren Kreis von Arbeitnehmern"** bestehen.[111] Außerdem muss der Verdacht sich auf eine Straftat **„im Beschäftigungsverhältnis"** beziehen. Diese Formulierung ist weit auszulegen. Ausreichend dürften somit auch Straftaten außerhalb der Arbeit sein, die nach der Rechtsprechung aber eine Pflichtverletzung des Arbeitsvertrags begründen und eine Kündigung rechtfertigen können.

79 **b) Erforderlichkeit, Interessenabwägung.** Wesentliches Merkmal ist sodann auch bei § 26 Abs. 1 S. 2 BDSG aF die Erforderlichkeit. Ebenso wie bei § 26 Abs. 1 S. 1 BDSG aF, ist hiermit eine Verhältnismäßigkeitsprüfung verbunden. Im Gegensatz zu S. 1 erwähnt S. 2 ausdrücklich das Erfordernis einer Interessenabwägung. Dies stellt aber in Wirklichkeit keine weitere Verschärfung dar, denn eine Interessenabwägung ist auch vom Merkmal der Erforderlichkeit umfasst.[112] Zur Verhältnismäßigkeitsprüfung ausf. → Rn. 47 ff.

80 **c) Dokumentationspflicht.** In formeller Hinsicht verlangt S. 2 die **Dokumentation der tatsächlichen Anhaltspunkte,** die den Verdacht begründen. Diese Vorgabe verfolgt den Zweck, dem hiervon erfassten Personenkreis die nachträgliche Rechtmäßigkeitskontrolle zu erleichtern.[113] Besondere Formerfordernisse an diese Dokumentation sind nicht zu stellen. Sie sollte aber – schon aus Beweisgründen – elektronisch oder schriftlich erfolgen.

81 Nach altem Recht galt die Dokumentationspflicht nur für § 32 Abs. 1 S. 2 BDSG aF, nicht aber für **S. 1.** Dies ist heute im Grunde nicht anders. Im Ergebnis dürfte aber nunmehr durch die in Art. 5 Abs. 2 sowie Art. 24 Abs. 1 S. 14 normierte allgemeine Dokumentations- und Nachweispflicht des Verantwortlichen

[107] ArbG Augsburg, Urt. v. 4.10.2012 – 1 BV 36/12.
[108] BAG, Urt. v. 27.7.2017 – 2 AZR 681/16, NZA 2017, 1327 (1331).
[109] BAG, Urt. v. 20.10.2016 – 2 AZR 395/15, NZA 2017, 443 (446).
[110] BAG, Urt. v. 20.10.2016 – 2 AZR 395/15, NZA 2017, 443 (446).
[111] BAG, Urt. v. 21.11.2013 – 2 AZR 797/11, NZA 2014, 243; vgl. bereits vor Geltung von § 32 BDSG BAG, Urt. v. 21.6.2012 – 2 AZR 153/11, NZA 2012, 1025; BAG, Urt. v. 29.6.2017 – 2 AZR 597/16, RDV 2017, 296.
[112] Vgl. zu § 32 Abs. 1 S. 2 BDSG aF BAG, Urt. v. 20.6.2013 – 2 AZR 546/12, NZA 2014, 143; BAG, Urt. v. 29.6.2017 – 2 AZR 597/16, RDV 2017, 296; *Thüsing*, Beschäftigtendatenschutz und Compliance, § 3 Rn. 36 ff.
[113] BAG, Urt. v. 27.7.2017 – 2 AZR 681/16, NZA 2017, 1327 (1332).

auch im Falle des § 26 Abs. 1 S. 1 BDSG nF eine Dokumentation der Zwecke einer Datenverarbeitung erforderlich sein, sodass jedenfalls bei Maßnahmen, die vergleichbar eingriffsintensiv sind wie solche nach § 26 Abs. 1 S. 2 BDSG nF (→ Rn. 74 ff.), ähnliche Dokumentationspflichten bestehen.

Eine **Verletzung der Dokumentationspflicht** war nach bisheriger Recht- **82**
sprechung zu § 32 Abs. 1 S. 2 BDSG nF nicht sanktioniert. Insbesondere führte nach Ansicht des BAG ein entsprechendes Versäumnis weder zu einer Präklusion eines Vortrags zu den Verdachtsmomenten im Prozess noch begründete es für sich genommen die Unverwertbarkeit der aus der Maßnahme gewonnenen Erkenntnisse.[114] Ob dies angesichts der in Art. 5 Abs. 2 sowie Art. 24 Abs. 1 S. 1 geregelten Beweislast des Verantwortlichen für die Einhaltung des Datenschutzrechts auch künftig gilt, bleibt abzuwarten.

3. Konkurrenzen. § 26 Abs. 1 S. 2 BDSG nF **verdrängt** in seinem Anwen- **83**
dungsbereich § 26 Abs. 1 **S. 1** BDSG nF, entfaltet aber in anderen Sachverhalten keine Sperrwirkung (ausf. hierzu → Rn. 56 ff.). § 26 Abs. 3 S. 1 BDSG nF ist lex specialis für die Verarbeitung besonderer Kategorien personenbezogener Daten für Zwecke des Beschäftigungsverhältnisses und verdrängt insofern § 26 Abs. 1 S. 2 BDSG nF (→ Rn. 97).

VI. Einwilligung im Beschäftigungsverhältnis (§ 26 Abs. 2, Abs. 3 S. 2 BDSG nF)

1. Allgemeine Voraussetzungen der Einwilligung. § 26 Abs. 2 BDSG nF **84**
enthält eine **Regelung** zur Einwilligung im Beschäftigungskontext, die **nur in Teilen** die allgemeinen Vorgaben der DS-GVO konkretisiert. So werden die Anforderungen an die Freiwilligkeit der Einwilligung näher ausgestaltet (S. 2 und S. 3) und zudem Formerfordernisse aufgestellt (S. 3 und S. 4). Im Übrigen bleiben die materiellen Voraussetzungen für eine datenschutzrechtlich wirksame Einwilligung von der spezialgesetzlichen Regelung des § 26 Abs. 2 BDSG nF unberührt und gelten auch im Beschäftigungskontext. Neben der Freiwilligkeit erfordert eine wirksame Einwilligung insbesondere eine hinreichende Konkretheit und Informiertheit sowie eine transparente Gestaltung. Ausf. hierzu → Art. 4 Rn. 84 ff.; → Art. 7 Rn. 21 ff.

2. Freiwilligkeit (Abs. 2 S. 1 und S. 2). § 26 Abs. 2 BDSG nF macht **85**
zunächst deutlich, dass **auch im Beschäftigungskontext** grundsätzlich eine **Einwilligung** des Betroffenen wirksam vorliegen kann und erteilt damit bislang anderslautenden Stimmen in der Literatur,[115] die eine Freiwilligkeit aufgrund der Abhängigkeit des Arbeitnehmers gegenüber dem Arbeitgeber kategorisch abgelehnt haben, eine Absage. Zugleich trägt die jetzige Regelung der Besonderheit des Beschäftigungsverhältnisses als Abhängigkeitsverhältnis und der daraus resultierenden Situation der Beschäftigten Rechnung.[116]

Bei der Beurteilung, ob eine Einwilligung **freiwillig** erteilt wurde, sind nach **86**
Abs. 2 S. 1 insbesondere die im Beschäftigungsverhältnis grundsätzlich bestehende Abhängigkeit des Beschäftigten vom Arbeitgeber und die Umstände des Einzelfalls

---

[114] BAG, Urt. v. 27.7.2017 – 2 AZR 681/16, NZA 2017, 1327 (1332).

[115] Zum Streitstand *Thüsing/Traut*, Beschäftigtendatenschutz und Compliance, § 5 Rn. 10 ff.

[116] So ausdrücklich der Gesetzgeber, BT-Drs. 18/11325, 97.

zu berücksichtigen.[117] Vor Abschluss eines Arbeitsvertrages werden Beschäftigte regelmäßig einer Drucksituation ausgesetzt sein, sodass zB im Bewerbungsverfahren eine Einwilligung mangels Freiwilligkeit grundsätzlich ausscheidet.[118] Möglich ist aber zB eine Einwilligung in die weitere Speicherung von Bewerbungsunterlagen, nachdem das Bewerbungsverfahren erfolglos durchlaufen wurde, um eine spätere Berücksichtigung des Bewerbers zu ermöglichen.[119] Eine freiwillige Entscheidung kann nach Abs. 2 S. 2 insbesondere dann vorliegen, wenn der Beschäftigte infolge der Datenverarbeitung einen rechtlichen oder wirtschaftlichen Vorteil erlangt oder Arbeitgeber und Beschäftigter gleichgerichtete Interessen verfolgen.[120] Die Gewährung eines Vorteils liegt nach der Gesetzesbegründung beispielsweise in der Einführung eines betrieblichen Gesundheitsmanagements zur Gesundheitsförderung oder der Erlaubnis zur Privatnutzung von betrieblichen IT-Systemen. Gleichgerichtete Interessen sollen bei der Aufnahme von Name und Geburtsdatum in eine Geburtstagsliste oder der Nutzung von Fotos für das Intranet gegeben sein.[121]

87 Die Praxis ist gut beraten, wenn die Einwilligung im Beschäftigungsverhältnis **nur in Ausnahmefällen** als Rechtsgrundlage in Anspruch genommen wird, da die erforderlichen Verarbeitungen von Beschäftigtendaten ohnehin durch die übrigen Erlaubnistatbestände des § 26 BDSG nF gestattet sind. Das nach der DS-GVO und dem BDSG notwendige Einwilligungsmanagement (Dokumentation, Umsetzung des Widerrufsrechts etc.) führt zu einem hohen bürokratischen Aufwand. Falls andere Rechtsgrundlagen als Alternative bereitstehen, sind diese somit vorzuziehen. Falls keine anderen Rechtsgrundlagen eine Datenverarbeitung rechtfertigen, stellt die Einwilligung aufgrund der Widerrufsmöglichkeit jedenfalls für Massenvorgänge in der Regel keine praktikable Lösung dar.

88 **3. Formerfordernisse (Abs. 2 S. 3 und S. 4).** Nach dem **allgemeinen gesetzlichen Rahmen** der DS-GVO gibt es für die Einwilligung keine besonderen Formerfordernisse: Gem. Art. 6 Abs. 1 lit. a muss die Einwilligung „unmissverständlich" erfolgen. Dies verlangt lediglich eine unzweideutige Willensäußerung. Der Betroffene kann sie also auch mündlich oder sogar nur konkludent abgeben. Nur bloßes Stillschweigen (zB bei bereits angekreuzten Kästchen oder Untätigkeit der betroffenen Person) genügt nicht für eine datenschutzrechtliche Einwilligung.

89 Hiervon weichen § 26 Abs. 2 S. 3 und S. 4 BDSG nF ab und sehen für den Beschäftigungskontext strengere Anforderungen vor. So wird nach S. 3 grundsätzlich die **Schriftform** angeordnet, soweit nicht wegen besonderer Umstände eine andere Form angemessen ist. Damit wird die im alten BDSG allgemein angeordnete Schriftform (§ 4a Abs. 1 S. 3 BDSG aF) für das Beschäftigungsverhältnis teilweise aufrecht erhalten. Schon zum alten Recht war

---

[117] Vgl. *Artikel-29-Datenschutzgruppe*, Opinion 2/2017 on data processing at work, WP 249, S. 23: „Given the imbalance of power, employees can only give free consent in exceptional circumstances, when no consequences at all are connected to acceptance or rejection of an offer."

[118] BT-Drs. 18/11325, 97; vgl. *Brink/Schwab*, RDV 2017, 170 (176).

[119] *Kort*, NZA-Beil. 2016, 62 (71).

[120] Vgl. auch *Brink/Schwab*, RDV 2017, 170 (174).

[121] BT-Drs. 18/11325, 97.

umstritten, ob Schriftlichkeit iSv § 4a Abs. 1 BDSG aF tatsächlich die zivilrechtliche Schriftform des § 126 Abs. 1 BGB erfordert[122] oder ob auch ein Nachweis in Textform ausreicht. Der Gesetzgeber hat insofern eine Gelegenheit zur Klarstellung verpasst, was gerade angesichts der stetig voranschreitenden Digitalisierung der Arbeitswelt bedauerlich ist. Richtigerweise sollte ausgehend vom Zweck der Regelung, die Nachweispflicht des Verantwortlichen abzusichern, auch eine Einwilligung in **Textform** ausreichen, denn auch hierdurch kann das Vorliegen der Einwilligung sicher dokumentiert werden.[123] Der Praxis kann aber bis zu einer klärenden Entscheidung durch die Rechtsprechung nur empfohlen werden, aus Gründen der Rechtssicherheit eine schriftliche Einwilligung des Beschäftigten einzuholen oder – was unstreitig alternativ möglich ist – die Schriftform durch die elektronische Form (vgl. § 126 Abs. 3 BGB) zu ersetzen. Hierfür haben sich bereits zahlreiche Softwarelösungen am Markt etabliert, sodass auch heute schon das Einwilligungsmanagement im Beschäftigungskontext rechtssicher digitalisiert werden kann.

Wohl um eine gewisse Praktikabilität zu gewährleisten, hat der deutsche Gesetz- **90**
geber eine Einschränkung des Schriftformerfordernisses für Fälle, bei denen „wegen **besonderer Umstände** eine andere Form angemessen ist", vorgesehen. Besonderheiten in diesem Sinne können sich aus allen für das jeweilige Beschäftigungsverhältnis relevanten Umständen ergeben.[124] Arbeitet ein Beschäftigter vollständig von zuhause aus am PC und pflegt keinerlei Schriftverkehr mit seinem Arbeitgeber, wird etwa eine Einwilligung via E-Mail ausreichen.[125] Auch insofern gilt aber: Bis zu einer klärenden Entscheidung durch die Rechtsprechung ist in der Praxis Rechtssicherheit nur durch eine schriftliche Einwilligung bzw. eine Einwilligung in elektronischer Form gewährleistet.

Neben dem Gebot der Schriftlichkeit sieht § 26 Abs. 2 **S. 4** BDSG nF eine **91**
weitere formelle Hürde für eine wirksame Einwilligung des Beschäftigten vor: Der Arbeitgeber muss den Beschäftigten in Textform über den **Zweck** der Datenverarbeitung und den jederzeit möglichen **Widerruf** sowie dessen Folgen nach Art. 7 Abs. 3 **aufklären.** Beide Informationen sind grundsätzlich auch Gegenstand der Informationspflichten nach Art. 13, 14, es dürfte aber regelmäßig im Sinne möglichst hoher Transparenz sinnvoll sein, die Unterrichtung nach S. 4 mit der Erteilung der Einwilligung zu verbinden und die Information nach Art. 13, 14 in einem getrennten Dokument vorzunehmen.

4. Einwilligung bei besonderen Daten (Abs. 3 S. 2, S. 3). Die Vorschrif- **92**
ten des § 26 Abs. 2 BDSG nF gelten nach Abs. 3 S. 2 auch für die Einwilligung in die Verarbeitung besonderer Kategorien personenbezogener Daten. Die Einwilligung muss sich dabei **ausdrücklich** auf diese Daten beziehen. Nach Art. 9 Abs. 2 lit. b muss eine nationale Regelung geeignete Garantien für die Grundrechte und die Interessen der betroffenen Person vorsehen. Durch den **Verweis auf § 22 Abs. 2 BDSG** nF in § 26 Abs. 3 S. 3 BDSG nF setzt der Gesetzgeber diese Verpflichtung um.

---

[122] So die hM, s. etwa Simitis/*Simitis*, § 4a BDSG Rn. 33; Taeger/Gabel/*Taeger*, § 4a BDSG Rn. 32; ErfK/*Wank*, § 4a BDSG Rn. 3; aA zu Recht *Thüsing/Traut*, Beschäftigtendatenschutz und Compliance, § 5 Rn. 7.

[123] Ebenso *Thüsing/Forst/Schmidt*, RDV 2017, 116.

[124] Vgl. *Wybitul*, NZA 2017, 413 (417).

[125] *Thüsing/Forst/Schmidt*, RDV 2017, 116 (122).

VII. Verarbeitung besonderer Kategorien personenbezogener Daten für Zwecke des Beschäftigungsverhältnisses (§ 26 Abs. 3 S. 1 BDSG nF)

93 **1. Voraussetzungen.** § 26 Abs. 3 S. 1 BDSG nF beruht nicht auf Art. 88 Abs. 1, sondern auf **Art. 9 Abs. 2 lit. b**[126] und regelt mit nur leicht abgewandeltem Wortlaut die Verarbeitung besonderer Kategorien personenbezogener Daten zu Beschäftigungszwecken (sog. sensitive Daten).[127] Diese ist zulässig, wenn sie zur Ausübung von Rechten oder zur Erfüllung rechtlicher Pflichten aus dem Arbeitsrecht, dem Recht der sozialen Sicherheit und des Sozialschutzes erforderlich ist. Das Merkmal der Erforderlichkeit verlangt wie sonst im Rahmen der DS-GVO und dem BDSG nF eine **Verhältnismäßigkeitsprüfung** (ausf. → Rn. 47 ff.). Daher dürfte die vom deutschen Gesetzgeber in § 26 Abs. 3 S. 1 BDSG nF im Vergleich zu Art. 9 Abs. 2 lit. b vorgenommene Ergänzung, dass kein Grund zu der Annahme bestehen darf, „dass das schutzwürdige Interesse der betroffenen Person an dem Ausschluss der Verarbeitung überwiegt", im Ergebnis überflüssig sein.

94 § 26 Abs. 3 S. 1 BDSG nF verweist auf Rechte oder Pflichten „aus dem Arbeitsrecht, dem Recht der sozialen Sicherheit und des Sozialschutzes", die für den Verantwortlichen bestehen müssen. § 26 Abs. 3 S. 1 BDSG nF stellt also für sich genommen **keinen eigenen Erlaubnistatbestand** dar, sondern kann **nur in Verbindung mit einer anderen Norm** eine bestimmte Datenverarbeitung rechtfertigen. Beispiele sind Verarbeitungen zu Zwecken der Renten- und Krankenversicherung, Sozialhilfe, Wohnungs-, Familien- oder Ausbildungsförderung (→ Art. 9 Rn. 20). Eine Verpflichtung „aus dem Arbeitsrecht" kann sich auch aus **Kollektivvereinbarungen** ergeben, wie sowohl Art. 9 Abs. 2 lit. b als auch § 26 Abs. 4 S. 1 BDSG nF ausdrücklich klarstellen. Nicht ausreichend ist hingegen eine Verpflichtung aus dem **Arbeitsvertrag.**[128]

95 Im Vergleich zu den allgemeinen Erlaubnistatbeständen, die für nicht sensitive Daten eingreifen (§ 26 Abs. 3 S. 1 BDSG nF; Art. 6 Abs. 1), besteht die Verschärfung bei der Verarbeitung besonderer Datenkategorien insbesondere darin, dass eine Verarbeitung **nicht** losgelöst von einer spezifischen rechtlichen Regelung auf **„berechtigte Interessen"** des Verantwortlichen gestützt werden kann.

96 Fehlt eine solche Regelung, ist für die Verarbeitung besonderer Datenkategorien die **Einwilligung** des Beschäftigten nach § 26 Abs. 3 S. 2 iVm Abs. 2 BDSG nF einzuholen. Ausf. hierzu → Rn. 84 ff.

97 **2. Konkurrenzen.** § 26 Abs. 3 S. 1 BDSG nF ist **lex specialis** für die Verarbeitung besonderer Kategorien personenbezogener Daten für Zwecke des Beschäftigungsverhältnisses und verdrängt damit § 26 Abs. 1 S. 1 BDSG nF, jedenfalls mit Blick auf Datenverarbeitungen durch den Arbeitgeber. Unklar ist, ob § 26 Abs. 1 S. 1 BDSG nF auch hinsichtlich der Datenverarbeitungen durch die Interessenvertretungen der Beschäftigten verdrängt wird. Richtigerweise wird man dies annehmen müssen, weil sonst die von Art. 9 intendierte Verschärfung, die eine Verarbeitung aufgrund berechtigter Interessen ausschließt, unterlaufen würde. Aus demselben Grund wird auch § 26 Abs. 1 S. 2 BDSG nF verdrängt.

---

[126] BT-Drs. 18/11325, 98.

[127] Zum Begriff der besonderen Datenkategorien → Art. 9 Rn. 13 ff.

[128] Vgl. Paal/Pauly/*Frenzel*, DS-GVO, Art. 9 Rn. 27.

Überschneidungen bestehen mit dem Anwendungsbereich von § 22 Abs. 1 Nr. 1 lit. b BDSG nF, der ua Datenverarbeitungen zum Zweck der Gesundheitsvorsorge und für die Beurteilung der Arbeitsfähigkeit des Beschäftigten regelt. Nach der Gesetzesbegründung ist in diesem Fall § 22 Abs. 1 Nr. 1 lit. b BDSG nF vorrangig.[129] **98**

VIII. Verweis auf Grundsätze des Art. 5 DS-GVO (§ 26 Abs. 5 BDSG nF)

§ 26 Abs. 5 BDSG nF beinhaltet einen **überflüssigen Verweis** auf die Datenschutzgrundsätze des Art. 5, zu deren Einhaltung der Verantwortliche „geeignete Maßnahmen ergreifen" muss. Die Gesetzesbegründung zu § 26 Abs. 5 BDSG nF, die teilweise die Formulierung des Art. 88 Abs. 2 aufgreift,[130] macht deutlich, dass der deutsche Gesetzgeber mit § 26 Abs. 5 BDSG nF wohl die Einhaltung der Anforderungen des Art. 88 Abs. 2 sicherstellen wollte. Dies kann freilich nicht dadurch gelingen, dass ohnehin bestehende Verpflichtungen des Verantwortlichen wiederholt werden. Im Ergebnis ist die Regelung in § 26 Abs. 5 BDSG nF somit weder hilfreich noch schädlich. **99**

IX. Verhältnis zum Mitbestimmungsrecht (§ 26 Abs. 6 BDSG nF)

§ 26 Abs. 6 BDSG nF entspricht dem § 32 Abs. 3 BDSG aF und stellt klar, dass die **Beteiligungsrechte** der Interessenvertretungen der Beschäftigten **unberührt** bleiben.[131] Die Vorschrift ist ausschließlich **deklaratorisch.**[132] Ihr kann insbesondere kein über den allgemeinen gesetzlichen Rahmen der Betriebsverfassung hinausgehender Auftrag der Interessenvertretungen zur Wahrung des Datenschutzes entnommen werden.[133] **100**

In Betracht kommen insbesondere die Beteiligungsrechte des Betriebsrats nach **§ 87 Abs. 1 Nr. 6 BetrVG** und des Personalrats nach § 75 Abs. 3 Nr. 17 BPersVG bei der Einführung und Anwendung von **technischen Überwachungseinrichtungen.** Aufgrund der sehr extensiven Rechtsprechung des BAG[134] stellt quasi jedes IT-System bzw. jede neue Softwareanwendung eine Überwachungseinrichtung dar, sodass ihre Einführung und Änderung jeweils mitbestimmt ist. In der Praxis wird daher immer mehr auf Rahmenbetriebsvereinbarungen zurückgegriffen, damit die Mitbestimmung nach § 87 Abs. 1 Nr. 6 BetrVG nicht für beide Seiten zu einer zu starken Arbeitsbelastung wird. Mit Blick auf die zunehmende Digitalisierung des Arbeitslebens ist allerdings eine Korrektur der Rechtsprechung, ggf. auch durch den Gesetzgeber wünschenswert. **101**

Weitere wichtige Mitbestimmungsrechte mit Relevanz für den Datenschutz sind ua § 94 BetrVG zu Personalfragebögen und § 95 BetrVG zu Auswahlrichtlinien. **102**

---

[129] BT-Drs. 18/11325, 98.

[130] BT-Drs. 18/11325, 98.

[131] BT-Drs. 18/11325, 98.

[132] *Kort*, ZD 2017, 319 (322); vgl. zur aF Däubler/Hjort/Schubert/Wolmerath/*Wohlgemuth/Middel*, Arbeitsrecht, § 32 BDSG Rn. 46; BeckOK DatenschutzR/*Riesenhuber*, § 32 BDSG Rn. 173.

[133] Vgl. zur aF BeckOK DatenschutzR/*Riesenhuber*, § 32 BDSG Rn. 173.

[134] S. etwa BAG, Beschl. v. 13.12.2016 – 1 ABR 7/15, NZA 2017, 657: Mitbestimmung bei Einrichtung und Betrieb einer Facebookseite.

103 **Zuständig** für die Mitbestimmung in Sachen des Datenschutzes, insbesondere nach § 87 Abs. 1 Nr. 6 BetrVG, ist **regelmäßig** die Interessenvertretung auf Zentralebene, im Konzern also der **Konzernbetriebsrat,** im Unternehmen der Gesamtbetriebsrat. Das Erfordernis einer konzernweiten/unternehmensübergreifenden Regelung kann sich aus objektiver oder subjektiver Unmöglichkeit einer unternehmensspezifischen Regelung oder aus dem zwingenden Erfordernis einer unternehmensübergreifenden oder konzernweiten Regelung ergeben.[135] Ein zwingendes Erfordernis einer konzernweiten Mitbestimmung kann sich wiederum aus rechtlichen oder *technischen* Gründen ergeben.[136] Eine solche technische Notwendigkeit kann insbesondere dann vorliegen, wenn der Arbeitgeber konzernweit ein einheitliches elektronisches Datenverarbeitungssystem einführen will, das die Verwendung eines einheitlichen Programms, einheitlicher Formate und einheitlicher Eingabemasken erfordert.[137] Dies betrifft zB den Einsatz eines Personalverwaltungssystems mit zentraler Nutzungs- und Überwachungsmöglichkeit.[138] Da heute kaum ein Unternehmen mit „IT-Insellösungen" für einzelne Betriebe arbeitet bzw. lokale Anwendungen immer weiter zugunsten zentraler IT-Systeme ersetzt werden, wird entsprechend die Zuständigkeit lokaler Betriebsräte für die Mitbestimmung nach § 87 Abs. 1 Nr. 6 BetrVG immer weiter eingeschränkt. Dies stellt neben der extensiven Rechtsprechung des BAG zum Mitbestimmungsrecht nach § 87 Abs. 1 Nr. 6 BetrVG (→ Rn. 101) einen weiteren Grund dafür dar, warum in der Praxis Rahmenbetriebsvereinbarungen ein sinnvolles Instrument zur Reduzierung der Arbeitsbelastung von Gesamt- bzw. Konzernbetriebsrat sein können.

104 Im Bereich der zwingenden Mitbestimmung gilt der Grundsatz der **Zuständigkeitstrennung.** Für die Regelung einer bestimmten Angelegenheit sind ausschließlich entweder die einzelnen Betriebsräte oder der Gesamtbetriebsrat oder der Konzernbetriebsrat zuständig. Mit dem Grundsatz der Zuständigkeitstrennung ist eine Beschränkung der originären Zuständigkeit des Konzern- bzw. Gesamtbetriebsrats auf eine bloße Rahmenkompetenz nicht vereinbar. Sofern er für die Behandlung einer Angelegenheit originär zuständig ist, hat er diese Angelegenheit insgesamt mit dem Arbeitgeber zu regeln. Innerhalb eines Mitbestimmungstatbestands ist eine Aufspaltung der Zuständigkeiten auf mehrere betriebsverfassungsrechtliche Organe nicht möglich.[139]

105 Die Mitbestimmung des Betriebsrats ist Rechtmäßigkeits- und Wirksamkeitsvoraussetzung der jeweiligen Maßnahme. Eine **unterlassene Mitbestimmung** führt aber **nicht** zu einem gerichtlichen **Beweisverwertungsverbot** hinsichtlich der durch den Arbeitgeber erlangten Informationen.[140] Das Betriebsverfassungsrecht kennt vielmehr als kollektiv-rechtliche Sanktionen den Unterlassungsanspruch aus § 23 Abs. 3 BetrVG und den allgemeinen betriebsverfassungsrechtli-

---

[135] Vgl. BAG, Urt. v. 19.6.2007 – 1 AZR 454/06, NZA 2007, 1184; BAG, Urt. v. 20.12.1995 – 7 ABR 8/95, NZA 1996, 945.

[136] BAG, Urt. v. 25.9.2012 – 1 ABR 45/11, NZA 2013, 275.

[137] BAG, Urt. v. 14.11.2006 – 1 ABR 4/06, NZA 2007, 399; BAG, Urt. v. 25.9.2012 – 1 ABR 45/11, NZA 2013, 275.

[138] BAG, Urt. v. 25.9.2012 – 1 ABR 45/11, NZA 2013, 275.

[139] BAG, Urt. v. 14.11.2006 – 1 ABR 4/06, NZA 2007, 399.

[140] BAG, Urt. v. 27.3.2003 – 2 AZR 51/02, NZA 2003, 1193; BAG, Urt. v. 13.12.2007 – 2 AZR 537/06 – NZA 2008, 1008; BAG, Urt. v. 20.10.2016 – 2 AZR 395/15, NZA 2017, 443 (447).

chen Unterlassungsanspruch; zudem besteht regelmäßig ein Leistungsverweigerungsrecht als individualrechtliche Reaktionsmöglichkeit.

Zur Bindung des Betriebsrats an das Datenschutzrecht → Rn. 38 ff. **106**

X. Erweiterter Anwendungsbereich (§ 26 Abs. 7 BDSG nF)

§ 26 Abs. 7 BDSG nF legt fest, dass die Abs. 1–6 im Beschäftigungsverhältnis **107** auch gelten, wenn personenbezogene Daten, einschließlich besonderer Kategorien personenbezogener Daten, von Beschäftigten verarbeitet werden, ohne dass sie in einem Dateisystem gespeichert sind oder gespeichert werden sollen. Damit wird der **sachliche Anwendungsbereich** des Datenschutzrechts (Art. 2 Abs. 1) für den Beschäftigungskontext erheblich **erweitert.** Ebenso wie früher durch § 32 Abs. 2 BDSG aF[141] wird die Beschränkung des Anwendungsbereichs des Datenschutzrechts auf dateigebundene bzw. automatisierte Verarbeitungen für Beschäftigtendaten ausdrücklich aufgehoben.[142] § 26 BDSG nF erfasst damit auch die Datenerhebung durch **rein tatsächliche Handlungen,** zB Spindkontrollen durch den Arbeitgeber[143] oder Befragungen eines Beschäftigten.[144]

Im Grundsatz ist damit jede Form der Beschaffung und Verarbeitung von Infor- **108** mationen über Beschäftigte rechtfertigungsbedürftig und an § 26 BDSG nF zu messen. Es stellt sich die Frage, ob diese massive Erweiterung für Fälle **eingegrenzt** werden kann, in denen der Verantwortliche quasi versehentlich oder gezwungenermaßen Informationen wahrnimmt. Ein Beispiel wäre, dass ein Arbeitgeber im Rahmen einer Stellenausschreibung „aussagekräftige" Bewerbungsunterlagen anfordert und daraufhin ein Bewerber Informationen mitteilt, die der Arbeitgeber mangels Erforderlichkeit nicht hätte erfragen dürfen. Für solche und ähnliche Situationen, bei denen **Informationen** dem Verantwortlichen **„aufgedrängt"** werden, wird man richtigerweise bereits eine relevante Verarbeitung iSv Art. 4 Nr. 2 DS-GVO ablehnen können. Die in der gesetzlichen Definition aufgezählten Unterfälle für eine Verarbeitung machen deutlich, dass der Verantwortliche in irgendeiner Form aktiv werden muss. Jedenfalls stellt somit eine aufgedrängte Information keine Erhebung bzw. Verarbeitung personenbezogener Daten dar.

Unklar ist, ob die **Erweiterung** des Anwendungsbereichs für nicht dateigebun- **109** dene bzw. automatisierte Verarbeitungen auch für andere Vorgaben des Datenschutzrechts gilt oder nur mit Blick auf die Erlaubnistatbestände des § 26 BDSG.[145] Der Wortlaut des § 26 Abs. 7 BDSG nF spricht klar für Letzteres, dass also **nur** die **Abs. 1–6 des § 26 BDSG nF** für rein tatsächliche Handlungen gelten. Außerdem wären viele Vorgaben des Datenschutzrechts – wie zB das Verarbeitungsverzeichnis nach Art. 30 oder technische und organisatorische Maßnahmen nach Art. 25 und 32 – ohnehin für nicht dateigebundene oder automatisierte Verarbeitungen kaum zu erfüllen bzw. sinnlos.

XI. Definition des Beschäftigtenbegriffs (§ 26 Abs. 8 BDSG nF)

§ 26 Abs. 8 BDSG nF enthält die Definition des Beschäftigtenbegriffs und legt **110** damit den personalen Anwendungsbereich des § 26 BDSG nF fest. Die Neurege-

141 BT-Drs. 18/11325, S. 99.

142 S. bereits BAG, Urt. v. 12.2.2015 – 6 AZR 845/13, NZA 2015, 741 (747).

143 BAG, Urt. v. 20.6.2013 – 2 AZR 546/12, NZA 2014, 143.

144 BAG, Urt. v. 12.2.2015 – 6 AZR 845/13, NZA 2015, 741 (747).

145 Vgl. zu § 32 BDSG aF BeckOK DatenschutzR/*Riesenhuber*, § 32 BDSG Rn. 53.

lung **übernimmt weitgehend** die **bisherige Regelung** des § 3 Abs. 11 BDSG aF. Ein wichtiger Unterschied besteht darin, dass in § 26 Abs. 8 S. 1 Nr. 1 BDSG nF nunmehr die in der Literatur umstrittene Frage[146] beantwortet wird, ob Leiharbeitnehmer nicht nur im Verhältnis zum Verleiher, sondern auch im Verhältnis zum Entleiher als Beschäftigte gelten.[147] In § 26 Abs. 8 S. 1 Nr. 5 BDSG nF wurden außerdem die Ausführungen zum Jugendfreiwilligendienstegesetz redaktionell überarbeitet und um das Bundesfreiwilligendienstgesetz ergänzt.[148]

111 Zu den Beschäftigten gehören zunächst als praktisch wichtigste Personengruppe gem. S. 1 **Nr. 1** alle **Arbeitnehmer,** wobei auch Arbeitnehmer kirchlicher Einrichtungen erfasst sind.[149] Es gilt der allgemeine Arbeitnehmerbegriff des BAG – einzig mit dem Unterschied, dass aufgrund der ausdrücklichen Regelung in S. 1 Nr. 1 auch **Leiharbeitnehmer** im Verhältnis zum Entleiher als Beschäftigte gelten. Arbeitnehmer ist nach ständiger Rechtsprechung, wer weisungsgebunden eine vertraglich geschuldete Leistung im Rahmen einer von seinem Vertragspartner bestimmten Arbeitsorganisation erbringt.[150] Das entscheidende Merkmal zur Abgrenzung des Arbeitnehmers vom Selbstständigen ist danach die persönliche Abhängigkeit, die sich insbesondere in der Weisungsgebundenheit ausdrückt. Auch der Begriff der persönlichen Abhängigkeit ist freilich wenig trennscharf. Eine nähere Umschreibung dieses Merkmals wird von der Rechtsprechung typologisch vorgenommen, es gibt also kein Einzelkriterium, das unverzichtbar vorliegen muss, sondern es muss vielmehr eine Gesamtbetrachtung aller Indizien des Einzelfalls vorgenommen werden.[151] Die gesetzliche Definition in § 611a Abs. 1 BGB ist daher im Ergebnis nur wenig hilfreich. Wer Arbeitnehmer ist, bestimmt sich dabei nach den tatsächlichen Gegebenheiten. Wenn jemand eine Tätigkeit ausübt, die den Merkmalen des Arbeitnehmerbegriffs entspricht, so ist er Arbeitnehmer; eine anderslautende Vertragsbezeichnung ändert hieran nichts (vgl. § 611a Abs. 1 S. 6 BGB).[152]

112 Im Gegensatz zu den ausdrücklich genannten Leiharbeitnehmern sind – *e contrario* – sonstige **Fremdkräfte nicht** erfasst, zB auf der Basis eines Werk- oder Dienstvertrags eingesetzte Mitarbeiter eines anderen Unternehmens. Für die Verarbeitung der personenbezogenen Daten dieser Arbeitskräfte gelten daher im Verhältnis zum Einsatzbetrieb die allgemeinen Regelungen. Anstelle von § 26 Abs. 1 S. 1 BDSG nF kommt also insbesondere Art. 6 Abs. 1 S. 1 lit. b zur Anwendung. Bei freien Mitarbeitern kann allerdings S. 1 Nr. 6 (arbeitnehmerähnliche Personen) einschlägig sein.

113 Ebenfalls **nicht** erfasst sind grundsätzlich **Leitungsorgane** wie Geschäftsführer oder Vorstandsmitglieder, sofern ihnen nicht ausnahmsweise ein Arbeitnehmerstatus zukommt.[153] Dem Gesetzgeber war die Problematik bei Erlass der Neufassung

---

[146] Dafür ua Simitis/*Seifert*, § 3 BDSG Rn. 283; *Gola/Schomerus*, BDSG, § 3 Rn. 59a; aA *Forst*, RdA 2014, 128 (129); *Schmidt*, Datenschutz für „Beschäftigte", S. 83.

[147] BT-Drs. 18/11325, 99.

[148] BT-Drs. 18/11325, 99.

[149] Vgl. zum alten Recht Simitis/*Seifert*, § 3 BDSG Rn. 282.

[150] S. nur BAG, Urt. v. 19.11.1997 – 5 AZR 653/96, NZA 1998, 364 (365) mwN.

[151] BAG, Urt. v. 15.3.1978 – 5 AZR 819/76, AP § 611 BGB Abhängigkeit Nr. 26 = DB 1978, 1035.

[152] BAG, Urt. v. 20.7.1994 – 5 AZR 627/93, NZA 1995, 161.

[153] Vgl. zum alten Recht BeckOK DatenschutzR/*Schild*, § 3 BDSG Rn. 164; offen gelassen *Gola/Schomerus*, BDSG, § 3 Rn. 59b; aA Simitis/*Seifert*, § 3 BDSG Rn. 285.

des BDSG bekannt, dennoch hat er sich – anders als bei den Leiharbeitnehmern – nicht für eine ausdrückliche Aufnahme von Leitungsorganen entschieden. Im Einzelfall kann aber bei einer wirtschaftlichen Abhängigkeit S. 1 Nr. 6 bejaht werden.

Die weiteren Unterfälle des Beschäftigtenbegriffs sind: **114**

- S. 1 **Nr. 2** – zu ihrer **Berufsbildung** Beschäftigte: Nr. 2 verwendet den weiten Begriff der Berufsbildung iSv § 1 Abs. 1 BBiG, sodass neben der Berufsausbildung auch die Berufsausbildungsvorbereitung, die berufliche Fortbildung sowie die berufliche Umschulung erfasst sind.[154]
- S. 1 **Nr. 3** – Teilnehmer an Leistungen zur Teilhabe am Arbeitsleben sowie an Abklärungen der beruflichen Eignung oder Arbeitserprobung **(Rehabilitanden):** Mit Nr. 3 werden unterschiedliche sozialrechtliche Sonderkonstellationen zusammengefasst, bei denen regelmäßig kein Arbeitsverhältnis gegeben ist. Teilnehmer an Leistungen zur Teilhabe am Arbeitsleben sowie Rehabilitanden sind etwa Ein-Euro-Jobber (§ 16d SGB II), Personen in Arbeitstherapie (§§ 27 Abs. 1 S. 2 Nr. 6, 42 SGB V), Beschäftigte in Einrichtungen der beruflichen Rehabilitation iSv § 35 SGB IX oder Personen mit einer Beschäftigung zur Wiedereingliederung nach längerer Krankheit (§ 74 SGB V).[155]
- S. 1 **Nr. 4** – in anerkannten **Werkstätten für behinderte Menschen** Beschäftigte: Eine von Nr. 3 getrennte Regelung sieht der Gesetzgeber in Nr. 4 für Beschäftigte in Behindertenwerkstätten vor. Behindertenwerkstätten sind Einrichtungen zur Teilhabe behinderter Menschen am Arbeitsleben und zur Eingliederung in das Arbeitsleben (§ 219 Abs. 1 S. 1 SGB IX). Grundlage der Beschäftigung ist ein sog. Werkstattvertrag (§ 221 Abs. 3 SGB IX). Sofern im Einzelfall ein behinderter Mensch in einer solchen Werkstatt als Arbeitnehmer beschäftigt ist, greift bereits Nr. 1.
- S. 1 **Nr. 5** – **Freiwillige,** die einen Dienst nach dem Jugendfreiwilligendienstegesetz (JFGD) oder dem Bundesfreiwilligendienstgesetz (BFGD) leisten. Die von Nr. 5 erfassten Personen, die nach dem JFGD oder dem BFGD beschäftigt sind, sind keine Arbeitnehmer.[156] Bei dem Vertragsverhältnis zwischen dem jeweiligen Träger und dem Freiwilligen handelt es sich um ein „Rechtsverhältnis eigener Art". Im Vergleich zu § 3 Abs. 11 BDSG aF wurde das BFGD aufgenommen, was aufgrund der vergleichbaren Konstellation nur konsequent war.[157]
- S. 1 **Nr. 6** – Personen, die wegen ihrer wirtschaftlichen Unselbständigkeit als **arbeitnehmerähnliche Personen** anzusehen sind, in Heimarbeit Beschäftigte und ihnen Gleichgestellte: Arbeitnehmerähnliche Personen sind Personen, die im Unterschied zu Arbeitnehmern im arbeitsrechtlichen Sinne nicht persönlich, sondern lediglich wirtschaftlich von ihrem Vertragspartner abhängig sind.[158] Anleihen wird man bei § 12a Abs. 1 TVG nehmen können. Typisch ist demnach die ganz überwiegende Tätigkeit für einen Vertragspartner und die im Wesentlichen eigenständige Tätigkeit ohne Mitarbeiter. Arbeitnehmerähnliche Personen sind gerade keine Arbeitnehmer, sondern selbstständig zB auf Grundlage eines

[154] Vgl. zur aF Simitis/*Seifert*, § 3 BDSG Rn. 285.

[155] Vgl. zur aF Simitis/*Seifert*, § 3 BDSG Rn. 286; *Gola/Schomerus*, BDSG, § 3 Rn. 59b; BeckOK DatenschutzR/*Schild*, § 3 BDSG Rn. 166.

[156] BeckOK DatenschutzR/*Schild*, § 3 BDSG Rn. 168; Simitis/*Seifert*, § 3 BDSG Rn. 288.

[157] Vgl. krit. zur aF BeckOK DatenschutzR/*Schild*, § 3 BDSG Rn. 168.

[158] BeckOK DatenschutzR/*Schild*, § 3 BDSG Rn. 169.

Werk- oder Dienstvertrags tätig. Scheinselbstständige fallen daher nicht unter Nr. 6, sondern bereits unter Nr. 1.[159] Leitungsorgane einer Gesellschaft können im Einzelfall arbeitnehmerähnliche Personen sein.
- S. 1 **Nr. 7** – **Beamte** und Richter des Bundes, Soldaten und Zivildienstleistende: Neben den Arbeitnehmern im öffentlichen Dienst, die bereits unter Nr. 1 fallen, erstreckt Nr. 7 den Beschäftigtenbegriff auf Beamte und Richter des Bundes sowie Soldaten und Zivildienstleistende. Kirchliche Beamte sind nicht erfasst, denn sie unterliegen nicht dem staatlichen Beamtenrecht des Bundes, sondern ausschließlich dem Kirchenrecht.[160] Mangels Kompetenz des Bundesgesetzgebers sind zudem Beamte der Länder nicht erfasst; sie unterliegen den Regelungen der Landesdatenschutzgesetze bzw. der DS-GVO. Aufgrund des eindeutigen Wortlauts nicht erfasst sind ehrenamtliche Tätigkeiten öffentlichen Charakters[161] (Wahlvorstände, Wahlhelfer, Volkszähler usw.), zumal hier dem Bund die Gesetzgebungskompetenz fehlt.[162] Insgesamt ist der Nutzen einer Einbeziehung von Beamten etc. in § 26 BDSG nF begrenzt,[163] da § 26 BDSG nF ebenso wie das insgesamt subsidiäre BDSG gegenüber tatbestandsmäßig spezifischen Rechtsvorschriften des Bundes zurücktritt (s. § 1 Abs. 2 S. 1 BDSG nF). Daher kommt § 26 BDSG nF für Beamtendaten insoweit nicht zum Tragen, als das Personalaktenrecht abschließende Regelungen trifft, was insbesondere bei §§ 106 ff. BBG der Fall ist.

115 Nach § 26 Abs. 8 **S. 2** BDSG nF sind **Bewerber** für ein Beschäftigungsverhältnis sowie **Personen,** deren **Beschäftigungsverhältnis beendet** ist, vom Anwendungsbereich des § 26 BDSG nF erfasst. Im Vergleich zur alten Fassung des § 3 Abs. 11 BDSG wurde diese Regelung aus der Auflistung der Personengruppen herausgenommen und als Fiktion formuliert („gelten als Beschäftigte"). Hierdurch wird deutlich gemacht, dass die zeitliche Erstreckung des Beschäftigtenbegriffs auf die Phasen vor und nach Begründung des Beschäftigungsverhältnisses nicht nur für Arbeitnehmer, sondern für alle vorgenannten Personengruppen gilt.[164]

Art. 89 Garantien und Ausnahmen in Bezug auf die Verarbeitung zu im öffentlichen Interesse liegenden Archivzwecken, zu wissenschaftlichen oder historischen Forschungszwecken und zu statistischen Zwecken

(1) [1]**Die Verarbeitung zu im öffentlichen Interesse liegenden Archivzwecken, zu wissenschaftlichen oder historischen Forschungszwecken oder zu statistischen Zwecken unterliegt geeigneten Garantien für die Rechte und Freiheiten der betroffenen Person gemäß dieser Verordnung.** [2]**Mit diesen Garantien wird sichergestellt, dass technische und organisatorische Maßnahmen bestehen, mit denen insbesondere die Achtung des Grundsatzes der Datenminimierung gewährleistet wird.** [3]**Zu diesen Maß-**

---

159 AA BeckOK DatenschutzR/*Schild*, § 3 BDSG Rn. 169.

160 Simitis/*Seifert*, § 3 BDSG Rn. 293.

161 AA unter Hinweis auf ein vergleichbares Schutzbedürfnis Simitis/*Seifert*, § 3 BDSG Rn. 292.

162 BeckOK DatenschutzR/*Schild*, § 3 BDSG Rn. 176.

163 S. bereits *Gola/Pötters*, RDV 2017, 111.

164 Vgl. zur berechtigten Kritik an der aF Simitis/*Seifert*, § 3 BDSG Rn. 290.

nahmen kann die Pseudonymisierung gehören, sofern es möglich ist, diese Zwecke auf diese Weise zu erfüllen. [4]In allen Fällen, in denen diese Zwecke durch die Weiterverarbeitung, bei der die Identifizierung von betroffenen Personen nicht oder nicht mehr möglich ist, erfüllt werden können, werden diese Zwecke auf diese Weise erfüllt.

(2) **Werden personenbezogene Daten zu wissenschaftlichen oder historischen Forschungszwecken oder zu statistischen Zwecken verarbeitet, können vorbehaltlich der Bedingungen und Garantien gemäß Absatz 1 des vorliegenden Artikels im Unionsrecht oder im Recht der Mitgliedstaaten insoweit Ausnahmen von den Rechten gemäß der Artikel 15, 16, 18 und 21 vorgesehen werden, als diese Rechte voraussichtlich die Verwirklichung der spezifischen Zwecke unmöglich machen oder ernsthaft beeinträchtigen und solche Ausnahmen für die Erfüllung dieser Zwecke notwendig sind.**

(3) **Werden personenbezogene Daten für im öffentlichen Interesse liegende Archivzwecke verarbeitet, können vorbehaltlich der Bedingungen und Garantien gemäß Absatz 1 des vorliegenden Artikels im Unionsrecht oder im Recht der Mitgliedstaaten insoweit Ausnahmen von den Rechten gemäß der Artikel 15, 16, 18, 19, 20 und 21 vorgesehen werden, als diese Rechte voraussichtlich die Verwirklichung der spezifischen Zwecke unmöglich machen oder ernsthaft beeinträchtigen und solche Ausnahmen für die Erfüllung dieser Zwecke notwendig sind.**

(4) **Dient die in den Absätzen 2 und 3 genannte Verarbeitung gleichzeitig einem anderen Zweck, gelten die Ausnahmen nur für die Verarbeitung zu den in diesen Absätzen genannten Zwecken.**

Literatur: *Hornung/Hofmann,* Die Auswirkungen der europäischen Datenschutzreform auf die Markt- und Meinungsforschung, ZD-Beil. 2017, 1; *Kühling/Martini* et al., Die Datenschutz-Grundverordnung und das nationale Recht, 2016; *Molnár-Gábor/Korbel*, Verarbeitung von Patientendaten in der Cloud. Die Freiheit translationaler Forschung und der Datenschutz in Europa, ZD 2016, 274; *Rammos*, Die datenschutzrechtliche Zulässigkeit von Broad Consent für Forschungszwecke nach der DSGVO, DSRITB 2017, S. 359; *Schaar*, DS-GVO: Geänderte Vorgaben für die Wissenschaft, ZD 2016, 224; *Spranger/Schulz*, Auswirkungen der Datenschutz-Grundverordnung auf die pharmazeutische Forschung, PharmR 2017, 128; *Taupitz*, Der Entwurf einer europäischen Datenschutz-Grundverordnung – Gefahren für die medizinische Forschung, MedR 2012, 423.

Übersicht

A. Allgemeines

I. Genese und Zweck der Norm

1 Art. 89 gehört sicherlich zu den Vorschriften, die im Laufe des Gesetzgebungsverfahrens zur DS-GVO am stärksten modifiziert wurden.[1] Der **Kommissionsvorschlag** sah im Vergleich zur nun gültigen Fassung deutlich **strengere Regelungen** vor, die Änderungsvorschläge des Parlaments hätten sogar zu noch weiteren Restriktionen geführt. Vorgesehen waren zB eine grundsätzlich Pflicht zur Anonymisierung sowie das Erfordernis einer Einwilligung des Betroffenen vor der Veröffentlichung personenbezogener Daten. Diese Regelungen wurden von zahlreichen Interessenvertretern der Wissenschaft scharf kritisiert.[2] Eine Befürchtung war, dass Versuchspersonen jede einzelne Studie genehmigen müssten, die ihre (Gesundheits-)Daten verwendet, und keine breite Einwilligung erteilen könnten. Gefordert wurden daher ua **Erleichterungen bei Datenverarbeitungen zu Forschungszwecken,** insbesondere auch im Hinblick auf Informations- und Auskunftspflichten. Zudem wurde eine allgemeine Öffnungsklausel für die Forschung verlangt.

2 Diese Forderungen haben in der endgültigen Fassung der DS-GVO Eingang gefunden.[3] Art. 89 beinhaltet **nun in Abs. 1 lediglich recht allgemeine Vorgaben** zu „geeigneten Garantien für die Rechte und Freiheiten der betroffenen Person", die bei der Verarbeitung zu im öffentlichen Interesse liegenden Archivzwecken, zu wissenschaftlichen oder historischen Forschungszwecken oder zu statistischen Zwecken vorzusehen sind. Abs. 2 und Abs. 3 normieren **Öffnungsklauseln** für diese Bereiche und ermöglichen dabei ausdrücklich Abweichungen vom Schutzstandard der DS-GVO, ua im Hinblick auf das Auskunftsrecht der betroffenen Person (Art. 15), das Recht auf Berichtigung (Art. 16) und das Recht auf Einschränkung der Verarbeitung (Art. 18). Durch diese Erleichterungen kommt der europäische Gesetzgeber grundrechtlichen Verpflichtungen nach, insbesondere mit Blick auf Forschungszwecke (Art. 13 GRCh).[4]

---

[1] Vgl. Sydow/*Hense*, DS-GVO, Art. 89 Rn. 4.

[2] S. etwa „Verantwortungsvolle Datenschutzregeln für leistungsfähige Forschung in Europa", Gemeinsame Stellungnahme der Allianz der Wissenschaftsorganisationen zur DS-GVO der EU, v. 8.6.2015; vgl. auch *Taupitz*, MedR 2012, 423; Ehmann/Selmayr/*Raum*, DS-GVO, Art. 89 Rn. 9.

[3] Vgl. Ehmann/Selmayr/*Raum*, DS-GVO, Art. 89 Rn. 11.

[4] Vgl. Paal/Pauly/*Pauly*, DS-GVO, Art. 89 Rn. 3.

II. Systematischer Zusammenhang mit anderen Vorschriften, handwerkliche Defizite

Neben Art. 89 gibt es zahlreiche andere Vorschriften in der DS-GVO, die insbesondere den Umgang mit personenbezogenen Daten zu Forschungszwecken, aber auch zu Archiv- oder statistischen Zwecken erleichtern.[5] So werden etwa die **Informationspflicht** nach Art. 14 Abs. 5 lit. b sowie das **Recht auf Vergessenwerden** nach Art. 17 Abs. 3 lit. d in diesen Fällen eingeschränkt; Gleiches gilt für das **Widerspruchsrecht** nach Art. 21 Abs. 6. In Art. 5 Abs. 1 sind jeweils Ausnahmen vom Gebot der **Zweckbindung** sowie von der Pflicht zur **Speicherbegrenzung** vorgesehen, wenn es um eine Weiterverarbeitung von Daten zu diesen Zwecken geht. Im Hinblick auf die Reichweite der **Einwilligung** des Betroffenen soll es nach Erwägungsgrund 33 möglich sein, „für bestimmte Bereiche wissenschaftlicher Forschung" wirksam einzuwilligen, also nicht nur für einen konkreten Verarbeitungsvorgang **(„broad consent")**. 3

Eine wichtige Regelung enthält ferner Art. 9 Abs. 2 lit. j, wonach im Unionsrecht und im nationalen Recht Vorschriften die Verarbeitung von **sensitiven Daten** regeln können, sofern die Verarbeitung für Archivzwecke, für wissenschaftliche oder historische Forschungszwecke oder für statistische Zwecke gem. Art. 89 Abs. 1 erforderlich ist. Somit gibt es neben Art. 89 eine weitere Öffnungsklausel, die nationale Regelungen zulässt. Mangels entsprechender ausdrücklicher Formulierung dürfte Art. 9 Abs. 2 lit. j jedoch keine (zusätzlichen) Abweichungen vom Schutzstandard der DS-GVO zulassen. Diese können aber wiederum auf Art. 89 gestützt werden, sodass im Ergebnis nicht klar ist, wie die beiden Vorschriften voneinander abzugrenzen sind. Noch schwieriger ist das systematische Verhältnis von **Art. 85 Abs. 2** und Art. 89 Abs. 2, die jeweils Öffnungsklauseln für Datenverarbeitungen zu wissenschaftlichen Zwecken vorsehen. 4

Soweit Archivierung, Forschung oder Statistik im **öffentlichen Interesse** betrieben werden, also zB mit Blick auf die Forschungstätigkeit öffentlicher Stellen, eröffnet außerdem Art. 6 Abs. 1 S. 1 lit. e, Abs. 2, Abs. 3 einen Regelungsspielraum für den nationalen Gesetzgeber.[6] Art. 9 Abs. 2 lit. j ist zwar lex specialis, soweit besondere Daten betroffen sind; praktisch wirkt es sich aber nicht aus, ob sich der nationale Gesetzgeber auf Art. 6 Abs. 1 S. 1 lit. e, Abs. 2, Abs. 3 oder Art. 9 Abs. 2 lit. j stützt, denn Art. 9 Abs. 2 lit. j sieht im Ergebnis keine strengeren Anforderungen vor. 5

III. Ergänzungen, Änderungen durch das BDSG nF und andere nationale Gesetze

Auf Art. 89 sowie Art. 9 Abs. 2 lit. j können die Vorschriften in **§§ 27, 28 BDSG nF** gestützt werden.[7] § 27 Abs. 2 S. 1 BDSG nF schränkt unter Ausnutzung der Öffnungsklausel des Art. 89 Abs. 2 die Rechte Art. 15, 16, 18 und 21 für Datenverarbeitungen zu wissenschaftlichen oder historischen Forschungszwecken und zu statistischen Zwecken ein, während durch § 28 Abs. 2 BDSG nF für Datenverarbeitungen zu im öffentlichen Interesse liegenden Archivzwecken gestützt auf Art. 89 Abs. 3 zusätzlich noch Art. 20 eingeschränkt wird. 6

[5] Vgl. Paal/Pauly/*Pauly*, DS-GVO, Art. 89 Rn. 1, 4.
[6] Kühling/Buchner/*Tinnefeld/Buchner*, DS-GVO, Art. 89 Rn. 29.
[7] Vgl. BT-Drs. 18/11325, 99 f.

7 Soweit spezialgesetzliche Datenschutzregelungen anzuwenden sind, gehen sie gem. § 1 Abs. 2 BDSG nF dem § 27 BDSG nF vor. Solche spezialgesetzlichen Regelungen finden sich derzeit etwa in den Sozialgesetzbüchern oder in medizinrechtlichen Gesetzen (zB Arzneimittelgesetz, Gendiagnostikgesetz, Transplantationsgesetz).[8] Gleiches gilt für spezielle Ausnahmeregelungen bei den Betroffenenrechten, zB in den Archivgesetzen des Bundes und der Länder sowie im Stasi-Unterlagen-Gesetz (§§ 12 ff. StUG).[9] Solche Vorschriften können ebenfalls auf Art. 89 Abs. 2 und Abs. 3 gestützt werden.

B. Einzelerläuterungen

I. Geeignete Garantien (Abs. 1)

8 **1. Bedeutung der Regelung.** Neben den beiden Öffnungsklauseln in Abs. 2 und Abs. 3 normiert **Abs. 1** weiche Vorgaben für Datenverarbeitungen zu im öffentlichen Interesse liegenden Archivzwecken, zu wissenschaftlichen oder historischen Forschungszwecken oder zu statistischen Zwecken. Diese Datenverarbeitungen müssen nach Abs. 1 S. 1 „**geeigneten Garantien** für die Rechte und Freiheiten der betroffenen Person gemäß dieser Verordnung" unterliegen. Abs. 1 begründet also selbst **keinen Erlaubnistatbestand**[10] für Datenverarbeitungen zu den genannten Zwecken, sondern setzt vielmehr voraus, dass ein bestimmter Verarbeitungsvorgang nach den allgemeinen Erlaubnistatbeständen gerechtfertigt ist. In Betracht kommen insofern insbesondere Art. 6 Abs. 1 S. 1 lit. a oder f sowie Art. 9 Abs. 2 lit. j. Die „geeigneten Garantien" stellen somit zusätzliche Anforderungen dar. Nur soweit geeignete Garantien implementiert werden, können die Erleichterungen mit Blick auf die Betroffenenrechte und Ausnahmen von bestimmten Pflichten und Geboten nach Abs. 2 und Abs. 3 eingreifen.

9 Die geeigneten Garantien, die dies sicherstellen sollen, werden in den S. 2–4 näher umschrieben, jedoch jeweils nur sehr vage und ohne zwingende Verbindlichkeit. So sollen „**technische und organisatorische Maßnahmen** bestehen, mit denen insbesondere die Achtung des Grundsatzes der Datenminimierung gewährleistet wird." Damit wird lediglich der Grundsatz der **Datenminimierung** nach Art. 5 Abs. 1 lit. c wiederholt und bekräftigt (→ Art. 5 Rn. 21 ff.). Im Gegensatz dazu enthalten Art. 5 Abs. 1 lit. b und e jeweils eine explizite Ausnahme vom **Zweckbindungsprinzip** sowie vom Grundsatz der **Speicherbegrenzung.**

10 **2. Pseudonymisierung und Anonymisierung.** Nach den **S. 3 und 4** sind die für die privilegierten Zwecke erforderlichen Daten wenn möglich **pseudonymisiert oder** sogar **anonymisiert** (weiter) zu verarbeiten.[11] Es besteht aber kein

---

[8] BT-Drs. 18/11325, 100.

[9] Treffend Kühling/Buchner/*Tinnefeld/Buchner*, DS-GVO, Art. 89 Rn. 31.

[10] Sydow/*Hense*, DS-GVO, Art. 89 Rn. 1; Kühling/Buchner/*Tinnefeld/Buchner*, DS-GVO, Art. 89 Rn. 1.

[11] Vgl. auch Erwägungsgrund 156 S. 3: „Die Weiterverarbeitung personenbezogener Daten zu im öffentlichen Interesse liegenden Archivzwecken, zu wissenschaftlichen oder historischen Forschungszwecken oder zu statistischen Zwecken erfolgt erst dann, wenn der Verantwortliche geprüft hat, ob es möglich ist, diese Zwecke durch die Verarbeitung von personenbezogenen Daten, bei der die Identifizierung von betroffenen Personen nicht oder nicht mehr möglich ist, zu erfüllen, sofern geeignete Garantien bestehen (wie z. B. die Pseudonymisierung von personenbezogenen Daten)."

Zwang zur Pseudonymisierung, wenn hierdurch die statistischen, Archiv- oder Forschungszwecke nicht erfüllt werden können. Eine **Pseudonymisierung** ist nach der Legaldefinition des Art. 4 Nr. 5 gegeben, wenn personenbezogene Daten ohne Hinzuziehung zusätzlicher Informationen nicht mehr einer spezifischen betroffenen Person zugeordnet werden können, sofern diese zusätzlichen Informationen gesondert aufbewahrt werden und technischen und organisatorischen Maßnahmen unterliegen, die gewährleisten, dass die personenbezogenen Daten nicht einer identifizierten oder identifizierbaren natürlichen Person zugewiesen werden (→ Art. 4 Rn. 37 f.).

Bei einer **Anonymisierung** kann die betroffene Person nicht oder nicht mehr identifiziert werden. Nach Erwägungsgrund 26 S. 5 findet die DS-GVO keine Anwendung, wenn Informationen anonymisiert sind. Eine anonymisierte Verarbeitung ist bei vertretbarem technischem Aufwand vorzugswürdig gegenüber anderen Maßnahmen/geeigneten Garantien,[12] da hierdurch die Anwendbarkeit des Datenschutzrechts komplett entfällt und somit langfristig der Arbeitsaufwand ebenso wie datenschutzrechtliche Risiken stark reduziert werden können. Bei **besonderen Daten** (Art. 9 Abs. 1), also zB bei Gesundheitsdaten, ist eine anonymisierte Verarbeitung nach **§ 27 Abs. 3 S. 1 BDSG nF** grundsätzlich zwingend, es sei denn hierdurch können Forschungs- oder Statistikzwecke nicht erreicht werden. Bis zur Anonymisierung sind gem. § 27 Abs. 3 S. 2 BDSG nF die Merkmale gesondert zu speichern, mit denen Einzelangaben über persönliche oder sachliche Verhältnisse einer bestimmten oder bestimmbaren Person zugeordnet werden können. Sie dürfen gem. § 27 Abs. 3 S. 3 BDSG nF mit den Einzelangaben nur zusammengeführt werden, soweit der Forschungs- oder Statistikzweck dies erfordert. 11

Eine pseudonymisierte oder anonymisierte Datenverarbeitung ist bei vielen Forschungsvorhaben und vor allem für statistische Zwecke regelmäßig ausreichend, um nach der Erhebung der einzelnen personenbezogenen Daten aus einem größeren Datenbestand Schlussfolgerungen abzuleiten oder statistische Signifikanzen aufzuzeigen. Dies gilt insbesondere bei der Verknüpfung von Informationen aus Registern.[13] Eine Pseudonymisierung oder Anonymisierung kann auch erst ab einem bestimmten Verarbeitungsschritt einsetzen, insbesondere bei einer weiteren Verarbeitung von generierten statistischen Ergebnissen, die aus personenbezogenen Rohdaten generiert wurden. Eine Weiterverarbeitung der Daten bei der **Veröffentlichung der gewonnenen Erkenntnisse** ist regelmäßig ohne Identifikation der betroffenen Personen möglich und für die verfolgten Zwecke ebenso zielführend. Im Zusammenhang mit den statistischen Zwecken wird gem. Erwägungsgrund 162 S. 5 vorausgesetzt, dass die Ergebnisse der Verarbeitung zu statistischen Zwecken keine personenbezogenen Daten, sondern „aggregierte Daten" sind. Außerdem sollen diese Ergebnisse oder personenbezogenen Daten nicht für Maßnahmen oder Entscheidungen gegenüber einzelnen natürlichen Personen verwendet werden. Ergänzend regelt **§ 27 Abs. 4 BDSG nF,** dass der Verantwortliche personenbezogene Daten nur veröffentlichen darf, wenn die betroffene Person eingewilligt hat oder dies für die Darstellung von Forschungsergebnissen über Ereignisse der Zeitgeschichte unerlässlich ist. 12

3. Sonstige Maßnahmen. Neben einer Anonymisierung oder Pseudonymisierung sind gem. Art. 32 Abs. 1 sowie § 22 Abs. 2 iVm § 27 Abs. 1 S. 2, § 28 13

---

[12] Vgl. Kühling/Buchner/*Tinnefeld/Buchner*, DS-GVO, Art. 89 Rn. 17.

[13] Vgl. hierzu Erwägungsgrund 157.

Abs. 1 S. 2 BDSG nF insbesondere folgende weitere Maßnahmen im Sinne einer effektiven Privacy by Design zu prüfen und umzusetzen:
- Verschlüsselung personenbezogener Daten,
- organisatorische Maßnahmen, zB Beschränkung des Zugangs zu den personenbezogenen Daten innerhalb der verantwortlichen Stelle und von Auftragsverarbeitern,
- Maßnahmen, die gewährleisten, dass nachträglich überprüft und festgestellt werden kann, ob und von wem personenbezogene Daten eingegeben, verändert oder entfernt worden sind,
- Sensibilisierung der an Verarbeitungsvorgängen Beteiligten,
- Sicherstellung der Fähigkeit, Vertraulichkeit, Integrität, Verfügbarkeit und Belastbarkeit der Systeme und Dienste im Zusammenhang mit der Verarbeitung personenbezogener Daten (einschließlich der Fähigkeit, die Verfügbarkeit und den Zugang bei einem physischen oder technischen Zwischenfall rasch wiederherzustellen),
- Einrichtung eines Verfahrens zur regelmäßigen Überprüfung, Bewertung und Evaluierung der Wirksamkeit der technischen und organisatorischen Maßnahmen,
- spezifische Verfahrensregelungen, die im Fall einer Übermittlung oder Verarbeitung für andere Zwecke die Einhaltung des Datenschutzrechts sicherstellen.

II. Öffnungsklauseln für Datenverarbeitungen „zu wissenschaftlichen oder historischen Forschungszwecken oder zu statistischen Zwecken" (Abs. 2) oder zu „im öffentlichen Interesse liegenden Archivzwecken" (Abs. 3)

14 **1. Zulässige Ausnahmen.** Die **Abs. 2 und 3** enthalten **Öffnungsklauseln** zugunsten von Datenverarbeitungen zu wissenschaftlichen oder historischen Forschungszwecken oder zu statistischen Zwecken (Abs. 2) sowie für im öffentlichen Interesse liegende Archivzwecke (Abs. 3). Beide erlauben **Ausnahmen** von folgenden **Rechten:**
- Auskunftsrecht der betroffenen Person (Art. 15),
- Recht auf Berichtigung (Art. 16),
- Recht auf Einschränkung der Verarbeitung (Art. 18),
- Widerspruchsrecht (Art. 21).

15 Für im öffentlichen Interesse liegende **Archivzwecke** können zusätzlich auch Ausnahmen von der Mitteilungspflicht im Zusammenhang mit der Berichtigung oder Löschung personenbezogener Daten oder der Einschränkung der Verarbeitung (Art. 19) sowie vom Recht auf Datenübertragbarkeit (Art. 20) vorgesehen werden.

16 Der deutsche Gesetzgeber hat von den Öffnungsklauseln in Abs. 2 und 3 Gebrauch gemacht, und zwar in § 27 Abs. 2 S. 1 BDSG nF bzw. § 28 Abs. 2–4 BDSG nF (→ Art. 15 Rn. 44 ff.; → Art. 16 Rn. 22; → Art. 18 Rn. 8; → Art. 21 Rn. 16, 38 ff.).

17 **2. Wissenschaftliche oder historische Forschungszwecke.** Unklar sind **Funktion und Reichweite** der **Öffnungsklausel** für wissenschaftliche oder historische Forschungszwecke, denn Datenverarbeitungen zu wissenschaftlichen Zwecken sind eigentlich bereits durch **Art. 85** privilegiert (→ Art. 85 Rn. 13.). Dabei erlaubt Art. 85 Abs. 2 Abweichungen von nahezu allen Vorschriften der

DS-GVO außer den Sanktionen in Kapitel VIII, während Art. 89 Abs. 2 dem Wortlaut nach nur Abweichungen von Art. 15, 16, 18 und 21 zulässt. Dieser **Widerspruch** dürfte der Tatsache geschuldet sein, dass die Öffnungsklausel des Art. 85 erst am Ende des Gesetzgebungsprozesses auf Vorschlag des Rats um Verarbeitungen zu wissenschaftlichen Zwecken erweitert wurde. „Doppelt gemoppelt hält besser" mag sich der Gesetzgeber hierbei gedacht haben. Die gleich mehrfache Absicherung von datenschutzrechtlichen Privilegien für die Wissenschaft wird man als Reaktion auf den politischen Druck (→ Rn. 1) verstehen können, sie wirft aber leider mehr Fragen auf, als sie beantwortet. Wenn man Art. 85 Abs. 2 beim Wort nimmt, dann **ist Art. 89 Abs. 2 überflüssig.** Da die Erwähnung wissenschaftlicher Zwecke in Art. 85 angesichts der dargelegten Genese der Norm sicherlich kein gesetzgeberisches Versehen darstellt, wird man dies im Ergebnis annehmen müssen. Im Gegensatz dazu wird man wenigstens die nach Art. 89 Abs. 1 erforderlichen Garantien neben Art. 85 im Wege der Spezialität anwenden können.

Wenig einleuchtend ist auch der leicht unterschiedliche Wortlaut: Während **18** Art. 85 schlicht von wissenschaftlichen Zwecken spricht, hat der Gesetzgeber in Art. 89 Abs. 1, 2 jeweils die Formulierung „zu wissenschaftlichen oder historischen *Forschungs*zwecken" verwendet. **Wissenschaft** ist – zumindest in der juristischen Fachsprache – der **Oberbegriff für Forschung und Lehre.** Warum historische Forschungszwecke von wissenschaftlichen Forschungszwecken unterschieden werden, leuchtet ebenfalls nicht ein, denn der Gesetzgeber wollte damit wohl kaum sagen, dass Geschichtsforschung keine Wissenschaft darstellt. Eine Erklärung mag darin liegen, dass Historiker naturgemäß häufig nicht mehr lebende Personen zum Gegenstand ihrer Forschung haben, sodass hier anders als bei anderen Wissenschaften, die mit Informationen zu lebenden Personen arbeiten, das Datenschutzrecht nicht anwendbar ist.[14]

3. Statistische Zwecke. Unter dem **Begriff** „statistische Zwecke" ist nach **19** Erwägungsgrund 162 S. 3 jeder für die Durchführung statistischer Untersuchungen und die Erstellung statistischer Ergebnisse erforderliche Vorgang der Erhebung und Verarbeitung personenbezogener Daten zu verstehen. Nicht jede Anwendung statistischer Methoden oder zB Big Data-Analysen fällt somit unter die Privilegierung des Abs. 2. Eine nur „statistische Verarbeitung" reicht nicht aus; erforderlich ist vielmehr neben der Anwendung statistischer Methoden auch die Zweckrichtung der Gewinnung statistischer Erkenntnisse. Eine Statistik setzt zudem eine eher abstrakte bzw. globale Betrachtung voraus, die sich typischerweise auf eine tendenziell große Fallzahl und einen längeren Zeitraum stützt. Keine Verarbeitung zu statistischen Zwecken ist daher bei einer Auswertung oder Nutzung von Daten mit Blick auf ein konkretes Vertragsverhältnis oder eine bestimmte Person gegeben.

4. Archivzwecke. Der **Begriff** des **Archivs** wird in der DS-GVO nicht defi- **20** niert. Allgemeinsprachlich wird man hierunter eine geordnete und zeitlich unbegrenzte Aufbewahrung von Informationen bzw. Informationsträgern verstehen können. Bei Archivzwecken besteht somit naturgemäß ein besonderes Bedürfnis für eine Ausnahme vom Grundsatz der Speicherbegrenzung nach Art. 5 Abs. 1 lit. e, aber etwa auch vom Recht auf Berichtigung (Art. 16) und dem Recht auf

[14] S. hierzu Erwägungsgrund 160.

Einschränkung der Verarbeitung (Art. 18) sowie der damit zusammenhängenden Mitteilungspflicht nach Art. 19.

21 Die Privilegierung von Archivzwecken greift nur, wenn es sich um **im öffentlichen Interesse** liegende Archive handelt. Dies bedeutet jedoch nicht, dass allein staatliche Archive unter Art. 89 fallen. Nach Erwägungsgrund 158 S. 2 sind auch private Stellen, die Aufzeichnungen von öffentlichem Interesse führen, privilegiert.

22 Ebenso wie bei der historischen Forschung (→ Rn. 18) geht es bei Datenverarbeitungen zu Archivzwecken häufig um Informationen zu **nicht mehr lebenden Personen,** sodass die DS-GVO mangels personenbezogenen Daten nicht anwendbar ist.

23 **5. Notwendigkeit der Ausnahme.** Für alle nationalen Vorschriften, die zum Schutz der nach Abs. 2 und Abs. 3 privilegierten Zwecke Ausnahmen von den Rechten der DS-GVO vorsehen, ist als **Einschränkung** zu beachten, dass die „Rechte voraussichtlich die Verwirklichung der spezifischen Zwecke unmöglich machen oder ernsthaft beeinträchtigen und solche Ausnahmen für die Erfüllung dieser Zwecke notwendig sind."

24 Durch dieses Erfordernis wird der Effekt der Öffnungsklauseln in Abs. 2 und Abs. 3 erheblich abgeschwächt. Der Wendung sind **zwei kumulative Voraussetzungen** zu entnehmen: Zunächst muss die **Verwirklichung der privilegierten Zwecke** ohne die nationale Ausnahme von den Betroffenenrechten **unmöglich** gemacht **oder ernsthaft beeinträchtigt** werden. Dass wissenschaftliche Forschung, Archivtätigkeiten oder Statistikprojekte ohne Ausnahmen von der DS-GVO unmöglich wären, wird wohl kaum jemals der Fall sein. Wohl aber wird es möglich sein, dass eine ernsthafte Beeinträchtigung droht. Diese Beeinträchtigung muss nicht für jeden potentiellen Einzelfall bestehen, denn nationale Gesetze sind naturgemäß abstrakt-generelle Regelungen.

25 Als weitere Voraussetzung muss die jeweils im nationalen Recht geregelte Ausnahme für die Erfüllung dieser Zwecke „notwendig" sein. Dies wird man letztlich – ähnlich wie in den Generalklauseln der Art. 6, 9 das Merkmal der Erforderlichkeit – als einen Hinweis auf das allgemeine **Verhältnismäßigkeitsprinzip** lesen können. Die nationalen Sondervorschriften dürfen also nicht weiter gehen, als dies zum Schutz von wissenschaftlichen, statistischen und Archivzwecken erforderlich ist.

26 Der deutsche Gesetzgeber hat die vorstehenden Restriktionen in § 27 Abs. 2 S. 1 bzw. § 28 Abs. 4 BDSG nF umgesetzt.

III. Begrenzung auf privilegierte Zwecke (Abs. 4)

27 Abs. 4 stellt klar, dass die **Privilegierung nicht auf die Datenverarbeitung insgesamt,** sondern **nur** auf die **genannten Zwecke** bezogen ist. Wenn also zB mit einer Datenverarbeitung zu Forschungszwecken zugleich auch kommerzielle Zwecke verfolgt werden, dann gilt für letztere das allgemeine Datenschutzregime der DS-GVO.[15] Gleiches gilt für die weitere Verarbeitung von statistischen Informationen für Vertragszwecke (zB Verwendung statistischer Erkenntnisse im Rahmen der Tarifkalkulation für ein Versicherungsverhältnis), sofern hier noch ein Personenbezog gegeben ist. Durch Abs. 4 wird **Missbrauch** beim Umgang mit

[15] Ebenso Ehmann/Selmayr/*Raum*, DS-GVO, Art. 89 Rn. 41.

personenbezogenen Daten durch das Vorschieben von privilegierten Zwecken **vorgebeugt.**[16]

Art. 90 Geheimhaltungspflichten

(1) [1]**Die Mitgliedstaaten können die Befugnisse der Aufsichtsbehörden im Sinne des Artikels 58 Absatz 1 Buchstaben e und f gegenüber den Verantwortlichen oder den Auftragsverarbeitern, die nach Unionsrecht oder dem Recht der Mitgliedstaaten oder nach einer von den zuständigen nationalen Stellen erlassenen Verpflichtung dem Berufsgeheimnis oder einer gleichwertigen Geheimhaltungspflicht unterliegen, regeln, soweit dies notwendig und verhältnismäßig ist, um das Recht auf Schutz der personenbezogenen Daten mit der Pflicht zur Geheimhaltung in Einklang zu bringen.** [2]**Diese Vorschriften gelten nur in Bezug auf personenbezogene Daten, die der Verantwortliche oder der Auftragsverarbeiter bei einer Tätigkeit erlangt oder erhoben hat, die einer solchen Geheimhaltungspflicht unterliegt.**

(2) **Jeder Mitgliedstaat teilt der Kommission bis zum 25. Mai 2018 die Vorschriften mit, die er aufgrund von Absatz 1 erlässt, und setzt sie unverzüglich von allen weiteren Änderungen dieser Vorschriften in Kenntnis.**

Literatur: *Schantz*, Die Datenschutz-Grundverordnung – Beginn einer neuen Zeitrechnung im Datenschutzrecht, NJW 2016, 1841.

Übersicht

A. Allgemeines

Art. 90 gibt den Mitgliedstaaten die Möglichkeit, **spezielle Vorschriften** für Situationen vorzusehen, in denen eine Aufsichtsbehörde ihre Untersuchungsbefugnisse gegenüber einem Verantwortlichen oder Auftragsverarbeiter wahrnehmen möchte, der im Rahmen seiner Tätigkeit Geheimhaltungspflichten unterliegt. Die Mitgliedstaaten sind jedoch nicht verpflichtet entsprechende Regelung zu treffen. Es handelt sich um eine Öffnungsklausel mit fakultativem Charakter („können"). 1

[16] Vgl. Paal/Pauly/*Pauly*, DS-GVO, Art. 89 Rn. 18.

I. Zweck und Bedeutung

2 Zum einen soll mit Art. 90 Abs. 1 für Mitgliedstaaten grundsätzlich die Möglichkeit eröffnet werden, spezielle Regelungen für die Ausübung gewisser Untersuchungsbefugnisse gegenüber Berufsgeheimnisträgern oder anderen Stellen, die einer Geheimhaltungspflicht unterliegen, vorzusehen. Zum zweiten stellt Art. 90 gleichzeitig auch **gewisse Anforderungen** an diese gesetzlichen Regelungen. Diese müssen **notwendig und verhältnismäßig** sein, um das Recht auf Schutz personenbezogener Daten mit der Geheimhaltungspflicht in Einklang zu bringen. Die Regelung soll den Mitgliedstaaten die Möglichkeit geben sicherzustellen, dass der auf spezifische Verwaltungszweige und Berufsgruppen bezogene Sonderschutz durch die DS-GVO nicht verringert wird oder sich betroffene Stellen gar strafbar machen würden.[1]

II. Ergänzungen, Änderungen durch das BDSG nF

3 Der deutsche Gesetzgeber macht von der **Öffnungsklausel** des Abs. 1 in § 29 Abs. 3 BDSG nF Gebrauch. Nach § 29 Abs. 3 S. 1 **BDSG nF** bestehen gegenüber den in § 203 Abs. 1, 2a und 3 StGB genannten Personen oder deren Auftragsverarbeitern die Untersuchungsbefugnisse[2] der Aufsichtsbehörden gem. Art. 58 Abs. 1 lit. e und f nicht, soweit die Inanspruchnahme der Befugnisse zu einem Verstoß gegen die Geheimhaltungspflichten dieser Personen führen würde. Aufsichtsbehörden haben daher keinen Zugang zu Daten und Informationen, soweit dadurch die Geheimhaltungspflicht verletzt würde.[3] Auch die Befugnis für einen Zugang zu Geschäftsräumen besteht dann nicht, wenn in diesem Zuge die Aufsichtsbehörde Kenntnis von Informationen nehmen könnte, die dem Berufsgeheimnis unterliegen. Von der Ausnahmevorschrift umfasst sind neben den in § 203 Abs. 1, 2a und 3 StGB genannten Personengruppen (zB Rechtsanwälte, Ärzte, Apotheker, Notare, Wirtschaftsprüfer) ausdrücklich auch deren Auftragsverarbeiter. Entgegen anderer Ansichten ist die Beschränkung in § 29 Abs. 3 BDSG nF verhältnis- und zweckmäßig. Der deutsche Gesetzgeber bewegt sich innerhalb des durch Abs. 1 vorgegebenen Rahmens. Insbesondere werden etwa nicht alle Befugnisse der Aufsichtsbehörden ausgeschlossen.

B. Einzelerläuterungen

I. Untersuchungsbefugnisse der Aufsichtsbehörden nach Art. 58 Abs. 1 lit. e und f

4 Art. 90 Abs. 1 S. 1 enthält allein eine **eingeschränkte Öffnungsklausel** für Regelungen der Mitgliedstaaten. Die nationalen Gesetzgeber können nicht hinsichtlich aller Befugnisse des Art. 58 und auch nicht hinsichtlich aller Untersuchungsbefugnisse der Aufsichtsbehörde nach Art. 58 Abs. 1 spezifischere Regelung treffen.[4] Der Anwendungsbereich der nationalen Regelung darf sich zum einen nur auf die Untersuchungsbefugnis beschränken, von dem Verantwortlichen

---

[1] Zu § 1 Abs. 3 S. 2 BDSG vgl. Simitis/*Dix*, BDSG, § 1 Rn. 175.

[2] *Piltz*, § 29 BDSG nF Rn. 34.

[3] *Piltz*, § 29 BDSG nF Rn. 31.

[4] So auch Paal/Pauly/*Pauly*, DS-GVO, Art. 90 Rn. 8; Kühling/Buchner/*Herbst*, DS-GVO, Art. 90 Rn. 7.

oder Auftragsverarbeiter Zugang zu personenbezogenen Daten und Informationen zu erhalten die zur Erfüllung der Aufgaben der Aufsichtsbehörde notwendig sind (→ Art. 58 Abs. 1 lit. e). Zum anderen ist die Untersuchungsbefugnis der Aufsichtsbehörde umfasst, gemäß dem Verfahrensrecht des jeweiligen Mitgliedstaats Zugang zu den Geschäftsräumen, einschließlich aller Datenverarbeitungsanlagen und Geräte des Verantwortlichen oder Auftragsverarbeiters, zu erhalten (Art. 58 Abs. 1 lit. f).

Diese Beschränkung, zum einen auf die **Untersuchungsbefugnisse** an sich und zum anderen innerhalb der Untersuchungsbefugnisse, auf allein **zwei konkrete Arten,** wurde im Gesetzgebungsverfahren zum Teil kritisiert.[5] In der Praxis dürfte sich der Konflikt zwischen (beruflichen) Geheimhaltungspflichten und den Vorgaben zum Umgang mit personenbezogenen Daten jedoch insbesondere bei der Ausübung dieser zwei Untersuchungsbefugnisse zeigen.[6] Dennoch ist zu konstatieren, dass ausdrücklich nur zwei konkrete Formen der Untersuchungsbefugnisse benannt sind. Eine Regelung der anderen Untersuchungsbefugnisse durch nationale Regelungen ist den Mitgliedstaaten im Rahmen von Art. 90 daher versagt. 5

II. Stelle, die dem Berufsgeheimnis oder einer gleichwertigen Geheimhaltungspflicht unterliegt

Die jeweilige nationale Regelung darf nur Sachverhalte erfassen, in denen der Verantwortliche oder der Auftragsverarbeiter nach Unionsrecht oder dem Recht des Mitgliedstaates oder nach einer von den zuständigen nationalen Stellen erlassenen Verpflichtung dem Berufsgeheimnis oder einer gleichwertigen Geheimhaltungspflicht unterliegen. Beispiel für derartige Berufsgeheimnispflichten werden in der DS-GVO nicht genannt. Insbesondere umfasst dürften davon etwa die anwaltliche **Verschwiegenheitspflicht** und die ärztliche **Schweigepflicht** sein. Weitere betroffene Berufsgruppen dürften Notare, Steuerberater oder Wirtschaftsprüfer sein. 6

Jedoch ist zu beachten, dass nicht nur gesetzliche Geheimhaltungspflichten umfasst sind. Die nationalen Spezifizierungen können auch solche Geheimhaltungspflichten betreffen, welche von „nationalen Stellen" erlassen worden sind. Da nicht „öffentliche Stellen" im Sinne von Behörden angesprochen sind, könnten etwa auch **Berufskammern** hierunter fallen. 7

III. Anforderungen an die nationale Regelung

Die nationale Regelung darf die zwei benannten Untersuchungsbefugnisse der Aufsichtsbehörde **„regeln"**, soweit dies notwendig und verhältnismäßig ist, um das Recht auf Schutz der personenbezogenen Daten mit der Pflicht zur Geheimhaltung in Einklang zu bringen. Von dem Begriff „regeln" ist die Konkretisierung der Ausübung der beiden Untersuchungsbefugnisse gegenüber den einer Geheimhaltungspflicht unterliegenden Stellen umfasst. 8

---

[5] So etwa durch die belgische und deutsche Ratsdelegation, vgl. Ratsdokument 15544/14, v. 14.11.2014, S. 17 dort Fn. 52. Auch das EP schlug eine Ausdehnung auf alle Untersuchungsbefugnisse vor, vgl. Legislative Entschließung des Europäischen Parlaments v. 12.3.2014, P7_TA(2014)0212.

[6] So etwa im Fall des KG, Beschl. v. 20.8.2010 – 1 Ws (B) 51/07 – 2 Ss 23/07.

9 Daneben müssen nationale Spezifizierungen des Kapitels IX der DS-GVO die **generellen Vorgaben** für nationale Regelungen nach den Art. 6 Abs. 2 und Abs. 3 beachten.

10 Inwieweit nationale Regelungen die Ausübung der beiden Untersuchungsbefugnisse gänzlich ausschließen dürfen, ist jedoch nicht klar. Nach § 1 Abs. 2 S. 3 BDSG nF bleiben auch in Zukunft die Verpflichtung zur Wahrung gesetzlicher Geheimhaltungspflichten oder von Berufs- oder besonderen Amtsgeheimnissen, die nicht auf gesetzlichen Vorschriften beruhen, unberührt. Wie derzeit (§ 1 Abs. 3 S. 1 BDSG) geht also die anwaltliche Schweigepflicht den Regelungen des **BDSG nF** vor.[7] Dies schließt die Anwendung des BDSG nF zB auf die anwaltliche Datenverarbeitung nicht aus. Die Anwendung des BDSG nF ist jedoch begrenzt. Im Konfliktfall geht das Berufsgeheimnis vor.[8] Auf die besonderen Regelungen zu gesetzlichen Geheimhaltungspflichten und Berufs- oder besonderen Amtsgeheimnissen haben die Regelungen des BDSG nF keinen Einfluss.[9] Das jedoch die beiden in Art. 90 Abs. 1 S. 1 benannten Untersuchungsbefugnisse durch nationale Regelung komplett ausgeschlossen werden können, wird in der DS-GVO nicht deutlich. Die Mitgliedstaaten können durch nationale Spezifizierungen die „Befugnisse der Aufsichtsbehörden … regeln", jedoch dem Wortlaut nach etwa nicht „ausschließen".

11 Um, wie von Art. 90 Abs. 1 S. 1 vorgesehen, das Recht auf Schutz der personenbezogenen Daten mit der Pflicht zur Geheimhaltung in Einklang zu bringen, kann es jedoch erforderlich sein, dass die beiden Untersuchungsbefugnisse in der Weise geregelt werden, dass sie in konkreten Situationen gegenüber der Schweigepflicht unterliegenden Stellen **nicht ausgeübt werden** dürfen.

12 Maßstab der nationalen Regelung muss jedoch stets die DS-GVO selbst sein. Nach Erwägungsgrund 164 können die Mitgliedstaaten in **den Grenzen dieser Verordnung** den Schutz des Berufsgeheimnisses oder anderer gleichwertiger Geheimhaltungspflichten durch Rechtsvorschriften regeln. Die nationale Regelung muss zudem dem Verhältnismäßigkeitsgrundsatz genügen. Eine Abweichung vom grundsätzlich bestehenden Schutz personenbezogener Daten und damit zusammenhängende Untersuchungsbefugnisse der Aufsichtsbehörden ist nur möglich, soweit dies notwendig und verhältnismäßig ist, um das Recht auf Schutz der personenbezogenen Daten mit der Pflicht zur Geheimhaltung in Einklang zu bringen.[10]

IV. Inhalt der nationalen Regelungen

13 Wie das Verhältnis zwischen dem Schutz personenbezogener Daten einerseits und Geheimhaltungspflichten andererseits konkret auszugestalten ist, dazu macht Art. 90 keine Vorgaben. Diese Abwägung bleibt den mitgliedstaatlichen Gesetzgebern überlassen. Jedoch muss die Abwägung stets am Erfordernis der **Notwendigkeit** und **Verhältnismäßigkeit** orientiert sein.

V. Beschränkter Anwendungsbereich der nationalen Regelungen

14 Nach Art. 90 Abs. 1 S. 2 muss der Anwendungsbereich nationaler Spezifizierungen zudem auf personenbezogene Daten **beschränkt** sein, die der Verantwort-

[7] *Redeker*, NJW 2009, 554 (556, 558).
[8] *Redeker*, NJW 2009, 554 (556, 558).
[9] *Piltz*, § 1 BDSG nF Rn. 22.
[10] Ehmann/Selmayr/*Ehmann/Kranig*, DS-GVO, Art. 90 Rn. 8.

liche oder der Auftragsverarbeiter bei einer Tätigkeit erlangt oder erhoben hat, die einer solchen Geheimhaltungspflicht unterliegt.

Wie auch im derzeit geltenden Datenschutzrecht[11] ist daher nur jene Tätigkeit des Verantwortlichen oder Auftragsverarbeiters durch die nationale Regelung zu **privilegieren,** die im Zusammenhang mit der Geheimhaltungspflicht steht. Die nationale Ausnahmevorschrift kann also nur Daten erfassen, die der Geheimhaltungspflicht unterliegen; bei Rechtsanwälten also zB mandatsbezogene Daten.[12] Dem Grunde nach sieht Art. 90 Abs. 1 S. 2 damit vor, dass die DS-GVO[13] und insbesondere die in Abs. 1 S. 1 referenzierten Untersuchungsbefugnisse grundsätzlich immer gelten, auch für Stellen, die hinsichtlich bestimmter Tätigkeiten einem Berufsgeheimnis oder einer anderen Geheimhaltungspflicht unterliegen. **15**

Je nach Ausgestaltung der jeweiligen nationalen Regelung kann jedoch unter gewissen Umständen der Schutz personenbezogener Daten und damit auch die Ausübung der Untersuchungsbefugnisse der Aufsichtsbehörden hinter der Geheimhaltungsverpflichtung zurücktreten. Auch nach den derzeit geltenden Vorgaben des BDSG führt die Parallelgeltung der anwaltlichen Schweigepflicht nicht dazu, dass das BDSG auf Anwälte ganz oder teilweise unanwendbar ist.[14] Dies bedeutet, dass für jene Datenverarbeitungen, die nicht Informationen betreffen, die dem Berufsgeheimnis unterliegen, die Regelungen des BDSG weiter anwendbar sind. Für die DS-GVO bedeutet dies, dass hinsichtlich dieser zuletzt genannten Datenverarbeitung keine speziellen Regelungen nach Art. 90 geschaffen werden können und die **DS-GVO normal anwendbar** ist. **16**

VI. Mitteilungspflicht der Mitgliedstaaten (Abs. 2)

Art. 90 Abs. 2 verpflichtet die Mitgliedstaaten dazu, der Europäischen Kommission bis zum 25.5.2018 jene **nationalen Regelungen mitzuteilen,** die sie aufgrund von Abs. 1 erlassen haben. Dem Wortlaut nach bezieht sich Abs. 2 damit nur auf neu geschaffene nationale Vorschriften. Existierende Regelungen, wie etwa in § 1 Abs. 3 S. 2 BDSG fallen nicht hierunter. **17**

Art. 91 Bestehende Datenschutzvorschriften von Kirchen und religiösen Vereinigungen oder Gemeinschaften

(1) **Wendet eine Kirche oder eine religiöse Vereinigung oder Gemeinschaft in einem Mitgliedstaat zum Zeitpunkt des Inkrafttretens dieser Verordnung umfassende Regeln zum Schutz natürlicher Personen bei der Verarbeitung an, so dürfen diese Regeln weiter angewandt werden, sofern sie mit dieser Verordnung in Einklang gebracht werden.**

(2) **Kirchen und religiöse Vereinigungen oder Gemeinschaften, die gemäß Absatz 1 umfassende Datenschutzregeln anwenden, unterliegen der Aufsicht durch eine unabhängige Aufsichtsbehörde, die spezifischer Art sein kann, sofern sie die in Kapitel VI niedergelegten Bedingungen erfüllt.**

---

[11] Das KG stellte darauf ab, inwieweit sich ein Rechtsanwalt bei der Offenbarung entsprechender Mandanteninformation strafbar machen würde, KG, Beschl. v. 20.8.2010 – 1 Ws (B) 51/07 – 2 Ss 23/07.

[12] Kühling/Buchner/*Herbst*, DS-GVO, Art. 90 Rn. 21.

[13] Ebenso Ehmann/Selmayr/*Ehmann*/*Kranig*, DS-GVO, Art. 90 Rn. 2.

[14] Simitis/*Dix*, § 1 Rn. 186; *Redeker*, NJW 2009, 554 (556).

Literatur: *Dammann*, Erfolge und Defizite der EU-Datenschutzgrundverordnung, ZD 2016, 307; *Golland,* Reformation 2.0 – Umsetzung der Anforderungen der Datenschutz-Grundverordnung durch die evangelische und katholische Kirche, RDV 2018, 1; *Hoeren*, Die Kirchen und das neue Bundesdatenschutzgesetz, NVwZ 1993, 650; *Preuß*, Das Datenschutzrecht der Religionsgesellschaften, ZD 2016, 217; *Ziegenhorn/v. Aswege*, Kirchlicher Datenschutz nach staatlichen Gesetzen, K&R 2015, 198; *Ziegenhorn/Drossel*, Die Anwendung kirchlicher Regeln zum Datenschutz unter der EU-Datenschutz-Grundverordnung am Beispiel des § 2 Absatz 8 KDO, K&R 1016, 230.

Übersicht

A. Allgemeines

I. Zweck und Bedeutung

1 **1. Der den Religionsgemeinschaften eingeräumte Freiraum.** Im Gegensatz zur EG-DS-RL und dem BDSG äußert sich die DS-GVO erstmals allgemein zum **Datenschutz in Kirchen**;religiösen Vereinigungen oder Gemeinschaften. dies jedoch nur im Hinblick auf den Fortbestand von in einer religiösen Vereinigung oder Gemeinschaft zum Zeitpunkt des Inkrafttretens dieser Verordnung bereits praktizierten, umfassenden Regelung zum Schutz natürlicher Personen bei der Verarbeitung personenbezogener Daten. Art. 91 betrifft damit eindeutig nur Religionsgemeinschaften, die bis zum 25.5.2016 von einer ihr nach nationalem Recht zustehenden Regelungsmöglichkeit Gebrauch gemacht haben. Zwar spricht Erwägungsgrund 165 für einen den Religionsgemeinschaften eingeräumten Freiraum, der im Einklang mit Art. 17 AEUV den Status, den Kirchen und religiöse Vereinigungen oder Gemeinschaften in den Mitgliedstaaten nach deren bestehenden verfassungsrechtlichen Vorschriften bei der Gestaltung des Datenschutzrechts genießen, nicht beeinträchtigen soll. Aber auch wenn die Anforderungen an die Kirchen hinsichtlich eines eigenen Datenschutzes und eigener Datenschutzaufsicht „selbstbestimmungsfreundlich" gehalten sind, und damit auch

über die Spielräume hinausgehen, die den Mitgliedstaaten gesetzt sind,[1] dürfen ihre Regelungen nicht zur Senkung des Datenschutzniveaus führen, indem sie von den Wertungen der DS-GVO abweichen.[2] Nach dem eindeutigen Verordnungstext abzulehnen ist es, Religionsgemeinschaften und religiösen Vereinigungen gemäß nationalem Recht einen Freiraum von der DS-GVO zu gestatten. Soweit Regelungen der Kirchengesetze möglichweise Wertungen der DS-GVO entgegenstehen,[3] verbleibt es bei der Anwendung der DS-GVO bzw. nationaler Umsetzungsregelungen.

2. Die tangierten Religionsgesellschaften. Öffentlich-rechtliche Religionsgesellschaften in Deutschland sind die evangelische Kirche in Deutschland (EKD), die Vereinigte evangelisch-lutherische Kirche Deutschland (VElKD), die evangelische Kirche der Union (EKU), der Bund Evangelisch-Freikirchlicher Gemeinden, die Bistümer der katholischen Kirche, das Bistum der Altkatholiken in Deutschland und die russisch-orthodoxe Kirche, die Heilarmee und die israelitischen Kirchengemeinen sowie die Zeugen Jehovas, die inzwischen in dreizehn Bundesländern den Körperschaftsstatus erhalten haben. Datenschutzrechtliche Regeln getroffen wurden aber nur für die evangelische und katholische Kirche. 2

Art. 91 Abs. 1 lässt kirchliche Datenschutzregelungen ggf. fortbestehen, die zum Zeitpunkt des Inkrafttretens der DS-GVO bereits Geltung hatten. Für die vorhandenen Regelungen ist somit **Vertrauens- bzw. Bestandsschutz** gewährt, der sich nicht nur auf den Status quo beschränkt. Das bestehende Recht ist, wie die Aufforderung in Abs. 1 deutlich macht, Änderungen zugänglich, da es mit der DS-GVO in Einklang gebracht werden muss.[4] Fraglich ist jedoch, ob Körperschaften, die bisher nicht tätig waren oder zukünftig den Status einer Körperschaft erhalten,[5] der Weg zu eigenständigen Regelungen verschlossen ist. Der Wortlaut der Norm spricht hierfür.[6] Kirchliche Gemeinschaften, die bis zum Mai 2016 keine eigenständigen Datenschutznormen geschaffen haben, sind hiernach jedenfalls von zukünftigen Regelungen ausgeschlossen.[7] Auch ein Vergleich mit der Regelung in Art. 88 hinsichtlich der Öffnungsklausel für nationale Beschäftigtendatenschutzregelungen legt das jedenfalls nahe (→ Art. 88 Rn. 13 ff.).[8] 3

In Deutschland sind damit durch Art. 91 nur angesprochen die beiden öffentlich-rechtlichen Religionsgemeinschaften, dh die evangelische und katholische Kirche, die basierend auf Art. 137 Abs. 3 WRV iVm Art. 140 GG eigenständige Datenschutznormen geschaffen haben. Diese Regelungen gelten fort, sofern sie mit dieser Verordnung in Einklang stehen bzw. in Einklang gebracht werden. Obwohl eine Frist hierfür nicht genannt ist, wird der Tag entscheiden, an dem 4

---

[1] AA Ehmann/Selmayr/*Ehmann/Kranig*, DS-GVO, Art. 91 Rn. 19; Kühling/Buchner/*Herbst*, DS-GVO, Art. 91 Rn. 18.

[2] *Ziegenhohn/v. Aswege*, K&R 2015, 198 (210); Sydow/*Hense*, DS-GVO, Art. 91 Rn. 21; Auerhhammer/*Jacob*, DS-GVO, Art. 91 Rn. 13.

[3] Vgl. bei *Golland*, RDV 2018, 1.

[4] Vgl. BfDI, Info 6, Ziff. 5.4; Kühling/Buchner/*Herbst*, DS-GVO, Art. 91 Rn. 14.

[5] Zukünftige Gründungen nicht ausschließend Sydow/*Hense*, DS-GVO, Art. 91 Rn. 16; *Preuß*, ZD 2015, 217 (224).

[6] Dies stellt Sydow/*Hense*, DS-GVO, Art. 91 Rn. 14 ua mit Hinweis auf Art. 17 Abs. 1 AEUV in Frage.

[7] Kühling/Buchner/*Herbst*, DS-GVO, Art. 91 Rn. 13.

[8] Nicht nur auf den Bestandsschutz abstellend Plath/*Grages*, DSGVO, Art. 91 Rn. 3; Paal/Pauly/*Pauly*, DS-GVO, Art. 91 Rn. 28.

die Verordnung Geltung erlangt, also der 25.5.2018 (Art. 91 Abs. 2). Dieser Termin wird erfüllt, da die Evangelische Kirche am 15.11.2017 das „Kirchengesetz über den Datenschutz der Evangelischen Kirche in Deutschland (DSG-EKD)“[9] und die Katholische Kirche auf der Vollversammlung des Verbandes der Diözesen Deutschlands am 20.11.2017 das „Gesetz über den Kirchlichen Datenschutz (KDG)“[10] beschlossen haben. Die Gesetze sollen nach ihrer Inkraftsetzung am 24.5.2018 gelten. Sie lösen die bereits bestehenden Datenschutzgesetze der Kirchen, nämlich die Anordnung über den kirchlichen Datenschutz (KDO) der römisch-katholischen Kirche und Kirchengesetz über den Datenschutz der Evangelischen Kirche in Deutschland (DSG-EKD) ab.

II. Verhältnis zu anderen Vorschriften

5 **1. Die Religionsgesellschaften als Normadressaten staatlicher Datenschutzregelungen.** Ob öffentlich-rechtliche und privatrechtliche Religionsgesellschaften sowie ihre in Privatrechtsrechtsform organisierten Einrichtungen Normadressaten der EG-DS-RL bzw. des BDSG und der Landesdatenschutzgesetze sind, wurde – weil konkrete diesbezügliche Aussagen in den genannten Normen fehlen –[11] bisher von Literatur, Aufsichtsbehörden und sporadischer Rechtsprechung unterschiedlich gesehen.[12] Die Meinungen reichen von der generellen Ausnahme der Anwendung der staatlichen Datenschutzgesetze (sog. **Exemtionslösung**) über ihre Anwendung mit der Ausnahme der Kerntätigkeit religiöser Betätigung (sog. **Subsumtionslösung**)[13] bis zur vollen Anwendung bei Fehlen ausreichender kirchlicher Datenschutzregelungen,[14] wobei eine diesbezügliche interne Regelungsbefugnis nur bei den öffentlich-rechtlichen Religionsgemeinschaften gesehen wurde, die in Deutschland auch allein hiervon Gebrauch gemacht haben. Die Kirchen in Deutschland können aufgrund des kirchlichen Selbstbestimmungsrechts in Art. 137 Abs. 3 WRV iVm Art. 140 GG eine eigene Rechtsordnung für ihren Bereich schaffen. Privatrechtliche Religionsgemeinschaften, die ua als eingetragener Verein am Rechtsverkehr teilnehmen, sind Verantwortliche iSd Art. 4 Nr. 1 und an die Verordnung als allgemeines Gesetz iSd Art. 140 GG iVm Art. 137 Abs. 3 S. 1 WRV gebunden.

6 **2. Sonstige Regelungen in der DS-GVO.** Nicht auf öffentlich-rechtliche Religionsgemeinschaften beschränkt ist die in Art. 9 Abs. 2 lit. d geschaffene Privilegierung der Erhebung besonderer Arten personenbezogener Daten durch religiös ausgerichtete und ohne Erwerbszweck tätige Organisation. Entsprechend dem in § 28 Abs. 9 S. 1 BDSG aF in Umsetzung der Art. 8 Abs. 2 lit. d DS-RL geschaffenen Erlaubnistatbestand ist die Verarbeitung der zu den besonderen Kategorien personenbezogener Daten zählenden Angaben über **religiöse oder weltanschauliche Überzeugungen,** durch weltanschaulich oder religiös ausgerichtete Organisationen gestattet. Voraussetzung ist, dass es ausschließlich um die Verarbeitung personenbezogener Daten von derzeitigen oder früheren Mitglie-

[9] Abrufbar unter: www.ekd.de/ekd_de/ds_doc/s17-8-3-Beschluss-Datenschutzgesetz.pdf.

[10] Abrufbar unter: https://www.datenschutz-kirche.de/sites/default/files/KDG%20i.d.%20Fassung%20des%20Beschlusses%20der%20VV%20vom%2020.11.2017.pdf.

[11] Vgl. Simitis/*Dammann*, BDSG, § 2 Rn. 84 ff.

[12] Vgl. Paal/Pauly/*Pauly*, DS-GVO, Art. 91 Rn. 7 ff.

[13] Simitis/*Dammann*, BDSG, § 2 Rn. 107 ff. und 139.

[14] Vgl. zu den einzelnen Auffassungen im Detail bei *Preuß*, ZD 2016, 217.

dern oder von Personen geht, die in regelmäßigem Kontakt mit der Organisation stehen (→ Art. 9 Rn. 20 ff.).

In der DS-GVO wird der in Deutschland in gewissem Umfang bestehenden verfassungsrechtlich verankerten Verknüpfung von Staat und öffentlich-rechtlichen Kirchen in Erwägungsgrund 55 der DS-GVO zudem Rechnung getragen, indem die in diesem Zusammenhang von staatlichen Stellen zu Zwecken staatlich anerkannter Religionsgemeinschaften erfolgende Verarbeitungen personenbezogener Daten als im **öffentlichen Interesse** liegend bewertet werden. Daher wird § 15 Abs. 4 BDSG aF bzw. § 25 BDSG nF weiterhin die zur Aufgabenerfüllung der Kirchen erforderlichen Übermittlungen personenbezogener Daten erlauben können, „sofern sichergestellt ist, dass bei diesen ausreichende Datenschutzmaßnahmen getroffen werden.", wobei das Wort „ausreichend" durch „umfassend" zu ersetzen ist (→ Rn. 16). 7

3. Sonstige Regelungen im nationalen Recht. Den Aufgaben der Kirchen wird und kann auch weiterhin Rechnung getragen werden, indem von den **Meldebehörden** nach § 42 BMG in einen unterschiedlichen Datenumfang Daten der Mitglieder der jeweiligen Religionsgesellschaft sowie deren Familienangehörigen, auch wenn sie nicht derselben oder keiner öffentlich-rechtlichen Religionsgesellschaft angehören, zur Erfüllung ihrer Aufgaben, nicht jedoch zu arbeitsrechtlichen Zwecken übermittelt werden dürfen. Familienangehörige können der Übermittlung jedoch widersprechen. Auch hier gilt als Voraussetzung der Übermittlung, dass die Religionsgesellschaften ausreichende Maßnahmen zum Datenschutz getroffen haben. Ob die in Art. 91 geforderten „umfassenden" Regelungen jedoch mit den bisher verlangten „ausreichenden" Maßnahmen deckungsgleich sind, erscheint fraglich. Zumindest ist der Wortlaut dem der DS-GVO anzupassen. 8

B. Einzelerläuterungen

I. Umfassende Regelungen zum Schutz personenbezogener Daten

Fortgelten können nach Art. 91 Abs. 1 eigenständige „Regeln" einer Religionsgemeinschaft. Keine Aussage wird gemacht, ob es sich bei diesem Sonderrecht nur um eine von einer öffentlich-rechtlichen Religionsgemeinschaft erlassene Rechtsnorm handelt oder ob bspw. auch eine Art **„Code of conduct"** einer privatrechtlich organisierten Gemeinschaft hierunter fällt. Da von „Regeln" die Rede ist und auch Regeln privatrechtlicher Religionsgemeinschaften erfasst werden, gilt wohl letzteres. Für Deutschland – aber auch für die übrigen Mitgliedstaaten – ist die Frage jedoch nicht aktuell, da derzeit nur die von der evangelischen und katholischen Kirche basierend auf Art. 137 Abs. 3 WRV iVm Art. 140 GG erlassenen Regelungen als eigenständige kirchliche Datenschutzregelungen in Betracht kommen. Sie gelten fort, wenn ihre Regeln mit dieser Verordnung derart **in Einklang gebracht** werden, dass sie die Regelungen der DS-GVO „umfassend" widerspiegeln.[15] Entsprechendes gilt für die Aufsicht, sie kann zwar theoretisch eigener Art sein, muss aber den in der DS-GVO gestellten Anforderung der Unabhängigkeit genügen.[16] 9

---

[15] Kühling/Buchner/*Herbst*, DS-GVO, Art. 91 Rn. 15.

[16] Vgl. *Dammann*, ZD 2016, 307 (311), der dies als kaum realisierbar ansieht.

II. Die kirchlichen Datenschutzregelungen ab 25.5.2018

10 **1. Allgemeines.** Die DS-GVO wird nur durch **„umfassende" Regeln** verdrängt. Die noch in § 15 BDSG oder § 42 BMG angesprochen „angemessenen" Regelungen genügen nicht. Als umfassend ist die Regelung zu verstehen, wenn sie alle Aspekte der DS-GVO, den Gegebenheiten der Kirche Rechnung tragend, enthält. Damit ändert sich für öffentlich-rechtliche Religionsgesellschaften mit eigenen Datenschutzgesetzen die Rechtsituation, indem die Nichtanwendbarkeit des staatlichen Datenschutzrechts von der Einhaltung der die DS-GVO ausmachenden Grundregeln abhängig gemacht wird. Das „In-Einklang-stehen" mit der Verordnung ist Voraussetzung für den Fortbestand der eigenen Regelungen, was bedeutet, dass die kirchlichen Regelungen die DS-GVO bezüglich der kirchlichen Besonderheiten zwar konkretisieren aber nicht in ihrem Schutzstandard minimieren können. Andererseits verlangt der Begriff der umfassenden Regelung wohl nicht, dass die Kirche eine in sich geschlossene abschließende Regelung erlässt.[17] Der Verweis auf die DS-GVO in nicht geregelten Tatbeständen bleibt offen.[18] Das Datenschutzrecht der evangelischen und katholischen Kirche stellte und stellt auch nunmehr jedenfalls eine **Gesamtkodifikation** dar.[19]

11 **2. Das Gesetz über den Datenschutz der Evangelischen Kirche (EKD-DSG).** Das EKD-DSG übernimmt weitgehend die Systematik der DS-GVO. Kapitel 1 enthält „Allgemeinen Bestimmungen" (§§ 1–4 EKD-DSG), mit der Sonderregelung zu Seelsorgegeheimnis und Amtsverschwiegenheit. Das Regeln zur „Verarbeitung personenbezogener Daten" enthaltene Kapitel 2 (§§ 5–15 EKD-DSG) gibt die für die Datenverarbeitung geltende Grundsätze wider. Es folgen die Betroffenenrechte in Kapitel 3 (§§ 16–25 EKD-DSG), die Pflichten von Verantwortlichen und Auftragsverarbeitern in den Kapitel 4 (§§ 26–35 EKD-DSG) und die Anforderungen hinsichtlich der Datenschutzbeauftragten im Kapitel 5 (§§ 36–38 EKD-DSG). Kapitel 6 (§§ 39–45 EKD-DSG) befasst sich mit der Datenschutzaufsicht; Kapitel 7 (§§ 46–48 EKD-DSG) enthält Normen zu Rechtsbehelfen und Schadensersatz. Kapitel 8 (§§ 49–53 EKD-DSG) regelt besondere Verarbeitungssituationen. Schlussbestimmungen befinden sich im Kapitel 9 (§§ 54–56 EKD-DSG).

12 **3. Das Gesetz über den kirchlichen Datenschutz der katholischen Kirche (KDG).** Das **KDG** der katholischen Kirche findet Anwendung bei den Diözesen, den Kirchengemeinden, die Kirchenstiftungen und die Kirchengemeindeverbände sowie dem Deutschen Caritasverband, den Diözesan-Caritasverbände und ihren Untergliederungen Fachverbänden ohne Rücksicht auf ihre Rechtsform und ferner auf die kirchlichen Körperschaften, Stiftungen, Anstalten, Werke, Einrichtungen und die sonstigen kirchlichen Rechtsträger ohne Rücksicht auf ihre Rechtsform.

In seiner Struktur und Regelungen folgt es ebenfalls der Systematik der DS-GVO und weist vielfache Parallelen zum EKD-DSG auf. Dies trifft uneingeschränkt auf die Kapitel 1–3 (§§ 1–25 KDG) zu, welche bei der Offenlegung an kirchliche Stellen mit § 9 Abs. 3 KDG einen ähnlichen Sonderweg einschlagen. Das mit „Verantwortlicher und Auftragsverarbeiter" betitelte 4. Kapitel (§§ 26–38

---

[17] So aber *Preuß*, ZD 2016, 217 (224); Sydow/*Hense*, DS-GVO, Art. 91 Rn. 18.

[18] Paal/Pauly/*Pauly*, DS-GVO, Art. 91 Rn. 21; aA Kühling/Buchner/*Herbst*, DS-GVO, Art. 91 Rn. 10.

[19] Sydow/*Hense*, DS-GVO, Art. 91 Rn. 19.

KDG) orientiert sich stark an der DS-GVO und enthält auch die – beim evangelischen Pendant separierten – Regeln über die Bestellung und die Aufgaben des Datenschutzbeauftragten. Im 5. Kapitel (§§ 39–41 KDG) finden sich dann die Normen, die die Übermittlung personenbezogener Daten an und in Drittländer regeln. Auf diese Vorschriften folgt das die Datenschutzaufsicht regelnde Kapitel 6 (§§ 42–47 KDG) sowie Kapitel 7 (§§ 48–51 KDG), welches Rechtsbehelfe und Schadensersatz regelt. Besondere Verarbeitungssituationen sind, genauso wie beim EKD-DSG, im 8. Kapitel (§§ 52–55 KDG) geregelt. Schlussbestimmungen enthalten die §§ 56–58 KDG.

4. Einzelaspekte. a) Die Datenschutzaufsicht. Kirchen und religiöse Vereinigungen oder Gemeinschaften, die keine Datenschutzregeln anwenden, unterliegen der Aufsicht durch die staatlichen Aufsichtsbehörden. Eine unabhängige Aufsicht, die ggf. spezifischer Art sein kann, sieht Art. 91 Abs. 2 nur vor, wenn die Kirche gem. Art. 91 Abs. 1 verfährt. Es kann eine besondere (kircheneigene) selbstverwaltete Aufsicht eingerichtet werden, vorausgesetzt, dass diese die Bedingungen erfüllt, die in Kapitel VI der Verordnung niedergelegt sind.[20] Der Verweis auf die Vorschriften des Kapitels VI der Verordnung bedeutet für die Kirchen, dass ihre **eigenen Aufsichtsbehörden** unabhängig und mit wirksamen Durchsetzungsbefugnissen[21] dafür sorgen sollen, dass das Grundrecht auf Schutz personenbezogener Daten nach Art. 8 der Charta der Grundrechte der Europäischen Union gewährleistet wird.[22] 13

So sieht das KDG eine parallele Aufsicht durch die Aufsichtsbehörde und betriebliche Datenschutzbeauftragte vor. Als Leiter der jeweiligen Aufsichtsbehörde wird nach § 42 KDG für den Bereich einer Diözese ein **Diözesandatenschutzbeauftragter** bestellt. Die Bestellung erfolgt zunächst für vier Jahre. Die Bestellung für mehrere Diözesen und/oder Ordensgemeinschaften ist zulässig. Der Diözesandatenschutzbeauftragte kann im Rahmen eines Maßnahmenkatalogs Verstöße gegen das KDG beanstanden und eine Frist zur Behebung gegenüber dem Verantwortlichen setzen. Bei Nichtbehebung der Mängel kann er die Aufsicht führende Stelle verständigen und sie zu einer Stellungnahme auffordern und die Feststellung der Datenschutzverletzung unter Benennung des hierfür Verantwortlichen an die nach Landesrecht zuständige Behörde zur Verfolgung von Ordnungswidrigkeiten weiterleiten. Er kann Anordnungen erlassen, die geeignet sind einen rechtmäßigen Zustand wiederherzustellen oder Gefahren für die Betroffenen abzuwehren sowie selbst Geldbußen zu verhängen. 14

Nach § 39 EKD-DSG obliegt die Überwachung der Einhaltung des EKG-DSG den von Gliedkirchen und den gliedkirchlichen Zusammenschlüssen einer von einem Beauftragten für den geleiteten unabhängige Aufsichtsbehörden für den Datenschutz. Der Rat der Evangelischen Kirche in Deutschland errichtet die Aufsichtsbehörde für den Bereich der Evangelischen Kirche in Deutschland und ihres Evangelischen Werkes für Diakonie und Entwicklung sowie für die gesamtkirchlichen Werke und Einrichtungen und bestellt den Beauftragten oder die Beauftragte für den Datenschutz der Evangelischen Kirche in Deutschland. Die 15

[20] Vgl. hierzu bei Sydow/*Hense*, DS-GVO, Art. 91 Rn. 27 f.; Kühling/Buchner/*Herbst*, DS-GVO, Art. 91 Rn. 1; BfDI, Info 6, S. 31.

[21] Vorschlägen der Kirchen zur Abschwächung der Norm des Art. 91 Abs. 2 wurde jedoch nicht Rechnung getragen, bei *Preuß*, ZD 2016, 217 Fn. 131.

[22] Vgl. diesbzgl. Anordnungen im 2. Jahresbericht des Diözesandatenschutzbeauftragten der norddeutschen Bistümer (2014/2015).

Gliedkirchen und die gliedkirchlichen Zusammenschlüsse errichten die Aufsichtsbehörde für ihren Bereich und ggf. für die Ihnen zugeordneten diakonischen Dienste einzeln oder gemeinschaftlich, soweit sie die Aufgaben nicht der Aufsichtsbehörde der Evangelischen Kirche in Deutschland übertragen. Die Datenschutzaufsicht hat ein **Beanstandungsrecht** (§ 47 Abs. 1 EKD-DSG), wobei § 47 Abs. 2 EKD-DSG bei festgestellten Verstöße die Folge vorsieht, dass der betroffenen Person im Verfahren vor den staatlichen Zivilgerichten über den **Schadensersatz** das Fehlen eines solchen Verstoßes nicht entgegengehalten werden kann. Der Beanstandungsbescheid kann konkrete Anordnungen enthalten, die einer genannten Frist – unverzüglich – umzusetzen sind. Die Datenschutzaufsicht ist befugt, zusätzlich zu oder anstelle von den angeordneten Maßnahmen eine Geldbuße zu verhängen.

16 **b) Bußgelder.** Zuständig für die Verhängung von **Geldbußen** ist die Datenschutzaufsichtsbehörde (§ 42 Abs. 6 KDG, § 51 EKD-DSG). Sowohl EKD-DSG wie auch KDG begrenzen die Höhe der Bußgelder auf 500.000 EUR (§ 45 Abs. 5 EKD-DSG bzw. § 51 Abs. 5 KDG). Ob diese Begrenzung iSd Art. 83 Abs. 1 DS-GVO noch „wirksam, verhältnismäßig und abschreckend" ist, mag man nachfragen. Zudem sind nach § 45 Abs. 1 EKD-DSG zwar zunächst mögliche Bußgeldadressaten verantwortliche Stellen und kirchliche Auftragsverarbeiter, wobei jedoch erstere nur dann erfasst sein sollen, wenn sie „als **Unternehmen** i.S.d. § 4 Nr. 9 am Wettbewerb teilnehmen". Nachvollzogen wird die Regelung des § 43 Abs. 3 BDSG nF, der Behörden von Bußgeldzahlungen ausnimmt.

Die gleiche Ausnahme enthält § 51 Abs. 6 KDG, nach dem kirchliche Stellen, soweit sie im weltlichen Rechtskreis öffentlich-rechtlich verfasst sind, und nicht am Wettbewerb teilnehmen, nicht Adressaten eines Bußgelds sind.[23]

17 **c) Beschäftigtendatenschutz.** Das KDG (§ 53) und auch das EKD-DSG (§ 49) enthalten dem § 26 BDSG nF teilweise entsprechende Regelung zum für Datenverarbeitung für Zwecke des **Beschäftigungsverhältnisses.** Dabei wird der besonderen Situation als **Tendenzträger** Rechnung getragen. § 53 Abs. 1 KDG gestattet, personenbezogene Daten eines Beschäftigten einschließlich der Daten über die Religionszugehörigkeit, die religiöse Überzeugung und die Erfüllung von Loyalitätsobliegenheiten für Zwecke des Beschäftigungsverhältnisses zu verarbeiten, wenn dies für die Entscheidung über die Begründung eines Beschäftigungsverhältnisses oder nach Begründung des Beschäftigungsverhältnisses für dessen Durchführung oder Beendigung erforderlich ist. Abs. 1 ist auch anzuwenden, wenn personenbezogene Daten verarbeitet werden, ohne dass sie automatisiert verarbeitet oder in oder aus einer nicht automatisierten Datei verarbeitet oder für die Verarbeitung in einer solchen Datei erhoben werden.

18 Erheblich umfangreicher sind die Regelungen der neun Absätze der diesbezüglichen Bestimmung in § 49 EKD-DSG. Nach Abs. 1 dürfen Daten von Beschäftigten zum einen zur Begründung, Durchführung, Beendigung oder zur Abwicklung des Beschäftigungsverhältnisses verarbeitet werden und zum anderen zur Durchführung organisatorischer, **personeller und sozialer Maßnahmen,** insbesondere auch für Zwecke der Personalplanung und des Personaleinsatzes. Vorrang haben sodann Erlaubnisse einer speziellen Rechtsvorschrift, eines Tarifvertrag oder einer Dienstvereinbarung. Abs. 2 erlaubt nicht nur im Zusammenhang mit dem Verdacht auf Straftaten und sondern auch von **Amtspflichtverletzungen,** insbe-

[23] Vgl. hierzu krit. *Golland*, RDV 2018, 1 (4).

sondere zum Schutz möglicher Betroffener. In Abs. 3 werden im Wesentlichen die Aussagen zu Einwilligungen im Beschäftigungsverhältnis nach § 26 Abs. 2 BDSG nF wiedergegeben. In Abs. 4 wird die Offenlegung von Beschäftigtendaten an Personen und Stellen außerhalb des kirchlichen Bereichs an das Vorliegen eines die interne Vertraulichkeit durchbrechenden aufgelisteten Ausnahmetatbestands geknüpft. Die Erhebung von medizinische oder psychologische Daten und ihre automatisierte Verarbeitung unterliegen besonderen Vorgaben (Art. 6 und 8). Beibehalten wird das ausdrückliche Zweckänderungsverbot im Rahmen der Maßnahmen zur Datensicherung gespeicherter Daten.

d) Videoübertragungen. Eine bemerkenswerte Ermächtigungsnorm befindet sich in § 53 EKD-DSG, nach dem **Gottesdienste** und kirchliche Veranstaltungen aufgezeichnet oder übertragen werden dürfen, wenn die Teilnehmenden durch geeignete Maßnahmen über Art und Umfang der Aufzeichnung oder Übertragung informiert werden. Aussagen in welcher Weise durch die Art der Übertragung Persönlichkeitsrechte der Besucher angemessen geschützt werden müssen, enthält die Norm nicht.[24] Eine gleichartige Regelung enthalten ua Gemeindeordnungen für die **Videoübertragung** von **Ratssitzungen.** So sieht Art. 52 Abs. 3 Hessische Gemeindeordnung vor, dass die Hauptsatzung bestimmen kann, dass in öffentlichen Sitzungen Film- und Tonaufnahmen durch die Medien mit dem Ziel der Veröffentlichung zulässig sind. Ansonsten bedürfte die Übertragung der Einwilligungen aller gezielt erkennbar im Bild Erscheinenden.[25] **19**

e) Rechtsschutz. Nach Art. 77 ff. muss es einen wirksamen Rechtsbehelf gegen Entscheidungen der Aufsichtsbehörde ebenso wie gegen solche der Verantwortlichen geben. In der bisherigen kirchlichen Datenschutzordnung fehlte derartiges. § 47 Abs. 1 EKD-DSG zentralisiert den Rechtsschutz bei den **Verwaltungsgerichten der evangelischen Kirche.** § 49 KDG sieht einen gerichtlichen Rechtsbehelfs gegen eine Entscheidung der Datenschutzaufsicht oder gegen den Verantwortlichen durch ein hierfür installierter **kirchliches Datenschutzgericht** vor, das auf der Basis einer „Ordnung für die kirchlichen Gerichte in Datenschutzangelegenheiten (KDSGO)" tätig wird. Damit geht die katholische Kirche einen beachtenswerten Weg, den die weltliche Justizorganisation trotz des Eintritts in das digitale Zeitalter wohl kaum nachvollziehen wird.[26] **20**

---

[24] Zur Kritik auch *Golland*, RDV 2018, 1 (5).
[25] www.datenschutzzentrum.de/video/20120524-streaming-gemeinde.
[26] Vgl. bei *Golland,* RDV 2018, 1 (6).

Kapitel X. Delegierte Rechtsakte und Durchführungsrechtsakte

Art. 92 Ausübung der Befugnisübertragung

(1) **Die Befugnis zum Erlass delegierter Rechtsakte wird der Kommission unter den in diesem Artikel festgelegten Bedingungen übertragen.**

(2) **Die Befugnis zum Erlass delegierter Rechtsakte gemäß Artikel 12 Absatz 8 und Artikel 43 Absatz 8 wird der Kommission auf unbestimmte Zeit ab dem 24. Mai 2016 übertragen.**

(3) **[1]Die Befugnisübertragung gemäß Artikel 12 Absatz 8 und Artikel 43 Absatz 8 kann vom Europäischen Parlament oder vom Rat jederzeit widerrufen werden. [2]Der Beschluss über den Widerruf beendet die Übertragung der in diesem Beschluss angegebenen Befugnis. [3]Er wird am Tag nach seiner Veröffentlichung im Amtsblatt der Europäischen Union oder zu einem im Beschluss über den Widerruf angegebenen späteren Zeitpunkt wirksam. [4]Die Gültigkeit von delegierten Rechtsakten, die bereits in Kraft sind, wird von dem Beschluss über den Widerruf nicht berührt.**

(4) **Sobald die Kommission einen delegierten Rechtsakt erlässt, übermittelt sie ihn gleichzeitig dem Europäischen Parlament und dem Rat.**

(5) **[1]Ein delegierter Rechtsakt, der gemäß Artikel 12 Absatz 8 und Artikel 43 Absatz 8 erlassen wurde, tritt nur in Kraft, wenn weder das Europäische Parlament noch der Rat innerhalb einer Frist von drei Monaten nach Übermittlung dieses Rechtsakts an das Europäische Parlament und den Rat Einwände erhoben haben oder wenn vor Ablauf dieser Frist das Europäische Parlament und der Rat beide der Kommission mitgeteilt haben, dass sie keine Einwände erheben werden. [2]Auf Veranlassung des Europäischen Parlaments oder des Rates wird diese Frist um drei Monate verlängert.**

Art. 93 Ausschussverfahren

(1) **[1]Die Kommission wird von einem Ausschuss unterstützt. [2]Dieser Ausschuss ist ein Ausschuss im Sinne der Verordnung (EU) Nr. 182/2011.**

(2) **Wird auf diesen Absatz Bezug genommen, so gilt Artikel 5 der Verordnung (EU) Nr. 182/2011.**

(3) **Wird auf diesen Absatz Bezug genommen, so gilt Artikel 8 der Verordnung (EU) Nr. 182/2011 in Verbindung mit deren Artikel 5.**

Übersicht

A. Allgemeines

I. Primärrechtlicher Hintergrund

1 **Seit** Inkrafttreten des **Lissabonvertrags** sind **delegierte Rechtsakte** (Art. 290 AEUV) und **Durchführungsrechtsakte** (Art. 291 AEUV) als neue Formen von Rechtsakten etabliert. Durch delegierte Rechtsakte kann die Kommission gem. Art. 290 Abs. 1 AEUV Gesetzgebungsakte (Verordnung, Richtlinie, Beschluss, s. Art. 289 Abs. 1 AEUV) ergänzen oder eine „Änderung bestimmter nicht wesentlicher Vorschriften des betreffenden Gesetzgebungsaktes" vornehmen. Die wesentlichen Aspekte eines Bereichs bleiben dem Gesetzgebungsakt vorbehalten. **Delegierte Rechtsakte** sind damit grosso modo mit **Verordnungen** iSd nationalen Rechts (Art. 80 GG) **vergleichbar.** Weniger weitreichend sind die Befugnisse bei einer Ermächtigung zum Erlass von **Durchführungsrechtsakten.** Hier ist eine Abänderung nicht möglich, die Kommission (oder im Ausnahmefall der Rat) kann allein einheitliche Bedingungen für die Durchführung der verbindlichen Rechtsakte der Union festlegen. Es geht also **lediglich** um **Konkretisierungen.**[1]

II. Systematik und Genese

2 Die DS-GVO sieht an zahlreichen Stellen Ermächtigungen für den Erlass delegierter Rechtsakte oder Durchführungsrechtsakte vor. Dadurch wird deutlich, dass es sich nur um eine **„Grundverordnung"** handelt, dass also durch die Verordnung selbst nur ein allgemeiner Rahmen für den Datenschutz vorgegeben wird, für viele Sachbereiche aber ein **Bedarf an konkretisierenden Regelungen** besteht. Solche spezifischen Vorschriften können entweder durch die nationalen Gesetzgeber auf Grundlage von Öffnungsklauseln erlassen werden (s. etwa Art. 85, 88) oder durch Übertragung der Normsetzungsbefugnis auf die Kommission nach Art. 290 f. AEUV.

3 Der **ursprüngliche Kommissionsvorschlag** für die DS-GVO sah sogar noch einmal **deutlich mehr Ermächtigungen** zugunsten der Kommission vor, insbesondere auch zur delegierten Rechtsetzung nach Art. 291 AEUV.[2] Dies hätte der Kommission eine große Machtfülle im Datenschutzrecht beschert, zumal im Rahmen der delegierten Rechtsetzung nach Art. 291 Abs. 1 AEUV in geringem Umfang sogar Abänderungen der Verordnung möglich gewesen wären. Es verwundert also kaum, dass die Mitgliedstaaten ein anderes Ergebnis durchgesetzt haben. Es verbleiben **nunmehr noch sieben Ermächtigungen** für den Erlass von **Durchführungsrechtsakten** und lediglich zwei **Ermächtigungen** zu **delegierter Rechtsetzung.**

III. Praktische Bedeutung

4 Die **praktische Bedeutung** der Ermächtigungen zum Erlass delegierter Rechtsakte bzw. für Durchführungsakte ist **hoch.** Der Kommission ist es zB –

---

[1] Vgl. zum Begriff des Durchführungsrechts Sydow/*Sydow*, DS-GVO, Art. 93 Rn. 10 ff.

[2] Vgl. Kühling/Buchner/*Herbst*, DS-GVO, Art. 93 Rn. 7.

wie bislang nach der DS-RL – überlassen, Beschlüsse über die Angemessenheit des Schutzniveaus in Drittländern zu fassen (Art. 45 Abs. 3 und Abs. 5). Zugleich kann sie gem. Art. 46 Abs. 2 lit. c Standarddatenschutzklauseln für die Datenübermittlung in unsichere Drittländer annehmen, sodass insgesamt **Datenübermittlungen in Drittländer** wesentlich durch Vorschriften außerhalb der DS-GVO geprägt sein werden. Praxisrelevant ist ferner die Ermächtigung zum Erlass von Durchführungsrechtsakten zu Standardvertragsklauseln im Bereich der Auftragsdatenverarbeitung (Art. 28 Abs. 7).

5 Eine **Aufwertung** erlangen die delegierten Rechtsakte und Durchführungsrechtsakte dadurch, dass ein Verstoß gegen die dort getroffenen Regelungen nach Erwägungsgrund 146 grundsätzlich einem **Verstoß gegen die DS-GVO gleichkommt.** Es werden also prinzipiell dieselben Rechtsfolgen ausgelöst, mithin ua auch die scharfen **Sanktionen** nach Art. 82 f.

B. Einzelerläuterungen

I. Delegierte Rechtsakte

6 Delegierte Rechtsakte können in Bezug auf die für **Zertifizierungsverfahren** geltenden Anforderungen **(Art. 43 Abs. 8)** sowie in Bezug auf die Festlegung der Bedingungen der Übermittlung auf **Icons** gestützter Informationen **(Art. 12 Abs. 8)** erlassen werden. Beide Rechtsetzungsbefugnisse werden der Kommission nach **Art. 92 Abs. 2** auf unbestimmte Zeit übertragen.

7 Nach Erwägungsgrund 166 ist die Kommission gehalten, vor Erlass der delegierten Rechtsakte **angemessene Konsultationen,** auch auf der Ebene von Sachverständigen, durchzuführen. Zudem muss sie die einschlägigen **Dokumente dem Europäischen Parlament und dem Rat** gleichzeitig (so auch Art. 92 Abs. 4), rechtzeitig und auf angemessene Weise **übermitteln.** Parlament und Rat können sodann nach Art. 92 Abs. 5 innerhalb einer Frist von drei Monaten nach Übermittlung des Rechtsakts **Einwände** erheben.

II. Durchführungsrechtsakte

8 Ermächtigungen zum Erlass von Durchführungsrechtsakten seitens der Kommission sieht die DS-GVO an folgenden Stellen vor:[3]

- Art. 28 Abs. 7: Erlass von **Standardvertragsklauseln** für Verträge zwischen für die Verarbeitung Verantwortlichen und Auftragsverarbeitern sowie zwischen Auftragsverarbeitern;
- Art. 40 Abs. 9: Gültigkeitserklärung von **Verhaltensregeln** (codes of conduct);
- Art. 43 Abs. 9: Festlegung technischer Standards und Verfahren für die **Zertifizierung,** Festlegung von **Datenschutzsiegeln und -prüfzeichen** sowie von Mechanismen zur Förderung und Anerkennung dieser Zertifizierungsverfahren und Datenschutzsiegel und -prüfzeichen;
- Art. 45 Abs. 3 und Abs. 5: Durchführungsrechtsakte im Zusammenhang mit **Angemessenheitsbeschlüssen zu sicheren Drittstaaten;**
- Art. 46 Abs. 2 lit. c und d: Erlass und Genehmigung von **Standarddatenschutzklauseln** für die **Datenübermittlung in unsichere Drittländer;**

[3] Vgl. Paal/Pauly/*Pauly*, DS-GVO, Art. 93 Rn. 15.

– Art. 47 Abs. 3: Formate und Verfahren für den **Informationsaustausch** im Hinblick auf **verbindliche unternehmensinterne Datenschutzvorschriften;**
– Art. 61 Abs. 9 sowie Art. 67: Konkretisierung des **Amtshilfeverfahrens** und des **elektronischen Informationsaustauschs** zwischen den Aufsichtsbehörden sowie zwischen den Aufsichtsbehörden und dem Europäischen Datenschutzausschuss.

Beim Erlass von Durchführungsrechtsakten greift nach **Art. 93** das sog. **Ausschussverfahren.** Danach muss die Kommission den von ihr vorgeschlagenen Entwurf für einen Durchführungsrechtsakt grundsätzlich mit einem Ausschuss abstimmen, der aus Vertretern der einzelnen EU-Länder besteht.[4] 9

Näheres regelt die „Verordnung (EU) Nr. 182/2011 zur Festlegung der allgemeinen Regeln und Grundsätze, nach denen die Mitgliedstaaten die Wahrnehmung der Durchführungsbefugnisse durch die Kommission kontrollieren". Die einzelnen Ermächtigungen zum Erlass von Durchführungsrechtsakten in der DS-GVO verweisen **regelmäßig** auf das sog. **Prüfverfahren** gem. **Art. 93 Abs. 2** iVm Art. 5 VO (EU) Nr. 182/2011. Im Prüfverfahren müssen die Durchführungsrechtsakte von einer qualifizierten Mehrheit des Ausschusses unterstützt werden. Es gilt ein gewichtetes Abstimmungssystem, bei dem 16 der 28 EU-Länder zustimmen müssen, wobei diese Stimmen mindestens 65 Prozent der EU-Bevölkerung ausmachen müssen. Falls der Ausschuss eine ablehnende Stellungnahme abgibt, kann die Kommission den Entwurf einem Berufungsausschuss vorlegen, um festzustellen, ob die Prüfung der Maßnahme weitergehen oder der Text abgeändert werden sollte. Gibt dieser Ausschuss im Ergebnis keine Stellungnahme ab, kann die Kommission den Entwurf der Rechtsakte unter bestimmten Bedingungen erlassen.[5] 10

Nur für äußerst **dringende Fälle** („cases of extreme urgency") erlaubt Art. 45 Abs. 5, der den Widerruf, eine Änderung oder ein Aussetzen von Angemessenheitsbeschlüssen zum Datenschutzniveau in Drittstaaten betrifft, den **Erlass eines sofort geltenden Durchführungsrechtsaktes** nach **Art. 93 Abs. 3** iVm Art. 8 VO (EU) Nr. 182/2011. Nach Erwägungsgrund 169 soll die Kommission sofort geltende Durchführungsrechtsakte erlassen, wenn anhand vorliegender Beweise festgestellt wird, dass ein Drittland, ein Gebiet oder ein bestimmter Sektor in diesem Drittland oder eine internationale Organisation kein angemessenes Schutzniveau gewährleistet, und dies aus Gründen äußerster Dringlichkeit erforderlich ist. 11

Nach Art. 11 VO (EU) Nr. 182/2011 können das **Europäische Parlament** oder der **Rat** die Kommission jederzeit darauf hinweisen, dass der Entwurf eines Durchführungsrechtsakts ihres Erachtens die im Basisrechtsakt vorgesehenen Durchführungsbefugnisse überschreitet **(Kontrollrecht).** In diesem Fall überprüft die Kommission den Entwurf des Durchführungsrechtsakts unter Berücksichtigung der vorgetragenen Standpunkte und unterrichtet das Europäische Parlament und den Rat darüber, ob sie beabsichtigt, den Entwurf des Durchführungsrechtsakts beizubehalten, abzuändern oder zurückzuziehen. 12

C. Rechtsschutz

Gegen delegierte Rechtsakte oder Durchführungsrechtsakte selbst kann gem. **Art. 263 Abs. 4 Var. 3 AEUV Nichtigkeitsklage** erhoben werden. Vorausset- 13

---

[4] Ehmann/Selmayr/*Ehmann*, DS-GVO, Art. 93 Rn. 1.
[5] S. hierzu Paal/Pauly/*Pauly*, DS-GVO, Art. 93 Rn. 13.

zung ist, dass der angegriffene delegierte Rechtsakt oder Durchführungsrechtsakt den Kläger unmittelbar betrifft und keine Durchführungsmaßnahmen nach sich zieht.[6]

[6] S. hierzu Grabitz/Hilf/Nettesheim/*Dörr*, AEUV, Art. 263 Rn. 82; vgl. ausf. *Pötters/Werkmeister/Traut*, EuR 2012, 546.

Kapitel XI. Schlussbestimmungen

Art. 94 Aufhebung der Richtlinie 95/46/EG

(1) **Die Richtlinie 95/46/EG wird mit Wirkung vom 25. Mai 2018 aufgehoben.**

(2) [1]**Verweise auf die aufgehobene Richtlinie gelten als Verweise auf die vorliegende Verordnung.** [2]**Verweise auf die durch Artikel 29 der Richtlinie 95/46/EG eingesetzte Gruppe für den Schutz von Personen bei der Verarbeitung personenbezogener Daten gelten als Verweise auf den kraft dieser Verordnung errichteten Europäischen Datenschutzausschuss.**

Literatur: *Piltz*, Die Datenschutz-Grundverordnung – Teil 1: Anwendungsbereich, Definitionen und Grundlagen der Datenverarbeitung, K&R 2016, 557; *Schantz*, Die Datenschutz-Grundverordnung – Beginn einer neuen Zeitrechnung im Datenschutzrecht, NJW 2016, 1841.

Übersicht

A. Einleitung

1 Die DS-GVO sieht, als verbindlich geltende Verordnung, Regelungen dazu vor, was mit der bislang geltenden **Datenschutzrichtlinie** geschieht und wie das Verhältnis der beiden Instrumente zueinander ausgestaltet ist. Pflichtenadressaten müssen Gewissheit darüber haben, ab welchem Zeitpunkt die DS-GVO Wirkung entfaltet und ebenso ab wann die geltenden Regelungen nicht mehr anwendbar sind.

B. Zweck und Bedeutung

2 Art. 94 soll zum einen Aufschluss darüber geben, was mit Verweisen auf die derzeit geltende RL 95/46/EG geschieht, wenn die DS-GVO anwendbar ist. Zum anderen wird auch verbindlich geregelt, ab wann die DS-GVO unmittelbar in den Mitgliedstaaten **Anwendung findet.**

C. Einzelerläuterungen

I. Aufhebung der Datenschutz-Richtlinie

3 Art. 94 Abs. 1 sieht vor, dass die RL 95/46/EG mit Wirkung vom 25.5.2018 aufgehoben wird. Ab dem 25.5.2018 ist die RL 95/46/EG damit nicht mehr existent und entfaltet auch **keine Reglungswirkung** gegenüber den Mitgliedstaaten als Adressaten.

4 **1. Auswirkungen auf die Rechtmäßigkeit von „alten" Datenverarbeitungen.** Nach Erwägungsgrund 171 sollen Verarbeitungen, die zum Zeitpunkt der Anwendung der DS-GVO, mithin zum 25.5.2018 stattfinden, innerhalb einer Frist von zwei Jahren nach Inkrafttreten der DS-GVO, also ab dem 24.5.2016, mit ihr **in Einklang gebracht werden.** Dem Grunde nach sieht die DS-GVO damit zumindest die Möglichkeit eines Überlebens der Rechtmäßigkeit **„alter" Datenverarbeitungen** unter der Voraussetzung vor, dass diese Verarbeitungen die Anforderungen der DS-GVO erfüllen.

5 Die DS-GVO erläutert die Voraussetzungen eines solchen Überlebens in Erwägungsgrund 171 anhand des **Beispiels** der **Einwilligung.** Nach Erwägungsgrund 171 S. 3 ist es nicht erforderlich, dass eine neue Einwilligung für eine Datenverarbeitung erteilt wird, wenn die Art und Weise der bereits erteilten Einwilligung den **Bedingungen der DS-GVO entspricht.** Konsequenterweise muss also die Zulässigkeit einer bereits stattfindenden Datenverarbeitung an der DS-GVO gemessen werden. Nur wenn die, teilweise im Gegensatz zur RL 95/46/EG neuen Anforderungen erfüllt sind, bleibt die Datenverarbeitung rechtmäßig. Die deutschen Aufsichtsbehörden sehen die Vorgaben des Erwägungsgrundes 171 nicht ganz so streng. Im Oktober 2016 veröffentlichten sie einen Beschluss zur Fortgeltung von existierenden Einwilligung.[1] Danach erfüllen bisher rechtswirksame Einwilligungen „grundsätzlich" die Bedingungen von Erwägungsgrund 171 S. 3. „Grundsätzlich" bedeutet freilich, dass es auch Ausnahmen gibt. Zumindest müssen, so die deutschen Behörden, keine Informationspflichten nach Art. 13 erfüllt werden. Das Bayerische Landesamt für Datenschutzaufsicht schließt sich dieser Auffassung an, empfiehlt jedoch andererseits, alte Einwilligung „zeitnah zu aktualisieren".[2] In der Praxis ist damit im Ergebnis eine **Analyse jeglicher Datenverarbeitungsprozesse** erforderlich, ob diese die Vorgaben der DS-GVO einhalten.[3] Ist dies nicht der Fall, ist die betreffende Verarbeitung ab dem 25.5.2018 unzulässig, unabhängig davon, ob sie zuvor die Anforderungen der RL 95/46/EG erfüllt hat. Eine Blanko-Privilegierung von nach altem Recht zulässigen Datenverarbeitungen gibt es nicht. Im Ergebnis ist diese Folge auch konsequent, da keine offensichtlich unzulässigen Datenverarbeitungen in den Anwendungsbereich der DS-GVO überführt werden sollen.

6 Die Aufarbeitung und Prüfung der Konformität bereits stattfindender Verarbeitungen mit den Anforderungen der DS-GVO, dürfte in der Praxis für erheblichen Arbeitsaufwand sorgen. Teilweise mag diese nun erforderliche **Konformitätsprü-**

---

[1] Beschl. der Aufsichtsbehörden für den Datenschutz im nichtöffentlichen Bereich (Düsseldorfer Kreis am 13./14.9.2016), Fortgeltung bisher erteilter Einwilligungen unter der DS-GVO.

[2] BayLDA, Einwilligung nach der DS-GVO, abrufbar unter: www.lda.bayern.de/media/baylda_ds-gvo_9_consent.pdf.

[3] Ebenso Kühling/Buchner/*Kühling/Raab*, DS-GVO, Art. 94 Rn. 4.

fung zügig abgeschlossen werden können. Bspw., wenn im Rahmen eines Vertragsverhältnisses allein jene personenbezogenen Daten verarbeitet werden, die für dessen Durchführung erforderlich sind. Eine solche Verarbeitung ist sowohl nach der noch geltenden RL 95/46/EG (Art. 7 lit. b), als auch nach der DS-GVO (Art. 6 Abs. 1 lit. b) zulässig.

Durchaus mit Schwierigkeiten verbunden kann jedoch eine Übertragung der 7
Rechtmäßigkeit von Verarbeitungen basierend auf anderen Erlaubnistatbeständen vom Geltungsbereich der RL 95/46/EG in jenen der DS-GVO sein. Erschwerend kommt insofern hinzu, dass im Anwendungsbereich der RL 95/46/EG nationale Regelungen entstanden sind und durch die (nationale) Rechtsprechung interpretiert wurden, die sich von den Vorgaben der DS-GVO unterscheiden und mit diesen nicht in Einklang stehen.

Ein Beispiel hierfür dürfte die datenschutzrechtliche **Einwilligung** in Form 8
des Opt-out darstellen, die durch den BGH für den Versand von Werbung per Post als zulässig angesehen wurde.[4] Ob eine datenschutzrechtliche Einwilligung per Opt-out (also etwa in der Form eines vorangekreuzten Kästchens auf Webseiten) noch den Vorgaben der DS-GVO genügt, erscheint zumindest diskutabel. Nach Erwägungsgrund 32 S. 3 stellen nämlich bereits vorangekreuzte Kästchen keine Einwilligung dar. Ob hiermit tatsächlich das Opt-out als eine Form der Einwilligungserteilung unzulässig ist, mag diskutiert werden. Andererseits stellt Erwägungsgrund 47 aE ausdrücklich klar, dass die Verarbeitung personenbezogener Daten zum Zwecke der Direktwerbung als eine einem berechtigten Interesse dienende Verarbeitung betrachtet werden kann. Dies spricht gegen ein Erfordernis einer vorherigen ausdrücklichen Einwilligung **(Opt-in)** und für die zukünftige Zulässigkeit des **Opt-out.** Aber auch wenn ein Kästchen vorangekreuzt auf einer Webseite oder innerhalb eines schriftlichen Formulars vorgehalten wird, bedarf es in dem meisten Fällen noch einer aktiven Handlung des Betroffenen (zB ein Klick auf einen Knopf oder aber die Ableistung einer Unterschrift (hierzu → Art. 6 Rn. 1 ff.). Selbst in diesem Fall kann man also von einer erteilten Einwilligung ausgehen. Daneben muss jedoch beachtet werden, dass das Erfordernis einer vorherigen Einwilligung für den Erhalt von elektronischer Post aus Art. 13 Abs. 1 RL 2002/58/EG auch neben der DS-GVO bestehen bleibt (vgl. zum Verhältnis der DS-GVO zur RL 2002/58/EG, Art. 95).

Ein weiterer Bereich der von der in Art. 94 geschaffenen Übergangsregel 9
betroffen sein dürfte, ist die Zulässigkeit einer **zweckändernden Weiterverarbeitung** von personenbezogenen Daten. Art. 6 Abs. 4 schreibt höhere Anforderungen an die Zulässigkeit einer solchen zweckändernden Verarbeitung vor, als sie bisher etwas im BDSG existieren. So ist derzeit nach § 28 Abs. 2 Nr. 1 BDSG die zweckändernde Nutzung oder Übermittlung zulässig, wenn eine Interessenabwägung nach § 28 Abs. 1 S. 1 Nr. 2 BDSG zugunsten des Verantwortlichen ausfällt.

Zu beachten ist zudem, dass Art. 94 die Anforderung, dass Verarbeitungen mit 10
der DS-GVO in Einklang gebracht werden müssen, nicht auf die Anforderungen der verschiedenen Erlaubnistatbestände beschränkt. Datenverarbeitungen müssen etwa auch die Grundsätze des Art. 5 kumulativ beachten, wenn sie in Einklang mit der DS-GVO stehen sollen. Datenverarbeitungen müssen also ab dem 25.5.2018 **insgesamt mit den Vorgaben der DS-GVO übereinstimmen.**

[4] BGH, Urt. v. 16.7.2008 – VIII ZR 348/06, NJW 2008, 3055, Rn. 32 ff. – Payback.

11 **2. Auswirkungen auf nationale (Umsetzungs-)Gesetze.** Verbunden mit der Frage, ob bisherige Datenverarbeitungen zulässig bleiben, sind auch die möglichen Auswirkungen der Aufhebung der geltenden RL 95/46/EG auf **nationale Datenschutzgesetze,** die im Rahmen der Umsetzung dieser europarechtlichen Vorgaben entstanden sind.

12 Auch wenn die RL 95/46/EG nicht mehr existiert, bleiben nationale Vorschriften weiterhin bestehen. Die Aufhebung eines EU-Rechtsaktes, der Mitgliedstaaten zu einer nationalrechtlichen Umsetzung zwingt, hat **keinen direkten Einfluss** auf die Gültigkeit von nationalen Vorschriften, die im Rahmen der Umsetzung der Vorgaben dieses EU-Rechtsaktes geschaffen wurden. Freilich müssen sich die somit weiterhin gültigen nationalen Regelung an den neuen europäischen Vorgaben, hier jenen der DS-GVO, messen lassen bzw. werden diese aufgrund des Anwendungsvorrangs des EU-Rechts[5] und der unmittelbaren Geltung der DS-GVO nicht mehr anwendbar sein.

II. Verweise auf die Datenschutz-Richtlinie

13 Nach Art. 94 Abs. 2 S. 1 gelten **Verweise** auf die aufgehobene RL 95/46/EG nun als Verweise auf die DS-GVO. Im deutschen Datenschutzrecht findet sich ein solcher Verweis auf die RL 95/46/EG etwa in § 13 Abs. 1 S. 1 TMG. Danach hat ein Diensteanbieter den Nutzer zu Beginn des Nutzungsvorgangs über Art, Umfang und Zwecke der Erhebung und Verwendung personenbezogener Daten sowie über die Verarbeitung seiner Daten in Staaten außerhalb des Anwendungsbereichs der RL 95/46/EG in allgemein verständlicher Form zu unterrichten. Materielle Änderungen dürften sich durch einen ersetzenden Verweis auf die DS-GVO hierdurch in diesem Fall jedoch nicht ergeben. Denn der Anwendungsbereich der DS-GVO erstreckt sich auf dieselben „Staaten" wie schon derzeit die RL 95/46/EG. Anderes gilt jedoch für den territorialen Anwendungsbereich der DS-GVO mit Blick auf verpflichtete Verantwortliche bzw. Auftragsverarbeiter (hierzu → Art. 3 Rn. 1 ff.).

14 Verweise auf die RL 95/46/EG finden sich jedoch insbesondere auch in europäischen Rechtsakten, so etwa in der Richtlinie über die Verarbeitung personenbezogener Daten und den Schutz der Privatsphäre in der elektronischen Kommunikation (Datenschutzrichtlinie für elektronische Kommunikation) (RL 2002/58/EG). Inhaltliche Vorgaben dazu, wie nun Verweise auf die DS-GVO zu behandeln sind, macht Art. 94 nicht. Vom Prinzip her wird mithin **auf die gesamte DS-GVO** und ihren Anwendungsbereich verwiesen, wenn in dem jeweiligen Gesetz, Entscheidung oder Beschluss der Europäischen Kommission oder einer Genehmigung einer Datenschutzbehörde auf die RL 95/46/EG verwiesen wurde.

15 Weniger deutlich stellt sich die Situation jedoch dar, wenn etwa in Rechtsakten, zB in Erwägungsgrund 20 der **RL 2002/58/EG,** auf einzelne Artikel der RL 95/46/EG verwiesen wird. Für derartige konkrete Verweise bieten sich zwei Lösungsmöglichkeiten an.[6]

16 Entweder man geht davon aus, dass der Verweis ins Leere geht. Denn der jeweils referenzierte Artikel der RL 95/46/EG existiert ab dem 25.5.2018 nicht mehr und auch die Inhalte der referenzierten Artikel der RL 95/46/EG decken

[5] Grundlegend hierzu EuGH, Urt. v. 15.7.1964 – C-6/64 – Costa/E.N.E.L.; vgl. auch *Terhechte*, JuS 2008, 403; zur Situation nach der Aufhebung der sog. Vorratsdatenspeicherungsrichtlinie *Priebe*, EuZW 2014, 456 (458).

[6] Vgl. hierzu auch Paal/Pauly/*Pauly*, DS-GVO, Art. 94 Rn. 10.

sich nicht mit den der Nummer nach korrespondierenden Artikel der DS-GVO. Oder aber man versteht die Vorgabe des Art. 94 Abs. 2 S. 1 weitergehend und allgemeiner, sodass auch bei konkreten Verweisen auf einzelne Artikel der RL 95/46/EG davon auszugehen ist, dass diese nun auf die DS-GVO und ihre jeweils mit dem referenzierten Artikel der RL 95/46/EG korrespondierenden Vorgaben verweisen.[7] Hierbei wird sich freilich die Problematik ergeben, dass ein Vergleich angestellt werden müsste, zwischen den ursprünglichen Vorgaben des referenzierten Artikel aus der RL 95/46/EG und den entsprechenden Vorgaben (so sie denn noch inhaltlich gleich existieren) aus der DS-GVO.[8] Dem Wortlaut des Art. 94 Abs. 2 S. 1 nach ging der europäische Gesetzgeber von dieser zweiten Auslegungsalternative, also einem **umfassenden Verweis** auf die DS-GVO aus.

Nach Art. 94 Abs. 2 S. 2 gelten zudem Verweise auf die Artikel-29-Datenschutzgruppe als Verweise auf den Kraft der DS-GVO errichteten **Europäischen Datenschutzausschuss.** Solche Verweise finden sich etwa in **Angemessenheitsentscheidungen** der Europäischen Kommission, wie zuletzt im Durchführungsbeschluss der Kommission vom 12.7.2016 über die Angemessenheit des vom EU-US-Datenschutzschild gebotenen Schutzes (COM(2016) 4176 final), dort in Erwägungsgrund 147. **17**

III. Fortbestand von Beschlüssen und Entscheidungen der Kommission

Nach Erwägungsgrund 171 S. 4 bleiben auf der RL 95/46/EG beruhende Entscheidung bzw. Beschlüsse der Kommission und Genehmigungen der Aufsichtsbehörden in Kraft, bis sie geändert, ersetzt oder aufgehoben werden. Eine entsprechende Vorgabe findet sich in Art. 94 selbst nicht. In Bezug genommen sind damit insbesondere Entscheidungen der Kommission zur Angemessenheit des Schutzniveaus in einem Drittstaat (Art. 24 Abs. 6 RL 95/46/EG) sowie Entscheidungen der Kommission zum Vorliegen angemessener Garantien durch Vertragsklauseln (Art. 26 Abs. 4 RL 95/46/EG). Diese Entscheidungen bleiben, über die Aufhebung der RL 95/46/EG hinaus, **weiterhin wirksam.** Dies ergibt sich für die einzelnen Instrumente jedoch auch aus Art. 45 Abs. 9 und Art. 46 Abs. 5. Im Hinblick auf aufsichtsbehördliche Genehmigungen auf der Grundlage von Art. 26 Abs. 2 RL 95/46/EG ordnet Erwägungsgrund 171 S. 4 ebenfalls an, dass diese Genehmigungen weiterhin wirksam sind. Die korrespondierende Anordnung in der DS-GVO selbst findet sich in Art. 46 Abs. 5. Eine während der Verhandlungen zur DS-GVO von Seiten des Europäischen Parlaments vorgeschlagene Befristung der Wirksamkeit von Entscheidungen der Europäischen Kommission (sog. **sunset clauses**), fand keinen Einzug in die finale Fassung der DS-GVO. **18**

Kritisch ist jedoch anzumerken, dass eine solche Fiktion der Gültigkeit von bestehenden Beschlüssen und Entscheidungen der Europäischen Kommission, möglicherweise nicht mit dem Prinzip des Vorrangs von EU-Recht vereinbar wäre. Denn nach Erwägungsgrund 171 S. 4 würden existierende Entscheidungen und Beschlüsse wirksam bleiben, selbst wenn sie die neuen Anforderungen der **19**

---

[7] Unter Hinweis auf den „effet utile" Kühling/Buchner/*Kühling/Raab*, DS-GVO, Art. 94 Rn. 7.

[8] Ebenso Ehmann/Selmayr/*Ehmann*, DS-GVO, Art. 94 Rn. 5.

DS-GVO nicht erfüllen (hierzu im Einzelnen → Art. 45 Rn. 1 ff. und → Art. 46 Rn. 1 ff.).

Art. 95 Verhältnis zur Richtlinie 2002/58/EG

Diese Verordnung erlegt natürlichen oder juristischen Personen in Bezug auf die Verarbeitung in Verbindung mit der Bereitstellung öffentlich zugänglicher elektronischer Kommunikationsdienste in öffentlichen Kommunikationsnetzen in der Union keine zusätzlichen Pflichten auf, soweit sie besonderen in der Richtlinie 2002/58/EG festgelegten Pflichten unterliegen, die dasselbe Ziel verfolgen.

Literatur: *Keppeler,* Was bleibt vom TMG-Datenschutz nach der DS-GVO? – Lösung und Schaffung von Abgrenzungsproblemen im Multimedia-Datenschutz, MMR 2015, 779; *Piltz,* Die Datenschutz-Grundverordnung – Teil 1: Anwendungsbereich, Definitionen und Grundlagen der Datenverarbeitung, K&R 2016, 557; *Spindler,* Die neue EU-Datenschutz-Grundverordnung, DB 2016, 937.

Übersicht

A. Einleitung

1 Welche konkrete Aussage der Gesetzgeber mit Art. 95 treffen wollte, bleibt unklar. Dem Grunde nach geht es, betrachtet man die Überschrift, um das **Verhältnis der DS-GVO zur Richtlinie** 2002/58/EG (in der durch die RL 2009/136/EG geänderten Fassung, nachfolgend als „RL 2002/58/EG" bezeichnet). Wie genau das Verhältnis zwischen DS-GVO und dieser Richtlinie jedoch ausgestaltet werden soll, darauf gibt Art. 95 **keine hinreichenden Antworten** und dürfte daher in der näheren Zukunft, insbesondere in der Praxis, für Unsicherheiten sorgen.

B. Zweck und Bedeutung

2 Mit Art. 95 versucht der europäische Gesetzgeber Klarheit im Verhältnis zwischen der **historisch älteren RL 2002/58/EG** und der jüngeren DS-GVO zu schaffen. Ohne die Vorgaben des Art. 95 könnte man davon ausgehen, dass das neuere Gesetz (die DS-GVO) den älteren Regelungen der RL 2002/58/EG vorgehe. Genau dieses Ergebnis ist jedoch nicht gewollt. Zudem wird die Intention des europäischen Gesetzgeber festgeschrieben, die **RL 2002/58/EG zu überarbeiten** und mit den Regelungen der DS-GVO in Einklang zu bringen, um

Überschneidungen und Unklarheiten bei der Anwendung der gesetzlichen Vorgaben beider Instrumente zu vermeiden.

C. Einzelerläuterungen

I. Keine zusätzlichen Pflichten

Dem Wortlaut nach soll die DS-GVO natürlichen oder juristischen Personen „in Bezug auf die Verarbeitung in Verbindung mit Bereitstellung öffentlich zugänglicher elektronischer Kommunikationsdienste in öffentlichen Kommunikationsnetzen" **keine zusätzlichen Pflichten** auferlegen. Betrachtet man diesen Halbsatz für sich allein, so könnte man zu dem Schluss gelangen, dass nur für den speziellen Bereich der Bereitstellung öffentlich zugänglicher elektronischer Kommunikationsdienste in öffentlichen Kommunikationsnetzen und in diesem Zusammenhang stattfindende Datenverarbeitungen die RL 2002/58/EG gegenüber der DS-GVO als lex specialis anzusehen wäre.[1] 3

Spezielle datenschutzrechtliche Pflichten der RL 2002/58/EG (genauer: Pflichten aus den nationalen Regelungen, die in Umsetzung der Vorgaben dieser Richtlinie geschaffen wurden) würden damit grundsätzlich jenen der **DS-GVO vorgehen.** Es sollen, dem Wortlaut nach („keine zusätzlichen Pflichten") keine über die in der RL 2002/58/EG bestehenden Vorgaben gemacht werden. 4

Hier lässt sich jedoch bereits fragen, was für datenschutzrechtliche Pflichten gilt, die sich auf Situationen beziehen, bei denen es gerade nicht um die Bereitstellung öffentlich zugänglicher elektronischer Kommunikationsdienste geht. Speziell sei hier Art. 5 Abs. 3 RL 2002/58/EG, die sog. **„Cookie-Regelung",** angesprochen. Während nämlich viele Bestimmungen der RL 2002/58/EG nur auf Betreiber öffentlich zugänglicher elektronischer Kommunikationsdienste und auf Betreiber öffentlicher Kommunikationsnetze anwendbar sind, gilt Art. 5 Abs. 3 RL 2002/58/EG für jede Person, die Informationen auf Endgeräte überträgt oder auf diesen Geräten liest.[2] 5

Dem Wortlaut von Art. 95 nach dürfte die DS-GVO für diesen Fall, wenn es also nicht notwendigerweise um eine Verarbeitung in Verbindung mit der Bereitstellung öffentlich zugänglicher elektronischer Kommunikationsdienste in öffentlichen Kommunikationsnetzen geht, dem Verantwortlichen durchaus **zusätzliche Pflichten auferlegen.** Insbesondere für den in der Praxis relevanten Fall der Speicherung von **Cookies** oder anderen Code auf den Endgeräten von Nutzern greifen daher parallel Verpflichtungen der beiden Rechtsinstrumente. Zu beachten ist jedoch, dass die Vorgaben des Art. 5 Abs. 3 RL 2002/58/EG ohnehin bereits dann gelten, wenn entweder Informationen auf einem Endgerät gespeichert werden oder auf solche Informationen Zugriff genommen wird. Es ist damit weder eine Speicherung, noch ein Zugriff auf personenbezogene Daten erforderlich. Jedoch ist das Vorliegen von personenbezogenen Daten notwendige Anwendungsvoraussetzung der DS-GVO (Art. 2 Abs. 1). Art. 5 Abs. 3 RL 2002/58/EG deckt sich damit nicht komplett mit dem Anwendungsbereich der DS- 6

---

[1] S. eine im Auftrag der Europäischen Kommission angefertigte Studie, ePrivacy Directive: assessment of transposition, effectiveness and compatibility with proposed Data Protection Regulation, 2015, S. 21.

[2] *Artikel-29-Datenschutzgruppe,* Stellungnahme 02/2013 zu Apps auf intelligenten Endgeräten, WP 202, S. 9.

GVO, sondern ist bereits anwendbar, wenn „nur" Informationen betroffen sind. Zum anderen scheint der Gesetzgeber, nimmt man Erwägungsgrund 173 in den Blick, nicht nur solchen Pflichten der RL 2002/58/EG den Vorrang einräumen wollen, die in Verbindung mit der Bereitstellung öffentlich zugänglicher elektronischer Kommunikationsdienste in öffentlichen Kommunikationsnetzen stehen. Denn dort wird ganz grundsätzlich von den in der RL 2002/58/EG bestimmten Pflichten gesprochen.

II. Spezifizierung des Anwendungsbereichs

7 Hinzu tritt Hs. 2 des Art. 95. Danach gilt der Vorrang der RL 2002/58/EG nur, soweit die natürlichen oder juristischen Personen („sie") besonderen in der RL 2002/58/EG festgelegten Pflichten unterliegen, die **dasselbe Ziel** verfolgen.

8 „Dasselbe Ziel" müssen die referenzierten Pflichten verfolgen. Für eine Antwort auf die Frage, wie sich die DS-GVO zur RL 2002/58/EG verhält, müssten daher die Ziele der datenschutzrechtlichen Pflichten der RL 2002/58/EG mit jenen Zielen von Pflichten verglichen werden, die sich aus der DS-GVO ergeben. Ein solches Ziel wird sich, wenn überhaupt, zumeist jedoch nur aus einer **Auslegung der einzelnen Pflichten** ergeben. Unsichere und je nach Auslegung abweichende Ergebnisse dürften damit vorprogrammiert sein.

9 Erwägungsgrund 173 leistet nur bedingt Hilfe beim Versuch, das Verhältnis der beiden Rechtsakte zueinander zu entschlüsseln. Zwar scheint auch Erwägungsgrund 173 S. 1 deutlich machen zu wollen, dass Verarbeitungen personenbezogener Daten, soweit sie dem Anwendungsbereich der RL 2002/58/EG unterliegen und (als weitere Voraussetzung) zusätzlich dasselbe Ziel verfolgen, wie korrespondierende Pflichten der DS-GVO, der Verordnung vorgehen. Für weitere **Verwirrung** sorgt jedoch der Verweis in Erwägungsgrund 173 S. 1 Hs. 2, der nicht nur auf Pflichten des Verantwortlichen, sondern ausdrücklich auch auf Rechte natürlicher Personen referenziert. Diese „Rechte" werden jedoch in Art. 95 überhaupt nicht erwähnt.

10 Mit Blick auf den Zweck der Vorschrift und die Vorgaben des europäischen Gesetzgebers sowohl in Art. 95 als auch Erwägungsgrund 173, geht die RL 2002/58/EG als Spezialregelung (lex specialis) den Pflichten der DS-GVO **unter zwei Voraussetzungen vor.** Zum einen muss es sich um Datenverarbeitungen handeln, die in Verbindung mit der Bereitstellung öffentlich zugänglicher elektronischer Kommunikationsdienste stehen. Bezieht man in diese Überlegungen sinnvollerweise noch Erwägungsgrund 173 mit ein, der den Anwendungsbereich, anders als Art. 95, nicht auf Datenverarbeitungen in Verbindung mit der Bereitstellung öffentlich zugänglicher elektronischer Kommunikationsdienste beschränkt, so dürfte die Spezialität der RL 2002/58/EG auch für solche Datenverarbeitungen gelten, die nicht in diesem beschränkten Anwendungsbereich durchgeführt werden (wie insbesondere bei Art. 5 Abs. 3 RL 2002/58/EG), sondern für alle der RL 2002/58/EG entstammenden Pflichten und Rechte der Betroffenen[3] gelten. Zum anderen müssen sich eventuell überschneidende Pflichten vom Ziel her decken. Nur wenn diese Voraussetzungen des Art. 95 und Erwägungsgrundes 173 erfüllt sind, erlegt die DS-GVO den Verantwortlichen in diesen engen Korridoren keine zusätzlichen Pflichten auf.

---

[3] Ehmann/Selmayr/*Klabunde/Selmayr*, DS-GVO, Art. 95 Rn. 17.

Die DS-GVO hat damit **keinen direkten Einfluss auf die Vorgaben** der RL 2002/58/EG, nimmt an dieser keine inhaltlichen Änderungen vor oder verdrängt diese in ihrem Anwendungsbereich auch nicht.[4] Es ist eher anders herum. Soweit die oben benannten Voraussetzungen des Art. 95 und Erwägungsgrundes 173 erfüllt sind, geht die RL 2002/58/EG korrespondieren Pflichten der DS-GVO als **lex specialis** vor.[5] 11

III. Art. 1 Abs. 2 RL 2002/58/EG

Nähert man sich dem Versuch einer Lösungsfindung von Seiten der Gesetzgebungshistorie der DS-GVO, so ist der Blick auf Art. 1 Abs. 2 RL 2002/58/EG zu richten. Nach dessen S. 1 stellen die Bestimmungen dieser Richtlinie „eine Detaillierung und Ergänzung der Richtlinie 95/46/EG im Hinblick auf die in Absatz 1 genannten Zwecke dar". Der Begriff der Detaillierung spricht für das oben bereits gefundene Ergebnis der **lex specialis** (RL 2002/58/EG) zur lex generalis (DS-GVO).[6] Der Begriff der Ergänzung hingegen lässt erahnen, dass die datenschutzrechtlichen Pflichten der DS-GVO weiterhin, also parallel zu jenen der RL 2002/58/EG gelten. Nur in den oben beschriebenen Fällen, wenn die zwei Voraussetzungen des Art. 95 erfüllt sind, treten die Pflichten der DS-GVO, soweit sie sich in ihrer Zielvorgabe decken, hinter jenen der RL 2002/58/EG zurück. 12

In den ursprünglichen Entwürfen und Verhandlungsdokumenten im Rat der Europäischen Union zur DS-GVO war noch vorgesehen, Art. 1 Abs. 2 RL 2002/58/EG zu streichen. Auch die Überschrift (des damaligen Art. 89) hatte den Zusatz „und Änderung dieser Richtlinie".[7] Ursprünglich war man also der Auffassung, dass man, mit Verabschiedung der DS-GVO, zumindest auch teilweise die RL 2002/58/EG anpassen musste, um das Verhältnis der beiden Rechtsinstrumente zu verdeutlichen. Wie genau dieses Verhältnis ausgestaltet ist, darüber war man sich aber auch innerhalb der Delegationen im Rat der Europäischen Union zwischen den Mitgliedstaaten nicht einig. So lagen etwa im April 2015 noch Prüfvorbehalte zur Frage der kohärenten Anwendung der RL 2002/58/EG und der DS-GVO durch die Delegationen von Österreich, Belgien, Dänemark, Frankreich und Italien vor.[8] Nach Aussage der Europäischen Kommission in den Ratsverhandlungen **ergänzt die RL 2002/58/EG die noch gültige RL 95/46/EG.**[9] Zudem wies die Europäische Kommission darauf hin, dass die RL 2002/58/EG nach Verabschiedung der DS-GVO angepasst werden müsste. Auch aus diesen erläuternden Informationen lässt sich jedoch nicht klar ableiten, wie das Verhältnis der RL 2002/58/EG zur DS-GVO konkret ausgestaltet ist. Insgesamt schien man jedoch davon auszugehen, dass die Aussage des Art. 1 Abs. 2 RL 13

---

[4] Nach Aussage der Europäischen Kommission iRd Ratsverhandlung, bleibt die RL 2002/58/EG von den Vorgaben der DS-GVO unberührt, Ratsdokument 7978/1/15 REV 1, S. 50, Fn. 214.

[5] Ebenso Kühling/Buchner/*Kühling/Raab*, DS-GVO, Art. 95 Rn. 1; Sydow/*Sydow*, DS-GVO, Art. 95 Rn. 3.

[6] So auch die Auffassung der Ratspräsidentschaft während der Trilogverhandlungen, Ratsdokument 13633/15, v. 3.11.2015, S. 4, im Zusammenhang mit dem ursprünglichen Art. 89 Abs. 2, durch den Art. 1 Abs. 2 RL 2002/58/EG gestrichen werden sollte.

[7] Vgl. etwa Ratsdokument 11013/13, S. 224.

[8] Ratsdokument 8372/15, S. 28, Fn. 64.

[9] Ratsdokument 8372/15, S. 28, Fn. 64.

2002/58/EG (→ Rn. 12) auch mit Blick auf die DS-GVO weiterhin Bestand hat. Denn gelöscht wurde Art. 1 Abs. 2 RL 2002/58/EG nicht.

14 Nach Erwägungsgrund 10 RL 2002/58/EG gilt im Bereich der elektronischen Kommunikation die RL 95/46/EG vor allem für alle Fragen des Schutzes der Grundrechte und Grundfreiheiten, die von der RL 2002/58/EG nicht **spezifisch** erfasst werden, einschließlich der Pflichten des Verantwortlichen und der Rechte des Einzelnen. Auch aus diesen, weiterhin gültigen Vorgaben, lässt sich der Schluss ziehen, dass die Anwendungsbereiche der DS-GVO und der RL 2002/58/EG teilweise deckungsgleich sind, in diesem Fall geht die RL 2002/58/vor,[10] soweit es sich um solche Pflichten handelt, die dieselben Ziele wie jene der DS-GVO verfolgen. Sind datenschutzrechtliche Pflichten und insbesondere Grundprinzipien zum Umgang mit personenbezogenen Daten (wie etwa Art. 5) in der RL 2002/58/EG jedoch nicht adressiert, gelten die Vorgaben der DS-GVO.[11]

15 Insgesamt ist daher davon auszugehen, dass die Bestimmungen der RL 2002/58/EG neben der DS-GVO weiterhin in **vollem Umfang anwendbar bleiben** und, soweit die Voraussetzungen von Art. 95 erfüllt sind, die RL 2002/58/EG und die auf ihr beruhenden nationalen Regelungen (dazu sogleich) der DS-GVO vorgehen.[12]

IV. Auswirkungen in Deutschland

16 Für die Antwort auf die Frage, bezüglich welcher Regelungen **im nationalen Recht** von einem Vorrang vor den Pflichten der DS-GVO auszugehen ist, muss in jedem Mitgliedstaat geprüft werden, welche Verpflichtungen der RL 2002/58/EG in welchen Normen des jeweiligen nationalen Rechts umgesetzt wurden. Gerade in Deutschland ist jedoch seit Jahren umstritten, ob die RL 2002/58/EG überhaupt in Gänze umgesetzt wurde.

17 Viele Vorgaben der RL 2002/58/EG wurden unstreitig **in Deutschland umgesetzt.** Etwa mit dem Gesetz zur Änderung telekommunikationsrechtlicher Regelungen vom 3.5.2012 (BGBl. I S. 958), dem Telekommunikationsgesetz (TKG)[13] vom 22.6.2004 (BGBl. I S. 1190) oder dem Gesetz gegen den unlauteren Wettbewerb (UWG) vom 3.7.2004 (BGBl. I S. 1414).

18 Umstritten ist jedoch, ob auch Art. 5 Abs. 3 RL 2002/58/EG in deutsches Recht umgesetzt wurde. Sowohl die Europäische Kommission als auch die deutsche Bundesregierung scheinen davon auszugehen, dass **Art. 5 Abs. 3 RL 2002/58/EG** bereits durch bestehenden Regelungen der §§ 12 Abs. 1, 13 Abs. 1 und 15 Abs. 1 TMG im deutschen Recht umgesetzt sind.[14] Anderer Ansicht sind insbesondere die Datenschutzbeauftragten des Bundes und der Länder. Nach ihrer Auffassung setzt das TMG die europarechtlichen Vorgaben nur unvollständig in

---

[10] So auch die Auffassung der Ratspräsidentschaft während der Trilogverhandlungen, Ratsdokument 13633/15, v. 3.11.2015, S. 4, die ausdrücklich von einer „lex specialis" spricht.

[11] Studie im Auftrag der Europäische Kommission, ePrivacy Directive: assessment of transposition, effectiveness and compatibility with proposed Data Protection Regulation, 2015, S. 20.

[12] So auch *Artikel-29-Datenschutzgruppe*, Stellungnahme 01/2012 zu den Reformvorschlägen im Bereich des Datenschutzes, WP 191, S. 16 und 113.

[13] Sydow/*Sydow*, DS-GVO, Art. 95 Rn. 5.

[14] Vgl. hierzu *Schneider*, Die Stellungnahme der Bundesregierung zur Cookie-Richtlinie, v. 11.2.2014, abrufbar unter: www.telemedicus.info/article/2722-Die-Stellungnahme-der-Bundesregierung-zur-Cookie-Richtlinie.html.

deutsches Recht um.[15] Mit Blick auf die Vorgaben des Art. 5 Abs. 3 RL 2002/58/EG, der die Speicherung von und den Zugriff auf Informationen und damit auch personenbezogene Daten, umfasst, dürfte daher zunächst keine absolute Klarheit bestehen, ob die von der Bundesregierung angeführten **Vorschriften des TMG** den Regelungen der DS-GVO als Umsetzung der RL 2002/58/EG vorgehen.

Mit Blick auf die **übrigen datenschutzrechtlichen Vorschriften des TMG (§§ 11 ff. TMG)** steht jedoch fest, dass diese keine Anwendung mehr finden, sondern allein die Vorgaben der DS-GVO gelten.[16] Zumindest soweit die jeweiligen TMG-Vorschriften gerade keine Umsetzung von Pflichten aus der RL 2002/58/EG, sondern entweder Umsetzungen der RL 95/46/EG[17] oder nationale Eigenkreationen darstellen. 19

Am 10.1.2017 hat die Europäische Kommission einen Gesetzgebungsvorschlag für eine Verordnung über die Achtung des Privatlebens und den Schutz personenbezogener Daten in der elektronischen Kommunikation (COM(2017) 10 final) vorgelegt. Die RL 2002/58/EG soll in Zukunft durch diese neue Verordnung ersetzt werden (vgl. auch Erwägungsgrund 173). Ursprünglich war die Anwendbarkeit der neuen Verordnung gemeinsam mit der DS-GVO geplant. Dieses Ziel wird, nachdem das Europäische Parlament erst am 26.10.2017 den Bericht des federführenden LIBE-Ausschusses (PE 606.011v02-00) angenommen hat, mit ziemlicher Sicherheit nicht mehr erreicht werden. 20

Art. 96 Verhältnis zu bereits geschlossenen Übereinkünften

Internationale Übereinkünfte, die die Übermittlung personenbezogener Daten an Drittländer oder internationale Organisationen mit sich bringen, die von den Mitgliedstaaten vor dem 24. Mai 2016 abgeschlossen wurden und die im Einklang mit dem vor diesem Tag geltenden Unionsrecht stehen, bleiben in Kraft, bis sie geändert, ersetzt oder gekündigt werden.

Übersicht

A. Einleitung

Vor dem 24.5.2016 geschlossene Übereinkünfte der Mitgliedstaaten bleiben auch **nach Inkrafttreten** und der späteren Anwendbarkeit der DS-GVO wirk- 1

[15] Entschließung der Konferenz der Datenschutzbeauftragten des Bundes und der Länder v. 5.2.2015, Verfolgung des Nutzerverhaltens im Internet.

[16] So auch *Spindler*, DB 2016, 957; umfassend hierzu *Keppeler*, MMR 2015, 779.

[17] So ausdrücklich die Gesetzesbegr. zum Informations- und Kommunikationsdienste-Gesetz – IuKD, § 3 Abs. 1 TDDSG, BT-Drs. 13/7385, 22 (jetzt § 12 Abs. 1 TMG).

sam. Die in Art. 96 referenzierten Übereinkünfte müssen, um in den Genuss des Fortbestandes zu kommen, jedoch nicht nur mit der RL 95/46/EG, sondern mit dem vor dem 24.5.2016 geltenden Unionsrecht in Einklang stehen.

B. Zweck und Bedeutung

2 Mit Art. 96 soll Rechtssicherheit für die Verantwortlichen und für die Mitgliedstaaten geschaffen werden,[1] die eine Übermittlung personenbezogener Daten bereits derzeit auf bestehende **internationale Übereinkünfte** stützen. Zudem soll hierdurch unnötiger **Verwaltungsaufwand** für die Mitgliedstaaten verhindert werden.

3 Zweck von Art. 96 ist es, dass internationale Übereinkünfte, die die Übermittlung personenbezogener Daten an Drittländer oder internationale Organisationen mit sich bringen, die von den Mitgliedstaaten vor dem Inkrafttreten der DS-GVO abgeschlossen wurden und die im Einklang mit dem vor Inkrafttreten der DS-GVO geltenden Unionsrecht stehen, **in Kraft bleiben,** bis sie geändert, ersetzt oder gekündigt werden.[2]

4 Außerdem wird durch Art. 96 berücksichtigt, dass die Mitgliedstaaten für die **Änderung geltender Übereinkünfte** auf die Kooperationsbereitschaft von Drittstaaten oder internationalen Organisationen angewiesen sind.

C. Einzelerläuterungen

I. Internationale Übereinkünfte

5 Art. 96 bezieht sich auf internationale Übereinkünfte der Mitgliedstaaten. **Nicht erfasst** werden Übereinkünfte, die die Europäische Union geschlossen hat.

6 Was genau mit dem Begriff **„Übereinkunft"** gemeint ist, wird in der der DS-GVO nicht näher beschrieben. Aus Art. 48 lässt sich jedoch zumindest ableiten, dass es sich dabei zB um **Rechtshilfeabkommen** mit Drittstaaten handeln kann. Da die DS-GVO, in Erwägungsgrund 102 S. 1, auch den Begriff des Abkommens verwendet, jedoch nicht im Rahmen von Art. 96, kann man folgern, dass der Begriff „Übereinkunft" weiter gefasst ist als jener des „Abkommens". Denn Abkommen sind, wie das Beispiel in Art. 48 zeigt, von Übereinkünften umfasst.

7 Die jeweilige Übereinkunft muss zudem nicht allein den Schutz oder etwa den Austausch personenbezogener Daten zum Gegenstand haben. Art. 96 spricht davon, dass die jeweilige Übereinkunft die Übermittlung personenbezogener Daten „mit sich bringen" muss. Regelungen zur Datenübermittlung sind also nur ein **Bestandteil der Übereinkunft** und dies auch nicht notwendigerweise als Hauptzweck. Die Übereinkunft kann gerade vielmehr auch zu einer entsprechenden Übermittlung (die Verwendung des Singulars ist jedoch nicht als zwingend zu verstehen) verpflichten.

8 Im Rat der Europäischen Union wurde die **Unklarheit** des Anwendungsbereichs der Vorschrift zu Recht kritisiert. Die deutsche Delegation bemängelte etwa den unklaren Zweck der Vorschrift und, dass nicht deutlich werde, welche internationalen Übereinkünfte von Art. 96 umfasst seien.[3] So wurde vorgeschla-

[1] Begr. des Rates: Standpunkt (EU) Nr. 6/2016, Ziff. 11.
[2] Begr. des Rates: Standpunkt (EU) Nr. 6/2016, Ziff. 11.
[3] Ratsdokument 5406/2/14 REV 2, v. 10.2.2014, S. 63.

gen, eine Liste mit betroffenen Übereinkünften zu erstellen. Aus Art. 96 wird auch nicht deutlich, ob es sich allein um **multilaterale oder auch bilaterale Übereinkünfte** handeln kann. Die beispielhafte Nennung von Rechtshilfeabkommen in Art. 48 spricht jedoch dafür, dass sowohl bi- als auch multilaterale Übereinkünfte umfasst sind.[4] Auch der Begriff „Übereinkunft" spricht für die Möglichkeit, Vereinbarungen zwischen mehr als zwei Parteien in den Anwendungsbereich einzubeziehen. Denn eine Übereinkunft kann auch von mehr als zwei Parteien getroffen werden.

II. Wirksamkeit auch unter der DS-GVO

Art. 96 ordnet an, dass vor dem 24.5.2016 geschlossene Übereinkünfte auch **9**
nach dem Inkrafttreten und der Anwendbarkeit der DS-GVO **wirksam bleiben.** Dies sogar seinem Wortlaut nach unabhängig davon, ob sie mit den Regelungen der DS-GVO übereinstimmen oder nicht.

III. Vereinbarkeit mit europäischem Recht

Eine solche Wirksamkeitsanordnung für existierende internationale Überein- **10**
künfte stößt jedoch auf **europarechtliche Bedenken.**[5] Denn aufgrund des Grundsatzes des Vorrangs von EU-Recht vor nationalem Recht, müssen Übereinkünfte, die Mitgliedstaaten mit Drittstaaten abschließen und die (wenn auch nur zum Teil) in den Anwendungsbereich des EU-Rechts fallen, ohnehin stets mit dem höherrangigen EU-Recht in Einklang stehen.[6] Die Europäische Kommission hatte daher auch im Rat der Europäischen Union **Zweifel an der Gültigkeit** einer solchen Vorschrift.[7] Ob Art. 96 einer rechtlichen Prüfung vor dem EuGH standhalten würde, erscheint daher fraglich. Die rechtliche Belastbarkeit der Fiktion der Wirksamkeit existierender Übereinkünfte erscheint zumindest problematisch. Bei Befolgung der Anordnung des Art. 96 wären nämlich selbst solche Übereinkünfte und in diesen enthaltene Vorgaben zum Umgang mit personenbezogenen Daten wirksam, die den Anforderungen der DS-GVO nicht genügen.

Als Folge muss festgehalten werden, dass internationale Übereinkünfte der Mit- **11**
gliedstaaten zwar nach Art. 96 wirksam bleiben, auch wenn sie nicht mit den Vorgaben der DS-GVO übereinstimmen. Dem Grundsatz des **Vorrangs des EU-Rechts** vor nationalem Recht nach müssen bereits existierende internationale Übereinkünfte jedoch auch nach Anwendbarkeit der DS-GVO mit dieser in Einklang stehen.

IV. Änderung, Ersetzung oder Kündigung

Geht man davon aus, dass die Fiktion des Art. 96 auch mit dem Unionsrecht, **12**
insbesondere der DS-GVO, unvereinbare Übereinkünfte betrifft und wirksam ist, so sollen die Übereinkünfte solange **in Kraft bleiben,** bis sie geändert, ersetzt oder gekündigt werden.

---

[4] So auch Paal/Pauly/*Pauly*, DS-GVO, Art. 96 Rn. 1.

[5] Vgl. die diesbzgl. Kritik Europäische Kommission, Ratsdokument 9398/15, v. 1.6.2015, S. 263 dort Fn. 624; Deutsche Delegation, Ratsdokument 5406/2/14 REV 2, v. 10.2.2014, S. 63.

[6] So auch der Hinweis der Ratspräsidentschaft in den Trilogverhandlungen, Ratsdokument 13633/15, v. 3.11.2015, S. 4.

[7] Europäische Kommission, Ratsdokument 9398/15, v. 1.6.2015, S. 263, dort Fn. 624.

13 Die Übereinkunft muss durch eine Partei geändert, ersetzt oder gekündigt werden. Im Fall einer **Kündigung** sind die Vorgaben der DS-GVO nicht mehr relevant. Sollte eine Übereinkunft jedoch geändert oder ersetzt werden, so haben sich die Änderungen und ersetzenden Teile und auch die nicht angepassten Teile der Übereinkunft[8] an die Anforderungen der DS-GVO zu halten. Freilich nur insoweit, als dass sie in den Anwendungsbereich der DS-GVO fallen.

Art. 97 Berichte der Kommission

(1) [1]**Bis zum 25. Mai 2020 und danach alle vier Jahre legt die Kommission dem Europäischen Parlament und dem Rat einen Bericht über die Bewertung und Überprüfung dieser Verordnung vor.** [2]**Die Berichte werden öffentlich gemacht.**

(2) **Im Rahmen der Bewertungen und Überprüfungen nach Absatz 1 prüft die Kommission insbesondere die Anwendung und die Wirkungsweise**

a) des Kapitels V über die Übermittlung personenbezogener Daten an Drittländer oder an internationale Organisationen insbesondere im Hinblick auf die gemäß Artikel 45 Absatz 3 der vorliegenden Verordnung erlassenen Beschlüsse sowie die gemäß Artikel 25 Absatz 6 der Richtlinie 95/46/EG erlassenen Feststellungen,

b) des Kapitels VII über Zusammenarbeit und Kohärenz.

(3) **Für den in Absatz 1 genannten Zweck kann die Kommission Informationen von den Mitgliedstaaten und den Aufsichtsbehörden anfordern.**

(4) **Bei den in den Absätzen 1 und 2 genannten Bewertungen und Überprüfungen berücksichtigt die Kommission die Standpunkte und Feststellungen des Europäischen Parlaments, des Rates und anderer einschlägiger Stellen oder Quellen.**

(5) **Die Kommission legt erforderlichenfalls geeignete Vorschläge zur Änderung dieser Verordnung vor und berücksichtigt dabei insbesondere die Entwicklungen in der Informationstechnologie und die Fortschritte in der Informationsgesellschaft.**

Übersicht

[8] Kühling/Buchner/*Kühling/Raab*, DS-GVO, Art. 96 Rn. 5.

A. Einleitung

1 Art. 97 Abs. 1 verpflichtet die Europäische Kommission dazu, in einem Turnus von vier Jahren, ab Inkrafttreten der DS-GVO, **Berichte über die Bewertung und Überprüfung der DS-GVO** anzufertigen und dem Europäischen Parlament und dem Rat vorzulegen. Damit einher geht konsequenterweise die Verpflichtung zur regelmäßigen Überprüfung der Anwendung der DS-GVO unter Überwachung der Einhaltung ihrer Vorgaben durch die Europäische Kommission.

B. Zweck und Bedeutung

2 Die Verabschiedung und spätere Anwendbarkeit der DS-GVO an sich reichen nicht aus, um sicherzustellen, dass die neuen gesetzlichen Regelungen in den Mitgliedstaaten tatsächlich kohärent angewendet werden. Vielmehr erkennt der europäische Gesetzgeber, wohl auch aus der negativen Erfahrung mit der Umsetzung der RL 95/46/EG, die Notwendigkeit, eine **verpflichtende Prüfung der Anwendung und Wirkungsweise der DS-GVO** vorzusehen. Art. 97 verpflichtet die Europäische Kommission dazu, diese Prüfung und Überwachung der Anwendung der DS-GVO vorzunehmen.

C. Einzelerläuterungen

I. Vorlagepflicht

3 Art. 97 Abs. 1 statuiert dem Wortlaut nach allein eine Vorlagepflicht der Europäischen Kommission für Berichte zu Bewertung und Überprüfung der DS-GVO.[1] Bis zum 25.5.2020 und danach alle weiteren vier Jahre ist die Kommission zur **Vorlage eines solchen Berichts verpflichtet.** Zudem muss sie diese Berichte öffentlich zugänglich machen. Die Form der Zugänglichmachung ist jedoch nicht festgelegt.

II. Bewertungs- und Überprüfungspflicht

4 Da solche Berichte nicht ohne eine vorherige Bewertung und Überprüfung der Anwendung der DS-GVO in den Mitgliedstaaten angefertigt werden können, enthält die Vorlagepflicht des Abs. 1 gleichzeitig eine **Pflicht zur Bewertung und Überprüfung** der Anwendung der DS-GVO.[2]

5 **1. Anforderungen an die Bewertung.** Art. 97 Abs. 2 spezifiziert, jedoch nicht abschließend („insbesondere"),[3] welche **Vorgaben** und einzelnen Kapitel der DS-GVO im Rahmen der Bewertung und Überprüfung durch die Europäische Kommission zu prüfen sind.

6 Prüfungsgegenstand ist ausdrücklich die Anwendung und die Wirkungsweise des **Kapitels V** über die Übermittlung personenbezogener Daten an Drittländer oder an internationale Organisationen. Speziell verweist Art. 97 Abs. 2 lit. a auch

---

[1] Paal/Pauly/*Pauly*, DS-GVO, Art. 97 Rn. 1.

[2] Ebenso Ehmann/Selmayr/*Zerdick*, DS-GVO, Art. 97 Rn. 1.

[3] Ebenso Ehmann/Selmayr/*Zerdick*, DS-GVO, Art. 97 Rn. 5; BeckOK DatenschutzR/*Brink*, DS-GVO, Art. 97 Rn. 15.

auf die Prüfung der Anwendung und Wirkungsweise von **Beschlüssen der Europäischen Kommission** zur Feststellung eines angemessenen Schutzniveaus in einem Drittstaat. Dabei sind sowohl bereits unter der Geltung der RL 95/46/EG gefasste Beschlüsse zu prüfen als auch auf der Grundlage von Art. 45 Abs. 3 gefasste Beschlüsse.

7 Ein weiterer Prüfungsschwerpunkt der Kommission muss nach Art. 97 Abs. 2 lit. b das **Kapitel VII** über die Zusammenarbeit der verschiedenen nationalen Datenschutzbehörden in Europa und die Kohärenz bei der Abstimmung von Entscheidungen zwischen den einzelnen Behörden und dem Europäischen Datenschutzausschuss (Art. 68) sein.

8 **2. Informationsermittlung.** Um die entsprechende Bewertung und Überprüfung der Anwendung der DS-GVO vornehmen zu können, gestattet es Art. 97 Abs. 3, dass die Europäische Kommission Informationen von den Mitgliedstaaten und den nationalen Aufsichtsbehörden anfordern kann. Zu einer solchen Anforderung ist sie jedoch **nicht verpflichtet** („kann"). Werden Mitgliedstaaten oder Aufsichtsbehörden von der Europäischen Kommission in diesem Zusammenhang zur Erteilung von Informationen aufgefordert, so sind sie, mangels entsprechender Vorgabe, nicht zur Antwort verpflichtet.[4]

III. In Bewertung und Überprüfung einzubeziehende Standpunkte

9 Nach Art. 97 Abs. 4 berücksichtigt die Kommission im Rahmen der Bewertung und Überprüfung der DS-GVO die **Standpunkte und Feststellungen** des Europäischen Parlaments, des Rates und anderer einschlägiger Stellen oder Quellen.

10 Zwar wird nicht vorgeschrieben, dass die Kommission derartige Standpunkte und Feststellungen zu berücksichtigen „hat" oder gar „muss". Aus einem Gegenschluss zu Art. 97 Abs. 3, in dem ausdrücklich allein die Möglichkeit einer Anforderung von Informationen vorgesehen wird („kann"), lässt sich jedoch ableiten, dass in Art. 97 Abs. 4 eine Pflicht der Europäischen Kommission zur Berücksichtigung von Standpunkten und Feststellungen geschaffen werden sollte, da die **Berücksichtigung nicht als bloße Möglichkeit** („kann") ausgestaltet wird.[5] Die Kommission soll ihre Berichte auf einer möglichst umfassenden sachlichen Basis erstellen.[6] Da Standpunkte und Feststellungen jedoch nur „berücksichtigt" werden müssen, ist die Kommission nicht verpflichtet, im Rahmen ihrer Bewertung und Überprüfung dieser anderen Standpunkte und Feststellungen in jedem Fall in ihrem Bericht einfließen zu lassen oder diesen gar inhaltlich zu folgen.

11 Mit Standpunkten und Feststellungen können, mit Blick auf das Europäische Parlament und den Rat, etwa Beschlüsse oder Resolutionen gemeint sein. Unklar ist, welche Institutionen mit den anderen einschlägigen Stellen oder Quellen gemeint sind. Das Merkmal der Einschlägigkeit einer betroffenen Stelle oder Quelle dürfte sich auf einen thematischen Zusammenhang der Tätigkeit oder des Aufgabenbereichs der Stelle oder Quelle zu der Überprüfung und Bewertung durch die Kommission beziehen. In jedem Fall dürften von der Umschreibung der **Europäische Wirtschafts- und Sozialausschuss** ebenso wie der **Europäische**

---

[4] AA BeckOK DatenschutzR/*Brink*, DS-GVO, Art. 97 Rn. 16.
[5] Ebenso Kühling/Buchner/*Kühling*/*Raab*, DS-GVO, Art. 97 Rn. 8.
[6] Ehmann/Selmayr/*Zerdick*, DS-GVO, Art. 97 Rn. 8.

Datenschutzausschuss, der **Europäische Datenschutzbeauftragte** und die **nationalen Aufsichtsbehörden** umfasst sein. Daneben existieren viele weitere Institutionen, die unter das Merkmal der „einschlägigen Stellen oder Quellen" gefasst werden können. So etwa die europäische Agentur für Netz- und Informationssicherheit (ENISA) und die Agentur der Europäischen Union für Grundrechte. Da Art. 97 Abs. 4 nicht nur von „Stellen" spricht, was auf öffentliche Institutionen hindeutet, sondern auch „Quellen" genannt sind, ist die Kommission auch verpflichtet, Berichte oder Anmerkungen von **zivilgesellschaftlichen Vereinigungen** und **Verbänden** ebenso zu berücksichtigen, wie einschlägige Äußerungen (zB in der Form von Berichten oder Gutachten) von Wirtschaftsverbänden und wissenschaftliche Stellungnahmen.[7]

IV. Änderungsvorschläge durch die Europäische Kommission

Art. 97 Abs. 5 verpflichtet die Kommission dazu, falls dies erforderlich sein sollte, geeignete Vorschläge zur **Änderung der DS-GVO** vorzulegen. Bei diesen Änderungsvorschlägen hat die Kommission insbesondere die Entwicklungen in der Informationstechnologie und die Fortschritte in der Informationsgesellschaft zu berücksichtigen. Was genau mit diesen beiden Begriffen gemeint ist, wird nicht klar. Die **„Entwicklungen in der Informationstechnologie"** beziehen sich jedoch dem Wortlaut nach auf technologische Aspekte (sowohl von Hard- als auch Software), also etwa neue Verfahren zum Umgang mit personenbezogenen Daten oder zu deren Analyse. **„Die Fortschritte in der Informationsgesellschaft"** beziehen sich demgegenüber auf gesellschaftliche Entwicklungen, so etwa, welche Dienste in der Gesellschaft genutzt werden und wie diese mit Daten umgehen, wie die Gesellschaft selbst neue Technologien einsetzt oder auch, wie sich die Einstellung und das Verhalten der Gesellschaft gegenüber Diensten und Produkten der Informationstechnologie entwickelt. **12**

Ob die Vorlage von Vorschlägen zur Änderung der DS-GVO tatsächlich erforderlich ist, obliegt einer **Ermessensentscheidung der Kommission.** Diesbezüglich kann das Ermessen natürlich durch die tatsächlichen Entwicklungen in der Informationstechnologie und die Fortschritte in der Informationsgesellschaft soweit reduziert sein, dass keine andere Möglichkeit mehr besteht, als entsprechende Änderungsvorschläge vorzulegen. **13**

Die Vorschläge der Kommission müssen zudem **„geeignet"** sein. Jedoch wird nicht klar, auf was sich das Merkmal der Geeignetheit bezieht bzw. zu welchem Zweck der jeweilige Vorschlag geeignet sein muss. In Betracht kommt insofern die Durchsetzung der **zwei Hauptziele der DS-GVO:** die Gewährleistung der Wahrung der Grundrechte und Grundfreiheiten, insbesondere des Rechts auf Schutz personenbezogener Daten natürlicher Personen einerseits. Die Beseitigung von Hemmnissen für den Verkehr personenbezogener Daten in der Union durch die Schaffung eines gleichwertigen Schutzniveaus für personenbezogene Daten in allen Mitgliedstaaten andererseits. **14**

Art. 98 Überprüfung anderer Rechtsakte der Union zum Datenschutz

[1]Die Kommission legt gegebenenfalls Gesetzgebungsvorschläge zur Änderung anderer Rechtsakte der Union zum Schutz personenbezogener

[7] Ebenso BeckOK DatenschutzR/*Brink*, DS-GVO, Art. 97 Rn. 18.

Daten vor, damit ein einheitlicher und kohärenter Schutz natürlicher Personen bei der Verarbeitung sichergestellt wird. [2]Dies betrifft insbesondere die Vorschriften zum Schutz natürlicher Personen bei der Verarbeitung solcher Daten durch die Organe, Einrichtungen, Ämter und Agenturen der Union und zum freien Verkehr solcher Daten.

Übersicht

A. Einleitung

1 Art. 98 wurde erst am Ende der Trilogverhandlungen zwischen Europäischer Kommission, Europäischem Parlament und dem Rat der Europäischen Union in die DS-GVO aufgenommen (damals als Art. 90a). Hintergrund seiner Einführung ist eigentlich ein relativ konkreter Streitpunkt zwischen den Parteien des Trilogs, nämlich, dass die DS-GVO nicht für die Verarbeitung personenbezogener Daten durch die **Organe, Einrichtungen, Ämter und Agenturen der Union** gilt (Art. 3 Abs. 3). Das Rechtsinstrument, welches Datenverarbeitungen durch diese EU-Institutionen regelt, die VO (EG) Nr. 45/2001, soll den Vorgaben der DS-GVO angepasst werden. Im Ergebnis ist Art. 98 nun nicht aber allein auf die Überarbeitung dieser konkreten Verordnung beschränkt, sondern bezieht sich auf alle Rechtsakte der Union zum Schutz personenbezogener Daten.

B. Zweck und Bedeutung

2 Der Europäischen Kommission soll die, eigentlich ohnehin bestehende, Möglichkeit eröffnet werden, bereits existierende Rechtsakte der Europäischen Union anzupassen, um einen mit den neuen Vorgaben der DS-GVO **konsistenten, einheitlichen Schutz** natürlicher Personen bei der Verarbeitung personenbezogener Daten sicherzustellen.

3 Ziel von neuen Gesetzgebungsvorschlägen, also insbesondere von Entwürfen für Richtlinien und Verordnungen, soll nach Art. 98 S. 1 ein einheitlicher und kohärenter Schutz sein. Zweck von Gesetzgebungsvorschlägen soll ein **möglichst lückenloser Schutz** personenbezogener Daten sein, sowohl im öffentlichen Bereich, wie sich bereits aus dem Verweis auf VO (EG) Nr. 45/2001 ergibt, als auch im privaten Bereich.

C. Einzelerläuterungen

I. Geschichte

4 Art. 98 (im Entwurfstext noch Art. 90a) wurde im Rahmen der Trilogverhandlungen in die DS-GVO eingeführt. Die Ratspräsidentschaft bezeichnet

Art. 98 als einen Kompromissvorschlag, der die unterschiedlichen Auffassungen der Trilogparteien, ob die DS-GVO auch für Organe, Einrichtungen, Ämter und Agenturen der Union gilt, zusammenbringen sollte.[1] Man verständigte sich darauf, in Art. 98 die allgemein gültige Vorschrift zur **Angleichung entsprechender Unionsrechtsakte** aufzunehmen. In Art. 3 Abs. 3 S. 2 wird hingegen speziell auf VO (EG) Nr. 45/2001 verwiesen, die im Einklang mit Art. 98 an die Grundsätze und Vorschriften der DS-GVO angepasst werden soll. Jedoch verweist auch Art. 98 S. 2 noch einmal ausdrücklich auf „Vorschriften zum Schutz natürlicher Personen bei der Verarbeitung solcher Daten durch die Organe, Einrichtungen, Ämter und Agenturen der Union und zum freien Verkehr solcher Daten".

II. Keine Vorlagepflicht für die Europäische Kommission

Art. 98 statuiert **keine Pflicht** für die Europäische Kommission, entsprechende Gesetzgebungsvorschläge für die Anpassung existierender europäischer Rechtsakte vorzulegen.[2] So wird etwa im Titel des Art. 98 nicht von „Überprüfungspflicht" gesprochen. Auch der Wortlaut des Art. 98 S. 1 („gegebenenfalls") spricht eher gegen eine Überprüfungs- und Änderungspflicht der Kommission. 5

Art. 98 ist wohl vielmehr als **Klarstellung** zu verstehen, dass die Europäische Kommission entsprechende Gesetzgebungsvorschläge vorbringen kann, falls dies erforderlich ist.[3] Dies ergibt sich auch aus der Begründung zu dem ursprünglichen Art. 90a während der Trilogverhandlungen. Die Ratspräsidentschaft umschreibt den neu eingeführten Art. 90a nämlich in der Weise, dass es sich hierbei um eine „Einladung" an die Kommission handelt, falls erforderlich, entsprechende Gesetzesvorschläge zu unterbreiten.[4] Hieraus ergibt sich auch, dass die Initiative für solche Gesetzgebungsvorschläge von der Kommission ausgehen kann. 6

III. Änderung anderer Rechtsakte der Union

Änderungsvorschläge dürfen dem Wortlaut des Art. 98 S. 1 nach nur für andere **Rechtsakte der Union** zum Schutz personenbezogener Daten gemacht werden. Umfasst sind daher Verordnungen, Richtlinien, Beschlüsse, Empfehlungen und Stellungnahmen der europäischen Institutionen (vgl. Art. 288 AEUV). Empfehlung und Stellungnahme sind zwar keine verbindlichen Rechtsakte. Allein auf verbindliche Rechtsakte ist Art. 98 S. 1 jedoch nicht beschränkt. Ebenfalls von Art. 98 S. 1 umfasst sind auch Rechtsakte ohne Gesetzescharakter mit allgemeiner Geltung, wie delegierte Rechtsakte (Art. 290 AEUV) und Durchführungsrechtsakte (Art. 291 AEUV) der Europäischen Kommission. 7

Die Rechtsakte müssen sich zudem auf den **Schutz personenbezogener Daten** beziehen. Art. 98 S. 1 verlangt jedoch nicht, dass der entsprechende Rechtsakt sich ausschließlich mit dem Schutz personenbezogener Daten befasst. Änderungsvorschläge können daher auch für solche Rechtsakte erfolgen, die auch, aber nicht nur, den Schutz personenbezogener Daten zum Gegenstand haben. 8

[1] Ratsdokument 14318/15, v. 20.11.2015, S. 3 f.
[2] Ebenso Ehmann/Selmayr/*Zerdick*, DS-GVO, Art. 98 Rn. 6.
[3] „Appellcharakter", Kühling/Buchner/*Kühling/Raab*, DS-GVO, Art. 98 Rn. 2.
[4] Ratsdokument 14318/15, v. 20.11.2015, S. 3 f.

Art. 99 Inkrafttreten und Anwendung

(1) **Diese Verordnung tritt am zwanzigsten Tag nach ihrer Veröffentlichung[1] im Amtsblatt der Europäischen Union in Kraft.**

(2) **Sie gilt ab dem 25. Mai 2018.**

Diese Verordnung ist in allen ihren Teilen verbindlich und gilt unmittelbar in jedem Mitgliedstaat.

Übersicht

A. Allgemeines

1 Art. 99 schreibt zum einen in Abs. 1 den Zeitpunkt des **Inkrafttretens** der DS-GVO vor. Zum anderen legt Abs. 2 fest, ab wann die DS-GVO „gilt". Die DS-GVO (offiziell: VO (EU) 2016/679) wurde am 4.5.2016 im Amtsblatt der Europäischen Union veröffentlicht (ABl. 2016 L 119, 1–88). Die DS-GVO ist in allen ihren Teilen verbindlich und gilt unmittelbar in jedem Mitgliedstaat.

I. Zweck und Bedeutung der Norm

2 Mit Art. 99 soll den Rechtsanwendern verdeutlicht werden, dass die DS-GVO in den Mitgliedstaaten **unmittelbar anwendbares Recht** ist. Sowohl betroffene öffentliche als auch private Stellen müssen Gewissheit darüber haben, ab wann sie ihre Datenverarbeitungsprozesse DS-GVO konform betreiben müssen.

II. Ergänzungen, Änderungen durch das BDSG nF

3 Ab dem 25.5.2018 gilt, neben der DS-GVO, das neue BDSG nF nach § 1 Abs. 5 BDSG nF finden die Vorschriften des BDSG nF keine Anwendung, soweit das Recht der Europäischen Union, im Besonderen die DS-GVO, unmittelbar gilt. Mit Abs. 5 möchte der deutsche Gesetzgeber die unmittelbare Geltung der DS-GVO und insbesondere ihren **Vorrang** („dieses Gesetz findet keine Anwendung") gegenüber dem BDSG nF zum Ausdruck bringen.[2]

B. Einzelerläuterungen

I. Inkrafttreten

4 Nach Art. 99 Abs. 1 tritt die DS-GVO am zwanzigsten Tag nach ihrer Veröffentlichung im Amtsblatt der Europäischen Union in Kraft. Da die DS-GVO am

[1] Veröffentlicht am 4.5.2016.
[2] *Piltz*, § 1 BDSG nF Rn. 51 ff.

4.5.2016 im Amtsblatt veröffentlicht wurde, trat sie folglich zum 24.5.2016 in Kraft.[3] Anwendbar ist sie dann jedoch noch nicht. Bis zum Ablauf des 24.5.2018 gilt weiterhin die RL 95/46/EG (Art. 94). Mit **Inkrafttreten** wird die DS-GVO jedoch Bestandteil des Unionsrechts.

Zwischen dem Tag des Inkrafttretens und ihrer Gültigkeit (als EU-Verordnung mit unmittelbarer Wirkung in allen Mitgliedstaaten, **Art. 288 Abs. 2 AEUV**) haben von den Regelungen der DS-GVO betroffene Stellen insgesamt zwei Jahre Zeit, ihre Verarbeitungsprozesse den Vorgaben der DS-GVO anzupassen (Erwägungsgrund 171 S. 2; → Art. 94 Rn. 4 ff.). Die DS-GVO ist im Übergangszeitraum aber noch nicht anwendbar und datenverarbeitende Stellen (Verantwortliche und Auftragsverarbeiter) oder Betroffene können sich noch nicht auf sie berufen. Die Artikel der DS-GVO beanspruchen erst ab dem 25.5.2018 Gültigkeit.[4] Zum Teil wird, in Anlehnung an die Rechtsprechung des EuGH zu Richtlinien,[5] versucht, eine Vorwirkung der DS-GVO bereits vor dem 25.5.2018 zu konstruieren bzw. wurde durch deutsche Gerichte eine Anwendbarkeit schlicht angenommen.[6] Diese Entscheidungen sind jedoch abzulehnen. Dies ergibt sich aus der Systematik der DS-GVO selbst. Nach Art. 94 Abs. 1 wird die RL 95/46/EG mit Wirkung vom 25.5.2018 aufgehoben. Würde die DS-GVO jetzt für datenverarbeitende Stellen schon Vorgaben machen, hätte die Regelung in Art. 94 Abs. 1 keinen Sinn. Denn dann würden derzeit dem Grunde nach zwei europäische Regelungssysteme parallel und im Anwendungsbereich überlappend den Schutz personenbezogener Daten regeln. 5

Der Zeitpunkt des Inkrafttretens ist jedoch auch für einige Artikel der DS-GVO selbst bedeutend. Insbesondere für die Frage, was mit bereits geschlossenen internationalen Übereinkünften (Art. 96) geschieht, wird auf den Zeitpunkt des Inkrafttretens der DS-GVO abgestellt. Nur bis zu diesem Zeitpunkt geschlossene Übereinkünfte bleiben auch nach Anwendbarkeit der DS-GVO wirksam.[7] Nach Art. 92 Abs. 2 darf die Europäische Kommission ab dem 24.5.2016 zudem bereits ihre Befugnis zum Erlass delegierter Rechtsakte ausüben. 6

II. Gültigkeit

Art. 99 Abs. 2 schreibt vor, dass die DS-GVO ab dem 25.5.2018 gilt und damit unmittelbar in den **Mitgliedstaaten anwendbar** ist. Erst ab diesem Tag sind die Vorgaben der DS-GVO direkt anwendbar, durch Aufsichtsbehörden auch durchsetzbar und können etwa Betroffene ihre sich aus der DS-GVO ergebenden Rechte ausüben. Ab dem 25.5.2018 gelten die Vorgaben der DS-GVO dann auch für die Europäische Kommission und andere EU-Institutionen. 7

Durch die Vorgabe einer Zweijahresfrist zwischen Inkrafttreten und Anwendbarkeit der DS-GVO wird es eine Art Schwebezustand zwischen der noch gültigen RL 95/46/EG und der DS-GVO geben. Letztere ist zwar in Kraft, jedoch noch 8

---

[3] Vgl. auch die Informationen der Europäischen Kommission zum Zeitpunkt des Inkrafttretens und der Gültigkeit, abrufbar unter: http://ec.europa.eu/justice/data-protection/reform/index_en.htm.

[4] VG Karlsruhe, Urt. v. 6.7.2017 – 10 K 7698/16, ZD 2017, 543, Rn. 23.

[5] EuGH, Urt. v. 18.12.1997 – C-129/97, ECLI:EU:C:1997:628 – Inter-Environnement Wallonie ASBL.

[6] VG Wiesbaden, Beschl. v. 21.9.2017 – 6 L 3805/17.WI.A, BeckRS 2017, 129989; FG Düsseldorf, Beschl. v. 9.8.2017 – 4 K 1404/17, BeckRS 2017, 122830.

[7] Vgl. auch Kühling/Buchner/*Kühling/Raab*, DS-GVO, Art. 99 Rn. 1.

nicht anwendbar. Parallel dazu bleibt die RL 95/46/EG und ihre, eventuell zur DS-GVO abweichenden Vorgaben, anwendbar. Während des Zeitraums des Schwebezustandes müssen sich verpflichtete Stellen damit in jedem Fall an die RL 95/46/EG (bzw. genauer: an die jeweiligen nationalstaatlichen Umsetzungsgesetze) halten. Parallel hierzu ist jedoch erforderlich, quasi im Hintergrund, die Verarbeitungen soweit mit der DS-GVO in Einklang zu bringen, dass mit dem **Stichtag 25.5.2018** die Pflichten der DS-GVO erfüllt werden. Mit der Frist von zwei Jahren wollte der europäische Gesetzgeber den betroffenen Stellen genug Zeit für diese Anpassung der Verarbeitungstätigkeiten einräumen.

9 Ebenfalls von der Zweijahresfrist betroffen sind jedoch die Mitgliedstaaten, die innerhalb dieses Zeitraums prüfen sollten, welche **nationalen Vorschriften,** nach dem 25.5.2018, noch neben der DS-GVO bestehen können und welche die Voraussetzungen der vielfältigen Öffnungsklauseln nicht erfüllen. Gerade in Deutschland, dessen Datenschutzrecht sich durch eine Vielzahl an speziellen Regelungen in verschiedensten Gesetzen auszeichnet, ist der entsprechende Prüfungs- und möglicherweise Anpassungsbedarf groß und noch nicht abgeschlossen. Das neue **BDSF nF** wird, mit der DS-GVO, ab dem 25.5.2018 anwendbar sein (→ Rn. 3). Daneben wird jedoch auch an der Anpassung vieler spezialgesetzlicher Vorgaben an die DS-GVO gearbeitet.

10 Während den Verhandlungen zur DS-GVO im Rat der Europäischen Union, wurde die Zweijahresfrist von einigen Mitgliedstaaten als zu kurz **kritisiert.**[8] Teilweise wurden auch Übergangsfristen für bereits stattfindende, zulässige Datenverarbeitungen gefordert.[9] Die Europäische Kommission trat diesen Forderungen jedoch, unter Hinweis auf das Ziel der DS-GVO, das europäische Datenschutzrecht zu vereinheitlichen, entgegen. Zudem, so die Europäische Kommission, handele es sich bei der Zweijahresfrist bereits um eine Besonderheit für die Anwendbarkeit einer EU-Verordnung.[10]

III. Unmittelbare Geltung in allen Mitgliedstaaten

11 EU-Verordnungen haben aufgrund ihrer Rechtsnatur und ihrer Funktion im Rechtsquellensystem des Gemeinschaftsrechts im Allgemeinen **unmittelbare Wirkung in den nationalen Rechtsordnungen,** ohne dass nationale Durchführungsmaßnahmen erforderlich wären.[11] Die DS-GVO geht zudem nationalen Vorschriften zum Datenschutzrecht vor. Nach dem vom EuGH anerkannten Grundsatz des Vorrangs des EU-Rechts, hat das EU-Recht ein höheres Gewicht als das Recht der Mitgliedstaaten.[12] Dieser Grundsatz des Vorrangs gilt für alle EU-Rechtsakte mit verbindlicher Wirkung, also auch für die DS-GVO. Die Mitgliedstaaten dürfen keine nationale Rechtsvorschrift anwenden, die im Widerspruch zum EU-Recht steht. Nationale Regelungen zum Datenschutz, sowohl Bundes- als auch Landesgesetze, sind mit Inkrafttreten der DS-GVO nicht ungültig. Ab dem 25.5.2018 dürfen sie jedoch nur noch insoweit angewendet werden,

---

[8] Ratsdokument 9657/15, v. 8.6.2015, S. 268 dort Fn. 646.

[9] Ratsdokument 9657/15, v. 8.6.2015, S. 268 dort Fn. 646.

[10] Ratsdokument 9657/15, v. 8.6.2015, S. 268 dort Fn. 646.

[11] Vgl. nur EuGH, Urt. v. 24.6.2004 – C-278/02, ECLI:EU:C:2004:388, Rn. 25 – Herbert Handlbauer GmbH.

[12] EuGH, Urt. v. 15.7.1964 – C-6/64, ECLI:EU:C:1964:66 – Flaminio Costa gegen E.N.E.L.

als sie mit den Vorgaben der DS-GVO übereinstimmen und diese, durch ihre Öffnungsklauseln, ihre Anwendung zulässt.

Anhang

I. Bundesdatenschutzgesetz (BDSG)

Vom 30. Juni 2017
(BGBl. I S. 2097)
FNA 204-4
– Auszug –

Inhaltsübersicht

§§

Teil 1. Gemeinsame Bestimmungen

Kapitel 1. Anwendungsbereich und Begriffsbestimmungen

Kapitel 2. Rechtsgrundlagen der Verarbeitung personenbezogener Daten

Kapitel 3. Datenschutzbeauftragte öffentlicher Stellen

Kapitel 4. Die oder der Bundesbeauftragte für den Datenschutz und die Informationsfreiheit

Kapitel 5. Vertretung im Europäischen Datenschutzausschuss, zentrale Anlaufstelle, Zusammenarbeit der Aufsichtsbehörden des Bundes und der Länder in Angelegenheiten der Europäischen Union

Kapitel 6. Rechtsbehelfe

Teil 2. Durchführungsbestimmungen für Verarbeitungen zu Zwecken gemäß Artikel 2 der Verordnung (EU) 2016/679

Kapitel 1. Rechtsgrundlagen der Verarbeitung personenbezogener Daten

Abschnitt 1. Verarbeitung besonderer Kategorien personenbezogener Daten und Verarbeitung zu anderen Zwecken

Abschnitt 2. Besondere Verarbeitungssituationen

Kapitel 2. Rechte der betroffenen Person

Kapitel 3. Pflichten der Verantwortlichen und Auftragsverarbeiter

Kapitel 4. Aufsichtsbehörde für die Datenverarbeitung durch nichtöffentliche Stellen

Kapitel 5. Sanktionen

Kapitel 6. Rechtsbehelfe

Teil 1. Gemeinsame Bestimmungen

Kapitel 1. Anwendungsbereich und Begriffsbestimmungen

§ 1 Anwendungsbereich des Gesetzes

(1) [1]Dieses Gesetz gilt für die Verarbeitung personenbezogener Daten durch
1. öffentliche Stellen des Bundes,
2. öffentliche Stellen der Länder, soweit der Datenschutz nicht durch Landesgesetz geregelt ist und soweit sie
   a) Bundesrecht ausführen oder
   b) als Organe der Rechtspflege tätig werden und es sich nicht um Verwaltungsangelegenheiten handelt.

[2]Für nichtöffentliche Stellen gilt dieses Gesetz für die ganz oder teilweise automatisierte Verarbeitung personenbezogener Daten sowie die nicht automatisierte Verarbeitung personenbezogener Daten, die in einem Dateisystem gespeichert sind oder gespeichert werden sollen, es sei denn, die Verarbeitung durch natürliche Personen erfolgt zur Ausübung ausschließlich persönlicher oder familiärer Tätigkeiten.

(2) [1]Andere Rechtsvorschriften des Bundes über den Datenschutz gehen den Vorschriften dieses Gesetzes vor. [2]Regeln sie einen Sachverhalt, für den dieses Gesetz gilt, nicht oder nicht abschließend, finden die Vorschriften dieses Gesetzes Anwendung. [3]Die Verpflichtung zur Wahrung gesetzlicher Geheimhaltungspflichten oder von Berufs- oder besonderen Amtsgeheimnissen, die nicht auf gesetzlichen Vorschriften beruhen, bleibt unberührt.

(3) Die Vorschriften dieses Gesetzes gehen denen des Verwaltungsverfahrensgesetzes vor, soweit bei der Ermittlung des Sachverhalts personenbezogene Daten verarbeitet werden.

(4) [1]Dieses Gesetz findet Anwendung auf öffentliche Stellen. [2]Auf nichtöffentliche Stellen findet es Anwendung, sofern
1. der Verantwortliche oder Auftragsverarbeiter personenbezogene Daten im Inland verarbeitet,
2. die Verarbeitung personenbezogener Daten im Rahmen der Tätigkeiten einer inländischen Niederlassung des Verantwortlichen oder Auftragsverarbeiters erfolgt oder
3. der Verantwortliche oder Auftragsverarbeiter zwar keine Niederlassung in einem Mitgliedstaat der Europäischen Union oder in einem anderen Vertragsstaat des Abkommens über den Europäischen Wirtschaftsraum hat, er aber in den Anwendungsbereich der Verordnung (EU) 2016/679 des Europäischen Parlaments und des Rates vom 27. April 2016 zum Schutz natürlicher Personen bei der Verarbeitung personenbezogener Daten, zum freien Datenverkehr und zur Aufhebung der Richtlinie 95/46/EG (Datenschutz-Grundverordnung) (ABl. L 119 vom 4.5.2016, S. 1; L 314 vom 22.11.2016, S. 72) fällt.

[3]Sofern dieses Gesetz nicht gemäß Satz 2 Anwendung findet, gelten für den Verantwortlichen oder Auftragsverarbeiter nur die §§ 8 bis 21, 39 bis 44.

(5) Die Vorschriften dieses Gesetzes finden keine Anwendung, soweit das Recht der Europäischen Union, im Besonderen die Verordnung (EU) 2016/679 in der jeweils geltenden Fassung, unmittelbar gilt.

(6) [1]Bei Verarbeitungen zu Zwecken gemäß Artikel 2 der Verordnung (EU) 2016/679 stehen die Vertragsstaaten des Abkommens über den Europäischen Wirtschaftsraum und die Schweiz den Mitgliedstaaten der Europäischen Union gleich. [2]Andere Staaten gelten insoweit als Drittstaaten.

(7) [1]Bei Verarbeitungen zu Zwecken gemäß Artikel 1 Absatz 1 der Richtlinie (EU) 2016/680 des Europäischen Parlaments und des Rates vom 27. April 2016 zum Schutz natürlicher Personen bei der Verarbeitung personenbezogener Daten durch die zuständigen Behörden zum Zwecke der Verhütung, Ermittlung, Aufdeckung oder Verfolgung von Straftaten oder der Strafvollstreckung sowie zum freien Datenverkehr und zur Aufhebung des Rahmenbeschlusses 2008/977/JI des Rates (ABl. L 119 vom 4.5.2016, S. 89) stehen die bei der Umsetzung, Anwendung und Entwicklung des Schengen-Besitzstands assoziierten Staaten den Mitgliedstaaten der Europäischen Union gleich. [2]Andere Staaten gelten insoweit als Drittstaaten.

(8) Für Verarbeitungen personenbezogener Daten durch öffentliche Stellen im Rahmen von nicht in die Anwendungsbereiche der Verordnung (EU) 2016/679 und der Richtlinie (EU) 2016/680 fallenden Tätigkeiten finden die Verordnung (EU) 2016/679 und die Teile 1 und 2 dieses Gesetzes entsprechend Anwendung, soweit nicht in diesem Gesetz oder einem anderen Gesetz Abweichendes geregelt ist.

§ 2 Begriffsbestimmungen

(1) Öffentliche Stellen des Bundes sind die Behörden, die Organe der Rechtspflege und andere öffentlich-rechtlich organisierte Einrichtungen des Bundes, der bundesunmittelbaren Körperschaften, der Anstalten und Stiftungen des öffentlichen Rechts sowie deren Vereinigungen ungeachtet ihrer Rechtsform.

(2) Öffentliche Stellen der Länder sind die Behörden, die Organe der Rechtspflege und andere öffentlich-rechtlich organisierte Einrichtungen eines Landes, einer Gemeinde, eines Gemeindeverbandes oder sonstiger der Aufsicht des Landes unterstehender juristischer Personen des öffentlichen Rechts sowie deren Vereinigungen ungeachtet ihrer Rechtsform.

(3) [1]Vereinigungen des privaten Rechts von öffentlichen Stellen des Bundes und der Länder, die Aufgaben der öffentlichen Verwaltung wahrnehmen, gelten ungeachtet der Beteiligung nichtöffentlicher Stellen als öffentliche Stellen des Bundes, wenn

1. sie über den Bereich eines Landes hinaus tätig werden oder
2. dem Bund die absolute Mehrheit der Anteile gehört oder die absolute Mehrheit der Stimmen zusteht.

[2]Andernfalls gelten sie als öffentliche Stellen der Länder.

(4) [1]Nichtöffentliche Stellen sind natürliche und juristische Personen, Gesellschaften und andere Personenvereinigungen des privaten Rechts, soweit sie nicht unter die Absätze 1 bis 3 fallen. [2]Nimmt eine nichtöffentliche Stelle hoheitliche Aufgaben der öffentlichen Verwaltung wahr, ist sie insoweit öffentliche Stelle im Sinne dieses Gesetzes.

(5) [1]Öffentliche Stellen des Bundes gelten als nichtöffentliche Stellen im Sinne dieses Gesetzes, soweit sie als öffentlich-rechtliche Unternehmen am Wettbewerb teilnehmen. [2]Als nichtöffentliche Stellen im Sinne dieses Gesetzes gelten auch öffentliche Stellen der Länder, soweit sie als öffentlich-rechtliche Unternehmen am Wettbewerb teilnehmen, Bundesrecht ausführen und der Datenschutz nicht durch Landesgesetz geregelt ist.

Kapitel 2. Rechtsgrundlagen der Verarbeitung personenbezogener Daten

§ 3 Verarbeitung personenbezogener Daten durch öffentliche Stellen

Die Verarbeitung personenbezogener Daten durch eine öffentliche Stelle ist zulässig, wenn sie zur Erfüllung der in der Zuständigkeit des Verantwortlichen liegenden Aufgabe oder in Ausübung öffentlicher Gewalt, die dem Verantwortlichen übertragen wurde, erforderlich ist.

§ 4 Videoüberwachung öffentlich zugänglicher Räume

(1) [1]Die Beobachtung öffentlich zugänglicher Räume mit optisch-elektronischen Einrichtungen (Videoüberwachung) ist nur zulässig, soweit sie
1. zur Aufgabenerfüllung öffentlicher Stellen,
2. zur Wahrnehmung des Hausrechts oder
3. zur Wahrnehmung berechtigter Interessen für konkret festgelegte Zwecke

erforderlich ist und keine Anhaltspunkte bestehen, dass schutzwürdige Interessen der Betroffenen überwiegen. [2]Bei der Videoüberwachung von
1. öffentlich zugänglichen großflächigen Anlagen, wie insbesondere Sport-, Versammlungs- und Vergnügungsstätten, Einkaufszentren oder Parkplätzen, oder
2. Fahrzeugen und öffentlich zugänglichen großflächigen Einrichtungen des öffentlichen Schienen-, Schiffs- und Busverkehrs

gilt der Schutz von Leben, Gesundheit oder Freiheit von dort aufhältigen Personen als ein besonders wichtiges Interesse.

(2) Der Umstand der Beobachtung und der Name und die Kontaktdaten des Verantwortlichen sind durch geeignete Maßnahmen zum frühestmöglichen Zeitpunkt erkennbar zu machen.

(3) [1]Die Speicherung oder Verwendung von nach Absatz 1 erhobenen Daten ist zulässig, wenn sie zum Erreichen des verfolgten Zwecks erforderlich ist und keine Anhaltspunkte bestehen, dass schutzwürdige Interessen der Betroffenen überwiegen. [2]Absatz 1 Satz 2 gilt entsprechend. [3]Für einen anderen Zweck dürfen sie nur weiterverarbeitet werden, soweit dies zur Abwehr von Gefahren für die staatliche und öffentliche Sicherheit sowie zur Verfolgung von Straftaten erforderlich ist.

(4) [1]Werden durch Videoüberwachung erhobene Daten einer bestimmten Person zugeordnet, so besteht die Pflicht zur Information der betroffenen Person über die Verarbeitung gemäß den Artikeln 13 und 14 der Verordnung (EU) 2016/679. [2]§ 32 gilt entsprechend.

(5) Die Daten sind unverzüglich zu löschen, wenn sie zur Erreichung des Zwecks nicht mehr erforderlich sind oder schutzwürdige Interessen der Betroffenen einer weiteren Speicherung entgegenstehen.

Kapitel 3. Datenschutzbeauftragte öffentlicher Stellen

§ 5 Benennung

(1) [1]Öffentliche Stellen benennen eine Datenschutzbeauftragte oder einen Datenschutzbeauftragten. [2]Dies gilt auch für öffentliche Stellen nach § 2 Absatz 5, die am Wettbewerb teilnehmen.

(2) Für mehrere öffentliche Stellen kann unter Berücksichtigung ihrer Organisationsstruktur und ihrer Größe eine gemeinsame Datenschutzbeauftragte oder ein gemeinsamer Datenschutzbeauftragter benannt werden.

(3) Die oder der Datenschutzbeauftragte wird auf der Grundlage ihrer oder seiner beruflichen Qualifikation und insbesondere ihres oder seines Fachwissens benannt, das sie oder er auf dem Gebiet des Datenschutzrechts und der Datenschutzpraxis besitzt, sowie auf der Grundlage ihrer oder seiner Fähigkeit zur Erfüllung der in § 7 genannten Aufgaben.

(4) Die oder der Datenschutzbeauftragte kann Beschäftigte oder Beschäftigter der öffentlichen Stelle sein oder ihre oder seine Aufgaben auf der Grundlage eines Dienstleistungsvertrags erfüllen.

(5) Die öffentliche Stelle veröffentlicht die Kontaktdaten der oder des Datenschutzbeauftragten und teilt diese Daten der oder dem Bundesbeauftragten für den Datenschutz und die Informationsfreiheit mit.

§ 6 Stellung

(1) Die öffentliche Stelle stellt sicher, dass die oder der Datenschutzbeauftragte ordnungsgemäß und frühzeitig in alle mit dem Schutz personenbezogener Daten zusammenhängenden Fragen eingebunden wird.

(2) Die öffentliche Stelle unterstützt die Datenschutzbeauftragte oder den Datenschutzbeauftragten bei der Erfüllung ihrer oder seiner Aufgaben gemäß § 7, indem sie die für die Erfüllung dieser Aufgaben erforderlichen Ressourcen und den Zugang zu personenbezogenen Daten und Verarbeitungsvorgängen sowie die zur Erhaltung ihres oder seines Fachwissens erforderlichen Ressourcen zur Verfügung stellt.

(3) [1]Die öffentliche Stelle stellt sicher, dass die oder der Datenschutzbeauftragte bei der Erfüllung ihrer oder seiner Aufgaben keine Anweisungen bezüglich der Ausübung dieser Aufgaben erhält. [2]Die oder der Datenschutzbeauftragte berichtet unmittelbar der höchsten Leitungsebene der öffentlichen Stelle. [3]Die oder der Datenschutzbeauftragte darf von der öffentlichen Stelle wegen der Erfüllung ihrer oder seiner Aufgaben nicht abberufen oder benachteiligt werden.

(4) [1]Die Abberufung der oder des Datenschutzbeauftragten ist nur in entsprechender Anwendung des § 626 des Bürgerlichen Gesetzbuchs zulässig. [2]Die Kündigung des Arbeitsverhältnisses ist unzulässig, es sei denn, dass Tatsachen vorliegen, welche die öffentliche Stelle zur Kündigung aus wichtigem Grund ohne Einhaltung einer Kündigungsfrist berechtigen. [3]Nach dem Ende der Tätigkeit als Datenschutzbeauftragte oder als Datenschutzbeauftragter ist die Kündigung des Arbeitsverhältnisses innerhalb eines Jahres unzulässig, es sei denn, dass die öffentliche

Stelle zur Kündigung aus wichtigem Grund ohne Einhaltung einer Kündigungsfrist berechtigt ist.

(5) [1]Betroffene Personen können die Datenschutzbeauftragte oder den Datenschutzbeauftragten zu allen mit der Verarbeitung ihrer personenbezogenen Daten und mit der Wahrnehmung ihrer Rechte gemäß der Verordnung (EU) 2016/679, diesem Gesetz sowie anderen Rechtsvorschriften über den Datenschutz im Zusammenhang stehenden Fragen zu Rate ziehen. [2]Die oder der Datenschutzbeauftragte ist zur Verschwiegenheit über die Identität der betroffenen Person sowie über Umstände, die Rückschlüsse auf die betroffene Person zulassen, verpflichtet, soweit sie oder er nicht davon durch die betroffene Person befreit wird.

(6) [1]Wenn die oder der Datenschutzbeauftragte bei ihrer oder seiner Tätigkeit Kenntnis von Daten erhält, für die der Leitung oder einer bei der öffentlichen Stelle beschäftigten Person aus beruflichen Gründen ein Zeugnisverweigerungsrecht zusteht, steht dieses Recht auch der oder dem Datenschutzbeauftragten und den ihr oder ihm unterstellten Beschäftigten zu. [2]Über die Ausübung dieses Rechts entscheidet die Person, der das Zeugnisverweigerungsrecht aus beruflichen Gründen zusteht, es sei denn, dass diese Entscheidung in absehbarer Zeit nicht herbeigeführt werden kann. [3]Soweit das Zeugnisverweigerungsrecht der oder des Datenschutzbeauftragten reicht, unterliegen ihre oder seine Akten und andere Dokumente einem Beschlagnahmeverbot.

§ 7 Aufgaben

(1) [1]Der oder dem Datenschutzbeauftragten obliegen neben den in der Verordnung (EU) 2016/679 genannten Aufgaben zumindest folgende Aufgaben:

1. Unterrichtung und Beratung der öffentlichen Stelle und der Beschäftigten, die Verarbeitungen durchführen, hinsichtlich ihrer Pflichten nach diesem Gesetz und sonstigen Vorschriften über den Datenschutz, einschließlich der zur Umsetzung der Richtlinie (EU) 2016/680 erlassenen Rechtsvorschriften;
2. Überwachung der Einhaltung dieses Gesetzes und sonstiger Vorschriften über den Datenschutz, einschließlich der zur Umsetzung der Richtlinie (EU) 2016/680 erlassenen Rechtsvorschriften, sowie der Strategien der öffentlichen Stelle für den Schutz personenbezogener Daten, einschließlich der Zuweisung von Zuständigkeiten, der Sensibilisierung und der Schulung der an den Verarbeitungsvorgängen beteiligten Beschäftigten und der diesbezüglichen Überprüfungen;
3. Beratung im Zusammenhang mit der Datenschutz-Folgenabschätzung und Überwachung ihrer Durchführung gemäß § 67 dieses Gesetzes;
4. Zusammenarbeit mit der Aufsichtsbehörde;
5. Tätigkeit als Anlaufstelle für die Aufsichtsbehörde in mit der Verarbeitung zusammenhängenden Fragen, einschließlich der vorherigen Konsultation gemäß § 69 dieses Gesetzes, und gegebenenfalls Beratung zu allen sonstigen Fragen.

[2]Im Fall einer oder eines bei einem Gericht bestellten Datenschutzbeauftragten beziehen sich diese Aufgaben nicht auf das Handeln des Gerichts im Rahmen seiner justiziellen Tätigkeit.

(2) [1]Die oder der Datenschutzbeauftragte kann andere Aufgaben und Pflichten wahrnehmen. [2]Die öffentliche Stelle stellt sicher, dass derartige Aufgaben und Pflichten nicht zu einem Interessenkonflikt führen.

(3) Die oder der Datenschutzbeauftragte trägt bei der Erfüllung ihrer oder seiner Aufgaben dem mit den Verarbeitungsvorgängen verbundenen Risiko gebührend Rechnung, wobei sie oder er die Art, den Umfang, die Umstände und die Zwecke der Verarbeitung berücksichtigt.

Kapitel 4. Die oder der Bundesbeauftragte für den Datenschutz und die Informationsfreiheit

§ 8 Errichtung

(1) [1]Die oder der Bundesbeauftragte für den Datenschutz und die Informationsfreiheit (Bundesbeauftragte) ist eine oberste Bundesbehörde. [2]Der Dienstsitz ist Bonn.

(2) Die Beamtinnen und Beamten der oder des Bundesbeauftragten sind Beamtinnen und Beamte des Bundes.

(3) [1]Die oder der Bundesbeauftragte kann Aufgaben der Personalverwaltung und Personalwirtschaft auf andere Stellen des Bundes übertragen, soweit hierdurch die Unabhängigkeit der oder des Bundesbeauftragten nicht beeinträchtigt wird. [2]Diesen Stellen dürfen personenbezogene Daten der Beschäftigten übermittelt werden, soweit deren Kenntnis zur Erfüllung der übertragenen Aufgaben erforderlich ist.

§ 9 Zuständigkeit

(1) [1]Die oder der Bundesbeauftragte ist zuständig für die Aufsicht über die öffentlichen Stellen des Bundes, auch soweit sie als öffentlich-rechtliche Unternehmen am Wettbewerb teilnehmen. [2]Die Vorschriften dieses Kapitels gelten auch für Auftragsverarbeiter, soweit sie nichtöffentliche Stellen sind, bei denen dem Bund die Mehrheit der Anteile gehört oder die Mehrheit der Stimmen zusteht und der Auftraggeber eine öffentliche Stelle des Bundes ist.

(2) Die oder der Bundesbeauftragte ist nicht zuständig für die Aufsicht über die von den Bundesgerichten im Rahmen ihrer justiziellen Tätigkeit vorgenommenen Verarbeitungen.

§ 10 Unabhängigkeit

(1) Die oder der Bundesbeauftragte handelt bei der Erfüllung ihrer oder seiner Aufgaben und bei der Ausübung ihrer oder seiner Befugnisse völlig unabhängig. Sie oder er unterliegt weder direkter noch indirekter Beeinflussung von außen und ersucht weder um Weisung noch nimmt sie oder er Weisungen entgegen.

(2) Die oder der Bundesbeauftragte unterliegt der Rechnungsprüfung durch den Bundesrechnungshof, soweit hierdurch ihre oder seine Unabhängigkeit nicht beeinträchtigt wird.

§ 11 Ernennung und Amtszeit

(1) [1]Der Deutsche Bundestag wählt ohne Aussprache auf Vorschlag der Bundesregierung die Bundesbeauftragte oder den Bundesbeauftragten mit mehr als der

Hälfte der gesetzlichen Zahl seiner Mitglieder. [2]Die oder der Gewählte ist von der Bundespräsidentin oder dem Bundespräsidenten zu ernennen. [3]Die oder der Bundesbeauftragte muss bei ihrer oder seiner Wahl das 35. Lebensjahr vollendet haben. [4]Sie oder er muss über die für die Erfüllung ihrer oder seiner Aufgaben und Ausübung ihrer oder seiner Befugnisse erforderliche Qualifikation, Erfahrung und Sachkunde insbesondere im Bereich des Schutzes personenbezogener Daten verfügen. [5]Insbesondere muss die oder der Bundesbeauftragte über durch einschlägige Berufserfahrung erworbene Kenntnisse des Datenschutzrechts verfügen und die Befähigung zum Richteramt oder höheren Verwaltungsdienst haben.

(2) [1]Die oder der Bundesbeauftragte leistet vor der Bundespräsidentin oder dem Bundespräsidenten folgenden Eid: „Ich schwöre, dass ich meine Kraft dem Wohle des deutschen Volkes widmen, seinen Nutzen mehren, Schaden von ihm wenden, das Grundgesetz und die Gesetze des Bundes wahren und verteidigen, meine Pflichten gewissenhaft erfüllen und Gerechtigkeit gegen jedermann üben werde. So wahr mir Gott helfe.“ [2]Der Eid kann auch ohne religiöse Beteuerung geleistet werden.

(3) [1]Die Amtszeit der oder des Bundesbeauftragten beträgt fünf Jahre. [2]Einmalige Wiederwahl ist zulässig.

§ 12 Amtsverhältnis

(1) Die oder der Bundesbeauftragte steht nach Maßgabe dieses Gesetzes zum Bund in einem öffentlich-rechtlichen Amtsverhältnis.

(2) [1]Das Amtsverhältnis beginnt mit der Aushändigung der Ernennungsurkunde. [2]Es endet mit dem Ablauf der Amtszeit oder mit dem Rücktritt. [3]Die Bundespräsidentin oder der Bundespräsident enthebt auf Vorschlag der Präsidentin oder des Präsidenten des Bundestages die Bundesbeauftragte ihres oder den Bundesbeauftragten seines Amtes, wenn die oder der Bundesbeauftragte eine schwere Verfehlung begangen hat oder die Voraussetzungen für die Wahrnehmung ihrer oder seiner Aufgaben nicht mehr erfüllt. [4]Im Fall der Beendigung des Amtsverhältnisses oder der Amtsenthebung erhält die oder der Bundesbeauftragte eine von der Bundespräsidentin oder dem Bundespräsidenten vollzogene Urkunde. [5]Eine Amtsenthebung wird mit der Aushändigung der Urkunde wirksam. [6]Endet das Amtsverhältnis mit Ablauf der Amtszeit, ist die oder der Bundesbeauftragte verpflichtet, auf Ersuchen der Präsidentin oder des Präsidenten des Bundestages die Geschäfte bis zur Ernennung einer Nachfolgerin oder eines Nachfolgers für die Dauer von höchstens sechs Monaten weiterzuführen.

(3) [1]Die Leitende Beamtin oder der Leitende Beamte nimmt die Rechte der oder des Bundesbeauftragten wahr, wenn die oder der Bundesbeauftragte an der Ausübung ihres oder seines Amtes verhindert ist oder wenn ihr oder sein Amtsverhältnis endet und sie oder er nicht zur Weiterführung der Geschäfte verpflichtet ist. [2]§ 10 Absatz 1 ist entsprechend anzuwenden.

(4) [1]Die oder der Bundesbeauftragte erhält vom Beginn des Kalendermonats an, in dem das Amtsverhältnis beginnt, bis zum Schluss des Kalendermonats, in dem das Amtsverhältnis endet, im Fall des Absatzes 2 Satz 6 bis zum Ende des Monats, in dem die Geschäftsführung endet, Amtsbezüge in Höhe der Besoldungsgruppe B 11 sowie den Familienzuschlag entsprechend Anlage V des Bundesbesoldungsgesetzes. [2]Das Bundesreisekostengesetz und das Bundesumzugskos-

tengesetz sind entsprechend anzuwenden. [3]Im Übrigen sind § 12 Absatz 6 sowie die §§ 13 bis 20 und 21a Absatz 5 des Bundesministergesetzes mit den Maßgaben anzuwenden, dass an die Stelle der vierjährigen Amtszeit in § 15 Absatz 1 des Bundesministergesetzes eine Amtszeit von fünf Jahren tritt. [4]Abweichend von Satz 3 in Verbindung mit den §§ 15 bis 17 und 21a Absatz 5 des Bundesministergesetzes berechnet sich das Ruhegehalt der oder des Bundesbeauftragten unter Hinzurechnung der Amtszeit als ruhegehaltsfähige Dienstzeit in entsprechender Anwendung des Beamtenversorgungsgesetzes, wenn dies günstiger ist und die oder der Bundesbeauftragte sich unmittelbar vor ihrer oder seiner Wahl zur oder zum Bundesbeauftragten als Beamtin oder Beamter oder als Richterin oder Richter mindestens in dem letzten gewöhnlich vor Erreichen der Besoldungsgruppe B 11 zu durchlaufenden Amt befunden hat.

§ 13 Rechte und Pflichten

(1) [1]Die oder der Bundesbeauftragte sieht von allen mit den Aufgaben ihres oder seines Amtes nicht zu vereinbarenden Handlungen ab und übt während ihrer oder seiner Amtszeit keine andere mit ihrem oder seinem Amt nicht zu vereinbarende entgeltliche oder unentgeltliche Tätigkeit aus. [2]Insbesondere darf die oder der Bundesbeauftragte neben ihrem oder seinem Amt kein anderes besoldetes Amt, kein Gewerbe und keinen Beruf ausüben und weder der Leitung oder dem Aufsichtsrat oder Verwaltungsrat eines auf Erwerb gerichteten Unternehmens noch einer Regierung oder einer gesetzgebenden Körperschaft des Bundes oder eines Landes angehören. [3]Sie oder er darf nicht gegen Entgelt außergerichtliche Gutachten abgeben.

(2) [1]Die oder der Bundesbeauftragte hat der Präsidentin oder dem Präsidenten des Bundestages Mitteilung über Geschenke zu machen, die sie oder er in Bezug auf das Amt erhält. [2]Die Präsidentin oder der Präsident des Bundestages entscheidet über die Verwendung der Geschenke. [3]Sie oder er kann Verfahrensvorschriften erlassen.

(3) [1]Die oder der Bundesbeauftragte ist berechtigt, über Personen, die ihr oder ihm in ihrer oder seiner Eigenschaft als Bundesbeauftragte oder Bundesbeauftragter Tatsachen anvertraut haben, sowie über diese Tatsachen selbst das Zeugnis zu verweigern. [2]Dies gilt auch für die Mitarbeiterinnen und Mitarbeiter der oder des Bundesbeauftragten mit der Maßgabe, dass über die Ausübung dieses Rechts die oder der Bundesbeauftragte entscheidet. [3]Soweit das Zeugnisverweigerungsrecht der oder des Bundesbeauftragten reicht, darf die Vorlegung oder Auslieferung von Akten oder anderen Dokumenten von ihr oder ihm nicht gefordert werden.

(4) [1]Die oder der Bundesbeauftragte ist, auch nach Beendigung ihres oder seines Amtsverhältnisses, verpflichtet, über die ihr oder ihm amtlich bekanntgewordenen Angelegenheiten Verschwiegenheit zu bewahren. [2]Dies gilt nicht für Mitteilungen im dienstlichen Verkehr oder über Tatsachen, die offenkundig sind oder ihrer Bedeutung nach keiner Geheimhaltung bedürfen. [3]Die oder der Bundesbeauftragte entscheidet nach pflichtgemäßem Ermessen, ob und inwieweit sie oder er über solche Angelegenheiten vor Gericht oder außergerichtlich aussagt oder Erklärungen abgibt; wenn sie oder er nicht mehr im Amt ist, ist die Genehmigung der oder des amtierenden Bundesbeauftragten erforderlich. [4]Unberührt bleibt die gesetzlich begründete Pflicht, Straftaten anzuzeigen und bei einer Gefährdung der

freiheitlichen demokratischen Grundordnung für deren Erhaltung einzutreten. [5]Für die Bundesbeauftragte oder den Bundesbeauftragten und ihre oder seine Mitarbeiterinnen und Mitarbeiter gelten die §§ 93, 97 und 105 Absatz 1, § 111 Absatz 5 in Verbindung mit § 105 Absatz 1 sowie § 116 Absatz 1 der Abgabenordnung nicht. [6]Satz 5 findet keine Anwendung, soweit die Finanzbehörden die Kenntnis für die Durchführung eines Verfahrens wegen einer Steuerstraftat sowie eines damit zusammenhängenden Steuerverfahrens benötigen, an deren Verfolgung ein zwingendes öffentliches Interesse besteht, oder soweit es sich um vorsätzlich falsche Angaben der oder des Auskunftspflichtigen oder der für sie oder ihn tätigen Personen handelt. [7]Stellt die oder der Bundesbeauftragte einen Datenschutzverstoß fest, ist sie oder er befugt, diesen anzuzeigen und die betroffene Person hierüber zu informieren.

(5) [1]Die oder der Bundesbeauftragte darf als Zeugin oder Zeuge aussagen, es sei denn, die Aussage würde

1. dem Wohl des Bundes oder eines Landes Nachteile bereiten, insbesondere Nachteile für die Sicherheit der Bundesrepublik Deutschland oder ihre Beziehungen zu anderen Staaten, oder
2. Grundrechte verletzen.

[2]Betrifft die Aussage laufende oder abgeschlossene Vorgänge, die dem Kernbereich exekutiver Eigenverantwortung der Bundesregierung zuzurechnen sind oder sein könnten, darf die oder der Bundesbeauftragte nur im Benehmen mit der Bundesregierung aussagen. [3]§ 28 des Bundesverfassungsgerichtsgesetzes bleibt unberührt.

(6) Die Absätze 3 und 4 Satz 5 bis 7 gelten entsprechend für die öffentlichen Stellen, die für die Kontrolle der Einhaltung der Vorschriften über den Datenschutz in den Ländern zuständig sind.

§ 14 Aufgaben

(1) [1]Die oder der Bundesbeauftragte hat neben den in der Verordnung (EU) 2016/679 genannten Aufgaben die Aufgaben,

1. die Anwendung dieses Gesetzes und sonstiger Vorschriften über den Datenschutz, einschließlich der zur Umsetzung der Richtlinie (EU) 2016/680 erlassenen Rechtsvorschriften, zu überwachen und durchzusetzen,
2. die Öffentlichkeit für die Risiken, Vorschriften, Garantien und Rechte im Zusammenhang mit der Verarbeitung personenbezogener Daten zu sensibilisieren und sie darüber aufzuklären, wobei spezifische Maßnahmen für Kinder besondere Beachtung finden,
3. den Deutschen Bundestag und den Bundesrat, die Bundesregierung und andere Einrichtungen und Gremien über legislative und administrative Maßnahmen zum Schutz der Rechte und Freiheiten natürlicher Personen in Bezug auf die Verarbeitung personenbezogener Daten zu beraten,
4. die Verantwortlichen und die Auftragsverarbeiter für die ihnen aus diesem Gesetz und sonstigen Vorschriften über den Datenschutz, einschließlich den zur Umsetzung der Richtlinie (EU) 2016/680 erlassenen Rechtsvorschriften, entstehenden Pflichten zu sensibilisieren,
5. auf Anfrage jeder betroffenen Person Informationen über die Ausübung ihrer Rechte aufgrund dieses Gesetzes und sonstiger Vorschriften über den Datenschutz, einschließlich der zur Umsetzung der Richtlinie (EU) 2016/680 erlassenen Rechtsvorschriften, zur Verfügung zu stellen und gegebenenfalls zu

diesem Zweck mit den Aufsichtsbehörden in anderen Mitgliedstaaten zusammenzuarbeiten,
6. sich mit Beschwerden einer betroffenen Person oder Beschwerden einer Stelle, einer Organisation oder eines Verbandes gemäß Artikel 55 der Richtlinie (EU) 2016/680 zu befassen, den Gegenstand der Beschwerde in angemessenem Umfang zu untersuchen und den Beschwerdeführer innerhalb einer angemessenen Frist über den Fortgang und das Ergebnis der Untersuchung zu unterrichten, insbesondere, wenn eine weitere Untersuchung oder Koordinierung mit einer anderen Aufsichtsbehörde notwendig ist,
7. mit anderen Aufsichtsbehörden zusammenzuarbeiten, auch durch Informationsaustausch, und ihnen Amtshilfe zu leisten, um die einheitliche Anwendung und Durchsetzung dieses Gesetzes und sonstiger Vorschriften über den Datenschutz, einschließlich der zur Umsetzung der Richtlinie (EU) 2016/680 erlassenen Rechtsvorschriften, zu gewährleisten,
8. Untersuchungen über die Anwendung dieses Gesetzes und sonstiger Vorschriften über den Datenschutz, einschließlich der zur Umsetzung der Richtlinie (EU) 2016/680 erlassenen Rechtsvorschriften, durchzuführen, auch auf der Grundlage von Informationen einer anderen Aufsichtsbehörde oder einer anderen Behörde,
9. maßgebliche Entwicklungen zu verfolgen, soweit sie sich auf den Schutz personenbezogener Daten auswirken, insbesondere die Entwicklung der Informations- und Kommunikationstechnologie und der Geschäftspraktiken,
10. Beratung in Bezug auf die in § 69 genannten Verarbeitungsvorgänge zu leisten und
11. Beiträge zur Tätigkeit des Europäischen Datenschutzausschusses zu leisten.

[2]Im Anwendungsbereich der Richtlinie (EU) 2016/680 nimmt die oder der Bundesbeauftragte zudem die Aufgabe nach § 60 wahr.

(2) [1]Zur Erfüllung der in Absatz 1 Satz 1 Nummer 3 genannten Aufgabe kann die oder der Bundesbeauftragte zu allen Fragen, die im Zusammenhang mit dem Schutz personenbezogener Daten stehen, von sich aus oder auf Anfrage Stellungnahmen an den Deutschen Bundestag oder einen seiner Ausschüsse, den Bundesrat, die Bundesregierung, sonstige Einrichtungen und Stellen sowie an die Öffentlichkeit richten. [2]Auf Ersuchen des Deutschen Bundestages, eines seiner Ausschüsse oder der Bundesregierung geht die oder der Bundesbeauftragte ferner Hinweisen auf Angelegenheiten und Vorgänge des Datenschutzes bei den öffentlichen Stellen des Bundes nach.

(3) Die oder der Bundesbeauftragte erleichtert das Einreichen der in Absatz 1 Satz 1 Nummer 6 genannten Beschwerden durch Maßnahmen wie etwa die Bereitstellung eines Beschwerdeformulars, das auch elektronisch ausgefüllt werden kann, ohne dass andere Kommunikationsmittel ausgeschlossen werden.

(4) [1]Die Erfüllung der Aufgaben der oder des Bundesbeauftragten ist für die betroffene Person unentgeltlich. [2]Bei offenkundig unbegründeten oder, insbesondere im Fall von häufiger Wiederholung, exzessiven Anfragen kann die oder der Bundesbeauftragte eine angemessene Gebühr auf der Grundlage der Verwaltungskosten verlangen oder sich weigern, aufgrund der Anfrage tätig zu werden. [3]In diesem Fall trägt die oder der Bundesbeauftragte die Beweislast für den offenkundig unbegründeten oder exzessiven Charakter der Anfrage.

§ 15 Tätigkeitsbericht

[1]Die oder der Bundesbeauftragte erstellt einen Jahresbericht über ihre oder seine Tätigkeit, der eine Liste der Arten der gemeldeten Verstöße und der Arten der getroffenen Maßnahmen, einschließlich der verhängten Sanktionen und der Maßnahmen nach Artikel 58 Absatz 2 der Verordnung (EU) 2016/679, enthalten kann. [2]Die oder der Bundesbeauftragte übermittelt den Bericht dem Deutschen Bundestag, dem Bundesrat und der Bundesregierung und macht ihn der Öffentlichkeit, der Europäischen Kommission und dem Europäischen Datenschutzausschuss zugänglich.

§ 16 Befugnisse

(1) [1]Die oder der Bundesbeauftragte nimmt im Anwendungsbereich der Verordnung (EU) 2016/679 die Befugnisse gemäß Artikel 58 der Verordnung (EU) 2016/679 wahr. [2]Kommt die oder der Bundesbeauftragte zu dem Ergebnis, dass Verstöße gegen die Vorschriften über den Datenschutz oder sonstige Mängel bei der Verarbeitung personenbezogener Daten vorliegen, teilt sie oder er dies der zuständigen Rechts- oder Fachaufsichtsbehörde mit und gibt dieser vor der Ausübung der Befugnisse des Artikels 58 Absatz 2 Buchstabe b bis g, i und j der Verordnung (EU) 2016/679 gegenüber dem Verantwortlichen Gelegenheit zur Stellungnahme innerhalb einer angemessenen Frist. [3]Von der Einräumung der Gelegenheit zur Stellungnahme kann abgesehen werden, wenn eine sofortige Entscheidung wegen Gefahr im Verzug oder im öffentlichen Interesse notwendig erscheint oder ihr ein zwingendes öffentliches Interesse entgegensteht. [4]Die Stellungnahme soll auch eine Darstellung der Maßnahmen enthalten, die aufgrund der Mitteilung der oder des Bundesbeauftragten getroffen worden sind.

(2) [1]Stellt die oder der Bundesbeauftragte bei Datenverarbeitungen durch öffentliche Stellen des Bundes zu Zwecken außerhalb des Anwendungsbereichs der Verordnung (EU) 2016/679 Verstöße gegen die Vorschriften dieses Gesetzes oder gegen andere Vorschriften über den Datenschutz oder sonstige Mängel bei der Verarbeitung oder Nutzung personenbezogener Daten fest, so beanstandet sie oder er dies gegenüber der zuständigen obersten Bundesbehörde und fordert diese zur Stellungnahme innerhalb einer von ihr oder ihm zu bestimmenden Frist auf. [2]Die oder der Bundesbeauftragte kann von einer Beanstandung absehen oder auf eine Stellungnahme verzichten, insbesondere wenn es sich um unerhebliche oder inzwischen beseitigte Mängel handelt. [3]Die Stellungnahme soll auch eine Darstellung der Maßnahmen enthalten, die aufgrund der Beanstandung der oder des Bundesbeauftragten getroffen worden sind. [4]Die oder der Bundesbeauftragte kann den Verantwortlichen auch davor warnen, dass beabsichtigte Verarbeitungsvorgänge voraussichtlich gegen in diesem Gesetz enthaltene und andere auf die jeweilige Datenverarbeitung anzuwendende Vorschriften über den Datenschutz verstoßen.

(3) [1]Die Befugnisse der oder des Bundesbeauftragten erstrecken sich auch auf

1. von öffentlichen Stellen des Bundes erlangte personenbezogene Daten über den Inhalt und die näheren Umstände des Brief-, Post- und Fernmeldeverkehrs und
2. personenbezogene Daten, die einem besonderen Amtsgeheimnis, insbesondere dem Steuergeheimnis nach § 30 der Abgabenordnung, unterliegen.

[2]Das Grundrecht des Brief-, Post- und Fernmeldegeheimnisses des Artikels 10 des Grundgesetzes wird insoweit eingeschränkt.

(4) Die öffentlichen Stellen des Bundes sind verpflichtet, der oder dem Bundesbeauftragten und ihren oder seinen Beauftragten

1. jederzeit Zugang zu den Grundstücken und Diensträumen, einschließlich aller Datenverarbeitungsanlagen und -geräte, sowie zu allen personenbezogenen Daten und Informationen, die zur Erfüllung ihrer oder seiner Aufgaben notwendig sind, zu gewähren und
2. alle Informationen, die für die Erfüllung ihrer oder seiner Aufgaben erforderlich sind, bereitzustellen.

(5) [1]Die oder der Bundesbeauftragte wirkt auf die Zusammenarbeit mit den öffentlichen Stellen, die für die Kontrolle der Einhaltung der Vorschriften über den Datenschutz in den Ländern zuständig sind, sowie mit den Aufsichtsbehörden nach § 40 hin. [2]§ 40 Absatz 3 Satz 1 zweiter Halbsatz gilt entsprechend.

Kapitel 5. Vertretung im Europäischen Datenschutzausschuss, zentrale Anlaufstelle, Zusammenarbeit der Aufsichtsbehörden des Bundes und der Länder in Angelegenheiten der Europäischen Union

§ 17 Vertretung im Europäischen Datenschutzausschuss, zentrale Anlaufstelle

(1) [1]Gemeinsamer Vertreter im Europäischen Datenschutzausschuss und zentrale Anlaufstelle ist die oder der Bundesbeauftragte (gemeinsamer Vertreter). [2]Als Stellvertreterin oder Stellvertreter des gemeinsamen Vertreters wählt der Bundesrat eine Leiterin oder einen Leiter der Aufsichtsbehörde eines Landes (Stellvertreter). [3]Die Wahl erfolgt für fünf Jahre. [4]Mit dem Ausscheiden aus dem Amt als Leiterin oder Leiter der Aufsichtsbehörde eines Landes endet zugleich die Funktion als Stellvertreter. [5]Wiederwahl ist zulässig.

(2) Der gemeinsame Vertreter überträgt in Angelegenheiten, die die Wahrnehmung einer Aufgabe betreffen, für welche die Länder allein das Recht zur Gesetzgebung haben, oder welche die Einrichtung oder das Verfahren von Landesbehörden betreffen, dem Stellvertreter auf dessen Verlangen die Verhandlungsführung und das Stimmrecht im Europäischen Datenschutzausschuss.

§ 18 Verfahren der Zusammenarbeit der Aufsichtsbehörden des Bundes und der Länder

(1) [1]Die oder der Bundesbeauftragte und die Aufsichtsbehörden der Länder (Aufsichtsbehörden des Bundes und der Länder) arbeiten in Angelegenheiten der Europäischen Union mit dem Ziel einer einheitlichen Anwendung der Verordnung (EU) 2016/679 und der Richtlinie (EU) 2016/680 zusammen. [2]Vor der Übermittlung eines gemeinsamen Standpunktes an die Aufsichtsbehörden der anderen Mitgliedstaaten, die Europäische Kommission oder den Europäischen Datenschutzausschuss geben sich die Aufsichtsbehörden des Bundes und der Länder frühzeitig Gelegenheit zur Stellungnahme. [3]Zu diesem Zweck tauschen sie

untereinander alle zweckdienlichen Informationen aus. [4]Die Aufsichtsbehörden des Bundes und der Länder beteiligen die nach den Artikeln 85 und 91 der Verordnung (EU) 2016/679 eingerichteten spezifischen Aufsichtsbehörden, sofern diese von der Angelegenheit betroffen sind.

(2) [1]Soweit die Aufsichtsbehörden des Bundes und der Länder kein Einvernehmen über den gemeinsamen Standpunkt erzielen, legen die federführende Behörde oder in Ermangelung einer solchen der gemeinsame Vertreter und sein Stellvertreter einen Vorschlag für einen gemeinsamen Standpunkt vor. [2]Einigen sich der gemeinsame Vertreter und sein Stellvertreter nicht auf einen Vorschlag für einen gemeinsamen Standpunkt, legt in Angelegenheiten, die die Wahrnehmung von Aufgaben betreffen, für welche die Länder allein das Recht der Gesetzgebung haben, oder welche die Einrichtung oder das Verfahren von Landesbehörden betreffen, der Stellvertreter den Vorschlag für einen gemeinsamen Standpunkt fest. [3]In den übrigen Fällen fehlenden Einvernehmens nach Satz 2 legt der gemeinsame Vertreter den Standpunkt fest. [4]Der nach den Sätzen 1 bis 3 vorgeschlagene Standpunkt ist den Verhandlungen zu Grunde zu legen, wenn nicht die Aufsichtsbehörden von Bund und Ländern einen anderen Standpunkt mit einfacher Mehrheit beschließen. [5]Der Bund und jedes Land haben jeweils eine Stimme. [6]Enthaltungen werden nicht gezählt.

(3) [1]Der gemeinsame Vertreter und dessen Stellvertreter sind an den gemeinsamen Standpunkt nach den Absätzen 1 und 2 gebunden und legen unter Beachtung dieses Standpunktes einvernehmlich die jeweilige Verhandlungsführung fest. [2]Sollte ein Einvernehmen nicht erreicht werden, entscheidet in den in § 18 Absatz 2 Satz 2 genannten Angelegenheiten der Stellvertreter über die weitere Verhandlungsführung. [3]In den übrigen Fällen gibt die Stimme des gemeinsamen Vertreters den Ausschlag.

§ 19 Zuständigkeiten

(1) [1]Federführende Aufsichtsbehörde eines Landes im Verfahren der Zusammenarbeit und Kohärenz nach Kapitel VII der Verordnung (EU) 2016/679 ist die Aufsichtsbehörde des Landes, in dem der Verantwortliche oder der Auftragsverarbeiter seine Hauptniederlassung im Sinne des Artikels 4 Nummer 16 der Verordnung (EU) 2016/679 oder seine einzige Niederlassung in der Europäischen Union im Sinne des Artikels 56 Absatz 1 der Verordnung (EU) 2016/679 hat. [2]Im Zuständigkeitsbereich der oder des Bundesbeauftragten gilt Artikel 56 Absatz 1 in Verbindung mit Artikel 4 Nummer 16 der Verordnung (EU) 2016/679 entsprechend. [3]Besteht über die Federführung kein Einvernehmen, findet für die Festlegung der federführenden Aufsichtsbehörde das Verfahren des § 18 Absatz 2 entsprechende Anwendung.

(2) [1]Die Aufsichtsbehörde, bei der eine betroffene Person Beschwerde eingereicht hat, gibt die Beschwerde an die federführende Aufsichtsbehörde nach Absatz 1, in Ermangelung einer solchen an die Aufsichtsbehörde eines Landes ab, in dem der Verantwortliche oder der Auftragsverarbeiter eine Niederlassung hat. [2]Wird eine Beschwerde bei einer sachlich unzuständigen Aufsichtsbehörde eingereicht, gibt diese, sofern eine Abgabe nach Satz 1 nicht in Betracht kommt, die Beschwerde an die Aufsichtsbehörde am Wohnsitz des Beschwerdeführers ab. [3]Die empfangende Aufsichtsbehörde gilt als die Aufsichtsbehörde nach Maßgabe des Kapitels VII der Verordnung (EU) 2016/679, bei der die Beschwerde eingereicht

worden ist, und kommt den Verpflichtungen aus Artikel 60 Absatz 7 bis 9 und Artikel 65 Absatz 6 der Verordnung (EU) 2016/679 nach.

Kapitel 6. Rechtsbehelfe

§ 20 Gerichtlicher Rechtsschutz

(1) Für Streitigkeiten zwischen einer natürlichen oder einer juristischen Person und einer Aufsichtsbehörde des Bundes oder eines Landes über Rechte gemäß Artikel 78 Absatz 1 und 2 der Verordnung (EU) 2016/679 sowie § 61 ist der Verwaltungsrechtsweg gegeben. Satz 1 gilt nicht für Bußgeldverfahren.

(2) Die Verwaltungsgerichtsordnung ist nach Maßgabe der Absätze 3 bis 7 anzuwenden.

(3) Für Verfahren nach Absatz 1 Satz 1 ist das Verwaltungsgericht örtlich zuständig, in dessen Bezirk die Aufsichtsbehörde ihren Sitz hat.

(4) In Verfahren nach Absatz 1 Satz 1 ist die Aufsichtsbehörde beteiligungsfähig.

(5) [1]Beteiligte eines Verfahrens nach Absatz 1 Satz 1 sind
1. die natürliche oder juristische Person als Klägerin oder Antragstellerin und
2. die Aufsichtsbehörde als Beklagte oder Antragsgegnerin.

[2]§ 63 Nummer 3 und 4 der Verwaltungsgerichtsordnung bleibt unberührt.

(6) Ein Vorverfahren findet nicht statt.

(7) Die Aufsichtsbehörde darf gegenüber einer Behörde oder deren Rechtsträger nicht die sofortige Vollziehung gemäß § 80 Absatz 2 Satz 1 Nummer 4 der Verwaltungsgerichtsordnung anordnen.

§ 21 Antrag der Aufsichtsbehörde auf gerichtliche Entscheidung bei angenommener Rechtswidrigkeit eines Beschlusses der Europäischen Kommission

(1) Hält eine Aufsichtsbehörde einen Angemessenheitsbeschluss der Europäischen Kommission, einen Beschluss über die Anerkennung von Standardschutzklauseln oder über die Allgemeingültigkeit von genehmigten Verhaltensregeln, auf dessen Gültigkeit es für eine Entscheidung der Aufsichtsbehörde ankommt, für rechtswidrig, so hat die Aufsichtsbehörde ihr Verfahren auszusetzen und einen Antrag auf gerichtliche Entscheidung zu stellen.

(2) Für Verfahren nach Absatz 1 ist der Verwaltungsrechtsweg gegeben. Die Verwaltungsgerichtsordnung ist nach Maßgabe der Absätze 3 bis 6 anzuwenden.

(3) Über einen Antrag der Aufsichtsbehörde nach Absatz 1 entscheidet im ersten und letzten Rechtszug das Bundesverwaltungsgericht.

(4) [1]In Verfahren nach Absatz 1 ist die Aufsichtsbehörde beteiligungsfähig. [2]An einem Verfahren nach Absatz 1 ist die Aufsichtsbehörde als Antragstellerin beteiligt; § 63 Nummer 3 und 4 der Verwaltungsgerichtsordnung bleibt unberührt. [3]Das Bundesverwaltungsgericht kann der Europäischen Kommission Gelegenheit zur Äußerung binnen einer zu bestimmenden Frist geben.

(5) Ist ein Verfahren zur Überprüfung der Gültigkeit eines Beschlusses der Europäischen Kommission nach Absatz 1 bei dem Gerichtshof der Europäischen Union

anhängig, so kann das Bundesverwaltungsgericht anordnen, dass die Verhandlung bis zur Erledigung des Verfahrens vor dem Gerichtshof der Europäischen Union auszusetzen sei.

(6) [1]In Verfahren nach Absatz 1 ist § 47 Absatz 5 Satz 1 und Absatz 6 der Verwaltungsgerichtsordnung entsprechend anzuwenden. [2]Kommt das Bundesverwaltungsgericht zu der Überzeugung, dass der Beschluss der Europäischen Kommission nach Absatz 1 gültig ist, so stellt es dies in seiner Entscheidung fest. [3]Andernfalls legt es die Frage nach der Gültigkeit des Beschlusses gemäß Artikel 267 des Vertrags über die Arbeitsweise der Europäischen Union dem Gerichtshof der Europäischen Union zur Entscheidung vor.

Teil 2. Durchführungsbestimmungen für Verarbeitungen zu Zwecken gemäß Artikel 2 der Verordnung (EU) 2016/679

Kapitel 1. Rechtsgrundlagen der Verarbeitung personenbezogener Daten

Abschnitt 1. Verarbeitung besonderer Kategorien personenbezogener Daten und Verarbeitung zu anderen Zwecken

§ 22 Verarbeitung besonderer Kategorien personenbezogener Daten

(1) Abweichend von Artikel 9 Absatz 1 der Verordnung (EU) 2016/679 ist die Verarbeitung besonderer Kategorien personenbezogener Daten im Sinne des Artikels 9 Absatz 1 der Verordnung (EU) 2016/679 zulässig

1. durch öffentliche und nichtöffentliche Stellen, wenn sie
   a) erforderlich ist, um die aus dem Recht der sozialen Sicherheit und des Sozialschutzes erwachsenden Rechte auszuüben und den diesbezüglichen Pflichten nachzukommen,
   b) zum Zweck der Gesundheitsvorsorge, für die Beurteilung der Arbeitsfähigkeit des Beschäftigten, für die medizinische Diagnostik, die Versorgung oder Behandlung im Gesundheits- oder Sozialbereich oder für die Verwaltung von Systemen und Diensten im Gesundheits- und Sozialbereich oder aufgrund eines Vertrags der betroffenen Person mit einem Angehörigen eines Gesundheitsberufs erforderlich ist und diese Daten von ärztlichem Personal oder durch sonstige Personen, die einer entsprechenden Geheimhaltungspflicht unterliegen, oder unter deren Verantwortung verarbeitet werden, oder
   c) aus Gründen des öffentlichen Interesses im Bereich der öffentlichen Gesundheit, wie des Schutzes vor schwerwiegenden grenzüberschreitenden Gesundheitsgefahren oder zur Gewährleistung hoher Qualitäts- und Sicherheitsstandards bei der Gesundheitsversorgung und bei Arzneimitteln und Medizinprodukten erforderlich ist; ergänzend zu den in Absatz 2 genannten

Maßnahmen sind insbesondere die berufsrechtlichen und strafrechtlichen Vorgaben zur Wahrung des Berufsgeheimnisses einzuhalten,
2. durch öffentliche Stellen, wenn sie
   a) aus Gründen eines erheblichen öffentlichen Interesses zwingend erforderlich ist,
   b) zur Abwehr einer erheblichen Gefahr für die öffentliche Sicherheit erforderlich ist,
   c) zur Abwehr erheblicher Nachteile für das Gemeinwohl oder zur Wahrung erheblicher Belange des Gemeinwohls zwingend erforderlich ist oder
   d) aus zwingenden Gründen der Verteidigung oder der Erfüllung über- oder zwischenstaatlicher Verpflichtungen einer öffentlichen Stelle des Bundes auf dem Gebiet der Krisenbewältigung oder Konfliktverhinderung oder für humanitäre Maßnahmen erforderlich ist

und soweit die Interessen des Verantwortlichen an der Datenverarbeitung in den Fällen der Nummer 2 die Interessen der betroffenen Person überwiegen.

(2) [1]In den Fällen des Absatzes 1 sind angemessene und spezifische Maßnahmen zur Wahrung der Interessen der betroffenen Person vorzusehen. [2]Unter Berücksichtigung des Stands der Technik, der Implementierungskosten und der Art, des Umfangs, der Umstände und der Zwecke der Verarbeitung sowie der unterschiedlichen Eintrittswahrscheinlichkeit und Schwere der mit der Verarbeitung verbundenen Risiken für die Rechte und Freiheiten natürlicher Personen können dazu insbesondere gehören:
1. technisch organisatorische Maßnahmen, um sicherzustellen, dass die Verarbeitung gemäß der Verordnung (EU) 2016/679 erfolgt,
2. Maßnahmen, die gewährleisten, dass nachträglich überprüft und festgestellt werden kann, ob und von wem personenbezogene Daten eingegeben, verändert oder entfernt worden sind,
3. Sensibilisierung der an Verarbeitungsvorgängen Beteiligten,
4. Benennung einer oder eines Datenschutzbeauftragten,
5. Beschränkung des Zugangs zu den personenbezogenen Daten innerhalb der verantwortlichen Stelle und von Auftragsverarbeitern,
6. Pseudonymisierung personenbezogener Daten,
7. Verschlüsselung personenbezogener Daten,
8. Sicherstellung der Fähigkeit, Vertraulichkeit, Integrität, Verfügbarkeit und Belastbarkeit der Systeme und Dienste im Zusammenhang mit der Verarbeitung personenbezogener Daten, einschließlich der Fähigkeit, die Verfügbarkeit und den Zugang bei einem physischen oder technischen Zwischenfall rasch wiederherzustellen,
9. zur Gewährleistung der Sicherheit der Verarbeitung die Einrichtung eines Verfahrens zur regelmäßigen Überprüfung, Bewertung und Evaluierung der Wirksamkeit der technischen und organisatorischen Maßnahmen oder
10. spezifische Verfahrensregelungen, die im Fall einer Übermittlung oder Verarbeitung für andere Zwecke die Einhaltung der Vorgaben dieses Gesetzes sowie der Verordnung (EU) 2016/679 sicherstellen.

§ 23 Verarbeitung zu anderen Zwecken durch öffentliche Stellen

(1) Die Verarbeitung personenbezogener Daten zu einem anderen Zweck als zu demjenigen, zu dem die Daten erhoben wurden, durch öffentliche Stellen im Rahmen ihrer Aufgabenerfüllung ist zulässig, wenn

1. offensichtlich ist, dass sie im Interesse der betroffenen Person liegt und kein Grund zu der Annahme besteht, dass sie in Kenntnis des anderen Zwecks ihre Einwilligung verweigern würde,
2. Angaben der betroffenen Person überprüft werden müssen, weil tatsächliche Anhaltspunkte für deren Unrichtigkeit bestehen,
3. sie zur Abwehr erheblicher Nachteile für das Gemeinwohl oder einer Gefahr für die öffentliche Sicherheit, die Verteidigung oder die nationale Sicherheit, zur Wahrung erheblicher Belange des Gemeinwohls oder zur Sicherung des Steuer- und Zollaufkommens erforderlich ist,
4. sie zur Verfolgung von Straftaten oder Ordnungswidrigkeiten, zur Vollstreckung oder zum Vollzug von Strafen oder Maßnahmen im Sinne des § 11 Absatz 1 Nummer 8 des Strafgesetzbuchs oder von Erziehungsmaßregeln oder Zuchtmitteln im Sinne des Jugendgerichtsgesetzes oder zur Vollstreckung von Geldbußen erforderlich ist,
5. sie zur Abwehr einer schwerwiegenden Beeinträchtigung der Rechte einer anderen Person erforderlich ist oder
6. sie der Wahrnehmung von Aufsichts- und Kontrollbefugnissen, der Rechnungsprüfung oder der Durchführung von Organisationsuntersuchungen des Verantwortlichen dient; dies gilt auch für die Verarbeitung zu Ausbildungs- und Prüfungszwecken durch den Verantwortlichen, soweit schutzwürdige Interessen der betroffenen Person dem nicht entgegenstehen.

(2) Die Verarbeitung besonderer Kategorien personenbezogener Daten im Sinne des Artikels 9 Absatz 1 der Verordnung (EU) 2016/679 zu einem anderen Zweck als zu demjenigen, zu dem die Daten erhoben wurden, ist zulässig, wenn die Voraussetzungen des Absatzes 1 und ein Ausnahmetatbestand nach Artikel 9 Absatz 2 der Verordnung (EU) 2016/679 oder nach § 22 vorliegen.

§ 24 Verarbeitung zu anderen Zwecken durch nichtöffentliche Stellen

(1) Die Verarbeitung personenbezogener Daten zu einem anderen Zweck als zu demjenigen, zu dem die Daten erhoben wurden, durch nichtöffentliche Stellen ist zulässig, wenn

1. sie zur Abwehr von Gefahren für die staatliche oder öffentliche Sicherheit oder zur Verfolgung von Straftaten erforderlich ist oder
2. sie zur Geltendmachung, Ausübung oder Verteidigung zivilrechtlicher Ansprüche erforderlich ist,

sofern nicht die Interessen der betroffenen Person an dem Ausschluss der Verarbeitung überwiegen.

(2) Die Verarbeitung besonderer Kategorien personenbezogener Daten im Sinne des Artikels 9 Absatz 1 der Verordnung (EU) 2016/679 zu einem anderen Zweck als zu demjenigen, zu dem die Daten erhoben wurden, ist zulässig, wenn die Voraussetzungen des Absatzes 1 und ein Ausnahmetatbestand nach Artikel 9 Absatz 2 der Verordnung (EU) 2016/679 oder nach § 22 vorliegen.

§ 25 Datenübermittlungen durch öffentliche Stellen

(1) [1]Die Übermittlung personenbezogener Daten durch öffentliche Stellen an öffentliche Stellen ist zulässig, wenn sie zur Erfüllung der in der Zuständigkeit der übermittelnden Stelle oder des Dritten, an den die Daten übermittelt werden,

liegenden Aufgaben erforderlich ist und die Voraussetzungen vorliegen, die eine Verarbeitung nach § 23 zulassen würden. [2]Der Dritte, an den die Daten übermittelt werden, darf diese nur für den Zweck verarbeiten, zu dessen Erfüllung sie ihm übermittelt werden. [3]Eine Verarbeitung für andere Zwecke ist unter den Voraussetzungen des § 23 zulässig.

(2) [1]Die Übermittlung personenbezogener Daten durch öffentliche Stellen an nichtöffentliche Stellen ist zulässig, wenn
1. sie zur Erfüllung der in der Zuständigkeit der übermittelnden Stelle liegenden Aufgaben erforderlich ist und die Voraussetzungen vorliegen, die eine Verarbeitung nach § 23 zulassen würden,
2. der Dritte, an den die Daten übermittelt werden, ein berechtigtes Interesse an der Kenntnis der zu übermittelnden Daten glaubhaft darlegt und die betroffene Person kein schutzwürdiges Interesse an dem Ausschluss der Übermittlung hat oder
3. es zur Geltendmachung, Ausübung oder Verteidigung rechtlicher Ansprüche erforderlich ist

und der Dritte sich gegenüber der übermittelnden öffentlichen Stelle verpflichtet hat, die Daten nur für den Zweck zu verarbeiten, zu dessen Erfüllung sie ihm übermittelt werden. [2]Eine Verarbeitung für andere Zwecke ist zulässig, wenn eine Übermittlung nach Satz 1 zulässig wäre und die übermittelnde Stelle zugestimmt hat.

(3) Die Übermittlung besonderer Kategorien personenbezogener Daten im Sinne des Artikels 9 Absatz 1 der Verordnung (EU) 2016/679 ist zulässig, wenn die Voraussetzungen des Absatzes 1 oder 2 und ein Ausnahmetatbestand nach Artikel 9 Absatz 2 der Verordnung (EU) 2016/679 oder nach § 22 vorliegen.

Abschnitt 2. Besondere Verarbeitungssituationen

§ 26 Datenverarbeitung für Zwecke des Beschäftigungsverhältnisses

(1) [1]Personenbezogene Daten von Beschäftigten dürfen für Zwecke des Beschäftigungsverhältnisses verarbeitet werden, wenn dies für die Entscheidung über die Begründung eines Beschäftigungsverhältnisses oder nach Begründung des Beschäftigungsverhältnisses für dessen Durchführung oder Beendigung oder zur Ausübung oder Erfüllung der sich aus einem Gesetz oder einem Tarifvertrag, einer Betriebs- oder Dienstvereinbarung (Kollektivvereinbarung) ergebenden Rechte und Pflichten der Interessenvertretung der Beschäftigten erforderlich ist. [2]Zur Aufdeckung von Straftaten dürfen personenbezogene Daten von Beschäftigten nur dann verarbeitet werden, wenn zu dokumentierende tatsächliche Anhaltspunkte den Verdacht begründen, dass die betroffene Person im Beschäftigungsverhältnis eine Straftat begangen hat, die Verarbeitung zur Aufdeckung erforderlich ist und das schutzwürdige Interesse der oder des Beschäftigten an dem Ausschluss der Verarbeitung nicht überwiegt, insbesondere Art und Ausmaß im Hinblick auf den Anlass nicht unverhältnismäßig sind.

(2) [1]Erfolgt die Verarbeitung personenbezogener Daten von Beschäftigten auf der Grundlage einer Einwilligung, so sind für die Beurteilung der Freiwilligkeit der Einwilligung insbesondere die im Beschäftigungsverhältnis bestehende Abhängigkeit der beschäftigten Person sowie die Umstände, unter denen die Einwilli-

gung erteilt worden ist, zu berücksichtigen. [2]Freiwilligkeit kann insbesondere vorliegen, wenn für die beschäftigte Person ein rechtlicher oder wirtschaftlicher Vorteil erreicht wird oder Arbeitgeber und beschäftigte Person gleichgelagerte Interessen verfolgen. [3]Die Einwilligung bedarf der Schriftform, soweit nicht wegen besonderer Umstände eine andere Form angemessen ist. [4]Der Arbeitgeber hat die beschäftigte Person über den Zweck der Datenverarbeitung und über ihr Widerrufsrecht nach Artikel 7 Absatz 3 der Verordnung (EU) 2016/679 in Textform aufzuklären.

(3) [1]Abweichend von Artikel 9 Absatz 1 der Verordnung (EU) 2016/679 ist die Verarbeitung besonderer Kategorien personenbezogener Daten im Sinne des Artikels 9 Absatz 1 der Verordnung (EU) 2016/679 für Zwecke des Beschäftigungsverhältnisses zulässig, wenn sie zur Ausübung von Rechten oder zur Erfüllung rechtlicher Pflichten aus dem Arbeitsrecht, dem Recht der sozialen Sicherheit und des Sozialschutzes erforderlich ist und kein Grund zu der Annahme besteht, dass das schutzwürdige Interesse der betroffenen Person an dem Ausschluss der Verarbeitung überwiegt. [2]Absatz 2 gilt auch für die Einwilligung in die Verarbeitung besonderer Kategorien personenbezogener Daten; die Einwilligung muss sich dabei ausdrücklich auf diese Daten beziehen. [3]§ 22 Absatz 2 gilt entsprechend.

(4) [1]Die Verarbeitung personenbezogener Daten, einschließlich besonderer Kategorien personenbezogener Daten von Beschäftigten für Zwecke des Beschäftigungsverhältnisses, ist auf der Grundlage von Kollektivvereinbarungen zulässig. [2]Dabei haben die Verhandlungspartner Artikel 88 Absatz 2 der Verordnung (EU) 2016/679 zu beachten.

(5) Der Verantwortliche muss geeignete Maßnahmen ergreifen, um sicherzustellen, dass insbesondere die in Artikel 5 der Verordnung (EU) 2016/679 dargelegten Grundsätze für die Verarbeitung personenbezogener Daten eingehalten werden.

(6) Die Beteiligungsrechte der Interessenvertretungen der Beschäftigten bleiben unberührt.

(7) Die Absätze 1 bis 6 sind auch anzuwenden, wenn personenbezogene Daten, einschließlich besonderer Kategorien personenbezogener Daten, von Beschäftigten verarbeitet werden, ohne dass sie in einem Dateisystem gespeichert sind oder gespeichert werden sollen.

(8) Beschäftigte im Sinne dieses Gesetzes sind:

1. Arbeitnehmerinnen und Arbeitnehmer, einschließlich der Leiharbeitnehmerinnen und Leiharbeitnehmer im Verhältnis zum Entleiher,
2. zu ihrer Berufsbildung Beschäftigte,
3. Teilnehmerinnen und Teilnehmer an Leistungen zur Teilhabe am Arbeitsleben sowie an Abklärungen der beruflichen Eignung oder Arbeitserprobung (Rehabilitandinnen und Rehabilitanden),
4. in anerkannten Werkstätten für behinderte Menschen Beschäftigte,
5. Freiwillige, die einen Dienst nach dem Jugendfreiwilligendienstegesetz oder dem Bundesfreiwilligendienstgesetz leisten,
6. Personen, die wegen ihrer wirtschaftlichen Unselbständigkeit als arbeitnehmerähnliche Personen anzusehen sind; zu diesen gehören auch die in Heimarbeit Beschäftigten und die ihnen Gleichgestellten,
7. Beamtinnen und Beamte des Bundes, Richterinnen und Richter des Bundes, Soldatinnen und Soldaten sowie Zivildienstleistende.

Bewerberinnen und Bewerber für ein Beschäftigungsverhältnis sowie Personen, deren Beschäftigungsverhältnis beendet ist, gelten als Beschäftigte.

§ 27 Datenverarbeitung zu wissenschaftlichen oder historischen Forschungszwecken und zu statistischen Zwecken

(1) [1]Abweichend von Artikel 9 Absatz 1 der Verordnung (EU) 2016/679 ist die Verarbeitung besonderer Kategorien personenbezogener Daten im Sinne des Artikels 9 Absatz 1 der Verordnung (EU) 2016/679 auch ohne Einwilligung für wissenschaftliche oder historische Forschungszwecke oder für statistische Zwecke zulässig, wenn die Verarbeitung zu diesen Zwecken erforderlich ist und die Interessen des Verantwortlichen an der Verarbeitung die Interessen der betroffenen Person an einem Ausschluss der Verarbeitung erheblich überwiegen. [2]Der Verantwortliche sieht angemessene und spezifische Maßnahmen zur Wahrung der Interessen der betroffenen Person gemäß § 22 Absatz 2 Satz 2 vor.

(2) [1]Die in den Artikeln 15, 16, 18 und 21 der Verordnung (EU) 2016/679 vorgesehenen Rechte der betroffenen Person sind insoweit beschränkt, als diese Rechte voraussichtlich die Verwirklichung der Forschungs- oder Statistikzwecke unmöglich machen oder ernsthaft beeinträchtigen und die Beschränkung für die Erfüllung der Forschungs- oder Statistikzwecke notwendig ist. [2]Das Recht auf Auskunft gemäß Artikel 15 der Verordnung (EU) 2016/679 besteht darüber hinaus nicht, wenn die Daten für Zwecke der wissenschaftlichen Forschung erforderlich sind und die Auskunftserteilung einen unverhältnismäßigen Aufwand erfordern würde.

(3) [1]Ergänzend zu den in § 22 Absatz 2 genannten Maßnahmen sind zu wissenschaftlichen oder historischen Forschungszwecken oder zu statistischen Zwecken verarbeitete besondere Kategorien personenbezogener Daten im Sinne des Artikels 9 Absatz 1 der Verordnung (EU) 2016/679 zu anonymisieren, sobald dies nach dem Forschungs- oder Statistikzweck möglich ist, es sei denn, berechtigte Interessen der betroffenen Person stehen dem entgegen. [2]Bis dahin sind die Merkmale gesondert zu speichern, mit denen Einzelangaben über persönliche oder sachliche Verhältnisse einer bestimmten oder bestimmbaren Person zugeordnet werden können. [3]Sie dürfen mit den Einzelangaben nur zusammengeführt werden, soweit der Forschungs- oder Statistikzweck dies erfordert.

(4) Der Verantwortliche darf personenbezogene Daten nur veröffentlichen, wenn die betroffene Person eingewilligt hat oder dies für die Darstellung von Forschungsergebnissen über Ereignisse der Zeitgeschichte unerlässlich ist.

§ 28 Datenverarbeitung zu im öffentlichen Interesse liegenden Archivzwecken

(1) [1]Abweichend von Artikel 9 Absatz 1 der Verordnung (EU) 2016/679 ist die Verarbeitung besonderer Kategorien personenbezogener Daten im Sinne des Artikels 9 Absatz 1 der Verordnung (EU) 2016/679 zulässig, wenn sie für im öffentlichen Interesse liegende Archivzwecke erforderlich ist. [2]Der Verantwortliche sieht angemessene und spezifische Maßnahmen zur Wahrung der Interessen der betroffenen Person gemäß § 22 Absatz 2 Satz 2 vor.

(2) Das Recht auf Auskunft der betroffenen Person gemäß Artikel 15 der Verordnung (EU) 2016/679 besteht nicht, wenn das Archivgut nicht durch den

Namen der Person erschlossen ist oder keine Angaben gemacht werden, die das Auffinden des betreffenden Archivguts mit vertretbarem Verwaltungsaufwand ermöglichen.

(3) [1]Das Recht auf Berichtigung der betroffenen Person gemäß Artikel 16 der Verordnung (EU) 2016/679 besteht nicht, wenn die personenbezogenen Daten zu Archivzwecken im öffentlichen Interesse verarbeitet werden. [2]Bestreitet die betroffene Person die Richtigkeit der personenbezogenen Daten, ist ihr die Möglichkeit einer Gegendarstellung einzuräumen. [3]Das zuständige Archiv ist verpflichtet, die Gegendarstellung den Unterlagen hinzuzufügen.

(4) Die in Artikel 18 Absatz 1 Buchstabe a, b und d, den Artikeln 20 und 21 der Verordnung (EU) 2016/679 vorgesehenen Rechte bestehen nicht, soweit diese Rechte voraussichtlich die Verwirklichung der im öffentlichen Interesse liegenden Archivzwecke unmöglich machen oder ernsthaft beeinträchtigen und die Ausnahmen für die Erfüllung dieser Zwecke erforderlich sind.

§ 29 Rechte der betroffenen Person und aufsichtsbehördliche Befugnisse im Fall von Geheimhaltungspflichten

(1) [1]Die Pflicht zur Information der betroffenen Person gemäß Artikel 14 Absatz 1 bis 4 der Verordnung (EU) 2016/679 besteht ergänzend zu den in Artikel 14 Absatz 5 der Verordnung (EU) 2016/679 genannten Ausnahmen nicht, soweit durch ihre Erfüllung Informationen offenbart würden, die ihrem Wesen nach, insbesondere wegen der überwiegenden berechtigten Interessen eines Dritten, geheim gehalten werden müssen. [2]Das Recht auf Auskunft der betroffenen Person gemäß Artikel 15 der Verordnung (EU) 2016/679 besteht nicht, soweit durch die Auskunft Informationen offenbart würden, die nach einer Rechtsvorschrift oder ihrem Wesen nach, insbesondere wegen der überwiegenden berechtigten Interessen eines Dritten, geheim gehalten werden müssen. [3]Die Pflicht zur Benachrichtigung gemäß Artikel 34 der Verordnung (EU) 2016/679 besteht ergänzend zu der in Artikel 34 Absatz 3 der Verordnung (EU) 2016/679 genannten Ausnahme nicht, soweit durch die Benachrichtigung Informationen offenbart würden, die nach einer Rechtsvorschrift oder ihrem Wesen nach, insbesondere wegen der überwiegenden berechtigten Interessen eines Dritten, geheim gehalten werden müssen. [4]Abweichend von der Ausnahme nach Satz 3 ist die betroffene Person nach Artikel 34 der Verordnung (EU) 2016/679 zu benachrichtigen, wenn die Interessen der betroffenen Person, insbesondere unter Berücksichtigung drohender Schäden, gegenüber dem Geheimhaltungsinteresse überwiegen.

(2) Werden Daten Dritter im Zuge der Aufnahme oder im Rahmen eines Mandatsverhältnisses an einen Berufsgeheimnisträger übermittelt, so besteht die Pflicht der übermittelnden Stelle zur Information der betroffenen Person gemäß Artikel 13 Absatz 3 der Verordnung (EU) 2016/679 nicht, sofern nicht das Interesse der betroffenen Person an der Informationserteilung überwiegt.

(3) [1]Gegenüber den in § 203 Absatz 1, 2a und 3 des Strafgesetzbuchs genannten Personen oder deren Auftragsverarbeitern bestehen die Untersuchungsbefugnisse der Aufsichtsbehörden gemäß Artikel 58 Absatz 1 Buchstabe e und f der Verordnung (EU) 2016/679 nicht, soweit die Inanspruchnahme der Befugnisse zu einem Verstoß gegen die Geheimhaltungspflichten dieser Personen führen würde. [2]Erlangt eine Aufsichtsbehörde im Rahmen einer Untersuchung Kenntnis von Daten,

die einer Geheimhaltungspflicht im Sinne des Satzes 1 unterliegen, gilt die Geheimhaltungspflicht auch für die Aufsichtsbehörde.

§ 30 Verbraucherkredite

(1) Eine Stelle, die geschäftsmäßig personenbezogene Daten, die zur Bewertung der Kreditwürdigkeit von Verbrauchern genutzt werden dürfen, zum Zweck der Übermittlung erhebt, speichert oder verändert, hat Auskunftsverlangen von Darlehensgebern aus anderen Mitgliedstaaten der Europäischen Union genauso zu behandeln wie Auskunftsverlangen inländischer Darlehensgeber.

(2) [1]Wer den Abschluss eines Verbraucherdarlehensvertrags oder eines Vertrags über eine entgeltliche Finanzierungshilfe mit einem Verbraucher infolge einer Auskunft einer Stelle im Sinne des Absatzes 1 ablehnt, hat den Verbraucher unverzüglich hierüber sowie über die erhaltene Auskunft zu unterrichten. [2]Die Unterrichtung unterbleibt, soweit hierdurch die öffentliche Sicherheit oder Ordnung gefährdet würde. [3]§ 37 bleibt unberührt.

§ 31 Schutz des Wirtschaftsverkehrs bei Scoring und Bonitätsauskünften

(1) Die Verwendung eines Wahrscheinlichkeitswerts über ein bestimmtes zukünftiges Verhalten einer natürlichen Person zum Zweck der Entscheidung über die Begründung, Durchführung oder Beendigung eines Vertragsverhältnisses mit dieser Person (Scoring) ist nur zulässig, wenn
1. die Vorschriften des Datenschutzrechts eingehalten wurden,
2. die zur Berechnung des Wahrscheinlichkeitswerts genutzten Daten unter Zugrundelegung eines wissenschaftlich anerkannten mathematisch-statistischen Verfahrens nachweisbar für die Berechnung der Wahrscheinlichkeit des bestimmten Verhaltens erheblich sind,
3. für die Berechnung des Wahrscheinlichkeitswerts nicht ausschließlich Anschriftendaten genutzt wurden und
4. im Fall der Nutzung von Anschriftendaten die betroffene Person vor Berechnung des Wahrscheinlichkeitswerts über die vorgesehene Nutzung dieser Daten unterrichtet worden ist; die Unterrichtung ist zu dokumentieren.

(2) [1]Die Verwendung eines von Auskunfteien ermittelten Wahrscheinlichkeitswerts über die Zahlungsfähig- und Zahlungswilligkeit einer natürlichen Person ist im Fall der Einbeziehung von Informationen über Forderungen nur zulässig, soweit die Voraussetzungen nach Absatz 1 vorliegen und nur solche Forderungen über eine geschuldete Leistung, die trotz Fälligkeit nicht erbracht worden ist, berücksichtigt werden,
1. die durch ein rechtskräftiges oder für vorläufig vollstreckbar erklärtes Urteil festgestellt worden sind oder für die ein Schuldtitel nach § 794 der Zivilprozessordnung vorliegt,
2. die nach § 178 der Insolvenzordnung festgestellt und nicht vom Schuldner im Prüfungstermin bestritten worden sind,
3. die der Schuldner ausdrücklich anerkannt hat,
4. bei denen
   a) der Schuldner nach Eintritt der Fälligkeit der Forderung mindestens zweimal schriftlich gemahnt worden ist,

b) die erste Mahnung mindestens vier Wochen zurückliegt,
c) der Schuldner zuvor, jedoch frühestens bei der ersten Mahnung, über eine mögliche Berücksichtigung durch eine Auskunftei unterrichtet worden ist und
d) der Schuldner die Forderung nicht bestritten hat oder

5. deren zugrunde liegendes Vertragsverhältnis aufgrund von Zahlungsrückständen fristlos gekündigt werden kann und bei denen der Schuldner zuvor über eine mögliche Berücksichtigung durch eine Auskunftei unterrichtet worden ist.

[2]Die Zulässigkeit der Verarbeitung, einschließlich der Ermittlung von Wahrscheinlichkeitswerten, von anderen bonitätsrelevanten Daten nach allgemeinem Datenschutzrecht bleibt unberührt.

Kapitel 2. Rechte der betroffenen Person

§ 32 Informationspflicht bei Erhebung von personenbezogenen Daten bei der betroffenen Person

(1) Die Pflicht zur Information der betroffenen Person gemäß Artikel 13 Absatz 3 der Verordnung (EU) 2016/679 besteht ergänzend zu der in Artikel 13 Absatz 4 der Verordnung (EU) 2016/679 genannten Ausnahme dann nicht, wenn die Erteilung der Information über die beabsichtigte Weiterverarbeitung

1. eine Weiterverarbeitung analog gespeicherter Daten betrifft, bei der sich der Verantwortliche durch die Weiterverarbeitung unmittelbar an die betroffene Person wendet, der Zweck mit dem ursprünglichen Erhebungszweck gemäß der Verordnung (EU) 2016/679 vereinbar ist, die Kommunikation mit der betroffenen Person nicht in digitaler Form erfolgt und das Interesse der betroffenen Person an der Informationserteilung nach den Umständen des Einzelfalls, insbesondere mit Blick auf den Zusammenhang, in dem die Daten erhoben wurden, als gering anzusehen ist,
2. im Fall einer öffentlichen Stelle die ordnungsgemäße Erfüllung der in der Zuständigkeit des Verantwortlichen liegenden Aufgaben im Sinne des Artikels 23 Absatz 1 Buchstabe a bis e der Verordnung (EU) 2016/679 gefährden würde und die Interessen des Verantwortlichen an der Nichterteilung der Information die Interessen der betroffenen Person überwiegen,
3. die öffentliche Sicherheit oder Ordnung gefährden oder sonst dem Wohl des Bundes oder eines Landes Nachteile bereiten würde und die Interessen des Verantwortlichen an der Nichterteilung der Information die Interessen der betroffenen Person überwiegen,
4. die Geltendmachung, Ausübung oder Verteidigung rechtlicher Ansprüche beeinträchtigen würde und die Interessen des Verantwortlichen an der Nichterteilung der Information die Interessen der betroffenen Person überwiegen oder
5. eine vertrauliche Übermittlung von Daten an öffentliche Stellen gefährden würde.

(2) [1]Unterbleibt eine Information der betroffenen Person nach Maßgabe des Absatzes 1, ergreift der Verantwortliche geeignete Maßnahmen zum Schutz der berechtigten Interessen der betroffenen Person, einschließlich der Bereitstellung der in Artikel 13 Absatz 1 und 2 der Verordnung (EU) 2016/679 genannten Informationen für die Öffentlichkeit in präziser, transparenter, verständlicher und leicht

zugänglicher Form in einer klaren und einfachen Sprache. [2]Der Verantwortliche hält schriftlich fest, aus welchen Gründen er von einer Information abgesehen hat. [3]Die Sätze 1 und 2 finden in den Fällen des Absatzes 1 Nummer 4 und 5 keine Anwendung.

(3) Unterbleibt die Benachrichtigung in den Fällen des Absatzes 1 wegen eines vorübergehenden Hinderungsgrundes, kommt der Verantwortliche der Informationspflicht unter Berücksichtigung der spezifischen Umstände der Verarbeitung innerhalb einer angemessenen Frist nach Fortfall des Hinderungsgrundes, spätestens jedoch innerhalb von zwei Wochen, nach.

§ 33 Informationspflicht, wenn die personenbezogenen Daten nicht bei der betroffenen Person erhoben wurden

(1) Die Pflicht zur Information der betroffenen Person gemäß Artikel 14 Absatz 1, 2 und 4 der Verordnung (EU) 2016/679 besteht ergänzend zu den in Artikel 14 Absatz 5 der Verordnung (EU) 2016/679 und der in § 29 Absatz 1 Satz 1 genannten Ausnahme nicht, wenn die Erteilung der Information

1. im Fall einer öffentlichen Stelle
   a) die ordnungsgemäße Erfüllung der in der Zuständigkeit des Verantwortlichen liegenden Aufgaben im Sinne des Artikels 23 Absatz 1 Buchstabe a bis e der Verordnung (EU) 2016/679 gefährden würde oder
   b) die öffentliche Sicherheit oder Ordnung gefährden oder sonst dem Wohl des Bundes oder eines Landes Nachteile bereiten würde

   und deswegen das Interesse der betroffenen Person an der Informationserteilung zurücktreten muss,
2. im Fall einer nichtöffentlichen Stelle
   a) die Geltendmachung, Ausübung oder Verteidigung zivilrechtlicher Ansprüche beeinträchtigen würde oder die Verarbeitung Daten aus zivilrechtlichen Verträgen beinhaltet und der Verhütung von Schäden durch Straftaten dient, sofern nicht das berechtigte Interesse der betroffenen Person an der Informationserteilung überwiegt, oder
   b) die zuständige öffentliche Stelle gegenüber dem Verantwortlichen festgestellt hat, dass das Bekanntwerden der Daten die öffentliche Sicherheit oder Ordnung gefährden oder sonst dem Wohl des Bundes oder eines Landes Nachteile bereiten würde; im Fall der Datenverarbeitung für Zwecke der Strafverfolgung bedarf es keiner Feststellung nach dem ersten Halbsatz.

(2) [1]Unterbleibt eine Information der betroffenen Person nach Maßgabe des Absatzes 1, ergreift der Verantwortliche geeignete Maßnahmen zum Schutz der berechtigten Interessen der betroffenen Person, einschließlich der Bereitstellung der in Artikel 14 Absatz 1 und 2 der Verordnung (EU) 2016/679 genannten Informationen für die Öffentlichkeit in präziser, transparenter, verständlicher und leicht zugänglicher Form in einer klaren und einfachen Sprache. [2]Der Verantwortliche hält schriftlich fest, aus welchen Gründen er von einer Information abgesehen hat.

(3) Bezieht sich die Informationserteilung auf die Übermittlung personenbezogener Daten durch öffentliche Stellen an Verfassungsschutzbehörden, den Bundesnachrichtendienst, den Militärischen Abschirmdienst und, soweit die Sicherheit des Bundes berührt wird, andere Behörden des Bundesministeriums der Verteidigung, ist sie nur mit Zustimmung dieser Stellen zulässig.

§ 34 Auskunftsrecht der betroffenen Person

(1) Das Recht auf Auskunft der betroffenen Person gemäß Artikel 15 der Verordnung (EU) 2016/679 besteht ergänzend zu den in § 27 Absatz 2, § 28 Absatz 2 und § 29 Absatz 1 Satz 2 genannten Ausnahmen nicht, wenn
1. die betroffene Person nach § 33 Absatz 1 Nummer 1, 2 Buchstabe b oder Absatz 3 nicht zu informieren ist, oder
2. die Daten
   a) nur deshalb gespeichert sind, weil sie aufgrund gesetzlicher oder satzungsmäßiger Aufbewahrungsvorschriften nicht gelöscht werden dürfen, oder
   b) ausschließlich Zwecken der Datensicherung oder der Datenschutzkontrolle dienen

   und die Auskunftserteilung einen unverhältnismäßigen Aufwand erfordern würde sowie eine Verarbeitung zu anderen Zwecken durch geeignete technische und organisatorische Maßnahmen ausgeschlossen ist.

(2) [1]Die Gründe der Auskunftsverweigerung sind zu dokumentieren. [2]Die Ablehnung der Auskunftserteilung ist gegenüber der betroffenen Person zu begründen, soweit nicht durch die Mitteilung der tatsächlichen und rechtlichen Gründe, auf die die Entscheidung gestützt wird, der mit der Auskunftsverweigerung verfolgte Zweck gefährdet würde. [3]Die zum Zweck der Auskunftserteilung an die betroffene Person und zu deren Vorbereitung gespeicherten Daten dürfen nur für diesen Zweck sowie für Zwecke der Datenschutzkontrolle verarbeitet werden; für andere Zwecke ist die Verarbeitung nach Maßgabe des Artikels 18 der Verordnung (EU) 2016/679 einzuschränken.

(3) [1]Wird der betroffenen Person durch eine öffentliche Stelle des Bundes keine Auskunft erteilt, so ist sie auf ihr Verlangen der oder dem Bundesbeauftragten zu erteilen, soweit nicht die jeweils zuständige oberste Bundesbehörde im Einzelfall feststellt, dass dadurch die Sicherheit des Bundes oder eines Landes gefährdet würde. [2]Die Mitteilung der oder des Bundesbeauftragten an die betroffene Person über das Ergebnis der datenschutzrechtlichen Prüfung darf keine Rückschlüsse auf den Erkenntnisstand des Verantwortlichen zulassen, sofern dieser nicht einer weitergehenden Auskunft zustimmt.

(4) Das Recht der betroffenen Person auf Auskunft über personenbezogene Daten, die durch eine öffentliche Stelle weder automatisiert verarbeitet noch nicht automatisiert verarbeitet und in einem Dateisystem gespeichert werden, besteht nur, soweit die betroffene Person Angaben macht, die das Auffinden der Daten ermöglichen, und der für die Erteilung der Auskunft erforderliche Aufwand nicht außer Verhältnis zu dem von der betroffenen Person geltend gemachten Informationsinteresse steht.

§ 35 Recht auf Löschung

(1) [1]Ist eine Löschung im Fall nicht automatisierter Datenverarbeitung wegen der besonderen Art der Speicherung nicht oder nur mit unverhältnismäßig hohem Aufwand möglich und ist das Interesse der betroffenen Person an der Löschung als gering anzusehen, besteht das Recht der betroffenen Person auf und die Pflicht des Verantwortlichen zur Löschung personenbezogener Daten gemäß Artikel 17 Absatz 1 der Verordnung (EU) 2016/679 ergänzend zu den in Artikel 17 Absatz 3 der Verordnung (EU) 2016/679 genannten Ausnahmen nicht. [2]In diesem Fall

tritt an die Stelle einer Löschung die Einschränkung der Verarbeitung gemäß Artikel 18 der Verordnung (EU) 2016/679. [3]Die Sätze 1 und 2 finden keine Anwendung, wenn die personenbezogenen Daten unrechtmäßig verarbeitet wurden.

(2) [1]Ergänzend zu Artikel 18 Absatz 1 Buchstabe b und c der Verordnung (EU) 2016/679 gilt Absatz 1 Satz 1 und 2 entsprechend im Fall des Artikels 17 Absatz 1 Buchstabe a und d der Verordnung (EU) 2016/679, solange und soweit der Verantwortliche Grund zu der Annahme hat, dass durch eine Löschung schutzwürdige Interessen der betroffenen Person beeinträchtigt würden. [2]Der Verantwortliche unterrichtet die betroffene Person über die Einschränkung der Verarbeitung, sofern sich die Unterrichtung nicht als unmöglich erweist oder einen unverhältnismäßigen Aufwand erfordern würde.

(3) Ergänzend zu Artikel 17 Absatz 3 Buchstabe b der Verordnung (EU) 2016/679 gilt Absatz 1 entsprechend im Fall des Artikels 17 Absatz 1 Buchstabe a der Verordnung (EU) 2016/679, wenn einer Löschung satzungsgemäße oder vertragliche Aufbewahrungsfristen entgegenstehen.

§ 36 Widerspruchsrecht

Das Recht auf Widerspruch gemäß Artikel 21 Absatz 1 der Verordnung (EU) 2016/679 gegenüber einer öffentlichen Stelle besteht nicht, soweit an der Verarbeitung ein zwingendes öffentliches Interesse besteht, das die Interessen der betroffenen Person überwiegt, oder eine Rechtsvorschrift zur Verarbeitung verpflichtet.

§ 37 Automatisierte Entscheidungen im Einzelfall einschließlich Profiling

(1) Das Recht gemäß Artikel 22 Absatz 1 der Verordnung (EU) 2016/679, keiner ausschließlich auf einer automatisierten Verarbeitung beruhenden Entscheidung unterworfen zu werden, besteht über die in Artikel 22 Absatz 2 Buchstabe a und c der Verordnung (EU) 2016/679 genannten Ausnahmen hinaus nicht, wenn die Entscheidung im Rahmen der Leistungserbringung nach einem Versicherungsvertrag ergeht und

1. dem Begehren der betroffenen Person stattgegeben wurde oder
2. die Entscheidung auf der Anwendung verbindlicher Entgeltregelungen für Heilbehandlungen beruht und der Verantwortliche für den Fall, dass dem Antrag nicht vollumfänglich stattgegeben wird, angemessene Maßnahmen zur Wahrung der berechtigten Interessen der betroffenen Person trifft, wozu mindestens das Recht auf Erwirkung des Eingreifens einer Person seitens des Verantwortlichen, auf Darlegung des eigenen Standpunktes und auf Anfechtung der Entscheidung zählt; der Verantwortliche informiert die betroffene Person über diese Rechte spätestens zum Zeitpunkt der Mitteilung, aus der sich ergibt, dass dem Antrag der betroffenen Person nicht vollumfänglich stattgegeben wird.

(2) [1]Entscheidungen nach Absatz 1 dürfen auf der Verarbeitung von Gesundheitsdaten im Sinne des Artikels 4 Nummer 15 der Verordnung (EU) 2016/679 beruhen. [2]Der Verantwortliche sieht angemessene und spezifische Maßnahmen zur Wahrung der Interessen der betroffenen Person gemäß § 22 Absatz 2 Satz 2 vor.

Kapitel 3. Pflichten der Verantwortlichen und Auftragsverarbeiter

§ 38 Datenschutzbeauftragte nichtöffentlicher Stellen

(1) [1]Ergänzend zu Artikel 37 Absatz 1 Buchstabe b und c der Verordnung (EU) 2016/679 benennen der Verantwortliche und der Auftragsverarbeiter eine Datenschutzbeauftragte oder einen Datenschutzbeauftragten, soweit sie in der Regel mindestens zehn Personen ständig mit der automatisierten Verarbeitung personenbezogener Daten beschäftigen. [2]Nehmen der Verantwortliche oder der Auftragsverarbeiter Verarbeitungen vor, die einer Datenschutz-Folgenabschätzung nach Artikel 35 der Verordnung (EU) 2016/679 unterliegen, oder verarbeiten sie personenbezogene Daten geschäftsmäßig zum Zweck der Übermittlung, der anonymisierten Übermittlung oder für Zwecke der Markt- oder Meinungsforschung, haben sie unabhängig von der Anzahl der mit der Verarbeitung beschäftigten Personen eine Datenschutzbeauftragte oder einen Datenschutzbeauftragten zu benennen.

(2) § 6 Absatz 4, 5 Satz 2 und Absatz 6 finden Anwendung, § 6 Absatz 4 jedoch nur, wenn die Benennung einer oder eines Datenschutzbeauftragten verpflichtend ist.

§ 39 Akkreditierung

[1]Die Erteilung der Befugnis, als Zertifizierungsstelle gemäß Artikel 43 Absatz 1 Satz 1 der Verordnung (EU) 2016/679 tätig zu werden, erfolgt durch die für die datenschutzrechtliche Aufsicht über die Zertifizierungsstelle zuständige Aufsichtsbehörde des Bundes oder der Länder auf der Grundlage einer Akkreditierung durch die Deutsche Akkreditierungsstelle. [2]§ 2 Absatz 3 Satz 2, § 4 Absatz 3 und § 10 Absatz 1 Satz 1 Nummer 3 des Akkreditierungsstellengesetzes finden mit der Maßgabe Anwendung, dass der Datenschutz als ein dem Anwendungsbereich des § 1 Absatz 2 Satz 2 unterfallender Bereich gilt.

Kapitel 4. Aufsichtsbehörde für die Datenverarbeitung durch nichtöffentliche Stellen

§ 40 Aufsichtsbehörden der Länder

(1) Die nach Landesrecht zuständigen Behörden überwachen im Anwendungsbereich der Verordnung (EU) 2016/679 bei den nichtöffentlichen Stellen die Anwendung der Vorschriften über den Datenschutz.

(2) [1]Hat der Verantwortliche oder Auftragsverarbeiter mehrere inländische Niederlassungen, findet für die Bestimmung der zuständigen Aufsichtsbehörde Artikel 4 Nummer 16 der Verordnung (EU) 2016/679 entsprechende Anwendung. [2]Wenn sich mehrere Behörden für zuständig oder für unzuständig halten oder wenn die Zuständigkeit aus anderen Gründen zweifelhaft ist, treffen die Aufsichtsbehörden die Entscheidung gemeinsam nach Maßgabe des § 18 Absatz 2. [3]§ 3 Absatz 3 und 4 des Verwaltungsverfahrensgesetzes findet entsprechende Anwendung.

(3) [1]Die Aufsichtsbehörde darf die von ihr gespeicherten Daten nur für Zwecke der Aufsicht verarbeiten; hierbei darf sie Daten an andere Aufsichtsbehörden übermitteln. [2]Eine Verarbeitung zu einem anderen Zweck ist über Artikel 6 Absatz 4 der Verordnung (EU) 2016/679 hinaus zulässig, wenn

1. offensichtlich ist, dass sie im Interesse der betroffenen Person liegt und kein Grund zu der Annahme besteht, dass sie in Kenntnis des anderen Zwecks ihre Einwilligung verweigern würde,
2. sie zur Abwehr erheblicher Nachteile für das Gemeinwohl oder einer Gefahr für die öffentliche Sicherheit oder zur Wahrung erheblicher Belange des Gemeinwohls erforderlich ist oder
3. sie zur Verfolgung von Straftaten oder Ordnungswidrigkeiten, zur Vollstreckung oder zum Vollzug von Strafen oder Maßnahmen im Sinne des § 11 Absatz 1 Nummer 8 des Strafgesetzbuchs oder von Erziehungsmaßregeln oder Zuchtmitteln im Sinne des Jugendgerichtsgesetzes oder zur Vollstreckung von Geldbußen erforderlich ist.

[3]Stellt die Aufsichtsbehörde einen Verstoß gegen die Vorschriften über den Datenschutz fest, so ist sie befugt, die betroffenen Personen hierüber zu unterrichten, den Verstoß anderen für die Verfolgung oder Ahndung zuständigen Stellen anzuzeigen sowie bei schwerwiegenden Verstößen die Gewerbeaufsichtsbehörde zur Durchführung gewerberechtlicher Maßnahmen zu unterrichten. [4]§ 13 Absatz 4 Satz 4 bis 7 gilt entsprechend.

(4) [1]Die der Aufsicht unterliegenden Stellen sowie die mit deren Leitung beauftragten Personen haben einer Aufsichtsbehörde auf Verlangen die für die Erfüllung ihrer Aufgaben erforderlichen Auskünfte zu erteilen. [2]Der Auskunftspflichtige kann die Auskunft auf solche Fragen verweigern, deren Beantwortung ihn selbst oder einen der in § 383 Absatz 1 Nummer 1 bis 3 der Zivilprozessordnung bezeichneten Angehörigen der Gefahr strafgerichtlicher Verfolgung oder eines Verfahrens nach dem Gesetz über Ordnungswidrigkeiten aussetzen würde. [3]Der Auskunftspflichtige ist darauf hinzuweisen.

(5) Die von einer Aufsichtsbehörde mit der Überwachung der Einhaltung der Vorschriften über den Datenschutz beauftragten Personen sind befugt, zur Erfüllung ihrer Aufgaben Grundstücke und Geschäftsräume der Stelle zu betreten und Zugang zu allen Datenverarbeitungsanlagen und -geräten zu erhalten. Die Stelle ist insoweit zur Duldung verpflichtet. § 16 Absatz 4 gilt entsprechend.

(6) [1]Die Aufsichtsbehörden beraten und unterstützen die Datenschutzbeauftragten mit Rücksicht auf deren typische Bedürfnisse. [2]Sie können die Abberufung der oder des Datenschutzbeauftragten verlangen, wenn sie oder er die zur Erfüllung ihrer oder seiner Aufgaben erforderliche Fachkunde nicht besitzt oder im Fall des Artikels 38 Absatz 6 der Verordnung (EU) 2016/679 ein schwerwiegender Interessenkonflikt vorliegt.

(7) Die Anwendung der Gewerbeordnung bleibt unberührt.

Kapitel 5. Sanktionen

§ 41 Anwendung der Vorschriften über das Bußgeld- und Strafverfahren

(1) [1]Für Verstöße nach Artikel 83 Absatz 4 bis 6 der Verordnung (EU) 2016/679 gelten, soweit dieses Gesetz nichts anderes bestimmt, die Vorschriften des

Gesetzes über Ordnungswidrigkeiten sinngemäß. [2]Die §§ 17, 35 und 36 des Gesetzes über Ordnungswidrigkeiten finden keine Anwendung. [3]§ 68 des Gesetzes über Ordnungswidrigkeiten findet mit der Maßgabe Anwendung, dass das Landgericht entscheidet, wenn die festgesetzte Geldbuße den Betrag von einhunderttausend Euro übersteigt.

(2) [1]Für Verfahren wegen eines Verstoßes nach Artikel 83 Absatz 4 bis 6 der Verordnung (EU) 2016/679 gelten, soweit dieses Gesetz nichts anderes bestimmt, die Vorschriften des Gesetzes über Ordnungswidrigkeiten und der allgemeinen Gesetze über das Strafverfahren, namentlich der Strafprozessordnung und des Gerichtsverfassungsgesetzes, entsprechend. [2]Die §§ 56 bis 58, 87, 88, 99 und 100 des Gesetzes über Ordnungswidrigkeiten finden keine Anwendung. [3]§ 69 Absatz 4 Satz 2 des Gesetzes über Ordnungswidrigkeiten findet mit der Maßgabe Anwendung, dass die Staatsanwaltschaft das Verfahren nur mit Zustimmung der Aufsichtsbehörde, die den Bußgeldbescheid erlassen hat, einstellen kann.

§ 42 Strafvorschriften

(1) Mit Freiheitsstrafe bis zu drei Jahren oder mit Geldstrafe wird bestraft, wer wissentlich nicht allgemein zugängliche personenbezogene Daten einer großen Zahl von Personen, ohne hierzu berechtigt zu sein,
1. einem Dritten übermittelt oder
2. auf andere Art und Weise zugänglich macht

und hierbei gewerbsmäßig handelt.

(2) Mit Freiheitsstrafe bis zu zwei Jahren oder mit Geldstrafe wird bestraft, wer personenbezogene Daten, die nicht allgemein zugänglich sind,
1. ohne hierzu berechtigt zu sein, verarbeitet oder
2. durch unrichtige Angaben erschleicht

und hierbei gegen Entgelt oder in der Absicht handelt, sich oder einen anderen zu bereichern oder einen anderen zu schädigen.

(3) [1]Die Tat wird nur auf Antrag verfolgt. [2]Antragsberechtigt sind die betroffene Person, der Verantwortliche, die oder der Bundesbeauftragte und die Aufsichtsbehörde.

(4) Eine Meldung nach Artikel 33 der Verordnung (EU) 2016/679 oder eine Benachrichtigung nach Artikel 34 Absatz 1 der Verordnung (EU) 2016/679 darf in einem Strafverfahren gegen den Meldepflichtigen oder Benachrichtigenden oder seine in § 52 Absatz 1 der Strafprozessordnung bezeichneten Angehörigen nur mit Zustimmung des Meldepflichtigen oder Benachrichtigenden verwendet werden.

§ 43 Bußgeldvorschriften

(1) Ordnungswidrig handelt, wer vorsätzlich oder fahrlässig
1. entgegen § 30 Absatz 1 ein Auskunftsverlangen nicht richtig behandelt oder
2. entgegen § 30 Absatz 2 Satz 1 einen Verbraucher nicht, nicht richtig, nicht vollständig oder nicht rechtzeitig unterrichtet.

(2) Die Ordnungswidrigkeit kann mit einer Geldbuße bis zu fünfzigtausend Euro geahndet werden.

(3) Gegen Behörden und sonstige öffentliche Stellen im Sinne des § 2 Absatz 1 werden keine Geldbußen verhängt.

(4) Eine Meldung nach Artikel 33 der Verordnung (EU) 2016/679 oder eine Benachrichtigung nach Artikel 34 Absatz 1 der Verordnung (EU) 2016/679 darf in einem Verfahren nach dem Gesetz über Ordnungswidrigkeiten gegen den Meldepflichtigen oder Benachrichtigenden oder seine in § 52 Absatz 1 der Strafprozessordnung bezeichneten Angehörigen nur mit Zustimmung des Meldepflichtigen oder Benachrichtigenden verwendet werden.

Kapitel 6. Rechtsbehelfe

§ 44 Klagen gegen den Verantwortlichen oder Auftragsverarbeiter

(1) [1]Klagen der betroffenen Person gegen einen Verantwortlichen oder einen Auftragsverarbeiter wegen eines Verstoßes gegen datenschutzrechtliche Bestimmungen im Anwendungsbereich der Verordnung (EU) 2016/679 oder der darin enthaltenen Rechte der betroffenen Person können bei dem Gericht des Ortes erhoben werden, an dem sich eine Niederlassung des Verantwortlichen oder Auftragsverarbeiters befindet. [2]Klagen nach Satz 1 können auch bei dem Gericht des Ortes erhoben werden, an dem die betroffene Person ihren gewöhnlichen Aufenthaltsort hat.

(2) Absatz 1 gilt nicht für Klagen gegen Behörden, die in Ausübung ihrer hoheitlichen Befugnisse tätig geworden sind.

(3) [1]Hat der Verantwortliche oder Auftragsverarbeiter einen Vertreter nach Artikel 27 Absatz 1 der Verordnung (EU) 2016/679 benannt, gilt dieser auch als bevollmächtigt, Zustellungen in zivilgerichtlichen Verfahren nach Absatz 1 entgegenzunehmen. [2]§ 184 der Zivilprozessordnung bleibt unberührt.

II. Gegenüberstellung BDSG – DS-GVO

BDSG	DS-GVO
§ 1 Abs. 4	Art. 3 Rn. 4, 37–40
§ 1 Abs. 5	Art. 99 Rn. 3, 9
§ 2	Art. 4 Rn. 58 ff.
§ 2 Abs. 5	Art. 12 Rn. 56/Art. 13 Rn. 54/Art. 14 Rn. 35/ Art. 15 Rn. 57
§ 3	Art. 6 Rn. 52
§ 4	Art. 6 Rn. 155
§ 4 Abs. 2 und 4	Art. 13 Rn. 47/Art. 14 Rn. 28
§ 5	Art. 37 Rn. 2, 18 f., 21 ff.
§ 6	Art. 38 Rn. 2, 4, 8, 9 ff.
§ 7	Art. 39 Rn. 2, 8 ff.
§ 8	Art. 52 Rn. 11, 20
§ 9	Art. 55 Rn. 8, 17
§ 10	Art. 52 Rn. 5, 22
§ 11	Art. 53 Rn. 4 ff., 8
§ 12	Art. 53 Rn. 4, 8, 10 f.
§ 13 Abs. 1–2	Art. 52 Rn. 15 f.
§ 13 Abs. 3–5	Art. 54 Rn. 11
§ 14	Art. 57 Rn. 2 ff.
§ 15	Art. 59 Rn. 2
§ 16	Art. 58 Rn. 2, 7, 15, 28, 35
§ 17	Art. 51 Rn. 9 ff.
§ 18	Art. 63 Rn. 6–16/Art. 77 Rn. 3, 13
§ 19	Art. 60 Rn. 24–30
§ 20	Art. 78 Rn. 5–9, 14–16, 19–22
§ 22	Art. 9 Rn. 10, 20 f.
§ 22 Abs. 2	Art. 9 Rn. 46
§ 23	Art. 6 Rn. 220 f.
§ 24	Art. 6 Rn. 247 f.
§ 25 Abs. 1	Art. 6 Rn. 231 f.
§ 25 Abs. 2	Art. 6 Rn. 237 f.
§ 25 Abs. 3	Art. 6 Rn. 246
§ 26 Abs. 2	Art. 4 Rn. 88
§ 27 Abs. 2	Art. 21 Rn. 38/Art. 9 Rn. 45

BDSG	DS-GVO
§ 27 Abs. 2 S. 1	Art. 15 Rn. 45
§ 27 Abs. 2 S. 2	Art. 15 Rn. 46
§ 27 Abs. 4	Art. 89 Rn. 12
§ 28 Abs. 2	Art. 15 Rn. 47
§ 28 Abs. 3	Art. 16 Rn. 20
§ 28 Abs. 4	Art. 21 Rn. 16
§ 29 Abs. 1 S. 1	Art. 14 Rn. 29
§ 29 Abs. 1 S. 2	Art. 15 Rn. 48
§ 29 Abs. 1 S. 3	Art. 34 Rn. 10
§ 29 Abs. 2	Art. 13 Rn. 49
§ 29 Abs. 3	Art. 90 Rn. 3, 10
§ 30 Abs. 1	Art. 15 Rn. 4
§ 30 Abs. 2	Art. 13 Rn. 3 und Art. 14 Rn. 15
§ 31	Art. 6 Rn. 109 f.
§ 31 Abs. 1	Art. 6 Rn. 111 f.
§ 31 Abs. 2	Art. 6 Rn. 127 f.
§ 31 Abs. 1 Nr. 1 und 4	Art. 13 Rn. 29
§ 32 Abs. 1 Nr. 1–5	Art. 13 Rn. 50
§ 33 Abs. 1, 2 und 3	Art. 14 Rn. 30
§ 34 Abs. 1 Nr. 1	Art. 15 Rn. 49
§ 34 Abs. 1 Nr. 2 lit. a	Art. 15 Rn. 50
§ 34 Abs. 1 Nr. 2 lit. b	Art. 15 Rn. 51
§ 34 Abs. 4	Art. 15 Rn. 52
§§ 32–36	Art. 23 Rn. 15 ff.
§ 35	Art. 17 Rn. 7–9, 33, 49–60
§ 36	Art. 21 Rn. 13 f.
§ 37	Art. 22 Rn. 32 f.
§ 38	Art. 37 Rn. 15 ff. sowie 24 ff./Art. 38 Rn. 2, 8, 13 f., 15
§ 39	Art. 43 Rn. 1a
§ 39	Art. 43 Rn. 1b
§ 40	Art. 55 Rn. 9 ff.
§ 40	Art. 58 Rn. 3, 9, 7, 12, 15, 29, 31 ff.
§ 41	Art. 83 Rn. 9 ff. und 30 ff.
§ 42	Art. 84 Rn. 8 ff.
§ 42 Abs. 4	Art. 33 Rn. 44
§ 43	Art. 83 Rn. 6 ff.
§ 43 Abs. 3	Art. 12 Rn. 56

BDSG	**DS-GVO**
§ 43 Abs. 3	Art. 13 Rn. 54/Art. 14 Rn. 35/Art. 15 Rn. 57
§ 43 Abs. 4	Art. 33 Rn. 44
§ 44	Art. 79 Rn. 2, 12–15, 18
§ 44 Abs. 3	Art. 27 Rn. 4
§ 45	Art. 28 Rn. 21
§ 62	Art. 28 Rn. 21 f.
§ 70	Art. 30 Rn. 2
§ 71	Art. 25 Rn. 10
§ 78	Art. 44 Rn. 3/Art. 45 Rn. 3
§ 79	Art. 46 Rn. 2
§ 80	Art. 49 Rn. 2
§ 85	Art. 44 Rn. 3

Stichwortverzeichnis

Die fettgedruckte Zahl gibt den Artikel wieder und die mager gedruckten Zahlen bezeichnen die Randnummern.